To a Very Special Girl on
her Eighteenth Birthday,
with sincere good wishes
for her future career.

Eddie Roberts

Esme Roberts

29 May 1985

# THE OXFORD
# ENGLISH–RUSSIAN
## DICTIONARY

# THE OXFORD
# ENGLISH–RUSSIAN
## DICTIONARY

*Edited by*
P. S. FALLA

CLARENDON PRESS · OXFORD
1984

Oxford University Press, Walton Street, Oxford OX2 6DP

London Glasgow New York Toronto
Delhi Bombay Calcutta Madras Karachi
Kuala Lumpur Singapore Hong Kong Tokyo
Nairobi Dar es Salaam Cape Town
Melbourne Auckland
and associated companies in
Beirut Berlin Ibadan Mexico City Nicosia

Oxford is a trade mark of Oxford University Press

Published in the United States
by Oxford University Press, New York

© Oxford University Press 1984

British Library Cataloguing in Publication Data
The Oxford English–Russian dictionary
1. English language–Dictionaries–Russian
I. Falla, P.S.
491.7'3'21          PG2640
ISBN 0-19-864117-6

Library of Congress Cataloging in Publication Data
Main entry under title:

The Oxford English–Russian dictionary

1. English language–Dictionaries–Russian
I. Falla, P. S. (Paul Stephen), 1913–
PG2640.09   1984      423'.9171      83-17344
ISBN 0-19-864117-6

Set by Tek Typesetting International Ltd.
Printed in Great Britain by
Thomson Litho Ltd.
East Kilbride, Scotland

# PREFACE

*The Oxford English–Russian Dictionary* is complementary in aims and scope to *The Oxford Russian–English Dictionary,* edited by Professor Marcus Wheeler and first published by the Oxford University Press in 1972. Like that work it is intended mainly, though not exclusively, for English-speaking users at university or similar level.

The dictionary contains over 90,000 English words, vocabulary items and illustrative phrases. Technical and archaic or old-fashioned terms are included sparingly, but attention has been given to the correct translation of colloquial and idiomatic language, to syntactical information and to the provision of glosses enabling the user to select appropriate Russian equivalents of English words. The more important or familiar Americanisms are included.

The English vocabulary is based primarily on the latest editions of the *Concise Oxford Dictionary* and the *Oxford Advanced Learner's Dictionary of Current English.* The Russian equivalents and translations have been prepared with the aid of native speakers and up-to-date Russian lexicographical sources, notably the *New English–Russian Dictionary* edited by Professor I. R. Galperin (Moscow, 1982) and its 1980 *Supplement.* By the courtesy of Mr V. I. Nazarov, director of the Russky Yazyk publishing house, Moscow, the galleys were read by its Department of Germanic Languages under Mr E. A. Muzzhevlev, and a number of detailed comments and suggestions have been embodied. Special thanks are tendered for this assistance.

On the English side the Dictionary has had the benefit of general guidance from the late Max Hayward of St Antony's College, Oxford, and more detailed assistance from Professor Marcus Wheeler, who kindly read the proofs. Mr C. R. K. Perkins gave valuable help with the preparation of the English vocabulary, the supervision of 'style' points etc. The work of fair-copying the original manuscript into a form suitable for the printer was ably performed by Mrs Catherine Baldry and Ms Karen George.

My Russian collaborators have been, in chronological order: the late Dr Nina Szamuely, Mrs Kira Finkelstein, Mr Aziz Ulugov, Miss M. Slonim, and Miss T. Litvinov, to all of whom I express my thanks.

The principles of arrangement, provision of grammatical information etc., are given in the Introduction which follows. For the many (perhaps) who do not read such introductions in full, some of the more salient rules are grouped in paragraphs 9–13.

Apart from the books mentioned above, the most useful of those consulted have been:

IN ENGLISH

F. M. Borras and R. F. Christian, *Russian Syntax*, 2nd edn., Oxford, 1971

A. P. Cowie and R. Mackin, *Oxford Dictionary of Current Idiomatic English*, Vol. 1: *Verbs with Prepositions & Particles*, Oxford, 1975


IN RUSSIAN

S. N. Andrianov and A. S. Nikiforov, *Anglo-russky yuridichesky slovar'*, Moscow, 1964

A. V. Anikin, *Anglo-russky ekonomichesky slovar'*, Moscow, 1977

R. I. Avanesov and S. I. Ozhegov, *Russkoe literaturnoe proiznoshenie i udarenie*, Moscow, 1959

S. G. Barkhudarov (ed.), *Slovar' russkogo yazyka*, Moscow, 1957–61

S. G. Barkhudarov and others, *Orfografichesky slovar' russkogo yazyka*, Moscow, 1977

P. A. Favorov, *Anglo-russky morskoy slovar'*, Moscow, 1973

A. V. Kunin, *Anglo-russky frazeologichesky slovar'*, Moscow, 1955 and subsequently

V. K. Myuller, *Anglo-russky slovar'*, Moscow, 1977

A. M. Prokhorov and others, *Sovetsky entsiklopedichesky slovar'*, Moscow, 1980

Adrian Room and others, *Velikobritaniya. Lingvostranovedchesky slovar'*, Moscow, 1978

D. E. Rozental' (ed.), *Slitno ili razdel'no?*, Moscow, 1976

G. A. Sudzilovsky and others, *Anglo-russky voenny slovar'*, Moscow, 1968

D. N. Ushakov (ed.), *Tolkovy slovar' russkogo yazyka*, Moscow, 1935–9

P. S. F.

# INTRODUCTION

*Selection of vocabulary*

**1.** As explained in the Preface, the Dictionary is intended primarily to reflect the general and colloquial vocabulary of present-day English (including the better-known Americanisms). This, and the provision of copious examples, has involved the exclusion of some terms belonging more specifically to scientific or technical fields for which specialized English–Russian dictionaries exist.

**2.** Personal and geographical names, and the most common abbreviations, are listed in the main alphabet. 'Personal names' includes forenames of historical characters etc.

**3.** Following *The Oxford Russian–English Dictionary*, 'four-letter words' (designated as *vulg.*) have been included with their Russian equivalents. English speakers should be warned, however, that such words are in general much more 'taboo' in literary or polite Russian than they are in English.

**4.** Terms denoting specifically British institutions etc., for which there is no exact Russian equivalent, are rendered either with an approximate Russian equivalent in ordinary type or with an explanation (as opposed to a translation) in italics: cf. paragraph 38 below.

*Orthography*

**5.** The English spelling follows British usage; less usual American variations are noted, but not, e.g., such spellings as 'honor', or (as a rule) variants in which 'e' replaces 'ae' or 'oe'. (See also paragraph 14 below.) The Russian spelling conforms to current Soviet standards except that, following practice in the Western world, the Russian word for 'God' and some other religious terms are spelt with initial capitals.

**6.** Russian cardinal numbers, given without 'tags' denoting inflection, are to be read in the nominative form. (This does not apply to year-dates).

**7.** Secondary stress is not indicated in Russian words unless they are hyphenated (or unless the syllable in question contains the letter ё). If stress is optional as between two vowels, an accent is placed on both. When prepositions attract the accent from a noun, or не from a verb, the fact is shown by a stress-mark; otherwise monosyllables are not generally shown as stressed. A form such as брази́л|ец (*fem.* -ья́нка) means that the feminine noun is stressed on the penultimate only (cf. paragraph 40(iii)).

**8.** When a hyphen-division in a Russian word coincides with the end of a line, the hyphen is repeated at the beginning of the next line so that the word is not taken as being written 'solid'.

*Arrangement and presentation of entries: principal rules*

**9.** These matters are explained in detail in paragraphs 14–43 below. Attention is drawn to the 'nesting' principle (paragraph 25) and to the fact that compounds, whether hyphenated or written as one word, are listed under the first element and not the second: e.g. 'pen-knife' under 'pen', not 'knife'. As regards the placing of idioms see paragraph 26; and for the placing of labels such as *'coll.'* and *'sl.'*, see paragraph 29. Paragraphs 39–43 deal with the presentation of Russian grammatical information, including verb aspects.

**10.** Attention is also drawn to paragraphs 28–9 on the subject of usage labels and their position; and to the fact that the oblique stroke or solidus signifies an alternative affecting *one* word on either side of it (paragraphs 34–6).

**11.** For the use of the vertical stroke and tilde see paragraphs 20–21; for the 'approximate' sign, paragraph 29.

**12.** The gender of nouns in ь is only marked when they are *masculine* (paragraph 39(*a*)).

**13.** Many Russian nouns have an adjectival form (e.g. го́род — городско́й) corresponding to the attributive use of their English equivalent. Such adjectives are frequently given under the English noun-entry, preceded by the abbreviation *'attr.'*

*Presentation: detailed rules*

**14.** Headwords are printed in bold roman type except for non-naturalized foreign words and expressions, for which bold italic is used. Alternative spellings (including some of the less classifiable American variants) are presented alongside the preferred spelling in full or abbreviated form, or shown in brackets: these variants appear again in alphabetical sequence (unless adjacent to the main entry), as cross-references. Thus:

> **cosy** (*Am.* **cozy**)          **cozy** *see* COSY
> **hicc|up, -ough**
> **curts(e)y**

**15.** Similar treatment is applied to words in which an alternative termination can be used without affecting the sense. Thus:

> **cumb|ersome, -rous; submer|gence, -sion**

Here as elsewhere (paragraphs 20–21) a vertical stroke (divider) is placed after those letters which are common to both forms and which, in the alternative form as shown, are replaced by a hyphen.

**16.** Also presented as headwords are a few two-word expressions of which the first element does not qualify for an individual entry, e.g. **Boxing Day; Parkinson's disease.**

**17.** Separate headword entries with superscript numbers are made for words which, though identical in spelling, differ in basic meaning and origin (**fine** as noun and verb; **fine** as adjective and adverb), or in pronunciation and/or stress (**house** and **supplement** as nouns and as verbs), or both (**tear** meaning 'teardrop' and **tear** meaning 'rip').

**18.** Separate entries for adverbs in '-ly' are made only when they have meanings or usage (idiom, compounds etc.) which cannot conveniently be treated under the corresponding adjective. Examples are **hardly, really,** and **surely.** When there is no separate entry, and no instance of the adverb in the adjectival entry, it can be assumed that the corresponding Russian adverb is also formed regularly from the adjective. Thus **clumsy** неуклю́жий, нело́вкий implies that the Russian for 'clumsily' is неуклю́же or нело́вко; **critical** крити́ческий implies that 'critically' can be translated крити́чески, and so on.

**19.** Gerundive and participial forms of English verbs, used as nouns or adjectives, are frequently accommodated within the verb entry (transitive or intransitive as appropriate). Thus:

> revolving doors is found under **revolve** *v.i.*
> a retarded child is found under **retard** *v.t.*

but in certain cases, for the sake of clarity, such forms have been treated as independent headwords, e.g.

> **packing** *n.*; **flying** *n.* and *adj.*; **barbed** *adj.*

**20.** Some headwords are divided by a vertical stroke in order that the unchanging letters preceding the stroke may subsequently be replaced, in inflected forms, by a tilde ($\sim$). Where there is no divider, the tilde represents the headword *in toto*, e.g.

> **house** . . . keep $\sim$ . . . $\sim$**hold** . . . a $\sim$hold word . . . $\sim$-**painter**

**21.** The vertical divider is also used in both English and Russian to separate the main part of a word from its termination when it is necessary to show modifications or alternative forms of the latter: e.g. paragraphs 14, 39(*c*) and 40.

**22.** Within the headword entry each grammatical function has its own paragraph, introduced by a part-of-speech indicator (in this order): *n., pron., adj., adv., v.t., v.i., prep., conj., int.* A combined heading, e.g. **adagio** *n., adj. & adv.*, may sometimes be used for convenience; the most common instance is *v.t. & i.* when the two moods are not clearly distinguishable, or when the Russian intransitive is expressed by means of the suffix -ся.

**23.** Verb–adverb combinations forming 'phrasal verbs' normally appear in a separate paragraph headed '*with advs.*', immediately following simple verb usage; they are given in alphabetical order of the adverb, transitive and intransitive usage within each phrasal verb being separated. Only when the possible combinations are very few and uncomplicated are they contained within the *v.t.* or *v.i.* paragraph.

**24.** There are also a few verbs (e.g. **go**) where idiomatic usage with prepositions is extensive and complex enough to call for a separate paragraph headed '*with preps.*'.

**25.** Hyphenated or single-word compounds in which the headword forms the first element are brought together or 'nested' under the headword in a final paragraph headed '*cpds.*'. Here the headword is represented by a tilde, and the second element, in bold type, determines the alphabetical sequence. An exception is made to the 'nesting' principle in some cases where compounds are particularly numerous, e.g. those beginning with such elements as 'back', 'by', 'out', 'over' etc. Forms like 'bull's eye' and 'Englishman' (despite the reduced 'a') are treated as compounds. Phrases such as 'labour exchange' will generally be found in the main paragraph of the entry for the first noun, in some cases preceded by '*attr.*' (for 'attributive').

**26.** Adjective–noun expressions generally appear under the adjective unless this has little relative weight, as in 'good riddance'; but some may also be repeated under the noun, e.g. 'French bean', 'French horn' and 'French leave'. Idioms of a more complex nature, and proverbs, are generally entered under the first noun, but here too the rule is not inflexible and some duplication may be found.

**27.** Within each entry differences of meaning or application are defined by synonym, context or other means. Major differences may be distinguished by numerals in bold type. Thus:

> **gag** *n.* **1.** (*to prevent speech etc.*) . . . (*surg.*) . . . (*parl.*) . . . (*fig.*) . . . **2.** (*interpolation*) . . . **3.** (*joke*) . . .

**28.** A second type of label indicates status or level of usage: e.g. *arch*(aic), *liter*(ary), *coll*(oquial), *sl*(ang), *vulg*(ar). It may apply to the headword as a whole, to one of its functions or meanings, or to a single phrase or sentence, and is placed accordingly. Thus:

> **pep** (*coll.*) *n.* . . . *v.t.* (*usu.* ~ **up**)
> **tart** *n.* **1.** (*flat pie*) . . . **2.** (*sl., prostitute*) . . . *v.t.* ~ **up** (*coll., embellish*) . . .
> **bell** *n.* . . . that rings a ~ (*fig., coll.*)

**29.** In cases where Russian has an expression corresponding closely in level of usage to a given colloquialism, vulgarism, or slang term in English, the status label (*coll.*), (*sl.*) etc. is placed *after* the Russian, and should be understood to apply equally to the preceding English equivalent. In other cases a 'literary' (non-colloquial) Russian translation is given, and the status label is placed immediately after the English. When both literary and colloquial Russian translations are given for the same English expression, the label appears *before* the second, colloquial, one. Russian expressions, especially idioms or proverbs, which parallel rather than translate English ones are preceded by the symbol ≃.

**30.** The use of the comma or the semicolon to separate Russian words offered as translations of the same English word reflects a greater or lesser degree of equivalence: in the latter case an auxiliary English gloss is often used to express the nuance of difference. Thus:

> **inexhaustible** *adj.* (*unfailing*) неистощи́мый, неисчерпа́емый; . . . (*untiring*) неутоми́мый

**31.** When shades of meaning of an adjective or verb have been defined in this way, and similar distinctions exist between derivative abstract nouns, the glosses are usually not repeated. Thus:

> **bookish** *adj.* (*literary, studious*) кни́жный; (*pedantic*) педанти́чный
> **bookishness** *n.* кни́жность; педанти́чность

**32.** To avoid ambiguity the semicolon is always used when the alternatives are complete phrases or sentences, and also in most cases between synonymous verbs. Thus:

> what is he getting at? что он хо́чет сказа́ть?; куда́ он гнёт?
> **allow** *v.t.* позв|оля́ть, -о́лить; разреш|а́ть, -и́ть

## Idiom and illustration

**33.** The examples of characteristic and idiomatic usage in both languages, which illustrate and supplement the standard Russian equivalents, may consist of phrases or finite sentences. In the former case, where a verb is concerned, both aspects are generally given in Russian; in the latter, one or other aspect is chosen according to context. For the method of giving aspectual information see paragraphs 40–43 below.

**34.** In both English and Russian there are many instances when one word in a phrase or sentence may be replaced by a synonymous alternative. This is shown by means of a comma in English, and a solidus (oblique stroke) in Russian. Thus:

have, get one's hair cut стри́чься, по-
my better half моя́ дража́йшая/лу́чшая полови́на
lose one's hair (*lit.*) лысе́ть, об-/по- (either prefix may be used to form the perfective)

**35.** Non-synonymous alternatives are linked by a solidus in *both* languages. Thus:

> high/low tension высо́кое/ни́зкое напряже́ние

**36.** In all cases the solidus expresses an alternative of only *one* word on either side of it. Other alternatives are shown in the form '(*or* . . .)'. Thus:

> the estate came (*or* was brought) under the hammer
> I could do with a drink я охо́тно (*or* с удово́льствием) вы́пил бы

**37.** Optional extensions of words, phrases, or sentences, which may be included at discretion, e.g. for greater clarity, are shown within brackets, and in ordinary roman or Cyrillic type.

**38.** Italics within brackets are used for such matters as labels of meaning and usage (paragraphs 28–9) and in connection with Russian grammatical information (paragraph 39). Russian italics (without accent-marks) are used for brief definitions or explanations of English terms which have no counterpart in Russian: see e.g. at **commuter**; also to specify noun–objects of certain verbs in order to limit their application to that implicit in the English, e.g.

> **wall up** *v.t.* заде́л|ывать, -ать (*дверь/окно*)

GRAMMATICAL INFORMATION

**39.** Aids to English pronunciation and grammar would be superfluous for the English-speaking user and have therefore been omitted. On the Russian side the following grammatical information is given in respect of words offered as translations of headwords:

(*a*) the gender of *masculine* nouns ending in -ь, except when this is made clear by an accompanying adjective (e.g. polar bear бе́лый медве́дь) or by the existence of a corresponding 'female' form (see (*e*) below).

(*b*) the gender of nouns (e.g. neuters in -мя, masculines in -a and -я, foreign borrowings in -и and -у) whose final letter does not serve as an indicator of gender. Nouns of common gender are designated (*c.g.*). Indeclinable nouns are designated (*indecl.*), preceded by a gender indicator if required. The many adjectives used as nouns (e.g. портно́й) are not specially marked.

(*c*) the gender (or, for *pluralia tantum*, the genitive plural termination) and number (*pl.*) of all plural nouns which translate a headword or compound. Thus:

**timpani** *n.* лита́вры (*f. pl.*).
**pliers** *n.* щипц|ы́ (*pl., g.* -о́в); кле́щ|и (*pl., g.* -е́й).

This information, however, is not given if the singular form has already appeared in the same entry, nor in the case of neuter plurals with an accompanying adjective, where the number and gender are self-evident from the terminations. Plurals of adjectives used substantivally are shown as (*pl.*).

(*d*) the nominative plural termination (-á or -я́) of certain masculine nouns when this form denotes a meaning different from that of the plural in -ы or -и, e.g.

**icon** . . . о́браз (*nom. pl.* -á).

(*e*) the forms of nouns used where Russian differs from English in making a verbal distinction between male and female. Thus:

**teacher** учи́тель (*fem.* -ница)

(*f*) aspectual information: see paragraphs 40–3 below.

(*g*) case usage with prepositions, e.g. **before** до +*g.*

(*h*) the case, with or without preposition, required to provide an equivalent to an English transitive verb. Thus:

**attack** *v.t.* нап|ада́ть, -а́сть на +*a.*

If no case is thus indicated, it is to be taken that the Russian verb is transitive.

(*i*) When English and Russian terms are equivalent as they stand, but both may be regularly extended e.g. by a prepositional phrase, the Russian idiom may be made explicit as in (*h*), but in brackets. Thus:

**conduce** *v.i.* спосо́бствовать (*impf.*) (+*d.*)

(*j*) Use is also made of oblique cases of the Russian pronouns кто and что (in brackets and italics) to indicate case/preposition usage after a verb. Thus:

**suit** (*adapt*) *v.t.* приспос|а́бливать, -о́бить (*что к чему*); согласо́в|ывать, -а́ть (*что с чем*)

ASPECTS

**40.** Aspectual information is given on all verbs (except быть, *impf.*) offered as renderings in infinitive form (except when they are subordinate to the finite verb in a sentence). If the verb is mono-aspectual, or used in a phrase to which only one aspect applies, it is designated either imperfective (*impf.*) or perfective (*pf.*) as the case may be. With verbs of motion a distinction is made between determinate (*det.*) and indeterminate (*indet.*) forms, the imperfective aspect being assumed unless otherwise stated. Bi-aspectual infinitives are shown as (*impf., pf.*). In all other cases both aspects are indicated (the imperfective always preceding the perfective) as in the following examples:

  (i)   получ|а́ть, -и́ть; возра|жа́ть, -зи́ть; сн|оси́ть, -ести́.
 (ii)   позв|оля́ть, -о́лить; встр|еча́ть, -е́тить.
(iii)   пока́з|ывать, -а́ть (i.e. *pf.* показа́ть); очаро́в|ывать, -а́ть.
 (iv)   гоня́ть, гнать; брать, взять; вынужда́ть, вы́нудить.
  (v)   смотре́ть, по-; греть, по- (i.e. *pf.* погре́ть); мости́ть, вы́- (i.e. *pf.* вы́мостить); лысе́ть, об-/по-.
 (vi)   и|мпровизи́ровать, сы-.

**41.** It will be seen from the above that

  (i)   when the first two or more letters of both aspects are identical, a vertical divider in the imperfective separates these letters from those which undergo change in the perfective. The perfective is then represented by the changed letters, preceded by a hyphen.
 (ii)   a 'change' includes change of stress only if the stress shifts *back* in the perfective to the previous vowel: the divider then precedes this vowel in the imperfective.
(iii)   if it shifts forward, only the stressed syllable of the perfective is shown.
 (iv)   when the two aspects have only their first letter in common, or are in fact different verbs, or both begin with вы- (which is always accented in the perfective), both are given in full.
  (v)   perfectives of the type 'prefix+imperfective' are shown by giving the prefix only, followed by a hyphen. Prefixes are unstressed except for вы́-. Alternative prefixes are separated by an oblique stroke.

**42.** Where a verb has two possible imperfective or perfective forms, the alternative form is shown inside a bracket, thus

разв|ора́чивать (*or* -ёртывать), -ерну́ть.
возвра|ща́ться, -ти́ться (*or* верну́ться).
пали́ть (*or* опа́ливать), о-.

**43.** When two or three verbs separated by a solidus are followed by the indication (*pf.*) or (*impf.*), this applies to both or all of them.

# ABBREVIATIONS USED IN THE DICTIONARY

| | | | |
|---|---|---|---|
| a. | accusative | dim. | diminutive |
| abbr. | abbreviat\|ion, -ed | dipl. | diploma\|cy, -tic |
| abs. | absolute | | |
| abstr. | abstract | eccl. | ecclesiastical |
| acad. | academic | econ. | economics |
| acc. | according | educ. | education, -al |
| act. | active | elec. | electric\|al, -ity |
| adj., adjs. | adjectiv\|e, -al; -es | ellipt. | elliptical |
| admin. | administration | emph. | empha\|sizing, -tic |
| adv., advs. | adverb, -ial; -s | eng. | engineering |
| agric. | agriculture | Eng. | English |
| alg. | algebra | entom. | entomology |
| Am | American | esp. | especially |
| anat. | anatomy | ethnol. | ethnology |
| anc. | ancient | euph. | euphemis\|m, -tic |
| anthrop. | anthropology | exc. | except |
| approx. | approximate(ly) | excl. | exclamation |
| arch. | archaic | expr. | express\|ing, -ed |
| archaeol. | archaeology | | |
| archit. | architecture | f. | feminine |
| astrol. | astrology | fem. | female |
| astron. | astronomy | fig. | figurative |
| attr. | attributive | fin. | financ\|e, -ial |
| Aust. | Austral(as)ian | Fr. | French |
| aux. | auxiliary | freq. | frequentative |
| av. | aviation | | |
| | | g. | genitive |
| bibl. | biblical | geod. | geodesy |
| biol. | biology | geog. | geography |
| bot. | botany | geol. | geology |
| Br. | British | geom. | geometry |
| | | ger. | gerund |
| c.g. | common gender | Ger. | German |
| chem. | chemistry | Gk. | Greek |
| cin. | cinema(tography) | g.pl. | genitive plural |
| coll. | colloquial | gram. | grammar |
| collect. | collective | g.sg. | genitive singular |
| comb. | combination | | |
| comm. | commerc\|e, -ial | her. | heraldry |
| comp. | comparative | hist. | histor\|y, -ical |
| concr. | concrete | hort. | horticulture |
| conj. | conjunction | | |
| cpd. | compound | i. | instrumental; |
| cul. | culinary | | intransitive in 'v.i.' |
| | | imper. | imperative |
| d. | dative | impers. | impersonal |
| decl. | decl\|ined, -ension | impf. | imperfective |
| def. art. | definite article | ind. | indirect |
| det. | determinate | indecl. | indeclinable |
| dial. | dialect(al) | indef. | indefinite |

| | | | |
|---|---|---|---|
| indet. | indeterminate | p. part. | past participle |
| inf. | infinitive | pr. | pronounce(d), pronunciation |
| int. | interjection | pred. | predicative |
| interrog. | interrogative | pref. | prefix |
| intrans. | intransitive | prep. | preposition |
| iron. | ironical | pres. | present |
| Ital. | Italian | pret. | preterite |
| | | philol. | philology |
| joc. | jocular | phon. | phonetic(s) |
| journ. | journalism | phot. | photography |
| | | phr. | phrase |
| Lat. | Latin | phrr. | phrases |
| leg. | legal | phys. | physic\|s, -al |
| ling. | linguistics | physiol. | physiology |
| lit. | literal | pl. | plural |
| liter. | literary | poet. | poetical |
| log. | logic | pol. | political |
| | | pron. | pronoun |
| m. | masculine | pros. | prosody |
| math. | mathematics | prov. | proverb |
| mech. | mechanics | psych. | psychology |
| med. | medic\|ine, -al | | |
| metall. | metallurgy | radiol. | radiology |
| meteor. | meteorology | rail. | railway |
| mil. | military | refl. | reflexive |
| min. | mineralogy | rel. | relative |
| mod. | modern | relig. | religion |
| mus. | music(al) | rhet. | rhetorical |
| myth. | mythology | Rom. | Roman |
| | | Ru. | Russian |
| n. | noun | | |
| naut. | nautical | Sc. | Scottish |
| nav. | naval | sg. | singular |
| neg. | negative | sl. | slang |
| nn. | nouns | s.o. | someone |
| nom. | nominative | soc. | social |
| nt. | neuter | stat. | statistics |
| num. | numer\|al, -ical | sth. | something |
| | | subj. | subject |
| obj. | object | suff. | suffix |
| obs. | obsolete | superl. | superlative |
| oft. | often | surv. | surveying |
| opp. | opposite (to); as opposed to | | |
| | | t. | transitive in 'v.t.' |
| opt. | optics | tech. | technical |
| o.s. | oneself | teleg. | telegraphy |
| | | teleph. | telephony |
| p. | prepositional (*Ru. gram.*); past in 'p. part.' | text. | textiles |
| | | theatr. | theatr\|e, -ical |
| parl. | parliamentary | theol. | theology |
| part. | participle | thg. | thing |
| pass. | passive | trans. | transitive |
| path. | pathology | trig. | trigonometry |
| pej. | pejorative | TV | television |
| pers. | person; personal | typ. | typography |
| pert. | pertaining | | |
| pf. | perfective | univ. | university |
| phil. | philosophy | usu. | usually |

| | | | |
|---|---|---|---|
| v. | verb | voc. | vocative |
| var. | various | v.t. | transitive verb |
| v.aux. | auxiliary verb | vulg. | vulgar(ism) |
| vbl. | verbal | vv. | verbs |
| vet. | veterinary | | |
| v.i. | intransitive verb | zool. | zoology |

# A

**A** *letter*: from ~ to Z с нача́ла до конца́; he
knows the subject from ~ to Z он зна́ет э́тот
предме́т как свои́ пять па́льцев; **A1** *adj.* (*coll.*)
первокла́ссный; **A-bomb** а́томная бо́мва.

**A** *n.* **1.** (*mus.*) ля (*nt. indecl.*); she reached top ~
она́ взяла́ ве́рхнее ля; **2.** (*highest mark*)
«отли́чно», «пятёрка».

**a, an** *indef. art.* **1.** *not usually translated*: it's an
elephant э́то слон; he thinks he is ~ Napoleon
он счита́ет себя́ Наполео́ном; **2.** (~ *certain*):
~ Mr. Smith rang звони́л не́кий господи́н
Смит; in ~ sense в како́м-то смы́сле; ~ old
friend of mine оди́н мой ста́рый знако́мый;
she married ~ Forsyte она́ вы́шла за́муж за
одного́ из (семьи́) Форса́йтов; **3.** (*one; the
same*): all of ~ size все одного́ разме́ра; все
одина́ковой величины́; **4.** (*distrib., in each*) в
+*a.*; twice ~ week два ра́за в неде́лю; 10 miles
an hour де́сять миль в час; (*for each*) за +*a.*;
10p ~ pound 10 пе́нсов за фунт; (*to each*): he
gave out £5 ~ person он вы́дал ка́ждому по
пять фу́нтов; (*from each*) с +*g.*; they charged
£1 ~ head они́ взя́ли по фу́нту с челове́ка.

**aardvark** *n.* трубкозу́б.

**aardwolf** *n.* земляно́й волк.

**aback** *adv.*: take ~ сму|ща́ть, -ти́ть.

**abacus** *n.* (*counting aid*) счёт|ы (*pl., g.* -ов);
(*archit.*) аба́ка.

**abaft** (*naut.*) *adv.* на корме́.

 *prep.* позади́ +*g.*

**abandon** *n.* бесшаба́шность, беспе́чность; with
~ бесшаба́шно, самозабве́нно.

 *v.t.* **1.** (*forsake*) пок|ида́ть, -и́нуть; he ~ed his
wife он оста́вил (*coll.* бро́сил) свою́ жену́; ~
ship! поки́нуть кора́бль!; **2.** (*renounce*)
отка́з|ываться, -а́ться от +*g.*; we must ~ the
idea мы должны́ отказа́ться от э́той иде́и;
they had ~ed all hope они́ потеря́ли вся́кую
наде́жду; **3.** (*discontinue*) прекра|ща́ть, -ти́ть;
the search was ~ed по́иски бы́ли пре-
кращены́; **4.** (*surrender*): the town was ~ed to
the enemy го́род был оста́влен врагу́; she ~ed
herself to grief она́ предала́сь своему́ го́рю.

**abandoned** *adj.* **1.** (*profligate*) распу́тный; **2.**
(*deserted*) оста́вленный, забро́шенный; an ~
child бро́шенный ребёнок.

**abandonment** *n.* **1.** (*forsaking*) оставле́ние; **2.**
(*being forsaken*) забро́шенность; **3.** (*renunciation*) отка́з (*от чего*); **4.** (*termination*)
прекраще́ние; **5.** (*impulsiveness*) бесшаба́ш-
ность.

**abase** *v.t.* ун|ижа́ть, -и́зить.

**abasement** *n.* униже́ние.

**abash** *v.t.* сму|ща́ть, -ти́ть; she felt ~ed она́
была́ смущена́.

**abate** *v.t.* **1.** (*diminish*) ум|еньша́ть, -е́ньшить;
(*mitigate*) ум|еря́ть, -е́рить; (*weaken*)
осл|абля́ть, -а́бить; (*lower, e.g. price*)
сн|ижа́ть, -и́зить; **2.** (*deduct*) сб|авля́ть,
-а́вить; he agreed to ~ sth. from the price он
согласи́лся не́сколько сба́вить це́ну; **3.** (*leg.,
quash*) отмен|я́ть, -и́ть.

 *v.i.* (*diminish*) ум|еньша́ться, -е́ньшиться;
(*weaken*) ослаб|ева́ть, -е́ть; (*of storm, epidemic
etc.*) ут|иха́ть, -и́хнуть.

**abatement** *n.* **1.** (*reduction*) уменьше́ние; (*mitigation*) смягче́ние; (*weakening*) ослабле́ние;
(*lowering*) сниже́ние; (*of storm etc.*) затиха́ние; **2.**
у́ровня шу́ма; (*deduction*) ски́дка; **3.** (*leg.*) аннули́рование,
отме́на.

**abattoir** *n.* скотобо́йня.

**abbé** *n.* абба́т; (*secular priest*) свяще́нник.

**abbess** *n.* аббати́сса; настоя́тельница
(монастыря́).

**abbey** *n.* абба́тство.

**abbot** *n.* абба́т; настоя́тель (*m.*) (монастыря́).

**abbreviate** *v.t.* сокра|ща́ть, -ти́ть; 'ampère' is
~d to A «ампе́р» сокращённо обознача́ется
че́рез «А»; ~d сокращённый, непо́лный; he
gave me an ~d version of what had happened
он вкра́тце пересказа́л мне случи́вшееся; an
~d skirt укоро́ченная ю́бка.

**abbreviation** *n.* сокраще́ние.

**ABC** *n.* (*alphabet*) а́збука, алфави́т; it's as easy
as ~ э́то (про́сто) как два́жды два — четы́ре;
(*reading primer*) буква́рь (*m.*); а́збука; (*fig.,
rudiments*) а́збука; осно́вы (*f. pl.*).

**abdicate** *v.t.* отка́з|ываться, -а́ться от +*g.*; ~
the throne (*also* ~ *v.i.*) отр|ека́ться, -е́чься от
престо́ла.

**abdication** *n.* отка́з (*от чего*); отрече́ние (от
престо́ла).

**abdomen** *n.* брюшна́я по́лость; живо́т.

**abdominal** *adj.* брюшно́й; ~ belt набрю́шник;
~ pain боль в животе́; ~ wound ране́ние в
живо́т.

**abduct** *v.t.* пох|ища́ть, -и́тить; (*наси́льно*)
ув|ози́ть, -езти́.

**abduction** *n.* похище́ние, уво́з.

**abductor** *n.* похити́тель (*m.*).

**abeam** *adv.* (*naut.*) на тра́верзе.

**aberranc|e, -y** *see* ABERRATION.

**aberrant** *adj.* заблуждáющийся; (*biol.*) абер-
рáнтный.

**aberration** *n.* **1.** (*error of judgement or conduct*)
заблуждéние; mental ~ помрачéние созна́-
ния; **2.** (*deviation*) отклонéние (от нóрмы); **3.**
(*astron., opt.*) аберрáция.

**abet** *v.t.* подстрекáть (*impf.*) к +*d.*; he was ~ted
by X егó пособником был X; ~ s.o. in a crime
содéйствовать (*impf.*) кому́-н. в совершéнии
преступлéния; ~ a crime содéйствовать
(*impf.*) преступлéнию.

**abettor** *n.* пособник.

**abeyance** *n.* **1.** (*suspension*) врéменная отмéна;
**2.** in ~: the matter is in ~ дéло врéменно
прекращенó; the rule has been in ~ since 1935
прáвило не применя́лось с 1935 гóда.

**abhor** *v.t.* питáть (*impf.*) (*or* испы́т|ывать, -áть)
отвращéние к +*d.*; nature ~s a vacuum
прирóда не тéрпит пустоты́.

**abhorrence** *n.* отвращéние; hold in ~; have an
~ of питáть (*impf.*) отвращéние к +*d.*; flattery
is my ~ лесть вызывáет у меня́ отвращéние.

**abhorrent** *adj.* отврати́тельный; the very idea is
~ to me мне проти́вно дáже дýмать об э́том.

**abidance** *n.*: ~ by the rules соблюдéние прáвил.

**abide** *v.t.* **1.** (*endure*) терпéть (*impf.*); выноси́ть
(*impf.*); I cannot ~ him я егó терпéть не могу́;
**2.** (*submit to*) подв|ергáться, -éргнуться +*d.*
*v.i.* **1.** (*remain*) пребывáть (*impf.*); **2.** ~ by
(*comply with*) приде́рживаться (*impf.*) +*g.*; ~
by the law соблюдáть (*impf.*) закóн; ~ by
one's promise ост|авáться, -áться вéрным
своему́ обещáнию.

**abiding** *adj.* постоя́нный, неизмéнный.

**ability** *n.* **1.** (*capacity in general*) спосóбность; to
the best of one's ~ по мéре спосóбностей; he
shows an ~ for music он проявля́ет музы-
кáльные спосóбности; (*knowing how*)
умéние; (*mental competence*) спосóбность; a
man of ~ спосóбный человéк; **2.** (*pl., gifts*)
даровáния (*nt. pl.*), спосóбности (*f. pl.*).

**ab initio** *adv.* с начáла.

**abject** *adj.* (*humble*) уни́женный; an ~ apology
уни́женная мольбá о прощéнии; (*craven*): ~
fear малодýшный страх; (*despicable*) пре-
зрéнный; (*pitifil, wretched*) жáлкий; in ~ poverty в крáйней нищетé.

**abject|ion, -ness** *n.* унижéние; уни́женность.

**abjuration** *n.* (кля́твенное) отречéние; откáз
(*от чего*).

**abjure** *v.t.* (*renounce on oath*) кля́твенно
отр|екáться, -éчься от +*g.*; (*forswear*)
отр|екáться, -éчься от +*g.*; откáз|ываться,
-áться от +*g.*

**ablative** *n.* аблати́в, отложи́тельный/твори́-
тельный падéж; ~ absolute аблати́в абсо-
лю́тный.
   *adj.* аблати́вный.

**ablaut** *n.* абля́ут.

**ablaze** *pred. adj.*: the fire was soon ~ огóнь
бы́стро разгорéлся; the buildings were ~
здáния бы́ли охвáчены огнём; her cheeks
were ~ with anger её щёки пылáли
гнéвом; streets ~ with light зáлитые свéтом
ýлицы.
   *adv.*: set a house ~ подж|игáть, -éчь дом.

**able** *adj.* **1.** be ~ to мочь, с-; быть в состоя́нии;
will you be ~ to come? вы смóжете прийти́?;
(*have the strength or power to*): he was not ~ to
walk any farther он был не в си́лах идти́
дáльше; ~ to pay платёжеспосóбный; as far
as one is ~ по мéре сил; (*know how to*) умéть
(*impf.*): he is ~ to swim он умéет плáвать; **2.**
(*skilful*) умéлый; (*capable*) спосóбный; ~
seaman матрóс пéрвого клáсса.
   *cpd.* ~**-bodied** *adj.* здорóвый, крéпкий; (*mil.*)
гóдный к воéнной слýжбе.

**ablution** *n.* (*ceremonial*) омовéние; (*usu. pl., act
of washing o.s.*) умывáние; perform one's ~s
мы́ться, вы́-; ум|ывáться, -ы́ться.

**abnegate** *v.t.* (*renounce*) отр|екáться, -éчься от
+*g.*; (*deny o.s.*) откáз|ывать, -áть себé в +*p.*

**abnegation** *n.* (*renunciation*) откáз, отречéние
(*от чего*); (*self-sacrifice*) самоотречéние.

**abnormal** *adj.* ненормáльный; (*deviating from
type*) аномáльный; ~ psychology психопато-
лóгия; (*exceptional*) необыкновéнный.

**abnormality** *n.* ненормáльность; аномáлия.

**aboard** *adv.* **1.** (*on a ship*) на кораблé; (*ship or
aircraft*) на бортý; (*train*) в пóезде; **2.** (*on to a
ship etc.*) на корáбль; нá борт; в пóезд; all ~!
посáдка закáнчивается!; (*rail*) по вагóнам!;
go ~ сади́ться, сесть на сýдно *и т.п.*; take ~
взять (*pf.*) нá борт.
   *prep.*: ~ ship на борт(ý) корабля́; ~ the bus в
автóбус(е); ~ the train на пóезд(е).

**abode** *n.* (*dwelling-place*) жили́ще; (*domicile*)
местожи́тельство; take up one's ~ посе-
л|я́ться, -и́ться; of no fixed ~ без постоя́н-
ного местожи́тельства.

**abolish** *v.t.* уничт|ожáть, -óжить; (*laws, taxes
etc.*) отмен|я́ть, -и́ть; (*customs etc.*)
упраздн|я́ть, -и́ть.

**abolition** *n.* уничтожéние; отмéна; упраз-
днéние.

**abolitionism** *n.* аболициони́зм.

**abolitionist** *n.* аболициони́ст.

**abominable** *adj.* отврати́тельный; the food was
~ корми́ли отврати́тельно.

**abominate** *v.t.* питáть (*impf.*) отвращéние к +*d.*;
I ~ him он мне внушáет отвращéние.

**abomination** *n.* (*detestation*) отвращéние; he was
held in ~ он вызывáл всеóбщее отвращéние;
(*detestable thing*): this building is an ~ э́то
здáние урóдливо; that is my pet ~ э́то
вызывáет у меня́ лю́тую нéнависть.

**aboriginal** *n. see* ABORIGINE.
   *adj.* тузéмный, коренн**ó**й; (*primitive*) перво-
бы́тный.

**aborigine** *n.* тузе́м|ец (*fem.* -ка); абориге́н; коренно́й жи́тель.

**abort** *v.t.* **1.** (*terminate pregnancy of*) де́лать, с-або́рт +*d.*; **2.** (*fig., terminate or cancel prematurely*) приостан|а́вливать, -ови́ть.
  *v.i.* **1.** (*of a pers.*) выки́дывать, вы́кинуть; **2.** (*fig., come to nothing*) срыва́ться, сорва́ться.

**abortifacient** *n.* аборти́вное сре́дство.

**abortion** *n.* **1.** (*miscarriage*) або́рт, вы́кидыш; procure an ∼ сде́лать (*pf.*) або́рт; she had an ∼ (*by surgery*) она́ сде́лала або́рт; **2.** (*misshapen creature*) уро́дец; **3.** (*hideous object*) уро́дливая вещь.

**abortionist** *n.* подпо́льный акушёр, (*coll.*) абортма́хер.

**abortive** *adj.* (*of a birth*) преждевре́менный; (*fig.*) мертворождённый, неуда́вшийся.

**abound** *v.i.* **1.** (*exist in large numbers or quantities*) быть в изоби́лии; находи́ться/име́ться в большо́м коли́честве; **2.** ∼ in (*be rich in*) изоби́ловать (*impf.*) +*i.*; the country ∼s in oil страна́ бога́та не́фтью; ∼ (*teem*) with кише́ть (*impf.*) +*i.*; (*have plenty of*): a man ∼ing in common sense челове́к, испо́лненный здра́вого смы́сла.

**about** *adv.* **1.** (*here and there*): don't leave your clothes ∼ не оставля́йте свое́й оде́жды где попа́ло; **2.** (*in the vicinity; in circulation*) вокру́г, круго́м; there is some kind of 'flu ∼ хо́дит како́й-то ви́рус; there are a lot of soldiers ∼ круго́м мно́го солда́т; is he anywhere ∼? нет его́ где́-нибудь поблизо́сти?; there are rumours ∼ хо́дят слу́хи; up and ∼ на нога́х; she is too ill to get ∼ она́ так больна́, что не мо́жет выходи́ть; **3.** (*to face the other way*): ∼ turn! (*mil.*) круго́м!; the wrong way ∼ наоборо́т; (*alternately*) turn and turn ∼ по о́череди; **4.** (*almost*) почти́; that's ∼ right приме́рно так; dinner is ∼ ready обе́д почти́ гото́в; it's ∼ time we went пора́ бы нам идти́; and ∼ time too! давно́ пора́!; **5.** (*approximately*) о́коло +*g.*; приблизи́тельно; ∼ 3 o'clock о́коло трёх часо́в; he is ∼ your height он приблизи́тельно ва́шего ро́ста; ∼ twice ра́за два; it costs ∼ 100 roubles э́то сто́ит рубле́й сто; ∼ a kilogram in weight ве́сом о́коло килогра́мма; in ∼ half an hour че́рез каки́е-нибудь полчаса́; **6.** ∼ to (*ready to, just going to*): he was ∼ to leave when I arrived он собира́лся уходи́ть, когда́ я пришёл; I was ∼ to say я собира́лся сказа́ть; the train is ∼ to leave по́езд сейча́с тро́нется; I was just ∼ to do so я как раз собира́лся э́то сде́лать; **7.** *For phrasal verbs with* ∼, *see relevant verb entries.*
  *prep.* **1.** (*around*; *near*) вокру́г +*g.*; the people ∼ him лю́ди, его́ окружа́ющие; somewhere ∼ here где́-то здесь; he looked ∼ him он огляде́лся вокру́г; I have no money ∼ me у меня́ нет при себе́ де́нег; **2.** (*at or to various places, in*) по +*d.*; walk ∼ the streets ходи́ть (*indet.*) по

у́лицам; books lay ∼ the room кни́ги лежа́ли по всей ко́мнате; **3.** (*fig., in*) в +*p.*; there was no vanity ∼ him в нём не́ было тщесла́вия; **4.** (*concerning*) о +*p.*; насчёт +*g.*; по по́воду +*g.*; относи́тельно +*g.*; what are you talking ∼? о чём вы говори́те?; what ∼ dinner? как насчёт обе́да?; how ∼ a game of cards? не сыгра́ть ли нам в ка́рты?; what is it all ∼? в чём де́ло?; he has called ∼ the rent он зашёл насчёт квартпла́ты; a quarrel arose ∼ her из-за неё произошла́ ссо́ра; she is mad ∼ him она́ без ума́ от него́; much ado ∼ nothing мно́го шу́ма из ничего́; there is no doubt ∼ it в э́том нет сомне́ния; **5.** (*engaged in*): be ∼ one's business занима́ться (*impf.*) свои́ми дела́ми; he was a long time ∼ it у него́ ушло́ на э́то мно́го вре́мени; why not ask for £100 while you're ∼ it? почему́ бы не попроси́ть заодно́ сто фу́нтов?
  *cpds.* ∼**-face,** ∼**-turn** *nn.* (*lit.*) поворо́т круго́м; (*fig.*) ре́зкое измене́ние.

**above** *n.*: the ∼ вышеупомя́нутое; вышеизло́женное.
  *adj.* (∼-*mentioned*) вышеупомя́нутый; (*foregoing*) предыду́щий.
  *adv.* **1.** (*overhead*; *upstairs*) наверху́; we live in the flat ∼ мы живём в кварти́ре этажо́м вы́ше; (*expr. motion*) наве́рх; from ∼ све́рху; **2.** (*higher up*) вы́ше; **3.** (*relig.*): the powers ∼ си́лы (*f. pl.*) небе́сные; **4.** (*in text, speech etc.*) вы́ше; ра́ньше.
  *prep.* **1.** (*over; higher than*) над +*i.*; вы́ше +*g.*; his voice was heard ∼ the noise его́ го́лос доноси́лся сквозь шум; **2.** (*beyond; upstream of*): 3 miles ∼ Oxford в трёх ми́лях вы́ше Оксфо́рда по тече́нию; **3.** (*more than*) свы́ше +*g.*: ∼ 30 tons свы́ше 30 тонн; **4.** (*fig.*): ∼ me in rank вы́ше меня́ чи́ном; ∼ all praise вы́ше вся́ких похва́л; he is ∼ such base actions он не спосо́бен на таки́е по́длости; ∼ suspicion вне подозре́ния; he is getting ∼ himself он начина́ет зазнава́ться; he is not ∼ cheating at cards он позволя́ет себе́ жу́льничать в ка́ртах; he is living ∼ his means он живёт не по сре́дствам; ∼ all пре́жде/бо́льше всего́; са́мое гла́вное; over and ∼ вдоба́вок к +*d.*; this is ∼ my head э́то вы́ше моего́ понима́ния; he kept his head ∼ water (*fig.*) он ко́е-как перебива́лся.
  *cpds.* ∼**-board** *adj.* (*honourable*) че́стный; (*open, frank*) откры́тый; ∼**-mentioned** *adj.* вышеупомя́нутый; ∼**-named** *adj.* вышена́званный.

**abracadabra** *n.* абракада́бра

**abrade** *v.t.* (*skin etc.*) сдира́ть, содра́ть; (*bark*) об|дира́ть, -одра́ть.

**Abraham** *n.* Авраа́м; in ∼'s bosom в ло́не Авраа́мовом.

**abrasion** *n.* (*rubbing off*) истира́ние; (*wounded area of skin*) сса́дина.

**abrasive** *n.* абрази́вный материа́л.
 *adj.* сдира́ющий, обдира́ющий; ~ wheel шлифова́льный круг; (*fig.*) колю́чий; an ~ tongue беспоща́дный язы́к; an ~ voice ре́зкий/скрипу́чий го́лос.

**abreact** *v.t.* (*repressed emotions etc.*) высвобожда́ть, высвободить.

**abreaction** *n.* абреа́кция, высвобожде́ние, раскрепоще́ние.

**abreast** *adv.* в ряд, на одно́й ли́нии; three ~ по́трое в ряд; (*naut.*) на тра́верзе; (*fig.*): we keep ~ of the times мы идём в но́гу со вре́менем; ~ of events в ку́рсе собы́тий.

**abridge** *v.t.* **1.** сокра|ща́ть, -ти́ть; an ~d version сокращённый вариа́нт; **2.** (*rights etc.*) ограни́чи|вать, -ть.

**abridgement** *n.* сокраще́ние; ограниче́ние; (*summary*) конспе́кт.

**abroad** *adv.* за грани́цей/рубежо́м; (*motion*) за грани́цу; from ~ из-за грани́цы; our correspondents ~ на́ши иностра́нные корреспонде́нты; (*fig., in circulation*): there are rumours ~ хо́дят слу́хи.

**abrogate** *v.t.* отмен|я́ть, -и́ть.

**abrogation** *n.* отме́на.

**abrupt** *adj.* **1.** (*disconnected*) отры́вистый; **2.** (*brusque*) ре́зкий; **3.** (*sudden*) внеза́пный; **4.** (*steep, precipitous*) круто́й, обры́вистый.

**abruptness** *n.* отры́вистость; ре́зкость; внеза́пность; крутизна́.

**abscess** *n.* абсце́сс.

**abscissa** *n.* абсци́сса.

**abscond** *v.i.* скр|ыва́ться, -ы́ться; укр|ыва́ться, -ы́ться; he ~ed with the takings он обчи́стил ка́ссу и скры́лся.

**absence** *n.* отсу́тствие; in his ~ в его́ отсу́тствие; leave of ~ о́тпуск; ~ without leave самово́льная отлу́чка; ~ of mind рассе́янность; (*lack*): in the ~ of evidence за недоста́точностью ули́к.

**absent**[1] *adj.* **1.** (*not present*) отсу́тствующий; ~ without leave в самово́льной отлу́чке; be ~ отсу́тствовать (*impf.*); he was ~ from school его́ не́ было в шко́ле; **2.** (*abstracted*) рассе́янный.
 *cpds.:* ~**-minded** *adj.* рассе́янный; ~**-mindedness** *n.* рассе́янность.

**absent**[2] *v.t.:* ~ o.s. отлуч|а́ться, -и́ться; уклон|я́ться, -и́ться (от +*g.*).

**absentee** *n.* отсу́тствующий; уклоня́ющийся; there were six ~s отсу́тствовало шесть челове́к; ~ landlord владе́лец, сдаю́щий своё име́ние и живу́щий в друго́м ме́сте.

**absenteeism** *n.* абсентеи́зм; прогу́л.

**absinth(e)** *n.* (*liqueur*) полы́нная во́дка, абсе́нт.

**absolute** *n.* (*phil.*: the A ~) абсолю́т.
 *adj.* (*perfect*): ~ beauty соверше́нная красота́; (*pure*): ~ alcohol чи́стый спирт; (*unconditional*): an ~ promise твёрдое обеща́ние; ~ monarchy абсолю́тная

мона́рхия; (*consummate*): an ~ ruffian зако́нченный негодя́й; (*indubitable*): ~ proof несомне́нное доказа́тельство; (*gram.*): ~ construction абсолю́тная констру́кция.

**absolutely** *adv.* **1.** (*completely*) вполне́, абсолю́тно; соверше́нно; (*unquestionably*) безусло́вно; **2.** ~! (*expr. agreement*) безусло́вно/коне́чно!; абсолю́тно с ва́ми согла́сен.

**absolution** *n.* (*forgiveness*) проще́ние; (*eccl.*) отпуще́ние грехо́в; (*leg.*) оправда́ние; his ~ from blame призна́ние его́ невино́вным.

**absolutism** *n.* абсолюти́зм.

**absolutist** *n.* абсолюти́ст.
 *adj.* абсолюти́стский.

**absolve** *v.t.* (*of blame*) призн|ава́ть, -а́ть невино́вным; he was ~d of all blame он был при́знан по́лностью невино́вным; (*of sins*) отпус|ка́ть, -ти́ть грехи́ +*d.*; his sins were ~d он получи́л отпуще́ние грехо́в; (*of obligation*) освобо|жда́ть, -ди́ть; he was ~d of obligation он был освобождён от обяза́тельства.

**absorb** *v.t.* **1.** (*soak up*) вс|а́сывать, -оса́ть; **2.** (*fig.*): ~ knowledge впи́т|ывать, -а́ть зна́ния; **3.** (*engross*) погло|ща́ть, -ти́ть; his business ~s him он поглощён свои́ми дела́ми; he listened with ~ed interest он слу́шал со всепоглоща́ющим интере́сом; he was ~ed in reading он был погружён в чте́ние; **4.** (*tech.*) абсорби́ровать (*impf., pf.*); (*of shock, vibration etc.*) амортизи́ровать (*impf., pf.*).

**absorbability** *n.* поглоща́емость.

**absorbable** *adj.* поглоща́емый.

**absorbency** *n.* впи́тывающая спосо́бность.

**absorbent** *adj.* вса́сывающий, поглоща́ющий; ~ cotton-wool гигроскопи́ческая ва́та.

**absorbing** *adj.* (*engrossing*) захва́тывающий.

**absorption** *n.* **1.** (*soaking up*) вса́сывание; впи́тывание; **2.** (*engrossment*): his ~ in his studies его́ погружённость в заня́тия; **3.** (*tech.*) абсо́рбция.

**absorptive** *adj. see* ABSORBENT.

**abstain** *v.i.* возде́рж|иваться, -а́ться; he ~ed (from drinking) on principle он возде́рживался от спиртны́х напи́тков из при́нципа; the Opposition decided to ~ (from voting) оппози́ция реши́ла воздержа́ться (от голосова́ния).

**abstainer** *n.* (*from drinking*) тре́звенник, непью́щий; (*from voting*) воздержа́вшийся.

**abstemious** *adj.* (*of pers.*) возде́ржанный; (*of a meal etc.*) уме́ренный.

**abstemiousness** *n.* возде́ржанность.

**abstention** *n.* воздержа́ние (*от чего*): the resolution was passed with three ~s резолю́ция была́ при́нята при трёх воздержа́вшихся.

**abstinence** *n.* воздержа́ние (*от чего*); (*moderation*) уме́ренность; total ~ по́лный отка́з от употребле́ния спиртны́х напи́тков.

**abstinent** *adj.* (*of pers.*) возде́ржанный; (*moder-*

*ate*) уме́ренный; (*not taking alcohol*) непью́щий.

**abstract**[1] *n.* (*summary*) резюме́ (*indecl.*); (*of dissertation*) рефера́т; in the ~ в абстра́кции; отвлечённо.

*adj.* отвлечённый, абстра́ктный; ~ noun отвлечённое и́мя/существи́тельное; ~ art абстра́ктное иску́сство; ~ artist абстракциони́ст.

**abstract**[2] *v.t.* **1.** (*remove, separate*) отдел|я́ть, -и́ть; (*coll., make away with*) утащи́ть (*pf.*); **2.** (*divert, e.g. attention*) отвл|ека́ть, -е́чь; **3.** (*summarize*) резюми́ровать (*impf., pf.*); **4.** (*consider* ~*ly*) абстраги́ровать (*impf., pf.*).

**abstracted** *adj.* заду́мавшийся, рассе́янный.

**abstraction** *n.* **1.** (*withdrawal, removal*) отделе́ние; **2.** (*process of thought or idea*) отвлече́ние; абстра́кция; **3.** (*absence of mind*) рассе́янность.

**abstruse** *adj.* замыслова́тый, мудрёный.

**abstruseness** *n.* замыслова́тость.

**absurd** *adj.* неле́пый, абсу́рдный; don't be ~! како́й вздор!; не смеши́те люде́й!; you look ~ in that hat в э́той шля́пе у вас неле́пый вид; he was ~ly generous он был до абсу́рда щедр.

**absurdity** *n.* неле́пость, абсу́рдность; reduce to ~ дов|оди́ть, -ести́ до абсу́рда.

**abundance** *n.* (*plenty*) изоби́лие; there was food in ~ еды́ бы́ло вдо́воль; (*affluence*) бога́тство, дово́льство; live in ~ жить в доста́тке; (*superfluity*) избы́ток.

**abundant** *adj.* (из)оби́льный (*чем*); there is ~ proof доказа́тельств бо́льше чем доста́точно; be ~ изоби́ловать (*impf.*).

**abuse**[1] *n.* **1.** (*misuse*) злоупотребле́ние; ~ of confidence злоупотребле́ние дове́рием; **2.** (*unjust or corrupt practice*): a crying ~ вопию́щее злоупотребле́ние; **3.** (*reviling*) ру́гань, брань; руга́тельства (*nt. pl.*); term of ~ оскорбле́ние; he heaped/showered ~ on me он осы́пал меня́ бра́нью.

**abuse**[2] *v.t.* **1.** (*misuse*) злоупотреб|ля́ть, -и́ть +*i.*; **2.** (*revile*) руга́ть (*impf.*); оскорб|ля́ть, -и́ть; поноси́ть (*impf.*).

**abusive** *adj.* (*insulting*) оскорби́тельный; (*using curses*) бра́нный, руга́тельный; ~ language брань, ру́гань.

**abusiveness** *n.* оскорби́тельность, брань, ру́гань.

**abut** *v.i.*: ~ on (*border on*) прилега́ть (*impf.*) к +*d.*; примыка́ть (*impf.*) к +*d.*; грани́чить (*impf.*) с +*i.*; (*lean against*) уп|ира́ться, -ере́ться в +*a.*

**abutment** *n.* **1.** (*junction*) стык; **2.** (*part of structure*) пята́; контрфо́рс.

**abysmal** *adj.* бездо́нный; (*fig.*) безграни́чный; ужаса́ющий; ~ ignorance ди́кое неве́жество.

**abyss** *n.* бе́здна, про́пасть.

**Abyssinia** *n.* Абисси́ния.

**Abyssinian** *n.* абисси́н|ец (*fem.* -ка).

*adj.* абисси́нский.

**acacia** *n.* ака́ция; false ~ бе́лая ака́ция.

**academic** *n.* учёный.

*adj.* академи́ческий, нау́чный; (*unpractical*) академи́чный; нереа́льный, неактуа́льный, кабине́тный.

**academicals** *n.* университе́тское облаче́ние.

**academician** *n.* акаде́мик.

**academicism** *n.* академи́чность.

**academy** *n.* акаде́мия, учи́лище; (*in Scotland*) сре́дняя шко́ла; ~ of fine arts акаде́мия изя́щных иску́сств; military ~ вое́нное учи́лище.

**acanthus** *n.* ака́нт.

**accede** *v.i.* **1.** (*agree, assent*) согла|ша́ться, -си́ться (с +*i.*); **2.** ~ to (*grant*): ~ to a request удовлетвор|я́ть, -и́ть про́сьбу; (*take up, enter upon*) вступ|а́ть, -и́ть в +*a.*; ~ to the throne взойти́ (*pf.*) на престо́л; (*join*) присоедин|я́ться, -и́ться к +*d.*

**accelerando** *adv.* аччелера́ндо.

**accelerat**|**e** *v.t. & i.* уск|оря́ть(ся), -о́рить(ся); (*motoring*) да|ва́ть, -ть газ; ~ing mechanism ускори́тель (*m.*).

**acceleration** *n.* ускоре́ние; the car has good ~ у автомоби́ля хоро́ший разго́н.

**accelerator** *n.* (*of car*) акселера́тор; (*phys., etc.*) ускори́тель (*m.*); (*chem.*) катализа́тор.

**accent**[1] *n.* **1.** (*orthographical sign; emphasis*) ударе́ние; акце́нт; put the ~ on (*fig.*) де́лать, с- акце́нт на +*p.*; **2.** (*mode of speech*) акце́нт; he speaks with a slight ~ он говори́т с лёгким акце́нтом.

**accent**[2] *v.t.* **1.** (*emphasize in speech or fig.*) де́лать, с- ударе́ние/акце́нт на +*p.*; акценти́ровать (*impf.*); **2.** (*put written* ~*s on*) ста́вить, по- ударе́ние на +*a.*

**accentual** *adj.*: ~ prosody тони́ческое стихосложе́ние.

**accentuate** *v.t.* (*lit.*) see ACCENT[2]; (*fig.*) акценти́ровать (*impf.*); подч|ёркивать, -еркну́ть; the difference was ~d ра́зница была́ подчёркнута.

**accentuation** *n.* ударе́ние; акцентуа́ция; (*fig.*) акценти́рование; подчёркивание.

**accept** *v.t.* **1.** (*agree to receive*) прин|има́ть, -я́ть; he refused to ~ a tip он отказа́лся взять чаевы́е; she ~ed him (*as fiancé*) она́ приняла́ его́ предложе́ние; he was ~ed as one of the group его́ при́няли в свой круг; **2.** (*recognize, admit*) призн|ава́ть, -а́ть; you must ~ this fact вы должны́ смири́ться с э́тим фа́ктом; I ~ that it may take time не спо́рю, что для э́того потре́буется вре́мя; it is an ~ed fact э́то общепри́знанный факт; he ~ed defeat gracefully он при́нял пораже́ние с досто́инством; **3.** (*comm.*) акцептова́ть (*impf., pf.*).

**acceptability** *n.* прие́млемость.

**acceptable** *adj.* прие́млемый.

**acceptance** *n.* (*willing receipt*) приня́тие;

(*approval*) одобре́ние; his words found ~ его́ слова́ вы́звали одобре́ние; (*comm.*) акце́пт.

**acceptation** *n.*: ~ of a word (при́нятое) значе́ние сло́ва.

**access** *n.* **1.** (*possibility of reaching, using, etc.*) до́ступ; he gained ~ to the house он прони́к в дом; you may have ~ to my library вы мо́жете по́льзоваться мое́й библиоте́кой; easy of ~ (*of places or persons*) досту́пный; (*means of approach*; *way in*) подхо́д; ~ road подъездно́й путь; **2.** (*attack of illness etc.*) при́ступ, вспы́шка.

**accessary** *n. see* ACCESSORY *n.* 1.

**accessibility** *n.* досту́пность; удо́бство подхо́да.

**accessible** *adj.* досту́пный; he is ~ to argument он прислу́шивается к чужи́м до́водам; ~ to bribery прода́жный; (*open to influence*) поддаю́щийся влия́нию.

**accession** *n.* **1.** (*attaining*) вступле́ние; ~ to an office вступле́ние в до́лжность; ~ to power прихо́д к вла́сти; ~ to the throne вступле́ние на престо́л; ~ to manhood достиже́ние зре́лости; возмужа́ние; (*committal*): ~ to a treaty присоедине́ние к догово́ру; **2.** (*addition, growth*) приро́ст; **3.** (*of book into library etc.*) поступле́ние; ~ catalogue катало́г но́вых поступле́ний.

**accessory** *n.* **1.** (*leg., also* **accessary**) соуча́стник; ~ to the murder соуча́стник уби́йства; ~ before/after the fact соуча́стник до/по́сле собы́тия преступле́ния; **2.** (*pl., ancillary parts of machine etc.*) принадле́жности (*f. pl.*), приспособле́ния (*nt. pl.*); (*of clothing*) аксессуа́ры (*m. pl.*).

*adj.* вспомога́тельный; дополни́тельный.

**accidence** *n.* (*gram.*) словоизмене́ние; морфоло́гия.

**accident** *n.* **1.** (*chance*) слу́чай, случа́йность; by ~ случа́йно; by the merest ~ чи́сто случа́йно; it was no ~ that he was present его́ прису́тствие не́ было случа́йным; **2.** (*unintentional action*): I'm sorry, it was an ~ прости́те, я неча́янно; **3.** (*mishap*) несча́стный слу́чай; (*railway*) круше́ние; road ~ автомоби́льная катастро́фа; ~s in the home бытовы́е тра́вмы; ~ insurance страхова́ние от несча́стных слу́чаев; his car met with an ~ его́ автомоби́ль попа́л в ава́рию; ~s will happen ≃ чему́ быть, того́ не минова́ть; вся́кое быва́ет; we arrived without ~ мы дое́хали благополу́чно. **4.** (*phil.*) акциде́нция.

*cpd.*: ~-**prone** *adj.* невезу́чий; ~-prone person бедола́га (*coll., c.g.*); три́дцать три несча́стья.

**accidental** *n.* (*mus.*) знак альтера́ции.

*adj.* **1.** (*happening by chance*) случа́йный; ~ death смерть в результа́те несча́стного слу́чая; **2.** (*incidental*) побо́чный.

**acclaim** *n.* (*welcome*) приве́тствие; (*applause*) ова́ция.

*v.t.* (*welcome*) приве́тствовать (*impf.*); (*hail*) провозгла|ша́ть, -си́ть; he was ~ed king его́ провозгласи́ли короле́м; (*applaud*) бу́рно аплоди́ровать (*impf.*) +d.

**acclamation** *n.* (*loud approval*) шу́мное одобре́ние; (*enthusiasm*) энтузиа́зм; (*pl., shouts of welcome or applause*) приве́тственные во́згласы (*m. pl.*); his books won the ~ of critics его́ кни́ги вы́звали шу́мное одобре́ние кри́тиков.

**acclimatization** *n.* акклиматиза́ция.

**acclimatize** *v.t. & i.* акклиматизи́ровать(ся) (*impf., pf.*).

**acclivity** *n.* поло́гий подъём.

**accolade** *n.* знак посвяще́ния в ры́цари; he received the ~ он был посвящён в ры́цари; (*fig.*) похвала́; награ́да; (*mus.*) акколо́да.

**accommodat|e** *v.t.* **1.** (*find lodging for*) разме|ща́ть, -сти́ть; (*single pers.*) поме|ща́ть, -сти́ть; предост|авля́ть, -а́вить жильё +d.; (*mil.*) расквартиро́в|ывать, -а́ть; **2.** (*hold, seat*) вме|ща́ть, -сти́ть; the car will ~e 6 persons маши́на вмеща́ет шесть челове́к; a hall ~ing 500 зал на 500 челове́к; **3.** (*oblige*) ока́з|ывать, -а́ть услу́гу +d.; ~e s.o. with a loan предоста́вить (*pf.*) кому́-н. де́ньги взаймы́; **4.** (*equip*) снаб|жа́ть, -ди́ть (*кого чем*); **5.** (*adapt*) приспос|обля́ть, -о́бить; примен|я́ть, -и́ть: she ~ed herself to circumstances она́ примени́лась/приспосо́билась к обстоя́тельствам; **6.** (*reconcile*) примир|я́ть, -и́ть.

**accommodating** *adj.* (*willing to oblige*) покла́дистый, сгово́рчивый, услу́жливый; (*easy to live with*) уживчивый.

**accommodation** *n.* **1.** (*lodgings*) жильё; can you provide a night's ~? мо́жно останови́ться у вас на́ ночь?; hotel ~ is scarce гости́ничных мест не хвата́ет; **2.** (*loan*) ссу́да, креди́т; **3.** (*adaptation*) приспособле́ние; **4.** (*settlement*) соглаше́ние; **5.** (*convenience*) удо́бство; ~ ladder забо́ртный трап.

**accompaniment** *n.* **1.** (*accompanying*) сопровожде́ние; **2.** (*concomitant*): disease is an ~ of famine боле́знь — спу́тник го́лода; **3.** (*mus.*) аккомпанеме́нт; (*fig.*) he spoke to the ~ of laughter его́ речь то и де́ло прерыва́л смех.

**accompanist** *n.* (*mus.*) аккомпаниа́тор.

**accompan|y** *v.t.* **1.** (*lit., go or be with; fig., occur with*) сопровожда́ть (*impf.*); ~ied by friends в сопровожде́нии друзе́й; (*lit. and fig., attend*) сопу́тствовать (*impf.*) +d.; many illnesses are ~ied by fever жар характе́рен для мно́гих боле́зней; (*escort*): may I ~y you home? разреши́те проводи́ть вас домо́й?; **2.** (*fig., supplement*) сопрово|жда́ть, -ди́ть (*что чем*); he ~ied his remarks with gestures он сопровожда́л свои́ замеча́ния же́стами; your offer must be ~ied by a letter ва́ше предложе́ние необходи́мо сопроводи́ть письмо́м; **3.** (*mus.*) аккомпани́ровать (*impf.*) +d.

**accomplice** *n.* соуча́стник, соо́бщник.

**accomplish** *v.t.* (*complete*) заверш|а́ть, -и́ть; (*fulfil, perform*) выполня́ть, вы́полнить; соверш|а́ть, -и́ть.

**accomplished** *adj.* **1.** (*completed*) заверше́нный, соверше́нный; an ~ fact соверши́вшийся факт; **2.** (*skilled, experienced*) соверше́нный, иску́сный, зако́нченный; **3.** (*cultivated*) культу́рный, разносторо́нний; **4.** (*egregious*): an ~ liar зако́нченный лгун.

**accomplishment** *n.* заверше́ние; выполне́ние; (*achievement*) достиже́ние; difficult of ~ трудноисполни́мый; (*skill*) уме́ние, соверше́нство; a man of many ~s разносторо́нний челове́к.

**accord** *n.* **1.** (*agreement*) согла́сие, соглаше́ние; with one ~ единоду́шно; be in ~ with быть согла́сным с +*i*.; быть в согла́сии с +*i*.; согла́со́вываться (*impf.*) с +*i*.; **2.** (*volition*): of one's own ~ по со́бственному почи́ну/жела́нию; сам по себе́; the door opened of its own ~ дверь откры́лась сама́.

*v.t.* предост|авля́ть, -а́вить (*что кому*); he was ~ed the necessary facilities ему́ предоста́вили всё необходи́мое; ~ permission да|ва́ть, -ть разреше́ние; he was ~ed a hero's welcome его́ встре́тили как геро́я.

*v.i.* ~ with быть в согла́сии с +*i*.; согласо́в|ываться, -а́ться с +*i*.

**accordance** *n.* (*agreement*) согла́сие; (*conformity*) соотве́тствие; in ~ with в соотве́тствии с +*i*., согла́сно +*d*.

**according** *adv.*: ~ as соотве́тственно +*d*., в зави́симости от +*g*.; ~ as your work is good or bad в зави́симости от ка́чества ва́шей рабо́ты; you may go or stay ~ as you decide са́ми реша́йте — идти́ и́ли остава́ться; ~ to (*in keeping or conformity with*) согла́сно +*d*.; ~ to the laws согла́сно зако́нам; (*in a manner or degree consistent with; corresponding to*) в соотве́тствии с +*i*., по +*d*.; books arranged ~ to authors кни́ги, размещённые по а́вторам; (*depending on*): ~ to circumstances в зави́симости от обстоя́тельств; (*on the authority or information of*) по +*d*., согла́сно +*d*.; по мне́нию/слова́м/сообще́нию +*g*.; the Gospel ~ to St. Mark ева́нгелие от Ма́рка.

**accordingly** *adv.* **1.** (*as circumstances suggest*) соотве́тственно; **2.** (*therefore*) поэ́тому; таки́м о́бразом.

**accordion** *n.* аккордео́н; ~-pleated skirt плиссиро́ванная ю́бка.

**accordionist** *n.* аккордеони́ст.

**accost** *v.t.* прист|ава́ть, -а́ть к +*d*. (с разгово́ром).

**account** *n.* **1.** (*comm.*) счёт (*pl.* -а́); current, credit ~ теку́щий счёт; deposit ~ депози́тный счёт; joint ~ о́бщий счёт; statement of ~ вы́писка из счёта; ~ book счётная/бухга́л-

терская кни́га; keep ~s вести́ (*det.*) счета́; open an ~ откр|ыва́ть, -ы́ть счёт; settle an ~ опла́|чивать, -ти́ть счёт; распла́|чиваться, -ти́ться по счёту; render an ~ предст|авля́ть, -а́вить счёт; put these goods down to my ~ запиши́те э́ти това́ры на мой счёт; can you give me a little on ~? мо́жете ли вы мне дать небольшо́й зада́ток?; £5 on ~ of salary 5 фу́нтов в счёт жа́лованья; balance, square ~s св|оди́ть, -ести́ счета́; подв|оди́ть, -ести́ бала́нс; (*fig.*): settle ~s with s.o. (*take revenge*) свести́ (*pf.*) счёты с кем-н.; he has gone to his ~ (*died*) он поко́нчил счёты с жи́знью; **2.** (*calculation*) расчёт; money of ~ расчётная едини́ца; he is quick at ~s он бы́стро/хорошо́ счита́ет; **3.** (*purpose; benefit*) по́льза; вы́года; turn sth. to (good) ~ извл|ека́ть, -е́чь по́льзу из чего́-н.; he is in business on his own ~ у него́ со́бственное де́ло; **4.** (*statement, report*) отчёт; by his own ~ по его́ со́бственным слова́м; by all ~s су́дя по всему́; call to ~ приз|ыва́ть, -ва́ть (*кого*) к отве́ту; give a good ~ of o.s. (*defend o.s.*) постоя́ть (*pf.*) за себя́; (*perform well*) хорошо́ показа́ть (*pf.*)/зарекомендова́ть (*pf.*) себя́; **5.** (*estimation, consideration*) расчёт, значе́ние; take into ~, take ~ of уч|и́тывать, -е́сть; прин|има́ть, -я́ть в расчёт; leave out of ~, take no ~ of не уч|и́тывать, -е́сть; не прин|има́ть, -я́ть в расчёт; a man of no ~ незначи́тельный/ничто́жный челове́к; **6.** (*reason, cause*): on ~ of (*for the sake of*) ра́ди +*g*.; (*because of*) из-за +*g*.; (*in consequence of*) по причи́не +*g*.; (*as a result of*) всле́дствие +*g*.; on no ~ ни в ко́ем слу́чае.

*v.t.* (*consider*) сч|ита́ть, -е́сть: he was ~ed a hero его́ счита́ли геро́ем.

*v.i.* ~ for: (*lit., fig., give a reckoning of*) отчи́т|ываться, -а́ться в +*p*.; да|ва́ть, -ть отчёт в +*p*.; he had to ~ for his expenses ему́ пришло́сь отчита́ться в свои́х расхо́дах; (*fig., answer for*) отв|еча́ть, -е́тить за +*a*.; is everyone ~ed for? никого́ не забы́ли?; (*explain*) объясн|я́ть, -и́ть; how do you ~ for being late? как вы объясня́ете своё опозда́ние?; there's no ~ing for tastes о вку́сах не спо́рят; (*be reason for*) явля́ться (*impf.*) причи́ной +*g*.; (*comprise*) сост|авля́ть, -а́вить; women ~ for about 60% of our audiences же́нщины составля́ют о́коло 60% на́ших слу́шателей; (*be responsible for*; *dispose of*): our company ~ed for 60 of the enemy на́ша ро́та вы́вела из стро́я 60 неприя́тельских солда́т; he accounted for all the goals все мячи́ заби́л он.

**accountability** *n.* отве́тственность; (*for money*) подотчётность.

**accountable** *adj.* отве́тственный; I shall hold you ~ я возложу́ отве́тственность на вас; he is ~ to me он отчи́тывается передо мной; he is not

~ for his actions он не отвеча́ет за свои́ посту́пки.

**accountancy** n. счетово́дство, бухгалте́рия.

**accountant** n. счетово́д, бухга́лтер.

**accounting** n. (*profession*) бухга́лтерское де́ло.

**accoutrements** n. (*mil.*) ли́чное снаряже́ние.

**accredit** v.t. **1.** (*appoint as ambassador*) аккредитова́ть (*impf., pf.*); **2.** (*credit*) выдава́ть, вы́дать креди́т +d.

**accreditation** n. аккредитова́ние.

**accredited** adj. (*officially recognized*) аккредито́ванный; (*generally accepted*) общепри́нятый.

**accrete** v.t. (*attract; recruit*) привл|ека́ть, -е́чь.
  v.i. (*grow together*) сраст|а́ться, -и́сь; (*grow around*) обраст|а́ть, -и́.

**accretion** n. приращение, приро́ст; ~ of strength возраста́ние сил; ~ of followers увеличе́ние числа́ сторо́нников.

**accrue** v.i. **1.** (*accumulate*) нараст|а́ть, -и́; ~d interest наро́сшие проце́нты (m. pl.); ~d liabilities сро́чные обяза́тельства; **2.** (*come about*): certain advantages will ~ from this э́то даст определённые преиму́щества; **3.** ~ to (*fall to the lot of*) дост|ава́ться, -а́ться +d.

**accumulate** v.t. нак|а́пливать, -опи́ть; соб|ира́ть, -ра́ть; аккумули́ровать (*impf.*); ~d experience нако́пленный о́пыт; he ~d a fine library он собра́л хоро́шую библиоте́ку.
  v.i. накоп|ля́ться, -и́ться; скоп|ля́ться, -и́ться; ~d dividend нако́пленные дивиде́нды; dust ~s пыль ска́пливается.

**accumulation** n. **1.** (*piling up, amassing*) накопле́ние; (*gathering together*) собра́ние; **2.** (*mass*): an ~ of dust скопле́ние пы́ли; an ~ of snow снежный зано́с.

**accumulative** adj. (*acquisitive*) стяжа́тельский; (*growing by addition*) нараста́ющий; ~ evidence совоку́пность ули́к.

**accumulator** n. (*amasser*) стяжа́тель (m.); (*elec.*) аккумуля́тор.

**accuracy** n. то́чность; (*of aim or shot*) ме́ткость.

**accurate** adj. (*of persons, statements, instruments etc.*) то́чный; ~ to 6 places of decimals с то́чностью до одно́й миллио́нной; (*of aim or shot*) ме́ткий.

**accurs|ed, -t** adj. **1.** (*under a curse*) про́клятый; **2.** (*detestable*) прокля́тый.

**accusation** n. обвине́ние; bring an ~ against выдвига́ть, вы́двинуть обвине́ние про́тив +g.

**accusative** n. вини́тельный паде́ж.
  adj. вини́тельный.

**accusator|ial, -y** adj. обвини́тельный.

**accuse** v.t. обвин|я́ть, -и́ть; he was ~d of stealing его́ обвини́ли в кра́же.

**accused** n.: the ~ обвиня́емый.

**accusing** adj. укори́зненный, обвиня́ющий.

**accustom** v.t. приуч|а́ть, -и́ть (to: к +d.); ~ o.s., become ~ed прив|ыка́ть, -ы́кнуть (to: к +d.); I am not ~ed to such language я не привы́к к

таки́м выраже́ниям; he was ~ed to ride every morning он име́л привы́чку/обыкнове́ние е́здить верхо́м ка́ждое у́тро.

**accustomed** adj. (*usual*) обы́чный, привы́чный.

**ace** n. **1.** (*single pip on dice, cards, dominoes*) очко́; **2.** (*card*) туз; he has an ~ up his sleeve у него́ есть ко́зырь про запа́с; **3.** (*pilot, champion sportsman etc.*) ас; **4.**: within an ~ of на волосо́к от +g.

**acephalous** adj. безголо́вый; (*bot.*) неголо́вчатый.

**acerbity** n. те́рпкость; (*of speech, manner etc.*) ре́зкость.

**acetate** n. ацета́т; уксуснокислая соль; ~ silk ацета́тный шёлк.

**acetic** adj. у́ксусный; ~ acid у́ксусная кислота́.

**acetylene** n. ацетиле́н; ~ burner ацетиле́новая горе́лка.

**ach|e** n. боль.
  v.i. боле́ть (*impf.*); ныть (*impf.*); my head ~es у меня́ боли́т голова́; an ~ing tooth больно́й зуб; my bones ~e у меня́ но́ют ко́сти; my heart ~es у меня́ се́рдце но́ет; my heart ~es for him у меня́ душа́ боли́т за него́; I ~e to see him я жа́жду уви́деть его́; she ~es in every limb у неё ло́мит всё те́ло; his death left an ~ing void in her life его́ смерть оста́вила зия́ющую пустоту́ в её жи́зни.

**achievable** adj. достижи́мый.

**achieve** v.t. **1.** (*attain*) дост|ига́ть, -и́чь +g.; доби́ться (*pf.*) +g.; he will never ~ greatness он никогда́ не дости́гнет вели́чия; **2.** (*carry out*) выполня́ть, вы́полнить.

**achievement** n. (*attainment*) достиже́ние; (*carrying out*) выполне́ние; (*sth. achieved; success*) успе́х, завоева́ние.

**Achilles** n. Ахилле́с; ~' heel ахилле́сова пята́; ~ tendon ахи́ллово сухожи́лие.

**acid** n. кислота́; ~ stomach/indigestion изжо́га; ~ test (*fig.*) про́бный ка́мень.
  adj. (*lit. and fig.*) ки́слый; ~ drop ки́слый леденёц.
  cpd. ~-**proof**, ~-**resistant** adjs. кислотоупо́рный.

**acidify** v.t. & i. (*chem.*) подкисл|я́ть(ся), -и́ть(ся); (*make, become sour*) окисл|я́ть(ся), -и́ть(ся).

**acidity** n. кисло́тность.

**acidulated** adj. подки́сленный; (*fig.*) е́дкий.

**ack-ack** n. (*mil. sl.*) **1.** (*gun*) зени́тка; **2.** (*gunfire*) зени́тный ого́нь; **3.** (*attr.*): ~ battalion зени́тный дивизио́н.

**acknowledge** v.t. **1.** (*recognize; admit*) призн|ава́ть, -а́ть; созн|ава́ть, -а́ть; it must be ~d that ну́жно призна́ть, что; he refused to ~ defeat он отказа́лся призна́ть пораже́ние; he was ~d as (*or* to be) the champion его́ призна́ли чемпио́ном; **2.** (*confirm receipt of; reply to*): ~ a letter подтвер|жда́ть, -ди́ть получе́ние письма́; ~ a greeting отве́тить (*pf.*) на приве́тствие; **3.** (*indicate recognition of*): he did not even ~ me as we passed он прошёл ми́мо и да́же не поздоро́вался; **4.** (*reward; express thanks for*) вознагра|жда́ть, -ди́ть; выража́ть, вы́разить благода́рность за +*a.*

**acknowledg(e)ment** *n.* **1.** (*recognition, admission*) призна́ние; **2.** (*confirmation*) подтвержде́ние; **3.** (*reward*): this is in ~ of your kindness э́то в благода́рность за ва́шу доброту́.

**acme** *n.* верх, верши́на; the ~ of perfection верх соверше́нства.

**acne** *n.* у́горь (*m.*), прыщ.

**acolyte** *n.* церко́вный слу́жка; (*fig.*) помо́щник; (*pej.*) приспе́шник.

**aconite** *n.* (*bot.*) акони́т, боре́ц; (*drug*) акони́т.

**acorn** *n.* жёлудь (*m.*).

**acoustic** *adj.* акусти́ческий; звуково́й.

**acoustics** *n.* (*science; acoustic properties*) аку́стика.

**acquaint** *v.t.* знако́мить, по-; I ~ed him with the facts я ознако́мил его́ с фа́ктами; he soon got ~ed with the situation он бы́стро ознако́мился с положе́нием дел; be ~ed with s.o. быть знако́мым с кем-н.; we have been ~ed for several years мы знако́мы не́сколько лет.

**acquaintance** *n.* знако́мство; nodding ~ ша́почное знако́мство; make the ~ of познако́миться (*pf.*) с +*i.*; strike up an ~ зав|оди́ть, -ести́ знако́мство; for old ~' sake по ста́рой па́мяти; (*pers.*) знако́мый; an ~ of mine оди́н мой знако́мый.

**acquaintanceship** *n.* знако́мство; he has a wide ~ у него́ широ́кий круг знако́мых.

**acquiesce** *v.i.* (*agree tacitly*) согла|ша́ться, -си́ться; ~ in (*accept*) примир|я́ться, -и́ться с +*i.*

**acquiescence** *n.* согла́сие; усту́пчивость, пода́тливость.

**acquiescent** *adj.* усту́пчивый, пода́тливый.

**acquire** *v.t.* приобре|та́ть, -сти́; ~ a habit усв|а́ивать, -о́ить привы́чку; ~ a language овлад|ева́ть, -е́ть языко́м; ~ a reputation приобре|та́ть, -сти́ репута́цию; asparagus is an ~d taste к спа́рже на́до привы́кнуть.

**acquisition** *n.* приобрете́ние; поступле́ние; the ~ of knowledge приобрете́ние зна́ний; he is quite an ~ to our staff он настоя́щая нахо́дка для на́шего коллекти́ва; the library's new ~s но́вые библиоте́чные поступле́ния.

**acquisitive** *adj.* стяжа́тельский.

**acquisitiveness** *n.* стяжа́тельство.

**acquit** *v.t.* **1.** (*declare not guilty*) опра́вд|ывать, -а́ть; he was ~ted of murder его́ призна́ли невино́вным в уби́йстве; **2.** ~ o.s. well хорошо́ прояви́ть (*pf.*) себя́; **3.** ~ o.s. of (*discharge*) a duty выполня́ть, вы́полнить долг; **4.** (*pay*): ~ a debt распл|а́чиваться, -ати́ться (по счёту).

**acquittal** *n.* (*in court of law*) оправда́ние; (*of duty etc.*) выполне́ние; (*of debt etc.*) освобожде́ние.

**acquittance** *n.* (*payment of debt*) упла́та/погаше́ние до́лга; (*release from debt*) освобожде́ние от до́лга; (*receipt*) распи́ска.

**acre** *n.* акр; broad ~s обши́рные зе́мли (*f. pl.*).

**acreage** *n.* пло́щадь земли́ в а́крах.

**acrid** *adj.* е́дкий (*lit., fig.*); (*of temper, etc.*) язви́тельный, ехи́дный.

**acrimonious** *adj.* язви́тельный, е́дкий.

**acrimon|iousness, -y** *n.* язви́тельность, е́дкость.

**acrobat** *n.* акроба́т.

**acrobatic** *adj.* акробати́ческий.

**acrobatics** *n.* акроба́тика.

**acronym** *n.* аббревиату́ра, акро́ним; сложносокращённое сло́во.

**acropolis** *n.* акро́поль (*m.*).

**across** *adv.* **1.** (*athwart, crosswise*) попере́к; (*in crosswords*) по горизонта́ли; **2.** (*on the other side*): he must be ~ by now он, должно́ быть, уже́ на той стороне́; **3.** (*to the other side*) на ту сто́рону; **4.** (*in width*): the river here is more than six miles ~ ширина́ реки́ здесь бо́льше шести́ миль; a beam 2 feet ~ бревно́ толщино́й в два фу́та.

*prep.* **1.** (*from one side of to the other*) че́рез +*a.*, *sometimes omitted with vv. compounded with* пере-; he went ~ the street он перешёл у́лицу; they were talking ~ the table они́ говори́ли че́рез стол; they were talking ~ me они́ перегова́ривались че́рез мою́ го́лову; **2.** (*over the surface of*) по +*d.*; he drew a line ~ the page он провёл черту́ на страни́це; clouds travelled ~ the sky облака́ плы́ли по не́бу; he hit me ~ the face он уда́рил меня́ по лицу́; put the rug ~ your knees положи́те плед на коле́ни; ~ country напрями́к; ~ the board (*fig.*) для всех; во всех слу́чаях; **3.** (*athwart*) попере́к +*g.*; she lay ~ the bed она́ лежа́ла попере́к крова́ти; with his arms ~ his breast скрести́в ру́ки на груди́; **4.** (*on the other side of*) на той стороне́ +*g.*, по ту сто́рону +*g.*; he is ~ the Channel by now он уже́ на контине́нте; he lives ~ (the street) from the park он живёт напро́тив па́рка; our friends ~ the ocean на́ши друзья́ за океа́ном; a voice from ~ the room го́лос с друго́го конца́ ко́мнаты; ~ the table from him про́тив него́ за столо́м.

**acrostic** *n.* акрости́х.

**act** *n.* **1.** (*action*) посту́пок; (*feat*) по́двиг; A~s of the Apostles Дея́ния (*nt. pl.*) Святы́х Апо́столов; ~ of God стихи́йное бе́дствие; catch in the ~ пойма́ть (*pf.*) на ме́сте преступле́ния; he was in the ~ of putting on his hat он как раз надева́л шля́пу; an ~ of kindness до́брое де́ло; **2.** (*document*) акт, докуме́нт; ~ of sale акт о прода́же; (*proof*): ~ of confidence зало́г/проявле́ние дове́рия; **3.** (*law*) акт, зако́н, постановле́ние; ~ of Parliament акт парла́мента, парла́ментский акт;

he was prosecuted under the ~ его привлекли́ к суду́ в соотве́тствии с э́тим зако́ном; **4.** (*of drama*) де́йствие; a 3-~ play пье́са в трёх де́йствиях; **5.** (*performance*) но́мер; circus ~ цирково́й но́мер; (*fig., coll.*): put on an ~ притвор|я́ться, -и́ться; they did the hospitality ~ (*coll.*) они́ исполня́ли роль гостеприи́мных хозя́ев.

*v.t.* игра́ть (*impf.*); ~ a part (*lit., fig.*) игра́ть роль; ~ Hamlet игра́ть Га́млета; ~ the fool валя́ть (*impf.*) дурака́; ~ outraged virtue разыгра́ть (*pf.*) возмущённую доброде́тель; ~ a play игра́ть, разыгра́ть (*or* да|ва́ть, -ть) пье́су.

*v.i.* **1.** (*behave*) поступ|а́ть, -и́ть; вести́ (*det.*) себя́; (*take action, intervene*) прин|има́ть, -я́ть ме́ры; ~ on advice сле́довать, по- сове́ту; ~ (up)on an order де́йствовать (*impf.*) по прика́зу; he ~ed up to his principles он поступа́л согла́сно свои́м при́нципам; it is time to ~ пора́ де́йствовать; he ~s rich (*coll.*) он разы́грывает из себя́ богача́; (*fig.*) she is ~ing to get sympathy она́ де́лает всё, что́бы вы́звать к себе́ симпа́тию; **2.** (*serve, function*) де́йствовать (*impf.*); ~ for s.o. де́йствовать от и́мени кого́-л.; ~ against s.o. выступа́ть, вы́ступить про́тив кого́-н.; she ~ed as secretary она́ рабо́тала за секретаря́; he is ~ing as interpreter он слу́жит перево́дчиком; **3.** (*have or take effect*) де́йствовать, по- (on: на +*a.*); the medicine will ~ immediately лека́рство поде́йствует сра́зу; the brake refused to ~ то́рмоз отказа́л; **4.** (*theatr.*) игра́ть; he wants to ~ он хо́чет игра́ть на сце́не; the play ~s well э́та пье́са — о́чень сцени́чна.

*with advs.*: ~ **out** *v.t.* разы́гр|ывать, -а́ть; ~ **up** *v.i.* (*coll., misbehave*) шали́ть (*impf.*), поша́ливать (*impf.*).

**acting** *n.* (*theatr.*) игра́; (*as skill*) актёрское ма́стерство; the ~ profession актёрская профе́ссия; ~ copy of a play режиссёрский текст пье́сы.

*adj.* (*doing duty temporarily*): ~ manager исполня́ющий обя́занности (*abbr.* и.о.) заве́дующего.

**action** *n.* **1.** (*acting; activity; effect*) де́йствие; in ~ в де́йствии; come into ~ вступ|а́ть, -и́ть в де́йствие; bring into ~ вв|оди́ть, -ести́ в де́йствие; put out of ~ выводи́ть, вы́вести из стро́я; out of ~ него́дный к употребле́нию; take ~ прин|има́ть, -я́ть ме́ры; what we need is some ~ ну́жно де́йствовать; ~ group инициати́вная гру́ппа; **2.** (*deed*) де́ло; a man of ~ челове́к де́ла; ~s speak louder than words дела́ говоря́т са́ми за себя́; he suited the ~ to the word он подкрепи́л слова́ де́лом; **3.** (*conduct*) поведе́ние; line of ~ ли́ния поведе́ния; **4.** (*functioning*): the ~ of the heart де́ятельность се́рдца; (*of a gun, piano etc.*) де́йствие; **5.** (*physical movement*) движе́ние; **6.** (*theatr.*):

unity of ~ еди́нство де́йствия; the ~ takes place in London де́йствие происхо́дит в Ло́ндоне; **7.** (*leg.*) иск, де́ло; ~ for damages иск об убы́тках; bring an ~ against предъяв|ля́ть, -и́ть иск к +*d.*; dismiss an ~ отклон|я́ть, -и́ть иск; **8.** (*mil.*) бой, де́йствие; killed in ~ уби́тый в бою́; go into ~ вступ|а́ть, -и́ть в бой; break off an ~ выходи́ть, вы́йти из бо́я; he is out of ~ он вы́был/вы́веден из стро́я; theatre of ~ теа́тр вое́нных де́йствий; ~ stations боевы́е посты́.

**actionable** *adj.*: his words are ~ его́ слова́ даю́т основа́ния для суде́бного пресле́дования.

**activate** *v.t.* (*chem., biol.*) активи́ровать (*impf., pf.*); (*phys.*) де́лать, с- радиоакти́вным; (*fig., expedite*) активизи́ровать (*impf., pf.*).

**activation** *n.* актива́ция; активиза́ция.

**active** *adj.* **1.** (*lively; energetic; displaying activity*) де́ятельный, акти́вный; he is old but still ~ несмотря́ на во́зраст, он всё ещё акти́вен/бодр; an ~ member of the party акти́вный член па́ртии; take an ~ interest in прояв|ля́ть, -и́ть живо́й интере́с к +*d.*; an ~ brain живо́й/де́ятельный ум; an ~ volcano де́йствующий вулка́н; **2.** (*gram.*) действи́тельный; **3.** (*phys., chem.*) акти́вный; **4.** (*mil.*): ~ defence акти́вная оборо́на; on ~ service на действи́тельной слу́жбе; ~ division боева́я диви́зия; on the ~ list в спи́ске ка́дрового соста́ва.

**activist** *n.* активи́ст (*fem.* -ка).

**activit|y** *n.* **1.** (*being active; exertion of energy*) акти́вность; (*comm.*): ~y in the market оживле́ние на ры́нке; **2.** (*usu. pl., pursuit, sphere of action; doings*) де́ятельность; he indulged in various ~ies он занима́лся са́мой разли́чной де́ятельностью.

**actor** *n.* актёр; the ~'s art актёрское ма́стерство.

**actress** *n.* актри́са.

**actual** *adj.* (*real*) действи́тельный; факти́ческий; (*genuine*) по́длинный; (*existing*) существу́ющий; (*current*) теку́щий, настоя́щий; in ~ fact в действи́тельности; those were his ~ words э́то его́ по́длинные слова́; ~ time of arrival факти́ческое вре́мя прибы́тия; the ~ state of affairs действи́тельное положе́ние дел; ~ strength (*mil.*) нали́чный соста́в.

**actuality** *n.* действи́тельность; in ~ в действи́тельности; (*reality*) реа́льность; (*topical interest*) актуа́льность.

**actualize** *v.t.* реализова́ть (*impf., pf.*).

**actually** *adv.* **1.** (*really; in fact*) действи́тельно; в су́щности; (*in expansion or correction of former statement*) в/на са́мом де́ле; (*in sense 'to tell the truth'*) вообще́-то (говоря́); со́бственно (говоря́); **2.** (*even*) да́же.

**actuarial** *adj.* актуа́рный.

**actuary** *n.* актуа́рий.

**actuate** *v.t.* **1.** (*bring into action*) прив|оди́ть, -ести́ в де́йствие; (*elec.*) возбу|жда́ть, -ди́ть; **2.** (*motivate*) побу|жда́ть, -ди́ть.

**acuity** *n.* (*lit., fig.*) острота́.

**acumen** *n.* (*judgement*) сообрази́тельность; (*penetration*) проница́тельность.

**acupuncture** *n.* акупункту́ра, иглоука́лывание.

**acute** *adj.* (*in var. senses*) о́стрый; ~ angle о́стрый у́гол; ~ shortage о́страя нехва́тка; ~ mind о́стрый ум; ~ sense of smell то́нкое обоня́ние; ~ accent аку́т.

   *cpd.* ~**-angled** *adj.* остроуго́льный.

**acuteness** *n.* острота́; (*of intellect*) острота́, проница́тельность.

**AD** *adv.* (*abbr., anno Domini*) н.э. (на́шей э́ры).

**ad** (*coll.*) = ADVERTISEMENT.

**adage** *n.* погово́рка.

**adagio** *n., adj. & adv.* ада́жио (*indecl.*).

**Adam** *n.* Ада́м; ~'s apple ада́мово я́блоко, кады́к; the old ~ ве́тхий Ада́м; I don't know him from ~ я его́ никогда́ в глаза́ не вида́л.

**adamant** *adj.* (*fig.*) непрекло́нный.

**adamantine** *adj.* алма́зный; (*fig.*) непрекло́нный.

**adapt** *v.t.* **1.** приспос|обля́ть, -о́бить; he soon ~ed himself to the new situation он бы́стро приспосо́бился к но́вой ситуа́ции; (*apply*) примен|я́ть, -и́ть (*что к чему*); **2.** (*modify*) адапти́ровать (*impf., pf.*); ~ for the stage инсцени́ровать (*impf., pf.*).

**adaptability** *n.* приспособля́емость; (*of pers.*): he showed ~ он прояви́л уме́ние приспособля́ться.

**adaptable** *adj.* приспособля́емый; (*of pers.*) легко́ приспоса́бливающийся.

**adaptation** *n.* приспособле́ние; (*of book etc.*) адапта́ция, инсцениро́вка.

**adapt|er, -or** *n.* **1.** (*of book etc.*) тот, кто адапти́рует; **2.** (*tech.*) ада́птер; перехо́дная му́фта.

**add** *v.t.* **1.** (*make an addition of*) приб|авля́ть, -а́вить; she ~ed a foot of material to the dress она́ приба́вила фут мате́рии к пла́тью; he ~ed (*contributed*) £1 он доба́вил оди́н фунт; ~ sugar to tea положи́ть (*pf.*) са́хар в чай; подсласти́ть (*pf.*) чай; ~ salt to подс|а́ливать, -оли́ть; ~ fuel to the fire, flames подл|ива́ть, -и́ть ма́сла в ого́нь; (*join*) присоедин|я́ть, -и́ть; Alsace was ~ed to France Эльза́с был присоединён к Фра́нции; ~ed to this is the fact that. . . к э́тому ну́жно приба́вить ещё тот факт, что. . .; (*build on*) пристр|а́ивать, -о́ить; a garage was ~ed to the house к до́му пристро́или гара́ж; (*impart*): ~ lustre to прид|ава́ть, -а́ть блеск +*d.*; **2.** (*say in addition*) доб|авля́ть, -а́вить; I have nothing to ~ мне не́чего доба́вить; what can I ~? что я могу́ ещё сказа́ть?; **3.** (*math.*) скла́дывать, сложи́ть; ~ two and (*or* to) three! сложи́те два и три!; приба́вьте два к трём!

*v.i.* **1.** ~ to (*increase, enlarge*) увели́чи|вать, -ть; уси́ли|вать, -ть; (*knowledge etc.*) углуб|ля́ть, -и́ть; this will ~ to the expense э́то увели́чит расхо́ды; to ~ to our difficulties it was getting dark в доверше́ние ко всему́ начина́ло темне́ть; ~ to one's experience обога|ща́ть, -ти́ть свой о́пыт; ~ to a house пристр|а́ивать, -о́ить к до́му; **2.** (*perform addition*) see ~ **up** *v.i.*; **3.** ~ to (*total*) see ~ **up** *v.i.*; ~ing-machine (*also* **adder**) счётная маши́на; арифмо́метр.

*with advs.*: ~ **in** *v.t.* включ|а́ть, -и́ть; ~ **on** *v.t.* приб|авля́ть, -а́вить; the tip was ~ed on to the bill чаевы́е бы́ли включены́ в счёт; (*build on*): the porch was ~ed on later крыльцо́ пристро́или по́зже; ~ **together** *v.t.* скла́дывать, сложи́ть; ~ **up** *v.t.* (*find sum of*) подсч|и́тывать, -ита́ть; подыто́жи|вать, -ть; *v.i.* (*perform addition*): you can't ~ up! вы не уме́ете счита́ть!; (*total*): it ~s up to 50 э́то составля́ет в су́мме 50; (*coll.*): it ~s up to this, that. . . э́то сво́дится к тому́, что. . .; it doesn't ~ up (*make sense*) концы́ не схо́дятся.

**addendum** *n.* приложе́ние, дополне́ние.

**adder¹** *n.* (*snake*) гадю́ка; (*Am.*) уж.

**adder²** *n.* see adding-machine; (*in computers*) сумма́тор, сумми́рующее устро́йство.

**addict¹** *n.* (drug~) наркома́н; smoking ~ стра́стный кури́льщик; opium ~ кури́льщик о́пиума; theatre ~ завзя́тый театра́л.

**addict²** *v.t.*: be, become ~ed to пристрасти́ться (*pf.*) к +*d.*; he became ~ed to drugs он пристрасти́лся к нарко́тикам; he is ~ed to reading он чита́ет запо́ем.

**addiction** *n.* пристра́стие (*к чему*); ~ to drugs наркома́ния; ~ to morphine морфини́зм.

**addictive** *adj.* выраба́тывающий привыка́ние.

**Addis Ababa** *n.* Адди́с-Абе́ба.

**Addison's disease** *n.* аддисони́зм, бро́нзовая боле́знь.

**addition** *n.* **1.** (*adding; supplement*) прибавле́ние; добавле́ние; an ~ to the family прибавле́ние семе́йства; we are making an ~ to our house мы де́лаем пристро́йку к до́му; a useful ~ to the staff поле́зное пополне́ние к шта́ту; in ~ to в дополне́ние к +*d.*; in ~ (*as well*) вдоба́вок; (*moreover*) к тому́ же; **2.** (*math.*) сложе́ние.

**additional** *adj.* доба́вочный, дополни́тельный; ~ charge допла́та.

**additive** *n.* доба́вка, добавле́ние.

**addle** *adj.*: an ~(d) egg ту́хлое яйцо́.

*v.t.* (*confuse*) пу́тать, за-.

*v.i.* (*of an egg*) ту́хнуть, про-.

*cpds.* ~**-brained,** ~**-pated** *adjs.* пу́таный; ~**-head** *n.* пу́таник, растя́па (*c.g.*).

**address** *n.* **1.** (*of letter etc.; place of residence*) а́дрес; the parcel was sent to the wrong ~ посы́лку напра́вили не по тому́ а́дресу; ~ book записна́я кни́жка; а́дресная кни́га; what is your ~? (мо́жно записа́ть) ваш а́дрес?; **2.** (*discourse*) речь; make (*or* deliver) an ~ выступа́ть, вы́ступить с ре́чью; public ~ system громкоговори́тели (*m. pl.*); **3.** (*dexterity*) ло́вкость; **4.** (*manner*) обхожде́ние; **5.** (*pl., courtship*) уха́живание; pay one's ~es to уха́живать (*impf.*) за +*i.*; **6.**: form of ~ фо́рма обраще́ния.

 *v.t.* **1.** (*a letter*) адресова́ть (*impf., pf.*); **2.** (*speak to*) обра|ща́ться, -ти́ться к +*d.*; he ~ed the meeting он обрати́лся с ре́чью к собра́вшимся; **3.** (*direct*): ~ one's remarks to адресова́ть свои́ замеча́ния +*d.*; ~ o.s. to business прин|има́ться, -я́ться за де́ло; ~ the ball (*at golf*) наце́ли|ваться, -ться для то́чной пода́чи мяча́.

**addressee** *n.* адреса́т.

**adduce** *v.t.* прив|оди́ть, -ести́ (как доказа́тельство).

**adducible** *adj.* приводи́мый (как доказа́тельство).

**Aden** *n.* А́ден.

**adenoidal** *adj.* адсно́идный; an ~ growth адено́иды (*m. pl.*); he has an ~ voice он говори́т в нос; он гнуса́вит.

**adenoids** *n.* адено́иды (*m. pl.*); he had his ~ out ему́ удали́ли адено́иды.

**adept** *n.* (*expert*) экспе́рт; ма́стер; (*devotee*) аде́пт; приве́рженец.

 *adj.* уме́лый; све́дущий (at, in: в +*p.*); he is ~ at finding excuses он ма́стер находи́ть оправда́ния.

**adeptness** *n.* уме́ние; осведомлённость.

**adequacy** *n.* доста́точность; соотве́тствие; адеква́тность; компете́нтность.

**adequate** *adj.* **1.** (*sufficient*) доста́точный; a salary ~ to support a family зарпла́та, доста́точная для содержа́ния семьи́; **2.** (*suitable*) соотве́тствующий, адеква́тный; ~ to our requirements соотве́тствующий на́шим тре́бованиям; he is ~ to his post он справля́ется с рабо́той; his thoughts could not find ~ expression он не мог как сле́дует вы́разить свои́ мы́сли; **3.** (*of pers., capable*) компете́нтный.

**adhere** *v.i.* (*lit.*) прил|ипа́ть, -и́пнуть (к +*d.*); (*fig.*): ~ to an opinion приде́рживаться (*impf.*) мне́ния (*g. sg.*); ~ to a promise сдержа́ть (*pf.*) обеща́ние; ~ to a programme сле́довать (*impf.*) програ́мме; ~ (*remain faithful*) to a party твёрдо сле́довать (*impf.*) ли́нии па́ртии.

**adherence** *n.* (*lit.*) прилипа́ние; (*fig.*) приве́рженность; give one's ~ to a plan оказа́ть (*pf.*) подде́ржку пла́ну.

**adherent** *n.* (*fig.*) приве́рженец.

 *adj.* (*lit.*) прили́пший.

**adhesion** *n.* (*lit.*) прилипа́ние; скле́ивание; (*fig.*) пре́данность.

**adhesive** *n.*: this substance is a strong ~ э́то о́чень кле́йкое вещество́.

 *adj.* ли́пкий; (*sticky*) кле́йкий; ~ plaster ли́пкий пла́стырь; ~ tape кле́йкая ле́нта; (*of pers.*) навя́зчивый, прили́пчивый.

**ad hoc** *adv.* для да́нного слу́чая; (*attr.*) специа́льный; ~ committee вре́менный комите́т.

**ad hominem** *adv.* (*attr.*): an ~ argument аргуме́нт с це́лью возде́йствовать на да́нное лицо́.

**adieu** *n.* проща́ние; bid ~ to про|ща́ться, -сти́ться с +*i.*; (*fig.*) распро|ща́ться, -сти́ться с +*i.*; make one's ~s про|ща́ться, -сти́ться.

 *int.* проща́й(те).

**ad infinitum** *adv.* до бесконе́чности.

**ad interim** *adv.* вре́менно.

**adipose** *n.* живо́тный жир.

 *adj.*: ~ gland са́льная железа́; ~ tissue жирова́я ткань; (*containing fat*) жи́рный.

**adiposity** *n.* ожире́ние, ту́чность.

**adit** *n.* (*of mine*) што́льня.

**adjacent** *adj.* (*geom.*): ~ angles сме́жные углы́; (*neighbouring*) сосе́дний; сме́жный; ~ villages близлежа́щие дере́вни; ~ to примыка́ющий/прилежа́щий к +*d.*; our house is ~ to the school наш дом примыка́ет к шко́ле.

**adjectival** *adj.* адъекти́вный.

**adjective** *n.* (и́мя) прилага́тельное.

**adjoin** *v.t.* (*be contiguous with, next to*) примыка́ть (*impf.*) к +*d.*; прилега́ть (*impf.*) к +*d.*

 *v.i.* примыка́ть (*impf.*), прилега́ть (*impf.*); the two houses ~ э́ти два до́ма примыка́ют друг к дру́гу; in the ~ing house в сосе́днем до́ме.

**adjourn** *v.t.* (*postpone*) от|кла́дывать, -ложи́ть; the meeting was ~ed till Monday заседа́ние бы́ло отло́жено до понеде́льника; (*break off*): they ~ed the meeting till 2 o'clock они́ объяви́ли переры́в в заседа́нии до двух часо́в.

 *v.i.* **1.** (*suspend proceedings*) закр|ыва́ть, -ы́ть заседа́ние; (*disperse*) ра|сходи́ться, -зойти́сь; Parliament has ~ed for the summer парла́мент распу́щен на ле́то; **2.** (*coll., move*): shall we ~ to the dining-room? перейдём в столо́вую?

**adjournment** *n.* (*postponement*) отсро́чка; (*dispersal*) ро́спуск; (*break in proceedings*) переры́в; a week's ~ отсро́чка на неде́лю; неде́льный переры́в.

**adjudge** *v.t.* **1.** (*pronounce*): ~ s.o. guilty призн|ава́ть, -а́ть кого́-н. вино́вным; ~ s.o. bankrupt объяв|ля́ть, -и́ть кого́-н. банкро́том; **2.** (*award judicially*) прису|жда́ть, -ди́ть (*что кому*).

**adjudg(e)ment** *n.* (*decision*) суде́бное реше́ние; (*award*) присужде́ние.

**adjudicate** *v.t.* (*decide upon*) выноси́ть, вы́нести реше́ние по +*d.*

 *v.i.* рассуди́ть (*pf.*).

**adjudication** *n.* (*judgement*) суде́бное/ арбитра́жное реше́ние; ~ in bankruptcy

признáние несостоя́тельности; (*award*) при-
суждéние.
**adjudicator** *n.* арбúтр; (*judge*) судья́ (*m.*).
**adjunct** *n.* (*appendage*) приложéние; (*addition*)
дополнéние; (*gram.*) определéние, обстоя́-
тельство.
**adjuration** *n.* заклинáние; мольбá.
**adjure** *v.t.* заклинáть (*impf.*); умоля́ть (*impf.*);
he ~d me to tell the truth он заклинáл меня́
сказáть прáвду.
**adjust** *v.t.* **1.** (*arrange*; *put right or straight*)
прив|оди́ть, -ести́ в поря́док; попр|авля́ть,
-áвить; регули́ровать, от-; ула́|живать,
-дить; he ~ed his tie он попрáвил гáлстук; ~
one's dress застёг|иваться, -нýться; (*of
mechanism*) регули́ровать, от-; налá|живать,
-дить; self-~ing watch часы́ с автомати́-
ческой регулирóвкой; (*of a musical instru-
ment*) настр|áивать, -óить; **2.** (*fit, adapt*)
приг|оня́ть, -нáть; под|гоня́ть, -огнáть; you
must ~ your expenditure to your income вы
должны́ соразмеря́ть свои́ расхóды с дохó-
дами; ~ (*o.s.*) to приспос|обля́ться,
-óбиться к +*d.*; well-~ed (*of pers.*)
уравновéшенный; **3.** (*insurance*): ~ an aver-
age сост|авля́ть, -áвить диспáшу.
**adjustable** *adj.* регули́руемый; подвижнóй; ~
spanner раздвижнóй (гáечный) ключ; the
shelves of this bookcase are ~ пóлки в э́том
кни́жном шкафý переставля́ются; (*adaptable*) приспособля́емый.
**adjuster** *n.* (*insurance*) диспашéр.
**adjustment** *n.* (*regulation*) регул|и́рование,
-ирóвка; (*correction*) исправлéние, поправка;
(*fitting*) пригóнка; (*adaptation*) приспособлéние; (*settlement*) улáживание; (*insurance*)
составлéние диспáши.
**adjutant** *n.* **1.** (*mil.*) адъютáнт; ≃ начáльник
штáба чáсти; **2.** (~-**bird**) инди́йский марабý
(*m. indecl.*).
   *cpd.* ~-**general** *n.* генерáл-адъютáнт.
**ad lib** *adv.* скóлько угóдно.
**ad-lib** (*coll.*) *n.* экспрóмт, отсебя́тина; his
speech was full of ~s в своéй рéчи он мнóго
импровизи́ровал.
   *v.i.* говори́ть (*impf.*) экспрóмтом; нести́
(*impf.*) отсебя́тину.
**ad-man** *n.* (*coll.*) реклáмный агéнт.
**admass** *n.* (*coll.*) ≃ довéрчивые мáссы (*f. pl.*).
**administer** *v.t.* **1.** (*manage, govern*) управля́ть
(*impf.*) +*i.*; завéдовать (*impf.*) +*i.*; **2.**: ~ a blow
нанести́ (*pf.*) удáр (*кому*); ~ a beating to
порóть, вы́-; ~ medicine да|вáть, -ть лекáр-
ство; ~ an oath to s.o. прив|оди́ть, -ести́
когó-н. к прися́ге; ~ relief to a patient
принести́ (*pf.*) облегчéние пациéнту; the
priest ~ed the sacrament of marriage
свящéнник соверши́л обря́д венчáния.
**administration** *n.* **1.** (*management*) управлéние,
организáция; letters of ~ прáво на

распоряжéние имýществом; **2.** (*of public
affairs*) администрáция; the A~ прави́-
тельство; during the Kennedy ~ при
администрáции Кéннеди; **3.** ~ of justice
отправлéние правосýдия; **4.** (*putting into
effect*): ~ of punishment применéние
наказáния; **5.**: ~ of an oath приведéние к
прися́ге; **6.**: ~ of a sacrament совершéние
обря́да; отправлéние тáинства.
**administrative** *adj.* (*pert. to management*)
администрати́вный, организацио́нный; ~
ability администрати́вные спосóбности;
(*executive*) исполни́тельный.
**administrator** *n.* администрáтор; управ-
ля́ющий; (*of an estate*) распоряди́тель (*m.*).
**admirabl|e** *adj.* замечáтельный, прекрáсный,
достóйный восхищéния; ~y clear предéльно
я́сно.
**admiral** *n.* адмирáл (*also butterfly*).
**admiralty** *n.* адмиралтéйство; морскóе
министéрство; Court of A~ адмиралтéйский
суд.
**admiration** *n.* восхищéние; be, win the ~ of
all вызывáть, вы́звать у всех восхищéние; fill
with ~ восхи|щáть, -ти́ть; прив|оди́ть, -ести́ в
восхищéние; my ~ for him is great я не пере-
стаю́ им восхищáться; I am lost in ~ я вне
себя́ от востóрга.
**admir|e** *v.t.* (*obtain pleasure from looking at*)
любовáться (*impf.*) +*i.* (or на +*a.*); she was
~ing the sunrise онá любовáлась восхóдом
сóлнца; he ~ed himself in the mirror он
любовáлся на себя́ в зéркало; (*be delighted
with*) восхи|щáться, -ти́ться +*i.*; востор-
гáться (*impf.*) +*i.*; (*speak or think highly of*): I
forgot to ~e her dress я забы́л похвали́ть её
плáтье; ~ing glances восхищённые взгля́ды.
**admirer** *n.* поклóнник; I am an ~ of Picasso я
(большóй) поклóнник Пикáссо.
**admissibility** *n.* приéмлемость, допусти́мость.
**admissible** *adj.* приéмлемый, допусти́мый.
**admission** *n.* **1.** (*permitted entry or access*) вход;
дóступ; ~ by ticket вход по билéтам; ~ free
вход свобóдный; no ~ вход воспрещáется;
нет вхóда; he was refused ~ егó не впусти́ли;
gain ~ to a society проби́ться (*pf.*) в
óбщество; ~ fee входнáя плáта; ~ ticket
входнóй билéт; **2.** (*acknowledgement*)
признáние; he made an ~ of guilt он при́знал
свою́ винý; on his own ~ по егó сóбственному
признáнию.
**admit** *v.t. & i.* **1.** (*allow, accept*) допус|кáть,
-ти́ть; he was ~ted to the examination егó
допусти́ли к экзáмену; I ~ that this is true
допускáю, что э́то вéрно; the matter ~s of no
delay дéло не тéрпит отлагáтельства; you
must ~ he is right вы должны́ признáть, что
он прав; his conduct ~s of this explanation егó
поведéние допускáет подóбное объяснéние;
**2.** (*let in*) впус|кáть, -ти́ть; прин|имáть, -я́ть;

the public are not ~ted to the gardens э́тот парк — закры́т для широ́кой пу́блики; he was ~ted to the Party его́ при́няли в па́ртию; this ticket ~s one (person) э́то биле́т на одно́ лицо́; children are not ~ted де́тям вход воспрещён; **3.** (*have room for*) вме|ща́ть, -сти́ть; the harbour ~ large ships э́та га́вань принима́ет больши́е корабли́; **4.** (*confess*) призн|ава́ть, -а́ть; he ~s his guilt он признаёт свою́ вину́; ~ to feeling ashamed призн|ава́ться, -а́ться, что сты́дно; ~ to a crime созн|ава́ться, -а́ться в преступле́нии; I don't mind ~ting гото́в призна́ть(ся).

**admittance** *n.* (*entry*) вход; no ~! вход запрещён!; gain ~ получи́ть (*pf.*) разреше́ние на вход; (*access*) до́ступ.

**admittedly** *adv.* **1.** (*by general admission*) как при́нято счита́ть; по о́бщему призна́нию; **2.** (*in parenthesis: true*!; *I must agree*) пра́вда; коне́чно; спо́ру нет; призна́ться.

**admix** *v.t.* приме́ш|ивать, -а́ть к +*d.*

**admixture** *n.* (*mixing*) сме́шивание; приме́шивание; (*addition*) при́месь.

**admonish** *v.t.* **1.** (*reprove*) де́лать, с- внуше́ние/замеча́ние +*d.*; the boys were ~ed for being late ма́льчикам сде́лали замеча́ние за опозда́ние; **2.** (*exhort*) увещева́ть (*impf.*); наст|авля́ть, -а́вить.

**admonition** *n.* (*reproof*) внуше́ние; (*exhortation*) увещева́ние, наставле́ние.

**admonitory** *adj.* увещева́тельный.

**ad nauseam** *adv.* до отвраще́ния/тошноты́.

**ado** *n.* (*fuss*) суета́, хло́пот|ы (*pl., g.* —); (*difficulty*) затрудне́ние; without further ~ без дальне́йших церемо́ний; much ~ about nothing мно́го шу́ма из ничего́.

**adobe** *n.* кирпи́ч-сыре́ц; кирпи́ч возду́шной су́шки; an ~ hut глиноби́тная хи́жина.

**adolescence** *n.* о́трочество.

**adolescent** *n.* подро́сток; о́трок.
　*adj.* подро́стковый, о́трческий.

**Adonis** *n.* (*myth., fig.*) Адо́нис.

**adopt** *v.t.* **1.** (*a son*) усынов|ля́ть, -и́ть; (*a daughter*) удочер|я́ть, -и́ть; ~ed child приёмный ребёнок, приёмыш; **2.** (*acquire*) усв|а́ивать, -о́ить; he is ~ing bad habits он подхва́тывает дурны́е привы́чки; **3.** (*accept*) прин|има́ть, -я́ть; they ~ed Christianity они́ при́няли христиа́нство; the resolution was ~ed резолю́ция была́ принята́; (*take over*) перен|има́ть, -я́ть; his methods should be ~ed сле́дует переня́ть его́ ме́тоды; (*take up*) зан|има́ть, -я́ть; he ~ed a condescending attitude он стал держа́ться снисходи́тельно; **4.** (*ling., borrow*) заи́мствовать (*impf., pf.*); words ~ed from the French слова́, заи́мствованные из францу́зского языка́; **5.** (*choose*) выбира́ть, вы́брать; he was ~ed as candidate его́ кандидату́ру при́няли.

**adoption** *n.* **1.** усыновле́ние; удочере́ние; **2.**

усвое́ние; **3.** приня́тие; **4.** заи́мствование; **5.** вы́бор; the country of his ~ его́ второ́е оте́чество.

**adoptive** *adj.* приёмный.

**adorable** *adj.* обожа́емый; (*delightful*) преле́стный, восхити́тельный.

**adoration** *n.* обожа́ние.

**ador|e** *v.t.* (*worship*) обожа́ть (*impf.*); поклоня́ться (*impf.*) +*d.*; her ~ing husband обожа́ющий её муж; (*coll., love*): the baby ~es being tickled ребёнок ужа́сно лю́бит, чтобы его́ щекота́ли; I would ~e to come я бы ужа́сно хоте́л прийти́.

**adorer** *n.* обожа́тель (*m.*); (*ardent admirer*) покло́нник.

**adorn** *v.t.* (*lit., fig.*) укр|аша́ть, -а́сить.

**adornment** *n.* украше́ние.

**adrenal** *adj.* надпо́чечный; ~ glands надпо́чечные же́лезы (*f. pl.*).

**adrenalin** *n.* адренали́н.

**adrift** *pred. adj. & adv.* (*of a boat or its crew*): go ~ дрейфова́ть (*impf.*); cut ~ (*v.t.*) пус|ка́ть, -ти́ть; they were ~ on the open sea они́ дрейфова́ли в откры́том мо́ре; (*fig.*) he was all ~ он был сбит с то́лку; he was turned ~ его́ бро́сили на произво́л судьбы́; cut (o.s.) ~ from s.o. пор|ыва́ть, -ва́ть с кем-н.

**adroit** *adj.* (*dexterous*) ло́вкий; (*skilful*) уме́лый, иску́сный; (*resourceful*) нахо́дчивый.

**adroitness** *n.* ло́вкость; уме́ние, иску́сность; нахо́дчивость.

**adulation** *n.* низкопокло́нство, лесть.

**adulatory** *adj.* уго́дливый; льсти́вый.

**adult** *n. & adj.* **1.** взро́слый; ~ education образова́ние для взро́слых; ~ suffrage всео́бщее избира́тельное пра́во; **2.** (*mature*) зре́лый.

**adulterate** *v.t.* (*debase*) по́ртить, ис-; (*dilute*) разб|авля́ть, -а́вить.

**adulteration** *n.* по́рча; разбавле́ние.

**adulterer** *n.* неве́рный супру́г.

**adulteress** *n.* неве́рная супру́га.

**adulterous** *adj.* вино́вный в адюлте́ре.

**adultery** *n.* прелюбодея́ние, адюльте́р.

**adulthood** *n.* взро́слое состоя́ние; взро́слость, возмужа́лость.

**adumbrate** *v.t.* **1.** (*sketch out*) набр|а́сывать, -оса́ть; **2.** (*foreshadow*) предвеща́ть (*impf.*); предзнаменова́ть.

**adumbration** *n.* **1.** набро́сок; **2.** предзнаменова́ние.

**ad valorem** *adj. & adv.* в соотве́тствии с це́нностью; «ад вало́рем».

**advance** *n.* **1.** (*forward move*) продвиже́ние; (*mil., also*) наступле́ние; ~ in force продвиже́ние кру́пными си́лами; cover an ~ прикр|ыва́ть, -ы́ть наступле́ние; press an ~ разв|ива́ть, -и́ть наступле́ние; we made an ~ of 10 miles мы продви́нулись на 10 миль; (*approach, onset*): the ~ of old age наступле́ние ста́рости; (*pl., overtures to a pers.*): make ~s to заи́грывать (*impf.*) с +*i.*; **2.** (*progress*) прогре́сс; (*in rank, social position etc.*) продвиже́ние; ~s of science прогре́сс нау́ки; ~s of civilization достиже́ния (*nt. pl.*) цивилиза́ции; the country has made great ~s страна́ доби́лась больши́х успе́хов; **3.** (*increase*) повыше́ние; an ~ on his original offer надба́вка к первонача́льному предложе́нию; any ~ on £5? 5 фу́нтов — кто бо́льше?; **4.** (*loan*) ссу́да; (*payment beforehand*) ава́нс; an ~ on salary ава́нс под зарпла́ту; the bank made me an ~ банк вы́дал мне ава́нс; **5.**: in ~ (*in front*) вперёд; (*beforehand*) зара́нее; in ~ of впереди́ +*g.*; be in ~ of one's time опереди́ть (*pf.*) своё вре́мя; he expects to be paid in ~ он ожида́ет, что ему́ запла́тят вперёд; **6.** (*attr.*): ~ copy (*of book*) сигна́льный экземпля́р; ~ copy of a speech предвари́тельный текст ре́чи; ~ guard, party аванга́рд; I had ~ knowledge of this я зара́нее знал об э́том; ~ payment ава́нсовый платёж; ~ sale предвари́тельная прода́жа.

*v.t.* **1.** (*move forward*) продв|ига́ть, -и́нуть; he ~d his troops to the frontier он передви́нул войска́ к грани́це; the clock had been ~d by an hour часы́ бы́ли переведены́ на час вперёд; ~ a pawn пойти́ (*pf.*) пе́шкой; (*promote*) пов|ыша́ть, -ы́сить в до́лжности; he was ~d to the rank of general его́ произвели́ в генера́лы; **2.** (*fig., put forward*): ~ an opinion вы́сказать (*pf.*) мне́ние; ~ a proposal выдвига́ть, вы́двинуть предложе́ние; **3.** (*fig., further*): ~ s.o.'s interests соде́йствовать (*impf.*) чьим-н. интере́сам; послужи́ть (*pf.*) на по́льзу кому́-н.; he did this to ~ his own interests он сде́лал э́то ра́ди со́бственной вы́годы; **4.** (*of payment*) плати́ть, за- ава́нсом; (*lend*) ссу|жа́ть, -ди́ть; **5.** (*raise, e.g. prices*) пов|ыша́ть, -ы́сить; **6.** (*bring forward; make earlier*): ~ the date of перенести́ (*pf.*) на бо́лее ра́нний срок.

*v.i.* **1.** (*move forward*) продв|ига́ться, -и́нуться; ~ on наступа́ть (*impf.*) на +*a.*; **2.** (*progress*) разв|ива́ться, -и́ться; де́лать, с- успе́хи; ~ in knowledge углуб|ля́ть, -и́ть зна́ния; **3.** (*increase*) пов|ыша́ться, -ы́ситься.

**advanced** *adj.* **1.** (*far on*): ~ age, years прекло́нный во́зраст; in an ~ state of decomposition в кра́йней ста́дии разложе́ния; he is very ~ for his years он о́чень ра́звит для свои́х лет; **2.** (*not elementary*): an ~ course курс для продви́нутого эта́па (обуче́ния); ~ algebra вы́сшая а́лгебра; **3.** (*progressive*) передово́й; **4.** (*mil.*) передово́й.

**advancement** *n.* (*moving forward*) продвиже́ние; (*promotion*) продвиже́ние по слу́жбе; (*progress*) прогре́сс.

**advantage** *n.* **1.** (*superiority; more favourable or superior position*) преиму́щество, досто́-

инство; this method has the ~ that... преиму́щество э́того ме́тода состои́т в том, что...; have an ~ over, have the ~ of име́ть (*impf.*) преиму́щество пе́ред +*i.*; my height gave me an ~ over him бо́лее высо́кий рост дал мне преиму́щество пе́ред ним; gain, win an ~ over брать, взять верх над +*i.*; **2.** (*profit, benefit*) вы́года, по́льза; it is to your ~ to sell вам бу́дет вы́годно прода́ть; gain ~ from извл|ека́ть, -е́чь вы́году из +*g.*; turn sth. to ~ обра|ща́ть, -ти́ть что-н. себе́ на по́льзу; take ~ of sth. воспо́льзоваться (*pf.*) чем-н.; take ~ of s.o. провести́ (*pf.*)/перехитри́ть (*pf.*) кого́-н.; use to ~ вы́годно испо́льзовать (*pf.*); you should lay out your money to ~ вы должны́ потра́тить де́ньги с то́лком; you may learn sth. to your ~ вы мо́жете узна́ть/почерпну́ть для себя́ что́-то поле́зное; the picture can be seen to better ~ from here отсю́да карти́на лу́чше смо́трится; **3.** (*tennis*): ~ in/out «бо́льше»/«ме́ньше».

*v.t.* (*favour*) благоприя́тствовать (*impf.*) +*d.*; (*give* ~ *to*) да|ва́ть, -ть преиму́щество +*d.*; (*further*) продв|ига́ть, -и́нуть.

**advantageous** *adj.* (*favourable*) благоприя́тный; (*profitable*) вы́годный; (*useful*) поле́зный.

**advent** *n.* **1.** (*arrival*) прибы́тие; **2.** (*appearance; occurrence*) появле́ние; **3.** (A~: *eccl.*) рожде́ственский пост; Second A~ второ́е прише́ствие.

**adventitious** *adj.* (*accidental*) случа́йный.

**adventure** *n.* (*exciting incident or episode*) приключе́ние; ~s похожде́ния (*nt. pl.*); a life of ~ жизнь, по́лная приключе́ний; (*risky or irresponsible activity*) риско́ванная зате́я; авантю́ра; ~ story приключе́нческий рома́н.

**adventurer** *n.* (*seeker of adventure*) иска́тель (*m.*) приключе́ний; (*speculator*) авантюри́ст; (*one who lives by his wits*) афери́ст, проходи́мец.

**adventuress** *n.* авантюри́стка.

**adventurous** *adj.* **1.** (*of pers.*) сме́лый; (*enterprising*) предприи́мчивый; **2.** (*of actions*) риско́ванный, авантю́рный; (*dangerous*) опа́сный.

**adventurousness** *n.* сме́лость; предприи́мчивость.

**adverb** *n.* наре́чие.

**adverbial** *adj.* наре́чный, адвербиа́льный.

**adversary** *n.* (*antagonist*) проти́вник; (*enemy*) враг; (*rival*) сопе́рник.

**adversative** *adj.* (*gram.*) противи́тельный.

**adverse** *adj.* (*unfavourable*) неблагоприя́тный; it is ~ to our interests э́то противоре́чит на́шим интере́сам; (*harmful*) вре́дный; (*inimical*) вражде́бный; (*contrary*) проти́вный; ~ winds проти́вные ве́тры (*m. pl.*).

**adversity** *n.* бе́дствия (*nt. pl.*), несча́стья (*nt. pl.*); show courage in, under ~ прояви́ть (*pf.*) му́жество в беде́; companions in ~ това́рищи по несча́стью; (*particular misfortune*) несча́стье, бе́дствие.

**advert**[1] (*coll.*) = ADVERTISEMENT.

**advert**[2] *v.i.*: ~ to (*turn to*) обра|ща́ться, -ти́ться к +*d.*; (*allude to*) намек|а́ть, -ну́ть на +*a.*

**advertise** *v.t.* (*boost, publicize*) реклами́ровать (*impf., pf.*); (*in newspaper*) да|ва́ть, -ть (*or* поме|ща́ть, -сти́ть) объявле́ние о +*p.*; I shall ~ my house for sale in the Times я дам объявле́ние в «Таймс» о прода́же до́ма; even if you don't like him you needn't ~ the fact да́же е́сли он вам неприя́тен, не сле́дует э́то афиши́ровать.

*v.i.*: she ~d for a maid она́ дала́ объявле́ние «тре́буется домрабо́тница».

**advertisement** *n.* рекла́ма; объявле́ние; the ~ page страни́ца объявле́ний; his behaviour is a poor ~ for the school его́ поведе́ние — плоха́я рекла́ма для шко́лы.

**advertiser** *n.* реклá́модáтель (*m.*).

**advertising** *n.* реклами́рование; ~ agent рекла́мный аге́нт; Smith is in the ~ business Смит рабо́тает в рекла́ме.

**advice** *n.* **1.** сове́т; give s.o. a piece, word of ~ посове́товать кому́-н.; seek s.o.'s ~ сове́товаться, по- с кем-н.; take legal ~ обра|ща́ться, -ти́ться за сове́том к юри́сту; консульти́роваться, про- с юри́стом; take, follow s.o.'s ~ сле́довать, по- чьему́-н. сове́ту; (*of doctor, lawyer etc.*) сове́т, консульта́ция; **2.** (*information*) сообще́ние; **3.** (*comm.: notification*) извеще́ние; shipping ~ извеще́ние об отгру́зке; letter of ~ ави́зо (*indecl.*).

**advisability** *n.* целесообра́зность.

**advisable** *adj.* целесообра́зный; it may be ~ to wait сто́ит, наве́рное, подожда́ть.

**advise** *v.t.* **1.** (*counsel*) сове́товать, по- +*d.*; what do you ~ (me to do)? что вы мне сове́туете де́лать?; the doctor ~d complete rest до́ктор прописа́л по́лный о́тдых; I have been ~d not to smoke мне посове́товали не кури́ть; you would be well ~d to go вам сто́ило бы пойти́; you would be better ~d to stay at home разу́мнее бы́ло бы оста́ться до́ма; be ~d by me послу́шайтесь моего́ сове́та; I ~d him against going я посове́товал ему́ не ходи́ть туда́; an ill-~d move необду́манный шаг; (*give professional advice to*) консульти́ровать (*impf.*); **2.** (*comm.: notify*) изве|ща́ть, -сти́ть (*кого́ о чём*); please ~ me of receipt уве́домите меня́ о получе́нии.

*v.i.*: he ~d against marriage он не сове́товал вступа́ть в брак.

**advisedly** *adv.* наме́ренно.

**adviser** *n.* сове́тник; (*professional*) консульта́нт; legal ~ юриско́нсульт; medical ~ врач.

**advisory** *adj.* совеща́тельный, консульта́тивный; in an ~ capacity в ка́честве сове́тника; ~ committee совеща́тельный

комите́т; ~ opinion консультати́вное мне́ние.

**advocacy** *n.* (*defence*) защи́та, отста́ивание; (*pleading a cause*) пропага́нда; he was well known for his ~ of penal reform он был хорошо́ изве́стен как боре́ц за рефо́рму пенитенциа́рной систе́мы; (*function of an advocate*) адвокату́ра.

**advocate**[1] *n.* **1.** (*defender*) защи́тник; (*supporter*) сторо́нник; **2.** (*lawyer*) адвока́т; Lord A ~ (*Sc.*) генера́льный прокуро́р; devil's ~ (*fig.*) «адвока́т дья́вола».

**advocate**[2] *v.t.* (*defend*) отст|а́ивать, -оя́ть; подде́рж|ивать, -а́ть; (*speak in favour of*) выступа́ть, вы́ступить за +*a.*; (*advise, recommend*) сове́товать, по-; рекомендова́ть (*impf., pf.*).

**adze** *n.* тесло́.

**Aegean** *n.* Эге́йское мо́ре.
   *adj.* эге́йский.

**aegis** *n.*: under the ~ of под эги́дой +*g.*

**Aeneas** *n.* (*myth.*) Эне́й.

**Aeneid** *n.* Энеи́да.

**Aeolian** *adj.* **1.**: ~ mode (*mus.*) эоли́йский лад; **2.**: ~ harp Эо́лова а́рфа.

**aeon** *n.* (*geol.*) э́ра; (*fig.*) (це́лая) ве́чность.

**aerate** *v.t.* **1.** (*ventilate*) прове́три|вать, -ть; (*expose to air*) прод|ува́ть, -у́ть; **2.** (*charge with gas*) гази́ровать (*impf.*); (*charge with CO₂*) нас|ыща́ть, -ы́тить углеки́слым га́зом.

**aeration** *n.* **1.** прове́тривание; продува́ние во́здухом; (*of the soil*) аэра́ция; **2.** гази́рование; насыще́ние углеки́слым га́зом.

**aerial** *n.* анте́нна.
   *adj.* **1.** (*lit., fig.*) возду́шный; **2.** (*performed by aircraft*): ~ advertising возду́шная рекла́ма; ~ photography аэрофотосъёмка; **3.** ~ railway, ropeway подвесна́я кана́тная доро́га; ~ torpedo авиацио́нная торпе́да.

**aero-** *in comb.*: ~club аэроклу́б; ~engine авиамото́р, авиацио́нный дви́гатель.

**aerobatics** *n.* вы́сший/фигу́рный пилота́ж.

**aerodrome, airdrome** *nn.* аэродро́м.

**aerodynamic** *adj.* аэродинами́ческий.

**aerodynamics** *n.* аэродина́мика.

**aerofoil, airfoil** *nn.* (*wing*) крыло́; (*wing shape or design*) про́филь (*m.*) крыла́.

**aerogram** *n.* (*message*) радиогра́мма; (*Am., air letter*) авиаписьмо́.

**aero|lite, -lith** *nn.* аэроли́т.

**aeronaut** *n.* аэрона́вт; воздухопла́ватель (*m.*).

**aeronautical** *adj.* аэронавигацио́нный, авиацио́нный.

**aeronautics** *n.* аэрона́втика.

**aeroplane, airplane** *nn.* самолёт, аэропла́н.

**aerosol** *n.* аэрозо́ль (*m.*).

**aerospace** *n.* возду́шно-косми́ческое простра́нство.

**aerostat** *n.* аэроста́т; (*balloon*) возду́шный шар.

**aerostatics** n. аэроста́тика.

**Aeschylus** n. Эсхи́л.

**Aesop** n. Эзо́п.

**aesthete** n. эсте́т.

**aesthetic** adj. эстети́ческий.

**aestheticism** n. эстети́зм.

**aesthetics** n. эсте́тика.

**aetiology** n. этиоло́гия.

**afar** adv. (also ~ off) вдалеке́; from ~ и́здали, издалека́.

**affability** n. приве́тливость; любе́зность; учти́вость.

**affable** adj. приве́тливый; любе́зный; ми́лый.

**affair** n. **1.** (business, matter) де́ло; that's my ~ э́то моё де́ло; what ~ is it of yours? како́е вам до э́того де́ло?; he asked me to look after his ~s он попроси́л меня́ проследи́ть за его́ дела́ми; ~ of honour де́ло че́сти; дуэ́ль; ~s of state госуда́рственные дела́; ~s of the heart серде́чные дела́; Ministry of Foreign A~s министе́рство иностра́нных дел; man of ~s делово́й челове́к; **2.** (also love ~) любо́вная связь; рома́н; they are having an ~ у них рома́н; **3.** (social event): there's an ~ at the town hall tonight в ра́туше сего́дня приём/ве́чер; **4.** (coll.): this building is a poor ~ э́то зда́ние о́чень некази́сто; his boat is quite an ~ да, его́ ло́дка — э́то вещь!; what an ~! вот так исто́рия/шту́ка!

**affect**[1] v.t. **1.** (act on) де́йствовать, по- на +a.; влия́ть, по- на +a.; the climate ~ed his health э́тот кли́мат повлия́л на его́ здоро́вье; **2.** (concern) каса́ться, косну́ться +g.; everyone is ~ed by the rise in prices повыше́ние цен затра́гивает всех; **3.** (touch emotionally) тро́|гать, -нуть; волнова́ть, вз-; he was ~ed by the news э́то изве́стие на него́ о́чень поде́йствовало; an ~ing sight волну́ющее зре́лище; **4.** (of disease): the lung is ~ed лёгкое поражено́; several hundred cattle were ~ed пострада́ло не́сколько сот голо́в скота́; **5.**: well ~ed towards расположён к +d.

**affect**[2] v.t. (show preference for): she ~s bright colours она́ лю́бит я́ркие цвета́; (pretend): ~ the freethinker стро́ить (impf.) из себя́ вольноду́мца; ~ indifference прики́|дываться, -нуться равноду́шным; ~ to despise разы́грывать презре́ние к +d.; he ~ed not to hear me он притвори́лся, что не слы́шит меня́.

**affectation** n. **1.** (pretence) притво́рство; ~ of disdain напускно́е пренебреже́ние; **2.** (unnatural behaviour) аффекта́ция; **3.** (of language or style) иску́сственность.

**affected** adj. (pretended) притво́рный; (not natural) аффекти́рованный.

**affection** n. **1.** (kindly feeling) привя́занность (for: к +d.); любо́вь; I feel ~ for him я к нему́ привя́зан; gain, win s.o.'s ~ сниска́ть (pf.) чье-н. расположе́ние; he is held in great ~ его́

о́чень лю́бят; **2.** (med.) заболева́ние.

**affectionate** adj. (of pers.) лю́бящий; (of pers. or things) не́жный; yours ~ly лю́бящий Вас.

**affective** adj. эмоциона́льный; (pert. to feelings) относя́щийся к чу́вствам.

**affiance** v.t. (arch.): they were ~d они́ бы́ли обручены́.

**affidavit** n. пи́сьменное показа́ние; make, swear an ~ да|ва́ть, -ть показа́ние под прися́гой.

**affiliate** v.t. **1.** (join, attach) присоедин|я́ть, -и́ть (to: к +d.); ~d company подконтро́льная/доче́рняя компа́ния; **2.** (adopt as member) прин|има́ть, -я́ть в чле́ны.

v.i. присоедин|я́ться, -и́ться (with: к +d.).

**affiliation** n. **1.** присоедине́ние; **2.** приня́тие в чле́ны; **3.** установле́ние отцо́вства, усыновле́ние.

**affinity** n. **1.** (resemblance) схо́дство; (relationship) родство́; (connection) связь; (closeness) бли́зость; there is a close ~ between these languages э́ти языки́ о́чень бли́зки; **2.** (blood relationship) родство́; (by marriage) свойство́; **3.** (liking, attraction) влече́ние, скло́нность; **4.** (chem.) сродство́.

**affirm** v.t. (assert) утвер|жда́ть, -ди́ть; (leg.: make an ~ation) торже́ственно заяв|ля́ть, -и́ть (вме́сто прися́ги).

**affirmation** n. утвержде́ние; (leg.) торже́ственное заявле́ние; (confirmation) подтвержде́ние.

**affirmative** n.: he answered in the ~ он отве́тил утверди́тельно.

adj. утверди́тельный.

**affix**[1] n. (gram.) а́ффикс.

**affix**[2] v.t. прикреп|ля́ть, -и́ть (что к чему); ~ one's signature ста́вить, по- по́дпись; ~ a seal/stamp при|кла́дывать, -ложи́ть печа́ть/штемпель (m.); ~ a postage stamp при|кле́и|вать, -ть ма́рку.

**afflatus** n. вдохнове́ние.

**afflict** v.t. (distress: of misfortune etc.) пост|ига́ть, -и́чь (or -и́гнуть); he was ~ed by a great misfortune его́ пости́гло большо́е несча́стье; (grieve) огорч|а́ть, -и́ть; **2.** (pass.: suffer from): be ~ed with страда́ть (impf.) +i.; he is ~ed with rheumatism он страда́ет ревмати́змом; the ~ed стра́ждущие (pl.).

**affliction** n. (grief; distress) го́ре, скорбь; (misfortune; calamity) несча́стье; бе́дствие; (ordeal) мыта́рство; (illness, disease) боле́знь; неду́г; the ~s of old age ста́рческие не́мочи (f. pl.).

**affluence** n. (wealth) бога́тство; (plenty) изоби́лие.

**affluent**[1] n. (river) прито́к.

**affluent**[2] adj. (wealthy) бога́тый; (abounding) изоби́льный.

**afford** v.t. **1.** (with can, expr. possibility): I can't ~ all these books я не в состоя́нии купи́ть все э́ти кни́ги; he can ~ to laugh ему́ хорошо́ смея́ться; they can ~ a new car они́ мо́гут позво́лить себе́ но́вую маши́ну; I can't ~ it э́то мне не по карма́ну; I can't ~ the time мне не́когда; he can't ~ to lose the race он до́лжен прийти́ пе́рвым во что бы то ни ста́ло; 2. (yield; supply; give) предост|авля́ть, -а́вить; да|ва́ть, -ть; it will ~ me an opportunity to speak to her э́то даст мне возмо́жность поговори́ть с ней; it ~s me great pleasure э́то доставля́ет мне большо́е удово́льствие; if it ~s you any consolation е́сли э́то мо́жет служи́ть вам утеше́нием; the hill ~ed a fine view с холма́ открыва́лся прекра́сный вид; ~ a basis for служи́ть (impf.) осно́вой для +g.; ~ cover (mil.) служи́ть укры́тием; ~ protection (mil.) обеспе́чи|вать, -ть прикры́тие.

**afforest** v.t. облеси́ть (pf.).

**afforestation** n. лесонасажде́ние, облесе́ние.

**affray** n. дра́ка, сты́чка; сканда́л; they were charged with causing, making an ~ их обвини́ли в том, что они́ зате́яли дра́ку.

**affront** n. оскорбле́ние; it was an ~ to his pride э́то оскорбля́ло его́ го́рдость.

v.t. 1. (insult) оскорб|ля́ть, -и́ть; 2. (confront) смотре́ть (impf.) в лицо́ +d.

**Afghan** n. афга́н|ец (fem. -ка); (~ hound) афга́нская го́нчая.

adj. афга́нский.

**Afghanistan** n. Афганиста́н.

*aficionado* n. люби́тель (m.).

**afield** adv. 1. (lit.) в по́ле; (mil.) на по́ле; 2. (fig.): far ~ далеко́, вдалеке́, вдали́; (expr. motion) вдаль.

**afire** pred. adj. & adv.: the house was ~ дом был охва́чен огнём; set sth. ~ подж|ига́ть, -е́чь что-н.; (fig.): he was ~ with enthusiasm он горе́л энтузиа́змом.

**aflame** pred. adj. & adv.: his clothes were ~ его́ оде́жда загоре́лась; (fig.): ~ with passion пыла́я стра́стью; the woods were ~ with colour леса́ горе́ли ра́зными кра́сками.

**afloat** pred. adj. & adv. 1. (floating on water) на воде́; (in sailing order) на плаву́; get a ship ~ (after grounding) сн|има́ть, -ять кора́бль с ме́ли; they had been ~ for several days они́ плы́ли не́сколько дней; 2. (at sea) в мо́ре; life ~ жизнь на воде́/мо́ре; (in naval service) в вое́нном фло́те; officer serving ~ офице́р плавсоста́ва; 3. (awash, flooded): after the storm the ground-floor rooms were ~ по́сле грозы́ пе́рвый эта́ж затопи́ло; 4. (fig., in circulation): various rumours were ~ по́лзали ра́зные слу́хи; (comm.) в обраще́нии; 5. keep ~ (fig., solvent) v.t.: they kept the newspaper ~ они́ подде́рживали существова́ние газе́ты; v.i. быть свобо́дным от долго́в; не залеза́ть в долги́.

**aflutter** pred. adj. & adv. трепе́щущий; (fig.) взволно́ванный; he was ~ with anticipation он дрожа́л от нетерпе́ния; the news set her heart

~ от э́того изве́стия у неё затрепета́ло се́рдце.

**afoot** pred. adj. & adv. 1. (arch., on foot; on one's feet) пешко́м; she was early ~ она́ ра́но вста́ла; 2. (in progress or preparation): there is a plan ~ гото́вится план; there is sth. ~ что́-то затева́ется; the game's ~ пого́ня начала́сь.

**afore-** in comb.: ~**mentioned** adj. вышеупомя́нутый; ~**named** adj. вышена́званный; ~**said** adj. вышеска́занный; malice ~**thought** злой у́мысел.

*a fortiori* adv. тем бо́лее.

**afraid** pred. adj. испу́ганный; be ~ of боя́ться (impf.) +g.; don't be ~ не бо́йтесь!; make s.o. ~ пуга́ть, ис- кого́-н.; I'm ~ he will die бою́сь, что он умрёт; I'm ~ of waking him (that I may wake him) я бою́сь его́ разбуди́ть; бою́сь, как бы его́ не разбуди́ть; (of the consequences) я бою́сь его́ буди́ть; I'm ~ he is out к сожале́нию, его́ нет.

**afresh** adv. сно́ва.

**Africa** n. А́фрика.

**African** n. африка́н|ец (fem. -ка).

adj. африка́нский.

**Africanize** v.t. африканизи́ровать (impf., pf.).

**Afrikaans** n. язы́к африка́анс.

**Afrikaner** n. африка́ндер.

**Afro-** in comb.: ~**-Asian** n. жи́тель афро-азиа́тской страны́.

adj. а́фро-азиа́тский.

**aft** adv. (naut.) на корме́; fore and ~ от но́са к корме́.

**after** adj. 1. (subsequent) после́дующий; in ~ years в после́дующие го́ды; the ~ life загро́бная жизнь; 2. (rear) за́дний; (naut.) кормово́й; ~ deck ют.

adv. 1. (subsequently; then) пото́м, зате́м; soon ~ вско́ре по́сле э́того; 2. (later) позднее, по́зже; 3 days ~ спустя́ три дня; 3. (in consequence) впосле́дствии; 3. (coll., as n. in pl.) сла́дкое; what's for ~s? что у нас на десе́рт?

prep. 1. (in expressions of time) по́сле +g.; за +i.; че́рез +a.; спустя́ +a.; ~ dinner по́сле обе́да; ~ you! за ва́ми!; ~ that пото́м, зате́м; the day ~ tomorrow послеза́втра; the day ~ the invitation на сле́дующий день по́сле приглаше́ния; I am tired ~ my journey я уста́л с доро́ги; the week ~ next неде́ля по́сле сле́дующей; (in adv. sense) че́рез две неде́ли; they met ~ 10 years они́ встре́тились че́рез де́сять лет; ~ passing his exams, he... сдав экза́мены, он...; he wrote that ~ receiving my letter он написа́л э́то, уже́ получи́в моё письмо́; ~ midday за́ полдень, по́сле полу́дня; ~ midnight за́ полночь, по́сле полу́ночи; it's ~ 6 (o'clock) уже́ седьмо́й час; (in sequence) day ~ day день за днём; one ~ another оди́н за други́м; we tried shop ~ shop without success мы ходи́ли из магази́на в магази́н, но без успе́ха; ~ what he has done I

shall never trust him again по́сле того́, что он сде́лал, я никогда́ бо́льше не бу́ду ему́ ве́рить; (*in spite of*) несмотря́ на +*a.*; ~ all my care в отве́т на все мои́ забо́ты; ~ all (*in the end*) в коне́чном счёте; в конце́ концо́в; (*nevertheless*) всё-таки; he's your brother, ~ all он же ваш брат; ведь он ваш брат; not so bad ~ all не так уж пло́хо; **2.** (*in expressions of place*) за +*i.*; shut the door ~ you закро́йте за собо́й дверь; run ~ s.o. бежа́ть за кем-н.; he ran ~ the bus он бежа́л за авто́бусом; he climbed up ~ Ivan он влез (всле́д) за Ива́ном; we shouted ~ him мы крича́ли ему́ всле́д/вдого́нку; (*fig.*): ~ Tolstoy, Turgenev is the best Russian writer по́сле Толсто́го лу́чший ру́сский писа́тель — Турге́нев; he ranks ~ me он ни́же меня́ чи́ном (*or* по положе́нию); **3.** (*in search of; trying to get*): the police are ~ him его́ разы́скивает поли́ция; he likes going ~ the girls он бе́гает за де́вушками; what is he ~? на что он ме́тит?; что он замышля́ет?; he is ~ your money он ме́тит на ва́ши де́ньги; **4.** (*in accordance with*) по +*d.*, согла́сно +*d.*; a man ~ my own heart челове́к мне по душе́; each ~ his kind ка́ждый по-сво́ему; ~ this fashion подо́бно э́тому; наподо́бие э́того; a fashion ка́к-нибудь; he paints ~ a fashion он в своём ро́де худо́жник; named ~ на́званный по +*d.* (*or* в честь +*g.*); the child was christened Cyril ~ its father ребёнка нарекли́ Кири́ллом в честь отца́; he takes ~ his father он похо́ж на отца́; a portrait ~ Van Dyck портре́т в мане́ре Ван-Де́йка.
   *conj.* по́сле того́, как.
   *cpds.*: ~**birth** *n.* после́д; ~**-care** *n.* ухо́д (за +*i.*); забо́та (о +*p.*); ~**-dinner** *adj.* по́слеобе́денный; ~**-effect** *n.* после́дствие; (*tech.*) последе́йствие; ~**glow** *n.* вече́рняя заря́; ~**math** *n.* ота́ва; (*fig.*) после́дствия (*nt. pl.*); ~**most** *adj.* са́мый за́дний; кра́йний к корме́; ~**noon** *n.* послеполу́денное вре́мя; in the ~noon днём; по́сле обе́да; пополу́дни; во второ́й полови́не дня; at 3 in the ~noon в три часа́ дня; it is a beautiful ~noon како́й прекра́сный день!; good ~noon! (*in greeting*) до́брый день!; (*in leave-taking*) до свида́ния; (*fig.*) in the ~noon of life на скло́не лет; (*attr.*): ~noon nap послеобе́денный сон; ~**taste** *n.* при́вкус; ~**thought** *n.* запозда́лая мысль.
**afterwards** *adv.* (*then*) пото́м; (*subsequently*) впосле́дствии; (*later*) по́зже; (a) long (time) ~ гора́здо по́зже; I only heard of it ~ я то́лько пото́м услы́шал об э́том.
**again** *adv.* **1.** (*expr. repetition*) опя́ть; (*afresh, anew*) сно́ва, вновь; (*once more*) ещё раз; (*with certain vv.*) by use of pref. пере-; read ~ перечи́т|ывать, -а́ть; open ~ вновь откр|ыва́ть, -ы́ть; say ~ повтор|я́ть, -и́ть; start ~ (*v.t.*) возобновл|я́ть, -и́ть; (*v.i.*) нач|ина́ть,

-а́ть сно́ва; she married ~ она́ сно́ва вы́шла за́муж; what's his name ~? как, вы сказа́ли, его́ фами́лия?; ~ and ~ сно́ва и сно́ва; time and (time) ~, over and over ~ то и де́ло; now and ~ вре́мя от вре́мени; иногда́; once ~ ещё раз; same ~, please! ещё стака́нчик!; he did his work over ~ он переде́лал рабо́ту; **2.** (*with neg.*: *any more*) бо́льше; never ~ никогда́ бо́льше; don't do it ~! бо́льше э́того не де́лайте!; ≃ пе́рвый раз проща́ется; **3.** (*in addition*): as far ~ вдво́е да́льше; as much ~ ещё сто́лько же; half as much ~ (в) полтора́ ра́за бо́льше; **4.** (*expr. return to original state or position*): back ~ обра́тно; get sth. back ~ получ|а́ть, -и́ть что-н. обра́тно; you'll soon be well ~ вы ско́ро попра́витесь; he is himself ~ он пришёл в себя́; **5.** (*moreover; besides*) к тому́ же; кро́ме того́; (*on the other hand*) с друго́й стороны́.
**against** *prep.* **1.** (*in opposition to*) про́тив +*g.*; I have nothing ~ it я ничего́ не име́ю про́тив э́того; I was ~ his going я был про́тив того́, что́бы он шёл туда́; is there a law ~ spitting? есть ли зако́н, запреща́ющий плева́ться?; they did it ~ my wishes они́ сде́лали э́то про́тив моего́ жела́ния; I acted ~ my will я де́йствовал не по свое́й во́ле; swim ~ the current (*lit., fig.*) плыть (*impf.*) про́тив тече́ния; they were working ~ time они́ рабо́тали наперегонки́ со вре́менем; act ~ the law поступ|а́ть, -и́ть противозако́нно; ~ the rules не по пра́вилам; fight, struggle ~ боро́ться (*impf., pf.*) про́тив +*g.* (*or* с +*i.*); the battle ~ drunkenness борьба́ с пья́нством; speak ~ (*oppose*) выступа́ть, вы́ступить про́тив +*g.*; (*slander*) наговаривать, -ори́ть на +*a.*; **2.** (*in spite of*) вопреки́ +*d.*; ~ reason вопреки́ рассу́дку; ~ my better judgement вопреки́ го́лосу рассу́дка; **3.** (*to the disfavour of*): his manner is ~ him он вреди́т себе́ свое́й мане́рой держа́ться; her age is ~ her во́зраст её подво́дит; **4.** (*to oppose or combat*) на +*a.*; march ~ the enemy наступа́ть (*impf.*) на врага́; **5.** (*to withstand*) от +*g.*; a shelter ~ the storm убе́жище от бу́ри; defend o.s. ~ the enemy защища́ться (*impf.*) от врага́; **6.** (*in readiness for, anticipation of*): make preparations ~ his coming пригото́виться (*pf.*) к его́ прие́зду; ~ a rainy day на чёрный день; we took measures ~ a shortage of water мы при́няли ме́ры на слу́чай нехва́тки воды́; they bought provisions ~ the winter они́ купи́ли прови́зии на́ зиму; **7.** (*compared with*): 3 deaths this year ~ 20 last year три сме́рти в э́том году́ про́тив двадцати́ в про́шлом; **8.** (*in contrast with*): it shows up ~ a dark background э́то выделя́ется на тёмном фо́не; **9.** (*in collision with*) о +*a.*; knock ~ sth. уда́риться (*pf.*) о что-н.; he banged his head ~ a stone он уда́рился голово́й о ка́мень; the ship ran ~ a rock

кора́бль наскочи́л на скалу́; **10.** (*into contact with*) к +*d.*; he moved the chair ~ the wall он придви́нул стул к стене́; he stood leaning ~ the wall он стоя́л, прислони́вшись к стене́; he built a garage ~ the house он пристро́ил гара́ж к до́му; **11.** (*by*; *in the vicinity of*) у +*g.*; she sat ~ the window она́ сиде́ла у окна́; **12.** (*facing*): over ~ the church напро́тив це́ркви; he held the photograph ~ the light он поднёс фотогра́фию к све́ту; we are up ~ strong competition у нас си́льная конкуре́нция; he is up ~ it ему́ прихо́дится тя́жко; ≃ он прижа́т к стене́.

**agape** *pred. adj. & adv.* рази́нув рот.

**agaric** *n.* пласти́нчатый гриб.

**agate** *n.* ага́т; (*attr.*) ага́товый.

**agave** *n.* столе́тник, ага́ва.

**age** *n.* **1.** (*time of life*) во́зраст; what ~ is he? како́го он во́зраста?; (*expecting exact answer*) ско́лько ему́ лет?; he is 40 years of ~ ему́ со́рок лет; he and I are the same ~ мы с ним рове́сники; when I was your ~ когда́ я был в ва́шем во́зрасте; a man (of) your ~ челове́к ва́шего во́зраста; at his ~ he should be more careful в его́ го́ды на́до быть бо́лее осторо́жным; he is at an ~ (*or* has reached an ~) when... он дости́г во́зраста, когда́...; she looks her ~ она́ не вы́глядит моло́же свои́х лет; I am feeling my ~ во́зраст берёт своё; at an early ~ в де́тском/ра́ннем во́зрасте; a man in middle ~ мужчи́на сре́дних лет; he took up tennis in middle ~ он заня́лся те́ннисом в соли́дном во́зрасте; be your ~! (*coll.*) веди́тше себя́ как взро́слый челове́к!; ~ of consent поло́женного во́зраста; ~ of discretion бра́чный во́зраст; ~ of discretion отве́тственный во́зраст; ~ of reason созна́тельный во́зраст; (*of inanimate objects*): the wine lacks ~ вино́ недоста́точно вы́держано; what is the ~ of this house? когда́ постро́ен э́тот дом?; **2.** (*majority*): be of ~ быть совершенноле́тним; come of ~ дост|ига́ть, -и́чь совершенноле́тия; he is under ~ он несовершенноле́тний; **3.** (*old* ~) ста́рость; his back was bent with ~ он согну́лся от ста́рости; he lived to a ripe (old) ~ он до́жил до прекло́нных лет; **4.** (*period*) пери́од; (*century*) век; Ice A~ леднико́вый пери́од; Stone A~ ка́менный век; golden ~ золото́й век; the Middle A~s сре́дние века́; the present ~ ны́нешний век; the ~ we live in наш век; (*coll., often pl., long time*): it took an ~ to get there мы добира́лись туда́ це́лую ве́чность; the bus left ~s ago авто́бус ушёл давны́м-давно́; we have not seen each other for ~s мы не вида́лись це́лую ве́чность.

*v.t.* ста́рить, со-; worries have ~d him забо́ты его́ соста́рили; (*of wine*) вы́держивать, вы́держать.

*v.i.* (*of pers.*) старе́ть, по-; (*of thing*) старе́ть, у-.

*cpds.*: ~-**bracket**, ~-**group** *nn.* возрастна́я гру́ппа; ~-**limit** *n.* преде́льный во́зраст; ~-**long** *adj.* ве́чный, веково́чный; ~-**old** *adj.* веково́й, (старо)да́вний.

**aged**[1] *adj.* (*of the age of*): ~ six шести́ лет.

**aged**[2] *adj.* (*very old*) престаре́лый.

**ag(e)ing** *n.* старе́ние; (*of wine*) вы́держка. *adj.* старе́ющий.

**ageless** *adj.* (*always young*) нестаре́ющий; (*eternal*) ве́чный.

**agency** *n.* **1.** (*action*) де́йствие; (*instrumentality*) посре́дство; by the ~ of посре́дством +*g.*; че́рез +*a.*; при посре́дничестве +*g.*; **2.** (*force*): an invisible ~ незри́мая си́ла; **3.** (*comm.*) аге́нтство; employment ~ аге́нтство по на́йму; travel ~ тури́стское аге́нтство, бюро́ (*indecl.*) путеше́ствий; **4.** (*organization*): government ~ прави́тельственное учрежде́ние; прави́тельственная организа́ция; **5.** (*representation*): sole ~ еди́нственное представи́тельство.

**agenda** *n.* пове́стка дня; it is on the ~ э́то стои́т на пове́стке дня; put on the ~ ста́вить, по- на пове́стку дня.

**agent** *n.* **1.** (*pers. acting for others*) аге́нт; (*representative*) представи́тель (*m.*); commission ~ комиссионе́р; forwarding ~ экспеди́тор; **2.** (*chem.*) аге́нт; сре́дство; chemical ~ реакти́в, реаге́нт; oxidizing ~ окисли́тель (*m.*); **3.** (*gram.*) де́ятель (*m.*).

*agent provocateur* *n.* провока́тор.

**agglomerate**[1] *n.* (*geol.*) агломера́т, скопле́ние.

**agglomerate**[2] *v.t. & i.* (*gather*) соб|ира́ть(ся), -ра́ть(ся); (*mass*) ск|а́пливать(ся), -опи́ть(ся).

**agglomeration** *n.* скопле́ние.

**agglutinate** *v.t.* (*ling.*) агглютини́ровать (*impf., pf.*).

**agglutination** *n.* (*ling.*) агглютина́ция.

**agglutinative** *adj.* (*ling.*) агглютинати́вный, агглютини́рующий.

**aggrandize** *v.t.* увели́чи|вать, -ть; расш|иря́ть, -и́рить.

**aggrandizement** *n.* увеличе́ние; расшире́ние.

**aggravat|e** *v.t.* **1.** (*make worse*) ух|удша́ть, -у́дшить; ~ing circumstances отягча́ющие вину́ обстоя́тельства; (*of pain*) обостр|я́ть, -и́ть; усил|ива́ть, -ть; **2.** (*coll., exasperate*) раздраж|а́ть, -и́ть.

**aggravation** *n.* **1.** ухудше́ние; обостре́ние, усиле́ние; **2.** раздраже́ние.

**aggregate**[1] *n.* **1.** (*total, mass*) совоку́пность; in the ~ в совоку́пности; **2.** (*phys.*) скопле́ние; **3.** (*ingredient of concrete*) заполни́тель (*m.*) (бето́на).

*adj.* **1.** (*total*) о́бщий; ~ membership о́бщее число́ чле́нов; for an ~ period of 3 years в о́бщей сло́жности на́ три го́да; **2.** (*collected together*) со́бранный вме́сте; (*tech.*): ~ capacity по́лная мо́щность.

**aggregate**[2] *v.t.* **1.** (*collect into a mass*) соб|ира́ть,

-рáть в цéлое; **2.** (*amount to*) сост|авля́ть, -áвить; состоя́ть (*impf.*) (в общей сло́жности) из +*g.*; these armies ∼d 500,000 men э́ти а́рмии насчи́тывали 500 000 челове́к.

*v.i.* (*collect or come together*) соб|ира́ться, -ра́ться.

**aggregation** *n.* **1.** (*collecting together*) собира́ние; (*collection of persons or things*) скопле́ние, конгломера́т; **2.** (*phys.*) скопле́ние; (*mass*) ма́сса.

**aggress** *v.t. & i.* нап|ада́ть, -а́сть (на +*a*).

**aggression** *n.* агре́ссия; (*attack*) нападе́ние; war of ∼ агресси́вная война́.

**aggressive** *adj.* агресси́вный; (*attacking*) напада́ющий; ∼ defence акти́вная оборо́на; ∼ attack стреми́тельное нападе́ние; ∼ weapons ору́жие агре́ссии; an ∼ salesman напо́ристый коммерса́нт.

**aggressiveness** *n.* агресси́вность.

**aggressor** *n.* агре́ссор; ∼ nation страна́--агре́ссор.

**aggrieve** *v.t.* огорч|а́ть, -и́ть; be ∼d; feel (o.s.) ∼d быть огорчённым; огорч|а́ться, -и́ться.

**aghast** *pred. adj.* (*terrified*) в у́жасе (*от чего*); (*amazed*) потрясённый; he stood ∼ он оцепене́л от у́жаса.

**agile** *adj.* прово́рный, ло́вкий; an ∼ mind живо́й ум.

**agility** *n.* прово́рство, ло́вкость; ∼ of movement ло́вкость движе́ний; ∼ of mind жи́вость ума́.

**aging** *see* AG(E)ING.

**agitate** *v.t.* **1.** (*excite*) волнова́ть, вз-; be ∼d about sth. волнова́ться (*impf.*) из-за чего́-н.; in an ∼d voice взволно́ванным го́лосом; (*arouse*) возбу|жда́ть, -ди́ть; **2.** (*shake*) трясти́ (*impf.*); (*liquids*) взб|а́лтывать, -олта́ть.

*v.i.* агити́ровать (*impf.*) (for, against: за +*a.*, про́тив +*g.*).

**agitation** *n.* **1.** (*disturbance*) волне́ние; in a state of ∼ взволно́ванный; **2.** (*shaking*) взба́лтывание; (*chem.*) переме́шивание; **3.** (*pol.*) агита́ция.

**agitator** *n.* **1.** (*pol.*) агита́тор; **2.** (*apparatus*) меша́лка.

**aglow** *pred. adj.* (*lit.*): be ∼ пыла́ть (*impf.*);` (*red-hot*) раскалённый до́красна; (*fig.*): his face was ∼ он раскрасне́лся; ∼ with pleasure раскрасне́вшийся от удово́льствия.

**agnail** *n.* заусе́ница.

**agnostic** *n.* агно́стик.

*adj.* агности́ческий.

**agnosticism** *n.* агностици́зм.

**ago** *adv.* тому́ наза́д; long ∼ давно́; not long ∼ неда́вно; it was longer ∼ than I thought э́то бы́ло (ещё) ра́ньше, чем я ду́мал.

**agog** *pred. adj.*: she was ∼ with excitement она́ была́ вне себя́ от волне́ния.

*adv.*: he listened ∼ он слу́шал, затаи́в дыха́ние; the rumours set the village ∼ слу́хи

взбудора́жили дере́вню.

**agoniz|e** *v.t.* му́чить (*impf.*); ∼ed, ∼ing shrieks отча́янные во́пли (*m. pl.*).

*v.i.* **1.** (*suffer agony*) терза́ться (*impf.*); му́читься (*impf.*); быть в аго́нии; **2.** (*fig.*): he ∼d over his speech он му́чился над свое́й ре́чью.

**agon|y** *n.* (*torment*) муче́ние; (*suffering*) страда́ние; (*pains of death*) аго́ния; in his last ∼y в предсме́ртной аго́нии; suffer ∼ies терза́ться (*impf.*); I was in ∼y я о́чень страда́л; in an ∼y of remorse терза́ясь раска́янием; an ∼y of joy взрыв весе́лья; pile on the ∼y (*coll.*) нагроможда́ть (*impf.*) у́жасы; сгу|ща́ть, -сти́ть кра́ски; ∼y column отде́л ли́чных объявле́ний.

**agora** *n.* (*hist.*) аго́ра.

**agoraphobia** *n.* агорафо́бия.

**agrarian** *adj.* агра́рный.

**agree** *v.t.* **1.** (*reach agreement on*) согласо́в|ывать, -а́ть (*что с кем*); **2.** (*accept as correct*) утвер|жда́ть, -ди́ть; прин|има́ть, -я́ть.

*v.i.* **1.** (*concur; be of like opinion*): I quite ∼ with you я соверше́нно с ва́ми согла́сен; we are ∼d on this мы в э́том согла́сны; make two people ∼ прив|оди́ть, -ести́ двух люде́й к согла́сию; those two will never ∼ э́ти дво́е никогда́ не договоря́тся; **2.** (*reach agreement*; *make common decision*): we ∼d to go together мы договори́лись е́хать вме́сте; ∼ on a price договори́ться о цене́; let us ∼ to differ оста́немся ка́ждый при своём мне́нии; **3.** (*consent*) согла|ша́ться, -си́ться (*на что*); **4.** (*accept*): I ∼ that it was wrong согла́сен, что э́то бы́ло непра́вильно; ∼ with (*accept as correct or right*): I don't ∼ with his policy я не согла́сен с его́ поли́тикой; I don't ∼ with keeping children up late я про́тив того́, что́бы по́здно укла́дывать дете́й спать; **5.** ∼ with (*suit*) под|ходи́ть, -ойти́ +*d.*; годи́ться (*impf.*) +*d.*; oysters don't ∼ with me от у́стриц мне быва́ет пло́хо; **6.** (*conform*; *tally*): the adjective ∼s with the noun прилага́тельное согласу́ется с существи́тельным; his story ∼s with mine его́ расска́з схо́дится с мои́м.

**agreeabl|e** *adj.* **1.** (*pleasant*) прия́тный; ∼y surprised прия́тно удивлён; make o.s. ∼e to стара́ться (*impf.*) угоди́ть +*d.*; **2.** (*acceptable*): if that is ∼e to you е́сли вас э́то устра́ивает; е́сли вам бу́дет уго́дно; **3.** (*prepared to agree*): be ∼e to sth. согла|ша́ться, -си́ться на что-н.; **4.** ∼e to (*in conformity with*): this theory is ∼e to experience э́та тео́рия подтвержда́ется пра́ктикой.

**agreement** *n.* **1.** (*consent*) согла́сие; by mutual ∼ по взаи́мному согла́сию; be in ∼ with согла|ша́ться, -си́ться с +*i.*; **2.** (*treaty*) соглаше́ние, догово́р; come to an ∼ при|ходи́ть, -йти́ к соглаше́нию; enter into, conclude an ∼ with заключ|а́ть, -и́ть соглаше́ние/догово́р с

+*i.*; gentleman's ~ джентльме́нское соглаше́ние; standstill ~ морато́рий; **3.** (*gram.*) согласова́ние.

**agricultural** *adj.* сельскохозя́йственный; ~ engineering агроте́хника.

**agricultur(al)ist** *n.* земледе́лец.

**agriculture** *n.* се́льское хозя́йство.

**agrimony** *n.* репешо́к.

**agronomist** *n.* агроно́м.

**agronomy** *n.* агроно́мия; се́льское хозя́йство, земледе́лие.

**aground** *pred. adj. & adv.*: the ship was ~ кора́бль сиде́л на мели́; run ~ (*v.i.*) сесть (*pf.*) на мель.

**ague** *n.* озно́б, лихора́дка.

**ah** *int.* ах!; а!

**aha** *int.* ага́!

**ahead** *adv.* впереди́; (*expr. motion*) вперёд; he rode ~ of his troops он е́хал впереди́ свои́х войск; he was ten yards ~ of us он был на де́сять я́рдов впереди́ нас; be, get ~ of опере|жа́ть, -ди́ть; move ~ продви́нуться (*pf.*) вперёд; go ~! продолжа́йте!; ну дава́йте!; пожа́луйста!; начина́йте!; things are going ~ дела́ иду́т; ~ of time досро́чно, ра́ньше сро́ка; look ~ (*fig.*) смотре́ть (*impf.*) вперёд; in the days ~ в бу́дущем; in line ~ (*naut.*) кильва́терным стро́ем.

**ahem** *int.* гм!

**ahoy** *int.*: ship ~! эй, на корабле́/су́дне!; вон идёт кора́бль!

**aid** *n.* **1.** (*help, assistance*) по́мощь; (*support*) подде́ржка; first ~ пе́рвая по́мощь; with, by the ~ of при по́мощи +*g.*; call on s.o.'s ~ приб|ега́ть, -е́гнуть к чей-н. по́мощи; lend, give ~ to ока́з|ывать, -а́ть по́мощь +*d.*; go to s.o.'s ~ при|ходи́ть, -йти́ кому́-н. на по́мощь; mutual ~ взаимопо́мощь; in ~ of в по́мощь +*d.*; what is the collection in ~ of? на что собира́ют де́ньги?; what is this in ~ of? (*coll.*) к чему́ э́то?; an ~ to digestion сре́дство, спосо́бствующее пищеваре́нию; **2.** (*appliance*) посо́бие; visual ~s нагля́дные посо́бия.

*v.t.* (*help*) пом|ога́ть, -о́чь +*d.*; (*promote*) спосо́бствовать (*impf.*) +*d.*; ~ed school шко́ла на госуда́рственной дота́ции; ~ing and abetting посо́бничество и подстрека́тельство.

**aide** *n.* помо́щни|к (*fem.* -ца).

*cpds.*: ~**-de-camp** *n.* адьюта́нт; ~**-memoire** *n.* па́мятная запи́ска.

**aigret(te)** *n.* (*plume*) эгре́т(ка), султа́н, плюма́ж.

**aiguillette** *n.* аксельба́нт.

**ail** *v.t.*: what ~s him? (*arch.*) о чём он горю́ет?; что с ним?

*v.i.*: he is always ~ing он постоя́нно хвора́ет.

**aileron** *n.* элеро́н.

**ailment** *n.* боле́знь; нездоро́вье.

**aim** *n.* **1.** (*purpose*) цель; with the ~ of с це́лью

+*g.*; fall short of one's ~s не дост|ига́ть, -и́чь свое́й це́ли; what is the ~ of these questions? к чему́ э́ти вопро́сы?; **2.** (*of a gun, etc.*) прице́л; take ~ at прице́л|иваться, -иться в +*a.*; miss one's ~ не попа́сть (*pf.*) в цель; is your ~ good? у вас хоро́ший глаз?

*v.t.* нав|оди́ть, -ести́; наце́ли|вать, -ть; ~ a rifle at напр|авля́ть, -а́вить винто́вку на +*a.*; ~ a stone at це́литься (*impf.*) ка́мнем в +*a.*; ~ a blow at зама́х|иваться, -ну́ться на +*a.*; (*fig.*): ~ one's remarks at предназн|а́ча́ть, -а́чить свои́ замеча́ния +*d.*

*v.i.* це́лить (*impf.*); ~ at (*with rifle*) прице́л|иваться, -иться в +*a.*; (*fig.*): ~ at (*aspire to*) стреми́ться (*impf.*) к +*d.*; he ~ed at becoming (*or* to become) a doctor он поста́вил себе́ це́лью стать врачо́м; ~ high ме́тить (*impf.*) высоко́; what are you ~ing at? что вы име́ете в виду́?; ~ for напр|авля́ться, -а́виться в/на +*a.*; he ~ed for the south он взял направле́ние на юг.

**aimless** *adj.* бесце́льный.

**aimlessness** *n.* бесце́льность.

**air** *n.* **1.** (*lit.*) во́здух; stale ~ спёртый во́здух; get some fresh ~ подыша́ть (*pf.*) све́жим во́здухом; liquid ~ жи́дкий во́здух; in the open ~ на откры́том во́здухе; let some ~ into a room прове́три|вать, -ть ко́мнату; let the ~ out of (*balloon, tyre*) выпуска́ть, вы́пустить во́здух из +*g.*; take the ~ прогу́л|иваться, -я́ться; take more fresh ~! гуля́йте бо́льше!; take to the ~ взлет|а́ть, -е́ть; into the ~ вверх; travel by ~ лета́ть (*impf.*) (самолётом); a change of ~ переме́на обстано́вки; birds of the ~ пти́цы небе́сные; mastery of the ~; ~ supremacy госпо́дство/превосхо́дство в во́здухе; ~ current возду́шное тече́ние; ~ pollution загрязне́ние во́здуха; **2.** (*in fig. phrases*): a plan is in the ~ гото́вится план; the question was left in the ~ вопро́с пови́с в во́здухе; leave a sentence in the ~ оборва́ть (*pf.*) предложе́ние; clear the ~ разря|жа́ть, -ди́ть атмосфе́ру; hot ~ (*coll.*) хвастовство́, пустозво́нство; beat the ~ толо́чь во́ду в сту́пе; he vanished into thin ~ его́ и след просты́л; go up in the ~ (*coll.*) вы́йти (*pf.*) из себя́; live on ~ пита́ться (*impf.*) во́здухом; castles in the ~ возду́шные за́мки; he was walking on ~ он ног под собо́й не чу́ял; with his, her head in the ~ задра́в нос; **3.** (*appearance, manner*) вид; there was a general ~ of desolation во всём чу́вствовалось запусте́ние; with a triumphant ~ с торжеству́ющим ви́дом; ~s and graces мане́рность; put on (*or* give o.s.) ~s задава́ться (*impf.*); did it with an ~ он сде́лал э́то с ши́ком; **4.** (*mus., song*) пе́сня; (*tune*) моти́в; **5.** (*radio*): the programme is on the ~ програ́мма в эфи́ре; go on the ~ выходи́ть, вы́йти в эфи́р; (*of pers.*) выступа́ть, вы́ступить по ра́дио; go off the ~

(*of station*) зак|а́нчивать, -о́нчить радио-переда́чу; **6.** (*attr., pert. to aviation*) возду́шный; авиацио́нный, авиа-; (*mil.*) вое́нно-возду́шный; ~ arm, force вое́нно-возду́шные си́лы; ~ attaché вое́нно-возду́шный атташе́ (*m. indecl.*); ~ corridor возду́шный коридо́р; ~ cover, umbrella авиацио́нное прикры́тие; ~ defence противовозду́шная оборо́на; ~ base авиаба́за; ~ display возду́шный пара́д; ~ hostess бортпроводни́ца; A~ Ministry министе́рство авиа́ции; A~ Marshal ма́ршал авиа́ции; ~ mechanic авиа(цио́нный) меха́ник, (*member of aircrew*) бортмеха́ник; ~ passage полёт; перелёт; ~ terminal (городско́й) аэровокза́л; ~ trial испыта́тельный полёт; (*pl.*) лётные испыта́ния.

*v.t.* **1.** (*ventilate*) прове́три|вать, -ть; (*dry*) суши́ть, вы́-; **2.** (*fig.*): ~ one's knowledge выставля́ть (*impf.*) напока́з свои́ зна́ния; ~ one's grievances выска́зывать, вы́сказать своё недово́льство.

*v.i.*: she hung the clothes out to ~ она́ разве́сила ве́щи для просу́шки.

*cpds.*: ~-bed *n.* надувно́й матра́ц; ~borne *adj.* (*landed by* ~) возду́шно-деса́нтный; (*in the air*): we were ~borne at 9 o'clock мы бы́ли в во́здухе в 9 ч.; ~-brake *n.* возду́шный то́рмоз; ~-brick *n.* кирпи́ч-сыре́ц; ~-conditioned *adj.* с кондициони́рованным во́здухом; ~-conditioning *n.* кондициони́рование во́здуха; ~-cooled *adj.* охлажда́емый во́здухом; ~-craft *n.* самолёт, (*collect.*) самолёты, авиа́ция; fighter ~craft истреби́тельная авиа́ция; ~craft-carrier *n.* авиано́сец; ~craftman *n.* рядово́й авиа́ции; ~crew *n.* лётный соста́в; ~-cushion *n.* надувна́я поду́шка; ~-dried *adj.* воздушносухо́й, возду́шной су́шки; ~-drill *n.* пневмати́ческий перфора́тор; ~drome *n. see* AERODROME; ~-drop *n.* десанти́рование с во́здуха; сбра́сывание гру́за с самолёта; ~-duct *n.* воздухопрово́д; ~field *n.* аэродро́м; ~flow *n.* ток во́здуха; возду́шная струя́; ~foil *n. see* AEROFOIL; ~-frame *n.* о́стов/карка́с самолёта; ~-freighter *n.* грузово́й самолёт; ~-gauge *n.* возду́шный мано́метр; ~gun *n.* духово́е ружьё; ~-gunner *n.* возду́шный стрело́к; ~-jacket *n.* надувно́й спаса́тельный нагру́дник/жиле́т; ~-lane *n.* возду́шный коридо́р; ~-letter *n.* авиаписьмо́; ~lift *n.* возду́шная перево́зка; *v.t.* перев|ози́ть, -езти́ (*or* перебр|а́сывать, -о́сить) по во́здуху; ~line *n.* авиали́ния; ~-liner *n.* ре́йсовый/пассажи́рский самолёт, возду́шный ла́йнер; ~-lock *n.* (*compartment*) та́мбур, (*stoppage*) возду́шная про́бка; ~ mail *n.* авиапо́чта; ~mail edition специа́льное изда́ние для пересы́лки авиапо́чтой; ~-man *n.* лётчик; член экипа́жа самолёта; ~-operated *adj.* пневмати́ческий; ~-pillow *n. see* ~-cushion;

~plane *n. see* AEROPLANE; ~-pocket *n.* (*av.*) возду́шная я́ма; (*tech.*) возду́шный мешо́к, га́зовый пузы́рь; ~port *n.* аэропо́рт; ~-power *n.* возду́шная мощь; ~-pump *n.* возду́шный насо́с; ~-raid *n.* возду́шный налёт; ~-raid alert, warning возду́шная трево́га; ~-raid precautions ме́ры противовозду́шной оборо́ны; ~-raid shelter бомбоубе́жище; ~-raid warden уполномо́ченный по противовозду́шной оборо́не; ~-rifle *n.* пневмати́ческая винто́вка; ~ screw *n.* (возду́шный) винт; пропе́ллер; ~-sea rescue *n.* спаса́тельные опера́ции (*f. pl.*), проводи́мые самолётами на мо́ре; ~ ship *n.* возду́шный кора́бль; дирижа́бль (*m.*); ~ sick *adj.*: I was ~ sick меня́ укача́ло в самолёте; ~ sickness *n.* возду́шная боле́знь; ~ space *n.* возду́шное простра́нство; ~ speed *n.* ско́рость полёта; возду́шная ско́рость; ~ stream *n.* возду́шный пото́к; ~ strip *n.* взлётно-поса́дочная полоса́; поса́дочная площа́дка; ~ tight *adj.* воздухонепроница́емый, гермети́ческий; ~ tightness *n.* воздухонепроница́емость, гермети́чность; ~-to-air-missile *n.* реакти́вный снаря́д «во́здух — во́здух»; ~-to-ground missile *n.* реакти́вный снаря́д «во́здух — земля́»; ~-torpedo *n.* авиацио́нная торпе́да; ~ way *n.* (*route*) возду́шная тра́сса; ~ woman *n.* лётчица; ~ worthiness *n.* приго́дность к полёту; ~ worthy *adj.* го́дный к полёту.

**Airedale** *n.* эрдельтерье́р.

**airily** *adv.* за́просто; с лёгкостью, небре́жно.

**airiness** *n.* (*freshness*) возду́шность; (*lightness*) лёгкость; (*fig., of manner*) беспе́чность.

**airing** *n.* **1.** (*admission of air*) прове́тривание; ~ cupboard суши́льный шкаф; **2.** (*excursion*) прогу́лка; **3.** (*fig.*): give one's views an ~ вы́сказать/обнаро́довать (*pf.*) свои́ взгля́ды.

**airless** *adj.* (*stuffy*) ду́шный; (*still*) безве́тренный.

**airlessness** *n.* духота́, безве́трие.

**airy** *adj.* **1.** (*well-ventilated*) просто́рный, прове́триваемый; **2.** (*light in movement etc.*) возду́шный; an ~ dress возду́шное пла́тье; **3.**: ~ phantom беспло́тный дух; **4.** (*superficial; light-hearted*) ве́треный, беспе́чный.

*cpd.*: ~-fairy *adj.* (*coll., pej.*) вы́чурный, зате́йливый.

**aisle** *n.* боково́й неф; (*in theatre etc.*) прохо́д.

**aitchbone** *n.* (*cut of beef*) огу́зок.

**ajar** *pred. adj.* приоткры́тый.

**Ajax** *n.* Ая́кс.

**akimbo** *adj.* подбоче́нясь; stand with arms ~ подбоче́ниться (*pf.*).

**akin** *pred. adj. & adv.* (*related*) ро́дственный; ~ to сродни́ +*d.*; pity is ~ to love жа́лость сродни́ любви́; (*similar*) сро́дный, похо́жий.

**alabaster** *n.* алеба́стр; (*attr.*) алеба́стровый.

*à la carte adv.* порцио́нно, на зака́з, по зака́зу.

**alack** *int.* (*arch.*) увы́!

**alacrity** *n.* (*liveliness*) жи́вость; (*zeal*) рве́ние.

**à la mode** *adj. & adv.* мо́дный; «а ля мод».

**alarm** *n.* **1.** (*warning*; *warning signal*) трево́га; false ~ ло́жная трево́га; give, raise, sound the ~ подн|има́ть, -я́ть трево́гу; fire ~ пожа́рная трево́га; ~s and excursions о́бщая сумато́ха; **2.** (~-*clock*) буди́льник; I set the ~ for 6 я поста́вил буди́льник на 6 часо́в; **3.** (*fright*): he ran away in ~ он убежа́л в смяте́нии; take ~ at быть встрево́женным +*i.*; испуга́ться +*g.*

   *v.t.* трево́жить, вс-; don't be ~ed не трево́жьтесь; ~ing news трево́жные но́вости (*f. pl.*); there's nothing to be ~ed about ничего́ стра́шного.

**alarmist** *n.* паникёр (*fem.* -ша).

**alas** *int.* увы́!

**Alaska** *n.* Аля́ска; in ~ на Аля́ске.

**Alaskan** *adj.* аля́скинский.

**alb** *n.* стиха́рь (*m.*).

**Albania** *n.* Алба́ния.

**Albanian** *n.* **1.** (*pers.*) алба́н|ец (*fem.* -ка); **2.** (*language*) алба́нский язы́к.

   *adj.* алба́нский.

**albatross** *n.* альбатро́с.

**albeit** *conj.* хотя́ и.

**albinism** *n.* альбини́зм.

**albino** *n.* альбино́с (*fem.* -ка); an ~ rabbit кро́лик-альбино́с.

**album** *n.* альбо́м.

**albumen** *n.* (*white of egg*) я́ичный бело́к; (*chem.*) альбуми́н; (*biol.*) бело́к.

**albuminous** *adj.* белко́вый; (*chem.*) альбуми́нный.

**alcaic** *adj.* (*pros.*): ~ stanza алке́ева строфа́.

**alchemist** *n.* алхи́мик.

**alchemy** *n.* алхи́мия.

**alcohol** *n.* (*chem.*) алкого́ль (*m.*); (*spirit*) спирт; wood ~ древе́сный спирт; he does not touch ~ он спиртно́го в рот не берёт.

**alcoholic** *n.* алкого́лик.

   *adj.* алкого́льный; спиртово́й; ~ beverages спиртно́е; спиртны́е напи́тки (*m. pl.*); ~ acid спиртокислота́.

**alcoholism** *n.* алкоголи́зм.

**alcove** *n.* (*recess, niche*) алько́в, ни́ша; (*summerhouse*) бесе́дка.

**alder** *n.* ольха́ (чёрная).

**ale** *n.* эль (*m.*); (*beer*) пи́во.

   *cpd.*: ~-**house** *n.* пивна́я.

**alee** *adv.* под ве́тром; в подве́тренную сто́рону.

**alembic** *n.* перего́нный куб.

**Aleppo** *n.* Але́ппо (*m. indecl.*), Ха́леб.

**alert** *n.* **1.** (*alarm*) трево́га; give the ~ подня́ть (*pf.*) трево́гу; **2.**: on the ~ наготове; keep s.o. on the ~ держа́ть (*impf.*) кого́-н. в постоя́нной гото́вности.

   *adj.* (*vigilant*) насторо́женный; (*lively*) живо́й.

   *v.t.* прив|оди́ть, -ести́ в гото́вность; ~ s.o. to

a situation предупреди́ть (*pf.*) кого́-н. о созда́вшейся обстано́вке.

**alertness** *n.* насторо́женность; жи́вость.

**Aleutians** *n.* Алеу́тские острова́.

**Alexandria** *n.* Александри́я.

**Alexandrine** *n.* александри́йский стих.

**alfalfa** *n.* люце́рна.

**alfresco** *adv.* на откры́том во́здухе.

**alga** *n.* морска́я во́доросль.

**algebra** *n.* а́лгебра.

**algebraic** *adj.* алгебраи́ческий.

**Algeria** *n.* Алжи́р.

**Algerian** *n.* алжи́р|ец (*fem.* -ка).

   *adj.* алжи́рский.

**Algiers** *n.* Алжи́р.

**alias** *n.* кли́чка, про́звище; the thief had several ~es у во́ра бы́ло не́сколько кли́чек; his ~ was... он называ́л себя́...; he travelled under an ~ он путеше́ствовал под вы́мышленным и́менем.

   *adv.* ина́че называ́емый; Jones, ~ Robinson Джонс, он же Робинсо́н.

**alibi** *n.* **1.** (*plea or proof of being elsewhere*) а́либи (*nt. indecl.*); establish an ~ устан|а́вливать, -ови́ть а́либи; plead an ~ ссыла́ться, сосла́ться на а́либи; produce an ~ предст|авля́ть, -а́вить а́либи; **2.** (*coll., excuse*) отгово́рка.

**alien** *n.* чужестра́н|ец (*fem.* -ка), иностра́н|ец (*fem.* -ка); enemy ~s по́дданные (*pl.*) вражде́бной держа́вы.

   *adj.* **1.** (*foreign*) иностра́нный; **2.** ~ to чу́ждый +*d.*

**alienable** *adj.* отчужда́емый.

**alienate** *v.t.* **1.** (*estrange, antagonize*) отдал|я́ть, -и́ть; отвра|ща́ть, -ти́ть; **2.** (*leg.*) отчу|жда́ть (*impf.*).

**alienation** *n.* (*alienating*) отчужде́ние; (*being alienated*) отчуждённость.

**alienist** *n.* психиа́тр.

**alight**[1] *pred. adj. & adv.* **1.** (*on fire*) в огне́; catch ~ загор|а́ться, -е́ться; set ~ заж|ига́ть, -е́чь; is your cigarette ~? у вас сигаре́та гори́т?; **2.** (*illuminated*) освещённый; **3.** (*fig.*): eyes ~ with happiness глаза́, сия́ющие сча́стьем.

**alight**[2] *v.i.* **1.** (*dismount from horse or vehicle*) сходи́ть, сойти́ (с +*g.*); выса́живаться, вы́садиться (из +*g.*); **2.** (*come to earth*: *of birds etc.*) сади́ться, сесть; (*of an aircraft*) приземл|я́ться, -и́ться.

**align** *v.t.* выра́внивать, вы́ровнять; устан|а́вливать, -ови́ть в ряд/ли́нию; ~ o.s. with s.o. стать (*pf.*) на чью-н. сто́рону; прим|ыка́ть, -кну́ть к кому́-н.

**alignment** *n.* выра́внивание; out of ~ неро́вно, не в ряд; (*arrangement*) расстано́вка; ~ with (*adherence to*) присоедине́ние к +*d.*

**alike** *pred. adj.* (*similar*) похо́жий, подо́бный; they are very much ~ они́ о́чень похо́жи друг на дру́га; (*as one*) одина́ковый; all things are ~ to him ему́ всё одно́.

*adv.* подо́бно, одина́ково; treat everyone ~ обраща́ться (*impf.*) одина́ково со все́ми; winter and summer ~ как зимо́й, так и ле́том.

**aliment** *n.* пи́ща; (*fig.*) подде́ржка.

**alimentary** *adj.* (*of food*): ~ products пищевы́е проду́кты; (*digestive*): ~ canal, tract пищевари́тельный тракт.

**alimentation** *n.* (*nourishment*) пита́ние; (*maintenance*) содержа́ние.

**alimony** *n.* (*leg.*) алиме́нт|ы (*pl., g.* -ов).

**alive** *pred. adj. & adv.* **1.** (*living*) живо́й; в живы́х; who is the greatest man ~? кто са́мый вели́кий из живу́щих люде́й?; buried ~ за́живо похоро́ненный; ~ and kicking жив-здоро́в (*coll.*); more dead than ~ е́ле живо́й; he was kept ~ with drugs его́ подде́рживали лека́рствами; (*fig., in force*): keep a claim ~ подде́рживать (*impf.*) прете́нзию; **2.** (*alert*): be ~ to the danger сознава́ть (*impf.*) опа́сность; быть начеку́; look ~! живе́е!; **3.** (*elec.*) под напряже́нием; **4.** (*infested*): the bed was ~ with fleas крова́ть кише́ла бло́хами.

**alkali** *n.* щёлочь; (*attr.*) щелочно́й.

**alkaline** *adj.* щелочно́й.

**alkaloid** *n.* алкало́ид.

**all** *n.*: he lost his ~ он потеря́л всё, что име́л; he staked his ~ он поста́вил на ка́рту всё.

*pron.* (*everybody*) все; (*everything*) всё; ~ of us мы все; it cost ~ of £10 э́то сто́ило це́лых 10 фу́нтов; the score is 2 ~ счёт 2:2; it was ~ I could do not to... я едва́ сдержа́лся, что́бы не...; there will be ~ the more for us нам ж бо́льше доста́нется; ~ and sundry ка́ждый и вся́кий; ~ but (*almost*) почти́, едва́ не, чуть не; he ~ but died он чуть бы́ло не у́мер; ~ but a few died почти́ все у́мерли; ма́ло кто оста́лся в живы́х; ~ in the day's work де́ло привы́чное; в поря́дке веще́й; ~ in good time всё в своё вре́мя; ~ in (*in general*) в о́бщем и це́лом; it's ~ one to me мне всё равно́/еди́но; ~ together now! а тепе́рь все вме́сте!; that's ~ very well, but... всё э́то прекра́сно, но...; *see also* WELL²; above ~ пре́жде всего́; after ~ в конце́ концо́в; в коне́чном счёте; after ~, I did warn you! я ведь вас предупреди́л; he came after ~ он всё же пришёл; the ship was lost, cargo and ~ кора́бль затону́л вме́сте с гру́зом и всем, что там бы́ло; any card at ~ люба́я ка́рта; not at ~ совсе́м/во́все/соверше́нно не; ниско́лько, ничу́ть; 'Thank you.' – 'Not at ~!' «Спаси́бо.» — «Не́ за что!»; they did not know what to do at ~ они́ не зна́ли, что и де́лать; he has no money at ~ у него́ совсе́м нет де́нег; you have eaten nothing at ~ вы ничего́ не е́ли; for ~ I care, he may drown по мне пусть хоть уто́нет; for ~ I know he may be dead отку́да/почём я зна́ю, мо́жет он и у́мер; for good and ~; once and for

~ раз навсегда́; in ~; ~ told в це́лом; всего́.

*adj.* весь; (*every*) вся́кий; ~ his life всю свою́ жизнь; ~ day long весь день; ~ the time всё вре́мя; at ~ times в любо́е вре́мя; всегда́; at ~ costs любо́й цено́й; во что бы то ни ста́ло; beyond ~ doubt без/вне вся́кого сомне́ния; by ~ accounts су́дя по всему́; for ~ his wealth несмотря́ на всё его́ бога́тство; for ~ that всё-таки; for ~ time навсегда́; in ~ fairness со всей справедли́востью; положа́ ру́ку на́ сердце; of ~ the cheek! кака́я на́глость!; you of ~ people кто-кто, а уж вы́-то; on ~ fours на четвере́ньках; with ~ respect при всем уваже́нии; ... and ~ that и так да́лее; и про́чее; it's not ~ that hard (*coll.*), not as hard as ~ that э́то не так уж тру́дно; he's very clever and ~ that, but... он о́чень умён и всё тако́е, но...

*adv.* (*quite*) совсе́м, соверше́нно; целико́м, всеце́ло; ~ dressed up наряди́вшись; разряди́вшись в пух и прах; she was (dressed) ~ in black она́ была́ оде́та во всё чёрное; I got ~ excited я разволнова́лся; he was ~ ready to go он был гото́в идти́; I'm ~ fingers and thumbs у меня́ всё из рук ва́лится; ~ along the road всю доро́гу; на всём пути́; I knew it ~ along я всегда́ э́то знал; ~ around повсю́ду, круго́м; ~ at once соверше́нно внеза́пно; и вдруг; ни с того́ ни с сего́; she lived ~ by herself она́ жила́ одна́-одинёшенька; she did it ~ by herself она́ сде́лала э́то сама́; I am ~ ears я весь слух; I'm ~ for it я целико́м и по́лностью «за»; ~ in (*exhausted*) вы́бившийся из сил; (*inclusive of everything*) включа́я всё; he went ~ out to win он сде́лал всё для побе́ды; ~ over the room по всей ко́мнате; ~ the world over по всему́ ми́ру; your hands are ~ over tar у вас все ру́ки в смоле́; it's ~ over now тепе́рь всё ко́нчено; с э́тим поко́нчено; it's ~ over, up with him с ним поко́нчено; ему́ кры́шка; ~ over again (всё) сно́ва; he was ~ over her (*coll.*) он ей прохо́ду не дава́л; that's him ~ over как э́то на него́ похо́же; ~ the rage после́дний крик мо́ды; ~ right (*satisfactory*) ла́дно; идёт; хорошо́; is the coffee ~ right? ну, как ко́фе, ничего́?; (*safe*): we got back ~ right мы верну́лись благополу́чно; (*in good order*) в поря́дке; (*in replies*) хорошо́; (*implying threat*): ~ right, you wait! ну хорошо́ же, погоди́те!; he gave them 10p ~ round он дал им всем по де́сять пе́нсов; ~ the better тем лу́чше; you'll be ~ the better for a rest вам бы не меша́ло отдохну́ть; ~ the same (*however*) всё-таки; if it's ~ the same to you е́сли вам всё равно́; he was ~ set to win on наце́лился на побе́ду; he's not ~ there у него́ не все до́ма; it's ~ to the good э́то всё к лу́чшему; ~ too soon сли́шком ско́ро; you're ~ wrong вы соверше́нно не пра́вы.

*cpds.*: ~-**American** чи́сто америка́нский;

~**-embracing** *adj.* всеобъёмлющий; ~**-important** *adj.* чрезвычайно важный; ~**-in** *adj.*: ~-in price цена, включающая всё; ~-in wrestling вольная борьба; ~**-night** *adj.*: ~-night session заседание, продолжающееся на всю ночь; ~**-out** *adj.*: an ~-out effort максимальное усилие; ~**-party** *adj.* общепартийный; ~**-powerful** *adj.* всесильный; ~**-purpose** *adj.* универсальный; ~**-round** *adj.*: an ~-round view всесторонний подход; ~-round sportsman, ~**-rounder** разносторонний спортсмен; ~**-Russian** *adj.* всероссийский; ~**-seeing** *adj.* всевидящий; ~ spice *n.* душистый/ямайский перец; ~**-star** *adj.*: with an ~-star cast с участием звёзд; ~**-sufficient** *adj.* вполне/совершенно достаточный; ~**-time** *adj.*: at an ~-time low на небывало низком уровне; ~-time record непревзойдённый рекорд; ~**-up** *adj.*: ~-up weight (*av.*) полный полётный вес; ~**-wave** *adj.*: ~-wave receiver всеволновый приёмник; ~**-weather** *adj.* на любую погоду; ~**-white** *adj.*: ~-white government правительство, состоящее только из белых.

**Allah** *n.* Аллах.

**allay** *v.t.* успок|аивать, -оить; смягч|ать, -ить; ~ suspicions усып|лять, -ить подозрения; ~ pain ун|имать, -ять боль; ~ thirst/hunger утол|ять, -ить жажду/голод.

**allegation** *n.* заявление, утверждение; ~s of corruption were brought against him его обвинили в коррупции.

**allege** *v.t.* утверждать (*impf.*); he ~d ill health он сослался на нездоровье; words ~d to have been spoken by him слова, приписываемые ему; he is ~d to have died его считают умершим; говорят, что он умер; an ~d murderer подозреваемый в убийстве.

**allegedly** *adv.* будто бы, якобы.

**allegiance** *n.* (*loyalty*) верность; (*devotion*) преданность; owe ~ to the queen быть подданным королевы.

**allegorical** *adj.* аллегорический.

**allegorize** *v.t.* толковать (*impf.*) аллегорически.

**allegory** *n.* аллегория.

**allegretto** *n., adj. & adv.* аллегретто (*indecl.*).

**allegro** *n., adj. & adv.* аллегро (*indecl.*).

**alleluia** *n. & int.* аллилуйя.

**allemande** *n.* аллеманда.

**allergic** *adj.* аллергический; I'm ~ to strawberries у меня аллергия к клубнике.

**allergy** *n.* аллергия.

**alleviate** *v.t.* (*relieve, lighten*) облегч|ать, -ить; (*mitigate, soften*) смягч|ать, -ить.

**alleviation** *n.* облегчение; смягчение.

**alley** *n.* 1. (*narrow street*) переулок; blind ~ тупик; ~ cat бездомная кошка; that's right up my ~ (*coll.*) это как раз по моей части; 2. (*walk, avenue*) аллея.

**alliance** *n.* союз; marriage ~ брачный союз;

брак; Holy A ~ (*hist.*) Священный Союз.

**allied** *adj.* (*joined by alliance*) союзный; (*related*) родственный; ~ sciences смежные науки; a bird ~ to the ostrich птица из отряда страусов; (*closely connected*) сходный.

**alligator** *n.* аллигатор; ~ pear аллигаторова груша, авокадо (*indecl.*).

**alliteration** *n.* аллитерация.

**alliterative** *adj.* аллитерирующий.

**allocate** *v.t.* (*fin.*: *allot, earmark*) выделять, выделить; ассигнов|ать (*impf., pf.*); (*distribute*) распредел|ять, -ить; (*assign*) назн|ачать, -ачить.

**allocation** *n.* (*allocating*) выделение; ассигнование; распределение; назначение; (*award*) присуждение; (*sum allocated*) ассигнование.

**allocution** *n.* обращение.

**allot** *v.t.* (*distribute*) распредел|ять, -ить; (*assign*) назн|ачать, -ачить; (*award*) при|суждать, -дить; ~ a task да|вать, -ть задание.

**allotment** *n.* 1. (*in vbl. senses*) распределение; назначение; присуждение; 2. (*plot of land*) (земельный) участок.

**allow** *v.t.* 1. (*permit*) позв|олять, -олить; разреш|ать, -ить; ~ me! разрешите!; as far as circumstances ~ насколько позволяют обстоятельства; he was ~ed to smoke ему позволили курить; I will not ~ you to be deceived я не допущу, чтобы вас обманули; ~ no discussion запре|щать, -тить всякое обсуждение; smoking is not ~ed курить воспрещается; no dogs ~ed вход с собаками воспрещён; 2. (*grant, provide*) да|вать, -ть; предост|авлять, -авить; допус|кать, -тить; ~s his son £500 a year он даёт сыну 500 фунтов в год; I ~ed him a free hand я предоставил ему свободу действий; at the end of the 6 months ~ed в конце предоставленных шести месяцев; ~ discount предост|авлять, -авить скидку; ~ 10p in the pound делать, с-скидку в десять пенсов с каждого фунта; 3. (*admit*) допус|кать, -тить; (*recognize*) призн|авать, -ать; his claim was allowed его требование было принято; ~ an appeal (*leg.*) удовлетвор|ять, -ить апелляцию.

*v.i.* 1. ~ for (*take into account*) уч|итывать, -есть; ~ing for casualties учитывая возможные потери; not ~ing for expenses не принимая в расчёт издержек; ~ £50 for emergencies выделять, выделить 50 фунтов на чрезвычайный случай; ~ for his being ill принять (*pf.*) во внимание то, что он болен; ~ for wind брать, взять поправку на ветер; ~ for shrinkage делать, с- допуск на усадку; 2. ~ of: his tone ~ed of no reply его тон не допускал возражений.

**allowable** *adj.* допустимый, допускаемый.

**allowance** *n.* 1. (*amount provided*): monthly ~

ме́сячное содержа́ние; family ~ посо́бие на семью́; make s.o. an ~ назна́чить *(pf.)* содержа́ние кому́-н.; *(mil.)* дово́льствие; ~ of ammunition боево́й компле́кт; **2.** *(discount)* ски́дка; ~ for cash ски́дка за платёж нали́чными; **3.** *(concession)*: we will make an ~ in your case мы сде́лаем для вас исключе́ние; make ~(s) for уч|и́тывать, -е́сть; прин|има́ть, -я́ть во внима́ние; **4.** *(tech.)* до́пуск: shrinkage ~ до́пуск на уса́дку; *(correction)*: ~ for wind попра́вка на ве́тер.

**alloy** *n.* *(of metals)* сплав; *(additive)* при́месь; ~ steel леги́рованная сталь; *(fig.)*: happiness without ~ безо́блачное сча́стье.

*v.t.* спл|авля́ть, -а́вить; *(of steel)* леги́ровать *(impf., pf.)*; *(fig., becloud)* омрач|а́ть, -и́ть.

**allud|e** *v.i.*: ~ to ссыла́ться, сосла́ться на +*a.*; упом|ина́ть, -яну́ть; *(mean)*: what are you ~ing to? на что вы намека́ете?

**allure** *n.* привлека́тельность, пре́лесть.

*v.t.* *(entice, attract)* зама́н|ивать, -и́ть; возл|ека́ть, -е́чь; *(charm)* завл|ека́ть, -е́чь; очаро́в|ывать, -а́ть.

**allurement** *n.* *(enticement)* привлече́ние; *(bait)* прима́нка; *(charm)* привлека́тельность, пре́лесть.

**alluring** *adj.* зама́нчивый; соблазни́тельный; очарова́тельный.

**allusion** *n.* намёк; ссы́лка; make an ~ to ссыла́ться, сосла́ться на +*a.*

**allusive** *adj.* по́лный намёков.

**alluvial** *adj.* аллювиа́льный; ~ deposit ро́ссыпь.

**alluvium** *n.* аллю́вий.

**ally**¹ *n.* сою́зник.

**all|y²** *v.t.* *(connect)* соедин|я́ть, -и́ть; ~ied to *(of things)* соединённый с +*i.*, свя́занный с +*i.*, бли́зкий к +*d.*; to be ~ied to, with *(of nations)* быть в сою́зе с +*i.*; ~y o.s. with вступ|а́ть, -и́ть в сою́з с +*i.*

**Alma Mater** *n.* а́льма-ма́тер *(f. indecl.)*.

**almanac** *n.* альмана́х.

**almighty** *n.* the A~ Всемогу́щий, Всевы́шний. *adj.* всемогу́щий; *(coll., great)*: an ~ blow мо́щный уда́р; we had an ~ row у нас был ужа́сный сканда́л.

**almond** *n.* минда́ль *(m.)*; a smell of ~s за́пах миндаля́.

*cpds.*: ~**-eyed** *adj.* с миндалеви́дными глаза́ми; ~**-tree** *n.* минда́льное де́рево.

**almoner** *n.* *(in hospital)* медици́нский рабо́тник сфе́ры социа́льных пробле́м.

**almost** *adv.* почти́; *(with vv.)* почти́, чуть не, едва́ не.

**alms** *n.* ми́лостыня; give ~ под|ава́ть, -а́ть ми́лостыню; ask, beg ~ of проси́ть *(impf.)* ми́лостыню у +*g.*

*cpds.*: ~**-box** *n.* я́щик для же́ртвований; ~**giving** *n.* разда́ча ми́лостыни; ~**house** *n.* богаде́льня.

**aloe** *n.* ало́э *(nt. indecl.)*; (bitter) ~s ало́э, сабу́р.

**aloft** *adv.* наверху́; *(of motion)* наве́рх; *(naut.)* на ма́рсе; *(av.)* в во́здухе.

**alone** *adj.* **1.** *(by oneself, itself)* оди́н; еди́нственный; he came ~ он пришёл оди́н; you can't move the piano ~ вы оди́н не смо́жете сдви́нуть роя́ль; not by bread ~ не хле́бом еди́ным; she is quite ~ она́ одна́-одинёшенька; **2.** *(... and no other(s))*: in the month of June ~ то́лько в ию́не ме́сяце; with that charm which is hers ~ с то́лько ей прису́щим очарова́нием; she and I are ~ (together) мы с ней вдвоём/одни́; *(pred.: the only one(s))*: he was ~ opposing the suggestion он оди́н был про́тив предложе́ния; we are not ~ in thinking so не то́лько мы так ду́маем; **3.** let, leave ~: his parents left him ~ all day роди́тели оста́вили его́ на це́лый день одного́; can't you let your work ~ for a while? вы не мо́жете оста́вить рабо́ту на вре́мя?; I should leave the dog ~ я бы оста́вил соба́ку в поко́е; let well ~! от добра́ добра́ не и́щут; let ~ *(coll.)* не говоря́ уже́ о +*p.*; he can't support his family, let ~ save money у него́ не хвата́ет де́нег на содержа́ние семьи́, что уж тут говори́ть о сбереже́ниях.

**along** *adv.* **1.** *(on; forward)*: move ~ продв|ига́ться, -и́нуться; move ~, please! проходи́те/продвига́йтесь, пожа́луйста!; come ~! пошли́!; a few doors ~ from the station в не́скольких шага́х от вокза́ла; get ~ with уж|ива́ться, -и́ться с +*i.*; they do not get ~ они́ не ла́дят; get ~ with you! *(go away)* проходи́те!; *(expr. disbelief)* бро́сьте!; how far ~ are you with the work? как ва́ши успе́хи в рабо́те?; **2.** *(denoting accompaniment)*: come ~ with me пойдёмте/иди́те со мной; he brought a book ~ он принёс с собо́й кни́гу; **3.** *(over there; over here)*: he went ~ to the exhibition он пошёл на вы́ставку; he'll be ~ in 10 minutes он бу́дет че́рез де́сять мину́т; **4.** all ~ *(the whole time)* всё вре́мя; I said so all ~ я э́то всегда́ говори́л; I knew it all ~ я э́то знал с са́мого нача́ла.

*prep.* вдоль +*g.*; по +*d.*; вдоль по +*d.*; she was walking ~ the river она́ шла вдоль реки́; they sailed ~ the river они́ плы́ли по реке́; the pilot was flying ~ the frontier лётчик лете́л вдоль грани́цы; pink ~ the edges ро́зовый по края́м.

*cpds.*: ~**shore** *adv.* вдоль бе́рега.

**alongside** *adv.* *(naut.)* борт о́ борт; deliver goods ~ дост|авля́ть, -а́вить това́р к бо́рту су́дна; *(in general)* ря́дом, сбо́ку; we stopped and the police car drew up ~ мы останови́лись, и подъе́хавшая полице́йская маши́на вста́ла ря́дом.

*prep.* *(also* ~ of) ря́дом с +*i.*; бок о́ бок с +*i.*; у +*g.*; they were walking ~ us они́ шли ря́дом с на́ми; ~ the quay у при́стани; come ~ a ship/wharf прист|ава́ть, -а́ть к кораблю́/ве́рфи; (*compared with*) в сравне́нии с +*i.*

**aloof** *adj.* сде́ржанный, сухова́тый.

*adv.*: keep, hold ~ держа́ться (*impf.*) в стороне́ (*or* особняко́м); возде́рживаться (*impf.*) (*от кого/чего*).

**aloofness** *n.* сде́ржанность, отчуждённость; (*indifference*) равноду́шие, холо́дность.

**aloud** *adv.* вслух; read ~ чита́ть вслух; she wept ~ она́ (за)пла́кала навзры́д; cry ~ for vengeance (*fig.*) взыва́ть (*impf.*) о мще́нии.

**alp** *n.*: the A~s А́льп|ы (*pl., g.* —).

**alpaca** *n.* (*animal*) альпака́ (*m.*); (*fabric*) альпака́, альпага́ (*nt. indecl.*).

**alpenstock** *n.* альпеншто́к.

**alpha** *n.* а́льфа; ~ particle а́льфа-части́ца; ~ plus (*examination mark*) «отли́чно».

**alphabet** *n.* а́збука, алфави́т.

**alphabetical** *adj.* а́збучный, алфави́тный; in ~ order в алфави́тном поря́дке.

**alpine** *adj.* альпи́йский.

**alpinist** *n.* альпини́ст.

**already** *adv.* уже́.

**Alsace** *n.* Эльза́с.

**Alsatian** *n.* **1.** (*pers.*) эльза́с|ец (*fem.* -ка); **2.** (~ dog) неме́цкая овча́рка.

*adj.* эльза́сский.

**also** *adv.* то́же; та́кже; (*moreover*) к тому́ же; not only . . . but ~ . . . не то́лько . . . но и . . .

*cpd.*: ~**-ran** *n.* неуда́чник.

**altar** *n.* престо́л; (*in fig. uses*) алта́рь (*m.*); high ~ гла́вный престо́л; lead to the ~ вести́ (*det.*) под вене́ц; (*pagan*) алта́рь, же́ртвенник.

*cpds.*: ~**-cloth** *n.* напресто́льная пелена́; ~**-piece** *n.* запресто́льный о́браз; ~**-rail** *n.* огра́да алтаря́; ~**-screen** *n.* (*in Russian church*) иконоста́с.

**alter** *v.t. & i.* меня́ть(ся) (*impf.*); измен|я́ть(ся), -и́ть(ся); ~ for the worse измени́ться к ху́дшему; I have not ~ed my convictions я не измени́л свои́х убежде́ний; the wind ~ed ве́тер перемени́лся; he has ~ed towards her он перемени́лся к ней; ~ one's mind переду́мать (*pf.*); (*re-make*) переде́л|ывать, -ать; the dress needs ~ing э́то пла́тье на́до переде́лать.

**alterable** *adj.* изменя́емый.

**alteration** *n.* (*change*) измене́ние; (*replacement*) переме́на; (*re-making e.g. of clothes*) переде́лка; (*re-building*) перестро́йка; the theatre is under ~ теа́тр реконструи́руется.

**altercate** *v.i.* ссо́риться (*impf.*); препира́ться (*impf.*).

**altercation** *n.* ссо́ра, перебра́нка, препира́тельство.

**alter ego** *n.* «а́льтер э́го» (*indecl.*), второ́е «я».

**alternate**[1] *n.* (*Am.*) замести́тель (*m.*).

**alternate**[2] *adj.* **1.** (*changing*) переме́нный; (*intermittent*) перемежа́ющийся; (*taking turns*) череду́ющийся; on ~ Saturdays че́рез суб-

бо́ту; ~ly попереме́нно; **2.** (*held in reserve*) запасно́й; **3.** (*math.*): ~ angles противолежа́щие углы́.

**alternat**|**e**[3] *v.t. & i.* чередова́ть(ся) (*impf.*); перемежа́ть(ся) (*impf.*); ~e work and rest чередова́ть труд с о́тдыхом; ~ing current переме́нный ток.

**alternation** *n.* чередова́ние; the ~ of day and night сме́на дня и но́чи; (*elec.*) переме́на, полови́на ци́кла.

**alternative** *n.* альтернати́ва; there is no ~ друго́го вы́бора нет.

*adj.* альтернати́вный; an ~ proposal встре́чное предложе́ние; (*held in reserve*) запасно́й.

**alternatively** *adv.* **1.** (*in turn*) поочерёдно; **2.** (*indicating choice*): a £5 fine, ~ one month's imprisonment штраф 5 фу́нтов и́ли оди́н ме́сяц тюре́много заключе́ния.

**alternator** *n.* (*elec.*) генера́тор переме́нного то́ка.

**although** *conj.* хотя́; (*despite the fact that*) несмотря́ на то что; ~ ill, he came несмотря́ на боле́знь, он пришёл; ~ young, he is experienced он хоть и молодо́й, но о́пытный.

**altimeter** *n.* альтиме́тр; высотоме́р.

**altitude** *n.* высота́; they flew at an ~ of 10,000 metres они́ лете́ли на высоте́ 10 000 ме́тров; ~ sickness го́рная боле́знь.

**alto** *n.* альт; (*attr.*) альто́вый.

**altocumulus** *n.* высококучевы́е облака́.

**altogether** *n.*: in the ~ (*coll.*) в чём мать родила́.

*adj.* **1.** (*entirely*) вполне́; соверше́нно; he is not ~ pleased with the result он не о́чень-то дово́лен результа́том; it is ~ out of the question э́то соверше́нно исключено́; (*completely*) совсе́м; **2.** (*in all, in general*; *as a whole*) в це́лом, в о́бщем, вообще́; всего́; taking things ~ учи́тывая всё вме́сте; how much is that ~? ско́лько всего́?

**altostratus** *n.* высокослои́стые облака́.

**altruism** *n.* альтруи́зм.

**altruist** *n.* альтруи́ст.

**altruistic** *adj.* альтруисти́ческий.

**alum** *n.* квасц|ы́ (*pl., g.* -о́в).

**alumin**|**ium** (*Am.* **-um**) *n.* алюми́ний.

**alumna** *n.* (бы́вшая) учени́ца; (*of a university*) (бы́вшая) студе́нтка.

**alumnus** *n.* (бы́вший) учени́к; (*of a university*) (бы́вший) студе́нт.

**always** *adv.* всегда́; (*constantly*) постоя́нно, всё вре́мя; he is ~ after money он то́лько и ду́мает, что о деньга́х; ~ the same old thing всё одно́ и то же; this child is ~ crying э́тот ребёнок всё пла́чет; there is ~ Mr. Smith на худо́й коне́ц (*or* кро́ме того́), всегда́ есть ми́стер Смит.

**a.m.** *adv.* (*abbr.*, *ante meridiem*) утра́; у́тром.

**amalgam** *n.* амальга́ма; (*fig.*) смесь.

**amalgamate** *v.t. & i.* (*of metals*) амальгами́-

ровать(ся) (*impf., pf.*); (*fig., unite*) объедин|я́ть(ся), -и́ть(ся); соедин|я́ть(ся), -и́ть(ся).

**amalgamation** *n.* амальгами́рование; объеди-не́ние; (*merging*) слия́ние.

**amanuensis** *n.* ли́чный секрета́рь.

**amass** *v.t.* накоп|ля́ть, -и́ть.

**amateur** *n.* люби́тель (*m.*); (*pej.*) дилета́нт; (*attr.*) люби́тельский; ~ theatricals теат-ра́льная самоде́ятельность; ~ sport люби́-тельский спорт.

**amateurish** *adj.* дилета́нтский; самоде́я-тельный; неуме́лый.

**amatory** *adj.* любо́вный.

**amaz|e** *v.t.* изум|ля́ть, -и́ть; be ~ed at изум|ля́ться, -и́ться +*d.*; ~ing изуми́-тельный, удиви́тельный.

**amazement** *n.* изумле́ние; I was speechless with ~ я онеме́л от удивле́ния; he looked at me in ~ он посмотре́л на меня́ с изумле́нием; to everyone's ~ ко всео́бщему изумле́нию.

**Amazon** *n.* (*myth., fig.*) амазо́нка; (*river*) Амазо́нка.

**ambassador** *n.* посо́л; ~ extraordinary and plenipotentiary чрезвыча́йный и полномо́ч-ный посо́л; (*representative*) представи́тель (*m.*).

**ambassadorial** *adj.* посо́льский.

**ambassadress** *n.* жена́ посла́.

**amber** *n.* **1.** (*resin*) янта́рь (*m.*); **2.** (*colour*) янта́рный цвет, цвет янтаря́; he crossed on the ~ (traffic light) он прое́хал на жёлтый свет.

**ambergris** *n.* се́рая а́мбра.

**ambidexterity** *n.* одина́ковое владе́ние обе́ими рука́ми.

**ambidext(e)rous** *adj.* одина́ково владе́ющий обе́ими рука́ми.

**ambience** *n.* окруже́ние, среда́; атмосфе́ра.

**ambient** *adj.* окружа́ющий; ~ temperature температу́ра окружа́ющего во́здуха.

**ambiguity** *n.* двусмы́сленность; тума́нность, нея́сность.

**ambiguous** *adj.* двусмы́сленный; тума́нный, нея́сный.

**ambit** *n.* **1.** (*surroundings*) окруже́ние; (*sphere*) сфе́ра; **2.** (*bounds, limits*) грани́цы (*f. pl.*); within the ~ of в преде́лах +*g.*

**ambition** *n.* (*desire for distinction*) честолю́бие, амби́ция; (*aspiration*) стремле́ние; he gratified a lifelong ~ он осуществи́л мечту́ свое́й жи́зни; her great ~ is to be a dancer её заве́тная мечта́ — стать танцо́вщицей.

**ambitious** *adj.* честолюби́вый; амбицио́зный; he is too ~ он сли́шком мно́гого хо́чет; he was ~ to succeed он добива́лся успе́ха во что бы то ни ста́ло; ~ of wealth стремя́щийся к бога́тству; ~ of power властолюби́вый; an ~ attempt сме́лая попы́тка; an ~ plan гран-дио́зный план.

**ambivalence** *n.* дво́йственность.

**ambivalent** *adj.* дво́йственный.

**amble** *n.* (*horse's pace*) и́ноходь; (*easy gait*) лёгкая похо́дка.

   *v.i.* (*of horse*) идти́ (*det.*) и́ноходью; (*of pers.*) идти́ (*det.*) лёгкой похо́дкой.

**ambrosia** *n.* амбро́зия.

**ambrosial** *adj.* амброзиа́льный.

**ambulance** *n.* маши́на ско́рой по́мощи; (*mil.*): field ~ полево́й го́спиталь; (*attr.*) сани-та́рный; ~ station медици́нский пункт, медпу́нкт; call an ~! вы́зовите ско́рую по́мощь!

**ambulant** *adj.*: ~ treatment амбулато́рное лече́ние; ~ patient ходя́чий больно́й.

**ambus|h, -cade** *nn.* заса́да; lay an ~ устр|а́ивать, -о́ить заса́ду; lie in ~ сиде́ть (*impf.*) в заса́де; run into an ~ поп|ада́ть, -а́сть в заса́ду.

   *vv.t.* нап|ада́ть, -а́сть на (*кого*) из заса́ды.

**ameliorate** *v.t. & i.* ул|учша́ть(ся), -у́чшить(ся).

**amelioration** *n.* улучше́ние.

**amen** *int.* ами́нь; say ~ to од|обря́ть, -о́брить.

**amenability** *n.* пода́тливость; (*leg.*) отве́тствен-ность, подсу́дность.

**amenable** *adj.* (*tractable*) пода́тливый, послу́ш-ный; (*responsive*) поддаю́щийся (*чему*); ~ to reason досту́пный го́лосу ра́зума; ~ to flat-tery па́дкий на лесть; (*leg., of persons*) отве́тс-твенный; (*of things*) подсу́дный; the case is not ~ to ordinary rules э́тот слу́чай не подпада́ет под о́бщие пра́вила.

**amend** *v.t.* **1.** (*correct*) испр|авля́ть, -а́вить; you must ~ your ways вам на́до лу́чше себя́ вести́; (*improve*) ул|учша́ть, -у́чшить; **2.** (*make changes to*) вн|оси́ть, -ести́ попра́вки/добавле́ния в +*a.*; an ~ed law зако́н с (при́нятыми к нему́) попра́вками.

   *v.i.* испр|авля́ться, -а́виться.

**amendment** *n.* **1.** (*reform*) исправле́ние; **2.** (*of document etc.*) попра́вка, добавле́ние; make an ~ to вн|оси́ть, -ести́ попра́вку в +*a.* (*or* добавле́ние к +*d.*).

**amends** *n.* возмеще́ние; исправле́ние; make ~ to s.o. компенси́ровать (*impf., pf.*) кому́-н. (*за что*).

**amenit|y** *n.* **1.** (*pleasantness*) прия́тность; (*of persons*) любе́зность; exchange ~ies обме́н|иваться, -я́ться любе́зностями; **2.** (*pl., pleasant features, attractions*): it will spoil the ~ies of the village э́то испо́ртит всю пре́лесть села́; **3.** (*pl., comforts, pleasures*) удо́бства, удово́льствия (*both nt. pl.*); благоустро́йство, комфо́рт; (*public facilities*) удо́бства; красо́ты, пре́лести (*both f. pl.*).

**America** *n.* Аме́рика.

**American** *n.* америка́нец (*fem.* -ка).

   *adj.* америка́нский; ~ Indian, Amerindian америка́нский инде́ец (*fem.* индея́нка); ~ English америка́нский вариа́нт англи́йского языка́.

**Americanism** *n.* американи́зм.
**Americanize** *v.t.* американизи́ровать (*impf.,* *pf.*).
**Amerindian** *n. see* AMERICAN Indian.
   *adj.* относя́щийся к америка́нским инде́йцам.
**amethyst** *n.* амети́ст; (*attr.*) амети́стовый.
**Amharic** *n.* амха́рский язы́к.
   *adj.* амха́рский.
**amiability** *n.* доброду́шие; приве́тливость.
**amiable** *adj.* доброду́шный; приве́тливый.
**amicability** *n.* дружелю́бие.
**amicable** *adj.* дру́жеский; they reached an ~ arrangement они́ пришли́ к дру́жескому соглаше́нию.
**amid(st)** *prep.* среди́ +g.
   *cpd.*: ~**ships** *adv.* по середи́не корабля́; the torpedo hit us ~ торпе́да попа́ла в са́мый центр на́шего корабля́; (*naval command*) пря́мо руль!
**amiss** *pred. adj.* непра́вильный; something is ~ что́-то нела́дно; what's ~? в чём де́ло?
   *adv.* **1.** (*wrongly*) непра́вильно; take ~ (*misinterpret*) толкова́ть (*impf.*) превра́тно; (*take offence at*) об|ижа́ться, -иде́ться на +*a.*; **2.** (*out of place*) некста́ти; it may not be ~ to explain бы́ло бы кста́ти объясни́ть; nothing comes ~ to him ему́ всё впрок.
**amity** *n.* дру́жба; дру́жеские отноше́ния.
**ammeter** *n.* амперме́тр.
**ammonia** *n.* (*gas*) аммиа́к; (*attr.*) аммиа́чный; (*solution*; *spirit of* ~) аммиа́чная вода́; нашаты́рный спирт.
**ammoniac** *adj.* аммиа́чный; sal ~ нашаты́рь (*m.*).
**ammonium** *n.* аммо́ний; ~ chloride хло́ристый аммо́ний; ~ nitrate азотноки́слый аммо́ний; аммони́йная сели́тра.
**ammunition** *n.* боевы́е припа́сы, боеприпа́сы (*m. pl.*); (*nav.*) боезапа́с; draw ~ получ|а́ть, -и́ть боеприпа́сы; ~ belt патро́нная ле́нта, патронта́ш; ~ dump, store склад боеприпа́сов; (*fig.*): this article will provide the ~ I need э́та статья́ даст мне в ру́ки необходи́мое ору́жие.
**amnesia** *n.* амнези́я.
**amnesiac** *adj.* страда́ющий амнези́ей; потеря́вший па́мять.
**amnesty** *n.* амни́стия.
   *v.t.* амнисти́ровать (*impf., pf.*); да|ва́ть, -ть амни́стию +*d.*
**amoeba** *n.* амёба.
**amok** *see* AMUCK.
**among(st)** *prep.* **1.** (*between*) ме́жду +*i.*; conversation ~ friends разгово́р ме́жду друзья́ми; they shared the booty ~ themselves они́ раздели́ли добы́чу ме́жду собо́й; they hadn't £5 ~ them у них не́ было и пяти́ фу́нтов на всех; **2.** (*in the midst of*) среди́ +*g.*; ме́жду +*g.*; ~ the trees среди́ дере́вьев; ~ those present в числе́

прису́тствующих; (*into the midst of*): he fell ~ thieves он попа́лся разбо́йникам; (*in the opinion of*): ~ the Romans he was considered a great man у ри́млян он счита́лся вели́ким челове́ком; (*shared by*): there was a legend ~ the Greeks у гре́ков существова́ла леге́нда; (*from the midst of*): a great leader rose ~ them из их среды́ вы́двинулся кру́пный руководи́тель; **3.** (*expr. one of a number*) из +*g.*; only one ~ his friends то́лько оди́н из его́ друзе́й; Leeds is ~ the biggest towns in England Лидс — оди́н из са́мых больши́х городо́в А́нглии; blessed art thou ~ women благословле́нна ты меж/среди́ жён; he was numbered ~ the dead его́ счита́ли поги́бшим.
**amoral** *adj.* амора́льный; внеэти́ческий, нейтра́льный в отноше́нии мора́ли.
**amorist** *n.* кавале́р; да́мский уго́дник.
**amorous** *adj.* (*inclined to love*) влю́бчивый; (*in love*) влюблённый; he gave her an ~ look он бро́сил на неё влюблённый взгляд; (*pert. to love*) любо́вный.
**amorousness** *n.* влю́бчивость; влюблённость.
**amorphous** *adj.* (*shapeless*) бесфо́рменный; (*chem. etc.*) амо́рфный.
**amortization** *n.* (*of debt*) погаше́ние до́лга в рассро́чку.
**amortize** *v.t.* пога|ша́ть, -си́ть в рассро́чку.
**amount** *n.* **1.** (*sum*) су́мма; to the ~ of на су́мму в +*a.*; **2.** (*quantity*) коли́чество; he spent any ~ of money он истра́тил ку́чу де́нег; he has any ~ of pride го́рдости у него́ хоть отбавля́й; we have any ~ of books у нас полно́ книг.
   *v.i.*: ~ to (*add up to*) сост|авля́ть, -а́вить; дост|ига́ть, -и́чь +*g.*; до|ходи́ть, -йти́ до +*g.*; his income does not ~ to £500 a year его́ дохо́д не достига́ет пятисо́т фу́нтов в год; the expenses ~ to £600 расхо́ды составля́ют шестьсо́т фу́нтов; an invoice ~ing to £100 счёт на су́мму в сто фу́нтов; (*be equivalent to*) быть ра́вным/равноси́льным +*d.*; these conditions ~ to a refusal э́ти усло́вия равноси́льны отка́зу; it ~s to the same thing э́то сво́дится всё к тому́ же; it ~s to saying that ... э́то всё равно́, что сказа́ть ...; ~ to very little, not ~ to much быть незначи́тельным; the difference does not ~ to much ра́зница невелика́; he will never ~ to much из него́ никогда́ ничего́ пу́тного не вы́йдет; (*signify*): what does it ~ to? к чему́ э́то сво́дится?
**amour** *n.* любо́вная интри́га.
**amour-propre** *n.* самолю́бие.
**ampere** *n.* ампе́р.
**ampersand** *n.* знак «&».
**amphibia** *n.* земново́дные (*nt. pl.*); амфи́бии (*f. pl.*).
**amphibian** *n.* **1.** (*animal*) земново́дное; амфи́бия; **2.** (*mil.*) (*aircraft*) самолёт-амфи́бия; (*tank*) танк-амфи́бия; (*car*) пла́вающий автомоби́ль. *adj. see* AMPHIBIOUS.

**amphibi|ous, -an** *adj.* земново́дный; (*mil.*) пла́вающий; -амфи́бия (*as suff.*); ~ assault морско́й деса́нт.

**amphibrach** *n.* амфибра́хий.

**amphitheatre** *n.* амфитеа́тр.

**amphora** *n.* а́мфора.

**ample** *adj.* (*sufficient*) доста́точный; предоста́точно (+*g.*); we have ~ time у нас доста́точно вре́мени; he had ~ opportunity to discover the truth у него́ была́ по́лная возмо́жность установи́ть пра́вду; (*spacious*) просто́рный; широ́кий; (*extensive*) простра́нный; a man of ~ proportions ту́чный челове́к; (*abundant*) оби́льный; he has ~ means он челове́к доста́точный.

**ampleness** *n.* (*sufficiency*) доста́точность; (*of clothes etc.*) ширина́; просто́рность; (*abundance*) оби́лие.

**amplification** *n.* (*expansion, extension*) расшире́ние; this article is an ~ of his speech э́та статья́ — развёрнутый вариа́нт его́ ре́чи; (*enlargement*) увеличе́ние; (*of sound, radio signal etc.*) усиле́ние.

**amplifier** *n.* усили́тель (*m.*).

**amplify** *v.t.* (*expand, extend*) расш|иря́ть, -и́рить; (*enlarge*) увели́чи|вать, -ть; ~ a theme разв|ива́ть, -и́ть те́му; (*of sound, radio signal etc.*) уси́ли|вать, -ть.

**amplitude** *n.* (*abundance*) оби́лие; полнота́; (*width*) широта́, разма́х; (*spaciousness*) просто́р; (*phys., elec.*) амплиту́да.

**amply** *adv.* (*sufficiently*) доста́точно; (*fully*) вполне́; оби́льно; her innocence was ~ demonstrated её невино́вность была́ по́лностью устано́влена.

**ampoule** *n.* а́мпула.

**amputate** *v.t.* ампути́ровать (*impf., pf.*); отн|има́ть, -я́ть; his leg had to be ~d ему́ пришло́сь ампути́ровать но́гу.

**amputation** *n.* ампута́ция.

**Amsterdam** *n.* Амстерда́м.

**am|uck, -ok** *adv.*: run ~ (*go mad*) обезу́меть (*pf.*); (*behave wildly*) безу́мствовать (*impf.*); бу́йствовать (*impf.*); беси́ться (*impf.*).

**amulet** *n.* амуле́т.

**amus|e** *v.t.* (*entertain, divert*) развл|ека́ть, -е́чь; забавля́ть (*impf.*); (*make laugh*) смеши́ть (*impf.*); позаба́вить (*pf.*); an ~ing little hat заба́вная шля́пка; I don't find that ~ing я не ви́жу в э́том ничего́ смешно́го.

**amusement** *n.* **1.** (*diversion*) развлече́ние, заба́ва; they went hunting for ~ они́ ходи́ли на охо́ту для заба́вы (*or* что́бы развле́чься); I play the piano for my own ~ я игра́ю на фортепиа́но для со́бственного удово́льствия; the town has few ~s в э́том го́роде ма́ло развлече́ний; ~ arcade, park аттракцио́ны (*m. pl.*), павильо́н, парк аттракцио́нов; **2.** (*tendency to laughter*): to everyone's ~ the clown fell over ко всео́бщему удово́льствию,

кло́ун упа́л; it afforded me great ~ э́то меня́ о́чень позаба́вило.

**anachronism** *n.* анахрони́зм.

**anachronistic** *adj.* анахрони́ческий, анахрони́чный.

**anacoluthon** *n.* анаколу́ф.

**anaconda** *n.* анако́нда.

**anaemia** *n.* малокро́вие, анеми́я.

**anaemic** *adj.* малокро́вный, анеми́чный.

**anaesthesia** *n.* анестези́я; обезбо́ливание.

**anaesthetic** *n.* анестези́рующее сре́дство; анесте́тик; general/local ~ о́бщий/ме́стный нарко́з.

*adj.* анестези́рующий; обезбо́ливающий.

**anaesthetist** *n.* анестезио́лог.

**anaesthetize** *v.t.* анестези́ровать (*impf., pf.*).

**anagram** *n.* анагра́мма.

**anal** *adj.* заднепрохо́дный, ана́льный.

**analects** *n.* анале́кты (*m. pl.*).

**analgesia** *n.* аналгези́я.

**analgesic** *adj.* болеутоля́ющий.

**analogical** *adj.* аналоги́ческий.

**analogous** *adj.* аналоги́чный.

**analogue** *n.* ана́лог; ~ computer ана́логовая (вычисли́тельная) маши́на.

**analogy** *n.* анало́гия; схо́дство; by ~ with по анало́гии с +*i.*

**analysable** *adj.* поддаю́щийся ана́лизу.

**analyse** *v.t.* анализи́ровать (*impf., pf.*); (*gram.*) раз|бира́ть, -обра́ть; (*psych.*) подв|ерга́ть, -е́ргнуть психоана́лизу.

**analysis** *n.* ана́лиз; (*gram.*) разбо́р; in the last ~ в коне́чном счёте; (*psycho* ~) психоана́лиз.

**analyst** *n.* (*chem.*) лабора́нт-хи́мик; (*psych.*) психоанали́тик.

**analytic(al)** *adj.* аналити́ческий.

**anapaest** *n.* ана́пест.

**anapaestic** *adj.* анапести́ческий.

**anaphrodisiac** *n. & adj.* (сре́дство,) понижа́ющее полово́е возбужде́ние.

**anarchic(al)** *adj.* анархи́ческий.

**anarchism** *n.* анархи́зм.

**anarchist** *n.* анархи́ст (*fem.* -ка).

*adj.* анархи́стский.

**anarcho-syndicalism** *n.* ана́рхо-синдикали́зм.

**anarchy** *n.* ана́рхия.

**anathema** *n.* ана́фема; (*excommunication*) отлуче́ние от це́ркви; his name is ~ here его́ и́мя здесь про́клято.

**anathematize** *v.t.* пред|ава́ть, -а́ть ана́феме; (*curse*) прокл|ина́ть, -я́сть.

**anatomical** *adj.* анатоми́ческий.

**anatomist** *n.* ана́том.

**anatomize** *v.t.* **1.** (*dissect*) анатоми́ровать (*impf., pf.*); **2.** (*analyse*) подв|ерга́ть, -е́ргнуть разбо́ру.

**anatomy** *n.* **1.** (*science*) анато́мия; **2.** (*dissection*) анатоми́рование; **3.** (*analysis*) разбо́р; ана́лиз; **4.** (*body*) те́ло; I ache in every part of my ~ у меня́ боли́т всё те́ло.

**ancestor** *n.* пре́док, прароди́тель (*m.*); родо-
нача́льник; ~ worship культ пре́дков.

**ancestral** *adj.* родово́й; насле́дственный; ~
home о́тчий дом.

**ancestress** *n.* прароди́тельница.

**ancestry** *n.* (*ancestors*) пре́дки (*m. pl.*); (*lineage*)
происхожде́ние; he comes of distinguished ~
он благоро́дного происхожде́ния.

**anchor** *n.* (*of a vessel*) я́корь (*m.*); ~ buoy
томбу́й, я́корный буй; ~ chain я́корная цепь;
cast, drop ~ бр|оса́ть, -о́сить я́корь; come to
~ ста|нови́ться, -ть на я́корь; lie, ride at ~
стоя́ть на я́коре; weigh ~ сн|има́ться, -я́ться
с я́коря.

*v.t.* ста́вить, по- на я́корь; (*fig., secure*)
закреп|ля́ть, -и́ть; his gaze was ~ed on the
stage его́ взгляд был прико́ван к сце́не; our
hopes were ~ed on the captain мы возлага́ли
все наде́жды на капита́на.

*v.i.* (*of vessel*) ста|нови́ться, -ть на я́корь; (*of
crew*: cast ~) бр|оса́ть, -о́сить я́корь.

**anchorage** *n.* (*anchoring-place*) я́корная
стоя́нка; (*dues*) порто́вый сбор.

**anchorite** *n.* отше́льник; анахоре́т.

**anchovy** *n.* анчо́ус.

**ancient** *n.* the ~s дре́вние (наро́ды) (*m. pl.*);
(*writers*) анти́чные писа́тели (*m. pl.*); the A ~
of Days Предве́чный.

*adj.* дре́вний; анти́чный; (*very old*)
стари́нный; веково́й; ~ history дре́вняя
исто́рия; that's ~ history! э́то ста́рая
исто́рия; ~ monument па́мятник старины́;
an ~ castle стари́нный за́мок; an ~ oak
веково́й дуб; an ~ (-*looking*) hat ве́тхая/
допото́пная шля́па.

**ancillary** *adj.* (*auxiliary*) вспомога́тельный;
(*subordinate*) подчинённый; this operation is
~ to the main project в основно́м прое́кте э́та
опера́ция явля́ется подсо́бной/вспомога́-
тельной.

**and** *conj.* **1.** (*connecting words or clauses*) и; (*in
addition*) и, да; (*with certain closely linked pairs,
esp. of persons*) с +*i.*; bread ~ butter хлеб с
ма́слом; the doctor ~ his wife came пришли́
до́ктор с жено́й; you ~ I мы с ва́ми; (*with
numerals denoting addition*) и; плюс; 2 ~ 2 are
4 два и два — четы́ре; they walked two ~ two
они́ шли па́рами; (*to form compound numeral*)
*omitted*: 260 две́сти шестьдеся́т; (*with following fraction*) с+*i.*; 4½ четы́ре с полови́ной; **2.**
(*intensive*): he ran ~ ran он всё бежа́л и
бежа́л; better ~ better ~ все лу́чше (и лу́чше);
they talked for hours ~ hours они́ разгова́ри-
вали часа́ми; the plain stretched for miles ~
miles равни́на простира́лась на мно́го миль;
**3.** (*in order to*) *omitted before inf.*: try ~ find out
постара́йтесь узна́ть; wait ~ see! погоди́те —
ещё уви́дите!; там ви́дно бу́дет!; **4.** (*expr. consequence*): move, ~ I shoot! одно́ движе́ние, и
я стреля́ю; **5.** (*adversative*) a; I shall go, ~ you

stay here я пойду́, а вы остава́йтесь здесь;
**6.** (*emphatic*) и то; к тому́ же; и прито́м; he
was found, ~ by chance его́ нашли́, и то
случа́йно; he speaks English, ~ very well too
он говори́т по-англи́йски, и прито́м о́чень
хорошо́.

**Andalusia** *n.* Андалу́зия, Андалу́сия.

**Andalusian** *n.* андалу́зец (*fem.* -ка); анда-
луси́|ец (*fem.* -йка).
*adj.* андалу́зский, андалу́сский, анда-
лу́сийский.

**andante** *n., adj. & adv.* анда́нте (*indecl.*).

**Andes** *n.* А́нд|ы (*pl., g.* —).

**androgynous** *adj.* двупо́лый; (*bot.*) обоепо́лый.

**anecdotage** *n.* (*joc., garrulous old age*) ста́рчес-
кая болтли́вость.

**anecdotal** *adj.* анекдоти́ческий.

**anecdote** *n.* исто́рия, расска́з; (*joke*) анекдо́т.

**anemometer** *n.* анемо́метр.

**anemone** *n.* анемо́н; (*windflower, wood-* ~) ве́т-
реница; sea ~ морско́й анемо́н; акти́ния.

**aneroid** *n. & adj.* (~ barometer) (баро́метр-)
анеро́ид.

**anew** *adj.* (*again*) сно́ва; (*in a different way*)
за́ново; по-но́вому.

**anfractuosity** *n.* изви́лина.

**angel** *n.* (*lit., fig.*) а́нгел; fallen ~ па́дший а́нгел;
guardian ~ а́нгел-храни́тель; ~ of darkness
а́нгел тьмы; good/bad ~ до́брый/злой ге́ний.
*cpd.*: ~-**fish** *n.* морско́й а́нгел.

**angelic** *adj.* а́нгельский.

**angelica** *n.* дя́гиль (*m.*).

**anger** *n.* гнев; I said it in ~ я сказа́л э́то
сгоряча́.
*v.t.* серди́ть, рас-; разгне́вать (*pf.*); вы-
зыва́ть, вы́звать гнев у +*g.*

**Angevin** *adj.* (*hist.*) анжу́йский.

**angina** *n.* (*also* ~ pectoris) стенокарди́я,
грудна́я жа́ба.

**angle**[1] *n.* у́гол; acute ~ о́стрый у́гол; obtuse ~
тупо́й у́гол; right ~ прямо́й у́гол; at an ~ of
30° под угло́м в три́дцать гра́дусов; the house
stands at an ~ to the street дом стои́т под
угло́м к у́лице; at right ~s под прямы́м угло́м;
set one's hat at an ~ наде́ть (*pf.*) шля́пу набек-
ре́нь; ~ of elevation у́гол подъёма; (*artillery*)
у́гол прице́ла; ~ of incidence у́гол паде́ния;
(*fig., viewpoint*) то́чка зре́ния, подхо́д; one
must consider all ~s of a question на́до уче́сть
все аспе́кты вопро́са; we examined the matter
from every ~ мы всесторо́нне рассмотре́ли
вопро́с.
*v.t.* ста́вить, по- под угло́м; he ~d the lamp to
shine on his book он поста́вил ла́мпу так,
что́бы свет па́дал на кни́гу; an ~d deck на-
кло́нная па́луба; (*fig.*): an ~d question
тенденцио́зно поста́вленный вопро́с; the
news was ~d но́вости бы́ли подо́-
браны/по́даны тенденцио́зно.
*cpds.*: ~-**iron** *n.* углово́е желе́зо; ~-**parking**

*n.* автомоби́льная стоя́нка (располо́женная) под угло́м к тротуа́ру.

**angl|e²** *v.i.* (*fish*) уди́ть (*impf.*) ры́бу; ~e for trout лови́ть форе́ль; yesterday we went ~ing вчера́ мы е́здили на рыба́лку; (*fig.*): ~e for compliments напра́шиваться (*impf.*) на комплиме́нты; ~e for votes охо́титься (*impf.*) за голоса́ми.

**Angle³** *n.* (*hist.*): the ~s а́нглы (*m. pl.*).

**angler** *n.* рыболо́в.

**Anglican** *adj.* англика́нский.

**Anglicanism** *n.* англика́нство.

**Anglicism** *n.* англици́зм.

**Anglicize** *v.t.* англизи́ровать (*impf., pf.*).

**angling** *n.* (спорти́вное) рыболо́вство.

**Anglo-** *in comb.* англо-.

**anglomania** *n.* англома́ния.

**anglomaniac** *n.* англома́н (*fem.* -ка). *adj.* англома́нский.

**anglophile** *n.* англофи́л. *adj.* англофи́льский.

**anglophobe** *n.* англофо́б.

**anglophobia** *n.* англофо́бство, англофо́бия.

**Anglo-Saxon** *n.* **1.** (*racial type*) англоса́кс; чистокро́вный англича́нин; **2.** (*language*) англосаксо́нский/древнеанглийский язы́к. *adj.* англосаксо́нский, древнеанглийский.

**Angola** *n.* Анго́ла.

**Angolan** *n.* анго́л|ец (*fem.* -ка). *adj.* анго́льский.

**angora** *n.* (*cloth*) анго́рская шерсть. *adj.* анго́рский.

**angostura** *n.* ангосту́ра.

**angry** *adj.* серди́тый, разгне́ванный; be ~ with серди́ться/гне́ваться (*both impf.*) на +a. (over, about sth.: за что-н.); get ~ with рассерди́ться/разгне́ваться (*both pf.*) на +a.; make ~ серди́ть, рас-; I was ~ with him for going я рассерди́лся на него́ за то, что он пошёл; (*annoyed*): he is ~ about the delay он раздражён опозда́нием; she got extremely ~ она́ вы́шла из себя́; (*fig., of wounds etc.*: *inflamed*) воспалённый; she flushed an ~ red она́ вспы́хнула от гне́ва.

**Angst** *n.* страх; трево́жное состоя́ние.

**anguish** *n.* муче́ние; му́ка; страда́ние; (*pain*) боль; a look of ~, an ~ed look му́ченический/страда́льческий взгляд; an ~ed cry душераздира́ющий крик.

**angular** *adj.* **1.** (*forming or pert. to an angle*) углово́й; ~ velocity углова́я ско́рость; **2.** (*having angles*) углова́тый; an ~ face лицо́ с ре́зкими черта́ми; **3.** (*of pers., thin, bony*) худо́й, костля́вый; (*fig., awkward*) углова́тый.

**angularity** *n.* углова́тость; худоба́; костля́вость.

**anile** *adj.* (*old-womanish*) стару́шечий.

**aniline** *n.* анили́н. *adj.* анили́новый.

**animadversion** *n.* (*censure*) порица́ние; (*observation*) замеча́ние.

**animadvert** *v.i.* ~ on (*censure*) порица́ть (*impf.*); (*comment on*) де́лать, с- замеча́ние по по́воду +g.

**animal** *n.* живо́тное; domestic ~s дома́шние живо́тные; farm ~s живо́тные, кото́рых разво́дят на фе́рме; wild ~ зверь (*m.*), ди́кое живо́тное; ~ painter анимали́ст; he eats like an ~ у него́ во́лчий аппети́т. *adj.* живо́тный; the ~ kingdom живо́тное ца́рство; ~ husbandry животново́дство; ~ needs есте́ственные потре́бности; ~ desires пло́тские жела́ния; ~ spirits жизнера́достность.

**animalcule** *n.* микроскопи́ческое живо́тное.

**animate¹** *adj.* (*living*) живо́й; an ~ noun одушевлённое и́мя существи́тельное; (*lively*) оживлённый, воодушевлённый.

**animate²** *v.t.* (*enliven*) ожив|ля́ть, -и́ть; (*give life to*) вдохну́ть (*pf.*) жизнь в +a.; (*inspire, actuate*) вдохнов|ля́ть, -и́ть; (во)одушев|ля́ть, -и́ть; ~d by love of country воодушевлённый любо́вью к ро́дине; he is ~d by the best motives он дви́жим са́мыми лу́чшими побужде́ниями; become ~d ожив|ля́ться, -и́ться; ~d cartoon мультипликацио́нный фильм, мультфи́льм.

**animation** *n.* (*liveliness*) оживле́ние; (*enthusiasm*) воодушевле́ние.

**animator** *n.* (*cin.*) (худо́жник-)мультиплика́тор.

**animism** *n.* аними́зм.

**animist** *n.* аними́ст.

**animosity** *n.* (*hostility*) вражде́бность; (*bitterness*) озлобле́ние; feel ~ against пита́ть (*impf.*) вражду́ к +d.

**animus** *n.* **1.** (*spirit; atmosphere*) дух; атмосфе́ра; **2.** (*animosity*) вражде́бность.

**aniseed** *n.* ани́с; ани́совое се́мя.

**anisette** *n.* ани́совый ликёр.

**Anjou** *n.* Анжу́ (*m. indecl.*).

**Ankara** *n.* Анкара́ (*m.*).

**ankle** *n.* лоды́жка, щи́колотка. *cpds.*: ~-**boot** *n.* боти́нок; ~-**deep** *adj.*: ~-deep in mud по щи́колотку в грязи́; ~-**length** *adj.*: ~-length dress пла́тье по щи́колотку; ~-**socks** носки́ (*m. pl.*).

**anklet** *n.* **1.** (*ornament*) ножно́й браслет; **2.** (*pl., fetters*) ножны́е кандалы́ (*m. pl.*).

**annalist** *n.* летопи́сец.

**annals** *n.* анна́л|ы (*pl., g.* -ов); ле́топись.

**anneal** *v.t.* отж|ига́ть, -е́чь; (*fig.*) закал|я́ть, -и́ть.

**annealing** *n.* о́тжиг; ~ furnace печь для о́тжига.

**annex(e)¹** *n.* (*to document*) приложе́ние; (*to a building*) пристро́йка, фли́гель (*m.*); (*separate building*) отде́льный ко́рпус.

**annex²** *v.t.* присоедин|я́ть, -и́ть; прил|ага́ть,

-ожи́ть; (*territory etc.*) аннекси́ровать (*impf., pf.*).

**annexation** *n.* присоедине́ние; анне́ксия, аннекси́рование.

**annexationist** *adj.* захва́тнический.

**annihilat|e** *v.t.* (*destroy*) уничт|ожа́ть, -о́жить; (*extirpate*) истреб|ля́ть, -и́ть; (*fig.*): an ~ing look уничтожа́ющий взгляд.

**annihilation** *n.* уничтоже́ние; истребле́ние.

**anniversary** *n.* годовщи́на; on his fifth wedding ~ в пя́тую годовщи́ну его́ сва́дьбы; 40th ~ сороковáя годовщи́на, сорокале́тие; celebrate an ~ пра́здновать, от- годовщи́ну (*чего*).
*adj.*: ~ edition юбиле́йное изда́ние.

**Anno Domini** *adv.* (*abbr.* **AD**) на́шей э́ры (*abbr.* н.э.); 400 A.D. 400г. нáшей э́ры; (*as n.: age*) го́ды (*m. pl.*), ста́рость, во́зраст.

**annotate** *v.t.* снаб|жа́ть, -ди́ть примеча́ниями; анноти́ровать (*impf., pf.*); ~d text текст с примеча́ниями.

**annotation** *n.* (*annotating*) анноти́рование; (*added note*) примеча́ние; анноти́ция.

**annotator** *n.* коммента́тор.

**announce** *v.t.* (*state; declare*) объяв|ля́ть, -и́ть (*что or о чём*); заяв|ля́ть, -и́ть (*что or о чём or relative clause*); he ~d his intention to be present он объяви́л о своём наме́рении прису́тствовать; он заяви́л, что бу́дет прису́тствовать; the verdict was ~d yesterday пригово́р был объя́влен вчера́; their engagement was ~d in the paper об их помо́лвке объя́влено в газе́те; (*notify, tell*) да|ва́ть, -ть знать (*о чём кому*); he ~d the results of his researches он сообщи́л о результа́тах свои́х иссле́дований; the footman ~d the guests as they arrived лаке́й докла́дывал о прибы́тии госте́й; the chairman ~d the next speaker председа́тель объяви́л сле́дующего ора́тора.

**announcement** *n.* объявле́ние, заявле́ние; put an ~ in the newspaper поме|ща́ть, -сти́ть объявле́ние в газе́те; (*written notification*) извеще́ние; (*on radio etc.*) сообще́ние; the ~ of his death was made at 4 o'clock о его́ сме́рти объяви́ли/сообщи́ли в 4 часа́.

**announcer** *n.* (*on radio etc.*) ди́ктор; (*of stage entertainment*) конферансье́ (*m. indecl.*).

**annoy** *v.t.* (*vex*) доса|жда́ть, -ди́ть +*d.*; (*irritate*) раздража́ть (*impf.*); де́йствовать (*impf.*) на не́рвы +*d.*; (*pester*) докуча́ть (*impf.*) +*d.*; I was ~ed with him я был на него́ серди́т; we were ~ed by the dog's barking соба́ка досажда́ла нам свои́м ла́ем.

**annoyance** *n.* раздраже́ние; (*cause of* ~) доса́да, неприя́тность.

**annoying** *adj.* доса́дный; how ~! кака́я доса́да!; an ~ person невозмо́жный челове́к.

**annual** *n.* **1.** (*publication*) ежего́дник; **2.** (*plant*) одноле́тнее расте́ние, одноле́тник.
*adj.* **1.** (*happening once a year*): ~ meeting

ежего́дное собра́ние; **2.** (*pert. to whole year*): ~ income годово́й дохо́д; ~ report годово́й отчёт; ~ rings годи́чные ко́льца; **3.** (*bot., lasting for one year*) одноле́тний.

**annually** *adv.* ежего́дно.

**annuitant** *n.* получа́ющий ежего́дную ре́нту.

**annuity** *n.* ежего́дная ре́нта; аннуите́т; life ~ пожи́зненная ре́нта.

**annul** *v.t.* отмен|я́ть, -и́ть; аннули́ровать (*impf., pf.*); the marriage was ~led брак был при́знан недействи́тельным.

**annular** *adj.* кольцеобра́зный, кольцево́й.

**annulment** *n.* отме́на, аннули́рование.

**annunciation** *n.* возвеще́ние; объявле́ние; (*relig.*) благове́щение.

**anode** *n.* ано́д; (*attr.*) ано́дный.

**anodyne** *n.* (*pain-killer*) болеутоля́ющее сре́дство; (*sedative*) успока́ивающее сре́дство.
*adj.* болеутоля́ющий, успока́ивающий; (*fig.*) ничего́ не зна́чащий.

**anoint** *v.t.* пома́з|ывать, -ать; he was ~ed king его́ пома́зали на ца́рство; the Lord's A~ed пома́занник бо́жий.

**anomalous** *adj.* анома́льный.

**anomaly** *n.* анома́лия.

**anon** *adv.* ско́ро, вско́ре; ever and ~ вре́мя от вре́мени; see you ~! пока́!

**anonymity** *n.* анони́мность.

**anonymous** *adj.* анони́мный; безымя́нный; ~ letter анони́мка.

**anopheles** *n.* ано́фелес, маляри́йный кома́р.

**anorak** *n.* анора́к, ку́ртка с капюшо́ном.

**anorexia** *n.* отсу́тствие аппети́та; ~ nervosa не́рвная анорекси́я.

**another** *pron. & adj.* **1.** (*additional*) ещё; ~ cup of tea? ещё ча́шку ча́ю?; will you have ~ (drink)? хоти́те ещё вы́пить? have ~ go! попыта́йтесь ещё раз!; in ~ 10 years ещё че́рез де́сять лет; and ~ thing и вот ещё что; he and ~ он сам-дру́г; not ~ word! ни сло́ва бо́льше!; without ~ word не говоря́ ни сло́ва; tell us ~! (*coll., in disbelief*) расскажи́те кому́-нибудь друго́му!; ask me ~! (*coll.*) почём я зна́ю?; **2.** (*similar*): such ~ as I подо́бный мне; ~ Tolstoy второ́й Толсто́й; you're ~! (*coll.*) сам тако́й!; от тако́го слы́шу!; taken one with ~ (*together*) вме́сте взя́тые; (*on average*) в сре́днем; **3.** (*different*) друго́й; I don't want this paper, bring me ~ я не хочу́ э́ту газе́ту, принеси́те мне другу́ю; ~ time в друго́й раз; that's ~ matter altogether э́то совсе́м друго́е де́ло; one way or ~ так и́ли ина́че; **4.** one ~ (*refl.*) see ONE.

**Anschluss** *n.* (*hist.*) а́ншлюсс.

**answer** *n.* **1.** (*reply*) отве́т; he gave, made an evasive ~ он дал укло́нчивый отве́т; what was his ~? что он отве́тил?; in ~ to your letter в отве́т на ва́ше письмо́; he laughed by way of ~ в отве́т он рассмея́лся; (*retort*) возраже́ние; (*defence*): he has a complete ~ to the charges он мо́жет отвести́ все обвине́ния; **2.** (*solution*) отве́т; реше́ние; there is no simple ~ to the problem пробле́му реши́ть нелегко́; for some countries democracy is not the ~ для не́которых стран демокра́тия — не то, что ну́жно; he thinks he knows all the ~s он ду́мает, что он уже́ всё пости́г.

*v.t.* **1.** (*reply to*) отв|еча́ть, -е́тить (*кому́, на что*); the question was not ~ed вопро́с оста́лся без отве́та; ~ the door откр|ыва́ть, -ы́ть дверь; ~ the door-bell (*or* a knock at the door) откр|ыва́ть, -ы́ть (дверь) на звоно́к (*or* на стук); ~ the telephone под|ходи́ть, -ойти́ к телефо́ну; отвеча́ть (*impf.*) на телефо́нные звонки́; **2.** (*fulfil*): ~ requirements отвеча́ть (*impf.*) тре́бованиям; ~ the purpose соотве́тствовать (*impf.*) це́ли; **3.** (*correspond to*): he ~s the description exactly он то́чно соотве́тствует описа́нию; **4.** (*refute*): ~ a charge опров|ерга́ть, -е́ргнуть обвине́ние; **5.** (*solve*) реш|а́ть, -и́ть; **6.** (*satisfy, grant*): his claim was ~ed его́ тре́бование удовлетвори́ли; our prayers were ~ed на́ши моли́твы бы́ли услы́шаны; it ~ed all my hopes э́то оправда́ло все мои́ наде́жды.

*v.i.* **1.** (*reply*) отв|еча́ть, -е́тить; **2.** (*respond; react*): the dog ~s to the name of Rex соба́ка отзыва́ется на кли́чку Рекс; the wound ~ed to treatment ра́на поддава́лась лече́нию; the horse ~s to the whip ло́шадь слу́шается кнута́; the ship ~ed (to) the helm кора́бль слу́шался руля́; **3.** ~ for (*vouch, accept responsibility for*) руча́ться, поручи́ться за +*a.*; I will ~ for his honesty я руча́юсь за его́ че́стность; (*suffer, bear responsibility for*): you will ~ for your words вы отве́тите за э́ти слова́; he has much to ~ for он за мно́гое в отве́те; с него́ мно́гое спро́сится; **4.** (*give an account*): I ~ to no one я никому́ не обя́зан отчётом; **5.** (*prove satisfactory*): the plan has not ~ed план не уда́лся; **6.** ~ back дерзи́ть, на-.

**answerable** *adj.* **1.** (*responsible*) отве́тственный (*перед кем за что*); you are ~ to me for your conduct вы несёте передо мной отве́тственность за свои́ посту́пки; **2.** (*capable of being answered*): the charges are ~ на э́ти обвине́ния мо́жно возрази́ть; (*capable of solution*) разреши́мый.

**ant** *n.* мураве́й; white ~ терми́т; (*attr.*) муравьи́ный; ~ eggs муравьи́ные я́йца.

*cpds.*: ~**-bear** *n.* трубкозу́б; гига́нтский муравье́д; ~**-eater** *n.* муравье́д; ~**-hill**, ~**-heap** *nn.* мураве́йник.

**antacid** *n.* сре́дство, нейтрализу́ющее кислоту́.

**antagonism** *n.* антагони́зм.

**antagonist** *n.* антагони́ст; (*adversary*) проти́вник.

**antagonistic** *adj.* антагонисти́ческий.

**antagonize** *v.t.* раздража́ть (*impf.*); нерви-

рова́ть (*impf.*).

**Antarctic** *n.*: the A~ Анта́рктика.

   *adj.* антаркти́ческий; A~ Circle Ю́жный Поля́рный круг; A~ Ocean Ю́жный океа́н.

**ante** *n.* (*stake*) ста́вка; raise the ~ пов|ыша́ть, -ы́сить ста́вку.

**antecedent** *n.* **1.** (*preceding thing or circumstance*) предше́ствующее, предыду́щее; **2.** (*gram.*) сло́во, к кото́рому отно́сится местоиме́ние; **3.** (*pl., the past*) про́шлое; (*past life*) про́шлая жизнь.

   *adj.* предше́ствующий, предыду́щий; (*logically previous*) предваря́ющий.

**antechamber** *n.* прихо́жая, пере́дняя, вестибю́ль (*m.*).

**antedate** *v.t.* **1.** (*put earlier date on*) пом|еча́ть, -е́тить за́дним число́м; **2.** (*precede*) предше́ствовать (*impf.*) +*d.*

**antediluvian** *adj.* (*lit., fig.*) допото́пный.

**antelope** *n.* антило́па.

**ante meridiem** *adv.* (*abbr.* **a.m.**) до полу́дня; 6 ~ шесть часо́в утра́.

**antenatal** *adj.* утро́бный; ~ clinic же́нская консульта́ция.

**antenna** *n.* (*radio*) анте́нна; (*of insect*) щу́пальце, у́сик.

**antenuptial** *adj.* добра́чный.

**antepenultimate** *adj.* тре́тий с конца́.

**anterior** *adj.* (*of place*) пере́дний; (*of time*) предше́ствующий.

**ante-room** *n.* пере́дняя, прихо́жая.

**anthem** *n.* песнопе́ние, хора́л; national ~ госуда́рственный гимн.

**anther** *n.* пы́льник.

**anthologist** *n.* состави́тель (*m.*) антоло́гии.

**anthology** *n.* антоло́гия.

**anthracite** *n.* антраци́т.

**anthrax** *n.* сиби́рская я́зва.

**anthropocentric** *adj.* антропоцентри́ческий.

**anthropoid** *n.* антропо́ид.

   *adj.* человекообра́зный, антропо́идный.

**anthropological** *adj.* антропологи́ческий.

**anthropologist** *n.* (*biological*) антропо́лог; social ~ этно́граф.

**anthropology** *n.* (*biological*) антрополо́гия; social ~ этногра́фия.

**anthropomorphic** *adj.* антропоморфи́ческий.

**anthropomorphism** *n.* антропоморфи́зм.

**anti-** *pref.* анти-, противо-.

**anti-aircraft** *adj.* зени́тный, противовозду́шный; ~ artillery зени́тная артилле́рия; ~ defence противовозду́шная оборо́на (*abbr.* ПВО).

**antibiotic** *n.* антибио́тик.

   *adj.* антибиоти́ческий.

**antibody** *n.* антите́ло.

**Antichrist** *n.* анти́христ.

**antichristian** *adj.* антихристиа́нский.

**anticipate** *v.t.* **1.** (*do, use in advance*) де́лать, с- ра́ньше сро́ка; испо́льзовать (*impf., pf.*)

ра́ньше вре́мени; ~ payment упла́|чивать, -ти́ть ра́ньше сро́ка; ~ marriage сожи́тельствовать (*impf.*) до сва́дьбы; **2.** (*accelerate*) уск|оря́ть, -ори́ть; **3.** (*precede*) опере|жа́ть, -ди́ть; **4.** (*foresee*) предви́деть (*impf.*); предчу́вствовать (*impf.*); (*expect*) ожида́ть (*impf.*); (*with pleasure*) предвку|ша́ть (*impf.*); **5.** (*forestall*) предвосх|ища́ть, -и́тить; предупре|жда́ть, -ди́ть; he ~d my wishes он предупреди́л мои́ жела́ния; the general ~d the enemy's attack генера́л предупреди́л неприя́тельское наступле́ние.

**anticipation** *n.* **1.** (*looking forward to*) ожида́ние; in ~ of your early reply в ожида́нии ва́шего ско́рого отве́та; thanking you in ~ (*as formula in letter*) зара́нее благода́рный; **2.** (*foreseeing*) предви́дение, предвосхище́ние; in ~ of a cold winter в предви́дении холо́дной зимы́; ~ of events предвосхище́ние собы́тий; **3.** (*foretasting*) предвкуше́ние; half the pleasure lies in the ~ предвкуше́ние — э́то уже́ полови́на удово́льствия.

**anticipatory** *adj.* предвари́тельный, преждевре́менный.

**anticlerical** *adj.* антиклерика́льный.

**anticlericalism** *n.* антиклерикали́зм.

**anticlimactic** *adj.* не опра́вдывающий ожида́ний.

**anticlimax** *n.* (ре́зкий) спад (интере́са *и т.п.*); бана́льная развя́зка; разочарова́ние.

**anticlockwise** *adj. & adv.* про́тив часово́й стре́лки.

**anti-Communist** *n.* проти́вник коммуни́зма. *adj.* антикоммунисти́ческий.

**antics** *n. pl.* (*physical*) кривля́нье, ужи́мки (*f. pl.*); (*behaviour*) проде́лки (*f. pl.*), прока́зы (*f. pl.*).

**anticyclone** *n.* антицикло́н.

**anti-dazzle** *adj.*: ~ spectacles, glasses защи́тные очки́.

**antidote** *n.* противоя́дие; (*fig.*): the government sought an ~ to inflation прави́тельство пыта́лось боро́ться с инфля́цией.

**antifreeze** *n.* антифри́з.

**anti-gas** *adj.* противохими́ческий.

**anti-hero** *n.* антигеро́й.

**antiknock** *n.* антидетона́тор.

**anti-litter** *adj.*: ~ campaign кампа́ния про́тив замусо́ривания (го́рода).

**Antilles** *n.* Анти́льские острова́ (*m. pl.*).

**antilogarithm** *n.* антилогари́фм.

**antimacassar** *n.* наки́дка, салфе́точка.

**anti-missile** *adj.* противораке́тный; ~ missile противораке́тный снаря́д, противораке́та.

**antimony** *n.* сурьма́; (*attr.*) сурьмя́ный.

**antinomy** *n.* антино́мия, противоре́чие.

**antipathetic** *adj.* антипати́чный.

**antipathy** *n.* антипа́тия; have, feel an ~ to, against, for пита́ть (*impf.*) антипа́тию к +*d.*

**anti-personnel** *adj.* противопехо́тный; ~

weapon ору́жие для пораже́ния ли́чного соста́ва; ~ (*fragmentation*) bomb оско́лочная бо́мба.

**antiphon** *n.* антифо́н.

**antiphonal** *adj.* антифо́нный.

**antipodean** *adj.* (*geog.*) относя́щийся к антипо́дам; (*fig., opposite*) диаметра́льно противополо́жный.

**antipodes** *n.* антипо́ды (*m. pl.*).

**antipope** *n.* антипа́па (*m.*).

**antipyretic** *n.* жаропонижа́ющее сре́дство. *adj.* жаропонижа́ющий.

**antipyrin** *n.* антипири́н.

**antiquarian** *n.* антиква́р, антиква́рий. *adj.* антиква́рный.

**antiquary** *n.* антиква́р, антиква́рий.

**antiquated** *adj.* (*obsolete*) устаре́лый; (*old-fashioned*) старомо́дный.

**antique** *n.* антиква́рная вещь; the ~ (*art*) анти́чное иску́сство; ~ shop антиква́рный магази́н. *adj.* (*ancient*) дре́вний, стари́нный; (*pert. to ancient, esp. classical times*) анти́чный; (*old-fashioned*) старомо́дный; ~ type анти́ква.

**antiquit|y** *n.* (*great age*) дре́вность; (*olden times*) дре́вность, глубо́кая/седа́я старина́; (*classical times*) анти́чность; (*pl., ancient objects*) рели́квии (*f. pl.*); Greek ~ies дре́вне-гре́ческие нахо́дки/рели́квии (*f. pl.*).

**antirrhinum** *n.* льви́ный зев.

**antiscorbutic** *adj.* противоцинго́тный.

**anti-Semite** *n.* антисеми́т (*fem.* -ка).

**anti-Semitic** *adj.* антисеми́тский.

**anti-Semitism** *n.* антисемити́зм.

**antisepsis** *n.* антисе́птика.

**antiseptic** *n.* антисепти́ческое сре́дство. *adj.* антисепти́ческий.

**anti-skid** *adj.* нескользя́щии; препя́тствующий скольже́нию.

**anti-social** *adj.* антиобще́ственный.

**anti-Soviet** *adj.* антисове́тский.

**antistrophe** *n.* антистрофа́.

**anti-submarine** *adj.* противоло́дочный; ~ bomb глуби́нная бо́мба.

**anti-tank** *adj.* противота́нковый.

**antitetanic, anti-tetanus** *adj.*: ~ injection противостолбня́чный уко́л.

**anti-theft** *adj.*: ~ device (*on car*) противоуго́нное устро́йство.

**antithesis** *n.* (*contrast of opposite ideas*) антите́за; противопоставле́ние; (*contrast*) контра́ст; (*opposite*) противополо́жность; he is the ~ of his brother он по́лная противополо́жность своему́ бра́ту.

**antithetic(al)** *adj.* антитети́ческий; прямо противополо́жный.

**antitoxin** *n.* антитокси́н.

**anti-trade** *n.* (~ wind) антипасса́т.

**anti-typhoid** *adj.* противотифо́зный.

**anti-vivisectionist** *n.* проти́вник вивисе́кции.

**antler** *n.* оле́ний рог.

**antonym** *n.* анто́ним.

**antrum** *n.* по́лость.

**Antwerp** *n.* Антве́рпен.

**anus** *n.* за́дний прохо́д, а́нус.

**anvil** *n.* накова́льня.

**anxiety** *n.* **1.** (*uneasiness*) беспоко́йство; (*alarm*) трево́га; cause ~ to трево́жить, вс-; relieve s.o.'s ~ рассе́|ивать, -ять чью-н. трево́гу; be full of ~ волнова́ться (*impf.*), не́рвничать (*impf.*); feel ~ for, over беспоко́иться (*impf.*) о +*p.*; трево́житься (*impf.*) о +*p.*; **2.** (*desire*, *keenness*) жела́ние/стремле́ние +*inf.*; **3.** (*pl.*, *cares*, *worries*) забо́ты (*f. pl.*).

**anxious** *adj.* **1.** (*worried*, *uneasy*) озабо́ченный; беспоко́ящийся; волну́ющийся; be ~ about, for, over беспоко́иться (*impf.*) о +*p.*; трево́житься (*impf.*) о +*p.*; I am ~ for his safety я беспоко́юсь, как бы с ним чего́ не случи́лось; **2.** (*causing anxiety*) трево́жный, беспоко́йный; he gave me some ~ moments он доста́вил мне не́сколько трево́жных мину́т; **3.** (*keen*, *desirous*): I am ~ to see him мне о́чень хо́чется его́ ви́деть.

**any** *pron.* **1.** (*in interrog. or conditional sentences*) кто́-нибудь; что́-нибудь; if ~ of them should see him е́сли его́ кто́-нибудь из них уви́дит; **2.** (*in neg. sentences*) никто́; ничто́; ни оди́н; I don't like ~ of these actors мне не нра́вится ни оди́н из э́тих арти́стов; he never spoke to ~ of our friends он не говори́л ни с кем из на́ших друзе́й; I looked for the books but couldn't find ~ я иска́л кни́ги, но не нашёл ни одно́й; neither on that day nor on ~ of the following ни в тот день, ни в оди́н из после́дующих; I offered him food but he didn't want ~ я предложи́л ему́ пое́сть, но он ничего́ не хоте́л; **3.** (*in affirmative sentences*) любо́й; take ~ of these books возьми́те любу́ю/любы́е из э́тих книг; **4.**: he has little money, if ~ у него́ де́нег ма́ло, а то и во́все нет.

*adj.* **1.** (*in interrog. or conditional sentences*) *untranslated*: have you ~ children? у вас есть де́ти?; have you ~ matches? (*request*) нет ли у вас спи́чек?; were there ~ Russians there? бы́ли там ру́сские?; is there ~ news? есть каки́е-нибудь но́вости?; (*no matter what*) любо́й, како́й уго́дно; **2.** (*in neg. sentences*): we haven't ~ milk у нас нет молока́; haven't you ~ cigarettes? ра́зве у вас нет сигаре́т?; (*not* ~ *at all*, *not a single*) никако́й, ни оди́н; there wasn't ~ hope никако́й наде́жды не́ было; neither in this shop, nor in ~ other ни в э́том магази́не, ни в како́м друго́м; there isn't ~ man who would . . . нет тако́го челове́ка, кото́рый бы . . .; (*with* hardly, *verbs of prevention etc.*): there is hardly ~ doubt нет почти́ никако́го сомне́ния; without ~ doubt без вся́кого сомне́ния; he tried to prevent ~ loss он стара́лся предотврати́ть каки́е бы то ни

бы́ло поте́ри; they stopped us from scoring ~ goals они́ не да́ли нам заби́ть ни одного́ го́ла; **3.** (*no matter which*) любо́й; at ~ time в любо́е вре́мя; at ~ hour of the day в любо́е вре́мя дня; ~ excuse will do любо́й предло́г сгоди́тся; (*every*) вся́кий; in ~ case во вся́ком слу́чае; ~ father would do the same вся́кий оте́ц сде́лал бы то же са́мое; ~ student knows this э́то зна́ет ка́ждый/любо́й студе́нт; ~ amount *see* AMOUNT; ~ man, ~ person *see* ~BODY, ~ONE.

*adv.* **1.** (*in interrog. or conditional sentences*) *untranslated or* ско́лько-нибудь; do you want ~ more tea? хоти́те ещё ча́ю?; will he be ~ better for it? ра́зве от э́того ему́ бу́дет лу́чше?; if you stay here ~ longer е́сли вы здесь ещё хоть немно́го заде́р-житесь; **2.** (*in neg. sentences*) *untranslated or* ниско́лько; ничу́ть; отню́дь; I can't go ~ farther я не могу́ идти́ да́льше; he doesn't live here ~ more, longer он здесь бо́льше не живёт; I am not ~ better мне ничу́ть не лу́чше; he did not get ~ nearer он ниско́лько не прибли́зился; they have not behaved ~ too well они́ вели́ себя́ не сли́шком хорошо́; **3.** (*Am.*, *at all*): it didn't snow ~ yesterday вчера́ сне́га во́все не́ было; that didn't help us ~ э́то нам ниско́лько не помогло́.

**anybody, anyone** *n. & pron.* **1.** (*in interrog. or conditional sentences*) кто́-нибудь; кто́-либо; кто; did you meet ~? вы кого́-нибудь встре́тили?; if ~ rings, don't answer е́сли кто позвони́т, не отвеча́йте; is this ~'s seat? э́то ме́сто за́нято?; is ~ hurt? никто́ не ра́нен?; **2.** (*in neg. sentences*) никто́; I didn't speak to ~ я ни с кем не говори́л; **3.** (~ *at all*; *no matter who*) вся́кий, ка́ждый; любо́й; ~ will tell you вся́кий вам ска́жет; ~ who says that is a liar кто бы э́то ни сказа́л, он лжец; ask ~ you meet спроси́те у пе́рвого встре́чного; that's ~'s guess ка́ждый во́лен гада́ть по-сво́ему; ~ but you кто уго́дно, то́лько не вы; ~ else кто́-нибудь друго́й/ещё; he speaks better than ~ он говори́т лу́чше всех; there was hardly ~ there там почти́ никого́ не́ было; he loved her more than ~ он люби́л её бо́льше всех; he's a scholar if ~ is е́сли кто учёный, так э́то он; **4.** (*person of note*) знамени́тый челове́к; ва́жное лицо́; everyone who was ~ was invited пригласи́ли всех, кто что́-то из себя́ пред-ставля́л.

**anyhow** *adv.* **1.** (*in one manner or another*) так и́ли и́на́че; ка́к-нибудь; (*neg.*): we couldn't get into the building ~ мы ника́к не могли́ попа́сть в зда́ние; **2.** (*haphazardly*; *carelessly*) ко́е-ка́к; ка́к-нибудь; the work was done ~ рабо́та была́ сде́лана ко́е-ка́к; **3.** (*anyway*, *in any case*) во вся́ком слу́чае; так или и́на́че; (*nevertheless*) всё же; I shall go ~ я всё равно́ пойду́.

**anyone** see ANYBODY.

**anything** n. & pron. **1.** (in interrog. or conditional sentences) что́-нибудь; что́-либо; что; is there ~ I can get for you? вам что́-нибудь ну́жно? я принесу́; can I do ~ to help? чем я могу́ помо́чь?; have you ~ to say? у вас (or вам) есть что сказа́ть?; did you see ~ of him in London? вы ви́делись с ним в Ло́ндоне?; she asked if ~ unpleasant had happened она́ спроси́ла, не случи́лось ли чего́-нибудь (coll. чего) неприя́тного; better, if ~ вро́де бы лу́чше; **2.** (in neg. sentences) ничто́; I haven't ~ to say to that мне не́чего сказа́ть на э́то; **3.** (everything) всё; I'd give ~ to see him again я о́тдал бы всё, что́бы уви́деть его́ опя́ть; we were left without ~ мы оста́лись без ничего́/всего; more, better than ~ бо́льше всего́; I like it better than ~ я э́то люблю́ бо́льше всего́; **4.** (~ at all, ~ you please) что уго́дно: I will do ~ within reason я сде́лаю всё в преде́лах разу́много; it's as simple as ~ э́то про́ще просто́го; **5.** (whatever): I will do ~ you suggest я сде́лаю всё, что вы ска́жете; **6.** ~ but: he is ~ but a genius он совсе́м не ге́ний; it is ~ but (far from) clear э́то далеко́ не я́сно; **7.**: like ~ да ещё как; he worked like ~ он рабо́тал изо всех сил; it's raining like ~ идёт дождь, да ещё како́й; льёт как из ведра́.

**anyway** see ANYHOW 3.

**anywhere** adv. **1.** (in interrog. and conditional sentences) где́-нибудь; гбе́-либо; (of motion) куда́-нибудь; куда́-либо; is there a chemist's ~? здесь есть апте́ка?; have you ~ to stay? у вас есть где останови́ться?; **2.** (in neg. sentences) нигде́; (of motion) никуда́; we haven't been ~ for ages мы уже́ це́лую ве́чность нигде́ не́ были; **3.** (in any place at all; everywhere) где уго́дно; везде́; (по)всю́ду; it is miles from ~ э́то у чёрта на кули́чках; he earns ~ from 200 to 300 roubles a month он зараба́тывает не ме́ньше двухсо́т-трёхсот рубле́й в ме́сяц; it isn't ~ near finished э́то ещё далеко́ не зако́нчено.

**aorist** n. ао́рист.
    adj. (also **aoristic**) аористи́ческий.

**aorta** n. ао́рта.

**apace** adv. (arch.) бы́стро.

**apache** n. (A~: Indian) апа́ч; (hooligan) банди́т.

**apanage, appanage** n. **1.** (hist.) уде́л; апана́ж; (property) достоя́ние; **2.** (attribute) атрибу́т.

**apart** adv. **1.** (on, to one side) в стороне́; в сто́рону; he held himself ~ он держа́лся в стороне́; a room was set ~ for them им отвели́ отде́льную ко́мнату; his height set him ~ он выделя́лся свои́м ро́стом; joking ~ шу́тки в сто́рону; style ~, the book has its merits е́сли оста́вить стиль в стороне́, кни́га не лишена́ досто́инств; ~ from (with the exception of) за исключе́нием +g.; кро́ме +g.; (other than;

besides) кро́ме/поми́мо +g.; **2.** (separate(ly); asunder) отде́льно; the dish came ~ in her hands таре́лка слома́лась у неё в рука́х; he keeps business and pleasure quite ~ он чётко разграни́чивает де́ло и удово́льствие; they lived ~ for 2 years они́ жи́ли два го́да врозь; the baby pulled its rattle ~ ребёнок разлома́л погрему́шку на ча́сти; the tutor pulled his essay ~ учи́тель разруга́л его́ сочине́ние; they took the machine ~ они́ разобра́ли маши́ну на ча́сти; I could not tell them ~ я не мог их различи́ть/отличи́ть; with one's feet wide ~ расста́вив но́ги; **3.** (distant): the houses are a mile ~ дома́ нахо́дятся в ми́ле друг от дру́га.

**apartheid** n. апартеи́д.

**apartment** n. **1.** (room) ко́мната; **2.** the royal ~s короле́вские апартаме́нты (m. pl.); **2.** (Am.) кварти́ра; ~ house многокварти́рный дом.

**apathetic** adj. апати́чный.

**apathy** n. апа́тия.

**ape** n. (lit., fig.) обезья́на; the higher ~s человекообра́зные обезья́ны, прима́ты (m. pl.); play the ~ обезья́нничать (impf.); play the ~ to подража́ть (impf.) +d.
    v.t. **1.** (imitate) подража́ть (impf.) +d.; **2.** (mock) передра́зн|ивать, -и́ть.
    cpds.: ~-**house** n. обезья́нник; ~-**like** adj. обезьяноподо́бный.

**Apennines** n. Апенни́н|ы (pl., g. —).

**aperient** n. слаби́тельное.
    adj. слаби́тельный, послабля́ющий.

**aperitif** n. аперити́в.

**aperture** n. отве́рстие; (slit; crack) проём; щель; (opt.) аперту́ра.

**apex** n. (lit., fig.) верши́на, верх.

**aphaeresis** n. афере́зис.

**aphasia** n. афа́зия.

**aphelion** n. афе́лий.

**aphid, aphis** nn. тля.

**aphorism** n. афори́зм.

**aphoristic** adj. афористи́ческий.

**aphrodisiac** n. сре́дство, уси́ливающее полово́е влече́ние.
    adj. уси́ливающий полово́е влече́ние; возбужда́ющий.

**Aphrodite** n. Афроди́та.

**apiarist** n. пчелово́д.

**apiary** n. пче́льник, па́сека.

**apiculture** n. пчелово́дство.

**apiece** adv. **1.** (of thing): I sell books for a rouble ~ я продаю́ кни́ги по рублю́ (за ка́ждую); **2.** (of pers.): we had £10 ~ у ка́ждого из нас бы́ло по де́сять фу́нтов; у нас бы́ло по де́сять фу́нтов на челове́ка; he gave them 5 roubles ~ он дал им по пять рубле́й (ка́ждому); the dinner cost £3 ~ обе́д сто́ил по три фу́нта с ка́ждого; they scored two goals ~ ка́ждый из них заби́л по два го́ла.

**apish** adj. (in appearance or nature) обезья́ний; (in manner; imitative) обезья́нничающий.

**aplenty** *adv.* (*arch.*) в изоби́лии.
**aplomb** *n.* апло́мб.
**apocalypse** *n.* апока́липсис.
**apocalyptic** *adj.* апокалипти́ческий.
**Apocrypha** *n.* апо́крифы (*m. pl.*).
**apocryphal** *adj.* **1.** (*bibl.*) апокрифи́ческий; **2.** (*of doubtful authenticity*) недостове́рный.
**apodosis** *n.* аподо́зис.
**apogee** *n.* (*lit., fig.*) апоге́й.
**Apollo** *n.* Аполло́н.
**apologetic** *adj.* **1.** извиня́ющийся; he was very ~ он о́чень извиня́лся; an ~ smile винова́тая улы́бка; **2.** (*tract etc.*) защити́тельный, апологети́ческий.
**apologetics** *n.* апологе́тика.
**apologia** *n.* (*defence*) аполо́гия; (*justification*) оправда́ние.
**apologist** *n.* апологе́т, защи́тник.
**apologize** *v.i.* извин|я́ться, -и́ться (*перед кем за что*).
**apologue** *n.* ба́сня.
**apolog|y** *n.* **1.** (*expression of regret*) извине́ние; make, offer an ~y to s.o. for sth. прин|оси́ть, -ести́ извине́ние кому́-н. за что-н.; please accept my ~ies прими́те мои́ извине́ния; they sent their ~ies они́ пе́редали свои́ извине́ния; by way of ~y в ка́честве извине́ния; **2.** (*vindication*) оправда́ние; **3.** (*poor substitute*): this ~y for a dinner э́тот, с позволе́ния сказа́ть, обе́д; э́тот го́ре-обе́д.
**apo(ph)thegm** *n.* апофте́гма.
**apoplectic** *adj.* (*pert. to apoplexy*): an ~ fit апоплекси́ческий уда́р; (*irascible*) раздражи́тельный, нерво́зный.
**apoplexy** *n.* апопле́ксия; (*stroke*) уда́р.
**apostasy** *n.* (*abandonment or loss of faith, principles etc.*) отсту́пничество, апоста́зия; (*desertion of cause or party*) ренега́тство; (*betrayal*) изме́на.
**apostate** *n.* отсту́пник; ренега́т.
*adj.* отсту́пнический.
**apostatize** *v.i.* отступ|а́ться, -и́ться (*от чего*).
*a posteriori adj.* апостерио́рный; осно́ванный на о́пыте.
*adv.* апостерио́ри; по о́пыту.
**apostle** *n.* **1.** (*bibl.*) апо́стол; Acts of the A~s дея́ния апо́столов; A~s' Creed апо́стольский си́мвол; **2.** (*fig.*) побо́рник, апо́стол.
**apostolate** *n.* апо́стольство.
**apostolic** *adj.*: ~ succession апо́стольское насле́дование; A~ See па́пский престо́л.
**apostrophe** *n.* (*rhetoric*) апостро́фа; (*gram.*) апостро́ф.
**apostrophize** *v.t.* обра|ща́ться, -ти́ться к +*d.*
**apothecary** *n.* (*arch.*) апте́карь (*m.*); ~'s weight апте́карский вес.
**apothegm** *see* APO(PH)THEGM.
**apotheosis** *n.* (*lit., fig.*) апофео́з; прославле́ние; обожествле́ние.
**appal** *v.t.* ужас|а́ть, -ну́ть; устраш|а́ть, -и́ть; we

were ~led at the sight мы ужасну́лись (*or* пришли́ в у́жас) при ви́де э́того; I was ~led at the cost цена́ меня́ ужасну́ла.
**Appalachians** *n.* Аппала́ч|и (*pl., g.* -ей).
**appalling** *adj.* ужа́сный, жу́ткий.
**appanage** *see* APANAGE.
**apparatus** *n.* **1.** (*instrument*; *appliance*) прибо́р, инструме́нт; **2.** (*in laboratory*) аппарату́ра; обору́дование; **3.** (*gymnastic*) снаря́ды (*m. pl.*); **4.** (*physiol.*) о́рганы (*m. pl.*); digestive ~ о́рганы пищеваре́ния; **5.** (*set of institutions*) аппара́т; ~ of government прави́тельственный аппара́т; **6.** critical ~ спра́вочный крити́ческий материа́л.
**apparel** *n.* одея́ние, наря́д, облаче́ние.
*v.t.* наря|жа́ть, -ди́ть; облач|а́ть, -и́ть; ~led in white облачённый в бе́лое.
**apparent** *adj.* **1.** (*visible*) ви́димый; **2.** (*plain, obvious*) очеви́дный; я́вный; heir ~ зако́нный/прямо́й насле́дник; be, become ~ обнару́жи|ваться, -ться; выявля́ться, вы́явиться; **3.** (*seeming*) ка́жущийся, мни́мый.
**apparently** *adv.* **1.** (*clearly*) очеви́дно, я́вно; **2.** (*opp. really*) по (вне́шнему) ви́ду; **3.** (*seemingly*) по-ви́димому; (как) бу́дто; ~ he's the local doctor он как бу́дто зде́шний врач; ~ he was here yesterday похо́же, что он был здесь вчера́.
**apparition** *n.* **1.** (*manifestation, esp. of ghost*) (по)явле́ние; **2.** (*ghost*) привиде́ние, виде́ние, при́зрак.
**appeal** *n.* **1.** (*earnest request, plea*) обраще́ние (с про́сьбой); (*official*) воззва́ние; (*call*) призы́в; an ~ to public opinion обраще́ние к обще́ственному мне́нию; an ~ on behalf of the Red Cross обраще́ние/призы́в от и́мени Кра́сного Креста́; an ~ for sympathy про́сьба отнести́сь сочу́вственно; an ~ for silence призы́в к тишине́; he made an ~ for justice он призва́л к справедли́вости; (*supplication*) мольба́; with a look of ~ on her face с умоля́ющим выраже́нием лица́; **2.** (*reference to higher authority*) апелля́ция, обжа́лование; court of ~ апелляцио́нный суд; supreme court of ~ кассацио́нный суд; the judge allowed the ~ which he had lodged судья́ удовлетвори́л по́данную им апелля́цию; an ~ to the referee обраще́ние к судье́; **3.** (*attraction*) привлека́тельность; this life has little ~ for me э́та жизнь меня́ ма́ло привлека́ет.
*v.i.* **1.** (*make earnest request*) обра|ща́ться, -ти́ться с про́сьбой; she ~ed to him for mercy она́ моли́ла его́ о милосе́рдии; I ~ to you to support them я призыва́ю вас поддержа́ть их; **2.** (*resort*): ~ to arms приб|ега́ть, -е́гнуть к ору́жию; ~ to history/experience ссыла́ться, сосла́ться на исто́рию/о́пыт; **3.** (*leg.*) апелли́ровать (*impf., pf.*); под|ава́ть, -а́ть апелля́цию; обжа́ловать (*pf.*) пригово́р; **4.** ~

to (*attract*) привлека́ть (*impf.*); нра́виться (*impf.*) +*d.*; импони́ровать (*impf.*) +*d.*; his courage ~ed to her ей импони́ровала его́ хра́брость.

**appealing** *adj.* (*imploring*) умоля́ющий; (*attractive*) привлека́тельный.

**appear** *v.i.* **1.** (*become visible*) пока́з|ываться, -а́ться; появл|я́ться, -и́ться; (*of qualities etc.*) проявл|я́ться, -и́ться; **2.** (*present o.s.*) выступа́ть, вы́ступить; ~ in court явл|я́ться, -и́ться в суд; предст|ава́ть, -а́ть пе́ред судо́м; ~ for the claimant/defendant выступа́ть (*impf.*) в ка́честве адвока́та истца́/отве́тчика; I don't want to ~ in this affair я не хочу́ быть заме́шанным в э́том де́ле; (*of actor*) игра́ть (*impf.*) на сце́не; снима́ться (*impf.*) в кино́; (*make an entrance on stage*) выходи́ть, вы́йти на сце́ну; (*of book*) выходи́ть, вы́йти (в свет); издава́ться (*impf.*); быть и́зданным; **3.** (*seem*) каза́ться, по-; (*follow as inference*) сле́довать (*impf.*), вытека́ть (*impf.*); (*be manifest*) я́вствовать (*impf.*); it ~s strange to me мне э́то ка́жется стра́нным; strange as it may ~ как бы стра́нно э́то ни показа́лось; he ~s to have left он, ка́жется, уе́хал; it ~s you are right выхо́дит, что вы пра́вы; if you are angry, don't let it ~ (so) е́сли вы и серди́ты, то не пока́зывайте ви́ду; **4.** (*turn out*) ока́з|ываться, -а́ться; if it ~s that this is so е́сли ока́жется, что э́то так; it ~s his wife is a Swede ока́зывается, его́ жена́ шве́дка.

**appearance** *n.* **1.** (*act of appearing*) появле́ние; (*in public*) выступле́ние; make (*or* put in) an ~ пока́з|ываться, -а́ться; появл|я́ться, -и́ться; his ~ as Hamlet его́ выступле́ние в ро́ли Га́млета; make one's first ~ дебюти́ровать (*impf.*, *pf.*); впервы́е выступа́ть, вы́ступить; ~ in court я́вка в суд; (*of a book*) опублико́вание; вы́ход в свет; появле́ние; **2.** (*phenomenon*) явле́ние; **3.** (*look, aspect*) вид; о́блик; нару́жность; вне́шность; a pleasing ~ прия́тный вид; ~s are deceptive нару́жность обма́нчива; the ~ of the streets о́блик у́лиц; judge by ~(s) суди́ть (*impf.*) по вне́шнему ви́ду; in ~ на вид; по ви́ду; to, by all ~s по всем при́знакам; су́дя по всему́; **4.** (*semblance*) вид, ви́димость; keep up ~s соблюда́ть (*impf.*) ви́димость/прили́чия (*nt. pl.*); keep up the ~ of victors держа́ться (*impf.*) с ви́дом победи́теля; for ~'s sake для ви́димости; напока́з.

**appease** *v.t.* (*pacify*; *quieten*) успок|а́ивать, -о́ить; (*pol.*, *buy off*) умиротвор|я́ть, -и́ть; (*appetites, passions, demands*) утол|я́ть, -и́ть.

**appeasement** *n.* **1.** успокое́ние; (*esp. pol.*) умиротворе́ние; **2.** (*of hunger, desire etc.*) утоле́ние.

**appeaser** *n.* умиротвори́тель (*m.*); успокои́тель (*m.*).

**appellant** *n.* апелля́нт.

**appellate** *adj.* апелляцио́нный.

**appellati|on, -ve** *nn.* назва́ние.

**append** *v.t.* **1.** (*join*) присоедин|я́ть, -и́ть; (*fasten*) прикреп|ля́ть, -и́ть; a label was ~ed to the parcel к посы́лке был прикреплён ярлы́к; (*hang on*) подве́|шивать, -сить; **2.** (*add, in writing etc.*) прил|ага́ть, -ожи́ть; приб|авля́ть, -а́вить; he ~d a seal to the document он приложи́л печа́ть к докуме́нту; notes ~ed to the chapter примеча́ния к главе́; they wish to ~ a clause to the treaty они́ хотя́т доба́вить статью́ к догово́ру.

**appendage** *n.* (*lit.*) прида́ток; (*fig.*) прида́ток, приве́сок.

**appendectomy** *n.* опера́ция аппендици́та.

**appendicitis** *n.* аппендици́т.

**appendix** *n.* **1.** (*anat.*) аппе́ндикс, червеобра́зный отро́сток; **2.** (*addition*) добавле́ние; (*of a book, document etc.*) приложе́ние.

**apperception** *n.* апперце́пция; самосозна́ние.

**appertain** *v.i.* (*belong*) принадлежа́ть (*impf.*); (*relate*) относи́ться (*impf.*); the chapters ~ing to his childhood гла́вы, относя́щиеся к его́ де́тству; (*be appropriate*) соотве́тствовать (*impf.*); the duties ~ing to his office обя́занности, соотве́тствующие его́ до́лжности.

**appetite** *n.* **1.** (*for food*) аппети́т; fresh air gives one an ~ све́жий во́здух возбужда́ет аппети́т; you will spoil your ~ вы испо́ртите себе́ аппети́т; I have lost my ~ у меня́ пропа́л аппети́т; **2.** (*natural desire*) потре́бность; sexual ~ полово́е влече́ние; (*thirst*) жа́жда; ~ for revenge жа́жда ме́сти; (*inclination*) скло́нность (к +*d.*); he had no ~ for the task у него́ се́рдце не лежа́ло к э́той рабо́те.

**appetizer** *n.* (*aperitif*) аперити́в; (*hors d'œuvre*) заку́ска.

**appetizing** *adj.* аппети́тный; (*attractive*) привлека́тельный.

**applaud** *v.t.* (*also v.i.*, *clap*) аплоди́ровать (*impf.*) +*d.*; (*approve*) од|обря́ть, -о́брить; выража́ть, вы́разить +*d.*

**applause** *n.* аплодисме́нты (*m. pl.*); рукоплеска́ния (*nt. pl.*); a roar of ~ гром аплодисме́нтов; loud ~ бу́рные аплодисме́нты; (*fig.*, *approval*): he won the ~ of all он завоева́л всео́бщее одобре́ние.

**apple** *n.* я́блоко; ~ of discord я́блоко раздо́ра; she was the ~ of her father's eye оте́ц души́ в ней не ча́ял.

 *cpds.*: ~**-blossom** *n.* я́блоневый цвет; ~**-cart** *n.*: upset the ~-cart (*fig.*) спу́тать (*pf.*) ка́рты; ~**-core** *n.* сердцеви́на я́блока; ~**-jack** *n.* (*Am.*) я́блочная во́дка; ~**-juice** *n.* я́блочный сок; ~**-orchard** *n.* я́блоневый сад; ~**-pie** *n.* я́блочный пиро́г; in ~-pie order в по́лном поря́дке; ~**-sauce** *n.* (*lit.*) я́блочное пюре́ (*indecl.*); ~**-tree** *n.* я́блоня.

**appliance** *n.* **1.** (*act of applying*) примене́ние; **2.** (*instrument*) прибо́р, приспособле́ние; dental

~ проте́з; domestic ~ бытово́й прибо́р; electric ~ электроприбо́р; medical ~ медици́нский прибо́р; safety ~ предохрани́тельное устро́йство.

**applicable** *adj.* примени́мый; (*appropriate*) подходя́щий, соотве́тствующий; the rule is not ~ to this case пра́вило непримени́мо к э́тому слу́чаю.

**applicant** *n.* кандида́т; претенде́нт (for a situation: на до́лжность).

**application** *n.* **1.** (*applying*; *putting on to a surface*) прикла́дывание; наложе́ние; ~ of paint наложе́ние кра́ски; hot and cold ~s горя́чие и холо́дные примо́чки (*f. pl.*); **2.** (*employment*) примене́ние; приложе́ние; **3.** (*diligence*) приле́жа́ние; (*concentration*) сосредото́ченность; **4.** (*request*) заявле́ние; проше́ние; ~ form бланк, фо́рма; ~ for payment тре́бование упла́ты; ~ (for permission) to hold a meeting зая́вка на проведе́ние собра́ния; prices are sent on ~ расце́нки высыла́ются по тре́бованию; there were twenty ~s for the job на э́то ме́сто бы́ло по́дано два́дцать заявле́ний; make (*or* put in) an ~ под|ава́ть, -а́ть заявле́ние.

**applied** *adj.*: ~ sciences прикладны́е нау́ки.

**appliqué** *n.* апплика́ция.

**appl|y** *v.t.* **1.** (*lay, put on*) при|кла́дывать, -ложи́ть; на|кла́дывать, -ложи́ть; the doctor ~ied a plaster to his chest врач наложи́л ему́ пла́стырь на грудь; the bandage has been ~ied too tightly повя́зка сли́шком туга́я; ~y a day liniment twice a day сма́зывать (*impf.*) два́жды в день; **2.** (*bring into action*) прил|ага́ть, -ожи́ть; he ~ied all his strength он приложи́л все си́лы; ~y the brakes тормози́ть, за-; **3.** (*make use of*) примен|я́ть, -и́ть; he ~ied his knowledge well он хорошо́ примени́л свои́ зна́ния; **4.** ~y o.s. to зан|има́ться, -я́ться +*i.*; it is easy if you ~y your mind to it э́то легко́, е́сли хороше́нько поду́мать.

*v.i.*: ~y to (*concern; relate to*) относи́ться (*impf.*) к +*d.*; (*approach, request*) обра|ща́ться, -ти́ться к +*d.*; I ~ied to him for permission я обрати́лся к нему́ за разреше́нием; have you ~ied for a pass?˙ вы заказа́ли про́пуск?

**appoint** *v.t.* **1.** (*fix*) назн|ача́ть, -а́чить; определ|я́ть, -и́ть; at the ~ed time в назна́ченное вре́мя; **2.** (*nominate*) назн|ача́ть, -а́чить; he was ~ed ambassador он был назна́чен посло́м; they ~ed him to the post они́ назна́чили его́ на э́ту до́лжность; **3.** (*equip*): well ~ed хорошо́ обору́дованный.

**appointee** *n.* получи́вший назначе́ние; назна́ченный.

**appointment** *n.* **1.** (*act of appointing*) назначе́ние; by ~ to Her Majesty the Queen поставщи́к Её Вели́чества; **2.** (*office*) до́лжность; permanent ~ шта́тная до́лж-

ность; hold an ~ состоя́ть (*impf.*) в до́лжности; занима́ть (*impf.*) до́лжность; **3.** (*arrangement to meet*): I have an ~ with my dentist for 4 o'clock я записан на приём к зубно́му врачу́ в четы́ре часа́; they met by ~ их встре́ча была́ зара́нее огово́рена; они́ встре́тились по договорённости; she was late for the ~ она́ опозда́ла на свида́ние; make an ~ to meet s.o. назна́чить (*pf.*) встре́чу с кем-н.; he could not keep his ~ он не смог прийти́ на встре́чу; **4.** (*pl., fittings*) обстано́вка; обору́дование.

**apportion** *v.t.* распредел|я́ть, -и́ть; раздел|я́ть, -и́ть.

**apportionment** *n.* распределе́ние, разделе́ние.

**apposite** *adj.* (*suitable*) подходя́щий; (*appropriate*) соотве́тствующий; (*to the point*) уме́стный; уда́чный.

**appositeness** *n.* уме́стность.

**apposition** *n.* **1.** (*placing side by side*) прикла́дывание; **2.** (*of a seal*) приложе́ние; **3.** (*gram.*) приложе́ние; аппози́ция; noun in ~ приложе́ние.

**appraisal** *n.* оце́нка.

**appraise** *v.t.* оце́н|ивать, -и́ть.

**appraiser** *n.* оце́нщик, такса́тор.

**appreciable** *adj.* (*perceptible*) заме́тный; (*considerable*) значи́тельный.

**appreciate** *v.t.* **1.** (*value*) оц|е́нивать, -ени́ть; (высоко́) цени́ть (*impf.*); he does not ~ the value of what you are doing он не це́нит по досто́инству то, что вы де́лаете; it makes one ~ one's own country по́сле э́того бо́льше це́нишь свою́ страну́; we ~ your help мы це́ним ва́шу по́мощь; **2.** (*understand*) пон|има́ть, -я́ть; (*take into account*) прин|има́ть, -я́ть во внима́ние; I don't think you ~ my difficulties вы, ка́жется, не понима́ете мои́х затрудне́ний; **3.** (*enjoy*): he doesn't ~ French cooking он не признаёт францу́зскую ку́хню; (*through understanding*): he has learnt to ~ music он научи́лся понима́ть и цени́ть му́зыку.

*v.i.* (*rise in value*) пов|ыша́ться, -ы́ситься; furniture has ~d in value це́ны на ме́бель повы́сились.

**appreciation** *n.* **1.** (*estimation, judgement*) оце́нка; **2.** (*critique*) реце́нзия; **3.** (*understanding*) понима́ние, призна́ние досто́инств; **4.** (*rise in value*) повыше́ние в цене́, удорожа́ние; ~ of capital повыше́ние сто́имости капита́ла; **5.** (*gratitude*) призна́тельность; in ~ of your kindness в знак призна́тельности за ва́шу любе́зность.

**appreciative** *adj.* **1.** (*perceptive of merit*): an ~ audience понима́ющая аудито́рия; **2.** (*grateful*) благода́рный, призна́тельный (за +*a.*).

**apprehend** *v.t.* **1.** (*understand*) пон|има́ть, -я́ть; **2.** (*fear*) опаса́ться (*impf.*) +*g.*; **3.** (*foresee, expect*) предчу́вствовать (*impf.*); ожида́ть (*impf.*) +*g.*; **4.** (*arrest*) аресто́в|ывать, -а́ть; заде́рж|ивать, -а́ть.

**apprehension** *n.* **1.** понима́ние; **2.** опасе́ние; **3.** предчу́вствие; **4.** аре́ст, задержа́ние.

**apprehensive** *adj.* опаса́ющийся, встрево́женный, по́лный трево́ги; предчу́вствующий; he was ~ of danger он предчу́вствовал опа́сность; I am ~ for you я опаса́юсь за вас.

**apprentice** *n.* учени́к, подмасте́рье (*m.*).

*v.t.* отд|ава́ть, -а́ть в уче́ние (*or* учи́ться) ремеслу́; he was ~d to a tailor его́ о́тдали в ученики́ к портно́му.

**apprenticeship** *n.* учени́чество; (*period*) срок уче́ния; serve one's ~ про|ходи́ть, -йти́ обуче́ние; (*fig.*) овладе́ть (*pf.*) ремесло́м/мастерство́м.

**apprise** *v.t.* изве|ща́ть, -сти́ть.

**appro** *n.* (*coll.*): on ~ на про́бу.

**approach** *n.* **1.** (*drawing near; advance*) приближе́ние; наступле́ние; at our ~ при на́шем приближе́нии; как/когда́ мы подошли́; **2.** (*fig.*) подхо́д; his ~ to the subject его́ подхо́д к предме́ту; the subject calls for an entirely different ~ вопро́с тре́бует совершённо ино́го подхо́да; **3.** (*way, passage*) подхо́д; the ~ to the river подхо́д к реке́; all the ~es to the palace were blocked by traffic все по́дступы к дворцу́ бы́ли запружены́ маши́нами; **4.** (*access*) по́дступ; the ~es to the town по́дступы к го́роду; easy of ~ (*lit., fig.*) (легко)досту́пный; **5.** (*fig., overture*) предложе́ние; they made unofficial ~es они́ де́лали неофициа́льные ава́нсы; **6.** (*approximation*) приближе́ние; there was some ~ to the truth in their statements их заявле́ния бы́ли в како́й-то ме́ре справедли́вы.

*v.t.* **1.** (*come near to*) прибл|ижа́ться, -и́зиться к +*d.*; (*come up to — on foot*) под|ходи́ть, -ойти́ к +*d.*; (*come up to — by riding*) подъ|езжа́ть, -е́хать к +*d.*; (*fig.*): he ~ed the subject in a light-hearted way он подошёл к вопро́су несерьёзно/легкомы́сленно; he is difficult to ~ к нему́ тру́дно подступи́ться; **2.** (*make overtures to*) обра|ща́ться, -ти́ться к +*d.*; the beggar ~ed him for money ни́щий попроси́л у него́ де́нег; **3.** (*approximate to*) прибл|ижа́ться, -и́зиться к +*d.*; no one can ~ him for style по сти́лю никто́ не мо́жет с ним сравни́ться.

*v.i.* прибл|ижа́ться, -и́зиться; под|ходи́ть, -ойти́; подъ|езжа́ть, -е́хать.

**approachable** *adj.* **1.** (*physically*) досту́пный; достижи́мый; **2.** (*fig., of pers.*) досту́пный.

**approaching** *adj.* приближа́ющийся; the ~ storm надвига́ющаяся бу́ря.

**approbation** *n.* (*approval*) одобре́ние; (*sanction*) са́нкция, апроба́ция.

**approbatory** *adj.* одобри́тельный.

**appropriate**[1] *adj.* соотве́тствующий; remarks

~ to the occasion соотве́тствующие слу́чаю замеча́ния; (*suitable*) подходя́щий; clothing ~ for hot weather оде́жда, подходя́щая для жа́ркой пого́ды; (*to the point*) уме́стный.

**appropriate**[2] *v.t.* **1.** (*devote to special purpose*) предназн|ача́ть, -а́чить; выделя́ть, вы́делить; (*funds*) ассигнова́ть (*impf., pf.*); **2.** (*take possession of*) присв|а́ивать, -о́ить.

**appropriation** *n.* **1.** назначе́ние, выделе́ние; ассигнова́ние; defence ~s вое́нные ассигнова́ния; **2.** присвое́ние.

**approval** *n.* одобре́ние; (*confirmation*) утвержде́ние; (*consent*) согла́сие; (*sanction*) апроба́ция; give one's ~ to од|обря́ть, -о́брить; meet with ~ получ|а́ть, -и́ть одобре́ние; submit for ~ предст|авля́ть, -а́вить на утвержде́ние; on ~ на про́бу.

**approv**|**e** *v.t.* од|обря́ть, -о́брить; (*confirm*) утвер|жда́ть, -ди́ть; the report was ~ed отчёт был утверждён.

*v.i.* ~e of од|обря́ть, -о́брить; an ~ing glance одобри́тельный взгляд.

**approximate**[1] *adj.* приблизи́тельный, приближённый, ориентиро́вочный.

**approximate**[2] *v.t.* **1.** (*bring near*) прибл|ижа́ть, -и́зить (*что к чему*); **2.** (*come near to*) прибл|ижа́ться, -и́зиться к +*d.*

*v.i.*: ~ to прибл|ижа́ться, -и́зиться к +*d.*

**approximation** *n.* приближе́ние; this is an ~ to the truth э́то бли́зко к и́стине.

**appurtenance** *n.* (*accessory*) принадле́жность; (*appendage*) прида́ток.

**apricot** *n.* (*fruit or tree*) абрико́с; ~ jam абрико́совый джем.

**April** *n.* апре́ль (*m.*); this ~ в апре́ле э́того го́да; ~ fool первоапре́льский дурачо́к; ~ fool's day пе́рвое апре́ля.

*adj.* апре́льский; ~ shower внеза́пный дождь.

**a priori** *adj.* априо́рный.

*adv.* априо́ри.

**apron** *n.* **1.** (*garment*) пере́дник; фа́ртук; **2.** (*theatr.*) авансце́на; **3.** (*av.*) площа́дка пе́ред анга́ром.

*cpd.*: ~**-strings** *n.*: he is tied to his mother's ~-strings он ма́менькин сыно́к.

**apropos** *adj. & adv.* (*appropriate*) уме́стн|ый, -о; (*timely*) своевре́менн|ый, -о; (*by the way*) кста́ти, ме́жду про́чим; ~ of по по́воду +*g.*

**apse** *n.* апси́да.

**apt** *adj.* **1.** (*suitable*) подходя́щий; (*apposite*) уме́стный, уда́чный; **2.** (*intelligent*) спосо́бный; **3.** ~ to скло́нный к +*d.*; he is ~ to fall asleep он всё вре́мя засыпа́ет; ~ to break ло́мкий.

**apteryx** *n.* ки́ви (*m. indecl.*), апте́рикс.

**aptitude** *n.* (*capacity*) спосо́бность; ~ for work работоспосо́бность; ~ test прове́рка спосо́бностей; квалификацио́нный тест; (*propensity*): ~ for скло́нность к +*d.*

**aptness** *n.* спосо́бность; скло́нность.

**aqualung** *n.* аквала́нг.

**aquamarine** *n.* (*min.*) аквамари́н; (*colour*) зеленова́то-голубо́й цвет.

  *adj.* аквамари́новый; зеленова́то-голубо́й.

**aquaplane** *n.* акваплáн.

  *v.i.* ката́ться (*indet.*) на акваплáне.

**aqua regia** *n.* ца́рская во́дка.

**aquarelle** *n.* акваре́ль.

**aquarellist** *n.* акварели́ст.

**aquarium** *n.* аква́риум.

**Aquarius** *n.* Водоле́й.

**aquatic** *adj.* (*of plant or animal*) водяно́й; (*of bird*) водопла́вающий; (*of sport*) во́дный.

**aquatics** *n.* во́дный спорт.

**aquatint** *n.* аквати́нта.

**aqua vitae** *n.* спирт, алкого́ль (*m.*).

**aqueduct** *n.* акведу́к.

**aqueous** *adj.* во́дный; водяно́й; ~ humour водяни́стая вла́га (глáза).

**aquiline** *adj.* орли́ный.

**aquiver** *pred. adj.* дрожа́; her hands were ~ with excitement от волне́ния у неё дрожа́ли ру́ки.

**Arab** *n.* **1.** (*pers.*) ара́б (*fem.* -ка); street a~ беспризо́рник; **2.** (*horse*) ара́бская ло́щадь.

  *adj.* ара́бский; the ~ League Ли́га ара́бских стран.

**arabesque** *n.* (*archit., lit., mus.*) арабе́ск(а).

**Arabian** *n.* жи́тель Арави́йского полуо́строва.

  *adj.* арави́йский; ~ camel одного́рбый верблю́д, дромаде́р; the ~ Nights Ты́сяча и одна́ ночь.

**Arabic** *n.* ара́бский язы́к; in ~ по-ара́бски.

  *adj.* ара́бский; a~ numerals ара́бские ци́фры; gum a~ гуммиара́бик.

**Arabist** *n.* арабúст.

**arable** *n.* пáхотная земля́.

  *adj.* пáхотный; ~ farming земледе́лие.

**arachnid** *n.* арахни́д, паукообра́зное.

**Aramaic** *n.* араме́йский язы́к.

  *adj.* араме́йский.

**arbiter** *n.* **1.** (*judge*) арби́тр; ~ of elegance законода́тель (*m.*) мод; **2.** (*third party*) трете́йский судья́; посре́дник; **3.** (*ruler*) власти́тель (*m.*); he is the ~ of our fate на́ша судьба́ в его́ рука́х.

**arbitrage** *n.* арбитра́ж.

**arbitral** *adj.* арбитра́жный, трете́йский.

**arbitrament** *n.* (*decision*) (арбитра́жное) реше́ние; the ~ of war реше́ние конфли́кта путём войны́; (*arbitration*) арбитра́ж.

**arbitrariness** *n.* произво́л; произво́льность.

**arbitrary** *adj.* (*random, capricious*) произво́льный; (*dictatorial*) деспоти́ческий; (*conventional*): ~ symbols усло́вные зна́ки.

**arbitrate** *v.t.* (*decide*) реш|а́ть, -и́ть трете́йским судо́м; (*refer to arbitration*) перед|ава́ть, -а́ть в арбитра́ж.

  *v.i.* (*act as arbiter*) быть арби́тром; быть трете́йским судьёй.

**arbitration** *n.* арбитра́ж; трете́йский суд; refer, submit to ~ перед|ава́ть, -а́ть в арбитра́ж; (*attr.*) арбитра́жный, трете́йский; ~ clause арбитра́жная огово́рка.

**arbitrator** *n.* трете́йский судья́; арби́тр.

**arboreal** *adj.* древе́сный.

**arboretum** *n.* древе́сный пито́мник.

**arboriculture** *n.* лесово́дство.

**arbour** *n.* бесе́дка.

**arbutus** *n.* земляни́чное де́рево.

**arc** *n.* дугá.

  *cpds.:* ~-**lamp** *n.* дугова́я ла́мпа; ~-**light** *n.* дугово́й свет; ~-**welder** *n.* электросва́рщик; ~-**welding** *n.* электродугова́я сва́рка.

**arcade** *n.* (*covered passage*) арка́да; (*with shops*) пассáж.

**Arcadian** *adj.* арка́дский; (*idyllic*) идилли́ческий.

**Arcady** *n.* Арка́дия.

**arcana** *n.* та́йны (*f. pl.*), таи́нственность.

**arcane** *adj.* таи́нственный, скры́тый, та́йный.

**arch**[1] *n.* (~*way*) а́рка; (~*ed roof; vault*) свод; ~es of a bridge сво́ды мо́ста́; ~ of the foot свод стопы́; he suffers from fallen ~es у него́ плоскосто́пие.

  *v.t.* **1.** (*furnish with* ~) перекр|ыва́ть, -ы́ть сво́дом; **2.** (*form into* ~) прид|ава́ть, -а́ть фо́рму а́рки +*d.*; the cat ~ed its back ко́шка вы́гнула спи́ну; she ~d her eyebrows она́ подняла́/вски́нула бро́ви.

  *v.i.* (*form an* ~) выгиба́ться, вы́гнуться; из|гиба́ться, -огну́ться.

  *cpd.:* ~**way** *n.* сво́дчатый прохо́д; прохо́д под а́ркой.

**arch**[2] *adj.* лука́вый, игри́вый.

**arch-**[3] *pref.* архи-; глáвный.

**archaeological** *adj.* археологи́ческий.

**archaeologist** *n.* архео́лог.

**archaeology** *n.* археоло́гия.

**archaic** *adj.* архаи́ческий, архаи́чный; устаре́вший.

**archaism** *n.* архаи́зм.

**archangel**[1] *n.* архáнгел.

**Archangel**[2] *n.* Арха́нгельск.

**archbishop** *n.* архиепи́скоп.

**archbishopric** *n.* архиепи́скопство, епа́рхия архиепи́скопа.

**archdeacon** *n.* архидиа́кон.

**archdiocese** *see* ARCHBISHOPRIC.

**archducal** *adj.* эрцге́рцогский.

**archduchess** *n.* эрцгерцоги́ня.

**archduchy** *n.* эрцге́рцогство.

**archduke** *n.* эрцге́рцог.

**arched** *adj.* **1.** (*furnished with, consisting of, arches*) сво́дчатый, а́рочный; an ~ bridge а́рочный мост; an ~ ceiling сво́дчатый потоло́к; **2.** (*bent, curved*) изо́гнутый.

**arch-enemy** *n.* закля́тый враг.

**archer** *n.* лу́чни|к (*fem.* -ца); стрело́к из лу́ка.

**archery** *n.* стрельба́ из лу́ка.

**archetypal** *adj.* (*typical*) типи́чный.

**archetype** *n.* прототи́п.

**arch-fiend** *n.* сатана́.

**archiepiscopal** *adj.* архиепи́скопский.

**archimandrite** *n.* архимандри́т.

**Archimedean** *adj.*: ~ principle зако́н Архиме́да.

**Archimedes** *n.* Архиме́д; ~' screw архиме́дов винт.

**archipelago** *n.* архипела́г.

**architect** *n.* архите́ктор; зо́дчий; naval ~ корабе́льный инжене́р, инжене́р-корабле-строи́тель (*m.*); (*fig.*) а́втор, творе́ц, созда́тель.

**architectonic** *adj.* архитектони́ческий.

**architectonics** *n.* архитекто́ника.

**architectural** *adj.* архитекту́рный; строи́тельный.

**architecture** *n.* (*science*) архитекту́ра, зо́дчество; (*style*) архитекту́ра; архитекту́рный стиль; (*fig., structure, construction*) постро́ение, структу́ра.

**architrave** *n.* архитра́в.

**archival** *adj.* архи́вный.

**archive** *n.* (*also pl.*) архи́в.

**archivist** *n.* архива́риус.

**archness** *n.* лука́вство.

**arch-priest** *n.* протоиере́й.

**arctic** *n.* the A~ А́рктика.

*adj.* аркти́ческий; A~ Circle Се́верный Поля́рный круг; A~ Ocean Се́верный Ледови́тый океа́н; ~ region А́рктика; ~ weather conditions ≃ креще́нские моро́зы.

**Arcturus** *n.* Аркту́р.

**ardency** *n.* жар; пы́лкость.

**ardent** *adj.* (*fervent*) горя́чий, пы́лкий; (*passionate*) стра́стный; (*zealous*) ре́вностный.

**ardour** *n.* жар, пы́лкость, пыл, рве́ние; damp s.o.'s ~ ум|еря́ть, -е́рить чей-н. пыл.

**arduous** *adj.* (*difficult*) тру́дный; тя́жкий; (*needing much energy*; *strenuous*; *laborious*) трудоёмкий; an ~ ascent тру́дный подъём; an ~ road тяжёлая доро́га.

**arduousness** *n.* тру́дность, трудоёмкость.

**area** *n.* **1.** (*measurement*) пло́щадь; what is the ~ of this triangle? какова́ пло́щадь э́того треуго́льника?; a room 12 square metres in ~ ко́мната пло́щадью в 12 м²; **2.** (*defined or designated space*): the ~ under cultivation посевна́я пло́щадь; ~ bombing бом-бомета́ние по пло́щади; landing ~ поса́дочная площа́дка; training ~ полиго́н; (*expanse*) простра́нство; vast ~s of forest огро́мные лесны́е масси́вы/простра́нства; (*portion*) уча́сток; a small ~ of skin was affected был поражён небольшо́й уча́сток ко́жи; (*field*): ~ of vision по́ле зре́ния; **3.** (*region, tract, zone*) райо́н, край, зо́на; residential ~ жило́й райо́н; depressed ~ райо́н экономи́ческой депре́ссии; wheat-growing ~ пло́щадь под пшени́цей; sterling ~ сте́р-

лингова́я зо́на; ~ (*regional*) studies страноведе́ние; **4.** (*scope, range*) разма́х; (*sphere*) о́бласть, сфе́ра; in the ~ of research в сфе́ре иссле́дования; broad ~s of agreement соглаше́ние по широ́кому кру́гу вопро́сов; **5.** (*basement courtyard*) вну́тренний двор.

**arena** *n.* (*lit., fig.*) аре́на; he entered the ~ of politics он вступи́л на полити́ческую сце́ну/аре́ну.

**Areopagus** *n.* ареопа́г.

**Ares** *n.* Аре́с.

**arête** *n.* о́стрый гре́бень горы́.

**argent** *adj.* серебри́стый.

**argentiferous** *adj.* сереброно́сный; содержа́щий серебро́.

**Argentina** *n.* (*also* the Argentine) Аргенти́на.

**Argentin|e,¹ -ian** *n.* аргенти́н|ец (*fem.* -ка). *adj.* аргенти́нский.

**argentine²** *adj.* (*silvery*) серебри́стый; (*of silver*) серебря́ный.

**argillaceous** *adj.* гли́нистый.

**argon** *n.* арго́н.

**Argonaut** *n.* аргона́вт.

**argosy** *n.* (*hist.*) большо́е торго́вое су́дно; (*poet.*) кора́бль (*m.*).

**argot** *n.* арго́ (*indecl.*), жарго́н.

**arguable** *adj.* **1.** (*open to argument*) спо́рный; **2.** (*demonstrable by argument*) доказу́емый; it is ~ that ... допусти́мо, что ...; есть основа́ния полага́ть, что ...; мо́жно утвержда́ть, что ...

**argue** *v.t.* **1.** (*discuss, debate*) обсу|жда́ть, -ди́ть; let's not ~ the point дава́йте об э́том не спо́рить; **2.** (*contend*) дока́зывать (*impf.*); he ~d that the money should be shared он дока́зывал, что де́ньги сле́дует раздели́ть; it was ~d that ... утвержда́лось, что ...; **3.** (*speak in support of*) дока́зывать (*impf.*), отста́ивать (*impf.*); убежда́ть (*impf.*) (*кого в чём*); he ~d his case eloquently on красноречи́во отста́ивал свою́ то́чку зре́ния; **4.** ~ s.o. out of a belief in sth. разубе|жда́ть, -ди́ть кого́-н. в чём-н.; ~ s.o. out of doing sth. отгов|а́ривать, -ори́ть кого́-н. от чего́-н.; ~ s.o. into doing sth. убе|жда́ть, -ди́ть кого́-н. + *inf.*; **5.** (*indicate*) дока́зывать (*impf.*); his action ~s him to be a man of low intellect его́ посту́пок дока́зывает, что он недалёкий челове́к; **6.**: he can ~ the hind leg off a donkey (*coll.*) он заговори́т зу́бы кому́ хоти́те/уго́дно.

*v.i.* **1.** (*debate; disagree; quarrel*) спо́рить (*impf.*); препира́ться (*impf.*); (*object*) возража́ть (*impf.*); get dressed and don't ~! одева́йся — и никаки́х разгово́ров!; they ~d over who should drive они́ спо́рили, кому́ вести́; **2.** (*give reasons*) выступа́ть, вы́ступить (against: про́тив +*g.*; for, in favour of: в по́льзу +*g.*); прив|оди́ть, -ести́ до́воды; вести́ (*impf.*) спор; полемизи́ровать.

*with advs.*: ~ **away:** one cannot ~ away the fact that ... невозмо́жно затушева́ть тот факт, что . . .; ~ **out:** let's ~ the matter out дава́йте обсу́дим вопро́с доскона́льно.

**arguer** *n.* спо́рщи|к (*fem.* -ца).

**argument** *n.* **1.** (*reason*) аргуме́нт; до́вод; advance ~s for прив|оди́ть, -ести́ до́воды в по́льзу +*g.*; it's an ~ for staying at home э́то до́вод в по́льзу того́, что́бы оста́ться до́ма; **2.** (*process of reasoning*) аргумента́ция; the ~ ran as follows аргумента́ция была́ такова́; **3.** (*discussion, debate*) спор; a heated ~ took place разгоре́лся жа́ркий спор; he gets the better of me in ~ он побежда́ет меня́ в спо́ре; who won the ~? кто победи́л в спо́ре?; a matter of ~ спо́рный вопро́с; have an ~ over, about спо́рить (*impf.*) о +*p.*

**argumentation** *n.* (*reasoning*) аргумента́ция; (*debate*) спор.

**argumentative** *adj.* лю́бящий спо́рить; спо́рный.

**Argus-eyed** *adj.* (*fig.*) бди́тельный, недре́млющий.

**aria** *n.* а́рия.

**arid** *adj.* (*of soil etc.*) сухо́й, пересо́хший; засу́шливый; (*of climate: lit., fig.*) (*dry*) сухо́й; (*barren*) беспло́дный.

**aridity** *n.* (*lit.*) засу́шливость; (*lit., fig.*) су́хость; беспло́дность.

**Aries** *n.* Ове́н.

**aright** *adv.* пра́вильно.

**arise** *v.i.* **1.** (*lit., get up; stand up*) вст|ава́ть, -ать; (*lit., fig., rise*) восст|ава́ть, -а́ть; (*from the dead*) воскр|еса́ть, -е́снуть; **2.** (*fig., come into being*) возн|ика́ть, -и́кнуть; if the need should ~ е́сли возни́кнет необходи́мость; the problem may never ~ пробле́ма мо́жет так и не возни́кнуть; the question arose встал вопро́с; a shout arose from the crowd из толпы́ разда́лся крик; (*appear*) появ|ля́ться, -и́ться; (*result*) про-ист|ека́ть, -е́чь; a misunderstanding may ~ from his statement его́ слова́ мо́гут дать по́вод к недоразуме́нию.

**aristocracy** *n.* аристокра́тия.

**aristocrat** *n.* аристокра́т.

**aristocratic** *adj.* аристократи́ческий.

**Aristotelian** *adj.* аристо́телев(ский).

**arithmetic** *n.* арифме́тика.

**arithmetical** *adj.* арифмети́ческий.

**arithmetician** *n.* матема́тик, специали́ст по арифме́тике.

**ark** *n.* ковче́г; Noah's ~ Но́ев ковче́г; A~ of the Covenant ковче́г заве́та.

**arm**[1] *n.* **1.** (*of person*) рука́; with a book under his ~ с кни́гой под мы́шкой; she had a basket on her ~ на руке́ у неё висе́ла корзи́на; he offered her his ~ он предложи́л ей ру́ку; within ~'s reach под руко́й; he broke his ~ он слома́л себе́ ру́ку; at ~'s length (*lit.*) на расстоя́нии вы́тянутой руки́; (*fig.*) на почти-тельном расстоя́нии; he kept me at ~'s length он меня́ бли́зко не подпуска́л; ~ in ~ под руку; twist s.o.'s ~ (*lit.*) скру́чивать (*impf.*) (*or* выкру́чивать (*impf.*)) кому́-н. ру́ку; (*fig., coerce*) брать кого́-н. (*impf.*) за го́рло; chance one's ~ попыта́ться (*pf.*); with open ~s (*lit., fig.*) с распростёртыми объя́тиями; fold one's ~s сложи́ть (*pf.*) ру́ки; infant in ~s младе́нец; take s.o. in one's ~s заключ|а́ть, -и́ть кого́-н. в объя́тия; he gathered the books (up) in his ~s он собра́л кни́ги в оха́пку; **2.** (*of object*): ~ of a garment рука́в; ~ of a chair ру́чка кре́сла; ~ of the sea зали́в; ~ of a river рука́в реки́; ~ of a lever плечо́ рычага́; ~ of a balance коромы́сло весо́в; ~ of a crane стрела́; **3.** (*fig., authority*): the secular ~ гражда́нская власть; **4.** (*fig., reach*): the (long) ~ of the law (кара́ющая) рука́ зако́на.

*cpds.*: ~**band** *n.* нарука́вная повя́зка; ~**chair** *n.* кре́сло; ~-**hole** *n.* про́йма; ~**pit** *n.* подмы́шка; under one's ~pit под мы́шкой; ~-**rest** *n.* подлоко́тник.

**arm**[2] *n.* **1.** (*mil., force*): air ~ вое́нно-возду́шные си́лы (*f. pl.*); **2.** (*pl., weapons*) ору́жие; small ~s стрелко́вое ору́жие; ~s race го́нка вооруже́ний; under ~s под ружьём; take up ~s бра́ться, взя́ться за ору́жие; bear ~s носи́ть (*impf.*) ору́жие; lay down one's ~s (*lit., fig.*) сложи́ть (*pf.*) ору́жие; by force of ~s си́лой ору́жия; passage of ~s (*lit.*) перестре́лка; (*fig.*) сты́чка; they were up in ~s (*lit.*) они́ подняли́сь с ору́жием в рука́х; (*fig.*) они́ взбунтова́лись; **3.** (*her.*) (coat of) ~s герб.

*v.t.* вооруж|а́ть, -и́ть; (*equip*) снаб|жа́ть, -ди́ть; ~ oneself (*lit., fig.*) вооруж|а́ться, -и́ться; ~ed forces вооружённые си́лы; he was ~ed with an umbrella он вооружи́лся зо́нтиком; ~ o.s. with patience набра́ться (*pf.*) терпе́ния.

*v.i.* вооруж|а́ться, -и́ться.

**armada** *n.* арма́да.

**armadillo** *n.* армади́лл; бронено́сец.

**Armageddon** *n.* (*fig.*) реша́ющее сраже́ние; вели́кое побо́ище.

**armament** *n.* **1.** (*also pl., weapons; military equipment*) вооруже́ние; ~ factory вое́нный заво́д; **2.** (*armed forces*) вооружённые си́лы (*f. pl.*).

**armature** *n.* (*elec.*) я́корь (*m.*), броня́ (ка́беля).

**Armenia** *n.* Арме́ния.

**Armenian** *n.* **1.** (*pers.*) арм|яни́н (*fem.* -я́нка); **2.** (*language*) армя́нский язы́к.

*adj.* армя́нский.

**armful** *n.* оха́пка; he took up an ~ of books он взял оха́пку книг.

**armistice** *n.* переми́рие.

**armless** *adj.* безру́кий.

**armlet** *n.* (*band*) нарука́вная повя́зка; нарука́вник.

**armorial** *adj.* геральди́ческий, ге́рбовый; ~ bearings герб.

**armour** *n.* (*for body*) доспе́хи (*m. pl.*); he wore (a suit of) ~ он был в доспе́хах; (*fig.*): his ~ against the world was silence он отгороди́лся от окружа́ющего ми́ра молча́нием; the chink in his ~ брешь в окружа́ющей его́ броне́; его́ уязви́мое ме́сто; (*of plant or animal*) па́нцирь (*m.*); (*of vehicle, ship etc.*) броня́; (*coll., armoured vehicles*) бронета́нковые си́лы (*f. pl.*).

*v.t.* покр|ыва́ть, -ы́ть бронёй; брони́ровать (*impf., pf.*).

*cpds.*: ~-**bearer** *n.* оружено́сец; ~-**clad**, ~-**plated** *adjs.* брони́рованный; ~-**plate** *n.* бронева́я плита́.

**armoured** *adj.* брони́рованный, бронено́сный; ~ car бронеавтомоби́ль (*m.*), броневи́к; ~ column бронета́нковая коло́нна; ~ concrete железобето́н; ~ corps та́нковый ко́рпус; ~ cruiser бронено́сный кре́йсер; ~ division та́нковая диви́зия; ~ glass армиро́ванное стекло́; ~ train бронепо́езд.

**armourer** *n.* оруже́йный ма́стер; оруже́йник.

**armoury** *n.* арсена́л.

**army** *n.* а́рмия; he served in the regular ~ он служи́л в регуля́рных частя́х; join the ~ вступ|а́ть, -и́ть в а́рмию; ~ command кома́ндование а́рмии; Salvation A~ А́рмия спасе́ния; (*fig., large number*) а́рмия; мно́жество; (*attr.*) арме́йский; ~ chaplain арме́йский свяще́нник; ~ contractor вое́нный поставщи́к; ~ corps арме́йский ко́рпус; ~ general генера́л а́рмии; ~ list спи́сок офице́рского соста́ва.

**arnica** *n.* а́рника.

**aroma** *n.* арома́т.

**aromatic** *adj.* арома́тный; благово́нный, аромати́ческий.

**around** (*see also* ROUND) *adv.* вокру́г; круго́м; all ~ повсю́ду; from all ~ отовсю́ду; for miles ~ на ми́ли вокру́г; they were standing ~ они́ стоя́ли побли́зости; hang ~ болта́ться (*impf.*); he looked ~ for the book он иска́л кни́гу (повсю́ду); he stood there and looked ~ (*sc. in all directions*) он осма́тривался; he's been ~ (*coll.*) он вида́л ви́ды; он челове́к быва́лый; he travels ~ он мно́го путеше́ствует.

*prep.* **1.** (*encircling*) вокру́г +*g.*; круго́м +*g.*; they stood ~ the table они́ стоя́ли вокру́г стола́; the path goes ~ the garden доро́жка огиба́ет сад; his arm was ~ her waist он обнима́л её за та́лию; he took his arm from ~ her waist он убра́л ру́ку с её та́лии; **2.** (*over*): he walked ~ the town он броди́л по го́роду; he looked ~ the house он осмотре́л дом; **3.** (*in the vicinity of*) о́коло +*g.*; **4.** (*in various parts of*): the child played ~ the house ребёнок игра́л по всему́ до́му; he stayed ~ the house он не

выходи́л и́з дому; **4.** (*approximately*) о́коло +*g.*; приблизи́тельно.

**arousal** *n.* пробужде́ние.

**arouse** *v.t.* (*awaken from sleep*) буди́ть, раз-; (*fig.*) пробу|жда́ть, -ди́ть; возбу|жда́ть, -ди́ть; his interest was ~d у него́ пробуди́лся интере́с; my suspicions were ~d у меня́ возни́кли подозре́ния; she ~d everyone's sympathy все ей сочу́вствовали; (*stimulate sexually*) возбу|жда́ть, -ди́ть.

**arpeggio** *n.* арпе́джио (*indecl.*).

**arrack** *n.* ара́к, ри́совая во́дка.

**arraign** *v.t.* (*bring to trial*) привл|ека́ть, -е́чь к суду́; (*accuse*) обвин|я́ть, -и́ть.

**arraignment** *n.* привлече́ние к суду́; обвине́ние.

**arrang|e** *v.t.* **1.** (*put in order*) прив|оди́ть, -ести́ в поря́док; устр|а́ивать, -о́ить; she was ~ing flowers она́ расставля́ла цветы́; I must ~e my hair мне на́до сде́лать причёску; **2.** (*put in a certain order*; *group*) распол|ага́ть, -ожи́ть; расст|авля́ть, -а́вить; ~ed in alphabetical order располо́женный в алфави́тном поря́дке; he ~ed books on the shelves он расста́вил кни́ги по по́лкам; (*draw up in line*) выстра́ивать, вы́строить; **3.** (*settle*) ула́|живать, -дить; **4.** (*organize*) устр|а́ивать, -о́ить; организо́в|ывать, -а́ть; (*prepare; plan in advance*) подгот|а́вливать, -о́вить; организо́в|ывать, -а́ть; нала́|живать, -дить; it was an ~ed marriage их сосва́тали; **5.** (*mus.*) аранжи́ровать (*impf., pf.*); **6.** (*adapt*) приспос|обля́ть, -о́бить; a novel ~ed for the stage инсцениро́вка рома́на.

*v.i.* догов|а́риваться, -ори́ться; усл|а́вливаться, -о́виться; I ~ed with my friend to go to the theatre мы с дру́гом договори́лись пойти́ в теа́тр; I have ~ed for somebody to meet him at the station я распоряди́лся, что́бы его́ встре́тили на ста́нции.

**arrangement** *n.* **1.** (*setting in order*) приведе́ние в поря́док; the art of flower ~ иску́сство составле́ния буке́тов; **2.** (*specific order*) расположе́ние; **3.** (*planning, preparation*) подгото́вка; (*pl.*) приготовле́ния (*nt. pl.*); make ~s for организо́в|ывать, -а́ть; устр|а́ивать, -о́ить; he made the ~s for the concert он устро́ил/организова́л э́тот конце́рт; **4.** (*agreement, understanding*) соглаше́ние; they came to an ~ они́ пришли́ к соглаше́нию/договорённости; we made ~s to meet мы договори́лись встре́титься; **5.** (*mus.*) аранжиро́вка; **6.** (*adaptation*) приспособле́ние.

**arranger** *n.* **1.** (*organizer*) устро́итель (*m.*), организа́тор; **2.** (*mus.*) аранжиро́вщик.

**arrant** *adj.* (*liter.*) отъя́вленный; су́щий; ~ nonsense су́щий вздор; an ~ rogue отъя́вленный моше́нник; an ~ fool кру́глый/наби́тый дура́к.

**array** *n.* **1.** (*order*): in battle ~ в боево́м поря́дке; **2.** (*troops*) войска́ (*nt. pl.*); **3.** (*assemblage*) мно́жество; (*display*) собра́ние, колле́кция; **4.** (*dress, apparel*) наря́д, одея́ние.

*v.t.* **1.** (*place in order or line*) выстра́ивать, вы́строить; the troops were ~ed for battle войска́ бы́ли вы́строены в боево́м поря́дке; **2.** (*set out, display*) выставля́ть, вы́ставить; **3.** (*adorn*) укр|аша́ть, -а́сить; she was ~ed in all her finery она́ разоде́лась в пух и прах; (*deck out, dress*) од|ева́ть, -е́ть; ~ oneself наряди́ться (*pf.*); разоде́ться (*pf.*).

**arrears** *n.* **1.** (*state of being behindhand*) отстава́ние; his work is in ~ у него́ зава́л рабо́ты; (*uncompleted work etc.*): ~ of correspondence неразо́бранная корреспонде́нция; **2.** (*of payment*) задо́лженность; просро́чка; ~ of rent задо́лженность по квартпла́те; fall into ~ (*of pers.*) просро́чи|вать, -ть платёж.

**arrest** *n.* **1.** (*seizure; legal apprehension*) аре́ст; place under ~ сажа́ть, посади́ть под аре́ст; be under ~ сиде́ть (*impf.*) под аре́стом; you are under ~! вы аресто́ваны!; he was put under ~ его́ арестова́ли; the police made several ~s поли́ция произвела́ не́сколько аре́стов; **2.** (*stoppage*): ~ of judgement (*leg.*) приостановле́ние исполне́ния/реше́ния; cardiac ~ (*med.*) остано́вка се́рдца.

*v.t.* **1.** (*apprehend*) арестов|ыва́ть, -а́ть; (*fig., seize*): ~ s.o.'s attention прико́в|ывать, -а́ть чьё-н. внима́ние; **2.** (*check*) заде́рж|ивать, -а́ть; ~ed development заме́дленное разви́тие; (*stop*) приостан|а́вливать, -ови́ть; inflation has been ~ed инфля́ция приостано́влена.

**arresting** *adj.* **1.** (*striking*) захва́тывающий; прико́вывающий внима́ние; **2.** (*designed to check or stop*) заде́рживающий; ~ device остана́вливающий механи́зм.

*arrière-pensée* *n.* за́дняя мысль.

**arrival** *n.* **1.** (*act or moment of arriving*) прибы́тие; on his ~ по его́ прибы́тии; 'to await ~' «оста́вить до прибы́тия адреса́та»; (*of pers. etc. on foot; of vehicles*) прихо́д; (*of pers. by vehicle*) прие́зд; (*by air*) прилёт; **2.** (*pers. or thing*): new ~ вновь прибы́вший; (*baby*) новорождённый; new ~s of iron ore но́вые па́ртии желе́зной руды́.

**arrive** *v.i.* **1.** (*reach destination*) приб|ыва́ть, -ы́ть; (*of persons on foot; of vehicles; also fig.*) при|ходи́ть, -йти́; (*by land transport*) при|езжа́ть, -е́хать; (*by air*) прилет|а́ть, -е́ть; **2.** ~ at a decision/conclusion прийти́ (*pf.*) к реше́нию/заключе́нию; **3.** (*of time*) наступ|а́ть, и́ть; **4.** (*fig., establish one's reputation*) дост|ига́ть, -и́гнуть призна́ния.

**arrogance** *n.* высокоме́рие, надме́нность.

**arrogant** *adj.* высокоме́рный, надме́нный.

**arrogate** *v.t.* (*claim*) присв|а́ивать, -о́ить себе́; he ~d to himself the right он присво́ил себе́ пра́во; он претендова́л на пра́во; he ~d privileges to his staff он пыта́лся вы́рвать привиле́гии для свои́х сотру́дников.

**arrogation** *n.* необосно́ванная прете́нзия, присвое́ние.

**arrow** *n.* стрела́; (*as symbol or indicator*) стре́лка.

   *cpds.*: ~-**head** *n.* наконе́чник/остриё стрелы́; ~-**headed** *adj.* клинообра́зный; ~-**root** *n.* аррору́т; ~-**shaped** *adj.* стрелови́дный.

**arse** (*Am.* **ass**) *n.* жо́па (*vulg.*), за́дница.

**arsenal** *n.* (*lit., fig.*) арсена́л.

**arsenic** *n.* мышья́к.

   *adj.* (*also* ~**al**) мышьяко́вый.

**arson** *n.* поджо́г.

**arsonist** *n.* поджига́тель (*m.*).

**art** *n.* **1.** (*skill, craft*) иску́сство; ~ is long, life is short жизнь коротка́, иску́сство ве́чно; the ~ of war вое́нное иску́сство; a work of ~ произведе́ние иску́сства; mechanical, useful ~s ремёсла (*nt. pl.*); black ~ чёрная ма́гия; **2.** (*esp. pl.*) (*device, trick*) уло́вки (*f. pl.*); про́иски (*m. pl.*); female ~s же́нские ко́зни (*f. pl.*); there's an ~ to making an omelette приго́тови́ть омле́т — то́же иску́сство; **3.** (*decorative*) иску́сство; fine ~s изя́щные/изобрази́тельные иску́сства; applied ~s прикладны́е иску́сства; he prefers ~ to music он предпочита́ет изобрази́тельное иску́сство му́зыке; ~ school худо́жественное учи́лище; ~ gallery худо́жественная галере́я; ~ critic искусствове́д; **4.** (*pl., humanities*) гуманита́рные нау́ки (*f. pl.*); Bachelor of Arts бакала́вр гуманита́рных нау́к; **5.** (*attr., artistic*) худо́жественный; (*artificial*) иску́сственный.

**artefact, artifact** *n.* худо́жественное изде́лие; поде́лка.

**artel** *n.* арте́ль.

**Artemis** *n.* Артеми́да.

**arterial** *adj.* **1.** (*anat.*) артериа́льный; **2.** ~ road магистра́льная доро́га; магистра́ль; ~ traffic движе́ние по гла́вным доро́гам.

**arteriosclerosis** *n.* артериосклеро́з.

**artery** *n.* (*anat.*) арте́рия; (*road*) магистра́ль.

**artesian** *adj.* артезиа́нский.

**artful** *adj.* хи́трый, хитроу́мный.

**artfulness** *n.* хи́трость, хитроу́мие.

**arthritic** *adj.* артри́тный; ~ person пода́грик; an ~ old woman стару́ха, страда́ющая артри́том.

**arthritis** *n.* артри́т.

**Arthurian** *adj.*: ~ romances рома́ны Арту́рова ци́кла.

**artichoke** *n.* артишо́к; Jerusalem ~ земляна́я гру́ша.

**article** *n.* **1.** (*item*) предме́т; изде́лие; ~ of clothing предме́т оде́жды; ~ of food пищево́й проду́кт; (*of trade*) consumer ~s потребительские това́ры (*m. pl.*); **2.** (*clause etc. of document*) статья́; пункт, пара́граф; ~s of apprenticeship догово́р учени́чества; ~s of association уста́в о́бщества; ~ of faith до́гмат ве́ры; **3.** (*piece of writing*) статья́; leading ~ передова́я статья́; **4.** (*gram.*): (in)definite ~ (не)определённый арти́кль.

**articulate¹** *adj.* **1.** (*of speech*) членоразде́льный; (*of thoughts*) отчётливый; (*of pers.*) чётко выража́ющий свои́ мы́сли; **2.** (*zool.*) суста́вчатый.

**articulate²** *v.t.* **1.** (*speech*) отчётливо произн|оси́ть, -ести́; **2.** (*connect by joints*) свя́з|ывать, -а́ть; соедин|я́ть, -и́ть; ~d lorry седе́льный тяга́ч с полуприце́пом.

*v.i.*: he ~s well у него́ хоро́шая артикуля́ция.

**articulation** *n.* (*of speech*) артикуля́ция; произноше́ние; (*jointing*) сочлене́ние.

**artifact** *see* ARTEFACT.

**artifice** *n.* (*device, contrivance*) изобрете́ние, вы́думка; (*cunning*) хи́трость.

**artificer** *n.* (*craftsman*) реме́сленник; (*inventor*) изобрета́тель (*m.*); (*mil.*) те́хник, меха́ник.

**artificial** *adj.* (*not natural*) иску́сственный; ~ respiration иску́сственное дыха́ние; (*feigned*) притво́рный.

**artificiality** *n.* иску́сственность; притво́рность, притво́рство.

**artillery** *n.* артилле́рия; (*attr.*) артиллери́йский. *cpd.*: ~**man** *n.* артиллери́ст.

**artiness** *n.* (*coll.*) прете́нзия на худо́жественность.

**artisan** *n.* реме́сленник; мастерово́й.

**artist** *n.* **1.** (*practiser of art*) худо́жник; ~'s materials худо́жественные принадле́жности; **2.** (*skilled performer*) арти́ст; ~ in words худо́жник/ма́стер сло́ва; ~ at cooking настоя́щий худо́жник в поварско́м де́ле. де́ле.

**artiste** *n.* (эстра́дный) арти́ст; (*fem.*) (эстра́дная) арти́стка.

**artistic** *adj.* худо́жественный; артисти́ческий.

**artistry** *n.* артисти́чность, мастерство́.

**artless** *adj.* (*unskilled*) неиску́сный; (*ingenuous*) простоду́шный; (*natural*) безыску́сственный, безыску́сный.

**artlessness** *n.* неиску́сность; простоду́шие; безыску́сственность.

**arty**, ~-**crafty** *adjs.* (*coll.*) вы́чурный; претенцио́зно-боге́мный; с выкрута́сами.

**arum** *n.* а́рум, аро́нник.

**Aryan** *n.* ари|ец (*fem.* -йка). *adj.* ари́йский.

**as** *pron.*: such men ~ knew him те, кото́рые зна́ли его́; such ~ need our help те, кто нужда́ется в на́шей по́мощи.

*adv. & conj.* **1.** (*expr. comparison or conformity*) как; ~ I was saying как я говори́л; ~ follows сле́дующим о́бразом; such countries ~ Spain таки́е стра́ны, как Испа́ния; the same

~ . . . то же са́мое, что . . .; ~ heavy ~ lead тяжёлый как свине́ц; he is ~ clever ~ she он так же умён, как она́; he is ~ kind ~ he is rich он и добр, и бога́т; I am ~ tall ~ he я одного́ с ним ро́ста; walk ~ fast ~ you can иди́те как мо́жно быстре́е; ~ quickly ~ possible как мо́жно скоре́е; just ~ так же, как; ~ usual как всегда́; we are late ~ it is мы и так опа́здываем; ~ things are, you cannot go положе́ние дел таково́, что вы не мо́жете идти́; he is tall, ~ are his brothers как и его́ бра́тья, он высо́кого ро́ста; he pictured the room ~ it would be он представля́л себе́ ко́мнату, како́й она́ бу́дет; he was hungry, ~ they soon saw он был го́лоден, в чём они́ вско́ре убеди́лись; ~ it were так сказа́ть; как бы; ~ you were! (*mil.*) отста́вить!; he arranged matters so ~ to suit everyone он устро́ил всё так, что́бы все бы́ли дово́льны; ~ a man sows, so shall he reap что посе́ешь, то и пожнёшь; so frank ~ to be insulting оскорби́тельно-открове́нный; he was not so foolish ~ to say . . . он был не так глуп, что́бы сказа́ть . . .; ~ who should say как бы говоря́; so ~ to (*expr. purpose*) что́бы; (*expr. manner*) так, что́бы; that's ~ may be ну, поло́жим; мо́жет быть и так; ~ well ~ may be как мо́жно лу́чше; **2.** (*expr. capacity or category*) как; I regard him ~ a fool я счита́ю его́ дурако́м; his appointment ~ colonel присвое́ние ему́ зва́ния полко́вника; ~ your guardian, I . . . как ваш опеку́н я . . .; he appeared ~ Hamlet он вы́ступил в ро́ли Га́млета; ~ a rule как пра́вило; I said it ~ a joke я сказа́л э́то в шу́тку; I recognized him ~ the new tenant я узна́л в нём но́вого жильца́; **3.** (*concessive*): young (*Am.* ~ young) ~ I am хоть я и мо́лод; much ~ I should like to хотя́ мне и о́чень хоте́лось бы; try ~ he would как он ни стара́лся; **4.** (*temporal*) когда́; в то вре́мя как; (just) ~ I reached the door когда́ (*or* как то́лько) я подошёл к две́ри; ~ he was still taking off his coat, he heard . . . ещё не сняв пальто́, он услы́шал . . .; **5.** (*causative*) е́сли; раз; ~ you are ready, let us begin поско́льку вы уже́ гото́вы, дава́йте начнём; **6.** (*in proportion* ~) по ме́ре того́, как; **7.** (*var.*): ~ far ~ I know наско́лько мне изве́стно; he walked ~ far ~ the station он дошёл до ста́нции; ~ far back ~ 1920 ещё/уже́ в 1920 году́; ~ for you что каса́ется вас; ~ from January 1 начина́я с пе́рвого января́; the work is ~ good ~ done рабо́та всё равно́, что сде́лана; he was ~ good ~ his word он сдержа́л своё сло́во; be so good ~ to tell me бу́дьте добры́, скажи́те мне; ~ if бу́дто (бы); как бу́дто (бы); he made ~ if to go он дви́нулся бы́ло уходи́ть; it is not ~ if I was poor не то, что́бы я был бе́ден; I will stay ~ long ~ you want me я пробу́ду сто́лько, ско́лько вы захоти́те; keep it ~ long ~ you like держи́те э́то, ско́лько вам уго́дно; ~ much ~

. . . сто́лько, ско́лько . . .; ~ much ~ to say как бы говоря́; I thought ~ much! я так и ду́мал!; I did not so much ~ hear him я да́же и не слы́шал его́; no one so much ~ looked at us на нас никто́ и не смотре́л; ~ of this moment в да́нный моме́нт; ~ often ~ (whenever) he comes вся́кий раз, когда́ он прихо́дит; ~ regards что каса́ется +g.; относи́тельно +g.; ~ soon ~ как то́лько; I would just ~ soon go я предпочёл бы пойти́; the drawings ~ such рису́нки как таковы́е; ~ though бу́дто (бы); как бу́дто (бы); ~ to (regarding) что каса́ется +g.; he enquired ~ to the date он спра́вился/осве́домился о да́те; he said nothing ~ to when he would come он ничего́ не сказа́л насчёт того́, когда́ он придёт; ~ well (in addition) та́кже, то́же; he came ~ well ~ John и он и Джон пришли́; you might ~ well help me вы могли́ бы мне помо́чь; it is just ~ well you came хорошо́, что вы пришли́; ~ yet ещё; до сих пор.

**asbestos** n. асбе́ст; (attr.) асбе́стовый; ~ ply асбофане́ра.

**ascend** v.t. подн|има́ться, -я́ться по +d. (or на +a.); he ~ed the stairs он подня́лся по ле́стнице; ~ the throne взойти́ (pf.) на престо́л.

v.i. подн|има́ться, -я́ться; восходи́ть (impf.); in ~ing order of magnitude по возраста́ющей сте́пени ва́жности/зна́чимости.

**ascend|ancy, -ency** n. власть, госпо́дство, домини́рующее влия́ние; gain, obtain ~ over брать, взять власть над +i.; доби́ться (pf.) влия́ния на +a.

**ascendant** n.: his star is in the ~ его́ звезда́ восхо́дит.

adj. (rising) восходя́щий; (predominant) госпо́дствующий.

**ascension** n. (act of ascending) восхожде́ние; (relig.) the A ~ Вознесе́ние; A ~ Island о́стров Вознесе́ния.

**ascent** n. 1. (rise in ground; slope) подъём; the road has an ~ of 5° доро́га поднима́ется под угло́м в пять гра́дусов; 2. (act of climbing or rising) восхожде́ние, подъём; ~ of a mountain восхожде́ние на го́ру; they made the ~ in 5 hours они́ подня́лись за пять часо́в.

**ascertain** v.t. устан|а́вливать, -ови́ть; выясня́ть, вы́яснить.

**ascertainable** adj. устана́вливаемый.

**ascetic** n. аске́т.

adj. аскети́ческий.

**asceticism** n. аскети́зм.

**ascorbic** adj. аскорби́новый.

**ascribable** adj. припи́сываемый.

**ascribe** v.t. припи́с|ывать, -а́ть.

**ascription** n. припи́сывание, припи́ска.

**Asdic** n. гидролока́тор.

**asepsis** n. асе́птика.

**aseptic** adj. асепти́ческий.

**asexual** adj. беспо́лый.

**ash**¹ n. (bot.) я́сень (m.); mountain ~ ряби́на; (attr.) я́сеневый.

**ash**² n. 1. (also pl.) зола́; пе́пел; he took the ~es out of the stove он вы́греб золу́ из пе́чки; this coal makes a lot of ~ от э́того у́гля мно́го золы́; cigarette ~ пе́пел; they burnt the town to ~es они́ сожгли́ го́род дотла́; A ~ Wednesday пе́рвый день вели́кого поста́; 2. (pl., human remains) прах; (fig.) his hopes turned to ~es его́ наде́жды ру́хнули.

cpds.: ~-**bin** n. зо́льник; ~-**blonde** n. пе́пельная блонди́нка; ~-**box**, ~-**pan** nn. зо́льник; я́щик для золы́; ~-**can** n. (Am.) му́сорный я́щик; ~-**grey** adj. пе́пельно-се́рый; ~**tray** n. пе́пельница.

**ashamed** adj. пристыжённый; I am, feel ~ мне сты́дно; be ~ of стыди́ться (impf.) +g.; be, feel ~ for s.o. стыди́ться за кого́-н.; you make me feel ~ вы заставля́ете меня́ красне́ть; there's nothing to be ~ of in that в э́том нет ничего́ зазо́рного/постыдного; you ought to be ~ of yourself как вам не сты́дно!

**ash|en, -y** adjs. (ash-coloured) пе́пельного цве́та; (pale) ме́ртвенно-бле́дный.

**ashlar** n. тёсаный ка́мень.

**ashore** adv. (position) на берегу́; (motion) на бе́рег; go ~ сходи́ть, сойти́ на бе́рег; put ~ выса́живать, вы́садить на бе́рег.

**ashy** see ASHEN.

**Asia** n. А́зия; ~ Minor Ма́лая А́зия.

**Asia|n, -tic** nn. азиа́т (fem. -ка).

adjs. азиа́тский.

**aside** n. ре́плика в сто́рону.

adv. (place) в стороне́; (motion) в сто́рону; (in reserve) отде́льно, в резе́рве; joking ~ кро́ме шу́ток; ~ from (Am.) за исключе́нием +g.; кро́ме +g.; take s.o. ~ отв|оди́ть, -ести́ кого́-н. в сто́рону; set ~ (quash) отмен|я́ть, -и́ть; set, put ~ (reserve) от|кла́дывать, -ложи́ть; (of money) от|кла́дывать, -ложи́ть.

**asinine** adj. (lit., fig.) осли́ный.

**asininity** n. глу́пость.

**ask** v.t. 1. (enquire) спр|а́шивать, -оси́ть (что у кого or кого о чём); распр|а́шивать, -оси́ть (кого о чём); he was ~ed his name у него́ спроси́ли фами́лию; he ~ed me the time он спроси́л меня́, кото́рый час; ~ him the way! спроси́те его́, как пройти́!; if you ~ me . . . я бы сказа́л . . .; one might ~ спра́шивается; I ~ you! скажи́те пожа́луйста!; 2. (pose): ~ a question зад|ава́ть, -а́ть вопро́с; 3. (request permission): he ~ed to leave the room он попроси́л разреше́ния вы́йти из ко́мнаты; he went off without ~ing он ушёл не спрося́сь; 4. (request) проси́ть, по- (что у кого or кого о чём); may I ~ you a favour? мо́жно попроси́ть вас об одолже́нии?; I ~ed him to do it я попроси́л его́ сде́лать э́то; (require) тре́бовать, по- +g.; the society ~s obedience of its members о́бщество тре́бует от свои́х чле́нов подчине́ния; if it's not too much to ~ е́сли э́то вас не затрудни́т; *see also* ASKING; **5.** (*charge*) проси́ть, за-; he ~ed a high price он запроси́л высо́кую це́ну; what is he ~ing for his car? ско́лько он про́сит за свою́ маши́ну?; ~ing price запра́шиваемая цена́; **6.** (*invite*) звать, по-; пригла|ша́ть, -си́ть; have you been ~ed? вас (по)зва́ли?; why don't you ~ him in? почему́ вы не пригласи́те его́ войти́?; ~ a girl out пригла|ша́ть, -си́ть де́вушку на свида́ние; we have been ~ed out to dinner нас позва́ли на у́жин.

*v.i.* **1.** (*make enquiries*): I am going to the station to ~ about the trains я иду́ на вокза́л узна́ть расписа́ние поездо́в; she ~ed after your health она́ осве́домилась/справля́лась о ва́шем здоро́вье; (~ *to see*): I ~ed for Mr. Smith я спроси́л г-на Сми́та; come to our house and ~ for me приди́те к нам и спроси́те меня́; **2.** (*make a request*) проси́ть, по-; ~ for help проси́ть (*impf.*) о по́мощи; he ~ed him for a pencil он попроси́л у него́ каранда́ш; she ~ed for a visa она́ попроси́ла ви́зу; he ~ed for advice он спра́шивал сове́та; ~ for trouble (*coll.*) напра́шиваться на неприя́тности; лезть (*impf.*) на рожо́н.

**askance** *adv.* (*lit., fig.*) ко́со, и́скоса; he looked at me ~ он посмотре́л на меня́ и́скоса.

**askew** *adv.* кри́во, ко́со; you have hung the picture ~ вы пове́сили карти́ну ко́со; your hat is ~ у вас шля́па набекре́нь.

**asking** *n.*: it is yours for the ~ сто́ит то́лько попроси́ть (, и полу́чите); food was there for the ~ еды́ там бы́ло ско́лько уго́дно.

**aslant** *adv.* на́искось, ко́со.
*prep.* поперёк +g.

**asleep** *pred. adj.* спя́щий; he was sound, fast ~ он спал кре́пким сном; fall ~ зас|ыпа́ть, -ну́ть; he fell ~ (*died*) он усну́л ве́чным сном; (*fig., of limbs*) затёкший; my leg is ~ я отсиде́л но́гу; (*fig., mentally*) тупо́й, со́нный.

**asp** *n.* а́спид.

**asparagus** *n.* спа́ржа; ~ bed гря́дка со спа́ржей; ~ tips спа́ржевые голо́вки.

**aspect** *n.* **1.** (*look, appearance; expression*) вид, выраже́ние; **2.** (*fig., facet; mode of presentation*) аспе́кт, сторона́; (*point of view*) то́чка зре́ния; have you considered the question in all its ~s? вы рассмотре́ли вопро́с со всех то́чек зре́ния?; **3.** (*outlook*) вид; (*side facing a certain direction*) сторона́; my house has a north ~ мой дом смо́трит на се́вер; **4.** (*gram.*) вид.

**aspen** *n.* оси́на; (*attr.*) оси́новый.

**asperity** *n.* (*roughness*) неро́вность; шерохо́ватость; (*severity*) суро́вость; (*sharpness*) ре́зкость; he spoke with ~ он говори́л ре́зко.

**asperse** *v.t.* **1.** (*eccl., sprinkle*) кропи́ть (*impf.*); **2.** (*fig., slander*) черни́ть, о-; клевета́ть, о- на

+*a.*

**aspersion** *n.* **1.** (*eccl.*) кропле́ние; **2.** (*slur*) клевета́; cast ~s on клевета́ть (*impf.*) на +*a.*

**asphalt** *n.* асфа́льт; (*attr.*) асфа́льтовый.
*v.t.* асфальти́ровать (*impf., pf.*).

**asphodel** *n.* асфоде́ль (*m.*).

**asphyxia** *n.* уду́шье; асфикси́я.

**asphyxiate** *v.t.* вызыва́ть, вы́звать уду́шье у +*g.*; (*suffocate*) души́ть, за-; I was almost ~d by the fumes я чуть бы́ло не задохну́лся в дыму́.

**asphyxiation** *n.* уду́шье, удуше́ние.

**aspic** *n.* заливно́е; veal in ~ заливна́я теля́тина; заливно́е из теля́тины.

**aspidistra** *n.* аспиди́стра.

**aspirant** *n.* претенде́нт; an ~ to high office претенде́нт/кандида́т на высо́кую до́лжность.

**aspirate**[1] *n.* аспира́т; придыха́тельный согла́сный.

**aspirate**[2] *v.t.* произн|оси́ть, -ести́ с придыха́нием.

**aspiration** *n.* **1.** (*desire*) стремле́ние; his ~s to, for, after fame его́ стремле́ние к сла́ве; **2.** (*phon.*) придыха́ние.

**aspirator** *n.* аспира́тор.

**aspir|e** *v.i.* стреми́ться (*impf.*); he ~es to be a leader он наде́ется стать ли́дером; an ~ing politician гото́вящийся в полити́ческие де́ятели.

**aspirin** *n.* аспири́н; (*tablet*) табле́тка аспири́на.

**ass**[1] (*donkey, lit., fig.*) осёл; ~'s *or* ~es' (*as adj.*) осли́ный; he made an ~ of himself он сваля́л дурака́; он опростоволо́сился/оплоша́л; he was made an ~ of он оста́лся в дурака́х.

**ass**[2] (*Am., vulg.*) *see* ARSE.

**assagai** *see* ASSEGAI.

**assail** *v.t.* (*lit., fig.*) нап|ада́ть, -а́сть на +*a.*; атакова́ть (*impf., pf.*); I was ~ed by doubts меня́ одолева́ли сомне́ния; ~ with criticism обру́шиться (*pf.*) с кри́тикой на +*a.*; ~ with questions зас|ыпа́ть, -ы́пать вопро́сами; (*tackle resolutely*) реши́тельно бра́ться, взя́ться за +*a.*

**assailable** *adj.* откры́тый для нападе́ния; (*vulnerable*) уязви́мый.

**assailant** *n.* напада́ющая/атаку́ющая сторона́.

**assassin** *n.* уби́йца (*c.g.*), террори́ст.

**assassinate** *v.t.* уб|ива́ть, -и́ть (по полити́ческим моти́вам).

**assassination** *n.* (преда́тельское) уби́йство; (*fig.*) character ~ подры́в репута́ции; (*coll.*) оха́ивание.

**assault** *n.* (*in general*) нападе́ние; (*mil.*) ата́ка, штурм, при́ступ; carry, take by ~ брать (*impf.*) шту́рмом/при́ступом; go into the ~ идти́ (*det.*) в ата́ку; mount an ~ предприн|има́ть, -я́ть ата́ку; airborne ~ вы́садка возду́шного деса́нта; ~ troops штурмовы́е ча́сти; ~ boat, craft деса́нтный ка́тер; штурмова́я ло́дка; (*leg.*): ~ and battery оскорбле́ние де́йствием; indecent ~ изнаси́лование; попы́тка изнаси́лования.

*v.t.* нап|ада́ть, -а́сть на +*a.*; (*mil.*) атакова́ть (*impf., pf.*); (*storm*) штурмова́ть (*impf.*); (*sexually*) наси́ловать, из-.

**assay** *n.* (*test*) испыта́ние; (*sampling*) опро́бование; (*analysis*) ана́лиз.

*v.t.* (*test*) испы́т|ывать, -а́ть; (*analyze*) анализи́ровать (*impf., pf.*).

**ass|egai, -agai** *n.* дро́тик.

**assemblage** *n.* **1.** (*also* **assembly**: *bringing or coming together*) собра́ние; сбор; **2.** (*collection*) собра́ние, скопле́ние; **3.** (*putting together*) сбо́рка.

**assemble** *v.t.* (*gather together*) соб|ира́ть, -ра́ть; (*call together*) соз|ыва́ть, -ва́ть; (*tech., fit together*) монти́ровать, с-.

*v.i.* соб|ира́ться, -ра́ться.

**assembly** *n.* **1.** (*assembling*): *see* ASSEMBLAGE *n.* **1**; **2.** (*company of persons*) собра́ние; (*school*) ~ hall а́ктовый зал; unlawful ~ незако́нное сбо́рище; **3.** (*pol.*) собра́ние; ассамбле́я; **4.** (*mil.*) сбор; ~ area райо́н сбо́ра; (*signal*) сигна́л сбо́ра; **5.** (*of machine parts*) сбо́рка; ~ line сбо́рочный конве́йер; ~ shop сбо́рочный цех; ~ worker сбо́рщик.

**assent** *n.* согла́сие; the Royal ~ короле́вская са́нкция.

*v.i.* согла|ша́ться, -си́ться (*с чем or на что*).

**assert** *v.t.* **1.** (*declare; affirm*) утвер|жда́ть, -ди́ть; заяв|ля́ть, -и́ть; **2.** (*stand up for*) отст|а́ивать, -оя́ть; защи|ща́ть, -ти́ть; ~ one's rights отст|а́ивать, -оя́ть свои́ права́; ~ oneself самоутвер|жда́ться, -ди́ться.

**assertion** *n.* **1.** (*statement*) утвержде́ние; a mere, bare ~ голосло́вное утвержде́ние; **2.** (*defence*) отста́ивание.

**assertive** *adj.* утверди́тельный; (*dogmatic*) догмати́ческий; (*insistent*) насто́йчивый.

**assess** *v.t.* **1.** (*estimate value of; appraise; also fig.*) оце́н|ивать, -и́ть; his work was ~ed at its true worth его́ рабо́та была́ оценена́ по досто́инству; **2.** (*determine amount of*) опреде|ля́ть, -и́ть су́мму/разме́р +*g.*; damages were ~ed at £10,000 убы́тки оцени́ли в 10 000 фу́нтов.

**assessable** *adj.* подлежа́щий обложе́нию/оце́нке.

**assessment** *n.* (*valuation*) оце́нка; (*for taxation*) обложе́ние; (*sum to be levied*) су́мма обложе́ния.

**assessor** *n.* **1.** (*of taxes, property etc.*) нало́говый чино́вник; **2.** (*leg., adviser*) экспе́рт(-консульта́нт).

**asset** *n.* **1.** (*advantage; useful quality*) це́нность; knowledge of French is an ~ in this job зна́ние францу́зского языка́ осо́бенно ва́жно для э́той рабо́ты; **2.** (*pl., fin.: possessions with money value*) акти́в; available ~s легко́ реали-

зу́емые акти́вы; current ~s оборо́тные сре́дства; fixed ~s основны́е сре́дства; (*item on balance sheet*) статья́ акти́ва; (*property*) иму́щество; personal ~s дви́жимое иму́щество.

**asseverate** *v.t.* торже́ственно заяв|ля́ть, -и́ть.

**asseveration** *n.* торже́ственное заявле́ние.

**assiduity** *n.* прилежа́ние; усе́рдие.

**assiduous** *adj.* приле́жный; усе́рдный.

**assign** *n.* (*also* **-ee**) (*leg.*) правопрее́мник.

*v.t.* **1.** (*leg., transfer*) перед|ава́ть, -а́ть; переуступ|а́ть, -и́ть; **2.** (*appoint; allot*) поруч|а́ть, -и́ть (*что кому*); the task was ~ed to me на меня́ была́ возло́жена зада́ча; have you had any homework ~ed to you? тебе́ за́дали уро́ки на́ дом?; **3.** (*determine*) опреде|ля́ть, -и́ть; устан|а́вливать, -ови́ть; a limit must be ~ed на́до установи́ть како́й-то преде́л; **4.** (*ascribe*) припи́с|ывать, -а́ть; they could ~ no cause to the fire они́ не могли́ установи́ть причи́ну пожа́ра.

**assignable** *adj.* припи́сываемый.

**assignation** *n.* **1.** (*appointment*) назначе́ние; **2.** (*illicit meeting*) та́йное свида́ние; **3.** (*leg., transfer*) переда́ча, переусту́пка.

**assignee** *n.* **1.** *see* ASSIGN *n.*; **2.** (*person empowered to act for another*) уполномо́ченный.

**assignment** *n.* **1.** (*allotment*) распределе́ние; (пред)назначе́ние; **2.** (*task, duty*) поруче́ние; зада́ние; рабо́та; (*involving journey*) командиро́вка; (*schoolwork*) зада́ние; **3.** (*fin., transfer*) переда́ча, переусту́пка; **4.** (*ascription*) припи́сывание.

**assimilable** *adj.* уподобля́емый; усвоя́емый; ассимили́руемый.

**assimilate** *v.t.* **1.** (*liken*) упод|обля́ть, -о́бить (*кого/что кому/чему*); **2.** (*absorb by digestion etc., and fig.*) ассимили́ровать (*impf., pf.*); усв|а́ивать, -о́ить; the immigrants were quickly ~d иммигра́нты бы́стро ассимили́ровались; new ideas take time to ~ но́вые иде́и привива́ются не сра́зу.

*v.i.* ассимили́роваться (*impf., pf.*).

**assimilation** *n.* (*likening*) уподобле́ние; (*physiol., ling.*) ассимиля́ция; (*of knowledge etc.*) усвое́ние, освое́ние.

**assist** *v.t.* (*help*) пом|ога́ть, -о́чь +*d.*; (*cooperate with*) соде́йствовать (*impf., pf.*) +*d.*; he was ~ed in the task by his wife в э́том де́ле ему́ помога́ла жена́; she was ~ed to her feet by a passer-by прохо́жий помо́г ей подня́ться на́ ноги; ~ed take-off взлёт с ускори́телем.

*v.i.* (*take part*) прин|има́ть, -я́ть уча́стие; (*be present*) прису́тствовать (*impf.*); she ~ed at her sister's wedding она́ была́/прису́тствовала на сва́дьбе свое́й сестры́.

**assistance** *n.* по́мощь; соде́йствие; he rendered valuable ~ он оказа́л це́нную по́мощь; can you come to my ~? вы мо́жете мне помо́чь?; may I be of ~? могу́ я чём-нибудь помо́чь?

**assistant** *n.* помо́щник; ассисте́нт; ~ manager помо́щник заве́дующего; (*in shop*) продав|е́ц (*fem.* -щи́ца).

**assize** *n.* (*usu. pl.*) суде́бное заседа́ние; выездна́я се́ссия суда́ прися́жных.

**associate**[1] *n.* **1.** (*colleague*) колле́га (*c.g.*), това́рищ, партнёр; (*in business*) компаньо́н; (*at work*) сослужи́вец; (*confederate*) соуча́стник; his ~s in crime его́ сообщники в преступле́нии; **2.** (*commerce*) член о́бщества.

*adj.* (*closely connected*) свя́занный; соединённый; (*united*) объединённый; ~ member непо́лный член; член-корреспонде́нт; ~ editor помо́щник реда́ктора.

**associate**[2] *v.t.* соедин|я́ть, -и́ть; свя́з|ывать, -а́ть; (*esp. psych.*) ассоции́ровать (*impf., pf.*); everyone ~s Handel and Bach Ге́ндель ассоции́руется у всех с Ба́хом; his name was ~d with the cause of reform его́ и́мя ассоции́ровалось с реформа́торской де́ятельностью; ~ o.s. with присоедин|я́ться, -и́ться к +*d.*

*v.i.* води́ться (*impf.*), обща́ться (*impf.*).

**association** *n.* **1.** (*uniting; joining*) объедине́ние; соедине́ние; **2.** (*consorting*) обще́ние; **3.** (*connection; bond*) связь; ассоциа́ция; ~ of ideas мы́сленная ассоциа́ция; **4.** (*group*) ассоциа́ция, о́бщество; (*union*) сою́з; deed of ~ уста́в; ~ football футбо́л.

**associative** *adj.* ассоциати́вный.

**assonance** *n.* ассона́нс; непо́лная ри́фма.

**assorted** *adj.* (*sorted, classified*) сортиро́ванный; (*selected*) подо́бранный; ~ chocolates шокола́дный набо́р; (шокола́дное) ассорти́ (*indecl.*); (*matched*): an ill-~ couple неподходя́щая па́ра; (*varied*) разнообра́зный.

**assortment** *n.* ассортиме́нт; набо́р; an ~ of books вы́бор книг.

**assuage** *v.t.* (*soothe*) успок|а́ивать, -о́ить; (*alleviate*) смягч|а́ть, -и́ть; (*appetite etc.*) утол|я́ть, -и́ть.

**assum|e** *v.t.* **1.** (*put on, e.g. garment*) над|ева́ть, -е́ть; **2.** (*take on*) прин|има́ть, -я́ть; he ~ed command он при́нял кома́ндование; I ~e full responsibility я принима́ю на себя́ по́лную отве́тственность; ~e control of брать, взять на себя́ управле́ние/руково́дство +*i.*; her illness ~ed a grave character её боле́знь приняла́ серьёзный хара́ктер; **3.** (*feign*) напус|ка́ть, -ти́ть на себя́; he ~ed a new name он взял себе́ но́вое и́мя; he went under an ~ed name он был изве́стен под вы́мышленным и́менем; she ~ed an air of indifference она́ напусти́ла на себя́ равноду́шный вид; она́ притвори́лась равноду́шной; his ~ed indifference его́ притво́рное равноду́шие; **4.** (*suppose*) предпол|ага́ть, -ожи́ть; допус|ка́ть, -ти́ть; let us ~e that . . . допу́стим, что . . .; always ~ing that . . . при усло́вии, коне́чно, что . . .

**assumption** *n.* **1.** (*taking on*) приня́тие (на себя́);

his ~ of power его́ прихо́д к вла́сти; **2.** (*pretence*): ~ of indifference притво́рное/напускно́е равноду́шие; **3.** (*supposition*) предположе́ние; допуще́ние; исхо́дное положе́ние; on the ~ that . . . исходя́ из того́, что . . .; е́сли допусти́ть, что . . .; you are making a dangerous ~ вы де́лаете опа́сное предположе́ние; **4.** (*eccl.*): the A~ Успе́ние.

**assurance** *n.* **1.** (*act of assuring; promise; guarantee*) завере́ние, увере́ние; have I your ~ of this? вы мо́жете за э́то поручи́ться?; I give you my ~ that you will get the money могу́ вас заве́рить, что вы полу́чите де́ньги; **2.** (*confidence*) уве́ренность (в себе́); to make ~ doubly sure для вя́щей ве́рности; **3.** (*presumption*) самоуве́ренность; **4.** (*insurance*) страхова́ние; life ~ company о́бщество по страхова́нию жи́зни.

**assure** *v.t.* **1.** (*ensure*) обеспе́чи|вать, -ть; ~ o.s. of sth. обеспе́чить (*pf.*) себе́ что-н.; he is ~d of a steady income ему́ обеспе́чен постоя́нный дохо́д; **2.** (*assert confidently*) ув|еря́ть, -е́рить; зав|еря́ть, -е́рить; I can ~ you of this (я) могу́ вас в э́том уве́рить; you may rest ~d that . . . мо́жете быть уве́рены, что . . .; **3.** (*insure*) страхова́ть, за-.

**assuredly** *adv.* несомне́нно.

**Assyria** *n.* Асси́рия.

**Assyrian** *n.* **1.** (*pers.*) ассири́|ец (*fem.* -йка); айсо́р (*fem.* -ка); **2.** (*language*) ассири́йский язы́к.

*adj.* ассири́йский.

**Assyriologist** *n.* ассирио́лог.

**Assyriology** *n.* ассириоло́гия.

**aster** *n.* а́стра.

**asterisk** *n.* звёздочка.

*v.t.* отм|еча́ть, -е́тить звёздочкой.

**astern** *adv.* за кормо́й; на корме́; (*of motion*) наза́д; full speed ~ по́лный ход наза́д; pass ~ of про|ходи́ть, -йти́ позади́ +*g.* (*or* за кормо́й +*g.*); drop ~ отст|ава́ть, -а́ть.

**asteroid** *n.* астеро́ид.

**asthma** *n.* а́стма.

**asthmatic** *n.* астма́тик.

*adj.* (*pertaining to asthma*) астмати́ческий; (*suffering from asthma*) страда́ющий а́стмой.

**astigmatic** *adj.* астигмати́ческий.

**astigmatism** *n.* астигмати́зм.

**astir** *pred. adj.* (*out of bed*) на нога́х; (*agog*) взбудора́женный.

**astonish** *v.t.* удив|ля́ть, -и́ть; изум|ля́ть, -и́ть; be ~ed at удив|ля́ться, -и́ться +*d.*; изум|ля́ться, -и́ться +*d.*; I was ~ed to learn . . . я порази́лся, узна́в . . .; his success was ~ing он име́л порази́тельный успе́х.

**astonishment** *n.* удивле́ние, изумле́ние; he cried out in ~ он вскри́кнул от удивле́ния; to my ~ к моему́ изумле́нию.

**astound** *v.t.* изум|ля́ть, -и́ть; пора|жа́ть, -зи́ть;

he had an ~ing memory у него́ была́ порази́-
тельная па́мять; I was ~ed at the difference
меня́ порази́ла ра́зница.

**astraddle** *adv.* широко́ расста́вив но́ги.

**Astrakhan** *n.* **1.** А́страхань; **2.** (a~: *lambskin*)
кара́куль (*m.*); (*attr.*) кара́кулевый.

**astral** *adj.* звёздный; астра́льный; ~ body аст-
ра́льное те́ло.

**astray** *pred. adj. & adv.*: you are ~ in your
calculations вы сби́лись/запу́тались в расчётах; go ~ (*lit.*, *miss one's way*) заблуди́ться
(*pf.*); (*fig.*) сб|ива́ться, -и́ться с пути́ (*pf.*); lead ~
(*fig.*) сб|ива́ть, -и́ть с пути́ (и́стинного).

**astride** *adv.* (*on animal*) верхо́м; (*with legs apart*)
расста́вив но́ги.
   *prep.*: ~ his father's knee на коле́нях у отца́;
~ the road попере́к доро́ги.

**astringency** *n.* вя́жущее сво́йство; (*fig.*)
суро́вость.

**astringent** *n.* вя́жущее сре́дство.
   *adj.* вя́жущий; (*fig.*) суро́вый.

**astrolabe** *n.* астроля́бия.

**astrologer** *n.* астро́лог, звездочёт.

**astrological** *adj.* астрологи́ческий.

**astrology** *n.* астроло́гия.

**astronaut** *n.* астрона́вт, космона́вт.

**astronautics** *n.* астрона́втика, космона́втика.

**astronomer** *n.* астроно́м.

**astronomical** *adj.* (*lit.*, *fig.*) астрономи́ческий.

**astronomy** *n.* астроно́мия.

**astrophysicist** *n.* астрофи́зик.

**astrophysics** *n.* астрофи́зика.

**astute** *adj.* **1.** (*shrewd*) проница́тельный; **2.**
(*crafty*) хи́трый; ло́вкий.

**astuteness** *n.* **1.** проница́тельность; **2.**
хи́трость; ло́вкость.

**asunder** *adv.* **1.** (*separated from one another*)
по́рознь, врозь; (*separately*) отде́льно; (*far
apart*) далеко́ друг от дру́га; **2.** (*into pieces*) на
куски́, на ча́сти; tear ~ (*lit.*) разорва́ть (*pf.*)
на ча́сти; (*fig.*, *of persons*) разлуч|а́ть, -и́ть.

**asylum** *n.* **1.** (*sanctuary*) прию́т; (*place of refuge*)
убе́жище; **2.** (*mental home*) сумасше́дший
дом.

**asymmetrical** *adj.* асимметри́ческий.

**asymmetry** *n.* асимметри́я.

**asymptote** *n.* асимпто́та.

**at** *prep.* **1.** (*denoting place*) в/на +*p.*; (*near, by*) у
+*g.*, при +*p.*; ~ the university в универси-
те́те; ~ № 10 in до́ме (но́мер) де́сять; ~ home
до́ма; ~ sea (*lit.*) в мо́ре; ~ the battle в би́тве;
~ church в це́ркви; ~ school в шко́ле; ~ the
station на вокза́ле/ста́нции; ~ the corner на
углу́; ~ the fork in the road у разви́лки
доро́ги; ~ the concert на конце́рте; ~ that
distance на э́том расстоя́нии; the thermometer
is ~ 90°F. термоме́тр пока́зывает девяно́сто
гра́дусов по Фаренге́йту; ~ hand под руко́й;
~ the piano у роя́ля; за роя́лем; ~ the helm у
руля́; ~ my aunt's у мое́й тётки; ~ table за

столо́м; ~ my right спра́ва от меня́; ~ his feet
у его́ ног; ~ the gates у воро́т; ~ Court при
дворе́; a translator ~ the UN перево́дчик при
ООН; ~ death's door при сме́рти; на поро́ге
сме́рти; he was present ~ this scene он был
при э́той сце́не; **2.** (*denoting motion or direction*; *lit.*, *fig.*): he tapped ~ the window он
постуча́л в окно́; he sat down ~ the table он
сел за стол; she fell ~ his feet она́ упа́ла к его́
нога́м; he arrived ~ the station он при́был на
ста́нцию; he went in ~ this door он вошёл
в/че́рез э́ту дверь; he came out ~ this door он
вы́шел из э́той две́ри; throw a stone ~
бро́сить (*pf.*) ка́мень/ка́мнем в +*a.*; she is
always ~ me to do it (*coll.*) она́ ве́чно тре́бует,
что́бы я э́то де́лал; **3.** (*denoting time or order*):
~ night но́чью; ~ present в настоя́щее вре́мя;
~ 2 o'clock в два часа́; ~ half-past 2 в
полови́не тре́тьего; ~ any moment в любо́й
моме́нт; ~ (the age of) 15 (в во́зрасте)
пятна́дцати лет; в пятна́дцать лет; ~ his death
в моме́нт его́ сме́рти; ~ the first attempt с
пе́рвой попы́тки; ~ intervals с переры́вами;
~ the third stroke it will be 6 o'clock при
тре́тьем уда́ре/гудке́ бу́дет шесть часо́в;
тре́тий уда́р/гудо́к даётся в шесть часо́в; ~
his signal по его́ сигна́лу; ~ Easter на Па́сху;
~ dawn на заре́; на рассве́те; ~ twilight в
су́мерках; ~ midday в по́лдень; ~ that time в
э́то вре́мя; ~ what hour? в кото́ром часу́?; ~
the beginning в нача́ле; ~ first снача́ла; he
began ~ the beginning он на́чал снача́ла; ~
parting при расстава́нии; **4.** (*of activity, state,
manner, rate etc.*): ~ work на рабо́те; за
рабо́той; good ~ languages спосо́бный к
языка́м; ~ war в состоя́нии войны́; ~ peace в
ми́ре; ~ a gallop гало́пом; ~ one blow одни́м
уда́ром; ~ a sitting в оди́н присе́ст; ~ 60
m.p.h. со ско́ростью шестьдеся́т миль в час;
~ full speed на по́лной ско́рости; ~ a week's
notice предупреди́в за неде́лю; ~ my expense
за мой счёт; estimate ~ оце́нивать (*impf.*) в
+*a.*; ~ best в лу́чшем слу́чае; ~ least по
кра́йней ме́ре; ~ most са́мое бо́льшее; ~
your own risk на ваш/свой страх и риск; ~ all
вообще́; (*with neg.*) совсе́м; ~ your service к
ва́шим услу́гам; ~ my request по мое́й
про́сьбе; ~ his dictation под его́ дикто́вку; ~
that (*moreover*) к тому́ же; ~ first sight с
пе́рвого взгля́да; ~ a reduced price по
сни́женной цене́; ~ fivepence a pound по пяти́
пе́нсов за фунт; ~ a high rate of interest под
больши́е проце́нты; ~ a high remuneration за
большо́е вознагражде́ние; ~ your discretion
по ва́шему усмотре́нию; **5.** (*of cause*): be
impatient ~ the delay волнова́ться (*impf.*)
из-за заде́ржки; delighted ~ в восто́рге от
+*g.*; he was amazed ~ what he heard он был
поражён услы́шанным; he was angry ~ this
suggestion э́то предложе́ние его́ рассерди́ло.

*cpd.*: ∼-**home** приём госте́й, журфи́кс; зва́ный ве́чер.

**atavism** *n.* атави́зм.

**atavistic** *adj.* атависти́ческий.

**ataxia** *n.* атакси́я; locomotor ∼ дви́гательная атакси́я.

**atelier** *n.* ателье́ (*indecl.*).

**atheism** *n.* атеи́зм, безбо́жие.

**atheist** *n.* атеи́ст, безбо́жник.

**atheistic** *adj.* атеисти́ческий.

**Athen|a, -e** *n.* Афи́на.

**Athenian** *n.* афи́нян|ин (*fem.* -ка).
*adj.* афи́нский.

**Athens** *n.* Афи́н|ы (*pl., g.* —).

**athirst** *pred. adj.* (*fig.*): be ∼ for жа́ждать (*impf.*) +*g.*

**athlete** *n.* спортсме́н (*fem.* -ка); атле́т; ∼'s foot грибко́вое заболева́ние ног.

**athletic** *adj.* атлети́ческий.

**athletics** *n.* атле́тика.

**athwart** *adv.* ко́со, поперёк.
*prep.* поперёк +*g.*; че́рез +*a.*; (*fig., in opposition to*) вопреки́ +*d.*

**atishoo** *int.* (*coll.*) апчхи́.

**Atlantic** *n.* Атланти́ческий океа́н; North ∼ Treaty Organization (NATO) Североатланти́ческий сою́з (НА́ТО).
*adj.* атланти́ческий.

**Atlantis** *n.* Атланти́да.

**Atlas**[1] *n.* (*myth.*) Атла́нт; (*geog.*) А́тла́с; ∼ mountains Атла́сские го́ры (*f. pl.*).

**atlas**[2] *n.* а́тлас.

**atmosphere** *n.* (*lit., fig.*) атмосфе́ра; (*fig.*) колори́т, обстано́вка.

**atmospheric** *adj.* атмосфе́рный; ∼ pressure атмосфе́рное давле́ние; ∼ temperature температу́ра во́здуха.

**atmospherics** *n.* атмосфе́рные поме́хи (*f. pl.*).

**atoll** *n.* ато́лл.

**atom** *n.* а́том; split the ∼ расщеп|ля́ть, -и́ть а́том; ∼ bomb а́томная бо́мба; (*fig.*) not an ∼ of evidence ни те́ни доказа́тельства; not an ∼ of strength ни ка́пли си́лы.

**atomic** *adj.* а́томный; the ∼ age а́томный век; ∼ bomb а́томная бо́мба; ∼ energy, power а́томная эне́ргия; ∼ number а́томное число́; ∼ pile/reactor а́томный котёл/реа́ктор; ∼ warfare а́томная война́; ∼ weight а́томный вес.
*cpd.*: ∼-**powered** *adj.* с а́томными дви́гателями.

**atomization** *n.* (*of liquid*) распыле́ние; (*of solid*) измельче́ние.

**atomize** *v.t.* распыл|я́ть, -и́ть; измельч|а́ть, -и́ть.

**atomizer** *n.* атомиза́тор; (*spray*) пульвериза́тор, распыли́тель (*m.*).

**atonal** *adj.* атона́льный.

**atonality** *n.* атона́льность.

**atone** *v.i.*: ∼ for загла́|живать, -дить; иску-п|а́ть, -и́ть; he ∼d for his crimes он искупи́л свои́ преступле́ния.

**atonement** *n.* искупле́ние; Day of A∼ Су́дный день.

**atonic** *adj.* (*ling.*) безуда́рный; глучо́й; (*med.*) атони́ческий; рассла́бленный.

**atop** *adv. & prep.* на верши́не (+*g.*); наверху́.

**atrabilious** *adj.* (*fig.*) жёлчный.

**atremble** *adv.* дрожа́.

**atrium** *n.* а́трий, а́триум.

**atrocious** *adj.* зве́рский, жесто́кий; (*very bad*) ужа́сный.

**atrociousness** *n.* жесто́кость, гну́сность.

**atrocit|y** *n.* жесто́кость, зве́рство; many ∼ies were committed бы́ло совершено́ мно́го зверств; (*hideous object*) уро́дство, у́жас.

**atroph|y** *n.* атрофи́я.
*v.t. & i.* атрофи́ровать(ся) (*impf., pf.*); ∼ied muscles атрофи́рованные му́скулы.

**atropine** *n.* атропи́н.

**attaboy** *int.* (*Am., coll.*) молоде́ц!; молодчи́на! (*m.*).

**attach** *v.t.* **1.** (*fasten*) прикреп|ля́ть, -и́ть; (*by tying*) привя́з|ывать, -а́ть; (*by sticking*) прикле́и|вать, -ть; ∼ a seal приложи́ть (*pf.*) печа́ть; the ∼ed document прилага́емый докуме́нт; **2.** (*fig., of pers.*) присоедин|я́ть, -и́ть; (*appoint*) назн|ача́ть, -а́чить; прикомандирова́ть (*pf.*); **3.** ∼ oneself to присоедин|я́ться, -и́ться к +*d.*; **4.** (*assign*) прид|ава́ть, -а́ть; (*ascribe*) припи́с|ывать, -а́ть; he ∼es much importance to this visit он придаёт большо́е значе́ние э́тому визи́ту; ∼ blame to возл|ага́ть, -ожи́ть вину́ на +*a.*; **5.** (*of affection*): she is very ∼ed to her brother она́ о́чень привя́зана к своему́ бра́ту; I am ∼ed to this necklace э́то ожере́лье мне о́чень до́рого; **6.** (*leg., seize*) заде́рж|ивать, -а́ть; на|кла́дывать, -ложи́ть аре́ст на +*a.*
*v.i.* ∼ to (*inhere in*): the responsibility that ∼es to this position отве́тственность, свя́занная с э́той до́лжностью; no blame/suspicion ∼es to him на него́ не па́дает вина́/подозре́ние.

**attaché** *n.* атташе́ (*m. indecl.*); ∼ case портфе́ль (*m.*).

**attachment** *n.* **1.** (*part attached to a larger unit*) прикрепле́ние; привя́зывание; прикле́ивание; **2.** (*appointment*) прикомандирова́ние; **3.** (*affection*) привя́занность; form an ∼ for привяза́ться (*pf.*) к +*d.*; (*devotion*) пре́данность; **4.** (*leg.*): ∼ of property наложе́ние аре́ста на иму́щество.

**attack** *n.* **1.** нападе́ние; (*mil.*) ата́ка; наступле́ние, нападе́ние, при́ступ; make an ∼ on атакова́ть (*impf., pf.*); we went into the ∼ мы пошли́ в ата́ку; our troops were under ∼ на́ши войска́ бы́ли атако́ваны; **2.** (*fig., criticism*) напа́д|ки (*pl., g.* -ок); you will be open to ∼ on all sides вы ока́жетесь под огнём со всех сторо́н; **3.** (*of illness*) при́ступ; припа́док; he had a heart ~ с ним случи́лся серде́чный при́ступ; **4.** (*mus.*) ата́ка.

*v.t.* **1.** (*lit., fig.*) нап|ада́ть, -а́сть на +*a.*; атакова́ть (*impf., pf.*); обру́ши|ваться, -ться на +*a.*; he was ~ed by a lion на него́ напа́л лев; he was ~ed in the press его́ атакова́ли в печа́ти; our troops ~ed the enemy на́ши войска́ уда́рили по врагу́; **2.** (*of illness*) пора|жа́ть, -зи́ть; **3.** (*harm*) повре|жда́ть, -ди́ть +*d.*; (*of chemical action*) разъ|еда́ть, -е́сть; **4.** (*a task etc.*) набр|а́сываться, -о́ситься на +*a.*

*v.i.*: the enemy ~ed враг бро́сился/пошёл в ата́ку.

**attacker** *n.* напада́ющий; (*mil.*) атаку́ющий.

**attain** *v.t.* (*also* ~ to) (*reach; gain; accomplish*) дост|ига́ть, -и́гнуть (*or* -и́чь) +*g.*; доб|ива́ться, -и́ться +*g.*; our ends were ~ed мы доби́лись своего́; he ~ed his majority он дости́г совершенноле́тия; I shall never ~ this ambition мои́ стремле́ния никогда́ не осуществя́тся.

**attainable** *adj.* достижи́мый.

**attainder** *n.* гражда́нская казнь.

**attainment** *n.* (*attaining*) достиже́ние; (*acquisition*) приобрете́ние, завоева́ние; (*accomplishment*): linguistic ~s лингвисти́ческие позна́ния; easy/difficult of ~ легко́/тру́дно досту́пный.

**attaint** *v.t.* подв|ерга́ть, -е́ргнуть гражда́нской ка́зни.

**attar** *n.*: ~ of roses ро́зовое ма́сло.

**attempt** *n.* **1.** (*endeavour*) попы́тка; о́пыт; they made no ~ to escape они́ не пыта́лись убежа́ть; he succeeded at the first ~ у него́ получи́лось с пе́рвой попы́тки; they failed in all their ~s to persuade him все их попы́тки убеди́ть его́ потерпе́ли неуда́чу; **2.** (*assault*) покуше́ние; an ~ was made on his life покуша́лись на его́ жизнь; an ~ will be made on Everest this summer э́тим ле́том бу́дет сде́лана попы́тка подня́ться на Эвере́ст; **3.** ~ at: her ~ at producing a meal плод её кулина́рных поту́г.

*v.t.* **1.** (*try; try to do*) пыта́ться, по-; ~ed theft попы́тка воровства́; he was charged with ~ed murder его́ обвини́ли в покуше́нии на жизнь; **2.** (*arch.*) ~ s.o.'s life поку|ша́ться, -си́ться на чью́-н. жизнь.

**attend** *v.t.* **1.** (*be present at*) прису́тствовать (*impf.*) на +*p.*; the concert was well ~ed на конце́рте бы́ло мно́го пу́блики; ~ school посеща́ть (*impf.*) шко́лу; **2.** (*lit., fig.; accompany*) сопровожда́ть (*impf.*); the venture was ~ed with risk предприя́тие бы́ло сопряжено́ с ри́ском; may good luck ~ you пусть вам сопу́тствует уда́ча; **3.** (*serve professionally*) уха́живать (*impf.*) за +*i.*; three nurses ~ed him три медсестры́ уха́живали за ним; he was ~ed by Dr. Smith его́ лечи́л до́ктор Смит.

*v.i.* **1.** (*be present*) прису́тствовать (*impf.*); **2.** (*direct one's mind*) удел|я́ть, -и́ть внима́ние +*d.*; обра|ща́ть, -ти́ть внима́ние на +*a.*; (*listen carefully*): ~ to what I am saying слу́шайте меня́ внима́тельно; you are not ~ing вы не слу́шаете; **3.** ~ to (*take care of, look after*) следи́ть (*impf.*) за +*i.*; забо́титься, по- о +*p.*; he ~s to the education of his own children он сам занима́ется воспита́нием свои́х дете́й; she ~ed to the children она́ присма́тривала за детьми́; please ~ to the flowers пожа́луйста, присмотри́те за цвета́ми; ~ to one's duties исполня́ть (*impf.*) свои́ обя́занности; ~ to one's correspondence занима́ться (*impf.*) свое́й перепи́ской; ~ to s.o.'s needs забо́титься, по- о чьих-н. ну́ждах; are you being ~ed to? (*in shop*) вас (уже́) обслу́живают?; I have things to ~ to у меня́ есть дела́; **4.** ~ upon (*serve*) прислу́живать (*impf.*), обслу́живать (*impf.*); he ~ed upon the queen он сопровожда́л короле́ву; (*fig.: accompany*) сопу́тствовать (*impf.*) +*d.*; the consequences ~ing upon this action после́дствия, кото́рые повлёк за собо́й э́тот посту́пок.

**attendance** *n.* **1.** (*presence*) прису́тствие; (*number of visits or of those present*) посеща́емость; there was a high, large ~ at church today сего́дня в це́ркви бы́ло мно́го наро́ду; (*body of persons present*) аудито́рия; пу́блика; **2.** (*looking after s.o.*) ухо́д; medical ~ враче́бный ухо́д; the doctor is in ~ from 3 to 5 врач принима́ет с трёх до пяти́ (часо́в); **3.** (*service to, accompaniment of s.o.*) обслу́живание; he dances ~ on her он хо́дит перед не́ю на за́дних ла́пках; I won't dance ~ on him all morning я не собира́юсь убива́ть на него́ всё у́тро.

**attendant** *n.* (*servant*) слуга́ (*m.*), служи́тель (*m.*); (*one who waits upon or accompanies another*) обслу́живающее/сопровожда́ющее лицо́; medical ~ врач.

*adj.* (*accompanying*) сопу́тствующий; сопровожда́ющий; (*present*) прису́тствующий; обслу́живающий.

**attender** *n.*: he is a regular ~ at church он регуля́рно хо́дит в це́рковь.

**attention** *n.* **1.** (*heed*) внима́ние; pay, give ~ to обра|ща́ть, -ти́ть внима́ние на +*a.*; pay, devote much/little ~ to удел|я́ть, -и́ть мно́го/ма́ло внима́ния +*d.*; pay ~! бу́дьте внима́тельны!; direct, draw ~ to привл|ека́ть, -е́чь внима́ние к +*d.*; call s.o.'s ~ to обра|ща́ть, -ти́ть чьё-н. внима́ние на +*a.*; compel ~ прико́в|ывать, -а́ть внима́ние; it slipped my ~ э́то ускользну́ло от моего́ внима́ния; I am all ~ я весь внима́ние; (for the) ~ (of) (*on letters etc.*) на рассмотре́ние +*g.*; **2.** (*mil. command*) сми́рно!; (*posture*) stand to ~ стоя́ть (*impf.*) сми́рно; he came to ~ он при́нял сто́йку сми́рно (or строеву́ю сто́йку); **3.** (*care*) ухо́д; he was given immediate medical ~ ему́ была́ ока́зана неме́дленная медици́нская по́мощь; **4.** (*politeness; courtesy*) забо́тливость; внима́ние, внима́тельность; pay one's ~s to (*court*) уха́живать (*impf.*) за +*i*.

**attentive** *adj.* **1.** (*heedful*) внима́тельный; ~ to detail внима́тельный к ча́стностям; (*careful*) предупреди́тельный; **2.** (*solicitous*) забо́тливый.

**attentiveness** *n.* внима́тельность; предупреди́тельность; забо́тливость.

**attenuat|e** *v.t.* (*make slender*) истощ|а́ть, -и́ть; (*fig., reduce gravity of*) смягч|а́ть, -и́ть; ~ing circumstances смягча́ющие обстоя́тельства.

**attenuation** *n.* истоще́ние; смягче́ние.

**attest** *v.t.* (*certify*) удостов|еря́ть, -е́рить; (*bear witness to*) свиде́тельствовать, за-; ~ed copy заве́ренная ко́пия; ~ed cattle скот, проше́дший ветнадзо́р; (*confirm*) подтвер|жда́ть, -ди́ть.

*v.i.* ~ to свиде́тельствовать (*impf.*) о +*p*.

**attestation** *n.* засвиде́тельствование, удостовере́ние, подтвержде́ние.

**attic**[1] *n.* манса́рда, черда́к.

**Attic**[2] *adj.* атти́ческий.

**Attila** *n.* Атти́ла (*m.*).

**attire** *n.* наря́д, одея́ние; in night ~ в ночно́м облаче́нии.

*v.t.* (*dress*) наря|жа́ть, -ди́ть; од|ева́ть, -е́ть; she was ~d in white она́ была́ вся в бе́лом.

**attitude** *n.* **1.** (*pose*) по́за; strike an ~ прин|има́ть, -я́ть по́зу; **2.** (*fig., disposition*) отноше́ние; ~ of mind склад ума́; what is your ~ to this book? как вы отно́ситесь к э́той кни́ге?; that is an odd ~ to take up э́то стра́нный подхо́д.

**attitudinize** *v.i.* аффекти́рованно вести́ (*det.*) себя́.

**attorney** *n.* уполномо́ченный, дове́ренный; ~ at law пове́ренный в суде́, адвока́т; by ~ по дове́ренности; power of ~ дове́ренность, полномо́чие.

**attract** *v.t.* **1.** (*of physical forces*) притя|ги́вать, -ну́ть; (*fig.*) привл|ека́ть, -е́чь (к себе́); can you ~ the waiter's attention? вы мо́жете привле́чь внима́ние официа́нта?; bright lights ~ moths моты́льки летя́т на я́ркий свет; the mystery ~ed him его́ влекла́/мани́ла та́йна; his manner ~ed a good deal of criticism его́ мане́ра держа́ть себя́ вызыва́ла нема́ло нарека́ний; **2.** (*captivate*) плен|я́ть, -и́ть; he found himself ~ed to her он почу́вствовал, что увлечён е́ю; I am not ~ed by the idea меня́ э́та иде́я не привлека́ет.

**attraction** *n.* **1.** (*phys.*) притяже́ние, тяготе́ние; **2.** (*charm, allure*) прима́нка, привлека́тельность; the ~s of a big city собла́зны большо́го го́рода; **3.** (*in theatre etc.*) аттракцио́н.

**attractive** *adj.* **1.** (*phys.*): ~ force си́ла притяже́ния; **2.** (*fig.*) притяга́тельный; привлека́тельный; an ~ dress ми́лое/симпати́чное пла́тье.

**attractiveness** *n.* привлека́тельность.

**attributable** *adj.* припи́сываемый; his illness is ~ to drink его́ боле́знь объясня́ется пья́нством.

**attribute**[1] *n.* **1.** (*quality*) сво́йство; (*characteristic*) характе́рная черта́; **2.** (*accompanying feature, emblem*) атрибу́т; **3.** (*gram.*) атрибу́т; определе́ние.

**attribute**[2] *v.t.*: ~ sth. to припи́с|ывать, -а́ть что-н. +*d*.; отн|оси́ть, -ести́ что-н. к +*d*. (*or* за счёт +*g*.).

**attribution** *n.* (*ascription*) припи́сывание, отнесе́ние.

**attributive** *adj.* атрибути́вный; определи́тельный.

**attrition** *n.* тре́ние; истира́ние; (*fig.*) истоще́ние; измо́р; war of ~ война́ на истоще́ние.

**attune** *v.t.* (*lit., fig.*) настр|а́ивать, -о́ить.

**atypical** *adj.* нетипи́чный, атипи́ческий.

**aubergine** *n.* баклажа́н.

**auburn** *adj.* тёмно-ры́жий.

*au courant* *pred. adj.* в ку́рсе (*чего*).

**auction** *n.* аукцио́н; put up for ~ выставля́ть, вы́ставить на аукцио́не; продава́ть (*impf.*) с молотка́; the house is for sale by ~ дом продаётся с аукцио́на.

*v.t.* (*also* ~ **off**) прод|ава́ть, -а́ть с аукцио́на.

**auctioneer** *n.* аукциони́ст.

**audacious** *adj.* (*daring*) отва́жный; дерзнове́нный; (*impudent*) де́рзкий.

**audacity** *n.* отва́га, сме́лость; дерза́ние; де́рзость.

**audibility** *n.* слы́шимость; вня́тность.

**audible** *adj.* слы́шимый, слы́шный; (*distinct*) вня́тный.

**audience** *n.* **1.** (*listeners*) аудито́рия; слу́шатели (*m. pl.*); (*spectators*) зри́тели (*m. pl.*); пу́блика; a captive ~ зри́тели/слу́шатели понево́ле; participation уча́стие аудито́рии; ~ research изуче́ние аудито́рии; **2.** (*hearing; interview*) аудие́нция; he requested an ~ of the queen он попроси́л аудие́нцию у короле́вы.

**audio-visual** *adj.* а́удио-визуа́льный.

**audit** *n.* прове́рка, реви́зия.

*v.t.* пров|еря́ть, -е́рить отчётность +*g*.; ревизова́ть (*impf., pf.*).

**audition** *n.* (*listening*) слу́шание, прослу́шивание; (*trial hearing*) про́ба.

*v.t.* прослу́ш|ивать, -ать.

**auditor** *n.* **1.** (*hearer*) слу́шатель (*m.*); **2.** (*checker*) бухга́лтер-ревизо́р; фина́нсовый инспе́ктор.

**auditorium** *n.* (*where audience sits*) зри́тельный зал; (*public building*) аудито́рия, зал.

**auditory** *adj.* слухово́й.

*au fait* *pred. adj.* в ку́рсе; осведомлённый; can

you put me ~ with the situation? могли́ бы вы
ввести́ меня́ в курс де́ла?
**Augean** *adj.*: ~ stables А́вгиевы коню́шни (*f.
pl.*).
**auger** *n.* сверло́; (*woodworking tool*) бура́в; (*for
boring coal etc.*) бур.
**aught** *pron.* (*arch.*) что́-нибудь; for ~ I know ≃
отку́да мне знать?; кто его́ зна́ет.
**augment** *v.t.* увели́чи|вать, -ть; приб|авля́ть,
-а́вить +*g.*; ~ed interval (*mus.*) увели́ченный
интерва́л.
*v.i.* увели́чи|ваться, -ться; уси́ли|ваться,
-ться.
**augmentation** *n.* увеличе́ние; прираще́ние.
**augmentative** *adj.* (*gram.*) увеличи́тельный.
**augur** *n.* (*hist.*) авгу́р; (*soothsayer*) прорица́тель
(*m.*).
*v.t.* (*portend*) предвеща́ть (*impf.*); (*of pers.*:
*predict*) предска́з|ывать, -а́ть.
*v.i.* (*of things*) служи́ть (*impf.*) пред-
знаменова́нием; the exam results ~ well for his
future результа́ты его́ экза́менов — хоро́шая
зая́вка на бу́дущее; (*of pers.*) предви́деть
(*impf.*).
**augury** *n.* (*divination*) предсказа́ние; (*omen*;
*sign*) предзнаменова́ние.
**August**[1] *n.* а́вгуст; (*attr.*) а́вгустовский.
**august**[2] *adj.* вели́чественный.
**Augustan** *adj.*: the ~ age (*hist.*) век А́вгуста; век
классици́зма в литерату́ре и иску́сстве.
**augustness** *n.* вели́чественность.
**Augustus** *n.* А́вгуст.
**auk** *n.* гага́рка.
**aunt** *n.* тётя, тётка; A~ Sally (*fig.*) предме́т
напа́док/оскорбле́ний.
**aunt|ie, -y** *n.* тётушка, тётенька.
**au pair** *n.* ≃ ня́ня-иностра́нка; помо́щница по
хозя́йству из иностра́нок.
**aura** *n.* арома́т; (*atmosphere*) атмосфе́ра; there
is an ~ of tranquillity about him от него́ ве́ет
споко́йствием.
**aural** *adj.* (*pert. to hearing*) слухово́й; ~ly на
слу́х; (*pert. to the ear*) ушно́й.
**aureate** *adj.* золоти́стый; позоло́ченный.
**aureole** *n.* (*halo*) орео́л; (*crown*) ве́нчик.
**aureomycin** *n.* ауреомици́н.
*au revoir* *int.* до свида́нья.
**auricle** *n.* (*of ear*) нару́жное у́хо; (*of heart*) пред-
се́рдие.
**auricular** *adj.* **1.** ушно́й, слухово́й; ~ confession и́споведь на́ ухо свяще́ннику; та́йная
и́споведь; **2.** (*pert. to heart*) относя́щийся к
предсе́рдию.
**auriferous** *adj.* золотоно́сный, золото-
содержа́щий.
**Auriga** *n.* Возни́чий.
**aurist** *n.* отиа́тр.
**aurochs** *n.* зубр.
**aurora** *n.* **1.** (A~: *myth.*) Авро́ра; (*poet., dawn*)
авро́ра, у́тренняя заря́; **2.** (*atmospheric*

*phenomenon*): ~ borealis/australis се́верное/
ю́жное сия́ние.
**Auschwitz** *n.* Осве́нцим.
**auscultation** *n.* выслу́шивание, аускульта́ция.
**auspices** *n.* **1.** (*omens*) предзнаменова́ния (*nt.
pl.*); under favourable ~ при благоприя́тных
усло́виях; **2.** (*patronage*) покрови́тельство;
эги́да.
**auspicious** *adj.* (*favourable*) благоприя́тный; (*of
good omen*) благоприя́тствующий; on this ~
day в э́тот знамена́тельный день.
**Aussie** (*coll.*) = AUSTRALIAN.
**austere** *adj.* (*lit., fig.*) стро́гий, суро́вый.
**austerity** *n.* стро́гость, суро́вость; (*economy*)
стро́гая эконо́мия.
**austral** *adj.* ю́жный.
**Australasia** *n.* Австра́лия и Океа́ния; Австра́-
лия и Но́вая Зела́ндия.
**Australia** *n.* Австра́лия; Commonwealth of ~
Австрали́йский Сою́з.
**Australian** *n.* австрали́|ец (*fem.* -йка).
*adj.* австрали́йский.
**Austria** *n.* А́встрия.
**Austria-Hungary** *n.* А́встро-Ве́нгрия.
**Austrian** *n.* австри́|ец (*fem.* -йка).
*adj.* австри́йский.
**Austro-Hungarian** *adj.* а́встро-венге́рский.
**autarchy** *n.* автокра́тия, самодержа́вие.
**autarkic** *adj.* автарки́стский.
**autarky** *n.* автарки́я.
**authentic** *adj.* (*genuine*) по́длинный,
аутенти́чный; (*reliable*) достове́рный.
**authenticate** *v.t.* удостов|еря́ть, -е́рить
по́длинность +*g.*
**authentication** *n.* установле́ние/удостовере́ние
по́длинности (*чего*).
**authenticity** *n.* по́длинность; аутенти́чность;
достове́рность.
**author** *n.* **1.** (*of specific work*) а́втор; (*writer in
general*) писа́тель (*m.*), а́втор; **2.** (*originator,
creator*) творе́ц; созда́тель (*m.*); (*perpetrator*)
инициа́тор, зачи́нщик.
**authoress** *n.* писа́тельница; the ~ of the book
а́втор кни́ги.
**authoritarian** *adj.* авторита́рный, деспоти́-
ческий.
**authoritative** *adj.* авторите́тный.
**authority** *n.* **1.** (*power*; *right*) власть; (*legal*)
полномо́чие; ~ to sign пра́во по́дписи; person
in ~ власть иму́щий; челове́к, облечённый
вла́стью; who is in ~ here? кто здесь
гла́вный/нача́льник?; published by ~ of
parliament опублико́ванный по ука́зу
парла́мента; on one's own ~ на свою́ отве́тс-
твенность; по со́бственному почи́ну; I did it
on his ~ я э́то сде́лал по его́ поруче́нию; who
gave you ~ over me? кто вам дал пра́во мне
прика́зывать?; **2.** (*usu. pl.*: *public bodies*)
вла́сти (*f. pl.*); о́рганы (*m. pl.*) вла́сти; the
Atomic Energy A~ Управле́ние по а́томной

эне́ргии; he is always getting into trouble with ~ у него́ всё вре́мя неприя́тности с властя́ми; **3.** (*influence, weight*) авторите́т; carry, have ~ по́льзоваться (*impf.*) авторите́том; he speaks with ~ он говори́т авторите́тно/внуши́тельно (*or* со зна́нием де́ла); **4.** (*source*) достове́рный исто́чник; I have it on good ~ я э́то зна́ю из достове́рного исто́чника; to have sth. on good ~ знать (*impf.*) что-н. из ве́рных рук; what is your ~ for saying so? на основа́нии чего́ вы э́то говори́те?; I said it on his ~ я сказа́л э́то, сосла́вшись на него́; **5.** (*expert*): he is an ~ on Greek он кру́пный специали́ст по гре́ческому языку́.

**authorization** *n.* (*authorizing*) уполномо́чивание; (*sanction*) разреше́ние; са́нкция.

**authorize** *v.t.* **1.** (*give authority to*) уполномо́чи|вать, -ть; **2.** (*permit; sanction*) разреш|а́ть, -и́ть; дозв|оля́ть, -о́лить; санкциони́ровать (*impf., pf.*); ~d expenditure утверждённые расхо́ды; **3.** (*justify*) опра́вд|ывать, -а́ть.

**authorship** *n.* а́вторство; a manuscript of doubtful ~ ру́копись, а́втор кото́рой то́чно не устано́влен; (*profession of writing*) писа́тельство.

**autism** *n.* аути́зм.

**autistic** *adj.* аутисти́ческий.

**autobahn** *n.* автостра́да.

**autobiographer** *n.* автобио́граф.

**autobiographical** *adj.* автобиографи́ческий, автобиографи́чный.

**autobiography** *n.* автобиогра́фия.

**autocephalous** *adj.* автокефа́льный, самоуправля́емый.

**autochthonous** *adj.* автохто́нный; ме́стный, первонача́льный.

**autocracy** *n.* самодержа́вие, автокра́тия.

**autocrat** *n.* самоде́ржец.

**autocratic** *adj.* самодержа́вный; (*dictatorial*) деспоти́ческий.

**autocue** *n.* телесуфлёр.

**auto-da-fé** *n.* аутодафе́ (*indecl.*).

**autodidact** *n.* автодида́кт; самоу́чка.

**autog|iro, -yro** *n.* автожи́р.

**autograph** *n.* авто́граф.
   *v.t.* надпи́с|ывать, -а́ть; ~ed copy экземпля́р с авто́графом.

**autointoxication** *n.* автоинтоксика́ция, самоотравле́ние.

**automat** *n.* автома́т; (*cafeteria*) заку́сочная--автома́т.

**automated** *adj.* автоматизи́рованный.

**automatic** *n.* (*firearm*) автомати́ческое ору́жие.
   *adj.* **1.** (*self-acting*) автомати́ческий; ~ pilot автопило́т; ~ pistol самозаря́дный пистоле́т; ~ machine автома́т; **2.** (*of actions etc., mechanical*) машина́льный, автомати́ческий.

**automation** *n.* автоматиза́ция.

**automatism** *n.* автомати́зм.

**automaton** *n.* автома́т.

**automobile** *n.* автомоби́ль (*m.*); (*attr.*) автомоби́льный.

**autonomous** *adj.* автоно́мный.

**autonomy** *n.* автоно́мия, самоуправле́ние.

**autopilot** *n.* автопило́т.

**autopsy** *n.* вскры́тие тру́па, ауто́псия.

**auto-suggestion** *n.* самовнуше́ние.

**autumn** *n.* о́сень; in ~ о́сенью; (*attr.*) осе́нний; ~ crocus лугово́й шафра́н.

**autumnal** *adj.* осе́нний.

**auxiliary** *n.* (*assistant*) помо́щник; (*gram., verb*) вспомога́тельный глаго́л; (*mil.*) солда́т вспомога́тельных войск; (*pl.*) вспомога́тельные войска́.
   *adj.* (*helpful; supporting*) вспомога́тельный; (*additional*) доба́вочный; (*in reserve*) запасно́й.

**avail** *n.* (*use*) по́льза; (*profit*) вы́года; his entreaties were of no ~ его́ мольбы́ бы́ли безуспе́шны; his intervention was of little ~ от его́ вмеша́тельства бы́ло ма́ло по́льзы.
   *v.t.* **1.** (*benefit*) быть поле́зным/вы́годным +*d.*; our efforts ~ed us nothing на́ши уси́лия ни к чему́ не привели́; **2.** ~ o.s. of воспо́льзоваться (*pf.*) +*i.*

**availability** *n.* (*presence*) нали́чие; (*accessibility*) досту́пность.

**available** *adj.* **1.** (*present, to hand*) нали́чный; (*pred.*) в нали́чии, в распоряже́нии; if there is money ~ е́сли есть де́ньги (в нали́чии); he used every ~ argument он испо́льзовал все досту́пные аргуме́нты; make ~ предост|авля́ть, -а́вить; **2.** (*accessible*) досту́пный; **3.** (*valid*): tickets ~ till 31 May биле́ты, действи́тельные по три́дцать пе́рвое ма́я.

**avalanche** *n.* (*lit., fig.*) лави́на.

**avant-garde** *n.* аванга́рд; (*attr.*) аванга́рдный.

**avarice** *n.* ску́пость, ска́редность.

**avaricious** *adj.* скупо́й, ска́редный.

**avast** *int.* (*naut.*) стой!; стоп!

**avatar** *n.* воплоще́ние божества́; авата́ра; (*fig.*) ипоста́сь.

**avaunt** *int.* (*arch.*) прочь!

**avenge** *v.t.* мстить, ото- за +*a.*; he ~d his father's death on the murderer он отомсти́л уби́йце за смерть своего́ отца́.

**avenger** *n.* мсти́тель (*m.*).

**avenue** *n.* **1.** (*tree-lined road*) алле́я; (*wide street*) проспе́кт; **2.** (*fig., approach, way*) путь (*m.*); an ~ of escape путь к спасе́нию; ~ to fame путь к сла́ве; explore every ~ испо́льзовать (*impf., pf.*) все пути́/кана́лы.

**aver** *v.t.* утвер|жда́ть, -ди́ть.

**average** *n.* **1.** (*mean*) сре́днее число́; strike an ~ выводи́ть, вы́вести сре́днее число́; (*norm*) сре́днее; above/below ~ вы́ше/ни́же сре́днего; on an, the ~ в сре́днем; **2.** (*comm.*) ава́рия; general/particular ~ о́бщая/ча́стная ава́рия; make up the ~ сост|авля́ть, -а́вить отчёт по ава́рии.

*adj.* сре́дний; the ~ age of the class is 12 сре́дний во́зраст кла́сса — двена́дцать лет; the ~ man сре́дний челове́к.

*v.t. & i.* **1.** (*find the ~ of*) выводи́ть, вы́вести сре́днее число́ +*g.*; his salary, when ~d, was £200 a month его́ сре́дняя зарпла́та соста́вила 200 фу́нтов в ме́сяц; **2.** (*amount to on ~*): my expenses ~ £10 a day мои́ расхо́ды составля́ют в сре́днем де́сять фу́нтов в день; (*do on ~*): he ~s 6 hours' work a day он рабо́тает в сре́днем шесть часо́в в день; we ~d sixty on the motorway мы де́лали на автостра́де в сре́днем шестьдеся́т миль в час; it ~s out in the end к концу́ э́то всё ура́внивается/нивели́руется.

**averse** *pred. adj.*: ~ to нерасполо́женный к +*d.*; he is ~ to coming ему́ не хо́чется приходи́ть; I am not ~ to a good dinner я не прочь хорошо́ пообе́дать.

**aversion** *n.* (*dislike*) отвраще́ние, антипа́тия; have an ~ to пита́ть (*impf.*) отвраще́ние к +*d.*; take an ~ to возненави́деть (*pf.*); (*object of dislike*) предме́т антипа́тии; cats are my (pet) ~ я терпе́ть не могу́ ко́шек.

**avert** *v.t.* **1.** (*turn aside*) ~ one's glance, eyes отв|оди́ть, -ести́ взгляд; ~ one's thoughts отвл|ека́ть, -е́чь мы́сли; **2.** (*ward off*) предотвра|ща́ть, -ти́ть; the danger has been ~ed опа́сность предотврати́ли.

**Avesta** *n.* Аве́ста.

**avian** *adj.* пти́чий.

**aviary** *n.* пти́чник.

**aviation** *n.* авиа́ция; (*attr.*) авиацио́нный; ~ spirit авиабензи́н.

**aviator** *n.* авиа́тор.

**aviculture** *n.* птицево́дство.

**avid** *adj.* жа́дный, а́лчный; he was ~ to hear the results он жа́ждал узна́ть результа́ты.

**avidity** *n.* жа́дность, а́лчность.

**avocado** *n.* (~ pear) авока́до (*indecl.*).

**avocation** *n.* побо́чное заня́тие.

**avocet** *n.* шилоклю́вка.

**avoid** *v.t.* **1.** объе́хать (*pf.*); the car ~ed a pedestrian маши́на объе́хала пешехо́да; (*escape, evade*) избе|га́ть, -жа́ть +*g.*; I could not ~ meeting him я не мог избежа́ть встре́чи с ним; (*shun*) сторони́ться (*impf.*) +*g.*; he ~s all his old friends он сторо́нится всех сиои́х ста́рых друзе́й; (*refrain from*) уклон|я́ться, -и́ться от +*g.*; she ~ed a direct answer она́ уклони́лась от прямо́го отве́та; **2.** (*leg.*) аннули́ровать (*impf., pf.*).

**avoidable** *adj.* **1.** тако́й, кото́рого мо́жно избежа́ть; without ~ delay без нену́жных/ изли́шних проволо́чек; **2.** (*leg.*) аннули́руемый.

**avoidance** *n.* **1.** избежа́ние; уклоне́ние (*от чего*); ~ of strong drink воздержа́ние от

употребле́ния спиртно́го; **2.** (*leg.*) аннули́рование.

**avoirdupois** *n.* (*fig., corpulence*) ту́чность.

**avouch** *v.t.* (*arch.*) (*affirm*) утвер|жда́ть, -ди́ть; (*confess*) призн|ава́ться, -а́ться в +*p.*; (*guarantee*) руча́ться, поручи́ться за +*a.*

**avow** *v.t.* призн|ава́ть, -а́ть; he ~s himself an atheist он называ́ет себя́ атеи́стом; he is an ~ed racist он открове́нный/нераска́янный раси́ст; it was his ~ed intent to emigrate он откры́то выража́л наме́рение эмигри́ровать; ~edly по со́бственному призна́нию.

**avowal** *n.* призна́ние; make an ~ of призн|ава́ться, -а́ться в +*p.*

**avulsion** *n.* отры́в.

**avuncular** *adj.* дя́дин; ~ manner оте́ческое обраще́ние.

**await** *v.t.* ожида́ть (*impf.*) +*g.*; ~ing your reply в ожида́нии ва́шего отве́та.

**awake** *pred. adj.*: **1.** are you ~ or asleep? вы спи́те и́ли нет?; is he ~ yet? он просну́лся?; I've been ~ all night я не сомкну́л глаз всю ночь; he lay ~ thinking он лежа́л без сна и ду́мал; she stayed ~ till her husband came home она́ не засыпа́ла, пока́ муж не верну́лся домо́й; the baby was wide ~ у ребёнка сна не́ было ни в одно́м глазу́; **2.** (*fig., vigilant, alert*) бди́тельный; начеку́; he is not ~ to his opportunity он упуска́ет слу́чай; we must be ~ to the possibility of defeat пораже́ние возмо́жно, и мы не должны́ закрыва́ть на э́то глаза́.

*v.t.* **1.** (*rouse from sleep*) буди́ть, раз-; I was awoken by the song of birds меня́ разбуди́ло пе́ние птиц; **2.** (*fig., inspire*): see AWAKEN 2.

*v.i.* **1.** (*wake from sleep*) прос|ыпа́ться, -ну́ться; he awoke to find himself famous на́утро он просну́лся знамени́тым; **2.** ~ to (*fig., realize*) осозн|ава́ть, -а́ть; he awoke to his surroundings он осозна́л, где нахо́дится.

**awaken** *v.t.* **1.** (*lit.*) see AWAKE *v.t.* **2.** (*fig., arouse, inspire*) пробуди́ть (*pf.*); his father's death ~ed him to (*or* ~ed in him) a sense of responsibility смерть отца́ пробуди́ла в нём чу́вство отве́тственности.

**awakening** *n.* пробужде́ние; a rude ~ (*fig.*) го́рькое разочарова́ние.

**award** *n.* (*act of ~ing*) присужде́ние; (*decision*) реше́ние; (*prize*) награ́да, приз.

*v.t.* прису|жда́ть, -ди́ть (*что кому*); he was ~ed a medal его́ награди́ли меда́лью.

**aware** *pred. adj.*: be ~ of созн|ава́ть (*impf.*); (*realise*) знать (*impf.*); I am well ~ of the dangers я вполне́ представля́ю себе́ все опа́сности; he became ~ of someone following him он почу́вствовал, что за ним следя́т; I was not ~ of that я э́того не знал; you are probably ~ that . . . вам, вероя́тно, изве́стно, что . . .; I passed him without being ~ of it я прошёл ми́мо, не заме́тив его́.

**awareness** *n.* созна́ние.

**awash** *pred. adj.* омы́тый водо́й; the place was ~ with champagne шампа́нское лило́сь реко́й.

**away** *adv.* **1.** (*at a distance*): the shops are ten minutes' walk ~ магази́ны нахо́дятся в десяти́ мину́тах ходьбы́ отсю́да; the sea is only 5 miles ~ from our villa мо́ре всего́ в пяти́ ми́лях от на́шей ви́ллы; her mother lived half an hour ~ by bus её мать жила́ в получа́се езды́ на авто́бусе; **2.** (*not present or near*): he is ~ он в отъе́зде; he was ~ on leave он был в о́тпуске; how long have you been ~? ско́лько же (вре́мени) вас не́ было?; we shall be ~ in July в ию́ле нас не бу́дет; our team are playing ~ (from home) на́ша кома́нда игра́ет на чужо́м по́ле; hold it ~ from the light не держи́те э́то на свету́; **3.** (*fig., of time or degree*): ~ back in 1930 ещё в тридца́том году́; out and ~ (*or* far and ~) the best наилу́чший; **4.** (*expr. continuance*): he works ~ он знай себе́ рабо́тает; he was talking ~ to himself он всё вре́мя сам с собо́й разгова́ривал; all the time the clock was ticking ~ всё э́то вре́мя часы́ ти́кали не переставая; **5.** (*with imper.*): You have some questions? Ask ~, then! У вас есть вопро́сы? Ну, валя́йте!; **6.** right, straight ~ сейча́с; неме́дленно; **7.** ~ with him! доло́й его́!; чтоб его́ здесь не́ было!; ~ with you! убира́йтесь!; прочь!; ~ with care! не́чего уныва́ть!; доло́й забо́ты!

**awe** *n.* благогове́йный страх; свяще́нный тре́пет; he stands in ~ of his teacher он испы́тывает благогове́йный страх перед учи́телем; his voice struck ~ into the audience его́ го́лос вы́звал оцепене́ние в за́ле.

*v.t.* внуш|а́ть, -и́ть (*кому*) благогове́йный страх/тре́пет.

*cpds.*: ~-**inspiring** *adj.* внуша́ющий благогове́йный страх; ~-**struck** *adj.* благогове́йный; прони́кнутый свяще́нным тре́петом.

**aweigh** *adv.*: the anchor is ~ я́корь встал.

**awesome** *adj.* внуша́ющий страх.

**awful** *adj.* **1.** (*terrible*; *also coll.*: *very bad, great etc.*) ужа́сный, стра́шный; it's an ~ shame ужа́сно доса́дно; he has an ~ lot of money у него́ у́йма де́нег; **2.** (*inspiring awe*) внуша́ющий страх/благогове́ние.

**awfully** *adv.* ужа́сно; ~ nice стра́шно ми́лый; thanks ~ огро́мное вам спаси́бо; I'm ~ sorry прости́те, ра́ди Бо́га.

**awheel** *adv.* на колёсах.

**awhile** *adv.* на не́которое вре́мя; I shan't be ready to leave yet ~ я не смогу́ пое́хать сра́зу.

**awkward** *adj.* **1.** (*clumsy*) неуклю́жий, нело́вкий; she is at the ~ age она́ в перехо́дном во́зрасте; **2.** (*inconvenient, uncomfort-*

*able*) неудо́бный; **3.** (*difficult*): an ~ problem ка́верзная пробле́ма; an ~ turning тру́дный поворо́т; **4.** (*embarrassing*): an ~ silence нело́вкое молча́ние; **5.** (*of pers., hard to manage*) тру́дный; he's being ~ (about it) он чини́т препя́тствия.

**awkwardness** *n.* неуклю́жесть, нело́вкость; неудо́бство.

**awl** *n.* ши́ло.

**awning** *n.* наве́с; тент; ~ deck те́нтовая па́луба.

**AWOL** *pred. adj.* (*abbr.*) в самово́льной отлу́чке.

**awry** *pred. adj.* криво́й; (*distorted*) искажённый.

*adv.* ко́со; (*on, to one side*) на́бок; your tie is all ~ ваш га́лстук съе́хал на́бок; (*fig.*): things went ~ дела́ пошли́ скве́рно.

**axe** (*Am.* **ax**) *n.* **1.** (*tool*) топо́р; (*large*) колу́н; I have no ~ to grind (*fig.*) у меня́ нет коры́стных побужде́ний; **2.** (*fig., execution*) казнь; отсече́ние головы́; he died by the ~ ему́ отруби́ли го́лову; **3.** (*coll.*: *reduction of expenditure*) уре́зывание.

*v.t.* (*fig.*): the government intends to ~ public expenditure прави́тельство наме́рено уре́зать расхо́ды на обще́ственные ну́жды; many workers have been ~d уво́лили мно́го рабо́чих.

**axial** *adj.* осево́й.

**axillary** *adj.* подмы́шечный.

**axiom** *n.* аксио́ма.

**axiomatic** *adj.* аксиомати́чный.

**axis** *n.* ось, вал; the A ~ powers (*hist.*) держа́вы (*f. pl.*) О́си.

**axle** *n.* ось.

*cpds.*: ~-**box** *n.* подши́пниковая коро́бка, бу́кса; ~-**grease** *n.* таво́т; колёсная мазь; ~-**pin** *n.* чека́.

**ay(e)**[1] *n.* (*affirmative vote*) го́лос «за»; the ~s have it большинство́ за.

*int.* да; есть; ~, ~, Sir! есть!

**aye**[2] *adv.* (*poet., ever*) всегда́; for ~ навсегда́; наве́ки.

**aye-aye** *n.* (*zool.*) ай-ай (*indecl.*).

**azalea** *n.* аза́лия.

**Azerbaijan** *n.* Азербайджа́н.

**Azerbaijani** *n.* (*pers.*) азербайджа́н|ец (*fem.* -ка); (*language*) азербайджа́нский язы́к.

*adj.* азербайджа́нский.

**azimuth** *n.* а́зимут; ~ circle угломе́рный круг.

**Azores** *n. pl.*: the A ~ Азо́рские острова́ (*m. pl.*).

**Azov** *n.*: Sea of A ~ Азо́вское мо́ре.

**Aztec** *n.* ацте́к.

*adj.* ацте́кский.

**azure** *n.* лазу́рь. *adj.* лазу́рный, голубо́й.

# B

**B** *n.* (*mus.*) си (*nt. indecl.*).

**BA** *n.* (*abbr.*) бакала́вр гуманита́рных нау́к.

**baa** *n.* бле́яние.

  *v.i.* бле́ять (*impf.*).

  *cpd.*: ~-**lamb** *n.* бара́шек.

**Baal** *n.* Ваа́л.

**babble** *n.* (*imperfect speech*) ле́пет; (*idle talk*) болтовня́; (*of water etc.*) журча́ние.

  *v.t. & i.* (*speak inarticulately*) болта́ть (*impf.*); лепета́ть (*impf.*); (*utter trivialities*) болта́ть (*impf.*); моло́ть (*impf.*) вздор; (*let out secrets*) выба́лтывать, вы́болтать; проб|а́лтываться, -олта́ться.

**babbler** *n.* болту́н (*fem.* -ья), болту́шка (*c.g.*).

**babe** *n.* (*lit., fig.*) младе́нец; (*Am. sl.*) де́вушка.

**babel** *n.* **1.** the tower of B ~ вавило́нская ба́шня; **2.** (*fig.*) вавило́нское столпотворе́ние, галдёж.

**baboon** *n.* бабуи́н, павиа́н.

**baby** *n.* **1.** младе́нец; what is their ~ (*sc. a boy or a girl*)? кто у них роди́лся?; the ~ of the family мла́дший в семье́; empty out the ~ with the bathwater (*fig.*) вме́сте с водо́й вы́плеснуть (*pf.*) и ребёнка; they left me holding the ~ (*fig.*) мне пришло́сь за них отдува́ться; **2.** (*of animals etc.*) детёныш; **3.** (*coll., sweetheart*) де́тка; **4.** (*attr.*): ~ elephant слонёнок; ~ car малолитра́жный автомоби́ль; ~ grand (piano) кабине́тный роя́ль.

  *v.t.* обраща́ться (*impf.*) (с кем) как с младе́нцем.

  *cpds.*: ~-**carriage** *n.* де́тская коля́ска; ~-**farmer** *n.* челове́к, за пла́ту беру́щий дете́й на воспита́ние; ~-**sit** *v.i.* присма́тривать (*impf.*) за детьми́ в отсу́тствие роди́телей; ~-**sitter** *n.* приходя́щая ня́ня; ~-**sitting** *n.* присмо́тр за детьми́; ~-**snatcher** *n.* похити́тель(ница) дете́й; (*joc.*) ≃ жени́ла на себе́ младе́нца; ~-**talk** *n.* де́тский язы́к, де́тский ле́пет; (*by adults*) сюсю́кание; ~-**word** *n.* де́тское сло́во.

**babyhood** *n.* младе́нчество.

**babyish** *adj.* де́тский, ребя́ческий.

**Babylon** *n.* Вавило́н.

**Babylonian** *adj.* вавило́нский.

**baccalaureate** *n.* бакала́врство.

**baccarat** *n.* баккара́ (*nt. indecl.*).

**Bacchanal** *n.* (*hist.*) жрец Ва́кха; (*female*) вакха́нка.

  *adj.* вакхана́льный.

**Bacchanalia** *n.* вакхана́лия.

**Bacchanalian** *adj.* вакхи́ческий; вакхана́льный.

**Bacchante** *n.* вакха́нка.

**Bacchic** *adj.* вакхи́ческий.

**Bacchus** *n.* Вакх, Ба́хус.

**baccy** *n.* табачо́к (*coll.*).

**bachelor** *n.* **1.** холостя́к; ~ girl холостя́чка; **2.** (*acad.*) бакала́вр.

**bachelorhood** *n.* холостя́цкая жизнь; (*acad.*) сте́пень бакала́вра.

**bacillus** *n.* баци́лла.

**back** *n.* **1.** (*part of body*) спина́; ~ to ~ спино́й к спине́; break one's ~ переломи́ть (*pf.*) спинно́й хребе́т; he fell on his ~ он упа́л на спину; make a ~ (*leap-frog*) подста́вить (*pf.*) спи́ну; turn one's ~ on (*lit.*) отв|ора́чиваться, -ерну́ться от +*g.*; (*fig.*) пок|ида́ть, -и́нуть; as soon as my ~ was turned не успе́л я отверну́ться; **2.** (*fig. uses*): at s.o.'s ~ (*giving support*) за чьей-н. спино́й; behind my ~ за мое́й спино́й; on one's ~ (*as burden*) на ше́е; put s.o.'s ~ up рассерди́ть (*pf.*) кого́-н.; break the ~ of a task одоле́ть (*pf.*) трудне́йшую часть зада́ния; see the ~ of (*get rid of*) отде́латься (*pf.*) от +*g.*; with one's ~ against the wall припёртый к сте́нке; put one's ~ into sth. вложи́ть (*pf.*) все си́лы во что-н.; scratch my ~ and I'll scratch yours ≈ рука́ ру́ку мо́ет; **3.** (*of chair, dress*) спи́нка; (*of playing card*) руба́шка; **4.** (*other side, rear*): ~ of a brush обра́тная сторона́ щётки; ~ of a knife тупо́й край ножа́; ~ of an envelope обра́тная сторона́ конве́рта; ~ of one's head затылок; ~ of one's hand ты́льная сторона́ руки́; know sth. like the ~ of one's hand знать (*impf.*) что-н. как свои́ пять па́льцев; ~ (*spine*) of a book корешо́к кни́ги; ~ of one's leg нога́ сза́ди; икра́; at the ~ of the house в за́дней ча́сти до́ма; (*behind it*) позади́ до́ма; at the ~ of one's mind подсозна́тельно; в глубине́ души́; at the ~ of the book в конце́ кни́ги; at the ~ of beyond на краю́ све́та; ~ of a car за́дняя часть автомоби́ля; **5.** (*sport*): full ~ защи́тник, бек; **6.** (*attr.*; *see also cpds. as separate headwords*): ~ door чёрный ход; ~ freight обра́тный фрахт; ~ seat за́днее сиде́нье; ~ somersault за́днее са́льто-морта́ле; ~ stairs чёрная ле́стница; ~ street глуха́я у́лица.

  *adv.* **1.** (*to or at the rear*) наза́д, сза́ди; ~ and forth взад и вперёд; hold the crowd ~ сде́рживать (*impf.*) толпу́; sit ~ in one's chair отки́нуться (*pf.*) на спи́нку сту́ла; усе́сться (*pf.*) глу́бже; keep ~ the truth скрыва́ть (*impf.*) пра́вду; (in) ~ of (*Am.*) позади́ +*g.*; ~ from the road в стороне́ от доро́ги; **2.** (*returning to former position etc.*) обра́тно; he is ~ again он сно́ва здесь; we shall be ~ before dark мы вернёмся за́светло; take ~ a statement отказа́ться (*pf.*) от своего́ заявле́ния; pay s.o. ~ отпла́|чивать, -ти́ть кому́-н.; hit ~ уд|аря́ть, -а́рить в отве́т; (*coll.*) дать (*pf.*)

сда́чи (*кому*); answer ~ возра|жа́ть, -зи́ть; спо́рить (*impf.*); дерзи́ть, на- (*кому*); get one's own ~ отплати́ть (*pf.*) (*кому*); **3.** (*ago*) тому́ наза́д; ~ in 1930 ещё в 1930 году́.

*v.t.* **1.** (*move backwards*) дви|га́ть, -нуть наза́д (*or* в обра́тном направле́нии); ~ water таба́нить (*impf.*); **2.** (*support*; *also* ~ **up**) подде́рж|ивать, -а́ть; ~ (*bet on*) a horse ста́вить, по- на ло́шадь; ~ a bill индосси́ровать (*impf., pf.*) ве́ксель; **3.** (*line*) покр|ыва́ть, -ы́ть; ~ed with sheet-iron кры́тый листовы́м желе́зом; **4.** (*form* ~ *of*) примыка́ть (*impf.*) сза́ди; быть фо́ном (*чего*); the lake is ~ed by mountains сза́ди к о́зеру примыка́ют го́ры.

*v.i.* **1.** (*move backwards*) пя́титься, по-; (*of motor car*) идти́ (*det.*) за́дним хо́дом; ~ and fill лави́ровать (*impf.*); the wind ~ed ве́тер меня́л направле́ние про́тив часово́й стре́лки; **2.** ~ **down** (from) отступ|а́ться, -и́ться (*от чего*); ~ **out** (of) уклон|я́ться, -и́ться (*от чего*).

**backache** *n.* боль в спине́/поясни́це.

**backbencher** *n.* заднескаме́ечник, рядово́й член парла́мента.

**backbite** *v.t. & i.* злосло́вить (*impf.*) (*о ком*).

**backbiter** *n.* зло́бный спле́тник.

**backbiting** *n.* злосло́вие.

**backblocks** *n.* захолу́стье, глушь.

**backbone** *n.* **1.** спинно́й хребе́т, позвоно́чник; British to the ~ брита́нец до мо́зга косте́й; **2.** (*basis*) осно́ва; (*substance*) суть; (*support*) опо́ра; (*strength of character*) твёрдость хара́ктера.

**back-chat** *n.* де́рзкий отве́т, де́рзость.

**back|cloth, -drop** *nn.* за́дник.

**back-date** *v.t.* пом|еча́ть, -е́тить за́дним число́м.

**backdoor** *adj.* (*fig.*) закули́сный, та́йный.

**backdrop** *see* BACKCLOTH.

**back-end** *n.* за́дний коне́ц.

**backer** *n.* ока́зывающий подде́ржку; субсиди́рующий.

**backfall** *n.* паде́ние на́ спину.

**backfire** *n.* (*of a car*) обра́тная вспы́шка.

*v.i.* да|ва́ть, -ть обра́тную вспы́шку; (*fig.*) прив|оди́ть, -ести́ к обра́тным результа́там.

**back-formation** *n.* обра́тное словообразова́ние.

**backgammon** *n.* триктра́к.

**background** *n.* **1.** за́дний план, фон; in the ~ of the picture на за́днем пла́не карти́ны; on a dark ~ на тёмном фо́не; keep in the ~ (*fig.*) держа́ть(ся) (*impf.*) в тени́; **2.** (*of pers.*) ≃ происхожде́ние; образова́ние; о́пыт; **3.** (*to a situation*) предысто́рия; **4.**: ~ music музыка́льное сопровожде́ние/оформле́ние; **5.** (*radio*) посторо́нние шу́мы (*m. pl.*), фон.

**backhand** *n.* (*handwriting*) по́черк с накло́ном вле́во; (*sport*: ~ stroke) уда́р сле́ва.

**backhanded** *adj.* с накло́ном вле́во; сде́ланный

ты́льной стороно́й руки́; (*fig.*) сомни́тельный, двусмы́сленный.

**backing** *n.* **1.** (*assistance*) подде́ржка; (*subsidy*) субсиди́рование; **2.** (*motion*) за́дний ход; **3.** (*of cloth*) подкла́дка; (*covering*) покры́тие.

**backlash** *n.* (*fig.*) реа́кция.

**backlog** *n.* за́лежи (*f. pl.*) накопи́вшейся рабо́ты.

**back-pedal** *v.i.* крути́ть (*impf.*) педа́ли наза́д; (*fig.*) пойти́ (*pf.*) на попя́тный.

**backside** *n.* (*coll., buttocks*) зад, за́дница.

**backsight** *n.* прице́л, це́лик.

**back-slapper** *n.* руба́ха-па́рень (*m.*).

**back-slapping** *n.* похло́пывание по спине́; панибра́тство, амикошо́нство.

*adj.* панибра́тский.

**backslide** *v.i.* вновь подда́ться (*pf.*) искуше́нию; вновь впасть (*pf.*) в грех.

**backslider** *n.* ≃ отсту́пник; верну́вшийся к дурны́м привы́чкам.

**back-spacer** *n.* (*on typewriter*) обра́тный реги́стр; кла́виша «обра́тный ход».

**backstage** *adj.* (*also fig.*) закули́сный.

*adv.* за кули́сами.

**backstairs** *adj.* (*fig.*) та́йный, закули́сный.

**backstay** *n.* форду́н, ба́кштаг.

**backstreet** *adj.* (*illicit*) подпо́льный.

**backstroke** *n.* пла́вание на спине́.

**back-track** *v.i.* идти́ (*det.*) за́дним хо́дом; пя́титься, по-; (*fig.*) идти́ (*det.*) на попя́тный/попя́тную.

**backward** *adj.* **1.** (*towards the back*) обра́тный; a ~ glance взгляд наза́д; **2.** (*lagging*) отста́лый; (*retarded*) слабора́звитый, недора́звитый; children у́мственно отста́лые де́ти; **3.** (*late*) запозда́лый; (*reluctant*) ме́длящий, нереши́тельный.

*adv.*: *see next entry*.

**backward(s)** *adv.* (*in backward direction*) наза́д; (*in opposite direction*) в обра́тном направле́нии; (*in reverse order*) в обра́тном поря́дке; sit ~ on a horse сиде́ть (*impf.*) на ло́шади за́дом наперёд; walk ~ пя́титься, по-; ~ and forwards взад и вперёд; туда́ и обра́тно; туда́-сюда́; know sth. ~ знать (*impf.*) что-н. от ко́рки до ко́рки; lean over ~ to do sth. (*fig.*) из ко́жи вон лезть (*pf.*), что́бы сде́лать что-н.

**backward-looking** *adj.* (*fig.*) отста́лый, ретрогра́дный.

**backwardness** *n.* отста́лость; (*disinclination*) неохо́та.

**backwash** *n.* обра́тный пото́к; (*fig.*) о́тзвук, след.

**backwater** *n.* за́водь; (*fig.*) ти́хая за́водь.

**backwoods** *n.* (*лесна́я*) глушь.

**backwoodsman** *n.* обита́тель (*m.*) лесно́й глуши́; дереве́нщина (*c.g.*).

**bacon** *n.* беко́н; ~ and eggs яи́чница с беко́ном; (*fig.*): save one's ~ спас|а́ть, -ти́ свою́ шку́ру.

**bacterial** *adj.* бактери́йный.

**bacteriological** *adj.* бактериологи́ческий; ~ warfare бактериологи́ческая война́.

**bacteriology** *n.* бактериоло́гия.

**bacteriolysis** *n.* бактерио́лиз.

**bacterium** *n.* бакте́рия.

**Bactrian** *adj.*: ~ camel бактриа́н.

**bad** *n.* **1.** (*evil*) дурно́е, плохо́е; ху́до; go to the ~ разор|я́ться, -и́ться; сби́ться (*pf.*) с пути́ и́стинного; **2.** (*loss*): I was £5 to the ~ я понёс убы́ток в пять фу́нтов.

   *adj.* **1.** плохо́й, дурно́й, скве́рный; not ~! непло́хо!; things went from ~ to worse дела́ шли всё ху́же и ху́же; too ~! о́чень жаль!; it is too ~ of him э́то о́чень некраси́во с его́ стороны́; a ~ light (*to read in*) сла́бый свет; **2.** (*morally bad*) плохо́й, дурно́й; it is ~ to steal ворова́ть (*impf.*) ду́рно/пло́хо; lead a ~ life вести́ (*det.*) непутёвую/беспу́тную жизнь; a ~ name дурна́я репута́ция; **3.** (*spoilt*) испо́рченный; go ~ по́ртиться, ис-; a ~ egg (*lit.*) ту́хлое яйцо́; (*fig.*) непутёвый челове́к; **4.** (*severe*) си́льный; I caught a ~ cold я си́льно простуди́лся; a ~ wound тяжёлая ра́на; **5.** (*harmful*) вре́дный; coffee is ~ for him ко́фе ему́ вре́ден; smoking is ~ for one куре́ние вре́дно для здоро́вья; **6.** (*of health*) больно́й; I feel ~ я чу́вствую себя́ пло́хо; be taken ~ (*coll.*) заболе́ть (*pf.*); **7.** (*counterfeit*) фальши́вый; **8.** (*var.*): a ~ mistake гру́бая оши́бка; a ~ debt безнадёжный долг; a ~ lot, hat (*coll.*) дрянь-челове́к; ~ language ру́гань, руга́тельство; he was in ~ with us (*coll.*) он был у нас на плохо́м счету́.

   *cpds.*: ~-**mannered** *adj.* невоспи́танный; ~-**tempered** *adj.* раздражи́тельный.

**baddie** *n.* (*coll.*) злоде́й; плохо́й дя́дя, бя́ка (*m.*).

**badge** *n.* значо́к; (*fig.*) си́мвол.

**badger** *n.* барсу́к.

   *v.t.* (*coll*) трави́ть (*impf.*), изводи́ть (*impf.*); ~ s.o. for sth. пристава́ть (*impf.*) к кому́-н. с про́сьбой о чём-н.

**badinage** *n.* подшу́чивание.

**badly** *adv.* **1.** (*not well*) пло́хо; **2.** (*very much*) о́чень; си́льно; (*urgently*) сро́чно; **3.**: ~ off в нужде́.

**badminton** *n.* бадминто́н.

**badness** *n.* (*poor quality*) плохо́е ка́чество, недоброка́чественность; него́дность; (*depravity*) поро́чность, безнра́вственность; the ~ of the weather плоха́я пого́да, нена́стье, непого́да.

**baffle**[1] *n.* (*tech.*) экра́н, щит, дро́ссельная засло́нка.

   *cpds.*: ~-**board** *n.* отража́тельная доска́; ~-**plate** *n.* отража́тельная плита́.

**baffle**[2] *v.t.* (*perplex*) сби|ва́ть, -ть с то́лку; the police are ~d поли́ция не зна́ет, что де́лать; (*foil, hinder*) препя́тствовать (*impf.*) +d.; (*disappoint, delude*) обма́н|ывать, -у́ть; it ~s

description э́то не поддаётся описа́нию.

**baffling** *adj.* сбива́ющий с то́лку; ста́вящий в тупи́к; зага́дочный.

**bag** *n.* **1.** су́мка; (*small* ~, *hand* ~) су́мочка; shopping ~ хозя́йственная су́мка; **2.** (*large* ~, *sack*) мешо́к; **3.** (*luggage*) чемода́н; pack one’s ~s упакова́ться (*pf.*); ~ and baggage со все́ми пожи́тками; **4.** (*game shot by sportsman*) добы́ча; **5.**: by diplomatic ~ дипломати́ческой по́чтой; **6.** (*pl., coll., trousers*) штан|ы́ (*pl., g.* -о́в); **7.** (*pl., coll., plenty*): ~s of room полно́ ме́ста; ~ of money мешки́ (*m. pl.*) де́нег; де́нег — ку́ры не клюю́т; **8.** (*var.*): in the ~ (*coll., assured*) ≃ уже́ в карма́не; ~s under the eyes мешки́ под глаза́ми; a ~ of bones (*fig.*) ко́жа да ко́сти; the whole ~ of tricks (*coll.*) всё без оста́тка; old ~ (*sl., pej., woman*) ста́рая хрычо́вка.

   *v.t.* **1.** (*put in bag*) класть, положи́ть в мешо́к; **2.** (*shoot down*): ~ game бить (*impf.*) дичь; ~ an aircraft сбить (*pf.*) самолёт; **3.**: who has ~ged my matches? кто сти́брил (*coll.*) мои́ спи́чки? ~s I first place! чур я пе́рвый! (*coll.*).

   *v.i.*: his trousers ~ at the knees его́ брю́ки пузы́рятся на коле́нях.

   *cpds.*: ~**man** *n.* коммивояжёр; ~**pipe(s)** *n.* волы́нка; ~**piper** *n.* волы́нщик.

**bagatelle** *n.* пустя́к.

**baggage** *n.* **1.** бага́ж; **2.** (*mil.*) вози́мое иму́щество; **3.** (*saucy girl*) наха́лка; озорни́ца; **4.** (*attr.*) бага́жный; (*mil.*) вещево́й; ~ room ка́мера хране́ния; ~ train вещево́й обо́з.

**bagginess** *n.* мешкова́тость.

**baggy** *adj.* мешкова́тый.

**bagnio** *n.* (*brothel*) публи́чный дом.

**bah** *int.* ба!

**bail**[1] *n.* **1.** (*pledge*) зало́г; поручи́тельство; release on ~ отпус|ка́ть, -ти́ть на пору́ки; **2.** (*pers.*) поручи́тель (*m.*); be, stand, go ~ for s.o. поручи́ться (*pf.*) за кого́-н.

   *v.t.*: ~ s.o. out брать, взять кого́-н. на пору́ки.

   *cpd.*: ~**sman** *n.* поручи́тель (*m.*).

**bail**[2], **bale** *v.t.* (*also* ~ **out**) выче́рпывать, вы́черпать (*воду из лодки*).

   *v.i.*: ~ **out** (*av.*) выбра́сываться, вы́броситься с парашю́том.

**bailiff** *n.* **1.** (*leg.*) суде́бный при́став; бе́йлиф; **2.** (*steward*) управля́ющий.

**bairn** *n.* (*Sc.*) дитя́ (*nt.*), ребёнок.

**bait** *n.* прима́нка; (*fishing*) наса́дка, нажи́вка; ground ~ прива́да, нажи́вка; live ~ живе́ц; (*fig.*) искуше́ние, прима́нка; rise to the ~ (*lit., fig.*) попа́сться (*pf.*) на у́дочку.

   *v.t.* **1.** (*attach* ~ *to*) наса́|живать, -ди́ть нажи́вку на +a.; **2.** (*entice*) прима́н|ивать, -и́ть; **3.** (*tease*) пресле́довать (*impf.*), изводи́ть (*impf.*); ~ a bear with dogs трави́ть (*impf.*) медве́дя соба́ками.

**baize** *n.* ба́йка; green ~ зелёное сукно́.

**bake** *v.t.* печь, с-; (*of bricks*) обж|ига́ть, -е́чь.
*v.i.* пе́чься, с-; we were baking in the sun мы
жа́рились на со́лнце; baking-powder
пека́рный порошо́к.
*cpd.*: ~ **house** *n.* пека́рня.

**bakelite** *n.* бакели́т.

**baker** *n.* пе́карь (*m.*); (*in charge of ~'s shop*)
бу́лочник; ~'s dozen чёртова дю́жина.

**bakery** *n.* пека́рня; (*shop*) бу́лочная.

**baksheesh** *n.* бакши́ш.

**Balaam** *n.* Валаа́м.

**Balaclava** *n.*: ~ helmet вя́заный шлем.

**balalaika** *n.* балала́йка.

**balance** *n.* 1. (*machine*) вес|ы́ (*pl., g.* -о́в); spring
~ пружи́нные весы́; 2. (*equilibrium*) равно-
ве́сие; lose one's ~ (*fig.*) теря́ть, по- душе́вное
равнове́сие; hang in the ~ висе́ть (*impf.*) на
волоске́; hold the ~ осуществля́ть (*impf.*)
контро́ль; catch s.o. off ~ засти́гнуть (*pf.*)
кого́-н. враспло́х; 3. (*counterbalance*) проти-
вове́с; 4. (*bookkeeping*) бала́нс; са́льдо
(*indecl.*); ~ of account; ~ in hand са́льдо в
ба́нке; оста́ток счёта в ба́нке; adverse ~
пасси́вный бала́нс; ~ sheet бухга́лтерский
бала́нс; ~ of payments платёжный бала́нс; ~
of trade торго́вый бала́нс; on ~ в ито́ге, в
коне́чном счёте.
*v.t.* 1. (*lit.*): he ~d a pole on his chin он
баланси́ровал шест на подборо́дке; 2. (*make
equal*) уравнове́|шивать, -сить; 3. (*weigh one
thing against another*) взве́|шивать, -сить;
сопост|авля́ть, -а́вить (*что с чем*); 4. (*comm.*)
баланси́ровать, с-/за-; ~ the books заба-
ланси́ровать (*pf.*) бухга́лтерские кни́ги; ~
foreign trade сбаланси́ровать (*pf.*) вне́шнюю
торго́влю; the expenses ~ the receipts рас-
хо́ды уравнове́шиваются дохо́дами.
*v.i.* (*of accounts*) сходи́ться (*impf.*); (*be in
equilibrium*) баланси́ровать (*impf.*).
*cpd.*: ~**-wheel** *n.* ма́ятник.

**balanced** *adj.* (*of pers.*) уравнове́шенный; ~
judgement проду́манное сужде́ние; ~ diet
сбаланси́рованная/рациона́льная дие́та.

**balcony** *n.* балко́н; (*theatr.*) балко́н (пе́рвого
я́руса).

**bald** *adj.* 1. лы́сый, плеши́вый; as ~ as a coot
(*coll.*) го́лый как коле́но; ~ patch лы́сина,
плешь; 2. (*bare*) го́лый; 3. (*unadorned*)
неприкра́шенный, прямо́й; (*pej.*) убо́гий.
*cpds.*: ~**-head,** ~**-pate** *nn.* лы́сый (челове́к);
~**-headed** *adj.* лы́сый, плеши́вый; go at sth.
~-headed (*coll.*) бро́ситься (*pf.*) во что-н.
очертя́ го́лову.

**baldachin** *n.* балдахи́н.

**balderdash** *n.* галиматья́.

**balding** *adj.* лысе́ющий.

**baldness** *n.* 1. плеши́вость; 2. (*bareness*) ого-
лённость; 3. (*scantiness*) ску́дость.

**baldric** *n.* пе́ревязь.

**bale**[1] *n.* ки́па.
*v.t.* упако́в|ывать, -а́ть в ки́пы; тюкова́ть
(*impf.*).

**bale**[2] *v.i.*: *see* BAIL[2].

**baleen** *n.* кито́вый ус.

**baleful** *adj.* злове́щий; серди́тый.

**balk, baulk**[1] *n.* (*beam*) оканто́ванное бревно́.

**balk, baulk**[2] *v.t.* (*hinder*) меша́ть, по- (*кому,
чему, в чём*); (*frustrate*) расстр|а́ивать, -о́ить;
~ s.o. of his prey лиши́ть (*pf.*) кого́-н. добы́чи;
he was ~ed of his desires его́ жела́ния не
осуществи́лись.
*v.i.* 1. (*of horses*) арта́читься, за- (*при чём*); 2.
~ at food отка́з|ываться, -а́ться от пи́щи; he
~ed at the expense таки́е расхо́ды его́
испуга́ли.

**Balkan** *n.*: the ~s Балка́н|ы (*pl., g.* —); Бал-
ка́нский полуо́стров.
*adj.* балка́нский.

**Balkanization** *n.* балканиза́ция.

**Balkanize** *v.t.* балканизи́ровать (*impf., pf.*).

**balky** *adj.* стропти́вый.

**ball**[1] *n.* (*dance*) бал; open the ~ откр|ыва́ть,
-ы́ть бал; give a ~ устр|а́ивать, -о́ить бал;
fancy-dress ~ маскара́д.
*cpds.*: ~**-dress** *n.* ба́льное пла́тье; ~**room** *n.*
танцева́льный зал.

**ball**[2] *n.* 1. (*sphere*) шар; billiard ~ билья́рдный
шар; 2. (*in outdoor games*) мяч; play ~
игра́ть (*impf.*) в мяч; 3. (*of wool*) клубо́к; 4.
(*bullet*) пу́ля; (*for cannon*) ядро́; load with ~
заряди́ть (*pf.*) боевы́ми патро́нами; 5. (*of
thumb, foot*) поду́шечка; 6. (*for voting*) бал-
лотиро́вочный шар; 7. (*pl., sl.: testicles*)
я́йца (*nt. pl.*) (*vulg.*); (*nonsense*) чепуха́; make a
~s of напорта́чить (*pf.*); 8. (*tech.*): ~ and
socket шарово́й шарни́р; 9. (*var. fig. uses*): on
the ~ сме́тливый, (*coll.*) расторо́пный; get on
the ~ смекну́ть (*pf.*); ~ of fire (*pers.*) сгусток
эне́ргии; have, keep one's eye on the ~ (*pursue
objective single-mindedly*) идти́ (*det.*) пря́мо к
це́ли; быть целеустремлённым; keep the ~
rolling (*in conversation*) подде́рж|ивать, -а́ть
разгово́р; set the ~ rolling (*start sth.*) пус|ка́ть,
-ти́ть что-н. в ход.
*cpds.*: ~**-bearing** *n.* шарикоподши́пник;
~**-cock** *n.* шарово́й кла́пан; ~**-point** (pen) *n.*
ша́риковая ру́чка.

**ballad** *n.* балла́да, наро́дная пе́сня.
*cpd.*: ~**-monger** *n.* (*hist.*) продаве́ц балла́д.

**ballade** *n.* балла́да.

**balladry** *n.* балла́ды (*f. pl.*).

**ballast** *n.* 1. (*naut., rail.*) балла́ст; in ~ в бал-
ла́сте; 2. (*fig.*) уравнове́шенность, усто́й-
чивость; he has no ~ он неуравнове́шен-
ный/неусто́йчивый челове́к; 3. (*attr.*) бал-
ла́стный.
*v.t.* 1. грузи́ть, на- балла́стом; (*rail.*)
зас|ыпа́ть, -ы́пать балла́стом; 2. (*fig.*) прид|а-
ва́ть, -а́ть усто́йчивость +*d.*

**ballerina** *n.* балери́на.
**ballet** *n.* бале́т.
 *cpds.*: ~**-dancer** *n.* арти́ст (*fem.* -ка) бале́та;
 ~**-master** *n.* балетме́йстер.
**balletomane** *n.* балетома́н.
**balletomania** *n.* балетома́ния.
**ballistic** *adj.* баллисти́ческий; ~ missile бал-
листи́ческий снаря́д.
**ballistics** *n.* балли́стика.
*ballon d'essai n.* про́бный шар.
**balloon** *n.* аэроста́т; (*also child's*) возду́шный
шар; barrage ~ аэроста́т загражде́ния; captive ~ привязно́й аэроста́т; ~ glass (*for
brandy*) конья́чная рю́мка; ~ tyre ка́мерная
ши́на.
 *v.i.* (*fly in* ~) лета́ть (*indet.*) на возду́шном
ша́ре.
**balloonist** *n.* воздухопла́ватель (*m.*), аэрона́вт.
**ballot** *n.* (*ball*) баллотиро́вочный шар;
(~-paper) избира́тельный бюллете́нь; (*vote*)
баллотиро́вка; put a question to the ~, take a
~ ста́вить, по- вопро́с на голосова́ние;
(*number of votes*) коли́чество по́данных
голосо́в; (*drawing lots*) жеребьёвка.
 *v.i.* (*vote*) голосова́ть (*impf.*); (*draw, cast lots*)
тяну́ть (*impf.*) жре́бий; мета́ть/броса́ть (*both
impf.*) жребий; ~ for precedence устан|а́в-
ливать, -ови́ть поря́док очерёдности по
жре́бию.
 *cpd.*: ~**-box** *n.* избира́тельная у́рна; я́щик
для бюллете́ней.
**ballyhoo** *n.* (*coll.*) шуми́ха.
**ballyrag, bullyrag** *v.t.* измыва́ться (*impf.*) над
+i.; изводи́ть (*impf.*).
**balm** *n.* (*exudation, fragrance*; *also fig.*) баль-
за́м; (*ointment*) бальза́м, болеутоля́ющее
сре́дство.
**balmy** *adj.* **1.** (*fragrant*) арома́тный; **2.** (*soft*)
мя́гкий; (*of wind*) не́жный; **3.** (*soothing*)
успокои́тельный, цели́тельный; **4.** (*yielding
balm*) бальзами́ческий, бальза́мовый; **5.**
(*coll.*) *see* BARMY **2.**
**baloney** *n.* (*sl.*) ерунда́.
**balsa** *n.* ба́льза.
**balsam** *n.* (*resinous product*) бальза́м; (*plant*)
бальзами́н, недотро́га; ~ fir бальзами́ческая
пи́хта.
**Balt** *n.* приба́лт (*fem.* -ка).
**Baltic** *n.*: the ~ Балти́йское мо́ре.
 *adj.* балти́йский; прибалти́йский; ~ states
прибалти́йские госуда́рства, Приба́лтика.
**Balto-Slavic** *adj.* ба́лто-славя́нский.
**baluster** *n.* баля́сина.
**balustrade** *n.* балюстра́да.
**bamboo** *n.* бамбу́к; (*attr.*) бамбу́ковый.
**bamboozle** *v.t.* (*coll.*) околпа́чи|вать, -ть; оду-
ра́чи|вать, -ть; над|ува́ть, -у́ть.
**ban** *n.* (*eccl.*) ана́фема, прокля́тие; (*sentence of
outlawry*) объявле́ние (*кого*) вне зако́на; (*banishment*) изгна́ние; (*prohibition*) запреще́ние,

запре́т.
 *v.t.* запре|ща́ть, -ти́ть.
**banal** *adj.* бана́льный.
**banality** *n.* бана́льность; (*remark*) бана́льное
замеча́ние.
**banana** *n.* бана́н.
**band**[1] *n.* **1.** (*braid*) тесьма́; (*for decoration*)
ле́нта; (*on barrel*) о́бруч, о́бод; rubber ~ ре-
зи́нка; **2.** (*strip*) полоса́; a plate with a blue ~
round it таре́лка с голубы́м ободко́м; **5.**
(*radio*): frequency ~ полоса́ часто́т; **6.** (*attr.*):
~ conveyor ле́нточный транспортёр.
 *cpds.*: ~ **box** *n.* карто́нка для шляп; ~**-saw** *n.*
ле́нточная пила́.
**band**[2] *n.* (*company*) гру́ппа; (*detachment*) отря́д;
(*gang*) ба́нда, ша́йка; (*mus.*) орке́стр; jazz ~
джаз-банд, джаз-орке́стр.
 *v.t. & i.* (*also* ~ **together**) соб|ира́ть(ся),
-ра́ть(ся).
 *cpds.*: ~ **master** *n.* капельме́йстер; ~**sman** *n.*
оркестра́нт; ~ **stand** *n.* эстра́да для орке́стра.
**bandage** *n.* бинт; (*blindfold*) повя́зка.
 *v.t.* бинтова́ть, за-; перевя́з|ывать, -а́ть.
**bandan(n)a** *n.* цветно́й плато́к.
**bandeau** *n.* (*hair-ribbon*) ле́нта для воло́с.
**banderole** *n.* вы́мпел.
**bandicoot** *n.* бандику́т.
**bandit** *n.* разбо́йник, банди́т.
**banditry** *n.* бандити́зм.
**bandol|eer, -ier** *n.* нагру́дный патронта́ш.
**bandy**[1] *adj.* криво́й.
 *cpd.*: ~**-legged** *adj.* кривоно́гий.
**band|y**[2] *v.t.*: have one's name ~ied about быть
предме́том то́лков; ~y words перебра́сы-
ваться (*impf.*) слова́ми.
**bane** *n.* напа́сть, прокля́тие; it is the ~ of my life
э́то отравля́ет мне жизнь.
**baneful** *adj.* па́губный, губи́тельный.
**bang**[1] *n.* (*of hair*) чёлка.
**bang**[2] *n.* **1.** (*blow*) уда́р; **2.** (*crash*) гро́хот; стук;
**3.** (*sound of gun*) вы́стрел; (*of explosion*)
взрыв; **4.** (*coll.*): go with a ~ (*succeed*)
про|ходи́ть, -йти́ блестя́ще.
 *v.t.* (*strike, thump*) уд|аря́ть, -а́рить; (*at the
door etc.*) ст|уча́ть, -у́кнуть в +*a.*; ~ a drum
уда́рить (*pf.*) в бараба́н; ~ the piano-keys
уда́рить (*pf.*) по кла́вишам; ~ one's fist on the
table сту́кнуть (*pf.*) кулако́м по столу́; ~ the
door хло́пнуть (*pf.*) две́рью; ~ the lid down
захло́пнуть (*pf.*) кры́шку; ~ the box down on
the floor гро́хнуть (*pf.*) я́щик на́ пол; ~ out a
tune оттараба́нить (*pf.*) моти́в.
 *v.i.* (*of door, window etc.*; *also* ~ **to**)
захло́пнуться (*pf.*); the door is ~ing дверь
хло́пает; (*of pers.*): ~ at the door
стуча́ть/колоти́ть (*impf.*) в дверь; stop
~ing about! дово́льно тараба́нить!; he ~ed
away at the ducks он пали́л по у́ткам.
 *adv.* **1.**: go ~ (*of gun*) ба́хнуть (*pf.*); ~ went
£100 раз! — и ста фу́нтов как не быва́ло; **2.**

(*suddenly*) вдруг; (*just, exactly*) пря́мо; как раз; ~ on (*coll.*) в аккура́т.

*int.* бац!; бах!

*cpd.*: ~-**up** *adj.* (*coll.*) первокла́ссный.

**banger** *n.* (*coll.*) (*sausage*) соси́ска; (*car*) дранду-ле́т.

**Bangladesh** *n.* Бангладе́ш.

**Bangladeshi** *n.* бангладе́ш|ец (*fem.* -ка).

*adj.* бангладе́шский.

**bangle** *n.* брасле́т.

**banish** *v.t.* (*exile*) высыла́ть, вы́слать; (*dismiss*) прог|оня́ть, -на́ть; изг|оня́ть, -на́ть; (*from one's mind*) от|гоня́ть, -огна́ть.

**banishment** *n.* вы́сылка, ссы́лка; изгна́ние.

**banisters** *n.* пери́л|а (*pl., g.* —).

**banjo** *n.* ба́нджо (*indecl.*).

**banjoist** *n.* игро́к на ба́нджо.

**bank**[1] *n.* **1.** (*of river*) бе́рег; **2.** (*under-water shelf*) ба́нка; **3.**: ~ of clouds гряда́ облако́в; ~ of fog полоса́ тума́на; (*of snow*) зано́с, сугро́б; (*sand-*~) о́тмель; ~s of earth between fields земляны́е валы́ ме́жду поля́ми; **4.** (*embankment*) на́сыпь; **5.** (*min.*) за́лежь; **6.** (*of aeroplane etc.*) крен.

*v.t.* **1.**: ~ a river обалова́ть (*pf.*) берега́ реки́; соору|жа́ть,-ди́ть да́мбу вдоль реки́; **2.** ~ (up) a fire подде́рж|ивать, -а́ть ого́нь; **3.** the road is ~ed доро́га име́ет накло́н; **4.** (*av.*) крени́ть, на-.

*v.i.* **1.** (*also* ~ up, *of snow etc.*) образо́в|ывать, -а́ть зано́сы; **2.** (*av.*) накрен|я́ться, -и́ться.

**bank**[2] *n.* (*tier of oars*) ряд вёсел; (*row of keys*) ряд клавиату́ры.

**bank**[3] *n.* **1.** (*fin.*) банк; ~ account счёт в ба́нке; B~ of England Англи́йский банк; ~ rate учётная ста́вка; clearing ~ кли́ринговый банк; savings ~ сберега́тельная ка́сса, сбер-ка́сса; ~ of issue эмиссио́нный банк; **2.** (*at cards etc.*) банк; break the ~ сорва́ть (*pf.*) банк; **3.** blood ~ до́норский пункт; **4.** (*attr.*) ба́нковый, ба́нковский; ~ book ба́нковская кни́жка; ~ card ба́нковская креди́тная ка́рта; ~ clerk ба́нковский слу́жащий; ~ holiday ≃ пра́здничный день.

*v.t.* (*put into* ~) класть, положи́ть в банк.

*v.i.* (*keep money in* ~) держа́ть (*impf.*) де́ньги в ба́нке; (*at cards*) мета́ть (*impf.*) банк; ~ on (*fig., rely on*) пол|ага́ться, -ожи́ться на +*a.*; де́лать, с- ста́вку на +*a*

*cpd.*: ~-**note** *n.* креди́тный биле́т; банкно́т.

**banker** *n.* банки́р; (*at cards*) банкомёт.

**banking** *n.* (*av.*) крен; (*fin.*) ба́нковое де́ло.

**bankrupt** *n.* банкро́т, несостоя́тельный должни́к; fraudulent ~ зло́стный банкро́т; an adjudged ~ лицо́, объя́вленное по суду́ банкро́том.

*adj.* (*also fig.*) обанкро́тившийся; несостоя́тельный; go ~ обанкро́титься (*pf.*).

*v.t.* де́лать, с- несостоя́тельным; дов|оди́ть,

-ести́ до банкро́тства.

**bankruptcy** *n.* банкро́тство, несостоя́-тельность; file a declaration of ~ официа́льно объяв|ля́ть, -и́ть себя́ несостоя́тельным; B~ Court суд по дела́м несостоя́тельных должнико́в.

**banner** *n.* (*lit., fig.*) зна́мя (*nt. pl.*); (*flag*) флаг; (*poet.*) стяг; (*with slogan*) плака́т; ~ headlines кру́пные заголо́вки.

*cpd.*: ~-**bearer** *n.* знамено́сец.

**banns** *n.* оглаше́ние (предстоя́щего бра́ка); ask, call, read the ~ огла|ша́ть, -си́ть имена́ жениха́ и неве́сты; forbid the ~ заяв|ля́ть, -и́ть проте́ст про́тив заключе́ния бра́ка.

**banquet** *n.* пир; (*formal*) банке́т.

*v.i.* пирова́ть (*impf.*).

**banquette** *n.* (*seat*) банке́тка.

**banshee** *n.* дух, предвеща́ющий смерть в до́ме.

**bantam** *n.* (*fowl*) банта́мка; (*fig.*) петушо́к.

*cpd.*: ~-**weight** *n.* боксёр легча́йшего ве́са.

**banter** *n.* подшу́чивание, подтру́нивание.

*v.t.* подтру́н|ивать, -и́ть над +*i.*; подшу́|чивать, -ти́ть над +*i.*.

**Bantu** *n.* ба́нту (*m. indecl.*).

*adj.* ба́нту (*indecl.*).

**banyan** *n.* бання́н.

**baobab** *n.* баоба́б.

**baptism** *n.* креще́ние; крести́н|ы (*pl., g.* —); ~ of fire боево́е креще́ние.

**baptismal** *adj.* крести́льный.

**Baptist** *n.* **1.**: St. John the B~ Иоа́нн Крести́-тель (*m.*); **2.** (*member of sect*) бапти́ст.

**baptist(e)ry** *n.* баптисте́рий.

**baptize** *v.t.* крести́ть, о-; нар|ека́ть, -е́чь; he was ~d Peter он был наречён Петро́м.

**bar**[1] *n.* **1.** (*strip, flat piece*) полоса́; (*ingot*) сли́ток; (*lever*) ва́га; (*fire-, grate-*) колосни́к; parallel ~s паралле́льные бру́сья (*m. pl.*); horizontal ~ переклади́на (*rod, pole*) шта́нга; (*of chocolate*) пли́тка; (*of soap*) кусо́к; **2.** (*bolt*) затво́р, засо́в; **3.** (*obstacle*) прегра́да; препя́тствие; colour ~ цветно́й барье́р; ~ to marriage препя́тствие к вступле́нию в брак; **4.** (*usu. pl.*) решётка; behind ~s за решёткой; **5.** (*naut.*) бар, о́тмель; **6.** (*mus.*) та́ктовая черта́; такт; **7.** ~ sinister (*fig.*) незакон-норожде́нность.

*v.t.* (*bolt, lock*) зап|ира́ть, -ере́ть на засо́в; (*obstruct*) прегра|жда́ть, -ди́ть; (*close*) закр|ыва́ть, -ы́ть; загор|а́живать, -оди́ть; (*exclude*) исключ|а́ть, -и́ть; (*prohibit*) запре|ща́ть, -ти́ть; ~ o.s. in зап|ира́ться, -ере́ться; ~ s.o. out не впус|ка́ть, -ти́ть кого́-н.; soldiers ~red the way солда́ты загороди́ли доро́гу.

**bar**[2] *n.* (*legal profession*) адвокату́ра; read for the ~ гото́виться (*impf.*) к адвокату́ре; he was called to the ~ он получи́л пра́во адвока́тской пра́ктики; be at the ~ быть адвока́том; prisoner at the ~ обвиня́емый (на скамье́ подсуди́мых); (*fig.*): the ~ of public opinion суд обще́ственного мне́ния.

**bar**³ *n.* (*room*) бар, буфе́т; (*counter*) прила́вок; сто́йка; milk ~ кафе́-моло́чная; моло́чный бар; snack ~ заку́сочная.

*cpds.*: ~ **fly** *n.* выпиво́ха (*c.g., coll.*); ~ **maid** *n.* буфе́тчица, официа́нтка в пивно́й, ба́рменша; ~ **man,** ~ **-tender** *nn.* буфе́тчик, ба́рмен.

**bar**⁴ *n.* (*unit of pressure*) бар.

**bar**⁵ *prep.* (*coll., excluding*) исключа́я, не счита́я; ~ none без исключе́ния; it's all over ~ the shouting (*fig.*) ко́нчен бал.

**barathea** *n.* барате́я.

**barb**¹ *n.* **1.** (*fish's feeler*) у́сик; **2.** (*sting, spike*) колю́чка; **3.** (*of arrow, fish-hook etc.*) боро́дка, зубе́ц; **4.** (*cutting remark*) ко́лкость.
*v.t.* наса́|живать, -ди́ть шип/остриё *и т.п.* на +*a.*; (*see also* **barbed**).

**barb**² *n.* (*horse*) бербери́йский конь.

**Barbadian** *adj.* барбадо́сский.

**Barbados** *n.* Барба́дос.

**barbarian** *n.* ва́рвар.
*adj.* ва́рварский.

**barbaric** *adj.* ва́рварский.

**barbarism** *n.* ва́рварство; (*ling.*) варвари́зм.

**barbarity** *n.* ва́рварство.

**barbarize** *v.t.* (*people*) пов|ерга́ть, -е́ргнуть в состоя́ние ва́рварства; (*language*) засор|я́ть, -и́ть варвари́змами.

**barbarous** *adj.* ва́рварский; (*cruel*) бесчелове́чный.

**Barbary ape** *n.* маго́ (*m. indecl.*).

**barbate** *adj.* (*zool.*) уса́тый, борода́тый; (*bot.*) ости́стый.

**barbecue** *n.* (*party*) пикни́к, где подаю́т мя́со, зажа́ренное на ве́ртеле.
*v.t.* жа́рить, за- на ве́ртеле.

**barbed** *adj.* **1.** колю́чий; име́ющий колю́чки/шипы́; ~ wire колю́чая про́волока; ~ wire entanglement про́волочное загражде́ние; **2.**: a ~ remark ко́лкое замеча́ние.

**barbel** *n.* (*fish*) уса́ч; (*filament*) у́сик.

**barber** *n.* (мужско́й) парикма́хер; ~'s shop парикма́херская; ~'s itch, rash (*med.*) паразита́рный сико́з; the B~ of Seville Севи́льский цирю́льник.

**barberry** *n.* барбари́с.

**barbican** *n.* барбика́н; навесна́я ба́шня.

**barbiturate** *n.* барбитура́т.

**barbituric** *adj.* барбиту́ровый.

**barcarol(l)e** *n.* баркаро́ла.

**bard** *n.* бард, менестре́ль (*m.*), певе́ц.

**bardic** *adj.* ~ poetry поэ́зия ба́рдов.

**bare** *adj.* **1.** (*naked, not covered*) го́лый, наго́й; обнажённый, непокры́тый; with one's ~ hands го́лыми рука́ми; ~ feet босы́е но́ги; in one's ~ skin голышо́м, нагишо́м; ~ shoulders обнажённые пле́чи; with ~ head с непокры́той голово́й; ~ trees го́лые дере́вья; lay

~ (*fig.*) вскры|ва́ть, -ть; раскр|ыва́ть, -ы́ть; **2.** (*threadbare*) поно́шенный; **3.** (*empty*) пусто́й; the room was ~ of furniture в ко́мнате не́ было ме́бели; **4.** (*unadorned*) просто́й, неприкра́шенный; **5.** (*slight, mere*) мале́йший; a ~ majority о́чень незначи́тельное большинство́; ~ necessities of life насу́щные потре́бности жи́зни; earn a ~ living едва́ зараба́тывать (*impf.*) на жизнь; believe s.o.'s ~ word ве́рить кому́-н. на́ слово; they made a ~ £100 они́ едва́ набра́ли сто фу́нтов; ~ profit ничто́жная при́быль; at the ~ mention of при одно́м упомина́нии о +*p.*; **6.** (*elec.*) го́лый, неизоли́рованный.
*v.t.* обнаж|а́ть, -и́ть; огол|я́ть, -и́ть; ~ one's head обнаж|а́ть, -и́ть го́лову; ~ one's teeth ска́лить, о- зу́бы; ~ one's heart изли́ть (*pf.*) ду́шу.

*cpds.*: ~ **back** *adv.* без седла́; ~ **faced** *adj.* (*fig.*) на́глый, бессты́дный; ~ **facedness** *n.* на́глость, бессты́дство; ~ **foot** *adj.* босо́й; *adv.* босико́м; ~ **footed** *adj.* босо́й, босоно́гий; ~ **headed** *adj.* простоволо́сый, с непокры́той голово́й; ~ **legged** *adj.* с го́лыми нога́ми; ~ **necked** *adj.* с откры́той ше́ей.

**barely** *adv.* (*simply*) то́лько; про́сто; (*scarcely*) едва́; I have ~ enough money мне едва́ хва́тит де́нег.

**bareness** *n.* (*lack of covering*) нагота́, непри́крытость; (*unadorned state*), простота́, неприкра́шенность; (*poorness*) бе́дность, ску́дость.

**Barents Sea** Ба́ренцево мо́ре.

**bargain** *n.* **1.** (*deal*) сде́лка, соглаше́ние; good/bad ~ вы́годная/невы́годная сде́лка; make, strike, drive a ~ заключ|а́ть, -и́ть сде́лку; he drives a hard ~ он неусту́пчив; it's a ~! по рука́м!; a ~'s a ~ угово́р доро́же де́нег; into the ~ в прида́чу; **2.** (*thing cheaply acquired*) вы́годная поку́пка; ~ sale (дешёвая) распрода́жа; ~ price распрода́жная цена́.
*v.t.*: ~ **away** променя́ть (*pf.*) (*что на что*).
*v.i.* торгова́ться, с-; (*agree*) догов|а́риваться, -ори́ться; ~ for (*expect*) ожида́ть (*impf.*); it was more than I ~ed for на э́то я не рассчи́тывал.
*cpd.*: ~ **-hunter** *n.* охо́тник за дешеви́зной.

**bargainer** *n.* торгу́ющийся; he is a hard ~ он упо́рно торгу́ется.

**barge** *n.* (*small boat*) ба́рка; (*for transport*) ба́ржа.
*v.i.* (*coll.*); ~ **about** носи́ться (*impf.*), мета́ться (*impf.*); ~ into, against налет|а́ть, -е́ть на +*a.*; нал|а́кивать, -очи́ть на +*a.*; ~ **in** (*intrude*) вва́л|иваться, -и́ться.
*cpd.*: ~ **-pole** *n.* ба́ржевый баго́р; I wouldn't touch it with a ~-pole (*coll.*) я не подойду́ к э́тому и на вы́стрел.

**bargee** *n.* ба́рочник; swear like a ~ руга́ться как изво́зчик.

**baritone** *n.* (*voice, singer*) барито́н.
   *adj.* баритона́льный.

**barium** *n.* ба́рий.

**bark**[1] *n.* (*of tree etc.*) кора́; Peruvian, Jesuits' ~ хи́нная ко́рка.
   *v.t.* (*strip of* ~) окор|я́ть, -и́ть; сдира́ть, содра́ть кору́ с +*g.*; ~ one's shins об|дира́ть, -одра́ть себе́ но́ги.

**bark**[2], **barque** *n.* (*vessel*) барк.

**bark**[3] *n.* (*of dog*) лай; his ~ is worse than his bite ≃ он гро́зен лишь на слова́х; (*of gunfire*) гро́хот; (*cough*) ла́ющий, ре́зкий ка́шель.
   *v.t.:* ~ **out** (e.g. *an order*) ря́вк|ать, -нуть.
   *v.i.* (*of dog etc.*) ла́ять (*impf.*) (at: на +*a.*); ~ up the wrong tree (*fig.*) обра|ща́ться, -ти́ться не по а́дресу; (*cough*) отры́висто ка́шлять (*impf.*).

**barkentine** *see* BARQUENTINE.

**barker** *n.* (*tout*) зазыва́ла (*c.g.*).

**barley** *n.* ячме́нь (*m.*); hulled ~ я́чневая крупа́; pearl ~ перло́вая крупа́.
   *cpds.:* ~**corn** *n.* ячме́нное зерно́; ~**-mow** *n.* скирда́ ячменя́; ~**-sugar** *n.* леденцы́ (*m. pl.*); ~**-water** *n.* ячме́нный отва́р.

**barm** *n.* (*yeast*) (пивны́е) дро́жж|и (*pl., g.* -е́й); (*leaven*) заква́ска; (*froth*) пе́на.

**barmitzvah** *n.* бар-ми́цва.

**barmy** *adj.* **1.** (*full of barm*) заброди́вший, заки́сший; (*frothy*) пе́нистый; **2.** (*coll., silly; also* **balmy**) чо́кнутый, тро́нутый; go ~ тро́нуться (*pf.*); спя́тить (*pf.*) (с ума́).

**barn** *n.* амба́р, сара́й; (*threshing-floor*) гумно́; (*fig., comfortless building*) сара́й.
   *cpds.:* ~**-door** *n.* воро́т|а (*pl., g.* —) амба́ра; ~**fowl** *n.* дома́шняя пти́ца; ~**-owl** *n.* сипу́ха; ~**stormer** *n.* (*coll.*) бродя́чий актёр.

**barnacle** *n.* **1.** (*on ship's bottom*) морска́я у́точка; (*fig., of pers.*) прилипа́ла (*c.g.*); **2.**: ~ goose белощёкая каза́рка.

**barney** *n.* (*sl.*) перебра́нка.

**barograph** *n.* баро́граф.

**barometer** *n.* баро́метр.

**barometric** *adj.* барометри́ческий.

**baron** *n.* баро́н; (*industrial leader*) магна́т; ~ of beef то́лстый филе́й.

**baroness** *n.* бароне́сса.

**baronet** *n.* бароне́т.

**baronetcy** *n.* ти́тул бароне́та.

**baronial** *adj.* баро́нский; (*fig.*) ба́рский.

**barony** *n.* (*title*) баро́нство; (*domain*) владе́ния (*nt. pl.*) баро́на.

**baroque** *n.* баро́кко (*indecl.*).
   *adj.* баро́чный.

**barouche** *n.* ландо́ (*indecl.*).

**barque** *see* BARK[2].

**barquentine, barkentine** *n.* бриганти́на.

**barrack**[1] *n.* (*usu. pl.*) каза́рма; confinement to ~s каза́рменный аре́ст; (*temporary structure*)

бара́к; (*austere building*) каза́рма, мра́чное зда́ние.
   *v.t.* (*lodge in* ~s) разме|ща́ть, -сти́ть в каза́рмах.
   *cpd.:* ~**-square** *n.* каза́рменный плац.

**barrack**[2] *v.i.* (*coll.*) (*jeer at*) гро́мко высме́ивать (*impf.*); ~ for подба́дривать (*impf.*) кри́ками.

**barracuda** *n.* барраку́да.

**barrage** *n.* **1.** (*in watercourse*) запру́да; (*dam*) плоти́на; **2.** (*mil.*) загражде́ние; (*gunfire*) огнево́й вал; creeping ~ ползу́щий огнево́й вал; balloon ~ противосамолётное загражде́ние из аэроста́тов; (*fig.*): a ~ of questions град/шквал вопро́сов.

**barratry** *n.* (*naut.*) барато́рия; (*leg.*) сутя́жничество, кля́узничество.

**barrel** *n.* **1.** бо́чка; **2.** (*of firearm*) ствол, (*muzzle*) ду́ло; (*of fountain pen*) резервуа́р; **3.** (*of animal*) ту́ловище.
   *v.t.* (*put in* ~s) разл|ива́ть, -и́ть по бо́чкам; ~led beer бо́чечное пи́во.
   *cpds.:* ~**-head** *n.* дно бо́чки; ~**-organ** *n.* шарма́нка; ~**-roll** *n.* (*av.*) бо́чка.

**barren** *adj.* (*of woman*) беспло́дная; (*of plants, trees etc.*) беспло́дный, неплодоно́сный; ~ land то́щая/неплодоро́дная/беспло́дная земля́; a ~ cow я́ловая коро́ва; (*fig.*) беспло́дный; a ~ subject неинтере́сный предме́т; бесперспекти́вная те́ма; ~ of results не принёсший (*or* не да́вший) результа́тов.

**barrenness** *n.* (*of woman*) беспло́дие; (*of trees, plants*) неплодоно́сность; (*of land*) беспло́дность; неплодоро́дность; (*fig.*) беспло́дность.

**barricade** *n.* баррика́да.
   *v.t.* баррикади́ровать, за-; ~ o.s. in забаррикади́роваться (*pf.*).

**barrier** *n.* барье́р; Great B~ Reef Большо́й Барье́рный риф; sound ~ звуково́й барье́р; (*dividing-line*) прегра́да; (*obstacle*) поме́ха, прегра́да.
   *v.t.:* ~ **in** загра|жда́ть, -ди́ть; огра|жда́ть, -ди́ть; ~ **off** прегра|жда́ть, -ди́ть.

**barring** *prep.* за исключе́нием +*g.*

**barrister** *n.* адвока́т, ба́рристер.

**barrow**[1] *n.* (*archaeol.*) курга́н, моги́льный холм.

**barrow**[2] *n.* (*hand-* ~) ручна́я теле́жка; (*wheel* ~) та́чка.
   *cpd.:* ~**-boy** *n.* лото́чник.

**barter** *n.* обме́н, ме́на, менова́я торго́вля; товарообме́н.
   *v.t.* обме́н|ивать, -я́ть (*что на что*); ~ away променя́ть (*pf.*); the B~ed Bride (*opera*) Про́данная неве́ста.
   *v.i.* обме́н|иваться, -я́ться +*i.*; меня́ться (*impf.*) +*i.*

**barterer** *n.* производя́щий товарообме́н.

**basal** *adj.* основно́й, лежа́щий в осно́ве.

**basalt** *n.* база́льт; (*attr.*) база́льтовый.

**bascule** *n.*: ~ bridge подъёмный мост.
**base**[1] *n.* **1.** (*of wall, column etc.*) фундамент, пьедестал, основание, базис; **2.** (*fig., basis*; *also math.*) основание; **3.** (*chem.*) основание; **4.** (*gram.*) основа; **5.** (*mil. etc.*) база; advanced ~ главная передовая база; ~ camp база; ~ hospital базовый госпиталь; ~ of operations операционная база, плацдарм; supply ~ база снабжения; **6.** get to first ~ (*fig.*) добиться (*pf.*) первого успеха.
  *v.t.* основ|ывать, -ать; ~ one's hopes on возл|агать, -ожить надежды на +*a.*; the legend is ~d on fact в основе этой легенды лежат действительные события; ~ o.s. on полагаться (*impf.*) на +*a.*; исходить (*impf.*) из +*g.*
  *cpds.*: ~ball *n.* бейсбол; ~line *n.* исходная линия.
**base**[2] *adj.* низкий, низменный, подлый; ~ metal неблагородный металл.
  *cpd.*: ~-born *adj.* (*of humble origin*) низкого происхождения; (*illegitimate*) незаконнорождённый.
**baseless** *adj.* необоснованный.
**basement** *n.* подвал; (*attr.*) подвальный.
**baseness** *n.* низость, низменность.
**bash** (*coll.*) *n.*: give s.o. a ~ on the head трахнуть (*pf.*) кого-н. по башке (*coll.*); have a ~ at it! попробуйте!
  *v.t.* трахнуть (*pf.*); ~ s.o.'s head against a wall трахнуть (*pf.*) кого-н. башкой об стену (*coll.*); ~ s.o.'s head in прошибить (*pf.*) кому-н. башку (*coll.*).
**bashful** *adj.* застенчивый.
**bashfulness** *n.* застенчивость.
**bashi-bazouk** *n.* (*hist.*) башибузук.
**bashing** *n.* (*thrashing*) взбучка, лупцовка (*coll.*).
**Bashkir** *n.* башкир (*fem.* -ка).
  *adj.* башкирский.
**basic** *adj.* основной; this is ~ to my argument на этом основывается моя аргументация.
**basically** *adv.* в основном.
**basil** *n.* базилик.
**basilica** *n.* базилика.
**basilisk** *n.* василиск.
**basin** *n.* **1.** таз, миска; **2.** (*of fountain*) чаша; **3.** (*of dock, river*) бассейн; tidal ~ приливный бассейн; **4.** (*bay*) бухта.
**basinful** *n.* миска (*чего*); (*coll.*) больше чем достаточно.
**basis** *n.* основа, базис; ~ of negotiations основа для переговоров; on the ~ of на основе +*g.*; on this ~ на этом основании; исходя из этого; lay the ~ for заложить (*pf.*) основу +*g.*
**bask** *v.i.* греться (*impf.*) (in the sun: на солнце); (*fig.*): ~ in glory купаться (*impf.*) в лучах славы; ~ in s.o.'s favour пользоваться (*impf.*) чьей-н. полной благосклонностью.
**basket** *n.* корзина, корзинка; clothes, laundry ~ корзина для грязного белья; luncheon ~

корзинка для завтрака; shopping ~ корзина/корзинка для покупок; (*fig.*) pick of the ~ сли́в|ки (*pl., g.* -ок) (*чего*).
  *cpds.*: ~-ball *n.* баскетбол; ~-chair *n.* плетёное кресло; ~-work *n. see* BASKETRY.
**basketful** *n.* корзина (*чего*).
**basket|ry**, **-work** *nn.* плетение; (*product*) плетёные изделия (*nt. pl.*).
**Basle** *n.* Базель (*m.*).
**Basque** *n.* баск (*fem.* басконка).
  *adj.* баскский.
**bas-relief** *n.* барельеф.
**bass**[1] *n.* (*zool.*) каменный окунь.
**bass**[2] *n.* (*mus.*) бас.
  *adj.* басовый; he has a ~ voice у него бас; ~-baritone бас-баритон; ~ drum турецкий барабан; ~ horn туба-бас; ~ viol контрабасовая виола.
**basset** *n.* (~-hound) бас(с)ет.
**basset-horn** *n.* бассетгорн.
**bassinet** *n.* плетёная колыбель/коляска.
**bassoon** *n.* фагот; double ~ контрафагот.
**bassoonist** *n.* фаготист.
**basso profundo** *n.* низкий бас.
**bast** *n.* луб, лыко, мочало; (*strip of* ~) лубок; (*attr.*) лубяной, лыковый, лубочный; ~ mat мочальная циновка; рогожка; ~ shoe лапоть (*m.*).
**bastard** *n.* **1.** (*child*) внебрачный ребёнок; **2.** (*hybrid*) помесь; **3.** (*as term of abuse etc.*) мерзавец; poor ~ несчастный ублюдок; lucky ~ везучий дьявол; **4.** (*attr.*) (*spurious, inferior*) худшего качества; ~ French испорченный французский язык.
**bastardize** *v.t.* (*declare illegitimate*) объяв|лять, -ить незаконнорождённым; (*debase*) портить, ис-; иска|жать, -зить.
**bastardy** *n.* незаконнорождённость; ~ order судебное решение о содержании внебрачного ребёнка.
**baste**[1] *v.t.* (*stitch*) смёт|ывать, -ать; сши|вать, -ть на живую нитку.
**baste**[2] *v.t.* (*cul.*) пол|ивать, -ить (*жаркое*).
**baste**[3] *v.t.* (*thrash*) лупить, от-.
**Bastille** *n.* Бастилия.
**bastinado** *n.* бастонада.
  *v.t.* бить (*impf.*) палками по пяткам.
**bastion** *n.* бастион; (*fig.*) оплот.
**bat**[1] *n.* (*zool.*) летучая мышь; he has ~s in the belfry у него винтика не хватает; blind as a ~ совершенно слепой; like a ~ out of hell очень быстро, внезапно.
**bat**[2] *n.* (*at games*) бита, лапта; (*fig.*): off one's own ~ по собственному почину; самостоятельно; right off the ~ с места в карьер.
  *v.t.* бить (*impf.*) (*or* уд|арять, -арить) битой/лаптой.
**bat**[3] *v.t.*: he did not ~ an eyelid (*did not sleep*) он не сомкнул глаз; (*paid no attention*) он и глазом не моргнул.

**bat**[4] (*coll.*) *n.*: he went off at a rare ~ он пусти́лся со всех ног.
*v.i.*: ~ along нести́сь (*impf.*), мча́ться (*impf.*).
**batch** *n.* **1.** (*of bread*) вы́печка; **2.** (*of pottery etc.*) па́ртия; **3.** (*consignment, collection*) ку́чка, па́чка; гру́ппа; ~ of letters па́чка пи́сем.
**bate** *v.t.* (*reduce, restrain*) ум|еньша́ть, -е́ньшить; ум|еря́ть, -е́рить; with ~d breath затаи́в дыха́ние.
**bath** *n.* ва́нна; (*steam* ~) ба́ня; mud ~ грязева́я ва́нна; Turkish ~ туре́цкая ба́ня; take, have a ~ прин|има́ть, -я́ть ва́нну; купа́ться, вы́-/ис-; run me a ~! напусти́те мне ва́нну!; swimming ~(s) пла́вательный бассе́йн; Order of the B ~ о́рден Ба́ни; B ~ chair инвали́дное кре́сло.
*v.t. & i.* купа́ть(ся), вы́-/ис-.
*cpds.*: ~-**attendant** *n.* ба́нщик; ~-**house** *n.* купа́льня, ба́ня; ~-**mat** *n.* ко́врик для ва́нной; ~ **robe** *n.* купа́льный хала́т; ~ **room** *n.* ва́нная (ко́мната); ~-**salts** *n.* экстра́кт для ва́нны; ~-**towel** *n.* купа́льное полоте́нце; ~-**tub** *n.* ва́нна.
**bathe** *n.* купа́ние; go for a ~ искупа́ться (*pf.*).
*v.t.* **1.** (*one's face etc.*) мыть, по-; обм|ыва́ть, -ы́ть; ~ one's eyes, a wound пром|ыва́ть, -ы́ть глаза́/ра́ну; **2.**: he was ~d in sweat он облива́лся по́том; a face ~d in tears лицо́, за́литое слеза́ми; **3.**: the seas that ~ England моря́, омыва́ющие А́нглию; **4.** (*of light, warmth*) зал|ива́ть, -и́ть.
*v.i.* купа́ться, вы́-/ис-.
**bather** *n.* купа́льщи|к (*fem.* -ца).
**bathetic** *adj.* переходя́щий от высо́кого к коми́ческому.
**bathing** *n.* купа́ние.
*cpds.*: ~-**cabin** *n.* каби́на для переодева́ния; ~-**cap** *n.* купа́льная ша́почка; ~-**costume**, ~-**dress**, ~-**suit** *nn.* купа́льный костю́м; ~-**trunks** *n.* пла́в|ки (*pl., g.* -ок).
**bathometer** *n.* бато́метр.
**bathos** *n.* перехо́д от высо́кого к коми́ческому.
**bathysphere** *n.* батисфе́ра.
**batik** *n.* бати́к; (*attr.*) бати́ковый.
**batiste** *n.* бати́ст; (*attr.*) бати́стовый.
**batman** *n.* денщи́к, ордина́рец.
**baton** *n.* **1.** (*staff of office*) жезл; **2.** (*mus.*) дирижёрская па́лочка; **3.** (*sport*) эстафе́тная па́лочка; **4.** (*policeman's*) дуби́нка.
**batrachian** *n.* бесхво́стая амфи́бия; (*pl.*) земново́дные (*nt. pl.*).
**bats** *adj.* (*coll., crazy*) чо́кнутый.
**batsman** *n.* игро́к с бито́й; отбива́ющий мяч.
**battalion** *n.* батальо́н; labour ~ строи́тельный батальо́н.
**batten**[1] *n.* ре́йка, пла́нка.
*v.t.*: ~ **down** (*naut.*) задра́и|вать, -ть.
**batten**[2] *v.i.*: ~ on отк|а́рмливаться, -орми́ться на +*p.*; ~ on one's friends наж|ива́ться, -и́ться за счёт друзе́й.
**batter**[1] *n.* (*cul.*) взби́тое те́сто.

**batter**[2] *n.* (*Am.*) = BATSMAN.
**batter**[3] *v.t.& i.* **1.** (*beat*) колоти́ть, по-; дуба́сить, от-; громи́ть, раз-; ~ a wall down разру́шить (*pf.*) сте́ну; ~ing-ram тара́н; **2.** (*knock about*): a ~ed old car/hat потрёпанная ста́рая маши́на/шля́па.
**battery** *n.* **1.** (*beating*): assault and ~ (*leg.*) побо́|и (*pl., g.* -ев); оскорбле́ние де́йствием; **2.** (*group of guns*) батаре́я; (*artillery unit*) дивизио́н; **3.** (*elec.*) батаре́я; (*in torch*) батаре́йка; **4.**: ~ hens бро́йлерные ку́ры.
*cpd.*: ~-**operated** *adj.* на батаре́ях; с батаре́йным пита́нием.
**batting** *n.* (*cotton fibre*) вати́н.
**battle** *n.* би́тва, сраже́ние, бой; (*struggle*) борьба́; drawn ~ безрезульта́тный бой; pitched ~ сраже́ние; ~ royal побо́ище; join ~ вступи́ть (*pf.*) в бой; give ~ дать (*pf.*) бой; do ~ сража́ться (*impf.*); order of ~ боево́й поря́док; ~ of Britain би́тва за А́нглию; ~ of Waterloo сраже́ние при Ватерло́о; ~ of the Marne Ма́рнское сраже́ние; ~ of Stalingrad би́тва под Сталингра́дом; ~ of Thermopylae би́тва при Фермопи́лах; ~ of Borodino/Tsushima Бороди́нское/Цуси́мское сраже́ние; ~ casualties поте́ри в бою́; ~ fatigue психи́ческая тра́вма, полу́ченная в хо́де боевы́х де́йствий; the ~ is ours побе́да за на́ми; above the ~ (*fig.*) над схва́ткой; the ~ of life би́тва жи́зни; fight a losing ~ вести́ (*det.*) безнадёжную борьбу́; fight s.o.'s ~s for him лезть (*det.*) в дра́ку за кого́-н.; fight one's own ~s постоя́ть (*pf.*) за себя́; half the ~ (*fig.*) зало́г успе́ха, полде́ла.
*v.i.* боро́ться (*impf.*); сража́ться (*impf.*).
*cpds.*: ~-**array** *n.* боево́й поря́док; ~-**axe** *n.* алеба́рда; (*fig., termagant*) бой-ба́ба; ~-**cruiser** *n.* лине́йный кре́йсер; ~-**cry** *n.* боево́й клич; (*fig.*) ло́зунг; ~-**dress** *n.* похо́дная фо́рма; ~-**field** *n.* по́ле сраже́ния/бо́я; ~-**fleet** *n.* лине́йный флот; ~-**ground** *n.* по́ле сраже́ния/бо́я; ~-**piece** *n.* (*picture*) бата́льная карти́на; ~-**scarred** *adj.* изра́ненный в боя́х; ~ **ship** *n.* лине́йный кора́бль, линко́р; pocket ~ship (*hist.*) карма́нный линко́р.
**battledore** *n.* (*racket*) раке́тка; ~ and shuttlecock игра́ в вола́н.
**battlement** *n.* зубча́тая стена́; парапе́тная сте́нка с бойни́цами.
**battue** *n.* обла́ва; (*slaughter*) бо́йня.
**batty** *adj.* чо́кнутый, тро́нутый (*coll.*).
**bauble** *n.* (*trifle*) безделу́шка; (*jester's*) шутовско́й жезл.
**baulk** *see* BALK.
**bauxite** *n.* бокси́т.
**Bavaria** *n.* Бава́рия.
**Bavarian** *n.* (*pers.*) бава́р|ец (*fem.* -ка).
*adj.* бава́рский.

**bawd** *n.* сво́дница, (*coll.*) сво́дня.

**bawd|iness, -ry** *nn.* непристо́йность, поха́бщина.

**bawdy** *adj.* непристо́йный, поха́бный.

  *cpd.*: ~**-house** *n.* публи́чный дом.

**bawl** *v.t. & i.* ора́ть (*impf.*); выкри́кивать, вы́крикнуть; ~ at s.o. ора́ть на кого́-н.; ~ s.o. out (*coll.*) наора́ть (*pf.*) на кого́-н.

**bay**[1] *n.* (*bot.*) лавр; (*pl., poet.*) ла́вры (*m. pl.*); (*attr.*) ла́вро́вый; ~ rum лавро́ви́шневая вода́.

  *cpd.*: ~**-tree** *n.* лавр, ла́вровое де́рево.

**bay**[2] *n.* (*geog.*) зали́в, бу́хта; B~ of Biscay Биска́йский зали́в.

**bay**[3] *n.* **1.** (*of wall*) проле́т, пане́ль; **2.** (*window recess*) ни́ша; ~ window э́ркер, фона́рь (*m.*); **3.**: sick ~ (*naut.*) судово́й лазаре́т; **4.** (*av.*): bomb ~ бо́мбовый отсе́к.

**bay**[4] *n.* **1.** (*bark*) лай; **2.** (*fig. uses*): keep s.o. at ~ держа́ть (*impf.*) кого́-н. на расстоя́нии; не подпуска́ть (*impf.*) кого́-н.; keep the enemy at ~ сде́рживать (*impf.*) неприя́теля; stand, be at ~ (*fig.*) быть припёртым к стене́; bring to ~ загна́ть (*pf.*), затрави́ть (*pf.*); (*fig.*) припере́ть (*pf.*) к стене́.

  *v.t. & i.* ла́ять (*impf.*); залива́ться (*impf.*) ла́ем; выть (*impf.*); ~ (at) the moon выть на луну́.

**bay**[5] *n.* (*horse*) гнеда́я (ло́шадь).

  *adj.* гнедо́й.

**bayonet** *n.* штык; hold s.o. at ~ point держа́ть кого́-н. на штыка́х; fix ~s! примкну́ть штыки́!; (*attr.*) штыково́й.

  *v.t.* коло́ть, за- штыко́м.

**bazaar** *n.* (*oriental*) база́р; (*shop*) торго́вые ряды́ (*m. pl.*); ларьки́ (*m. pl.*); charity ~ благотвори́тельный база́р.

**bazooka** *n.* противота́нковый гранатомёт; базу́ка.

**BBC** *n.* Би-би-си́ (*nt. indecl.*).

**BC** *adv.* (*abbr.*, before Christ) до н.э. (до на́шей э́ры).

**be** *v.i.* **1.** быть (*impf.*); (*exist*) существова́ть (*impf.*); (*as copula in the present tense, usu. omitted or expr. by dash*): the world is round земля́ кру́глая; that is a dog э́то соба́ка; **2.** (*more emphatic uses*): an order is an order прика́з есть прика́з; there is a God Бог есть; we should love people as they are ну́жно люби́ть люде́й таки́ми, каки́е они́ есть; there are books on all subjects име́ются кни́ги по всем те́мам; **3.** (*expr. frequency*) быва́ть (*impf.*); he is in London every Tuesday он быва́ет в Ло́ндоне по вто́рникам; there is no smoke without fire нет ды́ма без огня́; **4.** (*more formally, with complement*) явля́ться (*impf.*) +*i.*; представля́ть (*impf.*) собо́й; (*of membership etc.*) состоя́ть (*impf.*) +*i.*; **5.** (*expr. present continuous*): she is crying она́ пла́чет; **6.** (*of place, time, cost etc.*): it is a mile away э́то в ми́ле отсю́да; where is the office? где нахо́дится

бюро́?; he is 21 today ему́ сего́дня исполня́ется два́дцать оди́н год; it is 25 pence a yard э́то сто́ит два́дцать пять пе́нсов ярд; (*of pers. or obj. in a certain position*) стоя́ть, лежа́ть, сиде́ть (*acc. to sense; all impf.*); the books are on the floor кни́ги лежа́т на полу́; the books are on the shelf кни́ги стоя́т на по́лке; the ship is at anchor кора́бль сто́ит на я́коре; there are four matters on the agenda на пове́стке дня стоя́т четы́ре вопро́са; Paris is on the Seine Пари́ж стои́т на Се́не; he is in hospital он лежи́т в больни́це; he is in prison он (сиди́т) в тюрьме́; I was at home all day я сиде́л до́ма весь день; the elephant is in its cage слон (нахо́дится) в свое́й кле́тке; (*of continuing states*): the weather was settled пого́да стоя́ла хоро́шая; the heat was unbearable жара́ стоя́ла невыноси́мая; prices are high це́ны сохраня́ются высо́кие; **7.** (*become*): what are you going to ~ when you grow up? кем ты ста́нешь/бу́дешь, когда́ вы́растешь?; **8.** (*behave, act a part*): you are ~ing silly вы ведёте себя́ глу́по; am I ~ing a bore? я вам надое́л?; the child is '~ing' a train ребёнок игра́ет в по́езд; you ~ French and I'll ~ German ты бу́дешь францу́з, а я — не́мец; **9.** (*take place, happen*): there is a party next door в сосе́днем до́ме идёт вечери́нка; the meeting is (*will be*) on Friday заседа́ние состои́тся в пя́тницу; **10.** (*exist, live*): he is no more его́ бо́льше нет; the government that was тогда́шнее прави́тельство; 'as was' (*coll., joc.*) не́когда; (*née*) урождённая; the greatest man that ever was велича́йший из когда́-либо жи́вших люде́й; **11.** (*remain*): let him ~! оста́вьте его́!; don't ~ too long! не заде́рживайтесь!; **12.** (*expr. motion*): he is off to London он уезжа́ет в Ло́ндон; the dog was after him за ним гнала́сь соба́ка; has the postman been? по́чта уже́ была́?; **13.** (*coll., intensive*): look what you've been and done! смотри́те, что вы натвори́ли!; **14.** (*expr. pass.*): the house is ~ing built дом стро́ится; I am told мне сказа́ли; **15.** (*uses of pres. part. and gerund*): ~ing a doctor, he knew what to do бу́дучи врачо́м, он знал, что де́лать; for the time ~ing пока́ что, на вре́мя; в да́нное вре́мя; he is far from ~ing an expert он далеко́ не специали́ст; **16.** (*with at*): what are you at? что вы хоти́те?; что вы де́лаете?; **17.** (*with for*): I am for tariff reform я за тари́фную рефо́рму; **18.** (*with to*): I am to inform you я до́лжен сообщи́ть вам; he is to ~ married today он сего́дня же́нится; you are not to do that вам нельзя́ (*or* не сле́дует) э́то де́лать; how was I to know? как же я мог знать?; the book is not to ~ found э́той кни́ги нигде́ не найти́; when am I to ~ there? когда́ мне на́до быть там?; what is the prize to ~? како́й бу́дет приз?; it is to ~ hoped that ... на́до наде́яться, что . . .; if I am to die е́сли мне суждено́ умере́ть; if I were to die умри́ я; he met the woman he was to marry (*i.e. later married*) он встре́тил же́нщину, на кото́рой впосле́дствии жени́лся; it is not to ~ э́тому не суждено́ соверши́ться (*or* не быва́ть); his wife to ~ его́ бу́дущая жена́; **19.** (*var.*): ~ it so! so ~ it! быть по сему́!; how are you? как пожива́ете?; ~ that as it may как бы то ни́ бы́ло; as well as can ~ как мо́жно лу́чше; how is it that . . .? как э́то так, что . . .?; what is that to me? что мне до э́того?; he was of our company он был из на́шей компа́нии; as you were! (*mil.*) отста́вить!

*cpd.*: ~-**all** *n.* (*also* ~-all and end-all) суть; коне́ц и нача́ло всего́.

*See also* BEING.

**beach** *n.* пляж; (*seashore*) взмо́рье.

*v.t.* (*run ashore*) посади́ть (*pf.*) на ме́ль; (*haul up*) выта́скивать, вы́тащить на бе́рег.

*cpds.*: ~-**head** *n.* (*mil.*) примо́рский/ берегово́й плацда́рм; ~-**master** *n.* (*mil.*) коменда́нт пу́нкта вы́садки деса́нта; ~-**wear** *n.* пля́жная оде́жда.

**beacon** *n.* (*signal light, fire*) сигна́льный ого́нь; (*lighthouse*) мая́к; (*buoy*) ба́кен; (*signal tower*) сигна́льная ба́шня; (*at crossing*) знак пешехо́дного перехо́да.

**bead** *n.* **1.** бу́син(к)а, би́серина; glass ~s би́сер; pearl ~s жемчу́жины (*f. pl.*); string of ~s бу́сы (*pl. g.* –); tell one's ~s перебира́ть (*impf.*) чёт|ки (*pl., g.* -ок); **2.** (*of gun*) му́шка; draw a ~ on s.o. прице́ли|ваться, -ться в кого́-н.; **3.** (*drop of liquid*) ка́пля; **4.** (*archit.*) ка́пельки (*f. pl.*).

**beading** *n.* **1.** (*wooden strip*) ва́лик; **2.** (*archit.*) орна́мент в ви́де бус.

**beadle** *n.* (*univ.*) педель (*m.*).

**beady** *adj.*: ~ eyes глаза́-бу́синки; a ~ look испыту́ющий взгляд.

**beagle** *n.* бигль (*m*), англи́йская го́нчая.

*v.i.* охо́титься (*impf.*) с би́глями.

**beak**[1] *n.* (*of bird etc.*) клюв; (*nose*) нос крючко́м; (*spout*) но́сик.

**beak**[2] (*coll.*) судья́ (*m.*); учи́тель (*m.*).

**beaker** *n.* (*for drinking*) ку́бок, ча́ша; (*in laboratory*) мензу́рка.

**beaky** *adj.* крючкова́тый.

**beam**[1] *n.* **1.** (*of timber etc.*) брус, ба́лка, перекла́дина; the ~ in one's own eye (*bibl.*) бревно́ в своём глазу́; **2.** (*naut.*) бимс; broad in the ~ (*lit.*) с широ́кими би́мсами; (*fig., coll.*) толстоза́дый; the ship was on her ~ ends кора́бль лежа́л на боку́; he was on his ~ ends (*fig.*) он был в тяжёлом положе́нии; **3.** (*of scales*) коромы́сло.

**beam**[2] *n.* **1.** (*ray*) луч; (*of particles etc.*) пучо́к луче́й; (*as radio signal*) радиосигна́л; on the ~ (*fig., coll.*) на пра́вильном пути́; **2.** (*smile*) сия́ющая улы́бка.

*v.t.* напр|авля́ть, -а́вить (*сигнал*); a programme ~ed to women програ́мма, рассчи́танная на же́нщин.

*v.i.* (*shine*) свети́ть (*impf.*), сия́ть (*impf.*); (*smile broadly*) сия́ть улы́бкой; оскл|абля́ться, -а́биться; she ~ed with delight она́ сия́ла от ра́дости.

**beaming** *adj.* сия́ющий.

**bean** *n.* **1.** боб; broad ~s бобы́ (*m. pl.*); French ~s фасо́ль; string ~s зелёная фасо́ль; лопа́точки (*f. pl.*); he knows how many ~s make five (*coll.*) он зна́ет, что к чему́; **2.** (*coll., coin*) грош; I haven't a ~ у меня́ нет ни гроша́; **3.** (*sl., head*) башка́; **4.** (*coll. uses*): old ~ старина́ (*m.*); spill the ~s проболта́ться (*pf.*); full of ~s по́лный задо́ра; give s.o. ~s вздуть/взгреть (*pf.*) кого́-н. (*coll.*).

*v.t.* (*Am. sl.*) сту́кнуть (*pf.*), тре́снуть (*pf.*).

*cpds.*: ~-**feast** *n.* пиру́шка, пир горо́й; ~-**pod** *n.* бобо́вый стручо́к; ~-**stalk** *n.* сте́бель (*m.*) бобо́вого расте́ния.

**beano** *n.* пиру́шка.

**bear**[1] *n.* **1.** (*zool., also fig.*) медве́дь (*m.*); she-~ медве́дица; ~ cub медвежо́нок; Teddy ~ ми́шка; cross as a ~ with a sore head зол как чёрт; **2.** (*astron.*) Great/Little B ~ Больша́я/ Ма́лая Медве́дица; **3.** (*econ.*) спекуля́нт, игра́ющий на пониже́ние.

*cpds.*: ~-**baiting** *n.* медве́жья тра́вля; ~-**garden** *n.* (*fig.*) (шу́мное) сбо́рище, база́р; ~-**leader** *n.* (*fig.*) дя́дька (*m.*), ня́нька; ~-**meat** *n.* медвежа́тина; ~-**skin** *n.* (*lit.*) медве́жья шку́ра; (*headgear*) мехово́й ки́вер.

**bear**[2] *v.t.* **1.** (*carry*) носи́ть (*indet.*), нести́, по(*det.*); ~ arms носи́ть ору́жие; ~ one's head high высоко́ нести́/держа́ть (*impf.*) го́лову; the ship bore him to Italy кора́бль доста́вил его́ в Ита́лию; ~ in mind име́ть (*impf.*) в виду́; ~ tales разноси́ть (*impf.*) спле́тни; **2.**: ~ o.s. (*behave*) держа́ться (*impf.*); **3.** (*show, have*): the document ~s your signature на докуме́нте есть ва́ша по́дпись; a monument ~ing an inscription па́мятник с на́дписью; ~ a resemblance to sth. име́ть (*impf.*) схо́дство с +i.; ~ a part in sth. уча́ствовать (*impf.*) (*or* принима́ть (*impf.*) уча́стие в чём-н; ~ the marks of ill-treatment нести́ (*det.*) на себе́ следы́ дурно́го обраще́ния; **4.** (*harbour*): ~ ill-will пита́ть (*impf.*) дурны́е чу́вства; **5.** (*provide*): ~ a hand пода́ть (*pf.*) ру́ку по́мощи; ~ false witness лжесвиде́тельствовать (*impf.*); ~ s.o. company соста́вить (*pf.*) компа́нию кому́-н.; **6.** (*sustain, support*): the ice will ~ his weight лёд вы́держит его́; ~ responsibility/expense/a loss нести́ (*det.*) отве́тственность/расхо́ды/ убы́тки. **7.** (*endure, tolerate*) терпе́ть, с-; выноси́ть, вы́нести; сн|оси́ть, -ести́; I cannot ~ him я его́ не выношу́; grin and ~ it (*coll.*) му́жественно переноси́ть (*impf.*) страда́ния/неприя́тности; **8.** (*be fit for, capable of*):

the joke ~s repeating э́тот анекдо́т мо́жно повтори́ть ещё раз; ~ comparison выде́рживать (*impf.*) сравне́ние; **9.** (*press, push*): he was borne backwards by the crowd он был отти́снут толпо́й наза́д; ~ all before one всё покор|я́ть, -и́ть; **10.** (*give birth to*): she bore him a son она́ родила́ ему́ сы́на; be born роди́ться (*impf., pf.*); a man born in 1919 челове́к 1919 го́да рожде́ния; he was born with a talent for music у него́ от рожде́ния (был) тала́нт к му́зыке; **11.** (*yield*): trees/efforts ~ fruit дере́вья/уси́лия прино́сят плоды́; the bonds ~ 5% interest облига́ции прино́сят пять проце́нтов дохо́да.

*v.i.* **1.** (*carry*): the ice does not ~ yet лёд ещё не окре́п; **2.** (*of direction*): the cape ~s north of here мыс располо́жен к се́веру отсю́да; the road ~s to the right доро́га идёт впра́во; the guns ~ on the trench ору́дия напра́влены на око́п; **3.** (*exert pressure, affect*): he bore heavily on a stick он тяжело́ опира́лся на па́лку; ~ hard on (*oppress*) подавля́ть (*impf.*); bring one's energy to ~ on напра́вить (*pf.*) эне́ргию на +*a.*; taxation ~s on all classes нало́гообложе́ние распространя́ется на все кла́ссы; this ~s on our problem э́то отно́сится к на́шей пробле́ме; ~ with терпе́ть (*impf.*), переноси́ть (*impf.*); относи́ться (*impf.*) терпи́мо к +*d.*

*with advs.*: ~ **away** *v.t.* ун|оси́ть, -ести́; ~ away the prize вы́играть (*pf.*) приз; вы́йти (*pf.*) победи́телем; he was borne away (by his feelings) он был увлечён; ~ **down** *v.t.* (*overcome*) преодол|ева́ть, -е́ть; *v.i.*: ~ down upon s.o. (*swoop etc.*) устрем|ля́ться, -и́ться на кого́-н.; ~ **in** *v.t.*: it was borne in on me мне ста́ло я́сно; ~ **out** *v.t.* (*carry out*) выноси́ть, вы́нести; (*confirm*) подтвер|жда́ть, -ди́ть; подкреп|ля́ть, -и́ть; ~ **up** *v.i.* (*endure*) держа́ться (*impf.*).

**bearable** *adj.* терпи́мый, сно́сный.

**beard** *n.* **1.** борода́; grow a ~ расти́ть, отбо́роду; he had three days' ~ у него́ была́ трёхдне́вная щети́на; **2.** (*of oyster*) жа́бры (*f. pl.*); (*of animal*) боро́дка; **3.** (*bot.*) ость; old man's ~ ломоно́с.

*v.t.* бр|оса́ть, -о́сить вы́зов +*d.*; ~ the lion in his den (*fig.*) лезть (*impf.*) в ло́гово зве́ря.

**bearded** *adj.* борода́тый; (*bot.*) ости́стый.

**beardless** *adj.* безборо́дый; (*youthful*) безу́сый.

**bearer** *n.* **1.** (*one who carries*) несу́щий, нося́щий; ~ of good news до́брый ве́стник; (*of letter*) пода́тель (*m.*); (*of a cheque*) предъяви́тель (*m.*); ~ bond облига́ция на предъяви́теля; ~ company (*mil.*) санита́рная ро́та; **2.** (*porter*) носи́льщик; **3.** (*of tree etc.*) плодонося́щее (де́рево); this tree is a good/poor ~ э́то де́рево хорошо́/пло́хо плодоно́сит.

**bearing** *n.* **1.** (*carrying*) ноше́ние; **2.** (*behaviour*) поведе́ние; (*deportment*) мане́ра держа́ться;

**3.** (*relevance*) отноше́ние (к +*d.*); consider a matter in all its ~s рассмотре́ть (*pf.*) вопро́с со всех сторо́н; **4.** (*direction*) пе́ленг, румб, а́зимут; take a compass ~ определ|я́ть, -и́ть магни́тный а́зимут (*or* ко́мпасный пе́ленг); find, get, take one's ~s определ|я́ть, -и́ть своё местонахожде́ние/положе́ние; ориенти́роваться (*impf., pf.*); lose one's ~s потеря́ть (*pf.*) ориентиро́вку; **5.** (*endurance*) терпе́ние; it is past all ~ э́то нестерпи́мо/невыноси́мо/несно́сно; **6.** (*tech.*) опо́ра; roller ~ ро́ликовый подши́пник; **7.** (*pl., her.*) деви́з; **8.** (*bot.*) плодоноше́ние; плодоно́сность; the trees are in full ~ дере́вья уве́шаны плода́ми.

*cpd.*: ~-**rein** *n.* по́вод.

**bearish** *adj.* **1.** (*rough*) медве́жий, гру́бый; **2.** (*on stock exchange*) понижа́тельный.

**beast** *n.* **1.** (*animal*) живо́тное; (*wild animal*) зверь (*m.*); (*pl., cattle*) рога́тый скот; ~ of burden вью́чное живо́тное; ~ of prey хи́щный зверь; **2.** (*savage person*) зверь; (*nasty person*) скот, скоти́на (*c.g.*); make a ~ of o.s. вести́ (*det.*) себя́ по-ско́тски; it brings out the ~ in man э́то пробужда́ет в челове́ке зве́ря; **3.**: a ~ of a day отврати́тельный день; a ~ of a job дья́вольская рабо́та.

**beastings** *n.* (*Am.*) see BEESTINGS.

**beastliness** *n.* ско́тство; сви́нство; отврати́тельность.

**beastly** *adj.* (*like a beast*) живо́тный, звери́ный; (*coarse*) ско́тский; (*unpleasant*) отврати́тельный; ~ weather ужа́сная пого́да; a ~ headache ме́рзкая/гну́сная головна́я боль.

*adv.* стра́шно.

**beat**[1] *n.* **1.** (*of drum*) бой; (*of heart*) бие́ние; (*rhythm*) ритм; (*mus.*) такт; (*of baton*) отбива́ние та́кта; **2.** (*policeman's*) райо́н обхо́да; be on the ~ соверша́ть (*impf.*) обхо́д; that is off my ~ (*fig.*) э́то не по мое́й ча́сти.

*v.t.* **1.** (*strike*) бить, по-; уд|аря́ть, -а́рить; колоти́ть, по-; ~ s.o. black and blue исколоти́ть (*pf.*) кого́-н.; изби́ть (*pf.*) кого́-н. до синяко́в (*or* до полусме́рти); ~ the air (*fig.*) толо́чь (*impf.*) во́ду в сту́пе; ~ one's breast бить (*impf.*) себя́ в грудь; ~ a carpet выкола́чивать, вы́колотить (*or* выбива́ть, вы́бить) ковёр; ~ a drum бить (*impf.*) в бараба́н; ~ eggs взби|ва́ть, -ть я́йца; ~ one's head against a wall (*lit., fig.*) би́ться (*impf.*) голово́й о сте́нку; ~ a path through the forest проторя́ть (*pf.*) тропи́нку че́рез лес; ~ a retreat (*lit., fig.*) бить (*impf.*) отбо́й; (*fig.*) идти́ (*det.*) на попя́тную; ~ a steak отб|ива́ть, -и́ть бифште́кс; he ~ the table with his fists он колоти́л кулака́ми по столу́; ~ time отбива́ть (*impf.*) такт; the bird ~s its wings пти́ца бьёт кры́льями; ~ it! (*sl.*) кати́сь!; ~ sth. flat расплю́щ|ивать, -ить что-н.; ~ the dust out of sth. выбива́ть, вы́бить пыль из чего́-н.; ~ one's brains over sth. лома́ть (*impf.*) го́лову

над чем-н.; ~ a stick into the ground вбить
(*pf.*) па́лку в зе́млю; ~ sth. into s.o.'s head
вкол|а́чивать, -оти́ть (*or* вби|ва́ть, -ть) что-н.
кому́-н. в го́лову; ~ a forest for game
обры́скать (*pf.*) лес в по́исках ди́чи; **2.** (*defeat,
surpass*) поб|ива́ть, -и́ть; разб|ива́ть, -и́ть;
побе|жда́ть, -ди́ть; одер́ж|ивать, -а́ть побе́ду
над +*i.*; he ~ me at chess он обыгра́л меня́ в
ша́хматы; he always ~s me at golf он всегда́
выи́грывает, когда́ мы игра́ем в гольф; these
armies have never been ~en э́ти а́рмии не
зна́ли пораже́ния; he ~ the record он поби́л
реко́рд; that ~s all (*or* the band) (*coll.*) э́то
превосхо́дит всё; it ~s me how he does it
(*coll.*) убе́й Бог, е́сли я понима́ю, как ему́ э́то
удаётся; can you ~ it? (*coll.*) как вам э́то
нра́вится?; I'll ~ you to the top of the hill я
быстре́е вас доберу́сь до верши́ны холма́.
  *v.i.*: his heart is ~ing его́ се́рдце бъётся; he
heard drums ~ing он слы́шал бараба́нный
бой; the rain ~ against the windows дождь
стуча́л в о́кна; ~ about the bush (*fig.*) ходи́ть
(*indet.*) вокру́г да о́коло; ~ at, on a door
колоти́ть (*impf.*) в дверь.
  *with advs.*: ~ **about** *v.i.* (*naut.*) лави́ровать
(*impf.*); ~ **back** *v.t.* отб|ива́ть, -и́ть; ~ **down**
*v.t.*: the rain ~ down the corn дождь поби́л
хлеба́; he ~ down the price он сбил це́ну; он
доби́лся ски́дки; he ~ me down он заста́вил
меня́ уступи́ть в цене́; he ~ down all opposition он подави́л вся́кое сопротивле́ние; *v.i.*:
the sun ~ down on us со́лнце неща́дно пали́ло
нас; ~ **in** *v.t.*: ~ a door in вы́ломать (*pf.*)
дверь; ~ **off** *v.t.*: ~ off an attack отб|ива́ть,
-и́ть ата́ку; ~ **out** *v.t.*: ~ out a fire
зат|а́птывать, -опта́ть ого́нь; ~ out gold
кова́ть, вы- зо́лото; ~ out a path проб|ива́ть,
-и́ть (*or* протор|я́ть, -и́ть) тропи́нку; ~ out a
rhythm отбива́ть (*impf.*) ритм; ~ s.o.'s brains
out вышиба́ть, вы́шибить мозги́ кому́-н.; ~
**up** *v.t.*: ~ up eggs/cream взби|ва́ть, -ть
я́йца/сли́вки; ~ s.o. up изб|ива́ть, -и́ть
кого́-н.; *v.i.* (*naut.*) продвига́ться (*impf.*)
про́тив ве́тра.
  *See also* BEATEN.
**beat**[2] *adj.* (*coll., tired*): dead ~ смерте́льно
уста́лый.
**beat**[3] (*coll.*) *n.* (*beatnik*) би́тник; the ~ generation поколе́ние би́тников.
**beaten** *adj.* би́тый, поби́тый; изби́тый; (*con-
quered*) разби́тый; ~ gold чека́нное/ко́ваное
зо́лото; off the ~ track не по проторённой
доро́жке.
**beater** *n.* (*huntsman*) заго́нщик; (*implement*)
пест, колоту́шка, колоти́лка.
**beatific** *adj.* **1.** (*making blessed*) благо-
слове́нный; the B~ Vision виде́ние ра́йского
блаже́нства; **2.** a ~ smile блаже́нная улы́бка.
**beatification** *n.* беатифика́ция, причисле́ние к
ли́ку блаже́нных.

**beatify** *v.t.* (*eccl.*) ≃ канонизи́ровать (*impf. pf.*).
**beating** *n.* **1.** (*of heart*) бие́ние; **2.** (*thrashing*)
битьё, по́рка; give s.o. a good ~ отлупи́ть (*pf.*)
кого́-н.; the boy deserves a ~ ма́льчик
заслу́живает по́рки; **3.** (*defeat*) разгро́м,
пораже́ние; they gave the enemy a thorough ~
врагу́ от них здо́рово доста́лось.
**beatitude** *n.* **1.** (*blessedness*) блаже́нство; **2.**
(*title*): His B~ Его́ Блаже́нство; **3.** (*bibl.*): the
B~s за́поведи (*f. pl.*) блаже́нства.
**beat(nik)** *n.* (*sl.*) би́тник.
**beau** *n.* (*fop*) щёголь (*m.*); (*admirer*) ухажёр,
покло́нник.
**Beaufort scale** *n.* бофо́ртова шкала́.
**beau ideal** *n.* образе́ц совершенства.
**beau monde** *n.* бомо́нд, вы́сший свет.
**beauteous** *adj.* прекра́сный.
**beautician** *n.* (*Am.*) космето́лог, космети́чка.
**beautiful** *adj.* краси́вый; (*excellent*) пре-
кра́сный; ~ly warm необыкнове́нно тепло́.
**beautify** *v.t.* укр|аша́ть, -а́сить.
**beauty** *n.* **1.** (*quality*) красота́; ~ is skin-deep
красота́ недолгове́чна; ~ parlour институ́т
красоты́; ~ queen короле́ва красоты́; ~
sleep сон до полу́ночи; ~ spot живопи́сная
ме́стность; (*on face*) му́шка; **2.** (*woman*)
краса́вица; B~ and the Beast краса́вица и
чудо́вище; she's no ~ она́ совсе́м не краса́-
вица; **3.** (*excellence, fine specimen*): that's the ~
of it в э́том-то вся пре́лесть; his car is a ~ у
него́ прекра́сная маши́на; you're a ~! (*iron.*)
хоро́ш (же) ты!
**beaver** *n.* **1.** (*zool.*) бобр; eager ~ (*coll.*)
хлопоту́н; **2.** (*fur*) бобёр; (*hat*) бобро́вая
ша́пка; касто́ровая шля́па; **3.** (*sl.*) (*beard*)
борода́; (*bearded man*) борода́ч.
  *v.i.* (*coll., toil*) вка́лывать (*impf.*).
  *cpd.*: ~-**rat** *n.* онда́тра.
**bebop** *n.* бибо́п.
**becalm** *v.t.*: be ~ed (*naut.*) штилева́ть (*impf.*);
заштил|ева́ть, -е́ть; a ~ed ship заштиле́вший
кора́бль.
**because** *conj.* потому́ что; (*since*) так как; all the
more ~ тем бо́лее, что; ~ of из-за +*g.*,
(*thanks to*) благодаря́ +*d.*
**bechamel** *n.* бешаме́ль.
**beck** *n.*: be at s.o.'s ~ and call быть у кого́-н. на
побегу́шках.
**beckon** *v.t. & i.* мани́ть, по-; заз|ыва́ть, -ва́ть;
~ed (to) him to approach я помани́л его́ к
себе́; he ~ed them in он зазва́л их внутрь.
**becloud** *v.t.* завол|а́кивать, -о́чь; tears ~ed his
eyes его́ глаза́ заволокло́ слеза́ми; (*of the
mind*) затума́ни|вать, -ть.
**become** *v.t.* (*befit*) годи́ться, подоба́ть, при-
ли́чествовать (*кому*); it doesn't ~ you to complain вам не к лицу́ жа́ловаться; (*look well on*)
идти́ (*det.*); the dress ~s you э́то пла́тье вам
идёт; *see also* BECOMING.
  *v.i.* (*come to be*) ста|нови́ться, -ть +*i.*; *often*

*expr. by verb in* -еть: ~ pale побледне́ть; ~ rich разбогате́ть; ~ smaller уме́ньшиться (*all pf.*); what became of him? что с ним ста́лось?; he became a waiter он поступи́л в официа́нты; the weather became worse пого́да испо́ртилась.

**becoming** *adj.* (*proper*) подоба́ющий, прили́чествующий; a fine sense of the ~ то́нкое чу́вство прили́чия; (*of dress etc.*) (иду́щий) к лицу́; she is ~ly dressed она́ оде́та к лицу́; she wore a ~ hat шля́пка ей о́чень шла.

**bed** *n.* **1.** (*esp. bedstead*) крова́ть; (*esp. bedding*) посте́ль; (*in hospital*) ко́йка; (*dog's etc. bedding*) подсти́лка; single/double ~ односпа́льная/двуспа́льная крова́ть; twin ~s па́рные крова́ти; spring ~ пружи́нный матра́с; go to ~ ложи́ться, лечь спать; (*in sexual sense*) переспа́ть (*pf.*) (*с кем*); put to ~ укла́дывать, уложи́ть спать; send to ~ отпр|авля́ть, -а́вить (*or* от|сыла́ть, -осла́ть) спать; get into ~ ложи́ться, лечь в посте́ль/крова́ть; get out of ~ вста|ва́ть, -ть с посте́ли/крова́ти; get out of ~ on the wrong side (*fig.*) встать (*pf.*) с ле́вой ноги́; make a ~ (*arrange for sleep*) стлать, по- (*or* стели́ть, по-) посте́ль; (*tidy after sleep*) заст|ила́ть, -ла́ть (*or* уб|ира́ть, -ра́ть) посте́ль; as you make your ~, so you must lie on it что посе́ешь, то и пожнёшь; take to one's ~ слечь (*pf.*); die in one's ~ умере́ть (*pf.*) свое́й сме́ртью; keep to one's ~ не встава́ть (*impf.*) с посте́ли; ~ of thorns терни́стый путь; early to ~ and early to rise (*prov.*) кто ра́но встаёт, тому́ Бог подаёт; out of ~ (*up, recovered*) на нога́х; ~ of sickness одр боле́зни; ~ of Procrustes прокру́стово ло́же; **2.** (*base, bottom*): (*of concrete etc.*) основа́ние, фунда́мент; (*of rock, clay etc.*) пласт, слой, залега́ние; (*of a road*) полотно́; (*of the sea*) морско́е дно; (*of a river*) речно́е ру́сло, ло́же реки́; **3.** (*place of cultivation*): ~ of flowers клу́мба; ~ of nettles за́росль крапи́вы; ~ of potatoes карто́фельная гря́дка.

*v.t.* **1.** (*of flowers; also* ~ **out**) сажа́ть, посади́ть; выса́живать, вы́садить; **2.**: ~ a horse стлать, по- подсти́лку для ло́шади.

*v.i.*: ~ **down** распол|ага́ться, -ожи́ться на ночле́г; (*cohabit*) сожи́тельствовать (*impf.*).

*cpds.*: ~ **bug** *n.* клоп; ~ **clothes** *n.* посте́ль; посте́льные принадле́жности (*f. pl.*); ~-**cover** *n.* покрыва́ло; ~ **fellow** *n.* сожи́тель (*fem.* -ница); misfortune makes strange ~fellows в нужде́ с кем не поведёшься; ~-**head** *n.* изголо́вье; ~-**jacket** *n.* ночна́я ко́фта; ~-**linen** *n.* посте́льное бельё; ~-**pan** *n.* подкладно́е су́дно; ~-**plate** *n.* (*tech.*) стани́на; фунда́ментная плита́; ~-**post** *n.* сто́лбик крова́ти; between you and me and the ~post (*coll.*) стро́го ме́жду на́ми; ~ **ridden** *adj.* прико́ванный к посте́ли; ~ **rock** *n.* коренна́я поро́да; посте́ль

за́лежи; get down to ~rock (*fig.*) докопа́ться (*pf.*) до су́ти де́ла; ~ **room** *n.* спа́льня; ~room farce алько́вный фарс; ~room slippers дома́шние ту́фли (*f. pl.*); ~ **side** *n.*: keep books at one's ~side держа́ть (*impf.*) кни́ги на ночно́м сто́лике; watch at s.o.'s ~side уха́живать (*impf.*) за больны́м; сиде́ть (*impf.*) у посте́ли больно́го; a good ~side manner уме́лый подхо́д к больно́му, враче́бный такт; ~side table ту́мбочка, ночно́й сто́лик; ~side rug ко́врик у крова́ти; ~-**sitter**, ~-**sitting-room** *nn.* однокомнатная кварти́ра; ~ **sore** *n.* про́лежень (*m.*); ~ **spread** *n.* покрыва́ло; ~ **stead** *n.* крова́ть; о́стов, стано́к крова́ти; ~ **time** *n.* вре́мя ложи́ться/идти́ спать; my ~time is at 11 я ложу́сь спать в оди́ннадцать часо́в; ~time story ска́зка, расска́з на сон гряду́щий.

**bedaub** *v.t.* ма́зать, за-.

**bedding** *n.* **1.** (*bedclothes*) посте́ль; посте́льные принадле́жности (*f. pl.*); **2.** (*of plants*) выса́живание.

**bedeck** *v.t.* укр|аша́ть, -а́сить; уб|ира́ть, -ра́ть.

**bedevil** *v.t.* (*confuse*) спу́т|ывать, -ать; вн|оси́ть, -ести́ неразбери́ху в +*a*.

**bedevilment** *n.* (*confusion*) неразбери́ха, пу́таница.

**bedew** *v.t.* оро|ша́ть, -си́ть; обры́зг|ивать, -ать.

**bedim** *v.t.* (*of eyes*) затума́ни|вать, -ть; (*of mind*) затемн|я́ть, -и́ть; помрач|а́ть, -и́ть.

**bedizen** *v.t.* разря|жа́ть, -ди́ть.

**bedlam** *n.* (*fig.*) бедла́м, (вавило́нское) столпотворе́ние.

**bed(o)uin** *n.* бедуи́н (*fem.* -ка).
*adj.* бедуи́нский.

**bedraggled** *adj.* забры́зганный, задры́занный.

**bee** *n.* **1.** пчела́; as busy as a ~ работя́щий, трудолюби́вый; (*fig., busy worker*) работя́га (*c.g.*); have a ~ in one's bonnet быть поме́шанным (*на чём*); **2.** (*gathering*) совме́стная рабо́та.

*cpds.*: ~-**eater** *n.* щу́рка; ~ **hive** *n.* у́лей; ~-**keeper** *n.* пчелово́д; (*of wild bees*) бо́ртник; ~-**keeping** *n.* пчелово́дство; ~-**line** *n.* прямая; make a ~-line for стрело́й помча́ться (*pf.*) к +*d.*; ~ **swax** *n.* пчели́ный воск.

**beech** *n.* бук.
*cpd.*: ~ **mast** *n.* бу́ковый оре́шек.

**beechen** *adj.* бу́ковый.

**beef**[1] *n.* **1.** (*meat*) говя́дина; (*fig., energy*) си́ла, эне́ргия; **2.** (*pl. beeves*) говя́жьи ту́ши (*f. pl.*).
*v.t.*: ~ **up** (*coll., strengthen*) прид|ава́ть, -а́ть си́лы +*d*.
*cpds.*: ~-**eater** *n.* солда́т охра́ны ло́ндонского Та́уэра; ~ **steak** *n.* бифште́кс; ~-**tea** *n.* кре́пкий бульо́н.

**beef**[2] *v.i.* (*sl., complain*) стона́ть (*impf.*).

**beefy** *adj.* (*like beef*) мяси́стый; (*muscular*) му́скулистый.

**Beelzebub** *n.* Вельзеву́л.

**beer** *n.* пи́во; small ~ сла́бое пи́во; he thinks no small ~ of himself он мно́го о себе́ понима́ет (*coll.*); life is not all ~ and skittles не всё коту́ ма́сленица.

**beery** *adj.* (*smelling of beer*) отдаю́щий пи́вом; he has ~ breath от него́ несёт/рази́т пи́вом; (*tipsy*) подвы́пивший.

**beestings** *n.* моло́зиво.

**beet** *n.* свёкла; (*sugar* ~) са́харная свёкла, свекло́вица.

*cpd.*: ~**root** *n.* свёкла, бура́к; he blushed as red as a ~root он покрасне́л как рак.

**beetle**[1] *n.* (*zool.*) жук; Colorado ~ колора́дский жук.

*cpd.*: ~**-crusher** *n.* (*sl., boot*) сапожи́ще (*m.*).

**beetle**[2] *n.* (*tool*) кува́лда, трамбо́вка.

**beetle**[3] *adj.*: ~ brows нави́сшие бро́ви (*f. pl.*).
*v.i.* нав|иса́ть, -и́снуть.
*cpd.*: ~**-browed** *adj.* с нави́сшими бровя́ми.

**beetle**[4] *v.i.*: ~ off! кати́сь! (*sl.*).

**befall** *v.t. & i.* (*liter.*) приключ|а́ться, -и́ться (с +*i.*); пост|ига́ть, -и́гнуть (*кого/что*); what has ~en him? что с ним ста́ло?

**befit** *v.t.* под|ходи́ть, -ойти́ +*d.*; прили́чествовать (*impf.*) +*d.*

**befog** *v.t.* (*lit., fig.*) затума́ни|вать, -ть.

**befool** *v.t.* одура́чи|вать, -ть.

**before** *adv.* **1.** (*sooner, previously*) ра́ньше; six weeks ~ шестью́ неде́лями ра́ньше; 18 years ~ 18 лет наза́д; за 18 лет до э́того; **2.** (*of place*) впереди́.

*prep.* **1.** (*of time*) пе́ред +*i.*; ~ leaving пе́ред отъе́здом; (*earlier than*) до +*g.*; ~ the war до войны́; since ~ the war с довое́нного вре́мени; long ~ that задо́лго до э́того; ~ now пре́жде; the week ~ last позапро́шлая неде́ля; don't come ~ I call you не приходи́те, пока́ я вас не позову́; **2.** (*rather than*) скоре́е чем; he would die ~ lying он скоре́е умрёт, чем солжёт; **3.** (*of place*) пе́ред +*i.*; впереди́ +*g.*; your whole life is ~ you у вас вся жизнь впереди́; ~ the court пе́ред судо́м; ~ witnesses при свиде́телях; ~ my eyes на мои́х глаза́х; ~ God пе́ред Бо́гом; **4.** (*fig., ahead of*): he is ~ me in class он впереди́ меня́ в кла́ссе; **5.** (*naut.*): ~ the wind по ве́тру.

*conj.* (*earlier than*) ра́ньше чем; (*immediately* ~) пре́жде/пе́ред тем, как; (*at a previous time*) до того́ как; do it ~ you forget сде́лайте э́то, пока́ не забы́ли; it will be years ~ we meet пройду́т го́ды, пока́ мы встре́тимся; just ~ you arrived пе́ред са́мым ва́шим прихо́дом.

*cpds.*: ~**hand** *adv.* зара́нее, заблаговре́менно; be ~hand with s.o. (*liter.*) предупре|жда́ть, -ди́ть кого́-н.; ~**-mentioned** *adj.* вышеупомя́нутый; ~**-tax** *adj.* начи́сленный до упла́ты нало́гов.

**befoul** *v.t.* па́чкать, за-.

**befriend** *v.t.* дру́жески отн|оси́ться, -ести́сь к +*d.*; помога́ть (*impf.*) +*d.*

**befuddle** *v.t.* одурма́ни|вать, -ть.

**beg** *v.t.* проси́ть, по-; умол|я́ть (*impf.*); ~ money of s.o. проси́ть (*impf.*) у кого́-н. де́нег; ~ one's bread ни́щенствовать, попроша́йничать, (*coll.*) побира́ться (*all impf.*); ~ s.o. to do sth. умоля́ть (*impf.*) кого́-н. сде́лать что-н.; ~ a favour of s.o. проси́ть, по- кого́-н. о любе́зности; they ~ged to come with us они́ умоля́ли нас взять их с собо́й; I ~ to state я позво́лю себе́ утвержда́ть.

*v.i.* **1.** (*ask for charity*) проси́ть подая́ния, ни́щенствовать, (*coll.*) побира́ться (*all impf.*); ~ from door to door побира́ться по двора́м; ~ging letter проси́тельное письмо́; **2.** ~ for sth. выпра́шивать, вы́просить что-н.; I ~ of you not to go я умоля́ю вас не ходи́ть; ~ **off** (*excuse o.s.*) отпр|а́шиваться, -оси́ться; **3.** (*of a dog*) служи́ть (*impf.*); **4.**: the cakes are going ~ging пирожки́ зря пропада́ют.

**begad** *int.* (*arch.*) ей-Бо́гу!

**beget** *v.t.* (*lit., fig.*) поро|жда́ть, -ди́ть.

**begetter** *n.* роди́тель (*m.*); (*fig.*) вдохнови́тель (*m.*).

**beggar** *n.* **1.** ни́щий; ~ woman ни́щенка; ~s cannot be choosers ≃ голо́дному Федо́ту и щи в охо́ту; a ~ on horseback (*fig.*) ≃ из гря́зи в кня́зи; **2.** (*fellow*) па́рень (*m.*), ма́лый; poor ~ бедня́га (*m.*), бе́дный ма́лый; little ~s малыши́ (*m. pl.*).

*v.t.* (*reduce to beggary*) дов|оди́ть, -ести́ до нищеты́; разор|я́ть, -и́ть; it ~s description э́то не поддаётся описа́нию.

**beggarly** *adj.* ни́щенский, жа́лкий.

**beggary** *n.* нищета́, ни́щенство.

**begin** *v.t.* нач|ина́ть, -а́ть; he began English он на́чал изуча́ть англи́йский язы́к; he began the meeting он откры́л собра́ние; he began (on) another bottle он поча́л но́вую буты́лку; I began to think she would not come я поду́мал бы́ло, что она́ не придёт; (*often translated by* за-): ~ to sing запе́ть (*pf.*); he began to cry он запла́кал.

*v.i.* нач|ина́ть(ся), -а́ть(ся); he began at the beginning он на́чал с са́мого нача́ла; the meeting began собра́ние начало́сь; before winter ~s до нача́ла зимы́; до того́ как начнётся зима́; he began as a reporter он на́чал свою́ карье́ру с рабо́ты репортёра; well begun is half done лиха́ беда́ нача́ло; хоро́шее нача́ло полде́ла откача́ло; to ~ with во-пе́рвых.

**beginner** *n.* начина́ющий.

**beginning** *n.* нача́ло; (*source*) исто́чник; at the ~ of April в нача́ле (*or* в пе́рвых чи́слах) апре́ля; make a ~ нача́ть (*pf.*); the ~s of English poetry ра́нняя англи́йская поэ́зия.

**begone** *v.i.*: (*arch.*) ~! прочь!

**begonia** *n.* бего́ния.

**begrime** *v.t.* па́чкать, вы́-; грязни́ть, за-.

**begrudge** *v.t.* зави́довать, по- (*кому чему*); I ~ the time мне жаль вре́мени; they ~d him his food они́ укоря́ли/попрека́ли его́ куско́м хле́ба.

**beguile** v.t. **1.** (charm) очаро́в|ывать, -а́ть; **2.** (delude) завл|ека́ть, -е́чь; they ~d him into giving them his money они́ (обма́ном) вы́удили у него́ де́ньги; **3.**: ~ one's hunger обману́ть (pf.) го́лод; (time, journey etc.) корота́ть, с-.

**begum** n. бегу́ма.

**behalf** n.: on/in my ~ от моего́ и́мени/лица́; ра́ди меня́; в мои́х интере́сах, в мою́ по́льзу; he is going on our ~ он идёт за нас; plead on s.o.'s ~ выступа́ть (impf.) в защи́ту кого́-н.

**behave** v.i. **1.** (of pers.) вести́ (det.) себя́, держа́ться (impf.); ~ well, ~ o.s. вести́ себя́ хорошо́; ~ badly пло́хо поступ|а́ть, -и́ть; ~ (well etc.) towards s.o. (хорошо́) относи́ться (impf.) к кому́-н.; **2.** (of thg.): my bicycle ~s well мой велосипе́д хорошо́ слу́жит; how does this metal ~ under stress? как ведёт себя́ э́тот мета́лл под давле́нием?

**behaviour** n. **1.** (conduct) поведе́ние; отноше́ние (к кому), обраще́ние (с кем); be on one's best ~ вести́ (det.) себя́ безупре́чно; hold office during good ~ занима́ть (impf.) до́лжность при усло́вии хоро́шего поведе́ния; **2.** the ~ of glands рабо́та желёз; the ~ of steel under stress поведе́ние ста́ли под давле́нием.

**behavioural** adj. поведе́нческий.

**behaviourism** n. бихевиори́зм.

**behead** v.t. обезгла́в|ливать, -ить.

**behemoth** n. чу́дище; (bibl.) бегемо́т.

**behest** n. (liter.) повеле́ние.

**behind** n. (coll.) зад, за́дница.

adv. сза́ди, позади́; a long way ~ далеко́ позади́; from ~ сза́ди; he is ~ in his studies он отста́л в учёбе; he is ~ with his payments он запа́здывает с упла́той; there is more evidence ~ (still to come) есть ещё нема́ло доказа́тельств.

prep. (expr. place) за +i.; (expr. motion) за +a.; (more emphatic) сза́ди, позади́ +g.; (after) по́сле +g.; from ~ из-за +g.; he walked (just) ~ me он шёл сле́дом за мной; what is ~ it all? что стои́т за всем э́тим?; he has the army ~ him его́ подде́рживает а́рмия; he left debts ~ him он оста́вил по́сле себя́ долги́; he put the idea ~ him он бро́сил э́ту мысль; the country is ~ its neighbours страна́ отста́ла от свои́х сосе́дей.

cpd.: ~**hand** adj. & adv.: he is ~hand in his work он запусти́л рабо́ту; I am ~hand with the rent я задолжа́л за кварти́ру.

**behold** v.t. (arch.) узре́ть (pf.); lo and ~! о чу́до!

**beholden** pred. adj. обя́зан, призна́телен.

**beholder** n. очеви́дец; her beauty charmed all ~s её красота́ очаро́вывала всех, кто её ви́дел.

**behoof** n. (Am. & arch.) = BEHALF.

**behove** (Am. **behoove**) v.t. (liter.): it ~s you to work вам надлежи́т рабо́тать; it ill ~s him to

complain ему́ не к лицу́ жа́ловаться.

**beige** n. (material) мате́рия из некра́шеной ше́рсти.

adj. беж (indecl.), бе́жевый.

**being** n. **1.** (existence) бытие́, существова́ние; fleet in ~ существу́ющий флот; the firm is still in ~ фи́рма всё ещё существу́ет; come into ~ возн|ика́ть, -и́кнуть; call, bring into ~ вы́звать (pf.) к жи́зни; **2.** (creature, person) существо́; human ~ челове́к; the Supreme B ~ Всевы́шний; **3.** (nature) существо́.

**bejewel** v.t. разукра́|шивать, -сить драгоце́нностями.

**belabour** v.t. (thrash) вздуть (pf.); изб|ива́ть, -и́ть; (over-emphasize): ~ the obvious дока́зывать (impf.) очеви́дное.

**belated** adj. запозда́лый.

**belay** v.t. (naut.) завёр|тывать, -ну́ть; ~! заверну́ть!; (fig.) стоп!; ~ing-pin ко́фель-на́гель (m.).

**belch** n. отры́жка; give a ~ рыгну́ть (pf.); (of smoke etc.) столб.

v.t. (smoke etc.; also ~ **forth, out**) выбра́сывать, вы́бросить; (lava) изв|ерга́ть, -е́ргнуть; (oaths etc.) изв|ерга́ть, -е́ргнуть; изрыг|а́ть, -ну́ть.

v.i. рыг|а́ть, -ну́ть.

**beleaguer** v.t. оса|жда́ть, -ди́ть.

**belfry** n. колоко́льня; see also BAT[1].

**Belgian** n. бельги́|ец (fem. -йка).

adj. бельги́йский.

**Belgium** n. Бе́льгия.

**Belgrade** n. Белгра́д.

**Belial** n. Велиа́р, Сатана́ (m.); son of ~ нечести́вец.

**belie** v.t. (contradict) противоре́чить (impf.) +d.; (disappoint): our hopes were ~d на́ши наде́жды не оправда́лись.

**belief** n. **1.** (trust) ве́ра (в +a.); дове́рие (к +d.); **2.** (acceptance as true; thing believed) ве́ра, ве́рование; entertain the ~ that пита́ть (impf.) уве́ренность в том, что; to the best of my ~ по моему́ убежде́нию; he has a strong ~ in education он глубоко́ убеждён в необходи́мости образова́ния; beyond ~ невероя́тно, непостижи́мо; the ~s of the Christian church ве́рования/вероуче́ния (nt. pl.) христиа́нской це́ркви; strange ~s стра́нные пове́рья (nt. pl.).

**believable** adj. правдоподо́бный.

**believe** v.t. ве́рить, по- (кому, во что); ду́мать (impf.); I ~ so ду́маю, что э́то так; мне так ка́жется; ~ one's eyes ве́рить, по- свои́м глаза́м; ~ it or not; would you ~ it? хоти́те ве́рьте, хоти́те — нет; ~ me мо́жете мне пове́рить; I ~ him to be honest я счита́ю его́ че́стным челове́ком; he deserves to be ~d он заслу́живает дове́рия; make ~ де́лать вид, притворя́ться (impf.).

v.i. ве́рить (impf.); (esp. relig.) ве́ровать (impf.); ~ in God ве́рить (impf.) в Бо́га; ~ in a remedy ве́рить (*impf.*) в како́е-н. лека́рство; ~ in s.o. ве́рить (*impf.*) в кого́-н.; име́ть (*impf.*) дове́рие к кому́-н.; I ~ in taking exercise я ве́рю в по́льзу заря́дки; я придаю́ большо́е значе́ние физкульту́ре.

**believer** *n.* **1.** (*relig.*) ве́рующий; **2.** (*advocate*) сторо́нник +*g.*; ~ in discipline сторо́нник дисципли́ны.

**belittle** *v.t.* преум|еньша́ть, -е́ньшить; умал|я́ть, -и́ть; ~ o.s. уничижа́ться (*impf.*).

**bell** *n.* **1.** ко́локол; (*smaller*) колоко́льчик; (*of door, telephone, bicycle etc.*) звоно́к; cap and ~s колпа́к с бубенца́ми; ring the ~ звони́ть (*impf.*) в звоно́к/ко́локол; that rings a ~ (*fig., coll.*) да, я что́-то припомина́ю; answer the ~ откры́ть (*pf.*) дверь; яви́ться (*pf.*) на зов; clear as a ~ чи́стый как звон колоко́льчика; sound as a ~ в полне́йшем поря́дке; **2.** (*naut.*) ко́локол; ring the ~s бить (*impf.*) скля́нки; **3.** (*of flower*) ча́шечка; (*of vase*) растру́б.

*v.t.:* ~ the cat (*fig.*) ≃ поста́вить (*pf.*) себя́ под уда́р.

*cpds.:* ~-**bottomed** *adj.:* ~-bottomed trousers брю́ки-клёш, брю́ки с растру́бом; ~**boy** *n.* коридо́рный; ~-**buoy** *n.* буй с ко́локолом; ~-**captain** *n.* (*Am.*) ста́рший коридо́рный; ~-**founder** *n.* колоко́льник, колоко́льный ма́стер; ~-**foundry** *n.* колоко́льная мастерска́я; ~-**glass** *n.* стекля́нный колпа́к; ~-**metal** *n.* колоко́льная бро́нза; ~-**push** *n.* кно́пка звонка́; ~**ringer** *n.* звона́рь (*m.*); ~-**tent** *n.* кру́глая пала́тка; ~-**wether** *n.* бара́н-вожа́к.

**belladonna** *n.* (*plant, drug*) беллодо́нна.

**belle** *n.* краса́вица; the ~ of the ball цари́ца ба́ла.

**belles-lettres** *n.* беллетри́стика.

**belletristic** *adj.* беллетристи́ческий.

**bellicose** *adj.* вои́нственный.

**bellicosity** *n.* вои́нственность.

**belligerency** *n.* состоя́ние войны́; ста́тус/ положе́ние вою́ющей стороны́; (*aggressiveness*) вои́нственность, агресси́вность.

**belligerent** *n.* вою́ющая сторона́.

*adj.* (*waging war*) вою́ющий; ~ rights права́ вою́ющих сторо́н; (*aggressive*) вои́нственный, зади́ристый.

**bellow** *n.* (*of animal*) мыча́ние; (*of sea, storm*) рёв.

*v.t.* (*also* ~ **forth, out**) ора́ть (*impf.*).

*v.i.* **1.** (*of animal*) мыча́ть, про-; реве́ть (*impf.*); **2.** (*shout*) ора́ть (*impf.*); (*roar with pain*) реве́ть (*impf.*), ора́ть (*impf.*); (*of thunder, cannon etc.*) греме́ть (*impf.*), грохот|а́ть, -ну́ть.

**bellows** *n.* (*of furnace, organ*) мехи́ (*m. pl.*); (*domestic*) (ручны́е раздува́льные) мехи́; (*phot.*) мехи́.

**belly** *n.* **1.** живо́т, (*coll.*) брю́хо; pot ~ то́лстое брю́хо; пу́зо; his eyes are bigger than his ~ глаза́ у него́ зави́дущие; he has fire in his ~ он по́лон огня́; **2.** (*of ship etc.*) дни́ще; (*of sail*)

пу́зо; (*of violin etc.*) де́ка.

*v.t.* (*of wind*): ~ (out) a sail над|ува́ть, -у́ть па́рус.

*v.i.* (*of sail*) нап|олня́ться, -о́лниться.

*cpds.:* ~-**ache** *n.* боль в животе́; *v.i.* (*sl.*) стона́ть, хны́кать, ныть (*all impf.*); ~-**band** *n.* подпру́га; ~-**flop** *n.* (*coll.*) уда́р живото́м (*при прыжке в воду*); ~-**landing** *n.* (*av.*) поса́дка на «брю́хо» (*coll.*).

**bellyful** *n.:* he has had his ~ of it он сыт по го́рло э́тим.

**belong** *v.i.* **1.**: ~ to (*be the property of*) принадлежа́ть (*impf.*) +*d.*; (*be a member of*) состоя́ть (*impf.*) в +*p.*; (*befit, appertain*): it ~s to me to decide мне реша́ть; such amusements ~ to your age таки́е развлече́ния подхо́дят для люде́й ва́шего во́зраста; that ~s to my duties э́то вхо́дит в мои́ обя́занности; **2.** (*match*): these gloves do not ~ э́ти перча́тки не подхо́дят; **3.** (*of place*): these books ~ here э́ти кни́ги стоя́т здесь; э́ти кни́ги отсю́да; I ~ here (*was born here*) я ро́дом отсю́да; (*live here*) я отсю́да; я зде́шний; (*am rightly placed here*) я здесь на ме́сте; this ~s under 'Science' э́то отно́сится к разде́лу «Нау́ка».

**belongings** *n.* ве́щи (*f. pl.*), пожи́тк|и (*pl., g.* -ов).

**Belorussia, -n** *see* BYELORUSSIA, -N.

**beloved** *n.* возлю́бленн|ый (*fem.* -ая); dearly ~! (*to congregation*) возлю́бленные ча́да!

*adj.* возлю́бленный, люби́мый.

**below** *adv.* (*of place*) внизу́; (*of motion*) вниз; (*in text etc.*) ни́же; from ~ сни́зу; go ~ (*naut.*) спусти́ться (*pf.*) вниз; the court ~ (*leg.*) суд ни́жней инста́нции.

*prep.* (*of place*) под +*i.*; (*of motion*) под +*a.*; (*lower, downstream*) ни́же +*g.*; on the Volga ~ Saratov на Во́лге ни́же Сара́това; he ranks ~ me он ни́же меня́ чи́ном; ~ 60 моло́же шести́десяти лет; ~ £10 деше́вле/ме́ньше десяти́ фу́нтов; he is ~ average height он ни́же сре́днего ро́ста.

**Belshazzar** *n.* (*bibl.*) Балтаза́р, Валтаса́р.

**belt**[1] *n.* **1.** (*of leather*) реме́нь (*m.*); (*of linen etc.*) по́яс (*pl.* -а́); (*part of overcoat*) хля́стик; (*mil.*) патро́нная ле́нта; hit below the ~ уда́рить (*pf.*) под вздох; tighten one's ~ (*fig.*) затяну́ть (*pf.*) потуже реме́нь; seat ~ привязно́й реме́нь, реме́нь безопа́сности; **2.** (*zone*) по́яс, полоса́; cotton ~ хло́пковый по́яс; ~ of fire (*mil.*) огнева́я заве́са; **3.** (*tech.*) (приводно́й) реме́нь.

*v.t.* **1.** (*furnish with* ~) подпоя́с|ывать, -ать; опоя́с|ывать, -ать; **2.** (*fasten*): ~ on a sword опоя́с|ываться, -аться мечо́м; **3.** (*coll., thrash*) поро́ть, вы́-; **4.**: ~ out a song горла́нить (*impf.*) пе́сню.

**Belt**[2] *n.* (*geog.*): Great ~ Большо́й Бельт.

**belting** *n.* (*tech.*) ремённая переда́ча; бе́льтинг; (*coll., thrashing*) по́рка.

**beluga** *n.* белу́га.

**belvedere** *n.* бельведе́р.

**bemoan** *v.t.* опла́к|ивать, -ать.

**bemuse** *v.t.* пора|жа́ть, -зи́ть; ошелом|ля́ть, -и́ть.

**bench** *n.* **1.** (*seat*) скамья́, ла́вка; **2.** (*work-table*) верста́к, стано́к; **3.** (*leg.*): he was raised to the ~ он стал судьёй; (*judges*) су́дьи (*m. pl.*); суде́йское сосло́вие; **4.** (*theatr.*): play to empty ~es игра́ть (*impf.*) пе́ред пусты́м за́лом.

*cpd.*: ~-**mark** *n.* репе́р.

**bend** *n.* **1.** (*curve*) изги́б; (*in river*) излу́чина; ~ of the arm локтево́й сгиб руки́; round the ~ (*coll.*) свихну́вшийся; **2.**: the ~s (*disease*) кессо́нная боле́знь; **3.**: ~ sinister (*fig.*) незаконнорождённость; **4.** (*naut.*) у́зел; fisherman's ~ рыба́цкий штык.

*v.t.* **1.** (*twist, incline*): ~ a branch гнуть, при- ве́тку; ~ an iron bar из|гиба́ть, -огну́ть желе́зный брус; the storm bent the tree to the ground бу́ря пригну́ла де́рево к земле́; a bent pin со́гнутая була́вка; the axle is bent ось погну́лась; ~ a bow сгиба́ть, согну́ть лук; on ~ed knee преклони́в коле́на; knees ~! коле́ни согну́ть!; ~ one's head over a book скло́н|яться, -и́ться над кни́гой; ~ s.o. to one's will подчин|я́ть, -и́ть кого́-н. свое́й во́ле; **2.** (*direct*): ~ one's steps homewards напра́вить (*pf.*) стопы́ к до́му; all eyes were bent on him все взо́ры бы́ли напра́влены на него́; he is bent on learning English он твёрдо реши́л изучи́ть англи́йский язы́к; he is bent on mischief он то́лько и ду́мает, как бы набедоку́рить.

*v.i.*: the river ~s here река́ здесь изгиба́ется; the trees bent in the wind дере́вья гну́лись на ветру́; ~ at the knees сгиба́ться, согну́ться в коле́нях; ~ over one's desk сгиба́ться, согну́ться над столо́м; ~ before s.o.'s will скло́н|яться, -и́ться пе́ред чьей-н. во́лей; ~ forward наклон|я́ться, -и́ться (вперёд); ~ over backwards (*fig.*) ≃ из ко́жи вон лезть, де́лать (*impf.*) бо́льше, чем мо́жешь.

*with advs.*: ~ **back** *v.t.* (*e.g. a finger*) отти|ги́вать, -ну́ть наза́д; ~ **down** *v.t.* наг|иба́ть, -ну́ть; сгиба́ть, согну́ть; переклон|я́ть, -и́ть; *v.i.* (*also* ~ **over**) наг|иба́ться, -ну́ться; перег|иба́ться, -ну́ться.

**bender** *n.* (*sl.*) кутёж; go on a ~ загуля́ть (*pf.*).

**beneath** *adv.* внизу́.

*prep.* (*of place*) под *+i.*; (*of motion*) под *+a.*; (*lower than*) ни́же *+g.*; ~ criticism ни́же вся́кой кри́тики; marry ~ one соверши́ть (*pf.*) мезалья́нс; заключи́ть (*pf.*) нера́вный брак; it is ~ you to complain жа́ловаться — недосто́йно вас; it is ~ contempt э́то не заслу́живает ничего́, кро́ме презре́ния.

**Benedictine** *n.* (*monk*) бенедикти́нец; (*nun*) бенедикти́нка; (*liqueur*) бенедикти́н.

*adj.* бенедикти́нский.

**benediction** *n.* благослове́ние.

**benefaction** *n.* (*kind act*) благодея́ние; (*donation*) поже́ртвование.

**benefactor** *n.* (*one who confers benefit*) благоде́тель (*m.*); (*donor*) благотвори́тель (*m.*).

**benefactress** *n.* благоде́тельница; благотвори́тельница.

**benefice** *n.* бенефи́ций.

**beneficence** *n.* благодея́ние; благотвори́тельность.

**beneficent** *adj.* благотвори́тельный.

**beneficial** *adj.* **1.** благотво́рный, поле́зный, вы́годный; mutually ~ взаимовы́годный; **2.** (*leg.*) бенефициа́рный.

**beneficiary** *n.* (*leg.*) бенефициа́рий.

**benefit** *n.* **1.** (*advantage*) по́льза, вы́года, преиму́щество; for the ~ of the poor в по́льзу бе́дных; for the ~ of mankind на бла́го челове́чества; give s.o. the ~ of one's advice помо́чь (*pf.*) кому́-н. сове́том; (*iron.*) осчастли́вить (*pf.*) кого́-н. сове́том; I gave him the ~ of the doubt я ему́ пове́рил (на э́тот раз); reap the ~ of пожина́ть (*impf.*) плоды́ *+g.*; he said that for my ~ (*for me to hear*) он сказа́л э́то специа́льно для меня́; she wore a new dress for his ~ она́ наде́ла но́вое пла́тье ра́ди него́; **2.** (*favour*) благодея́ние; confer ~s on ока́зывать (*impf.*) благодея́ния *+d.*; **3.** (*grant*) посо́бие; maternity ~ посо́бие по бере́менности и ро́дам; **4.** ~ concert благотвори́тельный конце́рт; ~ society о́бщество взаимопо́мощи.

*v.t.* прин|оси́ть, -ести́ по́льзу *+d.*, идти́ (*det.*) на по́льзу *+d.*; (*of health*) прин|оси́ть, -ести́ по́льзу *+d.*

*v.i.* извл|ека́ть, -е́чь по́льзу (из *+g.*); you will ~ by a holiday о́тдых пойдёт вам на по́льзу.

**Benelux** *n.* Бенелю́кс.

**benevolence** *n.* благожела́тельность, доброжела́тельность; ще́дрость; благотвори́тельность.

**benevolent** *adj.* благожела́тельный, доброжела́тельный; ~ neutrality благожела́тельный нейтралите́т; (*munificent*) ще́дрый; (*charitable*) благотвори́тельный.

**Bengal** *n.* Бенга́лия; (*attr.*) бенга́льский.

**Bengali** *n.* (*pers.*) бенга́л|ец (*fem.* -ка); (*language*) бенга́льский язы́к.

*adj.* бенга́льский.

**benighted** *adj.* засти́гнутый но́чью; (*fig.*) тёмный; обскура́нтский.

**benign** *adj.* (*of pers.*) добросерде́чный; (*of climate*) благотво́рный; (*of soil*) плодоно́сный; (*med.*) доброка́чественный.

**benignant** *adj.* добросерде́чный, ми́лостивый, великоду́шный.

**benignity** *n.* добросерде́чие, великоду́шие.

**Benjamin** *n.* (*fig.*) мла́дший и люби́мый сын.

**bent**[1] *n.* (*inclination*) скло́нность; (*aptitude*) накло́нность; to the top of one's ~ в по́лное своё удово́льствие.

adj. (coll., corrupt) нечéстный, извращённый;
also p. part. of BEND, q.v.

**bent²** n. (grass) полевúца.

**benumb** v.t.: my fingers were ~ed with cold y
меня пáльцы онемéли от хóлода.

**benzedrine** n. бензедрúн.

**benz|ene, -ol** nn. бензóл.

**benzine** n. бензúн.

**benzol** see BENZENE.

**bequeath** v.t. завещáть (impf., pf.); (fig.)
остáвить (pf.).

**bequest** n. (object) вещь, остáвленная в наслéдство; (as part of museum collection) фонд,
посмéртный дар; (act) завещáтельный откáз
имýщества; make a ~ of завещáть (impf., pf.).

**berate** v.t. бранúть (impf.), (coll.) расп|екáть,
-éчь.

**Berber** n. бербéр (fem. -ка).
    adj. бербéрский.

**bereave** v.t.: a ~d husband (недáвно) овдо-
вéвший муж; an accident bereft him of his
children несчáстный слýчай óтнял у негó
детéй; bereft of hope лишённый надéжды.

**bereavement** n. тяжёлая утрáта/потéря.

**beret** n. берéт.

**bergamot** n. бергамóт.

**beriberi** n. бéри-бéри (f. indecl.).

**Bering Sea** n. Бéрингово мóре.

**Berlin** n. Берлúн; (attr.) берлúнский.

**Bermuda** n. (also the ~s) Бермýдские островá
(m. pl.).

**Berne** n. Берн.

**Bernese** adj. бéрнский.

**berry** n. ягода; (coffee bean) зернó; (of caviar)
икрúнка.
    v.i.: they have gone ~ing онú ушлú по ягоды.

**berserk** n.: go ~ разъярúться (pf.), обезýметь
(pf.).

**berth** n. 1. (place at wharf) прúстань, причáл;
loading ~ грузовóй причáл; covered ~
эллинг; 2.: give a ship a wide ~ держáться на
достáточном расстоянии от корабля; give s.o.
a wide ~ (fig.) обходúть (impf.) когó-н.
сторонóй (or зá версту); 3. (sleeping-place on
ship) кóйка; (on train) спáльное мéсто; 4. (job)
мéсто, местéчко.
    v.t. 1. (moor) стáвить (impf.) к причáлу;
~ing-place мéсто стоянки; 2. (give sleeping-
room to) предост|авля́ть, -áвить спáльное
мéсто +d.
    v.i. (of ship) причáли|вать, -ть; (of crew)
разме|щáться, -стúться.
    cpd.: ~-deck n. жилáя пáлуба.

**beryl** n. берúлл; (attr.) берúлловый.

**beryllium** n. берúллий.

**beseech** v.t. умол|я́ть, -úть; молúть (impf.).

**beseem** v.t. (arch.) подобáть (impf.) +d.; it ill ~s
you вам не подобáет.

**beset** v.t. окруж|áть, -úть; оса|ждáть, -дúть;
~ting sin преоблáдающий порóк.

**beside** prep. 1. (alongside) рядом с +i.; (near)
óколо +g., у +g.; 2. (compared with) по
сравнéнию с +i.; перед +i.; ~ him all novelists
are insignificant по сравнéнию с ним все
романúсты ничегó не стóят; set ~ постáвить
(pf.) рядом с +i.; 3. (wide of) мúмо +g.; that is
~ the point это к дéлу не отнóсится; 4.: ~ o.s.
вне себя; 5. (as well as) крóме +g.

**besides** adv. сверх тогó; крóме тогó.
    prep. крóме +g.

**besiege** v.t. (lit., fig.) оса|ждáть, -дúть.

**besieger** n. осаждáющий.

**besmear** v.t. засáли|вать, -ть; вымáзывать,
вымазать.

**besmirch** v.t. пáчкать, вы-; (fig.) запáчкать,
опорóчить (both pf.).

**besom** n. метлá, вéник.

**besotted** adj. одурмáненный.

**bespangle** v.t. ос|ыпáть, -ыпать блёстками; a
~d sky усéянное звёздами нéбо.

**bespatter** v.t. забрызг|ивать, -ать.

**bespeak** v.t. (order) закáз|ывать, -áть; (reveal)
свидéтельствовать, говорúть (both impf.) о
+p.

**bespoke** adj. сдéланный на закáз; ~ tailor
портнóй, рабóтающий на закáз.

**bespoken** adj. зáнятый.

**besprinkle** v.t. (with liquid) обрызг|ивать, -ать;
(with powder etc.) обс|ыпáть, -ыпать.

**Bessarabia** n. Бессарáбия.

**Bessemer** n.: ~ process бессемéровский
процéсс.

**best** n. (~ performance) лýчший результáт; see
also adj.
    adj. лýчший; the ~ way to the station сáмый
лýчший путь к стáнции; he is the ~ of men
лýчше егó никогó нет; we are the ~ of friends
мы блúзкие друзья; at ~ в лýчшем слýчае; I
did it for the ~ я дéлал это с лýчшими
намéрениями; dressed in one's ~ одéт во всё
сáмое лýчшее; get the ~ of it взять (pf.) верх;
do one's ~ сдéлать (pf.) всё возмóжное; I
know what is ~ for him я лýчше знáю, что емý
нýжно; to the ~ of one's ability в мéру своúх
сил/спосóбностей; to the ~ of my knowledge
наскóлько мне извéстно; in the ~ of health в
дóбром здрáвии; he can drink with the ~ он
перепьёт когó угóдно; give s.o. ~ признáть
(pf.) чьё-н. превосхóдство; all the ~! всегó
наилýчшего!; hope for the ~ надéяться
(impf.) на лýчшее; turn out for the ~
обернýться (pf.) к лýчшему; may the ~ man
win пусть победúт сильнéйший; have the ~ of
the bargain оказáться (pf.) в выигрыше;
pupil пéрвый ученúк; ~ quality высший сорт;
(greater): the ~ part of a week бóльшая часть
недéли; I waited for the ~ part of an hour я
ждал почтú цéлый час; ~ man (at wedding)
шáфер; ~ girl мúлая, любúмая.
    adv. лýчше всегó; he works ~ (better than

*others*) он рабо́тает лу́чше всех; I work ~ in the evening мне лу́чше всего́ рабо́тается по вечера́м; you know ~ вам лу́чше знать; I had ~ tell him мне бы сле́довало сказа́ть ему́; do as you think ~ де́лайте, как вам ка́жется лу́чше; which town did you like ~? како́й го́род вам бо́льше всего́ понра́вился?; I liked her ~ (*of all*) она́ мне понра́вилась бо́льше всех; it is ~ forgotten лу́чше всего́ забы́ть об э́том.

*v.t.* брать, взять верх над +*i.*

*cpds.*: ~**-dressed** *adj.* са́мый элега́нтный; ~**-hated** *adj.* са́мый ненави́стный; ~**-looking** *adj.* са́мый краси́вый; ~**-seller** *n.* (*book*) бестсе́ллер; (*author*) а́втор бестсе́ллера; ~**-selling** *adj.* хо́дкий.

**bestial** *adj.* звери́ный; (*brutish*) зве́рский, звероподо́бный; (*depraved*) ско́тский, живо́тный.

**bestiality** *n.* зве́рство; (*depravity*) ско́тство; (*leg.*) скотоло́жство.

**bestir** *v.t.*: ~ o.s. встряхну́ться (*pf.*).

**bestow** *v.t.* **1.** (*store*) поме|ща́ть, -сти́ть; **2.** (*confer*): ~ gifts on s.o. одá́р|ивать, -и́ть кого́-н.; he ~ed a fortune on his nephew он пе́редал племя́ннику це́лое состоя́ние; ~ a title on s.o. присв|а́ивать, -о́ить кому́-н. ти́тул; ~ honours возд|ава́ть, -а́ть по́чести; **3.** (*use*): time well ~ed хорошо́ испо́льзованное вре́мя.

**bestowal** *n.* **1.** (*donation*) дар; **2.**: ~ of a title присвое́ние ти́тула; ~ of honours воздая́ние/оказа́ние по́честей; награжде́ние по́честями.

**bestrew** *v.t.* ус|ыпа́ть, -ы́пать.

**bestride** *v.t.* (*a chair, fence etc.*) осёдл|ывать, -а́ть; ~ a horse сиде́ть (*impf.*) верхо́м.

**bet** *n.* пари́ (*nt. indecl.*), ста́вка; make, lay a ~ держа́ть (*impf.*) пари́; accept a ~ идти́ (*det.*) на пари́; an even ~ пари́ с ра́вными ша́нсами; the grey is the best ~ to win се́рый/се́рко име́ет бо́льше всех ша́нсов на вы́игрыш; your best ~ is to go there вам лу́чше всего́ пойти́ туда́.

*v.t. & i.* держа́ть (*impf.*) пари́; би́ться, по- об закла́д; he ~ £5 on a horse он поста́вил 5 фу́нтов на ло́шадь; he ~ me £10 I wouldn't do it он поспо́рил со мной на 10 фу́нтов, что я не сде́лаю э́того; I ~ he doesn't turn up держу́ пари́, что он не придёт; you ~ (your life)! (*coll.*) ещё вы!; ещё как!

**beta** *n.*: ~ particle бе́та-части́ца; ~ rays бе́та-лучи́.

**betake** *v.t.*: ~ o.s. to (*a place*) отпр|авля́ться, -а́виться к +*d.*; ~ o.s. to reading обра|ща́ться, -ти́ться к чте́нию.

**betel** *n.* бе́тель (*m.*).

*cpd.*: ~**-nut** *n.* аре́ковое се́мя.

**Betelgeuse** *n.* Бетельге́йзе (*indecl.*).

**bête noire** *n.*: he is my ~ он мне ненави́стен.

**bethink** *v.t.*: ~ o.s. (*recollect*) всп|омина́ть, -о́мнить; ~ o.s. of (*devise*) заду́м|ывать, -ать.

**Bethlehem** *n.* Вифлее́м.

**betide** (*arch.*) *v.t.*: woe ~ you го́ре вам!

*v.i.*: whate'er ~ что бы ни приключи́лось.

**betimes** *adv.* (*in good time*) своевре́менно; (*early*) ра́но.

**betoken** *v.t.* (*indicate*) ука́з|ывать, -а́ть на +*a.*; (*signify*) означа́ть (*impf.*); (*augur*) предвеща́ть (*impf.*); his complexion ~s bad health цвет его́ лица́ говори́т о плохо́м здоро́вье.

**betony** *n.* бу́квица.

**betray** *v.t.* **1.** (*abandon treacherously*) измен|я́ть, -и́ть +*d.*; пред|ава́ть, -а́ть; **2.** (*lead astray*): the text ~ed him into error текст ввёл его́ в заблужде́ние; (*seduce*) обма́н|ывать, -у́ть; **3.**: ~ s.o.'s hopes обману́ть (*pf.*) чьи-н. наде́жды; ~ s.o.'s trust обману́ть чьё-н. дове́рие; не оправда́ть (*pf.*) чьего́-н. дове́рия; **4.** (*disclose, evince*) выдава́ть, вы́дать; his accent ~ed him его́ вы́дало произноше́ние; ~ official secrets выдава́ть, вы́дать госуда́рственные та́йны; ~ surprise выража́ть, вы́разить удивле́ние.

**betrayal** *n.* (*treachery*) преда́тельство, изме́на; (*disclosure*) вы́дача; (*seduction, disappointment*) обма́н; the ~ of his hopes круше́ние его́ наде́жд.

**betrayer** *n.* преда́тель (*m.*); изме́нник.

**betroth** *v.t.* (*liter.*) обруч|а́ть, -и́ть; помо́лвить (*pf.*); she is ~ed to him она́ с ним обручена́/помо́лвлена.

**betrothal** *n.* обруче́ние, помо́лвка.

**bett|er**[1], **-or** *n.* (*one who bets*) держа́щий пари́, понтёр.

**better**[2] *adj.* лу́чший, лу́чше; ~ still ещё лу́чше; all the ~ тем лу́чше; I hoped for ~ things я наде́ялся на лу́чшее; it is ~ that you go вам бы лу́чше уйти́; (one's) ~ half дража́йшая полови́на; get ~ ул|учша́ться, -у́чшиться; (*in health*) попр|авля́ться, -а́виться; things are getting ~ дела́ иду́т лу́чше; go one ~ than s.o. превзойти́ (*pf.*) кого́-н.; he was ~ than his word он сдержа́л своё сло́во с лихво́й; get the ~ of s.o. взять (*pf.*) верх над кем-н.; превзойти́ (*pf.*) кого́-н.; he got the ~ of his anger он превозмо́г/преодоле́л свой гнев; a change for the ~ переме́на к лу́чшему; for ~, for worse на го́ре и ра́дость; you will be the ~ for a holiday о́тдых пойдёт вам на по́льзу; he is no ~ than a fool он попро́сту дура́к; she is no ~ than she should be она́ не отлича́ется стро́гостью поведе́ния; appeal to s.o.'s ~ feelings взыва́ть (*impf.*) к чьим-н. лу́чшим чу́вствам; the ~ part of a day бо́льшая часть дня; one's ~s вышестоя́щие ли́ца; бо́лее о́пытные лю́ди (*m. pl.*).

*adv.* лу́чше; (*more*) бо́льше; ~ and ~ всё лу́чше и лу́чше; the more the ~ чем бо́льше, тем лу́чше; you had ~ stay here вам бы лу́чше оста́ться здесь; I thought ~ of it я разду́мал/переду́мал; I thought ~ of him я был лу́чшего мне́ния о нём; ~ off бо́лее состоя́тельный.

*v.t.* **1.** (*improve*) ул|учша́ть, -у́чшить; he ~ed himself он продви́нулся; **2.** (*improve on*) превзойти́ (*pf.*).

**betterment** *n.* улучше́ние, совершенствование.

**betting** *n.*: what's the ~ he marries her? на ско́лько спо́рим, что он на ней же́нится?

*adj.*: he is not a ~ man он челове́к не аза́ртный.

**bettor** *see* BETTER¹.

**between** *adv.*: I attended the two lectures and had lunch in ~ я посети́л две ле́кции и пообе́дал в переры́ве; his appearances are few and far ~ он появля́ется отню́дь не ча́сто.

*prep.* ме́жду +*g. or i.*; ~ you and me ме́жду на́ми; (in) ~ times вре́мя от вре́мени; ~ two and three months от двух до трёх ме́сяцев; choose ~ the two выб|ира́ть, -рать одно́ из двух; ~ now and then к тому́ вре́мени; they scored 150 ~ them они́ набра́ли сто пятьдеся́т очко́в вме́сте; we have only a pound ~ us у нас на дво́их всего́ оди́н фунт; we bought a car ~ us мы сообща́ купи́ли маши́ну; мы купи́ли маши́ну в скла́дчину.

**betwixt** *adv.*: ~ and between ни то ни сё, не́что сре́днее.

**bevel** *n.* (*tool*) ма́лка; (*surface*) скос; ~ edge фаце́т; ~ gear кони́ческая зубча́тая переда́ча.

*v.t.* ск|а́шивать, -оси́ть.

**beverage** *n.* напи́ток.

**bevy** *n.* ста́я, ста́до; (*fig.*) ста́йка.

**bewail** *v.t.* опла́к|ивать, -ать; скорбе́ть (*impf.*) по +*p.*

**beware** *v.t. & i.* остер|ега́ться (*impf.*) +*g.*; ~ lest you fall осторо́жно, а то упадёте; ~ of the dog осторо́жно, зла́я соба́ка.

**bewilder** *v.t.* сби|ва́ть, -ть с то́лку; прив|оди́ть, -ести́ в замеша́тельство; ~ed смущённый, озада́ченный.

**bewilderment** *n.* замеша́тельство, озада́ченность.

**bewitch** *v.t.* (*put spell on*) околдо́в|ывать, -а́ть; (*delight*) очаро́в|ывать, -а́ть.

**bewitching** *adj.* чару́ющий.

**bey** *n.* бей.

**beyond** *n.*: the ~ потусторо́нний мир; he lives at the back of ~ он живёт на краю́ све́та.

*adv.* вдали́; вдаль.

*prep.* (*of place*) за +*i.*; (*of motion*) за +*a.*; (*later than*) по́сле +*g.*; ~ doubt вне сомне́ния; ~ dispute беспо́рно; ~ my comprehension вы́ше моего́ понима́ния; ~ my powers не в мои́х си́лах; ~ belief невероя́тно; ~ expression невырази́мо; ~ my expectations сверх мои́х ожида́ний; succeed ~ one's hopes да́же не ожида́ть (*impf.*) тако́го успе́ха; this is ~ a

joke здесь уже́ не до шу́ток; live ~ one's income жить (*impf.*) не по сре́дствам; nothing ~ his pension ничего́ кро́ме его́ пе́нсии; ~ measure сверх ме́ры, чрезме́рно; ~ hope безнадёжно; ~ cure неизлечи́мый; beautiful ~ all others краси́вее всех остальны́х; go ~ one's duty сде́лать (*pf.*) бо́льше, чем обя́зан.

**bezant** *n.* византи́н.

**bezique** *n.* бе́зик, бези́г.

**bhang** *n.* гаши́ш.

**biannual** *adj.* выходя́щий два́жды в год; полугодово́й.

**bias** *n.* **1.** предрассу́док, предвзя́тое отноше́ние (*к чему*); (*favourable prejudice*) пристра́стие (*к* +*d.*); (*adverse*) предубежде́ние (про́тив +*g.*); **2.** (*of material*): cut on the ~ крои́ть, с- по косо́й ли́нии (*or* по диагона́ли); **3.** (*of a ball*) нето́чность фо́рмы ша́ра.

*v.t.* **1.** (*influence*) склон|я́ть, -и́ть; (*prejudice*) предубе|жда́ть, -ди́ть; ~ s.o. against an idea настр|а́ивать, -о́ить кого́-н. про́тив какой-н. иде́и; a ~(s)ed opinion предвзя́тое мне́ние; **2.** (*deflect*) отклон|я́ть, -и́ть; (*of shape*) a ~ed ball шар со сре́занным сегме́нтом.

**bib** *n.* нагру́дник; best ~ and tucker (*joc.*) лу́чший наря́д, лу́чшее одея́ние.

**bibelot** *n.* безделу́шка.

**Bible** *n.* Би́блия; (*fig.*) би́блия.

**biblical** *adj.* библе́йский.

**bibliographer** *n.* библио́граф.

**bibliographic(al)** *adj.* библиографи́ческий.

**bibliography** *n.* библиогра́фия.

**bibliomania** *n.* библиома́ния.

**bibliomaniac** *n.* библиома́н.

**bibliophile** *n.* библиофи́л.

**bibulous** *adj.* пья́нствующий, выпива́ющий.

**bicameral** *adj.* двухпала́тный.

**bicarbonate** *n.* двууглеки́слая соль; ~ of soda двууглеки́слый на́трий, питьева́я со́да.

**bicentenary** *n.* двухсотле́тие.

*adj.* двухсотле́тний.

**bicentennial** *n.* двухсотле́тие.

*adj.* (*occurring every 200 years*) повторя́ющийся ка́ждые две́сти лет.

**bicephalous** *adj.* двугла́вый.

**biceps** *n.* би́цепс.

**bicker** *v.i.* (*squabble*) перебра́ниваться (*impf.*); препира́ться (*impf.*); (*of a stream*) журча́ть (*impf.*).

**bi-coloured** *adj.* двухцве́тный.

**biconcave** *adj.* двояково́гнутый.

**biconvex** *adj.* двояковы́пуклый.

**bicuspid** *n.* ма́лый коренно́й зуб.

*adj.* двузу́бчатый.

**bicycle** *n.* велосипе́д.

*v.i.* е́здить (*indet.*), е́хать, по- (*det.*) на велосипе́де.

**bicyclist** *n.* велсипеди́ст.

**bid** *n.* **1.** (*at auction*) зая́вка; предложе́ние

цены́; make a higher ~ сде́лать (*pf.*) над-
ба́вку; **2.** (*tender*) зая́вка; **3.** (*claim, demand*)
зая́вка (на +*a.*); прете́нзия; **4.** (*attempt*)
ста́вка; попы́тка; make a ~ for power сде́лать
(*pf.*) ста́вку на захва́т вла́сти; **5.** (*at cards*)
зая́вка.

*v.t. & i.* **1.** (*at auction*) предл|ага́ть, -ожи́ть
це́ну (*за что*); ~ against s.o. наб|авля́ть,
-а́вить це́ну про́тив кого́-н.; **2.** (*at cards*)
объяв|ля́ть, -и́ть; **3.** (*offer, promise*): ~ fair to
succeed сули́ть (*impf.*) успе́х; ~ defiance to
бр|оса́ть, -о́сить вы́зов +*d.*; **4.** (*tender*): ~ for
a contract де́лать, с- зая́вку на контра́кт; **5.**
(*liter., order*): ~ him come in! вели́те ему́
войти́!; do as you are ~(den)! де́лай как
ска́зано!; **6.** (*liter., say*): ~ s.o. farewell
про|ща́ться, -сти́ться с кем-н.; ~ s.o. wel-
come приве́тствовать (*impf.*) кого́-н.; ~ s.o.
goodnight пожела́ть (*pf.*) поко́йной но́чи
кому́-н.; **7.** (*liter., invite*): ~ s.o. to dinner
проси́ть (*impf.*) кого́-н. к обе́ду; ~den guest
зва́ный гость.

**biddable** *adj.* послу́шный.

**bidder** *n.* покупщи́к; the highest ~
предложи́вший наивы́сшую це́ну.

**bidding** *n.* **1.** (*at auction*) предложе́ние цены́;
the ~ was brisk надба́вки сле́довали одна́ за
друго́й; **2.** (*command*): do s.o.'s ~ исп|олня́ть,
-о́лнить чьи-н. приказа́ния; **3.** (*at cards*)
объявле́ние.

**bide** *v.t.*: ~ one's time ждать (*impf.*) бла-
гоприя́тного слу́чая.

*v.i.* (*arch.*) ост|ава́ться, -а́ться.

**bidet** *n.* биде́ (*indecl.*).

**biennial** *n.* (*bot.*) двуле́тник.

*adj.* двухле́тний.

**bier** *n.* катафа́лк.

**biff** (*coll.*) *n.*: a ~ on the nose уда́р по́ носу.

*v.t.*: ~ s.o. in the eye дать (*pf.*) кому́-н. в глаз.

**bifocal** *adj.* двухфо́кусный, бифока́льный; ~
spectacles (*also* ~s) бифока́льные очки́.

**bifurcate** *v.t. & i.* разветв|ля́ть(ся), -и́ть(ся); (*of
road, river: also*) раздв|а́иваться, -ои́ться; a
~d tail раздвоённый хвост.

**bifurcation** *n.* (*division*) раздвое́ние, бифур-
ка́ция; (*point of division*) разви́лина, разветв-
ле́ние.

**big** *adj.* (*in size*) большо́й, кру́пный; (*great*)
кру́пный, вели́кий; (*extensive*) обши́рный;
(*intense*) си́льный; (*tall*) высо́кий; (*adult*)
взро́слый; (*magnanimous*) великоду́шный;
(*important*) ва́жный; a ~ man (*in stature*)
кру́пный мужчи́на; (*in importance*) кру́пная
фигу́ра; a ~ voice си́льный го́лос; a ~ landowner кру́пный землевладе́лец; these boots
are too ~ for me э́ти сапоги́ мне велики́; ~
(*capital*) letters прописны́е бу́квы; a ~ fire
си́льный/большо́й пожа́р; ~ and small от
ма́ла до вели́ка; as ~ as величино́й в +*a.*; too
~ for his boots чересчу́р возомни́вший о

себе́; ~ words гро́мкие слова́; talk ~ хва́с-
таться (*impf.*); think ~ мы́слить (*impf.*) сме́-
ло/де́рзко; a ~ noise (*pers.*) ши́шка (*coll.*); my
~ brother мой ста́рший брат; in a ~ way с
широ́ким разма́хом; на широ́кую но́гу; a ~
name (*celebrity*) знамени́тость.

*cpds.*: ~ **end** *n.* (*tech.*) больша́я (криво-
ши́пная) голо́вка (шатуна́); ~-**headed** *adj.*
(*conceited*) зазна́вшийся; возомни́вший о
себе́; ~-**hearted** *adj.* великоду́шный; ~**wig** *n.*
ши́шка (*coll.*).

**bigamist** *n.* двоежёнец, (*fem.*) двуму́жница.

**bigamous** *adj.* бигами́ческий, друбра́чный;
име́ющий/име́ющая двух жён/муже́й.

**bigamy** *n.* бига́мия; (*of man*) двоежёнство; (*of
woman*) двоему́жие, двуму́жие.

**bight** *n.* (*bay*) бу́хта; (*in rope*) шлаг.

**bigness** *n.* величина́.

**bigot** *n.* фана́тик; мракобе́с.

**bigoted** *adj.* фанати́ческий, фанати́чный.

**bigotry** *n.* фанати́зм; мракобе́сие.

**bijou** *n.*: (*attr.*) a ~ villa ви́лла-игру́шка.

**bike** (*coll.*) = BICYCLE.

**bikini** *n.* бики́ни (*nt. indecl.*).

**bilabial** *adj.* билабиа́льный.

**bilateral** *adj.* двусторо́нний.

**bilberry** *n.* черни́ка (*collect.*); я́года черни́ки.

**bile** *n.* жёлчь; (*fig.*) жёлчность.

*cpd.*: ~-**duct** *n.* жёлчный прото́к.

**bilge** *n.* **1.** (*of ship*) дни́ще; дно трю́ма; **2.** (*coll.*)
чепуха́.

*cpd.*: ~-**water** *n.* трю́мная вода́.

**biliary** *adj.* жёлчный.

**bilingual** *adj.* двуязы́чный.

**bilingualism** *n.* двуязы́чие.

**bilious** *adj.* **1.** жёлчный; a ~ headache мигре́нь;
**2.** (*fig.*) жёлчный, раздражи́тельный.

**biliousness** *n.* жёлчность, раздражи́тельность.

**bilk** *v.t.*: ~ s.o. of sth. наду́ть (*pf.*) (*coll.*) кого́-н.
на что-л.

**bill**[1] *n.* (*beak*) клюв; (*promontory*) мыс.

*v.i.*: ~ and coo милова́ться (*impf.*), вор-
кова́ть (*impf.*).

**bill**[2] *n.* (*also* ~**hook**) сека́тор, топо́рик.

**bill**[3] *n.* **1.** (*parl.*) законопрое́кт, билль (*m.*); **2.**
(*certificate*): clean ~ of health каранти́нное
свиде́тельство; **3.** (*comm.*) счёт (*pl.* -а́); ~ of
exchange ве́ксель (*m.*); ~ of lading накладна́я,
коносаме́нт; ~ of sale ку́пчая; закладна́я; pay
a ~, foot the ~ заплати́ть (*pf.*) по счёту;
опла́|чивать, -ти́ть счёт; run up a ~ набра́ть
(*pf.*) мно́го в долг, мно́го задолжа́ть (*pf.*); **4.**
(*advertisement*): ~ of fare меню́ (*nt. indecl.*);
theatre ~ театра́льная афи́ша; stick no ~s
(*as notice*) накле́ивать объявле́ния вос-
преща́ется; fill the ~ (*satisfy requirements*)
отвеча́ть (*impf.*) всем тре́бованиям; **5.** (*Am.,
banknote*) банкно́та; dollar ~ до́лларовый
биле́т.

*v.t.* **1.** (*announce*) объяв|ля́ть, -и́ть; he was

~ed to appear in 'Hamlet' объяви́ли, что он бу́дет игра́ть в «Га́млете»; get top ~ing быть помещённым в афи́ше на пе́рвом ме́сте; **2.** (*charge*): ~ me for the goods пришли́те мне счёт за това́ры.

*cpds.*: ~ **board** *n.* доска́ объявле́ний; ~ **fold** *n.* (*Am.*) бума́жник; ~-**poster,** ~-**sticker** *nn.* расклейщик афиш.

**billet**[1] *n.* (*log*) поле́но.

**billet**[2] *n.* **1.** (*order for* ~ing) о́рдер на посто́й; **2.** (*place of lodging*) помеще́ние для посто́я; be in ~s быть на посто́е; every bullet has its ~ (*prov.*) пу́ля вино́вного сы́щет/найдёт; **3.** (*job*) ме́сто.

*v.t.* (*assign to* ~) расквартиро́в|ывать, -а́ть; назн|ача́ть, -а́чить (*or* ста́вить, по-) на посто́й (on s.o.: к кому́-н.); (*provide* ~) предост|авля́ть, -а́вить посто́й +*d.*

**billet-doux** *n.* бильеду́ (*nt. indecl.*), любо́вное письмо́.

**billiard|s** *n.* билья́рд.

*cpds.*: ~-**ball** *n.* билья́рдный шар; ~-**cue** *n.* кий; ~-**marker** *n.* маркёр; ~-**room** *n.* билья́рдная; ~-**table** *n.* билья́рд.

**billingsgate** *n.* база́рная ру́гань.

**billion** *n.* (*million millions*) биллио́н; (*thousand millions*) миллиа́рд.

**billionaire** *n.* миллиарде́р.

**billow** *n.* вал; (*poet., sea*) во́лны (*f. pl.*).

*v.i.* (*of sea*) вздыма́ться (*impf.*); (*of crowd*) волнова́ться (*impf.*); (*of flames etc.*) трепета́ть (*impf.*), колыха́ться (*impf.*).

**billy** *n.* (*also* ~**can**) жестяно́й (похо́дный) котелёк.

**billy-goat** *n.* козёл.

**biltong** *n.* вя́леное мя́со.

**bimetallic** *adj.* биметалли́ческий.

**bimetallism** *n.* биметалли́зм.

**bimonthly** *adj.* **1.** (*fortnightly*) выходя́щий (*u m.n.*) два ра́за в ме́сяц; **2.** (*two-monthly*) выходя́щий (*u m.n.*) раз в два ме́сяца.

*adv.* **1.** два ра́за в ме́сяц; **2.** раз в два ме́сяца.

**bin** *n.* (*for coal*) бу́нкер; (*for corn*) за́кром, ларь (*m.*); (*for ashes, dust*) му́сорное ведро́.

**binary** *adj.* (*math.*) двои́чный.

**bind** *n.* (*coll., nuisance*) ску́ка, доку́ка.

*v.t.* **1.** (*tie, fasten*) свя́з|ывать, -а́ть; ~ on one's skis привя́з|ывать, -а́ть лы́жи; ~ up one's hair подвя́з|ывать, -а́ть во́лосы; ~ up a wound перевя́з|ывать, -а́ть ра́ну; ~ s.o. to a stake привя́з|ывать, -а́ть кого́-н. к столбу́ (для сожже́ния); ~ a belt round o.s. опоя́с|ыва́ться, -а́ться ремнём; подвя́з|ыва́ться, -а́ться по́ясом; ~ together свя́з|ывать, -а́ть; **2.** (*secure*): ~ the edge of a carpet закреп|ля́ть, -и́ть край ковра́; **3.** (*books etc.*) перепле|та́ть, -сти́; ~ two volumes into one переплести́ (*pf.*) вме́сте два то́ма; bound in cloth в матерчатом переплёте; **4.** (*hold firmly*): frost ~s the soil моро́з ско́вывает зе́млю; ~ gravel with tar

скреп|ля́ть, -и́ть ще́бень дёгтем; ~ the bowels закреп|ля́ть, -и́ть желу́док; this food is ~ing э́та еда́ крепи́т; **5.** (*oblige, exact promise*) обя́з|ывать, -а́ть; ~ s.o. to secrecy обя́з|ывать, -а́ть кого́-н. храни́ть та́йну; I am bound to say я до́лжен сказа́ть; I'll be bound уве́рен; вот уви́дишь; ~ o.s. обяза́ться (*pf.*); ~ over (*leg.*) обя́з|ывать, -а́ть; ~ s.o. (as an) apprentice отд|ава́ть, -а́ть кого́-н. учи́ться ремеслу́. *See also* BINDING, BOUND[3].

*v.i.*: a sauce ~s (*coheres*) со́ус густе́ет; cement ~s (*hardens*) цеме́нт затвердева́ет.

*cpd.*: ~**weed** *n.* вьюно́к.

**binder** *n.* **1.** (*book* ~) переплётчик; **2.** (*substance*) свя́зывающее вещество́; **3.** (*machine*) свя́зывающее приспособле́ние; **4.** (*cover for magazines etc.*) па́пка.

**binding** *n.* (*of book*) переплёт; (*braid etc.*) обши́вка.

*adj.* обяза́тельный; обя́зывающий; име́ющий обяза́тельную си́лу; make it ~ on s.o. to do sth. обя́з|ывать, -а́ть кого́-н. сде́лать что́-н.

**binge** *n.* (*sl.*) кутёж; пья́нка; go on the ~ закути́ть, запи́ть (*both pf.*).

**bingo** *n.* лото́ (*indecl.*).

**binnacle** *n.* накто́уз.

**binoculars** *n.* бино́кль (*m.*).

**binomial** *adj.* двучле́нный, биномиа́льный; the ~ theorem бино́м Нью́тона.

**biochemical** *adj.* биохими́ческий.

**biochemist** *n.* биохи́мик.

**biochemistry** *n.* биохи́мия.

**biodegradable** *adj.* разлага́емый микроорга́низмами.

**biographer** *n.* био́граф.

**biographic(al)** *adj.* биографи́ческий.

**biography** *n.* биогра́фия.

**biological** *adj.* биологи́ческий; ~ warfare бактериологи́ческая война́.

**biologist** *n.* био́лог.

**biology** *n.* биоло́гия.

**bionic** *adj.* биони́ческий.

**biophysical** *adj.* биофизи́ческий.

**biophysicist** *n.* биофи́зик.

**biophysics** *n.* биофи́зика.

**biopsy** *n.* биопси́я.

**biosphere** *n.* биосфе́ра.

**bipartisan** *adj.* двухпарти́йный.

**bipartite** *adj.* (*divided into two parts*) состоя́щий из двух часте́й; (*shared by two parties*) двусторо́нний.

**biped** *n.* двуно́гое.

**biplane** *n.* бипла́н.

**bipolar** *adj.*: a ~ world мир, разделённый на два ла́геря.

**bipolarity** *n.* (*of world politics*) разделе́ние ми́ра на два ла́геря.

**birch** *n.* **1.** (*tree*) берёза; (*attr.*) берёзовый; **2.** (*rod*) ро́зга. *v.t.* сечь, вы́-.

**bird** *n.* **1.** пти́ца; ~ of prey хи́щная пти́ца; ~ of passage перелётная пти́ца; game ~ дичь; hen ~ са́мка; ~ life пти́чий мир; ~ of paradise ра́йская пти́ца; ~ dog (*Am.*) соба́ка, рабо́тающая по пти́це; ~'s eye view вид с (высоты́) пти́чьего полёта; о́бщая перспекти́ва; the ~ has flown улете́ла пти́чка; a ~ in the hand is worth two in the bush лу́чше сини́ца в ру́ки, чем жура́вль в не́бе; ~s of a feather flock together рыба́к рыбака́ ви́дит издалека́; kill two ~s with one stone уби́ть (*pf.*) двух за́йцев одни́м уда́ром; the early ~ catches the worm кто ра́но встаёт, тому́ Бог подаёт; a little ~ told me ≃ слу́хом земля́ по́лнится; he is too old a ~ to be caught with chaff ≃ стре́ляного воробья́ на мяки́не не проведёшь; it's an ill ~ that fouls its own nest то́лько дурна́я пти́ца га́дит в со́бственном гнезде́; an early ~ ра́нняя пта́шка; night ~ (*fig.*) ночно́й гуля́ка; give an actor the ~ (*sl.*) освиста́ть (*pf.*) актёра, **2.** (*of pers.*): he's a queer ~ он стра́нный тип; он чуда́к; he's a wise old ~ он стре́ляный воробе́й; он тёртый кала́ч.
*cpds.*: ~**-brain** *n.* (*fig.*) кури́ные мозги́ (*m. pl.*); ~**-cage** *n.* кле́тка для птиц; ~**-call** *n.* пти́чий крик; ~**-fancier** *n.* люби́тель (*m.*) птиц; ~**-lime** *n.* пти́чий клей; ~**-seed** *n.* пти́чий корм; ~'s **nest** *n.* пти́чье гнездо́; ~'s nest soup суп из ла́сточкиных гнёзд; go ~'s nesting охо́титься (*impf.*) за пти́чьими гнёздами; ~**-table** *n.* корму́шка для птиц; ~**-watcher** *n.* орнито́лог-люби́тель (*m.*).

**biro** *n.* ша́риковая авторучка.

**birth** *n.* **1.** рожде́ние; he weighed 7 lbs. at ~ он ве́сил 7 фу́нтов при рожде́нии; give ~ to роди́ть (*impf., pf.*), рожа́ть (*impf.*); (*fig.*) произвести́ (*pf.*) на свет; породи́ть (*pf.*); premature ~ преждевре́менные ро́ды (*pl., g.* -ов); since ~ с рожде́ния; о́т роду; six kittens at a ~ шесть котя́т в око́те; an Englishman by ~ англича́нин по происхожде́нию; still ~ рожде́ние мёртвого ребёнка; there are more ~s than deaths рожда́емость превыша́ет сме́ртность; ~ certificate свиде́тельство о рожде́нии; ~ control регули́рование рожда́емости; (*contraception*) противозача́точные ме́ры (*f. pl.*); **2.** (*descent*): of noble ~ благоро́дного происхожде́ния; **3.** (*fig.*): ~ of an idea зарожде́ние мы́сли/иде́и; new ~ возрожде́ние; второ́е рожде́ние; the revolt was crushed at ~ восста́ние бы́ло заду́шено в заро́дыше.
*cpds.*: ~**day** *n.* день рожде́ния; рожде́ние; ~day present пода́рок ко дню рожде́ния; ~day cake ≃ имени́нный пиро́г; in one's ~day suit (*joc.*) в чём мать родила́; ~**mark** *n.* роди́мое пятно́; ро́динка; ~**place** *n.* ме́сто рожде́ния; ро́дина; ~**rate** *n.* рожда́емость; a fall in the ~rate паде́ние рожда́емости;

~**right** *n.* пра́во перворо́дства; пра́во по рожде́нию.

**Biscay** *n.*: Bay of ~ Биска́йский зали́в.

**biscuit** *n.* **1.** пече́нье; ship's ~ гале́та; take the ~ (*coll.*) превосходи́ть (*impf.*) всё; **2.** (*porcelain*) бискви́т; **3.** (*attr., of colour*) све́тло-кори́чневый.

**bisect** *v.t.* дели́ть, раз- попола́м.

**bisection** *n.* деле́ние попола́м.

**bisector** *n.* биссектри́са.

**bisexual** *adj.* (*having organs of both sexes*) двупо́лый, гермафроди́тный; (*attracted by both sexes*) бисексуа́льный.

**bishop** *n.* (*eccl.*) епи́скоп; (*chess*) слон, (*coll.*) офице́р.

**bishopric** *n.* (*office*) епи́скопство; (*diocese*) епа́рхия.

**bismuth** *n.* ви́смут.

**bison** *n.* бизо́н.

**bisque** *n.* (*cul.*) ра́ковый суп.

**bissextile** *adj.* високо́сный.

**bistoury** *n.* бистури́ (*nt. indecl.*).

**bistre** *n.* бистр; (*attr., of colour*) тёмно-кори́чневый.

**bistro** *n.* бистро́ (*indecl.*).

**bit**[1] *n.* **1.** кусо́к, кусо́чек; a ~ of paper листо́к бума́ги; a nice ~ of furniture краси́вый предме́т ме́бели; come to ~s развали́ться (*pf.*) на куски́; eat up every ~ съесть (*pf.*) всё подчисту́ю (*or* без оста́тка); that's only a ~ of what he spends э́то лишь ма́лая толи́ка того́, что он тра́тит; **2.** (*abstr. uses*): a ~ of news но́вость; a ~ of advice сове́т; I am a ~ late я немно́го опозда́л; not a ~ of it! ниско́лько!; ничу́ть!; ничу́ть не быва́ло!; wait a ~! подожди́те чуть-чу́ть!; a good ~ older значи́тельно ста́рше; ~ by ~ ма́ло-пома́лу; not a ~ of use никако́й по́льзы, никако́го про́ку; every ~ as good так же хорош; ниско́лько не ху́же; a ~ of a coward трусова́тый; a nasty ~ of work (*pers.*) проти́вная осо́ба; do one's ~ внести́ (*pf.*) свою́ ле́пту; it will take a ~ of doing э́то бу́дет нелегко́ сде́лать; ~ part (*theatr.*) ма́ленькая роль; ~ player (*theatr.*) актёр на эпизоди́ческих роля́х.

**bit**[2] *n.* (*computer language*) бит.

**bit**[3] *n.* **1.** (*of drill*) коро́нка; сверло́, бур; (*of plane*) ле́звие; **2.** (*of bridle*) уд|ила́ (*pl., g.* -и́л); мундшту́к; champ the ~ (*of horse*) грызть (*impf.*) удила́; take the ~ between one's teeth (*fig.*) закуси́ть (*pf.*) удила́.

**bitch** *n.* **1.** (*of dog*) су́ка; (*of fox*) лиси́ца; (*of wolf*) волчи́ца; **2.** (*coll., spiteful woman*) сте́рва; (*promiscuous woman*) су́ка.
*v.t.* (*also* ~ **up**) па́костить, ис- (*coll.*).
*v.i.* (*sl.*) стона́ть, ныть (*both impf.*).

**bitchiness** *n.* (*coll.*) стерво́зность.

**bitchy** *adj.* (*coll.*) стерво́зный.

**bite** *n.* **1.** (*act of biting*) куса́ние; eat sth. at one ~ съесть (*pf.*) что-н. зара́з; **2.** (*mouthful*): I haven't had a ~ to eat у меня́ куска́ во рту не́ было; have a ~ of food перекуси́ть (*pf.*), закуси́ть (*pf.*); **3.** (*wound caused by biting*) уку́с; snake ~ змеи́ный уку́с; **4.** (*of fish*) клёв; I have been fishing all day and haven't had a ~ весь день сижу́, а ры́ба не клюёт; **5.** (*grip, hold*) захва́тывание, зажа́тие; this screw has a good ~ э́тот болт кре́пит надёжно; **6.** (*sharpness, pungency*): there is a ~ in the air моро́з пощи́пывает; **7.** (*sl., blackmail*): put the ~ on s.o. взять (*pf.*) кого́-н. за гло́тку.

*v.t.* **1.** куса́ть, укуси́ть; he bit the apple он откуси́л я́блоко; the dog bit him in the leg соба́ка укуси́ла его́ в но́гу; a piece was bitten from the apple я́блоко бы́ло надку́сано; he was bitten by midges его́ искуса́ли комары́; mustard ~s the tongue горчи́ца куса́ется (*or* жжёт язы́к); the sword bit him to the bone меч прошёл до са́мой ко́сти; **2.** (*fig.*): what's biting him? что его́ гло́жет?; ~ off more than one can chew ≃ де́ло не по плечу́; ~ s.o.'s head off откуси́ть (*pf.*) кому́-н. го́лову; ~ back a remark прикуси́ть (*pf.*) язы́к; he was bitten by this craze он зарази́лся э́тим увлече́нием; we have sth. to ~ on есть за что уцепи́ться; ~ the dust быть пове́рженным; once bitten, twice shy пу́ганая воро́на куста́ бои́тся; обжёгшись на молоке́, бу́дешь дуть на́ воду.

*v.i.*: does your dog ~? ва́ша соба́ка куса́ется?; the fish won't ~ ры́ба не клюёт; the wheels won't ~ on this surface сцепле́ние колёс с э́той пове́рхностью недоста́точно; I offered him £50 but he wouldn't ~ я предложи́л ему́ 50 фу́нтов, но он на э́то не клю́нул; ~ into sth. вгр|ыза́ться, -ы́зться во что-н.; acid ~s into metal кислота́ разъеда́ет мета́лл.

**biter** *n.* (*pers.*) куса́ющий; (*animal*) куса́ка (*c.g.*); the ~ bit попа́лся, кото́рый куса́лся.

**biting** *adj.* куса́ющий; (*of cold*) ре́зкий; (*of wind*) ре́зкий, прони́зывающий; (*of satire*) е́дкий, язви́тельный.

**bitter** *n.* **1.** го́речь; we must take the ~ with the sweet ≃ в жи́зни вся́кое быва́ет; **2.** (*pl., drink*) го́рькая насто́йка.

*adj.* (*lit., fig.*) го́рький; a ~ wind ре́зкий ве́тер; ~ conflict о́стрый конфли́кт; ~ enemy зле́йший/закля́тый враг; to the ~ end до са́мого конца́.

*adv.*: ~ cold ужа́сно хо́лодно.

*cpd.*: ~-**sweet** *adj.* горькова́то-сла́дкий, сла́достно-го́рький.

**bittern** *n.* выпь.

**bitty** *adj.* (*coll.*) разбро́санный, раздро́бленный, нецельный.

**bitumen** *n.* биту́м; асфа́льт.

**bituminous** *adj.* биту́мный; асфа́льтовый.

**bivalve** *n.* двуство́рчатый моллю́ск.

**bivouac** *n.* бива́к.

*v.i.* распол|ага́ться, -ожи́ться бива́ком.

**bi-weekly** *adj.* **1.** (*fortnightly*) двухнеде́льный; выходя́щий (*и т.п.*) раз в две неде́ли; **2.** (*twice a week*) выходя́щий (*и т.п.*) два ра́за в неде́лю.

*adv.* **1.** раз в две неде́ли; **2.** два ра́за в неде́лю.

**bi-yearly** *adj.* **1.** (*every two years*) выходя́щий (*и т.п.*) раз в два го́да; **2.** (*every six months*) выходя́щий (*и т.п.*) два ра́за в год.

*adv.* **1.** раз в два го́да; **2.** два ра́за в год.

**biz** (*sl.*) = BUSINESS.

**bizarre** *adj.* чудно́й, дико́винный.

**bizarrerie** *n.* необы́чность, стра́нность.

**blab** *v.t.* (*also* ~ **out**) выба́лтывать, вы́болтать; разб|а́лтывать, -олта́ть.

*v.i.* болта́ть (*impf.*).

**blabber** *n.* болту́н; пустоме́ля (*c.g.*).

**black** *n.* **1.** (*colour*) чернота́, чёрное; dress in ~ одева́ться (*impf.*) в чёрное; wear ~ for s.o. носи́ть (*indet.*) тра́ур по кому́-н.; be in the ~ вести́ де́ло с при́былью; **2.** (*paint*): give the door a coat of ~ покры́ть (*pf.*) дверь чёрной кра́ской; **3.** (*soot etc.*): you have some ~ on your sleeve у вас что́-то чёрное на рукаве́; **4.** (*negro*) чёрный, черноко́жий; **5.** (*horse*) вороно́й; **6.** (*fig.*): two ~s don't make a white злом зла не попра́вишь; put up a ~ (*sl.*) опозо́риться (*pf.*); swear ~ is white называ́ть (*impf.*) чёрное бе́лым.

*adj.* **1.** (*colour*) чёрный; as ~ as ink (*etc.*) чёрный как смоль; a ~ eye подби́тый глаз; **2.** (*fig.*): a ~ deed чёрное де́ло; ~ ingratitude чёрная неблагода́рность; he is not so ~ as he is painted он не так плох, как его́ изобража́ют; a ~ heart чёрная душа́; ~ despair безысхо́дное отча́яние; ~ tidings мра́чные ве́сти; **3.** (*negro*) чёрный; ~ man чёрный, черноко́жий; B~ Power «Власть чёрным»; **4.** (*var.*): ~ and tan чёрно-ры́жий; ~ and white чёрно-бе́лый; in ~ and white (*in writing*) чёрным по бе́лому; he beat him ~ and blue он изби́л его́ до полусме́рти; ~ art чёрная ма́гия; I am in his ~ books я у него́ на плохо́м счету́; ~ bread чёрный/ржано́й хлеб; ~ coffee чёрный ко́фе; ~ earth чернозём; B~ Forest Шва́рцвальд; ~ frost моро́з без и́нея; треску́чий моро́з; ~ hole (*astron.*) чёрная дыра́; ~ ice гололе́дица; Maria чёрный во́рон (*coll.*); it is a ~ mark against him э́то его́ поро́чит; ~ market чёрный ры́нок; B~ Sea Чёрное мо́ре.

*v.t.* **1.** (*paint black*) кра́сить (*impf.*) в чёрное; (*boots etc.*) ва́ксить, на-; ~ one's face кра́сить, вы́- лицо́ чёрным; ~ s.o.'s eye подб|ива́ть, -и́ть кому́-н. глаз; **2.**: ~ out (*text*) выма́рывать, вы́марать; (*light*) затемн|я́ть, -и́ть.

*v.i.*: ~ out (*lose consciousness*) теря́ть, по- созна́ние; he ~ed out на него́ нашло́ затме́ние.

*cpds.*: ~**ball** *v.t.* забаллоти́ровать (*pf.*);

~-**beetle** *n.* чёрный тарака́н; ~**berry** *n.* ежеви́ка (*collect.*); я́года ежеви́ки; ~**bird** *n.* чёрный дрозд; ~**board** *n.* кла́ссная доска́; ~**cap** *n.* черноголо́вка; ~**cock** *n.* те́терев; ~**currant** *n.* чёрная сморо́дина; ~**-eyed** *adj.* черногла́зый; (*poet.*) черноо́кий; ~**-faced** *adj.* черноли́цый; ~**fellow** *n.* австрали́йский абориге́н; ~**guard** *n.* негодя́й; *v.t.* об|зыва́ть, -озва́ть негодя́ем; оскорб|ля́ть, -и́ть; ~**guardly** *adj.* по́длый; ~**head** *n.* у́горь (*m.*); ~**-hearted** *adj.* злобный; ~**jack** *n.* (*Am., bludgeon*) дуби́нка; ~**-lead** *n.* графи́т; ~**leg** *n.* штрейкбре́хер; ~**-letter** *n.* готи́ческий шрифт; ~**-list** *v.t.* вн|оси́ть, -ести́ в чёрный спи́сок; ~**mail** *n.* шанта́ж, вымога́тельство; *v.t.* шантажи́ровать (*impf.*); ~**mailer** *n.* шантажи́ст, вымога́тель (*m.*); ~**-marketeer** *n.* спекуля́нт, фарцо́вщик; ~**out** *n.* (*in wartime*) затемне́ние; (*electricity failure*) вре́менное отсу́тствие электри́ческого освеще́ния; (*loss of memory*) прова́л па́мяти; затме́ние; (*loss of consciousness or awareness*) поте́ря созна́ния; *v.t.* затемн|я́ть, -и́ть; ~**shirt** *n.* чернорубашечник; ~**smith** *n.* кузне́ц; ~**thorn** *n.* (*plant*) тёрн.

**blackamoor** *n.* (*arch.*) ара́п.

**blacken** *v.t.* 1. (*paint black*) кра́сить, по- в чёрное; (*boots etc.*) ва́ксить, на-; 2. (*soil, dirty*) грязни́ть, за-; 3. (*reputation*) черни́ть, о-.
*v.i.* черне́ть, по-.

**blacking** *n.* (*for boots etc.*) ва́кса, чёрный крем для о́буви.

**blackish** *adj.* темнова́тый.

**blackness** *n.* чернота́; (*darkness*) темнота́; (*gloominess*) мра́чность.

**bladder** *n.* (*anat., bot.*) пузы́рь (*m.*); (*in ball etc.*) ка́мера; (*in seaweed*) пузырёк.
*cpd.*: ~**wort** *n.* пузырча́тка.

**blade** *n.* 1. (*of knife etc.*) ле́звие; 2. (*of oar etc.*) ло́пасть, лопа́тка; (*of fan*) крыло́; 3. (*of grass etc.*) были́нка, стебелёк; the grass is in the ~ трава́ зелене́ет; 4. (*fig., sword*) клино́к.

**blah** *n.* (*sl.*) пустозво́нство; разглаго́льствование.

**blamable** *adj.* предосуди́тельный.

**blame** *n.* (*censure*) порица́ние; осужде́ние; (*fault*) вина́; his conduct was free from ~ его́ поведе́ние бы́ло безупре́чным; the ~ is mine я винова́т; lay, put the ~ on s.o. возложи́ть (*pf.*) вину́ на кого́-н.; bear, take the ~ приня́ть (*pf.*) на себя́ вину́/отве́тственность; shift the ~ to s.o. else свали́ть (*pf.*) вину́ на друго́го; where does the ~ lie? кто винова́т?
*v.t.* порица́ть (*impf.*); вини́ть (*impf.*); осу|жда́ть, -ди́ть (*кого за что*); he was ~d for the mistake вину́ за оши́бку возложи́ли на него́; he cannot be ~d for it он не винова́т в э́том; he ~d himself for his stupidity он вини́л/упрека́л себя́ за глу́пость; he has only himself to ~ он мо́жет вини́ть то́лько себя́; I

am in no way to ~ мне не́ в чем упрекну́ть себя́; he is entirely to ~ э́то по́лностью его́ вина́; ~ sth. on s.o. взва́л|ивать, -и́ть вину́ за что-н. на кого́-н.
*cpds.*: ~**worthiness** *n.* предосуди́тельность; ~**worthy** *adj.* предосуди́тельный; заслу́живающий порица́ния/осужде́ния.

**blameless** *adj.* безупре́чный; неви́нный.

**blanch** *v.t.* бели́ть, вы́-; ~ed almonds бланши́рованный минда́ль.
*v.i.* (*of hair etc.*) обесцве́|чиваться, -титься; (*of pers., go pale*) беле́ть, по-.

**blancmange** *n.* бланманже́ (*indecl.*).

**bland** *adj.* мя́гкий; (*of manner: soothing*) обходи́тельный; (*nonchalant*) невозмути́мый.

**blandish** *v.t.* обха́живать (*impf.*); уле|ща́ть, -сти́ть.

**blandishment** *n.* (*usu. pl.*) обха́живание, лесть.

**blank** *n.* 1. (*empty space*) про́пуск; (*fig.*) fill in the ~s in one's education восполни́ть (*pf.*) пробе́лы в своём образова́нии; his death leaves a ~ по́сле его́ сме́рти жизнь опусте́ла; my mind is a ~ on this subject у меня́ э́то вы́летело из головы́; 2. (*in lottery*): draw a ~ вы́тянуть (*pf.*) пусто́й биле́т; (*fig.*) иска́ть (*impf.*) беспло́дно/напра́сно; 3. (*unprinted sheet etc.*) незапеча́танная страни́ца; 4. (*unstamped disk*) болва́нка; 5. (*Am., form*) бланк.
*adj.* 1. (*empty*): a ~ sheet of paper пусто́й лист бума́ги; a ~ cheque незапо́лненный чек; (*fig.*) карт-бла́нш; a ~ space про́пуск; пусто́е ме́сто; ~ cartridge холосто́й патро́н; 2. (*bare, plain*): a ~ wall глуха́я стена́; we are up against a ~ wall (*fig.*) мы упёрлись в глуху́ю сте́ну; a ~ key болва́нка ключа́; ~ verse бе́лый стих; 3. (*fig.*): my memory is ~ ничего́ не по́мню; ~ despair по́лное отча́яние; look ~ (*of pers.*) вы́глядеть (*impf.*) расте́рянным; the future looks ~ бу́дущее ничего́ не сули́т.

**blanket** *n.* одея́ло; (*horse-cloth*) попо́на; ~ of fog пелена́ тума́на; ~ of smoke пелена́ ды́ма; the hills lay under a ~ of snow холмы́ бы́ли покры́ты сло́ем сне́га (*or* бы́ли под снеговы́м покро́вом); wet ~ (*fig., of pers.*) кисля́й; born on the wrong side of the ~ (*coll.*) рождённый вне бра́ка, незаконноро́жденный; ~ instructions о́бщие указа́ния; ~ insurance policy блок-по́лис.
*v.t.* (*cover*) оку́т|ывать, -ать; (*stifle, hush up*) зам|ина́ть, -я́ть.

**blankety(-blank)** *adj.* (*joc. expletive*) тако́й-сяко́й.

**blankly** *adv.* (*without expression*) бессмы́сленно, ту́по; (*flatly*) реши́тельно, наотре́з.

**blankness** *n.* пустота́, пробе́л; the ~ of his countenance отсу́тствие како́го бы то ни́ было выраже́ния на его́ лице́.

**blare** *n.* рёв.
*v.t.*: ~ out труби́ть, про-; the band ~d out a

waltz оркéстр грянул вальс.

*v.i.* трубить, про-; ревéть (*impf.*); the fanfare ~d forth грянули фанфáры.

**blarney** *n.* заговáривание зубóв; he has kissed the B~ stone он здóрово умéет зýбы заговáривать.

*v.t. & i.* загов|áривать, -орить зýбы (*кому*).

**blasé** *adj.* пресыщенный (*жизнью*).

**blaspheme** *v.t.* (*revile*) поносить (*impf.*), хулить (*impf.*).

*v.i.* богохýльствовать (*impf.*), богохýль-ничать (*impf.*).

**blasphemer** *n.* богохýльник.

**blasphemous** *adj.* богохýльный.

**blasphemy** *n.* богохýльство.

**blast** *n.* **1.** ~ of wind порыв вéтра; ~ of hot air волнá горячего вóздуха; **2.** (*from explosion*) взрыв; ~ wave взрывнáя волнá; **3.** at full ~ (*fig.*) в пóлном разгáре; пóлным хóдом; **4.** (*of an instrument*): ~ on a whistle свистóк; give three ~s on the horn трижды протрубить (*pf.*) в рог; **5.** (*reprimand*) нахлобýчка, нагоняй (*coll.*).

*v.t.* **1.** (*explode rocks etc.*) вз|рывáть, -орвáть; ~ out a new course for the stream взрывом проложить (*pf.*) нóвое рýсло для потóка; **2.** (*shrivel*): frost ~ed the plants морóз побил растéния; (*hopes*) разрýшить (*pf.*); **3.** (*defeat*) разбить (*pf.*); **4.** (*curse*): ~ it! про-клятие!; пропади всё прóпадом; ~ you! чтоб тебя разорвáло!; чтоб ты лóпнул!

*v.i.* he ~ed away at the system он про-клинáл/поносил систéму; ~ off (*rocketry*) взлет|áть, -éть; стартовáть (*impf., pf.*).

*cpds.*: ~-**furnace** *n.* дóмна, дóменная печь; ~-**off** *n.* взлёт; момéнт стáрта; отрыв от пусковóй устанóвки.

**blasted** *adj.* **1.** ~ heath гóлая пýстошь; **2.** (*cursed*) проклятый, окаянный.

**blasting** *n.* (*of rocks etc.*) подрывны́е рабóты (*f. pl.*).

**blastoderm** *n.* зарóдышевая оболóчка.

**blatancy** *n.* крикливость; беззастéнчивость, бессты́дство.

**blatant** *adj.* крикливый; вульгáрный; бес-сты́дный; (*flagrant*) явный, вопиющий.

**blather** *see* BLETHER.

**blatherskite** *n.* хвастýн.

**blaz|e¹** *n.* **1.** (*of fire*) плáмя (*nt.*); burst into a ~e запылáть (*pf.*); **2.** (*of colour, light*) яркость; the garden was a ~e of colour сад пылáл яркими крáсками; **3.** (*conflagration*) пожáр; **4.** (*fig.*): ~e of publicity шумная реклáма; ~e of anger вспышка гнéва; **5.** (*expletive*): go to ~es иди/убирáйся к чёрту/дьяволу!; what the ~es do you want? какóго чёрта вам нáдо?; run like ~es нестись, по- (*det.*) сломя гóлову.

*v.t.*: ~e the news abroad раструбить (*impf.*) нóвость.

*v.i.*: a fire was ~ing in the hearth в камине

пылáл огóнь; the building was ~ing здáние полыхáло; he was ~ing with anger он пылáл гнéвом; he was ~ing with decorations он свер-кáл нагрáдами.

*with advs.*: ~e away *v.i.* (*with rifle etc.*) вести (*det.*) огóнь, (*coll.*) палить (*impf.*); (*work vigor-ously*) рабóтать (*impf.*) вовсю, (*coll.*) жáрить (*impf.*); ~e up *v.i.* (*lit., fig.*) всп|ы́хивать, -ы́хнуть; he ~ed up at her suggestion он так и взорвáлся от её предложéния.

**blaze²** *n.* (*mark on horse*) звёздочка; (*on tree*) мéтка.

*v.t.*: ~ a trail про|клáдывать, -ложить путь.

**blazer** *n.* ≃ кýртка, пиджáк, блéйзер.

**blazing** *adj.* **1.** (*of fire*) пылáющий; **2.** (*of light*) сверкáющий, сияющий; **3.** (*hunting*): ~ scent горячий след; **4.** a ~ indiscretion вопиющая бестáктность; he was in a ~ fury он пылáл яростью; **5.** (*coll., expletive*): what's the ~ hurry? какóго чёрта торопиться?; что за спéшка, чёрт побери!

**blazon** *n.* (*her.*) герб; описáние гербá.

*v.t.* (*her., inscribe with arms*) укр|ашáть, -áсить геральдическими знáками; (*praise*) просл|авлять, -áвить; восхвал|ять, -ить.

**blazonry** *n.* (*her.*) герáльдика; геральдические знáки (*m. pl.*); гербы́ (*m. pl.*); (*fig.*) украшéния (*nt. pl.*).

**bleach** *n.* (~ing agent) отбéльное/отбéли-вающее веществó; (*chloride of lime*) хлóрная известь.

*v.t.* белить (*impf.*); отбéл|ивать, -ить; ~ing powder белильная известь; (*of hair*) обесцвé|чивать, -тить; the sun ~ed the cur-tains занавéски вы́горели на сóлнце.

*v.i.* белéть (*impf.*).

**bleacher** *n.* отбéльщ|ик (*fem.* -ица); (*machine*) белильный чан.

**bleak¹** *n.* (*zool.*) уклéйка.

**bleak²** *adj.* уны́лый, безрáдостный, тоск-ли́вый; (*gloomy*) мрáчный; a ~ hillside откры́тый ветрáм склон холмá.

**bleakness** *n.* уны́лость, тоскливость, мрáч-ность.

**blear-eyed** *adj.* с затумáненными/мýтными глазáми.

**bleary** *adj.* (*of eyes*) затумáненный, мýтный; (*of outline*) смýтный.

**bleat** *n.* блéяние, мычáние; (*coll., complaint*) нытьё.

*v.t. & i.* мычáть (*impf.*), блéять (*impf.*); ~ (out) a protest промычáть (*pf.*) возражéние.

**bleed** *v.t.* пус|кáть, -тить кровь +*d.*; ~ s.o. in the arm пус|кáть, -тить комý-н. кровь из руки; ~ s.o. (*for money*) выкáчивать, вы́качать дéньги из когó-н.; об|ирáть, -обрáть когó-н.; ~ s.o. white (*fig.*) обес-крóв|ливать, -ить когó-н.; ~ a tree подсáчи-вать (*impf.*) дéрево.

*v.i.* (*of pers.*) ист|екáть, -éчь крóвью; (*of*

*wound*) кровоточи́ть (*impf.*); his nose is ∼ing у него́ кровь идёт но́сом; he bled to death он у́мер от поте́ри кро́ви; my heart ∼s for him у меня́ се́рдце кро́вью облива́ется при мы́сли о нём.

**bleeder** *n.* (*haemophiliac*) гемофи́лик; (*vulg., blighter*) тип, ти́пчик.

**bleeding** *n.* кровотече́ние (from the nose: и́з носу); (*blood-letting*) кровопуска́ние.

*adj.* кровоточа́щий; истека́ющий кро́вью; (*fig.*): with a ∼ heart с чу́вством жа́лости и скорби; (*vulg., blasted*) прокля́тый, чёртов.

**bleep** *n.* блип.

**blemish** *n.* (*defect*) недоста́ток, изъя́н; (*stain*) пятно́; his name is without ∼ у него́ незапя́тнанная репута́ция.

*v.t.* пятна́ть, за-; ∼ a good piece of work подпо́ртить (*pf.*) хоро́шую рабо́ту.

**blench** *v.i.* уклон|я́ться, -и́ться (*от чего*); отступ|а́ть, -и́ть (*перед чем*).

**blend** *n.* смесь; (*of colours*) сочета́ние.

*v.t.* сме́ш|ивать, -а́ть; (*colours, ideas*) сочета́ть (*impf.*); the two rivers ∼ their waters э́ти две реки́ слива́ются.

*v.i.* сме́ш|иваться, -а́ться; (*of colours, ideas*) сочета́ться (*impf.*); гармони́ровать (*impf.*); (*of sounds, waters*) сл|ива́ться, -и́ться; these teas do not ∼ well из э́тих двух сорто́в ча́я хоро́шей сме́си не получа́ется.

**blender** *n.* (*cul.*) смеси́тель (*m.*), ми́ксер.

**bless** *v.t.* **1.** (*relig.*) благослов|ля́ть, -и́ть; ∼ me!, ∼ my soul! Го́споди, поми́луй!; he hasn't a penny to ∼ himself with у него́ нет ни гроша́ за душо́й; (God) ∼ you! дай вам Бог здоро́вья; (*after sneeze*) бу́дьте здоро́вы!; well, I'm ∼ed! Бо́же мой!; Го́споди, поми́луй!; I'm ∼ed, blest if I know ей-Бо́гу, не зна́ю; ∼ o.s. (*cross o.s.*) перекрести́ться (*pf.*); осен|я́ть, -и́ть себя́ кре́стным зна́менем; **2.** (*prosper, favour*): he was ∼ed with good health Бог награди́л его́ здоро́вьем; ∼ed are the poor in spirit блаже́нны ни́щие ду́хом; Islands, Isles of the Blest острова́ блаже́нных; **3.** (*praise, be thankful for*) благослов|ля́ть, -и́ть; I ∼ my (lucky) stars that . . . я благословля́ю судьбу́ за то, что . . .

**blessed** *adj.* **1.** (*holy*) благослове́нный; the B ∼ Virgin Пресвята́я Де́ва, Богоро́дица; of ∼ memory блаже́нной па́мяти; **2.** (*happy*) блаже́нный, благословле́нный; **3.** (*coll.*): not a ∼ drop of rain ни еди́ной ка́пли дождя́.

**blessedness** *n.* блаже́нство; single ∼ (*joc.*) холоста́я жизнь.

**blessing** *n.* **1.** благослове́ние; give, pronounce a ∼ upon благослов|ля́ть, -и́ть; ask, say a ∼ (*at meal*) произн|оси́ть, -ести́ засто́льную моли́тву; with the ∼ of God с Бо́жьего благослове́ния; with official ∼ с благослове́ния нача́льства; **2.** the ∼s of civilization бла́га цивилиза́ции; it is a ∼ in disguise ≃ не́ было

бы сча́стья, да несча́стье помогло́!; what a ∼ that he came! како́е сча́стье, что он пришёл!

**blether** *n.* болтовня́, трепотня́, пустосло́вие.

*v.i.* (*also* **blather**) болта́ть (*impf.*), трепа́ться (*impf.*).

**bletherer** *n.* трепа́ч, пустоме́ля (*c.g.*).

**blight** *n.* **1.** (*disease*) головня́; ржа; **2.**: it cast a ∼ on her youth э́то омрачи́ло её ю́ность; what a ∼ she is! (*coll.*) кака́я она́ зану́да!

*v.t.* **1.** пора|жа́ть, -зи́ть ржой; **2.**: ∼ s.o.'s hopes разр|уша́ть, -у́шить чьи-н. наде́жды; (*career, plans*) погуби́ть (*pf.*); (*enjoyment*) испо́ртить (*pf.*).

**blighted** *adj.* **1.** (*of plants*) поги́бший; поражённый ржой; (*of plans etc.*) поги́бший, погу́бленный; ∼ affection расто́птанные чу́вства.

**blighter** *n.* (*coll., fellow*) па́рень (*m.*), тип.

**blimey** *int.* (*vulg.*) чтоб мне провали́ться!; а чтоб тебя́!

**blind 1.** (*screen*) што́ра, ста́вень (*m.*); Venetian ∼ жалюзи́ (*nt. indecl.*); shop ∼ (*over pavement*) марки́за, тент; **2.** (*mil.*) дымова́я заве́са; **3.** (*pretext*) предло́г, отгово́рка; his generosity is only a ∼ его́ ще́дрость—то́лько ши́рма; **4.** (*coll., spree*) пья́нка.

*adj.* **1.** слепо́й; the ∼ (*as n.*) слепы́е, слепцы́ (*m. pl.*); as ∼ as a bat слепа́я ку́рица; ∼ in one eye слепо́й на оди́н глаз; криво́й; go ∼, be struck ∼ осле́пнуть (*pf.*); ∼ spot слепо́е пятно́; (*fig.*) пробе́л; ∼ flying слепо́й полёт; ∼ man's buff жму́р|ки (*pl., g.* -ок); he is ∼ to his opportunities он не ви́дит свои́х возмо́жностей; turn a ∼ eye to sth. закр|ыва́ть, -ы́ть глаза́ на что-н.; get on s.o.'s ∼ side (*fig.*) нащу́п|ывать, -ать чью-н. слаби́нку; **2.** (*concealed*): a ∼ corner непросма́тривающийся поворо́т; a ∼ date (*Am., coll.*) свида́ние с незнако́мым/незнако́мой; **3.** (*closed up*): a ∼ alley (*lit., fig.*) тупи́к; a ∼-alley job бесперспекти́вная рабо́та; a ∼ door (*theatr.*) фальши́вая дверь; **4.** he didn't take a ∼ bit of notice (*coll.*) он э́то абсолю́тно проигнори́ровал.

*adv.*: fly ∼ лета́ть (*indet.*) по прибо́рам; ∼ drunk мертве́цки пья́ный; sign a document ∼ подпи́с|ывать, -а́ть докуме́нт не чита́я; go it ∼ де́йствовать (*impf.*) втёмную/вслепу́ю.

*v.t.* **1.** ослеп|ля́ть, -и́ть (*also fig.*); (*temporarily*) слепи́ть (*impf.*); he was ∼ed, went ∼ in the left eye он осле́п на ле́вый глаз; **2.** (*blindfold*) завя́з|ывать, -а́ть глаза́ +*d.*; **3.** (*block, obstruct*) затемн|я́ть, -и́ть.

*cpds.*: ∼**fold** *adj.* с завя́занными глаза́ми; *adv.* (*recklessly*) вслепу́ю; *v.t.* завя́з|ывать, -а́ть глаза́ +*d.*; ∼**worm** *n.* верете́ница, слепу́н.

**blindly** *adv.* (*gropingly*) о́щупью; (*recklessly*) сле́по.

**blindness** *n.* слепота́; (*fig.*) слепота́, ослепле́ние.

**blink** *n.* (*of eye*) морга́ние, мига́ние; (*of light*) мерца́ние; про́блеск.

*v.t. & i.*: (*of pers.*) миг|а́ть, -ну́ть; морг|а́ть, -ну́ть; (*of light*) мерца́ть (*impf.*); ~ at (*fig., ignore*) закр|ыва́ть, -ы́ть глаза́ на +*a*.

**blinkers** *n.* шо́р|ы (*pl., g.* —) (*also fig.*); нагла́зники (*m. pl.*).

**blip** *n.* (*on screen*) отражённый и́мпульс.

**bliss** *n.* блаже́нство.

**blissful** *adj.* блаже́нный.

**blister** *n.* (*on skin*) волды́рь (*m.*); ~ gas ко́жно-нарывно́е отравля́ющее вещество́; (*on paint*) пузы́рь (*m.*); (*in metal*) ра́ковина.

*v.t.* вызыва́ть, вы́звать волдыри́/пузыри́ на +*p*.

*v.i.* покр|ыва́ться, -ы́ться волдыря́ми/пузыря́ми.

**blithering** *adj.* (*coll.*): a ~ idiot зако́нченный идио́т.

**blithe(some)** *adj.* жизнера́достный; беспе́чный.

**blitz** *n.* бомбёжка.

*v.t.* разбомби́ть (*pf.*).

**blitzkrieg** *n.* бли́цкриг; молниено́сная война́.

**blizzard** *n.* бура́н; вьюга.

**bloated** *adj.* (*swollen*) разду́тый, разду́вшийся; he is ~ with pride его́ распира́ет от го́рдости.

**bloater** *n.* копчёная сельдь.

**blob** *n.* (*small mass*) ка́пля; ша́рик; (*spot of colour*) кля́кса; (*coll., zero*) нуль (*m.*).

**bloc** *n.* блок.

**block** *n.* 1. (*of wood*) чурба́н, коло́да; (*of stone, marble*) глы́ба; ~ of soap брусо́к мы́ла; children's ~s ку́бики (*m. pl.*); 2. (*for execution*) пла́ха; 3. (*of houses*) кварта́л; (*of shares, tickets etc.*) па́чка; ~ of flats многокварти́рный дом; 4. (*for hats*) болва́нка, болва́н; 5. (*for lifting*: *also* ~ and tackle) блок, лебёдка, полиспа́ст; 6. (*typ.*) клише́ (*indecl.*), печа́тная фо́рма; ~ letters печа́тные бу́квы; 7.: ~ writing ~ блокно́т; 8. (*obstruction*): ~ in a pipe заку́порка/засоре́ние трубы́; traffic ~ зато́р в движе́нии; про́бка; (*fig.*): mental ~ у́мственное торможе́ние; 9. (*stolid person*) бревно́; 10.: ~ voting представи́тельное голосова́ние; in ~ целико́м; в це́лом.

*v.t.* 1. (*obstruct physically*): roads ~ed by snow доро́ги, занесённые сне́гом; ~ (up) an entrance загор|а́живать, -оди́ть вход; mud ~ed the pipe грязь заби́ла трубу́; the sink is ~ed ра́ковина засори́лась; ~ s.o.'s way прегра|жда́ть, -ди́ть кому́-н. путь; ~ a wheel подкли́ни|вать, -ть колесо́; 2. (*fig.*): ~ the enemy's plans срыва́ть, сорва́ть пла́ны неприя́теля; a ~ed account блоки́рованный счёт; 3. (*shape, e.g. a hat*) натя́|гивать, -ну́ть на болва́н; 4.: ~ in, out (*sketch*) набр|а́сывать, -оса́ть.

*cpds.*: ~**buster** *n.* (*coll.*) бо́мба большо́го кали́бра; ~**head** *n.* болва́н, тупи́ца (*c.g.*),

о́лух; ~**house** *n.* блокга́уз; ~**-ship** *n.* кора́бль, блоки́рующий вход в порт.

**blockade** *n.* блока́да; raise a ~ снять (*pf.*) блока́ду; run a ~ прорва́ть (*pf.*) блока́ду.

*v.t.* блоки́ровать (*impf., pf.*); подв|ерга́ть, -е́ргнуть блока́де.

*cpd.*: ~**-runner** *n.* блокадопрорыва́тель (*m.*).

**blockish** *adj.* тупо́й, тупоголо́вый.

**bloke** *n.* (*coll.*) тип; па́рень (*m.*).

**blond(e)** *n.* блонди́н (*fem.* -ка).

*adj.* белоку́рый; све́тлый.

**blood** *n.* 1. кровь; the ~ rushed to his head кровь бро́силась/уда́рила ему́ в го́лову; hands covered with ~ ру́ки в крови́; sweat ~ рабо́тать (*impf.*) до крова́вого по́та; taste ~ вкуша́ть, -си́ть кро́ви; drown a revolt in ~ топи́ть, по- восста́ние в крови́; welter in one's ~ пла́вать (*indet.*) в лу́же кро́ви; you cannot get ~ out of a stone ≃ ка́менное се́рдце не разжа́лобишь; (*attr.*): ~ bank до́норский пункт; ~ clot сгу́сток кро́ви; тромб; ~ donor до́нор; ~ feud кро́вная месть; ~ group гру́ппа кро́ви; ~ horse чистокро́вная ло́шадь; ~ orange королёк; ~ plasma пла́зма; ~ pudding, ~ sausage кровяна́я колбаса́; ~ sports охо́та; ~ test ана́лиз кро́ви; (*for paternity*) иссле́дование кро́ви; ~ transfusion перелива́ние кро́ви; *see also cpds.*; 3. (*var. fig. uses*): it made my ~ boil э́то меня́ взбеси́ло; his ~ ran cold кровь сты́ла, ледене́ла у него́ в жи́лах; in cold ~ хладнокро́вно; his ~ is up он взбешён; we need new ~ нам нужны́ но́вые си́лы; there is bad ~ between them они́ враждуют; make bad ~ between people поссо́рить (*pf.*) люде́й; 4. (*lineage, kinship*): they are of the same ~ они́ кро́вные ро́дственники; blue ~ голуба́я кровь; ~ is thicker than water кровь не води́ца; prince of the ~ принц кро́ви; allied by ~ свя́занные у́зами кро́ви; 5. (*dandy*): a young ~ (*coll.*) молодо́й щёголь.

*v.t.* (*a hound*) приуч|а́ть, -и́ть к кро́ви; (*a huntsman*) да|ва́ть, -ть (*кому*) вкуси́ть кро́ви.

*cpds.*: ~**-and-thunder** *adj.* (*story etc.*) по́лный у́жасов; ~**-bath** *n.* крова́вая ба́ня; ~**-brother** *n.* (*natural*) брат; (*by ceremony*) кро́вный брат, побрати́м; (*fig.*) собра́т, това́рищ; ~**-brotherhood** *n.* кро́вное бра́тство; ~**-count** *n.* ана́лиз кро́ви; ~**curdling** *adj.* леденя́щий кровь; a ~curdling sight зре́лище, от кото́рого кровь сты́нет в жи́лах; ~**-guilty** *adj.* пови́нный в уби́йстве (*or* в проли́тии кро́ви); ~**-heat** *n.* температу́ра челове́ческого те́ла; ~**hound** *n.* ище́йка; ~**-letting** *n.* (*med.*) кровопуска́ние; (*bloodshed*) кровопроли́тие; ~**-lust** *n.* жа́жда кро́ви; ~**-poisoning** *n.* заражение кро́ви; ~**-pressure** *n.* кровяно́е давле́ние; ~**-red** *adj.* кровавокра́сный; ~**-relation** *n.* кро́вный ро́дственник; ~**-relationship** *n.* кро́вное родство́; ~**shed**.

кровопролитие; ~ **shot** adj. налитый кровью; ~ **stain** n. кровавое пятно; ~ **stained** adj. запачканный кровью; ~stained hands руки в крови; руки, обагрённые кровью; ~ **stock** n. чистокровные лошади (f. pl.); ~ **stone** n. гелиотроп, кровавик; ~ **stream** n. ток крови; ~ **sucker** n. (insect) пиявка; (fig.) кровопийца (c.g.), кровосос; ~ **thirstiness** n. кровожадность; ~ **thirsty** adj. кровожадный; ~-**vessel** n. кровеносный сосуд; he burst a ~-vessel у него лопнул кровеносный сосуд; ~ **worm** n. красный червь.

**bloodily** adv. с пролитием крови.

**bloodless** adj. бескровный; (insipid) безжизненный.

**bloodlessness** n. (insipidity) безжизненность.

**bloody** adj. **1.** кровавый; (smeared with blood) окровавленный; (bloodthirsty) кровожадный; (of meat) кровянистый; give s.o. a ~ nose разбить (pf.) кому-н. нос в кровь; **2.** (expletive): a ~ liar отчаянный/отъявленный лгун; stop that ~ row! прекратите этот чёртов скандал!; not a ~ thing ни черта/хрена!; no ~ fear!; not ~ likely! чёрта с два!, фиг-то!

adv. (sl.): ~ awful чертовский; скверный, дрянной.

v.t. окровавить (pf.).

cpds.: ~-**minded** adj. (coll., obstructive) зловредный, неуслужливый, нелюбезный; ~-**mindedness** n. зловредность.

**bloom**[1] n. **1.** (flower) цвет; цветы (m. pl.); цветение; (single flower) цветок; in ~ в цвету; burst into ~ расцве|тать, -сти; **2.** (prime) расцвет; in the ~ of youth в расцвете юности; **3.** (on cheeks) румянец; **4.** (down) пушок; **5.** (of wine) букет; **6.** (freshness) свежесть; take the ~ off лишить (pf.) свежести.

v.i. **1.** цвести (impf.); (come into ~) расцве|тать, -сти; зацве|тать, -сти; finish ~ing отцве|тать, -сти; **2.** (fig.): ~ into sth. расцвести (pf.) и превратиться (pf.) во что-н.

**bloom**[2] n. (metall.) блюм; крица.

**bloomer** n. **1.** (coll., mistake) промах; (in speech) оговорка; make a ~ делать, с- промах; огов|ариваться, -ориться; **2.** (pl.) (undergarment) панталон|ы (pl., g. —).

**blooming**[1] n. (metall.) блюминг; ~ mill обжимной стан, блюминг.

**blooming**[2] adj. (flowering, flourishing) цветущий; (expletive): a ~ fool набитый дурак.

**blossom** n. цвет, цветение; in ~ в цвету; come into ~ расцве|тать, -сти.

v.i. цвести (impf.); finish ~ing отцве|тать, -сти; (fig.): he ~ed into a statesman он вырос в государственного деятеля.

**blot** n. (on paper) клякса; (blemish) пятно; it is a ~ on the landscape это портит вид/пейзаж.

v.t. & i. **1.** (smudge) пачкать, за-; ставить, по-

кляксу; **2.** (dry) промок|ать, -нуть; ~ting-pad бювар; ~ting-paper промокательная бумага, (coll.) промокашка; **3.** (sully) пятнать, за-; ~ one's copybook (fig.) пятнать, за- свою репутацию.

with adv.: ~ out v.t. вымарывать, вымарать; (from one's memory) изгла|живать, -дить (or ст|ирать, -ереть) из памяти; (a view) закр|ывать, -ыть; заслон|ять, -ить; (a nation) ст|ирать, -ереть с лица земли.

**blotch** n. пятно; (of ink) клякса.

**blotchy** adj. в пятнах.

**blotter** n. бювар; (roller-~) пресс-папье (indecl.).

**blotto** adj. (sl.) пьяный в стельку.

**blouse** n. (workman's) блуза; (woman's) кофточка; блузка.

**blow**[1] n. (of air, wind) дуновение, порыв; give your nose a good ~! высморкайся хорошенько (or как следует); let's go out for a ~ (of fresh air) пойдём подышать свежим воздухом.

v.t. **1.** дуть, дунуть; ~ a horn дуть, дунуть в рог; трубить (impf.); ~ a whistle свистеть, за- в свисток; дать (pf.) свисток; ~ one's nose сморк|аться, -нуться; he blew the pipe clean он продул трубку; ~ the dust off a book сду|вать, -ть пыль с книги; ~ s.o. a kiss пос|ылать, -лать кому-н. воздушный поцелуй; ~ glass выдувать (impf.) стекло; ~ bubbles пускать (impf.) пузыри; ~ one's own trumpet (fig.) хвалиться, похваляться (both impf.); ~ the gaff (fig.) проб|алтываться, -олтаться; **2.** (of wind): the wind ~s the rain against the windows ветер с дождём бьёт по окнам; the ship was ~n off course корабль снесло с курса; the wind blew the papers out of my hand ветер вырвал бумаги у меня из рук; he was ~n ashore его вынесло на берег; we were ~n out to sea нас унесло в море; **3.** (with bellows): he blew the fire он раздул огонь; ~ an organ разд|увать, -уть мехи органа; **4.** (elec.): ~ a fuse переж|игать, -ечь пробку; **5.** ~ £15 on a dinner проса|живать, -дить (coll.) 15 фунтов на обед; **6.** (coll., curse): I'm ~ed if I know ей-Богу, не знаю; well, I'm ~ed! вот так так!; вот-те раз!

v.i. **1.** (of wind or pers.) дуть, по-, дунуть; it is ~ing hard сильно дует; очень ветрено; puff and ~ пыхтеть и отдуваться (both impf.); ~ hot and cold (fig.) поминутно менять (impf.) мнение; **2.** (of thg.): the door blew open дверь распахнулась; dust blew into the room пыль налетела в комнату; the whistle blew раздался свисток; гудок загудел; the fuse blew пробка перегорела/сгорела; запал сработал; **3.** (of whale) пус|кать, -тить струю воды.

with advs.: ~ **about** v.t.: the wind blew her hair about ветер развевал её волосы; v.i.: the leaves blew about носились листья; ~ **away**

*v.t. & i.* ун|оси́ть(ся), -ести́(сь); ~ **down** *v.t.*
вали́ть, по-; he was blown down from the roof
его́ снесло́ с кры́ши; *v.i.*: the tree blew down
бу́ря повали́ла де́рево; ~ **in** *v.t.*: the gale blew
the windows in урага́ном разби́ло о́кна; *v.i.*:
the wind blows in through the door ве́тер ду́ет в
дверь; George blew in (*coll.*) неожи́данно
примча́лся Гео́ргий; ~ **off** *v.t.*: the wind blew
his hat off ве́тер сорва́л с него́ шля́пу; ~ off
steam (*lit.*) вы́пустить (*pf.*) пар; (*fig.*)
разряди́ться (*pf.*); *v.i.*: his hat blew off у него́
слете́ла шля́па; ~ **out** *v.t.*: he blew the candle
out он заду́л свечу́; ~ out one's cheeks
над|ува́ть, -у́ть щёки; ~ out (*unblock*) a pipe
прод|ува́ть, -у́ть тру́бку; ~ one's brains out
пусти́ть (*pf.*) себе́ пу́лю в лоб; the bomb blew
out the doors от взры́ва бо́мбы вы́летели
две́ри; *v.i.*: the candle blew out свеча́ пога́сла;
the tyre blew out ши́на ло́пнула; ~ **over** *v.t.*: he
was blown over by the wind его́ свали́ло с ног
ве́тром; *v.i.*: the storm blew over бу́ря ути́хла;
the scandal blew over сканда́л уле́гся/зати́х;
~ **up** *v.t.*: ~ up a bridge взрыва́ть, взорва́ть
мост; ~ up a fire разд|ува́ть, -у́ть ого́нь; ~ up
a tyre над|ува́ть, -у́ть ши́ну; ~ up a photo-
graph увеличи́|вать, -ть фотогра́фию); blown
up by pride разду́тый го́рдостью; his reputation has been blown up (*inflated*) у него́
(раз)ду́тая репута́ция; the boss blew him up
(*coll.*) нача́льник сде́лал ему́ разно́с; *v.i.*: the
mine blew up ми́на взорвала́сь; it is blowing up
for rain ве́тер нагоня́ет дождь.

*cpds.*: ~**-ball** *n.* одува́нчик; ~**-fly** *n.* мясна́я
му́ха; ~**-hole** *n.* (*of whale*) дыха́ло; (*opening in
ice*) отве́рстие; (*in tunnel*) вентиляцио́нное
отве́рстие; ~**-lamp** *n.* пая́льная ла́мпа; ~**-out**
*n.* (*of tyre*) разры́в; (*coll., feast*) кутёж,
пиру́шка; ~**pipe** *n.* (*tool*) пая́льная тру́бка;
стеклоду́вная тру́бка; (*weapon*) духово́е
ружьё; ~**-torch** *n.* пая́льная ла́мпа; ~**-up** *n.*
(*explosion, outburst*) взрыв, вспы́шка; (*phot.*)
увеличе́ние.

**blow²** *n.* (*lit., fig.: stroke*) уда́р; deliver, deal,
strike a ~ нан|оси́ть, -ести́ уда́р; at a ~ одни́м
уда́ром; strike a ~ at s.o. нанести́ (*pf.*) уда́р
кому́-н.; strike a ~ for (*fig.*) вступи́ться (*pf.*)
за +*a.*; they came to ~s они́ подрали́сь; де́ло
дошло́ до рукопа́шной; get one's ~ in нанести́
(*pf.*) уда́р; уда́рить (*pf.*); without striking a ~
без дра́ки; her death was a ~ to us её смерть
была́ уда́ром для нас; it was a ~ to our hopes
э́то разби́ло на́ши наде́жды.

**blow³** *v.i.* (*be in flower*) цвести́ (*impf.*); (*come into
flower*) зацве|та́ть, -сти́; расцве|та́ть, -сти́;
распус|ка́ться, -ти́ться; ~n roses рас-
пусти́вшиеся ро́зы.

**blowing-up** *n.* (*explosion*) взрыв; (*coll.,
reprimand*) разно́с.

**blown** *adj.* (*breathless*) запыха́вшийся; (*blooming*) цвету́щий, расцве́тший, распусти́вшийся.

**blowy** *adj.* ве́треный.

**blowzy** *adj.*: a ~ woman растрёпанная
же́нщина, (*coll.*) распустёха.

**blub** *v.i.* (*coll.*) реве́ть (*impf.*).

**blubber¹** *n.* (*whale-fat*) во́рвань.

**blubber²** *v.t. & i.* реве́ть (*impf.*), рыда́ть (*impf.*).

**blubber-lipped** *adj.* толстогу́бый.

**bludgeon** *n.* дуби́нка.

*v.t.* бить (*impf.*) дуби́нкой; (*fig.*) принужда́ть
(*impf.*).

**blue** *n.* **1.** (*colour*) синева́, голубизна́; navy ~
темно-си́ний цвет; **2.** (*sky*): out of the ~ (*fig.*)
ни с того́ ни с сего́; he arrived out of the ~ он
нагря́нул неожи́данно; like a bolt from the ~
(*fig.*) как гром среди́ я́сного не́ба; **3.** (*sea*)
(*синее*) мо́ре; **4.** the ~s (*coll.*) тоска́, уны́ние,
хандра́; have the ~s хандри́ть (*impf.*); give s.o.
the ~s нав|оди́ть, -ести́ тоску́ на кого́-н.; **5.**:
~s (*mus.*) блюз.

*adj.* **1.** (*colour*) (*dark*) си́ний; (*light*) голубо́й;
her hands were ~ with cold её ру́ки посине́ли
от хо́лода; his arms are ~ (*with bruises*) у него́
все ру́ки в синяка́х; he shouted till he was ~ in
the face он крича́л до изнеможе́ния; once in a
~ moon раз в сто лет; scream ~ murder
крича́ть (*impf.*) во всю гло́тку/(*coll.*)
ива́новскую; ~ baby (*med.*) сию́шный
младе́нец; ~ blood голуба́я кровь; ~ book
«си́няя кни́га» (*сборник официальных
документов*); ~ funk (*coll.*) пани́ческий
страх; ~ mould голуба́я пле́сень; B ~ Peter
флаг отплы́тия; ~ water откры́тое мо́ре; **2.**
(*coll., sad*): feel ~ хандри́ть (*impf.*); look ~ (*of
pers.*) вы́глядеть (*impf.*) уны́лым; things look
~ дела́ обстоя́т скве́рно; **3.** (*coll., obscene*)
скабрёзный.

*v.t.* (*of laundry*) сини́ть (*impf.*); подси́н|ивать,
-и́ть; (*coll., squander*) мота́ть, про-.

*cpds.*: B ~ **beard** *n.* Си́няя Борода́; ~ **bell** *n.*
колоко́льчик; ~ **bird** *n.* синеше́йка; ~**-black**
*adj.* и́ссиня-чёрный; ~**-blooded** *adj.* голубо́й
кро́ви; ~ **bottle** *n.* мясна́я му́ха; ~**-eyed** *adj.*
синегла́зый, голубогла́зый; ~-eyed boy
(*iron.*) люби́мчик, люби́мец; ~**-grey** *adj.*
си́зый, си́зо-голубо́й; ~**-pencil** *v.t.* (*abridge*)
сокра|ща́ть, -ти́ть; (*erase*) вычёркивать,
вы́черкнуть; ~ **print** *n.* (*phot.*) светоко́пия,
си́нька; (*fig.*) намётка; ~ **stocking** *n.* (*fig.*)
си́ний чуло́к, учёная же́нщина.

**blueness** *n.* синева́; голубизна́.

**bluff¹** *n.* (*headland*) утёс.

*adj.* (*of cliffs etc.*) обры́вистый, отве́сный; (*of
pers.*) грубова́то-добро́душный; прямоду́-
шный.

**bluff²** *n.* блёф; call s.o.'s ~ заста́вить кого́-н.
раскры́ть ка́рты.

*v.t. & i.* блефова́ть (*impf.*); втира́ть (*impf.*)
очки́ +*d.*; пуска́ть (*impf.*) пыль в глаза́ +*d.*

**bluish** *adj.* синева́тый, голубова́тый.

**blunder** *n.* оши́бка, опло́шность.

*v.t.* напо́ртить (*pf.*), напу́тать (*pf.*); ~ away (*forfeit*) прозева́ть (*pf.*).

*v.i.* блужда́ть (*impf.*); (*grope*) о́щупью пробира́ться/дви́гаться (*impf.*); ~ in one's answers спотыка́ться (*impf.*) в отве́тах; ~ into a table наткну́ться/натолкну́ться (*pf.*) на стол; ~ upon the facts наткну́ться (*pf.*) на фа́кты; ~ through one's work де́лать (*impf.*) рабо́ту ко́е-как.

**blunderbuss** *n.* мушкето́н.

**blundering** *adj.* (*groping*) иду́щий о́щупью; (*clumsy*) нескла́дный; (*tactless*) беста́ктный.

**blunt** *adj.* (*not sharp*) тупо́й; a ~ pencil неотто́ченный каранда́ш; (*plain-spoken*) прямо́й; the ~ fact is that . . . жесто́кая и́стина состои́т в том, что . . .

*v.t.* тупи́ть (*impf.*); ~ a needle притупля́ть, -и́ть иглу́; ~ a knife/scissors затупля́ть, -и́ть нож/но́жницы; (*feelings etc.*) притупля́ть, -и́ть; ~ s.o.'s intelligence притупля́ть, -и́ть чьё-н. восприя́тие; ~ s.o.'s anger умеря́ть, -е́рить чей-н. гнев.

**bluntness** *n.* (*lit.*) ту́пость; (*frankness*) прямота́.

**blur** *n.* (*smear*) кля́кса, пятно́; (*confused effect*) ды́мка; she saw him through a ~ of tears она́ ви́дела его́ сквозь ды́мку слёз; the village is now only a ~ in my mind об э́той дере́вне у меня́ оста́лись лишь сму́тные воспомина́ния.

*v.t.* (*make indistinct*) сма́зывать, -ать; rain ~s the windows дождь затума́нивает о́кна; (*fig.*) затума́нивать, -ть; затемня́ть, -и́ть.

**blurb** *n.* (*coll.*) изда́тельская рекла́ма.

**blurry** *adj.* затума́ненный.

**blurt** *v.t.*: ~ out выпа́ливать, вы́палить; выба́лтывать, вы́болтать.

**blush** *n.* **1.** кра́ска; put s.o. to the ~ вгоня́ть, вогна́ть кого́-н. в кра́ску; spare s.o.'s ~es пощади́ть (*pf.*) чью-н. стыдли́вость; a rose to her cheeks кра́ска залила́ её щёки; **2.** (*glow*) румя́нец; (*of rose*) ро́зовый цвет; **3.**: at first ~ с пе́рвого взгля́да.

*v.i.* красне́ть, по-; зарде́ться (*pf.*); ~ to the roots of one's hair красне́ть, по- до корне́й воло́с; ~ crimson зарде́ться (*pf.*); I ~ to suggest мне со́вестно предположи́ть; I ~ for you я красне́ю за вас; вы заставля́ете меня́ красне́ть.

**blushing** *adj.* (*modest*) засте́нчивый, стыдли́вый; a ~ bride стыдли́вая неве́ста.

**bluster** *n.* (*of storm*) рёв; (*of pers.*) гро́мкие слова́, угро́зы (*f. pl.*).

*v.i.* (*of storm*) реве́ть (*impf.*); (*of pers.*) расшуме́ться (*pf.*), разбушева́ться (*pf.*).

**blusterer** *n.* забия́ка (*c.g.*).

**bo** see воо *int.* **2.**

**boa** *n.* (*zool.*) боа́ (*m. indecl.*); ~ constrictor уда́в; (*wrap*) боа́ (*nt. indecl.*).

**boar** *n.* кабан.

**board** *n.* **1.** (*piece of wood*) доска́ (*also for chess etc.*); bed of ~s на́ры (*pl., g.* —); ~ game

настольная игра́; **2.** (*pl., theatr.*) подмо́стки (*pl., g.* -ов); go on the ~s пойти́ (*pf.*) на сце́ну; tread the ~s игра́ть (*impf.*) в сце́не; **3.** (*pl., cover of book*) переплёт; cloth ~s коленко́ровый переплёт; **4.** (*food*) стол; ~ and lodging; bed and ~ кварти́ра и стол; full ~ по́лный пансио́н; **5.** (*table*): groaning ~ (*liter.*) оби́льный (*or* бога́то уста́вленный) стол; above ~ (*fig.*) в откры́тую, че́стно; sweep the ~ (*at cards*) забира́ть, -ра́ть все ста́вки; **6.** (*council*) правле́ние; ~ of enquiry коми́ссия по рассле́дованию; ~ of directors правле́ние директоро́в; **7.** (*naut. etc.*): on ~ на борту́; come, go on ~ a ship/aircraft сади́ться, сесть на кора́бль/самолёт; (*comm.*): free on ~ (f.o.b.) фра́нко борт (фоб); go by the ~ (*fig.*) быть вы́брошенным за́ борт.

*v.t.* **1.** (*cover with* ~s; *also* ~ **up**) обшива́ть, -и́ть (*or* покрыва́ть, -ы́ть) доска́ми; **2.** ~ a ship (*go on* ~) сади́ться, сесть на кора́бль; (*attack*) брать, взять кора́бль на аборда́ж; **3.** (*supply with meals*) предоставля́ть, -а́вить пита́ние +*d.*; **4.** ~ s.o. out (*find quarters for*) помеща́ть, -сти́ть кого́-н. на по́лный пансио́н.

*v.i.* (*take meals*) столова́ться (*impf.*); (*reside*) жить (*impf.*) на по́лном пансио́не; (*at school*) быть пансионе́ром.

*cpds.*: ~-**room** *n.* помеще́ние правле́ния директоро́в; ~ **walk** *n.* доща́тый насти́л.

**boarder** *n.* пансионе́р (*also at school*) (*fem.* -ка); жиле́ц; take in ~s брать (*impf.*) жильцо́в/постоя́льцев.

**boarding** *n.* **1.** (*boards*) обши́вка доска́ми; **2.** (*naut.*) аборда́ж; (*av.*) поса́дка.

*cpds.*: ~-**card** *n.* поса́дочный биле́т; ~-**house** *n.* пансио́н; ~-**school** *n.* шко́ла-интерна́т.

**boast** *n.* хвастовство́, (*coll.*) похвальба́; an empty ~ пусто́е хвастовство́; make a ~ of хва́стать, по- +*i.*; their ~ is that . . . они́ похваля́ются тем, что . . .; (*pers. or thg.* ~ed *of*) го́рдость, предме́т го́рдости.

*v.t. & i.* **1.** (~ *of*) хва́стать(ся), по- +*i.*; хвали́ться (*or* похваля́ться), по- +*i.*; it is nothing to ~ of похва́статься не́чем; **2.** (*possess*) горди́ться (*impf.*) +*i.*

**boaster** *n.* хвасту́н (*fem.* -ья).

**boastful** *adj.* хвастли́вый.

**boastfulness** *n.* хвастли́вость.

**boat** *n.* (*small, rowing* ~) ло́дка, шлю́пка; (*vessel*) су́дно; (*large* ~) кора́бль (*m.*), парохо́д; in the same ~ (*fig.*) в одина́ковом положе́нии; burn one's ~s (*fig.*) сжечь (*pf.*) (свои́) корабли́; miss the ~ (*fig.*) прозева́ть (*pf.*) слу́чай; оказа́ться (*pf.*) слу́чай; неуда́чником.

*v.i.* (*go* ~ing) ката́ться (*indet.*) на ло́дке; we ~ed as far as Oxford мы проплы́ли на ло́дке до (са́мого) Оксфорда.

*cpds.*: ~-**deck** *n.* шлю́почная па́луба; ~-**drill**

*n.* обуче́ние на спаса́тельных шлю́пках; ~-**hook** *n.* баго́р; ~ **house** *n.* э́ллинг; ~ **man** *n.* ло́дочник; ~-**race** *n.* состяза́ния (*nt. pl.*) по гре́бле; ~ **swain** *n.* бо́цман; ~-**train** *n.* по́езд, согласо́ванный с парохо́дным расписа́нием.

**boater** *n.* соло́менная шля́па.

**bob**[1] *n.* **1.** (*weight*) подве́сок; (*on fishing-line*) поплаво́к; (*on pendulum*) ги́ря; **2.** (*hair-style*) коро́ткая стри́жка; (*horse's tail*) подстри́женный хвост.
*v.t.* (*of hair*) коротко стричь (*impf.*); остр|ига́ть, -и́чь.
*cpds.*: ~ **tail** *n.* (*tail*) обре́занный хвост; ку́цый хвост; (*horse*) ку́цая ло́шадь; (*dog*) ку́цая соба́ка; rag-tag and ~tail сброд; *adj.* (*also* ~-tailed) с обре́занным/ку́цым хвосто́м.

**bob**[2] *n.* (*jerk, e.g. of the head*) киво́к; (*curtsey*) приседа́ние, revера́нс.
*v.i.* **1.** (*move up and down*) подпры́г|ивать, -нуть; подск|а́кивать, -очи́ть; ~ **up** выска́кивать, вы́скочить; **2.** (*curtsey*) прис|еда́ть, -е́сть; she ~bed him a curtsey она́ присе́ла в revера́нсе пе́ред ним.

**bob**[3] *n.* (*coll., shilling*) ши́ллинг.

**Bob**[4] *n.*: ~'s your uncle (*coll.*) всё в поря́дке.

**bobbin** *n.* (*reel, spool*) кату́шка, шпу́лька; (*for raising latch*) рыча́жо́к.

**bobbinet** *n.* маши́нное кру́жево.

**bobble** *n.* помпо́н(чик).

**bobby** *n.* (*coll.*) полисме́н.

**bobby-socks** *n.* коро́ткие носки́ (*m. pl.*).

**bobby-soxer** *n.* де́вочка-подро́сток.

**bobolink** *n.* ри́совый тупиа́л.

**bob-sled, bob-sleigh** *nn.* бо́бслей.

**bobstay** *n.* ватершта́г.

**Boche** *n.* (*sl.*) бош.

**bode** *v.t. & i.* **1.** (*portend*): ~ ill/well предвеща́ть/сули́ть (*impf.*) недо́брое/хоро́шее; it ~s no good э́то не предвеща́ет ничего́ хоро́шего; **2.** (*foresee*) предви́деть (*impf.*), предчу́вствовать (*impf.*).

**bodeful** *adj.* злове́щий.

**bodega** *n.* ви́нный погребо́к.

**bodice** *n.* корса́ж; лиф.

**bodiless** *adj.* бестеле́сный.

**bodily** *adj.* теле́сный, физи́ческий; ~ harm физи́ческое уве́чье/поврежде́ние; be in ~ fear of s.o. испы́тывать (*impf.*) физи́ческий страх пе́ред кем-н.
*adv.*: he was carried ~ to the doors его́ на рука́х вы́несли к дверя́м; the house was moved ~ дом был передви́нут целико́м; they resigned ~ они́ в по́лном соста́ве по́дали в отста́вку.

**bodkin** *n.* дли́нная тупа́я игла́; ши́ло.

**body** *n.* **1.** (*of pers. or animal*) те́ло; (*dim., e.g. baby's*) те́льце; (*build*) телосложе́ние; strong in ~ физи́чески си́льный; keep ~ and soul together своди́ть (*impf.*) концы́ с конца́ми; he is ours ~ and soul он пре́дан нам душо́й и те́лом; **2.** (*trunk*) ту́ловище, торс; run s.o. through the ~ пронзи́ть (*pf.*) кого́-н. наскво́зь; he was wounded in the ~ его́ ра́нили в ко́рпус; **3.** (*dead pers.*) мёртвое те́ло; уби́т|ый (*fem.* -ая); **4.** (*main portion*): the ~ of a hall/building гла́вная часть за́ла/зда́ния; (*of ship*) ко́рпус; (*of car*) ку́зов; (*of aircraft*) фюзеля́ж; the ~ of his supporters все его́ сторо́нники; (*of letter, book*) основна́я часть; **5.** (*quantity, aggregate*) ма́сса, гру́ппа; a large ~ of facts ма́сса фа́ктов; a ~ of cold air ма́сса холо́дного во́здуха; ~ of evidence совоку́пность доказа́тельств; **6.** (*group, institution, system*): governing ~ о́рган управле́ния; legislative ~ законода́тельный о́рган; learned ~ учёное о́бщество; public ~ обще́ственная организа́ция; the ~ politic госуда́рство; in a ~ в по́лном соста́ве; main ~ (*mil.*) гла́вные си́лы (*f. pl.*); ~ of cavalry отря́д кавале́рии; **7.** (*coll., woman*): a nice old ~ симпати́чная тётка; **8.** (*object*) те́ло; the heavenly bodies небе́сные тела́; foreign ~ иноро́дное те́ло; **9.** (*strength, consistency*) консисте́нция, вя́зкость.
*v.t.*: ~ forth (*give shape to*) вопло|ща́ть, -ти́ть; прид|ава́ть, -а́ть фо́рму +*d.*
*cpds.*: ~-**blow** *n.* (*lit.*) уда́р в ко́рпус; (*fig.*) сокруши́тельный уда́р; ~-**builder** *n.* (*apparatus*) экспа́ндер; ~-**building** *adj.* пита́тельный; ~-**guard** *n.* (*group*) ли́чная охра́на; (*individual*) телохрани́тель (*m.*); ~ **odour** *n.* за́пах по́та; ~-**snatcher** *n.* похити́тель (*m.*) тру́пов; ~-**stocking** *n.* трико́ (*indecl.*); ~ **work** (*of vehicle*) *n.* ку́зов.

**Boer** *n.* бур.
*adj.* бу́рский.

**boffin** *n.* (*coll.*) техни́ческий экспе́рт, (*coll.*) до́ка (*m.*).

**bog** *n.* **1.** боло́то, тряси́на; ~ oak морёный дуб; ~ orchis мя́котница; **2.** (*sl., latrine*) отхо́жее ме́сто.
*v.t.*: get ~ged down (*fig.*) увя́знуть, завя́знуть (*both pf.*).

**bogey** *see* BOGY.

**boggle** *v.i.* отша́т|ываться, -ну́ться; отпря́нуть (*pf.*); the mind ~s уму́ непостижи́мо; he will not ~ at £5 он не бу́дет препира́ться из-за пяти́ фу́нтов.

**boggy** *adj.* боло́тистый.

**bogie** *n.* (*rail.*) двухо́сная теле́жка.

**bogus** *adj.* мни́мый, фикти́вный, притво́рный.

**bogusness** *n.* фикти́вность, притво́рность.

**bog|y, -ey** *n.* (*bugbear*) бу́ка, пуга́ло.

**Bohemia** *n.* (*geog.*) Боге́мия; (*fig.*) боге́ма.

**Bohemian** *n.* (*native of Bohemia*) боге́м|ец (*fem.* -ка); чех (*fem.* че́шка); (*raffish artist etc.*) представи́тель (*fem.* -ница) боге́мы.
*adj.* (*geog.*) боге́мский; (*fig.*) боге́мный.

**boil**¹ *n.* (*tumour*) нары́в, чи́рей.

**boil**² *n.* (*state of* ~*ing*) кипе́ние; come to the ~ вскипе́ть (*pf.*), закипе́ть (*pf.*); bring to the ~ довести́ (*pf.*) до кипе́ния; вскипяти́ть (*pf.*); be on, at the ~ кипе́ть (*impf.*); go off the ~ переста́ть (*pf.*) кипе́ть.

*v.t.*: ~ water кипяти́ть, вс- во́ду; ~ fish/an egg вари́ть, с- ры́бу/яйцо́; ~ laundry кипяти́ть (*impf.*) бельё; ~ed shirt (*coll.*) крахма́льная руба́шка.

*v.i.*: the water is ~ing вода́ кипи́т; the egg has ~ed яйцо́ свари́лось; the kettle has ~ed dry ча́йник совсе́м вы́кипел; ~ with indignation кипе́ть (*impf.*) от негодова́ния (*or* негодова́нием).

*with advs.*: ~ **away** *v.i.*: the kettle was ~ing away ча́йник кипе́л вовсю́; the water ~ed away вода́ вы́кипела; ~ **down** *v.t.* (*lit.*) выпа́ривать, вы́парить; (*abridge*) сж|има́ть, -а́ть; *v.i.*: it ~s down to this, that ... э́то сво́дится к тому́, что . . .; ~ **over** *v.i.* (*lit.*) уходи́ть, уйти́ (*or* убе|га́ть, -жа́ть) че́рез край; the milk ~ed over молоко́ убежа́ло; (*fig., with rage*) вскипе́ть (*pf.*); he was ~ing over всё в нём кипе́ло; ~ **up** *v.t.* вскипяти́ть (*pf.*); *v.i.* вскип|а́ть, -е́ть.

**boiler** *n.* **1.** (*vessel*) кипяти́льник, тита́н; кипяти́льный котёл, бо́йлер; (*of steam engine*) парово́й котёл; (*for domestic heating*) котёл отопле́ния; бо́йлер; (*for laundry*) бак; **2.** (*chicken*) ку́рица для ва́рки.

*cpds.*: ~**-house** *n.* коте́льная; ~**-maker** *n.* коте́льник, коте́льщик; ~**-suit** *n.* комбинезо́н.

**boiling** *n.* **1.** кипе́ние, кипяче́ние, ва́рка; **2.** a ~ (*quantity*) of potatoes ва́рево карто́шки; the whole ~ вся гоп-компа́ния (*coll.*).

*adj.* (*also of waves etc.*) кипя́щий; ~ water кипято́к; a ~ hot горя́чий, как кипято́к; a ~ hot day зно́йный день.

*cpd.*: ~**-point** *n.* то́чка кипе́ния.

**boisterous** *adj.* (*of pers.*) бу́йный, шумли́вый; (*of sea, weather*) бу́рный; (*of wind*) ре́зкий, бу́йный.

**boisterousness** *n.* бу́йность, шумли́вость; бу́рность.

**bold** *n.* (*typ.*) жи́рный шрифт.

*adj.* **1.** сме́лый, отва́жный; grow ~ осме́леть (*pf.*); he put a ~ face on the matter в э́той ситуа́ции он и бро́вью не повёл; make ~ to, make so ~ as to осме́ли|ваться, -ться; make ~ with sth. во́льно обраща́ться (*impf.*) с чем-н.; (*impudent*) наха́льный; ~ as brass бессты́жий; **2.** (*prominent*): ~ features ре́зкие черты́ лица́; a ~ headland ре́зко очёрченный мыс; **3.** (*clear*) чёткий, отчётливый; **4.**: ~ strokes (*in painting*) широ́кие мазки́; in ~ relief вы́пукло.

*cpds.*: ~**-face** *n.* (*typ.*) жи́рный шрифт; ~**-faced** *adj.* (*impudent*) на́глый, бессты́жий;

(*of type*) жи́рный.

**boldness** *n.* сме́лость, отва́жность, отва́га; (*impudence*) на́глость.

**bole** *n.* ствол.

**bolero** *n.* (*dance, jacket*) болеро́ (*indecl.*).

**boletus** *n.* мохови́к; edible ~ бе́лый гриб, борови́к.

**bolide** *n.* боли́д.

**Bolivia** *n.* Боли́вия.

**Bolivian** *n.* боливи́|ец (*fem.* -йка).
*adj.* боливи́йский.

**boll** *n.* семенна́я коро́бочка.

*cpd.*: ~**-weevil** *n.* долгоно́сик.

**bollard** *n.* (*on ship or quay*) пал; (*on traffic island*) ту́мба.

**boloney** *n.* (*sl.*) чепуха́, ерунда́.

**Bolshevi|k, -st** *nn.* большеви́|к (*fem.* -чка).
*adj.* большеви́стский.

**Bolshevism** *n.* большеви́зм.

**bolsh|ie, -y** *adj.* (*sl.*) кра́сный; (*mutinous*) стропти́вый.

**bolster** *n.* ва́лик; (*fig.*) опо́ра.
*v.t.* (*prop; also fig.*) подп|ира́ть, -ере́ть.

**bolt**¹ *n.* **1.** (*on door etc.*) засо́в, задви́жка; **2.** (*screw*) болт; **3.** (*arrow*): he has shot his ~ (*fig.*) он исчерпа́л все свои́ возмо́жности; a fool's ~ is soon shot с дурако́м мо́жно бы́стро сла́дить; **4.** (*thunderbolt*) уда́р гро́ма; **5.** (*measure of cloth*) руло́н, шту́ка.

*adv.*: ~ upright пря́мо; вы́тянувшись.

*v.t.*: ~ the door зап|ира́ть, -ере́ть дверь на засо́в/задви́жку.

*v.i.*: the door ~s on the inside дверь запира́ется изнутри́.

**bolt**² *n.* (*escape*): make a ~ for it удра́ть (*pf.*); дать (*pf.*) стрекача́.

*v.t.* (*gulp down*) глота́ть, проглоти́ть.

*v.i.* (*of horse*) понести́ (*pf.*); (*of pers.*) ри́нуться (*pf.*), помча́ться (*pf.*), удра́ть (*pf.*).

*cpd.*: ~**-hole** *n.* заго́н; (*fig.*) прибе́жище.

**bolt**³ *v.t.* (*sift*) просе́|ивать, -ять; отсе́|ивать, -ять.

**bolter** *n.* (*horse*) норови́стая ло́шадь; (*sieve*) решето́, си́то, гро́хот.

**bolus** *n.* пилю́ля.

**bomb** *n.* бо́мба; (*mortar* ~) ми́на; (*shell*) снаря́д; incendiary ~ зажига́тельная бо́мба; high-explosive ~ фуга́сная бо́мба; flying ~ самолёт-снаря́д; drop a ~ сбро́сить (*pf.*) бо́мбу; ~ disposal обезвре́живание неразорва́вшихся бомб.

*v.t. & i.* бомби́ть, раз-.

*with advs.*: ~ **out** *v.t.* (*a building*) разбомби́ть (*pf.*); ~ **up** *v.i.* (*load aircraft*) грузи́ть, набо́мбами; прин|има́ть, -я́ть боезапа́с бомб.

*cpds.*: ~**-bay** *n.* бо́мбовый отсе́к; ~**-carrier** *n.* бомбодержа́тель (*m.*); ~**-crater** *n.* воро́нка от бо́мбы; ~**-proof** *adj.* бомбосто́йкий; ~**shell** *n.* артиллери́йский снаря́д; the news came as a ~shell to them весть их как гро́мом поразйла; ~-**shelter** n. бомбоубе́жице; ~-**sight** n. бомбардиро́вочный прице́л, авиаприце́л; ~-**site** n. разбомблённый уча́сток.

**bombard** v.t. **1.** бомбйть, раз-; бомбардирова́ть (impf.); обстре́л|ивать, -я́ть; **2.** (fig.): ~ s.o. with rotten eggs забр|а́сывать, -оса́ть кого́-н. ту́хлыми яйцами; ~ s.o. with abuse ос|ыпа́ть, -ыпать кого́-н. оскорбле́ниями; ~ s.o. with questions бомбардирова́ть (impf.) кого́-н. вопро́сами; **3.** (phys.) бомбардирова́ть (impf.); ~ sth. with particles облуч|а́ть, -йть что-н. части́цами.

**bombardier** n. (artillery rank) бомбарди́р; унтер-офице́р артилле́рии; (av.) бомбарди́р-наво́дчик.

**bombardment** n. бомбардиро́вка, бомбёжка; (with shells) артиллери́йский обстре́л.

**bombardon** n. бомбардо́н.

**bombast** n. высокопа́рность, напы́щенность.

**bombastic** adj. высокопа́рный, напы́щенный.

**bombazine** n. бомбази́н.

**bombe** n. ба́бка.

**bomber** n. (aircraft) бомбардиро́вщик; (pers.) бомбомета́тель (m.); гранатомётчик.

**bombinate** v.i. (buzz) жужжа́ть (impf.); ~ (in a vacuum) (fig.) шуме́ть по́пусту.

**bombing** n. бомбомета́ние, бомбардиро́вка; precision ~ прице́льное бомбомета́ние.

**bona fide** adj. добросо́вестный, че́стный, неподде́льный.

adv. че́стно; без обма́на.

**bona fides** n. че́стное наме́рение; че́стность.

**bonanza** n. (coll.) золото́е дно; strike a ~ напа́сть (pf.) на золоту́ю жи́лу; (attr.) золотоно́сный.

**Bonapartism** n. бонапарти́зм.

**Bonapartist** n. бонапарти́ст (fem. -ка).

adj. бонапарти́стский.

**bonbon** n. конфе́та.

**bond** n. **1.** (link) связь; love of music was a ~ between us нас свя́зывала любо́вь к му́зыке; **2.** (shackle): in ~s в око́вах; в заключе́нии; burst one's ~s разорва́ть (pf.) око́вы; **3.** (obligation) гара́нтия; his word is as good as his ~ на его́ сло́во мо́жно положи́ться; **4.** (fin.) облига́ция; (pl.) бо́ны (f. pl.); interest-bearing ~s проце́нтные облига́ции; premium ~s вы́игрышные облига́ции; **5.** (comm.): goods in ~ това́ры, не опла́ченные по́шлиной.

v.t. **1.** (of bricks) сцеп|ля́ть, -и́ть; свя́з|ывать, -а́ть; **2.** (fin.): ~ed debt облигацио́нный заём; консолиди́рованный долг; **3.** (comm.): ~ed warehouse приписно́й тамо́женный склад.

cpds.: ~**holder** n. держа́тель (m.) облига́ций/бон; ~**servant**, ~**slave** nn. крепостно́й, раб; ~**service** n. крепостна́я зави́симость; ~**sman** n. крепостно́й; (guarantor) поручи́тель (m.); ~**swoman** n. крепостна́я.

**bondage** n. нево́ля; закрепоще́ние; the ~ of sin

пу́т|ы (pl., g. —) греха́; be in ~ to s.o. быть в кабале́ у кого́-н.

**bone** n. **1.** кость; drenched to the ~ промо́кший до косте́й; he is all skin and ~ он ко́жа да ко́сти; I feel in my ~s that . . . чу́ет моё се́рдце, что . . .; he won't make old ~s он не доживёт до ста́рости; hard words break no ~s брань на вороту́ не ви́снет; near the ~ (coll.) риско́ванный; cut costs to the ~ сокра|ща́ть, -ти́ть расхо́ды до преде́ла; the bare ~s (of a subject) элемента́рные поня́тия/зна́ния; make no ~s about sth. не церемо́ниться (impf.) с чем-н.; he made no ~s about telling me . . . он не постесня́лся сказа́ть мне . . .; ~ of contention я́блоко раздо́ра; I have a ~ to pick with you у меня́ к вам прете́нзия; take a fish off the ~ отдел|я́ть, -и́ть ры́бу от косте́й; **2.** (substance) кость; buttons made of ~ костяны́е пу́говицы; ~ china твёрдый англи́йский фарфо́р; **3.** (cul.): broiled ~s тушёное мя́со; **4.** (pl., castanets) кастанье́ты, трещо́тки (both f. pl.); (dice) игра́льные ко́сти (f. pl.).

v.t. **1.**: ~ fish/meat отдел|я́ть, -и́ть ры́бу/мя́со от косте́й; **2.** (steal) утяну́ть (pf.) (sl.).

v.i.: ~ up on (coll.) зубри́ть, вы-.

cpds.: ~-**ash** n. костяна́я зола́; ~-**dry** adj. соверше́нно сухо́й; сухо́й-пресухо́й; ~-**head** n. (sl.) ду́рень (m.), балда́ (c.g.); ~-**headed** adj. (sl.) тупоголо́вый; ~-**idle**, ~-**lazy** adjs. ужа́сно лени́вый; he is ~-idle он безде́льник/лентя́й/(coll.)лоботря́с; ~-**meal** n. костяна́я мука́; ~-**setter** n. костопра́в.

**boneless** adj. беско́стный; (fig., weak) бесхребе́тный; ~ wonder (contortionist) челове́к-змея́.

**boner** n. (sl.) про́мах, опло́шность; pull a ~ дать (pf.) ма́ху (coll.).

**bonfire** n. костёр; make a ~ of (also fig.) пред|ава́ть, -а́ть огню́.

**bonhomie** n. добро́душие, простоду́шие.

**bonhomous** adj. (coll.) добро́душный, простоду́шный.

**boniness** n. кости́стость, костля́вость.

**bon mot** n. остро́та, ме́ткое слове́чко.

**bonne bouche** n. ла́комый кусо́чек.

**bonnet** n. **1.** (man's) шотла́ндская ша́почка; (woman's) ка́пор; чепе́ц, че́пчик; **2.** (of car) капо́т.

**bonny** adj. (comely) хоро́шенький; (fine): a ~ fighter сла́вный воя́ка; (healthy): a ~ baby кре́пкий ребёнок.

**bonus** n. пре́мия, премиа́льные (pl.), бо́нус; a ~ job рабо́та с премиа́льным вознагражде́нием.

**bony** adj. **1.** (of, like bone) костяно́й; **2.** (of pers.) костля́вый, кости́стый; ~ fingers костля́вые па́льцы; **3.** (having many bones): ~ fish костля́вая/кости́стая ры́ба; ~ meat кости́стое мя́со.

**bonze** *n.* бо́нза (*m.*).

**boo** *n.* ши́канье.

*v.t.* освист|ывать, -а́ть; ши́кать (*impf.*) +*d.*; оши́кать (*pf.*); ~ an actor off the stage ши́каньем прогна́ть (*pf.*) актёра со сце́ны.

*v.i.* улюлю́кать (*impf.*).

*int.* **1.** (*expr. disapproval*) шш!; у-у!; **2.** (*used to startle*: *also* **bo**) у-у!

**boob** *n.* **1.** (*coll., simpleton*) простофи́ля (*c.g.*), дурачи́на (*c.g.*), дурале́й; **2.** (*coll., mistake*) прома́шка; **3.** (*pl., breasts*) буфера́ (*m. pl.*) (*sl.*).

*v.i.* (*coll.*) опростоволо́ситься (*pf.*), опло-ша́ть (*pf.*); дать (*pf.*) прома́шку.

**booby** *n.* дурачо́к, дурале́й.

*cpds.*: ~**-hatch** *n.* (*sl.*) дом умалишённых; ~**-trap** *n.* (*mil.*) ми́на-лову́шка; *v.t.* устан|а́вливать, -ови́ть ми́ны-лову́шки в/на +*p.*

**boobyish** *adj.* придуркова́тый.

**boodle** *n.* (*sl*) де́н|ьги (*pl, g.* -ег).

**boogie-woogie** *n.* бу́ги-ву́ги (*nt. indecl.*).

**boohoo** *v.i.* реве́ть (*impf.*).

*int.* у-у-у!

**book** *n.* **1.** кни́га; (*small*) кни́жка; the B~ (*Bible*) Би́блия; the B~ of Genesis Кни́га Бытия́; ship's ~ судово́й журна́л; talk like a ~ говори́ть как по пи́саному; it is a closed, sealed ~ to me э́то для меня́ кни́га за семью́ печа́тями; read s.o. like a ~ ви́деть (*impf.*) кого́-н. наскво́зь; he is an open ~ он весь как на ладо́ни; ~ of words (*instructions*) инстру́кции (*f. pl.*); пра́вила (*nt. pl.*) по́льзования; go by the ~ сле́довать (*impf.*) предписа́нию/пра́вилам; the ~ trade книготорго́вля, кни́жная торго́вля; **2.** (*set*): ~ of tickets/needles па́чка биле́тов/иго́лок; ~ of matches/stamps кни́жечка спи́чек/ма́рок; **3.** (*libretto*) либре́тто (*indecl.*); **4.** (*account*): he is on the firm's ~s (*an employee*) он в шта́те э́той фи́рмы; keep the ~s вести́ (*det.*) бухга́л-терские/счётные кни́ги; ~ value сто́имость по торго́вым кни́гам; in s.o.'s good/bad ~s на хоро́шем/плохо́м счету́ у кого́-н; bring s.o. to ~ призва́ть (*pf.*) кого́-н. к отве́ту; по-счита́ться (*pf.*) с кем-н.; that suits my ~ э́то меня́ устра́ивает.

*v.t.* **1.** (*enter in* ~ *or list*) зан|оси́ть, -ести́ в кни́гу; регистри́ровать, за-; **2.** (*reserve, engage*) зака́з|ывать, -а́ть; зан|има́ть, -я́ть; брони́ровать, за-; ~ seats at a theatre заброни́ровать (*pf.*) биле́ты в теа́тре; ~ one's passage купи́ть (*pf.*) биле́т на парохо́д; speculators ~ed up all the seats спекуля́нты скупи́ли все биле́ты; I am ~ed (up) on Wednesday я (по́лностью) за́нят в сре́ду; ~ s.o. in at a hotel брони́ровать, за- для кого́-н. но́мер в гости́нице.

*v.i.*: he ~ed in/out last night он въе́хал/вы́ехал вчера́ ве́чером.

*cpds.*: ~ **binder** *n.* переплётчик; ~ **bindery** *n.*

переплётная; ~ **binding** *n.* переплётное де́ло; ~ **case** *n.* кни́жный шкаф; (*open-fronted*) кни́жные по́лки (*f. pl.*); ~ **-club** *n.* клуб книголю́бов; ~ **-ends** *n.* подста́вки (*f. pl.*) для книг; ~ **-jacket** *n.* суперобло́жка; ~ **keeper** *n.* бухга́лтер, счетово́д; ~ **keeping** *n.* бухгал-те́рия, счетово́дство; ~ **-learned** *adj.* кни́жный; ~ **-learning** *n.* кни́жность; кни́жные зна́ния; ~ **-lover** *n.* кни́жник, книголю́б; ~ **maker** *n.* (*betting*) букме́кер; (*compiler*) компиля́тор; ~ **man** *n.* литера́тор; ~ **mark(er)** *n.* (кни́жная) закла́дка; ~ **plate** *n.* экслибрис; ~ **-post** *n.* бандеро́ль; by ~ -post бандеро́лью; ~ **-rack** *n.* по́лка для книг; ~ **-rest** *n.* (насто́льная) подста́вка для книг; ~ **seller** *n.* торго́вец кни́гами; second-hand ~ seller букини́ст; ~ **selling** *n.* книготорго́вля; ~ **shelf** *n.* кни́жная по́лка; ~ **shop**, ~ **store** *nn.* кни́жный магази́н; кни́жный кио́ск; ~ **stand** (*rack*) стелла́ж; ~ **work** *n.* (*study*) рабо́та с кни́гами; ~ **worm** *n.* (*lit., fig.*) кни́жный червь.

**bookie** (*coll.*) = BOOKMAKER.

**booking** *n.* зака́з; advance ~ предвари́тельный зака́з; return ~ зака́з на обра́тный биле́т; the ~ for this play is heavy тру́дно доста́ть биле́ты на э́ту пье́су.

*cpds.*: ~ **-clerk** *n.* касси́р; ~ **-office** *n.* биле́тная ка́сса.

**bookish** *adj.* (*literary, studious*) кни́жный; (*pedantic*) педанти́чный.

**bookishness** *n.* кни́жность; педанти́чность.

**booklet** *n.* брошю́ра, букле́т.

**boom¹** *n.* (*naut., spar*) утле́гарь (*m.*); (*barrier*) плаву́чий бон.

**boom²** *n.* (*of gun, thunder, waves*) гул, ро́кот; (*of voice*) гул; (*of bittern*) вой, у́хание; supersonic ~ сверхзвуково́й хлопо́к.

*v.t. & i.* (*of gun*) бу́хать (*impf.*), грохота́ть (*impf.*); (*of thunder*) глу́хо грохота́ть (*impf.*), рокота́ть (*impf.*); (*of waves*) рокота́ть (*impf.*); (*of bittern*) выть (*impf.*), у́хать (*impf.*); the clock ~ed out the hour часы́ гу́лко проби́ли час.

*int.* бум!; бух!

**boom³** *n.* (*comm.*) бум, оживле́ние; ~ town бы́стро расту́щий го́род.

*v.t.* (*boost*) реклами́ровать (*impf., pf.*).

*v.i.*: business is ~ing де́ло процвета́ет; Jones is ~ing as a novelist Джонс процвета́ющий романи́ст.

**boomer** *n.* (*Aust.*) саме́ц кенгуру́.

**boomerang** *n.* бумера́нг.

*v.i.* (*fig.*): his plan ~ed его́ зате́я обрати́лась про́тив него́.

**boon¹** *n.* (*favour*) дар, благодея́ние; (*advantage*) бла́го, благода́ть.

**boon²** *adj.*: ~ companion до́брый прия́тель.

**boor** *n.* (*peasant*) мужи́к, дереве́нщина (*c.g.*); (*coarse pers.*) хам, мужи́к.

**boorish** *adj.* ха́мский, мужи́цкий, мужи́чий, мужикова́тый.

**boorishness** *n.* ха́мство, мужикова́тость.

**boost** *n.* **1.** (*advertisement*) реклами́рование, рекла́ма; **2.**: give a ~ to the economy стимули́ровать (*impf., pf.*) эконо́мику.
  *v.t.* (*advertise*) реклами́ровать (*impf., pf.*); (*increase*) пов|ыша́ть, -ы́сить; ~ a battery пов|ыша́ть, -ы́сить напряже́ние в батаре́е; ~ s.o.'s reputation создава́ть (*impf.*) кому́-н. репута́цию.

**booster** *n.* **1.** (*elec.*) побуди́тель (*m.*), усили́тель (*m.*); **2.**: ~ rocket раке́тный ускори́тель; ~ injection (*med.*) повто́рная приви́вка.

**boot**[1] *n.* **1.** (*footwear*) боти́нок, башма́к; (*knee-length*) сапо́г; riding ~ (высо́кий) сапо́г; fur ~s у́нты (*f. pl.*); football ~s бу́тсы (*f. pl.*); seven-league ~s семими́льные сапоги́; die in one's ~s умере́ть (*pf.*) на посту́; he is not fit to black your ~s он вам и в подмётки не годи́тся; he is too big for his ~s он зазна́лся; the ~ is now on the other foot тепе́рь уж всё наоборо́т; де́ло поверну́лось по-друго́му; put the ~ in прибе́гнуть (*pf.*) к жёстким ме́рам; like old ~s (*coll.*) си́льно, здо́рово; my heart was in my ~s у меня́ душа́ в пя́тки ушла́; you bet your ~s! (*coll.*) бу́дьте уве́рены!; **2.** (*pl. as sg. n., hotel servant*) коридо́рный; **3.** (*instrument of torture*) испа́нский сапо́г; **4.** (*dismissal*): give s.o. the ~ вы́турить (*pf.*) (*coll.*) кого́-н. (с рабо́ты); get the ~ вы́лететь (*pf.*) (*coll.*) (с рабо́ты); **5.** (*of a car*) бага́жник.
  *v.t.* **1.** ~ s.o. in the face съе́здить (*pf.*) (*coll.*) кому́-н. по физионо́мии; ~ s.o. out of his job вы́турить (*pf.*) (*coll.*) кого́-н.
  *cpds.*: ~ **black** *n.* чи́стильщик сапо́г; ~ **jack** *n.* приспособле́ние для снима́ния сапо́г; ~ **lace** *n.* шнуро́к для боти́нок; ~ **leg** *n.* (*fig.*): ~ leg whisky контраба́ндное ви́ски; *v.t. & i.* (*distil*) занима́ться (*impf.*) самогонокуре́нием; (*trade*) торгова́ть (*impf.*) самого́ном; ~ **legger** *n.* самого́нщик; ~ **licker** *n.* (*coll.*) лизоблю́д, подхали́м; ~ **maker** *n.* сапо́жник; ~**-polish** *n.* ва́кса; ~ **strap** *n.* ушко́; pull o.s. up by one's own ~straps (*fig.*) спасти́ (*pf.*) себя́ со́бственными рука́ми; ~**top** *n.* голени́ще; ~**-tree** *n.* сапо́жная коло́дка.

**boot**[2] *n.*: to ~ в прида́чу.

**booted** *adj.*: ~ and spurred (*fig.*) в по́лной гото́вности.

**bootee** *n.* (*woman's*) да́мский боти́нок; (*child's*) пине́тка; вя́заный башмачо́к.

**Boötes** (*astron.*) *n.* Волопа́с.

**booth** *n.* бу́дка; (*stall in market*) пала́тка; (*tent at fair*) балага́н; (*polling-*~) каби́на для голосова́ния.

**bootless** *adj.* (*unavailing*) бесполе́зный.

**booty** *n.* добы́ча.

**booze** *n.* вы́пивка; попо́йка; go on the ~ запи́ть (*pf.*); be on the ~ пья́нствовать (*impf.*).

*v.i.* пья́нствовать (*impf.*), выпива́ть (*impf.*).
  *cpd.*: ~**-up** *n.* попо́йка.

**boozer** *n.* (*pers.*) выпиво́ха (*c.g.*); (*pub*) забега́-ловка.

**boozy** *adj.* (*fuddled*) пья́ный; (*fond of drinking*) выпива́ющий, пью́щий; a ~ type люби́тель (*m.*) подда́ть (*coll.*).

**bo-peep** *n.* пря́т|ки (*pl., g.* -ок); play ~ игра́ть в пря́тки.

**boracic** *adj.* бо́рный.

**borage** *n.* огуре́чник, бура́чник.

**borax** *n.* бура́; (*attr.*) бо́рный.

**bordello** *n.* борде́ль (*m.*).

**border** *n.* **1.** (*side, edging*): ~ of a lake бе́рег о́зера; (*of a sheet of paper*) кайма́; (*of a handkerchief*) каёмка; a ~ of tulips бордю́р из тюльпа́нов; herbaceous ~ бордю́р из многоле́тних цвето́в; **2.** (*frontier*) грани́ца; (*fig.*) грань; ~ incidents пограни́чные инциде́нты.
  *v.t.*: the garden is ~ed by a stream сад ограни́чен ручьём; вокру́г са́да протека́ет ручей; our garden ~s his field наш сад грани́чит с его́ по́лем.
  *v.i.*: these countries ~ on one another э́ти стра́ны грани́чат друг с дру́гом; he is ~ing on sixty ему́ под шестьдеся́т; this ~s on fanaticism э́то грани́чит с фанати́змом.
  *cpds.*: ~**land** *n.* пограни́чная о́бласть; (*fig.*) грань; ~**line** *n.* грани́ца; (*fig.*) грань; (*demarcation line*) демаркацио́нная ли́ния; a ~line case промежу́точный слу́чай.

**borderer** *n.* жи́тель (*m.*) пограни́чного райо́на.

**bore**[1] *n.* (*of tube, pipe*) расто́ченное отве́рстие; (*calibre*) кали́бр, кана́л ствола́; (*hole in earth etc.*) сква́жина.
  *v.t.* сверли́ть, про-; бура́вить, про-; бури́ть, про-; ~ a tube раст|а́чивать, -очи́ть трубу́; a hole сверли́ть, про- ды́ру.
  *v.i.* бури́ть (*impf.*); ~ for oil бури́ть (*impf.*) в по́исках не́фти; ~ through a crowd проб|ива́ться, -и́ться че́рез толпу́.
  *cpd.*: ~**-hole** *n.* бурова́я сква́жина.

**bore**[2] *n.* (*pers.*) ску́чный челове́к; зану́да (*c.g.*); (*thing*) (что-н.) надое́дливое; what a ~! кака́я тоска́!; кака́я доку́ка!
  *v.t.* надо|еда́ть, -е́сть +*d.*; нав|оди́ть, -ести́ ску́ку на +*a.*; ~ s.o. to death, tears надо|еда́ть, -е́сть кому́-н. до́ смерти. See also BORED.

**bore**[3] *n.* (*tidal wave*) бор; напо́р волн в у́стье реки́.

**boreal** *adj.* се́верный, бореа́льный.

**Boreas** *n.* Боре́й.

**bored** *adj.* скуча́ющий; I am ~ мне ску́чно; in a ~ voice ску́чным/скуча́ющим го́лосом; I am ~ with him он мне надое́л.

**boredom** *n.* ску́ка, тоска́.

**borer** *n.* (*pers.*) бури́льщик, сверли́льщик; (*machine*) бур, бура́в, сверло́; (*insect*) древото́чец.

**boric** *adj.* бо́рный.

**boring** *adj.* (*tedious*) скýчный, надоéдливый.

**born** *adj.* **1.** a ~ poet/fool прирождённый поэ́т/дура́к; **2.**: be ~ роди́ться (*pf.*); he was ~ to be hanged таки́е, как он, конча́ют на ви́селице; he was ~ with a silver spoon in his mouth он роди́лся в соро́чке; I wasn't ~ yesterday я не вчера́ роди́лся; **3.**: in all my ~ days за всю мою́ жизнь.

**Borneo** *n.* Борне́о (*indecl.*).

**boron** *n.* бор.

**borough** *n.* (*town*) го́род; (*section of town*) райо́н; parliamentary ~ го́род, предста́вленный в парла́менте.

**borrow** *v.t. & i.* **1.** (*take for a time*) брать, взять на вре́мя; займствовать, по-; зан|има́ть, -я́ть (*also math.*); (*money*) брать, взять взаймы́; he is always ~ing он постоя́нно берёт взаймы́ (*or* в долг); ~ an idea from s.o. займствовать (*impf., pf.*) у кого́-н. иде́ю; wear ~ed clothes носи́ть (*impf.*) что-н. с чужо́го плеча́; **2.** (*ling.*) займствовать (*impf.*).

**borrowing** *n.* **1.** ода́лживание; ~ is a bad habit брать взаймы́ — плоха́я привы́чка; **2.** (*ling.*) займствование.

**bor(t)sch** *n.* борщ.

**borzoi** *n.* борза́я.

**bosh** *n.* (*coll.*) вздор, чепуха́.

**bosom** *n.* **1.** (*breast*) грудь; (*of clothing*) лиф, мани́шка; (*shirt-front*) грудь; мани́шка; **2.** (*fig.*) се́рдце, душа́; ~ friend закады́чный друг; in one's (own) ~ в глубине́ души́; in the ~ of one's family в ло́не семьи́; the ~ of the church ло́но це́ркви.

*v.t.*: a house ~ed in trees дом, утопа́ющий в зе́лени.

**bosomy** *adj.* (*of woman*) груда́стая.

**Bosp(h)orus** *n.* Босфо́р.

**boss**[1] *n.* (*protuberance*) ши́шка; (*of shield*) у́мбон; (*archit.*) орна́мент в места́х пересече́ний ба́лок.

**boss**[2] *n.* (*master*) босс, хозя́ин; industrial ~es промы́шленные заправи́лы/тузы́.

*v.t.*: ~ the show (*coll.*) хозя́йничать (*impf.*); ~ s.o. about кома́ндовать (*impf.*) кем-н.; (*coll.*) промыка́ть (*impf.*) кем-н.

**boss-eyed** *adj.* криво́й, косо́й, косогла́зый.

**bossy** *adj.* (*overbearing*) команди́рский.

**bot** *n.*(*also* **bott**): the ~s (*vet.*) гельминто́з.

*cpd.*: ~**-fly** *n.* о́вод.

**botanical** *adj.* ботани́ческий.

**botanist** *n.* бота́ник.

**botanize** *v.i.* ботанизи́ровать (*impf., pf.*).

**botany** *n.* бота́ника.

**botch** *n.*: make a ~ напорта́чить (*pf.*).

*v.t.* (*bungle*) зава́л|ивать, -и́ть; по́ртить, ис-; (*patch roughly*) зала́т|ывать, -а́ть; ~ up an essay состря́пать (*pf.*) стате́йку.

**botcher** *n.* (*bungler*) порта́ч, «сапо́жник».

**both** *pron. & adj.* о́ба (*m., nt.*), о́бе (*f.*); и тот и друго́й; ~ sledges о́бе па́ры сане́й; ~ of us мы

о́ба; of ~ sexes обо́его по́ла; you cannot have it ~ ways выбира́йте одно́ из двух.

*adv.*: ~ . . . and . . . и . . . и . . .; he is ~ tired and hungry он и уста́л и к тому́ же го́лоден; I am fond of music, ~ ancient and modern я люблю́ му́зыку, как ста́рую, так и совреме́нную; my sister and I ~ helped him мы о́ба помогли́ ему́, и я и сестра́; мы (вдвоём) с сестро́й ему́ помогли́.

**bother** *n.* беспоко́йство; хло́п|оты (*pl., g.* -о́т); возня́; I had no ~ finding the book я нашёл кни́гу без труда́.

*v.t.* (*disturb*) беспоко́ить, по-; трево́жить, по-; (*importune*) надоеда́ть (*impf.*) +d.; ~ one's head трево́житься (*impf.*); ~ (it)! чёрт возьми́!; he is always ~ing me to lend him money он ве́чно пристаёт ко мне с про́сьбой одолжи́ть ему́ де́нег; I can't be ~ed мне не́когда/лень.

*v.i.* беспоко́иться, по-; don't ~ to make tea не вози́тесь с ча́ем.

**bothersome** *adj.* доса́дный, надое́дливый.

**Bothnia** *n.*: Gulf of ~ Ботни́ческий зали́в.

**bott** *see* вот.

**bottle**[1] *n.* **1.** буты́лка; буты́ль; (*for infant*) рожо́к; over a ~ of wine за буты́лкой вина́; bring up a child on the ~ вска́рмливать (*impf.*) ребёнка иску́ственно; hot-water ~ гре́лка; **2.** (*fig.*): he is fond of the ~ он прикла́дывается к буты́лочке; take to the ~ пристрасти́ться (*pf.*) к буты́лке; keep s.o. from the ~ уде́рж|ивать, -а́ть кого́-н. от пья́нства.

*v.t.* (*put in* ~s) разл|ива́ть, -и́ть по буты́лкам; ~d in Moscow моско́вского разли́ва; (*keep in* ~s) храни́ть (*impf.*) в буты́лках; ~ fruit консерви́ровать (*impf., pf.*) фру́кты; ~ up (*conceal*) скры|ва́ть, -ть; (*restrain*) сде́рж|ивать, -а́ть; ~ up one's feelings скры|ва́ть, -ть свои́ чу́вства; ~ up the enemy fleet зап|ира́ть, -ере́ть неприя́тельский флот.

*cpds.*: ~**-baby** *n.* ребёнок, вско́рмленный рожко́м; иску́ственник; ~**-brush** *n.* ёрш(ик); ~**-fed** *adj.* иску́ственно вско́рмленный; ~**-glass** *n.* буты́лочное стекло́; ~**-green** *n.* буты́лочный цвет; *adj.* буты́лочного цве́та; буты́лочно-зелёный; ~**-neck** *n.* го́рлышко буты́лки; (*fig.*) зато́р; про́бка; у́зкое ме́сто; ~**-nose** *n.* нос карто́шкой; ~**-nosed** *adj.* толстоно́сый; ~**-nosed** whale буты́лконо́с; ~**-party** *n.* ≃ пиру́шка в скла́дчину; ~**-top** *n.* колпачо́к на буты́лку; ~**-washer** *n.* (*pers.*) посу́дник, мо́йщик буты́лок; (*machine*) буты́ломо́йка.

**bottle**[2] *n.* (*of hay*) сноп; (*of straw*) оха́пка.

**bottled** *adj.* **1.** ~ beer буты́лочное пи́во; **2.** (*drunk*) нализа́вшийся (*sl.*).

**bottom** *n.* **1.** (*lowest part*) дно; (*of mountain*) подно́жие, подо́шва; (*of page*) низ, коне́ц; (*of stairs*) низ, основа́ние; ~ shelf ни́жняя по́лка; (*of coat*) подо́л; false ~ двойно́е дно; ~

up(wards) вверх дном; ~s up! пей до дна!; at the ~ of the class отстаю́щий в кла́ссе; **2.** (*further end*): at the ~ of the bed в нога́х крова́ти; ~(end) of the table ни́жний коне́ц стола́; ~ of the garden за́дняя часть са́да; ~ of the street коне́ц у́лицы; **3.** (*of sea*) дно; send to the ~ пус|ка́ть, -ти́ть на дно; топи́ть, по-; **4.** (*of a chair*) сиде́нье; **5.** (*anat.*) зад; за́дняя часть; за́днее ме́сто; **6.** (*of ship*) дни́ще; ship goods in British ~s перев|ози́ть, -езти́ това́ры на англи́йских суда́х; **7.** (*fig.*): from the ~ of my heart из глубины́ души́; от всего́ се́рдца; get to the ~ of sth. доб|ира́ться, -ра́ться до су́ти чего́-н.; he was at the ~ of it за э́тим стоя́л он; a good fellow at ~ по существу́ до́брый ма́лый; knock the ~ out of a scheme сорва́ть (*pf.*) план; ~ price са́мая ни́зкая цена́; кра́йняя цена́; prices touched ~ це́ны дости́гли са́мого ни́зкого у́ровня; he came ~ in algebra он был после́дним по а́лгебре.

*v.t.*: ~ a chair приде́л|ывать, -ать сиде́нье к сту́лу.

**bottomless** *adj.* **1.** бездо́нный; ~ pit бездо́нная я́ма; (*hell*) ад, преиспо́дняя; (*immeasurable*) безграни́чный, беспреде́льный; **2.** (*of chair*) без сиде́нья.

**bottommost** *adj.* са́мый ни́жний.

**bottomry** *n.* бодмере́я.

**botulism** *n.* ботули́зм.

**boudoir** *n.* будуа́р.

**bougainvillaea** *n.* бугенви́лия.

**bough** *n.* сук.

**bouillon** *n.* бульо́н.

**boulder** *n.* валу́н.

**boule** *see* BUHL.

**boulevard** *n.* бульва́р.

**bounce** *n.* (*of ball*) подпры́гивание, подско́к, отско́к; (*push, arrogance*) хвастовство́.

*v.t.* (*eject*) выки́дывать, вы́кинуть; ~ a ball бить (*impf.*) мячо́м об пол (о зе́млю, об сте́нку *и т.п.*); ~ s.o. into a decision подт|а́лкивать, -олкну́ть кого́-н. приня́ть реше́ние.

*v.i.* (*of ball etc.*) отск|а́кивать, -очи́ть; подпры́г|ивать, -нуть; (*coll., of cheque*) верну́ться (*pf.*); (*of pers.*): ~ into a room влете́ть (*pf.*) в ко́мнату; ~ out of a room вы́скочить (*pf.*) из ко́мнаты; ~ about суети́ться (*impf.*).

**bouncer** *n.* (*chucker-out*) вышиба́ла (*m.*).

**bouncing** *adj.* **1.** (*of ball*) пры́гающий, подпры́гивающий; **2.** (*healthy*) здоро́вый; (*lusty*) здорове́нный.

**bouncy** *adj.* (*lit., resilient*) упру́гий; (*in manner*) ре́звый, живо́й.

**bound**[1] *n.* (*usu. pl., limit*) грани́ца, преде́л; set ~s to sth. ста́вить, по- преде́л чему́-н.; ограни́чи|вать, -ть что-н.; know no ~s не знать (*impf.*) грани́ц; beyond the ~s of reason за преде́лами разу́много; keep sth. within ~s

держа́ть (*impf.*) что-н. в определённых грани́цах; within the ~s of possibility в преде́лах возмо́жного; the town is out of ~s to troops вход в го́род солда́там воспрещён.

*v.t.* (*limit*) ограни́чи|вать, -ть; England is ~ed by Scotland on the north А́нглия грани́чит на се́вере с Шотла́ндией.

**bound**[2] *n.* (*jump*) прыжо́к; скачо́к; by leaps and ~s гало́пом, стреми́тельно; не по дням, а по часа́м; at a ~ одни́м прыжко́м; (*bounce*) отско́к.

*v.i.* пры́г|ать, -нуть; скак|а́ть, -ну́ть; ~ over a ditch переск|а́кивать, -очи́ть че́рез кана́ву; he ~ed off to fetch the book он подпры́гнул, что́бы доста́ть кни́гу; her heart ~ed with joy её се́рдце (за)би́лось от ра́дости.

**bound**[3] *adj.* **1.** (*connected*) свя́занный; this is ~ up with politics э́то свя́зано с поли́тикой; **2.** (*absorbed*): he is ~ up in his work он поглощён рабо́той; she is ~ up in her son она́ по́лностью занята́ сы́ном; **3.** (*certain*): he is ~ to win он непреме́нно вы́играет; I'll be ~ я уве́рен; го́лову положу́, что . . .; **4.** (*obliged*): you are not ~ to go вам не обяза́тельно идти́; **5.** (*of book*) переплетённый; в переплёте; **6.** (*constipated*) страда́ющий запо́ром; **7.** (*en route*): the ship is ~ for New York парохо́д направля́ется в Нью-Йо́рк; where are you ~ for? куда́ вы направля́етесь?; homeward ~ направля́ющийся на ро́дину.

**boundary** *n.* (*of a field etc.*) грани́ца, рубе́ж; (*fig.*) преде́л; (*attr.*) пограни́чный.

**bounder** *n.* хам (*coll.*).

**boundless** *adj.* безграни́чный, беспреде́льный.

**boundlessness** *n.* безграни́чность, беспреде́льность.

**bounteous** *adj.* (*generous*) ще́дрый; (*plentiful*) оби́льный.

**bountiful** *adj.* ще́дрый; оби́льный; lady ~ да́ма-патроне́сса.

**bounty** *n.* **1.** (*generosity*) ще́дрость, щедро́ты (*f. pl.*); **2.** (*mil., naut.*) поощри́тельная пре́мия; **3.** (*comm.*) (э́кспортная) пре́мия.

**bouquet** *n.* (*of flowers, wine*) буке́т; (*compliment*) одобре́ние, хвала́.

**bourbon** *n.* (*whisky*) бе́рбон.

**bourdon** *n.* (*of organ*) басо́вый реги́стр; (*of bagpipes*) басо́вая тру́бка.

**bourgeois**[1] *n.* буржуа́ (*m. indecl.*); she is a ~ она́ меща́нка.

*adj.* буржуа́зный.

**bourgeois**[2] *n.* (*typ.*) бо́ргес.

**bourgeoisie** *n.* буржуази́я.

**bourn**[1] *n.* (*brook*) руче́й.

**bourn**[2] *n.* (*arch.*) (*limit*) преде́л; (*goal*) цель.

**bourrée** *n.* бурре́ (*nt. indecl.*).

**bourse** *n.* фо́ндовая би́ржа.

**bout** *n.* **1.** (*at games*) бой, встре́ча, схва́тка; fencing ~ бой в фехтова́нии; wrestling ~ схва́тка в борьбе́; have a ~ with схва́т|ываться, -и́ться с +i.; **2.** (of illness) при́ступ; **3.** (drinking-~) запо́й.

**bovine** adj. (zool.) быча́чий, бы́чий; (fig.) тупо́й.

**bow**¹ n. **1.** (weapon) лук; draw a ~ натя́|гивать, -ну́ть тетиву́ лу́ка; draw the long ~ (fig.) преувели́чи|вать, -ть; two strings to one's ~ (fig.) ≃ сре́дство, оста́вленное про запа́с; draw a ~ at a venture (fig.) де́лать, с- что-н. науга́д; **2.** (rainbow) ра́дуга; **3.** (of violin etc.) смычо́к; **4.** (of saddle) лука́; **5.** (knot) бант; tie a ~ завя́з|ывать, -а́ть бант; tie sth. in a ~ завя́з|ывать, -а́ть что-н. ба́нтиком.

v.i. (of violinist) владе́ть (impf.) смычко́м.

cpds.: ~-**head** n. гренла́ндский/поля́рный кит; ~-**legged** adj. кривоно́гий; ~-**legs** n. pl. кривы́е но́ги (f. pl.); ~-**line** n. (rope) були́нь (m.); (knot) бесе́дочный у́зел; ~ **man** n. (archer) лу́чник; ~-**saw** n. лучко́вая пила́; ~ **shot** n.: within a ~shot of на расстоя́нии полёта стрелы́ от +g.; ~ **string** n. тетива́; ~-**tie** n. (га́лстук-)ба́бочка; ~-**window** n. э́ркер; (coll., paunch) пу́зо, брю́хо.

**bow**² n. (salutation) покло́н; make a deep/low ~ ни́зко кла́няться, поклони́ться; отве́|шивать, -сить ни́зкий покло́н; make one's ~ (début) дебюти́ровать (impf., pf.).

v.t. **1.** (bend): ~ the knee преклон|я́ть, -и́ть коле́на; ~ one's head склоня́ть, -и́ть го́лову; the wind ~ed the trees ве́тер гнул/клони́л дере́вья; ~ed down by grief сло́мленный го́рем; **2.** (usher, express by ~ing): ~ s.o. in/out ввести́/проводи́ть (pf.) кого́-н. с покло́ном; ~ one's thanks благодари́ть покло́ном.

v.i. **1.** (salute) кла́няться, поклони́ться; ~ and scrape расша́ркиваться (перед кем-н.); I have a ~ing acquaintance with him у меня́ с ним ша́почное знако́мство; ~ **down** (worship) преклон|я́ться, -и́ться (пе́ред +i.); **2.** (defer) склон|я́ться, -и́ться (to, before: пе́ред +i.); ~ to fate смиря́ться -и́ться с судьбо́й.

**bow**³ n. **1.** (naut.) нос; on the ~ на носовы́х курсовы́х угла́х; cross s.o.'s ~s (fig.) перебе|га́ть, -жа́ть кому́-н. доро́гу; **2.** (rower) ба́ковый гребе́ц.

cpds.: ~-**compass(es)** n. кронци́ркуль (m.); ~-**oar** n. ба́ковое весло́.

**bowdlerization** n. выхола́щивание; изъя́тие нежела́тельных мест (в книге).

**bowdlerize** v.t. выхола́щивать, вы́холостить.

**bowel** n. **1.** кишка́; have a ~ movement име́ть (impf.) стул; испражн|я́ться, -и́ться; keep one's ~s open подде́рживать (impf.) де́йствие кише́чника; are your ~s regular? регуля́рно ли де́йствует у вас кише́чник?; castor oil is good for moving your ~s касто́рка хорошо́ сла́бит; **2.**: ~s of the earth не́др|а (pl., g. —) земли́; ~s of mercy (arch.) сострада́ние, се́рдце.

**bower** n. (arbour) бесе́дка.

cpd.: ~-**bird** n. бесе́дочница, шала́шник.

**bowie-knife** n. дли́нный охо́тничий нож.

**bowing** n. (mus.) владе́ние смычко́м.

**bowl**¹ n. **1.** (vessel) ча́ша, ва́за, ми́ска; crystal ~ хруста́льная ва́за; wooden ~ деревя́нная ми́ска; **2.** (of pipe) ча́шечка; (of spoon) углубле́ние; **3.** the flowing ~ (fig.) спиртны́е напи́тки (m. pl.).

**bowl**² n. (ball) ке́гельный шар; play ~s игра́ть (impf.) в ке́гли/шары́.

v.t. (roll) ката́ть (indet.), кати́ть, по-; ~ a hoop гоня́ть (indet.), гнать о́бруч; ~ over (lit.) сшиб|а́ть, -и́ть; (fig.): he was ~ed over by her она́ срази́ла его́; he was ~ed over by the news он был ошара́шен/ошеломлён э́тим изве́стием.

v.i. **1.**: ~ along бы́стро кати́ться; **2.** (play bowls) игра́ть (impf.) в ке́гли/шары́; ~ing-alley кегельба́н; ~ing-green лужа́йка для игры́ в шары́.

**bowler**¹ n. (at games) подаю́щий/броса́ющий мяч.

**bowler**² n. (~ hat) котело́к.

**bowlful** n. ми́ска (чего).

**bowser** n. бензозапра́вщик.

**bowsprit** n. бушпри́т.

**bow-wow** n. (bark) гав-га́в; (coll., dog) соба́чка. int. гав-га́в!

**box**¹ n. (bot.) (also ~wood) самши́т.

**box**² n. **1.** (receptacle) коро́бка, я́щик; letter-~ почто́вый я́щик; P.O. box почто́вый я́щик, п/я (abbr.); cardboard ~ карто́нка; (pej.) a ~ of a place коро́бка; in the same ~ (fig.) в одина́ковом затрудни́тельном положе́нии; play B ~ and Cox ~ игра́ть (impf.) в пря́тки; ~ barrage (mil.) окаймля́ющий загради́тельный ого́нь; **2.** Christmas ~ рожде́ственский пода́рок; **3.** (driver's seat) ко́з|лы (pl., g. -ел); **4.** (theatr.) ло́жа; **5.** (for horse) сто́йло; loose ~ широ́кое сто́йло; **6.** (witness-~) ме́сто для свиде́телей; be in the ~ свиде́тельствовать (impf.); put s.o. in the ~ вы́звать (pf.) кого́-н. в ка́честве свиде́теля; **7.** (typ.) ра́мка.

v.t. **1.** класть, положи́ть в коро́бку/я́щик; ~ a horse ста́вить, по- ло́шадь в сто́йло; **2.**: ~ the compass (name points) наз|ыва́ть, -ва́ть все ру́мбы ко́мпаса; (fig.) де́лать, с- по́лный круг (or поворо́т на 360°); **3.** ~ **in, up** (confine) сти́с|кивать, -нуть; втис|кивать, -нуть; запи́х|ивать, -а́ть; ~ed in сти́снутый, зажа́тый; **4.** ~ **up** (bungle) порта́чить, на-.

cpds.: ~-**board** n. коро́бочный карто́н; ~-**calf** n. бокс; хро́мовая теля́чья ко́жа; ~-**camera** n. я́щичный фотоаппара́т; ~-**car** n. (rail.) това́рный ваго́н; ~-**kite** n. коро́бчатый возду́шный змей; ~-**office** n. (театра́льная) ка́сса; ~-**pleat** n. ба́нтовая скла́дка; ~-**pleated** adj. в ба́нтовую скла́дку; ~ **room** n. кладова́я; ~-**seat** n. (theatr.) ме́сто в ло́же; ~-**spring** n. дива́нная пружи́на; ~-**up** n. (coll.) пу́таница.

**box** 102 **brainless**

**box**³ *n.*: ~ on the ear оплеу́ха.

*v.t.*: ~ s.o.'s ears да|ва́ть, -ть кому́-н. оплеу́ху (*or* по́ уху).

*v.i.* (*sport*) бокси́ровать (*impf.*).

**boxer** *n.* (*sportsman*; *dog*) боксёр; В ~ rebellion (*hist.*) Ихетуа́ньское/боксёрское восста́ние.

**boxful** *n.* я́щик, коро́бка (*чего*).

**boxing** *n.* (*sport*) бокс.

*cpd.*: ~-**glove** *n.* боксёрская перча́тка.

**Boxing Day** *n.* второ́й день Рождества́, день рожде́ственских пода́рков.

**boy** *n.* **1.** (*child*) ма́льчик; I knew him as (*when I was*) а ~ я знал его́, когда́ я был ребёнком; (*when he was*) я знал его́ ма́льчиком; ~ scout бойска́ут; ~ wonder вундерки́нд; **2.** (*son*) сын; **3.** grocer's (*etc.*) ~ ма́льчик в бакале́йной (*и т.п.*) ла́вке; **4.** old ~ старина́ (*m.*), стари́к, дружи́ще (*m.*); ~s! реба́та! (*m. pl.*); oh ~! (*coll.*) здо́рово; вот э́то да!

*cpd.*: ~-**friend** *n.* ≃ (*её*) па́рень (*m.*), молодо́й челове́к.

**boyar** *n.* боя́рин; (*attr.*) боя́рский.

**boycott** *n.* бойко́т.

*v.t.* бойкоти́ровать (*impf., pf.*).

**boyhood** *n.* о́трочество.

**boyish** *adj.* мальчи́шеский.

**boyishness** *n.* мальчи́шество.

**Boyle's law** *n.* зако́н Бо́йля-Марио́та.

**bra** *n.* (*coll.*) ли́фчик, бюстга́льтер.

**brace** *n.* **1.** (*support*) подпо́рка, распо́рка; (*clasp*) скре́па; (*stay*) оття́жка; (*tie*) связь; (*in building*) связь, подко́с, скоба́; **2.** (*naut.*) брас; **3.** (*strap*) сво́ра; ~s (*to wear*) подтя́ж|ки (*pl., g.* -ек), помо́ч|и (*pl., g.* -ей); **4.** (*typ., bracket*) фигу́рная ско́бка; **5.** (*pair*) па́ра; in a ~ of shakes (*coll.*) ми́гом; **6.** ~ and bit коловоро́т, пёрка; **7.** (*dentistry etc.*) ши́на.

*v.t.* **1.** (*tie*) свя́з|ывать, -а́ть; (*make fast*) скреп|ля́ть, -и́ть; подкреп|ля́ть, -и́ть; (*support*) подп|ира́ть, -ере́ть; he ~d himself against the wall он опёрся о сте́ну; **2.** (*of nerves*) укреп|ля́ть, -и́ть; ~ s.o. (up) подбодр|я́ть, -и́ть кого́-н.; he ~d himself to do it он собра́лся с ду́хом сде́лать э́то.

**bracelet** *n.* брасле́т; (*pl., sl., handcuffs*) нару́чники (*m. pl.*).

**bracer** *n.* (*pick-me-up*) рю́мка для бо́дрости.

**brachycephalic** *adj.* брахикефа́льный, брахицефали́ческий.

**bracing** *adj.* бодря́щий, укрепля́ющий.

**bracken** *n.* орля́к; (*collect.*) па́поротник.

**bracket** *n.* **1.** (*support*) кронште́йн; angular ~ углово́й кронште́йн; (*lamp-* ~) ла́мповый кронште́йн; бра (*nt. indecl.*); gas ~ га́зовый рожо́к; headlamp ~ кронште́йн фа́ры; **2.** (*shelf*) по́лочка на кронште́йнах; **3.** (*typ.*) ско́бка; square/round ~ квадра́тная/кру́глая ско́бка; open/close ~s откры́ть/закры́ть (*pf.*) ско́бки; **4.** (*fig.*): the higher income ~s гру́ппа населе́ния с бо́лее высо́кими до-

хо́дами; **5.** (*mil.*) ви́лка.

*v.t.* **1.** (*enclose in* ~s) заключ|а́ть, -и́ть в ско́бки; **2.** (*link with a* ~) соедин|я́ть, -и́ть ско́бкой; (*fig.*): do not ~ me with him не ста́вьте меня́ с ним на одну́ до́ску; A and B were ~ed for first prize пе́рвую пре́мию раздели́ли ме́жду А и Б; **3.** (*mil.*) захва́т|ывать, -и́ть в ви́лку.

*cpd.*: ~-**lamp** *n.* ла́мпа на кронште́йне.

**brackish** *adj.* солонова́тый.

**bradawl** *n.* ши́ло.

**brae** *n.* (*Sc.*) склон, отко́с.

**brag** *n.* хвастовство́, бахва́льство.

*v.i.* хва́стать(ся), по- (*чем*); (*coll.*) бахва́литься (*impf.*).

**braggadocio** *n.* бахва́льство.

**braggart** *n.* хвасту́н.

**bragging** *n.* хвастовство́, бахва́льство.

**Brahma** *n.* Бра́хма (*m.*).

**brahmin** *n.* брами́н, брахма́н.

**brahminism** *n.* брахмани́зм.

**braid** *n.* (*of hair*) коса́; (*band, ribbon*) тесьма́; (*cord-like fabric*) галу́н; gold ~ золото́й галу́н.

*v.t.* (*interweave*) плести́, с-; (*arrange in braids*) запле|та́ть, -сти́; (*confine with ribbon*) стя́|гивать, -ну́ть ле́нтой; (*edge with braid*) общ|ива́ть, -и́ть тесьмо́й.

**braille** *n.* шрифт Бра́йля; read ~ чита́ть (*impf.*) по Бра́йлю.

**brain** *n.* **1.** (*anat.*) мозг; (*pl., cul.*) мозги́; blow one's ~s out пусти́ть (*pf.*) себе́ пу́лю в лоб; **2.** (*intellect*): overtax one's ~ перенапряга́ть (*impf.*) свои́ мозги́; turn s.o.'s ~ вскружи́ть (*pf.*) кому́-н. го́лову; rack, cudgel, puzzle one's ~s лома́ть (*impf.*) го́лову (над +*i.*); pick people's ~s испо́льзовать (*impf., pf.*) чужи́е мы́сли; присва́ивать (*impf.*) чужи́е иде́и; use one's ~s шевели́ть (*impf.*) мозга́ми; he has that tune on the ~ э́тот моти́в нейдёт у него́ из головы́; ~s trust мозгово́й трест; the best ~s in the country лу́чшие го́ловы в стране́; he's the ~s of the family он са́мый башкови́тый/мозгови́тый в семье́; a great ~ (*pers.*) све́тлая голова́.

*v.t.* вы́шибить (*pf.*) мозги́ +*d.*; размозжи́ть (*pf.*) го́лову +*d.*

*cpds.*: ~-**child** *n.* де́тище/плод ра́зума/воображе́ния; ~ **drain** *n.* «уте́чка мозго́в»; ~-**fag** *n.* (*coll.*) не́рвное переутомле́ние; ~-**fever** *n.* воспале́ние мо́зга; ~-**pan** *n.* черепна́я коро́бка; ~-**sick** *adj.* поме́шанный, свихну́вшийся; ~ **storm** *n.* припа́док безу́мия; ~-**wash** *v.t.* пром|ыва́ть, -ы́ть мозги́ +*d.*; ~-**washing** *n.* промыва́ние мозго́в; ~-**wave** *n.*: he had a ~wave ему́ пришла́ счастли́вая мысль; его́ осени́ла иде́я; ~-**work** *n.* у́мственная де́ятельность/рабо́та; ~-**worker** *n.* рабо́тник у́мственного труда́.

**brainless** *adj.* безмо́зглый, пустоголо́вый.

**brainlessness** *n.* безмо́зглость, пустого-ло́вость.

**brainy** *adj.* (*coll.*) башкови́тый, мозгови́тый.

**braise** *v.t.* туши́ть (*impf.*).

**brake**[1] *n.* (*thicket*) ча́ща, за́росль.

**brake**[2] *n.* (*on vehicle*) то́рмоз (*pl.* -а́); put on the ~ затормози́ть (*pf.*); (*fig.*) put a ~ on s.o.'s enthusiasm уме́рить (*pf.*) чей-н. пыл.

*v.t. & i.* тормози́ть, за-; braking distance тормозно́й путь; braking power мо́щность торможе́ния.

   *cpds.*: ~**-drum** *n.* тормозно́й бараба́н; ~**-light** *n.* фона́рь (*m.*) сигна́ла торможе́ния (*or* стоп-сигна́ла); ~**-shoe** *n.* тормозно́й башма́к; тормозна́я коло́дка; ~**-van** *n.* тормозно́й ваго́н.

**brake**[3], **break** *n.* (*vehicle*) фурго́нчик.

**bramble** *n.* ежеви́ка.

**brambly** *adj.* ежеви́чный.

**bran** *n.* о́труб|и (*pl., g.* -е́й); вы́сев|ки (*pl., g.* -ок).

**branch** *n.* (*of tree*) ветвь; ве́тка; (*of mountain-range*) отро́г; (*of river*) рука́в; (*of road*) ответвле́ние; ~ road бокова́я доро́га; (*of family, genus*) ли́ния, ветвь; (*of railway line*) ве́тка; (*comm.*) филиа́л, отделе́ние; ~ office филиа́льное отделе́ние, филиа́л; (*of knowledge, subject, industry*) о́трасль; the Slavonic ~ of the Indo-European languages славя́нская ветвь индоевропе́йских языко́в.

   *v.i.* (*of plants*): ~ **forth, out** разветв|ля́ться, -и́ться; раски́|дывать, -нуть ве́тви; (*of organization*): ~ **out** разветв|ля́ться, -и́ться; (*of pers.*): ~ out in a new direction расш|иря́ть, -и́рить де́ятельность в но́вом направле́нии; (*of road or rail., also* ~ **off**) разветв|ля́ться, -и́ться; ответв|ля́ться, -и́ться; (*of river*) разветв|ля́ться, -и́ться; раздел|я́ться, -и́ться на рукава́.

**branchiae** *n.* жа́бры (*f. pl.*).

**branchi**|**al, -ate** *adjs.* жа́берный; жаброви́дный.

**brand** *n.* **1.** (*piece of burning wood*) головня́, голове́шка; a ~ from the burning (*fig.*) спасённый; **2.** (*implement*) раскалённое желе́зо; клеймо́; **3.** (*mark of* ~*ing, also fig.*) клеймо́, тавро́, печа́ть; the ~ of Cain Ка́инова печа́ть; **4.** (*trade-mark*) фабри́чная ма́рка; фабри́чное клеймо́; **5.** (*species of goods*) сорт, ма́рка; ~ name фи́рменное назва́ние; **6.** (*poet., torch*) све́точ; **7.** (*poet., sword*) меч.

   *v.t.* **1.** (*cattle etc.*) таври́ть, за-; клейми́ть, за-; выжига́ть, вы́жечь клеймо́ на +*p.*; ~ ing-iron клеймо́; **2.** (*fig., imprint*); ~ sth. on s.o.'s memory запечатле́ть (*pf.*) что-н. в чьей-н. па́мяти; **3.** (*stigmatize*) клейми́ть, за-; **4.** (*comm.*): ~ed goods това́ры с фабри́чным клеймо́м.

   *cpd.*: ~**-new** *adj.* новёхонький; соверше́нно но́вый, с иго́лочки.

**brandish** *v.t.* разма́хивать (*impf.*) +*i.*; ~ threats угрожа́ть (*impf.*).

**brandy** *n.* конья́к; бре́нди (*nt. indecl.*).

**brant** *see* BRENT.

**brash** *adj.* наха́льный, нагло́ва́тый, де́рзкий.

**brashness** *n.* наха́льство, де́рзость.

**Brasilia** *n.* Брази́лия.

**brass** *n.* **1.** (*metal*) лату́нь, жёлтая медь; ~ plate ме́дная доще́чка (на двери́); ~ hat (*mil. sl.*) ста́рший офице́р; the top ~ (*sl.*) вы́сшее нача́льство; get down to ~ tacks дойти́ (*pf.*) до су́ти де́ла; it is not worth a ~ farthing э́то ло́маного гроша́ не сто́ит; part ~ rags with s.o. расплева́ться (*pf.*) с кем-н. (*sl.*); **2.** (*also* ~-ware) лату́нные/ме́дные изде́лия; clean the ~ чи́стить, вы- ме́дную посу́ду; **3.** (*mus.*): the ~es духовы́е инструме́нты (*m. pl.*); медь; ~ band духово́й орке́стр; **4.** (*sl., money*) деньга́ (*coll.*); **5.** (*sl., impudence*) наха́льство.

**brassard** *n.* нарука́вная повя́зка.

**brasserie** *n.* пивна́я.

**brassière** *n.* ли́фчик, бюстга́льтер.

**brassy** *adj.* (*of colour*) ме́дный; (*of sound*) металли́ческий; (*coarse, impudent*) наха́льный.

**brat** *n.* щено́к, (*coll.*) соплfк.

**bravado** *n.* брава́да; out of ~ из жела́ния порисова́ться.

**brave** *n.* (*Am. Indian*) инде́йский во́ин.

   *adj.* (*courageous*) хра́брый, сме́лый; (*bold*) де́рзкий; (*fearless, intrepid*) бесстра́шный, му́жественный, отва́жный; none but the ~ deserves the fair ≃ сме́лость города́ берёт; (*splendid*) превосхо́дный, великоле́пный.

   *v.t.* (*danger etc.*) бр|оса́ть, -о́сить вы́зов +*d.*; ~ the storm боро́ться (*impf.*) с бу́рей; ~ publicity не боя́ться (*impf.*) гла́сности.

**bravery** *n.* (*courage*) хра́брость, сме́лость; (*splendour*) великоле́пие.

**bravo** *n.* **1.** (*pl., applause*): the ~s of the multitude ова́ция толпы́; **2.** (*desperado*) головоре́з.

   *int.* бра́во!

**bravura** *n.* (*mus.*) браву́рность; (*attr.*) браву́рный.

**brawl** *n.* сканда́л.

   *v.i.* сканда́лить (*impf.*).

**brawler** *n.* скандали́ст.

**brawn** *n.* (*meat*) зельц; (*fig.*) му́скулы (*m. pl.*).

**brawny** *adj.* му́скулистый.

**bray**[1] *n.* (*of ass, trumpet etc.*) рёв.

   *v.i.* (*of animal*) реве́ть (*impf.*); (*of trumpet*) труби́ть (*impf.*).

**bray**[2] *v.t.* (*pound*) толо́чь, рас-/с-.

**braze** *v.t.* (*solder*) пая́ть (*impf.*) твёрдым припо́ем.

**brazen** *adj.* ме́дный, бро́нзовый; (*of sound*) металли́ческий; (*fig., shameless*) на́глый, бессты́дный.

   *v.t.*: ~ sth. out на́гло выкру́чиваться, вы́крутиться из чего́-н.

*cpd.*: ~**-faced** *adj.* на́глый, бессты́дный, бессты́жий.

**brazier** *n.* (*worker*) ме́дник; (*pan*) жаро́вня.

**Brazil** *n.* Брази́лия; ~ nut америка́нский оре́х; ~ wood цезальпи́ния, фернамбу́к.

**Brazilian** *n.* брази́л|ец (*fem.* -ья́нка).
*adj.* брази́льский.

**breach** *n.* **1.** (*violation, interruption*) наруше́ние; ~ of duty невыполне́ние/несоблюде́ние обяза́тельств; ~ of trust злоупотребле́ние дове́рием; ~ of good manners наруше́ние пра́вил поведе́ния; **2.** (*gap*) проло́м, брешь; step into the ~ (*fig.*) прийти́ (*pf.*) на по́мощь; **3.** (*quarrel*) ссо́ра, разры́в; heal the ~ кла́сть, положи́ть коне́ц ссо́ре; помири́ться (*pf.*).
*v.t.* прор|ыва́ть, -ва́ть.
*v.i.* (*of whale*) выска́кивать, вы́скочить из воды́.

**bread** *n.* хлеб; (*sl., money*) деньга́; brown ~ се́рый хлеб; loaf of ~ бато́н, буха́нка; ~ and butter хлеб с ма́слом; quarrel with one's ~ and butter (*fig.*) ссо́риться, по- со свои́м хлебода́телем; daily ~ (*lit., fig.*) хлеб насу́щный; кусо́к хле́ба; take the ~ out of s.o.'s mouth лиш|а́ть, -и́ть кого́-н. куска́ хле́ба; be on ~ and water сиде́ть (*impf.*) на хле́бе и воде́; he knows which side his ~ is buttered on он зна́ет свою́ вы́году; half a loaf is better than no ~ лу́чше немно́го, чем ничего́; на безры́бье и рак ры́ба; ~ and circuses хлеб и зре́лища; break ~ with s.o. раздели́ть (*pf.*) тра́пезу с кем-н.; eat the ~ of affliction хлебну́ть (*pf.*) го́ря.
*cpds.*: ~**-basket** *n.* (*sl.*) брю́хо; ~**-bin** *n.* хле́бница; ~**-board** *n.* хле́бная доска́; ~**-crumb** *n.* кро́шка; (*pl., cul.*) толчёные суха́ри (*m. pl.*) ~**-fruit** *n.* плод хле́бного де́рева; ~-fruit tree хле́бное де́рево; ~**-knife** *n.* хле́бный нож; ~**line** *n.*: on the ~line в тяжёлом материа́льном положе́нии; ~**-sauce** *n.* хле́бный со́ус; ~**stuffs** *n.* зерно́, хлеб; хле́бные зла́ки (*m. pl.*); ~**winner** *n.* корми́лец.

**breadth** *n.* **1.** (*width*) ширина́; to a hair's ~ (*fig.*) в то́чности; he missed by a hair's ~ он был на волосо́к от це́ли; **2.** (*fig.*): ~ of mind широта́ ума́; **3.** (*boldness of effort*) разма́х.

**breadth|ways, -wise** *advs.* в ширину́.

**break**¹ *n.* **1.** (*broken place, gap*) тре́щина, разры́в; ~ in the clouds (*fig.*) луч наде́жды; **2.** ~ of day рассве́т; **3.** (*interval*) переры́в, па́уза; (*rest*) передышка; **4.** (*change*) переме́на; the trip made a pleasant ~ пое́здка внесла́ прия́тное разнообра́зие; (*in voice at puberty*) ло́мка; **5.** (*of bouncing ball*) отско́к в сто́рону; **6.** (*coll., opportunity*): give him a ~! да́йте ему́ то́лько возмо́жность!; (*piece of luck*) уда́ча; **7.** (*escape*): prison ~ побе́г из тюрьмы́.
*v.t.* (*see also* BROKEN) **1.** (*fracture, divide, destroy*) лома́ть, с-; he broke his leg он слома́л

но́гу; she broke the plate in two таре́лка у неё слома́лась попола́м; ~ sth. in pieces разл|а́мывать, -ома́ть что-н. на куски́; ~ a piece off sth. отл|а́мывать, -ома́ть (*or* -оми́ть) кусо́к от чего́-н.; he broke the seal он слома́л печа́ть; ~ the ice (*lit., fig.*) лома́ть, с- лёд; ~ ground (*lit.*) вск|а́пывать, -опа́ть (*or* взр|ыва́ть, -ы́ть) зе́млю; ~ the skin прор|ыва́ть, -ва́ть ко́жу; ~ s.o.'s head (open) прол|а́мывать, -оми́ть кому́-н. че́реп; ~ s.o.'s nose разби́ть (*pf.*) кому́-н. нос; **2.** (*fig.*): ~ new ground про|кла́дывать, -ложи́ть но́вые пути́; ~ cover выходи́ть, вы́йти из укры́тия; ~ camp сн|има́ться, -я́ться с ла́геря; ~ a bottle with s.o. раздави́ть (*pf.*) буты́лочку с кем-н.; ~ the bank (*gambling*) срыва́ть, сорва́ть банк; ~ prison бежа́ть (*det.*) из тюрьмы́; ~ a record поби́ть (*pf.*) реко́рд; ~ (*defeat*) a strike срыва́ть, сорва́ть забасто́вку; ~ wind (*fart*) перде́ть, пёрнуть; по́ртить, ис- во́здух; ~ (*into*) a five-pound note разме́н|ивать, -я́ть пятифунто́вую бума́жку; ~ s.o.'s heart разб|ива́ть, -и́ть кому́-н. се́рдце; ~ s.o.'s spirit сломи́ть (*pf.*) кого́-н.; ~ s.o.'s health под|рыва́ть, -орва́ть чьё-н. здоро́вье; ~ a rebellion подав|ля́ть, -и́ть восста́ние; ~ a spell разр|уша́ть, -у́шить ча́ры; ~ the back of a task одол|ева́ть, -е́ть трудне́йшую часть зада́ния; he was broken by the failure of his business его́ сломи́ла неуда́ча в де́ле; **3.** (*tame*): ~ a horse to harness приуч|а́ть, -и́ть ло́шадь к у́пряжи; **4.** (*disaccustom*): ~ s.o. of a habit отуч|а́ть, -и́ть кого́-н. от привы́чки; **5.** (*cashier*) увол|ьня́ть, -о́лить со слу́жбы; разжа́ловать (*pf.*); **6.** (*reduce, soften*): ~ the news смягч|а́ть, -и́ть дурны́е ве́сти; осторо́жно сообщи́ть (*pf.*) (неприя́тные) но́вости; ~ a blow смягч|а́ть, -и́ть уда́р; ~ a fall осл|абля́ть, -а́бить си́лу паде́ния; ~ the force of the wind осл|абля́ть, -а́бить си́лу ве́тра; **7.** (*violate, e.g. the law, a promise*) нар|уша́ть, -у́шить; ~ a secret разгла|ша́ть, -си́ть та́йну; ~ a cypher расшифро́в|ывать, -а́ть (*pf.*) код; **8.** (*interrupt, put an end to*): ~ silence нар|уша́ть, -у́шить молча́ние; ~ one's journey прер|ыва́ть, -ва́ть путеше́ствие; ~ a fast прекра|ща́ть, -ти́ть пост; ~ s.o.'s rest прер|ыва́ть, -ва́ть чей-н. о́тдых; ~ a circuit (*elec.*) прер|ыва́ть, -ва́ть ток; **9.** (*destroy uniformity or completeness of*): ~ a set of books разро́зни|вать, -ть компле́кт книг; ~ step лома́ть, с- шаг; ~ ranks выходи́ть, вы́йти из стро́я; (*refuse to join*) a strike быть штрейкбре́хером.

*v.i.* **1.** (*fracture, divide, disperse*) лома́ться, с-; обл|а́мываться, -ома́ться; об|рыва́ться, -орва́ться; (*of glass, china*) би́ться (*or* разби́ться), раз-; (*of rope etc.*) ло́паться, ло́пнуть; рва́ться, по-; (*of ice*) тре|ща́ть, -сну́ть; ~ in two лома́ться, с- попола́м; ~ in pieces разл|а́мываться, -ома́ться на куски́; the door broke open дверь поддала́сь; the waves ∼ on the beach во́лны бью́тся о бе́рег; the clouds broke ту́чи рассе́ялись; the bank broke банк ло́пнул; the troops broke and ran войска́ дро́гнули и побежа́ли; **2.** (*fig.*): his heart broke он был (соверше́нно) уби́т; their spirit broke они́ па́ли ду́хом; ∼ing-point преде́л; **3.** (*burst, dawn*): the blister/bubble broke волды́рь/пузы́рь ло́пнул; day broke забре́зжил день; рассвело́; the storm broke разрази́лась гроза́; the news broke at 5 o'clock об э́том ста́ло изве́стно в 5 часо́в; a cry broke from his lips крик сорва́лся с его́ уст; **4.** (*change*): his voice broke (*puberty*) у него́ слома́лся го́лос; (*emotion*) его́ го́лос дро́гнул/сорва́лся; the weather broke пого́да испо́ртилась; **5.** (*var.*): the ball broke мяч отлете́л в сто́рону; ∼ even ост|ава́ться, -а́ться при свои́х; we broke for lunch мы сде́лали переры́в на обе́д; oil ∼s when heated при нагрева́нии нефть расщепля́ется.

*with preps.*: burglars broke **into** the house грабители ворвали́сь в дом; the house was broken into в до́ме произошёл грабёж со взло́мом; ∼ into song затя́|гивать, -ну́ть пе́сню; запе́ть (*pf.*); ∼ into a trot пусти́ться (*pf.*) ры́сью; ∼ into laughter рассмея́ться (*pf.*); ∼ into s.o.'s time отн|има́ть, -я́ть у кого́-н. вре́мя; ∼ into a £5 note разме́н|ивать, -я́ть пятифунто́вую бума́жку; ∼ into the publishing world проб|ива́ться, -и́ться в изда́тельский мир; cattle broke **through** the fence скот прорва́лся че́рез забо́р; ∼ through s.o.'s reserve поборо́ть (*pf.*) чью-н. засте́нчивость; the sun broke through the cloud со́лнце проби́лось сквозь ту́чи; he broke **with** her он порва́л с ней; ∼ with old habits поко́нчить (*pf.*) со ста́рыми привы́чками.

*with advs.*: ∼ **away** *v.i.*: ∼ away from one's gaolers вы́рваться (*pf.*) из рук тюре́мщиков; ∼ away from old habits отка́з|ываться, -а́ться от ста́рых привы́чек; поко́нчить (*pf.*) со ста́рыми привы́чками; ∼ away from a group отк|а́лываться, -оло́ться от гру́ппы; ∼ **down** *v.t.*: ∼ down a door выла́мывать, вы́ломать дверь; ∼ down resistance сломи́ть (*pf.*) сопротивле́ние; ∼ down expenditure разб|ива́ть, -и́ть расхо́ды по статья́м; *v.i.*: the bridge broke down мост ру́хнул; negotiations broke down перегово́ры сорвали́сь; the car broke down маши́на слома́лась; he broke down он не вы́держал; his health broke down его́ здоро́вье пошатну́лось; the argument ∼s down до́вод ока́зывается несостоя́тельным; ∼ **forth** *v.i.* вырыва́ться, вы́рваться вперёд; ∼ **in** *v.t.*: ∼ in a door вл|а́мываться, -оми́ться в дверь; ∼ in a horse выезжа́ть, вы́ездить ло́шадь; ∼ in a new employee приуч|а́ть, -и́ть но́вого слу́жащего к рабо́те; ∼ in a new pair

of shoes разн|а́шивать, -оси́ть но́вые ту́фли; *v.i.*: ∼ in on a conversation вме́ш|иваться, -а́ться в разгово́р; ∼ **off** *v.t.*: ∼ off a twig отл|а́мывать, -оми́ть ве́точку; ∼ off relations пор|ыва́ть, -ва́ть отноше́ния (с +*i.*); ∼ off an engagement раст|орга́ть, -о́ргнуть помо́лвку; ∼ off a battle выходи́ть, вы́йти из бо́я; *v.i.*: the nib broke off ко́нчик пера́ отломи́лся; he broke off (*speaking*) он замолча́л; ∼ **open** *v.t.*: ∼ open a chest взл|а́мывать, -ома́ть сунду́к; ∼ **out** *v.t.*: ∼ out a flag развёр|тывать, -ну́ть зна́мя; *v.i.*: the prisoner broke out заключённый сбежа́л; fire broke out вспы́хнул пожа́р; war broke out разрази́лась/вспы́хнула война́; his face broke out in pimples на его́ лице́ вы́сыпали прыщи́; she broke out into abuse она́ разрази́лась ру́ганью; ∼ **up** *v.t.*: ∼ up furniture перелома́ть (*pf.*) ме́бель; ∼ up a meeting прекра|ща́ть, -ти́ть собра́ние; ∼ it up! (*coll., desist*) конча́йте!; ∼ up a family (*separate*) разб|ива́ть, -и́ть семью́; (*cause to quarrel*) вн|оси́ть, -ести́ разла́д в семью́; *v.i.* school ∼s up tomorrow уча́щихся за́втра распуска́ют на кани́кулы; he is rapidly ∼ing up он бы́стро сдаёт; the crowd broke up толпа́ разошла́сь; the fine weather is ∼ing up пого́да по́ртится.

*cpds.*: ∼**away** *n.* **1.** (*secession*) отко́л, отделе́ние; a ∼away faction отколо́вшаяся фра́кция; **2.** (*boxing*) брек; **3.** (*premature start to race*) отры́в; ∼**down** *n.* (*mechanical*) поло́мка; ∼down gang авари́йная кома́нда; ∼down van авари́йный грузови́к; маши́на техни́ческой по́мощи; (*of health*) расстро́йство; упа́док сил; nervous ∼down не́рвное расстро́йство; (*of negotiations etc.*) срыв; (*analysis*) подразделе́ние, разби́вка; ∼**-in** *n.* (*raid*) взлом; ∼**neck** *adj.*: ∼neck speed головокружи́тельная ско́рость; ∼**-out** *n.* (*escape*) побе́г; ∼**through** *n.* (*mil.*) проры́в; (*fig., e.g. in science*) скачо́к, перело́м; ∼**-up** *n.* разва́л, распа́д; (*of school, assembly*) ро́спуск; (*of friendship*) разры́в; ∼**water** *n.* волноло́м, волноре́з.

**break²** *n.* (*vehicle*) *see* BRAKE³·

**breakable** *adj.* ло́мкий.

**breakage** *n.* (*break*) поло́мка; (*pl., broken articles*) бой, поло́мка, поло́манное.

**breaker** *n.* (*wave*) вал, буру́н; ∼s ahead! (*fig.*) береги́сь!

**breakfast** *n.* за́втрак; have ∼ за́втракать, по-; ∼ food (*cereal*) корнфле́кс.
*v.i.* за́втракать, по-.

**bream** *n.* лещ.

**breast** *n.* **1.** грудь; give a child the ∼ да|ва́ть, -ть ребёнку грудь; child at the ∼ грудно́й ребёнок; **2.** (*fig.*) грудь, душа́; make a clean ∼ of sth. чистосерде́чно созн|ава́ться, -а́ться в чём-н.; **3.**: ∼ of a hill склон холма́; **4.** (*cul.*): ∼ of lamb бара́нья груди́нка.

*v.t.*: ~ the waves расс|ека́ть -е́чь во́лны.

*cpds.*: ~**bone** *n.* грудна́я кость, груди́на; ~**-deep** *adj.* по грудь; ~**-fed** *adj.* вско́рмленный гру́дью; ~**-feeding** *n.* кормле́ние гру́дью; ~**-high** *adj.* доходя́щий до груди́; ~**-pin** *n.* була́вка для га́лстука; ~**plate** *n.* (*armour*) нагру́дник; ~**-pocket** *n.* ве́рхний карма́н; ~**-stroke** *n.* брасс; do the ~-stroke пла́вать (*indet.*), плыть (*det.*) бра́ссом; ~**work** *n.* бру́ствер.

**breath** *n.* дыха́ние; (*single* ~) вздох; draw ~ дыша́ть (*impf.*); he drew a deep ~ он сде́лал глубо́кий вздох; he drew his last ~ он испусти́л после́дний вздох; lose one's ~ зад|ыха́ться, -охну́ться; take ~ перев|оди́ть, -ести́ дух; отд|ыха́ть, -охну́ть; take a deep ~ сде́лать (*pf.*) глубо́кий вздох; out of ~ задыха́ясь; recover one's ~ отдыша́ться (*pf.*); перев|оди́ть, -ести́ дух; bad ~ дурно́й за́пах изо рта; waste one's ~ говори́ть (*impf.*) на ве́тер; по́пусту тра́тить (*impf.*) слова́; catch, hold one's ~ зата́|ивать, -и́ть дыха́ние; take s.o.'s ~ away захва́т|ывать, -и́ть дух у кого́-н.; with bated ~ затаи́в дыха́ние; under one's ~ о́чень ти́хо; music is the ~ of life to him му́зыка нужна́ ему́ как во́здух; in the same ~ еди́ным/одни́м ду́хом; there is not a ~ of air не́чем дыша́ть; ни ветерка́; get a ~ of air подыша́ть (*pf.*) све́жим во́здухом; it was so cold we could see our ~ бы́ло так хо́лодно, что у нас пар шёл изо рта.

*cpd.*: ~**-taking** *adj.* захва́тывающий.

**breathalyser** *n.* алкого́льно-респирато́рная тру́бка.

**breathe** *v.t.* 1.: ~ fresh air дыша́ть (*impf.*) све́жим во́здухом; ~ one's last испусти́ть (*pf.*) дух (*or* после́дний вздо́х); 2. (*exercise*): ~ a horse выва́живать, вы́водить ло́шадь; 3. (*allow to rest*) да|ва́ть, -ть (*кому*) передохну́ть; 4. ~ a spirit of tolerance быть испо́лненным терпи́мости; ~ fragrance источа́ть (*impf.*) арома́т; 5. ~ new life into вд|ыха́ть, -охну́ть но́вую жизнь в +*a.*; 6. (*utter softly*): he ~d these words он произнёс э́ти слова́ полушёпотом; ~ a sigh изд|ава́ть, -а́ть вздох; don't ~ a word! ни сло́ва бо́льше!; не пророни́те ни сло́ва!

*v.i.* дыша́ть (*impf.*); (*fig.*): ~ again, freely вздохну́ть (*pf.*) с облегче́нием (*or* свобо́дно); give me a chance to ~ да́йте мне вздохну́ть; ~ upon s.o.'s reputation набр|а́сывать, -о́сить тень на чью-н. репута́цию.

**breather** *n.* (*spell of exercise*) прогу́лка; (*pause for rest*) переды́шка; it's time for a ~ пора́ сде́лать переды́шку (*or* передохну́ть).

**breathing** *n.* 1. дыха́ние; his ~ is heavy он тяжело́ ды́шит; 2. (*gram.*): smooth ~ то́нкое/лёгкое придыха́ние; rough ~ густо́е/зво́нкое придыха́ние.

*adj.* (*lifelike*) сло́вно живо́й.

*cpd.*: ~**-space** *n.* переды́шка.

**breathless** *adj.* 1. (*panting*) задыха́ющийся, запыха́вшийся; ~ speed захва́тывающая дух ско́рость; ~ attention напряжённое внима́ние; 2. (*lifeless*) бездыха́нный.

**breathy** *adj.* с придыха́нием.

**breech** *n.* 1. (*pl., knee-* ~ **es**) панталон|ы (*pl., g.* —); (*riding-* ~ **es**) бри́дж|и (*pl., g.* -ей); wear the ~ **es** (*fig.*) верхово́дить (*impf.*) в до́ме; 2. (*of a gun*) казённая часть; 3.: ~ delivery, presentation (*med.*) ягоди́чное предлежа́ние плода́.

*cpds.*: ~**-block** *n.* (*mil.*) затво́р; ~**-loader** *n.* (*mil.*) ору́жие, заряжа́ющееся с казённой ча́сти; ~**-loading** *adj.* заряжа́ющийся с казённой ча́сти.

**breed** *n.* поро́да; he comes of a good ~ он происхо́дит из хоро́шего ро́да; men of the same ~ лю́ди одного́ то́лка.

*v.t.* 1. (*engender, cause*) поро|жда́ть, -ди́ть; 2.: he was bred a soldier его́ с де́тства гото́вили в солда́ты; 3. (*animals*) разв|оди́ть, -ести́.

*v.i.* размножа́ться (*impf.*), плоди́ться (*impf.*); ~ true да|ва́ть, -ть поро́дистый приппло́д.

**breeder** *n.* 1. (*animal*) производи́тель (*m.*); elephants are slow ~s слоны́ размножа́ются ме́дленно; 2. (*stock-* ~) животново́д, скотово́д; he is a ~ of horses он разво́дит лошаде́й; 3. ~ reactor (*phys.*) реа́ктор--размножи́тель (*m.*).

**breeding** *n.* 1. (*by animals*) размноже́ние; ~ season пери́од размноже́ния; случ́ный сезо́н; ~ stock племенно́й скот; 2. (*by stock-breeders*) разведе́ние, выведе́ние; 3. (*training, education*) воспита́ние, образова́ние; 4. (*manners etc.*) воспи́танность.

*cpd.*: ~**-ground** *n.* (*fig.*) расса́дник, оча́г.

**breeks** *n.* (*Sc.*) штан|ы́ (*pl., g.* -о́в).

**breeze**[1] *n.* 1. (*wind*) ветеро́к; бриз; moderate/strong ~ уме́ренный/си́льный ве́тер; sea/land ~ морско́й/берегово́й бриз; 2. (*quarrel*) перебра́нка, сва́ра; 3. put the ~ up (*coll.*) вспугну́ть (*pf.*).

*v.i.*: ~ **in/out** (*coll.*) влете́ть/вы́лететь (*pf.*).

**breeze**[2] *n.* (*zool.*) о́вод, слепе́нь (*m.*).

**breeze-block** *n.* шлакобето́нный блок.

**breeziness** *n.* (*of manner*) жи́вость, беззабо́тность.

**breezy** *adj.* (*of weather*) све́жий; (*of locality*) обдува́емый ве́трами; (*fig., of pers.*) живо́й, беззабо́тный.

**Bren** *n.* (~ gun) ручно́й пулемёт Бре́на; ~ carrier транспортёр с пулемётом Бре́на.

**brent,** (*Am.*) **brant** *nn.* (*zool.*; *also* ~**-goose**) чёрная каза́рка.

**brethren** *n.* собра́тья (*m. pl.*); бра́тия (*f. sg.*).

**Breton** *n.* (*pers.*) брето́н|ец (*fem.* -ка); (*language*) брето́нский язы́к.

*adj.* брето́нский.

**brevet** *n.* (*mil.*) пате́нт на сле́дующий чин без измене́ния окла́да.

**breviary** *n.* тре́бник.

**brevier** *n.* пети́т.

**brevity** *n.* кра́ткость.

**brew** *n.* (*amount brewed*: *of beer*) ва́рка; (*of tea*) зава́рка; (*beverage*) сва́ренный напи́ток, (*pej.*) ва́рево.

   *v.t.* **1.** (*beer*) вари́ть, с-; (*tea*) зава́р|ивать, -и́ть; **2.** (*fig.*): ~ trouble устр|а́ивать, -о́ить беду́; ~ mischief зам|ышля́ть, -ы́слить недо́брое.

   *v.i.* **1.** (*of tea etc.*) зава́р|иваться, -и́ться; **2.**: a storm is ~ing (*lit.*) собира́ется гроза́; (*fig.*) гроза́ надвига́ется; there's trouble ~ing быть беде́.

**brewer** *n.* пивова́р.

**brewery** *n.* пивова́ренный заво́д; пивова́рня.

**briar** *see* BRIER[1], [2].

**bribe** *n.* взя́тка, по́дкуп.

   *v.t.* да|ва́ть, -ть взя́тку +*d.*; подкуп|а́ть, -и́ть; ~ s.o. to silence взя́ткой заст|авля́ть, -а́вить кого́-н. молча́ть; ~ s.o. to do sth. по́дкупом доб|ива́ться, -и́ться чего́-н. от кого́-н.

**brib(e)able** *adj.* подку́пный, прода́жный.

**bribery** *n.* взя́точничество.

**bric-à-brac** *n.* старьё; безделу́шки (*f. pl.*).

**brick** *n.* **1.** кирпи́ч; ~s (*collect.*) кирпи́ч; (*attr.*) кирпи́чные; like a ton of ~s изо всей си́лы; drop a ~ ля́пнуть (*pf.*) (*coll.*); like a cat on hot ~s как на горя́чих у́гольях; как кара́сь на сковоро́дке; make ~s without straw би́ться (*impf.*) над чем-н. по́пусту; see through a ~ wall наскво́зь ви́деть (*impf.*); drop sth. like a hot ~ бежа́ть (*det.*) от чего́-н. как от чумы́; you're a ~! (*coll.*) вы молодчи́на!; **2.** (*toy*) ~s ку́бики (*m. pl.*); **3.** (*of soap*) брусо́к; (*of ice-cream*) брике́т; (*of tea*) кирпи́ч.

   *v.t.*: ~ **up** за|кла́дывать, -ложи́ть кирпича́ми.

   *cpds.*: ~**bat** *n.* обло́мок кирпича́; (*fig.*) неле́стный о́тзыв; ~**-dust** *n.* кирпи́чная мука́; ~**-kiln** *n.* печь для о́бжига кирпича́; ~**layer** *n.* ка́менщик; ~**-red** *adj.* кирпи́чно-кра́сный; ~**work** *n.* кирпи́чная кла́дка.

**bridal** *n.* (*feast*) сва́дебный пир.

   *adj.* сва́дебный.

**bride** *n.* неве́ста; (*after wedding*) молода́я, новобра́чная.

   *cpds.*: ~**groom** *n.* жени́х; (*after wedding*) новобра́чный; ~**smaid** *n.* подру́жка неве́сты.

**bridge¹** *n.* **1.** мост (*also in dentistry*); ~ of boats понто́нный мост; suspension ~ вися́чий мост; throw a ~ over a river навести́/перебро́сить (*pf.*) мост че́рез ре́ку; we'll cross that ~ when we come to it нечего зара́нее волнова́ться/трево́житься; **2.** (*naut.*) капита́нский мо́стик; **3.** (*of nose*) перено́сица; **4.** (*of violin*) кобы́лка; **5.** (*elec.*) шунт; электроизмери́тельный мост; Wheatstone's ~ мо́стик сопротивле́ния.

   *v.t.*: ~ a river нав|оди́ть, -ести́ мост че́рез

ре́ку; (*join by bridging*) соедин|я́ть, -и́ть мосто́м; (*fig.*): ~ a gap зап|олня́ть, -о́лнить пробе́л; ~ (*over*) the difficulties преодол|ева́ть, -е́ть тру́дности.

   *cpds.*: ~**head** *n.* плацда́рм (*also fig.*); предмо́стное укрепле́ние; предмо́стная пози́ция; establish a ~head захва́т|ывать, -и́ть плацда́рм; ~**work** *n.* постро́йка/наво́дка моста́; (*dentistry*) мост, мо́стик.

**bridge²** *n.* (*game*) бридж.

**bridle** *n.* узда́, узде́чка; give a horse the ~ отда́ть/осла́бить (*pf.*) по́вод.

   *v.t.* (*of horse, also* ~ **in**) взну́зд|ывать, -а́ть; (*fig.*) обу́зд|ывать, -а́ть.

   *v.i.* (*fig.*) зад|ира́ть, -ра́ть нос.

   *cpds.*: ~**-path** *n.* верхова́я тропа́; ~**-rein** *n.* по́вод.

**brief** *n.* **1.** (*papal letter*) па́пское бре́ве (*indecl.*); **2.** (*lawyer's*) изложе́ние де́ла; hold a ~ for s.o. вести́ (*det.*) чьё-н. де́ло в суде́; he has plenty of ~s он име́ет большу́ю пра́ктику; he threw down his ~ он отказа́лся от веде́ния де́ла; (*fig.*): I hold no ~ for smoking я отню́дь не сторо́нник куре́ния; **3.** (*mil. etc.*, *instructions*) инстру́кция; **4.** (*pl.*, *coll.*, *underpants*) трус|ы́ (*pl.*, *g.* -о́в).

   *adj.* (*of duration*) коро́ткий, недо́лгий; (*concise*) кра́ткий, сжа́тый; in ~ вкра́тце.

   *v.t.* **1.**: ~ a lawyer поруч|а́ть, -и́ть адвока́ту веде́ние де́ла; **2.** (*mil. etc.*) инструкти́ровать (*impf.*, *pf.*).

   *cpd.*: ~**-case** *n.* портфе́ль (*m.*).

**briefing** *n.* (*also* ~ meeting) инструкта́ж.

**briefless** *adj.* (*of lawyer*) не име́ющий пра́ктики.

**briefly** *adv.* кра́тко, сжа́то; the point is ~ that . . . говоря́ вкра́тце, де́ло в том, что . . .

**briefness** *n.* кра́ткость; (*conciseness*) сжа́тость.

**brier, briar¹** *n.* (*prickly bush*; *also* sweet ~) шипо́вник.

   *cpd.*: ~**-rose** *n.* шипо́вник.

**brier, briar²** *n.* (*heather*) ве́реск, э́рика; (~ pipe) тру́бка из ко́рня э́рики.

**brig** *n.* бриг.

**brigade** *n.* брига́да; fire ~ пожа́рная кома́нда; ~ major нача́льник операти́вно-разве́дывательного отделе́ния шта́ба брига́ды.

**brigadier** *n.* (*also* ~**-general**) брига́дный генера́л.

**brigand** *n.* разбо́йник.

**brigandage** *n.* разбо́й.

**brigantine** *n.* бриганти́на.

**bright** *adj.* **1.** (*clear, shining*) я́ркий, све́тлый; a ~ day я́сный день; a ~ red я́рко-кра́сный (цвет); the sun shines ~ со́лнце све́тит я́рко; a ~ room све́тлая ко́мната; **2.** (*cheerful*): ~ faces весёлые ли́ца; look on the ~ side смотре́ть (*impf.*) на ве́щи оптимисти́чески; he came ~ and early он ране́нько яви́лся; **3.** (*clever*): a ~ girl толко́вая де́вочка; a ~ idea блестя́щая мысль.

**brighten** v.t. (also ~ **up**): (polish) полировáть, от-; (enliven) ожив|лять, -и́ть; подб|áдривать (or -одрять), -одри́ть; скрá|шивать, -сить.

v.i. (also ~ **up**): the weather ~ed погóда проясни́лась; his face ~ed егó лицó просветлéло; things are ~ing up делá улучшáются.

**brightness** n. (lustre) я́ркость; (cheer) весёлость; (cleverness) блеск, смышлёность.

**Bright's disease** n. нефри́т, брáйтова болéзнь.

**brill** n. кáмбала, ромб.

**brilliance** n. (brightness) я́ркость; (magnificence) великолéпие, блеск; (intelligence) блеск (умá); блестя́щие спосóбности (f. pl.).

**brilliant** n. (diamond) бриллиáнт.

adj. (lit., fig.) сверкáющий, блестя́щий; he is ~ly witty он блéщет остроу́мием.

**brilliantine** n. бриллианти́н.

**brim** n. край; fill a glass to the ~ нап|олня́ть, -óлнить стакáн до краёв; (of hat) поля́ (nt. pl.).

v.i. (of vessel) нап|олня́ться, -óлниться до краёв; a ~ming cup напóлненная до краёв чáша; ~ **over** перел|ивáться, -и́ться чéрез край; (fig.): she was ~ming over with the news её распирáло желáние рассказáть нóвости.

cpd.: ~**-full** adj. пóлный до краёв.

**brimstone** n. саморóдная сéра.

**brindle(d)** adj. кори́чневый с полосáми/ пя́тнами.

**brine** n. рассóл.

**bring** v.t. **1.** (cause to come, deliver): (a thg.) прин|оси́ть, -ести́; (a pers.) прив|оди́ть, -ести́; (thg. or pers., by vehicle) прив|ози́ть, -езти́; he brought an umbrella он захвати́л с собóй зóнтик; ~ s.o. into the world произвести́ (pf.) когó-н. на свет; it brought tears to my eyes э́то вы́звало у меня́ слёзы; spring ~s warm weather с веснóй прихóдит теплó; crime ~s punishment преступлéние влечёт за собóй наказáние; ~ sth. into fashion вв|оди́ть, -ести́ что-н. в мóду; ~ a ship into harbour вв|оди́ть, -ести́ корáбль в гáвань; ~ into action, effect, play прив|оди́ть, -ести́ в дéйствие; ~ to light выявля́ть, вы́явить; ~ to pass осуществ|ля́ть, -и́ть; ~ to mind прив|оди́ть, -ести́ на ум; нап|оминáть, -óмнить; ~ s.o. to book приз|ывáть, -вáть когó-н. к отвéту; ~ s.o. low прин|ижáть, -и́зить когó-н.; ~ to perfection дов|оди́ть, -ести́ до совершéнства; ~ to an end зак|áнчивать, -óнчить; заверш|áть, -и́ть; ~ pressure to bear on окáз|ывать, -áть давлéние на +a.; ~ s.o. to his senses (lit.) прив|оди́ть, -ести́ когó-н. в сознáние; (fig.) образу́м|ливать, -ить когó-н.; ~ to terms прив|оди́ть, -ести́ к соглашéнию; ~ a misfortune upon o.s. навл|екáть, -éчь на себя́ бедý; **2.** (yield): this ~s me (in) £500 a year э́то принóсит мне 500 фýнтов в год; the harvest will not ~ much урожáй не бýдет больши́м; **3.** (induce): I could not ~ him to agree я не мог убеди́ть егó дать соглáсие; I cannot ~ myself

to do it я не могý застáвить себя́ сдéлать э́то; **4.** (leg.): ~ an action against s.o. возбу|ждáть, -ди́ть дéло прóтив когó-н.; ~ a charge выдвигáть, вы́двинуть обвинéние.

with advs.: ~ **about** v.t. (cause) вызывáть, вы́звать; произв|оди́ть, -ести́; ~ a ship about пов|орáчивать, -ерну́ть корáбль; ~ **back** v.t. прин|оси́ть, -ести́ (or прив|оди́ть, -ести́) назáд; they brought back the news that . . . они́ верну́лись с нóвостью, бýдто . . .; it ~s back the past э́то напоминáет (or приводит на пáмять) былóе; ~ s.o. back to health возвращáть, верну́ть комý-н. здорóвье; ~ **down** v.t. (a tree) сруб|áть, -и́ть; вали́ть, по-; (an aircraft) сби|вáть, -ть; (a bird) под-стрéл|ивать, -и́ть; ~ down the house (fig.) вызывáть, вы́звать гром аплодисмéнтов; drink has brought him down пья́нство погуби́ло егó; ~ prices down сн|ижáть, -и́зить цéны; he brought his fist down on the table он стýкнул кулакóм пó столу; ~ down s.o.'s wrath on s.o. навл|екáть, -éчь на когó-н. чей-н. гнев; ~ **forth** v.t. (give birth to) произ-води́ть, -ести́; what will the future ~ forth? чтó-то принесёт бýдущее?; his speech brought forth protests егó речь вы́звала протéсты; ~ **forward** v.t.: ~ a chair forward выдвигáть, вы́двинуть стул; ~ forward a proposal выдвигáть, вы́двинуть предложéние; (advance date of) перен|оси́ть, -ести́ на бóлее рáнний срок; (bookkeeping) дéлать, с-перенóс счёта на слéдующую страни́цу; ~ **in** v.t. вн|оси́ть, -ести́; вв|оди́ть, -ести́; ~ in a verdict выноси́ть, вы́нести верди́кт; they brought him in not guilty егó признáли невинóвным; ~ **off** v.t.: ~ off a manoeuvre успéшно заверш|áть, -и́ть операцию; the lifeboat brought six men off спасáтельная лóдка достáвила на бéрег шесть человéк; ~ **on** v.t.: this brought on a bad cold э́то вы́звало си́льный нáсморк; the sun is ~ing on the plants сóлнце спосóбствует развити́ю растéний; ~ **out** v.t. выноси́ть, вы́нести; выводи́ть, вы́вести; (clarify) выявля́ть, вы́явить; выясня́ть, вы́яснить; (publish) выпускáть, вы́пустить; (launch into society) вывози́ть, вы́везти в свет; the curtains ~ out the green in the carpet занавéски оттеня́ют зéлень коврá; the sun ~s out the roses рóзы распускáются под сóлнечными лучáми; ~ **over** v.t. (convert, convince) переубе|ждáть, -ди́ть; застáвить (pf.) измени́ть мнéние; ~ **round** v.t. (deliver) прив|ози́ть, -ести́; достáв|ля́ть, -áвить; (restore to consciousness) прив|оди́ть -ести́ в себя́; (persuade) убе|ждáть, -ди́ть; he brought the conversation round to politics он перевёл разговóр на поли́тику; ~ **through** v.t.: the doctors brought him through докторá вы́тянули егó; ~ **to** v.t. (restore to consciousness) прив|оди́ть, -ести́ в созна́ние/себя́; (*a ship*) остан|а́вливать, -ови́ть; ~ **together** *v.t.* (*assemble*) соб|ира́ть, -ра́ть; своди́ть, -ести́ вме́сте; (*reconcile*) примир|я́ть, -и́ть; ~ **under** *v.t.* (*subdue*) подчин|я́ть, -и́ть; ~ **up** *v.t.* (*carry up*) прин|оси́ть, -ести́ наве́рх; (*educate*) воспи́т|ывать, -а́ть; I was brought up to believe that … мне с де́тства внуша́ли, что …; (*stop*) остан|а́вливать, -ови́ть; (*vomit*): he brought up his dinner его́ вы́рвало по́сле обе́да; ~ up a subject подн|има́ть, -я́ть (*pf.*) вопро́с; заводи́ть, -ести́ разгово́р о чём-н.; ~ up the rear замыка́ть (*impf.*) коло́нну/ше́ствие.

**brink** *n.* край (*also fig.*); on the ~ of despair на гра́ни отча́яния; he was on the ~ of tears он едва́ сде́рживал слёзы; we were on the ~ of a great discovery мы вплотну́ю подошли́ к вели́кому откры́тию.

*cpd.*: ~**manship** *n.* баланси́рование на гра́ни войны́.

**briny** *adj.* солёный; the ~ (*coll.*) мо́ре.

**brio** *n.* жи́вость.

**briquette** *n.* брике́т.

**brisk** *adj.* (*of movement*) ско́рый; (*of air, wind*) све́жий; ~ demand большо́й спрос; ~ trade оживлённая торго́вля.

**brisket** *n.* груди́нка.

**bris|ling, -tling** *n.* шпрот.

**bristle** *n.* щети́на.

*v.i.* (*of hair*) стоя́ть (*impf.*) ды́бом; встать (*pf.*) ды́бом; (*of animal, also fig., of pers.*) ощети́ни|ваться, -ться; the cat ~d шерсть у ко́шки подняла́сь ды́бом; ~ with bayonets ощети́ниваться (*impf.*) штыка́ми; the matter ~s with difficulties де́ло полно́ тру́дностей.

**bristling** *see* BRISLING.

**bristly** *adj.* щети́нистый.

**Bristol** *n.* Бри́столь (*m.*); ~ Channel Бристо́льский зали́в.

**Britain** *n.* А́нглия, Брита́ния; (*also* Great ~) Великобрита́ния.

**Britannia** *n.* (*poet.*) Великобрита́ния; ~ metal брита́нский мета́лл.

**Britannic** *adj.*: Her ~ Majesty Её Брита́нское Вели́чество.

**Briticism** *n.* англици́зм.

**British** *n.*: the ~ англича́не, брита́нцы (*both m. pl.*).

*adj.* брита́нский (*also of ancient Britons*); великобрита́нский, англи́йский; ~ Empire Брита́нская импе́рия; ~ Commonwealth of Nations Брита́нское Содру́жество На́ций; ~ Isles Брита́нские острова́; ~ English брита́нский вариа́нт англи́йского языка́; ~ warm коро́ткая шине́ль.

**Britisher** *n.* брита́н|ец (*fem.* -ка); англича́н|ин (*fem.* -ка).

**Briton** *n.* брита́н|ец (*fem.* -ка); англича́н|ин (*fem.* -ка); (*ancient*) бритт.

**Brittany** *n.* Брета́нь.

**brittle** *adj.* ло́мкий, хру́пкий.

**brittleness** *n.* ло́мкость, хру́пкость.

**broach**[1] *v.t.* (*pierce*) прот|ыка́ть, -кну́ть; (*start consuming*) поча́ть, открыть (*both pf.*); (*discussion*) откр|ыва́ть, -ы́ть; ~ a subject подн|има́ть, -я́ть вопро́с.

**broach**[2] (*also* ~ **to**) *v.t.* выводи́ть, вы́вести (*корабль*) из ве́тра.

**broad** *n.* (*of the back*) широ́кая часть (спины́).

*adj.* **1.** (*wide*) широ́кий; the river is 50 feet ~ ширина́ реки́ 50 фу́тов; it's as ~ as it's long то же на́ то же выхо́дит; **2.** (*extensive*): ~ lands обши́рные зе́мли; **3.**: in ~ daylight средь бе́ла дня; **4.** (*decided*): a ~ hint то́лстый намёк; a ~ accent ре́зкий/заме́тный/си́льный акце́нт; **5.** (*approximate*): a ~ definition о́бщее определе́ние; in ~ outline в о́бщих черта́х; **6.** (*tolerant*): he takes a ~ view у него́ широ́кий взгляд на ве́щи; **7.** (*coarse*): a ~ joke гру́бая шу́тка.

*adv.*: ~ awake вполне́ просну́вшийся.

*cpds.*: ~**cast** *n.* радиопереда́ча; радиовеща́ние, трансля́ция; (*attr.*) радиовеща́тельный; *adv.* (*agric., fig.*) вразбро́с; *v.t.* (*agric.*) се́ять, по-в разбро́с; (*radio*) перед|ава́ть, -а́ть по ра́дио; (*spread, of news etc.*) распростран|я́ть, -и́ть; *v.i.* вести́ (*det.*) радиопереда́чу; выступа́ть, вы́ступить по ра́дио; ~**caster** *n.* радиожурнали́ст; ~**casting** *n.* радиовеща́ние, трансля́ция; ~**cloth** *n.* то́нкое чёрное сукно́; ~**-gauge** *adj.* широококоле́йный; ~**-minded** *adj.* широ́ких взгля́дов; ~**mindedness** *n.* широта́ взгля́дов; ~**sheet** *n.* листово́е изда́ние; ~**side** *n.* **1.** (*side of ship*) (надво́дный) борт; be ~side on to sth. стоя́ть (*impf.*) бо́ртом к чему́-н.; fire a ~side дать (*pf.*) бортово́й залп; (*fig., verbal onslaught*) обру́шиться (*pf.*) с ре́зкими напа́дками; ~**sword** *n.* пала́ш; ~**tail** *n.* каракульча́; ~**ways**, ~**wise** *advs.* вширь, в ширину́; попёрек.

**broaden** *v.t. & i.* (*lit., fig.*) расш|иря́ть(ся), -и́рить(ся).

**broadly** *adv.* (*in the main*) в основно́м; ~ speaking вообще́ говоря́.

**broadness** *n.* (*coarseness*) гру́бость.

**brocade** *n.* парча́.

*v.t.*: ~d gown парчёвый наря́д.

*v.i.* выраба́тывать (*impf.*) парчу́.

**broccoli** *n.* бро́кколи (*nt. indecl.*); капу́ста спа́ржевая.

**brochure** *n.* брошю́ра.

**brogue** *n.* (*shoe*) башма́к; (*accent*) ирла́ндский акце́нт.

**broil**[1] *n.* (*quarrel*) ссо́ра, сва́ра.

**broil**[2] *v.t.* (*cul.*) жа́рить, за- на ве́ртеле (*or* на откры́том огне́).

*v.i.* (*cul.*) жа́риться, за- *etc. as above*; (*fig., be roasted*) жа́риться (*impf.*); a ~ing hot day зно́йный день.

**broiler** *n.* (*chicken*) бро́йлер.

**broke** *adj.* (*coll.*) разори́вшийся, безде́нежный; stony ~ без гроша́.

**broken** *adj.* **1.** a ~ leg сло́манная нога́; ~ English ло́маный англи́йский язы́к; **2.** (~-*down*): a ~ marriage расстро́енный брак; a ~ home разби́тая семья́; **3.** (*crushed*): a ~ man сло́мленный челове́к; ~ spirits пода́вленное настрое́ние; уны́ние; **4.** (*rough*): ~ ground пересечённая ме́стность; ~ water зыбь, буруны́ (*m. pl.*); **5.** (*interrupted*): ~ sleep пре́рванный сон; a ~ week разби́тая неде́ля; ~ weather переме́нчивая/неусто́йчивая пого́да; ~ly отры́висто, поры́вами; **6.** (~ in, *of a horse*) вы́езженный, объе́зженный.

*cpds.*: ~-**down** *adj.* (*of health*) подо́рванный; (*of pers.*) надло́мленный; (*morally*) сло́мленный; (*of machine*) сло́манный; a ~ horse вы́дохшаяся кля́ча; ~-**hearted** *adj.* с разби́тым се́рдцем; ~-**winded** *adj.* (*of horse*) с запа́лом.

**broker** *n.* (*of shares etc.*) ма́клер, бро́кер; (*of distrained goods*) комиссионе́р; (*go-between*) посре́дник; marriage ~ сват.

**brokerage** *n.* (*business*) ма́клерство; (*commission*) курта́ж; комиссио́нное вознагражде́ние.

**broking** *n.* ма́клерство, посре́дничество.

**brolly** (*coll.*) = UMBRELLA *n.* **1.**

**bromide** *n.* (*chem.*) броми́д; (*fig., coll.*) бана́льность.

**bromin(e)** *n.* бром.

**bronch|i, -ia** *nn.* (*anat.*) бро́нхи (*m. pl.*).

**bronchial** *adj.* бронхиа́льный.

**bronchitic** *adj.* страда́ющий бронхи́том.

**bronchitis** *n.* бронхи́т.

**bronco** *n.* полуди́кая ло́шадь.

*cpd.*: ~-**buster** *n.* (*coll.*) объе́здчик полуди́ких лошаде́й.

**brontosaurus** *n.* бронтоза́вр.

**bronze** *n.* бро́нза; (*article*) бро́нза, изде́лие из бро́нзы; (*attr.*) бро́нзовый.

*v.t.* бронзи́рова́ть (*impf., pf.*); (*tan*) покр|ыва́ть, -ы́ть зага́ром; ~d cheeks загоре́лые щёки.

**brooch** *n.* брошь.

**brood** *n.* вы́водок; (*of children, also*) пото́мство.

*v.i.* **1.** (*of bird*) сиде́ть (*impf.*) на я́йцах; **2.**: ~ over one's plans вына́шивать (*impf.*) пла́ны; ~ over an insult копи́ть (*impf.*) в себе́ оби́ду; **3.** (*of night, clouds etc.*) нав|иса́ть, -и́снуть.

*cpds.*: ~-**hen** *n.* насе́дка; ~-**mare** *n.* племенна́я кобы́ла.

**broody** *adj.*: a ~ hen (хоро́шая) насе́дка.

**brook¹** *n.* (*stream*) ручей.

**brook²** *v.t.* (*liter.*): this ~s no delay э́то не те́рпит отлага́тельства.

**brooklet** *n.* ручеёк.

**broom** *n.* **1.** (*bot.*) раки́тник; **2.** (*implement*) метла́; (*besom*) ве́ник; a new ~ sweeps clean но́вая метла́ чи́сто метёт.

*cpd.*: ~-**stick** *n.* метлови́ще; (*witch's*) помело́.

**broth** *n.* мясно́й бульо́н; Scotch ~ перло́вый суп; a ~ of a boy (*coll.*) молоде́ц.

**brothel** *n.* публи́чный дом, дом терпи́мости.

**brother** *n.* **1.** (*also relig.*) брат; own, full ~ родно́й брат; half-~ сво́дный брат; the Ivanov ~s бра́тья Ивано́вы; **2.** (*fig.*): ~ in arms собра́т по ору́жию; ~ doctor колле́га-до́ктор; **3.** (*eccl.*): lay ~ послу́шник.

*cpd.*: ~-**in-law** *n.* (*sister's husband*) зять (*m.*); (*wife's* ~) шу́рин; (*husband's* ~) де́верь (*m.*); (*wife's sister's husband*) своя́к.

**brotherhood** *n.* (*kinship*) бра́тство; (*comradeship*) бра́тские отноше́ния; (*association, community*) содру́жество, бра́тство.

**brotherliness** *n.* бра́тское отноше́ние.

**brotherly** *adj.* бра́тский.

**brouhaha** *n.* шуми́ха (*coll.*).

**brow** *n.* (*eye* ~) бровь; knit one's ~s хму́рить, на- бро́ви; (*forehead*) лоб, чело́; (*of cliff*) кро́мка, край, вы́ступ; (*of hill*) гре́бень (*m.*); over the ~ of the hill за гре́бнем холма́.

*cpd.*: ~-**beat** *v.t.* наг|оня́ть, -на́ть страх на +*a.*; запу́г|ивать, -а́ть.

**brown** *n.* (*colour*) кори́чневый цвет; he was dressed in ~ он был оде́т в кори́чневое; (*horse*) кара́ковая.

*adj.* **1.** кори́чневый; (*grey-* ~) бу́рый; light-~ светло-кори́чневый; ~ shoes жёлтые ту́фли; ~ eyes ка́рие глаза́; ~ hair кашта́новые во́лосы; ~ bear бу́рый медве́дь; ~ bread се́рый хлеб; ~ sugar кори́чневый са́хар; ~ paper обёрточная бума́га; ~ coal бу́рый у́голь; **2.** (*fig.*): in a ~ study в глубо́ком разду́мье; do s.o. ~ (*sl.*) наду́ть/облапо́шить (*both pf.*) кого́-н.; **3.** (*toasted*) поджа́ренный, подрумя́ненный; I would like my toast a little ~er да́йте, пожа́луйста, моему́ сухарю́ ещё подрумя́ниться; **4.** (*tanned*) загоре́лый; as ~ as a berry чёрный как га́лка; he returned from his holidays quite ~ он верну́лся из о́тпуска тёмным от зага́ра; **5.** (*dark-skinned*) сму́глый.

*v.t.* (*roast, toast*) поджа́ри|вать, -ть; (*tan*) опал|я́ть, -и́ть; he is ~ed off ему́ всё осточерте́ло (*sl.*).

*cpds.*: ~-**haired** *adj.* с тёмно-ру́сыми волоса́ми; **B**~**shirt** *n.* (*hist.*) кори́чневорубашечник, фаши́ст.

**brownie** *n.* (*goblin*) домово́й.

**Browning** *n.* (*pistol*) бра́унинг.

**brownish** *adj.* коричнева́тый.

**browse** *v.i.* щипа́ть (*impf.*) траву́; пасти́сь (*impf.*); (*fig.*): ~ through a book просм|а́тривать, -отре́ть кни́гу; ~ in a bookshop ры́ться (*impf.*) среди́ книг в кни́жном магази́не.

**brr** *int.* бр-р-ру!

**Brueghel** *n.* Бре́йгель (*m.*).

**Bruges** *n.* Брю́гге (*m. indecl.*).

**bruin** *n.* ми́шка (*m.*), топты́гин.

**bruise** *n.* синя́к, кровоподтёк; (*of fruit*) помя́тость.

*v.t.* подст|авля́ть, -а́вить синя́к +*d.*; (*fruit*) помя́ть, поби́ть (*both pf.*); I ~d my shoulder я уши́б плечо́; this apple is ~d э́то я́блоко поби́то; ~ s.o.'s feelings ра́нить (*impf., pf.*) чьи-н. чу́вства.

*v.i.* ушиб|а́ться, -и́ться; she ~s easily её чуть тронь — и она́ покрыва́ется синяка́ми.

**bruiser** *n.* (*prizefighter*) боре́ц; боксёр; (*thug*) хулига́н.

**bruit** *v.t.* (*liter.*): ~ sth. about разн|оси́ть, -ести́ молву́ о чём-н.

**Brunei** *n.* Бруне́й.

**brunette** *n.* брюне́тка.

*adj.* тёмный, темноволо́сый.

**Brunswick** *n.* Бра́уншвейг.

**brunt** *n.* гла́вный уда́р; bear the ~ of the work вы́нести (*pf.*) всю тя́жесть рабо́ты.

**brush** *n.* **1.** (*brushwood*) куста́рник, хво́рост, хворости́нник; **2.** (*for sweeping*) щётка; (*painter's*) кисть; **3.** (*fox's tail*) труба́; **4.** (*skirmish, tiff*) сты́чка; **5.** (*abrasion*) сса́дина; **6.** (*brushing*) чи́стка; give sth. a good ~ хорошо́ почи́стить (*pf.*) что-н.

*v.t.* (*clean*) чи́стить, по-; ~ mud off a coat счи́стить (*pf.*) грязь с пальто́; (*touch slightly*): the twigs ~ed my cheek ве́тки легко́ косну́лись мое́й щеки́.

*v.i.*: ~ against sth. слегка́ каса́ться, косну́ться чего́-н.; ~ past s.o. прон|оси́ться, -ести́сь ми́мо кого́-н.

*with advs.*: ~ aside *v.t.*: ~ aside a plea отмахну́ться (*pf.*) от жа́лобы; ~ aside difficulties отме|та́ть, -сти́ тру́дности; ~ away *v.t.*: ~ away a fly смахну́ть (*pf.*) му́ху; ~ off *v.i.*: the mud will ~ off грязь счи́стится/отчи́стится; ~ out *v.t.*: ~ out a room подме|та́ть, -сти́ ко́мнату; ~ out one's hair причеса́ть (*pf.*) щёткой во́лосы; ~ out (*obliterate*) part of a picture зама́зать (*pf.*) часть карти́ны; ~ up *v.t.*: ~ up crumbs сме|та́ть, -сти́ кро́шки; ~ up one's French восстан|а́вливать, -ови́ть свои́ зна́ния во францу́зском языке́; *v.i.*: ~ up on a subject освеж|а́ть, -и́ть (*or* подч|ища́ть, -и́стить) зна́ния по како́му-н. предме́ту.

*cpds.*: ~-**down** *n.*: give s.o. a ~-down почи́стить (*pf.*) кого́-н.; give a horse a ~-down вы́чистить (*pf.*) коня́; have a ~-down почи́ститься (*pf.*); ~-**off** *n.*: give s.o. the ~-off (*coll.*) стряхну́ть (*pf.*) кого́-н.; ~-**up** *n.*: have a wash and ~-up привести́ (*pf.*) себя́ в поря́док; ~**wood** *n.* хво́рост, вале́жник; ~**work** *n.* живопи́сная мане́ра, мане́ра письма́.

**brushless** *adj.*: ~ shaving-cream крем для бритья́, употребля́емый без ки́сточки.

**brusque** *adj.* ре́зкий.

**brusqueness** *n.* ре́зкость.

**Brussels** *n.* Брюссе́ль (*m.*); ~ sprouts брюс-

се́льская капу́ста.

**brutal** *adj.* (*rough*) гру́бый; (*cruel*) жесто́кий.

**brutality** *n.* гру́бость; жесто́кость; (*cruel act*) зве́рство.

**brutalization** *n.* огрубле́ние, ожесточе́ние.

**brutalize** *v.t.* ожесточ|а́ть, -и́ть; огруб|ля́ть, -и́ть.

**brute** *n.* (*animal*) живо́тное, зверь (*m.*); (*pers.*) скоти́на (*c.g.*).

*adj.*: a ~ beast гру́бое/бесчу́вственное живо́тное; ~ strength, force гру́бая физи́ческая си́ла.

**brutish** *adj.* гру́бый, бесчу́вственный; (*coarse*) ско́тский, живо́тный; (*stupid*) тупо́й.

**bryony** *n.* переступе́нь (*m.*), брио́ния.

**bubble** *n.* **1.** пузы́рь (*m.*); (*of air, gas in liquid*) пузырёк; (*in glass*) пузырёк во́здуха; blow ~s пус|ка́ть, -ти́ть пузыри́; prick a, the ~ (*lit.*) проткну́ть (*pf.*) пузы́рь; (*fig.*) доказа́ть (*pf.*) пустоту́/никчёмность чего́-н.; **2.** (*gurgle*) бу́льканье.

*v.t.*: ~ a gas through a liquid пропус|ка́ть, -ти́ть газ че́рез жи́дкость.

*v.i.* (*of water*) пузы́риться (*impf.*), кипе́ть (*impf.*); (*of a fountain*) кипе́ть (*impf.*); ~ up бить (*impf.*) ключо́м; бу́лькать (*impf.*); ~ (over) with laughter залива́ться (*impf.*) сме́хом; he ~s (over) with high spirits из него́ так и бры́зжет весе́лье.

**bubbly** *n.* (*coll., champagne*) шипу́чка, шампа́нское.

*adj.* (*of wine*) шипу́чий, пе́нящийся; (*of glass*) пузы́ристый.

**bubonic** *adj.* бубо́нный; ~ plague бубо́нная чума́.

**buccal** *adj.* щёчный.

**buccaneer** *n.* пира́т.

*v.i.* занима́ться (*impf.*) пира́тством.

**Bucharest** *n.* Бухаре́ст.

**buck**[1] *n.* **1.** (*male deer*) оле́нь (*m.*); **2.** (*male animal*) саме́ц; ~ rabbit саме́ц кро́лика; **3.** (*dandy*) щёголь (*m.*), фат; **4.** (*coll., dollar*) до́ллар; **5.**: pass the ~ (*coll.*) снять (*pf.*) с себя́ отве́тственность.

*cpds.*: ~**horn** *n.* оле́ний рог; ~-**saw** *n.* лучко́вая пила́; ~**shot** *n.* кру́пная дробь; ~**skin** *n.* оле́нья (*or* лоси́ная) ко́жа; (*pl.*) ко́жаные штаны́ (*pl., g.* -о́в); лоси́ны (*f. pl.*); ~**thorn** *n.* круши́на; ~-**tooth** *n.* выступа́ющий зуб.

**buck**[2] *v.t.* **1.** the horse ~ed him off ло́шадь сбро́сила его́; **2.** we were ~ed by the news (*coll.*) но́вость ободри́ла нас; ~ s.o. up (*cheer*) подбодри́ть/встряхну́ть (*pf.*) кого́-н.; ~ things up (*hasten*) подтолкну́ть (*pf.*) де́ло.

*v.i.* **1.** (*of horse*) вста|ва́ть, -ть на дыбы́; (*of engine*) трясти́сь (*impf.*); **2.** ~ against fate проти́виться (*impf.*) судьбе́; **3.** ~ up (*coll.*) (*cheer up*) встряхну́ться, подбодри́ться, оживи́ться (*all pf.*); (*get a move on*) пошеве́ливаться (*impf.*).

**bucket** *n.* **1.** ведро́; бадья́; the rain came down in ~s дождь лил как из ведра́; kick the ~ загну́ться (*pf.*) (*coll.*); сыгра́ть (*pf.*) в я́щик (*sl.*); **2.** (*of dredger*) черпа́к, ковш; (*of water-wheel*) ло́пасть; **3.** ~ seat чашеобра́зное сиде́нье.

*v.i.* (*gallop*) скака́ть (*impf.*) во всю прыть; (*ride jerkily*) дви́гаться (*impf.*) рывка́ми.

**bucketful** *n.* ведро́ (*чего*).

**buckle** *n.* пря́жка.

*v.t.* **1.** (*fasten*) застёг|ивать, -ну́ть; ~ on one's sword пристёг|ивать, -ну́ть меч; **2.** (*crumple*) из|гиба́ть, -огну́ть; сгиба́ть, согну́ть; про-г|иба́ть, -ну́ть.

*v.i.* **1.** (*fasten*) застёг|иваться, -ну́ться; **2.** ~ down to a task, ~ to прин|има́ться, -я́ться за де́ло; **3.** (*also* ~ up, *of metal etc.*) сгиба́ться, согну́ться; (*of wheel*) погну́ться (*pf.*).

**buckler** *n.* кру́глый щит; (*fig.*) щит.

**buckram** *n.* клеёнка; (*attr.*) клеёнчатый.

**buckwheat** *n.* гречи́ха; (*attr.*) гречи́шный, (*cooked*) гре́чневый.

**bucolic** *n.*: B~s (*poems*) Буко́лики (*f. pl.*).

*adj.* буколи́ческий.

**bud** *n.* по́чка; (*flower not fully opened*) буто́н; the trees are in ~ на дере́вьях появи́лись по́чки; nip in the ~ уничт|ожа́ть, -о́жить что-н. в заро́дыше.

*v.t.* (*graft*) прив|ива́ть, -и́ть глазко́м.

*v.i.* (*of plant*) покр|ыва́ться, -ы́ться по́чками; да|ва́ть, -ть ростки́; (*fig.*) распус|ка́ться, -ти́ться; расцве|та́ть, -сти́.

**Budapest** *n.* Будапе́шт.

**Buddha** *n.* Бу́дда (*m.*).

**Buddhism** *n.* будди́зм.

**Buddhist** *n.* будди́ст.

*adj.* (*also* **-ic**) будди́йский.

**buddleia** *n.* будле́йя.

**buddy** *n.* (*Am. coll.*) дружи́ще (*m.*), прия́тель (*m.*), брато́к.

**budge** *v.t.*: I cannot ~ this rock я не могу́ сдви́нуть э́тот ка́мень; nothing can ~ him from his position ничто́ не сдви́нет его́ с ме́ста.

*v.i.*: he never ~d the whole time за всё вре́мя он не пошевельну́лся; the bookcase won't ~ an inch кни́жный шкаф невозмо́жно с ме́ста сдви́нуть.

**budgerigar** *n.* волни́стый попуга́йчик.

**budget** *n.* бюдже́т; ~ of news ку́ча/гру́да новосте́й.

*v.t. & i.*: ~ (funds) for a project ассигнова́ть (*impf., pf.*) определённую су́мму на прое́кт.

**budgetary** *adj.* бюдже́тный.

**budgie** (*coll.*) = BUDGERIGAR.

**Buenos Aires** *n.* Буэ́нос-А́йрес.

**buff** *n.* (*ox-hide*) бычья́чья ко́жа; (*buffalo-hide*) бу́йволовая ко́жа; (*coll., human skin*): in the ~ нагишо́м; strip to the ~ разде́ть(ся) (*pf.*) догола́; (*colour*) темно-жёлтый цвет.

*adj.* темно-жёлтый.

*v.t.* (*metal*) полирова́ть, от- ко́жей; (*leather*) размягч|а́ть, -и́ть.

*cpd.*: ~-**stick** *n.* полирова́льный брусо́к.

**buffalo** *n.* бу́йвол; бизо́н.

**buffer** *n.* **1.** (*rail.*) бу́фер; (*fig.*): ~ state бу́ферное госуда́рство; ~ stocks бу́ферные запа́сы (*m. pl.*); **2.**: old ~ ста́рый хрыч (*coll.*).

**buffet**[1] *n.* (*blow*) уда́р, шлепо́к.

*v.t.* уд|аря́ть, -а́рить в +*a.*; they were ~ed by waves их швыря́ло по волна́м; they were ~ed by the crowd их затолка́ла толпа́.

**buffet**[2] *n.* (*sideboard*) буфе́т, серва́нт; (*refreshment bar*) буфе́т; (*supper, reception*) а-ляфурше́т.

**buffeting** *n.* битьё.

**buffoon** *n.* шут, фигля́р.

**buffoonery** *n.* шутовство́, фигля́рство.

**bug** *n.* (*bedbug*) клоп; (*any small insect*) бука́шка, жучо́к; big ~ (*coll.*) ши́шка; (*coll., germ*) зара́за; (*craze*) пове́трие; he's got the travelling ~ он поме́шан на путеше́ствиях.

*v.t.*: the room was ~ged (*coll.*) в ко́мнате бы́ли устано́влены подслу́шивающие устро́йства; the conversation was ~ged разгово́р подслу́шивали.

*cpds.*: ~-**eyed** *adj.* с вы́пученными глаза́ми; ~-**hunter** *n.* (*coll.*) энтомо́лог; ~-**hunting** *n.* (*coll.*) энтомоло́гия.

**bugaboo** *n.* бу́ка, пу́гало.

**bugbear** *n.* (*bogy*) бу́ка, пу́гало; (*object of aversion*) жу́пел.

**bugger** *n.* (*sodomite*) содоми́т; (*vulg., as term of abuse*) тип.

*v.t.* **1.** (*commit sodomy with*) занима́ться (*impf.*) содоми́ей с +*i.*; **2.** (*vulg. uses*): ~ s.o. about трави́ть, за- кого́-н.; ~ sth. up иско-ве́ркать/запоро́ть (*pf., sl.*) что-н.; I'm ~ed if I know чо́рта с два, е́сли я зна́ю; ~ all ни шиша́; ни хрена́; ~ them! да хрен с ни́ми!

*v.i.*: ~ off! (*vulg.*) прова́ливай!

**buggery** *n.* содоми́я.

**buggy** *n.* кабриоле́т.

**bugle**[1] *n.* горн.

*cpd.*: ~-**call** *n.* сигна́л го́рна.

**bugle**[2] *n.* (*bead*) стекля́рус.

**bugler** *n.* горни́ст.

**bugloss** *n.* воло́вик.

**buhl, boule** *n.* ме́бель сти́ля «буль».

**build** *n.* (*structure*) констру́кция; фо́рма; (*of human body*) телосложе́ние; a man of powerful ~ челове́к могу́чего сложе́ния.

*v.t.* **1.** стро́ить, по-; выстра́ивать, вы́строить; ~ a nest вить, с- гнездо́; ~ a fire (*in the open*) разв|оди́ть, -ести́ костёр; **2.**: a well-built man хорошо́ сложённый челове́к; **3.** (*fig.*): ~ a new world созд|ава́ть, -а́ть но́вый мир; he is not built that way он сде́лан из друго́го те́ста; **4.** (*base*): ~ one's hopes on sth. стро́ить, по- наде́жды на чём-н.; **5.** (*place*): ~

beams into a wall заде́л|ывать, -ать ба́лки в сте́ну.

*v.i.*: I shan't ~ if I can find a suitable house я не бу́ду стро́иться, е́сли найду́ подходя́щий дом; I would not ~ (*rely*) on that if I were you на ва́шем ме́сте я бы не полага́лся на э́то.

*with advs.*: ~ **in** *v.t.*: (*block up*): ~ in a window за|кла́дывать, -ложи́ть окно́; (*surround*): ~ in a garden with a wall обн|оси́ть, -ести́ сад стено́й; (*insert into structure*) вмонти́-ровать (*pf.*); *see also* **built-in**; ~ **on** *v.t.*: ~ a wing on to a house пристр|а́ивать, -о́ить крыло́ к до́му; ~ **up** *v.t.*: ~ s.o. up (*in health*) укреп|ля́ть, -и́ть кому́-н. здоро́вье; (*in prestige*) популяризи́ровать (*impf., pf.*) кого́-н.; созд|ава́ть, -а́ть и́мя кому́-н.; ~ up a theory стро́ить, по- тео́рию; ~ up a business созд|ава́ть, -а́ть де́ло; *v.i.*: work has built up over the past year накопи́лось мно́го рабо́ты за после́дний год; our forces are ~ing up на́ши си́лы расту́т (*see also* **built-up**).

*cpd.*: ~**-up** *n.* (*accumulation*) скопле́ние; рост, разви́тие, развёртывание; (*coll., boosting*) популяриза́ция, созда́ние и́мени.

**builder** *n.* строи́тель (*m.*); (*housing contractor*) подря́дчик.

**building** *n.* **1.** (*structure*) зда́ние, постро́йка, строе́ние; (*large edifice*) сооруже́ние; (*premises*) помеще́ние; **2.** (*activity*) (по)стро́йка; (*esp. large-scale*) строи́тельство; ~ of socialism постро́ение/строи́тельство социали́зма; ~ of schools/houses шко́льное/жили́щное строи́тельство; ~ estate жило́й ко́мплекс; микрорайо́н; ~ materials строи́тельные материа́лы, стройматериа́лы; ~ land земля́ под постро́йку; ~ society жили́щно--строи́тельное о́бщество.

**built-in** *adj.*: a ~ cupboard встро́ен-ный/стенно́й шкаф; he has a ~ resistance to this argument он органи́чески не мо́жет согласи́ться с э́тим аргуме́нтом.

**built-up** *adj.*: ~ area застро́енный райо́н.

**Bukhara** *n.* Бухара́.

**bulb** *n.* (*bot., anat.*) лу́ковица; (*of lamp*) ла́мпочка; (*of thermometer*) ша́рик.

**bulbous** *adj.* лу́ковичный; луковицеобра́зный; a ~ nose нос карто́шкой.

**Bulgar** *n.* болга́р|ин (*fem.* -ка).

**Bulgaria** *n.* Болга́рия.

**Bulgarian** *n.* (*pers.*) болга́р|ин (*fem.* -ка); (*language*) болга́рский язы́к; Old ~ старо-славя́нский язы́к.

*adj.* болга́рский.

**bulge** *n.* (*swelling*) вы́пусклость; ~e of a curve горб криво́й; (*temporary increase*) разду́тие, взду́тие; (*mil., salient*) вы́ступ, клин.

*v.i.* (*swell*) выпя́чиваться, вы́пятиться; (*of wall*) выступа́ть (*impf.*); выдава́ться (*impf.*); (*of bag etc.*) над|ува́ться, -у́ться; раз-д|ува́ться, -у́ться; his pockets were ~ing

with apples его́ карма́ны оттопы́ривались от я́блок.

**bulgy** *adj.* вы́пученный, разду́тый, наду́тый, оттопы́ренный.

**bulimia** *n.* булими́я, ненорма́льно повы́шенное чу́вство го́лода.

**bulk** *n.* **1.** (*size, mass, volume*) величина́, ма́сса, объём; in ~ (*not packaged*) нава́лом, (*of liquids*) нали́вом, (*of pourable solids*) на́сыпью; **2.** (*in large quantities*): ~ purchase поку́пка гурто́м; ма́ссовая заку́пка; ~ buying опто́вые заку́пки; **3.**: break ~ нач|ина́ть, -а́ть разгру́зку; **4.** (*greater part*) основна́я ма́сса/часть.

*v.t.* (*ascertain weight of*) устан|а́вливать, -ови́ть вес +*g.*; ~ out (*enlarge*) увели́чи|вать, -ть.

*v.i.*: ~ large каза́ться (*impf.*) бо́льше; пред-ставля́ться (*impf.*) бо́льшим.

*cpd.*: ~**head** *n.* перебо́рка, перегоро́дка.

**bulky** *adj.* (*large*) объёмистый; (*unwieldy*) громо́здкий.

**bull**[1] *n.* **1.** (*ox*) бык; (*buffalo*) бу́йвол; (*elephant, whale etc.*) саме́ц; (*fig.*): ~ in a china shop слон в посу́дной ла́вке; take the ~ by the horns взять (*pf.*) быка́ за рога́; go at sth. like a ~ at a gate лезть/пере́ть (*impf.*) напроло́м; **2.** (*astron.*) Теле́ц; **3.** (~'s *eye*) я́блоко мише́ни; **4.** (*comm.*) спекуля́нт, игра́ющий на повы-ше́ние; **5.** ('*spit and polish*') надра́йка (*coll.*); **6.** (*sl., nonsense*) неле́пость.

*v.t.* (*comm.*): ~ the market пов|ыша́ть, -ы́сить це́ны на ры́нке; спекули́ровать (*impf.*) на повыше́ние.

*cpds.*: ~**-baiting** *n.* тра́вля привя́занного быка́ соба́ками; ~**-calf** *n.* бычо́к; (*simpleton*) телёнок; ~**dog** *n.* бульдо́г; ~dog tenacity бульдо́жья хва́тка; ~**doze** *v.t.* (*clear with* ~*dozer*) расч|ища́ть, -и́стить бульдо́зером; ~doze s.o. into doing sth. прин|ужда́ть, -у́дить кого́-н. сде́лать что-н.; ~**dozer** *n.* бульдо́зер; driver of a ~dozer бульдозери́ст; ~**fight,** ~**fighting** *nn.* бой быко́в; ~**fighter** *n.* тореадо́р; ~**finch** *n.* снеги́рь (*m.*); ~**frog** *n.* лягу́шка-бык; ~**-headed** *adj.* (*obstinate*) упря́мый; ~**-necked** *adj.* с бы́чьей ше́ей; ~**-nosed** *adj.* толстоно́сый; ~**point** *n.* очко́ в чью-н. по́льзу; ~**-pup** *n.* щено́к бульдо́га; ~**-ring** *n.* аре́на для бо́я быко́в; ~'s**-eye** *n.* (*of target*) я́блоко; hit the ~'s-eye (*fig.*) поп|ада́ть, -а́сть в цель; (*sweetmeat*) ≃ драже́ (*indecl.*); ~**-terrier** *n.* бультерье́р.

**bull**[2] *n.* (*edict*) бу́лла.

**bull**[3] *n.*: Irish ~ неле́пость, неле́пица.

**bullace** *n.* тернослива.

**bullet** *n.* пу́ля; put a ~ through s.o. всади́ть (*pf.*) в кого́-н. пу́лю.

*cpds.*: ~**-headed** *adj.* круглоголо́вый; твер-доло́бый; ~**-hole** *n.* пулево́е отве́рстие; ~**-proof** *adj.* пуленепроница́емый.

**bulletin** *n.* (*periodical*; *official statement*) бюл-летéнь (*m.*); (*news report*) бюллетéнь (*m.*), вы́пуск, сообщéние.

**bullion** *n.*: gold ~ зóлото в сли́тках.

**bullish** *adj.* (*comm.*): a ~ market повы-шáющийся ры́нок; ~ speculators спеку-ля́нты на повышéние цен.

**bullock** *n.* вол.

**bully**[1] *n.* громи́ла (*m.*), зади́ра (*m.*), оби́дчик, хулигáн; (*hired ruffian*) наёмный громи́ла; (*ponce*) сутенёр.

*v.t.* запу́г|ивать, -áть; издевáться/измы-вáться (*both impf.*) над +*i.*; помыкáть (*impf.*) +*i.*; ~ s.o. into doing sth. запу́гиванием за-ст|авля́ть, -áвить когó-н. сдéлать что-н.; ~ s.o. out of sth. отпу́г|ивать, -ну́ть когó-н. от чегó-н.

*v.i.*: ~ off (*at hockey*) скрé|щивать, -сти́ть клю́шки.

**bully**[2] *adj.* (*coll.*): ~ for you! молодéц!

**bully**[3] *n.* (*also* ~ beef) мясны́|е консéрв|ы (*pl., g.* -ов).

**bullyrag** *see* BALLYRAG.

**bulrush** *n.* камы́ш.

**bulwark** *n.* (*rampart*) бастиóн, бóльверк; (*mole, breakwater*) мол; (*naut.*) фальшбóрт; (*fig.*): ~ of freedom оплóт свобóды.

**bum** *n.* (*coll.*) 1. (*buttocks*) зад, зáдница; 2. (*loafer*) лóдырь (*m.*), лоботря́с; (*Am., vagrant*) бродя́га (*m.*); go on the ~ стать (*pf.*) бродя́гой; give s.o. the ~'s rush выгоня́ть, вы́гнать когó-н взáшей.

*v.t.* (*sl., cadge, scrounge*) кля́нчить, вы́-.

*v.i.*: ~ around шатáться (*impf.*).

*cpds.*: ~-**bailiff** *n.* (*hist.*) судéбный при́став; ~**boat** *n.* лóдка, доставля́ющая прови́зию на судá.

**bumble** *v.i.*: ~ about идти́ (*det.*) неувé-ренно/спотыкáясь.

**bumble-bee** *n.* шмель (*m.*).

**bum|f, -ph** *n.* (*sl.*) (*lavatory paper*) туалéтная бумáга; (*papers*) бумáжки (*f. pl.*).

**bump** *n.* 1. (*thump*) глухóй удáр; he landed with a ~ on the floor он шлёпнулся/грóхнулся нá пол; (*collision*) толчóк; 2. (*swelling, protuber-ance*) ши́шка; ~ of locality (*fig.*) дар ориен-тирóвки на мéстности; 3. (*air pocket*) воздý-шная я́ма; (*in a road*) ухáб, бугóр.

*adv.*: he went ~ into the door он так и врéзался в дверь.

*v.t.* уд|аря́ть, -áрить; ушиб|áть, -и́ть; I ~ed my knee as I fell я уши́б колéно при падéнии; the car ~ed the one in front маши́на сту́кну-лась о другу́ю, стоя́вшую/шéдшую впереди́; I ~ed the table and spilt the ink я толкну́л стол и проли́л черни́ла; ~ off (*kill*) пусти́ть (*pf.*) в расхóд (*sl.*).

*v.i.*: ~ against a tree удáриться (*pf.*) о дéрево; наскочи́ть/наткну́ться (*pf.*) на дéрево; my head ~ed against the beam я удáрился

головóй о бáлку; ~ along (*in cart etc.*) трясти́сь (*impf.*); he ~ed into a lamp-post он наткну́лся на фонáрный столб; his car ~ed into ours егó маши́на врéзалась в нáшу; I ~ed into him in London я наткну́лся на негó в Лóндоне.

**bumper** *n.* 1. (*of car*) бýфер; 2. (*full glass*) бокáл, пóлный до краёв; ~ crop небывáлый/неви́-данный урожáй.

**bumph** *see* BUMF.

**bumpkin** *n.* мужлáн.

**bumptious** *adj.* самоувéренный, зазнáвшийся.

**bumptiousness** *n.* самоувéренность, зазнáй-ство.

**bumpy** *adj.* (*of road*) ухáбистый, тря́ский; we had a ~ journey нас тряслó всю дорóгу; a ~ flight ≃ болтáнка.

**bun** *n.* 1. (*cul.*) бýлочка, плю́шка; take the ~ (*fig.*) превзойти́ (*pf.*) всё; 2. (*of hair*) пучóк. *cpd.*: ~-**fight** *n.* (*coll.*) чаепи́тие.

**bunch** *n.* 1. (*of flowers*) букéт; (*of grapes*) кисть, гроздь; (*of bananas*) гроздь; ~ of keys свя́зка ключéй; 2. (*coll., group*) компáния, грýппа; the best of the ~ лýчший среди́ них.

*v.t.* (*e.g. flowers*) соб|ирáть, -рáть в букéт; ~ up (*dress etc.*) соб|ирáть, -рáть (*платье*) в сбóрки.

*v.i.*: ~ together ск|áпливаться, -опи́ться; (*of people*) сб|ивáться, -и́ться в кýчу; ~ up (*of dress etc.*) собрáться (*impf.*) в сбóрки.

**bundle** *n.* 1. (*of clothes etc.*) ýзел; ~ of rags узелóк тряпья́; (*of sticks*) вязáнка; (*of hay*) охáпка; 2. (*packet*) пакéт; 3. she is a ~ of nerves онá комóк нéрвов.

*v.t.* 1. ~ up свя́з|ывать, -áть в ýзел/вязáнку; ~ up one's hair соб|ирáть, -рáть вóлосы в пучóк; 2. (*shove*) запи́х|ивать, -áть; ~ s.o. into a room втолкну́ть (*pf.*) когó-н. в кóмнату; ~ off спровá|живать, -ди́ть; выпровá|живать, вы́проводить; спл|áвлять, -áвить (*coll.*).

**bung** *n.* заты́чка, вту́лка.

*v.t.* 1. (*cask etc.*) зат|ыкáть, -кну́ть; закýпори|вать, -ть; the sink is ~ed up рáковина засори́лась; my nose is ~ed up у меня́ залóжен нос; 2. (*sl., throw*) швыр|я́ть, -ну́ть.

*cpd.*: ~**hole** *n.* отвéрстие для налива бóчки.

**bungalow** *n.* бýнгало (*indecl.*); одноэтáжная дáча.

**bungle** *v.t.* пóртить, на-; пу́тать, с-; (*coll.*) зава-ли́ть (*pf.*).

**bungler** *n.* портáч, «сапóжник».

**bunion** *n.* óпухоль/ши́шка на ногé.

**bunk**[1] *n.* (*sleeping-berth*) кóйка. *v.i.* спать (*impf.*) на кóйке.

**bunk**[2] *n.*: do a ~ (за)д|авáть, -áть дрáла/тя́гу (*coll.*).

*v.i.* см|ывáться, -ы́ться; дрáпа|ть, -ну́ть (*coll.*).

**bunk**[3] *n.* (*sl., nonsense*) чепухá, чушь.

**bunker** *n.* (*ship's*) бу́нкер; (*underground shelter*) блинда́ж; (*golf*) я́ма.

   *v.t.* (*stow in a* ~) бункерова́ть (*impf.*, *pf.*).

**bunkum** *n.* (*coll.*) чушь, пустосло́вие.

**bunny** *n.* (*coll.*) кро́лик, за́йчик.

**Bunsen burner** *n.* бу́нзеновская горе́лка.

**bunting**¹ *n.* (*zool.*) овся́нка; snow ~ пу́ночка.

**bunting**² *n.* (*cloth*) фла́жная мате́рия; (*naut.*) флагду́к; (*fig.*, *flags*) фла́ги (*m. pl.*).

**buoy** *n.* буй, ба́кен; mooring-~ шва́ртовная бо́чка; (*life*-~) спаса́тельный буй/круг.

   *v.t.* (*mark with* ~) отм|еча́ть, -е́тить буя́ми; (*of a wreck, channel*) обст|авля́ть, -а́вить буя́ми; ~ up (*lit.*) подде́рж|ивать, -а́ть на пове́рхности; (*fig.*) подде́рж|ивать, -а́ть.

**buoyancy** *n.* плаву́честь; (*fig.*) жизнера́достность; оживле́ние.

**buoyant** *adj.* плаву́чий; (*of pers.*) жизнера́достный; (*of hopes, market*) оживлённый; (*of prices*) повыша́тельный.

**bur, burr** *n.* репе́й, репе́йник; he sticks like a ~ он цепля́ется как репе́й.

**burble** *v.i.* клокота́ть, болта́ть (*both impf.*); ~ with laughter е́ле сде́рживать (*impf.*) смех; зад|ыха́ться (*impf.*) от сме́ха.

**burden** *n.* **1.** (*load*) но́ша, груз; (*fig.*) бре́мя (*nt.*); обу́за; beast of ~ выо́чное живо́тное; ~ of taxation бре́мя нало́гов; ~ of proof бре́мя дока́зывания/доказа́тельства; become a ~ on s.o. стать (*pf.*) в тя́гость (*or* обу́зой) кому́-н.; обремен|я́ть, -и́ть кого́-н.; bear the ~ and heat of the day переноси́ть (*impf.*) тя́гость дня и зной; **2.** (*tonnage*) тонна́ж; **3.** (*refrain*) рефре́н, припе́в; (*theme*) основна́я те́ма.

   *v.t.* (*load*) нагру|жа́ть, -зи́ть; (*fig.*) обремен|я́ть, -и́ть; ~ s.o. with expenses взва́л|ивать, -и́ть на кого́-н. расхо́ды.

**burdensome** *adj.* обремени́тельный, тя́гостный.

**burdock** *n.* лопу́х.

**bureau** *n.* (*desk*) бюро́ (*indecl.*), конто́рка; (*chest*) комо́д; (*office*) бюро́; information ~ спра́вочное бюро́; employment ~ бюро́ по на́йму; marriage ~ бра́чное бюро́; ~ de change разме́нная конто́ра.

**bureaucracy** *n.* бюрокра́тия.

**bureaucrat** *n.* бюрокра́т, чино́вник.

**bureaucratic** *adj.* бюрократи́ческий.

**burette** *n.* бюре́тка.

**burgeon** *v.i.* да|ва́ть, -ть по́чки; распус|ка́ться, -ти́ться.

**burgess** *n.* граждани́н/жи́тель го́рода, име́ющего самоуправле́ние.

**burgher** *n.* бю́ргер, горожа́нин.

**burglar** *n.* граби́тель (*m.*), взло́мщик; cat ~ граби́тель, проника́ющий в дом че́рез окно́.

**burglarious** *adj.* воровско́й.

**burglarize** see BURGLE *v.t.*

**burglary** *n.* грабёж; кра́жа со взло́мом.

**burgle** (*also* **burglarize**) *v.t.*: гра́бить, о-.

**burgle** *v.i.* соверш|а́ть, -и́ть кра́жу со взло́мом.

**burgomaster** *n.* бургоми́стр.

**Burgundian** *n.* (*pers.*) бургу́нд|ец (*fem.* -ка); (*pl.*, *Germanic tribe*) бургу́нды.

   *adj.* бургу́ндский.

**Burgundy** *n.* Бургу́ндия; (*wine*) бургу́ндское (вино́).

**burial** *n.* (*interment*) погребе́ние, захороне́ние; (*funeral*) по́хор|оны (*pl.*, *g.* -о́н); ~ service заупоко́йная слу́жба.

   *cpds.*: ~-**ground** *n.* кла́дбище, пого́ст; (*archeol.*) моги́льник; ~-**mound** *n.* курга́н; ~-**place** *n.* ме́сто погребе́ния.

**burin** *n.* грабшти́хель (*m.*).

**burke** *v.t.* зам|ина́ть, -я́ть.

**burlap** *n.* дерю́га.

**burlesque** *n.* (*parody*) бурле́ск.

   *adj.* бурле́скный, фа́рсовый, пароди́йный.

   *v.t.* пароди́ровать (*impf.*, *pf.*).

**burly** *adj.* здорове́нный, дю́жий.

**Burma** *n.* Би́рма.

**Burm|an, -ese** *nn.* (*pers.*) бирма́н|ец (*fem.* -ка); (*language*) бирма́нский язы́к.

   *adjs.* бирма́нский.

**burn**¹ *n.* (*injury*) ожо́г; first-degree ~s ожо́ги пе́рвой сте́пени.

   *v.t.* **1.** (*sting*) жечь, с-; (*destroy by fire*) сж|ига́ть, -ечь; ~ o.s. обж|ига́ться, -е́чься; ~ one's fingers (*lit.*) обже́чь (*pf.*) себе́ па́льцы; (*fig.*) обже́чься (*pf.*) (*на чём*); ~ a hole in sth. проже́чь (*pf.*) дыру́ в чём-н.; the meat is ~t мя́со сгоре́ло/подгоре́ло; a ~t taste/smell вкус/за́пах горе́лого; ~t almond жа́реный минда́ль; ~t offering всесожже́ние; he was ~t all over на нём живо́го ме́ста не оста́лось от ожо́гов; she was ~t at the stake её сожгли́ на костре́; he ~t himself to death (*on purpose*) он поко́нчил с собо́й самосожже́нием; the ship ~s oil кора́бль рабо́тает на не́фти; acid ~s the carpet кислота́ прожига́ет ковёр; pepper ~s one's mouth от пе́рца жжёт во рту; he was ~t out of house and home он погоре́л; у него́ всё сгоре́ло; ~ paint off a wall сжечь (*pf.*) кра́ску со стены́; **2.** (*bricks, charcoal etc.*) обж|ига́ть, -ечь; **3.** (*tan*) опал|я́ть, -и́ть; **4.** (*fig.*): ~ one's boats сжечь (*pf.*) свои́ корабли́; ~ the candle at both ends безрассу́дно расхо́довать (*impf.*) си́лы; ~ the midnight oil заси́|живаться, -де́ться за рабо́той за по́лночь; he has money to ~ у него́ де́нег ку́ры не клюю́т; money ~s a hole in his pocket де́ньги у него́ не де́ржатся; a ~t child dreads the fire ≃ обжёгшись на молоке́, бу́дешь дуть и на́ во́ду; the fact was ~t into his memory факт вре́зался ему́ в па́мять.

   *v.i.* **1.** горе́ть (*impf.*) (*also fig.*); the house is ~ing дом гори́т; в до́ме пожа́р; the lamp is ~ing low ла́мпа догора́ет; this substance ~s blue э́то вещество́ гори́т си́ним пла́менем; acid ~s into metal кислота́ разъеда́ет мета́лл;

the spectacle ~t into his soul зре́лище запечатле́лось в его́ душе́; he ~t with fever он был в жару́; он горе́л в лихора́дке; he ~t with shame/curiosity он сгора́л от стыда́/любопы́тства; he ~t with passion он пыла́л стра́стью; he ~t with anger он кипе́л от зло́сти.

*with advs.*: ~ **down** *v.t.* сж|ига́ть, -е́чь; *v.i.*: the house ~t down дом сгоре́л дотла́; the fire ~t down костёр догоре́л; ~ **out** *v.t.*: the house was ~t out дом сгоре́л дотла́; the fire ~t itself out пожа́р/костёр догоре́л и загло́х; ~ o.s. out (*fig.*) сгоре́ть (*pf.*); ~ out a fuse (*elec.*) переже́чь (*pf.*) про́бку; *v.i.*: the fire ~t out ого́нь поту́х; костёр загло́х; ~ **up** *v.i.*: make the fire ~ up разж|ига́ть, -е́чь пе́чку/ками́н.

**burn²** *n.* (*Sc., stream*) руче́й, пото́к.

**burner** *n.* (*of stove etc.*) горе́лка.

**burning** *n.* горе́ние; обжига́ние, о́бжиг.

*adj.* (*of fever*) сжига́ющий; (*of shame*) жгу́чий; (*of thirst*) нестерпи́мый; (*of zeal*) нейстовый.

*adv.*: ~ hot раскалённый.

*cpd.*: ~-**glass** *n.* зажига́тельное стекло́.

**burnish** *v.t.* полирова́ть, от-.

**burnisher** *n.* (*pers.*) полиро́вщик; (*instrument*) гляди́лка.

**burnous** *n.* бурну́с.

**Burns** *n.* Бёрнс.

**burp** (*coll.*) *n.* отры́жка, рыга́нье.

*v.t.*: ~ a baby да|ва́ть, -ть ребёнку отрыгну́ть.

*v.i.* рыг|а́ть, -ну́ть.

**burr¹** *n.* (*in speech*) карта́вость; грасси́рование; speak with a ~ карта́вить (*impf.*), грасси́ровать (*impf.*).

*v.t.*: ~ one's R's карта́во выгова́ривать (*impf.*) «p».

**burr²** *n.* (*on metal*) заусе́нец, грат.

*cpd.*: ~-**drill** *n.* бормаши́на.

**burr³** *n.* (*bot.*): *see* BUR.

**burrow** *n.* нора́.

*v.t.*: ~ a hole рыть, вы- нору́.

*v.i.* (*of rabbit/mole*) рыть, вы- нору/ходы́; ~ among archives ры́ться (*impf.*) в архи́вах; ~ into a mystery прон|ика́ть, -и́кнуть та́йну.

**bursar** *n.* (*treasurer*) казначе́й; (*scholarship-holder*) стипендиа́т.

**bursary** *n.* (*office*) канцеля́рия казначе́я; (*grant*) стипе́ндия.

**burst** *n.* взрыв; разры́в; the ~ of a shell разры́в снаря́да; a ~ of energy вспы́шка/взрыв эне́ргии; work in sudden ~s рабо́тать (*impf.*) рывка́ми; ~ of applause взрыв аплоди́сментов; ~ of anger вспы́шка гне́ва; ~ of tears внеза́пный пото́к слёз; ~ of machine-gun fire пулемётная о́чередь.

*v.t.* (*e.g. a shell, tyre, balloon, blood-vessel*) раз|рыва́ть, -орва́ть; the river ~ its banks

река́ вы́шла из берего́в; ~ one's bonds разорва́ть (*pf.*) свои́ око́вы; the boy ~ his buttons у ма́льчика отлете́ли все пу́говицы; ~ one's sides with laughing надорва́ть (*pf.*) живо́т от сме́ха; ~ a door open распахну́ть (*pf.*) дверь.

*v.i.*: the shell ~ снаря́д разорва́лся; the balloon ~ возду́шный шар ло́пнул; the bubble ~ пузы́рь ло́пнул; the granaries are ~ing закрома́ ло́мятся; the dam ~ плоти́ну прорва́ло; full to ~ing по́лный до отка́за; he is ~ing with health он пы́шет здоро́вьем; ~ with laughter расхохота́ться (*pf.*); he was ~ing with pride его́ распира́ло от го́рдости; I was ~ing to tell her мне не терпе́лось сказа́ть ей; the door ~ open дверь распахну́лась.

*with preps.*: ~ **into** bloom распусти́ться (*pf.*), расцвести́ (*pf.*); ~ into song запе́ть (*pf.*); ~ into tears разрыда́ться (*pf.*); ~ into a room ворва́ться (*pf.*) в ко́мнату; ~ into flame вспы́хнуть (*pf.*); oil ~ **out of** the ground из земли́ заби́ла нефть; the sun ~ **through** the clouds со́лнце прорвало́сь сквозь ту́чи; shouts ~ **upon** our ears внеза́пно нас оглуши́ли кри́ки; the truth ~ upon him его́ вдруг осени́ло; the news ~ upon the world э́та но́вость потрясла́ мир; the view ~ upon our sight пе́ред на́ми внеза́пно откры́лся вид.

*with advs.*: ~ **in** *v.i.* (*interrupt*) вме́ш|иваться, -а́ться; he ~ in upon us он ворва́лся к нам; ~ **out** *v.i.* (*exclaim*) вы́палить (*pf.*); ~ out laughing расхохота́ться (*pf.*); ~ out into threats разрази́ться (*pf.*) угро́зами.

**bur|y** *v.t.* **1.** (*inter*) хорони́ть, по-; погре|ба́ть, -сти́; he is dead and ~ied его́ нет в живы́х; he ~ied (*lost by death*) all his relatives он похорони́л всех свои́х родны́х; **2.** (*hide in earth*) зар|ыва́ть, ы́ть; зак|а́пывать, -опа́ть; **3.** (*remove from view*): ~y one's face in one's hands закры́ть (*pf.*) лицо́ рука́ми; ~y o.s. in one's books зары́ться (*pf.*) в кни́ги; ~y o.s. in the country похорони́ть (*pf.*) себя́ в дере́вне; -ying-ground *see* BURIAL-GROUND.

**Buryat** *n.* (*pers.*) буря́т (*fem.* -ка).

*adj.* буря́тский.

**bus** *n.* авто́бус; miss the ~ (*fig.*) упусти́ть (*pf.*) слу́чай; (*coll.*: *car*) маши́на.

*v.i.* (*also* ~ it) е́хать (*det.*) авто́бусом.

*cpds.*: ~-**conductor** *n.* конду́ктор авто́буса; ~-**conductress** *n.* же́нщина-конду́ктор авто́буса; ~-**driver** *n.* води́тель (*m.*)/шофёр авто́буса; ~ **man** *n.*: ~man's holiday пра́здник, похо́жий на бу́дни; ~-**shelter** *n.* наве́с на авто́бусной остано́вке; ~-**stop** *n.* авто́бусная остано́вка; ~-**ticket** *n.* авто́бусный биле́т.

**busby** *n.* гуса́рский ки́вер.

**bush** *n.* (*shrub*) куст; good wine needs no ~ хоро́ший това́р сам себя́ хва́лит; burning ~ (*bibl.*) неопали́мая купина́; (*thicket*) куста́рник; (*wild land*) некультиви́рованная

земля́; ~ telegraph бы́строе распростране́ние слу́хов; ≃ молва́.
*cpds.*: **B~man** *n.* бушме́н; **~-ranger** *n.* (*hist.*) разбо́йник (в Австра́лии).

**bushel** *n.* бу́шель (*m.*); hide one's light under a ~ быть изли́шне скро́мным.

**bushing** *n.* вту́лка, вкла́дыш.

**bushy** *adj.* (*covered with bush*) покры́тый куста́рником; (*of beard etc.*) густо́й.

**busily** *adv.* делови́то; энерги́чно.

**business** *n.* **1.** (*task, affair*) де́ло; he made it his ~ to find out . . . он счёл свои́м до́лгом узна́ть . . .; what is your ~ here? что вам здесь на́до?; it is none of your ~ э́то не ва́ше де́ло; э́то вас не каса́ется; mind your own ~ не вме́шивайтесь/су́йтесь не в своё де́ло; send s.o. about his ~ прогна́ть (*pf.*) кого́-н.; it is his ~ to keep a record его́ обя́занность — вести́ за́писи; you have no ~ to say that не вам э́то говори́ть; funny, monkey ~ нечи́стое де́ло; шту́чки (*f. pl.*); everybody's ~ is nobody's ~ у семи́ ня́нек дитя́ без гла́зу; I am sick of the whole ~ мне вся э́та исто́рия надое́ла; 'any other ~' (*on agenda*) «Ра́зное»; **2.** (*trouble*): what a ~ it is! кака́я возня́/исто́рия!; make a great ~ of sth. преувели́чивать (*impf.*) значе́ние чего́-н.; **3.** (*serious purpose, work*): he means ~ он име́ет серьёзные наме́рения; get down to ~ бра́ться, взя́ться за де́ло; ~ end (*coll.*) рабо́чая часть; (*muzzle*) ду́ло; **4.** (*comm. etc.*): man of ~ (*agent*) аге́нт; пове́ренный; ~ of the day, meeting пове́стка дня; ~ hours; hours of ~ (*of an office*) часы́ приёма/заня́тий/рабо́ты; ~ before pleasure де́лу вре́мя, поте́хе час; сде́лал де́ло — гуля́й сме́ло; he is in the wool ~ он занима́ется торго́влей ше́рстью; он торгу́ет ше́рстью; big ~ большо́й би́знес; ~ as usual фи́рма рабо́тает как обы́чно; set up in ~ нач|ина́ть, -а́ть торго́вое де́ло; go into ~ заня́ться (*pf.*) комме́рцией; ~ is ~ де́ло есть де́ло; on ~ по де́лу; put s.o. out of ~ разор|я́ть, -и́ть кого́-н.; do ~ with s.o. вести́ (*det.*) дела́ с кем-н.; lose ~ теря́ть, по- клие́нтов; talk ~ говори́ть (*impf.*) по де́лу/существу́; ~ is slow/brisk дела́ иду́т вя́ло/хорошо́; ~ deal, piece of ~ сде́лка; a (good) stroke of ~ уда́ча в де́ле; **5.** (*establishment*) фи́рма, предприя́тие; про́мысел; (*office*) конто́ра; **6.** (*theatr.*) игра́, ми́мика.
*cpds.*: **~-like** *adj.* делово́й, практи́чный; **~ man** *n.* комmerса́нт, бизнесме́н, деле́ц.

**busker** *n.* у́личный музыка́нт.

**buskin** *n.* коту́рн.

**bust**[1] *n.* (*sculpture*; *bosom*) бюст; (*upper part of body*) грудь, ве́рхняя часть те́ла.

**bust**[2] (*coll.*) *v.t.* раскол|а́чивать, -оти́ть; ~ up разб|ива́ть, -и́ть.
*v.i.* (*also go* ~) раскол|а́чиваться, -оти́ться; ~ up разб|ива́ться, -и́ться; the business went ~ де́ло ло́пнуло.

**bust**[3] *n.* (*coll., spree*) кутёж; go on the ~ загуля́ть (*pf.*), закути́ть (*pf.*).

**bustard** *n.* дрофа́.

**bustle**[1] *n.* (*on skirt*) турню́р.

**bustle**[2] *n.* (*activity*) суматоха, суета́.
*v.i.* (*also* ~ **about**) суети́ться, тормоши́ться (*both impf.*).

**bustling** *n.* суета́; суетли́вость.
*adj.* суетли́вый, суетя́щийся; a ~ city оживлённый го́род.

**busy** *adj.* **1.** (*occupied*) за́нятый; I had a ~ day мой день был о́чень загру́жен; я был за́нят весь день; he was ~ packing он был за́нят упако́вкой; keep s.o. ~ зан|има́ть (*impf.*) кого́-н. (*чем-н.*); get ~ on sth. заня́ться (*pf.*) чем-н.; **2.** (*unresting*) занято́й; **3.**: a ~ street шу́мная/оживлённая у́лица; **4.** (*meddlesome*) суетли́вый, надое́дливый; **5.**: a ~ pattern сли́шком подро́бный узо́р.
*v.t.*: ~ o.s. зан|има́ться, -я́ться (*чем*).
*cpd.*: **~body** *n.* доку́чливый/назо́йливый челове́к.

**busyness** *n.* за́нятость.

**but** *n.*: (~ me) no ~s никаки́х «но»; без вся́ких «но».
*adv.* (*liter.*): (*only*) всего́ (лишь); we can ~ try попы́тка — не пы́тка.
*prep. & conj.* (*except*): no one ~ me никто́, кро́ме меня́; never ~ once оди́н еди́нственный раз; she is anything ~ beautiful она́ далеко́ не краса́вица; he all ~ failed он то́лько что не провали́лся; nothing remains ~ to thank her остаётся то́лько поблагодари́ть её; he had no choice ~ to go there ему́ не остава́лось ничего́ друго́го, кро́ме как пойти́ туда́; not a day passes ~ there is some trouble не прохо́дит и дня без неприя́тностей; next door ~ one че́рез одну́ дверь; the last ~ one предпосле́дний; ~ for me he would have stayed е́сли бы не я, он бы оста́лся; there is no one ~ knows it нет никого́, кто бы не знал э́того; she would have fallen ~ that I caught her она́ бы упа́ла, е́сли бы я не подхвати́л её; he cannot ~ agree ему́ остаётся то́лько согласи́ться; not ~ what I pity her коне́чно, мне её жаль; (*redundant*): ten to one ~ it was you де́сять про́тив одного́, что э́то бы́ли вы; I do not doubt ~ that he is honest я не сомнева́юсь в его́ че́стности; I cannot help ~ think . . . я не могу́ не ду́мать, что . . .
*conj.* (*adversative*) но; (*less emphatic*) а; ~ yet, then, again но всё же; но опя́ть-таки.

**butane** *n.* бута́н.

**butcher** *n.* **1.** (*tradesman*) мясни́к; ~'s meat мя́со; ~'s (shop) мясна́я ла́вка, мясно́й магази́н; **2.** (*murderer*) пала́ч.
*v.t.* (*cattle*) забива́ть (*impf.*); (*people*) истреб|ля́ть, -и́ть; выреза́ть, вы́резать.
*cpd.*: **~-bird** *n.* сорокопу́т.

**butchery** *n.* (*trade*) торго́вля мя́сом; (*massacre*) резня́.

**butler** *n.* дворе́цкий.

**butt**[1] *n.* (*cask*) бо́чка.

**butt**[2] **1.** (*pl., shooting-range*) тир; **2.** (*fig., target*): a ~ for ridicule мише́нь для насме́шек; the ~ of the school посме́шище для всей шко́лы.

**butt**[3] *n.* (*of rifle*) прикла́д; (*of tree*) ко́мель (*m.*); (*of cigarette*) оку́рок.

   *v.i.*: ~ **out** (*project*) выступа́ть (*impf.*); выдава́ться, вы́даться.

   *cpd.*: ~**-end** *n.* (*remainder*) оста́ток; (*thick end*) утолщённый коне́ц.

**butt**[4] *n.* (*blow with the head*) уда́р голово́й.

   *v.t.* бода́ть, за-; ~ s.o. in the stomach уда́рить (*pf.*) кого́-н. голово́й в живо́т.

   *v.i.*: ~ **in** (*interrupt*) встр|ева́ть, -я́ть; вме́ш|иваться, -а́ться; ~ into a conversation встрять/вмеша́ться/влезть (*pf.*) в разгово́р; ~ into (*run into*) s.o. нат|ыка́ться, -кну́ться на кого́-н.

**butter** *n.* **1.** ма́сло; melted ~ топлёное ма́сло; fry sth. in ~ жа́рить, под- что-н. на ма́сле; she looks as if ~ wouldn't melt in her mouth на вид она́ ти́ше воды́; **2.** (*fig., flattery*) лесть; ума́сливание.

   *v.t.* нама́з|ывать, -ать ма́слом; (*a dish*) сма́з|ывать, -ать ма́слом; ~ **up** (*fig.*) льстить, по- +*d.*; ума́сл|ивать, -ить.

   *cpds.*: ~**-bean** *n.* боб (кароли́нский); ~**-cooler** *n.* маслёнка, с охлажде́нием; ~**cup** *n.* лю́тик; ~**-dish** *n.* маслёнка; ~**-fingered** *adj.* растя́пистый; ~**-fingers** *n.* размазня́ (*c.g.*), растя́па (*c.g.*); ~**-knife** *n.* нож для ма́сла; ~**milk** *n.* па́хта, па́хтанье; ~**scotch** *n.* ири́с; ~**wort** *n.* жиря́нка.

**butterfly** *n.* **1.** ба́бочка; (*fig.*): break a ~ on a wheel стреля́ть (*impf.*) из пу́шки по воробья́м; I have butterflies in my stomach у меня́ се́рдце ёкает; меня́ мути́т от стра́ха; **2.** (*fig., flighty person*) мотылёк; **3.**: ~ nut (*tech.*) бара́шек; ~ stroke (*swimming*) баттерфля́й.

**buttery** *n.* кладова́я.

   *adj.* ма́сленый; масляни́стый, в ма́сле.

**buttocks** *n.* я́годицы (*f. pl.*).

**button** *n.* **1.** пу́говица; not care a ~ about sth. плева́ть (*impf.*) на что-н.; **2.** (*pl., page*) кори́дорный; **3.** (*knob*) кно́пка; press a ~ наж|има́ть, -а́ть кно́пку; **4.** (*bud*) буто́н; **5.** (*on foil*) ши́шечка; **6.** ~ mushroom ме́лкий гриб.

   *v.t.* (*also* ~ **up**) застёг|ивать, -ну́ть; ~ up a child застёг|ивать, -ну́ть оде́жду на ребёнке; ~ one's lip (*sl.*) держа́ть (*impf.*) язы́к за зуба́ми; the job is ~ed up (*fig.*) рабо́та в ажу́ре (*coll.*); ~ed up (*reserved, of pers.*) скры́тный, сде́ржанный, за́мкнутый.

   *v.i.*: застёг|иваться, -ну́ться; the dress ~s up the back пла́тье застёгивается на спине́.

   *cpds.*: ~**hole** *n.* пе́тля, петли́ца; (*flower*) бутонье́рка; *v.t.* (*fig.*) заде́рж|ивать, -ать раз-

гово́ром; ~**hook** *n.* крючо́к для застёгивания пу́говиц.

**buttress** *n.* (*archit.*) контрфо́рс; (*fig.*) опо́ра, подде́ржка; flying ~ аркбута́н.

   *v.t.* (*archit.*) подп|ира́ть, -ере́ть контрфо́рсом; (*fig.*) укреп|ля́ть, -и́ть; подкреп|ля́ть, -и́ть; служи́ть (*impf.*) опо́рой +*d.*

**buxom** *adj.* (*of woman*) пы́шная, полногру́дая.

**buy** *n.*: a good ~ вы́годная поку́пка.

   *v.t.* **1.** покупа́ть, купи́ть; money cannot ~ happiness сча́стья не ку́пишь; the victory was dearly bought побе́да доста́лась дорого́й цено́й; ~ fame at the cost of one's life приобре|та́ть, -сти́ сла́ву цено́й жи́зни; ~ s.o. a drink ста́вить, по- кому́-н. вы́пивку; **2.** (*bribe*) подкуп|а́ть, -и́ть.

   *with advs.*: ~ **back** *v.t.* сно́ва купи́ть (*pf.*) (*проданное*); ~ **in** *v.t.* (*stock up*) закуп|а́ть, -и́ть; (*at auction*) выкупа́ть, вы́купить; ~ **off** *v.t.* откуп|а́ться, -и́ться (*от кого*); ~ **out** *v.t.*: ~ o.s. out of the army откупи́ться (*pf.*) от вое́нной слу́жбы; ~ **up** *v.t.* скуп|а́ть, -и́ть.

**buyer** *n.* **1.** покупа́тель (*m.*); ~'s market ры́ночная конъюнкту́ра, вы́годная для покупа́телей; **2.** (*firm's agent*) заку́пщи|к (*fem.* -ца).

**buzz** *n.* **1.** (*of bee etc.*) жужжа́ние; (*of talk*) гул, жужжа́ние; **2.** give s.o. a ~ (*ring*) звя́кнуть (*pf.*) кому́-н. (*coll.*).

   *v.t.*: ~ an aircraft пролете́ть (*pf.*) на о́чень бли́зком расстоя́нии ми́мо самолёта; ~ it abroad (*spread rumour*) трезво́нить, рас- всем и ка́ждому (*о чём*).

   *v.i.* **1.** (*of insect, projectile*) жужжа́ть (*impf.*); (*of place, people*) гуде́ть (*impf.*); my ears were ~ing у меня́ гуде́ло в уша́х; **2.** ~ off! (*sl.*) убира́йся!; прова́ливай!

   *cpds.*: ~**-bomb** *n.* самолёт-снаря́д; ~**-saw** *n.* циркуля́рная пила́.

**buzzard** *n.* сары́ч; каню́к.

**buzzer** *n.* (*elec.*) зу́ммер.

**by** *adv.* (*near*) побли́зости; (*alongside*) ря́дом; (*past*) ми́мо; the days went ~ дни шли за дня́ми; ~ and large в це́лом.

   *prep.* **1.** (*near, close to*): sit ~ the fire(side) сиде́ть (*impf.*) у ками́на; I was going ~ the house я шёл ми́мо до́ма; she sat ~ the sick man она́ сиде́ла у посте́ли больно́го; ~ o.s. (*alone*) (соверше́нно) оди́н/одна́; (*unaided*) сам/сама́, самостоя́тельно; he played billiards ~ himself он игра́л в билья́рд сам с собо́й; I have no money ~ me у меня́ нет при себе́ де́нег; ~ and ~ вско́ре; сейча́с; side ~ side ря́дом; pass ~ s.o. про|ходи́ть, -йти́ ми́мо кого́-н.; a path ~ the river доро́жка у/вдоль реки́; ~ the ~; ~ the way кста́ти; **2.** (*along, via*): ~ land and sea по су́ше и по мо́рю; ~ the nearest road ближа́йшей доро́гой; we travelled ~ (way of) Paris мы е́хали че́рез Пари́ж; ~ water по воде́; во́дным путём; **3.** (*during*): ~ day/night днём/но́чью; ~ daylight при дневно́м све́те; **4.** (*of time-limit*): ~ Thursday к четвергу́; ~ then к тому́ вре́мени; ~ now тепе́рь; he should know ~ now пора́ бы уж ему́ знать; **5.** (*manner, means or agency*) *often expr. by i. case*; (~ *means of*) при по́мощи +*g.*; divide ~ two дели́ть, раз- на́ два; lead ~ the hand вести́ (*det.*) за́ руку; ~ the name of George по и́мени Гео́ргий; имену́емый Гео́ргием; have children ~ s.o. име́ть (*impf.*) дете́й от кого́-н.; a Frenchman ~ blood францу́з по происхожде́нию; pull up ~ the roots выта́скивать, вы́тащить с ко́рнем; a book ~ Tolstoy кни́га Толсто́го; know ~ experience знать (*impf.*) по о́пыту; perish ~ starvation ги́бнуть, по- от го́лода; ~ Article 5 of the treaty согла́сно 5 (пя́той) статье́ догово́ра; ~ my watch по мои́м часа́м, на мои́х часа́х; ~ rail по желе́зной доро́ге; ~ the one o'clock train (с) часовы́м по́ездом; ~ taxi на/в такси́; die ~ drowning утону́ть (*pf.*); work ~ electric light рабо́тать при электри́ческом све́те; ~ law по зако́ну; ~ radio по ра́дио; ~ no means ни в ко́ем слу́чае; hang ~ a thread висе́ть (*impf.*) на волоске́; ~ post по́чтой, по по́чте; ~ the morning post (с) у́тренней по́чтой; ~ telephone по телефо́ну; ~ nature/profession/invitation по приро́де/профе́ссии/ приглаше́нию; cautious ~ nature осторо́жный от приро́ды; sold ~ auction про́дан с торго́в/молотка́; ~ (means of) physical exercises путём/посре́дством физи́ческих упражне́ний; a letter written ~ hand письмо́, напи́санное от руки́; ~ means of при по́мощи +*g.*; I knew ~ his eyes that he was afraid я по́нял по его́ глаза́м, что он бои́тся; he led her ~ the hand он вёл её за́ руку; he held the horse ~ the bridle он держа́л ло́шадь под уздцы́; what is meant ~ this word? что означа́ет э́то сло́во?; **6.** (*of rate or measurement*): pay ~ the day плати́ть (*impf.*) подённо; ~ degrees постепе́нно; little ~ little ма́ло-пома́лу; bread came down in price ~ 5 copecks хлеб подешеве́л на́ пять копе́ек; he missed ~ a foot он промахну́лся на (це́лый) фут; ~ what amount do expenses exceed income? на каку́ю су́мму расхо́ды превыша́ют дохо́ды?; better ~ far намно́го лу́чше; sell sth. ~ the yard прод|ава́ть, -а́ть что-н. на я́рды; tomatoes are sold ~ weight, the pound помидо́ры продаю́тся на вес/фу́нты; ~ the dozen дю́жинами; one ~ one оди́н за други́м; по одному́, поодино́чке; day ~ day день за днём;

we divide thirty ~ five де́лим 30 на 5; a room 13 feet ~ 12 ко́мната трина́дцать фу́тов на двена́дцать; copeck ~ copeck по копе́йке; they discussed the report paragraph ~ paragraph они́ обсуди́ли докла́д пункт за пу́нктом; **7.**: ~ God! кляну́сь Бо́гом; ~ Jove! Бо́же мой!; вот те на́!

**by-blow** *n.* (*side-blow*) случа́йный уда́р; (*bastard*) побо́чный ребёнок.

**bye** *n.*: draw a ~ (*sport*) быть свобо́дным от игры́.

**bye-bye**[1] *n.* (*coll.*): go to ~(s) (*sleep*) идти́ (*det.*) ба́иньки/бай-ба́й; (*go to bed*) ложи́ться, лечь ба́иньки.

**bye-bye**[2] *int.* (*good-bye*) пока́!; всего́ хоро́шего!

**bye-law** *see* BY-LAW.

**by-election** *n.* дополни́тельные вы́боры (*m. pl.*).

**Byelorussia** *n.* Белору́ссия.

**Byelorussian** *n.* (*pers.*) белору́с (*fem.* -ка); (*language*) белору́сский язы́к.
   *adj.* белору́сский.

**bygone** *n.* (*usu. pl.*): let ~s be ~s что бы́ло, то прошло́; кто ста́рое помя́нет, тому́ глаз вон.
   *adj.* про́шлый, проше́дший, мину́вший; in ~ days в давно́ мину́вшие времена́.

**by-law, bye-law** *n.* распоряже́ние, постановле́ние (ме́стной вла́сти).

**by-line** *n.* (*journ.*) по́дпись а́втора.

**by-pass** *n.* объе́зд, обхо́д; обхо́дный путь.
   *v.t.* об|ходи́ть, -ойти́ (*also fig.*).

**bypath** *n.* бокова́я тропа́; око́льный путь (*also fig.*).

**byplay** *n.* побо́чная сце́на, эпизо́д.

**by-product** *n.* побо́чный проду́кт.

**byre** *n.* хлев, коро́вник.

**by-road** *n.* бокова́я доро́га.

**Byron** *n.* Ба́йрон.

**Byronic** *adj.* байрони́ческий.

**Byronism** *n.* байрони́зм.

**bystander** *n.* зри́тель (*m.*); прохо́жий.

**by-street** *n.* бокова́я у́лица, переу́лок.

**byway** *n.* бокова́я доро́га, боково́й путь; (*fig.*): ~s of learning забро́шенные уголки́ (*m. pl.*) нау́ки/зна́ния.

**byword** *n.*: a ~ for iniquity олицетворе́ние несправедли́вости; become a ~ стать (*pf.*) при́тчей во язы́цех.

**by-your-leave** *n.*: without a ~ не спроси́сь.

**Byzantine** *n.* (*pers.*) византи́|ец (*fem.* -йка).
   *adj.* (*lit., fig.*) византи́йский.

**Byzantinologist** *n.* византино́лог.

**Byzantium** *n.* Византи́я.

# C

C *n.* **1.** (*mus.*) до (*indecl.*); **2.** (*abbr., Centigrade*) (шкала́) Ц., шкала́ Це́льсия; **3.** ~ 3 *adj.* (*coll.*) третьестепе́нный.

**c.** *prep.* (*abbr., circa*) ок. (о́коло).

**cab** *n.* **1.** (*hired car or carriage*) изво́зчик (*hist.*), такси́ (*nt. indecl.*); go by ~ е́хать (*det.*) на такси́; **2.** (*rail.*) бу́дка; **3.** (*of lorry etc.*) каби́на води́теля.

*cpds.:* ~-**driver,** ~**man** *nn.* изво́зчик (*hist.*), шофёр такси́, такси́ст; ~-**rank,** ~-**stand** *nn.* стоя́нка такси́.

**cabal** *n.* полити́ческая кли́ка.
*v.i.* сост|авля́ть, -а́вить за́говор.

**cabaret** *n.* (*place*) кабаре́ (*indecl.*); (*entertainment*) кабаре́, эстра́дное представле́ние.

**cabbage** *n.* капу́ста; ~ butterfly капу́стница; ~-head коча́н капу́сты; ~ rose махро́вая ро́за.

**cab(b)alistic** *adj.* каб(б)алисти́ческий.

**cabby** *n.* (*coll.*) изво́зчик (*hist.*); такси́ст.

**cabin** *n.* каби́на; (*dwelling*) хи́жина; (*in ship etc.*) каю́та; (*of aeroplane*) каби́на; ~ boy каю́т-юнга (*m.*).

**cabinet** *n.* **1.** (*piece of furniture*) го́рка, шкаф; filing ~ картоте́чный шкаф; medicine ~ апте́чка; **2.** (*of radio set etc.*) ко́рпус, футля́р; **3.** (*pol.*) кабине́т; ~ crisis прави́тельственный кри́зис; ~ minister член кабине́та; shadow ~ «теnево́й кабине́т».

*cpd.:* ~-**maker** *n.* краснодере́вец.

**cable** *n.* **1.** (*rope*) кана́т, трос; **2.** (*wire*) ка́бель (*m.*); ~ car ваго́н подвесно́й доро́ги; фуникулёр; ~ railway кана́тная/подвесна́я доро́га; фуникулёр; **3.** (*telegram*) телегра́мма.
*v.t.:* he cabled his congratulations он посла́л поздрави́тельную телегра́мму.
*v.i.* телеграфи́ровать (*impf, pf.*).

**cablegram** *n.* каблогра́мма, телегра́мма.

**cabochon** *n.* кабошо́н.

**caboodle** *n.* (*sl.*): the whole ~ (*of people*) вся ора́ва/компа́ния; (*of things*) всё хозя́йство.

**caboose** *n.* (*on ship*) ка́мбуз; (*Am., on train*) служе́бный ваго́н.

**cabotage** *n.* кабота́ж.

**cabriolet** *n.* (*carriage*) кабриоле́т; (*motor-car*) автомоби́ль (*m.*) с откидны́м ве́рхом.

**ca'canny** *adj.:* ~ strike италья́нская забасто́вка.

**cacao** *n.* (*tree*) кака́о (*indecl.*), кака́овое де́рево; (*drink, seed*) кака́о.

**cachalot** *n.* кашало́т.

**cache** *n.* тайни́к, тайный склад.
*v.t.* пря́тать, с- в тайнике́.

**cachet** *n.* **1.** (*mark of distinction*) печа́ть; **2.** (*med.*) ка́псула.

**cachinnation** *n.* хо́хот.

**cacique** *n.* ка́цик; (*fig.*) запра́вила (*m.*).

**cackle** *n.* куда́хтанье; (*fig., chatter*) трескотня́, болтовня́; cut the ~! дово́льно треща́ть!; (*laugh*) хихи́канье.
*v.t. & i.* куда́хтать (*impf.*); хихи́к|ать, -нуть.

**cackler** *n.* болту́н (*fem.* -ья).

**cacophonous** *adj.* какофони́ческий, какофони́чный.

**cacophony** *n.* какофо́ния.

**cactaceous** *adj.* ка́ктусовый.

**cactus** *n.* ка́ктус.

**cacuminal** *adj.* (*phon.*) какумина́льный.

**cad** *n.* хам.

**cadastral** *adj.* када́стровый.

**cadastre** *n.* када́стр.

**cadaver** *n.* труп.

**cadaverous** *adj.* мёртвенно-бле́дный.

**caddis** *n.* личи́нка весня́нки; ~ fly весня́нка.

**caddish** *adj.* ни́зкий, ха́мский.

**caddishness** *n.* ни́зость, ха́мство.

**caddy** *n.* ча́йница.

**cadence** *n.* каде́нция; (*rhythm*) ритм; (*rise and fall of voice*) модуля́ция.

**cadenza** *n.* каде́нция.

**cadet** *n.* (*younger son*) мла́дший сын; ~ branch of a family мла́дшая ветвь семьи́; (*mil.*) каде́т, курса́нт; ~ corps каде́тский ко́рпус.

**cadge** *v.t. & i.* попроша́йничать (*impf.*); жить, по- на чужо́й счёт; (*get by sponging*) выкля́нчивать, вы́клянчить; (*coll.*) стрел|я́ть, -ьну́ть (*что у кого*).

**cadger** *n.* попроша́йка (*c.g.*), прихлеба́тель (*m.*).

**cadi** *n.* ка́ди(й).

**Cadiz** *n.* Ка́дис.

**cadmium** *n.* ка́дмий.

**cadre** *n.* (*mil. etc.*) ка́дровый соста́в; (*pl., key personnel*) ка́дры (*m. pl.*).

**caduceus** *n.* кадуце́й.

**caecum** *n.* слепа́я кишка́.

**Caesar** *n.* Це́зарь; render unto ~ the things that are ~'s возд|ава́ть, -а́ть ке́сарю ке́сарево.

**Caesarean** *adj.* це́зарев, ке́сарев; ~ birth, operation ке́сарево сече́ние.

**Caesarism** *n.* цезари́зм.

**caesium** *n.* це́зий.

**caesura** *n.* цезу́ра.

**café** *n.* кафе́ (*indecl.*).

**cafeteria** *n.* кафете́рий.

**caffeine** *n.* кофеи́н.

**c|aftan, k-** *n.* кафта́н; же́нское платье в «восто́чном» сти́ле.

**cage** *n.* (*for animals etc.*) кле́тка; (*of lift etc.*) каби́на; (*of staircase*) ле́стничная кле́тка.
*v.t.* сажа́ть, посади́ть в кле́тку; a ~d lion лев в кле́тке.

**cag(e)y** *adj.* (*coll.*) скры́тный.

**caginess** *n.* скры́тность.

**cagy** *see* CAG(E)Y.

**cahoots** *n.* (*sl.*): in ~ with s.o. в сго́воре с кем-н.

**Cain** *n.* (*bibl.*) Ка́ин; raise ~ (*coll.*) подн|има́ть, -я́ть сканда́л.

**cainozoic** *adj.* кайнозо́йский.

**caique** *n.* кайк.

**cairn** *n.* пирами́да из гру́бого ка́мня.

**cairngorm** *n.* ды́мчатый топа́з.

**Cairo** *n.* Каи́р.

**caisson** *n.* (*ammunition chest*) заря́дный я́щик; (*underwater chamber*) кессо́н; ~ disease кессо́нная боле́знь.

**caitiff** *n.* (*poet.*) трус.

**cajole** *v.t.* обха́живать (*impf.*); ума́сл|ивать, -ить; уле|ща́ть, -сти́ть.

**cajolery** *n.* лесть; обха́живание.

**cake** *n.* **1.** (*food*) кекс, пиро́г; **2.** (*flat piece*) брусо́к, пли́тка; ~ of soap кусо́к мы́ла; **3.** (*fig.*): ~s and ale весе́лье; весёлая жизнь; a piece of ~ (*coll.*) пустяко́вое/(*coll.*)плёвое де́ло; э́то — одно́ удово́льствие; these articles sell like hot ~s э́то раскупа́ется нарасхва́т; that takes the ~! (*coll.*) да́льше е́хать не́куда!; you cannot have your ~ and eat it оди́н пиро́г два ра́за не съешь.

*v.t.*: his shoes were ~d with mud его́ боти́нки бы́ли обле́плены гря́зью.

*v.i.* сп|ека́ться, -е́чься.

*cpds.*: ~-**mix** *n.* порошо́к (*or* брике́т) для ке́кса, пу́динга *и т.п.*; ~-**mixer** *n.* ми́ксер; ~-**walk** *n.* кекуо́к.

**calabash** *n.* (*plant*) горля́нка; (*vessel*) буты́лка из горля́нки.

**calaboose** *n.* (*Am.*) куту́зка, катала́жка (*coll.*).

**calamitous** *adj.* бе́дственный, па́губный.

**calamity** *n.* бе́дствие.

**calcareous** *adj.* известко́вый.

**calceolaria** *n.* кошельки́ (*m. pl.*).

**calcification** *n.* обызвествле́ние.

**calcify** *v.t. & i.* обызвеств|ля́ть(ся), -и́ть(ся).

**calcination** *n.* кальцина́ция, о́бжиг, прока́ливание.

**calcine** *v.t. & i.* кальцини́ровать(ся) (*impf., pf.*); обж|ига́ть(ся), -е́чь(ся); прока́л|ивать(ся), -и́ть(ся).

**calcium** *n.* ка́льций; ~ chloride хло́ристый ка́льций.

**calculability** *n.* исчисли́мость.

**calculable** *adj.* исчисли́мый.

**calculat|e** *v.t.* **1.** (*compute*) вычисля́ть, вы́числить; рассчи́т|ывать, -а́ть; высчи́тывать, вы́считать; he ~ed the date of the eclipse он вы́числил день затме́ния; a ~ing machine счётная маши́на, арифмо́метр; **2.** (*estimate*) рассчи́т|ывать, -а́ть; калькули́ровать, с-; I ~ed that he would act in this way я рассчи́тывал, что он посту́пит таки́м о́бразом; **3.** (*plan*): a ~ed insult наме́ренное оскорбле́ние; **4.** (*past part.*: *fit, likely*): that is ~ed to offend him весьма́ возмо́жно, что э́то его́ оби́дит.

*v.i.* (*rely*) рассчи́тывать (*impf.*) (на +*a.*); we cannot ~e upon fine weather мы не мо́жем рассчи́тывать на хоро́шую пого́ду.

**calculating** *adj.* (*of pers.*) расчётливый, себе́ на уме́.

**calculation** *n.* **1.** (*mathematical*) вычисле́ние; **2.** (*planning, forecast*) расчёт; my ~s were at fault мои́ расчёты оказа́лись оши́бочными; **3.** (*estimate*) калькуля́ция.

**calculator** *n.* **1.** (*person*) вычисли́тель (*m.*), калькуля́тор; **2.** (*set of tables*) вычисли́тельные табли́цы (*f. pl.*); (*machine*) счётная маши́на; арифмо́метр.

**calculus** *n.* (*math.*) исчисле́ние; (*med.*) ка́мень (*m.*).

**Calcutta** *n.* Кальку́тта.

**calèche** *n.* коля́ска.

**calendar** *n.* **1.** (*system, table of dates*) календа́рь (*m.*); Gregorian ~ григориа́нский календа́рь; Julian ~ юлиа́нский календа́рь; (*relig.*) святц|ы (*pl., g.* -ев); **2.** (*list*) о́пись, рее́стр; (*of cases for trial*) спи́сок дел, назна́ченных к слу́шанию; **3.**: ~ month календа́рный ме́сяц.

*v.t.* регистри́ровать (*impf.*); вн|оси́ть, -ести́ в о́пись; сост|авля́ть, -а́вить и́ндекс +*g.*

**calender** *n.* (*machine*) кала́ндр; лощи́льный пресс.

*v.t.* (*press cloth*) каландри́ровать (*impf.*); лощи́ть, на-.

**calends** (*also* **kalends**) *n.* кале́нд|ы (*pl., g.* —); postpone to the Greek ~ от|кла́дывать, -ложи́ть до гре́ческих кале́нд.

**calf¹** *n.* **1.** (*of cattle*) телёнок; a cow in ~ сте́льная коро́ва; (*of seal, whale etc.*) детёныш; **2.** (*leather*) теля́чья ко́жа; опо́ек; bound in ~ переплетённый в теля́чью ко́жу; **3.** (*fig.*): the golden ~ золото́й теле́ц; kill the fatted ~ закла́ть (*pf.*) упи́танного тельца́.

*cpds.*: ~-**love** ю́ношеское увлече́ние; ~'s **foot jelly** *n.* сту́день (*m.*) из теля́чьих но́жек; ~-**skin** *n.* опо́ек; теля́чья ко́жа.

**calf²** *n.* (*of leg*) икра́.

**calibrate** *v.t.* калиброва́ть (*impf.*), градуи́ровать (*impf., pf.*).

**calibration** *n.* калибро́вка.

**calibre** *n.* (*lit., fig.*) кали́бр.

**calico** *n.* коленко́р, миткаль (*m.*).

*cpds.*: ~-**printer** *n.* набо́йщик; ~-**printing** *n.* ситценабивно́е де́ло.

**California** *n.* Калифо́рния.

**Californian** *n.* калифорни́|ец (*fem.* -йка).

     *adj.* калифорни́йский.

**calipers** *see* CALLIPERS.

**caliph** *n.* кали́ф, хали́ф.

**caliphate** *n.* халифа́т.

**calisthenics** *see* CALLISTHENICS.

**calk** *see* CA(U)LK.

**call** *n.* **1.** (*cry, shout*) зов, о́клик; I heard a ~ for help я услы́шал крик о по́мощи; they came at my ~ они́ пришли́ на мой зов; remain within ~ оставáться (*impf.*) неподалёку (*or* в пределах слы́шимости); **2.** (*of bird*) крик; (*of bugle*) зов, сигнáл; **3.** (*message*): telephone ~ вы́зов по телефо́ну; телефо́нный звоно́к; he took the ~ in his study он подошёл к телефо́ну в своём кабинéте; **4.** (*visit*): pay a ~ нан|оси́ть, -ести́ визи́т; he returned my ~ он нанёс мне отвéтный визи́т; port of ~ порт захо́да; **5.** (*invitation, summons, demand*) зов, клич, призы́в; the ~ of the sea зов мо́ря; the doctor is on ~ врач на вы́зове; he answered his country's ~ он откли́кнулся на призы́в свое́й ро́дины; I have many ~s on my time у меня́ почти́ нет свобо́дного вре́мени; **6.** (*need*): there is no ~ for him to worry ему́ не́чего волновáться; **7.** (*at cards*) объявле́ние игры́; **8.** it was a close ~ éле-éле/чу́дом спасли́сь.

*v.t.* **1.** (*name, designate*): наз|ывáть, -вáть; he is ~ed John его́ зову́т Джон; he ~s himself a colonel он называ́ет себя́ полко́вником; ~ s.o. names об|зывáть, -озвáть кого́-н.; we have nothing we can ~ our own у нас нет ничего́, что мы могли́ бы счита́ть свои́м; I ~ that a shame я счита́ю э́то посты́дным; let's ~ it £5 сойдёмся на пяти́ фу́нтах; ~ a halt объяв|ля́ть, -и́ть переры́в/остано́вку; ~ the roll дéлать, с- перекли́чку; ~ a strike приз|ывáть, -вáть к забасто́вке; **2.** (*summon, arouse attention of*): ~ a doctor/taxi! вы́зовите врачá/такси́!; duty ~s долг вели́т; ~ me at 6 разбуди́те меня́ в 6 часо́в; (this is) London ~ing говори́т Ло́ндон; for *Am. sense* 'telephone' *see* ~ **up**; **3.** (*announce*): the case is ~ed for Tuesday слу́шание дéла назнáчено на вто́рник; ~ a meeting соз|ывáть, -вáть со-брáние; ~ banns of marriage огла|шáть, -си́ть именá лиц, вступáющих в брак; **4.** (*var. idioms*): ~ in question стáвить, по- под со-мнéние; ~ to mind вызывáть, вы́звать в пáмяти; ~ into being вызывáть, вы́звать к жи́зни; ~ attention to обра|щáть, -ти́ть (чьё-н.) внимáние на +*a.*; ~ into play прив|оди́ть, -ести́ в дéйствие; ~ to witness приз|ывáть, -вáть в свидéтели; ~ to order приз|ывáть, -вáть к поря́дку.

*v.i.* **1.** (*cry, shout*) звать, по-; окл|икáть, -и́кнуть; I heard someone ~ я слы́шал, как кто́-то позвáл; I ~ed to him я окли́кнул его́; **2.** (*pay a visit*) за|ходи́ть, -йти́; I ~ed on him я зашёл к нему́; the ship ~ed at Naples парохо́д зашёл в Неáполь; the train ~s at every station по́езд останáвливается на кáждой стáнции; the butcher ~ed мясни́к заходи́л; has the laundry ~ed yet? из прáчечной ужé приезжáли?; **3.** ~ for (*pick up*): I ~ed for him at 6 я зашёл за ним в 6 часо́в; to be ~ed for до востре́бования; (*demand*): the situation ~s for

courage обстоя́тельства трéбуют му́жества; they ~ed for his resignation они́ трéбовали его́ отстáвки; **4.** ~ on, upon (*require*): I ~ on you to keep your promise я призывáю вас сдержáть своё обещáние; (*appeal to*): I ~ed on him for help я призвáл его́ на по́мощь; (*invite*) предл|агáть, -ожи́ть (*что кому*); I ~ on Mr. Grey to speak я предоставля́ю сло́во г-ну Грéю; I feel ~ed on to reply я чу́вствую, что до́лжен отвéтить.

*with advs.*: ~ **away** *v.t.* от|зывáть, -озвáть; ~ **back** *v.t. & i.* (*answer*) откл|икáться, -и́кнуться (на +*a.*); (*on telephone*) позвони́ть (*pf.*) сно́ва (+*d.*); перезвони́ть (*pf.*); ~ **down** *v.t.*: ~ down curses on s.o.'s head приз|ывáть, -вáть прокля́тия на чью-н. го́лову; ~ **forth** *v.t.* (*lit., fig.*) вызывáть, вы́звать; ~ **in** *v.t.* (*books*) трéбовать, за- назáд; (*currency*) изы|мáть, -ъя́ть из обращéния; (*a specialist*) вызывáть, вы́звать; ~ **off** *v.t.* (*e.g. a dog*) от|зывáть, -озвáть; (*cancel*) отмен|я́ть, -и́ть; ~ **out** *v.t.* (*announce*) выкликáть, вы́кликнуть; (*summon away*) от|зывáть, -озвáть; (*workers, on strike*) приз|ывáть, -вáть (к +*d.*); вызывáть, вы́звать (на +*a.*); (*to a duel*) вызывáть, вы́звать; *v.i.* выкликáть, вы́кликнуть; выкри́кивать, вы́крикнуть; ~ **over** *v.t.* (*e.g. names*) дéлать перекли́чку +*g.*; I ~ed him over (*i.e. to come over*) я подозвáл его́; ~ **up** *v.t.* (*telephone*) звони́ть, по- (*кому*) по телефо́ну; (*evoke*) вызывáть, вы́звать; (*for mil. service*) приз|ывáть, -вáть.

*cpds.*: ~-**box** *n.* телефо́нная бу́дка; ~-**boy** *n.* мáльчик, вызывáющий актёров на сцéну; ~-**girl** *n.* проститу́тка, приходя́щая по вы́зову; ~-**over** *n.* (*roll-call*) перекли́чка; ~-**sign** *n.* (*radio*) позывно́й (сигнáл); ~-**up** *n.* (*mil.*) призы́в.

**caller** *n.* (*visitor*) посети́тель (*fem.* -ница); (*telephone*) позвони́вший (по телефо́ну).

**calligrapher** *n.* каллигрáф.

**calligraphic** *adj.* каллиграфи́ческий.

**calligraphy** *n.* каллигрáфия.

**calling** *n.* (*summoning*) созы́в; (*profession, occupation*) призвáние, зáнятие.

*cpd.*: ~-**in** *n.* (*withdrawal*) изъя́тие из обращéния (*or* употреблéния).

**callipers** *n.* кронци́ркуль (*m.*).

**callipygous** *adj.* с краси́выми бёдрами.

**callisthenics** *n.* ритми́ческая гимнáстика, ри́тмика; пласти́ческая гимнáстика.

**callosity** *n.* мозо́ль; огрубéние, затвердéние.

**callous** *n. see* CALLUS.

*adj.* (*of skin*) огрубéлый, мозо́листый; (*fig.*) чёрствый.

**callousness** *n.* чёрствость.

**callow** *adj.* (*unfledged*; *also fig.*) неопери́вшийся.

**callus** *n.* ко́стная мозо́ль.

**calm** *n.* споко́йствие, тишинá; a dead ~

мёртвая тишина́; (*at sea*) штиль (*m.*), безве́трие.

*adj.* споко́йный.

*v.t. & i.* успок|а́ивать(ся), -о́ить(ся).

**calmative** *n.* успока́ивающее сре́дство. *adj.* успокои́тельный.

**calmness** *n.* споко́йствие, тишина́, поко́й.

**calomel** *n.* ка́ломель.

**caloric** *adj.* теплово́й, терми́ческий.

**calorie** *n.* кало́рия.

**calorific** *adj.* теплово́й, теплотво́рный; калори́йны; ~ value теплотво́рная спосо́бность; калори́йность.

**calorimeter** *n.* калори́метр.

**calque** *n.* (*ling.*) ка́лька.

**calumet** *n.* тру́бка ми́ра.

**calumniate** *v.t.* клевета́ть, о-; наговор|а́ривать, -ори́ть на +*a.*; огов|а́ривать, -ори́ть; я́бедничать, на- на +*a.*

**calumniator** *n.* клеветни́к, наговор́щик, кля́узник.

**calumnious** *adj.* клеветни́ческий, кля́узнический.

**calumny** *n.* клевета́, наговор, оговор.

**Calvary** *n.* (*place*) Голго́фа; (*fig., torment*) му́ки (*f. pl.*); кре́стный путь.

**calve** *v.i.* тели́ться, о-.

**Calvinism** *n.* кальвини́зм.

**Calvinist** *n.* кальвини́ст.

**Calvinistic** *adj.* кальвини́стский.

**calypso** *n.* кали́псо (*indecl.*).

**calyx** *n.* (*bot.*) ча́шечка; (*anat.*) чашеви́дная по́лость.

**cam** *n.* кулачо́к, копи́р, па́лец. *cpd.*: ~**shaft** кулачко́вый вал.

**camaraderie** *n.* това́рищеские отноше́ния.

**camarilla** *n.* камари́лья.

**camber** *n.* вы́пуклость, кривизна́, изо́гнутость; (*of road*) попере́чный укло́н. *v.t. & i.* выгиба́ть(ся), вы́гнуть(ся).

**Cambodia** *n.* Камбо́джа.

**Cambodian** *n.* (*pers.*) камбоджи́|ец (*fem.* -йка). *adj.* камбоджи́йский.

**Cambrian** *adj.* кембри́йский.

**cambric** *n.* бати́ст.

**Cambridge** *n.* Ке́мбридж; (*attr.*) ке́мбриджский.

**camel** *n.* верблю́д; Arabian ~ дромаде́р, одного́рбый верблю́д; Bactrian ~ бактриа́н, двуго́рбый верблю́д; ~ corps кавале́рия на верблю́дах; the last straw breaks the ~'s back после́дняя ка́пля переполня́ет ча́шу. *cpds.*: ~-**driver** пого́нщик верблю́дов; ~-('s)-**hair** *n.* (*for paint-brush*) во́лос из бе́личьих хвосто́в; *adj.*: ~-hair coat пальто́ из верблю́жей ше́рсти.

**camel(l)ia** *n.* каме́лия.

**cameo** *n.* каме́я; (*fig.*) скетч, эссе́ (*indecl.*), виньетка.

**camera** *n.* **1.** (*phot.*) фотоаппара́т; **2.** in ~ при закры́тых дверя́х.

*cpd.*: ~**man** (*photographer*) фото́граф, фотерепортёр; (*cin.*) (кино)опера́тор.

**camiknickers** *n.* комбина́ция.

**camomile** *n.* рома́шка.

**camouflage** *n.* камуфля́ж; (*also fig.*) маскиро́вка. *v.t.* (*lit., fig.*) маскирова́ть, за-.

**camp**[1] *n.* ла́герь (*m.*; *pl. in mil. etc. sense* лагеря́, *in pol. sense* ла́гери); бива́к; pitch ~ расположи́ться/стать (*both pf.*) ла́герем; break, strike ≃ сн|има́ться, -я́ться с ла́геря; he has a foot in both ~s ≃ он слу́жит и на́шим и ва́шим.

*v.i.* разб|ива́ть, -и́ть ла́герь; распол|ага́ться, -ожи́ться ла́герем; go ~ing отпр|авля́ться, -а́виться в (туристи́ческий) похо́д; жить в пала́тках; ~ **down** поста́вить (*pf.*) пала́тки; ~ **out** спать (*impf.*) на откры́том во́здухе; ~ing site ке́мпинг, турба́за.

*cpds.*: ~-**bed** *n.* похо́дная крова́ть; ~-**chair**, ~-**stool** *nn.* складно́й стул; ~**craft** *n.* уме́ние жить на приро́де; ~-**fire** *n.* бива́чный костёр.

**camp**[2] *n.* (*coll., affected behaviour*) аффекта́ция, ма́нерность, кэмп. *adj.* аффекти́рованный, ма́нерный. *v.t.* ~ **up** переи́гр|ывать, -а́ть. *v.i.* (*behave affectedly*) лома́ться, выпе́ндриваться (*both impf.*).

**campaign** *n.* похо́д; (*lit., fig.*) кампа́ния. *v.i.* уча́ствовать (*impf.*) в похо́де; (*fig.*) вести́ (*det.*) кампа́нию.

**campaigner** *n.* уча́стник кампа́нии; old ~ ста́рый воя́ка.

**campanile** *n.* колоко́льня.

**campanologist** *n.* колоко́льный ма́стер, звона́рь (*m.*).

**campanula** *n.* колоко́льчик.

**campeachy** *n.* кампе́шевое/санда́ловое де́рево.

**camper** *n.* ночу́ющий на откры́том во́здухе; тури́ст, живу́щий в пала́тке.

**camphor** *n.* камфара́.

**camphorate** *v.t.*: ~d oil камфа́рное ма́сло.

**camping** *n.* ке́мпинг. *cpd.* ~-**ground** *n.* террито́рия ке́мпинга.

**Campuchea** *n.* Кампучи́я.

**campus** *n.* (*Am., university and buildings*) университе́тский городо́к; (*attr.*) университе́тский, студе́нческий.

**can**[1] *n.* **1.** (*for liquids*) бидо́н; milk-~ моло́чный бидо́н; **2.** (*for food etc.*) (консе́рвная) ба́нка; a ~ of beer/peaches ба́нка пи́ва/пе́рсиков; **3.**: carry the ~ (*sl.*) отдува́ться (*impf.*) (*за кого/что*).

*v.t.* консерви́ровать (*impf, pf*); ~ned food консе́рв|ы (*pl., g.* -ов); ~ned vegetables овощны́е консе́рвы; ~ned music му́зыка в за́писи; ~ned (*drunk*) нализа́вшийся, назюзю́кавшийся (*sl.*); ~ it! (*sl., desist*) заткни́сь!

*cpd.*: ~-**opener** *n.* консе́рвный ключ/нож.

**can²** *v.i.* (*expr. ability or permission*) мочь (*impf.*); (*expr. capability*) уме́ть (*impf.*); I ~ speak French я уме́ю говори́ть по--францу́зски; I ~ see him я ви́жу его́; I ~ understand that я понима́ю (*or* могу́ поня́ть) э́то; I could have laughed for joy я гото́в был смея́ться от ра́дости; I ~ not but feel that . . . я не могу́ не чу́вствовать, что . . .; one ~ hardly blame him едва́ ли мо́жно вини́ть его́ в э́том; ~ it be true? неуже́ли э́то пра́вда?; he is as happy as ~ be он абсолю́тно сча́стлив; as soon as you ~ как то́лько смо́жете; как мо́жно скоре́е; we ~ but try мо́жно всё-таки попыта́ться; he ~ be very trying он мо́жет доня́ть кого́ уго́дно.

**Canaan** *n.* (*bibl.*) Ханаа́н.

**Canaanite** *n.* (*pl.*) ханаане́и (*c.g. pl.*).
   *adj.* ханаа́нский, ханаане́йский.

**Canada** *n.* Кана́да.

**Canadian** *n.* (*pers.*) кана́д|ец (*fem.* -ка).
   *adj.* кана́дский.

**canaille** *n.* сброд, чернь.

**canal** *n.* **1.** (*channel through land*) кана́л; ~ boat су́дно для кана́лов; **2.** (*anat.*) кана́л, прохо́д; alimentary ~ пищевари́тельный тракт; **3.** (*Panama*) C~ Zone Зо́на Пана́мского кана́ла.

**canalization** *n.* сооруже́ние кана́лов.

**canalize** *v.t.* напр|авля́ть, -а́вить (*реку*) в кана́лы; (*fig.*) напр|авля́ть, -а́вить по определённому ру́слу.

**canapé** *n.* ло́мтик поджа́ренного хле́ба с холо́дным мя́сом *и т.п.*; заку́ска.

**canard** *n.* ло́жный слух, (газе́тная) у́тка.

**canary** *n.* (*also* ~-bird) канаре́йка; C~ Islands Кана́рские острова́.
   *cpds.*: ~-**seed** *n.* канаре́ечное се́мя; ~-**yellow** *n.* канаре́ечный цвет.

**canasta** *n.* кана́ста.

**Canberra** *n.* Ка́нберра.

**cancan** *n.* канка́н.

**cancel** *n.* (*cancelling*) отме́на; (*on postage stamps*) погаше́ние.
   *v.t.* **1.** (*cross out*) вычёркивать, вы́черкнуть; **2.** (*countermand*) отмен|я́ть, -и́ть; аннули́ровать (*impf., pf.*); **3.** (*nullify*) св|оди́ть, -ести́ на нет.
   *v.i.*: these items ~ out э́ти пу́нкты сво́дят друг дру́га на нет.

**cancellation** *n.* отме́на, аннули́рование; погаше́ние; вычёркивание.

**cancer** *n.* **1.** (*astron.*) Рак; Tropic of C~ тро́пик Ра́ка; **2.** (*med.*) рак; **3.** (*fig.*) я́зва.

**cancerous** *adj.* (*med.*) ра́ковый; (*fig.*) разъеда́ющий.

**candelabr|a** (*also* -**um**) *n.* канделя́бр.

**candid** *adj.* (*frank*) и́скренний, чистосерде́чный, открове́нный; (*unbiased*) беспристра́стный, прямо́й.

**candidacy** *n.* кандидату́ра.

**candidate** *n.* кандида́т.

**candidature** *n.* кандидату́ра.

**candle** *n.* свеча́; the game is not worth the ~ игра́ не сто́ит свеч; burn the ~ at both ends прожига́ть (*impf.*) жизнь; she is not fit to hold a ~ to him она́ ему́ и в подме́тки не годи́тся.
   *cpds.*: ~-**end** *n.* ога́рок; ~-**light** *n.* свет свечи́/свече́й; свечно́е освеще́ние; ~-**power** *n.* (*elec.*) си́ла све́та в свеча́х; ~ **stick** *n.* подсве́чник.

**Candlemas** *n.* Сре́тение (Госпо́дне).

**candour** *n.* открове́нность, чистосерде́чие, и́скренность, беспристра́стность, прямоду́шие.

**candy** *n.* леденцы́ (*m. pl.*), караме́ль; (*Am.*) конфе́та, сла́сти (*f. pl.*).
   *v.t.*: candied fruit(s) заса́харенные фру́кты.

**cane** *n.* **1.** (*bot.*) камы́ш, тростни́к; ~ chair плетёное кре́сло; **2.** (*walking-stick*) трость, па́лка; **3.** (*for punishment*) па́лка; the boy got the ~ ма́льчика отлупи́ли.
   *v.t.* **1.**: ~ a chair плести́, с- кре́сло из камыша́; **2.**: ~ a pupil нака́з|ывать, -а́ть ученика́ па́лкой.
   *cpds.*: ~-**brake** *n.* за́росли (*f. pl.*) са́харного тростника́; ~-**sugar** *n.* тростнико́вый са́хар.

**canicular** *adj.* зно́йный.

**canine** *adj.* соба́чий; ~ tooth клык.

**caning** *n.* (*punishment*) наказа́ние па́лкой.

**canister** *n.* ба́нка, коро́бка.
   *cpd.*: ~-**shot** *n.* карте́чь.

**canker** *n.* (*med.*) (я́звенный) стомати́т, моло́чница; (*agr.*) рак расте́ний; некро́з плодо́вых дере́вьев.
   *v.t.* разъ|еда́ть, -е́сть.
   *cpd.*: ~-**worm** *n.* плодо́вый червь; (*fig.*) я́зва, червото́чина.

**cankerous** *adj.* разъеда́ющий.

**cannabis** *n.* гаши́ш; ~ indica инди́йская конопля́.

**cannery** *n.* консе́рвный заво́д.

**cannibal** *n.* канниба́л, людое́д.
   *adj.* канниба́льский, людое́дский.

**cannibalism** *n.* каннибали́зм, людое́дство.

**cannibalistic** *adj.* канниба́льский, людое́дский.

**cannibalize** *v.t.* (*mil. etc.*): ~ a machine сн|има́ть, -ять го́дные дета́ли с неиспра́вной маши́ны; «разде́ть»/«раскула́чить» (*pf.*) маши́ну.

**cannikin** *n.* жестя́нка, ба́ночка, кру́жка.

**canniness** *n.* хи́трость, осторо́жность; смека́лка.

**canning** *n.* консерви́рование.
   *cpd.*: ~-**factory** *n.* консе́рвный заво́д.

**cannon** *n.* **1.** (*gun*) пу́шка, ору́дие; **2.** (*artillery*) артилле́рия; **3.** (*at billiards*: *also Am.* carom) карамбо́ль (*m.*).
   *v.i.* (*collide*) ст|а́лкиваться, -олкну́ться; (*at billiards*) сде́лать (*pf.*) карамбо́ль.
   *cpds.*: ~-**ball** *n.* пу́шечное ядро́; ~-**fodder** *n.*

пу́шечное мя́со; ~-shot *n.* (*projectiles*) оруди́йный снаря́д; (*distance*) да́льность вы́стрела; within ~-shot of на расстоя́нии пу́шечного вы́стрела от +*g.*

**cannonade** *n.* канона́да, оруди́йный ого́нь.

*v.t. & i.* вести́ (*det.*) оруди́йный ого́нь; обстре́л|ивать, -я́ть артиллери́йским огнём.

**canny** *adj.* (*shrewd, cautious*) хи́трый, осторо́жный; смека́листый, себе́ на уме́.

**canoe** *n.* кано́э (*nt. indecl.*), челно́к, чёлн, байда́рка; paddle one's own ~ (*fig.*) идти́ (*det.*) свои́м путём; де́йствовать (*impf.*) свои́ми си́лами.

*v.i.* плыть (*det.*) в челноке́ (*or* на байда́рке).

**canoeist** *n.* байда́рочник.

**canon** *n.* **1.** (*church decree*) кано́н; ~ law канони́ческое пра́во; **2.** (*criterion*) пра́вило; **3.** (*body of writings*) кано́н; **4.** (*list of saints*) свя́тц|ы (*pl., g.* -ев); **5.** (*priest*) кано́ник; **6.** (*mus.*) кано́н.

**cañon** see CANYON.

**canonical** *adj.* **1.** (*approved by church law*) канони́ческий; ~s (*as n.*) церко́вное облаче́ние; **2.** (*of books*) канони́ческий, канони́чный; **3.** (*mus.*) в фо́рме кано́на.

**canonicity** *n.* канони́чность.

**canonist** *n.* канони́ст.

**canonization** *n.* канониза́ция.

**canonize** *v.t.* (*recognise as a saint*) канонизи́ровать (*impf., pf.*).

**canonry** *n.* до́лжность кано́ника.

**canoodle** *v.i.* (*coll.*) не́жничать, обнима́ться (*both impf.*).

**canopy** *n.* **1.** (*covering over bed etc.*) балдахи́н, по́лог; **2.** (*of parachute*) ку́пол; **3.** (*fig.*) по́лог, покро́в.

*v.t.* покр|ыва́ть, -ы́ть по́логом.

**Canossa** *n.*: go to ~ (*fig.*) идти́ (*det.*) в Кано́ссу; унижённо проси́ть проще́ния.

**cant**[1] *n.* (*insincere talk*) ха́нжество; (*jargon*): thieves' ~ воровско́й жарго́н, блатна́я му́зыка.

*v.i.* лицеме́рить (*impf.*), ханжи́ть (*impf.*); a ~ing hypocrite лицеме́р и ханжа́.

**cant**[2] *v.t.* (*incline, tilt*) наклон|я́ть, -и́ть; перевёр|тывать, -ну́ть.

**Cantab** *n.* (*coll.*) see CANTABRIGIAN.

**cantabile** *adv.* канта́биле.

**Cantabrigian** *n.* студе́нт Ке́мбриджского университе́та.

**cantaloup(e)** *n.* кантала́упа; (му́скусная) ды́ня.

**cantankerous** *adj.* сварли́вый.

**cantankerousness** *n.* сварли́вость.

**cantata** *n.* канта́та.

**cantatrice** *n.* певи́ца.

**canteen** *n.* **1.** (*shop*) войскова́я ла́вка, вое́нный магази́н; **2.** (*eating-place*) столо́вая; **3.** (*water-container*) фля́га; **4.** (*case of cutlery*) (похо́дный) я́щик со столо́выми принадле́жностями.

**canter** *n.* лёгкий гало́п; preliminary ~ (*fig.*) вступле́ние, прелю́дия, пристре́лка; win in a ~ (*fig.*) вы́и́грывать, вы́играть с лёгкостью.

*v.i.* е́хать (*impf.*) лёгким гало́пом.

**Canterbury** *n.* Ке́нтербер|и (*m. indecl.*); (*attr.*) -и́йский.

**cantharides** *n. pl.* шпа́нские му́шки (*f. pl.*).

**canticle** *n.* песнь, гимн, кант.

**cantilever** *n.* консо́ль, кронште́йн, уко́сина; ~ bridge консо́льный мост.

**canto** *n.* песнь.

**canton**[1] *n.* **1.** (*Swiss etc.*) канто́н; **2.** (*in shield or flag*) пра́вый ве́рхний у́гол.

*v.t.* **1.** (*divide into cantons*) дели́ть, раз- на канто́ны; **2.** (*quarter soldiers*) расквартиро́в|ывать, -а́ть.

**Canton**[2] *n.* (*geog.*) Канто́н, Гуанчжо́у (*m. indecl.*).

**cantonal** *adj.* кантона́льный.

**Cantonese** *n.* (*pers.*) канто́н|ец (*fem.* -ка); (*dialect*) канто́нский диале́кт (кита́йского языка́).

**cantonment** *n.* (*mil. station*) ла́герь (*m.*), вое́нный городо́к.

**cantor** *n.* (*choir-leader*) ре́гент хо́ра; (*in synagogue*) ка́нтор.

**cantrip** *n.* (*Sc., magic spell*) колдовство́, ча́р|ы (*pl., g.* —).

**Canuck** *n.* (*Am. coll., Canadian*) кана́д|ец (*fem.* -ка).

*adj.* кана́дский.

**Canute** *n.* Кнуд.

**canvas** *n.* **1.** (*cloth*) холст; паруси́на, брезе́нт; under ~ (*in camp*) в пала́тках; (*with sails spread*) под паруса́ми; **2.** (*for painting*) холст; **3.** (*fig., picture*) полотно́, холст; **4.** (*attr.*) холщо́вый; брезе́нтовый, паруси́новый; a ~ bag холщо́вый мешо́к.

**canvass** *n.* (*for votes*) предвы́борная агита́ция.

*v.t. & i.*: ~ a constituency вести́ (*det.*) предвы́борную агита́цию в избира́тельном о́круге; ~ opinions соб|ира́ть, -ра́ть мне́ния; ~ a subject обсу|жда́ть, -ди́ть вопро́с; ~ orders соб|ира́ть, -ра́ть зака́зы.

**canvasser** *n.* агита́тор.

**canyon, cañon** *n.* каньо́н; глубо́кое уще́лье.

**caoutchouc** *n.* каучу́к.

**cap** *n.* **1.** (*worker's*) ке́пка; (*of uniform, incl. school*) фура́жка; (*without peak*) ша́пка; dunce's ~ дура́цкий колпа́к; fool's ~ шутовско́й колпа́к; ~ and bells колпа́к с бубе́нчиками; ~ of liberty, Phrygian ~ фриги́йский колпа́к; (*lady's, servant's or nurse's*) чепе́ц; (*baby's*) че́пчик; **2.** (*of mountain*) верху́шка, верши́на; **3.** (*e.g. of pen or bottle*) кры́шка; percussion ~ писто́н, ка́псюль (*m.*); **4.** (*fig.*): he came to us ~ in hand он яви́лся к нам со смире́нным ви́дом; if the ~ fits, wear it вольно́ же вам э́то на свой счёт приня́ть; ≃ на во́ре ша́пка гори́т; she set her

~ at him она́ реши́ла пойма́ть/округи́ть его́; he put on his thinking ~ он заду́мался.

*v.t.* **1.** (*put a* ~ *on, cover*) над|ева́ть, -е́ть ша́пку на +*a.*; **2.** (*excel*) прев|осходи́ть, -зойти́; (*a joke etc.*) перещеголя́ть (*pf.*); to ~ our misfortunes в доверше́ние на́ших злоключе́ний; **3.** (*confer degree on*) прису|жда́ть, -ди́ть учёную сте́пень +*d.*; **4.** (*sport*) прин|има́ть, -я́ть в соста́в кома́нды.

*cpd.*: ~-**band** *n.* око́лыш.

**capability** *n.* спосо́бность, возмо́жность.

**capable** *adj.* **1.** (*gifted*) спосо́бный; **2.** (~ *of*) спосо́бный на +*a.*; he is ~ of telling lies он спосо́бен солга́ть; **3.** (*susceptible*) поддаю́щийся; the situation is ~ of improvement положе́ние мо́жно испра́вить.

**capacious** *adj.* просто́рный.

**capaciousness** *n.* просто́рность.

**capacity** *n.* **1.** (*ability to hold*) вмести́мость; ёмкость; measure of ~ ме́ра объёма; the hall's seating ~ is 500 вмести́мость за́ла — пятьсо́т мест; the room was filled to ~ ко́мната была́ запо́лнена до отка́за; play to ~ (*theatr.*) де́лать (*impf.*) по́лные сбо́ры; **2.** (*of engine*) (наибо́льшая) мо́щность, нагру́зка; (*of ship*) вмести́мость; to work at, to ~ рабо́тать (*impf.*) в по́лную си́лу; **3.** (*fig.*): a mind of great ~ мо́щный ум; he has little ~ for happiness он не со́здан для сча́стья; **4.** (*position, character*): in my ~ as critic как кри́тик; в ро́ли/ка́честве кри́тика; I have come in the ~ of a friend я пришёл как друг; legal ~ правоспосо́бность; **5.** (*elec.*) электри́ческая ёмкость.

**cap-à-pie** *adv.* с головы́ до ног.

**caparison** *n.* попо́на, чепра́к; (*fig.*) убо́р.

*v.t.* покр|ыва́ть, -ы́ть попо́ной/чепрако́м; (*fig.*) разубра́ть (*pf.*).

**cape¹** *n.* (*garment*) наки́дка с капюшо́ном; (*part of garment*) капюшо́н.

**cape²** (*geog.*) мыс; the C~ (of Good Hope) мыс До́брой Наде́жды; C~ Coloured *n.* ю́жноафрика́нский мети́с; C~ Dutch (*language*) африка́анс; (*attr.*) бу́рский; C~ gooseberry физа́лис; ви́шня перувиа́нская; C~ Province Ка́пская про́винция; C~ Town, C~ town Ке́йптаун; ~ Verde Зелёный Мыс.

**caper¹** *n.* (*shrub*) ка́персник; (*pl., cul.*) ка́персы (*m. pl.*).

**caper²** *n.* (*leap*) прыжо́к.

*v.i.* (*also cut* ~s) скака́ть (*impf.*); вы́делывать (*impf.*) антраша́.

**capercail|lie, -zie** *n.* глуха́рь (*m.*).

**capful** *n.* по́лная ша́пка; a ~ of wind лёгкий поры́в ве́тра.

**capillary** *adj.* капилля́рный; ~ attraction капилля́рное притяже́ние.

**capital** *n.* **1.** (*principal city*) столи́ца; (*attr.*) столи́чный; **2.** (*upper-case letter*) прописна́я/загла́вная бу́ква; block ~s прописны́е печа́тные бу́квы; small ~s капите́ль; **3.**

(*wealth*) капита́л; circulating ~ оборо́тный капита́л; fixed ~ основно́й капита́л; loan ~ ссу́дный капита́л; paid-up ~ опла́ченный акционе́рный капита́л; ~ and interest основна́я су́мма и наро́сшие проце́нты; **4.** (*fig., advantage*) вы́игрыш, капита́л; he made ~ out of our mistakes он ло́вко воспо́льзовался на́шими оши́бками; **5.** (*employers*) капита́л; ~ and labour труд и капита́л; **6.** (*archit.*) капите́ль.

*adj.* **1.** (*major*) гла́вный, основно́й; **2.** (*excellent*) капита́льный, превосхо́дный; **3.** (*involving death penalty*): a ~ offence преступле́ние, кара́емое сме́ртью; ~ punishment сме́ртная казнь; **4.** (*nav.*): ~ ship лине́йный кора́бль; кре́йсер; **5.** (*econ.*): ~ goods сре́дства произво́дства; ~ expenditure капита́льные затра́ты; ~ assets основны́е сре́дства; ~ levy нало́г на капита́л; **6.** (*upper-case*) прописна́я/загла́вная (*бу́ква*).

**capitalism** *n.* капитали́зм.

**capitalist** *n.* капитали́ст.

**capitalistic** *adj.* капиталисти́ческий.

**capitalization** *n.* **1.** (*writing with capital letter*) письмо́ прописны́ми бу́квами; заме́на строчны́х букв прописны́ми; **2.** (*econ.*) капитализа́ция.

**capitalize** *v.t. & i.* **1.** (*write with capital letter*) писа́ть, на- прописны́ми бу́квами; **2.** (*econ.*) капитализи́ровать (*impf., pf.*); **3.** (*fig.*) наж|ива́ться, -и́ться; ~ on s.o.'s misfortune извл|ека́ть, -е́чь вы́году из чьего́-н. несча́стья.

**capitation** *n.* исчисле́ние с головы́; ~ tax поду́шная пода́ть.

**Capitol** *n.* Капито́лий; ~ Hill Капитоли́йский холм.

**capitular** *adj.* относя́щийся к капи́тулу.

**capitulate** *v.i.* капитули́ровать (*impf., pf.*).

**capitulation** *n.* (*surrender*) капитуля́ция.

**capon** *n.* каплу́н.

**capriccio** *n.* капри́чч(и)о (*indecl.*).

**caprice** *n.* при́хоть, капри́з, причу́да.

**capricious** *adj.* прихотли́вый, капри́зный.

**capriciousness** *n.* непостоя́нство; капри́зность.

**Capricorn** *n.* Козеро́г; Tropic of ~ тро́пик Козеро́га.

**caprine** *adj.* козли́ный.

**capriole** *n.* прыжо́к на ме́сте.

**capsicum** *n.* стручко́вый пе́рец.

**capsize** *v.t. & i.* опроки́|дывать(ся), -нуть(ся).

**capstan** *n.* кабеста́н.

**capsule** *n.* **1.** (*bot.*) семенна́я коро́бочка; **2.** (*med.*) ка́псула; **3.** (*metal cap*) кры́шка, колпачо́к; **4.** (*for space travel*) ка́псула, отсе́к; **5.** (*fig.*): ~ biography кра́ткая биогра́фия.

**captain** *n.* **1.** (*leader*) руководи́тель (*m.*); ~ of industry промы́шленный магна́т; (*head of team*) капита́н кома́нды; **2.** (*army rank*) капита́н; **3.** (*naval rank*) капита́н пе́рвого

ра́нга; команди́р корабля́.
*v.t.* руководи́ть (*impf.*); вести́ (*det.*); быть
капита́ном +*g.*
**captain|cy, -ship** *nn.* зва́ние/до́лжность капита́на.
**caption** *n.* (*title, words accompanying picture*)
по́дпись к карти́нке; (*film subtitle*) титр.
**captious** *adj.* приди́рчивый.
**captiousness** *n.* приди́рчивость.
**captivate** *v.t.* плен|я́ть, -и́ть; очаро́в|ывать,
-а́ть.
**captivating** *adj.* плени́тельный, чару́ющий.
**captive** *n.* пле́нник, пле́нный; take ~ брать,
взять в плен; hold ~ держ|а́ть (*impf.*) в плену́.
*adj.* пле́нный; ~ audience слу́шатели (*m. pl.*)
понево́ле; ~ balloon привязно́й аэроста́т.
**captivity** *n.* плен, плене́ние.
**captor** *n.* захвати́вший в плен; взя́вший приз.
**capture** *n.* (*action*) пои́мка, захва́т; (*thing ~d*)
добы́ча.
*v.t.* брать, взять в плен; захва́т|ывать, -и́ть;
~ s.o.'s attention прико́в|ывать, -а́ть чьё-н.
внима́ние.
**Capuchin** *n.* (*friar; monkey*) капуци́н.
**capybara** *n.* водосви́нка.
**car** *n.* **1.** (*motor vehicle*) (легково́й) автомоби́ль,
маши́на; **2.** (*rail vehicle*) ваго́н; dining-~
ваго́н-рестора́н; sleeping-~ спа́льный ваго́н;
Pullman ~ пу́льмановский ваго́н; **3.** (*hist.,
poet.*) колесни́ца.
*cpds.*: ~**-driver** *n.* шофёр; ~**-ferry** *n.* автопаро́м; ~**-hire** *n.* прока́т автомоби́ля;
~**-park** *n.* автостоя́нка; ~ **pool** *n.* автоба́за
предприя́тия (*or* учрежде́ния); ~**-port** *n.*
наве́с для автомоби́ля; ~**-sick** *adj.*: he was
~-sick его́ укача́ло в маши́не.
**carabineer** *n.* карабине́р.
**Caracas** *n.* Кара́кас.
**caracole** *n.* карако́ль (*m.*).
*v.i.* де́лать, с- карако́ль.
**caracul, karakul** *n.* кара́куль (*m.*).
**carafe** *n.* графи́н.
**caramel** *n.* (*burnt sugar*) караме́ль; (*sweetmeat*)
караме́ль, караме́лька.
*adj.* (~-*coloured*) светло-кори́чневый.
**carapace** *n.* щито́к (*черепахи и т.п.*).
**carat** (*Am. also* **karat**) *n.* кара́т.
**caravan** *n.* карава́н; (*gipsy's*) фурго́н, кры́тая
теле́га; (*trailer*) дом-автоприце́п.
*v.i.*: go ~ning путеше́ствовать в до́ме-
-автоприце́пе.
**caravanserai** *n.* карава́н-сара́й.
**caravel** *n.* караве́лла.
**caraway** *n.* тмин; ~ seed тми́нное се́мя.
**carbide** *n.* карби́д; calcium ~ карби́д ка́льция.
**carbine** *n.* караби́н.
**carbohydrate** *n.* углево́д.
**carbolic** *adj.* карбо́ловый.
**carbon** *n.* **1.** (*element*) углеро́д; ~ monoxide
уга́рный газ; ~ dioxide углекислота́,

углеки́слый газ; ~ dating датиро́вка/дати-
рование по (радио)углеро́ду; **2.** (*elec.*) у́голь
(*m.*); у́гольный электро́д; **3.** (~-*paper*) копи-
рова́льная бума́га; копи́рка; ~ copy (*lit.*)
ко́пия под копи́рку; (*fig.*) (то́чная) ко́пия.
**carbonaceous** *adj.* углеро́дистый, углеро́дный,
карбона́тный.
**carbonic** *adj.* у́гольный, углеро́дный, угле-
ро́дистый; ~ acid углекислота́.
**carboniferous** *adj.* угленосный; каменно-
уго́льный.
**carbonization** *n.* обу́гливание, карбониза́ция.
**carbonize** *v.t.* **1.** (*convert into carbon*) кар-
бонизи́ровать (*impf., pf.*); **2.** (*apply carbon
black to*) покр|ыва́ть, -ы́ть углём; **3.** (*char*)
обу́гли|вать, -ть; коксова́ть (*impf.*).
**carborundum** *n.* карбору́нд.
**carboy** *n.* оплетённая буты́ль.
**carbuncle** *n.* (*jewel; med.*) карбу́нкул.
**carburettor** *n.* карбюра́тор.
**carcajou** *n.* росома́ха.
**carcas|e, -s** *n.* **1.** (*of animal*) ту́ша; ~ meat
парно́е мя́со; (*fig.*): save one's ~ спас|а́ть, -ти́
свою́ шку́ру; **2.** (*of building, ship etc.*) карка́с,
о́стов, ко́рпус.
**carcinogenic** *adj.* канцероге́нный.
**carcinoma** *n.* карцино́ма, ра́ковое новооб-
разова́ние.
**card**[1] *n.* **1.** (*piece of pasteboard*) ка́рточка; (*postcard*) откры́тка; calling-, visiting-~ визи́тная
ка́рточка; Party ~ парти́йный биле́т; invitation ~ пригласи́тельный биле́т; Christmas ~
рожде́ственская откры́тка; birthday ~ по-
здрави́тельная ка́рточка/откры́тка ко дню
рожде́ния; identity ~ удостовере́ние
ли́чности; **2.** (*playing-*~) игра́льная ка́рта;
play ~s игра́ть, сыгра́ть в ка́рты; play a ~
пойти́ (*pf.*) с (како́й-н.) ка́рты; house of ~s
(*lit., fig.*) ка́рточный до́мик; I won £5 at ~s я
вы́играл в ка́рты 5 фу́нтов; **3.** (*in libraries etc.*)
катало́жная ка́рточка; ~s (*documents of employment*) учётная ка́рточка; give s.o. his ~s
(*dismiss him*) уво́лить (*pf.*) кого́-н.; **4.** (*of compass*) карту́шка; **5.** (*coll., queer or comic person*) тип; **6.** (*fig.*): he put his ~s on the table он
раскры́л свои́ ка́рты; I have a ~ up my sleeve
у меня́ есть в запа́се ко́зырь; do not show your
~s не раскрыва́йте свои́х карт; he holds all
the ~s у него́ все ко́зыри на рука́х; he plays
his ~s well он уме́ло испо́льзует обстоя́-
тельства; it is on the ~s that we shall go
возмо́жно, что мы пойдём.
*cpds.*: ~**-carrying** *adj.* зарегистри́рованный,
состоя́щий в организа́ции; ~**-index** *n.* кар-
тоте́ка; *v.t.* (*enter on* ~s) зан|оси́ть, -ести́ на
ка́рточки; каталогизи́ровать (*impf., pf.*);
~**-party** *n.* ве́чер за ка́ртами; ~**-player** *n.*
игро́к в ка́рты; картёжник; ~**-playing** *n.* игра́
в ка́рты; ~**-sharper** *n.* шу́лер; ~**-table** *n.* ло́м-
берный стол.

**card**² *n.* (*for wool*) ка́рда, чеса́лка.

*v.t.* чеса́ть, по-; прочёс|ывать, -а́ть; кардова́ть (*impf.*); ~ing-machine кардочеса́льная маши́на.

**cardam|om, -um** *n.* кардамо́н.

**cardan** *n.* карда́н; ~ joint карда́нный шарни́р; ~ shaft карда́нный вал.

**cardboard** *n.* карто́н; ~ box карто́нная коро́бка; (*fig.*): ~ characters (*in a novel*) ходу́льные персона́жи.

**carder** *n.* (*pers.*) чеса́льщи|к (*fem.* -ца); ворси́льщи|к (*fem.* -ца); (*machine*) ка́рдная маши́на.

**cardiac** *adj.* серде́чный.

**cardigan** *n.* шерстяна́я ко́фта; кардига́н, фуфа́йка; (*man's*) вя́заная ку́ртка.

**cardinal** *n.* (*eccl., zool.*) кардина́л; ~'s hat кардина́льская ша́пка.

*adj.* (*principal*) кардина́льный; ~ number коли́чественное числи́тельное; ~ point страна́ све́та; ~ vowel кардина́льный гла́сный; a matter of ~ importance де́ло чрезвыча́йной ва́жности; важне́йшее де́ло; (*scarlet*) яркокра́сный.

**cardinalate** *n.* сан кардина́ла.

**cardiogram** *n.* кардиогра́мма.

**cardiology** *n.* кардиоло́гия.

**cardoon** *n.* ка́рда.

**care** *n.* **1.** (*serious attention, caution*) осторо́жность; he works with ~ он стара́тельно рабо́тает; handle this with ~ обраща́йтесь с э́тим осторо́жно; glass with ~ осторо́жно! — стекло́; take ~ you don't fall смотри́те, не упади́те; have a ~! береги́тесь!; **2.** (*charge, responsibility*) забо́та, попече́ние; he is under the doctor's ~ он нахо́дится под наблюде́нием врача́; the child is in my ~ ребёнок на моём попече́нии; Mr. Smith, ~ of Mr. Jones г-ну Джо́нсу для г-на Сми́та (*or* для переда́чи г-ну Сми́ту); that shall be my ~ я об э́том позабо́чусь; that will take ~ of (*meet*) our needs э́то обеспе́чит нас необходи́мым; э́того нам хва́тит; **3.** (*anxiety*): free from ~ свобо́дный от забо́т; не зна́ющий забо́т, беззабо́тный.

*v.i.* **1.** (*feel concern or anxiety*): I don't ~ what they say мне всё равно́, что они́ ска́жут; he doesn't ~ a bit ему́ наплева́ть (*coll.*); who ~s? не всё ли равно́?; I couldn't ~ less (*coll.*) а мне-то что?; мне наплева́ть; he can go for all I ~ по мне он мо́жет идти́; not that I ~ не то, что́бы меня́ э́то волнова́ло/трево́жило/беспоко́ило; that's all he ~s about он бо́льше ниче́м не интересу́ется; **2.** (*feel inclination*): would you ~ for a walk? не хоти́те ли пойти́ погуля́ть?; I don't ~ for asparagus я не люблю́ спа́ржи; I knew she ~d for him я знал, что он ей нра́вится (*or* что она́ неравноду́шна к нему́); you might ~ to look at this letter вам, мо́жет быть, бу́дет интере́сно взгляну́ть на

э́то письмо́; **3.** (*look after*): he is well ~d for за ним хоро́ший ухо́д; он окружён забо́той.

*cpds.*: ~**free** *adj.* беззабо́тный; ~**-laden** *adj.* обременённый забо́тами; ~**taker** *n.* сто́рож; смотри́тель (*m.*) зда́ния; ~taker government вре́менное прави́тельство; ~**worn** *adj.* изму́ченный забо́тами.

**careen** *v.t.* кренгова́ть (*impf.*), килева́ть (*impf.*).

*v.i.* (*heel over*) крени́ться (*impf.*); (*Am., career*) нести́сь, по- (*det.*).

**career** *n.* **1.** (*life story*) жи́зненный путь; **2.** (*profession*) карье́ра, де́ятельность, профе́ссия; ~s open to women профе́ссии, досту́пные же́нщинам; ~ diplomat(ist) профессиона́льный диплома́т; ~s master (*at school*) консульта́нт по профессиона́льной ориента́ции; **3.** (*motion*): in full ~ во весь опо́р.

*v.i.* нести́сь, по- (*det.*); мча́ться (*impf.*).

**careerism** *n.* карьери́зм.

**careerist** *n.* карьери́ст.

**careful** *adj.* **1.** (*attentive*) осторо́жный; забо́тливый, внима́тельный; be ~ not to fall бу́дьте осторо́жны, не упади́те; be ~ where you go смотри́те под ноги; be ~ of your health береги́те своё здоро́вье; he is ~ with his money он не тра́тит де́нег зря; **2.** (*of work etc.*) тща́тельный, аккура́тный.

**carefulness** *n.* осторо́жность; забо́тливость, внима́тельность; тща́тельность, аккура́тность.

**careless** *adj.* (*thoughtless*) неосторо́жный, невнима́тельный; a ~ driver неосторо́жный води́тель; a ~ mistake оши́бка по невнима́тельности; (*negligent*) небре́жный; (*carefree, unconcerned*) беззабо́тный, беспе́чный; ~ of danger не ду́мающий об опа́сности.

**carelessness** *n.* небре́жность, хала́тность, неосторо́жность; беззабо́тность, беспе́чность; (*negligence*) неосмотри́тельность.

**caress** *n.* ла́ска.

*v.t.* ласка́ть (*impf.*).

**caressing** *adj.* ласка́ющий, ла́сковый.

**caret** *n.* знак вста́вки.

**cargo** *n.* груз; ~ ship, boat торго́вое/грузово́е су́дно.

**Caribbean** *adj.* кар(а)и́бский; (*as n.*) the ~ (sea) Кар(а)и́бское мо́ре; (*region*) стра́ны (*fem. pl.*) бассе́йна Кар(а)и́бского мо́ря.

**caribou** *n.* кари́бу (*m. indecl.*), кана́дский оле́нь.

**caricature** *n.* карикату́ра; (*fig., also*) искаже́ние.

*v.t.* изобра|жа́ть, -зи́ть в карикату́рном ви́де.

**caricaturist** *n.* карикатури́ст.

**caries** *n.* костое́да, карио́з.

**carillon** *n.* подбо́р колоколо́в; перезво́н.

**caring** *adj.* забо́тливый.

**carioca** *n.* (*dance, tune*) карио́ка.

**carious** *adj.* карио́зный.

**carking** *adj.*: ~ care снеда́ющая забо́та.

**Carmelite** *n.* кармели́т (*fem.* -ка).

    *adj.* кармели́тский.

**carminative** *adj.* ветрого́нный.

**carmine** *n.* карми́н.

    *adj.* карми́нный.

**carnage** *n.* бо́йня.

**carnal** *adj.* (*sensual*) пло́тский, теле́сный; (*sexual*) полово́й; have ~ knowledge of име́ть (*impf.*) половы́е сноше́ния с +*i.*; (*worldly*) земно́й, мирско́й.

**carnality** *n.* чу́вственность, по́хоть.

**carnation** *n.* (*colour*) а́лый цвет; (*flower*) гвозди́ка.

**carnival** *n.* (*merrymaking*) карнава́л; (*Shrovetide*) ма́сленица.

**carnivore** *n.* плотоя́дное/хи́щное живо́тное.

**carnivorous** *adj.* плотоя́дный.

**carob** *n.* (*tree*) рожко́вое де́рево; (*bean*) сла́дкий рожо́к.

**carol** *n.* (*song*) пе́сня; (*Xmas song*) рожде́ственский гимн.

    *v.t. & i.* восп|ева́ть, -е́ть.

**Caroline** *adj.* относя́щийся к эпо́хе Ка́рла I/II.

**Carolingian** *n.* кароли́нг.

    *adj.* кароли́нгский.

**carom** *see* CANNON *n.* 3. & *v.i.*

**carotid** *adj.*: ~ artery со́нная арте́рия.

**carousal** *n.* пиру́шка, попо́йка, гуля́нка.

**carouse** *v.i.* пирова́ть (*impf.*), бра́жничать (*impf.*).

**carousel** *n.* (*roundabout*) карусе́ль.

**carouser** *n.* гуля́ка (*c.g.*), кути́ла (*m.*).

**carp**[1] *n.* (*zool.*) карп.

**carp**[2] *v.i.* придира́ться (*impf.*) (at: к +*d.*); ~ing criticism приди́рчивая кри́тика.

**Carpathians** *n.* Карпа́т|ы (*pl., g.* —).

**carpenter** *n.* пло́тник.

    *v.t.* изгот|овля́ть, -о́вить (*or* де́лать, с-) из де́рева.

    *v.i.* пло́тничать (*impf.*).

**carpentry** *n.* (*occupation*) пло́тничество, пло́тничье де́ло; (*product*) пло́тничьи рабо́ты (*f. pl.*).

**carpet** *n.* ковёр; be on the ~ (*reprimanded*) получ|а́ть, -и́ть нагоня́й/взбу́чку (*coll.*); ~ knight да́мский уго́дник, сало́нный шарку́н; ~ slippers тёплые та́почки.

    *v.t.* покр|ыва́ть, -ы́ть ковро́м; уст|ила́ть, -ла́ть кова́ми; (*reprimand*) да|ва́ть, -ть нагоня́й/взбу́чку +*d.*; вызыва́ть, вы́звать на ковёр (*coll.*).

    *cpds.*: ~-**bag** *n.* саквоя́ж; ~-**beater** *n.* выбива́лка для ковра́; ~-**sweeper** *n.* щётка для ковра́.

**carpeting** *n.* (*carpet material*) ковро́вая ткань; felt ~ полово́й насти́л на во́йлочной подкла́дке; (*covering with carpets*) устила́ние/

покрыва́ние кова́ми.

**carpus** *n.* запя́стье.

**carrel** *n.* отсе́к (*в библиоте́ке*).

**carriage** *n.* 1. (*road vehicle*) экипа́ж, каре́та, коля́ска; ~ and pair/four экипа́ж, запряжённый па́рой/четвёркой лошаде́й; 2. (*rail car*) пассажи́рский ваго́н; 3. (*transport of goods*) перево́зка, доста́вка; ~ forward сто́имость перево́зки за счёт получа́теля; 4. (*manner of standing or walking*) оса́нка; мане́ра держа́ться; 5. (*gun-*~) лафе́т; 6. (*of typewriter etc.*) каре́тка.

    *cpd.*: ~-**way** *n.* прое́зжая часть доро́ги.

**carrier** *n.* 1. (*transport agent*) транспортёр; 2. (*receptacle or support for luggage etc.*) бага́жник; ~ bag су́мка для поку́пок; 3. (*of disease*) бациллоноси́тель (*m.*); 4. (*vehicle, ship etc.*) тра́нспортное сре́дство; 5. (*aircraft-*~) авиано́сец; 6.: ~ pigeon почто́вый го́лубь.

**carriole** *n.* коля́ска.

**carrion** *n.* па́даль, мертвечи́на; ~ beetle жук-моги́льщик; ~ crow воро́на чёрная.

**carrot** *n.* 1. морко́вка; (*pl., collect.*) морко́вь; 2. (*pl., sl., red hair*) ры́жие во́лосы (*m. pl.*); (*of pers.*) ры́жий.

**carroty** *adj.* рыжева́тый, рыжеволо́сый, ры́жий.

**carry** *v.t.* 1. (*bear, transport*) носи́ть, нести́; (*of or by vehicle*) вози́ть (*indet.*), везти́ (*det.*); перев|ози́ть, -езти́; ships ~ goods корабли́ перево́зят това́ры; this bicycle has carried me 500 miles на э́том велосипе́де я прое́хал 500 миль; pipes ~ water вода́ идёт по тру́бам; wires ~ sound звук передаётся по про́водам; pillars ~ an arch коло́нны подде́рживают а́рку; what weight will the bridge ~? на како́й вес рассчи́тан э́тот мост?; he carries himself well он хорошо́ де́ржится; he carries his liquor well он уме́ет пить; the police carried him off to prison поли́ция увезла́ его́ в тюрьму́; ~ing trade тра́нспортное де́ло; 2. (*have on or about one*): I always ~ an umbrella (money) with me у меня́ всегда́ с собо́й зо́нтик (всегда́ де́ньги при себе́); the police ~ arms поли́ция вооружена́; ~ figures in one's head держа́ть (*impf.*) ци́фры в голове́; this crime carries a heavy penalty э́то преступле́ние влечёт за собо́й тяжёлое наказа́ние; 3. (*fig.*): ~ into effect осуществ|ля́ть, -и́ть; his voice carries weight с его́ мне́нием счита́ются; the argument carries conviction э́тот аргуме́нт убеди́телен; he carries modesty too far он изли́шне скро́мен; ~ the day оде́рж|ивать, -а́ть побе́ду; ~ all before one сме|та́ть, -сти́ всё на своём пути́; ~ one's point отст|а́ивать, -оя́ть свою́ то́чку зре́ния; he carried his hearers with him он увлёк свои́х слу́шателей; the bill was carried законопрое́кт был при́нят; 4. (*include*): the book carries many tables кни́га содержит мно́го табли́ц; the newspaper carried this report газе́та помести́ла э́то сообще́ние; **5.** (*fin., comm.*): the loan carries interest заём прино́сит проце́нты/дохо́д; the shop carries hardware э́тот магази́н торгу́ет скобяны́ми това́рами; **6.** (*math.*): put down 6 and $\sim$ 1 записа́ть (*pf.*) 6 и держа́ть (*impf.*) в уме́ оди́н; '$\sim$ 1' «оди́н в уме́»; **7.** (*extend*): $\sim$ a wall down to the river протя́|гивать, -ну́ть сте́ну до са́мой реки́; $\sim$ a division to 7 places (*math.*) произв|оди́ть, -ести́ деле́ние до седьмо́го зна́ка.

*v.i.*: the shot carried 200 yards снаря́д пролете́л 200 я́рдов; his voice carries well у него́ зву́чный го́лос.

*with advs.*: $\sim$ **away** *v.t.* (*lit.*) ун|оси́ть, -ести́; the masts were carried away by the storm бу́рей унесло́ ма́чты; (*fig.*): he was carried away by his feelings он оказа́лся во вла́сти чувств; он увлёкся; $\sim$ **back** *v.t.* (*lit.*) прин|оси́ть, -ести́ обра́тно; (*fig.*): the incident carried me back to my schooldays э́тот слу́чай перенёс меня́ обра́тно в мои́ шко́льные го́ды; $\sim$ **forward, over** *vv.t.* (*transfer*) перен|оси́ть, -ести́; $\sim$ **off** *v.t.* (*remove*) ун|оси́ть, -ести́; death carried off several of them не́которых из них унесла́ смерть; he carried the situation off well он хорошо́ вы́шел из положе́ния; $\sim$ **on** *v.t.* (*conduct, perform*): $\sim$ on a conversation/business вести́ (*det.*) разгово́р/де́ло; *v.i.* (*continue*) прод|олжа́ть, -о́лжить; (*talk, behave excitedly*) волнова́ться (*impf.*); проявля́ть (*impf.*) несде́ржанность; don't $\sim$ on so! не распаля́йтесь так!; $\sim$ **out** *v.t.* (*lit.*) выноси́ть, вы́нести; (*execute*) выполня́ть, вы́полнить; $\sim$ **through** *v.t.* (*bring out of difficulties*) выводи́ть, вы́вести из затрудне́ний.

*cpds.*: $\sim$-**all** *n.* вещево́й мешо́к; $\sim$-**cot** *n.* перено́сная лю́лька.

**carrying(s)-on** *n.* (*to-do*) сумато́ха, суета́; (*coll., flirtation*) ша́шн|и (*pl., g.* -ей); шу́ры-му́ры (*pl. indecl.*).

**cart** *n.* двуко́лка, теле́жка; put the $\sim$ before the horse (*fig.*) ста́вить (*impf.*) теле́гу пе́ред ло́шадью; де́лать, с- ши́ворот-навы́ворот; in the $\sim$ (*sl.*) в тру́дном положе́нии.

*v.t.* (*carry in* $\sim$) вози́ть (*indet.*) в теле́жке; $\sim$ **away** отв|ози́ть, -езти́; ув|ози́ть, -езти́; (*coll., carry*) тащи́ть (*impf.*).

*cpds.*: $\sim$-**horse** *n.* ломова́я ло́шадь; $\sim$-**load** *n.* воз, теле́га (*чего*); $\sim$-**road**, $\sim$-**track** *nn.* просёлочная доро́га; $\sim$-**wheel** *n.* колесо́ теле́ги; turn $\sim$wheels кувырк|а́ться, -ну́ться колесо́м; $\sim$**wright** *n.* теле́жный ма́стер.

**cartage** *n.* (*transport*) (гужево́й) тра́нспорт; (гужева́я) перево́зка; (*charge*) сто́имость (гужево́й) перево́зки.

*carte blanche n.* карт-бла́нш.

**cartel** *n.* (*comm.*) карте́ль (*m.*).

**cartelize** *v.t.* (*e.g. an industry*) объедин|я́ть, -и́ть в карте́ли.

**carter** *n.* во́зчик.

**Cartesian** *adj.* картезиа́нский.

**cartful** *n.* воз, теле́га (*чего*).

**Carthage** *n.* Карфаге́н.

**Carthaginian** *n.* карфаге́нян|ин (*fem.* -ка).
   *adj.* карфаге́нский, пуни́ческий.

**Carthusian** *n.* картезиа́нец, картузиа́нец.
   *adj.* картезиа́нский, картузиа́нский.

**cartilage** *n.* хрящ.

**cartilaginous** *adj.* хрящево́й.

**cartographer** *n.* карто́граф.

**cartographic(al)** *adj.* картографи́ческий.

**cartography** *n.* картогра́фия.

**cartomancy** *n.* гада́ние на ка́ртах.

**carton** *n.* (*container*) карто́нка.

**cartoon** *n.* (*in fine arts*) карто́н; (*in newspaper*) карикату́ра; (*film*) мультиплика́ция, мультфи́льм.

**cartoonist** *n.* карикатури́ст; (*film*) мультиплика́тор.

**cartouche** *n.* (*archit., archaeol.*) карту́ш; (*gun cartridge*) ляду́нка; патро́нная су́мка.

**cartridge** *n.* патро́н, заря́д; blank $\sim$ холосто́й патро́н.

   *cpds.*: $\sim$-**belt** *n.* патронта́ш; патро́нная ле́нта; $\sim$-**case** *n.* патро́нная ги́льза; $\sim$-**paper** *n.* пло́тная бума́га (*для рисова́ния и т.п.*).

**carv|e** *v.t.* (*cut*) ре́зать (*impf.*); выреза́ть, вы́резать; (*shape by cutting*): $\sim$e a statue out of wood выреза́ть, вы́резать ста́тую из де́рева; he $\sim$ed his initials он вы́резал свои́ инициа́лы; he $\sim$ed out a career for himself он сде́лал карье́ру; $\sim$e meat ре́зать, на- мя́со; $\sim$ing-fork/knife ви́лка/нож для нареза́ния мя́са.

   *with adv.*: $\sim$**e up** *v.t.* (*fig., of wealth etc.*) разде́л|ять, -и́ть.

**carver** *n.* (*pers.*) ре́зчик; (*knife*) нож для нареза́ния мя́са.

**carving** *n.* (*object*) резна́я рабо́та, резьба́.

**caryatid** *n.* кариати́да.

**cascade** *n.* каска́д; водопа́д.

   *v.i.* па́дать/ниспада́ть (*both impf.*) каска́дом.

**cascara** *n.* (*bot., med.*) каска́ра.

**case**[1] *n.* **1.** (*instance, circumstance*) слу́чай, обстоя́тельство, де́ло; it is (not) the $\sim$ that . . . де́ло обстои́т (не) так, что . . .; (не) ве́рно, что . . .; such being the $\sim$ поско́льку э́то так; поско́льку де́ло обстои́т таки́м о́бразом; that alters the $\sim$ э́то меня́ет де́ло; a $\sim$ in point приме́р; a hard $\sim$ (*difficult point to decide*) тру́дный слу́чай/вопро́с; (*hardened criminal*) закорене́лый престу́пник; meet the $\sim$ под|ходи́ть, -ойти́ +*d.*; in that $\sim$ в тако́м/э́том слу́чае; in any $\sim$ во вся́ком слу́чае; as the $\sim$ may be как полу́чится; в зави́симости от обстоя́тельств; соотве́тственно с обстоя́тельствами; in $\sim$ of fire (*if fire breaks out*) в слу́чае пожа́ра; in the $\sim$ of Mr. Smith что каса́ется г-на Сми́та; в отноше́нии г-на Сми́та; **2.** (*med.*) слу́чай, заболева́ние; больно́й, ра́неный; there were five ~s of influenza бы́ло пять слу́чаев гри́ппа; the worst ~s were taken to hospital наибо́лее тяжело́ ра́неных отвезли́ в больни́цу; stretcher ~ носи́лочный больно́й (*or* ра́неный); mental ~ душевнобольно́й; **3.** (*hypothesis*): put the ~ that предположим, что . . .; take an umbrella in ~ it rains (*or* in ~ of rain) возьми́те зо́нтик на слу́чай дождя́; just in ~ на вся́кий слу́чай; **4.** (*leg.*) суде́бное де́ло; try a ~ раз|бира́ть, -обра́ть де́ло в суде́; leading ~ суде́бный прецеде́нт; ~ law прецеде́нтное пра́во; **5.** (*sum of arguments*): he makes out a good ~ for the change его́ до́воды в защи́ту измене́ния убеди́тельны; **6.** (*condition*): he was in no ~ to answer он был не в состоя́нии отвеча́ть; **7.** (*gram.*) паде́ж.

**case**² *n.* **1.** (*container*) я́щик, ларе́ц, коро́бка; (*for spectacles etc.*) футля́р; glass ~ витри́на; **2.** (*typ.*) набо́рная ка́сса; lower ~ ка́сса строчны́х ли́тер; строчны́е бу́квы (*f. pl.*).
*v.t.* класть, положи́ть в я́щик; вст|авля́ть, -а́вить в опра́ву.
*cpds.*: ~**-harden** *v.t.* (*lit.*) цементи́ровать (*impf., pf.*); ~**-hardened** *adj.* (*fig.*) зачерстве́вший, загрубе́лый; ~**-knife** *n.* нож в футля́ре; ~**-shot** *n.* карте́чь.

**casein** *n.* казеи́н.

**casemate** *n.* эска́рповая галере́я; казема́т.

**casement** *n.* (*frame*) ство́рный око́нный переплёт; (*window*) окно́.

**caseous** *adj.* творо́жистый.

**cash** *n.* (*ready money*; *also* hard ~) нали́чные (де́н|ьги, *pl.*, *g.* -ег); on a ~ basis за нали́чные; за нали́чный расчёт; ~ on delivery нало́женным платежо́м; discount for ~ (*payment*) ски́дка за нали́чный расчёт; out of ~ не при деньга́х; petty ~ ме́лкие су́ммы (*f. pl.*); ка́сса для ме́лких расхо́дов; ~ dispenser де́нежный автома́т; ~ register ка́ссовый аппара́т, ка́сса.
*v.t.*: ~ a cheque получ|а́ть, -и́ть де́ньги по че́ку.
*v.i.*: ~ **in** on (*fig.*) воспо́льзоваться (*pf.*) +*i.*

**cashew** *n.* анака́рд, оре́х ке́шью (*indecl.*).

**cashier**¹ *n.* касси́р.

**cashier**² *v.t.* ув|ольня́ть, -о́лить со слу́жбы.

**cashmere** *n.* кашеми́р; (*attr.*) кашеми́ровый.

**casino** *n.* казино́ (*indecl.*).

**cask** *n.* бо́чка, бочо́нок.

**casket** *n.* шкату́лка; (*Am.*, *coffin*) гроб.

**Caspian** *n.* (the ~ Sea) Каспи́йское мо́ре.

**casque** *n.* (*poet.*) шлем, ка́ска.

**cassation** *n.* касса́ция; court of ~ касса́цио́нный суд.

**cassava** *n.* манио́к.

**casserole** *n.* кастрю́лечка; блю́до, пригото́в-

ленное в кастрю́лечке.

**cassette** *n.* кассе́та; ~ recorder кассе́тный магнитофо́н.

**cassia** *n.* ка́ссия.

**cassock** *n.* ря́са, сута́на.

**cassowary** *n.* казуа́р.

**cast** *n.* **1.** (*act of throwing*) броса́ние, мета́ние, бросо́к; **2.** (*mould*) фо́рма для отли́вки; (*moulded object*): plaster ~ ги́псовый сле́пок; **3.** (*theatr.*) соста́в актёров; спи́сок исполни́телей; **4.**: ~ of features черты́ (*f. pl.*) лица́; ~ of mind склад ума́/мы́слей; **5.** (*squint*) косогла́зие.
*v.t.* **1.** (*throw*) бр|оса́ть, -о́сить; кида́ть, ки́нуть; the snake ~s its skin змея́ меня́ет ко́жу; his horse ~ a shoe его́ ло́шадь потеря́ла подко́ву; the cow ~ its calf коро́ва вы́кинула/ски́нула телёнка; **2.** (*fig.*): ~ a vote проголосова́ть (*pf.*); отда́ть (*pf.*) го́лос; ~ lots тяну́ть/броса́ть/кида́ть (*all impf.*) жре́бий; ~ doubt on подв|ерга́ть, -е́ргнуть сомне́нию; ~ a gloom on the proceedings омрач|а́ть, -и́ть происходя́щее; ~ an eye on, over бро́сить (*pf.*) взгляд на +*a.*; оки́нуть (*pf.*) взгля́дом; in one's lot with свя́з|ывать, -а́ть свою́ судьбу́ с +*i.*; ~ a spell (up)on околдо́в|ывать, -а́ть; ~ing vote реша́ющий го́лос; **3.** (*pour, form in a mould*) отл|ива́ть, -и́ть; ~ iron чугу́н; **4.** (*calculate*) подсчи́|тывать, -а́ть; ~ (up) a column of figures сложи́ть (*pf.*) чи́сла сто́лбиком; ~ a horoscope соста́вить (*pf.*) гороско́п; **5.** (*theatr.*): ~ a play распредел|я́ть, -и́ть ро́ли в пье́се; he was ~ for the part of Hamlet ему́ была́ пору́чена роль Га́млета.
*with advs.*: ~ **about** *v.i.*: ~ about for разы́скивать, оты́скивать (*both impf.*); ~ **away** *v.t.* (*reject*) отбр|а́сывать, -о́сить; he was ~ away on a desert island он был вы́брошен на необита́емый о́стров; ~ **down** *v.t.* (*depress*) угнета́ть (*impf.*); подав|ля́ть, -и́ть; ~ **off** *v.t.* (*abandon*) бр|оса́ть, -о́сить; сбр|а́сывать, -о́сить; ~ **out** *v.t.* отва́л|ивать, -и́ть; выгоня́ть, вы́гнать; изг|оня́ть, -на́ть.
*cpds.*: ~**away** *n. & adj.* потерпе́вший кораблекруше́ние; ~**-iron** *adj.* чугу́нный; (*fig.*) стально́й, желе́зный; несгиба́емый, непрекло́нный; ~**-off** *n. & adj.*: ~-off clothing обно́ск|и (*pl.*, *g.* -ов), старьё.

**castanets** *n.* кастанье́ты (*f. pl.*).

**caste** *n.* ка́ста; lose ~ (*fig.*) утра́|чивать, -тить положе́ние в о́бществе.

**castellan** *n.* кастеля́н.

**castellated** *adj.* (*battlemented*) зубча́тый; зазу́бренный.

**caster** *see* CASTOR¹.

**castigate** *v.t.* нака́з|ывать, -а́ть; бичева́ть (*impf.*).

**castigation** *n.* наказа́ние; бичева́ние.

**castigator** *n.* бичева́тель (*m.*), обличи́тель (*m.*).

**Castile** *n.* Касти́лия.

**Castilian** *n.* (*language*) касти́льский язы́к; литерату́рный язы́к Испа́нии.

*adj.* касти́льский.

**casting** *n.* **1.** (*tech.*): (*process*) литьё, отли́вка; (*product*) отли́вка; **2.** (*theatr.*) распределе́ние роле́й.

**castle** *n.* за́мок; ~s in Spain возду́шные за́мки; (*at chess*) ладья́, тура́.

*v.i.* (*at chess*) рокирова́ться (*impf., pf.*); castling on king's/queen's side коро́ткая/ дли́нная рокиро́вка.

**cast|or,**[1] **-er** *n.* **1.** (*wheel on furniture*) ро́лик; **2.**: ~ sugar са́харный песо́к.

**castor**[2] *n.*: ~ oil касто́ровое ма́сло, касто́рка.

**castrate** *v.t.* кастри́ровать (*impf., pf.*).

**castration** *n.* кастра́ция.

**castrato** *n.* кастра́т.

**casual** *adj.* **1.** (*chance, occasional*) случа́йный; a ~ meeting случа́йная встре́ча; ~ labourer рабо́чий, живу́щий на случа́йные за́работки; **2.** (*careless*) небре́жный, беспе́чный; (*familiar*) развя́зный; clothes for ~ wear проста́я/ бу́дничная оде́жда.

**casualness** *n.* случа́йность; небре́жность, беспе́чность, развя́зность.

**casualty** *n.* **1.** (*accident*) несча́стный слу́чай; **2.** (*pers.*) пострада́вший от несча́стного слу́чая; (*mil.*) ра́неный, уби́тый; the tank became a ~ танк был вы́веден из стро́я; ~ clearing station эвакуацио́нная ста́нция; ~ list спи́сок уби́тых и ра́неных; ~ ward пала́та ско́рой по́мощи.

**casuarina** *n.* казуа́рина.

**casuist** *n.* казуи́ст.

**casuistic(al)** *adj.* казуисти́ческий.

**casuistry** *n.* казуи́стика.

*casus belli* *n.* ка́зус бе́лли, по́вод к войне́.

*casus foederis* *n.* слу́чай, предусмо́тренный догово́ром.

**cat** *n.* **1.** ко́шка; tom ~ кот; wild ~ ди́кая ко́шка; (*pl., felines*) коша́чьи (*pl., g.* -х), ко́шки (*f. pl.*); **2.** (*fig., spiteful woman*) ехи́дная же́нщина; **3.**: ~ o' nine tails ко́шка; **4.** (*idioms and proverbs*): let the ~ out of the bag проб|а́лтываться, -олта́ться; выба́лтывать, вы́болтать секре́т; lead a ~-and-dog life жить (*impf.*) как ко́шка с соба́кой; see which way the ~ jumps выжида́ть (*impf.*), куда́ ве́тер поду́ет; bell the ~ поста́вить (*pf.*) себя́ под уда́р; there's not room to swing a ~ поверну́ться не́где; it's raining ~s and dogs дождь льёт как из ведра́; a ~ may look at a king смотре́ть ни на кого́ не возбраня́ется; за посмо́тр де́нег не беру́т; like a ~ on hot bricks как на у́гольях/иго́лках; there are more ways than one to kill a ~ свет не кли́ном сошёлся; it's enough to make a ~ laugh э́то ку́рам на́ смех; when the ~'s away the mice will play без кота́ мыша́м раздо́лье; grin like a Cheshire ~ ухмыл|я́ться, -ьну́ться во весь рот; curiosity

killed the ~ любопы́тство до добра́ не дово́дит; ~'s pyjamas, whiskers (*sl.*) что на́до; пе́рвый сорт.

*cpds.*: ~**call** *n.* осви́стывание; ~**-fancier** *n.* ко́шатник, люби́тель ко́шек; ~**fish** *n.* со́мик; ~**-like** *adj.* коша́чий; with ~-like tread неслы́шной по́ступью; ~**mint,** ~**nip** *nn.* кото́вник, коша́чья мя́та; ~**-nap** *v.i.* вздремну́ть (*pf.*); ~**'s-eye** *n.* (*gem*) коша́чий глаз; (*reflector*) катафо́т; ~**'s-paw** *n.* (*dupe*) ору́дие в чужи́х рука́х; (*breeze*) лёгкий бриз; ~**walk** *n.* рабо́чие мостк|и́ (*pl., g.* -о́в).

**catachresis** *n.* катахре́за.

**cataclysm** *n.* катакли́зм.

**cataclysmic** *adj.* катастрофи́ческий.

**catacomb** *n.* катако́мба.

**catafalque** *n.* катафа́лк.

**Catalan** *n.* (*pers.*) катало́н|ец (*fem.* -ка); (*language*) катала́нский язы́к.

*adj.* катало́нский; (*of language*) катала́нский.

**catalepsy** *n.* катале́псия.

**cataleptic** *adj.* каталепти́ческий.

**catalogue** (*Am.* **catalog**) *n.* катало́г.

*v.t.* каталогизи́ровать (*impf., pf.*); включ|а́ть, -и́ть в катало́г.

**cataloguer** *n.* каталогиза́тор, состави́тель (*fem.* -ница) катало́га.

**Catalonia** *n.* Катало́ния.

**catalpa** *n.* ката́льпа.

**catalysis** *n.* ката́лиз.

**catalyst** *n.* катализа́тор.

**catalytic** *adj.* каталити́ческий.

**catamaran** *n.* катамара́н.

**catamite** *n.* ма́льчик-педера́ст.

**cataplasm** *n.* припа́рка.

**catapult** *n.* (*toy*) рога́тка; (*hist., av.*) катапу́льта; ~ take-off взлёт/старт с по́мощью катапу́льты; ~ seat катапульти́руемое сиде́ние.

*v.t.* выбра́сывать, вы́бросить катапу́льтой; катапульти́ровать (*impf., pf.*).

**cataract** *n.* (*waterfall*) водопа́д; (*downpour*) ли́вень (*m.*); (*med.*) катара́кта.

**catarrh** *n.* ката́р.

**catastrophe** *n.* катастро́фа; natural ~ стихи́йное бе́дствие.

**catastrophic** *adj.* катастрофи́ческий.

**catch** *n.* **1.** (*act of catching*) по́имка, захва́т; play ~ игра́ть (*impf.*) в са́лки; **2.** (*amount caught*) уло́в, добы́ча; **3.** (*prize*): she is a good ~ for somebody она́ зама́нчивая па́ртия для кого́-то; no ~ (*coll.*) не велика́ пожи́ва; не Бог весть что; **4.** (*trap*) уло́вка, лову́шка; there must be a ~ in it здесь, должно́ быть, кро́ется подво́х; a ~ question ка́верзный вопро́с; **5.** (*device for fastening etc.*) щеко́лда, защёлка, шпингале́т; **6.** (*mus.*) ро́ндо.

*v.t. & i.* **1.** (*seize*) лови́ть, пойма́ть; хвата́ть, схвати́ть; he caught the ball он пойма́л мяч; ~

a fish пойма́ть (*pf.*) ры́бу; ~ a fly пойма́ть (*pf.*) му́ху; ~ a fugitive пойма́ть (*pf.*) беглеца́; she caught hold of him она́ схвати́ла его́; ~ at хвата́ться, схвати́ться за +*a.*; a dying man will ~ at a straw умира́ющий за соло́минку хвата́ется; **2.** (*of entanglement, fastening etc.*): her dress caught on a nail; the nail caught her dress она́ зацепи́лась пла́тьем за гвоздь; I caught my finger in the door я прищеми́л себе́ па́лец две́рью; the door doesn't ~ дверь не запира́ется; the car was caught between two trams автомоби́ль оказа́лся зажа́тым ме́жду двумя́ трамва́ями; he caught his foot у него́ застря́ла нога́; **3.** (*intercept, detect*): I caught him stealing я заста́л его́, когда́ он крал; I caught him as he was leaving the house я заста́л/захвати́л его́ как раз, когда́ он выходи́л и́з дому; I was caught by the rain меня́ захвати́ло дождём; ~ me trying to help you again! ду́дки! бо́льше не бу́ду вам помога́ть!; we were caught in the storm нас засти́гла бу́ря; **4.** (*be in time for*): ~ a train поспе́ть (*pf.*) к по́езду; he caught the post on успе́л отпра́вить письмо́ с э́той по́чтой; **5.** (*fig.*) пойма́ть, улови́ть, схвати́ть (*all pf.*); ~ s.o.'s words рассли́шать (*pf.*) чьи-н. слова́; I didn't ~ what you said я прослу́шал, что вы сказа́ли; ~ s.o.'s meaning улови́ть (*pf.*) чью-н. мысль; ~ a likeness улови́ть (*pf.*) схо́дство; ~ one's breath затаи́ть (*pf.*) дыха́ние; ~ s.o.'s eye привле́чь (*pf.*) чьё-н. внима́ние; ~ fire, alight загоре́ться (*pf.*); ~ a glimpse of уви́деть (*pf.*) ме́льком; ~ hold of схвати́ть, улови́ть (*both pf.*); **6.** (*be hit by*): he caught it on the forehead он получи́л уда́р в лоб (*or* по лбу); this side of the house ~es the east wind восто́чный ве́тер ду́ет в дом пря́мо с э́той стороны́; (*of punishment*): you'll ~ it! тебе́ доста́нется/попадёт; **7.** (*be infected by*; *lit.*, *fig.*) схвати́ть; получи́ть (*both pf.*); he caught a fever он схвати́л лихора́дку; ~ cold простуди́ться (*pf.*); he was caught with the general enthusiasm его́ захвати́л/увлёк о́бщий энтузиа́зм.

*with advs.*: ~ **on** *v.i.*: the fashion did not ~ on э́та мо́да не привила́сь; I don't ~ on (*coll.*) я не понима́ю; я не схва́тываю; ~ **out** *v.t.*: he was caught out in a mistake его́ пойма́ли на оши́бке; ~ **up** *v.t. & i.* (*pick up quickly*) подхва́т|ывать, -и́ть; he caught the others up; he caught up with the others он догна́л остальны́х; I must ~ up on my work я запусти́л рабо́ту – тепе́рь на́до нагоня́ть; this paper got caught up with the others э́та бума́га затеря́лась среди́ остальны́х; the police caught up with, on him поли́ция насти́гла его́.

*cpds.*: ~-**all** *n.* вмести́лище; a ~-all expression всеобъе́млющая формулиро́вка; ~**penny** *adj.* показно́й; рассчи́танный на дешёвый успе́х; ~-**phrase** *n.*, ~**word** *n.*

мо́дное слове́чко.

**catching** *adj.* (*of disease*) зара́зный, зарази́тельный, прили́пчивый.

**catchment** *n.*: ~ area, basin бассе́йн реки́; водосбо́рная пло́щадь; микрорайо́н, обслу́живаемый шко́лой *и т.п.*

**catchy** *adj.* привлека́тельный, притяга́тельный; (*of tune etc.*) легко́ запомина́ющийся, прили́пчивый.

**catechetic(al)** *adj.* катехизи́ческий.

**catechism** *n.* катехи́зис.

**catechist** *n.* законоучи́тель (*m.*).

**catechize** *v.t.* (*teach catechism to*) обуча́ть (*impf.*) катехи́зису; (*fig.*) допра́шивать (*impf.*).

**catechumen** *n.* оглашённый.

**categorical** *adj.* категори́ческий.

**categorize** *v.t.* распредел|я́ть, -и́ть по катего́риям.

**category** *n.* катего́рия.

**catenary** *adj.* цепно́й.

**cater** *v.i.*: ~ for пост|авля́ть, -а́вить прови́зию для +*g.*; (*fig.*) удовлетвор|я́ть, -и́ть (*кого or чьи-н. вкусы*); уго|жда́ть, -ди́ть (*кому*); the ~ing trade рестора́нное де́ло.

**cater-cornered** (*Am.*) *adj.* диагона́льный.

**caterer** *n.* поставщи́к прови́зии.

**caterpillar** *n.* (*zool.*, *tech.*) гу́сеница; (*attr.*) гу́сеничный.

**caterwaul** *n.* коша́чий конце́рт.

*v.i.* задава́ть (*impf.*) коша́чий конце́рт.

**catgut** *n.* кетгу́т, кише́чная струна́.

**catharsis** *n.* (*med.*) очище́ние желу́дка; (*fig.*) ка́тарсис.

**cathartic** *adj.* (*med.*) слаби́тельный; (*fig.*) очища́ющий.

**cathedral** *n.* (кафедра́льный) собо́р.

**Catherine** *n.* (*hist.*) Екатери́на; ~ de' Medici Екатери́на Ме́дичи.

**Catherine wheel** *n.* (*firework*) о́гненное колесо́; (*somersault*) кувырка́нье колесо́м; turn ~s кувырка́ться (*impf.*) колесо́м.

**catheter** *n.* кате́тер.

**cathode** *n.* като́д; ~ rays като́дные лучи́; като́дное излуче́ние.

**catholic** *n.* като́л|ик (*fem.* -и́чка); ~ priest католи́ческий свяще́нник; (*Polish*) ксёндз.

*adj.* (*relig.*) католи́ческий; Roman ~ ри́мско-католи́ческий; (*liberal*): a man of ~ tastes челове́к широ́ких вку́сов.

**Catholicism** *n.* католици́зм, католи́чество.

**catholicity** *n.* (*liberality*) широта́ интере́сов.

**Catholicize** *v.t.* обра|ща́ть, -ти́ть в католи́чество.

**catkin** *n.* серёжка.

**Cato** *n.* Като́н.

**catoptric** *adj.* катоптри́ческий, отража́тельный.

**catoptrics** *n.* като́птрика.

**cattiness** *n.* еxи́дность.

**cattle** *n.* (*livestock*) скот, скоти́на; (*bovines*)

крупный рогатый скот; (*fig.*, *pej.*) скот, скотина; kittle ~ (*joc.*) капризные существа.

*cpds.*: ~**-dealer** *n.* скотопромышленник; ~**-pen** *n.* загон для скота; ~**-plague** *n.* чума рогатого скота; ~**-truck** *n.* вагон для перевозки скота.

**cattleya** *n.* каттлея.

**catty** *adj.* ехидный.

**Caucasian** *n.* (*of Caucasus*) кавказ|ец (*fem.* -ка); (*of white race*) человек белой расы.
*adj.* кавказский.

**Caucasus** *n.* Кавказ.

**caucus** *n.* фракционное совещание.

**caudal** *adj.* хвостовидный, каудальный, хвостовой.

**caul** *n.* (*membrane*) водная оболочка плода; сорочка.

**cauldron** *n.* котёл.

**cauliflower** *n.* цветная капуста; ~ ear изуродованная ушная раковина.

**ca(u)lk** *v.t.* конопатить, за-.

**causal** *adj.* каузальный, причинный.

**causality** *n.* каузальность, причинность; причинная связь.

**causation** *n.* причинение; причинность; причинная связь.

**causative** *adj.* (*gram.*) каузативный.

**cause** *n.* **1.** (*that which* ~s) причина, повод; **2.** (*need*) причина, основание; there is no ~ for alarm нет оснований/причин для беспокойства; **3.** (*purpose, objective*): the workers' ~ дело трудящихся; рабочее дело; make common ~ with s.o. объедин|яться, -иться с кем-н. ради общего дела; he pleaded his ~ он защищал своё дело; a lost ~ проигранное дело.
*v.t.* вызывать, вызвать; ~ a disturbance произв|одить, -ести беспорядки; ~ s.o. trouble (*or* a loss) причин|ять, -ить кому-н. беспокойство/убытки; what ~d the accident? от чего произошёл несчастный случай?; he ~d them to be put to death он повелел убить их.
*cpd.*: ~**-list** *n.* (*leg.*) список дел к слушанию.

*cause célèbre* *n.* громкий/скандальный процесс.

**causeless** *adj.* беспричинный, необоснованный.

**causerie** *n.* непринуждённая беседа; (*article*) фельетон.

**causeway** *n.* дамба; гать; мощёная дорожка.

**caustic** *adj.* каустический; ~ soda едкий натр; (*fig.*) едкий, колкий, язвительный.

**cauter|ization, -y** *n.* прижигание.

**cauterize** *v.t.* (*med.*) приж|игать, -ечь; (*fig.*) очерств|лять, -ить.

**caution** *n.* **1.** (*prudence*) осторожность; with ~ осторожно, с осторожностью; **2.** (*warning*) предостережение, предосторожность; C~! (*as notice*) Внимание!; Осторожно!; he was

let off with a ~ его отпустили с предостережением; **3.**: ~ money залог.
*v.t.* предостер|егать, -ечь.

**cautionary** *adj.* предостерегающий; (*deterrent*) предупреждающий.

**cautious** *adj.* осторожный, осмотрительный.

**cautiousness** *n.* осторожность, остмотрительность, предосторожность.

**cavalcade** *n.* кавалькада.

**cavalier** *n.* (*gallant*; *royalist*) кавалер.
*adj.* бесцеремонный, надменный.

**cavalry** *n.* кавалерия, конница; two hundred ~ двести конников; a ~ charge кавалерийская атака.
*cpd.*: ~**man** *n.* кавалерист.

**cavatina** *n.* каватина.

**cave**[1] *n.* пещера.
*cpds.*: ~**-dweller, -man** *nn.* (*lit.*, *fig.*) пещерный человек, троглодит; ~**-painting** *n.* пещерная живопись.

**cave**[2] *v.i.*: ~ in (*lit.*) провал|иваться, -иться; продав|ливаться, -иться; (*fig.*) сд|аваться, -аться.

**cave**[3] *int.* чур!; (*look out!*) берегись!

**caveat** *n.* предостережение.

**cavern** *n.* грот, пещера.

**cavernous** *adj.* пещеристый; (*of voice*) глубокий.

**caviar(e)** *n.* икра.

**cavil** *n.* придирка.
*v.i.*: ~ at прид|ираться, -раться к +*d.*

**caviller** *n.* придира (*c.g.*).

**cavity** *n.* полость, впадина; (*in tooth*) дупло.

**cavort** *v.i.* скакать (*impf.*).

**caw** *n.* карканье.
*v.t.* & *i.* карк|ать, -нуть.

**cayenne** *n.*: ~ pepрer кайенский перец.

**cayman** *n.* кайман.

**cease** *n.*: without ~ непрестанно, не переставая.
*v.t.* прекра|щать, -тить; перест|авать, -ать; ~ talking прекратить (*pf.*) разговор; замолчать (*pf.*); ~ fire/payment прекратить (*pf.*) огонь/платежи.
*v.i.* прекра|щаться, -титься.
*cpd.*: ~**-fire** *n.* прекращение огня.

**ceaseless** *adj.* непрестанный, непрерывный.

**cedar** *n.* кедр; (*attr.*) кедровый; ~ forest кедровник.

**cede** *v.t.* сда|вать, -ть; уступ|ать, -ить.

**cedilla** *n.* седиль (*m.*).

**ceiling** *n.* (*lit.*, *fig.*) потолок; (*av.*) потолок, предельная высота; (*fig.*) максимальный уровень; ~ price максимальная цена; hit the ~ (*fig.*, *fly into a rage*) рассвирепеть (*pf.*); на стену лезть (*impf.*); he has reached his ~ он достиг своего потолка.

**celadon** *n.* (*ware*) селадон.

**celandine** *n.* чистотел.

**Celebes** *n.* Целебес.

**celebrant** *n.* свяще́нник, отправля́ющий церко́вную слу́жбу.

**celebrate** *v.t. & i.* **1.** (*mark an occasion*) пра́здновать, от-; **2.** (*praise*) просл|авля́ть, -а́вить; **3.** (*relig.*) отпр|авля́ть, -а́вить (церко́вную слу́жбу); **4.** ~ a marriage соверш|а́ть, -и́ть обря́д бракосочета́ния.

**celebrated** *adj.* просла́вленный, знамени́тый.

**celebration** *n.* пра́зднование, торжества́ (*nt. pl.*), прославле́ние; this calls for a ~ э́то сле́дует отпра́здновать/отме́тить; (*of marriage*) совершле́ние.

**celebrity** *n.* (*fame*) знамени́тость, изве́стность; (*pers.*) знамени́тость.

**celeriac** *n.* (корнево́й) сельдере́й.

**celerity** *n.* быстрота́.

**celery** *n.* (листово́й) сельдере́й.

**celestial** *adj.* (*astron., fig.*) небе́сный; ~ globe гло́бус звёздного не́ба.

**celibacy** *n.* целиба́т, безбра́чие.

**celibate** *n. & adj.* холостя́к, холосто́й; да́вший обе́т безбра́чия.

**cell** *n.* **1.** (*in prison*) ка́мера; condemned ~ ка́мера сме́ртников; padded ~ пала́та, оби́тая во́йлоком; **2.** (*in monastery*) ке́лья; **3.** (*of honeycomb*) ячея́, яче́йка; **4.** (*elec.*) элеме́нт; **5.** (*biol.*) кле́тка; **6.** (*pol.*) яче́йка.
  *cpd.*: ~-mate *n.* сока́мерник.

**cellar** *n.* по́греб, подва́л; he keeps a good ~ y него́ хоро́ший запа́с вин.

**cellarage** *n.* (*space*) подва́лы (*m. pl.*); погреба́ (*m. pl.*); (*charge*) пла́та за хране́ние в подва́лах.

**cellarer** *n.* ке́ларь (*m.*).

**cellist** *n.* виолончели́ст.

**cello** *n.* виолонче́ль.

**cellophane** *n.* целлофа́н; (*attr.*) целлофа́новый.

**cellular** *adj.* кле́точный, яче́истый; ~ tissue (*anat.*) кле́тча́тка.

**cellule** *n.* кле́точка.

**celluloid** *n.* целлуло́ид; (*attr.*) целлуло́идный.

**cellulose** *n.* (*chem.*) целлюло́за; клетча́тка; (~ nitrate) нитра́т целлюло́зы, нитроцеллюло́за.

**C|elt** (*also* **K-**) *n.* кельт.

**C|eltic** (*also* **K-**) *adj.* ке́льтский.

**Celticist** *n.* кельто́лог, специали́ст по ке́льтской культу́ре.

**cement** *n.* цеме́нт; (*attr.*) цеме́нтный.
  *v.t.* цементи́ровать (*impf., pf.*); (*fig.*): ~ relations упро́ч|ивать, -ить отноше́ния; укреп|ля́ть, -и́ть свя́зи.
  *cpd.*: ~-mixer *n.* меша́лка для цеме́нтного раство́ра.

**cemetery** *n.* кла́дбище.

**cenotaph** *n.* кенота́ф.

**cense** *v.t.* кади́ть (*impf.*) ла́даном.

**censer** *n.* кади́ло, кури́льница.

**censor** *n.* це́нзор. *v.t.* цензурова́ть (*impf.*); подв|ерга́ть, -е́ргнуть цензу́ре.

**censorial** *adj.* це́нзорский, цензу́рный.

**censorious** *adj.* сверхкрити́ческий, приди́рчивый.

**censoriousness** *n.* крити́чность, приди́рчивость.

**censorship** *n.* цензу́ра.

**censurable** *adj.* предосуди́тельный, досто́йный порица́ния.

**censure** *n.* кри́тика, осужде́ние, порица́ние; pass a vote of ~ вы́нести (*pf.*) во́тум недове́рия.
  *v.t.* критикова́ть (*impf.*); осу|жда́ть, -ди́ть; порица́ть (*impf.*).

**census** *n.* пе́репись (населе́ния); take a ~ произв|оди́ть, -ести́ пе́репись (населе́ния); ~ paper бланк для пе́реписи.

**cent** *n.* **1.** (*coin*) цент; (*fig.*): it is not worth a ~ э́то гроша́ ло́маного не сто́ит; **2.** per ~ проце́нт, на со́тню.

**centaur** *n.* кента́вр.

**centenarian** *n.* челове́к, дости́гший столе́тнего во́зраста.
  *adj.* столе́тний.

**centen|ary, -nial** *n.* (*100th anniversary*) столе́тие.
  *adj.* (*100 years old*; *pert. to 100th anniversary*) столе́тний; (*happening every 100 years*) происходя́щий раз в сто лет.

**centigrade** *adj.*: ~ thermometer термо́метр Це́льсия; 20 degrees ~ 20 гра́дусов Це́льсия (*or* по Це́льсию).

**centigram(me)** *n.* сантигра́мм.

**centilitre** *n.* сантили́тр.

**centime** *n.* санти́м.

**centimetre** *n.* сантиме́тр.

**centipede** *n.* многоно́жка.

**cento** *n.* компиля́ция.

**central** *adj.* **1.** (*pert. to a centre*) центра́льный; C~ African Republic Центральноафрика́нская Респу́блика; C~ America Центра́льная Аме́рика; ~ Asia Сре́дняя А́зия; ~ European среднеевропе́йский; ~ bank центра́льный банк; the house is very ~ дом нахо́дится в са́мом це́нтре го́рода; **2.** (*principal*) центра́льный, гла́вный; ~ catalogue сво́дный катало́г; the ~ figure in the story гла́вный персона́ж расска́за.

**centralism** *n.* централи́зм.

**centralist** *n.* сторо́нник централи́зма.

**centralization** *n.* централиза́ция.

**centralize** *v.t.* централизова́ть (*impf., pf.*).

**centre** *n.* **1.** (*middle point or section*) центр; (*of a chocolate*) начи́нка; ~ of gravity центр тя́жести; dead ~ мёртвая то́чка; **2.** (*fig., key-point*): ~ of attraction центр внима́ния; ~ of commerce комме́рческий центр; shopping ~ торго́вый центр; gardening ~ (*shop*) «всё для садо́вника»; cultural ~ культу́рный центр; **3.** (*pol.*) центр; **4.** (*attr.*) центра́льный.
  *v.t.* **1.** (*fix in central position*) поме|ща́ть,

-сти́ть в це́нтре; **2.** (*fig.*) сосредото́чи|вать, -ть; концентри́ровать, с-; ~ one's thoughts on сосредото́чить (*pf.*) мы́сли на +*p.*

*v.i.* сосредото́чи|ваться, -ться; концентри́роваться, с-; our thoughts ~ on на́ши мы́сли сосредото́чены на (*чём*); the discussion ~d round this point диску́ссия сосредото́чилась вокру́г э́того вопро́са.

*cpds.*: ~-**bit** *n.* центрово́е сверло́; ~ **board** *n.* (*naut.*) выдвижно́й киль; ~-**forward** *n.* (*sport*) центр нападе́ния, центр-фо́рвард; ~ **piece** *n.* орамента́льная ва́за в середи́не стола́.

**centrifugal** *adj.* центробе́жный.

**centrifuge** *n.* центрифу́га.

**centripetal** *adj.* центростреми́тельный.

**centrism** *n.* центри́зм.

**centrist** *n.* центри́ст.

**centuple** *n.* стокра́тный разме́р.

*adj.* стокра́тный.

**centurion** *n.* центурио́н.

**century** *n.* (*100 years*) столе́тие, век; ~ plant столе́тник; (*set of 100*) со́тня.

**cephalic** *adj.* головно́й.

**cephalopod** *n.* головоно́гий моллю́ск.

**ceramic** *adj.* керами́ческий, гонча́рный.

**ceramics** *n.* кера́мика; гонча́рное произво́дство.

**cereal** *n.* хле́бный злак; (*breakfast*) ~ корнфле́кс, геркуле́с *и т.п.*

*adj.* хле́бный, зерново́й.

**cerebellum** *n.* мозжечо́к.

**cerebral** *adj.* **1.** (*of the brain*) мозгово́й, церебра́льный; ~ haemorrhage кровоизлия́ние в мозг; **2.** (*intellectual*)᾽умозри́тельный, интеллектуа́льный; he is a ~ person он живёт рассу́дком; **3.** (*phon.*) церебра́льный.

**cerebration** *n.* мозгова́я де́ятельность; unconscious ~ подсозна́тельная рабо́та мо́зга.

**cerebro-spinal** *adj.* цереброспина́льный.

**cerebrum** *n.* головно́й мозг.

**cerecloth** *n.* са́ван.

**ceremonial** *n.* (*relig. rites*) церемониа́л, обря́д, ритуа́л.

*adj.* церемониа́льный, обря́довый; ~ dress пара́дная фо́рма оде́жды.

**ceremonious** *adj.* церемо́нный.

**ceremoniousness** *n.* церемо́нность.

**ceremony** *n.* (*rite*) обря́д, церемо́ния; wedding ~ венча́ние; обря́д венча́ния; (*formal behaviour*) церемо́нность, церемо́ния; stand (up)on ~ церемо́ниться (*impf.*); наст|а́ивать, -оя́ть на соблюде́нии форма́льностей; without ~ без церемо́ний.

**Ceres** *n.* Цере́ра.

**cerise** *adj.* све́тло-кра́сный.

**cert** *n.* (*sl.*): a (dead) ~ де́ло ве́рное.

**certain** *adj.* **1.** (*undoubted*) несомне́нный; I cannot say for ~ я не могу́ сказа́ть наверняка́; make ~ of (*ascertain*) удостов|еря́ться, -е́риться в чём-н.; (*ensure possession of*)

обеспе́чи|вать, -ть; he faced ~ death ему́ угрожа́ла ве́рная смерть; he has no ~ abode у него́ нет определённого приста́нища; he is ~ to succeed он наверняка́/несомне́нно преуспе́ет; **2.** (*confident*) уве́ренный; he is ~ of success он уве́рен в успе́хе; I am ~ he will come я уве́рен, что он придёт; **3.** (*definite but unspecified*) изве́стный, не́который; оди́н; a ~ person не́кто, не́кое лицо́; in a ~ town в одно́м го́роде; a ~ Mr. Jones не́кий г. Джо́унс; a ~ type of people лю́ди изве́стного ро́да; under ~ conditions при изве́стных усло́виях; a lady of a ~ age да́ма не пе́рвой мо́лодости; a ~ (*some*) pleasure не́которое удово́льствие.

**certainly** *adv.* (*without doubt*) несомне́нно, наверняка́, наве́рно; (*expr. obedience or consent*) коне́чно, безусло́вно; 'May we go?' – '~ not!' «Мо́жно нам идти́?» — «Ни в ко́ем слу́чае!»

**certainty** *n.* **1.** (*being certainly true*) несомне́нность; **2.** (*certain fact*) несомне́нный факт; for a ~ наверняка́; **3.** (*confidence*) уве́ренность; **4.** (*accuracy*): I cannot say with ~ не могу́ определённо сказа́ть; scientific ~ нау́чная достове́рность.

**certifiable** *adj.* (*lunatic*) душевнобольно́й.

**certificate** *n.* удостовере́ние, свиде́тельство, сертифика́т; ~ of health медици́нское свиде́тельство; birth ~ свиде́тельство о рожде́нии, ме́трика; marriage ~ свиде́тельство о бра́ке.

*v.t.*: a ~d teacher учи́тель (*m.*) с дипло́мом.

**certification** *n.* удостовере́ние; вы́дача свиде́тельства.

**certify** *v.t.* **1.** (*attest*) удостов|еря́ть, -е́рить; зав|еря́ть, -е́рить; this is to ~ that . . . насто́ящим удостоверя́ется, что . . .; **2.** (*of lunatic*) свиде́тельствовать, за- душе́вное заболева́ние +*g.*

**certitude** *n.* уве́ренность; несомне́нность.

**cerulean** *adj.* небе́сно-голубо́й.

**cerumen** *n.* ушна́я се́ра.

**ceruse** *n.* бели́л|а (*pl., g.* —).

**Cervantes** *n.* Серва́нтес.

**cervical** *adj.* ше́йный; ~ smear мазо́к ше́йки ма́тки.

**cervix** *n.* ше́я; (*of womb*) ше́йка (ма́тки).

**Cesarean** (*Am.*) *see* CAESAREAN.

**cess** *n.* (*dial.*): bad ~ to him! чтоб ему́ пу́сто бы́ло!

**cessation** *n.* прекраще́ние, остано́вка; ~ of hostilities прекраще́ние вое́нных де́йствий.

**cession** *n.* усту́пка, переда́ча.

**cess|pit, -pool** *nn.* выгребна́я/помо́йная/сто́чная я́ма; (*fig.*) помо́йная я́ма, клоа́ка.

**cetacean** *n.* живо́тное из семе́йства кито́вых.

**ceteris paribus** *adv.* при про́чих ра́вных усло́виях.

**Ceylon** *n.* Цейло́н.

**Ceylonese** *n.* (*pers.*) цейло́н|ец (*fem.* -ка). *adj.* цейло́нский.

**chafe** *n.* (*~d place*) сса́дина, раздраже́ние; (*fig., irritation*) раздраже́ние.

    *v.t.* (*rub*) тере́ть (*impf.*); (*make sore*) нат|ира́ть, -ере́ть; the collar ~d his neck воротни́к натёр ему́ ше́ю.

    *v.i.* нат|ира́ться, -ере́ться; her skin ~s easily у неё ко́жа легко́ воспаля́ется; he ~d at the delay отсро́чка раздража́ла его́.

**chaff** *n.* 1. (*husks*) мяки́на; (*fig.*): an old bird is not caught with ~ ста́рого воробья́ на мяки́не не проведёшь; 2. (*banter*) подшу́чивание.

    *v.t.* подшу́|чивать, -ти́ть над +*i.*; подтру́н|ивать, -и́ть над +*i.*

    *cpd.*: ~**-cutter** *n.* соломоре́зка.

**chaffer** *v.i.* торгова́ться (*impf.*).

**chaffinch** *n.* зя́блик.

**chafing-dish** *n.* жаро́вня.

**chagrin** *n.* огорче́ние, доса́да.

    *v.t.* огорч|а́ть, -и́ть.

**chain** *n.* цепь; цепо́чка; (*surveyor's*) межева́я/ме́рная цепь; mountain ~ го́рная цепь; (*pl., fetters*) це́пи (*f. pl.*), око́в|ы (*pl., g.* —); (*fig.*): ~ of events, consequences цепь собы́тий/после́дствий; a ~ is as strong as its weakest link (*prov.*) где то́нко, там и рвётся; ~ reaction цепна́я реа́кция.

    *v.t.* прико́в|ывать, -а́ть це́пью; скреп|ля́ть, -и́ть це́пью; the dog is ~ed up соба́ка поса́жена на цепь.

    *cpds.*: ~**-armour**, ~**-mail** *nn.* кольчу́га; ~**-bridge** *n.* цепно́й мост; ~**-gang** *n.* гру́ппа каторжа́н, ско́ванных о́бщей це́пью; ~**-letter** *n.* письмо́, рассыла́емое по цепо́чке; ~**-mail** *see* ~**-armour**; ~**-shot** *n.* цепны́е я́дра; ~**-smoke** *v.i.* (*непреры́вно*) заку́ривать (*impf.*) одну́ папиро́су от друго́й; ~**-smoker** *n.* зая́длый кури́льщик; ~**-stitch** *n.* та́мбурная стро́чка; ~**-store** *n.* однотипный фи́рменный магази́н.

**chair** *n.* 1. стул; take a ~! сади́тесь!; 2. (*~manship*) председа́тельство; Mr. X took/left the ~ г-н X за́нял/поки́нул председа́тельское ме́сто; 3. (*~man*) председа́тель (*m.*); Madam C~man! госпожа́ председа́тель!; 4. (*professorship*) ка́федра; he holds the ~ of physics он заве́дует ка́федрой фи́зики.

    *v.t.* (*preside over*) председа́тельствовать (*impf.*) на +*p.*; 2. (*carry triumphantly*) торже́ственно нести́ (*det.*) (*победителя и т.п.*).

    *cpds.*: ~**-lift** подвесно́й подъёмник; ~**man**, **-person** *see* CHAIR 3.; ~**manship** *n.* председа́тельство; обя́занности (*f. pl.*) председа́теля.

*chaise longue* *n.* шезло́нг.

**chalcedony** *n.* халцедо́н.

**Chaldean** *adj.* халде́йский.

**chalet** *n.* шале́ (*indecl.*).

**chalice** *n.* (*goblet*) ку́бок, ча́ша; (*eccl.*) поти́р; (*bot.*) ча́шечка.

**chalk** *n.* 1. (*material*) мел; (*attr.*) мелово́й; 2. (*piece of ~*) мел, мело́к; 3. (*fig.*): not by a long ~ отню́дь нет; далеко́ не; as different as ~ from cheese похо́же, как гвоздь на пани́хи́ду.

    *v.t.* (*write or mark with ~*) писа́ть, на- (*or* отм|еча́ть, -е́тить) ме́лом; (*whiten with ~*) бели́ть, по-; ~ **out** (*sketch*) набр|а́сывать, -оса́ть; ~ **up** (*register*) отм|еча́ть, -е́тить.

    *cpd.*: ~**-pit**, ~**-quarry** *nn.* мелово́й карье́р.

**chalky** *adj.* (*like chalk*) мелово́й; (*containing chalk*) известко́вый.

**challenge** *n.* (*to a race etc.*) вы́зов; ~ cup переходя́щий ку́бок; (*sentry's*) о́клик; (*fig.*): this task was a ~ to his ingenuity э́та зада́ча потре́бовала от него́ большо́й изобрета́тельности.

    *v.t.* вызыва́ть, вы́звать; (*dispute*) оспа́ривать (*impf.*); ~ a juryman отв|оди́ть, -ести́ прися́жного; ~ s.o. to a race/duel вызыва́ть, вы́звать кого́-н. на состяза́ние/дуэ́ль; I ~ you to deny it попро́буйте опрове́ргнуть э́то!; he ~d my right to attend он возража́л про́тив моего́ прису́тствия.

**challenger** *n.* посыла́ющий вы́зов; претенде́нт.

**challenging** *adv.* (*of opportunity etc.*) тру́дный, но интере́сный.

**chalybeate** *adj.* желе́зистый.

**chamber** *n.* 1. (*room*) ко́мната; (*pl., apartment*) кварти́ра; (*office*) адвока́тская конто́ра; ка́мера, кабине́т судьи́; ~ of horrors зал у́жасов; bridal ~ спа́льня новобра́чных; ~ music ка́мерная му́зыка; 2. (*hall, e.g. of parliament*) зал, за́ла; 3. (*official body*) пала́та; C~ of Commerce торго́вая пала́та; ~ of deputies пала́та депута́тов; 4. (*of revolver*) патро́нник; 5. (*~-pot*) ночно́й горшо́к.

    *cpd.*: ~**maid** *n.* го́рничная.

**chamberlain** *n.* мажордо́м, камерге́р.

**chameleon** *n.* (*lit., fig.*) хамелео́н.

**chamfer** *n.* жёлоб, вы́емка.

    *v.t.* стёс|ывать, -а́ть о́стрые углы́; вынима́ть, вы́нуть пазы́.

**chammy** (*Am.*) *see* SHAMMY.

**chamois** *n.* 1. (*zool.*) се́рна; 2. (*~-leather*) за́мша.

**champ**[1] *n.* (*chewing action or noise*) ча́вканье.

    *v.t. & i.* (*chew noisily*) ча́вкать (*impf.*); (*bite on*): ~ the bit грызть (*impf.*) удила́; (*fig.*): he was ~ing to start он рва́лся в путь.

**champ**[2] (*coll.*)=CHAMPION 2.

**champagne** *n.* шампа́нское.

**champion** *n.* 1. (*defender*) побо́рни|к, защи́тни|к (*fem.* -ца); боре́ц; a ~ of women's rights побо́рник же́нского равнопра́вия; 2. (*prize-winning pers. or thg.*) чемпио́н, (*fem., coll.*) -ка; a ~ chess-player чемпио́н по ша́хматам.

**championship** *n.* (*advocacy*) защи́та; (*sport*) чемпио́нство, чемпиона́т, пе́рвенство.

**champlevé** *n.*: ~ enamel вы́емчатая эма́ль.

**chance** *n.* **1.** (*casual occurrence*) слу́чай, случа́йность; by ~ случа́йно; he left it to ~ он оста́вил э́то на во́лю слу́чая; game of ~ аза́ртная игра́; **2.** (*possibility, likelihood, opportunity*) шанс, возмо́жность; I went there on the ~ of seeing him я пошёл туда́, наде́ясь уви́деть его́; I will take my ~ of going to prison я гото́в (ра́ди э́того) пойти́ в тюрьму́; the ~s are that he will come все ша́нсы за то, что он придёт; I had no ~ of winning у меня́ не́ было никаки́х ша́нсов на успе́х; he stands a good ~ of winning он име́ет все ша́нсы на успе́х; now is your ~ вот ваш шанс; tó дело за ва́ми; the ~ of a lifetime раз в жи́зни предста́вившийся слу́чай; he has an eye to the main ~ он стреми́тся к нажи́ве/обогаще́нию; a fat ~ he has! куда́ уж ему́ (*coll.*); he hasn't a dog's ~ у него́ нет никаки́х ша́нсов; a ~ companion случа́йный попу́тчик/спу́тник; a ~ comer случа́йный посети́тель.

*v.t.*: let's ~ it рискнём!; ~ one's arm (*coll.*) пыта́ть, по- сча́стья.

*v.i.* (*happen*) случ|а́ться, -и́ться; I ~d to see him мне довело́сь уви́деть его́; he ~d upon the book ему́ попа́лась э́та кни́га.

**chancel** *n.* алта́рь (*m.*).

**chancellery** *n.* канцеля́рия.

**chancellor** *n.* ка́нцлер; C~ of the Exchequer ка́нцлер казначе́йства, мини́стр фина́нсов; (*of university*) ре́ктор, ка́нцлер.

**chancellorship** *n.* зва́ние ка́нцлера, ка́нцлерство.

**chancery** *n.* **1.** (*leg.*) ка́нцлерский суд; in ~ (*fig.*) в тиска́х; **2.** (*of embassy*) канцеля́рия.

**chancre** *n.* твёрдый шанкр.

**chancy** *adj.* (*coll.*) риско́ванный.

**chandelier** *n.* канделя́бр, лю́стра.

**chandler** *n.* москате́льщик.

**change** *n.* **1.** (*alteration*) измене́ние; (*substitution*) переме́на; ~ of air, scene переме́на обстано́вки; ~ of life (*med.*) климакте́рий; for a ~ для разнообра́зия; ~ of heart измене́ние наме́рений; преображе́ние; a ~ for the better переме́на к лу́чшему; **2.** (*spare set*) сме́на; he took a ~ of linen with him он взял с собо́й сме́ну белья́; **3.** (*money*) ме́лкие де́н|ьги (*pl., g. -ег*); ме́лочь; (*returned as balance*) сда́ча; have you ~ for a pound? мо́жете ли вы разменя́ть фунт?; I got no ~ out of him (*fig.*) я от него́ ничего́ не доби́лся; you'll get no ~ out of him с него́ взя́тки гла́дки (*coll.*); **4.** (*of trains etc.*) переса́дка; no ~ for Oxford в О́ксфорд без переса́дки; **5.** (*stock exchange*) би́ржа; **6.** (*of bells*) перезво́н, трезво́н; ring (the) ~s (*lit.*) вызва́нивать (*impf.*) на колокола́х; (*fig.*) тверди́ть (*impf.*) на все лады́ одно́ и то же.

*v.t.* **1.** (*alter, replace*) меня́ть, по-; she ~d

her address она́ перее́хала на друго́е ме́сто; ~ (one's) clothes переод|ева́ться, -е́ться; смен|я́ть, -и́ть оде́жду; ~ one's shoes переоб|ува́ться, -у́ться; the snake ~s its skin змея́ меня́ет ко́жу; ~ colour (*turn pale*) бледне́ть, по-; измени́ться (*pf.*) в лице́; (*blush*) красне́ть, по-; ~ one's mind разду́м|ывать, -ать; отду́м|ывать, -ать; переду́м|ывать, -ать; ~ one's tune (*fig.*) запе́ть (*pf.*) на друго́й лад (*or* по-друго́му); ~ hands (*of a property*) пере|ходи́ть, -йти́ из рук в ру́ки; ~ sides пере|ходи́ть, -йти́ на другу́ю сто́рону (*or* в друго́й ла́герь); ~ trains перес|а́живаться, -е́сть на друго́й по́езд; ~ gear меня́ть (*impf.*) ско́рость; переключи́ть (*pf.*) переда́чу; ~ the subject смени́ть/перемени́ть (*pf.*) те́му разгово́ра; **2.** (*re-clothe etc.*): ~ a child переод|ева́ть, -е́ть ребёнка; (*of baby*) переверну́ть (*pf.*); перепелена́ть (*pf.*); ~ a bed меня́ть (*impf.*) посте́льное бельё; **3.** (*money*): ~ a pound note разменя́ть (*pf.*) фу́нтовую бума́жку; ~ francs into pounds обменя́ть (*pf.*) фра́нки на фу́нты сте́рлингов; **4.** (*exchange*): ~ a book обменя́ть (*pf.*) кни́гу; ~ places with s.o. (*lit.*) поменя́ться (*pf.*) места́ми с кем-н.; ~ing of the guard сме́на карау́ла; **5.** (*shift*): he ~d his weight from one foot to the other он переступи́л с ноги́ на́ ногу.

*v.i.*: he has ~d a lot он си́льно измени́лся/перемени́лся; caterpillars ~ into butterflies гу́сеницы превраща́ются в ба́бочек; we ~d to central heating мы перешли́ на центра́льное отопле́ние; his expression ~d он измени́лся/перемени́лся в лице́; the weather ~d to rain пого́да перемени́лась и пошёл дождь; the wind ~d ве́тер перемени́лся; (*rail.*) перес|а́живаться, -е́сть; all ~! коне́чная остано́вка!; переса́дка, по́езд да́льше не пойдёт!; (*clothing*): ~ for dinner переоде́ться (*pf.*) к у́жину.

*with advs.*: ~ **down** *v.i.* (*motoring*) перейти́ (*pf.*) на бо́лее ни́зкую ско́рость; ~ **over** *v.i.*: the railways ~d over to electricity желе́зные доро́ги перешли́ на электри́чество/электроэне́ргию; ~ **up** *v.i.* (*motoring*) перейти́ (*pf.*) на бо́лее высо́кую ско́рость.

*cpd.*: ~-**over** *n.*: ~-over to electricity перехо́д на электроэне́ргию; (*of leader etc.*) сме́на.

**changeab|ility, -leness** *nn.* переме́нчивость, неусто́йчивость; изме́нчивость, непостоя́нство.

**changeable** *adj.*: ~ weather изме́нчивая/неусто́йчивая пого́да; (*of pers.*) изме́нчивый, непостоя́нный.

**changeful** *n.* по́лный переме́н; изме́нчивый, переме́нный.

**changeless** *adj.* неизме́нный.

**changeling** *n.* подменённое дитя́.

**channel** *n.* **1.** (*strait*) проли́в, кана́л; the English

C~ Ла-Ма́нш; C~ Islands Норма́ндские острова́; (*branch, arm of waterway*) рука́в; **2.** (*bed of a stream*) ру́сло; **3.** (*deeper part of a waterway*) фарва́тер; **4.** (*fig.*): through the usual ~s обы́чным путём; ~ of information исто́чник информа́ции; **5.** (*television*) кана́л.

*v.t.* (*make a ~ in*) пров|оди́ть, -ести́ кана́л в +*p.*; (*cause to flow*): the river ~led its way through the rocks река́ проложи́ла себе́ путь че́рез ска́лы; (*fig.*): we ~led the information to him мы переда́ли ему́ э́ти све́дения; his energies are ~led into sport вся его́ эне́ргия ухо́дит на спорт.

*with adv.*: ~ **off** *v.t.* отв|оди́ть, -ести́.

**chant** *n.* песнь; (*eccl.*) пе́ние.

*v.t.* восп|ева́ть, -е́ть.

*v.i.* петь (*impf.*).

**chanterelle** *n.* лиси́чка.

**chanteuse** *n.* эстра́дная певи́ца.

**chantry** *n.* (*chapel*) часо́вня.

**chaos** *n.* (*myth.*) ха́ос; (*disorder*) хао́с.

**chaotic** *adj.* хаоти́ческий, хаоти́чный.

**chap**[1] *n.* (*crack*) тре́щина; (*on hands*) цы́п|ки (*pl., g.* -ок).

*v.t.* произв|оди́ть, -ести́ тре́щину в +*p.*; ~ped hands потре́скавшиеся ру́ки.

**chap**[2] (*also* **chappie**)*n.* (*coll., fellow*) па́рень (*m.*), ма́лый; a good ~ сла́вный ма́лый; old ~ старина́ (*m.*), дружи́ще (*m.*).

**chapel** *n.* **1.** (*small church*) часо́вня, моле́льня; (*Catholic*) капе́лла; ~ folk нонконформи́сты (*m. pl.*); **2.** (*part of church*) приде́л с алтарём; **3.** (*trade union branch*) отделе́ние профсою́за (печа́тников).

**chaperon(e)** *n.* компаньо́нка.

*v.t.* сопрово|жда́ть, -ди́ть.

**chaplain** *n.* капелла́н, свяще́нник.

**chaplaincy** *n.* до́лжность капелла́на.

**chaplet** *n.* (*wreath*) вено́к; (*necklace*) ожере́лье; (*rosary*) чёт|ки (*pl., g.* -ок).

**chappie** *see* CHAP[2].

**chapter** *n.* **1.** (*of book*) глава́; ~ and verse (*fig.*) то́чная ссы́лка; to the end of the ~ (*fig.*) до са́мого конца́; ~ of accidents стече́ние несча́стий; **2.** (*of clergy*) собра́ние кано́ников (*or* чле́нов мона́шеского о́рдена).

*cpd.*: ~-**house** *n.* дом капи́тула.

**char**[1] *v.t.* (*burn*) обж|ига́ть, -е́чь; обу́гли|вать, -ть.

*v.i.* обу́гли|ваться, -ться.

**char**[2] *n.* (*coll.*)= ~ **woman**.

*v.t.* (*coll., perform housework*) уб|ира́ть, -ра́ть помеще́ние подённо.

*cpds.*: ~ **lady,** ~ **woman** *nn.* приходя́щая домрабо́тница; (подённая) убо́рщица.

**character** *n.* **1.** (*nature*) сво́йство, ка́чество; a book of that ~ кни́га тако́го ро́да; **2.** (*personal qualities*) хара́ктер; a man of ~ челове́к с си́льным хара́ктером; he lacks ~ он бесхара́ктерный челове́к; an interesting ~

интере́сный челове́к; his remark was in (*or* out of) ~ э́то замеча́ние бы́ло вполне́ (*or* не) в его́ ду́хе/сти́ле; a bad ~ тёмная ли́чность; a queer ~ чуда́к; **3.** (*well-known pers.*): a public ~ обще́ственный де́ятель; **4.** (*eccentric or distinctive pers.*): she is quite a ~ она́ оригина́льная ли́чность; a weird ~ стра́нный субъе́кт; a ~ actor хара́ктерный актёр; **5.** (*fictional*) геро́й, тип, о́браз, персона́ж; in the ~ of Hamlet в о́бразе Га́млета; **6.** (*capacity*) до́лжность; ка́чество; in his ~ of ambassador в ка́честве посла́; **7.** (*reputation*) репута́ция; ~ assassination подры́в репута́ции; **8.** (*testimonial*) характери́стика, аттеста́ция; **9.** (*letter, graphic symbol*) бу́ква, ли́тера; Chinese ~s кита́йские иеро́глифы (*m. pl.*); Runic ~s руни́ческое письмо́.

**characteristic** *n.* хара́ктерная черта́, сво́йство, осо́бенность; (*math.*) характери́стика.

*adj.* хара́ктерный, типи́чный; it is ~ of him э́то хара́ктерно для него́.

**characterization** *n.* **1.** (*description*) характери́стика; **2.** (*by author or actor*) созда́ние о́браза; тракто́вка.

**characterize** *v.t.* **1.** (*describe*) (о)характеризова́ть (*impf., pf.*); ~ s.o. as a liar охарактеризова́ть кого́-н. как лгуна́; **2.** (*distinguish*) отлич|а́ть, -и́ть; he is ~d by honesty он отлича́ется свое́й че́стностью.

**characterless** *adj.* (*undistinguished*) бесхара́ктерный, заура́дный.

**charade** *n.* шара́да.

**charcoal** *n.* древе́сный у́голь; a ~ drawing рису́нок углём.

*cpds.*: ~-**burner** *n.* у́гольщик; ~-**grey** *n.* & *adj.* тёмносе́рый (цвет).

**charcuterie** *n.* магази́н мясно́й кулина́рии.

**charge** *n.* **1.** (*load*) нагру́зка, загру́зка, груз; **2.** (*for gun etc.*) заря́д; **3.** (*elec.*) заря́д, заряжа́ние; the battery is on ~ (*or* being ~d) батаре́я заряжа́ется; **4.** (*her.*) эмбле́ма, деви́з; **5.** (*expense*) цена́, расхо́ды (*m. pl.*); what is the ~? ско́лько э́то сто́ит?; his ~s are reasonable у него́ це́ны вполне́ уме́ренные; there is a ~ on the bottle тре́буется зало́г за буты́лку; a ~ account счёт в магази́не; ~s forward доста́вка за счёт покупа́теля; at his own ~ на его́/свой со́бственный счёт; free of ~ беспла́тно; **6.** (*burden*) бре́мя (*nt.*); he became a ~ on the community он стал бре́менем для всей общи́ны; **7.** (*duty, care*): the child is in my ~ э́тот ребёнок на моём попече́нии; I am in ~ here я здесь заве́дую; я здесь за ста́ршего; take ~ of a business взять (*pf.*) на себя́ руково́дство де́лом; his emotions took ~ он оказа́лся во вла́сти чувств; give s.o. in ~ переда́|ва́ть, -а́ть кого́-н. в ру́ки поли́ции; **8.** (*pers. entrusted*): the nurse took her ~s for a walk ня́ня повела́ свои́х пито́мцев на прогу́лку; **9.** (*instructions*) напу́тствие, наставле́ние, предписа́ние; **10.** (*accusation*) обвине́ние; bring a ~ against s.o. выдвига́ть, вы́двинуть обвине́ние про́тив кого́-н.; lay sth. to s.o.'s ~ обвин|я́ть; -и́ть кого́-н. в чём-н.; he pleaded guilty to the ~ of speeding он призна́л себя́ вино́вным в превыше́нии ско́рости; **11.** (*attack*) нападе́ние, ата́ка; return to the ~ (*fig.*) возобнови́ть (*pf.*) ата́ку.

*v.t.* **1.** (*load, fill*) нагру|жа́ть, -зи́ть; загру|жа́ть, -зи́ть; ~ your glasses! напо́лните свои́ стака́ны!; (*elec.*) заря|жа́ть, -ди́ть; (*fig.*): ~ one's memory with facts перегружа́ть (*impf.*) свою́ па́мять фа́ктами; **2.** (*make responsible*): he was ~d with an important mission ему́ бы́ло пору́чено ва́жное зада́ние; I cannot ~ myself with this я не могу́ взять на себя́ отве́тственность за э́то; **3.** (*instruct*): I ~ you to obey him я тре́бую, что́бы вы повинова́лись ему́; the judge ~d the jury судья́ напу́тствовал прися́жных; **4.** (*accuse*) обвин|я́ть, -и́ть; he is ~d with murder его́ обвиня́ют в уби́йстве; **5.** (*debit*): ~ the amount/goods to me запиши́те су́мму/това́ры на мой счёт; his estate was ~d with the debt; the debt was ~d to his estate за его́ име́нием чи́слился долг; tax is ~d on the proceeds of the sale дохо́ды с прода́жи подлежа́т обложе́нию нало́гом; **6.** (*ask price*): he ~d £5 for the book он запроси́л 5 фу́нтов за э́ту кни́гу; **7.** (*also v.i.; attack*): the troops ~d the enemy войска́ атакова́ли неприя́теля; he ~d at me он набро́сился на меня́.

*cpds.*: ~**-nurse** *n.* ста́ршая медсестра́ отделе́ния; ~**-sheet** *n.* полице́йский протоко́л.

**chargeable** *adj.* **1.** ~ (*to be debited*) to относи́мый за счёт +*g.*; the expense is ~ to him э́тот расхо́д сле́дует отнести́ на его́ счёт; **2.** (*liable to be accused*): he is ~ with theft он мо́жет быть обвинён в кра́же.

**chargé d'affaires** *n.* пове́ренный в дела́х.

**charger** *n.* (*horse*) строева́я ло́шадь; боево́й конь.

**chariness** *n.* осторо́жность; сде́ржанность.

**chariot** *n.* колесни́ца.

**charioteer** *n.* возни́ца (*m.*).

**charisma** *n.* хари́зма, обая́ние.

**charismatic** *adj.* харизмати́ческий.

**charitable** *adj.* (*in judgement etc.*) ми́лостивый, снисходи́тельный; it would be ~ to suppose that he was drunk в лу́чшем слу́чае мо́жно предположи́ть, что он был пьян; (*in almsgiving*) благотвори́тельный.

**charity** *n.* **1** (*kindness*) любо́вь к бли́жнему; ~ begins at home своя́ руба́шка бли́же к те́лу; he lives on ~ он живёт ми́лостыней; **2.** (*indulgence*) милосе́рдие; снисхожде́ние; judge others with ~ не суди́ть (*impf.*) други́х стро́го; **3.** (*almsgiving*) благотвори́тельность; ми́лостыня; give, dispense ~ под|ава́ть, -а́ть ми́лостыню; cold as ~ хо́лодно, как в

по́гребе; **4.** (*institution*) благотвори́тельные учрежде́ния.

**charivari** *n.* гам, шум.

**charlatan** *n.* шарлата́н, зна́харь (*m.*).

**charlatan|ism, -ry** *nn.* шарлата́нство, зна́харство.

**Charlemagne** *n.* Карл Вели́кий.

**Charles** *n.* (*hist.*) Карл; ~'s Wain Больша́я Медве́дица.

**charlock** *n.* горчи́ца полева́я.

**charlotte** *n.* шарло́тка.

**charm** *n.* **1.** (*attraction*) обая́ние, очарова́ние, очарова́тельность; ~ of manner прия́тная мане́ра держа́ться; her ~s её пре́лести (*f. pl.*); **2.** (*spell*) ча́р|ы (*pl., g.* —); under a ~ заколдо́ванный; it worked like a ~ э́то оказа́ло маги́ческое де́йствие; **3.** (*talisman*) амуле́т.

*v.t.* **1.** (*attract, delight*) очаро́в|ывать, -а́ть; she ~d away his sorrow она́ разве́яла его́ печа́ль; I shall be ~ed to visit you я бу́ду сча́стлив посети́ть вас; **2.** (*use magic on*) чарова́ть (*impf.*); зачаро́в|ывать, -а́ть; he bears a ~ed life он как бы неуязви́м; Бог его́ храни́т.

**charmer** *n.* **1.** (*beauty*) чаровни́ца, чароде́йка; **2.** (*charming pers.*) обая́тельный/очарова́тельный челове́к.

**charming** *adj.* очарова́тельный, обая́тельный, чару́ющий.

**charnel-house** *n.* склеп.

**Charon** *n.* Харо́н.

**chart** *n.* (*nautical map*) морска́я ка́рта; (*record*) табли́ца, гра́фик; weather ~ синопти́ческая ка́рта; temperature ~ температу́рный гра́фик.

*v.t.* черти́ть, на- ка́рту +*g.*; нан|оси́ть, -ести́ на ка́рту; ~ an ocean начерти́ть (*pf.*) ка́рту океа́на; ~ s.o.'s progress сде́лать (*pf.*) диагра́мму чьего́-н. продвиже́ния; ~ a course of action наме́тить (*pf.*) план де́йствий.

*cpd.*: ~**-house**, ~**-room** *nn.* штурма́нская ру́бка.

**charter** *n.* **1.** (*grant of rights*) ха́ртия, гра́мота; **2.** (*of society*): C~ of the United Nations Уста́в ООН; ~ member член-основа́тель (*m.*) организа́ции; **3.** (*hire*) фрахто́вка, наём; ~ flight зафрахто́ванный полёт.

*v.t.* **1.** (*grant diploma etc. to*) дарова́ть (*impf., pf.*) ха́ртию/привиле́гию +*d.*; ~ed accountant бухга́лтер-экспе́рт, ауди́тор; **2.** (*provide on hire*) сд|ава́ть, -ать внаём по ча́ртеру; **3.** (*procure on hire*) фрахтова́ть, за-.

*cpd.*: ~**-party** *n.* фрахто́вый контра́кт, ча́ртер-па́ртия.

**charterer** *n.* (*pers. providing on hire*) фрахто́вщик; (*pers. receiving*) фрахтова́тель (*m.*).

**Chartism** *n.* чарти́зм.

**Chartist** *n.* чарти́ст; (*attr.*) чарти́стский.

**chartreuse** *n.* (*liqueur*) шартре́з; (*colour*) желтова́то-зелёный.

**chary** *adj.* осторо́жный, сде́ржанный; he is ~ of praise он скуп на похвалу́; I shall be ~ of going there я два́жды поду́маю, пре́жде чем пойти́ туда́.

**chase¹** *n.* **1.** (*act of chasing*) пого́ня; give ~ to погна́ться (*pf.*) за +*i.*; пусти́ться (*pf.*) вдого́нку за +*i.*; in ~ of в пого́не за +*i.*; wild goose ~ напра́сная пого́ня; **2.**: the ~ (*hunting*) охо́та.

*v.t.* гоня́ться (*indet.*), гна́ться (*det.*) за +*i.*; the letter has been chasing me for weeks э́то письмо́ догоня́ло меня́ не́сколько неде́ль; he owes us a reply – please ~ him up (*coll.*) мы ждём его́ отве́та — поторопи́те-ка его́!

*v.i.*: ~ after гна́ться, по- за +*i.*; охо́титься (*impf.*) за +*i.*; ~ off помча́ться (*pf.*).

**chase²** *v.t.* (*engrave*) гравирова́ть, вы́-.

**chaser** *n.* **1.** (*pursuer*) пресле́дователь (*m.*); **2.** (*gun at bow or stern*) судово́е ору́дие; **3.** (*drink*) стака́н пи́ва по́сле спиртно́го *и т.п.*

**chasm** *n.* бе́здна; про́пасть (*also fig.*).

**chassé** *n.* шассе́ (*indecl.*).

**chassis** *n.* шасси́ (*nt. indecl.*).

**chaste** *adj.* целому́дренный; (*of style etc.*) стро́гий.

**chasten** *v.t.* (*punish, subdue*) смир|я́ть, -и́ть; the rebuke had a ~ing effect упрёк поде́йствовал отрезвля́юще; (*refine, of style etc.*) оч|ища́ть, -и́стить.

**chastise** *v.t.* нака́з|ывать, -а́ть; кара́ть, по-.

**chastisement** *n.* наказа́ние.

**chastity** *n.* **1.** целому́дрие, целому́дренность; ~ belt по́яс целому́дрия; **2.** (*of style etc.*) стро́гость, чистота́.

**chasuble** *n.* ри́за.

**chat** *n.* болтовня́, бесе́да; ~ show бесе́да/интервью́ (*nt. indecl.*) со знамени́тостью.

*v.t.*: ~ s.o. up (*coll.*) заи́грывать (*impf.*) с кем-н.

*v.i.* болта́ть, по-; бесе́довать, по-.

**château** *n.* за́мок.

**chatelaine** *n.* (*mistress of house*) хозя́йка до́ма.

**chattel** *n.* дви́жимое иму́щество; goods and ~s всё иму́щество; he treated his wife like a ~ он обраща́лся с жено́й, как с принадлежа́щей ему́ ве́щью.

**chatter** *n.* **1.** (*talk*) болтовня́, трескотня́; **2.** (*of birds*) щебета́ние; (*of monkeys etc.*) вереща́ние; треск, стрекота́ние; **3.** (*rattle*) треск, дребезжа́ние.

*v.i.* **1.** болта́ть, тарато́рить (*both impf.*); **2.** щебета́ть, треща́ть, вереща́ть, стрекота́ть (*all impf.*); ~ like a magpie треща́ть как соро́ка; **3.**: his teeth are ~ing у него́ стуча́т зу́бы.

*cpd.*: ~box *n.* болту́н (*fem.* -ья); тарато́рка, трещо́тка, пустоме́ля (*all c.g.*).

**chatterer** *n.* болту́н (*fem.* -ья).

**chattiness** *n.* болтли́вость.

**chatty** *adj.* болтли́вый, говорли́вый.

**chauffeur** *n.* (наёмный) шофёр.

**chauffeuse** *n.* же́нщина-шофёр.

**chauvinism** *n.* шовини́зм.

**chauvinist** *n.* шовини́ст (*fem.* -ка); male ~ сторо́нник дискримина́ции же́нщин.

**chauvinistic** *adj.* шовинисти́ческий.

**cheap** *adj.* **1.** (*low in price*) дешёвый; I bought it ~ я дёшево э́то купи́л; ~ and nasty дёшево да гни́ло; ~ at the price вполне́ прили́чно за таку́ю це́ну; dirt ~ деше́вле па́реной ре́пы; грошо́вый; on the ~ по дешёвке; he got off ~ он дёшево отде́лался; **2.** (*facile, tawdry, petty, vulgar*): ~ flattery дешёвая лесть; a ~ remark по́шлое замеча́ние; **3.**: I feel ~ (*out of sorts*) мне не по себе́; (*ashamed*) мне сты́дно; make o.s. ~ не уважа́ть (*impf.*) себя́; роня́ть (*impf.*) своё досто́инство.

*cpd.*: ~jack *n.* разно́счик дешёвых това́ров.

**cheapen** *v.t.* (*make cheap*) удешевл|я́ть, -и́ть; де́лать, с- деше́вле; ~ o.s. (*fig.*) роня́ть (*impf.*) себя́.

*v.i.* дешеве́ть, по-.

**cheapness** *n.* дешеви́зна.

**cheat** *n.* (*pers.*) обма́нщик, плут, жу́лик; (*thg., action*) обма́н, плутовство́, жу́льничество.

*v.t. & i.* обма́н|ывать, -у́ть; плутова́ть, на-/с-; пров|оди́ть, -ести́; ~ s.o. out of sth. обма́ном лиши́ть кого́-н. чего́-н.; ~ at cards жу́льничать, с- в ка́ртах; плутова́ть, на-/с- в ка́ртах; ~ o.s. (*e.g. by giving too much change*) обсчита́ть (*pf.*) самого́ себя́; he ~ed me into believing that . . . он уве́рил меня́ обма́ном, что . . .; ~ one's fatigue отвле́чься от своего́ утомле́ния; ~ the gallows избежа́ть (*pf.*) ви́селицы.

**check¹** *n.* **1.** (*restraint*) заде́ржка; wind acts as a ~ upon speed ве́тер замедля́ет ско́рость; keep a ~ on your temper сде́рживайте свой нрав; **2.** (*stoppage*) остано́вка; they held the enemy in ~ они́ сде́рживали проти́вника; **3.** (*verification*) контро́ль (*m.*); прове́рка; keep a ~ on his expenses держа́ть под контро́лем его́ расхо́ды; **4.** (*for hat, luggage etc.*) номеро́к; квита́нция; **5.** (*at chess*) шах; **6.** (*Am., at cards etc.*) фи́шка, ма́рка; hand in one's ~s (*coll.*) расквита́ться (*pf.*) с жи́знью; **7.** (*Am.*): see CHEQUE; **8.** (*Am.*): see BILL; **9.** (*Am., tick*) га́лочка.

*v.t.* **1.** (*restrain*) сде́рж|ивать, -а́ть; he ~ed himself from speaking он сдержа́лся и промолча́л; the car ~ed its speed автомоби́ль заме́длил ско́рость; **2.** (*stop*) остан|а́вливать, -ови́ть; заде́рж|ивать, -а́ть; **3.** (*rebuke*) проб|ира́ть, -ра́ть; **4.** (*verify*) контроли́ровать (*impf.*); пров|еря́ть, -е́рить; **5.** (*deposit, of luggage etc.*) сд|ава́ть, -ать под квита́нцию; **6.** (*at chess*) объяв|ля́ть, -и́ть шах +*d.*; шахова́ть (*impf.*); **7.** (*Am., tick*) отм|еча́ть, -е́тить га́лочкой.

*v.i.* **1.** (*pause*) остан|а́вливаться, -ови́ться; **2.**

~ on *see* ~ **up**; **3.**: ~ (*accord*) with совп|ада́ть, -а́сть с +*i*.

*with advs.*: ~ **in** *v.i.* (*at hotel*) регистри́роваться, за-; ~ **out** *v.i.* (*from hotel*) выпи́сываться, вы́писаться; ~ **up** *v.i.*: ~ up on sth. пров|еря́ть, -е́рить что-н.

*cpds.*: ~**-list** *n.* контро́льный спи́сок, пе́речень (*m.*); ~**-point,** ~**-post** *nn.* контро́льный пункт; ~**-rein** *n.* по́вод; ~ **room** *n.* гардеро́бная; ка́мера хране́ния; ~**-up** *n.* прове́рка; (техни́ческий/медици́нский) осмо́тр.

*int.* ~! (*Am. coll.*) то́чно!; (*at chess*) шах!

**check²** *n.* (*pattern*) кле́тка; (*attr., also* ~ed) кле́тчатый.

**checkers** *n.* ша́ш|ки (*pl., g.* -ок).

**checkmate** *n.* шах и мат; (*fig.*) мат.

*v.t.* де́лать, с- мат +*d.*; (*fig.*) нанести́ (*pf.*) по́лное пораже́ние +*d.*

**cheek** *n.* **1.** (*part of face*) щека́; (*dim., e.g. baby's*) щёчка; ~ by jowl бок о́ бок; turn the other ~ подст|авля́ть, -а́вить другу́ю щёку; **2.** (*buttock*) полови́нка (за́да); **3.** (*impudence*) на́глость; he had the ~ to say . . . у него́ хвати́ло на́глости сказа́ть . . .

*v.t.* (*coll.*) дерзи́ть, на- +*d.*

*cpd.*: ~**-bone** *n.* скула́.

**cheekiness** *n.* на́глость, наха́льство.

**cheeky** *adj.* наха́льный; а ~ little hat задо́рная шля́пка.

**cheep** *n.* писк. *v.t. & i.* пища́ть, пи́скнуть.

**cheer** *n.* **1.** (*comfort*): words of ~ обдоря́ющие/подба́дривающие слова́; be of good ~! не уныва́йте!; **2.** (*food*) угоще́ние; good ~ пир горо́й; **2.** (*shout*): a round of ~s кругово́е ура́; three ~s for our visitors! троекра́тное ура́ на́шим гостя́м!; ~s! (*as toast*) (за) ва́ше здоро́вье!

*v.t.* **1.** (*comfort, encourage*) подбодр|я́ть, -и́ть; ободр|я́ть, -и́ть; his visit ~ed (up) the patient его́ посеще́ние подбодри́ло больно́го; ~ing news прия́тная но́вость; **2.** (*acclaim*) приве́тствовать (*impf.*); the spectators ~ed the team зри́тели кри́ками подба́дривали кома́нду.

*v.i.* подбодр|я́ться, -и́ться; ободр|я́ться, -и́ться; (*utter* ~s) изд|ава́ть, -а́ть восто́рженные кри́ки.

*with adv.*: ~ **up** *v.t. & i.* ободр|я́ть(ся), -и́ть(ся); *v.i.* повеселе́ть (*pf.*); ~ up! не уныва́йте!

*cpd.*: ~**-leader** *n.* заводи́ла (*c.g.*).

**cheerful** *adj.* весёлый, ра́достный, жизнера́достный; а ~ room весёлая/све́тлая ко́мната; ~ workers лю́ди, рабо́тающие с охо́той.

**cheer|fulness, -iness** *nn.* весёлость, ра́достность, жизнера́достность.

**cheerio** *int.* (*coll.*) всего́ хоро́шего!; всего́!

**cheerless** *adj.* уны́лый.

**cheerlessness** *n.* уны́лость.

**cheery** *adj.* весёлый, ра́достный, живо́й.

**cheese¹** *n.* сыр; green ~ молодо́й сыр; ripe ~ вы́держанный сыр; ~ straw (*cul.*) соло́мка с сы́ром.

*cpds.*: ~**cake** *n.* (*lit.*) ватру́шка; (*sl.*) ≃ полуразде́тая краса́тка; (*sl.*) ≃ полуразде́тая краса́тка; ~**cloth** *n.* ма́рля; ~**monger** *n.* торго́вец моло́чными проду́ктами; ~**-paring** *n.* крохобо́рство; *adj.* крохобо́рский, крохобо́рческий.

**cheese²** *v.t.* (*sl.*): ~ it! конча́йте!; бро́сьте!; he is ~d off (*fed up*) ему́ всё осточерте́ло.

**cheesy** *adj.* **1.** (*like cheese*) сы́рный; **2.** (*sl., shabby, scruffy*) дешёвый.

**cheetah** *n.* гепа́рд.

**chef** *n.* шеф-по́вар.

**chemical** *n.* хими́ческий проду́кт; (*pl.*) химика́ли|и (*pl., g.* -й); химика́ты (*m. pl.*); fine/heavy ~s проду́кты (*m. pl.*) то́нкой/основно́й хими́ческой промы́шленности.

*adj.* хими́ческий; ~ warfare хими́ческая война́.

**chemise** *n.* же́нская соро́чка/руба́шка.

**chemist** *n.* **1.** (*scientist*) хи́мик; **2.** (*pharmacist*) апте́карь (*m.*); ~'s shop апте́ка.

**chemistry** *n.* хи́мия; agricultural ~ агрохи́мия.

**chemotherapy** *n.* химиотерапи́я.

**chenille** *n.* (*yarn*) сине́ль; (*fabric*) шени́ль.

**che|que** (*Am.* -**ck**) *n.* чек; he made the ~ out to me он вы́писал чек на моё и́мя; blank ~ незапо́лненный чек; (*fig.*) карт-бланш; crossed ~ кросси́рованный чек; traveller's ~ тури́стский чек; draw a ~ on a bank for £100 вы́писать (*pf.*) чек на банк на су́мму в 100 фу́нтов.

*cpds.*: ~**-book** *n.* че́ковая кни́жка; ~**-stub** *n.* корешо́к че́ковой кни́жки.

**chequer** *n.* (*pl., check or mixed pattern*) кле́тчатая/пёстрая мате́рия; мате́рия в кле́тку/ша́шку.

*v.t.* (*mark in* ~s) графи́ть, раз- в кле́тку/ша́шку; ~ed career (*fig.*) бу́рная жизнь; жизнь, по́лная превра́тностей.

**cherish** *v.t.* **1.** (*love, care for*) не́жно люби́ть (*impf.*); леле́ять (*impf.*); **2.** (*of hopes etc.*) леле́ять (*impf.*); дорожи́ть (*impf.*) +*i.*

**Cherokee** *n.* черок|е́з(ец) (*fem.* -е́зка).

*adj.* чероке́зский.

**cheroot** *n.* сига́ра с обре́занными конца́ми.

**cherry** *n.* (*fruit*) ви́шня; чере́шня; (*tree*) ви́шня, вишнёвое де́рево; ~ brandy че́рри-бре́нди (*indecl.*), вишнёвый ликёр; ~ lips а́лые гу́бы; ~ orchard вишнёвый сад.

*cpds.*: ~**-blossom** *n.* вишнёвый цвет; ~**-pie** *n.* (*cul.*) пиро́г с ви́шнями; ~**-stone** *n.* вишнёвая ко́сточка; ~**wood** *n.* древеси́на вишнёвого де́рева.

**cherub** *n.* (*relig., art*) херуви́м; (*fig., child*) херуви́мчик, а́нгел.

**cherubic** *adj.* херуви́мский, ангелоподо́бный, а́нгельский.

**chervil** *n.* купы́рь (*m.*).

**chess** *n.* ша́хмат|ы (*pl., g.* —); ~ problem ша́хматная зада́ча.

*cpds.*: ~-**board** *n.* ша́хматная доска́; ~-**man** *n.* ша́хматная фигу́ра; ~-**player** *n.* шахмати́ст (*fem.* -ка).

**chest** *n.* **1.** (*furniture*) сунду́к; ~ of drawers комо́д; medicine ~ апте́чка; **2.** (*treasury, funds*) казна́; **3.** (*anat.*) грудна́я кле́тка; грудь; get sth. off one's ~ облегчи́ть (*pf.*) ду́шу; ~ cold; cold in the ~ просту́да; broad-/narrow-~ed широкогру́дый/узкогру́дый.

*cpds.*: ~-**note** *n.* грудна́я/ни́зкая но́та; ~-**protector** *n.* душегре́йка; ~-**voice** *n.* грудно́й го́лос.

**chesterfield** *n.* (*overcoat*) пальто́ в та́лию; (*couch*) большо́й дива́н.

**chestnut** *n.* **1.** (*tree, fruit*) кашта́н; pull s.o.'s ~s out of the fire таска́ть (*impf.*) для кого́-н. кашта́ны из огня́; **2.** (*stale anecdote*) анекдо́т с бородо́й; **3.** (*horse*) гнеда́я ло́шадь; **4.** (*attr., of colour*) кашта́новый.

**chesty** *adj.* (*of cold*) грудно́й.

**chetnik** *n.* че́тник.

**cheval-glass** *n.* псише́ (*indecl.*).

**chevalier** *n.* ры́царь (*m.*), кавале́р.

*chevaux de frise* (*mil.*) рога́тки (*f. pl.*); (*on wall-top*) би́тое стекло́ (*or* гво́зди) на стене́.

**chevron** *n.* шевро́н.

**chevy** *see* CHIVVY.

**chew** *v.t. & i.* жева́ть (*impf.*); ~ the cud жева́ть жва́чку; ~ upon, ~ over (*fig.*) пережёвывать (*impf.*); ~ the rag, fat (*coll.*) чеса́ть (*impf.*) языки́; перемыва́ть (*impf.*) ко́сточки; ~ing-gum жева́тельная рези́нка.

**chewy** *adj.* (*coll.*) тягу́чий.

**chiaroscuro** *n.* светоте́нь.

**chiasmus** *n.* хиа́зм.

**chic** *n.* элега́нтность, шик.

*adj.* элега́нтный, шика́рный.

**Chicago** *n.* Чика́го (*m. indecl.*).

**chicane(ry)** *n.* крючкотво́рство.

**chichi** *n.* (*affectation*) мане́рность, жема́нство.

*adj.* (*affected*) мане́рный, жема́нный.

**chick** *n.* пте́нец; цыплёнок; (*child*) дитя́ (*nt.*); (*sl., girl*) цы́почка.

*cpds.*: ~-**pea** *n.* (*bot.*) туре́цкий горо́х; ~-**weed** *n.* (*bot.*) алзи́на.

**chicken** *n.* цыплёнок; (*as food*) куря́тина, цыплёнок, ку́рица; (*fig., child*) дитя́ (*nt.*); she is no ~ она́ не ма́ленькая; don't count your ~s before they are hatched цыпля́т по о́сени счита́ют; (*fig., coward*) трус.

*v.i.* (*behave as coward*) тру́сить, с-.

*cpds.*: ~-**breasted** *adj.* (*med.*) с кури́ной гру́дью; ~-**broth** кури́ный бульо́н; ~-**feed** *n.* (*fig.*) пустяки́ (*m. pl.*); ~-**hearted**, ~-**livered** *adjs.* трусли́вый, малоду́шный; ~-**pox** *n.* ве́тряная о́спа, ветря́нка; ~-**run** *n.* заго́н для кур.

**chicory** *n.* цико́рий (полево́й).

**chide** *v.t.* попрек|а́ть, -ну́ть; брани́ть, вы-.

**chief** *n.* **1.** (*leader, ruler*) вождь (*m.*), глава́ (*m.*); Red Indian ~ вождь красноко́жих; ~ of state глава́ госуда́рства; **2.** (*boss, senior official*) шеф, нача́льник; C~ of Staff нача́льник шта́ба.

*adj.* **1.** (*most important*) гла́вный, основно́й, важне́йший; **2.** (*senior*) гла́вный, ста́рший; C~ Justice верхо́вный судья́; председа́тель (*m.*) верхо́вного суда́; ~ constable нача́льник поли́ции.

**chief|dom, -ship** *nn.* главе́нство, старши́нство.

**chiefly** *adv.* гла́вным о́бразом; в пе́рвую о́чередь.

**chieftain** *n.* вождь (*m.*); атама́н, главарь (*m.*).

**chieftain|cy, -ship** *nn.* положе́ние вождя́/атама́на/главаря́.

**chiffon** *n.* шифо́н.

**chiffonier** *n.* шифонье́рка.

**chignon** *n.* шиньо́н.

**chihuahua** *n.* чихуа́хуа (*indecl.*).

**chilblain** *n.* обморо́женное ме́сто.

**child** *n.* дитя́ (*nt.*), ребёнок; this ~ (*sl., myself*) аз гре́шный; (*fig.*): ~ of the devil исча́дие а́да; ~ren of Israel (*bibl.*) израильтя́не (*m. pl.*); сыны́ (*m. pl.*) Изра́илевы; ~ of nature дитя́ приро́ды; ~'s play (*fig.*) де́тские игру́шки; with ~ бере́менная, в положе́нии; he got her with ~ он сде́лал ей ребёнка; six months gone with ~ на шесто́м ме́сяце бере́менности; I am a ~ in these matters я ма́ло смы́слю в э́том; ~'s guide руково́дство для новичко́в; from a ~ с де́тства; ~ wife ю́ная жена́; ~ labour де́тский труд; ~ welfare охра́на младе́нчества; a burnt ~ dreads the fire пу́ганая воро́на куста́ бои́тся; обжёгшись на молоке́, бу́дешь дуть на́ воду.

*cpds.*: ~-**bearing** *n.* деторожде́ние; of ~-bearing age деторо́дного во́зраста; ~**bed**, ~**birth** *nn.* ро́д|ы (*pl., g.* -ов); she died in ~bed она́ умерла́ от ро́дов.

**childhood** *n.* де́тство; second ~ второ́е де́тство.

**childish** *adj.* де́тский, ребя́ческий.

**childishness** *n.* де́тскость, ребя́чество.

**childless** *adj.* безде́тный.

**childlike** *adj.* де́тский, младе́нческий.

**Chile** *n.* Чи́ли (*nt. indecl.*).

**Chilean** *n.* чили́|ец (*fem.* -йка).

*adj.* чили́йский.

**chili** *see* CHIL(L)I.

**chiliastic** *adj.* хилиасти́ческий.

**chill** *n.* **1.** (*physical*) хо́лод; there is a ~ in the air прохла́дно; холода́ет; take the ~ off wine подогре́ть (*pf.*) вино́; **2.** (*fig.*) хо́лод; рас-холА́живание; this cast a ~ over the proceedings э́то поде́йствовало расхола́живающе; **3.** (*med.*) просту́да; catch a ~ просту|жа́ться, -ди́ться.

*adj.* холо́дный; расхола́живающий.

*v.t.* (*lit.*) охла|жда́ть, -ди́ть; студи́ть (*impf.*); осту|жа́ть, -ди́ть; ~ed meat охлаждённое мя́со; (*fig.*) осту|жа́ть, -ди́ть.

**chil(l)i** *n.* кра́сный стручко́вый пе́рец.

**chilliness** *n.* (*lit.*) хо́лод; (*fig.*) хо́лодность, су́хость; зя́бкость.

**chilly** *adj.* холо́дный; (*fig.*) холо́дный, сухо́й; (*sensitive to cold*) зя́бкий.

**chime** *n.* (*set of bells*) подбо́р колоколо́в; (*sound*) перезво́н.

*v.t.*: the clock ~d midnight часы́ проби́ли по́лночь; the clock ~s the quarters часы́ отбива́ют ка́ждую че́тверть ча́са.

*v.i.* трезво́нить (*impf.*); (*fig., harmonize*) гармони́ровать (*impf., pf.*) (с +*i.*); ~ **in** подпева́ть (*impf.*) (кому).

**chimera** *n.* химе́ра.

**chimerical** *adj.* химери́ческий.

**chimney** *n.* **1.** труба́, дымохо́д; the letter flew up the ~ письмо́ улете́ло в трубу́; he smokes like a ~ он дыми́т, как труба́; **2.** (*for lamp*) ла́мповое стекло́; **3.** (*mountaineering*) расще́лина для подъёма на отве́сную скалу́.

*cpds.*: ~-**corner** *n.* ме́сто у ками́на; ~-**piece** *n.* ками́нная доска́/по́лочка; ~-**pot** *n.* колпа́к дымово́й трубы́; ~-pot hat цили́ндр; ~-**stack** *n.* дымова́я труба́; ~-**sweep** *n.* трубочи́ст.

**chimpanzee** *n.* шимпанзе́ (*m. indecl.*).

**chin** *n.* подборо́док; double ~ двойно́й подборо́док; receding ~ сре́занный подборо́док; (keep your) ~ up! (*fig.*) не уныва́й(те)!; не́чего нос ве́шать!; take it on the ~ (*fig.*) вы́нести (*pf.*) уда́р.

*cpds.*: ~-**strap** *n.* подборо́дочный ремéнь; ~-**wag** *n.* (*sl.*) трепотня́; *v.i.* трепа́ться (*impf.*); чеса́ть, по- языки́.

**China**[1] *n.* Кита́й; ~ ink (кита́йская) тушь; from ~ to Peru (*fig.*) с одного́ конца́ све́та на друго́й.

*cpds.*: ~-**man** *n.* кита́ец; he hasn't got a ~man's chance у него́ нет никаки́х ви́дов на успе́х; ~-**town** *n.* кита́йский кварта́л.

**china**[2] *n.* фарфо́р.

*cpds.*: ~-**clay** *n.* каоли́н, фарфо́ровая гли́на; ~-**closet,** ~-**cupboard** *nn.* буфе́т, серва́нт; ~-**ware** *n.* фарфо́р, фарфо́ровые изде́лия.

**chinchilla** *n.* шиншилла; (*fur*) шиншилловый мех.

**chine** *n.* (*anat.*) спинно́й хребе́т; (*mountain ridge*) го́рная гряда́; (*ravine*) уще́лье.

**Chinese** *n.* (*pers.*) кит|а́ец (*fem.* -а́янка); (*language*) кита́йский язы́к.

*adj.* кита́йский; ~ lantern лампио́н; кита́йский фона́рик; ~ puzzle (*fig.*) (кита́йская) головоло́мка; ~ white кита́йские бели́ла.

**chink**[1] *n.* (*crevice*) щель.

**chink**[2] *n.* (*sound*) звя́канье.

*v.i.* звя́к|ать, -нуть.

**chinoiserie** *n.* (*art*) кита́йский стиль; кита́йские ве́щи (*f. pl.*).

**chintz** *n.* си́тец; (*attr.*) си́тцевый.

**chip** *n.* **1.** (*of wood*) щепа́, ще́пка, лучи́на; стру́жка; (*of stone*) обло́мок; (*of china*) оско́лок; **2.** (*fig.*): he is a ~ off the old block он вы́литый оте́ц; он весь в отца́; he has a ~ on his shoulder он боле́зненно оби́дчив; он мни́телен; **3.**: the cup has a ~ на ча́шке щерби́на; **4.** (*food*): fish and ~s жа́реная ры́ба с чи́псами; **5.** (*at games*) фи́шка, ма́рка; he's in the ~s (*sl., well-off*) он при деньга́х; у него́ завела́сь моне́та; **6.** (*in microelectronics*) чип.

*v.t.* **1.** струга́ть, вы́стругать; отк|а́лывать, -оло́ть; отб|ива́ть, -и́ть; обб|ива́ть, -и́ть; ~ paint off a ship соск|а́бливать, -обли́ть кра́ску с корабля́; the plates have ~ped edges у таре́лок отби́тые/щерба́тые края́; ~ potatoes то́нко нар|еза́ть, -е́зать карто́фель; **2.** (*coll., banter*) поддра́знивать (*impf.*); подтру́н|ивать, -и́ть над +*i.*

*v.i.* **1.** отк|а́лываться, -оло́ться; отб|ива́ться, -и́ться; обб|ива́ться, -и́ться; **2.** ~ **in** (*coll.*) вме́ш|иваться, -а́ться; влез|а́ть, -ть (в разгово́р).

*cpd.*: ~-**board** *n.* макулату́рный карто́н; фибролит; (*attr.*) фибролитовый.

**chipmunk** *n.* бурунду́к.

**chipper** *adj.* (*coll.*) бо́дрый.

**chiromancer** *n.* хирома́нт (*fem.* -ка).

**chiromancy** *n.* хирома́нтия.

**chiropodist** *n.* мозо́льный опера́тор, (*fem.*) педикю́рша.

**chiropody** *n.* педикю́р.

**chirp** *n.* чири́канье, щебета́ние.

*v.t. & i.* чири́кать (*impf.*); щебета́ть (*impf.*).

**chirpiness** *n.* (*coll.*) бо́дрость.

**chirpy** *adj.* (*coll.*) бо́дрый, неуныва́ющий.

**chirr** *n.* стрекота́ние; трескотня́, треск.

*v.i.* стрекота́ть (*impf.*); треща́ть (*impf.*).

**chirrup** *n.* щебет, щебета́ние.

*v.i.* щебета́ть (*impf.*).

**chisel** *n.* (*sculptor's*) резе́ц; (*carpenter's*) долото́, стаме́ска, зуби́ло.

*v.t.* **1.** вая́ть, из-; высека́ть, вы́сечь; finely ~led features точёные черты́ лица́; **2.** (*sl., cheat*) над|ува́ть, -у́ть.

**chiseller** *n.* (*sl., cheat*) жу́лик, моше́нник, пройдо́ха (*c.g.*).

**chit**[1] *n.* (*girl*) девчо́нка.

**chit**[2] *n.* (*note*) запи́ска.

**chit-chat** *n.* болтовня́, пересу́д|ы (*pl., g.* -ов).

*v.i.* болта́ть (*impf.*); суда́чить (*impf.*).

**chitterlings** *n.* требуха́.

**chivalr|ic, -ous** *adjs.* ры́царский, ры́царственный.

**chivalry** *n.* ры́царство; ры́царское поведе́ние.

**chive** *n.* лук-ре́занец.

**chivvy** (*also* **chevy**) *v.t.* (*coll.*) гоня́ть (*impf.*).

**chloric** *adj.*: ~ acid хлорнова́тая кислота́.

**chloride** n. хлори́д; ~ of lime хло́рная и́звесть; ~ of potash хло́ристый ка́лий; sodium ~ хло́ристый на́трий; пова́ренная соль.

**chlorinate** v.t. хлори́ровать (impf., pf.).

**chlorination** n. хлори́рование.

**chlorine** n. хлор.

**chloroform** n. хлорофо́рм.
  v.t. хлороформи́ровать (impf., pf.); a ~ed handkerchief пропи́танный хлорофо́рмом плато́к.

**chlorophyll** n. хлорофи́л.

**chlorosis** n. (med.) хлоро́з; бле́дная не́мочь; (bot.) хлоро́з.

**chlorotic** adj. хлоро́зный.

**choc-ice** n. моро́женое в шокола́де.

**chock** n. клин; подпо́рка, распо́рка; тормозна́я коло́дка; чека́.
  v.t. подп|ира́ть, -ере́ть; под|кла́дывать, -ложи́ть клин под +a.; ~ up (fig.) загромозди́ть (pf.); заста́вить (pf.).
  cpds.: ~-a-block adj. загромождённый; ~-full adj. битко́м наби́тый.

**chocolate** n. 1. шокола́д (also drink); (~-coated sweet) шокола́дная конфе́та; ~ biscuit шокола́дное пече́нье; ~ cream шокола́дная конфе́та с кре́мовой начи́нкой; 2. (attr., colour) шокола́дный.

**choice** n. 1. (act or power of choosing) вы́бор, отбо́р; Hobson's ~ вы́бор понево́ле; ≃ не́ из чего вы́брать; I have no ~ but to ... у меня́ нет друго́го вы́бора, кро́ме как (+ inf.); the girl of his ~ его́ избра́нница; for ~ предпочти́тельно; take your ~! выбира́йте!; 2. (thing chosen) вы́бор; this is my ~ я выбира́ю э́то; вот мой вы́бор; 3. (variety) вы́бор; the shop has a large ~ of hats в магази́не широ́кий ассортиме́нт головны́х убо́ров.
  adj. отбо́рный.

**choiceness** n. отбо́рность.

**choir** n. (singers) хор; (part of church) хо́ры (m. pl.), кли́рос.
  cpds.: ~boy n. пе́вчий, ма́льчик-хори́ст; ~master n. хормейстер.

**choke** n. (in car) возду́шная засло́нка; заглу́шка, дро́ссель (m.).
  v.t. 1. (throttle) души́ть, за-; ~ the life out of s.o. вы́шибить (pf.) дух из кого́-н.; anger ~d him его́ души́л гнев; 2. (block) заку́пори|вать, -ть; засор|я́ть, -и́ть; the drain is ~d up сток засори́лся; the garden is ~d with weeds сорняки́ заглуши́ли сад; 3. he ~d back his anger он сдержа́л свой гнев; he ~d off enquiries он отдела́лся от расспро́сов; he ~d down his food он поспе́шно проглоти́л еду́; she ~d down her rage она́ сдержа́ла свою́ я́рость.
  v.i. зад|ыха́ться, -охну́ться; he ~d on a plum-stone он подави́лся сли́вовой ко́сточкой; he spoke with a choking voice он

говори́л прерыва́ющимся го́лосом.
  cpd.: ~-damp n. уду́шливый газ.

**choker** n. коро́ткое ожере́лье, колье́ (indecl.).

**choky** adj.: I felt ~ with emotion я задыха́лся от волне́ния.

**choler** n. (arch., anger) гнев.

**cholera** n. холе́ра; summer ~ холери́на; ле́тний поно́с.

**choleric** adj. холери́ческий.

**cholesterol** n. холестери́н.

**choose** v.t. выбира́ть, вы́брать; изб|ира́ть, -ра́ть; there are five to ~ from мо́жно выбира́ть из пяти́; there is little to ~ between them оди́н друго́го сто́ит; одного́ по́ля я́года; два сапога́ па́ра; the chosen people, race и́збранный наро́д; I cannot ~ but obey я вы́нужден повинова́ться; he was chosen king его́ вы́брали/избра́ли королём; I chose to remain я предпочёл оста́ться.
  v.i. pick and ~ (fig.) быть разбо́рчивым, привере́дничать (impf.).

**choos(e)y** adj. разбо́рчивый.

**chop**[1] n. 1. (cut) руба́щий уда́р; 2. (of meat) отбивна́я котле́та; 3.: get the ~ (be dismissed) вы́лететь (pf.) (с рабо́ты) (coll.).
  v.t. руби́ть (impf.); (cut) нар|еза́ть, -е́зать; кроши́ть (impf.); (cut) нар|еза́ть, -е́зать; ~ a branch off a tree сруби́ть (pf.) ве́тку с де́рева; ~ a way through the bushes проруб|а́ть, -и́ть доро́гу че́рез кусты́; ~ a tree down сруби́ть (pf.) де́рево.
  cpd.: ~-house n. тракти́р, рестора́н.

**chop**[2] n. (jaw): lick one's ~s обли́з|ываться, -а́ться.

**chop**[3] v.i. (change; also ~ about) меня́ться (impf.); ~ and change постоя́нно меня́ть свои взгля́ды.

**chopper** n. (implement) нож, коса́рь (m.); (sl., helicopter) вертолёт.

**choppy** adj. (of sea) неспоко́йный; (of wind, changeable) поры́вистый, с меня́ющимся направле́нием.

**chopstick** n. па́лочка для еды́.

**chop-suey** n. кита́йское рагу́ (indecl.).

**choral** adj. хорово́й.

**chorale** n. хора́л.

**chord** n. (string of harp etc.) струна́; strike a ~ (fig., remind of sth.) вы́звать (pf.) о́тклик; 2. (anat.): vocal ~s голосовы́е свя́зки (f. pl.); spinal ~ спинно́й мозг; хо́рда; 3. (combination of notes) акко́рд; common ~ акко́рд терцо́вого строе́ния; 4. (geom.) хо́рда.

**chore** n. (odd job) случа́йная рабо́та; (heavy task) бре́мя (nt.); household ~s дома́шняя рабо́та.

**choreographer** n. балетме́йстер, хорео́граф.

**choreographic** adj. хореографи́ческий.

**choreography** n. хореогра́фия.

**choriambic** adj. хориямби́ческий.

**choric** adj. хорово́й.

**chorister** *n.* хори́ст, пе́вчий.

**chortle** *v.i.* фы́ркать (*impf.*); дави́ться (*impf.*) от сме́ха.

**chorus** *n.* **1.** (*singers*; *also in anc. drama*) хор; in ~ (*lit.*, *fig.*) хо́ром; ~ of approval хвале́бный хор; **2.** (*refrain*) припе́в, рефре́н.

~ *v.t. & i.* петь, с- (*or* произн|оси́ть, -ести́) хо́ром.

*cpd.*: ~**-girl** *n.* хори́стка.

**chough** *n.* клуши́ца.

**chow** *n.* **1.** (*dog*) ча́у-ча́у (*f. indecl.*); **2.** (*sl.*, *food*) жратва́.

**chowder** *n.* ≃ тушёная ры́ба; тушёные моллю́ски (*m. pl.*).

**chrestomathy** *n.* хрестома́тия.

**chrism** *n.* (*oil*) еле́й.

**Christ** *n.* Христо́с; the ~ child младе́нец Иису́с; before ~ (*abbr.* BC) до на́шей э́ры (*abbr.* до н.э.).

**christen** *v.t.* **1.** крести́ть (*impf.*, *pf.*); he was ~ed John ему́ при креще́нии да́ли и́мя Джон; его́ нарекли́ Джо́ном; **2.** (*fig.*) окрести́ть (*pf.*); да|ва́ть, -ть и́мя +*d.*

**Christendom** *n.* христиа́нский мир.

**christening** *n.* крести́н|ы (*pl.*, *g.* —); креще́ние.

**Christian** *n.* христи|ани́н (*fem.* -а́нка).

*adj.* христиа́нский; (*fig.*, *decent*) бо́жеский, уме́ренный; ~ burial по́хороны по церко́вному обря́ду; ~ era христиа́нская э́ра; ~ name и́мя (*nt.*) (*в противоположность фами́лии*); ~ Science «христиа́нская нау́ка».

**Christiania** *n.* (*in skiing*) христиа́ния.

**Christianity** *n.* христиа́нство.

**Christianization** *n.* обраще́ние в христиа́нство; христианиза́ция.

**Christianize** *v.t.* обра|ща́ть, -ти́ть в христиа́нство; христианизи́ровать (*impf.*, *pf.*).

**Christmas** *n.* Рождество́; ~ box, present рожде́ственский пода́рок; ~ card рожде́ственская откры́тка; ~ day пе́рвый день Рождества́; ~ eve соче́льник; Father ~ дед-моро́з; at ~ на Рождество́; ~ rose моро́зник чёрный; ~ tree рожде́ственская ёлка.

*cpds.*: ~**-time**, ~**-tide** *nn.* свят|ки (*pl.*, *g.* -ок).

**chromatic** *adj.* **1.** (*pert. to colour*) цветно́й; **2.** (*colourful*) многокра́сочный; **3.** (*mus.*) хромати́ческий.

**chromatics** *n.* нау́ка о цвета́х/кра́сках.

**chrome** *n.* **1.** (*chem.*) хром; **2.** (*pigment, also* ~ yellow) хром; жёлтый цвет.

**chromium** *n.* хром.

*cpds.*: ~**-plated** *adj.* хроми́рованный; ~**-plating** *n.* хроми́рование, хромиро́вка.

**chromolithograph** *n.* хромолитогра́фия.

**chromolithography** *n.* хромолитогра́фия.

**chromosome** *n.* хромосо́ма.

**chronic** *adj.* **1.** (*med.*) хрони́ческий; **2.** (*fig.*, *incessant*) ве́чный, постоя́нный; **3.** (*coll.*, *very bad*) ужа́сный.

**chronicle** *n.* хро́ника, ле́топись; C~s (*book of*

*Bible*) Паралипомено́н.

*v.t.* вести́ (*det.*) хро́нику +*g.*; (*hist.*) зан|оси́ть, -ести́ в ле́топись.

**chronicler** *n.* летопи́сец, исто́рик.

**chronograph** *n.* хроно́граф.

**chronographic** *adj.* хронографи́ческий.

**chronologer** *n.* хроно́лог.

**chronological** *adj.* хронологи́ческий.

**chronology** *n.* хроноло́гия; (*table*) хронологи́ческая табли́ца.

**chronometer** *n.* хроно́метр.

**chronometric(al)** *adj.* хронометри́ческий.

**chronometry** *n.* хронометра́ж.

**chrysalis** *n.* ку́колка.

**chrysanthemum** *n.* хризанте́ма.

**chrysoberyl** *n.* хризобери́лл.

**chrysolite** *n.* хризоли́т.

**chrysoprase** *n.* хризопра́з.

**chub** *n.* гола́вль (*m.*).

**chubby** *adj.* круглоли́цый; то́лстенький, пу́хленький.

**chuck**[1] *n.*: give s.o. the ~ вы́турить (*pf.*) кого́-н. с рабо́ты (*coll.*).

*v.t.* **1.** ~ s.o. under the chin потрепа́ть (*pf.*) кого́-н. по подборо́дку; **2.** (*coll.*, *throw*) швыр|я́ть, -ну́ть; **3.** (*coll.*, *give up*) бр|оса́ть, -о́сить; ~ it! бро́сьте!

*with advs.*: (*coll.*): ~ **away** *v.t.* (*lit.*) выбра́сывать, вы́бросить; (*fig.*): ~ away a chance упусти́ть (*pf.*) слу́чай; ~ **out** *v.t.* (*thg. or pers.*) вы́кинуть (*pf.*); вы́швырнуть (*pf.*); ~ **up** *v.t.* (*give up*) бр|оса́ть, -о́сить.

**chuck**[2] *int.* (*to fowls*) цып-цып!

**chucker-out** *n.* вышиба́ла (*m.*).

**chuckle** *n.* сда́вленный смешо́к, смех.

*v.i.* фы́ркать (*impf.*) от сме́ха, посме́иваться (*impf.*).

**chuckle-headed** *adj.* пустоголо́вый.

**chuffed** *adj.* (*coll.*) дово́льный; недово́льный.

**chug** *v.i.*: the boat ~ged past ло́дка пропыхте́ла ми́мо.

**chum** *n.* прия́тель (*m.*), дружо́к, ко́реш; new ~ (*fig.*) но́вый поселе́нец; новичо́к.

*v.i.* дружи́ть (*impf.*) (с +*i.*); якша́ться (*impf.*) (с +*i.*); ~ up with s.o. сдружи́ться (*pf.*) с кем-н.

**chumminess** *n.* дружелю́бие, общи́тельность.

**chummy** *adj.* дружелю́бный, общи́тельный.

**chump** *n.* (*log*; *blockhead*) чурба́н; (*head*) башка́; he is off his ~ он рехну́лся/спя́тил (*coll.*); ~ chop филе́йный кусо́к.

**chunk** *n.* то́лстый кусо́к/ломо́ть (*m.*); куси́ще (*m.*).

**chunky** *adj.* корена́стый, пло́тный.

**church** *n.* **1.** (*institution*) це́рковь; (*building*) це́рковь (*esp. Orthodox*), храм; (*Polish*) костёл; go to ~ (*regularly*) ходи́ть (*indet.*) в це́рковь; (*attend a service*) пойти́ (*pf.*) в це́рковь; poor as a ~ mouse бе́ден как церко́вная мышь; гол как со́кол; C~ of England/Scotland англика́нская/пресвитериа́нская це́рковь; C~ of Rome ри́мско-католи́ческая це́рковь; ~ parade построе́ние на моли́тву; C~ Slavonic церковнославя́нский (язы́к); **2.** (*holy orders*): he entered the ~ он при́нял духо́вный сан.

 *cpds.*: ~ **goer** *n.*: he is a regular ~ goer он регуля́рно хо́дит в це́рковь; ~ **going** *n.* посеще́ние це́ркви; ~ **man** *n.* церко́вник, ве́рующий; ~ **warden** *n.* кти́тор, церко́вный ста́роста; ~ **woman** *n.* ве́рующая; ~ **yard** *n.* пого́ст, кла́дбище при це́ркви.

**churl** *n.* хам, мужи́к.

**churlish** *adj.* неотёсанный; ха́мский, хамова́тый, гру́бый.

**churlishness** *n.* неотёсанность; ха́мство, гру́бость.

**churn** *n.* (*tub*) маслобо́йка; (*can*) бидо́н.

 *v.t.*: ~ butter сби|ва́ть, -ть ма́сло; (*fig.*): he ~ s out novels он печёт рома́ны (как блины́); the propeller ~ ed up the waves винт взви́хрил во́лны.

**churr** *n.* стрекота́ние, трескотня́.

 *v.i.* стрекота́ть, треща́ть (*both impf.*).

**chute** *n.* (*slide, slope*) жёлоб, спуск; (*for amusement*) гора́, го́рка; (*for rubbish*) мусоросбро́с, мусоропрово́д.

**chutney** *n.* ча́тни (*nt. indecl.*).

**cica|da, -la** *nn.* цика́да.

**cicatrice** *n.* шрам, рубе́ц.

**cicatrize** *v.t.* зажив|ля́ть, -и́ть.

 *v.i.* зарубц|о́вываться, -ева́ться.

**cicely** *n.* ке́рвель (*m.*).

**Cicero** *n.* Цицеро́н.

**cicerone** *n.* гид, чичеро́не (*m. indecl.*).

**CID** *n.* (*abbr.*, *Criminal Investigation Department*) отде́л/департа́мент уголо́вного ро́зыска.

**ci|der, cy-** *n.* сидр.

 *cpd.*: ~ **-press** *n.* я́блочный пресс.

**ci-devant** *adj.* бы́вший.

**c.i.f.** (*abbr.*, *cost, insurance, freight*) сиф.

**cigar** *n.* сига́ра.

 *cpds.*: ~ **-case** *n.* сига́рочница; ~ **-holder** *n.* мундшту́к для сига́р; ~ **-store** *n.* (*Am.*) таба́чная ла́вка, таба́чный магази́н.

**cigarette** *n.* сигаре́та; (*of Ru. type*) папиро́са.

 *cpds.*: ~ **-case** *n.* портсига́р; ~ **-end**, ~ **-stub** *nn.* оку́рок; ~ **-holder** *n.* мундшту́к; ~ **-lighter** *n.* зажига́лка; ~ **-paper** *n.* папиро́сная бума́га.

**Cimmerian** *adj.* (*fig.*): ~ darkness тьма кроме́шная.

**cinch** *n.* (*sl.*) де́ло ве́рное.

**cinchona** *n.* хи́нное де́рево.

**cincture** *n.* по́яс; (*archit.*) поясо́к.

 *v.t.* опоя́с|ывать, -ать.

**cinder** *n.*: (*pl.*) шлак, зола́, пе́пел; burn sth. to a ~ сжечь (*pf.*) что-н. дотла́; ~ path, track (бегова́я) гарева́я доро́жка.

**Cinderella** *n.* Зо́лушка; education is the ~ of our

system образова́ние — са́мая забро́шенная о́бласть на́шего о́бщества.

**cineast(e)** *n.* кинолюби́тель (*m.*).

**cine-camera** *n.* киноаппара́т.

**cine-film** *n.* киноплёнка.

**cinema** *n.* (*art*) кино́ (*indecl.*), кинематогра́фия; (*place*) кино́ (*indecl.*), кинотеа́тр.

**cinemascope** *n.* систе́ма широкоэкра́нного кино́.

**cinematic** *adj.* кинематографи́ческий.

**cinematograph** *n.* киноаппара́т.

**cinematographic** *adj.* кинематографи́ческий.

**cinematography** *n.* кинематогра́фия.

**cine-projector** *n.* кинопроекцио́нный аппара́т.

**cinerama** *n.* синера́ма, систе́ма панора́много кино́.

**cineraria** *n.* цинера́рия.

**cinerary** *adj.*: ~ urn у́рна с пра́хом.

**cinnabar** *n.* (*min.*, *chem.*) ки́новарь.

**cinnamon** *n.* кори́ца; (*colour*) све́тло--кори́чневый цвет.

**cinquefoil** *n.* (*bot.*) ла́пчатка; (*archit.*) пятили́стник.

**ci|pher, cy-** *n.* **1.** (*figure 0*) нуль, ноль (*both m.*); **2.** (*fig.*, *nonentity*) ничто́жество, нуль; **3.** (*monogram*) моногра́мма, ве́нзель (*m.*); **4.** (*secret writing*) шифр, код; message in ~, ~ message (за)шифро́ванное сообще́ние; ~ officer шифрова́льщик; ~ room шифрова́льная.

 *v.t.* шифрова́ть, за-.

*circa* *prep.* приблизи́тельно; о́коло +*g.*

**circadian** *adj.*: ~ rhythm су́точный ритм.

**Circassian** *n.* черке́|с (*fem.* -шенка).

 *adj.* черке́сский.

**Circe** *n.* (*myth.*, *fig.*) Цирце́я.

**circle** *n.* **1.** (*math.*, *fig.*) круг, окру́жность; а ~ of trees кольцо́ дере́вьев; they stood in a ~ они́ ста́ли в круг; они́ стоя́ли кольцо́м; square the ~ найти́ (*pf.*) квадрату́ру кру́га; great ~ ортодро́мия; great ~ sailing пла́вание по дуге́ большо́го кру́га; Arctic/Antarctic ~ Се́верный/Ю́жный поля́рный круг; vicious ~ поро́чный круг; go round in a ~ (*fig.*, *e.g. argument*) возвраща́ться (*impf.*) к исхо́дной то́чке; run round in ~ s (*fig.*) верте́ться (*impf.*), как бе́лка в колесе́; **2.** (*theatr.*): dress ~ бельэта́ж; upper ~ балко́н; **3.** (*of seasons etc.*) цикл; по́лный оборо́т; come full ~ описа́ть (*pf.*) по́лный круг; заверши́ть (*pf.*) цикл.

 *v.t.*: the earth ~ s the sun земля́ враща́ется вокру́г со́лнца; he ~ d the misspelt words он обвёл кружка́ми непра́вильно напи́санные слова́.

 *v.i.*: the hawk ~ d я́стреб кружи́лся (*or* опи́сывал круги́); the news ~ d round но́вость распространи́лась повсю́ду.

**circlet** *n.* (*ring*) кольцо́; (*headband*) вене́ц; (*bracelet*) брасле́т.

**circs** (*coll.*)=CIRCUMSTANCES.

**circuit** *n.* **1.** (*distance, journey round*): the ~ of the walls is 3 miles окру́жность стен 3 ми́ли; he made a ~ of the camp он обошёл ла́герь; (*detour*) окружно́й путь, объе́зд; **2.** (*itinerary*) маршру́т; **3.** (*leg.*) суде́бный о́круг; **4.** (*elec.*) цепь; short ~ коро́ткое замыка́ние; ~ breaker автомати́ческий выключа́тель; closed-~ television ка́бельное телеви́дение (по за́мкнутому кана́лу).

*v.t. & i.* об|ходи́ть, -ойти́ (*or* враща́ться) (вокру́г +*g.*).

**circuitous** *adj.* кру́жный, око́льный.

**circular** *n.* (*letter etc.*) циркуля́р; (*commercial*) проспе́кт.

*adj.* кругово́й; (*round in shape*) кру́глый, кругообра́зный; ~ saw кру́глая/циркуля́рная пила́; ~ road (*round a town*) окружна́я доро́га; ~ letter циркуля́рное письмо́.

**circularize** *v.t.* ра|ссыла́ть, -зосла́ть циркуля́ры +*d.*

**circulate** *v.t.* (*put about, e.g. rumour*) распростран|я́ть, -и́ть; перед|ава́ть, -а́ть; (*pass round, e.g. port*) передава́ть (*impf.*) по кругу́.

*v.i.* циркули́ровать (*impf., pf.*); blood ~s through the body кровь циркули́рует в те́ле; she ~d among the guests она́ переходи́ла от одного́ го́стя к друго́му.

**circulation** *n.* **1.** (*of the blood*) кровообраще́ние; (*of air*) циркуля́ция; **2.** (*of banknotes etc.*) обраще́ние; **3.** Smith is back in ~ Смит сно́ва появи́лся на горизо́нте; **4.** (*of newspaper etc.*) тира́ж; this paper has a ~ of 5,000 у э́той газе́ты тира́ж 5 000.

**circumambient** *adj.* окружа́ющий.

**circumambulate** *v.t.* об|ходи́ть, -ойти́.

**circumcise** *v.t.* соверш|а́ть, -и́ть обре́зание +*d.*

**circumcision** *n.* обре́зание.

**circumference** *n.* окру́жность.

**circumflex** *n.* (~ accent) циркумфле́кс, знак облечённого ударе́ния.

**circumfluent** *adj.* омыва́ющий, обтека́ющий.

**circumjacent** *adj.* окружа́ющий.

**circumlocution** *n.* многосло́вие, околи́чности (*f. pl.*).

**circumnavigate** *v.t.* пла́вать (*indet.*) вокру́г +*g.*; Drake ~d the globe Дрейк соверши́л кругосве́тное пла́вание.

**circumnavigation** *n.* навига́ция по кругу́.

**circumpolar** *adj.* (*geog.*) околопо́люсный; (*astron.*) околополя́рный.

**circumscribe** *v.t.* (*draw line round*) опи́с|ывать, -а́ть; (*fig., restrict*) ста́вить, по- преде́л +*d.*; ограни́чи|вать, -ть.

**circumscription** *n.* (*restriction*) ограниче́ние, преде́л; (*inscription*) на́дпись.

**circumspect** *adj.* осмотри́тельный.

**circumspection** *n.* осмотри́тельность.

**circumstance** *n.* **1.** (*fact, detail*) обстоя́тельство, усло́вие; in, under the ~s в да́нных усло-виях/обстоя́тельствах; in, under no ~s ни при каки́х усло́виях/обстоя́тельствах; extenuating ~s смягча́ющие обстоя́тельства; **2.** (*condition of life*) материа́льное положе́ние; in easy ~s в хоро́шем материа́льном положе́нии; **3.** (*ceremony*) церемо́ния, торже́ственность.

**circumstanced** *adj.*: (*with advs.*) поста́вленный в (*определённые*) усло́вия; comfortably ~ обеспе́ченный.

**circumstantial** *adj.*: ~ evidence ко́свенные ули́ки (*f. pl.*); a ~ story обстоя́тельный расска́з.

**circumvent** *v.t.* об|ходи́ть, -ойти́; (*outwit, cheat*) перехитри́ть (*pf.*); пров|оди́ть, -ести́.

**circumvention** *n.* (*deception*) обма́н.

**circus** *n.* **1.** (*also hist.*) цирк; (*fig.*) балага́н; ~ rider (*fem.*) циркова́я нае́здница; **2.** (*intersection of streets*) (кру́глая) пло́щадь.

**cirrhosis** *n.* цирро́з.

**cirro-cumulus** *n.* пе́ристо-кучевы́е облака́.

**cirrous** *adj.* (*of cloud*) пе́ристый.

**cirrus** *n.* (*clouds*) пе́ристые облака́.

**cisalpine** *adj.* цизальпи́нский.

**cissy** *see* SISSY.

**Cistercian** *n.* цистерциа́нец.

*adj.* цистерциа́нский.

**cistern** *n.* цисте́рна, бак.

**citadel** *n.* (*lit., fig.*) цитаде́ль, тверды́ня.

**citation** *n.* **1.** (*summons*) вы́зов; **2.** (*quotation*) цита́ция, цити́рование; **3.** (*for bravery*) упомина́ние в прика́зе.

**cite** *v.t.* **1.** (*summon*) вызыва́ть, вы́звать; **2.** (*quote*) цити́ровать, про-; **3.** (*for bravery*) отм|еча́ть, -е́тить в прика́зе.

**cither(n)** *n.* ци́тра, кифа́ра.

**citizen** *n.* гражд|ани́н (*fem.* -а́нка); French ~ францу́зский граждани́н; (*of city*) жи́тель (*fem.* -ница); private ~ ча́стное лицо́.

**citizenry** *n.* гра́ждане (*m. pl.*), населе́ние.

**citizenship** *n.* (*nationality*) гражда́нство, по́дданство.

**citric** *adj.* лимо́нный.

**citron** *n.* (*tree, fruit*) цитро́н.

**citrus** *n.* ци́трус; ~ fruit ци́трусовые (*m. pl.*).

**city** *n.* го́род; (*of London*) Си́ти (*nt. indecl.*); the Eternal C~ Ве́чный го́род; ~ centre центр го́рода; ~ council городско́й сове́т; ~ fathers отцы́ го́рода; ~ hall ра́туша; ~ state (*hist.*) го́род-госуда́рство, по́лис.

**civet** *n.* **1.** (*also* ~-cat) виве́рра; **2.** (*perfume*) цибети́н.

**civic** *adj.* гражда́нский; ~ activity обще́ственная де́ятельность; ~ virtues гражда́нские до́блести.

**civics** *n.* осно́вы (*f. pl.*) гражда́нственности.

**civil** *adj.* **1.** (*pert. to a community*): ~ war гражда́нская война́; ~ rights гражда́нские права́; ~ marriage гражда́нский брак; ~ servant госуда́рственный слу́жащий, чино́вник;

~ service госуда́рственная слу́жба; ~ law гражда́нское пра́во; ~ engineer инжене́р--строи́тель (*m.*); **2.** (*civilian*) гражда́нский, шта́тский; ~ defence гражда́нская оборо́на; **3.** (*polite*) ве́жливый, учти́вый, любе́зный; keep a ~ tongue in your head! бу́дьте пове́жливей!

**civilian** *n. & adj.* шта́тский; what did you do in ~ life? чем вы занима́лись до а́рмии?

**civility** *n.* ве́жливость, любе́зность, учти́вость; (*pl.*) любе́зности (*f. pl.*).

**civilization** *n.* цивилиза́ция; deeds that horrified ~ дея́ния, ужасну́вшие цивилизо́ванный мир.

**civilize** *v.t.* цивилизова́ть (*impf., pf.*).

**civvies** *n.* (*coll.*) шта́тская оде́жда; in ~ в шта́тском.

**clack** *n.* (*sharp sound*) треск, щёлканье, стук; (*talk*) трескотня́.

*v.i.* (*lit., fig.*) треща́ть, щёлкать, стуча́ть (*all impf.*); tongues were ~ing языки́ болта́ли.

**claim** *n.* **1.** (*assertion of right*) притяза́ние; lay ~ to sth. предъяви́ть (*pf.*) прете́нзии на что-н.; претендова́ть (*impf.*) на что-н.; file (*or* put in) a ~ for damages предъяви́ть (*pf.*) иск о возмеще́нии убы́тков; stake out a ~ (*fig.*) закрепля́ть (*impf.*) своё пра́во (*на что*); **2.** (*assertion*) утвержде́ние, ·заявле́ние; **3.** (*demand*) тре́бование (*just demand*): you have no ~ on my sympathies вы не заслу́живаете моего́ сочу́вствия.

*v.t.* **1.** (*demand*) тре́бовать (*impf.*) +*g.*; where do I ~ my baggage? где здесь выдаю́т бага́ж?; does anyone ~ this umbrella? есть ли владе́лец у э́того зо́нтика?; I ~ the protection of the law я взыва́ю к зако́ну; I ~ the right of free speech я тре́бую осуществле́ния своего́ пра́ва на свобо́ду сло́ва; **2.** (*assert as fact*) утвер|жда́ть, -ди́ть; he ~s to own the land он заявля́ет, что э́та земля́ принадлежи́т ему́; he ~s to have done the work alone он утвержда́ет, что он сде́лал рабо́ту сам; ~ default предъяви́ть (*pf.*) тре́бование за неисполне́ние догово́ра; **3.** (*of things*) тре́бовать, по- +*g.*; this matter ~s attention э́тот вопро́с заслу́живает внима́ния.

**claimant** *n.* претенде́нт (*на что*); (*leg.*) исте́ц.

**claimer** *n.*: the ~ of the umbrella челове́к, заяви́вший, что (на́йденный) зо́нтик принадлежи́т ему́.

**clairvoyance** *n.* яснови́дение.

**clairvoyant** *n.* яснови́д|ец (*fem.* -ица).

**clam** *n.* (*shellfish*) двуство́рчатый морско́й моллю́ск; he shut up like a ~ (*fig.*) он храни́л упо́рное молча́ние.

*v.i.* (*gather* ~s) собира́ть (*impf.*) моллю́сков.

**clamber** *v.i.* кара́бкаться, вс- (*на что*).

**clamminess** *n.* ли́пкость.

**clammy** *adj.* холо́дный и ли́пкий.

**clamorous** *adj.* шу́мный, шумли́вый.

**clamour** *n.* шум; кри́ки (*m. pl.*).

*v.i.* шуме́ть (*impf.*), крича́ть (*impf.*).

**clamp** *n.* (*implement*) зажи́м, скоба́, струбци́на.

*v.t.* заж|има́ть, -а́ть; скреп|ля́ть, -и́ть; (*fig.*): the police ~ed down a curfew поли́ция ввела́ коменда́нтский час.

*v.i.*: ~ **down** on (*fig., suppress*) зажа́ть (*pf.*); прижа́ть (*pf.*).

*cpd.*: ~**down** *n.* стро́гий запре́т, стро́гие ме́ры (*против чего*).

**clan** *n.* клан, род; (*clique*) кли́ка, гру́ппа; (*large family*) семья́, пле́мя (*nt.*).

**clandestine** *adj.* та́йный, подпо́льный.

**clandestinity** *n.* потаённость, секре́тность.

**clang** *n.* лязг, звон.

*v.t. & i.* ля́зг|ать, -нуть; звене́ть (*impf.*); the tram-driver ~ed his bell вагоновожа́тый гро́мко звони́л в звоно́к.

**clanger** *n.*: he dropped a ~ (*sl.*) он сде́лал ля́псус; он дал ма́ху (*coll.*).

**clangorous** *adj.* ля́згающий.

**clangour** *n.* звон, ля́зганье.

**clank** *n.* звон, лязг, бряца́ние.

*v.t. & i.* ля́зг|ать, -нуть; бряца́ть (*impf.*); греме́ть (*impf.*); the ghost ~ed its chains привиде́ние ля́згало/греме́ло цепя́ми.

**clannish** *adj.* держа́щийся своего́ кла́на (*or* свое́й гру́ппы).

**clansman** *n.* член кла́на/ро́да.

**clap**[1] *n.* (*of thunder*) уда́р; (*of applause*) хлопо́к, хло́панье; let's give him a ~! похло́паем ему́!; (*slap*) хлопо́к; a ~ on the back хлопо́к по спине́.

*v.t.* **1.** (*strike, slap*) хло́п|ать, -нуть; he ~ped me on the back он хло́пнул меня́ по спине́; ~ the lid of a box to захло́пнуть (*pf.*) кры́шку я́щика; ~ one's hands хло́п|ать, -нуть в ладо́ши; **2.** (*put*): ~ s.o. in prison упе́чь (*pf.*) кого́-н. в тюрьму́; ~ duties on goods взять (*pf.*) да обложи́ть това́ры по́шлиной; ~ a hat on one's head нахлобу́чить (*pf.*) шля́пу на го́лову; ~ handcuffs on s.o. наде́ть (*pf.*) нару́чники на кого́-н.; I have not ~ped eyes on him since then с тех пор я ни ра́зу его́ не ви́дел; **3.** (*applaud*) аплоди́ровать (*impf.*) +*d.*; рукоплеска́ть (*impf.*) +*d.*

*v.i.* хло́пать (*impf.*); аплоди́ровать (*impf.*); рукоплеска́ть (*impf.*).

*cpds.*: ~**board** *n.* клёпка; дра́нка, гонт; ~**trap** *n.* трескуча́я фра́за, болтовня́.

**clap**[2] *n.* (*vulg., gonorrhoea*) три́ппер.

**clapper** *n.* (*of bell*) язы́к; (*rattle*) трещо́тка.

**claque** *n.* кла́ка.

**claret** *n.* кларе́т; бордо́ (*indecl.*); tap s.o.'s ~ (*joc.*) расква́сить кому́-н. нос; ~ cup ≃ крюшо́н из кра́сного вина́.

*cpd.*: ~**-coloured** *adj.* цве́та бордо́; бордо́вый.

**clarification** *n.* проясне́ние, разъясне́ние; (*of liquid*) очище́ние.

**clarify** *v.t.* вн|оси́ть, -ести́ я́сность в +*a.*; разъясн|я́ть, -и́ть; ~ one's mind about sth. уясни́ть (*pf.*) себе́ что-н.; (*butter etc.*) оч|ища́ть, -и́стить; де́лать, с- прозра́чным.

**clarinet** *n.* кларне́т.

**clarinettist** *n.* кларнети́ст (*fem.* -ка).

**clarion** *n.* рог, рожо́к; ~ call (*fig.*) призы́вный звук; боево́й клич.

**clarity** *n.* я́сность.

**clash** *n.* **1.** (*sound*) гул, лязг, звон; **2.** (*conflict*): I had a ~ with him у меня́ бы́ло с ним столкнове́ние; ~ of views расхожде́ние во взгля́дах; ~ of colours дисгармо́ния цвето́в; (*of dates*) совпаде́ние по вре́мени.

*v.t.*: he ~ed the cymbals он уда́рил в цимба́лы.

*v.i.* **1.** (*sound*): the cymbals ~ed зазвене́ли цимба́лы; **2.** (*conflict*): the armies ~ed а́рмии столкну́лись; my interests ~ with his у нас с ним ста́лкиваются интере́сы; the two concerts ~ о́ба конце́рта совпада́ют по вре́мени; the colours ~ э́ти цвета́ не гармони́руют друг с дру́гом.

**clasp** *n.* **1.** (*fastener*) пря́жка, застёжка; **2.** (*grip, handshake*) пожа́тие, сжа́тие, объя́тие.

*v.t.*: ~ a bracelet round one's wrist застёг|ивать, -ну́ть на руке́ брасле́т; ~ one's hands спле́сти (*pf.*) па́льцы рук; ~ s.o. by the hand сж|има́ть, -ать кому́-н. ру́ку; they were ~ed in each other's arms они́ заключи́ли друг дру́га в объя́тия; ~ hands with s.o. (*fig.*) пожа́ть (*pf.*) ру́ку кому́-н.

*v.i.*: the necklace won't ~ ожере́лье не застёгивается.

*cpd.*: ~**-knife** *n.* складно́й нож.

**class** *n.* **1.** (*group, category*) класс, разря́д; (*railway etc.*): he went first ~ он е́хал пе́рвым кла́ссом; (*fig.*): he is not in the same ~ as X ему́ о́чень далеко́ до X; (*biol.*) класс; **2.** (*social*) класс; lower ~(es) ни́зшие кла́ссы; middle ~ буржуази́я; сре́дние слои́ о́бщества; upper ~(es) вы́сшие кла́ссы, аристокра́тия; ~ conflict кла́ссовые конфли́кты/противоре́чия; ~ hatred кла́ссовая вражда́; ~ war кла́ссовая борьба́; **3.** (*scholastic*) класс; he is top of the ~ он пе́рвый учени́к в кла́ссе; (*period of instruction*): a mathematics ~ уро́к матема́тики; Mr. X is taking the ~ г-н X ведёт заня́тия; he attended ~es in French он посеща́л заня́тия по францу́зскому языку́; (*Am.*): the ~ of 1955 вы́пуск 1955 го́да; **4.** (*mil.*): the ~ of 1960 набо́р 1960 го́да; **5.** (*distinction*) класс, шик.

*v.t.* классифици́ровать (*impf., pf.*); the ship is ~ed A1 су́дну присво́ен пе́рвый класс; you cannot ~ him with the Romantics его́ нельзя́ отнести́ к рома́нтикам.

*v.i.*: those who ~ as believers те, кото́рые считаются ве́рующими.

*cpds.*: ~**-conscious** *adj.* кла́ссово-созна́тельный; ~**-consciousness** *n.* кла́ссовое созна́ние; ~**fellow**, ~**mate** *nn.* однокла́сси|к (*fem.* -ца); ~**room** *n.* кла́ссная ко́мната, класс.

**classic** *n.* **1.** (*writer etc.*) кла́ссик; **2.** (*book etc.*) класси́ческое произведе́ние; **3.** (*ancient writer*) кла́ссик, анти́чный а́втор; the ~s кла́ссика, класси́ческая литерату́ра; **4.** (*pl., studies*): he studied ~s он изуча́л класси́ческую филоло́гию; **5.** (*specialist in* ~s) кла́ссик, специали́ст по анти́чной филоло́гии.

*adj.* класси́ческий.

**classical** *adj.* класси́ческий; ~ scholar кла́ссик.

**classicism** *n.* классици́зм; (*classical scholarship*) изуче́ние класси́ческой филоло́гии.

**classicist** *n.* классици́ст; специали́ст по класси́ческой филоло́гии; сторо́нник класси́ческого образова́ния.

**classifiable** *adj.* поддаю́щийся классифика́ции.

**classification** *n.* классифика́ция.

**classifier** *n.* классифика́тор; (*gram.*) показа́тель (*m.*) кла́сса.

**classif|y** *v.t.* классифици́ровать (*impf., pf.*); ~ied (*secret*) засекре́ченный.

**classless** *adj.* бескла́ссовый.

**classlessness** *n.* бескла́ссовость.

**classy** *adj.* кла́ссный (*coll.*).

**clatter** *n.* **1.** (*of metal*) гро́хот; (*of hoofs, plates, cutlery etc.*) стук, звон, звя́канье; **2.** (*chatter, noise*) трескотня́.

*v.t.* стуча́ть, греме́ть, звя́кать (*all impf.*).

*v.i.* греме́ть; грохота́ть (*both impf.*); the plates came ~ing down таре́лки с гро́хотом полете́ли на́ пол.

**clause** *n.* **1.** (*gram.*) предложе́ние; principal ~ гла́вное предложе́ние; subordinate ~ прида́точное предложе́ние; **2.** (*provision*) кла́узула, огово́рка; escape ~ пункт, предусма́тривающий отка́з от взя́того обяза́тельства; ~-by-~ voting постате́йное голосова́ние.

**claustrophobia** *n.* боя́знь за́мкнутого простра́нства; клаустрофо́бия.

**claustrophobic** *adj.* клаустрофоби́чный; вызыва́ющий клаустрофо́бию.

**clavichord** *n.* клавико́рд|ы (*pl., g.* -ов).

**clavicle** *n.* ключи́ца.

**claw** *n.* (*of animal, bird*) ко́готь (*m.*); (*of crustacean*) клешня́; (*bony hand*) костля́вая рука́; get one's ~s into sth. вцеп|ля́ться, -и́ться когтя́ми во что-н.; (*of machinery*) кула́к, ла́па, клещ|и́ (*pl., g.* -е́й).

*v.t. & i.* цара́пать(ся); рвать когтя́ми; когти́ть (*all impf.*); ~ hold of sth. вцепи́ться (*pf.*) во что-н.; the cat ~ed at the door ко́шка цара́палась в дверь; ~ one's way to the top (*fig.*) вскара́бкаться (*pf.*) наве́рх.

*cpd.*: ~**-hammer** *n.* молото́к с гвоздодёром.

**clay** *n.* гли́на; ~ soil гли́нистая по́чва; ~ pigeon таре́лочка для стрельбы́ (*в ти́ре*); ~ pipe гли́няная тру́бка; an idol with feet of ~ куми́р на гли́няных нога́х; (*fig.*): they are men of a different ~ они́ (сде́ланы) из ра́зного те́ста.

**clayey** *adj.* гли́нистый.

**claymore** *n.* пала́ш.

**clean** *n.* чи́стка, убо́рка; he gave the table a good ~ он хороше́нько вы́тер стол.

*adj.* **1.** (*not dirty*) чи́стый; wash sth. ~ до́чиста вы́мыть (*pf.*) что-н.; keep a room ~ содержа́ть (*impf.*) ко́мнату в чистоте́; **2.** (*fresh*): a ~ sheet of paper чи́стый лист бума́ги; a ~ copy (*of draft*) чистови́к, белови́к; **3.** (*pure, unblemished*) чи́стый, незапя́тнанный; **4.** (*neat, smooth*): the ship has ~ lines у корабля́ пла́вные обво́ды; a ~ cut ро́вный разре́з; a ~ set of fingerprints я́сные отпеча́тки па́льцев; the knife has a ~ edge у ножа́ отто́ченное лезви́е; **5.** (*fig.*): my hands are ~ я невино́вен; make a ~ sweep of подчи́стить под метёлку; he showed a ~ pair of heels у него́ пя́тки засверка́ли; come ~ (*coll., confess or vouchsafe the truth*) созна́ться (*pf.*).

*adv.*: I ~ forgot я на́чисто забы́л; the bullet went ~ through his shoulder пу́ля прошла́ у него́ (навы́лет) сквозь плечо́; ~ wrong соверше́нно непра́вильно.

*v.t.* чи́стить (*impf.*; *for forms of pf. see examples*); ~ one's nails почи́стить (*pf.*) но́гти; ~ a suit чи́стить, вы́-/по- костю́м; ~ streets уб|ира́ть, -ра́ть у́лицы; ~ a car мыть, вы́- маши́ну; ~ a window прот|ира́ть, -ере́ть окно́; ~ a rifle проч|ища́ть, -и́стить ружьё; ~ (*empty*) one's plate умя́ть (*pf.*) всю таре́лку; ~ing fluid жи́дкость для выведе́ния пя́тен; he had his suit ~ed он о́тдал костю́м в чи́стку.

*v.i.* чи́ститься (*impf.*); the sink ~s easily ра́ковина хорошо́ мо́ется; ~ing day (*in Ru. museum*) санита́рный день.

*with advs.*: ~ **down** *v.t.* сч|ища́ть, -и́стить; сме|та́ть, -сти́; ~ **out** *v.t.*: ~ out a room убра́ть (*pf.*) ко́мнату; he was ~ed out (*fig.*) он оста́лся без копе́йки; ~ **up** *v.t.*: ~ o.s. up почи́ститься (*pf.*); ~ up a city (*fig.*) почи́стить (*pf.*) го́род; ~ up (*settle*) pending cases разобра́ть (*pf.*) залежа́вшиеся дела́; he ~ed up £1000 он сорва́л 1 000 фу́нтов (*coll.*); *v.i.*: they ~ed up after the picnic они́ всё убра́ли за собо́й по́сле пикника́.

*cpds.*: ~-**cut** *adj.* ре́зко оче́рченный; ~-cut features пра́вильные черты́ лица́; (*fig.*) я́сный, я́вный, отчётливый; ~-**handed** *adj.* (*fig.*) че́стный; ~-**handedness** *n.* че́стность; ~-**limbed** *adj.* стро́йный; ~-**living** *adj.* целому́дренный, чи́стый; ~-**out** *n.* чи́стка, убо́рка; ~-**shaven** *adj.* бри́тый; ~-**up** *n.* (*lit.*) чи́стка; (*fig.*) чи́стка, очи́стка; приведе́ние в поря́док.

**cleaner** *n.* (*pers.*) убо́рщи|к (*fem.* -ца); чи́стильщи|к (*fem.* -ца); he sent the suit to the ~'s он отда́л костю́м в чи́стку; (*tool, machine, substance*) очисти́тель (*m.*).

**cleanliness** *n.* чистота́; чистопло́тность, опря́тность.

**cleanly** *adj.* чистопло́тный, опря́тный.

**cleanness** *n.* чистота́.

**cleanse** *v.t.* оч|ища́ть, -и́стить; ~ing cream крем для сня́тия косме́тики; ~ing department санита́рное управле́ние.

**clear** *adj.* **1.** (*easy to see*) я́сный, отчётливый; (*evident*) я́вный, очеви́дный; **2.** (*bright, unclouded*) я́ркий, я́сный; a ~ fire я́ркий ого́нь; a ~ sky я́сное не́бо; on a ~ day в пого́жий день; **3.** (*transparent*) прозра́чный; **4.** (*of sound*) чи́стый, отчётливый; **5.** (*intelligible, certain*): make sth. ~ to s.o. объясн|я́ть, -и́ть что-н. кому́-н.; make o.s. ~ объясн|я́ться, -и́ться; I am not ~ what he wants мне нея́сно, чего́ он хо́чет; as ~ as day, crystal ~ я́сно как день; преде́льно я́сно; ~ as mud (*coll.*) соверше́нно нея́сно; **6.** (*safe, free, unencumbered*) свобо́дный; the field is ~ of trees на поля́нке нет дере́вьев; the river is ~ of ice река́ освободи́лась ото льда; the 'all ~' отбо́й (*возду́шной трево́ги*); ~ of debt свобо́дный от долго́в; ~ of suspicion вне подозре́ний; my conscience is ~ моя́ со́весть чиста́; ~ profit чи́стая при́быль; three ~ days це́лых три дня; keep a ~ head сохраня́ть (*impf.*) я́сный ум; **7.**: the ~ (*absolute*) contrary по́лная противополо́жность; in ~ (*not in cipher*) откры́тым те́кстом, кле́ром; in the ~ (*solvent*) платёжеспосо́бный; (*free from suspicion, out of trouble*) чи́стый.

*adv.*: he spoke loud and ~ он говори́л гро́мко и я́сно; stand ~ of the gates стоя́ть (*impf.*) в стороне́ от воро́т; get ~ of отойти́ (*pf.*) в сто́рону от +*g.*; keep ~ of держа́ться (*impf.*) в стороне́ от +*g.*; остерега́ться (*impf.*) +*g.*; избега́ть (*impf.*) +*g.*

*v.t.* **1.** (*make ~, empty*) оч|ища́ть, -и́стить; the streets were ~ed of snow у́лицы очи́стили от сне́га; ~ land расч|ища́ть, -и́стить зе́млю; he ~ed his desk он убра́л свой стол; she ~ed the table она́ убрала́ со стола́; our talk ~ed the air наш разгово́р разряди́л атмосфе́ру; he ~ed the country of bandits он очи́стил страну́ от банди́тов; ~ o.s. (*of a charge*) оправда́ться (*pf.*); опрове́ргнуть (*pf.*) обвине́ние; he was ~ed for security его́ засекре́тили; ~ s.o.'s mind of doubt рассе́|ивать, -ять чьи-н. сомне́ния; to ~ one's conscience для очи́стки со́вести; he ~ed his throat он отка́шлялся; ~ the decks for action (*lit.*) изгот|а́вливать, -о́вить кора́бль к бо́ю; (*fig.*) пригото́виться (*pf.*) к бо́ю; ~ sth. out of the way уб|ира́ть, -ра́ть что-н. с доро́ги; отодв|ига́ть, -и́нуть что-н.; he ~ed the things out of the drawer он освоболи́л я́щик; he ~ed the children out of the garden он вы́гнал дете́й из са́да; **2.** (*jump over, get past*): the horse ~ed the hedge ло́шадь взяла́ барье́р; the car ~ed the gate автомоби́ль прошёл в воро́та; **3.** (*make profit of*): we ~ed £50 мы получи́ли 50 фу́нтов при́были; we just ~ed expenses нам удало́сь лишь покры́ть расхо́ды; **4.:** ~ (*ship, cargo etc.*) (of duty) оч|ища́ть, -и́стить от по́шлин; **5.:** ~ an account опла́|чивать, -ти́ть счёт.

*v.i.*: *cf.* ~ **up**; his brow ~ed лицо́ его́ проясни́лось.

*with advs.*: ~ **away** *v.t.* уб|ира́ть, -ра́ть; *v.i.* (*disperse*) рассе́|иваться, -яться; ~ **off** *v.t.*: ~ off a debt погаси́ть (*pf.*) долг; ~ off arrears of work ликвиди́ровать/подчи́стить (*both pf.*) за́лежи рабо́ты; *v.i.* (*coll., go away*) убра́ться (*pf.*); ~ **out** *v.t.*: she ~ed out the cupboard она́ очи́стила шкаф; (*fig., make destitute*) обчи́стить (*pf.*); *v.i.* (*coll., go away*) убра́ться (*pf.*); ~ **up** *v.t.* (*tidy, remove*) убра́ть (*pf.*); ~ up a mystery распу́тать (*pf.*) та́йну; *v.i.*: the weather ~ed up пого́да проясни́лась; please ~ up after you бу́дьте добры́, убери́те за собо́й.

*cpds.*: ~**-cut** *adj.* (*lit.*) я́сно оче́рченный; (*fig.*) чёткий; ~**-eyed** *adj.* ясногла́зный; (*fig.*) проница́тельный; ~**-headed** *adj.* толко́вый, у́мный; ~**-headedness** *n.* толко́вость; ~**-sighted** *adj.* проница́тельный, дальнови́дный; ~**-sightedness** *n.* проница́тельность, дальнови́дность; ~**way** *n.* скоростна́я автостра́да.

**clearance** *n.* **1.** (*removal of obstruction etc.*) очи́стка, расчи́стка; ~ sale распрода́жа; **2.** (*free space*) зазо́р; промежу́ток; the barge had a ~ of 2 feet кана́л был на 2 фу́та ши́ре ба́ржи; **3.** (*customs*) очи́стка от тамо́женных по́шлин; **4.:** security ~ до́пуск к секре́тной рабо́те; medical ~ свиде́тельство о го́дности по здоро́вью.

**clearing** *n.* **1.** (*glade*) про́сека, поля́на, прога́лина; **2.** (*evacuation*): ~ hospital эвакуацио́нный го́спиталь; **3.** (*fin.*) кли́ринг; ~ agreement кли́ринговое соглаше́ние; ~ house расчётная пала́та.

**clearly** *adv.* (*distinctly*) я́сно; (*evidently*) очеви́дно, коне́чно; it is too dark to see ~ сли́шком темно́, что́бы разгляде́ть; ~ he is wrong я́сно, что он непра́в.

**clearness** *n.* я́сность, очеви́дность.

**cleat** *n.* **1.** (*strip of wood on gangway etc.*) пла́нка, ре́йка; **2.** (*fitting for attachment of rope*) крепи́тельная у́тка/пла́нка; **3.** (*on sole or heel of shoe*) ско́бка, гвоздь (*m.*).

**cleavage** *n.* **1.** (*splitting*) расщепле́ние, раска́лывание; **2.** (*fig., discord*) расхожде́ние, раско́л; **3.** (*of bosom*) «ручеёк», ложби́нка бю́ста.

**cleave**[1] *v.t.* **1.** (*split*) раск|а́лывать, -оло́ть;

расс|ека́ть, -е́чь; **2.** (*fig.*): he ~d his way through the crowd он проти́снулся че́рез толпу́; **3.:** cleft palate (*med.*) во́лчья пасть; cloven hoof раздво́енное копы́то; cloven-footed, -hooved парнокопы́тный; show the cloven hoof (*fig.*) обнару́жить свою́ кова́рную приро́ду; he is in a cleft stick он зажа́т в тиски́; он в тупике́.

*v.i.* раск|а́лываться, -оло́ться; the wood ~s easily э́то де́рево легко́ ко́лется.

**cleave**[2] *v.i.* (*adhere*) прил|ипа́ть, -и́пнуть; his tongue clove to the roof of his mouth у него́ язы́к к горта́ни прили́п; he ~s to his friends он пре́дан свои́м друзья́м.

**cleaver** *n.* нож мясника́.

**clef** *n.* ключ; treble ~ скрипи́чный ключ; bass ~ басо́вый ключ.

**cleft**[1] *n.* тре́щина, рассе́лина.

**cleft**[2] *adj. see* CLEAVE[1] 3.

**clematis** *n.* ломоно́с.

**clemency** *n.* (*of pers.*) милосе́рдие; the defence lawyer appealed for ~ защи́тник призва́л к снисхожде́нию; (*of weather*) мя́гкость.

**clement** *adj.* (*of pers.*) милосе́рдный, ми́лостивый; (*of weather*) мя́гкий.

**clench** *v.t.*: ~ one's teeth сти́с|кивать, -нуть зу́бы; ~ one's fist сж|има́ть, -ать кулаки́; ~ sth. in one's hands сж|има́ть, -ать что-н. в рука́х.

**clepsydra** *n.* клепси́дра, водяны́е часы́.

**clergy** *n.* духове́нство, клир.

*cpd.*: ~**man** *n.* духо́вное лицо́; (*Protestant*) па́стор.

**cleric** *n.* церко́вник, духо́вное лицо́.

**clerical** *adj.* **1.** (*of clergy*) клерика́льный; ~ collar па́сторский воротни́к; **2.** (*of clerks*) канцеля́рский, конто́рский; ~ error канцеля́рская оши́бка.

**clericalism** *n.* клерикали́зм.

**clerk** *n.* **1.** (*pers. in charge of correspondence*) секрета́рь (*m.*), письмоводи́тель (*m.*); bank ~ ба́нковский слу́жащий; **2.** (*official*) слу́жащий, чино́вник; town ~ секрета́рь (*m.*) городско́го сове́та; (*of court*) регистра́тор; **3.** (*Am., shop assistant*) продаве́ц, прика́зчик; (*hotel receptionist*) (дежу́рный) администра́тор; **4.:** ~ of the works производи́тель (*m.*) рабо́т; прора́б.

*v.i.* (*work as* ~) выполня́ть (*impf.*) конто́рскую рабо́ту.

**clerkly** *adj.* чино́вничий, канцеля́рский.

**clerkship** *n.* до́лжность секретаря́.

**clever** *adj.* у́мный, сообрази́тельный; (*skilful*) ло́вкий; he is ~ at arithmetic он спосо́бен к арифме́тике; he is ~ with his fingers у него́ уме́лые ру́ки; he was too ~ for us он перехитри́л нас.

*cpd.*: ~-~ *adj.* (*coll.*) у́мничающий.

**cleverness** *n.* сме́тливость; (*skill*) ло́вкость, уме́ние.

**clew** *n.* (*see also* CLUE); (*ball of yarn*) клубо́к, мото́к.

   *v.t.*: ~ **up** (*lit.*) см|а́тывать, -ота́ть в клубо́к; (*fig., finish off*) сверну́ть (*pf.*).

**cliché** *n.* (*fig.*) клише́ (*indecl.*), штамп, шабло́н.

   *cpd.*: ~**-ridden** *adj.* по́лный клише́/шта́мпов; шабло́нный.

**click** *n.* щёлканье, щёлк, щелчо́к; (*phon.*) щёлкающий звук.

   *v.t.* щёлк|ать, -нуть +*i.*; прищёлк|ивать, -нуть +*i.*; he ~ed his tongue он (при)щёлкнул языко́м; he ~ed his heels он щёлкнул каблука́ми.

   *v.i.* щёлк|ать, -нуть; the door ~ed shut дверь защёлкнулась; (*fig., work smoothly*) идти́ (*det.*) гла́дко; (*coll., hit it off*) пола́дить (*pf.*), сойти́сь (*pf.*) (*с кем*).

**client** *n.* **1.** клие́нт; ~ state госуда́рство-клие́нт; **2.** (*customer*) клие́нт, зака́зчик.

**clientele** *n.* клиенту́ра.

**cliff** *n.* утёс, скала́.

   *cpd.*: ~**hanger** *n.* (*coll.*) захва́тывающий расска́з/рома́н/фильм.

**climacteric** *n.* климакте́рий; (*age*) климактери́ческий во́зраст.

   *adj.* климактери́ческий, крити́ческий.

**climate** *n.* кли́мат; (*fig.*) атмосфе́ра; ~ of opinion состоя́ние обще́ственного мне́ния.

**climatic** *adj.* климати́ческий.

**climax** *n.* кульмина́ция; (*orgasm*) орга́зм.

   *v.t.* (*top off, crown*) довести́ (*pf.*) до кульмина́ции.

   *v.i.* (*culminate*) кульмини́ровать (*impf., pf.*); дойти́ (*pf.*) до кульмина́ции.

**climb** *n.* подъём, восхожде́ние; it was a long ~ to the top подъём на верши́ну был до́лгим; rate of ~ (*av.*) ско́рость подъёма.

   *v.t.* вл|еза́ть, -езть на +*a.*

   *v.i.* ла́зить (*indet.*), лезть (*det.*); подн|има́ться, -я́ться; ~ up a tree влезть (*pf.*) на де́рево; ~ over a wall переле́зть (*pf.*) че́рез сте́ну; ~ down a ladder слезть (*pf.*) с ле́стницы; ~ on to a table зал|еза́ть, -е́зть на стол; the sun/aircraft ~ed slowly со́лнце/самолёт ме́дленно поднима́лось/поднима́лся; ~ to power подн|има́ться, -я́ться к верши́нам вла́сти; ~ **down** (*lit.*) слез|а́ть, -ть; (*fig.*) отступ|а́ть, -и́ть.

   *cpd.*: ~**-down** *n.* (*fig.*) отступле́ние, усту́пка.

**climbable** *adj.* досту́пный для подъёма/восхожде́ния.

**climber** *n.* (*pers.*) альпини́ст (*fem.* -ка); (*fig.*) карьери́ст (*fem.* -ка); (*plant*) вью́щееся расте́ние.

**climbing** *n.* (*mountaineering*) альпини́зм.

   *cpd.*: ~**-irons** *n.* шипы́ (*m. pl.*) на альпини́стской о́буви; три́кони (*pl., indecl.*).

**clime** *n.* (*poet., region*) край, сторона́.

**clinch** *n.* захва́т, схва́тывание; (*in boxing*) клинч, захва́т.

   *v.t.* (*make fast*) заклёп|ывать, -а́ть; (*fig.*): ~ an argument заверши́ть (*pf.*) спор; ~ a bargain закрепи́ть (*pf.*) сде́лку.

**clincher** *n.* (*coll., decisive remark etc.*) реша́ющий до́вод.

**cling** *v.i.* (*adhere*) цепля́ться (*impf.*) (за +*a.*); льнуть (*impf.*) (к +*d.*); (*fig.*): he clung to his possessions он цепля́лся за своё иму́щество; they clung together они́ держа́ли вме́сте (*or* друг за дру́га); the child clung to its mother ребёнок льнул к ма́тери; a ~ing dress облега́ющее пла́тье; a ~ing person привя́зчивый челове́к.

**clinic** *n.* кли́ника, диспансе́р.

**clinical** *adj.* **1.** клини́ческий; ~ record исто́рия боле́зни; ~ thermometer медици́нский термо́метр; **2.** (*fig.*) бесстра́стный.

**clinician** *n.* клиници́ст.

**clink**[1] *n.* звон.

   *v.t.* звене́ть (*impf.*) +*i.*; ~ glasses with s.o. чо́к|аться, -нуться с кем-н.

   *v.i.* звене́ть (*impf.*); чо́к|аться, -нуться.

**clink**[2] *n.* (*prison*) куту́зка, катала́жка (*sl.*).

**clinker** *n.* (*brick*) кли́нкер; (*pl., slag*) шлак.

**clinker-built** *adj.* общи́тый внакро́й.

**clinometer** *n.* клино́метр.

**Clio** *n.* Кли́о (*f. indecl.*).

**clip**[1] *n.* **1.** (*slide-on* ~) скре́пка; (*grip-* ~) зажи́м, зажи́мка; **2.** (*ornament*) клипс; **3.** (*of cartridges*) обо́йма.

   *v.t.* заж|има́ть, -а́ть; скреп|ля́ть, -и́ть; ~ a paper to a board прикреп|ля́ть, -и́ть бума́гу к доске́.

   *cpd.*: ~**board** *n.* доска́ с зажи́мом для бума́ги.

**clip**[2] *n.* **1.** (*shearing*) стри́жка; (*amount shorn*) на́стриг; **2.** (*coll., blow*): a ~ on the jaw уда́р по скуле́; **3.** (*coll., speed*): at a fast ~ бы́стрым хо́дом; **4.** (*cin.*) отры́вок из фи́льма.

   *v.t.* **1.** (*cut*): ~ a hedge подстр|ига́ть, -и́чь живу́ю и́згородь; ~ a bird's wings подре́зать (*pf.*) пти́це кры́лья; ~ s.o.'s wings (*fig.*) подре́зать (*pf.*) кому́-н. кры́лышки; ~ an article out of a newspaper выреза́ть, вы́резать статью́ из газе́ты; ~ a coin обр|еза́ть, -е́зать края́ моне́ты; ~ one's words говори́ть (*impf.*) отры́висто; ~ tickets проб|ива́ть (*impf.*) (*or* компости́ровать, про-) биле́ты; **2.** (*hit*): ~ s.o. on the jaw съе́здить (*pf.*) кому́-н. по физионо́мии (*coll.*).

   *cpd.*: ~**-joint** *n.* (*coll.*) обира́ловка, прито́н.

**clipper** *n.* **1.** (*for hair*) маши́нка для стри́жки воло́с; (*for nails*) куса́ч|ки (*pl., g.* -ек); **2.** (*naut.*) кли́пер; **3.** (*av.*) тяжёлая лета́ющая ло́дка.

**clipping** *n.* (*from newspaper*) вы́резка; (*pl., nail-* ~s) настри́женные но́гти (*m. pl.*).

**clique** *n.* кли́ка.

**clitoris** *n.* кли́тор, похотни́к.

**cloaca** *n.* (*also zool.*) клоа́ка.

**cloak** *n.* (*garment*) плащ, ма́нтия; ~ and dagger

stories расска́зы о шпио́нах; (*covering*): a ~ of snow сне́жный покро́в; under the ~ of darkness под покро́вом темноты́; (*fig., pretext*) ма́ска.

*v.t.* (*fig.*) прикр|ыва́ть, -ы́ть; скр|ыва́ть, -ы́ть.

*cpd.*: ~**room** *n.* (*for clothes*) гардеро́б, раздева́льня; (*for luggage*) ка́мера хране́ния; (*lavatory*) убо́рная.

**clobber** *n.* (*sl., gear*) барахло́.

*v.t.* (*sl., beat*) лупи́ть, от-; лупцева́ть, от- (*both coll.*).

**cloche** *n.* **1.** (*for plants*) стекля́нный колпа́к; **2.** (~ hat) шля́пка.

**clock**[1] *n.* час|ы́ (*pl., g.* -о́в); (*in factory*) контро́льные часы́; (*taximeter*) таксо́метр; 5 ~s 5 (пар) часо́в; he works round the ~ он рабо́тает кру́глые су́тки; he slept the ~ round (*24 hours*) он проспа́л це́лые су́тки (*12 hours*: це́лый день, це́лую ночь); put the ~ forward поста́вить (*pf.*) часы́ вперёд; put the ~ back (*lit.*) отвести́ (*pf.*) часы́ наза́д; (*fig.*) поверну́ть (*pf.*) вре́мя вспять.

*v.t.* (*time*) хронометри́ровать (*impf., pf.*); (*register*): she ~ed 11 seconds in this race она́ показа́ла вре́мя 11 секу́нд в э́том забе́ге.

*v.i.*: ~ **in, on** отм|еча́ться, -е́титься по прихо́де на рабо́ту; ~ **out, off** отм|еча́ться, -е́титься при ухо́де с рабо́ты.

*cpds.*: ~-**face** *n.* цифербла́т; ~-**maker** *n.* часовщи́к; ~-**watch** *v.i.* стара́ться (*impf.*) не перерабо́тать; ~**work** *n.* часово́й механи́зм; ~work toy заводна́я игру́шка; the ceremony went like ~work церемо́ния шла без сучка́ без задо́ринки.

**clock**[2] *n.* (*on stocking*) стре́лка.

**clockwise** *adj. & adv.* (дви́жущийся) по часово́й стре́лке.

**clod** *n.* ком, глы́ба.

*cpd.*: ~-**hopper** *n.* болва́н, дереве́нщина (*c.g.*).

**cloddish** *adj.* неотёсанный, неуклю́жий.

**cloddishness** *n.* неотёсанность, неуклю́жесть.

**clog**[1] *n.* (*shoe*) башма́к на деревя́нной подо́шве.

**clog**[2] *v.t.* (*lit., fig.*) засор|я́ть, -и́ть; the sink is ~ged ра́ковина засори́лась.

*cloisonné* *n.*: ~ enamel клуазо(н)не́ (*indecl.*); перегоро́дчатая эма́ль.

**cloister** *n.* монасты́рь (*m.*), оби́тель; (*monastic life*) монасты́рская жизнь; (*covered walk*) арка́да.

*v.t.* (*fig.*): he led a ~ed life он вёл уедине́нную жизнь.

**cloistral** *adj.* монасты́рский; мона́шеский.

**clone** *n.* клон.

*v.t.* размн|ожа́ть, -о́жить вегетати́вным путём; клони́ровать (*impf., pf.*).

**clop** *n.* (*of hoofs*) цо́канье, цо́кот.

**close**[1] *n.* (*enclosure, precinct*) двор.

*adj.* **1.** (*near*) бли́зкий; he fired at ~ range он

стреля́л с бли́зкого расстоя́ния; ~ combat бли́жний бой; рукопа́шный бой; ~ contact те́сное обще́ние; at ~ quarters на бли́зком расстоя́нии; вблизи́; in ~ proximity в непосре́дственной бли́зости; ~ competition о́страя конкуре́нция; he had a ~ shave, call он был на волоско́ от ги́бели; ~ resemblance большо́е схо́дство; **2.** (*intimate*) бли́зкий; a ~ friend бли́зкий друг; his sister was very ~ to him они́ с сестро́й бы́ли о́чень бли́зки; **3.** (*serried, compact*): ~ writing убо́ристый по́черк; ~ texture пло́тная ткань; in ~ order (*mil.*) со́мкнутым стро́ем; ~ column (*mil.*) со́мкнутая коло́нная; ~ reasoning безукори́зненная аргумента́ция; **4.** (*strict, attentive*): keep a ~ watch on s.o. тща́тельно следи́ть (*impf.*) за кем-н.; ~ examination тща́тельное обсле́дование; ~ attention при́стальное внима́ние; ~ confinement стро́гая изоля́ция; the suit is a ~ fit э́тот костю́м хорошо́ сиди́т; a ~ translation то́чный перево́д; ~ blockade пло́тное колесо́ блока́ды; a ~ observer внима́тельный наблюда́тель; **5.** (*restricted*) закры́тый; ~ season вре́мя, когда́ охо́та запрещена́; **6.** (*of games etc.*): a ~ contest упо́рная борьба́, состяза́ние с почти́ ра́вными ша́нсами; **7.** (*stingy*) скупо́й, прижи́мистый; **8.** (*reticent, secret*) скры́тный; he is ~ about his affairs он де́ржит свои́ дела́ в секре́те; he lay ~ for a while он не́которое вре́мя скрыва́лся; **9.** (*stuffy*): (*of air*) ду́шный, спёртый; (*of weather*) ду́шный, тяжёлый; **10.** (*phon.*): a ~ vowel у́зкий/закры́тый гла́сный.

*adv.*: he lives ~ to, by the church он живёт побли́зости от це́ркви; keep ~ to me не отходи́те от меня́; it was ~ upon midnight бли́зилась по́лночь; ~ upon 500 boys почти́ 500 ма́льчиков; follow ~ behind s.o. сле́довать (*impf.*) непосре́дственно за кем-н.; stand ~ against the wall стоя́ть (*impf.*) вплотну́ю к стене́; cut one's hair ~ ко́ротко постри́чься (*pf.*); come ~r together (*fig.*) сбли́зиться (*pf.*); подойти́ (*pf.*) вплотну́ю друг к дру́гу; ~ shut пло́тно закры́тый; sail ~ to the wind (*lit.*) идти́ (*det.*) кру́то к ве́тру; (*fig.*) ходи́ть (*indet.*) по острию́ (ножа́).

*cpds.*: ~-**cropped** *adj.* ко́ротко остри́женный; ~-**fisted** *adj.* прижи́мистый, скупо́й; ~-**fistedness** *n.* прижи́мистость, ску́пость; ~-**fitting** *adj.* облега́ющий; ~-**grained** *adj.* (*of wood*) мелковолокни́стый; ~-**mouthed** *adj.* сде́ржанный, скры́тный; ~-**set** *adj.* бли́зко поста́вленный; ~-**up** *n.* (*cin.*) кру́пный план.

**close**[2] *n.* (*end*) коне́ц; at ~ of day в конце́ дня; на исхо́де дня; ~ of play коне́ц игры́; at the ~ of the nineteenth century в конце́ девятна́дцатого столе́тия; bring to a ~ довести́ (*pf.*) до конца́; the day reached its ~ день ко́нчился; the meeting drew to a ~ собра́ние подошло́ к концу́.

*v.t.* **1.** (*shut*) закр|ыва́ть, -ы́ть; ~ a gap зап|олня́ть, -о́лнить пробе́л; ~ a knife скла́дывать, сложи́ть нож; ~ one's hand сжать (*pf.*) ру́ку в кула́к; ~ one's lips сомкну́ть (*pf.*) гу́бы; ~ the door on a proposal отве́ргнуть (*pf.*) предложе́ние; прегради́ть (*pf.*) путь предложе́нию; ~d shop предприя́тие, нанима́ющее то́лько чле́нов профсою́за; road ~d прое́зд закры́т; the museum is ~d музе́й не рабо́тает; **2.** (*end, complete, settle*): ~ a meeting закр|ыва́ть, -ы́ть собра́ние; ~ a deal заключи́ть (*pf.*) сде́лку; the closing scene of the play заключи́тельная сце́на пье́сы; the closing date is December 1 после́дний срок — пе́рвое декабря́; **3.**: ~ the ranks сомкну́ть (*pf.*) ряды́; **4.** (*phon.*): ~d syllable закры́тый слог.

*v.i.* **1.** (*shut*) закр|ыва́ться, -ы́ться; the door ~d дверь закры́лась; flowers ~ at night но́чью цветы́ закрыва́ются; the theatres ~d теа́тры закры́лись; closing day выходно́й день; **2.** (*cease*): the performance ~d last night вчера́ пье́са шла в после́дний раз; he ~d with this remark он зако́нчил э́тим замеча́нием; **3.** (*come closer*) сбл|ижа́ться, -и́зиться; приближа́ться, -и́зиться; the soldiers ~d up солда́ты сомкну́ли ряды́; (*mil.*): left ~! сомкни́сь нале́во!; they ~d (*came to grips*) with the enemy они́ схвати́лись с неприя́телем; I ~d with his offer я при́нял его́ предложе́ние.

*with advs.*: ~ **down** *v.t.* закр|ыва́ть, -ы́ть; *v.i.* (*e.g. of a factory*) закр|ыва́ться, -ы́ться; (*broadcasting*) зак|а́нчивать, -о́нчить переда́чу; ~ **in** *v.i.*: the days are closing in дни укора́чиваются (*or* стано́вятся коро́че); the darkness ~d in on us нас оку́тала темнота́; the enemy ~d in upon us неприя́тель подступи́л вплотну́ю; ~ **up** *v.t. & i.* закр|ыва́ть(ся), -ы́ть(ся).

*cpd.*: ~-**down** *n.* (*broadcasting*) оконча́ние.

**closely** *adv.*: it ~ resembles pork э́то о́чень напомина́ет свини́ну; (*attentively*) внима́тельно; watch ~ при́стально следи́ть (*impf.*) за +*i.*; ~ printed убо́ристо напеча́танный; ~ connected те́сно/про́чно свя́занный; we worked ~ together мы рабо́тали в те́сном сотру́дничестве; they questioned him ~ его́ подро́бно расспра́шивали.

**closeness** *n.* (*proximity, resemblance*; *intimacy*) бли́зость; (*of texture etc.*) пло́тность; (*of reasoning etc.*) безукори́зненность; тща́тельность; (*attentiveness*) при́стальность; (*reticence*) скры́тность; (*parsimony*) прижи́мистость, ску́пость; (*of air etc.*) духота́, спёртость.

**closet** *n.* **1.** (*cupboard*) шкаф; china ~ буфе́т; **2.**

(*arch., study*) кабине́т.

*v.t.* зап|ира́ть, -ере́ть; he was ~ed with his solicitor он совеща́лся со свои́м адвока́том наедине́.

**closure** *n.* **1.** (*closing, e.g. of eyelids*) смыка́ние; (*of a wound*) затя́гивание; **2.** (*parl., also* (*Am.*) **cloture**) прекраще́ние пре́ний.

**clot** *n.* (*of blood etc.*) сгу́сток, комо́к; (*sl., stupid person*) болва́н, тупи́ца (*c.g.*).

*v.i.* свёр|тываться, -ну́ться; сгу|ща́ться, -сти́ться; ~ted blood запёкшаяся кровь; ~ted cream густы́е топлёные сли́вки.

**cloth** *n.* **1.** (*material*) ткань, мате́рия; ~ of gold золота́я парча́; bound in ~ в мате́рчатом переплёте; **2.** (*pl., kinds of material*) сорта́ (*m. pl.*) су́кон; (*piece of* ~) тря́пка; (*table* ~) ска́терть; **4.** (*fig., clerical status*) духо́вный сан; **5.** a ~ cap (мате́рчатая) ке́пка.

**clothe** *v.t.* од|ева́ть, -е́ть; ~ o.s. (*acquire clothing*) приоде́ться (*pf.*); (*fig.*): ~ one's thoughts in words обле́чь (*pf.*) свои́ мы́сли в слова́; his face was ~d in smiles его́ лицо́ расплыло́сь в улы́бке.

**clothes** *n.* пла́тье, оде́жда; evening ~ вече́рнее пла́тье; (*bed* ~) посте́льное бельё; old ~ man старьёвщик; in plain ~ (*out of uniform*) в шта́тском (пла́тье).

*cpds.*: ~-**basket** *n.* корзи́на для белья́; ~-**brush** *n.* платяна́я щётка; ~-**horse** *n.* ра́ма для су́шки белья́; ~-**line** *n.* верёвка для белья́; ~-**moth** *n.* моль; ~-**peg**, ~-**pin** *nn.* зажи́мка для белья́.

**clothier** *n.* торго́вец мужско́й оде́ждой.

**clothing** *n.* оде́жда.

**cloture** see CLOSURE 2.

**clou** *n.* (*chief attraction*) гвоздь (*m.*) програ́ммы.

**cloud** *n.* **1.** (*in the sky*) о́блако; ту́ча; every ~ has a silver lining нет ху́да без добра́; he is in the ~s он вита́ет в облака́х; ~ cuckoo land мир фанта́зий/грёз; **2.** (*of smoke*) клубы́ (*m. pl.*); (*of dust*) о́блако; **3.** (*fig., mass*) тьма, ту́ча; a ~ of arrows ту́ча стрел; a ~ of words слове́сная заве́са; **4.** (*in liquid etc.*) помутне́ние; **5.** (*of unhappiness etc.*): this cast a ~ over our meeting э́то омрачи́ло на́шу встре́чу; under a ~ (*fig.*) в неми́лости.

*v.t.* покр|ыва́ть, -ы́ть облака́ми; (*fig.*) омрач|а́ть, -и́ть; eyes ~ed with tears глаза́, затума́ненные слеза́ми; his troubles ~ed his mind несча́стья помути́ли его́ рассу́док.

*v.i.* омрач|а́ться, -и́ться; покр|ыва́ться, -ы́ться облака́ми/ту́чами; нахму́ри|ваться, -ться; the sky ~ed over не́бо затяну́ло облака́ми/ту́чами; his brow ~ed он нахму́рил лоб.

*cpds.*: ~-**berry** *n.* моро́шка; ~-**burst** *n.* ли́вень (*m.*); ~-**rack** *n.* несу́щиеся облака́.

**cloudiness** *n.* о́блачность; (*fig.*) тума́нность, нея́сность.

**cloudless** *adj.* безо́блачный.

**cloudlessness** *n.* безо́блачность.

**cloudlet** *n.* о́блачко, ту́чка.

**cloudy** *adj.* о́блачный; (*of liquid etc.*) му́тный; (*fig., of ideas*) тума́нный.

**clout** *n.* (*coll., blow*) затре́щина, оплеу́ха; (*coll., influence*) влия́ние.

*v.t.* (*coll., hit*) тре́снуть (*pf.*).

**clove**[1] *n.* (*section of bulb*) зубо́к; а ~ of garlic зубо́к чеснока́.

**clove**[2] *n.* (*aromatic*) гвозди́ка; oil of ~s гвозди́чное ма́сло.

*cpd.*: ~-**gillyflower**, ~-**pink** *nn.* гвозди́ка садо́вая.

**clove**[3] *n.* (*naut.*): ~ hitch вы́бленочный у́зел.

**cloven** *see* CLEAVE[1] 3.

**clover** *n.* кле́вер; we are in ~ у нас не жизнь, а ма́сленица; мы живём припева́ючи; four-leaved ~ четырёхли́стный кле́вер.

**clown** *n.* (*at circus*) кло́ун; (*ludicrous person*) шут; (*boor*) неве́жа (*m.*).

*v.i.* стро́ить (*impf.*) из себя́ шута́.

**clowning** *n.* шутовство́, пая́сничание.

**clownish** *adj.* кло́унский, шутовско́й; (*boorish*) гру́бый.

**clownishness** *n.* шутовство́, дура́чество; гру́бость.

**cloy** *v.t.* прес|ыща́ть, -ы́тить; too much honey ~s the palate сли́шком мно́го мёда притупля́ет вкус; ~ed with pleasure пресы́тившийся удово́льствиями; these sweets have a ~ing taste э́ти сла́дости при́торны до отвраще́ния.

**club**[1] *n.* (*weapon*) дуби́нка; (*at golf*) клю́шка; (*pl., at cards*) тре́фы (*f. pl.*); Indian ~ булава́.

*v.t.* бить (*impf.*) дуби́нкой; he was ~bed to death его́ на́смерть заби́ли дуби́нками.

*cpds.*: ~-**foot** *n.* изуро́дованная ступня́; ~-**footed** *adj.* с изуро́дованной ступнёй; косола́пый.

**club**[2] *n.* (*society, building*) клуб.

*v.i.* скла́дываться, сложи́ться; устр|а́ивать, -о́ить скла́дчину; they ~bed together to pay the fine они́ сложи́лись и уплати́ли штраф.

*cpds.*: ~-**house** *n.* клуб, помеще́ние клу́ба; ~**man** *n.* ≃ све́тский челове́к.

**clubbable** *adj.* общи́тельный, (*coll.*) компане́йский.

**cluck** *n.* куда́хтанье, клохта́нье.

*v.i.* куда́хтать, клохта́ть (*both impf.*).

**clue** (*Am.* **clew**) *n.* ключ, нить; the police found a ~ поли́ция нашла́ ули́ку; the ~ to this mystery ключ к разга́дке э́той та́йны; I haven't a ~ (*coll.*) поня́тия не име́ю.

**clueful** *adj.* (*coll.*) в ку́рсе.

**clueless** *adj.* (*coll.*) бестолко́вый; не в ку́рсе.

**clump**[1] *n.* (*cluster*) гру́ппа, ку́па; (*of bushes*) куста́рник.

*v.t.* сажа́ть, посади́ть гру́ппами; соб|ира́ть, -ра́ть в ку́чу; they are ~ed together они́ сва́лены в ку́чу.

**clump**[2] *n.* (*heavy tread*) то́пот; тяжёлая по́ступь.

*v.i.* (*tread heavily*) то́пать (*impf.*); тяжело́ ступа́ть (*impf.*).

**clumsiness** *n.* неуклю́жесть, нело́вкость.

**clumsy** *adj.* неуклю́жий, нескла́дный, нело́вкий; а ~ joke неуме́стная/неуклю́жая шу́тка; а ~ excuse неуклю́жий предло́г; а ~ sentence громо́здкое предложе́ние.

**cluster** *n.* (*of grapes*) гроздь, кисть; (*of flowers*) кисть; (*of bees*) рой; (*of trees*) ку́па; consonant ~s скопле́ния (*nt. pl.*) согла́сных.

*v.t.*: ~ed column (*archit.*) пучко́вая коло́нна.

*v.i.* расти́ (*impf.*) пучка́ми; собира́ться (*impf.*) гру́ппами; roses ~ed round the window ро́зы разросли́сь под окно́м; the children ~ed round the teacher де́ти столпи́лись вокру́г учи́теля; the village ~s round the church дома́ дере́вни тесня́тся вокру́г це́ркви.

**clutch**[1] *n.* 1. (*act of* ~*ing*) сжа́тие, захва́т, схва́тывание; make a ~ at sth. схвати́ть/захвати́ть (*pf.*) что-н.; a last ~ at popularity отча́янная попы́тка завоева́ть популя́рность; 2. (*pl., grasp*) ла́пы (*f. pl.*), ко́гти (*m. pl.*); they fell into his ~es (*fig.*) они́ попа́ли к нему́ в ла́пы; 3. (*of car*) сцепле́ние; let in the ~ отпусти́ть сцепле́ние; the ~ is out сцепле́ние вы́ключено; the ~ slips сцепле́ние проска́льзывает/пробуксо́вывает; ~ pedal педа́ль сцепле́ния.

*v.t. & i.* хвата́ться, (с)хвати́ться (за +*a.*); сж|има́ть, -ать; he ~ed (at) the˙rope он ухвати́лся за верёвку; he ~ed the toy to his chest он прижа́л игру́шку к груди́.

**clutch**[2] *n.* (*of eggs*) я́йца (*nt. pl.*) под насе́дкой; (*brood*) вы́водок.

**clutter** *n.* (*confused mess*) сумато́ха, суета́; (*untidiness*) ха́ос, беспоря́док; the room is in a ~ в ко́мнате ха́ос.

*v.t.* (*also* ~ **up**) загромо|жда́ть, -зди́ть.

**clyster** *n.* клисти́р, кли́зма.

**CMEA** *n.* (*abbr., Council for Mutual Economic Aid*) СЭВ (Сове́т экономи́ческой взаимопо́мощи).

**coach**[1] *n.* 1. (*horse-drawn*) каре́та, экипа́ж; ~ and four каре́та, запряжённая четвёркой; 2. (*railway*) пассажи́рский ваго́н; 3. (*motor-bus*) (тури́стский междугоро́дный) авто́бус.

*v.i.*: in the old ~ing days в ста́рое вре́мя, когда́ ещё е́здили в каре́тах.

*cpds.*: ~-**box** *n.* ко́з|лы (*pl., g.* -ел); ~-**house** *n.* каре́тный сара́й; ~**man** *n.* ку́чер; ~-**party** *n.* экскурса́нты (*m. pl.*); ~-**tour** *n.* экску́рсия.

**coach**[2] *n.* (*tutor*) репети́тор; (*trainer*) тре́нер.

*v.t.* репети́ровать (*impf.*); (*train*) трениров́ать, на-; (*prepare for questioning, e.g. a witness*) ната́скивать (*impf.*).

**coachful** *n.*: a ~ of trippers це́лый авто́бус экскурса́нтов.

**coadjutor** *n.* коадъю́тор, помо́щник.

**coagulant** *n.* коагуля́нт.

**coagulate** *v.t.* сгу|ща́ть, -сти́ть; коагули́ровать (*impf., pf.*); свёр|тывать, -ну́ть.

*v.i.* коагули́роваться (*impf., pf.*); свёр|тываться, -ну́ться.

**coagulation** *n.* коагуля́ция, свёртывание.

**coal** *n.* (*mineral*) ка́менный у́голь; hard ~ (*anthracite*) антраци́т; (*piece of* ~) у́голь (*m.*); уголёк; ~s у́гли (*m. pl.*); a live ~ горя́щий уголёк; (*fig.*): carry ~s to Newcastle е́хать (*det.*) в Ту́лу со свои́м самова́ром; heap ~s of fire on s.o.'s head возд|ава́ть, -а́ть добро́м за зло (чтобы вы́звать угрызе́ния со́вести); haul s.o. over the ~s да|ва́ть, -ть нагоня́й кому́-н.

*v.i.* (*take on* ~) грузи́ться (*impf.*) углём; ~ing-station у́гольная ста́нция/ба́за.

*cpds.*: ~ **bed,** ~-**seam** *nn.* у́гольный пласт; ~-**black** *adj.* (*e.g. hair*) чёрный как смоль; ~-**burner** *n.* (*ship*) кора́бль на у́гле; ~-**cellar** *n.* подва́л для хране́ния угля́; ~-**dust** *n.* у́гольная пыль; ~-**face** *n.* забо́й; грудь забо́я; ~-**field** *n.* каменноуго́льный бассе́йн; ~-**gas** *n.* каменноуго́льный/свети́льный газ; ~-**heaver** *n.* во́зчик угля́; у́гольщик; ~-**mine,** ~-**pit** *nn.* у́гольная ша́хта; ~-**miner** *n.* шахтёр; ~-**pit** *see* ~-**mine;** ~-**scuttle** *n.* ведёрко для угля́; ~-**seam** *see* ~-**bed;** ~-**tar** *n.* каменноуго́льная смола́; дёготь (*m.*).

**coalesce** *v.i.* соедин|я́ться, -и́ться; объедин|я́ться, -и́ться.

**coalescence** *n.* соедине́ние, объедине́ние.

**coalition** *n.* (*pol.*) коали́ция; (*attr.*) коалицио́нный.

**coarse** *adj.* (*of material*) гру́бый; (*of sand, sugar*) кру́пный; ~ fish ры́ба просты́х сорто́в; ~ manners гру́бые/вульга́рные мане́ры; a ~ skin гру́бая ко́жа.

*cpds.*: ~-**fibred,** ~-**grained** *adjs.* (*lit.*) крупноволокни́стый; (*fig.*) гру́бый, неотёсанный.

**coarsen** *v.t.* де́лать, с- гру́бым.

*v.i.* грубе́ть, о-.

**coarseness** *n.* (*lit.*) гру́бость; (*fig.*) гру́бость, вульга́рность, неотёсанность.

**coast** *n.* (*sea-* ~) морско́й бе́рег; побере́жье; the ~ is clear (*fig.*) путь свобо́ден.

*v.i.* (*sail along* ~) пла́вать (*indet.*) вдоль побере́жья; ~ing trade кабота́жная торго́вля; (*bicycle downhill*) кати́ться (*impf.*) на велосипе́де с горы́.

*cpds.*: ~ **guard** *n.* (*officer*) член (тамо́женной) берегово́й стра́жи; (*collect.*) берегова́я стра́жа; ~ **line** *n.* берегова́я ли́ния.

**coastal** *adj.* берегово́й, прибре́жный; ~ traffic кабота́жное пла́вание; ~ command берегова́я охра́на; ~ waters прибре́жные во́ды (*f. pl.*); взмо́рье.

**coaster** *n.* (*ship*) кабота́жное су́дно; (*stand for decanter or glass*) подно́с, подста́вка.

**coastwise** *adj.* кабота́жный.

*adv.* вдоль побере́жья.

**coat** *n.* **1.** (*overcoat*) пальто́ (*indecl.*); (*man's jacket*) пиджа́к; (*woman's jacket*) жаке́т; ~ of arms герб; ~ of mail кольчу́га; (*fig.*): trail one's ~ держа́ться (*impf.*) вызыва́юще; you must cut your ~ according to your cloth по оде́жке протя́гивай но́жки; **2.** (*of animal*) шерсть, мех; **3.** (*of paint etc.*) слой; this wall needs a ~ of paint э́ту сте́ну на́до покра́сить.

*v.t.* покр|ыва́ть, -ы́ть; облиц|о́вывать, -ева́ть; the pill is ~ed with sugar пилю́ля в са́харной оболо́чке; he ~ed the wall with whitewash он побели́л сте́ну; his tongue is ~ed у него́ обло́жен язы́к.

*cpds.*: ~-**hanger** *n.* ве́шалка; ~-**style** *adj.*: ~-style shirt руба́шка на пу́говицах до́низу; ~-**tails** *n.* фа́лды (*f. pl.*) фра́ка; hang on to s.o.'s ~-tails (*fig., for protection or help*) держа́ться (*impf.*) за кого́-н.

**coatee** *n.* ку́ртка.

**coati** *n.* носу́ха, коа́ти (*m. indecl.*).

**coating** *n.* (*layer*) слой.

**co-author** *n.* соа́втор.

*v.t.* писа́ть, на- в соа́вторстве.

**coax** *v.t.* угов|а́ривать, -ори́ть; зад|а́бривать, -о́брить; he ~ed the child to take its medicine он уговори́л ребёнка приня́ть лека́рство; he ~ed the fire to burn он до́лго вози́лся, пока́ не разжёг ого́нь.

**coaxial** *adj.* (*tech.*): ~ cable коаксиа́льный ка́бель.

**cob** *n.* **1.** (*swan*) ле́бедь-саме́ц; **2.** (*horse*) невысо́кая корена́стая ло́шадь; **3.** (*nut*) оре́х; **4.** (*of maize*) поча́ток; corn on the ~ поча́ток кукуру́зы.

**cobalt** *n.* (*chem.*) ко́бальт; (*pigment*) ко́бальтовая синь.

**cobber** *n.* (*Aust.*) ко́реш (*coll.*).

**cobble¹** *n.* (*also* ~-stone) булы́жник.

*v.t.* (*pave*) мости́ть, вы́-/за- булы́жником.

**cobble²** *v.t.* (*mend*) лата́ть, за-.

**cobbler** *n.* (*shoemaker*) сапо́жник; the ~ should stick to his last всяк сверчо́к знай свой шесто́к.

**co-belligerency** *n.* совме́стное веде́ние войны́.

**co-belligerent** *adj.* совме́стно вою́ющий.

**cobra** *n.* ко́бра, очко́вая змея́.

**cobweb** *n.* паути́на; нить паути́ны.

**cobwebby** *adj.* затя́нутый паути́ной.

**coca** *n.* ко́ка.

**coca-cola** *n.* ко́ка-ко́ла.

**cocaine** *n.* кокаи́н.

**coccyx** *n.* ко́пчик.

**cochin** *n.* (~-china fowl) кохинхи́нка.

**cochineal** *n.* кошени́ль.

**cochlea** *n.* ули́тка.

**cock¹** *n.* **1.** (*male domestic fowl*) пету́х; **2.** (*male bird*) пету́х, саме́ц; **3.**: old ~ (*sl., old chap*) старина́ (*m.*), дружи́ще (*m.*); ~ of the walk

верхово́д, заводи́ла (*c.g.*); пе́рвый па́рень на
селе́; that ~ won't fight э́тот но́мер не
пройдёт; live like a fighting ~ жить (*impf.*)
припева́ючи.

*cpds.*: ~-**a-doodle-doo** *n.* кукареку́ (*nt.
indecl.*); ~-**and-bull** *adj.*: ~-and-bull story
вздор; небыли́ца (в ли́цах); ~ **chafer** *n.*
ма́йский жук, хрущ; ~-**crow** *n.* рассве́т;
before ~-crow до петухо́в; ~-**fighting** *n.*
петуши́ные бои́ (*m. pl.*); this beats ~-fighting
лу́чше не быва́ет; ~-**horse** *n.* (*stick with
horse's head*) па́лочка-лоша́дка; ~-**loft** черда́к,
мансарда; ~ **pit** *n.* аре́на для петуши́ного
бо́я; (*av.*) каби́на; (*fig.*) аре́на борьбы́; ~ **roach**
*n.* тарака́н; ~ **scomb** *n.* (*crest of* ~) петуши́ный
гре́бень; *see also* COXCOMB; ~ **sure** *adj.* самоуве́ренный; ~ **sureness** *n.* самоуве́ренность;
~ **tail** *n.* (*drink*) кокте́йль (*m.*); ~ tail dress
коро́ткое выходно́е пла́тье; ~ tail party
кокте́йль (*m.*).

**cock²** *n.* **1.** (*tap*) кран; **2.** (*lever in gun*) куро́к; at
half ~ (*lit.*) на пе́рвом взво́де; (*fig.*): the
scheme went off at half ~ план сорва́лся; at full
~ со взведённым курко́м; **3.** (*vulg., penis*)
хер, хуй; (*vulg., nonsense*) херо́вина, хуйня́.

*cpd.*: ~-**up** *n.* (*mess, fiasco*) барда́к, хуйня́
(*vulg.*).

**cock³** *v.t.* **1.** (*stick up etc.*): ~ one's hat заломи́ть
(*pf.*) ша́пку набекре́нь; the horse ~ed (up) its
ears ло́шадь насторожи́ла у́ши; he ~ed an eye
at me он подмигну́л мне; ~ one's nose (*or a
snook*) at s.o. показа́ть (*pf.*) нос кому́-н.; ~ed
hat треуго́лка; knock s.o. into a ~ed hat
вспыпать кому́-н. по пе́рвое число́; **2.** (*of gun*)
взв|оди́ть, -ести́ куро́к +*g.*

*cpds.*: ~-**eyed** *adj.* (*squinting*) косогла́зый,
косо́й; (*askew*) косо́й; (*drunk*) осолове́лый,
осове́лый; (*absurd*) дура́цкий.

**cock⁴** *n.* (*haycock*) стог.

*v.t.* скла́дывать, сложи́ть (*сено*) в стога́.

**cockade** *n.* кока́рда.

**cock-a-hoop** *adj.* хвастли́вый и самодово́льный.

**Cockaigne** *n.* (*fig.*) рай земно́й.

**cockatoo** *n.* какаду́ (*m. indecl.*).

**cockatrice** *n.* васили́ск.

**cockboat** *n.* небольша́я шлю́пка, я́лик.

**cocker¹** *n.* (~ spaniel) ко́кер-спанье́ль (*m.*).

**cocker²** *v.t.* (*pamper*) балова́ть, из-; потво́рствовать (*impf.*) +*d.*

**cockerel** *n.* петушо́к.

**cockiness** *n.* бо́йкость, наха́льство.

**cockle¹** *n.* (*plant*) ку́коль (*m.*), пле́вел; (*disease
of wheat*) головня́.

**cockle²** *n.* **1.** (*shellfish*) сердцеви́дка; **2.**: it warms
the ~s of one's heart э́то согрева́ет ду́шу.

*cpds.*: ~-**boat** *n.* плоскодо́нная ло́дка;
~-**shell** *n.* ра́ковина сердцеви́дки; (*frail boat*)
у́тлое суде́нышко; скорлу́пка.

**cockney** *n. & adj.* ко́кни (*c.g., indecl.*); ~ accent

акце́нт ко́кни.

**cocky** *adj.* наха́льный; разбитно́й.

**coco** *n.* (~ palm) коко́совая па́льма.

*cpd.*: ~**nut** *n.* коко́с, коко́совый оре́х; (*sl.,
head*) башка́; ~nut butter, oil коко́совое
ма́сло; ~nut fibre коко́совое волокно́; ~nut
matting цино́вка из коко́сового волокна́.

**cocoa** *n.* (*powder or drink*) кака́о (*indecl.*); (*attr.*)
кака́овый; ~ bean боб кака́о.

**cocoon** *n.* ко́кон.

*v.t.* (*fig., e.g. aircraft*) ста́вить, по- на консерва́цию; покр|ыва́ть, -ы́ть чехло́м.

**cocotte** *n.* (*woman*) коко́тка; (*dish*) порцио́нная
кастрю́лечка.

**cod¹** *n.* (~fish) треска́.

*cpds.*: ~-**bank** *n.* треско́вая о́тмель; ~-**fisher**
*n.* ловец трески́; ~-**fishing** *n.* ло́вля трески́;
~-**liver oil** *n.* ры́бий жир.

**cod²** *v.t.* (*coll., fool*) одура́чи|вать, -ть;
над|ува́ть, -у́ть.

**COD³** (*abbr.*, cash on delivery) упла́та при доста́вке; нало́женный платёж.

**coda** *n.* ко́да.

**coddle** *v.t.* не́жить (*or* изне́живать), из-.

**code** *n.* (*of laws*) ко́декс; свод зако́нов; building
~ положе́ние о застро́йке; (*of conduct*)
ко́декс; но́рмы (*f. pl.*); (*set of symbols, cipher*)
код; Morse ~ код/а́збука Мо́рзе.

*v.t.* (*encode*) коди́ровать (*impf., pf.*);
шифрова́ть, за- по ко́ду.

**co-defendant** *n.* (*leg.*) соотве́тчик.

**codeine** *n.* кодеи́н.

**coder** *n.* шифрова́льщик.

**codex** *n.* ко́декс; стари́нная ру́копись.

**codger** *n.* (*coll.*) чуда́к.

**codicil** *n.* дополни́тельное распоряже́ние к
завеща́нию.

**codification** *n.* кодифика́ция.

**codify** *v.t.* кодифици́ровать (*impf., pf.*).

**codpiece** *n.* гу́льфик.

**co-ed** *n.* (*Am., coll.*) учени́ца сме́шанной
шко́лы; студе́нтка (*учебного заведения для
лиц обоего пола*).

**co-education** *n.* совме́стное обуче́ние.

**co-educational** *adj.* совме́стного обуче́ния; this
college is ~ в э́том колле́дже совме́стное
обуче́ние.

**coefficient** *n.* коэффицие́нт.

**coelacanth** *n.* целака́нт.

**coenobite** *n.* мона́х, и́нок.

**coenobitic** *adj.* мона́шеский, и́ноческий.

**coequal** *adj.* ра́вный (*по чину, значению и
m.n.*).

**coerce** *v.t.* прин|ужда́ть, -у́дить; ~ into silence
заста́вить (*pf.*) молча́ть.

**coercion** *n.* принужде́ние; he paid under ~ он
заплати́л под давле́нием; его́ прину́дили
заплати́ть.

**coercive** *adj.* принуди́тельный.

**coeval** *n.* све́рстни|к; совреме́нни|к (*fem.* -ца).

*adj.* одного́ во́зраста (с +*i.*); совреме́нный (+*d.*).

**coexist** *v.i.* сосуществова́ть (*impf.*).

**coexistence** *n.* сосуществова́ние.

**coexistent** *adj.* сосуществу́ющий.

**coextensive** *adj.* одина́ковой протяжённости во вре́мени (*or* в простра́нстве).

**coffee** *n.* ко́фе (*m. indecl.*); two ~s две по́рции ко́фе; два ра́за ко́фе; black ~ чёрный ко́фе; white ~ ко́фе с молоко́м; ground ~ мо́лотый ко́фе; roasted ~ жа́реный ко́фе; Turkish ~ ко́фе по-туре́цки; ~ ice cream кофе́йное моро́женое; instant ~ раствори́мый ко́фе.

*cpds.:* ~**-bar** *n.* буфе́т; ~**-bean** *n.* кофе́йный боб; (*pl.*) ко́фе в зёрнах; ~**-berry** *n.* плод кофе́йного де́рева; ~**-break** *n.* переры́в на ко́фе; ~**-cup** *n.* кофе́йная ча́шка; ~**-grinder**, ~**-mill** *nn.* кофе́йница, кофе́йная ме́льница, кофемо́лка; ~**-grounds** *n.* кофе́йная гу́ща; ~**-house** *n.* кафе́ (*indecl.*); ~**-mill** *see* ~**-grinder**; ~**-pot** *n.* кофе́йник; ~**-table** *n.* ни́зенький сто́лик.

**coffer** *n.* **1.** (*chest*) сунду́к; (*pl., fig., funds*) казна́; **2.** (*in ceiling*) кессо́н.

**coffin** *n.* гроб; drive a nail into s.o.'s ~ вбить гвоздь в чьей-н. гроб.

**cog** *n.* зуб (*pl.* -ья); зубе́ц; вы́ступ; a ~ in the machine (*fig.*) ви́нтик, ме́лкая со́шка; ~ railway зубча́тая желе́зная доро́га, фуникулёр.

*cpd.:* ~**-wheel** *n.* зубча́тое колесо́.

**cogency** *n.* убеди́тельность.

**cogent** *adj.* убеди́тельный.

**cogitate** *v.i.* размышля́ть (*impf.*) (*о чём or над чем*).

**cogitation** *n.* размышле́ние, обду́мывание.

**cognac** *n.* конья́к.

**cognate** *adj.* **1.** (*akin*) ро́дственный; **2.** (*ling.*) ро́дственный, однокорнево́й, о́бщего происхожде́ния.

**cognition** *n.* позна́ние; зна́ние.

**cognitive** *adj.* познава́тельный.

**cognizance** *n.* зна́ние, узнава́ние; take ~ of приня́ть (*pf.*) во внима́ние.

**cognizant** *adj.* зна́ющий, осведомлённый.

*cognoscente* *n.* знато́к, цени́тель (*m.*).

**cohabit** *v.i.* сожи́тельствовать (*impf.*).

**cohabitation** *n.* (*внебра́чное*) сожи́тельство.

**coheir** *n.* сонасле́дник.

**coheiress** *n.* сонасле́дница.

**cohere** *v.i.* (*stick, together*) сцеп|ля́ться, -и́ться; быть соединённым/объединённым; (*fig., be consistent*) быть свя́зным.

**coherenc|e, -y** *nn.* свя́зность, после́довательность, членоразде́льность.

**coherent** *adj.* свя́зный, после́довательный; членоразде́льный.

**cohesion** *n.* сцепле́ние; си́ла сцепле́ния; сплочённость.

**cohesive** *adj.* спосо́бный к сцепле́нию; связу́ющий; (*united*) сплочённый.

**cohesiveness** *n.* спосо́бность к сцепле́нию; сплочённость.

**cohort** *n.* (*hist.*) кого́рта; (*pl., troops*) во́йско.

**coiffure** *n.* причёска.

**coign** *n.:* ~ of vantage удо́бный наблюда́тельный пункт.

**coil**[1] *n.* **1.** (*of rope, snake etc.*) вито́к; кольцо́; **2.** (*elec.*) кату́шка; ~ antenna (*radio*) ра́мочная анте́нна.

*v.t. & i.* (*also* ~ up) свёр|тывать(ся), -ну́ть(ся) кольцо́м (*or* в кольцо́).

**coil**[2] *n.* (*arch., trouble, fuss*) суета́.

**coin** *n.* моне́та; spin, toss a ~ игра́ть (*impf.*) в орля́нку; подки́|дывать, -нуть моне́тку; pay s.o. back in his own ~ отплати́ть (*pf.*) кому́-н. той же моне́той; current ~ ходя́чая моне́та.

*v.t.* чека́нить (*impf.*) (*моне́ты*); ~ a phrase созд|ава́ть, -а́ть выраже́ние; he is ~ing money (*fig.*) мо́жно поду́мать, что он де́ньги печа́тает.

*cpds.:* ~**-box** *n.* моне́тник (*автома́та*); ~**-operated** *adj.* моне́тный.

**coinage** *n.* **1.** (*monetary system*) моне́тная систе́ма; decimal ~ десяти́чная де́нежная систе́ма; **2.** (*inventing*) созда́ние (*слов*); a word of his own ~ со́зданное/пу́щенное им сло́во; **3.** (*coined word*) неологи́зм.

**coincide** *v.i.* (*also math.*) совп|ада́ть, -а́сть.

**coincidence** *n.* **1.** (*fact of coinciding*) совпаде́ние; **2.** (*curious chance*) совпаде́ние, стече́ние обстоя́тельств.

**coincident** *adj.* совпада́ющий.

**coincidental** *adj.* случа́йный.

**coiner** *n.* **1.** (*stamper of money*) чека́нщик моне́т, моне́тчик; **2.** (*counterfeiter*) фальши́вомоне́тчик; **3.** (*inventor*) вы́думщик, сочини́тель (*m.*).

**coir** *n.* койр, коко́совое волокно́.

**coital** *adj.* относя́щийся к ко́итусу.

**coit|ion, -us** *nn.* совокупле́ние, ко́итус.

**coke** *n.* кокс; ~ oven ко́ксовая/коксова́льная печь.

*v.t.* коксова́ть (*impf.*); coking coal коксу́ющийся у́голь.

**col** *n.* перева́л.

**colander** *n.* дуршла́г.

**colchicum** *n.* безвре́менник.

**cold** *n.* **1.** хо́лод; he was left out in the ~ (*fig.*) его́ поки́нули; он оста́лся ни при чём; **2.** (*illness*) просту́да; catch (a) ~ просту|жа́ться, -ди́ться; схвати́ть (*pf.*) на́сморк/грипп; ~ in the head на́сморк; ~ in the chest просту́да.

*adj.* **1.** (*at low temperature*) холо́дный; I am, feel ~ мне хо́лодно; **2.** (*fig.*): throw ~ water on s.o.'s plan окати́ть уша́том холо́дной воды́ кого́-н.; охлади́ть чей-н. пыл; in ~ blood хладнокро́вно; ~ steel холо́дное ору́жие; ~ war холо́дная война́; get ~ feet (*fig., coll.*) стру́сить (*pf.*); it makes one's blood run ~ от э́того кровь сты́нет/ледене́ет в жи́лах; **3.**

(*unemotional, unfeeling*): a ~ person холо́дный челове́к; ~ facts го́лые фа́кты; ~ comfort сла́бое утеше́ние; the idea leaves me ~ э́та мысль не волну́ет меня́; **4.** (*of scent*) осты́вший; **5.** (*of colours*) холо́дный.

*cpds.*: ~-**blooded** *adj.* (*of animal*) холодно-кро́вный; (*fig.*) бесчу́вственный, безжа́лостный; ~-**bloodedness** *n.* безчу́вственность, безжа́лостность; ~-**hearted** *adj.* бессер-де́чный; ~-**heartedness** *n.* бессерде́чие; ~-**shoulder** *v.t.* ока́з|ывать, -а́ть кому́-н. холо́дный приём.

**coldish** *adj.* холоднова́тый.

**coldness** *n.* (*of temperature*) хо́лод; (*of character etc.*) хо́лодность.

**cole** *n.*: ~ seed сурепица; ~ slaw капу́стный сала́т.

**coleoptera** *n.* жесткокры́лые (*nt. pl.*).

**colic** *n.* ко́лик|и (*pl., g.* —).

**colicky** *adj.* страда́ющий ко́ликами.

**colitis** *n.* коли́т.

**collaborate** *v.i.* сотру́дничать (*impf.*).

**collaboration** *n.* сотру́дничество.

**collaborator** *n.* сотру́дник; (*hist.*) кол-лаборациони́ст.

**collage** *n.* колла́ж.

**collapse** *n.* (*of a building etc.*) обва́л, паде́ние, обруше́ние; (*of hopes etc.*) круше́ние; (*of resistance etc.*) разва́л, крах; (*med.*) колла́пс, упа́док сил, изнеможе́ние; nervous ~ не́рвное истоще́ние.

*v.i.* (*e.g. a telescope*) скла́дывать, сложи́ть.

*v.i.* (*of a building etc.*) обва́л|иваться, -и́ться; ру́хнуть (*pf.*); (*of pers.*) свали́ться (*pf.*); the house ~d дом ру́хнул/обвали́лся; this table ~s (*folds up*) э́тот стол скла́дывается; the plan ~d план ру́хнул.

**collapsible** *adj.* складно́й, разбо́рный.

**collar** *n.* **1.** (*part of garment*) воротни́к; (*detachable*) воротничо́к; hot under the ~ (*fig., excited, vexed*) рассе́рженный, рассвире-пе́вший; **2.** (*necklace etc.*) ожере́лье, колье́; **3.** (*of dog*) оше́йник; (*of horse*) хому́т.

*v.t.* (*seize*) схва́т|ывать, -и́ть за во́рот/ши́ворот; (*coll., appropriate*) стяну́ть (*pf.*).

*cpds.*: ~-**bone** *n.* (*anat.*) ключи́ца; ~-**stud** *n.* запонка для воротника́.

**collate** *v.t.* (*e.g. texts*) слич|а́ть, -и́ть; сопост|авля́ть, -а́вить.

**collateral** *adj.* побо́чный, дополни́тельный; ~ security дополни́тельное обеспе́чение.

**collation** *n.* (*collating*) сличе́ние, сопостав-ле́ние; (*meal*) заку́ска.

**colleague** *n.* колле́га (*c.g.*); сослужи́в|ец (*fem.* -ица).

**collect**[1] *n.* (*prayer*) кра́ткая моли́тва.

**collect**[2] *v.t.* **1.** (*gather together*) соб|ира́ть, -ра́ть; ~ed works (по́лное) собра́ние сочине́ний; **2.** (*of debts, taxes*) соб|ира́ть, -ра́ть; получ|а́ть, -и́ть; the telegram was sent ~ (*Am.*) теле-

гра́мма была́ вы́слана «для опла́ты получа́-телем»; **3.** (*of stamps etc.*) коллекциони́ровать (*impf.*); **4.** (*fetch*) заб|ира́ть, -ра́ть; за|ходи́ть, -йти́ за +*i.*; he ~ed the children from school он забра́л дете́й из шко́лы; **5.** (*keep in hand*): ~ o.s. брать, взять себя́ в ру́ки; ~ one's thoughts собра́ться (*pf.*) с мы́слями.

*v.i.* соб|ира́ться, -ра́ться; a crowd ~ed со-брала́сь толпа́; dust ~s пыль ска́пливается.

**collected** *adj.* (*calm*) со́бранный; споко́йный.

**collectedness** *n.* со́бранность; споко́йствие.

**collection** *n.* (*of valuables etc.*) колле́кция; (*accumulation*) скопле́ние; (*church etc.*) сбор, собира́ние; (*of mail*) вы́емка.

**collective** *n.* (*co-operative unit*) коллекти́в.

*adj.* коллекти́вный; ~ farm колхо́з; ~ farmer колхо́зни|к (*fem.* -ца); (*gram.*): ~ noun собира́тельное существи́тельное.

**collectivism** *n.* коллективи́зм.

**collectivist** *n.* коллективи́ст.

**collectivity** *n.* коллекти́вность.

**collectivization** *n.* коллективиза́ция.

**collectivize** *v.t.* коллективизи́ровать (*impf., pf.*).

**collector** *n.* (*of stamps etc.*) коллекционе́р; a ~'s piece ре́дкий/уника́льный экземпля́р; (*of taxes, debts*) сбо́рщик; (*of tickets*) контролёр.

**colleen** *n.* (ирла́ндская) де́вушка.

**college** *n.* **1.** (*school*) колле́дж; **2.** (*university*) университе́т; институ́т; вы́сшее уче́бное заведе́ние (*abbr.* ВУЗ); a ~ education уни-версите́тское образова́ние; **3.** (*within university*) университе́тский колле́дж; **4.** (*body of colleagues*) колле́гия; ~ of cardinals колле́гия кардина́лов; ~ of arms геральди́ческая пала́та.

**collegial** *adj.* **1.** (*of college*) университе́тский; **2.** (*of collegium*) коллегиа́льный.

**collegian** (*also* (*Am.*) **colleger**) *nn.* (*member of college*) член колле́джа.

**collegiate** *adj.* **1.** (*of college*) университе́тский; **2.** (*of collegium*) коллегиа́льный; **3.** (*of students*) студе́нческий.

**collegium** *n.* колле́гия.

**collide** *v.i.* ст|а́лкиваться, -олкну́ться.

**collie** *n.* ко́лли (*m. indecl.*), шотла́ндская овча́рка.

**collier** *n.* (*miner*) углеко́п; (*ship; dealer*) у́голь-щик.

**colliery** *n.* каменноуго́льная ша́хта.

**collision** *n.* столкнове́ние; (*fig.*) колли́зия, сто-лкнове́ние; come into ~ with столкну́ться (*pf.*) с +*i.*; ~ course путь, на кото́ром неизбе́жно столкнове́ние.

**collocate** *v.t.* распол|ага́ть, -ожи́ть; рас-стан|а́вливать, -ови́ть.

**collocation** *n.* расположе́ние, расстано́вка.

**collodion** *n.* коллодий.

**colloquial** *adj.* разгово́рный.

**colloquialism** *n.* разгово́рное выраже́ние/сло́во.

**colloquy** *n.* собеседование.
**collusion** *n.* сговор; act in ~ действовать (*impf.*) по сговору.
**collusive** *adj.* совершённый по сговору.
**collyrium** *n.* глазная мазь.
**collywobbles** *n.* (*coll.*) урчание в животе.
**colocynth** *n.* колоквинт.
**Cologne** *n.* Кёльн.
**Colombia** *n.* Колумбия.
**Colombian** *n.* колумби|ец (*fem.* -йка).
  *adj.* колумбийский.
**Colombo** *n.* Коломбо (*m. indecl.*).
**colon**¹ *n.* (*anat.*) ободочная кишка.
**colon**² *n.* (*gram.*) двоеточие.
**colonel** *n.* полковник.
  *cpds.*: ~-**general** *n.* генерал-полковник;
  ~-**in-chief** *n.* шеф полка.
**colonelcy** *n.* чин полковника.
**colonial** *n.* жи́тель (*fem.* -ница) колонии.
  *adj.* колониальный; C~ Office министерство колоний; ~ architecture (*Am.*) колониальный стиль; ~ produce колониальные товары.
**colonialism** *n.* колониализм.
**colonialist** *n.* колониалист.
**colonic** *adj.* (*anat.*) относящийся к ободочной кишке.
**colonist** *n.* колонист (*fem.* -ка); (*settler*) поселенец.
**colonization** *n.* колонизация.
**colonize** *v.t.* колонизовать, колонизировать (*both impf., pf.*); (*settle in*) засел|ять, -ить.
**colonizer** *n.* колонизатор.
**colonnade** *n.* колоннада.
**colony** *n.* колония; ~ of ants колония муравьёв; the American ~ in Paris американская колония в Париже; summer ~ летняя колония; дачный посёлок.
**colophon** *n.* колофон.
**Colorado beetle** *n.* колорадский/картофельный жук.
**coloration** *n.* (*putting on colour*) окрашивание; (*varied colour*) окраска, раскраска, расцветка.
**coloratura** *n.* колоратура; ~ soprano колоратурное сопрано.
**colorimeter** *n.* колориметр, цветомер.
**colossal** *adj.* колоссальный, громадный.
**Colosseum** *n.* Колизей.
**Colossian** *n.* колоссянин.
**colossus** *n.* колосс.
**colour** *n.* **1.** (*lit.*) цвет; (*of horses*) масть; primary ~s основные цвета; secondary ~s составные цвета; complementary ~s дополнительные цвета; change ~ (*lit.*) менять (*impf.*) цвет; (*fig.*) побледнеть/покраснеть (*both pf.*); the film is in ~ это цветной фильм; what ~ are his eyes? какого цвета у него глаза?; see the ~ of s.o.'s money (*fig.*) получить (*pf.*) от кого-н. деньги; ~ scheme подбор цветов; ~ television

цветное телевидение; (*pl., of team*) форма; what are their ~s? в какой форме они играют?; **2.** (*of face*) цвет лица; румянец; she has very little ~ у неё бледное лицо; lose ~ побледнеть (*pf.*); he has a high ~ он очень румяный; у него румянец во всю щёку; off ~ (*out of sorts*) не в форме; **3.** (*pl., paints*) краски; water ~s акварель; oil ~s масляные краски; масло; paint sth. in bright ~s (*fig.*) рисовать, на- что-н. яркими красками; see sth. in its true ~s (*fig.*) видеть (*impf.*) что-н. в истинном свете; **4.** (*semblance, probability*): the story has some ~ of truth этот рассказ похож на правду; this fact lent ~ to his tale этот факт придал некоторое правдоподобие его рассказу; under ~ of под видом/предлогом +g.; he gave a false ~ to the news он представил новость в ложном свете; **5.** (*liveliness*): his style lacks ~ его стилю недостаёт красочности; local ~ местный колорит; **6.** (*pl., flag; also fig.*): he spent 5 years with the ~s он прослужил 5 лет в армии; sail under false ~s плыть (*det.*) под чужим флагом; выступать (*impf.*) под чужим именем; выдавать (*impf.*) себя за другого; pass an examination with flying ~s сдать (*pf.*) экзамен с блеском; nail one's ~s to the mast не отступаться (*impf.*) от своих убеждений; show one's true ~s предстать (*pf.*) в истинном свете; strike one's ~s капитулировать (*impf., pf.*); **7.** (*of race*): a person of ~ представитель (*m.*) небелой расы.
  *v.t.* **1.** (*paint, endow with* ~) красить (*impf.*); окра|шивать, -сить; she wants the walls ~ed green она хочет покрасить стены в зелёный цвет; **2.** (*embellish*) приукра|шивать, -сить; a highly ~ed story сильно приукрашенный рассказ; **3.** (*imbue*): his action was ~ed by vengefulness его поступок был отчасти продиктован мстительностью. *See also* COLOURED.
  *v.i.* **1.** (*take on* ~): the leaves ~ in autumn осенью листья меняют свой цвет; **2.** (*blush*) краснеть, по-.
  *cpds.*: ~-**bar** *n.* цветной барьер; ~-**bearer** *n.* (*mil.*) знаменосец; ~-**blind** *adj.* страдающий дальтонизмом; ~-blind person не различающий цветов, дальтоник; ~-**blindness** *n.* неспособность различать цвета, дальтонизм; ~-**box** *n.* (*paint-box*) ящик с красками; ~-**fast** *adj.* цветостойкий; ~-**fastness** *n.* цветостойкость; ~-**man** *n.* (*dealer in paints*) торговец красками; ~-**printing** *n.* хромотипия, многокрасочная печать; ~-**sergeant** *n.* сержант знаменщик; ~-**wash** *n.* клеевая краска; *v.t.* красить (*impf.*) клеевой краской.
**colourable** *adj.* (*plausible*) правдоподобный.
**coloured** *adj.* цветной; ~ pencil цветной карандаш; ~ plate (*illustration*) цветная

иллюстра́ция; ~ print цветна́я гравю́ра; (*of race*): ~ people цветны́е (*pl.*).

**colourful** *adj.* кра́сочный, я́ркий; а ~ personality я́ркая/колори́тная ли́чность.

**colouring** *n.* окра́ска; protective ~ защи́тная окра́ска; (*complexion*) цвет лица́; (*of a picture*) кра́ски (*f. pl.*); ~ book (*for children*) альбо́м для раскра́шивания.
  *adj.* кра́сящий; ~ matter кра́сящее вещество́.

**colourist** *n.* колори́ст.

**colourless** *adj.* (*lit., fig.*) бесцве́тный.

**colt**[1] *n.* (*young horse*) жеребёнок; (*fig., young man*) сосуно́к, птене́ц.

**Colt**[2] *n.* (~ *revolver*) кольт; ~ machine-gun станко́вый пулемёт Ко́льта.

**coltish** *adj.* (*lively*) живо́й, бо́йкий, игри́вый.

**colubrine** *adj.* змеи́ный.

**columbarium** *n.* (*in crematorium*) колумба́рий.

**Columbia** *n.*: District of ~ о́круг Колу́мбия.

**columbine** *n.* водосбо́р.

**Columbus** *n.* Колу́мб.

**column** *n.* 1. (*pillar*) коло́нна; 2. (*vertical object or mass*) столб; ~ of smoke столб ды́ма; spinal ~ позвоно́чный столб; mercury ~ рту́тный сто́лбик; 3. (*in book etc.*) столбе́ц; in the ~s of the Times на страни́цах «Та́ймса»; 4. (*regular feature of newspaper*): weekly ~ еженеде́льная коло́нка; 5. (*of figures*) сто́лбик, столбе́ц, коло́нка; 6. (*mil. etc.*) коло́нна; ~ of ships коло́нна корабле́й; close ~ со́мкнутая коло́нна; in ~ в коло́нне; fifth ~ (*fig.*) пя́тая коло́нна; dodge the ~ (*fig.*) уклоня́ться (*impf.*) от обя́занностей.

**columnist** *n.* обозрева́тель (*fem.* -ница).

**colza** *n.* рапс; ~ oil суре́пное/ра́псовое ма́сло.

**coma** *n.* ко́ма.

**comatose** *adj.* комато́зный; he is ~ он в ко́ме.

**comb** *n.* 1. (*for ~ing hair*) расчёска, гребёнка, гребешо́к; (*as adornment*) гребень (*m.*); 2. (*part of machine*) бёрдо, чеса́лка, гребёнка; 3. (*honey-~*) со́т|ы (*pl., g.* -ов); 4. (*of bird*) гребешо́к, гребень (*m.*); 5. (*of wave*) гре́бень (*m.*).
  *v.t.* 1. (*hair etc.*) чеса́ть (*impf.*); расчёс|ывать, -а́ть; причёс|ывать, -а́ть; (*horse*) чи́стить (*impf.*) скребни́цей; (*wool, flax etc.*) чеса́ть (*impf.*); трепа́ть (*impf.*); 2. (*fig., search*) прочёс|ывать, -а́ть; the police ~ed the city поли́ция прочеса́ла весь го́род.
  *cpd.*: ~**-out** *n.* (*mil.*) преосвиде́тельствование для вое́нной слу́жбы.

**combat** *n.* бой; single ~ единобо́рство, поеди́нок; mortal ~ сме́ртный бой; (*mil.*): ~ fatigue боева́я психи́ческая тра́вма; стре́ссовое состоя́ние; ~ zone зо́на боевы́х де́йствий.
  *v.t.* боро́ться (*impf.*) с +*i.* (*or* про́тив +*g.*).
  *v.i.* боро́ться; сража́ться (*both impf.*).

**combatant** *n.* бое́ц; вою́ющая сторона́.

*adj.* бо́рющийся; сража́ющийся.

**combative** *adj.* боево́й, зади́ристый.

**combativeness** *n.* зади́ристость.

**combe** *see* COOMB.

**comber** *n.* (*machine*) гребнечеса́льная маши́на; (*wave*) вал, больша́я волна́.

**combination** *n.* 1. (*combining*) сочета́ние, комбина́ция; in ~ with в сочета́нии с +*i.*; 2. motor-cycle ~ мотоци́кл с прицепно́й коля́ской; 3. (*pl., garment*) бельё ти́па купа́льника; 4. (*of a safe*) ко́довая комбина́ция; ~ lock секре́тный замо́к.

**combine**[1] *n.* 1. (*group of persons*) объедине́ние; (*group of concerns*) комбина́т, синдика́т; 2. (~ *harvester*) комба́йн.

**combine**[2] *v.t.* сочета́ть (*impf.*); объедин|я́ть, -и́ть; комбини́ровать, с-; ~ forces объедин|я́ть, -и́ть (*or* соедин|я́ть, -и́ть) си́лы; he ~s business with pleasure он сочета́ет прия́тное с поле́зным; ~d operations (*mil.*) общевойскова́я опера́ция.

**combings** *n.* (*tech.*) гребенны́е очи́стки (*f. pl.*).

**combust** *v.t.* сж|ига́ть, -ечь.

**combustible** *adj.* горю́чий; то́пливный, воспламеня́емый.

**combustion** *n.* воспламене́ние; сгора́ние, горе́ние; spontaneous ~ самовоспламене́ние; самовозгора́ние; internal ~ engine дви́гатель вну́треннего сгора́ния.

**come** *v.i.* 1. (*move near, arrive*) при|ходи́ть, -йти́; приб|ыва́ть, -ы́ть; при|езжа́ть, -е́хать; ~ and see us! приходи́те/заходи́те к нам!; he came running он прибежа́л; he has ~ a hundred miles он прие́хал за́ сто миль; he was long in coming он до́лго не появля́лся; he came near to falling он чуть не упа́л; ~ along! пойдёмте!; ~ into the house! заходи́те/зайди́те в дом!; 2. (*of inanimate things*; *lit., fig.*): the dress ~s to her knees пла́тье дохо́дит ей до коле́н; the sunshine came streaming into the room лучи́ со́лнца лили́сь в ко́мнату; dinner came по́дали обе́д; a parcel has ~ получи́лась посы́лка; the ball came on his head мяч попа́л ему́ в го́лову; the feeling ~s and goes э́то чу́вство то появля́ется, то исчеза́ет; easy ~, easy go легко́ на́жито, легко́ про́жито; no work has ~ his way никака́я рабо́та ему́ не попада́лась; these shirts ~ in three sizes э́ти руба́шки быва́ют трёх разме́ров; it came as a shock to me э́то бы́ло для меня́ уда́ром; it came into my head э́то пришло́ мне в го́лову; the water came to the boil вода́ закипе́ла; the solution came to me я (вдруг) нашёл реше́ние; what are we coming to? до чего́ мы дожи́ли?; when it came to 6 o'clock когда́ вре́мя подошло́ к 6 часа́м; she takes things as they ~ она́ споко́йно отно́сится ко всему́, что бы ни случи́лось; 3. (*fig. uses with 'to'*: *see also relevant nouns*): ~ to a decision прийти́ (*pf.*) к реше́нию; ~ to blows дойти́ (*pf.*) до рукопа́шной; ~ to terms прийти (*pf.*) к соглашению; ~ to light обнаружиться (*pf.*); стать (*pf.*) очевидным; ~ to one's senses образумиться (*pf.*); **4.** (*fig. uses with 'into': see also relevant nouns*): the trees have ~ into leaf на деревьях распустились листья; he has ~ into a fortune он получил большое наследство; he came into his own он добился признания/своего; they came into sight они появились; the party came into power партия пришла к власти; **5.** (*occur, happen*) случаться, бывать (*both impf.*); Christmas ~s once a year Рождество бывает раз в году; who ~s next? кто следующий?; it ~s on page 20 это на двадцатой странице; no harm will ~ to you с вами ничего не случится; he had it coming to him ему следовало этого ожидать; (*coll.*) он достукался; how ~s it that he was late? как это получилось, что он опоздал?; how did you ~ to meet him? как случилось, что вы с ним встретились?; that ~s of grumbling всё это из-за ворчания; no good will ~ of it ничего хорошего из этого не выйдет; books to ~ книги, которые будут выпущены; in years to ~ в последующие годы; в будущем; ~ what may будь, что будет; when we ~ to die когда нам придётся умирать; how ~? (*Am., sl.*) это почему же?; как так?; **6.** (*amount, result*): the bill ~s to £5 счёт составляет 5 фунтов; it ~s to this, that . . .дело сводится к тому, что . . .; it ~s to the same thing получается то же самое; if it ~s to that если уж на то пошло; his plans came to nothing из его планов ничего не вышло; he is no good when it ~s to talking когда нужно говорить, он теряется; **7.** (*become, prove to be*): his dreams came true его мечты осуществились/сбылись; it ~s cheaper this way так это выходит дешевле; it ~s naturally to him ему это легко даётся; у него это получается естественно (*or* само собой); his shoelace came undone у него развязался шнурок ботинка; it all came right in the end в конце концов всё обошлось; всё кончилось благополучно; ~ clean (*sl., confess*) выложить (*pf.*) всё; **8.** (*fig., find o.s. in a position*): I have ~ to see that he is right я убедился, что он прав; how did you ~ to do that? как вас угораздило так поступить?; **9.** (*of pers., originate*) проис|ходить, -зойти; he ~s from Scotland он уроженец Шотландии; she ~s of a noble family она происходит из знатной семьи; **10.** (*coll. uses*): don't ~ the bully over me не командуйте мной; it will be 5 years ago ~ Christmas that . . . на Рождество будет пять лет с тех пор, как . . .; ~ off it (*desist*)! отстань!; кончай!; перестань!; **11.** (*imper., fig.*): ~, ~! (*expostulatory*) ну! ну!; ну, что вы!; ~, tell me what you know ну-ка, расскажите мне, что вы знаете; **12.** (*take form*): the butter will not ~ масло не

сбивается; **13.** (*coll., have orgasm*) кончать, кончить.

*with preps.* (*see also* 3 *and* 4 *above*): ~ **across** (*traverse*) пере|ходить, -йти через +*a.*; (*encounter*) нат|алкиваться, -олкнуться на +*a.*; нат|ыкаться, -кнуться на +*a.*; ~ **after** (*follow*) следовать (*impf.*) за +*i.*; ~ **at** (*reach*): the truth is hard to ~ at до правды трудно добраться; (*attack*): the dog came at me собака набросилась на меня; ~ **before** (*precede*): dukes ~ before earls герцоги стоят выше графов; (*appear before*): he came before the court он предстал перед судом; ~ **by** (*obtain*) дост|авать, -ать; how did he ~ by his death? от чего он умер?; ~ **for** (*attack*): he came for us with a stick он набросился на нас с палкой; ~ **from**: wine ~s from grapes вино получается из винограда; a sob came from her throat из её груди вырвалось рыдание; ~ **into**: he came into a large estate ему досталось большое имение; ~ **off** (*lit.*): ~ off the grass! сойдите с травы!; (*become detached from*): a button came off my coat от моего пальто оторвалась пуговица; (*fall off*): she came off her bicycle она упала с велосипеда; (*fig.*): Britain came off the gold standard Англия отошла от золотого стандарта; ~ **on**: he came on me for £5 (*coll.*) он потребовал у меня 5 фунтов; ~ **out of** (*lit.*): he came out of the house он вышел из дому; (*fig.*): she came out of mourning она сняла траур; ~ **over** (*lit.*): a cloud came over the sky облако набежало на небо; (*fig.*): what came over you? что на вас нашло?; ~ **round**: he came round the corner он повернул за угол; ~ **through**: he came through both wars он прошёл обе войны; ~ **under**: what heading does this ~ under? к какой рубрике это относится?; he came under her influence он попал под её влияние; ~ **upon** (*find*) напасть (*pf.*) на +*a.*; натолкнуться (*pf.*) на +*a.*; fear came upon us на нас напал страх.

*with advs.*: ~ **about** *v.i.* (*happen*) проис|сходить, -зойти; ~ **across** *v.i.* (*coll., pay up*) распла|чиваться, -титься; (*confess*) выкла|дывать, выложить (*coll.*); ~ **again** *v.i.*: ~ again? (*coll., what did you say?*) ну-ка повтори!; скажи снова!; ~ **apart** *v.i.* (*unfastened*) ра|схо́диться, -зойтись; разва́л|иваться, -и́ться на ча́сти; ~ **away** *v.i.* (*become detached*) отл|амываться, -ома́ться *or* -оми́ться (*от* +*g.*); ~ **back** *v.i.* (*return*) возвра|ща́ться, -ти́ться; верну́ться (*pf.*); his name came back to me я вспо́мнил его́ и́мя; (*retort*) возра|жа́ть, -зи́ть; ~ **by** *v.i.* (*pass by*) мин|ова́ть (*impf., pf.*); про|ходи́ть, -йти́ ми́мо; ~ **down** *v.i.*: he came down off the ladder он сошёл с ле́стницы; her hair ~s down to her waist у неё во́лосы дохо́дят до по́яса; (*of prices*) па́дать, упа́сть; (*fig.*): he has ~ down in the world он опусти́лся; the story has ~ down to us до нас дошла́ э́та исто́рия; (*coll.*): he came down with £100 он вы́ложил 100 фу́нтов; he came down on me for £50 он потре́бовал с меня́ 50 фу́нтов; the master came down on the boy for cheating учи́тель напусти́лся на ма́льчика за спи́сывание; he came down with influenza он слёг с гри́ппом; ~ **forward** *v.i.* (*present o.s. as candidate*) выдвига́ть вы́двинуть свою́ кандидату́ру; (*offer one's services*) предл|ага́ть, -ожи́ть свои́ услу́ги; (*become available*) поступ|а́ть, -и́ть; ~ **in** *v.i.* (*lit.*) входи́ть, войти́; ~ in! (*to s.o. knocking*) войди́те!; the tide came in наступи́л прили́в; when do oysters ~ in? когда́ наступл́ит сезо́н у́стриц?; short skirts came in коро́ткие ю́бки вошли́ в мо́ду; his horse came in first его́ ло́шадь пришла́ пе́рвой; the Conservatives came in консерва́торы победи́ли на вы́борах; information came in поступи́ли све́дения; the money is ~ing in well де́ньги поступа́ют хорошо́; ~ in, please! (*radio etc.*) пожа́луйста, начина́йте!; where do I ~ in? како́е э́то име́ет ко мне отноше́ние?; что я получу́ с э́того?; where does the joke ~ in? что тут смешно́го?; it came in handy э́то пригоди́лось; э́то пришло́сь кста́ти; he came in for a thrashing ему́ всы́пали; ~ **off** *v.i.* (*become detached*) отва́л|иваться, -и́ться; the table-leg came off у стола́ отвали́лась но́жка; lipstick ~s off on glasses губна́я пома́да остаётся на стака́нах; (*happen, succeed*): the marriage came off брак состоя́лся; the experiment came off о́пыт уда́лся; he came off best он вы́шел победи́телем; (~ *off duty*): he ~s off at 10 он ухо́дит со слу́жбы в 10; ~ **on** *v.i.* (*follow*) сле́довать (*impf.*); he came on later он появи́лся поздне́е; ~ on! (*impatient*) ну!; ну-же; ~ on! I'll race you дава́йте побежи́м наперегонки́!; (*progress*) де́лать (*impf.*) успе́хи; the garden is coming on well всё в саду́ хорошо́ растёт; (*start, set in*): it came on to rain начался́ дождь; I have a cold coming on у меня́ начина́ется просту́да; (*be dealt with*): when does the case ~ on? когда́ рассма́тривается э́то де́ло?; (*of actor; appear*) появл|я́ться, -и́ться; выходи́ть, вы́йти на сце́ну; (*of play; be performed*): the play ~s on next week пье́са бу́дет предста́влена на сле́дующей неде́ле; ~ **out** *v.i.* (*lit.*) выходи́ть, вы́йти; the sun came out со́лнце появи́лось/вы́глянуло; the flowers came out цветы́ распусти́лись; (*become known, appear*): the news came out но́вость ста́ла изве́стной; the book came out кни́га вы́шла; the paper ~s out on Thursdays э́та газе́та выхо́дит по четверга́м; he came out well in the photograph он хорошо́ вы́шел на фотогра́фии; all his arrogance came out вся его́ спесь вы́шла нару́жу; (*disappear*): the stains came out пя́тна вы́шли; the colour came out (*faded*) кра́ска вы́цвела/полиня́ла/поблёкла; (*of results*): the sum

came out зада́ча получи́лась; отве́т зада́чи вы́шел пра́вильным; he came out first in the exam он был лу́чшим на э́том экза́мене; (*declare o.s.*): he came out against the plan он вы́ступил про́тив пла́на; the total came out at 700 о́бщий ито́г оказа́лся ра́вным 700; (*make début in society*) дебюти́ровать (*impf., pf.*); (*go on strike*) забастова́ть (*pf.*); выходи́ть, вы́йти на забасто́вку; he came out with the truth он рассказа́л всю пра́вду; he came out with an oath он вы́ругался; she came out in a rash она́ покры́лась сы́пью; ~ **over** *v.i.*: they came over to England они́ прие́хали в Англию; he came over to our side он перешёл на на́шу сто́рону; he came over dizzy (*coll.*) у него́ закружи́лась голова́; у него́ начало́сь головокруже́ние; ~ **round** *v.i.* (*make detour*): we came round by the fields мы пришли́ кру́жным путём че́рез поля́; (*make trip*): ~ round and see us! заходи́те к нам!; (*recur*): Christmas will soon ~ round ско́ро (насту́пит) Рождество́; (*change mind*): he came round to my view он пришёл-таки к мое́й то́чке зре́ния; (*yield*): she'll ~ round она́ усту́пит/согласи́тся; (*recover consciousness*) прийти́ (*pf.*) в себя́; очну́ться (*pf.*); ~ **through** *v.i.* (*survive experience*) пережи́ть (*pf.*); he came through without a scratch он вы́шел из э́той исто́рии без еди́ной цара́пины; (*teleph.*): the call came through at 3 o'clock разгово́р состоя́лся в 3 часа́; ~ **to** *v.i.* (*recover one's senses*) прийти́ (*pf.*) в себя́; очну́ться (*pf.*); ~ **up** *v.i.*: the sun came up со́лнце взошло́; the seeds came up семена́ взошли́; he came up to London он прие́хал в Ло́ндон; he came up to me он подошёл ко мне; the water came up to my waist вода́ доходи́ла мне до по́яса; the question came up встал вопро́с; the case ~s up tomorrow э́то де́ло разбира́ется за́втра; the book came up to my expectations кни́га оправда́ла мои́ ожида́ния; he came up against a difficulty он натолкну́лся на тру́дности; they came up with us они́ нагна́ли нас; he came up with a suggestion он внёс предложе́ние.

*cpds.*: ~-**and-go** *n.* движе́ние взад-вперёд; ~-**at-able** *adj.* (*coll.*) досту́пный; ~ **back** *n.* (*retort*) возраже́ние; (*return*) возвраще́ние; ~-**down** *n.* униже́ние; ~-**hither** *adj.* (*coll.*): a ~-hither look завлека́ющий взгляд; ~-**uppance** *n.* (*coll.*): he got his ~-uppance он получи́л по заслу́гам.

**COMECON** *n.* (*abbr.*, Council for Mutual Economic Aid) СЭВ (Сове́т экономи́ческой взаимопо́мощи).

**comedian** *n.* ко́мик; low ~ ко́мик-буфф.

**comedienne** *n.* коми́ческая актри́са.

**comedy** *n.* коме́дия; musical ~ музыка́льная коме́дия.

**comeliness** *n.* милови́дность.

**comely** *adj.* милови́дный.

**comer** *n.*: the first ~ пришéдший пéрвым; he will fight all ~s он готóв дрáться с кем угóдно.

**comestible** *n.* (*usu. pl.*) съестнь́іе припáс|ы (*pl., g.* -ов).

   *adj.* съестнóй.

**comet** *n.* комéта.

**comfit** *n.* конфéта, засáхаренный фрукт; (*pl.*) цукáты (*m. pl.*).

**comfort** *n.* **1.** (*physical ease*) комфóрт; удóбства (*nt. pl.*); he lives in ~ он живёт, не вéдая нужды́; **2.** (*relief of suffering*) утешéние, отрáда; cold ~ слáбое утешéние; **3.** (*thing that brings* ~) утешéние, успокоéние; his letters are a ~ егó пи́сьма — большóе утешéние.

   *v.t.* ут|ешáть, -éшить; успок|áивать, -óить.

**comfortabl**|e *adj.* удóбный, ую́тный, комфортáбельный; I am ~e here мне здесь удóбно; the car holds six people ~y э́та маши́на свобóдно вмещáет шесть человéк; he makes a ~e living он прили́чно зарабáтывает; he is ~y off он живёт в достáтке.

**comforter** *n.* **1.** (*pers.*) утеши́тель (*m.*); Job's ~ плохóй утеши́тель; гóре-утеши́тель; **2.** (*teat*) сóска, пусты́шка.

**comforting** *adj.* утеши́тельный, успокои́тельный, отрáдный; it is ~ to know that . . . утеши́тельно знать, что . . .

**comfortless** *adj.* неую́тный; безрáдостный; a ~ room неую́тная кóмната.

**comic** *n.* **1.** (*coll., comedian*) кóмик, юмори́ст; **2.** (*pl.,* ~ *papers*) кóмиксы (*m. pl.*).

   *adj.* коми́ческий, юмористи́ческий; ~ book кни́жка кóмиксов; ~ strip кóмикс; the Greek ~ writers древнегрéческие комедиóграфы.

**comical** *adj.* коми́чный, смешнóй.

**comicality** *n.* коми́чность.

**Cominform** *n.* (*hist.*) Коминфóрм.

**coming** *n.* приéзд, прихóд; the Second C~ вторóе пришéствие (Христá).

   *adj.* бу́дущий, наступáющий; the ~ week бу́дущая недéля; a ~ man человéк с бу́дущим.

**Comintern** *n.* (*hist.*) Коминтéрн.

**comity** *n.* вéжливость; ~ of nations взаи́мное признáние закóнов и обы́чаев рáзными странами.

**comma** *n.* запятáя; inverted ~s кавы́ч|ки (*pl., g.* -ек); ~ bacillus (холéрный) вибриóн.

**command** *n.* **1.** (*order*) комáнда; at the word of ~ по комáнде; **2.** (*authority*) комáндование; he is in ~ of the army он комáндует áрмией; he took ~ он при́нял комáндование; **3.** (*control*) контрóль (*m.*); ~ of the air госпóдство в вóздухе; ~ of one's emotions владéние свои́ми чу́вствами; **4.** (*knowledge, ability to use*): she has a good ~ of French онá хорошó владéет францу́зским (языкóм); he has a great ~ of language он прекрáсно владéет слóвом; **5.** (*mil.*) комáндование; Bomber C~ бомбарди́ровочное авиациóнное комáндование;

High C~ верхóвное комáндование; (*attr.*) комáндный; ~ post комáндный пункт, КП.

   *v.t. & i.* **1.** (*give orders to*) прикáз|ывать, -áть +*d.*; he ~ed his men to fire он приказáл свои́м солдáтам откры́ть огóнь; **2.** (*have authority over*) комáндовать (*impf.*) +*i.*; **3.** (*restrain*) владéть (*impf.*) +*i.*; ~ o.s. владéть (*impf.*) собóй; **4.** (*be able to use or enjoy*) располагáть (*impf.*) +*i.*; he ~s great sums of money в егó распоряжéнии кру́пные дéнежные срéдства; he ~s respect он внушáет к себé уважéние; **5.** (*of things*): the fort ~s the valley крéпость госпóдствует над доли́ной; this article ~s a high price э́тот товáр продаётся по высóкой ценé; the window ~s a fine view из окнá открывáется прекрáсный вид.

**commandant** *n.* комендáнт.

**commandantship** *n.* комендáнтство.

**commandeer** *v.t.* реквизи́ровать (*impf., pf.*).

**commander** *n.* команди́р, комáндующий; C~-in-Chief главнокомáндующий; (*naval rank*) капитáн трéтьего рáнга; C~ of the Faithful (*hist.*) повели́тель (*m.*) правовéрных.

**commanding** *adj.* (*in command*) комáндующий; ~ officer команди́р; a ~ tone повели́тельный тон; ~ heights комáндные высóты; a ~ presence внуши́тельная осáнка.

**commandment** *n.*: the Ten C~s дéсять зáповедей.

**commando** *n.* (*force*) десáнтно-диверсиóнный отря́д; (*pers.*) солдáт десáнтно-диверсиóнного отря́да.

**comme il faut** *pred. adj. & adv.* комильфó (*indecl.*).

**commemorate** *v.t.* (*celebrate memory of*) отм|ечáть, -éтить пáмять +*g.*; ознаменовáть (*pf.*); (*be in memory of*): this monument ~s the victory э́тот пáмятник воздви́гнут в честь побéды.

**commemoration** *n.* ознаменовáние пáмяти (*когó/чегó*).

**commemorative** *adj.* пáмятный, мемориáльный.

**commence** *v.t. & i.* нач|инáть(ся), -áть(ся).

**commencement** *n.* начáло; (*acad.*) áктовый день; торжéственное вручéние дипломóв.

**commend** *v.t.* **1.** (*entrust*) вв|еря́ть, -éрить; поруч|áть, -и́ть; he ~ed his soul to God он óтдал ду́шу Бóгу; **2.** (*praise*) хвали́ть, по-; **3.** (*recommend*) рекомендовáть (*impf., pf.*); the book does not ~ itself to me э́та кни́га меня́ не привлекáет; ~ me to him for carelessness бóлее небрéжного человéка я не встречáл.

**commendable** *adj.* похвáльный; достóйный похвалы́.

**commendation** *n.* похвалá, рекомендáция.

**commendatory** *adj.* (*of a trust*) довери́тельный; (*of praise*) похвáльный.

**commensura**|ble, **-te** *adjs.* соизмери́мый.

**comment** *n.* замечáние, коммента́рий; óтзыв,

о́тклик; her behaviour aroused ~ её поведе́ние вы́звало то́лки.

*v.t. & i.* комменти́ровать (*impf., pf.*); толкова́ть (*impf.*); де́лать, с- замеча́ния; he ~ed on the book он вы́сказал своё мне́ние об э́той кни́ге.

**commentary** *n.* (*also radio* ~) коммента́рий.

**commentator** *n.* (*textual*) коммента́тор, толкова́тель (*m.*); (*radio etc.*) коммента́тор, обозрева́тель (*m.*).

**commerce** *n.* комме́рция, торго́вля; Chamber of C~ Торго́вая пала́та.

**commercial** *n.* (*coll., TV advertisement*) телевизио́нная рекла́ма.

*adj.* комме́рческий, торго́вый; ~ attaché торго́вый атташе́ (*indecl.*); ~ traveller коммивояжёр; ~ television комме́рческое телеви́дение; ~ vehicle грузова́я маши́на.

**commercialese** *n.* стиль (*m.*) комме́рческих пи́сем.

**commercialism** *n.* стремле́ние к при́были; торга́шество; (*of style*) делово́й оборо́т ре́чи.

**commercialize** *n.* ста́вить, по- на комме́рческую но́гу; вн|оси́ть, -ести́ комме́рческий дух в +*a.*

**commination** *n.* гроза́ ка́рами небе́сными.

**commingle** *v.t. & i.* сме́ш|ивать(ся), -а́ть(ся).

**comminute** *v.t.*: ~d fracture (*med.*) оско́лочный перело́м.

**commiserate** *v.i.* (*feel sympathy*) сочу́вствовать (*impf.*) (*кому*); (*express sympathy*) выража́ть, вы́разить соболе́знование (*кому*).

**commiseration** *n.* сочу́вствие, соболе́знование.

**commissar** *n.* комисса́р.

**commissariat** *n.* **1.** (*office of commissar*) комиссариа́т; **2.** (*mil.*) интенда́нтство.

**commissary** *n.* **1.** (*deputy*) уполномо́ченный; **2.** (*mil., officer*) интенда́нт; **3.** (*Am., mil. store*) вое́нный магази́н; (*coll.*) каптёрка.

**commission** *n.* **1.** (*authorization*) полномо́чие; he went beyond his ~ он превы́сил свои́ полномо́чия; **2.** (*errand*) поруче́ние; I carried out some ~s for him я вы́полнил не́сколько его́ поруче́ний; **3.** (*action*) соверше́ние; the ~ of a crime соверше́ние преступле́ния; sin of ~ грех де́янием; **4.** (*reward*) комиссио́нн|ые (*pl., g.* -ых); he sells goods on ~ он продаёт това́ры за комиссио́нное вознагражде́ние; **5.** (*officer's*) пате́нт на офице́рский чин; **6.** (*official body*) комиссариа́т; high ~ верхо́вный комиссариа́т; **7.**: in ~ (*fit for action*) в испра́вности; в гото́вности; a ship in ~ кора́бль, гото́вый к пла́ванию; out of ~ (*out of active service*) в резе́рве; не в строю́; (*out of working order*) в неиспра́вности.

*v.t.* поруч|а́ть, -и́ть (*что кому*); he ~ed me to buy this он поручи́л мне купи́ть э́то; he ~ed a portrait from the artist он заказа́л худо́жнику портре́т; the ship was ~ed кора́бль был введён в строй; a ~ed officer офице́р; he was

~ed from the ranks он был произведён в офице́ры из рядовы́х.

**commissionaire** *n.* швейца́р.

**commissioner** *n.* комисса́р; член коми́ссии; high ~ верхо́вный комисса́р.

**commit** *v.t.* **1.** (*perform*) соверш|а́ть, -и́ть; **2.** (*entrust, consign*): ~ s.o. for trial пред|ава́ть, -а́ть кого́-н. суду́; ~ to paper изл|ага́ть, -ожи́ть на бума́ге; ~ to memory зау́ч|ивать, -и́ть; ~ to the flames преда́ть (*pf.*) огню́; **3.** (*engage*): he ~ted himself to helping her он взя́лся помо́чь ей; he would not ~ himself он уклони́лся от чёткого отве́та; он не хоте́л связа́ть себя́ конкре́тными обяза́тельствами; **4.**: ~ troops to battle вв|оди́ть, -ести́ (*or* бр|оса́ть, -о́сить) войска́ в бой; **5.**: a ~ted writer иде́йный писа́тель.

**commitment** *n.* (*obligation*) обяза́тельство; ~ to a cause пре́данность де́лу.

**committal** *n.*: ~ for trial преда́ние суду́.

**committee**[1] *n.* (*body of persons*) комите́т, коми́ссия; steering ~ организацио́нный/руководя́щий комите́т.
*cpd.*: ~ **man** *n.* член комите́та/коми́ссии.

**committee**[2] (*leg., guardian*) опеку́н.

**commode** *n.* (*chest of drawers*) комо́д; (*for chamber-pot*) стульча́к для ночно́го горшка́.

**commodious** *adj.* просто́рный, удо́бный.

**commodity** *n.* това́р, предме́т потребле́ния; (*attr.*) това́рный.

**commodore** *n.* (*in navy or merchant marine*) коммодо́р, капита́н пе́рвого ра́нга; (*of yacht club*) командо́р.

**common** *n.* **1.** (*land*) пусты́рь (*m.*), вы́гон; **2.** (*sth. usual or shared*): out of the ~ из ря́да вон выходя́щий; they have some tastes in ~ у них есть о́бщие вку́сы; in ~ with most Englishmen, he is fond of sport как и большинство́ англича́н, он лю́бит спорт.

*adj.* **1.** (*belonging to more than one, general*) о́бщий; it is ~ ground between us that . . . мы согла́сны в том, что . . .; it is ~ knowledge that . . . общеизве́стно, что . . .; **2.** (*belonging to the public or a specific group*): ~ law о́бщее/обы́чное/некодифици́рованное пра́во; he has the ~ touch он уме́ет находи́ть о́бщий язы́к со вся́ким; **3.** (*ordinary, usual*) обы́чный, обы́денный, обыкнове́нный; ~ honesty проста́я/элемента́рная че́стность; the ~ man обыкнове́нный/просто́й челове́к; the ~ people (просто́й) наро́д; ~ sense здра́вый смысл; ~ salt пова́ренная соль; ~ or garden (*coll.*) обыкнове́нный; a ~ (or garden) impostor обма́нщик, каки́х мно́го; **4.** (*vulgar*) вульга́рный, по́шлый; **5.** (*math.*): ~ logarithm десяти́чный логари́фм; **6.** (*gram.*): ~ gender о́бщий род; ~ noun и́мя нарица́тельное; **7.** (*mus.*): ~ time просто́й такт.

*cpds.*: ~-**law** *adj.*: ~-law marriage незарегистри́рованный брак; ~-law wife сожи́тельница; ~ **place** *n.* общее место, банальность; прописная истина; *adj.* банальный; ~**-room** *n.* (*senior*) учительская, профессорская; (*junior*) студенческая комната отдыха; ~**-sense** *adj.* здравый, разумный.

**commonalty** *n.* (*the common people*) простонародье; (простой) народ; (*corporate body*) сообщество.

**commoner** *n.* недворянин, человек незнатного происхождения.

**commonly** *adv.* (*usually*) обычно, обыкновенно; (*to a normal degree*) просто; if he is ~ honest если он элементарно честен.

**commonness** *n.* (*frequency*) обычность, обыденность; (*vulgarity*) вульгарность, пошлость.

**commons**[1] *n.* (*common people*) простонародье; простой народ; (House of) C~ палата общин.

**commons**[2] *n.* (*victuals*) рацион; short ~ скудный рацион.

**commonwealth** *n.* (*body politic*) государство; (*Eng. hist.*) Английская республика; the British C~ британское Содружество (наций); C~ of Australia Австралийский Союз.

**commotion** *n.* волнение, возня; civil ~ беспорядки (*m. pl.*).

**communal** *adj.* **1.** (*for common use*) общественный, коммунальный; ~ flat коммунальная квартира; **2.** ~ disturbances столкновения между общинами.

**Communard** *n.* коммунар.

**commune**[1] *n.* (*administrative unit*) община, коммуна; (*Ru. hist., peasant* ~) мир; the Paris C~ Парижская Коммуна.

**commune**[2] *v.i.* общаться (*impf.*) (с +*i.*); быть в тесном общении (с +*i.*); ~ with nature общаться с природой.

**communicable** *adj.* передающийся, сообщаемый; а ~ disease заразная болезнь.

**communicant** *n.* (*relig.*) причастни|к (*fem.* -ца).

**communicate** *v.t.* сообщ|ать, -ить; (*a disease, also*) перед|авать, -ать; (*relig.*) прича|щать, -стить.
*v.i.* свя́з|ываться, -аться; сообщ|ать, -ить (*кому о чём*); ~ with s.o. сн|оситься, -естись с кем-н.; the rooms ~ эти комнаты сообщаются; (*relig.*) прича|щаться, -ститься.

**communication** *n.* **1.** (*act of communicating*) общение; связь, сообщение, коммуникация; language is a means of ~ язык — средство общения; get into ~ with s.o. установить (*pf.*) связь с кем-н.; lack of ~ (*understanding*) отсутствие взаимопонимания; **2.** (*message*) сообщение; **3.** (*means of* ~) средства связи/сообщения; (*pl.: roads, railways etc.*) пути (*m. pl.*) сообщения; cut (off) s.o.'s ~s прервать (*pf.*) связь с кем-н.; **4.** (*mil.*): lines of ~ коммуникации; ~ trench ход сообщения.

**communicative** *adj.* общительный, разговорчивый.

**communicator** *n.* (*pers.*) сообщающий; (*mechanism*) коммуникатор; передаточный механизм.

**communion** *n.* **1.** (*intercourse*) общение; ~ with nature общение с природой; **2.** (*relig. group*): the Anglican ~ англиканская церковь; **3.** (*sacrament*) причастие.

**communiqué** *n.* коммюнике (*indecl.*).

**communism** *n.* коммунизм.

**communist** *n.* коммунист (*fem.* -ка). *adj.* (*also* **-ic**) коммунистический.

**community** *n.* **1.** (*commonness; joint ownership*): ~ of interest общность интересов; ~ of goods общность владения (*or* совместное владение) имуществом; **2.** (*society*) общество; **3.** (*pol., social etc. group*) община, группа населения.

**communization** *n.* коммунизация.

**communize** *v.t.* (*subject to communism*) коммунизировать (*impf., pf.*).

**commutation** *n.* **1.** (*commuting*) замена (одного вида платежа другим); **2.** (*payment*) деньги, выплаченные взамен выдачи натурой; **3.** (*leg., of sentence*) смягчение (проговора).

**commutator** *n.* (*elec.*) коллектор, переключатель (*m.*), коммутатор.

**commute** *v.t.* замен|ять, -ить; (*leg.*) смягч|ать, -ить (*приговор*).
*v.i.* (*travel to and fro*) совершать (*impf.*) регулярные поездки из пригорода в город.

**commuter** *n.* (*traveller*) регулярный пассажир (*человек, живущий за городом, который регулярно ездит в город на работу*).

**compact**[1] *n.* (*pact*) соглашение, договор.

**compact**[2] *n.* (*cosmetic case*) пудреница.

**compact**[3] *adj* (*closely packed*) компактный; (*tense, concise*) сжатый, компактный.
*v.t.* (*press together*) сж|имать, -ать; стис|кивать, -нуть; уплотн|ять, -ить.
*v.i.* (*agree*) заключ|ать, -ить соглашение/договор.

**compactness** *n.* компактность, сжатость.

**companion**[1] *n.* **1.** (*person who accompanies*): my ~ on the journey мой попутчик; ~ in adversity товарищ по несчастью; ~ in crime соучастник преступления; he is an excellent ~ с ним можно отлично провести время; **2.** (*object matching another*) пара; (*attr.*) парный; ~ volume сопроводительный том; **3.** (*woman paid to keep another company*) компаньонка; **4.** (*member of order*): C~ of the Bath кавалер ордена Бани; **5.** (*handbook*) справочник, спутник; the Gardener's C~ справочник садовника.

**companion**[2] *n.* (*naut.: also* ~**-way**, ~**-ladder**) сходной трап/люк.
*cpd.*: ~**-hatch** *n.* крышка люка с палубы; ~**-ladder,** ~**-way** *nn., see above.*

**companionable** *adj.* общительный, (*coll.*) компанейский.

**companionship** *n.* дружеское общение; дру-

жеские отноше́ния; (*of an order of chivalry*)
зва́ние кавале́ра.
**company** *n.* **1.** (*companionship*): I was glad of his
~ я был рад его́ о́бществу; keep, bear s.o. ~
сост|авля́ть, -а́вить кому́-н. компа́нию; part
~ расста́ться (*pf.*); we parted ~ на́ши пути́
разошли́сь; keep ~ with (*as in courting*)
уха́живать (*impf.*) за +*i.*; in ~ with совме́стно
с +*i.*; he is good ~ с ним хорошо́; с ним не
соску́чишься; **2.** (*associates, guests*): a man is
known by the ~ he keeps скажи́ мне, кто твой
друг, и я скажу́, кто ты; we have ~ this
evening у нас сего́дня бу́дут го́сти; ~ manners
показна́я ве́жливость; present ~ excepted не
упомина́я прису́тствующих; о прису́тс-
твующих не говоря́т; two's ~ (but three is
none) где дво́е, там тре́тий ли́шний; **3.** (*commercial firm*) това́рищество, компа́ния; Jones
and Company (*abbr.* Co.) Джо́унз и компа́ния
(*abbr.* K°); **4.** (*theatr.*) тру́ппа; **5.** (*naut.*)
кома́нда, экипа́ж; ship's ~ экипа́ж су́дна; **6.**
(*mil.*) ро́та; ~ officer мла́дший офице́р; ~
sergeant major старшина́ ро́ты.
**comparable** *adj.* сравни́мый.
**comparative** *adj.* **1.** (*proceeding by comparison*)
сравни́тельный; **2.** (*relative*) относи́тельный;
he is a ~ newcomer он сравни́тельно неда́вно
при́был сюда́; **3.** (*gram.*) сравни́тельный; (*as
n.*): 'better' is the ~ of 'good' «лу́чший» —
сравни́тельная сте́пень от прилага́тельного
«хоро́ший».
**compare** *n.* (*liter.*): beyond ~ вне вся́кого
сравне́ния.
   *v.t.* **1.** (*assess degree of similarity*) сра́вн|ивать,
-и́ть; слич|а́ть, -и́ть; ~ notes with s.o.
обме́н|иваться, -я́ться впечатле́ниями с
кем-н.; **2.** (*assert similarity of*) сра́вн|ивать,
-и́ть; he is not to be ~d with his father ему́
далеко́ до отца́; **3.** (*gram., form degrees of
comparison*) образо́в|ывать, -а́ть сте́пени
сравне́ния.
   *v.i.* сра́вн|иваться, -и́ться; he ~s favourably
with his predecessor он вы́годно отлича́ется
от своего́ предше́ственника; he cannot ~ with
her его́ нельзя́ и сравни́ть с ней.
**comparison** *n.* make a ~
пров|оди́ть, -ести́ сравне́ние; there is no ~
between them их нельзя́ сра́внивать; in, by ~
with по сравне́нию с +*i.*; (*gram.*): degrees of ~
сте́пени сравне́ния.
**compartment** *n.* (*railway*) купе́ (*indecl.*); (*of ship*)
отсе́к; they live in watertight ~s (*fig.*) они́
живу́т в по́лной изоля́ции друг от дру́га.
**compartmentalize** *v.t.* раздроб|ля́ть, -и́ть.
**compass** *n.* **1.** (*mariner's*) ко́мпас; (*surveying* ~)
буссо́ль; points of the ~ стра́ны све́та; ~ card
карту́шка ко́мпаса; box the ~ (*lit.*) наз|ыва́ть,
-ва́ть все ру́мбы ко́мпаса; (*fig.*) сде́лать (*pf.*)
поворо́т на 360° (*or* по́лный круг); **2.** (*geom.*,
*also* pair of ~es) ци́ркуль (*m.*); ~ window

(*archit.*) полукру́глый э́ркер; **3.** (*extent,
range*): ~ of a voice диапазо́н го́лоса; within
the ~ of a lifetime в преде́лах одно́й жи́зни;
beyond my ~ вне моего́ понима́ния; вне мои́х
возмо́жностей; **4.** (*detour*) кру́жный путь;
fetch a ~ сде́лать (*pf.*) крюк.
   *v.t.* **1.** (*go round*) об|ходи́ть, -ойти́; **2.** (*hem in*)
окруж|а́ть, -и́ть; **3.** (*grasp mentally*)
схва́т|ывать, -и́ть; **4.** (*contrive*) зам|ышля́ть,
-ы́слить.
**compassion** *n.* сострада́ние, сочу́вствие; show
~ to s.o. прояви́ть (*pf.*) сострада́ние к
кому́-н.
**compassionate** *adj.* сострада́тельный, сочу́вс-
твующий; ~ allowance благотвори́тельное
посо́бие; ~ leave о́тпуск по семе́йным об-
стоя́тельствам.
**compatibility** *n.* совмести́мость.
**compatible** *adj.* совмести́мый.
**compatriot** *n.* соотече́ственник.
**compeer** *n.* ро́вня (*c.g.*); това́рищ.
**compel** *v.t.* заст|авля́ть, -а́вить; прин|ужда́ть,
-у́дить; ~ attention прико́в|ывать, -а́ть
внима́ние; ~ obedience from s.o.
прин|ужда́ть, -у́дить кого́-н. к повинове-
ва́нию.
**compelling** *adj.* непреодоли́мый, неот-
рази́мый; (*fascinating*) захва́тывающий.
**compendious** *adj.* конспекти́вный.
**compendiousness** *n.* конспекти́вность.
**compendium** *n.* компе́ндиум, конспе́кт.
**compensate** *v.t. & i.* компенси́ровать (*impf., pf.*)
(*кого за что*); (*tech.*) компенси́ровать (*impf.*,
*pf.*); баланси́ровать (*impf., pf.*).
**compensation** *n.* компенса́ция (*also psych.*); pay
~ вы́платить (*pf.*) компенса́цию; in ~ for the
loss в компенса́цию за понесённые убы́тки;
(*tech.*) компенса́ция, выра́внивание.
**compensator** *n.* (*opt.*) компенса́тор; (*elec.*)
автотрансформа́тор.
**compensatory** *adj.* компенси́рующий (*also
psych.*); компенсацио́нный.
**compère** *n.* конферансье́ (*m. indecl.*).
   *v.t. & i.* конфери́ровать (*impf., pf.*).
**compete** *v.i.* (*vie*) конкури́ровать (*impf.*);
сопе́рничать (*impf.*); ~ with, against s.o. for
sth. конкури́ровать (*impf.*) с кем-н. из-за
что-н.; (*in sport*) состяза́ться (*impf.*).
**competenc|e, -y** *nn.* (*ability, authority*) уме́ние,
компете́нтность; (*sufficient income*) до-
ста́ток.
**competent** *adj.* **1.** (*qualified*) компете́нтный; **2.**
(*adequate*) доста́точный; **3.**: it is ~ for him to
refuse в его́ вла́сти отказа́ться.
**competition** *n.* **1.** (*rivalry*) сопе́рничество,
конкуре́нция; they are in ~ with us они́
конкури́руют с на́ми; **2.** (*contest*) состяза́ние,
соревнова́ние; **3.** (*examination*) ко́нкурс;
ко́нкурсный экза́мен.
**competitive** *adj.* (*competing*) конкури́рующий;

~ examination ко́нкурсный экза́мен; ~ prices конкурентоспосо́бные це́ны.

**competitor** *n.* конкуре́нт.

**compilation** *n.* (*act*) собира́ние, компили́рование; (*result*) сбо́рник, собра́ние, компиля́ция.

**compile** *v.t.* соб|ира́ть, -ра́ть; сост|авля́ть, -а́вить; компили́ровать (*impf., pf.*); ~ materials соб|ира́ть, -ра́ть материа́лы; ~ a volume сост|авля́ть, -а́вить том.

**compiler** *n.* состави́тель (*m.*); собира́тель (*m.*); компиля́тор.

**complacenc|e, -y** *nn.* самодово́льство.

**complacent** *adj.* самодово́льный.

**complain** *v.i.* **1.** (*express dissatisfaction*) жа́ловаться (*impf.*); **2.** (*to an authority*) под|ава́ть, -а́ть жа́лобу (на +*a.*); жа́ловаться, по- (на +*a.*); **3.**: he ~s of frequent headaches он жа́луется на ча́стые головны́е бо́ли; **4.** (*poet., lament*) се́товать (*на что*).

**complainant** *n.* (*leg.*) жа́лобщик, исте́ц.

**complainer** *n.* ны́тик (*c.g.*).

**complainingly** *adv.* жа́лобно, жа́луясь.

**complaint** *n.* жа́лоба; причи́на недово́льства; lodge, make a ~ под|ава́ть, -а́ть жа́лобу; (*ailment*) неду́г; боле́знь.

**complaisance** *n.* обходи́тельность, услу́жливость.

**complaisant** *adj.* обходи́тельный, услу́жливый; a ~ husband снисходи́тельный муж.

**complement** *n.* **1.** (*that which completes*) дополне́ние; **2.** (*muster*) ли́чный соста́в, по́лный компле́кт; ship's ~ ли́чный соста́в корабля́; **3.** (*gram.*) дополне́ние; **4.** (*math.*): ~ of an angle дополни́тельный у́гол.

*v.t.* доп|олня́ть, -о́лнить; служи́ть (*impf.*) дополне́нием к +*d.*

**complementary** *adj.* дополни́тельный.

**complete** *adj.* **1.** (*whole*) по́лный; ~ edition по́лное изда́ние; car ~ with tyres автомоби́ль, снабжённый ши́нами; **2.** (*finished*) зако́нченный, завершённый; when will the work be ~? когда́ бу́дет завершён э́тот труд?; **3.** (*thorough*) соверше́нный; he is a ~ stranger to me он мне соверше́нно не знако́м; a ~ surprise по́лная/соверше́нная неожи́данность.

*v.t.* зак|а́нчивать, -о́нчить; заверш|а́ть, -и́ть; (*fill in*) зап|олня́ть, -о́лнить.

**completely** *adv.* соверше́нно, по́лностью.

**completeness** *n.* полнота́; зако́нченность, завершённость.

**completion** *n.* заверше́ние, оконча́ние; (*of a form*) заполне́ние.

**complex** *n.* (*abstr. or physical whole, also psych.*) ко́мплекс.

*adj.* сло́жный, ко́мплексный; (*gram.*): ~ sentence сложноподчинённое предложе́ние.

**complexion** *n.* **1.** (*of face*) цвет лица́; **2.** (*character, aspect*) вид, аспе́кт; that puts a different ~ on the matter э́то представля́ет де́ло в ино́м све́те.

**complexity** *n.* сло́жность.

**compliance** *n.* усту́пчивость, пода́тливость; послуша́ние; in ~ with his orders согла́сно его́ прика́зам; во исполне́ние его́ прика́зов; (*pej.*) уго́дливость.

**compliant** *adj.* усту́пчивый, пода́тливый, послу́шный; (*pej.*) уго́дливый.

**complicate** *v.t.* осложн|я́ть, -и́ть; усложн|я́ть, -и́ть.

**complicated** *adj.* сло́жный, запу́танный, осложнённый.

**complication** *n.* (*complexity*) сло́жность, запу́танность; (*complicating circumstance*) осложне́ние; (*med.*): ~s set in после́довали осложне́ния.

**complicity** *n.* соуча́стие.

**compliment** *n.* **1.** (*praise*) комплиме́нт; похвала́; a back-handed ~ сомни́тельный комплиме́нт; **2.** (*greeting*) приве́т, поздравле́ние; ~s of the season нового́дние (*и т.п.*) поздравле́ния; with the author's ~s с уваже́нием от а́втора.

*v.t.* говори́ть (*impf.*) комплиме́нты +*d.* (*по поводу чего*); хвали́ть, по- (за +*a.*); поздр|авля́ть, -а́вить (*с чем*).

**complimentary** *adj.* **1.** (*laudatory*) похва́льный, ле́стный; **2.** ~ copy (*of book*) да́рственный/беспла́тный экземпля́р; ~ ticket контрама́рка, пригласи́тельный биле́т.

**compline** *n.* повече́рие.

**comply** *v.i.*: ~ with уступ|а́ть, -и́ть (+*d.*); слу́шаться, по- (+*g.*); подчин|я́ться, -и́ться (+*d.*).

**compo** *n.* **1.** (*material*) цеме́нтный раство́р; **2.**: ~ rations авари́йный паёк.

**component** *n.* компоне́нт; составна́я часть; дета́ль.

*adj.* составно́й, составля́ющий.

**comport** *v.t. & i.*: ~ o.s. держа́ться (*impf.*); вести́ (*det.*) себя́.

**comportment** *n.* мане́ра держа́ться; поведе́ние.

**compose** *v.t. & i.* **1.** (*make up, constitute*) сост|авля́ть, -а́вить; компонова́ть, с-; the party was ~d of teachers гру́ппа состоя́ла из учителе́й; **2.** (*liter., mus.*) сочин|я́ть, -и́ть; ~ a picture сост|авля́ть, -а́вить компози́цию карти́ны; **3.** (*control, assuage*): ~ o.s. успок|а́иваться, -о́иться; ~ one's features (*fig.*) прин|има́ть, -я́ть споко́йный вид; a quarrel ула́|живать, -дить ссо́ру; a ~d manner сде́ржанная мане́ра; **4.** (*typ.*) наб|ира́ть, -ра́ть; ~ing-room набо́рный цех.

**composedly** *adv.* сде́ржанно, споко́йно.

**composer** *n.* (*mus.*) композитор.

**composite** *n.* составно́й предме́т.

*adj.* составно́й; ~ carriage (*rail*) комбини́рованный ваго́н; ~ photograph фотомонта́ж.

**composition** *n.* **1.** (*act or art of composing*) сочине́ние, составле́ние; a work of his own ~ произведе́ние его́ со́бственного сочине́ния; **2.** (*liter. or mus. work*) произведе́ние, сочине́ние; **3.** (*school exercise*) сочине́ние; **4.** (*arrangement*) компози́ция, расстано́вка; **5.** (*make-up*) соста́в; ~ of the soil соста́в по́чвы; he has a touch of madness in his ~ он с сумасше́дчинкой; **6.** (*artificial substance*) смесь, соедине́ние, сплав; **7.** (*compromise*): he made a ~ with his creditors он дости́г соглаше́ния с кредито́рами; **8.** (*typ.*) набо́р.

**compositor** *n.* набо́рщик.

***compos mentis*** *adj.* в здра́вом уме́.

**compost** *n.* компо́ст.

   *v.t.* (*make into* ~) гото́вить (*impf.*) компо́ст из +*g.*; (*treat with* ~) уд|обря́ть, -о́брить компо́стом.

**composure** *n.* споко́йствие.

**compote** *n.* компо́т.

**compound**[1] *n.* (*enclosure*) огоро́женное ме́сто.

**compound**[2] *n.* (*mixture*) смесь; (*gram.*) сло́жное сло́во; (*chem.*) соедине́ние.

   *adj.* составно́й, сло́жный; ~ interest сло́жные проце́нты; ~ fracture осложнённый перело́м.

**compound**[3] *v.t.* **1.** (*mix, combine*) сме́ш|ивать, -а́ть; соедин|я́ть, -и́ть; a dish ~ed of many ingredients блю́до, пригото́вленное из мно́гих составны́х часте́й; **2.** (*settle by arrangement*) ула́|живать, -дить; **3.** (*aggravate*) отягча́ть (*impf.*)

   *v.i.* (*come to terms*) при|ходи́ть, -йти́ к компроми́ссному соглаше́нию.

**comprehend** *v.t.* (*understand*) пон|има́ть, -я́ть; пост|ига́ть, -и́гнуть; воспри́н|има́ть, -я́ть; (*include*) включ|а́ть, -и́ть; охва́т|ывать, -и́ть.

**comprehensible** *adj.* поня́тный, постижи́мый.

**comprehension** *n.* (*understanding*) понима́ние, постиже́ние, восприя́тие; (*inclusion, scope*) охва́т, включе́ние.

**comprehensive** *adj.* (*pert. to understanding*) поня́тливый, схва́тывающий, восприи́мчивый; (*of wide scope*) всеобъе́млющий, исче́рпывающий; ~ school еди́ная сре́дняя шко́ла.

**comprehensiveness** *n.* всеобъе́млемость; широта́ охва́та.

**compress**[1] *n.* (*to relieve inflammation*) компре́сс; (*to* ~ *artery etc.*) давя́щая повя́зка.

**compress**[2] *v.t.* (*physically*) сж|има́ть, -а́ть; сда́в|ливать, -и́ть; ~ed air сжа́тый во́здух; (*make more concise*) сж|има́ть, -а́ть; сокра|ща́ть, -ти́ть.

**compressible** *adj.* сжима́ющийся.

**compression** *n.* (*lit.*) сжа́тие, сда́вливание; (*fig.*) сжа́тие, сокраще́ние; (*tech.*) компре́ссия, уплотне́ние.

**compressor** *n.* компре́ссор.

**comprise** *v.t.* включ|а́ть, -и́ть в себя́; состоя́ть (*impf.*) из +*g.*

**compromise** *n.* компроми́сс.

   *v.t.* (*expose to discredit*) компромети́ровать, с-; (*endanger*) ста́вить, по- под угро́зу.

   *v.i.* пойти́ (*pf.*) на компроми́сс; (*reach* ~) при|ходи́ть, -йти́ к компроми́ссу.

**comptroller** *see* CONTROLLER.

**compulsion** *n.* принужде́ние; on, under ~ по принужде́нию.

**compulsive** *adj.* принуди́тельный; a ~ liar патологи́ческий враль.

**compulsoriness** *n.* обяза́тельность.

**compulsory** *adj.* обяза́тельный, принуди́тельный; ~ measures принуди́тельные ме́ры; ~ military service во́инская пови́нность.

**compunction** *n.* угрызе́ния (*nt. pl.*) со́вести; раска́яние.

**computable** *adj.* исчисли́мый.

**computation** *n.* вычисле́ние, вы́кладка.

**compute** *v.t. & i.* вычисля́ть, вы́числить; де́лать, с- вы́кладки.

**computer** *n.* (*pers.*) счётчик; (*machine*) электро́нно-вычисли́тельная маши́на (*abbr.* ЭВМ); компью́тер; ~ dating подбо́р супру́гов с по́мощью ЭВМ; (*coll.*) «электро́нная сва́ха»; ~ programming программи́рование; ~ programmer программи́ст; ~ science электро́ника.

**computerize** *v.t.* осна|ща́ть, -сти́ть ЭВМ.

**comrade** *n.* това́рищ; ~ in arms сора́тник, боево́й това́рищ; ~ in exile това́рищ по ссы́лке.

**comradely** *adj.* това́рищеский.

**comradeship** *n.* това́рищество.

**con**[1] *see* PRO[1].

**con**[2] *v.t.* (*arch., study*) зау́ч|ивать, -и́ть.

**con**[3] *v.t.* (*sl., dupe*) над|ува́ть, -у́ть; ~ man моше́нник, жу́лик, афери́ст.

**conative** *adj.* волево́й.

**concatenation** *n.* сцепле́ние, связь; ~ of circumstances стече́ние обстоя́тельств.

**concave** *adj.* во́гнутый.

**concavity** *n.* (*condition*) во́гнутость; (*surface*) во́гнутость, во́гнутая пове́рхность.

**concavo-concave** *adj.* двоякаво́гнутый.

**concavo-convex** *adj.* во́гнуто-вы́пуклый.

**conceal** *v.t.* скр|ыва́ть, -ыть; (*keep secret*) ута́|ивать, -и́ть.

**concealment** *n.* укрыва́тельство, сокры́тие, ута́ивание; he remained in ~ он продолжа́л скрыва́ться.

**concede** *v.t.* уступ|а́ть, -и́ть; ~ a point уступ|а́ть, -и́ть по одному́ пу́нкту; the candidate ~d the election кандида́т призна́л себя́ побеждённым на вы́борах; (*sport*): he ~d ten points to his opponent он дал своему́ проти́внику фо́ру в де́сять очко́в.

**conceit** *n.* (*vanity*) самомне́ние, самонадея́нность, тщесла́вие, зазна́йство; (*liter. fancy*) причу́дливый о́браз.

**conceited** *adj.* самонаде́янный, зазна́вшийся.

**conceivabl|e** *adj.* мы́слимый, постижи́мый; he

may ~y be right не исключенó, что он прав.

**conceive** *v.t.* **1.** (*form in the mind, imagine*) задýм|ывать, -ать; ~ a dislike for невзлюбѝть (*pf.*); I ~ that there may be difficulties я допускáю, что мóгут встрéтиться трýдности; **2.** (*formulate*) выражáть, вы́разить; a letter ~d in simple language письмó, напѝсанное простым языкóм; **3.** (*become pregnant with*) зачáть (*pf.*); she ~d a child онá зачалá ребёнка.

*v.i.* зачáть, заберéменеть (*both pf.*).

**concentrate** *n.* (*of product*) концентрáт.

*v.t.* **1.** (*bring together, focus*) сосредотóчи|вать, -ть; концентрѝровать, с-; ~d fire (*mil.*) сосредотóченный/массѝрованный огóнь; ~d hate жгýчая нéнависть; **2.** (*increase strength of*) концентрѝровать, с-; a ~d solution концентрѝрованный раствóр; ~d food концентрáты (*m. pl.*).

*v.i.* сосредотóчи|ваться, -ться; концентрѝроваться, с-; he ~d on his work он сосредотóчился на своéй рабóте.

**concentration** *n.* **1.** (*chem.*) концентрáция, крéпость; **2.** (*of troops etc.*) сосредотóчение, концентрáция; ~ camp концентрациóнный лáгерь, концлáгерь (*m.*); **3.** (*of attention etc.*) сосредотóченность.

**concentric** *adj.* концентрѝческий.

**concept** *n.* поня́тие, концéпция.

**conception** *n.* **1.** (*notion*) концéпция, поня́тие; I have no ~ of what he means поня́тия не имéю, что он хóчет э́тим сказáть; **2.** (*physiol.*) зачáтие; Immaculate C~ непорóчное зачáтие.

**conceptual** *adj.* концептуáльный.

**concern** *n.* **1.** (*affair*) отношéние, касáтельство; it is no ~ of mine э́то меня́ не касáется; э́то не имéет ко мне никакóго отношéния; **2.** (*business*) концéрн, предприя́тие; a going ~ дéйствующее предприя́тие; **3.** (*share*) учáстие, интерéс; he has a ~ in the enterprise он учáствует в э́том предприя́тии; **4.** (*importance*) вáжность; значѝтельность; it is a matter of ~ to us all э́то дéло большóй вáжности для нас всех; **5.** (*anxiety*) беспокóйство.

*v.t.* **1.** (*have to do with*) касáться (*impf.*) +g.; ~ed (*involved*) заинтересóванный; I am not ~ed э́то меня́ не касáется; as far as that is ~ed что касáется э́того; the parties ~ed заинтересóванные стóроны; **2.** (*cause anxiety to*) беспокóить (*impf.*); ~ed (*anxious*) озабóченный, обеспокóенный; I am ~ed about the future меня́ беспокóит бýдущее; I am ~ed that he should be heard я заинтересóван в том, чтóбы егó вы́слушали.

**concerning** *prep.* относѝтельно +g.; касáтельно +g.; к вопрóсу о +p.

**concert**[1] *n.* **1.** (*agreement*) соглáсие, соглашéние; he acted in ~ with his colleague он дéйствовал сообщá со своѝм коллéгой; C~

of Europe (*hist.*) Европéйский концéрт; **2.** (*entertainment*) концéрт; (*fig.*): they were trained to ~ pitch их натренировáли на слáву.
*cpds.*: ~**-goer** *n.* посетѝтель (*m.*) концéртов; ~**-hall** *n.* концéртный зал.

**concert**[2] *v.t.* **1.** (*arrange*) согласóв|ывать, -áть; take ~ed action дéйствовать (*impf.*) согласóванно; ~ed attack одновремéнная атáка; **2.** (*mus.*) инструментовáть (*impf., pf.*).

**concertina** *n.* концертѝно, концéртина.

**concerto** *n.* концéрт; piano ~ концéрт для фортепиáно; ~ grosso кончéрто грóссо (*indecl.*).

**concession** *n.* **1.** (*yielding; thing yielded*) устýпка; I did it as a ~ to his feelings я сдéлал э́то, щадя́ егó чýвства; **2.** (*mining etc.*) концéссия.

**concessionaire** *n.* концессионéр.

**concessionary** *adj.* концессиóнный.

**concessive** *adj.* (*gram.*) уступѝтельный.

**conch** *n.* **1.** (*shellfish*) моллю́ск; **2.** (*shell; also poet., trumpet*) рáковина; **3.** (*archit.*) апсѝда.

**conchology** *n.* конхи(ли)олóгия.

**concierge** *n.* консьéрж (*fem.* -ка).

**conciliar** *adj.* собóрный.

**conciliate** *v.t.* (*win over*) распол|агáть, -ожѝть к себé; (*reconcile*) примир|я́ть, -ѝть; (*gain, of affection etc.*) завоёв|ывать, -áть; снискáть (*pf.*).

**conciliation** *n.* примирéние.

**conciliator** *n.* миротвóрец, посрéдник.

**conciliatory** *adj.* примирѝтельный.

**concise** *adj.* крáткий, сжáтый.

**concis|eness, -ion** *nn.* крáткость, сжáтость.

**conclave** *n.* конклáв; (*fig.*) тáйное совещáние.

**conclud|e** *v.t.* **1.** (*terminate*) зак|áнчивать, -óнчить; заверш|áть, -ѝть; to ~e в заключéние; ~ing заключѝтельный, заверш áющий; (*session etc.*) закр|ывáть, -ы́ть; **2.** (*agreement etc.*) заключ|áть, -ѝть; **3.** (*infer*) дéлать, с- вы́вод, что . . .; при|ходѝть, -йтѝ к вы́воду, что . . .

*v.i.* (*end*) зак|áнчиваться, -óнчиться; he ~ed by saying в заключéние он сказáл.

**conclusion** *n.* **1.** (*end*) окончáние, заключéние, завершéние; bring to a ~ заверш|áть, -ѝть; дов|одѝть, -естѝ до концá; in ~ в заключéние; **2.** (*of agreement etc.*) заключéние; **3.** (*inference*) вы́вод, заключéние; he jumps to ~s он дéлает поспéшные вы́воды; **4.**: try ~s with s.o. мéриться, по- сѝлами с кем-н.; it was a foregone ~ that he would win бы́ло предрешенó, что он победѝт.

**conclusive** *adj.* решáющий, окончáтельный, убедѝтельный.

**conclusiveness** *n.* окончáтельность, убедѝтельность.

**concoct** *v.t.* (*of drink etc.*) стря́пать, со-; готóвить, при-/с-; (*of story etc.*) стря́пать, со-; сочин|я́ть, -ѝть.

**concoction** *n.* (*drink etc.*) смéшивание, смесь;

(*invention of story*) сочине́ние, приду́мывание; (*story invented*) вы́думка, ба́сня, небыли́ца.

**concomitant** *adj.* сопу́тствующий.

**concord** *n.* согла́сие, соглаше́ние; (*gram.*) согласова́ние.

**concordance** *n.* (*agreement*) согла́сие; (*vocabulary*) указа́тель (*библейских изречений и т.п.*).

**concordant** *adj.* согла́сный, согласу́ющийся (*both* c +*i.*); (*mus.*) гармони́чный.

**concordat** *n.* конкорда́т.

**concourse** *n.* (*coming together*) стече́ние; (*of railway station*) вестибю́ль (*m.*) вокза́ла.

**concrete**[1] *n.* (*building material*) бето́н; reinforced ~ железобето́н.
　　*v.t.* бетони́ровать (*impf.*).
　　*cpd.*: ~-**mixer** *n.* бетономеша́лка.

**concrete**[2] *adj.* конкре́тный; in the ~ конкре́тно.

**concretion** *n.* сраще́ние, сро́сшаяся ма́сса; (*med.*) ка́мни (*m. pl.*), конкреме́нты (*m. pl.*).

**concretize** *v.t.* конкретизи́ровать (*impf., pf.*).

**concubinage** *n.* конкубина́т, внебра́чное сожи́тельство.

**concubine** *n.* нало́жница.

**concupiscence** *n.* похотли́вость.

**concupiscent** *adj.* похотли́вый.

**concur** *v.i.* **1.** (*of circumstance etc.*) совп|ада́ть, -а́сть; сходи́ться, сойти́сь; **2.** (*agree, consent*) согла|ша́ться, -си́ться (c +*i.*); присоедин|я́ться, -и́ться (к +*d.*); ~ring votes совпада́ющие голоса́.

**concurrence** *n.* (*of things*) совпаде́ние, стече́ние; (*agreement, consent*) согла́сие.

**concurrent** *adj.* (*simultaneous, agreeing*) совпада́ющий; (*math.*) сходя́щийся, встреча́ющийся; ~ly одновреме́нно.

**concuss** *v.t.* (*med.*) вызыва́ть, вы́звать сотрясе́ние мо́зга у +*g.*

**concussion** *n.* (*med.*) сотрясе́ние мо́зга.

**condemn** *v.t.* осу|жда́ть, -ди́ть; пригов|а́ривать, -ори́ть; (*blame*) порица́ть (*impf.*); he was ~ed to life imprisonment он был приговорён к пожи́зненному заключе́нию; ~ed cell ка́мера сме́ртника; (*declare forfeit*) конфискова́ть (*impf., pf.*); (*declare unfit for use*) призн|ава́ть, -а́ть непригодным; the building was ~ed зда́ние бы́ло при́знано неприго́дным для жилья́; his looks ~ed him лицо́ вы́дало его́.

**condemnation** *n.* осужде́ние; порица́ние; (*of building*) призна́ние него́дным.

**condemnatory** *adj.* осужда́ющий.

**condensation** *n.* (*phys.*) конденса́ция, сгуще́ние, уплотне́ние; (*liquefaction*) сжиже́ние; (*abridgement*) сокраще́ние.

**condense** *v.t.* **1.** (*phys.*) конденси́ровать (*impf., pf.*); сгу|ща́ть, -сти́ть; сжи|жа́ть, -ди́ть; ~d milk сгущённое молоко́; **2.** (*fig.*): a ~d account of events сжа́тый отчёт о собы́тиях.

**condenser** *n.* (*tech.*) конденса́тор, газоохлади́тель (*m.*); (*opt.*) конде́нсор.

**condescend** *v.i.* сни|сходи́ть, -зойти́.

**condescending** *adj.* снисходи́тельный.

**condescension** *n.* снисхожде́ние, снисходи́тельность.

**condign** *adj.* (*liter.*) заслу́женный.

**condiment** *n.* припра́ва.

**condition** *n.* **1.** (*state*) состоя́ние, положе́ние; he is in no ~ to travel он не в состоя́нии путеше́ствовать; он не вы́несет пое́здки/доро́ги; **2.** (*fitness*): the athlete is out of ~ спортсме́н не в фо́рме; **3.** (*pl., circumstances*) усло́вия; обстоя́тельства (*both nt. pl.*); **4.** (*requisite, stipulation*) усло́вие; on ~ that . . . при усло́вии, что . . .; on no ~ ни при каки́х усло́виях; **5.** (*status in life*) положе́ние.
　　*v.t.* **1.** (*determine, govern*) обусло́в|ливать, -ить; ~ed reflex усло́вный рефле́кс; **2.** (*of athletes*) тренирова́ть, на-; **3.**: well-~ed cattle кондицио́нный скот; **4.** (*indoctrinate*) приуч|а́ть, -и́ть; he was ~ed to obey unquestioningly его́ приучи́ли беспреко́словно подчиня́ться.

**conditional** *adj.* усло́вный, обусло́вленный; my agreement is ~ on his coming я согла́сен при усло́вии, что он придёт; (*gram.*): the ~ (mood) усло́вное наклоне́ние.

**condole** *v.i.* соболе́зновать (*impf.*) (+*d.*); выража́ть, вы́разить соболе́знование.

**condolence** *n.* (*also pl.*) соболе́знование.

**condom** *n.* презервати́в, кондо́м.

**condominium** *n.* кондоми́ниум.

**condonation** *n.* проще́ние.

**condone** *v.t.* про|ща́ть, -сти́ть; попусти́тельствовать (*impf.*) +*d.*; смотре́ть (*impf.*) сквозь па́льцы на +*a.*

**condor** *n.* ко́ндор.

**condottiere** *n.* кондотье́р.

**conduce** *v.i.* спосо́бствовать (*impf.*) (+*d.*).

**conducive** *adj.* спосо́бствующий; health is ~ to happiness здоро́вье — помо́щник сча́стью.

**conduct**[1] *n.* **1.** (*behaviour*) поведе́ние; **2.** (*manner of* ~*ing*) веде́ние; **3.** safe ~ гара́нтия неприкоснове́нности, охра́нная гра́мота.

**conduct**[2] *v.t.* **1.** (*lead, guide*) води́ть (*indet.*), вести́ (*det.*); руководи́ть (*impf.*) +*i.*; a ~ed tour экску́рсия/осмо́тр с ги́дом; **2.** (*manage*) вести́ (*det.*); he ~s his affairs well он хорошо́ ведёт свои́ дела́; ~ an experiment ста́вить, по-о́пыт; ~ o.s. вести́ себя́, держа́ться (*impf.*); **3.** (*mus., also v.i.*) дирижи́ровать (*impf.*) (+*i.*); **4.** (*phys.*) проводи́ть (*impf.*).

**conductance** *n.* (*tech.*) электропрово́дность, проводи́мость.

**conduction** *n.* (*tech.*) проводи́мость, кондукция; ~ of heat теплопрово́дность.

**conductive** *adj.* (*tech.*) проводя́щий.

**conductivity** *n.* (*tech.*) (уде́льная) проводи́мость; электропрово́дность.

**conductor** n. 1. (*leader*) руководи́тель (*m.*); 2. (*mus.*) дирижёр; 3. (*of bus or tram*) конду́ктор; 4. (*phys.*) проводни́к.

**conductorship** n. (*mus.*) дирижёрство.

**conductress** n. (*on bus*) же́нщина-конду́ктор.

**conduit** n. трубопрово́д; водопрово́дная труба́; (*elec.*) изоляцио́нная тру́бка.

**Condy's fluid** n. марганцо́вка.

**cone** n. 1. (*geom.*) ко́нус; 2. (*bot.*) ши́шка; 3. (*storm signal*) штормово́й сигна́л; 4. (*for ice-cream*) ва́фельный стака́нчик.

cpd.: ~-**shaped** adj. конусообра́зный.

**coney** see CONY.

**confabulate** v.i. бесе́довать (*impf.*).

**confabulation** n. обсужде́ние, собесе́дование.

**confection** n. 1. (*making*) произво́дство; 2. (*sweetmeat*) сласт|и́ (*pl., g.* -е́й), конфе́т|ы (*pl., g.* —); 3. (*article of dress*) моде́льное пла́тье.

**confectioner** n. конди́тер.

**confectionery** n. (*wares*) конди́терские изде́лия; (*shop*) конди́терский магази́н, конди́терская.

**Confederacy** n. (*hist.*) конфедера́ция.

**confederate** n. сообщник, сою́зник; (*conjurer's*) посо́бник.

adj. сою́зный; (*US hist.*) Конфедерати́вный.

**confederation** n. сою́з; федера́ция.

**confer**[1] v.t. присв|а́ивать, -о́ить; прису|жда́ть, -ди́ть; дарова́ть (*impf.*); (*all что кому*); ~ a degree (*acad.*) прису|жда́ть, -ди́ть учёную сте́пень; ~ a title присв|а́ивать, -о́ить ти́тул; ~ a favour оказа́ть (*pf.*) услу́гу.

**confer**[2] v.i. (*consult*) совеща́ться; сове́товаться (*both impf.*) (с +i.).

**conferee** n. (*member of conference*) уча́стник конде́ренции; (*grantee*) удосто́енный ти́тулом.

**conference** n. конфере́нция, совеща́ние; he is in ~ он на совеща́нии.

cpd.: ~-**table** n. стол для заседа́ний; стол перегово́ров.

**conferment** n. присвое́ние, присужде́ние.

**confess** v.t. & i. 1. призн|ава́ть, -а́ть; призн|ава́ться, -а́ться (*or* созн|ава́ться, -а́ться) (в чём); I ~ I haven't read it признаю́сь, я э́того не чита́л; he ~ed to the crime он призна́лся в преступле́нии; a ~ed murderer созна́вшийся уби́йца; 2. (*eccl.*) (*hear confession of*) испове́д|овать, -ать; (~ one's sins) испове́д|оваться, -аться.

**confessedly** adv. по со́бственному призна́нию.

**confession** n. 1. (*avowal*) призна́ние, созна́ние; 2. (*profession of faith*) испове́дание; 3. (*denomination*) вероиспове́дание; 4. (*to a priest*) и́споведь.

**confessional** n. испове́да́льня.

adj. (*denominational*) вероиспове́дный.

**confessor** n. признаю́щийся, сознаю́щийся; Edward the C~ Эдуа́рд Испове́дник; (*priest*) испове́дник, духовни́к.

**confetti** n. конфетти́ (*nt. indecl.*).

**confidant, -e** nn. напе́рсни|к (*fem.* -ца); дове́ренное лицо́.

**confide** v.t. 1. (*entrust*) поруч|а́ть, -и́ть; вв|еря́ть, -е́рить; 2. (*impart*) сообщ|а́ть, -и́ть; пов|еря́ть, -е́рить; вв|еря́ть, -е́рить; he ~d his secret to me он дове́рил мне свою́ та́йну.

v.i. ~ in (*liter., rely on*) дов|еря́ться, -е́риться +d.; пол|ага́ться, -ожи́ться на +a.; (*impart secrets to*) дели́ться, по- (*своими планами и m.n.*) с +i.

**confidence** n. 1. (*confiding of secrets*) дове́рие; I tell you this in ~ я говорю́ вам э́то конфиденциа́льно (*or* по секре́ту); take s.o. into one's ~ дов|еря́ть, -е́рить кому́-н. свои́ та́йны; 2. (*secret*) та́йна; конфиденциа́льное сообще́ние; 3. (*trust*): I have ~ in him я уве́рен в нём; я ве́рю в него́; he enjoys her ~ он по́льзуется её дове́рием; he gained her ~ он завоева́л её дове́рие; 4. (*certainty, assurance*) уве́ренность; самоуве́ренность; he spoke with ~ он говори́л с уве́ренностью; 5. ~ trick моше́нничество; ~ man, trickster моше́нник, афери́ст.

**confident** adj. уве́ренный, самоуве́ренный; I am ~ of success я уве́рен в успе́хе.

**confidential** adj. конфиденциа́льный, секре́тный; a ~ tone довери́тельный тон.

**confiding** adj. дове́рчивый, доверя́ющий.

**configuration** n. конфигура́ция.

**confine**[1] n. (*usu. pl.*) грани́цы (*f. pl.*), преде́лы (*m. pl.*).

**confine**[2] v.t. ограни́чи|вать, -ть; заключ|а́ть, -и́ть; a bird ~d in a cage пти́ца, поса́женная в кле́тку; ~ yourself to the subject приде́рживайтесь те́мы; be ~d (*of childbirth*) разреши́ться (*pf.*) от бре́мени, роди́ть (*pf.*).

**confinement** n. 1. (*restriction*) ограниче́ние; 2. (*imprisonment*) заключе́ние; solitary ~ одино́чное заключе́ние; 3. (*childbirth*) ро́д|ы (*pl., g.* -ов); she had a difficult ~ у неё бы́ли тяжёлые ро́ды.

**confirm** v.t. 1. (*strengthen, e.g. power*) под-твер|жда́ть, -ди́ть; подкреп|ля́ть, -и́ть; 2. (*establish as certain*) утвер|жда́ть, -ди́ть; под-твер|жда́ть, -ди́ть; the report is ~ed сообще́ние подтвержда́ется; his appointment was ~ed его́ назначе́ние бы́ло утверждено́; 3. (*of pers.*): I was ~ed in this belief by the fact that . . . меня́ укрепи́л в э́том убежде́нии тот факт, что . . .; a ~ed drunkard закоре́лый пья́ница; a ~ed bachelor убеждённый холостя́к; 4. (*relig.*) кон-фирмова́ть (*impf., pf.*).

**confirmation** n. 1. (*of report etc.*) подтвержде́ние, утвержде́нис, подкрепле́ние; 2. (*relig.*) конфирма́ция.

**confirmatory** adj. подтвержда́ющий, утвержда́ющий, подкрепля́ющий.

**confiscate** v.t. конфискова́ть (*impf., pf.*).

**confiscation** n. конфиска́ция.

**conflagration** *n.* большо́й пожа́р.
**conflate** *v.t.* объедин|я́ть, -и́ть (*разные вариан-
ты текста и т.п.*).
**conflation** *n.* соедине́ние/объедине́ние ра́зных
вариа́нтов те́кста.
**conflict**[1] *n.* конфли́кт, противоре́чие; ~ of
jurisdiction колли́зия прав.
**conflict**[2] *v.i.* быть в конфли́кте (с +*i.*); проти-
воре́чить (*impf.*) (+*d.*).
**confluence** *n.* слия́ние; at the ~ of two rivers при
слия́нии двух рек; (*crowd*) стече́ние.
**confluent** *n.* прито́к.
   *adj.* слива́ющийся.
**conform** *v.t.* приспос|а́бливать, -о́бить; сооб-
разо́в|ывать, -а́ть.
   *v.i.* приспос|а́бливаться, -о́биться (к +*d.*);
сообразо́в|ываться, -а́ться (с +*i.*).
**conformable** *adj.* соотве́тствующий, пода́т-
ливый.
**conformation** *n.* структу́ра, устро́йство.
**conformism** *n.* конформи́зм.
**conformist** *n.* конформи́ст.
**conformity** *n.* соотве́тствие.
**confound** *v.t.* **1.** (*amaze*) пора|жа́ть, -зи́ть;
потряс|а́ть, -ти́; **2.** (*confuse*) сме́ш|ивать, -а́ть;
спу́т|ывать, -ать; **3.** (*overthrow*) сокруш|а́ть,
-и́ть; разр|уша́ть, -у́шить; **4.** (*as expletive*): ~
it! чорт возьми́!; he is a ~ed nuisance он
ужа́сно докучли́в.
**confraternity** *n.* бра́тство.
**confrère** *n.* собра́т.
**confront** *v.t.* **1.** (*bring face to face*) ста́вить, по-
лицо́м к лицу́ (с +*i.*); (*leg.*) да|ва́ть, -ть о́чную
ста́вку (*кому с кем*); **2.** (*face*) смотре́ть (*impf.*)
в лицо́ +*d.*; встр|еча́ть, -е́тить; many difficul-
ties ~ed us мы столкну́лись со мно́гими
тру́дностями; **3.** (*be opposite to*) стоя́ть (*impf.*)
напро́тив +*g.*; my house ~s his мой дом стои́т
пря́мо напро́тив его́ (до́ма).
**confrontation** *n.* о́чная ста́вка; конфронта́ция
(*also pol.*).
**Confucian** *n.* конфуциа́нец.
   *adj.* конфуциа́нский.
**Confucius** *n.* Конфу́ций.
**confuse** *v.t.* **1.** (*throw into confusion*) сму|ща́ть,
-ти́ть; прив|оди́ть, -ести́ в замеша́тельство;
his question ~d me его́ вопро́с смути́л меня́;
the situation is ~d положе́ние запу́танное; **2.**
(*mistake*) спу́т|ывать, -ать; сме́ш|ивать, -а́ть;
he ~d Austria with Australia он спу́тал
А́встрию с Австра́лией.
**confusion** *n.* смуще́ние, замеша́тельство;
(*mix-up*) пу́таница, беспоря́док, нераз-
бери́ха; (*destruction*) поги́бель; he drank ~ to
the King's enemies он пил за поги́бель всех
враго́в короля́.
**confutation** *n.* опроверже́ние.
**confute** *v.t.* опров|ерга́ть, -е́ргнуть.
**congeal** *v.t.* замор|а́живать, -о́зить; сгу|ща́ть,
-сти́ть.

   *v.i.* свёр|тываться, -ну́ться; сгу|ща́ться,
-сти́ться; заст|ыва́ть, -ы́ть.
**congelation** *n.* замора́живание, застыва́ние.
**congener** *n.* соро́дич.
**congenial** *adj.* бли́зкий по ду́ху; a ~ companion
прия́тный спу́тник; a ~ climate благоприя́т-
ный кли́мат; ~ employment рабо́та по душе́.
**congeniality** *n.* конгениа́льность; духо́вная
бли́зость.
**congenital** *adj.*: ~ defect врождённый дефе́кт;
~ idiot идио́т от рожде́ния.
**conger** *n.* (*also* ~ eel) морско́й у́горь.
**congeries** *n.* ку́ча, гру́да.
**congested** *adj.* перенаселённый; перегру́жен-
ный; (*of street*) запру́женный; (*med.*) пере-
по́лненный кро́вью, засто́йный.
**congestion** *n.* перенаселённость; перегру́жен-
ность; (*med.*) гипереми́я, засто́й.
**conglomerate**[1] *n.* конгломера́т (*also geol.*).
   *adj.* конгломера́тный.
**conglomerate**[2] *v.t. & i.* соб|ира́ть(ся), -ра́ть(ся);
ск|а́пливать(ся), -опи́ть(ся).
**conglomeration** *n.* конгломера́т.
**Congo** *n.* (река́, Респу́блика) Ко́нго (*indecl.*).
**Congolese** *n.* (*pers.*) конголе́з|ец (*fem.* -ка).
   *adj.* конголе́зский.
**congratulate** *v.t.* поздр|авля́ть, -а́вить (*кого с
чем*).
**congratulation** *n.* поздравле́ние; ~s! поздрав-
ля́ю!; letter of ~ поздрави́тельное письмо́.
**congratulatory** *adj.* поздрави́тельный.
**congregate** *v.t.* соб|ира́ть, -ра́ть.
   *v.i.* соб|ира́ться, -ра́ться; сходи́ться,
сойти́сь.
**congregation** *n.* (*assembly*) собра́ние; (*in church*)
прихожа́не (*m. pl.*), па́ства; (*eccl. brotherhood
etc.*) конгрега́ция, бра́тство.
**congress** *n.* **1.** (*organized meeting*) конгре́сс,
съезд; medical ~ конгре́сс/съезд враче́й/
хиру́ргов; **2.** (*pol., hist.*) конгре́сс; C~ of
Vienna Ве́нский конгре́сс; **3.**: sexual ~ сои́-
тие.
   *cpds.*: ~**man** *n.* член конгре́сса, конгресс-
ме́н; ~**woman** *n.* же́нщина-член конгре́сса.
**congruence** *n.* согласо́ванность, соотве́тствие.
**congruent** *adj.* соотве́тствующий, подхо-
дя́щий; (*geom.*) конгруэ́нтный.
**congruity** *n.* соотве́тствие.
**congruous** *adj.* соотве́тствующий, подхо-
дя́щий.
**conic** *adj.* кони́ческий, ко́нусный; ~ section
кони́ческое сече́ние.
**conical** *adj.* кони́ческий, ко́нусный.
**conics** *n.* тео́рия кони́ческих сече́ний.
**conifer** *n.* хво́йное де́рево.
**coniferous** *adj.* хво́йный, шишконо́сный.
**conjectural** *adj.* предположи́тельный.
**conjecture** *n.* предположе́ние, дога́дка.
   *v.t. & i.* предпол|ага́ть, -ожи́ть; гада́ть
(*impf.*).

**conjoin** v.t. & i. соедин|я́ть(ся), -и́ть(ся); сочета́ть(ся) (impf.).

**conjoint** adj. соединённый, объединённый.

**conjugal** adj. супру́жеский, бра́чный; ~ rights супру́жеские права́.

**conjugate** v.t. спряга́ть, про-.

**conjugation** n. спряже́ние.

**conjunction** n. **1.** (union) соедине́ние, связь; in ~ with совме́стно/сообща́ с +i.; ~ of circumstances стече́ние обстоя́тельств; **2.** (gram.) сою́з; **3.** (astron.) совпаде́ние.

**conjunctive** adj. **1.** (connective) соединя́ющий, свя́зывающий; **2.** (gram.): ~ pronoun соедини́тельное местоиме́ние.

**conjunctivitis** n. конъюнктиви́т.

**conjuncture** n. конъюнкту́ра; стече́ние обстоя́тельств.

**conjuration** n. (appeal; spell) заклина́ние.

**conjure**[1] v.i. (urge) заклина́ть (impf.).

**conjur|e**[2] v.t. & i. **1.** (evoke by magic spell) вызыва́ть, вы́звать; **2.** (fig.): ~e up вызыва́ть, вы́звать в воображе́нии; his is a name to ~e with он влия́тельное лицо́; его́ и́мя име́ет волше́бную си́лу; **3.** (perform tricks) пока́з|ывать, -а́ть фо́кусы; he ~ed a rabbit out of a hat он извлёк из шля́пы за́йца; ~ing trick фо́кус.

**conjur|er, -or** n. фо́кусник, заклина́тель (m).

**conk** v.i. (usu. ~ out) (break down) загло́хнуть (pf.); (die) загну́ться (pf.) (sl.).

**connatural** adj. (innate) врождённый; (of like nature) однородный.

**connect** v.t. (join) соедин|я́ть, -и́ть; свя́з|ывать, -а́ть; the towns are ~ed by a railway э́ти города́ соединены́ желе́зной дорогой; please ~ me with the hospital пожа́луйста, соедини́те меня́ с больни́цей; what firm are you ~ed with? с како́й фи́рмой вы свя́заны?; he is well ~ed у него́ хоро́шие свя́зи; they are ~ed by marriage они́ в свойстве́; они́ породни́лись че́рез брак; (associate) свя́з|ывать, -а́ть; ассоции́ровать (impf., pf.); I ~ him with music его́ и́мя ассоции́руется у меня́ с му́зыкой.
  v.i. соедин|я́ться, -и́ться; свя́з|ываться, -а́ться; the train ~s with the one from London э́тот по́езд согласо́ван по расписа́нию с ло́ндонским по́ездом.

**connecting-rod** n. шату́н, тя́га.

**conne|ction, -xion** n. **1.** (joining up, installation) соедине́ние, связь; **2.** (fig., link) связ; in this ~ в э́той связи́; **3.** (of transport) согласо́ванность расписа́ния; the train runs in ~ with the ferry расписа́ние поездо́в и паро́мов согласо́вано; I missed my ~ я не успе́л сде́лать переса́дку; **4.** (of kinship) родство́; (by marriage) свойство́; he is a ~ of mine мы с ним в родстве́/свойстве́; **5.** (clientèle) клиенту́ра; покупа́тели (m. pl.); зака́зчики (m. pl.); **6.** (association) связь; he formed a ~ with her он вступи́л с ней в связь; **7.** (teleph.): the ~ was

bad телефо́н пло́хо рабо́тал; **8.** (tech.): a loose ~ in the engine сла́бый конта́кт в электроси-сте́ме дви́гателя.

**connective** adj. соедини́тельный, связу́ющий.

**connexion** see CONNECTION.

**conning-tower** n. (naut.) боева́я ру́бка.

**connivance** n. потво́рство, попусти́тельство.

**connive** v.i.: ~ at потво́рствовать (impf.) +d.; попусти́тельствовать (impf.) +d.

**connoisseur** n. знато́к, цени́тель (m.).

**connotation** n. побо́чное значе́ние; ассоци-а́ция, коннота́ция.

**connote** v.t. означа́ть (impf.).

**connubial** adj. супру́жеский, бра́чный.

**conquer** v.t. & i. (overcome; obtain by conquest) завоёв|ывать, -а́ть; покор|я́ть, -и́ть; ~ one's feelings совлада́ть (pf.) со свои́ми чу́вствами.

**conqueror** n. завоева́тель (m.); (William) the C~ (hist.) Вильге́льм Завоева́тель.

**conquest** n. завоева́ние, побе́да; he made a ~ of her он покори́л её.

**conquistador** n. конкистадо́р.

**consanguineous** adj. единокро́вный, ро́дствен-ный.

**consanguinity** n. единокро́вность, родство́.

**conscience** n. со́весть; good, clear ~ чи́стая со́весть; bad, guilty ~ нечи́стая со́весть; for ~ sake для успокое́ния/очи́стки со́вести; he has many sins on his ~ у него́ на со́вести мно́го грехо́в; have you no ~? как то́лько у вас со́вести хвата́ет?; in all ~ по со́вести говоря́; безусло́вно, беспо́рно.
  cpd.: ~-smitten, ~-stricken adjs. испы́ты-вающий угрызе́ния со́вести.

**conscienceless** adj. бессо́вестный.

**conscientious** adj. созна́тельный, добросо́вест-ный, со́вестливый; ~ work добросо́вестная рабо́та; ~ objector отка́зывающийся от вое́нной слу́жбы по убежде́нию.

**conscientiousness** n. созна́тельность, добросо́-вестность, со́вестливость.

**conscious** adj. **1.** (physically aware) сознаю́щий, ощуща́ющий; he was ~ to the last он был в созна́нии до после́дней мину́ты; ~ of pain чу́вствующий боль; I was ~ of what I was doing я де́йствовал созна́тельно; **2.** (mentally aware) сознаю́щий, понима́ющий; I was ~ of having offended him я сознава́л, что оскорби́л его́; **3.** (realized) сознаю́щий, созна́тельный; with ~ superiority с созна́нием своего́ превосхо́дства; a ~ effort созна́тельное уси́-лие; **4.** (self-~) стеснённый; **5.** (as suff.): class-~ кла́ссово созна́тельный; security-~ бди́тельный.

**consciousness** n. (physical) созна́ние; he lost ~ он потеря́л созна́ние; she regained ~ она́ пришла́ в себя́/созна́ние; **2.** (mental) созна́тельность; **3.** (self-~) стесни́тель-ность, смуще́ние.

**conscript**[1] n. новобра́нец, призывни́к.

*adj.* при́званный на вое́нную слу́жбу; ~ soldiers солда́ты-призывники́.

**conscript²** *v.t.* приз|ыва́ть, -ва́ть на вое́нную слу́жбу.

**conscription** *n.* во́инская пови́нность; (*call-up*) призы́в на вое́нную слу́жбу.

**consecrate** *adj.* освящённый, посвящённый.
   *v.t.* освя|ща́ть, -ти́ть; посвя|ща́ть, -ти́ть.

**consecration** *n.* освяще́ние, посвяще́ние.

**consecutive** *adj.* после́довательный; (on) five ~ days пять дней подря́д; (*gram.*): ~ clause прида́точное предложе́ние сле́дствия.

**consensus** *n.* согла́сие, единоду́шие.

**consent** *n.* согла́сие; with one ~ единоду́шно, с о́бщего согла́сия; age of ~ бра́чный во́зраст.
   *v.i.* согла|ша́ться, -си́ться; да|ва́ть, -ть согла́сие.

**consentient** *adj.* соглаша́ющийся, согла́сный.

**consequence** *n.* **1.** (*result*) сле́дствие, после́дствие; you must take the ~s of your acts вам придётся отвеча́ть за после́дствия ва́ших посту́пков; in ~ of всле́дствие +*g.*; в результа́те +*g.*; **2.** (*importance*) ва́жность, значе́ние; a man of ~ влия́тельный/большо́й челове́к; it is of no ~ э́то не име́ет значе́ния.

**consequent** *adj.* явля́ющийся результа́том (*чего*); сле́дующий/вытека́ющий (*из чего*).

**consequential** *adj.* **1.** (*consequent*) сле́дующий/вытека́ющий (*из чего*); **2.** (*self-important*) самодово́льный; по́лный самомне́ния.

**consequently** *adv.* сле́довательно, зна́чит, (*coll.*) ста́ло быть.

**conservancy** *n.* (*preservation*) охра́на (приро́ды).

**conservation** *n.* сохране́ние, охра́на; ~ of energy (*phys.*) сохране́ние эне́ргии.

**conservationist** *n.* боре́ц за охра́ну приро́ды.

**conservatism** *n.* консервати́зм, консервати́вность.

**conservative** *n.* консерва́тор.
   *adj.* консервати́вный; а ~ estimate скро́мный/уме́ренный подсчёт.

**conservatoire** *n.* консервато́рия.

**conservatory** *n.* **1.** (*greenhouse*) оранжере́я; **2.** (*Am., mus.*) консервато́рия.

**conserve** *n.* (*preserved fruit*) консерви́рованные/заса́харенные фру́кты (*m. pl.*).
   *v.t.* консерви́ровать, за-; сохран|я́ть, -и́ть; сбер|ега́ть, -е́чь; ~ one's strength бере́чь (*impf.*) свои́ си́лы.

**consider** *v.t. & i.* рассм|а́тривать, -отре́ть; счита́ть (*impf.*); we are ~ing going to Canada мы поду́мываем о пое́здке в Кана́ду; ~ yourself under arrest счита́йте, что вы аресто́ваны; he is ~ed clever его́ счита́ют у́мным; он счита́ется у́мным; (*make allowance for*) счита́ться (*impf.*) с +*i.*; прин|има́ть, -я́ть во внима́ние; we must ~ his feelings мы должны́ счита́ться с его́ чу́вствами; all things ~ed приня́в всё во внима́ние.

**considerable** *adj.* значи́тельный.

**considerate** *adj.* внима́тельный, чу́ткий, забо́тливый.

**considerateness** *n.* внима́ние, внима́тельность, чу́ткость, забо́тливость.

**consideration** *n.* **1.** (*reflection*) рассмотре́ние; take into ~ прин|има́ть, -я́ть во внима́ние; leave out of ~ упус|ка́ть, -ти́ть и́з виду; не прин|има́ть, -я́ть во внима́ние; the matter is under ~ де́ло рассма́тривается; **2.** (*making allowance*): in ~ of his youth принима́я во внима́ние его́ мо́лодость; he showed ~ for my feelings он счита́лся с мои́ми чу́вствами; он щади́л мои́ чу́вства; **3.** (*reason, factor*) соображе́ние; time is an important ~ вре́мя — ва́жный фа́ктор; money is no ~ де́ньги не име́ют значе́ния; on no ~ ни под каки́м ви́дом; ни при каки́х усло́виях; **4.** (*requital*) вознагражде́ние; (*leg.*) встре́чное удовлетворе́ние.

**considering** *adv. & prep.* учи́тывая; принима́я во внима́ние; that is not so bad, ~ (*coll.*) в о́бщем э́то не так уж пло́хо.

**consign** *v.t.* (*forward*) перес|ыла́ть, -ла́ть; пос|ыла́ть, ла́ть; (*condemn*) обр|ека́ть, -е́чь; (*entrust*) поруч|а́ть, -и́ть; вруч|а́ть, -и́ть; his body was ~ed to the earth его́ те́ло бы́ло пре́дано земле́.

**consignee** *n.* грузополуча́тель (*m.*).

**consignment** *n.* (*act of consigning*) отпра́вка; (*goods*) груз, па́ртия това́ра.

**consignor** *n.* грузоотправи́тель (*m.*).

**consist** *v.i.* **1.** ~ of состоя́ть (*impf.*) из +*g.*; заключа́ться (*impf.*) в +*p.*; the committee ~s of nine members комите́т состои́т из девяти́ челове́к; ~ in: his task ~s in defining work norms его́ рабо́та состои́т в определе́нии норм вы́работки; **2.** the doctrine ~s with reason э́та доктри́на вполне́ разу́мна.

**consistency** *n.* **1.** (*of mixture etc.; also* **consistence**) консисте́нция; **2.** (*adherence to logic or principle*) после́довательность.

**consistent** *adj.* (*of argument etc.*) после́довательный; this fact is ~ with his having written the book э́тот факт не противоре́чит тому́, что он явля́ется а́втором э́той кни́ги; (*of pers.*) после́довательный.

**consistory** *n.* консисто́рия.

**consolable** *adj.* утеши́мый.

**consolation** *n.* утеше́ние, отра́да; it is a ~ that he is here утеши́тельно знать, что он здесь; ~ prize утеши́тельный приз.

**consolatory** *adj.* утеши́тельный.

**console¹** *n.* **1.** (*bracket*) консо́ль, кронште́йн; ~ table присте́нный стол/сто́лик; **2.** (*panel*) пульт управле́ния; **3.** (*cabinet*) ко́рпус, шка́фчик (*радиоприёмника и т.п.*).

**console²** *v.t.* ут|еша́ть, -е́шить.

**consoler** *n.* утеши́тель (*m.*).

**consolidate** *v.t.* укреп|ля́ть, -и́ть; консолиди́ро-

вать (*impf., pf.*); C~d Fund консолиди́рованный фонд.
*v.i.* укреп|ля́ться, -и́ться; консолиди́роваться (*impf., pf.*).
**consolidation** *n.* консолида́ция; укрепле́ние.
**consols** *n.* консолиди́рованная ре́нта.
**consommé** *n.* консоме́ (*indecl.*), бульо́н.
**consonance** *n.* (*agreement*) согла́сие; (*mus.*) консона́нс.
**consonant** *n.* (*phon.*) согла́сный (звук), консона́нт.
   *adj.* (*in accord*) согла́сный, созву́чный.
**consonantal** *adj.* (*phon.*) консона́нтный; ~shift передвиже́ние/перебо́й согла́сных.
**consort**[1] *n.* **1.** (*spouse*) консо́рт, супру́г (*fem.* -a); Prince C~ принц-консо́рт; **2.** (*ship*) сопровожда́ющий кора́бль.
**consort**[2] *v.i.* **1.** (*associate*) обща́ться (*impf.*); **2.** (*harmonize*) согласо́в|ываться, -а́ться; соотве́тствовать (*impf.*) (+*d.*).
**consortium** *n.* консо́рциум.
**conspectus** *n.* конспе́кт, обзо́р.
**conspicuous** *adj.* заме́тный; броса́ющийся в глаза́; выдаю́щийся; he was ~ by his absence его́ отсу́тствие броса́лось в глаза́.
**conspiracy** *n.* за́говор; конспира́ция.
**conspirator** *n.* загово́рщик; конспира́тор.
**conspiratorial** *adj.* загово́рщический, конспира́торский.
**conspire** *v.t. & i.* устр|а́ивать, -о́ить за́говор; сгов|а́риваться, -ори́ться; events ~d against him собы́тия скла́дывались про́тив него́; they ~d his ruin они́ сговори́лись погуби́ть/разори́ть его́.
**constable** *n.* **1.** (*policeman*) полице́йский; Chief C~ нача́льник поли́ции; **2.** (*hist.*) коннета́бль (*m.*).
**constabulary** *n.* поли́ция.
   *adj.* полице́йский.
**Constance** *n.*: Lake ~ Бо́денское/Конста́нцкое о́зеро.
**constancy** *n.* постоя́нство; неизме́нность, ве́рность.
**constant** *n.* (*math., phys.*) конста́нта.
   *adj.* постоя́нный; (*faithful*) неизме́нный, ве́рный.
**Constantine** *n.* Константи́н.
**Constantinople** *n.* (*hist.*) Константино́поль (*m.*).
**constantly** *adv.* (*continuously*) постоя́нно; (*frequently*) то и де́ло.
**constellation** *n.* созве́здие, констелля́ция.
**consternation** *n.* смяте́ние, у́жас; оцепене́ние.
**constipate** *v.t.* (*med.*) вызыва́ть, вы́звать запо́р у +*g.*; he is ~d у него́ запо́р.
**constipation** *n.* запо́р.
**constituency** *n.* избира́тельный о́круг; nurse one's ~ забо́титься (*impf.*) об избира́телях своего́ о́круга.
**constituent** *n.* (*elector*) избира́тель (*fem.* -ница); (*element*) составна́я часть.

*adj.* составля́ющий часть це́лого; (*pol.*) избира́ющий; ~ assembly учреди́тельное собра́ние.
**constitute** *v.t.* (*make up*) сост|авля́ть, -а́вить; (*set up*) учре|жда́ть, -ди́ть; устан|а́вливать, -ови́ть.
**constitution** *n.* **1.** (*make-up*) строе́ние, структу́ра; the ~ of one's mind склад ума́; **2.** (*of body*) (те́ло)сложе́ние; **3.** (*pol.*) конститу́ция.
**constitutional** *n.* (*walk*) моцио́н, прогу́лка.
   *adj.* (*of body*) органи́ческий, конституциона́льный; (*pol.*) конституцио́нный.
**constitutionalism** *n.* конституционали́зм.
**constitutionalist** *n.* конституционали́ст; (*expert*) специали́ст по конституцио́нному пра́ву.
**constitutive** *adj.* учреди́тельный, суще́ственный.
**constrain** *v.t.* прин|ужда́ть, -у́дить; заст|авля́ть, -а́вить; вынужда́ть, вы́нудить; ~ed (*embarrassed*) стесне́нный.
**constraint** *n.* (*compulsion*) принужде́ние, давле́ние; (*repression of feelings*) ско́ванность, стесне́нность.
**constrict** *v.t.* сж|има́ть, -ать; сужа́ть, су́зить; a ~ed outlook ограни́ченный кругозо́р.
**constriction** *n.* сжа́тие, суже́ние; I feel a ~ in the chest я чу́вствую стесне́ние в груди́.
**constrictive** *adj.* сжима́ющий, сужа́ющий.
**construct** *v.t.* конструи́ровать (*impf., pf.*); (*also gram., geom.*) стро́ить, по-.
**construction** *n.* **1.** (*building, structure*) построе́ние, строи́тельство, стро́йка; the road is under ~ доро́га стро́ится; a car of solid ~ маши́на про́чной констру́кции; **2.** (*interpretation*) истолкова́ние; he put a wrong ~ on my words он непра́вильно истолкова́л мои́ слова́; **3.** (*gram.*) констру́кция; (*regimen*) управле́ние; (*geom.*) построе́ние.
**constructional** *adj.* структу́рный; (*pert. to building*) строи́тельный.
**constructive** *adj.* (*pert. to construction; helpful*) конструкти́вный; (*implicit*) подразумева́емый; a ~ denial ко́свенный отка́з.
**constructor** *n.* констру́ктор; строи́тель (*m.*).
**construe** *v.t.* **1.** (*combine grammatically*): the word is ~d with 'upon' э́то сло́во тре́бует предло́га «upon»; **2.** (*translate*) досло́вно перев|оди́ть, -ести́; **3.** (*interpret*) истолко́в|ывать, -а́ть.
   *v.i.*: the sentence won't ~ э́то предложе́ние не поддаётся разбо́ру.
**consuetude** *n.* (*custom*) обы́чай; непи́саный зако́н.
**consul** *n.* ко́нсул.
   *cpd.*: ~-**general** *n.* генера́льный ко́нсул.
**consular** *adj.* ко́нсульский.
**consulate** *n.* (*also hist.*) ко́нсульство.
**consulship** *n.* до́лжность ко́нсула.
**consult** *v.t.* **1.** (*refer to*): ~ a book спр|авля́ться, -а́виться в кни́ге; ~ one's watch посмотре́ть

(*pf.*) на часы́; ~ a lawyer сове́товаться, по- с юри́стом; **2.** (*take account of*): ~s.o.'s interests прин|има́ть, -я́ть во внима́ние чьи-н. интере́сы.

*v.i.* сове́товаться, по- (с +*i.*); ~ with s.o. консульти́роваться (*impf., pf.*) с кем-н.; совеща́ться (*impf.*) с кем-н.; ~ing physician (врач-)консульта́нт; ~ing hours приёмные часы́; ~ing-room кабине́т (врача́).

**consultant** *n.* консульта́нт.

**consultation** *n.* консульта́ция; he acted in ~ with me он де́йствовал, сове́туясь со мной.

**consultative** *adj.* консультати́вный; совеща́тельный.

**consumable** *adj.* (*edible*) съедо́бный.

**consume** *v.t.* **1.** (*eat or drink*) съ|еда́ть, -е́сть; погло|ща́ть, -ти́ть; **2.** (*use up*) потреб|ля́ть, -и́ть; расхо́доваться, из-; **3.** (*destroy*) истреб|ля́ть, -и́ть; the fire ~d the huts пожа́р уничто́жил лачу́ги; **4.**: he was ~d with envy/curiosity его́ снеда́ла за́висть; его́ снеда́ло любопы́тство.

**consumer** *n.* потреби́тель (*m.*); ~ goods потреби́тельские това́ры.

**consummate**[1] *adj.* соверше́нный, зако́нченный; а ~ artist блестя́щий худо́жник; а ~ ass соверше́нный осёл.

**consummate**[2] *v.t.* (*e.g. happiness*) заверш|а́ть, -и́ть; увенч|ивать, -а́ть; (*marriage*) осуществ|ля́ть, -и́ть (*брачные отношения*).

**consummation** *n.* (*completion, achievement*) заверше́ние, увенча́ние, осуществле́ние; (*of marriage*) осуществле́ние.

**consumption** *n.* **1.** (*eating etc.*) потребле́ние, поглоще́ние; the ~ of beer has gone up потребле́ние пи́ва подняло́сь; **2.** (*using up*) потребле́ние; **3.** (*destruction*) истребле́ние, изничтоже́ние; **4.** (*med.*) чахо́тка, туберкулёз; galloping ~ скороте́чная чахо́тка.

**consumptive** *n. & adj.* (*med.*) чахо́точный, туберкулёзный (больно́й).

**contact** *n.* **1.** (*lit., fig.*) конта́кт, соприкосно́ве́ние; bring, come into ~ with установи́ть (*pf.*) конта́кт с +*i.*; прийти́ (*pf.*) в соприкоснове́ние с +*i.*; войти́ (*pf.*) в конта́кт с +*i.*; keep in ~ with подде́рживать (*impf.*) связь с +*i.*; our troops are in ~ with the enemy на́ши войска́ вошли́ в соприкоснове́ние с проти́вником; make/break ~ (*elec.*) включи́ть/вы́ключить (*both pf.*) ток; ~ lenses конта́ктные ли́нзы; **2.** (*of pers.*): he made useful ~s он завяза́л поле́зные знако́мства/связи; who is your ~ in that office? к кому́ вы обы́чно обраща́етесь в э́том учрежде́нии?; ~ man аге́нт; **3.** (*disease carrier*) бациллоноси́тель (*m.*).

*v.t.* (*coll.*) связа́ться (*pf.*) с +*i.*

*cpds.*: ~-**breaker** *n.* (*elec.*) руби́льник; ~-**maker** *n.* (*elec.*) замыка́тель (*m.*), конта́ктор.

**contagion** *n.* зара́за, инфе́кция.

**contagious** *adj.* зара́зный, инфекцио́нный; laughter is ~ смех зарази́телен.

**contain** *v.t.* **1.** (*hold within itself*) содержа́ть (*impf.*) в себе́; the newspaper ~s interesting reports в газе́те есть/име́ются интере́сные сообще́ния; **2.** (*comprise*) содержа́ть (*impf.*); состоя́ть (*impf.*) из +*g.*; a gallon ~s eight pints в галло́не во́семь пинт; **3.** (*be capable of holding*) вмеща́ть (*impf.*); how much does this bottle ~? ско́лько вмеща́ет э́та буты́лка?; какова́ ёмкость э́той буты́лки?; **4.** (*control*) сде́рж|ивать, -а́ть; he could not ~ his enthusiasm он не мог сдержа́ть своего́ восто́рга; ~ yourself! возьми́те себя́ в ру́ки!; владе́йте собо́й!; **5.** (*hold in check*) сде́рж|ивать, -а́ть; our forces ~ed the enemy на́ши войска́ сде́рживали проти́вника; **6.**: the angle ~ed by these two lines у́гол, образо́ванный э́тими двумя́ ли́ниями.

**container** *n.* **1.** (*receptacle*) сосу́д; **2.** конте́йнер, та́ра; ~ ship конте́йнерное су́дно.

**containment** *n.* (*of enemy forces etc.*) сде́рживание; сде́рживающие де́йствия.

**contaminate** *v.t.* зара|жа́ть, -зи́ть; загрязн|я́ть, -и́ть.

**contamination** *n.* зараже́ние, загрязне́ние.

**contemn** *v.t.* (*liter.*) презира́ть (*impf.*).

**contemplate** *v.t.* **1.** (*gaze at*) созерца́ть (*impf.*); при́стально рассма́тривать (*impf.*); **2.** (*view mentally*) рассма́тривать (*impf.*); созерца́ть (*impf.*); **3.** (*envisage, plan*) обду́м|ывать, -ать; заду́м|ывать, -ать; зам|ышля́ть, -ы́слить.

**contemplation** *n.* созерца́ние, размышле́ние, обду́мывание; the work is in ~ э́та рабо́та в ста́дии за́мысла.

**contemplative** *adj.* созерца́тельный, умозри́тельный.

**contemporaneity** *n.* совреме́нность, одновре́менность.

**contemporaneous** *adj.* совреме́нный, одновре́менный.

**contemporary** *n.* совреме́нни|к, све́рстни|к (*fem.* -ца).

*adj.* совреме́нный; ~ history нове́йшая исто́рия.

**contempt** *n.* презре́ние; fall into ~ заслу́ж|ивать, -и́ть (*or* вызыва́ть, вы́звать к себе́) презре́ние; bring into ~ вызыва́ть, вы́звать презре́ние к +*d.*; have ~ for презира́ть (*impf.*); in ~ of rules невзира́я на пра́вила; ~ of court неуваже́ние к суду́; оскорбле́ние суда́.

**contemptible** *adj.* презре́нный.

**contemptuous** *adj.* презри́тельный.

**contend** *v.t.* утвержда́ть (*impf.*).

*v.i.* (*fight*) боро́ться (*impf.*) (with: с +*i.*; for: за +*a.*); (*compete*) состяза́ться (*impf.*); сопе́рничать (*impf.*); ~ for a prize боро́ться (*impf.*)

за приз; оспа́ривать (*impf.*) приз; ~ing interests противополо́жные интере́сы.

**contender** *n.* сопе́рник; претенде́нт.

**content¹** *n.* (*lit., fig.*) содержа́ние; the sugar ~ of beet содержа́ние са́хара в свёкле; (*pl.*) содержи́мое; (table of) ~s оглавле́ние.

**content²** *n.* (*satisfaction*) дово́льство; удовлетворе́ние; to one's heart's ~ в своё удово́льствие, вво́лю, всласть.

   *adj.* дово́льный (*чем*).

   *v.t.* удовлетвор|я́ть, -и́ть; ~ o.s. дово́льствоваться, у-; a ~ed look дово́льный вид.

**contention** *n.* (*strife*) спор, раздо́р; (*assertion*) утвержде́ние.

**contentious** *adj.* вздо́рный, зади́ристый.

**contentment** *n.* удовлетворённость, дово́льство.

**contest** *n.* ко́нкурс, состяза́ние; beauty ~ ко́нкурс красоты́.

   *v.t. & i.* **1.** (*dispute*) осп|а́ривать, -о́рить; **2.** (*contend for*) отст|а́ивать, -оя́ть; боро́ться (*impf.*) за +*a.*; the enemy ~ed every inch of ground враг отста́ивал ка́ждую пядь земли́; he ~ed the election он боро́лся на вы́борах.

**contestable** *adj.* спо́рный, оспа́риваемый.

**contestant** *n.* конкуре́нт, уча́стник состяза́ния.

**context** *n.* (*textual*) конте́кст; (*connection*) связь; in the ~ of today's America в усло́виях совреме́нной Аме́рики.

**contiguity** *n.* сме́жность, соприкоснове́ние.

**contiguous** *adj.* сме́жный, соприкаса́ющийся, прилега́ющий.

**continence** *n.* сде́ржанность; воздержа́ние.

**continent¹** *n.* контине́нт, матери́к; the C~ (*Europe*) (континента́льная) Евро́па; the five ~s пять контине́нтов.

**continent²** *adj.* сде́ржанный; возде́ржанный.

**continental** *n.* (*inhabitant of Europe*) жи́тель (*m.*) европе́йского контине́нта; европе́|ец (*fem.* -йка).

   *adj.* континента́льный; ~ shelf материко́вая о́тмель; C~ breakfast лёгкий у́тренний за́втрак.

**contingency** *n.* **1.** (*uncertainty*) случа́йность, слу́чай; **2.** (*possible event*) возмо́жное обстоя́тельство; ~ plan вариа́нт пла́на; ~ planning плани́рование де́йствий при разли́чных вариа́нтах обстано́вки.

**contingent** *n.* (*mil.*) континге́нт.

   *adj.* случа́йный; возмо́жный.

**continual** *adj.* постоя́нный, беспреры́вный, беспреста́нный.

**continuance** *n.* продолжи́тельность, продолже́ние; (*e.g. in office*) пребыва́ние.

**continuation** *n.* продолже́ние; возобновле́ние.

**continue** *v.t.* прод|олжа́ть, -о́лжить; 'to be ~d' (*of story etc.*) продолже́ние сле́дует; ~d on p. 15 (смотри́) продолже́ние на стр. 15; ~d from p. 2 (смотри́) нача́ло на стр. 2; he was ~d in office он был оста́влен в (той же) до́лжности.

*v.i.* прод|олжа́ться, -о́лжиться; the wet weather ~s сыра́я пого́да де́ржится; if you ~ (to be) obstinate е́сли вы бу́дете по-пре́жнему упо́рствовать.

**continuer** *n.* продолжа́тель (*m.*).

**continuity** *n.* непреры́вность, неразры́вность, беспреры́вность; ~ girl (*cin.*) монта́жница.

**continuous** *adj.* непреры́вный, неразры́вный, беспреры́вный; (*gram.*) дли́тельный.

**continuum** *n.* конти́нуум.

**contort** *v.t.* иска|жа́ть, -зи́ть; искрив|ля́ть, -и́ть.

**contortion** *n.* искаже́ние; искриале́ние.

**contortionist** *n.* челове́к-змея́.

**contour** *n.* ко́нтур; ~ line горизонта́ль; ~ map гипсометри́ческая ка́рта.

   *v.t.* (*a map*) вычё́рчивать, вы́чертить в горизонта́лях; (*a road*) нан|оси́ть, -ести́ ко́нтур +*g.*

**contraband** *n.* контраба́нда; ~ of war вое́нная контраба́нда; ~ goods контраба́ндные това́ры.

**contrabandist** *n.* контрабанди́ст.

**contraception** *n.* предупрежде́ние бере́менности; примене́ние противозача́точных средств.

**contraceptive** *n.* противозача́точное сре́дство.

   *adj.* противозача́точный.

**contract¹** *n.* (*agreement*) контра́кт, до́говор; marriage ~ бра́чный контра́кт; breach of ~ наруше́ние до́говора/контра́кта; ~ price логово́рная цена́; ~ (bridge) бридж-контра́кт.

**contract²** *v.t.* (*conclude*) заключ|а́ть, -и́ть (*договор/контракт*); ~ a marriage вступи́ть в брак; (*incur*): ~ an illness заболе́ть (*pf.*); ~ bad habits усво́ить (*pf.*) дурны́е привы́чки; ~ debts влезть (*pf.*) в долги́; наде́лать (*pf.*) долго́в.

   *v.i.* (*agree*) прин|има́ть, -я́ть на себя́ обяза́тельство; he ~ed to build a bridge он подряди́лся вы́строить мост; ~ing parties (*dipl.*) догова́ривающиеся сто́роны (*f. pl.*); ~ out отказа́ться (*pf.*) от уча́стия в (*чём*); вы́йти (*pf.*) из де́ла.

**contract³** *v.t.* (*shorten*) сокра|ща́ть, -ти́ть; (*gram.*) стя́|гивать, -ну́ть; (*tighten*) сж|има́ть, -ать; ~ one's brow нахму́рить/намо́рщить (*pf.*) лоб; (*reduce*) сокра|ща́ть, -ти́ть.

   *v.i.* (*shorten*) сокра|ща́ться, -ти́ться; metal ~s мета́лл сжима́ется; (*gram.*) стя́|гиваться, -ну́ться; (*tighten*) сж|има́ться, -а́ться; (*grow smaller*) сокра|ща́ться, -ти́ться.

**contracti|ble, -le** *adjs.* сжима́ющий(ся), сокраща́ющий(ся); ~ muscles сокраща́ющиеся мы́шцы.

**contraction** *n.* **1.** (*shortening*) сокраще́ние, укороче́ние, стя́гивание, суже́ние; (*short form*) стяжённая фо́рма, контракту́ра; **2.** (*of metal*) сжа́тие; (*of muscle etc.*) сокраще́ние, уса́дка; **3.** (*of habit*) приобрете́ние; (*of marriage*) заключе́ние; (*of illness*) заболева́ние (чем).

**contractor** *n.* (*pers.*) подря́дчик; (*muscle*) стя́гивающая мы́шца.

**contractual** *adj.* догово́рный.

**contradict** *v.t.* противоре́чить (*impf.*) +*d.*; (*rumours etc.*) опров|ерга́ть, -е́ргнуть.

**contradiction** *n.* противоре́чие; опроверже́ние; ~ in terms логи́ческая несообра́зность; spirit of ~ дух противоре́чия.

**contradictory** *adj.* противоречи́вый, противоре́чащий.

**contradistinction** *n.* противопоставле́ние, противополо́жность; in ~ to в отли́чие от +*g.*

**contra-indicated** *adj.* (*med.*) противопока́занный.

**contra-indication** *n.* (*med.*) противопоказа́ние.

**contralto** *n.* (*voice, singer*) контра́льто (*nt. & f., indecl.*).

**contraption** *n.* (*coll.*) приспособле́ние, штуко́вина.

**contrapuntal** *adj.* (*mus.*) контрапункти́ческий, контрапу́нктный.

**contrapuntist** *n.* (*mus.*) контрапункти́ст.

**contrariety** *n.* противоре́чие, противоречи́вость.

**contrariness** *n.* (*coll., perversity*) своево́лие, своенра́вность, своенра́вие.

**contrariwise** *adv.* с друго́й стороны́; наоборо́т.

**contrary**[1] *n.* противополо́жность; противополо́жное, обра́тное; 'wet' and 'dry' are contraries «мо́крый» и «сухо́й» — антони́мы; on, quite the ~ (как раз) наоборо́т; to the ~ в обра́тном смы́сле; I have heard nothing to the ~ у меня́ нет основа́ния сомнева́ться в э́том; unless I hear to the ~ е́сли я не услы́шу чего́-нибудь ино́го/противополо́жного; there is no evidence to the ~ нет доказа́тельств проти́вного/обра́тного.

*adj.* противополо́жный, проти́вный, обра́тный; ~ winds проти́вные ве́тры; ~ information противополо́жные сообще́ния.

*adv.*: he acted ~ to the rules он поступи́л про́тив пра́вил; ~ to my expectations вопреки́ мои́м ожида́ниям.

**contrary**[2] *adj.* (*coll.*) своево́льный, своенра́вный.

**contrast** *n.* контра́ст; противополо́жность; in ~ to в противополо́жность +*d.*; by ~ with по сравне́нию с +*i.*

*v.t.* противопост|авля́ть, -а́вить; сопост|авля́ть, -а́вить.

*v.i.* контрасти́ровать (*impf., pf.*); the colours ~ well э́ти цвета́ даю́т хоро́ший контра́ст; his words ~ with his behaviour его́ слова́ противоре́чат его́ поведе́нию.

**contravene** *v.t.* противоре́чить (*impf.*) +*d.*; he ~d the law он нару́шил зако́н.

**contravention** *n.* наруше́ние; in ~ of в

наруше́ние +*g.*

**contretemps** *n.* неприя́тность; непредви́денное препя́тствие.

**contribute** *v.t.* (*money etc.*) же́ртвовать, по-; ~d £5 он внёс пять фу́нтов; he ~d new information он сообщи́л но́вые све́дения.

*v.i.* соде́йствовать (*impf.*) +*d.*; спосо́бствовать (*impf.*) +*d.*; it ~d to his ruin э́то яви́лось одно́й из причи́н его́ разоре́ния; he ~s to our magazine он пи́шет для на́шего журна́ла; он сотру́дничает в на́шем журна́ле.

**contribution** *n.*: a ~ of £5 поже́ртвование/взнос в пять фу́нтов; his ~ to our success его́ вклад в наш успе́х; (*to a periodical etc.*) статья́, заме́тка.

**contributor** *n.* (*writer*) (постоя́нный) сотру́дник; (*of funds*) же́ртвователь (*m.*).

**contributory** *adj.* соде́йствующий, спосо́бствующий; ~ negligence встре́чная вина́, вина́ потерпе́вшего; a ~ pension scheme пенсио́нная систе́ма, осно́ванная на· отчисле́ниях из за́работка рабо́тающих.

**contrite** *adj.* сокруша́ющийся, ка́ющийся.

**contrition** *n.* сокруше́ние, раска́яние, покая́ние.

**contrivance** *n.* (*skill*) изобрета́тельность; (*device*) приспособле́ние, изобрете́ние.

**contrive** *v.t.* (*devise*) заду́м|ывать, -ать; изобре|та́ть, -сти́; (*succeed*) наловчи́ться (*pf.*); he ~d to offend everybody он ухитри́лся всех оби́деть; ~d (*artificial*) иску́сственный.

**control** *n.* **1.** (*power to direct etc.*) управле́ние, регули́рование; he lost ~ of the car он потеря́л управле́ние автомоби́лем; he is in ~ of the situation он хозя́ин положе́ния; the situation is under ~ наведён поря́док; the children are out of ~ де́ти не слу́шаются; traffic ~ регули́рование у́личного движе́ния; remote ~ дистанцио́нное управле́ние; **2.** (*means of regulating*) контро́ль (*m.*); government ~s госуда́рственный контро́ль; birth ~ регули́рование рожда́емости; **3.** (*pl., of a machine etc.*) рычаги́ (*m. pl.*) управле́ния; volume ~ регуля́тор гро́мкости/усиле́ния; **4.** experiment контро́льный о́пыт; ~ panel прибо́рная доска́; пульт управле́ния; ~ room пункт управле́ния; ~ tower (*av.*) контро́льно-диспе́тчерский пункт.

*v.t.* **1.** (*master, regulate*) регули́ровать (*impf., pf.*); держа́ть (*impf.*) в повинове́нии; ~ children держа́ть (*impf.*) дете́й в послуша́нии; ~ one's temper владе́ть (*impf.*) собо́й; ~ prices регули́ровать це́ны; **2.** (*verify*) контроли́ровать (*impf., pf.*).

**controllable** *adj.* регули́руемый, контроли́руемый, управля́емый.

**con|troller, comp-** *nn.* контролёр, инспе́ктор.

**controversial** *adj.* спо́рный, полеми́ческий; a ~ subject предме́т, вызыва́ющий поле́мику/спо́ры.

**controversialist** *n.* полеми́ст, спо́рщик.
**controversy** *n.* поле́мика, спор.
**controvert** *v.t.* противоре́чить (*impf.*) +*d.*
**contumacious** *adj.* непоко́рный; (*leg.*) не подчиня́ющийся постановле́нию суда́.
**contumacy** *n.* непоко́рность; (*leg.*) неподчине́ние постановле́нию суда́.
**contumely** *n.* де́рзость, оскорбле́ние, позо́р.
**contuse** *v.t.* конту́зить (*pf.*).
**contusion** *n.* конту́зия, уши́б.
**conundrum** *n.* зага́дка, головоло́мка.
**conurbation** *n.* конурба́ция, городска́я агломера́ция.
**convalesce** *v.i.* выздора́вливать (*impf.*).
**convalescence** *n.* выздоровле́ние, выздора́вливание.
**convalescent** *n.* выздора́вливающий.
 *adj.* (*of patient*) выздора́вливающий, поправля́ющийся; ~ home санато́рий для выздора́вливающих.
**convection** *n.* конве́кция.
**convector** *n.* конве́ктор.
**convene** *v.t.* (*people*) соб|ира́ть, -ра́ть; (*meeting*) соз|ыва́ть, -ва́ть.
 *v.i.* соб|ира́ться, -ра́ться.
**conven|er, -or** *nn.* организа́тор/инициа́тор собра́ния.
**convenience** *n.* 1. удо́бство; marriage of ~ брак по расчёту; at your ~ когда́ вам бу́дет удо́бно; having the railway close by is a ~ удо́бно жить вблизи́ от желе́зной доро́ги; make a ~ of s.o. испо́льзовать (*impf., pf.*) кого́-н. в свои́х интере́сах; 2. (*appliance*) удо́бства (*nt. pl.*); all modern ~s все удо́бства; 3.: public ~ обще́ственная убо́рная.
**convenient** *adj.* удо́бный, подходя́щий; if it is ~ for you е́сли вам удо́бно; the station is ~ly near до ста́нции — руко́й пода́ть.
**convenor** *see* CONVENER.
**convent** *n.* (же́нский) монасты́рь; she entered a ~ она́ постри́глась в мона́хини.
**convention** *n.* 1. (*act of convening*) созы́в; 2. (*congress*) съезд; С~ (*Fr. hist.*) конве́нт; 3. (*treaty*) конве́нция; 4. (*custom*) обы́чай, усло́вность; 5. (*at cards*) конве́нция.
**conventional** *adj.* обы́чный, традицио́нный; a ~ greeting (обще)при́нятое приве́тствие; ~ sign усло́вный знак; ~ armaments вооруже́ние обы́чного ти́па; a ~ person челове́к, кото́рый приде́рживается усло́вностей; (*banal*) станда́ртный; he has a ~ mind он мы́слит трафаре́тно; ~ war война́ с примене́нием обы́чных вооруже́ний.
**conventionalist** *n.* сторо́нник усло́вностей.
**conventionality** *n.* усло́вность; благопристо́йность.
**conventual** *adj.* монасты́рский.
**converge** *v.i.* сходи́ться, сойти́сь; (*math.*) стреми́ться (*impf.*) к преде́лу; the armies ~d on the city а́рмии прибли́зились к го́роду.

**convergence** *n.* сходи́мость, конверге́нция.
**convergent** *adj.* сходя́щийся в одно́й то́чке.
**conversable** *adj.* общи́тельный, разгово́рчивый.
**conversanc|e, -y** *nn.* знако́мство, осведомлённость.
**conversant** *adj.* знако́мый (с +*i.*), осведомлённый (в +*p.*).
**conversation** *n.* разгово́р, бесе́да, речь; ~s (*e.g. dipl.*) перегово́р|ы (*pl., g.* -ов); make ~ вести́/подде́рживать (*impf.*) пусто́й разгово́р; ~ piece жа́нровая карти́на.
**conversational** *adj.* (*pert. to conversation*) разгово́рный; (*talkative*) разгово́рчивый.
**conversationalist** *n.* (интере́сный) собесе́дник.
**converse**[1] *n.* (*talk*) бесе́да.
**converse**[2] *n.* (*logic, math.*) обра́тное положе́ние; обра́тная теоре́ма.
**converse**[3] *v.i.* (*talk*) бесе́довать (*impf.*), разгова́ривать (*impf.*).
**conversely** *adv.* наоборо́т.
**conversion** *n.* 1. (*transformation*) превраще́ние, перехо́д; ~ of cream into butter сбива́ние сли́вок в ма́сло; 2. (*relig. etc.*) обраще́ние (в +*a.*); there were many ~s to Islam мно́гие перешли́ в исла́м; 3. (*math.*) преобразова́ние, перево́д; ~ of pounds into dollars перево́д фу́нтов в до́ллары; обме́н фу́нтов на до́ллары; 4. (*appropriation*) обраще́ние в свою́ по́льзу; ~ of funds to one's own use присвое́ние фо́ндов; 5. (*fin., of stocks etc.*) конве́рсия.
**convert**[1] *n.* (ново)обращённый; he is a ~ to Buddhism он перешёл в будди́зм.
**convert**[2] *v.t.* 1. (*change*) превра|ща́ть, -ти́ть; the house was ~ed into flats дом был разби́т на кварти́ры; 2. (*relig. etc.*) обраща́|ть, -ти́ть; ~ed natives крещёные тузе́мцы; I ~ed him to my view я убеди́л его́ приня́ть мою́ то́чку зре́ния; 3. (*math.*) перев|оди́ть, -ести́; ~ pounds into francs перевести́ (*pf.*) фу́нты сте́рлингов во фра́нки; 4. (*appropriate*) обра|ща́ть, -ти́ть в свою́ по́льзу.
 *v.i.*: he ~ed to Buddhism он обрати́лся в будди́зм; он при́нял будди́йскую ве́ру.
**convertibility** *n.* (*fin.*) обрати́мость.
**convertible** *n.* (*car*) автомоби́ль (*m.*) с. откидны́м/открыва́ющимся ве́рхом.
 *adj.* обрати́мый, конверти́руемый; ~ currency конверти́руемая валю́та.
**convex** *adj.* вы́пуклый, вы́гнутый.
**convexity** *n.* вы́пуклость, вы́гнутость.
**convey** *v.t.* 1. (*carry, transmit*) перев|ози́ть, -езти́; перепр|авля́ть, -а́вить; pipes ~ water вода́ доставля́ется тру́бами; 2. (*impart*) перед|ава́ть, -а́ть; the words ~ nothing to me э́ти слова́ мне ничего́ не говоря́т; ~ my greetings to him переда́йте ему́ приве́т от меня́; 3. (*leg.*) перед|ава́ть, -а́ть (*имущество, права*).

**conveyance** *n.* (*transmission*) перево́зка, переда́ча; (*vehicle*) тра́нспортное сре́дство.

**conveyancer** *n.* (*leg.*) нота́риус, веду́щий дела́ по переда́че иму́щества.

**conveyancing** *n.* (*leg.*) составле́ние нотариа́льных а́ктов о переда́че иму́щества.

**conveyer** *n.* конве́йер, транспортёр; ~ belt конве́йерная/транспортёрная ле́нта; ле́нточный транспортёр.

**convict**[1] *n.* осуждённый, ка́торжник.

**convict**[2] *v.t.* (*leg.*) **1.** осу|жда́ть, -ди́ть (*в чём*); **2.**: he was ~ed of error его́ оши́бка была́ изобличена́.

**conviction** *n.* **1.** (*leg.* осужде́ние; призна́ние кого́-н. вино́вным; **2.** (*settled opinion*) убежде́ние, убеждённость; **3.** (*persuasive force*) убежде́ние; these arguments carry ~ э́ти аргуме́нты убеди́тельны; he spoke without ~ он говори́л неуве́ренно; I am open to ~ у меня́ нет твёрдо установи́вшегося мне́ния; я гото́в вы́слушать ва́ши до́воды.

**convince** *v.t.* убе|жда́ть, -ди́ть.

**convincing** *adj.* убеди́тельный.

**convivial** *adj.* (*of pers.*) компане́йский, весёлый; (*of evening etc.*) весёлый.

**conviviality** *n.* весёлость, весе́лье.

**convocation** *n.* созы́в, собра́ние.

**convoke** *v.t.* соз|ыва́ть, -ва́ть.

**convoluted** *adj.* зави́тый, изо́гнутый; (*fig.*) запу́танный.

**convolution** *n.* изо́гнутость; the ~s of his argument запу́танность его́ аргуме́нтов.

**convolvulus** *n.* вьюно́к.

**convoy** *n.* конво́й; тра́нспортная коло́нна с конво́ем; the ships sailed under ~ корабли́ шли под охра́ной конво́я.
*v.t.* конвои́ровать (*impf.*)

**convulse** *v.t.* сотряс|а́ть, -ти́; потряс|а́ть, -ти́; country ~d by war страна́, потрясённая войно́й; he was ~d with laughter он ко́рчился от сме́ха.

**convulsion** *n.* сотрясе́ние; (*fig.*) потрясе́ние; (*pl., med.*) конву́льсия, су́дорога; (*of laughter*) су́дорожный смех.

**convulsive** *adj.* конвульси́вный, су́дорожный.

**con|y, -ey** *n.* (*fur*) кро́лик; кро́личий мех.

**coo**[1] *n.* воркова́нье.
*v.t. & i.* воркова́ть (*impf.*).

**coo**[2] *int.* (*vulg. or joc.*) ух ты!; да ну!

**cooee** *int.* ау́!

**cook** *n.* (*male*) по́вар; (*on shipboard*) ко́к; (*fem.*) куха́рка; too many ~s spoil the broth ≃ у семи́ ня́нек дитя́ без гла́зу.
*v.t.* вари́ть, с-; стря́пать, со-; гото́вить, с-/при-; ~ one's own meals гото́вить самому́; ~ accounts (*coll.*) подде́л|ывать, -ать счета́; ~ up a story (*coll.*) состря́пать (*pf.*) исто́рию ~ s.o.'s goose угро́бить (*pf.*) кого́-н. (*coll.*).
*v.i.* вари́ться, с-; гото́виться, при-; these apples ~ well э́ти я́блоки хорошо́ пеку́тся;

what's ~ing? (*coll.*) что тут затева́ется?
*cpds.*: ~-**book** see COOKERY-book; ~-**house** *n.* похо́дная ку́хня; (*on ship*) ка́мбуз; ~-**shop** *n.* столо́вая, харче́вня.

**cooker** *n.* плита́; печь; (*apple*) я́блоко для ва́рки.

**cookery** *n.* кулина́рия, стряпня́.
*cpd.*: ~-**book** (*also* **cook-book**) *n.* пова́ренная кни́га.

**cookie** *n.* **1.** (*coll., cook*) по́вар; (*on ship*) ко́к; **2.** (*Am., small cake*) пече́нье; **3.**: smart ~ (*coll.*) ловка́ч (*fem.* -ка).

**cooking** *n.* (*cuisine*) ку́хня.
*adj.* столо́вый, ку́хонный; ~ apple я́блоко для ва́рки.

**cool** *n.* **1.** прохла́да; in the ~ of the evening в вече́рней прохла́де; **2.**: lose one's ~ (*coll.*) вы́йти (*pf.*) из себя́, потеря́ть (*pf.*) самооблада́ние.
*adj.* **1.** (*lit.*) прохла́дный, све́жий; **2.** (*unexcited*) хладнокро́вный, невозмути́мый; **3.** (*impudent*) на́глый, беззасте́нчивый; **4.** (*unenthusiastic*) прохла́дный, холо́дный; they gave him a ~ reception они́ его́ встре́тили с холодко́м; **5.** it cost me a ~ thousand (*coll.*) э́то сто́ило мне до́брую ты́сячу.
*v.t.* охла|жда́ть, -ди́ть; осту|жа́ть, -ди́ть; освеж|а́ть, -и́ть; rain ~ed the air по́сле дождя́ ста́ло прохла́дно.
*v.i.* охла|жда́ться, -ди́ться; освеж|а́ться, -и́ться; ост|ыва́ть, -ы́ть; his anger ~ed гнев осты́л; ~ **down, off** ост|ыва́ть, -ы́ть; ~ing-off period пери́од обду́мывания и перегово́ров.
*cpds.*: ~-**headed** *adj.* уравнове́шенный, хладнокро́вный, споко́йный; ~-**headedness** *n.* уравнове́шенность, хладнокро́вие, споко́йствие.

**coolant** *n.* сма́зочно-охлада́ющая эму́льсия.

**cooler** *n.* (*vessel*) ведёрко для охлажде́ния; (*sl., prison cell*) ка́мера, ка́рцер.

**coolie** *n.* ку́ли (*m. indecl.*).

**coolness** *n.* прохла́да, хо́лод; (*of manner*) холодо́к, холо́дность; (*estrangement*) охлажде́ние; (*impudence*) беззасте́нчивость.

**coomb, combe** *n.* ложби́на, овра́г.

**coop** *n.* (*cage*) куря́тник; (*for fish*) ве́рша.
*v.t.* сажа́ть, посади́ть в кле́тку; ~ **up, in** (*fig.*) держа́ть (*impf.*) взаперти́.

**co-op** *n.* (*coll.*) кооперати́вный магази́н.

**cooper** *n.* бо́ндарь (*m.*), боча́р.

**cooperage** *n.* бонда́рное/боча́рное ремесло́; бонда́рство.

**co-operate** *v.i.* сотру́дничать (*impf.*); коопери́роваться (*impf., pf.*).

**co-operation** *n.* сотру́дничество, коопера́ция.

**co-operative** *n.* кооперати́в; (*pl., collect.*) коопера́ция.
*adj.* кооперати́вный; (*helpful*) гото́вый к сотру́дничеству.

**co-operator** *n.* коопера́тор, сотру́дник.

**co-opt** *v.t.* кооптировать (*impf., pf.*).
**co-opt(at)ion** *n.* кооптация.
**co-ordinate** *n.* (*math.*) координата; (*pl.*) оси (*f. pl.*) координат.
*adj.* координированный; равный по значению.
*v.t.* координировать (*impf., pf.*).
**co-ordination** *n.* координация.
**coot** *n.* лысуха; he is as bald as a ~ у него голова голая, как коленка.
**cop** *n.* **1.** (*sl., policeman*) полицейский; (*sl.*) мильтон; ~s and robbers (*game*) сыщики и воры (*m. pl.*); **2.** (*catch*): a fair ~ (*sl.*) поймка на месте преступления; not much ~ (*sl.*) невелика ценность/польза.
*v.t.* (*catch, hit*): you'll ~ it ты получишь; I ~ped him one over the head я трахнул его разок по башке (*sl.*).
**copal** *n.* копал.
**copartner** *n.* компаньон, участник в прибылях.
**copartnership** *n.* товарищество, участие в прибылях.
**cope**[1] *n.* (*vestment*) риза; (*fig., canopy*) свод.
**cope**[2] *v.i.* спр|авляться, -авиться (с +*i.*).
**copeck** (*also* **kope(c)k** *n.* копейка; ~ piece копейка; 3-~ piece трёхкопеечная монета; *see also* FIVE, TEN, TWENTY, FIFTY.
**Copenhagen** *n.* Копенгаген.
**Copernican** *adj.*: ~ system система Коперника.
**copier** *n.* (*pers.*) переписчик; (*imitator*) подражатель (*fem.* -ница); (*machine*) множительный аппарат, ротатор.
**co-pilot** *n.* второй пилот.
**coping** *n.* парапетная плита.
*cpd.*: ~-**stone** *n.* карнизный/парапетный камень; (*fig.*) завершение.
**copious** *adj.* обильный.
**copiousness** *n.* обилие.
**copper**[1] *n.* **1.** (*metal*) медь; ~ wire медная проволока; (~ coin) медная монета; **2.** (*vessel*) медный котёл.
*v.t.* покр|ывать, -ыть медью.
*cpds.*: ~-**bottom** *v.t.* обш|ивать, -ить медью; ~-**bottomed** *adj.* обшитый медью; (*fig., coll.*) надёжный, верный; a ~-bottomed excuse железный предлог; ~ **head** *n.* щитоморд-ник; ~ **plate** *n.* медная гравировальная доска; (*engraving*) оттиск с медной грави-ровальной доски; ~plate handwriting кал-лиграфический почерк; ~-**smith** *n.* медник, котельщик.
**copper**[2] *n.* (*sl., policeman*) полицейский, (*sl.*) мильтон.
**copperas** *n.* железный купорос.
**coppery** *adj.* цвета меди.
**coppice, copse** *nn.* подлесок, рощица.
**copra** *n.* копра.
**coprophagous** *adj.* питающийся экскре-ментами; ~ beetle жук-навозник.
**coprophilia** *n.* копрофилия.

**copse** *see* COPPICE.
**Copt** *n.* копт (*fem.* -ка).
**Coptic** *n.* (*language*) коптский язык.
*adj.* коптский.
**copula** *n.* связка.
**copulate** *v.i.* совокуп|ляться, -иться; спари|ваться, -ться.
**copulation** *n.* совокупление, спаривание, случка.
**copulative** *adj.* (*gram.*) соединительный.
**copy** *n.* **1.** (*imitation, version*) копия, рукопись; fair, clean ~ чистовая рукопись; rough ~ черновик, черновая рукопись; **2.** (*of book etc.*) экземпляр; **3.** (*for printer*) текст, мате-риал; advertising ~ текст рекламного объявления.
*v.t. & i.* перепис|ывать, -ать; копировать, с-; (*imitate*) подражать (*impf.*) +*d.*; ~ out a letter переписать (*pf.*) письмо; he copied in the examination он списывал на экзамене.
*cpds.*: ~-**book** *n.* тетрадь; blot one's ~-book (*fig.*) замарать (*pf.*) свою репутацию; ~ book maxims прописные истины (*f. pl.*); ~-**cat** *n.* (*coll.*) подражатель (*fem.* -ница); обезьяна; ~-**editor** *n.* технический редактор (*abbr.* тех-ред); ~-**reader** *n.* корректор; ~ **right** *n.* авторское право; *adj.* охраняемый авторским правом; this book is (in) ~right на эту книгу распространяется авторское право; *v.t.* обеспечи|вать, -ть авторское право на +*a.*
**copyist** *n.* переписчик, копировщик.
**coquet** *v.i.* кокетничать (*impf.*).
**coquetry** *n.* кокетство.
**coquette** *n.* кокетка.
**coquettish** *adj.* кокетливый.
**cor** *int.* (*vulg. or joc.*) Господи!; Боже мой!
**coral** *n.* коралл; (*attr., also fig.*) коралловый.
**cor anglais** *n.* английский рожок.
**corbel** *n.* поясок, выступ; ниша.
**corbie** *n.* (*Sc.*) ворон.
**cord** *n.* (*rope, string*) верёвка, бечёвка; (*flex*) шнур; spinal ~ спинной мозг; vocal ~s голосовые связки (*f. pl.*).
*v.t.* свя́з|ывать, -ать верёвкой; ~ed (*ribbed*) в рубчик; рубчатый.
**cordage** *n.* (*naut.*) такелаж; снаст|и (*pl., g.* -ей).
**cordial** *n.* стимулирующее сердечное сред-ство; подслащённый напиток.
*adj.* (*friendly*) сердечный, радушный; (*stimulating*) стимулирующий; I took a ~ dis-like to him я всей душой невзлюбил его.
**cordiality** *n.* сердечность, радушие.
**cordillera** *n.* Кордильеры (*f. pl.*).
**cordite** *n.* кордит.
**cordon** *n.* **1.** (*of police etc.*) кордон; **2.** (*ribbon*) (орденская) лента.
*v.t.* (*also* ~ **off**) оцеп|лять, -ить.
**cordon bleu** *n.* первоклассный повар.
**cordovan** *n.* кордовская кожа.

**corduroy** n. вельвет; рубчатый плис; (pl., ~ trousers) вельветовые брюк|и (pl., g. —).

**core** n. **1.** (of fruit) сердцевина; (fig.) центр, ядро, суть; rotten at the ~ гнилой изнутри; English to the ~ англичанин до мозга костей; this is the ~ of his argument это — суть его аргумента; hard ~ of a problem суть проблемы; hard ~ (attr.) закоренелый, отчаянный; **2.** (elec.) жила кабеля; (of nuclear reactor) активная зона.
v.t. вырезать, вырезать сердцевину +g.

**co-religionist** n. единовер|ец (fem. -ка).

**corer** n. (cul.) нож для вырезания сердцевины из плодов.

**co-respondent** n. (leg.) соответчик (в бракоразводном процессе).

**Corfu** n. Корфу (m. indecl.).

**corgi** n. корги (m. indecl.).

**coriaceous** adj. кожистый.

**coriander** n. (bot., also ~ seed) кориандр.

**Corinthian** n. коринфян|ин (fem. -ка).
adj. коринфский.

**cork** n. (material, stopper) пробка; (attr.) пробковый; (float) поплавок.
v.t. (stop up) зат|ыкать, -кнуть пробкой; ~ up one's feelings сдерживать (impf.) свои чувства; (blacken, e.g. face) мазать (impf.) жжёной пробкой; the wine is ~ed вино отдаёт пробкой.
cpd.: ~screw n. штопор; v.i. двигаться (impf.) по спирали.

**corker** n. (sl., excellent or astonishing thg. or pers.) (нечто) шикарное/потрясающее; блеск.

**corking** adj. (sl., excellent) шикарный.

**corky** adj. (of taste) отдающий пробкой.

**cormorant** n. большой баклан.

**corn**[1] n. **1.** (grain, seed) зерно; **2.** (cereals in general) зерновые (pl.), хлеб; ~ exchange хлебная биржа; **3.** (wheat) пшеница; a field of ~ пшеничное поле; **4.** (Am., maize) кукуруза.
cpds.: ~-chandler n. розничный торговец зерном; ~-cob n. стержень (m.) кукурузного початка; ~-crake n. коростель (m.); ~-factor n. торговец зерном; ~ flakes (pl.) корнфлекс; ~ flour n. кукурузная/рисовая мука; ~ flower n. василёк.

**corn**[2] n. (on foot) мозоль; tread on s.o.'s ~s (fig.) наступить (pf.) кому-н. на любимую мозоль.
cpd.: ~-plaster n. мозольный пластырь.

**corn**[3] v.t.: ~ed beef солонина.

**cornea** n. роговица; роговая оболочка.

**cornel** n. кизил.

**cornelian** n. сердолик.

**corner** n. **1.** (place where lines etc. meet) угол; at, on the ~ на углу; round the ~ (lit.) за углом; (fig., near) рядом, поблизости; cut a ~ (of car) срезать (pf.) поворот; he was driven into a ~ (fig.) он был загнан в угол (or припёрт к стене); in a tight ~ в затруднении; turn the ~

(of illness) благополучно перенести (pf.) кризис (болезни); ~ of one's eye краешек глаза; he looked out of the ~ of his eye on следил уголком глаза; он наблюдал украдкой; **2.** (hidden place etc.) уголок, закоулок; money hidden in odd ~s деньги, припрятанные по уголкам и закоулкам; **3.** (region) край; all the ~s of the earth все уголки земли; **4.** (comm.) корнер; спекулятивная скупка; he made a ~ in wheat он сделал корнер на пшенице; **5.** (football) угловой удар, корнер.
v.t. заг|онять, -нать в угол; the fugitive was ~ed беглеца загнали в угол; that question ~ed me этим вопросом меня припёрли к стене; he ~ed the market он завладел рынком, скупив весь товар.
v.i. (of car) брать, взять углы.
cpds.: ~-boy n. уличный зевака (m.); ~-kick n. угловой удар, корнер; ~-stone n. угловой камень; (fig.) краеугольный камень.

**cornet** n. **1.** (mus. instrument) корнет; корнет-а-пистон; **2.** (officer) корнет; **3.** (headdress) чепец; **4.** (for ice-cream) вафельный рожок.

**cornettist** n. корнетист.

**cornice** n. **1.** (archit.) карниз, свес; **2.** (of snow) нависшая глыба.

**Cornish** adj. корнуоллский; (of language) корнийский, корнский, корнуэльский.

**cornucopia** n. рог изобилия.

**Cornwall** n. Корнуолл.

**corny** adj. (coll., hackneyed) плоский, избитый.

**corolla** n. венчик.

**corollary** n. следствие, вывод; сопутствующее явление.

**corona** n. (astron.) корона; (bot.) корона, венец.

**coronach** n. похоронная песнь; похоронный плач.

**coronal**[1] n. (wreath, garland) венок.

**coronal**[2] adj.: ~ suture (anat.) венечный шов.

**coronary** adj. (anat.) коронарный, венечный; ~ artery венечная артерия; ~ (thrombosis) тромбоз венечных артерий, коронаротромбоз, инфаркт.

**coronation** n. коронация.

**coroner** n. следователь (m.), ведущий дела о насильственной или скоропостижной смерти.

**coronet** n. (small crown) корона, диадема; (garland) венок, венец; (of horse) волосень.

**corporal**[1] n. (officer) капрал; ship's ~ капрал корабельной полиции.

**corporal**[2] adj. телесный; ~ punishment телесное наказание.

**corporalcy** n. капральство.

**corporate** adj. **1.** (collective) общий, коллективный; ~ responsibility коллективная ответственность, круговая порука; **2.** (of, forming a corporation) корпоративный; body

~ корпора́ция, юриди́ческое лицо́; **3.**: ~ state корпорати́вное госуда́рство.
**corporation** *n.* (*public body*) корпора́ция; (*Am., company*) акционе́рное о́бщество; (*coll., paunch*) пу́зо, брю́хо.
**corporeal** *adj.* теле́сный, материа́льный.
**corps** *n.* (*mil., dipl.*) ко́рпус; ~ *de ballet* кордебале́т.
**corpse** *n.* труп.
**corpulenc|e, -y** *nn.* полнота́, ту́чность, доро́дность.
**corpulent** *adj.* по́лный, ту́чный, доро́дный.
**corpus** *n.* (*body of writings etc.*) свод, ко́декс; ~ *delicti* соста́в преступле́ния; C~ *Christi* пра́здник те́ла Христо́ва.
**corpuscle** *n.* корпу́скула, те́льце, части́ца.
**corpuscular** *adj.* корпускуля́рный.
**corral** *n.* (*enclosure*) заго́н.
    *v.t.* (*drive together*) заг|оня́ть, -на́ть в заго́н.
**correct** *adj.* **1.** (*right, true*) пра́вильный, ве́рный, то́чный; an answer ~ to three places of decimals отве́т с то́чностью до тре́тьего десяти́чного зна́ка; **2.** (*of behaviour*) корре́ктный.
    *v.t.* **1.** (*make right*) испр|авля́ть, -а́вить; попр|авля́ть, -а́вить; I ~ed my watch by the time signal я вы́верил свои́ часы́ по сигна́лу вре́мени; ~ proofs пра́вить/держа́ть (*impf.*) корректу́ру/гра́нки; **2.** (*admonish, punish*) нака́з|ывать, -а́ть; де́лать, с- замеча́ние +*d.*
**correction** *n.* **1.** (*act of correcting*) исправле́ние, поправле́ние, пра́вка; these figures are subject to ~ э́ти ци́фры подлежа́т исправле́нию; under ~ е́сли я не ошиба́юсь; **2.** (*thing substituted for what is wrong*) попра́вка, исправле́ние; **3.** (*punishment*) наказа́ние; house of ~ исправи́тельный дом.
**correctional** *adj.* исправи́тельный.
**correctitude** *n.* корре́ктность.
**corrective** *n.* корректи́в, попра́вка.
    *adj.* исправи́тельный.
**correctness** *n.* пра́вильность, ве́рность, то́чность; (*of behaviour*) корре́ктность.
**corrector** *n.* корре́ктор.
**correlate** *v.t.* прив|оди́ть, -ести́ в соотноше́ние.
**correlation** *n.* соотноше́ние, корреля́ция.
**correlative** *n.* корреля́т.
    *adj.* соотноси́тельный, корреляти́вный.
**correspond** *v.i.* **1.** (*match, harmonize*) соотве́тствовать (*impf.*) (+*d.*); **2.** (*exchange letters*) перепи́сываться (*impf.*) (с +*i.*).
**correspondence** *n.* **1.** (*analogy, agreement*) соотве́тствие; **2.** (*letter-writing*) корреспонде́нция, перепи́ска; I am in ~ with him я с ним перепи́сываюсь; he dealt with his ~ он разобра́л свою́ корреспонде́нцию; ~ column ру́брика пи́сем (в газе́те); ~ course курс зао́чного обуче́ния.
**correspondent** *n.* (*writer of letters*; *reporter*) корреспонде́нт; he is a good ~ он добросо́вестный корреспокде́нт.

**corresponding** *adj.* **1.** (*matching*) соотве́тственный; соотве́тствующий; **2.**: ~ member (*of a society*) член-корреспонде́нт.
**corridor** *n.* коридо́р.
**corrigend|um** *n.* опеча́тка; (*pl., list of* ~*a*) спи́сок опеча́ток.
**corrigible** *adj.* поправи́мый; (*of pers.*) исправи́мый.
**corroborate** *v.t.* подтвер|жда́ть, -ди́ть; подкреп|ля́ть, -и́ть.
**corroboration** *n.* подтвержде́ние; in ~ в подтвержде́ние (*чего*).
**corroborat|ive, -ory** *adjs.* подтвержда́ющий, подкрепля́ющий.
**corroborator** *n.* подтвержда́ющий, подкрепля́ющий.
**corrode** *v.t.* разъ|еда́ть, -е́сть.
    *v.i.* ржа́веть, за-.
**corrosion** *n.* корро́зия, разъеда́ние, ржа́вчина.
**corrosive** *adj.* коррозио́нный, разъеда́ющий, е́дкий; (*fig.*) разъеда́ющий.
**corrosiveness** *n.* коррози́йное сво́йство.
**corrugate** *v.t.* гофрирова́ть (*impf., pf.*); ~d iron волни́стое/рифлёное желе́зо.
**corrugation** *n.* гофриро́вка, рифле́ние.
**corrupt** *adj.* **1.** (*decomposed*) разложи́вшийся; **2.** (*depraved*) развращённый, испо́рченный; **3.** (*venal*) прода́жный, (*coll.*) подкупно́й; ~ practices корру́пция, подку́пность и прода́жность; **4.** (*impure*) нечи́стый, испо́рченный; ~ air загрязнённый во́здух; ~ Latin испо́рченная латы́нь.
    *v.t.* **1.** (*rot*) гнои́ть, с-; **2.** (*deprave*) развра|ща́ть, -ти́ть; разл|ага́ть, -ожи́ть; **3.** (*bribe*) подкуп|а́ть, -и́ть.
    *v.i.* гнить, с-; по́ртиться, ис- (*of body*) разл|ага́ться, -ожи́ться.
**corruptibility** *n.* (*liability to decay*) подве́рженность по́рче/гние́нию; (*moral*) развраща́емость; (*accessibility to bribes*) подку́пность, прода́жность.
**corruptible** *adj.* **1.** (*liable to decay*) по́ртящийся; **2.** (*morally*) легко́ развраща́емый; (*bribable*) подкупно́й, прода́жный.
**corruption** *n.* **1.** (*physical*) по́рча, гние́ние, разложе́ние; **2.** (*depravity*) разложе́ние; развраще́ние; **3.** (*bribery*) корру́пция, взя́точничество; **4.** (*deformation*) по́рча, искаже́ние; this word is a ~ of that э́то сло́во — испо́рченный вариа́нт того́ сло́ва.
**corsage** *n.* (*bodice*) корса́ж; (*Am., flower adornment*) цвето́к, прико́лотый к корса́жу.
**corsair** *n.* (*pirate*) корса́р, пира́т; (*ship*) ка́пер.
**corset** *n.* корсе́т.
**corseted** *adj.* затя́нутый в корсе́т.
**Corsica** *n.* Ко́рсика.
**Corsican** *n.* корсика́н|ец (*fem.* -ка).
    *adj.* корсика́нский.
**corslet** *n.* (*armour*) ла́т|ы (*pl., g.* —).
**cortège** *n.* корте́ж.

**Cortes** *n.* корте́сы (*m. pl.*).

**cortex** *n.* (*bark*) кора́; (*anat.*) кора́ больши́х полуша́рий головно́го мо́зга.

**cortical** *adj.* (*bot., anat.*) ко́рковый.

**cortisone** *n.* кортизо́н.

**corundum** *n.* кору́нд.

**coruscat|e** *v.i.* (*lit., fig.*) сверк|а́ть, -ну́ть; ~ing wit сверка́ющее остроу́мие.

**coruscation** *n.* сверка́ние.

**corvée** *n.* (*hist.*) ба́рщина.

**corvette** *n.* корве́т.

**corvine** *adj.* воро́ний.

**coryza** *n.* на́сморк.

**cos** *n.* (~ lettuce) сала́т роме́н.

**cosecant** *n.* (*math.*) косе́канс.

**co-seismal** *adj.*: ~ line косейсми́ческая крива́я.

**cosh** *n.* дуби́нка; (*sl.*) дрючо́к.
   *v.t.* тра́хнуть (*pf.*) по голове́.

**co-signatory** *n.* лицо́/госуда́рств, подпи́сывающее (*что*) совме́стно с други́ми ли́цами/госуда́рствами.

**cosine** *n.* ко́синус.

**cosiness** *n.* ую́т.

**cosmetic** *n.* косме́тика.
   *adj.* космети́ческий.

**cosmetician** *n.* специали́ст по косме́тике; космети́чка.

**cosmic** *adj.* косми́ческий.

**cosmogony** *n.* космого́ния.

**cosmographer** *n.* космо́граф.

**cosmography** *n.* космогра́фия.

**cosmologist** *n.* космоло́г.

**cosmology** *n.* космоло́гия.

**cosmonaut** *n.* космона́вт.

**cosmopolit|an, -e,** *nn.* космополи́т.
   *adj.* космополити́ческий.

**cosmopolitanism** *n.* космополити́зм.

**cosmos** *n.* (*universe*) ко́смос, вселе́нная.

**Cossack** *n.* каза́|к (*fem.* -чка); (*pl., collect.*) каза́чество; (*attr.*) каза́цкий, каза́чий; ~ hat папа́ха.

**cosset** *v.t.* балова́ть (*impf.*); не́жить (*impf.*).

**cost** *n.* **1.** (*monetary*) цена́, сто́имость; ~ price себесто́имость; he sold it at ~ он про́дал э́то по себесто́имости; ~ accounting хозрасчёт; ~, insurance, freight (*abbr.* c.i.f.) сто́имость, страхова́ние, фрахт (*abbr.* сиф); ~ of living прожи́точный ми́нимум; ~ of production изде́ржки (*f. pl.*) произво́дства; **2.** (*expense, loss*) цена́; at all ~s любо́й цено́й; at the ~ of his life цено́й жи́зни; count the ~ (*fig.*) взве́сить (*pf.*) возмо́жные после́дствия; **3.** (*pl., leg.*) суде́бные изде́ржки (*f. pl.*); he was awarded ~s ему́ присуди́ли суде́бные изде́ржки.
   *v.t. & i.* **1.** (*involve expense*) сто́ить (*impf.*); об|ходи́ться, -ойти́сь (*кому во что*); this ~ me £5 э́то сто́ило мне 5 фу́нтов; э́то обошло́сь мне в 5 фу́нтов; it ~ me much trouble э́то сто́ило мне значи́тельных хлопо́т; it will

~ you dear э́то вам до́рого обойдётся; **2.** (*assess* ~ *of*) оце́н|ивать, -и́ть изде́ржки (*предприятия и т.п.*).
   *cpds.*: ~**-effective** *adj.* рента́бельный; ~**-effectiveness** *n.* рента́бельность.

**costal** *adj.* рёберный.

**co-star** *n.* партнёр (*fem.* -ша) (в друго́й гла́вной ро́ли).
   *v.t.*: a picture ~ring X and Y фильм с уча́стием двух звёзд — X и У.
   *v.i.*: they ~red in that picture они́ снима́лись вме́сте в э́том фи́льме в гла́вных роля́х.

**Costa Rica** *n.* Ко́ста-Ри́ка.

**Costa Rican** *n.* ко́ста-рика́н|ец (*fem.* -ка).
   *adj.* ко́ста-рика́нский.

**coster(monger)** *n.* у́личный торго́вец фру́ктами и овоща́ми.

**costing** *n.* калькуля́ция изде́ржек произво́дства (*чего*).

**costive** *adj.* страда́ющий запо́ром.

**costiveness** *n.* запо́р.

**costliness** *n.* дороговизна́; высо́кая цена́.

**costly** *adj.* дорого́й, дорогостоя́щий.

**costume** *n.* костю́м, пла́тье, оде́жда; (*coat and skirt*; *fancy or period dress*) костю́м; (*attr.*): ~ ball костюмиро́ванный бал; бал-маскара́д; ~ jewellery ювели́рные украше́ния к пла́тью; ~ play истори́ческая пье́са.
   *v.t.* (*a pers.*) од|ева́ть, -е́ть; ~ a play (*design* ~s) де́лать, с- эски́зы костю́мов к пье́се.

**costum(i)er** *n.* (*theatr.*) костюме́р; (*maker or seller of costumes*) торго́вец театра́льными и маскара́дными костю́мами.

**cosy** (*Am.* **cozy**) *adj.* ую́тный.

**cot**[1] *n.* (*small bed*) де́тская крова́тка; (*cradle*) лю́лька, колыбе́ль.
   *cpd.*: ~**-case** *n.* лежа́чий больно́й.

**cot**[2] *n.* (*cottage*) хи́жина.

**cotangent** *n.* кота́нгенс.

**co-tenancy** *n.* соаре́нда.

**co-tenant** *n.* соарендáтор.

**coterie** *n.* кружо́к; (*pej.*) кли́ка.

**coterminous** *adj.* сме́жный, грани́чащий; (*in meaning*) синоними́чный.

**cotill(i)on** *n.* котильо́н.

**cottage** *n.* котте́дж; за́городный дом, до́мик, да́ча; ~ cheese (прессо́ванный) творо́г; ~ industry надо́мное произво́дство; куста́рная промы́шленность; ~ pie карто́фельная запека́нка с мя́сом.

**cottager** *n.* живу́щий в котте́дже; (*home worker*) куста́рь (*m.*).

**cotton**[1] *n.* **1.** (*plant*) хло́пок, хлопча́тник; **2.** (*fabric*) хлопча́тая бума́га; (хлопчато)бума́жная ткань; ~ print си́тец; **3.** (*thread*) ни́тки (*f. pl.*); (*piece of thread*) ни́тка; a needle and ~ иго́лка с ни́ткой; **4.** (*attr.*) хло́пковый, хлопча́тый, хлопчатобума́жный; **5.** (*Am.*) *see* ~-WOOL.
   *cpds.*: ~**-cake** *n.* хло́пковый жмых; ~**-gin** *n.*

хлопкоочисти́тельная маши́на; ~**-grass** *n.*
пуши́ца; ~**-mill** *n.* хлопкопряди́ль-
ная/хлопкотка́цкая фа́брика; ~**-picker** *n.*
(*pers.*) хлопкоро́б; (*machine*) хлопкоубо́роч-
ная маши́на; ~**-plant** *n.* хлопча́тник;
~**-planter** *n.* хлопково́д; ~**-seed** *n.* хло́пковое
се́мя; семена́ (*nt. pl.*) хлопча́тника; ~**-spinner**
*n.* хлопкопряди́льщик; ~**tail** *n.* америка́н-
ский. кро́лик; ~**-waste** *n.* хло́пковые от-
бро́сы (*m. pl.*); уга́р; ~**-wool** *n.* ва́та; хло́пок-
-сыре́ц; wrap in ~-wool (*fig.*) оберега́ть
(*impf.*); трясти́сь (*impf.*) над +*i.*.
**cotton²** *v.i.* (*coll.*): she ~ed (*took a liking*) to him
он пришёлся ей по душе́; ~ on to поня́ть (*pf.*),
(*coll.*) усе́чь (*pf.*).
**cotyledon** *n.* семядо́ля.
**couch¹** *n.* (*sofa*) куше́тка, дива́н; (*bed*) крова́ть.
 *v.t.* **1.**: ~ (*lower*) a spear взять (*pf.*) копьё
наперевес (*or* на́ руку); **2.** (*express*): he ~ed
his reply in friendly terms он облёк свой отве́т
в дру́жескую фо́рму.
 *v.i.* (*of animal*: *crouch*) притаи́ться (*pf.*).
**couch²** *n.* (*also* ~**-grass**) пыре́й ползу́чий.
**couchette** *n.* спа́льное ме́сто.
**cougar** *n.* пу́ма, кугуа́р.
**cough** *n.* ка́шель (*m.*); he has a bad ~ у него́
си́льный ка́шель; he gave a warning ~ он
предупрежда́юще ка́шлянул.
 *v.t. & i.* ка́шлять (*impf.*); the speaker was ~ed
**down** слу́шатели прерва́ли ора́тора ка́шлем;
~ **up** (*lit.*) отка́шл|ивать, -януть; (*fig., coll.*)
выкла́дывать, вы́ложить.
 *cpds.*: ~**-drop**, ~**-lozenge** *nn.* пасти́лка/таб-
ле́тка от ка́шля; ~**-medicine**, ~**-mixture** *nn.*
миксту́ра от ка́шля.
**could** *v. aux.*, *see* CAN.
**coulisse** *n.* (*pl., theatr.*) кули́сы (*f. pl.*).
**coulomb** *n.* куло́н.
**coulter** *n.* нож плу́га; реза́к, резе́ц.
**council** *n.* сове́т; town ~ городско́й сове́т;
муниципалите́т; ~ of war вое́нный сове́т; ~
of physicians конси́лиум враче́й; Church ~
церко́вный собо́р.
 *cpds.*: ~**-chamber** *n.* зал заседа́ний сове́та;
~**-house** *n.* (*dwelling*) муниципа́льный дом;
жило́й дом, принадлежа́щий муниципа́ль-
ному сове́ту.
**councillor** *n.* член сове́та; сове́тник.
**counsel** *n.* **1.** (*advice, consultation*) сове́т,
совеща́ние; take ~ with s.o. совеща́ться
(*impf.*) с кем-н.; keep one's (own) ~ пома́л-
кивать (*impf.*); a ~ of perfection (*fig.*) превос-
хо́дный, но невыполни́мый сове́т; darken ~
(*obscure the issue*) запу́тать (*pf.*) де́ло; **2.** (*bar-*
*rister(s)*) адвока́т; ~ for the defence
защи́тник; ~ for the plaintiff адвока́т истца́;
~'s opinion пи́сьменное заключе́ние
адвока́та.
**counsellor** *n.* сове́тник.

**counsellorship** *n.* до́лжность сове́тника.
**count¹** *n.* (*nobleman*) граф.
**count²** *n.* **1.** (*reckoning*) счёт, подсчёт; keep ~
счита́ть (*impf.*); вести́ (*det.*) счёт; lose ~
потеря́ть (*pf.*) счёт; **2.** (*total*) ито́г; the ~ was
200 ито́г равня́лся 200 (двумста́м); **3.** (*leg.*)
пункт обвини́тельного заключе́ния; he was
found guilty on all ~s его́ призна́ли вино́вным
по всем пу́нктам обвине́ния; **4.** (*boxing*): he
took (*or* went down for) the ~ он был
нокаути́рован.
 *v.t.* (*number, reckon*) счита́ть, со-; под-
счи́т|ывать, -а́ть; пересчи́т|ывать, -а́ть;
he ~ed (up) the men он пересчита́л солда́т; ~
your change! прове́рьте сда́чу!; ~ ten!
сосчита́йте до десяти́!; 50 people, not ~ing
the children 50 челове́к, не счита́я дете́й; I ~
him among my friends я счита́ю его́ свои́м
дру́гом; ~ me in/out! включи́те/исключи́те
меня́!; he ~s himself our friend он счита́ет
себя́ на́шим дру́гом; I ~ myself fortunate to be
here я сча́стлив, что нахожу́сь здесь; I shall
~ it an honour to serve you я почту́ за честь
служи́ть вам; do not ~ that against him не
ста́вьте ему́ э́того в вину́; the boxer was ~ed
out боксёр был объя́влен нокаути́рованным;
the meeting was ~ed out заседа́ние бы́ло
распу́щено из-за отсу́тствия кво́рума.
 *v.i.* **1.** (*reckon, number*) счита́ть (*impf.*); ~ up
to 10! счита́йте до десяти́!; ~ down from 10 to
0! счита́йте в обра́тном поря́дке от десяти́ до
нуля́!; ~ing-frame (*abacus*) счёт|ы (*pl., g.* -ов);
~ing-house бухгалте́рия; ~ing-out rhyme (*at
games*) счита́лка; **2.** (*be reckoned*) счита́ться
(*impf.*); that doesn't ~ э́то не в счёт (*or* не
счита́ется); ~ for much име́ть большо́е
значе́ние; ~ for little не име́ть (*impf.*)
большо́го значе́ния; немно́го сто́ить (*impf.*);
~ for nothing не име́ть никако́го значе́ния; не
идти́ в счёт; ничего́ не сто́ить; he ~s among
our friends он счита́ется на́шим дру́гом; **3.**
(*rely*) рассчи́тывать (*impf.*) (на +*a.*); I ~
(up)on you to help я рассчи́тываю на ва́шу
по́мощь.
 *cpds.*: ~**-down** *n.* обра́тный счёт; отсчёт
вре́мени; ~**-out** *n.* ро́спуск заседа́ния из-за
отсу́тствия кво́рума.
**countable** *adj.* (*gram.*) исчисля́емый.
**countenance** *n.* **1.** (*face*) лицо́, о́блик; вы-
раже́ние лица́; **2.** (*composure*) споко́йствие;
keep one's ~ сохраня́ть (*impf.*) невозмути́мое
выраже́ние лица́; put s.o. out of ~ привести́
(*pf.*) кого́-н. в замеша́тельство; **3.** (*sanction*)
подде́ржка.
 *v.t.* подде́рж|ивать, -а́ть.
**counter¹** *n.* **1.** (*at games*) фи́шка, ма́рка; bargain-
ing ~ (*fig.*) ко́зырь (*m.*) (в запа́се); **2.** (*in shop*)
прила́вок; under the ~ (*fig.*) из-под полы́/
прила́вка; **3.** (*device for counting*) счётчик;

Geiger ~ счётчик Гéйгера.

*cpd.*: ~-**jumper** *n.* (*pej.*) прикáзчик.

**counter²** *n.* (*rejoinder, counterstroke*) встрéчный удáр; противодéйствие.

*adj. & adv.* (*contrary*) противополóжный; напрóтив; this runs ~ to my wishes ѐто идёт вразрéз с мои́ми желáниями.

*v.t. & i.* (*oppose, parry*) противодéйствовать (*impf.*) +*d.*; отра|жáть, -зи́ть.

**counteract** *v.t.* противодéйствовать (*impf.*) +*d.*

**counteraction** *n.* противодéйствие.

**counter-agent** *n.* контрагéнт.

**counter-attack** *n.* контратáка, контрнаступлéние.

*v.t. & i.* контратаковáть (*impf., pf.*).

**counter-attraction** *n.* замáнчивая альтернати́ва.

**counterbalance** *n.* противовéс.

*v.t.* уравновé|шивать, -сить.

**counterblast** *n.* отвéтный удáр/вы́пад.

**counterblow** *n.* контрудáр; встрéчный удáр.

**countercharge** *n.* встрéчное обвинéние.

*v.t.* предъяв|ля́ть, -и́ть встрéчное обвинéние (*кому*) в +*p.*

**counter-claim** *n.* встрéчный иск; контрпретéнзия.

*v.t.* предъяв|ля́ть, -и́ть встрéчный иск (*кому*) на +*a.*

**counter-clockwise** *adj. & adv.* (дви́жущийся) прóтив часовóй стрéлки.

**counter-demonstration** *n.* контрдемонстрáция; встрéчная демонстрáция.

**counter-espionage** *n.* контрразвéдка.

**counterfeit** *n.* поддéлка, подлóг.

*adj.* поддéльный, подлóжный.

*v.t. & i.* поддéл|ывать, -ать; (*fig., simulate*) подражáть (*impf.*) +*d.*; притвор|я́ться, -и́ться.

**counterfeiter** *n.* фальшивомонéтчик.

**counterfoil** *n.* корешóк (чéка, квитáнции и *m.n.*).

**counter-intelligence** *n.* контрразвéдка.

**counter-irritant** *n.* отвлекáющее/ревульси́вное срéдство.

**countermand** *v.t.* отмен|я́ть, -и́ть.

**countermarch** *n.* контрмáрш.

*v.i.* маршировáть (*impf.*) в обрáтном направлéнии.

**counter-measure** *n.* встрéчная мéра, контрмéра.

**countermine** *n.* контрми́на.

*v.t.* контрмини́ровать (*impf., pf.*); (*fig.*) расстр|áивать, -óить прóиски.

**counter-move** *n.* контрудáр.

**counter-offensive** *n.* контрнаступлéние.

**counter-order** *n.* контрприкáз; отменя́ющий прикáз.

**counterpane** *n.* покрывáло.

**counterpart** *n.* пáра (*к чему*), дополнéние;

(*pers.*) двойни́к, коллéга (*c.g.*).

**counterplot** *n.* контрзáговор.

**counterpoint** *n.* контрапýнкт.

**counterpoise** *n.* противовéс, равновéсие.

*v.t.* уравновé|шивать, -сить.

**counter-pressure** *n.* противодавлéние.

**counter-productive** *adj.* приводя́щий к обрáтным результáтам; нецелесообрáзный.

**counter-propaganda** *n.* контрпропагáнда.

**counter-proposal** *n.* встрéчное предложéние; контрпредложéние.

**counter-reformation** *n.* контрреформáция.

**counter-revolution** *n.* контрреволю́ция.

**counter-revolutionary** *n.* контрреволюционéр.

*adj.* контрреволюцио́нный.

**counterscarp** *n.* контрэскáрп.

**countersign** *n.* (*watchword*) парóль (*m.*), óтзыв.

*v.t.* (*add signature to*) стáвить, по- вторýю пóдпись на +*p.*; скреп|ля́ть, -и́ть пóдписью.

**countersignature** *n.* вторáя пóдпись.

**counter-spy** *n.* контрразвéдчик.

**counterstroke** *n.* контрудáр; отвéтный удáр.

**countertenor** *n.* тéнор-альт.

**countervail** *v.t. & i.* компенси́ровать (*impf., pf.*); ~ing duty (*fin.*) компенсацио́нная пóшлина.

**counterweight** *n.* противовéс, контргрýз.

**countess** *n.* графи́ня.

**countless** *adj.* бесчи́сленный, несчётный, неисчисли́мый.

**countrified** *adj.* имéющий деревéнский вид; ~ person деревéнщина (*c.g.*).

**country** *n.* **1.** (*geog., pol.*) странá; ~ of birth рóдина; **2.** (*motherland*) рóдина, отéчество; (*liter.*) отчи́зна; **3.** (*opp. town*) дерéвня; сéльская мéстность; in the ~ зá городом, на дáче; (~*side*) прирóда; сéльская мéстность; ~ life сéльская/деревéнская жизнь; ~ cousin провинциáл (*fem.* -ка), (*coll.*) деревéнщина (*c.g.*); ~ dance контрдáнс; ~ gentleman землевладéлец, помéщик; ~ house, seat помéстье; ~ club зáгородный клуб; **4.** (*terrain*) мéстность; difficult ~ труднопроходи́мая мéстность; wooded ~ леси́стая мéстность; леснóй край; **5.** (*fig., domain*) óбласть, сфéра; the subject is unknown ~ to me ѐто неизвéстная для меня́ óбласть; **6.** go to the ~ (*pol.*) распусти́ть (*pf.*) парлáмент и назнáчить (*pf.*) нóвые вы́боры.

*cpds.*: ~-**bred** *adj.* вы́росший в дерéвне; ~**folk** *n.* сéльские жи́тели (*m. pl.*); ~**man** *n.* деревéнский/сéльский жи́тель (*m.*); (*fellow-*~*man*) соотéчественник, земля́к; ~**side** *n.* сéльская мéстность; ландшáфт; ~-**wide** *adj.* распространя́ющийся на всю странý; *adv.* по всей странé; ~**woman** *n.* деревéнская/сéльская жи́тельница; (*fellow-*~*woman*) соотéчественница, земля́чка.

**county** *n.* грáфство; ~ town глáвный гóрод грáфства; ~ families сéмьи (*f. pl.*) джéнтри.

**coup** *n.* уда́чный ход; *see also* ~ D'ETAT.
  *cpds.*: ~ **de grâce** *n.* заверша́ющий уда́р; ~ **d'état** *n.* госуда́рственный переворо́т.
**coupé** *n.* двухме́стный закры́тый автомоби́ль.
**couple** *n.* **1.** (*objects or people*) па́ра; married ~ супру́жеская па́ра; engaged ~ жени́х и неве́ста; **2.** (*leash*) сво́ра.
  *v.t.* **1.** (*rail.*) сцеп|ля́ть, -и́ть; **2.** (*associate, assemble*) соедин|я́ть, -и́ть; свя́з|ывать, -а́ть; the two symphonies are ~d on one record о́бе симфо́нии запи́саны на одну́ пласти́нку; the name of Oxford is ~d with the idea of learning О́ксфорд ассоции́руется с нау́чными заня́тиями; **3.** (*cause to breed*) спа́ри|вать, -ть; случ|а́ть, -и́ть.
  *v.i.* (*unite sexually*) совокуп|ля́ться, -и́ться; (*of animals*) спа́ри|ваться, -ться.
**coupler** *n.* (*tech.*) сце́пщик.
**couplet** *n.* рифмо́ванное двусти́шие.
**coupling** *n.* (*rail.*) сцепле́ние, сце́пка; (*tech.*) связь, му́фта; (*copulation*) совокупле́ние, спа́ривание, слу́чка.
**coupon** *n.* купо́н, тало́н.
**courage** *n.* хра́брость, сме́лость, му́жество; take, pluck up ~ мужа́ться (*impf.*); соб|ира́ться, -ра́ться с ду́хом; lose ~ пасть (*pf.*) ду́хом; take one's ~ in both hands мобилизова́ть (*impf., pf.*) всё своё му́жество; Dutch ~ хра́брость во хмелю́; he has the ~ of his convictions он де́йствует согла́сно свои́м убежде́ниям; I had not the ~ to refuse у меня́ не хвати́ло ду́ху отказа́ться; ~! (*as int.*) мужа́йтесь!
**courageous** *adj.* хра́брый, сме́лый, му́жественный.
**courgette** *n.* кабачо́к.
**courier** *n.* (*messenger*) курье́р, на́рочный; (*travel guide*) экскурсово́д, сопровожда́ющий.
**course** *n.* **1.** (*movement, process*) ход, тече́ние; ~ of events ход собы́тий; in ~ of time с тече́нием вре́мени; in the ordinary ~ (*of events*) при норма́льном разви́тии собы́тий; in due ~ в до́лжное/своё вре́мя; до́лжным о́бразом; of ~ коне́чно; as a matter of ~ обы́чным поря́дком; he takes my help as a matter of ~ он принима́ет мою́ по́мощь как не́что само́ собо́й разуме́ющееся; the disease must run its ~ боле́знь должна́ пройти́ все ста́дии; I let matters take their ~ я пусти́л дела́ на самотёк; the law took its ~ де́ло пошло́ зако́нным хо́дом; **2.** (*direction*) курс, направле́ние; (*of a river*) тече́ние; (*naut.*) курс; our ~ is, lies due north мы де́ржим курс (*or* направля́емся) на се́вер; set ~ на курс (*pf.*) на курс; we are on ~ мы идём по ку́рсу; we are off ~ мы сби́лись с ку́рса; **3.** (*line of conduct*): this is the only ~ open to us э́то — еди́нственная ли́ния поведе́ния, досту́пная нам; evil ~s дурны́е

привы́чки (*f. pl.*); **4.** (*race-* ~) скаково́й круг, доро́жка; stay the ~ (*fig.*) держа́ться (*impf.*) до конца́; **5.** (*series*) курс; a ~ of lectures курс ле́кций; a ~ of treatment курс лече́ния; **6.** (*cul.*) блю́до; main ~ второ́е блю́до; sweet ~ сла́дкое, десе́рт; **7.** (*masonry*) горизонта́льный ряд кла́дки.
  *v.t. & i.* (*hunt*): ~ a hare охо́титься (*impf.*) на за́йца с го́нчими.
  *v.i.* (*run about*) бе́гать (*indet.*); (*of water*) бежа́ть (*det.*); (*of blood*) течь (*impf.*).
**courser** *n.* (*huntsman*) охо́тник с го́нчими.
**coursing** *n.* охо́та с го́нчими.
**court** *n.* **1.** (*yard*) двор; **2.** (*space for playing games*) площа́дка для игр; (*tennis*) корт; hard ~ бетони́рованный корт; grass ~ земляно́й корт; **3.** (*sovereign's etc.*) двор; hold ~ (*maintain a* ~) содержа́ть (*impf.*) двор; she was presented at ~ её предста́вили ко двору́; a friend at ~ (*fig.*) проте́кция; ~ dress придво́рный костю́м; ~ plaster ли́пкий пла́стырь; **4.** (*leg.*) суд; ~ of law, justice суд; ~ of inquiry сле́дственная коми́ссия; they settled (the case) out of ~ они́ пришли́ к (полюбо́вному) соглаше́нию; put o.s. out of ~ потеря́ть (*pf.*) пра́во на иск; he was brought to ~ (*for trial*) он предста́л пе́ред судо́м; the judge had the ~ cleared судья́ очи́стил зал от пу́блики; **5.**: pay ~ to s.o. уха́живать (*impf.*) за кем-н.
  *v.t.* **1.** (*a woman*) уха́живать (*impf.*) за +*i.*; **2.** (*seek*): she ~ed his approval она́ добива́лась его́ одобре́ния; **3.** (*risk*): he is ~ing disaster он игра́ет с огнём.
  *cpds.*: ~**-card** *n.* фигу́рная ка́рта; ~**-house** *n.* зда́ние суда́; ~**-martial** *n.* вое́нный суд; *v.t.* суди́ть (*impf.*) вое́нным судо́м; ~**-room** *n.* зал суда́; ~ **yard** *n.* двор.
**courteous** *adj.* ве́жливый, учти́вый.
**courtesan** *n.* куртиза́нка.
**courtesy** *n.* (*politeness*) ве́жливость, учти́вость; (*polite act*) любе́зность; he is accorded the title by ~ ему́ присво́ен э́тот ти́тул по обы́чаю; by ~ of Mr X с любе́зного разреше́ния г-на X.
**courtier** *n.* придво́рный.
**courtliness** *n.* обходи́тельность.
**courtly** *adj.* обходи́тельный; ~ love ры́царская любо́вь.
**courtship** *n.* уха́живание.
**cousin** *n.* (*also* first ~, ~ german) (*male*) кузе́н; двою́родный брат; (*fem.*) кузи́на; двою́родная сестра́; second ~ трою́родный брат (*fem.* трою́родная сестра́); first ~ once removed (*son or daughter of first* ~) двою́родный племя́нник (*fem.* двою́родная племя́нница); (*first* ~ *of parent*) двою́родный дя́дя (*fem.* двою́родная тётя); our American ~s на́ши америка́нские ро́дственники.

*cpd.*: ~**-in-law** *n.* (*wife's, husband's* ~) своя|к (*fem.* -ченица).

**cousinly** *adj.* ро́дственный.

**cousinship** *n.* родство́, сво́йство.

**couvade** *n.* кува́да, паналуа́ (*indecl.*).

**cove**[1] *n.* (*bay*) бу́хточка.

**cove**[2] *n.* (*sl., fellow*) па́рень (*m.*), ма́лый.

**coven** *n.* шаба́ш ведьм.

**covenant** *n.* соглаше́ние, догово́р; C~ of the League of Nations уста́в Ли́ги На́ций; (*relig.*) заве́т.

*v.t. & i.* заключ|а́ть, -и́ть соглаше́ние; догов|а́риваться, -ори́ться (*с кем о чём*).

**Coventry** *n.*: send to ~ подв|ерга́ть, -е́ргнуть остраки́зму/бойко́ту.

**cover** *n.* **1.** (*lid*) кры́шка, покры́шка; **2.** (*loose* ~*ing of chair etc.*) чехо́л; (*pl., bedclothes*) посте́ль; **3.** (*of book etc.*) переплёт, обло́жка; I read the book from ~ to ~ я прочёл кни́гу от ко́рки до ко́рки; (*dust-* ~) суперобло́жка; **4.** (*wrapper, envelope*) обёртка, конве́рт; under separate ~ в отде́льном конве́рте; **5.** (*shelter, protection*) укры́тие, прикры́тие; take ~ укр|ыва́ться, -ы́ться; the ground provided no ~ укры́тия на ме́стности не́ было; under ~ of darkness под покро́вом темноты́; remain ~ed (*keep hat on*) не снима́ть (*impf.*) шля́пы; **6.** (*concealment*): the fox broke ~ лиса́ вы́шла из укры́тия; **7.** (*pretence, pretext*) личи́на, ма́ска, ши́рма; under ~ of friendship под личи́ной дру́жбы; (*ostensible business, e.g. spy's*) кры́ша, вы́веска; ~ address подставно́й а́дрес; **8.** (*mil., protective force*) прикры́тие; fighter ~ прикры́тие истреби́телями; **9.** (*at table*) прибо́р; ~ charge пла́та «за куве́рт»; **10.** (*insurance*) страхова́ние; **11.** (*comm., fin.*) гаранти́йный фонд.

*v.t.* **1.** (*overspread etc.*; *also* ~ **up,** ~ **over**) покр|ыва́ть, -ы́ть; закр|ыва́ть, -ы́ть; прикр|ыва́ть, -ы́ть; накр|ыва́ть, -ы́ть; ~ a chair об|ива́ть, -и́ть стул; cats are ~ed with hair ко́шки покры́ты ше́рстью; she ~ed her face in, with her hands она́ закры́ла лицо́ рука́ми; her face is ~ed with freckles у неё всё лицо́ в весну́шках (*or* усе́яно весну́шками); the hills are ~ed with pine-trees холмы́ поросли́ сосно́й; the roads are ~ed with snow доро́ги занесены́ сне́гом; trees are ~ed with blossom дере́вья в цвету́; well ~ed (*with clothes*) тепло́ оде́тый; (*with flesh*) в те́ле; the taxi ~ed us with mud такси́ окати́ло нас гря́зью; the city ~ed ten square miles го́род раски́нулся на 10 квадра́тных миль; ~ed (*indoor*) court (*for tennis*) закры́тый корт; ~ed way кры́тая галере́я; ~ in a grave зас|ыпа́ть, -ы́пать моги́лу; **2.** (*fig.*) покр|ыва́ть, -ы́ть; скры|ва́ть, -ть; he laughed to ~ (up) his nervousness он засмея́лся, что́бы скрыть своё волне́ние; he ~ed himself with glory он покры́л себя́ сла́вой; **3.** (*protect*) закр|ыва́ть,

-ы́ть; прикр|ыва́ть, -ы́ть; warships ~ed the landing вое́нные корабли́ прикрыва́ли вы́садку войск; are you ~ed against theft? вы застрахо́ваны от кра́жи?; these words ~ you against a libel charge э́ти слова́ огради́т вас от обвине́ния в клевете́; **4.** (*aim weapon at*) це́литься (*impf.*) в +*a.*; he ~ed him (with his revolver) он це́лился в него́ (из револьве́ра); он держа́л его́ под прице́лом; our guns ~ed the road на́ши ору́дия прикрыва́ли доро́гу (от неприя́теля); **5.** (*travel*) покр|ыва́ть, -ы́ть; we ~ed 5 miles by nightfall мы прошли́ расстоя́ние в 5 миль до наступле́ния темноты́; **6.** (*meet, satisfy*) покр|ыва́ть, -ы́ть; £10 will ~my needs 10 фу́нтов хва́тит на мои́ ну́жды; I only just ~ed expenses мы едва́ покры́ли свои́ расхо́ды; **7.** (*embrace, deal with*): the lectures ~ a wide field ле́кции охва́тывают широ́кий круг вопро́сов; the rules ~ every possible case э́ти пра́вила предусма́тривают все возмо́жные слу́чаи; the reporter ~ed the conference корреспонде́нт дава́л репорта́жи о хо́де конфере́нции; this salesman ~s Essex э́тот торго́вый аге́нт обслу́живает Э́ссекс; **8.** (*of correspondence*): ~ing letter сопроводи́тельное письмо́; **9.** (*of male animal*) покр|ыва́ть, -ы́ть.

*cpd.*: ~**-up** *n.* (*pretext*) предло́г, ши́рма.

**coverage** *n.* **1.** (*extent or amount dealt with*) охва́т; news ~ освеще́ние в печа́ти (*or* по ра́дио); **2.** (*fin.*) покры́тие; гаранти́йный фонд; **3.** (*insurance*) страхова́ние.

**coverlet** *n.* покрыва́ло.

**covert**[1] *n.* (*thicket*) ча́ща.

**covert**[2] *adj.* скры́тый, завуали́рованный.

**covertness** *n.* завуали́рованность.

**covet** *v.t.* вожделе́ть (*impf.*) к +*d.*; жа́ждать (*impf.*) +*g.*; (*coll.*) за́риться (*impf.*) на +*a.*

**covetous** *adj.* а́лчный, жа́дный, скупо́й.

**covetousness** *n.* а́лчность, жа́дность; ску́пость.

**covey** *n.* (*of birds*) вы́водок; (*fig.*) ста́йка.

**cow**[1] *n.* **1.** (*bovine*) коро́ва; till the ~s come home (*coll.*) до второ́го прише́ствия; (*of other mammals*) са́мка, коро́ва; *expr. by suff., e.g.* ~ elephant слони́ха; sacred ~ (*fig.*) неприкоснове́нное; «и́стина в после́дней инста́нции»; **2.** (*pej., woman*) коро́ва; silly ~ дурёха.

*cpds.*: ~ **bell** *n.* колоко́льчик на ше́е коро́вы; ~ **boy** *n.* ковбо́й; ~ **catcher** *n.* скотосбра́сыватель (*m.*); ~ **herd** *n.* пасту́х; ~ **hide** *n.* (*leather*) воло́вья ко́жа; ~ **-house,** ~ **-shed** *nn.* хлев, коро́вник; ~ **-lick** *n.* чуб, вихо́р; ~ **-pat** *n.* коровя́к; ~ **pox** *n.* коро́вья о́спа; ~ **shed** *see* ~ -HOUSE.

**cow**[2] *v.t.* запу́г|ивать, -а́ть.

**coward** *n.* трус (*fem.* -и́ха); a moral ~ малоду́шный челове́к.

**cowardice** *n.* тру́сость, малоду́шие.

**cowardly** *adj.* трусли́вый, малоду́шный.

**cower** *v.i.* съёжи|ваться, -ться; сж|има́ться, -а́ться.

**cowl** *n.* (*hood*) капюшо́н; (*hooded garment*) ря́са, сута́на с капюшо́ном; (*chimney-* ∼) зонт над домово́й трубо́й.

**cowling** *n.* (*tech.*) капо́т дви́гателя; обтека́тель (*m.*).

**cowr|ie, -y** *n.* кау́ри (*nt. indecl.*).

**cowslip** *n.* первоцве́т.

**cox** *n.* рулево́й.

  *v.t.*: ∼ a boat управля́ть (*impf.*) рулём ло́дки; сиде́ть (*impf.*) на руле́.

**coxcomb** *n.* фанфаро́н, фат, хлыщ.

**coxcombry** *n.* фанфаро́нство, фатовство́.

**coxswain** *n.* старшина́ шлю́пки; (*helmsman*) рулево́й.

**coy** *adj.* (*bashful*) стыдли́вый; (*affectedly*) жема́нный, коке́тливый; (*secretive*) скры́т-ный.

**coyness** *n.* стыдли́вость; скры́тность.

**coyote** *n.* койо́т.

**coypu** *n.* ко́йпу (*m. indecl.*).

**cozen** *v.t.* обма́н|ывать, -у́ть.

**cozy** *see* COSY.

**CPSU** *n.* (*abbr.,* Communist Party of the Soviet Union) КПСС (Коммунисти́ческая па́ртия Сове́тского Сою́за).

**crab¹** *n.* краб; catch a ∼ (*fig.*) «пойма́ть (*pf.*) леща́»; (*astron.*): the C∼ Рак; (*fig., cross-grained pers.*) брюзга́ (*c.g.*).

  *v.t.* (*coll., disparage*) придира́ться (*impf.*) к +*d.*; разноси́ть (*impf.*).

  *v.i.* (*fish for* ∼s) лови́ть (*impf.*) кра́бов; (*grumble*) брюзжа́ть (*impf.*).

  *cpds.*: ∼**-like** *adj.* (*sidelong*) дви́жущийся бо́ком; ∼**-louse** *n.* лобко́вая вошь; площи́ца; (*sl.*) мандаво́шка; ∼**-pot** *n.* се́тка для ло́вли кра́бов.

**crab²** *n.* (∼-apple) ди́кое я́блоко.

**crabbed** *adj.* (*sour, irritable*) брюзжа́щий; (*illegible, obscure*) неразбо́рчивый.

**crabbedness** *n.* брюзгли́вость; неразбо́рчи-вость.

**crabby** *adj.* брюзгли́вый.

**crack** *n.* **1.** (*in a cup, ice etc.*) тре́щина; (*in the ground*) рассе́лина; (*in wall, floor etc.*) щель; **2.** (*sudden noise*) треск, щёлканье; (*of thunder*) треск, уда́р; ∼ of doom трубный глас; **3.**: at ∼ of dawn с (пе́рвой) заре́й; **4.** (*blow*) затре́щина; he got a ∼ on the head он получи́л затре́щину; **5.** (*coll., facetious remark*) остро́та; **6.** (*coll., attempt*) попы́тка; have a ∼ at sth. попыта́ть (*pf.*) свои́ си́лы в чём-н.; **7.**: a ∼ regiment отбо́рный полк; a ∼ shot перво-кла́ссный стрело́к.

  *v.t.* **1.** (*make a* ∼ *in, break open*) проб|ива́ть, -и́ть щель в (чём); взл|а́мывать, -ома́ть; he fell and ∼ed his skull он упа́л и проломи́л себе́ го́лову; ∼ a nut расколо́ть (*pf.*) оре́х; ∼ (*broach*) a bottle раздави́ть (*pf.*) буты́лочку;

∼ a code разгада́ть (*pf.*) шифр; ∼ a safe взлома́ть (*pf.*) сейф; **2.** (*of petroleum*) подв|ерга́ть, -е́ргнуть кре́кингу; креки́-ровать (*impf., pf.*); **3.**: ∼ a whip щёлк|ать, -нуть бичо́м; ∼ a joke отпусти́ть (*pf.*) шу́тку; **4.** ∼ed (*crazy*) чо́кнутый.

  *v.i.* **1.** (*get broken or fissured*) да|ва́ть, -ть тре́щину; тре́снуть (*pf.*); the glass ∼ed стекло́ тре́снуло; (*fig., give way*): he did not ∼ under torture пы́тки его́ не сломи́ли; **2.** (*of sound*) щёлк|ать, -нуть; a rifle ∼ed (out) разда́лся винто́вочный вы́стрел; **3.**: the boy's voice ∼ed у ма́льчика слома́лся го́лос; she sang in a ∼ed voice она́ пе́ла надтре́снутым го́лосом; **4.** *see* CRACKING.

  *with advs.*: ∼ **down** *v.i.*: ∼ down on рас-пр|авля́ться, -а́виться с +*i.*; прин|има́ть, -я́ть круты́е ме́ры про́тив +*g.*; ∼ **up** *v.t.* (*praise*) захва́л|ивать, -и́ть; the book is not all it's ∼ed up to be э́та кни́га не так хороша́, как её распи́сывают; (*smash up, e.g. a car*) разб|ива́ть, -и́ть вдре́безги; *v.i.*: the plane ∼ed up on landing самолёт разби́лся при поса́дке; (*of pers.: suffer collapse*) над-ломи́ться (*pf.*); разв|а́ливаться, -али́ться.

  *cpds.*: ∼**-brained,** ∼**-pot** *adjs.* поме́шанный; ∼**-down** *n.* распра́ва; ∼**-jaw** *adj.* (*coll.*) (сло́во —) язы́к слома́ешь; ∼**-up** *n.* (*breakdown*) упа́док сил.

**cracker** *n.* **1.** (*firework*) хлопу́шка, шути́ха; **2.** (*biscuit*) кре́кер; **3.** (*pl., nut-* ∼s) щипц|ы́ (*pl., g.* -о́в) для оре́хов.

**crackerjack** *adj.* (*coll.*) первокла́ссный; вы́сшего кла́сса.

**crackers** *adj.* (*sl., mad*) рехну́вшийся.

**cracking** *n.* (*pyrolysis*) кре́кинг; ∼ plant заво́д креки́рования.

  *adj. & adv.*: at a ∼ pace стреми́тельно; бо́дрым ша́гом; we had a ∼ good time мы здо́рово провели́ вре́мя; get ∼! пошеве́-ливайся!; за рабо́ту!

**crackle** *n.* **1.** (*sound*) треск, потре́скивание; **2.** (*on china etc.*) паути́нчатый рису́нок.

  *v.i.* (*of sound*) потре́скивать (*impf.*); (*fig., sparkle*) сверка́ть (*impf.*); (*show marks*) тре́с-каться (*or* растре́скиваться), рас-.

**crackling** *n.* **1.** (*sound*) треск, хруст; **2.** (*marks*) сеть трещи́нок; паути́нчатый рису́нок; **3.** (*cul.*) шква́рки (*f. pl.*).

**cracknel** *n.* сухо́е пече́нье.

**cracksman** *n.* взло́мщик.

**Cracow** *n.* Кра́ков.

**cradle** *n.* **1.** (*lit., fig.*) колыбе́ль; лю́лька; I have known that from my ∼ я зна́ю э́то с колыбе́ли; from ∼ to grave всю жизнь; Greece is the ∼ of Western civilization Гре́ция — колыбе́ль за́падной цивилиза́ции; **2.** (*shipbuilding*) спусковы́е сала́з|ки (*pl., g.* -ок); (*basket pulled along lifeline*) лю́лька; (*teleph.*) рыча́г.

  *v.t.*: ∼ a child in one's arms держа́ть (*impf.*)

ребёнка на руках; (*teleph.*): ~ (*put down*) the receiver класть, положить трубку на рычаг.
 *cpd.*: ~**-song** *n.* колыбельная (песня).
**craft** *n.* **1.** (*guile*) хитрость, хитроумие; **2.** (*skill*) ловкость, умение; **3.** (*occupation*) ремесло; arts and ~s искусства и ремёсла (*nt. pl.*); **4.** (*boat*) судно.
 *cpds.*: ~**sman** *n.* ремесленник, мастер; ~**smanship** *n.* мастерство.
**craftiness** *n.* хитрость, пронырливость.
**crafty** *adj.* хитрый, пронырливый.
**crag** *n.* скала, утёс.
**cragginess** *n.* скалистость.
**craggy** *adj.* скалистый.
**cram** *v.t.* **1.** (*insert forcefully*) запих|ивать, -ать/-нуть; впих|ивать, -нуть; (*fill*): an essay ~med with quotations сочинение, напичканное цитатами; the shelves are ~med with books полки ломятся от книг; **2.** (*v.t. & i.*) (*teach, study intensively*) репетировать (*impf.*); (*coll.*) натаск|ивать, -ать; зубрить (*impf.*); ~ pupils репетировать/натаскивать (*impf.*) учеников; ~ up a subject зубрить (*impf.*) предмет.
 *cpd.*: ~**-full** *adj.* полный до отказа; битком набитый.
**crammer** *n.* (*tutor*) репетитор.
**cramp** *n.* **1.** (*of muscles*) судорога, спазм, спазма; writer's ~ судорога в пальцах; the swimmer was seized with ~ пловца схватила судорога; **2.** (*also* ~**-iron**) (*pl.*) клещ|и (*pl., g.* -ей).
 *v.t.* (*hamper*) стесн|ять, -ить; we are ~ed for room у нас здесь повернуться негде; ~ s.o.'s style (*fig.*) не давать (*impf.*) кому-н. развернуться; a ~ed handwriting мелкий (и) неразборчивый почерк.
**crampon** *n.* (*pl., hooked levers*) грузовые клещ|и (*pl., g.* -ей); схваты (*m. pl.*); (*plate with spikes*) подошва с шипами; (*pl.*) кошки (*f. pl.*).
**cranberry** *n.* клюква (*collect.*); ягода клюквы.
**crane** *n.* (*bird*) журавль (*m.*); (*machine*) (грузо)подъёмный кран.
 *v.t.*: ~ one's neck вытягивать, вытянуть шею.
 *cpd.*: ~**-fly** *n.* долгоножка.
**cranial** *adj.* черепной.
**craniometry** *n.* краниометрия.
**cranium** *n.* череп.
**crank**[1] *n.* (*handle*) кривошип; коленчатый рычаг; рукоятка; заводная ручка.
 *v.t.*: ~ up a car зав|одить, -ести мотор вручную; ~ a film camera крутить (*impf.*) киноаппарат.
 *cpds.*: ~**case** *n.* (*tech.*) картер (двигателя); ~**shaft** *n.* (*tech.*) коленчатый вал.
**crank**[2] *n.* (*pers.*) чуда|к (*fem.* -чка); человек с причудами.
**crankiness** *n.* склонность к причудам, чудачество; расшатанность; раздражитель-

ность.
**cranky** *adj.* (*eccentric*) с причудами/приветом; (*unsteady*) расшатанный; (*peevish*) раздражительный.
**crannied** *adj.* потрескавшийся, растрескавшийся.
**cranny** *n.* трещина.
**crap**[1] (*Am., vulg.*) *n.* (*shit*) говно; (*nonsense*) вздор, чепуха.
 *v.i.* (*shit*) срать (*impf.*).
**crap**[2] *n.* (*pl., game; also* ~**-shooting**) игра в кости; shoot ~s бросать (*impf.*) кости.
 *cpd.*: ~**shooter** *n.* игрок в кости.
**crape** *n.* креп.
 *cpd.*: ~**-cloth** *n.* шерстяная креповая ткань.
**crapul|ent, -ous** *adjs.* находящийся в состоянии похмелья.
**crash** *n.* **1.** (*noise*) грохот, гром, грохотанье; **2.** (*fall, smash*) авария, крушение; he was killed in a car/plane ~ он погиб в автомобильной/авиационной катастрофе; (*fig., disaster*) катастрофа, крах; **3.**: a ~ (*intensive*) programme ускоренная программа.
 *v.t.* разб|ивать, -ить; грохнуть (*pf.*); he ~ed his fist down on the table он грохнул кулаком по столу; he ~ed the aircraft он разбил самолёт; ~ (*gate-* ~) a party ворваться (*pf.*) на вечер без приглашения.
 *v.i.*: the music ~ed out загремела музыка; the plane ~ed самолёт потерпел аварию (*or* разбился); the cars ~ed together автомобили столкнулись; he ~ed into the room он ворвался/вломился в комнату; he is a ~ing bore (*coll.*) он невыносимый зануда.
 *cpds.*: ~**-dive** *n.* (*of submarine*) срочное погружение; ~**-helmet** *n.* шлем автогонщика/мотоциклиста; мотошлем; ~**-land** *v.t. & i.* соверш|ать, -ить аварийную посадку; ~**-landing** *n.* аварийная посадка.
**crass** *adj.* грубый; тупой; ~ darkness кромешная тьма; ~ stupidity непроходимая тупость.
**crassness** *n.* грубость; тупость.
**crate** *n.* ящик, контейнер; (*car etc.*) колымага, драндулет (*coll.*).
 *v.t.* паковать, у- в ящик(и).
**crater** *n.* кратер; (*bomb-* ~) воронка.
**cravat** *n.* широкий галстук; шейный платок.
**crave** *v.t. & i.* **1.** (*beg for*) молить (*impf.*) (*о чём*); умолять (*impf.*); (*о чём*); **2.** (*desire*) жаждать (*impf.*) +*g.*; he ~d for a drink ему до смерти хотелось выпить.
**craven** *n.* трус.
 *adj.* трусливый, малодушный.
**craving** *n.* страстное желание.
**craw** *n.* зоб.
**crawfish** *see* CRAYFISH.
**crawl** *n.* **1.** (~*ing motion*) ползание; traffic was reduced to a ~ транспорт тащился еле-еле; **2.** (*swimming stroke*) кроль (*m.*).
 *v.i.* **1.** (*e.g. of reptile*) ползать (*indet.*), ползти

(det.); he ~ed on hands and knees он полз на четвере́ньках; **2.** (go very slowly) ползти́ (det.); the train ~ed over the damaged bridge по́езд ме́дленно тащи́лся по повреждённому мосту́; **3.** (kowtow) по́лзать (indet.) (перед кем); пресмыка́ться (impf.) (перед кем); he ~s to the boss он пресмыка́ется пе́ред нача́льником; **4.**: the ground is ~ing with ants земля́ кишмя́ киши́т муравья́ми; **5.** (tickle): my skin is ~ing у меня́ мура́шки по те́лу бе́гают.

**crawler** n. **1.** (obsequious person) низкопокло́нник, подхали́м; **2.** (pl., baby's garment) ползунк|и́ (pl. g. -о́в).

**cray|fish, craw-** nn. речно́й рак; лангу́ст(а).

**crayon** n. цветно́й каранда́ш; пасте́ль; (~ drawing) рису́нок цветны́м карандашо́м (or пасте́лью).
  v.t. & i. рисова́ть (impf.) цветны́м карандашо́м (or пасте́лью).

**craze** n. ма́ния, помеша́тельство; пова́льная мо́да.
  v.t. св|оди́ть, -ести́ с ума́.

**craziness** n. (madness) безу́мие, сумасше́ствие, помеша́тельство; (rickety state) ша́ткость.

**crazy** adj. **1.** (mad) безу́мный, сумасше́дший; ~ about sth. поме́шанный на чём-н.; a ~ scheme безу́мный план; he is ~ about her он схо́дит по ней с ума́; **2.** (rickety) ша́ткий; **3.** (motley): ~ quilt лоску́тное одея́ло; ~ pavement мостова́я из камне́й разли́чной фо́рмы.

**creak** n. скрип.
  v.i. скрипе́ть (impf.).

**cream** n. **1.** (top part of milk) сли́в|ки (pl., g. -ок); whipped ~ взби́тые сли́вки; ~ cheese сли́вочный сыро́к; **2.** (dish or sweet) крем; ~ cake торт с кре́мом; кре́мовое пиро́жное; ~ puff сло́йка с кре́мом; chocolate ~s шокола́дные конфе́ты (f. pl.); salad ~ майоне́з; ~ of celery (soup) суп-пюре́ из сельдере́я; **3.** (polish, cosmetic etc.) крем, мазь; furniture ~ мазь для полиро́вки ме́бели; shoe ~ крем для о́буви, гутали́н; face ~ крем для лица́; cold ~ кольдкре́м; **4.** (of other liquid) пе́на; ~ of tartar ви́нный ка́мень; **5.** (best part): the ~ of society сли́вки о́бщества; the ~ of the joke соль шу́тки; **6.** (attr., ~-coloured) кре́мового цве́та.
  v.t. (take ~ off) сн|има́ть, -ять сли́вки с +g.; (apply ~ to) на|кла́дывать, -ложи́ть крем на +a.; нама́з|ывать, -ать кре́мом; she ~ed her face она́ наложи́ла на лицо́ крем.
  v.i. (of milk, form ~) отст|а́иваться, -оя́ться; (foam, froth) пе́ниться (impf.).
  cpds.: ~-coloured adj. кре́мового цве́та; кре́мовый; ~-jug n. сли́вочник; ~-laid, ~-wove adjs. (paper) верже́ (indecl.); веле́невая бума́га кре́мового цве́та; ~-separator n. моло́чный сепара́тор.

**creamer** n. (machine) сливкоотдели́тель (m.),

сепара́тор; (Am.), see CREAM-**jug.**

**creamery** n. (place of sale) моло́чная; (factory) маслобо́йный заво́д, маслобо́йня.

**creaminess** n. жи́рность (молока́).

**creamy** adj. сли́вочный, кре́мовый.

**crease** n. скла́дка, сгиб, морщи́на; (in trousers) скла́дка.
  v.t. (wrinkle) мять (or смина́ть), с-; ~ trousers (with iron) утю́жить, вы- скла́дки брюк.
  v.i. (form ~s) мя́ться (or смина́ться), с-.
  cpd.: ~-resisting adj. немну́щийся.

**create** v.t. созд|ава́ть, -а́ть; твори́ть, со-; произв|оди́ть, -ести́; God ~d the world Бог сотвори́л мир; Dickens ~d many characters Ди́ккенс со́здал мно́го о́бразов; he ~d the role of Higgins он со́здал о́браз Хи́ггинса; it ~d a bad impression э́то произвело́ дурно́е впечатле́ние; he was ~d a peer он был произведён в пэ́ры.

**creation** n. **1.** (act, process) созда́ние, созида́ние; ~ of the world сотворе́ние ми́ра; ~ of social unrest возбужде́ние обще́ственного недово́льства; **2.** (the universe) мирозда́ние, вселе́нная; the animal ~ живо́тное ца́рство; **3.** (product of imagination) творе́ние, произведе́ние; **4.** (dress) моде́ль.

**creative** adj. тво́рческий.

**creativeness** n. тво́рческий дар.

**creator** n. созда́тель (m.), творе́ц.

**creature** n. **1.** (living being) созда́ние, тварь, существо́; dumb ~s бессло́весные тва́ри; she is a lovely ~ она́ — очарова́тельное созда́ние/существо́; poor ~ несча́стное созда́ние; бедня́жка (c.g.); a good ~ хоро́ший/добросерде́чный челове́к; **2.** (of pers., tool) креату́ра, ста́вленник; **3.**: ~ comforts земны́е бла́га.

**crèche** n. (де́тские) я́сл|и (pl., g. -ей).

**credence** n. ве́ра, дове́рие; give ~ to пове́рить (pf.) +d.

**credential** n. (usu. pl.) **1.** (testimonial) удостовере́ние; манда́т; ~s committee комите́т по прове́рке полномо́чий; манда́тная коми́ссия; **2.** (ambassador's) вери́тельная гра́мота.

**credibility** n. (of pers.) спосо́бность вы́звать дове́рие; (of thing) правдоподо́бие, достове́рность; (plausibility) убеди́тельность.

**credible** adj. (of pers.) заслу́живающий дове́рия; (of thing) правдоподо́бный, вероя́тный, достове́рный.

**credit** n. **1.** (belief, trust, confidence) ве́ра, дове́рие; give ~ to, place ~ in (a report etc.) пове́рить (pf.) +d.; доверя́ть (impf.) +d.; this lends ~ to the story э́то де́лает расска́з правдоподо́бным; **2.** (honour, reputation): a man of the highest ~ челове́к с прекра́сной репута́цией; the work does you ~ э́та рабо́та де́лает вам честь; he is cleverer than I gave him ~ for он умне́е, чем я счита́л; this is to his ~ э́то говори́т в его́ по́льзу; he took ~ for the success он приписа́л успе́х себе́; give ~ where ~ is due возда́ть (*pf.*) до́лжное кому́ сле́дует; ~ titles (*cin., also* ~s) вступи́тельные ти́тры (*m. pl.*); **3.** (*book-keeping*) кре́дит; (*fin.*) креди́т; buy on ~ покупа́ть (*pf.*) в креди́т; ~ balance кре́дитовый бала́нс, са́льдо (*indecl.*); ~ card креди́тная ка́рточка; letter of ~ аккредити́в; this shop gives no ~ э́тот магази́н не отпуска́ет/продаёт това́ры в креди́т; his ~ is good for £50 он име́ет креди́т на 50 фу́нтов; place the sum to my credit внеси́те э́ту су́мму на мой счёт; ~ squeeze стеснённый креди́т; (*fig.*): there is this to be said on the ~ side вот что мо́жно сказа́ть в защи́ту.

*v.t.* **1.** (*believe sth.*) ве́рить, по- +*d.*; доверя́ть (*impf.*) +*d.*; **2.**: I ~ed him with more sense я счита́л его́ бо́лее благоразу́мным; the relics are ~ed with miraculous powers моща́м припи́сывается чудоде́йственная си́ла; **3.** (*fin.*): I ~ed him with £10 (*or* £10 to him) я внёс 10 фу́нтов на его́ счёт.

*cpds.*: ~-**worthiness** *n.* кредитоспосо́бность; ~-**worthy** *adj.* заслу́живающий креди́та, кредитоспосо́бный.

**creditable** *adj.* (*praiseworthy*) де́лающий честь (+*d.*); (*believable*) правдоподо́бный, вероя́тный.

**creditor** *n.* кредито́р.

**credo** *n.* си́мвол ве́ры; (*fig.*) кре́до (*indecl.*).

**credulity** *n.* легкове́рие, дове́рчивость.

**credulous** *adj.* легкове́рный, дове́рчивый.

**creed** *n.* вероуче́ние; (*fig.*) убежде́ния (*nt. pl.*), кре́до (*indecl.*).

**creek** *n.* (*inlet*) зали́в, бу́хта; (*small river*) ре́чка; up the ~ (*coll.*) в беде́.

**creel** *n.* корзи́на для ры́бы.

**creep** *n.* **1.** (*act of* ~*ing*) по́лзание; **2.** (*of metal*) пласти́ческая деформа́ция, крип; **3.**: it gives me the ~s (*coll.*) от э́того у меня́ моро́з по ко́же; **4.** (*sl., obnoxious pers.*) несно́сный/отврати́тельный тип, подо́нок.

*v.i.* **1.** (*crawl, move stealthily*) по́лзать (*indet.*), ползти́ (*det.*); кра́сться (*impf.*); **2.** (*fig.*): old age ~s upon me ста́рость подкра́дывается ко мне; **3.** (*of plants*) стла́ться (*impf.*); ви́ться (*impf.*).

**creeper** *n.* (*plant*) ползу́чее/вью́щееся расте́ние; (*pers.*) подхали́м.

**creepiness** *n.* жу́ткость, жуть.

**creeping** *adj.* ползу́щий, кра́дущийся; ~ barrage (*mil.*) ползу́щий огнево́й вал; ~ paralysis (*med.*) прогресси́вная мы́шечная атрофи́я.

**creepy** *adj.* **1.** (*producing horror*) броса́ющий в дрожь; наводя́щий жуть; (*coll., obnoxious*) отврати́тельный, несно́сный; **2.** (*of flesh*) в мура́шках.

*cpd.*: ~-**crawly** *n.* бука́шка; *adj.* ползу́чий, по́лзающий.

**cremate** *v.t.* креми́ровать (*impf., pf.*).

**cremation** *n.* крема́ция.

**cremator** *n.* (*furnace*) кремацио́нная печь.

**cremator|ium, -y** *nn.* кремато́рий.

***crème de la crème*** *n.* сли́в|ки (*pl., g.* -ок) о́бщества, эли́та.

***crème de menthe*** *n.* мя́тный ликёр.

**crenellate** *v.t.*: ~d walls зубча́тые сте́ны.

**Creole** *n.* (*of European descent*) крео́л (*fem.* -ка); (*of part-Negro descent, also*) мула́т (*fem.* -ка). *adj.* крео́льский.

**creosote** *n.* креозо́т.

**crêpe** *n.* креп; ~ раper гофриро́ванная бума́га; ~ soles каучу́ковые подо́швы; ~ de Chine крепдеши́н.

**crepitate** *v.i.* (*crackle*) хрусте́ть (*impf.*).

**crepitation** *n.* хруст, потре́скивание.

**crepuscular** *adj.* су́меречный; ~ insects ночны́е насеко́мые.

**crescendo** *n.* креще́ндо (*indecl.*). *adj.* креще́ндо.

**crescent** *n.* **1.** (*moon*) лу́нный серп; **2.** (*symbol of Islam*) полуме́сяц; **3.** (*street, row of houses*) ряд домо́в, располо́женных полукру́гом. *adj.* (*growing*) расту́щий, возраста́ющий; (*of moon*) увели́чивающийся, возраста́ющий.

*cpd.*: ~-**shaped** *adj.* серпови́дный, серпообра́зный.

**cress** *n.* кресс(-сала́т).

**cresset** *n.* фа́кел.

**crest** *n.* **1.** (*tuft of feathers*) гре́бень (*m.*), хохоло́к; **2.** (*helmet*) шлем; (*top of helmet*) гре́бень (*m.*) шле́ма; **3.** (*her. device*) герб; **4.** (*of wave*) гре́бень (*m.*); he is on the ~ of the wave (*fig.*) он на верши́не сла́вы.

*v.t.*: ~ed notepaper пи́счая бума́га с гербо́м; a golden-~ed bird пти́ца с золоты́м хохолко́м.

*cpd.*: ~-**fallen** *adj.* упа́вший ду́хом; удручённый.

**cretaceous** *adj.* мелово́й.

**Cretan** *n.* жи́тель (*fem.* -ница) Кри́та. *adj.* кри́тский.

**Crete** *n.* Крит.

**cretin** *n.* (*lit., fig.*) крети́н.

**cretinism** *n.* кретини́зм.

**cretinous** *adj.* слабоу́мный (*also fig.*); страда́ющий кретини́змом.

**cretonne** *n.* крето́н.

**crevasse** *n.* рассе́лина в леднике́.

**crevice** *n.* щель, расще́лина.

**crew** *n.* **1.** (*of vessel*) кома́нда, экипа́ж; (*of aircraft*) экипа́ж; (*of train*) брига́да; (*av.*): ground ~ назе́мный обслу́живающий персона́л; **2.** (*team*) брига́да, арте́ль; (*lot, gang*) ба́нда; **3.**: ~ cut стри́жка ёжиком.

*v.t.* обслу́живать (*impf.*) (*кора́бль*).

**crib** *n.* **1.** (*cot*) де́тская крова́тка с се́ткой; **2.** (*hut, shack*) хи́жина, лачу́га; **3.** (*manger*) я́сл|и (*pl., g.* -ей), корму́шка; **4.** (*plagiarism*) плагиа́т; **5.** (*literal translation*) подстро́чник; (*for cheating*) шпарга́лка (*coll.*).

*v.t.* (*confine*) втис|кивать, -нуть; (*plagiarize*) спис|ывать, -áть (*что у кого*).

*v.i.* (*of schoolboy*) шпаргáлить (*impf.*); сду|вáть, -ть (*both sl.*).

**cribbage** *n.* крúббидж.

**cribber** *n.* плагиáтор; (*at school*) сдувáла (*c.g.*) (*sl.*).

**crick** *n.* растяжéние мышц.

*v.t.* растянýть (*pf.*) мы́шцу.

**cricket**[1] *n.* (*insect*) сверчóк.

**cricket**[2] *n.* (*game*) крúкет; it isn't ~ (*fig.*) э́то нечéстно; э́то не по прáвилам.

**cricketer** *n.* игрóк в крúкет.

*cri du coeur* *n.* крик душú.

**crier** *n.* (*official*) глашáтай; (*child etc.*) крикýн (*fem.* -ья).

**crikey** *int.* (*sl.*) мать честнáя!; ну и ну!

**crime** *n.* **1.** (*act*) преступлéние; ~ of violence преступлéние с применéнием насúлия; **2.** (~*s in general*) престýпность; ~ fiction детектúвный ромáн; **3.** (*mil.*) простýпок.

*cpd.*: ~**-sheet** *n.* обвинúтельное заключéние.

**Crimea** *n.* Крым; native of ~ крымчá|к (*fem.* -чка).

**Crimean** *adj.* кры́мский.

*crime passionnel* *n.* убúйство из рéвности.

**criminal** *n.* престýпни|к (*fem.* -ца); war ~ воéнный престýпник.

*adj.* **1.** (*guilty*) престýпный; he has a ~ history у негó престýпное прóшлое; **2.** (*pert. to crime*) уголóвный, криминáльный; ~ action (*prosecution*) уголóвное дéло; ~ code уголóвный кóдекс; ~ court суд по уголóвным делáм; ~ law уголóвное прáво.

**criminality** *n.* престýпность, криминáльность.

**criminologist** *n.* криминóлог.

**criminology** *n.* криминолóгия.

**crimp**[1] *n.* (*hist., enticer of recruits*) вербýющий обмáнным путём.

*v.t.* обмáном вербовáть, за-.

**crimp**[2] *n.* (*fold, curl*) гофрирóвка, гóфр|ы (*pl., g.* —).

*v.t.* гофрировáть (*impf., pf.*); ~ing-iron щипцы́ для завúвки волóс.

**crimson** *n.* малúновый цвет; тёмно-крáсный цвет.

*adj.* малúновый; тёмно-крáсный.

*v.t.* окрá|шивать, -сить в малúновый цвет; the lake was ~ed by the setting sun заходя́щее сóлнце окрáсило óзеро в багря́ный цвет.

*v.i.* краснéть, по-; she ~ed with shame онá залилáсь крáской от стыдá.

**cringe** *v.i.* (*shrink*) съёжи|ваться, -ться (*от чего*); (*behave servilely*) раболéпствовать (*impf.*).

**crinkle** *n.* морщúна.

*v.t. & i.* мóрщить(ся), на-/с-.

**crinkly** *adj.* смóрщенный.

**crinoline** *n.* кринолúн.

**cripple** *n.* калéка (*c.g.*).

*v.t.* калéчить, ис-; урóдовать, из-; (*fig.*): the ship was ~ed by the storm бýря покалéчила корáбль; strikes are ~ing industry забастóвки расшáтывают промы́шленность; ~ing expenses разорúтельные расхóды.

**crisis** *n.* крúзис, перелóм; поворóтный пункт; (*economic etc.*) крúзис.

*cpd.*: ~**-ridden** *adj.* подвéрженный хронúческим крúзисам.

**crisp** *n.* (*potato* ~) жáреная картóфельная стрýжка; (*pl.*) хрустя́щий картóфель.

*adj.* (*of substance*) хрустя́щий; a ~ biscuit рассы́пчатое печéнье; a ~ lettuce свéжий салáт; (*of style, orders etc.*) отры́вистый, чекáнный, отчётливый; (*of air*) бодря́щий, свéжий.

*cpd.*: ~**bread** *n.* сухарú (*m. pl.*); хрустя́щие хлéбцы (*m. pl.*).

**crispness** *n.* свéжесть; отры́вистость, отчётливость, чекáнность.

**crispy** *adj.* хрустя́щий.

**criss-cross** *n.* перекрéщивание.

*adj.* перекрéщивающийся, перекрёстный.

*adv.* крест-нáкрест; (*fig.*) вкривь и вкось.

*v.t.* расчéр|чивать, -тúть крест-нáкрест.

**criterion** *n.* критéрий.

**critic** *n.* (*also* adverse ~) крúтик.

**critical** *adj.* **1.** (*decisive; judicious*) критúческий; the patient's condition is ~ больнóй в критúческом состоя́нии; **2.** (*fault-finding*) критúческий, критúчный.

**criticaster** *n.* критикáн.

**criticism** *n.* крúтика; textual ~ критúческий разбóр тéкста; beneath ~ нúже вся́кой крúтики; I have only one ~ to make у меня́ тóлько однó замечáние.

**criticize** *v.t.* подв|ергáть, -éргнуть критúческому разбóру; (*adversely*) критиковáть (*impf.*).

**critique** *n.* крúтика; (*review*) рецéнзия, критúческая статья́.

**croak** *n.* кáрканье, квáканье.

*v.t. & i.* кáркать (*impf.*); квáкать (*impf.*); (*express dismal views*) кáркать; (*die*) загнýться (*pf.*) (*sl.*).

**croaker** *n.* (*prophet of evil*) прорицáтель (*m.*) дурнóго/худóго.

**Croat** *n.* хорвáт (*fem.* -ка).

**Croatia** *n.* Хорвáтия.

**Croatian** *adj.* хорвáтский.

**crochet** *n.* вы́шивка тáмбуром.

*v.t. & i.* вышивáть, вы́шить тáмбуром.

*cpd.*: ~**-hook** *n.* вязáльный крючóк.

**crock**[1] *n.* (*pot*) глúняный кувшúн/горшóк; (*pl., broken bits of pottery*) черепкú (*m. pl.*); бой.

**crock**[2] *n.* (*worn-out person, horse*) кля́ча; (*car*) рыдвáн.

*v.t.* (*also* ~ up) заéздить (*pf.*).

*v.i.*: ~ up вы́мотаться (*pf.*).

**crockery** *n.* гли́няная/фая́нсовая посу́да.

**crocket** *n.* ли́ственный орна́мент.

**crocodile** *n.* крокоди́л; ~ bird крокоди́лов сто́рож; ~ tears крокоди́ловы слёзы; (*of schoolgirls etc.*) прогу́лка в строю́ па́рами.

**crocus** *n.* кро́кус, шафра́н; autumn ~ осе́нний кро́кус.

**croft** *n.* ху́тор.

**crofter** *n.* хуторя́нин.

**croissant** *n.* рога́лик.

**Cro-Magnon** *n.*: ~ man кроманьо́нец.

**cromlech** *n.* кро́млех.

**crone** *n.* сго́рбленная стару́ха.

**crony** *n.* дружо́к, закады́чный друг.

**crook** *n.* **1.** (*shepherd's*) по́сох; **2.** (*bend*) поворо́т, изги́б; **3.** (*coll., criminal*) моше́нник, жу́лик, проходи́мец.

*v.t.* сгиба́ть, согну́ть; из|гиба́ть, -огну́ть; ~ one's finger согну́ть (*pf.*) па́лец.

**crooked** *adj.* **1.** (*bent*) со́гнутый, изо́гнутый; (*with age*) согбе́нный, сго́рбленный; **2.**: you have got your hat on ~ у вас шля́па ко́со/кри́во наде́та; **3.** (*coll., dishonest*) бесче́стный, моше́ннический.

**crookedness** *n.* со́гнутость, изо́гнутость; (*dishonesty*) бесче́стность, моше́нничество.

**croon** *n.* ти́хое пе́ние.

*v.t. & i.* напева́ть (*impf.*) вполго́лоса.

**crooner** *n.* эстра́дный певе́ц, шансонье́ (*m. indecl.*).

**crop** *n.* **1.** (*craw*) зоб; **2.** (*of whip*) кнутови́ще; (*hunting-*~) охо́тничий хлыст; **3.** (*haircut*) коро́ткая стри́жка; **4.** (*produce*) урожа́й, жа́тва; potato ~ урожа́й карто́феля; (*pl.*) посе́вы (*m. pl.*), (*grain*) хлеба́ (*m. pl.*); land in, under ~ засе́янная земля́; land out of ~ незасе́янная земля́; земля́ под па́ром; **5.** (*fig.*): a ~ of questions ку́ча вопро́сов.

*v.t.* **1.** (*bite off*) щипа́ть (*impf.*); объ|еда́ть, -е́сть; the sheep ~ped the grass short о́вцы ощипа́ли траву́; **2.** (*cut short*): (*hair, hedge*) подстр|ига́ть, -и́чь; (*tail, ears*) обр|еза́ть, -е́зать; (*hedge, tail*) подр|еза́ть, -е́зать; **3.** (*sow, plant*) зас|ева́ть, -е́ять; he ~ped ten acres with wheat он засе́ял пшени́цей де́сять а́кров.

*v.i.* **1.** (*yield a* ~) да|ва́ть, -ть (*or* прин|оси́ть, -ести́) урожа́й; the beans ~ped well бобы́ да́ли хоро́ший урожа́й; бобы́ хорошо́ уроди́лись; **2.** ~ up, out (*of rock etc.*) обнаж|а́ться, -и́ться; **3.** (*fig.*): difficulties ~ped up появи́лись/возни́кли тру́дности.

*cpds.*: ~-**dusting** *n.* опы́ливание посе́вов; ~-**eared** *adj.* (*with ears cut off*) с обре́занными/подре́занными уша́ми; (*with short hair*) ко́ротко стри́женный.

**cropper** *n.* **1.** (*harvester*) косе́ц, жнец; **2.**: he came a ~ (*coll.*) (*lit.*) он шлёпнулся; (*fig.*) он провали́лся.

**croquet** *n.* кроке́т.

*v.t.* крокирова́ть (*impf., pf.*).

**croquette** *n.* кроке́т.

**cro|sier, -zier** *n.* епи́скопский по́сох.

**cross** *n.* **1.** крест; he made a ~ on the document он поста́вил кре́стик на докуме́нте; St Andrew's ~ крест св. Андре́я; Red C~ Кра́сный Крест; Southern ~ Ю́жный Крест; **2.** (~-*stroke, e.g. of a T*) черта́, перекре́щивающая «t»; **3.** (*of crucifixion*) крест; he made the sign of the ~ он перекрести́лся; он осени́л себя́ кресто́м (*or* кре́стным зна́мением); **4.** (*fig., Christianity*) христиа́нство; **5.** (*fig.*): take up one's ~ нести́ (*pf.*) свой крест; he is a ~ I have to bear он крест, кото́рый мне суждено́ нести́; **6.** (*emblem of knighthood, decoration*) крест; **7.**: cut on the ~ (*diagonally*) разре́занный на́искось (*or* по диагона́ли); **8.** (*mixing of breeds*) по́месь, гибри́д; a mule is a ~ between a horse and an ass мул — по́месь ло́шади с осло́м; this is a ~ between a sermon and a fable э́то смесь про́поведи с ба́сней.

*adj.* (*see · also cpds.*) **1.** (*transverse*) попере́чный, перекрёстный; ~ ventilation попере́чная/сквозна́я вентиля́ция; ~ traffic пересека́ющиеся пото́ки движе́ния; ~ wind (*sidewind*) боково́й/косо́й ве́тер; **2.** (*contrary, unfavourable*) проти́вный, противополо́жный; **3.** (*angry*) серди́тый; злой (на +*a.*); раздражённый; he is as ~ as two sticks (*coll.*) он зол/серди́т как чёрт.

*v.t.* **1.** (*go across, traverse; also ~ over*): ~ a road/bridge пере|ходи́ть, -йти́ че́рез доро́гу/мост; ~ the Channel перепл|ыва́ть, -ы́ть Ла-Манш; ~ s.o.'s path перебежа́ть (*pf.*) кому́-н. доро́гу; (*fig.*) повстреча́ться (*impf.*) с кем-н.; the idea never ~ed my mind э́та мысль никогда́ не приходи́ла мне в го́лову; the ship ~ed our bows кора́бль пересёк наш путь; **2.** (*draw lines across*): ~ a cheque перечёрк|ивать, -ну́ть чек; ~ one's T's (*lit.*) перечёрк|ивать, -ну́ть «t»; ~ one's T's and dot one's I's (*fig.*) ста́вить, по- то́чки над «i»; **3.** (*place across*) скре́|щивать, -сти́ть; ~ one's legs скрести́ть (*pf.*) но́ги; заки́нуть (*pf.*) но́гу за́ ногу; ~ one's arms скрести́ть (*pf.*) ру́ки; ~ swords with s.o. (*fig.*) скрести́ть (*pf.*) мечи́/шпа́ги с кем-н.; keep one's fingers ~ed (*fig., expr. hope*) ≃ как бы не сгла́зить; ~ s.o.'s palm with silver позолоти́ть (*pf.*) ру́чку кому́-н.; the wires are ~ed (*lit.*) провода́ запу́тались; ~ wires (*fig.*) запу́т|ывать, -ать де́ло; мути́ть (*impf.*) во́ду; **4.**: ~ o.s. перекрести́ться (*pf.*); ~ my heart! вот те крест!; **5.** (*travel in opposite direction to*): we ~ed each other on the way мы размину́лись в пути́; my letter ~ed your telegram моё письмо́ размину́лось с ва́шей телегра́ммой; **6.** (*thwart*): he was ~ed in love он потерпе́л неуда́чу в любви́; do not ~ me не станови́тесь на моём пути́; не перебега́йте мне доро́гу; **7.** (*breed*) скре́|щивать, -сти́ть.

*v.i.* **1.** (*go across*): he ~ed to where I was sitting он перешёл к тому́ ме́сту, где я сиде́л; he ~ed from Dover to Calais он перепра́вился из Ду́вра в Кале́; **2.**: our letters ~ed на́ши пи́сьма размину́лись.

*with advs.*: ~ **off, out** *vv.t.* вычёркивать, вы́черкнуть; ~ **up** *v.t.* (*coll., disrupt*) срыва́ть, сорва́ть.

*cpds.*: ~**-action** *n.* (*leg.*) встре́чный иск; ~ **bar** *n.* попере́чина, тра́верса, ри́гель (*m.*); ~**-bearing** *n.* крюйс-пе́ленг; ~**-bench** *n.* (*parl.*) скамья́ для незави́симых депута́тов; ~**-bencher** *n.* (*parl.*) незави́симый депута́т; ~ **bill** *n.* клёст; ~ **bow** *n.* самостре́л, арбале́т; ~**bowman** *n.* арбале́тчик; ~**-bred** *adj.* скрещённый, гибри́дный; ~**-breed** *n.* по́месь, гибри́д; *v.t. & i.* скре́|щивать(ся), -сти́ть(ся); ~**-channel** *adj.*: ~-channel steamer парохо́д, пересека́ющий Ла-Ма́нш; ~**-check** *n.* све́рка; *v.t. & i.* све́р|я́ть(ся), -е́рить(ся); ~**-country** *adj.*: a ~-country race бег по пересечённой ме́стности, кросс; ~-country runner кросс-ме́н; ~-country vehicle вездехо́д; ~**-current** *n.* пересека́ющий пото́к; (*fig.*) противополо́жное мне́ние; ~**-cut** *adj.*: ~-cut saw попере́чная пила́; ~**-examination** *n.* перекрёстный допро́с; ~**-examine** *v.t.* подв|ерга́ть, -е́ргнуть перекрёстному допро́су; (*fig.*) допр|а́шивать, -оси́ть; ~**-eyed** *adj.* косогла́зый, косо́й; ~**-fertilization** *n.* перекрёстное опыле́ние; скре́щивание (*lit., fig.*); ~**-fertilize** *v.t.* перекрёстно опыл|я́ть, -и́ть; ~**-fire** *n.* (*mil.*) перекрёстный ого́нь; ~**-grained** *adj.* (*of temper*) сварли́вый, несгово́рчивый; ~**-hatch** *v.t.* гравирова́ть (*impf.*) перекрёстными штриха́ми; ~**-head(ing)** *n.* подзаголо́вок; ~**-legged** *adj.* (сидя́щий,) положи́в но́гу на́ ногу (or скрести́в но́ги по-туре́цки); ~**-light** *n.* (*sidelight*) перекрёстное освеще́ние; ~**-patch** *n.* (*coll.*) брюзга́ (*c.g.*), злю́ка (*c.g.*); ~ **piece** *n.* попере́чина, крестови́на; ~**-pollinate** *v.t.* перекрёстно опыл|я́ть, -и́ть; ~**-pollination** *n.* перекрёстное опыле́ние; ~**-purposes** *n.* недоразуме́ние; ~**-question** *v.t.* допр|а́шивать, -оси́ть; ~**-reference** *n.* перекрёстная ссы́лка; ~ **road** *n.* перекрёсток; пересека́ющая доро́га; at the ~roads (*fig.*) на распу́тье; ~**-section** *n.* попере́чное сече́ние; попере́чный разре́з; про́филь (*m.*); ~-section of the population попере́чный разре́з населе́ния; ~**-stitch** *n.* вы́шивка кре́стиком; ~**-talk** *n.* перека́ния (*nt. pl.*); ~**-tree** *n.* са́линг; ~ **ways** *adj. see* CROSSWISE; ~ **word** *n.* кроссво́рд.

**crosse** *n.* клю́шка (для игры́ в лакро́сс).

**crossing** *n.* **1.** (*going across*) перехо́д; перее́зд; **2.** (*of sea*) перепра́ва, перехо́д; we had a rough ~

нас си́льно кача́ло (во вре́мя перепра́вы); **3.** (*of road and/or rail*) перекрёсток; перехо́д; перее́зд; level ~ пересече́ние желе́зной доро́ги с шоссе́ (на одно́м у́ровне); ~ sweeper подмета́льщик; pedestrian ~ пешехо́дный перехо́д; **4.** (*in church*) средокре́стие; **5.** (*cross-breeding*) скре́щивание.

**crossness** *n.* (*ill-temper*) раздражи́тельность, сварли́вость.

**cross|wise, -ways** *adj.* крестообра́зный.
   *adv.* крест-на́крест.

**crotch** *n.* (*of a tree*) разветвле́ние, разви́лина; (*anat.*; *also* **crutch**) проме́жность; the trousers are tight in the ~ брю́ки жмут в шагу́.

**crotchet** *n.* (*mus.*) четвертна́я но́та; (*whim*) причу́да.

**crotchety** *adj.* (*peevish*) раздражи́тельный, брюзгли́вый.

**crouch** *v.i.* сгиба́ться, согну́ться; наг|иба́ться, -ну́ться.

**croup**[1] *n.* (*rump*) круп.

**croup**[2] *n.* (*med.*) круп.

**croupier** *n.* (*at gambling*) крупье́ (*m. indecl.*).

**croûton** *n.* (*cul.*) грено́к.

**crow**[1] *n.* воро́на; carrion ~ чёрная воро́на; they are a mile away as the ~ flies они́ в ми́ле отсю́да, е́сли счита́ть по прямо́й; eat ~ (*Am., eat humble pie*) прийти́ (*pf.*) с пови́нной (голово́й); ~'s nest (*naut.*) наблюда́тельный пост на ма́чте, «воро́нье гнездо́»; ~'s feet (*wrinkles*) морщи́нки в уголка́х глаз; гуси́ные ла́пки.
   *cpd.*: ~**bar** *n.* лом, ва́га, а́ншпуг.

**crow**[2] *n.* (*of cock*) кукаре́канье; (*of baby*) ра́достный крик.
   *v.i.* (*of cock*) кукаре́кать (*impf.*); (*of baby*) изд|ава́ть, -а́ть ра́достный крик; ~ over s.o. восторже́ствовать (*pf.*) над кем-н.

**crowd** *n.* **1.** (*throng*) толпа́; follow (or go with) the ~ (*fig.*) плыть (*impf.*) по тече́нию; **2.** (*clique, social set*) компа́ния, о́бщество; **3.** (*mass, medley*) гора́, ку́ча; **4.** (*naut.*): a ~ of sail форси́рованные паруса́.
   *v.t.* **1.** (*overfill*) зап|олня́ть, -о́лнить; переп|олня́ть, -о́лнить; spectators ~ed the stadium зри́тели запо́лнили стадио́н; the buses are ~ed авто́бусы перепо́лнены; ~ed street у́лица, запру́женная наро́дом; the room was ~ed with furniture ко́мната была́ загромождена́ ме́белью; a life ~ed with incident жизнь, бога́тая происше́ствиями; **2.** (*press, hustle*) оса|жда́ть, -ди́ть; **3.**: ~ sail (*naut.*) идти́ (*det.*) на всех паруса́х; **4.**: patients are ~ed out of the hospitals больни́цы перегру́жены; больны́м бо́льше нет ме́ста; his article was ~ed out of the magazine его́ статья́ была́ вы́теснена из журна́ла други́м материа́лом.
   *v.i.* (*assemble in a* ~) толпи́ться, с-; наб|ива́ться, -и́ться битко́м; they ~ed round the teacher он столпи́лись вокру́г учи́теля;

they ~ed into the room они хлы́нули в ко́мнату; memories ~ed in upon me на меня́ нахлы́нули воспомина́ния.

**crown** *n*. **1.** коро́на, вене́ц; **2.** (*fig.*, *sovereignty or sovereign*) коро́на, престо́л; he succeeded to the ~ он унасле́довал коро́ну; this land belongs to the C~ э́та земля́ принадлежи́т коро́не; witness for the C~ свиде́тель обвине́ния; **3.** (*wreath*) вене́ц; вено́к; martyr's ~ мучени́ческий вене́ц; **4.** (*coin*) кро́на; **5.** (*of head*) маку́шка, те́мя (*nt.*), голова́; (*of hat*) тулья́; (*of road*) вы́пуклость доро́ги; (*of tree*) кро́на, верху́шка; **6.** (*dental work*) коро́нка; **7.** (*fig.*, *culmination or reward*) вене́ц, заверше́ние, верши́на; the ~ of one's achievement верши́на достиже́ний; the ~ of one's labours заверше́ние трудо́в; **8.** (*attr.*): ~ jewels короле́вские/ца́рские рега́лии (*f. pl.*); ~ lands зе́мли, принадлежа́щие коро́не; ~ prince кронпри́нц, насле́дный принц; ~ princess кронпринце́сса, насле́дная принце́сса.

*v.t.* **1.**: he was ~ed king его́ коронова́ли (на ца́рство); ~ed heads короно́ванные осо́бы; **2.** the hill is ~ed with a wood верши́на холма́ покры́та ле́сом; **3.** (*fig.*, *reward*): his efforts were ~ed with success его́ уси́лия увенча́лись успе́хом; **4.** (*put finishing touch to*) заверш|а́ть, -и́ть; to ~ the feast we drank champagne в заверше́ние пра́здника мы вы́пили шампа́нского; to ~ it all, a storm broke out в доверше́ние всего́ разрази́лась бу́ря; ~ing mercy вы́сшее (*or* всё превосходя́щее) милосе́рдие; **5.** (*hit on the head*) тре́снуть (*pf.*) по башке́ (*coll.*); **6.** (*at draughts*) пров|оди́ть, -ести́ в да́мки; **7.**: ~ a tooth ста́вить, по- коро́нку на зуб; **8.**: a high/low-~ed hat шля́па с высо́кой/ни́зкой тулье́й.

*cpd.*: ~**-piece** *n*. кро́на.

**crozier** *see* CROSIER.

**crucial** *adj.* (*decisive*) реша́ющий.

**crucian** *n*. (*also* ~ carp) кара́сь (*m.*).

**crucible** *n*. ти́гель (*m.*), горн; (*fig.*) горни́ло.

**crucifix** *n*. распя́тие; (*cross*) крест.

**crucifixion** *n*. распя́тие (на кресте́).

**cruciform** *adj.* крестообра́зный, кресто-ви́дный.

**crucify** *v.t.* расп|ина́ть, -я́ть; (*fig.*, *of passions etc.*) умерщвля́ть (*impf.*).

**crude** *adj.* **1.** (*of materials*): ~ oil сыра́я нефть; ~ ore сыра́я/необогащённая руда́; ~ sugar неочи́щенный са́хар; **2.** (*graceless*) гру́бый, неотёсанный; **3.** (*awkward, ill-made*): ~ paintings аляпова́тые карти́ны; a ~ log cabin грубо сколо́ченная деревя́нная хижина; **4.** (*unripe, undigested*): ~ schemes неразрабо́танные/незре́лые пла́ны; ~ facts го́лые фа́кты; **5.** (*undifferentiated*): ~ death rate гру́бый подсчёт сме́ртности.

**crud|eness, -ity** *nn.* гру́бость, неотёсанность.

**cruel** *adj.* жесто́кий; ~ pain жесто́кая/

ужа́сная боль; a ~ disease мучи́тельная боле́знь.

**cruelty** *n*. жесто́кость; ~ to animals жесто́кое обраще́ние с живо́тными.

**cruet** *n*. графи́нчик, сосу́д.

*cpd.*: ~**-stand** *n*. судо́к.

**cruis|e** *n*. (*of ship*) пла́вание, кре́йсерство; (*of aircraft*) полёт; (*pleasure voyage*) морско́е путеше́ствие, круи́з.

*v.i.* крейси́ровать (*impf.*); соверша́ть (*impf.*) ре́йсы; ~ing altitude (*of aircraft*) кре́йсерская высота́ полёта; ~ing speed (*of aircraft*) кре́йсерская ско́рость; (*of car*) эксплуатацио́нная ско́рость.

**cruiser** *n*. (*warship*) кре́йсер; cabin ~ прогу́лочный ка́тер с каю́той.

*cpd.*: ~**-weight** *n*. (*boxing*) полутяжёлый вес.

**crumb** *n*. **1.** (*small piece*) кро́шка; (*fig.*): ~s of information кро́хи (*f. pl.*)/обры́вки (*m. pl.*) све́дений; ~ of comfort сла́бое утеше́ние; **2.** (*inner part of bread*) мя́киш; **3.** ~s! (*coll.*) ну и ну!

*cpd.*: ~**-brush** *n*. щётка для смета́ния кро́шек со стола́.

**crumble** *n*. (*cul.*) слоёный фрукто́вый пу́динг.

*v.t.* (*bread etc.*) кроши́ть, рас-.

*v.i.* кроши́ться (*impf.*); (*of a wall*) обва́л|иваться, -и́ться; обру́ши|ваться, -ться; (*fig.*, *of empires, hopes etc.*) ру́шиться (*impf.*, *pf.*); ру́хнуть (*pf.*).

**crumbly** *adj.* кроша́щийся; (*of bread*) рассы́пчатый.

**crum|by, -my** *adj.* (*scruffy*) задри́панный (*sl.*); (*full of crumbs*) весь в кро́шках.

**crump** *n*. (*sound of shell-burst etc.*) разры́в; (*shell, bomb*) фуга́ска (*coll.*); тяжёлый фуга́сный снаря́д.

**crumpet** *n*. ≃ сдо́бная лепёшка.

**crumple** *v.t.* мять (*or* смина́ть), с-; ~ one's clothes смять (*pf.*) свою́ оде́жду; ~ up a sheet of paper ско́мкать (*pf.*) лист бума́ги; ~ up the enemy army сломи́ть (*pf.*) сопротивле́ние проти́вника.

*v.i.* мя́ться (*or* смина́ться), с-; these sheets ~ э́ти про́стыни мну́тся; the wings of the aircraft ~d up кры́лья самолёта помя́лись; he ~d up when taxed with the crime он слома́лся, когда́ его́ обвини́ли в преступле́нии.

**crunch** *n*. (*noise*) хруст, скрип; (*crucial moment*) реша́ющий моме́нт; кри́зисная ситуа́ция.

*v.t. & i.* грызть (*impf.*) с хру́стом; хрусте́ть (*impf.*); скрипе́ть (*impf.*); our feet ~ed the gravel гра́вий хрусте́л у нас под нога́ми.

**crupper** *n*. (*strap*) подхво́стник; (*hindquarters*) круп.

**crural** *adj.* бе́дренный.

**crusade** *n*. (*lit.*, *fig.*) кресто́вый похо́д.

*v.i.* (*fig.*) идти́ (*det.*) в похо́д (*против чего or за что*); объяв|ля́ть, -и́ть войну́ (*чему*).

**crusader** *n*. крестоно́сец; (*fig.*) боре́ц.

**crush** *n.* **1.** (*crowd*) толчея́, толкотня́, да́вка; (*crowded party*) столпотворе́ние; **2.** (*infatuation*): she has a ~ on him она́ от него́ без ума́; **3.** (*fruit drink*) вы́жатый фрукто́вый сок; **4.**: ~ hat шапокля́к.

*v.t.* **1.** (*press, squash*) разда́в|ливать, -и́ть; some people were ~ed to death кое-кого́ задави́ло; we ~ed our way through the crowd мы проби́лись/проти́снулись/ протолка́лись сквозь толпу́; **2.** (*crumple*) мять, из-/с-; см|ина́ть, -я́ть; her dresses were badly ~ed её пла́тья си́льно помя́лись; **3.** (*defeat, overcome*) сокруш|а́ть, -и́ть; he ~ed his enemies он разгроми́л свои́х враго́в; our hopes were ~ed на́ши наде́жды ру́хнули; she ~ed him with a look она́ уничто́жила/испепели́ла его́ одни́м взгля́дом; a ~ing defeat по́лное пораже́ние, разгро́м.

*v.i.* мя́ться, из-/с-; см|ина́ться, -я́ться; изм|ина́ться, -я́ться; прот|а́лкиваться, -олка́ться; проти́с|киваться, -нуться; this material does not ~ э́та мате́рия не мнётся; they ~ed into the front seats они́ проти́снулись/протолка́лись на места́ пе́рвого ря́да.

*with advs.*: ~ **out** *v.t.* (*extract*): ~ out fruit juice выжима́ть, вы́жать сок из фру́ктов; (*extinguish*): ~ out a cigarette погаси́ть (*pf.*) сигаре́ту; ~ **up** *v.t.* (*make into powder*) толо́чь, рас-/ис-.

**crust** *n.* **1.** (*of bread*) ко́рка; (*of pastry*) ко́рочка; the earth's ~ земна́я кора́; (*of ice*) ко́рка; (*of wine*) оса́док на сте́нках буты́лки; **2.** (*coll., impudence*) наха́льство, на́глость.

*v.t.*: ~ed over with ice обледене́вший; ~ed (*of wine*) с образова́вшимся оса́дком; (*fig.*): ~ed prejudices закорене́лые предрассу́дки.

*v.i.*: the snow ~ed over на снегу́ образова́лась твёрдая ко́рка.

**crustacean** *n.* ракообра́зное.

   *adj.* ракообра́зный.

**crustiness** *n.* (*fig.*) ре́зкость, жёлчность.

**crusty** *adj.* (*lit.*) покры́тый ко́ркой; с ко́рочкой; (*fig.*) ре́зкий, жёлчный.

**crutch** *n.* **1.** (*support*) косты́ль (*m.*); (*fig.*) опо́ра; **2.** *see* CROTCH.

**crux** *n.* (*difficulty*) затрудне́ние, (*coll.*) заги́воздка; (*essential point*) суть; коренно́й вопро́с.

**cry** *n.* **1.** (*weeping*) плач; she had a good ~ она́ всласть попла́кала; **2.** (*shout*) крик; within ~ в преде́лах слы́шимости; (*fig.*): it is a far ~ to the days of the horse-carriage мы далеко́ ушли́ от э́ры каре́т, запряжённых лошадьми́; **3.** (*of animal*) крик, in full ~ (*of hounds*) в бе́шеной пого́не; с дру́жным ла́ем; (*fig.*): the Opposition were in full ~ after the Prime Minister оппози́ция со всей си́лой обру́шилась на премье́р-мини́стра; **4.** (*calling of information*) крик; the night watchman's ~ крик/о́клик ночно́го сто́рожа; street cries of London кри́ки ло́ндонских разно́счиков; **5.** (*watch-*word) клич, ло́зунг; **6.** (*entreaty, demand*) мольба́; there was a ~ for reform подняли́сь голоса́, тре́бующие рефо́рмы; **7.** (*outcry, clamour*) крик, вопль (*m.*); they raised the ~ of discrimination они́ по́дняли крик/во́пли о дискримина́ции.

*v.t.* **1.** (*weep*) пла́кать (*impf.*); ~ bitter tears пла́кать (*impf.*) го́рькими/горю́чими слеза́ми; ~ one's eyes out вы́плакать (*pf.*) (все) глаза́; she cried herself to sleep она́ усну́ла в слеза́х; **2.** (*shout, exclaim*) крича́ть (*impf.*); вскри́к|ивать, -нуть; "Enough!" he cried «Дово́льно!» — закрича́л он; **3.** (*proclaim*): ~ one's wares выклика́ть (*impf.*) свои́ това́ры; ~ shame upon s.o. стыди́ть (*impf.*) кого́-н.; ~ stinking fish (*fig.*) хули́ть (*impf.*) свой това́р; поноси́ть (*impf.*) самого́ себя́.

*v.i.* **1.** (*weep*) пла́кать (*impf.*); ~ over sth. опла́кивать (*impf.*) что-н.; it's no good ~ing over spilt milk (*fig.*) сде́ланного не воро́тишь; что с во́зу упа́ло, то пропа́ло; **2.** (*shout, exclaim, plead*) крича́ть (*impf.*); вскри́к|ивать, -нуть; he cried with pain он вскри́кнул от бо́ли; they cried for mercy они́ умоля́ли о милосе́рдии; ~ for the moon (*fig.*) жела́ть (*impf.*) невозмо́жного/несбы́точного.

*with advs.*: ~ **down** *v.t.* (*disparage*) умал|я́ть, -и́ть; прин|ижа́ть, -и́зить; ~ **off** *v.t. & i.* (*an engagement*) отмен|я́ть, -и́ть (свида́ние); ~ **out** *v.i.* (*in pain or distress*) вскри́к|ивать, -нуть; ~ **up** *v.t.* (*boost*) превозн|оси́ть, -ести́.

*cpd.*: ~**-baby** *n.* пла́кса (*c.g.*), рёва (*c.g.*).

**crying** *n.* (*weeping*) плач; (*calling of wares*) крик, выклика́ние.

   *adj.*: a ~ shame безобра́зие; ~ need о́страя нужда́.

**cryolite** *n.* криоли́т.

**cryology** *n.* криоло́гия.

**crypt** *n.* кри́пта, склеп.

**cryptanalysis** *n.* дешифро́вка криптогра́мм.

**cryptanalyst** *n.* дешифро́вщик.

**cryptic** *adj.* таи́нственный, зага́дочный.

**crypto-Communist** *n.* та́йный коммуни́ст.

**cryptogam** *n.* тайнобра́чное расте́ние.

**cryptogram** *n.* криптогра́мма, та́йнопись.

**cryptographer** *n.* шифрова́льщик.

**cryptographic** *adj.* криптографи́ческий, шифрова́льный.

**cryptography** *n.* криптогра́фия.

**cryptomeria** *n.* криптоме́рия.

**cryptonym** *n.* (та́йная) кли́чка.

**crystal** *n.* **1.** (*substance*) го́рный хруста́ль; ~ ornaments хруста́льные украше́ния; ~ set (*radio*) приёмник на криста́ллах; дете́кторный приёмник; **2.** (*glassware*) хруста́ль (*m.*); ~ ball маги́ческий криста́лл; **3.** (*aggregation of molecules*) криста́лл; **4.** (*fig.*): the ~ waters of the lake прозра́чные во́ды о́зера; **5.** (*Am., watch-glass*) стекло́ ручны́х/карма́нных часо́в.

*cpds.*: ~-**clear** *adj.* (*fig.*) я́сный как бо́жий день; ~-**gazer** *n.* гада́тель (*m.*), гада́льщик; (*fem.*) гада́лка; ~-**gazing** *n.* гада́ние.

**crystalline** *adj.* хруста́льный; (*fig., also*) криста́льный; ~ lens (*anat.*) хруста́лик.

**crystallization** *n.* (*lit.*) кристаллиза́ция.

**crystallize** *v.t.* **1.** (*form into crystals*) кристаллизова́ть (*impf., pf.*); за- (*pf.*); **2.** (*clarify*) воплоɪща́ть, -ти́ть в определённую фо́рму; **3.**: ~d fruit заса́харенные фру́кты.

*v.i.* **1.** (*form into crystals*) кристаллизова́ться (*impf., pf.*); вы- (*pf.*); **2.**: his plans ~d его́ пла́ны ста́ли определёнными.

**crystallographer** *n.* кристалло́граф.

**crystallography** *n.* кристаллогра́фия.

**cub** *n.* **1.** детёныш; (*bear*) медвежо́нок; (*fox*) лисёнок; (*lion*) львёнок; (*tiger*) тигрёнок; (*wolf*) волчо́нок; (*fig.*): ~ reporter начина́ющий репортёр; unlicked ~ зелёный юне́ц, щено́к; **2.** (*ill-mannered youth*) де́рзкий щено́к.

*v.i.* **1.** (*bring forth* ~s) щени́ться, о-; коти́ться, о-; **2.** (*hunt fox-* ~s) охо́титься (*impf.*) на лися́т.

*cpd.*: ~-**hunting** *n.* охо́та на лися́т.

**Cuba** *n.* Ку́ба; in ~ на Ку́бе.

**Cuban** *n.* куби́нɪец (*fem.* -ка).

*adj.* куби́нский.

**cubby-hole** *n.* (*small room*) ко́мнатка, комо́рка.

**cube** *n.* **1.** (*math.: of a number*) куб; ~ root куби́ческий ко́рень; **2.** (*solid*) ку́бик; ~ sugar пилёный са́хар; sugar ~ ку́бик/кусо́к пилёного са́хара.

*v.t.* **1.** (*calculate* ~ *of*) возвɪоди́ть, -ести́ (число́) в куб; 4 ~d 4 в ку́бе; 4 в тре́тьей сте́пени; **2.** (*cut into* ~s) нарɪеза́ть, -е́зать ку́биками.

**cubic** *adj.* куби́ческий; ~ content кубату́ра, ёмкость, объём.

**cubical** *adj.* куби́ческий.

**cubicle** *n.* каби́на; бокс.

**cubiform** *adj.* кубови́дный.

**cubism** *n.* куби́зм.

**cubist** *n.* куби́ст.

**cubit** *n.* ло́коть (*m.*) (*мера длины*).

**cubital** *adj.* локтево́й.

**cuckold** *n.* рогоно́сец.

*v.t.* настɪавля́ть, -а́вить рога́ +*d.*

**cuckoo** *n.* куку́шка; ~ clock часы́ (*m. pl.*) с куку́шкой; ~ flower горицве́т куку́шкин.

*adj.* (*coll., crazy*) чо́кнутый, тро́нутый.

*v.i.* (*utter* ~'s *cry*) кукова́ть (*impf.*).

**cucumber** *n.* огуре́ц; ~ salad сала́т из огурцо́в; cool as a ~ хладнокро́вный, невозмути́мый.

**cud** *n.* жва́чка; chew the ~ (*lit., fig.*) жева́ть (*impf.*) жва́чку.

**cuddle** *v.t. & i.* обнɪима́ть(ся).

*v.i.*: ~ up (to s.o.) прижɪима́ться, -а́ться (к кому́-н.).

**cuddlɪesome, -y** *adjs.* располага́ющий к ла́ске;

ми́лый, прия́тный.

**cudgel** *n.* дуби́нка, па́лка; take up the ~s for s.o. (*fig.*) высту́пить (*pf.*) в защи́ту кого́-н.

*v.t.* бить (*impf.*) дуби́нкой/па́лкой; ~ one's brains лома́ть (*impf.*) го́лову (*над чем*).

**cue[1]** *n.* (*theatr.*) ре́плика; (*fig., hint*) намёк; take one's ~ from взять (*pf.*) приме́р с (*кого*); поня́ть (*pf.*) (*чей*) намёк.

**cue[2]** *n.* (*billiards*) кий.

**cuff[1]** *n.* **1.** (*part of sleeve; linen band*) манже́та; off the ~ (*fig.*) экспро́мтом; **2.** (*trouser turn-up*) отворо́т.

*cpd.*: ~-**links** *n.* за́понки (*f. pl.*).

**cuff[2]** *n.* (*blow*) шлепо́к.

*v.t.* шлёпɪать, -нуть.

**cuirass** *n.* (*armour*) кира́са.

**cuirassier** *n.* кираси́р.

**cuisine** *n.* ку́хня.

**cul-de-sac** *n.* (*also fig.*) тупи́к.

**culinary** *adj.* кулина́рный; ~ plants о́вощи и фру́кты, го́дные для ва́рки.

**cull** *n.* (*of seals*) отбо́р, брако́вка.

*v.t.* **1.** (*select*) отɪбира́ть, -обра́ть; подɪбира́ть, -обра́ть; (*flowers etc.*) собɪира́ть, -ра́ть; **2.** (*slaughter*) бить (*impf.*).

**culminate** *v.i.* достɪига́ть, -и́гнуть вы́сшей то́чки (*or* апоге́я).

**culmination** *n.* кульмина́ция; кульминацио́нный пункт.

**culpability** *n.* вино́вность, престу́пность.

**culpable** *adj.* вино́вный, престу́пный.

**culprit** *n.* (*offender*) престу́пник; (*fig.*) вино́вник.

**cult** *n.* культ, обожествле́ние.

**cultivable** *adj.* (*of soil*) приго́дный для возде́лывания; (*of plant*) культиви́руемый.

**cultivate** *v.t.* **1.** (*land*) возде́лɪывать, -ать; (*crops*) культиви́ровать (*impf.*); ~d area посевна́я пло́щадь; **2.**: ~ one's mind развива́ть (*impf.*) ум; ~ one's style соверше́нствовать (*impf.*) свой стиль; a ~d person культу́рный/интеллиге́нтный челове́к; **3.**: ~ s.o.('s acquaintance) подде́рживать (*impf.*) знако́мство с кем-н.

**cultivation** *n.* **1.** (*agric.*) (*of soil*) обрабо́тка, культива́ция, возде́лывание; (*of plants*) культиви́рование, разведе́ние; **2.** (*culture*) культу́ра; **3.** (*of acquaintance*) подде́рживание (знако́мства).

**cultivator** *n.* (*pers.*) земледе́лец; (*implement*) культива́тор.

**cultural** *adj.* культу́рный; ~ centre дом/дворе́ц культу́ры; ~ agreement догово́р о культу́рном обме́не; ~ institution культу́рно-просвети́тельное учрежде́ние.

**culture** *n.* **1.** (*tillage*) возде́лывание, культива́ция; **2.** (*rearing, production*) разведе́ние, возде́лывание; ~ of oysters разведе́ние у́стриц; ~ of silk разведе́ние шелкови́чных черве́й; **3.** (*colony of bacteria*) культу́ра, штамм; **4.** (*civilization, way of life*) культу́ра, быт; physical/mental ~ физи́ческое/у́мственное разви́тие; a man of ~ интеллиге́нтный челове́к; Greek ~ гре́ческая культу́ра; beauty ~ ухо́д за ко́жей; косме́тика.

*v.t.*: ~d pearls культиви́рованный же́мчуг; ~d viruses вы́ращенные ви́русы.

**cultured** *adj.* (*of pers.*) интеллиге́нтный, культу́рный.

**culverin** *n.* (*hist.*) кулеври́на.

**culvert** *n.* кульве́рт; дрена́жная труба́; (*elec.*) подзе́мный трубопрово́д для ка́беля.

**cumber** *v.t.* затрудн|я́ть, -и́ть; препя́тствовать (*impf.*) +*d.*

**cumb|ersome, -rous** *adjs.* громо́здкий, обремени́тельный.

**cumbrousness** *n.* громо́здкость, обремени́тельность.

**cummerbund** *n.* широ́кий по́яс (под смо́кинг).

**cum(m)in** *n.* тмин.

**cumquat** *n.* кинка́н, кумква́т.

**cumulate** *v.t.*: ~ offices сосредото́чи|вать, -ть не́сколько должносте́й в одни́х рука́х.

*v.i.* аккумули́роваться (*impf.*); нак|а́пливаться, -опи́ться.

**cumulation** *n.* аккумуля́ция, накопле́ние.

**cumulative** *adj.* кумуляти́вный, нако́пленный, совоку́пный; ~ evidence (*leg.*) совоку́пность ули́к; ~ sentence (*leg.*) совоку́пность пригово́ров.

**cumulo-cirrus** *n.* пе́ристо-кучевы́е облака́.

**cumulo-nimbus** *n.* ку́чево-дождевы́е облака́.

**cumulo-stratus** *n.* сло́йсто-кучевы́е облака́.

**cumulus** *n.* (*cloud*) кучевы́е облака́.

**cuneiform** *n.* ( ~ *writing*) кли́нопись.

*adj.* (*wedge-shaped*) клинообра́зный; (*of writing*) клинопи́сный.

**cunning** *n.* (*craftiness*) хи́трость; (*skill*) ло́вкость.

*adj.* (*crafty*) хи́трый.

**cunt** *n.* пизда́ (*vulg.*).

**cup** *n.* **1.** (*for tea etc.*) ча́шка, (*liter.*) ча́ша; that is my ~ of tea (*fig.*) э́то по мне́; э́то в мое́м вку́се; another ~ of tea (*fig.*) совсе́м друго́е де́ло; **2.** (*fig.*): his ~ was full (*sc. with happiness*) он был на верху́ блаже́нства; (*with misery*) его́ ча́ша страда́ний перепо́лнилась; **3.** (*as prize*) ку́бок; ~ final фина́л ро́зыгрыша ку́бка; **4.**: in one's ~s (*fig.*) навеселе́; под хмелько́м; **5.** (*Communion chalice*) ча́ша, поти́р; **6.**: claret ~ крюшо́н из кра́сного вина́; **7.** (*calyx*) ча́шечка; (*socket*) углубле́ние; **8.**: ~ and ball бильбоке́ (*indecl.*).

*v.t.* **1.** ~ one's hand держа́ть (*impf.*) ру́ку го́рстью; ~ one's hands round a glass обхвати́ть (*pf.*) стака́н обе́ими рука́ми; ~ one's chin in one's hands подп|ира́ть, -ере́ть подборо́док ладо́нями; **2.** (*bleed*) ста́вить, поба́нки +*d.*; ~ping-glass (*med.*) ба́нка.

*cpds.*: ~**bearer** *n.* виноче́рпий; ~**-cake** *n.*

кру́глый кекс; ~**-tie** *n.* футбо́льный матч на ку́бок.

**cupboard** *n.* шкаф, буфе́т; ~ love коры́стная/рассчётливая любо́вь.

**cupful** *n.* по́лная ча́шка (*чего*).

**Cupid** *n.* **1.** (*myth.*) Купидо́н; ~'s bow (*of lip*) гу́бы (*f. pl.*) ба́нтиком; **2.** (*putto*) аму́р.

**cupidity** *n.* а́лчность, жа́дность.

**cupola** *n.* ку́пол.

**cupro-nickel** *n.* мельхио́р.

**cur** *n.* дворня́жка, дворня́га; (*fig., of pers.*) соба́ка.

**curable** *adj.* излечи́мый, исцели́мый.

**curaçao** *n.* кюрасо́ (*indecl.*).

**curacy** *n.* прихо́д.

**curare** *n.* кура́ре (*indecl.*).

**curate** *n.* вика́рий, мла́дший прихо́дский свяще́нник.

**curative** *adj.* целе́бный, цели́тельный.

**curator** *n.* (*of museum etc.*) храни́тель (*m.*).

**curatorship** *n.* до́лжность храни́теля.

**curb** *n.* **1.** (*horse's*) подгу́бник; **2.** (*fig.*) узда́; **3.** see KERB.

*v.t.* **1.** (*of horse*) над|ева́ть, -е́ть узду́ на +*a.*; **2.** (*fig.*) обу́зд|ывать, -а́ть.

**curd** *n.* творо́г.

**curdle** *v.t.* створ|а́живать, -о́жить; ~ the blood (*fig.*) ледени́ть (*impf.*) кровь.

*v.i.* свёр|тываться, -ну́ться; створ|а́живаться, -о́житься; (*fig.*): one's blood ~s кровь леденс́ет; кровь сты́нет в жи́лах.

**cure** *n.* **1.** (*remedy*) лека́рство, сре́дство; this is a ~ for idleness э́то лека́рство от безде́лья; past ~ неизлечи́мый; **2.** (*treatment*) лече́ние; he went to Vichy for the ~ он пое́хал на лече́ние в Виши́; **3.**: ~ of souls бенефи́ций; **4.** (*vulcanization*) вулканиза́ция.

*v.t.* **1.** (*make healthy*) выле́чивать, вы́лечить; he was ~d of asthma он вы́лечился от а́стмы; he was ~d of gambling он излечи́лся от стра́сти к аза́ртной игре́; **2.** (*remedy*): (*disease*) выле́чивать, вы́лечить; излеч|ива́ть, -и́ть; (*poverty*) уничт|ожа́ть, -о́жить; (*drunkenness*) изж|ива́ть, -и́ть; **3.** (*meat*) соли́ть, по-; вя́лить, про-; (*hides*) обраб|а́тывать, -о́тать; (*tobacco*) фермснти́ровать (*impf., pf.*).

*v.i.*: the disease ~d of itself боле́знь прошла́ сама́ по себе́.

*cpd.*: ~**-all** *n.* панаце́я.

**curettage** *n.* выска́бливание.

**curette** *n.* кюре́тка.

*v.t.* выска́бливать, вы́скоблить кюре́ткой.

**curfew** *n.* комснда́нтский час; (*hist.*) вече́рний звон; impose a ~ устан|а́вливать, -ови́ть комснда́нтский час; lift a ~ отмен|я́ть, -и́ть комснда́нтский час.

**curia** *n.* (*папская*) ку́рия.

**curie** *n.* (*unit*) кюри́ (*nt. indecl.*).

**curio** *n.* антиква́рная вещь, ре́дкость.

**curiosity** *n.* **1.** (*inquisitiveness*) любопы́тство,

любозна́тельность; ~ killed the cat (*prov.*) любопы́тство до добра́ не доведёт; **2.** (*unusual object*) дико́вин(к)а; ре́дкость; ~ shop ла́вка дре́вностей; антиква́рный магази́н.

**curious** *adj.* **1.** (*interested*): I am ~ to know what he said я хочу́ зна́ть, что он сказа́л; **2.** (*inquisitive*) любопы́тный, любозна́тельный; **3.** (*odd*) стра́нный; дико́винный; ~ to relate, ~ly enough как ни стра́нно.

**curium** *n.* кю́рий.

**curl** *n.* (*of hair*) ло́кон, завито́к; (*pl.*, ~y hair) вью́щиеся/кудря́вые/курча́вые во́лосы (*m. pl.*); (*of string*) завито́к, спира́ль; (*of smoke*) кольцо́; (*of wave*) изги́б; (*of lip*) презри́тельная усме́шка/улы́бка.

*v.t.*: ~ a string around one's finger закрути́ть (*pf.*) шнуро́к вокру́г па́льца; ~ one's hair зав|ива́ть, -и́ть во́лосы; ~ing-irons/-tongs щипцы́ (*m. pl.*) для зави́вки; ~ one's lip презри́тельно скриви́ть (*pf.*) гу́бы.

*v.i.*: her hair ~s naturally у неё вью́щиеся/кудря́вые от приро́ды во́лосы; the smoke ~ed upwards клубы́ ды́ма поднима́лись вверх; the dog ~ed up by the fire соба́ка сверну́лась клубко́м у ками́на; he ~ed up (with shame) он весь съёжился от стыда́; he ~ed up (*of physical collapse*) его́ скрути́ло.

*cpd.*: ~-**paper** *n.* папильо́тка.

**curlers** *n.* бигуди́ (*nt. pl.*, *indecl.*).

**curlew** *n.* кро́ншнеп.

**curlicue** *n.* завиту́шка.

**curliness** *n.* кудря́вость, курча́вость.

**curly** *adj.* кудря́вый, курча́вый, вью́щийся.

*cpd.*: ~-**headed** *adj.* кудря́вый.

**curmudgeon** *n.* сквалы́га (*c.g.*); скря́га (*c.g.*).

**curmudgeonly** *adj.* сквалы́жный, ска́редный.

**currant** *n.* **1.** (*fruit, bush*) сморо́дина; **2.** (*in cake etc.*) изю́м, кори́нка; ~ bun бу́лочка с изю́мом.

**currency** *n.* **1.** (*acceptance, validity*): the rumour gained ~ э́тот слух прони́к всю́ду; give ~ to a rumour распространи́ть (*pf.*) слух (*o чём*); give ~ to a word пусти́ть (*pf.*) сло́во в обраще́ние; during the ~ of the contract в тече́ние сро́ка де́йствия догово́ра; **2.** (*money*) валю́та; де́н|ьги (*pl.*, *g.* -ег); paper ~ бума́жные де́ньги; gold ~ золота́я валю́та; hard ~ конверти́руемая валю́та; soft ~ неконверти́руемая валю́та; the mark is German ~ ма́рка — де́нежная едини́ца Герма́нии; ~ reform де́нежная рефо́рма.

**current** *n.* **1.** (*of air, water*) струя́, пото́к; **2.** (*elec.*) ток; alternating ~ переме́нный ток; direct ~ постоя́нный ток; **3.** (*course, tendency*) тече́ние, ход.

*adj.* **1.** (*in general use, e.g. words, opinions*) ходя́чий, распространённый; **2.** (*of present time*) теку́щий; ~ events теку́щие собы́тия; the ~ issue of a magazine теку́щий/очередно́й

но́мер журна́ла; at ~ prices по существу́ющим це́нам; **3.**: ~ account (*comm.*) теку́щий счёт.

**currently** *adv.* **1.** (*generally, commonly*) обы́чно; **2.** (*at present*) тепе́рь, ны́не, в настоя́щее вре́мя.

**curricle** *n.* па́рный двухколёсный экипа́ж.

**curriculum** *n.* курс обуче́ния; програ́мма; уче́бный план; ~ vitae (кра́ткая) биогра́фия.

**currier** *n.* коже́вник.

**currish** *adj.* зло́бный, гру́бый.

**curry**[1] *n.* (*cul.*) кэ́рри (*nt. indecl.*).

*v.t.*: curried lamb бара́нина, припра́вленная кэ́рри.

*cpd.*: ~-**powder** *n.* кэ́рри; порошо́к из курку́мы.

**curry**[2] *v.t.* **1.** (*a horse etc.*) чи́стить, вы- скребни́цей; **2.**: ~ favour with s.o. подли́з|ываться, -а́ться к кому́-н. *cpd.*: ~-**comb** *n.* скребни́ца.

**curse** *n.* **1.** (*execration*) прокля́тие; ~s come home to roost ≃ не рой друго́му я́му, сам в неё попадёшь; he is under a ~; there is a ~ upon him над ним тяготе́ет прокля́тие; **2.** (*bane*) прокля́тие, бич; the ~ of drink бич пья́нства; the ~ (*vulg., menses*) го́сти (*m. pl.*); **3.** (*oath*) богоху́льство, руга́тельство; it is not worth a ~ э́то вы́еденного яйца́ не сто́ит.

*v.t.* **1.** (*pronounce ~ on*) прокл|ина́ть, -я́сть; **2.** (*abuse, scold*) руга́ть (*impf.*); проклина́ть (*impf.*); **3.** he is ~d with a violent temper Госпо́дь его́ награди́л необу́зданным нра́вом.

*v.i.* (*swear, utter ~s*) руга́ться (*impf.*); сы́пать (*impf.*) прокля́тия; ~ at s.o. осыпа́ть (*pf.*) кого́-н. прокля́тиями.

**cursed** *adj.* прокля́тый, ока́янный.

**cursive** *n.* (*script*) ско́ропись.

*adj.* скоропи́сный.

**cursor** *n.* стре́лка, указа́тель (*m.*), движо́к.

**cursoriness** *n.* пове́рхностность, поспе́шность.

**cursory** *adj.* бе́глый, пове́рхностный, поспе́шный.

**curt** *adj.* кра́ткий, сжа́тый, отры́вистый, ре́зкий.

**curtail** *v.t.* (*shorten*) сокра|ща́ть, -ти́ть; ~ an allowance уреза́ть (*impf.*) посо́бие.

**curtailment** *n.* сокраще́ние, уре́зывание.

**curtain** *n.* **1.** (*of window, door*) занаве́ска, што́ра; (*of bed*) по́лог; draw the ~s (*close*) задёрнуть (*pf.*) занаве́ски; (*open*) отдёрнуть (*pf.*) занаве́ски; **2.** (*fig.*) заве́са; draw a ~ over sth. покры́ть (*pf.*) что-н. заве́сой та́йны; скрыть (*pf.*) что-н. от взо́ров; lift the ~ of secrecy приподня́ть (*pf.*) заве́су та́йны; Iron C~ желе́зный за́навес; **3.** (*theatr.*) за́навес; ring up the ~ подня́ть (*pf.*) за́навес; дать (*pf.*) звоно́к к подня́тию за́навеса; ring down the ~ опусти́ть (*pf.*) за́навес; safety ~ пожа́рный за́навес; ~ call вы́зов; he took six ~s его́ вызыва́ли шесть раз.

*v.t.* занаве|шивать, -сить; ~ **off** отгор|а́-живать, -оди́ть занаве́ской.
*cpds.*: ~**-fire** *n.* (*mil.*) огнева́я заве́са; ~**-lecture** *n.* (*joc.*) нахлобу́чка му́жу от жены́ наедине́; ~**-raiser** *n.* одноа́ктная пье́са, исполня́емая пе́ред нача́лом спекта́кля; (*fig.*) прелю́дия.
**curtness** *n.* кра́ткость, сжа́тость, отры́вистость, ре́зкость.
**curts(e)y** *n.* реверáнс, приседáние.
*v.i.* (*also* make, drop a ~) прис|едáть, -éсть; дéлать, с- реверáнс.
**curvaceous** *adj.* (*coll.*) пы́шная, соблазни́тельная.
**curvature** *n.* кривизнá, изги́б, кривáя; ~ of the earth кривизнá земли́; ~ of the spine искривлéние позвонóчника.
**curve** *n.* (*line*) кривáя; (*pl., of female body*) изги́бы (*m. pl.*); (*bend in road*) изги́б.
*v.t.* сгибáть, согнýть; из|гибáть, -огнýть.
*v.i.* из|гибáться, -огнýться; the road ~s доро́га извивáется; the river ~s round the town рекá огибáет гóрод.
**curvet** *n.* курбéт.
*v.i.* дéлать (*impf.*) курбéт.
**curvilinear** *adj.* криволинéйный.
**cushion** *n.* дивáнная подýшка; (*billiards*) борт; a ~ of moss покрóв из мóха.
*v.t.*: ~ed (*padded*) seats мя́гкие сидéнья; ~ a blow смягч|áть, -и́ть удáр.
**cushy** *adj.* (*coll.*): ~ job тёпленькое местéчко.
**cusp** *n.* (*of moon*) рог; (*of leaf*) óстрый конéц; (*of tooth*) кóнчик.
**cuspidor** *n.* плевáтельница.
**cuss** *n.* (*coll.*) (*curse*): it is not worth a tinker's ~ э́то вы́еденного яйцá не стóит; (*pers.*): queer ~ чудáк.
**cussed** *adj.* стропти́вый.
**cussedness** *n.* стропти́вость.
**custard** *n.* слáдкий крем/сóус из яи́ц и молокá.
*cpd.*: ~**-apple** *n.* анóна чешýйчатая.
**custodian** *n.* (*guardian*) опекýн; (*of property etc.*) администрáтор; (*of museum etc.*) храни́тель (*m.*); (*caretaker*) стóрож.
**custody** *n.* **1.** (*guardianship*) опéка, попечéние; **2.** (*keeping*): in safe ~ на (со)хранéнии; **3.** (*arrest*): take, give into ~ брать, взять под стрáжу; арестóв|ывать, -áть.
**custom** *n.* **1.** (*habit, accepted behaviour*) обы́чай; **2.** (*business patronage, clientele*) клиентýра, закáзчики (*m. pl.*), покупáтели (*m. pl.*); **3.** (*pl., import duties*) тамóженные пóшлины (*f. pl.*); ~s officer тамóженник; ~s union тамóженный сою́з; we got through the ~s мы прошли́ тамóженный досмóтр.
*cpds.*: ~**-house** *n.* тамóжня; ~**-made** *adj.* сдéланный/изготóвленный на закáз.
**customary** *adj.* обы́чный, привы́чный; it is ~ to tip при́нято давáть на чáй; ~ law обы́чное прáво.

**customer** *n.* (*purchaser*) покупáтель (*m.*); (*giving order*) закáзчик; regular ~ постоя́нный покупáтель; (*of bank etc.*) клиéнт; (*of restaurant*) посети́тель (*m.*); (*coll., fellow*) субъéкт, тип; ugly ~ жýткий субъéкт.
**cut** *n.* **1.** (*act of ~ting*) рéзка, рéзание; (*stroke with sword, whip etc.*) рéзкий удáр; he gave his horse a ~ across the flank он хлестнýл лóшадь по крýпу; ~ and thrust схвáтка; (*result of stroke*) порéз, разрéз; he has ~s on his face from shaving у негó на лицé порéзы от бритья́; he got a nasty ~ он си́льно порéзался; **2.** (*reduction*) снижéние, понижéние; ~ in salary снижéние жáлования; power ~ прекращéние подáчи электроэнéргии; **3.** (*omission*): there were ~s in the film в фи́льме бы́ли сдéланы купю́ры (*f. pl.*); **4.** (*piece or quantity ~*): a nice ~ of beef хорóший кусóк вы́резки/филéя; a ~ off the joint ломóть (*m.*)/кусóк жáреного мя́са; cold ~s мяснóй ассортимéнт; this year's ~ of wool нáстриг шéрсти э́того гóда; **5.** (*of clothes*) покрóй; **6.** (*in tennis etc.*) удáр; **7.** (*allusion*) кóлкое замечáние; that remark was a ~ at me э́то был вы́пад прóтив меня́; э́то был кáмешек в мой огорóд; **8.**: short ~ кратчáйший путь; take a short ~ пойти́ (*pf.*) напрями́к; **9.**: he is a ~ above you он нá голову вы́ше вас; **10.** (*railway* ~**ting**) вы́емка железнодорóжного пути́; **11.** (*woodcut etc.*) гравю́ра на дéреве; **12.** (*coll., rake-off*) дóля, часть; his ~ was 20% егó дóля составля́ла 20%.
*v.t.* **1.** (*divide, separate, wound, extract by* ~*ting*) рéзать (*impf.*); разр|езáть, -éзать; отр|езáть, -éзать; the knife ~ his finger нож порéзал емý пáлец; he ~ himself on the tin он порéзался/порáнился о консéрвную бáнку; he ~ the pages (of a book) он разрéзал кни́гу; the wheat has been ~ пшени́ца сжáта; ~ wood руби́ть (*impf.*) лес; колóть (*impf.*) дровá; ~ (*p. part.*) flowers срéзанные цветы́; ~ tobacco нарéзанный табáк; ~ coal (*in a mine*) выруби́ть (*impf.*), вы́рубить ýголь; ~ sth. in two разр|езáть, -éзать что-н. пополáм; ~ to pieces (*lit.*) разрéзать (*pf.*) на куски́; (*fig., defeat utterly*) изничтóжить (*pf.*); разби́ть (*pf.*) нáголову; ~ short (*an article*) сокра|щáть, -ти́ть; (*s.o.'s life*) оборвáть (*pf.*); he ~ the boat loose он отвязáл лóдку; ~ open (*e.g. an orange*) разр|езáть, -éзать; (*cin.*) ~! (*stop shooting*) стоп!; **2.** (*make by* ~*ting*): ~ me a piece of cake отрéжьте мне кусóк тóрта; ~ steps in the ice прорубáть, -и́ть ступéньки во льду; ~ a road up a hillside проложи́ть (*pf.*) дорóгу на верши́ну холмá; ~ an inscription высекáть, вы́сечь нáдпись на кáмне; ~ a key вырезáть, вы́резать ключ; ~ a statue in marble вытёсывать, вы́тесать стáтую из мрáмора; ~ a jewel грани́ть (*impf.*) драгоцéн-

ный ка́мень; ~ glass гранёное стекло́; хрус-та́ль (*m.*); **3.** (*trim*) подстр|ига́ть, -и́чь; ~ one's nails подстр|ига́ть, -и́чь но́гти; have one's hair ~ стри́чься, по-; ~ s.o.'s hair стричь, о-кого́-н.; he ~ my hair too short он сли́шком ко́ротко остри́г мне во́лосы; **4.** (*ignore, neglect*): she ~ me (dead) она́ не пожела́ла меня́ узна́ть; ~ a lecture пропус|ка́ть, -ти́ть ле́кцию; **5.** (*intersect*) пересека́ть (*impf.*); AB ~s CD at E AB пересека́ет CD в то́чке E; **6.** (*reduce*) сн|ижа́ть, -и́зить; сокра|ща́ть, -ти́ть; fares were ~ пла́та за прое́зд была́ сни́жена; the play was ~ пье́су сократи́ли; ~ (*beat*) the record by 5 minutes улу́чшить (*pf.*) реко́рд на 5 мину́т; **7.** (*of clothes*) крои́ть, с-; **8.**: the baby ~ a tooth у ребёнка проре́зался зуб; **9.** (*at cards*): ~ the pack сн|има́ть, -ять коло́ду; **10.** (*fig.*): he was ~ to the heart э́то его́ заде́ло за живо́е; э́то уязви́ло его́ в са́мое се́рдце; ~ (*break*) one's connection with s.o. пор|ыва́ть, -ва́ть отноше́ния с кем-н.; ~ it fine (*leave bare margin*) рассчита́ть (*pf.*) что-н. в обре́з; that ~s no ice with me (*coll.*) э́то на меня́ не де́йствует; ~ the ground from under s.o.'s feet вы́бить у кого́-н. по́чву из-под ног; **11.** (*excise; eschew*): the third act was ~ (out) тре́тье де́йствие бы́ло вы́резано/опу́щено; ~ the cackle! (*sl.*) прекрати́те болтовню́!; **12.** (*hit sharply*): he ~ him across the face with his whip он хлестну́л его́ плётью по лицу́; (*at tennis etc.*) ср|еза́ть, -е́зать (мяч).

*v.i.* **1.** (*make incision*) ре́зать (*impf.*); this knife doesn't ~ э́тот нож не ре́жет; **2.** (*in pass. sense*) ре́заться (*impf.*); sandstone ~s easily песча́ник легко́ ре́жется; **3.** (*fig.*): the argument ~s both ways э́тот до́вод мо́жно испо́льзовать и так, и э́так; ~ loose (*sever connection*) прерва́ть (*pf.*) отноше́ния; (*behave wildly*) с це́пи сорва́ться (*pf.*); he ~ into the conversation он вмеша́лся в разгово́р; it ~ into (*took up*) his time э́то о́тняло у него́ вре́мя; **4.** (*aim a blow; thrust*): he ~ at me with a stick он замахну́лся на меня́ па́лкой; that ~s at all my hopes э́то наноси́т уда́р всем мои́м наде́ждам; it ~s across our plans э́то срыва́ет на́ши пла́ны; **5.** (*cards*): we ~ for partners сня́тием карт мы определи́ли партнёров; **6.** (*run, take short* ~): the boy ~ away ма́льчик удра́л/умча́лся; he ~ and ran он драпану́л (*or* дал стрекача́) (*coll.*); we ~ across the fields мы прошли́ кратча́йшим путём че́рез поля́.

*with advs.*: ~ **away** *v.t.* (*e.g. dead wood from a tree*) ср|еза́ть, -е́зать; ~ **back** *v.t.* (*prune*) подр|еза́ть, -е́зать; (*fig., reduce, limit*) сокра|ща́ть, -ти́ть; *v.i.* (*cin.*) повтори́ть (*pf.*) да́нный ра́нее кадр; ~ **down** *v.t.* (*e.g. a tree*) руби́ть, с-; (*an opponent*) сра|жа́ть, -зить; ~ down expenses сокра|ща́ть, -ти́ть расхо́ды; ~ down trousers (*for s.o. shorter*) подкор|а́чивать, -оти́ть брю́ки; ~ down (*abridge*) an arti-

cle сокра|ща́ть, -ти́ть статью́; ~ s.o. down to size (*coll.*) сбить (*pf.*) спесь с кого́-н.; ~ **in** *v.t.*: ~ s.o. in (*give them a share*) выделя́ть, вы́делить кому́-н. до́лю; *v.i.* (*interrupt a speaker*) вме́ш|иваться, -а́ться; (*at a dance*) отб|ива́ть, -и́ть у кого́-н. да́му; (*at a card-game*) замен|я́ть, -и́ть вы́шедшего из игры́; (*of a driver*) перере́зать (*pf.*) доро́гу кому́-н.; ~ **off** *v.t.*: he ~ the chicken's head off он отруби́л цыплёнку го́лову; he ~ off a yard from the roll (*of cloth*) он отре́зал ярд мате́рии от куска́; I was ~ off while talking меня́ разъедини́ли/прерва́ли во вре́мя разгово́ра; they ~ off our electricity у нас от-ключи́ли/вы́ключили электри́чество; the army was ~ off from its base а́рмия была́ отре́зана от ба́зы; the stragglers were ~ off отста́вшие солда́ты бы́ли отре́заны; we were ~ off by the tide прили́в отре́зал нас от су́ши; ~ off supplies прекра|ща́ть, -ти́ть подво́з припа́сов; he ~ himself off from the world он отгороди́лся от ми́ра; he ~ his son off (with a shilling) он лиши́л своего́ сы́на насле́дства; he was ~ off in his prime он поги́б в расцве́те жи́зни; ~ (off) a corner ср|еза́ть, -е́зать у́гол; ~ **out** *v.t.*: he ~ out a picture from the paper он вы́резал карти́нку из газе́ты; she ~ out a dress она́ скрои́ла пла́тье; he is not ~ out for the work он не со́здан для э́той рабо́ты; he has his work ~ out ему́ предстои́т нелёгкая зада́ча; (*eliminate*): he ~ out his rival он вы́теснил своего́ сопе́рника; ~ out the details (*in talking*) отбр|а́сывать, -о́сить подро́бности; ~ out smoking бро́сить (*pf.*) кури́ть; the engine ~ out (*failed*) мото́р сдал (*or* вы́шел из стро́я); ~ **up** *v.t.*: he ~ up his meat он наре́зал мя́со; they ~ up the enemy forces они́ уни-что́жили врага́; они́ разби́ли врага́ на́голову; he was ~ up by the news (*coll.*) его́ срази́ло/подкоси́ло э́то изве́стие; his book was ~ up by the reviewers рецензе́нты разнесли́ его́ кни́гу; *v.i.*: the turkey ~s up well в индю́шке мно́го мя́са; the cloth ~ up into three suits из э́того материа́ла вы́шло три костю́ма; ~ up rough (*coll.*) он рассвирепе́л; he ~ up for £30,000 (*sl.*) он оста́вил по́сле сме́рти 30 000 фу́нтов.

*cpds.*: ~ **-and-dried** *adj.*: ~ -and-dried opinions гото́вые/загото́вленные мне́ния; ~ **away** *adj.*: ~ away coat визи́тка; ~ away view of an engine разре́з маши́ны; ~ **back** *n.* (*reduction*) подре́зка; (*cin., flashback*) повторе́ние ра́нее пока́занного ка́дра; ~ **-off** *n.* (*device shutting off steam or liquid*) отсе́чка па́ра/жи́дкости; ~ -off date (*terminal date of a narrative etc.*) после́дняя да́та; (*elec.*) предохрани́тель (*m.*); автома́тический выключа́тель; ~ **-price** *adj.* продава́емый по сни́женной цене́; ~ **purse** *n.* карма́нник; ~ **throat** *n.* головоре́з; ~ throat razor опа́сная бри́тва; ~throat competition ожесточённая/беспоща́дная конкуре́нция; ~**water** *n.* (*of ship's prow*) волноре́з, водоре́з; (*of pier*) волноло́м.

**cutaneous** *adj.* ко́жный.

**cute** *adj.* (*shrewd*) нахо́дчивый, сообрази́тельный; (*Am., appealing*) симпати́чный.

**cuticle** *n.* кути́кула.

**cutie** *n.* (*coll.*) красо́тка, ку́колка.

**cutis** *n.* ку́тис.

**cutlass** *n.* аборда́жная са́бля.

**cutler** *n.* ножо́вщик; торго́вец ножевы́ми изде́лиями.

**cutlery** *n.* ножевы́е изде́лия.

**cutlet** *n.* отбивна́я котле́та.

**cutter** *n.* (*tailor*) закро́йщик; (*boat*) ка́тер.

**cutting** *n.* **1.** (*road, rail etc.*) вы́емка; **2.** (*press* ~) вы́резка; **3.** (*of plant*) отро́сток; **4.** (*cin.*) монта́ж.

*adj.*: a ~ wind ре́зкий/прони́зывающий ве́тер; a ~ retort язви́тельный/ре́зкий отве́т.

**cuttle-fish** *n.* карака́тица, се́пия.

**cwt** *n.* (*abbr., hundredweight*) це́нтнер.

**cyanide** *n.* соль циа́нистой кислоты́; циани́д.

**cyanogen** *n.* циа́н.

**cyanosis** *n.* циано́з, синю́ха.

**cybernetic** *adj.* кибернети́ческий.

**cybernetics** *n.* кибернéтика.

**cyclamen** *n.* цикламéн.

**cycle** *n.* **1.** (*series, rotation*) цикл, круг; the ~ of the seasons времена́ (*nt. pl.*) го́да; song ~ цикл пе́сен; the Arthurian ~ Арту́ров цикл; **2.** (*bicycle*) велосипéд; **3.** (*elec.*) перио́д переме́нного то́ка.

*v.i.* **1.** (*revolve*) де́лать (*impf.*) оборо́ты; **2.** (*ride* ~) е́здить (*indet.*) на велосипéде.

*cpds.*: ~-**car** *n.* малолитра́жный автомоби́ль с мотоцикле́тным дви́гателем; ~-**track** *n.* велосипéдная доро́жка; (*for race*) велотре́к.

**cyclic(al)** *adj.* цикли́ческий.

**cycling** *n.* езда́ на велосипéде; велоспо́рт.

**cyclist** *n.* велосипеди́ст.

**cyclone** *n.* цикло́н.

**cyclonic** *adj.* циклони́ческий.

**Cyclopean** *adj.* циклопи́ческий.

**cyclopedia** *n.* энциклопéдия.

**Cyclops** *n.* Цикло́п.

**cyclorama** *n.* кругова́я панора́ма, циклора́ма.

**cyclostyle** *n.* рота́тор.

*v.t.* размн|ожа́ть, -о́жить на рота́торе.

**cyclotron** *n.* циклотро́н.

**cyder** *see* CIDER.

**cygnet** *n.* молодо́й лéбедь.

**cylinder** *n.* **1.** (*geom. & eng.*) цили́ндр; ~ bore диа́метр цили́ндра в свету́; ~ head кры́шка цили́ндра; fire on all ~s (*lit., fig.*) рабо́тать (*impf.*) в по́лную мо́щность; **2.** (*typ.*) цили́ндр, ва́лик.

**cylindrical** *adj.* цилиндри́ческий.

**cymbal** *n.* таре́лка.

**cymbalist** *n.* уда́рник.

**cymbalo** *n.* цимба́л|ы (*pl., g.* —).

**cymograph** *n.* кимо́граф.

**Cymric** *adj.* уэ́льский, ки́мрский.

**cynic** *n.* ци́ник.

*adj.* (*phil.*) цини́ческий.

**cynical** *adj.* цини́чный.

**cynicism** *n.* цини́зм.

**cynosure** *n.* (*fig.*) центр внима́ния.

**cypher** *see* CIPHER.

**cypress** *n.* кипари́с; (*attr.*) кипари́совый.

**Cypriot** *n.* киприо́т (*fem.* -ка).

*adj.* ки́прский.

**Cyprus** *n.* Кипр; in ~ на Ки́пре.

**Cyrillic** *adj.*: ~ alphabet кири́ллица.

**Cyrus** *n.* (*hist.*) Кир.

**cyst** *n.* киста́.

**cystitis** *n.* цисти́т.

**cytology** *n.* цитоло́гия.

**czar** *etc. see* TSAR *etc.*

**Czech** *n.* чех (*fem.* чéшка); (*language*) чéшский язы́к.

*adj.* чéшский.

**Czechoslovak** *n.* жи́тель (*fem.* -ница) Чехослова́кии.

*adj.* чехослова́цкий.

**Czechoslovakia** *n.* Чехослова́кия.

# D

**D** *n.* (*mus.*) ре (*indecl.*).

*cpd.*: ~-**day** *n.* день (*m.*) нача́ла вое́нной опера́ции, день «Д».

**dab**[1] *n.* (*small quantity*) мазо́к.

*v.t. & i.* при|кла́дывать, -ложи́ть; she ~bed (at) her eyes with a handkerchief она́ прикла́дывала к глаза́м плато́к; he ~bed paint on the picture он нанёс кра́ски на холст/полотно́.

**dab**[2] *n.* (*fish*) ершова́тка.

**dab**[3] *n.* (*adept; also* ~ **hand**) спец, до́ка (*c.g.*) (*coll.*).

**dabble** *v.i.*: ~ at (*fig.*) игра́ть (*impf.*) в +*a.*; балова́ться (*impf.*) +*i.*; he ~s in politics он игра́ет в поли́тику.

**dabbler** *n.* дилета́нт, верхогля́д.

**dabchick** *n.* пога́нка ма́лая.

*da capo adv.* с нача́ла.

**dace** *n.* еле́ц.

**dacha** *n.* да́ча.

**dachshund** *n.* та́кса.

**dacron** *n.* дакро́н.

**dactyl** *n.* да́ктиль (*m.*).

**dactylic** *adj.* дактили́ческий.

**dad, -dy** *nn.* (*coll.*) па́па (*m.*), па́почка (*m.*).

**dadaism** *n.* дадаи́зм.

**dadaist** *n.* дадаи́ст.

**daddy** *see* DAD.

*cpd.*: ~-**long-legs** *n.* долгоно́жка; па́ук--сеноко́сец.

**dado** *n.* (*of pedestal*) цо́коль (*m.*); (*of wall*) пане́ль.

**daemon** *n.* (*myth.*) де́мон.

**daemonic** *adj.* (*inspired*) демони́ческий.

**daffodil** *n.* нарци́сс жёлтый.

**daft** *adj.* тро́нутый, дурно́й (*coll.*).

**dagger** *n.* **1.** (*weapon*) кинжа́л; they are at ~s drawn они́ на ножа́х; she looked ~s at him она́ пронзи́ла его́ взгля́дом; **2.** (*typ.*) ≃ кре́стик.

**daguerreotype** *n.* (*process*) дагерроти́пия; (*portrait*) дагерроти́п.

**dahlia** *n.* георги́н.

**daily** *n.* **1.** (*newspaper*) ежедне́вная газе́та; **2.** (*charwoman*) приходя́щая домрабо́тница.

*adj.* ежедне́вный; one's ~ bread хлеб насу́щный.

*adv.* ежедне́вно, ка́ждый день; постоя́нно.

**daintiness** *n.* изы́сканность, утончённость; разбо́рчивость, привере́дливость.

**dainty** *n.* ла́комство, деликате́с.

*adj.* **1.** (*refined, delicate*) утончённый, изя́щный, изы́сканный; **2.** (*fastidious*) привере́дливый, разбо́рчивый.

**Dairen** *n.* Даля́нь (*m.*).

**dairy** *n.* **1.** (*room or building*) маслоде́льня; сырова́рня; **2.** (*shop*) моло́чная; (*attr.*) моло́чный.

*cpds.*: ~**maid** рабо́тница на моло́чной фе́рме; доя́рка; ~**man** рабо́тник моло́чной фе́рмы, доя́р; моло́чник.

**dais** *n.* помо́ст.

**daisy** *n.* **1.** (*flower*) маргари́тка; Michaelmas ~ ди́кая а́стра; fresh as a ~ пы́шущий здоро́вьем; **2.** (*coll., fine specimen*) пре́лесть.

**Dalai Lama** *n.* дала́й-ла́ма (*m.*).

**dale** *n.* доли́на, дол.

**dalesman** *n.* жи́тель (*m.*) доли́н.

**dalliance** *n.* (*trifling*) баловство́; (*flirtation*) флирт.

**dally** *v.i.* **1.** (*play, toy*) балова́ться (*impf.*) (*чем*); **2.** (*flirt*) флиртова́ть (*impf.*); **3.** (*waste time*) тра́тить (*impf.*) вре́мя по́пусту.

**Dalmatia** *n.* Далма́ция.

**Dalmatian** *n.* (*pers.*) далмати́н|ец (*fem.* -ка); (*dog*) далма́тский дог.

*adj.* далма́тский.

**dalmatic** *n.* далма́тик.

**daltonism** *n.* дальтони́зм.

**dam**[1] *n.* **1.** (*barrier*) да́мба, плоти́на, запру́да; **2.** (*reservoir*) водохрани́лище.

*v.t.* запру́|живать, -ди́ть; ~ up a valley перекр|ыва́ть, -ы́ть доли́ну; ~ up one's feelings сде́рж|ивать, -а́ть чу́вства.

**dam**[2] *n.* (*zool.*) ма́тка.

**damag|e** *n.* **1.** (*harm, injury*) вред, поврежде́ние; ущ́ерб; do ~e to sth. нан|оси́ть, -ести́ ущ́ерб/вред чему́-н.; **2.** (*coll., cost*): what's the ~e? ско́лько с нас причита́ется?; **3.** (*pl., leg.*) убы́тк|и (*pl., g.* -ов); sue s.o. for ~es возбу|жда́ть, -ди́ть де́ло про́тив кого́-н. (*or* предъяв|ля́ть, -и́ть иск кому́-н.) за убы́тки.

*v.t.* (*physically or morally*) повре|жда́ть, -ди́ть +*d.*; a ~ing admission призна́ние себе́ в ущ́ерб.

**Damascene** *adj.* дама́сский.

*v.t.* (d~): нас|ека́ть, -е́чь зо́лотом/серебро́м; ворони́ть (*impf.*).

**Damascus** *n.* Дама́ск.

**damask** *n.* **1.** (*material*) дама́ст, штоф; ~ silk дама́ст, камка́; ~ table-cloth камча́тная ска́терть; **2.** (*steel*) дама́сская сталь; була́т; **3.**: ~ rose дама́сская ро́за.

*adj.* (*poet., rosy*) а́лый.

*v.t.* (*weave*) ткать (*impf.*) с узо́рами; (*ornament*) нас|ека́ть, -е́чь.

**dame** *n.* **1.** (*arch. or joc., lady*) госпожа́, да́ма; D~ Nature мать-приро́да; D~ Fortune госпожа́ форту́на; **2.** (*fem. equiv. of knight*) дейм, кавале́рственная да́ма; **3.** (*Am., woman*) ба́бёнка, кра́ля (*coll.*).

**damfool** *adj.* (*coll.*) идио́тский.

**damn** *n.* **1.** (*curse*) прокля́тие, руга́тельство; **2.** (*negligible amount*): I don't care a ~ мне наплева́ть.

*v.t.* **1.** (*doom to hell*) осу|жда́ть, -ди́ть на ве́чные му́ки; **2.** (*condemn*): the critics ~ed the play кри́тики забракова́ли пье́су; he was ~ed by his association with X он навлёк на себя́ позо́р обще́нием с X; ~ with faint praise похвали́ть (*pf.*) так, что не поздоро́вится; **3.** (*swear*): he was ~ing and blasting он сы́пал прокля́тиями; **4.** (*as expletive*): ~ (it all)! чёрт возьми́!; тьфу, пропа́сть!; I'm ~ed if I know ей-Бо́гу, не зна́ю; well, I'm ~ed! чёрт бы меня́ побра́л!; ну и ну!; ~ you(r eyes)! ло́пни твои́ глаза́!; ~ your impudence! чёрт бы побра́л твоё наха́льство! ~ all (*coll., nothing*) ни черта́; I'm ~ed if I'll go провали́ться мне на э́том ме́сте, е́сли я пойду́; I'll see him ~ed before I'll do it я э́того не сде́лаю, хоть он ло́пни; *see also* DAMNED.

**damnable** *adj.* прокля́тый.

**damnation** *n.* **1.** (*condemnation to hell*) прокля́тие; осужде́ние на ве́чные му́ки; **2.** (*adverse judgment*) осужде́ние; **3.** ~! прокля́тие!

**damned** *n., adj. & adv.* **1.**: the ~ осуждённые на ве́чные му́ки; про́клятые; **2.**: a ~ fool набитый дурак; it's a ~ nuisance это чертовски досадно; he did his ~est (*coll.*) он лез из кожи вон.

**damnify** *v.t.* (*leg.*) нан|осить, -ести вред/ущерб +*d.*

**damning** *adj.* губительный; ~ evidence изобличающие улики.

**Damocles** *n.*: sword of ~ дамоклов меч.

**damp** *n.* **1.** (*moisture*) влажность, сырость; ~ rises from the ground с земли поднимаются испарения; от земли веет сыростью; **2.** (~ *atmosphere*) сырость, влажность; **3.** (*fig., depression*) уныние; this cast a ~ over the outing это испортило прогулку; **4.** (*firedamp*) рудничный газ.

*adj.* влажный, сырой; ~ course гидроизоляция.

*v.t.* (*also* **dampen**) **1.** (*lit.*) см|ачивать, -очить; увлажн|ять, -ить; ~ down a fire тушить, погонь; **2.** (*fig.*): ~ s.o.'s ardour осту|жать, -дить чей-н. пыл; **3.** (*mus.*): ~ a string заглуш|ать, -ить струну.

*cpd.*: ~-**proof** *adj.* влагонепроницаемый; *v.t.* предохран|ять, -ить от влаги.

**damper** *n.* **1.** (*plate in stove etc.*) заслонка; (*shock absorber*) амортизатор; (*silencer*) глушитель (*m.*); **2.** (*fig.*): the news put a ~ on the stock market новости привели к понижению конъюнктуры на бирже; **3.** (*in piano*) демпфер; **4.** (*for stamps*) ролик для смачивания марок.

**dampish** *adj.* сыроватый.

**dampness** *n.* сырость.

**damsel** *n.* (*arch.*) девица.

**damson** *n.* (*fruit*) тернослив; (*tree*) тёрн.

*adj.* (*colour*) тёмно-красный.

**dance** *n.* **1.** танец; we joined the ~ мы присоединились к танцующим; **2.** (*party*) танцевальный вечер; танцы (*m. pl.*); give a ~ устр|аивать, -оить танцы; **3.** (*fig.*): lead s.o. a (fine, pretty) ~ водить (*indet.*) кого-н. за нос; St Vitus's ~ пляска святого Витта; ~ of death пляска смерти.

*v.t.* **1.** танцевать, с-; исп|олнять, -олнить (*танец*); **2.**: ~ a baby on one's knee качать (*impf.*) ребёнка на коленях; **3.** (*fig.*): ~ attendance on s.o. ходить (*indet.*) перед кем-н. на задних лапках.

*v.i.* танцевать, с-; плясать, с-; he ~d for joy он плясал от радости; he ~d with fury он дрожал от ярости; the leaves ~d in the wind листья кружились на ветру; the boat ~d on the waves лодка качалась на волнах.

*cpds.*: ~-**band** *n.* оркестр (на танцах); ~-**hall** *n.* танцевальный зал, дансинг.

**dancer** *n.* танцор (*fem.* -ка); (*professional*) танцовщи|к (*fem.* -ца).

**dancing** *n.* танцы (*m. pl.*).

*cpds.*: ~-**girl** *n.* танцовщица; ~-**master** *n.* учитель (*m.*) танцев; ~-**partner** *n.* партнёр;

~-**shoes** *n.* танцевальные туфли (*f. pl.*).

**dandelion** *n.* одуванчик.

**dander** *n.* (*Am., coll.*): get s.o.'s ~ up вывести (*pf.*) кого-н. из себя.

**dandified** *adj.* щегольской.

**dandle** *v.t.* качать (*impf.*).

**dandruff** *n.* перхоть.

**dandy** *n.* денди (*m. indecl.*), щёголь (*m.*), франт.

*adj.* (*Am., coll.*) превосходный; первый класс (*pred.*).

**dandyish** *adj.* щеголеватый.

**dandyism** *n.* дендизм, франтовство, щегольство.

**Dane** *n.* датчан|ин (*fem.* -ка); Great ~ дог.

**danegeld** *n.* (*fig.*) дань.

**danger** *n.* **1.** (*risk of injury*) опасность; ~! осторожно!; берегись!; in ~ в опасности; out of ~ вне опасности; he is in ~ of falling он рискует упасть; the signal is at ~ сигнал оказывает, что путь закрыт; ~ money плата за опасную работу; плата за страх; ~ zone опасная зона; **2.** (*pers. or thing presenting risk*) опасность, угроза; the wreck is a ~ to shipping обломки представляют опасность/угрозу для кораблей; ~ point опасная точка; опасный предел.

**dangerous** *adj.* опасный, рискованный; the dog looks ~ у собаки грозный вид.

**dangerousness** *n.* опасность, рискованность.

**dangle** *v.t.* **1.** (*lit.*) качать (*impf.*); покачивать (*impf.*); **2.** (*fig.*): ~ hopes before s.o. обольщать (*impf.*) кого-н. надеждами.

*v.i.* **1.** (*lit.*) качаться (*impf.*); болтаться (*impf.*); **2.** (*fig.*): her admirers ~d after her поклонники волочились за ней.

**Daniel** *n.* (*fig.*) неподкупный/праведный судья.

**Danish** *n.* (*language*) датский язык.

*adj.* датский.

**dank** *adj.* влажный, сырой, промозглый.

**dankness** *n.* влажность, сырость.

**danse macabre** *n.* пляска смерти.

**danseuse** *n.* танцовщица.

**Danube** *n.* Дунай.

**Danubian** *adj.* дунайский, придунайский.

**daphne** *n.* волчеягодник.

**dapper** *adj.* щеголеватый; быстрый, резвый.

**dapple** *n.* (*dappled effect*) пестрота.

*adj.* (*also* ~**d**) пёстрый, испещрённый, пятнистый.

*cpd.*: ~-**grey** *n. & adj.* (*horse*) серый в яблоках (конь).

**Darby and Joan** (*fig.*) ≃ Филимон и Бавкида.

**Dardanelles** *n.* Дарданелл|ы (*pl., g.* —).

**dare** *n.* (*challenge*) вызов; take a ~ принять (*pf.*) вызов.

*v.t.* (*challenge*) бр|осать, -осить вызов +*d.*; (*egg on*) подзадори|вать, -ть; he will ~ any danger его не остановит никакая опасность; I ~ you to jump over the wall! а ну, перепрыгни через эту стену!

*v.i.* **1.** (*have courage*) осме́ли|ваться, -ться; сметь, по-; отва́жи|ваться, -ться; **2.** (*have impudence*) сметь, по-; how ~ you say that! как вы сме́ете говори́ть тако́е!; **3.**: I ~ say (that) … на́до ду́мать (*or* полага́ю), что …; I ~ swear я уве́рен.

*cpd.*: ~-**devil** *adj.* отча́янный, бесшаба́шный.

**daring** *n.* отва́га.

*adj.* отва́жный, де́рзкий.

**Darius** *n.* Да́рий.

**dark** *n.* темнота́, тьма; before/after ~ до/по́сле наступле́ния темноты́; (*ignorance*) неве́жество, неве́дение; I am in the ~ as to his plans я в неве́дении относи́тельно его́ пла́нов; его́ пла́ны мне неве́домы; (*dark colour*) тень; the lights and ~s of a picture игра́ све́та и те́ни на карти́не.

*adj.* **1.** (*lacking light*) тёмный; pitch ~ темны́м-темно́; тьма кроме́шная; ~ glasses (*spectacles*) тёмные/со́лнечные очки́; ~ lantern потайно́й фона́рь; ~ room (*phot.*) ка́мера-обску́ра; **2.** (*of colour*) тёмный; **3.** (*of complexion*) сму́глый; **4.** (*fig.*) тёмный; a ~ horse тёмная лоша́дка; the D~ Continent чёрный контине́нт; keep the news ~ держа́ть (*impf.*) но́вости в секре́те; the future is ~ бу́дущее неизве́стно; a ~ saying нея́сное выска́зывание; the D~ Ages ра́ннее средневеко́вье.

**darken** *v.t.* затемн|я́ть, -и́ть; ~ counsel запу́т|ывать, -ать вопро́с; never ~ my door again! не переступа́йте бо́льше моего́ поро́га!

*v.i.* темне́ть, по-; ста|нови́ться, -ть тёмным.

**darkling** *adv.* (*poet.*) во мра́ке; во тьме.

**darkness** *n.* темнота́; the Prince of D~ принц тьмы; cast into outer ~ (*fig.*) отв|ерга́ть, -е́ргнуть.

**darky** *n.* (*coll.*) черноко́жий, чёрный.

**darling** *n.* дорого́й, ми́лый; родно́й, люби́мый; she's a ~ она́ пре́лесть; (*favourite*) люби́мец; Fortune's ~ ба́ловень (*m.*) судьбы́; mother's ~ ма́менькин сыно́к.

*adj.* (*beloved*) люби́мый, дорого́й; (*delightful*) очарова́тельный.

**darn**[1] *n.* што́пка; зашто́панное ме́сто; his socks have a ~ in them у него́ носки́ зашто́паны.

*v.t. & i.* (*mend*) штопа́ть, за-; *see also* DARNING.

**darn**[2] *n.* (*coll.*): I don't give a ~ мне наплева́ть.

*v.t.* (*as expletive*) проклина́ть (*impf.*); ~ (it)! про́пасть!; чёрт возьми́!; чёрт подери́!

**darnel** *n.* пле́вел.

**darning** *n.* **1.** (*action*) што́панье, што́пка; **2.** (*things to be darned*) ве́щи (*f. pl.*) для што́пки.

*cpds.*: ~-**ball** *n.* грибо́к; ~-**needle** *n.* што́пальная игла́; ~-**wool** *n.* шерстяна́я што́пка.

**dart**[1] *n.* **1.** (*light javelin*) стрела́, дро́тик; **2.** (*for*

*indoor game*) стре́лка, дро́тик.

*cpd.*: ~**board** *n.* мише́нь для стре́лок.

**dart**[2] *n.* (*run*) бросо́к, рыво́к; he made a ~ for the door он рвану́лся/бро́сился к две́ри.

*v.t.* мета́ть (*impf.*); she ~ed an angry look at him она́ метну́ла на него́ зло́бный взгляд; the snake ~ed out its tongue змея́ вы́пустила жа́ло.

*v.i.* устреми́ться; помча́ться; бро́ситься; ри́нуться (*all pf.*); she ~ed into the shop она́ стрело́й влете́ла в магази́н; swallows were ~ing through the air ла́сточки носи́лись в во́здухе.

**dart**[3] *n.* (*dressmaking*) вы́тачка, шов.

**Darwinian** *adj.* дарвини́стский.

**Darwinism** *n.* дарвини́зм.

**Darwinist** *n.* дарвини́ст.

**dash** *n.* **1.** (*sudden rush, race*) рыво́к, бросо́к; let's make a ~ for it побежи́м-ка туда́; the 100 yards ~ забе́г на 100 я́рдов; **2.** (*impact*) уда́р, взмах; the ~ of waves on a rock уда́ры волн о скалу́; the ~ of cold water revived him струя́ холо́дной воды́ привела́ его́ в чу́вство; **3.** (*admixture*): a ~ of pepper in the soup щепо́тка пе́рца в су́пе; **4.** (*written stroke; also in Morse*) тире́ (*indecl.*); **5.** (*vigour*) реши́тельность; **6.** (*show*): cut a ~ (*coll.*) рисова́ться (*impf.*).

*v.t.* **1.** (*throw violently*) швыр|я́ть, -ну́ть; the ship was ~ed against the cliff су́дно швырну́ло о скалу́; he ~ed the book down on отшвырну́л кни́гу; **2.** (*perform rapidly*): he ~ed off a sketch он наброса́л эски́з; **3.** (*fig., disappoint*) разр|уша́ть, -у́шить; разб|ива́ть, -и́ть; his hopes were ~ed его́ наде́жды ру́хнули; **4.** (*as expletive*): ~ it (all)! к чёрту!; чёрт побери́!; *see also* DASHED.

*v.i.* **1.** (*move violently*) бро́ситься (*pf.*); ри́нуться (*pf.*); the waves ~ed over the rocks во́лны разбива́лись о ска́лы; **2.** (*run*) мча́ться (*impf.*); нести́сь (*det.*); she ~ed into the shop она́ ворвала́сь в магази́н; he ~ed off to town он умча́лся в го́род.

**dashboard** *n.* щито́к; прибо́рная доска́.

**dashed** *adj.* черто́вский, прокля́тый.

**dashing** *adj.* лихо́й, стреми́тельный.

**dashlight** *n.* ла́мпочка освеще́ния прибо́рной доски́.

**dastard** *n.* трус, подле́ц.

**dastardly** *adj.* трусли́вый, по́длый.

**data** *see* DATUM.

**datable** *adj.* поддаю́щийся датиро́вке.

**date**[1] *n.* (~-palm) фи́никовая па́льма; (*fruit*) фи́ник.

**date**[2] *n.* **1.** (*indication of time*) да́та, число́; what's the ~ today? како́е сего́дня число́?; (at) what ~ was that? в каки́х э́то бы́ло чи́слах?; The Times of today's ~ сего́дняшний но́мер «Та́ймса»; the ~ of the letter is 6 October письмо́ дати́ровано шесты́м октября́; what were the ~s of your last employment? с како́го и по како́е число́ вы рабо́тали на после́днем ме́сте?; **2.** (*period*) пери́од; at an early ~ (*soon*) в ближа́йшем бу́дущем; by the earliest possible ~ в наикратча́йший срок; out of ~ устаре́лый; go out of ~ устар|ева́ть, -е́ть; выходи́ть, вы́йти из мо́ды; up to ~ нове́йший, совреме́нный; bring s.o. up to ~ вв|оди́ть, -ести́ кого́-н. в курс де́ла; bring a catalogue up to ~ обновля́ть, -и́ть катало́г; поп|олня́ть, -о́лнить катало́г совреме́нными да́нными; our receipts to ~ are £5 на́ши поступле́ния на сего́дняшний день равны́ пяти́ фу́нтам; **3.** (*coll., appointment*) свида́ние.

*v.t.* **1.** (*indicate* ~ *on*) дати́ровать (*impf., pf.*); he ~d the letter 24 May он дати́ровал письмо́ 24-ым ма́я; he ~d the letter ahead/back он поме́тил/дати́ровал письмо́ бу́дущим/за́дним число́м; *see also* DATED; **2.** (*estimate* ~ *of*): can you ~ these coins? к како́му пери́оду, по-|ва́шему, отно́сятся э́ти моне́ты?; **3.** (*coll., make appointment with*) назн|ача́ть, -а́чить свида́ние +*d. or* с +*i.*

*v.i.* **1.** (*count time*): Christians ~ from the birth of Christ христиа́не веду́т своё летосчисле́ние с Рождества́ Христо́ва; **2.** (*originate*): this church ~s from the 14th century э́та це́рковь отно́сится к 14-му ве́ку; **3.** (*become obsolete, show signs of age*) старе́ть (*impf.*); устар|ева́ть, -е́ть; the play ~s terribly э́та пье́са ужа́сно устаре́ла.

*cpds.*: ~**-line** *n.* (*meridian*) демаркацио́нная ли́ния (су́точного) вре́мени; (*journ.*) указа́ние ме́ста и да́ты репорта́жа; *v.t.* дати́ровать (*impf., pf.*); a story ~-lined from Cairo сообще́ние, пе́реданное из Каи́ра; ~**-stamp** *n.* штемпель-календа́рь (*m.*); календа́рный штемпель.

**dated** *adj.* (*out of date*) устаре́вший, устаре́лый.
**dateless** *adj.* (*undated*) недати́рованный; (*immemorial*) веково́чный.
**dative** *n. & adj.* да́тельный (паде́ж).
**datum** *n.* **1.** (*thing known or granted*) исхо́дный факт; **2.** (*assumption, premiss*) исхо́дная то́чка; **3.** (*pl., data*) да́нные (*nt. pl.*); материа́л; personal ~ биографи́ческие да́нные; ~ bank банк да́нных; ~ processing обрабо́тка информа́ции.
**daub** *n.* **1.** (*material*) штукату́рка; **2.** (*bad painting*) мазня́, пачкотня́.

*v.t. & i.* (*smear*) обма́з|ывать, -ать; ма́зать, на-; ~ paint on a wall; ~ a wall with paint ма́зать сте́ну кра́ской; **2.** (*paint badly*) па́чкать; ма́зать; мазю́кать (*all impf.*).
**dauber** *n.* пачку́н; мази́ла, мази́лка (*both c.g.*).
**daughter** *n.* **1.** (*child*) дочь; **2.** ~ language (*ling.*) язы́к-пото́мок, язы́к-насле́дник.
*cpd.*: ~**-in-law** *n.* неве́стка, сноха́.
**daughterly** *adj.* дочерний, подоба́ющий до́чери.

**daunt** *v.t.* устраш|а́ть, -и́ть; обескура́жи|вать, -ть; nothing ~ed, he asked for more нима́ло не смуща́ясь, он попроси́л доба́вки.
**dauntless** *adj.* бесстра́шный, неустраши́мый.
**dauntlessness** *n.* бесстра́шие, неустраши́мость.
**dauphin** *n.* дофи́н.
**davenport** *n.* (*writing-desk*) изя́щный пи́сменный сто́лик; (*Am., sofa*) дива́н.
**David and Jonathan** (*fig.*) Дави́д и Ионафа́н.
**davit** *n.* шлюпба́лка.
**Davy Jones's locker** (*fig.*) морска́я пучи́на; he's gone to ~ он утону́л.
**Davy lamp** *n.* шахтёрская ла́мпа.
**daw** *n.* га́лка.
**dawdle** *v.t.*: ~ away one's time зря тра́тить (*impf.*) вре́мя.
*v.i.* безде́льничать (*impf.*), ло́дырничать (*impf.*).
**dawdler** *n.* ло́дырь (*m.*), безде́льник.
**dawn** *n.* **1.** (*daybreak*) рассве́т, заря́; at ~ на рассве́те; на заре́; **2.** (*fig.*): the ~ of love пробужде́ние любви́; the ~ of civilization заря́ цивилиза́ции.

*v.i.* **1.** (*of daybreak*) света́ть (*impf.*); рассве|та́ть, -сти́; the day is ~ing света́ет; **2.** (*fig.*): ~ed on me that . . . меня́ осени́ло, что . . .; the truth ~ed upon him ему́ всё ста́ло я́сно.

**day** *n.* **1.** (*time of daylight*) день (*m.*); (*attr.*) дневно́й; by ~ днём; before ~ до зари́; до рассве́та; twice a ~ два ра́за в день; time of ~ вре́мя дня; pass the time of day with s.o. обменя́ться (*pf.*) приве́тствиями с кем-н.; break of ~ рассве́т; late in the ~ (*fig.*) сли́шком по́здно; as happy as the ~ is long неизме́нно весёлый; **2.** (*24 hours*) су́т|ки (*pl., g.* -ок); a ~ and a half полу́тора су́ток; solar ~ астрономи́ческие су́тки; civil ~ гражда́нские су́тки; **3.** (*as point of time*): what ~ (of the week) is it? како́й сего́дня день (неде́ли)?; one ~ (*past*) одна́жды; (*future*) когда́-нибудь; the other ~ на днях; every other ~ че́рез день; one of these (fine) ~s в оди́н прекра́сный день; на днях; some ~ когда́-нибудь; some ~ soon ка́к-нибудь на днях; вско́ре; this isn't my ~ (*coll.*) я сего́дня не в уда́ре; мне сего́дня что́-то не везёт; the last ~, ~ of judgment день стра́шного суда́; she's thirty if she's a ~ ей ника́к не ме́ньше тридцати́ лет; live from ~ to ~ жить (*impf.*) со дня на́ день; this ~ week ро́вно че́рез неде́лю; ~ in, ~ out; ~ after ~ изо дня в день; three years ago to a ~ ро́вно три го́да наза́д; (on) the ~ I met you в день на́шей встре́чи; (on) the ~ before накану́не (*чего*); to this ~ до сего́дняшнего дня; creature of a ~ недолгове́чное существо́; she named the ~ она́ назна́чила день сва́дьбы; I took a ~ off я взял выходно́й день; we had a ~ out мы провели́ день вне до́ма; the maid's ~ out is Friday у прислу́ги свобо́дный день в пя́тницу; he's cleverer than you any ~ он намно́го умне́е вас; **4.** (*as work period*): he works a 5-hour ~ у него́ пятичасово́й рабо́чий день; he is paid by the ~ ему́ пла́тят подённо; let's call it a ~ (*coll.*) на сего́дня хва́тит; it's all in the ~'s work э́то в поря́дке веще́й; **5.** (*festival*) пра́здничный день; May D~ день Пе́рвого ма́я; Victory D~ День побе́ды; **6.** (*period*) пора́, вре́мя (*nt.*); the present ~ сего́дня; теку́щий моме́нт; these ~s (*nowadays*) тепе́рь, сейча́с; в на́ши дни; in those ~s в те дни; в то вре́мя; in ~s of old в былы́е дни; in ~s to come в бу́дущем; in this ~ and age в на́ше вре́мя; he has known better ~s он знава́л лу́чшие времена́; he fell on evil ~s он впал в нищету́; his ~s are numbered его́ дни сочтены́; end one's ~s сконча́ться (*pf.*); the great men of the ~ ви́дные лю́ди эпо́хи; he has had his ~ он отслужи́л своё; she was a beauty in her ~ в своё вре́мя она́ была́ краса́вицей; save for a rainy ~ от|кла́дывать, -ложи́ть на чёрный день; in all my born ~s за всю мою́ жизнь; salad ~s пора́ ю́ношеской нео́пытности; this is the ~ of air transport э́то э́ра возду́шного тра́нспорта; **7.** (*denoting contest*): win, carry the ~ оде́рж|ивать, -а́ть побе́ду; lose the ~ проигр|ывать, -а́ть сраже́ние; the ~ is ours мы одержа́ли побе́ду; his arrival saved the ~ его́ прие́зд спас положе́ние.

*cpds.*: ~-**bed** *n.* куше́тка; ~-**boarder** *n.* полупансионе́р; ~-**book** *n.* дневни́к, журна́л; ~-**boy** *n.* учени́к, не живу́щий при шко́ле; ~**break** *n.* рассве́т; ~**dream** *n.* грёза, мечта́; *v.i.* мечта́ть (*impf.*); грёзить (*impf.*) (наяву́); ~**dreamer** *n.* мечта́тель (*m.*); ~-**fly** *n.* подёнка; ~-**girl** *n.* учени́ца, не живу́щая при шко́ле; ~-**labour** *n.* подённая рабо́та; ~-**labourer** *n.* подёнщи|к (*fem.* -ца); ~**light** *n.* (*period*): in broad ~light средь бе́ла дня; ~light-saving time ле́тнее вре́мя; (*dawn*) дневно́й свет; рассве́т; (*fig.*): let in some ~light on a subject проли́ть (*pf.*) свет на предме́т; I begin to see ~light мне уже́ ви́ден просве́т; (*fig.*): beat the ~lights out of s.o. вы́бить (*pf.*) ду́шу (*or* вы́шибить (*pf.*) дух) из кого́-н.; ~-**long** *n.* для́щийся це́лый день; ~-**nursery** *n.* (*crèche*) де́тские я́сл|и (*pl., g.* -ей); ~-**school** *n.* шко́ла без пансио́на; ~**spring** *n.* (*poet.*) заря́; ~-**star** *n.* у́тренняя звезда́; ~-**ticket** *n.* обра́тный биле́т, действи́тельный в тече́ние одного́ дня; ~**time** *n.* день (*m.*); in the ~ time днём; *adj.* дневно́й; ~-**to**~ *adj.* повседне́вный.

**daze** *n.*: he was in a ~ он был как в дурма́не. *v.t.* пора|жа́ть, -зи́ть; ошара́ши|вать, -ть.

**dazzle** *n.* ослепле́ние; ослепи́тельный блеск. *v.t.* **1.** (*lit.*) ослеп|ля́ть, -и́ть; **2.** (*fig.*) пора|жа́ть, -зи́ть; ослеп|ля́ть, -и́ть; she was

~d by his wealth она́ была́ ослеплена́/заворожена́ его́ бога́тством.

**DC** *n.* (*abbr.*, District of Columbia) о́круг Колу́мбия.

**deacon** *n.* дья́кон.

**deaconess** диакони́са.

**dead** *n.*: at ~ of night глубо́кой но́чью.

*adj.* **1.** (*no longer living*) мёртвый, уме́рший; (*in accident etc.*) поги́бший, уби́тый; (*of animal*) до́хлый; ~ body труп, мёртвое те́ло; ~ flowers/leaves увя́дшие цветы́/ли́стья; he is ~ он у́мер/уби́т; ~ men tell no tales мёртвые не болта́ют; уме́рший никому́ не поме́ха; ~ and gone (*fig.*) давно́ проше́дший; more ~ than alive полуме́ртвый; (as) ~ as mutton (*or* as a doornail) безды́ханный; the plan is as ~ as mutton э́тому пла́ну капу́т; ~ man's handle автомати́ческий то́рмоз в электропоезда́х; ~ wood (*lit.*) сухосто́й; (*fig.*) балла́ст; a ~ fence угрю́дой забо́р; I wouldn't be seen ~ there меня́ туда́ арка́ном не зата́щишь; (*as n.*: the ~) уме́ршие, поко́йные; rise from the ~ воскре́снуть (*pf.*); восста́ть (*pf.*) из мёртвых; let the ~ bury their ~ преда́ть (*pf.*) про́шлое забве́нию; похорони́ть (*pf.*) про́шлое; **2.** (*inanimate, sterile*) неодушевлённый; неплодоро́дный; ~ matter нежива́я мате́рия; **3.** (*numb, insensitive*) онеме́лый, омертве́лый; my foot has gone ~ у меня́ нога́ онеме́ла/затекла́; ~ to all sense of shame потеря́вший со́весть; ~ with cold промёрзший наскво́зь; ~ with hunger умира́ющий с го́лоду; ~ with fatigue смерте́льно уста́лый; ~ to the world (*drunk*) он мертве́цки пьян; (*asleep*) он спит мёртвым сном; (*insensible*) он в бесчу́вственном состоя́нии; **4.** (*inert, motionless*) споко́йный, неподви́жный; in the ~ hours of the night глухо́й но́чью; ~ end (*lit., fig.*) тупи́к; a ~ end job бесперспекти́вная рабо́та; ~ weight (*naut.*) де́двейт; the D~ Sea Мёртвое мо́ре; ~ season мёртвый сезо́н; a ~ ball (*lacking resilience*) неупру́гий мяч; ~ stock (*unsaleable goods*) нехо́довые това́ры; ~ ground (*mil.*) мёртвое простра́нство; **5.** (*used, spent, uncharged*): ~ match испо́льзованная спи́чка; ~ wire (*elec.*) отключённый про́вод; ~ ball (*out of play*) вы́шедший из игры́ мяч; the telephone went ~ телефо́н умо́лк; the furnace is ~ то́пка пога́сла; ~ (*undeliverable*) letter непра́вильно адресо́ванное письмо́; the law is a ~ letter э́тот зако́н утра́тил си́лу; ~ volcano поту́хший вулка́н; **6.** (*dull, of sound or colour*) глухо́й, ту́склый; **7.** (*obsolete, no longer valid*): ~ language мёртвый язы́к; the plan is ~ э́тот план провали́лся; **8.** (*with no outlet*): a ~ hole глуха́я нора́; **9.** (*sham*): ~ window фальши́вое/ло́жное окно́; **10.** (*abrupt, exact, complete*) внеза́пный; по́лный; соверше́нный; in ~ earnest соверше́нно серьёзно;

come to a ~ stop останови́ться (*pf.*) как вко́панный; ~ level соверше́нно ро́вная ме́стность; (*fig., monotony*) однообра́зие; he's the ~ spit of his father (*coll.*) он вы́литый оте́ц; ~ calm мёртвый штиль; ~ loss (*irrecoverable amount*) чи́стый убы́ток; (*fig., failure*) по́лный прова́л; he's a ~ loss он неуда́чник, от него́ то́лку не бу́дет; а ~ faint глубо́кий о́бморок; а ~ certainty по́лная уве́ренность; he's a ~ shot он ме́ткий стрело́к; он стреля́ет без про́маха; he made a ~ set at her он во что бы то ни ста́ло реши́л покори́ть её; ~ centre (*mech.*) мёртвая то́чка.

*adv.*: he stopped ~ он останови́лся как вко́панный; ~ on time то́чно во́-время; ~ drunk мертве́цки пья́ный; ~ straight соверше́нно пря́мо; ~ tired сме́ртельно уста́лый; ~ against реши́тельно про́тив; he is ~ set on going to London он реши́л во что бы то ни ста́ло пое́хать в Ло́ндон; ~ slow о́чень ме́дленно; ~ certain соверше́нно уве́ренный.

*cpds.*: ~-**and-alive** *adj.* безжи́зненный, мёртвый; ~-**beat** *n.* (*coll., loafer*) безде́льник; парази́т; *adj.* (*coll., worn out*) сме́ртельно уста́лый; изнурённый, измо́танный; ~-**eye** *n.* (*naut.*) ю́ферс; ~**head** *n.* (*passenger*) челове́к, име́ющий пра́во на беспла́тный прое́зд; ~-**light** *n.* (*naut.*) глухо́й иллюмина́тор; ~-**line** *n.* преде́л; ~-**lock** *n.* мёртвая то́чка; тупи́к; засто́й; зато́р; break a ~lock вы́йти (*pf.*) из тупика́; *v.t.*: the negotiations are ~locked перегово́ры зашли́ в тупи́к; ~-**pan** *adj.* (*coll.*) с невырази́тельным лицо́м; ~-**reckoning** *n.* навигацио́нное счисле́ние.

**deaden** *v.t.* осл|абля́ть, -а́бить; заглуш|а́ть, -и́ть; the drug ~s pain лека́рство притупля́ет боль; the walls ~ sound сте́ны заглуша́ют шум; gloves ~ the force of a blow перча́тки ослабля́ют си́лу уда́ра.

**deadener** *n.* (*tech.*) глуши́тель (*m.*); материа́л для звукоизоля́ции.

**deadliness** *n.* смерте́льность.

**deadly** *adj.* смерте́льный; смертоно́сный; ~ poison смерте́льный яд; ~ enemy смерте́льный враг; ~ sin сме́ртный грех; (*intense*) ужа́сный; ~ haste стра́шная спе́шка; ~ dullness смерте́льная ску́ка.

**deadness** *n.* омертве́лость, омертве́ние.

**deaf** *adj.* **1.** глухо́й; ~ in one ear глухо́й на одно́ у́хо; ~ as a post глуха́я тете́ря; ~ and dumb глухонемо́й; ~ and dumb language язы́к глухонемы́х; ~ mute глухонемо́й; (*as n.*: the ~) глухи́е; **2.** (*fig.*): turn a ~ ear to не слу́шать (*impf.*); не обраща́ть (*impf.*) внима́ния на +*a.*; ~ to all entreaty глух ко всем мольба́м; none so ~ as those that won't hear са́мый глухо́й тот, кто не жела́ет слу́шать.

*cpd.*: ~-**aid** *n.* слухово́й аппара́т.

**deafen** *v.t.* (*deprive of hearing*) оглуш|а́ть, -и́ть; (*drown, of sound*) заглуш|а́ть, -и́ть; (*sound-*

*proof*) де́лать, с- звуконепроница́емым.

**deafening** *adj.* оглуши́тельный; заглуша́ющий.

**deafness** *n.* глухота́.

**deal**[1] *n.* (*wood*) хво́йная древеси́на; (*board*) ело́вая/сосно́вая доска́; дильс; ~ furniture ме́бель из сосны́.

**deal**[2] *n.* **1.** (*amount*) коли́чество; a great, good ~ (of) мно́го +*g.*; she's a good ~ better today ей сего́дня гора́здо лу́чше; he didn't succeed, not by a good ~ он далеко́ не преуспе́л (*в чём*); **2.** (*business agreement*) сде́лка; it's a ~! договори́лись!; по рука́м!; give s.o. a raw/square ~ (*coll.*) несправедли́во/че́стно обойти́сь (*pf.*) с кем-н.; **3.** (*at cards*) сда́ча; it's my ~ моя́ о́чередь сдава́ть; **4.**: new ~ (*fig.*) «но́вый курс».

*v.t.* **1.** (*cards*) сда|ва́ть, -ть; **2.** (*apportion*) разд|ава́ть, -а́ть; распредел|я́ть, -и́ть; the money was ~t out fairly де́ньги бы́ли разделены́ че́стно; **3.** (*inflict*): ~ s.o. a blow нан|оси́ть, -ести́ кому́-н. уда́р.

*v.i.* **1.** (*do business*) торгова́ть (*impf.*); I no longer ~ with that butcher я бо́льше не покупа́ю у э́того мясника́; he is a difficult man to ~ with с ним тру́дно име́ть де́ло; he ~s in furs он торгу́ет меха́ми; **2.** (*treat, manage*) относи́ться (к +*d.*); обраща́ться (с +*i.*); поступа́ть (с +*i.*) (*all impf.*); what is the best way of ~ing with young criminals? как лу́чше всего́ поступа́ть с молоды́ми престу́пниками?; he ~t with the problem skilfully он уме́ло подошёл к э́тому вопро́су; **3.** (*treat of*) занима́ться (*impf.*) +*i.*; the book ~s with African affairs э́та кни́га посвящена́ африка́нским пробле́мам (*or* рассма́тривает/освеща́ет африка́нские пробле́мы); **4.** (*conduct oneself*) обходи́ться (*impf.*); поступа́ть (*impf.*); he ~s justly with all он поступа́ет со все́ми справедли́во.

**dealer** *n.* **1.** (*at cards*) сдаю́щий ка́рты; банкомёт; **2.** (*trader*) торго́вец; ~ in stolen goods торго́вец кра́деным; **3.**: plain ~ прямо́й/открове́нный челове́к.

**dealing** *n.* **1.** (*action*) распределе́ние; plain ~ прямота́; **2.** (*trade*): ~ in real estate торго́вля недви́жимостью; **3.** (*pl., association*) торго́вые дела́; сде́лки (*f. pl.*); have ~s with s.o. вести́ (*det.*) дела́ с кем-н.

**dean** *n.* (*eccl.*) дека́н, настоя́тель (*m.*); (*acad.*) дека́н; (*dipl.*) дуайе́н.

**deanery** *n.* (*function*) дека́нство; (*acad.*) декана́т; (*house*) дом дека́на.

**dear** *n.* ми́лый, возлю́бленный, дорого́й, ду́шка (*c.g.*); he's a (*perfect*) ~ он о́чень мил; be a ~ and do this for me бу́дьте так добры́, сде́лайте э́то для меня́; eat it up, there's a ~! доёшь всё, будь у́мницей!

*adj.* **1.** (*beloved*) люби́мый, дорого́й; **2.** (*lovable*) сла́вный, ми́лый; **3.** (*as polite address*):

my ~ fellow дорого́й (мой); голу́бчик; (*in formal letters*) уважа́емый; **4.** (*precious*) дорого́й; for ~ life (*fig.*) отча́янно, изо всех сил; **5.** (*heartfelt*): his ~est wish его́ сокрове́нное жела́ние; **6.** (*costly*) дорого́й; ~ money высо́кая сто́имость за́йма.

*int.*: oh ~!; ~ me! о, Го́споди!; ой-ой-о́й!

**dearly** *adv.* (*fondly*) не́жно; (*at a high price*) до́рого.

**dearness** *n.* (*high cost*) дорогови́зна.

**dearth** *n.* нехва́тка, недоста́ток.

**deary** *n.* (*beloved one*) дорого́й, ми́лый.

*int.*: ~ me! о, Го́споди!; ой-ой-о́й!

**death** *n.* **1.** (*act or fact of dying*) смерть; die the ~ (*liter.*) поги́бнуть (*pf.*); meet one's ~ найти́ (*pf.*) свою́ смерть; natural ~ есте́ственная смерть; violent ~ наси́льственная смерть; ~ agony предсме́ртная аго́ния; civil ~ гражда́нская смерть; ~ certificate свиде́тельство о сме́рти; ~ duties нало́г на насле́дство; ~ penalty сме́ртная казнь; be burnt to ~ сгоре́ть (*pf.*) за́живо; drink o.s. to ~ умере́ть (*pf.*) от пья́нства; work o.s. to ~ рабо́тать (*impf.*) на изно́с; bleed to ~ исте́чь (*pf.*) кро́вью; at ~'s door; at the point of ~ при́ смерти; на поро́ге сме́рти; catch one's ~ (of cold) простуди́ться (*pf.*) на́смерть; put to ~ казни́ть (*pf.*); уби́ть (*pf.*); sentence to ~ приговори́ть (*pf.*) к сме́рти; stone to ~ заби́ть (*pf.*) камня́ми; fight to the ~ би́ться (*impf.*) не на жизнь, а на смерть; it is ~ to steal за воровство́ полага́ется сме́ртная казнь; be in at the ~ прису́тствовать (*impf.*) при том, как убива́ют (*затравленную лиси́цу*); (*fig.*) прису́тствовать при заверше́нии (*чего*); sure as ~ наверняка́; как пить дать; he held on like grim ~ он держа́лся изо всех сил; he looks like ~ (*coll.*) ≃ кра́ше в гроб кладу́т; ~ in life; living ~ не жизнь, а ка́торга; **2.** (*instance of dying*) коне́ц; ги́бель; there were many ~s in the accident в ава́рии поги́бло мно́го люде́й; **3.** (*destruction*): the ~ of his hopes круше́ние его́ наде́жд; **4.** (*utmost limit*): he was bored to ~ ему́ бы́ло до́ смерти ску́чно; tired to ~ сме́ртельно уста́лый; tickled to ~ обра́дованный до́ смерти; I'm sick to ~ of it мне э́то до́ смерти надое́ло; laugh o.s. to ~ хохота́ть (*impf.*) до упа́ду; **5.** (*cause of death*): this work will be the ~ of me э́та рабо́та сведёт меня́ в моги́лу; the Black D~ чёрная смерть; **6.** (*death personified*): ~'s head че́реп; (*kind of moth*) мёртвая голова́; snatch s.o. from the jaws of ~ вы́рвать (*pf.*) кого́-н. из когте́й сме́рти.

*cpds.*: ~-**bed** *n.* сме́ртное ло́же; ~-**blow** *n.* сме́ртельный уда́р; ~**like** *adj.*: a ~like silence гробово́е молча́ние; ~-**mask** *n.* посме́ртная ма́ска; ~-**pale** *adj.* сме́ртельно бле́дный; ~-**rate** *n.* сме́ртность; ~-**rattle** *n.* предсме́ртный хрип; ~-**ray** *n.* смертоно́сный луч;

~-**roll** *n.* спи́сок/число́ поги́бших; ~-**trap** *n.*: this theatre is a ~-trap in case of fire в слу́чае пожа́ра э́тот теа́тр су́щая западня́; ~-**warrant** *n.* распоряже́ние о приведе́нии в исполне́ние сме́ртного пригово́ра; ~-**watch** *adj.*: ~-watch beetle жук-моги́льщик; ~-**wish** *n.* (*psych.*) стремле́ние к сме́рти.

**deathless** *adj.* бессме́ртный.

**deathlessness** *n.* бессме́ртие.

**deathly** *adj. & adv.* смерте́льный, роково́й; ~ pale смерте́льно бле́дный.

**deb** (*coll.*) = DEBUTANTE.

**débâcle** *n.* (*break-up of ice*) ледохо́д; вскры́тие реки́; (*disorderly collapse*) паде́ние, крах, пани́ческое бе́гство.

**debag** *v.t.* (*coll.*) стяну́ть (*pf.*) портки́ с +*g.*

**debar** *v.t.* препя́тствовать, вос- +*d.*; не допуска́ть, -ти́ть +*g.*; ~ s.o. from office лиша́ть, -и́ть кого́-н. возмо́жности заня́ть каку́ю-н. до́лжность; ~ s.o. from voting лиша́ть, -и́ть кого́-н. пра́ва го́лоса.

**debark** *v.t. & i. see* DISEMBARK.

**debarkation** *n. see* DISEMBARKATION.

**debase** *v.t.* **1.** (*lower morally*) уни|жа́ть, -́зить; прин|ижа́ть, -и́зить; **2.** (*depreciate, e.g. coinage*) пон|ижа́ть, -и́зить ка́чество/це́нность +*g.*; style ~d by imitators стиль, (соверше́нно) испо́рченный подража́нием.

**debasement** *n.* униже́ние; сниже́ние це́нности (*чего*).

**debatable** *adj.* спо́рный; оспа́риваемый.

**debat**|**e** *n.* диску́ссия; пре́ния (*nt. pl.*); деба́т|ы (*pl., g.* -ов); the question under ~e обсужда́емый вопро́с; beyond ~e бесспо́рный.

*v.t. & i.* **1.** (*discuss*) обсу|жда́ть, -ди́ть; дебати́ровать (*impf.*); дискути́ровать (*impf., pf.*); спо́рить (*impf.*) о +*p.*; ~ing society дискуссио́нный клуб; **2.** (*ponder*) обду́м|ывать, -ать; взве́|шивать, -сить; I was ~ing whether to go out or not я размышля́л, сто́ит выходи́ть и́ли нет; **3.** (*contest*): the victory was ~ed all day побе́да доста́лась по́сле це́лого дня борьбы́.

**debater** *n.* уча́стник деба́тов; спо́рщик; he's a good ~ он уме́ет спо́рить.

**debauch** *n.* (*sensual orgy*) дебо́ш, о́ргия, кутёж; (*drinking-bout*) попо́йка; a ~ of reading запо́йное чте́ние.

*v.t.* **1.** (*pervert morally*) развра|ща́ть, -ти́ть; **2.** (*seduce*) совра|ща́ть, -ти́ть; оболь|ща́ть, -сти́ть; **3.** (*vitiate*) извра|ща́ть, -ти́ть; иска|жа́ть, -зи́ть.

**debauchee** *n.* развра́тник.

**debauchery** *n.* разврат, распу́щенность.

**debenture** *n.* долгово́е обяза́тельство; облига́ция акционе́рного о́бщества; ~ stock долговы́е обяза́тельства.

**debilitate** *v.t.* осл|абля́ть, -а́бить; рассл|абля́ть, -а́бить.

**debility** *n.* слабость, бессилие, тщедушие, немощность.

**debit** *n.* дебет; ~ side of an account дебетовая сторона счёта.

　*v.t.* дебетовать (*impf., pf.*); вн|осить, -ести в дебет.

**debonair** *adj.* (*suave, urbane*) обходительный, учтивый.

**debouch** *v.i.* **1.** (*of stream etc.*) выходить, выйти на открытую местность; впа|дать, -сть (*or* вл|иваться, -иться) (*в море и т.п.*); **2.** (*mil.*) дебушировать (*impf., pf.*).

**debouchment** *n.* (*river-mouth*) устье; (*mil.*) дебуширование.

**debrief** *v.t.* расспр|ашивать, -осить; ~ s.o. за-слуш|ивать, -ать чей-н. отчёт.

**debris** *n.* осколки (*m. pl.*); обломки (*m. pl.*); развалины (*f. pl.*).

**debt** *n.* **1.** (*of money*) долг; get, run into ~ влез|ать, -ть в долги; bad ~ безнадёжный долг; ~ of honour долг чести; National D ~ государственный долг; funded ~ консолидированный долг; floating ~ текущая задолженность; **2.** (*obligation*): pay the ~ of nature (*die*) скончаться (*pf.*); I owe him a ~ of gratitude я перед ним в долгу; I am greatly in your ~ я вам чрезвычайно обязан.

**debtor** *n.* **1.** должник; ~'s prison долговая тюрьма; **2.** (*bookkeeping term*) дебитор.

**debunk** *v.t.* (*coll.*) разоблач|ать, -ить; раз-венч|ивать, -ать.

**debunker** *n.* (*coll.*) разоблачитель (*m.*).

**debus** *v.t. & i.* (*coll.*) выса́живать(ся), вы́садить(ся) из автобуса.

**début** *n.* (*of girl*) выезд в свет, дебют; (*of actor*) дебют.

**debutante** *n.* дебютантка.

**decade** *n.* **1.** (*10 years*) десятилетие; (*of one's age*) десяток; **2.** (*set of 10*) десяток.

**decadence** *n.* упадок, декадентство.

**decadent** *n.* декадент.

　*adj.* упадочнический, декадентский.

**decaffeinated** *adj.* без кофеина.

**decagon** *n.* десятиугольник.

**decagonal** *adj.* десятиугольный.

**decagram(me)** *n.* декаграмм.

**decahedral** *adj.* десятигранный.

**decahedron** *n.* десятигранник.

**decalcify** *v.t.* декальцинировать (*impf., pf.*).

**decalitre** *n.* декалитр.

**decalogue** *n.* десять заповедей.

**decamp** *v.i.* (*leave camp*) сн|иматься, -яться с лагеря; (*abscond*) сбе|гать, -жать; уд|ирать, -рать.

**decanal** *adj.* деканский.

**decant** *v.t.* (*pour wine*) сце|живать, -дить; перел|ивать, -ить из бутылки в графин; (*coll., transfer*): he was ~ed from the car его выволокли из машины.

**decanter** *n.* (*vessel*) графин.

**decapitate** *v.t.* обезглав|ливать, -ить; he was ~d in the accident ему оторвало голову в аварии.

**decapitation** *n.* обезглавливание.

**decapod** *n.* десятиногий рак.

**decarbonize** *v.t.* **1.** (*chem.*) обезуглеро́|живать, -дить; **2.** (*of car engine*) оч|ищать, -истить от нагара.

**decartelization** *n.* декартелизация.

**decasyllabic** *adj.* десятисложный.

**decathlon** *n.* десятиборье.

**decay** *n.* **1.** (*physical*) гниение, разложение; tooth ~ разрушение зубов; the house is in ~ дом разрушается; **2.** (*decayed part*) гниль; **3.** (*moral*) упадок, загнивание, разложение; civilizations fall into ~ цивилизации приходят в упадок.

　*v.i.* гнить, с-; разл|агаться, -ожиться; ~ing vegetables гниющие овощи; our powers ~ in old age наши силы слабеют к старости; live in ~ed circumstances жить (*impf.*) в нищете.

**decease** *n.* кончина.

**deceased** *adj.* покойный, скончавшийся, умерший; (*as n.:* the ~), покойник, отошедший.

**decedent** *n.* (*Am.*) покойный.

**deceit** *n.* обман, лживость.

**deceitful** *adj.* обманчивый, лживый.

**deceitfulness** *n.* обманчивость, лживость.

**deceivable** *adj.*: he is not easily ~ его нелегко провести.

**deceive** *v.t. & i.* обман|ывать, -уть; ~ o.s. обман|ываться, -уться; I have been ~d in him я в нём обманулся; his hopes were ~d он обманулся в своих надеждах; we were ~d into believing that . . . нас обманом заставили поверить, что . . .

**deceiver** *n.* лжец, обманщи|к (*fem.* -ца).

**decelerate** *v.t. & i.* зам|едлять, -едлить (ход).

**deceleration** *n.* замедление; торможение.

**December** *n.* декабрь (*m.*); (*attr.*) декабрьский.

**Decembrist** *n.* декабрист.

　*adj.* декабристский.

**decenc|y** *n.* (*seemliness*) приличие, благо-пристойность; offence against ~y нарушение приличий; observe the ~ies соблюдать (*impf.*) приличия.

**decennary, decennial** *adjs.* десятилетний.

**decent** *adj.* **1.** (*not obscene*) приличный, пристойный; благопристойный; **2.** (*proper, adequate*) приличный, подходящий; ~ living conditions приличные жилищные условия; a ~ dinner приличный ужин; **3.** (*coll., kind, well-conducted*) порядочный; he was very ~ to me он вёл себя порядочно по отношению ко мне.

**decentralization** *n.* децентрализация.

**decentralize** *v.t.* децентрализовать (*impf., pf.*).

**deception** *n.* обман, ложь, хитрость; practise a ~ on обман|ывать, -уть.

**deceptive** *adj.* обма́нчивый.

**deceptiveness** *n.* обма́нчивость.

**dechristianization** *n.* дехристианиза́ция.

**dechristianize** *v.t.* дехристианизова́ть (*impf., pf.*).

**decibel** *n.* дециби́л.

**decide** *v.t.* реш|а́ть, -и́ть; прин|има́ть, -я́ть реше́ние о +*p.*; ~ a question реш|а́ть, -и́ть вопро́с; ~ a dispute разреш|а́ть, -и́ть спор; that ~s me тепе́рь всё я́сно, бо́льше не сомнева́юсь; what ~d you to give up your job? почему́ вы реши́ли (*or* что вас заста́вило) бро́сить рабо́ту?

*v.i.* реш|а́ться, -и́ться; прин|има́ть, -я́ть реше́ние; ~ between adversaries рассуди́ть (*pf.*) проти́вников; ~ between alternatives сде́лать (*pf.*) вы́бор; ~ for s.o. реши́ть (*pf.*) в по́льзу кого́-н.; ~ on going реши́ть (*pf.*) пое́хать; ~ against going реши́ть (*pf.*) не е́хать; she ~d on the green hat она́ вы́брала зелёную шля́пу; they ~d on the youngest candidate они́ останови́ли свой вы́бор на са́мом молодо́м кандида́те.

**decided** *adj.* **1.** (*clear-cut*) определённый; а ~ difference бесспо́рное разли́чие; а man of ~ opinions челове́к категори́ческих взгля́дов; **2.** (*resolute*): а ~ person реши́тельный челове́к.

**decidedly** *adv.* реши́тельно, несомне́нно, я́вно, бесспо́рно.

**deciduous** ли́ственный, листопа́дный, летнезелёный.

**decigram(me)** *n.* децигра́мм.

**decilitre** *n.* децили́тр.

**decimal** *n.* десяти́чная дробь; correct to six places of ~s с то́чностью до шесто́го зна́ка по́сле запято́й; recurring ~ периоди́ческая десяти́чная дробь.

*adj.* десяти́чный; ~ point запята́я, отделя́ющая це́лое от дро́би; ~ coinage десяти́чная моне́тная систе́ма.

**decimalization** *n.* превраще́ние в десяти́чную дробь; перехо́д/перево́д на десяти́чную систе́му.

**decimalize** *v.t.* превра|ща́ть, -ти́ть в десяти́чную дробь; перев|оди́ть, -ести́ на десяти́чную систе́му.

**decimate** *v.t.* **1.** (*hist.*) истреб|ля́ть, -и́ть ка́ждого деся́того из +*g.*; **2.** (*devastate*) опустош|а́ть, -и́ть.

**decimation** *n.* истребле́ние (ка́ждого деся́того); опустоше́ние.

**decimetre** *n.* дециме́тр.

**decipher, decypher** *n.* расшифро́ванный текст.

*v.t.* **1.** (*lit.*) расшифро́в|ывать, -а́ть; **2.** (*fig., make out*) раз|бира́ть, -обра́ть; разга́д|ывать, -а́ть.

**decipherable** *adj.* поддаю́щийся расшифро́вке.

**decipherment** *n.* расшифро́вка, дешифро́вка.

**decision** *n.* **1.** (*deciding*) реше́ние; make, take,

come to a ~ приня́ть (*pf.*) реше́ние; **2.** (*decisiveness*) реши́мость, реши́тельность; а man of ~ реши́тельный челове́к.

**decisive** *adj.* (*conclusive*) реша́ющий; ~ answer оконча́тельный отве́т; (*resolute*) реши́тельный.

**decisiveness** *n.* реши́тельность.

**decivilize** *v.t.* прив|оди́ть, -ести́ к одича́нию.

**deck**[1] *n.* **1.** (*of ship*) па́луба; ~ cargo па́лубный груз; ~ house ру́бка; ~ landing (*av.*) поса́дка на па́лубу; go up on ~ подня́ться (*pf.*) на па́лубу; below ~(s) под па́лубой; clear the ~s (*for action*) (*nav.*) пригото́виться (*pf.*) к бо́ю; (*fig.*) пригото́виться (*pf.*) к де́йствиям; all hands on ~! все наве́рх!; авра́л!; **2.** (*of bus*): top ~ ве́рхний эта́ж; **3.** (*Am., of cards*) коло́да.

*cpds.*: ~-**chair** *n.* шезло́нг; ~-**hand** *n.* матро́с; ~-**tennis** *n.* те́ннис на па́лубных ко́ртах.

**deck**[2] *v.t.* (*adorn*; *also* ~ **out**) укр|аша́ть, -а́сить.

**deckle** *n.*: ~-edged paper бума́га с необре́занными края́ми.

**declaim** *v.t. & i.* **1.** (*speak with feeling*) говори́ть (*impf.*) с па́фосом; деклами́ровать (*impf.*); ~ against s.o. громи́ть (*impf.*) кого́-н.; напада́ть (*impf.*) на кого́-н.; **2.** (*recite*) деклами́ровать (*impf.*).

**declamation** *n.* (*act*) деклами́рование; (*art*) деклама́ция; (*harangue*) стра́стная речь.

**declamatory** *n.* декламацио́нный; ора́торский; напы́щенный.

**declaration** *n.* **1.** (*proclamation*) заявле́ние, деклара́ция; ~ of independence деклара́ция незави́симости; ~ of war объявле́ние войны́; **2.** (*affirmation*): ~ of one's income нало́говая деклара́ция; ~ of love призна́ние в любви́.

**declarat|ive, -ory** *adjs.* декларати́вный.

**declare** *v.t. & i.* **1.** (*proclaim, make known*) объяв|ля́ть, -и́ть; ~ one's love объясн|я́ться, -и́ться в любви́; **2.** (*say solemnly*) заяв|ля́ть, -и́ть; провозгла|ша́ть, -си́ть; he ~d that he was innocent он заяви́л о свое́й невино́вности; well, I ~! одна́ко, скажу́ я вам!; **3.** (*pronounce*) объяв|ля́ть, -и́ть; I ~ the meeting open объявля́ю собра́ние откры́тым; ~ o.s. (*avow intentions*) де́лать, с- призна́ние; выступа́ть, вы́ступить; (*reveal character*) пока́з|ывать, -а́ть себя́; ~ for/against s.o. выска́з|ываться, вы́сказаться за/про́тив кого́-н.; **4.** (*at customs*) деклари́ровать (*impf., pf.*); have you anything to ~? предъяви́те ве́щи, подлежа́щие обложе́нию по́шлиной.

**declarer** *n.* объявля́ющий.

*déclassé adj.* декласси́рованный.

**declassification** *n.* рассекре́чивание (*документов*).

**declassify** *v.t.* рассекре́|чивать, -тить (*документы*).

**declension** *n.* **1.** (*deviation, decline*) паде́ние, упа́док, ухудше́ние; **2.** (*gram.*) склоне́ние.

**declinable** *adj.* (*gram.*) склоня́емый.
**declination** *n.* (*astron.*) магни́тное склоне́ние; отклоне́ние.
**decline** *n.* **1.** (*fall*) паде́ние; ~ in prices сниже́ние/пониже́ние цен; **2.** (*decay*) упа́док, зака́т; ~ of the Roman Empire упа́док ри́мской импе́рии; **3.** (*in health*) ухудше́ние; fall into a ~ слабе́ть (*impf.*), ча́хнуть (*impf.*). *v.t.* **1.** (*refuse*) отклон|я́ть, -и́ть; he ~d the invitation он отклони́л приглаше́ние; he ~d to answer он уклони́лся от отве́та; ~ battle отказа́ться/уклони́ться (*pf.*) от бо́я; **2.** (*cause to droop*) наклон|я́ть, -и́ть; склон|я́ть, -и́ть; опус|ка́ть, -ти́ть; **3.** (*gram.*) склоня́ть, про-. *v.i.* **1.** (*sink, draw to a close*) клони́ться (*impf.*) (к+*d.*); his strength ~d его́ си́ла пошла́ на у́быль; prices ~ це́ны па́дают; his declining years его́ прекло́нные го́ды; **2.** (*refuse*) отка́з|ываться, -а́ться.
**declinometer** *n.* уклономе́р, деклино́метр, декли́на́тор.
**declivity** *n.* пока́тость, спуск, отко́с, склон.
**declutch** *v.i.* расцеп|ля́ть, -и́ть сцепле́ние/ му́фту.
**decoction** *n.* (*boiling down*) выва́ривание; (*liquor*) отва́р, деко́кт, сиро́п.
**decode** *n.* расшифро́ванный текст. *v.t.* расшифро́в|ывать, -а́ть; декоди́ровать (*impf., pf.*).
**decollation** *n.* обезгла́вливание.
**décolletage** *n.* декольте́ (*indecl.*), вы́рез.
**décolleté** *adj.* декольти́рованный.
**decolonization** *n.* деколониза́ция.
**decomposable** *adj.* разложи́мый, раствори́мый.
**decompose** *v.t.* разл|ага́ть, -ожи́ть; a prism ~s light при́зма расщепля́ет свет. *v.i.* (*decay*) разл|ага́ться, -ожи́ться.
**decomposition** *n.* (*analysis*) разложе́ние; (*corruption*) разложе́ние, распа́д.
**decompression** *n.* пониже́ние давле́ния, декомпре́ссия.
**decompressor** *n.* декомпре́ссор.
**deconsecrate** *v.t.* секуляризи́ровать (*impf., pf.*).
**decontaminate** *v.t.* обеззара́|живать, -зи́ть; дегази́ровать (*impf., pf.*).
**decontamination** *n.* обеззара́живание, дегаза́ция.
**decontrol** *v.t.* освобо|жда́ть, -ди́ть от контро́ля.
**décor** *n.* декора́ции (*f. pl.*); убра́нство.
**decorate** *v.t.* **1.** (*adorn*) укр|аша́ть, -а́сить; декори́ровать (*impf., pf.*); ~d style (*archit.*) англи́йская го́тика XIV ве́ка; **2.** (*paint, furnish etc.*) отде́л|ывать, -ать; **3.** (*confer medal upon*) награ|жда́ть, -ди́ть.
**decoration** *n.* **1.** (*adornment*) украше́ние, убра́нство; **2.** (*furnishing etc. of house*) отде́лка; обстано́вка; **3.** (*order, medal*), о́рден; знак отли́чия.
**decorative** *adj.* (*pert. to decoration*) декорати́в-

ный; (*handsome, pretty*) декорати́вный, декорацио́нный.
**decorator** *n.* **1.** (*manual worker*) маля́р, обо́йщик; **2.**: interior ~ худо́жник по интерье́ру.
**decorous** *adj.* прили́чный, присто́йный.
**decorticate** *v.t.* сдира́ть, содра́ть кору́ с +*g.*
**decorum** *n.* вне́шнее прили́чие; этике́т, деко́рум.
**decoy** *n.* **1.** (*real or imitation animal*) прима́нка; ~ duck мано́к для ди́ких у́ток; **2.** (*pers. or thing used to entice*) прима́нка, собла́зн; **3.** (*fig., trap*) западня́, лову́шка. *v.t.* зама́н|ивать, -и́ть; прима́н|ивать, -и́ть.
**decrease** *n.* уменьше́ние, убыва́ние; crime is on the ~ престу́пность идёт на у́быль. *v.t.* ум|еньша́ть, -е́ньшить. *v.i.* ум|еньша́ться, -е́ньшиться; уб|ыва́ть, -ы́ть.
**decreasingly** *adv.* всё ме́ньше и ме́ньше.
**decree** *n.* **1.** (*pol.*) ука́з, декре́т, постановле́ние; **2.** (*leg.*) реше́ние; **3.**: ~ of nature зако́н приро́ды. *v.t. & i.* изд|ава́ть, -а́ть декре́т; декрети́ровать (*impf., pf.*); fate ~d otherwise судьба́ реши́ла ина́че.
**decrepit** *adj.* дря́хлый, ве́тхий.
**decrepitude** *n.* дря́хлость, ве́тхость.
**decrescendo** *n., adj. & adv.* димину́э́ндо (*indecl.*).
**decretals** *n. pl.* декрета́лии (*f. pl.*).
**decrier** *n.* хули́тель (*m.*).
**decry** *v.t.* хули́ть (*impf.*).
**decypher** *etc., see* DECIPHER *etc.*
**dedicate** *v.t.* (*devote; also book etc.*) посвя|ща́ть, -ти́ть; (*assign, set apart*) предназн|ача́ть, -а́чить.
**dedicated** *adj.* самозабве́нный, беззаве́тный.
**dedication** *n.* (*devotion*) пре́данность, самоотве́рженность; (*inscription*) посвяще́ние.
**dedicator** *n.* посвяща́ющий.
**dedicatory** *adj.* посвяти́тельный.
**deduce** *v.t.* (*infer*) выводи́ть, вы́вести; заключ|а́ть, -и́ть.
**deduct** *v.t.* вычита́ть, вы́честь; уде́рж|ивать, -а́ть.
**deduction** *n.* (*subtraction*) вы́чет, удержа́ние; (*amount deducted*) вычита́емое; (*inference*) вы́вод, заключе́ние.
**deductive** *adj.* дедукти́вный.
**deed** *n.* **1.** (*sth. done*) де́йствие, посту́пок; **2.** (*feat*) по́двиг; **3.** (*actual fact*) де́ло, дея́ние; in word and ~ сло́вом и де́лом; **4.** (*leg.*) акт, докуме́нт; ~ of gift да́рственная за́пись; ~ of partnership догово́р о това́риществе. *cpd.*: ~-**poll** *n.* односторо́нний докуме́нт за печа́тью.
**deem** *v.t.* **1.** (*hold, consider*) полага́ть, счита́ть; признава́ть (*all impf.*); **2.** (*elect to regard*) рассма́тривать/квалифици́ровать (*impf.*) (как ...).

**deep** *n.*: the ~ (*poet.*) пучи́на.

*adj.* **1.** глубо́кий; а ~ shelf широ́кая по́лка; а ~ drinker го́рький пья́ница; in ~ water (*trouble*) в беде́; **2.** (*with measurement*): a hole 6 feet ~ отве́рстие глубино́й в 6 фу́тов; ankle ~ in mud по щи́колотку в грязи́; the soldiers were drawn up six ~ солда́ты стоя́ли в строю́ по шесть; **3.** (*submerged, lit., fig.*): a village ~ in the valley дере́вня, располо́женная в глубине́ доли́ны; ~ in thought заду́мавшийся; погружённый в разду́мья; ~ in a book уше́дший с голово́й в кни́гу; ~ in debt увя́зший в долга́х; ~ in love по́ уши (*or* без па́мяти) влюблённый; **4.** (*extreme, profound*) глубо́кий; ~ sorrow глубо́кая печа́ль; in ~ mourning в глубо́ком тра́уре; а ~ reader серьёзный чита́тель; take a ~ breath де́лать, с- глубо́кий вдох; heave a ~ sigh глубоко́ взд|ыха́ть, -охну́ть; that is too ~ for me (*fig.*) э́то сли́шком умно́ для меня́; **5.** (*of colour*) тёмный, густо́й; ~ red тёмно-кра́сный; а ~ sun-tan си́льный зага́р; **6.** (*low-pitched*) ни́зкий; **7.** (*cunning, hidden*): ~ designs скры́тые за́мыслы; he's a ~ one он себе́ на уме́.

*adv.* глубоко́; dig ~ рыть (*impf.*) глубоко́; drink ~ кре́пко/си́льно выпива́ть (*impf.*); ~ into the night до глубо́кой но́чи; still waters run ~ в ти́хом о́муте че́рти во́дятся.

*cpds.*: ~-**drawn** *adj.*: a ~-drawn sigh глубо́кий вздох; ~-**freeze** *n.* морози́льник; *v.t.* глубоко́ замор|а́живать, -о́зить; ~-**frozen** *adj.* заморо́женный; ~-**fry** *v.t.* зажа́ри|вать, -ть; жа́рить, за- во фритю́ре; ~-**laid** *adj.*: ~-laid scheme проду́манный план; ~-**rooted** *adj.*: ~-rooted belief глубоко́ укорени́вшееся мне́ние; ~-**sea** *adj.*: ~-sea fishing глубоково́дный лов; ~-**seated** *adj.*: ~-seated emotion затаённое чу́вство.

**deepen** *v.t. & i.* **1.** (*make, become deeper*) углуб|ля́ть(ся), -и́ть(ся); **2.** (*intensify*) уси́ли|вать(ся), -иться); **3.** (*make, become lower in pitch*) пон|ижа́ть(ся), -и́зить(ся).

**deeply** *adv.* глубоко́; he is ~ in debt он по́ уши в долга́х; he feels ~ about it э́то его́ глубоко́ волну́ет.

**deepness** *n.* (*of water etc.*) глубина́; (*of colour*) со́чность, насы́щенность; (*of voice*) глубина́. глубина́.

**deer** *n.* оле́нь (*m.*); red ~ благоро́дный оле́нь; roe ~ косу́ля; fallow ~ лань.

*cpds.*: ~-**forest**, ~-**park** *nn.* оле́ний запове́дник; ~-**hound** *n.* шотла́ндская борза́я; ~**skin** *n.* лоси́на, за́мша; (*attr.*) лоси́ный, за́мшевый; ~**stalker** *n.* (*sportsman*) охо́тник на оле́ней; (*cap*) охо́тничий шлем; ~**stalking** *n.* охо́та на оле́ней.

**deface** *v.t.* (*spoil appearance of*) иска|жа́ть, -зи́ть; по́ртить, ис-; уро́довать, из-; (*make illegible*) де́лать, с- неразбо́рчивым.

**defacement** *n.* по́рча, искаже́ние; стира́ние.

*de facto adj.* факти́ческий.

*adv.* де-фа́кто; на де́ле.

**defalcate** *v.i.* присв|а́ивать, -о́ить чужу́ю со́бственность; растра́|чивать, -тить чужи́е де́ньги.

**defalcation** *n.* растра́та; присвое́ние чужо́й со́бственности.

**defalcator** *n.* растра́тчик.

**defamation** *n.* клевета́, диффама́ция; ~ of character диффама́ция/компромета́ция ли́чности.

**defamatory** *adj.* бесче́стящий, клеветни́ческий.

**defame** *v.t.* клевета́ть, о-; поро́чить, о-.

**default** *n.* **1.** (*want, absence*) отсу́тствие, недоста́ток; in ~ of за отсу́тствием +*g.*; **2.** (*neglect, failure to act or appear*): he won the match by ~ он вы́играл матч из-за нея́вки проти́вника; the court gave judgment by ~ за нея́вкой отве́тчика суд реши́л де́ло в по́льзу истца́; **3.** (*failure to pay*) неупла́та.

*v.i.* **1.** (*fail to perform a duty*) не выполня́ть (*impf.*) обяза́тельства; **2.** (*fail to appear in court*) не яв|ля́ться, -и́ться в суд; **3.** (*fail to meet debts*) прекра|ща́ть, -ти́ть платежи́; ~ on a debt не выпла́чивать (*impf.*) долг.

**defaulter** *n.* **1.** (*one who fails to perform duty*) не выполня́ющий свои́х обяза́тельств; **2.** (*esp. mil.*) провини́вшийся солда́т.

**defeat** *n.* пораже́ние; the ~ of his hopes крах его́ наде́жд.

*v.t.* нан|оси́ть, -ести́ пораже́ние +*d.*; разбива́ть, -и́ть; одержа́ть (*pf.*) побе́ду над +*i.*; our hopes were ~ed на́ши наде́жды ру́хнули; they were ~ed они́ потерпе́ли пораже́ние; ~ one's own purpose вреди́ть (*impf.*) самому́ себе́.

**defeatism** *n.* пораже́нчество.

**defeatist** *n.* пораже́нец; (*fig.*) пессими́ст.

*adj.* пораже́нческий, пессимисти́ческий.

**defecate** *v.i.* испражн|я́ться, -и́ться.

**defecation** *n.* испражне́ние.

**defect**[1] *n.* недоста́ток, изъя́н; дефе́кт; поро́к (*also leg.*); he has the ~s of his qualities его́ недоста́тки вытека́ют из его́ досто́инств.

**defect**[2] *v.i.* дезерти́ровать (*impf., pf.*); перебе́|га́ть, -жа́ть; he ~ed to the West он перебежа́л на За́пад.

**defection** *n.* дезерти́рство; there were several ~s from the party не́сколько челове́к вы́шло из па́ртии.

**defective** *n.* дефекти́вный; mental ~s у́мственно отста́лые.

*adj.* несоверше́нный; дефе́ктный; ~ memory плоха́я па́мять; ~ translation нето́чный перево́д; ~ verb недоста́точный глаго́л.

**defectiveness** *n.* неиспра́вность, несоверше́нство.

**defector** *n.* перебе́жчик, невозвраще́нец.

**defence** (*Am.* **defense**) *n.* **1.** оборо́на, защи́та; in ~ of в защи́ту +*g.*; he died in ~ of his country он у́мер, защища́я ро́дину; ~ industry оборо́нная промы́шленность; **2.** (*means or system of defending*) укрепле́ния (*nt. pl.*); оборони́тельные сооруже́ния; his ~s are down он беззащи́тен; ~ in depth (*mil.*) эшелони́рованная оборо́на; **3.** (*leg.*) защи́та; counsel for the ~ защи́тник; представи́тель (*m.*) защи́ты.

**defenceless** *adj.* беззащи́тный; необороня́емый.

**defencelessness** *n.* беззащи́тность.

**defend** *v.t.* **1.** оборон|я́ть, -и́ть; защи|ща́ть, -ти́ть; ~ o.s. защи|ща́ться, -ти́ться; оборон|я́ться, -и́ться; ~ one's ideas защи|ща́ть, -ти́ть (*or* отст|а́ивать, -оя́ть) свои́ иде́и; **2.** (*leg.*) защи|ща́ть, -ти́ть; выступа́ть, вы́ступить защи́тником +*g.*

**defendant** *n.* отве́тчик, подсуди́мый, обвиня́емый.

**defender** *n.* защи́тник; (*sport, also*) чемпио́н, защища́ющий своё зва́ние.

**defenestration** *n.* выбра́сывание из окна́.

**defense** *see* DEFENCE.

**defensibility** *n.* **1.** обороноспосо́бность; **2.** правоме́рность.

**defensible** *adj.* **1.** (*e.g. mil.*) защити́мый; **2.** (*e.g. of an argument*) правоме́рный, опра́вданный.

**defensive** *n.* оборо́на; on the ~ в оборо́не. *adj.* оборони́тельный, оборо́нный; he has a ~ manner он как бу́дто опра́вдывается; он вро́де бои́тся, как бы его́ не оби́дели.

**defer**[1] *v.t.* (*postpone*) отсро́чи|вать, -ть; ~ one's departure от|кла́дывать, -ложи́ть отъе́зд; a ~red (-rate) telegram телегра́мма, по́сланная по льго́тному тари́фу; ~red payment отсро́чка платежа́; payment on ~red terms платёж в рассро́чку.

**defer**[2] *v.i.*: ~ to счита́ться (*impf.*) с +*i.*

**deference** *n.* уваже́ние, почти́тельность; show ~ to s.o. относи́ться (*impf.*) почти́тельно к кому́-н.; with all (due) ~ при всём уваже́нии к +*d.*; he acted thus in (*or* out of) ~ to . . . он де́йствовал так из уваже́ния к . . .

**deferential** *adj.* почти́тельный.

**deferment** *n.* откла́дывание, отсро́чка.

**defiance** *n.* вы́зов; bid ~ to пренебр|ега́ть, -е́чь +*i.*; бр|оса́ть, -о́сить вы́зов +*d.*; in ~ of orders вопреки́ распоряже́ниям.

**defiant** *adj.* вызыва́ющий.

**deficiency** *n.* **1.** (*lack*) нехва́тка, отсу́тствие; ~ disease авитамино́з; **2.** (*sum lacking*) дефици́т; **3.** (*pl., shortcomings*) недоста́тки (*m. pl.*).

**deficient** *adj.* недоста́точный, непо́лный; ~ in courage недоста́точно сме́лый; mentally ~ слабоу́мный.

**deficit** *n.* дефици́т, недочёт; meet a ~ покр|ыва́ть, -ы́ть дефици́т.

**defier** *n.* броса́ющий вы́зов (*чему*).

**defile**[1] *n.* дефиле́ (*indecl.*), уще́лье. *v.i.* дефили́ровать, про-.

**defile**[2] *v.t.* загрязн|я́ть, -и́ть; оскверн|я́ть, -и́ть.

**defilement** *n.* загрязне́ние, оскверне́ние.

**definable** *adj.* определи́мый.

**define** *v.t.* **1.** (*state meaning of*) определ|я́ть, -и́ть; толкова́ть (*impf.*); да|ва́ть, -ть определе́ние +*d.*; **2.** (*state clearly*): I ~d his duties я очерти́л/установи́л круг его́ обя́занностей; he ~d his position он определи́л/вы́сказал своё отноше́ние; **3.** (*delimit*): his powers are ~d by law его́ полномо́чия устана́вливаются/определя́ются зако́ном; the frontier is not clearly ~d нет определённой/чёткой грани́цы; **4.** (*show clearly*): a well ~d image чётко очерченный о́браз; the tree was ~d against the sky де́рево вырисо́вывалось на фо́не не́ба.

**definite** *adj.* **1.** (*specific*) определённый; **2.** (*clear, exact*) то́чный, чёткий; past ~ (*gram.*) проше́дшее вре́мя, перфе́кт.

**definitely** *adv.* определённо, то́чно, чётко; he is ~ coming он непреме́нно придёт.

**definiteness** *n.* определённость, то́чность, чёткость.

**definition** *n.* (*clearness of outline*) я́сность, чёткость; (*statement of meaning*) определе́ние.

**definitive** *adj.* оконча́тельный, реши́тельный.

**deflate** *v.t.* **1.** выка́чивать, вы́качать во́здух/газ из +*g.*; ~ a balloon/tyre вы́пустить (*pf.*) во́здух из ша́ра/ши́ны; **2.** (*fig.*): ~ a rumour опрове́ргнуть (*pf.*) слух; ~ s.o.'s conceit сбить (*pf.*) с кого́-н. спесь; **3.**: they ~d the currency они́ сократи́ли вы́пуск бума́жных де́нег.

**deflation** *n.* (*of tyres etc.*) выка́чивание/выпуска́ние во́здуха/га́за; (*fin.*) дефля́ция.

**deflationary** *adj.* (*fin.*) дефляцио́нный.

**deflect** *v.t. & i.* отклон|я́ть(ся), -и́ть(ся).

**deflection** *n.* отклоне́ние.

**defloration** *n.* лише́ние де́вственности.

**deflower** *v.t.* лиш|а́ть, -и́ть де́вственности.

**defoliant** *n.* дефолиа́нт.

**defoliate** *v.t.* лиш|а́ть, -и́ть листвы́.

**defoliation** *n.* лише́ние листвы́.

**deforest** *v.t.* обезле́сить (*pf.*).

**deforestation** *n.* обезле́сение.

**deform** *v.t.* уро́довать, из-; иска|жа́ть, -зи́ть; деформи́ровать (*impf., pf.*); he has a ~ed foot у него́ деформи́рована стопа́.

**deformation** *n.* уро́дование, искаже́ние, деформа́ция.

**deformity** *n.* уро́дливость, уро́дство.

**defraud** *v.t.* обма́н|ывать, -у́ть; обма́ном лиши́ть (*pf.*) (*кого чего*).

**defray** *v.t.* опла́|чивать, -ти́ть; ~ expenses возме|ща́ть, -сти́ть расхо́ды.

**defray|al, -ment** *nn.* опла́та; возмеще́ние расхо́дов.

**defreeze** *v.t.* размор|а́живать, -о́зить.

**defrost** *v.t.* отта|ивать, -ять; размор|а́живать, -о́зить; ~ a refrigerator раст|а́пливать, -опить лёд в холоди́льнике; ~ the windscreen оч|ища́ть, -и́стить ото льда ветрово́е стекло́.

**defroster** *n.* антиобледени́тель (*m.*), дефро́стер.

**deft** *adj.* ло́вкий, иску́сный.

**deftness** *n.* ло́вкость, иску́сность.

**defunct** *adj.* уме́рший, поко́йный; a ~ newspaper бо́лее не существу́ющая газе́та; (*as n.*: the ~) поко́йный.

**defuse** *v.t.* сн|има́ть, -я́ть взрыва́тель +*g.*; (*fig.*) разряди́ть (*pf.*).

**defy** *v.t.* **1.** (*challenge*) вызыва́ть, вы́звать; бр|оса́ть, -о́сить вы́зов +*d.*; I ~ you to prove it попро́буйте, докажи́те это!; руча́юсь, что вы э́того не дока́жете; **2.** (*disobey*) пренебр|ега́ть, -е́чь +*i.*; ~ the law игнори́ровать (*impf., pf.*) зако́н; **3.** (*fig.*): the problem defies solution пробле́му реши́ть невозмо́жно.

**degauss** *v.t.* размагни́|чивать, -тить.

**degeneracy** *n.* дегенерати́вность.

**degenerate** *n.* дегенера́т, вы́родок.
  *adj.* вы́родившийся, дегенерати́вный.
  *v.i.* вырожда́ться, вы́родиться; дегенери́ровать (*impf., pf.*).

**degeneration** *n.* **1.** вырожде́ние, дегенера́ция; **2.** (*med.*) перерожде́ние; fatty ~ of the heart ожире́ние се́рдца.

**degradation** *n.* **1.** (*in rank*) пониже́ние, разжа́лование; **2.** (*moral*) упа́док, деграда́ция.

**degrade** *v.t.* **1.** (*reduce in rank*) пон|ижа́ть, -и́зить; разжа́ловать (*pf.*); **2.** (*lower morally*) прин|ижа́ть, -и́зить; ун|ижа́ть, -и́зить.
  *v.i.* дегради́ровать (*impf., pf.*).

**degrading** *adj.* унизи́тельный.

**degree** *n.* **1.** (*unit of measurement*) гра́дус; **2.** (*step, stage*) ступе́нь, сте́пень; у́ровень (*m.*); their work shows varying ~s of skill их рабо́та пока́зывает разли́чную сте́пень мастерства́; by ~s постепе́нно; in the highest ~ в наивы́сшей сте́пени; to the last ~ до после́дней сте́пени; to a ~ о́чень, значи́тельно; not in the slightest ~ ничу́ть, ниско́лько, ни в како́й сте́пени; in some ~ в не́которой сте́пени; to what ~ is he interested? в како́й сте́пени э́то его́ интересу́ет?; third ~ допро́с с примене́нием пы́ток; prohibited ~s сте́пени родства́, при кото́рых запреща́ется брак; murder in the first ~ предумы́шленное уби́йство; **3.** (*social position*) положе́ние; of high ~ высокопоста́вленный; **4.** (*acad.*) дипло́м; (*higher* ~) сте́пень; take one's ~ получи́ть (*pf.*) сте́пень; **5.** (*gram.*) сте́пень; ~s of comparison сте́пени сравне́ния.

**dehumanize** *v.t.* дегуманизи́ровать (*impf., pf.*).

**dehumidify** *v.t.* осуш|а́ть, -и́ть.

**dehydrate** *v.t.* обезво́|живать, -дить; ~d eggs

яи́чный порошо́к.

**dehydration** *n.* обезво́живание, дегидрата́ция.

**dehypnotize** *v.t.* выводи́ть, вы́вести из гипноти́ческого состоя́ния.

**de-ice** *v.t.* устран|я́ть, -и́ть обледене́ние +*g.*

**de-icer** *n.* антиобледени́тель (*m.*).

**deicide** *n.* (*act*) богоуби́йство; (*pers.*) богоуби́йца.

**deification** *n.* обожествле́ние, обоготворе́ние.

**deify** *v.t.* (*make into a god*) обожеств|ля́ть, -и́ть; обоготвор|я́ть, -и́ть; (*worship*) обоготвор|я́ть, -и́ть; боготвори́ть (*impf.*).

**deign** *v.t.* сни|сходи́ть, -зойти́; соизво́лить (*pf.*); he did not ~ to answer us он не удосто́ил нас отве́том.

**deism** *n.* деи́зм.

**deist** *n.* деи́ст.

**deistic(al)** *adj.* деисти́ческий.

**deity** *n.* (*divine nature*) боже́ственность; (*god*) божество́.

**dejected** *adj.* удручённый, пода́вленный.

**dejection** *n.* пода́вленное настрое́ние; уны́ние.

**de jure** *adj.* юриди́ческий.
  *adv.* де-ю́ре; юриди́чески.

**dekko** *n.* (*sl.*): have a ~ at взгляну́ть (*pf.*) на +*a.*; бро́сить (*pf.*) взгляд на +*a.*

**delate** *v.t.* дон|оси́ть, -ести́ на +*a.*

**delation** *n.* доно́с.

**delator** *n.* доно́счик.

**delay** *n.* заде́ржка, отсро́чка, промедле́ние; without ~ неме́дленно; after several ~s по́сле не́скольких отсро́чек.
  *v.t.* от|кла́дывать, -ложи́ть; заде́рж|ивать, -а́ть; ме́длить (*impf.*); I was ~ed by traffic я задержа́лся из-за про́бок; ~ed action mine ми́на заме́дленного де́йствия.
  *v.i.* заде́рж|иваться, -а́ться.

**delectable** *adj.* услади́тельный, преле́стный.

**delectation** *n.* наслажде́ние, удово́льствие, услажде́ние.

**delegate** *n.* делега́т, представи́тель (*m.*).
  *v.t.*: ~ s.o. делеги́ровать (*impf., pf.*) кого́-н.; посла́ть (*pf.*) кого́-н. делега́том; обл|ека́ть, -е́чь кого́-н. вла́стью; ~ authority перед|ава́ть, -а́ть полномо́чие; ~ a task поруч|а́ть, -и́ть рабо́ту (*кому*).

**delegation** *n.* **1.** (*act of delegating*) посы́лка делега́ции; делеги́рование; (*of task, authority*) поруче́ние, переда́ча; **2.** (*body of delegates*) делега́ция, депута́ция.

**delete** *v.t.* вычёркивать, вы́черкнуть; из|ыма́ть, -ъя́ть; выпуска́ть, вы́пустить.

**deleterious** *adj.* вре́дный.

**deletion** *n.* вычёркивание.

**delft** *n.* (*also* ~ware) де́лфтский фая́нс.

**Delhi** *n.* Де́ли (*m. indecl.*).

**deliberate**[1] *adj.* (*intentional*) преднаме́ренный, умы́шленный, наро́читый; (*slow, prudent*) осторо́жный, осмотри́тельный.

**deliberate**[2] *v.i.* совеща́ться (*impf.*); ~ on, upon,

over, about a matter обсу|жда́ть, -ди́ть вопро́с.

**deliberation** *n.* (*pondering*) обду́мывание, взве́шивание; (*slowness*) медли́тельность, неторопли́вость.

**deliberative** *adj.* совеща́тельный.

**delicacy** *n.* (*exquisiteness, subtlety*) утончён-ность, то́нкость; (*proneness to injury*) хру́пкость, делика́тность; (*critical nature*) щекотли́вость; (*sensitivity*) не́жность, чувстви́тельность; (*tact*) делика́тность, щепети́льность; (*choice food*) делика-те́с, ла́комство.

**delicate** *adj.* **1.** (*fine, exquisite*) изя́щный, то́нкий; ~ complexion не́жная ко́жа; ~ workmanship то́нкое мастерство́; **2.** (*subtle, dainty*) то́нкий, утончённый; a ~ shade of pink бле́дно-ро́зовый отте́нок; ~ flavour то́нкий арома́т; **3.** (*easily injured*) хру́пкий, сла́бый; ~ health сла́бое здоро́вье; a ~ per-son хру́пкий челове́к; a ~ child боле́зненный ребёнок; **4.** (*critical, ticklish*) щекотли́вый, затрудни́тельный; a ~ operation то́н-кая/сло́жная опера́ция; **5.** (*sensitive*) то́нкий, о́стрый; a ~ sense of smell то́нкое обоня́ние; ~ instruments чувстви́тельные прибо́ры; the pianist has a ~ touch у пиани́ста мя́гкое туше́; **6.** (*tactful, considerate*) делика́тный, такти́чный; ~ behaviour такти́чное пове-де́ние; **7.** (*careful of propriety*) щепети́ль-ный, осторо́жный.

**delicatessen** *n.* (*food*) делика-те́сы (*m. pl.*); (*shop*) гастрономи́ческий магази́н, гаст-роно́м.

**delicious** *adj.* о́чень вку́сный; (*delightful*) вос-хити́тельный.

**delict** *n.* (*leg.*) правонаруше́ние.

**delight** *n.* **1.** (*pleasure*) удово́льствие, на-слажде́ние; take ~ in sth. на|ходи́ть, -йти́ удово́льствие в чём-н.; the ~s of life ра́дости (*f. pl.*) жи́зни; **2.** (*source of pleasure*): music is her ~ му́зыка для неё — исто́чник наслажде́ния.

*v.t.* дост|авля́ть, -а́вить наслажде́ние +*d.*; I am ~ed to accept the invitation я о́чень рад приня́ть приглаше́ние.

*v.i.* насла|жда́ться, -ди́ться; he ~s in reading он о́чень лю́бит чита́ть.

**delightful** *adj.* восхити́тельный, очаро-ва́тельный.

**delimit** *v.t.* определ|я́ть, -и́ть грани́цы +*g.*; размежёв|ывать, -а́ть.

**delimitation** *n.* размежева́ние; определе́ние, делимита́ция.

**delineate** *v.t.* (*e.g. a frontier*) оче́р|чивать, -ти́ть; (*e.g. character*) изобра|жа́ть, -зи́ть; оче́р|чивать, -ти́ть.

**delineation** *n.* оче́рчивание, изображе́ние.

**delinquency** *n.* **1.** (*wrongdoing*) престу́пность; juvenile ~ престу́пность несовершенно-

ле́тних; **2.** (*misdeed*) правонаруше́ние, пре-ступле́ние.

**delinquent** *adj.* правонаруши́тель (*fem.* -ница), престу́пни|к (*fem.* -ца); juvenile ~ малоле́тний престу́пник.

     *adj.* вино́вный.

**deliquesce** *v.i.* раствор|я́ться, -и́ться; рас-пл|ыва́ться, -ы́ться.

**deliquescence** *n.* раствори́мость (*fig.*) расплы́в-чатость.

**deliquescent** *adj.* растворя́ющийся.

**delirious** *adj.* (*raving*) в бреду́; (*wildly excited*) вне себя́.

**delirium** *n.* бред; ~ tremens бе́лая горя́чка.

**deliver** *v.t.* **1.** (*rescue, set free*) освобо|жда́ть, -ди́ть; изб|авля́ть, -а́вить; God ~ us! изба́ви Бог!; Го́споди, поми́луй!; **2.** (*of birth*): she was ~ed (*of a child*) она́ разреши́лась от бре́мени; he ~ed her он при́нял ро́ды у неё; the child was ~ed by forceps при ро́дах пришло́сь на-ложи́ть щипцы́; **3.** ~ o.s. of an opinion вы́-сказать (*pf.*) своё мне́ние; **4.** (*give, present*): ~ judgment выноси́ть, вы́нести реше́ние; a ~ speech произн|оси́ть, -ести́ речь; a well ~ed sermon хорошо́ прочи́танная про́поведь; **5.** (*hand over*) сда|ва́ть, -ть; перед|ава́ть, -а́ть; ~ up stolen goods сда|ва́ть, -ть укра́денные това́ры; ~ (over) a fortress to the enemy сда|ва́ть, -ть кре́пость врагу́; **6.** (*aim, launch*) нан|оси́ть, -ести́; a blow нанести́ (*pf.*) уда́р; ~ battle дать (*pf.*) бой; **7.** (*send out, convey*) пост|авля́ть, -а́вить; вруч|а́ть, -и́ть; пере-д|ава́ть, -а́ть; the shop ~s daily магази́н до-ставля́ет това́ры на́ дом ежедне́вно; the post-man ~s letters почтальо́н разно́сит пи́сьма; ~ the goods (*fig., coll.*) выполня́ть, вы́полнить обе́щанное.

**deliverance** *n.* освобожде́ние, избавле́ние.

**deliverer** *n.* (*conveyor*) разно́счик, рассы́ль-ный, доста́вщик; (*saviour, rescuer*) избави́-тель (*m.*), спаси́тель (*m.*).

**delivery** *n.* **1.** (*childbirth*) ро́ды (*pl., g.* -ов); ~ room роди́льная пала́та; **2.** (*surrender*) сда́ча, вы́дача; **3.** (*distribution of goods or letters*) до-ста́вка; charges payable on ~ опла́та при до-ста́вке; the letter came by the first ~ письмо́ пришло́ с пе́рвой по́чтой; ~ note накладна́я; ~ man доставля́ющий поку́пки; доста́вщик; ~ van фурго́н для доста́вки поку́пок на́ дом; **4.** (*of missile*) доста́вка к це́ли; **5.** (*of speech etc.*) произнесе́ние (ре́чи); ди́кция; те́хника ре́чи; his ~ was poor он говори́л о́чень не-вня́тно.

**dell** *n.* леси́стая доли́на; лощи́на.

**delouse** *v.t.* дезинсекти́ровать (*impf., pf.*); подв|ерга́ть, -е́ргнуть санобрабо́тке/дезин-се́кции.

**delousing** *n.* санобрабо́тка, дезинсе́кция.

**Delphic** *adj.* (*fig.*) двусмы́сленный.

**delphinium** *n.* дельфи́ниум.

**delta** *n.* де́льта; ~ ray де́льта-луч.
*cpd.*: ~-**wing(ed)** *adj.*: с дельтообра́зным крыло́м.
**deltoid** *adj.* дельтови́дный, треуго́льный.
**delude** *v.t.* вв|оди́ть, -ести́ в заблужде́ние; he ~d himself into believing that . . . он уве́рил себя́ в том, что . . .
**deluge** *n.* **1.** (*lit.*) пото́п; the D~ (*bibl.*) всеми́рный пото́п; **2.** (*fig.*) пото́к, град, лави́на; а ~ of protest пото́к проте́стов.
*v.t.* затоп|ля́ть, -и́ть; he was ~d with questions его́ засы́пали гра́дом вопро́сов.
**delusion** *n.* заблужде́ние; be under a ~ заблужда́ться (*impf.*); ~s of grandeur ма́ния вели́чия.
**delusive** *adj.* обма́нчивый.
**de luxe** *adj.* роско́шный; а ~ cabin каюта--люкс.
**delve** *v.i.* копа́ть (*impf.*); ~ in archives ры́ться (*impf.*) в архи́вах.
**demagnetize** *v.t.* размагни́|чивать, -тить.
**demagogic** *adj.* демагоги́ческий.
**demagogue** *n.* демаго́г.
**demagogy** *n.* демаго́гия.
**demand** *n.* **1.** (*claim*) тре́бование; payable on ~ подлежа́щий опла́те по предъявле́нии; there are many ~s on my time у меня́ мно́го дел/обя́занностей; there were ~s for the minister to resign раздава́лись тре́бования об отста́вке мини́стра; **2.** (*desire to obtain*) потре́бность, спрос; there is no ~ for this article на э́тот това́р нет спро́са; he is in great ~ for parties все стара́ются залучи́ть его́ к себе́ в го́сти.
*v.t.* тре́бовать, по- +*g.*; piety ~s it of us э́того тре́бует от нас благоче́стие.
**demarcate** *v.t.* разграни́чи|вать, -ть; устан|а́вливать, -ови́ть.
**demarcation** *n.* разграниче́ние, демарка́ция.
*démarche* *n.* дема́рш.
**demean**[1] *v.t.* (*conduct*): ~ o.s. держа́ть (*impf.*) себя́.
**demean**[2] *v.t.* (*abase*) ун|ижа́ть, -и́зить; ~ o.s. роня́ть (*impf.*) своё досто́инство.
**demeanour** *n.* поведе́ние; мане́ра вести́ себя́; мане́ры (*f. pl.*).
**demented** *adj.* сумасше́дший.
*démenti* *n.* официа́льное опроверже́ние.
**dementia** *n.* слабоу́мие; ~ praecox ра́ннее слабоу́мие.
**demerit** *n.* недоста́ток; дурна́я черта́.
**demesne** *n.* (*estate*) владе́ние, поме́стье.
**demigod** *n.* полубо́г.
**demijohn** *n.* больша́я оплетённая буты́ль.
**demilitarization** *n.* демилитариза́ция.
**demilitarize** *v.t.* демилитаризи́ровать (*impf., pf.*).
*demi-mondaine* *n.* да́ма полусве́та.
*demi-monde* *n.* полусве́т.
**demise** *n.* кончи́на; ~ of the Crown перехо́д коро́ны к насле́днику.

**demisemiquaver** *n.* три́дцать втора́я (но́та).
**demist** *v.t.* предохран|я́ть, -и́ть от запотева́ния; обогр|ева́ть, -е́ть (*стекло*).
**demister** *n.* деми́стер; обогрева́тель (*m.*) стекла́.
**demi-tasse** *n.* (*Am.*) ча́шечка чёрного ко́фе.
**demiurge** *n.* (*creator*) творе́ц, созда́тель (*m.*), демиу́рг.
**demo** (*coll.*)=DEMONSTRATION.
**demob** (*coll.*) = DEMOBILIZE.
**demobilization** *n.* демобилиза́ция.
**demobilize** *v.t.* демобилизова́ть (*pf.*).
**democrac|y** *n.* демокра́тия; Britain is a ~y А́нглия — демократи́ческое госуда́рство.
**democrat** *n.* демокра́т.
**democratic** *adj.* демократи́ческий, демократи́чный; she is very ~ она́ о́чень демократи́чна.
**democratize** *v.t.* демократизи́ровать (*impf., pf.*).
**demographer** *n.* демо́граф.
**demographic** *adj.* демографи́ческий.
**demography** *n.* демогра́фия.
**demoiselle** *n.* (~ crane) жура́вль-краса́вка.
**demolish** *v.t.* (*e.g. house*) сн|оси́ть, -ести́; разр|уша́ть, -у́шить; (*e.g. theory*) опров|ерга́ть, -е́ргнуть; разб|ива́ть, -и́ть.
**demolition** *n.* **1.** (*lit.*) разруше́ние, снос; ~ gang подрывна́я брига́да; ~ bomb фуга́сная бо́мба; **2.** (*of argument etc.*) опроверже́ние.
**demon** *n.* **1.** (*devil*) де́мон, дья́вол, бес; the child is a little ~ э́тот ребёнок — су́щий бес; the ~ drink зе́лье, вы́пивка; **2.** (*fierce or energetic person*): he's a ~ for work он рабо́тает как чёрт.
**demonetization** *n.* демонетиза́ция.
**demonetize** *v.t.* из|ыма́ть, -ъя́ть из обраще́ния.
**demoniac(al)** *adj.* демони́ческий; (*frenzied*) одержи́мый.
**demonology** *n.* демоноло́гия.
**demonstrable** *adj.* доказу́емый.
**demonstrate** *v.t.* **1.** (*prove*) дока́з|ывать, -а́ть; ~ one's sympathies проявля́ть, -и́ть свои́ симпа́тии; **2.** (*show in operation*) демонстри́ровать, про-.
*v.i.* устр|а́ивать, -о́ить демонстра́цию; уча́ствовать (*impf.*) в демонстра́ции.
**demonstration** *n.* (*proof*) доказа́тельство; (*exhibition*): ~ of affection проявле́ние чу́вства; ~ of a machine демонстри́рование маши́ны; (*public manifestation*) демонстра́ция; (*mil.*) демонстра́ция си́лы.
**demonstrative** *adj.* **1.** (*of proof*) нагля́дный, убеди́тельный; **2.** (*showing feelings*) экспанси́вный, несде́ржанный; **3.** (*gram.*) указа́тельный.
**demonstrativeness** *n.* экспанси́вность, несде́ржанность.
**demonstrator** *n.* **1.** демонстри́рующий, дока́зывающий; **2.** (*one who displays*) демон-

стра́тор; **3.** (*assistant to professor*) ассисте́нт; **4.** (*pol.*) демонстра́нт.

**demoralization** *n.* демe рализа́ция; (*corruption*) разложе́ние.

**demoralize** *v.t.* деморализова́ть (*impf., pf.*); (*corrupt*) разл|ага́ть, -ожи́ть.

**Demosthenes** *n.* Демосфе́н.

**demote** *v.t.* пон|ижа́ть, -и́зить в до́лжности.

**demotic** *adj.* (*popular*) (просто)наро́дный; (*ling.*) демоти́ческий.

**demotion** *n.* пониже́ние в до́лжности.

**demur** *n.* возраже́ние; without ~ без возраже́ний.
   *v.i.* возра|жа́ть, -зи́ть (~ at, to: про́тив +*g.*).

**demure** *adj.* скро́мный, серьёзный; наи́гранно-серьёзный.

**demureness** *n.* скро́мность, серьёзность; напускна́я серьёзность.

**demurrage** *n.* просто́й; (*compensation*) пла́та за просто́й.

**demythologize** *v.t.* разве́|ивать, -ять миф о +*p.*

**den** *n.* **1.** (*animal's lair*) берло́га, ло́говище, ло́гово; **2.** (*of thieves*) прито́н; ~ of vice верте́п; **3.** (*hovel*) камо́рка; **4.** (*sanctum*) «убе́жище», рабо́чий кабине́т.

**denarius** *n.* (*hist.*) дена́рий.

**denationalization** *n.* **1.** лише́ние по́дданства; **2.** денационализа́ция.

**denationalize** *v.t.* **1.** (*deprive of nationality*) лиш|а́ть, -и́ть по́дданства/гражда́нства; **2.** (*return to private hands*) денационализи́ровать (*impf., pf.*).

**denaturalize** *v.t.* (*deprive of natural qualities*) лиш|а́ть, -и́ть приро́дных свойств; (*deprive of citizenship*) денатурализова́ть (*impf., pf.*).

**denature** *v.t.* измен|я́ть, -и́ть есте́ственные сво́йства +*g.*; денатури́ровать (*impf., pf.*); ~d alcohol денатура́т.

**denazification** *n.* денацифика́ция.

**denazify** *v.t.* денацифици́ровать (*impf., pf.*).

**denegation** *n.* отрица́ние.

**dengue** *n.* (~ fever) лихора́дка де́нге (*indecl.*).

**deniable** *adj.* опровержи́мый.

**denial** *n.* **1.** (*denying*) отрица́ние, опроверже́ние; a flat ~ категори́ческое опроверже́ние/отрица́ние; **2.** (*refusal*) отка́з; I'll take no ~ я не приму́ отка́за; ~ of justice отка́з в правосу́дии; **3.** (*disavowal*) отрече́ние (от +*g.*).

**denier**[1] *n.* (*one who denies*) отрица́ющий.

**denier**[2] *n.* (*unit of fineness*) денье́ (*indecl.*).

**denigrate** *v.t.* (*defame*) черни́ть, о-; клевета́ть, о-; поро́чить, о-.

**denigration** *n.* клевета́, опоро́чение.

**denigrator** *n.* клеве́тник.

**denim** *n.* де́ним.

**denitrify** *v.t.* денитри́ровать (*impf., pf.*); денитрифици́ровать (*impf., pf.*).

**denizen** *n.* **1.** (*inhabitant*) жи́тель (*m.*), обита́тель (*m.*); ~s of the deep обита́тели глуби́н;

**2.** (*alien admitted to rights of citizenship*) натурализова́вшийся иностра́нец; **3.** (*naturalized animal or plant*) акклиматизи́ровавшееся живо́тное; приви́вшееся расте́ние; **4.** (*borrowed word*) заи́мствованное сло́во; **5.** (*habitué*) завсегда́тай.

**Denmark** *n.* Да́ния.

**denominate** *v.t.* обозн|ача́ть, -а́чить.

**denomination** *n.* **1.** (*name, nomenclature*) наименова́ние; **2.** (*relig.*) вероиспове́дание; **3.**: money of small ~s купю́ры (*f. pl.*) ма́лого досто́инства.

**denominational** *adj.* (*relig.*) конфессиона́льный, вероиспове́дный.

**denominator** *n.* (*math.*) знамена́тель (*m.*); reduce to a common ~ прив|оди́ть, -ести́ к о́бщему знамена́телю.

**denotation** *n.* обозначе́ние.

**denote** *v.t.* обозн|ача́ть, -а́чить.

**dénouement** *n.* развя́зка.

**denounce** *v.t.* **1.** (*inveigh against*) осу|жда́ть, -ди́ть; **2.** (*inform against*) дон|оси́ть, -ести́ на +*a.*; **3.** (*treaty etc.*) денонси́ровать (*impf., pf.*).

**dense** *adj.* **1.** (*of liquids, vapour*) пло́тный, густо́й; **2.** (*of objects*) густо́й; the bracken was ~ on the ground густо́й па́поротник покрыва́л зе́млю; **3.** (*stupid*) тупо́й.

**denseness** *n.* (*stupidity*) тупость, тупоу́мие.

**density** *n.* пло́тность, густота́; ~ of population пло́тность населе́ния; населённость.

**dent** *n.* вмя́тина, вы́боина.
   *v.t.* ост|авля́ть, -а́вить вмя́тину в/на +*p.*; вда́в|ливать, -и́ть; the car got ~ed in the collision при столкнове́нии маши́на получи́ла вмя́тину.
   *v.i.* гну́ться, про-; this metal ~s easily э́тот мета́лл легко́ гнётся.

**dental** *n.* (*phon.*) зубно́й звук.
   *adj.* (*of teeth*) зубно́й; (*of dentistry*) зубовраче́бный.

**dentifrice** *n.* зубно́й порошо́к; зубна́я па́ста.

**dentist** *n.* зубно́й врач; данти́ст, стомато́лог.

**dentistry** *n.* лече́ние зубо́в; профе́ссия зубно́го врача́.

**dentition** *n.* (*cutting of teeth*) проре́зывание зубо́в; (*arrangement of teeth*) расположе́ние зубо́в.

**denture** *n.* зубно́й проте́з.

**denudation** *n.* оголе́ние, обнаже́ние.

**denude** *v.t.* огол|я́ть, -и́ть; обнаж|а́ть, -и́ть; (*fig.*) об|ира́ть, -обра́ть; he was ~d by his creditors кредито́ры обобра́ли его́ до ни́тки.

**denunciation** *n.* осужде́ние; доно́с; (*of treaty*) денонса́ция.

**denunciatory** *adj.* осужда́ющий; содержа́щий доно́с.

**den|y** *v.t.* **1.** (*contest truth of*) отрица́ть (*impf.*); **2.** (*repudiate*) отр|ека́ться, -е́чься от +*g.*; **3.** (*refuse*) отка́з|ывать, -а́ть (*кому в чём*); he was

~ied admittance его́ не впусти́ли; ~у o.s. sth. отка́з|ывать, -а́ть себе́ в чём-н.

**deodar** *n.* гимала́йский кедр.

**deodorant** *n.* дезодора́тор.

**deodorize** *v.t.* дезодори́ровать (*impf., pf.*).

**deontology** *n.* деонтоло́гия.

**depart** *v.t.*: ~ this life пок|ида́ть, -и́нуть э́тот (бре́нный) мир.

   *v.i.* **1.** (*go away*) отпр|авля́ться, -а́виться; отб|ыва́ть, -ы́ть; удал|я́ться, -и́ться; **2.**: ~ from (*custom, plan etc.*) отступ|а́ть, -и́ть от +*g.*

**departed** *n.*: the (dear) ~ поко́йный, отоше́дший.

   *adj.* (*bygone*) было́й, мину́вший.

**department** *n.* **1.** отде́л; ~ store универма́г; **2.** (*of government*) департа́мент, ве́домство; **3.** (*Fr. admin.*) департа́мент; **4.** (*of univ.*) ка́федра.

**departmental** *adj.* ве́домственный.

**departure** *n.* **1.** (*going away*) отъе́зд, отправле́ние; ~ platform платфо́рма отправле́ния; take one's ~ уходи́ть, уйти́; уезжа́ть, уе́хать; **2.** (*deviation, change*) отклоне́ние; new ~ нововведе́ние.

**depend** *v.i.* **1.** (*be conditional*) зави́сеть (*impf.*) (от +*g.*); that ~s; it all ~s как сказа́ть; посмо́трим; смотря́ (*где, когда, что и т.п.*); смотря́, как полу́чится; **2.** (*rely*) пол|ага́ться, -ожи́ться (на +*a.*); рассчи́тывать (*impf.*) (на +*a.*).

**dependable** *adj.* надёжный.

**dependant** *n.* иждиве́н|ец (*fem.* -ка).

**dependence** *n.* зави́симость (от +*g.*); (*reliance*) дове́рие (к +*d.*).

**dependency** *n.* (*pol.*) коло́ния.

**dependent** *adj.* **1.** (*conditional*) зави́симый, зави́сящий; **2.** (*financial*) зави́симый; находя́щийся на иждиве́нии; **3.** (*gram.*) подчинённый.

**depersonalize** *v.t.* обезли́чи|вать, -ть.

**depict** *v.t.* изобра|жа́ть, -зи́ть.

**depiction** *n.* описа́ние, изображе́ние.

**depilatory** *n.* сре́дство для удале́ния воло́с.

   *adj.* удаля́ющий во́лосы.

**deplane** *v.t. & i.* выса́живать(ся), вы́садить(ся) из самолёта.

**deplete** *v.t.* истощ|а́ть, -и́ть; исче́рп|ывать, -ать; ~d strength (*physical*) уга́сшие си́лы; (*mil.*) поредевшие си́лы; a ~d gas-bag испо́льзованный га́зовый балло́н.

**depletion** *n.* истоще́ние, исче́рпывание.

**deplorable** *adj.* плаче́вный, приско́рбный; досто́йный сожале́ния; ~ handwriting ужа́сный/невозмо́жный по́черк.

**deplore** *v.t.* сожале́ть (*impf.*) о +*p.*; счита́ть (*impf.*) предосуди́тельным/возмути́тельным.

**deploy** *v.t.* развёр|тывать, -ну́ть.

**deployment** *n.* развёртывание.

**depolarization** *n.* деполяриза́ция.

**depolarize** *v.t.* деполяризова́ть (*impf., pf.*).

**deponent** *n.* (*leg.*) свиде́тель (*m.*), даю́щий показа́ния под прися́гой; *n. & adj.* (*gram.*) отложи́тельный (глаго́л).

**depopulate** *v.t.* обезлю́дить (*pf.*).

**depopulation** *n.* сокраще́ние населе́ния.

**deport** *v.t.* **1.**: ~ o.s. вести́ (*det.*) себя́; **2.** (*remove, banish*) высыла́ть, вы́слать; ссыла́ть, сосла́ть.

**deportation** *n.* вы́сылка, ссы́лка, депорта́ция.

**deportee** *n.* высыла́емый, со́сланный.

**deportment** *n.* мане́ры (*f. pl.*); мане́ра держа́ться; оса́нка.

**depose** *v.t.* (*monarch etc.*) св|ерга́ть, -е́ргнуть (престо́ла); сме|ща́ть, -сти́ть; низл|ага́ть, -ожи́ть.

   *v.i.* (*testify*) свиде́тельствовать (*impf.*).

**deposit** *n.* **1.** (*sum in bank*) вклад; **2.** (*act of placing*) депози́т; ~ account депози́тный счёт; **3.** (*advance payment*) зада́ток; (*layer*) отложе́ние; **4.** (*of ore etc.*) за́лежь, ро́ссыпь.

   *v.t.* класть, положи́ть; (*place in bank*) депони́ровать (*impf., pf.*).

**depositary** *n.* храни́тель (*m.*), дове́ренное лицо́.

**deposition** *n.* (*dethronement*) сверже́ние, смеще́ние; (*evidence*) показа́ние под прися́гой.

**depositor** *n.* (*fin.*) депози́тор, депоне́нт, вкла́дчик.

**depository** *n.* **1.** (*storehouse*) храни́лище; **2.** = DEPOSITARY.

**depot** *n.* (*place of storage*) склад; (*for motor transport*) автоба́за.

**deprave** *v.t.* развра|ща́ть, -ти́ть.

**depravity** *n.* развра́т, развращённость.

**deprecate** *v.t.* осу|жда́ть, -ди́ть; выска́зываться, вы́сказаться про́тив +*g.*; возра|жа́ть, -зи́ть про́тив +*g.*

**deprecation** *n.* осужде́ние (*чего*); возраже́ние (про́тив +*g.*).

**deprecatory** *adj.* (*appeasing*) примири́тельный.

**depreciate** *v.t.* обесце́ни|вать, -ть; (*disparage*) умал|я́ть, -и́ть.

   *v.i.* обесце́ни|ваться, -ться.

**depreciation** *n.* обесце́нение; (*disparagement*) умале́ние.

**depredation** *n.* грабёж.

**depredator** *n.* граби́тель (*m.*).

**depress** *v.t.* **1.** (*push down*) наж|има́ть, -а́ть на +*a.*; **2.** (*fig.*) угнета́ть (*impf.*); ~ed classes угнетённые кла́ссы; ~ed area райо́н, пострада́вший от экономи́ческой депре́ссии; **3.** (*make sad*) удруч|а́ть, -и́ть; угнета́ть (*impf.*); подав|ля́ть, -и́ть; **4.** (*make less active*): business is ~ed в дела́х засто́й.

**depressant** *n.* (*med.*) успокои́тельное сре́дство.

**depressing** *adj.* удруча́ющий, гнету́щий, тя́гостный; тру́дный; уны́лый.

**depression** *n.* **1.** (*pressing down*) давле́ние; **2.** (*hollow, sunken place*) впа́дина, углубле́ние; **3.** (*slump*) депре́ссия, засто́й; **4.** (*low spirits*) депре́ссия, тоска́, удручённость, уны́ние, пода́вленность; **5.** (*meteor.*) депре́ссия.

**deprivation** *n.* (*being deprived*) лише́ние; (*loss*) утра́та.

**deprive** *v.t.* лиш|а́ть, -и́ть (*кого чего*); ~d (*underprivileged*) обездо́ленный.

**depth** *n.* **1.** (*deepness*) глубина́; what is the ~ of the well? какова́ глубина́ коло́дца?; 6 feet in ~ глубино́й в шесть фу́тов; at a ~ of 6 feet на глубине́ шести́ фу́тов; be out of one's ~ не достава́ть (*impf.*) нога́ми дна; (*fig.*): I am out of my ~ in this job э́та рабо́та мне не по плечу́; I am out of my ~ in this subject э́тот предме́т вы́ше моего́ понима́ния; in ~ (*fig., thoroughly*) глубоко́; defence in ~ (*mil.*) эшелони́рованная оборо́на; **2.** (*profundity*) глубина́; **3.** (*extremity*): ~ of despair по́лное отча́яние; ~ of winter разга́р зимы́; in the ~(s) of the country в глуши́.

    *cpds.*: ~-**charge** *n.* глуби́нная бо́мба; ~-**gauge** *n.* водоме́рная ре́йка; глубоме́р.

**deputation** *n.* (*deputing*) делеги́рование; (*representatives*) депута́ция.

**depute** *v.t.* (*a task*) поруч|а́ть, -и́ть; (*a person*) делеги́ровать (*impf., pf.*).

**deputize** *v.i.*: ~ for s.o. заме|ща́ть (*impf.*) кого́-н.

**deputy** *n.* **1.** (*substitute*) замести́тель (*m.*); ~ chairman замести́тель (*m.*) председа́теля; by ~ по уполномо́чию; **2.** (*member of parliament*) депута́т.

**deputyship** *n.* депута́тство, замеще́ние.

**deracinate** *v.t.* искорен|я́ть, -и́ть.

**derail** *v.t.* св|оди́ть, -ести́ с ре́льсов; the train was ~ed по́езд сошёл с ре́льсов; the partisans ~ed the train партиза́ны пусти́ли по́езд под отко́с.

**derailment** *n.* сход с ре́льсов; круше́ние.

**derange** *v.t.* (*put out of order*) расстр|а́ивать, -о́ить; (*make insane*) св|оди́ть, -ести́ с ума́.

**derangement** *n.* (*у́мственное*) расстро́йство.

**deration** *v.t.* отмен|я́ть, -и́ть ка́рточную систе́му на +*a.*

**derelict** *adj.* (*abandoned*) забро́шенный, запу́щенный.

**dereliction** *n.* забро́шенность, запу́щенность; ~ of duty наруше́ние до́лга.

**derequisition** *v.t.* освобо|жда́ть, -ди́ть от реквизи́ции.

**derestrict** *v.t.* сн|има́ть, -я́ть ограниче́ние +*g.*

**derestriction** *n.* сня́тие ограниче́ния.

**deride** *v.t.* высме́ивать, вы́смеять; осме́|ивать, -я́ть.

**de rigueur** *adj.* стро́го обяза́тельный, тре́буемый этике́том.

**derision** *n.* осмея́ние, высме́ивание; hold in ~ насмеха́ться (*impf.*) над +*i.*; bring into ~ де́лать, с- посме́щищем.

**derisive** *adj.* (*scornful*) насме́шливый; (*absurd*) смехотво́рный.

**derisory** *adj.* (*ludicrous*) неле́пый, смешно́й, ничто́жный.

**derivable** *adj.* извлека́емый.

**derivation** *n.* происхожде́ние.

**derivative** *adj.* (*gram.*) произво́дный; (*fig.*) втори́чный, несамостоя́тельный.

**derive** *v.t.* **1.** (*obtain*) извл|ека́ть, -е́чь; ~ pleasure from получ|а́ть, -и́ть удово́льствие от +*g.*; **2.** (*trace*) выводи́ть, вы́вести; возв|оди́ть, -ести́; he ~d his origin from Caesar он вёл свой род от Це́заря; **3.** (*inherit*) насле́довать, у-; he ~s his character from his father он унасле́довал хара́ктер своего́ отца́; **4.** (*originate*) происхо́дить (*impf.*); words ~d from Latin слова́ лати́нского происхожде́ния.

**dermatitis** *n.* дермати́т.

**dermatologist** *n.* дермато́лог.

**dermatology** *n.* дерматоло́гия.

**derogate** *v.i.*: ~ from (*detract from*) умаля́ть, поро́чить (*both impf.*).

**derogation** *n.* (*impairment*) умале́ние (*чего*).

**derogatory** *adj.* пренебрежи́тельный; ~ to s.o.'s dignity унижа́ющий чьё-н. досто́инство.

**derrick** *n.* **1.** (*crane*) де́ррик(-кран); **2.** (*over oil-well*) бурова́я вы́шка.

**derring-do** *n.* хра́брость, удальство́.

**dervish** *n.* де́рвиш.

**desalinate** *v.t.* опресн|я́ть, -и́ть.

**desalination** *n.* опресне́ние (воды́).

**descant¹** *n.* (*mus.*) ди́скант.

**descant²** *v.i.*: ~ upon распространя́ться (*impf.*) о +*p.*

**descend** *v.t.* сходи́ть, сойти́ с +*g.*; ~ a hill спус|ка́ться, -ти́ться с холма́; he ~ed the stairs он спусти́лся/сошёл по ле́стнице.

    *v.i.* **1.** (*go down*) спус|ка́ться, -ти́ться; сходи́ть, сойти́; in ~ing order (*of importance*) в нисходя́щем поря́дке; от бо́лее ва́жного к ме́нее ва́жному; ~ to details пере|ходи́ть, -йти́ к подро́бностям; **2.** (*originate*) происходи́ть (*impf.*); he is ~ed from a ducal family он происхо́дит из ге́рцогской семьи́; **3.** (*pass by inheritance*) перед|ава́ться, -а́ться (по насле́дству); **4.** (*make an attack*) набр|а́сываться, -о́ситься; the bandits ~ed upon the village банди́ты нагря́нули на дере́вню; **5.** (*lower o.s. morally*) опус|ка́ться, -ти́ться; пасть (*pf.*); ~ to cheating не бре́зговать/гнуша́ться (*impf.*) жу́льничеством.

**descendant** *n.* пото́мок.

**descent** *n.* **1.** (*downward slope*) скат, склон; **2.** (*act of descending*) спуск, сниже́ние; **3.** (*ancestry*) происхожде́ние; **4.** (*transmission by inheritance*) переда́ча по насле́дству; **5.** (*attack*) нападе́ние.

**describable** *adj.* поддаю́щийся описа́нию.

**describe** *v.t.* опи́с|ывать, -а́ть (*also geom.*); охарактеризова́ть (*pf.*); ~ s.o. as a scoundrel изобрази́ть/назва́ть (*both pf.*) кого́-н.

подлецо́м; he ~s himself as a doctor он называ́ет себя́ врачо́м; он выдаёт себя́ за врача́.
**description** n. **1.** (act of describing) описа́ние; answer a ~ соотве́тствовать (impf.) описа́нию; by ~ по описа́нию; beyond ~ неопису́емый; it beggars ~ э́то не поддаётся описа́нию; **2.** (kind) род, тип, сорт.
**descriptive** adj. описа́тельный.
**descry** v.t. зам|еча́ть, -е́тить; различ|а́ть, -и́ть.
**desecrate** v.t. оскверн|я́ть, -и́ть.
**desecration** n. оскверне́ние.
**desegregate** v.t. & i. десегреги́ровать (impf., pf.).
**desegregation** n. десегрега́ция.
**desensitize** v.t. сн|ижа́ть, -и́зить чувстви́тельность +g.
**desert**[1] n. (merit) заслу́га; get one's ~s получ|а́ть, -и́ть по заслу́гам.
**desert**[2] n. (waste land) пусты́ня.
   adj. пусты́нный; ~ island необита́емый о́стров.
**desert**[3] v.t. **1.** (go away from) ост|авля́ть, -а́вить; пок|ида́ть, -и́нуть; the streets were ~ed у́лицы бы́ли пусты́нны; **2.** (abandon) пок|ида́ть, -и́нуть; his courage ~ed him му́жество измени́ло ему́; he ~ed his wife он бро́сил свою́ жену́; he ~ed his post он поки́нул свой пост.
   v.i. дезерти́ровать (impf., pf.); the regiment ~ed to the enemy полк перешёл на сто́рону проти́вника.
**deserter** n. дезерти́р.
**desertion** n. дезерти́рство.
**deserve** v.t. & i. заслу́ж|ивать, -и́ть; he ~s to be well treated он заслу́живает хоро́шего отноше́ния; he has ~d well of his country у него́ больши́е заслу́ги пе́ред ро́диной.
**deserved** adj. заслу́женный.
**deserving** adj. похва́льный, досто́йный.
**desiccate** v.t. высу́шивать, вы́сушить.
**desiderate** v.t. ощуща́ть (impf.) отсу́тствие +g.
**desiderative** adj. (gram.) дезидерати́вный.
**desiderat|um** n. жела́емое; ~a (pl.) пожела́ния (nt. pl.).
**design** n. **1.** (drawing, plan) план; (industrial) диза́йн; ~ for a dress эски́з пла́тья; ~ for a garden план са́да; **2.** (art of drawing) рисова́ние; school of ~ худо́жественное учи́лище; **3.** (tech.: layout, system) констру́кция, прое́кт; ~ of a car констру́кция автомоби́ля; ~ of a building прое́кт зда́ния; **4.** (pattern) узо́р, рису́нок; a vase with a ~ of flowers on it ва́за с цвето́чным узо́ром; **5.** (purpose) у́мысел; by ~ с у́мыслом; he has ~s on my job он име́ет ви́ды на мою́ рабо́ту; **6.** (industrial) диза́йн, эсте́тика.
   v.t. **1.** (make designs for) сост|авля́ть, -а́вить план +g.; проекти́ровать, с-; (e.g. a book) оф|ормля́ть, -о́рмить; ~ a garden плани́ровать, рас- сад; **2.** (intend) зам|ышля́ть,

-ы́слить; предназн|ача́ть, -а́чить; his parents ~ed him for the army роди́тели про́чили его́ в а́рмию; he ~s to go to Paris он наме́рен пое́хать в Пари́ж.
   v.i.: he ~s for a dressmaker он де́лает эски́зы для портни́хи.
**designate**[1] adj. назна́ченный.
**designate**[2] v.t. обозн|ача́ть, -а́чить; назн|ача́ть, -а́чить.
**designation** n. (appointment) назначе́ние; (title) зва́ние; (definition) определе́ние.
**designedly** adv. умы́шленно.
**designer** n. (of dresses, decorations) модельє́р; (tech.) констру́ктор; (industrial) диза́йнер.
**designing** adj. (scheming) интригу́ющий, хи́трый, кова́рный.
**desirability** n. жела́тельность.
**desirable** adj. жела́тельный; жела́нный.
**desire** n. **1.** (wish, longing) жела́ние, стремле́ние; **2.** (lust) вожделе́ние; **3.** (request) про́сьба, пожела́ние; **4.** (thing desired) предме́т жела́ния; he got all his ~s все его́ жела́ния сбыли́сь/испо́лнились.
   v.t. **1.** (wish) жела́ть, по-; it leaves much to be ~ed э́то оставля́ет жела́ть мно́го лу́чшего; **2.** (request) проси́ть, по-.
**desirous** adj. жела́ющий, жа́ждущий; I am ~ of seeing him я жела́ю его́ ви́деть.
**desist** v.i. возде́рж|иваться, -а́ться (от +g.); отка́з|ываться, -а́ться (от +g.).
**desk** n. пи́сьменный стол; конто́рка; (school ~) па́рта; (information centre) пункт; (attr.) насто́льный; ~ set пи́сьменный прибо́р; ~ work канцеля́рская рабо́та.
**desolate**[1] adj. (ruined, neglected) забро́шенный, запу́щенный; (wretched, lonely) забро́шенный, поки́нутый.
**desolate**[2] v.t. (lay waste) разор|я́ть, -и́ть; опусто́ш|а́ть, -и́ть; (make sad) прив|оди́ть, -ести́ в отча́яние.
**desolation** n. (waste) запусте́ние, забро́шенность, разоре́ние, опустоше́ние; (sorrow) забро́шенность, опустошённость; скорбь.
**despair** n. отча́яние; he is the ~ of his teachers он приво́дит в отча́яние свои́х учителе́й.
   v.i. отча́|иваться, -яться; I ~ of him я утра́тил ве́ру в него́; I ~ of convincing him я отча́ялся убеди́ть его́; his life is ~ed of его́ состоя́ние безнадёжно.
**despatch** see DISPATCH.
**desperado** n. сорвиголова́ (m.); головоре́з.
**desperate** adj. **1.** (wretched, hopeless) отча́янный, беспросве́тный; доведённый до отча́яния; **2.** (in extreme need): he is ~ for money он отча́янно нужда́ется в деньга́х; a ~ remedy кра́йнее сре́дство; **3.**: a ~ criminal неисправи́мый/закорене́лый престу́пник.
**desperation** n. отча́яние; he drives me to ~ он дово́дит меня́ до отча́яния.
**despicable** adj. презре́нный.

**despise** v.t. презира́ть (impf.); пренебр|ега́ть, -е́чь +i.; the salary is not to be ~d э́то жа́лованье нема́лое.

**despite** n. (arch.): in ~ of вопреки́ +d. prep. несмотря́ на +a.

**despoil** v.t. гра́бить, о-; разор|я́ть, -и́ть.

**despond** v.i. уныва́ть (impf.); па́дать, упа́сть ду́хом.

**despondency** n. уны́ние.

**despondent** adj. уны́лый; упа́вший ду́хом; пода́вленный.

**despot** n. де́спот.

**despotic** adj. деспоти́ческий, деспоти́чный.

**despotism** n. деспоти́зм.

**dessert** n. (sweet course) десе́рт, сла́дкое, тре́тье; (fruit, nuts etc.) сла́ст|и (pl., g. -е́й). cpd.: ~-spoon n. десе́ртная ло́жка.

**destabilize** v.t. расша́т|ывать, -а́ть; лиш|а́ть, -и́ть усто́йчивости/про́чности; (pl.) дестаби-лизи́ровать (impf., pf.).

**destination** n. предназначе́ние; ме́сто назначе́ния.

**destine** v.t. предназн|ача́ть, -а́чить; предо-предел|я́ть, -и́ть; his parents ~d him for the army роди́тели про́чили его́ в а́рмию; he was ~ed to become Prime Minister ему́ суждено́ бы́ло стать премье́р-мини́стром; the plan was ~ed to fail э́тот план был обречён на прова́л.

**destiny** n. (fate) судьба́, уде́л; (personified) Па́рки (f. pl.).

**destitute** adj. (in penury) нужда́ющийся, обез-до́ленный; (devoid) лишённый (чего).

**destitution** n. (poverty) нищета́; (deprivation) лише́ние.

**destroy** v.t. разр|уша́ть, -у́шить; разб|ива́ть, -и́ть; истреб|ля́ть, -и́ть; уничт|ожа́ть, -о́жить; his hopes were ~ed его́ наде́жды ру́хнули; the horse had to be ~ed ло́шадь пришло́сь уби́ть.

**destroyer** n. 1. (one who destroys) разруши́тель (m.); 2. (nav.) эсми́нец; эска́дренный минонóсец.

**destruct** v.t. под|рыва́ть, -орва́ть в полёте.

**destructible** adj. разруши́мый.

**destruction** n. (act of destroying) уничтоже́ние, разруше́ние; (cause of ruin) ги́бель, па́губа; gambling was his ~ аза́ртные и́гры погуби́ли его́.

**destructive** adj. разруши́тельный, ги́бельный; a ~ storm бу́ря, причини́вшая больши́е раз-руше́ния; ~ criticism уничтожа́ющая кри́тика; ~ to health па́губный для здоро́вья; he is a ~ child его́ ребёнок всё лома́ет.

**destructiveness** n. разруши́тельность.

**destructor** n. (furnace) мусоросжига́тельная печь.

**desuetude** n. неупотреби́тельность.

**desultory** adj. отры́вочный; ~ reading бессисте́мное чте́ние; ~ fire (mil.) беспоря́-дочная стрельба́.

**detach** v.t. 1. (separate) отдел|я́ть, -и́ть; разъ-един|я́ть, -и́ть; a ~ed house особня́к; 2. (send on separate mission) отря|жа́ть, -ди́ть; откомандиро́в|ывать, -а́ть.

**detached** adj. беспристра́стный; a ~ attitude равноду́шный подхо́д.

**detachment** n. (separation) отделе́ние, разъ-едине́ние; (indifference) отчуждённость, равноду́шие; (body of troops etc.) отря́д.

**detail**[1] n. 1. подро́бность, дета́ль; go into ~(s) вдава́ться (impf.) в подро́бности; in ~ подро́бно, обстоя́тельно; 2. (of a picture) дета́ль; 3. (mil., detachment) наря́д.

**detail**[2] v.t. 1. (give particulars of) входи́ть, вдава́ться (both impf.) в подро́бности +g.; 2. (appoint) откомандиро́в|ывать, -а́ть.

**detain** v.t. 1. (delay, cause to remain) заде́рж|ивать, -а́ть; he was ~ed at the office его́ задержа́ли на рабо́те; the question need not ~ us long э́тот вопро́с не потре́бует мно́го вре́мени; he was ~ed by the police он был заде́ржан поли́цией; 2. (withhold) уде́р-ж|ивать, -а́ть.

**detainee** n. заде́ржанный.

**detect** v.t. (track down) высле́живать, вы́следить; на|ходи́ть, -йти́; (perceive) обнару́жи|вать, -ть.

**detectable** adj. заме́тный, обнару́живаемый.

**detection** n. (of crime) рассле́дование, рас-кры́тие, ро́зыск; he escaped ~ он избежа́л разоблаче́ния; (perception) обнару́жение.

**detective** n. сы́щик, детекти́в; private ~ ча́стный сы́щик; ~ novel детекти́в; полице́йский рома́н. adj. детекти́вный; ~ ability да́нные (nt. pl.) детекти́ва.

**detector** n. (radio) дете́ктор.

**détente** n. (pol.) разря́дка.

**detention** n. (holding, delaying) заде́ржка; (at school) оставле́ние по́сле уро́ков; (arrest, con-finement) заключе́ние, задержа́ние; ~ pend-ing trial предвари́тельное заключе́ние.

**deter** v.t. уде́рж|ивать, -а́ть.

**detergent** n. мо́ющее сре́дство; стира́льный порошо́к.

**deteriorate** v.t. & i. ух|удша́ть(ся), -у́дшить(ся).

**deterioration** n. ухудше́ние.

**determinable** adj. (ascertainable) определи́мый; (leg., terminable) истека́ющий.

**determinant** n. реша́ющий фа́ктор. adj. реша́ющий.

**determinate** adj. определённый, устано́в-ленный.

**determination** n. 1. (deciding upon) реше́ние; 2. (calculating) установле́ние; 3. (resoluteness) реши́мость, реши́тельность.

**determine** v.t. 1. (be deciding factor) определ|я́ть, -и́ть; this ~d him to accept э́то убеди́ло его́ согласи́ться; 2. (take decision) реш|а́ть, -и́ть; he is ~d to go (or on going) он твёрдо реши́л е́хать; ~ the date of a meeting установи́ть (*pf.*) да́ту собра́ния; **3.** (*ascertain*) устан|а́вливать, -ови́ть; **4.** (*leg., bring to an end*) прекра|ща́ть, -ти́ть.

*v.i.* (*leg., expire*) ист|ека́ть, -е́чь.

**determined** *adj.* (*resolute*) реши́тельный.

**determinism** *n.* детермини́зм.

**determinist** *n.* детермини́ст.

**deterministic** *adj.* детерминисти́ческий, детермини́стский.

**deterrence** *n.* устраше́ние, отпу́гивание.

**deterrent** *n.* сре́дство устраше́ния/сде́рживания; сде́рживающее сре́дство; nuclear ~ я́дерный арсена́л (сде́рживания).

**detest** *v.t.* ненави́деть (*impf.*).

**detestable** *adj.* отврати́тельный.

**detestation** *n.* не́нависть, отвраще́ние; have, hold in ~ испы́тывать/пита́ть (*impf.*) отвраще́ние к +*d.*

**dethrone** *v.t.* св|ерга́ть, -е́ргнуть с престо́ла.

**dethronement** *n.* сверже́ние с престо́ла.

**detonate** *v.t.* детони́ровать (*impf., pf.*).

*v.i.* вз|рыва́ться, -орва́ться.

**detonation** *n.* детона́ция.

**detonator** *n.* (*part of bomb or shell*) детона́тор; (*fog-signal*) пета́рда.

**detour** *n.* объе́зд; око́льный путь; make a ~ объ|езжа́ть, -е́хать; де́лать, с- крюк.

**detract** *v.i.*: ~ from умал|я́ть, -и́ть.

**detraction** *n.* (*disparagement*) умале́ние; (*slander*) клевета́.

**detractor** *n.* клеветни́к.

**detrain** *v.t. & i.* выса́живать(ся), вы́садить(ся) из по́езда.

**detribalize** *v.t.* разр|уша́ть, -у́шить племенну́ю структу́ру +*g.*

**detriment** *n.* уще́рб; I know nothing to his ~ я не зна́ю о нём ничего́ предосуди́тельного; he works long hours to the ~ of his health он мно́го рабо́тает в уще́рб своему́ здоро́вью.

**detrimental** *adj.* вре́дный.

**detrition** *n.* стира́ние.

**detritus** *n.* детри́т.

**de trop** *adj.* изли́шний.

**deuce**[1] *n.* (*cards or dice*) дво́йка; (*tennis*) ра́вный счёт.

**deuce**[2] *n.* (*euph., devil*) чёрт, дья́вол; ~ take it! чёрт побери́!; where the ~ did I put it? куда́ к чёрту я э́то дел?

**deuced** *adj.* чёрто́вский.

**deuterium** *n.* дейте́рий.

**Deuteronomy** *n.* Второзако́ние.

**devaluation** *n.* обесце́нение; (*fin.*) девальва́ция.

**devalue** *v.t.* обесце́ни|вать, -ть; (*fin.*) деваль-ви́ровать (*impf., pf.*).

*v.i.* пров|оди́ть, -ести́ девальва́цию (*чего*).

**devastat|e** *v.t.* опустош|а́ть, -и́ть; разор|я́ть, -и́ть; a ~ing remark уничтожа́ющее замеча́ние.

**devastation** *n.* опустоше́ние, разоре́ние.

**develop** *v.t.* **1.** (*cause to unfold*) разв|ива́ть, -и́ть; обраб|а́тывать, -о́тать; **2.** (*phot.*) прояв|ля́ть, -и́ть; **3.** (*contract*): he ~ed a cough у него́ появи́лся ка́шель; **4.** (*open up for residence etc.*) разв|ива́ть, -и́ть; (*resources*) осв|а́ивать, -о́ить; разраб|а́тывать, -о́тать.

*v.i.* **1.** (*unfold*) разв|ива́ться, -и́ться; разв|ёртываться, -ерну́ться; превра|ща́ться, -ти́ться; London ~ed into a great city Ло́ндон разро́сся в большо́й го́род; **2.** (*come to light*) выясн|я́ться, вы́ясниться.

**developer** *n.*: **1.**: he was a late ~ он по́здно разви́лся; **2.** (*phot., substance*) проявитель (*m.*); **3.** (*builder*) застро́йщик; firm of ~s фи́рма-застро́йщик.

**development** *n.* **1.** (*unfolding*) разви́тие, рост; **2.** (*event*) собы́тие, обстоя́тельство; **3.** (*of land etc.*) разви́тие (райо́на), мелиора́ция; (*building*) застро́йка.

**developmental** *adj.* **1.** (*incidental to growth*) свя́занный с ро́стом; ~ disease боле́знь ро́ста; **2.** (*evolutionary*) эволюцио́нный.

**deviant** *n.* (*e.g. sexual*) извраще́нец.

*adj.* отклоня́ющийся от но́рмы.

**deviate** *v.i.* отклон|я́ться, -и́ться (от +*g.*).

**deviation** *n.* отклоне́ние, отхо́д; (*of compass*) девиа́ция.

**deviationism** *n.* уклони́зм.

**deviationist** *n.* уклони́ст.

**device** *n.* **1.** (*plan, scheme*) план, схе́ма, затея; (*method*) приём; he was left to his own ~s был предоста́влен самому́ себе́; **2.** (*instrument, contrivance*) приспособле́ние, прибо́р; **3.** (*sign, symbol*) эмбле́ма.

**devil** *n.* **1.** чёрт, дья́вол; between the ~ and the deep (blue) sea ме́жду двух огне́й; go to the ~! иди́ к чёрту!; ~ take it! чёрт побери́!; ~ take the hindmost к чертя́м неуда́чника; talk of the ~! лёгок на поми́не!; you young ~! ах ты чертёнок!; he has the ~'s own luck ему́ черто́вски везёт; he ran as though the ~ were at his heels он бежа́л как бу́дто сам чёрт гна́лся за ним по пята́м; he that sups with the ~ must have a long spoon ≃ связа́лся с чёртом, пеня́й на себя́; **2.** (*wretched person*): poor ~! бедня́га!; **3.** (*drudge, junior*): printer's ~ ма́льчик на посы́лках в типогра́фии; **4.** (*as expletive*): what the ~ do you mean? что вы хоти́те э́тим сказа́ть, чёрт возьми́?; he ran like the ~ он бежа́л как чёрт; I had the ~ of a time я черто́вски хорошо́/пло́хо провёл вре́мя; a ~ of a fellow отча́янный па́рень; this is the ~! (*sc. unpleasant, difficult*) черто́вщи́на!; дья́вольщина!; ~ a bit ни черта́; play the ~ with причин|я́ть, -и́ть вред +*d.*; there'll be the devil to pay рассчита́ться за э́то бу́дет нелегко́; l wished him at the ~ я прокли-на́л его́.

*v.t.* (*cul.*) гото́вить (*impf.*) с пря́ностями.

*v.i.* (*perform hack-work*): ~ for s.o. ишáчить (*impf.*) на когó-н. (*coll.*).

*cpds.*: ~ **-fish** *n.* морскóй дьявол; ~ **-may-care** *adj.* бесшабáшный, разудáлый.

**devilish** *adj.* дьявольский.

*adv.* (*coll.*) чертóвски.

**devilment** *n.* прокáзы (*f. pl.*), чертовщинá.

**devil(t)ry** *n.* (*wickedness, fiendish cruelty*) жестóкость, звéрства (*nt. pl.*); (*mischief*) прокáзы (*f. pl.*); продéлки (*f. pl.*).

**devious** *adj.* (*lit.*) извилистый, окóльный; (*fig.*) лукáвый, нейскренний.

**deviousness** *n.* (*lit.*) извилистость; (*fig.*) лукáвство, хитрость.

**devise** *v.t.* (*think out*) придýм|ывать, -ать; изобре|тáть, -сти; изм|ышлять, -ыслить; (*bequeath*) завещáть (*impf., pf.*).

**devitalize** *v.t.* лиш|áть, -ить жизненных сил.

**devoid** *adj.* лишённый; ~ of shame бессты́дный; ~ of fear бесстрáшный.

**devolution** *n.* (*delegation*) передáча/делегирование влáсти.

**devolve** *v.t.* (*delegate*) перед|авáть, -áть.

*v.i.* пере|ходить, -йти; the work ~d on me рабóта свалилась на меня; the estate ~d on a distant cousin имéние перешлó к дáльнему рóдственнику.

**Devonian** *n.* (*native of Devon*) урожéнец Дéвонширá.

*adj.* (*of Devon*) девонширский; (*geol.*) девóнский.

**devote** *v.t.* посвя|щáть, -тить; he ~s his time to study он посвящáет всё своё врéмя учёбе; she is ~d to her children онá прéдана своим дéтям; она всю себя отдаёт дéтям; a ~d friend прéданный друг.

**devotee** *n.* привéрженец.

**devotion** *n.* **1.** (*being devoted*) прéданность; ~ to tennis увлечéние тéннисом; **2.** (*love*) прéданность, привязанность; **3.** (*pl., prayers*) молитвы (*f. pl.*); he was at his ~s он молился.

**devotional** *adj.* молитвенный, религиóзный.

**devour** *v.t.* **1.** (*eat greedily*) пож|ирáть, -рáть; **2.** (*fig.*) поглощáть, -тить; she ~ed his story онá жáдно слушала егó рассказ; he ~ed the book он проглотил книгу; ~ed by anxiety снедáемый беспокóйством; the fire ~ed the forest пожáр уничтóжил лес; he ~ed his wife's fortune он промотáл состояние своéй жены.

**devout** *adj.* (*religious*) благочестивый; (*devoted*) прéданный.

**devoutness** *n.* благочéстие, нáбожность.

**dew** *n.* росá; (*freshness*) свéжесть.

*cpds.*: ~ **berry** *n.* ежевика (*collect.*); ягодка ежевики; ~ **drop** *n.* росинка.

**dewlap** *n.* подгрýдок.

**dewy** *adj.* росистый.

*cpd.*: ~ **-eyed** *adj.* (*fig.*) с невинным взглядом; простодýшный.

**dexterity** *n.* лóвкость, провóрство, снорóвка.

**dext(e)rous** *adj.* лóвкий, провóрный.

**dhow** *n.* одномáчтовое арáбское сýдно.

**diabetes** *n.* диабéт; сáхарная болéзнь.

**diabetic** *n.* диабéтик.

*adj.* диабетический.

**diablerie** *n.* чертовщинá.

**diabolic(al)** *adj.* дьявольский.

**diabolism** *n.* (*devil-worship*) сатанизм.

**diabolist** *n.* поклóнник сатаны.

**diabolo** *n.* диáболо (*m. indecl.*).

**diachronic** *adj.* диахронический.

**diaconal** *adj.* дьяконский.

**diaconate** *n.* дьяконство.

**diacritic** *n. & adj.* диакритический (знак).

**diadem** *n.* (*crown*) диадéма; (*wreath*) венóк, венéц.

**diaeresis** *n.* диерéза.

**diagnose** *v.t.* стáвить, по- диáгноз +*g.*; диагностировать (*impf., pf.*); he ~d (the illness as) cancer он установил, что у больнóго рак; (*med.*) он диагностировал рак.

**diagnosis** *n.* диáгноз; make a ~ стáвить, по- диáгноз.

**diagnostic** *adj.* диагностический.

**diagnostician** *n.* диагнóст.

**diagnostics** *n.* диагнóстика.

**diagonal** *n.* диагонáль.

*adj.* диагонáльный; ~ cloth диагонáль; ~ly по диагонáли.

**diagram** *n.* диаграмма, схéма.

**diagrammatic(al)** *adj.* схематический.

**dial** *n.* **1.** (*of clock*) циферблáт; **2.** (*of radio etc.*) шкалá; **3.** (*of telephone*) диск; **4.** (*face*) рóжа, физия (*sl.*).

*v.t. & i.*: ~ a number наб|ирáть, -рáть нóмер; ~ the police-station позвонить (*pf.*) в полицию; ~ling tone сигнáл «линия свобóдна».

**dialect** *n.* диалéкт, нарéчие, гóвор.

**dialectal** *adj.* диалектáльный, диалéктный.

**dialectic(s)** *n.* диалéктика.

*adj.* (*also* **-al**) диалектический.

**dialectician** *n.* диалéктик.

**dialectology** *n.* диалектолóгия.

**dialogue** *n.* диалóг, разговóр; written in ~ нáписано в фóрме диалóга.

**diamanté** *n.* усыпанная блёстками матéрия.

**diamantiferous** *adj.* алмазонóсный.

**diameter** *n.* диáметр; two feet in ~ два фýта диáметром; this lens magnifies 200 ~s эта линза увеличивает в 200 раз.

**diametric(al)** *adj.* диаметрáльный.

**diamond** *n.* **1.** (*precious stone*) алмáз, бриллиáнт; ~ of the first water бриллиáнт чистой воды; rough ~ (*fig.*) саморóдок; ~ cut ~ нашлá косá на кáмень; **2.** (*geom.*) ромб; **3.** (*at cards*) бýб|ны (*pl., g.* -ён); the queen of ~s бубнóвая дáма; **4.** (*baseball*) площáдка для игры в бейсбóл; **5.** (*attr.*) алмáзный; бриллиа́нтовый; ~ mine алма́зная копь; ~ ring бриллиа́нтовое кольцо́; ~ wedding бриллиа́нтовая сва́дьба.

**diapason** *n.* диапазо́н.

**diaper** *n.* (*linen fabric*) узо́рчатое полотно́; (*baby's napkin*) пелёнка.

  *v.t.* (*ornament*) укр|аша́ть, -а́сить ромбови́дным узо́ром.

**diaphanous** *adj.* прозра́чный, просве́чивающий.

**diaphragm** *n.* 1. (*anat.*) диафра́гма; 2. (*of camera lens*) перегоро́дка; 3. (*of telephone receiver*) мембра́на.

**diapositive** *n.* диапозити́в.

**diarchy** *n.* двоевла́стие.

**diarist** *n.* а́втор дневника́.

**diarrhoea** *n.* поно́с; расстро́йство желу́дка; he got over his ~ его́ закрепи́ло.

**diary** *n.* (*journal*) дневни́к; (*notebook*) записна́я кни́жка.

**diaspora** *n.* диа́спора, рассе́яние.

**diastole** *n.* диа́стола.

**diathermic** *adj.* диатерми́ческий.

**diatonic** *adj.* диатони́ческий.

**diatribe** *n.* диатри́ба.

**dibble** *n.* сажа́льный кол.

**dibs** *n.* (*sl., money*) деньга́, деньжа́т|а (*pl., g.* —).

**dice** *n.* (*see also* DIE) (*cube*) игра́льные ко́сти (*f. pl.*); (*game of* ~) игра́ в ко́сти; no ~! (*sl.*) так де́ло не пойдёт!; the ~ are loaded against him судьба́ — про́тив него́.

  *v.t. & i.* 1. (*play at* ~) игра́ть (*impf.*) в ко́сти; ~ away one's fortune проигра́ть (*pf.*) состоя́ние; 2. (*cul.*) нар|еза́ть, -е́зать ку́биками.

  *cpd.*: ~-**box** *n.* коро́бочка, из кото́рой броса́ют игра́льные ко́сти.

**dicey** *adj.* (*sl.*) риско́ванный.

**dichotomy** *n.* дихотоми́я, раздвоённость.

**dick** *n.* (*sl., detective*) сы́щик, хвост; (*coll., fellow*): a clever ~ у́мный ма́лый.

**dickens** *n.* (*coll.*) чёрт; what the ~ are you up to? что вы замышля́ете, чёрт возьми́?

**Dickensian** *n.* (*admirer of Dickens*) покло́нник Ди́ккенса.

  *adj.* (*typical of Dickens*) ди́ккенсовский.

**dicker** *v.i.* (*bargain*) торгова́ться, с-; (*hesitate*) колеба́ться (*impf.*).

**dicky**[1] *n.* (*shirt-front*) мани́шка; (*seat at back of car*) за́днее откидно́е сиде́нье.

**dicky**[2] *adj.* (*coll.*) сла́бый; (*unstable*) ша́ткий, нетвёрдый; (*untrustworthy*) ненадёжный.

**dicky-bird** *n.* пти́чка; пта́шка.

**dictaphone** *n.* диктофо́н.

**dictate**[1] *n.* веле́ние.

**dictate**[2] *v.t. & i.* (*recite, specify, command*) диктова́ть, про-; I won't be ~d to я не позво́лю ста́вить себе́ усло́вия; я не потерплю́ дикта́та.

**dictation** *n.* 1. (*to secretary, class etc.*) дикта́нт,

дикто́вка; take ~ писа́ть (*impf.*) под дикто́вку; I wrote at his ~ я писа́л под его́ дикто́вку; 2. (*orders*) предписа́ние; I did it at his ~ я сде́лал э́то по его́ прика́зу; I am tired of his constant ~ мне надое́ли его́ постоя́нные указа́ния.

**dictator** *n.* (*giver of dictation*) дикту́ющий; (*ruler*) дикта́тор.

**dictatorial** *adj.* дикта́торский; повели́тельный; вла́стный.

**dictatorship** *n.* диктату́ра.

**diction** *n.* (*style*) стиль (*m.*); (*pronunciation*) ди́кция.

**dictionary** *n.* слова́рь (*m.*); pronouncing ~ слова́рь произноше́ния; ~ English педанти́чно пра́вильный англи́йский язы́к; a walking ~ ходя́чая энциклопе́дия.

**dictograph** *n.* диктогра́ф.

**dictum** *n.* изрече́ние, афори́зм.

**didactic** *adj.* поучи́тельный, дидакти́ческий.

**didacticism** *n.* дидакти́зм.

**diddle** *v.t.* (*coll.*) над|ува́ть, -у́ть.

**die**[1] *n.* (*cf.* DICE) игра́льная кость; the ~ is cast жре́бий бро́шен; straight as a ~ (*fig.*) прямо́й, че́стный.

**die**[2] *n.* (*stamp for coining etc.*) ма́трица, пуансо́н, штамп.

  *cpds.*: ~-**casting** *n.* литьё под давле́нием; ~-**maker**, ~-**sinker** *nn.* ре́зчик чека́нов/ штемпеле́й.

**die**[3] *n.* (*archit.*) цо́коль (*m.*).

**die**[4] *v.i.* (*of pers.*) ум|ира́ть, -ере́ть; сконча́ться (*pf.*); ги́бнуть, по-; (*of animals*) сд|ыха́ть, -о́хнуть; изд|ыха́ть, -о́хнуть; под|ыха́ть, -о́хнуть; (*of plants*) ув|яда́ть, -я́нуть; вя́нуть, за-; he ~d a beggar он у́мер ни́щим; I would ~ in the last ditch for that principle я бу́ду стоя́ть на́смерть за э́тот при́нцип; never say ~! никогда́ не отча́ивайся!; he is dying by inches он умира́ет ме́дленной сме́ртью; he ~d game он му́жественно встре́тил смерть; old habits ~ hard ста́рые привы́чки живу́чи; he ~d by violence он у́мер наси́льственной сме́ртью; he ~d like a dog он подо́х, как соба́ка; he ~d by his own hand он наложи́л на себя́ ру́ки; he ~d in his bed он у́мер свое́й сме́ртью; he ~d in harness он у́мер на посту́; they ~ like flies они́ умира́ют как му́хи; 2. (*fig.*): I'm dying to see him я ужа́сно хочу́ его́ ви́деть; we ~d of laughing мы умира́ли со́ смеху; 3. (*of things*): his anger ~d его́ гнев ути́х; the wind ~d ве́тер зати́х; his secret ~d with him его́ та́йна умерла́ вме́сте с ним; the engine ~d мото́р загло́х.

  *with advs.*: ~ **away** (*of sound*) зам|ира́ть, -ере́ть; (*of feeling etc.*) ум|ира́ть, -ере́ть; ~ **down** (*of fire*) уг|аса́ть, -а́снуть; (*of noise*) ут|иха́ть, -и́хнуть; зам|ира́ть, -ере́ть; (*of feeling*) ум|ира́ть, -ере́ть; ~ **off** умира́ть (*impf.*) оди́н за други́м; the cattle ~d off весь скот пал; ~ **out** вымира́ть, вы́мереть; the family ~d out э́та семья́ вы́мерла; the dinosaur ~d out диноза́вры вы́мерли; the belief ~d out э́то пове́рье о́тмерло.

*cpds.*: ~**hard** *n.* догма́тик; *adj.* твердоло́бый, ко́сный; ~**hardism** *n.* догмати́зм, ко́сность.

**diesel** *n.* (~ engine, motor) ди́зель (*m.*); ~ locomotive теплово́з; ~ oil ди́зельное то́пливо; ~ electric ди́зель-электри́ческий.

*dies non n.* (*leg.*) неприсутственный день.

**diet**[1] *n.* **1.** (*customary food*) пи́ща, стол; **2.** (*medical régime*) дие́та; he is on a ~ он на дие́те; put s.o. on a ~ посади́ть (*pf.*) кого́-н. на дие́ту; milk-free ~ безмоло́чная дие́та.

*v.t. & i.* соблюда́ть (*impf.*) дие́ту; быть (*impf.*) на дие́те; she had to ~ (herself) ей пришло́сь соблюда́ть дие́ту.

**diet**[2] *n.* (*hist.*) (*Polish*) сейм; (*German*) рейхста́г, ландта́г.

**diet|ary, -etic** *adjs.* диети́ческий.

**dietetics** *n.* диете́тика.

**dietitian** *n.* диетвра́ч.

**differ** *v.i.* **1.** (*be different*) отлича́ться (*impf.*); различа́ться (*impf.*); we ~ in our tastes на́ши вку́сы разли́чны; tastes ~ (*prov.*) о вку́сах не спо́рят; they ~ in size они́ различа́ются разме́ром; **2.** (*disagree*) ра|сходи́ться, -зойти́сь во мне́ниях; I ~ed with him я с ним не согласи́лся; I beg to ~ я позво́лю себе́ не согласи́ться; we agreed to ~ мы реши́ли прекрати́ть бесполе́зный спор.

**difference** *n.* **1.** (*state of being unlike*) отли́чие, разли́чие, ра́зница; that makes all the ~ в э́том вся ра́зница; it makes no ~ whether you go or not соверше́нно безразли́чно, идёте вы и́ли нет; **2.** (*extent of inequality*) ра́зница; (*math.*) ра́зность; let's split the ~ дава́йте поде́лим попола́м ра́зницу; I will pay the ~ я доплачу́ ра́зницу; **3.** (*dispute*) разногла́сие, размо́лвка, спор; I had a ~ with him мы с ним повздо́рили.

**different** *adj.* **1.** (*unlike*) друго́й, ра́зный, разли́чный; that is quite ~ э́то совсе́м друго́е де́ло; they live in ~ houses они́ живу́т в ра́зных дома́х; she wears a ~ hat each day она́ ка́ждый день надева́ет но́вую шля́пу; на ней ка́ждый день друга́я шля́па; of ~ kinds ра́зного ро́да; he became a ~ person он стал други́м челове́ком; ~ from непохо́жий на +*a.*; отли́чный от +*g.*; everyone gave him a ~ answer все отвеча́ли ему́ по-ра́зному; **2.** (*unusual*) необы́чный; this drink has a really ~ flavour э́тот напи́ток име́ет поисти́не необы́чный арома́т; **3.** (*various*) разли́чный, ра́зный; we talked of ~ things мы говори́ли о ра́зных веща́х; at ~ times в ра́зное вре́мя.

**differential** *n.* **1.** (*difference in wage-rates*) дифференци́рованная опла́та труда́; **2.** (*of a car etc.*; *also* ~ **gear**) дифференциа́л.

*adj.* **1.** (*differing according to circumstances*) дифференци́рованный; **2.** (*math.*) дифференциа́льный.

**differentiate** *v.t.* **1.** (*constitute difference*) отлич|а́ть, -и́ть; **2.** (*perceive difference*) различ|а́ть, -и́ть; **3.** (*make, point out difference*) де́лать, с- разли́чие; we do not ~ on grounds of sex при́знак по́ла для нас не име́ет значе́ния.

*v.i.* (*become different*) различ|а́ться, -и́ться; отлич|а́ться, -и́ться.

**differentiation** *n.* **1.** (*change*) видоизмене́ние; **2.** (*act of distinguishing*) дифференци́рование; различе́ние; **3.** (*discrimination*) дифференциа́ция.

**differently** *adv.* по-ино́му; по-друго́му; и́наче; I understand this ~ from you я понима́ю э́то и́наче, чем вы.

**difficult** *adj.* тру́дный (*also of pers.*); a ~ child трудновоспиту́емый ребёнок; he is ~ to please ему́ тру́дно угоди́ть; ~ of access недосту́пный.

**difficult|y** *n.* тру́дность, затрудне́ние; I have ~y in understanding him я с трудо́м его́ понима́ю; don't make ~ies не создава́йте тру́дностей; we ran into ~ies мы столкну́лись с тру́дностями; he is in financial ~ies он испы́тывает материа́льные затрудне́ния; he is in ~ with his work у него́ тру́дности в рабо́те.

**diffidence** *n.* неуве́ренность в себе́; засте́нчивость; стесни́тельность.

**diffident** *adj.* неуве́ренный в себе́; ро́бкий, засте́нчивый, стесни́тельный.

**diffuse**[1] *adj.* (*of light etc.*) рассе́янный; (*of style*) расплы́вчатый.

**diffuse**[2] *v.t.* (*light, heat etc.*) рассе́|ивать, -ять; ~d lighting рассе́янный свет; (*learning etc.*) распростран|я́ть, -и́ть.

*v.i.* рассе́|иваться, -яться; распростран|я́ться, -и́ться.

**diffuseness** *n.* расплы́вчатость.

**diffusion** *n.* (*phys.*) диффу́зия, рассе́ивание; распростране́ние.

**diffusive** *adj.* (*phys.*) диффу́зный; распространя́ющийся.

**dig** *n.* **1.** (*thrust, poke*) толчо́к; ~ in the ribs толчо́к в бок; **2.** (*fig.*) шпи́лька, подковы́рка; that remark was a ~ at me э́то замеча́ние — ка́мешек в мой огоро́д; **3.** (*archaeol. site, expedition*) раско́пки (*f. pl.*); we went on a ~ мы вы́ехали на раско́пки; **4.** (*pl., coll., lodgings*) кварти́ра; «берло́га», «нора́».

*v.t. & i.* **1.** (*excavate ground*) коп|а́ть, -ну́ть; рыть, вы́-; the ground is hard to ~ э́ту зе́млю тру́дно копа́ть; they are ~ging potatoes они́ копа́ют карто́шку; he dug a hole он вы́рыл я́му; they are ~ging for gold они́ и́щут зо́лото; he dug his way through the rubble он с трудо́м пробира́лся че́рез обло́мки камне́й; they dug through the mountain они́ проры́ли тонне́ль в горе́; **2.** (*fig.*) отка́|пывать, -опа́ть; you will have to ~ for the information вам ну́жно бу́дет поры́ться, что́бы найти́ ну́жную информа́цию; he dug into the archives он зары́лся в архи́вы; **3.** (*thrust*) толка́|ть, -ну́ть; ткнуть (*pf.*); he dug me in the ribs он толкну́л/ткнул меня́ в бок; he dug his fork into the pie он вонзи́л ви́лку в пиро́г; **4.** (*understand, appreciate*) ус|ека́ть, -е́чь (*sl.*).

with *advs.*: ~ **in** *v.t.* зака́|пывать, -опа́ть; the soldiers dug (themselves) in солда́ты окопа́лись; he dug his toes in (*fig.*) он упёрся на своём; ~ **out** *v.t.* выка́|пывать, вы́копать; раска́|пывать, -опа́ть; victims of the accident were dug out же́ртвы катастро́фы бы́ли отры́ты; it is hard to ~ out the truth тру́дно докопа́ться до и́стины; ~ **up** *v.t.* отка́|пывать, -опа́ть; вска́|пывать, -опа́ть; they dug up the land они́ вскопа́ли зе́млю; the tree was dug up by the roots де́рево бы́ло вы́копано/вы́рыто из земли́ с корня́ми; they dug up an ancient statue они́ вы́рыли дре́внюю ста́тую; where did you ~ him up? (*fig.*) где вы его́ откопа́ли?

**digamma** *n.* дига́мма.

**digest**[1] *n.* компе́ндиум, резюме́ (*indecl.*).

**digest**[2] *v.t.* (*food*) перева́р|ивать, -и́ть; (*information etc.*) усв|а́ивать, -о́ить.

*v.i.* перева́р|иваться, -и́ться; this food ~s easily э́та пи́ща легко́ усва́ивается.

**digestibility** *n.* удобовари́мость, усвоя́емость.

**digestible** *adj.* удобовари́мый.

**digestion** *n.* (*of food*) пищеваре́ние; (*of knowledge*) усвое́ние.

**digestive** *adj.* пищевари́тельный; (*aiding digestion*) способствующий пищеваре́нию.

**digger** *n.* (*one who digs*) копа́тель (*m.*); копа́льщик; землеко́п; (*searcher for gold*) золотоиска́тель (*m.*).

**digging** *n.* (*action*) рытьё, копа́ние; (*pl., coll., lodgings*) see DIG, 4.

**dight** *adj.* (*arch.*) у́бранный; (*adorned*) укра́шенный.

**digit** *n.* (*finger or toe*) па́лец; (*numeral*) ци́фра.

**digital** *adj.* цифрово́й; ~ clock цифровы́е/ электро́нные час|ы́ (*pl., g.* -о́в).

**digitalis** *n.* дигита́лис, наперстя́нка.

**dignified** *adj.* по́лный досто́инства; велича́вый; вели́чественный.

**dignif|y** *v.t.* облагор|а́живать, -о́дить; велича́ть (*impf.*); he ~ies his books by the name of a library он велича́ет/имену́ет своё собра́ние книг библиоте́кой.

**dignitary** *n.* сано́вник; высокопоста́вленное лицо́.

**dignity** *n.* **1.** (*worth*) досто́инство; stand on one's ~ тре́бовать (*impf.*) уваже́ния к себе́; it is beneath my ~ to reply отвеча́ть на э́то — ни́же моего́ досто́инства; **2.** (*dignified*

*behaviour*): keep one's ~ сохран|я́ть, -и́ть своё досто́инство; **3.** (*title*) зва́ние, сан, ти́тул; confer the ~ of a peerage присв|а́ивать, -о́ить (*pf.*) ти́тул пэ́ра (*кому*).

**digraph** *n.* дигра́ф.

**digress** *v.i.* отвл|ека́ться, -е́чься; отклон|я́ться, -и́ться.

**digression** *n.* отклоне́ние, отступле́ние.

**dihedral** *adj.* дигедра́льный; ~ angle (*av.*) двугра́нный у́гол.

**dike, dyke** *n.* (*ditch*) ров, кана́ва; (*embankment*) да́мба, плоти́на.

*v.t.* (*drain*) осуш|а́ть, -и́ть; (*surround with embankment*) защи|ща́ть, -ти́ть да́мбой.

**diktat** *n.* дикта́т.

**dilapidated** *adj.* ве́тхий, полуразру́шенный.

**dilapidation** *n.* (об)ветша́ние, изно́с.

**dilatable** *adj.* растяжи́мый.

**dilatation** *see* DILATION.

**dilate** *v.t.* расш|иря́ть, -и́рить; the horse ~d its nostrils ло́шадь разду́ла но́здри.

*v.i.* расш|иря́ться, -и́риться; распростран|я́ться, -и́ться; his eyes ~d его́ глаза́ расши́рились; I could ~ upon this subject я мог бы простра́нно говори́ть на э́ту те́му.

**dilat|ion, -ation** *nn.* расшире́ние.

**dilatoriness** *n.* замедле́ние, медли́тельность.

**dilatory** *adj.* замедля́ющий, медли́тельный.

**dilemma** *n.* диле́мма; he is on the horns of a ~ он стои́т пе́ред диле́ммой.

**dilettante** *n.* дилета́нт.

*adj.* дилета́нтский.

**dilettantism** *n.* дилета́нтство.

**diligence**[1] *n.* (*zeal*) прилежа́ние, усе́рдие, стара́тельность.

**diligence**[2] *n.* (*hist., coach*) дилижа́нс.

**diligent** *adj.* приле́жный, усе́рдный, стара́тельный.

**dill** *n.* укро́п; ~ pickle марино́ванный огуре́ц.

**dilly-dally** *v.i.* (*coll.*) ме́шкать (*impf.*); колеба́ться (*impf.*).

**dilute** *adj.* разба́вленный; разведённый.

*v.t.* разб|авля́ть, -а́вить; (*fig.*): ~ skilled labour замен|я́ть, -и́ть часть квалифици́рованных рабо́чих неквалифици́рованными.

**dilution** *n.* разведе́ние, разбавле́ние.

**diluvial** *adj.* (*geol.*) делювиа́льный.

**dim** *adj.* (*of light etc.*) ту́склый; (*of memory etc.*) сму́тный; (*of eyes*) сла́бый, затума́ненный; (*coll., stupid*) тупо́й; I take a ~ view of it (*coll.*) я смотрю́ на э́то неодобри́тельно.

*v.t.* затума́ни|вать, -ть; ~ out затемн|я́ть, -и́ть; ~ one's headlights перейти́ (*pf.*) на «ма́лый» свет.

*v.i.* затума́ни|ваться, -ться; тускне́ть, по-.

*cpds.*: ~-**wit** *n.* тупи́ца (*c.g.*); ~-**witted** *adj.* тупоу́мный.

**dime** *n.* десятице́нтовик; ~ novel (*Am.*) грошо́вый рома́н.

**dimension** *n.* **1.** (*extent*) разме́р; a room of vast ~s ко́мната огро́много разме́ра; (*capacity*) объём; **2.** (*direction of measurement*) изме́рение; the fourth ~ четвёртое измере́ние.

**dimeter** *n.* двухсто́пный разме́р.

**diminish** *v.t.* ум|еньша́ть, -е́ньшить; уб|авля́ть, -а́вить; ~ed responsibility (*leg.*) ограни́ченная уголо́вная отве́тственность; law of ~ing returns зако́н сокраща́ющихся дохо́дов; ~ed fifth (*mus.*) уме́ньшенная кви́нта; ~ed arch (*archit.*) сжа́тая а́рка.

*v.i.* ум|еньша́ться, -е́ньшиться; уб|авля́ться, -а́виться.

**diminuendo** *n. & adv.* диминуэ́ндо (*indecl.*).

**diminution** *n.* уменьше́ние, сокраще́ние, убыва́ние.

**diminutive** *n.* (*gram.*) уменьши́тельное сло́во.

*adj.* (*small*) миниатю́рный.

**dimness** *n.* (*of light*) ту́склость; (*of wit*) ту́пость.

**dimple** *n.* я́мочка; (*ripple*) рябь.

**din** *n.* гам, гро́хот, галдёж.

*v.t.* вд|а́лбливать, -олби́ть; he ~ned it into me that I must obey он вда́лбливал мне в го́лову, что я до́лжен подчини́ться.

*v.i.*: their shouts are still ~ning in my ears их крик у меня́ всё ещё стои́т в уша́х.

**dinar** *n.* дина́р.

**din|e** *v.t.*: he was wined and ~ed его́ корми́ли-пои́ли; его́ по́тчевали на сла́ву.

*v.i.* обе́дать, по- (on, off: *чем*); у́жинать, по-; ~ing-car ваго́н-рестора́н; ~ing-hall обе́денный зал, столо́вая; ~ing-room столо́вая; ~ing-table обе́денный стол.

**diner** *n.* (*person*) обе́дающий, у́жинающий; (*dining-car*) ваго́н-рестора́н.

*cpd.* ~-out *n.* люби́тель (*m.*) у́жинать вне до́ма.

**ding-dong** *n.* динь-до́н.

*adj.*: a ~ battle би́тва с переме́нным успе́хом.

*adv.* рья́но, усе́рдно; they went at it ~ они́ взяли́сь за э́то засучи́в рукава́.

**dinghy** *n.* ма́ленькая шлю́пка, ту́зик, я́лик; (*inflatable*) надувна́я ло́дка.

**dinginess** *n.* грязь; темнота́; мра́чность.

**dingle** *n.* лощи́на.

**dingo** *n.* ди́нго (*m. or f., indecl.*).

**dingy** *adj.* гря́зный; тёмный; мра́чный.

**dinkum** *adj.* (*Aust. sl.*) и́стинный, настоя́щий.

**dinky** *adj.* (*coll.*) изя́щный, ми́ленький.

**dinner** *n.* обе́д; (*evening meal*) у́жин; at ~ за у́жином; ask s.o. to ~ пригла|ша́ть, -си́ть кого́-н. на у́жин; have ~ у́жинать, по-; what's for ~? что на у́жин?

*cpds.*: ~-**bell** *n.* звоно́к к обе́ду/у́жипу; ~-**dress** *n.* вече́рнее пла́тье; ~-**hour** *n.* час обе́да/у́жина; ~-**jacket** *n.* смо́кинг; ~-**pail** *n.* судки́ (*m. pl.*); ~-**party** *n.* зва́ный обе́д; ~-**plate** *n.* ме́лкая таре́лка; ~-**service,** ~-**set** *nn.* обе́денный серви́з; ~-**time** *n.* обе́денное

вре́мя; вре́мя у́жина; ~-**wagon** *n.* сервиро́вочный сто́лик.

**dinosaur** *n.* диноза́вр.

**dint** *n.* **1.** (*dent*) след уда́ра; вмя́тина, вы́боина; **2.** by ~ of посре́дством +*g.*; при по́мощи +*g.*
*v.t.* ост|авля́ть, -а́вить след/вмя́тину в/на +*p.*

**diocesan** *n.* (*bishop*) епи́скоп.

*adj.* епархиа́льный.

**diocese** *n.* епа́рхия.

**diode** *n.* дио́д.

**Dionysi|ac, -an** *adjs.* вакхи́ческий.

**diopter** *n.* (*unit*) диоптри́я.

**dioptrics** *n.* дио́птрика.

**diorama** *n.* диора́ма.

**dioramic** *adj.* диора́мный.

**dioxide** *n.* двуо́кись.

**dip** *n.* **1.** (*immersion*) погруже́ние; lucky ~ лотере́йный бараба́н; **2.** (*bathe*) ныря́ние; купа́ние; have, take a ~ пойти́ (*pf.*) вы́купаться/поппа́вать; **3.** (*cleansing liquid*) протра́ва; **4.** (*slope*) спуск, укло́н; a ~ among the hills низина́ ме́жду холмо́в; **5.** (*state of being lowered*): the flag is at the ~ флаг приспу́щен; **6.** (*candle*) са́льная свеча́.

*v.t.* **1.** (*immerse*) окун|а́ть, -у́ть; мак|а́ть, -ну́ть; погру|жа́ть, -зи́ть; ~ one's pen into ink обма́к|ивать, -ну́ть перо́ в черни́ла; (*fig.*): ~ one's pen in gall писа́ть, на- жёлчно; ~ sheep купа́ть, вы́- ове́ц в дезинфици́рующем раство́ре; ~ one's hand into a bag запусти́ть (*pf.*) ру́ку в су́мку; **2.** (*draw out*) выче́рпывать, вы́черпать; черп|а́ть, -ну́ть; ~ up a pailful of water зачерп|ывать, -ну́ть ведро́ воды́; ~ water out of a boat выче́рпывать, вы́черпать во́ду из ло́дки; **3.** (*lower briefly*) приспус|ка́ть, -ти́ть; ~ headlights переключ|а́ть, -и́ть фа́ры на (*or* включ|а́ть, -и́ть) бли́жний свет.

*v.i.* **1.** (*go below surface*) окун|а́ться, -у́ться; погру|жа́ться, -зи́ться; the sun ~ped below the horizon со́лнце скры́лось за горизо́нтом (*or* нырну́ло за горизо́нт); **2.** (*fig.*): ~ into one's purse раскоше́ли|ваться, -ться; **3.** (*slope away*): the (plot of) land ~s to the south уча́сток име́ет накло́н к ю́гу; **4.** (*scan, peer*) загля́|дывать, -ну́ть; ~ into the future загля́|дывать, -ну́ть в бу́дущее; I ~ped into the book я заглянул в э́ту кни́гу; **5.** (*fall slightly or temporarily*) пон|ижа́ться, -и́зиться; the road ~s here здесь доро́га идёт под укло́н.

*cpds.*: ~-**needle** *n.* магни́тная стре́лка; ~-**stick** *n.* уровнеме́р, (*coll.*) щуп.

**diphtheria** *n.* дифтери́я, дифтери́т.

**diphthong** *n.* дифто́нг.

**diphthongal** *adj.* дифтонга́льный, дифтонги́ческий.

**diplodocus** *n.* диплодо́к.

**diploma** *n.* дипло́м (по +*d.*).

**diplomacy** *n.* диплома́тия; (*tact*) дипломати́чность.

**diplomat, -ist** *nn.* (*lit., fig.*) диплома́т.
**diplomatic** *adj.* (*lit., fig.*) дипломати́ческий; ~ corps, body дипломати́ческий ко́рпус; ~ service дипломати́ческая слу́жба.
**diplomatize** *v.i.* (*use tact*) проявля́ть, -и́ть дипломати́чность.
**dipper** *n.* **1.** (*ladle*) ковш, черпа́к; the Big/Little D~ (*astron.*) Больша́я/Ма́лая Медведи́ца; **2.** (*bird*) оля́пка; **3.** (*for headlights*) переключа́тель (*m.*) све́та фар; **4.** (*switchback*) америка́нские го́ры (*f. pl.*).
**dippy** *adj.* (*sl.*) поме́шанный, чо́кнутый.
**dipso** *n.* алка́ш (*sl.*).
**dipsomania** *n.* алкоголи́зм.
**dipsomaniac** *n.* алкого́лик.
  *adj.* алкоголи́ческий.
**dipterous** *adj.* двукры́лый.
**diptych** *n.* ди́птих.
**dire** (*also* **-ful**) *adj.* ужа́сный; he is in ~ need of help он кра́йне нужда́ется в по́мощи.
**direct** *adj.* (*straight; without intermediary*) прямо́й; (*straightforward*) прямо́й, непосре́дственный; he has a ~ way of speaking он говори́т всё пря́мо в лицо́; the ~ opposite по́лная противополо́жность; ~ current постоя́нный ток.
  *adv.* пря́мо.
  *v.t.* **1.** (*indicate the way*): can you ~ me to the station? не ука́жете ли вы мне доро́гу к ста́нции?; не ска́жете ли вы, как пройти́ на вокза́л?; **2.** (*address*) адресова́ть (*impf., pf.*); напр|авля́ть, -а́вить; I ~ed the letter to his bank я адресова́л письмо́ в его́ банк; my remarks were ~ed to him мои́ замеча́ния бы́ли адресо́ваны ему́; **3.** (*manage, control*) руководи́ть (*impf.*) +*i.*; he ~ed the orchestra он дирижи́ровал орке́стром; he ~ed the play он поста́вил пье́су; the policeman ~s traffic полице́йский регули́рует движе́ние; **4.** (*command*) предпи́с|ывать, -а́ть; да|ва́ть, -ть указа́ние; I ~ed him to take no notice я веле́л ему́ не обраща́ть внима́ния.
**direction** *n.* **1.** (*course, point of compass*) направле́ние; he went in the ~ of London он напра́вился к Ло́ндону; they dispersed in all ~s они́ разошли́сь по всем направле́ниям; he has a good sense of ~ он хорошо́ ориенти́руется; new ~s of research но́вые о́бласти (*f. pl.*) иссле́дования; **2.** (*pl., instructions*) указа́ния (*nt. pl.*); I followed the ~s on the label я сле́довал указа́ниям на ярлыке́; **3.** (*command, control*) руково́дство; ~ of labour распределе́ние рабо́чей си́лы; **4.** (*theatr.*): ~ of a play постано́вка/режиссу́ра пье́сы; stage ~ а́вторская рема́рка; **5.** (*to a jury*) напу́тствие прися́жным.
  *cpds.*: **~-finder** *n.* радиопеленга́тор; **~-finding** *adj.*: ~-finding equipment радиопеленга́торное обору́дование.
**directional** *adj.*: ~ radio радиопеленга́ция; ~

transmitter радиопеленга́торная ста́нция.
**directive** *n.* директи́ва, указа́ние.
**directly** *adv.* **1.** (*in var. senses of* direct) пря́мо; **2.** (*soon*): I'll be there ~ я вско́ре/сейча́с там бу́ду; **3.** (*at once*) неме́дленно, то́тчас.
  *conj.* как то́лько.
**directness** *n.* прямота́, открове́нность.
**director** *n.* **1.** (*one who directs*) руководи́тель (*m.*); **2.** (*of company etc.*) дире́ктор; managing ~ управля́ющий; ~-general гла́вный дире́ктор; **3.** (*theatr.*) режиссёр.
**directorate** *n.* (*office of director*) дире́кция; (*group of directors*) директора́т; (*admin. body*) управле́ние.
**directorial** *adj.* дире́кторский.
**directorship** *n.* дире́кторство.
**directory** *n.* **1.** (*reference work*) спра́вочник, указа́тель (*m.*); telephone ~ телефо́нная кни́га; **2.** (*Fr. hist.*) Директо́рия.
**direful** *see* DIRE.
**direness** *n.* у́жас.
**dirge** *n.* погреба́льное пе́ние.
**dirigible** *n.* дирижа́бль (*m.*).
**dirk** *n.* кинжа́л.
**dirt** *n.* **1.** (*unclean matter*) грязь; this dress shows the ~ э́то пла́тье ма́ркое; treat s.o. like ~ трети́ровать (*impf.*) кого́-н.; не счита́ться (*impf.*) с кем-н.; do s.o. ~ де́лать, с- кому́-н. по́длость/па́кость; eat ~ (*fig.*) прогл|а́тывать, -оти́ть оби́ду; **2.** (*loose earth or soil*) грунт, земля́; а ~ road грунтова́я доро́га; ~ track мотоцикле́тный трек; **3.** (*obscenity*) непристо́йность, грязь; **4.**: the ~ (*coll., inside story*) подногóтная.
  *cpd.*: **~-cheap** *adv.* деше́вле па́реной ре́пы.
**dirtiness** *n.* грязь, га́дость.
**dirty** *adj.* **1.** (*not clean*) гря́зный; **2.** (*rough, stormy*) бу́рный; **3.** (*obscene*) поха́бный, гря́зный, па́костный; ~ story поха́бный анекдо́т; **4.** (*nasty*) гря́зный, га́дкий; he played a ~ trick on me он подложи́л мне свинью́; he gave me a ~ look он серди́то посмотре́л на меня́; do your own ~ work! я не бу́ду де́лать за вас ва́шу гря́зную рабо́ту.
  *v.t. & i.* грязни́ть(ся), за-; па́чкать(ся), за-; загрязн|я́ть(ся), -и́ть(ся).
**disability** *n.* (*inability to work*) нетрудоспосо́бность; (*physical defect*) инвали́дность; (*leg.*) неправоспосо́бность.
**disable** *v.t.* (*physically*) кале́чить, ис-; ~d soldier инвали́д войны́; the ship was ~d кора́бль был вы́веден из стро́я; (*legally*) лиш|а́ть, -и́ть пра́ва.
**disablement** *n.* нетрудоспосо́бность; инвали́дность.
**disabuse** *v.t.* выводи́ть, вы́вести из заблужде́ния.
**disaccredit** *v.t.* лиш|а́ть, -и́ть полномо́чий.
**disaccustom** *v.t.* отуч|а́ть, -и́ть.
**disadvantage** *n.* невы́года; невы́годное

положе́ние; be at a ~ ока́з|ываться, -а́ться в
невы́годном положе́нии; take s.o. at a ~
воспо́льзоваться (*pf.*) чьим-н. невы́годным
положе́нием; put s.o. at a ~ поста́вить (*pf.*)
кого́-н. в невы́годное положе́ние; I know
nothing to his ~ я не зна́ю за ним ничего́
худо́го/плохо́го; he showed himself to ~ он
показа́л себя́ с невы́годной стороны́.
  *v.t.* де́йствовать (*impf.*) в уще́рб +*d.*

**disadvantageous** *adj.* невы́годный.

**disaffected** *adj.* недово́льный, неблагонаме́-
ренный.

**disaffection** *n.* недово́льство, неблагонаме́ренность.

**disagree** *v.i.* **1.** (*differ, not correspond*) не соот-
ве́тствовать (*impf.*) (+*d.*); **2.** (*in opinion*)
не согла|ша́ться, -си́ться; I ~ with you я с
ва́ми не согла́сен; the witnesses ~ свиде́тели
расхо́дятся в показа́ниях; **3.** (*have adverse
effect*): oysters ~ with me я пло́хо переношу́
у́стриц; от у́стриц у меня́ де́лается не-
сваре́ние желу́дка.

**disagreeable** *adj.* (*unpleasant*) неприя́тный,
непривлека́тельный; (*of pers.*) неприве́т-
ливый.

**disagreeableness** *n.* непривлека́тельность,
неприве́тливость.

**disagreement** *n.* разногла́сие, разла́д, несо-
гла́сие.

**disallow** *v.t.* (*reject*) отклон|я́ть, -и́ть; (*forbid*)
запре|ща́ть, -ти́ть.

**disappear** *v.i.* исч|еза́ть, -е́знуть; проп|ада́ть,
-а́сть.

**disappearance** *n.* исчезнове́ние.

**disappoint** *v.t.* разочаро́в|ывать, -а́ть; he was
~ed at this он был э́тим разочаро́ван; I am
~ed in you я в вас разочарова́лся; he was ~ed
of the prize приз ему́ не доста́лся; I am sorry to
~ your plans мне жаль наруша́ть ва́ши
пла́ны.

**disappointing** *adj.* разочаро́вывающий; the
weather has been ~ пого́да была́ нева́жная.

**disappointment** *n.* **1.** (*state of being disappointed*)
разочарова́ние; to my ~ к моему́ огор-
че́нию; he met with ~ его́ пости́гло раз-
очарова́ние; **2.** (*pers. or thing that disappoints*):
he turned out a ~ он обману́л возлага́емые на
него́ наде́жды.

**disappro|bation, -val** *nn.* неодобре́ние.

**disapprove** *v.t. & i.* не од|обря́ть, -о́брить.

**disapproving** *adj.* неодобри́тельный.

**disarm** *v.t.* разоруж|а́ть, -и́ть; (*fig.*) обезо-
ру́жи|вать, -ть; he ~s criticism он обезо-
ру́живает свои́х кри́тиков.
  *v.i.* разоруж|а́ться, -и́ться.

**disarmament** *n.* разоруже́ние.

**disarrange** *v.t.* прив|оди́ть, -ести́ в беспоря́док.

**disarrangement** *n.* дезорганиза́ция, беспоря́док.

**disarray** *n.* смяте́ние, расстро́йство.

**disassemble** *v.t.* раз|бира́ть, -обра́ть; демон-
ти́ровать (*impf., pf.*).

**disassembly** *n.* разбо́рка.

**disassociate** *see* DISSOCIATE.

**disaster** *n.* бе́дствие; he is courting ~ он на-
кли́кает беду́.

**disastrous** *adj.* ги́бельный, бе́дственный.

**disastrousness** *n.* ги́бельность.

**disavow** *v.t.* дезавуи́ровать (*impf., pf.*); от-
рица́ть (*impf.*).

**disavowal** *n.* дезавуи́рование, отрица́ние.

**disband** *v.t.* распус|ка́ть, -ти́ть; расфор-
миро́в|ывать, -а́ть.
  *v.i.* разбе|га́ться, -жа́ться; рассе́|иваться,
-яться; the (theatre) company ~ed тру́ппа
распа́лась.

**disbandment** *n.* расформирова́ние, ро́спуск.

**disbar** *v.t.* лиш|а́ть, -и́ть зва́ния адвока́та.

**disbarment** *n.* лише́ние зва́ния адвока́та.

**disbelief** *n.* неве́рие.

**disbelieve** *v.t.* не ве́рить (*impf.*) +*d.* (*or* в +*a.*).

**disburden** *v.t.* сн|има́ть, -я́ть тя́жесть с +*g.*

**disburse** *v.t.* выпла́чивать, вы́платить.

**disbursement** *n.* (*act of paying*) опла́та; (*sum
paid*) вы́плаченная су́мма.

**disc, disk** *n.* **1.** (*round object*) диск; the sun's ~
со́лнечный диск; identification ~ ли́чный
знак; **2.** (*gramophone record*) пласти́нка; **3.**
(*med.*): slipped ~ смеще́ние межпозвоно́ч-
ного ди́ска.

**discard** *n.* **1.** (*card*) сбро́шенная ка́рта; **2.**
(*object*) нену́жное, него́дное; **3.**: throw sth.
into the ~ вы́бросить (*pf.*) что-н. как
нену́жное.
  *v.t.* выбра́сывать, вы́бросить; ~ winter clo-
thing сбр|а́сывать, -о́сить зи́мнюю оде́жду;
~ old beliefs отбр|а́сывать, -о́сить ста́рые
убежде́ния.

**discern** *v.t.* разгля́д|ывать, -е́ть; рассм|а́т-
ривать, -отре́ть; различ|а́ть, -и́ть.

**discernible** *adj.* различи́мый.

**discerning** *adj.* проница́тельный.

**discernment** *n.* проница́тельность.

**discharge** *n.* **1.** (*unloading*) разгру́зка; **2.** (*emission of fluid etc.*) выделе́ния (*pl.*); (*elec.*)
разря́д; **3.** (*performance, e.g. of duty*)
исполне́ние; (*of a debt*) упла́та; **4.** (*release,
dismissal*) увольне́ние, освобожде́ние; (*from
the army*) демобилиза́ция, увольне́ние; **5.** (*firing of a gun*) вы́стрел, залп; a ~ of arrows град
стрел; **6.** (*receipt*) распи́ска.
  *v.t.* **1.** (*unload*) разгру|жа́ть, -зи́ть; **2.** (*emit
liquid, current etc.*) спус|ка́ть, -ти́ть;
разря|жа́ть, -ди́ть; the clouds ~ electricity
облака́ разряжа́ются электри́чеством; **3.**
(*fire, let fly*) стреля́ть (*impf.*); вы́стрелить;
вы́стрелить; **4.** (*release, dismiss*): (*from the
army*) демобилизова́ть (*impf., pf.*); (*from hospital*) выпи́сывать, вы́писать; (*from service*)

ув|ольня́ть, -о́лить; a ~d bankrupt вос-
стано́вленный в права́х банкро́т.

**disciple** *n.* учени́|к (*fem.* -ца).

**discipleship** *n.* учени́чество.

**disciplinarian** *n.* сторо́нник дисципли́ны; he is a
good ~ он уме́ет подде́рживать дисципли́ну.

**disciplinary** *adj.* дисциплина́рный; take ~
action приня́ть (*pf.*) дисциплина́рные ме́ры.

**discipline** *n.* (*good order*; *branch of studies*)
дисципли́на.

*v.t.* дисциплини́ровать (*impf., pf.*).

**disclaim** *v.t.* отр|ека́ться, -е́чься от +*g.*;
отка́з|ываться, -а́ться от +*g.*

**disclaimer** *n.* отрече́ние, отка́з.

**disclose** *v.t.* откр|ыва́ть, -ы́ть; раскр|ыва́ть,
-ы́ть; разоблач|а́ть, -и́ть; обнару́жи|вать,
-ть; his books ~ great learning его́ кни́ги
свиде́тельствуют о большо́й эруди́ции.

**disclosure** *n.* раскры́тие, откры́тие, разоб-
лаче́ние, обнаруже́ние.

**disco** *n.* (*coll.*)=DISCOTHÈQUE.

**discoloration** *n.* обесцве́чивание.

**discolour** *v.t. & i.* обесцве́|чивать(ся), -тить(ся).

**discomfit** *v.t.* (*defeat*) нан|оси́ть, -ести́
пораже́ние +*d.*; (*disconcert*) сму|ща́ть, -ти́ть;
прив|оди́ть, -ести́ в замеша́тельство.

**discomfiture** *n.* пораже́ние, смуще́ние,
замеша́тельство.

**discomfort** *n.* неудо́бство.

*v.t.* причин|я́ть, -и́ть неудо́бство +*d.*;
стесн|я́ть, и́ть.

**discommend** *v.t.* порица́ть (*impf.*); не од|обря́ть,
-о́брить.

**discommode** *v.t.* причин|я́ть, -и́ть неудо́бство
+*d.*

**discompose** *v.t.* волнова́ть, вз-; трево́жить, вс-;
расстр|а́ивать, -о́ить.

**discomposure** *n.* волне́ние, трево́га, рас-
стро́йство.

**disconcert** *v.t.* (*agitate*) волнова́ть, вз-; (*disturb*)
расстр|а́ивать, -о́ить.

**disconnect** *v.t.* разъедин|я́ть, -и́ть; (*gas etc.*)
отключ|а́ть, -и́ть; we were ~ed (*telephone*)
нас разъедини́ли/прерва́ли.

**disconnected** *adj.* **1.** (*tech.*) разъединённый,
вы́ключенный; **2.** (*ideas etc.*) обры́воч-
ный, разбро́санный, бессвя́зный.

**disconnection** *n.* разъедине́ние, отключе́ние.

**disconsolate** *adj.* неуте́шный.

**discontent** *n.* недово́льство.

*v.t.* возбу|жда́ть, -ди́ть недово́льство у +*g.*

**discontinuance** *n.* прекраще́ние.

**discontinue** *v.t.* прекра|ща́ть, -ти́ть.

**discontinuity** *n.* отсу́тствие непреры́вности.

**discontinuous** *adj.* прерыва́ющийся, пре-
ры́вистый.

**discord** *n.* (*disagreement*) разногла́сие, раз-
ноголо́сица; (*disharmony*) разла́д, раздо́р;
(*mus.*) диссона́нс.

**discordance** *n.* разногла́сие, разла́д.

**discordant** *adj.* несогла́сный; разноголо́сый;
(*inharmonious*) диссони́рующий; нестро́й-
ный.

**discothèque** *n.* дискоте́ка; та́нцы (*m. pl.*) под
магнитофо́н.

**discount** *n.* **1.** (*rebate*) ски́дка; **2.** (*on bill of
exchange etc.*) диско́нт; **3.** (*fig.*): at a ~ не в
ходу́/почёте; непопуля́рный.

*v.t.* (*bill of exchange etc.*) дисконти́ровать
(*impf., pf.*); (*fig., treat sceptically*) отн|оси́ться,
-ести́сь с недове́рием к +*d.*; I ~ed his story я
не о́чень пове́рил его́ расска́зу; я усомни́лся
в и́стинности его́ расска́за; (*allow for*): I ~ed
his prejudice я сде́лал ски́дку на его́ предрас-
су́дки.

**discountenance** *v.t.* (*disapprove*) не од|обря́ть,
-о́брить; (*discourage*) обескура́жи|вать, -ть.

**discourage** *v.t.* (*deprive of courage*) расхол|а́жи-
вать, -оди́ть; обескура́жи|вать, -ть; лиш|а́ть,
-и́ть му́жества; (*dissuade*) отгов|а́ривать,
-ори́ть.

**discouragement** *n.* расхола́живание; обеску-
ра́живание; (*dissuasion*) отгова́ривание.

**discourse**[1] *n.* речь, рассужде́ние.

**discourse**[2] *v.i.* рассужда́ть (*impf.*).

**discourteous** *adj.* неве́жливый, нелюбе́зный.

**discourtesy** *n.* неве́жливость, нелюбе́зность.

**discover** *v.t.* **1.** (*find*) на|ходи́ть, -йти́;
откр|ыва́ть, -ы́ть; обнару́жи|вать, -ть;
раскр|ыва́ть, -ы́ть; (*find out*) узн|ава́ть, -а́ть;
выясня́ть, вы́яснить; **2.** he is ~ed as the curtain rises он нахо́дится на сце́не, когда́
за́навес поднима́ется.

**discoverable** *adj.* обнару́живаемый; откры-
ва́емый; мо́гущий быть откры́тым/
обнару́женным.

**discoverer** *n.* иссле́дователь (*m.*) (но́вых
земе́ль); (перво)открыва́тель (*m.*); she was
the ~ of radium она́ откры́ла ра́дий.

**discover|y** *n.* откры́тие; the D~ies (*hist.*)
вели́кие географи́ческие откры́тия.

**discredit** *n.* (*loss of repute*) дискредита́ция; bring
s.o. into ~ or bring ~ upon s.o.) компромети́-
ровать, с- кого́-н.; дискреди́тировать (*impf.,
pf.*) кого́-н.; he is a ~ to the school он позо́рит
шко́лу.

*v.t.* дискредити́ровать (*impf., pf.*).

**discreditable** *adj.* дискредити́рующий; (*dishonest*) позо́рный.

**discreet** *adj.* осмотри́тельный, сде́ржанный;
(*tactful*) такти́чный; a ~ silence благо-
разу́мное молча́ние; a ~ quantity уме́ренное
коли́чество.

**discrepancy** *n.* расхожде́ние, разногла́сие,
противоречи́вость.

**discrepant** *adj.* противоречи́вый.

**discrete** *adj.* разде́льный.

**discreteness** *n.* разде́льность.

**discretion** *n.* **1.** (*prudence, good judgment*)
осмотри́тельность, осторо́жность, благо-

разу́мие; ~ is the better part of valour благоразу́мие — гла́вное досто́инство хра́брости; years, age of ~ во́зраст, с кото́рого челове́к несёт отве́тственность за свои́ посту́пки; **2.** (*freedom to judge*) усмотре́ние; I leave this to your ~ я оставля́ю э́то на ва́ше усмотре́ние; at ~ по усмотре́нию; surrender at ~ сда́ться (*pf.*) на ми́лость победи́теля; I gave him wide ~ я дал ему́ широ́кие полномо́чия.

**discretionary** *adj.* дискрецио́нный.

**discriminate** *v.t.* (*distinguish*) отлич|а́ть, -и́ть; различ|а́ть, -и́ть.

   *v.i.*: ~ against дискримини́ровать (*impf.*, *pf.*).

**discriminating** *adj.* разбо́рчивый; ~ taste то́нкий/разбо́рчивый вкус; a ~ tax дифференциа́льный нало́г.

**discrimination** *n.* (*judgment, taste*) разбо́рчивость; (*bias*) дискримина́ция (*against s.o.* кого́-н.).

**discriminatory** *adj.* пристра́стный, дифференциа́льный.

**discrown** *v.t.* лиш|а́ть, -и́ть коро́ны; разве́нч|ивать, -а́ть.

**disculpate** *v.t.* опра́вд|ывать, -а́ть.

**discursive** *adj.* (*digressive*) разбро́санный; (*reasoning*) аргументи́рованный.

**discursiveness** *n.* разбро́санность.

**discus** *n.* диск.

**discuss** *v.t.* дискути́ровать (*impf.*, *pf.*); обсу|жда́ть, -ди́ть.

**discuss|able, -ible** *adj.* поддаю́щийся обсужде́нию.

**discussant** *n.* уча́стник диску́ссий.

**discussion** *n.* обсужде́ние, диску́ссия; the question is under ~ вопро́с обсужда́ется/рассма́тривается.

**disdain** *n.* презре́ние.

   *v.t.* през|ира́ть, -ре́ть; пренебр|ега́ть, -е́чь +*i.*; he ~ed to reply он не соизво́лил отве́тить.

**disdainful** *adj.* презри́тельный.

**disease** *n.* боле́знь.

**diseased** *adj.* (*lit.*, *fig.*) больно́й.

**disembark** (*also* **debark**) *v.t. & i.* выса́живать(ся), вы́садить(ся); выгружа́ть(ся), вы́грузить(ся).

**disembarkation** (*also* **debarkation**) *nn.* вы́садка; вы́грузка.

**disembarrass** *v.t.* (*disentangle*) распу́т|ывать, -ать; (*relieve*): ~ s.o. of anxiety изб|авля́ть, -а́вить кого́-н. от трево́г.

**disembarrassment** *n.* распу́тывание.

**disembod|y** *v.t.* (*disband*) расформиро́в|ывать, -а́ть; (*set free from the body*) освобо|жда́ть, -ди́ть от теле́сной оболо́чки; a ~ied spirit освобождённая душа́.

**disembogue** *v.i.* влива́ться, впада́ть, сбра́сывать во́ды (*all impf.*).

**disembowel** *v.t.* потроши́ть, вы́-.

**disembowelment** *n.* потроше́ние.

**disembroil** *v.t.* распу́т|ывать, -ать.

**disenchant** *v.t.* разочаро́в|ывать, -а́ть; освобо|жда́ть, -ди́ть от чар.

**disenchantment** *n.* разочарова́ние.

**disencumber** *v.t.* освобо|жда́ть, -ди́ть.

**disendow** *v.t.* лиш|а́ть, -и́ть поже́ртвований.

**disengage** *v.t.* высвобожда́ть, вы́свободить; освобо|жда́ть, -ди́ть.

   *v.i.* высвобожда́ться, вы́свободиться; освобо|жда́ться, -ди́ться; выпу́тываться, вы́путаться; (*mil.*) от|рыва́ться, -орва́ться от проти́вника; выходи́ть, вы́йти из бо́я.

**disengaged** *adj.* (*vacant*; *free of engagements*) свобо́дный, неза́нятый.

**disengagement** *n.* (*disentangling*) освобожде́ние, высвобожде́ние; (*pol.*, *mil.*) вы́ход из бо́я; взаи́мный вы́вод вооружённых сил; (*from betrothal*) расторже́ние помо́лвки.

**disentangle** *v.t. & i.* распу́т|ывать(ся), -ать(ся); выпу́тывать(ся), вы́путать(ся).

**disentanglement** *n.* распу́тывание, выпу́тывание.

**disentitle** *v.t.* лиш|а́ть, -и́ть пра́ва (на +*a.*).

**disequilibrate** *v.t.* лиш|а́ть, -и́ть равнове́сия.

**disequilibrium** *n.* неусто́йчивость; (*fig.*) неравнове́сие.

**disestablish** *v.t.* (*eccl.*) отдел|я́ть, -и́ть (*це́рковь*) от госуда́рства.

**disestablishment** *n.* отделе́ние це́ркви от госуда́рства.

**disesteem** *n.* неуваже́ние (к +*d.*).

**diseuse** *n.* эстра́дная актри́са.

**disfavour** *n.* неми́лость, опа́ла.

   *v.t.* не од|обря́ть, -о́брить.

**disfigure** *v.t.* уро́довать, из-; обезобра́|живать, -зить; she was ~d in the accident она́ была́ изуро́дована в катастро́фе.

**disfigurement** *n.* обезобра́живание, уро́дство.

**disfranchise** *v.t.* (*pers.*) лиш|а́ть, -и́ть избира́тельного пра́ва; (*place*) лиш|а́ть, -и́ть пра́ва посыла́ть депута́та в вы́борный о́рган.

**disfranchisement** *n.* лише́ние избира́тельного пра́ва.

**disgorge** *v.t.* изв|ерга́ть, -е́ргнуть; the bird ~d its prey хи́щник вы́пустил же́ртву; (*fig.*, *booty etc.*) возвраща́ть (*impf.*), верну́ть (*pf.*).

   *v.i.* (*of river etc.*) влива́ться, впада́ть (*both impf.*).

**disgrace** *n.* (*loss of respect*) бесче́стье, позо́р; bring ~ upon, bring into ~ навл|ека́ть, -е́чь позо́р на +*a.*; **2.** (*disfavour*) неми́лость, опа́ла; he is in ~ он в неми́лости; **3.** (*cause of shame*) позо́р; he is a ~ to the school он позо́р для всей шко́лы.

   *v.t.* позо́рить, о-; (*dismiss with ignominy*) разжа́ловать (*pf.*); (*bring shame upon*): he ~d the family name он покры́л позо́ром (*or* он опозо́рил) свою́ семью́.

**disgraceful** *adj.* позо́рный, посты́дный, недосто́йный.

**disgruntled** *adj.* недово́льный; в дурно́м настро́ении.

**disguise** *n.* **1.** (*clothing*) маскиро́вка, переодева́ние; in the ~ of a beggar переоде́тый ни́щим; he gained entry under the ~ of an inspector ему́ удало́сь пройти́ под ви́дом инспе́ктора; **2.** (*concealment*) маскиро́вка, личи́на; it is a blessing in ~ ≃ не́ было бы сча́стья, да несча́стье помогло́.

*v.t.* маскирова́ть, за-; переод|ева́ть, -е́ть; he ~d his voice/handwriting он измени́л го́лос/по́черк; a door ~d as a bookcase потайна́я дверь в ви́де кни́жного шка́фа; (*fig.*): he ~d his feelings он скрыл свои́ чу́вства; there is no disguising the fact that ... для вся́кого очеви́дно, что ...

**disgust** *n.* отвраще́ние; he resigned in ~ от возмуще́ния он ушёл с поста́.

*v.t.* внуш|а́ть, -и́ть отвраще́ние +*d.*; I am ~ed by his behaviour я возмущён его́ поведе́нием.

**disgusting** *adj.* отврати́тельный.

**dish** *n.* **1.** (*vessel*) посу́да, блю́до; wash, do the ~es мыть, вы́- посу́ду; **2.** (*contents*) блю́до; (*type of food*) блю́до, ку́шанье; standing ~ дежу́рное блю́до; not my ~ (*coll.*) не в моём вку́се; **3.** (*sl., girl*) красо́тка; ла́комый кусо́чек.

*v.t.* **1.** (*serve; also* ~ **up**) под|ава́ть, -а́ть к столу́; (*fig.*) под|ава́ть, -а́ть; преподн|оси́ть, -ести́; ~ **out** (*food*) ра|скла́дывать, -зложи́ть (*еду*) по таре́лкам; выкла́дывать, вы́ложить (*еду*) на блю́до; **2.** (*coll., discomfit*) перехитри́ть (*pf.*).

*cpds.*: ~-**cloth**, ~-**towel** *nn.* ку́хонное/посу́дное полоте́нце; ~-**cover** *n.* кры́шка; ~-**washer** *n.* (*fem.*) судомо́йка; (*machine*) посудомо́ечная маши́на; ~-**water** *n.* помо́|и (*pl., g.* -ев).

**dishabille** *n.* дезабилье́ (*indecl.*).

**dishabituate** *v.t.* отуч|а́ть, -и́ть.

**disharmonious** *adj.* дисгармони́чный; (*fig.*) в разла́де; our relations were ~ ме́жду на́ми был разла́д.

**disharmony** *n.* дисгармо́ния, разла́д, разногла́сие.

**dishearten** *v.t.* прив|оди́ть, -ести́ в уны́ние; I was ~ed я упа́л ду́хом.

**dishevelled** *adj.* взъеро́шенный, всклоко́ченный, растрёпанный.

**dishevelment** *n.* взъеро́шенность, всклоко́ченность, растрёпанность.

**dishful** *n.* (по́лное) блю́до (*чего*).

**dishonest** *adj.* нече́стный, бесче́стный.

**dishonesty** *n.* нече́стность, бесче́стность.

**dishonour** *n.* бесче́стье, позо́р; he brought ~ on his family он навлёк позо́р на свою́ семью́.

*v.t.* бесче́стить, о-; позо́рить, о-; ~ one's

promise не сдержа́ть (*pf.*) обеща́ния; ~ a woman обесче́стить (*pf.*) же́нщину; (*comm.*): ~ a bill отка́з|ывать, -а́ть в акце́пте ве́кселя.

**dishonourable** *adj.* бесче́стный.

**dishonourableness** *n.* бесче́стность.

**disillusion** *v.t.* разочаро́в|ывать, -а́ть; разр|уша́ть, -у́шить иллю́зии +*g.*

**disillusionment** *n.* разочарова́ние; утра́та иллю́зий.

**disincentive** *n.* сде́рживающее сре́дство/обстоя́тельство.

**disinclination** *n.* нежела́ние, неохо́та.

**disincline** *v.t.* отб|ива́ть, -и́ть чью-н. охо́ту к +*d.*; he was ~d to help me ему́ не хоте́лось мне помо́чь.

**disinfect** *v.t.* дезинфици́ровать (*impf., pf.*); обеззара́|живать, -зить.

**disinfectant** *n.* дезинфици́рующее сре́дство.

**disinfection** *n.* дезинфе́кция.

**disinfest** *v.t.* (*of rats*) дератизи́ровать (*impf., pf.*); (*of insects*) дезинсекти́ровать (*impf., pf.*).

**disinfestation** *n.* дератиза́ция; дезинсе́кция.

**disinformation** *n.* дезинформа́ция.

**disingenuous** *adj.* неи́скренний.

**disingenuousness** *n.* неи́скренность.

**disinherit** *v.t.* лиш|а́ть, -и́ть насле́дства.

**disinheritance** *n.* лише́ние насле́дства.

**disintegrate** *v.t.* прив|оди́ть, -ести́ к дезинтегра́ции; дезинтегри́ровать (*impf., pf.*).

*v.i.* расп|ада́ться, -а́сться.

**disintegration** *n.* дезинтегра́ция, распа́д.

**disinter** *v.t.* эксгуми́ровать (*impf., pf.*).

**disinterest** *n.* **1.** (*lack of bias*) беспристра́стие; **2.** (*lack of self-interest*) бескоры́стие; **3.** (*lack of concern*) незаинтересо́ванность; безуча́стность.

*v.t.*: ~ o.s. in sth. стать (*pf.*) безуча́стным к чему́-н.

**disinterested** *adj.* **1.** (*unprejudiced*) беспристра́стный; **2.** (*not self-seeking*) бескоры́стный; **3.** (*coll.*): he is ~ in ballet он не интересу́ется бале́том.

**disinterestedness** *n.* беспристра́стие; бескоры́стие; отсу́тствие интере́са.

**disinterment** *n.* эксгума́ция.

**disinvestment** *n.* (*econ.*) сокраще́ние капиталовложе́ний.

**disjoin** *v.t.* разъедин|я́ть, -и́ть.

**disjointed** *adj.* (*fig.*) бессвя́зный, несвя́зный.

**disjunction** *n.* разделе́ние, разъедине́ние.

**disjunctive** *adj.* (*separating*) разъединя́ющий; (*gram.*) раздели́тельный.

**disk** *see* DISC.

**dislikable** *adj.* неприя́тный, антипати́чный.

**dislike** *n.* неприя́знь, нелюбо́вь, нерасположе́ние, антипа́тия; I took a ~ to him я невзлюби́л его́.

*v.t.* не люби́ть (*impf.*) +*g.*; недолю́бливать (*impf.*) +*a. or g.*; I ~ having to go мне неохо́та идти́; he made himself ~d он вы́звал к себе́ неприя́знь.

**dislocate** *v.t.* вы́вихнуть (*pf.*); (*fig.*): traffic was ~d движе́ние бы́ло нару́шено.

**dislocation** *n.* вы́вих; наруше́ние.

**dislodge** *v.t.* сме|ща́ть, -сти́ть; (*evict*) выбива́ть, вы́бить; вытесня́ть, вы́теснить.

**dislodgement** *n.* смеще́ние, вытесне́ние.

**disloyal** *adj.* нелоя́льный, неве́рный.

**disloyalty** *n.* нелоя́льность, неве́рность.

**dismal** *adj.* мра́чный, уны́лый, гнету́щий.

**dismalness** *n.* мра́чность, уны́лость.

**dismantle** *v.t.* (*strip of defences etc.*) демонти́ровать (*impf., pf.*); (*ship*) рассна́|щивать, -сти́ть; (*fortress*) сры|ва́ть, -ть; (*take to pieces*) раз|бира́ть, -обра́ть.

**dismast** *v.t.*: the ship was ~ed in the storm бу́рей облома́ло ма́чты корабля́.

**dismay** *n.* смяте́ние, потрясе́ние.

*v.t.* прив|оди́ть, -ести́ в смяте́ние; потрясти́ (*pf.*).

**dismember** *v.t.* расчлен|я́ть, -и́ть; (*fig.*) разде|ля́ть, -и́ть.

**dismemberment** *n.* расчлене́ние, разделе́ние.

**dismiss** *n.*: the ~ (*mil.*) кома́нда «разойди́сь!».

*v.t.* **1.** (*send away*) распус|ка́ть, -ти́ть; отпус|ка́ть, -ти́ть; he ~ed her with a nod он отпусти́л её кивко́м головы́; **2.** (*discharge from service*) ув|ольня́ть, -о́лить; удал|я́ть, -и́ть; прог|оня́ть, -на́ть; **3.** (*put out of consideration, reject*): he ~ed it from his mind он вы́бросил э́то из головы́; the argument is not to be ~ed lightly нельзя́ от э́того до́вода про́сто отмахну́ться; I ~ed the idea я оста́вил э́ту мысль; я отказа́лся от э́той мы́сли; (*defeat adversary*) разб|ива́ть, -и́ть; **4.** (*leg.*): (*a case*) прекра|ща́ть, -ти́ть; (*an appeal*) отклон|я́ть, -и́ть.

**dismissal** *n.* ро́спуск, отстране́ние; (*from service*) увольне́ние.

**dismissive** *adj.* (*contemptuous*) презри́тельный.

**dismount** *v.t.* (*e.g. an opponent*) выбива́ть, вы́бить из седла́; (*e.g. a gun*) сн|има́ть, -ять с лафе́та.

*v.i.* (*from horse*) спеши|ваться, -ться; (*from vehicle etc.*) сходи́ть, сойти́.

**disobedience** *n.* неповинове́ние, непослуша́ние, ослуша́ние.

**disobedient** *adj.* непослу́шный.

**disobey** *v.t.* не слу́шаться, по- +*g.*; не повинова́ться (*impf., pf.*) +*d.*; my orders were ~ed мои́ приказа́ния не́ были вы́полнены.

**disoblige** *v.t.* не счита́ться (*impf.*) с жела́ниями +*g.*; поступ|а́ть, -и́ть нелюбе́зно с +*i.*

**disobliging** *adj.* нелюбе́зный.

**disorder** *n.* (*untidiness*) беспоря́док; (*confusion*) расстро́йство, разбро́д, неуря́дица; (*riot*) беспоря́дки (*m. pl.*); (*med.*) расстро́йство; mental ~ психи́ческое наруше́ние/расстро́йство.

**disorderliness** *n.* беспоря́док; бу́йство.

**disorderly** *adj.* (*untidy*) беспоря́дочный; (*unruly*) бу́йный, беспоко́йный; ~ conduct хулига́нство; ~ house дом терпи́мости.

**disorganization** *n.* дезоргани́зация.

**disorganize** *v.t.* дезорганизова́ть (*impf., pf.*).

**disorient(ate)** *v.t.* дезориенти́ровать (*impf., pf.*).

**disorientation** *n.* дезориента́ция.

**disown** *v.t.* отка́з|ываться, -а́ться от +*g.*; отр|ека́ться, -е́чься от +*g.*

**disownment** *n.* отка́з, отрече́ние (от +*g.*).

**disparage** *v.t.* (*belittle*) преум|еньша́ть, -е́ньшить; очерн|я́ть, -и́ть; говори́ть (*impf.*) с пренебреже́нием о +*p.*

**disparagement** *n.* преуменьше́ние, очерне́ние.

**disparaging** *adj.* неле́стный, пренебрежи́тельный.

**disparate** *adj.* разнообра́зный, несоотве́тственный.

**disparity** *n.* расхожде́ние, несоотве́тствие.

**dispassionate** *adj.* бесстра́стный.

**dispassionateness** *n.* бесстра́стность.

**dispatch, despatch** *n.* **1.** (*sending off*) отпра́вка; **2.** (*message*) депе́ша, донесе́ние; he was mentioned in ~es его́ и́мя упомина́лось в донесе́ниях; **3.** (*promptitude*) быстрота́.

*v.t.* **1.** (*send off*) отпр|авля́ть, -а́вить; экспеди́ровать (*impf., pf.*); пос|ыла́ть, -ла́ть; **2.** (*deal with, e.g. business*) спр|авля́ться, -а́виться с +*i.*; **3.** (*of meal etc.*) разде́л|ываться, -аться с +*i.*; **4.** (*kill*) поко́нчить (*pf.*) с +*i.*; отпр|авля́ть, -а́вить на тот свет.

*cpds.*: ~**-boat**, ~**-vessel** *nn.* посы́льное су́дно; ~**-case** *n.* полева́я су́мка; ~**-rider** *n.* мотоцикли́ст свя́зи.

**dispatcher** *n.* (*sender*) отправи́тель (*m.*); (*of business etc.*) экспеди́тор; (*regulator*) диспе́тчер.

**dispel** *v.t.* рассе́|ивать, -ять.

**dispensable** *adj.* необяза́тельный, несуще́ственный.

**dispensary** *n.* апте́ка; (*clinic*) амбулато́рия.

**dispensation** *n.* **1.** (*dealing out*) разда́ча; **2.** (*order*): a ~ of providence боже́ственный про́мысл; under the Mosaic ~ по моисе́еву зако́ну; **3.** (*exemption*) освобожде́ние, исключе́ние.

**dispens|e** *v.t.* **1.** (*deal out*) разд|ава́ть, -а́ть; распредел|я́ть, -и́ть; **2.** (*of prescription*) пригот|овля́ть, -о́вить; ~ing chemist апте́карь (*m.*), фармаце́вт; **3.** (*release*) освобо|жда́ть, -ди́ть (*от чего*).

*v.i.* ~ with (*do without*) об|ходи́ться, -ойти́сь без +*g.*; (*make unnecessary*): this machine ~es with labour э́та маши́на высвобожда́ет рабо́чие ру́ки.

**dispenser** *n.* **1.** (*one who deals out*) раздаю́щий, распределя́ющий; ~ of justice отправля́ющий правосу́дие; **2.** (*of medicines*) фармацéвт; **3.** (*container*) торгóвый автомáт; razor-blade ~ автомáт с безопáсными брúтвами; toilet-paper ~ автомáт с туалéтной бумáгой.

**dispers|al, -ion** *nn.* рассредотóчение, рассéивание; разгóн.

**disperse** *v.t.* рассé|ивать, -ять; раз|гонять, -огнáть; the policeman ~d the crowd полицéйский разогнáл толпý; the troops were ~d over a wide front войскá бúли рассредотóчены по ширóкому фрóнту; he ~s his energies он разбрáсывается.
*v.i.* рассé|иваться, -яться; ра|сходúться, -зойтúсь.

**dispersion** *n.* **1.** *see* DISPERSAL; **2.**: Jews of the D ~ иудéйская диáспора.

**dispirit** *v.t.* удруч|áть, -úть; прив|одúть, -естú в унúние.

**displace** *v.t.* **1.** (*put in wrong place*) сме|щáть, -стúть; ~d persons перемещённые лúца; **2.** (*replace*) заме|щáть, -стúть; вытеснять, вúтеснить; he ~d his rival in her affections он вúтеснил своегó сопéрника из её сéрдца.

**displacement** *n.* (*ousting*) смещéние, вытеснéние; (*replacement*) замещéние; (*of ship*) водоизмещéние; (*geol.*) сдвиг.

**display** *n.* **1.** (*manifestation*) покáз, проявлéние; **2.** (*ostentation*) хвастовствó; he made a ~ of his wealth он кичúлся своúм богáтством; **3.** (*of goods etc.*) вúставка; there was a fine ~ of flowers at the show на вúставке бúло мнóго изумúтельных цветóв.
*v.t.* проявлять, -úть; обнарýжи|вать, -ть; (*goods etc.*) выставлять, вúставить (на покáз); he ~s his ignorance он выкáзывает своё невéжество; the peacock ~ed its tail павлúн распустúл свой хвост.

**displease** *v.t.* не нрáвиться (*impf.*) +*d.*; сердúть, рас-; вызывáть, вúзвать недовóльство +*g.*; he was ~d at this емý э́то не понрáвилось; I am ~d with you я недовóлен вáми.

**displeasing** *adj.* неприятный.

**displeasure** *n.* недовóльство, неудовóльствие; incur s.o.'s ~ навл|екáть, -éчь на себя́ (*or* вызывáть, вúзвать) чьё-н. недовóльство.

**disport** *v.t.*: ~ o.s. резвúться (*impf.*).

**disposable** *adj.* (*available*) имéющийся в распоряжéнии; (*for use once only*) однорáзового пóльзования; выбрáсываемый.

**disposal** *n.* **1.** (*bestowing*) передáча; **2.** (*getting rid of*) избавлéние, удалéние, убóрка; the ~ of rubbish удалéние мýсора; bomb ~ обезврéживание бомб; **3.** (*arrangement*) размещéние; **4.** (*management, control*) распоряжéние; the money is at your ~ дéньги в вáшем распоряжéнии.

**dispose** *v.t.* **1.** (*arrange*) распол|агáть, -ожúть; **2.** (*determine*) распол|агáть, -ожúть; man proposes, God ~s человéк предполагáет, а Госпóдь располагáет; **3.** (*incline*) склон|ять,

-úть; this ~s me to believe that ... э́то склоняет меня к томý мнéнию, что . . .; I am not ~d to help him я не склóнен емý помогáть; do you feel ~d for a walk? располóжены/хотúте ли вы погулять?; he is well ~d towards me он ко мне хорошó отнóсится.
*v.i.* (*with prep.* of) **1.** (*get rid of*) отдéл|ывáться, -áться от +*g.*; изб|авляться, -áвиться от +*g.*; **2.** (*make use of*) распоря|жáться, -дúться +*i.*; **3.** (*bestow, sell*) распоря|жáться, -дúться +*i.*; ~ of one's daughters in marriage отд|авáть, -áть дочерéй зáмуж; **4.** (*deal with*): he ~d of his work/dinner он упрáвился с рабóтой/обéдом; **5.** (*account for, overcome*) раздéлаться (*pf.*) с +*i.*; that argument is soon ~d of э́тот аргумéнт легкó опровéргнуть.

**disposition** *n.* **1.** (*arrangement*) расположéние; (*of troops*) диспозúция, дислокáция; (*of furniture*) размещéние; he made ~s to withstand the attack он приготóвился к отражéнию атáки/нападéния; **2.** (*character*) нрав, харáктер; he has a cheerful ~ у негó весёлый нрав; **3.** (*inclination*) склóнность; there was a general ~ to leave early большинствó бúло склóнно уйтú рáно; **4.** (*order, control*) распоряжéние; а ~ of Providence божéственный прóмысел, провидéние; **5.** (*bestowal*) распоряжéние; who has the ~ of this property? в чьём распоряжéнии э́та сóбственность?

**dispossess** *v.t.* лиш|áть, -úть (*когó чегó*); от|бирáть, -обрáть (*что у когó*).

**dispossession** *n.* лишéние (сóбственности); (*eviction*) выселéние.

**dispraise** *n.* осуждéние, неодобрéние.
*v.t.* осу|ждáть, -дúть.

**disproof** *n.* опровержéние.

**disproportion** *n.* диспропóрция.

**disproportionate** *adj.* непропорционáльный, несоотвéтствующий, чрезмéрный.

**disprove** *v.t.* опров|ергáть, -éргнуть.

**disputable** *adj.* спóрный, недокáзанный.

**disputant** *n.* диспутáнт, спóрщик.

**disputation** *n.* дúспут, спор.

**disputatious** *adj.* любящий спóрить.

**dispute** *n.* **1.** (*debate, argument*) дúспут; the ownership of the house is in ~ прáво сóбственности на э́тот дом оспáривается; beyond, past ~ бесспóрно, вне всяких сомнéний; **2.** (*quarrel*) ссóра, разноглáсие.
*v.t.* **1.** (*call in question, oppose*) осп|áривать, -óрить; I ~ that point я оспáриваю э́тот пункт; our team ~d the victory нáша комáнда добивáлась побéды; the will was ~d завещáние бúло опротестóвано.
*v.i.* (*argue*) спóрить, по-; they ~d whether to wait or not онú спóрили, ждать им úли нет; there is no ~ing about tastes о вкýсах не спóрят.

**disqualification** *n.* дисквалифика́ция; age is no ~ во́зраст — не поме́ха/препя́тствие.

**disqualify** *v.t.* дисквалифици́ровать (*impf., pf.*).

**disquiet** *n.* беспоко́йство.
   *v.t.* беспоко́ить, о-.

**disquieting** *adj.* трево́жный, беспоко́йный, беспокоя́щий; a ~ly high proportion of mistakes коли́чество оши́бок, вызыва́ющее трево́гу.

**disquietude** *n.* беспоко́йство.

**disquisition** *n.* (*treatise*) тракта́т; (*discourse*) ·рассужде́ние.

**disregard** *n.* пренебреже́ние +*i.*; игнори́рование +*g.*; he showed ~ for his teachers он проявля́л неуваже́ние к учителя́м.
   *v.t.* пренебр|ега́ть, -е́чь +*i.*; игнори́ровать (*impf., pf.*).

**disrelish** *n.* нерасположе́ние.

**disremember** *v.t.* (*coll.*) не по́мнить (*impf.*) +*g.*

**disrepair** *n.* неиспра́вность; the house is in ~ дом в запу́щенном состоя́нии; fall into ~ при/ходи́ть, -йти́ в упа́док/запусте́ние.

**disreputable** *adj.* позо́рный, неприли́чный; по́льзующийся дурно́й сла́вой; a ~ old hat изно́шенная, гря́зная шля́па.

**disrepute** *n.* дурна́я сла́ва; fall into ~ приобре|та́ть, -сти́ дурну́ю сла́ву.

**disrespect** *n.* неуваже́ние (к +*d.*); непочте́ние; непочти́тельность.

**disrespectful** *adj.* непочти́тельный.

**disrobe** *v.t. & i.* (*undress*) разд|ева́ть(ся), -е́ть(ся); (*take off robes*) разоблач|а́ть(ся), -и́ть(ся).

**disrupt** *v.t.* под|рыва́ть, -орва́ть; срыва́ть, сорва́ть.

**disruption** *n.* подры́в, срыв; (*geol.*) распа́д.

**disruptive** *adj.* разруши́тельный, подрывно́й.

**dissatisfaction** *n.* неудовлетворённость, недово́льство, неудово́льствие.

**dissatisf|y** *v.t.* не удовлетвор|я́ть, -и́ть; he is ~ied with his job он недово́лен свое́й рабо́той.

**dissect** *v.t.* (*anatomize*) препари́ровать (*impf., pf.*); вскр|ыва́ть, -ыть; (*fig.*) раз|бира́ть, -обра́ть.

**dissection** *n.* препари́рование, вскры́тие; разбо́р.

**dissemble** *v.t.* скры|ва́ть, -ть; he ~s his emotions он скрыва́ет свои́ чу́вства; ~ a fact ум|а́лчивать, -олча́ть о фа́кте.
   *v.i.* притвор|я́ться, -и́ться; прики́дываться (*impf.*); лицеме́рить (*impf.*).

**dissembler** *n.* притво́рщик, лицеме́р.

**dissembling** *n.* притво́рство.
   *adj.* притво́рный, притворя́ющийся.

**disseminate** *v.t.* распростран|я́ть, -и́ть.

**dissemination** *n.* распростране́ние.

**disseminator** *n.* распространи́тель (*m.*); се́ятель (*m.*).

**dissension** *n.* разногла́сие, разла́д, раздо́р.

**dissent** *n.* несогла́сие; (*eccl.*) раско́л, секта́нтство.
   opinion (*leg.*) осо́бое мне́ние.

**dissenter** *n.* диссиде́нт; (*rebel*) бунта́рь (*m.*); (*eccl.*) раско́льник, секта́нт.

**dissentient** *n. & adj.* несогла́сный; the motion was passed with one ~ vote предложе́ние бы́ло при́нято при одно́м го́лосе про́тив.

**dissertation** *n.* (*thesis*) диссерта́ция; (*discourse*) рассужде́ние.

**disservice** *n.* плоха́я услу́га; уще́рб; he did me a ~ он оказа́л мне плоху́ю услу́гу; он повреди́л мне; his words did great ~ to the cause его́ слова́ нанесли́ большо́й уще́рб де́лу.

**dissever** *v.t.* раздел|я́ть, -и́ть; разъедин|я́ть, -и́ть.

**dissidence** *n.* несогла́сие, инакомы́слие.

**dissident** *n.* несогла́сный, диссиде́нт, инакомы́слящий.
   *adj.* несогла́сный, диссиде́нтский.

**dissimilar** *adj.* несхо́дный.

**dissimilarity** *n.* несхо́дство.

**dissimilate** *v.t. & i.* (*ling.*) диссимили́ровать(ся) (*impf., pf.*).

**dissimilation** *n.* диссимиля́ция.

**dissimulate** *v.t.* скры|ва́ть, -ть, таи́ть (*impf.*).
   *v.i.* лицеме́рить (*impf.*); притворя́ться (*impf.*).

**dissimulation** *n.* лицеме́рие, притво́рство.

**dissimulator** *n.* лицеме́р, притво́рщик.

**dissipate** *v.t.* (*lit., fig.*) рассе́|ивать, -ять; (*squander*) растра́|чивать, -тить; пром|а́тывать, -ота́ть.

**dissipated** *adj.* беспу́тный, разгу́льный.

**dissipation** *n.* беспу́тство, разгу́л.

**dissociable** *adj.* отдели́мый, разъедини́мый.

**dis|sociate, -associate** *v.t.* (*disunite*) разобщ|а́ть, -и́ть; разъедин|я́ть, -и́ть; I ~ myself from what has been said я отмежёвываюсь от того́, что бы́ло ска́зано; (*think of as separate*) диссоции́ровать (*impf., pf.*).

**dissociation** *n.* разобще́ние, диссоциа́ция.

**dissolubility** *n.* (*phys.*) раствори́мость; (*of contract*) расторжи́мость.

**dissoluble** *adj.* (*phys.*) раствори́мый; (*of contract*) расторжи́мый.

**dissolute** *adj.* распу́щенный, беспу́тный, распу́тный.

**dissoluteness** *n.* распу́щенность, беспу́тство, распу́тство.

**dissolution** *n.* (*phys.*) растворе́ние; (*death*) кончи́на; (*of marriage etc.*) расторже́ние; (*of parliament*) ро́спуск.

**dissolvable** *adj.* разложи́мый, расторжи́мый.

**dissolve** *v.t.* **1.** (*phys.*) раствор|я́ть, -и́ть; **2.:** the queen ~d parliament короле́ва распусти́ла парла́мент; **3.** (*marriage*) раст|орга́ть, -о́ргнуть; the marriage was ~d брак был расто́ргнут.

*v.i.* (*phys.*) раствор|я́ться, -и́ться; she ~d into tears она́ залила́сь слеза́ми.

**dissolvent** *n.* раствори́тель (*m.*).
  *adj.* растворя́ющий.

**dissonance** *n.* диссона́нс; неблагозву́чие.

**dissonant** *adj.* диссони́рующий, нестро́йный.

**dissuade** *v.t.* отгов|а́ривать, -ори́ть (*кого от чего*); отсове́товать (*pf.*) (*что кому*).

**dissuasion** *n.* отгова́ривание.

**dissymmetrical** *adj.* несимметри́чный, асимметри́чный.

**dissymmetry** *n.* несимметри́чность, асимметри́я.

**distaff** *n.* пря́лка; on the ~ side по же́нской ли́нии.

**distance** *n.* **1.** (*measure of space*) диста́нция, расстоя́ние; it can be seen from a ~ of two miles э́то ви́дно с расстоя́ния двух миль; it is some ~ to the school до шко́лы дово́льно далеко́; no ~ at all совсе́м недалеко́; he lives within walking ~ of the office от его́ до́ма до рабо́ты мо́жно дойти́ пешко́м; at what ~? на како́м расстоя́нии?; in the ~ вдалеке́; from a ~ и́здали, издалека́; middle ~ сре́дний план; **2.** (*of time*) промежу́ток вре́мени; at this ~ of time I cannot remember я не могу́ э́того по́мнить сто́лько вре́мени спустя́; **3.** (*fig.*): keep one's ~ держа́ться (*impf.*) в стороне́ (от +*g.*); keep s.o. at a ~ держа́ть (*impf.*) кого́-н. на (почти́тельном) расстоя́нии.
  *v.t.* (*in race etc.*) опере|жа́ть, -ди́ть.

**distant** *adj.* **1.** (*in space*) далёкий, да́льний, отдалённый; the school is three miles ~ шко́ла нахо́дится на расстоя́нии трёх миль; we had a ~ view of the mountains вдали́ мы ви́дели го́ры; **2.** (*in time*) далёкий; **3.** (*fig., remote*) a ~ cousin да́льний ро́дственник; a ~ likeness отдалённое схо́дство; **4.** (*reserved*) сде́ржанный, холо́дный.

**distaste** *n.* отвраще́ние (к +*d.*).

**distasteful** *adj.* проти́вный, неприя́тный.

**distemper**[1] *n.* (*ailment*) нездоро́вье; (*of mind*) душе́вное расстро́йство; (*of dogs*) соба́чья чума́.
  *v.t.*: a ~ed fancy расстро́енное воображе́ние.

**distemper**[2] *n.* (*method of painting*) те́мпера; (*type of paint*) клеева́я кра́ска.
  *v.t.* кра́сить, по- клеево́й кра́ской.

**distend** *v.t.* & *i.* над|ува́ть(ся), -у́ть(ся); разд|ува́ть(ся), -у́ть(ся).

**distensible** *adj.* растяжи́мый.

**distension** *n.* расшире́ние, растяже́ние.

**distich** *n.* ди́стих.

**distil** *v.t.* дистилли́ровать (*impf., pf.*); (*e.g. salt water*) опресн|я́ть, -и́ть; ~ whisky гнать (*det.*) ви́ски; the flowers ~ nectar цветы́ выделя́ют некта́р; (*fig.*): to ~ poison into s.o.'s mind отрави́ть (*pf.*) чей-н. ум.
  *v.i.* сочи́ться (*impf.*); ос|еда́ть, -е́сть

ка́плями.

**distillate** *n.* дистилля́т.

**distillation** *n.* (*process*) дистилля́ция, перего́нка; винокуре́ние; (*substance*) дистилля́т.

**distiller** *n.* дистилля́тор, винокур.

**distillery** *n.* винокуренный заво́д.

**distinct** *adj.* **1.** (*clear, perceptible*) вня́тный, отчётливый; a ~ improvement заме́тное улучше́ние; **2.** (*different*) отли́чный (от +*g.*).

**distinction** *n.* **1.** (*difference*) отли́чие; **2.** (*discrimination*) разли́чие; a ~ without a difference несуще́ственное разли́чие; without ~ of rank без разли́чия зва́ний; **3.** (*special or superior quality*) отличи́тельная осо́бенность; a writer of ~ выдаю́щийся писа́тель; his style lacks ~ его́ стиль не отлича́ется оригина́льностью; **4.** (*mark of honour*) отли́чие; he received several ~s он получи́л не́сколько зна́ков отли́чия.

**distinctive** *adj.* отличи́тельный, различи́тельный; характе́рный, осо́бый.

**distinctly** *adv.* отчётливо, определённо; (*perceptibly*) заме́тно; ~ better значи́тельно лу́чше; he spoke ~ он говори́л вня́тно/чётко; I ~ heard я я́сно слы́шал.

**distinctness** *n.* отчётливость, определённость.

**distinguish** *v.t.* **1.** (*perceive*) различ|а́ть, -и́ть; разгля́д|ывать, -е́ть; **2.** (*discern or point out difference*) различ|а́ть, -и́ть; **3.** (*characterize*) отлич|а́ть, -и́ть; **4.**: ~ (*do credit to*) o.s. отлич|а́ться, -и́ться.

**distinguishable** *adj.* (*visible*) различи́мый, заме́тный; (*different*) отличи́мый.

**distinguished** *adj.* выдаю́щийся.

**distort** *v.t.* иска|жа́ть, -зи́ть; искрив|ля́ть, -и́ть; ~ facts извра|ща́ть, -ти́ть (*or* передёр|гивать, -нуть) фа́кты.

**distortion** *n.* искаже́ние, искривле́ние, извраще́ние.

**distract** *v.t.* **1.** (*draw away; make inattentive*) отвл|ека́ть, -е́чь; it ~s me from my work э́то отвлека́ет меня́ от рабо́ты; **2.** (*fig., tear apart*) раздира́ть (*impf.*); he was ~ed between love and duty он разрыва́лся ме́жду любо́вью и до́лгом; **3.** (*derange mentally*) св|оди́ть, -ести́ с ума́; he drove her ~ed он довёл её до безу́мия.

**distraction** *n.* (*act of diverting*) отвлече́ние; (*cause of inattention*) поме́ха; (*amusement*) развлече́ние; (*frenzy, derangement*) безу́мие; he loves her to ~ он безу́мно (*or* без па́мяти) её лю́бит; drive s.o. to ~ дов|оди́ть, -ести́ кого́-н. до безу́мия.

**distrain** *v.i.* (*leg.*) опи́с|ывать, -а́ть иму́щество за долги́; ~ upon s.o.'s goods на|кла́дывать, -ложи́ть аре́ст на чьи-н. това́ры для обеспе́чения до́лга.

**distraint** *n.* (*leg.*) наложе́ние аре́ста на иму́щество в обеспе́чение до́лга.

*distrait* *adj.* рассе́янный.

**distraught** *adj.* обезу́мевший.

**distress** *n.* **1.** (*physical suffering*) утомле́ние, изнеможе́ние; the runner showed signs of ~ бегу́н заме́тно утоми́лся; **2.** (*mental suffering*) огорче́ние, го́ре; **3.** (*indigence*) бе́дность, нужда́; **4.** (*danger*) бе́дствие; a ship in ~ су́дно, те́рпящее бе́дствие.

*v.t.* **1.** (*grieve*) причин|я́ть, -и́ть огорче́ние/го́ре +*d.*; огорч|а́ть, -и́ть; **2.** (*impoverish*) истощ|а́ть, -и́ть; ~ed area райо́н бе́дствия.

**distressful** *adj.* го́рестный, бе́дственный.

**distressing** *adj.* огорчи́тельный; his account was ~ly vague его́ отчёт огорчи́л нас свое́й неопределённостью.

**distributable** *adj.* подлежа́щий распределе́нию.

**distribute** *v.t.* **1.** (*deal out*) распредел|я́ть, -и́ть; разд|ава́ть, -а́ть; **2.** (*spread*) ра|скла́дывать, -зложи́ть; ~ manure over a field разбр|а́сывать, -оса́ть наво́з по́ полю; wealth is unfairly ~d бога́тства распределя́ются несправедли́во; ~ a load evenly равноме́рно распредел|я́ть, -и́ть груз; **3.** (*classify*): ~ books into classes распредел|я́ть, -и́ть кни́ги по отде́лам.

**distribution** *n.* **1.** (*dealing out, spreading*) распределе́ние, разда́ча; the ~ of population is uneven населе́ние распределено́ неравноме́рно; ~ of prizes разда́ча награ́д; **2.** (*marketing*) распределе́ние, распростране́ние; **3.** (*classification*) распределе́ние.

**distributive** *adj.* распредели́тельный; the ~ trades ро́зничная торго́вля; (*gram.*) раздели́тельный.

**distributor** *n.* распредели́тель (*m.*); (*tech.*) распредели́тель (*m.*) зажига́ния.

**district** *n.* райо́н, о́круг; (*attr.*) райо́нный, окружно́й; consular ~ ко́нсульский о́круг; postal ~ почто́вый райо́н; (*Am., constituency*) избира́тельный уча́сток; D~ of Columbia о́круг Колу́мбия; ~ attorney окружно́й прокуро́р.

**distrust** *n.* недове́рие.

*v.t.* не доверя́ть (*impf.*) +*d.*

**distrustful** *adj.* недове́рчивый.

**disturb** *v.t.* беспоко́ить, о-; меша́ть, по- +*d.*; нар|уша́ть, -у́шить; ~ s.o.'s sleep нар|уша́ть, -у́шить чей-н. сон; ~ the surface of the water баламу́тить, вз- во́ду; do not ~ yourself не беспоко́йтесь; he was ~ed by the news он был обеспоко́ен но́востью; his mind was ~ed у него́ помути́лся рассу́док; ~ the peace вызыва́ть, вы́звать обще́ственные беспоря́дки; do not ~ these papers не тро́гайте э́ти бума́ги.

**disturbance** *n.* (*act of troubling*) наруше́ние; (*cause of trouble*) трево́га; (*riot*) волне́ния (*nt. pl.*); беспоря́дки (*m. pl.*).

**disturbing** *adj.* трево́жный.

**disunion** *n.* (*separation*) разобще́ние; (*discord*) разла́д.

**disunite** *v.t.* (*separate, estrange*) разобщ|а́ть, -и́ть; разъедин|я́ть, -и́ть.

**disuse** *n.* забро́шенность, неупотребле́ние; fall into ~ выходи́ть, вы́йти из употребле́ния.

**disused** *adj.*: a ~ well забро́шенный коло́дец.

**disyllabic** *adj.* двусло́жный.

**disyllable** *n.* двусло́жное сло́во.

**ditch** *n.* кана́ва; ров; die in a ~ (*fig.*) ум|ира́ть, -ере́ть под забо́ром (*or* в нищете́); die in the last ~ (*fig.*) боро́ться (*impf.*) до конца́.

*v.t.*: ~ a car завезти́ маши́ну (*pf.*) в кана́ву; ~ one's plane сажа́ть, посади́ть самолёт на́ воду; ~ s.o. (*sl.*) отде́л|ываться, -аться от кого́-н.; бр|оса́ть, -о́сить кого́-н.

*v.i.* (*make or repair ~es*) копа́ть, вы́- (*or* чи́стить, по-) кана́вы.

*cpd.*: ~-**water** *n.* стоя́чая вода́; dull as ~-water смерте́льно ску́чный.

**dither** *n.* (*coll.*) смяте́ние; she was in a ~ она́ не́рвничала (*or* колеба́лась).

*v.i.* (*coll.*) колеба́ться, по-; быть в нереши́тельности; не́рвничать (*impf.*).

**dithery** *adj.* (*coll.*) нереши́тельный, нерво́зный.

**dithyramb** *n.* дифира́мб.

**dithyrambic** *adj.* дифирамби́ческий.

**ditto** *n.* то же; сто́лько же; say ~ to s.o.'s remarks подда́к|ивать, -нуть чьим-н. замеча́ниям.

**ditty** *n.* пе́сенка.

**diuretic** *n.* мочего́нное сре́дство.

*adj.* мочего́нный.

**diurnal** *adj.* дневно́й, ежедне́вный.

**diva** *n.* примадо́нна, ди́ва.

**divagate** *v.i.* отклон|я́ться, -и́ться от те́мы.

**divagation** *n.* отклоне́ние от те́мы.

**divan** *n.* тахта́, дива́н; ~ bed дива́н-крова́ть.

**dive** *n.* **1.** (*act of diving*) ныро́к, ныря́ние; high ~ прыжо́к в во́ду с вы́шки; swallow ~ прыжо́к в во́ду ла́сточкой; (*of submarine*) погруже́ние; (*of aircraft*) пики́рование; the plane went into a ~ самолёт спики́ровал; **2.** (*underground bar etc.*) погребо́к; **3.** (*drinking or gambling den*) прито́н.

*v.i.* **1.** (*plunge into water*) ныр|я́ть, -ну́ть; (*in diving suit; also of submarine*) погру|жа́ться, -зи́ться; **2.** (*move sharply downwards*): the animal ~d into its hole зверёк юркну́л в нору́; he ~d into his pocket он су́нул ру́ку в карма́н; he ~d to pick up the handkerchief он бро́сился поднима́ть плато́к; **3.** (*fig., immerse o.s.*) углубл|я́ться, -и́ться. See also DIVING.

*cpds.*: ~-**bomb** *v.t.* бомби́ть (*impf.*) с пики́рования; ~-**bomber** *n.* пики́рующий бомбардиро́вщик, пики́ро́вщик.

**diver** *n.* ныря́льщик; водола́з; (*for pearls*) иска́тель (*m.*) же́мчуга; (*for sponges*) ло́вец гу́бок; (*bird*) гага́ра.

**diverge** *v.i.* ра|сходи́ться, -зойти́сь; от-клон|я́ться, -и́ться; уклон|я́ться, -и́ться; he ~d from the path он сверну́л с тропы́.

**divergence** *n.* расхожде́ние, отклоне́ние.

**divergent** *adj.* расходя́щийся; отклоня́ющийся.

**divers** *adj.*: for ~ reasons по ра́зным/разли́чным соображе́ниям.

**diverse** *adj.* ра́зный, разнообра́зный.

**diversification** *n.* расшире́ние ассортиме́нта.

**diversify** *v.t.* разнообра́зить (*impf.*), варьи́ровать (*impf.*).

**diversion** *n.* **1.** (*turning aside*) отклоне́ние, уклоне́ние; ~ of a stream отво́д ручья́; traffic ~ объе́зд; **2.** (*mil.*) диве́рсия; **3.** (*amusement*) развлече́ние; **4.**: create a ~ отвл|ека́ть, -е́чь внима́ние.

**diversionary** *adj.* диверсио́нный.

**diversionist** *n.* диверса́нт.

**diversity** *n.* (*differentness*) несхо́дство, разли́чие; (*variety*) разнообра́зие, разнообра́зность.

**divert** *v.t.* (*deflect*) отклон|я́ть, -и́ть; отвл|ека́ть, -е́чь; (*entertain*) развл|ека́ть, -е́чь.

**divertimento** *n.* дивертисме́нт.

**diverting** *adj.* развлека́ющий, развлека́тельный, заба́вный.

**divertissement** *n.* (*ballet*) дивертисме́нт.

**divest** *v.t.* (*fig.*) лиш|а́ть, -и́ть; ~ o.s. of functions сложи́ть (*pf.*) с себя́ обя́занности.

**divide** *n.* (*geog.*) водоразде́л.

*v.t.* **1.** (*share*) дели́ть, раз-; they ~d the money equally они́ раздели́ли де́ньги по́ровну; he ~s his time between work and play он де́лит своё вре́мя ме́жду рабо́той и развлече́ниями; **2.** (*math.*) дели́ть, раз-; ~ 27 by 3 дели́ть, раз- 27 на́ 3; **3.** (*separate*) раздел|я́ть, -и́ть; dividing-line разграниче́ние; the river ~s the two estates река́ разделя́ет э́ти два име́ния; he ~d the clever pupils from the stupid ones он отдели́л спосо́бных ученико́в от тупы́х; **4.** (*cause disagreement*) разъедин|я́ть, -и́ть; раздел|я́ть, -и́ть; such a small matter should not ~ us не сто́ит нам спо́рить из-за тако́го пустяка́; we are ~d on this question мы расхо́димся в э́том вопро́се; a ~-and-rule policy поли́тика «разделя́й и вла́ствуй»; **5.** (*parl.*): the Opposition ~d the House оппози́ция потре́бовала голосова́ния.

*v.i.* дели́ться, раз-; the road ~s доро́га разветвля́ется; the House ~d пала́та проголосова́ла; (*math.*): 18 ~s by 3 18 де́лится на́ 3.

**dividend** *n.* (*math.*) дели́мое; (*fin.*) дивиде́нд.

**dividers** *n.* (*compasses*) ци́ркуль (*m.*).

**divination** *n.* (*foretelling the future*) гада́ние, прорица́ние, проро́чество; (*accurate guess*) ве́рная дога́дка.

**divin|e** *n.* богосло́в.

*adj.* боже́ственный; (*coll., superb*) ди́вный, боже́ственный; ~e right of kings пра́во пома́занника бо́жьего; ~e service бого-служе́ние.

*v.t.* (*guess, intuit*) уга́д|ывать, -а́ть; ~ing-rod прут для отыска́ния воды́.

**diviner** *n.* (*seer*) гада́тель (*m.*), прорица́тель (*m.*); (*water-* ~) лозоиска́тель (*m.*).

**diving** *n.* ныря́ние.

*cpds.*: ~-**bell** *n.* водола́зный ко́локол; ~-**board** *n.* трампли́н, вы́шка (для прыжко́в в во́ду); ~-**dress**, ~-**suit** *nn.* скафа́ндр.

**divinity** *n.* (*quality*) боже́ственность; (*divine being*) божество́; (*theology*) богосло́вие.

**divinize** *v.t.* обожеств|ля́ть, -и́ть.

**divisibility** *n.* дели́мость.

**divisible** *adj.* (раз)дели́мый.

**division** *n.* **1.** (*math.*) деле́ние; **2.** (*dividing*) разделе́ние, разде́л; ~ of labour разделе́ние труда́; a fair ~ of the money справедли́вое распределе́ние де́нег; **3.** (*separation*) разделе́ние; class ~s кла́ссовые разли́чия; **4.** (*interval on a scale*) деле́ние; **5.** (*discord*) расхожде́ние; **6.** (*mil.*) диви́зия; **7.** (*department*) отде́л; **8.** (*electoral district*) избира́тельный о́круг; **9.** (*parl. vote*) голосова́ние; **10.** (*typ., of words at end of line*) перено́с.

**divisional** *adj.* (*mil.*) дивизио́нный; ~ headquarters штаб диви́зии.

**divisive** *adj.* разделя́ющий, разъединя́ющий; вызыва́ющий разногла́сия.

**divisor** *n.* (*math.*) дели́тель (*m.*).

**divorce** *n.* **1.** (*severance*) разры́в, разъедине́ние; **2.** (*leg.*) разво́д; ~ court суд по бракоразво́дным дела́м; ~ rate разводи́мость, проце́нт разво́дов.

*v.t.* **1.** (*separate*) отдел|я́ть, -и́ть; ~ a word from its context вырыва́ть, вы́рвать сло́во из конте́кста; **2.** (*leg.*) разв|оди́ть, -ести́; he ~d his wife он развёлся с жено́й; she is ~d она́ разведена́.

*v.i.* разв|оди́ться, -ести́сь.

**divorcee** *n.* разведённый муж, разведённая жена́.

**divulgation** *n.* разглаше́ние.

**divulge** *v.t.* разгла|ша́ть, -си́ть.

**dizziness** *n.* головокруже́ние.

**dizzy** *adj.* (*feeling giddy*) испы́тывающий головокруже́ние; (*causing giddiness*) головокружи́тельный; I feel ~ у меня́ кру́жится голова́.

**djinn** *see* JINN(EE).

**do¹** *n.* (*coll.*) **1.** (*swindle*) надува́тельство; **2.** (*entertainment*) вечери́нка, гуля́нка; **3.** (*share*): fair do's! всем по́ровну!; **4.** (*advice*) ~'s and don'ts сове́ты (*m. pl.*).

*v.t. & aux.* **1.** (*as aux. or substitute for verb already used: not translated unless emphatic*): I ~ not smoke я не курю́; did you not see me? ра́зве вы меня́ не ви́дели?; I ~ want to go я о́чень хочу́ пойти́; ~ tell me пожа́луйста, расскажи́те мне; they promised to help, and they did они́ обеща́ли помо́чь и помогли́; so ~ I (и) я то́же; he went, but I did not он пошёл, а я нет; she plays better than she did она́ игра́ет лу́чше, чем пре́жде; he ~es not work, nor ~ I ни он, ни я не рабо́таем; **2.** (*perform, carry out*): what can I ~ for you? чем могу́ служи́ть?; what ~es he ~ (for a living)? чем он занима́ется?; кем/где он рабо́тает?; what ~es your father ~? кто ваш оте́ц?; the team did well кома́нда вы́ступила (весьма́) успе́шно; what's ~ne cannot be undone сде́ланного не воро́тишь/попра́вишь; ~ one's duty выполня́ть, вы́полнить свой долг; easier said than ~ne легко́ сказа́ть, но тру́дно сде́лать; well ~ne! молоде́ц!; it isn't ~ne! э́то не при́нято!; **3.** (*bestow, render*): it ~es him credit э́то де́лает ему́ честь; he did me a service он оказа́л мне услу́гу; it won't ~ any good э́то бесполе́зно; от э́того то́лку не бу́дет; ~ into English перев|оди́ть, -ести́ на англи́йский; **4.** (*effect, produce*): try what kindness will ~! снача́ла попро́буйте по-хоро́шему!; that's ~ne it! now you've ~ne it! (*iron.*) поздравля́ю!; **5.** (*finish*): I have ~ne я ко́нчил; I have ~ne with algebra я поко́нчил с а́лгеброй; I have ~ne with him я с ним поко́нчил; **6.** (*work at*): he's ~ing algebra он изуча́ет а́лгебру; **7.** (*solve*): ~ a sum реш|а́ть, -и́ть арифмети́ческую зада́чу; **8.** (*attend to*): the barber did me first парикма́хер обслужи́л меня́ пе́рвым; we did the Prado (*coll.*) мы осмотре́ли Пра́до; he ~es book reviews он рецензи́рует кни́ги; we did geography today сего́дня мы проходи́ли геогра́фию; **9.** (*arrange, clean, tidy*): ~ the flowers соб|ира́ть, -ра́ть цветы́ в буке́ты; ~ one's hair прич|ёсываться, -еса́ться; ~ a room уб|ира́ть, -ра́ть ко́мнату; ~ the dishes мыть, вы́- посу́ду; ~ one's face прив|оди́ть, -ести́ лицо́ в поря́док; **10.** (*cook*): ~ne to a turn зажа́рено как раз в ме́ру; well ~ne хорошо́ прожа́ренный; the potatoes are ~ne карто́шка свари́лась/гото́ва; **11.** (*enact*): he did Hamlet он игра́л Га́млета; ~ the polite (*coll.*) держа́ть (*impf.*) себя́ ве́жливо; **12.** (*undergo*): he did 6 years for forgery он отсиде́л 6 лет за подло́г; **13.** (*cater for*): they ~ you well at the Savoy в «Саво́йе» хоро́шее обслу́живание; **14.** (*coll., swindle*) над|ува́ть, -у́ть; **15.** (*achieve speed etc.*): we did 70 miles in two hours мы проде́лали 70 миль за два часа́; he was ~ing 60 (miles an hour) он е́хал со ско́ростью 60 миль в час; **16.**: ~ne! (*agreed*) по рука́м!; **17.** I can ~ (*sell*) you this coat at £50 я уступлю́ вам э́то пальто́ за 50 фу́нтов.

*v.i.* **1.** (*act, behave*): ~ as I tell you слу́шайся меня́; ~ as you would be ~ne by поступа́йте так, как бы вы хоте́ли, что́бы с ва́ми поступа́ли; you would ~ well to go there вы хорошо́ сде́лаете, е́сли пойдёте туда́; we must ~ or die мы должны́ держа́ться до конца́; **2.**

(*be satisfactory, fitting or advisable*): the scraps will ~ for the dog объе́дки пригодя́тся (*or* бу́дут хороши́) для соба́ки; this will never ~ э́то никуда́ не годи́тся; э́то не пойдёт; that will ~! (*is enough*) хва́тит!; дово́льно!; it doesn't ~ to be rude гру́бость плохо́й помо́щник; tomorrow will ~ за́втрашний день (мне) подхо́дит; мо́жно и за́втра; **3.** (*fare, succeed*): how ~ you ~? здра́вствуйте; как пожива́ете?; how did he ~ in his exams? как он сдал экза́мены? my roses are ~ing well мои́ ро́зы хорошо́ расту́т; the patient is ~ing well больно́й поправля́ется; **4.** (*happen*): is anything ~ing at the club? что происхо́дит в клу́бе?; nothing ~ing! (*refusal*) не вы́йдет!

*with preps.*: what shall we ~ **about** lunch? как насчёт обе́да?; nothing can be ~ne about it с э́тим ничего́ не поде́лаешь; ~ well **by** s.o. хорошо́ обраща́ться (*impf.*) с кем-н.; ~ **for** (*clean house etc. for*) вести́ (*det.*) чьё-н. хозя́йство; (*defeat, destroy, damage*): these shoes are ~ne for э́тим ту́флям коне́ц; the storm did for my tulips бу́ря уничто́жила мои́ тюльпа́ны; if he finds out, I am ~ne for е́сли он об э́том узна́ет — я пропа́л; we're ~ne for нам кры́шка (*coll.*); what will you ~ for food? как вы устро́итесь с пита́нием?; ~ s.o. **out of** sth. (*cheat, deprive of*) выма́нивать, вы́манить что-н. у кого́-н.; what have you ~ne **to** my watch? что вы сде́лали с мои́ми часа́ми?; what have you ~ne **with** the keys? куда́ вы де́ли ключи́?; what is he ~ing with a car? заче́м ему́ маши́на?; I could ~ with a drink я охо́тно (*or* с удово́льствием) вы́пил бы; that coat could ~ with a clean не помеша́ло бы вы́чистить э́то пальто́; I can't be ~ing with her я её не выношу́; we shall have to make ~ with margarine нам придётся обойти́сь маргари́ном; he ~esn't know what to ~ with himself он не зна́ет, чем заня́ться; he has to ~ with lots of people ему́ прихо́дится име́ть де́ло со мно́гими людьми́; it is nothing to ~ with you э́то вас не каса́ется; the letter is, has to ~ with the bazaar э́то письмо́ отно́сительно благотвори́тельного база́ра; hard work had a lot to ~ with his success упо́рный труд сыгра́л большу́ю роль в его́ успе́хе; these books are ~ne with э́ти кни́ги бо́льше не нужны́; we must ~ **without** luxuries мы должны́ обойти́сь без ро́скоши; some of these books can be ~ne without без не́которых из э́тих книг мо́жно вполне́ обойти́сь; I can ~ without his silly jokes мне надое́ли его́ дура́цкие шу́тки.

*with advs.*: ~ **away** *v.i.*: ~ away with конча́ть, поко́нчить с +*i.*; ~ away with o.s. поко́нчить (*pf.*) с собо́й; ~ **down** *v.t.* (*coll., cheat*) над|ува́ть, -у́ть; ~ **in** *v.t.* (*sl., kill*) уб|ира́ть, -ра́ть; (*coll., exhaust*): I am ~ne in я измо́тан; ~ **out** *v.t.* (*clean, e.g. a room*) уб|ира́ть, -ра́ть; (*clear, e.g. a cupboard*) вы́чистить (*pf.*); ~ **over** (again) *v.t.* переде́л|ывать, -ать; ~ **up** *v.t.* (*repair, refurnish*): ~ up a room отде́л|ывать, -ать ко́мнату; (*fasten*): ~ up a parcel завя́з|ывать, -ать паке́т; ~ up a dress за-стёг|ивать, -ну́ть пла́тье; (*sl., exhaust*) утом|ля́ть, -и́ть; мучи́ть, за-/из-.

*cpds.* ~**-all** *n.* ма́стер на все ру́ки; ~**-it-yourself** *adj.* самоде́льный; ~**-nothing** *n.* ло́дырь (*m.*); *adj.* лени́вый.

**do²** *n.* (*mus.*) до (*indecl.*).

**doable** *adj.* (*feasible*) выполни́мый.

**dobbin** *n.* рабо́чая ло́шадь.

**docile** *adj.* послу́шный, поко́рный.

**docility** *n.* послуша́ние, поко́рность.

**dock¹** *n.* (*bot.*) ко́нский щаве́ль.

**dock²** *n.* (*in court*) скамья́ подсуди́мых.

**dock³** *n.* **1.** (*naut.*) док; dry ~ сухо́й док; floating ~ плаву́чий док; wet ~ мо́крый док; **2.** (*pl., port facilities*) верфь; **3.** (*wharf*) при́стань.

*v.t.* (*bring into* ~) ста́вить, по- (*судно*) в док.

*v.i.* (*go into* ~) входи́ть, войти́ в док; (*of space vehicles*) стыкова́ться, со-.

*cpd.*: ~**yard** *n.* верфь.

**dock⁴** *v.t.* **1.** (*shorten tail of*) обруб|а́ть, -и́ть хвост +*g. or d.;* **2.** (*fig., reduce*) уре́з|ывать, -ать; the soldiers were ~ed of their ration солда́там уре́зали рацио́н.

*cpd.*: ~**-tailed** *adj.* ку́цый.

**docker** *n.* до́кер; порто́вый рабо́чий.

**docket** *n.* **1.** (*summary*) аннота́ция; (*list*) пе́речень (*m.*); **2.** (*Am., leg.*) рее́стр суде́бных дел.

*v.t.* анноти́ровать (*impf., pf.*).

**docking** *n.* (*of space vehicles*) стыко́вка.

**doctor** *n.* **1.** (*acad.*) до́ктор; (*fig.*): ~s disagree мне́ния авторите́тов расхо́дятся; **2.** (*of medicine*) врач, до́ктор; woman ~ же́нщина-врач; до́кторша, врачи́ха (*coll.*).

*v.t.* (*coll., castrate*) кастри́ровать (*impf., pf.*); (*falsify*) подде́л|ывать, -ать; (*food*) фальси-фици́ровать (*impf., pf.*).

**doctor|al, -ial** *adjs.* до́кторский.

**doctorate** *n.* сте́пень до́ктора.

**doctrinaire** *n.* доктринёр.

*adj.* доктринёрский.

**doctrinal** *adj.* теологи́ческий; относя́щийся к доктри́не.

**doctrine** *n.* доктри́на, уче́ние; Monroe ~ доктри́на Монро́.

**document** *n.* докуме́нт.

*v.t.* **1.** (*prove*) документи́ровать (*impf., pf.*); **2.** (*supply with* ~s) снаб|жа́ть, -ди́ть докуме́нтами; he is well ~ed он хорошо́ осведомлён о фа́ктах.

**documentary** *n. & adj.* документа́льный (фильм).

**documentation** *n.* **1.** (*proof*) подтвержде́ние докуме́нтами; документа́ция; **2.** (*set of documents*) докуме́нты (*m. pl.*).

**dodder** *v.i.* трясти́сь (*impf.*); a ~ing old man

дря́хлый стари́к.

**doddery** *adj.* трясу́щийся от ста́рости; дря́хлый.

**dodecagon** *n.* двенадцатиуго́льник.

**dodecahedron** *n.* додека́эдр, двенадцатигра́нник.

**Dodecanese** *n.* Додекане́с, Спора́ды Ю́жные.

**dodecaphonic** *adj.* додекафони́ческий.

**dodge** *n.* (*evading movement*) уве́ртка; (*trick*) уве́ртка, уло́вка; (*device*) приспособле́ние.

*v.t.* уви́л|ивать, -ьну́ть от +*g.*; ~ a blow уверну́ться (*pf.*) от уда́ра; ~ a question уви́л|ивать, -ьну́ть от отве́та; ~ military service уклоня́ться (*impf.*) от вое́нной пови́нности.

*v.i.* уклон|я́ться, -и́ться (от +*g.*); уви́л|ивать, -ьну́ть (от +*g.*); he ~d behind a tree он (бы́стро) укры́лся за де́ревом.

**dodger** *n.* изворо́тливый челове́к; хитре́ц.

**dodgy** *adj.* (*coll.*) (*artful*) уве́ртливый, изворо́тливый; (*tricky, difficult*) ка́верзный.

**dodo** *n.* дронт; (*fig.*) ко́сный челове́к.

**doe** *n.* са́мка (*оленя, зайца и т.п.*).

*cpd.*: ~**skin** *n.* оле́нья ко́жа; (*natural*) за́мша; (*text.*) шерстяна́я ткань, имити́рующая за́мшу.

**doer** *n.* (*performer; man of action*) де́ятель (*m.*), челове́к де́ла.

**doff** *v.t.* сн|има́ть, -я́ть.

**dog** *n.* **1.** соба́ка, пёс (*also fig., pej.*); lost ~ бездо́мная соба́ка; (*attr.*) соба́чий, пёсий; ~ family (*zool.*) семе́йство соба́чьих; **2.** (*male*) кобе́ль (*m.*); ~ fox саме́ц лисы́, кобе́ль (*m.*); ~ wolf саме́ц во́лка, кобе́ль (*m.*); **3.** (*astron.*) ~ star Си́риус; ~ days пе́кло; са́мые жа́ркие ле́тние дни; **4.** (*fire-iron*) подста́вка для ками́нных щипцо́в; **5.** (*coll., fellow*): lucky ~ счастли́вчик; lazy ~ лентя́й; sly ~ хитре́ц; dirty ~ су́кин сын; lame ~ неуда́чник; top ~ хозя́ин положе́ния; **6.** (*other fig. uses*): throw s.o. to the ~s выбра́сывать, вы́бросить кого́-н. к чертя́м соба́чьим; go to the ~s разори́ться (*pf.*), пойти́ (*pf.*) пра́хом; die like a ~ подо́хнуть (*pf.*) как соба́ка; a ~'s life соба́чья жизнь; lead s.o. a ~'s life отрав|ля́ть, -и́ть кому́-н. жизнь; give a ~ a bad name and hang him ≃ клевета́ сме́рти подо́бна; от худо́й сла́вы вдруг не отде́лаешься; let sleeping ~s lie не тронь ли́ха, пока́ спит ти́хо; not a ~'s chance нет ни мале́йшего ша́нса; love me, love my ~ лю́бишь меня́, люби́ и мою́ соба́чку; ~ in the manger соба́ка на се́не; take a hair of the ~ опохмел|я́ться, -и́ться; there's life in the old ~ yet есть ещё по́рох в порохов-ни́цах; you can't teach an old ~ new tricks ≃ нельзя́ переучи́ть кого́-н. на ста́рости лет; ~ does not eat ~ во́рон во́рону глаз не вы́-клюет; ~'s dinner (*sl., mess, hotchpotch*) меша́нина; неразбери́ха; he has a black ~ on his back на него́ тоска́ нашла́; put on ~ (*sl.,* *show off*) ва́жничать (*impf.*); the ~s of war ужасы (*m. pl.*) войны́; hot ~ (*coll.*) бу́лка с горя́чей соси́ской; spotted ~ (*pudding*) варёный пу́динг с кори́нкой.

*v.t.* ходи́ть (*indet.*) по пята́м за +*i.*; (*fig.*) пресле́довать (*impf.*).

*cpds.*: ~-**biscuit** *n.* гале́та для соба́к; ~ **cart** *n.* двуко́лка; ~-**collar** *n.* оше́йник; (*coll., clergyman's*) кру́глый стоя́чий воротни́к; ~-**ear** (*fig.*) *n.* за́гнутый уголо́к страни́цы; *v.t.* заг|иба́ть, -ну́ть уголки́ страни́ц +*g.*; ~-**eat-**~ *adj.* ~-eat-~ competition жесто́кая/ беспоща́дная конкуре́нция, конкуре́нция не на жизнь, а на смерть; ~-**fancier** *n.* собаково́д; ~ **fight** *n.* (*lit.*) дра́ка соба́к; (*fig.*) дра́ка, потасо́вка; (*av.*) возду́шный бой; ~ **fish** *n.* аку́ла; ~-**food** *n.* корм для соба́к; ~ **house** *n.* (*Am.*) конура́; in the ~ house (*coll.*) в неми́лости; ~-**Latin** *n.* ку́хонная латы́нь; ~-**leg** *n.* зигза́г; ~ **like** *adj.*: ~ like devotion соба́чья пре́данность; ~-**lover** *n.* (*coll.*) соба́чни|к (*fem.* -ца); ~-**paddle** *v.i.* пла́вать (*indet.*) соба́чкой; ~-**racing** *n.* соба́чьи бега́; ~ **rose** *n.* шипо́вник; ~ **sbody** *n.* иша́к, работя́га (*c.g.*); ~-**show** *n.* вы́ставка соба́к; ~-**sleigh** *n.* на́рт|ы (*pl., g.* —); ~-**tired** *adj.* уста́лый как соба́ка; ~-**watch** *n.* полува́хта; ~-**whip** *n.* ара́пник; ~ **wood** *n.* кизи́л; свиди́на крова́во-кра́сная.

**doge** *n.* дож.

**dogged** *adj.* упо́рный, насты́рный; it's ~ as does it (*coll.*) терпе́ние и труд всё перетру́т.

**doggedness** *n.* упо́рство, насты́рность.

**Dogger Bank** *n.* До́ггер-ба́нк(а).

**doggerel** *n.* ви́рш|и (*pl., g.* -ей). *adj.* халту́рный.

**doggo** *adv.* притая́сь; lie ~ прита́иваться (*impf.*).

**doggone** *adj.* (*Am. sl.*) чёртов.

**doggy** *n.* собачо́нка, соба́чка, пёсик. *adj.* соба́чий; (*of pers.*) лю́бящий соба́к.

**dogma** *n.* до́гма; (*specific*) до́гмат.

**dogmatic** *adj.* догмати́ческий; (*assertive*) догмати́ческий, догмати́чный.

**dogmatism** *n.* догмати́зм.

**dogmatist** *n.* догма́тик.

**dogmatize** *v.i.* догматизи́ровать (*impf.*).

**doily, doyley** *n.* кружевна́я салфе́точка.

**doing** *n.* **1.** (*achievement*): this was his ~ э́то де́ло его́ рук; it will take some ~ э́то потре́бует труда́; э́то не так про́сто; **2.** (*pl., activities*) дела́ (*nt. pl.*); посту́пки (*m. pl.*); **3.** (*pl., coll., accessories*) принадле́жности (*f. pl.*).

*dolce far niente* *n.* блаже́нное ничегонеде́лание; кейф.

*dolce vita* *n.* сла́дкая жизнь.

**doldrums** *n.* (*geog.*) экваториа́льная штилева́я полоса́; (*fig.*) уны́ние, хандра́; be in the ~ быть в уны́нии, хандри́ть (*impf.*).

**dole** *n.* подая́ние; пособие по безрабо́тице; he

is on the ~ он безрабо́тный, он получа́ет посо́бие.

*v.t.* ~ **out** ску́по выдава́ть, вы́дать (*or* распредел|я́ть, -и́ть).

**doleful** *adj.* ско́рбный.

**dolefulness** *n.* скорбь.

**dolichocephalic** *adj.* долихоцефа́льный.

**doll** *n.* **1.** (*toy*) ку́кла; ~'s house ку́кольный до́мик; **2.** (*coll., sweet creature*) ку́колка. *v.t. & i.*: ~ (*o.s.*) **up** разоде́ть(ся) (*pf.*).

**dollar** *n.* до́ллар; ~ diplomacy диплома́тия до́ллара; ~ gap до́лларовый дефици́т; (one's) bottom ~ после́дний грош.

**dollop** *n.* соли́дная по́рция, окова́лок.

**dolly** *n.* **1.**=DOLL; **2.** (*platform for camera*) опера́торская теле́жка.

**dolman** *n.* долома́н.

**dolmen** *n.* дольме́н.

**dolomite** доломи́т; the D~s Доломи́товые А́льпы (*f. pl.*).

**dolorous** *adj.* го́рестный, печа́льный.

**dolour** *n.* (*poet.*) го́ре, печа́ль.

**dolphin** *n.* дельфи́н.

**dolt** *n.* болва́н, тупи́ца.

**doltish** *adj.* тупо́й, глупова́тый.

**doltishness** *n.* ту́пость, глупова́тость.

**domain** *n.* **1.** (*estate*) владе́ние, име́ние; (*hist.*) доме́н; **2.** (*realm*) сфе́ра; **3.** (*fig.*) о́бласть; these matters are in his ~ э́ти дела́ вхо́дят в его́ компете́нцию.

**dome** *n.* **1.** (*rounded roof*) ку́пол; **2.** (*of sky etc.*) свод, ку́пол.

**domed** *adj.*: ~ forehead вы́пуклый лоб.

**Domesday Book** *n.* (*hist.*) када́стровая кни́га.

**domestic** *n.* (*servant*) слуга́ (*m.*); прислу́га, домрабо́тница; (*pl., collect.*) прислу́га. *adj.* **1.** (*of the home or family*) дома́шний; ~ fuel бытово́е то́пливо; ~ science домово́дство; ~ troubles семе́йные неприя́тности; **2.** (*home-loving*) семе́йственный; **3.** (*of animals*) дома́шний; **4.** (*not foreign*) оте́чественный, вну́тренний.

**domesticable** *adj.* прируча́емый.

**domesticate** *v.t.* (*tame*) прируч|а́ть, -и́ть; (*interest in household*) приуч|а́ть, -и́ть к веде́нию хозя́йства; she is not ~d она́ не домосе́дка.

**domestication** *n.* прируче́ние; приуче́ние к веде́нию хозя́йства (*or* к дома́шней рабо́те).

**domesticity** *n.* семе́йная/дома́шняя жизнь; (*pl.*) дома́шние дела́.

**domicile** *n.* (*dwelling*) ме́сто жи́тельства; (*leg.*) домици́лий. *v.t.*: ~d in England име́ющий постоя́нное местожи́тельство в А́нглии.

**domiciliary** *adj.* дома́шний; ~ visit (*of doctor etc.*) визи́т на дому́; (*of police*) о́быск.

**dominance** *n.* преоблада́ние; госпо́дство.

**dominant** *n.* (*mus., biol.*) домина́нта. *adj.* **1.** (*prevailing*) домини́рующий, преоблада́ющий; **2.** (*of heights etc.*) госпо́дствующий, домини́рующий; **3.** (*mus.*) домина́нтовый; **4.** (*biol.*) домина́нтный.

**dominate** *v.t. & i.* **1.** (*prevail*) домини́ровать (*impf.*) (над +*i.*); преоблада́ть (*impf.*) (над +*i.*); **2.** (*influence*) ока́з|ывать, -а́ть давле́ние; she ~s her daughter она́ подавля́ет дочь свое́й ли́чностью; **3.** (*of heights, buildings etc.*) домини́ровать (*impf.*) над +*i.*; возвыша́ться (*impf.*) над +*i.*

**domination** *n.* домини́рование, госпо́дство.

**domineer** *v.i.*: ~ over помыка́ть (*impf.*) (*кем*); кома́ндовать (*impf.*) (*кем*).

**domineering** *adj.* деспоти́ческий, вла́стный.

**dominical** *adj.* (*of Sunday*) воскре́сный.

**Dominican** *n.* (*relig., pol.*) доминика́н|ец (*fem.* -ка).

*adj.* доминика́нский; the ~ Republic Доминика́нская Респу́блика.

**dominie** *n.* (*Sc., teacher*) шко́льный учи́тель.

**dominion** *n.* (*lordship*) влады́чество; (*realm*) владе́ние; (*pol. hist.*) доминио́н.

**domino** *n.* **1.** кость домино́; (*pl., also name of game*) домино́ (*indecl.*); **2.** (*disguise*) домино́.

**don**[1] *n.* **1.** (*Spanish title*) дон; D~ Juan (*fig.*) донжуа́н; D~ Quixote Дон-Кихо́т; **2.** (*Spaniard*) испа́нец; **3.** (*univ.*) преподава́тель (*m.*); профе́ссор.

**don**[2] *v.t.* (*arch.*) над|ева́ть, -е́ть.

**donate** *v.t.* дари́ть, по-; же́ртвовать, по-.

**donation** *n.* дар; поже́ртвование.

**donjon** *n.* донжо́н.

**donkey** *n.* осёл (*also fig.*); (*coll.*) иша́к; for ~'s years (*coll.*) с незапа́мятных времён.
*cpds.*: ~-**engine** *n.* небольшо́й вспомога́тельный дви́гатель; ~-**work** *n.* (*coll.*) чёрная/чернова́я рабо́та.

**donnish** *adj.* педанти́чный, академи́чный.

**donor** *n.* же́ртвователь (*m.*); дари́тель (*m.*); (*of blood, transplant*) до́нор.

**doodle** *n.* кара́кули (*f. pl.*).
*v.t. & i.* чи́ркать (*impf.*).
*cpd.*: ~-**bug** (*coll.*) самолёт-снаря́д.

**doom** *n.* (*ruin*) ги́бель, поги́бель; his ~ is sealed его́ ги́бель предопределена́; crack of ~ тру́бный глас; till the crack of ~ (*fig.*) до второ́го прише́ствия.
*v.t.* обр|ека́ть, -е́чь на +*a.*.
*cpd.*: ~**sday** *n.* стра́шный суд; день стра́шного суда́; till ~sday (*fig.*) до второ́го прише́ствия.

**door** *n.* **1.** (*of room etc.*) дверь; (*of car etc.*) две́рца; sliding ~ задвижна́я дверь; revolving ~ враща́ющаяся дверь; front ~ пара́дная дверь; back ~ за́дняя дверь; чёрный ход; side ~ бокова́я дверь; answer the ~ откр|ыва́ть, -ы́ть дверь; he lives next ~ (*or* two ~s off) он живёт в сосе́днем до́ме (*or* че́рез два до́ма отсю́да); the boy next ~ сосе́дский ма́льчик; the taxi took us from ~ to ~ такси́ довезло́ нас от до́ма до до́ма; he sells onions from ~ to ~

он продаёт лук вразно́с; a ~-to-~ salesman разно́счик; out of ~s на све́жем/откры́том во́здухе; на дворе́/у́лице; within ~s до́ма, в помеще́нии; show s.o. the ~ (*expel*) выставля́ть, вы́ставить кого́-н. за дверь; пока́з|ывать, -а́ть кому́-н. на дверь; behind closed ~s (*in secret*) за закры́тыми дверя́ми; **2.** (*fig., expr. proximity*): that is next ~ to slander от э́того оди́н шаг до клеветы́; he is next ~ to bankruptcy он на гра́ни банкро́тства; lay a crime at s.o.'s ~ вали́ть, с- вину́ на кого́-н.; he shall never darken my ~ again ноги́ его́ бо́льше не бу́дет в моём до́ме; **3.** (*fig.*): a ~ to success путь к успе́ху; close the ~ against, to, upon отр|еза́ть, -е́зать путь к +*d.*; force an open ~ ломи́ться (*impf.*) в откры́тую дверь.
*cpds.*: ~-**bell** *n.* дверно́й звоно́к; ~-**curtain** *n.* портье́ра; ~-**frame** *n.* дверна́я коро́бка/ра́ма; ~-**handle** *n.* дверна́я ру́чка; ~-**keeper**, ~**man** *nn.* привра́тник; швейца́р; ~**knob** *n.* кру́глая дверна́я ру́чка; ~**man** *n. see* ~**keeper**; ~**mat** *n.* полови́к; ~-**plate** *n.* доще́чка на дверя́х; ~**post** *n.* дверно́й кося́к; deaf as a ~post глухо́й как пень; ~**step** *n.* поро́г; ~**stop** *n.* упо́р две́ри; ~**way** *n.* дверно́й проём.

**dope** *n.* **1.** (*drug*) дурма́н, нарко́тик; ~ fiend наркома́н; ~ merchant, peddler нелега́льно торгу́ющий нарко́тиками; **2.** (*sl., fool*) ду́рень (*m.*); **3.** (*sl., information*) све́дения (*nt. pl.*).
*v.t.* **1.** (*make unconscious*) дурма́нить, о-; **2.** (*put narcotic in*) наркотизи́ровать (*impf., pf.*); **3.** (*stimulate with drug*) взб|а́дривать, -одри́ть нарко́тиками; **4.**: ~ out (*sl.*) разню́х|ивать, -ать.

**dopiness** *n.* (*stupor*) одуре́ние; (*stupidity*) ду́рость.

**doppelgänger** *n.* дух (*живого человека*).

**dopy** *adj.* (*bemused by drug or sleep*) одурма́ненный; (*sl., foolish*) чо́кнутый.

**Dori|an, -c** *adjs.* дори́ческий.

**dormant** *adj.* (*of animals*) в спя́чке; ~ volcano неде́йствующий вулка́н; ~ faculties нераскры́вшиеся спосо́бности; lie ~ безде́йствовать (*impf.*).

**dormer (-window)** *n.* слухово́е окно́.

**dormitory** *n.* дортуа́р; ~ suburb ≃ при́городный посёлок.

**dormouse** *n.* со́ня.

**dorsal** *adj.* дорса́льный, спинно́й; ~ fin спинно́й плавни́к.

**dory** *n.* (*fish*) со́лнечник.

**dosage** *n.* (*dosing*) дозиро́вка; (*dose*) до́за.

**dose** *n.* до́за; (*fig.*) по́рция; (*sl., venereal disease*) дурна́я боле́знь; a (regular) ~ of (*coll., pej.*) соли́дная по́рция +*g.*
*v.t.* лечи́ть (*impf.*) до́зами лека́рства; ~ o.s. with quinine приня́ть (*pf.*) до́зу хини́на; ~ out medicine дози́ровать (*impf., pf.*) лека́рство.

**doss** *v.i.* (*coll.*; *also* ~ **down**) ночева́ть, пере-.
*cpd.* ~-**house** *n.* ночле́жка.

**dossier** *n.* досьé (*indecl.*), дéло.

**dot** *n.* **1.** (*small mark or object*) тóчка; on the ~ тóчно; ~s and dashes áзбука Мóрзе; in the year ~ (*coll.*) óчень давнó; в дáвние временá; **2.** (*tiny child*) крóшка.
*v.t.* **1.** (*place* ~ *on*): ~ one's i's (*lit., fig.*) стáвить, по- тóчки над «i»; **2.** (*mark, indicate with* ~*s*) отм|ечáть, -éтить тóчками/пунктúром; пунктúровать (*impf., pf.*); ~ted line пунктúр; пунктúрная лúния; sign on the ~ted line (*fig.*) безоговóрочно согла|шáться, -сúться; ~ted note (*mus.*) удлинённая на половúну нóта; **3.** (*scatter*) усé|ивать, -ять; villages ~ted about дерéвни, разбрóсанные вокрýг; sea ~ted with ships мóре, усéянное кораблямú; **4.** (*coll., hit*) трéснуть (*pf.*); I ~ted him one я дал емý затрéщину; **5.**: ~ and carry one (*fig., limp*) прихрáмывать (*impf.*); **6.**: ~ down (*note briefly*) набр|áсывать, -осáть.

**dotage** *n.* стáрческое слабоýмие; he is in his ~ он впал в дéтство/марáзм.

**dotard** *n.* вы́живший из умá.

**dote** *v.i.*: ~ on обожáть (*impf.*); сходúть (*impf.*) с умá по +*d.*

**doting** *adj.*: a ~ mother сумасшéдшая мать.

**dottle** *n.* остáток недокýренного табакá в трýбке.

**dotty** *adj.* (*silly*) придуркова́тый, чóкнутый; (*marked with dots*) усéянный тóчками.

**double** *n.* **1.** (*twofold quantity or measure*): ten is the ~ of five дéсять вдвóе бóльше пятú; ~ or quits вдвойнé úли ничегó; **2.** (*person or thing resembling another*) двойнúк, дубликáт; **3.** (*running pace*) бéглый шаг; at the ~ бéглым шáгом; **4.** (*tennis*) пáрная игрá; mixed ~s смéшанные пáры (*f. pl.*); **5.** (*bridge*) дубль (*m.*); **6.** (*sharp turn*) пéтля, крутóй поворóт; (*of river*) изгúб.
*adj.* (*in two parts; twice as much*) двойнóй; (*happening twice*) двукрáтный; ~ axe обоюдоóстрый топóр; ~ bed дву(х)спáльная кровáть; ~ bend (*on road*) зигзáг; ~ daffodil махрóвый нарцúсс; ~ doors двойны́е двéри; ~ eagle двуглáвый орёл; ~ entry двойнáя бухгалтéрия; ~ feature (*cin.*) кинопрогрáмма из двух худóжественных фúльмов; ~ knock двукрáтный стук; ~ room кóмната на двойх; ~ saucepan кастрюля с двойны́м дном; 'Anna' is spelt with a ~ 'n' «Áнна» пúшется с двумя́ (*or* чéрез два) н; serve a ~ purpose служúть, по- двум целям; **3.** (*ambiguous, deceitful*): ~ dealer двурýшник; ~ dealing двурýшничество; ~ meaning двойнóй смысл, двусмы́сленность; (*pej.*) двусмы́сленное значéние; ~ standard двойнáя мéрка, двоемы́слие; **4.** (*mus.*): ~ bass контрабáс.
*adv.* вдвóе; bend ~ сгибáть(ся), согнýть(ся) вдвóе; pay ~ платúть (*impf.*) вдвойнé; he sees ~ у негó двойтся в глазáх; sleep ~ спать (*impf.*) вдвоём на однóй кровáти; it costs ~

what it used to э́то стóит вдвóе дорóже, чем рáньше; I am ~ his age я вдвóе стáрше егó.
*v.t.* **1.** (*make twice as great*) удв|áивать, -óить; **2.** (*fold, clench*): ~ a shawl склáдывать, сложúть шаль вдвóе; ~ one's fists сж|имáть, -ать кулакú; ~ up one's legs под|гибáть, -огнýть нóги; **3.** (*cause to bend in pain*) скрю4и|вать, -ть; the blow ~d him up он согнýлся пополáм от удáра; **4.** (*round*) оги-бáть, обогнýть; the ship ~d Cape Horn корáбль обогнýл мыс Горн; **5.** (*combine*) совме|щáть, -стúть; the actor ~d two parts актёр исполня́л две рóли; **6.** (*at bridge*): one's adversary удв|áивать, -óить зая́вку протúвника; 5 spades, ~d пять пик, дубль.
*v.i.* **1.** (*become twice as great*) удв|áиваться, -óиться; **2.** (*turn sharply*): he ~d back on his tracks он повернýл обрáтно по своемý следý; **3.** (*bend*) скóрчи|ваться, -ться; he ~d up with the pain он скрюючился от бóли; **4.** (*share room etc.*): you will have to ~ up вам придётся помеcтúться вдвоём в однóй кóмнате; **5.** (*run at the* ~) двúгаться (*impf.*) бéглым шáгом; **6.** (*combine roles*): I ~d for him я дублúровал егó; the porter ~s as waiter носúльщик рабóтает официáнтом по совместúтельству.
*cpds.*: ~-**bank** *v.i.* дублúровать (*impf.*); *see also* ~**park**; ~-**barrelled** *adj.* двуствóльный; ~-**breasted** *adj.* двубóртный; ~-**check** *v.t.* перепров|еря́ть, -éрить; ~-**cross** *n.* веро-лóмство; *v.t.* обмáн|ывать, -ýть; ~-**crosser** *n.* веролóмный человéк; ~-**decker** *n.* (*ship*) двухпáлубное сýдно; (*bus*) двухэтáжный автóбус; ~ **Dutch** *n.* тарабáрщина, китáйская грáмота; ~-**dyed** *adj.* закоренéлый; мах-рóвый (*coll.*); ~-**edged** *adj.* (*lit., fig.*) обоюдоóстрый; ~-**faced** *adj.* двулúчный, двоедýшный; ~-**jointed** *adj.* без костéй; «гуттапéрчевый»; ~-**lock** *v.t.* зап|ирáть, -ерéть на два поворóта ключá (*or* двойны́м замкóм); ~-**park**, ~-**bank** *v.t. & i.* стáвить, по-(машúну) во вторóй ряд; ~-**quick** *adv.* óчень бы́стро; ~-**take** *n.* (*fig.*) замéдленная реáкция; ~-**talk** *n.* уклóнчивые рéчи (*f. pl.*); ~-**tongued** *adj.* лжúвый.

**double entendre** *n.* двусмы́сленность, дву-смы́слица.

**doublet** *n.* (*garment*) камзóл; (*ling.*) дублéт.

**doubloon** *n.* (*hist.*) дублóн.

**doubly** *adv.* вдвойнé.

**doubt** *n.* сомнéние; I have my ~s у меня́ есть сомнéния; there is no (room for) ~ that . . . нет сомнéния в том, что . . .; the question is in ~ э́тот вопрóс ещё не я́сен; he is in ~ what to do он не зна́ет, что емý дéлать; without ~ вне сомнéния; несомнéнно; no ~ без сомнéния; вероя́тно; cast ~ upon подв|ергáть, -éргнуть сомнéнию; when in ~, don't! не увéрен — не берúсь!
*v.t. & i.* сомневáться (*impf.*) (в +*p.*); I ~ that,

whether he will come я не ду́маю, что́бы он пришёл; ~ing Thomas Фома́ неве́рный/неве́рующий.

**doubter** *n.* ске́птик.

**doubtful** *adj.* **1.** (*feeling doubt*) сомнева́ющийся; I am ~ about going я сомнева́юсь, идти́ и́ли нет; **2.** (*causing doubt*) сомни́тельный; he is a ~ character он сомни́тельная ли́чность; ~ weather неопределённая пого́да.

**doubtfulness** *n.* сомни́тельность.

**doubtless** *adv.* несомне́нно.

**douche** *n.* **1.** (*shower*) душ; throw a cold ~ on s.o. (*fig.*) вы́лить (*pf.*) уша́т холо́дной воды́ на кого́-н.; **2.** (*internal*) промыва́ние.

*v.t.* обл|ива́ть, -и́ть из ду́ша.

*v.i.* прин|има́ть, -я́ть душ.

**dough** *n.* те́сто; (*sl., money*) моне́та.

*cpds.*: ~**boy** *n.* (*sl.*) пехоти́нец америка́нской а́рмии; ~**nut** *n.* по́нчик.

**doughty** *adj.* до́блестный, бра́вый.

**doughy** *adj.* (*of or like dough*) тестообра́зный; (*soft, flabby*) ры́хлый, нездоро́вый.

**dour** *adj.* суро́вый, непрекло́нный.

**dourness** *n.* суро́вость, непрекло́нность.

**douse** *v.t.* (*drench*) зал|ива́ть, -и́ть; (*extinguish*) гаси́ть, по-.

**dove** *n.* го́лубь (*m.*); my ~ голу́бушка, голу́бчик.

*cpds.*: ~**-colour** *n.* си́зый цвет; ~**-coloured** *adj.* си́зый; ~**cot** *n.* голубя́тня; flutter the ~cots (*fig.*) устр|а́ивать, -о́ить переполо́х; ~**like** *adj.* голуби́ный; ~**tail** *n.* (*tech.*) ла́сточкин хвост; ла́па; *v.t.* соедин|я́ть, -и́ть ла́сточкиным хвосто́м; вяза́ть, с- в ла́пу; под|гоня́ть, -огна́ть; *v.i.* (*fig.*) увя́з|ываться, -а́ться.

**Dover** *n.* Дувр; Straits of ~ Ду́врский проли́в, Па-де-Кале́ (*m. indecl.*).

**dowager** *n.* вдова́; ~ empress вдо́вствующая императри́ца; (*elderly lady*) матро́на.

**dowdy** *adj.* неря́шливо/ду́рно одева́ющийся.

**dowel** *n.* (*tech.*) дю́бель (*m.*), штифт.

**dower** *n.* (*widow's share*) вдо́вья часть насле́дства; (*dowry*) прида́ное; (*fig., gift of nature*) приро́дный дар.

*v.t.* да|ва́ть, -ть прида́ное +*d.*; одар|я́ть, -и́ть.

**down**[1] *n.* (*open high land*) безле́сная возвы́шенность.

**down**[2] *n.* (*hair, fluff*) пух, пушо́к.

**down**[3] *n.* **1.** (*reverse, of fortune etc.*) невзго́да; ups and ~s взлёты (*m. pl.*) и паде́ния (*nt. pl.*); превра́тности (*f. pl.*) судьбы́; **2.** (*coll., dislike*): have a ~ on (*or* be ~ on) s.o. име́ть зуб про́тив кого́-н.

*adj.* напра́вленный вниз/кни́зу; ~ draught (*tech.*) ни́жняя тя́га; ~ grade спуск, укло́н; упа́док; on the ~ grade (*fig.*) ухудша́ющийся; ~ payment ава́нс.

*adv.* **1.** (*expr. direction/state*) вниз/внизу́; he is not ~ yet (*from bedroom*) он ещё не сошёл

вниз; the sun is ~ со́лнце се́ло; the blinds are ~ што́ры спу́щены; the river is ~ (*after a flood*) вода́ в реке́ спа́ла; ~ south на ю́ге; the tyres are ~ ши́ны спу́щены; prices are ~ це́ны сни́зились; (*fig.*): he is ~ with fever он слёг с высо́кой температу́рой; he is ~ and out он разби́т и уничто́жен; be ~ in the mouth ве́шать, пове́сить нос (*coll.*); быть удручённым; ~ under (*coll.*) в Австра́лии; he is £15 ~ он в убы́тке на 15 фу́нтов; the ship is ~ by the head кора́бль погрузи́лся но́сом; be ~ on s.o.: see ~ *n.* **2**; **2.** (*expr. movement to lower level*): climb ~ слез|а́ть, -ть; come ~ спус|ка́ться, -ти́ться; ~! (*to a dog*) лежа́ть!; we have read ~ to here мы дочита́ли до э́того ме́ста; **3.** (*expr. change of position*): sit ~ сади́ться, сесть; lie ~ ложи́ться, лечь; fall ~ па́дать, упа́сть; knock s.o. ~ сби|ва́ть, -ть кого́-н. с ног; be bent ~ он нагну́лся; **4.** (*movement to less important place*): we went ~ to Brighton for the day мы съе́здили на́ день в Бра́йтон; **5.** (*reduction*): the soles have worn ~ подмётки износи́лись; the wind died ~ ве́тер ути́х; boil the fat ~ растопи́ть (*pf.*) жир; the quality of these goods has gone ~ ка́чество э́тих това́ров уху́дшилось; the house burnt ~ дом сгоре́л дотла́; **6.** (*of writing*): write sth. ~ запи́с|ывать, -а́ть что-н.; take ~ a letter писа́ть, на- письмо́ под дикто́вку; he is ~ to speak он в спи́ске выступа́ющих; **7.** (*to end of scale*): everyone from the manager ~ to the office-boy все от дире́ктора до посы́льного; **8.** (*at once*): pay cash ~ плати́ть, за- нали́чными; **9.** (*var.*): shout s.o. ~ кри́ком заст|авля́ть, -а́вить кого́-н. замолча́ть; ~ with tyranny! доло́й тирани́ю!; get ~ to business взя́ться (*pf.*) за де́ло; up and ~ (*to and fro*) взад и вперёд; *for other phrasal verbs see relevant verb entry.*

*v.t.* (*coll., overcome*) одол|ева́ть, -е́ть; оси́ли|вать, -ть; (*coll., swallow*) прогл|а́тывать, -оти́ть; ~ a glass of beer осуш|а́ть, -и́ть стака́н пи́ва; (*drop*) бр|оса́ть, -о́сить; ~ tools (*leave off work*) прекра|ща́ть, -ти́ть рабо́ту; (*strike*) забастова́ть (*pf.*).

*prep.* **1.** (*expr. downward direction*): we walked ~ the hill мы шли с горы́ (*or* под го́ру); tears ran ~ her face слёзы текли́/кати́лись у неё по лицу́; he glanced ~ the list он ме́льком взгляну́л на спи́сок; **2.** (*at, to a lower or further part of*): further ~ the river да́льше вниз по реке́; we sailed ~ the Volga мы плы́ли вниз по Во́лге; мы спуска́лись по Во́лге; he lives ~ the street он живёт да́льше по э́той у́лице; **3.** (*along*): he walked ~ the street он шёл по у́лице; **4.** (*var.*): ~ (the) wind (*expr. place*) под ве́тром; (*expr. motion*) по ве́тру; ~ the ages (*since earliest times*) с да́вних пор/времён; ~ stage (*theatr.*) на авансце́не.

**down-and-out** *n.* бродя́га (*m.*); бездо́мный.

**downcast** *adj.* (*dejected*) удручённый; подáвленный.

**downfall** *n.* (*of rain*) лúвень (*m.*); (*ruin*) падéние, гúбель.

**downgrade** *v.t.* пон|ижáть, -úзить в чúне.

**downhearted** *adj.* подáвленный; угнетённый.

**downhill** *adj.* наклóнный.

*adv.* пóд гору; вниз; go ∼ (*fig.*) катúться (*det.*) по наклóнной плóскости.

**down-market** *adj.* дешёвый.

**downpour** *n.* лúвень (*m.*).

**downright** *adj.* (*straightforward, blunt*) прямóй; (*absolute*) совершéнный; áвный.

*adv.* совершéнно; áвно.

**downrightness** *n.* прямотá.

**downstairs** *adj.*: ∼ rooms кóмнаты пéрвого этажá.

*adv.* (*expr. place*) внизý; (*expr. motion*) вниз.

**downstream** *adv.* вниз по течéнию.

**downstroke** *n.* (*in writing*) чертá вниз.

**down-to-earth** *adj.* практúчный, реалистúческий.

**downtown** *adj.* (*Am.*) располóженный в деловóй чáсти гóрода.

**downtrodden** *adj.* угнетённый.

**downturn** *n.* (*fall, reduction*) падéние, спад.

**downward** *adj.* спускáющийся, опускáющийся.

**downwards** *adv.* вниз.

**downy** *adj.* (*fluffy*) пушúстый; (*coll., wily*) себé на умé.

**dowry** *n.* придáное.

**dowser** *n.* лозоискáтель (*m.*).

**doxology** *n.* славослóвие.

**doyen** *n.* дуайéн, старшинá (*m.*).

**doyley** *see* DOILY.

**doze** *n.* дремóта.

*v.i.* дремáть (*impf.*); ∼ **off** задремáть (*pf.*).

**dozen** *n.* дюжина; by the ∼ дюжинами; a round ∼ крýглая дюжина; baker's ∼ чёртова дюжина; talk nineteen to the ∼ говорúть (*impf.*) без ýмолку; six of one and half a ∼ of the other что в лоб, что пó лбу; ∼s of times тысячу раз; daily ∼ зарядка, ежеднéвный моцион.

**doziness** *n.* дремóта, сонлúвость.

**dozy** *adj.* дремóтный, сонлúвый.

**drab**[1] *n.* неряха; шлюха.

**drab**[2] *adj.* (*in colour*) тýскло-корúчневый; (*dull*) сéрый.

**drabness** *n.* сéрость.

**drachma** *n.* дрáхма.

**Draconi|an, -c** *adjs.* дракóновский.

**draft** *n. see also* DRAUGHT; **1.** (*outline, rough copy*) набрóсок, черновúк; ∼ resolution проéкт резолюции; **2.** (*order for payment*) чек, трáтта; **3.** (*detachment of men for duty*) отряд; **4.** (*Am., conscription*) призыв; ∼ evasion уклонéние от воéнной слýжбы.

*v.t.* **1.** (*detach for duty*) откомандирóв|ывать,

-áть; **2.** (*conscript*) приз|ывáть, -вáть; **3.** (*prepare* ∼ *of*) набр|áсывать, -осáть черновúк +*g.*; редактúровать, от-.

**drafter** *n.* составúтель (*m.*) (*законопроекта и т.п.*); редáктор.

**drafting** *n.* редáкция, формулирóвка; ∼ committee редакциóнный комитéт.

**draftsman** *n.* (*drafter*) редáктор; составúтель (*m.*) (*законопроекта и т.п.*); (*one who draws*) чертёжник.

**drag** *n.* **1.** (*also* ∼*-net*) брéдень (*m.*), нéвод; **2.** (*harrow*) боронá; **3.** (*hindrance*) тóрмоз, препятствие, задéржка; she was a ∼ on his progress онá препятствовала егó продвижéнию по слýжбе; **4.** (*pull on cigarette etc.*) затяжка; **5.** (*hard climb*): what a ∼ up these stairs! ну и крут же подъём по этой лéстнице!; **6.** (*coll.*) жéнское плáтье (трансвестúта).

*v.t.* **1.** (*pull*) тянýть, волочúть, тащúть (*all impf.*); they ∼ged him out of hiding онú выволокли егó из укрытия; I had to ∼ him to the party мне пришлóсь чуть не сúлой потащúть егó на вечерúнку; he could hardly ∼ his feet along on till он éле волочúл нóги; ∼ one's feet (*fig.*) тянýть (*impf.*); мéдлить (*impf.*); **2.** (*search, dredge*) драгúровать (*impf., pf.*); чúстить, подно +*g.*

*v.i.* **1.** (*trail*) волочúться (*impf.*); тащúться (*impf.*); **2.** (*be slow or tedious*) тянýться (*impf.*); затя|гиваться, -нýться; the soloist ∼ged behind the orchestra солúст отставáл от оркéстра.

*with advs.*: ∼ **down** *v.t.*: he ∼ged the luggage down он стащúл чемодáны вниз; (*fig.*): he ∼ged her down with him он увлёк её за собóй к гúбели; ∼ **in** *v.t.*: why ∼ in Cicero? при чём тут Цицерóн?; ∼ **on** *v.i.*: the performance ∼ged on till 11 представлéние затянýлось до одúннадцати часóв; ∼ **out** *v.t.* (*protract*) растя|гивать, -нýть; ∼ **up** *v.t.* (*coll., a child*) плóхо воспúт|ывать, -áть.

**draggle** *v.t. & i.* тащúть(ся)/волочúть(ся) (*impf.*) по грязи.

*cpd.*: ∼-**tailed** *adj.* измызганный, замáранный.

**dragoman** *n.* драгомáн.

**dragon** *n.* (*fabulous beast*) дракóн; (*formidable woman*) грóзная осóба, дуэнья; ∼'s teeth (*anti-tank obstacles*) нáдолбы (*f. pl.*).

*cpd.*: ∼-**fly** *n.* стрекозá.

**dragonish** *adj.* грóзный.

**dragoon** *n.* драгýн.

*v.t.* прин|уждáть, -ýдить; he was ∼ed into obeying егó застáвили подчинúться.

**drain** *n.* **1.** (*channel carrying off sewage etc.*) сток, водостóк; (*pl.*) канализáция; throw money down the ∼ (*fig.*) бр|осáть, -óсить дéньги на вéтер; трáтить (*impf.*) дéньги впустýю; go down the ∼ (*fig.*) катúться, по-

по накло́нной пло́скости; **2.** (*cause of exhaustion*) истоще́ние; it is a ~ on my energy э́то истоща́ет мою́ эне́ргию; **3.** (*residue of liqud*) после́дняя ка́пля; (*pl.*) оста́ток; отсто́й.
*v.t.* **1.** (*water etc.*) отв|оди́ть, -ести́; **2.** (*land etc.*) осуш|а́ть, -и́ть; дрени́ровать (*impf., pf.*); ~ing-board суши́лка; **3.** (*deplete*) истощ|а́ть, -и́ть; the country was ~ed of its manpower из страны́ вы́качали её рабо́чую си́лу; **4.** (*drink contents of*) осуш|а́ть, -и́ть.
*v.i.* **1.** (*flow away*) ут|ека́ть, -е́чь; **2.** (*lose moisture, become dry*) высыха́ть, вы́сохнуть; the field ~s into the river вода́ с поля́ стека́ет в ре́ку; **3.** (*fig.*): his life was ~ing away жизнь по ка́плям уходи́ла из него́.
*cpd.*: ~**pipe** *n.* дрена́жная труба́; ~pipe trousers *n.* брю́ки ду́дочкой.

**drainage** *n.* **1.** (*draining or being drained*) дрена́ж, осуше́ние; ~ basin бассе́йн реки́; **2.** (*system of drains*) канализа́ция.

**drainer** *n.* (*utensil*) дуршла́г.

**drake** *n.* се́лезень (*m.*).

**dram** *n.* (*tot of spirits*) глото́к спиртно́го; he is fond of a ~ он вы́пить не дура́к.

**drama** *n.* **1.** (*play; exciting episode*) дра́ма; **2.** (*dramatic art*) дра́ма, драматурги́я; **3.** (*dramatic quality*) драмати́зм.

**dramatic** *adj.* (*pert. to drama; exciting*) драмати́ческий, театра́льный; драмати́чный, порази́тельный, сенсацио́нный.

**dramatics** *n.* **1.** (*staging plays*) драмати́ческое иску́сство; спекта́кль (*m.*); amateur ~ люби́тельский/самоде́ятельный спекта́кль; **2.** (*theatrical behaviour*) драмати́зм.

**dramatis personae** *n.* (*characters*) де́йствующие ли́ца; (*list*) спи́сок де́йствующих лиц.

**dramatist** *n.* драмату́рг.

**dramatization** *n.* инсцениро́вка, драматиза́ция.

**dramatize** *v.t.* (*turn into a play*) инсцени́ровать (*impf., pf.*); драматизи́ровать (*impf., pf.*); (*exaggerate*) драматизи́ровать (*impf., pf.*).

**drape** *n.* драпиро́вка, портье́ра; (*Am., curtain*) занаве́ска.
*v.t.* драпирова́ть, за-; задрапиро́в|ывать, -а́ть; ~ a cloak over one's shoulders оку́т|ывать, -ать пле́чи плащо́м; ~ walls with flags задрапирова́ть (*pf.*) сте́ны фла́гами; ~ o.s. наря|жа́ться, -ди́ться.

**drapery** *n.* (*trade*) торго́вля мануфакту́рой/ тексти́лем; (*goods*) мануфакту́ра; тексти́льные изде́лия; тка́ни (*f. pl.*); (*clothing arranged in folds*) драпиро́вка, драпри́ (*nt. indecl.*).

**drastic** *adj.* си́льноде́йствующий; реши́тельный, круто́й.

**drat** *v.t.* (*coll.*): ~ him чтоб его́!
*int.* чёрт возьми́!

**draught** *n.* see also DRAFT; **1.** (*current of air*) тя́га; сквозня́к; there is a ~ in this room в э́той ко́мнате сквози́т; sit in a ~ сиде́ть (*impf.*) на сквозняке́; feel the ~ (*fig., coll.*)

испы́т|ывать, -а́ть затрудне́ния; **2.** (*catch of fish*) уло́в; **3.** (*of ships*) оса́дка; **4.** (*supply of liquor*): ~ beer, beer on ~ пи́во из бо́чки; **5.** (*amount drunk*) глото́к; he drank the glassful in one ~ он за́лпом вы́пил це́лый стака́н; **6.** (*traction by animals*) тя́га; **7.** (*pl., game*) ша́шки (*f. pl.*).
*cpds.* ~**-board** *n.* ша́шечная доска́; ~**-horse** *n.* ломова́я ло́шадь.

**draughtsman** *n.* (*see also* DRAFTSMAN) **1.** (*one who makes drawings etc.*) чертёжник; **2.** (*in game of draughts*) ша́шка.

**draughtsmanship** *n.* уме́ние черти́ть/рисова́ть; чертёжное иску́сство.

**draughtswoman** *n.* чертёжница.

**draughty** *adj.*: this is a ~ room в э́той ко́мнате постоя́нный сквозня́к.

**Dravidian** *adj.* драви́дский.

**draw** *n.* (*in lottery*) ро́зыгрыш; (*attraction*) привлека́тельность, прима́нка; (*provocative remark*) провокацио́нное/наводя́щее замеча́ние; (~*n game*) ничья́.
*v.t.* **1.** (*pull, move*) тяну́ть (*or* натя́гивать), на-; таска́ть (*indet.*), тащи́ть, по- (*det.*); ~ one's hand across one's forehead пров|оди́ть, ести́ руко́й по лбу; ~ s.o. aside отв|оди́ть, -ести́ кого́-н. в сто́рону; ~ the curtains (*close*) заде́р|гивать, -нуть занаве́ски; (*open*) отде́р|гивать, -нуть (*or* раздв|ига́ть, -и́нуть) занаве́ски; the train was ~n by two engines по́езд шёл двойно́й тя́гой; **2.** (*extract*) выта́скивать, вы́тащить; he drew a handkerchief out of his pocket он вы́тащил плато́к из карма́на; ~ a knife вы́хватить (*pf.*) нож; ~ a cork вы́тащить (*pf.*) про́бку; ~ blood ра́нить (*pf.*) кого́-н. до́ крови; ~ the sword обнаж|а́ть, -и́ть меч; have a tooth ~n; ~ a tooth вы́дернуть/вы́рвать (*both pf.*) зуб; ~ s.o.'s teeth (*fig.*) обезвре́дить (*pf.*) кого́-н.; ~ lots тяну́ть (*impf.*) жре́бий; ~ a blank (*fig.*) потерпе́ть (*pf.*) неуда́чу; ~ a card from the pack брать, взять ка́рту из коло́ды; her story ~s tears её расска́з вызыва́ет слёзы; **3.** (*obtain from a source*): ~ (off) water from a well че́рпать (*impf.*) во́ду из коло́дца; ~ one's salary (money from the bank) получ|а́ть, -и́ть зарпла́ту (де́ньги в ба́нке); ~ a moral from a story извл|ека́ть, -е́чь мора́ль из расска́за; ~ inspiration from nature че́рпать (*impf.*) вдохнове́ние в приро́де; ~ it mild! (*fig., coll.*) не преувели́чивай!; не сгуща́й кра́ски!; ~ on one's savings тра́тить (*impf.*) из свои́х сбереже́ний; ~ on s.o.'s help приб|ега́ть, -е́гнуть к чьей-н. по́мощи; **4.** (*attract*) прив|лека́ть, -е́чь; the film drew large audiences фильм привлёк мно́го зри́телей; I drew him into the conversation я втяну́л его́ в разгово́р; she felt ~n towards him её тяну́ло к нему́; ~ the enemy's fire вызыва́ть, вы́звать ого́нь проти́вника (для определе́ния его́ сил); **5.**

(*stretch*): he drew the metal into a long wire он протяну́л мета́лл в дли́нную про́волоку; his face was ~n with pain его́ лицо́ осу́нулось от бо́ли; **6.** (*trace, depict*) рисова́ть, на-; черти́ть, на-; ~ a horse нарисова́ть (*pf.*) коня́; ~ a line пров│оди́ть, -ести́ ли́нию; **7.** (*of mental operations*): ~ a distinction/comparison прово│оди́ть, -ести́ разли́чие/сравне́ние; ~ conclusions при│ходи́ть, -йти́ к вы́водам; **8.** (*of documents*): ~ a cheque выпи́сывать, вы́писать чек; ~ (up) a contract сост│авля́ть, -а́вить догово́р; **9.** (*of ship*): she ~s 20 feet of water су́дно име́ет оса́дку в 20 фу́тов; **10.** (*of contest*): the match was ~n матч был сы́гран (*or* око́нчился) вничью́; **11.** (*disembowel*): hanged, ~n and quartered пове́шен и четверто́ван; ~ a chicken потроши́ть, вы- ку́рицу.

*v.i.* **1.** (*admit air*) тяну́ть, по-; втя│гивать, -ну́ть; this pipe ~s well э́та тру́бка хорошо́ тя́нет; **2.** (*move, come*) придв│ига́ться, -и́нуться; he drew near он придви́нулся побли́же; they drew round the table они́ собра́лись вокру́г стола́; the day drew to a close день бли́зился к концу́; the ships drew level корабли́ поравня́лись; **3.** (*infuse*) наст│а́иваться, -оя́ться; he let the tea ~ он дал ча́ю настоя́ться; **4.** (*pull*): ~ at a cigarette затя│гиваться, -ну́ться папиро́сой. *See also* DRAWING.

with *advs.*: ~ **back** *v.t.*: he drew back the curtain он отдёрнул занаве́ску; *v.i.*: he drew back in alarm он в стра́хе отпря́нул; ~ **down** *v.t.* (*e.g. blinds*) спус│ка́ть, -ти́ть; he drew down reproaches on his head он навлёк на себя́ упрёки; ~ **in** *v.t.*: he drew in the details он изобрази́л дета́ли; the cat drew in its claws ко́шка втяну́ла ко́гти; *v.i.*: the train drew in по́езд подошёл к перро́ну; the car drew in to the roadside автомоби́ль подъе́хал к обо́чине; (*shorten*): the days are ~ing in дни стано́вятся коро́че; ~ **off** *v.t.* (*e.g. water*) че́рп│ать, -ну́ть; *v.i.* (*retire*): the enemy drew off враг отступи́л; ~ **on** *v.t.*: ~ on one's gloves натя│гивать, -ну́ть перча́тки; *v.i.* (*advance*): autumn ~s on о́сень приближа́ется; ~ **out** *v.t.* (*extract*) выта́скивать, вы́тащить; вытя́гивать, вы́тянуть; (*prolong*) протя│гивать, -ну́ть; the battle was long ~n-out би́тва оказа́лась затяжно́й; (*outline*): ~ out a scheme набра│а́сывать, -оса́ть план; (*encourage to speak*): ~ s.o. out вызыва́ть, вы́звать кого́-н. на разгово́р; заста́вить (*pf.*) кого́-н. заговори́ть; *v.i.*: the train drew out по́езд вы́шел (со ста́нции); the car drew out into the road автомоби́ль вы́ехал на доро́гу; ~ **up** *v.t.*: ~ o.s. up (*to one's full height*) выпрямля́ться, вы́прямиться; ~ one's chair up to the table пододв│ига́ть, -и́нуть (*or* подта│скивать, -щи́ть) стул к столу́; ~ up troops выстра́ивать, вы́строить войска́; (*plan, contract etc.*) сост│авля́ть, -а́вить; оф│ормля́ть,

-о́рмить; *v.i.*: the taxi drew up at the door такси́ подъе́хало к две́ри; the troops drew up before the general войска́ вы́строились пе́ред генера́лом.

*cpds.*: ~**back** *n.* (*disadvantage*) недоста́ток, поме́ха, препя́тствие; (*refund of duty*) возвра́тная по́шлина; ~**bridge** *n.* подъёмный мост.

**drawee** *n.* (*fin.*) трасса́т.

**drawer** *n.* **1.** (*author of drawing*) рисова́льщик; **2.** (*fin.*) трасса́нт; (*of cheque*) чекода́тель (*m.*); **3.** (*in table etc.*) (выдвижно́й) я́щик; я́щик (пи́сьменного) стола́; chest of ~s комо́д; bottom ~ (*fig., trousseau*) прида́ное; she is out of the top ~ (*fig., well-bred*) она́ прекра́сно воспи́тана; **4.** (*pl., underpants*) кальсо́н│ы (*pl., g.* —).

**drawing** *n.* **1.** (*technique*) рисова́ние; out of ~ нарисо́ванный с наруше́нием перспекти́вы; **2.** (*piece of* ~) рису́нок.

*cpds.*: ~**-board** *n.* чертёжная доска́; ~**-master** *n.* учи́тель (*m.*) рисова́ния; ~**-pad** *n.* блокно́т для рисова́ния; ~**-paper** *n.* бума́га для рисова́ния; ~**-pin** *n.* кно́пка; ~**-room** *n.* гости́ная; ~-room comedy сало́нная коме́дия.

**drawl** *n.* протя́жное произноше́ние.

*v.t. & i.* тяну́ть (*impf.*) (слова́).

**dray** *n.* ломова́я теле́га.

*cpds.*: ~**-horse** *n.* ломова́я ло́шадь; ~**man** *n.* ломово́й изво́зчик.

**dread** *n.* у́жас, страх; stand in ~ of s.o. боя́ться (*impf.*) кого́-н.; in ~ of one's life в стра́хе за свою́ жизнь.

*adj.* ужа́сный, гро́зный.

*v.t.* боя́ться (*impf.*) +*g.*; I ~ to think what may happen мне стра́шно поду́мать, что мо́жет случи́ться.

*cpd.*: ~**nought** *n.* дредно́ут.

**dreadful** *adj.* ужа́сный.

**dreadfulness** *n.* у́жас.

**dream** *n.* **1.** (*appearance in sleep*) сон, сновиде́ние; **2.** (*fantasy*) мечта́, мечта́ние; (*poet.*) грёза; land of ~s ца́рство грёз; **3.** (*bemused state*): he goes about in a ~ он хо́дит как во сне; **4.** (*delightful object*) мечта́, ска́зка; she looked a perfect ~ она́ была́ ска́зочно хороша́; a ~ house дом-ска́зка.

*v.t. & i.* **1.** (*in sleep*) ви́деть (*impf.*) сон; I ~t that I was in the forest мне сни́лось, что я в лесу́; I ~t of you вы мне сни́лись; я вас ви́дел во сне; **2.** (*imagine*) помы│шля́ть, -ы́слить о +*p.*; фантази́ровать (*impf.*); I never ~t of doing so я и не помышля́л сде́лать э́то; you must have ~t it э́то вам помере́щилось/присни́лось; he ~t up a plan (*coll.*) он сочини́л план; **3.** (*spend time in reverie*) грёзить (*impf.*); мечта́ть (*impf.*); he ~t away his life он провёл жизнь в мечта́х; он жил в ми́ре грёз.

cpds.: ~**-land,** ~**-world** nn. ца́рство грёз;
~**-like** adj. ска́зочный.
**dreamer** n. (in sleep) ви́дящий сны; (dreamy
person) мечта́тель (m.); (visionary) фантазёр.
**dreaminess** n. мечта́тельность.
**dreamless** adj. без сновиде́ний; he fell into a ~
sleep он погрузи́лся в глубо́кий сон.
**dreamy** adj. мечта́тельный; (coll., lovely) вос-
хити́тельный.
**dreariness** n. се́рость.
**dreary** adj. (gloomy) тоскли́вый; (dull) тоск-
ли́вый, се́рый.
**dredge** n. (net) дра́га; (machine) дра́га, земле-
черпа́лка.
v.t. & i. драги́ровать (impf., pf.); ~ a harbour
оч|ища́ть, -и́стить порт; ~ up выла́вливать,
вы́ловить; ~ for oysters лови́ть (impf.) у́стриц
се́тью.
**dredger** n. землечерпа́лка, землесо́с.
**dreg** n. (usu. pl.) **1.** (of liquor) отсто́й, оса́док;
drain to the ~s пить, вы- до дна; **2.** (pl., fig.)
подо́нки (m. pl.).
**dreggy** adj. содержа́щий оса́док.
**drench** n. (downpour) ли́вень (m.).
v.t. пром|а́чивать, -очи́ть; we got a ~ing мы
промо́кли наскво́зь; he was ~ed to the skin он
вы́мок до ни́тки; он промо́к до косте́й.
**Dresden** n. Дре́зден; (attr.) дре́зденский.
**dress** n. **1.** (clothing, costume) наря́д, туале́т,
пла́тье; she thinks of nothing but ~ она́ ни о
чём не ду́мает, кро́ме наря́дов/туале́тов; full
~ пара́дная фо́рма; morning ~ (formal)
визи́тка; national ~ родно́й костю́м; evening ~ фрак; (woman's) вече́рнее пла́тье; ~
circle бельэта́ж; ~ coat фрак; ~ rehearsal
генера́льная репети́ция; day ~ обы́чный
костю́м, обы́чное пла́тье; ~ suit фрак;
фра́чная па́ра; ~ shirt фра́чная соро́чка; **2.**
(woman's garment) пла́тье; **3.** (guise, covering)
одея́ние; (plumage) опере́ние.
v.t. **1.** (clothe) од|ева́ть, -е́ть; the boy can ~
himself ма́льчик уме́ет сам одева́ться; she was
~ed in white она́ была́ оде́та в бе́лое; ~ed up
to the nines, ~ed to kill расфранчённый;
разоде́тый в пух и прах; (theatr.): who ~ed
the play? кто сде́лал костю́мы для
спекта́кля?; **2.** (prepare) прип|равля́ть,
-а́вить; ~ leather выде́лывать, вы́делать
ко́жу; ~ a salad запр|авля́ть, -а́вить сала́т; ~
(clean) a chicken потроши́ть, вы- ку́рицу; **3.**
(brush) прич|ёсывать, -еса́ть; ~ down a horse
чи́стить, по- ло́шадь; ~ s.o. down (fig.)
зад|ава́ть, -а́ть кому́-н. головомо́йку; **4.** (of a
wound) перевя́з|ывать, -а́ть; **5.** (adorn)
наря|жа́ть, -ди́ть; ~ a shop window оф|орм-
ля́ть, -о́рмить витри́ну; the streets are ~ed
with flags у́лицы укра́шены фла́гами; **6.** (mil.,
align) выра́внивать, вы́ровнять.
v.i. **1.** (put on one's clothes) од|ева́ться,
-е́ться; she takes an hour to ~ она́ одева́ется

це́лый час; ~ up (~ elaborately) наря|жа́ться,
-ди́ться; разря|жа́ться, -ди́ться; they ~ed up
as pirates они́ наряди́лись пира́тами; **2.** (put on
evening ~) переод|ева́ться, -е́ться в вече́рнее
пла́тье; no-one ~es for dinner никто́ не
переодева́ется к обе́ду; **3.** (choose clothes)
од|ева́ться, -е́ться; he is well on хорошо́
одева́ется; **4.** (of troops) выра́вниваться,
вы́ровняться; right ~! равне́ние напра́во!
cpds.: ~**maker** n. портни́ха; ~**maker's** n.
ателье́ (indecl.) (мод); ~**making** n. шитьё/
поши́в да́мской оде́жды; ~**-preserver,**
~**-shield** nn. подмы́шник.
**dressage** n. объе́здка лошаде́й.
**dresser**[1] n. **1.** (chooser of clothes etc.): she is a
good ~ она́ уме́ет одева́ться; **2.** (theatr.) кос-
тюме́р (fem. -ша); **3.** (in hospital) хирурги́че-
ская сестра́; **4.** (of leather) коже́вник.
**dresser**[2] n. (sideboard) ку́хонный шкаф.
**dressiness** n. шик, наря́дность.
**dressing** n. **1.** (art of dress) одева́ние; **2.** (for
wounds) перевя́зочный материа́л; повя́зки,
перевя́зки (both f. pl.); **3.** (of salad etc.)
запра́вка, припра́ва; **4.** (manure) удобре́ние.
cpds.: ~**-case** n. несессе́р; ~**down** n. (coll.)
головомо́йка, трёпка; ~**-gown** n. хала́т;
~**-room** n. (артисти́ческая) убо́рная;
~**-station** n. (mil.) перевя́зочный пункт;
~**-table** n. туале́т; туале́тный сто́лик.
**dressy** adj. шика́рный, наря́дный.
**dribble** n. (trickle) стру́йка.
v.t.: ~ a ball вести́ (det.) мяч.
v.i. (of baby) пуска́ть, распусти́ть слю́ни.
**dribbler** n. веду́щий мяч.
**driblet** n. ка́пелька; in ~s понемно́жку; по
ка́пле.
**drier** n. (siccative) сиккати́в; (hair-~) суши́лка.
**drift** n. **1.** (of tide etc.) тече́ние, самотёк; **2.**
(heap of snow, leaves etc.) нано́с, ку́ча; **3.**
(meaning) смысл; I get his ~ я понима́ю, куда́
он кло́нит; **4.** (tendency) направле́ние; **5.** (inactivity) пасси́вность; their policy is one of ~ у
них всё пу́щено на самотёк.
v.t.: the wind ~ed the snow into high banks
ве́тер намёл высо́кие сугро́бы.
v.i. дрейфова́ть (impf.); the boat ~ed out to
sea ло́дку унесло́ в мо́ре; ~ed downstream
нас отнесло́ вниз по тече́нию; we are ~ing
towards disaster мы дви́жемся к катастро́фе;
they were friends but ~ed apart они́ бы́ли
друзья́ми, но их пути́ постепе́нно разо-
шли́сь.
cpds.: ~**-ice** n. дрейфу́ющая льди́на; ~
**-net** n. дри́фтерная сеть; ~**wood** n. сплавно́й
лес.
**drifter** n. (aimless person) лету́н; перекати́-
-по́ле.
**drill**[1] n. (instrument) сверло́, бура́в, бур.
v.t. сверли́ть, про-; бури́ть, про-; ~ a hole
(lit.) сверли́ть, про- отве́рстие; (fig.)

продыря́в|ливать, -ить; ~ a tooth сверли́ть (*impf.*) зуб.

*v.i.* бури́ть (*impf.*); ~ for oil бури́ть (*impf.*) нефтяну́ю сква́жину.

**drill**[2] *n.* **1.** (*military exercise*) строева́я подгото́вка, (*coll.*) муштра́; **2.** (*thorough practice*) трениро́вка; **3.** (*coll., procedure*) процеду́ра; what's the ~ for getting tickets? какова́ процеду́ра получе́ния биле́тов?

*v.t.* **1.** (*troops*) обуч|а́ть, -и́ть стро́ю; муштрова́ть, вы-; **2.**: ~ s.o. in grammar ната́ск|ивать, -а́ть кого́-н. по грамма́тике; I have ~ed him in what he is to say я вдолби́л ему́, что он до́лжен говори́ть.

*v.i.* упражня́ться (*impf.*); про|ходи́ть, -йти́ строево́е обуче́ние; the troops were ~ing all morning войска́ обуча́лись стро́ю всё у́тро.

*cpds.*: ~-**book** *n.* строево́й уста́в; ~-**hall** *n.* уче́бный зал; ~-**sergeant** *n.* сержа́нт-инстру́ктор по стро́ю.

**drill**[3] *n.* (*text.*) тик.

**drily, dryly** *adv.* ирони́чно; с лёгким ехи́дством.

**drink** *n.* **1.** (*liquid*) питьё, напи́ток; **2.** (*quantity*) глото́к; give me a ~ of water да́йте мне воды́/води́чки; **3.** (*alcoholic*) спиртно́й напи́ток; take to ~ пристрасти́ться (*pf.*) к вину́; the worse for ~ вы́пивший; drive s.o. to ~ дов|оди́ть, -ести́ кого́-н. до пья́нства; in ~ в пья́ном ви́де; who is providing the ~s? кто ста́вит вы́пивку?; he smells of ~ от него́ несёт спиртны́м; **4.**: the ~ (*coll., sea*) мо́ре.

*v.t.* **1.** (*consume liquid*) пить, вы-; ~ **down, off** выпива́ть, вы́пить за́лпом; ~ **up** доп|ива́ть, -и́ть; ~ing-fountain питьево́й фонта́нчик; ~ing-water питьева́я вода́; **2.** (*of plants, soil etc.*) впи́т|ывать, -а́ть; the flowers have drunk all that water цветы́ впита́ли всю во́ду; **3.** (*absorb with the mind*) впи́т|ывать, -а́ть; she drank the story in она́ жа́дно слу́шала расска́з; **4.** (*of alcoholic liquor*) пить (*or* выпива́ть), вы́-; he drank himself to death пья́нство свело́ его́ в моги́лу; he ~s half his earnings он пропива́ет полови́ну своего́ за́работка; ~ s.o. under the table перепи́ть (*pf.*) кого́-н.; ~ing-bout попо́йка, пья́нка, кутёж; ~ing-horn рог (для пи́ва); ~ing-song засто́льная пе́сня; **5.**: ~ a toast провозгласи́ть (*pf.*) тост; подня́ть (*pf.*) бока́л (за +*a.*); ~ s.o.'s health пить (*impf.*) за чьё-н. здоро́вье; I ~ to your success я пью за ваш успе́х.

*v.i.* (*consume liquid*) пить (*impf.*); ~ deep мно́го пить; (*be a drunkard*) пить запо́ем, пья́нствовать (*impf.*); do you ~? вы пьёте?; he ~s like a fish он пьёт как сапо́жник.

**drinkable** *adj.* (*capable of being drunk*) питьево́й; го́дный для питья́; (*palatable*) вку́сный.

**drinker** *n.* (*one who drinks, esp. alcohol*) пью́щий; he is an occasional ~ он иногда́

выпива́ет; (*drunkard*) пья́ница.

**drip** *n.* ка́пание; (*sl., weak or dull person*) зану́да (*c.g.*).

*v.t.*: he was ~ping sweat с него́ кати́лся пот.

*v.i.* ка́пать (*impf.*); па́дать (*impf.*) ка́плями; his shirt ~ped with blood его́ руба́шка промо́кла от кро́ви; ~ping wet наскво́зь промо́кший; the wall ~s стена́ протека́ет.

*cpds.*: ~-**drop** *n.* ка́пание; шум ка́пель; ~-**dry** *adj.* не тре́бующий гла́жки; *v.t.* суши́ть (*impf.*) на ве́шалке, не выжима́я; ~-**feed** *n.* ка́пельное внутриве́нное влива́ние; пита́тельная кли́зма.

**dripping** *n.* (*pl., liquid*) ка́пли (*f. pl.*); (*cul.*) топлёный жир.

*cpd.*: ~-**pan** *n.* про́тивень (*m.*).

**drive** *n.* **1.** (*ride in vehicle*) езда́; go for a ~ прокати́ться (*det.*), поката́ться (*indet.*) (*both pf.*) на маши́не; take s.o. for a ~ прокати́ть/поката́ть (*pf.*) кого́-н. на маши́не; the station is an hour's ~ away до ста́нции час езды́; **2.** (*private road*) подъездна́я доро́га; **3.** (*hit, stroke, at tennis etc.*) драйв, си́льный уда́р; **4.** (*energy*) напо́ристость, си́ла; **5.** (*organized effort*) кампа́ния; a ~ for new members кампа́ния по привлече́нию но́вых чле́нов; **6.** (*tournament*) состяза́ние; **7.** (*driving gear*) переда́ча, при́вод; front-wheel ~ пере́дний при́вод; left-hand ~ ле́вое рулево́е управле́ние.

*v.t.* **1.** (*force to move*) гоня́ть (*indet.*), гнать (*det.*); выбива́ть, вы́бить; ~ **away** прог|оня́ть, -на́ть; ~ **in** заг|оня́ть, -на́ть; ~ **out** выгоня́ть, вы́гнать; ~ cattle to market гнать (*det.*) скот на ры́нок; ~ s.o. into a corner (*fig.*) загна́ть (*pf.*) кого́-н. в у́гол; **2.** (*operate*) управля́ть (*impf.*) +*i.*; пра́вить (*impf.*) +*i.*; ~ a car вести́ (*indet.*) маши́ну; the machinery is ~n by steam маши́на приво́дится в де́йствие па́ром; маши́на рабо́тает на пару́; **3.** (*convey*) отв|ози́ть, -езти́; I was ~n to the station меня́ отвезли́ на ста́нцию; **4.** (*impel, of objects*): the gale drove the ship on to the rocks шторм гнал кора́бль на ска́лы; the wind drove the rain against the windows дождь и ве́тер стуча́ли в о́кна; he drove a nail into the plank он вбил гвоздь в до́ску; he drove the ball into our court (*tennis*) он посла́л мяч на нашу полови́ну ко́рта; ~n snow сугро́б; ~ home (*nail etc.*) загоня́ть, загна́ть; вкол|а́чивать, -оти́ть; вби|ва́ть, -ть; ~ sth. home to s.o. убеди́ть (*pf.*) кого́-н. в чём-н.; довести́ (*pf.*) кого́-н. до созна́ния чего́-н.; ~ one's sword through s.o.'s body пронз|а́ть, -и́ть кого́-н. мечо́м; this drove the matter out of my head э́то вы́шибло у меня́ всё из головы́; **5.** (*impel, fig.*): failure drove him to despair неуда́ча довела́ его́ до отча́яния; ~ s.o. mad св|оди́ть, -ести́ кого́-н. с ума́; дов|оди́ть, -ести́ кого́-н. до безу́мия; hunger drove him to steal го́лод заста́вил его́ ворова́ть; **6.** (*force to work hard*) гоня́ть, гнать; he has been driving his staff too much он соверше́нно загоня́л свои́х подчинённых; he is hard ~n его́ совсе́м загоня́ли; **7.** (*engineering*) про|кла́дывать, -ложи́ть; пров|оди́ть, -ести́; ~ a tunnel through a hill проложи́ть (*pf.*) тунне́ль че́рез го́ру; **8.** (*effect, conclude*): ~ a roaring trade вести́ (*det.*) оживлённую торго́влю; ~ a bargain заключ|а́ть, -и́ть сде́лку.

*v.i.* **1.** (*operate vehicle*) води́ть (*indet.*), вести́ (*det.*) маши́ну; we drove up to the door мы подъе́хали/подкати́ли пря́мо к две́ри; ~ yourself car hire прока́т маши́н без шофёра; **2.** (*be impelled*): the ship drove on to the rocks кора́бль нёсся на ска́лы; rain drove against the panes дождь бил в око́нные стёкла; he let ~ at me with his fist он сту́кнул меня́ кулако́м; driving rain проливно́й дождь; **3.** (*be active*): he drove away at his work он нажа́л во всю; what is he driving at? к чему́ он кло́нит?; куда́ он гнёт?; **4.** (*of vehicle*): the car ~s easily э́ту маши́ну легко́ вести́.

**drivel** *n.* (*nonsense*) чушь.

*v.t. & i.* поро́ть (*impf.*) чушь; плести́ (*impf.*) вздор/чепуху́; ~ away one's time разба́зари|вать, -ть своё вре́мя; ~ling idiot зако́нченный крети́н.

**driver** *n.* (*of vehicle*) води́тель (*m.*), шофёр, машини́ст; (*of animals*) пого́нщик, гуртовщи́к; (*one who overworks his staff*) надсмо́трщик, пого́нщик.

**driverless** *adj.* без води́теля.

**driving** *n.* езда́; вожде́ние автомоби́ля.

*cpds.*: ~**-belt** *n.* приводно́й реме́нь; ~**-licence** *n.* води́тельские права́; ~**-mirror** *n.* зе́ркало за́днего ви́да; ~**-school** *n.* автошко́ла; ~**-test** *n.* экза́мен на получе́ние води́тельских прав; ~**-wheel** *n.* веду́щее колесо́.

**drizzle** *n.* и́зморось.

*v.i.* мороси́ть (*impf.*).

**drizzly** *adj.* мо鄉ося́щий.

**droll** *n.* шутни́к.

*adj.* чудно́й, заба́вный.

**drollery** *n.* игри́вость, шу́тки (*f. pl.*).

**drollness** *n.* заба́вность.

**dromedary** *n.* дромаде́р.

**drone** *n.* **1.** (*bee; also fig., idler*) тру́тень (*m.*); **2.** (*of engine*) гуде́ние; (*of voice*) жужжа́ние.

*v.t. & i.* (*hum*) жужжа́ть (*impf.*); гуде́ть (*impf.*); (*speak monotonously*) бубни́ть (*impf.*).

**drool** *v.i.* пус|ка́ть, -ти́ть слю́ни.

**droop** *n.* (*attitude or position*) опуска́ние, поника́ние.

*v.t.* (*e.g. head*) опус|ка́ть, -ти́ть; (*e.g. eyes*) пот|упля́ть, -у́пить.

*v.i.* (*of flowers etc.*) пон|ика́ть, -и́кнуть; склон|я́ться, -и́ться; (*fig.*): his spirits ~ed он пал ду́хом.

**droopy** *adj.* (*lit.*) склоня́ющийся, склонённый;

(*fig.*) пони́кший, сни́кший, уны́лый.

**drop** *n.* **1.** (*small quantity of liquid*) ка́пля; ~ by ~ ка́пля по ка́пле; (*fig.*): a ~ in the bucket, ocean ка́пля в мо́ре; he had a ~ too much он хвати́л ли́шнего; **2.** (*small round object*): acid ~ монпансье́ (*indecl.*), леденёц; ear ~ серьга́, подве́ска; **3.** (*fall*) паде́ние; ~ in prices/temperature паде́ние цен; пониже́ние/температу́ры; at the ~ of a hat (*fig.*) сра́зу/то́тчас же; there is a ~ of 30 feet behind this wall за э́той стено́й обры́в в 30 фу́тов высоты́; **4.** (*trapdoor*) люк, опускна́я дверь.

*v.t.* **1.** (*allow, cause to fall*) роня́ть, урони́ть; ~ anchor бр|оса́ть, -о́сить я́корь; ~ a stitch спус|ка́ть, -ти́ть пе́тлю; ~ a letter into the box опус|ка́ть, -ти́ть письмо́ в я́щик; ~ supplies by parachute сбр|а́сывать, -о́сить припа́сы на парашю́те; ~ a parcel at s.o.'s house ост|авля́ть, -а́вить паке́т у чьего́-н. до́ма; **2.** (*impel, force down*) сра|жа́ть, -зи́ть; ~ shells into a town обстре́л|ивать, -я́ть го́род; he ~ped a bird with every shot ка́ждым вы́стрелом он подбива́л пти́цу; he ~ed the ball to the back of the court он посла́л мяч в коне́ц ко́рта; **3.** (*give birth to young*) (*lamb or kid*) оягни́ться (*pf.*); (*calf etc.*) отели́ться (*pf.*); **4.** (*lower*): ~ one's voice пон|ижа́ть, -и́зить го́лос; ~ one's eyes поту́пить (*pf.*) глаза́; **5.** (*send, utter casually*): ~ s.o. a line черкну́ть (*pf.*) кому́-н. па́ру строк; ~ a hint оброни́ть (*pf.*) намёк; **6.** (*omit, cease*) опус|ка́ть, -ти́ть; пропус|ка́ть, -ти́ть; this word can safely be ~ped э́то сло́во мо́жно споко́йно опусти́ть; ~ it! переста́ньте!; бро́сьте!; **7.** (*allow to descend, disembark*) выса́живать, вы́садить; спус|ка́ть, -ти́ть с бо́рта; please ~ me at the station пожа́луйста, вы́садите меня́ у ста́нции; ~ the pilot спус|ка́ть, -ти́ть ло́цмана; **8.** (*abandon*) бр|оса́ть, -о́сить; let us ~ the subject дава́йте оста́вим э́ту те́му; he ~ped all his friends он порва́л со все́ми свои́ми друзья́ми; you should ~ smoking вы должны́ бро́сить кури́ть; **9.** (*coll., lose*) теря́ть, по-; he ~ped £100 он потра́тил сто фу́нтов; **10.** ~ a goal заб|ива́ть, -и́ть гол.

*v.i.* **1.** (*fall, descend*) па́дать, упа́сть; опус|ка́ться, -ти́ться; you could hear a pin ~ (*fig.*) бы́ло слы́шно, как му́ха пролети́т; ~ (down) on s.o. (*fig.*) набр|а́сываться, -о́ситься (*or* нап|ада́ть, -а́сть) на кого́-н.; ~ into a habit входи́ть, войти́ в привы́чку; приобре|та́ть, -сти́ привы́чку; ~ into one's club загля́|дывать, -ну́ть в клуб; **2.** (*become weaker or lower*) па́дать, упа́сть; пон|ижа́ться, -и́зиться; the wind ~ped ве́тер стих/ути́х; prices ~ped це́ны упа́ли; his voice ~ped он пони́зил го́лос; the boat ~ped downstream ло́дка шла вниз по тече́нию; **3.** (*expr. separation etc.*): ~ behind the others отст|ава́ть, -а́ть от остальны́х; he ~ped from sight он исче́з из по́ля зре́ния; **4.** (*sink, collapse*) па́дать, упа́сть; опус|ка́ться, -ти́ться; he ~ped into a chair он опусти́лся на сту́л; he ~ped (on) to his knees он упа́л/опусти́лся на коле́ни; I felt ready to ~ я вали́лся с ног; his jaw ~ped его́ че́люсть отви́сла; he ~ped dead он внеза́пно у́мер; ~ dead! (*coll.*) подо́хни!; чтоб ты сдо́х!; **5.** (*cease, be abandoned*): the correspondence ~ped перепи́ска прервала́сь; we let the matter ~ мы бро́сили э́то; **6.** (*meet casually*): I ~ped across him я наткну́лся на него́; я столкну́лся с ним; **7.** ~ on (*encounter*): I ~ped on the book I wanted я нашёл кни́гу, кото́рая мне нужна́; (*pick on*): why does he ~ on me? что ему́ от меня́ на́до?

*with advs.*: ~ **in** *v.i.* (*coll.*): he ~ped in on me он загляну́л ко мне; ~ **off** *v.i.* (*become fewer or less*) ум|еньша́ться, -е́ньшиться; attendance ~ped off посеща́емость упа́ла; (*coll., doze off*) засну́ть (*pf.*); ~ **out** *v.i.*: five runners ~ped out пять бегуно́в вы́были из состяза́ния; he ~ped out of school он бро́сил шко́лу.

*cpds.*: ~-**curtain** *n.* (*theatr.*) опускно́й/ па́дающий за́навес; ~-**forging** *n.* горя́чая штампо́вка; ~-**hammer** *n.* копёр; ~-**head** *n.* автомоби́ль с откидны́м ве́рхом; ~-**kick** *n.* уда́р с полулёта; *v.t.* уд|аря́ть, -а́рить с полулёта; ~-**leaf** *n.* откидна́я доска́; ~-leaf table откидно́й сто́лик; ~-**out** *n.* челове́к, поста́вивший себя́ вне о́бщества; (*from school*) недоу́чка (*c.g.*); ~-**scene** *n.* (*curtain*) опускно́й за́навес; (*final scene*) заключи́тельная сце́на.

**droplet** *n.* ка́пелька.

**dropper** *n.* (*instrument*) пипе́тка; ка́пельница; eye ~ глазна́я пипе́тка.

**dropping** *n.* **1.** (*pl., of wax etc.*) ка́пли (*f. pl.*); the tablecloth was covered with candle ~s ска́терть была́ зака́пана во́ском от свече́й; **2.** (*pl., of animals and birds*) помёт.

*cpds.*: ~-**zone** *n.* зо́на вы́садки деса́нта; зо́на сбра́сывания гру́за.

**dropsical** *adj.* водя́ночный, отёчный.

**dropsy** *n.* водя́нка.

**droshky** *n.* дро́ж|ки (*pl., g.* -ек).

**dross** *n.* шлак, дросс; (*fig.*) отбро́сы (*m. pl.*); бро́совый това́р.

**drought** *n.* за́суха.

**drove** *n.* (*herd*) ста́до, гурт; (*crowd*) толпа́, гурьба́.

**drover** *n.* гуртовщи́к.

**drown** *v.t.* **1.** (*kill by immersion*) топи́ть, у-; ~ one's sorrows in drink топи́ть, у- го́ре в вине́; ~ o.s. топи́ться, у-; be ~ed утону́ть (*pf.*); **2.** (*of sound*) приглуш|а́ть, -и́ть; **3.** (*bathe, immerse*) погру|жа́ть, -зи́ть; a face ~ed in tears лицо́, за́литое слеза́ми; ~ed in sleep погружённый в глубо́кий сон; like a ~ed rat (*fig.*) мо́крый как мышь; **4.**: they were ~ed out of their home их дом был зато́плен при наводне́нии.

*v.i.* тону́ть, у-; утопа́ть (*impf.*); a ~ing man will catch at a straw утопа́ющий хвата́ется за соло́минку; death by ~ing утопле́ние; he met his death by ~ing он утону́л.

**drowse** *n.* полусо́н, сонли́вость; in a ~ в дремо́те.

*v.t.*: ~ away the time продрема́ть (*pf.*) всё вре́мя.

*v.i.* дрема́ть (*impf.*); быть в полусне́.

**drowsiness** *n.* дремо́та, сонли́вость.

**drowsy** *adj.* (*feeling sleepy*) со́нный, дре́млющий; (*soporific*) усыпля́ющий, снотво́рный.

**drub** *v.t.* колоти́ть, по-; ~ an idea into s.o.'s head вбить/вдолби́ть (*pf.*) мысль кому́-н. в го́лову.

**drubbing** *n.* битьё, трёпка, взбу́чка; give s.o. a ~ над|ава́ть, -а́ть кому́-н. колоту́шек.

**drudge** *n.* работя́га (*c.g.*), иша́к.

*v.i.* выполня́ть (*impf.*) изнури́тельную рабо́ту; (*coll.*) иша́чить (*impf.*).

**drudgery** *n.* изнури́тельная рабо́та.

**drug** *n.* **1.** (*medicinal substance*) медикаме́нт, лека́рство; **2.** (*narcotic or stimulant*) нарко́тик; ~ addict наркома́н; the ~ habit наркома́ния; ~ traffic контраба́нда нарко́тиками; **3.** (*fig.*): a ~ on the market неходово́й това́р.

*v.t.* (*food etc.*) подме́ш|ивать, -а́ть яд/нарко́тики в (*еду*); (*person*) да|ва́ть, -ть нарко́тики +*d.*; одурма́ни|вать, -ть.

*v.i.* (*take* ~*s*) прин|има́ть, -я́ть нарко́тики.

*cpd.*: ~ **store** *n.* (*Am.*) ≃ апте́ка.

**drugget** *n.* (*text.*) ткань для доро́жек, полови́ко́в.

**druggist** *n.* апте́карь (*m.*).

**Druid** *n.* дру́ид.

**Druidess** *n.* дру́идка.

**Druidic(al)** *adj.* друиди́ческий.

**Druidism** *n.* друиди́зм.

**drum** *n.* **1.** (*instrument*) бараба́н; beat the big ~ (*fig.*) звони́ть (*impf.*) во все колокола́; bass ~ большо́й бараба́н; **2.** (*container for oil etc.*) желе́зная бо́чка; **3.** (*cylinder for winding cable etc.*) ка́бельный бараба́н; **4.** (*ear* ~) бараба́нная перепо́нка.

*v.t.* бараба́нить (*impf.*); бить (*impf.*) в бараба́н; ~ s.o. out of the army с позо́ром выгоня́ть, вы́гнать кого́-н. из а́рмии; ~ up support соз|ыва́ть, -ва́ть на подмо́гу; ~ sth. into s.o.'s head вд|а́лбливать, -олби́ть что-н. кому́-н. в го́лову.

*v.i.* бараба́нить (*impf.*); бить (*impf.*) в бараба́н; ~ with one's fingers on the table бараба́нить (*impf.*) па́льцами по столу́; I have a ~ming in my ears у меня́ стучи́т в уша́х.

*cpds.*: ~-**beat** *n.* бараба́нный бой; ~-**fire** *n.* урага́нный ого́нь; ~-**head** *n.* ко́жа на бараба́не; ~-head court martial военно-полево́й суд; ~-**major** *n.* тамбурмажо́р;

~**-majorette** *n.* тамбурмажоре́тка; ~**stick** *n.* бараба́нная па́лочка; (*of fowl*) но́жка.

**drummer** *n.* (*also* ~**-boy**) бараба́нщик; (*commercial traveller*) коммивояжёр.

**drunk** *n.* (*pers.* ~) пья́ный; (*sl., drinking bout*) попо́йка.

*adj.* пья́ный; half ~ подвы́пивший; dead ~ мертве́цки пья́ный; ~ as a lord пья́ный в сте́льку; ~ with success опьянённый успе́хом; get ~ on brandy нап|ива́ться, -и́ться коньяка́; пьяне́ть, о- от коньяка́.

**drunkard** *n.* пья́ница (*c.g.*), алкого́лик.

**drunken** *adj.* пья́ный; ~ brawl пья́ная ссо́ра.

**drunkenness** *n.* пья́нство.

**Druse** *n.* друз.

**dry** *adj.* **1.** (*free from moisture or rain*) сухо́й; пересо́хший, засо́хший; ~ as a bone сухо́й-пресухо́й; ~ spell пери́од без оса́дков; wipe ~ вытира́ть, вы́тереть на́сухо; **2.** (*not supplying water etc.*) вы́сохший; сухо́й; a ~ well вы́сохший коло́дец; the cows are ~ коро́вы не до́ятся; my pen is ~ черни́ла в мое́й ру́чке вы́сохли; **3.**: ~ measure ме́ра сыпу́чих тел; ~ goods (*drapery*) мануфакту́рные това́ры; **4.**: ~ run (*trial*) про́бный забе́г; **5.** (*of wine*) сухо́й; **6.** (*causing thirst*): ~ work рабо́та, от кото́рой в го́рле пересыха́ет; **7.** (*dull, plain*) сухо́й; ~ as dust (*fig., of pers.*) суха́рь (*m.*); **8.** (*of humour*) сухо́й, сухова́тый; (*of remark etc.*) ирони́ческий; *see also* DRILY; **9.**: ~ shampoo сухо́й шампу́нь; ~ battery суха́я электри́ческая батаре́я; **10.**: the country went dry в стране́ ввели́ сухо́й зако́н.

*v.t.* суши́ть (*or* высу́шивать), вы́-; ~ o.s. вытира́ться, вы́тереться; ~ one's tears ут|ира́ть, -ере́ть слёзы; ~ the dishes вытира́ть, вы́тереть посу́ду; ~ one's hands вытира́ть, вы́тереть ру́ки; dried fruit(s) сухи́е фру́кты; dried egg яи́чный порошо́к; dried milk сухо́е молоко́; the drought dried up the wells за́суха вы́сушила коло́дцы; the wind dries up one's skin ве́тер су́шит ко́жу; a dried-up man сухо́й челове́к, суха́рь (*m.*).

*v.i.* со́хнуть (*impf.*); суши́ться (*or* высу́шиваться), вы́-; our clothes have dried на́ша оде́жда вы́сохла; the well dried up коло́дец вы́сох; his imagination dried up его́ фанта́зия исся́кла; ~ up! зактни́сь! (*coll.*); he dried up (*coll., theatr.*) он забы́л роль; hang sth. up to ~ ве́шать, пове́сить что-н. для просу́шки.

*cpds.*: ~**-clean** *v.t.* подв|ерга́ть, -е́ргнуть хими́ческой чи́стке; ~**-cleaning** *n.* хими́ческая чи́стка; химчи́стка; ~**-eyed** *adj.* без слёз; с сухи́ми глаза́ми; ~**-nurse** *n.* ня́ня; *v.t.* ня́нчить, вы́-; ~**-point** *n.* (*needle*) суха́я игла́; (*engraving*) гравю́ра, испо́лненная сухо́й иглой; ~**-rot** *n.* суха́я гниль; ~**-salter** *n.* москате́льщик; ~**-shod** *adv.* не замочи́в ног.

**dryad** *n.* дриа́да.

**drying** *n.* су́шка; spin ~ отжи́м белья́ центри-

фу́гой.

*cpd.*: ~**-cupboard** *n.* шкаф для су́шки белья́.

**dryish** *adj.* сухова́тый.

**dryly** *see* DRILY.

**dryness** *n.* су́хость, сушь.

**DT's** *n.* (*coll.*) бе́лая горя́чка.

**dual** *n.* (*gram.*) дво́йственное число́.

*adj.* дво́йственный, двойно́й; ~ ownership совме́стное владе́ние; the D~ Monarchy дуалисти́ческая мона́рхия; ~ personality раздвое́ние ли́чности; ~ control двойно́е управле́ние; ~ nationality двойно́е по́дданство.

*cpd.*: ~**-purpose** *adj.* двойно́го назначе́ния.

**dualism** *n.* дуали́зм.

**duality** *n.* дво́йственность, раздво́енность.

**dub** *v.t.* **1.** (*a knight*) посвя|ща́ть, -ти́ть в ры́цари; (*fig., call*) проз|ыва́ть, -ва́ть; крести́ть, о-; **2.** (*coll., film*) дубли́ровать (*impf.*); his voice was ~bed in он дубли́ровал друго́го актёра.

**dubbing** *n.* (*of film*) дубли́рование.

**dubiety** *n.* сомне́ние.

**dubious** *adj.* (*feeling doubt*) сомнева́ющийся; (*inspiring mistrust; ambiguous*) сомни́тельный.

**dubiousness** *n.* сомни́тельность.

**ducal** *adj.* ге́рцогский.

**ducat** *n.* дука́т.

**duchess** *n.* герцоги́ня; grand ~ (*wife*) вели́кая княги́ня; (*daughter*) вели́кая княжна́.

**duchy** *n.* ге́рцогство, кня́жество; Grand D~ of Muscovy Вели́кое кня́жество Моско́вское.

**duck**[1] *n.* (*text.*) паруси́на; (*pl.*) паруси́новые брю́ки (*pl., g.* —).

**duck**[2] *n.* **1.** (*water-bird*) у́тка; (*as food*) утя́тина; wild ~ ди́кая у́тка; take to sth. like a ~ to water чу́вствовать, по- себя́ в чём-н. как ры́ба в воде́; sitting ~ (*fig.*) лёгкая же́ртва/добы́ча; like water off a ~'s back как с гу́ся вода́; a fine day for the ~s дождли́вая пого́да; like a dying ~ как мо́края ку́рица; dead ~ (*fig.*) ко́нченый челове́к; ги́блое де́ло; play ~s and drakes (*skimming stones*) печь (*impf.*) блины́; (*fig., squander*) пром|а́тывать, -ота́ть; разбаза́ри|вать, -ть; lame ~ неуда́чник; **2.** (*dear creature*) ду́шка, ду́шенька; **3.** (*also* ~'s egg: *zero score*) нулево́й счёт; make a ~ сыгра́ть (*pf.*) с нулевы́м счётом.

*cpds.*: ~**-bill** (*platypus*) *n.* утконо́с; ~**-boards** *n.* доща́тый насти́л; ~**-pond** *n.* пруд для у́ток; ~('s)**-egg blue** *n. & adj.* зеленова́то-голубо́й (цвет); ~**-shooting** *n.* охо́та на ди́ких у́ток; ~**weed** *n.* ря́ска.

**duck**[3] *n.* (*landing-craft*) автомоби́ль-амфи́бия.

**duck**[4] *n.* (~*ing motion, dip*) погруже́ние, ныря́ние, окуна́ние.

*v.t.* погру|жа́ть, -зи́ть; окун|а́ть, -у́ть; ~ one's head бы́стро нагну́ть (*pf.*) го́лову; ~ s.o. окун|а́ть, -у́ть кого́-н.; толк|а́ть, -ну́ть кого́-н. в во́ду; (*evade*): ~ a question увёр|тываться, -ну́ться от отве́та.

*v.i.* окун|а́ться, -у́ться; ~ to avoid a blow наклон|я́ться, -и́ться, что́бы избежа́ть уда́ра; (*as curtsey*) де́лать, с- реве́ранс; прис|еда́ть, -е́сть.

**ducking** *n.* погруже́ние в во́ду; give s.o. a ~ опу|ска́ть, -сти́ть чью-н. го́лову в во́ду; it rained and we got a ~ шёл дождь, и мы промо́кли наскво́зь.

**duckling** *n.* утёнок; ugly ~ га́дкий утёнок.

**ducky** *n.* (*coll.*) ду́шечка, голу́бушка.

**duct** *n.* (*anat.*) кана́л, прото́к.

**ductile** *adj.* (*tech.*) тягу́чий, ко́вкий; (*of pers.*) пода́тливый.

**ductility** *n.* (*tech.*) тягу́честь, ко́вкость.

**ductless** *adj.*: ~ gland железа́ вну́тренней секре́ции.

**dud** *n.* (*coll.*) **1.** (*bomb*) неразорва́вшаяся бо́мба; (*shell*) неразорва́вшийся снаря́д; (*cheque etc.*) подде́лка, ли́па; (*pers.*) пусто́е ме́сто; **2.** (*pl., clothes*) тря́пки (*f. pl.*).

*adj.* непригодный, подде́льный.

**dude** *n.* пижо́н (*coll.*).

**dudgeon** *n.* возмуще́ние, оби́да; in (high) ~ с глубо́ким возмуще́нием; негоду́я.

**due** *n.* **1.** (~ *credit*) до́лжное; to give him his ~, he tried hard на́до отда́ть ему́ до́лжное — он о́чень стара́лся; **2.** (*pl., charges*) сбо́ры (*m. pl.*), взно́сы (*m. pl.*); membership ~s чле́нские взно́сы; harbour ~s порто́вые сбо́ры.

*adj.* **1.** (*owing, payable*) причита́ющийся; debts ~ to us причита́ющиеся нам долги́; when is the rent ~? когда́ на́до плати́ть за кварти́ру?; the bill falls ~ on October 1 срок платежа́ по ве́кселю наступа́ет пе́рвого октября́; **2.** (*proper*) до́лжный, надлежа́щий; with ~ attention с до́лжным внима́нием; in ~ time в своё вре́мя; after ~ consideration по́сле надлежа́щего рассмотре́ния; in ~ course в свою́ о́чередь, свои́м чередо́м; I am ~ for a haircut мне пора́ постри́чься; **3.** (*expected*): he is ~ to speak twice он до́лжен вы́ступить два́жды; the mail is ~ tomorrow по́чта должна́ быть за́втра; **4.**: ~ to (*coll., owing to*) благодаря́ +*d.*; из-за +*g.*

*adv.* то́чно, пря́мо; it lies ~ south э́то лежи́т пря́мо на юг отсю́да.

**duel** *n.* дуэ́ль, поеди́нок; ~ of wits состяза́ние в остроу́мии.

*v.i.* дра́ться (*impf.*) на дуэ́ли.

**duellist** *n.* дуэля́нт.

**duenna** *n.* дуэ́нья.

**duet** *n.* дуэ́т.

**duettist** *n.* оди́н из исполни́телей дуэ́та.

**duff|el, -le** *n.* **1.** (*text.*): ~ coat коро́ткое пальто́ из шерстяно́й ба́йки с капюшо́ном; **2.**: ~ bag (*kit-bag*) вещево́й мешо́к.

**duffer** *n.* простофи́ля (*c.g.*), болва́н; he is a ~ at games в и́грах от него́ нет никако́го то́лку.

**dug** *n.* (*udder*) вы́мя (*nt.*); (*nipple*) сосо́к.

**dugong** *n.* дюго́нь (*m.*).

**dug-out** *n.* (*shelter*) блинда́ж; (*canoe*) челно́к; (*sl., officer recalled to service*) офице́р, при́званный из запа́са.

**duiker** *n.* ду́кер.

**duke** *n.* ге́рцог; grand ~ вели́кий князь.

**dukedom** *n.* ге́рцогство; кня́жество.

**dulcet** *adj.* сла́дкий; не́жный.

**dulcimer** *n.* цимба́л|ы (*pl., g.* —).

**dull** *adj.* **1.** (*not clear or bright*) ту́склый; a ~ sound глухо́й звук; a ~ mirror ту́склое зе́ркало; ~ weather па́смурная пого́да; **2.** (*slow in understanding*) тупо́й; **3.** (*uninteresting*) ску́чный; as ~ as ditchwater невыноси́мо ску́чный; ску́ка сме́ртная; **4.** (*not sharp*) тупо́й; a ~ knife тупо́й нож; a ~ pain тупа́я боль; **5.** (*slack*) вя́лый; the market was ~ торго́вля на ры́нке шла вя́ло.

*v.t.* притуп|ля́ть, -и́ть.

*cpds.*: ~-**eyed** *adj.* с ту́склыми глаза́ми; ~-**witted** *adj.* тупоу́мный, недалёкий.

**dullard** *n.* тупи́ца.

**dullish** *adj.* тупова́тый; скучнова́тый.

**dullness** *n.* ту́пость; ску́ка.

**duly** *adv.* до́лжным о́бразом; в до́лжное вре́мя; своевре́менно; I ~ went there как и сле́довало, я пошёл туда́.

**dumb** *adj.* **1.** (*unable to speak*) немо́й; ~ animals бессло́весные живо́тные; **2.** (*temporarily silent*) онеме́вший, немо́й; he was struck ~ он онеме́л; the class remained ~ класс продолжа́л молча́ть; ~ show нема́я сце́на; **3.** (*Am. coll., stupid*) глу́пый.

*cpds.*: ~-**bell** *n.* ганте́ль; ~-**waiter** *n.* враща́ющийся сто́лик для заку́сок; лифт для пода́чи куша́ний из ку́хни в столо́вую.

**dum(b)found** *v.t.* ошара́ши|вать, -ть; ошело́м|ля́ть, -и́ть.

**dumbness** *n.* немота́.

**dummy** *n.* **1.** ку́кла; tailor's ~ манеке́н; baby's ~ пусты́шка, со́ска; he stands there like a (stuffed) ~ он стои́т истука́ном; **2.** (*at cards*) «болва́н»; **3.** (*stand-in*) марионе́тка, подставно́е лицо́.

*adj.* (*imitation*) подставно́й; ~ window ло́жное окно́; ~ cartridge уче́бный патро́н; ~ run испыта́тельный рейс.

**dump** *n.* **1.** (*heap of refuse*) му́сорная ку́ча; **2.** (*place for tipping refuse*) помо́йная я́ма; сва́лка; помо́йка; **3.** (*ammunition store*) вре́менный полево́й склад; **4.** (*seedy place*) дыра́ (*coll.*).

*v.t.* **1.** (*put in a* ~) выбра́сывать, вы́бросить на сва́лку/помо́йку; **2.** (*deposit carelessly*) сва́л|ивать, -и́ть.

**dumping** *n.* сва́лка; (*comm.*) де́мпинг.

**dumpling** *n.* клёцка; a little ~ of a child карапу́зик.

**dumps** *n.* (*coll.*): the ~ уны́ние.

**dumpy** *adj.* призе́мистый; ма́ленький, коро́тенький.

**dun**[1] *n.* назо́йливый кредито́р.

*v.t.* нап|омина́ть, -о́мнить об упла́те до́лга.

**dun**[2] *adj.* серова́то-кори́чневый; (*of animal*) була́ный, мыша́стый; (*dark*) су́мрачный.

**dunce** *n.* тупи́ца (*m.*).

**dunderhead** *n.* болва́н.

**dunderheaded** *adj.* тупоголо́вый.

**dune** *n.* дю́на.

**Dunedin** *n.* Дани́дин.

**dung** *n.* наво́з.

*v.t.* унаво́|живать, -зить.

*cpds.*: ~**-beetle** *n.* наво́зный жук; наво́зник; ~**-cart** *n.* наво́зная та́чка; ~**-fork** *n.* наво́зные ви́лы (*f. pl.*); ~**hill** *n.* наво́зная ку́ча.

**dungarees** *n.* рабо́чий комбинезо́н.

**dungeon** *n.* темни́ца, казема́т.

**dunk** *v.t.* мак|а́ть, -ну́ть.

**duo** *n.* дуэ́т; (*of comedians*) коми́ческая па́ра.

**duodecimal** *adj.* двенадцатери́чный; ~ notation двенадцатери́чная систе́ма счисле́ния.

**duodecimo** *n.* форма́т кни́ги в двена́дцатую до́лю листа́.

*adj.* разме́ром в двена́дцатую до́лю листа́.

**duodenal** *adj.* дуодена́льный.

**duodenary** *adj.* двенадцатери́чный.

**duodenum** *n.* двенадцатипе́рстная кишка́.

**duologue** *n.* диало́г.

**dupe** *n.* же́ртва обма́на, простофи́ля (*c.g.*).

*v.t.* ост|авля́ть, -а́вить в дурака́х; над|ува́ть, -у́ть.

**duplex** *adj.* двойно́й; ~ house двухкварти́рный дом; ~ apartment кварти́ра, располо́женная на двух этажа́х.

**duplicate**[1] *n.* дублика́т; (то́чная) ко́пия; in ~ в двух экземпля́рах; these keys are ~s (of each other) э́ти ключи́ одина́ковы.

*adj.* двойно́й, удво́енный; одина́ковый.

**duplicate**[2] *v.t.* (*double*) удв|а́ивать, -о́ить; сдв|а́ивать, -о́ить; (*copy*) дубли́ровать (*impf.*); сн|има́ть, -ять ко́пию с +g.; (*overlap with*) дубли́ровать (*impf.*); повтор|я́ть, -и́ть.

**duplication** *n.* удвое́ние; сня́тие ко́пии; размноже́ние; ~ of effort нену́жное повторе́ние уси́лий.

**duplicator** *n.* (*machine*) копирова́льный аппара́т.

**duplicity** *n.* двули́чность.

**durability** *n.* про́чность, долгове́чность.

**durable** *n.*: consumer ~s това́ры (*m. pl.*) дли́тельного по́льзования.

*adj.* про́чный; долгове́чный.

**duralumin** *n.* дюралюми́ний.

**duration** *n.* (*fact of continuing*) продолжи́тельность, продолже́ние; (*length of time*) продолжи́тельность; for the ~ (of the war) на (всё) вре́мя войны́; of short ~ непродолжи́тельный, недолгове́чный.

**duress** *n.* принужде́ние, нажи́м, давле́ние; under ~ под нажи́мом/давле́нием.

**during** *prep.* (*throughout*) в тече́ние +g.; (*at*

some point in) во вре́мя +g.

**dusk** *n.* су́мер|ки (*pl., g.* -ек); су́мрак.

**duskiness** *n.* су́мрак; (*swarthiness*) сму́глость.

**dusky** *adj.* су́меречный; (*of complexion*) темноко́жий, сму́глый.

**dust** *n.* **1.** (*powdered earth etc.*) пыль; gold ~ золотоно́сный песо́к; bite the ~ па́|дать, -сть сражённым; lick the ~ (*fig.*) пресмыка́ться (*impf.*) (*перед кем*); shake the ~ off one's feet отрясти́ (*pf.*) прах с ног свои́х; throw ~ in s.o.'s eyes пус|ка́ть, -ти́ть пыль в глаза́ кому́-н.; втира́ть (*impf.*) кому́-н. очки́ (*pl.*). (*human remains*) прах; ~ and ashes прах и тлен; **3.** (*cloud of* ~) пыль; make, raise a ~ (*lit.*) подн|има́ть, -я́ть пыль; (*fig.*) подн|има́ть, -я́ть шум/переполо́х.

*v.t.* **1.** (*remove* ~ *from*) ст|ира́ть, -ере́ть; (*or* стря́х|ивать, -ну́ть) пыль с +g.; ~ furniture сма́х|ивать, -ну́ть (*or* ст|ира́ть, -ере́ть) пыль с ме́бели; ~ a room уб|ира́ть, -ра́ть ко́мнату; **2.** (*sprinkle*) пос|ыпа́ть, -ы́пать; ~ sugar on to a cake пос|ыпа́ть, -ы́пать торт са́харной пу́дрой.

*cpds.*: ~**bin** *n.* му́сорный я́щик; ~**-bowl** *n.* (*fig.*) засу́шливый райо́н; ~**-cart** *n.* фурго́н для сбо́ра му́сора, мусорово́з; ~**-colour** *n. & adj.* серова́то-кори́чневый (цвет); ~**-cover** *n.* (*for chair etc.*) чехо́л; (*of book*) суперобло́жка; ~**-jacket, ~-wrapper** *nn.* (*of book*) суперобло́жка; ~**man** *n.* му́сорщик; ~**pan** *n.* сово́к для му́сора; ~**-proof** *adj.* пыленепроница́емый; ~**-sheet** *n.* защи́тное покрыва́ло; ~**-storm** *n.* пы́льная бу́ря; ~**-up** *n.* (*coll.*) ссо́ра, сва́ра; ~**-wrapper** *see* ~**-jacket.**

**duster** *n.* пы́льная тря́пка.

**dustiness** *n.* запылённость.

**dusty** *adj.* пы́льный; not so ~ (*coll.*) неду́рно; ~ answer обескура́живающий отве́т.

**Dutch** *n.* **1.** (*language*) голла́ндский/нидерла́ндский язы́к; double ~ кита́йская гра́мота, тараба́рщина; **2.** (*pl., people*) голла́ндцы (*m. pl.*).

*adj.*: ~ auction «голла́ндский аукцио́н»; ~ tile ка́фель (*m.*); изразе́ц (*fig.*): ~ courage хра́брость во хмелю́; ~ treat угоще́ние в скла́дчину; talk to s.o. like a ~ uncle чита́ть, про- кому́-н. нота́цию; жури́ть (*impf.*) кого́-н.; in ~ (*coll.*) не в фаво́ре.

*cpds.*: ~**man** *n.* голла́ндец; that's Smith, or I'm a ~ man я не я бу́ду, е́сли э́то не Смит; the Flying ~ man летучий голла́ндец; ~**woman** *n.* голла́ндка.

**dutiable** *adj.* подлежа́щий обложе́нию по́шлиной.

**dutiful** *adj.* послу́шный, пре́данный.

**dutifulness** *n.* послуша́ние, пре́данность.

**duty** *n.* **1.** (*moral obligation*) долг, обя́занность; he has a strong sense of ~ у него́ си́льно ра́звито чу́вство до́лга; a ~ call

официа́льный визи́т; визи́т по обя́занности; bounden ~ свяще́нная обя́занность; we are in ~ bound долг повелева́ет нам; **2.** (*official employment*) служе́бные обя́занности; дежу́рство; on ~ на дежу́рстве; come on ~ при|ходи́ть, -йти́ на дежу́рство; off ~ свобо́дный; вне слу́жбы, в свобо́дное/ неслуже́бное вре́мя; I am off ~ today я сего́дня не рабо́таю; go off ~ уходи́ть, уйти́ с дежу́рства; take up one's duties приступ|а́ть, -и́ть к исполне́нию свои́х обя́занностей; ~ officer дежу́рный (офице́р); ~ journey служе́бная командиро́вка; **3.** (*fig., of things*): a box did ~ for a table я́щик служи́л столо́м; a heavy ~ engine сверхмо́щный мото́р; **4.** (*fin.*) по́шлина, сбор; customs ~ тамо́женная по́шлина; stamp ~ ге́рбовый сбор; estate ~ иму́щественный нало́г.
cpds.: ~-**free**, ~-**paid** adjs. беспо́шлинный.
**duumvir** n. (*hist.*) дуумви́р.
**duumvirate** n. (*hist.*) дуумвира́т.
**duvet** n. пухова́я пери́на.
**dux** n. отли́чник; пе́рвый учени́к.
**dwarf** n. ка́рлик; ~ plant ка́рликовое расте́ние.
v.t. (*stunt growth of*) меша́ть, по- ро́сту +g.; остан|а́вливать, -ови́ть рост +g.; (*fig.*): our efforts are ~ed by his его́ уси́лия затмева́ют на́ши.
**dwarfish** adj. ка́рликовый.
**dwell** v.i. **1.** (*live*) жить (*impf.*); обита́ть (*impf.*); her memory ~s with me па́мять о ней живёт во мне; **2.** ~ (up)on (*expatiate on*) распространя́ться (*impf.*) о +p.; it is unnecessary to ~ on the difficulties не ну́жно остана́вливаться на тру́дностях; (*in singing*): he dwelt on that note он вы́держал/вы́тянул э́ту но́ту.
**dweller** n. жи́тель, обита́тель (*fems.* -ница).
**dwelling** n. жильё, жили́ще.
cpds.: ~-**house** n. жило́й дом; -**place** n. местожи́тельство.
**dwindle** v.i. сокра|ща́ться, -ти́ться; ум|ень-ша́ться, -е́ньшиться.
**Dyak** n. дая́к.
adj. дая́кский.
**dyarchy** see DIARCHY.
**dye** n. кра́ска; a scoundrel of the deepest ~ отъя́вленный негодя́й.
v.t. **1.** (*colour artificially*) кра́сить, по-; окра́|шивать, -сить; ~ a dress black кра́сить, по- пла́тье в чёрный цвет; ~d-in-the-wool (*fig.*) зако́нченный, по́лный, закоренéлый; **2.** (*fig.*): blushes ~d her cheeks она́ зарде́лась.
v.i. кра́ситься, по-; this material ~s well э́тот материа́л хорошо́ кра́сится.
cpds.: ~-**stuff** n. краси́тель (*m.*); ~-**works** n. краси́льня.
**dyer** n. краси́льщик.
**dying** adj. умира́ющий, предсме́ртный; till one's ~ day до конца́ дней свои́х.
**dyke** see DIKE.
**dynamic** n. (*force*) дви́жущая си́ла; (*pl., science*) дина́мика.
adj. (*pertaining to force*) динами́ческий; (*energetic*) динами́чный.
**dynamism** n. динами́зм.
**dynamite** n. динами́т (*also fig.*).
v.t. вз|рыва́ть, -орва́ть динами́том.
**dynamiter** n. динами́тчик.
**dynamo** n. дина́мо (*indecl.*); дина́мо-маши́на; a human ~ энерги́чный/неутоми́мый челове́к.
**dynamometer** n. динамо́метр.
**dynast** n. представи́тель (*m.*) дина́стии.
**dynastic** adj. династи́ческий.
**dynasty** n. дина́стия.
**dyne** n. ди́на.
**dysentery** n. дизентери́я.
**dysfunction** n. дисфу́нкция.
**dysgenic** adj. спосо́бствующий вырожде́нию.
**dyslexia** n. дисле́ксия.
**dyslexic** adj.: he is ~ он дисле́ктик.
**dyspepsia** n. диспепси́я.
**dyspeptic** n. & adj. страда́ющий диспепси́ей.
**dystrophy** n. дистрофи́я.

# E

**E** n. (*mus.*) ми (*nt. indecl.*).
**each** pron. & adj. ка́ждый; he gave ~ (one) of us a book он ка́ждому из нас дал по кни́ге; he sat with a child on ~ side of him он сиде́л ме́жду двух дете́й; we took a tray ~ from the table мы взя́ли со сто́лика по подно́су; the apples cost 5 pence ~ я́блоки сто́ят 5 пе́нсов шту́ка (*or* за шту́ку); ~ other друг дру́га; ~ and every one, ~ and all все до одного́; все без исключе́ния; 2 ~ по́ два/двое; 5 ~ по пяти́, (*coll.*) по пять; 100 ~ по́ сто; 200 ~ по две́сти; 500 ~ по пятисо́т.
**eager** adj. стремя́щийся (к +d.); жа́ждущий (+g.); he is ~ to go он рвётся идти́; ~ pursuit неотсту́пная пого́ня.
**eagerness** n. рве́ние, стремле́ние.
**eagle** n. орёл; he is not an ~ (*fig.*) невелика́ пти́ца; ~ eye зо́ркий взгляд; ~ owl фи́лин.

*cpd.*: ~**-eyed** *adj.* зо́ркий, проница́тельный.

**eaglet** *n.* орлёнок.

**ear**[1] *n.* **1.** (*anat.*) у́хо (*dim. e.g. baby's*) у́шко; give s.o. a thick ~ дать (*pf.*) в у́хо кому́-н.; **2.** (*of vessel*) ру́чка, ду́жка; **3.**: ~ for music музыка́льный слух; she plays by ~ она́ игра́ет по слу́ху; play it by ~ (*fig.*) пол|ага́ться, -ожи́ться на чутьё; **4.** (*var. idioms*): I am all ~s я весь обрати́лся в слух; it went in at one ~ and out at the other в одно́ у́хо вошло́, в друго́е вы́шло; up to one's ~s in work/debt по́ уши в рабо́те/долга́х; he set the whole village by the ~s он перессо́рил всю дере́вню; gain s.o.'s ~ доби́ться (*pf.*) чьего́-н. благоскло́нного внима́ния; (may I have) a word in your ~ мне ну́жно ко́е-что вам сказа́ть на у́шко; prick up one's ~s навостри́ть (*pf.*) у́ши; he is over head and ~s in debt он по́ уши в долга́х; were your ~s burning last night? у вас у́ши не горе́ли вчера́?; he brought a storm about his ~s он навлёк на себя́ негодова́ние; I could not believe my ~s я свои́м уша́м не пове́рил; lend an ~, give ~ to прислу́ш|иваться, -аться к +*d.*; his words fell on deaf ~s его́ слова́ бы́ли гла́сом вопию́щего в пусты́не; turn a deaf ~ to пропусти́ть (*pf.*) ми́мо уше́й; it came to my ~s that . . . до меня́ дошли́ слу́хи, что . . .; he has his ~ to the ground (*fig.*) он де́ржит у́хо востро́; on one's ~ (*tipsy*) под му́хой (*coll.*).

*cpds.*: ~**ache** *n.* боль в у́хе; ~**drop** *n.* (*pendant*) (серьга́)·подве́ска; (*pl., medicinal*) ушны́е ка́пли (*f. pl.*); ~**drum** *n.* бараба́нная перепо́нка; ~**-flap** *n.* нау́шник ша́пки; ~**mark** *v.t.* на|кла́дывать, -ложи́ть тавро́ на +*a.*; (*fig.*) предназн|ача́ть, -а́чить; ассигнова́ть (*impf., pf.*); ~**phone,** ~**piece** *nn.* нау́шник; ра́ковина телефо́нной тру́бки; ~**piercing** *adj.* пронзи́тельный; ~**-plug** *n.* заты́чка для уше́й; ушно́й вкла́дыш; ~**ring** *n.* серьга́; ~**shot** *n.*: within ~shot в преде́лах слы́шимости; out of ~shot вне преде́лов слы́шимости; ~**-splitting** *adj.* оглуши́тельный; ~**-trumpet** *n.* слухово́й рожо́к; ~**-wax** *n.* ушна́я се́ра.

**ear**[2] *n.* (*bot.*) ко́лос; corn in the ~ колося́щаяся пшени́ца.

**earl** *n.* граф.

**earldom** *n.* гра́фство.

**earless** *adj.* безу́хий.

**earl**|**y** *adj.* ра́нний; he is an ~y riser он ра́но встаёт; he keeps ~y hours он ра́но ложи́тся спать и ра́но встаёт; in one's ~y days, life в ю́ности/мо́лодости; in the ~y part of this century в нача́ле э́того столе́тия; we are ~y мы пришли́ ра́но; at an ~y date в ближа́йшие дни; an ~y reply незамедли́тельный отве́т; on Tuesday at (the) ~iest не ра́ньше вто́рника; ~y man первобы́тный челове́к; ~ music стари́нная му́зыка; ~y peaches ра́нние/скороспе́лые пе́рсики; ~y warning (*radar*)

да́льнее обнаруже́ние.

*adv.* ра́но; come as ~y as possible приходи́те как мо́жно ра́ньше; ~y on в нача́ле; ~ier on ра́ньше, ра́нее; two hours ~ier на́ два часа́ ра́ньше; as ~y as March уже́/ещё в ма́рте.

**earn** *v.t. & i.* зараб|а́тывать, -о́тать; (*deserve*) заслу́ж|ивать, -и́ть; ~ one's living зараба́тывать (*impf.*) на жизнь; ~ed income трудово́й дохо́д.

**earnest**[1] *n.* (*advance payment*) зада́ток; (*fig.*) зало́г; in ~ of в зало́г +*g.*

**earnest**[2] *n.*: in ~ серьёзно, всерьёз; I am in ~ (*not joking*) я не шучу́; я говорю́ серьёзно; it is raining in real ~ дождь разошёлся не на шу́тку.

*adj.* серьёзный.

**earnestness** *n.* серьёзность.

**earnings** *n.* за́работок.

**earth** *n.* **1.** (*planet, world*) земля́; on the face of the ~ на пове́рхности земли́; to the ends of the ~ на край све́та; come back to ~ (*fig.*) спусти́ться (*pf.*) с облако́в на зе́млю; why on ~? с како́й ста́ти?; заче́м то́лько?; who on ~? кто то́лько?; like nothing on ~ ни на что не похо́жий; move heaven and ~ пусти́ть (*pf.*) в ход все сре́дства; down to ~ (*fig.*) практи́чный, трёзвый; **2.** (*dry land*) земля́; scorched ~ вы́жженная земля́; **3.** (*soil*) земля́, по́чва; **4.** (*animal's hole*) нора́; stop an ~ заде́л|ывать, -ать нору́; go to ~ скр|ыва́ться, -ы́ться в нору́; притаи́ться (*pf.*); run s.o. to ~ (*fig.*) высле́живать, вы́следить кого́-н.; **5.** (*chem.*) по́чва; грунт; **6.** (*elec.*) земля́, заземле́ние.

*v.t.* **1.**: ~ up the roots of a shrub оку́чи|вать, -ть куст; **2.**: ~ an aerial заземл|я́ть, -и́ть анте́нну.

*cpds.*: ~**-born** *adj.* (*mortal*) сме́ртный; (*myth.*) порождённый землёй; ~**-bound** *adj.* земно́й; ~**-closet** *n.* засыпна́я убо́рная; ~**-light** *n.* (*astron.*) пе́пельный свет (Луны́); ~**quake** *n.* землетрясе́ние; ~**quake-proof** *adj.* антисейсми́ческий, сейсмосто́йкий; ~**-shaking** *adj.* всеми́рного значе́ния; ~**works** *n.* земляны́е рабо́ты (*f. pl.*); ~**worm** *n.* земляно́й червь.

**earthen** *adj.* земляно́й.

*cpd.*: ~**ware** *n.* гонча́рные изде́лия; гли́няная посу́да.

**earthiness** *n.* приземлённость, грубова́тость.

**earthly** *adj.* земно́й; there is no ~ reason why . . . нет ни мале́йшей причи́ны, чтобы . . .; he hasn't an ~ (*coll.*) у него́ нет ни мале́йшего ша́нса.

*cpd.*: ~**-minded** *adj.* земно́й.

**earthy** *adj.* (*smell etc.*) земляно́й; (*fig.*) земно́й, приземлённый, грубова́тый.

**earwig** *n.* ухове́ртка.

**ease** *n.* **1.** (*facility*) лёгкость; **2.** (*comfort*) поко́й, о́тдых, досу́г; take one's ~ отд|ыха́ть, -охну́ть; a life of ~ лёгкая жизнь; he was ill at

~ ему́ бы́ло не по себе́; stand at ~ (*mil.*) стоя́ть (*impf.*) во́льно; march at ~ (*mil.*) дви́гаться (*impf.*) по кома́нде «во́льно»; be, feel at ~ чу́вствовать (*impf.*) себя́ непринуждённо; put s.o. at his ~ приободри́ть, (*pf.*) кого́-н.

*v.t.* **1.** (*loosen*) отпус|ка́ть, -ти́ть; ~ a drawer исправи́ть (*pf.*) я́щик, что́бы он ле́гче выдвига́лся; ~ a coat under the armpits выпуска́ть, вы́пустить пиджа́к под мы́шками; **2.** (*slow down, reduce pressure on*): ~ down the speed of a boat зам|едля́ть, -е́длить ход ло́дки; ~ her! (*naut.*) ма́лый ход!; ~ the helm (*naut.*) уб|авля́ть, -а́вить руля́; **3.** (*relieve*) облегч|а́ть, -и́ть; ~ s.o.'s anxiety успок|а́ивать, -о́ить кого́-н.

*v.i.* (*relax*) облегч|а́ться, -и́ться; слабе́ть, о-, осла́бнуть; tension ~d (off) напряже́ние осла́бло; ~ off on drinking (*coll.*) пить (*impf.*) ме́ньше; the pressure of work ~d (up) напряжённость рабо́ты спа́ла.

**easel** *n.* мольбе́рт.

**easement** *n.* (*leg.*) сервиту́т.

**easily** *adv.* (*freely*) свобо́дно; (*without difficulty*) легко́, без труда́; he is ~ the best он безусло́вно са́мый лу́чший; he may ~ be late он вполне́ мо́жет опозда́ть.

**easiness** *n.* (*facility*) лёгкость; (*comfort*) удо́бство; (*informality*) непринуждённость.

**east** *n. & adv.* восто́к; на восто́к; к восто́ку; Far E~ Да́льний Восто́к; Near E~ Бли́жний Восто́к; Middle E~ Сре́дний/Бли́жний Восто́к; the wind is in the ~ ве́тер ду́ет с восто́ка; ~ by north ост-тень-норд; ~northeast ост-норд-ост; (to the) ~ of London к восто́ку от Ло́ндона; восто́чнее Ло́ндона; travel ~ дви́гаться (*impf.*) на восто́к; sail due ~ плыть (*impf.*) по направле́нию к восто́ку; face ~ быть обращённым на восто́к.

*adj.* восто́чный.

*cpds.*: ~**about** *adj. & adv.* (*making a circle* ~*wards*) в обхо́д с восто́ка; ~**bound** *adj.* напра́вленный на восто́к.

**Easter** *n.* Па́сха; (*attr.*) пасха́льный; at ~ на Па́сху; ~ Day, Sunday Све́тлое/Христо́во Воскресе́нье; Па́сха; ~ egg пасха́льное яи́чко; ~ eve кану́н Па́схи; Вели́кая Суббо́та; ~ week пасха́льная неде́ля; свята́я/све́тлая седми́ца; ~ Monday (Tuesday *etc.*) Све́тлый Понеде́льник (Вто́рник *и т.п.*); ~ Island о́стров Па́схи.

**easterly** *adj.*: the wind is ~ ве́тер ду́ет с восто́ка.

**eastern** *adj.* восто́чный; E~ Empire Византи́йская импе́рия.

**easternmost** *adj.* са́мый восто́чный.

**easting** *n.* (*naut.*) курс на ост; отше́ствие на восто́к.

**eastward** *n.*: 6 miles to the ~ 6 миль на восто́к.

*adj.* дви́жущийся на восто́к.

*adv.* (*also* ~s) на восто́к; в восто́чном направле́нии.

**easy** *adj.* **1.** (*not difficult*) лёгкий; ~ of access досту́пный; the book is ~ to read кни́га легко́ чита́ется; ~ money легко́ на́житые де́ньги; ~ come, ~ go как на́жито, так и про́жито; he is ~ to get on with у него́ лёгкий хара́ктер; woman of ~ virtue же́нщина лёгкого поведе́ния; an ~ mark (*coll.*) проста́к; easier said than done легко́ сказа́ть; as ~ as ABC (*or* falling off a log) ле́гче лёгкого; про́ще просто́го; **2.** (*comfortable, unconstrained*) споко́йный, лёгкий; he leads an ~ life у него́ лёгкая жизнь; ~ in one's mind споко́йный; ~ chair кре́сло; ~ manners непринуждённые мане́ры; in E~ Street в дово́льстве/доста́тке; on ~ terms на лёгких усло́виях; I am ~ (*coll., have no preference*) мне всё равно́.

*adv.*: ~ does it! ти́ше е́дешь — да́льше бу́дешь; ~! споко́йно!; take it ~! (*don't exert yourself*) не усе́рдствуйте!; (*don't worry*) не волну́йтесь!; (*don't hurry*) не спеши́те!; ~ all! (*stop rowing*) суши́ть вёсла!

*cpds.*: ~**-going** *adj.* (*of person*) благоду́шный; ~**-goingness** *n.* благоду́шие.

**eat** *v.t. & i.* **1.** (*of pers.*) есть, съ-; (*politely, of others*) ку́шать, по-/с-; ~ one's dinner пообе́дать/поу́жинать (*pf.*); he ~s well он хоро́ший едо́к; у него́ хоро́ший аппети́т; (~*s good food*) он хорошо́ пита́ется; ~ one's head off объеда́ться (*impf.*); ~, drink and be merry есть, пить и весели́ться (*all impf.*); good to ~ (*edible*) съедо́бный; (*palatable*) вку́сный, прия́тный на вкус; **2.** (*of animal etc.*) есть, съ-; жрать, со-; the moths ate holes in my coat мое пальто́ изъе́дено мо́лью; the horse is ~ing its head off э́ту ло́шадь прокорми́ть, деше́вле похорони́ть; what's ~ing you? (*coll.*) кака́я му́ха вас укуси́ла?; **3.** (*of physical substances*) разъ|еда́ть, -е́сть; acids ~ (into) metals кисло́ты разъеда́ют мета́ллы; the river has ~en away its banks река́ подмы́ла берега́; **4.** (*idioms*): ~ one's words брать, взять свои́ слова́ наза́д; ~ one's heart out исстрада́ться (*pf.*); жесто́ко тоскова́ть (*impf.*); ~ humble pie прийти́ (*pf.*) с пови́нной голово́й; ~ s.o. out of house and home объ|еда́ть, -е́сть кого́-н.; ~ out of s.o.'s hand (*fig.*) ста|нови́ться, -ть ру́чным; he can't ~ you он вас не съест; I'll ~ my hat if . . . даю́ го́лову на отсече́ние, е́сли . . .; **5.** (*in passive sense*): these apples ~ well э́ти я́блоки вку́сные; it ~s like pork э́то напомина́ет свини́ну.

*with advs.*: ~ **away** *v.t.* разъ|еда́ть, -е́сть; the wood was ~en away by worms че́рви изгры́зли де́рево; ~ **in** *v.i.* (*at home*) пита́ться (*impf.*) до́ма; ~ **out** *v.i.* есть (*impf.*) вне до́ма; ~ **up** *v.t.* до|еда́ть, -е́сть; (*fig.*): he is ~en up with pride/curiosity его́ снеда́ет го́рдость/любопы́тство.

**eatable** adj. съестно́й; съедо́бный; (as n. pl.) съестны́е припа́с|ы (pl., g. -ов), съестно́е.

**eater** n. едо́к; he is a big ~ он мно́го ест; едо́к он о́чень хоро́ший.

**eating** n. еда́.
adj.: are these ~ apples? мо́жно э́ти я́блоки есть сыры́ми?
cpd.: ~-**house** n. столо́вая.

**eats** n. харчи́ (m. pl.) (coll.).

**eau-de-Cologne** n. одеколо́н.

**eau-de-Nil** adj. (colour) зеленова́тый.

**eaves** n. карни́з.
cpds.: ~ **drop** v.i. подслу́ш|ивать, -ать; ~ **dropper** n. подслу́шивающий; ~ **dropping** n. подслу́шивание.

**ebb** n. (of tide) отли́в; the tide is on the ~ наступи́л отли́в; ~ and flow отли́в и прили́в; (fig.) упа́док; his strength is at a low ~ его́ си́лы иссяка́ют.
v.i. (of tide) уб|ыва́ть, -ы́ть; (fig.) осла-б|ева́ть, -е́ть; daylight is ~ing away день угаса́ет; his strength is ~ing его́ си́лы слабе́ют.
cpd.: ~-**tide** n. отли́в.

**ebonite** n. эбони́т.

**ebony** n. эбе́новое/чёрное де́рево; (fig., black) чёрный как смоль.

**ebullience** n. кипу́честь.

**ebullient** adj. кипу́чий, по́лный энтузиа́зма.

**ebullition** n. (boiling) кипе́ние, вскипа́ние; (fig.) вспы́шка, взрыв.

**écarté** n. (game) экарте́ (indecl.).

**eccentric** n. 1. (pers.) чуда́к; оригина́л; эксцентри́чный челове́к; 2. (tech.) эксце́нтрик.
adj. 1. (of pers.) эксцентри́чный; 2. (math., astron.) эксцентри́ческий; (tech.) эксцен-три́ковый.

**eccentricity** n. (of pers.) чуда́чество, эксцентри́чность; (geom., tech.) эксцен-три́чность; эксцентрисите́т.

**Ecclesiastes** n. (bibl.) Кни́га Екклесиа́ста/Проповѣ́дника.

**ecclesiastic** n. духо́вное лицо́.

**ecclesiastical** adj. духо́вный, церко́вный.

**Ecclesiasticus** n. (bibl.) Кни́га Прему́дрости Иису́са, сы́на Сира́хова.

**echelon** n. 1. (mil. formation) эшело́н; in ~ эшело́нами; 2. (grade) чин, ранг.
v.t. (mil.) эшелони́ровать (impf., pf.).

**echidna** n. ехи́дна.

**echo** n. э́хо; he was cheered to the ~ ему́ устро́или бу́рную ова́цию.
v.t. вто́рить (impf.) +d.; ~ s.o.'s words вто́рить чьим-н. слова́м.
v.i. отд|ава́ться, -а́ться э́хом; the thunder ~ed amongst the hills гром отдава́лся э́хом в гора́х; the house ~ed to the children's laughter дом звене́л от де́тского сме́ха.
cpd.: ~-**sounding** n. измере́ние эхоло́том.

**echoic** adj. звукоподража́тельный.

**éclair** n. экле́р.

**éclat** n. блеск.

**eclectic** adj. эклекти́ческий; эклекти́чный.

**eclecticism** n. эклекти́зм.

**eclipse** n. 1. (astron.) затме́ние; partial/total ~ части́чное/по́лное затме́ние; 2. (fig.) помраче́ние; his fame suffered an ~ его́ сла́ва поме́ркла.
v.t. (lit., fig.) затм|ева́ть, -и́ть.

**ecliptic** n. экли́птика.

**eclogue** n. экло́га.

**ecological** adj. экологи́ческий.

**ecology** n. эколо́гия.

**econometric** adj. эконометри́ческий.

**econometrics** n. экономе́трия, экономе́трика.

**economic** adj. 1. экономи́ческий, хозя́йст-венный; ~ warfare экономи́ческая война́; 2. (paying) рента́бельный.

**economical** adj. эконо́мный, бережли́вый, хозя́йственный; ~ of time and energy со-храня́ющий вре́мя и эне́ргию; he is ~ with words он скуп на слова́.

**economics** n. эконо́мика; the ~ of poultry-farming эконо́мика птицево́дства.

**economist** n. экономи́ст; (thrifty person) бе-режли́вый челове́к.

**economize** v.t. & i. эконо́мить, с-; ~ fuel эконо́мить, с- то́пливо; he ~d by drinking less он эконо́мил на вы́пивке.

**economizer** n. бережли́вый челове́к.

**econom|y** n. 1. (thrift) эконо́мия, хозя́й-ственность, бережли́вость; false ~y бессмы́сленная эконо́мия; little ~ies эконо́мия на мелоча́х; ~y of truth (iron.) зама́лчивание пра́вды; лжи́вость; 2. (~ic sys-tem) эконо́мика, хозя́йство; rural ~y се́льское хозя́йство; political ~y полити́чес-кая эконо́мия.

**ECOSOC** n. (abbr., Economic and Social Coun-cil) Экономи́ческий и Социа́льный Сове́т ООН.

**ecru** adj. цве́та небелёного/суро́вого полотна́; серова́то-бе́жевый.

**ecstas|y** n. 1. (strong emotion) экста́з; she went into ~ies over it э́то привело́ её в экста́з; in an ~y of fear вне себя́ от стра́ха; 2. (trance) транс, самозабве́ние.

**ecstatic** adj. (joyful) экстати́ческий, в экста́зе.

**ectopic** adj. эктопи́ческий; ~ pregnancy внема́точная бере́менность.

**ectoplasm** n. эктопла́зма.

**Ecuador** n. Эквадо́р.

**Ecuadorean** n. эквадо́р|ец (fem. -ка).
adj. эквадо́рский.

**e|cumenical, oe-** adj. (eccles.) экумени́ческий, вселе́нский; ~ council вселе́нский собо́р; ~ patriarch вселе́нский патриа́рх.

**e|cumenism, oe-** n. (eccles.) экумени́зм, экумени́ческое движе́ние.

**eczema** *n.* экзе́ма.

**eczematous** *adj.* экзематóзный.

**eddy** *n.* водоворóт; вихрь (*m.*).

  *v.i.* клуби́ться (*impf.*); крути́ться (*impf.*).

**edelweiss** *n.* эдельве́йс.

**Eden** *n.* Эдéм; (*paradise*) рай.

**edentate** *adj.* неполнозу́бый.

**edge** *n.* **1.** (*sharpened side*) остриё, лéзвие; the knife has no ~ нож затупи́лся; take the ~ off (*lit.*) притуп|ля́ть, -и́ть; затупл|я́ть, -и́ть; (*fig., e.g. appetite*) испóртить (*pf.*); put an ~ on a razor точи́ть, на- бри́тву; **2.** (*fig.*): be on ~ быть в нéрвном состоя́нии; set one's teeth on ~ вызыва́ть, вы́звать ощуще́ние оскóмины; give s.o. the ~ of one's tongue рéзко поговори́ть (*pf.*) с кем-н.; **3.** (*border*) грань; край; black-~d notepaper почтóвая бума́га с тра́урной каймóй; **4.** (*of book*) обрéз; gilt ~s золотóй обрéз; **5.** (*skating*): inside ~ дуга́ внутрь; outside ~ дуга́ нару́жу; **6.** have the ~ on s.o. (*coll.*) имéть преиму́щество над кем-н.

  *v.t. & i.* **1.** (*border*) окайм|ля́ть, -и́ть; ~ a handkerchief with lace окайм|ля́ть, -и́ть носовóй платóк кру́жевом; ~ a path with plants обса́|живать, -ди́ть дорóжку цветáми; **2.** (*make sharp*) точи́ть, на-; ~d tool рéжущий инструмéнт; play with ~d tools (*fig.*) игрáть (*impf.*) с огнём; **3.** (*move obliquely*): ~ one's way through a crowd проб|ира́ться, -ра́ться чéрез толпу́; ~ a piano through a door с трудóм прота́|скивать, -щи́ть пиани́но в дверь; ~ one's chair towards the fire подо-дви́нуть (*pf.*) стул к ками́ну; he ~d closer to me он пододви́нулся ко мне.

**edge|ways, -wise** *adv.* бóком; I could not get a word in ~ я не мог слóва встáвить.

**edging** *n.* (*border*) каймá.

**edgy** *adj.* (*irritable*) раздражи́тельный.

**edibility** *n.* съедóбность.

**edible** *adj.* съедóбный.

**edict** *n.* эди́кт, укáз.

**edification** *n.* назидáние, поучéние.

**edifice** *n.* здáние; (*fig.*) структу́ра, систéма.

**edify** *v.t.* наст|авля́ть, -áвить; поучáть (*impf.*).

**edifying** *adj.* назидáтельный, поучи́тельный, нравоучи́тельный.

**Edinburgh** *n.* Э́динбург; (*attr.*) эдинбу́ргский.

**edit** *v.t.* (*a text, newspaper*) редакти́ровать, от-; the passage was ~ed out э́тот отры́вок вы́черкнули; (*film etc.*) монти́ровать, с-.

**editing** *n.* редакти́рование, редáкция.

**edition** *n.* издáние; (*e.g. of newspaper*) вы́пуск; revised ~ испрáвленное издáние; limited ~ издáние, вы́пущенное ограни́ченным тиражóм; an ~ of 50,000 copies издáние в 50 000 экземпля́ров; the book ran into 20 ~s кни́га вы́держала 20 издáний; (*fig.*): she is a more charming ~ of her sister онá кóпия своéй сестры́, но ещё бóлее очаровáтельна.

**editor** *n.* редáктор; sports ~ редáктор

спорти́вного отдéла.

**editorial** *n.* передови́ца, передовáя статья́.

  *adj.* редакциóнный; редáкторский; ~ office редáкция; ~ staff редакциóнная коллéгия, редколлéгия; ~ changes (*in a text*) редáкторская прáвка.

**editorship** *n.* редáкторство.

**educa(ta)ble** *adj.* обучáемый, поддаю́щийся обучéнию.

**educate** *v.t.* да|вáть, -ть образовáние +*d.*; воспи́т|ывать, -áть; where were you ~d? где вы получи́ли образовáние?; he was ~d for the law он получи́л юриди́ческое образовáние; a well ~d man образóванный/интеллигéнтный человéк; ~d speech культу́рная речь; ~ s.o.'s taste разв|ивáть, -и́ть чей-н. вкус.

**education** *n.* образовáние, культу́ра; (*upbringing*) воспитáние; universal compulsory ~ всеóбщее обязáтельное обучéние; higher ~ вы́сшее образовáние; Ministry of E~ Министéрство просвещéния; lack of ~ необразóванность; a liberal ~ гуманитáрное образовáние; it was an ~ to work with him рабóта с ним мнóго мне далá; physical ~ физи́ческое воспитáние, физкульту́ра; public ~ нарóдное образовáние.

**educational** *adj.* (*pert. to education*) образовáтельный; (*instructive*) воспитáтельный, учéбный; ~ film учéбный фильм.

**education(al)ist** *n.* педагóг(-методи́ст).

**educative** *adj.* поучи́тельный.

**educator** *n.* воспитáтель (*m.*), педагóг.

**Edward** *n.* Эдуáрд.

**EEC** *n.* (*abbr.*, European Economic Community) Европéйское экономи́ческое соóбщество (ЕЭС).

**eel** *n.* у́горь (*m.*); he is as slippery as an ~ (*fig.*) он скóльзкий как у́горь.

**e'en** (*poet.*) = EVEN[1], EVEN[2] *adv.*

**e'er** (*poet.*) = EVER.

**eer|ie** (*Am.* -y) *adj.* жу́ткий.

**efface** *v.t.* ст|ирáть, -ерéть; (*fig.*) изглá|живать, -дить; ~ o.s. стушёв|ываться, -áться; держáться (*impf.*) в тени́.

**effaceable** *adj.* изглáживаемый, стирáемый.

**effacement** *n.* стирáние.

**effect** *n.* **1.** (*result*) результáт; punishment had no ~ on him наказáние на негó не подéйствовало; of no ~ безрезультáтный; to no ~ безрезультáтно; take ~ (*e.g. medicine*) дéйствовать, по-; give ~ to a decision осуществ|ля́ть, -и́ть решéние; in ~ в су́щности, факти́чески; **2.** (*validity*) дéйствие; come into ~ вступ|áть, -и́ть в си́лу; put, bring into ~ вводи́ть (*impf.*) в дéйствие; with ~ from today начинáя с сегóдняшнего дня; in ~ (*operative*) дéйствующий, в си́ле; of no ~ (*invalid*) недействи́тельный; **3.** (*sensual etc. impression*) впечатлéние, эффéкт; sound ~s (*e.g. on radio*) шумовы́е эффéкты; he does it all for ~ он де́лает всё напока́з; **4.** (*meaning*) содержа́ние, смысл; he spoke to this ~ смысл его́ слов был сле́дующий; or words to that ~ и́ли что́-то в э́том ро́де; верне́е, тако́в был смысл ска́занного; **5.** (*pl., property*) пожи́тк|и (*pl., g.* -ов); иму́щество; the innkeeper seized his ~s хозя́ин гости́ницы завладе́л его́ иму́ществом; "no ~s" (*on cheque*) нет средств.

*v.t.*: ~ one's purpose осуществ|ля́ть, -и́ть цель; ~ a cure излечи́ть (*pf.*) больно́го; ~ payment произв|оди́ть, -ести́ платёж; ~ a compromise пойти́ (*pf.*) на компроми́сс; прив|оди́ть, -ести́ к компроми́ссу; ~ an insurance policy оф|ормля́ть, -о́рмить страхово́й по́лис.

**effective** *adj.* **1.** (*efficacious*) эффекти́вный; **2.** (*striking*) эффе́ктный; **3.** (*operative*) име́ющий си́лу; де́йствующий; become ~ входи́ть, войти́ в си́лу; ~ range (*mil.*) да́льность действи́тельного огня́; ~ strength (*of an army*) нали́чный соста́в; ~s (*pl., as noun*) боевы́е подразделе́ния; нали́чный боево́й соста́в; **4.** (*virtual*) действи́тельный.

**effectiveness** *n.* (*efficacy*) эффекти́вность; де́йственность; (*of decor etc.*) эффе́ктность.

**effectual** *adj.* де́йственный; действи́тельный.

**effectuate** *v.t.* прив|оди́ть, -ести́ в исполне́ние.

**effeminacy** *n.* изне́женность.

**effeminate** *adj.* женоподо́бный.

**effervesce** *v.i.* пузы́риться (*impf.*); (*fig.*) и́скри́ться (*impf.*).

**effervescence** *n.* шипе́ние; (*fig.*) весёлое оживле́ние.

**effervescent** *adj.* пузы́рящийся, шипу́чий; (*fig.*) и́скря́щийся, брызжущий весе́льем.

**effete** *adj.* сла́бый, упа́дочный; (*degenerate*) вы́родившийся.

**efficacious** *adj.* эффекти́вный, де́йственный.

**efficacy** *n.* эффекти́вность, де́йственность.

**efficiency** *n.* делови́тость, уме́ние; эффекти́вность, производи́тельность, продукти́вность; ~ expert экспе́рт по вопро́сам организа́ции труда́.

**efficient** *adj.* делови́тый, исполни́тельный, уме́лый; эффекти́вный, производи́тельный, продукти́вный.

**effigy** *n.* изображе́ние; burn s.o. in ~ сжечь (*pf.*) чьё-н. изображе́ние/чу́чело.

**efflorescence** *n.* цвете́ние, расцве́т; (*fig.*) расцве́т.

**effluent** *n.* пото́к, вытека́ющий из о́зера/реки́; (*of sewage etc.*) сток.

**effluvium** *n.* (вре́дное) испаре́ние; миа́змы (*f. pl.*).

**efflux** *n.* истече́ние.

**effort** *n.* уси́лие, попы́тка; (*pl.*) рабо́та; make an ~ приложи́ть (*pf.*) уси́лие; spare no ~ не щади́ть (*impf.*) уси́лий; his ~s at persuading her failed его́ уси́лия убеди́ть её оказа́лись

тще́тными; (*coll., performance*): a good ~ уда́чная попы́тка.

**effortless** *adj.* непринуждённый; не тре́бующий уси́лий; with ~ skill с непринуждённой ло́вкостью.

**effrontery** *n.* на́глость, наха́льство.

**effulgence** *n.* лучеза́рность, сия́ние.

**effulgent** *adj.* лучеза́рный, сия́ющий.

**effusion** *n.* излия́ние (*also fig.*).

**effusive** *adj.* неуме́ренный, экспанси́вный; he was ~ in his gratitude он рассы́пался в благода́рностях.

**effusiveness** *n.* экспанси́вность, неуме́ренность.

**e.g.** (*abbr.*) напр.

**egad** *int.* (*arch.*) ей-Бо́гу.

**egalitarian, equalitarian** *adjs.* эгалита́рный, уравни́тельный.

**egalitarianism, equalitarianism** *nn.* эгалитари́зм, уравни́ловка.

**egality** *n.* ра́венство.

**egg**[1] *n.* **1.** (*lit.*) яйцо́; lay ~s нести́сь (*impf.*); нести́, с- я́йца; new-laid ~ свежеснесённое яйцо́; boiled ~ яйцо́ в мешо́чек; soft-boiled ~ яйцо́ всмя́тку; hard-boiled ~ круто́е яйцо́; fried ~ яи́чница-глазу́нья; scrambled ~s яи́чница-болту́нья; poached ~ яйцо́-пашо́т; baked ~ пече́ное яйцо́; rotten ~ ту́хлое яйцо́; you have got ~ on your chin у вас оста́тки яйца́ на подборо́дке; ~ and spoon race шу́точный бег с ло́жкой, в кото́рой лежи́т сыро́е яйцо́; in the ~ (*fig.*) в заро́дыше; put all one's ~s in one basket ≃ поста́вить (*pf.*) всё на ка́рту; as sure as ~s is ~s (*coll.*) ≃ я́сно как два́жды два четы́ре; don't teach your grandmother to suck ~s ≃ яйца ку́рицу не у́чат; **2.** (*coll., chap*) па́рень (*m.*); good ~ сла́вный ма́лый; bad ~ непутёвый ма́лый; **3.** (*coll.*): good ~! отли́чно!

*cpds.*: ~-**beater**, ~-**whisk** *nn.* весёлка, муто́вка; ~-**cosy** *n.* чехо́льчик для сохране́ния яйца́ горя́чим; ~-**cup** *n.* рю́мка для яйца́; ~-**flip**, ~-**nog** *nn.* яи́чный флипп; ~-**head** *n.* (*sl.*) интеллиге́нтик; ~-**plant** *n.* баклажа́н; ~-**shaped** *adj.* яйцеви́дный; ~-**shell** *n.* яи́чная скорлупа́; ~-**shell** paint ма́товая кра́ска; ~-**shell** china то́нкий фарфо́р; ~-**spoon** *n.* яи́чная ло́жечка; ~-**timer** *n.* (песо́чные) часы́ для ва́рки яи́ц; ~-**whisk** *see* ~-**beater.**

**egg**[2] *v.t.*: ~ on подстрек|а́ть, -ну́ть.

**eggy** *adj.* (*covered with egg*) вы́мазанный яйцо́м.

**eglantine** *n.* ро́за эгланти́не.

**ego** *n.* э́го (*indecl.*); я (*nt. indecl.*); субъе́кт; (*amour-propre*) самолю́бие; (*selfishness*) эгои́зм.

**egocentric** *adj.* эгоцентри́ческий, эгоцентри́чный.

**egocentrism** *n.* эгоцентри́зм.

**egoism** *n.* эгои́зм, эгоисти́чность.

**egoist** *n.* эго́ист (*fem.* -ка).

**egoistic(al)** *adj.* эгоисти́ческий, эгоисти́чный.

**egomania** *n.* эгоцентри́зм.

**egomaniac** *n.* эгоцентри́ст.

    *adj.* эгоцентри́ческий.

**egotism** *n.* эготи́зм.

**egotist** *n.* эготи́ст (*fem.* -ка), эгоце́нтрик.

**egotistic(al)** *adj.* эгоцентри́ческий.

**egregious** *adj.* вопию́щий, отъя́вленный.

**egress** *n.* (*exit*) вы́ход.

**egret** *n.* бе́лая ца́пля.

**Egypt** *n.* Еги́пет.

**Egyptian** *n.* египтя́н|ин (*fem.* -ка); spoil the ~s (*fig.*) пожи́виться (*pf.*) за счёт врага́.

    *adj.* еги́петский.

**Egyptologist** *n.* египто́лог.

**Egyptology** *n.* египтоло́гия.

**eh** *int.* а?; да неуже́ли?; как?

**eider** *n.* (~ duck) га́га.

    *cpd.*: ~**down** *n.* (*feathers*) гага́чий пух; (*quilt*) пухо́вое одея́ло.

**Eiffel Tower** *n.* Э́йфелева ба́шня.

**eight** *n.* (число́/но́мер) во́семь; (~ *people*) во́сьмеро, во́семь челове́к; we ~, the ~ of us мы восьмеро́м; мы, во́семь челове́к; ~ each по во́сьми; in ~s, ~ at a time по во́сьми, восьмёрками; (*figure*; *thing numbered 8*; *group or crew of* ~) восьмёрка; he cut a figure of ~ он сде́лал восьмёрку; (*with var. nouns expressed or understood: cf. examples under* FIVE): piece of ~ мексика́нский до́ллар; he had one over the ~ (*coll.*) он хвати́л ли́шнего; ~s (*contest*) гребны́е состяза́ния (в Окс́форде).

    *adj.* во́семь +*g. pl.*; (*for people and pluralia tantum, also*) во́сьмеро +*g. pl.*; ~ twos are sixteen во́семью (*or* во́семь на) два — шестна́дцать.

    *cpds.*: ~**fold** *adj.* восьмикра́тный; *adv.* в во́семь раз (бо́льше); ~**some** *n.* (*group of 8*) во́сьмеро.

**eighteen** *n.* восемна́дцать; in the 1820s в двадца́тые го́ды (*or* в двадца́тых года́х) XIX (девятна́дцатого) ве́ка.

    *adj.* восемна́дцать +*g. pl.*

**eighteenth** *n.* (*date*) восемна́дцатое число́; (*fraction*) одна́ восемна́дцатая; восемна́дцатая часть.

    *adj.* восемна́дцатый.

**eighth** *n.* (*date*) восьмо́е (число́); (*fraction*) одна́ восьма́я; восьма́я часть.

    *adj.* восьмо́й; ~ note (*Am., mus.*) восьма́я но́та.

**eightieth** *n.* одна́ восьмидеся́тая; восьмидеся́тая часть.

    *adj.* восьмидеся́тый.

**eight|y** *n.* во́семьдесят; in the ~ies (*decade*) в восьмидеся́тых года́х; в восьмидеся́тые го́ды; (*temperature*) за во́семьдесят гра́дусов (по Фаренге́йту); he is in his ~ies ему́ за во́семьдесят.

**Eire** *n.* Э́йре (*indecl.*).

**eirenic** *see* IRENIC.

**either** *pron.* & *adj.* (*one or other*) любо́й, ка́ждый; тот и́ли друго́й; do ~ of these roads lead to town? кака́я-нибудь из э́тих доро́г ведёт к го́роду?; ~ book will do люба́я из э́тих книг годи́тся; I do not like ~ (one) мне не нра́вится ни тот, ни друго́й; ~ way you will lose и так и э́так вы проигра́ете; on ~ side of the window по обе́им сторона́м окна́; without ~ good or bad intentions без каки́х бы то ни́ было, до́брых ли́бо дурны́х, наме́рений; ~ of you may come любо́й из вас мо́жет прийти́; has ~ of you seen him? кто́-нибудь из вас ви́дел его́?

    *adv.* & *conj.*: I do not like Smith, or Jones ~ я не люблю́ ни Сми́та, ни Джо́нса; he did not go, and I did not ~ ни он, ни я не пошли́; (*intensive*): it was not long ago ~ э́то бы́ло не так уж давно́; ~ . . . ог и́ли . . . и́ли; ли́бо . . . ли́бо; то ли . . . то ли; не то . . . не то; ~ I or he will go оди́н из нас пойдёт; и́ли он и́ли я пойдём.

**ejaculate** *v.t.* (*utter suddenly*) воскл|ица́ть, -и́кнуть; (*emit*) изв|ерга́ть, -е́ргнуть.

**ejaculation** *n.* (*exclamation*) восклица́ние; (*emission*) изверже́ние; (*sexual*) семяизверже́ние; эякуля́ция.

**ejaculatory** *adj.* (*exclamatory*) восклица́тельный.

**eject** *v.t.* (*lit., fig.*) выбра́сывать, вы́бросить; высел|я́ть, вы́селить; (*emit*) изв|ерга́ть, -е́ргнуть.

    *v.i.* (*av.*): the pilot ~ed лётчик катапульти́ровался.

**eject|ion, -ment** *nn.* (*expulsion*) исключе́ние; (*from house*) выселе́ние; (*emission*) изверже́ние.

**ejector** *n.*: ~ seat (*av.*) катапульти́руемое сиде́нье.

**eke**[1] *adv.* (*arch.*) та́кже, то́же.

**eke**[2] *v.t.*: ~ out (*supplement*) поп|олня́ть, -о́лнить; восп|олня́ть, -о́лнить; ~ out a livelihood ко́е-как перебива́ться (*impf.*).

**elaborate**[1] *adj.* иску́сно сде́ланный; отде́ланный; сло́жный; an ~ pattern замыслова́тый рису́нок; an ~ dinner изы́сканный обе́д.

**elaborate**[2] *v.t.* разраб|а́тывать, -о́тать; отде́л|ывать, -ать.

**elaboration** *n.* (*working out*) разрабо́тка; (*making more elaborate*) отде́лка, усоверше́нствование.

**élan** *n.* поры́в, подъём.

**eland** *n.* южноафрика́нская антило́па.

**elapse** *v.i.* про|ходи́ть, -йти́; прот|ека́ть, -е́чь.

**elastic** *n.* (*material*) рези́нка.

    *adj.* (*lit.*) эласти́чный; упру́гий; ~ band рези́нка; (*fig.*) ги́бкий; ~ rules нестро́гие пра́вила; an ~ conscience беспринци́пность.

*cpd.*: ~-**sided** *adj.*: ~-sided boots ботинки с резиновыми вставками по бокам.

**elasticity** *n.* эластичность, упругость; (*fig.*) гибкость.

**elate** *v.t.* прив|одить, -ести в восторг; he was ~d at the news новость окрылила его.

**elation** *n.* приподнятое настроение; ликование, восторг.

**Elba** *n.* Эльба.

**Elbe** *n.* Эльба.

**elbow** *n.* **1.** (*lit.*) локоть (*m.*); at one's ~ (*fig.*) под рукой; out at ~s (*of garment*) с продранными локтями; поношенный; he is out at ~s (*fig.*) он впал в нужду; lift one's ~ (*fig.*) выпивать (*impf.*); more power to his ~! (*coll.*) дай Бог ему удачи!; rub ~s with якшаться (*impf.*) с +*i.* (*coll*); **2.** (*of pipe etc.*) колено.

*v.t.* пих|ать, -нуть; толкать (*impf.*) локтями; ~ one's way прот|алкиваться, -олкнуться; ~ s.o. aside отпихнуть (*pf.*) кого-н. в сторону.

*cpds.*: ~-**grease** *n.* (*joc.*) усиленная полировка; it needs ~-grease ≃ придётся попотеть; ~-**rest** *n.* подлокотник; ~-**room** *n.* простор.

**elder**[1] *n.* **1.** (*older person*) старец, старший; we should respect our ~s мы должны уважать старших; he is my ~ by seven years он старше меня на семь лет; **2.** (*official, senior member of tribe*) старейшина (*m.*); **3.** (*eccl.*) священник, старшина (*m.*).

*adj.* старший; the ~ Pitt Питт старший; which is the ~ of the two? кто из них двух старше?

**elder**[2] *n.* (*bot.*) бузина.

*cpd.*: ~**berry** *n.* ягода бузины.

**elderly** *adj.* пожилой.

**eldership** *n.* старшинство.

**eldest** *adj.* самый старший.

**El Dorado** *n.* (*fig.*) Эльдорадо (*indecl.*).

**eldritch** *adj.* (*Sc.*) жуткий, таинственный.

**elect** *adj.* избранный; president ~ избранный президент; (*as n.*) the ~ (*esp. relig.*) избранники (*m. pl.*).

*v.t.* изб|ирать, -рать; выбирать, выбрать; they ~ed him king они избрали его королём; the president is ~ed президент избирается; he ~ed to go on предпочёл пойти.

**election** *n.* **1.** (*pol.*) выборы (*m. pl.*); general ~ всеобщие выборы; hold an ~ пров|одить, -ести выборы; ~ campaign предвыборная/избирательная кампания; **2.** (*choice*) избрание.

**electioneer** *v.i.* агитировать (*impf.*); ~ing (campaign) предвыборная кампания.

**elective** *adj.* **1.** (*filled by election*) избирательный; выборный; an ~ office выборная должность; **2.** (*empowered to elect*): an ~ assembly избирательное собрание; **3.** (*optional*) факультативный.

**elector** *n.* **1.** (*voter*) избиратель (*m.*); **2.** (*Ger.*

*hist.*) курфюрст.

**electoral** *adj.* **1.** избирательный; ~ college коллегия выборщиков; ~ register список избирателей; **2.** (*hist.*) курфюрстский; ~ Saxony Саксония под властью курфюрста.

**electorate** *n.* **1.** (*body of electors*) избиратели (*m. pl.*); **2.** (*Ger. hist.*) курфюршество.

**electress** *n.* **1.** (*voter*) избирательница; **2.** (*Ger. hist.*) жена курфюрста, курфюрстина.

**electric** *adj.* электрический; ~ blue (*n. & adj.*) (цвет) электрик (*indecl.*); ~ field электрическое поле; ~ light электрический свет; электричество; ~ locomotive электровоз; (*fig.*): this had an ~ effect on him это наэлектризовало его.

**electrical** *adj.* электрический; ~ engineer инженер-электрик; ~ engineering электротехника.

**electrician** *n.* (электро)монтёр.

**electricity** *n.* электричество.

**electrification** *n.* (*phys.*) электризация; (*tech.*) электрификация.

**electrify** *v.t.* **1.** (*charge with electricity; also fig.*) электризовать, на-; **2.** (*e.g. a railway*) электрифицировать (*impf., pf.*).

**electro-** *pref.* электро-.

**electrocardiogram** *n.* электрокардиограмма.

**electrocute** *v.t.* (*execute*) казнить (*impf., pf.*) на электрическом стуле; he was ~d (*by accident*) его убило током.

**electrocution** *n.* казнь на электрическом стуле.

**electrode** *n.* электрод.

**electrodynamics** *n.* электродинамика.

**electro-encephalogram** *n.* электроэнцефалограмма.

**electrolysis** *n.* электролиз.

**electrolyte** *n.* электролит.

**electromagnet** *n.* электромагнит.

**electromagnetic** *adj.* электромагнитный.

**electrometer** *n.* электрометр.

**electromotive** *adj.* электродвижущий.

**electron** *n.* электрон.

**electronic** *adj.* электронный.

**electronics** *n.* электроника.

**electroplate** *n.* посеребрённые предметы (*m. pl.*).

*v.t.* гальванизировать (*impf., pf.*); покр|ывать, -ыть металлом с помощью электролиза.

**electroscope** *n.* электроскоп.

**electrotype** *n.* электротипия; гальвано (*indecl.*), гальваностереотип.

**eleemosynary** *adj.* благотворительный.

**elegance** *n.* элегантность, изящество.

**elegant** *adj.* элегантный, изящный.

**elegiac** *adj.* элегический, элегичный.

**elegiacs** *n.* элегические стихи (*m. pl.*).

**elegy** *n.* элегия.

**element** *n.* **1.** (*earth, air etc.*) стихия; exposed to the ~s брошенный на произвол стихий;

(*fig.*): in one's ~ в свое́й стихи́и; out of one's ~ как ры́ба, вы́нутая из воды́; **2.** (*chem.*) элеме́нт; **3.** (*pl., rudiments*) нача́ла (*nt. pl.*); азы́ (*m. pl.*); ~s of politeness элемента́рные пра́вила ве́жливости; **4.** (*feature, constituent*) элеме́нт; составна́я часть; **5.** (*trace*) след, до́ля; **6.** (*eccles.*): the E~s святы́е дары́ (*m. pl.*); **7.** (*elec.*) элеме́нт.

**elemental** *adj.* стихи́йный.

**elementary** *adj.* элемента́рный; ~ school нача́льная шко́ла.

**elephant** *n.* слон; ~ calf слонёнок; ~ cow слони́ха; ~ gun ружьё для охо́ты на слоно́в; white ~ (*fig.*) обремени́тельное иму́щество.

**elephantiasis** *n.* слоно́вая боле́знь.

**elephantine** *adj.* слоно́вый; an ~ task непоси́льная зада́ча; ~ humour тяжелове́сный ю́мор.

**elevate** *v.t.* (*lit.*) подн|има́ть, -я́ть; ~d railway надзе́мная желе́зная доро́га; (*fig.*) пов|ыша́ть, -ы́сить; (*ennoble*) облагор|а́живать, -о́дить; he was ~d to the peerage его́ возвели́ в зва́ние пэ́ра.

**elevated** *adj.* (*lofty*) высо́кий, возвы́шенный; (*coll., tipsy*) подвы́пивший, навеселе́.

**elevating** *adj.* облагора́живающий; подъёмный.

**elevation** *n.* **1.** (*act of raising*) подня́тие, возвыше́ние; **2.** (*e.g. of a gun*) вертика́льная наво́дка; **3.** (*height*) высота́, возвыше́ние, возвы́шенность; **4.** (*drawing*) вертика́льный разре́з; front ~ фаса́д; side ~ боково́й фаса́д; **5.** (*fig., of style etc.*) возвы́шенность; **6.** ~ to the peerage возведе́ние в зва́ние пэ́ра.

**elevator** *n.* **1.** (*machine*) грузоподъёмник, элева́тор; **2.** (*storehouse*) элева́тор; **3.** (*Am., lift*) лифт; ~ operator лифтёр; **4.** (*av.*) руль (*m.*) высоты́.

**eleven** *n.* оди́ннадцать; chapter ~ оди́ннадцатая глава́; (*team of* ~ *men*) кома́нда (из оди́ннадцати челове́к); at ~ (o'clock) в оди́ннадцать (часо́в); half past ~ полови́на двена́дцатого.

**elevenses** *n.* (*coll.*) лёгкий за́втрак о́коло оди́ннадцати часо́в утра́.

**eleventh** *n.* (*date*) оди́ннадцатое (число́); (*fraction*) одна́ оди́ннадцатая; оди́ннадцатая часть.

*adj.* оди́ннадцатый; at the ~ hour (*fig.*) в после́днюю мину́ту.

**elf** *n.* эльф.

*cpd.*: ~-**lock** *n.* спу́танные во́лосы (*m. pl.*).

**el|fin, -fish, -vish** *adjs.* подо́бный фе́е; волше́бный.

**elicit** *v.t.* извл|ека́ть, -е́чь; допы́т|ываться, -а́ться; ~ a fact выявля́ть, вы́явить факт; ~ a reply доби́ться (*pf.*) отве́та.

**elide** *v.t.* выпуска́ть, вы́пустить; опус|ка́ть, -ти́ть.

**eligibility** *n.* (*pol.*) пра́во на избра́ние.

**eligible** *adj.* могу́щий быть и́збранным; жела́тельный; an ~ young man подходя́щий жени́х.

**Elijah** *n.* (*bibl.*) Илия́ (*m.*), Илья́-проро́к.

**eliminate** *v.t.* **1.** (*do away with*) устран|я́ть, -и́ть; **2.** (*rule out*) исключ|а́ть, -и́ть; **3.** (*physiol., chem.*) оч|ища́ть, -и́стить; **4.** (*math.*) элимини́ровать (*impf.*); исключ|а́ть, -и́ть; **5.** (*sport*): he was ~d on the first round он вы́был в пе́рвом ту́ре.

**elimination** *n.* устране́ние, исключе́ние, очище́ние; (*sport*) отбо́рочное соревнова́ние.

**elision** *n.* (*phon.*) эли́зия.

**élite** *n.* эли́та; an ~ regiment отбо́рный полк.

**élitist** *adj.* элита́рный.

**elixir** *n.* эликси́р.

**Elizabeth** *n.* (*bibl.*) Елисаве́та; (*hist.*) Елизаве́та.

**Elizabethan** *n.* елизаве́тинец.

*adj.* елизаве́тинский.

**elk** *n.* лось (*m.*).

*cpd.*: ~-**hound** *n.* оленего́нная, ла́йка.

**ell** *n.*: give him an inch and he'll take an ~ дай ему́ па́лец, он всю ру́ку отку́сит.

**ellipse** *n.* э́ллипс, ова́л.

**ellipsis** *n.* э́ллипсис.

**ellipsoid** *n.* эллипсо́ид.

*adj.* (*also* ~al) эллипсоида́льный, эллипсо́идный.

**elliptical** *adj.* (*math., gram.*) эллипти́ческий.

**elm** *n.* вяз; (*wood*) древеси́на вя́за.

**Elm** *on.*: St ~'s fire огни́ (*m. pl.*) свято́го Э́льма.

**elocution** *n.* ора́торское иску́сство; те́хника ре́чи.

**elocutionary** *adj.* декламацио́нный.

**elocutionist** *n.* (*teacher*) учи́тель (*fem.* -ница) деклама́ции; (*reciter*) деклама́тор.

**elongate** *adj.* (*also* ~d) удлинённый.

*v.t.* удлин|я́ть, -и́ть.

**elongation** *n.* удлине́ние.

**elope** *v.i.* (та́йно) бежа́ть (*det.*) (с возлю́бленным).

**elopement** *n.* та́йное бе́гство (с возлю́бленным).

**eloquence** *n.* красноре́чие.

**eloquent** *adj.* красноречи́вый.

**El Salvador** *n.* Сальвадо́р.

**else** *adj. & adv.* друго́й; no-one ~ никто́ друго́й; бо́льше никто́; everyone ~ все остальны́е; nowhere ~ ни в како́м друго́м ме́сте; nowhere ~ but . . . нигде́, кро́ме . . .; everywhere ~ везде́, то́лько не здесь/там; someone ~'s не свой, чужо́й; what ~ could I say? что ещё я мог сказа́ть?; do you want anything ~ (*more*)? вы хоти́те ещё что́-нибудь?; how ~ can I manage? как (же) ещё я могу́ спра́виться с э́тим?; or ~ и́ли же; ина́че; а (не) то; run, or ~ you'll be late беги́те, а то опозда́ете.

*cpd.*: ~ **where** *adv.* где́-нибудь ещё (в друго́м ме́сте); куда́-нибудь ещё (в друго́е ме́сто).

**elucidate** v.t. разъясн|я́ть, -и́ть; прол|ива́ть, -и́ть свет на +a.

**elucidation** n. разъясне́ние.

**elucidatory** adj. поясни́тельный.

**elude** v.t. изб|ега́ть, -е́гнуть +g.; ускольз|а́ть, -ну́ть от +g.

**elusion** n. уклоне́ние, уве́ртка.

**elusive** adj. неулови́мый; (evasive) укло́нчивый.

**elusiveness** n. неулови́мость; укло́нчивость.

**elver** n. молодо́й у́горь.

**elvish** see ELFIN.

**Elysian** adj. елисе́йский; (fig.) ра́йский.

**Elysium** n. (myth.) Эли́зиум.

**emaciate** v.t. изнур|я́ть, -и́ть; (soil) истощ|а́ть, -и́ть.

**emaciation** n. изнуре́ние; истоще́ние.

**emanate** v.i. излуча́ться (impf.); истека́ть (impf.); the suggestion ~d from him предложе́ние исходи́ло от него́.

**emanation** n. истече́ние, излуче́ние.

**emancipate** v.t. эмансипи́ровать (impf., pf.); освобо|жда́ть, -ди́ть.

**emancipation** n. эмансипа́ция, освобожде́ние.

**emancipator** n. эмансипа́тор, освободи́тель (m.).

**emasculate** v.t. (castrate) кастри́ровать (impf., pf.); (fig.) выхола́щивать, вы́холостить; (e.g. language) обедн|я́ть, -и́ть.

**emasculation** n. кастра́ция; выхола́щивание, обедне́ние.

**embalm** v.t. бальзами́ровать, на-; (fig.): his memory is ~ed in our hearts па́мять о нём жива́ в на́ших сердца́х; (make fragrant) нап|олня́ть, -о́лнить благоуха́нием.

**embalmment** n. бальзами́рование.

**embank** v.t. обн|оси́ть, -ести́ ва́лом.

**embankment** n. (wall etc.) на́сыпь, гать; (roadway) набережная.

**embargo** n. эмба́рго (indecl.); oil is under ~ торго́вля не́фтью запрещена́; lay an ~ on нал|ага́ть, -ожи́ть эмба́рго на +a.; lift, raise an ~ сн|има́ть, -я́ть эмба́рго (с +g.).
v.t. (forbid trade in) нал|ага́ть, -ожи́ть эмба́рго на +a.; (seize) конфискова́ть (impf., pf.); реквизи́ровать (impf., pf.).

**embark** v.t. (goods) грузи́ть, на-; (people) грузи́ть, по-.
v.i. (go on board) грузи́ться, по-; сади́ться, сесть на кора́бль; (fig.) пус|ка́ться, -ти́ться (в+a.); прин|има́ться, -я́ться (за +a.); ~ on an undertaking предприн|има́ть, -я́ть де́ло; ~ on a discussion пус|ка́ться, -ти́ться в диску́ссию.

**embarkation** n. (of goods) погру́зка; (of people) поса́дка.

**embarrass** v.t. (cause confusion to) сму|ща́ть, -ти́ть; прив|оди́ть, -ести́ в замеша́тельство; (cumber) затрудн|я́ть, -и́ть.

**embarrassing** adj. щекотли́вый, вызыва́ющий смуще́ние; затрудни́тельный.

**embarrassment** n. смуще́ние, замеша́тельство.

**embassy** n. (mission, building) посо́льство; he was sent on an ~ to Paris он был по́слан с ми́ссией в Пари́ж.

**embattle** v.t. (set in battle array) стро́ить, по- в боево́й поря́док; (furnish with battlements) оснаща́ть (impf.) бойни́цами.

**embed** v.t.: stones ~ded in rock ка́мни, вмуро́ванные в скалу́; facts ~ded in one's memory фа́кты, вре́завшиеся в па́мять.

**embellish** v.t. укр|аша́ть, -а́сить; (a tale etc.) приукра́|шивать, -сить.

**embellishment** n. приукра́шивание.

**ember-goose** n. гага́ра поля́рная.

**embers** n. pl. (coals etc.) тле́ющие уголька́ (m. pl.); (fig.): ~ of an old love ещё не забы́тая любо́вь.

**embezzle** v.t. растра́|чивать, -тить; присв|а́ивать, -о́ить.

**embezzlement** n. растра́та, присвое́ние.

**embezzler** n. растра́тчик.

**embitter** v.t. озл|обля́ть, -о́бить; ожесточ|а́ть, -и́ть; нап|олня́ть, -о́лнить го́речью; relations between them were ~ed отноше́ния ме́жду ни́ми обостри́лись.

**embitterment** n. озло́бленность.

**emblazon** v.t. распи́с|ывать, -а́ть (герб); укр|аша́ть, -а́сить геральди́ческими зна́ками; (fig., extol) превозн|оси́ть, -ести́.

**emblem** n. эмбле́ма.

**emblematic** adj. эмблемати́ческий.

**emblematize** v.t. служи́ть (impf.) эмбле́мой +g.

**embodiment** n. воплоще́ние, олицетворе́ние.

**embod|y** v.t. вопло|ща́ть, -ти́ть; олицетвор|я́ть, -и́ть; (contain) содержа́ть (impf.); this model ~ies new features э́та моде́ль включа́ет в себя́ но́вые элеме́нты.

**embolden** v.t. подбодр|я́ть, -и́ть; ободр|я́ть, -и́ть; да|ва́ть, -ть сме́лость +d.

**embolism** n. эмболи́я.

**embonpoint** n. пу́хлость, полнота́, доро́дность.

**embosom** v.t. (liter.): a house ~ed in trees дом, окружённый дере́вьями.

**emboss** v.t. выбива́ть, вы́бить; чека́нить, от-/вы́-; ~ed notepaper тиснёная бума́га; a vase ~ed with a design of flowers ва́за с релье́фным цвето́чным узо́ром.

**embrace** n. объя́тие.
v.t. 1. (clasp in one's arms) обн|има́ть, -я́ть; 2. (an offer, theory etc.) прин|има́ть, -я́ть; 3. (include, comprise) включ|а́ть, -и́ть; 4. (take in with eye or mind) охва́т|ывать, -и́ть.
v.i.: обн|има́ться, -я́ться.

**embrasure** n. (for gun) амбразу́ра, бойни́ца; (of door, window) проём.

**embrocation** n. примо́чка.

**embroider** v.t. вышива́ть, вы́шить; (a story etc.) приукра́|шивать, -сить.

**embroidery** n. вышива́ние, вы́шивка; ~ frame пя́л|ьцы (pl., g. -ец).

**embroil** *v.t.* (*confuse*) запу́т|ывать, -ать; (*involve in quarrel*) ссо́рить, по- (кого́ с кем).

**embroilment** *n.* запу́тывание, запу́танность; (*quarrel*) ссо́ра.

**embryo** *n.* (*biol.*) эмбрио́н; (*fig.*) заро́дыш; in ~ в заро́дыше.

**embryology** *n.* эмбриоло́гия.

**embryonic** *adj.* эмбриона́льный; (*fig.*) недора́звитый; в заро́дыше.

**embus** (*mil.*) *v.t.* сажа́ть, посади́ть в автомаши́ны.
    *v.i.* грузи́ться, по- в автомаши́ны.

**emend** *v.t.* испр|авля́ть, -а́вить.

**emendation** *n.* исправле́ние (те́кста).

**emerald** *n.* изумру́д; *attr.* изумру́дный; ~ green изумру́дно-зелёный.

**emerge** *v.i.* вслы́|ва́ть, -ть; появ|ля́ться, -и́ться; the moon ~d from behind clouds луна́ вы́шла из-за облако́в; the submarine ~d подво́дная ло́дка всплыла́; (*fig.*) возн|ика́ть, -и́кнуть; я́вствовать (*impf.*); no new facts ~d никаки́х но́вых фа́ктов не всплыло́.

**emergence** *n.* появле́ние, возникнове́ние.

**emergency** *n.* кра́йняя необходи́мость; ава́рия; чрезвыча́йное положе́ние; (*attr.*) чрезвыча́йный, э́кстренный; (*for use in* ~) запасно́й, запа́сный, вре́менный; rise to an ~ оказа́ться (*pf.*) на высоте́ положе́ния; ~ landing вы́нужденная поса́дка; ~ powers чрезвыча́йные полномо́чия; ~ ration неприкоснове́нный запа́с.

**emergent** *adj.* всплыва́ющий на пове́рхность; (*fig.*) нараста́ющий, развива́ющийся.

**emeritus** *adj.*: professor ~ заслу́женный профе́ссор в отста́вке.

**emery** *n.* наждак; ~ cloth наждачное полотно́; шку́рка; ~ paper наждачная бума́га.

**emetic** *n.* рво́тное сре́дство.
    *adj.* рво́тный; (*fig.*) тошнотво́рный.

**emigrant** *n.* эмигра́нт (*fem.* -ка).
    *adj.* эмигра́нтский.

**emigrate** *v.i.* эмигри́ровать (*impf., pf.*).

**emigration** *n.* эмигра́ция.

**émigré** *n.* эмигра́нт (*fem.* -ка).
    *adj.* эмиграцио́нный, эмигра́нтский; ~ government прави́тельство в изгна́нии.

**eminence** *n.* **1.** (*high ground*) высота́; возвыше́ние; **2.** (*celebrity*) знамени́тость; reach, win, attain ~ добиться (*pf.*) сла́вы/изве́стности; **3.** (*title*): His E~ Его́ Высокопреосвяще́нство; grey ~ (*fig.*) се́рое преосвяще́нство, се́рый кардина́л.

**eminent** *adj.* (*of pers.*) выдаю́щийся, знамени́тый; (*of qualities*) замеча́тельный, выдаю́щийся; ~ly suitable на ре́дкость подходя́щий.

**emir** *n.* (*ruler*) эми́р.

**emirate** *n.* эмира́т; United Arab E~s Объединённые Ара́бские Эмира́ты.

**emissary** *n.* эмисса́р.

**emission** *n.* (*of currency*) вы́пуск, эми́ссия; (*of semen*) выделе́ние; (*of light*) излуче́ние; (*of heat*) теплоотда́ча.

**emit** *v.t.* (*e.g. smoke*) испус|ка́ть, -ти́ть; (*light, heat etc.*) излуч|а́ть, -и́ть; (*currency*) выпуска́ть, вы́пустить.

**emollient** *n.* мягчи́тельное сре́дство.
    *adj.* смягча́ющий; мягчи́тельный.

**emolument** *n.* (*usu. pl.*) жа́лованье, дохо́д.

**emote** *v.i.* (*coll.*) выража́ть, вы́разить чу́вства; (*of actor*) игра́ть (*impf.*) с чу́вством.

**emotion** *n.* (*feeling*) эмо́ция; (*agitation*) волне́ние.

**emotional** *adj.* эмоциона́льный; an ~ appeal волну́ющий призы́в.

**emotionalism** *n.* эмоциона́льность.

**emotive** *adj.* эмоциона́льный; эмоциона́льно волну́ющий/украша́енный.

**empanel** *v.t.* вн|оси́ть, -ести́ в спи́сок прися́жных; ~ a jury сост|авля́ть, -а́вить спи́сок прися́жных.

**empath(et)ic** *adj.* эмпати́ческий.

**empathy** *n.* эмпа́тия.

**emperor** *n.* импера́тор; ~ penguin импера́торский пингви́н; purple ~ (*butterfly*) ба́бочка-нимфахи́на.

**emphasis** *n.* **1.** (*stress, prominence*) ударе́ние, вырази́тельность, эмфа́за; lay ~ on подчёрк|ивать, -ну́ть; де́лать, с- ударе́ние на +*a. or p.*; **2.** (*phon.*) ударе́ние, акце́нт; **3.** (*typ.*) выделе́ние, выдели́тельный шрифт; '~ added' (*in quoting*) разря́дка на́ша; курси́в наш.

**emphasize** *v.t.* подчёрк|ивать, -ну́ть; де́лать, с- упо́р на +*a.*

**emphatic** *adj.* эмфати́ческий, вырази́тельный; he was ~ on this point он придава́л осо́бое значе́ние э́тому; that is my ~ opinion э́то моё твёрдое убежде́ние.

**emphysema** *n.* эмфизе́ма.

**empire** *n.* **1.** (*state*) импе́рия; Lower E~ (*Byzantium*) Восто́чная Ри́мская импе́рия; Византи́я; Russian E~ Росси́йская импе́рия; E~ style сти́ль ампи́р; **2.** (*rule*) влады́чество; responsibilities of ~ бре́мя вла́сти.

**empiric(al)** *adj.* эмпири́ческий.

**empiricism** *n.* эмпири́зм.

**empiricist** *n.* эмпи́рик.

**emplacement** *n.* **1.** (*location*) местоположе́ние; **2.** (*mil.*) оруди́йный око́п; огнева́я то́чка.

**emplane** *v.t.* (*persons*) сажа́ть, посади́ть на самолёт; (*goods*) грузи́ть, по- на самолёт.
    *v.i.* сади́ться, сесть на самолёт; грузи́ться, по- на самолёт.

**employ** *n.* заня́тие, слу́жба; he is in my ~ он рабо́тает у меня́.
    *v.t.* **1.** (*engage*) нан|има́ть, -я́ть; держа́ть (*impf.*) на слу́жбе; предост|авля́ть, -а́вить рабо́ту +*d.*; they ~ five servants они́ де́ржат пять слуг (*or* пять челове́к прислу́ги); ~ o.s.

занима́ться (*impf.*) (*чем*); be ~ed (*for hire*) рабо́тать (*impf.*), служи́ть (*impf.*); **2.** (*use*) примен|я́ть, -и́ть; употреб|ля́ть, -и́ть.

**employable** *adj.* трудоспосо́бный.

**employee** *n.* слу́жащий; he is an ~ of this firm он рабо́тает в э́той фи́рме; он слу́жащий э́той фи́рмы.

**employer** *n.* работода́тель (*m.*); предприни́ма́тель (*m.*).

**employment** *n.* **1.** (*service for pay*) рабо́та, слу́жба; in ~ на слу́жбе/рабо́те; out of ~ без рабо́ты; full ~ по́лная за́нятость; ~ agency аге́нтство по на́йму рабо́чей си́лы; бюро́ по трудоустро́йству; ~ exchange би́ржа труда́; **2.** (*occupation*) заня́тие; **3.** (*use*) примене́ние, испо́льзование.

**emporium** *n.* (*trading centre*) торго́вый центр; (*shop*) большо́й магази́н, универма́г.

**empower** *v.t.* уполномо́чи|вать, -ть.

**empress** *n.* императри́ца; (*fig.*) цари́ца; ~ dowager вдо́вствующая императри́ца.

**emptiness** *n.* (*lit., fig.*) пустота́.

**empt|y** *adj.* **1.** пусто́й; поро́жний; the car is ~y of petrol в маши́не ко́нчился бензи́н; (*fig.*): ~y words пусты́е слова́; his mind is ~y of ideas у него́ нет никаки́х мы́слей; on an ~y stomach на пусто́й желу́док; натоща́к; ~y hours бесце́льно проведённые часы́; I feel ~y я го́лоден; **2.** (*pl.*, ~y *bottles etc.*) поро́жняя та́ра; буты́лки из-под вина́ и т.п.

*v.t.* опор|а́жнивать, -о́жни́ть; he ~ied his pockets он опоро́жнил карма́ны; ~y one drawer into another пере|кла́дывать, -ложи́ть ве́щи из одного́ я́щика в друго́й; ~y water out of a jug вы́лить (*pf.*) во́ду из кувши́на.

*v.i.* опорожн|я́ться, -и́ться; the water ~ies slowly вода́ ме́дленно вытека́ет; the Rhine ~ies into the North Sea Рейн впада́ет в Се́верное мо́ре; the streets ~ied у́лицы опусте́ли.

*cpds.*: ~**y-handed** *adj.* с пусты́ми рука́ми; ~**y-headed** *adj.* пустоголо́вый.

**empurple** *v.t.* обагр|я́ть, -и́ть.

**empyrean** *n.* эмпире́й.

*adj.* неземно́й, небе́сный.

**emu** *n.* э́му (*m. indecl.*).

**emulate** *v.t.* соревнова́ться (*impf.*) с +*i.*; сопе́рничать (*impf.*) с +*i.*

**emulation** *n.* соревнова́ние, сопе́рничество.

**emulator** *n.* соревну́ющийся, сопе́рник.

**emulous** *adj.* соревну́ющийся.

**emulsion** *n.* эму́льсия.

**enable** *v.t.* (*make able*) да|ва́ть, -ть возмо́жность +*d.*; (*authorize*) уполномо́чи|вать, -ть; (*make possible*) де́лать, с- возмо́жным.

**enact** *v.t.* (*ordain*) постанов|ля́ть, -и́ть; пред-пи́с|ывать, -а́ть; (*act*) игра́ть, сыгра́ть (*роль*); разы́гр|ывать, -а́ть; (*perform*) соверш|а́ть, -и́ть.

**enactment** *n.* (*ordaining*) постановле́ние,

предписа́ние; (*ordinance*) постановле́ние, указ; (*theatr.*) игра́.

**enamel** *n.* (*also of teeth*) эма́ль; ~ paint эма́-левые кра́ски; ~ ware эмалиро́ванная посу́да.

*v.t.* эмалирова́ть (*impf.*); (*poet., adorn*) разукра́|шивать, -сить.

**enamour** *v.t.*: he was ~ed of her он был е́ю очаро́ван; ~ed of books влюблённый в кни́ги.

**en bloc** *adv.* целико́м; the government resigned ~ прави́тельство ушло́ в отста́вку в по́лном соста́ве.

**encamp** *v.t. & i.* распол|ага́ть(ся), -ожи́ть(ся) ла́герем.

**encampment** *n.* расположе́ние ла́герем; (*camp*) ла́герь (*m.*).

**encapsulate** *v.t.* (*fig.*) заключ|а́ть, -и́ть в себе́; an ~d dream сон во сне.

**encase** *v.t.*: ~d in armour зако́ванный в ла́ты.

**encash** *v.t.* реализова́ть (*impf., pf.*); получ|а́ть, -и́ть нали́чными/деньга́ми.

**encashment** *n.* реализа́ция.

**encaustic** *adj.*: ~ brick/tile разноцве́тный кирпи́ч/изразе́ц.

**encephalic** *adj.* мозгово́й.

**encephalitis** *n.* энцефали́т.

**encephalogram** *n.* энцефалогра́мма.

**enchain** *v.t.* (*fig.*) прико́в|ывать, -а́ть; ско-в|ывать, -а́ть.

**enchant** *v.t.* (*bewitch*) зачаро́в|ывать, -а́ть; заколдо́в|ывать, -а́ть; околдо́в|ывать, -а́ть; (*delight*) обвор|а́живать, -ожи́ть; очаро́-в|ывать, -а́ть; восхи|ща́ть, -ти́ть.

**enchanter** *n.* (*wizard*) волше́бник, чароде́й.

**enchanting** *adj.* волше́бный, чару́ющий, обворожи́тельный.

**enchantment** *n.* (*spell*) волшебство́, ча́р|ы (*pl.*, *g.* —); (*charm*) очарова́ние, обая́ние; (*delight*) восхище́ние.

**enchantress** *n.* (*witch, charmer*) волше́бница, чароде́йка.

**enchase** *v.t.* (*set*) обр|амля́ть, -а́мить; (*inlay*) инкрусти́ровать (*impf., pf.*).

**encipher, encypher** *v.t.* зашифро́в|ывать, -а́ть.

**encipherment** *n.* шифро́вка.

**encircl|e** *v.t.* окруж|а́ть, -и́ть; ~ing ma-noeuvre обхо́дный манёвр; манёвр на окруже́ние.

**encirclement** *n.* окруже́ние.

**enclasp** *v.t.* обхва́т|ывать, -и́ть.

**enclave** *n.* террито́рия, окружённая чужи́ми владе́ниями; анкла́в.

**enclitic** *n.* энкли́тика.

*adj.* энклити́ческий.

**enclos|e, inclose** *v.t.* **1.** (*surround, fence*) окру-ж|а́ть, -и́ть; ~e a garden with a wall об-н|оси́ть, -ести́ сад стено́й; ~e in parenthe-ses заключ|а́ть, -и́ть в ско́бки; **2.** (*in letter etc.*) при|кла́дывать, -ложи́ть; I ~e herewith при сём прилага́ю; a letter ~ing an invoice письмо́ с приложе́нием счёта.

**enclosure** *n.* (*act of enclosing*) огора́живание; (*fence*) огражде́ние, огра́да; (*in letter*) приложе́ние.

**encode** *v.t.* коди́ровать (*impf., pf.*); шифрова́ть, за-.

**encomiastic** *adj.* хвале́бный, панегири́ческий.

**encomium** *n.* панеги́рик; комплиме́нт.

**encompass** *v.t.* (*surround*) окруж|а́ть, -и́ть; (*contain, comprise*) заключ|а́ть, -и́ть; (*cope with, accomplish*) осуществ|ля́ть, -и́ть; охва́т|ывать, -и́ть.

**encore** *n. & int.* бис; he gave six ~s он биси́ровал шесть раз.

*v.t.* вызыва́ть, вы́звать (*кого*) на бис.

**encounter** *n.* (*meeting*) встре́ча; (*contest, competition*) состяза́ние.

*v.t.* встр|еча́ться, -е́титься с +*i.*; ст|а́лкиваться, -олкну́ться с +*i.*

**encourage** *v.t.* ободр|я́ть, -и́ть; поощр|я́ть, -и́ть; подде́рж|ивать, -а́ть; спосо́бствовать (*impf.*) +*d.*; I ~d him to go я угова́ривал его́ идти́; do not ~ him in his idle ways не поощря́йте его́ безде́лья; I was ~d by the result результа́т меня́ обнадёжил.

**encouragement** *n.* ободре́ние, поощре́ние, подде́ржка; this acted as an ~ to him э́то ободри́ло его́; I gave him no ~ я не поощря́л его́.

**encouraging** *adj.* ободря́ющий, ободри́тельный, обнадёживающий.

**encroach** *v.i.* поку|ша́ться, -си́ться (на +*a.*); вт|орга́ться, -о́ргнуться (в +*a.*); ~ on s.o.'s rights посяг|а́ть, -ну́ть на чьи-н. права́; the sea is ~ing on the land мо́ре наступа́ет на су́шу.

**encroachment** *n.* посяга́тельство; вторже́ние.

**en|crust, in-** *v.t. & i.* (*of ice, rust etc.*) покр|ыва́ть(ся), -ы́ть(ся); ~ a wall with marble инкрусти́ровать (*impf., pf.*) сте́ну мра́мором; salt ~ed on the bottom of the kettle дно ча́йника покры́лось сло́ем со́ли.

**encumber** *v.t.* **1.** (*burden*) обремен|я́ть, -и́ть; ~ o.s. with luggage взва́л|ивать, -и́ть на себя́ бага́ж; **2.** (*cram*) загромо|жда́ть, -зди́ть.

**encumbrance** *n.* обу́за, препя́тствие; (*leg.*) обремене́ние.

**encyclical** *n.* энци́клика.

**encyclopedia** *n.* энциклопе́дия; walking ~ ходя́чая энциклопе́дия.

**encyclopedic** *adj.* энциклопеди́ческий.

**encyclopedist** *n.* (*Fr. hist.*) энциклопеди́ст.

**encypher** *see* ENCIPHER.

**end** *n.* (*extremity; lit., fig.*) коне́ц; the ~ house кра́йний дом; I read the book from ~ to ~ я прочита́л кни́гу от ко́рки до ко́рки; from ~ to ~ of the country из кра́я в край страны́; по всей стране́; two hours on ~ (*in succession*) два часа́ подря́д; he began at the wrong ~ он на́чал не с того́ конца́; third from the ~ тре́тий с

кра́ю; is everything all right at your ~? всё ли благополу́чно у вас?; to the ~s of the earth ≃ к чёрту на кули́чки; на край све́та; at the ~ of the passage в конце́ коридо́ра; at the ~ of the world на краю́ све́та; at the ~ of August в конце́ (*or* в после́дних чи́слах) а́вгуста; **2.** (*of elongated object*) коне́ц, край; he stood the box on (its) ~ он поста́вил я́щик стоймя́ (*or* на попа́); the ships collided ~ on корабли́ столкну́лись нос к но́су; he placed the tables ~ to ~ он соста́вил столы́ в длину́ оди́н к друго́му; turn sth. ~ for ~ поверну́ть (*pf.*) что-н. други́м концо́м; the business ~ of a gun (*coll.*) ду́ло пистоле́та; her hair stood on ~ у неё во́лосы вста́ли ды́бом; **3.** (*var. idioms*): keep one's ~ up ≃ не уда́рить (*pf.*) лицо́м в грязь; I am at the ~ of my tether, го́ре я дошёл до то́чки/ру́чки; this is the ~! (*coll., last straw, limit*) да́льше е́хать не́куда!; he got hold of the wrong ~ of the stick он по́нял всё наоборо́т; loose ~s (*unfinished business*) запу́щенные дела́; I am at a loose ~ я шата́юсь без де́ла; he went off the deep ~ (*coll.*) он взорва́лся; make (both) ~s meet своди́ть (*impf.*) концы́ с конца́ми; play both ~s against the middle игра́ть (*impf.*) на противополо́жных интере́сах; **4.** (*remnant, small part*): candle ~ ога́рок; cigarette ~ оку́рок; rope's ~ линёк; **5.** (*conclusion, termination*) оконча́ние; in the ~ в конце́ концо́в; в коне́чном счёте; the war is at an ~ войне́ коне́ц; our stores are at an ~ на́ши запа́сы на исхо́де; come to an ~ ок|а́нчиваться, -о́нчиться; конча́ться, ко́нчиться; put an ~ to, make an ~ of класть, положи́ть коне́ц +*d.*; there's an ~ (of it)! вот и всё!; what will the ~ be? чем э́то ко́нчится?; faithful to the ~ ве́рный до конца́; till the ~ of time наве́чно; до сконча́ния ве́ка; dead ~ тупи́к; he came to a bad ~ он пло́хо ко́нчил; world without ~ на ве́ки ве́чные; the ~ of the matter was that . . . де́ло ко́нчилось тем, что . . .; we shall never hear the ~ of it э́тому конца́-кра́ю не бу́дет; they fought to the bitter ~ они́ сража́лись до после́дней ка́пли кро́ви; he stayed till the bitter ~ он остава́лся на ме́сте до са́мого конца́; ~ product коне́чный проду́кт; I had no ~ of trouble finding him мне сто́ило невероя́тного труда́ найти́ его́; he has no ~ of books у него́ у́йма книг; we had no ~ of a time мы прекра́сно провели́ вре́мя; he is no ~ of a boaster он отча́янный хвасту́н; he was no ~ disappointed он был соверше́нно разочаро́ван; **6.** (*death*) коне́ц; he is nearing his ~ он при сме́рти; she came to an untimely ~ она́ безвре́менно сконча́лась; **7.** (*purpose*) цель; gain, win, achieve one's ~ дост|ига́ть, -и́чь свое́й це́ли; to this ~, with this ~ in view с э́той це́лью; to the ~ that . . . для того́, что́бы . . .; to no ~ (*in vain*) бесце́льно; any means to an ~ все сре́дства хороши́.

*v.t.* конча́ть, ко́нчить; ~ a quarrel прекра|ща́ть, -ти́ть ссо́ру; ~ one's days рассчита́ться с жи́знью.

*v.i.* конча́ться, ко́нчиться; the road ~s here доро́га конча́ется здесь; the story ~s happily э́то расска́з с счастли́вым концо́м; the meeting ~ed with a vote of thanks собра́ние око́нчилось выраже́нием благода́рности; he ~ed as a clerk он (так и) ко́нчил карье́ру просты́м чино́вником; he will ~ by marrying her он в конце́ концо́в на ней же́нится; all's well that ~s well всё хорошо́, что хорошо́ конча́ется; ~ in smoke (*fig.*) око́нчиться (*pf.*) ниче́м; рассе́яться (*pf.*) как дым; улету́читься (*pf.*). *with advs.*: ~ **off** *v.t.*: he ~ed off his speech with a quotation он зако́нчил свою́ речь цита́той; ~ **up** *v.i.*: he ~ed up in jail он ко́нчил за решёткой; he ~ed up at the opera в конце́ концо́в он попа́л-таки в о́перу.

*cpds.*: ~ **-game** *n.* (*at chess*) э́ндшпиль (*m.*), оконча́ние; ~ **long** *adv.* (*lengthwise*) вдоль; (*on end*) сто́ймя; ~ **most** *adj.* са́мый да́льний; кра́йний; ~ **paper** *n.* (*of a book*) фо́рзац; ~ **ways**, ~ **wise** *advs.* (*with end towards spectator*) за́дом наперёд; (*end to end*) в длину́ (оди́н к друго́му); (*upright*) сто́ймя.

**endanger** *v.t.* подв|ерга́ть, -е́ргнуть опа́сности; ста́вить (*impf.*) под угро́зу; угрожа́ть (*impf.*) +*d.*; ~ed species вымира́ющий вид.

**endear** *v.t.*: ~ o.s. to s.o. внуш|а́ть, -и́ть кому́-н. любо́вь к себе́; this speech ~ed him to me э́та речь расположи́ла меня́ к нему́; an ~ing smile покоря́ющая/подкупа́ющая улы́бка.

**endearment** *n.* ла́ска; term of ~ ла́сковое обраще́ние.

**endeavour** *n.* стара́ние.

*v.i.* стара́ться, по-.

**endemic** *adj.* эндеми́ческий.

**ending** *n.* оконча́ние (*also gram.*); happy ~ счастли́вый коне́ц.

**endive** *n.* сала́т энди́вий (зи́мний), цико́рий-энди́вий.

**endless** *adj.* бесконе́чный, несконча́емый; ~ patience беспреде́льное терпе́ние; ~ attempts бесконе́чные попы́тки; she is an ~ talker она́ болта́ет без у́молку; (*tech.*): ~ chain цепь приво́да.

**endocarditis** *n.* эндокарди́т.

**endocrine** *adj.* эндокри́нный; ~ glands же́лезы вну́тренней секре́ции.

**endocrinology** *n.* эндокриноло́гия.

**endogamous** *adj.* эндога́мный.

**endogamy** *n.* эндога́мия.

**en|dorse, in-** *v.t.* **1.** (*sign*) индосси́ровать (*impf., pf.*); распи́с|ываться, -а́ться; ~ a cheque распи́с|ываться, -а́ться на че́ке; **2.** (*inscribe comment on*) де́лать, с- поме́тку на оборо́те (*докуме́нта*); **3.** (*support*) подтвер|жда́ть, -ди́ть; подде́рж|ивать, -а́ть; I ~ your opinion я подде́рживаю ва́ше мне́ние; he ~d Blank's

pills он реклами́ровал пилю́ли Бла́нка.

**en|dorsement, in-** *n.* **1.** переда́точная на́дпись; индоссаме́нт; **2.** (*inscribed comment*) отме́тка; **3.** (*support, approval*) подтвержде́ние; одобре́ние.

**endosmosis** *n.* эндо́смос.

**endosperm** *n.* эндоспе́рм.

**endow** *v.t.* одар|я́ть, -и́ть; надел|я́ть, -и́ть; ~ a school поже́ртвовать (*pf.*) капита́л на содержа́ние шко́лы; ~ a professorial chair осно́в|ывать, -а́ть ка́федру; he is ~ed with patience он наделён терпе́нием.

**endowment** *n.* **1.** (*act of endowing*) поже́ртвование; **2.** (*funds*) вклад, дар, поже́ртвование, фонд; **3.** (*talent*) одарённость; **4.**: ~ insurance страхова́ние-вклад.

**en|due, in-** *v.t.* облач|а́ть, -и́ть; надел|я́ть, -и́ть; одар|я́ть, -и́ть.

**endurable** *adj.* прие́млемый, сно́сный.

**endurance** *n.* (*physical*) про́чность; ~ test испыта́ние на про́чность; (*mental*) выно́сливость; past, beyond ~ невыноси́мый.

**endure** *v.t.* выноси́ть, вы́нести; терпе́ть, вы́-; выде́рживать, вы́держать; перен|оси́ть, -ести́; ~ toothache терпе́ть зубну́ю боль; I cannot ~ him я его́ терпе́ть не могу́; I cannot ~ seeing animals ill-treated я не переношу́, когда́ му́чают живо́тных; (*admit of*) допус|ка́ть, -ти́ть.

*v.i.* (*suffer*) терпе́ть (*impf.*); (*last*) прод|олжа́ться, -о́лжиться; дли́ться, про-.

**enduring** *adj.* (*lasting*) дли́тельный, продолжи́тельный.

**enema** *n.* (*injection; syringe*) кли́зма.

**enemy** *n.* **1.** враг, не́друг; make an ~ of s.o. наж|ива́ть, -и́ть себе́ врага́ в ком-н.; he is his own worst ~ он сам себе́ зле́йший враг; the E~ (*the devil*) дья́вол, сатана́ (*m.*); **2.** (*mil., in collect. sense*) враг, проти́вник, неприя́тель (*m.*); 20 of the ~ were killed проти́вник потеря́л 20 челове́к уби́тыми; **3.** (*attr.*) вра́жеский; неприя́тельский; ~ alien, national граждани́н вражде́бного госуда́рства; ~ property иму́щество проти́вника.

**energetic** *adj.* энерги́чный.

**energize** *v.t.* побужда́ть (*impf.*) к де́йствию; (*tech.*) пита́ть (*impf.*) эне́ргией.

**energ|y** *n.* (*phys. or mental*) эне́ргия; devote all one's ~ies to a task приложи́ть (*pf.*) все си́лы к выполне́нию зада́чи.

**enervate**[1] *adj.* обесси́ленный; рассла́бленный;

**enervat|e**[2] *v.t.* обесси́ли|вать, -ть; рассл|абля́ть, -а́бить; ~ing обесси́ливающий.

**en famille** *adv.* в семе́йном кругу́.

**enfeeble** *v.t.* осл|абля́ть, -а́бить; рассл|абля́ть, -а́бить.

**enfeeblement** *n.* ослабле́ние, расслабле́ние.

**en fête** *adv.* в пра́здничном настрое́нии.

**enfilade** *n.* (*mil.*) продо́льный ого́нь.

*v.t.* обстре́л|ивать, -я́ть продо́льным огнём.

**en|fold, in-** v.t. (contain, envelop) завёр|тывать, -нуть; закут|ывать, -ать; (embrace) об-н|имать, -ять.

**enforce** v.t. **1.** (strengthen) уси́ли|вать, -ть; ~ an argument подкреп|ля́ть, -и́ть аргуме́нт; **2.**: ~ obedience on s.o. заст|авля́ть, -а́вить кого́-н. подчини́ться; **3.**: ~ a judgment (leg.) прив|оди́ть, -ести́ в исполне́ние суде́бное реше́ние; ~ a law пров|оди́ть, -ести́ зако́н в жизнь; следи́ть (impf.) за соблюде́нием зако́на; ~ payment взыска́ть (pf.) платёж.

**enforceable** adj. осуществи́мый, обеспе́ченный правово́й са́нкцией.

**enforcement** n. осуществле́ние; law ~ на-блюде́ние за соблюде́нием зако́нов; ~ action принуди́тельные де́йствия.

**enfranchise** v.t. (set free) отпус|ка́ть, -ти́ть на во́лю; освобо|жда́ть, -ди́ть; (give the vote to) предост|авля́ть, -а́вить избира́тельные права́ +d.

**enfranchisement** n. освобожде́ние; предоставле́ние избира́тельных прав (кому).

**engage** v.t. **1.** (hire) нан|има́ть, -я́ть; ~ a servant нан|има́ть, -я́ть прислу́гу; ~ s.o. as a guide нан|има́ть, -я́ть кого́-н. ги́дом; **2.** (introduce): he ~d the key in the lock он вста́вил ключ в замо́к; **3.** (occupy) зан|има́ть, -я́ть; he is ~d in reading он за́нят чте́нием; he ~d me in con-versation он вовлёк меня́ в разгово́р; my time is fully ~d у меня́ нет ни мину́ты свобо́дной; the line is ~d (teleph.) но́мер за́нят; the lava-tory is ~d убо́рная занята́; **4.** (attract) при-вл|ека́ть, -е́чь; the sight ~d my attention зре́лище привлекло́ моё внима́ние; **5.** (pledge to marry): Tom and Mary are ~d Том и Мэ́ри помо́влены; to whom is he ~d? с кем он помо́влен?; they got ~d они́ обручи́лись; **6.** (attack) вступ|а́ть, -и́ть в бой с +i.; we ~d the enemy мы откры́ли ого́нь по врагу́; **7.** (tech.) зацеп|ля́ть, -и́ть; включ|а́ть, -и́ть; **8.** (archit.): an ~d column сцеплённая полуколо́нна.

v.i. **1.** (undertake, promise) бра́ться, взя́ться; обеща́ть (impf., pf.); **2.** (embark, busy o.s.) зан|има́ться, -я́ться чем-н.; he ~d in this venture он взя́лся за э́то предприя́тие; **3.** (lock together) зацеп|ля́ть, -и́ть; the cogs ~d зубцы́ шестерён вошли́ в зацепле́ние.

**engagé** adj. иде́йный.

**engagement** n. **1.** (hiring) наём; **2.** (promise, debt) обяза́тельство; he cannot meet his ~s он не мо́жет вы́полнить свои́х обяза́тельств; **3.** (to marry) помо́лвка; she broke off the ~ она́ расто́ргла помо́лвку; ~ ring обруча́льное кольцо́; **4.** (appointment to meet etc.) свида́ние, встре́ча; I have numerous ~s (for) next week у меня́ о́чень мно́го встреч на сле́дующей неде́ле; ~ book календа́рь (m.); **5.** (mil.) бой; the enemy broke off the ~ проти́вник вы́шел из бо́я; **6.** (of wheels etc.) зацепле́ние.

**engaging** adj. располага́ющий; привлека́тельный; an ~ smile располага́ющая улы́бка; with ~ frankness с подкупа́ющей и́скренностью.

**engender** v.t. (fig.) поро|жда́ть, -ди́ть.

**engine** n. дви́гатель (m.); мото́р; we had trouble (motoring) у нас бы́ли непола́дки с мото́ром.

cpds.: ~-driver n. машини́ст; ~-house n. парово́зное депо́ (indecl.); ~-room n. маши́нное отделе́ние.

**engineer** n. **1.** (technician) инжене́р, меха́ник; civil ~ инжене́р-строи́тель; mining ~ го́рный инжене́р; mechanical ~ инжене́р-меха́ник; **2.** (man in charge of engines) меха́ник; chief ~ (of a ship) гла́вный меха́ник; (Am., engine-driver) машини́ст; **3.** (mil.) сапёр.

v.t. (tech.) проекти́ровать, с-; констру́и-ровать, с-; (fig.) зат|ева́ть, -е́ять; осуществ|ля́ть, -и́ть.

**engineering** n. машинострое́ние; civil ~ гражда́нское строи́тельство; chemical ~ хими́ческая техноло́гия; railway ~ железнодоро́жное строи́тельство; (mil.) вое́нно-инжене́рное де́ло; (fig., contriving) махина́ции (f. pl.).

**engirdle** v.t. опоя́с|ывать, -ать.

**England** n. Áнглия.

**English** n. **1.** (language) англи́йский язы́к; he speaks ~ он говори́т по-англи́йски; in plain ~ (fig.) без обиняко́в; Old ~ древнеангли́йский язы́к; Middle ~ среднеангли́йский язы́к; British/American ~ брита́нский/америка́н-ский вариа́нт англи́йского языка́; the King's, Queen's, standard ~ нормати́вный/литера-ту́рный англи́йский язы́к; what is the ~ for 'стол'? как по-англи́йски «стол»?; **2.**: he studied, read ~ at the university он изуча́л в университе́те англи́йскую филоло́гию; **3.** the ~ (people) англича́не.

adj. англи́йский; ~ studies англи́стика; ~ teacher учи́тель (fem. -ница) англи́йского языка́; Early ~ (archit.) раннеангли́йский стиль.

cpds.: ~man n. англича́нин; ~woman n. англича́нка.

**engraft** v.t. (bot.) прив|ива́ть, -и́ть; (fig.) прив|ива́ть, -и́ть; внедр|я́ть, -и́ть.

**engrave** v.t. гравирова́ть, вы́-; ~d with an inscription с вы́гравированной на́дписью; (fig.): ~ sth. on s.o.'s memory запечатл|ева́ть, -е́ть что-н. в чьей-н. па́мяти.

**engraver** n. гравёр.

**engraving** n. (craft) гравиро́вка, гравирова́ние; (product) гравю́ра.

**engross** v.t. (absorb) погло|ща́ть, -ти́ть; an ~ing conversation захва́тывающий разгово́р; he was ~ed in his work он был поглощён рабо́той.

**engulf** *v.t.* погло|ща́ть, -ти́ть.

**enhance** *v.t.* уси́ли|вать, -ть; (*of price*) пов|ыша́ть, -ы́сить.

**enhancement** *n.* усиле́ние, повыше́ние.

**enharmonic** *adj.* (*mus.*) энгармони́ческий.

**enigma** *n.* зага́дка.

**enigmatic** *adj.* зага́дочный.

**enjambment** *n.* (*pros.*) анжамбема́н, перено́с.

**enjoin** *v.t.* **1.** (*order*) предпи́с|ывать, -а́ть; веле́ть (*impf., pf.*); ~ silence upon s.o. веле́ть кому́-н. молча́ть; I ~ed that they should be well treated я потре́бовал, что́бы к ним хорошо́ относи́лись; **2.** (*leg., prohibit*) запре|ща́ть, -ти́ть.

**enjoy** *v.t.* **1.** (*get pleasure from*) насла|жда́ться, -ди́ться +*i.*; ~ one's food есть (*impf.*) с удово́льствием; люби́ть (*impf.*) пое́сть; I ~ed talking to him мне доставля́ло удово́льствие говори́ть с ним; he ~s a good laugh on лю́бит хоро́шую шу́тку; how did you ~ the play? как вам понра́вилась пье́са?; we ~ed our holiday мы хорошо́ провели́ о́тпуск; ~ o.s. весели́ться (*impf.*); наслажда́ться (*impf.*); хорошо́ пров|оди́ть, -ести́ вре́мя; we ~ed ourselves нам бы́ло ве́село/прия́тно; **2.** (*possess*) располага́ть (*impf.*) +*i.*; облада́ть (*impf.*) +*i.*; ~ good/bad health облада́ть хоро́шим/плохи́м здоро́вьем; ~ a good income име́ть хоро́ший дохо́д.

**enjoyable** *adj.* прия́тный.

**enjoyment** *n.* **1.** (*pleasure*) наслажде́ние, удово́льствие, ра́дость; ~ of music любо́вь к му́зыке; **2.** (*possession*) облада́ние +*i.*, по́льзование +*i.*

**enkindle** *v.t.* (*fig.*) разж|ига́ть, -е́чь; воспламен|я́ть, -и́ть.

**enlace** *v.t.* (*encircle*) окруж|а́ть, -и́ть; (*enfold*) обёр|тывать, -ну́ть; (*entwine*) обв|ива́ть, -и́ть.

**enlarge** *v.t.* увели́чи|вать, -ть; ~ one's house де́лать, с- пристро́йку к до́му; an ~d meeting расши́ренное заседа́ние.

*v.i.* расш|иря́ться, -и́риться; the photograph will ~ well фотогра́фия бу́дет чёткой и при увеличе́нии; he ~d on the point он подро́бнее останови́лся на э́том.

**enlargement** *n.* увеличе́ние; расшире́ние.

**enlarger** *n.* (*phot. apparatus*) увеличи́тель (*m.*).

**enlighten** *v.t.* просве|ща́ть, -ти́ть.

**enlightening** *adj.* поучи́тельный.

**enlightenment** *n.* просвещённость; the E~ (*hist.*) Просвеще́ние.

**enlist** *v.t.* вербова́ть, за-; ~ a recruit вербова́ть, за- новобра́нца; ~ed man (*Am.*) рядово́й; ~ s.o.'s support заруч|а́ться, -и́ться чьей-н. подде́ржкой; ~ s.o. in a cause привлека́ть (*impf.*) кого́-н. к де́лу.

*v.i.* поступ|а́ть, -и́ть на вое́нную слу́жбу.

**enlistment** *n.* вербо́вка; поступле́ние на вое́нную слу́жбу.

**enliven** *v.t.* ожив|ля́ть, -и́ть.

**en masse** *adv.* в ма́ссе; ма́ссовым поря́дком.

**enmesh** *v.t.* опу́т|ывать, -ать; запу́т|ывать, -ать.

**enmity** *n.* вражда́; be at ~ with враждова́ть (*impf.*) с +*i.*

**ennoble** *v.t.* (*raise to peerage*) возв|оди́ть, -ести́ в дворя́нство; (*make nobler*) облагор|а́живать, -о́дить.

**ennoblement** *n.* пожа́лование дворя́нством; облагора́живание.

**Enoch** *n.* (*bibl.*) Ено́х.

**enormity** *n.* (*grossness*) чудо́вищность; (*crime*) чудо́вищное преступле́ние.

**enormous** *adj.* грома́дный, огро́мный; ~ly чрезвыча́йно; he enjoyed himself ~ly он получи́л огро́мное удово́льствие.

**enormousness** *n.* грома́дность, огро́мность.

**enough** *n.* доста́точное коли́чество; дово́льно, доста́точно; £5 is ~ пяти́ фу́нтов доста́точно; he has ~ and to spare у него́ бо́лее чем доста́точно; ~ is as good as a feast от добра́ добра́ не и́щут; I had ~ to do to catch the train я и так едва́ успева́л на по́езд; it is ~ to make one weep э́того доста́точно, что́бы распла́каться; (that's) ~! доста́точно!; дово́льно!; ~ said! всё поня́тно!; there is ~ to go round хва́тит на всех; I have had ~ of your lies надое́ла мне ва́ша ложь; it is not ~ to buy a book, one must also read it ма́ло купи́ть кни́гу, на́до ещё чита́ть её.

*adj.* доста́точный; is there ~ wine for all of us? хва́тит ли вина́ на всех?; I have just ~ money де́нег у меня́ в обре́з (на +*a.*).

*adv.* доста́точно; are you warm ~? вы не замёрзли?; вам тепло́?; it is boiled just ~ э́то как раз свари́лось; you know well ~ вы прекра́сно зна́ете; be kind/good ~ to do this бу́дьте добры́/любе́зны сде́лать э́то; I was foolish ~ to believe her я был насто́лько глуп, что пове́рил ей; (*fairly, rather*) дово́льно; she sings well ~ она́ непло́хо поёт; curiously ~ как ни стра́нно; sure ~, he came он действи́тельно пришёл.

**en passant** *adv.* (*by the way*) попу́тно, мимохо́дом; (*chess*) на прохо́де.

**enquire** (*see also* INQUIRE) *v.t.* спр|а́шивать, -оси́ть; запр|а́шивать, -оси́ть; I ~d his name я спроси́л, как его́ зову́т.

*v.i.* осв|едомля́ться, -е́домиться; ~ into a matter рассле́довать (*pf.*) де́ло; ~ after s.o. спр|а́шивать, -оси́ть о ком-н.; I ~d after his wife я спроси́л, как пожива́ет его́ жена́; ~ for s.o. спр|а́шивать, -оси́ть кого́-н.; ~ for the furnishing department (*in a shop*) спроси́ть (*pf.*), где нахо́дится ме́бельный отде́л.

**enquirer** *n.* спра́шивающий, вопроша́ющий.

**enquiring** *adj.*: an ~ look вопроси́тельный взгляд; an ~ mind пытли́вый ум.

**enquir|y** *n.* (*see also* INQUIRY) расспро́сы (*m. pl.*); рассле́дование; make ~ies нав|оди́ть,

-ести спра́вки; there is not much ∼y for these goods на э́ти това́ры нет большо́го спро́са.

**enrage** *v.t.* беси́ть, вз-; he was ∼d at her stupidity её ту́пость взбеси́ла его́.

**enrapture** *v.t.* восхи|ща́ть, -ти́ть.

**enrich** *v.t.* обога|ща́ть, -ти́ть; (*soil*) уд|обря́ть, -о́брить; (*a collection*) поп|олня́ть, -о́лнить.

**enrichment** *n.* обогаще́ние; (*of soil*) удобре́ние.

**enrobe** *v.t.* облач|а́ть, -и́ть.

**enrol** *v.t.* & *i.* зач|исля́ть(ся), -и́слить(ся); запи́с|ывать(ся), -а́ть(ся); 17,000 students are ∼led at the university в университе́те 17 000 студе́нтов.

**enrolment** *n.* зачисле́ние, приём.

*en route adv.* по/в пути́.

**ensanguined** *adj.* окрова́вленный.

**ensconce** *v.t.*: ∼ o.s. устро́иться (*pf.*), укры́ться (*pf.*).

**ensemble** *n.* (*dress, music*) анса́мбль (*m.*); (*general effect*) о́бщее впечатле́ние.

**enshrine** *v.t.* поме|ща́ть, -сти́ть в ра́ку; (*fig.*) memories ∼d in her heart воспомина́ния, храни́мые как святы́ня в её се́рдце.

**enshroud** *v.t.* заку́т|ывать, -ать; оку́т|ывать, -ать.

**ensign** *n.* 1. (*flag*) (кормово́й) флаг; 2. (*hist., standard-bearer*) пра́порщик; 3. (*US nav.*) мла́дший лейтена́нт.

**ensilage** *n.* (*storage*) силосова́ние; (*fodder*) си́лос.

*v.t.* (*also* **ensile**) силосова́ть (*impf., pf.*).

**enslave** *v.t.* порабо|ща́ть, -ти́ть; he is ∼d to this habit он раб э́той привы́чки; she ∼d him by her charms она́ покори́ла его́ свои́м обая́нием.

**enslavement** *n.* порабоще́ние.

**ensnare** *v.t.* (*lit.*) лови́ть, пойма́ть в лову́шку; (*fig.*) зама́н|ивать, -и́ть в западню́.

**ensu|e** *v.i.* (*result*) сле́довать (*impf.*) из +*g.*; (*follow*) сле́довать (*impf.*) за +*i.*; silence ∼ed после́довало молча́ние; in ∼ing years в после́дующие го́ды.

**ensure** (*see also* INSURE) *v.t.* (*make safe*) гаранти́ровать (*impf.*); (*make certain*; *secure*) обеспе́чи|вать, -ть.

**entablature** *n.* (*archit.*) антаблеме́нт.

**entail**[1] *n.* (*leg.*) заповедное иму́щество (ограни́ченное в поря́дке насле́дования); майора́т.

*v.t.* (∼ *on eldest son*) закреп|ля́ть, -и́ть по майора́ту.

**entail**[2] *v.t.* (*necessitate*) влечь (*impf.*) за собо́й; the work ∼s expense э́та рабо́та свя́зана с расхо́дами.

**entailment** *n.* (*leg.*) ограниче́ние пра́ва распоряже́ния со́бственностью.

**entangle** *v.t.* (*lit.*) запу́т|ывать, -ать; (*fig.*) впу́т|ывать, -ать; he ∼d himself with women он запу́тался в отноше́ниях с же́нщинами.

**entanglement** *n.* запу́танность; затрудне́ние;

barbed-wire ∼ загражде́ние из колю́чей про́волоки.

**entelechy** *n.* энтеле́хия.

**Entente** *n.* (*hist.*) Анта́нта; ∼ cordiale Серде́чное согла́сие.

**enter** *v.t.* & *i.* 1. (*go into*) входи́ть, войти́ в +*a.*; ∼ hospital ложи́ться, лечь в больни́цу; ∼ school поступ|а́ть, -и́ть в шко́лу; ∼ the army вступ|а́ть, -и́ть в а́рмию; ∼ the Church (*be ordained*) прин|има́ть, -я́ть сан свяще́нника; ∼ s.o.'s service поступ|а́ть, -и́ть на слу́жбу к кому́-н.; ∼ one's fiftieth year вступ|а́ть, -и́ть в свой пятидеся́тый год; France ∼ed the war Фра́нция вступи́ла в войну́; the idea never ∼ed my head э́та мысль никогда́ не приходи́ла мне в го́лову; ∼ Macbeth (*stage direction*) вхо́дит Макбе́т; 2. (*include in record*) запи́с|ывать, -а́ть; ∼ one's name in a list внести́ (*pf.*) своё и́мя в спи́сок; ∼ (up) an item in an account-book де́лать, с- за́пись в рас-чётной кни́ге; ∼ a horse for a race заяв|ля́ть, -и́ть ло́шадь для ска́чек; ∼ a boy at a school запи́с|ывать, -а́ть ма́льчика в шко́лу; ∼ (o.s.) for an examination пода́ть (*pf.*) на уча́стие в экза́мене; ∼ (*make*) an appearance появ|ля́ться, -и́ться; ∼ a protest заяв|ля́ть, -и́ть проте́ст.

*with preps.*: ∼ **into** conversation вступ|а́ть, -и́ть в разгово́р; ∼ into details входи́ть (*impf.*) в подро́бности; ∼ into s.o.'s feelings пон|има́ть, -я́ть чьи-н. чу́вства; the fact ∼ed into our calculations э́тот факт входи́л в на́ши расчёты; he ∼ed into the spirit of the game он прони́кся ду́хом игры́; ∼ **(up)on** a subject приступ|а́ть, -и́ть к те́ме; ∼ (up)on a career нач|ина́ть, -а́ть профессиона́льную де́ятельность; ∼ (up)on one's inheritance вступ|а́ть, -и́ть во владе́ние насле́дством.

**enteric** *n.* (*fever*) брюшно́й тиф.

*adj.* кише́чный, брюшно́й.

**enteritis** *n.* воспале́ние то́нких кишо́к; энтери́т.

**enterprise** *n.* 1. (*undertaking, adventure*) предприя́тие; 2. (*initiative*) предприи́мчивость; a man of ∼ предприи́мчивый челове́к; 3. (*econ.*): private ∼ ча́стное предпринима́тельство.

**enterprising** *adj.* предприи́мчивый, инициати́вный.

**entertain** *v.t.* развл|ека́ть, -е́чь; прин|има́ть, -я́ть; ∼ friends уго|ща́ть, -сти́ть друзе́й; he ∼s a great deal у него́ ча́сто быва́ют го́сти; (*amuse*) развл|ека́ть, -е́чь; зан|има́ть, -я́ть; ∼ a proposal разду́мывать (*impf.*) над предложе́нием; ∼ ideas носи́ться (*impf.*) с иде́ями; ∼ doubts пита́ть (*impf.*) сомне́ния.

**entertainer** *n.* арти́ст эстра́ды; зате́йник.

**entertaining** *adj.* интере́сный, занима́тельный.

**entertainment** *n.* 1. (*social*) приём госте́й; ∼ allowance сре́дства на представи́тельские расхо́ды; **2.** (*amusement*) развлече́ние; **3.** (*spectacle*) представле́ние; ~ tax нало́г на зре́лища.

**enthral** *v.t.* (*fascinate*) увл|ека́ть, -е́чь; an ~ling play захва́тывающая пье́са.

**enthralment** *n.* увлече́ние.

**enthrone** *v.t.* (*a king, bishop*) возв|оди́ть, -ести́ на престо́л; (*fig.*) he was ~d in their hearts он овладе́л их сердца́ми.

**enthronement** *n.* возведе́ние на престо́л; воцаре́ние.

**enthuse** *v.i.* (*coll.*) восторга́ться (*impf.*) (*чем*).

**enthusiasm** *n.* восто́рг, энтузиа́зм.

**enthusiast** *n.* энтузиа́ст (*fem.* ка).

**enthusiastic** *adj.* восто́рженный; по́лный энтузиа́зма; he was ~ about the play он был в восто́рге от пье́сы.

**entice** *v.t.* соблазн|я́ть, -и́ть; зама́н|ивать, -и́ть; перема́н|ивать, -и́ть; ~ a man from his duty заст|авля́ть, -а́вить челове́ка забы́ть о до́лге; ~ a girl away from home уговори́ть (*pf.*) де́вушку уйти́ и́з дому.

**enticement** *n.* (*action*) перема́нивание, зама́нивание; (*lure*) прима́нка, собла́зн.

**entire** *adj.* **1.** це́лый, по́лный, це́льный; that is the ~ cost э́то — по́лная сто́имость; ~ affection глубо́кая привя́занность; an ~ delusion по́лное заблужде́ние; ~ly всеце́ло, целико́м, соверше́нно; he is ~ly wrong он соверше́нно непра́в; **2.** (*not gelded*) некастри́рованный.

**entirety** *n.* полнота́, це́льность; in its ~ по́лностью; во всей полноте́.

**entitle** *v.t.* **1.** (*a book etc.*) озагла́в|ливать, -ить; a book ~d 'Progress' кни́га под загла́вием «Прогре́сс»; **2.** (*bestow title on*) жа́ловать, поти́тул +*d.*; **3.** (*authorize*) да|ва́ть, -ть пра́во на +*a.*; you are ~d to two books a month вам полага́ется две кни́ги в ме́сяц.

**entitlement** *n.* (*right*) пра́во; (*regular due*) поло́женная но́рма.

**entity** *n.* (*object, body*) существо́, органи́зм, организа́ция; Germany as a single ~ Герма́ния как еди́ное це́лое.

**entomb** *v.t.* (*bury*) погре|ба́ть, -сти́; the explosion ~ed several miners взры́вом завали́ло не́сколько шахтёров.

**entombment** *n.* погребе́ние.

**entomological** *adj.* энтомологи́ческий.

**entomologist** *n.* энтомо́лог.

**entomology** *n.* энтомоло́гия.

**entourage** *n.* сви́та, окруже́ние.

**entr'acte** *n.* антра́кт.

**entrails** *n.* вну́тренности (*f. pl.*); (*fig.*) не́др|а (*pl., g.* —).

**entrain** *v.t.* сажа́ть, посади́ть в по́езд.
*v.i.* сади́ться, сесть в по́езд.

**entrainment** *n.* поса́дка в по́езд.

**entrance**[1] *n.* **1.** (*door, passage etc.*) вход; front ~ пара́дный ход; back ~ чёрный ход; **2.** (*enter-*

*ing*) вход, вступле́ние; upon his ~ когда́ он вошёл; ~s and exits (*theatr.*) вы́ходы и ухо́ды (*m. pl.*); force an ~ вл|а́мываться, -оми́ться; ~ upon one's duties вступле́ние в до́лжность; ~ examination вступи́тельный экза́мен; ~ fee, money вступи́тельный взнос; ~ hall прихо́жая, вестибю́ль (*m.*).

**entranc**|**e**[2] *v.t.* восторга́ть (*impf.*); an ~ing sight восхити́тельный вид.

**entrant** *n.* (*person entering school, profession etc.*) поступа́ющий, приступа́ющий; (*competitor*) уча́стник.

**entrap** *v.t.* лови́ть, пойма́ть в лову́шку; he was ~ped into confessing обма́нным путём его́ заста́вили призна́ться.

**entreat** *v.t.* умол|я́ть, -и́ть; упр|а́шивать, -оси́ть; ~ a favour умоля́ть (*impf.*) (*кого*) об одолже́нии.

**entreaty** *n.* мольба́; with a look of ~ умоля́ющим взгля́дом.

**entrechat** *n.* антраша́ (*m. indecl.*).

**entrecôte** *n.* антреко́т.

**entrée** *n.* **1.** (*admittance*) до́ступ; he has the ~ to the Minister у него́ есть до́ступ к мини́стру; **2.** (*cul.*) блю́до, подава́емое пе́ред жарки́м; (*Am., main dish*) гла́вное блю́до.

**entrench** *v.t.* окруж|а́ть, -и́ть око́пами; the enemy were ~ed nearby враг окопа́лся вблизи́; ~ o.s. ок|а́пываться, -опа́ться; ~ing-tool (*mil.*) ша́нцевый инструме́нт; (*fig.*) customs ~ed by tradition обы́чаи, закреплённые тради́цией.

**entrenchment** *n.* (*mil.*) око́п.

**entrepôt** *n.* (*storehouse*) пакга́уз; (*trade centre*) склад; ~ trade транзи́тная торго́вля.

**entrepreneur** *n.* предпринима́тель (*m.*).

**entrepreneurial** *adj.* антрепренёрский.

**entresol** *n.* антресо́ли (*f. pl.*); полуэта́ж.

**entropy** *n.* (*phys.*) энтропи́я.

**en**|**trust, in-** *v.t.* вв|еря́ть, -е́рить; возл|ага́ть, -ожи́ть; I ~ed the task to him (*or* ~ed him with the task) я дал ему́ (*or* возложи́л на него́) поруче́ние.

**entr**|**y** *n.* **1.** (*going in*) вход; the ~y of the US into the war вступле́ние США в войну́; the Romans' ~y into Britain вторже́ние ри́млян в Брита́нию; the ~y of the Nile into the Mediterranean впаде́ние Ни́ла в Средизе́мное мо́ре; the bullet's point of ~y то́чка попада́ния пу́ли; the actress made an impressive ~y актри́са сде́лала эффе́ктный вы́ход; **2.** (*access*) до́ступ; he gained ~y to the house он пробра́лся в дом; **3.** (*place of* ~*y;* ~*y way*) вход; the south ~y of a church ю́жный вход це́ркви; **4.** (*item*) за́пись; dictionary ~y слова́рная статья́; ~y in a diary за́пись в дневнике́; bookkeeping by double ~y двойна́я бухгалте́рия; **5.** (*inscription; competitor*): ~y form вступи́тельная анке́та; there was a large ~y for the race на ска́чках записа́лось мно́го учáстников; **6.** (*immigration*) въезд; ~y permit разрешéние на въезд.

**entwine** *v.t.* (*interweave*) впле|тáть, -стú; (*wreathe*) обв|ивáть, -úть.

**enumerate** *v.t.* переч|ислять, -úслить.

**enumeration** *n.* перечислéние; (*list*) пéречень (*m.*).

**enunciate** *v.t.* (*set forth*) формулúровать, с-; (*pronounce*) произн|осúть, -естú.

**enunciation** *n.* формулирóвка, произношéние.

**enuresis** *n.* недержáние мочú, энурéз.

**envelop** *v.t.* обёр|тывать, -нýть; окýт|ывать, -ать; hills ~ed in mist холмы́, окýтанные тумáном; a baby ~ed in a shawl младéнец, завёрнутый в шаль; ~ed in mystery покры́тый тáйной; (*mil.*) окруж|áть, -úть; охвáт|ывать, -úть.

**envelope** *n.* (*of letter*) конвéрт; (*of balloon etc.*) оболóчка; (*bot., biol.*) обвёртка, плёнка.

**envelopment** *n.* обёртывание; (*mil.*) окружéние, охвáт.

**envenom** *v.t.* отрав|лять, -úть; ~ a quarrel обостр|ять, -úть ссóру.

**enviable** *adj.* (*of pers.*) возбуждáющий зáвисть, счастлúвый; (*of thg.*) завúдный.

**envier** *n.* завúстник.

**envious** *adj.* завúстливый.

**environ** *v.t.* окруж|áть, -úть.

**environment** *n.* окружéние, средá; the ~ окружáющая средá.

**environmental** *adj.* окружáющий; ~ studies изучéние окружáющей среды́.

**environmentalist** *n.* сторóнник защúты окружáющей среды́.

**environs** *n.* окрéстности (*f. pl.*).

**envisage** *v.t.* (*face*) смотрéть (*impf.*) в лицó (*or* в глазá) +*d.*; (*consider*) рассм|áтривать, -отрéть; (*visualize*) предвúдеть (*impf.*); I had not ~d seeing him so soon я не предполагáл, что увúжу егó так скóро; we ~ holding a meeting мы намéрены устрóить собрáние.

**envision** *v.t.* предст|авлять, -áвить себé; вообра|жáть, -зúть.

**envoy**[1] *n.* (*to a poem*) заключúтельная строфá.

**envoy**[2] *n.* (*messenger*) послáнец; (*diplomat*) дипломáт; ~ extraordinary чрезвычáйный послáнник.

**envy** *n.* зáвисть; she was green with ~ онá чуть не лóпнула от зáвисти; his skill was the ~ of his friends егó лóвкость былá предмéтом зáвисти егó друзéй.
*v.t.* завúдовать, по- +*d.*; I ~ him я емý завúдую; I ~ his patience я завúдую егó терпéнию.

**enwrap** *v.t.* зав|ёртывать, -ернýть; закýт|ывать, -ать.

**enzyme** *n.* энзúм.

**Eocene** *adj.* эоцéн.

**eohippus** *n.* эогúппус.

**eolith** *n.* эолúт.

**eolithic** *adj.* эолúтовый, эолитúческий.

**eozoic** *adj.* эозóйский.

**epact** *n.* эпáкта.

**eparchy** *n.* епáрхия.

**epaulette** *n.* эполéт.

**epée** *n.* шпáга; ~ fencer шпажúст.

**epenthesis** *n.* эпентéза.

**epenthetic** *adj.* вставнóй, эпентетúческий.

**ephemera** *n.* (*zool.*) подёнка; (*ephemeral things, esp. writings*) эфемерúды (*f. pl.*).

**ephemeral** *adj.* одноднéвный, кратковрéменный; (*fig.*) эфемéрный.

**Ephesian** *n.* (*bibl.*) ефéсянин.
*adj.* ефéсский.

**Ephesus** *n.* Эфéс.

**epic** *n.* эпúческая поэ́ма, эпопéя.
*adj.* эпúческий; (*on a grand scale*) грандиóзный; an ~ biography биогрáфия эпúческого масштáба.

**epicene** *adj.* **1.** (*bisexual*) гермафродитúческий; **2.** (*effeminate*) женоподóбный; **3.** (*gram.*) óбщего рóда.

**epicentre** *n.* эпицéнтр.

**epicure** *n.* эпикурéец; любúтель (*m.*) вкýсно поéсть.

**epicurean** *n.* эпикурéец (*also phil.*).
*adj.* эпикурéйский.

**epicur(ean)ism** *n.* эпикурéйство.

**Epicurus** *n.* Эпикýр.

**epicycle** *n.* эпицúкл.

**epidemic** *n.* эпидéмия.
*adj.* эпидемúческий.

**epidemiology** *n.* эпидемиолóгия.

**epiderm|al, -ic** *adjs.* эпидермúческий.

**epidermis** *n.* эпидéрмис, эпидéрма.

**epidiascope** *n.* эпидиаскóп.

**epigastric** *adj.* надчрéвный, подлóжечный.

**epiglottis** *n.* надгортáнник.

**epigone** *n.* эпигóн.

**epigram** *n.* эпигрáмма.

**epigrammatic(al)** *adj.* эпиграмматúческий.

**epigrammatist** *n.* эпиграмматúст.

**epigraph** *n.* эпúграф.

**epigraphist** *n.* эпиграфúст.

**epigraphy** *n.* эпигрáфика.

**epilepsy** *n.* эпилéпсия.

**epileptic** *n.* эпилéптик.
*adj.* эпилептúческий; he had an ~ fit у негó был эпилептúческий припáдок.

**epilogue** *n.* эпилóг.

**Epiphany** *n.* Богоявлéние, Крещéние.

**epiphyte** *n.* эпифúт.

**episcopal** *adj.* (*of bishop*) епúскопский; (*of system*) епископáльный.

**episcopalian** *n.* (*Anglican*) член англикáнской цéркви; (*pl.*) англикáнцы.

**episcopate** *n.* (*office of bishop*) епáрхия; (*collect., bishops*) епископáт; епúскопы (*m. pl.*).

**episode** *n.* эпизóд; (*occurrence*) слýчай, происшéствие.

**episodic** adj. (composed of episodes) состоя́щий из отде́льных эпизо́дов; (incidental, occasional) эпизоди́ческий.

**epistemological** adj. гносеологи́ческий, эпистемологи́ческий.

**epistemology** n. гносеоло́гия, эпистемоло́гия.

**epistle** n. посла́ние.

**epistolary** adj. эпистоля́рный.

**epitaph** n. эпита́фия, надгро́бная на́дпись.

**epithalamium** n. эпитала́ма.

**epithelium** n. эпите́лий.

**epithet** n. эпи́тет.

**epitome** n. (summary) конспе́кт; (personification) эпито́м, воплоще́ние.

**epitomize** v.t. (summarize) резюми́ровать (impf., pf.); (personify) вопло|ща́ть, -ти́ть.

**epizootic** adj. эпизооти́ческий.

**epoch** n. эпо́ха; this discovery marks a new ~ э́то откры́тие знамену́ет собо́й но́вую эпо́ху.
    cpd.: ~-**making** adj. эпоха́льный.

**epode** n. эпо́д.

**eponym** n. эпони́м.

**eponymous** adj. эпони́мный.

**epos** n. э́пос.

**Epsom salts** n. англи́йская соль.

**equable** adj. (of climate, temper) ро́вный, уравнове́шенный.

**equal** n. (person or thing) ра́вный; ро́вня; he has no ~ ему́ нет ра́вного; he was her ~ at tennis он игра́л в те́ннис не ху́же её; he only mixes with his ~s он обща́ется то́лько с ра́вными себе́.
    adj. **1.** (same, equivalent) ра́вный, одина́ковый; ~ in (or of ~) ability одина́ковых спосо́бностей; the totals are ~ ито́ги равны́; other things being ~ при про́чих ра́вных усло́виях; ~ shares ро́вные до́ли; two boys of ~ height два ма́льчика одного́ ро́ста; he speaks French and German with ~ ease он одина́ково свобо́дно говори́т по-францу́зски и по-неме́цки; **2.** (capable, adequate) спосо́бный; he is ~ to the task он вполне́ мо́жет спра́виться с э́той зада́чей; are you ~ to a whole bottle of wine? вы одоле́ете це́лую буты́лку вина́?; **3.** (unbiassed, evenly balanced, stable) ро́вный, равнопра́вный, уравнове́шенный; ~ laws ра́вные права́; an ~ fight ра́вный бой.
    v.t. & i. **1.** (math.) равня́ться (impf.) (чему); twice 2 ~s 4 два́жды два равня́ется четырём; x=y x равно́ y; the ~s sign знак ра́венства; **2.**: he ~s me in strength он ра́вен мне по си́ле; I know nothing to ~ it я и не зна́ю ничего́ подо́бного; it will be hard to ~ his record бу́дет тру́дно повтори́ть его́ реко́рд.

**equalitarian, -ism** see EGALITARIAN, -ISM.

**equality** n. ра́венство, равнопра́вие; on an ~ with на ра́вных усло́виях/права́х с +i.

**equalization** n. уравне́ние, ура́внивание.

**equalize** v.t. & i. ура́вн|ивать, -я́ть; ~ (the score)

**equally** adv. **1.** (to an equal extent) одина́ково; he is ~ to blame он винова́т в той же сте́пени; **2.** (also, likewise) ра́вным о́бразом; наравне́; ~ it can be said that ... с таки́м же успе́хом мо́жно сказа́ть, что ...; we, ~ with them ... мы, наравне́ с ни́ми ...; **3.** (evenly): he divided the money ~ он раздели́л де́ньги по́ровну.

**equanimity** n. душе́вное равнове́сие; спокойствие; with ~ споко́йно.

**equate** v.t. (make equal) ура́вн|ивать, -я́ть; they ~d his salary to mine они́ уравня́ли его́ окла́д мои́м; (consider or treat as equal) отождеств|ля́ть, -и́ть; прира́вн|ивать, -я́ть; he ~s wealth with happiness он отождествля́ет бога́тство со сча́стьем.
    v.i.: ~ with (be equal, correspond to) быть ра́вным +d.

**equation** n. **1.** (making equal, balancing) выра́внивание; ~ of demand and supply соотве́тствие спро́са и предложе́ния; **2.** (math., chem.) уравне́ние; quadratic ~ квадра́тное уравне́ние.

**equator** n. эква́тор; celestial ~ небе́сный эква́тор.

**equatorial** adj. экваториа́льный.

**equerry** n. коню́ший, шталме́йстер.

**equestrian** n. нае́здник, вса́дник.
    adj. ко́нный; ~ statue ко́нная ста́туя.

**equestrienne** n. вса́дница; (in circus) нае́здница.

**equidistance** n. равноудалённость.

**equidistant** adj. равноотстоя́щий; these towns are ~ from London э́ти города́ располо́жены на одина́ковом расстоя́нии от Ло́ндона.

**equilateral** adj. равносторо́нний.

**equilibrate** v.t. уравнове́|шивать, -сить.

**equilibration** n. уравнове́шивание.

**equilibrist** n. эквилибри́ст (fem. -ка).

**equilibrium** n. (lit., fig.) равнове́сие; in stable ~ в усто́йчивом равнове́сии.

**equine** adj. лошади́ный, ко́нский.

**equinoctial** adj. равноде́нственный; ~ gales што́рмы равноде́нствия.

**equinox** n. равноде́нствие; autumnal ~ осе́ннее равноде́нствие; vernal, spring ~ весе́ннее равноде́нствие.

**equip** v.t. снаря|жа́ть, -ди́ть; (a ship) осна|ща́ть, -сти́ть; (soldiers) снаря|жа́ть, -ди́ть; экипирова́ть (impf., pf.); ~ o.s. with sth. вооруж|а́ться, -и́ться чем-н.; he is ~ped with sound sense он наделён здра́вым рассу́дком.

**equipage** n. (carriage) экипа́ж; (attendants) сви́та.

**equipment** n. снаряже́ние, экипиро́вка; mental ~ у́мственный бага́ж.

**equipoise** n. (balance) равнове́сие.

**equipollent** adj. равноси́льный.

**equitable** adj. справедли́вый.

**equitation** n. верхова́я езда́.

**equity** n. **1.** (fairness) справедли́вость; in ~ по

справедли́вости; **2.** (*pl.*, *fin.*) обыкнове́нные а́кции (*f. pl.*); **3.** (*leg.*) пра́во справедли́вости.

**equivalenc|e, -y** *nn.* эквивале́нтность.

**equivalent** *n.* эквивале́нт; a university degree or the ~ университе́тский дипло́м и́ли ра́вное ему́ удостовере́ние.

   *adj.* эквивале́нтный; his words were ~ to an insult его́ слова́ бы́ли равноси́льны оскорбле́нию.

**equivocal** *adj.* двусмы́сленный, сомни́тельный.

**equivocate** *v.i.* говори́ть (*impf.*) двусмы́сленно; уви́л|ивать, -ьну́ть от прямо́го отве́та.

**equivocation** *n.* укло́нчивость, уве́ртка.

**equivocator** *n.* говоря́щий двусмы́сленно; неи́скренний челове́к.

**er** *int.* (*expr. hesitation*) а; э-э.

**era** *n.* э́ра.

**eradicable** *adj.* искорени́мый.

**eradicate** *v.t.* искорен|я́ть, -и́ть.

**eradication** *n.* искорене́ние.

**erasable** *adj.* стира́емый.

**erase** *v.t.* ст|ира́ть, -ере́ть; соск|а́бливать, -обли́ть; ~ sth. from one's memory вычёркивать, вы́черкнуть что-н. из па́мяти.

**eraser** *n.* рези́нка.

**erasure** *n.* стира́ние, подчи́стка.

**ere** (*arch.*, *poet.*) = BEFORE.

**Erebus** *n.* (*myth.*) Эре́б.

**erect** *adj.* прямо́й; with head ~ с по́днятой голово́й; stand ~ держа́ться пря́мо.

   *v.t.* (*build, set up*) воздв|ига́ть, -и́гнуть; соору|жа́ть, -ди́ть; ~ a monument воздв|ига́ть, -и́гнуть па́мятник; ~ a tent ста́вить, по- пала́тку; ~ a staff водру|жа́ть, -зи́ть ма́чту; (*fig.*): ~ a custom into law возв|оди́ть, -ести́ обы́чай в зако́н.

**erection** *n.* (*setting up*) сооруже́ние; (*building*) зда́ние; (*physiol.*) эре́кция.

**erectness** *n.* прямота́.

**erector** *n.* (*builder*) строи́тель (*m.*); ~ muscle выпрямля́ющая мы́шца.

**eremitic(al)** *adj.* отше́льнический.

**erethism** *n.* эрети́зм.

**erg** *n.* (*phys.*) эрг.

**ergo** *adv.* сле́довательно.

**ergonomic** *adj.* эргономи́ческий.

**ergonomics** *n.* эргоно́мика, эргоно́мия.

**ergot** *n.* (*fungus, drug*) спорынья́.

**ergotism** *n.* эрготи́зм.

**Erin** *n.* (*poet.*) Ирла́ндия.

**Eritrea** *n.* Эритре́я.

**ermine** *n.* (*animal, fur*) горноста́й.

**erode** *v.t.* разъ|еда́ть, -е́сть; (*fig.*) подт|а́чивать, -очи́ть.

**erogenous** *adj.* эротоге́нный, эроти́ческий.

**Eros** *n.* (*myth.*) Э́рос.

**erosion** *n.* разъеда́ние, эро́зия; (*fig.*) the ~ of his hopes постепе́нное разруше́ние его́ наде́жд.

**erosive** *adj.* разъеда́ющий; эрози́вный.

**erotic** *adj.* эроти́ческий, любо́вный, чу́вственный.

**erotica** *n.* (*pl.*) эро́тика.

**eroticism** *n.* эроти́чность.

**erotism** *n.* эроти́зм.

**erotomania** *n.* эротома́ния.

**err** *v.i.* ошиб|а́ться, -и́ться; заблужда́ться (*impf.*); to ~ is human челове́ку сво́йственно ошиба́ться.

**errancy** *n.* заблужде́ние.

**errand** *n.* поруче́ние; предприя́тие; go on ~s for s.o. исполня́ть (*impf.*) чьи-н. поруче́ния; a fool's ~ беспло́дная зате́я.

   *cpd.:* **~-boy** *n.* ма́льчик на посы́лках/ побегу́шках; посы́льный, рассы́льный.

**errant** *adj.* **1.** (*mistaken*) заблужда́ющийся; **2.** (*stray, wandering*) стра́нствующий; knight ~ стра́нствующий ры́царь; **3.** (*misbehaving*) заблу́дший.

**erratic** *adj.* **1.** неусто́йчивый; (*of pers.*) беспоря́дочный, сумасбро́дный; he is an ~ shot он не о́чень-то ме́ткий стрело́к; ~ally нерегуля́рно; the engine fires ~ally мото́р рабо́тает с перебо́ями; **2.** (*geol.*): ~ blocks валуны́ (*m. pl.*).

**errat|um** *n.* опеча́тка; ~a (*pl.*, *list*) спи́сок опеча́ток.

**erring** *adj.* заблу́дший, гре́шный.

**erroneous** *adj.* оши́бочный.

**erroneousness** *n.* оши́бочность.

**error** *n.* **1.** (*mistake*) оши́бка; заблужде́ние; make, commit an ~ соверш|а́ть, -и́ть (*or* допус|ка́ть, -ти́ть) оши́бку; he is in ~ он заблужда́ется; fall into (an) ~ впа|да́ть, -сть в заблужде́ние; the letter was sent in ~ письмо́ бы́ло по́слано по оши́бке; clerical ~ опи́ска; printer's ~ опеча́тка; ~ of fact факти́ческая оши́бка; ~ of judgment неве́рное сужде́ние; оши́бка в расчётах; ~ of observation оши́бочное наблюде́ние; he saw the ~ of his ways он осозна́л свои́ оши́бки; ~s and omissions excepted не счита́я оши́бки и про́пуски; **2.** (*transgression*) просту́пок; the ~s of his youth грехи́ (*m. pl.*) его́ мо́лодости; **3.** (*astron.*) погре́шность; ~ of a planet отклоне́ние наблюда́емого положе́ния плане́ты от расчётного.

**ersatz** *n.* эрза́ц, суррога́т; ~ coffee эрза́ц-ко́фе (*m. indecl.*).

**Erse** *n.* (*Sc. Celtic language*) гэ́льский язы́к; (*Irish*) ирла́ндский язы́к.

   *adj.* (*Sc. Celtic*) гэ́льский; (*Irish*) ирла́ндский.

**erst** *adv.* (*poet.*) не́когда.

**erstwhile** *adj.* да́вний, давни́шний; an ~ friend да́вний/стари́нный друг.

**erubescence** *n.* покрасне́ние.

**erubescent** *adj.* красне́ющий.

**eructation** *n.* (*of pers.*) отры́жка; (*of volcano etc.*) изверже́ние.

**erudite** *adj.* эруди́рованный, учёный.

**erudition** *n.* эруди́ция.

**erupt** *v.i.* (*of volcano etc.*) изв|ерга́ться, -е́ргнуться; (*of teeth*) прор|еза́ться, -е́заться.

**eruption** *n.* **1.** (*of volcano etc.*) изверже́ние; **2.** (*of teeth*) прорезывание; **3.** (*on face etc.*) сыпь; **4.** (*fig.*) взрыв.

**eruptive** *adj.* изве́рженный; (*med.*) сопровожда́емый сы́пью.

**erysipelas** *n.* ро́жа, ро́жистое воспале́ние.

**Erzgebirge** *n.* Ру́дные го́ры (*f. pl.*).

**Esau** *n.* (*bibl.*) Иса́в.

**escalade** *v.t.* штурмова́ть (*impf.*) с по́мощью ле́стниц.

**escalate** *v.t.* эскали́ровать (*impf.*, *pf.*); обостр|я́ть, -и́ть.

    *v.i.* разраста́ться (*impf.*); расш|иря́ться, -и́риться.

**escalation** *n.* эскала́ция, расшире́ние.

**escalator** *n.* эскала́тор; ~ clause усло́вие «скользя́щей шкалы́».

**escalope** *n.* эскало́п.

**escapable** *adj.* избега́емый.

**escapade** *n.* эскапа́да; шальна́я вы́ходка.

**escape** *n.* **1.** (*becoming free*) побе́г, бе́гство; make one's ~ убежа́ть (*pf.*); there have been few ~s from this prison побе́ги из э́той тюрьмы́ весьма́ ре́дки; ~ clause пункт догово́ра, избавля́ющий сто́рону от отве́тственности; ~ hatch авари́йный люк; ~ ladder пожа́рная ле́стница; ~ velocity (*of rocket*) втора́я косми́ческая ско́рость; **2.** (*avoidance*) спасе́ние, избавле́ние; he had a narrow ~ from shipwreck он едва́ спа́сся при кораблекруше́нии; that was a lucky ~ э́то бы́ло счастли́вым избавле́нием; **3.** (*of gas etc.*) уте́чка; **4.** (*fig., mental relief*) ухо́д/бе́гство от действи́тельности; ~ literature литерату́ра, уводя́щая от о́стрых пробле́м действи́тельности; эскапи́стская литерату́ра.

    *v.t.* избе|га́ть, -жа́ть +*g.*; he ~d being laughed at он избежа́л насме́шек; he ~d death он оста́лся в живы́х; he ~d with a scratch он отде́лался цара́пиной; the words ~d his lips слова́ сорвали́сь у него́ с языка́; I cannot ~ the feeling that . . . я не могу́ отде́латься от чу́вства, что . . . ; nothing ~s you! ничто́ не ускольза́ет от вас!; вы всё замеча́ете!; his name ~s me не могу́ припо́мнить его́ фами́лии; его́ фами́лия вы́пала у меня́ из па́мяти.

    *v.i.* бежа́ть (*det.*); уходи́ть, уйти́; соверши́ть (*pf.*) побе́г; the prisoner ~d заключённый (с)бежа́л; an ~d prisoner бе́глый ареста́нт; the canary ~d from its cage канаре́йка вы́порхнула из кле́тки; the lion ~d лев вы́рвался на во́лю; gas is escaping происхо́дит уте́чка га́за.

    *cpds.*: ~**-pipe** *n.* выпускна́я труба́; ~**-seat** *n.* (*av.*) катапульти́руемое кре́сло; ~**-valve** *n.*

выпускно́й кла́пан.

**escapee** *n.* бегле́ц.

**escapement** *n.* (*of watch etc.*) сторожо́к, спуск, регуля́тор хо́да.

**escapism** *n.* бе́гство от действи́тельности; эскапи́зм.

**escapist** *n.* челове́к, уходя́щий от действи́тельности; эскапи́ст.

    *adj.* уходя́щий от действи́тельности; эскапи́стский.

**escapologist** *n.* фо́кусник, выполня́ющий трюк самоосвобожде́ния от цепе́й.

**escarole** (*Am.*) энди́вий (зи́мний) цикорий-энди́вий.

**escarp(ment)** *n.* (*geol.*) вертика́льное обнаже́ние поро́ды.

**eschatological** *adj.* эсхатологи́ческий.

**eschatology** *n.* эсхатоло́гия.

**escheat** *v.i.*: the property ~ed to the Crown (вы́морочное) иму́щество перешло́ в казну́.

**eschew** *v.t.* воздер́ж|иваться, -а́ться от +*g.*; сторони́ться (*impf.*) +*g.*

**eschscholtzia** *n.* эшо́льция.

**escort**[1] *n.* (*mil., nav.*) конво́й, эско́рт; ~ carrier эско́ртный авиано́сец; ~ fighter истреби́тель сопровожде́ния; ~ ship, vessel сторожево́й/эско́ртный кора́бль; police ~ (*of criminal*) конво́й; her ~ to the ball её кавале́р на балу́.

**escort**[2] *v.t.* сопрово|жда́ть, -ди́ть; (*mil., nav.*) эскорти́ровать (*impf.*, *pf.*); конвои́ровать (*impf.*); he ~ed her to the ball он сопровожда́л её на бал; I ~ed him to his seat я провёл его́ на ме́сто; the heckler was ~ed from the hall челове́ка, перебива́вшего ора́торов, вы́вели из за́ла.

**escritoire** *n.* секрете́р.

**escudo** *n.* эску́до (*indecl.*).

**esculent** *adj.* съедо́бный.

**escutcheon** *n.* щит герба́; a blot on s.o.'s ~ (*fig.*) пятно́ на чьей-н. репута́ции.

**Eskimo** *n.* эскимо́с (*fem.* -ка).

    *adj.* эскимо́сский; ~ dog ла́йка; ~ pie эскимо́ (*indecl.*).

**esophagus** *see* OESOPHAGUS.

**esoteric** *adj.* эзотери́ческий.

**espagnolette** *n.* шпингале́т.

**espalier** *n.* (*lattice*) шпале́ра; (*plant*) шпале́рник.

**esparto** *n.* (~ grass) эспа́рто (*indecl.*), трава́ а́льфа.

**especial** *adj.* специа́льный; осо́бенный; for your ~ benefit специа́льно для вас.

**Esperantist** *n.* эсперанти́ст (*fem.* -ка).

**Esperanto** *n.* эспера́нто (*m. indecl.*); in ~ на языке́ эспера́нто.

**espionage** *n.* шпиона́ж.

**esplanade** *n.* (*promenade*) эсплана́да.

**espousal** *n.* (*betrothal*) обруче́ние; (*marriage*) сва́дьба.

**espouse** *v.t.* **1.** (*arch., marry*) (*of man*) жени́ться

**espresso** *n.* (*machine*) «экспре́сс».

**esprit de corps** *n.* ≃ чу́вство солида́рности; забо́та о че́сти (*шко́лы, полка́ и т.п.*).

**espy** *v.t.* зам|еча́ть, -е́тить; обнару́жи|вать, -ть.

**esquire** *n.* **1.** (*hist.*) оружено́сец; **2.** W. Jones, ~ (*on envelope*) г-ну В. Джо́нсу.

**essay¹** *n.* (*attempt*) попы́тка, про́ба; (*literary composition*) о́черк; эссе́ (*indecl.*); этю́д.

**essay²** *v.t.* про́бовать, по-.
  *v.i.* пыта́ться, по-.

**essayist** *n.* очерки́ст, эссеи́ст.

**essence** *n.* **1.** (*philos.*) су́щность, существо́; (*gist*) суть; speed is of the ~ всё де́ло в ско́рости; **2.** (*extract*) эссе́нция.

**Essene** *n.* ессе́й.

**essential** *n.* (~ *feature, element*) су́щность; ~s of mathematics осно́вы (*f. pl.*) матема́тики.
  *adj.* **1.** (*necessary*) необходи́мый; is wealth ~ to happiness? необходи́мо ли бога́тство для сча́стья?; it is ~ that I should know о́чень ва́жно, что́бы я знал; **2.** (*fundamental*) суще́ственный; ~ly суще́ственно; по существу́; в су́щности; he is ~ly an amateur он в су́щности дилета́нт; **3.**: ~ oils эфи́рные масла́.

**essentialness** *n.* необходи́мость.

**establish** *v.t.* **1.** (*found, set up*) учре|жда́ть, -ди́ть; устан|а́вливать, -ови́ть; ~ a republic провозгла|ша́ть, -си́ть респу́блику; ~ contact устан|а́вливать, -ови́ть конта́кт; ~ o.s. in business осно́в|ывать, -а́ть де́ло; ~ one's son in business помо́чь (*pf.*) сы́ну нача́ть делову́ю карье́ру; **2.** (*settle*) устр|а́ивать, -о́ить; we are ~ed in our new home мы обжили́сь в но́вом до́ме; **3.** (*prove, gain acceptance for*) утвер|жда́ть, -ди́ть; ~ a claim обосно́в|ывать, -а́ть прете́нзию; ~ one's reputation созд|ава́ть, -а́ть себе́ репута́цию; Newton ~ed the law of gravity Нью́тон откры́л зако́н тяготе́ния; it is ~ed that he saw her устано́влено, что он её ви́дел; an ~ed custom укорени́вшийся обы́чай; ~ed church госуда́рственная це́рковь.

**establishment** *n.* **1.** (*setting up*) учрежде́ние, установле́ние; **2.** (*of a claim, fact etc.*) установле́ние, обоснова́ние; **3.** (*business concern*) заведе́ние, де́ло; **4.** (*household*) дом; he keeps a large ~ он живёт на широ́кую но́гу; they maintain two ~s они́ живу́т на́ два до́ма; **5.** (*institution*) учрежде́ние; заведе́ние; educational ~ уче́бное заведе́ние; **6.** (*mil. strength*): peace/war ~ шта́ты (*m. pl.*) ми́рного/вое́нного вре́мени; **7.** (*set of institutions or key persons*): the ~ «исте́блишмент», пра́вящая эли́та.

**estate** *n.* **1.** (*landed property*) поме́стье, име́ние; ~ agent аге́нт по прода́же недви́жимости; ~ car автомоби́ль с ку́зовом «универса́л»; housing ~ жило́й масси́в; industrial ~ промы́шленный ко́мплекс; **2.** (*property*) иму́щество; real ~ недви́жимость; personal ~ дви́жимость; the deceased's ~ amounted to £15,000 состоя́ние поко́йного составля́ло 15 000 фу́нтов; **3.** (~ *of the realm*) сосло́вие; E~s General (*hist.*) Генера́льные шта́ты (*m. pl.*); **4.** (*condition*) положе́ние; man's ~ совершенноле́тие.

**esteem** *n.* уваже́ние; we have great ~ for you мы пита́ем к вам большо́е уваже́ние; he lowered himself in my ~ он упа́л в мои́х глаза́х.
  *v.t.* уважа́ть (*impf.*); I ~ him highly я его́ высоко́ ценю́; I would ~ it a favour if . . . я счёл бы за любе́зность, е́сли . . .

**Esther** *n.* (*bibl.*) Эсфи́рь.

**esthete** *etc., see* AESTHETE *etc.*

**estimable** *adj.* досто́йный уваже́ния.

**estimate¹** *n.* **1.** (*assessment*) оце́нка; I formed an ~ of his abilities я соста́вил себе́ представле́ние о его́ спосо́бностях; **2.** (*comm.*) сме́та; the builder exceeded his ~ строи́тель превы́сил сме́ту.

**estimate²** *v.t.* оце́н|ивать, -и́ть; I ~ his income at £20,000 по мои́м подсчётам его́ дохо́д ра́вен двадцати́ ты́сячам фу́нтов.
  *v.i.* сост|авля́ть, -а́вить сме́ту (*чего*); the builder ~d for the repairs строи́тель соста́вил сме́ту ремо́нта.

**estimation** *n.* (*judgment*) оце́нка, сужде́ние.

**Estonia** *n.* Эсто́ния.

**Estonian** *n.* эсто́н|ец (*fem.* -ка).
  *adj.* эсто́нский.

**estrange** *v.t.* отдал|я́ть, -и́ть; (*repel*) отт|а́лкивать, -олкну́ть; Mr X is ~d from his wife г-н и г-жа X живу́т врозь; the children were ~d from their mother ме́жду детьми́ и их ма́терью возни́кло отчужде́ние.

**estrangement** *n.* отчужде́ние, разры́в.

**estuary** *n.* эстуа́рий, у́стье.

**esurient** *adj.* голо́дный, жа́дный.

**étagère** *n.* этаже́рка.

**etatism** *n.* этати́зм.

**etc.** (*abbr.*) и т.д., и т.п.

**et cetera** *phr.* и так да́лее; и тому́ подо́бное; ~s (*as n., sundries*) вся́кая вся́чина, всё остально́е.

**etch** *v.t. & i.* трави́ть, вы-; гравирова́ть, вы-; (*fig.*): it is ~ed on my memory э́то запечатле́лось у меня́ в па́мяти.

**etcher** *n.* гравёр, офорти́ст.

**etching** *n.* (*craft*) гравиро́вка; (*product*) офо́рт, гравю́ра.

**eternal** *adj.* ве́чный (*also fig.*); the E~ (*God*) Предве́чный; the E~ City Ве́чный го́род; the ~ triangle любо́вный треуго́льник.

**etern(al)ize** *v.t.* увекове́чи|вать, -ть.

**eternity** *n.* ве́чность; for, to all ~ на ве́ки ве́чные; it seemed an ~ till he came каза́лось, прошла́ ве́чность, пока́ он (не) пришёл; send, launch s.o. into ~ отпр|авля́ть, -а́вить кого́-н. на тот свет.

**Etesian** *adj.*: ~ winds ле́тние се́веро-за́падные пасса́тные ве́тры.

**ethane** *n.* эта́н.

**ether** *n.* (*phys., chem.*) эфи́р.

**ether|eal, -ial** *adj.* эфи́рный, неземно́й; ~ beauty неземна́я красота́.

**etherization** *n.* примене́ние эфи́ра для нарко́за.

**etherize** *v.t.* усып|ля́ть, -и́ть эфи́ром.

**ethic** *n.* (*moral code; also* ~s) э́тика; мора́ль.
    *adj.* эти́ческий; эти́чный; ~ dative (*gram.*) да́тельный эти́ческий.

**ethical** *adj.* (*pert. to ethics*) эти́ческий; (*conforming to a code*) эти́чный; it is not ~ for doctors to advertise врача́м неэти́чно создава́ть себе́ рекла́му.

**Ethiopia** *n.* Эфио́пия.

**Ethiopian** *n.* эфио́п (*fem.* -ка).
    *adj.* (*also* **Ethiopic**) эфио́пский.

**ethnic(al)** *adj.* этни́ческий; ~ group (*within a state*) национа́льность.

**ethnographer** *n.* этно́граф.

**ethnographic(al)** *adj.* этнографи́ческий.

**ethnography** *n.* этногра́фия.

**ethnological** *adj.* этнологи́ческий.

**ethnologist** *n.* этно́лог.

**ethnology** *n.* этноло́гия.

**ethos** *n.* дух.

**ethyl** *n.* эти́л.

**etiolate** *v.t.* этиоли́ровать (*impf., pf.*); ~d (*fig.*) обескро́вленный, безжи́зненный.

**etiquette** *n.* этике́т.

**Etruscan** *n.* этру́ск; (*language*) этру́сский язы́к.
    *adj.* этру́сский.

**étude** *n.* (*mus.*) этю́д.

**etui** *n.* иго́льница.

**etymological** *adj.* этимологи́ческий.

**etymologist** *n.* этимо́лог.

**etymologize** *v.t.*: ~ a word определ|я́ть, -и́ть этимоло́гию сло́ва.

**etymology** *n.* этимоло́гия.

**Euboea** *n.* Эвбе́я.

**eucalyptus** *n.* эвкали́пт.

**Eucharist** *n.* евхари́стия.

**eucharistic** *adj.* евхаристи́ческий.

**Euclid** *n.* Эвкли́д.

**Euclidean** *adj.* эвкли́дов.

**eudaemonism** *n.* эвдемони́зм.

**eugenic** *adj.* евгени́ческий.

**eugeni(ci)st** *n.* евгени́ст.

**eugenics** *n.* евге́ника.

**Euler** *n.* Э́йлер.

**eulogist** *n.* панегири́ст.

**eulogistic** *adj.* панегири́ческий.

**eulogize** *v.t.* восхвал|я́ть, -и́ть.

**eulogy** *n.* панеги́рик; похвала́.

**eunuch** *n.* е́внух, кастра́т.

**eupeptic** *adj.* име́ющий хоро́шее пищеваре́ние.

**euphemism** *n.* эвфеми́зм.

**euphemistic** *adj.* эвфемисти́ческий.

**euphonious** *adj.* благозву́чный.

**euphonium** *n.* саксофо́н-бас.

**euphony** *n.* благозву́чность, благозву́чие.

**euphorbia** *n.* молоча́й.

**euphoria** *n.* эйфори́я.

**euphoric** *adj.* в припо́днятом настрое́нии.

**euphrasy** *n.* оча́нка.

**Euphrates** *n.* Евфра́т.

**euphuism** *n.* эвфуи́зм.

**euphuistic** *adj.* эвфуисти́ческий.

**Eurasia** *n.* Евра́зия.

**Eurasian** *n.* еврази́|ец (*fem.* -йка).
    *adj.* еврази́йский.

**Euratom** *n.* (European Atomic Energy Community) Еврато́м (Европе́йское соо́бщество по а́томной эне́ргии).

**eureka** *int.* э́врика.

**eurhythmic** *adj.* гармони́чный, ритми́чный.

**eurhythmics** *n.* ри́тмика, худо́жественная гимна́стика.

**Europe** *n.* Евро́па.

**European** *n.* европе́|ец (*fem.* -йка).
    *adj.* европе́йский.

**Europeanization** *n.* европеиза́ция.

**Europeanize** *v.t.* европеизи́ровать (*impf., pf.*).

**Eurovision** *n.* Еврови́дение.

**Eurydice** *n.* (*myth.*) Эвриди́ка.

**Eustachian tube** *n.* еста́хиева труба́.

**euthanasia** *n.* умерщвле́ние из милосе́рдия; эйтана́зия.

**evacuate** *v.t.* **1.** (*pers. or place*) эвакуи́ровать (*impf., pf.*) **2.** (*physiol.*) оч|ища́ть, -и́стить.

**evacuation** *n.* (*removal*) эваку́ация; (*physiol.*) очище́ние кише́чника, испражне́ние.

**evacuee** *n.* эвакуи́рованный.

**evade** *v.t.* избе|га́ть, -жа́ть +*g.*; избе́гнуть (*pf.*) +*g.*; уклон|я́ться, -и́ться от +*g.*; ~ a blow/question уклон|я́ться, -и́ться от уда́ра/отве́та; ~ paying one's debts уклон|я́ться, -и́ться от упла́ты долго́в.

**evaluate** *v.t.* оце́н|ивать, -и́ть; he ~d the damage at £50 он оцени́л уще́рб в 50 фу́нтов; (*math.*) выража́ть, вы́разить в чи́слах.

**evaluation** *n.* оце́нка; (*math.*) выраже́ние в чи́слах.

**evanesce** *v.i.* исч|еза́ть, -е́знуть; ст|ира́ться, -ере́ться.

**evanescence** *n.* исчезнове́ние.

**evanescent** *adj.* исчеза́ющий, мимолётный.

**evangelical** *n.* протеста́нт.
    *adj.* ева́нгельский; (*Protestant*) евангели́ческий.

**evangelism** *n.* про́поведь Ева́нгелия; (*fig.*) пропове́дничество.

**evangelist** *n.* (*author of gospel*) евангели́ст; (*preacher*) пропове́дник Ева́нгелия.

**evangelize** *v.t.* обра|ща́ть, -ти́ть в христиа́н-
ство.

**evaporate** *v.t. & i.* испар|я́ть(ся), -и́ть(ся) (*also
fig.*); Jones ∼d (*coll.*) Джонс испари́л-
ся/исчёз; his anger ∼d его́ гнев рассе́ялся.

**evaporation** *n.* испаре́ние; (*fig.*) исчезнове́ние.

**evasion** *n.* (*avoidance*) уклоне́ние; (*prevarication*) уве́ртка.

**evasive** *adj.* (*of answer*) укло́нчивый; (*of pers.*)
уве́ртливый; the ship took ∼ action кора́бль
маневри́ровал переме́нным ку́рсом.

**Eve**[1] *n.* (*bibl.*) Е́ва.

**eve**[2] *n.* **1.** (*arch.*) = EVENING; **2.** (*day or evening
before*) кану́н (*also fig.*); on the ∼ of накану́не
+*g.*; Christmas E∼ (Рожде́ственский)
соче́льник; New Year's E∼ нового́дняя ночь,
кану́н Но́вого го́да.

**even**[1] *n.* (*poet.*) = EVENING.
*cpds.*: ∼-**song** *n.* вече́рняя моли́тва; ∼**tide** *n.*
вече́рняя пора́.

**even**[2] *adj.* **1.** (*level, smooth*) ро́вный; fill (*glass,
etc.*) ∼ with the brim напо́лнить (*pf.*) до краёв;
∼ with the ground вро́вень с землёй; **2.**
(*uniform*) равноме́рный; his work is not very ∼
он рабо́тает дово́льно неро́вно; at an ∼ speed
с постоя́нной ско́ростью; **3.** (*equal*) ра́вный;
the score is ∼ счёт ра́вный; the horses were ∼
in the race ло́шади на ска́чках шли голова́ к
голове́; an ∼ chance ра́вные ша́нсы; get ∼
with s.o. расквита́ться (*pf.*) с кем-н.; now we
are ∼ тепе́рь мы кви́ты; break ∼ ост|ава́ться,
-а́ться при свои́х; letter of ∼ date письмо́ от
сего́дняшнего числа́; **4.** (*divisible by 2*)
чётный; on ∼ dates по чётным чи́слам; **5.**
(*calm*) ро́вный, споко́йный; ∼ temper
ро́вный хара́ктер; **6.** (*exact*) ро́вный; an ∼
dozen ро́вно дю́жина.

*adv.* да́же; и; хотя́ бы; he disputes ∼ the facts
он оспа́ривает да́же фа́кты; he won't ∼ notice
он и не заме́тит; ∼ if е́сли да́же; ∼ so всё
равно́; да́же в тако́м слу́чае; not ∼ да́же не;
∼ though I don't like him хотя́ он мне не
нра́вится; does he ∼ suspect the danger?
подозрева́ет ли он вообще́ об опа́сности?; I
have only one suit, and ∼ it is shabby у меня́
всего́ оди́н костю́м, да и тот потрёпанный;
this applies ∼ more to French э́то ещё в
бо́льшей сте́пени отно́сится к францу́зскому
языку́; ∼ as I spoke, I realised . . . уже́ когда́ я
говори́л э́то, я по́нял . . .; ∼ as a child he was
. . . ещё/уже́ ребёнком он был . . .

*v.t.* (*make even or equal*) выра́внивать,
вы́ровнять; that ∼s (up) the score э́то ура́в-
нивает счёт.

*v.i.* выра́вниваться, вы́ровняться.
*cpds.*: ∼-**handed** *adj.* беспристра́стный;
∼-**handedness** *n.* беспристра́стность;
∼-**tempered** *adj.* уравнове́шенный.

**evening** *n.* ве́чер; in the ∼ ве́чером; (on) that ∼
в тот ве́чер; one ∼ одна́жды ве́чером; this ∼

сего́дня ве́чером; tomorrow ∼ за́втра
ве́чером; last, yesterday ∼ вчера́ ве́чером; on
the ∼ of the 8th восьмо́го ве́чером; musical ∼
музыка́льный ве́чер; (*attr.*) вече́рний; ∼ service (*relig.*) вече́рня; вече́рняя моли́тва; ∼
dress, clothes (*men's or women's*) вече́рний
туале́т; ∼ dress, gown (*woman's*) вече́рнее
пла́тье.

**evenly** *adv.* ро́вно, равноме́рно; he spoke ∼ он
говори́л споко́йно (*or* не повыша́я го́лоса);
spread the butter ∼ нама́з|ывать, -ать ма́сло
ро́вным сло́ем; the odds are ∼ balanced
ша́нсы — ра́вные.

**evenness** *n.* (*physical smoothness*) гла́дкость;
(*uniformity*) равноме́рность; (*of temper, tone
etc.*) ро́вность, уравнове́шенность; (*of odds,
contest etc.*) ра́венство.

**event** *n.* **1.** (*occurrence*) собы́тие; current
∼s теку́щие собы́тия; in the natural course of
∼s при норма́льном разви́тии собы́тий; it was
quite an ∼ э́то бы́ло це́лое собы́тие; **2.** (*outcome*) исхо́д; in the ∼ he was unsuccessful в
коне́чном счёте он потерпе́л неуда́чу; wise
after the ∼ за́дним умо́м кре́пок; **3.**
(*hypothesis*) слу́чай; in the ∼ of his coming в
слу́чае его́ прихо́да; in any ∼ в любо́м
слу́чае; in either ∼ так и́ли ина́че; at all ∼s во
вся́ком слу́чае; **4.** (*sports item*) забе́г, зае́зд;
вид спо́рта; combined ∼s многобо́рье.

**eventful** *adj.* насы́щенный собы́тиями.

**eventual** *adj.* (*possible*) возмо́жный, эвен-
туа́льный; (*final*) коне́чный, оконча́-
тельный; ∼ success успе́шный коне́ц; his ∼
departure surprised us то, что он в конце́
концо́в уе́хал, порази́ло нас.

**eventuality** *n.* возмо́жность, слу́чай; prepared
for any ∼ гото́вый ко вся́ким случа́йностям.

**eventually** *adv.* со вре́менем; в конце́ концо́в; в
коне́чном счёте; ра́но и́ли по́здно.

**eventuate** *v.i.* (*turn out*) разреш|а́ться, -и́ться
(*чем*); (*happen*) случ|а́ться, -и́ться; возн|и-
ка́ть, -и́кнуть.

**ever** *adv.* **1.** (*always*) всегда́; for ∼ (and a day *or*
and ∼) навсегда́, наве́чно; во все времена́;
(*relig.*) во ве́ки веко́в; ∼ after, since с тех
(са́мых) пор; ∼ since (*conj.*) с тех пор, как
. . .; yours ∼, ∼ yours, as ∼ (*in letters*)
Ваш/Твой . . .; пре́данный Вам; ∼ and anon
(*arch.*) вре́мя от вре́мени; with ∼ increasing
pleasure со всё возраста́ющим удово́ль-
ствием; **2.** (*at any time*): do you ∼ see him? вы
его́ когда́-нибудь ви́дите?; nothing ∼ happens
ничего́ не происхо́дит; scarcely, hardly ∼
почти́ никогда́; о́чень ре́дко; not then or ∼ ни
тогда́, ни когда́-либо ещё; as good as ∼ не
ху́же, чем ра́ньше; better than ∼ лу́чше чем
когда́-либо; did you ∼! вида́ли?!; как вам э́то
нра́вится?; вот э́то да!; this is the best ∼
тако́го ещё не быва́ло; **3.** (*intensive*): as soon
as ∼ I can при пе́рвой возмо́жности; why ∼

did you do it? заче́м же вы э́то сде́лали?; how
~ did you manage it? как то́лько вам э́то
удало́сь?; ~ so rich ужа́сно бога́тый; страсть
как бога́тый (*coll.*); be he ~so rich как бы он
ни́ был бога́т; I have not seen him for ~ so long
я его́ о́чень давно́ не ви́дел; thank you ~ so
much я вам чрезвыча́йно благода́рен; next
Sunday as ~ is (*coll.*) в ближа́йшее вос-
кресе́нье.

*cpds.*: ~-**blooming** *adj.* ве́чно цвету́щий;
~**green** *n.* (*bot.*) вечнозелёное расте́ние; *adj.*
вечнозелёный; (*fig.*) неувяда́емый; ~**lasting**
*adj.* (*eternal*; *incessant*) ве́чный; ~lasting
flower иммортéль (*m.*); бессме́ртник; (*as n.*)
the E~lasting (*God*) Всевы́шний, Пред-
ве́чный; from ~lasting испоко́н веко́в; ~**last-
ingness** *n.* ве́чность; ~-**loving** *adj.* всегда́
лю́бящий; ~ **more** *adv.*: for ~more навсегда́,
наве́чно; ~-**present** *adj.* постоя́нный.

**every** *adj.* ка́ждый, вся́кий; not ~ animal can
swim не все живо́тные пла́вают; ~ man Jack
(*or* mother's son) все без исключе́ния; все как
оди́н; ~ (*single*) word is a mockery что ни
сло́во, то насме́шка; you have ~ reason to be
satisfied у вас есть все основа́ния быть
дово́льным; I have ~ confidence in him я в нём
соверше́нно уве́рен; I wish you ~ success
жела́ю вам вся́ческого/по́лного успе́ха; ~
ten minutes ка́ждые де́сять мину́т; ~ other car
ка́ждый второ́й автомоби́ль; (on) ~ other day
че́рез день; ~ one of them все до одного́; ~
now and again; ~ so often; ~ once in a while
вре́мя от вре́мени; по времена́м; иногда́; I ate
~ bit of it я съел всё до после́днего кусо́чка;
this is ~ bit as good э́то ничу́ть не уступа́ет; ~
bit as much то́чно сто́лько же; ~ time (that)
he comes вся́кий раз, когда́ он прихо́дит; in ~
way во всех отноше́ниях; вся́чески, все́ми
возмо́жными спо́собами; I expect him ~
minute я жду его́ с мину́ты на мину́ту.

*cpds.*: ~**body, ~one** *pron.* ка́ждый; вся́кий;
все (*pl.*); ~body knows that! э́то ка́ждый
зна́ет!; ~body else все остальны́е; ~body
knows ~body else все со все́ми знако́мы;
~**day** *adj.* каждодне́вный, повседне́вный;
обыкнове́нный, бытово́й; E~**man** *n.* (*the
common man*) рядово́й/обыкнове́нный че-
лове́к; обыва́тель (*m.*); ~**one** *see* ~**body**;
~**thing** *pron.* всё; speed is ~thing to him для
него́ ско́рость — э́то всё; money is not ~thing
де́ньги — э́то ещё не всё; ~thing is not clear не
всё я́сно; ~thing comes to him who waits
терпе́нье и труд всё перетру́т; ~**where** *adv.*
везде́, повсю́ду; ~where else во всех други́х
места́х.

**evict** *v.t.* выселя́ть, вы́селить.

**eviction** *n.* выселе́ние.

**evidence** *n.* **1.** (*clarity, visibility*) очеви́дность; he
was much in ~ at the party он о́чень выделя́лся
на вечери́нке; flowers were much in ~ цветы́

бы́ли повсю́ду; **2.** (*indication, confirmation*)
доказа́тельство, свиде́тельство; there was
ample ~ of foul play всё свиде́тельствовало о
соверше́нном преступле́нии; the ~ of the
charred letter ули́ка в ви́де полусожжённого
письма́; there is no ~ for this belief нет
основа́ний для э́того убежде́ния; ~s of glacial
action следы́ (*m. pl.*) движе́ния ледника́; **3.**
(*leg.*) свиде́тельское показа́ние; да́нные (*nt.
pl.*); give ~ да|ва́ть, -ть свиде́тельское
показа́ние; he turned King's, Queen's, state's
~ он вы́дал соуча́стников и стал свиде́телем
обвине́ния; circumstantial ~ ко́свенные
ули́ки (*f. pl.*); cumulative ~ совоку́пность
ули́к; law of ~ доказа́тельственное пра́во;
presumptive ~ фа́кты, создаю́щие
презу́мпцию доказа́тельства; опроверж́и-
мое доказа́тельство.

*v.t.* служи́ть, по- доказа́тельством (*чего*).

**evident** *adj.* очеви́дный, я́сный; it was ~ from
his behaviour that ... бы́ло ви́дно по его́
поведе́нию, что . . .; he is ~ly a fool он я́вно
дура́к; ~ly not (*as reply*) разуме́ется, нет;
ока́зывается, что нет.

**evidential** *adj.* доказа́тельный.

**evil** *n.* зло; wish s.o. ~ жела́ть (*impf.*) кому́-н.
зла; speak ~ of s.o. злосло́вить (*impf.*) о
ком-н.; the ~s of civilization поро́ки (*m. pl.*)
цивилиза́ции.

*adj.* злой, дурно́й; he was her ~ genius он
был её злым ге́нием; she has an ~ tongue у
неё злой язы́к; the E~ One (*devil*) нечи́стый;
a man of ~ repute челове́к с плохо́й
репута́цией; fallen on ~ days впа́вший в
нищету́.

*cpds.*: ~-**doer** *n.* злоде́й; ~-**doing** *n.* зло-
дея́ние; ~-**minded** *adj.* злонаме́ренный;
~-**mindedness** *n.* злонаме́ренность.

**evilness** *n.* зло́бность.

**evince** *v.t.* прояв|ля́ть, -и́ть.

**eviscerate** *v.t.* потроши́ть, вы́-; (*fig.*) выхо-
ла́щивать, вы́холостить.

**evisceration** *n.* потроше́ние; (*fig.*) выхо-
ла́щивание.

**evocation** *n.* вызыва́ние; воскреше́ние в
па́мяти.

**evocative** *adj.* навева́ющий воспомина́ния.

**evoke** *v.t.* вызыва́ть, вы́звать; пробу|жда́ть,
-ди́ть; нап|омина́ть, -о́мнить.

**evolution** *n.* **1.** эволю́ция; theory of ~ эво-
люцио́нная тео́рия; **2.** (*mil.*) манёвр; **3.** (*of
dancers etc.*) фигу́ры (*f. pl.*).

**evolutionary** *adj.* эволюцио́нный.

**evolutionism** *n.* эволюциони́зм; эволюцио́нная
тео́рия.

**evolutionist** *n.* эволюциони́ст.

**evolve** *v.t.* разв|ива́ть, -и́ть; he ~d a plan он
разрабо́тал план.

*v.i.* разв|ива́ться, -и́ться; эволюциони́-
ровать (*impf., pf.*).

**ewe** *n.* овца́; ~ lamb ове́чка; (*fig.*) еди́нственное дитя́/сокро́вище; ~ in lamb суя́гная овца́.

**ewer** *n.* кувши́н.

**ex¹** *prep.* (*comm.*): ~ warehouse (*from warehouse*) со скла́да; (*free of charges as far as warehouse*) фра́нко склад; shares ~ dividend а́кции без дивиде́нда; an ~-directory telephone number но́мер, не внесённый в телефо́нную кни́гу.

**ex-²** *pref.* (*former*) экс-, бы́вший; ~ husband/president бы́вший муж/президе́нт.

**exacerbate** *v.t.* (*person*) раздраж|а́ть, -и́ть; (*pain etc.*) обостр|я́ть, -и́ть.

**exacerbation** *n.* раздраже́ние, обостре́ние.

**exact** *adj.* то́чный; an ~ memory це́пкая па́мять.
 *v.t.* (*e.g. payment*) взы́ск|ивать, -а́ть; (*e.g. obedience*) тре́бовать, по- +*g.*

**exacting** *adj.* взыска́тельный, тре́бовательный.

**exaction** *n.* (*demand, extortion*) тре́бование, вымога́тельство; (*unjust tax*) чрезме́рный нало́г.

**exact|itude** *see* -NESS.

**exactly** *adv.* то́чно; (*of numbers, quantities*) ро́вно; he measured it ~ он э́то то́чно изме́рил; ~ a kilogram ро́вно килогра́мм; (in) ~ (the same way) as так то́чно как; ~ the same то же са́мое; ~! (*as reply*) и́менно!; ~ how much do you need? ско́лько и́менно вам ну́жно?; not ~ ugly не тако́й уж уро́дливый; he did not ~ complain, but he was discontented он не то что(бы) жа́ловался, но был недово́лен.

**exact|ness, -itude** *nn.* то́чность.

**exaggerate** *v.t.* преувели́чи|вать, -ть.

**exaggeration** *n.* преувеличе́ние.

**exalt** *v.t.* (*make higher in rank etc.*) пов|ыша́ть, -ы́сить; (*praise*) превозн|оси́ть, -ести́.

**exaltation** *n.* **1.** (*raising in rank etc.*) повыше́ние; **2.** (*worship*) возвели́чение; **3.**: E ~ of the Cross (*relig.*) воздви́жение Креста́; **4.** (*mental or emotional transport*) экзальта́ция.

**exam** (*coll.*) *see* EXAMINATION 3.

**examination** *n.* **1.** (*inspection*) осмо́тр; customs ~ тамо́женный досмо́тр; ~ of passports прове́рка паспорто́в; **2.** (*interrogation*) допро́с; the prisoner is under ~ заключённого допра́шивают; **3.** (*acad. etc.*; *also* **exam**) экза́мен; ~ paper (*written by examinee*) экзаменацио́нная рабо́та; (*questions set*) вопро́сы (*m. pl.*) (для экзаменацио́нной рабо́ты); competitive ~ ко́нкурсный экза́мен; entrance ~ вступи́тельный экза́мен; go in for (*or* take) an ~ сда|ва́ть, -ть экза́мен; sit an ~ экзаменова́ться, про-; pass an ~ сдать/вы́держать (*both pf.*) экза́мен; fail (in) an ~ провали́ться (*pf.*) на экза́мене.

**examine** *v.t.* **1.** (*inspect*) осм|а́тривать, -отре́ть; ~ passports пров|еря́ть, -е́рить паспорта́; ~

records изуч|а́ть, -и́ть докуме́нты; ~ a signature пров|еря́ть, -е́рить по́длинность по́дписи; ~ a patient осм|а́тривать, -отре́ть больно́го; ~ one's conscience спр|а́шивать, -оси́ть свою́ со́весть; ~ claims рассм|а́тривать, -отре́ть жа́лобы; he had his eyes ~d (by s.o.) он прове́рил глаза́ (у кого́-н.); **2.** (*interrogate*) допр|а́шивать, -оси́ть; **3.** (*acad.*) экзаменова́ть, про-; ~ pupils in Latin (*or on* Homer) экзаменова́ть, про- ученико́в по латы́ни (*or* по тво́рчеству Гоме́ра).

**examinee** *n.* экзамену́ющийся; he is a bad ~ он не уме́ет прояви́ть себя́ на экза́менах.

**examiner** *n.* (*acad.*) экзамена́тор; (*of a prisoner, witness etc.*) сле́дователь (*m.*).

**example** *n.* **1.** (*illustration, model*) приме́р; for (*or* by way of) ~ наприме́р; follow s.o.'s ~ брать (*impf.*) с кого́-н. приме́р; set an ~ to s.o. подава́ть (*impf.*) кому́-н. приме́р; **2.** (*warning*) уро́к; let this be an ~ to you пусть э́то послу́жит вам уро́ком; make an ~ of s.o. наказа́ть (*pf.*) кого́-н. в назида́ние други́м; **3.** (*specimen*) образе́ц.

**exanthema** *n.* сыпь.

**exarch** *n.* (*hist., eccl.*) экза́рх.

**exarch|ate, -y** *nn.* экзарха́т.

**exasperate** *v.t.* изв|оди́ть, -ести́; раздраж|а́ть, -и́ть.

**exasperating** *adj.* раздража́ющий.

**exasperation** *n.* раздраже́ние.

**excavate** *v.t.* копа́ть (*impf.*); выка́пывать, вы́копать; раск|а́пывать, -опа́ть; ~ a trench копа́ть око́п; ~ a buried city раскопа́ть (*pf.*) погребённый го́род.

**excavation** *n.* раско́пки (*f. pl.*); выка́пывание.

**excavator** *n.* (*pers.*) землеко́п; (*machine*) экскава́тор.

**exceed** *v.t.* прев|ыша́ть, -ы́сить; ~ s.o. in height быть вы́ше кого́-н. ро́стом; ~ expectations превзойти́ (*pf.*) ожида́ния.

**exceedingly** *adv.* чрезвыча́йно.

**excel** *v.t.* прев|осходи́ть, -зойти́.
 *v.i.* выдава́ться (*impf.*); выделя́ться (*impf.*); he ~s as an orator он выдаю́щийся ора́тор; he ~s in sport он превосхо́дный спортсме́н.

**excellence** *n.* превосхо́дство; превосхо́дное ка́чество; ~ in French соверше́нство во францу́зском языке́.

**excellency** *n.*: His E ~ его́ превосходи́тельство.

**excellent** *adj.* отли́чный; ~ly well исключи́тельно хорошо́.

**excelsior** *adv., int.* (всё) вы́ше.

**except** *v.t.* исключ|а́ть, -и́ть; we ~ed him from the rule мы сде́лали для него́ исключе́ние; present company ~ed о присутствующих не говоря́т.
 *prep.* (*also* ~**ing**) исключа́я +*a.*; кро́ме +*g.*; за исключе́нием +*g.*; ра́зве лишь/то́лько; the essay is good ~ for the spelling mistakes сочине́ние хоро́шее, е́сли не счита́ть орфо-

графи́ческих оши́бок; I knew nothing ~ that he was away я не знал ничего́, кро́ме того́, что его́ не́ было; I would go ~ that it is too far я бы пошёл, да то́лько э́то сли́шком далеко́; take no orders ~ from me не слу́шайте ничьи́х прика́зов, кро́ме мои́х; the area is well defended ~ here райо́н, кро́ме э́того уча́стка, укреплён хорошо́; ~ in Germany кро́ме как в Герма́нии.

**exception** *n.* **1.** (*sth. excepted*) исключе́ние; with the ~ of за исключе́нием +*g.*; an ~ to a rule исключе́ние из пра́вила; the ~ proves the rule исключе́ние подтвержда́ет пра́вило; **2.** (*objection*) оби́да; take ~ to об|ижа́ться, -и́деться на +*a.*

**exceptionable** *adj.* вызыва́ющий возраже́ния; небезупре́чный.

**exceptional** *adj.* исключи́тельный.

**excerpt** *n.* вы́держка, цита́та.

*v.t.*: ~ a passage from a book процити́ровать (*pf.*) отры́вок из кни́ги; прив|оди́ть, -ести́ вы́держку из кни́ги.

**excess** *n.* **1.** (*exceeding*) изли́шек, избы́ток; ~ of imports over exports превыше́ние и́мпорта над э́кспортом; in ~ of £20 свы́ше двадцати́ фу́нтов; expenditure in ~ of income расхо́ды, превыша́ющие дохо́д; **2.** (*exceeding what is proper or normal*) эксце́сс, кра́йность; he carries grief to ~ он неуме́ренно предаётся го́рю; the ~es of the military бесчи́нства вое́нщины; drink to ~ злоупотребля́ть (*impf.*) алкого́лем; ~ fare допла́та; ~ postage почто́вая допла́та; ~ luggage изли́шек багажа́; we had to pay ~ мы должны́ бы́ли доплати́ть; ~ profits tax нало́г на сверхпри́быль.

**excessive** *adj.* изли́шний; (*extreme*) чрезме́рный.

**excessiveness** *n.* изли́шество, чрезме́рность.

**exchange** *n.* **1.** (*act of exchanging*) обме́н +*g./i.*; in ~ for в обме́н на +*a.*; ~ of prisoners обме́н пле́нными; ~ of shots перестре́лка; ~ professor профе́ссор, преподаю́щий в друго́й стране́ в поря́дке обме́на; ~ is no robbery ме́на — не грабёж; **2.** (*fin.*) разме́н, обме́н; ~ rate/control валю́тный курс/контро́ль; lose on the ~ потеря́ть (*pf.*) на обме́не де́нег; **3.** (*place of business*) би́ржа; stock ~ фо́ндовая би́ржа; ~ broker биржево́й ма́клер; **4.** (*teleph.*) (центра́льная) телефо́нная ста́нция; (*in building*) коммута́тор; **5.**: labour ~ би́ржа труда́.

*v.t.* меня́ть, об-/по- (*что на что*); (*reciprocally*) меня́ться, об-/по- +*i.*; обме́ниваться (*impf.*) +*i.*; we ~d places мы поменя́лись места́ми; we ~d opinions мы обменя́лись мне́ниями; he ~d a palace for a cell он променя́л дворе́ц на ке́лью; he ~d one job for another он перешёл с одно́й рабо́ты на другу́ю.

*v.i.*: he ~d with me on the roster мы с ним поменя́лись дежу́рствами; a mark ~s for one Swiss franc ма́рка обме́нивается на оди́н швейца́рский франк.

**exchangeable** *adj.* подлежа́щий обме́ну, го́дный для обме́на; this coupon is ~ for lunch э́тот тало́н даёт пра́во на обе́д.

**exchequer** *n.* казначе́йство, казна́; Chancellor of the E~ ка́нцлер казначе́йства; (*fig., joc., finances*) фина́нсы (*m. pl.*).

**excise**[1] *n.* акци́з; ~ officer, man акци́зный чино́вник.

**excise**[2] *v.t.* выреза́ть, вы́резать; отр|еза́ть, -е́зать.

**excision** *n.* выреза́ние, отреза́ние.

**excitability** *n.* повы́шенная возбуди́мость.

**excitable** *adj.* легко́ возбуди́мый.

**excite** *v.t.* **1.** (*cause, arouse, stimulate*) возбу|жда́ть, -ди́ть; вызыва́ть, вы́звать; ~ a riot подн|има́ть, -я́ть бунт; the drug ~s the nerves э́то лека́рство стимули́рует не́рвную систе́му; **2.** (*thrill, agitate*) волнова́ть, вз-; don't ~ yourself (*or* get ~d) не волну́йтесь.

**excitement** *n.* возбужде́ние, волне́ние; what is all the ~ about? что за шум?; в чём де́ло?; the ~s of town life пре́лести городско́й жи́зни.

**exciting** *adj.* захва́тывающий, увлека́тельный; how ~! как интере́сно!

**exclaim** *v.t. & i.* воскл|ица́ть, -и́кнуть; ~ against протестова́ть (*impf.*) про́тив +*g.*; ~ at удив|ля́ться, -и́ться +*d.*

**exclamation** *n.* восклица́ние; ~ mark восклица́тельный знак.

**exclamatory** *adj.* восклица́тельный.

**exclude** *v.t.* исключ|а́ть, -и́ть; ~ from membership лиш|а́ть, -и́ть чле́нства; ~ immigrants не впус|ка́ть, -ти́ть иммигра́нтов.

**exclusion** *n.* исключе́ние.

**exclusive** *adj.* **1.** (*sole*) исключи́тельный, еди́нственный; he is the ~ agent for this product он еди́нственный аге́нт по сбы́ту э́того това́ра; **2.**: ~ of (*not counting*) без +*g.*, не счита́я +*g.*; **3.** (*reserved, restricted*) специа́льный, исключи́тельный; an ~ interview интервью́, да́нное то́лько одно́й газе́те; an ~ club клуб для и́збранных; we have ~ rights to his invention мы владе́ем исключи́тельными права́ми на его́ изобрете́ние.

**exclusiveness** *n.* исключи́тельность.

**excogitate** *v.t.* приду́м|ывать, -ать; выду́м|вать, выду́мать.

**excogitation** *n.* приду́мывание, выду́мывание.

**excommunicate** *v.t.* отлуч|а́ть, -и́ть от це́ркви.

**excommunication** *n.* отлуче́ние от це́ркви.

**excoriate** *v.t.* сдира́ть, содра́ть ко́жу с +*g.*; (*fig.*) разн|оси́ть, -ести́.

**excoriation** *n.* сдира́ние ко́жи; (*fig.*) разно́с.

**excrement** *n.* экскреме́нты (*m. pl.*).

**excrescence** *n.* наро́ст.

**excreta** *n.* (*pl.*, *physiol.*) экскременты (*m. pl.*), выделения (*nt. pl.*).

**excrete** *v.t.* выделять, выделить.

**excretion** *n.* экскреция, выделение.

**excret|ive, -ory** *adjs.* экскреторный, выделительный.

**excruciate** *v.t.* (*fig.*) терзать (*impf.*); мучить (*impf.*).

**excruciating** *adj.* мучительный.

**exculpate** *v.t.* оправд|ывать, -ать.

**exculpation** *n.* оправдание.

**exculpatory** *adj.* оправдательный.

**excursion** *n.* (*trip*) экскурсия; make (*or* go on) an ~ идти/поехать (*det.*) на экскурсию; (*digression, interlude*) экскурс.

**excursionist** *n.* экскурсант.

**excursus** *n.* экскурс.

**excusable** *adj.* простительный, извинительный.

**excusably** *adv.*: he was ~ annoyed его раздражение можно было понять.

**excuse**[1] *n.* извинение, оправдание, отговорка; he pleaded ignorance in ~ of his conduct в оправдание своего поведения он сослался на незнание; ignorance is no ~ незнание — не оправдание; a lame, poor ~ слабая отговорка; he was absent without ~ он отсутствовал без уважительной причины; please make my ~s to the hostess пожалуйста, передайте мои извинения хозяйке.

**excuse**[2] *v.t.* **1.** (*justify, palliate*) оправд|ывать, -ать; ~ o.s. прин|осить, -ести извинения; **2.** (*forgive*) извин|ять, -ить; про|щать, -стить; please ~ my coming late (*or* me for coming late) извините, что я пришёл поздно; ~ me, what time is it? простите, который час?; ~ me, but you are wrong простите, но вы неправы; **3.** (*dispense, release*): I ~d him from attending я позволил ему не присутствовать; may I be ~d from coming? могу я не приходить?; we ~d him the fee мы освободили его от уплаты.

**exeat** *n.* кратковременный отпуск; отпускной билет.

**execrable** *adj.* отвратительный.

**execrate** *v.t.* испыт|ывать, -ать отвращение к +*d.*

**execration** *n.* омерзение; hold s.o. up to ~ выставля́ть, выставить кого-н. на всеобщее порицание.

**executable** *adj.* (*feasible*) исполнимый, выполнимый.

**executant** *n.* исполнитель (*m.*).

**execute** *v.t.* **1.** (*carry out*) выполнять, выполнить; исп|олнять, -олнить; ~ a will исп|олнять, -олнить завещание; **2.** (*leg.*) оф|ормлять, -ормить; **3.** (*put to death*) казнить (*impf., pf.*); **4.** (*music etc.*) исп|олнять, -олнить.

**execution** *n.* **1.** (*carrying out*) исполнение,

выполнение; carry, put into ~ прив|одить, -ести в исполнение; **2.** (*of music etc.*) исполнение; **3.** (*destructive effect*): the artillery did great ~ артиллерийский огонь произвёл большие разрушения; **4.** (*capital punishment*) казнь; there were five ~s last year в прошлом году казнили пятерых.

**executioner** *n.* палач.

**executive** *n.* (руководящий) работник; chief ~ президент (США); the ~ (*sc. power*) исполнительная власть.

   *adj.* **1.** (*executing laws etc.*) исполнительный; the ~ branch of government исполнительная власть; **2.** (*managing*) руководящий; ~ ability административные способности; ~ session (*Am., closed session*) закрытое заседание.

**executor**[1] *n.* (*one who carries out*) исполнитель (*m.*).

**executor**[2] *n.* (*of a will*) душеприказчик.

**executrix** *n.* душеприказчица.

**exegesis** *n.* толкование.

**exegete** *n.* толкователь (*m.*).

**exegetic** *adj.* объяснительный.

**exemplar** *n.* образец, экземпляр.

**exemplary** *adj.* примерный, образцовый.

**exemplification** *n.* приведение примеров; пример.

**exemplify** *v.t.* (*illustrate by example*) прив|одить, -ести пример +*g.*; (*be an example of*) служить, по- примером +*g.*

**exempt** *adj.* освобождённый, свободный (*от чего*).

   *v.t.* освобо|ждать, -дить.

**exemption** *n.* освобождение (*от чего*).

**exequatur** *n.* (*consul's*) экзекватура.

**exequies** *n.* (*liter.*) похор|оны (*pl., g.* —он).

**exercise** *n.* **1.** (*use, exertion*) проявление (*чего*); выказывание (*чего*); the ~ of patience is essential важно проявить терпение; **2.** (*physical activity*) зарядка, упражнение, моцион; you should take more ~ вам нужно делать больше физических упражнений; **3.** (*mental or physical training*) упражнение, тренировка; slimming ~s упражнения для снижения веса; **4.** (*trial operation*) учение; military ~s строевое учение, военная игра; (*fig.*) the object of the ~ цель этого предприятия; **5.** (*US, ceremony*): graduation ~s выпускной акт.

   *v.t.* **1.** (*exert, use*) выказывать, выказать; прояв|лять, -ить; ~ authority примен|ять, -ить власть; ~ one's rights осуществ|лять, -ить свои права; **2.** (*physically*) упражнять (*impf.*); ~ a dog прогуливать (*impf.*) собаку; **3.** (*worry, perplex*) беспокоить (*impf.*), тревожить (*impf.*); the problem ~d our minds проблема заставила нас задуматься.

   *v.i.* упражняться (*impf.*).

   *cpd.*: ~**-book** *n.* (ученическая) тетрадь.

**exert** *v.t.* осуществ|лять, -ить; оказ|ывать,

-а́ть; ~ influence ока́з|ывать, -а́ть влия́ние; ~ o.s. постара́ться (pf.).

**exertion** n. напряже́ние, уси́лие; the ~ of patience проявле́ние терпе́ния; the ~s of travelling тя́готы (f. pl.) пути́.

**exeunt omnes** (stage direction) (все) ухо́дят.

**exhalation** n. (mist, vapour) пар; испаре́ние; (act of exhaling) выдыха́ние.

**exhale** v.t. (give off) испус|ка́ть, -ти́ть.
   v.i. (breathe out) выдыха́ть, вы́дохнуть.

**exhaust** n. (apparatus) вы́хлоп, вы́пуск; (expelled gas) отрабо́танный газ; ~ pipe выхлопна́я труба́; I could smell the ~ я почу́вствовал за́пах выхлопны́х га́зов.
   v.t. **1.** (consume, tire out) истощ|а́ть, -и́ть; изнур|я́ть, -и́ть; my patience is ~ed моё терпе́ние исся́кло; the climb ~ed us восхожде́ние изнури́ло нас; be ~ed изнем|ога́ть, -о́чь; I feel ~ed я соверше́нно без сил; **2.** (empty) исче́рп|ывать, -ать; ~ a well вы́черпать (pf.) коло́дец до дна; ~ land истощ|а́ть, -и́ть зе́млю; **3.** (explore thoroughly) исче́рп|ывать, -ать (or -а́ть).

**exhaustibility** n. истощи́мость, утомля́емость.

**exhaustible** adj. истощи́мый.

**exhausting** adj. изнури́тельный, изнуря́ющий, утоми́тельный.

**exhaustion** n. изнуре́ние, истоще́ние; (fatigue) переутомле́ние, изнеможе́ние.

**exhaustive** adj. исче́рпывающий, всесторо́нний.

**exhaustiveness** n. всесторо́нность, полнота́.

**exhibit** n. (in museum etc.) экспона́т; (leg.) веще́ственное доказа́тельство.
   v.t. **1.** (e.g. painting) экспони́ровать (impf., pf.); выставля́ть, вы́ставить; (e.g. film) демонстри́ровать, про-; **2.** (fig., display) проявл|я́ть, -и́ть.

**exhibition** n. (public show) вы́ставка; (showing) пока́з; be on ~ быть вы́ставленным; he made an ~ of himself он сде́лал себя́ посме́шищем; (scholarship) стипе́ндия.

**exhibitioner** n. стипендиа́т.

**exhibitionism** n. (showing off) рисо́вка; хвастовство́; (med.) эксгибициони́зм.

**exhibitionist** n. хвастун, (coll.) вообража́ла (c.g.); (med.) эксгибициони́ст.

**exhibitionistic** adj. (ostentatious) показно́й.

**exhibitor** n. экспоне́нт.

**exhilarat**|**e** v.t. весели́ть, раз-; ра́довать, об-; he felt ~ed он был в припо́днятом настрое́нии; ~ing news ра́достное изве́стие.

**exhilaration** n. весе́лье; прия́тное возбужде́ние.

**exhort** v.t. приз|ыва́ть, -ва́ть (кого к чему); увещева́ть (impf.).

**exhortation** n. призы́в, увещева́ние.

**exhumation** n. эксгума́ция, извлече́ние тру́па из земли́; (fig.) раска́пывание.

**exhume** v.t. эксгуми́ровать (impf., pf.); (fig.)

раск|а́пывать, -опа́ть.

**exigenc**|**e**, **-y** nn. неотло́жность, кра́йность; кра́йняя необходи́мость; the ~ies of the time веле́ние вре́мени.

**exigent** adj. (urgent) неотло́жный, сро́чный; (demanding) тре́бовательный.

**exiguity** n. ску́дость, незначи́тельность.

**exiguous** adj. ску́дный, незначи́тельный, ма́лый.

**exile** n. **1.** (banishment) изгна́ние; ссы́лка; send into ~ ссыла́ть, сосла́ть; place of ~ ме́сто ссы́лки; **2.** (pers.) изгна́нник; ссы́льный.
   v.t. изг|оня́ть, -на́ть; ссыла́ть, сосла́ть.

**exist** v.i. **1.** (be, live) существова́ть (impf.), жить (impf.); he ~s on £50 per week он существу́ет на 50 фу́нтов в неде́лю; **2.** (be found) име́ться, встреча́ться, находи́ться (all impf.); lime ~s in many soils и́звесть встреча́ется во мно́гих по́чвах.

**existence** n. существова́ние; (presence) нали́чие; (life) жизнь; in ~ существу́ющий, нали́чный, име́ющийся; the largest ship in ~ са́мый большо́й кора́бль из всех существу́ющих.

**existent** adj. существу́ющий.

**existential** adj. экзистенциа́льный.

**existentialism** n. экзистенциали́зм.

**existentialist** n. экзистенциали́ст.

**exit** n. вы́ход; make one's ~ у|ходи́ть, -йти́.
   v.i. у|ходи́ть, -йти́; ~ Macbeth (stage direction) Макбе́т ухо́дит.

**ex-libris** n. экслибрис.

**exodus** n. ма́ссовый отъе́зд/ухо́д; (bibl.) Исхо́д, Втора́я кни́га Моисе́ева.

**ex officio** adv. & adj. по до́лжности.

**exogamous** adj. экзога́мный.

**exogamy** n. экзога́мия.

**exonerate** v.t. опра́вд|ывать, -а́ть; реабили́т|ировать (impf., pf.); сн|има́ть, -я́ть обвине́ние с +g. (в чем).

**exoneration** n. оправда́ние, реабилита́ция.

**exophthalmic** adj.: ~ goitre базе́дова боле́знь.

**exorbitance** n. непоме́рность, чрезме́рность.

**exorbitant** adj. непоме́рный, чрезме́рный.

**exorcism** n. изгна́ние злых ду́хов.

**exorcist** n. заклина́тель (m.).

**exorcize** v.t. изг|оня́ть, -на́ть злых ду́хов из +g.

**exordium** n. введе́ние.

**exotic** adj. экзоти́ческий.

**expand** v.t. (lit., fig.) расш|иря́ть, -и́рить; heat ~s metals при нагрева́нии мета́ллы расширя́ются; the essay was ~ed into a book о́черк был развёрнут в кни́гу.
   v.i. расш|иря́ться, -и́риться; увели́чи|ваться, -ться в объёме; (phys.): trade ~ed торго́вля расши́рилась; his face ~ed in a smile его́ лицо́ расплыло́сь в улы́бке; he ~ed after a few drinks он разошёлся по́сле не́скольких рю́мок.

**expanse** n. протяже́ние; широ́кое простра́нство; расшире́ние; (*of sea, sky etc.*) просто́р; ширь; a broad ~ of brow высо́кий лоб.

**expansibility** *n.* растяжи́мость.

**expansible** *adj.* растяжи́мый.

**expansion** *n.* расшире́ние, растяже́ние; (*pol.*) экспа́нсия; (*increase*) подъём; chest ~ расшире́ние грудно́й кле́тки; territorial ~ территориа́льные захва́ты (*m. pl.*).

**expansionism** *n.* (*pol.*) экспансиони́зм.

**expansionist(ic)** *adj.* (*pol.*) экспансиони́стский.

**expansive** *adj.* (*extensive*) обши́рный; (*of person*) экспанси́вный; an ~ smile широ́кая улы́бка.

**expansiveness** *n.* (*of person*) экспанси́вность.

**ex parte** (*leg.*) исходя́щий от одно́й лишь стороны́; ~ А.В. от и́мени А.Б.

**expatiate** *v.i.* распространя́ться (*impf.*) (*на каку́ю-н. те́му*); (*coll.*) разглаго́льствовать (*impf.*).

**expatiation** *n.* разглаго́льствование; простра́нное рассужде́ние.

**expatriate**[1] *n. & adj.* экспатриа́нт (*fem.* -ка), экспатрии́рованный; an ~ American амери́ка́нец-экспатриа́нт.

**expatriate**[2] *v.t.* (*banish*) экспатрии́ровать (*impf., pf.*); изг|оня́ть, -на́ть из оте́чества; ~ o.s. (*leave one's country*) эмигри́ровать (*impf., pf.*); (*renounce allegiance*) отка́з|ываться, -а́ться от гражда́нства.

**expatriation** *n.* (*banishing*) экспатриа́ция; изгна́ние из оте́чества; (*emigration*) эмигра́ция; (*renouncing nationality*) отка́з от гражда́нства.

**expect** *v.t.* **1.** (*of future or probable event*) ждать (*impf.*), ожида́ть (*impf.*) +g.; I ~ to see him я рассчи́тываю встре́титься с ним; я жду встре́чи с ним; I ~ him to dinner я жду его́ к обе́ду; you would ~ them to have thought of that каза́лось бы, они́ должны́ бы́ли об э́том поду́мать; just as I ~ed так я и ду́мал; **2.** (*require*) ожида́ть (*impf.*) +g.; рассчи́тывать (*impf.*) на +a; тре́бовать (*impf.*) +g.; I ~ you to be punctual я наде́юсь/рассчи́тываю, что вы бу́дете пунктуа́льны; **3.** (*suppose*) полага́ть (*impf.*); предполага́ть (*impf.*); I ~ you are hungry я полага́ю, что вы голодны́; вы, наве́рное/вероя́тно, го́лодны; **4.** she is ~ing (*coll., pregnant*) она́ ожида́ет ребёнка.

**expectancy** *n.* ожида́ние; предвкуше́ние.

**expectant** *adj.* выжида́ющий; an ~ mother бере́менная же́нщина.

**expectation** *n.* **1.** (*anticipation*) ожида́ние; in ~ of в ожида́нии +g.; contrary to ~ вопреки́ ожида́ниям; come up to ~s оправда́ть (*pf.*) ожида́ния; fall short of ~s не оправда́ть (*pf.*) ожида́ний; **2.** (*prospect*) наде́жда; a young man with ~s молодо́й челове́к с ви́дами на насле́дство; ~ of life (сре́дняя) вероя́тная продолжи́тельность жи́зни.

**expectorant** *n.* (*med.*) отха́ркивающее сре́дство.

**expectorate** *v.t. & i.* (*spit*) отха́рк|ивать(ся), -нуть(ся).

**expectoration** *n.* отха́ркивание.

**expedienc**|**e**, **-y** *nn.* (*suitability*) целесообра́зность; (*promptness*) быстрота́; (*self-interest*) вы́годность; (*pej.*) оппортуни́зм.

**expedient** *n.* приём, спо́соб.
  *adj.* целесообра́зный; (*advantageous*) вы́годный.

**expedite** *v.t.* уск|оря́ть, -о́рить.

**expedition** *n.* (*journey*) экспеди́ция; (*promptness*) быстрота́.

**expeditionary** *adj.* экспедицио́нный; ~ force экспедицио́нные войска́.

**expeditious** *adj.* бы́стрый, ско́рый.

**expeditiousness** *n.* быстрота́, ско́рость.

**expel** *v.t.* (*emit*) пос|ыла́ть, -ла́ть; (*compel to leave*) исключ|а́ть, -и́ть; выгоня́ть, вы́гнать; (*dislodge, e.g. troops*) изг|оня́ть, -на́ть.

**expellee** *n.* (*from school*) исключённый; (*from country*) изгна́нник.

**expend** *v.t.* (*capital*) расхо́довать, из-; тра́тить, ис-; (*ammunition*) расхо́довать, из-; (*time, efforts*) тра́тить, ис-/по-.

**expendable** *adj.* (*of acceptable sacrifice*) ≃ спи́санный в расхо́д.

**expenditure** *n.* расхо́д, тра́та; ~ of energy тра́та эне́ргии.

**expense** *n.* **1.** (*monetary cost*) расхо́д; at my ~ (*lit.*) за мой счёт; at public ~ за казённый счёт; go to ~ нести́ (*det.*) расхо́ды; put s.o. to ~ ввести́ (*pf.*) кого́-н. в расхо́д; spare no ~ не жале́ть (*impf.*) расхо́дов; ~ account отчёт о понесённых расхо́дах; счёт подотчётных сумм; travelling ~s доро́жные расхо́ды; **2.** (*detriment*): he became famous at the ~ of his health он приобрёл изве́стность цено́й своего́ здоро́вья; a joke at my ~ шу́тка на мой счёт; idealism at others' ~ идеали́зм за чужо́й счёт.

**expensive** *adj.* дорого́й, дорогосто́ящий; he has ~ tastes у него́ вкус к дороги́м веща́м; an ~ education образова́ние, сто́ившее больши́х де́нег.

**expensiveness** *n.* дорогови́зна.

**experience** *n.* **1.** (*process of gaining knowledge etc.*) о́пыт; we learn by ~ мы у́чимся на со́бственном о́пыте; I know that from ~ я зна́ю э́то по о́пыту; **2.** (*event*) слу́чай; an unpleasant ~ неприя́тный слу́чай.
  *v.t.* испы́т|ывать, -а́ть; пережи|ва́ть, -и́ть.

**experienced** *adj.* о́пытный, све́дущий; квалифици́рованный, со ста́жем.

**experiential** *adj.* эмпири́ческий.

**experiment** *n.* экспериме́нт, о́пыт; learn sth. by ~ убежда́ться (*impf.*) в чём-н. на основа́нии о́пыта. *v.i.* эксперименти́ровать (*impf.*).

**experimental** *adj.* экспермента́льный, про́бный; at the ~ stage на ста́дии экспериме́нта.

**experimentation** *n.* эксперименти́рование.

**experimenter** *n.* эксперимента́тор.

**expert** *n.* экспе́рт, знато́к, специали́ст (*по чему*); a chemical ~ специали́ст-хи́мик; she is an ~ with her needle она́ иску́сная швея́.

  *adj.* квалифици́рованный; an ~ driver о́пытный шофёр; ~ advice сове́т специали́ста; he is ~ at persuading people он ма́стер угова́ривать.

**expertise** *n.* (*skill, knowledge*) компете́нтность, квалифика́ция, о́пыт.

**expertness** *n.* высо́кая квалифика́ция.

**expiable** *adj.* искупи́мый.

**expiate** *v.t.* искуп|а́ть, -и́ть.

**expiation** *n.* искупле́ние.

**expiatory** *adj.* искупи́тельный.

**expiration** *n.* (*breathing out*) вы́дох; (*expiry*) истече́ние (сро́ка).

**expiratory** *adj.* экспирато́рный, выдыха́тельный.

**expire** *v.i.* **1.** (*breathe out*) выдыха́ть, вы́дохнуть; **2.** (*of period, truce, licence etc.*) ист|ека́ть, -е́чь; **3.** (*die*) уг|аса́ть, -а́снуть.

**expiry** *n.* истече́ние (сро́ка).

**explain** *v.t.* объясн|я́ть, -и́ть; изъясн|я́ть, -и́ть; ~ o.s. (*make o.s. clear*) разъясни́ть (*pf.*) свою́ то́чку зре́ния; (*account for one's conduct*) опра́вд|ываться, -а́ться; ~ sth. away на|ходи́ть, -йти́ объясне́ние (*неудобному факту*); оттов|а́риваться, -ори́ться от чего́-н.

**explainable** *adj.* объясни́мый.

**explanation** *n.* объясне́ние; in (by way of) ~ в ка́честве объясне́ния.

**explanatory** *adj.* объясни́тельный.

**expletive** *n.* (*oath*) бра́нное выраже́ние; (*fill-in*) вставно́е сло́во.

**explicable** *adj.* объясни́мый.

**explicit** *adj.* я́сный, чёткий, то́чный; (*of pers.*) прямо́й.

**explicitness** *n.* я́сность, чёткость, то́чность; (*of pers.*) прямота́.

**explode** *v.t.* вз|рыва́ть, -орва́ть; (*fig.*): ~ a theory опров|ерга́ть, -е́ргнуть тео́рию.

  *v.i.* вз|рыва́ться, -орва́ться; (*fig.*): he ~d with rage/laughter он разрази́лся гне́вом/сме́хом.

**exploit**[1] *n.* по́двиг.

**exploit**[2] *v.t.* **1.** (*use or develop economically*) разраб|а́тывать, -о́тать; эксплуати́ровать (*impf.*); **2.** (*an advantage etc.*) по́льзоваться, вос- +*i.*; испо́льзовать (*impf., pf.*); **3.** (*a person*) эксплуати́ровать (*impf.*).

**exploitable** *adj.* го́дный для разрабо́тки.

**exploitation** *n.* разрабо́тка; эксплуата́ция (*also of pers.*).

**exploitative** *adj.* эксплуата́торский, эксплуатацио́нный.

**exploiter** *n.* эксплуата́тор.

**exploration** *n.* (*geog.*) иссле́дование; (*of a*

---

*wound etc.*) зонда́ж; (*of possibilities etc.*) изуче́ние.

**exploratory** *adj.* иссле́довательский; ~ talks предвари́тельные перегово́ры.

**explore** *v.t.* **1.** (*geog.*) иссле́довать (*impf., pf.*); **2.** (*possibilities etc.*) изуч|а́ть, -и́ть; **3.** (*wound etc.*) зонди́ровать (*impf.*).

**explorer** *n.* иссле́дователь (*m.*); (*instrument*) зонд; Polar ~ поля́рник; поля́рный иссле́дователь.

**explosion** *n.* (*of bomb etc.*) взрыв; (*of rage etc.*) вспы́шка; (*fig.*): population ~ бу́рный рост народонаселе́ния, демографи́ческий взрыв.

**explosive** *n.* взры́вчатое вещество́; high ~ дробя́щее взры́вчатое вещество́.

  *adj.* взры́вчатый, взрывно́й; ~ bomb фуга́сная бо́мба; ~ bullet разрывна́я пу́ля; (*fig.*) вспы́льчивый.

**explosiveness** *n.* взрыва́емость.

**exponent** *n.* **1.** (*advocate*) сторо́нник; представи́тель (*m.*); **2.** (*math.*) показа́тель (*m.*) сте́пени.

**exponential** *adj.* (*math.*) экспоненциа́льный, показа́тельный.

**export**[1] *n.* э́кспорт, вы́воз; ~ duty э́кспортная по́шлина; ~ drive э́кспортная кампа́ния; ~s increased in value це́нность/сто́имость э́кспорта возросла́; ~s amounted to . . . э́кспорт соста́вил . . .; sugar is an important ~ са́хар — ва́жная статья́ э́кспорта.

**export**[2] *v.t.* экспорти́ровать (*impf., pf.*); вывози́ть, вы́везти.

**exportable** *adj.* экспорти́руемый; го́дный на э́кспорт.

**exportation** *n.* экспорти́рование.

**exporter** *n.* экспортёр.

**expose** *v.t.* **1.** (*physically*) выставля́ть, вы́ставить; ~ one's body to sunlight подст|авля́ть, -а́вить те́ло со́лнцу; ~ o.s. (*indecently*) обнаж|а́ться, -и́ться; ~d to the weather незащищённый от непого́ды; ~ an infant (*to die*) подки́|дывать, -нуть ребёнка; бр|оса́ть, -о́сить ребёнка на ве́рную смерть; an ~d position (*mil.*) незащищённая пози́ция; **2.** (*fig., subject*) подв|ерга́ть, -е́ргнуть; he was ~d to insult его́ сде́лали мише́нью для оскорбле́ний; **3.** (*display*) выставля́ть, вы́ставить; **4.** (*fig., unfold*) раскр|ыва́ть, -ы́ть; **5.** (*unmask*) разоблач|а́ть, -и́ть; **6.** (*phot.*) экспони́ровать (*impf.*); дава́ть (*impf.*) вы́держку +*d.*

**exposé** *n.* (*exposition*) экспозе́ (*indecl.*).

**exposition** *n.* (*setting forth facts etc.*) изложе́ние; (*exhibition*) экспози́ция, вы́ставка.

**expository** *adj.* объясни́тельный.

**ex post facto** *adj. & adv.* пост фа́ктум.

**expostulate** *v.i.*: ~ with s.o. увещева́ть (*impf.*) кого́-н.; усо́вещивать (*impf.*) кого́-н.

**expostulation** *n.* увещева́ние.

**expostulatory** *adj.* увещева́тельный.

**exposure** *n.* **1.** (*physical*): ~ to light выставление на свет; indecent ~ обнажение; he died of ~ он погиб от холода; house with a southern ~ дом окнами на юг; (*of infants*) оставление на произвол судьбы; **2.** (*subjection*): ~ to ridicule выставление на посмешище; **3.** (*of goods for sale*) выставка; **4.** (*unmasking*) разоблачение; **5.** (*phot.*) экспозиция; ~ meter экспонометр.

**expound** *v.t.* (*a theory*) изл|агать, -ожить; (*a text*) толковать (*impf.*).

**express** *n.* (~ *train*) экспресс; курьерский поезд.

*adj.* **1.** (*urgent, high-speed*) срочный; ~ letter срочное письмо; ~ mail экстренная почта; ~ messenger нарочный; ~ rifle винтовка с высокой начальной скоростью; **2.** (*US, forwarding*): ~ company частная транспортная контора.

*v.t.* отпр|авлять, -авить с нарочным; отпр|авлять, -авить через транспортную контору.

*adv.* срочно, спешно; с нарочным; the goods were sent ~ (*urgently*) товар был отправлен большой скоростью.

**express²** *adj.* **1.** (*clear*) чёткий; ~ orders чёткие приказания; ~ consent прямо выраженное согласие; **2.** (*exact, specific*) точный, особенный; for the ~ purpose of со специальной целью +*g.*

*v.t.* **1.** (*press out*) выжимать, выжать; **2.** (*show in words etc.*) выражать, выразить; ~ o.s. выражаться, выразиться; высказывать, высказать; not to be ~ed (*inexpressible*) невыразимый; **3.**: a cheque ~ed in francs чек, выписанный во франках.

**expressible** *adj.* выразимый.

**expression** *n.* **1.** (*act of expressing*) выражение; past, beyond ~ невыразимый; give ~ to выражать, выразить; find ~ выражаться, выразиться; **2.** (*mus.*): he plays with ~ он играет выразительно; **3.** (*word, term*) выражение (*also math.*); a geographical ~ географическое понятие.

**expressionism** *n.* экспрессионизм.

**expressionist** *n.* экспрессионист.

**expressionistic** *adj.* экспрессионистский.

**expressive** *adj.* выразительный; a look ~ of despair взгляд, полный отчаяния.

**expressiveness** *n.* выразительность.

**expropriate** *v.t.* (*pers.*) лиш|ать, -ить собственности; (*property*) экспроприировать (*impf., pf.*).

**expropriation** *n.* экспроприация; лишение собственности.

**expulsion** *n.* изгнание; исключение.

**expunge** *v.t.* вычёркивать, вычеркнуть.

**expurgate** *v.t.*: ~ a book исключ|ать, -ить (*or* изымать, изъять) нежелательные места из книги.

**expurgation** *n.* исключение/изъятие нежелательных мест из книги.

**exquisite** *n.* (*fop*) фат, щёголь (*m.*).

*adj.* (*perfected*) утончённый; (*delicate*) тонкий; ~ sensibility обострённая чувствительность; ~ pain острая боль; ~ torture изощрённая пытка.

**exquisiteness** *n.* утончённость; (*of pain*) острота.

**ex-service** *adj.* демобилизованный, отставной.

**ex-serviceman** *n.* демобилизованный, отставной военный.

**extant** *adj.* сохранившийся.

**extemporaneous** *adj.* импровизированный.

**extempore** *adj.* импровизированный.

*adv.* экспромтом.

**extemporization** *n.* импровизация.

**extemporize** *v.t. & i.* и|мпровизировать, сы-; he ~d a speech он произнёс импровизированную речь.

**extend** *v.t.* **1.** (*stretch out*) протя|гивать, -нуть; ~ a rope between two posts натя|гивать, -нуть верёвку между двумя столбами; an ~ed battle-line растянутая линия фронта; ~ed order (*mil.*) расчленённый строй; **2.** (*offer, accord*) оказ|ывать, -ать; ~ a welcome выка́зывать, выказать радушие; радушно встр|ечать, -етить (*кого*); **3.** (*make longer, wider or larger*) удлин|ять, -ить; расш|ирять, -ирить; ~ a railway продлить (*pf.*) железнодорожную линию; ~ a table (*by means of a leaf*) раздв|игать, -инуть стол; ~ one's premises расш|ирять, -ирить помещение; **4.** (*prolong*) продл|евать, -ить; ~ one's leave/passport продл|евать, -ить отпуск/паспорт; an ~ed (*lengthy*) visit длительный визит; **5.** (*fig., enlarge, widen*) увеличи|вать, -ть; расш|ирять, -ирить; ~ one's influence распростран|ять, -ить своё влияние; an ~ed course in mathematics расширенный курс математики; **6.** (*exert*): ~ o.s. напр|ягаться, -ячься; стараться (*impf.*) изо всех сил; we are fully ~ed мы на пределе (наших) сил.

*v.i.* простираться (*impf.*); the garden ~s to the river сад простирается до реки; my leave ~s till Tuesday мой отпуск продолжается до вторника; this rule ~s to first-year students это правило распространяется и на первокурсников.

**exten|dible, -sible** *adjs.* (*e.g. table, ladder*) раздвижной.

**extension** *n.* **1.** (*extent*) протяжение; **2.** (*stretching out*) вытягивание, удлинение; **3.** (*enlarging in space or time*) расширение, увеличение; ~ of a railway удлинение железнодорожной линии; an ~ railway железнодорожная ветка; ~ ladder раздвижная лестница; ~ of leave продление отпуска; ~ of time (to pay debt) дополнительный срок (для уплаты

до́лга); an ~ course in physics дополни́-
тельный курс фи́зики; **4.** (*additional part of
building etc.*) пристро́йка (к +*d.*); **5.** (*teleph.*)
доба́вочный (но́мер); my number is 5652, ~
10 мой но́мер 5652, доба́вочный 10.

**extensive** *adj.* (*wide, far-reaching*) простра́нный;
an ~ park обши́рный парк; ~ knowledge
обши́рные зна́ния; ~ plans далеко́ иду́щие
пла́ны; (*opp. intensive*) экстенси́вный.

**extensiveness** *n.* простра́нность; обши́рность.

**extensor** *n.* ( ~ muscle) разгиба́ющая мы́шца.

**extent** *n.* **1.** (*phys. size, length etc.*) протяже́ние;
a vast ~ of marsh обши́рное заболо́ченное
простра́нство; **2.** (*fig., range*) разме́р; круг;
диапазо́н; ~ of s.o.'s knowledge круг чьих-н.
зна́ний; ~ of damage разме́р повреждéний;
he helped to the ~ of his resources он помо́г в
ме́ру свои́х возмо́жностей; **3.** (*degree*)
сте́пень; to some (*or* a certain) ~ до
не́которой/изве́стной сте́пени; to a large ~ в
значи́тельной ме́ре; to the utmost ~ во всю
ширь; he is in debt to the ~ of £100 у него́
долги́ в разме́ре 100 фу́нтов; I have never
played golf to any ~ я со́бственно по́чти ни-
когда́ не игра́л в гольф; he went to the ~ of
borrowing money он пошёл да́же на то, чтобы
заня́ть де́ньги.

**extenuat|e** *v.t.* приум|еньша́ть, -е́ньшить; ~e
s.o.'s behaviour опра́вдывать (*impf.*) чьё-н.
поведе́ние; ~ing circumstances смягча́ющие
обстоя́тельства.

**extenuation** *n.* приуменьше́ние; оправда́ние.

**exterior** *n.* (*of object*) вне́шняя сторона́; (*archit.*)
экстерье́р; (*of person*) вне́шность;
нару́жность.

     *adj.* вне́шний.

**exteriorize** *see* EXTERNALIZE.

**exterminate** *v.t.* (*disease; ideas*) искорен|я́ть,
-и́ть; (*people*) уничт|ожа́ть, -о́жить; (*people,
vermin*) истреб|ля́ть, -и́ть.

**extermination** *n.* искорене́ние; уничтоже́ние;
истребле́ние.

**exterminator** *n.* (*pers., substance*) истреби́тель
(*m.*).

**external** *n.* вне́шность; the ~s of religion
вне́шняя сторона́ рели́гии; judge by ~s
суди́ть (*impf.*) по вне́шнему ви́ду.

     *adj.* вне́шний; the ~ world вне́шний мир; ~
affairs иностра́нные дела́, вне́шние
сноше́ния; an ~ student экстéрн, зао́чни|к
(*fem.* -ца); for ~ use only то́лько для
нару́жного употребле́ния.

**externalize** *v.t.* (*manifest*) проявл|я́ть, -и́ть.

**exterritorial** *see* EXTRATERRITORIAL.

**extinct** *adj.* (*of volcano*) поту́хший; (*of species,
custom*) вы́мерший; (*of feelings etc.*) уга́сший;
(*of title*) исче́знувший.

**extinction** *n.* угаса́ние; (*of a disease*) лик-
вида́ция, искорене́ние; he is bored to ~ (*coll.*)
он помира́ет/подыха́ет со ску́ки.

**extinguish** *v.t.* (*light, fire*) гаси́ть, по-; (*hopes etc.*)
уб|ива́ть, -и́ть; (*a debt*) пога|ша́ть, -си́ть.

**extinguisher** *n.* (*for candle*) гаси́льник; (*chemical apparatus*) огнетуши́тель (*m.*).

**extirpate** *v.t.* вырыва́ть, вы́рвать с ко́рнем;
искорен|я́ть, -и́ть.

**extirpation** *n.* искорене́ние.

**extirpator** *n.* экстирпа́тор.

**extol** *v.t.* превозн|оси́ть, -ести́.

**extort** *v.t.* вымога́ть (*impf.*); выжима́ть,
вы́жать.

**extortion** *n.* вымога́тельство.

**extortionate** *adj.* вымога́тельский.

**extortioner** *n.* вымога́тель (*m.*).

**extra** *n.* **1.** (*additional item*) что-н. дополни́-
тельное; music is an ~ му́зыка преподаётся
факультати́вно; no ~s без вся́ких припла́т;
(*edition*) э́кстренный вы́пуск; **2.** (*minor performer*) стати́ст (*fem.* -ка).

     *adj.* **1.** (*additional*) доба́вочный, дополни́-
тельный; it costs £1, postage ~ э́то сто́ит 1
фунт без пересы́лки; I paid an ~ £5 я
заплати́л ли́шних 5 фу́нтов; £5 ~ 5 фу́нтов
дополни́тельно; this sum is ~ to his wages э́та
су́мма выпла́чивается дополни́тельно к его́
за́работку; **2.** (*special*) осо́бый.

     *adv.* сверх-, осо́бо; ~ strong (*e.g. drink*)
осо́бой кре́пости.

**extra-atmospheric** *adj.* внеатмосфе́рный.

**extra-cellular** *adj.* внеклéточный.

**extract**[1] *n.* **1.** (*concentrated substance*) экстра́кт;
beef ~ мясно́й экстра́кт; **2.** (*from book etc.*)
вы́держка.

**extract**[2] *v.t.* (*cork*) выта́скивать, вы́тащить;
(*tooth*) удал|я́ть, -и́ть; (*bullet from wound*)
извл|ека́ть, -е́чь; (*information, admission*)
вырыва́ть, вы́рвать; (*money*) вымога́ть
(*impf.*); (*math.*) извл|ека́ть, -е́чь (*корень*);
(*pleasure from a situation*) извл|ека́ть, -е́чь; ~
passages (*from a book*) де́лать, с- вы́держки;
(*juices etc.*) выжима́ть, вы́жать; ~ a book
(*make extracts from it*) выпи́сывать, вы́писать
цита́ты из кни́ги.

**extractable** *adj.* извлека́емый.

**extraction** *n.* (*extracting*) извлече́ние; (*of tooth*)
удале́ние, экстра́кция; (*descent, origin*)
происхожде́ние.

**extractive** *adj.*: ~ industries добыва́ющие
о́трасли промы́шленности.

**extractor** *n.* экстра́ктор; (*forceps*) щипц|ы́ (*pl.,
g.* -о́в).

**extra-curricular** *adj.* проводи́мый сверх
уче́бного пла́на; внеаудито́рный, вне про-
гра́ммы.

**extraditable** *adj.* (*pers.*) подлежа́щий вы́даче;
(*crime*) обусло́вливающий вы́дачу.

**extradite** *v.t.* (*hand over*) выдава́ть, вы́дать
(*обвиняемого преступника*); (*obtain extradi-
tion of*) доб|ива́ться, -и́ться вы́дачи +*g.*

**extradition** *n.* вы́дача (престу́пника).

**extragalactic** *adj.* внегалактический.

**extra-judicial** *adj.*: ~ confession признание, сделанное вне заседания суда.

**extra-legal** *adj.* не предусмотренный законом.

**extra-marital** *adj.*: ~ affair внебрачная связь.

**extramural** *adj.* (*outside city*) загородный; (*acad.*): ~ student ≃ вечерни|к (*fem.* -ца).

**extraneous** *adj.* посторонний, чужой.

**extraordinariness** *n.* (*strangeness*) странность, необычайность.

**extraordinary** *adj.* чрезвычайный, необычайный, выдающийся; professor ~ экстраординарный профессор.

**extrapolate** *v.t. & i.* (*math., fig.*) экстраполировать (*impf., pf.*).

**extrapolation** *n.* (*math.*) экстраполяция.

**extrasensory** *adj.*: ~ perception внечувственное восприятие.

**extra-special** *adj.* чрезвычайный.

**extraterrestrial** *adj.* внеземной.

**extraterritorial** *adj.* (*also* **exterritorial**) экстерриториальный.

**extraterritoriality** *n.* экстерриториальность.

**extra-uterine** *adj.* внематочный.

**extravagance** *n.* излишество; экстравагантность; расточительность.

**extravagant** *adj.* **1.** (*excessive*) излишний; **2.** (*fantastic*) экстравагантный, сумасбродный; **3.** (*over-spending*) расточительный; he was ~ with the sugar он расходовал слишком много сахара; this method is ~ of one's time этот метод ведёт к чрезмерной затрате времени.

**extravaganza** *n.* феерия; (*fantastic behaviour*) экстравагантность.

**extravasate** *v.i.* вытекать, вытечь из сосудов в ткань.

**extravasation** *n.* кровоподтёк.

**extravert** *see* EXTROVERT.

**extreme** *n.* **1.** (*high degree*) крайность; wearisome in the ~ в высшей степени скучный; **2.** (*of conduct etc.*) крайность; he went to the opposite ~ он впал в другую крайность; he went to ~s to satisfy them он пошёл на крайние меры, чтобы угодить им; carry things to ~s впадать (*impf.*) в крайность; **3.** (*pl., opposing qualities etc.*): ~s of behaviour крайности поведения; ~s of heat and cold экстремально/крайне высокие и низкие температуры; ~s meet крайности сходятся; **4.** (*pl., math., of ratio or series*) крайние члены (*m. pl.*).

*adj.* **1.** (*furthest, utmost, last*) крайний, предельный; the ~ edge of the city самая окраина города; (the one) on the ~ right крайний справа; (*in politics*) крайне правый; ~ old age глубокая старость; the ~ penalty of the law высшая мера наказания; ~ unction (*relig.*) соборование; **2.** (*very great*) чрезвычайный; **3.** (*taking sth. to its highest pitch*) крайний, предельный; an ~ fashion (*in*

*clothes*) экстравагантная мода.

**extremely** *adv.* крайне.

**extremeness** *n.* (*of measures etc.*) крайность.

**extremism** *n.* экстремизм.

**extremist** *n.* экстремист.

   *adj.* экстремистский.

**extremit|y** *n.* **1.** (*end, extreme point*) край; оконечность; **2.** (*pl., hands and feet*) конечности (*f. pl.*); **3.** (*extreme quality*) крайность; the ~y of his grief безмерность его горя; **4.** (*hardship*) крайность; reduced to ~y доведённый до крайности; **5.** (*pl., extreme measures*) крайние меры (*f. pl.*); go to ~ies пойти (*pf.*) на крайние меры.

**extricable** *adj.* распутываемый.

**extricate** *v.t.* высвобождать, высвободить; ~ o.s. from a difficulty выпутаться (*pf.*) из затруднения.

**extrication** *n.* высвобождение, выпутывание; распутывание.

**extrinsic** *adj.* посторонний; не присущий; несвойственный.

**extr|overt, -avert** *n.* человек с открытой натурой, экстроверт.

**extrude** *v.t.* выталкивать, вытолкнуть; вытеснять, вытеснить.

**extrusion** *n.* вытеснение, выталкивание.

**exuberance** *n.* (*profusion*) изобилие; (*of character*) экспансивность.

**exuberant** *adj.* (*of foliage etc.*) буйный; (*of imagination etc.*) богатый, буйный; (*of spirits etc.*) экспансивный.

**exuberate** *v.i.* (*fig.*) (*blossom*) процветать (*impf.*); (*exult*) торжествовать (*impf.*).

**exudation** *n.* выделение; (*fluid*) экссудат.

**exude** *v.i.* проступ|ать, -ить; выделять, выделить; he ~d cheerfulness он излучал веселье.

**exult** *v.i.* торжествовать (*impf.*); ликовать (*impf.*).

**exultant** *adj.* торжествующий; ликующий.

**exultation** *n.* торжество, ликование.

**eye** *n.* **1.** (*organ of vision*) глаз; (*dim.*) глазок (*pl.* глазки); (*arch., poet.*) око; glass ~ стеклянный глаз; have a cast in one's ~ быть косоглазым; I can see well out of this ~ я хорошо вижу этим глазом; I have sth. in my ~ мне что-то попало в глаз; blind in one ~ кривой; evil ~ дурной глаз; put the evil ~ on сглазить (*pf.*); **2.** (*var. idioms*): give s.o. a black ~ подбить (*pf.*) глаз кому-н.; ~s right!/left! (*mil.*) равнение направо!/налево!; have a straight ~ иметь верный глаз; with the naked ~ невооружённым глазом; with half an ~ одним глазком; mind your ~! (*look out*) будьте осторожны!; cock an ~ (*glance*) взглянуть (*pf.*); (*wink*) подми́г|ивать, -нуть; in the twinkling of an ~ в мгновение ока; make ~s at s.o.; give s.o. the glad ~ (*coll.*) строить (*impf.*) глазки кому-н.; be all ~s глядеть (*impf.*) во все глаза́; you can see that with half an ~ э́то ви́дно с пе́рвого взгля́да; it leaps to the ~ э́то броса́ется в глаза́; set, lay ~s on зам|еча́ть, -е́тить; fix, glue, rivet one's ~s on не спуска́ть (*impf.*) глаз с +*g.*; уста́виться (*pf.*) на +*a.*; keep an ~ on (*e.g. a saucepan*) следи́ть (*impf.*) за +*i.*; (*e.g. children*) следи́ть (*impf.*) за +*i.*; присм|а́тривать, -отре́ть за +*i.*; (*the time*) следи́ть (*impf.*) за +*i.*; keep one's ~s open, skinned, peeled (*coll.*) смотре́ть (*impf.*) в о́ба; take one's ~s off s.o./sth. отв|оди́ть, -ести́ глаза́ от кого́/чего́-н.; get one's ~ in (*at games etc.*) наби́ть (*pf.*) ру́ку на +*p.*; damn your ~s! чёрт тебя́ побра́л/побери́!; an ~ for an ~ о́ко за о́ко; pull the wool over s.o.'s ~s вт|ира́ть, -ере́ть очки́ кому́-н.; under, before s.o.'s very ~s на глаза́х у кого́-н.; I would give my ~s to see it я о́тдал бы мно́гое, что́бы э́то уви́деть; make s.o. open his ~s (*with astonishment*) заста́вить (*pf.*) кого́-н. широко́ раскры́ть глаза́; he has an ~ for colour он чу́вствует цвет; he has an ~ for the ladies он зна́ет толк в же́нщинах; pipe one's ~ (*coll.*) лить (*impf.*) слёзы; cry one's ~s out вы́плакать (*pf.*) все глаза́; dry one's ~ осуши́ть (*pf.*) слёзы; his ~s are bigger than his stomach глаза́ у него́ завиду́щие; wipe s.o.'s ~ (*at sport etc.*) (*coll.*) утере́ть (*pf.*) нос кому́-н.; that's all my ~ (*coll.*) всё э́то вздор; in the mind's ~ мы́сленным взо́ром; I could not believe my ~s я не мог пове́рить свои́м глаза́м; he ran his ~ (*or* cast an ~) over the paper он пробежа́л глаза́ми газе́ту; feast one's ~s on (a sight) наслажда́ться (*impf.*) (зре́лищем); I caught her ~ я пойма́л её взгляд; do s.o. in the ~ (*sl.*) наду́ть (*pf.*) кого́-н.; it offends the ~ э́то ре́жет глаз; easy on the ~ (*coll.*) прия́тной нару́жности; ~ of day (*poet., sun*) «небе́сное о́ко»; have ~s at the back of one's head всё ви́деть/подмеча́ть (*impf.*); have one's ~ on the ball (*fig.*) быть начеку́; see ~ to ~ with сходи́ться (*impf.*) во взгля́дах с +*i.*; up to the ~s in work по́ уши в рабо́те; I opened his ~s to the situation я откры́л ему́ глаза́ на положе́ние веще́й; he closed his ~s to the danger он закрыва́л глаза́ на опа́сность; turn a blind ~ to smth. смотре́ть (*impf.*) сквозь па́льцы на +*a.*; in my ~s (*judgment*) в мои́х глаза́х, на мой взгляд; he found favour in her ~s она́ отнесла́сь к нему́ благоскло́нно; in the public ~ в це́нтре внима́ния; with an ~ to pleasing her чтобы понра́виться ей; he has an ~ to

business y него́ комме́рческий подхо́д к веща́м; he viewed it with a jealous ~ он смотре́л на э́то ревни́вым взгля́дом; there is more in this than meets the ~ э́то не так про́сто, как ка́жется на пе́рвый взгляд; **3.** (*special senses*) ~ of a needle иго́льное ушко́; in the ~ of the storm в эпице́нтре бу́ри; hooks and ~s крючки́ (*m. pl.*) и пе́тли (*f. pl.*); (*of a potato*) глазо́к (*pl.* глазки́); ~s of a peacock's tail глазки́ павли́ньего хвоста́; private ~ (*sl., detective*) ча́стный сы́щик.

*v.t.* разгля́|дывать, -е́ть; наблюда́ть (*impf.*); he ~d me with suspicion он разгля́дывал меня́ с подозре́нием; the dog ~d the plate of meat соба́ка уста́вилась на таре́лку с мя́сом.

*cpds.*: ~**ball** *n.* глазно́е я́блоко; ~**-bank** *n.* запа́с рогови́цы для переса́дки; ~**-bath**, ~**-cup** *nn.* глазна́я ва́нночка; ~**-bath**, оча́нка; ~**brow** *n.* бровь; ~brow pencil каранда́ш для брове́й; up to the ~brows (*fig.*) по́ уши; raise one's ~brows (*fig.*) подня́ть (*pf.*) бро́ви от удивле́ния, неодобре́ния и т.п.; ~**-catching** *adj.* влека́ющий внима́ние; ~**-cup** *see* ~**-bath;** ~ **doctor** *n.* глазни́к, глазно́й врач, окули́ст; ~**-dropper** *n.* пипе́тка; ~ **glass** *n.* (*monocle*) моно́кль (*m.*); (*pl., spectacles*) очк|и́ (*pl., g.* -о́в); ~ **hole** *n.* (*spyhole*) глаз|о́к (*pl.* -ки́); ~ **hospital** *n.* глазна́я больни́ца; ~**lash** *n.* ресни́ца; ~**-level** *n.*: at ~-level на у́ровне глаз; ~ **lid** *n.* ве́ко; hang on by one's ~lids (*coll.*) висе́ть (*impf.*) на волоске́; without batting an ~lid (*coll.*) гла́зом не моргну́в; ~**-lotion** *n.* примо́чка для глаз; ~**-opener** *n.* (*coll., revelation*) открове́ние; ~**-shadow** *n.* те́ни (*f. pl.*) для век; ~**sight** *n.* зре́ние; he has good ~sight y него́ хоро́шее зре́ние; his ~sight failed его́ зре́ние уху́дшилось; ~**-socket** *n.* глазни́ца, глазна́я впа́дина; ~ **sore** *n.* уро́дство; ~**strain** *n.* напряже́ние зре́ния; ~**-tooth** *n.* глазно́й зуб; ~ **wash** *n.* (*lotion*) примо́чка для глаз; (*fig., coll.*) очковтира́тельство; ~ **witness** *n.* очеви́дец.

**eyed**[1] *adj.* (*e.g. peacock*) пятни́стый; в пя́тнах. **-eyed**[2] *suff.*: blue-~ голубогла́зый.

**eyeful** *n.* (*coll.*) зре́лище; she is an ~ не же́нщина, а загляде́нье.

**eyeless** *adj.* безгла́зый.

**eyelet** *n.* ушко́; пе́телька.

**eyot** *n.* (*arch.*) острово́к.

**eyrie** *n.* орли́ное гнездо́.

**Ezekiel** *n.* (*bibl.*) Иезеки́иль (*m.*).

**Ezra** *n.* (*bibl.*) Éз(д)ра.

# F

**F** *n.* (*mus., also* **fa**) фа (*nt. indecl.*).
  *abbr.* (Fahrenheit) по Фаренгейту.
**Fabian** *n.* (*socialist*) фабианец.
  *adj.* (*of socialism*) фабианский; (*of tactics generally*) выжидательный, медлительный.
**Fabianism** *n.* фабианство.
**fable** *n.* (*apologue*) басня; (*invented tale*) небылица, выдумка.
**fabled** *adj.* (*celebrated*) легендарный; (*fictitious*) легендарный, сказочный.
**fabric** *n.* (*text.*) ткань, материя; ~ gloves нитяные перчатки; (*of a building etc.*) конструкция, структура; (*fig.*) структура.
**fabricate** *v.t.* (*invent*) сочин|ять, -ить; (*falsify, forge*) фабриковать, с-; поддел|ывать, -ать; a ~d charge сфабрикованное обвинение.
**fabrication** *n.* (*story etc.*) выдумка; complete ~ сплошная выдумка; (*falsification*) фабрикация, подделка.
**fabulist** *n.* баснописец.
**fabulous** *adj.* (*legendary*) легендарный; мифический; (*coll., marvellous*) роскошный, баснословный.
**façade** *n.* (*archit.*) фасад; (*fig.*): his politeness is a ~ его вежливость чисто показная.
**face** *n.* **1.** (*front part of head*) лицо; (*dim.*) личико; he fell on his ~ он упал ничком; he hit him in the ~ он ударил его по лицу; look s.o. in the ~ (*lit.*) посмотреть (*pf.*) кому-н. в глаза; I came ~ to ~ with him я столкнулся с ним лицом к лицу; I brought them ~ to face я свёл их друг с другом; I told him so to his ~ я сказал ему это в лицо; I dare not show my ~ there я не смею глаз показать там; the sun was shining in our ~s солнце светило нам прямо в лицо; she laughed in my ~ она рассмеялась мне в лицо; he shut the door in my ~ он захлопнул дверь перед моим носом; red in the ~ (from anger/effort/embarrassment) красный/багровый (от гнева/усилия/смущения); her ~ is her fortune красота — её единственное богатство; it's written all over his ~ это у него на лице/лбу/физиономии написано; you may talk till you are black, blue in the ~ можете говорить, пока не охрипнете; full ~ (*of a portrait*) анфас (*adv.*); she had her ~ lifted ей подтянули кожу на лице; in the ~ of danger перед лицом опасности; in the ~ of difficulties несмотря на трудности; he flew in the ~ of his orders он дерзко нарушил приказ; he deserted in the ~ of the enemy он дезертировал перед лицом неприятеля; ruin stares us in the ~ нам грозит разорение; he sets his ~ against bribery он решительно борется со взяточничеством; **2.** (*facial expression*) лицо; выражение лица; he

made a ~ он скорчил/состроил рожу; he pulled a long ~ у него вытянулось лицо; he kept a straight ~ он хранил невозмутимый вид; he put a bold ~ on the matter он сделал хорошую мину при плохой игре; his ~ fell он изменился в лице; у него вытянулось лицо; a good judge of ~s хороший физиономист; **3.** (*composure, effrontery*): he saved his ~ он спас свою репутацию; they saved his ~ они избавили его от позора; he had the ~ to tell me . . . у него хватило наглости сказать мне . . .; **4.** (*outward show, aspect*) внешний вид; on the ~ of it (*apparently*) на вид, на первый взгляд; this puts a new ~ on things это представляет дело в новом свете; **5.** (*physical surface, façade*) лицо; лицевая сторона; (*of clock*) циферблат; (*of banknote*) лицевая сторона; they disappeared from the ~ of the earth они исчезли с лица земли; he laid the card ~ down он положил карту лицом вниз (*or* рубашкой вверх); the miner worked at the coal ~ шахтёр работал в угольном забое; ~ value (*of currency*) номинальная стоимость; I took his words at ~ value я принял его слова за чистую монету.
  *v.t.* **1.** (*physically*) стоять (*impf.*) лицом к +*d.*; смотреть (*impf.*) на +*a.*; turn round and ~ me! повернитесь и смотрите на меня!; the man facing us человек, сидящий *и т.п.* против нас; a seat facing the engine сиденье по ходу поезда; **2.** (*confront*) смотреть (*impf.*) в лицо (*чему*); we must ~ facts надо смотреть фактам в лицо; надо считаться с фактами; let's ~ it! (*coll.*) надо глядеть правде в глаза!; будем откровенны!; скажем прямо!; ~ s.o. down осадить (*pf.*) кого-н.; the problem that ~s us задача, стоящая перед нами; we are ~d with bankruptcy мы стоим перед банкротством; **3.** (*mil., cause to turn*) пов|орачивать, -ернуть; he ~d his men about он повернул солдат кругом; **4.** (*cover*): a wall ~d with stone стена, облицованная камнем; a coat ~d with silk пальто, отделанное шёлком.
  *v.i.*: the house ~s south дом обращён фасадом на юг; the house ~s on to a park окна дома выходят на парк; дом обращён фасадом к парку; their house ~s ours их дом — напротив нашего; he ~d up to the difficulties он не испугался трудностей; (*mil.*) about ~! кругом!; please ~ (towards) the camera пожалуйста, смотрите в объектив.
  *cpds.*: **~-ache** *n.* невралгия (лица); **~-card** *n.* фигура; **~-cloth** *n.* личное полотенце; **~-cream** *n.* крем для лица; **~-lift** *n.* операция поднятия кожи лица; **~-pack** *n.* косметическая маска; **~-powder** *n.* пудра; **~-saving** *adj.*

(*fig.*) для спасе́ния репута́ции/прести́жа;
~-**worker** *n.* (*miner*) забо́йщик.
**faceless** *adj.* (*anonymous*) безли́чный, безли́кий.
**facer** *n.* (*coll., difficulty*) загво́здка.
**facet** *n.* грань, фаце́т; (*fig.*) аспе́кт.
**faceted** *adj.* гранёный.
**facetiae** *n.* (*bibliog.*) фаце́ции (*f. pl.*).
**facetious** *adj.* шутли́вый, шу́точный; (*pej.*) неуме́стно-шутли́вый; talk ~ly остри́ть (*impf.*) (некста́ти).
**facetiousness** *n.* (неуме́стная) шутли́вость.
**facia** *n.* (*over shop-front*) вы́веска; (*dashboard*) щито́к; прибо́рная доска́.
**facial** *n.* масса́ж лица́.
    *adj.* лицево́й; ~ expression выраже́ние лица́.
**facile** *adj.* (*easy, fluent*) лёгкий, свобо́дный; (*superficial*) пове́рхностный.
**facileness** *n.* лёгкость, свобо́да; пове́рхностность.
**facilitate** *v.t.* облегч|а́ть, -и́ть; спосо́бствовать (*impf.*) +*d.*; соде́йствовать (*impf.*) +*d.*
**facilitation** *n.* облегче́ние (*чего*); соде́йствие (*чему*).
**facilit|y** *n.* (*ease*) лёгкость; (*skill*) спосо́бность (*к чему*); (*aid, appliance, installation*) сооруже́ние; ~ies for study усло́вия (*nt. pl.*) для учёбы; sports ~ies спорти́вное обору́дование, помеще́ния (*nt. pl.*) для заня́тия спо́ртом; payment ~ies льго́ты (*f. pl.*) по платежа́м.
**facing** *n.* (*of wall etc.*) облицо́вка; (*of coat etc.*) отде́лка.
**facsimile** *n.* факси́миле (*indecl.*).
**fact** *n.* 1. (*deed*): accessory before the ~ соуча́стник до собы́тия преступле́ния; 2. (*sth. known or presented as true*) факт; the ~ that he was there shows that . . . тот факт, что он был там, говори́т о том, что . . .; as a matter of ~ факти́чески; в су́щности; в действи́тельности; на са́мом де́ле; со́бственно (говоря́); по пра́вде сказа́ть; the ~ is that . . . де́ло в том, что . . .; in (point of) ~ (*actually*) факти́чески; в/на са́мом де́ле; (*intensifying*): very much, in ~ о́чень да́же; I think so, in ~ I'm quite sure я так ду́маю, бо́лее того́, я уве́рен в э́том; (*summing up*): in ~ the whole thing is most unsatisfactory в су́щности, всё э́то весьма́ неудовлетвори́тельно; a story founded on ~ расска́з, осно́ванный на действи́тельном происше́ствии.
    *cpd.*: ~-**finding** *adj.* занима́ющийся собира́нием фа́ктов.
**faction** *n.* фра́кция, кли́ка; (*party strife*) фракцио́нная борьба́.
**factionalism** *n.* фракцио́нность.
**factionalist** *n.* фракционе́р.
**factious** *adj.* фракцио́нный, раско́льнический.
**factiousness** *n.* фракцио́нность, раско́льничество.

**factitious** *adj.* иску́сственный.
**factitive** *adj.* (*gram.*) кауза́льный, факти́вный.
**factor** *n.* 1. (*math.*) мно́житель (*m.*), фа́ктор; 2. (*contributing cause*) фа́ктор; this was a ~ in his success э́то соде́йствовало его́ успе́ху; 3. (*Sc., steward*) управля́ющий (име́нием).
**factorial** *adj.*: ~ 4 факториа́л 4.
**factorize** *v.t.* разложи́ть (*pf.*) на мно́жители.
**factory** *n.* 1. (*place of manufacture*) фа́брика, заво́д; (*attr.*) фабри́чный, заводско́й; 2.: ~ ship (*whaling*) плаву́чая китобо́йная ба́за.
**factotum** *n.* факто́тум, дове́ренный слуга́.
**factual** *adj.* факти́ческий.
**facult|y** *n.* 1. (*power, aptitude*) спосо́бность; in possession of one's ~ies в здра́вом уме́; 2. (*acad.*) факульте́т; 3. (*Am., body of teachers*) профе́ссорско-преподава́тельский соста́в; 4.: the ~y (*med. profession*) ме́дики (*m. pl.*).
**fad** *n.* (*craze*) увлече́ние, пове́трие; (*whim*) при́хоть, причу́да, пу́нктик.
**faddiness** *n.* капри́зность.
**faddish** *adj.* прихотли́вый.
**faddist** *n.* привере́дник, чуда́к.
**faddy** *adj.* капри́зный.
**fade** *v.t.* 1. (*cause to lose colour*) обесцве́|чивать, -тить; the sunlight ~d the curtains занаве́ски вы́горели на со́лнце; 2. (*cin., radio*): ~ one scene into another пла́вно перев|оди́ть, -ести́ одну́ сце́ну в другу́ю; ~ out постепе́нно ум|еньша́ть, -е́ньшить си́лу зву́ка; ~ in постепе́нно увели́чи|вать, -ть си́лу зву́ка.
    *v.i.* (*lose colour*) обесцве́|чиваться, -титься; the flowers ~d цветы́ завя́ли/побле́кли; (*of sound*) зам|ира́ть, -ере́ть; the sound ~d звук за́мер; (*of strength*) уг|аса́ть, -а́снуть; 2. (*fig.*): his hopes ~d его́ наде́жды испари́лись; she is fading away (*dying*) она́ та́ет.
    *cpds.*: ~-**in** *n.* (*cin., radio*) постепе́нное появле́ние зву́ка/изображе́ния; ~-**out** *n.* (*cin., radio*) постепе́нное исчезнове́ние зву́ка/изображе́ния.
**fading** *n.* (*radio etc.*) затуха́ние, фе́динг.
**faecal** *adj.* фека́льный.
**faeces** *n.* фека́лии (*f. pl.*); испражне́ния (*nt. pl.*).
**Faeroe Islands** *n.* Фаре́рские острова́ (*m. pl.*).
**Faeroese** *n.* (*pers.*) фаре́р|ец (*fem.* -ка); (*language*) фаре́рский язы́к.
    *adj.* фаре́рский.
**fag**[1] *n.* 1. (*coll., fatigue*) уста́лость, утомле́ние; 2. (*schoolboy*) мла́дший учени́к, прислу́живающий ста́ршему.
    *v.t.* (*tire*) утом|ля́ть, -и́ть; выма́тывать, вы́мотать; I am ~ged out я вконе́ц вы́мотался.
    *v.i.* (*toil*) корпе́ть (*impf.*) (над чем).
**fag**[2] *n.* (*coll., cigarette*) сигаре́та, папиро́ска.
    *cpd.*: ~-**end** *n.* (*butt*) оку́рок, (*sl.*) чина́рик; (*fig.*) коне́ц (*чего*); оста́ток (*чего*).
**fag**[3]=FAGGOT *n.* 2.

**faggot** n. 1. (*bundle of sticks*) вяза́нка, фаши́на; ~ wood фаши́нник; 2. (*Am. coll., homosexual*) гомосексуали́ст, пе́дик.

**Fahrenheit** n. (*abbr.* **F.**) Фаренге́йт; at 30°F. при тридцати́ гра́дусах по Фаренге́йту.

**faience** n. фая́нс.

**fail** n.: without ~ обяза́тельно, непреме́нно. v.t. 1. (*reject in exam*) прова́л|ивать, -и́ть; 2. (*disappoint, desert*) подв|оди́ть, -ести́; words ~ me я не нахожу́ слов; his heart ~ed him у него́ не хвати́ло ду́ху.

v.i. 1. (*fall short, decline*) ух|удша́ться, -у́дшиться; недостава́ть (*impf.*); the crops ~ed хлеб не уроди́лся; the water supply ~ed водоснабже́ние прекрати́лось; his eyesight is ~ing его́ зре́ние слабе́ет; he is in ~ing health его́ здоро́вье ухудша́ется; 2. (*not succeed*): he ~ed in the exam он провали́лся на экза́мене; his scheme ~ed его́ план провали́лся; he ~ed to convince her ему́ не удало́сь (*or* он не суме́л) убеди́ть её; I ~ to see why . . . я не понима́ю, почему́ . . .; 3. (*omit*) упус|ка́ть, -ти́ть; he never ~s to write он никогда́ не забыва́ет писа́ть; he ~ed to let us know он не дал нам знать; 4. (*go bankrupt*): the bank ~ed банк ло́пнул.

cpd.: ~-**safe** adj. самоотключа́ющийся (при ава́рии).

**failing** n. (*defect*) недоста́ток, сла́бость.

prep. за неиме́нием +g.; ~ this за неиме́нием э́того; е́сли э́того не случи́тся; ~ an answer не получи́в отве́та; ~ Smith, we can invite Jones е́сли Сми́та нет, мы мо́жем пригласи́ть Джо́нса.

**faille** n. фай.

**failure** n. 1. (*unsuccess*) неуда́ча, неуспе́х, прова́л; the venture was a ~ зате́я провали́лась; 2. (*pers.*) неуда́чник; he was a ~ as a teacher как педаго́г он никуда́ не годи́лся; 3. (*of crops etc.*) неурожа́й; 4. (*bankruptcy*) банкро́тство, несостоя́тельность; 5. (*nonfunctioning*) ава́рия; heart ~ парали́ч се́рдца; engine ~ отка́з дви́гателя; 6. (*omission, neglect*): his ~ to answer is a nuisance о́чень доса́дно, что он не отвеча́ет.

**fain¹** adv. (*poet.*) охо́тно, с ра́достью.

**fain²** v.t.: ~(s) I! (*coll.*) чур не я!

**faint** n. (*loss of consciousness*) о́бморок; in a dead ~ в глубо́ком о́бмороке.

adj. 1. (*weak, indistinct*) сла́бый, неотчётливый; his strength grew ~ его́ си́лы угаса́ли; he was ~ with hunger он осла́б от го́лода; I haven't the ~est idea поня́тия не име́ю; я не име́ю ни мале́йшего поня́тия; 2. (*timid*) ро́бкий; ~ heart never won fair lady сме́лость города́ берёт; 3. (*giddy, likely to swoon*) бли́зкий к о́бмороку; I feel ~ мне ду́рно.

v.i. (*lose consciousness; also* ~ **away**) па́дать, упа́сть в о́бморок; (*grow weak*) слабе́ть

(*impf.*); he was ~ing with hunger он слабе́л от го́лода; ~ing-fit о́бморок.

cpds.: ~-**hearted** adj. трусли́вый, малоду́шный; ~-**heartedness** n. тру́сость, малоду́шие.

**faintish** adj. слабова́тый; I feel ~ мне ду́рно/нехорошо́.

**faintly** adv. (*feebly*) сла́бо; (*slightly*) сла́бо, слегка́.

**faintness** n. сла́бость; (*giddiness*) дурнота́.

**fair¹** n. (*open-air market etc.*) я́рмарка; (*exhibition*) вы́ставка; book ~ кни́жная я́рмарка.

cpd.: ~-**ground** n. я́рмарочная пло́щадь.

**fair²** adj. 1. (*beautiful*) прекра́сный, краси́вый; the ~ sex прекра́сный пол; ~ maid (*poet.*) кра́сна де́вица; 2. (*specious*) показно́й; ~ words краси́вые слова́; 3. (*of weather*) я́сный; the barometer is at set ~ баро́метр стои́т на «я́сно»; 4. (*abundant, favourable*): he is in a ~ way to succeed он на пути́ к успе́ху; a ~ wind попу́тный ве́тер; a ~ amount (*a lot*) значи́тельное/изря́дное коли́чество; 5. (*average*) сно́сный, посре́дственный; he has a ~ chance of success у него́ неплохи́е ша́нсы на успе́х; she has a ~ amount of sense у неё доста́точно здра́вого смы́сла; his performance was only ~ его́ выступле́ние бы́ло всего́ лишь сно́сным; '~' (*as school mark*) посре́дственно; ~ to middling так себе́; нева́жный; 6. (*equitable*): ~ share справедли́вая до́ля; ~ price подходя́щая цена́; ~ play че́стная игра́; справедли́вость; by ~ means or foul любы́ми сре́дствами; все́ми пра́вдами и непра́вдами; it is ~ to say that . . . со все́й справедли́востью мо́жно сказа́ть, что . . .; ~ and square откры́тый, че́стный; ~ game зако́нная добы́ча; ~ comment непредвзя́тая/беспристра́стная кри́тика; 7. (*clean, unblemished*): ~ copy чистови́к; spoil s.o.'s ~ name пятна́ть, за- чьё-н. до́брое и́мя; 8. (*of hair*) све́тлый; (*blond*) белоку́рый; a ~ complexion све́тлый цвет лица́; a ~ man блонди́н.

adv.: I spoke him ~ (*liter.*) я говори́л с ним любе́зно/ве́жливо; he fought ~ он боро́лся че́стно (*or* по пра́вилам); he bids ~ to succeed у него́ есть ша́нсы на успе́х; he wrote the letter out ~ он переписа́л письмо́ на́чисто; I hit him ~ (and square) in the midriff я уда́рил его́ пря́мо в со́лнечное сплете́ние; I tell you ~ and square that . . . я скажу́ вам напрями́к, что . . .

cpds.: ~-**complexioned** adj. све́тлой ма́сти; ~-**dealing** n. че́стность, прямота́; adj. че́стный, прямо́й; ~-**haired** adj. белоку́рый; ~-**minded** adj. справедли́вый; ~-**mindedness** n. справедли́вость; ~-**spoken** adj. ве́жливый, любе́зный, учти́вый; ~-**way** n. (*наш.*) фарва́тер; ~-**weather** adj.: ~-weather friends ненадёжные друзья́, друзья́ до пе́рвой беды́.

**fairish** adj. сно́сный; (*coll.*) подходя́щий.

**fairly** adv. 1. (*handsomely*) краси́во, прекра́сно;

the town is ~ situated го́род краси́во располо́жен; **2.** (*completely, positively*) факти́чески, буква́льно; we were ~ in the trap мы попа́ли пря́мо в лову́шку; he ~ shook with indignation он буква́льно дрожа́л от негодова́ния; **3.** (*moderately*) дово́льно, сно́сно, терпи́мо; he writes ~ well он дово́льно хорошо́ пи́шет; **4.** (*justly*) че́стно, справедли́во; со всей справедли́востью.

**fairness** *n.* (*equity*) справедли́вость, че́стность; in all ~ со всей справедли́востью.

**fairy** *n.* **1.** фе́я, волше́бница; bad ~ зла́я фе́я; злой дух; (*attr.*) волше́бный, ска́зочный; ~ voices волше́бные голоса́; ~ lamps, lights цветны́е фона́рики; кита́йские фона́рики; **2.** (*sl., homosexual*) пе́дик.

  *cpds.*: ~**land** *n.* волше́бное ца́рство; волше́бная/ска́зочная страна́; ~**-like** *adj.* подо́бный фе́е; ~**-story**, ~**-tale** *nn.* ска́зка; (*fig.*) ска́зка, небыли́ца.

**fait accompli** *n.* соверши́вшийся факт.

**faith** *n.* **1.** (*trust*) ве́ра, дове́рие; put one's ~ in s.o. дов|еря́ться, -е́риться кому́-н.; возл|ага́ть, -ожи́ть наде́жды на кого́-н.; I have no ~ in doctors я не ве́рю доктора́м; **2.** (*relig. conviction*) ве́ра; **3.** (*relig. system*) вероиспове́дание, ве́ра; **4.** (*promise, warranty*) обеща́ние, руча́тельство; keep/break ~ with s.o. сдержа́ть/нару́шить (*pf.*) обеща́ние, да́нное кому́-н.; in ~ whereof... (*leg.*) в удостовере́ние чего́...; breach of ~ нpaрy-ше́ние обеща́ния; on the ~ (*basis, authority*) of на основа́нии +g.; полага́ясь на +a.; **5.** (*sincerity*) че́стность; good ~ добросо́вестность; in bad ~ вероло́мно; с нече́стными наме́рениями; in good ~ че́стно, добросо́вестно; с чи́стой со́вестью.

  *cpds.*: ~**-healer** *n.* ≃ зна́хар|ь (*fem.* -ка); ~**-healing** *n.* ≃ зна́харство, лече́ние внуше́нием.

**faithful** *adj.* то́чный, достове́рный; a ~ translation то́чный перево́д; (*as n.*) the ~ (*believers*) правове́рные; Commander of the F~ повели́тель (*m.*) правове́рных.

**faithfully** *adv.* то́чно, ве́рно; I promise you ~ я вам то́чно обеща́ю; yours ~ (*letter-ending*) с соверше́нным почте́нием; deal ~ with (*treat candidly*) добросо́вестно относи́ться к +d.

**faithfulness** *n.* ве́рность.

**faithless** *adj.* вероло́мный.

**faithlessness** *n.* вероло́мство.

**fake** *n.* (*sham*) подде́лка, фальши́вка; (*attr.*) подде́льный, фальши́вый; a ~ antique подде́лка под антиква́рную вещь.

  *v.t.* (*also* ~ **up**) подде́л|ывать, -ать; a ~d illness притво́рная боле́знь.

**faker** *n.* (*fabricator*) подде́лыватель (*m.*); (*fraudulent person*) обма́нщик.

**fakery** *n.* подде́лка; притво́рство.

**fakir** *n.* факи́р.

**Falange** *n.* (*pol.*) фала́нга.

**falcon** *n.* со́кол.

**falconer** *n.* соко́льничий; соколи́ный охо́тник.

**falconry** *n.* соколи́ная охо́та.

**Falkland Islands** *n.* Фолкле́ндские острова́ (*m. pl.*).

**fall** *n.* **1.** (*physical drop, act of* ~*ing*) паде́ние; he had a bad ~ он упа́л и си́льно уши́бся; a heavy ~ of rain ли́вень (*m.*), проливно́й дождь; ~ of snow снегопа́д; he is riding for a ~ (*fig.*) он слома́ет себе́ ше́ю; **2.** (*moral*) паде́ние; ~ from grace нра́вственное паде́ние; паде́ние в чьи́х-то глаза́х; the ~ of man (*relig.*) грехопаде́ние; **3.**: the ~ of the Roman Empire (of Paris) паде́ние Ри́мской импе́рии (Пари́жа); **4.** (*diminution*) пониже́ние; ~ in prices паде́ние цен; **5.** (*waterfall*) водопа́д; Niagara F~s Ниага́рский водопа́д; **6.** (*Am., autumn*) о́сень; **7.** (*wrestling and fig.*): try a ~ with s.o. поме́риться (*pf.*) си́лами с кем-н.

  *v.i.* **1.** па́дать, упа́сть; he fell over a chair он упа́л, споткну́вшись о стул; he fell full length он растяну́лся во весь рост; he fell dead он у́мер на ме́сте; rain fell at last наконе́ц вы́пал дождь; many trees fell in the storm бу́рей повали́ло мно́го дере́вьев; leaves ~ ли́стья летя́т/опада́ют; lambs ~ (*are born*) ягня́та рожда́ются; the river ~s into the lake река́ впада́ет в о́зеро; the arrow fell short стрела́ не долете́ла до це́ли; he fell off his horse он упа́л с ло́шади; he fell on his feet (*fig.*) он счастли́во отде́лался; the joke fell flat шу́тка не име́ла успе́ха; his work fell short of expectations его́ рабо́та не оправда́ла ожида́ний/наде́жд; he fell into the trap он попа́л(ся) в лову́шку; ~ over o.s. (*coll.*) (*from clumsiness*) споткну́ться и упа́сть (*pf.*); (*from eagerness*) перестара́ться (*pf.*); лезть (*impf.*) из ко́жи вон; **2.** (*drop, sink*) па́дать, пасть (*or* упа́сть); the river has ~en вода́ в реке́ спа́ла; the barometer fell баро́метр упа́л; prices fell це́ны сни́зились/упа́ли; the temperature fell температу́ра упа́ла; my spirits fell я упа́л ду́хом; his eyes fell он опусти́л глаза́; the wind fell ве́тер стих; his voice fell to a whisper он перешёл на шёпот; **3.** (*of defeat etc.*) па|да́ть, -сть; the city fell го́род пал; he fell in battle он пал в бою́; the ~en (*in war*) па́вшие (*m. pl.*) в боя́х; the government fell прави́тельство па́ло; many lions fell to his rifle он уби́л мно́го львов; **4.** (*morally*): he was tempted and fell он подда́лся искуше́нию; ~en women па́дшие же́нщины; **5.** (*hang down*) па́дать (*impf.*); his beard fell to his chest борода́ па́дала ему́ на грудь; her hair fell over her shoulders во́лосы па́дали ей на пле́чи; **6.** (*pass into a state*): the horse fell lame ло́шадь захрома́ла; he fell silent он замолча́л; he fell ill он заболе́л; the rent fell due подошёл срок плати́ть за кварти́ру; he fell into disgrace он впал в неми́лость; the garden fell into neglect сад пришёл в запусте́ние; she fell an easy prey to him она́ оказа́лась для него́ лёгкой добы́чей; he fell in love with her он влюби́лся в неё; they fell into conversation они́ разговори́лись; **7.** (*come, alight*): darkness fell наступи́ла темнота́; fear fell upon them на них нашёл/напа́л страх; I fell to wondering я заду́мался; his eye fell on a strange object его́ взгляд упа́л на стра́нный предме́т; sounds fell on our ears до нас долете́ли зву́ки; suspicion fell on her подозре́ние па́ло на неё; stress falls on the first syllable ударе́ние па́дает на пе́рвый слог; the subject ~s into four parts э́тот предме́т распада́ется на четы́ре ча́сти; most of the fighting fell on this regiment э́тому полку́ доста́лся са́мый тру́дный уча́сток бо́я; it fell to his lot ему́ вы́пало на до́лю; it fell to me to welcome the speaker мне на́до бы́ло приве́тствовать ора́тора; he fell on evil days для него́ наступи́ли чёрные дни; Christmas Day ~s on a Tuesday Рождество́ прихо́дится на вто́рник; Easter ~s early this year в э́том году́ ра́нняя Па́сха; **8.** (*be uttered*): these words fell from his lips э́то слете́ло у него́ с языка́; she let ~ a few words она́ оброни́ла не́сколько слов.

*with preps.* (*further examples*): ~ **for** (~ *in love with*) увл|ека́ться, -е́чься +*i.*; влюб|ля́ться, -и́ться в +*a.*; (*be taken in by*): he fell for her story он пове́рил её слова́м; он попа́лся ей на у́дочку; ~ **over:** he fell over a cliff он сорва́лся со скалы́; he fell over a bucket од споткну́лся о ведро́ и упа́л; ~ **to** (*begin*): he fell to work он приня́лся за рабо́ту; ~ **upon** (*attack*) нап|ада́ть, -а́сть; набр|а́сываться, -о́ситься; they fell upon the enemy они́ напа́ли на врага́; he fell upon his dinner он набро́сился на еду́.

*with advs.*: ~ **apart** расп|ада́ться, -а́сться; ~ **astern** (*naut.*) стро́иться, по- в кильва́тер; ~ **away:** his supporters fell away его́ сторо́нники поки́нули его́ (*or* отступи́лись от него́); prejudices fell away предрассу́дки исче́зли; ~ **back** (*retreat*) отступ|а́ть, -и́ть; ~ back on sth. приб|ега́ть, -е́гнуть к чему́-н.; ~ **behind** (*e.g. in walking*) отст|ава́ть, -а́ть; (*with letters*) заде́рж|иваться, -а́ться с отве́том; (*with rent*) зап|а́здывать, -озда́ть с упла́той за кварти́ру; ~ **down** (*lit.*) упа́сть (*pf.*); he fell down on the task (*coll.*) он не спра́вился с зада́нием; он завали́л рабо́ту; ~ **in** (*lit.*) впасть (*во что*); the roof fell in кры́ша ру́хнула/обвали́лась; the soldiers fell in солда́ты ста́ли в строй (*or* постро́ились); ~ **in!** (*mil.*) станови́сь!; the lease fell in срок аре́нды истёк; I fell in with him at the station я столкну́лся с ним па вокза́ле; he fell in with my views он согласи́лся со мной; (*v.t.*) he fell the men in (*mil.*) он постро́ил солда́т; ~ **off** (*lit.*) упа́сть (*с чего*); the enemy fell off (*withdrew*) неприя́тель

отступи́л; attendance is ~ing off посеща́емость па́дает; the quality fell off ка́чество сни́зилось; ~ing-off (*deterioration*) паде́ние, упа́док; ~ **out** выпада́ть, вы́пасть; his hair fell out у него́ вы́пали во́лосы; (*quarrel*) поссо́риться (*pf.*); ~ing-out (*quarrel*) размо́лвка, ссо́ра; (*mil.*) выходи́ть, вы́йти из стро́я; разойти́сь (*pf.*); ~ out! разойди́сь!; (*v.t.*): he fell the men out он приказа́л солда́там разойти́сь; (*happen, result*) случ|а́ться, -и́ться; (*withdraw*): six competitors fell out ше́стеро вы́были из соревнова́ний; ~ **over** (*lit.*) упа́сть; he fell over backwards to please one лез из ко́жи вон, что́бы угоди́ть +*d.*; ~ **through** прова́л|иваться, -и́ться; ~ **to** (*start eating or fighting*) набр|а́сываться, -о́ситься (друг на дру́га) (на еду́).

*cpds.*: ~**-in** *n.* (*mil.*) построе́ние; ~**-out** *n.* (*mil.*) вы́ход из стро́я; (*nuclear*) радиоакти́вные оса́дки (*m. pl.*); выпаде́ние радиоакти́вных оса́дков.

**fallacious** *adj.* оши́бочный, ло́жный.

**fallaciousness** *n.* оши́бочность, ло́жность.

**fallacy** *n.* (*false belief*) заблужде́ние; popular ~ распространённое заблужде́ние; (*false reasoning*) оши́бочный/ло́жный вы́вод; pathetic ~ олицетворе́ние приро́ды.

**fal-lal** *n.* (*usu. pl.*) безделу́шка.

**fallibility** *n.* погреши́мость; подве́рженность оши́бкам/заблужде́ниям.

**fallible** *adj.* подве́рженный оши́бкам, могу́щий ошиба́ться.

**Fallopian tube** *n.* Фалло́пиева труба́.

**fallow** *adj.* вспа́ханный под пар; ~ land пар; lie ~ ост|ава́ться, -а́ться под па́ром; (*fig., e.g. of an author*): he is lying ~ он набира́ется сил; ≃ он ещё себя́ пока́жет.

*v.t.* подн|има́ть, -я́ть (*nap*).

**fallow-deer** *n.* лань.

**false** *adj.* **1.** (*wrong, incorrect*) ло́жный, оши́бочный, фальши́вый; ~ weight непра́вильный вес; a ~ note фальши́вая но́та; a ~ step ло́жный шаг; he was in a ~ position он оказа́лся в ло́жном положе́нии; is this statement true or ~? ве́рно э́то утвержде́ние и́ли нет?; ~ pride ло́жная го́рдость; ~ start фальста́рт (*races*); срыв в са́мом нача́ле; ~ alarm ло́жная трево́га; **2.** (*deceitful, treacherous*) лжи́вый, вероло́мный; bear ~ witness лжесвиде́тельствовать (*impf.*); F~ Dmitry (*hist.*) Лжедми́трий; he was ~ to her он был ей неве́рен; sail under ~ colours плыть (*impf.*) под чужи́м фла́гом; (*fig.*) выступа́ть (*impf.*) под ма́ской/личи́ной; ~ pretences обма́н, притво́рство; (*adv.*): he played me ~ он пре́дал мєня́; **3.** (*sham, apparent*) фальши́вый; ~ hair фальши́вая коса́; накладны́е во́лосы; ~ teeth иску́сственные зу́бы; ~ bottom двойно́е дно; ~ pregnancy ло́жная бере́менность; ~ acacia ло́жная ака́ция, лжеака́ция.

*cpds.*: ~**-hearted** *adj.* вероло́мный; ~**-heartedness** *n.* вероло́мство.

**falsehood** *n.* ложь, непра́вда; he told a ~ он сказа́л непра́вду; truth and ~ пра́вда и ложь; he was found guilty of ~ он был уличён во лжи.

**falseness** *n.* (*wrongness*) ло́жность, оши́бочность; (*insincerity*) неи́скренность; (*treachery*) лжи́вость, вероло́мство.

**falsetto** *n.* фальце́т; in a ~ tone фальце́том.

**falsies** *n. pl.* (*coll.*) иску́сственный бюст.

**falsification** *n.* фальсифика́ция.

**falsifier** *n.* фальсифика́тор.

**falsif|y** *v.t.* (*e.g. accounts*) подде́л|ывать, -ать; фальсифици́ровать (*impf., pf.*); my hopes were ~ied мои́ наде́жды бы́ли напра́сными.

**falsity** *n.* (*falsehood, inaccuracy*) ло́жность, оши́бочность.

**faltboat** *n.* складна́я шлю́пка.

**falter** *v.t. & i.* (*move, walk or act hesitatingly*) поша́тываться, спотыка́ться, колеба́ться (*all impf.*); he ~ed out a few words он, запина́ясь, пробормота́л не́сколько слов.

**faltering** *adj.* запина́ющийся, прерыва́ю-щийся; ~ gait неве́рная похо́дка; a ~ voice дрожа́щий/прерыва́ющийся го́лос; he spoke ~ly он говори́л с запи́нкой.

**fame** *n.* сла́ва; репута́ция; house of ill ~ публи́чный дом.

*v.t.*: he was ~d for valour он просла́вился свое́й до́блестью.

**familial** *adj.* семе́йный, фами́льный.

**familiar** *n.* (*intimate*) бли́зкий друг.

*adj.* **1.** (*common, usual*) обы́чный, при-вы́чный; **2.** (*of acquaintance*) знако́мый; I am ~ with the subject я знако́м с э́тим пред-ме́том; the subject is ~ to me э́тот предме́т знако́м/изве́стен мне; your face is ~ ва́ше лицо́ мне знако́мо; **3.** (*friendly*) дру́жеский; **4.** (*casual, impudent*) бесцеремо́нный, фами-лья́рный.

**familiarity** *n.* **1.** (*close acquaintance with pers. or thing*) бли́зкое знако́мство (с +*i.*); ~ breeds contempt чем бли́же зна́ешь челове́ка, тем ме́ньше его́ уважа́ешь; **2.** (*of manner*) фамилья́рность; (*pl., caresses etc.*) во́льности (*f. pl.*).

**familiarization** *n.* ознакомле́ние (с чем).

**familiarize** *v.t.* ознак|омля́ть, -о́мить (кого́ с чем); ~ o.s. with sth. ознако́миться (*pf.*) с чем-н.

**family** *n.* **1.** (*parents and children*) семья́; the Holy F~ Свято́е семе́йство; **2.** (*children*) де́т|и (*pl., g.* -е́й); they have a large ~ у них мно́го дете́й; **3.** (*descendants of common ancestor*) семья́, род; a man of good ~ челове́к из хоро́шей семьи́; **4.** (*of animals etc.*) семе́йство; семья́; **5.** (*attr.*) семе́йный; ~ allowance семе́йное посо́бие; a ~ man семе́йный челове́к; ~ likeness семе́йное/фами́льное

схо́дство; ~ friend друг семьи́; ~ name (*surname*) фами́лия; ~ tree родосло́вное де́рево; ~ planning контро́ль (*m.*) над рожда́емостью; in the ~ way бере́менная, в (интере́сном) положе́нии.

**famine** *n.* го́лод; water ~ о́страя нехва́тка воды́; ~ prices це́ны, взви́нченные не-хва́ткой това́ров.

**famish** *v.t.* мори́ть (*impf.*) го́лодом; I'm ~ed я си́льно проголода́лся; я умира́ю с го́лоду; the child looks half ~ed у ребёнка замо́ренный/голо́дный вид.

**famous** *adj.* знамени́тый, просла́вленный; the road is ~ for its views э́та доро́га изве́стна тем, что о́чень живопи́сна; (*coll.*) he has a ~ appetite у него́ зави́дный аппети́т.

**fan**[1] *n.* ве́ер; ~ vaulting ве́ерный свод; (*ventilator*) вентиля́тор.

*v.t.*: ~ o.s. обма́хиваться (*impf.*) ве́ером; he ~ned the spark into a blaze он разжёг из и́скры пла́мя; ~ the flame (*fig.*) разж|ига́ть, -е́чь стра́сти; the breeze ~ned our faces ветеро́к обвева́л нам лицо́.

*v.i.*: ~ out (*e.g. roads*) расходи́ться (*impf.*) ве́ером; (*e.g. soldiers*) развёр|тываться, -ну́ться ве́ером.

*cpds.*: ~**-belt** *n.* реме́нь (*m.*) вентиля́тора; ~**-light** *n.* веерообра́зное окно́; ~**-tail** *adj.*: ~-tail pigeon труба́стый го́лубь; ~**-vaulting** *n.* ребри́стый свод.

**fan**[2] *n.* (*coll., devotee*) боле́льщик, люби́тель (*m.*).

*cpd.*: ~**-mail** *n.* пи́сьма (*nt. pl.*) от покло́н-ников/почита́телей.

**fanatic** *n.* фана́тик.

*adj.* (*also* ~**al**) фанати́чный, фанати́ческий.

**fanaticism** *n.* фанати́зм.

**fancier** *n.* люби́тель (*m.*), знато́к (чего́).

**fanciful** *adj.* капри́зный; прихотли́вый, причу́дливый.

**fancifulness** *n.* прихотли́вость, причу́дливость.

**fancy** *n.* **1.** (*imagination*) фанта́зия, вообра-же́ние; **2.** (*thing imagined, supposition*) фанта́зия; **3.** (*liking*) скло́нность; he took a ~ to her он е́ю увлёкся; it caught my ~ э́то мне понра́вилось (*or* пришло́сь по вку́су); a pas-sing ~ мимолётное увлече́ние; **4.** (*as adj.*): a ~ portrait (*based on imagination*) вообража́емый портре́т; ~ cakes фигу́рные пиро́жные; ~ dress маскара́дный костю́м; a ~ price непоме́рная цена́; ~ goods безде-лу́шки (*f. pl.*); мо́дные това́ры (*m. pl.*); галантере́я; ~ man (*souteneur*) сутенёр; this dress is too ~ to wear to work для рабо́ты ну́жно пла́тье поскромне́е.

*v.t.* **1.** (*imagine*) вообра|жа́ть, -зи́ть; фантази́ровать (*impf.*); ~ (that)! вообра-зи́те!; поду́мать то́лько!; ~ his being here! кто б мог поду́мать, что он здесь!; **2.** (*sup-pose, feel*) полага́ть (*impf.*); счита́ть (*impf.*);

she fancied him to be dead она́ полага́ла, что
он у́мер; I ~ he will come мне сдаётся, что он
придёт; **3.** (like, wish) хоте́ть (impf.) +g.;
жела́ть (impf.); I don't ~ this place мне не по
душе́ (or не нра́вится) э́то ме́сто; he fancies
himself as a speaker он вообража́ет себя́
ора́тором; what do you ~ for dinner? чего́ бы
вам хоте́лось на у́жин?

cpds.: ~-**free** adj. свобо́дный от привя́зан-
ностей; невлюблённый; ~-**work** n. вы́шивка,
вышива́ние, рукоде́лие.

**fandango** n. фанда́нго (indecl.).

**fane** n. (poet.) храм.

**fanfare** n. фанфа́ра.

**fanfaronade** n. фанфаро́нство.

**fang** n. (of wolf etc.) клык; (of snake) ядови́тый
зуб.

**fanny** n. (Am. sl., behind) за́дница; (vulg.,
female genitals) пизда́.

**fantasia** n. фанта́зия.

**fantas(is)t** n. мечта́тель (m.).

**fantasize** v.i. фантази́ровать (impf.).

**fantastic** adj. (wild, strange, absurd) фантас-
ти́ческий, фантасти́чный; (coll., marvellous)
потряса́ющий, изуми́тельный.

**f|antasy, ph-** n. фанта́зия.

**fanwise** adv. веерообра́зно.

**FAO** n. (abbr., Food and Agriculture Organization) ФАО (Организа́ция ООН по вопро́сам
продово́льствия и се́льского хозя́йства).

**far** n. (of distance or amount): have you come
from ~? вы издалека́ прие́хали?; this is better
by ~ э́то намно́го лу́чше.

adj. да́льний, далёкий, отдалённый; а ~
country далёкая страна́; а ~ journey да́льнее
путеше́ствие; the F~ East Да́льний Восто́к;
at the ~ end of the street на друго́м конце́
у́лицы.

adv. далеко́; ~ away, off о́чень далеко́; ~
and near, wide повсю́ду; they came from ~ and
wide они́ съе́хались отовсю́ду (or со всех
концо́в); ~ into the air высоко́ в во́здух; ~
into the ground глубоко́ в зе́млю; ~ into the
night далеко́ за́ полночь; ~ better
(на)мно́го/гора́здо лу́чше; ~ different
соверше́нно другой; ~ (and away) the best
несравне́нно/намно́го лу́чше други́х; it is ~
from true э́то совсе́м не так; э́то весьма́
далеко́ от и́стины; ~ from satisfactory весьма́
неудовлетвори́тельный; not ~ wrong не так
уж далеко́ от и́стины; ~ from it! ничу́ть!;
отню́дь нет!; ~ be it from me to condemn him я
далёк от того́, чтобы осужда́ть его́; ~ from
helping, he made things worse он не то́лько не
помо́г де́лу, но про́сто всё испо́ртил; as ~
back as January ещё/уже́ в январе́; so ~ (until
now) до сих пор; пока́ (что); so ~, so good
пока́ всё хорошо́; as, so ~ as (of distance) до
(чего); (of extent) наско́лько; поско́льку; as ~
as I know наско́лько мне изве́стно; as ~ as I

am concerned что каса́ется меня́; he went so ~
as to say . . . он да́же сказа́л . . .; in so ~ as (to
the extent that) поско́льку, наско́лько; how ~
(of distance) как далеко́; (of extent) наско́лько;
he will go ~ (succeed) он далеко́ пойдёт; £5 will
not go ~ на пять фу́нтов далеко́ не уе́дешь;
this will go ~ to pay our expenses э́то почти́
покро́ет на́ши расхо́ды; he has gone too ~ this
time на э́тот раз он зашёл сли́шком далеко́;
he is ~ gone (of illness) он совсе́м плох; (of
dotage) он вы́жил из ума́; few and ~ between
ре́дкие (pl.).

cpds.: ~-**away** adj. (distant) далёкий,
отдалённый; (absent): a ~-away look отсу́т-
ствующий взгляд; F~ **Eastern** adj. дальневос-
то́чный; F~ **Easterner** n. жи́тель (fem. -ница)
Да́льнего Восто́ка; ~-**famed** adj. широко́
изве́стный; ~-**fetched** adj. с натя́жкой;
притя́нутый за́ волосы/уши; ~-**flung** adj.
обши́рный; широко́ раски́нувшийся; ~-**off**
adj. отдалённый; ~-**reaching** adj. име́ющий
серьёзные после́дствия; чрева́тый серьёзными после́дствиями; ~-**seeing** adj. дально-
ви́дный, прозорли́вый; ~-**sighted** adj. (prudent etc.) дальнови́дный, прозорли́вый,
предусмотри́тельный; (long-sighted) дально-
зо́ркий.

**farad** n. (electr.) фара́да.

**farce** n. (theatr., fig.) фарс.

**farcical** adj. смехотво́рный, неле́пый.

**fare**[1] n. **1.** (cost of journey) пла́та за прое́зд; what
is the ~? ско́лько сто́ит прое́зд/биле́т?; 'F~s,
please!' «плати́те за прое́зд»; **2.** (passenger)
пассажи́р.

v.i. **1.** (travel) путеше́ствовать (impf.); ~
forth отпра́виться (pf.) в путеше́ствие; **2.**
(progress, prosper): how did you ~ on the
journey? как вы съе́здили?; it ~d well with
him всё ему́ благоприя́тствовало; you may go
further and ~ worse дово́льствуйтесь тем,
что есть; ≃ от добра́ добра́ не и́щут.

cpds.: ~-**paying** adj. платя́щий за прое́зд.

**fare**[2] n. (food) стол; съестны́е припа́с|ы (pl., g.
-ов); bill of ~ меню́ (nt. indecl.).

**farewell** n. проща́ние; ~ dinner проща́льный
у́жин; make one's ~s, bid ~ (to) про|ща́ться,
-сти́ться (с +i.).

int. проща́й(те).

**farinaceous** adj. мучни́стый, мучно́й.

**farm** n. фе́рма; (Soviet collective ~) колхо́з;
state ~ совхо́з; (outside USSR) госхо́з; dairy
~ моло́чная фе́рма; ~ worker рабо́тни|к
(fem. -ца) на фе́рме; сельскохозя́йственный
рабо́чий.

v.t. & i. **1.** (agric.) занима́ться (impf.)
се́льским хозя́йством; быть фе́рмером; he
~s 200 hectares он обраба́тывает 200 гек-
та́ров земли́; **2.**: ~ out (taxes) отд|ава́ть, -а́ть
на о́ткуп; ~ out work отда́ть (pf.) часть
рабо́ты.

*cpds.*: ~ **-hand,** ~ **-labourer** *nn.* рабо́тник на фе́рме; сельскохозя́йственный рабо́чий; ~ **house** *n.* фе́рмерский дом; ~ **stead** *n.* фе́рма со слу́жбами; хозя́йство; ~ **yard** *n.* двор фе́рмы.

**farmer** *n.* фе́рмер.

**faro** *n.* фарао́н.

**farouche** *adj.* ди́кий, нелюди́мый.

**farrago** *n.* мешани́на; вся́кая вся́чина; (*nonsense*) чепуха́.

**farrier** *n.* ко́вочный кузне́ц; (*mil.*) коново́д.

**farrow** *n.* опоро́с; 15 at one ~ 15 порося́т в одно́м опоро́се; in ~ супоро́с(н)ая.

*v.i.* пороси́ться, о-.

**fart** (*vulg.*) *n.* пердёж.

*v.i.* перде́ть, пёрнуть.

**farther** (*see also* FURTHER) *adj.* бо́лее отдалённый; дальне́йший.

*adv.* да́льше, да́лее.

**farthermost** *adj.* (*see also* FURTHERMOST) са́мый да́льний/отдалённый.

**farthest** (*see also* FURTHEST) *adj.* са́мый да́льний.

*adv.* да́льше всего́; at ~ (*at most*) са́мое бо́льшее.

**farthing** *n.* (*hist.*) фа́ртинг; the uttermost ~ после́дний грош; I don't care a brass ~! мне наплева́ть!

**farthingale** *n.* (*hist.*) ю́бка с фи́жмами.

**fascia** *n.* (*archit.*) поясо́к, ва́лик, фа́ска.

**fascicle** *n.* (*bot.*) пучо́к, гроздь; (*of book*) (отде́льный) вы́пуск.

**fascinate** *v.t.* (*of snake etc.*) гипнотизи́ровать, за- взгля́дом; завор|а́живать, -ожи́ть; (*charm*) очаро́в|ывать, -а́ть; плен|я́ть, -и́ть.

**fascinating** *adj.* обворожи́тельный, очарова́тельный, плени́тельный; (*story*) захва́тывающий.

**fascination** *n.* очарова́ние, обая́ние, пре́лесть.

**fascinator** *n.* (*charmer*) чароде́й.

**Fascism** *n.* фаши́зм.

**Fascist** *n.* фаши́ст (*fem.* -ка).

*adj.* фаши́стский.

**fash** *v.t.* (*Sc.*): ~ o.s. беспоко́иться (*impf.*), му́читься (*impf.*).

**fashion** *n.* **1.** (*way*) о́браз, мане́ра; after a ~ (*indifferently*) до не́которой сте́пени; с грехо́м попола́м; after the ~ of по образцу́ +*g.*; на мане́р +*g.*; **2.** (*prevailing style*) мо́да; set the ~ зад|ава́ть, -а́ть тон; (*for sth.*) вв|оди́ть, -ести́ (что-н.) в мо́ду; in the ~ в мо́де; out of ~ вы́шедший из мо́ды; man of ~ све́тский челове́к; woman of ~ све́тская да́ма; in the height of ~ по после́дней мо́де; после́дний крик мо́ды; ~ designer модельє́р; ~ house дом моде́лей; ~ magazine, paper журна́л мод; ~ parade пока́з мод.

*v.t.* (*e.g. an object*) прид|ава́ть, -а́ть фо́рму +*d.*; fully ~ed (stockings) чулки́ со швом; (*e.g. s.o.'s taste*) формирова́ть, с-.

*cpd.*: ~ **-plate** *n.* мо́дная карти́нка.

**fashionable** *adj.* мо́дный.

**fashionableness** *n.* соотве́тствие мо́де.

**fast**[1] *n.* пост; break one's ~ разгов|ля́ться, -е́ться.

*v.i.* пости́ться (*impf.*); the medicine is to be taken ~ing лека́рство сле́дует принима́ть натоща́к.

*cpd.*: ~ **-day** *n.* по́стный день.

**fast**[2] *adj.* (*firm, secure*) про́чный, кре́пкий; the post is ~ in the ground столб про́чно вбит в зе́млю; he made the boat ~ он привяза́л ло́дку; the door is ~ дверь пло́тно закры́та (*or* кре́пко заперта́); ~ friends ве́рные друзья́; ~ colours сто́йкие цвета́.

*adv.* про́чно, кре́пко; the ship was ~ aground кора́бль про́чно сел на мель; she was ~ asleep она́ кре́пко спала́; he stood ~ он стоя́л твёрдо; (*fig.*) он твёрдо стоя́л на своём; the car stuck ~ маши́на застря́ла/завя́зла; he played ~ and loose with her affection он игра́л её чу́вствами; ~ bind, ~ find (*prov.*) кре́пче запрёшь — верне́е найдёшь.

**fast**[3] *adj.* **1.** (*rapid*) ско́рый, бы́стрый; he is a ~ worker он бы́стро рабо́тает; my watch is ~ мои́ часы́ спеша́т; a ~ lens (*photog.*) светоси́льный объекти́в; pull a ~ one on s.o. наду́ть (*pf.*) кого́-н.; объего́рить (*pf.*) кого́-н. (*sl.*); **2.** (*dissipated*) беспу́тный; a ~ woman же́нщина лёгкого поведе́ния.

**fasten** *v.t.* **1.** (*doors, windows*) зап|ира́ть, -ере́ть; (*dress, glove*) застёг|ивать, -ну́ть; (*shoelaces*) завя́з|ывать, -а́ть; a ~ (*with rope etc.*) привя́з|ывать, -а́ть; (*make firmer*) прикреп|ля́ть, -и́ть; he ~ed the sheets of paper together он скрепи́л вме́сте листы́ бума́ги; **2.** (*fig.*): he ~ed his eyes on me он уста́вился на меня́; they ~ed the nickname on him они́ да́ли ему́ э́то про́звище; they ~ed the crime on him ему́ приписа́ли э́то преступле́ние.

*v.i.* **1.** зап|ира́ться, -ере́ться; the door won't ~ дверь не закрыва́ется/запира́ется; the dress ~s down the back пла́тье застёгивается на спине́; **2.** he ~ed upon the idea он ухвати́лся за э́ту мысль; the bees ~ed upon me пчёлы налете́ли на меня́.

**fasten**|**er, -ing** *nn.* запо́р, задви́жка; (*on dress*) застёжка.

**fastidious** *adj.* привере́дливый, щепети́льный; разбо́рчивый; a ~ critic тре́бовательный/ стро́гий кри́тик.

**fastidiousness** *n.* привере́дливость, щепети́льность; разбо́рчивость, дото́шность.

**fastness**[1] *n.* (*of dyes etc.*) про́чность, сто́йкость; (*stronghold*) опло́т, цитаде́ль.

**fastness**[2] *n.* (*speed*) ско́рость, быстрота́.

**fat** *n.* **1.** (*animal substance*) жир; (*opp. to lean meat*) жир, са́ло; the ~ is in the fire (*fig.*) ≃ быть беде́!; live on one's own ~ (*fig.*) жить (*impf.*) ста́рыми запа́сами; **2.** (*corpulence*)

полнота́, жиро́к; he has run to ~ он растолс-
те́л/располне́л; **3.** (*fig., richness*): they live on
the ~ of the land они́ купа́ются в ро́скоши.
*adj.* **1.** (*of pers. etc.*) то́лстый, жи́рный,
ту́чный; get ~ растолсте́ть (*pf.*); ~ cheeks
пу́хлые щёки; ~ fingers то́лстые па́льцы; (*of
food*) жи́рный; **2.** (*rich, fertile*): a ~ profit
больша́я при́быль; (*pej.*) жи́рный кусо́к; ~
soil плодоро́дная/ту́чная земля́; a ~ part
(*theatr., coll.*) вы́игрышная роль; **3.** (*coll.,
iron.*): a ~ lot you care! а тебе́ наплева́ть!;
о́чень тебя́ э́то беспоко́ит!; that's a ~ lot of
use мно́го с э́того то́лку.
*v.t.* (*also ~ up*) отк|а́рмливать, -орми́ть;
раск|а́рмливать, -орми́ть.
*cpds.*: ~ **head** *n.* (*coll.*) болва́н, о́лух, тупи́ца
(*c.g.*) ~ **-headed,** ~ **-witted** *adjs.* тупоголо́вый.
**fatal** *adj.* **1.** (*causing death*) смерте́льный,
ги́бельный, па́губный; a ~ accident несча́ст-
ный слу́чай со смерте́льным исхо́дом; this
was ~ to our plans э́то оказа́лось роковы́м
для на́ших пла́нов; **2.** (*fateful*) роково́й,
фата́льный.
**fatalism** *n.* фатали́зм.
**fatalist** *n.* фатали́ст.
**fatalistic** *adj.* фаталисти́ческий, фаталис-
ти́чный.
**fatality** *n.* (*natural calamity*) стихи́йное
бе́дствие; (*fatal accident*) смерть от несча́ст-
ного слу́чая; (*destiny*) рок, фата́льность.
**fata morgana** *n.* фа́та-морга́на, мира́ж.
**fate** *n.* **1.** (*personified destiny*) судьба́, рок; as
sure as ~ несомне́нно; the F~s (*myth.*) Па́рки
(*f. pl.*), Мо́йры (*f. pl.*); **2.** (*what is in store for
one*) судьба́, у́часть, уде́л, до́ля; they met their
various ~s ка́ждому из них доста́лся свой
уде́л; **3.** (*death*) ги́бель, смерть; he sent him to
his ~ он посла́л его́ на ги́бель.
*v.t.* предопредел|я́ть, -и́ть; he was ~d to die
ему́ суждено́ бы́ло поги́бнуть.
**fateful** *adj.* роково́й.
**father** *n.* **1.** (*male parent, also fig.*) оте́ц, роди́-
тель (*m.*); the wish was ~ to the thought ≃ он
при́нял жела́емое за действи́тельное; God
the F~ Бог-Оте́ц; our Heavenly F~ Оте́ц
Небе́сный; Our F~ (*prayer*) О́тче наш; **2.** (*pl.,
ancestors*) отцы́, де́ды (*m. pl.*); **3.** (*founder,
leader*) оте́ц, родонача́льник; city ~s отцы́
го́рода; the Pilgrim F~s отцы́-пилигри́мы; **4.**
(*oldest member*) старе́йшина (*m.*); **5.** (*in per-
sonifications*): F~ Christmas дед-моро́з; F~
Thames ма́тушка Те́мза; F~ Time вре́мя; the
F~ of lies сатана́ (*m.*), лука́вый; **6.** (*priest*)
оте́ц, ба́тюшка; the Holy F~ его́
святе́йшество; (*as title*): F~ Sergius оте́ц
Се́ргий.
*v.t.* **1.** (*beget*) поро|жда́ть, -ди́ть; быть
(*impf.*)/стать (*pf.*) отцо́м +*g.*; **2.** (*fig., originate*)
поро|жда́ть, -ди́ть; **3.** (*pass as author of*) быть
а́втором/творцо́м (*чего*); **4.** (*fix responsibility*):

do not ~ this scheme on me не припи́сывайте
э́тот план мне.
*cpds.*: ~ **-figure** *n.* кто́-н., заменя́ющий отца́;
~ **-in-law** *n.* (*husband's ~*) свёкор; (*wife's ~*)
тесть (*m.*); ~ **land** *n.* оте́чество, отчи́зна,
ро́дина.
**fatherhood** *n.* отцо́вство.
**fatherless** *adj.* без отца́.
**fatherliness** *n.* оте́ческое отноше́ние.
**fatherly** *adj.* оте́ческий.
**fathom** *n.* морска́я са́жень.
*v.t.* (*lit.*) изм|еря́ть, -е́рить глубину́ +*g.*; (*fig.*)
пост|ига́ть, -и́гнуть; вн|ика́ть, -и́кнуть в +*a.*
**fathometer** *n.* эхоло́т.
**fathomless** *adj.* (*very deep*) безабо́нный; (*incomprehensible*) непостижи́мый.
**fatigue** *n.* уста́лость (*also metal ~*); (*mil.*)
хозя́йственная рабо́та; (*pl., dress*) наря́д на
рабо́ту.
*v.t.* утом|ля́ть, -и́ть.
*cpds.*: ~ **-dress** *n.* рабо́чая оде́жда; спец-
оде́жда; ~ **-duty** *n.* хозя́йственные рабо́ты (*f.
pl.*); ~ **-party** *n.* рабо́чая кома́нда.
**fatling** *n.* отко́рмленное на убо́й живо́тное.
**fatness** *n.* полнота́.
**fatten** *v.t.* (*animal*) отк|а́рмливать, -орми́ть на
убо́й; (*soil*) уд|обря́ть, -о́брить.
*v.i.* жире́ть (*impf.*); толсте́ть (*impf.*).
**fattiness** *n.* (*of meat etc.*) жи́рность.
**fattish** *adj.* толстова́тый, полнова́тый.
**fatty** *n.* (*coll.*) толстя́к.
*adj.* жи́рный, жирово́й; ~ bacon жи́рный
беко́н; ~ tissue жирова́я ткань; ~ degeneration (*med.*) жирово́е перерожде́ние.
**fatuity** *n.* самодово́льная глу́пость.
**fatuous** *adj.* самодово́льно-глу́пый; бессмы́с-
ленный.
**faucet** *n.* ве́нтиль (*m.*), вту́лка, заты́чка; (*Am.,
tap*) кран.
**faugh** *int.* тьфу!; фу!
**fault** *n.* **1.** (*imperfection*) недоста́ток, дефе́кт;
generous to a ~ чересчу́р ще́дрый; find ~
with s.o. на|ходи́ть, -йти́ недоста́тки у
кого́-н.; прид|ира́ться, -ра́ться к кому́-н.; my
memory was at ~ па́мять мне измени́ла (*or
подвела́ меня́); **2.** (*physical defect*) дефе́кт;
there was a ~ in the electric connection в
электри́ческой се́ти была́ неиспра́вность; **3.**
(*error*) оши́бка; ~s of syntax синтакси́ческие
оши́бки; **4.** (*blame*) вина́; it's (all) your ~ э́то
ва́ша вина́; э́то всё из-за вас; the ~ lies with
him он винова́т; **5.** (*at tennis etc.*)
непра́вильная пода́ча; double ~ двойна́я
оши́бка; **6.** (*hunting*) потеря́ сле́да; the hounds
are at ~ го́нчие потеря́ли след; **7.** (*geol.*)
разло́м, сдвиг, сброс.
*v.t.* на|ходи́ть, -йти́ недоста́тки в +*p.*;
прид|ира́ться, -ра́ться к +*d.*; I could not ~ his
argument я не мог придра́ться к его́
аргумента́ции.

*cpds.*: ~**-finder** *n.* приди́ра (*c.g.*); ~**-finding** *n.* приди́рчивость; *adj.* приди́рчивый.

**faultiness** *n.* оши́бочность.

**faultless** *adj.* (*without blame*) непогреши́мый; безоши́бочный; (*without blemish*): ~ precision безупре́чная то́чность; ~ evening dress безукори́зненно сидя́щий вече́рний костю́м.

**faulty** *adv.* оши́бочный; с изъя́ном; a ~ memory сла́бая па́мять; a ~ connection (*tech.*) повреждённое соедине́ние.

**faun** *n.* фавн.

**fauna** *n.* фа́уна.

*faute de mieux* за неиме́нием лу́чшего.

**favour** *n.* **1.** (*goodwill*) благоскло́нность; расположе́ние (к +*d.*); win s.o.'s ~; find ~ in s.o.'s eyes сниска́ть (*pf.*) чьё-н. расположе́ние (*or* чью-н. благоскло́нность); look with ~ on благоскло́нно/доброжела́тельно относи́ться (*impf.*) к +*d.*; curry ~ with s.o. зай́скивать (*impf.*) пе́ред кем-н.; he is out of ~ with his superiors он не в чести́ у нача́льства; I am in ~ of the plan я — за э́тот план; **2.** (*kindly act*) одолже́ние, любе́зность, услу́га; he did me a ~ он оказа́л мне любе́зность; он сде́лал мне одолже́ние; we request the ~ of your company мы про́сим почти́ть нас свои́м прису́тствием; he enjoyed her ~s он по́льзовался её благоскло́нностью; **3.** (*advantage, credit*) по́льза; this is in his ~ э́то говори́т в его́ по́льзу; the exchange rate is in our ~ курс обме́на валю́ты вы́годен для нас; the cheque was drawn in my ~ чек был вы́писан на моё и́мя; **4.** (*privilege*): I don't ask for any ~s я не прошу́ одолже́ний/привиле́гий; **5.** (*prejudice*) предвзя́тость, предпочте́ние; without fear or ~ беспристра́стно; **6.** (*comm.*): your ~ of yesterday ва́ше вчера́шнее письмо́; **7.** (*badge, ribbon, etc.*) значо́к, бант, розе́тка.

*v.t.* **1.** (*approve, support*) благоприя́тствовать (*impf.*) +*d.*; подде́рж|ивать, -а́ть; fortune ~s the brave сме́лость города́ берёт; this ~s my theory э́то подтвержда́ет мою́ тео́рию; the weather ~ed our voyage пого́да благоприя́тствовала на́шему путеше́ствию; **2.** (*choose*) предпоч|ита́ть, -е́сть; I ~ the grey horse (to win) по-мо́ему, у се́рой ло́шади бо́льше ша́нсов вы́играть; she ~ed a pink dress она́ вы́брала ро́зовое пла́тье; **3.** (*treat with partiality*) ока́з|ывать, -а́ть предпочте́ние +*d.*; быть пристра́стным к +*d.*; he ~s certain pupils он ока́зывает предпочте́ние не́которым ученика́м; **4.** (*oblige, treat favourably*): she ~ed us with a song она́ оказа́ла нам любе́зность, испо́лнив пе́сню; most ~ed nation наибо́лее благоприя́тствуемая на́ция; most ~ed nation clause огово́рка о наибо́льшем благоприя́тствовании; the ~ed few немно́гие и́збранные; **5.** (*resemble*)

походи́ть (*impf.*) на +*a.*; the child ~s its father ребёнок похо́ж на своего́ отца́.

**favourable** *adj.* благоприя́тный, благоскло́нный; ~ weather благоприя́тная пого́да; a ~ report положи́тельный о́тзыв; he is ~ to the plan он благоскло́нно/одобри́тельно отно́сится к э́тому пла́ну.

**favourableness** *n.* благоприя́тное/благоскло́нное отноше́ние (к +*d.*).

**favourer** *n.* люби́тель (*m.*) (*кого, чего*); покрови́тельствующий +*d.*; сторо́нник; приве́рженец.

**favourite** *n.* (*preferred person*) люби́мец, фавори́т; (*preferred thing*) люби́мая вещь; (*horse*) фавори́т.
*adj.* люби́мый, излю́бленный; my ~ food моя́ люби́мая еда́.

**favouritism** *n.* фаворити́зм.

**fawn**[1] *n.* (*deer*) молодо́й оле́нь; in ~ сте́льная (лань); (*colour*) желтова́то-кори́чневый цвет.
*adj.* (*also* ~**-coloured**) желтова́то-кори́чневый.
*v.t. & i.* (*of deer*) тели́ться, о-.

**fawn**[2] *v.i.* (*of dog*) ласка́ться (*impf.*); виля́ть (*impf.*) хвосто́м; (*of pers.*): ~ on s.o. подли́з|ываться, -а́ться к кому́-н.; выслу́живаться (*impf.*) пе́ред кем-н.

**fay** *n.* (*poet.*) фе́я.

**faze** *v.t.* сму|ща́ть, -ти́ть; прив|оди́ть, -ести́ в недоуме́ние.

**fealty** *n.* ве́рность васса́ла феода́лу; swear, do ~ to s.o. присяг|а́ть, -ну́ть на ве́рность кому́-н.

**fear** *n.* **1.** (*terror, anxiety*) страх, боя́знь, опасе́ние; in ~ and trembling дрожа́ от стра́ха; the ~ of God страх бо́жий; I put the ~ of God into him (*coll.*) я нагна́л на него́ стра́ху; he was in ~ of his life он боя́лся за свою́ жизнь; I could not speak for ~ от стра́ха я не мог говори́ть; your ~s are groundless ва́ши опасе́ния напра́сны; **2.** (*of precaution, likelihood*): I was silent for ~ of offending him я молча́л, боя́сь оби́деть его́; we tethered the horse for ~ it should escape мы привяза́ли ло́шадь, что́бы она́ не убежа́ла; there is no ~ of my losing the money не бо́йтесь, я не потеря́ю де́ньги; no ~! (*coll.*) ни-ни́!; ни за что!
*v.t. & i.* боя́ться (*impf.*) +*g.*; опаса́ться (*impf.*) +*g.*; he ~s death он бои́тся сме́рти; he ~ed to speak он боя́лся говори́ть; I ~ the worst я опаса́юсь ху́дшего; I ~ for his life я опаса́юсь за его́ жизнь; he will come, never ~! не бо́йтесь, он придёт; (*expr. regret*): I ~ you must stay боюсь, вам придётся оста́ться.
*cpd.*: ~**-monger** *n.* паникёр.

**fearful** *adj.* (*terrible*) стра́шный, ужа́сный; (*coll., frightful*) ужа́сный, чудо́вищный, стра́шный; (*timorous*) ро́бкий, боязли́вый; I

was ~ of waking him я боя́лся разбуди́ть его́.
**fearfulness** *n.* страх, у́жас; (*timidity*) ро́бость, боязли́вость.
**fearless** *adj.* бесстра́шный, неустраши́мый; he was ~ of the consequences он не боя́лся после́дствий.
**fearlessness** *n.* бесстра́шие, неустраши́мость.
**fearsome** *adj.* устраша́ющий, гро́зный.
**feasibility** *n.* осуществи́мость, выполни́мость.
**feasible** *adj.* осуществи́мый, выполни́мый.
**feast** *n.* **1.** (*relig.*) (церко́вный) пра́здник; престо́льный пра́здник; movable ~ подвижно́й пра́здник; **2.** (*meal*) пир, пи́ршество; enough is as good as a ~ от добра́ добра́ не и́щут; (*fig.*): a ~ of reason интеллектуа́льная бесе́да.
*v.t. & i.* пирова́ть (*impf.*); пра́здновать (*impf.*); they ~ed away the night они́ (про)пирова́ли всю ночь; he ~ed his friends он ще́дро угоща́л свои́х друзе́й; he ~ed his eyes on the scene он любова́лся э́тим зре́лищем.
*cpd.*: ~-**day** *n.* пра́здник, пра́здничный день; today is my ~-day сего́дня мои́ имени́н|ы (*pl., g. —*); я сего́дня имени́нни|к (*fem.* -ца).
**feaster** *n.* пиру́ющий, уча́стник пи́ра.
**feat** *n.* по́двиг; ~ of engineering выдаю́щееся достиже́ние инжене́рного иску́сства; ~ of valour до́блестный по́двиг; it was a ~ to get him to come бы́ло нелёгким де́лом затащи́ть его́ сюда́.
**feather** *n.* перо́; that is a ~ in his cap он мо́жет э́тим горди́ться; he showed the white ~ он стру́сил; in high ~ в припо́днятом настрое́нии; you could have knocked me down with a ~ ни за что бы не пове́рил (э́тому).
*v.t.* опер|я́ть, -и́ть; укр|аша́ть, -а́сить пе́рьями; our ~ed friends на́ши перна́тые друзья́; ~ one's nest (*lit.*) выстила́ть, вы́стелить гнездо́ пе́рьями; (*fig.*) наби́ть (*pf.*) себе́ карма́н; ~ an oar выноси́ть, вы́нести весло́ плашмя́; ~ a propeller blade устан|а́вливать, -ови́ть ло́пасть во флю́герном положе́нии.
*cpds.*: ~-**bed** *n.* пери́на, пухови́к; *v.t.* (*fig.*) балова́ть, из-; изне́жи|вать, -ть; ~-**bedding** *n.* (*fig.*) баловство́; (*econ.*) иску́сственное разду́вание шта́тов; ~-**brain,** ~-**head** *nn.* пуста́я башка́; ~-**brained,** ~-**headed** *adjs.* пустоголо́вый; he is ~-brained у него́ ве́тер в голове́; ~-**grass** *n.* (*bot.*) ковы́ль (*m.*); ~-**head(ed)** *see* ~-BRAIN(ED); ~**weight** *n.* вес пера́; *adj.* в ве́се пера́; о́чень лёгкий.
**feathery** *adj.* пухово́й; лёгкий как пёрышко.
**feature** *n.* **1.** (*part of face*) черта́; he has strong ~s у него́ волево́е лицо́; **2.** (*geog.*) черта́/ подро́бность рельéфа; a ~ of the landscape осо́бенность ландша́фта; **3.** (*aspect*) черта́, осо́бенность; the main ~s of his programme основны́е пу́нкты (*m. pl.*) его́ програ́ммы; **4.** (*object of special attention, main item*): this jour-

nal makes a ~ of sport э́тот журна́л широко́ освеща́ет спорти́вные собы́тия; ~ (*article*) темати́ческая статья́; ~ (*film*) худо́жественный фильм.
*v.t.* (*give prominence to*) поме|ща́ть, -сти́ть на ви́дном ме́сте; the newspaper ~d the murder story газе́та помести́ла на ви́дном ме́сте сообще́ние об уби́йстве; the film ~s a new actress в фи́льме гла́вную роль поручи́ли но́вой актри́се.
*v.i.* (*figure prominently*) быть характе́рной черто́й.
*cpds.*: ~-**length** *adj.* (*film*) полнометра́жный; ~-**writer** *n.* очерки́ст.
**featureless** *n.* невырази́тельный, бесцве́тный, блéдный; a ~ existence бесцве́тное существова́ние.
**febrifuge** *n.* жаропонижа́ющее сре́дство.
**febrile** *adj.* (*lit., fig.*) лихора́дочный.
**February** *n.* февра́ль (*m.*); (*attr.*) февра́льский.
**fec|al, -es** *see* FAEC|AL, -ES.
**feckless** *adj.* безала́берный.
**fecklessness** *n.* безала́берность.
**fecund** *adj.* плодоро́дный, плодови́тый.
**fecundate** *v.t.* де́лать, с- плодоро́дным; оплодотвор|я́ть, -и́ть.
**fecundation** *n.* оплодотворе́ние.
**fecundity** *n.* плодоро́дие, плодови́тость.
**federal** *adj.* федера́льный; (*e.g. RSFSR, FRG*) федерати́вный.
**federalism** *n.* федерали́зм.
**federalist** *n.* федерали́ст.
**federate**[1] *adj.* федерати́вный.
**federate**[2] *v.t. & i.* объедин|я́ть(ся), -и́ть(ся) на федерати́вных нача́лах.
**federation** *n.* федера́ция; (*of societies etc.*) объедине́ние.
**federative** *adj.* федерати́вный.
**fedora** *n.* мя́гкая шля́па.
**fee** *n.* **1.** (*professional charge*) гонора́р; school ~s пла́та за обуче́ние; club ~s чле́нские взно́сы (*m. pl.*) в клуб; retaining ~ предвари́тельный гонора́р; **2.** (*estate*) лен; феода́льное поме́стье; land held in ~ simple земля́, унасле́дованная без ограниче́ний.
*v.t.* плати́ть, за-/у- гонора́р +*d.*
**feeble** *adj.* хи́лый, сла́бый.
*cpds.*: ~-**minded** *adj.* слабоу́мный; ~-**mindedness** *n.* слабоу́мие.
**feebleness** *n.* хи́лость, сла́бость.
**feed** *n.* **1.** (*animal's*) корм; (*baby's*) еда́, кормле́ние; (*coll.*): we had a good ~ мы хорошо́ перекуси́ли **2.** (*fodder*) корм, фура́ж; the horse is out at ~ ло́шадь на подно́жном корму́; **3.** (*of machine etc.*) пита́ние, пода́ча материа́ла.
*v.t.* **1.** (*give food to*) корми́ть, на-; пита́ть, на-; да|ва́ть, -ть корм +*d.*; what do you ~ your dog on? чем вы ко́рмите свою́ соба́ку?; the hotel ~s you well в гости́нице хорошо́ ко́рмят; the

child cannot ~itself ребёнок ещё не мо́жет есть сам; the child needs ~ing up ребёнка на́до подкорми́ть; ~ing-bottle (де́тский) рожо́к; (*fig.*): I am fed up (*coll.*) я сыт по го́рло; мне надое́ло; **2.** (*give as food*) ск|а́рмливать, -орми́ть; we ~ oats to horses мы ко́рмим лошаде́й овсо́м; **3.** (*fig.*): the moving belt ~s the machine пита́ние маши́не подаётся транспортёром; the lake is fed by two rivers вода́ в о́зеро поступа́ет из двух рек; he fed information into the computer он ввёл да́нные в компью́тер; the news fed his jealousy э́та но́вость разожгла́ его́ ре́вность.

*v.i.* (*of animals*) корми́ться (*impf.*); (*graze*) пасти́сь (*impf.*); (*coll., of pers.*) пита́ться (*impf.*); корми́ться, про-.

*cpds.*: ~-**back** *n.* (*elec.*) обра́тное пита́ние; (*fig.*) обра́тная связь; ~-**bag** *n.* (*horse's*) то́рба; ~-**pipe** *n.* (*tech.*) пита́тельная/подаю́щая труба́.

**feeder** *n.* **1.** едо́к; he is a big ~ он обжо́ра; он лю́бит пое́сть; **2.** (*feeding-bottle*) (де́тский) рожо́к; **3.** (*bib*) нагру́дник; **4.** (*tributary*) прито́к; ~ line (*railway*) ве́тка; (*airline*) ме́стная авиали́ния.

**feel** *n.* (*sensation*) ощуще́ние; (*contact*) оcяза́ние; cold to the ~ холо́дный на о́щупь; have a ~ of this cloth пощу́пайте э́ту мате́рию; it has a soapy ~ на о́щупь э́то похо́же на мы́ло; there will be frost tonight by the ~ of it чу́вствуется, что но́чью бу́дет моро́з; there is money in that envelope by the ~ of it похо́же, что в э́том конве́рте — де́ньги; if you practise you'll soon get the ~ of it е́сли вы бу́дете упражня́ться, то ско́ро осво́ите э́тот приём (*or* набьёте ру́ку); he has a ~ for language у него́ есть чу́вство языка́.

*v.t.* **1.** (*explore by touch*) щу́пать, по-; ощу́п|ывать, -ать; про́бовать, по-; ~ the edge of a knife потро́гать (*pf.*) ле́звие ножа́; ~ s.o.'s pulse пощу́пать (*pf.*) кому́-н. пульс; (*fig.*) прощу́п|ывать, -ать кого́-н.; he felt my muscles он потро́гал мои́ мы́шцы; ~ the weight of this box! чу́вствуете, ско́лько ве́сит э́тот я́щик!; ~ whether there are any bones broken пощу́пайте, не сло́маны ли ко́сти; (*fig.*): he felt out public opinion он зонди́ровал обще́ственное мне́ние; **2.** (*grope*) пробира́ться (*impf.*) о́щупью; he felt his way in the dark он пробира́лся о́щупью в темноте́; they are ~ing their way towards an agreement они́ нащу́пывают по́чву для соглаше́ния; **3.** (*be aware of*) чу́вствовать, по-; ощу|ща́ть, -ти́ть; испы́т|ывать, -а́ть; I can ~ a nail in my shoe я чу́вствую, у меня́ в боти́нке гвоздь; did you ~ the earthquake? вы почу́вствовали землетрясе́ние?; a felt want ощути́мая нужда́; **4.** (*be affected by*) чу́вствовать, по-; ощу|ща́ть, -ти́ть; пережива́ть (*impf.*); he felt the insult он почу́вствовал оскорбле́ние; he ~s (*or* is

~ing) the heat жара́ на него́ пло́хо де́йствует; он пло́хо перено́сит жару́; he felt the loss of his mother keenly он о́стро пережива́л смерть ма́тери; we felt the force of his argument мы сознава́ли си́лу его́ до́водов; the horse is ~ing his oats ло́шадь взыгра́ла/разрезви́лась; **5.** (*be of opinion*): I ~ you should go по-мо́ему, вам сле́дует пойти́; I ~ the plan to be unwise я счита́ю, что э́тот план неблагоразу́мен.

*v.i.* **1.** (*experience sensation*): I ~ cold мне хо́лодно; I ~ hungry я го́лоден; I ~ sure я уве́рен; I don't ~ quite myself мне не по себе́; I ~ bound to say . . . я до́лжен сказа́ть . . .; I ~ bad about not inviting him мне со́вестно, что я не пригласи́л его́; I ~ as if my head were splitting у меня́ тако́е чу́вство, сло́вно голова́ раска́лывается; I ~ strongly about this у меня́ твёрдое мне́ние на э́тот счёт; I ~ like (going for) a walk мне хо́чется прогуля́ться; do you ~ like dancing? хоти́те потанцева́ть?; I don't ~ up to going я не в состоя́нии идти́; how do you ~ about going there? как вы отно́ситесь к тому́, что́бы пойти́ туда́?; it ~s like rain похо́же, что быть дождю́; I ~ for you я вам сочу́вствую; **2.** (*produce sensation*) да|ва́ть, -ть ощуще́ние (*чего*); your hands ~ cold у вас холо́дные ру́ки; the air ~s chilly здесь прохла́дно; how does it ~ to be home? каково́ оказа́ться до́ма?; **3.** (*grope*): he felt in his pocket for a coin он пошари́л в карма́не, ища́ моне́ту; he felt along the wall for the door он пыта́лся нащу́пать дверь в стене́.

**feeler** *n.* (*zool.*) щу́пальце, у́сик; (*fig.*): he put out ~s он заки́нул у́дочку; он пусти́л про́бный шар.

**feeling** *n.* **1.** (*power of sensation*) ощуще́ние, чу́вство; sense of ~ ощуще́ние; he lost all ~ in his legs у него́ онеме́ли но́ги; **2.** (*sense, sensation*) созна́ние, чу́вство; I had a ~ of safety я чу́вствовал себя́ в безопа́сности; **3.** (*opinion*): I have a ~ he won't come у меня́ предчу́вствие, что он не придёт; the general ~ is that . . . о́бщее мне́ние таково́, что . . .; **4.** (*emotion*) чу́вство, страсть; he spoke with ~ он говори́л с чу́вством; I have mixed ~s у меня́ э́то вызыва́ет сме́шанные чу́вства; good ~ доброжела́тельность; no hard ~s, I hope наде́юсь, никако́й оби́ды; ~ ran high стра́сти разгоре́лись; the speech aroused strong ~s э́та речь разожгла́ стра́сти; he appealed to their better ~s он взыва́л к их лу́чшим чу́вствам; **5.** (*sensitivity*) чувстви́тельность; you hurt his ~s вы его́ оби́дели; **6.** (*sympathy*) сочу́вствие; have you no ~ for his troubles? неуже́ли его́ бе́ды не вызыва́ют у вас сочу́вствия?; **7.** (*aptitude*) понима́ние, чутьё; he has a ~ for the work у него́ есть да́нные для э́той рабо́ты.

*adj.* (*sympathetic*) по́лный сочу́вствия; (*sensitive*) чувстви́тельный; ~ly (*showing emotion*) прочу́вствованно; he spoke ~ly он говори́л с чу́вством.

**feign** *v.t.* (*simulate*) притвор|я́ться, -и́ться +*i.*; симули́ровать (*impf., pf.*); ~ madness симули́ровать безу́мие; (*invent*) приду́м|ывать, -ать; изобре|та́ть, -сти́.

**feint**[1] *n.* (*pretence*) притво́рство; (*sham attack*) ло́жная ата́ка.

    *v.i.* нан|оси́ть, -ести́ отвлека́ющий уда́р.

**feint**[2] *adj.* бле́дный.

**fel(d)spar** *n.* полево́й шпат.

**felicitate** *v.t.* поздр|авля́ть, -а́вить; жела́ть, по-сча́стья +*d.*

**felicitation** *n.* (*usu. pl.*) поздравле́ние; пожела́ние сча́стья.

**felicitous** *adj.* ме́ткий, уме́стный, уда́чный.

**felicity** *n.* (*bliss*) блаже́нство; (*aptness*) уме́стность; (*apt phrase*) ме́ткое/уда́чное замеча́ние.

**feline** *n.* живо́тное из семе́йства коша́чьих.

    *adj.* коша́чий; (*fig.*): a ~ remark ехи́дное замеча́ние.

**fell**[1] *n.* (*hide, hair*) шку́ра.

**fell**[2] *n.* (*hill*) гора́; (*moorland*) ве́ресковая пу́стошь; откры́тая холми́стая ме́стность.

**fell**[3] *adj.* (*poet.*) свире́пый, беспоща́дный, лю́тый.

**fell**[4] *v.t.* (*pers.*) сби|ва́ть, -ть с ног; (*tree*) руби́ть, с-; вали́ть, с-/по-.

**fellah** *n.* (*pl.* **-een**) фелла́х.

**fellatio** *n.* мине́т.

**feller** *n.* (*of trees*) дровосе́к.

**fell|oe, -y** *n.* обод колеса́, кося́к.

**fellow** *n.* **1.** (*chap*; *also coll.* **feller**) (*man, boy*) па́рень (*m.*); a good ~ сла́вный ма́лый; my dear ~! дорого́й мой!; old ~! старина́ (*m.*), дружи́ще (*m.*); young ~-my-lad! молодо́й челове́к!; a little ~ малы́ш, мальчуга́н; poor ~ бедня́га (*m.*); what does the ~ want? что э́тому челове́ку ну́жно?; a ~ gets bored sitting here all day осточерте́ет сиде́ть здесь це́лый день; can you spare a ~ the price of a drink? мо́жешь поста́вить мне стака́нчик?; **2.** (*comrade, companion*) това́рищ, собра́т; ~s in misfortune това́рищи по несча́стью; ~s in crime соуча́стники преступле́ния; **3.** (*equal, contemporary etc.*) ра́вный, све́рстник; това́рищ; he surpassed all his ~s он превзошёл всех свои́х све́рстников; **4.** (*of a pair*) па́ра; where is the ~ to this glove? где втора́я перча́тка?; **5.** (*acad. & professional*) колле́га; сотру́дник, сослужи́вец; (*of a college*) член сове́та колле́джа.

    *cpds.*: ~-**being** *n.* бли́жний; ~-**Christian** *n.* брат/сестра́ во Христе́; единове́р|ец (*fem.* -ка); ~-**citizen** *n.* согражд|ани́н (*fem.* -а́нка); ~-**countryman** *n.* соотéчественник; ~-**countrywoman** *n.* соотéчественница; ~-**creature** *n.* бли́жний; ~-**Englishman** *n.* соотéчественник-англича́нин; ~-**exile** *n.* това́рищ по

ссы́лке; ~-**feeling** *n.* симпа́тия, сочу́вствие; ~-**man** *n.* бли́жний; ~-**soldier** *n.* това́рищ по ору́жию; однополча́нин; ~-**student** *n.* това́рищ по университе́ту; соку́рсник; ~-**traveller** *n.* (*lit., fig.*) попу́тчик; ~-**travelling** *adj.*: ~-travelling writer писа́тель-попу́тчик.

**fellowship** *n.* (*companionship*) това́рищество, бра́тство; good ~ това́рищеские взаимоотноше́ния; (*association*) корпора́ция; колле́гия (*адвокатов и т.п.*); (*of a college*) зва́ние чле́на сове́та колле́джа.

**felly** *see* FELLOE.

**felon** *n.* уголо́вный престу́пник.

**felonious** *adj.* престу́пный.

**felony** *n.* уголо́вное преступле́ние.

**felspar** *see* FEL(D)SPAR.

**felt** *n.* (*material*) во́йлок, фетр; ~ boots ва́ленки (*m. pl.*); ~ hat фе́тровая шля́па; ~ slippers во́йлочные ту́фли.

    *v.t.* (*cover with* ~) покр|ыва́ть, -ы́ть во́йлоком; об|ива́ть, -и́ть во́йлоком.

**felting** *n.* (*process of making felt*) валя́ние, ва́лка; (*cloth*) во́йлок.

**felucca** *n.* фелю́га.

**female** *n.* (*woman or girl*) же́нщина; (*pej.*) ба́ба; (*animal*) са́мка, ма́тка; (*plant*) же́нская о́собь.

    *adj.* же́нский; ~ child де́вочка; ~ slave рабы́ня, раба́; ~ insect насеко́мое-са́мка; ~ plant же́нская о́собь; ~ suffrage избира́тельное пра́во для же́нщин; ~ worker рабо́тница; ~ screw га́йка.

**feme** *n.* (*leg.*): ~ covert заму́жняя же́нщина; ~ sole незаму́жняя же́нщина.

**feminine** *adj.* же́нский; (*as n.*): the eternal ~ ве́чная же́нственность; (*gram.*) же́нский; же́нского ро́да; (*pros.*): ~ rhyme же́нская ри́фма.

**femininity** *n.* же́нственность.

**feminism** *n.* фемини́зм.

**feminist** *n.* фемини́ст (*fem.* -ка).

**feministic** *adj.* фемини́стский.

***femme fatale*** *n.* роkова́я же́нщина.

**femoral** *adj.* бе́дренный.

**femur** *n.* бедро́.

**fen** *n.* топь, боло́то.

**fence**[1] *n.* **1.** (*barrier*) забо́р, и́згородь, огра́да; put a horse at a ~ подв|оди́ть, -ести́ ло́шадь к барье́ру; (*fig.*) rush one's ~s бр|оса́ться, -о́ситься очертя́ го́лову; sit on the ~ держа́ться (*impf.*) нейтра́льной/выжида́тельной пози́ции; come down on the right side of the ~ вста|ва́ть, -ть на сто́рону победи́теля; mend one's ~s укреп|ля́ть, -и́ть свои́ пози́ции; **2.** (*receiver of stolen goods*) бары́га (*m.*).

    *v.t.* (*also* ~ **in, off, about, round**) огор|а́живать, -оди́ть.

**fence**[2] *n.* фехтова́ние; master of ~ (*swordsman*) иску́сный фехтова́льщик; (*debater*) иску́сный спо́рщик.

*v.i.* фехтова́ть; ~ with a question(er) пари́-
ровать (*impf., pf.*) вопро́с; уви́л|ивать, -ьну́ть
от прямо́го отве́та.
**fenceless** *adj.* (*unenclosed*) неогоро́женный.
**fencer** *v.t.* **1.** (*swordsman*) фехтова́льщик; **2.** (*of
horse*): a good ~ ло́шадь, хорошо́ беру́щая
барье́р.
**fencing** *n.* **1.** (*fences*) и́згородь, забо́р, огра́да;
(*material*) до́ски (*f. pl.*) для забо́ра; материа́л
для и́згороди; **2.** (*swordplay*) фехтова́ние.
    *cpd.:* ~**-master** *n.* учи́тель (*m.*) фехтова́ния.
**fend** *v.t.* отра|жа́ть, -зи́ть; пари́ровать (*impf.,
pf.*); ~ off a blow отра|жа́ть, -зи́ть уда́р.
    *v.i.:* ~ for o.s. полага́ться (*impf.*) на себя́.
**fender** *n.* **1.** (*in front of fire*) ≃ ками́нная
решётка; **2.** (*of train*) предохрани́тельная
решётка; **3.** (*Am., of car*) крыло́.
**fenestration** *n.* (*archit.*) распределе́ние о́кон в
зда́нии.
**Fenian** *n.* (*hist.*) фе́ний.
    *adj.* фениа́нский.
**Fenianism** *n.* фениа́нство.
**fennel** *n.* фе́нхель (*m.*), сла́дкий укро́п.
**fenugreek** *n.* па́житник, шамбала́.
**feral** *adj.* ди́кий, одича́вший.
**ferial** *adj.* бу́дничный, бу́дний.
**ferment**[1] *n.* заква́ска; ферме́нт; (*fig.*): in a ~ в
броже́нии.
**ferment**[2] *v.t.* (*e.g. beer*) выха́живать, вы́ходить.
    *v.i.* броди́ть (*impf.*).
**fermentation** *n.* броже́ние (*also fig.*); фер-
мента́ция.
**fern** *n.* па́поротник.
    *cpd.:* ~**-seed** *n.* спо́ра па́поротника.
**fernery** *n.* (*place*) за́росли (*f. pl.*) па́поротника;
(*collection*) па́поротники (*m. pl.*).
**ferocious** *adj.* свире́пый, лю́тый.
**ferocity** *n.* свире́пость, лю́тость.
**ferret** *n.* (*zool.*) хорёк.
    *v.t.:* ~ out (*fig.*) вы́|искивать, вы́искать;
разню́х|ивать, -ать (*e.g. a secret*).
    *v.i.* (*hunt with* ~s) охо́титься (*impf.*) с
хорько́м; ~ about (*fig.*) ры́скать (*impf.*);
ша́рить (*impf.*).
**ferrety** *adj.* хорько́вый; ~ eyes ры́сьи глаза́.
**ferriage** *n.* перево́з, перепра́ва; (*charge*) пла́та
за перево́з.
**ferriferous** *adj.* желе́зистый, желе́зосо-
держа́щий.
**Ferris wheel** *n.* чёртово колесо́; колесо́ обоз-
ре́ния.
**ferro-alloy** *n.* ферроспла́в.
**ferroconcrete** *n.* железобето́н.
**ferromagnetic** *adj.* ферромагни́тный.
**ferrous** *adj.* желе́зистый; ~ metals чёрные
мета́ллы.
**ferruginous** *adj.* желе́зистый, железосо-
держа́щий; (*in colour*) цве́та ржа́вчины.
**ferrule** *n.* (*tip*) металли́ческий наконе́чник;
(*strengthening band*) о́бод; му́фта.

**ferry** *n.* (*boat*) паро́м; Charon's ~ ладья́
Харо́на; (*plane*) перего́ночный самолёт;
(~*ing-place*) перепра́ва, перево́з.
    *v.t.* (*convey to and fro*) перев|ози́ть, -езти́ (*or
перепр|авля́ть, -а́вить) на паро́ме; отв|ози́ть,
-езти́.
    *cpds.:* ~**-boat** *n.* паро́м; ~**man** *n.* паро́мщик,
перево́зчик; ~**-pilot** *n.* пило́т перего́ночной
ча́сти.
**fertile** *adj.* **1.** (*of soil*) плодоро́дный; (*of eggs*)
оплодотворённый; (*of humans, animals*)
плодови́тый; **2.** (*fig.*): a ~ imagination
бога́тое воображе́ние; he is ~ in expedients
он всегда́ найдёт вы́ход из положе́ния.
**fertility** *n.* плодоро́дие; плодови́тость; ~ drug
препара́т про́тив беспло́дия.
**fertilization** *n.* (*biol.*) оплодотворе́ние; (*of soil*)
удобре́ние.
**fertilize** *v.t.* (*biol.*) оплодотвор|я́ть, -и́ть; (*of
soil*) уд|обря́ть, -о́брить.
**fertilizer** *n.* (*biol.*) оплодотвори́тель (*m.*); (*of
soil*) удобре́ние.
**ferule** *n.* феру́ла, лине́йка, трость.
**fervent** *adj.* (*fig.*) горя́чий, пы́лкий,
пла́менный.
**fervid** *adj.* пы́лкий, пла́менный.
**fervour** *n.* жар, пыл, страсть.
**festal** *adj.* пра́здничный.
**fester** *v.i.* гнои́ться, за/на-; нагн|а́иваться,
ои́ться; the cut ~ed поре́з загнои́лся;
the insult ~ed оскорбле́ние жгло (*его и
m.n.*).
**festival** *n.* фестива́ль (*m.*); пра́зднество; Church
~ церко́вный пра́здник; ~ of music фес-
тива́ль (*m.*) му́зыки.
**festive** *adj.* пра́здничный.
**festivit|y** *n.* пра́зднество, торжество́; wedding
~ies сва́дебные торжества́.
**festoon** *n.* гирля́нда; (*archit.*) фесто́н.
    *v.t.* укр|аша́ть, -а́сить гирля́ндами/фес-
то́нами.
**Festschrift** *n.* юбиле́йный сбо́рник.
**fet|al, -us** *see* FOETAL, -US.
**fetch** *v.t.* **1.** (*go and get*) прин|оси́ть, -ести́;
прив|оди́ть, -ести́; пойти́ (*pf.*) за +*i.*; ~ me my
hat принеси́те мою́ шля́пу; they ~ed the doctor они́ вы́звали врача́; he expects me to ~ and
carry all day он хо́чет, чтобы я весь день был
на побегу́шках; **2.** (*draw forth*) вызыва́ть,
вы́звать; it ~ed tears from my eyes э́то
вы́звало у меня́ слёзы; **3.** (*utter*): he ~ed a sigh
он (гро́мко) вздохну́л; **4.**: I ~ed him a blow я
нанёс ему́ уда́р; **5.** (*of price*): his house ~ed
£50,000 он вы́ручил 50 000 фу́нтов за свой
дом; it won't ~ more than £20 кра́сная цена́
э́тому — 20 фу́нта (*coll.*).
    *v.i.:* ~ up (*coll., come to rest*) остан|а́в-
ливаться, -ови́ться; we ~ed up at the bar в
конце́ концо́в мы очути́лись в ба́ре; (*coll.,
vomit*): he ~ed up его́ вы́рвало.

**fetching** *adj.* привлека́тельный, соблазни́-
тельный.

**fête** *n.* пра́зднество, пра́здник; village ~
се́льский пра́здник.
   *v.t.* пра́здновать, от-.

**fetid** *adj.* воню́чий, злово́нный.

**fetish** *n.* (*lit., fig.*) фети́ш.

**fetishism** *n.* фетиши́зм (*also psych.*).

**fetishist** *n.* фетиши́ст.

**fetishistic** *adj.* фетиши́стский.

**fetlock** *n.* щётка; ~-deep in mud по щи́колотку
в грязи́.

**fetor** *n.* вонь, злово́ние.

**fetter** *n.* (*pl.*) ножны́е кандал|ы́ (*pl., g.* -о́в);
(*fig.*) око́в|ы (*pl., g.* —).
   *v.t.* зако́в|ывать, -а́ть в кандалы́; (*of horse*)
спу́т|ывать, -ать; (*fig., of pers.*) свя́з|ывать,
-а́ть по рука́м и нога́м; ~ s.o.'s discretion
ско́в|ывать, -а́ть кого́-н. в де́йствиях.

**fettle** *n.*: in good ~ в хоро́шем состоя́нии/на-
строе́нии.

**fetus** *see* FOETUS.

**feud** *n.* (*quarrel*) междоусо́бица, вражда́; blood
~ кро́вная месть; be at ~ with враждова́ть
(*impf.*) с +*i.*
   *v.i.* (*carry on a* ~) вести́ (*det.*) вражду́ (*с кем*).

**feudal** *adj.* феода́льный; ~ lord феода́л; ~
system феода́льный строй.

**feudalism** *n.* феодали́зм.

**feudatory** *n.* васс́л.
   *adj.* васса́льный.

**fever** *n.* 1. (*body temperature*) жар; высо́кая
температу́ра; he has a high ~ у него́ жар; 2.
(*disease*) лихора́дка; yellow ~ жёлтая лихо-
ра́дка; typhoid ~ брюшно́й тиф; rheumatic ~
ревмати́зм; scarlet ~ скарлати́на; 3. (*fig.*): in
a ~ of impatience сгора́я от нетерпе́ния; at ~
heat в си́льном возбужде́нии; в са́мом раз-
га́ре.

**fevered** *adj.* лихора́дочный, горя́чечный; a ~
brow пыла́ющий лоб; ~ imagination бу́йное
воображе́ние.

**feverfew** *n.* пире́трум.

**feverish** *adj.* лихора́дочный; the child is ~ у
ребёнка повы́шенная температу́ра; a ~
swamp маляри́йное боло́то.

**few** *n. & adj.* немно́гие (*pl.*); немно́го (+*g.*);
ма́ло +*g.*; the discriminating ~ немно́гие
знатоки́; a faithful ~ stayed with him с ним
оста́лась ку́чка ве́рных; ~ (people) know the
truth немно́гие зна́ют пра́вду; a ~ (people)
немно́гие (лю́ди); не́сколько челове́к; a,
some ~ немно́го, не́сколько (+*g.*); quite a ~,
a good ~ дово́льно мно́го (+*g.*); not a ~ нема́ло
+*g.*; his friends are ~ у него́ ма́ло друзе́й; the
~ books (that) I have те не́сколько книг, что у
меня́ есть; те немно́гие кни́ги, каки́е у меня́
есть; ~ and far between ре́дкие; every ~
minutes ка́ждые не́сколько мину́т; a man of
~ words немногосло́вный челове́к; the tree's

~ leaves пореде́вшая листва́ де́рева.

**fewer** *n. & adj.* ме́нее, ме́ньше; few know and
even ~ will tell ма́ло кто зна́ет, и ещё ме́ньше
тех, кто вы́скажутся; he wrote no ~ than 60
books он написа́л ни мно́го ни ма́ло 60 книг.

**fewness** *n.* немногочи́сленность.

**fey** *adj.* (*clairvoyant*) яснови́дящий; (*whimsical*)
шально́й, с чуди́нкой.

**fez¹** *n.* фе́ска.

**Fez²** *n.* Фес.

**fiancé** *n.* жени́х.

**fiancée** *n.* неве́ста.

**fiasco** *n.* фиа́ско (*indecl.*), прова́л.

**fiat** *n.* декре́т, ука́з.

**fib** *n.* вы́думка, непра́вда.
   *v.i.* выду́мывать, вы́думать; подвира́ть
(*impf.*).

**fibber** *n.* врун (*fem.* -ья); враль (*m.*).

**fibre** *n.* 1. (*filament*) волокно́; 2. (*substance
made of* ~s) фи́бра (*also fig.*); moral ~
мора́льные усто́и (*m. pl.*); a man of coarse ~
гру́бый челове́к.
   *cpds.*: ~-**board** *n.* фи́бровый карто́н;
листова́я фи́бра; ~-**glass** *n.* стеклово́локно́;
стеклопла́стик.

**fibrositis** *n.* фибро́зное воспале́ние.

**fibrous** *adj.* волокни́стый, фибро́зный.

**fibula** *n.* (*brooch*) фи́була.

**fichu** *n.* фишю́ (*nt. indecl.*).

**fickle** *adj.* переме́нчивый, непостоя́нный.

**fickleness** *n.* переме́нчивость, непостоя́нство.

**fiction** *n.* 1. (*invention, pretence*) вы́мысел,
вы́думка, фи́кция; legal ~ юриди́ческая
фи́кция; polite ~ ве́жливая фи́кция; truth is
stranger than ~ пра́вда поро́й чудне́е
вы́мысла; 2. (*novels etc.*) беллетри́стика;
work of ~ худо́жественное произведе́ние; ~
writer беллетри́ст, романи́ст.

**fictional** *adj.* вы́мышленный; беллетристи́-
ческий.

**fictionalized** *adj.* беллетризо́ванный.

**fictitious** *adj.* подло́жный, фикти́вный; a ~
name вы́мышленное и́мя.

**fictitiousness** *n.* фикти́вность.

**fictive** *adj.* вы́мышленный, вы́думанный;
фикти́вный.

**fiddle** *n.* 1. (*violin*) скри́пка; (*fig.*): fit as a ~ в
до́бром здра́вии; play second ~ to s.o. игра́ть
(*impf.*) втору́ю скри́пку у кого́-н. (*or* при
ком-н.); подыгрывать (*impf.*) кому́-н.;
подпева́ть (*impf.*) кому́-н.; 2. (*naut.*) ≃ се́тка
на столе́; 3. (*sl., piece of cheating or 'graft'*)
жу́льничество.
   *v.t.* (*falsify, 'cook'*) подде́л|ывать, -ать;
подтасо́в|ывать, -а́ть.
   *v.i.* 1. (*play* ~) игра́ть (*impf.*) на скри́пке; 2.
(*fidget, meddle, tamper*) верте́ться (*impf.*);
крути́ться (*impf.*); вози́ться (*impf.*); he ~d
with his tie он тереби́л свой га́лстук; don't ~
with my papers! не тро́гайте мои́ бума́ги!

*cpds.*: ~-**bow** *n.* смычо́к; ~-**faddle** *n.* пустяки́ (*m. pl.*); чепуха́, вздор; ~-**stick** *n.* смычо́к; ~-**sticks**! *see next.*

**fiddle-de-dee** *n. & int.* чепуха́, ерунда́, вздор.

**fiddler** *n.* (*musician*) скрипа́ч; (*coll., cheat*) моше́нник, жу́лик.

**fiddling** *adj.* (*trifling*) пустя́чный, пустяко́вый.

**fidelity** *n.* (*loyalty*) ве́рность; (*accuracy*) то́чность.

**fidget** *n.* **1.** (~*y person*) непосе́да (*c.g.*), егоза́ (*c.g.*); **2.** he's got the ~s (*coll.*) ему́ на ме́сте не сиди́тся.

*v.t.* (*make nervous or uneasy*) нерви́ровать (*impf.*); раздража́|ть, -и́ть.

*v.i.* (*make aimless movements*) ёрзать (*impf.*); суети́ться (*impf.*); (*show impatience*) не́рвничать (*impf.*).

**fidgety** *adj.* суетли́вый, непосе́дливый.

**fiduciary** *n.* попечи́тель (*m.*); опеку́н.

*adj.* дове́ренный, пору́ченный; ~ issue (*fin.*) вы́пуск банкно́т, не покры́тых зо́лотом.

**fie** *int.* фу!; тьфу!; ~ upon you! (как не) сты́дно!

**fief** *n.* феод.

**field** *n.* **1.** (*piece of ground*) по́ле; a fine ~ of wheat прекра́сное пшени́чное по́ле; ~ sports спорти́вные заня́тия на откры́том во́здухе; ~ events лёгкая атле́тика; **2.** (*physical range, area*) по́ле; ~ of vision по́ле зре́ния; ~ of fire (*mil.*) се́ктор обстре́ла; gravitational ~ гравитацио́нное по́ле; по́ле (земно́го) тяготе́ния; **3.** (*mil.*): ~ of battle по́ле би́твы/сраже́ния; take the ~ нач|ина́ть, -а́ть боевы́е де́йствия/манёвры; hold the ~ (*fig.*) не сда|ва́ть, -ть пози́ции; this theory holds the ~ э́та тео́рия име́ет хожде́ние; ~ artillery полева́я артилле́рия; ~ officer ста́рший офице́р; F~ Marshal фельдма́ршал; ~ hospital полево́й го́спиталь; ~ telegraph полево́й телегра́ф; **4.**: in the ~ (*away from headquarters*) на места́х/ме́стности; **5.** (*area of activity or study*) о́бласть; по́ле/сфе́ра де́ятельности; an expert in his ~ специали́ст в свое́й о́бласти; that is outside my ~ э́то не моя́ о́бласть; the whole ~ of history вся исто́рия; in the international ~ на междунаро́дной аре́не; **6.** (*participants in race etc.*) уча́стники (*m. pl.*) состяза́ния.

*v.t.*: ~ a ball прин|има́ть, -я́ть мяч; (*fig.*): ~ a difficult question спр|авля́ться, -а́виться с тру́дным вопро́сом; ~ (*muster*) a team выставля́ть, вы́ставить кома́нду.

*v.i.* (*at cricket etc.*) находи́ться (*impf.*) в по́ле.

*cpds.*: ~-**day** *n.* (*day of outdoor activity*) день, проведённый на откры́том во́здухе; (*athletics*) состяза́ния (*nt. pl.*) на откры́том во́здухе; (*nature study*) уче́бная экску́рсия; (*mil.*) такти́ческие заня́тия в по́ле; (*fig., day of successful exploits*) знамена́тельный/па́мятный день; ~-**glasses** *n.* (*binoculars*) полево́й бино́кль;

~-**gun** *n.* полева́я пу́шка; ~**mouse** *n.* полева́я мышь; ~**sman** *n.* принима́ющий/полево́й игро́к (*крикет*); ~-**work** *n.* (*agric. work*) полевы́е рабо́ты (*f. pl.*); (*research*) иссле́дование на ме́сте; (*earthwork*) полево́е укрепле́ние; ~-**worker** *n.* (*agric. worker*) сельскохозя́йственный рабо́чий; (*researcher*) иссле́дователь (*m.*) на ме́стности.

**fieldfare** *n.* дрозд-ряби́нник.

**fiend** *n.* (*devil*) дья́вол; (*evil person*) злоде́й, и́звер; (*fig.*): a bridge ~ зая́длый игро́к в бридж.

**fiendish** *adj.* дья́вольский, злоде́йский.

**fiendishness** *n.* злоде́йство.

**fierce** *adj.* свире́пый, лю́тый; ~ heat нестерпи́мая жара́; ~ competition жесто́кая конкуре́нция; ~ prices (*coll.*) сумасше́дшие це́ны.

**fierceness** *n.* свире́пость, лю́тость.

**fieriness** *n.* вспы́льчивость.

**fiery** *adj.* о́гненный, пла́менный; ~ eyes о́гненный взор; ~ sky пламене́ющее не́бо; ~ temper вспы́льчивый/горя́чий хара́ктер; a ~ horse горя́чая ло́шадь.

**fiesta** *n.* пра́здник, фие́ста.

**fife** *n.* ду́дка; ма́ленькая фле́йта.

**fifer** *n.* ду́дочник; флейти́ст.

**fifteen** *n.* пятна́дцать; she is ~ ей пятна́дцать лет; a girl of ~ пятнадцатиле́тняя де́вушка.

*adj.* пятна́дцать +*g. pl.*; ~ hundred ты́сяча пятьсо́т, полторы́ ты́сячи.

**fifteenth** *n.* (*date*) пятна́дцатое (число́); (*fraction*) одна́ пятна́дцатая; пятна́дцатая часть.

*adj.* пятна́дцатый.

**fifth** *n.* (*date*) пя́тое (число́); (*fraction*) одна́ пя́тая; пя́тая часть; (*mus.*) кви́нта.

*adj.* пя́тый; ~ column пя́тая коло́нна.

**fifthly** *adv.* в-пя́тых.

**fiftieth** *n.* (*fraction*) одна́ пятидеся́тая; пятидеся́тая часть.

*adj.* пятидеся́тый.

**fift|y** *n.* пятьдеся́т, полсо́тни; the ~ies (*decade*) пятидеся́тые го́ды; (*latitude*) пятидеся́тые широ́ты; he is in his ~ies ему́ за пятьдеся́т (лет); ему́ пошёл шесто́й деся́ток; we shared expenses 50-50 мы раздели́ли расхо́ды попола́м.

*adj.* пятьдеся́т +*g. pl.*

*cpd.*: ~-**fold** *adj. & adv.* в пятьдеся́т раз.

**fig**[1] *n.* (*fruit*) фи́га, инжи́р, ви́нная я́года; green ~s све́жий инжи́р; I don't care a ~ мне наплева́ть.

*cpds.*: ~-**leaf** *n.* фи́говый листо́к; ~-**tree** *n.* фи́говое де́рево.

**fig**[2] *n.* (*dress, get-up*): in full ~ в по́лном облаче́нии.

**fig.**[3] *n.* (*abbr., figure*): in ~ 6 на рис. 6.

**fight** *n.* **1.** бой, схва́тка, дра́ка; stand-up ~ кула́чный бой; sham ~ уче́бный/показно́й бой; free ~ всео́бщая потасо́вка; сва́лка;

running ~ (*retreating*) отступле́ние с боя́ми; (*continuous*) продолжи́тельный бой; he is spoiling for a ~ он и́щет ссо́ры; ~ to a finish борьба́ до побе́дного конца́; he put up a (good) ~ он (упо́рно) сопротивля́лся; **2.** (*boxing-match*) боксёрский поеди́нок/бой; **3.** (~*ing spirit*) задо́р; he has ~ in him yet в нём ещё оста́лся боево́й задо́р; he showed ~ он был гото́в к борьбе́; он рва́лся в бой; the news took all the ~ out of him от э́той но́вости он совсе́м приуны́л.

*v.t. & i.* дра́ться, по-; сра|жа́ться, -зи́ться; (*wage war*) воева́ть (*impf.*); the boys/dogs are ~ing ма́льчики/соба́ки деру́тся; Britain fought Germany Великобрита́ния воева́ла с Герма́нией (*or* выступа́ла про́тив Герма́нии); ~ a battle вести́ (*det.*) бой; ~ a duel дра́ться (*impf.*) на дуэ́ли; ~ an election вести́ (*det.*) предвы́борную борьбу́; ~ a lawsuit суди́ться (*impf.*); ~ a case (*leg.*) защища́ть (*impf.*) де́ло в суде́; the patient is ~ing for breath больно́й задыха́ется; he fought shy of the problem он уклоня́лся от реше́ния э́той зада́чи; he fought his way forward он пробива́лся/прота́лкивался вперёд; he fought like a lion он сража́лся как лев; he fought off a cold он (бы́стро) спра́вился с просту́дой; I fought off my desire to sleep я переборо́л сон; they fought off the enemy они́ отби́ли врага́; they fought it out (*or* to a finish) они́ сража́лись/боро́лись до конца́; ~ **back** *v.i.* отб|ива́ться, -и́ться; ~ **down** *v.t.* (*repress, e.g. a feeling*) побе|жда́ть, -ди́ть; you should ~ down that tendency вам на́до боро́ться с э́той накло́нностью.

**fighter** *n.* **1.** (*one who fights*) бое́ц, (*fig.*) боре́ц; **2.** (~ aircraft) истреби́тель (*m.*); ~ cover прикры́тие истреби́телями; ~ escort сопровожде́ние истреби́телями; ~ patrol патрули́рование истреби́телями.

*cpds.*: ~**-bomber** *n.* истреби́тель-бомбарди́ровщик; ~**-pilot** *n.* лётчик-истреби́тель (*m.*).

**fighting** *n.* бой, сраже́ние; дра́ка; hand-to-hand ~ рукопа́шный бой.

*adj.* боево́й; we have a ~ chance сто́ит попыта́ться.

*cpds.*: ~**-cock** *n.* бойцо́вый пету́х; he lived like a ~-cock он жил как у Христа́ за па́зухой; он жил припева́ючи; ~**-mad** *adj.* (*very angry*): he was ~-mad он рассвирепе́л.

**figment** *n.* вы́мысел; фи́кция; a ~ of the imagination плод воображе́ния.

**figurative** *adj.* фигура́льный; перено́сный, метафори́ческий; (*pictorial*) изобрази́тельный.

**figure** *n.* **1.** (*numerical sign*) ци́фра; double ~s двузна́чные чи́сла; a six-~ number шестизна́чное число́; I bought it at a low ~ я э́то дёшево купи́л; **2.** (*geom.*) фигу́ра, те́ло; **3.** (*pl., arithmetic*): he is good at ~s он силён в

арифме́тике; **4.** (*diagram, illustration*) рису́нок, диагра́мма, иллюстра́ция; **5.** (*image, effigy*) о́браз, изображе́ние; ста́туя, фигу́ра; lay ~ манеке́н; **6.** (*human form*) фигу́ра; I saw a ~ approaching я уви́дел приближа́вшуюся ко мне фигу́ру; she has a good ~ у неё хоро́шая фигу́ра; a fine ~ of a man хорошо́ сло́жённый мужчи́на; he is a ~ of fun он про́сто смешо́н; landscape with ~s пейза́ж с фигу́рами люде́й; **7.** (*person of importance*) фигу́ра, выдаю́щаяся ли́чность; he is a great ~ in this town он изве́стная фигу́ра в э́том го́роде; he was the greatest ~ of his age он был са́мой выдаю́щейся ли́чностью своего́ вре́мени; **8.** (*show, appearance*) вид; he cut a brilliant ~ он блиста́л; he cut a poor ~ он име́л жа́лкий вид; **9.** (~ *of speech*) ритори́ческая фигу́ра; о́бразное выраже́ние; **10.** (*in dancing*) фигу́ра.

*v.t.* **1.** (*make patterns etc. in*): ~d silk узо́рчатый шёлк; **2.** (*picture, imagine*) вообра|жа́ть, -зи́ть; предст|авля́ть, -а́вить себе́; **3.**: ~ **out** (*calculate*) вычисля́ть, вы́числить; (*understand*) пон|има́ть, -я́ть; пост|ига́ть, -и́гнуть; I can't ~ him out я не могу́ его́ поня́ть (*or* раскуси́ть (*coll.*)); ~ out how much we owe you подсчита́йте, ско́лько мы вам должны́.

*v.i.* **1.** (*appear*) фигури́ровать (*impf.*); he ~s in history он вошёл в исто́рию; this did not ~ in my plans э́то не входи́ло в мои́ пла́ны; ~ in a play (*as actor*) игра́ть (*impf.*) в пье́се; (*as character*) фигури́ровать (*impf.*); **2.** (*Am., coll.*): it ~s (*makes sense, is plausible*) э́то похо́же на пра́вду; I ~d on seeing him я рассчи́тывал уви́деться с ним; I ~ they'll be late я ду́маю, что они́ опозда́ют.

*cpds.*: ~**-head** *n.* носово́е украше́ние, фигу́ра на носу́ корабля́; (*fig.*) номина́льный руководи́тель; ~**-of-eight** *n.* восьмёрка; ~**-skater** *n.* конькобе́жец-фигури́ст; ~**-skating** *n.* фигу́рное ката́ние.

**figurine** *n.* фигу́рка, статуэ́тка.

**Fiji** *n.* Фи́джи (*nt. indecl.*).

**Fijian** *n.* фиджи́|ец (*fem.* -йка).

*adj.* фиджи́йский.

**filament** *n.* (*animal fibre*) волокно́; (*bot.*) нить; (*elec.*) нить нака́ла; ~ lamp ла́мпа нака́ливания.

**filbert** *n.* (*tree*) лещи́на; (*nut*) фунду́к.

**filch** *v.t.* стяну́ть (*pf.*) (*coll.*).

**file**[1] *n.* (*tool*) напи́льник; (*nail-*~) пи́лочка для ногте́й.

*v.t.* подпи́л|ивать, -и́ть; опи́л|ивать, -и́ть; ~ one's nails подпи́л|ивать, -и́ть но́гти; he ~d away the roughness он отшлифова́л гру́бую пове́рхность; he ~d the rod in two он распили́л брус на́двое.

**file**[2] *n.* **1.** (*for papers*) па́пка, регистра́тор для бума́г, скоросшива́тель (*m.*); **2.** (*set of papers* *etc.*) подши́тые бума́ги (*f. pl.*); де́ло, досье́ (*indecl.*); a newspaper ~ подши́вка газе́ты; the correspondence is on our ~s э́та перепи́ска храни́тся у нас в де́ле; ~ copy (*of outgoing letter*) ко́пия исходя́щей бума́ги.

*v.t.* **1.** (*place on* ~) подш|ива́ть, -и́ть; регистри́ровать, за-; the letters were ~d away пи́сьма бы́ли подши́ты к де́лу; **2.**: ~ (*lodge*) a complaint под|ава́ть, -а́ть жа́лобу; ~ (*hand in*) a message перед|ава́ть, -а́ть сообще́ние/ депе́шу; ~ suit against s.o. возбу|жда́ть, -ди́ть суде́бное де́ло про́тив кого́-н.

**file³** *n.* **1.** (*rank, row*) ряд, шере́нга; коло́нна; they marched in double ~ они́ шли коло́нной по́ два; in single, Indian ~ гусько́м; по одному́; rank and ~ (*mil.*) рядовы́е (*m. pl.*); (*fig., as adj.*) рядово́й (*рабо́тник и т.п.*); **2.** (*chess*) вертика́ль.

*v.i.* идти́ (*det.*) гусько́м/коло́нной; the prisoners ~d out заключённые выходи́ли гусько́м друг за дру́гом.

**filet** *n.*: ~ lace филе́ (*indecl.*), филе́йное кру́жево.

**filial** *adj.* (*pert. to son or daughter*) сыно́вний, доче́рний; (*dutiful*) почти́тельный.

**filiation** *n.* (*parentage*) отцо́вство, матери́нство; (*descent*) происхожде́ние; (*genealogical relationship*) генеало́гия; (*fig., e.g. of a manuscript*) происхожде́ние; (*determination of paternity*) установле́ние отцо́вства.

**filibuster** *n.* (*pirate*) флибустье́р, пира́т; (*fig., obstructionist*) обструкциони́ст; (*obstruction*) обстру́кция.

*v.i.* занима́ться (*impf.*) морски́м разбо́ем; (*fig.*) тормози́ть (*impf.*) приня́тие зако́на путём обстру́кции.

**filigree** *n.* филигра́нь; (*fig.*) филигра́нная рабо́та; a ~ brooch филигра́нная брошь.

**filing** *n.* (*of papers*) регистра́ция бума́г.

*cpds.*: ~**-cabinet** *n.* шкаф, сейф; ~**-clerk** *n.* делопроизводи́тель (*m.*), регистра́тор.

**filings** *n. pl.* металли́ческие опи́л|ки (*pl., g.* -ок).

**Filipino** *n.* филиппи́н|ец (*fem.* -ка).

*adj.* филиппи́нский.

**fill** *n.*: he ate his ~ он нае́лся до́сыта; give me a ~ for my pipe да́йте мне табаку́ на одну́ тру́бку.

*v.t.* **1.** (*make full*) нап|оля́ть, -о́лнить; зап|оля́ть, -о́лнить; he ~ed the tank with petrol он напо́лнил бак бензи́ном; he ~ed the hole with sand он запо́лнил я́му песко́м; smoke ~ed the room ко́мната напо́лнилась ды́мом; the sofa ~s that end of the room дива́н занима́ет э́ту часть ко́мнаты; I was ~ed with admiration я был по́лон восхище́ния; tears ~ed her eyes её глаза́ напо́лнились слеза́ми; **2.** ~ a tooth пломбирова́ть, за- зуб; **3.** (*fig., of office etc.*) зан|има́ть, -я́ть; ~ a vacancy зап|оля́ть, -о́лнить вака́нтную до́лжность;

поста́вить (*pf.*) кого́-н. на вака́нтное ме́сто; ~ s.o.'s place зан|има́ть, -я́ть чьё-н. ме́сто; **4.** (*execute*) выполня́ть, вы́полнить.

*v.i.* **1.** (*become full*) нап|олня́ться, -о́лниться; the sails ~ed (*with wind*) паруса́ наду́лись; his cheeks ~ed (out) у него́ округли́лись щёки.

*with advs.*: ~ **in** *v.t.* (*complete*) зап|олня́ть, -о́лнить; he ~ed in the form он запо́лнил бланк/анке́ту; he ~ed in his name он вписа́л своё и́мя; (*coll., inform*): I ~ed him in я ввёл его́ в курс де́ла; *v.i.*: I am ~ing in while X is away я замеща́ю X в его́ отсу́тствие; ~ **out** *v.t.* (*a form*) зап|олня́ть, -о́лнить; (*fig.*) расш|иря́ться, -и́риться; попра́виться (*pf.*); нап|олня́ться, -о́лниться; ~ **up** *v.t.* (*make full*) нап|олня́ть, -о́лнить; we ~ed up (*the car*) with petrol мы запра́вились (бензи́ном); (*a form*) зап|олня́ть, -о́лнить; *v.i.* (*become full*) нап|олня́ться, -о́лниться.

*cpd.*: ~**-in** *n.* (*pers. or thing*) заме́на.

**fillet** *n.* **1.** (*head-band*) ле́нта, повя́зка; **2.** (*of meat, fish*) филе́ (*indecl.*).

*v.t.* (*of fish, take off bone*) отдел|я́ть, -и́ть мя́со от косте́й.

**filling** *n.* (*in tooth*) пло́мба; (*in cake*) начи́нка.

*adj.* наполня́ющий, заполня́ющий; (*of food*) сы́тный.

*cpd.*: ~**-station** *n.* бензозапра́вочная ста́нция, бензоколо́нка; автозапра́вочная ста́нция (*abbr.* АЗС).

**fillip** *n.* щелчо́к, толчо́к; (*fig.*): give a ~ to да|ва́ть, -ть толчо́к +*d;* стимули́ровать (*pf.*).

**filly** *n.* молода́я кобы́ла; (*coll., girl*) (шу́страя) дево́чка.

**film** *n.* **1.** (*thin coating*) плёнка, то́нкий слой; a ~ of dust налёт пы́ли; a ~ of mist ды́мка; **2.** (*photographic material*) фотоплёнка; (*cin.*) киноплёнка; a roll of ~ кату́шка фотоплёнки; **3.** (*motion picture*) фильм; ~ star кинозвезда́; ~ studio киностуди́я; ~ test кинопро́ба актёра; do you go to (the) ~s? вы хо́дите в кино́?; ~ projector киноустано́вка; ~ rights права́ на экраниза́цию; ~ set съёмочная площа́дка.

*v.t.* сн|има́ть, -я́ть.

*v.i.* **1.**: his eyes ~ed (over) его́ глаза́ затума́нились; **2.**: she ~s well она́ фотогени́чна; the story ~s well э́тот расска́з/сюже́т хоро́ш для экраниза́ции.

**filmy** *adj.* покры́тый плёнкой, тума́нный.

**filter** *n.* (*for liquid*) фильтр, цеди́лка; (*for light*) светофи́льтр; ~ light (*traffic sign*) светофо́р со стре́лкой; ~ tip (*cigarette*) сигаре́та с фи́льтром.

*v.t.* (*purify*) фильтрова́ть (*impf.*); проце́|живать, -ди́ть.

*v.i.* (*fig.*): the news ~ed out но́вости просочи́лись.

**filth** *n.* (*dirt*) грязь, отбро́сы (*m. pl.*); (*obscenity*) непристо́йность, грязь.

**filthiness** *n.* грязь, загрязне́ние.
**filthy** *adj.* гря́зный, непристо́йный; ~ lucre (*joc.*) презре́нный мета́лл.
**fin** *n.* плавни́к; (*of aircraft etc.*) стабилиза́тор; киль (*m.*); плавни́к.
**finagle** *v.i.* (*coll.*) моше́нничать (*impf.*).
**final** *n.* **1.** (*examination*) выпускно́й экза́мен; госэкза́мен; he took his ~s in June он сдава́л выпускны́е/госуда́рственные экза́мены в ию́не; **2.** (*match*) фина́л; tennis ~s фина́л по те́ннису; **3.** (*newspaper edition*) после́дний вы́пуск.
  *adj.* **1.** (*last in order*) после́дний; заверша́ющий, заключи́тельный; **2.** (*decisive*) окончáтельный, реша́ющий; I won't come, and that's ~ я не приду́, и э́то моё после́днее сло́во; **3.** (*gram.*): ~ clause прида́точное предложе́ние це́ли; **4.** (*phil.*): ~ cause коне́чная цель.
**finale** *n.* (*mus., fig.*) фина́л; grand ~ торже́ственный фина́л.
**finalist** *n.* финали́ст.
**finality** *n.*: he spoke with (an air of) ~ он говори́л об э́том, как о де́ле решённом; он вы́сказался категори́чески.
**finalization** *n.* заверше́ние.
**finalize** *v.t.* (*give final form to*) заверш|а́ть, -и́ть; прид|ава́ть, -а́ть оконча́тельную фо́рму +*d.*; (*settle, e.g. arrangements*) (оконча́тельно) ула́дить (*pf.*).
**finance** *n.* фина́нсы (*m. pl.*); дохо́ды (*m. pl.*); Minister of F~ мини́стр фина́нсов; my ~s are low у меня́ с фина́нсами ту́го (*coll.*).
  *v.t.* финанси́ровать (*impf., pf.*).
**financial** *adj.* фина́нсовый; he is in ~ difficulties у него́ де́нежные затрудне́ния.
**financier** *n.* финанси́ст.
**finch** *n.* зя́блик.
**find** *n.* (*discovery, esp. valuable*) нахо́дка; the new cook is a ~ но́вый по́вар — настоя́щая нахо́дка.
  *v.t.* **1.** (*discover, encounter*) на|ходи́ть, -йти́; (*by search*) раз|ыска́ть, от- (*both pf.*); we found a house мы присмотре́ли дом; I could ~ nothing to say я не нашёлся, что сказа́ть; he found his tongue он обрёл дар ре́чи; a letter was found on him на нём нашли́ письмо́; pine-trees are found in several countries сосна́ растёт/встреча́ется во мно́гих стра́нах; I found him waiting for me он уже́ ждал меня́, когда́ я при́был; the bullet found its mark пу́ля попа́ла в цель; water ~s its own level вода́ устана́вливает свой у́ровень; we found the beds comfortable мы нашли́ крова́ти удо́бными; you must take us as you ~ us вам придётся приня́ть нас таки́ми, каки́е мы есть; I found I had forgotten the key я обнару́жил, что забы́л ключ; I ~ it hard to understand him мне тру́дно поня́ть его́; he found himself in hospital он оказа́лся/очути́-

лся в больни́це; he will ~ himself (*discover his powers etc.*) by degrees со вре́менем он найдёт себя́ (*or* своё призва́ние); I called, but found her out я зашёл, но не заста́л её; **2.** (*compute, ascertain, judge*): I ~ the total to be £20 у меня́ получа́ется, что о́бщая су́мма составля́ет 20 фу́нтов; the jury found him guilty прися́жные призна́ли его́ вино́вным; the judge found for the plaintiff судья́ реши́л де́ло в по́льзу истца́; **3.** (*provide*) предост|авля́ть, -а́вить; I will ~ the money for the excursion я раздобу́ду де́ньги на экску́рсию; she ~s herself in clothes ей опла́чивают всё, кро́ме оде́жды; **4.** (*obtain, achieve*) получ|а́ть, -и́ть; I ~ pleasure in reading я получа́ю удово́льствие от чте́ния; he found favour with his employer он сниска́л благоскло́нность у своего́ нача́льника; he found time to read он улуча́л вре́мя для чте́ния; he found courage to ask her to marry him он набра́лся хра́брости и сде́лал ей предложе́ние; **5.** ~ **out** (*detect*) узн|ава́ть, -а́ть; разузн|ава́ть, -а́ть; his sins will ~ him out его́ грехи́ вы́дадут его́; found out in a lie уличённый во лжи; (*ascertain*) выясня́ть, вы́яснить; I found out the answer я нашёл отве́т; have you found out (about) the trains? вы узна́ли расписа́ние поездо́в?
**findable** *adj.* находи́мый.
**finder** *n.* (*person who finds*): the ~ will be rewarded наше́дший полу́чит вознагражде́ние; '~s keepers' кому́ на́ руку попа́ло ...; нашёл — зна́чит моё; (*lens*) (видо)иска́тель (*m.*).
**finding** *n.* (*discovery*) откры́тие, нахо́дка, нахожде́ние; (*conclusion; also pl.*) вы́вод(ы); (*leg.*) постановле́ние, реше́ние.
**fine**[1] *n.* (*punishment*) штраф, пе́ня.
  *v.t.* штрафова́ть, о-; he was ~d £5 его́ оштрафова́ли на 5 фу́нтов.
**fine**[2] *n.*: in ~ (*arch.*) в о́бщем, вкра́тце.
**fine**[3] *adj.* **1.** (*of weather*) я́сный, хоро́ший; it has turned ~ проясни́лось; one ~ day, one of these ~ days в оди́н прекра́сный день; **2.** (*pleasant, handsome, excellent*) прекра́сный, замеча́тельный; a ~ view прекра́сный вид; a ~ girl (*looks or character*) преле́стная/ чуде́сная де́вушка; we had a ~ time мы прекра́сно/замеча́тельно провели́ вре́мя; a ~ excuse! (*iron.*) то́же мне предло́г!; that is all very ~, but ... всё э́то о́чень хорошо́, но ...; **3.** (*noble, virtuous*) благоро́дный, возвы́шенный; a ~ gentleman/lady ба́рин/ба́рышня; **4.** (*delicate, exquisite*) то́нкий; ~ workmanship то́нкая рабо́та; ~ silk то́нкий шёлк; **5.** (*of small particles*) ме́лкий; ~ dust ме́лкая пыль; ~ rain ме́лкий дождь; **6.** (*slender, thin, sharp*) то́нкий, о́стрый; ~ thread то́нкая нить/ни́тка; a pencil with a ~ point остро́ отто́ченный каранда́ш; **7.** (*pure*) чи́стый, высокопро́бный; ~ gold чи́стое зо́лото; **8.**

(*refined, subtle*) утончённый, тόнкий; а ~ taste in art тόнкий худόжественный вкус; a ~ distinction тόнкое разлѝчие; the ~ arts изобразѝтельные/изя́щные искýсства; **9.** (*elegant, distinguished*) изя́щный.

*adv.*: he cut it ~ (*of time*) он остáвил себé врéмени в обрéз; that suits me ~ (*coll.*) э́то меня́ вполнé устрáивает.

*v.t.* оч|ищáть, -ѝстить; ~ **down** (*e.g. liquid*) оч|ищáть, -ѝстить.

*v.i.*: ~ **down** (*e.g. a girl's figure*) стá|новѝться, -ть тóньше.

*cpds.*: ~**-drawn** *adj.* (*fig.*) искýсный; ~**-grained** *adj.* мелкозернѝстый; ~**-spun** *adj.* (*fig.*) хитросплетённый, запýтанный.

**fineness** *n.* (*delicacy*) тóнкость, утончённость, изя́щество; (*of gold etc.*) чистотá, высóкое содержáние метáлла.

**finery** *n.* пы́шный наря́д; пы́шное убрáнство; (*of birds*) оперéние.

**finesse** *n.* (*delicacy*) деликáтность, утончённость, тóнкость.

*v.i.* дéйствовать (*impf.*) искýсно; хитрѝть, с-.

**finger** *n.* пáлец (*also of glove*); (*of clock*) стрéлка; index ~ указáтельный пáлец; middle ~ срéдний пáлец; ring ~ безымя́нный пáлец; little ~ мизѝнец; eat sth. with one's ~s есть что-н. рукáми; I can twist him round my little ~ он всё сдéлает, что я ни захочý; lay a ~ on (*touch, molest*) трó|гать, -нуть пáльцем; he put his ~ on it он попáл в сáмую тóчку; I will not lift a ~ to help him я и пáльцем не пошевельнý, чтóбы помóчь емý; my ~s itched to strike him меня́ так и подмывáло дать емý хорошéнько; his ~s are all thumbs у негó рýки — крюки; he has a ~ in the pie он замéшан в э́том; он приложѝл рýку к э́тому; she worked her ~s to the bone онá рабóтала не поклáдая рук; snap one's ~s (*lit.*) щёлк|ать, -нуть пáльцами; snap one's ~s at (*fig.*) ни в грош не стáвить (*impf.*); money sticks to his ~s он нáруку нечѝст; the criminal slipped through our ~s престýпник ускользнýл у нас из-под нóса; he burnt his ~s in that business он обжёгся на э́том дéле; they can be counted on the ~s of one hand их по пáльцам мóжно сосчитáть; point the ~ of scorn at s.o. обл|ивáть, -ѝть когó-н. презрéнием.

*v.t.*: ~ a piece of cloth щýпать, по- матéрию; ~ an instrument (*mus.*) перебирáть (*impf.*) пáльцами клáвиши/стрýны; ~ a piece of music укáз|ывать, -áть аппликатýру/ пальцóвку музыкáльного произведéния.

*cpds.*: ~**-alphabet** *n.* (*for deaf and dumb*) áзбука глухонемы́х; ~**-bowl** *n.* чáшка для сполáскивания пáльцев; ~**-hole** *n.* (*mus.*) клáпан; ~**-mark** *n.* пятнó от пáльца; ~**-plate** *n.* (*on door*) налѝчник двернóго замкá; ~**-post** *n.* указáтельный столб; ~**-nail** *n.* нóготь (*m.*);

~**-print** *n.* отпечáток пáльца; дактилоскопѝческий отпечáток; *v.t.* (*take s.o.'s* ~-*prints*) сн|имáть, -я́ть отпечáтки пáльцев у +*g.*; ~**-stall** *n.* напáльчник; ~**-tip** *n.* кóнчик пáльца; he has the subject at his ~-tips он знáет э́тот предмéт как свой пять пáльцев; he is a musician to his ~-tips он музыкáнт до мóзга костéй.

**fingering** *n.* (*mus.*) аппликатýра, пальцóвка.

**finial** *n.* (*archit.*) шпиль (*m.*); флерóн.

**finic|al, -king, -ky** *adjs.* разбóрчивый, придѝрчивый, приверéдливый; скрупулёзный.

**finis** *n.* конéц.

**finish** *n.* **1.** (*conclusion*) окончáние, конéц; it was a close ~ они́ закóнчили почтѝ одноврéменно; they fought to a ~ они́ бѝлись до концá; he was in at the ~ он присýтствовал при развя́зке; **2.** (*polish*) отдéлка; mahogany ~ отдéлка из крáсного дéрева; the manufacture lacks ~ издéлию не хватáет отдéлки; his manners lack ~ у негó грубовáтые манéры; she was ~ed in Paris онá закóнчила своё образовáние в Парѝже.

*v.t.* **1.** (*smooth, polish*) отдéл|ывать, -ать; the work is beautifully ~ed рабóта отличáется совершéнством; **2.** (*perfect*) совершéнствовать (*impf.*); a ~ed performance оттóченное исполнéние; ~ing touch послéдний штрих; ~ing-school пансиóн для дéвушек (*готовящий их к светской жизни*); **3.** (*end*) зак|áнчивать, -óнчить; кончáть, кóнчить; I ~ed (*sc. writing, reading*) the book я (за)кóнчил книѝгу; he ~ed (off, up) the pie он доéл весь пирóг; we will ~ the job мы закóнчим рабóту; **4.** (*of manufacture*): ~ed goods готóвые издéлия; **5.** (*coll., exhaust, kill*) изнур|я́ть, -ѝть; прик|áнчивать, -óнчить; the climb ~ed me (*coll.*) э́тот подъём доконáл меня́; the fever ~ed him off лихорáдка доконáла/прикóнчила егó.

*v.i.* кончáться, кóнчиться; зак|áнчиваться, -óнчиться; they ~ed (off, up) by singing a song в заключéние они́ спéли пéсню; have you ~ed with that book? вам бóльше не нужнá э́та кнѝга?; I am ~ed with him мéжду нáми всё кóнчено; (*in race*) финишѝровать (*impf., pf.*); he ~ed fourth on зáнял четвёртое мéсто; ~ing-post фѝниш.

**finisher** *n.* (*craftsman*) отдéлочник, аппретýрщик; (*coll., crushing blow*) сокрушáющий удáр.

**finite** *adj.* конéчный; имéющий предéл; (*gram.*): ~ verb лѝчный глагóл.

**Finland** *n.* Финля́ндия.

**Finn** *n.* фѝн|н (*fem.* -ка).

**Finnic** *adj.* фѝнский.

**Finnish** *n.* (*language*) фѝнский язы́к.

*adj.* фѝнский.

**Finno-Ugrian, -Ugric** *adjs.* финно-угóрский.

**fiord, fjord** *n.* фьорд, фиóрд.

**fir** *n.* (*also* ~-**tree**) ель; пихта; Scotch ~ сосна. *cpds.*: ~-**cone** *n.* еловая шишка; ~-**needle** *n.* еловая иголка; хвоя.

**fire** *n.* **1.** (*phenomenon of combustion*) огонь (*m.*); the house is on ~ дом загорелся/горит; set on ~, set ~ to подж|игать, -ечь; he will never set the Thames on ~ он пороха не выдумает; catch ~ загор|аться, -еться; strike ~ from flint высекать, высечь огонь ударом по кремню; there is no smoke without ~ нет дыма без огня; I would go through ~ and water for him я за него пойду в огонь и в воду; St Elmo's ~ огни (*m. pl.*) святого Эльма; play with ~ (*fig.*) играть (*impf.*) с огнём; **2.** (*burning fuel*) огонь (*m.*); camp ~ костёр; he lit a ~ он разжёг огонь/камин; the weather is too warm for ~s ещё тепло, камин топить рано; lay a ~ расклады́вать, разложить огонь; make a ~ (*indoors*) зат|апливать, -опить камин; light a ~ разж|игать, -ечь камин; топить, за- печь; there is a ~ in the next room в соседней комнате топится (*or* горит камин); **3.** (*conflagration*) пожар; ~! пожар!; (*excl. by someone in burning building*) горим!; where's the ~? где горит?; put to ~ and sword пред|авать, -ать огню и мечу; **4.** (*of ~arms*) огонь (*m.*), стрельба; open ~ откр|ывать, -ыть огонь; cease ~ прекра|щать, -тить огонь; running ~ беглый огонь; (*fig., e.g. criticism*) град нападок; between two ~s (*fig.*) меж двух огней; miss ~ да|вать, -ть осечку; hang ~ (*of a gun*) произв|одить, -ести затяжной выстрел; (*fig.*): the scheme hung ~ план застопорился; under ~ (*lit., also fig., of criticism etc.*) под огнём; draw s.o.'s ~ вызывать, вызвать огонь противника; (*fig.*) стать (*pf.*) мишенью для чьих-н. нападок; hold one's ~ приостан|авливать, -овить ведение огня; (*fig.*) сдерж|иваться, -аться; **5.** (*ardour*) пыл, огонь (*m.*); воодушевление; a speech full of ~ пламенная речь.

*v.t.* **1.** (*set fire to*) подж|игать, -ечь; заж|игать, -ечь; (*fig.*): it ~d her imagination это воспламенило её воображение; **2.** (*bake, e.g. bricks or pottery*) обж|игать, -ечь; **3.** (*fuel*): an oil-~d furnace топка, работающая на жидком топливе; **4.** (*of ~arms*) стрелять (*impf.*) из +*g.*; ~ a rifle стрелять (*impf.*) из ружья; ~ a shot произв|одить, -ести выстрел; выстрелить (*pf.*); ~ a salute (*of many guns*) произвести (*pf.*) артиллерийский салют; he ~d off his ammunition он израсходовал все патроны; (*fig.*): he ~d off a telegram он настрочил телеграмму.

*v.i.* **1.** (*of ~arms*) стрелять (*impf.*); выстрелить (*pf.*); the troops ~d at the enemy войска стреляли по врагу; they ~d at the target они стреляли в цель; the guns ~d орудия стреляли; ~ away! (*fig., coll.*) валяй!; выкладывай!

*cpds.*: ~-**alarm** *n.* (*alert*) пожарная тревога; (*device*) автоматический пожарный сигнал; ~**arm** *n.* огнестрельное оружие; ~**ball** *n.* (*meteor*) болид; (*nucl.*) огненный шар; ~-**bird** *n.* (*myth.*) жар-птица; ~-**bomb** *n.* зажигательная бомба; ~-**box** *n.* топка, огневая коробка; ~**brand** *n.* зачинщик, подстрекатель (*m.*); ~-**break** *n.* заградительная противопожарная полоса; ~-**brick** *n.* огнеупорный кирпич; ~-**brigade** *n.* пожарная команда; ~-**bug** *n.* (*coll., arsonist*) поджигатель (*m.*); ~**clay** *n.* огнеупорная глина; ~-**cracker** *n.* фейерверк; ~**damp** *n.* рудничный/гремучий газ; ~**dog** *n.* подставка для каминного прибора; ~-**drill** *n.* пожарное учение, обучение приёмам противопожарной защиты; ~-**eater** *n.* (*at circus*) пожиратель (*m.*) огня; (*fig.*) драчун, задира (*c.g.*); ~-**engine** *n.* пожарная машина; ~-**escape** *n.* пожарная лестница; ~-**extinguisher** *n.* огнетушитель (*m.*); ~-**fighter** *n.* пожарник, пожарный; ~**fly** *n.* светляк; ~-**guard** *n.* (*screen*) каминная решётка; ~-**hose** *n.* пожарный шланг; ~-**insurance** *n.* страхование от огня; ~-**irons** *n.* каминный прибор; ~**light** *n.* свет от камина; ~-**lighter** *n.* растопка; ~**man** *n.* (*stoker*) кочегар; (*member of ~ brigade*) пожарник, пожарный; ~**place** *n.* камин, очаг; ~-**plug** *n.* пожарный кран, гидрант; ~-**policy** *n.* полис страхования от огня; ~-**power** *n.* огневая мощь; ~**proof** *adj.* огнеупорный; a ~proof dish жароупорное/огнеупорное блюдо; a ~proof door несгораемая дверь; *v.t.* прид|авать, -ать огнестойкость +*d.*; ~**proofing** *n.* огнестойкая отделка; придание огнестойкости; ~-**pump** *n.* пожарный насос; ~-**raiser** *n.* поджигатель (*m.*); ~-**raising** *n.* поджог; ~-**screen** *n.* каминный экран; ~-**ship** *n.* брандер; ~**side** *n.* место около камина; (*fig.*) домашний очаг; ~-**station** *n.* пожарное депо (*indecl.*); ~-**stone** *n.* огнеупорная глина; ~-**tongs** *n.* каминные щипц|ы (*pl., g.* -ов); ~-**trap** *n.* «ловушка» (*в случае пожара*); ~-**watcher** *n.* доброволец пожарной охраны; дежурный, следящий за зажигательными бомбами; ~-**watching** *n.* охрана от зажигательных бомб; ~-**water** *n.* горячительные напитки (*m. pl.*); ~**wood** *n.* дров|а (*pl., g.* —); ~**work(s)** *n.* фейерверк (*also fig.*); ~work display фейерверк; ~-**worship** *n.* огнепоклонничество; ~-**worshipper** *n.* огнепоклонник.

**firing** *n.* (*shooting*) стрельба. *cpds.*: ~-**line** *n.* линия огня; ~-**party**, -**squad** *nn.* (*at funeral etc.*) салютная команда; (*for execution*) команда, наряженная для расстрела.

**firm**[1] *n.* фирма.

**firm**[2] *adj.* **1.** (*physical*) крепкий, твёрдый; ~

ground су́ша; we are on ~ ground in asserting this мы с уве́ренностью утвержда́ем э́то; **2.** (*fig.*) усто́йчивый, сто́йкий, непоколеби́мый; he is ~ in his beliefs он непоколеби́м в свое́й ве́ре; you must be ~ with him вы должны́ быть с ним постро́же; ~ prices твёрдые це́ны; a ~ offer твёрдое предложе́ние.

*adv.* твёрдо, усто́йчиво; stand ~ стоя́ть (*impf.*) твёрдо.

*v.t.* (*make* ~; *also* ~ **up**) (*e.g. a mixture*) уплотн|я́ть, -и́ть; (*e.g. a project*) укреп|ля́ть, -и́ть.

*v.i.* (*also* ~ **up**) (*become* ~) уплотн|я́ться, -и́ться; укреп|ля́ться, -и́ться.

**firmament** *n.* небе́сный свод.

**firmness** *n.* (*physical*) твёрдость; (*moral*) сто́йкость, непоколеби́мость.

**first** *n.* **1.** (*beginning*): at ~ снача́ла, сперва́; from ~ to last с нача́ла до конца́; from the ~ с са́мого нача́ла; **2.** (*date*) пе́рвое (число́); on the ~ of May пе́рвого ма́я; **3.** (*acad.*) вы́сшая оце́нка/отме́тка; he got a ~ in physics он получи́л вы́сшую оце́нку по фи́зике; **4.** (*edition*) пе́рвое изда́ние; **5.** (*pl., best quality articles*) това́ры (*m. pl.*) вы́сшего ка́чества.

*adj.* **1.** (*in time or place*) пе́рвый; ~ aid пе́рвая по́мощь; the ~ comer пе́рвый встре́чный; on the ~ floor на второ́м этаже́; (*Am.*) на пе́рвом этаже́; ~ form пе́рвый класс; at ~ glance на пе́рвый взгляд; hear sth. at ~ hand узна́ть (*pf.*) что-н. из пе́рвых рук; at ~ light как то́лько нача́ло/начнёт света́ть; ~ name и́мя; ~ night (*theatr.*) премье́ра; I asked the ~ person I saw я спроси́л пе́рвого встре́чного; ~ person singular пе́рвое лицо́ еди́нственного числа́; in the ~ place во-пе́рвых, в пе́рвую о́чередь; I will go there ~ thing tomorrow за́втра я пе́рвым де́лом зайду́ туда́; he said the ~ thing that came to mind он сказа́л пе́рвое, что пришло́ ему́ в го́лову; the ~ time I saw him когда́ я в пе́рвый раз уви́дел его́; he got it right ~ time (off) у него́ получи́лось э́то с пе́рвого ра́за; he would be the ~ to admit that . . . он пе́рвый признае́т, что . . .; **2.** (*in rank or importance*) пе́рвый; he travels ~ class он е́здит пе́рвым кла́ссом; put ~ things ~ де́лать (*impf.*) в пе́рвую о́чередь са́мое гла́вное; ~ team (*sport*) основно́й соста́в; ~ cousin двою́родный брат, двою́родная сестра́; ~ violin пе́рвая скри́пка; **3.** (*basic*) основно́й; ~ principles основны́е при́нципы; he doesn't know the ~ thing about dogs он ничего́ не понима́ет в соба́ках.

*adv.* **1.** (*before all; also* ~ and foremost, ~ of all) пре́жде всего́; в пе́рвую о́чередь; ~ catch your hare! ≃ не говори́ «гоп», пока́ не перепры́гнешь; ~ come, ~ served кто пе́рвым пришёл, того́ пе́рвым обслу́жат; I'll see you damned ~! так я э́то и сде́лал!; **2.**

(*initially*) сперва́, снача́ла; (*in the ~ place*) во-пе́рвых; (*for the ~ time*) впервы́е; I ~ met him last year я познако́мился с ним в про́шлом году́; when they were ~ married в нача́ле их супру́жеской жи́зни; когда́ они́ то́лько пожени́лись.

*cpds.*: ~-**aid** *adj.*: ~-aid kit санита́рная су́мка; ~-aid post пункт пе́рвой по́мощи; ~-aid room, station медпу́нкт; ~-**born** *n.* пе́рвенец; *adj.* ста́рший, роди́вшийся пе́рвым; ~-**class** *adj.* (*excellent*) первокла́ссный; *adv.* (*of travel*) пе́рвым кла́ссом; в пе́рвом кла́ссе; ~-**floor** *adj.* второ́го этажа́, на второ́м этаже́; (*Am.*) пе́рвого этажа́, на пе́рвом этаже́; ~-**form** *adj.*: ~-form pupil первокла́ссник; ~-**fruits** *n.* пе́рвые плоды́ (*m. pl.*); ~-**hand** *adj.* из пе́рвых рук; ~-**night** *adj.*: ~-night nerves волне́ние пе́ред премье́рой; ~-**nighter** *n.* завсегда́тай премье́р; ~-**rate** *adj.* первокла́ссный, превосхо́дный; *int.* прекра́сно!; превосхо́дно!

**firstly** *adv.* во-пе́рвых.

**firth** *n.* зали́в; лима́н; the F~ of Forth зали́в Форт.

**fiscal** *adj.* фиска́льный, фина́нсовый.

**fish** *n.* **1.** ры́ба; catch ~ лови́ть, пойма́ть ры́бу; drink like a ~ пить (*impf.*) запо́ем; a ~ out of water челове́к, попа́вший не в свою́ среду́; neither ~, flesh, nor fowl ни ры́ба, ни мя́со; I have other ~ to fry у меня́ есть дела́ поважне́е; (*fig., creature*): a cold ~ холо́дный челове́к; a poor ~ никудь́шный челове́к; a queer ~ чуда́к, стра́нный тип.

*v.t. & i.* лови́ть/уди́ть (*impf.*) ры́бу; ~ a river лови́ть ры́бу в реке́; (*fig.*): ~ for compliments напра́шиваться (*impf.*) на комплиме́нты; ~ for information выу́живать, вы́удить све́дения; he is ~ing in troubled waters он ло́вит ры́бку в му́тной воде́; he ~ed through his pockets он поры́лся у себя́ в карма́нах.

*with advs.*: ~ **out** *v.t.* выу́живать, вы́удить; ~ **up** *v.t.* выта́скивать, вы́тащить.

*cpds.*: ~**bone** *n.* ры́бья кость; ~-**cake** *n.* ≃ ры́бная котле́та; ~-**farm** *n.* рыборазво́дный садо́к; ~-**glue** *n.* ры́бий клей; ~-**hook** *n.* рыболо́вный крючо́к; ~-**knife** *n.* нож для ры́бы; ~-**meal** *n.* ры́бная мука́; ~ **monger** *n.* торго́вец ры́бой; ~ **net** *n.* рыболо́вная сеть; ~net stockings ажу́рные чулки́; ~-**oil** *n.* ры́бий жир; ~-**pond** *n.* пруд для разведе́ния ры́бы; ры́бный садо́к; ~-**slice** *n.* нож для разреза́ния ры́бы; ~-**spear** *n.* острога́; ~ **tail** *n.* ры́бий хвост; ~-**wife** *n.* торго́вка ры́бой.

**fisher(man)** *n.* рыба́к; (*angler for pleasure*) рыболо́в; (*for pearls etc.*) ловец.

**fishery** *n.* рыболо́вство; ры́бный про́мысел; pearl/coral ~ добы́ча/ло́вля же́мчуга/кора́ллов.

**fishing** *n.* ры́бная ло́вля; рыболо́вство; ~

rights пра́во ры́бной ло́вли; the boys have gone ~ ма́льчики ушли́ на рыба́лку.

*cpds.*: ~-**line** *n.* леса́, ле́ска; ~-**net** *n.* рыбо-ло́вная сеть; ~-**rod** *n.* уди́лище; ~-**tackle** *n.* рыболо́вные сна́сти (*f. pl.*).

**fishy** *adj.* ры́бий, ры́бный; а ~ taste ры́бный при́вкус; (*coll., suspect*) нечи́стый, подозри́-тельный; не вызыва́ющий дове́рия.

**fissile** *adj.* (*phys.*) расщепля́ющийся; (*geol.*) сланцева́тый.

**fission** *n.* (*biol.*) размноже́ние путём деле́ния кле́ток; (*phys.*) расщепле́ние/деле́ние (ядра́); nuclear ~ а́томный распа́д.

**fissionable** *adj.* спосо́бный к я́дерному распа́ду; расщепля́емый.

**fissure** *n.* тре́щина, расще́лина.

*v.i.* тре́скаться, по-; тре́снуть (*pf.*).

**fist** *n.* кула́к; (*dim., e.g. baby's*) кулачо́к; shake one's ~ at s.o. грози́ть, по- кому́-н. кулако́м; with clenched ~s сжав кулаки́.

**fistful** *n.* горсть, при́горшня.

**fisticuffs** *n.* кула́чный бой.

**fistula** *n.* (*med.*) фи́стула, свищ.

**fit**[1] *n.* **1.** (*attack of illness*) при́ступ, припа́док; apoplectic ~ апоплекси́ческий уда́р; he was subject to ~s as a child ребёнком он был подве́ржен припа́дкам; (*fig.*): she would have, throw a ~ if she knew она́ закати́ла бы сце́ну/исте́рику, е́сли бы узна́ла; **2.** (*outburst*): ~ of coughing при́ступ ка́шля; the book sent me into ~s of laughter э́та кни́га рассмеши́ла меня́ до слёз; his jokes had us in ~s от его́ шу́ток мы пока́тывались со́ смеху; in a ~ of passion в поры́ве стра́сти; **3.** (*transitory state*): by ~s and starts уры́вками; he works when the ~ is on him он рабо́тает под настрое́ние.

**fit**[2] *n.* (*of a garment etc.*): this jacket is a tight ~ э́тот пиджа́к узкова́т; six people in the car is a tight ~ шесть челове́к едва́ умеща́ются в маши́не.

*adj.* **1.** (*suitable*) го́дный, приго́дный, подходя́щий; this food is not ~ to eat э́та пи́ща несъедо́бна; he was passed ~ for military service его́ призна́ли го́дным к вое́нной слу́жбе; survival of the ~test есте́ственный отбо́р; see, think ~ счита́ть, поче́сть ну́жным; a meal ~ for a king ца́рская тра́пеза; you are not ~ to be seen вам нельзя́ показа́ться в тако́м ви́де; **2.** (*ready*) гото́вый, спосо́бный; he was ~ to drop он едва́ держа́лся на нога́х; dressed ~ to kill разоде́тый в пух и прах; **3.** (*in good health*) здоро́вый; in good фо́рме; fighting ~ здоро́вый как бык; keep (oneself) ~ следи́ть (*impf.*) за свои́м здоро́вьем.

*v.t.* **1.** (*equip: also* ~ **out;** ~ **up**) снаря|жа́ть, -ди́ть; снаб|жа́ть, -ди́ть; экипирова́ть (*impf., pf.*); обору́довать (*impf., pf.*); the house is ~ted for electricity в до́ме есть прово́дка; he was ~ted out with a new suit ему́ вы́дали

но́вый костю́м; he went to the tailor's to be ~ted он пошёл к портно́му на приме́рку; ~ a ship out снаря|жа́ть, -ди́ть кора́бль; **2.** (*instal, fix in place*): ~ted carpet ковёр во всю ко́мнату; he ~ted a new lock on the door он вста́вил но́вый замо́к в дверь; (*fig., accommodate*): I can ~ you in next week я могу́ назна́чить вам встре́чу на сле́дующей неде́ле; **3.** (*make suitable, adapt*) приспос|а́бливать, -о́бить; he is not ~ted for heavy work он не годи́тся для тяжёлых рабо́т; they are well ~ted for each other они́ подхо́дят друг дру́гу; I had a suit ~ted я приме́рил костю́м; I ~ted in my holiday with his я подогна́л вре́мя своего́ о́тпуска к его́; (*correspond to in dimensions: also v.i.*) под|ходи́ть, -ойти́ +*d.*; the dress ~s you э́то пла́тье хорошо́ на вас сиди́т; will the letter ~ (into) this envelope? войдёт письмо́ в э́тот конве́рт?; а key to ~ this lock ключ к э́тому замку́; that ~s in with my plans э́то вполне́ совпада́ет с мои́ми пла́нами; his story ~s in with hers его́ расска́з подтвержда́ет её слова́; **4.** (*insert: also v.i.*): he ~ted the cigarette into the holder он вста́вил сигаре́ту в мундшту́к; tubes that ~ into one another тру́бки, вставля́ющиеся одна́ в другу́ю; **5.** (*suit*) соотве́тствовать (*impf.*) +*d.*; he made the punishment ~ the crime он определи́л наказа́ние, соотве́тствующее преступле́нию.

**fitful** *adj.* неро́вный, преры́вистый.

**fitment** *n.* предме́т обстано́вки; часть обору́дования.

**fitness** *n.* (*suitability*) соотве́тствие, приго́дность; (*health*) хоро́шее здоро́вье.

**fitter** *n.* (*tailor's assistant*) портно́й, занима́ющийся приме́ркой; (*mechanic*) монтёр, сбо́рщик.

**fitting** *n.* **1.** (*of clothes*) приме́рка; **2.** (*fixture in building*) обору́дование; light ~s освети́тельные прибо́ры (*m. pl.*); **3.** (*furnishing*) обору́дование, устано́вка.

*adj.* подходя́щий, го́дный.

**five** *n.* (число́/но́мер) пять; (~ *people*) пя́теро; пять челове́к; we ~ нас пя́теро; (the) ~ of us went мы пошли́ впятеро́м; нас пошло́ пять челове́к; ~ each по пяти́; in ~s, ~ at a time по пяти́, пятёрками; (*figure, thing numbered 5, group of* ~) пятёрка; (*of things purchased in* ~s, *e.g. eggs*) пято́к; (~-*copeck piece*) пята́к, пятачо́к; (*with var. nouns expressed or understood; cf. also examples under* TWO): ~ (o'clock) пять (часо́в); chapter ~ (5) пя́тая (5) глава́; he is ~ emý пять (лет); at ~ (years old) в пять лет, в пятиле́тнем во́зрасте; ~ of spades пятёрка пик; ~ to 4 (o'clock) без пяти́ четы́ре; ~ past 6 пять мину́т седьмо́го; have you got this dress in a ~? есть у вас пя́тый разме́р э́того пла́тья?; she takes ~s in shoes у неё пя́тый разме́р о́буви.

*adj.* пять +*g. pl.*; (*for people and pluralia*

*tantum, also*) пя́теро +*g. pl.*; ~ sixes are thirty пя́тью шесть — три́дцать; ~ eggs (*as purchase*) пято́к яи́ц; ~ times as good впя́теро лу́чше.

*cpds.*: ~-**day** *adj.*: ~-day week пятидне́вная неде́ля, пятидне́вка; ~-**finger** *adj.*: ~-finger exercise упражне́ние для пяти́ па́льцев; ~**fold** *adj.* пятикра́тный; *adv.* впя́теро; в пяти-кра́тном разме́ре; the crop has increased ~fold урожа́й увели́чился в пять раз; ~-**pound** *adj.*: ~-pound note пятифунто́вая бума́жка; ~-**sided** *adj.* пятисторо́нний; ~-sided figure пятиуго́льник; ~-**storey** *adj.* пятиэта́жный; ~-**year** *adj.* пятиле́тний; ~-year plan пятиле́тний план, пятиле́тка; ~-**year-old** *n.* пятиле́тний ребёнок.

**fiver** *n.* пятёрка (*coll.*).

**fix** *n.* (*coll., dilemma*) затрудни́тельное положе́ние; затрудне́ние; (*determination of position*) определе́ние ме́ста; (*coll., injection of drug*) уко́л.

*v.t.* **1.** (*fasten, make firm*) укрепля́ть, -и́ть; ~ bayonets! примкну́ть штыки́!; (*fig.*): I ~ed him with a glance я при́стально посмотре́л на него́; the event was ~ed in his mind э́то собы́тие запечатле́лось у него́ в мозгу́; ~ the blame on s.o. взва́л|ивать, -и́ть вину́ на кого́-н.; **2.** (*direct steadily*) напр|авля́ть, -а́вить; ~ one's eyes (up)on остан|а́вливать, -ови́ть взгляд на +*p.*; ~ one's attention on сосредото́чи|вать, -ть внима́ние на +*p.*; ~ed gaze при́стальный/засты́вший взгляд; **3.** (*determine, settle*: *also v.i.*) let us ~ (on) a date дава́йте договори́мся о да́те; **4.** (*chem.*) сгу|ща́ть, -сти́ть; свя́з|ывать, -а́ть; **5.** (*phot.*) фикси́ровать (*impf., pf.*); **6.** (*provide*: *also* ~ **up**) can you ~ (up) a room for me? (*or* ~ me up with a room?) мо́жете ли вы найти́ для меня́ ко́мнату?; **7.** (*coll., attend to*): he ~ed the radio in no time он в два счёта почини́л радиоприёмник; I will ~ the drinks я пригото́влю напи́тки; **8.** (*sl., get even with*) расквита́ться (*pf.*) с +*i.*

**fixation** *n.* (*phot.*) фикса́ция, закрепле́ние; (*psych.*) фикса́ция.

**fixative** *n.* фиксати́в, фикса́тор.
*adj.* фикси́рующий, закрепля́ющий.

**fixed** *adj.* неподви́жный, закреплённый, постоя́нный; ~ idea навя́зчивая иде́я, идея́ фикс; ~ point (*geom.*) постоя́нная то́чка; ~ rate устано́вленная/постоя́нная ста́вка; ~ star неподви́жная звезда́.

**fixedly** *adv.* при́стально; в упо́р; (*of smile*) де́ланно.

**fixer** *n.* (*phot.*) фикса́ж; (*sl., arranger*) посре́дник, ма́клер, толка́ч.

**fixture** *n.* **1.** (*fitting in building*) приспособле́ние; **2.** (*tech.*) неподви́жная/закреплённая дета́ль; **3.** (*sporting event*) предстоя́щее спорти́вное состяза́ние/мероприя́тие; **4.**

(*coll., permanent feature*) обы́чное явле́ние.

**fizz** *n.* (*sound*) шипе́ние; (*champagne*) игри́стое (*coll.*).
*v.i.* шипе́ть (*impf.*); и́скри́ться (*impf.*).

**fizzle** *v.i.* шипе́ть (*impf.*); ~ **out** выдыха́ться, вы́дохнуться; (*fig.*) око́нчиться (*pf.*) ниче́м.

**fizzy** *adj.* шипу́чий.

**fjord** *see* FIORD.

**flabbergast** *v.t.* (*coll.*) ошеломля́ть, -и́ть; ошара́ши|вать, -ть.

**flabbiness** *n.* вя́лость, дря́блость; (*fig.*) сла́бость, слабохара́ктерность, мягкоте́лость.

**flabby** *adj.* вя́лый, дря́блый; (*fig.*) сла́бый, слабохара́ктерный, мягкоте́лый.

**flaccid** *adj.* отви́слый, вя́лый; (*fig.*) сла́бый, вя́лый, бесси́льный.

**flag¹** *n.* (*emblem*) флаг, зна́мя (*nt.*), стяг; black ~ пира́тский/чёрный флаг; the red ~ кра́сное зна́мя; show the white ~ выве́шивать, вы́весить бе́лый флаг; yellow ~ каранти́нный флаг; hoist, raise, run up the ~ подн|има́ть, -я́ть (*or* водру|жа́ть, -зи́ть) флаг; lower, strike the ~ (*naut.*) опус|ка́ть, -ти́ть флаг; (*surrender*) сд|ава́ться, -а́ться; show the ~ подн|има́ть, -я́ть флаг; (*fig.*) напо́мнить (*pf.*) о своём существова́нии; keep the ~ flying (*fig.*) высоко́ держа́ть (*impf.*) зна́мя (*чего*); put the ~s out (*fig.*) пра́здновать (*impf.*) побе́ду; F~ Day (*Am.*) День установле́ния госуда́рственного фла́га США; ~ officer адмира́л, коммодо́р; кома́ндующий.

*v.t.* **1.** (*deck with* ~s) укр|аша́ть, -а́сить фла́гами; **2.** (*signal*: *also v.i.*) сигнализи́ровать (*impf., pf.*) фла́гом; (*fig.*): ~ (down) a passing car останови́ть (*pf.*) проезжа́ющую маши́ну.

*cpds.*: ~-**captain** *n.* команди́р фла́гманского корабля́; ~-**day** *n.* день сбо́ра де́нег на благотвори́тельные це́ли; ~-**lieutenant** *n.* флаг-адъюта́нт; ~**man** *n.* сигна́льщик; ~-**pole** *n.* флагшто́к; ~**ship** *n.* фла́гманский кора́бль, фла́гман; ~**staff** *n.* флагшто́к; ~-**wagging** *n.* (*coll., signalling*) сигнализа́ция флажка́ми; (*coll., demonstrative patriotism*) ура́-патриоти́зм.

**flag²** *n.* (*bot.*) каса́тик, и́рис.

**flag³** *n.* (~stone) ка́менная плита́, плитня́к.
*v.t.* выстила́ть, вы́стлать пли́тами.

**flag⁴** *v.i.* (*hang limp*) пон|ика́ть, -и́кнуть; сн|ика́ть, -и́кнуть; (*grow weary*) ослаб|ева́ть, -е́ть; (*fig.*): the conversation was ~ging разгово́р не кле́ился.

**flagellant** *n.* флагелла́нт.

**flagellate** *v.t.* бичева́ть (*impf.*).

**flagellation** *n.* бичева́ние; (*self-* ~) самобичева́ние.

**flageolet** *n.* (*mus.*) флажоле́т.

**flagon** *n.* графи́н/кувши́н для вина́.

**flagrancy** *n.* чудо́вищность, возмути́тельность.

**flagrant** *adj.* вопию́щий, возмути́тельный.

*flagrante delicto* *adv.*: capture ~ по́имка на ме́сте преступле́ния.

**flail** *n.* цеп.

*v.t. & i.* молоти́ть, с-; (*fig.*) маха́ть (*impf.*); he charged with his hands ~ing он наступа́л, разма́хивая рука́ми.

**flair** *n.* нюх, чутьё; a ~ for languages спосо́бности (*f. pl.*) к языка́м.

**flak** *n.* зени́тный ого́нь.

**flake** *n.* (*pl.*) хло́пь|я (*pl.*, *g.* -ев); ~s of snow снежи́нки (*f. pl.*); corn ~s корнфле́кс, кукуру́зные хло́пья; soap ~s мы́льная стру́жка.

*v.i.* (*peel*) шелуши́ться (*impf.*); слои́ться (*impf.*); the rust ~d off ржа́вчина отслои́лась.

**flaky** *adj.* слои́стый.

**flambeau** *n.* фа́кел.

**flamboyanc|e, -y** *nn.* цвети́стость; я́ркость; (*fig.*) аффекта́ция; наигранность.

**flamboyant** *adj.* цвети́стый; я́рко окра́шенный; (*fig.*) бро́ский, показно́й; F~ architecture «пламене́ющий» стиль (го́тики).

**flame** *n.* **1.** (*burning gas*; *pl.*, *fire*) ого́нь (*m.*), пла́мя (*nt.*); burst into ~(s) вспы́х|ивать, -нуть; the house was in ~s дом был охва́чен пла́менем; commit to the ~s преда́ть (*pf.*) огню́; add fuel to the ~s (*fig.*) подли́ть (*pf.*) ма́сла в ого́нь; fan the ~s of passion (*love*) разд|ува́ть, -у́ть пла́мя стра́сти; (*excitement*) разж|ига́ть, -е́чь стра́сти; **2.** (*blaze of light or colour*) пла́мя (*nt.*), вспы́шка; **3.** (*specific colour*: *also adj.*) о́гненный (цвет); **4.** (*coll.*, *sweetheart*) предме́т стра́сти; she is an old ~ of mine она́ моя́ ста́рая па́ссия.

*v.i.* горе́ть, пыла́ть, пламене́ть (*all impf.*); (*fig.*): ~ up (*get angry*; *blush*) вспы́хнуть (*pf.*).

*cpds.*: ~-**proof** *adj.* огнесто́йкий; ~-**thrower** *n.* огнемёт.

**flamenco** *n.* фламе́нко (*indecl.*).

**flaming** *adj.* **1.** (*ablaze*; *very hot*) пыла́ющий, горя́щий; **2.** (*brightly coloured*) я́ркий, пламене́ющий; **3.** (*fig.*, *violent*): they had a ~ row у них произошёл стра́шный сканда́л; he was in a ~ temper он был в бе́шенстве; **4.** (*sl.*): it's a ~ nuisance э́то чертовски доса́дно.

**flamingo** *n.* флами́нго (*m. indecl.*).

**flammable** *adj.* горю́чий; легко́-воспламеня́ющийся.

**flan** *n.* ола́дья.

**Flanders** *n.* Фла́ндрия.

**flâneur** *n.* фланёр.

**flange** *n.* фла́нец, кро́мка.

*v.t.* фланцева́ть (*impf.*).

**flank** *n.* **1.** (*of the body*) бок; **2.** (*of a building*) торцо́вая сторона́; **3.** (*of a hill*) склон; **4.** (*of an army*) фланг; turn the enemy's ~ обойти́ (*pf.*) врага́ с фла́нга; ~ attack фланго́вая ата́ка.

*v.t.* **1.** (*be or go alongside*) находи́ться (*impf.*)

(*or* идти́) сбо́ку; **2.** (*protect*) прикр|ыва́ть, -ы́ть фланг +*g.*; **3.** (*menace or cut off by* ~*ing movement*) угрожа́ть (*impf.*) с фла́нга; отр|еза́ть, -е́зать фланг +*g.*; he was ~ed by guards по о́бе его́ сторо́ны шла/стоя́ла стра́жа.

**flannel** *n.* **1.** (*kind of cloth*) флане́ль; **2.** (*piece of cloth*) флане́лька; face ~ махро́вая рукави́чка для лица́; **3.** (*pl.*, *trousers*) флане́левые брю́ки (*pl.*, *g.* —); **4.** (*coll.*) очковтира́тельство.

*adj.* флане́левый.

*v.t.* прот|ира́ть, -ере́ть флане́лью.

**flannelette** *n.* флане́ле́т, ба́йка.

**flap**[1] *n.* **1.** (*hinged piece etc.*): the table has two ~s у стола́ две откидны́е до́ски; a jacket with a ~ at the back пиджа́к с двумя́ разре́зами сза́ди; (*of pocket*) кла́пан; (*tech.*): ~ valve пласти́нчатый откидно́й кла́пан; (*av.*) закры́лок; with ~s down с опу́щенными закры́лками; **2.** (*waving motion*) взмах; **3.** (*sound*) хлопо́к; **4.** (*blow with flat object*) шлепо́к.

*v.t. & i.* взма́х|ивать, -ну́ть +*i.*; мах|а́ть, -ну́ть +*i.*; хло́п|ать, -нуть; шлёп|ать, -нуть; развева́ть(ся) (*impf.*); the bird ~ped its wings пти́ца взмахну́ла кры́льями; the flags ~ped in the wind фла́ги развева́лись на ветру́; he ~ped away the flies он отгоня́л мух (хлопу́шкой).

*cpd.*: ~-**eared** *adj.* длинноу́хий, лопоу́хий.

**flap**[2] *n.* (*coll.*, *state of alarm*) переполо́х; don't get into a ~! не паникуйте!

*v.i.* переполоши́ться (*pf.*).

**flapdoodle** *n.* (*sl.*) чепуха́, белиберда́.

**flapper** *n.* **1.** (*instrument*) хлопу́шка для мух; колоту́шка для птиц; **2.** (*appendage*; *fin*) ласт; плавни́к; **3.** (*arch. sl.*, *flighty girl*) верту́шка.

**flare**[1] *n.* **1.** (*effect of flame*) сия́ние, сверка́ние; вспы́шка; (*illuminating device*) сигна́льная раке́та; освети́тельный патро́н; the ship sent out ~s кора́бль посыла́л сигна́льные раке́ты.

*v.i.* сверк|а́ть, -ну́ть; горе́ть (*impf.*) неро́вным пла́менем; (*fig.*) вспы́х|ивать, -нуть; (*pf.*); she ~s up at the least thing она́ взрыва́ется от ка́ждого пустяка́.

*cpds.*: ~-**path** *n.* освещённая взлётно-поса́дочная полоса́; ~-**up** *n.* (*lit.*, *fig.*) вспы́шка.

**flare**[2] *n.* (*widening-out*) расшире́ние.

*v.t. & i.* расш|иря́ть(ся), -и́рить(ся); ~d skirt ю́бка-клёш.

**flash**[1] *n.* **1.** (*burst of light*) вспы́шка, про́блеск; a ~ of lightning вспы́шка мо́лнии; ~ in the pan (*fig.*) осе́чка; he had a ~ of inspiration на него́ нашло́ вдохнове́ние; **2.** (*instant*) мгнове́ние, миг; he answered in a ~ он мгнове́нно отве́тил; **3.** (*on uniform*) нарука́вная наши́вка; эмбле́ма ча́сти/соедине́ния; **4.**: news ~ э́кстренное сообще́ние.

*adj.* (*gaudy*) безвкусный, кричащий; (*counterfeit*) фальшивый.

*v.t.*: he ~ed the light in my face он направил свет мне в лицо; they were ~ing signals to the enemy они посылали световые сигналы врагу; (*fig.*): he ~ed a glance at her он метнул на неё взгляд; her eyes ~ed fire её глаза метали молнии.

*v.i.* сверк|ать, -нуть; вспых|ивать, -нуть; мельк|ать, -нуть; the light ~ed on and off свет то вспыхивал, то гас; the lightning ~ed сверкнула/блеснула молния; the sword ~ed in his hand меч сверкал в его руке; ~ing beacon проблесковый маяк; ~ing eyes сверкающие глаза; the thought ~ed across my mind эта мысль промелькнула у меня в голове; cars ~ed by машины мчались мимо.

*cpds.*: ~**back** *n.* (*cin.*) ретроспекция, обратный кадр; ~**-bulb** *n.* (*phot.*) лампа-вспышка; ~**-gun** *n.* лампа для магниевой вспышки, «блиц»; ~ **light** *n.* (*for signalling*) сигнальный огонь; прожектор; (*phot.*) вспышка (магния); (*torch: also* ~**-lamp**) карманный/электрический фонарь; ~**-point** *n.* температура вспышки; точка воспламенения.

**flashiness** *n.* показуха.

**flashy** *adj.* кричащий, показной, эффектный.

**flask** *n.* фляга, фляжка; колба; оплетённая бутыль.

**flat** *n.* **1.** (*level object or area*) плоскость; плоская поверхность; the ~ of the hand ладонь; on the ~ на плоскости; **2.** (*mus.*) бемоль (*m.*); the key of A ~ тональность ля бемоль; **3.** (*apartment*) квартира; block of ~s многоквартирный дом; **4.** (*coll., punctured tyre*) спущенная шина.

*adj. & adv.* **1.** (*level*) плоский, ровный; ~ car вагон-платформа; he has ~ feet у него плоскостопие; ~ race, racing скачка без препятствий; ~ spin (*aeron.*) плоский штопор; get into a ~ spin (*sl.*) впасть (*pf.*) в панику; ~ trajectory fire настильный огонь; ~ tyre спущенная шина; the battery is ~ батарея села; he fell ~ on his back он упал навзничь; my hair won't lie ~ у меня волосы не лежат; **2.** (*uniform, undifferentiated*) однообразный; ~ rate единая ставка; **3.** (*unqualified*) прямой, категорический; ~ broke вконец разорившийся; ~ out (*sl., exhausted*) выдохшийся; drive ~ out (*coll., at top speed*) гнать (*impf.*) во весь опор (*or* во всю мочь); in ten seconds ~ ровно за десять секунд; I tell you ~! я скажу вам прямо! (*or* без обиняков); I've said no, and that's ~ я сказал нет — и точка; **4.** (*dull, insipid*) скучный, вялый, бесцветный; the wine has gone ~ вино выдохлось; the story fell ~ рассказ не вызвал интереса; **5.** (*expressionless*) безжизненный, унылый; **6.** (*mus.*): she sings

~ on the high notes она фальшивит (*or* не дотягивает) на высоких нотах.

*cpds.*: ~**-fish** *n.* плоская рыба; ~**-foot** *n.* (*policeman*) мильтон (*sl.*); ~**-footed** *adj.* страдающий плоскостопием; (*fig., clumsy*) неуклюжий; he was caught ~-footed он был застигнут врасплох; ~**-iron** *n.* утюг.

**flatlet** *n.* однокомнатная/малогабаритная квартира.

**flatly** *adv.* (*expressionlessly*) безжизненно, уныло; (*bluntly*) категорически, наотрез, прямо.

**flatness** *n.* плоскость; (*fig.*) банальность.

**flatten** *v.t.* **1.** (*make smooth*) выравнивать, выровнять; разгла|живать, -дить; **2.** (*reduce thickness of*) расплющи|вать, -ть; he ~ed himself against the wall он прижался к стене; **3.** (*lay low*) повалить, примять (*both pf.*); the gale ~ed the corn бурей примяло хлеба; (*fig.*): he was ~ed by her look of scorn он был изничтожен её презрительным взглядом.

*v.i.* выравниваться, выровняться; the pilot ~ed out at fifty metres пилот выровнял самолёт на высоте 50 метров; the rise in prices will soon ~ out цены скоро выровняются.

**flatter** *v.t.* **1.** (*praise insincerely or unduly*) льстить, по- +*d.*; **2.** (*represent too favourably*) приукра|шивать, -сить; the picture ~s her художник ей польстил; **3.** (*gratify vanity of*): ~ o.s. тешить (*impf.*) себя; льстить (*impf.*) себя надеждой; it ~s his self-esteem это льстит его самолюбию; I ~ myself I'm a good judge of horses я смею думать, что разбираюсь в лошадях.

**flatterer** *n.* льстец.

**flattering** *adj.* лестный, льстивый; (*of pers.*) льстивый.

**flattery** *n.* лесть.

**flatulence** *n.* скопление газов; (*fig.*) напыщенность, высокопарность.

**flatulent** *adj.* вызывающий газы; вздувшийся от газов; (*fig.*) напыщенный, высокопарный.

**flaunt** *v.t.* афишировать (*impf.*); щегол|ять, -ьнуть +*i.*; похвал|яться (*impf.*) +*i.*; выставлять, выставить напоказ.

**flautist** *n.* флейтист.

**flavour** *n.* аромат, вкус; (*fig.*) привкус.

*v.t.* припр|авлять, -авить; (*fig.*) прид|авать, -ать привкус +*d.*; сд|абривать, -обрить.

**flavourful** *adj.* аппетитный, ароматный.

**flavouring** *n.* приправа; специи (*f. pl.*); эссенция.

**flavourless** *adj.* безвкусный.

**flaw** *n.* (*crack*) трещина; (*defect*) изъян, недостаток; I detect a ~ in your argument я вижу слабое место в ваших доказательствах.

*v.t.* портить, ис-; all ~ed articles are reduced

все бракóванные товáры продаются по
снúженным цéнам.

**flawless** *adj.* безупрéчный.

**flax** *n.* (*plant*) лён; (*fibre*) кудéль.

**flaxen** *adj.* **1.** (*of flax*) льнянóй; **2.** (*colour*)
светло-жёлтый, солóменный.

   *cpd.*: ~**-haired** *adj.* с льнянúми волосáми.

**flay** *v.t.* свежевáть, о-; сдирáть, содрáть кóжу
с +*g.*; he will ~ me alive if he finds out он с
меня́ живьём шкýру сдерёт, éсли узнáет;
(*fig.*): the wind ~ed his face вéтер обжигáл
емý лицó; ~ one's opponents разн|осúть,
-естú в пух и прах своúх протúвников.

**flea** *n.* блохá; I sent him off with a ~ in his ear он
получúл от меня хорóший разнóс; он ушёл
как оплёванный.

   *cpds.* : ~**bite** *n.* блошúный укýс; (*coll.*)
мéлочь, булáвочный укóл; ~**-bitten** *adj.* ис-
кýсанный блóхами; ~**-pit** *n.* (*sl., cinema*)
кинóшка; ~**-powder** *n.* порошóк от блох.

**fleck** *n.* крáпинка, пятнó; (*freckle*) веснýшка;
(*of dust*) пылúнка; (*of sunlight*) сóлнечные
блúки (*m. pl.*).

   *v.t.* покр|ывáть, -ы́ть пя́тнами/крáпинками.

**fledge** *v.t.* (*bird, arrow*) опер|я́ть, -úть; fully ~d
(*lit., fig.*) оперúвшийся; (*fig.*) встáвший нá
нóги.

**fledg(e)ling** *n.* тóлько что оперúвшийся
птенéц; (*fig.*) желторóтый юнéц.

**flee** *v.t.* избе|гáть, -жáть; ~ the country бежáть
из странú.

   *v.i.* бежáть, с-; исч|езáть, -éзнуть; all hope
had fled все надéжды рýхнули.

**fleece** *n.* рунó, овéчья шерсть.

   *v.t.* (*fig.*) об|ирáть, -обрáть.

**fleecy** *adj.* шерстúстый; ~ clouds кудря́вые
облакá; ~ hair курчáвые/кудря́вые вóлосы;
~ lining меховáя подклáдка.

**fleet**[1] *n.* **1.** (*collection of vessels*) флотúлия,
флот; **2.** (*naval force*) воéнно-морскóй флот;
Admiral of the F~ адмирáл флóта; the Home
F~ флот метропóлии; F~ Air Arm морскáя
авиáция; **3.** (*of vehicles*) парк.

**fleet**[2] *adj.* (*liter.*) бы́стрый, провóрный; ~ of
foot быстронóгий.

**fleeting** *adj.* бéглый, мимолётный; a ~ glimpse
бéглый взгляд.

**Fleet Street** *n.* (*fig.*) лóндонская прéсса.

**Fleming** *n.* фламáнд|ец (*fem.* -ка).

**Flemish** *n.* (*language*) фламáндский язы́к; the
~ (*people*) фламáндцы (*m. pl.*).
   *adj.* фламáндский.

**flesh** *n.* **1.** (*bodily tissue*) плоть, тéло; insist on
one's pound of ~ (*fig.*) ≃ безжáлостно
трéбовать (*impf.*) уплáты дóлга (*и т.п.*); lose
~ худéть, по-; (*meat*) мя́со; pig's ~ свинúна;
(*surface of body*): ~ tint телéсный цвет; ~
wound повéрхностное ранéние; make s.o.'s ~
creep (*fig.*) прив|одúть, -естú когó-н. в со-
дрогáние; **2.** (*fig.*): all ~ is grass всё живóе

тлéнно; he went the way of all ~ он разделúл
ýчасть всех смéртных; man and wife are one
~ муж и женá — одúн дух, однá плоть; sins of
the ~ плóтские грехú; see s.o. in the ~ увú-
деть (*pf.*) когó-н. во плотú; appear in ~ and
blood появúться (*pf.*) сóбственной персóной;
more than ~ and blood can stand свы́ше сил
человéческих; my own ~ and blood (*children*)
моя́ плоть и кровь; (*relatives*) моя́ родня́; **3.** (*of
plant or fruit*) мя́со, мя́коть.

   *v.t.* **1.** ~ a hound приуч|áть, -úть собáку к
охóте вкýсом крóви; **2.** ~ a sword обагр|я́ть,
-úть меч крóвью; (*fig., initiate*) подвéргнуть
(*pf.*) (*когó*) боевóму крещéнию; **3.** (*fig.*): his
characters are well ~ed out егó герóи óчень
жúзненны; **4.** ~ing knife нож мясникá.

   *cpds.*: ~**-coloured** *adj.* телéсного цвéта; ~**pot**
*n.* котёл для вáрки мя́са; the ~pots of Egypt
(*fig.*) богáтство и изобúлие.

**fleshly** *adj.* (*carnal*) плóтский, чýвственный;
(*corpulent*) тóлстый, тýчный; в тéле.

**fleshy** *adj.* (*of persons*) тóлстый, тýчный; (*of
meat, plant, fruit*) мясúстый.

**fleur de lis** *n.* (*her.*) геральдúческая лúлия.

**flex**[1] *n.* (гúбкий) шнур.

**flex**[2] *v.t.* сгибáть, согнýть; ~ one's muscles
напр|ягáть, -я́чь мýскулы.

**flexibility** *n.* эластúчность; (*fig.*) гúбкость.

**flexible** *adj.* эластúчный, гúбкий, гнýщийся;
(*fig.*) гúбкий.

**flexion** *n.* изгúб, изóгнутость; (*math.*)
кривизнá, изгúб; (*gram.*) флéксия,
окончáние.

**flexitime** *n.* свобóдный режúм рабóчего дня.

**flexor** *n.* (~ muscle) сгибáющая мы́шца.

**flibbertigibbet** *n.* болтýшка (*c.g.*), пустозвóн,
вертопрáх.

**flick** *n.* **1.** (*jerk*) толчóк; with a ~ of the wrist
взмахнýв кúстью рукú; (*light touch*): a ~ of
the whip лёгкий удáр хлыстóм; **2.** (*coll., film*)
кинофúльм; (*pl., cinema*) кинó (*indecl.*).

   *v.t.* (*shake with a jerk*) встряхнýть (*pf.*);
(*propel with finger end*) щёлкнуть (*pf.*); (*touch
e.g. with whip*) стегнýть (*pf.*); хлестнýть (*pf.*).

   *cpd.*: ~**-knife** *n.* пружúнный нож.

**flicker** *n.* (*of light*) мерцáние; (*movement*)
трепетáние; (*fig.*): a ~ of hope прóблеск
надéжды.

   *v.i.* (*flutter*) трепетáть (*impf.*); колыхáться
(*impf.*); (*burn or shine fitfully*) мерцáть (*impf.*);
(*fig.*) мельк|áть, -нýть.

**flier** *see* FLYER.

**flight**[1] *n.* **1.** полёт; shoot birds in ~ стреля́ть
(*impf.*) птиц на летý; (*fig.*) the ~ of time бег
врéмени; (*journey by air*): a non-stop ~
беспосáдочный полёт; a round-the-world
полёт вокрýг свéта; the next ~ from London
to Paris слéдующий рейс по маршрýту
Лóндон-Парúж; ~ number нóмер рéйса; **2.**
(*fig.*): ~ of fancy полёт фантáзии; ~s of

rhetoric взлёты (*m. pl.*) красноре́чия; **3.** ~ of steps ле́стничный марш; (*in front of house*) крыльцо́; **4.** а ~ of birds ста́я птиц; (*fig.*): in the first ~ в пе́рвых ряда́х; **5.** а ~ of aircraft звено́ самолётов.

*cpds.*: ~-**commander** *n.* (*Am.*) команди́р аивазвена́; ~-**deck** *n.* (*of carrier*) полётная па́луба; (*of aircraft*) каби́на экипа́жа; ~-**lieutenant** *n.* капита́н авиа́ции; ~-**sergeant** *n.* ста́рший сержа́нт авиа́ции.

**flight**[2] *n.* бе́гство, побе́г; put to ~ обра|ща́ть, -ти́ть в бе́гство; take (to) ~ обра|ща́ться, -ти́ться в бе́гство; the soldiers took to ~ солда́ты бежа́ли; the army was in full ~ а́рмия стреми́тельно отступа́ла.

**flightiness** *n.* ве́треность.

**flighty** *adj.* ве́треный, взба́лмошный, капри́зный.

**flimsiness** *n.* то́нкость, хру́пкость, непро́чность; (*fig.*) ша́ткость, непро́чность.

**flimsy** *n.* (*coll., copying paper*) папиро́сная бума́га.

*adj.* то́нкий; непро́чный; а ~ dress о́чень лёгкое пла́тье; а ~ structure непро́чная постро́йка; а ~ excuse сла́бое оправда́ние, неубеди́тельный предло́г.

**flinch** *v.i.* (*wince*) вздра́г|ивать, -о́гнуть; (*give way*) уклон|я́ться, -и́ться (*от чего*).

**fling** *n.* **1.** (*throw*) бросо́к; **2.** (*attempt*) попы́тка; **3.** (*jibe*) насме́шка; **4.**: Highland ~ шотла́ндский та́нец; **5.**: he had his ~ он повесели́лся/нагуля́лся вво́лю.

*v.t.*: ~ o.s. into a chair бр|оса́ться, -о́ситься в кре́сло; ~ o.s. into the saddle вск|а́кивать, -очи́ть в седло́; he flung himself into the project он с голово́й окуну́лся в осуществле́ние прое́кта; he was flung into prison его́ бро́сили в тюрьму́; he was flung by his horse ло́шадь сбро́сила его́; I ~ myself (up)on your mercy я взыва́ю к ва́шему милосе́рдию; she flung her arms around me она́ обняла́ меня́; he flung the words in my face он бро́сил мне в лицо́ э́ти слова́; ~ caution to the winds отбро́сить (*pf.*) вся́кое благоразу́мие.

*v.i.*: ~ out of the room вы́скочить/вы́лететь (*both pf.*) из ко́мнаты.

with *advs.*: ~ o.s. about разбра́сываться (*impf.*); ~ one's money around транжи́рить (*impf.*) де́ньги; сори́ть (*impf.*) деньга́ми; he flung her aside он оттолкну́л её в сто́рону; ~ away an advantage отка́з|ываться, -а́ться от преиму́щества; ~ o.s. down on the ground бр|оса́ться, -о́ситься на зе́млю; she flung her clothes off она́ сбро́сила с себя́ оде́жду; ~ open the window распа́х|ивать, -ну́ть окно́; he was flung out его́ вы́швырнули вон; he flung a few things together он на́скоро собра́л свои́ ве́щи; the horse flung up its heels ло́шадь взбрыкну́ла; she flung up her arms in horror она́ в у́жасе всплесну́ла рука́ми; I nearly flung

up the job я чуть не отказа́лся от рабо́ты.

**flint** *n.* креме́нь (*m.*); Stone Age ~s кремнёвые ору́дия ка́менного ве́ка; he has a heart of ~ у него́ ка́менное се́рдце; (*attr.*) кремнёвый, ка́менный.

*cpds.*: ~-**glass** *n.* флинтгла́с, англи́йский хруста́ль; ~-**head** *n.* ка́менный наконе́чник; ~**lock** *n.* замо́к кремнёвого ружья́; кремнёвое ружьё; ~**stone** *n.* креме́нь (*m.*); кремнёвый ка́мень.

**flinty** *adj.* кремнёвый, кремни́стый; (*fig.*) ка́менный, суро́вый.

*cpd.*: ~-**eyed** *adj.* с суро́вым взгля́дом.

**flip** *n.* **1.** (*flick*) щелчо́к; he gave the boy a ~ on the ear он лего́нько уда́рил ма́льчика по́ уху; **2.** (*drink*) флип; egg ~ яи́чный флип; **3.** (*coll., short flight*) коро́ткий полёт; **4.** (*coll.*): the ~ side of a record обра́тная сторона́ пласти́нки.

*adj.* (*flippant*) де́рзкий.

*v.t.* щёлк|ать, -нуть.

**flip-flap, flip-flop** *nn.* (*noise*) шлёпанье, хло́панье; (*backward somersault*) са́льто-морта́ле (*indecl.*).

**flippancy** *n.* легкомы́слие, ве́тренность.

**flippant** *adj.* легкомы́сленный, ве́треный.

**flipper** *n.* плавни́к, ласт; (*diver's appendage*) ласт; (*direction indicator of car*) стре́лка.

**flirt** *n.* коке́тка; люби́тель (*m.*) поуха́живать.

*v.i.* флиртова́ть (*impf.*) (с +*i.*); коке́тничать (*impf.*) (с +*i.*); (*fig.*): ~ with danger игра́ть (*impf.*) с огнём; ~ with (*an idea etc.*) поду́мывать о +*p.*; they ~ed with the Fascists они́ заи́грывали с фаши́стами.

**flirtation** *n.* флирт; коке́тство, (*fig.*) игра́.

**flirtatious** *adj.* коке́тливый.

**flit** *n.*: the tenants did a moonlight ~ жильцы́ потихо́ньку смы́лись (*coll.*).

*v.i.* (*fly lightly*) порх|а́ть, -ну́ть; (*fig.*): the thought ~ted across my mind э́та мысль пронесла́сь у меня́ в голове́.

**flitch** *n.* (*of bacon*) засо́ленный и копчёный свино́й бок.

**flitter** *v.i.* порх|а́ть, -ну́ть; маха́ть (*impf.*) кры́льями.

**float** *n.* **1.** (*for supporting line or net*) поплаво́к, буй; (*of a seaplane*) поплаво́к; **2.** (*cart*) платфо́рма на колёсах; **3.** (*pl., footlights*) ра́мпа.

*v.t.* спус|ка́ть, -ти́ть на́ воду; сн|има́ть, -я́ть с ме́ли; (*comm.*): ~ a company учре|жда́ть, -ди́ть акционе́рное о́бщество; ~ a loan разме|ща́ть, -сти́ть заём; (*fin.*): ~ the pound перев|оди́ть, -ести́ фунт сте́рлингов на пла́вающий курс.

*v.i.* **1.** пла́вать (*indet.*), плыть (*det.*); oil ~s on water ма́сло не то́нет в воде́; the boat ~ed down-river ло́дку несло́ тече́нием вниз по реке́; **2.** (*in air*) (*aeroplane*) плани́ровать (*impf.*); (*clouds etc.*) плыть (*det.*); **3.** (*fig.*): his past ~ed before him его́ про́шлое пронесло́сь пе́ред ним.

**flo(a)tation** *n.* основа́ние (*предприятия*).

**floater** *n.* (*sl.*, *blunder*) опло́шность.

**floating** *adj.* пла́вающий, плаву́чий; ~ bridge понто́нный/наплавно́й мост; ~ capital оборо́тный капита́л; ~ debt краткосро́чный долг; теку́щая задо́лженность; ~ dock плаву́чий док; ~ kidney блужда́ющая по́чка; ~ light плаву́чий мая́к; ~ population теку́чее народонаселе́ние; ~ vote избира́тели, на кото́рых нельзя́ твёрдо рассчи́тывать; ~ voter коле́блющийся избира́тель.

**flocculent** *adj.* хлопьеви́дный.

**flock**[1] *n.* (*of birds*) ста́я; (*of sheep or goats*) ста́до; (*of people*) толпа́; (*relig.*) па́ства.

 *v.i.* стека́ться (*impf.*); дви́гаться (*impf.*) толпо́й; they ~ed for miles to hear him они́ стека́лись отовсю́ду, что́бы послу́шать его́.

**flock**[2] *n.* (*tuft*) пучо́к, клочо́к; (*material*) шерстяны́е/хлопчатобума́жные очёски (*m. pl.*); ~ bed матра́ц, наби́тый очёсками.

**floe** *n.* плаву́чая льди́на.

**flog** *v.t.* 1. (*beat*) стега́ть, от-; поро́ть, вы́-; сечь, вы́-; he is ~ging a dead horse (*fig.*) он пыта́ется возроди́ть то, что безнадёжно устаре́ло; 2. (*sell*) заг|оня́ть, -на́ть; толк|а́ть, -ну́ть (*both coll.*).

**flogging** *n.* по́рка.

**flood** *n.* 1. (*tide*) прили́в; 2. (*inundation*) наводне́ние, полово́дье, разли́в; the F~ (*bibl.*) пото́п; ~ relief по́мощь пострада́вшим от наводне́ния; the river is in ~ река́ разлила́сь; 3. (*torrent of water*) пото́к; 4. (*fig.*): she burst into ~s of tears она́ разрыда́лась; a ~ of abuse пото́к оскорбле́ний.

 *v.t.* затоп|ля́ть, -и́ть; наводн|я́ть, -и́ть; the basement was ~ed подва́л затопи́ло; they were ~ed out их дом по́лностью затопи́ло; из-за наводне́ния им пришло́сь поки́нуть дом; he was ~ed with replies о́тклики так и посы́пались на него́.

 *v.i.* разл|ива́ться, -и́ться; выходи́ть, вы́йти из берего́в; the river ~s every spring река́ разлива́ется ка́ждую весну́.

 *cpds.*: ~-**gate** *n.* шлюз; open the ~-gates (*fig.*) да|ва́ть, -ть во́лю (*чему*); ~**light** *n.* проже́ктор; *v.t.* осве|ща́ть, -ти́ть проже́кторами; ~**lighting** *n.* проже́кторное освеще́ние; ~-**plain** *n.* заливно́й луг; ~-**tide** *n.* прили́в.

**flooding** *n.* затопле́ние.

**floor** *n.* 1. пол; it fell to the ~ э́то упа́ло на́ пол; the child was playing on the ~ ребёнок игра́л на полу́; he could wipe the ~ with you он мог бы смеша́ть вас с гря́зью; 2.: take the ~ (*in public assembly*) брать, взять сло́во; (*in dance hall*) вы́ступить (*pf.*) в та́нце; 3.: ground ~ пе́рвый эта́ж; 4.: shop ~ цех; threshing ~ гумно́, ток; 5. (*geol.*) посте́ль, подстила́ющая поро́да; 6. (*minimum level of prices etc.*)

минима́льный у́ровень.

 *v.t.* 1. (*provide floor for*) наст|ила́ть, -ла́ть пол в +*p.*; 2. (*coll.*, *knock down*) сби|ва́ть, -ть с ног; (*fig.*, *nonplus*) сра|жа́ть, -зи́ть; ошело́м|ля́ть, -и́ть; ста́вить, по- в тупи́к; the question ~ed him вопро́с срази́л его́.

 *cpds.*: ~**board** *n.* полови́ца; ~-**cloth** *n.* полова́я тря́пка; ~-**polish** *n.* масти́ка (для нати́рки поло́в); ~-**show** *n.* представле́ние в кабаре́; ~-**space** *n.* пло́щадь по́ла; ~-**walker** *n.* (*Am.*) дежу́рный администра́тор в универма́ге.

**flooring** *n.* насти́л, пол; насти́лка поло́в.

**floo|sie**, **-zie** *n.* (*sl.*) шлю́ха.

**flop** *n.* (*motion, sound*) шлепо́к, хлопо́к; (*coll.*, *failure*) прова́л.

 *adv. & int.* шлёп!; плюх! (*coll.*).

 *v.i.* 1. (*move limply*): ~ down in a chair плюх|аться, -нуться в кре́сло; ~ around in slippers шлёпать (*impf.*) в дома́шних ту́флях; 2. (*coll.*, *fail*) прова́л|иваться, -и́ться.

 *cpds.*: ~-**eared** *adj.* лопоу́хий; ~-**house** *n.* (*Am. sl.*) ночле́жка.

**floppy** *adj.* болта́ющийся, свиса́ющий, мешкова́тый; мя́гкий, обви́слый.

**flora** *n.* фло́ра.

**floral** *adj.* цвето́чный; ~ tribute подноше́ние цвето́в.

**Florence** *n.* Флоре́нция.

**Florentine** *n.* (*pers.*) флоренти́н|ец (*fem.* -ка); (*silk*) флоренти́н.

 *adj.* флоренти́йский.

**florescence** *n.* цвете́ние; (*fig.*) расцве́т.

**florescent** *adj.* цвету́щий.

**floriculture** *n.* цветово́дство.

**florid** *adj.* (*ornate*) цвети́стый, витиева́тый; (*ruddy*) кра́сный, багро́вый.

**Florida** *n.* Флори́да.

**florin** *n.* (*hist.*) флори́н.

**florist** *n.* (*dealer*) продаве́ц цвето́в; (*fem.*) цвето́чница; (*grower*) цветово́д.

**floruit** *n.* пери́од де́ятельности (*кого*).

**floss** *n.* шёлк-сыре́ц; candy ~ са́харная ва́та; dental ~ шёлковая нить для чи́стки ме́жду зуба́ми.

**flossy** *adj.* шелкови́стый.

**flotation** see FLO(A)TATION.

**flotilla** *n.* флоти́лия (ме́лких судо́в).

**flotsam** *n.* вы́брошенный и пла́вающий на пове́рхности груз; (*fig.*) обло́мки (*m. pl.*).

**flounce**[1] *n.* (*abrupt movement*) рыво́к.

 *v.i.* бр|оса́ться, -о́ситься; ~ out (of a room) вылета́ть, вы́лететь из ко́мнаты.

**flounce**[2] *n.* (*trimming*) обо́рка.

 *v.t.* отде́л|ывать, -ать обо́рками.

**flounder**[1] *n.* (*zool.*) ме́лкая ка́мбала.

**flounder**[2] *v.i.* бара́хтаться (*impf.*); (*fig.*) пу́таться в слова́х.

**flour** *n.* (*from grain*) мука́; ~ paste кле́йстер; (*powder*) порошо́к.

*cpds.*: ~-**bin** *n.* банка для муки; ~-**mill** *n.* мукомольная мельница; мукомольня.

**flourish** *n.* **1.** (*wave of hand etc.*) широкий жест; размахивание; **2.** (*embellishment of literary style*) цветистость; цветистое выражение; (*fanfare*) фанфары (*f. pl.*); туш; (*of penmanship*) росчерк, завитушка.

*v.t.* размахивать (*impf.*) +*i.*

*v.i.* (*grow healthily*) пышно расти (*impf.*); (*prosper; be active*) процветать (*impf.*).

**flourishing** *adj.* процветающий, преуспевающий; a ~ business процветающее дело; 'How are you?' — 'Oh, ~!' «Как поживаете?» — «Прекрасно!»; «Лучше всех!»; I hope you are ~ надеюсь, у вас всё благополучно.

**floury** *adj.* (*of potato*) рассыпчатый, мучнистый.

**flout** *v.t.* поп|ирать, -рать; (*mock*) насмехаться (*impf.*) над +*i.*; глумиться (*impf.*) над +*i.*

**flow** *n.* течение, поток, струя; ebb and ~ прилив и отлив; the tide is on the ~ наступает прилив; (*fig.*) течение; interrupt the ~ of conversation прер|ывать, -вать плавное течение разговора; ~ of spirits жизнерадостность; in full ~ в разгаре.

*v.i.* **1.** течь, литься, струиться (*all impf.*); a land ~ing with milk and honey ≃ молочные реки и кисельные берега; the wine ~ed freely вино лилось рекой; the Oka ~s into the Volga Ока впадает в Волгу; **2.** (*fig., proceed, move freely*) литься (*impf.*); течь (*impf.*); (*hang freely*) ниспадать (*impf.*).

*cpds.*: ~**meter** *n.* расходомер; ~-**sheet** *n.* технологическая схема.

**flower** *n.* цветок; цветковое растение; in ~ в цвету; come into ~ расцве|тать, -сти; ~ arrangement расположение цветов; ~ piece картина с изображением цветов; ~ show выставка цветов; (*fig.*): the ~ of the nation's youth цвет молодёжи страны; ~s of speech красивые обороты (*m. pl.*) речи; (*pej.*) цветистые выражения.

*v.t.* укр|ашать, -асить цветочным узором.

*v.i.* (*blossom; flourish*) цвести (*impf.*).

*cpds.*: ~-**bed** *n.* клумба; ~-**girl** *n.* цветочница; ~-**pot** *n.* цветочный горшок.

**flowering** *n.* цветение.

*adj.* цветущий.

**flowery** *adj.* покрытый цветами; (*fig.*) цветистый.

**flowing** *adj.*: the ~ bowl полная чаша; ~ hair развевающиеся волосы; ~ lines мягкие/плавные линии; ~ style гладкий стиль.

**flu** *n.* (*coll.*) грипп; go down with ~ слечь (*pf.*) с гриппом.

**fluctuate** *v.i.* колебаться (*impf.*); колыхаться (*impf.*).

**fluctuation** *n.* колебание, колыхание.

**flue** *n.* дымоход.

*cpd.*: ~-**pipe** *n.* (*tech.*) жаровая труба.

**fluency** *n.* плавность, гладкость, беглость.

**fluent** *adj.* плавный, гладкий, беглый; he speaks Russian ~ly он свободно говорит по-русски.

**fluff** *n.* пух, пушок; bit of ~ (*fig.*) куколка, лапочка (*sl.*).

*v.t.* **1.** (*make fluffy*) взби|вать, -ть; распушить (*pf.*); ~ up a cushion взби|вать, -ть подушку; the bird ~ed out its feathers птица распушила перья; **2.** (*sl., bungle*) путать, с-; ~ one's lines произн|осить, -ести свою роль с запинкой.

**fluffy** *adj.* пушистый; взбитый.

**fluid** *n.* жидкость; cleaning ~ жидкость для чистки.

*adj.* жидкий, текучий; (*fig.*) неопределённый, переменчивый, подвижный.

**fluidity** *n.* текучесть; жидкое состояние; (*fig.*) переменчивость, неопределённость, подвижность.

**fluke**[1] *n.* (*lucky stroke*) (неожиданная) удача, случайность.

**fluke**[2] *n.* (*worm*) глист.

**fluke**[3] *n.* (*of an anchor*) лапа.

**flummery** *n.* (*humbug*) вздор; бредн|и (*pl., g.* -ей).

**flummox** *v.t.* (*coll.*) ошелом|лять, -ить; огороши|вать, -ть.

**flunk** *v.t. & i.* (*Am., coll.*): he ~ed his exam он провалился/засыпался на экзамене.

**flunkey** *n.* (*servant*) лакей; (*servile person*) лакей, подхалим.

**fluoresce** *v.i.* светиться, флюоресцировать (*both impf.*).

**fluorescence** *n.* свечение, флюоресценция.

**fluorescent** *adj.* флюоресцентный.

**fluoride** *n.* фторид.

**fluoridize** *v.t.* фторировать (*impf., pf.*).

**fluorine** *n.* фтор.

**fluor|ite, -spar** *nn.* флюорит; плавиковый шпат.

**flurry** *n.* (*gust, squall*) шквал; (*agitation*) волнение, суматоха.

*v.t.* волновать, вз-; будоражить, вз-.

**flush**[1] *n.* (*flow of water*) внезапный прилив; поток; (*flow of blood; blush*) прилив крови; румянец; краска на лице; hot ~ приступ лихорадки; (*fig.*): in the ~ of youth в расцвете юности; in the first ~ of discovery упоённый радостью открытия.

*v.t.* **1.** (*swill clean*) пром|ывать, -ыть; ~ the lavatory спус|кать, -тить воду в уборной; **2.** (*make red*) зал|ивать, -ить краской; **3.**: he is ~ed with pride его распирает гордость.

*v.i.* краснеть, по-; зал|иваться, -иться краской.

**flush**[2] *n.* (*cards*) карты одной масти; royal ~ флешь-рояль, коронка; busted ~ (*sl.*) провал, неудача; (*pers.*) неудачник.

**flush³** *adj.* **1.** (*coll., well supplied with money*): he is ~ у него́ де́нег ку́ры не клюю́т; **2.** (*on the same level*) заподлицо́ (*adv.*); (находя́щийся) на одно́м у́ровне (*с чем*).

**flush⁴** *v.t.* (*birds etc.*) вспу́г|ивать, -ну́ть.

**flushed** *adj.* охва́ченный (*чем*); упоённый; ~ with victory упоённый побе́дой.

**fluster** *n.* суета́, волне́ние.

*v.t.* волнова́ть, вз-; будора́жить, вз-.

**flute¹** *n.* (*instrument*) фле́йта.

*v.i.* (*fig.*) мелоди́чно свисте́ть (*impf.*) (*or* говори́ть (*impf.*) *и м.п.*).

**flute²** *n.* (*groove*) желобо́к; каннелю́ра.

*v.t.* желоби́ть (*impf.*).

**fluted** *adj.* гофриро́ванный, рифлёный.

**fluting** *n.* (*archit.*) канелю́ры (*f. pl.*); ри́фля.

**flutist** (*Am.*) see FLAUTIST.

**flutter** *n.* **1.** (*of wings, leaves, flags etc.*) трепета́ние, дрожь; **2.** (*agitation*) волне́ние, тре́пет; to be in a ~ of expectation с тре́петом ждать (*impf.*); **3.** (*gambling venture*) риск.

*v.t.* мах|а́ть, -ну́ть +*i.*; (*fig., agitate*) прив|оди́ть, -ести́ в тре́пет; взволнова́ть (*pf.*).

*v.i.* трепета́ть (*impf.*); (*of birds*) переп|а́рхивать, -орхну́ть.

**fluvial** *adj.* речно́й.

**flux** *n.* **1.** (*succession of changes*) постоя́нная сме́на; everything was in a state of ~ всё бы́ло в состоя́нии непреры́вного измене́ния; **2.** (*med.*) see next; **3.** (*metall.*) флюс, пла́вень (*m.*).

**fluxion** *n.* (*med.*) патологи́ческое оби́льное истече́ние; (*math.*) флю́ксия, дифференциа́л.

**fly¹** *n.* му́ха; (*fig.*): ~ in the ointment ло́жка дёгтя в бо́чке мёду; there are no flies on him к нему́ не подкопа́ешься (*coll.*).

*cpds.*: ~-**blown** *adj.* заси́женный му́хами; ~-**catcher** *n.* (*bird*) мухоло́вка; ~-**fishing** *n.* уже́ние ры́бы на му́ху; ~-**paper** *n.* ли́пкая бума́га (*or* ли́пкие ле́нты (*f. pl.*)) от мух; ~-**spray** *n.* (*fluid*) жи́дкость от мух; (*instrument*) аэрозо́ль (*m.*) от мух; ~-**weight** *n.* вес «му́хи»; наилегча́йший боксёрский вес.

**fly²** *n.* **1.** (*carriage*) одноко́нный экипа́ж; **2.** (*of flag*) поло́тнище; (*on trousers*) ши́ринка; his ~ is open, undone у него́ ши́ринка расстёгнута; **3.** (*pl., theatr.*) колосники́ (*m. pl.*); **4.** (*speed regulator*) баланси́р.

*cpds.*: ~-**button** *n.* пу́говица ши́ринки; ~-**leaf** *n.* фо́рзац; ~-**wheel** *n.* махово́е колесо́, махови́к.

**fly³** *adj.* (*sl.*) себе́ на уме́.

**fly⁴** *v.t.*: ~ the Atlantic перелет|а́ть, -е́ть че́рез Атланти́ческий океа́н; ~ an aircraft управля́ть (*impf.*) самолётом; ~ home the wounded дост|авля́ть, -а́вить ра́неных в тыл самолётом; ~ a kite запус|ка́ть, -ти́ть зме́я; пуска́ть (*impf.*) зме́я; (*fig., put out feeler or lure*) пус|ка́ть, -ти́ть про́бный шар; ~ a flag

выве́шивать, вы́весить флаг; (*naut.*) носи́ть, нести́ флаг; ~ the British flag пла́вать (*indet.*) под брита́нским фла́гом; ~ the country бежа́ть (*det.*) из страны́.

*v.i.* **1.** (*move through the air*) лета́ть (*indet.*), лете́ть, по- (*det.*); as the crow flies напрями́к; по прямо́й; he has never flown он никогда́ не лета́л; ~ in the face of fortune искуша́ть (*impf.*) судьбу́; the pieces flew in all directions куски́ разлете́лись во все сто́роны; **2.** (*move or pass swiftly*) пролет|а́ть, -е́ть; I must ~! ну, я побежа́л!; he flew downstairs он ку́барем скати́лся с ле́стницы; the dog flew at him соба́ка бро́силась на него́; ~ into a passion вспыли́ть (*pf.*); ~ to s.o.'s defence бро́ситься (*pf.*) на защи́ту кого́-н.; let ~ (at s.o.) вы́ругать (*pf.*) кого́-н.; ~ off the handle (*coll.*) сорва́ться (*pf.*); взорва́ться (*pf.*); при|ходи́ть, -йти́ в я́рость; make the money ~ промота́ть (*pf.*) де́ньги; send ~ing швыр|я́ть, -ну́ть; (*of pers.*) сби|ва́ть, -ть с ног; time flies вре́мя лети́т; the flag is ~ing флаг развева́ется; **3.** (*flee*) бежа́ть (*det.*); the bird has flown (*fig.*) пти́чка улете́ла.

*with advs.*: leaves were ~ing about повсю́ду кружи́лись ли́стья; ~ away улет|а́ть, -е́ть; the plane flew in to refuel and flew off again самолёт прилете́л на запра́вку и вновь/сно́ва улете́л; ~ off at a tangent сорва́ться (*pf.*); отклон|я́ться, -и́ться; the door flew open дверь распахну́лась на́стежь; she flew out to join her husband она́ улете́ла к му́жу.

*cpds.*: ~-**by-night** *n.* ненадёжный челове́к; ~-**over** *n.* (*bridge, overpass*) эстака́да; путепрово́д; ~-**past** *n.* возду́шный пара́д.

**flyer, flier** *n.* (*aviator*) лётчик; (*pers. of promise*) подаю́щий больши́е наде́жды челове́к; he is a ~ он далеко́ пойдёт.

**flying** *n.* полёт; he likes ~ он лю́бит лета́ть; ~ field лётное по́ле; аэродро́м; ~ instructor лётчик-инстру́ктор; ~ kit лётное обмундирова́ние; ~ school лётная шко́ла.

*adj.*: ~ bomb самолёт-снаря́д; плани́рующая бо́мба; ~ buttress а́рочный контрфо́рс, аркбута́н; pass with ~ colours пройти́ (*pf.*) с бле́ском; ~ column лету́чий отря́д; ~ leap прыжо́к с разбе́га; F~ Officer ста́рший лейтена́нт авиа́ции; ~ saucer лета́ющее блю́дце; F~ Squad специа́льный отря́д полице́йских для бы́строго налёта; off to a ~ start с ме́ста в карье́р; pay a ~ visit нанести́ (*pf.*) мимолётный визи́т.

*cpds.*: ~-**boat** *n.* лета́ющая ло́дка; ~-**fish** *n.* лету́чая ры́ба; ~-**machine** *n.* лета́тельный аппара́т.

**foal** *n.* жеребёнок; the mare is in ~ кобы́ла жерёбая.

*v.i.* жереби́ться, о-.

**foam** *n.* пе́на; ~ extinguisher огнетуши́тель (*m.*); ~ rubber по́ристая рези́на; пенопла́ст.

*v.i.* пениться (*impf.*); he was ~ing at the mouth у него была пена на губах.

**fob**[1] *n.* (*watch pocket*) кармашек для часов.

**fob**[2] *v.t.*: ~ s.o. off with promises кормить (*impf.*) кого-н. обещаниями; ~ off a cheap article on s.o. всучить (*pf.*) кому-н. какую-н. дешёвку.

**f.o.b.** *adv.* (*abbr., free on board*) фоб, франко--борт.

**focal** *adj.* фокусный; ~ distance, length фокусное расстояние; (*fig.*): the ~ point in his argument главный пункт его доказательств.

**fo'c'sle** *n.* (*naut.*) бак, полубак.

**focus** *n.* (*math., phys., phot.*) фокус; bring into ~ поме|щать, -стить в фокусе; out of ~ не в фокусе; (*fig.*) центр, средоточие; he became the ~ of interest он оказался в центре внимания.

*v.t.* соб|ирать, -рать; сосредоточи|вать, -ть; he ~(s)ed his attention on the book он сосредоточил всё своё внимание на книге.

**fodder** *n.* корм для скота; фураж.

*v.t.* зад|авать, -ать корм (*скоту*).

**foe** *n.* враг, недруг.

**foeman** *n.* неприятель (*m.*).

**foetal, fetal** *adj.* зародышевый, эмбриональный; ~ position положение эмбриона (в матке).

**foetus, fetus** *n.* плод, зародыш.

**fog** *n.* туман; (*phot.*) вуаль; (*fig.*): in a ~ как в тумане; в растерянности.

*v.t.* окут|ывать, -ать туманом; зату-мани|вать, -ть; напус|кать, -тить туману на +*a.*; (*fig.*): I'm a bit ~ged я озадачен; the windows are ~ged up окна запотели.

*cpds.*: ~**-bank** *n.* полоса тумана над морем; ~**-bound** *adj.* окутанный туманом; ~**-horn** *n.* туманный горн; ~**-lamp** *n.* фара с цветными стёклами; ~**-signal** *n.* сигнал при тумане.

**fog(e)y** *n.* старомодный/отсталый человек.

**fogg|y** *adj.* туманный; (*fig.*): I haven't the ~iest idea я не имею ни малейшего представления.

**foible** *n.* слабость; слабая струнка.

**foil**[1] *n.* (*thin metal*) фольга, станиоль (*m.*); (*fig., contrast*) контраст, противопостав-ление; her plainness serves as a ~ to the others её некрасивая внешность оттеняет/под-чёркивает красоту остальных.

**foil**[2] *n.* (*fencing sword*) рапира; ~ fencer рапирист (*fem.* -ка).

**foil**[3] *v.t.* сби|вать, -ть со следа; расстр|аивать, -оить (*or* срывать, сорвать) планы +*g.*

**foist** *v.t.* навяз|ывать, -ать (*что кому*).

**fold**[1] *n.* складка; the ~s of a dress складки платья; a ~ in the hills лощина.

*v.t.* **1.** (*double over*) складывать, сложить; св|ёртывать (*or* -орачивать), -ернуть; сгибать, согнуть; ~ one's arms скре|щивать, -стить руки на груди; ~ back the bedclothes отки|дывать, -нуть одеяло; ~ (up) the news-

paper складывать, сложить газету; **2.** (*embrace*) обн|имать, -ять; she ~ed the child in her arms она заключила ребёнка в объятия; the hills were ~ed in mist холмы были окутаны мглой.

*v.i.* складываться, сложиться; (*fig.*): the attack ~ed (up) атака захлебнулась (*coll.*); the play ~ed after a week пьеса сошла (со сцены) через неделю.

**fold**[2] *n.* (*for sheep*) загон; return to the ~ (*fig.*) вернуться (*pf.*) в лоно (*церкви и т.п.*).

**folder** *n.* (*brochure*) несшитая брошюра; (*container for papers*) скоросшиватель (*m.*); папка-планшет.

**folding** *adj.* складной; ~ doors складные двери, двери гармошкой.

*cpds.*: ~**-bed** *n.* раскладушка; ~**-chair** *n.* складной стул.

**foliage** *n.* листва; ~ plant лиственное рас-тение.

**folio** *n.* (*large folded sheet of paper; book size*) ин-фолио (*indecl.*); (*book*) фолиант; (*ledger sheet*) лист бухгалтерской книги.

**folk** *n.* **1.** (*sing. or pl., coll., persons*) народ, люд|и (*pl., g.* -ей); some ~ have all the luck! везёт же людям!; the old ~s старики; родители (*both m. pl.*); old ~s' home дом для престаре-лых; **2.** (*pl., coll., relatives*) родня, родные (*pl.*).

*cpds.*: ~**lore** *n.* фольклор; ~**-music** *n.* народная музыка; ~**-song** *n.* народная песня.

**folklorist** *n.* фольклорист.

**folksy** *adj.* (*coll.*) простецкий, фамильярный; панибратский.

**follicle** *n.* (*anat.*) фолликул; (*bot.*) стручок.

**follow** *v.t. & i.* **1.** (*proceed or happen after*) следовать, по- за +*i.*; the dog ~s him about собака ходит за ним по пятам; he ~ed his wife to the grave (*attended funeral*) он проводил свою жену в последний путь; he ~ed (in) his father's footsteps он пошёл по стопам отца; ~ the crowd (*fig.*) плыть (*det.*) по течению; ~ the hounds охотиться (*impf.*) с собаками; ~ suit (*at cards*) ходить (*indet.*) в масть; (*fig.*) следовать, по- чьему-н. примеру; the frost was ~ed by a thaw мороз сменился от-тепелью; he was ~ed on the throne by his son после него на трон взошёл его сын; as ~s следующим образом; как следует ниже; his plan was as ~s его план был таков; **2.** (*as inference*) следовать (*impf.*) из +*g.*; it does not ~ that ... это вовсе не значит, что ...; **3.** (*pursue*) следить (*impf.*) за +*i.*; he ~ed the ball with his eye он следил за мячом; don't look now, we're being ~ed не оглядывайтесь, но за нами следят; (*fig.*): ~ one's bent следовать (*impf.*) своим наклонностям; **4.** (*keep to*) придерживаться (*impf.*) +*g.*; ~ this road следуйте/идите по этой дороге; ~ the policy of one's predecessor продолжать (*impf.*)

поли́тику своего́ предше́ственника; (*fig.,*
*engage in*): ~ a trade име́ть (*impf.*)
профе́ссию; ~ the sea (*fig.*) быть моряко́м;
(*fig., be guided by*): ~ s.o.'s advice/example
сле́довать, по- чьему́-н. сове́ту/приме́ру;
play ~-my-leader (*fig.*) сле́по подража́ть
(*impf.*) кому́-н.; **5.** (*fig., keep track of*): ~ s.o.'s
arguments следи́ть (*impf.*) за хо́дом чьи́х-н.
рассужде́ний; I don't ~ you я вас не пони-
ма́ю; ~ the news in the papers следи́ть (*impf.*)
за новостя́ми в газе́тах.

*with advs.*: ~ **on** *v.t. & i.* сле́довать, по- (за
+*i.*); ~ **out** *v.t.* осуществля́ть, -и́ть;
выполня́ть, вы́полнить; ~ **through** *v.t. & i.*
сле́довать (*impf.*) (за +*i.*) до конца́; ~ **up** *v.t.*
дов|оди́ть, -ести́ до конца́; ~ up an advantage
(*mil.*) разв|ива́ть, -и́ть успе́х; (*in general*)
по́лностью испо́льзовать (*impf., pf.*) вы́годы
положе́ния; ~ up a clue рассле́довать улику;
~ up a suggestion уч|и́тывать, -е́сть чьё-н.
предложе́ние.

*cpd.*: ~-**up** *n.* продолже́ние; (*med.*) контро́ль
(*m.*).

**follower** *n.* после́дователь (*m.*); сторо́нник;
(*wooer, coll.*) ухажёр; покло́нник.
**following** *n.* после́дователи (*m. pl.*);
приве́рженцы (*m. pl.*); the preacher gained a
large ~ пропове́дник собра́л мно́го
приве́рженцев.

*adj.* **1.** (*ensuing*) сле́дующий; (on) the ~ day
на сле́дующий день; (*about to be specified*): we
shall need the ~ нам потре́буется
сле́дующее; **2.** (*coming behind*) попу́тный; a
~ tide попу́тное тече́ние; a ~ wind попу́тный
ве́тер.

**folly** *n.* (*foolishness*) безрассу́дство, глу́пость;
(*caprice*) причу́да, капри́з.
**foment** *v.t.* класть, положи́ть припа́рку к
+*d.*; (*fig.*) подстрек|а́ть, -ну́ть; разд|ува́ть,
-у́ть.
**fomentation** *n.* припа́рка; (*fig.*) подстре-
ка́тельство, раздува́ние.
**fond** *adj.* **1.** (*pred., with* of): he became ~ of her
он привяза́лся к ней; are you ~ of music? вы
лю́бите му́зыку?; **2.** (*loving*) не́жный,
лю́бящий; **3.** (*credulous*) дове́рчивый; I ~ly
imagined я тще́тно вообража́л.
**fondant** *n.* ≃ пома́дка.
**fondle** *v.t.* ласка́ть (*impf.*); гла́дить, по-.
**font**¹ *n.* (*eccl.*) купе́ль.
**font**² *n.* (*Am., typ.*) see FOUNT².
**food** *n.* пи́ща, пита́ние; еда́, ку́шанье; ~ supplies продово́льственные припа́сы (*m. pl.*);
провиа́нт; ~ and drink еда́ и питьё; go without
~ голода́ть (*impf.*); baby ~ де́тское пита́ние;
the government's ~ policy поли́тика прави́-
тельства по снабже́нию населе́ния про-
дово́льствием; (*fig.*): ~ for thought пи́ща для
размышле́ний.

*cpds.*: ~-**processor** *n.* ку́хонный комба́йн;

~-**store** *n.* продово́льственный магази́н;
~ **stuff** *n.* пищево́й проду́кт.

**fool**¹ *n.* (*simpleton*) дура́к, глупе́ц; any ~ could
do that э́то ка́ждый дура́к мо́жет; he is
nobody's ~ он совсе́м не дура́к; I was a ~ to
accept дура́к я был, что согласи́лся; like a ~,
I told him я был так глуп, что сказа́л ему́; a ~
and his money are soon parted у дурака́ де́ньги
до́лго не де́ржатся; he was sent on a ~'s errand
его́ посла́ли с бессмы́сленным поруче́нием;
he lived in a ~'s paradise он жил в вы́думан-
ном ми́ре; ~'s mate (*at chess*) «де́тский» мат;
(*jester*) шут; ~'s cap шутовско́й колпа́к; play
the ~ дура́читься (*impf.*); валя́ть (*impf.*)
дурака́; April ~ одура́ченный пе́рвого
апре́ля; All F~s' Day пе́рвое апре́ля; make a
~ (out) of s.o. дура́чить, о- кого́-н.; make a ~
of o.s. ста́вить, по- себя́ в дура́цкое
положе́ние.

*adj.* (*coll.*) глу́пый, безрассу́дный.

*v.t.* **1.** (*delude, deceive*) одура́чи|вать, -ть; he
was ~ed into going there обма́ном его́
убеди́ли пойти́ туда́; **2.**: ~ away one's time
тра́тить (*impf.*) вре́мя по́пусту.

*v.i.* дура́читься (*impf.*); ~ about, around
валя́ть (*impf.*) дурака́; don't ~ about with the
watch, you may break it! поосторо́жней с
часа́ми, а то слома́ете их!

*cpd.*: ~-**proof** *adj.* безотка́зный; несло́жный;
безопа́сный.
**fool**² *n.* (*fruit dish*) ≃ кисе́ль (*m.*) со сби́тыми
сли́вками.
**foolery** *n.* дура́чество, глу́пость; глу́пое
поведе́ние.
**foolhardiness** *n.* безрассу́дная хра́брость.
**foolhardy** *adj.* безрассу́дно хра́брый; отча́ян-
ный; лю́бящий риск.
**foolish** *adj.* глу́пый, безрассу́дный; дура́цкий.
**foolishness** *n.* глу́пость, безрассу́дство.
**foolscap** *n.* (*stationery*) пи́счая бума́га фор-
ма́том 330 х 200 mm.
**foot** *n.* **1.** (*extremity of leg*) ступня́, нога́, стопа́
ноги́; (*dim.*) но́жка; (*of an animal*) ла́па; (*of a
garment*) низ, подо́л; (*of a chair*) но́жка; (*lowest part, bottom*) ни́жняя часть, ни́жний край;
at the ~ of the hill у подно́жия холма́; at the ~
of the page в конце́ страни́цы; at the ~ of the
stairs внизу́ ле́стницы; at the ~ of the bed в
нога́х (*or* у изно́жья) крова́ти; (*tread*): she is
light of ~ у неё лёгкая похо́дка.

*phrr.*: we came here on ~ мы пришли́ сюда́
пешко́м; plans are on ~ to change all this
проекти́руются больши́е измене́ния; set sth.
on ~ (*fig.*) нача́ть/зате́ять (*pf.*) что-н.; she is
on her feet all day она́ це́лый день на нога́х; he
was on his feet in an instant он то́тчас вскочи́л
на́ ноги; the patient is on his feet again больно́й
уже́ на нога́х; the business got off on the wrong
~ де́ло с са́мого нача́ла пошло́ не так; she
was swept off her feet (*fig.*) она́ потеря́ла

го́лову; he fell on his feet (*fig.*) он счастли́во отде́лался; ему́ повезло́; find one's feet нащу́п|ывать, -ать по́чву под нога́ми; get, rise to one's feet подня́ться, встать (*both pf.*); have the ball at one's feet (*fig.*) быть хозя́ином положе́ния; have one ~ in the grave стоя́ть (*impf.*) одно́й ного́й в моги́ле; have both feet on the ground (*fig.*) кре́пко стоя́ть (*impf.*) на нога́х; have feet of clay стоя́ть (*impf.*) на гли́няных нога́х; keep one's feet удержа́ться (*pf.*) на нога́х; kneel at s.o.'s feet пасть (*pf.*) на коле́ни пе́ред кем-н.; put one's ~ down (*fig.*) заня́ть (*pf.*) твёрдую/реши́тельную пози́цию; (*accelerate*) дать (*pf.*) га́зу; put one's ~ in it (*fig.*) дать (*pf.*) ма́ху; put one's best ~ forward, foremost приба́вить (*pf.*) ша́гу; put one's feet up сиде́ть (*impf.*) с по́днятыми нога́ми; (*fig.*) отдыха́ть (*impf.*); set ~ in вступи́ть (*pf.*) в +*a.*; set s.o. on his feet again подня́ть (*pf.*) кого́-н. на́ ноги; stand on one's own (two) feet стоя́ть (*impf.*) на свои́х нога́х; быть самостоя́тельным; trample under ~ поп|ира́ть -ра́ть; it's wet under ~ на земле́ мо́кро; wipe one's feet вытира́ть, вы́тереть но́ги; **2.** (*unit of length*) фут; six ~ (*or* feet) tall шести́ фу́тов ро́стом; **3.** (*pros.*) стопа́; **4.** (*infantry*) пехо́та; unit of ~ подразделе́ние пехо́ты; ~ guards гварде́йская пехо́та.

*v.t.* **1.**: ~ a stocking надвя́з|ывать, -а́ть чуло́к; **2.** ~ the bill опла́|чивать, -ти́ть счёт.

*cpds.*: ~-**and-mouth** (*disease*) *n.* я́щур; infected with ~-and-mouth больно́й я́щуром, я́щурный; ~**ball** *n.* футбо́л; ~ball player футболи́ст; ~**baller** *n.* футболи́ст; ~-**bath** *n.* ножна́я ва́нна; ~-**board** *n.* подно́жка; ступе́нька; запя́т|ки (*pl., g.* -ок); ~-**brake** *n.* ножно́й то́рмоз; ~**bridge** *n.* пешехо́дный мо́стик; ~-**drill** *n.* обуче́ние пе́шему стро́ю; ~**fall** *n.* по́ступь; шаги́ (*m. pl.*), звук шаго́в; ~**hills** *n.* предго́рье; ~**hold** *n.* то́чка опо́ры; (*mil.*) опо́рный пункт; ~**lights** *n.* ра́мпа (*sg.*); ~**man** *n.* лаке́й; ~**mark** *n.* след ноги́; ~**note** *n.* сно́ска; ~**pad** *n.* разбо́йник с большо́й доро́ги; ~**path** *n.* тропа́, тропи́нка; ~**plate** *n.* площа́дка машини́ста; ~-**pound** *n.* (*tech.*) футофу́нт; ~**print** *n.* след, отпеча́ток ноги́; ~-**race** *n.* состяза́ние в бе́ге; ~-**rot** *n.* копы́тная гниль; ~-**rule** *n.* лине́йка длино́й в оди́н фут; ~-**slog** *v.i.* тащи́ться (*impf.*) пешко́м; ~-**slogger** *n.* пехоти́нец, пехтура́ (*m.*); ~-**soldier** *n.* пехоти́нец; ~ **sore** *adj.* со стёртыми нога́ми; ~**step** *n.* шаг, по́ступь; ~**stool** *n.* скаме́ечка для ног; ~**sure** *adj.* не спотыка́ющийся; уве́ренно ступа́ющий; (*fig.*) уве́ренно иду́щий к це́ли; ~**way** *n.* пешехо́дная доро́жка, тротуа́р; ~**wear** *n.* о́бувь; ~**work** *n.* рабо́та ног.

**footage** *n.* длина́ в фу́тах, метра́ж.

**footing** *n.* (*foothold*) опо́ра для ног(и́); lose one's ~ оступи́ться (*pf.*); (*fig.*) потеря́ть (*pf.*)

по́чву под нога́ми; on an equal ~ на ра́вной ноге́; on a friendly ~ на дру́жеской ноге́; the army was placed on a war ~ а́рмия была́ приведена́ в боеву́ю гото́вность.

**footle** *v.i.* (*coll.*) дури́ть (*impf.*); дура́читься (*impf.*).

**footling** *adj.* (*coll.*) пустя́чный, ерундо́вый.

**fop** *n.* фат, хлыщ, щёголь (*m.*).

**foppish** *adj.* фатова́тый, щеголева́тый, щеголь-ско́й.

**for** *prep.* **1.** (*with the object or purpose of*) для +*g.*; ра́ди +*g.*; ~ example наприме́р; I did it ~ fun я сде́лал э́то для сме́ху; ~ a laugh шу́тки ра́ди; ~ the sake of peace ра́ди ми́ра; they have gone ~ a walk они́ отпра́вились гуля́ть; who's coming ~ dinner? кто придёт к у́жину?; what ~? заче́м?; there is no need ~ this в э́том нет никако́й на́добности; a house ~ sale дом на прода́жу; save up ~ a house копи́ть (*impf.*) (де́ньги) на поку́пку до́ма; he sent ~ the doctor он посла́л за врачо́м; I've come ~ the rent я пришёл получи́ть за кварти́ру; run ~ a train бежа́ть (*det.*), по- к по́езду; run ~ it! беги́те изо всех сил!; now ~ it! а тепе́рь — дава́й!; (*destination*) на +*a.*; к +*d.*; the train ~ Moscow по́езд на Москву́; he made ~ the exit он напра́вился к вы́ходу; he left ~ home он отпра́вился домо́й; where are you ~? куда́ вы направля́етесь?; you're in ~ a shock вас ждёт больша́я неприя́тность; (*aspiration*): who could ask ~ more? чего́ же ещё жела́ть?; he begged ~ money он проси́л де́нег; a cry ~ help крик о по́мощи; зов на по́мощь; oh ~ a drink! эх, вы́пить бы!; greed ~ money жа́дность к деньга́м; longing ~ home тоска́ по ро́дине; demand ~ coal спрос на у́голь; prospecting ~ oil разве́дка на нефть; **2.** (*denoting reason; on account of*) ра́ди +*g.*, для +*g.*; cry ~ joy пла́кать (*impf.*) от ра́дости; ~ fear of being found out из боя́зни разоблаче́ния; grateful ~ help благода́рный за по́мощь; you can't move here ~ books из-за книг здесь не́где поверну́ться; he can't see the wood ~ trees он за дере́вьями не ви́дит ле́са; ~ the love of God ра́ди Бо́га; ~ shame! как не сты́дно!; ~ pity's sake! пощади́те!; ра́ди Бо́га!; my shoes are the worse ~ wear мои́ боти́нки поизноси́лись; but (*or if it had not been*) ~ me he would have died ка́бы не я, он бы у́мер; he is known ~ his generosity он изве́стен свое́й ще́дростью; they married ~ love они́ жени́лись по любви́; selected ~ their physique ото́бранные по физи́ческим да́нным; (*accorded to*): the penalty ~ treason is death наказа́ние за изме́ну — сме́ртная казнь; a prize ~ a novel пре́мия за рома́н; a decoration ~ bravery о́рден за отва́гу; (*on the occasion of*): I gave him a book ~ his birthday я подари́л ему́ кни́гу на день рожде́ния; he went abroad ~ his holidays он пое́хал за грани́цу в о́тпуск; she wore black ~

the funeral она́ наде́ла всё чёрное на похоро́ны; the church was decorated ~ Easter це́рковь была́ укра́шена к Па́схе; what are we having ~ dinner? что у нас на у́жин?; **3.** (*representative of*): A ~ Anna A как в сло́ве «А́нна»; the member (of parliament) ~ Oxford член парла́мента от О́ксфорда; red is ~ danger кра́сный свет знамену́ет опа́сность; he stands ~ all that is noble он воплоще́ние благоро́дства; he signed ~ the government он поста́вил по́дпись от и́мени прави́тельства; (*in support*; *in favour of*): who is not ~ me is against me кто не за меня́, тот про́тив меня́; a vote ~ freedom го́лос за свобо́ду; I'm all ~ it я по́лностью за (э́то); stand up ~ one's rights отст|а́ивать, -оя́ть свои́ права́; (*denoting purpose*): they need premises ~ a school им ну́жно помеще́ние под шко́лу; a report ~ the director докладна́я на и́мя дире́ктора; a candidate ~ the presidium кандида́т в прези́диум; the order ~ retreat прика́з об отступле́нии; this barrel is meant ~ wine э́та бо́чка предназна́чена под вино́; ready ~ departure гото́в к отъе́зду; (*on behalf of*) за +*a.*, от +*g.*; speak ~ yourself! говори́те за себя́!; see ~ yourself! смотри́те са́ми!; pray ~ the sick моли́ться (*impf.*) за больны́х; who is he in mourning ~? по ком он но́сит тра́ур? **4.** (*denoting intended recipient*): a dinner ~ 10 people обе́д на де́сять челове́к; there is a letter ~ you вам письмо́; votes ~ women пра́во го́лоса для же́нщин; he and she were meant ~ each other они́ бы́ли со́зданы друг для дру́га; **5.** (*denoting duration or extent*): ~ a time на вре́мя; ~ a long time на до́лгое вре́мя; в тече́ние до́лгого вре́мени; he stayed ~ the night он оста́лся на́ ночь; he was away ~ ages он о́чень до́лго был в отъе́зде; I haven't seen him ~ (some) days я не ви́дел его́ не́сколько дней; the forest stretches ~ miles лес простира́ется на не́сколько киломе́тров; there is no house ~ miles круго́м на мно́го вёрст ни еди́ного до́ма; a weather report ~ the past week сво́дка пого́ды за про́шлую неде́лю; (*intended duration*): ~ ever and ever навсегда́, на ве́ки ве́чные; I've lost it ~ good я навсегда́/оконча́тельно потеря́л его́/её; I shan't stay ~ long я до́лго не задержу́сь; ~ the future we must be more careful в бу́дущем мы должны́ быть бо́лее осторо́жными; they are going away ~ a few days они́ уезжа́ют на не́сколько дней; imprisoned ~ life пожи́зненно заключённый; **6.** (*denoting relationship*; *in respect of*): I ~ my part . . . со свое́й стороны́, я . . .; ~ the rest в остально́м; что каса́ется остально́го; as ~ me, myself что каса́ется меня́; he is hard up ~ moncy у нсго́ пло́хо/ту́го с деньга́ми; luckily ~ her на её сча́стье, к сча́стью для неё; ~ one thing it's too short, and ~ another I don't like it во-пе́рвых, э́то о́чень ко́ротко, во-вторы́х, мне

э́то не нра́вится; (*responsive to*): an eye ~ a bargain намётанный глаз на вы́годную поку́пку; an ear ~ music музыка́льный слух; a weakness ~ sweets сла́бость к сла́дкому; (*in relation to what is normal or suitable*): warm ~ the time of year тепло́ для э́того вре́мени го́да; cold ~ summer не по-ле́тнему холо́дный; it's cold enough ~ snow хо́лодно — того́ и гляди́ пойдёт снег; he is too thoughtful ~ his age он сли́шком серьёзен для свои́х лет; он заду́мчив не по лета́м; not bad ~ a beginner для новичка́ непло́хо; that's no job ~ a woman э́то не же́нская рабо́та; how's that ~ a stroke of luck? вот э́то уда́ча!; **7.** (*in return ~, instead of*): an eye ~ an eye о́ко за о́ко; new lamps ~ old но́вые ла́мпы вме́сто ста́рых; get something ~ nothing получи́ть (*pf.*) что-н. да́ром; so much ~ your promises! вот чего́ стоя́т ва́ши обеща́ния!; not ~ the world ни за что (на све́те); once (and) ~ all раз и навсегда́; thank you ~ nothing! ну уж, удружи́л — не́чего сказа́ть!; seven ~ a pound семь штук на фунт; how many books can I buy ~ that money? ско́лько книг я смогу́ купи́ть на э́ти де́ньги?; you'll pay ~ this! вы мне за э́то заплати́те!; ~ every good apple there were 10 bad ones на ка́ждое хоро́шее я́блоко бы́ло 10 плохи́х; **8.** (*as being*; *in the capacity of*): what do you take me ~? за кого́ вы меня́ принима́ете?; take sth. ~ granted приня́ть (*pf.*) что-н. как само́ собо́й разуме́ющееся; **9.** (*up to*; *incumbent upon*): it's ~ you to decide вам реша́ть; it's not ~ me to say не мне об э́том говори́ть; **10.** (*despite*): ~ all that, I still love him несмотря́ на всё э́то, я его́ люблю́; **11.** (*ethic dative*): there's gratitude ~ you! и вот вам благода́рность!; there's a marvellous shot ~ you! вот замеча́тельный вы́стрел!; **12.** (*with certain expressions of time*): ~ the first time в пе́рвый раз; ~ the last time, will you shut up! говорю́ тебе́ в после́дний раз — замолчи́!; once I agree with you на э́тот раз я с ва́ми согла́сен; the wedding is arranged ~ June the 1st сва́дьба назна́чена на пе́рвое ию́ня; I ordered meat ~ Thursday я заказа́л мя́со к четвергу́; **13.** (*with following inf.*): it will be better ~ us all to leave бу́дет лу́чше нам всем уйти́; ~ the experiment to succeed, certain conditions must be fulfilled что́бы о́пыт уда́лся, должны́ быть вы́полнены определённые усло́вия; it was absurd ~ him to do that э́то бы́ло неле́по с его́ стороны́; **14.**: ~ all I know, he may be there already почём я зна́ю, мо́жет быть он уже́ там; ~ all his boasting при всём сго́ хвастовстве́; как бы он ни хва́стался; you can go away ~ all I care а по мне — хоть сейча́с уходи́те.
*conj.* так как, и́бо.

**forage** *n.* фура́ж, корм.

*v.i.* (*mil.*) фуражи́ровать (*impf.*); (*search*) разы́скивать (*impf.*).

*cpd.*: ~-**cap** *n.* фура́жка.

**forasmuch as** *conj.* (*arch.*) ввиду́ того́, что; поско́льку.

**foray** *n.* набе́г.

*v.i.* соверш|а́ть, -и́ть набе́г.

**forbear**¹, **forebear** *n.* пре́док.

**forbear**² *v.t. & i.* возде́рж|иваться, -а́ться (*от чего*); быть терпели́вым.

**forbearance** *n.* возде́ржанность, терпели́вость, терпе́ние.

**forbid** *v.t.* запре|ща́ть, -ти́ть (*кому что*); God ~! Бо́же упаси́!/сохрани́!

**forbidden** *adj.* запрещённый, запре́тный.

**forbidding** *adj.* (*repellent*) отта́лкивающий; (*unfriendly*) неприя́зненный; (*threatening*) гро́зный; а ~ air непристу́пный вид.

**force** *n.* **1.** (*strength*: *lit., fig.*) си́ла; use ~ приб|ега́ть, -е́гнуть к си́ле; in full ~ в по́лном соста́ве; by ~ си́лой, наси́льно; ~ from ~ of habit в си́лу привы́чки; by ~ of circumstance(s) в си́лу обстоя́тельств; the ~s of darkness си́лы тьмы; **2.** (*body of men, usu. armed*) вооружённый отря́д; he attacked with a small ~ он атакова́л с небольши́м отря́дом; Air F~ вое́нно-возду́шные си́лы; (Police) F~ поли́ция; (*pl.*) the (Armed) F~s а́рмия, вооружённые си́лы; **3.** (*binding power, validity*) де́йственность; the agreement has the ~ of law э́то соглаше́ние име́ет си́лу зако́на; in ~ (*of law etc.*) в си́ле; come into ~ вступ|а́ть, -и́ть в си́лу; (*significance, cogency*) смысл, значе́ние; he explained the ~ of the word он объясни́л то́чное значе́ние э́того сло́ва; there is ~ in what you say вы говори́те убеди́тельно; в ва́ших слова́х есть смысл; **4.** (*phys.*) си́ла; the ~ of gravity си́ла притяже́ния.

*v.t.* **1.** (*compel, constrain*) заст|авля́ть, -а́вить; прин|ужда́ть, -у́дить; he was ~d to sell the house он был вы́нужден прода́ть дом; you are not ~d to answer вы не обя́заны отвеча́ть; ~ s.o.'s hand прин|ужда́ть, -у́дить кого́-н. к де́йствию; форси́ровать (*impf., pf.*) собы́тия; ~d (*laugh etc.*) принуждённый; ~d labour принуди́тельный труд; ~d landing вы́нужденная поса́дка; **2.** (*effect by* ~): ~ an entry вл|а́мываться, -оми́ться; врыва́ться, ворва́ться; ~ a quarrel on s.o. навя́з|ывать, -а́ть кому́-н. ссо́ру; (*apply* ~ *to*): ~ (open) the door выла́мывать, вы́ломать дверь; ~ a lock взл|а́мывать, -ома́ть замо́к; ~ one's voice напр|яга́ть, -я́чь го́лос; **3.** (*increase under stress*): ~ the bidding пов|ыша́ть, -ы́сить ста́вки; ~ the pace уск|оря́ть, -о́рить шаг; (*produce under stress*): ~ a laugh смея́ться (*impf.*) че́рез си́лу; **4.** (*cause accelerated growth*): ~ plants уск|оря́ть, -о́рить рост расте́ний.

*cpds.*: ~-**feed** *v.t.* корми́ть (*impf.*) наси́льно; ~-**feeding** *n.* наси́льственное кормле́ние.

**forceful** *adj.* си́льный, убеди́тельный.

*force majeure n.* форс-мажо́р.

**forcemeat** *n.* фарш.

**forceps** *n.* хирурги́ческие щипц|ы́ (*pl., g.* -о́в); (*small*) пинце́т.

**forcible** *adj.* наси́льственный; (*forceful*) ве́ский; убеди́тельный; ~ entry наси́льственное вторже́ние.

**forclos|e, -ure** *see* FOR(E)CLOS|E, -URE.

**ford** *n.* брод.

*v.t.* пере|ходи́ть, -йти́ вброд.

**fore** *n.* **1.**: he finished the race well to the ~ он зако́нчил бег, намно́го опереди́в други́х; this subject has recently come to the ~ в после́днее вре́мя э́тот вопро́с оказа́лся в це́нтре внима́ния; **2.** (*naut.*) нос; носова́я часть.

*adj.* пере́дний; (*naut.*) носово́й; (*as pref.*) пред-.

*adv.* впереди́; ~ and aft на носу́ и на корме́; вдоль всего́ су́дна.

**forearm**¹ *n.* предплре́чье.

**forearm**² *v.t.* зара́нее воооруж|а́ть, -и́ть; forewarned is ~ed кто предостережён, тот воооружён.

**forebear** *see* FORBEAR¹.

**forebode** *v.t.* (*portend*) предвеща́ть (*impf.*) (дурно́е); (*have presentiment of*) предчу́вствовать (*impf.*).

**foreboding** *n.* (*omen*) предзнаменова́ние; (*presentiment*) дурно́е предчу́вствие.

**forecast**¹ *n.* предсказа́ние; weather ~ прогно́з пого́ды.

**forecast**² *v.t. & i.* предска́з|ывать, -а́ть; weather ~ing синоптика.

**forecaster** *n.*: weather ~ сино́птик.

**forecastle** *n.* (*naut.*) бак, полуба́к.

**for(e)close** *v.t. & i.* (*preclude*) исключ|а́ть, -и́ть; (*mortgage*) лиша́ть (*impf.*) пра́ва вы́купа зало́женного иму́щества.

**for(e)closure** *n.* (*leg.*) лише́ние пра́ва вы́купа зало́женного иму́щества.

**forecourt** *n.* пере́дний двор.

**foredge** *n.* пере́дний обре́з (кни́ги).

**foredoom** *v.t.* (*зара́нее*) обр|ека́ть, -е́чь.

**forefather** *n.* пре́док, пра́отец.

**forefinger** *n.* указа́тельный па́лец.

**forefoot** *n.* пере́дняя ла́па/нога́.

**forefront** *n.*: in the ~ of the battle на передово́й (ли́нии).

**foregather** *see* FORGATHER.

**forego**¹ *v.i.* (*precede*) предше́ствовать (*impf.*) +*d.*; the ~ing вышеупомя́нутое; a ~ne conclusion предрешённый исхо́д.

**forego**² *see* FORGO.

**foreground** *n.* (*lit., fig.*) пере́дний план.

**forehand** *adj.* (*tennis*): ~ stroke уда́р спра́ва.

**forehead** *n.* лоб.

**foreign** *adj.* **1.** (*of or pertaining to another country* *or countries*) иностра́нный, заграни́чный; зарубе́жный; ~ affairs междунаро́дные дела́; Ministry of F~ Affairs Министе́рство иностра́нных дел; ~ passport заграни́чный па́спорт; ~ policy вне́шняя поли́тика; ~ service (*service abroad*) слу́жба за грани́цей; F~ Service (*institution or career*) дипломати́ческая слу́жба; ~ trade вне́шняя торго́вля; in ~ parts в чужи́х края́х; **2.** (*alien*) чужо́й, чу́ждый; ~ soil чужа́я земля́, чужби́на; **3.** (*med.*) иноро́дный; ~ body (*lit.*, *fig.*) иноро́дное те́ло.

**foreigner** *n.* иностра́н|ец (*fem.* -ка).

**foreignness** *n.* иностра́нное происхожде́ние; чу́ждость.

**foreknow** *v.t.* знать (*impf.*) зара́нее.

**foreknowledge** *n.* предви́дение.

**foreland** *n.* мыс.

**foreleg** *n.* пере́дняя ла́па/нога́.

**forelock** *n.* прядь воло́с на лбу; чуб; вихо́р; take time by the ~ лови́ть (*impf.*) моме́нт; не зева́ть (*impf.*).

**foreman** *n.* ма́стер, деся́тник, прора́б (*abbr. of* производи́тель рабо́т); ~ of the jury старшина́ (*m.*) прися́жных.

**foremast** *n.* фок-ма́чта.

**foremost** *adj.* са́мый пере́дний.

    *adv.*: first and ~ пре́жде всего́; в пе́рвую о́чередь.

**forename** *n.* и́мя (*nt.*) (*в отличие от фамилии*).

**forenoon** *n.* вре́мя до полу́дня; у́тро.

**forensic** *adj.* суде́бный.

**foreordain** *v.t.* предопредел|я́ть, -и́ть.

**forerunner** *n.* предше́ственник, предте́ча (*c.g.*).

**foresail** *n.* фок.

**foresee** *v.t.* предви́деть (*impf.*).

**foreshadow** *v.t.* предвеща́ть (*impf.*).

**foreshore** *n.* берегова́я полоса́, затопля́емая прили́вом.

**foreshorten** *v.t.* черти́ть, на- в перспекти́ве/раку́рсе.

**foresight** *n.* **1.** (*knowledge of future*) предви́дение; **2.** (*care for future*) предусмотри́тельность; **3.** (*of gun*) му́шка.

**foreskin** *n.* кра́йняя плоть.

**forest** *n.* **1.** (*extensive woodland*) лес; ~ fire лесно́й пожа́р; a ~ of masts лес мачт; **2.** (*hunting preserve*) охо́тничий запове́дник; deer ~ запове́дник для охо́ты на оле́ней.

    *v.t.* заса́|живать, -ди́ть ле́сом; heavily ~ed country леси́стая/лесна́я ме́стность.

**forestall** *v.t.* предвосх|ища́ть, -ти́ть; опере|жа́ть, -ди́ть; предупре|жда́ть, -ди́ть.

**forester** *n.* (*forest dweller*) обита́тель (*m.*) ле́са; (*official*) лесни́к; (*specialist*) лесни́чий.

**forestry** *n.* лесово́дство; F~ Commission коми́ссия по охра́не лесо́в.

**foretaste** *n.* предвкуше́ние.

**foretell** *v.t.* предска́з|ывать, -а́ть.

**forethought** *n.* предусмотри́тельность.

**forever** *adv.* навсегда́, наве́чно; (*continually*) постоя́нно, ве́чно.

**forewarn** *v.t.* предупре|жда́ть, -ди́ть; предостер|ега́ть, -е́чь; ~ed is forearmed кто предостережён, тот вооружён.

**forewoman** *n.* (же́нщина-)деся́тник/ма́стер; (*of a jury*) (же́нщина-)старшина́ прися́жных.

**foreword** *n.* предисло́вие.

**forfeit** *n.* (*penalty*) штраф, конфиска́ция; his life was ~ ≃ он мог поплати́ться жи́знью (за +*a.*); (*trivial fine, e.g. at games*) фант; play at ~s игра́ть в фа́нты.

    *v.t.* теря́ть, по- (пра́во на) +*a.*; he ~ed his self-respect он потеря́л уваже́ние к себе́.

**forfeiture** *n.* конфиска́ция; лише́ние пра́ва (на +*a*).

**forfend** *v.t.* предохран|я́ть, -и́ть.

**forgather, foregather** *v.i.* соб|ира́ться, -ра́ться.

**forge** *n.* (*workshop*) ку́зница; (*hearth or furnace*) кузне́чный горн.

    *v.t. & i.* **1.** (*shape metal*) кова́ть (*impf.*); **2.** (*fabricate*) изобре|та́ть, -сти́; выду́мывать, вы́думать; (*counterfeit*) подде́л|ывать, -ать; **3.**: ~ ahead вырыва́ться, вы́рваться вперёд.

**forger** *n.* подде́лыватель (*m.*); фальсифика́тор.

**forgery** *n.* (*act*) подде́лка, подло́г; (*object*) подде́лка; подло́жный докуме́нт.

**forget** *v.t. & i.* заб|ыва́ть, -ы́ть; I forgot all about the lecture я соверше́нно забы́л о ле́кции; 'What is his name?' – 'I ~' «Как его́ зову́т?» — «Я забы́л»; his deeds will never be forgotten его́ дея́ния не забу́дутся; it is easy to ~ э́то легко́ забыва́ется; э́то с трудо́м уде́рживается в па́мяти; he drinks to ~ он пьёт, что́бы забы́ться; ~ it! (*coll.*) ла́дно!; бро́сьте!; ~ o.s. (*act unselfishly*) забыва́ть (*impf.*) себя́ ра́ди други́х; (*act without decorum*) заб|ыва́ться, -ы́ться.

    *cpd.*: ~-**me-not** *n.* (*bot.*) незабу́дка.

**forgetful** *adj.* забы́вчивый.

**forgetfulness** *n.* забы́вчивость.

**forging** *n.* (*metall.*) ко́вка.

**forgivable** *adj.* прости́тельный.

**forgive** *v.t. & i.* про|ща́ть, -сти́ть; I ~ you for everything я вам всё проща́ю; ~ me, I didn't hear what you said прости́те, я не расслы́шал, что́ вы сказа́ли.

**forgiveness** *n.* проще́ние.

**forgiving** *adj.* (все)проща́ющий.

**forgo, forego** *v.t.* отка́з|ываться, -а́ться от +*g.*; возде́рж|иваться, -а́ться от +*g.*

**fork** *n.* **1.** (*for cul. or table use*) ви́лка; **2.** (*agric.*) ви́лы (*f. pl.*); **3.** (*bifurcation*) развилка, разветвле́ние; (*crotch*) пах.

    *v.t.* **1.** (*dig or turn with* ~): ~ over a rose-bed разрыхл|я́ть, -и́ть ви́лами гря́дку с ро́зами; ~ **out, up** (*lit.*, *dig roots etc.*) выка́пывать, вы́копать.

    *v.i.* (*bifurcate*) раздв|а́иваться, -о́иться; разветв|ля́ться, -и́ться; (*of road-direction*): you must ~ right at the church у це́ркви (,где доро́га разветвля́ется,) возьми́те напра́во; ~ **out** (*sl.*, *provide money*) раскоше́ли|ваться, -ться.

*cpd.*: ~-**lift** *n.* вагоне́тка с раздво́енным захва́том.

**forked** *adj.* раздво́енный, разветвлённый, вилообра́зный; ~ lightning зигзагообра́зная мо́лния; a ~ tail вилообра́зный хвост.

**forlorn** *adj.* забро́шенный, поки́нутый, жа́лкий, несча́стный; ~ hope ги́блое де́ло; безнадёжное предприя́тие; he looked ~ у него́ был потеря́нный/жа́лкий вид.

**form** *n.* **1.** (*shape, aspect*) фо́рма, вид; (*figure, body*) фигу́ра; **2.** (*species, kind, variant*) вид, фо́рма; ~ of government госуда́рственный строй; фо́рма правле́ния; (*gram.*) фо́рма; **3.** (*accepted or expected behaviour*) но́рмы (*f. pl.*) прили́чия/поведе́ния; that is not good ~ так вести́ себя́ не при́нято; э́то дурны́е мане́ры; that is common ~ э́то обы́чно; так при́нято; **4.** (*ritual, formality*) тип, вид; ~s of worship обря́ды (*m. pl.*); **5.** (*of health*) состоя́ние; in good ~ в хоро́шей фо́рме; (*of spirits*): he appeared in great ~ он был в отли́чной фо́рме; **6.** (*document*) бланк, анке́та; **7.** (*class*) класс; **8.** (*bench*) скамья́; **9.** (*mould*) фо́рма; **10.** (*body of type*) печа́тная фо́рма; **11.** (*hare's lair*) нора́.

*v.t.* **1.** (*fashion, shape*) формирова́ть, с-; прид|ава́ть, -а́ть фо́рму +*d.*; he ~ed the clay into a vase гли́на под его́ рука́ми преврати́лась в ва́зу; он вы́лепил ва́зу из гли́ны; the rocks are ~ed by wave action ска́лы форми́руются под возде́йствием волн; she ~s her letters well она́ хорошо́ выво́дит бу́квы; he can ~ simple sentences он уме́ет составля́ть просты́е предложе́ния; his style is ~ed on the classics его́ стиль сложи́лся/образова́лся под влия́нием кла́ссиков; (*by discipline, training etc.*) тренирова́ть, на-; дисциплини́ровать (*impf., pf.*); разв|ива́ть, -и́ть; his character was ~ed at school его́ хара́ктер сформирова́лся в шко́ле (*or* был сформиро́ван шко́лой); **2.** (*organize, create*) организ|о́вывать, -ова́ть; образ|о́вывать, -ова́ть; созд|ава́ть, а́ть; формирова́ть, с-; they ~ed an alliance они́ со́здали/образова́ли сою́з; he was unable to ~ a government он оказа́лся не в состоя́нии (*or* он не смог) сформирова́ть прави́тельство; **3.** (*conceive*): they ~ed a plan они́ вы́работали план; у них возни́к за́мысел; ~ an opinion соста́вить (*pf.*) мне́ние; I ~ed the conclusion that . . . я пришёл к заключе́нию, что . . .; **4.** (*develop, acquire*): habits ~ed in childhood привы́чки, сложи́вшиеся с де́тства; **5.** (*constitute*) сост|авля́ть, -а́вить; представля́ть собо́й, явля́ться (*both impf.*); this ~s the basis of our discussion э́то составля́ет осно́ву на́шей диску́ссии; the room ~s

part of the museum э́та ко́мната составля́ет часть (*or* явля́ется ча́стью) музе́я; **6.** (*gram.*) образ|о́вывать, -а́ть; the plural is ~ed by adding 's' мно́жественное число́ образу́ется при по́мощи добавле́ния бу́квы 's'; **7.** (*mil. etc.*) стро́ить, по-; they ~ed a column of march они́ вы́строились в похо́дную коло́нну; the troops were ~ed (up) into line солда́т вы́строили в ряд; ~ a queue образова́ть (*pf.*) о́чередь.

*v.i.* (*take shape, appear, come into being*): mist was ~ing in the valley в доли́не собира́лся тума́н; ice ~ed on the window на окне́ образова́лся/возни́к моро́зный узо́р; an idea ~ed in his mind в его́ мозгу́ возни́кла иде́я (*or* возни́кло представле́ние); (*mil. etc.*; *also* ~ up) стро́иться, по-; the children ~ed up in groups де́ти стро́ились отде́льными гру́ппами/отря́дами.

*cpds.*: ~-**filling** *n.* заполне́ние бла́нков; ~-**master** *n.* кла́ссный руководи́тель; ~-**mistress** *n.* кла́ссная руководи́тельница; ~-**room** *n.* кла́ссная ко́мната.

**formal** *adj.* **1.** (*pertaining to form*) относя́щийся к фо́рме; **2.** (*in outward form*) вне́шний; форма́льный; **3.** (*conventional*) общепри́нятый; надлежа́щий; ~ garden англи́йский сад/парк; **4.** (*official*) официа́льный; **5.** (*done for the sake of form*) для профо́рмы; **6.** (*ceremonious*) церемо́нный.

**formaldehyde** *n.* формальдеги́д.

**formalism** *n.* формали́зм.

**formalist** *n.* формали́ст.

**formalistic** *adj.* формалисти́ческий.

**formality** *n.* форма́льность.

**formalization** *n.* оформле́ние.

**formalize** *v.t.* оф|ормля́ть, -о́рмить.

**format** *n.* форма́т.

**formation** *n.* **1.** (*creation*) образова́ние, формирова́ние; **2.** (*mil.*) строй, расположе́ние, поря́док; (*av.*) боево́й поря́док; строй самолётов в во́здухе; ~ flying полёт в боево́м поря́дке; **3.** (*geol.*) форма́ция.

**formative** *adj.* формиру́ющий, образу́ющий; he spent his ~ years in France го́ды, когда́ скла́дывался его́ хара́ктер, он провёл во Фра́нции.

**former¹** *n.* (*maker*) состави́тель (*m.*); созда́тель (*m.*); творе́ц.

**former²** *adj.* **1.** (*earlier*) предше́ствующий; in ~ times в пре́жние времена́; my ~ husband мой бы́вший муж; **2.** (*first mentioned of two*) пе́рвый.

**formerly** *adv.* пре́жде, ра́ньше.

**formic** *adj.* муравьи́ный; ~ acid муравьи́ная кислота́.

**formidable** *adj.* устраша́ющий, гро́зный; (*task*) невероя́тно тру́дный.

**formless** *adj.* бесфо́рменный.

**formula** *n.* (*set form of words*) выраже́ние,

формулиро́вка; (*recipe*) реце́пт; (*math., chem.*) фо́рмула.
**formulary** *n.* спра́вочник; свод пра́вил; (*eccl.*) тре́бник.
**formulate** *v.t.* формули́ровать, с-.
**formulation** *n.* формулиро́вка.
**fornicate** *v.i.* развра́тничать (*impf.*); вести́ (*det.*) распу́тную жизнь.
**fornication** *n.* развра́т.
**fornicator** *n.* развра́тни|к (*fem.* -ца).
**forsake** *v.t.* пок|ида́ть, -и́нуть; ост|авля́ть, -а́вить; бр|оса́ть, -о́сить.
**forsooth** *adv.* (*arch.*) вои́стину, пои́стине; a doctor, ~! го́ре-до́ктор!; то́же мне до́ктор!
**forswear** *v.t.* отр|ека́ться, -е́чься от +*g.*; ~ o.s. нару́шить (*pf.*) кля́тву.
**fort** *n.* форт; hold the ~ (*fig.*) держа́ть/ уде́рживать (*impf.*) пози́цию.
**forte**[1] *n.* (*strong point*) си́льная сторона́.
**forte**[2] *n. & adv.* (*mus.*) фо́рте (*indecl.*).
**forth** *adv.* вперёд, да́льше; back and ~ взад- -вперёд; and so ~ и так да́лее; from this day ~ с э́того дня; впредь; let ~ a yell изд|ава́ть, -а́ть вопль.
**forthcoming** *adj.* предстоя́щий; (*helpful*) услу́жливый; the money was not ~ де́ньги не поступа́ли; the clerk was not very ~ with information чино́вник не о́чень охо́тно дава́л све́дения.
**forthright** *adj.* прямо́й, прямолине́йный.
**forthwith** *adv.* неме́дленно, то́тчас.
**fortieth** *n.* (*fraction*) одна́ сорокова́я; сорокова́я часть.
    *adj.* сороково́й.
**fortification** *n.* укрепле́ние, фортифика́ция.
**fortif|y** *v.t.* укреп|ля́ть, -и́ть; ~ied in his belief укреплённый в своём убежде́нии; ~ied wines креплёные ви́на.
**fortissimo** *n. & adv.* форти́ссимо (*indecl.*); a ~ passage отры́вок/часть форти́ссимо.
**fortitude** *n.* сто́йкость; си́ла ду́ха.
**fortnight** *n.* две неде́ли; next Tuesday ~ че́рез две неде́ли, счита́я со сле́дующего вто́рника; last Tuesday ~ за две неде́ли до про́шлого вто́рника.
**fortnightly** *n.* (*publication*) двухнеде́льное изда́ние.
    *adj.* двухнеде́льный.
    *adv.* раз в две неде́ли.
**fortress** *n.* кре́пость.
**fortuitous** *adj.* случа́йный.
**fortuit|ousness, -y** *nn.* случа́йность, случа́й.
**fortunate** *adj.* счастли́вый, уда́чный; he was ~ to escape ему́ посчастли́вилось убежа́ть; ~ly к сча́стью.
**fortune** *n.* 1. (*chance*) уда́ча, сча́стье, форту́на; by good ~ по сча́стью; по счастли́вой случа́йности; he had ~ on his side сча́стье бы́ло на его́ стороне́; the ~s of war вое́нная

форту́на, превра́тности (*f. pl.*) войны́; try one's ~ попыта́ть (*pf.*) сча́стья; 2. (*fate*) судьба́; the gipsy (woman) told my ~ цыга́нка (по/на)гада́ла мне; 3. (*prosperity, large sum*) состоя́ние, бога́тство; come into a ~ уна́сле́довать (*pf.*) состоя́ние; получи́ть (*pf.*) на́сле́дство; make a ~ разбогате́ть (*pf.*); нажи́ть (*pf.*) состоя́ние; I spent a small ~ today я истра́тил у́йму де́нег сего́дня.
    *cpds.*: ~-**hunter** *n.* охо́тник за бога́тыми неве́стами (*or* за прида́ным); ~-**teller** *n.* гада́лка, ворожея́.
**fort|y** *n.* со́рок; the ~ies (*decade*) сороковы́е го́ды (*m. pl.*); they are both in their ~ies (*age*) им обо́им за́ со́рок; the roaring ~ies (*latitude*) реву́щие сороковы́е.
    *adj.* со́рок +*g. pl.*; a man of ~ сорокале́тний челове́к; have ~ winks вздремну́ть (*pf.*).
**forum** *n.* (*hist.*) фо́рум; (*fig., court*) the ~ of conscience суд со́вести; (*fig., discussion*) обсужде́ние; (*meeting*) фо́рум, съезд; the magazine provides a ~ for discussion журна́л предоставля́ет чита́телям возмо́жность вести́ диску́ссии.
**forward** *n.* (*sport*) напада́ющий.
    *adj.* (*situated to the fore*) пере́дний; (*moving onward*) иду́щий вперёд; (*progressive*) прогресси́вный; (*precocious*) скороспе́лый, преждевре́менный; (*prompt, ready*) гото́вый (на что); (*pert*) наглова́тый, назо́йливый, развя́зный; (*comm.*) сро́чный.
    *adv.* (*onward; towards one*) вперёд; ~, march! ша́гом марш!; please come ~ пожа́луйста, вы́йдите вперёд; carry ~ (on a ledger) перен|оси́ть, -ести́ на другу́ю страни́цу; the meeting has been brought ~ a day собра́ние перенесли́ на́ день ра́ньше; walk back(wards) and ~(s) ходи́ть (*indet.*) взад и вперёд; (*towards the future*): I look ~ to meeting her я с нетерпе́нием жду встре́чи с ней; from this time ~ начина́я с э́того вре́мени; (*into prominence*): bring ~ new evidence предст|авля́ть, -а́вить но́вые доказа́тельства/ули́ки; (*naut.*) в носово́й ча́сти; в носову́ю часть.
    *v.t.* (*promote, encourage*) продв|ига́ть, -и́нуть; (*send*) пос|ыла́ть, -ла́ть; отпр|авля́ть, -а́вить; (*send on*) перес|ыла́ть, -ла́ть.
    *cpd.*: ~-**looking** *adj.* предусмотри́тельный, дальнови́дный.
**forwardness** *n.* ра́ннее разви́тие; (*impudence*) наха́льство.
**fosse** *n.* транше́я, ров.
**fossil** *n.* окамене́лость; (*also fig.*) ископа́емое; he is an old ~ из него́ песо́к сы́плется.
    *adj.* окамене́лый, ископа́емый.
**fossilization** *n.* окамене́ние.
**fossilize** *v.t. & i.* превра|ща́ть(ся), -ти́ть(ся) в окамене́лость; (*fig.*) закосне́ть (*pf.*).
**foster** *v.t.* (*tend*) ходи́ть (*indet.*) за (*детьми*);

(*rear*) воспи́т|ывать, -а́ть; (*fig.*): ~ evil thoughts вына́шивать (*impf.*) недо́брые мы́сли.

*cpds.*: ~**-brother** *n.* моло́чный брат; ~**-child** *n.* приёмыш, воспи́танник; ~**-father** *n.* приёмный оте́ц; ~**-mother** *n.* приёмная мать.

**foul** *n.* (*sport*) наруше́ние (пра́вил игры́).

*adj.* гря́зный, отврати́тельный; a ~ chimney засорённая/заби́тая са́жей труба́; a ~ smell злово́ние; ~ air загрязнённый во́здух; ~ language руга́тельства (*nt. pl.*); скверносло́вие; ~ weather отврати́тельная пого́да; непого́да; a ~ deed тёмное де́ло; ~ play (*sport*) гру́бая игра́; (*violence*) нечи́стое де́ло; by fair means or ~ любы́ми сре́дствами; fall ~ of поссо́риться (*pf.*) с +*i.*

*v.t.* (*defile*) загрязн|я́ть, -и́ть; па́чкать, за-; засор|я́ть, -и́ть; ~ one's own nest (*fig.*) га́дить, на- в своём гнезде́; (*obstruct*) образо́в|ывать, -а́ть затор в +*p.*; (*collide with*) ст|а́лкиваться, -олкну́ться с +*i.*

*v.i.* (*become entangled*) запу́т|ываться, -аться.

*cpd.*: ~**-mouthed** *adj.* скверносло́вящий; ~-mouthed person скверносло́в.

**foulard** *n.* фуля́р.

**found**[1] *v.t.* осно́в|ывать, -а́ть; за|кла́дывать, -ложи́ть; ~ a city за|кла́дывать, -ложи́ть го́род; (*endow*) осно́в|ывать, -а́ть; учре|жда́ть, -ди́ть; (*base*) осно́в|ывать, -а́ть; the story is ~ed on fact в осно́ву расска́за поло́жено действи́тельное происше́ствие.

**found**[2] *v.t.* (*melt metal etc.*) пла́вить (*impf.*); лить (*impf.*).

**foundation** *n.* **1.** (*establishing*) основа́ние, учрежде́ние; (*endowment*) учрежде́ние; (*founded institution*) учрежде́ние, существу́ющее на поже́ртвованный фонд; (*fund*) фонд; **2.** (*base of building etc.*) фунда́мент; lay the ~ за|кла́дывать, -ложи́ть фунда́мент/ осно́ву; (*fig.*) осно́ва; lay the ~s of one's career класть, положи́ть нача́ло свое́й карье́ре; the story has no ~ in fact расска́з не име́ет ни мале́йшего основа́ния; **3.** ~ cream крем под пу́дру; ~ garment корсе́т, гра́ция.

*cpd.*: ~**-stone** *n.* фунда́ментный ка́мень; (*fig.*) краеуго́льный ка́мень, осно́ва.

**founder**[1] *n.* основа́тель (*m.*); учреди́тель (*m.*); ~'s shares учреди́тельские а́кции.

*cpd.*: ~**-member** *n.* член-основа́тель (*m.*).

**founder**[2] *n.* (*metall.*) лите́йщик, плави́льщик.

**founder**[3] *v.i.* (*collapse*) ос|еда́ть, -е́сть; (*of a horse, go lame*) охроме́ть (*pf.*); (*from fatigue*) вали́ться, с-; (*of a ship*) идти́ (*det.*) ко дну; тону́ть, по-.

**foundling** *n.* подки́дыш, найдёныш.

**foundress** *n.* основа́тельница, учреди́тельница.

**foundry** *n.* лите́йная; ~ hand лите́йщик.

**fount**[1] *n.* (*source*) исто́чник, ключ.

**fount**[2] (*Am.* **font**) *n.* (*typ.*) компле́кт шри́фта.

**fountain** *n.* фонта́н, исто́чник, ключ; (*fig.*) исто́чник; drinking ~ фонта́нчик для питья́.

*cpds.*: ~**-head** *n.*: go to the ~-head обрати́ться (*pf.*) к первоисто́чнику; ~**-pen** *n.* авторучка, ве́чное перо́.

**four** *n.* (число́/но́мер) четы́ре; (~ *people*) че́тверо; we ~ нас че́тверо; (the, all) ~ of us went мы пошли́ вчетверо́м; нас пошло́ четы́ре челове́ка; ~ each по четы́ре; in ~s, ~ at a time по четы́ре; четвёрками; (*figure*; *thing numbered 4*; *set, team, crew of* ~) четвёрка; (*cut, divide*) in ~ на четы́ре ча́сти; fold in ~ сложи́ть (*pf.*) вче́тверо; (*with var. nouns expressed or understood: cf. also examples under* TWO): carriage and ~ каре́та, запряжённая четвёркой лошаде́й; make up a ~ at bridge соста́вить (*pf.*) па́ртию в бридж; he got down on all ~s он опусти́лся на четере́ньки; the examples are not on all ~s э́ти приме́ры не аналоги́чны; form ~s! ряды́ вздвой!

*adj.* четы́ре +*g. sg.*; (*for people and* pluralia tantum, *also*) че́тверо +*g. pl.* (*cf. examples under* TWO); he and ~ others он и ещё че́тверо други́х; ~ fives are twenty четы́режды (*or* четы́ре на) пять — два́дцать; ~ times as good вче́тверо (*or* в четы́ре ра́за) лу́чше; ~ times as big вче́тверо (*or* четы́ре ра́за бо́льше; from the ~ corners of the earth со всех концо́в земли́; ~ figures (*sum*) четырёхзна́чная су́мма.

*cpds.*: ~**-course** *adj.*: ~-course meal обе́д из четырёх блюд; ~**fold** *adj.* четырёхкра́тный; *adv.* в четы́ре ра́за (бо́льше); ~**-hundredth** *adj.* четырёхсо́тый; ~**-lane** *adj.*: ~-lane highway шоссе́ с движе́нием в четы́ре ря́да; ~**-letter** *adj.*: ~-letter word (*fig.*) руга́тельство; непристо́йное сло́во; ~**-poster** (bed) *n.* крова́ть с по́логом на четырёх сто́лбиках; ~**-pounder** (*gun*) *n.* ору́дие, стреля́ющее четырёхфунто́выми снаря́дами; ~ **score** *n.* (*arch.*) во́семьдесят; ~**-seater** (*car*) *n.* четырёхме́стная маши́на; ~**-square** *adj.* квадра́тный; (*fig.*) твёрдый, прямо́й; ~**-stroke** *adj.*: ~-stroke engine четырёхта́ктный дви́гатель (вну́треннего сгора́ния); ~**-wheel** *adj.*: ~-wheel drive (*attr.*) с приво́дом на четы́ре колеса́; ~**-wheeler** *n.* (*hist.*) изво́зчичья каре́та.

**foursome** *n.* четвёрка; две па́ры; we made a ~ мы игра́ли двое́ на́ двое (*or* вчетверо́м).

**fourteen** *n. & adj.* четы́рнадцать (+ *g. pl.*).

**fourteenth** *n.* (*date*) четы́рнадцатое (число́); (*fraction*) одна́ четы́рнадцатая; четы́рнадцатая часть.

*adj.* четы́рнадцатый.

**fourth** *n.* **1.** (*date*) четвёртое (число́); **2.** (*fraction*) одна́ четвёртая; четвёртая часть; че́тверть; **3.** (*mus.*) ква́рта; четвёртая.

*adj.* четвёртый; the ~ dimension четвёртое измере́ние.

**fowl** *n.* (*arch., bird*) пти́ца; the ~s of the air

пти́цы небе́сные; перна́тые; (*domestic*)
дома́шняя пти́ца; (*chicken*) ку́рица.
*v.i.* охо́титься (*impf.*) на дичь.
*cpd.:* ~-**pest** *n.* пти́чья холе́ра.
**fowler** *n.* птицело́в, охо́тник.
**fox** *n.* лиса́, лиси́ца; (*fur*) ли́сий мех; (*wily man*)
хитре́ц; лиса́ (*c.g.*).
*v.t.* (*deceive*) обма́н|ывать, -у́ть; (*puzzle*)
ста́вить, по- в тупи́к; озада́чи|вать, -ть.
*v.i.* (*sham*) хитри́ть (*impf.*); прики́|дываться,
-нуться.
*cpds.:* ~ **glove** *n.* наперстя́нка; ~ **hole** *n.* ли́сья
нора́; (*mil.*) стрелко́вая яче́йка; одино́чный
око́п; ~ **hound** *n.* го́нчая; ~-**hunting** *n.* (вер-
хова́я) охо́та на лис; ~-**terrier** *n.* фокстерье́р;
~ **trot** *n.* фокстро́т.
**foxy** *adj.* (*crafty*) хи́трый; с хитрецо́й;
(*reddish-brown*) ры́жий.
**foyer** *n.* фойе́ (*indecl.*).
**fracas** *n.* сканда́л, шу́мная ссо́ра.
**fraction** *n.* **1.** (*arith.*) дробь; decimal ~
десяти́чная дробь; common, vulgar ~ проста́я
дробь; improper ~ непра́вильная дробь; ~ of
a second до́ля секу́нды; **2.** (*small piece or
amount*) части́ца, крупи́ца; £5 and not a ~ less
пять фу́нтов — и ни гроша́ ме́ньше; **3.** (*chem.*)
фра́кция, части́чный проду́кт перего́нки; **4.**
(*small sect or party*) фра́кция.
**fractional** *adj.* дро́бный, части́чный; the difference is ~ ра́зница незначи́тельна; ~ distillation фракцио́нная/дро́бная перего́нка.
**fractionalism** *n.* (*formation of sects*) фракцио́н-
ность, фракционе́рство.
**fractious** *adj.* капри́зный, раздражи́тельный;
неуправля́емый.
**fracture** *n.* тре́щина, изло́м, разры́в; (*of a bone*)
перело́м; simple/compound ~ закры́тый/
откры́тый перело́м.
*v.t. & i.* лома́ть(ся), с-; раск|а́лывать(ся),
-оло́ть(ся).
**fragile** *adj.* (*brittle*) ло́мкий, хру́пкий; (*frail*)
хру́пкий.
**fragility** *n.* ло́мкость, хру́пкость.
**fragment** *n.* обло́мок, оско́лок; (*of writing or
music*) фрагме́нт; ~s of conversation обры́вки
(*m. pl.*) разгово́ра.
**fragmentary** *adj.* отры́вочный, фраг-
мента́рный.
**fragmentation** *n.* разры́в на ме́лкие ча́сти; ~
bomb оско́лочная бо́мба.
**fragrance** *n.* арома́т.
**fragrant** *adj.* арома́тный.
**frail** *adj.* хру́пкий, непро́чный; (*in health*)
хи́лый, хру́пкий, боле́зненный; (*in moral
sense*) сла́бый, неусто́йчивый.
**frailty** *n.* хру́пкость, непро́чность; (*of health*)
хру́пкость, боле́зненность; (*of morals*)
сла́бость, неусто́йчивость.
**frame** *n.* **1.** (*structural skeleton*) о́стов, скеле́т,
костя́к; (*of a ship or aircraft*) ко́рпус, о́стов;

(*printing*) подра́мник; (*textiles*) тка́цкий
стано́к; **2.** (*wood or metal surround*) ра́ма,
ра́мка; picture ~ ра́ма (для) карти́ны; window
~ око́нная ра́ма; **3.** (*hort.*) парнико́вая ра́ма;
**4.** (*body*): more than the human ~ can
bear свы́ше сил челове́ческих; sobs shook
her ~ рыда́ния сотряса́ли её (те́ло); **5.**: ~
of mind настрое́ние; расположе́ние ду́ха; **6.**
(*order, system*) структу́ра, систе́ма; **7.** (*cin.*)
кадр.
*v.t.* **1.** (*compose, devise*) сост|авля́ть, -а́вить;
созд|ава́ть, -а́ть; ~ a constitution/sentence
сост|авля́ть, -а́вить конститу́цию/пред-
ложе́ние; he ~d his question carefully он
то́чно сформули́ровал свой вопро́с; **2.** (*sur-
round*): ~ a picture вст|авля́ть, -а́вить кар-
ти́ну в ра́м(к)у; обр|амля́ть, -а́мить карти́ну;
he was ~d in the doorway он стоя́л в проёме
две́ри; **3.** (*sl., concoct case against*) приши́ть
(*pf.*) де́ло +*d.*; сфабрикова́ть (*pf.*) ули́ку
про́тив +*g.*
*cpds.:* ~-**house** *n.* карка́сный дом; ~-**saw** *n.*
ра́мная пила́; ~-**up** *n.* (*sl.*) сфабрико́ванное
обвине́ние; ~ **work** *n.* карка́с, о́стов; (*fig.*):
the ~ work of society структу́ра о́бщества;
within the ~ work of the constitution в ра́мках
конститу́ции.
**franc** *n.* франк.
**France** *n.* Фра́нция.
**franchise** *n.* (*right of voting*) пра́во го́лоса;
(*comm.*) привиле́гия.
**Francis** *n.* (*hist.*) **1.** Франци́ск; St ~ of Assisi св.
Франци́ск Асси́зский; **2.** ~ Joseph Франц-
Ио́сиф.
**Franciscan** *n.* франциска́нец.
*adj.* франциска́нский.
**Francophile** *n.* франкофи́л.
*adj.* франкофи́льский.
*franc tireur* *n.* франтирёр, партиза́н.
**frangipani** *n.* (*bot.*) кра́сный жасми́н.
**Frank**[1] *n.* (*hist.*) франк.
**frank**[2] *adj.* открове́нный, и́скренний.
**frank**[3] *v.t.* франки́ровать (*impf., pf.*); ~ing
machine франкирова́льная маши́на.
**frankfurter** *n.* соси́ска.
**frankincense** *n.* ла́дан.
**frankness** *n.* открове́нность, и́скренность.
**frantic** *adj.* неи́стовый, безу́мный; she became ~ with grief она́ обезу́мела от го́ря;
the noise is driving me ~ шум выво́дит меня́
из себя́; he was in a ~ hurry он ужа́сно
спеши́л.
**fraternal** *adj.* бра́тский.
**fraternity** *n.* бра́тство; (*student association*)
студе́нческая общи́на.
**fraternization** *n.* брата́ние.
**fraternize** *v.i.* брата́ться (*impf.*).
**fratricidal** *adj.* братоуби́йственный.
**fratricide** *n.* (*crime*) братоуби́йство; (*criminal*)
братоуби́йца.

**fraud** *n.* (*fraudulent act*) обма́н, моше́нничество; (*impostor*) обма́нщик, моше́нник; (*thing that deceives or disappoints*) фальши́вка, подде́лка.

**fraudulence** *n.* обма́нчивость, фальши́вость.

**fraudulent** *adj.* обма́нный, фальши́вый, моше́ннический; ~ conversion присвое́ние иму́щества обма́нным путём.

**fraught** *adj.* по́лный, преиспо́лненный, чрева́тый; the expedition is ~ with danger экспеди́ция чрева́та опа́сностями; his words were ~ with meaning его́ слова́ бы́ли полны́ значе́ния; (*tense*) напряжённый.

**fray**[1] *n.* дра́ка; побо́ище; eager for the ~ рву́щийся в бой.

**fray**[2] *v.t. & i.* прот|ира́ть(ся), -ере́ть(ся); изн|а́шивать(ся), -оси́ть(ся); (*fig.*): her nerves are ~ed у неё соверше́нно истрёпаны не́рвы.

**frazzle** *n.*: worn to a ~ доведённый до изнеможе́ния; beaten to a ~ весь изби́тый.

**freak** *n.* (*unusual occurrence*): a ~ storm необы́чная бу́ря; (*abnormal person or thing*) уро́д, вы́родок; уро́дство; (*absurd or fanciful idea*) причу́да, заско́к; ~ of nature оши́бка приро́ды.

**freakish** *adj.* причу́дливый, стра́нный, чудно́й.

**freckle** *n.* весну́шка.

*v.t.* покр|ыва́ть, -ы́ть весну́шками; a ~d face весну́шчатое лицо́.

**Frederick** *n.* Фре́дерик; (*Ger. hist.*) Фри́дрих.

**free** *adj.* **1.** свобо́дный, во́льный; you are ~ to leave вы мо́жете уйти́; they gave us a ~ hand они́ да́ли нам по́лную свобо́ду де́йствий; he let the thief go ~ он упусти́л во́ра; (*after capture*) он отпусти́л во́ра (на во́лю); break ~ вырыва́ться, вы́рваться на во́лю; set ~ освобо|жда́ть, -ди́ть; ~ of disease здоро́вый; ~ from blame неви́нный; I left one end ~ (*unfastened*) я оста́вил оди́н коне́ц свобо́дным/незакреплённым; I am not a ~ agent я не во́лен в свои́х де́йствиях; ~ composition сочине́ние на свобо́дную те́му; ~ on board фра́нко-борт; ~ speech свобо́да сло́ва; ~ translation во́льный перево́д; ~ verse во́льный стих; ~ will свобо́да во́ли; he left of his own ~ will он ушёл доброво́льно/сам (*or* по свое́й во́ле); **2.** (*without constraint*) непринуждённый, раско́ванный; ~ and easy непринуждённый; make ~ with свобо́дно распоряжа́ться (*impf.*) +*i.*; he made ~ with my cigars он распоряжа́лся мои́ми сига́рами, как свои́ми; make s.o. ~ of sth. предост|авля́ть, -а́вить что-н. в чьё-н. распоряже́ние; **3.** (*without payment*) беспла́тный; the price is £5 post ~ цена́ 5 фу́нтов с беспла́тной доста́вкой по по́чте; ~ of charge беспла́тный; ~ gift что́-н., полу́ченное да́ром; ~ pass (*on railway etc.*) беспла́тный прое́зд; (*admission*) про́пуск; **4.** (*unoccupied*) свобо́дный, неза́нятый; my

hands are ~ (*fig.*) у меня́ развя́заны ру́ки; **5.** (*liberal*) ще́дрый; ~ with one's money ще́дрый, расточи́тельный; ~ with advice всегда́ гото́вый дава́ть сове́ты; **6.** (*chem.*) несвя́занный.

*v.t.* (*release, e.g. a rope*) высвобожда́ть, вы́свободить; (*liberate*) освобо|жда́ть, -ди́ть.

*cpds.*: ~**board** *n.* надво́дный борт; ~**booter** *n.* граби́тель (*m.*); пира́т; ~**-born** *adj.* свободнорождённый; ~**-for-all** *n.* (*competition*) откры́тый для всех ко́нкурс; (*fight*) всео́бщая дра́ка/сва́лка; ку́ча мала́ (*indecl.*); ~**hand** *adj.*: ~hand drawing рису́нок, сде́ланный от руки́; ~**hold** *n.* неограни́ченное пра́во со́бственности на недви́жимость; ~**holder** *n.* свобо́дный со́бственник; ~**lance** *n.* лицо́ свобо́дной профе́ссии, рабо́тающий по договора́м; ~**mason** *n.* масо́н; ~**masonry** *n.* (*lit.*) масо́нство; (*fig.*) кружко́вщина, ка́стовость; ~**-range** *adj.*: ~-range hens ку́ры на свобо́дном вы́гуле; ~**-spoken** *adj.* открове́нный, прямо́й; ~**stone** *n. & adj.* ка́мень неслои́стой структу́ры; ~**-thinker** *n.* вольноду́м|ец (*fem.* -ка); ~**-thinking** *adj.* вольноду́мный; ~**-wheel** *v.i.* (*lit.*) дви́гаться (*impf.*) свобо́дным хо́дом; ~**-wheeling** *adj.* (*fig.*) во́льный, неско́ванный.

**freedom** *n.* свобо́да; ~ of speech свобо́да сло́ва; ~ of worship свобо́да отправле́ния религио́зных ку́льтов; (*privilege*) привиле́гия, пра́во; (*undue familiarity*) во́льности (*f. pl.*).

**freesia** *n.* фре́зия.

**freeze** *n.* (*period of frost*) замора́живание, застыва́ние; хо́лод, моро́з; (*stabilization*) замора́живание; wage ~ замора́живание за́работной пла́ты.

*v.t.* замор|а́живать, -о́зить; frozen food моро́женые проду́кты; the news froze his blood от э́того изве́стия его́ охвати́л у́жас; ~ assets/prices замор|а́живать, -о́зить фо́нды/це́ны; ~ out (*exclude*) вы́курить (*pf.*) (*sl.*).

*v.i.* **1.** (*impers.*) моро́зить (*impf.*); it's ~ing outside на дворе́ стра́шный моро́з; will it ~ tonight? бу́дет сего́дня но́чью моро́з?; **2.** (*congeal with cold*): the lake is frozen up, over, across о́зеро покры́лось льдо́м; the roads are frozen доро́ги покры́ты льдо́м; the pipes are frozen (up) тру́бы промёрзли; ~ on to s.o. (*sl.*) вцепи́ться (*pf.*) в кого́-н.; ~ing point то́чка замерза́ния; **3.** (*fig., become rigid*) заст|ыва́ть, -ы́ть; he froze where he stood он засты́л на ме́сте; his features froze его́ лицо́ как бу́дто засты́ло; '~e!' (*coll., remain motionless*) замри́!; **4.** (*become chilled*) зам|ерза́ть, -ёрзнуть; he froze to death он продро́г/промёрз до косте́й; он закочене́л; I'm ~ing я замёрз.

**freezer** *n.* (*domestic appliance*) морози́льник; ~ compartment морози́лка.

**freight** *n.* 1. (*carriage of goods*) фрахт, груз; ~ charge сто́имость прово́за; 2. (*goods carried*) груз.

*v.t.* (*charter*) фрахтова́ть, за-; (*load*) грузи́ть, на-.

*cpd.*: ~-**train** *n.* (*Am.*) това́рный по́езд.

**freightage** *n.* фрахтова́ние; перево́зка гру́зов; (*capacity*) грузовмести́мость.

**freighter** *n.* (*chartering or loading agent*) фрахто́вщик; (*carrier*) перево́зчик; (*vessel*) грузово́е су́дно; (*aircraft*) грузово́й самолёт.

**French** *n.* (*language*) францу́зский язы́к; the ~ (*people*) францу́зы (*m. pl.*).

*adj.* францу́зский; ~ bean фасо́ль; ~ chalk мы́льный ка́мень; портня́жный мел; ~ horn валто́рна; take ~ leave уйти́ (*pf.*), не проща́ясь (*or* «по-англи́йски»); ~ letter (*contraceptive*) презервати́в; ~ polish политу́ра; ~ window двуство́рчатое окно́ до по́ла.

*cpds.*: ~**man** *n.* францу́з; ~**woman** *n.* францу́женка.

**Frenchified** *adj.* офранцу́женный.

**frenetic** *adj.* нейи́стовый; лихора́дочный.

**frenzied** *adj.* нейи́стовый, взбешённый; ~ applause нейи́стовая ова́ция.

**frenzy** *n.* нейи́стовство, бе́шенство.

**frequency** *n.* частота́; (*rate*), часто́тность; high ~ transmission высокочасто́тная переда́ча; ~ modulation часто́тная модуля́ция.

**frequent**[1] *adj.* ча́стый.

**frequent**[2] *v.t.* ча́сто посеща́ть (*impf.*).

**frequentative** *adj.* (*gram.*) многокра́тный; обознача́ющий многокра́тное де́йствие.

**frequently** *adv.* ча́сто.

**fresco** *n.* фре́ска; фре́сковая жи́вопись.

*v.t.* распи́с|ывать, -а́ть (фре́сками).

**fresh** *adj.* 1. (*new*) све́жий, но́вый; (*more*): make some ~ tea завари́ть (*pf.*) све́жего ча́ю; 2. (*recent in origin*): ~ bread све́жий хлеб; ~ paint све́жая кра́ска; ~ from university пря́мо с университе́тской скамьи́; it is still ~ in my memory э́то ещё свежо́ в мое́й па́мяти; 3. (*not salt*) пре́сный; 4. (*cool, refreshing*) све́жий, прохла́дный; a ~ breeze све́жий ветеро́к; 5. (*unspoilt, unsullied*) све́жий, незапя́тнанный; ~ air све́жий во́здух; a ~ complexion све́жий цвет лица́; 6. (*lively*) бо́дрый, живо́й; 7. (*Am., impudent*) развя́зный, де́рзкий.

*cpds.*: ~-**air** *adj.* ~-air system вентиля́ция; ~**man** *n.* новичо́к (в университе́те); первоку́рсник; ~-**water** *adj.* пресново́дный.

**freshen** *v.t.* освеж|а́ть, -и́ть.

*v.i.* свеже́ть, по-; the wind is ~ing ве́тер свеже́ет; she's gone to ~ up она́ пошла́ привести́ себя́ в поря́док.

**freshly** *adv.* свежо́, бо́дро; (*recently*) неда́вно; то́лько что.

**freshness** *n.* (*novelty*) све́жесть, оригина́льность; (*coolness*) све́жесть; (*brightness*) све́жесть, я́ркость; (*Am., impudence*) развя́з-

ность, де́рзость.

**fret**[1] *n.* (*of a guitar etc.*) лад.

**fret**[2] *n.* раздраже́ние, волне́ние.

*v.t.* (*wear by rubbing etc.*) изн|а́шивать, -оси́ть; разъ|еда́ть, -е́сть; (*worry*) раздража́ть (*impf.*); волнова́ть, вз-.

*v.i.* раздража́ться; волнова́ться; му́читься (*all impf.*); ~ and fume рвать и мета́ть (*impf.*); babies ~ in hot weather ма́ленькие де́ти пло́хо перено́сят жа́ркую пого́ду.

**fret**[3] *v.t.* (*decorate by cutting*) укр|аша́ть, -а́сить резьбо́й.

*cpds.*: ~**saw** *n.* ло́бзик; пи́лка для мета́лла; ~**work** *n.* резно́е украше́ние, резьба́.

**fretful** *adj.* раздражи́тельный, капри́зный.

**fretfulness** *n.* раздражи́тельность.

**Freudian** *n.* фрейди́ст.

*adj.* фрейди́стский; ~ slip огово́рка по Фре́йду.

**FRG** *n.* (*abbr.*, Federal Republic of Germany) ФРГ (Федерати́вная Респу́блика Герма́нии).

**friable** *adj.* кроша́щийся, ры́хлый.

**friar** *n.* мона́х (ни́щенствующего о́рдена).

**friary** *n.* мужско́й монасты́рь.

**fricassee** *n.* фрикасе́ (*indecl.*).

*v.t.* гото́вить (*impf.*) фрикасе́ из +*g.*

**fricative** *n. & adj.* фрикати́вный (звук).

**friction** *n.* тре́ние; (*fig.*) тре́ния (*nt. pl.*).

*cpd.*: ~-**gear** *n.* фрикцио́нная переда́ча.

**Friday** *n.* пя́тница; Good ~ Страстна́я/Вели́кая Пя́тница; man ~ (*servant*) Пя́тница; дове́ренный слуга́; girl ~ ≃ помо́щница.

**fridge** *n.* (*coll.*) холоди́льник.

**friend** *n.* 1. (*close* ~) друг, прия́тель (*fem.* -ница); (*acquaintance*) знако́м|ый (*fem.* -ая); (*woman's fem.* ~) подру́га; a ~ in need is a ~ indeed друзья́ познаю́тся в беде́; make ~s подружи́ться (*pf.*) (*с кем*); he makes ~s easily он легко́ схо́дится с людьми́; let's shake hands and be ~s дава́йте помири́мся; he is no ~ of mine он мне не друг; 2. (*in addressing or referring to persons in public*) колле́га (*c.g.*); my honourable ~ мой достопочте́нный колле́га/собра́т; 3. (*benefactor, sympathizer*) доброжела́тель (*m.*), сторо́нник; I am no ~ to such measures я не сочу́вствую таки́м ме́рам; 4. (*Quaker*) ква́кер; Society of F~s се́кта ква́керов.

**friendless** *adj.* не име́ющий друзе́й.

**friendliness** *n.* дружелю́бие.

**friendly** *adj.* дру́жеский, това́рищеский; F~ Society о́бщество взаимопо́мощи; ~ to our cause сочу́вствующий на́шему де́лу.

**friendship** *n.* дру́жба.

**frieze**[1] *n.* (*decorative band*) бордю́р, фриз.

**frieze**[2] *n.* (*text.*) бо́брик; гру́бая шерстяна́я ткань; ба́йка.

**frigate** *n.* (*hist.*) фрега́т; (*small destroyer*) эска́дренный миноно́сец; сторожево́й кора́бль.

*cpd.*: ~-**bird** *n.* фрега́т.

**fright** n. **1.** (fear; frightening experience) страх, испу́г; I almost died of ~ я чуть не у́мер от стра́ха; give s.o. a ~ испуга́ть (pf.) кого́-н.; напуга́ть (pf.) кого́-н.; I got the ~ of my life я жу́тко испуга́лся; **2.** (absurd-looking person) пу́гало, страши́лище; she looks a (perfect) ~ она́ вы́глядит настоя́щим пу́галом.

**frighten** v.t. пуга́ть, на-/ис-; устраш|а́ть, -и́ть; she is ~ed of the dark она́ бои́тся темноты́; don't ~ the birds away не спугни́те птиц; he was ~ed into signing его́ угро́зами заста́вили подписа́ться; he was ~ed out of the idea его́ так запуга́ли, что он отказа́лся от э́той мы́сли; ~ing adj. ужа́сный.

**frightful** adj. (terrible) ужа́сный, стра́шный; (coll., hideous) безобра́зный; (coll., very great) колосса́льный.

**frightfulness** n. (as war policy etc.) запу́гивание, устраше́ние.

**frigid** adj. **1.** (cold) холо́дный; ~ zone аркти́ческий по́яс; **2.** (unfeeling) холо́дный, безразли́чный; (sexually) холо́дный, фриги́дный.

**frigidity** n. хо́лодность; фриги́дность.

**frill** n. обо́рочка; сбо́рки (f. pl.); ~s (fig.) выкрута́с|ы (pl., g. -ов); put on ~s лома́ться (impf.); мане́рничать (impf.).
  v.t.: a ~ed skirt ю́бка с обо́рочками.

**frilly** adj. с обо́рочками.

**fringe** n. **1.** (ornamental border) бахрома́; **2.** (of hair; **3.** (fig., edge, margin) край, кайма́; ~ benefits дополни́тельные льго́ты (f. pl.).
  v.t. окайм|ля́ть, -и́ть.

**frippery** n. мишура́, дешёвые украше́ния; безделу́шки (f. pl.).

**Frisian** n. (pers.) фриз (fem. -ка); (language) фри́зский язы́к.
  adj. фри́зский.

**frisk**[1] v.t. (Am., coll., search) обы́ск|ивать, -а́ть.

**frisk**[2] v.i. резви́ться (impf.); пры́гать (impf.).

**frisky** adj. ре́звый, игри́вый.

**fritter**[1] n. (cul.) ≃ ола́дья.

**fritter**[2] v.t.: ~ away транжи́рить, рас-; ~ one's time away по́пусту тра́тить (impf.) вре́мя.

**frivol** (coll.) v.i. дура́читься (impf.).

**frivolity** n. (behaviour) легкомы́слие; (object) пустя́к.

**frivolous** adj. (of object) пустя́чный; (of pers.) легкомы́сленный, пусто́й.

**frivolousness** n. легкомы́сленность.

**frizz** n. (of hair) ку́дри (f. pl.).
  v.t. зав|ива́ть, -и́ть.

**frizzle**[1] n. (of hair) ме́лкая зави́вка.
  v.t. & i. зав|ива́ть(ся), -и́ть(ся).

**frizzle**[2] v.t. & i. (fry etc.) жа́рить(ся) (impf.) с шипе́нием; the bacon is all ~d up беко́н пережа́рен.

**frizzy** adj. вью́щийся, курча́вый.

**fro** adv.: to and ~ взад и вперёд.

**frock** n. пла́тье; party ~ вече́рнее пла́тье.

cpd.: ~-coat сюрту́к.

**frog**[1] n. **1.** (zool.) лягу́шка; I've got a ~ in my throat я охри́п; **2.** (F~: sl., Frenchman) францу́зик.
  cpds.: ~-**man** n. легководола́з; ~-**march** v.t. тащи́ть (impf.) (кого) за́ руки и за́ ноги лицо́м вниз; ~-**spawn** n. лягу́шечья икра́.

**frog**[2] n. (belt attachment for bayonet etc.) пе́тля, крючо́к (для холо́дного ору́жия); (coat fastening) застёжка из тесьмы́/сутажа́.

**frog**[3] n. (rail.) крестови́на стре́лочного перево́да.

**Froggy** n. (sl.) францу́зик.

**frolic** n. ша́лость; весе́лье, ре́звость.
  v.i. шали́ть (impf.); резви́ться (impf.).

**frolicsome** adj. шаловли́вый, ре́звый.

**from** prep. **1.** (denoting origin of movement, measurement or distance): the train ~ London to Paris по́езд из Ло́ндона в Пари́ж; guests ~ the Ukraine го́сти с Украи́ны; where is he ~? отку́да он? (родом и т.п.); 10 miles ~ here в десяти́ ми́лях отсю́да; we are 2 hours' journey ~ there мы в двух часа́х пути́ отту́да; ~ the beginning of the book с нача́ла кни́ги; ~ cradle to grave от колыбе́ли до моги́лы; the lamp hung ~ the ceiling ла́мпа свиса́ла с потолка́; she rose ~ the piano она́ вста́ла из-за роя́ля; extracts ~ a novel отры́вки из рома́на; bark ~ a tree кора́ с де́рева; ~ end to end от одного́ конца́ до друго́го; ~ the bottom со дна; ~ the 'top све́рху; ~ my point of view с мое́й то́чки зре́ния; far ~ it! отню́дь!; во́все нет!; **2.** (expr. separation): I took the key ~ him я взял у него́ ключ; part ~ s.o. расст|ава́ться, -а́ться с кем-н.; hide ~ пря́таться, с- от +g.; saved ~ death спасённый от сме́рти; released ~ prison вы́пущенный из тюрьмы́; **3.** (denoting personal origin): a letter ~ my son письмо́ от моего́ сы́на; tell him ~ me переда́йте ему́ от меня́; she is ~ a good family она́ из хоро́шей семьи́; **4.** (expr. material origin): wine is made ~ grapes вино́ де́лается из виногра́да; **5.** (expr. origin in time): ~ the very beginning с са́мого нача́ла; ~ beginning to end с нача́ла до конца́; blind ~ birth слепо́й от приро́ды; ~ childhood с де́тства; ~ the age of seven c семиле́тнего во́зраста; ~ now on с э́того моме́нта; ~ dusk to dawn от зари́ до зари́; ~ day to day изо дня в день; со дня на́ день; ~ February to October с февраля́ по октя́брь; ~ spring to autumn с весны́ до о́сени; ~ time to time вре́мя от вре́мени; **6.** (expr. source or model): I see ~ the papers that . . . я зна́ю из газе́т, что . . .; he quoted ~ memory он цити́ровал по па́мяти; judging ~ appearances су́дя по вне́шности (or вне́шнему ви́ду); he spoke ~ the heart он говори́л от души́; ~ mouth to mouth из уст в уста́; paint ~ nature писа́ть (impf.) с нату́ры; change ~ a rouble сда́ча с рубля́; **7.** (expr. cause) от/с +g.; ~ grief с го́ря; suffer ~ arthritis страда́ть (*impf.*) артри́том; die ~ poisoning ум|ира́ть, -ере́ть от отравле́ния; ~ jealousy из ре́вности; ~ the best of motives из лу́чших побужде́ний; he drinks ~ boredom он пьёт от/со ску́ки; **8.** (*expr. difference*): I can't tell him ~ his brother я не могу́ отличи́ть его́ от его́ бра́та; they live differently ~ us они́ живу́т не так, как мы; **9.** (*expr. change*): things went ~ bad to worse де́ло шло всё ху́же и ху́же; ~ being a nonentity, he became famous из ничто́жества он преврати́лся в знамени́тость; **10.** (*with numbers*): ~ 1 to 10 от одного́ до десяти́; it will last ~ 10 to 15 days э́то продли́тся 10-15 дней; ~ 15 August to 10 September с пятна́дцатого а́вгуста по деся́тое сентября́; they cost ~ £5 (upwards) они́ сто́ят 5 фу́нтов и вы́ше; **11.** (*with advs.*): ~ above све́рху; ~ below сни́зу; ~ inside изнутри́; ~ outside снару́жи; ~ afar издалека́; ~ over the sea из-за мо́ря; ~ under the table из-под стола́; ~ of old с да́вних времён; и́здавна.

**frond** *n.* ва́йя; ветвь с ли́стьями.

**front** *n.* **1.** (*foremost side or part*) перёд; пере́дняя сторона́; he walked in ~ of the procession он шёл впереди́ проце́ссии; in ~ of the house пе́ред до́мом; at the ~ of the house в пере́дней ча́сти до́ма; in ~ of the children при де́тях; she sat at the ~ of the class она́ сиде́ла на пере́дней па́рте; back to ~ за́дом наперёд; in the ~ of the book в нача́ле кни́ги; **2.** (*archit.*) фаса́д; **3.** (*fighting line*) фронт; he was sent to the ~ его́ посла́ли на фронт; on all ~s на всех фронта́х; in the ~ line на передово́й ли́нии; popular ~ (*pol.*) наро́дный фронт; present a united ~ вы́ступить (*pf.*) еди́ным фро́нтом; **4.** (*road bordering sea*) на́бережная; **5.** (*meteor.*) фронт; **6.** (*shirt-*~) накрахма́ленная мани́шка; **7.** (*face, in fig. senses*): put on a bold ~ напус|ка́ть, -ти́ть на себя́ хра́брый вид; have the ~ to име́ть (*impf.*) на́глость (*сде-лать что-н.*); **8.** (*cover*): ~ (organization) организа́ция, слу́жащая вы́веской (для чего́-н.); **9.** (*attr.*): ~ benches (*pol.*) скамьи́ для мини́стров и ли́деров оппози́ции в парла́менте; ~ door пара́дная дверь; ~ garden сад пе́ред домо́м; палиса́дник; ~ page пе́рвая страни́ца/полоса́; ~ page news основны́е но́вости в газе́те; in the ~ rank (*fig.*) в пе́рвых ряда́х; ~ vowels гла́сные пере́днего ря́да; we had ~ seats мы сиде́ли в пе́рвых ряда́х.

*v.t.* **1.** (*face on to*) выходи́ть (*impf.*) на +*a.*; быть обращённым к +*d.*; **2.** (*confront*) стоя́ть (*impf.*) лицо́м к +*d.*; **3.**: ~ed with stone облицо́ванный ка́мнем; **4.** double-~ed house дом с двумя́ вхо́дами.

**frontage** *n.* (*of building*) пере́дний фаса́д.

**frontal** *adj.* лобово́й; (*mil.*) фронта́льный.

**frontier** *n.* грани́ца; (*fig.*) грани́ца, преде́л; ~s of knowledge преде́лы зна́ний.
*adj.* пограни́чный.

**frontiersman** *n.* жи́тель (*m.*) пограни́чной полосы́.

**frontispiece** *n.* фронтиспи́с.

**frost** *n.* **1.** моро́з; ten degrees of ~ де́сять гра́дусов моро́за; black ~ моро́з без и́нея; hard, sharp ~ си́льный моро́з; hoar, white ~ моро́з с и́неем; Jack F~ ≃ Моро́з Кра́сный Нос; the ~ has got my beans мои́ бобы́ прихва́чены моро́зом; **2.** (*sl., fiasco*) прова́л.
*v.t.*: the windows were ~ed over о́кна замёрзли; (*fig.*): ~ a cake покр|ыва́ть, -ы́ть торт глазу́рью; ~ed glass ма́товое стекло́.
*cpds.*: ~**-bite** *n.* отмороже́ние, обмороже́ние; ~**-bitten** *adj.* обморо́женный; ~**-bound** *adj.* ско́ванный моро́зом.

**frosting** *n.* (*cul.*) глазу́рь.

**frosty** *adj.* моро́зный; (*fig., unfriendly*) холо́дный, ледяно́й.

**froth** *n.* пе́на; (*fig.*) чепуха́, болтовня́.
*v.t.* сби|ва́ть, -ть в пе́ну.
*v.i.* пе́ниться (*impf.*); ~ at the mouth бры́згать (*impf.*) слюно́й; the milk ~ed up молоко́ подняло́сь.

**frothy** *adj.* пе́нистый; (*fig.*) пусто́й.

**frou-frou** *n.* шурша́ние.

**froward** *adj.* (*arch.*) вздо́рный, непоко́рный.

**frown** *n.* хму́рый взгляд.
*v.i.* хму́риться, на-; the authorities ~ on gambling вла́сти неодобри́тельно отно́сятся к аза́ртным и́грам.

**frowst** *n.* (*coll.*) спёртый во́здух.
*v.i.* (*coll.*) сиде́ть (*impf.*) в духоте́.

**frowsty** *adj.* спёртый, за́тхлый.

**frowzy** *adj.* (*fusty*) спёртый, за́тхлый; (*slatternly*) неря́шливый.

**frozen** *adj.* замёрзший, засты́вший; (*icebound*) ско́ванный льдом; (*fig.*): ~ smile засты́вшая улы́бка.

**fructify** *v.i.* прин|оси́ть, -ести́ плоды́; (*of money*) приноси́ть (*impf.*) дохо́д.

**frugal** *adj.* (*of pers.*) бережли́вый; a ~ meal ску́дная еда́.

**frugality** *n.* бережли́вость.

**fruit** *n.* **1.** (*class of food*) фрукт; dried ~ сухофру́кты; soft ~ плоды́ (*m. pl.*) фрукто́вых дере́вьев; forbidden ~ (*fig.*) запре́тный плод; **2.** (*bot.*) плод; **3.** (*vegetable products*) плоды́, фру́кты; the ~s of the earth плоды́ земли́; **4.** (*offspring*): the ~ of his loins (of her womb) плод его́ чресл (её чре́ва); **5.** (*fig., result, reward*) плод; this book is the ~ of long research э́та кни́га — плод дли́тельных иссле́дований; enjoy the ~s of one's labours наслажда́ться (*impf.*) плода́ми свои́х трудо́в.
*cpds.*: ~**-cake** *n.* фрукто́вый торт; ~**-drop** *n.* леденёц; ~**-grower** *n.* плодово́д; ~**-growing** *n.* плодово́дство; ~**-juice** *n.* фрукто́вый сок; ~**-knife** *n.* фрукто́вый нож; ~**-salad** *n.* сала́т

из сыры́х фру́ктов; ~-tree *n.* фрукто́вое де́рево.

**fruitarian** *n.* челове́к, пита́ющийся исключи́тельно фру́ктами.

**fruiterer** *n.* торго́вец фру́ктами.

**fruitful** *adj.* (*of soil*) плодоро́дный; (*fig.*) плодотво́рный, тво́рческий.

**fruitfulness** *n.* плодоро́дие, плодотво́рность.

**fruition** *n.* (*realization*) осуществле́ние; come to ~ осуществ|ля́ться, -и́ться; сб|ыва́ться, -ы́ться.

**fruitless** *adj.* (*lit., fig.*) беспло́дный.

**fruity** *adj.* фрукто́вый; напомина́ющий фру́кты; (*fig.*) пика́нтный, сканда́льный; (*of voice*) со́чный, зву́чный.

**frump** *n.* старомо́дно и пло́хо оде́тая же́нщина.

**frump|ish, -y** *adjs.* старомо́дно оде́тый.

**frustrate** *v.t.* разочаро́в|ывать, -а́ть; расстр|а́ивать, -о́ить (*планы*); I feel ~d я обескура́жен.

**frustration** *n.* **1.** (*thwarting*) круше́ние (*планов|наде́жд*); **2.** (*disappointment*) разочарова́ние; sense of ~ чу́вство безысхо́дности; **3.** (*psych.*) фрустра́ция.

**frustum** *n.* усечённая пирами́да; усечённый ко́нус.

**fry**¹ *n.* (*fish*) мальк|и́ (*pl., g.* -о́в); small ~ (*fig.*) мелюзга́; ме́лкая со́шка.

**fry**² *n.* (*fried food*) жа́реное мя́со; жа́реная ры́ба.

*v.t.* жа́рить, за-/из-; I have other fish to ~ y меня́ други́е забо́ты; ~ing-pan сковорода́; out of the ~ing-pan into the fire из огня́ да в по́лымя.

*v.i.* жа́риться (*impf.*).

**fuchsia** *n.* фу́ксия.

**fuck** (*vulg.*) *n.*: he doesn't give a ~ ему́ насра́ть.
*v.t. & i.* еть, у-; ~ off! отцепи́сь!

**fucking** *n.* ебня́ (*vulg.*).
*adj.* (*expletive*) ёбаный.

**fuddle** *v.t.* подп|а́ивать, -ои́ть; (*stupefy*) одурма́ни|вать, -ть.

**fudge**¹ *n. & int.* (*nonsense*) чепуха́, вздор.

**fudge**² *n.* (*sweetmeat*) сли́вочная пома́дка.

**fudge**³ *v.t. & i.*: ~ accounts подде́л|ывать, -ать счета́; ~ up an excuse вы́думать (*pf.*) предло́г.

**fuel** *n.* то́пливо, горю́чее; ~ cock кран, регули́рующий пода́чу горю́чего; ~ gauge бензиноме́р; то́пливный расходоме́р; ~ oil мазу́т; ~ pump бензопо́мпа; add ~ to the flames подл|ива́ть, -и́ть ма́сла в ого́нь; smokeless ~s безды́мное то́пливо; lighter ~ бензи́н/газ для зажига́лок.
*v.t.* снаб|жа́ть, -ди́ть то́пливом; запр|авля́ть, -а́вить горю́чим.
*v.i.* запр|авля́ться, -а́виться горю́чим.

**fug** *n.* (*coll.*) духота́; спёртый во́здух.

**fugal** *adj.* фу́говый.

**fugato** *n. & adv.* фуга́то (*indecl.*).

**fugitive** *n.* бегле́ц; a ~ from justice лицо́, скрыва́ющееся от правосу́дия.
*adj.* (*runaway*) бе́глый; (*fleeting*) бе́глый, мимолётный.

**fugue** *n.* фу́га.

**Führer** *n.* фю́рер.

**Fuji(yama)** *n.* Фудзия́ма.

**fulcrum** *n.* то́чка опо́ры; то́чка приложе́ния си́лы.

**fulfil** *v.t.* выполня́ть, вы́полнить; исп|олня́ть, -о́лнить; ~ a task выполня́ть, вы́полнить зада́чу; ~ all expectations опра́вд|ывать, -а́ть все ожида́ния.

**fulfilment** *n.* (*accomplishment*) выполне́ние, исполне́ние; осуществле́ние; (*satisfaction*) удовлетворе́ние.

**full** *n.* **1.** (*entirety, complete state*) полнота́; the moon is past the ~ луна́ пошла́ на у́быль; луна́ на уще́рбе; **2.** (*limit*): enjoy sth. to the ~ в по́лной ме́ре наслажда́ться (*impf.*) чем-н.
*adj.* **1.** (*filled to capacity*) по́лный; ~ to the brim (*or* to overflowing) по́лный до краёв; the hotel is ~ (up) все ко́мнаты в гости́нице за́няты; he ate till he was ~ (up) он нае́лся до отва́ла; my heart is too ~ for words нет слов, что́бы вы́разить переполня́ющие меня́ чу́вства; ~ house (*theatr.*) все биле́ты про́даны; аншла́г; (*having plenty*): ~ of ideas по́лон иде́й/за́мыслов; ~ of life жизнера́достный; по́лон жи́зни; (*thinking or talking only*): ~ of oneself за́нят одни́м собо́й; she's very ~ of herself она́ уж о́чень мно́го о себе́ мнит/вообража́ет; **2.** (*copious*) подро́бный; he gave ~ details он дал все подро́бности; **3.** (*complete; whole; reaching the limit*): the radio was going ~ blast ра́дио бы́ло включено́ на по́лную мо́щность; in ~ bloom в по́лном цвету́; ~ brother родно́й брат; ~ dress костю́м для торже́ственных слу́чаев; пара́дная фо́рма; the ~ effect of the medicine по́лное де́йствие лека́рства; ~ face view вид спе́реди; at ~ gallop на по́лном скаку́; we waited a ~ hour мы жда́ли це́лый час; he lay at ~ length он растяну́лся во весь рост; ~ moon полнолу́ние; on ~ pay на по́лной ста́вке; ~ professor ордина́рный профе́ссор; at ~ speed на по́лной ско́рости; ~ steam ahead! по́лный вперёд!; ~ stop то́чка; he came to a ~ stop он останови́лся; in ~ swing в по́лном разга́ре; he ran ~ tilt into me он так и налете́л на меня́; **4.** (*plump*) по́лный; ~ in the face круглоли́цый; **5.** (*amply fitting*) широ́кий; a ~ skirt пы́шная ю́бка.
*adv.* **1.** (*arch., very*): you know ~ well вы са́ми прекра́сно зна́ете; вам прекра́сно изве́стно; ~ many a time уж мно́го раз; **2.** (*completely*): she turned the radio on ~ она́ включи́ла ра́дио на по́лную мо́щность; ~ out по́лностью; **3.** (*squarely*) пря́мо; he took the blow ~ in the

face уда́р пришёлся ему́ пря́мо в лицо́.

*cpds.:* ~**-back** *n.* защи́тник; ~**-blooded** *adj.* полнокро́вный; ~**-blown** *adj.* распусти́вшийся; (*fig.*) зре́лый; самостоя́тельный; ~**-bodied** *adj.* кре́пкий; ~**-bottomed** *adj.*: ~-bottomed wig дли́нный пари́к; ~**-dress***adj.*: ~-dress uniform пара́дная фо́рма; (*fig.*) тща́тельно подгото́вленный; обстоя́тельный; по всей фо́рме; ~**-face** *adv.* анфа́с; ~**-fledged** *adj.* вполне́ опери́вшийся; (*fig.*) зако́нченный; полнопра́вный; ~**-grown** *adj.* взро́слый; ~**-hearted** *adj.* безоговоро́рочный; от всего́ се́рдца; ~**-length** *adj.* во всю длину́; ~-length dress пла́тье до́ полу; ~-length play многоа́ктная пье́са; ~**-page** *adj.* во всю страни́цу; ~**-scale** *adj.* в по́лном объёме; ~**-time** *adj.* (*of job*) занима́ющий всё (рабо́чее) вре́мя; ~**-timer** *n.* рабо́чий, за́нятый по́лную рабо́чую неде́лю.

**fuller** *n.* (*craftsman*) валя́льщик, сукнова́л; ~'s earth сукнова́льная/валя́льная гли́на.

**ful(l)ness** *n.* **1.** (*full state*) полнота́; **2.** (*sense of repletion*) сы́тость; **3.:** in the ~ of time в надлежа́щее вре́мя.

**fully** *adv.* вполне́, по́лностью, соверше́нно, до конца́; ~ satisfied по́лностью удовлет-во́рённый; it will take ~ five hours э́то займёт це́лых пять часо́в.

*cpds.:* ~**-clothed** *adj.* по́лностью оде́тый; ~**-fashioned** *adj.*: ~-fashioned stockings чулки́ со швом.

**fulmar** *n.* глупы́ш (*птица*).

**fulminate** *n.*: ~ of mercury грему́чая ртуть.

*v.i.* (*flash*) сверк|а́ть, -ну́ть; (*fig., protest vehemently*) громи́ть (*impf.*); мета́ть (*impf.*) гро́мы и мо́лнии.

**fulmination** *n.* (*fig.*) я́ростный проте́ст, инвекти́ва.

**fulness** *see* FUL(L)NESS.

**fulsome** *adj.* чрезме́рный, при́торный, тошнотво́рный.

**fumble** *v.t.* тереби́ть (*impf.*) в рука́х; ~ a ball упусти́ть (*pf.*) мяч.

*v.i.* ры́ться (*impf.*); копа́ться (*impf.*); неуме́ло обраща́ться (*impf.*) (*с чем-н.*); he ~d in his pockets for a key он ры́лся в карма́нах, ища́ ключ.

**fumbler** *n.* растя́па (*c.g.*).

**fume** *n.* дым, ко́поть; ~s of wine ви́нные пары́ (*m. pl.*); he was overcome by ~s он потеря́л созна́ние от уду́шливых испаре́ний.

*v.t.* оку́р|ивать, -и́ть; копти́ть, за-; ~d oak морёный дуб.

*v.i.* (*fig.*): fuming with rage кипя́щий гне́вом.

**fumigate** *v.t.* оку́р|ивать, -и́ть.

**fumigation** *n.* оку́ривание.

**fumitory** *n.* дымя́нка.

**fun** *n.* шу́тка, весе́лье, заба́ва, (*coll.*) хо́хма; it was only meant in ~ э́то была́ шу́тка; just for the ~ of it про́сто ра́ди удово́льствия; he

never has any ~ он никогда́ не весели́тся/развлека́ется; make ~ of, poke ~ at насмеха́ться (*impf.*) над +*i.*; he is ~ to be with с ним не соску́чишься; it's no ~ walking in the rain что за удово́льствие броди́ть под дождём!; what ~! вот здо́рово!; как ве́село!; when my father finds out there will be ~ and games когда́ оте́ц узна́ет об э́том, вот бу́дет поте́ха; figure of ~ предме́т насме́шек; we had ~ at the party в гостя́х бы́ло ве́село.

*cpd.:* ~**-fair** *n.* увесели́тельный парк.

**funambulist** *n.* канатохо́дец.

**function** *n.* **1.** (*proper activity, purpose*) фу́нкция, назначе́ние; **2.** (*social gathering*) ве́чер; приём; **3.** (*math.*) фу́нкция.

*v.i.* функциони́ровать, де́йствовать (*both impf.*).

**functional** *adj.* функциона́льный.

**functionary** *n.* должностно́е лицо́; чино́вник.

**fund** *n.* фонд, запа́с, резе́рв; a ~ of common sense запа́с здра́вого смы́сла; (*sum of money*) фонд, капита́л; relief ~ фонд по́мощи; sinking ~ амортизацио́нный фонд; (*pl., resources*) фо́нды (*m. pl.*); де́нежные сре́дства; public ~s госуда́рственные сре́дства; money in the ~s де́ньги в госуда́рственных бума́гах; he is in ~s он при деньга́х.

*v.t.* консолиди́ровать (*impf., pf.*); фунди́ровать (*impf., pf.*); финанси́ровать (*impf., pf.*).

*cpd.:* ~**-raising** *n.* сбор средств; a ~-raising appeal объявле́ние о сбо́ре средств; a ~-raising dinner (*for charity*) благотвори́тельный банке́т.

**fundament** *n.* зад, я́годицы (*f. pl.*).

**fundamental** *n.* **1.** (*usu. pl., principle*) осно́ва, при́нцип; the ~s of mathematics осно́вы матема́тики; **2.** (*mus.*) основно́й тон.

*adj.* **1.** (*basic*) основно́й, суще́ственный; ~ly в основно́м; по существу́; **2.** (*mus.*) основно́й.

**funeral** *n.* по́хор|оны (*pl., g.* -о́н); that's your ~! э́то ва́ша забо́та!; ~ expenses расхо́ды на по́хороны; ~ march похоро́нный марш; ~ home, parlor (*Am.*) бюро́ похоро́нных проце́ссий; ~ pyre погреба́льный костёр; ~ rites похоро́нный обря́д.

**funereal** *adj.* мра́чный, безотра́дный; тра́урный.

**fungicide** *n.* фунгици́д.

**fungoid** *adj.* грибови́дный, грибообра́зный.

**fungus** *n.* грибо́к; ни́зший гриб.

**funicular** *n.* фуникулёр; кана́тная (желе́зная) доро́га.

*adj.* кана́тный.

**funk** (*coll.*) *n.* **1.** (*fear*) страх; in a (blue) ~ в у́жасе; **2.** (*coward*) трус.

*v.t.*: he ~ed the contest он увильну́л от уча́стья в соревнова́ниях.

*v.i.* тру́сить, с-.

**funnel** *n.* воро́нка; (*of ship*) дымова́я труба́.

*v.t.* лить (*impf.*) че́рез воро́нку; (*fig.*): applications are ~ed through this office заявле́ния направля́ются че́рез э́ту конто́ру.

**funny** *adj.* **1.** (*amusing*) смешно́й, заба́вный, поте́шный; no ~ business! без фо́кусов!; ~ man (*clown*) остря́к; **2.** (*strange*) стра́нный; I have a ~ feeling you're right! у меня́ стра́нное чу́вство, что вы пра́вы; it's a ~ thing, but . . . э́то о́чень стра́нно, но . . .; funnily enough I never met him как э́то ни стра́нно, я никогда́ не встреча́лся с ним.

*cpd.:* ~-**bone** *n.* вну́тренний мы́щелок плечево́й ко́сти, локтево́й отро́сток.

**fur** *n.* **1.** (*animal hair*) шерсть; make the ~ fly подня́ть (*pf.*) бу́чу; ~ and feather пушно́й зверь и пти́ца; **2.** (*as worn*) мех (*pl.* -а́); a fox ~ ли́сий мех; ~ coat мехово́е пальто́; мехова́я шу́ба; **3.** (*coating of tongue*) налёт; **4.** (*deposit on kettle*) на́кипь.

*v.t.:* ~red tongue обло́женный язы́к; ~red kettle ча́йник, покры́тый на́кипью.

*cpd.:* ~-**bearing** *adj.* пушно́й; ~-**seal** *n.* ко́тик.

**furbelow** *n.* обо́рка, фалбала́; frills and ~s тря́пки (*f. pl.*).

**furbish** *v.t.* полирова́ть, от-; подновля́ть, -и́ть.

**furious** *adj.* **1.** (*violent*) бу́йный, неи́стовый; the fun was fast and ~ весе́лье бы́ло бу́йным; a ~ struggle я́ростная схва́тка; drive at a ~ pace е́хать (*det.*) на бе́шеной ско́рости; **2.** (*enraged*) взбешённый; it makes me ~ to hear him abused меня́ бе́сит, когда́ я слы́шу, как его́ поно́сят; she was ~ with him она́ разозли́лась на него́ не на шу́тку.

**furl** *v.t.* (*sails*) свёр|тывать, -ну́ть; (*umbrella*) скла́дывать, сложи́ть.

**furlong** *n.* восьма́я часть ми́ли.

**furlough** *n.* о́тпуск; on ~ в отпуску́, в о́тпуске.

**furnace** *n.* горн, оча́г, печь, то́пка; blast ~ до́менная печь; до́мна.

**furnish** *v.t.* **1.** (*provide*) снаб|жа́ть, -ди́ть (*кого чем*); предост|авля́ть, -а́вить (*что кому*); **2.** (*equip with furniture*) обст|авля́ть, -а́вить; fully ~ed house по́лностью обста́вленный дом; ~ed apartment меблиро́ванная кварти́ра.

**furnishings** *n.* принадле́жности (*f. pl.*); (*furniture*) обстано́вка.

**furniture** *n.* ме́бель; ~ polish политу́ра/лак для ме́бели; ~ removers аге́нтство по перево́зке ме́бели; ~ van автофурго́н для перево́зки ме́бели; (*fig., trappings*) украше́ния (*nt. pl.*).

**furore** *n.* фуро́р.

**furrier** *n.* меховщи́к, скорня́к.

**furrow** *n.* **1.** (*in the earth etc.*) борозда́, жёлоб; plough a lonely ~ (*fig.*) де́йствовать (*impf.*) в одино́чку; **2.** (*wrinkle*) глубо́кая морщи́на.

*v.t.* **1.** борозди́ть, вз-; (*fig.*): ~ed brow морщи́нистый лоб.

**furry** *adj.* покры́тый ме́хом; пушно́й.

**further** *adj.* (*see also* FARTHER) **1.** дальне́йший;

(*additional*) доба́вочный, дополни́тельный; until ~ notice до дальне́йшего уведомле́ния; without ~ ado без ли́шних хлопо́т; we need ~ proof нам необходи́мы дополни́тельные доказа́тельства; we need a ~ five pounds нам ну́жно ещё пять фу́нтов; **2.** (*more distant*) да́льний; on the ~ side на друго́й стороне́; по ту сто́рону.

*adv.* **1.** (*additionally*) в дополне́ние; ~ to my last letter в дополне́ние к моему́ после́днему письму́; **2.** (*to or at a more distant point*) да́лее, да́льше; I can go no ~ я не могу́ да́льше идти́; I'll go ~ than that, he's a liar бо́лее того́, он лгун; we need look no ~ смотре́ть да́льше не́чего; **3.** (*moreover*) бо́лее того́; **4.** (*euph.*): I'll see him ~ first ≈ как бы не так!

*v.t.* продв|ига́ть, -и́нуть; соде́йствовать (*impf.*) +*d.*; спосо́бствовать (*impf.*) +*d.*

**furtherance** *n.* продвиже́ние; соде́йствие (*чему*); in ~ of this plan для осуществле́ния э́того пла́на.

**furthermore** *adv.* к тому́ же; кро́ме того́.

**furthermost** *adj.* са́мый да́льний/отдалённый.

**furthest** *adj.* са́мый да́льний.

*adv.* да́льше всего́; the ~ I can go is to say that . . . са́мое бо́льшее, что я могу́ сказа́ть, э́то то, что . . .

**furtive** *adj.* (*of movements*) краду́щийся; та́йный; скры́тый; (*of a person*) скры́тный.

**furtiveness** *n.* скры́тность.

**fury** *n.* **1.** (*violence*) неи́стовство, я́рость; бе́шенство; the ~ of the elements я́рость стихи́й; **2.** (*fit of anger*) я́рость; she flew into a ~ она́ пришла́ в я́рость; **3.** (F~: *myth.*) фу́рия; **4.** (*fig., termagant*) фу́рия.

**furze** *n.* утёсник.

**fuse**[1] *n.* (*elec.*) предохрани́тель (*m.*), про́бка.

*v.t. & i.* **1.** (*make or become liquid*) пла́вить(ся) (*impf.*); **2.** (*join by fusion*) спл|авля́ть(ся), -а́вить(ся); (*fig.*) сли|ва́ть(ся), -ть(ся); (*elec.*): he ~d the lights он пережёг про́бки; the lights ~d про́бки перегоре́ли.

*cpds.:* ~-**box** *n.* коро́бка с про́бками; ~-**wire** *n.* про́волока для предохрани́теля.

**fuse**[2], **fuze** *n.* (*igniting device*) запа́л, затра́вка, фити́ль (*m.*); (*detonating device*) заря́дная тру́бка; взрыва́тель (*m.*).

*v.t.* вст|авля́ть, -а́вить взрыва́тель в +*a.*

**fuselage** *n.* фюзеля́ж.

**fusible** *adj.* пла́вкий.

**fusilier** *n.* фузилёр, стрело́к.

**fusillade** *n.* стрельба́.

*v.t.* обстре́л|ивать, -я́ть.

**fusion** *n.* **1.** (*melting together*) сплавле́ние, пла́вка; ~ bomb термоя́дерная бо́мба; **2.** (*blending, coalition*) сплав, слия́ние.

**fuss** *n.* суета́, шум (из-за пустяко́в); cause a lot of ~ and bother причин|я́ть, -и́ть ма́ссу хлопо́т и забо́т; get into a ~ разволнова́ться (*pf.*); make a ~ about, over sth. суети́ться (*impf.*) вокру́г чего́-н.; make a ~ of s.o. суетли́во опека́ть (*impf.*) кого́-н.

*v.i.* суети́ться (*impf.*); she ~es over her children она́ ве́чно во́зится со свои́ми детьми́.

*cpd.*: ~**-pot** *n.* (*coll.*) хлопоту́н (*fem.* -ья); суетли́вый челове́к.

**fusser** *n.* суетли́вый челове́к.

**fussiness** *n.* суетли́вость.

**fussy** *adj.* **1.** (*worrying over trifles*) суетли́вый, беспоко́йный; **2.** (*coll., fastidious*) разбо́рчивый; I'm not ~ (about) what I eat я не привере́длив в еде́; **3.** (*of dress, style etc.*) вы́чурный.

**fustian** *n.* (*cloth*) бумазе́я, флане́ль; (*bombast*) напы́щенные высокопа́рные ре́чи (*f. pl.*).

**fusty** *adj.* (*stale-smelling*) за́тхлый, спёртый; (*fig., old-fashioned*) старомо́дный.

**futile** *adj.* напра́сный, тще́тный.

**futility** *n.* тще́тность, бесполе́зность.

**future** *n.* **1.** бу́дущее; in (the) ~ в бу́дущем; for the ~ на бу́дущее; he has a great ~ before him у него́ большо́е бу́дущее; ему́ предстои́т блестя́щая бу́дущность; there's not much ~ in teaching преподава́ние не обеща́ет блестя́щей карье́ры; **2.** (*gram.*) бу́дущее вре́мя.

*adj.* бу́дущий; belief in a ~ life ве́ра в загро́бную жизнь; (*gram.*): ~ tense бу́дущее вре́мя; ~ perfect tense бу́дущее соверше́нное вре́мя.

**futureless** *adj.* без бу́дущего.

**futurism** *n.* футури́зм.

**futurist** *n.* футури́ст.

**futuristic** *adj.* футуристи́ческий.

**futurity** *n.* бу́дущее, бу́дущность.

**fuze** see FUSE².

**fuzz**¹ *n.* (*fluffy mass*) пух; (*blur*) мгла.

*v.t.* (*blur*) затемн|я́ть, -и́ть.

**fuzz**² *n.* (*policeman*) полица́й, му́сор (*sl.*).

**fuzzy** *adj.* (*fluffy*) пуши́стый; (*blurred*) расплы́вчатый.

# G

**G** *n.* (*mus.*) соль (*nt. indecl.*); ~**-string** (*cloth etc.*) набе́дренная повя́зка.

**gab** (*coll.*) *n.*: he has the gift of the ~ у него́ язы́к хорошо́ подве́шен.

*v.i.* трепа́ться (*impf.*); точи́ть (*impf.*) ля́сы (*coll.*).

*cpd.*: ~**fest** (*Am. sl.*) трёп, трепотня́.

**gabardine, gaberdine** *n.* (*material*) габарди́н; (*attr.*) габарди́новый.

**gabble** *n.* бормота́ние; (*sl.*) трёп, трепотня́.

*v.t. & i.* бормота́ть, про-; (*of geese*) гогота́ть (*impf.*).

**gabbler** *n.* болту́н.

**gabby** *adj.* (*coll.*) болтли́вый, трепли́вый.

**gaberdine** see GABARDINE.

**gable** *n.* щипе́ц; (*pediment*) фронто́н; ~(d) roof двуска́тная/щипцо́вая кры́ша.

**Gabon** *n.* Габо́н.

**Gabonese** *adj.* габо́нский.

**Gabriel** *n.* (*bibl.*) Гаврии́л.

**gad**¹ *v.i.* (*also* ~ **about**) шля́ться (*impf.*); шата́ться (*impf.*).

*cpd.*: ~**about** *n. & adj.* праздношата́ющийся.

**gad**² *int.* (*also* by ~) вот те на́!; ей-Бо́гу!

**gadfly** *n.* о́вод; слепе́нь (*m.*).

**gadget** *n.* (*coll.*) шту́чка.

**gadgetry** *n.* (*coll.*) техни́ческие нови́нки (*f. pl.*).

**Gael** *n.* гэл, кельт.

**Gaelic** *n.* (*language*) гэ́льский язы́к.

*adj.* гэ́льский.

**gaff**¹ *n.* (*spear, stick*) баго́р, острога́.

*v.t.* багри́ть (*impf.*).

**gaff**² *n.*: blow the ~ (*coll.*) проболта́ться (*pf.*).

**gaffe** *n.* ло́жный шаг, опло́шность.

**gaffer** *n.* стари́к, дед; (*foreman*) ма́стер (це́ха).

**gag** *n.* **1.** (*to prevent speech etc.*) кляп; (*surg.*) роторасшири́тель (*m.*); (*parl.*) прекраще́ние пре́ний; (*fig.*): a ~ on free speech подавле́ние свобо́ды сло́ва; **2.** (*interpolation*) отсебя́тина; **3.** (*joke*) шу́тка, хо́хма.

*v.t.* вст|авля́ть, -а́вить кляп +*d.*; (*fig.*) зат|ыка́ть, -кну́ть рот +*d.*; the press was ~ged пре́ссу заста́вили замолча́ть.

*v.i.* (*of actor*) вст|авля́ть, -а́вить отсебя́тину; (*retch, choke*) дави́ться (*impf.*).

*cpds.*: ~**-man**, ~**-writer** *nn.* (*theatr.*) ко́мик; сочини́тель (*m.*) остро́т и шу́ток (*для эстра́ды и т.п.*).

**gaga** *adj.* (*sl.*) чо́кнутый, слабоу́мный; go ~ впа|да́ть, -сть в мара́зм.

**gage** *n.* (*pledge*) зало́г; (*fig.*): throw down one's ~ бро́сить (*pf.*) вы́зов/перча́тку (*кому*). See also GAUGE.

**gaggle** *n.* (*of geese*) ста́я, ста́до; (*fig., joc.*) ста́йка, толпа́.

**gaiety** *n.* (*cheerfulness*) весёлость; (*usu. pl.*: *entertainment*) увеселе́ния (*nt. pl.*), весе́лье.

**gain** *n.* **1.** (*profit*) при́быль; вы́года; вы́игрыш; love of ~ корыстолю́бие; **2.** (*pl., things* ~*ed*) дохо́ды (*m. pl.*); нажи́ва; (*achievements*) завоева́ния; ill-gotten ~s нече́стно на́житое; **3.** (*increase*) увеличе́ние; a ~ in weight приба́вка в ве́се; a ~ to knowledge расшире́ние зна́ний.

*v.t.* **1.** (*reach*) доб|ира́ться, -ра́ться до +*g.*; дост|ига́ть, -и́гнуть +*g.*; the swimmer ~ed the shore пловéц дости́г бéрега; **2.** (*win, acquire*) овлад|ева́ть, -éть; доб|ива́ться, -и́ться +*g.*; доб|ыва́ть, -ы́ть; приобре|та́ть, -сти́; ~ one's living зараба́тывать (*impf.*) на жизнь; ~ a victory одержа́ть (*pf.*) побéду; ~ the upper hand взять (*pf.*) верх (над +*i.*); ~ time вы́игр|ывать, вы́играть врéмя; ~ s.o.'s ear доб|ива́ться, -и́ться чьего́-н. внима́ния; ~ a friend приобрести́ (*pf.*) дру́га; what ~ed him such a reputation? что со́здало ему́ таку́ю репута́цию?; he ~ed 5 pounds in weight он попра́вился на 5 фу́нтов; the patient is ~ing strength пациéнт набира́ется сил; **3.** (*also* ~ **over**; *persuade, bring on to one's side*) перемани́ть (*pf.*) на свою́ сто́рону; переубеди́ть (*pf.*).

*v.i.* **1.** (*reap profit, benefit, advantage*) из-вл|ека́ть, -éчь по́льзу/вы́году; how do I stand to ~ from it? кака́я мне от э́того по́льза/вы́года?; he has ~ed in experience он приобрёл о́пыт; **2.** (*move ahead*): my watch ~s (three minutes a day) мои́ часы́ спеша́т (на три мину́ты в день); he ~ed on his rival он нагоня́л сопéрника; the sea is ~ing on the land мо́ре захва́тывает су́шу.

**gainer** *n.*: he was a ~ by the transaction он вы́играл на э́той сдéлке.

**gainful** *adj.* при́быльный; дохо́дный; ~ employment опла́чиваемая рабо́та.

**gainings** *n.* (*earnings*) за́работок; (*profit*) дохо́д.

**gainsa|y** *v.t.* (*liter.*) противорéчить (*impf.*) +*d.*; the facts cannot be ~id фа́кты неопровержи́мы.

**gait** *n.* похо́дка.

**gaiter** *n.* гама́ша; (*pl.*) гéтр|ы (*pl., g.* —).

**gaitered** *adj.* в гама́шах.

**gal** *n.* (*joc.*) = GIRL.

**gala** *n.* пра́здничество; ~ day пра́здничный день; ~ dress пара́дный костю́м/туалéт; ~ night (*theatr.*) гала́-представлéние.

**galactic** *adj.* галакти́ческий.

**galantine** *n.* заливно́е.

**Galatians** *n.* (*bibl.*) гала́ты (*m. pl.*).

**galaxy** *n.* гала́ктика; (*fig.*) плея́да.

**gale** *n.* бу́ря; шторм; it is blowing a ~ ду́ет штормово́й вéтер; (*fig.*): ~s of laughter взры́вы (*m. pl.*) хо́хота.

**Galicia** *n.* (*in Spain*) Гали́сия; (*in E. Europe*) Гали́ция.

**Galician** *n.* (*in Spain*) галиси́|ец (*fem.* -йка); (*in E. Europe*) галича́н|ин (*fem.* -ка).

*adj.* **1.** галиси́йский; **2.** галици́йский.

**Galilean** *n.* (*bibl.*) галилéянин.

*adj.* (*of Galilee*) галилéйский; (*of Galileo*): ~ telescope телеско́п Галилéя.

**Galilee** *n.* Галилéя; sea of ~ Галилéйское мо́ре.

**Galileo** *n.* Галилéй.

**gall**[1] *n.* **1.** жёлчь; (*fig., bitterness*) жёлчность; ~ and wormwood нож о́стрый (*fig.*); (*rancour*): dip one's pen in ~ писа́ть (*impf.*) жёлчью; **2.** (*coll., impudence*) на́глость.

*cpds.*: ~**-bladder** *n.* жёлчный пузы́рь; ~**stone** *n.* жёлчный ка́мень.

**gall**[2] *n.* (*swelling; sore*) потёртость; сса́дина.

*v.t.* (*lit.*) сса́дить (*pf.*); нат|ира́ть, -ерéть; when I ride my horse the saddle ~s his back когда́ я éзжу, седло́ натира́ет ло́шади спи́ну; (*fig.*) злить, разо-.

**gall**[3] *n.* (*bot.*) галл.

· *cpd.*: ~**-fly** *n.* орехотво́рка.

**gallant**[1] *n.* (*ladies' man*) да́мский уго́дник.

*adj.* (*attentive to ladies*) гала́нтный; (*amatory*) любо́вный.

**gallant**[2] *adj.* (*brave*) до́блестный; (*of ship*) велича́вый; (*of horse*) лихо́й, рети́вый.

**gallantry** *n.* (*bravery*) до́блесть; (*courtliness to women*) гала́нтность; (*amatory adventure*) любо́вное похождéние.

**galleon** *n.* галео́н.

**gallery** *n.* **1.** (*walk, passage*) галерéя; shooting ~ тир; **2.** (*picture* ~) карти́нная галерéя; **3.** (*raised floor or platform*) хо́р|ы (*pl., g.* -ов); minstrels' ~ хо́ры (*pl.*); press ~ места́ для представи́телей печа́ти; **4.** (*theatr.*) галёрка; play to the ~ (*fig.*) иска́ть (*impf.*) дешёвой популя́рности; **5.** (*mining*) што́льня.

**galley** *n.* **1.** (*ship*) галéра; **2.** (*ship's kitchen*) ка́мбуз; (*in aircraft*) пищебло́к; **3.** (*typ.*) (*tray*) верста́тка; (~-proof) гра́нка.

*cpd.*: ~**-slave** *n.* раб на галéрах.

**gallic**[1] *adj.* (*chem.*) ~ acid га́лловая кислота́.

**Gallic**[2] *adj.* (*Gaulish*) га́лльский; (*French*) францу́зский.

**Gallican** *adj.* (*eccl. hist.*) галлика́нский.

**Gallicanism** *n.* галлика́нство.

**Gallicism** *n.* галлици́зм.

**Gallicize** *v.t.* офранцу́зить (*pf.*).

**gallimaufry** *n.* мешани́на.

**galling** *adj.* (*fig.*) раздража́ющий; it's ~ not to be invited когда́ тебя́ не приглаша́ют, чу́вствуешь себя́ уязвлённым.

**gallipot** *n.* аптéчная ба́нка/скля́нка.

**gallium** *n.* га́ллий.

**gallivant** *v.i.* (*coll.*) шля́ться (*impf.*); слоня́ться (*impf.*).

**Gallomania** *n.* галлома́ния.

**gallon** *n.* галло́н.

**galloon** *n.* галу́н.

**gallop** *n.* гало́п; he rode off at a/full ~ он поскака́л во весь опо́р; we went for a ~ мы отпра́вились на верхову́ю прогу́лку.

*v.t.*: ~ a horse пус|ка́ть, -ти́ть ло́шадь гало́пом (*or* в гало́п); (*fig.*): we ~ed through our work мы бы́стро проверну́ли всю рабо́ту; ~ing consumption скоротéчная чахо́тка.

**Gallophile** *n.* галлофи́л, франкофи́л.

*adj.* франкофи́льский.

**Gallophobe** *n.* галлофо́б, франкофо́б.
*adj.* франкофо́бский.

**Gallophobia** *n.* галлофо́бия, франкофо́бия.

**gallows** *n.* (*also* ~**-tree**) ви́селица; he will come to the ~ ему́ не минова́ть ви́селицы; send s.o. to the ~ отпра́вить (*pf.*) кого́-н. на ви́селицу; cheat the ~ избежа́ть (*impf.*) ви́селицы; he has a ~ look у него́ разбо́йничий вид.
*cpds.*: ~**-bird** *n.* ви́сельник; ~**-humour** *n.* ю́мор ви́сельника.

**galore** *adv.* (*coll.*) в изоби́лии, ско́лько уго́дно.

**galosh** *n.* гало́ша.

**galumph** *v.i.* (*coll.*) пры́гать (*impf.*) от ра́дости; (*walk clumsily*) то́пать (*impf.*).

**galvanic** *adj.* (*elec.*) гальвани́ческий; электризу́ющий.

**galvanism** *n.* гальвани́зм; (*med.*) гальваниза́ция.

**galvanization** *n.* гальваниза́ция.

**galvanize** *v.t.* гальванизи́ровать (*impf.*, *pf.*); ~d iron оцинко́ванное желе́зо; (*fig.*) побу|жда́ть, -ди́ть; возбу|жда́ть, -ди́ть; гальванизи́ровать.

**galvanometer** *n.* гальвано́метр.

**gambit** *n.* (*chess*) гамби́т; (*trick*) ухва́тка.

**gamble** *n.* аза́ртная игра́; (*risky undertaking*) риско́ванное предприя́тие; take a ~ пойти́ (*pf.*) на риск.
*v.t. & i.* игра́ть (*impf.*) в аза́ртные и́гры; ~ away a fortune проигра́ть (*pf.*) состоя́ние.

**gambler** *n.* игро́к; картёжник.

**gambling** *n.* аза́ртные и́гры (*f. pl.*).
*cpds.*: ~**-den** *n.* иго́рный прито́н; ~**-game** *n.* аза́ртная игра́.

**gamboge** *n.* гуммигу́т; жёлтый пигме́нт.

**gambol** *n.* прыжо́к, скачо́к.
*v.i.* пры́г|ать, -нуть.

**game**[1] *n.* **1.** игра́; we had a ~ of golf мы сыгра́ли па́ртию в гольф; he plays a good ~ of bridge он хорошо́ игра́ет в бридж; play the ~ (*fig.*) игра́ть (*impf.*) по пра́вилам; I am off my ~ я не в фо́рме; ~s (*at school*) физкульту́ра; Olympic G~s Олимпи́йские и́гры; what is the state of the ~? (*score*) како́й счёт?; he won two ~s in the first set (*tennis*) в пе́рвом се́те он вы́играл две игры́ (*or* два ге́йма); we bought the child a ~ мы купи́ли ребёнку насто́льную игру́; beat s.o. at his own ~ поби́ть (*pf.*) кого́-н. его́ же ору́жием; **2.** (*scheme, plan, trick*) игра́; what's the ~? что за э́тим кро́ется?; he is playing a deep ~ он ведёт сло́жную игру́; you are playing his ~ вы игра́ете ему́ на́ руку; two can play at that ~ (*fig.*) я могу́ отплати́ть вам (*u м.п.*) той же моне́той; he gave the ~ away он раскры́л свои́ ка́рты; the ~ is up ста́вка би́та; ко́нчен бал!; make ~ of s.o. высме́ивать, вы́смеять кого́-н.; the ~ is not worth the candle игра́ не сто́ит свеч; none of your ~s! э́тот но́мер не пройдёт!; **3.** (*hunted animal, quarry*) дичь;

зверь (*m.*); big ~ кру́пный зверь; fair ~ (*fig.*) объе́кт тра́вли; do you like eating ~? вы лю́бите дичь?; ~ laws зако́н об охра́не ди́чи.
*adj.* боево́й; задо́рный; he died ~ он держа́лся до конца́; are you ~ for a ten-mile walk? у вас есть настрое́ние соверши́ть прогу́лку миль на де́сять?
*v.t. & i.* игра́ть, сыгра́ть; he ~d away his money он проигра́л свои́ де́ньги; gaming-house иго́рный дом; gaming-table иго́рный стол.
*cpds.*: ~**-bag** *n.* ягдта́ш; ~**-bird** *n.* перна́тая дичь; ~**-cock** *n.* бойцо́вый пету́х; ~**keeper** *n.* лесни́к, охраня́ющий дичь; ~**-preserve** *n.* охо́тничий запове́дник; ~**s-master/mistress** *nn.* преподава́тель(ница) физкульту́ры; ~**-warden** *n.* е́герь/лесни́к, охраня́ющий дичь.

**game**[2] *adj.* (*lame*) хромо́й.

**gamesmanship** *n.* (*joc.*) ≃ психи́ческое возде́йствие на проти́вника.

**gamester** *n.* игро́к; картёжник.

**gamete** *n.* гаме́та.

**gamma** *n.*: ~ moth со́вка-га́мма; ~ rays га́мма-лучи́ (*m. pl.*).

**gammon**[1] *n.* (*ham, bacon*) о́корок.

**gammon**[2] *n.* (*humbug*) обма́н; (*nonsense*) чушь.
*v.t.* обма́н|ывать, -у́ть.

**gammy** *adj.* (*coll.*) хромо́й.

**gamp** *n.* (*coll.*) зонт.

**gamut** *n.* (*mus.*) га́мма; (*fig.*) диапазо́н, га́мма; she ran the ~ of the emotions она́ передала́ всю га́мму чувств.

**gamy** *adj.* (*of scent, flavour*) с душко́м.

**gander** *n.* (*male goose*) гуса́к; (*sl., look*): take a ~ at взгля́|дывать, -ну́ть на +*a.*

**gang** *n.* (*of workmen*) брига́да; (*of prisoners*) па́ртия (заключённых); (*of criminals*) ша́йка, ба́нда; (*coll. or pej., company*) ша́йка, вата́га.
*v.i.*: ~ together они́ собира́ются в ба́нду (*or* ба́ндой); they ~ed up on me они́ ополчи́лись про́тив/на меня́.
*cpds.*: ~**-board**, ~**-plank** *nn.* схо́дни (*f. pl.*); ~**way** *n.* (*from ship to shore*) схо́дни (*f. pl.*); (*from aircraft to ground*) трап; (*in theatre etc.*) прохо́д; (*coll. int., clear the way!*) прочь с доро́ги!; сторони́сь!

**ganger** *n.* деся́тник, бригади́р.

**Ganges** *n.* Ганг.

**gangling** *adj.* долговя́зый.

**ganglion** *n.* га́нглий, не́рвный у́зел.

**gangrene** *n.* гангре́на.

**gangrenous** *adj.* гангрено́зный.

**gangster** *n.* га́нгстер.

**gangsterdom** *n.* (*community of gangsters*) га́нгстеры (*m. pl.*); (*gangsterism*) бандити́зм, гангстери́зм.

**gangue** *n.* ру́дная поро́да.

**gannet** *n.* о́луша.

**gantry** *n.* помо́ст; ~ crane эстака́дный кран.

**gaol** *n.* тюрьма́; (*imprisonment*) тюре́мное за-
ключе́ние; break ~ бежа́ть (*pf.*) из тюрьмы́.
*v.t.* заключ|а́ть, -и́ть в тюрьму́.
*cpds.*: ~-**bird** *n.* ареста́нт, рецидиви́ст;
~-**break** *n.* побе́г из тюрьмы́; ~-**delivery** *n.*
отпра́вка из тюрьмы́ на суд.
**gaoler** *n.* тюре́мщик, тюре́мный надзира́тель
(*m.*).
**gap** *n.* **1.** (*in a wall etc.*) брешь, проло́м; (*in
defences*) проры́в; (*in ranks*) брешь; fill a ~
(*supply deficiency*) устрани́ть (*pf.*) недо-
ста́тки; he filled up the ~s in his education он
воспо́лнил пробе́лы в своём образова́нии;
there is a wide ~ between their views они́ ре́зко
расхо́дятся во взгля́дах; export ~ э́кс-
портный дефици́т; **2.** (*gorge, pass*) прохо́д;
уще́лье.
*cpd.*: ~-**toothed** *adj.* с ре́дкими зуба́ми.
**gap|e** *n.*: the ~es (*disease of poultry; yawning fit*)
зево́та.
*v.i.* (*stare*) зева́ть (*impf.*) (на +*a.*); глазе́ть
(*impf.*) (на +*a.*); a ~ing wound зия́ющая ра́на;
the chasm ~ed before him пе́ред ним зия́ла
про́пасть.
**gaper** *n.* (*pers.*) зева́ка (*c.g.*).
**garage** *n.* гара́ж.
*v.t.* ста́вить, по- в гара́ж.
*cpd.*: ~-**hand** *n.* рабо́чий/меха́ник в гараже́;
автослесарь (*m.*).
**garb** *n.* наря́д.
*v.t.* наря|жа́ть, -ди́ть; ~ o.s. as a sailor
наря|жа́ться, -ди́ться в матро́сскую оде́жду.
**garbage** *n.* отбро́сы (*m. pl.*); му́сор; (*fig.*)
му́сор; макулату́ра.
*cpds.*: ~-**can** *n.* му́сорный я́щик; ~-**collector**
*n.* му́сорщик.
**garble** *v.t.* (*distort*) иска|жа́ть, -зи́ть; ковер-
ка́ть, ис-.
**garboard** *n.* (*naut., also* ~ strake) шпунтово́й
по́яс обши́вки.
**garden** *n.* **1.** (*plot of ground*) сад; vegetable ~
огоро́д; we haven't much ~ у нас сад неболь-
шо́й; lead up the ~ path (*coll.*) води́ть (*indet.*)
за́ нос; everything in the ~'s lovely (*coll., all is
well*) всё в поря́дке; **2.** (*attr.*) садо́вый,
огоро́дный; common or ~ обы́денный;
заура́дный; ~ flowers/plants садо́вые
цветы́/расте́ния; ~ city го́род-сад; ~ gate
садо́вая кали́тка; ~ party приём на откры́том
во́здухе; ~ plot садо́вый уча́сток; ~ seat
садо́вая скамья́; ~ suburb да́чный посёлок; **3.**
(*pl., park*) сад; парк; Zoological G~s зоо-
логи́ческий сад; зоопа́рк.
*v.i.* занима́ться (*impf.*) садово́дством; he is
fond of ~ing он лю́бит садово́дство; ~ing
tools садо́вые инструме́нты.
**gardener** *n.* садо́вник; (*horticulturist*) садово́д.
**gardenia** *n.* гарде́ния.
**garfish** *n.* па́нцирная ры́ба/щу́ка; сарга́н.
**gargantuan** *adj.* гига́нтский, колосса́льный.

**gargle** *n.* полоска́ние.
*v.i.* полоска́ть, про- го́рло.
**gargoyle** *n.* горгу́лья.
**garish** *adj.* пёстрый, бро́ский, крича́щий.
**garishness** *n.* пестрота́, бро́скость.
**garland** *n.* гирля́нда; вено́к; (*fig., prize etc.*)
па́льма пе́рвенства.
*v.t.* укр|аша́ть, -а́сить гирля́ндами.
**garlic** *n.* чесно́к; clove of ~ зубо́к чеснока́.
**garment** *n.* одея́ние; (*pl., clothes*) оде́жда;
nether ~s (*joc.*) брю́к|и (*pl., g.* —); the ~
industry (*dressmaking, tailoring*) шве́йная
промы́шленность.
**garn** *int.* (*sl.*) да ну́!; иди́ ты!; брось!
**garner** *v.t.* (*liter.*) сс|ыпа́ть, -ы́пать в амба́р;
(*fig.*): ~ experience нак|а́пливать, -опи́ть
о́пыт.
**garnet** *n.* грана́т.
**garnish** *n.* отде́лка, украше́ние; (*cul.*) гарни́р.
*v.t.* (*furnish*) обст|авля́ть, -а́вить; (*decorate*)
укр|аша́ть, -а́сить; (*cul.*) гарни́ровать (*impf.,
pf.*).
**garniture** *n.* (*accessories*) гарниту́р; (*adornment*)
отде́лка; украше́ние; (*cul.*) гарни́р.
**garret** *n.* манса́рда; чердак.
**garrison** *n.* гарнизо́н; (*attr.*) гарнизо́нный; place
on ~ duty назн|ача́ть, -а́чить на гарнизо́нную
слу́жбу.
*v.t.*: ~ a town ста́вить, по- гарнизо́н в
го́роде.
**gar(r)otte** *n.* гарро́та.
*v.t.* души́ть, у-; дави́ть, у-.
**garrulity** *n.* болтли́вость, говорли́вость.
**garrulous** *adj.* болтли́вый, говорли́вый.
**garter** *n.* подвя́зка; Order of the G~ о́рден
Подвя́зки.
*cpd.*: ~-**snake** *n.* подвя́зковая змея́.
**gas** *n.* **1.** (*aeriform fluid*) газ; natural ~
приро́дный газ; put the kettle on the ~
поста́вить ча́йник на газ; turn the ~ on/off
включи́ть/вы́ключить газ; (*dentist's*) эфи́р;
(*poison-* ~) ядови́тый газ; отравля́ющее
вещество́; (*mining*) грему́чий газ; (*flatulence*)
га́зы (*m. pl.*); **2.** (*attr.*) га́зовый; ~ alarm, alert
хими́ческая трево́га; ~ bomb хими́ческая
бо́мба; ~ bracket га́зовый рожо́к; ~ burner
га́зовая горе́лка; ~ chamber (*for lethal purposes*) га́зовая ка́мера; ~ coal га́зовый у́голь;
~ coke га́зовый кокс; ~ cooker га́зовая
плита́; ~ engine га́зовый дви́гатель; ~ field
месторожде́ние га́за; ~ fire га́зовый ками́н;
~ fitter газовщи́к; ~ helmet противога́з; ~
lighter (*for cigarettes etc.*) га́зовая зажига́лка;
~ lighting га́зовое освеще́ние; ~ main
газопрово́д; ~ mantle кали́льная се́тка; ~
mask противога́з; ~ meter га́зовый счётчик;
~ motor га́зовый дви́гатель; ~ oven (*domestic*) га́зовая духо́вка; (*for extermination*)
га́зовая печь; ~ pipe га́зовая труба́; ~ producer газогенера́тор; ~ ring га́зовое кольцо́;

~ shell хими́ческий снаря́д; ~ shelter газоубе́жище; ~ stove га́зовая плита́; ~ torch га́зовый реза́к; ~ warfare хими́ческая война́; *see also cpds.*; **3.** (*Am., petrol*) бензи́н, горю́чее; step on the ~ (*coll.*) да|ва́ть, -ть га́зу; ~ station бензоколо́нка; ~ tank бензоба́к; **4.** (*coll., empty talk*) болтовня́, трепотня́.

*v.t.* (*poison with* ~) отрав|ля́ть, -и́ть га́зом; (*kill with* ~) умер|щвля́ть, -тви́ть га́зом.

*v.i.* **1.** (*coll., talk long and emptily*) болта́ть (*impf.*); моло́ть (*impf.*); **2.** ~ **up** (*take in petrol*) запра́виться (*pf.*) горю́чим.

*cpds.*: ~**bag** *n.* оболо́чка аэроста́та; (*coll., chatterer*) пустоме́ля (*c.g.*); ~**holder** *n.* газго́льдер, газохрани́лище; ~**-jet** *n.* га́зовый рожо́к; ~**light** *n.* га́зовое освеще́ние; ~**-lit** *adj.* освещённый га́зом; ~**man** *n.* (*fitter*) (слесарь-)газовщи́к; (*inspector*) инспектор--газовщи́к; ~**proof** *adj.* газонепроница́емый; ~**works** *n.* га́зовый заво́д.

**Gascon** *n.* гаско́н|ец (*fem.* -ка).
*adj.* гаско́нский.

**gasconade** *n.* бахва́льство.

**Gascony** *n.* Гаско́нь.

**gaseous** *adj.* га́зовый; газообра́зный.

**gash** *n.* разре́з; глубо́кая ра́на.

*v.t.* разр|еза́ть, -е́зать; полосну́ть (*pf.*).

**gasification** *n.* газифика́ция.

**gasify** *v.t. & i.* газифици́ровать.

**gasket** *n.* прокла́дка; тесьма́.

**gasol|ine, -ene** *n.* газоли́н; (*Am., petrol*) бензи́н.

**gasometer** *n.* газо́метр; газоме́р, га́зовый счётчик.

**gasp** *n.* глото́к во́здуха; перехва́т дыха́ния; his breath came in ~s он преры́висто дыша́л; at one's last ~ при после́днем издыха́нии.

*v.t. & i.* зад|ыха́ться, -охну́ться; а́хнуть (*pf.*); he ~ed out a few words задыха́ясь, он произнёс не́сколько сло́в; he was ~ing for breath он задыха́лся; he ~ed with astonishment он откры́л рот (*or* задохну́лся) от удивле́ния; the fish was ~ing on the bank ры́ба, вы́брошенная на бе́рег, лови́ла ртом во́здух.

**gasper** *n.* (*sl.*) дешёвая сигаре́та.

**gassy** *adj.* (*of beer etc.*) газиро́ванный; (*fig., of talk*) пустопоро́жний.

**gasteropod** *n.*ули́тка из кла́сса брюхоно́гих.

**gastrectomy** *n.* гастрэктоми́я.

**gastric** *adj.* желу́дочный; ~ fever брюшно́й тиф; ~ juice желу́дочный сок; ~ ulcer я́зва желу́дка.

**gastritis** *n.* гастри́т.

**gastro-enteritis** *n.* гастроэнтери́т.

**gastronome(r)** *nn.* гастроно́м.

**gastronomic** *adj.* гастрономи́ческий.

**gastronomy** *n.* гастроно́мия.

**gate** *n.* **1.** вор|о́та (*pl., g.* -о́т); кали́тка; (*city* ~)

городски́е воро́та; (*garden* ~) садо́вая кали́тка; (*water-* ~) шлю́зные воро́та; give s.o. the ~ (*Am., coll.*) выгоня́ть, вы́гнать кого́-н.; **2.** (*fig.*) (*size of audience*) коли́чество зри́телей; (*takings*) сбор, вы́ручка.

*v.t.* (*confine to college*) запрети́ть (*pf.*) (*кому*) вы́ход за преде́лы колле́джа.

*cpds.*: ~**-crash** *v.t. & i.* приходи́ть, -йти́ незва́ным; про|ходи́ть, -йти́ без биле́та; ~**-crasher** *n.* незва́ный гость; (*spectator*) безбиле́тный зри́тель (*m.*), «за́яц»; ~**-fold** *n.* складна́я ка́рта/табли́ца *и т.п.*; ~**-house** *n.* сторо́жка; ~**-keeper** *n.* привра́тник; ~**-leg(ged)** *adj.*: ~-legged table стол с откидно́й кры́шкой; ~**-money** *n.* входна́я пла́та; ~**post** *n.* воро́тный столб; between you and me and the ~post ме́жду на́ми (говоря́); ~**way** *n.* подворо́тня; (*fig.*) подхо́д.

**gateau** *n.* пиро́жное; торт.

**gather** *n.* (*in cloth*) сбо́рки (*f. pl.*).

*v.t.* **1.** (*pick, cull: e.g. flowers, nuts, harvest; also* ~ **in**) соб|ира́ть, -ра́ть; **2.** (*collect, also* ~ **up**) соб|ира́ть, -ра́ть; things ~ dust ве́щи собира́ют пыль; he ~ed his papers together он собра́л свои́ бума́ги; he was ~ed to his fathers он отпра́вился к пра́отцам; ~ impressions/experience нака́пливать (*impf.*) впечатле́ния/о́пыт; he ~ed up the thread of the story он подхвати́л нить расска́за; **3.** (*receive addition of*) наб|ира́ть, -ра́ть +*a. or g.*; the ship ~ed way кора́бль набра́л ход; **4.** (*understand, conclude*) заключ|а́ть, -и́ть; де́лать, с- вы́вод; поня́ть (*pf.*) (*на основании чего-н.*); I ~ he's abroad он как бу́дто за грани́цей; I ~ you don't like him мне сдаётся, что он вам не нра́вится; as far as I can ~ наско́лько я могу́ суди́ть; **5.** (*draw, pull together*): he ~ed his cloak about him он заверну́лся в плащ; he ~ed her in his arms он заключи́л её в объя́тия; he ~ed his brows он сдви́нул бро́ви; ~ one's thoughts, wits (together) соб|ира́ться, -ра́ться с мы́слями; **6.** (*sewing*) соб|ира́ть, -ра́ть в скла́дки.

*v.i.* **1.** (*collect*) соб|ира́ться, -ра́ться; a crowd ~ed собрала́сь толпа́; the clouds are ~ing собира́ются ту́чи; the abcess ~ed нары́в созре́л; **2.** (*increase*) нараст|а́ть, -и́; the tale ~ed like a snowball исто́рия разраста́лась как сне́жный ком.

**gatherer** *n.* (*picker-up, collector*) сбо́рщи|к (*fem.* -ца).

**gathering** *n.* (*assembly*) собра́ние; встре́ча; (*swelling*) нагное́ние.

**GATT** *n.* (*abbr.,* General Agreement on Tariffs and Trade) Генера́льное соглаше́ние по тамо́женным тари́фам и торго́вле.

**gauche** *adj.* нело́вкий; неуклю́жий.

**gauche|ness, -rie** *nn.* нело́вкость, неуклю́жесть.

**gaucho** *n.* га́учо (*m. indecl.*).

**gaud** *n.* (*liter.*) безделу́шка; мишура́.

**gaudiness** *n.* безвку́сица; крикли́вость.

**gaudy** *n.* (*feast*) пра́зднество.

   *adj.* (*of colour*) крича́щий; безвку́сный.

**gauge** (*Am.* **gage**) *n.* **1.** (*thickness, diameter etc.*) разме́р; (*rail.*): standard ~ станда́ртная коле́я; broad ~ широ́кая коле́я; narrow ~ у́зкая коле́я; **2.** (*instrument*) шабло́н; лека́ло; этало́н.

   *v.t.* **1.** (*measure*) изм|еря́ть, -е́рить; **2.** (*fig., estimate*) оце́н|ивать, -и́ть; взве́сить (*pf.*); ~ the strength of the wind определ|я́ть, -и́ть си́лу ве́тра.

**Gaul** *n.* (*hist., country*) Га́ллия; (*inhabitant*) галл; (*joc., Frenchman*) францу́з.

**Gaulish** *adj.* га́лльский.

**Gaullism** *n.* голли́зм; дего́ллевская поли́тика.

**Gaullist** *n.* голли́ст; после́дователь (*m.*)/приве́рженец де Го́лля, (*coll.*) дего́ллевец.

   *adj.* голли́стский.

**gaunt** *adj.* исхуда́лый; измождённый; (*grim*) угрю́мый.

**gauntlet**[1] *n.* рукави́ца; (*armoured glove*) ла́тная рукави́ца; throw down the ~ (*fig.*) бро́сить (*pf.*) перча́тку/вы́зов; pick up the ~ приня́ть (*pf.*) вы́зов.

**gauntlet**[2] *n.*: run the ~ про|ходи́ть, -йти́ сквозь строй; (*fig., of criticism etc.*) подв|ерга́ться, -е́ргнуться суро́вой кри́тике.

**gauntness** *n.* худоба́.

**gauss** *n.* га́усс.

**gauze** *n.* ма́рля, газ.

**gavel** *n.* молото́к.

**gavotte** *n.* гаво́т.

**gawk** *n.* рази́ня (*c.g.*).

   *v.i.* (*also* **gawp**) глазе́ть (*impf.*); пя́лить (*impf.*) глаза́ (на +*a.*).

**gawky** *adj.* нело́вкий, неуклю́жий.

**gawp** *see* GAWK *v.i.*

**gay** *adj.* весёлый; ~ colours я́ркие цвета́; the street was ~ with flags у́лица пестре́ла фла́гами; (*licentious*) беспу́тный; (*coll., homosexual*) гомосексуа́льный; (*as n.*) педера́ст.

**gaz|en.** при́стальный взгляд; a strange sight met his ~e его́ взо́ру откры́лось стра́нное зре́лище.

   *v.i.* при́стально гляде́ть; stop ~ing around! переста́ньте глазе́ть по сторона́м!

**gazebo** *n.* бельведе́р.

**gazelle** *n.* газе́ль.

**gazer** *n.* рази́ня (*c.g.*).

**gazette** *n.* (*official journal*) официа́льные ве́домости (*f. pl.*); (*newspaper*) газе́та.

   *v.t.*: he was ~d colonel он получи́л зва́ние полко́вника.

**gazetteer** *n.* географи́ческий спра́вочник.

**GB** *n.* (*abbr., Great Britain*) Великобрита́ния.

**GDR** *n.* (*abbr., German Democratic Republic*) ГДР (Герма́нская Демократи́ческая Респу́блика).

**gear** *n.* **1.** (*apparatus, mechanism*) механи́зм; **2.** (*equipment, utensils, clothing*) принадле́жности (*f. pl.*), аксессуа́ры (*m. pl.*); оде́жда; hunting ~ охо́тничье снаряже́ние; household ~ хозя́йственные принадле́жности; **3.** (*of car etc.*) зубча́тая переда́ча; high ~ высо́кая переда́ча; top ~ вы́сшая переда́ча; bottom ~ пе́рвая переда́ча; low ~ ни́зкая переда́ча; reverse ~ за́дний ход; change ~ переключ|а́ть, -и́ть переда́чу; the car is in ~ маши́на на переда́че; у маши́ны включена́ переда́ча; out of ~ (*disconnected*) невключённый; (*out of order*) неде́йствующий; throw out of ~ (*fig.*) расстр|а́ивать, -о́ить.

   *v.t.*: ~ up уск|оря́ть, -о́рить; ~ down зам|едля́ть, -е́длить; (*fig., adjust, correlate*) приспос|обля́ть, -о́бить; production is ~ed to demand произво́дство приспосо́блено к спро́су.

   *cpds.*: ~-**box**, ~-**case** *nn.* коро́бка переда́ч; ~-**lever** *n.* рыча́г переключе́ния переда́ч/скоросте́й; ~-**ratio** *n.* переда́точное число́; ~-**shift** *n.* переключе́ние переда́ч; ~-**wheel** *n.* зубча́тое колесо́.

**gecko** *n.* гекко́н.

**gee**[1](-**gee**) *n.* лоша́дка; ~ up! но!

**gee**[2] *int.* (*also* ~ **whiz!**) вот здо́рово!; вот так шту́ка!; ух ты!

**geezer** *n.* (*sl.*) старика́шка (*m.*).

**Gehenna** *n.* гее́нна.

**Geiger:** ~ count определе́ние сте́пени радиоакти́вности.

   *cpd.*: ~-**counter** *n.* счётчик Ге́йгера.

**geisha** *n.* ге́йша.

**gelatine** *n.* желати́н.

**gelatinous** *adj.* желати́новый.

**geld** *v.t.* кастри́ровать (*impf., pf.*).

**gelding** *n.* ме́рин.

**gelid** *adj.* ледяно́й; студёный; леденя́щий.

**gelignite** *n.* гелигни́т.

**gem** *n.* (*jewel*) драгоце́нный ка́мень; (*fig., outstanding specimen*) жемчу́жина, сокро́вище.

   *v.t.*: the night was ~med with stars ночь сия́ла звёздами.

   *cpd.*: ~-**stone** *n.* драгоце́нный ка́мень.

**Gemini** *n.* Близнецы́ (*m. pl.*).

**gemmology** *n.* нау́ка о драгоце́нных камня́х.

**gemsbok** *n.* сернобы́к.

**gen** *n.* (*sl.*) да́нные (*nt. pl.*); информа́ция.

**gendarme** *n.* жанда́рм.

**gendarmerie** *n.* жандарме́рия.

**gender** *n.* род; (*coll., sex*) пол.

**gene** *n.* ген.

**genealogical** *adj.* родосло́вный; генеалоги́ческий; ~ tree генеалоги́ческое де́рево.

**genealogist** *n.* специали́ст по генеало́гии.

**genealogy** *n.* генеало́гия.

**general** *n.* **1.** генера́л; ~ of the Air Force (*Am.*) генера́л ВВС/авиа́ций; ~ of the Army (*Am.*)

генера́л а́рмии; **2.** (*strategist*) полково́дец.
   *adj.* **1.** (*universal or nearly so*) о́бщий; генера́льный; ~ rule о́бщее пра́вило; ~ election всео́бщие вы́боры; ~ strike всео́бщая забасто́вка; ~ knowledge о́бщие зна́ния; ~ practitioner терапе́вт; ~ hospital больни́ца о́бщего ти́па; ~ reader ма́ссовый чита́тель; G~ Assembly (*of UN*) Генера́льная Ассамбле́я; ~ store сельпо́ (*indecl.*); a book of ~ interest неспециализи́рованная кни́га; **2.** (*usual, prevalent*) обы́чный; повсеме́стный; ~ opinion о́бщее мне́ние; in ~, in a ~ way вообще́; as a ~ rule как пра́вило, обыкнове́нно; **3.** (*approximate*; *not specific*) о́бщий; ~ resemblance о́бщее схо́дство; ~ idea о́бщее представле́ние; he spoke in ~ terms он говори́л в о́бщих выраже́ниях; **4.** (*chief*) гла́вный; ~ staff генера́льный штаб; ~ headquarters гла́вное кома́ндование, ста́вка; G~ Post Office главпочта́мт.
   *cpd.*: ~-**in-chief** *n.* главнокома́ндующий; ~-**purpose** *adj.* многоцелево́й; универса́льный.

**generalissimo** *n.* генерали́ссимус.
**generalit|y** *n.* **1.** (*majority*) большинство́; **2.** (*general statement*) о́бщее ме́сто, о́бщая фра́за; he spoke in ~ies он говори́л/отде́лался о́бщими фра́зами.
**generalization** *n.* обобще́ние.
**generalize** *v.t. & i.* обобщ|а́ть, -и́ть; (*make general*) распростран|я́ть, -и́ть.
**generally** *adv.* **1.** (*usually*) обы́чно; **2.** (*widely*) широко́; бо́льшей ча́стью; the plan was ~ welcomed план получи́л всео́бщее одобре́ние; ~ received ideas общепри́нятые поня́тия; **3.** (*approximately, summarily*) вообще́; ~ speaking вообще́ говоря́; **4.** (*as a class*): this is true of Frenchmen ~ э́то отно́сится к францу́зам вообще́.
**generalship** *n.* (*rank or office*) зва́ние/чин генера́ла; (*military skill*) стратеги́ческое/полково́дческое иску́сство.
**generat|e** *v.t.* поро|жда́ть, -ди́ть; вызыва́ть, вы́звать; генери́ровать (*impf.*); ~e heat выделя́ть (*impf.*) тепло́; ~e hatred вызыва́ть (*impf.*) не́нависть; ~ing station электроста́нция.
**generation** *n.* **1.** (*of heat etc.*) генера́ция; **2.** (*geneal.*) поколе́ние; from ~ to ~ из поколе́ния в поколе́ние; the rising ~ подраста́ющее поколе́ние; a ~ ago в про́шлом поколе́нии; I have known them for three ~s я знал (це́лых) три поколе́ния э́той семьи́; the ~ gap пробле́ма отцо́в и дете́й; **3.** (*fig., of weapons etc.*) эта́п разви́тия.
**generative** *adj.* (*productive*) производи́тельный, производя́щий; (*biol.*) генерати́вный.
**generator** *n.* производи́тель (*m.*); (*tech.*) генера́тор.

**generic** *adj.* (*of a class*) родово́й; (*general*) о́бщий.
**generosity** *n.* великоду́шие; ще́дрость.
**generous** *adj.* **1.** (*magnanimous*) великоду́шный; **2.** (*liberal*) ще́дрый; he is ~ with his time он ще́дро/расточи́тельно тра́тит своё вре́мя; **3.** (*plentiful*) оби́льный; a ~ helping of meat ще́драя/соли́дная по́рция мя́са; a ~ harvest оби́льный/ще́дрый урожа́й; **4.** (*full-flavoured*): a ~ wine кре́пкое/вы́держанное вино́.
**genesis** *n.* ге́незис; возникнове́ние; (Book of) G~ кни́га Бытия́.
**genet** *n.* гене́тта; виве́рра.
**genetic** *adj.* генети́ческий.
**geneticist** *n.* гене́тик.
**genetics** *n.* гене́тика.
**Geneva** *n.* Жене́ва; Lake ~ Жене́вское о́зеро; ~ Convention Жене́вская конве́нция.
**Genev|an, -ese** *adj.* жене́вский.
**Genghis Khan** *n.* Чингисха́н.
**genial** *adj.* **1.** (*jovial, kindly*) раду́шный; серде́чный; доброду́шный; **2.** мя́гкий; a ~ climate мя́гкий/благотво́рный кли́мат; ~ sunshine ла́сковое со́лнце; the ~ influence of good wine благотво́рное де́йствие хоро́шего вина́.
**geniality** *n.* раду́шие; доброду́шие.
**genie** *n.* джинн, дух.
**genital** *adj.* полово́й; (*pl.*) половы́е о́рганы (*m. pl.*), генита́лии (*f. pl.*).
**genitive** *n. & adj.* роди́тельный (паде́ж).
**genito-urinary** *adj.* мочеполово́й.
**genius** *n.* **1.** (*pers.; mental power; attendant spirit*) ге́ний; a man of ~ гениа́льный челове́к; he has a ~ for languages у него́ замеча́тельный тала́нт к языка́м; he was her evil ~ он был её злым ге́нием; **2.** (*distinctive character*): the French ~ францу́зский дух; дух францу́зского наро́да.
**Genoa** *n.* Ге́нуя.
**genocidal** *adj.* геноци́дный.
**genocide** *n.* геноци́д.
**Genoese** *n.* гену́э́з|ец (*fem.* -ка).
   *adj.* гену́э́зский.
**genre** *n.* жанр; (*attr.*) жа́нровый, бытово́й.
**gent** *n.* (*coll.*) тип; ~s (*lavatory*) мужска́я убо́рная.
**genteel** *adj.* благовоспи́танный; «благоро́дный»; меща́нски-претенцио́зный; с аристократи́ческими зама́шками; they live in ~ poverty они́ живу́т в го́рдой нищете́.
**genteelism** *n.* благопристо́йное выраже́ние; аристократи́ческая зама́шка.
**gentian** *n.* горечавка.
**gentile** *n.* неевре́й; (*bibl.*) язы́чник.
   *adj.* неевре́йский; язы́ческий.
**gentility** *n.* благовоспи́танность; (*pej.*) аристократи́ческие зама́шки (*f. pl.*).
**gentle**[1] *n.* (*zool.*) личи́нка.
**gentle**[2] *adj.* **1.**: a man of ~ birth челове́к

благоро́дного происхожде́ния; зна́тный челове́к; **2.** (*mild, tender, kind*) мя́гкий, ти́хий; делика́тный; ~ heat лёгкое тепло́; a ~ slope отло́гий склон; a ~ breeze лёгкий ветеро́к; a ~ hint то́нкий намёк; the ~ sex сла́бый/прекра́сный пол; ~ reader (*arch.*) любе́зный чита́тель.

*v.t.* (*of a horse, break in*) объезжа́ть, объе́здить; (*handle gently*) обраща́ться (*impf.*) мя́гко с +*i*.

*cpds.*: ~**folk** *n.* дворя́нство; знать; ~**woman** *n.* да́ма; ле́ди (*f. indecl.*); (*hist.*) фре́йлина.

**gentleman** *n.* **1.** (*arch., man of gentle birth*) (нетитуло́ванный) дворяни́н; **2.** (*man of social position and/or refined behaviour*) джентльме́н; ~'s agreement джентльме́нское соглаше́ние; a ~ has called to see you како́й-то господи́н жела́ет вас ви́деть; gentlemen! господа́!; ~ farmer фе́рмер-джентльме́н; the old ~ (*joc., euph.*) дья́вол.

*cpds.*: ~**-at-arms** лейб-гварде́ец; ~**-in-waiting** камерге́р.

**gentleman|like, -ly** *adjs.* джентльме́нский; по-джентльме́нски.

**gentleness** *n.* мя́гкость, не́жность; делика́тность.

**gently** *adv.* мя́гко; делика́тно; hold it ~! держи́те осторо́жно!; the road slopes ~ доро́га идёт слегка́ под укло́н; ~! (*not so fast*) поле́гче!; осторо́жно!

**gentry** *n.* нетитуло́ванное дворя́нство; дже́нтри (*nt. indecl.*); these ~ (*pej.*) э́ти господа́.

**genuflect** *v.i.* преклон|я́ть, -и́ть коле́но.

**genuflection** *n.* коленопреклоне́ние.

**genuine** *adj.* настоя́щий; по́длинный; a ~ Rubens по́длинный Ру́бенс; ~ sorrow и́скренняя печа́ль; a ~ person прямо́й/и́скренний челове́к.

**genus** *n.* род.

**geocentric** *adj.* геоцентри́ческий.

**geodesy** *n.* геоде́зия.

**geodetic** *adj.* геодези́ческий.

**geographer** *n.* гео́граф.

**geographic(al)** *adj.* географи́ческий.

**geography** *n.* геогра́фия.

**geological** *adj.* геологи́ческий.

**geologist** *n.* гео́лог.

**geology** *n.* геоло́гия.

**geometric(al)** *adj.* геометри́ческий.

**geometrician** *n.* гео́метр.

**geometry** *n.* геоме́трия; plane ~ планиме́трия; solid ~ стереоме́трия.

**geophysical** *adj.* геофизи́ческий.

**geophysics** *n.* геофи́зика.

**geopolitical** *adj.* геополити́ческий.

**geopolitics** *n.* геополи́тика.

**George** *n.* Гео́ргий; by ~! вот те на́!; ей-Бо́гу!

**georgette** *n.* жорже́т.

**Georgia** *n.* (*USA*) Джо́рджия; (*USSR*) Гру́зия.

**Georgian¹** *n.* (*native of Georgia in the Caucasus*) грузи́н (*fem.* -ка). *adj.* грузи́нский.

**Georgian²** *adj.* (*Br.*): ~ architecture георгиа́нский стиль в архитекту́ре.

**Georgics** *n.* (*poem*) гео́ргик|и (*pl., g.* —).

**geranium** *n.* гера́нь.

**gerfalcon** *n.* кре́чет.

**geriatric** *adj.* гериатри́ческий; ~ ward гериатри́ческое отделе́ние.

**geriatrician** *n.* гериатро́лог.

**geriatr|ics, -y** *nn.* гериатри́я.

**germ** *n.* заро́дыш; микро́б; ~ warfare бактериологи́ческая война́; (*fig.*) зача́тки (*m. pl.*); зерно́; the ~ of an idea зарожде́ние иде́и.

*cpds.*: ~**-cell** *n.* заро́дышевая кле́тка; ~**-plasm** *n.* заро́дышевая пла́зма.

**german¹** *adj.*: cousin ~ двою́родный брат; двою́родная сестра́.

**German²** *n.* **1.** (*pers.*) не́м|ец (*fem.* -ка); Swiss ~ (*or* ~ Swiss) швейца́рский не́мец; **2.** (*language*) неме́цкий язы́к.

*adj.* неме́цкий; (*esp. pol.*) герма́нский; Old High ~ древневерхненеме́цкий; High ~ верхненеме́цкий; Low ~ нижненеме́цкий; ~ measles красну́ха; ~ silver нейзи́льбер; мельхио́р.

*cpd.*: ~**-American** *n.* америка́нец неме́цкого происхожде́ния; *adj.* герма́но-америка́нский.

**germane** *adj.* уме́стный; подходя́щий.

**Germanic** *adj.* герма́нский; ~ studies германи́стика.

**Germanism** *n.* (*in language*) германи́зм.

**Germanist** *n.* германи́ст.

**germanium** *n.* герма́ний.

**Germanization** *n.* германиза́ция; онеме́чение.

**Germanize** *v.t.* германизи́ровать (*impf., pf.*); онеме́чи|вать, -ть.

**Germanophil(e)** *n.* германофи́л.

*adj.* германофи́льский.

**Germanophobe** *n.* германофо́б.

**Germanophobia** *n.* германофо́бия.

**Germanophobic** *adj.* германофо́бский.

**Germany** *n.* Герма́ния; Federal Republic of ~ (FRG) Федерати́вная Респу́блика Герма́нии (ФРГ).

**germicidal** *adj.* бактерици́дный.

**germicide** *n.* гермици́д, бактерици́дный препара́т.

**germinal** *adj.* заро́дышевый.

**germinate** *v.i.* прораст|а́ть, -и́; (*fig.*) дава́ть (*impf.*) всхо́ды.

**germination** *n.* прораста́ние; (*fig.*) зарожде́ние; разви́тие.

**gerontocracy** *n.* правле́ние старе́йших.

**gerontologist** *n.* геронто́лог.

**gerontology** *n.* геронтоло́гия.

**gerrymander(ing)** *n.* предвы́борные махина́ции (*f. pl.*) (*связанные с неправильной разбивкой на округа*).

**gerund** *n.* геру́ндий.

**gerundive** *n.* герунди́в.

**gesso** *n.* гипс.

**Gestalt** *n.*: (*attr.*) ~ psychology гешта́льтпсихоло́гия.

**Gestapo** *n.* геста́по (*indecl.*); (*attr.*) геста́повский; ~ man геста́повец.

**gestate** *v.t.* вына́шивать, вы́носить (*плод*).

**gestation** *n.* бере́менность; (*fig.*) созрева́ние, вызрева́ние.

**gesticulate** *v.i.* жестикули́ровать (*impf.*).

**gesticulation** *n.* жестикуля́ция.

**gesture** *n.* жест; телодвиже́ние; (*fig.*) жест. *v.i.* жестикули́ровать (*impf.*).

**get** *v.t.* **1.** (*obtain, receive*) получ|а́ть, -и́ть; I got your telegram я получи́л ва́шу телегра́мму; we got dinner at the hotel мы поу́жинали в гости́нице; I got Paris on the radio я пойма́л по приёмнику Пари́ж; I've got it! (*answer to problem etc.*) эврика!; дошло́!; I ~ you (*sl., understand*) по́нял!; have you got that (down)? (*e.g. to secretary*) (вы э́то) записа́ли?; гото́во?; I never ~ time to see him ника́к не могу́ вы́брать вре́мя повида́ться с ним; this room ~s a lot of sun э́та ко́мната о́чень со́лнечная; he got his own way он доби́лся своего́; I ~ 9.5 (*as answer to calculation*) у меня́ получи́лось 9,5; he got the poem by heart он вы́учил стихотворе́ние наизу́сть; I got (*bought*) a new suit я приобрёл/купи́л но́вый костю́м; I got a glimpse of him я его́ уви́дел ме́льком; how does he ~ his living? чем он зараба́тывает на жизнь?; **2.** (*of suffering etc.*): he got 2 years (*sentence*) он получи́л 2 го́да (тюрьмы́); the measles он заболе́л ко́рью; he got a blow on the head он получи́л уда́р по голове́; she got her feet wet она́ промочи́ла но́ги; he got his face slapped он получи́л пощёчину; **3.** (*procure, fetch, reach, lay hands on*) дост|ава́ть, -а́ть; доб|ыва́ть, -ы́ть; I got him a chair я принёс ему́ стул; the book is not in stock, but we can ~ it for you э́той кни́ги нет на скла́де, но мы мо́жем её вам доста́ть; we cannot ~ a plumber мы не мо́жем найти́/доби́ться водопрово́дчика; ~ me the manager! позови́те заве́дующего!; I got him by telephone я с ним связа́лся по телефо́ну; the police got their man поли́ция задержа́ла разы́скиваемого челове́ка (*or* того́, кого́ иска́ла); **4.** (*bring into a position or state*): we got him home мы доста́вили его́ домо́й; he got the sum right он пра́вильно реши́л приме́р/зада́чу; he got her with child она́ забере́менела от него́; он сде́лал ей ребёнка; we got the room tidy мы прибра́ли ко́мнату; мы убра́лись в ко́мнате; we got the piano through the door мы пронесли́ пиани́но че́рез дверь; they got their daughter married им удало́сь вы́дать дочь за́муж; они́ вы́дали дочь за́муж; I got the clock going я почини́л часы́; I've got him where I want him

тепе́рь он у меня́ в рука́х; **5.** (*p. part., expr. possession*): he has got a book у него́ есть кни́га; **6.** (*p. part., expr. obligation*): I have got to go я до́лжен идти́; (*coll., expr. inference*) you've got to be joking вы, коне́чно (*or* должно́ быть), шу́тите; **7.** (*induce, persuade*) заст|авля́ть, -а́вить; I got him to talk я заста́вил его́ заговори́ть/разговори́ться; I could not ~ the tree to grow я не суме́л вы́растить э́то де́рево; I got the maid to take the children out я посла́л/отпра́вил прислу́гу погуля́ть с детьми́; I got the fire to burn мне удало́сь разже́чь ого́нь; **8.** (*factitive*): I got my hair cut я постри́гся; I got the table made by the carpenter я заказа́л стол у столяра́; **9.** (*conquer, captivate*) завоёв|ывать, -а́ть; there you've got me вот ту́т-то вы меня́ и пойма́ли; he 'got' his audience он расшевели́л пу́блику; **10.** (*denoting progress or achievement*): I got to know him я его́ узна́л бли́же; I could not ~ to see him мне не удало́сь с ним уви́деться; I got to like travelling я полюби́л путеше́ствия; they got to be friends они́ ста́ли друзья́ми; они́ подружи́лись; he got to be manager он стал дире́ктором; **11.** (*see, experience*): you never ~ working men standing for parliament вы не встре́тите рабо́чего, кото́рый бы выставля́л свою́ кандидату́ру в парла́мент; you won't ~ me inviting him again бу́дьте поко́йны — я его́ никогда́ бо́льше не позову́!; **12.** (*sl., kill, 'do for'*) поко́нчить (*pf.*) с +i.

*v.i.* **1.** (*become, be*) ста|нови́ться, -ть; де́латься, с-; he got red in the face он покрасне́л; he got angry он разозли́лся; he got drunk он напи́лся; he got married он жени́лся; he got busy (*coll.*) он заня́лся (*чем*); he got going он разошёлся; he got ready он пригото́вился; he got left behind он отста́л; he got killed его́ уби́ли; он поги́б; we got talking мы разговори́лись; **2.** (*arrive*) приб|ыва́ть, -ы́ть; when did you ~ here? когда́ вы сюда́ при́были?; I got to bed at 11 я лёг спать в 11 часо́в; how far have you got in your work? каку́ю часть рабо́ты (*or* ско́лько) вы сде́лали?; he did not ~ beyond chapter 5 он не пошёл да́льше пя́той главы́; он не оси́лил бо́льше пяти́ глав; where has my book got to? куда́ де́лась/дева́лась моя́ кни́га?; we cannot ~ home tonight мы сего́дня не попадём домо́й; **3.** (*Am. sl., begone*): I told him to ~ я веле́л ему́ кати́ться/убира́ться.

*with preps.*: he got **above** himself он мно́го о себе́ возомни́л; the officer got his troops **across** the river офице́р перепра́вил свои́ войска́ че́рез ре́ку; he got **ahead of** his competitors он обогна́л свои́х сопе́рников; I cannot ~ **at** the books я не могу́ добра́ться до э́тих книг; the children got at the cake де́ти добра́лись до пирога́; we must ~ at the truth мы должны́ добра́ться до пра́вды; what is he ~ting at?

(*trying to say*) что он хо́чет сказа́ть?; куда́ он гнёт?; she is always ~ting at me (*criticizing, nagging*) она́ всегда́ ко мне придира́ется; the witness was got at на свиде́теля бы́ло ока́зано давле́ние со стороны́; he got **in(to)** the taxi он сел в такси́; I cannot ~ into these shoes я не могу́ влезть в э́ти ту́фли; he got into a rage он пришёл в я́рость; what got into him? что на него́ нашло́?; he got into bad habits у него́ завели́сь дурны́е привы́чки; he got into bad company он завёл (*or* попа́л в) плоху́ю компа́нию; he got into the club его́ при́няли в клуб; I got into the way of seeing her я привы́к с ней ви́деться/встреча́ться; he got into trouble он попа́л в беду́; he got it into his head (*imagined wrongly*) that . . . он почему́-то реши́л (*or* вбил себе́ в го́лову), что . . .; I could not ~ it into his head that . . . я не мог вбить ему́ в го́лову, что . . .; ~ this into your head заруби́те себе́ э́то на носу́; he got **off** his horse он соскочи́л с коня́; ~ off the grass! сойди́те с газо́на!; she got the ring off her finger она́ (с трудо́м) сняла́ кольцо́ с па́льца; he got **on** his bicycle он сел на велосипе́д; he got on his feet он встал/вскочи́л на́ ноги; he got **on to** (*set about*) the task он взя́лся за де́ло; он приступи́л к зада́нию; I got on to (*fathomed*) his game (*coll.*) я по́нял, к чему́ он кло́нит; I got on to (*contacted*) him by telephone я связа́лся с ним по телефо́ну; the lion got **out of** its cage лев вы́скочил из кле́тки; my hat got out of shape моя́ шля́па потеря́ла фо́рму; I got out of going to the party я отверте́лся/уклони́лся от вечери́нки; he got out of the habit of seeing her он переста́л с ней ви́деться/встреча́ться; they got a confession out of him они́ вы́рвали у него́ призна́ние; I got £6 out of him я вы́жал из него́ 6 фу́нтов; what did you ~ out of his lecture? что вы вы́несли/почерпну́ли из его́ ле́кции?; we got **over** the wall мы переле́зли че́рез сте́ну; I cannot ~ over his rudeness я не могу́ опо́мниться (*or* прийти́ в себя́) от его́ гру́бости; he could not ~ over the loss он не мог пережи́ть э́той утра́ты; she got over her shyness она́ преодоле́ла свою́ засте́нчивость; we got **round** the difficulty нам удало́сь проодоле́ть э́ту тру́дность; she got round him ей удало́сь его́ уговори́ть/провести́; I got **through** the work я проде́лал/проверну́л всю рабо́ту; he got through all his money он истра́тил все свои́ де́ньги; he got through his exam он вы́держал экза́мен; he got her through the exam он помо́г ей сдать экза́мен; he got the bill through parliament он провёл законопрое́кт че́рез парла́мент; how can we ~ through (*pass*) the time? как бы нам скорота́ть вре́мя?; the rescuers got **to** the drowning man спаса́тели добрали́сь до утопа́ющего; they got to fighting де́ло у них дошло́ до дра́ки; let us ~ to business дава́йте

присту́пим к де́лу; I cannot ~ to the meeting я не могу́ яви́ться на собра́ние; we got to Paris by noon мы добрали́сь до Пари́жа в по́лдень; when it ~s to 10 o'clock I begin to feel tired к десяти́ часа́м я начина́ю чу́вствовать уста́лость; *see also v.t.* **10**; the children got **up to** mischief де́ти расшали́лись; we got up to 10,000 feet мы подняли́сь на высоту́ 10 000 (десяти́ ты́сяч) фу́тов; we got up to chapter 5 мы дошли́ до 5 (пя́той) главы́.

*with advs.*: ~ **about**, ~ **around** *v.i.*: he ~s about a great deal он мно́го разъезжа́ет; a car makes it easier to ~ about с маши́ной ле́гче поспева́ть всю́ду; the news got about но́вость распространи́лась; she's been around (*coll.*) за ней мно́го жи́зненного о́пыта; ~ **across** *v.t.*: the speaker got his point across выступа́ющий чётко изложи́л свою́ то́чку зре́ния; ~ **along** *v.i.*: we can ~ along without him мы мо́жем обойти́сь без него́; they ~ along (*agree*) very well они́ отли́чно ла́дят; ~ along/away with you! брось!; иди́ ты!; да ну тебя́!; I must be ~ting along я до́лжен идти́; ~ **around** *see* ~ **about** *or* ~ **round**; ~ **away** *v.t.*: he won him away to the seaside мы увезли́ его́ к мо́рю; *v.i.*: the prisoner got away заключённый бежа́л; you cannot ~ away from this fact от э́того фа́кта не уйдёшь; the thieves got away with the money во́ры удра́ли с деньга́ми; he got away with cheating ему́ удало́сь сжу́льничать; ~ **back** *v.t.*: he got his books back он получи́л обра́тно/наза́д свои́ кни́ги; he got his own back (*revenge*) он отомсти́л за себя́; I got him back to London я привёз его́ обра́тно в Ло́ндон; *v.i.*: he got back from the country он верну́лся из дере́вни; he got back into bed он сно́ва лёг в крова́ть; he got back at her (*paid her out*) он отплати́л ей; ~ **by** *v.i.*: please let me ~ by (*pass*) разреши́те мне пройти́, пожа́луйста; can I ~ by (*coll., pass muster*) in a dark suit? тёмный костю́м сойдёт?; ~ **down** *v.t.*: he got a book down from the shelf он снял кни́гу с по́лки; he got his weight down он сбро́сил (ли́шний) вес; the secretary got the conversation down секрета́рша записа́ла разгово́р; I could not ~ the medicine down я не мог проглоти́ть лека́рство; this weather ~s me down э́та пого́да де́йствует на меня́ удруча́юще; things got him down его́ зае́л быт; *v.i.*: he got down from his horse он соскочи́л/слез с коня́; the child got down (*from table*) ребёнок встал из-за стола́; he got down to his work он засе́л за рабо́ту; let us ~ down to the facts дава́йте займёмся фа́ктами; ~ **in** *v.t.*: they got the crops in они́ убра́ли урожа́й; we got a plumber in мы позва́ли водопрово́дчика; he got his blow in first он пе́рвым нанёс уда́р; I could not ~ a word in я не мог вста́вить ни сло́ва; I got my work in (*done*) before dinner я зако́нчил рабо́ту до у́жина; *v.i.*: the burglar got in through the window взло́мщик прони́к в дом че́рез окно́; the train got in early по́езд пришёл ра́но; we didn't ~ in to the concert мы не попа́ли на конце́рт; he got in (*was elected*) for Chester он прошёл на вы́борах в Че́стере; he got in with a bad crowd он связа́лся с плохо́й компа́нией; ~ **off** *v.t.* (*remove*) сн|има́ть, -я́ть; (*despatch*): we got the letters off мы отпра́вили пи́сьма; we got the children off to school мы отпра́вили дете́й в шко́лу; we got the baby off to sleep мы (е́ле-е́ле) уложи́ли ребёнка спать; his lawyer got him off (*acquitted*) адвока́т доби́лся его́ оправда́ния; I got him off (*had him excused from*) school я попроси́л, что́бы ему́ разреши́ли пропусти́ть шко́лу; *v.i.*: he got off at the next station он сошёл (с по́езда) на сле́дующей ста́нции; I got off (to sleep) early я ра́но засну́л; we got off (*started*) at 9 a.m. мы вы́шли/вы́ехали/отпра́вились в 9 часо́в; he got off with a fine он отде́лался штра́фом; I told him where he got off (*coll.*) я поста́вил его́ на ме́сто; they got off (together) at once (*coll.*) ме́жду ни́ми сра́зу возни́кла симпа́тия; они́ сра́зу полади́ли; ~ **on** *v.t.*: I cannot ~ the lid on я не могу́ наде́ть кры́шку; ~ your clothes on! оде́ньтесь!; the teacher got his pupils on well учи́тель хорошо́ подгото́вил свои́х ученико́в; *v.i.*: how are you ~ting on? как дела́?; she is ~ting on (*making progress*) она́ де́лает успе́хи; (*growing old*) она́ старе́ет; ~ting on (in years) в лета́х; he is ~ting on for 70 ему́ уже́ к семи́десяти идёт; ~ting on for (*nearly*) почти́; it is ~ting on for 4 o'clock уже́ почти́ 4 часа́; вре́мя идёт к четырём часа́м; ~ on with your work! займи́тесь свое́й рабо́той!; продолжа́йте рабо́тать!; they ~ on (well) together они́ ла́дят ме́жду собо́й; he is easy to ~ on with с ним легко́ ла́дить; ~ **out** *v.t.*: the chauffeur got the car out шофёр вы́вел маши́ну; he got out his spectacles он вы́нул очки́; they got the book out (*published*) они́ изда́ли/вы́пустили кни́гу; he managed to ~ out (*utter*) a few words ему́ удало́сь вы́молвить не́сколько слов; *v.i.*: ~ out! (*begone!*) убира́йтесь!; (*sl., expr. incredulity*) да ну́!; иди́ ты!; the secret got out секре́т стал изве́стен; ~ **over** *v.t.*: I got the main point over to him я внуши́л/растолкова́л ему́ гла́вное/суть; I shall be glad to ~ the meeting over (with) скоре́е бы уж состоя́лось э́то собра́ние!; ~ **(a)round** *v.i.*: I haven't got round to writing to him я ещё не собра́лся написа́ть ему́; ~ **through** *v.t.* (*an exam*) выде́рживать, вы́держать экза́мен; *v.i.* (*of a bill*) про|ходи́ть, -йти́ в парла́менте; the message got through to him поруче́ние/запи́ску ему́ переда́ли; (*fig., coll.*) он по́нял, в чём де́ло; ~ **together** *v.t.*: he got an army together он собра́л а́рмию; *v.i.*: we must ~ together and have a talk мы должны́ встре́титься и поговори́ть; ~

**under** *v.t.* (*subdue*): the fire was got under пожа́р потуши́ли; the revolt was got under восста́ние бы́ло пода́влено; ~ **up** *v.t.*: they got me up at 7 они́ подня́ли меня́ в 7 часо́в; they got up a party они́ устро́или вечери́нку; they got up a subscription они́ организова́ли подпи́ску; the engine-driver got up steam маши́ни́ст развёл пары́; she got herself up beautifully она́ была́ прекра́сно оде́та; he got himself up as a pirate он наряди́лся пира́том; the book is well got up кни́га хорошо́ офо́рмлена; I must ~ up my German я до́лжен нажа́ть/нале́чь на неме́цкий; *v.i.* (*from bed, chair etc.*) встa|ва́ть, -ть; she got up behind him (*on horse*) она́ усе́лась на ло́шадь сза́ди его́; the wind/sea is ~ting up поднима́ется ве́тер; мо́ре начина́ет волнова́ться.

   *cpds.*: ~**-at-able** *adj.* (*coll.*) досту́пный; ~**away** *n.* бе́гство; make one's ~ бежа́ть (*det.*; *impf., pf.*); ~**-out** *n.* (*escape, subterfuge*) вы́ход; увёртка; as all ~-out (*Am., coll., extremely*) чрезвыча́йно, дья́вольски; ~**-together** *n.* (*meeting, gathering*) встре́ча; слёт; сбо́рище; (*entertainment*) вечери́нка; ~**-up** *n.* (*of book etc.*) оформле́ние; (*dress*) наря́д; ~**-up-and-go** *n.* (*coll., energy*) эне́ргия; предприи́мчивость.

**Gethsemane** *n.* Гефсима́ния.
**gettable** *adj.* (*coll.*) досту́пный.
**gewgaw** *n.* безделу́шка; мишура́.
**geyser** *n.* (*hot spring*) ге́йзер; (*apparatus*) коло́нка для нагре́ва воды́.
**Ghana** *n.* Га́на.
**Ghanaian** *n.* га́нец.
   *adj.* га́нский.
**ghastliness** *n.* у́жас; отврати́тельность.
**ghastly** *adj.* ужа́сный, отврати́тельный, кошма́рный; a ~ crime ужа́сное преступле́ние; a ~ accident ужа́сная катастро́фа; you look ~ у вас жу́ткий вид; на вас лица́ нет; a ~ dinner отврати́тельный у́жин.
   *adv.* ужа́сно.
**Ghent** *n.* Гент.
**gherkin** *n.* корнишо́н.
**ghetto** *n.* ге́тто (*indecl.*).
**ghost** *n.* **1.** (*life, spirit*): give up the ~ испусти́ть (*pf.*) дух; Holy G~ Свято́й Дух; **2.** (*of dead person*) привиде́ние; дух; do you believe in ~s? вы ве́рите в привиде́ния?; lay a ~ заста́вить (*pf.*) привиде́ние исче́знуть; he looked as if he had seen a ~ у него́ был тако́й вид, сло́вно ему́ яви́лось привиде́ние; **3.** (*vestige*): he hasn't the ~ of a chance у него́ нет ни мале́йшего ша́нса; the ~ of a smile чуть заме́тная улы́бка; **4.** (~-*writer*) литерату́рный «негр»; литобрабо́тчик; **5.** (*opt. or television*: *duplicated image*) побо́чное изображе́ние.

   *v.t.* (*also* ~-**write**): the autobiography was ~ed автобиогра́фию за него́ написа́л друго́й.

*cpds.*: ~**-like** *adj. see* GHOSTLY 2; ~**-story** *n.* расска́з с привиде́ниями; ~**-word** *n.* несуществу́ющее сло́во; сло́во-при́зрак.

**ghostly** *adj.* **1.** (*arch., spiritual*) духо́вный; **2.** (*ghost-like*) похо́жий на привиде́ние.

**ghoul** *n.* **1.** (*myth.*) вампи́р; **2.** (*grave-robber*) кладби́щенский вор; **3.** (*person delighting in horror*) люби́тель (*m.*) у́жасов.

**ghoulish** *adj.* наслажда́ющийся у́жасами.

**GHQ** *n.* (*abbr.* General Headquarters) ста́вка, гла́вное кома́ндование.

**GI** *n.* (*abbr. U.S. private soldier*) «джи-а́й» (*indecl.*); солда́т.

**giant** *n.* **1.** (*fabulous being*) гига́нт; **2.** (*very tall person etc.*) исполи́н, велика́н; **3.** (*fig.*): an intellectual ~ гига́нт мы́сли; **4.** (*attr.*) гига́нтский; исполи́нский; ~ cactus исполи́нский ка́ктус; he made ~ strides in his work он сде́лал гига́нтские успе́хи в рабо́те.

**giantess** *n.* велика́нша.

**giantism** *n.* гиганти́зм.

**giaour** *n.* гяу́р.

**gibber** *v.i.* тарато́рить (*impf.*); говори́ть (*impf.*) невня́тно; лопота́ть (*impf.*) (*coll.*).

**gibberish** *n.* тараба́рщина, лопота́ние.

**gibbet** *n.* ви́селица.

*v.t.* ве́шать, пове́сить; (*fig.*) выставля́ть (*impf.*) на позо́р.

**gibbon** *n.* гиббо́н.

**gibbous** *adj.*: ~ moon горба́тый ме́сяц.

**gibe, jibe** *n.* насме́шка.

*v.i.*: ~ at насмеха́ться над +*i.*

**giblets** *n.* гуси́ные потрох|а́ (*pl., g.* -о́в).

**Gibraltar** *n.* Гибралта́р; Straits of ~ Гибралта́рский проли́в.

**giddap** *int.* (*Am.*) но!

**giddiness** *n.* головокруже́ние; ве́треность.

**giddy** *adj.* **1.** головокружи́тельный; I feel ~ у меня́ кру́жится голова́; a ~ height головокружи́тельная высота́; **2.** (*capricious*): a ~ girl ве́треная девчо́нка; play the ~ goat валя́ть (*impf.*) дурака́.

**gift** *n.* **1.** (*act of giving*) даре́ние; пожа́лование; **2.** (*right to bestow*): this office is in his ~ он во́лен назна́чить на э́то ме́сто кого́ хо́чет; **3.** (*thing given*) пода́рок; дар; I would not have it as a ~ я э́то и да́ром не возьму́; ~ shop магази́н пода́рков; **4.** (*talent*) дарова́ние; дар; he has a ~ for languages у него́ спосо́бности (*f. pl.*)/тала́нт к языка́м; a man of many ~s разносторо́нне одарённый челове́к; **5.** (*coll., easy*): the exam was a ~ экза́мен был пустяко́вый.

*v.t.* **1.** (*bestow*) дари́ть, по-; **2.** (*endow with* ~) надел|я́ть, -и́ть; he was ~ed with rare talents он был наделён ре́дкими тала́нтами.

*cpds.*: ~**-horse** *n.*: you must not look a ~-horse in the mouth даре́ному коню́ в зу́бы не смо́трят; ~**-wrap** *v.t.* завёр|тывать, -ну́ть в пода́рочную упако́вку.

**gifted** *adj.* одарённый.

**gig** *n.* **1.** (*carriage*) двуко́лка; **2.** (*boat*) ги́чка.

*cpd.*: ~**-lamps** (*coll.*) очк|и́ (*pl., g.* -о́в).

**gigantic** *adj.* гига́нтский.

**giggle** *n.* хихи́канье; for a ~ сме́ха/шу́тки ра́ди; (*coll.*) для хо́хмы; he had a fit of the ~s на него́ смех (у́нчик) напа́л.

*v.i.* хихи́к|ать, -нуть.

**gigolo** *n.* жи́голо (*m. indecl.*); наёмный партнёр в та́нцах.

**gigue** *n.* жи́га, джи́га.

**gild** *v.t.* **1.** (*cover or tinge with gold*) золоти́ть, по-; **2.** (*fig.*) укр|аша́ть, -а́сить; ~ the pill позолоти́ть (*pf.*) пилю́лю; ~ the lily переб|а́рщивать, -орщи́ть; ≃ ма́сло ма́сляное; ~ed youth золота́я молодёжь.

**gilder** *n.* позоло́тчик.

**gilding** *n.* позоло́та.

**gill**[1] *n.* (*of fish*) жа́бра; he looks green about the ~s (*fig.*) он вы́глядит больны́м.

**gill**[2] *n.* (*measure*) че́тверть пи́нты.

**gillie** *n.* ≃ помо́щник охо́тника.

**gillyflower** *n.* левко́й.

**gilt**[1] *n.* позоло́та; take the ~ off the gingerbread лиша́ть (*что*) привлека́тельности.

*cpds.*: ~**-edged** *adj.* (*book etc.*) с золочёным обре́зом; ~-edged securities первокла́ссные (*or* осо́бо надёжные) це́нные бума́ги.

**gilt**[2] *n.* (*young sow*) подсви́нок.

**gimbals** *n.* карда́нов подве́с, карда́н.

**gimcrack** *adj.* мишу́рный.

**gimlet** *n.* бура́в; бура́вчик.

*cpd.*: ~**-eyed** *adj.* острогла́зый; проница́тельный.

**gimmick** *n.* (*coll.*) трюк; финт, ухищре́ние.

**gimmickry** *n.* (*coll.*) трю́ки (*m. pl.*); трюка́чество.

**gimmicky** *adj.* (*coll.*) трюка́ческий; с выкру́тасами.

**gimp** *n.* (*text.*) гипю́р; позуме́нт; каните́ль.

**gin**[1] *n.* (*arch., trap*) западня́, сило́к.

**gin**[2] *n.* (*cotton-* ~) джин, волокноотдели́тель (*m.*).

*v.t.* оч|ища́ть, -и́стить (хлопок).

**gin**[3] *n.* (*drink*) джин.

**ginger** *n.* **1.** (*bot., cul.*) имби́рь (*m.*); (*attr.*) имби́рный; **2.** (*mettle, dash*) задо́р; ~ group активи́сты, инициати́вная гру́ппа; (*zest*) «изю́минка».

*adj.* (*colour*) ры́жий.

*v.t.*: ~ **up** подзадо́ри|вать, -ть.

*cpds.*: ~**ale,** ~**-beer,** ~**-pop** *nn.* имби́рное пи́во; ~**-bread** *n.* имби́рная коври́жка; ~**-nut,** ~**-snap** *nn.* имби́рный пря́ник.

**gingerly** *adj.* (кра́йне) осторо́жный.

*adv.* осторо́жно.

**gingery** *adj.* **1.** (*like ginger in taste etc.*) имби́рный; **2.** (*colour*) рыжева́тый; **3.** (*fig., irascible*) раздражи́тельный.

**gingham** *n.* пестротка́ный гринсбо́н.

**gingival** *adj.* дёсенный.

**gingivitis** *n.* воспаление дёсен, гингивит.

**gink** *n.* (*sl.*) парень (*m.*), малый.

**ginkgo, gingko** *n.* гинкго (*indecl.*).

**ginseng** *n.* женьшень (*m.*).

**gipsy, gypsy** *n.* цыган (*fem.* -ка); ~ moth непарный шелкопряд.

    *adj.* цыганский.

**giraffe** *n.* жираф(а).

**girandole** *n.* канделябр.

**girasol(e)** *n.* огненный опал.

**gird**[1] *v.t.* **1.** (*with belt etc.*) опояс|ывать, -ать; ~ (up) one's loins (*fig.*) ≃ засучить (*pf.*) рукава; собраться (*pf.*) с силами; ~ on one's sword прикрепить (*pf.*) саблю к поясу; **2.** (*encircle, e.g. fortress or island*) окруж|ать, -ить.

**gird**[2] *v.i.* (*jeer*) насмехаться (*impf.*) (над +*i.*).

**girder** *n.* (*beam*) балка; брус; (*span of bridge etc.*) перекладина; ферма.

**girdle** *n.* **1.** (*belt etc.*) пояс; кушак; **2.** (*corset*) корсет; **3.** (*ring round tree*) кольцо; **4.** (*fig.*): a ~ of fields round a town поля, окружающие город.

    *v.t.* **1.** (*encircle*) окруж|ать, -ить; **2.**: ~ a tree кольцева́ть (*impf.*) дерево.

**girl** *n.* (*child*) девочка; (*young woman*) девушка; (*pej.*) девчонка; ~ guide, scout девочка--скаут, гёрл-скаут, гёрл-гайд; (*maid-servant*) служанка; (*sweetheart*; *also* best ~) возлюбленная; old ~ (*coll.*, *old woman*; *also as affec. term of address*) старушка; (*ex-pupil of school*) выпускница (*данной школы*); ~ Friday ≃ помощница.

    *cpds.*: ~-**friend** *n.* (*female friend*) подруга; (*mistress*) ≃ (*ezo*) девушка/приятельница.

**girlhood** *n.* девичество, отрочество; in her ~ в девичестве; a type of English ~ образец английской девушки.

**girlie** *n.* (*coll.*) девочка, девчушка; ~ magazine журнал с фотографиями (полу)обнажённых женщин.

**girlish** *adj.* девический; (*of a boy*) изнеженный, (*coll.*) как девчонка.

**girlishness** *n.* поведение, свойственное девочке.

**girth** *n.* (*of horse*) подпруга; (*of tree, person etc.*) обхват; размер.

**gist** *n.* суть.

**give** *n.* **1.** (*elasticity*) податливость, эластичность; there's no ~ in a stone floor каменный пол не прогибается; there is no ~ in this rope эта верёвка не растягивается; there is no ~ in his attitude он занял непреклонную позицию; **2.** ~ and take взаимоотдача, взаимообмен; взаимные уступки (*f. pl.*).

    *v.t.* **1.** да|вать, --ть; ~ lessons давать уроки; I ~ you my word даю вам слово; ~ (*play*) us some Chopin сыграйте нам Шопена; I gave the porter my luggage я отдал свой багаж носильщику; you must ~ and take in this life в жизни нужно не только брать, но и давать что-то взамен; two years, ~ or take a month or so около двух лет — месяцем больше или меньше; **2.** (*imper., expr. preference*): ~ me the good old days! где наше доброе старое время?!; ~ me Bach every time я всем и всегда предпочитаю Баха; ~ me liberty or ~ me death! свобода или смерть!; **3.** (*present, bestow, surrender*) дари́ть, по-; he was ~n a book ему подарили книгу; he gave him his daughter in marriage он отдал ему свою дочь в жёны; she gave herself to him она ему отдалась; the thief was ~n in charge вора отдали под стражу; **4.** (*propose*): I ~ you (*the toast of*) the Queen я предлагаю тост за королеву; **5.** ( ~ *in exchange*): I gave a good price for it я за это хорошо заплатил; what will you ~ me for this coat? сколько вы мне дадите за это пальто?; I would ~ anything to know where she is я бы всё отдал, чтобы узнать, где она; he gave as good as he got он заплатил той же монетой; I don't ~ a damn! а мне наплевать!; **6.** (*provide, furnish, impart, inflict*): the sun ~s light солнце даёт свет; солнце — источник света; he ~s me a lot of trouble он мне доставляет много хлопот; he has ~n me his cold я заразился от него насморком; он наградил меня своим насморком; the place gave its name to the battle битва берёт своё название от местности; битва названа по местности, где она произошла; the news was ~n to the world новость была обнародована; he gave (*cited*) an example он привёл пример; he gave me to understand that . . . он дал мне понять, что . . .; ~ him my regards передайте ему от меня привет; a literal translation is ~n приводится буквальный перевод; ~ evidence (*in court*) да|вать, -ть показания; ~ pleasure доставл|ять, -ить удовольствие; the court gave him 6 months суд приговорил его к шести месяцам (тюрьмы); ему дали 6 месяцев; I gave him a look я (*сердито и т.п.*) взглянул на него; the noise ~s me a headache у меня голова болит от шума; he gave the signal to start он дал сигнал начинать; he gave no sign of life он не подавал признаков жизни; **7.** (*indicate*): this book ~s you the answers ответы вы найдёте в этой книге; he gave no reason for his absence он не объяснил своего отсутствия; **8.** (*decide*): the case was ~n against him дело решили не в его пользу; **9.** (*devote, sacrifice*) удел|ять, -ить; посвя|щать, -тить; he gave a lot of time to the work он уделил этой работе много времени; he gave his life for her он отдал за неё жизнь; he gave thought to the question он много думал над этим вопросом; he gave me his attention он внимательно меня слушал; **10.** (*allow, estimate*): I ~ you an hour to get ready я даю вам час приготовиться; I ~

him three months to fail вот увидите — через 3 месяца он провалится; to ~ him his due, he tried hard надо отдать ему должное — он очень старался; it was ~n me to see her once more мне довелось увидеть её ещё раз; I would ~ him (*estimate his age at*) 50 я бы дал ему лет 50; **11.** (*organize*) устр|аивать, -оить; they gave a dance они устроили танцевальный вечер; **12.** (*perform action*): the horse gave a kick лошадь (вз)брыкнула; he gave a loud laugh он громко рассмеялся; the dog gave a bark собака залаяла; **13.** (*with pronominal object*): ~ it to him! дай ему!; I gave him what for (*coll.*) я задал ему трёпку; I gave him best я уступил ему; I gave him one (*a blow*) over the head я стукнул его по башке; **14.** (*special uses of* ~n): ~n under my hand and seal за моей собственноручной подписью и печатью; мною подписано и скреплено печатью; under the ~n (*existing*) conditions в данных обстоятельствах/условиях; ~n time, it can be done при наличии времени это можно сделать; at a ~n (*specified, agreed, particular*) time в определённое время; ~n name (*forename*) имя (*nt.*); he is a ~n to boasting он склонен к хвастовству; ~ that … при том, что …

*v.i.* **1.**: he ~s generously он очень щедр; ~ of one's best вложить (*pf.*) душу; **2.** (*yield*) подд|аваться, -аться; под|аваться, -аться; the branch gave but did not break ветка согнулась, но не сломалась; his knees gave его колени подкосились; the ground gave under our feet земля подалась под нашими ногами; the frost is beginning to ~ (*weaken*) мороз начинает сдавать; the rope gave (*broke*) верёвка оборвалась (*or* не выдержала); **3.** (*face*): the window ~s on to the yard окно выходит во двор.

*with advs.*: ~ **away** *v.t.* дарить, по-; (*distribute, e.g. prizes*) разд|авать, -ать; he gave away the secret он выдал секрет; don't ~ me away! не выдавайте меня!; he gave the game away (*blew the gaff*) он проболтался; он выдал секрет; (*lost on purpose*) он умышленно проиграл; (*by bad play*) он играл из рук вон плохо; ~ **back** *v.t.* (*restore*) возвра|щать, -тить; отд|авать, -ать; the wall gave back an echo стена отразила звук; ~ **forth** *v.t.* (*emit*) изд|авать, -ать; испус|кать, -тить; (*publish*) объяв|лять, -ить; обнародовать (*pf.*); ~ **in** *v.t.*: he gave in his name он записался/зарегистрировался; he gave in his (*exam*) paper он сдал свою экзаменационную работу; *v.i.* (*yield*) подд|аваться, -аться; уступ|ать, -ить; he gave in to my persuasion он поддался моим уговорам; ~ **off** *v.t.* (*emit, e.g. smell or smoke*) испус|кать, -тить; изд|авать, -ать; ~ **out** *v.t.* (*distribute*) распредел|ять, -ить; (*announce*) объяв|лять, -ить; he gave himself out to be the prince он выдавал себя за принца; *v.i.*

кончаться, кончиться; the rations gave out продовольствие кончилось; his strength gave out его силы иссякли; ~ **over** *v.t.* (*hand over*) перед|авать, -ать; (*abandon*) ост|авлять, -авить; he was ~n over to vice он предался пороку; ~ over! (*coll., desist!*) бросьте!; ~ over pushing! перестаньте толкаться! (*devote*) the time was ~n over to discussion время было отдано/посвящено дискуссии; ~ **up** *v.t.* ост|авлять, -авить; (*resign, surrender*) отказываться, -аться от +g.; he gave up his seat to her он уступил ей место; the murderer gave himself up убийца сдался; (*desist from*) бр|осать, -осить; he gave up smoking он бросил курить; (*abandon hope of*): the doctors gave him up врачи отказались от него; they gave him up for lost они решили, что он пропал; you were so late that we gave you up вы пришли так поздно, что мы вас и ждать перестали; we gave it up as a bad job (*desisted from hopeless attempt*) мы махнули рукой на это дело; after the quarrel she gave him up после ссоры она с ним порвала; *v.i.* the swimmer gave up пловец сошёл с дистанции; I ~ up! сдаюсь!

*cpd.*: ~**-away** *n.* (*coll.*) (*betrayal of secret etc.*) (само)разоблачение; разглашение; (*free gift*) подарок.

**giver** *n.* дающий; he is a generous ~ он очень щедр.

**gizzard** *n.* второй желудок (*у птиц*); (*fig., coll.*) желудок; it sticks in my ~ (*coll.*) мне это поперёк горла стало.

**glacé** *adj.*: ~ kid глянцевое шевро (*indecl.*); ~ fruits засахаренные фрукты.

**glacial** *adj.* ледовый; ледяной; the ~ era ледниковый период; (*fig.*) a ~ smile ледяная/холодная улыбка.

**glaciation** *n.* оледенение; замерзание.

**glacier** *n.* ледник; глетчер.

**glacis** *n.* (*mil.*) гласис, передний скат бруствера.

**glad** *adj.* **1.** (*pleased*) довольный; I am ~ to meet you рад с вами познакомиться; I shall be ~ if you will send me your bill буду рад получить от вас счёт; I should be ~ of a few pounds я был бы рад (и) нескольким фунтам; **2.** (*happy*) радостный; she gave a ~ cry она издала радостный крик; она радостно вскрикнула; this is the ~dest day of my life это самый счастливый день в моей жизни; **3.** (*coll.*): ~ rags праздничное платье.

**gladden** *v.t.* радовать, об-; flowers ~ the scene цветы оживляют вид; wine ~s the heart вино веселит душу; a ~ing sight отрадное зрелище.

**glade** *n.* поляна, прогалина.

**gladiator** *n.* гладиатор.

**gladiatorial** *adj.* гладиаторский.

**gladiolus** *n.* гладиолус.

**gladly** adv. (joyfully) ра́достно; (willingly, with pleasure) охо́тно.

**gladness** n. ра́дость.

**Glagolitic** adj. глаголи́ческий; the ~ alphabet, script глаго́лица.

**glamorous** adj. обольсти́тельный; плени́тельный; (of job etc.) зама́нчивый.

**glamour** n. волшебство́, очарова́ние; шик; ~ boy/girl шика́рный па́рень, шика́рная деви́ца.

**glamo(u)rize** v.t. приукра́|шивать, -сить; прид|ава́ть, -а́ть орео́л +d.

**glanc|e** n. 1. (quick look) взгляд; I took a ~e at the newspaper я загляну́л в газе́ту; I recognised him at a ~e я узна́л его́ с пе́рвого взгля́да; 2. (flash) блеск, блик.
v.t. & i. 1. (look) взгляну́ть (pf.); бро́сить (pf.) взгляд; he ~ed at the clock он взгляну́л на часы́; he ~ed round the room он огляде́л ко́мнату; he ~ed over the figures он скользну́л взгля́дом по ци́фрам; he ~ed down the page он пробежа́л страни́цу глаза́ми; 2. (allude briefly): he ~ed at the subject он слегка́ косну́лся те́мы; 3.: the sword ~ed aside меч скользну́л (по пове́рхности щита́ u m.n.); a ~ing blow скользя́щий уда́р.

**gland** n. железа́.

**glanders** n. сап.

**glandular** adj. желе́зистый.

**glare** n. (fierce light) ослепи́тельный свет/блеск; (fig.): ~ of publicity рекла́мная шуми́ха; (angry look) свире́пый взгляд.
v.t. & i. ослепи́тельно сверка́ть; the sun ~d down со́лнце пали́ло; ~ at s.o. испепел|я́ть, -и́ть кого́-н. взгля́дом; they ~d defiance at each other они́ с вы́зовом смотре́ли друг на дру́га.

**glaring** adj. (e.g. headlights) слепя́щий, ослепи́тельный; (of colour) крича́щий, я́ркий; (fierce, angry) свире́пый; (of mistake etc.) гру́бый.

**Glasgow** n. Гла́зго (m. indecl.).

**glass** n. 1. (substance) стекло́; ~ eye стекля́нный глаз; ~ case стекля́нный колпа́к; people who live in ~ houses should not throw stones тот, кто сам не безупре́чен, не до́лжен осужда́ть други́х; ~ в чужо́м глазу́ уви́дит сори́нку, а в своём бревна́ не замеча́ет; 2. (for drinking) (tumbler) стака́н; (wine-~) рю́мка, бока́л; he had a ~ too much он сли́шком мно́го вы́пил; он вы́пил ли́шнего; they clinked ~es они́ чо́кнулись; 3. (~ware) стекля́нная посу́да; 4.: tomatoes under ~ (in ~houses) помидо́ры в тепли́це; 5. (mirror) зе́ркало; 6. (spy ~) подзо́рная труба́; 7. (barometer) баро́метр; 8. (pl., spectacles) очк|и́ (pl., g. -о́в).
v.t.: a ~ed-in veranda застеклённая/остеклённая вера́нда.
cpds.: ~-blower n. стеклоду́в; ~-blowing n.

стеклоду́вное де́ло; ~house n. тепли́ца; ~-maker n. стеко́льщик; ~-making n. стеко́льное де́ло; ~-snake n. америка́нский желтопу́зик; ~ware n. стекля́нная посу́да.

**glassful** n. стака́н (чего).

**glassiness** n. (e.g. of eyes) ту́склость, безжи́зненность; (e.g. of river, lake) зерка́льность.

**glassy** adj.: a ~ stare ту́склый/засты́вший взгляд; a ~ lake зерка́льная гладь о́зера.

**glaucoma** n. глауко́ма.

**glaucous** adj. ту́склый, серова́то-зелёный; покры́тый налётом.

**glaze** n. (substance) мурава́, глазу́рь; (~d surface) гля́нец; глазу́рь.
v.t. 1. (pottery, paint etc.) глазурова́ть (impf., pf.); 2. his eyes were ~d in death его́ глаза́ ме́ртвенно остеклене́ли.
v.i.: his eyes ~d over его́ взгляд потускне́л.

**glazier** n. стеко́льщик.

**glazing** n. (material) глазу́рь; (glasswork) остекле́ние; double ~ двойны́е ра́мы (f. pl.).

**GLC** n. (abbr., Greater London Council) Сове́т Большо́го Ло́ндона.

**gleam** n. про́блеск; a ~ of hope про́блеск наде́жды; a dangerous ~ in the eye опа́сный блеск в глаза́х; without a ~ of humour без те́ни ю́мора.
v.i. поблёскивать (impf.); блесте́ть (impf.).

**glean** v.t. (lit., also v.i.) подбира́ть (impf.) (колоски́); (fig.) соб|ира́ть, -ра́ть (по крупи́цам).

**gleaner** n. сбо́рщи|к (fem. -ца) коло́сьев.

**gleanings** n. (fig.) крупи́цы (f. pl.).

**glee** n. (delight) весе́лье; ликова́ние; (song) пе́ние «а капе́лла»; ~ club клуб певцо́в--люби́телей.

**gleeful** adj. лику́ющий.

**glen** n. лощи́на.

**glib** adj. бо́йкий на язы́к; речи́стый; a ~ excuse благови́дный предло́г.

**glibness** n. словоохо́тливость; красноба́йство.

**glide** n. (movement, also phon.) скольже́ние; (mus.) хромати́ческая га́мма.
v.i. скольз|и́ть, -ну́ть; the time ~d by вре́мя пролете́ло; (in aircraft) плани́ровать, с-.
cpd.: ~-path n. (aeron.) глисса́да.

**glider** n. планёр; ~ pilot планери́ст.

**gliding** n. (sport) планери́зм.

**glimmer** n. ту́склый свет; мерца́ние; a ~ of hope/intelligence про́блеск наде́жды/ума́.
v.i. мерца́ть (impf.).

**glimpse** n. про́блеск; I caught a ~ of him он промелькну́л у меня́ пе́ред глаза́ми.
v.t. уви́деть (pf.) ме́льком.

**glint** n. блеск; (reflection) о́тблеск.
v.i. блесте́ть (impf.); (flash) вспы́х|ивать, -ну́ть.

**glissade** n. 1. (mountaineering) соска́льзывание;

**2.** (*ballet*) глиссе́ (*indecl.*).

*v.i.* **1.** скольз|и́ть, -ну́ть; **2.** де́лать, с- глиссе́.

**glissando** *n.* глисса́ндо (*indecl.*).

**glisten** *v.i.* сверк|а́ть, -ну́ть; перелива́ться (*impf.*).

**glitter** *n.* блеск; сверка́ние.

*v.i.* блесте́ть (*impf.*); сверка́ть (*impf.*).

**gloaming** *n.* су́мер|ки (*pl., g.* -ек).

**gloat** *v.i.* смотре́ть (*impf.*) с вожделе́нием (на +*a.*); (*maliciously*) злора́дствовать (*impf.*).

**global** *adj.* (*total*) всео́бщий; (*world-wide*) глоба́льный.

**globe** *n.* **1.** (*spherical body*) шар; гло́бус; ~ of the eye глазно́е я́блоко; ~ artichoke арти-шо́к; **2.** terrestrial ~ земно́й шар; celestial ~ небе́сный гло́бус.

*cpds.*: ~-**fish** *n.* ры́ба-соба́ка; ~-**trotter** *n.* зая́длый тури́ст.

**globular** *adj.* шарови́дный.

**globule** *n.* ша́рик; ка́пелька.

**glockenspiel** *n.* металлофо́н.

**gloom** *n.* (*dark*) тьма; мрак; (*despondency*) мра́чность; уны́ние; the news cast a ~ over us но́вость омрачи́ла/испо́ртила нам на-строе́ние.

*v.i.* (*coll., behave* ~*ily*) пред|ава́ться, -а́ться уны́нию.

**gloominess** *n.* мра́чность.

**gloomy** *adj.* (*dark*) мра́чный; (*depressing*) гнету́щий; (*depressed*) хму́рый; уны́лый.

**glorification** *n.* прославле́ние, восхвале́ние.

**glorifier** *n.*: he is a ~ of old times он превозно́сит всё ста́рое.

**glorif|y** *v.t.* **1.** (*worship*) восхваля́ть (*impf.*); **2.** (*honour, extol*) просл|авля́ть, -а́вить; **3.** a ~ied barn разукра́шенный сара́й.

**gloriole** *n.* нимб; орео́л.

**glorious** *adj.* сла́вный, великоле́пный; a ~ day (*weather*) изуми́тельный день; (*iron.*) he made a ~ mess of it он запу́тал дела́ как нельзя́ лу́чше.

**glor|y** *n.* **1.** (*renown, honour*) сла́ва; **2.** (*splen-dour*) великоле́пие; **3.** (*source of honour*): the ~ies of Rome сла́ва/вели́чие Ри́ма; **4.** (*heavenly bliss*): go to ~y умере́ть (*pf.*); почи́ть (*pf.*); **5.** Old G~y (*Am. coll.*) флаг США.

*v.i.* упива́ться (*impf.*) +*i.*; горди́ться (*impf.*) +*i.*; ~y in one's strength упива́ться свое́й си́лой.

*cpd.*: ~-**hole** *n.* (*coll.*) сва́лка.

**gloss¹** *n.* (*comment, explanation*) гло́сса, поясне́ние; заме́тка; (*interpretation*) тол-кова́ние.

*v.t.* комменти́ровать, про-; толкова́ть (*impf.*).

**gloss²** *n.* (*lit., fig.*) лоск.

*v.t.*: ~ over faults обойти́ (*pf.*) оши́бки мол-ча́нием; зама́з|ывать, -ать недоста́тки.

**glossary** *n.* глосса́рий.

**glossiness** *n.* лоск.

**gloss|y** *adj.* гля́нцеви́тый; лощёный; a ~y photograph гля́нцевая фотогра́фия; ~y magazines (*also coll.* ~**ies**) ≃ дороги́е иллюстри́рованные журна́лы.

**glottal** *adj.* относя́щийся к голосово́й ще́ли; ~ stop горта́нный взрыв.

**glottis** *n.* голосова́я щель.

**glove** *n.* перча́тка; (*fig.*): fit like a ~ быть в по́ру (*or* в са́мый раз); handle s.o. with kid ~s церемо́ниться (*impf.*) с кем-н.; with the ~s off всерьёз; ~ compartment (*in car*) я́щик для мелоче́й.

*v.t.*: a ~d hand рука́ в перча́тке.

*cpd.*: ~-**stretcher** *n.* болва́нка для растя́жки перча́ток.

**glover** *n.* перча́точник.

**glow** *n.* (*of bodily warmth*) жар; (*of fire, sunset etc.*) за́рево; (*of feelings*) пыл.

*v.i.* (*incandesce*) нака́л|иваться, -и́ться; (*shine*) свети́ться (*impf.*), сверка́ть (*impf.*); ~ing metal раскалённый мета́лл; a forest ~ing with autumn tints лес, пыла́ющий осе́н-ними кра́сками; he ~ed with pride его́ рас-пира́ла го́рдость; he described the trip in ~ing colours он расписа́л путеше́ствие в ра́дуж-ных тона́х.

*cpds.*: ~-**lamp** *n.* ла́мпа нака́ливания; ~-**worm** *n.* светля́к.

**glower** *v.i.* серди́то смотре́ть (*impf.*).

**gloxinia** *n.* глокси́ния.

**glucose** *n.* глюко́за.

**glue** *n.* клей.

*v.t.* прикле́и|вать, -ть; (*fig.*): he ~d his eyes to the floor он уста́вился в пол; he ~d his ear to the keyhole он прини́к у́хом к замо́чной сква́жине.

*cpd.*: ~-**pot** *n.* клеева́рка.

**gluey** *adj.* кле́йкий.

**glum** *adj.* угрю́мый.

**glumness** *n.* угрю́мость.

**glut** *n.* избы́ток; затова́ривание.

*v.t.* нас|ыща́ть, -ы́тить; ~ one's appetite на|еда́ться, -е́сться; ~ o.s. нас|ыща́ться, -ы́титься; ~ the market затова́ри|вать, -ть ры́нок; the animals were ~ted живо́тные нае́-лись до отва́ла.

**gluten** *n.* клейкови́на.

**glutinous** *adj.* кле́йкий, ли́пкий, вя́зкий.

**glutton** *n.* **1.** обжо́ра (*c.g.*); a ~ for work жа́дный к рабо́те; **2.** (*zool.*) росома́ха.

**gluttonous** *adj.* прожо́рливый.

**gluttony** *n.* обжо́рство.

**glycerin(e)** *n.* глицери́н.

**GMT** *see* GREENWICH (MEAN) TIME.

**gnarl|ed, -y** *adjs.* шишкова́тый; сучкова́тый.

**gnash** *v.t.*: ~ one's teeth скрежета́ть (*impf.*) зуба́ми.

**gnat** *n.* кома́р; strain at a ~ (*fig.*) придира́ться (*impf.*) к мелоча́м.

**gnaw** *v.t. & i.* грызть (*impf.*); the dog ~ed (at) a bone собáка глодáла кость; rats ~ed away the woodwork крýсы изгры́зли дéрево; pain ~ed his vitals боль терзáла егó тéло; ~ing pangs of hunger мучи́тельные при́ступы гóлода; ~ing anxiety грызýщее беспокóйство.

**gneiss** *n.* гнейс.

**gnome** *n.* (*goblin etc.*) гном.

**gnomic** *adj.* гноми́ческий; афористи́чный.

**gnomon** *n.* гнóмон, стрéлка/стóлбик сóлнечных часóв.

**Gnostic** *n.* гнóстик.

   *adj.* гности́ческий.

**Gnosticism** *n.* гностици́зм.

**gnu** *n.* гну (*m. indecl.*).

**go** *n.* **1.** (*movement, animation*) движéние; ход; she's on the ~ from morning to night онá с ýтра до вéчера на ногáх; she has no ~ in her нет в ней изю́минки/огонькá (*coll.*); **2.** (*turn, attempt, shot*) попы́тка; now it's my ~ тепéрь моя́ óчередь; why don't you have a ~? почемý бы вам не попрóбовать?; he scored 50 in one ~ он набрáл 50 очкóв в однóм захóде; **3.** (*coll., success*) успéх; he tried to make a ~ of it он старáлся доби́ться успéха (в э́том дéле); it's no ~ э́то дéло безнадёжное; **4.** (*fashion*) мóда; it's all the ~ just now э́то сейчáс в большóй мóде; **5.** (*business*): it's a rum ~ (*coll.*) ну и делá!; **6.** let ~ of отпус|кáть, -ти́ть.

   *v.i.* (*see also* GONE). **1.** (*on foot*) (*det.*) идти́; (*indet.*) ходи́ть; (*ride etc.*) (*det.*) éхать; (*indet.*) éздить; (*by train*) éхать пóездом; (*by plane*) летéть (*det.*) (самолётом); the clock is ~ing часы́ идýт/хóдят; this train ~es to London э́тот пóезд идёт в Лóндон; he went cycling он поéхал катáться на велосипéде; who ~es there? кто идёт?; mind how you ~! осторóжно!; **2.** (*fig., with general idea of motion or direction*): ~! (*at games*) марш!; from the word ~ (*fig.*) с сáмого начáла; where do we ~ from here? (*what is next step or development?*) что же дáльше?; this road ~es to York э́та дорóга ведёт в Йорк; he ~es to school (*is a schoolboy*) он хóдит в шкóлу; he went to (*was educated at*) Eton он окóнчил Йтон; he went sick (*mil.*) он получи́л освобождéние по болéзни; let me ~! отпусти́те меня́!; there you ~ again! ну вот, опя́ть!; there is still an hour to ~ ещё час в запáсе; where do these forks ~? кудá положи́ть э́ти ви́лки?; if you follow me, you can't ~ wrong дéлайте как я, и вы не ошибётесь; his plans went wrong с егó зáмыслами не получи́лось; his arguments went unheeded к егó дóводам не прислýшались; his daughter went wrong егó дочь сби́лась с пути́; the criminal decided to ~ straight престýпник реши́л испрáвиться; **3.** (*with cognate etc. object*): he went a long way он пошёл/ушёл далекó; ~ it! давáй!; they went halves они́ раздели́ли всё пополáм; can Britain

~ it alone? спрáвится ли Великобритáния в одинóчку?; he went one better than me он превзошёл меня́; the balloon went 'pop' шар лóпнул; the sheep went 'baa' овцá заблéяла; **4.** (*idea of progress or outcome*): how ~es it? (*health, affairs*); how's it ~ing? как делá?; как поживáете?; everything is ~ing well всё (идёт) хорошó; here ~es! приступáю!; ~ easy! (*slowly, gently*) осторóжно!; ~ easy with the sugar! не клади́те стóлько сáхару!; не налегáйте на сáхар!; he is ~ing strong он пóлон сил; он молодéц; he is ~ing all out to win он изо всех сил старáется вы́играть; the party/play went well вечери́нка/пьéса прошлá хорошó; how did the election ~? (*who won it?*) как прошли́ вы́боры?; she is 6 months ~ne with child онá на седьмóм мéсяце (берéменности); **5.** (*idea of extension or distance*): the differences ~ deep разноглáсия захóдят глубокó/далекó; I will ~ (*offer*) as high as £100 я готóв вы́ложить и сто фýнтов; his land ~es as far as the river егó зéмли простирáются до реки́; £5 will not ~ far пяти́ фýнтов надóлго не хвáтит; he will ~ far (*attain distinction*) он далекó пойдёт; you ~ too far (*impudence, presumption*) вы захóдите сли́шком далекó; he is far ~ne (*sick in mind or body*) он совсéм плох; плóхо егó дéло; I will ~ so far as to say я бы дáже сказáл, что . . .; this is all right as far as it ~es покá что всё в поря́дке; **6.** (*expr. tenor or tendency*): how does the poem ~? как звучи́т э́то стихотворéние?; the story ~es that . . . расскáзывают, что . . .; it ~es to a cheerful tune э́то сопровождáется весёлой мелóдией; it ~es against the grain э́то не по нутрý/дýше/вкýсу (*кому*); this ~es to show that he is wrong э́то покáзывает, что он не прав; promotion ~es by favour карьéра стрóится на протéкции; dreams ~ by contraries сны слéдует толковáть наоборóт; qualities that ~ to make a hero кáчества, необходи́мые герóю; **7.** (*set out, depart*): the post ~es at 5 p.m. пóчта ухóдит в 5 часóв дня; **8.** (*pass, come to an end, disappear*): our holiday went in a flash нáши кани́кулы пролетéли мгновéнно; as soon as we buy cheese it ~es не успéем мы купи́ть сыр, как егó ужé нет; it's ~ne 4 (*o'clock*) ужé бóльше четырёх; пошёл пя́тый час; the Minister must ~ (*be got rid of*) мини́стр дóлжен уйти́ в отстáвку; be ~ne! (*liter.*) провáливайте!; my sight is ~ing я теря́ю зрéние; I wish this pain would ~ хоть бы прошлá э́та боль!; my jewels have ~ne мои́ драгоцéнности пропáли; all my money is ~ne все мои́ дéньги уплы́ли; his interest in literature has ~ne у негó пропáл интерéс к литератýре; ~ing, ~ne! (*at auction*) кто бóльше? прóдано!; the committee is not the same now that George has ~ne пóсле ухóда Джóрджа, комитéт ужé не тот; **9.** (*be in a* *certain state*): he ~es in fear of his life он живёт под стра́хом сме́рти; the children ~ barefoot де́ти хо́дят босико́м; I went hungry last night я не ел вчера́ ве́чером; **10.** (*become*): the milk went sour молоко́ проки́сло; she went red in the face она́ покрасне́ла; the country went Communist к вла́сти в стране́ пришли́ комму́нисты; **11.** (*function, succeed*): I can't get my watch to ~ у меня́ не заво́дятся часы́; this machine ~es by electricity э́та маши́на рабо́тает на электри́честве; his tongue ~es nineteen to the dozen он говори́т без у́молку; he made the party ~ он был душо́й о́бщества; **12.** (*cease to function, die*): if the bulb ~es, change it е́сли ла́мпочка перегори́т, поменя́йте её; poor old Smith has ~ne бе́дного Сми́та не ста́ло; **13.** (*sound*): come in when the bell ~es входи́те, когда́ зазвони́т звоно́к; **14.** (*make specified motion*): ~ like this with your left foot сде́лайте так ле́вой ного́й; **15.** (*be known, accepted, usual*): what he says ~es сло́во его́ зако́н; anything ~es всё сойдёт; I let it ~at that я реши́л э́то так оста́вить; it ~es without saying э́то само́ собо́й разуме́ется; he ~es by the name of Smith он изве́стен под и́менем Смит; she is a good cook as cooks ~ по сравне́нию с други́ми она́ непло́хо гото́вит; it is cheap as yachts ~ для я́хты э́то не до́рого; **16.** (*be sold, offered for sale*): the picture went for a song карти́ну про́дали за бесце́нок; these cakes are ~ing cheap э́ти пиро́жные стоя́т дёшево (*or* иду́т по дешёвке); **17.** (*expr. impending or predicted action*): I'm ~ing to sneeze я сейча́с чихну́; it's ~ing to rain собира́ется дождь; the train is just ~ing to start по́езд вот-во́т тро́нется; you are ~ing to do as I tell you вы сде́лаете то, что я вам скажу́; he's not ~ing to (*shan't*) cheat me меня́ он не проведёт; he's not ~ing to argue over 25 pence он не ста́нет спо́рить из-за двадцати́ пяти́ пе́нсов; **18.** (*expr. intention*): I am ~ing to ask him я реши́л спроси́ть его́; **19.** (*emphasizing verb*): don't ~ telling him the whole story не взду́майте рассказа́ть ему́ всё; he went and told his mother он взял и рассказа́л ма́тери; what have you ~ne and done? ну, что вы там натвори́ли?

*with preps.*: how shall I ~ **about** this? как мне за э́то взя́ться?; he went about his business он заня́лся свои́ми дела́ми; if the price ~es **above** £50 е́сли цена́ превы́сит 50 фу́нтов; he went **after** (*sought to win*) the prize он боро́лся за приз; the dog went after the hare соба́ка погнала́сь за за́йцем; the decision went **against** them реше́ние бы́ло не в их по́льзу; it ~es against my principles э́то противоре́чит мои́м при́нципам; he went **at** it like a bull at a gate он бро́сился очертя́ го́лову; he went **before** the magistrates он предста́л пе́ред судо́м; he went **beyond** his instructions он превы́сил

полномо́чия; he went (*passed*) **by** the window он прошёл ми́мо окна́; his interests went by the board с его́ интере́сами соверше́нно не посчита́лись; I ~ by what I hear я исхожу́ из того́, что слы́шу; this book is nothing to ~ by по э́той кни́ге нельзя́ ни о чём суди́ть; they went **down** the river они́ поплы́ли вниз по реке́; I went **for** a drink я отпра́вился вы́пить; his plans went for six (*coll.*) его́ пла́ны провали́лись; the dog went for his legs соба́ка хвата́ла его́ за́ ноги; I went for (*fetched*) him я пошёл за ним; (*attacked, verbally or physically*) я обру́шился на него́; my efforts went for nothing мои́ уси́лия ни к чему́ не привели́; he will always ~ for the best он бу́дет всегда́ стреми́ться к лу́чшему; I ~ for that (*like it: Am. coll.*) э́то мне по душе́/вку́су; that ~es for (*applies to*) you too (*e.g. an order*) э́то вас то́же каса́ется; he went **into** the house он вошёл в дом; he went into Parliament он прошёл в парла́мент; the car went into a wall маши́на вре́залась в сте́ну; he had to ~ into hospital ему́ пришло́сь лечь в больни́цу; I shall not ~ into details я не бу́ду вдава́ться в подро́бности; it won't ~ into the box (*is too big*) э́то не войдёт в коро́бку; 6 into 30 ~es 5 times шесть соде́ржится в тридцати́ пять раз; I will ~ into the matter я э́то де́ло рассмотрю́; the law ~es into effect зако́н вхо́дит в си́лу; they went into mourning они́ наде́ли тра́ур; they went into raptures они́ пришли́ в восто́рг; he went **off** his food он переста́л есть; he went off his head он сошёл с ума́; I've ~ne off prawns (*coll.*) я разлюби́л креве́тки; he went off the deep end (*coll.*) он разошёлся; the children wanted to ~ **on** the swings де́ти хоте́ли покача́ться на каче́лях; I am ~ing on a course я поступа́ю на ку́рсы; all his money went on food все его́ де́ньги пошли́/уходи́ли на еду́; he is ~ne on (*obsessed by*) her он по уши влюблён в неё; он помеша́лся на ней; he went on his way он пошёл свои́м путём; we have no evidence to ~ on для э́того у нас нет никаки́х да́нных/доказа́тельств; ~ **out of** sight исч|еза́ть, -е́знуть и́з виду; he went out of his mind он сошёл с ума́; she went out of her way to help он́а вся́чески стара́лась помо́чь; we went **over** the house мы осмотре́ли дом; she went over the floor with a mop она́ прошла́сь шва́брой по́ полу; the shell went over his head снаря́д пролете́л у него́ над голово́й; his words went right over my head я пропусти́л его́ слова́ ми́мо уше́й; I went over his work with him вме́сте с ним я прошёлся по его́ рабо́те; we have ~ne over (*discussed*) that мы э́то обсужда́ли; we went **round** the gallery мы обошли́ галере́ю; we went round the block мы обошли́ кварта́л; we have to ~ round the one-way system здесь прихо́дится де́лать объе́зд из-за односторо́ннего движе́ния; my trousers won't ~ round me any longer на мне уже́ не схо́дятся брю́ки; ~ **through** the main gate! проходи́те че́рез гла́вные воро́та!; the ball went through (*i.e. broke*) the window мяч разби́л окно́; she went through his pockets она́ обша́рила у него́ все карма́ны; he has ~ne through a lot ему́ довело́сь мно́го испыта́ть; I went through his papers я просмотре́л его́ бума́ги; he went through the money in a week он растра́тил де́ньги за неде́лю; large sums went through his hands че́рез его́ ру́ки прошли́ больши́е су́ммы де́нег; they went through the ceremony они́ прошли́ че́рез (*or* вы́держали) э́ту церемо́нию; они́ подве́рглись э́той церемо́нии; the book went through six editions кни́га вы́держала шесть изда́ний; I'll ~ through the main points again я хочу́ повтори́ть гла́вные пу́нкты; the estate went **to** her nephew имущество перешло́ её племя́н-нику; the prize went to him он вы́играл приз; our best thanks ~ to Mr X мы горячо́ благодари́м г-на X; he went to great expense он пошёл на больши́е расхо́ды; 12 inches ~ to the foot 12 дюймов составля́ют фут; ~ to it! за де́ло!; the money will ~ **towards** a new car де́ньги пойду́т на поку́пку но́вой маши́ны; this will ~ a long way towards satisfying him э́то почти́ по́лностью его́ устро́ит; he went **under** the anaesthetic он засну́л под нарко́зом; he went under an assumed name он жил под вы́мышленным/чужи́м и́менем; ~ **up** the hill поднима́ться (*impf.*)/идти́/е́хать (*both det.*) в го́ру; he went up the ladder он стал подни-ма́ться (*or* пошёл вверх) по ле́стнице; this tie ~es **with** your suit э́тот га́лстук подхо́дит к ва́шему костю́му; five acres ~ with the house пять а́кров земли́ отхо́дят с до́мом; crime ~es with poverty престу́пность идёт рука́ об руку с бе́дностью; he has been ~ing with her for months он встреча́ется с ней уже́ не́сколько ме́сяцев; we went **without** a holiday мы обо-шли́сь без о́тпуска.

*with advs.*: ~ **about** *v.i.* he ~es about looking for trouble он то́лько и де́лает, что ле́зет на рожо́н; the story is ~ing about that . . . хо́дят слу́хи, что . . .; ~ about together они́ повсю́ду хо́дят вме́сте; ~ **ahead** *v.i.*: вперёд!; ~ **along** *v.i.*: I went along to see я пошёл посмот-ре́ть; they sang as they went along они́ шли с пе́снями; the play got better as it went along к концу́ пье́са смотре́лась лу́чше; will you ~ along to the station with him? вы пойдёте с ним до ста́нции?; вы доведёте его́ до ста́нции?; I cannot ~ along with that я не могу́ с э́тим согласи́ться; ~ **around** *v.i.*: he went around with a long face он ходи́л/разгу́ливал с ки́слым ви́дом; he is ~ing around with my sister он встреча́ется с мое́й сестро́й; ~ **away** *v.i.* уходи́ть, уйти́; ~ away! уходи́те!; ~ **back** *v.i.* идти́ (*det.*) наза́д; возвра|ща́ться, -ти́ться;

to ~ back to what I was saying возвраща́ясь к тому́, что я сказа́л; he went back on his word он не сдержа́л своего́ сло́ва; this custom ~es back to the 15th century э́тот обы́чай восхо́-дит к XV (пятна́дцатому) ве́ку; ~ **before** *v.i.* (*die*): those who have ~ne before отоше́дшие в мир ино́й; уме́ршие; ~ **below** (*deck*) *v.i.*: when the storm broke they went below когда́ раз-рази́лся шторм, они́ спусти́лись в каю́ту; ~ **by** *v.i.*: he let the opportunity ~ by он упусти́л слу́чай; as the years ~ by с года́ми; с тече́нием лет; in days ~ne by в мину́вшие дни; he has just ~ne by он то́лько что прошёл ми́мо; ~ **down** *v.i.*: спус|ка́ться, -ти́ться; he went down on his knees он опусти́лся на коле́ни; the sun went down со́лнце се́ло; the ship went down кора́бль затону́л; she went down with 'flu она́ слегла́ с гри́ппом; the undergraduates ~ down in July студе́нты зака́нчивают заня́тия в ию́ле; he ~ne down in the world он опусти́лся; prices are ~ing down це́ны па́дают; ~ing down! (*of lift*) вниз!; the pill won't ~ down табле́тка не прогла́тывается; his story went down well его́ расска́з был хорошо́ при́нят; his fame will ~ down to posterity его́ сла́ва сохрани́тся в века́х; this history book ~es down to 1914 э́тот уче́бник исто́рии конча́ется 1914 го́дом; Rome went down before the barbarians Рим пал под нати́ском ва́рваров; the wind has ~ne down ве́тер сти́х; ~ **forth** *v.i.*: the order went forth прика́з был опублико́ван; ~ **forward** *v.i.*: the plan went forward план вступи́л в де́йствие; ~ **in** *v.i.* (*enter*) входи́ть, войти́; the sun went in со́лнце зашло́; he ~es in for sport он занима́ется спо́ртом; he's ~ing in for medicine он собира́ется заня́ться медици́ной; he went in for the competition он при́нял уча́стье в ко́нкурсе; ~ **off** *v.i.*: he went off without a word он ушёл без еди́ного сло́ва; Hamlet ~es off (*exits*) Га́млет ухо́дит; she went off into a faint она́ потеря́ла созна́ние; она́ упала́ в о́бморок; the servant went off with (*stole*) the spoons слуга́ укра́л ло́жки и скры́лся; the goods went off (*sold*) well това́р сбыли по хоро́шей цене́; the goods went off (*were sent*) today това́р отпра́вили сего́дня; the gun went off ружьё вы́стрелило; has the baby ~ne off (*to sleep*)? ребёнок засну́л?; the alarm clock went off буди́льник зазвене́л; the light has ~ne off свет пога́с; the fruit has ~ne off фру́кты погни́ли; his work has ~ne off lately в после́днее вре́мя он стал рабо́тать ху́же; the party went off well вечери́нка прошла́ хорошо́; it went off according to plan всё прошло́ согла́сно пла́ну; ~ **on** *v.i.*: the shoe will not ~ on э́тот боти́нок не ле́зет; the lights went on загоре́лся свет; I can't ~ on any longer я так бо́льше не могу́; ~ on from where you left off продолжа́йте с того́ ме́ста, где останови́лись; shall we ~ on to the next item? дава́йте перейдём к сле́дующему пу́нкту?; ~ on playing! продолжа́йте игра́ть!; ~ on! (*coll.*, *expr. incredulity*) да ну́!; (*urging action*) дава́йте!; валя́йте!; the work is ~ing on well рабо́та идёт хорошо́; that is enough to ~ (*or be* ~ing) on with э́того пока́ хва́тит; he went on to say that … зате́м он сказа́л, что …; it is ~ing on for a year since we met уже́ почти́ год, как мы познако́мились; what is ~ing on here? что тут происхо́дит?; ~ on at (*nag*) пили́ть (*impf.*); набра́сываться (*impf.*) на +*a.*; he does ~ on so (*coll.*) он ве́чно нуди́т; he went on ahead of the others он опереди́л/обогна́л остальны́х; he went on (*stage*) after the interval он вы́шел на сце́ну по́сле антра́кта; the show must ~ он что бы ни случи́лось, спекта́кль продолжа́ется; as time ~es on со вре́менем; ~ **out** *v.i.* (*exit*) выходи́ть, вы́йти; the light went out свет пога́с; he went out to Australia он вы́ехал в Австра́лию; the tide was ~ing out шёл отли́в; the year went out (*ended*) gloomily год ко́нчился пло́хо; our hearts ~ out to them мы всей душо́й с ни́ми; he went all out for success он рва́лся к успе́ху; long skirts have ~ne out дли́нные ю́бки вы́шли из мо́ды; ~ **over** *v.i.*: he went over to the shop он пошёл в магази́н; ~ over to the enemy перейти́ (*pf.*) в стан врага́; he went over to France он перепра́вился во Фра́нцию; the country went over to decimal coinage страна́ перешла́ на десяти́чную моне́тную систе́му; how did your talk ~ over? как прошла́ ва́ша ле́кция?; it went over big (*coll.*) э́то име́ло огро́мный успе́х; ~ **round** *v.i.*: I went round to see him я пошёл его́ навести́ть; we had to ~ round by the park нам пришло́сь идти́ в обхо́д че́рез парк; he ~es round collecting money он обхо́дит всех и собира́ет де́ньги; is there enough food to ~ round? хва́тит ли еды́ на всех?; everything's ~ing round (*describing dizziness*) всё идёт кру́гом; ~ **through** *v.i.*: I cannot ~ through with the plan я не могу́ осуществи́ть э́тот план; the deal went through сде́лка состоя́лась; has their divorce ~ne through? они́ уже́ развели́сь?; the bill went through (*parl.*) прое́кт был при́нят; ~ **together** *v.i.*: they were ~ing together (*keeping company*) for years они́ встреча́лись мно́гие го́ды; these colours ~ together э́ти цвета́ гармони́руют; poverty and disease ~ together где бе́дность, там и боле́зни; ~ **under** *v.i.*: it is the poor who ~ under бе́дному ху́же всех; the drowning man went under утопа́ющий пошёл ко дну; the patient went under (*the anaesthetic*) пацие́нт усну́л под нарко́зом; his business went under его́ де́ло ло́пнуло; ~ **up** *v.i.* подн|има́ться, -я́ться; he went up to bed он пошёл спать; I went up to town я пое́хал в го́род; prices have ~ne up це́ны повы́сились; the lights went up

загоре́лся свет; houses are ~ing up (*being built*) дома́ поднима́ются/стро́ятся/расту́т; the house went up in flames дом сгоре́л; his plans went up in smoke его́ пла́ны разве́ялись как дым; he ~es up to Oxford next year он посту́пит в Оксфо́рдский университе́т на бу́дущий год; he is ~ing up in the world он выбива́ется в лю́ди.

*cpds.*: ~**-ahead** *n.* разреше́ние, «добро́», «зелёная у́лица»; *adj.* предприи́мчивый; насты́рный; ~**-as-you-please** *adj.* свобо́дный от пра́вил; ~**-between** *n.* посре́дник; ~**-by** *n.*: give s.o./sth. the ~-by проигнори́ровать (*pf.*) кого́/что-н.; уклон|я́ться, -и́ться от чего́-н.; ~**-cart** *n.* (де́тская) коля́ска; (*for racing, also* ~**-kart**) карт; ~**-getter** *n.* (*coll.*) проны́ра (*c.g.*); ~**-getting** *adj.* (*coll.*) проны́рливый, пробивно́й; ~**-off** *n.*: from the first ~-off с са́мого нача́ла; ~**-slow** *n.* части́чная забасто́вка, «ме́дленная рабо́та»; *adj.* заме́дленный; ~**-to-meeting** *adj.*: ~-to-meeting clothes пра́здничная оде́жда.

**goad** *n.* кол; (*fig.*) сти́мул.

*v.t.* погоня́ть (*impf.*); (*prod*) пришпо́ри|вать, -ть; (*tease, torment*) раздража́ть (*impf.*); дёргать (*impf.*).

**goal** *n.* **1.** фи́ниш; (*fig., destination, objective*) цель; he set himself a difficult ~ он поста́вил себе́ тру́дную зада́чу/цель; **2.** (*sport*) воро́т|а (*pl., g.* —); Jackson was in ~ в воро́тах стоя́л Дже́ксон; keep ~ защи|ща́ть, -ти́ть воро́та; (*point scored*) гол; our team won by three ~s to one на́ша кома́нда вы́играла со счётом три — оди́н.

*cpds.*: ~**-keeper** *n.* врата́рь (*m.*); ~**-kick** *n.* уда́р от воро́т; ~**-mouth** *n.* ширина́ воро́т; ~**-post** *n.* шта́нга.

**goalie** *n.* (*coll.*) врата́рь (*m.*).

**goat** *n.* **1.** коза́; (*male*) козёл; act, play the (giddy) ~ (*coll.*) валя́ть (*impf.*) дурака́; he gets my ~ (*sl.*) он меня́ раздража́ет; separate the sheep from the ~s (*fig.*) отдели́ть (*pf.*) а́гнцев от ко́злищ; **2.** (*fig., lecherous person*) кобе́ль (*m.*), (ста́рый) козёл.

*cpds.*: ~**-herd** *n.* козопа́с; ~**-meat** *n.* козля́тина; ~**-skin** *n.* ко́зья шку́ра; (*for wine*) бурдю́к.

**goatee** *n.* козли́ная боро́дка.

**goatish** *adj.* (*lecherous*) похотли́вый.

**gob**[1] *n.* (*vulg.*) (*hump*) кусо́к; (*of spittle*) плево́к.

**gob**[2] *n.* (*vulg.*) (*mouth*) гло́тка; shut your ~! заткни́ гло́тку!

**gobbet** *n.* (*lit., fig.*) кусо́к.

**gobble**[1] *v.t.* жрать, по-/со-.

*v.i.* ло́пать, с-; бы́стро и шу́мно есть (*impf.*).

**gobble**[2] *v.i.* (*of a turkey*) кулды́кать (*impf.*); (*fig., with rage*) шипе́ть (*impf.*).

**gobbledygook** *n.* (*sl.*) воляпю́к.

**Gobelin** *n.* (*tapestry*) гобеле́н.

**goblet** *n.* ку́бок, бока́л.

**goblin** n. домово́й.

**goby** n. бычо́к (*рыба*).

**god** n. **1.** (*deity*) бог; a feast for the ~s пир бого́в; a sight for the ~s боже́ственное/преле́стное зре́лище; in the lap of the ~s у Христа́ за па́зухой; ye ~s! (*joc.*) Бо́же мой!; си́лы небе́сные!; (*fig., revered object or person*) и́дол, куми́р; (G~: *supreme being*) Бог; божество́; act of G~ стихи́йное бе́дствие; Almighty G~ всемогу́щий Бог; he thinks he's G~ Almighty он счита́ет себя́ всемогу́щим; G~ bless (*you*)! благослови́ вас Бог; (*after sneeze*) бу́дьте здоро́вы!; my G~! Бо́же мой!; Го́споди!; G~ damn you! чёрт вас возьми́!; G~ help you! да помо́жет вам Бог!; on G~'s earth на бо́жьем/бе́лом све́те; G~ forbid! Бо́же сохрани́!; изба́ви Бог!; спаси́ Бог!; so help me G~ Госпо́дь свиде́тель; G~ knows where he is Бог зна́ет, где он; I've suffered enough, G~ knows ви́дит Бог — я страда́л доста́точно; for G~'s sake! ра́ди Бо́га!; thank G~ (for that)! сла́ва Бо́гу!; G~'s truth свята́я пра́вда; G~ willing даст Бог; с бо́жьей по́мощью; е́сли бу́дем жи́вы; he is with G~ его́ Бог прибра́л; **2.** (*pl., theatr.*) галёрка; a seat in the ~s ме́сто на галёрке.

*cpds.*: ~-**almighty** adj. (*sl.*) прокля́тый, дья́вольский; ~-**awful** adj. (*coll.*) жу́ткий, богоме́рзкий; ~ **child** n. кре́стни|к (*fem.* -ца); ~ **dam** adj. (*Am. sl.*) чёртов; ~**daughter** n. кре́стница; ~ **father** n. кре́стный (оте́ц); ~-**fearing** adj. богобоя́зненный; ~-**forsaken** adj. забро́шенный; ~-forsaken place медве́жий у́гол; ~ **mother** n. кре́стная (мать); ~ **parent** n. кре́стный (оте́ц); кре́стная (мать); ~ **send** n. нахо́дка; ≃ сам Бог посла́л; ~ **son** n. кре́стник; ~-**speed**! с Бо́гом!

**goddess** n. боги́ня.

**godhead** n. боже́ственность; божество́.

**godless** adj. безбо́жный.

**godlike** adj. богоподо́бный.

**godliness** n. на́божность.

**godly** adj. на́божный.

**godown** n. храни́лище.

**goer** n. **1.** (*performer*): this watch is a good ~ э́ти часы́ отли́чно иду́т; **2.** (*coll., energetic person*) упо́рный челове́к; **3.** comers and ~s приезжа́ющие и отъезжа́ющие.

**goffer** n. щипц|ы́ (*pl., g.* -о́в) для гофриро́вки. v.t. гофрирова́ть (*impf., pf.*).

**goggle** v.i. тара́щить (*impf.*) глаза́; she ~ed at the news от э́той но́вости у неё глаза́ на лоб поле́зли.

*cpds.*: ~-**box** n. (*sl.*) те́лек, «я́щик»; ~-**eyed** adj. пучегла́зый.

**goggles** n. тёмные/защи́тные очк|и́ (*pl., g.* -о́в).

**going** n. **1.** (*departure*) отъе́зд, ухо́д; there will be no tears at his ~ по нём пла́кать не бу́дут; **2.** (*state of track*) состоя́ние беговой доро́жки; the next mile is rough ~ сле́дующая ми́ля

бу́дет тру́дной; **3.** (*progress, speed*) ско́рость; fifty miles an hour is good ~ 50 миль в час — э́то хоро́шая ско́рость; let's get out while the ~ is good смо́емся, пока́ не по́здно!; this book is heavy ~ э́та кни́га тру́дно чита́ется; he is heavy ~ он ну́дный челове́к; the conversation was heavy ~ разгово́р не кле́ился.

adj. **1.** (*working, flourishing*): a ~ concern де́йствующее предприя́тие; **2.** (*to be had*): one of the best newspapers ~ одна́ из лу́чших ны́нешних газе́т; there are plenty of sandwiches ~ бутербро́дов ско́лько уго́дно.

*cpd.*: ~-**away** adj.: ~-away dress доро́жное пла́тье; ~-**over** n. (*coll., scrutiny*) осмо́тр; (*coll., cleaning*) прочи́стка; (*sl., beating*) трёпка; ~ **s-on** n. (*coll.*) поведе́ние; посту́пки (*m. pl.*); дела́ (*nt. pl.*); «дели́шки» (*nt. pl.*); there have been strange ~s-on lately в после́днее вре́мя творя́тся стра́нные ве́щи.

**goitre** n. зоб; exophthalmic ~ базе́дова боле́знь.

**goitrous** adj. зо́бный; страда́ющий зо́бом.

**gold** n. & adj. **1.** (*metal*) зо́лото; bar ~ зо́лото в сли́тках; beaten ~ чека́нное зо́лото; ~ braid сусáльное зо́лото; ~ plate (*tableware*) золота́я посу́да; (*gilding*) позоло́та; (made of) solid ~ из чи́стого зо́лота; the ~ standard золото́й станда́рт; a currency backed by ~ валю́та, обеспе́ченная зо́лотом; £50 in ~ 50 фу́нтов зо́лотом; he's as good as ~ он зо́лото, а не ребёнок; she has a heart of ~ у неё золото́е се́рдце; **2.** (*riches*) бога́тство.

*cpds.*: ~-**bearing** adj. золотоно́сный; ~-**beater** n. золотобо́ец; ~-**digger** n. золотоиска́тель (*m.*); (*sl.*) вымога́тельница; ~-**dust** n. золото́й песо́к; ~ **field** n. золото́й при́иск; ~ **finch** n. щего́л; ~ **fish** n. золота́я ры́бка; ~-**leaf** n. сусáльное зо́лото; ~ **fólga**; ~-**mine** n. золото́й рудни́к; (*fig.*): the shop is a ~-mine э́тот магази́н — золото́е дно; ~-**rush** n. золота́я лихора́дка; ~ **smith** n. ювели́р, золоты́х дел ма́стер.

**golden** adj. (*lit., fig.*) золото́й; золоти́стый; the ~ age золото́й век; ~ rod (*bot.*) золота́рник; ~ section (*geom.*) золото́е сече́ние; ~ syrup све́тлая па́тока; receive a ~ handshake on retirement получи́ть (*pf.*) вознагражде́ние при ухо́де на пе́нсию; ~ hours золота́я пора́; the ~ mean золота́я середи́на; miss a ~ opportunity упусти́ть (*pf.*) редча́йшую возмо́жность; celebrate one's ~ wedding пра́здновать, от золоту́ю сва́дьбу.

*cpd.*: ~-**haired** adj. златоку́дрый, золотоволо́сый.

**golf** n. гольф.

v.i. игра́ть (*impf.*) в гольф.

*cpds.*: ~-**ball** n. мяч для игры́ в гольф; ~-**club** n. (*association*) клуб люби́телей игры́ в гольф; (*implement*) клю́шка; ~-**course**,

~**-links** *nn.* площа́дка/по́ле для игры́ в гольф.

**golfer** *n.* игро́к в гольф.

**golfing** *n.* игра́ в гольф.

**Golgotha** *n.* Голго́фа.

**Goliath** *n.* Голиа́ф; (*fig.*) велика́н.

**golliwog** *n.* чёрная ку́кла.

**golly** *int.* (*coll.*) Бо́же мой!; by ~! ей-Бо́гу!

**golosh** *see* GALOSH.

**gonad** *n.* гона́да; полова́я железа́.

**gondola** *n.* (*boat*; *airship car*) гондо́ла.

**gondolier** *n.* гондолье́р.

**gone** *adj.* (*see also* GO). **1.** (*departed, past*) уе́хавший; уше́дший; **2.** (*doomed, hopeless*) пропа́щий; **3.** (*dead*) уме́рший, усо́пший.

**goner** *n.* (*sl.*) ко́нченый челове́к.

**gong** *n.* (*instrument*) гонг; (*medal*) бля́ха (*coll.*).

**goniometer** *n.* гонио́метр.

**gonorrhea** *n.* гоноре́я.

**goo** *n.* (*coll.*) что-н. кле́йкое, ли́пкое.

**good** *n.* **1.** (~*ness*, ~ *action*) доброта́, добро́; there is some ~ in everyone в ка́ждом челове́ке есть что́-то хоро́шее; he spends his life doing ~ всю жизнь он де́лает/твори́т добро́; he is up to no ~ он заду́мал что́-то недо́брое; **2.** (*benefit*) по́льза; drink it! it will do you ~ вы́пейте э́то — вам поле́зно; it's no ~ complaining что про́ку жа́ловаться?; that will do no ~ э́то не принесёт по́льзы; what's the ~ of making a fuss? како́й смысл поднима́ть шум?; it's all to the ~ всё к лу́чшему; for the ~ of the cause для по́льзы де́ла; much ~ may it do you! (*iron.*) ну и на здоро́вье!; I finished up £15 to the ~ в конце́ концо́в я вы́играл 15 фу́нтов; **3.** for ~ (*permanently*) навсегда́; **4.** (*pl., property*) добро́; ~s and chattels пожи́тк|и (*pl., g.* -ов); **5.** (*pl., merchandise*) това́р(ы); are you sure he can deliver the ~s? (*coll., fig.*) а вы уве́рены, что он не подведёт?; ~s train това́рный по́езд; ~s vehicle грузово́й автомоби́ль/фурго́н.

*adj.* **1.** (*in most senses*) хоро́ший; до́брый; (*of food*) вку́сный; my ~ sir! (*arch.*) любе́знейший!; почте́нный!; how is your ~ lady? (*arch.*) как пожива́ет ва́ша почте́нная супру́га?; ~ old Dad! ай да папа́ша!; that shows ~ sense в э́том ви́ден здра́вый смысл; ~ idea! прекра́сная мысль!; very ~ (*expr. acquiescence*) ла́дно; хорошо́; (*servant's reply*) (*arch.*) слу́шаюсь; ~ works до́брые дела́; a ~ player си́льный игро́к; lead a ~ life вести́ (*det.*) досто́йную жизнь; the G~ Book би́блия; G~ Friday Страстна́я Пя́тница; ~ heavens! Бо́же мой!; **2.** (*of health, condition etc.*) хоро́ший; здоро́вый; I don't feel so ~ today (*coll.*) я себя́ нева́жно чу́вствую сего́дня; these eggs are not very ~ э́ти я́йца не о́чень све́жие; apples are ~ for you я́блоки поле́зны для здоро́вья; **3.** (*favourable, fortunate*): ~ luck! жела́ю успе́ха!; a ~ sign

до́брый знак; it's a ~ thing we stayed at home хорошо́, что мы оста́лись до́ма; he's gone, and a ~ thing too! он ушёл, и сла́ва Бо́гу!; ~ for you! (*coll.*) молодчи́на! (*m.*); **4.** (*kind*) любе́зный; до́брый; be a ~ fellow бу́дьте (так) добры́; be so ~ as to let me in бу́дьте добры́, впусти́те меня́; that's very ~ of you э́то о́чень ми́ло с ва́шей стороны́; **5.** (*of skill*): he is ~ at games он хоро́ший спортсме́н; he is ~ at French он силён во францу́зском; he is no ~ at his job он не за своё де́ло; **6.** (*suitable*) подходя́щий; **7.** (*well-behaved*) воспи́танный; послу́шный; be ~! веди́ себя́ прили́чно!; be a ~ boy! веди́ себя́ хорошо́!; будь у́мницей!; as ~ as gold (*of child*) зо́лотко; ~ dog! молоде́ц, соба́ка!; **8.** (*var.*): ~ morning! до́брое у́тро!; I bade him ~night я пожела́л ему́ поко́йной но́чи; it's ~ to see you прия́тно вас ви́деть; a ~ joke хоро́шая/заба́вная шу́тка; that's a ~ one! (*iron.*) ну, зна́ете!; како́й вздор!; ~ looks краси́вая вне́шность; I took ~ care to consult him я предусмотри́тельно посове́товался с ним; he's had a ~ few, many drinks already уже́ успе́л изря́дно вы́пить; a ~ deal of noise мно́го шу́ма; a ~ way off дово́льно далеко́; a ~ while ago давны́м-давно́; the jug holds a ~ pint кувши́н вмеща́ет до́брую пи́нту; ~ and hard (*coll.*) здо́рово; как сле́дует; he was as ~ as his word он сдержа́л своё сло́во; he as ~ as refused to go он факти́чески отказа́лся идти́; the car is ~ for another 5 years э́тот автомоби́ль прослу́жит ещё лет 5; his credit is ~ for £5,000 он мо́жет по́льзоваться креди́том в 5 000 фу́нтов; **9.** make ~ *v.t.* (*fulfil*) исп|олня́ть, -о́лнить; (*substantiate*) обо́сно́в|ывать, -а́ть; (*recompense for*) возме|ща́ть, -сти́ть; (*repair*) прив|оди́ть, -ести́ в поря́док; *v.i.* (*coll., succeed*) преусп|ева́ть, -е́ть.

*cpds.*: ~**-for-nothing** *n.* негодя́й, безде́льник; *adj.* никуды́шный; никчёмный; ~**-humoured** *adj.* доброду́шный; ~**-looking** *adj.* краси́вый; хоро́ш/хороша́ собо́й; ~**-natured** *adj.* доброду́шный; ~**-night** *n.* проща́ние пе́ред сном; *int.* поко́йной но́чи!; ~**-neighbour** *adj.*: ~-neighbour policy поли́тика доброссосе́дства; ~**-neighbourliness** *n.* доброссосе́дство; доброссосе́дские отноше́ния; ~**-tempered** *adj.* доброду́шный; ~**-timer** *n.* гуля́ка (*m.*); весельча́к; ~**-will** *n.* (*friendship*) доброжела́тельность; (*willingness*) до́брая во́ля; (*of business*) популя́рность; репута́ция; клиенту́ра.

**goodbye** *n.* проща́ние; a ~ kiss проща́льный поцелу́й; wave ~ помаха́ть (*pf.*) руко́й на проща́нье.

*int.* до свида́ния!; проща́йте!

**goodish** *adj.* ничего́ (себе́).

**goodly** *adj.* (*large*) кру́пный; (*handsome*) краси́вый, милови́дный.

**goodness** n. **1.** (*virtue*) доброта́; **2.** (*kindness*) любе́зность; please have the ~ to move бу́дьте любе́зны, подви́ньтесь; **3.** (*quality, nourishment*): these apples are full of ~ э́ти я́блоки о́чень хороши́; **4.** (*euph., God*): G~ me! вот те на́!; G~ (only) knows кто его́ зна́ет!; I wish to ~ (that) . . . как бы мне хоте́лось, что́бы . . .; thank ~! сла́ва Бо́гу!

**goody** n. (*coll.*) **1.** (*sweetmeat*) конфе́та; **2.** (*character in film etc.*) положи́тельный геро́й; **3.** (*also* ~-~): па́инька (*c.g.*); **4.** (*int., coll.*) прекра́сно!; замеча́тельно!; отли́чно!

**gooey** (*coll.*) adj. кле́йкий; ли́пкий.

**goof** n. балбе́с, пе́нтюх (*coll.*).
  v.i. (*Am. sl.*) зава́ливать, -и́ть де́ло.

**goon** n. (*sl.*) (*stupid person*) болва́н; (*hired thug*) наёмный банди́т.

**goosander** n. большо́й кроха́ль.

**goose** n. **1.** гусь (*m.*); (*fem., also*) гусы́ня; his ~ is cooked (*fig.*) его́ пе́сенка спе́та; he killed the ~ that laid the golden eggs (*prov.*) он уби́л ку́рицу, несу́щую золоты́е я́йца; he couldn't say bo(o) to a ~ (*fig.*) он боязли́в как лань; wild-~-chase (*fig.*) сумасбро́дная зате́я; пого́ня за химе́рами; **2.** (*simpleton*) простофи́ля (*c.g.*).
  cpds.: ~**berry** n. крыжо́вник (*collect.*); я́года крыжо́вника; I went with them to play ~berry (*coll.*) я пошёл с ни́ми как сопровожда́ющий; ~-**egg** n. гуси́ное яйцо́; ~-**flesh** n. гуся́тина; гуси́ная ко́жа; it gives me ~-flesh у меня́ от э́того мура́шки по те́лу бе́гают; ~-**step** n. (*coll.*) строево́й шаг.

**gopher** n. го́фер; колумби́йский су́слик.

**gore**[1] n. (*blood*) проли́тая/запёкшаяся кровь.

**gore**[2] (*gusset*) клин.

**gore**[3] v.t. бода́ть, за-.

**gorge** n. **1.** (*ravine*) уще́лье; **2.** the sight made my ~ rise меня́ затошни́ло от э́того зре́лища.
  v.t. & i. объ|еда́ться, -е́сться; the lion ~ed (itself) on its prey лев жа́дно поглоща́л свою́ добы́чу.

**gorgeous** adj. (*magnificent*) великоле́пный; (*richly coloured*) кра́сочный; (*ornate*) витиева́тый; (*coll., enjoyable*) роско́шный; изуми́тельный; we had a ~ time мы великоле́пно провели́ вре́мя.

**Gorgon** n. (*lit.*) Горго́на; Меду́за; (*fig.*) меге́ра, ве́дьма.

**gorilla** n. гори́лла.

**gormandize** v.i. объеда́ться (*impf.*).

**gormless** adj. (*dial. and coll.*) безду́мный; дура́шливый.

**gorse** n. утёсник обыкнове́нный.

**gory** adj. окрова́вленный; кровопроли́тный.

**gosh** int. (*coll.*) Бо́же мой!.

**goshawk** n. большо́й я́стреб.

**gosling** n. гусёнок.

**gospel** n. ева́нгелие; (*impf.*) Ева́нгелие; the G~ проповедовать preach the

according to St. John Ева́нгелие от Иоа́нна; от Иоа́нна свято́е благове́ствование; (*fig.*): ~ truth и́стинная пра́вда; she takes everything for ~ она́ всё принима́ет на ве́ру.

**gossamer** n. **1.** (*spider web*) осе́нняя паути́нка; **2.** (*gauzy material*) газ.

**gossip** n. **1.** (*talk*) спле́тня; they met to have a good ~ они́ встре́тились, что́бы хороше́нько посплетни́чать; **2.** (*person addicted to* ~*ing*) спле́тни|к (*fem.* -ца); **3.** (*attr.*): ~ column/writer коло́нка/репортёр све́тской хро́ники.
  v.i. спле́тничать, на-.

**gossipy** adj. болтли́вый, лю́бящий посплетничать.

**Goth** n. гот.

**Gothic** n. **1.** (*language*) го́тский язы́к; **2.** (*archit.*) готи́ческий стиль; **3.** (*script*) готи́ческий шрифт.
  adj. (*of style or script*) готи́ческий.

**gouache** n. гуа́шь.

**gouge** n. полукру́глое долото́.
  v.t. выда́лбливать, вы́долбить; ~ s.o.'s eyes out выка́лывать, вы́колоть кому́-н. глаза́.

**goulash** n. гуля́ш.

**gourd** n. (*bot.*) горля́нка, ты́ква буты́лочная; (*vessel*) калеба́са, сосу́д из ты́квы.

**gourmet** n. гурма́н; гастроно́м.

**gout** n. пода́гра.

**gouty** adj.: a ~ person пода́грик; ~ feet подагри́ческие но́ги.

**govern** v.t. **1.** (*rule; also* v.i.) пра́вить (*impf.*) +i.; ~ing body (*of hospital, school etc.*) дире́кция, правле́ние; (*control, influence*) руководи́ть (*impf.*) +i.; управля́ть (*impf.*) +i.; he finds it hard to ~ his tongue он несде́ржан на язы́к; be ~ed by my advice! сле́дуйте моему́ сове́ту!; **2.** (*apply to*): the same principle ~s both cases оди́н и тот же при́нцип примени́м в обо́их слу́чаях; **3.** (*gram.*) управля́ть (*impf.*) +i.

**governance** n. управле́ние (*чем*); руково́дство (*чем*).

**governess** n. гуверна́нтка.

**governessy** adj.: a ~ tone настави́тельный тон.

**government** n. (*rule*) правле́ние; (*system*) фо́рма правле́ния; строй; local ~ ме́стное самоуправле́ние; (*pol.*) прави́тельство; central ~ центра́льное прави́тельство; the Prime Minister formed a ~ премье́р-мини́стр сформирова́л прави́тельство; ~ house рези-де́нция губерна́тора; ~ securities госуда́р-ственные це́нные бума́ги.

**governmental** adj. прави́тельственный.

**governor** n. **1.** (*ruling official*) губерна́тор; **2.** (*member of governing body*) член правле́ния; **3.** (*coll., boss*) хозя́ин; шеф; (*coll., as voc.*) господи́н; **4.** (*regulating mechanism*) регуля́-тор.
  cpd.: ~-**general** n. генера́л-губерна́тор.

**governorship** n. губерна́торство.

**gowk** n. (*coll.*) дура́к; обалду́й.

**gown** *n.* (*woman's*) пла́тье; (*academic or official*) ма́нтия.

**GP** *n.* (*abbr.*, general practitioner) врач о́бщей пра́ктики; райо́нный врач, терапе́вт.

**GPO** *n.* (*abbr.*, General Post Office) главпочта́мт.

**grab** *n.* **1.** (*snatch*): he made a ~ for the money он попыта́лся схвати́ть де́ньги; **2.** (*mechanical device*) экскава́тор; черпа́к.

*v.t. & i.* схва́т|ывать, -и́ть; he ~bed me by the lapels он схвати́л меня́ за ла́цканы.

**grace** *n.* **1.** (*elegance*) гра́ция; airs and ~s (*iron.*) жема́нство; (*quality*): his speech had the saving ~ of brevity его́ речь отлича́лась спаси́тельной кра́ткостью; **2.** (*favour*) благосклóнность; act of ~ поми́лование; by the ~ of God бо́жьей ми́лостью; there, but for the ~ of God, go I то́лько ми́лость госпо́дня уберегла́ меня́ от тако́й же судьбы́; I am not in his good ~s я у него́ в неми́лости; (*dispensation*) отсро́чка; the law allows 3 days' ~ зако́н даёт 3 дня отсро́чки (*or* льго́тных дня); he fell from ~ он сошёл с пути́ и́стинного; (*fell into disgrace*) он впал в неми́лость; in the year of ~ 1900 в ле́то госпо́дне 1900; (*sense of the seemly*): he had the ~ to apologize он был насто́лько такти́чен, что извини́лся; (*easy or pleasant manner*): he could lose the game with a good ~ он уме́л прои́грывать с досто́инством; with an ill (*or* a bad) ~ нелюбе́зно; (*prayer before meal*) моли́тва; say ~ моли́ться (*impf.*) пе́ред едо́й; **3.** (*myth.*): the three G~s три гра́ции; **4.** (*courtesy title*): his G~ его́ све́тлость/сия́тельство; (*eccl.*) его́ преосвяще́нство.

*v.t.* удост|а́ивать, -о́ить; награ|жда́ть, -ди́ть; he ~d the meeting with his presence он удосто́ил собра́ние свои́м прису́тствием; she is ~d with good looks она́ наделена́ прия́тной вне́шностью.

*cpd.*: ~-**note** *n.* (*mus.*) фиориту́ра.

**graceful** *adj.* грацио́зный; изя́щный.

**gracefulness** *n.* грацио́зность; изя́щество.

**graceless** *adj.* (*rude*) нетакти́чный; бессты́дный; (*inelegant*) неуклю́жий.

**gracious** *adj.* ми́лостивый; любе́зный; ~ living краси́вая жизнь.

*int.* good(ness) ~ (me)! ба́тюшки!; Бо́же мой!

**graciousness** *n.* ми́лость; любе́зность.

**gradation** *n.* града́ция.

**grade** *n.* **1.** (*assessed category*) сте́пень; (*of quality*) сорт; low-~ oil нефть ни́зкого ка́чества; (*of rank*) сте́пень; класс; (*Am., class in school*) класс; ~ school нача́льная шко́ла, **2.** (*Am., school rating*) отме́тка; оце́нка; (*fig., coll.*): he will scarcely make the ~ он едва́ ли с э́тим спра́вится; **3.** (*Am.*): ~ crossing пересече́ние железнодоро́жного пути́ с шоссе́ (*и т.п.*) на одно́м у́ровне; **4.** (*fig., coll.*): on the down ~ на

спа́де.

*v.t.* **1.** (*classify*) сортирова́ть, рас-; **2.** (*reduce slope of*) профили́ровать (*impf.*); **3.** (*cattle etc.*) улучша́ть (*impf.*) поро́ду путём скре́щивания.

**grader** *n.* (*road-building*) гре́йдер.

**gradient** *n.* **1.** (*ratio of slope*) градие́нт; (*up/down*) градие́нт подъёма/укло́на; a ~ of 1 in 5 укло́н оди́н к пяти́; **2.** (*slope*) подъём; склон.

**gradual** *adj.* постепе́нный.

**graduate**[1] *n.* (*of university, school etc.*) выпускни́|к (*fem.* -ца); he is an Oxford ~ он око́нчил Оксфо́рдский университе́т; ~ student аспира́нт (*fem.* -ка); ~ study аспиранту́ра.

**graduate**[2] *v.t.* **1.** (*mark with degrees*) градуи́ровать, про-; **2.** (*arrange by grade*) распол|ага́ть, -ожи́ть на шкале́; **3.** (*give university degree to*) присуж|да́ть, -ди́ть дипло́м +*d.*; (*coll.*) выпуска́ть, вы́пустить.

*v.i.* (*from university*) ок|а́нчивать, -о́нчить университе́т/вуз; (*coll.*) получи́ть (*pf.*) дипло́м.

**graduation** *n.* **1.** (*marking with degrees*) градуиро́вка; **2.** (*pl., degrees so marked*) деле́ния (*nt. pl.*); **3.** (*arrangement in grades*) расположе́ние на шкале́; **4.** (*conferring degree*) присужде́ние дипло́ма (в ву́зе); присужде́ние сте́пени; (*Am., school*) вы́дача аттеста́та зре́лости; **5.** (*receiving degree*) получе́ние дипло́ма/сте́пени; (*Am.*) оконча́ние шко́лы.

**graffiti** *n.* на́дписи (*f. pl.*) (на сте́нах/забо́рах).

**graft**[1] *n.* (*scion*) черено́к; (*tissue*) переса́женная ткань; (*process applied to trees*) приви́вка; (*surgery*) опера́ция переса́дки.

*v.t.* (*surg.*) переса́|живать, -ди́ть; (*hort., also fig.*) прив|ива́ть, -и́ть.

**graft**[2] *n.* (*coll., bribery etc.*) взя́точничество; блат.

**grafter** *n.* (*coll.*) жу́лик.

**grail** *n.*: the Holy G~ свято́й граа́ль.

**grain** *n.* **1.** (*collect., seed of cereal plants*) зерно́; хле́бные зла́ки (*m. pl.*); (*single seed*) зерно́, зёрнышко, крупи́нка; **2.** (*small particle*) зёрнышко; крупи́нка; ~ of sand песчи́нка; you must take his words with a ~ of salt его́ слова́ сле́дует принима́ть с огово́ркой; this affords me some ~s of comfort э́то даёт мне хоть како́е-то утеше́ние; there is not a ~ of truth in it в э́том нет ни крупи́цы/гра́на/ка́пли пра́вды; **3.** (*weight*) гран; **4.** (*texture*) волокно́; узело́к; **5.** (*of wood*) тексту́ра; it goes against the ~ with me (*fig.*) э́то мне не по душе́/нутру́.

*v.t.* (*leather*) зерни́ть (*impf.*), шагрени́ровать (*impf.*); (*wood*) придава́ть тексту́ру +*d.*

**gram** see GRAM(ME).

**grammar** *n.* грамма́тика; this sentence is bad ~ э́то негра́мотная фра́за.

*cpds.*: ~-**book** *n.* уче́бник грамма́тики;

**~-school** *n.* сре́дняя шко́ла с гуманита́рным укло́ном.

**grammarian** *n.* граммати́ст.

**grammatical** *adj.* граммати́ческий; а ~ sentence гра́мотное (*or* пра́вильно соста́вленное) предложе́ние.

**gram(me)** *n.* грамм.

**gramophone** *n.* патефо́н; (*with horn*) граммофо́н; ~ record грампласти́нка.

**grampus** *n.* дельфи́н-каса́тка.

**gran** *see* GRANNY.

**granary** *n.* амба́р; зернохрани́лище.

**grand** *n.* (*piano*) роя́ль (*m.*); (*Am. sl., 1000 dollars*) ты́сяча до́лларов.
  *adj.* **1.** (*title*) вели́кий; ~ duke вели́кий князь (*m.*); ~ master (*chess*) гроссме́йстер; **2.** (*great, important*) вели́кий; грандио́зный; the G~ Canal (*Venice*) Большо́й кана́л; ~ opera больша́я о́пера; ~ piano роя́ль (*m.*); **3.** (*elevated, imposing*) вели́чественный; the ~ style высо́кий стиль; а ~ air ва́жный вид; **4.** (*all-embracing*): ~ finale торже́ственный фина́л; ~ total о́бщая су́мма; **5.** (*coll., very fine*) восхити́тельный; великоле́пный; роско́шный; we had a ~ time мы потряса́юще провели́ вре́мя.
  *cpds.*: ~**child** *n.* внук; вну́чка; ~**dad** *n.* (*coll.*) де́душка (*m.*); ~**daughter** *n.* вну́чка; ~**father** *n.* де́душка (*m.*); ~father clock высо́кие напо́льные часы́; ~**(mam)ma** *n.* (*coll.*) ба́бушка; ~**mother** *n.* ба́бушка; teach one's ~ mother to suck eggs ≃ я́йца ку́рицу не у́чат; ~**(pa)pa** *n.* (*coll.*) де́душка (*m.*); ~**parent** *n.* де́душка; ба́бушка; ~**son** *n.* внук; ~**stand** *n.* трибу́на. *For kinship terms see also cpds. of* GREAT.

**grandee** *n.* гранд.

**grandeur** *n.* вели́чие; великоле́пие.

**grandiloquence** *n.* высокопа́рность.

**grandiloquent** *adj.* высокопа́рный.

**grandiose** *adj.* грандио́зный.

**grange** *n.* (*farmstead*) уса́дьба.

**granite** *n.* грани́т.
  *adj.* грани́тный.

**granny** *n.* (*coll.*) ба́бушка; ~ knot «ба́бий» у́зел.

**grant** *n.* (*conferment*) присвое́ние; дарова́ние; (*sum etc. conferred*) дота́ция; субси́дия; (*to student*) стипе́ндия.
  *v.t.* **1.** (*bestow*) дарова́ть (*impf., pf.*); жа́ловать, по-; I ~ my consent я даю́ согла́сие; ~ me this favour! сде́лайте мне э́то одолже́ние!; **2.** (*concede*) призн|ава́ть, -а́ть; I ~ you that в э́том вы пра́вы; ~ed, he has done all he could согла́сен, он сде́лал всё, что мог; **3.**: he takes my help for ~ed он принима́ет мою́ по́мощь как до́лжное.

**granular** *adj.* гранули́рованный.

**granulate** *v.t. & i.* дроби́ть, раз-; ~d sugar са́харный песо́к.

**granule** *n.* зерно́.

**grape** *n.*: a ~ виногра́дина; the ~, ~s виногра́д; bunch of ~s гроздь виногра́да; sour ~s (*fig.*) зе́лен виногра́д.
  *cpds.*: ~**fruit** *n.* гре́йпфрут; ~**-shot** *n.* кру́пная карте́чь; ~**-vine** *n.* виногра́дная лоза́; (*fig.*): I heard on the ~-vine that ... молва́ донесла́ до меня́, что ... .

**graph** *n.* гра́фик. *cpd.*: ~**-paper** *n.* бума́га в кле́тку; миллиметро́вая бума́га.

**graphic** *adj.* **1.** (*pertaining to drawing etc.*) изобрази́тельный; the ~ arts изобрази́тельные иску́сства; гра́фика; **2.** (*vivid*) кра́сочный; нагля́дный; the papers give a ~ account of the events газе́ты даю́т я́ркое описа́ние собы́тий; **3.** (*using diagrams*) графи́ческий.

**graphite** *n.* графи́т.
  *adj.* графи́товый.

**graphologist** *n.* графо́лог.

**graphology** *n.* графоло́гия.

**graphomania** *n.* графома́ния.

**grapnel** *n.* (*anchor*) шлю́почный я́корь; (*for boarding*) аборда́жный крюк.

**grappl|e** *v.t.* схва́т|ывать, -и́ть.
  *v.i.* схва́т|ываться, -и́ться; ~e with the enemy схвати́ться с враго́м; ~e with a problem бра́ться, взя́ться за пробле́му; ~ing-iron крюк.

**grasp** *n.* **1.** (*grip*) хва́тка; he took my hand in a firm ~ он кре́пко пожа́л/сжал мне ру́ку; (*fig.*): victory is within our ~ побе́да уже́ близка́; **2.** (*comprehension*) понима́ние; he has a good ~ of the subject он хорошо́ в э́том разбира́ется; it is beyond my ~ э́то вы́ше моего́ понима́ния.
  *v.t.* (*seize*) схва́т|ывать, -и́ть; ~ the nettle (*fig.*) взять (*pf.*) быка́ за рога́; (*embrace*) обхва́т|ывать, -и́ть; (*comprehend*) схва́т|ывать, -и́ть смысл +*g.*
  *v.i.*: ~ at, for (*lit., fig.*) ухвати́ться (*pf.*) за +*a.*; а ~ing person стяжа́тель (*fem.* -ница).

**grass** *n.* **1.** трава́; blade of ~ трави́нка; he lets the ~ grow under his feet он сиди́т сложа́ ру́ки; the land was laid to ~ земля́ была́ отведена́/пу́щена под луг; (*gramineous species*) злак; (*pasture*) па́стбище; the horse was put (out) to ~ ло́шадь вы́гнали на подно́жный корм; ~ widow соло́менная вдова́; **2.** (*lawn*) газо́н; keep off the ~ (*notice*) по траве́ не ходи́ть; **3.** (*sl., marijuana*) марихуа́на, «тра́вка»; **4.** (*sl., police informer*) стука́ч.
  *v.t.* зас|ева́ть, -е́ять траво́й; об|кла́дывать, -ложи́ть дёрном; the ground has been ~ed over уча́сток засе́ян траво́й.
  *v.i.* (*sl., inform*) стуча́ть, на-.
  *cpds.*: ~**hopper** *n.* кузне́чик; ~**land** *n.* луг; ~**-roots** *adj.* (*coll.*) низово́й, из низо́в; ~-roots opinion is against the plan рядовы́е гра́ждане настро́ены про́тив э́того пла́на; ~**-seed** *n.* семена́ (*nt. pl.*) трав; ~**-snake** *n.* уж.

**grassy** adj. травяно́й; травяни́стый.

**grate**[1] n. (fireplace) ками́нная решётка; ками́н.

**grate**[2] v.t. тере́ть (impf.); ~d cheese тёртый сыр; ~ one's teeth скрежета́ть (impf.) зуба́ми.
    v.i. **1.** (rub) тере́ться (impf.); ~ on (fig.) раздража́ть (impf.); нерви́ровать (impf.); it ~s on my ear э́то мне ре́жет слух; **2.** (make harsh sound) скр|ипе́ть, -и́пнуть.

**grateful** adj. (thankful) благода́рный; (agreeable) прия́тный.

**gratefulness** n. благода́рность.

**grater** n. тёрка.

**gratification** n. удовлетворе́ние.

**gratify** v.t. **1.** (give pleasure to) дост|авля́ть, -а́вить удово́льствие +d.; ублаж|а́ть, -и́ть; the results were most ~ing результа́ты бы́ли са́мыми обнадёживающими; **2.** (indulge) удовлетвор|я́ть, -и́ть.

**grating** n. решётка.

**gratis** adj. беспла́тный.
    adv. беспла́тно.

**gratitude** n. благода́рность.

**gratuitous** adj. **1.** (free) даровой; безвозме́здный; ~ advice беспла́тный (coll.) сове́т; **2.** (unwarranted) беспричи́нный; a ~ insult незаслу́женное оскорбле́ние.

**gratuity** n. (bounty on retirement etc.) посо́бие; пре́мия; (tip) чаевы́|е (pl., g. -х).

**gravamen** n. (grievance) жа́лоба; (of accusation) суть, основно́й пункт.

**grave**[1] n. моги́ла; an old man with one foot in the ~ стари́к, стоя́щий одно́й ного́й в моги́ле; he would turn in his ~ if he heard you е́сли бы он вас услы́шал, он переверну́лся бы в гробу́; someone is walking over my ~ меня́ ни с того́ ни с сего́ дрожь пробира́ет; (death) смерть; he went to his ~ он сошёл в моги́лу; life beyond the ~ загро́бная жизнь; the ~ of all his hopes круше́ние всех его́ наде́жд.
    cpds.: ~-**clothes** n. са́ван; ~-**digger** n. моги́льщик; ~**side** n.: at the ~ на краю́ моги́лы; ~-**stone** n. надгро́бный ка́мень; ~**yard** n. кла́дбище.

**grave**[2] adj. (of pers.) серьёзный; (of events) серьёзный, тяжёлый; ~ news трево́жные ве́сти; a ~ crime тя́жкое преступле́ние.

**grave**[3] adj. (gram.): ~ accent тупо́е ударе́ние.

**grave**[4] v.t. высека́ть, вы́сечь; гравирова́ть (impf.); her face is ~d on my memory её лицо́ запечатле́лось в мое́й па́мяти; ~n image и́дол, куми́р.

**gravel** n. гра́вий; a ~ path доро́жка, посы́панная гра́вием; (geol.) золотоно́сный песо́к; (med.) мочево́й песо́к; ка́мни (m. pl.) (в мочево́м пузыре́).
    v.t. (strew with ~) пос|ыпа́ть, -ы́пать гра́вием; (coll., perplex) прив|оди́ть, -ести́ в замеша́тельство.

**gravelly** adj. грави́йный; (fig., of the voice)

скрипу́чий.

**graver** n. (pers.) ре́зчик, гравёр; (tool) резе́ц.

**gravitate** v.i. прит|я́гиваться, -яну́ться; (fig.) тяготе́ть (impf.) (к чему́).

**gravitation** n. (sinking) опуска́ние; (phys. force) притяже́ние, тяготе́ние; (fig.) тяготе́ние.

**gravitational** adj. гравитацио́нный.

**gravity** n. **1.** (force) си́ла притяже́ния; **2.** (weight) тя́жесть; centre of ~ центр тя́жести; law of ~ зако́н всеми́рного тяготе́ния; specific ~ уде́льный вес; **3.** (seriousness) серьёзность; опа́сность; тя́жесть; **4.** (solemnity) торже́ственность.

**gravy** n. подли́вка.
    cpd.: ~-**boat** со́усник.

**gray** see GREY.

**graze**[1] n. (abrasion) цара́пина; сса́дина.
    v.t. зад|ева́ть, -е́ть; сса́|живать, -ди́ть; the bullet ~d his cheek пу́ля оцара́пала ему́ щёку; he fell and ~d his knee он упа́л и ссади́л коле́но.
    v.i.: the bullet ~d past him пу́ля пролете́ла ми́мо, почти́ не заде́в его́.

**graze**[2] v.t. пасти́; ~ sheep пасти́ ове́ц; ~ (feed in) a field пасти́сь на по́ле/лугу́.
    v.i.: he has 40 sheep out to ~ у него́ (в ста́де/ота́ре) пасётся 40 ове́ц.

**grazier** n. скотово́д.

**grazing** n. па́стбище; ~ land вы́пас.

**grease** n. (fat) жир; (lubricant) сма́зка, таво́т.
    v.t. сма́з|ывать, -ать; (fig.): ~ s.o.'s palm (with a bribe) «подма́зать» кого́-н.; he ran off like ~d lightning он помча́лся пу́лей.
    cpds.: ~-**gun** n. шприц для сма́зки; таво́т-пресс; ~-**paint** n. грим; ~**proof** adj. жиронепроница́емый; ~-**spot** n. то́чка сма́зки.

**greasy** adj. жи́рный; (of a road) ско́льзкий; (fig., unctuous) еле́йный.

**great** adj. **1.** большо́й, вели́кий; (famous) знамени́тый; a ~ nuisance большо́е неудо́бство; they are ~ friends они́ больши́е друзья́; a ~ (big) boy ро́слый ма́льчик; a ~ scoundrel большо́й негодя́й; a girl of ~ promise де́вушка, подаю́щая больши́е наде́жды; a ~ many people ма́сса наро́ду; a ~ deal of courage незауря́дная хра́брость; I've a ~ mind to . . . мне бы о́чень хоте́лось . . .; a ~ while ago давны́м-давно́; he lived to a ~ age он до́жил до глубо́кой ста́рости; the ~ majority значи́тельное/подавля́ющее большинство́; take ~ care! бу́дьте о́чень/преде́льно осторо́жны!; he shows ~ ignorance он проявля́ет по́лное неве́жество (в чём); **2.** (enthusiastic, assiduous): a ~ reader стра́стный чита́тель; a ~ walker завзя́тый ходо́к; **3.** (coll., splendid, marvellous) замеча́тельный; we had a ~ time мы замеча́тельно провели́ вре́мя; he thinks he's the ~est (Am. sl.) он мно́го о себе́ вообража́ет; he is ~ at repairing a car он великоле́пно чи́нит/ремонти́рует маши́ну; **4.** (*eminent, distinguished*) вели́кий; Alexander the G~ Алекса́ндр Македо́нский/Вели́кий; ~ minds think alike вели́кие умы́ схо́дятся; the G~ Powers вели́кие держа́вы; Peter the G~ Пётр Пе́рвый/Вели́кий; a ~ occasion торже́ственное собы́тие; **5.** (*var.*): the G~ Bear Больша́я Медве́дица; G~ Britain Великобрита́ния; ~ circle большо́й круг; ~ circle sailing пла́вание по ортодро́мии.

cpds.: ~**-aunt** *n.* двою́родная ба́бушка; ~ **coat** *n.* пальто́ (*indecl.*); ~**-granddaughter** *n.* пра́внучка; ~**-grandfather** *n.* пра́дед; ~**-grandmother** *n.* прабабушка; ~**-grandson** *n.* пра́внук; ~**-hearted** *adj.* великоду́шный; ~**-nephew** *n.* внуча́тый племя́нник; ~**-niece** *n.* внуча́тая племя́нница; ~**-uncle** *n.* двою́родный дед.

**greatly** *adv.* о́чень, си́льно, значи́тельно; I was ~ amused меня́ э́то си́льно позаба́вило; ~ esteemed глубокоуважа́емый; ~ daring, I replied . . . набра́вшись ду́ху, я отве́тил . . .

**greatness** *n.* вели́чие.

**greaves** *n.* (*armour*) наголе́нники (*m. pl.*).

**grebe** *n.* пога́нка (*птица*).

**Grecian** *adj.* гре́ческий.

**greed, -iness** *nn.* жа́дность; а́лчность; (*for food*) прожо́рливость.

**greedy** *adj.* (*for money etc.*) жа́дный; а́лчный; (*for honour etc.*) жа́ждущий +*g.*; а́лчущий +*g.*; (*for food*) прожо́рливый.

cpd.: ~**-guts** *n.* (*sl.*) жа́дина (*c.g.*).

**Greek** *n.* **1.** (*pers.*) гре|к (*fem.* -ча́нка); **2.** (*language*) гре́ческий язы́к; Ancient ~ древнегре́ческий язы́к; Modern ~ новогре́ческий язы́к; it's ~ to me э́то для меня́ кита́йская гра́мота.

*adj.* гре́ческий.

**green** *n.* **1.** (*colour*) зелёный цвет; зелёное; dressed in ~ оде́тый в зелёное; **2.** (*pl., vegetables*) зе́лень; spring ~s ра́нние о́вощи (*m. pl*); (*cut foliage*) ли́стья (*pl.*); **3.** (*grassy area*) лужа́йка; (*on golf course*) площа́дка вокру́г лу́нки.

*adj.* зелёный; a ~ belt round the city зелёный по́яс (вокру́г) го́рода; he got the ~ light and went ahead (*fig.*) получи́в «зелёную у́лицу», он на́чал де́йствовать; she has ~ fingers она́ уме́лый садово́д; ~ with envy зелёный от за́висти; (*unripe*) незре́лый; ~ wood невы́держанная/«зелёная» древеси́на; (*fig., inexperienced, gullible*) «зелёный»; (*lively, flourishing*): the events are still ~ in my memory собы́тия всё ещё све́жи в мое́й па́мяти; he lived to a ~ old age он до́жил до прекло́нного во́зраста, но был ещё по́лон сил.

cpds.: ~**back** *n.* (*Am.*) банкно́та; ~**-eyed** *adj.* зеленогла́зый; (*fig.*) ревни́вый; the ~-eyed monster ре́вность; ~**finch** *n.* зелену́шка; ~**fly** *n.* тля; ~**gage** *n.* ренкло́д; ~**grocer** *n.*

зеленщи́к; ~**grocery** *n.* зеленна́я ла́вка; ~**horn** *n.* новичо́к; ~**house** *n.* тепли́ца; ~**-room** *n.* актёрская убо́рная; ~**-stuff** *n.* о́вощ|и (*pl., g.* -е́й); ~**sward** *n.* (*arch.*) газо́н.

**greenery** *n.* зе́лень.

**greenish** *adj.* зеленова́тый.

**Greenland** *n.* Гренла́ндия.

*adj.* гренла́ндский.

**greenness** *n.* зе́лень; (*fig.*) нео́пытность.

**Greenwich (mean) time** *n.* вре́мя по Гри́нвичу.

**greet** *v.t.* (*socially*) здоро́ваться, по- с +*i.*; кла́няться, рас- с +*i.*; (*welcome*) приве́тствовать (*impf.*); (*e.g. the dawn*) встр|еча́ть, -е́тить; the soldiers were ~ed by abuse солда́т встре́тили оскорбле́ниями; a fine view ~ed us at the summit с верши́ны нам откры́лся прекра́сный вид.

**greeting** *n.* (*on meeting*) приве́тствие; ~s (*in a letter*) приве́т; ~s! приве́т!; приве́тствую!; (*on a special occasion*): birthday ~s поздравле́ние с днём рожде́ния; ~ card поздрави́тельная ка́рточка.

**gregarious** *adj.* ста́дный; (*fig., also*) общи́тельный.

**gregariousness** *n.* ста́дность; общи́тельность.

**Gregorian** *adj.* григориа́нский.

**Gregory** *n.* Григо́рий.

**gremlin** *n.* (*coll.*) злой дух.

**grenade** *n.* грана́та.

**grenadier** *n.* гренаде́р.

**grey, gray** *n.* се́рый цвет; се́рое; dressed in ~ оде́тый в се́рое.

*adj.* се́рый; ~ area (*fig.*) о́бласть неопределённости; ~ eminence «се́рый кардина́л»; ~ matter (*fig.*) «се́рое вещество́»; ум; «мозги́» (*m. pl.*); he has gone quite ~ он си́льно поседе́л; his face turned ~ он побледне́л.

cpds.: ~**beard** *n.* стари́к; ~**-haired**, ~**-headed** *adj.* седо́й, седовла́сый; ~**hound** *n.* борза́я.

**greyish** *adj.* серова́тый.

**greyness** *n.* се́рость; (*of hair*) седина́.

**grid** *n.* **1.** (*grating*) решётка; luggage ~ бага́жный стелла́ж; бага́жная се́тка; **2.** (*gridiron*) ра́шпер; **3.** (*map reference squares*) координа́тная се́тка; ~ reference координа́ты (*f. pl.*); **4.** (*elec.*) сеть электропереда́ч; **5.** (*power supply system*) энергосисте́ма.

cpd.: ~**iron** *n.* ра́шпер; (*Am. coll.*) футбо́льное по́ле.

**griddle** *n.* сковоро́дка.

cpd.: ~ **cake** *n.* лепёшка; блин.

**grief** *n.* (*sorrow*) го́ре, печа́ль, скорбь; (*cause of sorrow*) огорче́ние; (*disaster*): he will come to ~ он пло́хо ко́нчит.

**grievance** *n.* прете́нзия; недово́льство; he likes airing his ~s он лю́бит излива́ть своё недово́льство.

**grieve** *v.t.* огорч|а́ть, -и́ть; печа́лить, о-; I am

~d to hear of it мне бо́льно э́то слы́шать.

*v.i.* печа́литься, о-; горева́ть (*impf.*); she ~d for her husband она́ горева́ла о му́же.

**grievous** *adj.* го́рестный; печа́льный; ~ harm тяжёлый уще́рб; ~ pain мучи́тельная боль.

**griffin, griffon, gryphon** *n.* грифо́н.

**grill**[1] *n.* (*gridiron*) ра́шпер; (*dish*) жа́реное мя́со; mixed ~ ассорти́ (*nt. indecl.*) из жа́реного мя́са.

*v.t.* (*cook*) жа́рить, под-; (*coll., interrogate*) учин|я́ть, -и́ть допро́с +*d*.

*v.i.* (*of food*) жа́риться, под-; we lay ~ing in the sun мы жа́рились на со́лнце.

*cpd.*: ~-**room** *n.* рестора́н, столо́вая.

**grill**[2], **-e** *n.* решётка.

**grim** *adj.* суро́вый, мра́чный, гро́зный; he held on like ~ death он вцепи́лся мёртвой хва́ткой; the prospect is ~ перспекти́вы мра́чные/безра́достные.

**grimace** *n.* грима́са.

*v.i.* грима́сничать (*impf.*).

**grime** *n.* са́жа; грязь.

**grimy** *adj.* чума́зый; гря́зный.

**grin** *n.* усме́шка; оска́л.

*v.i.* усмех|а́ться, -ну́ться; ухмыл|я́ться, -ьну́ться; ска́лить (*impf.*) зу́бы; you must ~ and bear it вы должны́ му́жественно перенести́ э́то.

**grind** *n.* (*coll.*) изнури́тельный труд; рабо́та на изно́с; this work is a fearful ~ э́та рабо́та до у́жаса изнуря́ет.

*v.t.* **1.** (*crush*) моло́ть, с-; ~ corn моло́ть, пере- зерно́; ground almonds минда́льная кро́шка; мо́лотый минда́ль; ground rice рис-се́чка; дроблёный рис; (*fig.*) угнета́ть (*impf.*); he got rich by ~ing the faces of the poor он разбогате́л, эксплуати́руя бе́дных; **2.** (*wear down*) изн|а́шивать, -оси́ть; ground glass ма́товое стекло́; the valves need ~ing in кла́паны нужда́ются в прити́рке; (*sharpen*) точи́ть, на-; I have no axe to ~ (*fig.*) у меня́ нет своекоры́стных це́лей; (*make smooth*) шлифова́ть, от-; **3.** ~ one's teeth скрежета́ть/скрипе́ть (*impf.*) зуба́ми; **4.** ~ one's heel into the earth вда́в|ливать, -и́ть каблу́к в зе́млю; **5.** (*on barrel-organ*): ~ out a tune крути́ть шарма́нку.

*v.i.* **1.** (*abs.*): the mills of God ~ slowly ≈ Бог пра́вду ви́дит, да не ско́ро ска́жет; **2.** (*respond to* ~ing) ста́чиваться, сточи́ться; **3.** (*rub, grate*) раст|ира́ть, -ере́ть; **4.** (*coll., work hard*) изм|а́тываться, -ота́ться; ~ away at one's studies грызть (*impf.*) грани́т нау́ки; **5.** ~ to a halt остан|а́вливаться, -ови́ться (с ля́згом); застопо́риться (*pf.*).

*cpds.*: ~**stone** *n.* точи́ло; he kept his nose to the ~stone он труди́лся без о́тдыха; он не дава́л себе́ переды́шки.

**grinder** *n.* **1.** (*for crushing*) дроби́лка; (coffee-~) кофемо́лка, кофе́йная ме́льница; **2.** (*for*

*abrasive work*) точи́льный ка́мень; шлифова́льный стано́к; **3.** (*tooth*) коренно́й зуб.

**grip** *n.* **1.** (*grasp*) схва́тывание; (*fig.*) понима́ние; he has a powerful ~ у него́ кре́пкая хва́тка; he was in the ~ of an illness боле́знь кре́пко держа́ла его́; come to ~s with a problem вплотну́ю заня́ться (*pf.*) пробле́мой; take a ~ of yourself! возьми́те себя́ в ру́ки!; he got a ~ of the facts он разобра́лся в фа́ктах; he is losing his ~ хва́тка у него́ уже́ не та; **2.** (*handle; part held*) руко́ятка; ру́чка; **3.** (*travelling-bag*) саквоя́ж.

*v.t.* (*hold tightly*) схва́т|ывать, -и́ть; (*of a disease*) не отпуска́ть, кре́пко держа́ть (*both impf.*); (*hold the attention of*) захва́т|ывать, -и́ть; a ~ping story захва́тывающий расска́з.

*v.i.* схва́т|ываться, -и́ться; the brakes failed to ~ тормоза́ отказа́ли.

**gripe** (*coll.*) *n.* **1.** (*pl., colic pains*) ко́лик|и (*pl., g. —*); **2.** (*grumble, complaint*) ворча́ние.

*v.i.* (*complain*) ворча́ть (*impf.*).

*cpd.*: ~-**water** *n.* укро́пная вода́.

**grisaille** *n.* гриза́ль.

**grisly** *adj.* ужаса́ющий.

**grist** *n.* помо́л; зерно́ для помо́ла; (*fig.*): it will bring ~ to the mill э́то принесёт дохо́д; all is ~ to his mill он из всего́ извлека́ет вы́году.

**gristle** *n.* хрящ.

**gristly** *adj.* хрящево́й; с хряща́ми.

**grit** *n.* **1.** (*small bits of stone*) гра́вий; песо́к; I've a piece of ~ in my eye мне в глаз попа́ла сори́нка; **2.** (*coll., courage and endurance*) вы́держка; му́жество; **3.** (*pl., coarse meal*) овся́нка.

*v.t.* **1.** (*spread* ~ *on*): the streets were ~ted at the first sign of frost при пе́рвых при́знаках моро́за у́лицы посы́пали песко́м; **2.**: ~ one's teeth скрипе́ть (*impf.*) зуба́ми; (*fig.*) сти́снуть (*pf.*) зу́бы.

**gritty** *adj.* песча́ный; (*fig., of style*) шерохова́тый.

**grizzle** *v.i.* (*coll., fret*) капри́зничать (*impf.*); хны́кать (*impf.*).

**grizzled** *adj.* седо́й.

**grizzly** *n.* (~-bear) гимала́йский медве́дь, гри́зли (*m. indecl.*).

**groan** *n.* стон.

*v.i.* стона́ть, за-; he was ~ing for help он взыва́л о по́мощи.

**groats** *n.* крупа́.

**grocer** *n.* бакале́йщик.

**grocery** *n.* (*trade*) бакале́йное де́ло; (*shop*) бакале́йная ла́вка; магази́н бакале́йных това́ров; (*pl., goods*) бакале́я.

**grog** *n.* грог; пунш.

**groggy** *adj.* нетвёрдый на нога́х.

**grogram** *n.* фай.

**groin** *n.* (*anat.*) пах; (*archit.*) кресто́вый свод.

**groom** *n.* (*for horses*) ко́нюх; (*bride* ~) жени́х.

*v.t.* **1.** ~ a horse ходи́ть (*impf.*) за ло́шадью;

**2.** well- ~ed (*of pers.*) хорошо́ причёсанный и
оде́тый; (*coll.*) ухо́женный; **3.** (*prepare,
coach*) гото́вить, при-; he is being ~ed for
President его́ про́чат в президе́нты.
*cpd.*: ~**sman** *n.* ша́фер.

**groove** *n.* желобо́к; (*fig.*) рути́на; my life runs on
in the same ~ моя́ жизнь идёт тем же
чередо́м; it is easy to get into a ~ войти́ в
привы́чную коле́ю легко́.
*v.t.* прор|еза́ть, -е́зать кана́вки в +*p.*

**groovy** *adj.* (*sl., smart, in the fashion*) шика́рный;
клёвый.

**grope** *v.t. & i.* идти́ (*det.*) о́щупью; ощу́п|ывать,
-ать; he ~d his way toward the door он
о́щупью добра́лся до две́ри; (*fig.*): ~ after
truth до́искиваться (*impf.*) пра́вды.

**grosgrain** *n.* ткань в уто́чный ру́бчик.

**gross** *n.* (*number*) гросс.
*adj.* **1.** (*coarse; flagrant*) гру́бый; вульга́рный;
**2.** (*luxuriant*) бу́йный, пы́шный; **3.** (*obese*)
ту́чный; **4.** (*opp.* net) валово́й; ~ weight вес
бру́тто; in the ~ (*wholesale*) о́птом, гурто́м.
*v.t.* (*coll., make a ~ profit*): we ~ed £1,000 мы
получи́ли о́бщую при́быль в 1000 фу́нтов.

**grossness** *n.* гру́бость; вульга́рность; (*luxuriance*) пы́шность; (*obesity*) ту́чность.

**grotesque** *n.* (*person, figure etc.*) гроте́ск.
*adj.* гроте́сковый; гроте́скный.

**grotesquerie** *n.* гроте́скные предме́ты (*m. pl.*),
гроте́скность.

**grotto** *n.* грот.

**grouch** (*coll.*) прете́нзия; he has a ~ against
me он на меня́ в оби́де; (*grumbler*) ворчу́н;
брюзга́ (*c.g.*).

**grouchy** *adj.* (*coll.*) ворчли́вый; брюзгли́вый.

**ground** *n.* **1.** (*surface of earth*) земля́; грунт; the
building has 6 storeys above ~ в зда́нии шесть
(надзе́мных) этаже́й; he is still above ~
(*alive*) он ещё жив; don't wait until I'm under
the ~ не жди́те мое́й сме́рти; the tree fell to
the ~ де́рево упа́ло на зе́млю; he cut the ~
from under my feet он вы́бил у меня́ по́чву
из-под ног; his plan fell to the ~ его́ план
ру́хнул; the plane was a long while getting off
the ~ самолёт де́лал большо́й разбе́г пе́ред
взлётом; the plan will never get off the ~
прое́кт так и оста́нется на бума́ге; he has both
feet on the ~ (*fig.*) он про́чно стои́т на нога́х;
thin on the ~ (*coll., sparse*) ≃ раз, два и
обчёлся; it suits me down to the ~ э́то меня́
вполне́ устра́ивает; from the ~ up сни́зу
до́верху; ~ crew назе́мная кома́нда; ~ control назе́мное управле́ние; ~ floor пе́рвый
эта́ж; he got in on the ~ floor (*fig.*) с са́мого
нача́ла он был на равны́х; ~ forces сухо-
пу́тные войска́; ~ speed (*av.*) путева́я
ско́рость; ~ staff нелётный соста́в; ~ swell
мёртвая зыбь, до́нные во́лны (*f. pl.*); **2.** (*soil,
also fig.*) по́чва; ~ frost за́морозк|и (*pl., g.*
-ов); подмёрзшая земля́; his words fell on

stony ~ его́ слова́ бы́ли гла́сом вопию́щего в
пусты́не; this theory breaks fresh ~ э́та
тео́рия прокла́дывает но́вые пути́; you are
(*treading*) on dangerous ~ вы вступи́ли на
ско́льзкую по́чву; **3.** (*position*) положе́ние;
our forces gained ~ на́ши ча́сти продвига́лись
вперёд; this opinion is gaining ~ э́та то́чка
зре́ния набира́ет си́лу; he had to give ~ он
до́лжен был уступи́ть; he stood his ~ like a
man он держа́лся как мужчи́на; they held
their ~ well они́ сто́йко держа́лись; he has
shifted his ~ so many times он сто́лько раз
меня́л свою́ пози́цию; I prefer to meet him on
my own ~ я предпочита́ю встреча́ться с ним
на свое́й террито́рии; there is much common
~ between us у нас мно́го о́бщего; **4.** (*area,
distance*) расстоя́ние; the car certainly covers
the ~ маши́на идёт совсе́м непло́хо; we
covered a lot of ~ (*distance*) мы покры́ли
большо́е расстоя́ние; (*fig., work*) мы заме́тно
продви́нулись вперёд; **5.** (*defined area of activity*) площа́дка; fishing ~s места́, отведённые
для ры́бной ло́вли; football ~ футбо́льная
площа́дка; parade ~ плац; sports ~
спорти́вная площа́дка; home ~ своё по́ле; **6.**
(*pl., estate*) сад, парк, зе́мли (*f. pl.*); house and
~s дом и земе́льный уча́сток; **7.** (*pl., dregs*)
гу́ща; coffee ~s кофе́йная гу́ща; **8.** (*reason*)
основа́ние; I have no ~s for complaint у меня́
нет основа́ний жа́ловаться; he has good ~(s)
for saying so у него́ есть все основа́ния так
говори́ть; **9.** (*surface for painting, printing etc.*)
фон; a design on a white ~ рису́нок на бе́лом
фо́не; **10.** ~ (bass) (*mus.*) те́ма.
*v.t.* **1.** (*run aground*) сажа́ть, посади́ть на
мель; **2.** (*prevent from flying*) запре|ща́ть,
-ти́ть полёты +*g.*; отстран|я́ть, -и́ть от
полётов; **3.** (*base*) обосно́в|ывать, -а́ть; his
fears were well ~ed его́ опасе́ния бы́ли
по́лностью обосно́ваны; **4.** (*give basic instruc-
tion to*) подгот|а́вливать, -о́вить; **5.** (*mil.*): ~
arms! броса́й ору́жие!; **6.** (*elec., connect to
earth*) заземл|я́ть, -и́ть.
*v.i.* (*of a vessel*) сади́ться, сесть на мель.
*cpds.*: ~**-bait** *n.* до́нная блесна́; ~**-floor** *adj.*
на пе́рвом этаже́; ~**-hog** *n.* суро́к лесно́й
(америка́нский); ~**nut** *n.* земляно́й оре́х;
~**-plan** *n.* план пе́рвого этажа́ зда́ния; (*fig.*)
о́бщие наме́тки (*f. pl.*); ~**-rent** *n.* земе́льная
ре́нта; ~**-to-air** missile раке́та кла́сса «земля́
— во́здух»; ~**-work** *n.* фунда́мент, осно́вы (*f.
pl.*).

**grounding** *n.* (*basic instruction*) подгото́вка;
осно́вы (*f. pl.*).

**groundless** *adj.* беспричи́нный, беспо́чвенный,
необосно́ванный.

**groundsel** *n.* кресто́вник.

**group** *n.* **1.** (*assemblage*) гру́ппа; коллекти́в; (*for
artistic purposes*) гру́ппа; анса́мбль (*m.*); (*interest* ~, *e.g. at school*) кружо́к; (*political etc. unit*)

группиро́вка; фра́кция; **2.** (*attr.*) группово́й; ~ practice (*med.*) гру́ппа враче́й, веду́щих прие́м в одно́м ме́сте.
*v.t. & i.* группирова́ться, с-.
*cpd.*: ~-**captain** *n.* полко́вник авиа́ции.

**grouping** *n.* (*action*) группирова́ние, классифици́рование; (*group*) группиро́вка.

**grouse**[1] *n.* (*bird*) шотла́ндская куропа́тка.

**grouse**[2] (*coll.*) (*complaint*) жа́лоба; прете́нзия.
*v.i.* ворча́ть (*impf.*).

**grout** *n.* (*mortar*) цеме́нтный раство́р.
*v.t.* зал|ива́ть, -и́ть цеме́нтом.

**grove** *n.* ро́ща.

**grovel** *v.i.* лежа́ть (*impf.*) ниц/распростёршись; (*fig.*) пресмыка́ться (*impf.*) (*перед кем*); па́|дать, -сть в но́ги.

**grow** *v.t.* расти́ть, вы́-; выра́щивать (*impf.*); разводи́ть (*impf.*); cotton is ~n in the South хло́пок выра́щивают на ю́ге; he is ~ing a beard он отра́щивает бо́роду.
*v.i.* **1.** (*of vegetable habitat*) расти́, вы́расти; ivy ~s on walls плющ растёт на сте́нах; strawberries ~ wild in the wood ди́кая земляни́ка растёт в лесу́; money doesn't ~ on trees де́ньги не расту́т на дере́вьях; **2.** (*of vegetable or animal development*): he has ~n tall он о́чень вы́рос/вы́тянулся; he grew (by) 5 inches он вы́рос на пять дю́ймов; he is ~ing out of his clothes он выраста́ет из свое́й оде́жды; she has ~n into a young lady она́ преврати́лась в молоду́ю же́нщину; she is letting her hair ~ она́ отра́щивает во́лосы; he looks quite ~n up он вы́глядит совсе́м взро́слым; ~n-ups взро́слые (*pl.*); I grew to like him со вре́менем он мне стал нра́виться; it grew out of nothing всё начало́сь с пустяка́; it's a habit I've never ~n out of э́то привы́чка, от кото́рой я никогда́ не мог изба́виться; he grew out of his clothes он вы́рос из оде́жды; full(y)-~n зре́лый; a ~n man взро́слый челове́к; ~ing pains невралги́ческие/ревмати́ческие бо́ли в де́тском во́зрасте; (*fig.*) боле́знь ро́ста; good ~ing weather пого́да, благоприя́тная для урожа́я; (*increase*) увели́чи|ваться, -ться; уси́ли|ваться, -ться; he grew daily in wisdom он с ка́ждым днём набира́лся ума́; his influence is ~ing его́ влия́ние растёт; he listened with ~ing impatience он слу́шал с расту́щим нетерпе́нием; the tune ~s on one э́тот моти́в начина́ет нра́виться со вре́менем; **3.** (*become*) станови́ться, стать; *also expr. by inchoative pref.*; it grew suddenly dark вдруг ста́ло темно́ (*or* стемне́ло); the trees ~ green in spring весно́й дере́вья зелене́ют/распуска́ются; as he grew older, he . . . с во́зрастом он . . .; she grew pale она́ побледне́ла; he grew rich он разбогате́л.

**grower** *n.* (*cultivator*) садово́д; a fast ~ (*plant*) быстрораст́ущее расте́ние.

**growl** *n.* рыча́ние; (*of thunder*) гро́хот.

*v.i.* рыча́ть (*impf.*); греме́ть (*impf.*).

**growth** *n.* (*development*) рост; (*increase*) приро́ст; three days' ~ of beard трёхдне́вная щети́на; (*path.*) наро́ст.

**grub**[1] *n.* (*larva*) личи́нка; червь (*m.*); (*food*) жратва́ (*coll.*).

**grub**[2] *v.t.* выка́пывать, вы́копать; a hoe for ~bing out weeds моты́га для прополки сорняко́в.
*v.i.* ры́ться (*impf.*); pigs ~ about for food свиньи ро́ются вокру́г/повсю́ду в по́исках пи́щи.

**grubby** *adj.* (*dirty*) гря́зный, запа́чканный.

**grudge** *n.* прете́нзия, недоброжела́тельность; I bear him no ~e я на него́ не в оби́де.
*v.t.* зави́довать, по-+*d.*; жале́ть, по-(*чего*); I do not ~e him his success я не зави́дую его́ успе́ху; he ~es me the very food I eat он попрека́ет меня́ куско́м хле́ба; I ~e paying so much мне жаль плати́ть так мно́го; ~ing praise скупа́я похвала́; he obeyed ~ingly он неохо́тно вы́полнил приказа́ние.

**gruel** *n.* (жи́дкая) каши́ца.

**gruelling** *adj.* изма́тывающий; изнури́тельный.

**gruesome** *adj.* жу́ткий, вселя́ющий страх.

**gruff** *adj.* (*of demeanour*) неприве́тливый; ре́зкий; (*of voice*) хри́плый.

**gruffness** *n.* неприве́тливость; ре́зкость.

**grumble** *n.* (*complaint*) ворча́ние; (*rumbling noise*) гро́хот.
*v.i.* (*complain*) ворча́ть (*impf.*); жа́ловаться, по-; (*rumble*) грохота́ть (*impf.*).

**grumbler** *n.* ворчу́н.

**grumpy** *adj.* сварли́вый.

**grunt** *n.* (*animal*) хрю́канье; (*human*) ворча́ние.
*v.i.* (*of animals*) хрю́к|ать, -нуть; (*of humans*; *also v.t.*) ворча́ть, про-.

**gryphon** *see* GRIFFIN.

**guano** *n.* гуа́но (*indecl.*).

**guarantee** *n.* **1.** (*undertaking*) гара́нтия; поручи́тельство; this watch carries a ~ э́ти часы́ с гара́нтией; **2.** (*guarantor*) гара́нт; поручи́тель (*m.*); will you stand ~ for me? вы за меня́ поручи́тесь?; **3.** (*security*) гара́нтия (*чего*); **4.** (*determinant*) зало́г; money is no ~ of success де́ньги ещё не гаранти́руют успе́х.
*v.t.* **1.** (*stand surety*; *undertake*, *promise*) гаранти́ровать (*impf.*, *pf.*); **2.** (*ensure*) обеспе́чи|вать, -ть; **3.** (*coll.*, *feel sure*, *wager*) руча́ться, поручи́ться; **4.** (*insure*) страхова́ть, за-; it is ~d to last 10 years срок го́дности/гара́нтии — 10 лет; ~d against rust гаранти́рованный от ржа́вчины.

**guarantor** *n.* поручи́тель (*m.*); гара́нт.

**guaranty** *n.* гара́нтия (по до́лгу), зало́г, поручи́тельство.

**guard** *n.* **1.** (*state of alertness*) насторожённость; be on your ~ against pickpockets остерега́йтесь карма́нников; he was caught off his ~

его́ заста́ли врасплóх; (*defence*): on ~! (*fencing*) к бою́!; his ~ was down (*fig.*) егó бди́тельность осла́бла; он осла́бил бди́тельность; (*mil.*): mount ~ вступ|а́ть, -и́ть в карау́л; on ~ duty на часа́х; they kept ~ by day and night они́ стоя́ли на стра́же днём и нóчью; the soldiers stood ~ over the prisoner солда́ты охраня́ли заключённого; **2.** (*man appointed to keep* ~) охра́нник, карау́льный; (*collect.*) охра́на, стра́жа; advance ~ аванга́рд; a ~ was set on the gates у вopóт вы́ставили охра́ну; changing of the ~ сме́на карау́ла; prison ~ тюре́мный надзира́тель; охра́нник в тюрьме́; ~ of honour почётный карау́л; Home G~ ополче́ние; отря́ды (*m. pl.*) ме́стной оборóны; **3.** (*pl.*, *collect.*) гва́рдия; Brigade of G~s гварде́йская брига́да; G~s officer гварде́йский офице́р; **4.** (*of a train*) проводни́к; ~'s van бага́жный вагóн; **5.** (*protective device*) защи́тное устрóйство, предохрани́тель (*m.*) ; (*of a sword*) эфéс.

*v.t.* охраня́ть (*impf.*); бере́чь, y-; the prisoners were closely ~ed заключённые находи́лись под уси́ленной охра́ной; he will ~ your interests он бу́дет охраня́ть ва́ши интере́сы; you must ~ your tongue вам ну́жно быть бóлее сде́ржанным на язы́к.

*v.i.* бере́чься (*impf.*), остерега́ться (*impf.*) (against: +*g.*); everything was done to ~ against infection бы́ли при́няты все ме́ры прóтив инфе́кции.

*cpds.*: ~-**house** *n.* карау́льное помеще́ние; карау́льня; ~-**rail** *n.* пери́л|а (*pl., g.* —); ~-**room** *n.* гауптва́хта; ~**sman** *n.* гварде́ец.

**guarded** *adj.* сде́ржанный; осторóжный.

**guardee** *n.* (*coll., guardsman*) гварде́ец.

**guardian** *n.* **1.** (*protector*) опеку́н; попечи́тель (*m.*); ~ angel а́нгел-храни́тель (*m.*); ~ of the public interest защи́тник обще́ственных интере́сов; **2.** (*leg.*) опеку́н.

**guardianship** *n.* опéка; опеку́нство.

**Guatemala** *n.* Гватема́ла.

**Guatemalan** *n.* гватема́л|ец (*fem.* -ка).

**guava** *n.* гуа́ва.

**gudgeon** *n.* (*zool.*) песка́рь (*m.*).

**guelder-rose** *n.* кали́на.

**guerdon** *n.* награ́да.

**Guernsey** *n.* (óстров) Ге́рнси (*m. indecl.*); (*attr.*) гернсе́йский.

**guer(r)illa** *n.* партиза́н; ~ warfare партиза́нская война́.

**guess** *n.* дога́дка; предположе́ние; at a rough ~ гру́бо/ориентирóвочно; by ~ науга́д; my ~ is that . . . мне сдаётся, что . . .; it's anybody's ~ никому́ неизве́стно.

*v.t.* **1.** (*estimate*) прики́|дывать, -нуть; I would ~ his age at 40 я дал бы ему́ лет 40; **2.** ~ a riddle отга́д|ывать, -а́ть зага́дку; **3.** (*conjec-*

*ture*) дога́д|ываться, -а́ться (*о чём*); уга́д|ывать, -а́ть; I can't ~ how it happened ума́ не приложу́, как э́то случи́лось; **4.** (*Am., coll., expect, suppose*) полага́ть (*impf.*); I ~ you are right вероя́тно, вы пра́вы.

*v.i.* гада́ть (*impf.*); she likes to keep him ~ing ей нра́вится держа́ть егó в неве́дении; ~ing game виктори́на; «угада́йка».

*cpd.*: ~**work** *n.* дога́дки (*f. pl.*).

**guest** *n.* **1.** (*one privately entertained*) гость (*m.*); paying ~ ≃ жиле́ц; ~ of honour почётный гость; ~ artist, star гастроли́рующий арти́ст; звезда́ на гастрóлях; **2.** (*at a hotel etc.*) постоя́лец; **3.** (*zool., biol.*) парази́т.

*cpds.*: ~-**house** *n.* пансиóн; жильё для госте́й; дом прие́зжих; ~-**night** *n.* ≃ зва́ный ве́чер; ~-**room** *n.* кóмната для госте́й.

**guff** *n.* (*sl.*) трёп; трепотня́.

**guffaw** *n.* гóгот.

*v.i.* гогота́ть (*impf.*).

**guggle** *n.* бу́льканье.

*v.i.* бу́лькать (*impf.*).

**guidance** *n.* руковóдство.

**guide** *n.* **1.** (*leader*) руководи́тель (*m.*); наста́вник; (*for travellers, tourists etc.*) гид, экскурсовóд; (*mil.*) разве́дчик; **2.** (*directing principle*) руковóдство; **3.** (~-book): ~ to Germany путеводи́тель (*m.*) по Герма́нии; (*manual*) уче́бник; ~ to fishing руковóдство по ры́бной лóвле; **4.** (Girl) G~ де́вочка-ска́ут.

(*impf.*) +*i.*; he ~d them around the city он поводи́л их по гóроду; be ~d by principles руковóдствоваться (*impf.*) при́нципами; be ~d by circumstances де́йствовать (*impf.*) по обстоя́тельствам; **2.** (*direct*) напр|авля́ть, -а́вить; ~d missile управля́емая раке́та.

*cpds.*: ~-**book** *n.* путеводи́тель (*m.*); ~-**dog** *n.* собáка-поводы́рь; ~-**line** *n.* директи́ва; ~-**post** *n.* указа́тель (*m.*); ~-**rail** *n.* направля́ющий рельс; ~-**rope** *n.* (*av.*) гайдрóп.

**guild** *n.* **1.** (*hist.*) ги́льдия; **2.** ассоциа́ция, сою́з.

*cpd.*: ~-**hall** *n.* ра́туша.

**guilder** *n.* гу́льден.

**guile** *n.* лука́вство, кова́рство.

**guileful** *adj.* лука́вый, кова́рный.

**guileless** *adj.* простоду́шный; бесхи́тростный.

**guillemot** *n.* ка́йра.

**guillotine** *n.* **1.** гильоти́на; **2.** (*for paper, metal etc.*) ре́зальная маши́на; **3.** (*parl.*) гильотини́рование пре́ний.

*v.t.* (*execute*) гильотини́ровать (*impf., pf.*); (*pages etc.*) обр|еза́ть, -е́зать.

**guilt** *n.* вина́; ~ complex кóмплекс вины́.

**guiltiness** *n.* винóвность.

**guiltless** *adj.* невинóвный (*в чём*).

**guilty** *adj.* винóвный; he pleaded ~ to the crime он призна́л себя́ винóвным в преступле́нии; he was found ~ он был при́знан винóвным; a verdict of not ~ верди́кт невино́вности; ~ conscience нечи́стая со́весть; a ~ look винова́тый вид.

**guinea¹** *n.* гине́я.

**Guinea²** *n.* Гвине́я.

   *cpds.*: **g~-fowl, hen** *nn.* цеса́рка; **g~-pig** *n.* (*lit.*) морска́я сви́нка; (*fig.*) «подо́пытный кро́лик».

**Guinean** *n.* гвине́|ец (*fem.* -йка).

   *adj.* гвине́йский.

**guise** *n.* (*dress*) наря́д; (*pretence*) предло́г; under the ~ of friendship под ви́дом дру́жбы.

**guitar** *n.* гита́ра.

**guitarist** *n.* гитари́ст.

**gulch** *n.* (*Am.*) у́зкое уще́лье.

**gulf** *n.* **1.** (*deep bay*) зали́в; бу́хта; the G~ Stream Гольфстри́м; **2.** (*abyss*) бе́здна; **3.** (*fig.*) про́пасть.

**gull¹** *n.* (*bird*) ча́йка.

**gull²** *n.* (*arch., dupe*) простофи́ля (*c.g.*).

   *v.t.* дура́чить, о-.

**gullet** *n.* пищево́д; it sticks in my ~ (*fig.*) э́то мне поперёк го́рла.

**gullibility** *n.* легкове́рие.

**gullible** *adj.* легкове́рный.

**gully** *n.* лощи́на; водосто́к.

**gulp** *n.* большо́й глото́к; at one ~ за́лпом; he took a ~ of tea он глотну́л ча́ю.

   *v.t.* глот|а́ть, -ну́ть; don't ~ down your food! не глота́й еду́/пи́щу!; she ~ed back her tears она́ глота́ла слёзы.

   *v.i.*: he ~ed with astonishment он поперхну́лся от удивле́ния.

**gum¹** *n.* (*anat.*) десна́.

   *cpd.*: **~boil** *n.* флюс.

**gum²** *n.* (*adhesive*) смола́; клей; (*resin*) каме́дь; (*chewing-~*) жева́тельная рези́нка.

   *v.t.* скле́и|вать, -ть; ~ up the works (*sl.*) испо́ртить (*pf.*) всё де́ло.

   *cpds.*: **~-boots** *n.* рези́новые сапоги́ (*m. pl.*); **~-tree** *n.*: he was up a ~-tree (*sl.*) он попа́л в переде́лку.

**gummy** *adj.* кле́йкий.

**gumption** *n.* (*coll.*) смышлённость; нахо́дчивость.

**gun** *n.* **1.** (*cannon*) пу́шка; (*pistol*) пистоле́т; (*rifle*) ружьё; ~ crew оруди́йный расчёт; heavy ~s тяжёлая артилле́рия; starting ~ ста́ртовый пистоле́т; the ~s fired a salute был произведён оруди́йный салю́т; bring up the big ~s (*fig.*) пус|ка́ть, -ти́ть в ход тяжёлую артилле́рию; he stuck to his ~s (*fig.*) он не сдал пози́ций; it was blowing great ~s разыгра́лась бу́ря; jump the ~ (*fig.*) сова́ться, су́нуться ра́ньше вре́мени; son of a ~ (*sl.*) па́рень (*m.*), ма́лый; spike s.o.'s ~s (*fig.*) сорва́ть (*pf.*) чьи-н. пла́ны; **2.** (*device resembling* ~) пистоле́т; **3.** (*member of shooting-party*) стрело́к; охо́тник.

   *v.t.* стреля́ть (*impf.*); the refugees were ~ned

down бе́женцев расстреля́ли.

   *v.i.* охо́титься (*impf.*); he is ~ning for me (*sl.*) он то́чит на меня́ нож.

   *cpds.*: **~-barrel** *n.* ду́ло; **~-battle, ~-fight** *n.* перестре́лка; **~-boat** *n.* каноне́рская ло́дка, каноне́рка; **~-carriage** *n.* лафе́т; **~-cotton** *n.* пироксили́н; **~-dog** *n.* охо́тничья соба́ка; **~-fight** *n.* see **~-battle**; **~-fire** *n.* оруди́йный ого́нь; **~man** *n.* банди́т; террори́ст; **~-metal** *n.* пу́шечный мета́лл; **~-point** *n.*: at ~-point угрожа́я ору́жием; под ду́лом пистоле́та; **~-powder** *n.* по́рох; **~-room** *n.* (*nav.*) каю́т-компа́ния; **~-runner** *n.* контрабанди́ст, торгу́ющий ору́жием; **~-running** *n.* незако́нный ввоз ору́жия; контраба́нда ору́жием; **~-ship** *n.* вооружённый вертолёт; **~-shot** *n.* да́льность вы́стрела; out of ~-shot вне досяга́емости ору́дия; **~-shy** *adj.* пуга́ющийся вы́стрелов; **~-smith** *n.* оруже́йный ма́стер.

**gunner** *n.* канони́р; артиллери́ст; rear ~ стрело́к хвостово́й устано́вки.

**gunnery** *n.* артиллери́йское де́ло.

**gunny** *n.* рого́жка.

**gunwale** *n.* планши́р.

**gurgle** *n.* бу́льканье.

   *v.i.* бу́лькать (*impf.*).

**Gurkha** *n.* гу́рк(х)а (*m. indecl.*).

   *adj.* гу́рк(х)ский.

**guru** *n.* гуру́ (*m. indecl.*).

**gush** *n.* пото́к; a ~ of enthusiasm вспы́шка энтузиа́зма.

   *v.i.* хлы́нуть (*pf.*); the water ~ed from the tap вода́ хлы́нула из кра́на; (*fig., speak effusively*) излива́ться (*impf.*).

**gusher** *n.* (*of oil*) фонта́н; (*of pers.*) говору́н.

**gushing** *adj.*: she has a ~ manner она́ вся выкла́дывается; она́ сли́шком суети́тся.

**gusset** *n.* (*in a garment*) клин.

**gust** *n.* (*of wind etc.*) поры́в ве́тра; (*fig.*) взрыв.

**gustatory** *adj.* вкусово́й.

**gusto** *n.* смак; (*zeal*) жар, рве́ние.

**gusty** *adj.* бу́рный; поры́вистый; a ~ day ве́треный день.

**gut** *n.* **1.** (*intestine*) кишка́; blind ~ слепа́я кишка́; (*for strings of instrument*) струна́; **2.** (*pl.*) (*intestines, stomach*) кишки́ (*f. pl.*); потрох|а́ (*pl., g.* -о́в); (*fig., gist, essential contents*) су́щность; (*fig., courage and determination*) вы́держка; he is a man with no ~s он бесхара́ктерный челове́к; у него́ кишка́ тонка́; he hadn't the ~s to tackle the burglar у него́ не хвати́ло му́жества задержа́ть взло́мщика; ~ reaction инстинкти́вная реа́кция; I hate his ~s я его́ на́ дух не принима́ю.

   *v.t.* **1.** (*eviscerate*) потроши́ть, вы́-; **2.** (*destroy contents of*) опустош|а́ть, -и́ть; the house was ~ted by fire дом сгоре́л дотла́; **3.** (*extract essential from*) выжима́ть, вы́жать суть из +g.

   *cpd.*: **~s-ache** *n.* (*sl.*) ре́зи (*f. pl.*) в животе́.

**gutta-percha** *n.* гуттапéрча.
**gutter**[1] *n.* (*under eaves*) водостóчный жёлоб; (*at roadside*) стóчная канáва; (*fig.*): his name was dragged into, through the ~ егó и́мя бы́ло втóптано в грязь; the language of the ~ язы́к низóв; грýбый/вульгáрный язы́к; the ~ press бульвáрная прéсса.
   *cpd.*: ~-**snipe** *n.* ýличный мальчи́шка.
**gutter**[2] *v.i.* (*of a candle*) опл|ывáть, -ы́ть.
**guttural** *n.* веля́рный звук.
   *adj.* гортáнный; горловóй; (*phon.*) веля́рный, задненёбный.
**guy**[1] *n.* (~-горе) оття́жка.
**guy**[2] *n.* (*effigy*) пýгало; (*grotesquely dressed person*) чýчело, пýгало (огорóдное); (*Am. coll., fellow*) мáлый; tough ~ желéзный мáлый; wise ~ ýмник.
   *v.t.* (*hold up to ridicule*) осмé|ивать, -я́ть.
**Guyana** *n.* Гайáна.
**Guyanese** *n.* гайáн|ец (*fem.* -ка).
   *adj.* гайáнский.
**guzzle** *v.t.* про|едáть, -éсть.
   *v.i.* объ|едáться, -éсться.
**guzzler** *n.* обжóра (*c.g.*).
**gym** *n.* (*coll.*) (*gymnasium*) гимнасти́ческий зал; (*gymnastics*) гимнáстика.

*cpds.*: ~-**master**, -**mistress** *nn.* учи́тель (*fem.* -ница) физкультýры ; ~-**shoe** *n.* спорти́вная тáпочка; ~-**slip**, ~-**tunic** *nn.* плáтье-сарафáн в склáдку.
**gymkhana** *n.* конноспорти́вные состязáния (*nt. pl.*).
**gymnasium** *n.* гимнасти́ческий зал; (*school*) гимнáзия.
**gymnast** *n.* гимнáст.
**gymnastic** *adj.* гимнасти́ческий.
**gymnastics** *n.* гимнáстика.
**gynaecological** *adj.* гинекологи́ческий.
**gynaecologist** *n.* гинекóлог.
**gynaecology** *n.* гинекологи́я.
**gyp** *n.* (*sl.*): give s.o. ~ зад|авáть, -áть комý-н. трёпку.
**gypsum** *n.* гипс.
**gypsy** *see* GIPSY.
**gyrate** *v.i.* вращáться (*impf.*).
**gyration** *n.* вращéние.
**gyratory** *adj.* вращáтельный.
**gyro(scope)** *n.* гироскóп.
   *cpds.*: ~-**compass** *n.* гирокóмпас; ~-**plane** *n.* автожи́р.
**gyroscopic** *adj.* гироскопи́ческий.
**gyve** *n.* окóва, кандáл.

# H

**H-bomb** *n.* водорóдная бóмба.
**ha** *int.* агá!; ~, ~ (*expr. laughter*) ха-ха-хá!
**habanera** *n.* хабанéра.
**habeas corpus** *n.* Хáбеас Кóрпус (*indecl.*).
**haberdasher** *n.* галантерéйщик.
**haberdashery** *n.* (*shop*) галантерéйный магази́н; (*wares*) галантерéя.
**habit** *n.* **1.** (*settled practice*) привы́чка; обыкновéние; get into a ~ прив|ыкáть, -ы́кнуть (+*inf.*); get out of a ~ отв|ыкáть, -ы́кнуть (+*inf. or* от +*g.*); break (o.s.) of a bad ~ отуч|áть(ся), -и́ть(ся) от дурнóй привы́чки; I am in the ~ (*or* make a ~) of rising early я обыкновéнно встаю́ рáно; he got into bad ~s он усвóил дурны́е привы́чки; I wish you'd get out of that ~ я хочý, чтóбы вы брóсили э́ту привы́чку; from force of ~ в си́лу привы́чки; по привы́чке; **2.** (*arch., condition, constitution*) телосложéние; a cheerful ~ of mind весёлый нрав; a man of corpulent ~ тýчный/дорóдный человéк; **3.** (*monk's dress*) ря́са; **4.** (*riding-*~) амазóнка.
   *cpd.*: ~-**forming** *adj.* создаю́щий привы́чку.
**habitable** *adj.* обитáемый.
**habitat** *n.* естéственная средá (*растения, животного*).
**habitation** *n.*: unfit for ~ неприго́дный для

жилья́; (*dwelling-place*) жили́ще.
**habitual** *adj.* привы́чный; обы́чный; a ~ drunkard беспробýдный пья́ница; a ~ liar завзя́тый лгун.
**habituate** *v.t.* приуч|áть, -и́ть (*когó к чемý*); he is ~d to hardship он привы́к к трýдностям.
**habituation** *n.* (*becoming accustomed*) приобретéние привы́чки; (*habit*) привы́чка.
**habitude** *n.* склóнность; предрасполóженность; (*habit*) обыкновéние.
**habitué** *n.* завсегдáтай.
**hachure** *n.* гашю́ра; штрих.
**hacienda** *n.* гасиéнда.
**hack**[1] *n.* (*chopping blow*) рýбящий удáр.
   *v.t.* **1.** разруб|áть, -и́ть; руби́ть (*impf.*); (*coll.*) кромсáть, ис-; **2.** (*football*) «подковáть» (*impf.*).
   *v.i.* **1.** ~ at *see v.t.* **1.**; **2.** a ~ing cough си́льный сухóй кáшель.
   *cpd.*: ~-**saw** *n.* ножóвка.
**hack**[2] *n.* (*horse*) наёмная лóшадь; (*writer*) литератýрный подёнщик; халтýрщик.
   *v.i.* ≃ катáться (*impf.*) на лóшади.
   *cpd.*: ~-**work** *n.* халтýра.
**hackles** *n. pl.* пéрья (*nt. pl.*) на шéе петухá; (*fig.*) it makes my ~ rise э́то приво́дит меня́ в бéшенство.

**hackney** *v.t.*: a ~ed expression затёртое/ истасканное выраже́ние.
   *cpd.*: ~-**carriage** *n.* наёмный экипа́ж; такси́ (*nt. indecl.*).
**haddock** *n.* пи́кша.
**Hades** *n.* Гаде́с.
**h(a)ematite** *n.* кра́сный железня́к.
**h(a)emoglobin** *n.* гемоглоби́н.
**h(a)emophilia** *n.* гемофили́я.
**h(a)emorrhage** *n.* кровотече́ние; кровоизли́яние.
**h(a)emorrhoids** *n. pl.* геморро́й.
**haft** *n.* рукоя́тка.
**hag** *n.* карга́.
   *cpd.*: ~-**ridden** *adj.* изнемога́ющий (*от чего*); измо́танный (*чем*); зада́вленный (*чем*).
**haggard** *adj.* измождённый; осу́нувшийся.
**haggle** *v.i.* торгова́ться (*impf.*).
**hagiography** *n.* описа́ние жити́й святы́х.
**Hague** *n.*: The ~ Гаа́га.
**hail**[1] *n.* (*frozen rain*) град; (*fig.*) a ~ of blows град уда́ров.
   *v.t.* (*fig.*): he ~ed down curses upon us он осы́пал нас прокля́тиями.
   *v.i.*: it is ~ing идёт град; (*fig.*) сы́паться гра́дом.
   *cpds.*: ~**stone** *n.* гра́дина; ~ **storm** *n.* гроза́ с гра́дом.
**hail**[2] *n.* (*salutation*) приве́тствие; within ~ на расстоя́нии слы́шимости.
   *v.t.* **1.** (*acclaim*) провозгла|ша́ть, -си́ть; (*praise*) превозноси́ть (*impf.*); приве́тствовать (*impf.*); he was ~ed by the critics кри́тики восто́рженно при́няли его́; **2.** (*greet*) приве́тствовать (*impf.*); окл|ика́ть, -и́кнуть; he ~ed me in the street он окли́кнул меня́ на у́лице; **3.** (*summon*) под|зыва́ть, -озва́ть; he ~ed a taxi он подозва́л такси́.
   *v.i.* происходи́ть (*impf.*); he ~s from Scotland он ро́дом из Шотла́ндии.
   *cpd.*: ~-**fellow-well-met** *adj.* запанибра́тский.
**hair** *n.* **1.** (*single strand*) во́лос, волосо́к; I didn't touch a ~ of his head я к нему́ и па́льцем не прикосну́лся; he came within a ~'s breadth of success он почти́ доби́лся успе́ха; he never turned a ~ он и бро́вью не повёл; that is splitting ~s э́то спор по пустяка́м; you should take a ~ of the dog that bit you вам сле́дует опохмели́ться; you have him by the short ~s (*sl.*) он у вас в рука́х; **2.** (*dim., e.g. baby's*) воло́сик(и); **3.** (*head of* ~) во́лосы (*m. pl.*); have, get one's ~ cut стри́чься, под-; lose one's ~ лысе́ть, об-/по-; keep your ~ on! (*sl.*) споко́йно!; не горячи́тесь!; let one's ~ down (*lit.*) распус|ка́ть, -ти́ть во́лосы; (*fig.*) разоткрове́нничаться (*pf.*); this will make your ~ stand on end от э́того у вас во́лосы вста́нут ды́бом; she put her ~ up она́ подобрала́ во́лосы; **4.** (*of animals*) шерсть; щети́на.
   *cpds.*: ~('s)-**breadth** *n.*: within a ~'s breadth

of death на волосо́к от сме́рти; they had a ~breadth escape они́ едва́-едва́ спасли́сь; ~-**brush** *n.* щётка для воло́с; ~-**clip** *n.* зако́лка для воло́с; ~-**cut** *n.* стри́жка; have a ~cut постри́чься (*pf.*); ~-**do** *n.* (*coll.*) причёска; ~ **dresser** *n.* парикма́хер; ~ **dresser's** *n.* (*shop, salon*) парикма́херская; ~ **dressing** *n.* парикма́херское иску́сство; ~-**dryer** *n.* фен; ~-**grip** *n.* зако́лка для воло́с; ~-**line** *n.* (*edge of* ~) ли́ния воло́с; ~-**net** *n.* се́тка для воло́с; ~-**oil** *n.* ма́сло для воло́с; ~-**piece** *n.* накладны́е во́лосы; ~ **pin** *n.* шпи́лька; ~pin bend круто́й поворо́т; ~-**raising** *adj.* жу́ткий; ~-**restorer** *n.* сре́дство от облысе́ния; ~-**shirt** *n.* власяни́ца; ~-**splitting** *n.* привере́дливость; *adj.* привере́дливый, ме́лочный; ~-**spring** *n.* волоско́вая пружи́на; ~-**style** *n.* причёска; ~-**trigger** *n.* шне́ллер; *adj.* (*fig.*) на взво́де.
**hairiness** *n.* волоса́тость.
**hairless** *adj.* безволо́сый.
**hairy** *adj.* волоса́тый.
**Haiti** *n.* Гаи́ти (*m. indecl.*).
**Haitian** *n.* гаитя́н|ин (*fem.* -ка).
   *adj.* гаитя́нский.
**hake** *n.* хек.
**halberd** *n.* алеба́рда.
**halberdier** *n.* во́ин, вооружённый алеба́рдой.
**halcyon** *adj.* (*fig.*) ти́хий, безмяте́жный.
**hale**[1] *adj.* кре́пкий; здоро́вый; ~ and hearty кре́пкий и бо́дрый.
**hale**[2] *v.t.* тащи́ть (*impf.*); тяну́ть (*impf.*); he was ~d before the court его́ притащи́ли в суд.
**half** *n.* **1.** (*one of two equal parts*) полови́на; пол- (*pref.*: see examples and *cpds.*); one and a ~ полтора́; he cut the loaf in ~ он разре́зал хлеб попола́м; getting there is ~ the battle добра́ться туда́ — полови́на де́ла; ~ an hour полчаса́; ~ an hour later получа́сом по́зже; ~ and ~ попола́м, по́ровну; a loaf is better than no bread бу́дем дово́льствоваться ма́лым; I have ~ a mind to go я не прочь пойти́; ~ a minute! (одну́) мину́точку!; ~ past two полови́на тре́тьего; (*coll.*) полтре́тьего; he is too clever by ~ он чересчу́р уж у́мный; don't do it by halves не остана́вливайтесь на полпути́; they agreed to go halves они́ согласи́лись подели́ть попола́м; that's not the ~ of it! и э́то ещё далеко́ не всё; **2.** (*one of two parts*) часть; the greater ~ of the audience бо́льшая часть аудито́рии; my better ~ моя́ дража́йшая/лу́чшая полови́на; let's see how the other ~ lives посмо́трим, как живу́т други́е; **3.** (*of a game*) тайм; (*of academic year*) семе́стр; (~-*back*) полузащи́тник.
   *adj.* (*see also cpds.*): he's not one for ~ measures он не сторо́нник полуме́р.
   *adv.*: ~ asleep со́нный; I feel ~ dead я едва́ жив; the meat is only ~ done мя́со недова́рено/недожа́рено; ~ as much вдво́е ме́ньше; ~ as much again в полтора́ ра́за

бо́льше; a pound is not ~ enough одного́ фу́нта ника́к не хва́тит; I ~ expected it я почти́ жда́л э́того; that's not ~ bad! (*coll.*) э́то совсе́м непло́хо; not ~! (*coll.*) ещё бы!; а как же!; he wasn't ~ annoyed! (*coll.*) он был поря́дком раздоса́дован; it was ~ raining, ~ snowing шёл не то дождь, не то снег.

*cpds.*: ~-**and**-~ *adv.* полови́на на полови́ну; (*fig.*) и да и нет, ни то ни сё; ~-**back** *n.* полузащи́тник; ~-**baked** *adj.* недопечённый; (*fig.*) недорабо́танный, непроду́манный; (*pers.*) незре́лый; ~-**breed** *n.* мети́с (*fem.* -ка); ~-**brother** *n.* единокро́вный/единоутро́бный брат; ~-**caste** *n.* мети́с; ~-**cock** *n.* предохрани́тельный взвод; the scheme went off at ~-cock был пу́щен в ход совсе́м ещё сыро́й план; ~-**dozen** *n.*, *also* ~ a dozen полдю́жины; ~-**hearted** *adj.* нереши́тельный; без энтузиа́зма; ~-**holiday** *n.* непо́лный рабо́чий/уче́бный день; ~-**hour** *n.*, *also* ~ an hour полчаса́; every ~-hour ка́ждые полчаса́; the last ~-hour после́дние полчаса́; after the first ~-hour по́сле пе́рвого получа́са; *adj.* получасово́й; ~-**hourly** *adj.* получасово́й; *adv.* ка́ждые полчаса́; ~-**length** *n.* (portrait) поясно́й портре́т; ~-**life** *n.* (*phys.*) пери́од полураспа́да; ~-**light** *n.* полутьма́; ~-**mast** *n.*: at ~-mast приспу́щенный; ~-**mile** *n.*, *also* ~ a mile полми́ли; ~-**moon** *n.* полуме́сяц; ~-**nelson** *n.* полуне́льсон; (*fig.*): get a ~-nelson on s.o. положи́ть кого́-н. на лопа́тки; ~-**pay** *n.* полови́нный/непо́лный окла́д/жа́лование; ~ **penny** *n.* полпе́нни (*indecl.*); ~-**pound** *n.*, *also* ~ a pound полфу́нта; *adj.* полуфунто́вый; ~-**price** *adj.* полцены́; at ~-price за полцены́; children under 5 ~-price за дете́й до пяти́ лет пла́тят полови́ну; ~-**seas-over** *pred. adj.* (*sl.*) пьян; навеселе́; ~-**sister** *n.* единокро́вная/единоутро́бная сестра́; ~-**term** *n.*: ~-term (holiday) кани́кул|ы (*pl.*, *g.* —) в середи́не триме́стра; ~-**timbered** *adj.* фахве́рковый; ~-**timbering** *n.* фахве́рк; карка́сная/фахве́рковая констру́кция; ~-**time** *n.* коне́ц та́йма; переры́в ме́жду та́ймами; the teams changed ends at ~-time кома́нды поменя́лись места́ми по́сле пе́рвого та́йма; (*reduced working hours*): the men were put on ~-time рабо́чих перевели́ на непо́лную рабо́чую неде́лю; ~-**tone** *n.* (*mus.*) полуто́н; (*typ.*) автоти́пия; ~-**track** *n.* полугу́сеничная маши́на; ~-**truth** *n.* полупра́вда; ~-**turn** *n.* пол-оборо́та; ~-**volley** *n.* уда́р с полулёта; ~-**way** *adj.* лежа́щий на полпути́; ~-way house (*fig.*) компроми́сс; полуме́ра; *adv.* на полпути́; we met ~-way from the station мы встре́тились на полпути́ от вокза́ла; we turned back ~-way мы верну́лись с полпути́; I'll meet you ~-way (*fig.*) я гото́в пойти́ вам навстре́чу; ~-**wit** *n.* дура́к; ~-**witted** *adj.* слабоу́мный, полоу́мный;

~-**yearly** *adj.* шестиме́сячный; *adv.* раз в полго́да.

**halibut** *n.* па́лтус.

**halitosis** *n.* дурно́й за́пах изо рта́.

**hall** *n.* **1.** (*place of assembly*) зал; servants' помеще́ние для слуг; town ~ ра́туша; (*college dining-*~) столо́вая; **2.** (*country mansion*) поме́щичий дом; **3.** (*lobby*; *also* ~**way**) пере́дняя, прихо́жая, холл; ~ of mirrors алле́я сме́ха.

*cpds.*: ~ **mark** *n.* проби́рное клеймо́; про́ба; (*fig.*) отличи́тельный при́знак; печа́ть; *v.t.* ста́вить, по- про́бу на +*p.*; ~-**stand** *n.* ве́шалка в прихо́жей.

**hallelujah** *n.* & *int.* аллилу́йя.

**hallo** *n.* & *int.* (*greeting*) здра́сте!; приве́т!; (*on telephone*) алло́!; (*expr. surprise*) вот те на́!

**halloo** *int.* (*in hunting*) ату́!; эй!

*v.t.* натра́вливать (*impf.*) (соба́к).

*v.i.* улюлю́кать (*impf.*); don't ~ till you're out of the wood (*prov.*) не говори́ гоп, пока́ не перепры́гнешь.

**hallow** *v.t.* освя|ща́ть, -ти́ть; ~ed be thy name да святи́тся и́мя твоё; in ~ed memory of све́тлой па́мяти +*g.*

**Hallowe'en** *n.* кану́н Дня всех святы́х (*31 октября́*).

**hallucination** *n.* галлюцина́ция; have ~s галлюцини́ровать (*impf.*), страда́ть (*impf.*) галлюцина́циями.

**hallucin|atory, -ogenic** *adjs.* вызыва́ющий галлюцина́ции.

**halo** *n.* (*astron.*) гало́ (*indecl.*); сия́ние; (*round saint's head*) нимб; (*fig.*) орео́л.

**halt**[1] *n.* (*in march or journey*) остано́вка; come to a ~ остан|а́вливаться, -ови́ться; the train came to a ~ по́езд останови́лся; bring to a ~ остан|а́вливать, -ови́ть; his work was brought to a ~ он был вы́нужден приостанови́ть рабо́ту; call a ~ де́лать, с- прива́л; (*fig.*) да|ва́ть, -ть отбо́й; (*stopping-place on railway*) полуста́нок.

*v.t.* остан|а́вливать, -ови́ть; he ~ed his men он останови́л солда́т; progress was ~ed прогре́сс был приостано́влен.

*v.i.* (*stop*) остан|а́вливаться, -ови́ться; ~! who goes there? стой! кто идёт?

**halt**[2] *adj.* (*arch.*, *crippled*) хромо́й; искале́ченный.

*v.i.* (*esp. pres. part.*: *limp, falter*) хрома́ть (*impf.*); зап|ина́ться, -ну́ться; a ~ing gait неве́рная похо́дка; a ~ing voice запина́ющийся го́лос.

**halter** *n.* (*for a horse*) по́вод; недоу́здок; (*for execution*) верёвка; уда́вка.

**halve** *v.t.* (*divide in two*) дели́ть, раз- попола́м; (*reduce by half*) ум|еньша́ть, -е́ньшить (*or* сокра|ща́ть, -ти́ть) наполови́ну.

**halyard** *n.* фал.

**ham** *n.* **1.** (*thigh of pig*) о́корок; (*meat from*

*this*) ветчина́; ~ sandwich бутербро́д с ветчино́й; **2.** (*human thigh*) ля́жка; he squatted on his ~s он присе́л на ко́рточки; **3.** (*sl., poor actor*) безда́рный актёр; **4.** (*sl., amateur radio operator*) радиолюби́тель (*m.*).

*v.t. & i.* (*sl.*) скве́рно игра́ть (*impf.*); ~ it up переигр|ывать, -а́ть; преврати́ть (*pf.*) всё в мелодра́му.

*cpds.*: ~-**fisted,** ~-**handed** *adjs.* тяжёлый на́ руку; неуклю́жий; (*fig.*) топо́рный; ~ **string** *v.t.* подр|еза́ть, -е́зать поджи́лки +*d.*; (*fig.*) подре́зать (*pf.*) кры́лья +*d.*

**hamburger** *n.* ру́бленая котле́та.

**Hamitic** *adj.* хами́тский.

**hamlet** *n.* дереву́шка.

**hammer** *n.* молото́к, мо́лот; ~ and sickle серп и мо́лот; throwing the ~ мета́ние мо́лота; he went at it ~ and tongs он бро́сил на э́то все си́лы; (*auctioneer's*) молото́к; the estate came (*or* was brought) under the ~ име́ние пошло́ с молотка́.

*v.t.* (*beat*) уд|аря́ть, -а́рить; бить, по-; ~ in вби|ва́ть, -ть; вкол|а́чивать, -оти́ть; приб|ива́ть, -и́ть; he ~ed in the nails он вбил гво́зди; (*fig.*) ~ the metal into shape кузне́ц куёт мета́лл; the mechanic ~ed out the dents меха́ник вы́ровнял зазу́брины молотко́м; he was ~ing a box together он скола́чивал я́щик; the enemy got a good ~ing неприя́телю кре́пко доста́лось; the idea was ~ed into his head э́ту мысль вби́ли ему́ в го́лову; we ~ed out a plan мы разрабо́тали план.

*v.i.* стуча́ть (*impf.*); колоти́ть (*impf.*); someone was ~ing on the door кто́-то колоти́л в дверь; he ~ed away on the piano он бараба́нил по роя́лю; he ~ed away at the problem он упо́рно би́лся над э́той зада́чей.

*cpds.*: ~-**blow** *n.* (*fig.*) сокруши́тельный/тяжёлый уда́р; ~-**head** *n.* голо́вка молотка́; (*shark*) мо́лот-ры́ба; ~-**toe** *n.* молоткообра́зное искривле́ние большо́го па́льца ноги́.

**hammock** *n.* гама́к.

**hamper**[1] *n.* корзи́на с кры́шкой.

**hamper**[2] *v.t.* меша́ть, по- +*d.*; стесня́ть (*impf.*).

**hamster** *n.* хомя́к.

**hand** *n.* **1.** (*lit., fig.*) рука́, кисть; the ~ of God перст бо́жий; (*dim., e.g. baby's*) ру́чка; (*attr.*) ручно́й; ~ grenade ручна́я грана́та; ~ luggage ручно́й бага́ж; (*of animal or bird*) ла́па, ла́пка; she waits on him ~ and foot она́ у него́ в по́лном ра́бстве; he was bound ~ and foot его́ связа́ли по рука́м и нога́м; they won ~s down они́ с лёгкостью победи́ли; I shall have my ~s full next week я бу́ду о́чень за́нят на сле́дующей неде́ле; he was ~ in glove with the enemy он был в сго́воре с враго́м; ~ in ~ (*lit., fig.*) рука́ о́б руку; ~s up! ру́ки вверх!; ~s off! ру́ки прочь (от +*g.*)!; he is making money ~

over fist он загреба́ет де́ньги лопа́той; they fought ~ to ~ они́ би́лись врукопа́шную; it's too much for one pair of ~s одно́й па́ры рук для э́того ма́ло; **2.** (*verbal phrases*): he asked for her ~ (*in marriage*) он проси́л её руки́; the money changed ~s де́ньги перешли́ в други́е ру́ки; he refuses to do a ~'s turn он отка́зывается и па́льцем пошевельну́ть; force s.o.'s ~ заста́вить (*pf.*) кого́-н. раскры́ть свои́ ка́рты; he gained, got the upper ~ он взял/одержа́л верх; get one's ~ in наби́ть (*pf.*) ру́ку (на чём); осв|а́иваться, -о́иться с рабо́той; let me give, lend you a ~! дава́йте я вам помогу́!; they gave the singer a big ~ (*coll.*) певцу́ бу́рно аплоди́ровали; he was given a free ~ ему́ предоста́вили по́лную свобо́ду де́йствий; she had a ~ in his downfall в его́ паде́нии она́ сыгра́ла не после́днюю роль; I have no ~ in it! я не хочу́ име́ть к э́тому никако́го отноше́ния; they were holding ~s они́ держа́лись за́ руки; hold one's ~ (*restrain o.s.*) сдерж|иваться, -а́ться; keep one's ~ in подде́рживать (*impf.*) фо́рму; if only I could lay my ~s on a dictionary е́сли бы я то́лько мог раздобы́ть слова́рь; don't dare to lay a ~ on her не смей прикаса́ться к ней; he rules with an iron ~ он пра́вит желе́зной руко́й; he set his ~ to (*set about*) the work он взя́лся за рабо́ту; let me shake your ~ позво́льте пожа́ть ва́шу/вам ру́ку; (let's) shake ~s on it! по рука́м!; I'm willing to take a ~ я гото́в приня́ть уча́стие; try one's ~ at sth. попро́бовать (*pf.*); себя́ в чём-н.; my ~s are tied (*fig.*) у меня́ свя́заны ру́ки; he can turn his ~ to anything он уме́ет де́лать что уго́дно; I wash my ~s of it я умыва́ю ру́ки; **3.** (*prepositional phrases*): the hour is **at** ~ приближа́ется час/вре́мя; he lives close **at** ~ он живёт совсе́м ря́дом; she suffered at his ~s она́ натерпе́лась с ним; he started the car **by** ~ он завёл маши́ну вручну́ю; the letter was delivered by ~ письмо́ бы́ло доста́влено с на́рочным; he died by his own ~ он наложи́л на себя́ ру́ки; the watch passed **from** ~ to ~ часы́ переходи́ли из рук в ру́ки; he lives from ~ to mouth он ко́е-как сво́дит концы́ с конца́ми; I have enough money **in** ~ у меня́ при себе́ доста́точно де́нег; he took the matter in ~ он взял де́ло в свои́ ру́ки; please attend to the matter in ~ пожа́луйста, займи́тесь очередны́м де́лом; you should take that child in ~ вы должны́ взять э́того ребёнка на́ руки; we have the situation well in ~ мы по́лностью хозя́ева положе́ния; the matter is no longer in my ~s я бо́льше э́тим не занима́юсь; he fell **into** the ~s of moneylenders он попа́л к ростовщика́м в ла́пы; don't let this book fall into the wrong ~s смотри́те, чтобы э́та кни́га не попа́ла к кому́ не на́до; you are playing into his ~s вы игра́ете ему́ на́ руку; my eldest daughter is **off** my ~s

моя старшая дочь уже пристроена; on ~ в
наличии; в распоряжении; he has a sick father
on his ~s у него на руках больной отец; time
hangs heavy on my ~s я не знаю, как убить
время; he refused out of ~ он тут же отказался; things are getting out of ~ события
выходят из-под контроля; she will eat out of
his ~ она всецело ему предана; the letters
passed **through** his ~s письма проходили
через его руки; news has come to ~ дошли
вести; есть сведения, что. . .; your letter to ~
(*comm.*) ваше письмо получено нами; his gun
was ready to ~ ружьё было у него под рукой;
**4.** (*member of crew or team*): all ~s on deck! все
наверх!; the ship went down with all ~s
корабль затонул со всем экипажем (*or* со
всеми, кто был на борту); factory ~
фабричный рабочий; farm ~ работник на
ферме; **5.** (*practitioner*): he is an old ~ (at the
game) он тёртый калач; a picture by the same
~ картина того же художника; I am a poor ~
at writing letters я не ахти какой корреспондент; **6.** (*source*): I heard it at first/second ~ я узнал это из первых/вторых рук; **7.**
(*side*): on the right ~ по правую руку; at his
right ~ по его правую руку; on the one ~ . . .,
on the other ~ (*fig.*) с одной стороны . . ., с
другой стороны; they came at him on every ~
они кинулись на него со всех сторон; **8.**
(*handwriting*): he writes a good ~ у него
хороший почерк; a large/small ~
крупный/мелкий почерк; **9.** (*signature*): I cannot set my ~ to this document я не могу
подписаться под этим документом; **10.** (*of a
clock*) стрелка; **11.** (*measure*) ладонь (10
сантиметров); **12.** (*player at cards*) игрок;
(*set of cards*) карты (*f. pl.*); show one's ~ (*fig.*)
раскрыть карты; (*round in a card game*) кон,
партия.

*v.t.* перед|авать, -ать; под|авать, -ать; ~ me
the paper, please передайте мне газету,
пожалуйста; he ~ed her out of the carriage он
помог ей выйти из вагона; I ~ it to you (*coll.,
acknowledge your skill etc.*) я должен признать
— вы (по этой части) мастер.

*with advs.*: he ~ed **back** the money он вернул
деньги; ~ me **down** that book from the shelf
снимите мне эту книгу с полки; the custom
was ~ed **down** этот обычай переходил из
поколения в поколение; will you ~ **in** your
resignation? вы подадите заявление об
уходе?; the estate was ~ed **on** to the heirs
имение перешло к наследникам; the teacher
~ed **out** books учитель раздал книги; the king
~ed **over** his authority король передал свою
власть.

*cpds.*: ~**bag** *n.* дамская сумка; ~**ball** *n.*
ручной мяч; (*game*) гандбол; ~**bell** *n.*
колокольчик; ~**bill** *n.* рекламный листок;
афиша; ~**book** *n.* пособие; справочник;

руководство; ~-**brake** *n.* ручной тормоз;
~**cart** *n.* ручная тележка; ~-**clap** *n.* хлопок
(руками); slow ~-clap медленные аплодисменты в унисон; ~**cuff** *n.* наручник; *v.t.*
над|евать, -еть наручники +*d.*; ~-**grenade** *n.*
(*shell*) ручная граната; ~**grip** *n.*
пожатие/сжатие руки; ~**hold** *n.* опора;
зацепка; ~-**made** *adj.* сделанный вручную;
ручной работы; ~**maid** *n.* служанка; ~-**out**
*n.* (*gift*) милостыня; подаяние; (*for press*)
заявление для печати; ~**over** *n.* (*e.g. of
responsibility*) передача; ~-**picked** *adj.* тщательно подобранный; ~**rail** *n.* перил|а (*pl.,
g.* —); ~**saw** *n.* ножовка; ~**set** *n.* (*telephone*)
трубка; ~**shake** *n.* рукопожатие; golden
~shake (*coll.*) отставка с хорошими наградными; ~**spring** *n.* «колесо», сальто
(*indecl.*); ~**stand** *n.* стойка на руках; ~-**to-~**
*adj.* рукопашный; ~-to-~ fighting рукопашный бой; ~-**to-mouth** *adj.*: a ~-to-mouth existence жизнь впроголодь; ~**work** *n.* ручная
работа; ~**writing** *n.* почерк; ~ expert графолог; ~**written** *adj.* написанный от руки.

**handful** *n.* горсть; пригоршня; (*coll.*): this child
is a ~ с этим ребёнком хлопот не оберёшься;
этот ребёнок сущее наказание.

**handicap** *n.* **1.** (*hindrance*) помеха, препятствие; **2.** (*sport*) гандикап.
*v.t.* **1.** (*put at disadvantage*) чинить (*impf.*)
препятствия (*кому*); ставить, по- в невыгодное положение; ~ped children дети-инвалиды; **2.** (*sport*) ставить (*кого*) в менее
выгодные условия, чтобы уравновесить
шансы на победу.

**handicraft** *n.* ремесло, ручная работа; (*attr.*)
ремесленный; кустарный.

**handiwork** *n.* ручная работа; this is his ~ это
сделано его руками; (*fig.*) это его рук дело.

**handkerchief** *n.* носовой платок.

**handle** *n.* ручка, рукоять, рукоятка; (*fig.*): don't
fly off the ~! (*coll.*) не кипятись!; не лезь в
бутылку!; he has a ~ to his name у него есть
титул; he gave a ~ to his critics он дал своим
критикам зацепку.

*v.t.* **1.** (*take or hold in the hands*) трогать
(*impf.*); брать, взять руками; **2.** (*manage, deal
with, treat*) обращаться (*impf.*) с +*i.*; обходиться (*impf.*) с +*i.*; справляться, -авиться
с +*i.*; he can ~ a horse with skill он умеет
обращаться с лошадьми; he ~d the affair very
well он прекрасно справился с этим делом; he
~d himself well (*Am.*) он хорошо держался;
the officer ~d his men well офицер умело
командовал своими солдатами; he came in for
some rough handling с ним обошлись сурово;
ему досталось; **3.** (*comm., deal in*) торговать
(*impf.*) +*i.*

*v.i.*: this car ~s well эта машина удобна в
управлении.

*cpd.*: ~-**bars** *n.* (*of a bicycle*) руль (*m.*); ~-bar

moustache (*joc.*) за́гнутые ко́нчиками вверх усы́ (*m. pl.*).

**handsome** *adj.* (*of appearance*) краси́вый; (*generous*): a ~ present ще́дрый пода́рок; ~ is as ~ does су́дят не по слова́м, а по дела́м.

**handy** *adj.* **1.** (*clever with hands*) ло́вкий; ма́стер (на все ру́ки); he is ~ у него́ золоты́е ру́ки; **2.** (*easy to handle*) удо́бный для по́льзования; **3.** (*to hand, available*) (име́ющийся) под руко́й; **4.** (*convenient*) удо́бный, (*coll.*) сподру́чный; it may come in ~ э́то мо́жет пригоди́ться.

  *cpd.*: ~**-man** *n.* рабо́чий для ра́зных поде́лок.

**hang** *n.* **1.** (*way in which a thing hangs*) вид (вися́щей ве́щи); **2.** (*knack, sense*) смысл; «что к чему́»; I can't get the ~ of this machine (*or of his argument*) я не могу́ разобра́ться в э́той маши́не (*or* в его́ до́водах); **3.** (*coll.*) I don't give, care a ~ а мне́ како́е де́ло?; мне (на)плева́ть.

  *v.t.* **1.** (*suspend*) ве́шать, пове́сить; game must be hung for several days дичь должна́ повисе́ть не́сколько дней; this gate has been hung badly э́ти воро́та пло́хо подве́шены; ~ the blame on s.o. взва́л|ивать, -и́ть вину́ на кого́-н.; **2.** (*let droop*) пове́сить (*pf.*); she hung her head in shame она́ опусти́ла го́лову от стыда́; **3.** (*decorate, furnish*) разве́|шивать, -сить; the hall was hung with flags зал был уве́шан фла́гами; **4.** (*execute by* ~*ing*) ве́шать, пове́сить; Judas ~ed himself Иу́да пове́сился; **5.** (*as imprecation*): ~ it all! чёрт возьми́!; пропади́ оно́ про́падом!; I'll be ~ed if I'll go! (хоть) заре́жьте — не пойду́ туда́!

  *v.i.* **1.** (*be suspended*) висе́ть (*impf.*); (*fig.*): his life ~s by a thread его́ жизнь (виси́т) на волоске́; the outcome ~s in the balance ещё нея́сно, чем всё э́то ко́нчится (*or* како́й оборо́т при́мет де́ло); the threat of dismissal hung over him на ним нави́сла угро́за увольне́ния; she hung on his lips она́ лови́ла ка́ждое его́ сло́во; everything ~s on his decision всё упира́ется в его́ реше́ние; **2.** (*lean*) све́шиваться (*impf.*); don't ~ out of the window не высо́вывайтесь из окна́; **3.** (*droop*) висе́ть (*impf.*); свиса́ть (*impf.*); **4.** (*be executed*): he will ~ for it он попадёт за э́то на ви́селицу; (*fig.*) he let things go ~ он бро́сил всё к чёрту; **5.** (*loiter, stay close*): he hung round the door он задержа́лся у две́ри; the children hung about their mother де́ти льну́ли к ма́тери.

  with *advs.*: ~ **about**, ~ **around** *v.i.* болта́ться (*impf.*); шля́ться (*impf.*); шата́ться (*impf.*); ~ **back** *v.i.* упира́ться (*impf.*); ~ **on** *v.i.* (*cling*) держа́ться (*impf.*) (*за что*); цепля́ться (*impf.*); (*persist*) упо́рствовать (*impf.*); не сдава́ться (*impf.*); ~ on! (*coll.*) погоди́те!; постойте!; мину́точку!; ~ **out** *v.t.* выве́шивать, вы́весить; she hung out the washing она́

вы́весила бельё; *v.i.* (*protrude*): his shirt was ~ing out у него́ руба́шка вы́лезла из брюк; (*endure*): the besieged hung out for a month осаждённые держа́лись ме́сяц; (*coll., live*) обита́ть (*impf.*); ~ **together** *v.i.* (*stand by one another*) держа́ться (*impf.*) вме́сте; (*make sense*): the story doesn't ~ together ≃ концы́ с конца́ми не схо́дятся; ~ **up** *v.t.* (*fasten on peg, nail etc.*) пове́сить (*pf.*); (*coll., usu. pass., delay*): I got hung up in the traffic я застря́л в у́личной про́бке; *v.i.* (*end telephone conversation*) пове́сить (*pf.*) тру́бку.

  *cpds.*: ~**dog** *adj.*: a ~dog expression затра́вленный вид; ~**-gliding** *n.* дельтапланёрный спорт; ~**man** *n.* пала́ч; ~**-nail** *n.* заусе́ница; ~**out** *n.* (*sl.*) местожи́тельство, местопребыва́ние; ~**over** *n.* (*survival*) пережи́ток, насле́дие; (*from drink*) похме́лье, перепо́й; I had a ~over у меня́ разболе́лась голова́ от похме́лья; ~**-up** *n.* (*hitch*) зато́р, зами́нка; (*obsession, inhibition*) пу́нктик, бзик (*coll.*); he has a ~-up about it он закли́нился/заци́клился на э́том.

**hangar** *n.* анга́р.

**hanger** *n.* (*for clothes*) ве́шалка; (*wood on hillside*) лес на скло́не холма́.

  *cpd.*: ~**-on** *n.* прихлеба́тель (*m.*), приспе́шник.

**hanging** *n.* **1.** висе́ние; (*execution*) пове́шение; a ~ judge суро́вый судья́; ~ committee (*of Academy*) жюри́ (*nt. indecl.*) по приёму карти́н на вы́ставку; it is not a ~ matter (*fig.*) э́то не тако́е уж стра́шное преступле́ние; **2.** (*pl., tapestry etc.*) портье́ры (*f. pl.*); драпиро́вки (*f. pl.*).

  *adj.* вися́чий.

**hank** *n.* мото́к.

**hanker** *v.i.*: ~ after жа́ждать +*g.*

**hanky** (*coll.*) = HANDKERCHIEF.

**hanky-panky** *n.* (*coll.*) проде́л|ки (*pl., g.* -ок); моше́нничество.

**Hanover** *n.* Ганно́вер.

**Hanoverian** *adj.* ганно́верский.

**Hanseatic** *adj.* ганзе́йский.

**Hansen's disease** *n.* прока́за.

**hansom** *n.* (~ cab) двухколёсный экипа́ж.

**ha'penny** *see* HALFPENNY

**haphazard** *adj.* случа́йный.

  *adv.* случа́йно; науда́чу.

**hapless** *adj.* несча́стный; злополу́чный; незада́чливый.

**haply** *adv.* (*arch.*) (*by chance*) случа́йно; (*perhaps*) возмо́жно.

**happen** *v.i.* **1.** (*occur*) случ|а́ться, -и́ться; прои|сходи́ть, -зойти́; получ|а́ться, -и́ться; accidents will ~ ≃ вся́кое быва́ет; I hope nothing has ~ed to him наде́юсь, с ним ничего́ не случи́лось; **2.** (*chance*): it (so) ~ed that I was there случи́лось так, что я был там; as it ~s I can help you я в да́нном слу́чае могу́ вам помо́чь; do you ~ to know her? вы случа́йно не зна́ете её?; I ~ed to be out меня́ не оказа́лось до́ма; we ~ed to meet мы неожи́данно/случа́йно встре́тились; this ~s to be my birthday сего́дня как раз мой день рожде́ния; he ~ed to mention it он ка́к-то упомяну́л об э́том; **3.**: ~ **by, in** (*coll., call in casually*) за|ходи́ть, -йти́ (*к кому*); заск|а́кивать, -очи́ть (*к кому*); **4.**: ~ on случа́йно натки́ну́ться (*pf.*) на +g.

**happening** *n.* слу́чай; собы́тие; (*improvisation*) «хэ́ппенинг».

**happily** *adv.* **1.** (*contentedly*) сча́стливо; and they lived ~ ever after ≃ и ста́ли они́ жить-пожива́ть, да добра́ нажива́ть; **2.** (*fortunately*) к сча́стью.

**happiness** *n.* сча́стье.

**happy** *adj.* **1.** (*contented*) счастли́вый; **2.** (*fortunate, felicitous*) счастли́вый, уда́чливый; уда́чный; by a ~ coincidence по счастли́вой случа́йности; a ~ thought счастли́вая/уда́чная мысль; ~ medium золота́я середи́на; her death was a ~ release смерть была́ ей счастли́вым избавле́нием; ~ birthday! с днём рожде́ния!; ~ Christmas! с Рождество́м (христо́вым)!; **3.** (*pleased*) дово́льный (*чем*); we shall be ~ to come мы с удово́льствием придём; I'm not ~ about, with that suggestion мне э́то предложе́ние не нра́вится; меня́ э́то предложе́ние не совсе́м устра́ивает.

*cpd.*: ~-**go-lucky** *adj.* беззабо́тный; беспе́чный.

**hara-kiri** *n.* хараки́ри (*nt. indecl.*).

**harangue** *n.* разглаго́льствование; стра́стная/горя́чая речь.

*v.t.* увещева́ть (*impf.*).

*v.i.* разглаго́льствовать (*impf.*).

**harass** *v.t.* изводи́ть (*impf.*); трави́ть, за-; ~ the enemy изма́тывать (*impf.*) врага́; не дава́ть (*impf.*) врагу́ поко́я.

**harassment** *n.* тра́вля; изма́тывание.

**harbinger** *n.* предве́стник.

**harbour** *n.* га́вань, порт; ~ dues порто́вые сбо́ры (*m. pl.*); (*fig.*) убе́жище.

*v.t.* да|ва́ть, -ть убе́жище +d.; укр|ыва́ть, -ы́ть; ~ing a criminal укрыва́тельство/сокры́тие престу́пника; dirt ~s disease грязь — расса́дник боле́зней; (*fig.*): I ~ no grudge against him я не держу́ на него́ зла.

*cpd.*: ~-**master** *n.* нача́льник по́рта.

**hard** *adj.* **1.** (*firm, resistant, solid*) твёрдый; про́чный; ~ core (*fig., nucleus of resistance etc.*) ядро́; ~ and fast rules жёсткие пра́вила; ~ bread чёрствый хлеб; ~ tack гале́та; суха́рь (*m.*); **2.** (*of money*): ~ cash нали́чность; нали́чные (де́ньги); ~ currency твёрдая валю́та; **3.** (*difficult*) тру́дный; do sth. the ~ way идти́ тру́дным путём; you're ~ to please вам тру́дно угоди́ть; she played ~ to get она́ разы́грывала из себя́ недотро́гу; она́

набива́ла себе́ це́ну; it's ~ to say yet пока́ тру́дно сказа́ть; bargains are ~ to come by нелегко́ доста́ть ве́щи по дешёвой цене́; **4.**: ~ of hearing глухова́тый; туго́й на́ ухо; **5.** (*unsentimental, relentless*): he drives a ~ bargain с ним не сторгу́ешься; a ~ drinker го́рький пья́ница; don't be too ~ on her! не бу́дьте к ней сли́шком стро́ги; ~ sell навя́зывание това́ра; ~ words ре́зкие слова́; **6.** (*vigorous, harsh*): ~ times тяжёлые времена́; a ~ climate суро́вый кли́мат; it's a ~ life жизнь трудна́; тру́дно живётся; take a ~ line заня́ть (*pf.*) жёсткую пози́цию; a ~ master стро́гий хозя́ин; as ~ as nails (*fig.*) закалённый; (~-*hearted*) жестокосе́рдный; a ~ light ре́зкий свет; ~ liquor кре́пкие напи́тки; ~ drugs сильноде́йствующие нарко́тики; ~ carriage (*rail.*) жёсткий ваго́н; ~ water жёсткая вода́; a ~ consonant твёрдый согла́сный; **7.** (*intensive*): ~ work тяжёлая/тру́дная рабо́та; a ~ blow си́льный уда́р; ~ labour (*also* ~, *coll.*) исправи́тельно-трудовы́е рабо́ты; (*fig.*) ка́торга; a ~ worker усе́рдный/приле́жный рабо́тник; a ~ rider неутоми́мый ездо́к; **8.** (*coll., unfortunate*): ~ lines (luck, cheese)! не везёт!; как вам (*и т.п.*) не повезло́!; he told a ~-luck story он пыта́лся разжа́лобить слу́шателей свои́ми го́рестями; his parents are ~ up его́ роди́тели — лю́ди небога́тые.

*adv.* **1.** (*solid*): the ground froze ~ земля́ промёрзла; **2.** (*with force*): it is raining ~ дождь льёт вовсю́; he had to brake ~ ему́ пришло́сь ре́зко затормози́ть; ~ a-starboard! пра́во на борт!; ~ hit (*fig.*) си́льно пострада́вший; **3.** (*unremittingly*) усе́рдно; he rode ~ all day он проскака́л на ло́шади весь день, нигде́ не остана́вливаясь; he was ~ pressed for money ему́ до заре́зу нужны́ бы́ли де́ньги; I was ~ put to it to answer мне нелегко́ бы́ло найти́ отве́т; **4.** (*adversely*): it will go ~ with him ему́ ту́го придётся; ~ done by обделённый; пострада́вший; **5.** (*persistently*): he looked ~ in my direction он при́стально посмотре́л в мою́ сто́рону; I looked ~ for the book я до́лго иска́л кни́гу; look ~! хороше́нько поищи́те!; did you look ~? вы как сле́дует иска́ли?; work (*study*) ~ усе́рдно занима́ться (*impf.*); we worked ~ мы мно́го рабо́тали; work ~er рабо́тать (*impf.*) (ещё) бо́льше/лу́чше; I tried ~ to make him understand я изо всех сил стара́лся разъясни́ть ему́ (*что*); **6.**: ~ by (*liter.*) побли́зости.

*cpds.*: ~-**and-fast** *adj.* стро́гий; неукосни́тельный; ~-**back** *n.* (*book*) кни́га в жёстком переплёте; ~-**bitten** *adj.* сто́йкий, несгиба́емый; ~-**bolled** *adj.* (*lit.*) сва́ренный вкруту́ю; a ~-boiled egg круто́е яйцо́; яйцо́ вкруту́ю; (*fig.*) прожжённый; вида́вший ви́ды; ~-**cover** *adj.* в жёстком переплёте; в

твёрдой обло́жке; ~-**earned** *adj.* зарабо́тан-
ный тя́жким трудо́м; ~-**faced** *adj.* с суро́вым
ви́дом; ~-**fisted** *adj.* прижи́мистый; ~-**headed**
*adj.* тре́звый; практи́чный; ~-**hearted** *adj.*
жестокосе́рдный; неумоли́мый; ~-**hitting**
*adj.* (*e.g.* *speech*) жесто́кий; ска́занный
напрями́к; ~-**liner** *n.* (*coll., one who takes a ~
line*) сторо́нник жёсткой ли́нии, «я́стреб»;
~-**mouthed** *adj.* тугоу́здый; (*fig.*) упря́мый;
стропти́вый; ~**ware** *n.* скобяны́е изде́-
лия/това́ры; (*mil., coll.*) те́хника, матча́сть;
(*of computer*) аппара́тное обеспе́чение;
~-**wearing** *adj.* но́ский; ~**wood** *n.* твёрдая
древеси́на; ~-**working** *adj.* работя́щий,
уси́дчивый.

**harden** *v.t.* укреп|ля́ть, -и́ть; прид|ава́ть, -а́ть
твёрдость +*d.*; ~ed steel закалённая сталь;
(*fig.*): he ~ed his heart он ожесточи́л своё
се́рдце; his body was ~ed by exercise он
укрепи́л свои́ мы́шцы, занима́ясь спо́ртом; a
~ed criminal закорене́лый престу́пник;
рециди́вист.
 *v.i.* (*fig.*): opinion ~ed мне́ние укрепи́-
лось/укорени́лось; prices are ~ing (*rising*)
це́ны расту́т.

**hardihood** *n.* де́рзость; дерза́ние.

**hardiness** *n.* выно́сливость; зака́лка.

**hardly** *adv.* **1.** (*with difficulty*) едва́ (ли); **2.** (*only
just*): I had ~ sat down when the phone rang
то́лько я сел, как зазвони́л телефо́н; (*I* ~
know him я его́ почти́ не зна́ю; **3.** (*not reasonably*): he can ~ have arrived yet вряд ли он уже́
прие́хал; you can ~ expect her to agree вы
едва́ (*or* вряд ли) мо́жете рассчи́тывать на её
согла́сие; **4.** (*almost not*): ~ ever почти́ ни-
когда́; there's ~ any money left де́нег почти́ не
оста́лось; I had ~ say само́ собо́й разу-
ме́ется; са́ми понима́ете; **5.** (*severely*): he has
been ~ treated с ним гру́бо/суро́во обо-
шли́сь.

**hardness** *n.* твёрдость, жёсткость.

**hardship** *n.* невзго́ды (*f. pl.*); испыта́ние.

**hardy** *adj.* **1.** (*bold*) отва́жный; де́рзкий; **2.**
(*robust*) закалённый, выно́сливый; (*of plants*)
морозоусто́йчивый; ~ annual (*lit.*) морозо-
сто́йкое одноле́тнее расте́ние; (*fig., recurrent
subject etc.*) надое́вший вопро́с.

**hare** *n.* за́яц; ~ and hounds (*game*) за́яц и
соба́ки; run with the ~ and hunt with the
hounds (*fig.*) служи́ть (*impf.*) и на́шим и
ва́шим; first catch your ~ цыпля́т по о́сени
счита́ют; mad as a March ~ одуре́вший, оша-
ле́вший; who started this ~? (*fig.*) кто завари́л
ка́шу? (*coll.*).
 *v.i.* (*sl.*) уд|ира́ть, -ра́ть.
 *cpds.*: ~**bell** *n.* колоко́льчик круглоли́стый;
~-**brained** *adj.* опроме́тчивый; шально́й;
~**lip** *n.* за́ячья губа́.

**harem** *n.* гаре́м.

**haricot** *n.* (~ bean) фасо́ль (*collect.*).

**hark** *v.i.* **1.** (*listen*) вн|има́ть, -ять +*d.*; just ~ at
him! вы то́лько его́ послу́шайте!; **2.** ~ **back** to
(*recall*) упом|ина́ть, -яну́ть (*pf.*) к +*d.*
(*теме и т.п.*); (*date back to*) восходи́ть к +*d.*

**harlequin** *n.* арлеки́н.

**harlequinade** *n.* арлекина́да; (*fig.*) шутовство́,
пая́сничание.

**harlot** *n.* (*arch.*) шлю́ха.

**harlotry** *n.* (*arch.*) блуд, развра́т.

**harm** *n.* вред, уще́рб; it can do no ~ от э́того
вреда́ не бу́дет; there's no ~ (in) trying
попы́тка — не пы́тка; he will come to no ~ с
ним ничего́ не случи́тся; I meant no ~ я не
хоте́л (вас *и т.п.*) оби́деть; out of ~'s way от
греха́ пода́льше; there is no ~ done никто́ не
пострада́л.
 *v.t.* вреди́ть, по- +*d.*; причин|я́ть, -и́ть (*or*
нан|оси́ть, -ести́) вред +*d.*; об|ижа́ть, -и́деть;
be ~ed пострада́ть (*pf.*).

**harmful** *adj.* вре́дный.

**harmless** *adj.* (*not injurious*) безвре́дный; безо-
па́сный; (*innocent*) безоби́дный.

**harmonic** *adj.* гармони́ческий.

**harmonica** *n.* гармо́ника.

**harmonious** *adj.* (*lit., fig.*) гармони́чный; (*amicable*) дру́жный; сла́женный; согла́сный.

**harmonium** *n.* фисгармо́ния.

**harmonization** *n.* (*lit., fig.*) гармониза́ция.

**harmonize** *v.t.* **1.** (*mus., put chords to melody*)
гармонизи́ровать (*impf.*); **2.** (*bring into agree-
ment*) согласо́в|ывать, -а́ть; увя́з|ывать, -а́ть.
 *v.i.*: these colours ~ well э́ти цвета́ гармони́-
руют (ме́жду собо́й).

**harmony** *n.* **1.** (*mus., theory*) гармо́ния; **2.** (*of
sounds, colours*) гармони́чность; **3.** (*agreement*) гармо́ния; сла́женность; their thoughts
are in ~ их иде́и созву́чны.

**harness** *n.* у́пряжь; (*fig.*): he died in ~ он у́мер
на (трудово́м) посту́; they run in double ~ они́
рабо́тают в па́ре.
 *v.t.* запр|яга́ть, -я́чь; (*fig.*) (*of natural forces*)
обу́зд|ывать, -а́ть; покор|я́ть, -и́ть; (*of ener-
gies etc.*) мобилизо́в|ывать, -а́ть.

**harp** *n.* а́рфа.
 *v.i.* (*fig.*): ~ on sth. тверди́ть (*impf.*) о чём-н.

**harp**|**er**, -**ist** *nn.* арфи́ст (*fem.* -ка).

**harpoon** *n.* гарпу́н.
 *v.t.* бить, гарпуно́м; гарпу́нить, за-.

**harpsichord** *n.* клавеси́н.

**harpy** *n.* (*myth.*) га́рпия; (*fig., rapacious person*)
рвач; хи́щник.

**harridan** *n.* ста́рая карга́; ве́дьма.

**harrier** *n.* (*dog*) го́нчая; (*runner*) уча́стник
кро́сса.

**harrow** *n.* борона́.
 *v.t.* **1.** (*agric.; also v.i.*) борони́ть (*impf.*); **2.**
(*fig., lacerate*) терза́ть, ис-; ра́нить (*impf.*)
(*чувства*); a ~ing tale душераздира́ющая
исто́рия.

**harry** *v.t.* (*ravage*) разор|я́ть, -и́ть; опустош|а́ть, -и́ть; (*harass*) изв|оди́ть, -ести́; му́чить, из-.

**harsh** *adj.* **1.** (*rough*) гру́бый, ре́зкий; a ~ taste ре́зкий вкус; ~ colours ре́зкие (*or* ре́жущие глаз) цвета́; **2.** (*severe*) суро́вый.

**harshness** *n.* ре́зкость, суро́вость.

**hart** *n.* оле́нь-саме́ц.

**hartebeest** *n.* коро́вья антило́па; буба́л.

**harum-scarum** *adj.* беззабо́тный, бесшаба́шный.

**harvest** *n.* (*yield*) урожа́й; (~*ing*) жа́тва, сбор урожа́я; (*garnering*) убо́рка; the ~ is ripe урожа́й созре́л; ~ festival пра́здник урожа́я; ~ home коне́ц жа́твы; (*fig.*) плоды́ (*m. pl.*) труда́; he reaped a ~ of praise он просла́вился.

*v.t. & i.* соб|ира́ть, -ра́ть (урожа́й); жать, с-.

**harvester** *n.* (*reaper*) жн|ец (*fem.* -и́ца); (*machine*) убо́рочная маши́на.

**has-been** *n.* (*coll.*) челове́к, пережи́вший свою́ сла́ву; ≃ «из бы́вших»; he is a ~ его́ вре́мя прошло́.

**hash** *n.* ме́лко наре́занное мя́со; (*fig.*): he made a ~ of it он завали́л/загуби́л всё де́ло; I'll settle his ~ я сде́лаю из него́ котле́ту; я его́ проучу́.

*v.t.* (*also* ~ up) ме́лко ре́зать, на- (*мясо*).

**hash|ish, -eesh** *n.* гаши́ш.

**hasp** *n.* засо́в.

**hassle** *n.* (*coll.*) тру́дность, препя́тствие.

**hassock** *n.* поду́шечка для коленопреклоне́ния.

**haste** *n.* спе́шка, торопли́вость; he went off in great ~ он поспе́шно ушёл; make ~! потора́пливайтесь!; more ~, less speed ти́ше е́дешь — да́льше бу́дешь.

**hasten** *v.t.* торопи́ть, по-; уск|оря́ть, -о́рить; убыстр|я́ть, -и́ть.

*v.i.* торопи́ться (*impf.*), спеши́ть (*impf.*); I ~ to add that . . . спешу́ доба́вить, что . . .

**hasty** *adj.* (*hurried*) поспе́шный; торопли́вый; (*rash, ill-considered*) поспе́шный; скоропали́тельный; (*quick-tempered*) вспы́льчивый; горя́чий.

**hat** *n.* шля́па; a bad ~ (*sl.*) подо́нок; проходи́мец; my ~! (*coll.*) на́до же!; ну и ну!; top ~ цили́ндр; if he wins I'll eat my ~ (*coll.*) пусть меня́ пове́сят, е́сли он вы́играет; I refuse to go ~ in hand to him я не ста́ну перед ним раскланиваться; keep it under your ~ (*coll.*) нико́му об э́том ни сло́ва; they passed, sent the ~ round они́ пусти́ли ша́пку по кру́гу; I take off my ~ to him я преклоня́юсь перед ним; he's talking through his ~ он несёт ахине́ю (*coll.*); at the drop of a ~ (*coll.*) неме́дленно, то́тчас же; по мале́йшему по́воду; he wears two ~s (*fig.*) он игра́ет две ро́ли сра́зу; old ~ (*sl.*) устаре́лый; старо́!

*cpds.*: ~**-band** *n.* ле́нта на шля́пе; ~**-pin** *n.* зако́лка для шля́пы; ~ **rack** *n.* ве́шалка для

шляп; ~**-stand** *n.* стоя́чая ве́шалка для шляп; ~**-trick** *n.*: he scored a ~-trick (*fig.*) он доби́лся успе́ха три ра́за подря́д.

**hatch**[1] *n.* (*opening*) люк; отве́рстие; (*cover*) кры́шка; две́рцы (*f. pl.*); under ~es под па́лубой; (*fig.*) в надёжном ме́сте; down the ~! (*coll.*) пей до дна!

*cpd.*: ~**way** *n.* люк.

**hatch**[2] *v.t.* (*produce by incubation*; *incubate*) вына́шивать, вы́носить; (*fig., plot*): what are you ~ing? что вы там замышля́ете?

*v.i.* (*also* ~ out) вылу́пливаться, вы́лупиться.

**hatchery** *n.* инкуба́тор.

**hatchet** *n.* топо́р, топо́рик; let's bury the ~! дава́йте помири́мся!

*cpd.*: ~**-faced** *adj.* остроли́цый, с о́стрым лицо́м.

**hatching** *n.* штрих, штрихо́вка.

**hatchment** *n.* мемориа́льная табли́чка с изображе́нием герба́.

**hate** *n.* не́нависть.

*v.t.* ненави́деть (*impf.*); (*dislike strongly*) не терпе́ть/выноси́ть, о́чень не люби́ть (*all impf.*); I ~ getting up early я ненави́жу ра́но встава́ть; I ~ to trouble you, but . . . мне о́чень не хо́чется вас беспоко́ить, но . . .

**hateful** *adj.* ненави́стный.

**hater** *n.*: he is a ~ of gossip он ненави́дит спле́тни; he is a good ~ он уме́ет ненави́деть.

**hatless** *adj.* с непокры́той голово́й.

**hatred** *n.* не́нависть; have a ~ of sth. не терпе́ть/выноси́ть чего́-н.; feel ~ for пита́ть не́нависть к +*d.*

**hatter** *n.* шля́пник; mad as a ~ сумасше́дший; полоу́мный; ≃ не все до́ма.

**haughtiness** *n.* высокоме́рие; зазна́йство.

**haughty** *adj.* зано́счивый; высокоме́рный.

**haul** *n.* **1.** (*act of pulling*) вытя́гивание; тя́га; **2.** (*distance pulled*) рейс, пробе́г; a long ~ (*fig.*) до́лгое де́ло; **3.**: a ~ of fish то́ня; (*fig., booty*) добы́ча; «уло́в».

*v.t. & i.* тяну́ть (*impf.*); тащи́ть (*impf.*); (*fig.*): they were ~ed before the magistrate их привлекли́ к суду́; ~ over the coals пропесо́чить (*pf.*); устро́ить (*pf.*) разно́с +*d.* (*both coll.*).

*with advs.*: ~ **down**, *v.t.*: the flag was ~ed down флаг был спу́щен; ~ **in** *v.t.* вт|я́гивать, -яну́ть; ~ **out** *v.t.* вытя́гивать, вы́тянуть; ~ **up** *v.t.* подн|има́ть, -я́ть; (*coll., summon*) притащи́ть (*pf.*).

**haulage** *n.* транспортиро́вка, перево́зка; ~ contractor подря́дчик на грузовы́е перево́зки.

**haulier** *n.* перево́зчик.

**haunch** *n.* бедро́, ля́жка; he got down on his ~es он присе́л на ко́рточки.

**haunt** *n.* излю́бленное (*or* ча́сто посеща́емое) ме́сто; our childhood ~s места́, где мы люби́ли быва́ть в де́тстве.

*v.t.& i.* неотвя́зно пресле́довать (*impf.*); a ~ed house дом с привиде́ниями; a ~ing melody навя́зчивый моти́в; she ~s my memory мысль о ней пресле́дует меня́.

**Hausa** *n. & adj.* ха́уса (*m. indecl.*).

**hautboy** *n.* гобо́й.

**hauteur** *n.* высокоме́рие; надме́нность.

**Havana** *n.* Гава́на; (~ cigar) гава́нская сига́ра.

**have** *n.*: the ~s and the ~-nots иму́щие и неиму́щие.

*v.t.* **1.** име́ть; (*possess*) облада́ть +*i.*; *often expr. by* y +*g.*; she has blue eyes y неё голубы́е глаза́; I ~ no doubt y меня́ нет сомне́ний; he has no equal он не име́ет себе́ (*or* ему́ нет) ра́вных; ~ the goodness to . . . бу́дьте добры́; не откажи́те в любе́зности; he had the courage to refuse он име́л му́жество отказа́ться; I ~ no idea поня́тия не име́ю; he has no languages он не зна́ет иностра́нных языко́в; they cannot ~ children они́ не мо́гут име́ть дете́й; they ~ large reserves of oil они́ владе́ют больши́ми запа́сами не́фти; **2.** (*contain*): June has 30 days в ию́не 30 дней; **3.** (*experience*): ~ a good time! жела́ю вам хорошо́ провести́ вре́мя; (*suffer from*): he has a cold y него́ на́сморк; do you often ~ toothache? y вас ча́сто боля́т зу́бы?; **4.** (*bear*) роди́ть (*impf., pf.*); рожа́ть (*impf.*); she is having a baby in May в ма́е y неё бу́дет ребёнок; **5.** (*receive, obtain*): we had news of him yesterday вчера́ мы получи́ли о нём изве́стие; you always ~ your own way ты ве́чно наста́иваешь на своём; there was nothing to be had там ничего́ не́ было; the play had a great success пье́са име́ла большо́й успе́х; (*accept*): I'm not having any! (*coll.*) э́то не для меня́; ну уж нет!; (*tolerate*): I won't ~ it! я э́того не потерплю́!; **6.** (*show, exercise*): ~ pity on сжа́литься над +*i.*; ~ pity on me сжа́льтесь надо мной; he had no mercy он был безжа́лостен; **7.** (*undertake, perform*): ~ a game of tennis сыгра́ть (*pf.*) в те́ннис; ~ a go (*coll.*) попыта́ться (*pf.*); попро́бовать (*pf.*); **8.** (*partake of, enjoy*): ~ dinner у́жинать (*impf.*); **9.** (*puzzle, put at a loss*): you ~ me there вы меня́ озада́чили; **10.** (*coll., swindle*): you've been had вас провели́/околпа́чили; **11.** (*cause, order*): ~ him come here! приведи́те/пришли́те его́ сюда́; заста́вьте его́ прийти́ сюда́; I must ~ my shoes mended мне на́до отда́ть ту́фли в почи́нку; я до́лжен почини́ть ту́фли; I would ~ you know да бу́дет вам изве́стно; what would you ~ me do? так что, по-ва́шему, я до́лжен де́лать?; (*suffer*): he had his leg smashed он слома́л но́гу; **12.** (*with inf., be obliged to*) быть вы́нужденным/обя́занным; I ~ to я до́лжен; мне прихо́дится; it has to be done э́то необходи́мо сде́лать; you don't ~ to go вы не обя́заны идти́; I didn't want to, but I had to я не хоте́л, но был вы́нужден; **13.**

(*phrases with* it): I ~ it! (*the answer, solution*) нашёл!; let him ~ it! (*sl., attack him*) дай ему́ хороше́нько!; покажи́ ему́!; he's had it! (*sl.*) (*is too old or old-fashioned*) его́ вре́мя прошло́; (*has missed an offer or opportunity*) ну всё, он погоре́л/пропа́л; пиши́ пропа́ло; rumour has it that . . . хо́дят слу́хи, что . . .; he would ~ it как он утвержда́ет; you can't ~ it both ways (*coll.*) и́ли то, и́ли друго́е; ≃ вы хоти́те, что́бы во́лки бы́ли сы́ты и о́вцы це́лы; he had it coming (to him) (*coll.*) он сам на э́то нарва́лся; he has it in for me (*coll.*) y него́ зуб на меня́; ~ it off (~ *sexual intercourse*) переспа́ть (*pf.*), (*sl.*) живану́ть (*pf.*); ~ it out with s.o. объясн|я́ться, -и́ться с кем-н.; I had it in mind to go there y меня́ была́ мысль пойти́ туда́; ~ it your own way! будь по ва́шему!; he has never had it so good ему́ никогда́ ещё так хорошо́ не жило́сь.

*with advs.*: can I ~ my watch **back**? могу́ я получи́ть свои́ часы́ обра́тно?; may we ~ the blinds **down**? мо́жно опусти́ть што́ры?; we had her parents down (*to stay*) y нас гости́ли её роди́тели; we are having the painters **in** next week на сле́дующей неде́ле приду́т маляры́; ~ we enough food in for the weekend? y нас доста́точно проду́ктов на суббо́ту и воскресе́нье?; he had his coat **off** он был без пальто́; she had his coat off (*took it off him*) in a moment она́ сра́зу же сняла́ с него́ пальто́; she had a red dress **on** на ней бы́ло кра́сное пла́тье; ~ you anything on tonight? y вас есть пла́ны на сего́дняшний ве́чер?; we ~ a lot of work on at present y нас сейча́с мно́го/ма́сса рабо́ты; ~ s.o. on разы́гр|ывать, -а́ть кого́-н.; I must ~ this tooth **out** мне ну́жно удали́ть э́тот зуб; they had the road **up** last week на про́шлой неде́ле э́ту доро́гу ремонти́ровали; we'll ~ the tent up in no time мы ми́гом устано́вим пала́тку; he was had up for speeding (*coll.*) его́ задержа́ли за превыше́ние ско́рости.

*misc. phrases*: ~ at you! держи́тесь!; «иду́ на вы!»; I ~ nothing against it я ничего́ про́тив э́того не име́ю; you had better, best give the book back вам лу́чше бы верну́ть кни́гу; ~ done with sth. поко́нчить (*pf.*) с чем-н.; you might as well pay and ~ done with it заплати́те — и де́лу коне́ц; it has to do with his work э́то свя́зано с его́ рабо́той; it has nothing to do with you вас э́то не каса́ется; I'll ~ nothing to do with it я не жела́ю име́ть никако́го отноше́ния к э́тому.

**haven** *n.* га́вань; (*fig.*) прию́т, приста́нище.

**haver** *v.i.* (*dither*) ме́шкать, колеба́ться (*both impf.*); (*talk nonsense*) нести́ (*det.*) чушь.

**haversack** *n.* су́мка/рюкза́к для прови́зии.

**havoc** *n.* разгро́м; опустоше́ние; (*fig.*) make ~ of, play ~ with вн|оси́ть, -ести́ беспоря́док/ ха́ос в +*a.*

**haw**[1] *n.* я́года боя́рышника.
   *cpd.*: ~**thorn** *n.* боя́рышник.
**haw**[2] *v.i. see* HUM *v.i.* (*3*).
**Hawaii** *n.* Гава́йи (*m. indecl.*).
**Hawaiian** *n.* гава́|ец (*fem.* -йка).
   *adj.* гава́йский.
**hawk**[1] *n.* я́стреб (*also fig., pol.*); со́кол.
   *v.i.* охо́титься (*impf.*) с я́стребом/со́колом.
   *cpd.*: ~**-eyed** *adj.* зо́ркий, с орли́ным
взгля́дом; ~**-moth** *n.* бра́жник; су́меречная
ба́бочка; ~**weed** *n.* ястреби́нка.
**hawk**[2] *v.i.* (*clear throat*) отка́шл|иваться, -яться.
**hawk**[3] *v.t.* (*for sale*) торгова́ть (*impf.*) вразно́с
+*i.*; (*fig.*) быть разно́счиком +*g.*
**hawker** *n.* торго́вец-разно́счик; лото́чник.
**hawser** *n.* (стально́й) трос.
**hay** *n.* се́но; ~ fever сенна́я лихора́дка; hit the
~ (*sl., go to bed*) отпр|авля́ться, -а́виться на
боковую; make ~ (*lit.*) вороши́ть|заго-
та́вливать (*both impf.*) се́но; make ~ while the
sun shines ≃ куй желе́зо, пока́ горячо́; make
~ of (*fig., reduce to confusion*) разби́ть в пух и
прах.
   *cpds.*: ~**cock** *n.* копна́; ~**-fork** *n.* ви́л|ы (*pl., g.*
—); ~**maker** *n.* рабо́чий на сенозаготовках;
(*coll., swinging blow*) си́льный уда́р; ~**making**
*n.* сеноко́с, загото́вка се́на; ~**rick** *n.* стог
се́на; ~**seed** *n.* (*coll., yokel*) мужи́к,
дереве́нщина (*c.g.*); ~**stack** *n.* стог се́на;
~**wire** *n.* (*sl.*): everything went ~wire всё
пошло́ наперекоски́.
**hazard** *n.* **1.** (*risk*) риск; at all ~s чего́ бы э́то ни
сто́ило; любо́й цено́й; **2.** (*danger*) опа́сность;
at ~ в опа́сности; road ~s опа́сности на
доро́гах.
   *v.t.* **1.** (*endanger*) риск|ова́ть, -ну́ть +*i.*;
ста́вить, по- под уда́р; he ~ed his life for her
ра́ди неё он рискова́л жи́знью; **2.** (*venture
upon*) рискну́ть (*pf.*) +*i.*; отва́ж|иваться,
-иться на +*a.*; he ~ed a remark он отва́жился
вы́сказать замеча́ние.
**hazardous** *adj.* риско́ванный; опа́сный.
**haze** *n.* ды́мка; (*fig.*) тума́н в голове́.
   *v.t.* затума́н|ивать, -ить; оку́т|ывать, -ать
ды́мкой.
   *v.i.*: the windows ~d over о́кна запоте́ли.
**hazel** *n.* (*tree*) лесно́й оре́х; (*colour*) оре́-
ховый цвет; ~ eyes ка́рие глаза́.
   *cpd.*: ~**-nut** *n.* лесно́й оре́х.
**haziness** *n.* (*atmospheric*) тума́нность; ды́мка;
(*mental*) расплы́вчатость; тума́нность.
**hazy** *adj.* подёрнутый ды́мкой; затума́ненный;
(*fig.*) сму́тный, тума́нный.
**he**[1] *n.* **1.** (*coll., male human*) мужчи́на; (*child*)
ма́льчик; (*animal*) саме́ц; **2.** он; тот; (*in children's game*) тот, кто во́дит; са́лка, горе́лка;
вожа́к, водя́щий (*etc., acc. to game*); who is
'~'? кто во́дит?; чья о́чередь?; кому́ води́ть?;
~ who believes тот, кто ве́рит; ~'s a clever
man, our teacher он у́мный челове́к, наш учи-

тель.
   *cpds.*: ~**-bear** *n.* медве́дь-саме́ц; ~**-goat** *n.*
козёл; ~**-man** *n.* настоя́щий мужчи́на.
**he**[2] *int.*: ~, ~ (*expr. laughter*) хи-хи!
**head** *n.* **1.** голова́; (*dim., e.g. baby's*) голо́вка; he
was hit on the ~ его́ уда́рили по голове́; ~
first, foremost голово́й вперёд; he was ~ over
heels in love он был по́ уши влюблён; over ~
and ears in debt по́ уши в долга́х; covered in
dust from ~ to foot, toe покры́тый пы́лью с
головы́ до ног; a good ~ of hair густы́е
во́лосы; I could do it standing on my ~ я могу́
э́то сде́лать одно́й ле́вой; he goes about with
his ~ in the air он задира́ет нос; он задаётся;
his ~ is in the clouds он вита́ет в облака́х; he is
keeping his ~ above water (*fig.*) он де́ржится
на пове́рхности; he will never hold up his ~
again он бо́льше не смо́жет смотре́ть лю́дям
в глаза́; he hung his ~ for shame он пове́сил
го́лову от стыда́; shake one's ~ покача́ть (*pf.*)
голово́й; he turned his ~ он поверну́л го́лову;
I cannot make ~ or tail of it я не могу́ в э́том
разобра́ться; я не могу́ взять э́то в толк; he
was promoted over my ~ ему́ да́ли повыше́ние
че́рез мою́ го́лову; this is all completely over
my ~ всё э́то вы́ше моего́ понима́ния; keep
your ~ down (*lit.*) пригни́тесь; опусти́те
го́лову; (*fig.*) не су́йтесь; не ле́зьте на рожо́н;
it's time to get your ~ down (*coll., go to bed*)
пора́ на боковую; he is reading his ~ off он
чита́ет до одуре́ния; he can talk your ~ off он
вас заговори́т; the horse is eating its ~ off
(*coll.*) на э́ту ло́шадь ко́рма не напасёшься;
bury one's ~ in the sand (*fig.*) отка́зываться
(*impf.*) смотре́ть фа́ктам в лицо́; (*attr.*)
головно́й; a ~ cold на́сморк; a ~ voice
головно́й реги́стр; a ~ wind встре́чный
ве́тер; **2.** (*as measure*): he gave me a ~ start он
мне дал фо́ру; he is taller by a ~ он вы́ше на́
го́лову; he stands ~ and shoulders above the
rest (*fig.*) он на́ голову вы́ше остальны́х; **3.**
(*mind, brain*): two ~s are better than one ум
хорошо́, а два лу́чше; he has a good ~ for
figures он хорошо́ счита́ет; he's a bit weak in
the ~ у него́ ви́нтика не хвата́ет; he's off his ~
он спя́тил; a ~ on young shoulders из
молоды́х, да ра́нний; you can do the sum in
your ~ вы мо́жете вы́числить э́то в уме́; it
came into my ~ мне э́то пришло́ в го́лову; I
can't keep it in my ~ э́то не де́ржится у меня́ в
голове́; they put their ~s together они́ ста́ли
ду́мать вме́сте (*or* обсужда́ть совме́стно); I
made it up out of my ~ я э́то вы́думал; put it
out of your ~! вы́бросьте э́то из головы́!;
what put that into your ~? отку́да вы э́то
взя́ли?; с чего́ э́то вам взбрело́ (в го́лову)?; he
took it into his ~ to invite them ему́ взбрело́ в
го́лову их пригласи́ть; it went clean out of my
~ э́то у меня́ соверше́нно вы́скочило из
головы́; я на́чисто забы́л об э́том; it never

entered my ~ мне э́то никогда́ не приходи́ло в го́лову; (*faculties*): the wine went to his ~ вино́ уда́рило ему́ в го́лову; success went to his ~ успе́х вскружи́л ему́ го́лову; the next day I had a thick ~ на сле́дующий день у меня́ треща́ла/гуде́ла голова́; (*balance, composure*): he kept his ~ он сохраня́л прису́тствие ду́ха; он не теря́л го́лову; he has no ~ for heights у него́ кру́жится голова́ от высоты́; он бои́тся высоты́; (*freedom, scope*): he gave the horse its ~ он дал ло́шади по́лную во́лю; **4.** (*on a coin*): ~s or tails? орёл и́ли ре́шка?; ~s I win е́сли орёл, я вы́играл; **5.** (*personage*): crowned ~s короно́ванные осо́бы; **6.** (*unit*): £5 a ~ пять фу́нтов с ка́ждого; forty ~ of cattle со́рок голо́в скота́; **7.** (*life*): it cost him his ~ он поплати́лся за э́то голово́й; Charles I lost his ~ Карл I сложи́л го́лову на пла́хе; he had a price on his ~ его́ голова́ была́ оценена́; on your own ~ be it! на ваш страх и риск!; their blood is on his ~ их кровь на его́ со́вести; **8.** (*upper or principal end*): at the ~ of the table во главе́ стола́; at the ~ of the stairs на ве́рхней площа́дке ле́стницы; at the ~ of the page в нача́ле страни́цы; at the ~ of the procession во главе́ проце́ссии; **9.** (*principal member*) глава́ (*c.g.*), ста́рший; ~ of state глава́ госуда́рства; ~ of the family глава́ семьи́; (*attr., principal*): ~ boy ста́рший учени́к; ста́роста шко́лы; ~ waiter метрдоте́ль (*m.*); ~ office гла́вная конто́ра, центр; **10.** (*category*): these all come under one ~ всё э́то отно́сится к одному́ разря́ду; **11.** (*culmination*): things came to a ~ наступи́л перело́мный моме́нт; the revolt came to a ~ бунт назре́л; he brought the issue to a ~ он поста́вил вопро́с ребро́м; **12.** (*of tool, plant, vegetable, flower*) голо́вка; (*of river*) верхо́вье; (*of water, steam*) напо́р, давле́ние; (*froth*) пе́на; (*promontory*) мыс.

*v.t.* **1.** (*steer, direct*): he is ~ed for home он направля́ется домо́й; I managed to ~ him off (*fig.*) мне удало́сь переключи́ть его́ на другу́ю те́му; **2.** (*strike with head*): he ~ed the ball into the net он заби́л мяч голово́й в се́тку; **3.** (*be first in*): he ~ed the team он возглавля́л кома́нду; he ~ed the list он был пе́рвым в спи́ске.

*v.i.* (*move, steer*) напр|авля́ться, -а́виться; (*fig.*): he is ~ing for disaster он пло́хо ко́нчит.

*cpds.*: ~**ache** *n.* головна́я боль; I have a ~ache у меня́ боли́т голова́; ~**-band** *n.* головна́я повя́зка; ~**board** *n.* спи́нка/щит в изголо́вье крова́ти; ~**dress** *n.* (замысло́ватый/экзоти́ческий) головно́й убо́р; ~**gear** *n.* головно́й убо́р; ~**-hunter** *n.* канниба́л, собира́ющий го́ловы уби́тых как трофе́и; ~**lamp**, ~**-light** *nn.* фа́ра; (*rail. etc.*) лобово́й фона́рь; ~**land** *n.* (*promontory*) мыс; ~**light** *see* ~**lamp**; ~**line** *n.* заголо́вок; he hit

the ~lines о нём крича́ли все газе́ты; ~**long** *adj.* (*fig.*): ~long flight стреми́тельное бе́гство; *adv.* голово́й/но́сом вперёд; стремгла́в; очертя́ го́лову; ~**man** *n.* гла́вный; ста́рший; ~**master,** ~**mistress** *nn.* дире́ктор шко́лы; ~**most** *adj.* головно́й, пере́дний; ~**-on** *adj.* лобово́й, встре́чный; a ~-on collision столкнове́ние «но́сом к но́су»; *adv.*: the wind blew ~-on ве́тер дул нам в лицо́; ~**phone** *n.* нау́шник; ~**piece** *n.* (*coll., brain*) голова́; мозги́ (*m. pl.*); ~**quarters** *n.* штаб-кварти́ра; (*mil.*) штаб, ста́вка; ~**-rest** *n.* подголо́вник; ~**-room** *n.* габари́тная высота́; ~**scarf** *n.* косы́нка; ~**set** *n.* (*pair of ~-phones*) нау́шники (*m. pl.*); ~**-shrinker** *n.* (*coll., joc.*) психиа́тр; ~**sman** *n.* пала́ч; ~**stone** *n.* (*tombstone*) надгро́бный ка́мень; ~**strong** *adj.* своево́льный, упря́мый, упо́рный; ~**waters** *n.* исто́ки (*m. pl.*); ~**way** *n.* продвиже́ние вперёд; (*fig.*): we are not making much ~way мы продвига́емся сли́шком ме́дленно; ~**-wind** *n.* встре́чный/проти́вный ве́тер; ~**-word** *n.* загла́вное сло́во, вока́була.

**header** *n.* **1.** (*dive, fall*) прыжо́к со вхо́дом в во́ду голово́й; паде́ние голово́й вниз; he took a ~ он нырну́л; он упа́л голово́й вниз; **2.** (*blow with head*) уда́р голово́й.

**heading** *n.* (*direction*) направле́ние; курс; (*title*) заголо́вок, загла́вие; ру́брика.

**headless** *adj.* обезгла́вленный.

**headship** *n.* главе́нство; руково́дство (*чем*).

**heady** *adj.* кре́пкий, хмельно́й; (*fig.*) пьяня́щий.

**heal** *v.t.* исцел|я́ть, -и́ть; зале́ч|ивать, -и́ть; ~ing ointment лече́бная мазь; (*fig.*): time ~s all wounds вре́мя всё ле́чит.

*v.i.* заж|ива́ть, -и́ть; his wounds ~ed up, over его́ ра́ны зажи́ли.

**healer** *n.* ле́карь (*m.*); (ис)цели́тель (*m.*); (*fig.*): time is the great ~ вре́мя — лу́чший ле́карь.

**healing** *n.* лече́ние; заживле́ние.

**health** *n.* **1.** (*state of body or mind*) здоро́вье; in good ~ здоро́вый; he suffers from poor ~ у него́ сла́бое здоро́вье; Ministry of H~ министе́рство здравоохране́ния; mental ~ душе́вное здоро́вье; ~ centre поликли́ника; ~ food натура́льная/све́жая/витаминизи́рованная пи́ща; ~ resort куро́рт, санато́рий; ~ service здравоохране́ние; **2.** (*toast*): we drank (to) his ~ мы вы́пили за его́ здоро́вье; here's a ~ to her Majesty! за здоро́вье её вели́чества!

**healthful** *adj.* здоро́вый, целе́бный.

**healthy** *adj.* здоро́вый; a ~ economy процвета́ющая эконо́мика.

**heap** *n.* **1.** (*pile*) ку́ча, гру́да; I was struck all of a ~ (*coll.*) меня́ как о́бухом по голове́ уда́рили; **2.** (*esp. pl., coll., large quantity*) ма́сса, у́йма; he has ~s of money у него́ у́йма/ку́ча де́нег; I have ~s to tell you у меня́ у́йма новосте́й для вас.

*v.t.*: a ~ed spoonful ло́жка с ве́рхом; they

~ed honours on him его́ осыпа́ли по́честями; the table was ~ed with food стол ломи́лся от яств.

**hear** *v.t. & i.* **1.** (*perceive with ear*) слы́шать, у-; I can't ~ a word я не слы́шу ни сло́ва; he can't ~ as well as he used to он стал ху́же слы́шать; I ~ someone coming я слы́шу (чьи́-то) шаги́; I ~d him shout я слы́шал, как он закрича́л; he was ~d to say слы́шали, что/как он говори́л; I have ~d it said that . . . я слы́шал, бу́дто . . .; the shot was ~d a mile away вы́стрел бы́ло слы́шно за ми́лю; **2.** (*listen to*): ~ evidence слу́шать, за- показа́ния свиде́телей; his prayer was ~d его́ моли́твы бы́ли услы́шаны; will you ~ me my lines? прове́рьте, пожа́луйста, как я вы́учил роль; ~ s.o. out слу́шать (*pf.*) кого́-н.; I won't ~ of it! я и слы́шать об э́том не хочу́!; **3.** (*be told; learn*) слы́шать, у-; have you ~d the news? вы слы́шали но́вость?; have you ~d from your brother? что слы́шно от ва́шего бра́та?; I ~ he has been ill я слы́шал, что он был бо́лен; I ~d about it from a friend я узна́л об э́том от одного́ моего́ дру́га; I've never ~d of him я о нём никогда́ не слы́шал; I never ~d of such a thing э́то неслы́ханно; you will ~ more of this вам э́то так не пройдёт; I never ~d (tell) of it я об э́том никогда́ не слыха́л; **4.** ~!, ~! пра́вильно!; ве́рно ска́зано!

*cpd.*: ~**say** *n.* слу́хи (*m. pl.*); то́лки (*m. pl.*); ~ evidence показа́ние с чужи́х слов.

**hearer** *n.* слу́шатель (*fem.* -ница).

**hearing** *n.* **1.** (*perception*) слух; ~ aid слухово́й аппара́т; he is hard of ~ он туг на́ ухо; **2.** (*earshot*): wait till he gets out of ~ да́йте ему́ сперва́ отойти́ (, а то он мо́жет услы́шать); don't say that in my ~ не говори́те э́того при мне́; **3.** (*attention*): give him a fair ~ вы́слушайте его́; да́йте ему́ вы́сказаться; **4.** (*leg.*) слу́шание.

**hearken** *v.i.* вн|има́ть, -я́ть +*d.*; слу́шать (*impf.*).

**hearse** *n.* катафа́лк, похоро́нные дро́г|и (*pl., g.* -и).

**heart** *n.* **1.** (*organ*) се́рдце; ~ attack серде́чный при́ступ; ~ disease боле́знь се́рдца; ~ failure разры́в се́рдца; his ~ stopped beating у него́ се́рдце останови́лось; my ~ was in my mouth у меня́ душа́ в пя́тки ушла́; it will break his ~ он бу́дет в отча́янии; his ~ sank у него́ се́рдце упа́ло; **2.** (*soul; seat of emotions*) се́рдце, душа́; she has a ~ of gold у неё золото́е се́рдце; at ~ по приро́де; по су́ти свое́й; в глубине́ души́; I am sick at ~ у меня́ тяжело́ на душе́; he's a man after my own ~ он мне по душе́/се́рдцу; his ~ is in the right place в су́щности он неплохо́й челове́к; in one's ~ of ~s в глубине́ души́; to one's ~'s content ско́лько душе́ уго́дно; she achieved her ~'s desire её заве́тное жела́ние осуществи́лось; I agree

with you ~ and soul я всей душо́й с ва́ми согла́сен; bless my ~! Бо́же мой!; вот те на́!; bless his ~ дай Бог ему́ здоро́вья; from the bottom of one's ~ из глубины́ души́; he had a change of ~ он переду́мал/разду́мал; she cried her ~ out она́ вы́плакала все глаза́; it did his ~ good to see her so happy у него́ душа́ ра́довалась, гля́дя на её сча́стье; I cannot find it in my ~ to be angry я не в си́лах серди́ться; he has your interests at ~ ему́ до́роги ва́ши интере́сы; have a ~! (*coll.*) сжа́льтесь!; поми́луйте!; how can you have the ~? как вы мо́жете быть столь бессерде́чным?; lay this to ~! запо́мните э́то хороше́нько!; he lost his ~ to her он полюби́л её (всем/се́рдцем); my ~ goes out to you се́рдцем я с ва́ми; with all my ~ всем се́рдцем; he had set his ~ on winning он стра́стно жела́л вы́играть; he speaks from his ~ он говори́т от чи́стого се́рдца; don't take it to ~ не принима́йте э́то бли́зко к се́рдцу; he wears his ~ on his sleeve у него́ душа́ нараспа́шку; he won their ~s он завоева́л их сердца́; (*enthusiasm*): he has no ~ for the job у него́ не лежи́т се́рдце к э́той рабо́те; his ~ is not in his work он не лю́бит свою́ рабо́ту; (*courage*): he lost ~ он пал ду́хом; take ~! не па́дайте ду́хом!; (*memory*): I learnt it by ~ я вы́учил э́то наизу́сть; **3.** (*centre*) середи́на, сердцеви́на; in the ~ of the forest в глуши́ ле́са; this book gets to the ~ of the matter э́та кни́га затра́гивает са́мую суть де́ла; (*of a cabbage*) кочеры́жка; **4.** (*pl., cards*) че́рв|и (*pl., g.* -е́й); ace of ~s черво́нный туз, туз черве́й; **6.** (*endearment*): dear ~ се́рдце мое́.

*cpds.*: ~**ache** *n.* боль в се́рдце; ~-**beat** *n.* сердцебие́ние; ~**break** *n.* большо́е го́ре; ~-**breaking** *adj.* душераздира́ющий; ~-**broken** *adj.* с разби́тым се́рдцем; ~**burn** *n.* изжо́га; ~-**burning** *n.* ре́вность; доса́да; ~**felt** *adj.* душе́вный, глубоко́ прочу́вствованный; ~**land** *n.* се́рдце, центр; ~-**rending** *adj.* душераздира́ющий; ~-**searching** *n.* душе́вные терза́ния; ~-**'s-ease** *n.* аню́тины гла́зки (*m. pl.*); ~-**sick** *adj.* пода́вленный, удручённый; ~-**strings** *n. pl.* душе́вные стру́ны (*f. pl.*); he played on her ~-strings он игра́л её чу́вствами; ~-**throb** *n.* (*coll.*) люби́мец; ~-**to-**~ *adj.*: a ~-to-~ talk разгово́р по душа́м; ~-**warming** *adj.* ра́достный; тёплый; тро́гательный; ~-**whole** *adj.*: she is quite ~-whole се́рдце у неё свобо́дно; ~**wood** *n.* ядро́вая древеси́на.

**hearten** *v.t.* ободр|я́ть, -и́ть; a ~ing experience поднима́ющее настрое́ние собы́тие.

**hearth** *n.* оча́г; (*fig., home*) дома́шний оча́г.

*cpds.*: ~-**rug** *n.* ко́врик пе́ред ками́ном; ~-**stone** *n.* ка́менная плита́ на дне оча́га.

**heartily** *adv.* **1.** (*from the heart*) серде́чно, и́скренне; I am ~ sick of it мне э́то до́ смерти надое́ло; **2.** (*with relish, enthusiasm*) охо́тно, усе́рдно; he agreed with me ~ он всеце́ло со мной согласи́лся; the boys ate ~ ма́льчики е́ли с аппети́том.

**heartiness** *n.* серде́чность, добро́ду́шие.

**heartless** *adj.* бессерде́чный.

**heartlessness** *n.* бессерде́чие.

**heart|y** *n.* **1.** (*addressing sailors*): my ~ies! ребя́та!; **2.** (*athletic type*) здоровя́к, крепы́ш; (*breezily extrovert*) руба́ха-па́рень (*m.*).
~ *adj.* **1.** (*cordial, sincere*) серде́чный; **2.** (*healthy, vigorous*): he is still hale and ~у он всё ещё здоро́в и бодр; a ~у appetite прекра́сный аппети́т; **3.** (*abundant*): he ate a ~у breakfast он пло́тно поза́втракал; **4.** (*cheerful*) весёлый.

**heat** *n.* **1.** (*hotness*) жара́, тепло́, теплота́; white ~ бе́лое кале́ние; latent ~ уде́льная/скры́тая теплота́; (*hot weather*) жара́; the ~ of the day (*lit.*) полдне́вный зной; he feels the ~ (badly) он пло́хо перено́сит жару́; prickly ~ потни́ца; (*heating*): the ~ was turned on (*lit.*) отопле́ние бы́ло включено́; (*fig., pressure was applied*) был ока́зан нажи́м; ~ engine теплово́й дви́гатель; ~ treatment (*med.*) теплолече́ние; (*metall.*) теплообрабо́тка; **2.** (*warmth of feeling*) теплота́, горя́чность; he spoke with some ~ он говори́л горячо́; in the ~ of the moment сгоряча́; this took the ~ out of the situation э́то разряди́ло обстано́вку; **3.** (*in race etc.*) забе́г, зае́зд; (*in swimming*) заплы́в; dead ~ мёртвый гит; **4.** (*of animals*) пери́од те́чки; be on ~ находи́ться (*impf.*) в пери́оде те́чки.
~ *v.t.* **1.** (*raise temperature of*) нагр|ева́ть, -е́ть; the potatoes were ~ed up карто́шку разогре́ли; **2.** (*inflame*) накал|я́ть, -и́ть; горячи́ть, раз-; ~ed with wine разгоря́чённый вино́м; a ~ed argument жа́ркий спор; he replied ~edly он отве́тил запа́льчиво.
*cpds.:* ~**-proof**, ~**-resistant** *adjs.* жаросто́йкий, жаропро́чный; ~**stroke** *n.* теплово́й уда́р; ~**-wave** *n.* полоса́/пери́од си́льной жары́.

**heater** *n.* пе́чка, нагрева́тель, калори́фер; батаре́я.

**heath** *n.* **1.** (*waste land*) пу́стошь; he returned to his native ~ (*fig.*) он верну́лся в родны́е пена́ты; **2.** (*shrub*) ве́реск.

**heathen** *n.* язы́чник; the ~ язы́чники.
~ *adj.* язы́ческий.

**heathen|dom, -ism** *nn.* язы́чество.

**heather** *n.* ве́реск; ~ mixture пёстрая шерстяна́я ткань.

**heating** *n.* огрева́ние; отопле́ние; central ~ центра́льное отопле́ние.

**heave** *n.* (*lifting effort*) подъём; (*throw*) бросо́к; (*act of retching*) рво́та.
~ *v.t.* (*lift*) подн|има́ть, -я́ть; (*throw*) бр|оса́ть, -о́сить; ~ a sigh (тяжело́) вздохну́ть (*pf.*).
~ *v.i.* **1.** (*pull*): they ~d on the rope они́ вы́брали

кана́т; ~ ho! раз-два взя́ли!; эй, у́хнем!; **2.** (*retch*) ту́житься (*impf.*) (при рво́те); **3.** (*rise and fall*) вздыма́ться (*impf.*); her bosom was heaving её грудь вздыма́лась; heaving billows вздыма́ющиеся во́лны; **4.**: ~ to (*naut.*) ложи́ться в дрейф; **5.**: ~ in sight пока́з|ываться, -а́ться на горизо́нте.

**heaven** *n.* **1.** (*sky, firmament*) не́бо, небе́сный свод; the ~s opened (*of heavy rain*) небеса́ разве́рзлись; move ~ and earth приложи́ть все уси́лия; **2.** (*state of bliss*) блаже́нство; in the seventh ~ на седьмо́м не́бе; **3.** (*paradise*) рай, ца́рство небе́сное; **4.** (*God, Providence*) Бог, провиде́ние; ~ knows where he is Бог зна́ет, где он; ~ forbid! Бо́же упаси́!; thank ~ for that сла́ва Бо́гу; for ~'s sake ра́ди Бо́га; (good) ~s (above)! Го́споди!; Бо́же мой!.
*cpd.:* ~**-sent** *adj.* благода́тный.

**heavenly** *adj.* **1.** (*in or of heaven*) небе́сный; ~ bodies небе́сные тела́/свети́ла (*nt. pl.*); the ~ host си́лы небе́сные (*f. pl.*); небе́сное во́инство; the ~ Twins Близнецы́ (*m. pl.*); **2.** (*coll., excellent, wonderful*) изуми́тельный; ди́вный; we had a ~ time мы чуде́сно провели́ вре́мя.

**heavenward(s)** *adv.* ввысь, в не́бо.

**heavily** *adv.* (*very, seriously*) значи́тельно, интенси́вно; the rain is falling ~ идёт си́льный дождь; he fell ~ он тяжело́ ру́хнул; they were ~ defeated они́ понесли́ тяжёлое пораже́ние.

**heaviness** *n.* **1.** (*weight*) тя́жесть; **2.** (*drowsiness, lethargy*) вя́лость, апа́тия; **3.**: ~ of heart тя́жесть на се́рдце.

**Heaviside layer** *n.* слой Хэвиса́йда.

**heavy** *adj.* тяжёлый; ~ artillery тяжёлая артилле́рия; a ~ blow (*lit., fig.*) тяжёлый уда́р; ~ breathing сопе́ние; a ~ cold си́льный на́сморк; there will be a ~ crop this year в э́том году́ бу́дет оби́льный урожа́й; he had a ~ day у него́ был тяжёлый день; he is a ~ drinker он челове́к пью́щий; ~ expenses больши́е расхо́ды; he had a ~ fall он си́льно уда́рился при паде́нии; ~ father (*theatr.*) амплуа́ (*nt. indecl.*) суро́вого роди́теля; under ~ fire под си́льным огнём; ~ food тяжёлая пи́ща; his book is ~ going его́ кни́га тру́дно чита́ется; with a ~ heart с тяжёлым се́рдцем; ~ industry тяжёлая промы́шленность; ~ losses больши́е поте́ри; a ~ programme насы́щенная/напряжённая програ́мма; ~ rain си́льный/проливно́й дождь; a ~ sea бу́рное мо́ре; a ~ silence тя́гостное молча́ние; a ~ sleep глубо́кий/тяжёлый сон; he is a ~ sleeper он кре́пко спит; a ~ sky хму́рое не́бо; ~ taxes больши́е нало́ги; ~ tidings недо́брые ве́сти; ~ traffic интенси́вное движе́ние; ~ type жи́рный шрифт; ~ water тяжёлая вода́.
*cpds.:* ~**-duty** *adj.* сверхпро́чный; но́ский; ~**-eyed** *adj.:* he is ~-eyed у него́ слипа́ются глаза́; ~**-fisted**, ~**-handed** *adj.* тяжело-

вéсный; неуклю́жий; ~-**hearted** *adj.* с тяжёлым сéрдцем; ~-**laden** *adj.* тяжелó нагрýженный (*чем*); (*fig.*) удручённый; ~**weight** *n. & adj.* (*sport*) (боксёр/борéц) тяжёлого вéса.

**hebdomadal** *adj.* еженедéльный.

**hebetude** *n.* притýпленность; вя́лость.

**Hebraic** *adj.* древнееврéйский.

**Hebraist** *n.* специалúст по древнееврéйской филолóгии.

**Hebrew** *n.* 1. (*Jew*) еврéй; 2. (*language*) древнееврéйский язы́к; (*modern*) (язы́к) иврúт. *adj.* (древне)еврéйский.

**Hebridean** *adj.* гебрúдский.

**Hebrides** *n.* Гебрúдские островá (*m. pl.*).

**hecatomb** *n.* гекатóмба.

**heckle** *v.t. & i.* (*fig.*) прерывáть (*impf.*) (орáтора) кáверзными вопрóсами.

**heckler** *n.* человéк, котóрый пытáется сбить орáтора кáверзными вопрóсами.

**hectare** *n.* гектáр.

**hectic** *adj.* (*flushed*) чахóточный; (*exciting*) лихорáдочный, бýрный.

**hectograph** *n.* гектóграф.

**hectolitre** *n.* гектолúтр.

**Hector**[1] *n.* (*myth.*) Гéктор.

**hector**[2] *v.t.* задирáть (*impf.*).

**hedge** *n.* живáя úзгородь.

   *v.t.* 1. (*enclose*) обсá|живать, -дúть кустáрником; огор|áживать, -одúть; (*fig.*) ~d in, round with regulations в тискáх прáвил и предписáний; 2.: ~ one's bets (*fig.*) перестрахóвываться (*impf.*).

   *v.i.* 1. (*prevaricate*) увúл|ивать, -ьнýть; 2. (*maintain a* ~) ухá|живать (*impf.*) за живóй úзгородью.

   *cpds.*: ~**hog** *n.* ёж; ~-**hopping** *n.* брéющий полёт; ~**row** *n.* шпалéра, живáя úзгородь; ~-**sparrow** *n.* завирýшка леснáя.

**hedonism** *n.* гедонúзм.

**hedonist** *n.* гедонúст.

**hedonistic** *adj.* гедонистúческий.

**heed** *n.* внимáние, внимáтельность; she paid no ~ to his advice онá не послýшалась егó совéта; take ~ (*arch.*)! бýдьте осторóжны!

   *v.t.* уч|úтывать, -éсть; прислýш|иваться, -áться к +*d.*

**heedful** *adj.* внимáтельный (*к чему*); предусмотрúтельный.

**heedfulness** *n.* внимáтельность, забóтливость, осмотрúтельность.

**heedless** *adj.* беззабóтный; беспéчный; ~ of danger пренебрегáющий опáсностями.

**heedlessness** *n.* неосмотрúтельность; неосторóжность; беззабóтность.

**hee-haw** *n.* и-а (*крик осла*); (*laugh*) грýбый смех.

**heel**[1] *n.* 1. (*part of foot*) пя́тка; he arrived on John's ~s он пришёл вслед за Джóном; the dog followed at, on his ~s собáка слéдовала за ним по пятáм; he called the dog to ~ он позвáл собáку «к ногé»; he fell head over ~s on полетéл вверх тормáшками; he kicked up his ~s and ran он побежáл — тóлько пя́тки засверкáли; they laid him by the ~s онú егó арестовáли/схватúли; he was left to cool his ~s емý оставáлось тóлько ждать; he took to his ~s он брóсился наутёк; he showed a clean pair of ~s тóлько егó и вúдели; he turned on his ~ он крýто повернýлся; they suffered under the ~ of a tyrant онú страдáли под úгом тирáна; 2. (*of a shoe*) каблýк; набóйка; these shoes are down at ~ у э́тих тýфель сбúлись каблукú; 3. (*of a stocking*) пя́тка; 4. (*Am. sl., cad*) хам, подóнок.

   *v.t.* 1.: ~ a stocking вязáть, с- пя́тку чулкá; 2.: ~ shoes стáвить, по- набóйки/каблукú на тýфли; 3.: ~ a football уд|аря́ть, -áрить мяч пя́ткой.

**heel**[2] *v.i.*: the ship ~ed over сýдно накренúлось. (*cpd.*) ~-**tap** *n.*: no ~-taps! (*coll.*) пей до дна!

**hefty** *adj.* здоровéнный; рóслый.

**Hegelian** *adj.* гегеля́нский.

**Hegelianism** *n.* гегеля́нство.

**hegemony** *n.* гегемóния.

**heifer** *n.* тёлка, нéтель.

**heigh-ho** *int.* эх!; ох-ох-ох!

**height** *n.* 1. высотá; (*of pers.*) рост; he was six feet in ~ он был рóстом в 6 фýтов; a wall six feet in ~ стенá высотóю в 6 фýтов; he drew himself up to his full ~ он встал во весь рост; the house stands at a ~ of 500 feet дом нахóдится на высотé 500 фýтов; he fell from a great ~ он упáл с большóй высоты́; the plane is losing ~ самолёт теря́ет высотý; 2. (*high ground*) вершúна, верхýшка; 3. (*utmost degree*) вы́сшая стéпень; the ~ of folly верх глýпости; the ~ of fashion послéдний крик мóды; the gale was at its ~ шторм был в разгáре.

**heighten** *v.t.* (*make higher*) пов|ышáть, -ы́сить; (*increase*) усúли|вать, -ть; ~ed colour (*of face*) румя́нец.

   *v.i.* (*fig.*) усúливаться (*impf.*).

**heinous** *adj.* гнýсный, омерзúтельный.

**heinousness** *n.* гнýсность, омерзúтельность.

**heir** *n.* наслéдник; ~ apparent прямóй/непосрéдственный наслéдник; ~ presumptive предполагáемый наслéдник; (*fig.*): the ills that flesh is ~ to несчáстья, уготóванные рóду человéческому.

**heiress** *n.* наслéдница.

**heirloom** *n.* фамúльная релúквия.

**heist** *n.* (*Am., sl.*) ограблéние.

**Helen** *n.* Елéна; ~ of Troy Елéна Прекрáсная.

**helical** *adj.* спирáльный, витóй.

**Helicon** *n.* Геликóн.

**helicopter** *n.* вертолёт.

**Heligoland** *n.* Гéльголанд, Хéльголанд.

**heliograph** *n.* гелиóграф.

**heliotrope** *n.* гелиотро́п.

*adj.* (*colour*) лило́вый.

**heliport** *n.* вертодро́м, вертолётная ста́нция.

**helium** *n.* ге́лий.

**helix** *n.* спира́ль; завито́к.

**hell** *n.* **1.** (*place or state*) ад; he went through ~ он перенёс му́ки а́да; he made her life a ~ (on earth) он преврати́л её жизнь в су́щий ад; I gave him ~ (*coll.*) я за́дал ему́ жа́ру; he hasn't a hope in ~ (*coll.*) ни черта́ у него́ не вы́йдет; he will raise ~ (*coll.*) он подни́мет стра́шный шум; **2.** (*gambling-* ~) иго́рный прито́н; **3.** (*coll. or sl., expr. vexation or emphasis*) oh ~! чёрт возьми́!; go to ~! иди́ к чёрту!; what the ~ do you want? что вам ну́жно, чёрт возьми́/побери́?; what the ~! (*sc. does it matter*) како́го чёрта!; I wish to ~ I'd never done it! чёрт меня́ попу́тал!; 'Do you agree?' – 'Like ~ I do!' (*sc. not at all*) «Вы согла́сны!» — «Чёрта с два!»; it hurts like ~ черто́вски бо́льно; to ~ with it! чёрт с ним/ней!; they made the ~ of a noise они́ ужа́сно шуме́ли; we had the ~ of a time мы повесели́лись на всю кату́шку; all ~ broke loose начала́сь свистопля́ска; he rode ~ for leather он мча́лся сломя́ го́лову; just for the ~ of it за здоро́во живёшь; come ~ or high water будь, что бу́дет.

*cpds.*: ~**-bent** *adj.* с дья́вольским упо́рством (добива́ющийся чего́-н.); ~**-cat** *n.* ве́дьма; ~**-fire** *n.* а́дский ого́нь; ~**-hound** *n.* дья́вол, злоде́й.

**Hellas** *n.* Элла́да.

**Hellene** *n.* э́ллин.

**Hellenic** *adj.* э́ллинский.

**Hellenism** *n.* эллини́зм.

**Hellenist** *n.* эллини́ст.

**Hellenistic** *adj.* эллинисти́ческий.

**Hellenize** *v.t.* подверга́ть (*impf.*) гре́ческому влия́нию.

**Hellespont** *n.* Геллеспо́нт.

**hellish** *adj.* а́дский.

**hello** *int.* **1.** (*greeting*) здра́сте!; приве́т!; (*on telephone*) алло́!; (*expr. surprise*) вот те на́!

*cpd.*: ~**-girl** *n.* (*coll., operator*) телефони́стка.

**helm** *n.* (*tiller*) руль, ру́мпель (*both m.*); take the ~ (*lit., fig.*) стать (*pf.*) у штурва́ла (*or* у корми́ла правле́ния); (*fig.*) man at the ~ ко́рмчий.

*cpd.* ~**-sman** *n.* рулево́й.

**helmet** *n.* шлем; (*modern soldier's or fireman's*) ка́ска; sun ~ тропи́ческий шлем.

**helminthology** *n.* гельминтоло́гия.

**helot** *n.* ило́т, раб.

**helotry** *n.* ра́бство.

**help** *n.* **1.** (*assistance*) по́мощь; he walks with the ~ of a a stick он хо́дит с па́лкой; she manages without (*domestic*) ~ она́ обхо́дится без прислу́ги; can I be of (any) ~? я могу́ вам

чём-нибудь помо́чь?; your advice was a great ~ to us вы о́чень помогли́ нам сове́том; they were not (of) much ~ to me они́ мне не осо́бенно помогли́; они́ ма́ло что могли́ сде́лать; **2.** (*remedy*): there's no ~ for it ничего́ не поде́лаешь; **3.** (*domestic servant*) прислу́га.

*v.t.* **1.** (*assist*) пом|ога́ть, -о́чь; please ~ me up помоги́те мне, пожа́луйста, подня́ться; he ~ed her out of the car он помо́г ей вы́йти из маши́ны; he ~ed her off with her coat он помо́г ей снять пальто́; **2.** (*alleviate*) облегч|а́ть, -и́ть; **3.** (*serve with food etc.*) уго|ща́ть, -сти́ть; положи́ть/дать (*pf.*) (*что кому*); may I ~ you to salad? могу́ я положи́ть вам немно́го сала́та?; ~ yourself! угоща́йтесь!; бери́те, пожа́луйста!; he ~ed himself to the spoons он стащи́л ло́жки (*coll.*); **4.** (*avoid, prevent*; *also v.i.*): I can't ~ it я не могу́ ничего́ поде́лать; от меня́ э́то не зави́сит; I can't ~ laughing я не могу́ удержа́ться от сме́ха; я не могу́ не смея́ться; I won't go a step farther than I can ~ я не сде́лаю ни одного́ ли́шнего ша́га; don't stay longer than you can ~ не остава́йтесь до́льше, чем на́до; it can't be ~ed ничего́ не поде́лаешь; **5.**: so ~ me (God)! да помо́жет мне Бог!

*v.i.* (*avail, be of use*) быть поле́зным; crying won't ~ слеза́ми го́рю не помо́жешь.

*cpd.*: ~**-mate**, ~**-meet** *n.* подру́га жи́зни.

**helper** *n.* помо́щник, подру́чный.

**helpful** *adj.* поле́зный; (*obliging*) услу́жливый.

**helpfulness** *n.* поле́зность; услу́жливость.

**helping** *n.* по́рция; таре́лка (*чего*).

*adj.*: she lent a ~ hand она́ протяну́ла ру́ку по́мощи.

**helpless** *adj.* беспо́мощный, бесси́льный.

**helplessly** *adv.*: ~ drunk пьян в сте́льку; he was laughing ~ он смея́лся до упа́ду.

**helplessness** *n.* беспо́мощность, бесси́лие.

**Helsinki** *n.* Хе́льсинки (*m. indecl.*); (*attr.*) хе́льсинский.

**helter-skelter** *adv.* беспоря́дочно (и поспе́шно); врассыпну́ю.

**helve** *n.*: throw the ~ after the hatchet ≃ махну́ть (*pf.*) на всё руко́й.

**hem** *n.* край, кайма́.

*v.t.* **1.** (*sew the edge of*) подш|ива́ть, -и́ть; подруб|а́ть, -и́ть; **2.**: ~ in, ~ about, ~ round окру́ж|а́ть, -и́ть.

*cpds.*: ~**-line** *n.* ≃ длина́ ю́бки; ~**-stitch** *n.* подру́бочный шов; *v.t.* подш|ива́ть, -и́ть.

**hema-, hemo-** *see* Н(А)ЕМА-, Н(А)ЕМО-.

**hemiplegia** *n.* гемиплеги́я.

**hemisphere** *n.* полуша́рие.

**hemispherical** *adj.* полусфери́ческий.

**hemistich** *n.* полусти́шие.

**hemlock** *n.* болиголо́в, цику́та.

**hemp** *n.* (*plant*) конопля́; (*fibre*) пенька́; Indian ~ канна́бис.

**hempen** *adj.* конопля́ный; пенько́вый.

**hen** *n.* (*domestic fowl*) ку́рица; (*female of bird species*) пти́ца-са́мка.

*cpds.*: ~-**bane** *n.* белена́; ~-**blindness** кури́ная слепота́, ~-**coop**, ~-**house** *n.* куря́тник; ~-**party** *n.* (*coll.*) «деви́чник»; ~ **pecked** *adj.* под каблуко́м у жены́; ~-**roost** *n.* насе́ст.

**hence** *adv.* (*from here*) отсю́да; (*liter.*) отсе́ль; (*from now*): 3 years ~ че́рез три го́да; (*consequently*) отсю́да, сле́довательно.

*cpd.*: ~ **forth**, ~ **forward** *adv.* впредь, с э́того вре́мени.

**henchman** *n.* приспе́шник.

**henna** *n.* хна.

*v.t.*: ~ed hair во́лосы, кра́шенные хно́й.

**Henry** *n.* Ге́нрих.

**hepatitis** *n.* гепати́т.

**heptagon** *n.* семиуго́льник.

**her** *poss. adj.* её; (*referring to subj. of sentence*) свой.

**herald** *n.* (*official*) член геральди́ческой пала́ты; (*messenger, forerunner*) геро́льд, ве́стник.

*v.t.* возве|ща́ть, -сти́ть; предвеща́ть (*impf.*).

**heraldic** *adj.* геральди́ческий.

**heraldry** *n.* гера́льдика.

**herb** *n.* трава́, лека́рственное расте́ние; (*pl., cul.*) коре́н|ья (*g.* -ев); ку́хонные тра́вы.

**herbaceous** *adj.* травяно́й; ~ border цвето́чный бордю́р.

**herbal** *n.* тра́вник.

*adj.* травяно́й.

**herbalist** *n.* специали́ст по (лека́рственным) тра́вам.

**herbarium** *n.* герба́рий.

**herbicide** *n.* гербици́д.

**herbivore** *n.* травоя́дное живо́тное.

**herbivorous** *adj.* травоя́дный.

**Herculean** *adj.* геркуле́сов; (*fig.*): ~ efforts титани́ческие уси́лия.

**Hercules** *n.* Геркуле́с; Гера́кл; the labours of ~ по́двиги Гера́кла.

**herd** *n.* (*animals*) ста́до; (*people*) толпа́; the common ~ чернь, плебс; ~ instinct ста́дное чу́вство.

*v.t.* сгоня́ть, согна́ть (вме́сте).

*v.i.* (*fig.*) ходи́ть (*indet.*) ста́дом/ско́пом.

*cpd.*: -**sman** *n.* пасту́х.

**here** *n.*: from ~ to there отсю́да — туда́/доту́да; my house is near ~ мой дом ря́дом.

*adv.* **1.** (*in this place*) здесь; (*coll.*) тут; the book doesn't belong ~ здесь э́той кни́ге не ме́сто; ~ below (*on earth*) в э́том ми́ре; **2.** (*to this place, in this direction*): come ~ иди́те сюда́!; look ~! (*lit.*) посмотри́те сюда́!; (*expr. emphasis, impatience etc.*) послу́шайте!; **3.** (*demonstrative*): ~ I am! вот и я!; я тут!; ~ he comes! вот и он!; ~ we are at last! наконе́ц-то (мы) пришли́/прие́хали/при́были!; ~ we go (again)! (*coll., fig.*) ≃ опя́ть два́дцать пять!; ~ goes! (*coll.*) будь что бу́дет!; ~'s how it hap-

pened вот как э́то случи́лось; ~'s to our victory! за на́шу побе́ду!; Mr Smith ~ is a surgeon вот ми́стер Смит, он хиру́рг; **4.** (*with offers*): ~ you are! пожа́луйста; ~ is my hand! вот вам моя́ рука́!; **5.** (*at this point*): ~ she began to cry тут она́ запла́кала; **6.** (*for emphasis*): ~, take this вот, возьми́те э́то; **7.**: same ~! и я то́же!; **8.** (*misc. phrases*): he looked ~ and there он поиска́л там и сям; I've been ~, there and everywhere я был повсю́ду; it's neither ~ nor there э́то здесь ни при чём; э́то ни к селу́ ни к го́роду.

**hereabouts** *adv.* побли́зости.

**hereafter** *n.*: the ~ загро́бная жизнь.

*adv.* впосле́дствии.

**hereby** *adv.* сим (*arch.*); э́тим; настоя́щим.

**hereditament** *n.* иму́щество, могу́щее быть предме́том насле́дования; насле́дуемое (иму́щество).

**hereditary** *adj.* насле́дственный.

**heredity** *n.* насле́дственность.

**herein** *adv.*: I enclose ~ . . . при сём прилага́ю . . .

**hereinafter** *adv.* ни́же, в дальне́йшем.

**hereof** *adj.* сего́; настоя́щего (*документа и m.n.*).

**heresy** *n.* е́ресь.

**heretic** *n.* ерети́|к (*fem.* -чка).

**heretical** *adj.* ерети́ческий.

**hereto** *adv.* к сему́ (*arch.*); к э́тому.

**heretofore** *adv.* пре́жде; до сих пор.

**hereupon** *adv.* вслед за э́тим.

**herewith** *adv.* при сём.

**heritable** *adj.* (*capable of being inherited*) насле́дуемый; (*capable of inheriting*) могу́щий насле́довать.

**heritage** *n.* насле́дство; (*fig.*) насле́дие.

**herm** *n.* ге́рма.

**hermaphrodite** *n.* гермафроди́т.

**hermaphroditic** *adj.* двупо́лый; (*fig.*) гибри́дный.

**hermaphroditism** *n.* гермафродити́зм.

**Hermes** *n.* Герме́с.

**hermetic** *adj.* термети́ческий; ~ally sealed герметизо́ванный.

**hermit** *n.* отше́льник.

*cpd.*: ~-**crab** *n.* рак-отше́льник.

**hermitage** *n.* оби́тель/прию́т отше́льника; H ~ (*museum*) Эрмита́ж.

**hernia** *n.* гры́жа.

**hero** *n.* геро́й.

*cpd.*: ~-**worship** *n.* преклоне́ние пе́ред геро́ями; (*pej.*) культ ли́чности.

**Herod** *n.* Ňрод.

**heroic** *adj.* геро́йский, герои́ческий; ~ couplet герои́ческий двусти́х.

**heroics** *n.* напы́щенность, ходу́льность; треску́чие фра́зы (*f. pl.*).

**heroin** *n.* герои́н.

**heroine** *n.* геро́иня.

**heroism** *n.* геройзм.

**heron** *n.* цапля.

**herpes** *n.* лишай.

**herpetic** *adj.* герпетический.

**herring** *n.* сельдь; (*as food*) селёдка; red ~ (*fig.*) отвлекающий манёвр.

   *cpd.*: ~**-bone** *n. & adj.* (*stitch*) «в ёлочку»; (*archit. pattern*) кладка «в ёлку»; ~**-fishery** *n.* лов сельди.

**hers** *pron.*: is this handkerchief ~? это её платок?; your dress is prettier than ~ у вас платье красивее, чем у неё; I don't like that husband of ~ не люблю я её мужа!; some friends of ~ её друзья.

**herself** *pron.* **1.** (*refl.*) себя, -ся (*suff.*); she fell down and hurt ~ она упала и ушиблась; **2.** (*emphatic*): she said so ~ она сама это сказала; I saw the Queen ~ я видел саму королеву; **3.** (*after preps.*): she lives by ~ она живёт одна; can she do it by ~? она может сама это сделать?; she kept it to ~ она не делилась об этом ни с кем; она об этом помалкивала; **4.** (*her normal state*): she is not ~ today сегодня она сама не своя; she will soon come to ~ она скоро придёт в себя.

**hertz** *n.* герц.

**Herzegovina** *n.* Герцеговина.

**hesitanc|e, -y** *nn.* колебание, нерешительность.

**hesitant** *adj.* колеблющийся, нерешительный.

**hesitate** *v.i.* колебаться (*impf.*); don't ~ to ask просите, не смущайтесь!; не стесняйтесь спросить; I ~ to say this не знаю, следует ли мне об этом говорить; he who ~s is lost ≃ промедление смерти подобно.

**hesitation** *n.* колебание, сомнение.

**Hesperides** *n.* Геспери́д|ы (*pl., g.* —).

**Hesperus** *n.* вечерняя звезда, Венера.

**Hesse** *n.* Гессен.   .

**hessian** *n.* (*cloth*) мешковина; джутовая ткань. *adj.* (H~) гессенский; H~ boots высокие сапоги; ботфорты (*m. pl.*).

**het** *adj.*: he got ~ up он расписховался (*sl.*).

**het|aera, -aira** *n.* гетера.

**heterodox** *adj.* неортодоксальный.

**heterodoxy** *n.* неортодоксальность.

**heterodyne** *adj.* гетеродинный.

**heterogeneity** *n.* неоднородность, разнохарактерность.

**heterogeneous** *adj.* неоднородный; разнохарактерный.

**heterosexual** *adj.* гетеросексуальный.

**hetman** *n.* гетман.

**heuristic** *adj.* эвристический.

**hew** *v.t.* рубить (*impf.*); they ~ed down a tree они срубили дерево; a branch had been ~n off кто-то срубил ветку; (*fig.*): he ~ed his way through он проложил себе дорогу; he must ~ out his own career он должен сам пробиться в жизни.

**hewer** *n.*: ~s of wood and drawers of water (*fig.*) труженики (*m. pl.*), работяги (*c.g., pl.*).

**hexagon** *n.* шестиугольник.

**hexagonal** *adj.* шестиугольный.

**hexameter** *n.* гекзаметр.

**hey** *int.* эй!; ~ presto! алé-гоп!

**heyday** *n.* расцвет, зенит.

**hi** *int.* **1.** (*to call attention*) эй!; **2.** (*Am., in greeting, also* ~ there!) привет!; салют!

**hiatus** *n.* **1.** (*gap*) пропуск, пробел; **2.** (*between vowels*) зияние.

**hibernate** *v.i.* находиться (*impf.*) в зимней спячке; these animals ~ эти животные впадают в зимнюю спячку.

**hibernation** *n.* зимняя спячка.

**Hibernian** *n.* (*arch. or joc.*) ирланд|ец (*fem.* -ка). *adj.* ирландский.

**hibiscus** *n.* гибискус.

**hicc|up, -ough** *n.* икота. *v.i.* ик|ать, -нуть.

**hick** *n.* (*Am., coll.*) деревенщина (*c.g.*); a ~ town захолустный город.

**hickory** *n.* пекан.

**hidalgo** *n.* идальго (*m. indecl.*).

**hide**[1] *n.* кожа, шкура; I'll tan his ~ for him я дам ему взбучку; he lied to save his ~ он солгал, чтобы спасти свою шкуру.

   *cpd.*: ~**-bound** *adj.* ограниченный, с узким кругозором; закосневший, окостенелый.

**hide**[2] *v.t.* прятать, с-; скры|вать, -ть; ~ one's face закр|ывать, -ыть лицо руками; ~ one's feelings скры|вать, -ть свой чувства; the house was hidden from the road дом не был виден с дороги; clouds hid the sun тучи закрыли солнце; a hidden meaning скрытый смысл.

   *v.i.* прятаться, с-.

   *cpds.*: ~**-and-seek** *n.* прят|ки (*pl., g.* -ок); ~**away**, ~**out** *nn.* укрытие.

**hideous** *adj.* уродливый, безобразный.

**hideousness** *n.* уродливость, безобразие.

**hidey-hole** *n.* (*coll.*) укрытие.

**hiding**[1] *n.* (*coll., thrashing*): she gave him a good ~ она его выпорола как следует.

**hiding**[2] *n.* (*concealment*) укрытие; he went into ~ он скрылся; он ушёл в подполье; he is in ~ он скрывается.

   *cpd.*: ~**-place** *n.* укрытие.

**hierarchical** *adj.* иерархический, иерархичный.

**hierarchy** *n.* иерархия.

**hieratic** *adj.* иератический.

**hieroglyph** *n.* иероглиф.

**hieroglyphic** *adj.* иероглифический.

**hieroglyphics** *n.* иероглифика; иератические письм|ена (*pl., g.* -ён).

**hierophant** *n.* верховный жрец.

**hi-fi** *n.* (*coll.*) проигрыватель (*m.*) с высокой точностью воспроизведения звука.

**higgledy-piggledy** *adj.* беспоря́дочный; сумбу́рный.

*adv.* впереме́шку; беспоря́дочно.

**high** *n.* **1.** (*peak*) вы́сшая то́чка; prices reached a new ~ це́ны дости́гли небыва́ло высо́кого у́ровня; **2.** (*anticyclone*) антицикло́н; **3.**: on ~ на небеса́х; from on ~ свы́ше.

*adj.* **1.** (*tall, elevated*) высо́кий (*also mus.*); a ~ building высо́кое/высо́тное зда́ние; a ~ chair высо́кий стул; ten feet ~ высото́й в 10 фу́тов; ~ jump прыжо́к в высоту́; he's for the ~ jump (*sl.*) ему́ попадёт/влети́т; ~ tide, water больша́я вода́, прили́в; ~ and dry вы́брошенный на бе́рег; (*fig.*) на мели́; he acted with a ~ hand он вёл себя́ вла́стно; don't get on your ~ horse (*coll.*) не ва́жничайте; (*geog.*): ~ latitudes высо́кие широ́ты; **2.** (*chief, important*): ~ altar гла́вный престо́л; ~ command вы́сшее кома́ндование; ~ days and holidays выходны́е дни и пра́здники; ~ life све́тская жизнь; H~ Mass торже́ственная ме́сса; ~ and mighty (*coll., arrogant*) надме́нный, вла́стный; the Most H~ Всевы́шний; in ~ places (*fig.*) в верха́х, в вы́сших сфе́рах; ~ priest первосвяще́нник; ~ school сре́дняя шко́ла; ~ society вы́сшее о́бщество; the ~ spot of the evening гвоздь програ́ммы; ~ street гла́вная у́лица; ~ table почётный стол; ~ tea ≃ по́лдник; ~ treason госуда́рственная изме́на; **3.** (*greater than average; extreme*): ~ antiquity седа́я старина́; ~ blood-pressure высо́кое (кровяно́е) давле́ние; a ~ colour (*complexion*) я́ркий румя́нец; in the ~est degree в вы́сшей сте́пени; in ~ dudgeon уязвлённый до глубины́ души́; held in ~ esteem по́льзующийся больши́м уваже́нием; ~ explosive дробя́щее (бриза́нтное) взры́вчатое вещество́; in ~ favour в большо́м фаво́ре; in ~ gear на большо́й ско́рости; ~ jinks (*coll.*) шу́мное весе́лье; they are having a ~ old time они́ веселя́тся вовсю́; it is a ~ price to pay сли́шком уж велика́ цена́; on the ~ seas в откры́том мо́ре; in ~ spirits в отли́чном/припо́днятом настрое́нии; ~ tension си́льное напряже́ние; H~ Tory кра́йний консерва́тор; a ~ wind си́льный ве́тер; **4.** (*at its peak*): ~ noon (са́мый) по́лдень; ~ summer середи́на/разга́р ле́та; it is ~ time I was gone мне уже́ давно́ пора́ идти́; **5.** (*noble, lofty*): a ~ calling высо́кое призва́ние; a man of ~ character челове́к высо́ких мора́льных при́нципов; **6.** (*of food*) (*tainted*) с душко́м; **7.** (*intoxicated*) навеселе́; (*on drugs*) в дурма́не.

*adv.* **1.** (*aloft; at or to a height*): ~ up высоко́; (*of direction*) ввысь; the ball rose ~ into the air мяч взлете́л высоко́ в во́здух; you must aim ~ (*fig.*) вы должны́ ме́тить вы́ше; he held his head ~ (*fig.*) он ходи́л с высоко́ по́днятой голово́й; I searched ~ and low я иска́л

повсю́ду; **2.** (*at a ~ level*): the seas were running ~ мо́ре бы́ло неспоко́йно; feelings ran ~ стра́сти разгора́лись; he played ~ (*for high stakes*) он игра́л по-кру́пному.

*cpds.*: ~**ball** *n.* (*Am.*) хайбо́л; ~**-born** *adj.* зна́тного происхожде́ния; ~ **brow** *n.* интеллектуа́л; *adj.* интеллектуа́льный, серьёзный; претенцио́зный; ~**-class** *adj.* высо́кого кла́сса; ~**-falutin(g)** *adj.* (*coll.*) высокопа́рный, велеречи́вый; ~**-fidelity** *adj.* с высо́кой то́чностью воспроизведе́ния; ~**-flown** *adj.* высокопа́рный; витиева́тый; ~**-flyer,** ~**-flier** *n.* (*pers. likely to succeed*) подаю́щий больши́е наде́жды (*or* многообеща́ющий) челове́к; ~**-frequency** *adj.* коротково́лный, высокочасто́тный; ~**-grade** *adj.* высокока́чественный; ~**-handed** *adj.* вла́стный; своево́льный; бесцеремо́нный; ~**-hat** *adj.* (*Am., coll.*) спеси́вый, наду́тый; *v.t.* (*Am., coll.*) относи́ться (*impf.*) высокоме́рно к +*d.*; ~**land** *adj.* го́рский; H~ **lander** *n.* го́р|ец (*fem.* -я́нка); the H~**lands** *n.* се́вер и се́веро-за́пад Шотла́ндии; ~**-level** *adj.* на высо́ком у́ровне; ~**light** *n.* (*in painting*) блик; (*phot.*) светово́й эффе́кт; (*fig.*) кульминацио́нный моме́нт; *v.t.* (*fig., emphasize*) выделя́ть, вы́делить; заостр|я́ть, -и́ть внима́ние на +*p.*; ~**-minded** *adj.* благоро́дный, великоду́шный; ~**-necked** *adj.* (*of dress*) закры́тый; ~**-pitched** *adj.* (*of a sound*) высо́кий; (*of a roof*) с круты́ми ска́тами; ~**-powered** *adj.* (*of an engine*) большо́й мо́щности; (*of a pers.*) динами́чный, операти́вный; ~**-pressure** *adj.* (*aggressive*) агресси́вный; ~-pressure work напряжённая рабо́та; ~**-priced** *adj.* дорогостоя́щий; ~**-ranking** *adj.* высокопоста́вленный; ~**-rise** *adj.*: ~-rise apartment blocks высо́тные многокварти́рные дома́; ~**road** *n.* шоссе́ (*indecl.*); ~**-sounding** *adj.* напы́щенный; ~-sounding words гро́мкие слова́; ~**-speed** *adj.* сверхскоростно́й, высокоскоростно́й; ~**-spirited** *adj.* ре́звый; разыгра́вшийся; ~**-up** *n.* the ~-ups верхи́ (*m. pl.*); *adj.* высокопоста́вленный; ~**-water line** *n.* ли́ния наибо́льшего прили́ва; ~**-water mark** *n.* у́ровень по́лной воды́; (*fig.*) верши́на; ~**way** *n.* шоссе́ (*indecl.*); H~way Code *n.* пра́вила у́личного движе́ния; ~way robbery (*lit.*) грабёж на большо́й доро́ге; (*fig.*) грабёж, обира́ловка; ~**wayman** *n.* разбо́йник (с большо́й доро́ги).

**higher** *adj.* (*senior, advanced*) вы́сший; a ~ card (*in the pack*) ста́ршая ка́рта.

*adv.*: ~ up the hill вы́ше на холме́ (*or* по скло́ну); ~ up the road да́льше по э́той доро́ге/у́лице.

**highly** *adv.* весьма́, о́чень; ~ paid высокоопла́чиваемый; ~ polished (*lit.*) хорошо́ отполиро́ванный; тща́тельно отделанный; he speaks ~ of you он о вас о́чень хорошо́ отзыва́ется; ~ strung взви́нченный; нерво́зный; she is ~ thought of её о́чень це́нят.

**highness** *n.* **1.** (*loftiness*) высота́, возвы́шенность; **2.** (*title*) высо́чество; His Royal H~ Его́ Короле́вское Высо́чество.

**hijack** *n.* уго́н, похище́ние.

  *v.t.* уг|оня́ть, -на́ть; пох|ища́ть, -и́тить.

**hike**[1] *n.* (*coll.*, *walk*) путеше́ствие пешко́м; похо́д.

  *v.i.* броди́ть (*impf.*).

**hike**[2] (*Am. coll.*) *n.* (*rise*) подъём.

  *v.t.* (*raise*) подн|има́ть, -я́ть.

**hiker** *n.* (*coll.*) путеше́ственник, экскурса́нт.

**hilarious** *adj.* весёлый, поте́шный, умори́тельный.

**hilarity** *n.* весе́лье, поте́ха.

**hill** *n.* холм, приго́рок; down the ~ с горы́, под го́ру; as old as the ~s старо́ как мир; the village lies just over the ~ дере́вня лежи́т пря́мо за холмо́м; this car takes the ~s well э́та маши́на хорошо́ идёт в го́ру; up the ~ в го́ру; up ~ and down dale повсю́ду; I cursed him up ~ and down dale я кля́л его́ на чём свет стои́т.

  *cpds.*: ~-**fort** *n.* кре́пость на холме́; ~**man** *n.* жи́тель (*m.*) холми́стых мест; ~**side** *n.* склон холма́; ~**top** *n.* верши́на холма́.

**hilliness** *n.* холми́стость.

**hillock** *n.* хо́лмик, буго́р.

**hilly** *adj.* холми́стый.

**hilt** *n.* рукоя́тка, эфе́с; proved up to the ~ (*fig.*) неопровержи́мо дока́зано.

**Himalayan** *adj.* гимала́йский.

**Himalayas** *n.* Гимала́|и (*pl.*, *g.* -ев).

**himself** *pron.* **1.** (*refl.*) себя́, -ся; I hope he behaves ~ наде́юсь, он бу́дет вести́ себя́ прили́чно; **2.** (*emphatic*) сам; he did the job ~ он сам сде́лал э́ту рабо́ту; **3.** (*after preps.*): he lives by ~ он живёт оди́н; he did it by ~ он сде́лал э́то сам; he was talking to ~ он разгова́ривал сам с собо́й; **4.** (*in his normal state*): he will see you when he is ~ again он повида́ется с ва́ми, когда́ придёт в себя́.

**hind**[1] *n.* (*deer*) са́мка оле́ня.

**hind**[2] *adj.* за́дний; the dog stood on its ~ legs соба́ка вста́ла на за́дние ла́пы.

  *cpds.*: ~**most** *adj.* са́мый после́дний/отдалённый; devil take the ~most го́ре неуда́чникам; спаса́йся, кто мо́жет!; ~-**quarters** *n.* зад; ~**sight** *n.* (*of gun*) за́дний прице́л; (*coll.*, *wisdom after the event*): he spoke with ~sight он говори́л, зна́я, чем ко́нчилось де́ло.

**hinder**[1] *adj.* за́дний.

**hinder**[2] *v.t.* меша́ть, по-; he ~ed me from working он меша́л (*or* не дал) мне рабо́тать.

**Hindi** *n.* (*language*) хи́нди (*m. indecl.*).

**hindrance** *n.* поме́ха.

**Hindu** *n.* инду́с (*fem.* -ка).

*adj.* инду́сский.

**Hinduism** *n.* индуи́зм.

**Hinduistic** *adj.* инду́сский.

**Hindustani** *n.* (*language*) хиндуста́ни (*m. indecl.*).

**hinge** *n.* пе́тля, шарни́р; (*fig.*) сте́ржень (*m.*), кардина́льный пункт.

  *v.t.* наве́|шивать, -сить на пе́тли.

  *v.i.* висе́ть (*impf.*); враща́ться (*impf.*) на пе́тлях; (*fig.*) it all ~d on this event всё бы́ло свя́зано с э́тим собы́тием.

**hinny** *n.* лоша́к.

**hint** *n.* (*suggestion*) намёк; can't you take a ~? намёка не понима́ете?; he is always dropping ~s он говори́т намёками; a broad/gentle ~ я́сный/то́нкий намёк; there was a ~ of frost начина́ло подмора́живать; (*written advice*) ~s for housewives сове́ты домохозя́йкам.

  *v.t. & i.* намек|а́ть, -ну́ть на +*a.*; I ~ed that I needed a holiday я намекну́л, что хоте́л бы взять о́тпуск; what are you ~ing (at)? на что вы намека́ете?

**hinterland** *n.* (*inland area*) райо́ны (*m. pl.*), удалённые от побере́жья; (*supply area*) прилега́ющие райо́ны снабже́ния.

**hip**[1] *n.* бедро́; he stood with his hands on his ~s он стоя́л подбоче́нясь; what do you measure round the ~s? како́й у вас разме́р бёдер?; I have him on the ~ (*arch.*, *joc.*) ≃ я положи́л его́ на лопа́тки; he smote them ~ and thigh (*arch.*, *joc.*) он разби́л их на́голову.

  *cpds.*: ~-**bath** *n.* сидя́чая ва́нна; ~-**flask** *n.* карма́нная фля́жка; ~-**joint** *n.* тазобе́дренный суста́в; ~-**pocket** *n.* за́дний карма́н.

**hip**[2] *n.* (*fruit*) я́года шипо́вника.

**hip**[3] *int.*: ~, ~, hooray! гип-гип, ура́!

**hipp|ie**, -**y** *n.* (*coll.*) хи́ппи (*c.g.*, *indecl.*).

**hippo** *n.* (*coll.*) гиппопота́м, бегемо́т.

**hippodrome** *n.* (*hist.*) ипподро́м.

**hippopotamus** *n.* гиппопота́м, бегемо́т.

**hippy** *see* HIPPIE.

**hire** *n.* **1.** (*payment*) пла́та по на́йму; he worked for ~ он рабо́тал по на́йму; the labourer is worthy of his ~ (*prov.*) каково́ рабо́тник — такова́ и пла́та; **2.** (*engagement of pers.*) наём; (*of thg.*) наём, прока́т; cars for ~ маши́ны напрока́т; he let his boat out on ~ он сда(ва́)л свою́ ло́дку напрока́т.

  *v.t.* **1.** (*obtain use of*, *employ*) нан|има́ть, -я́ть; сн|има́ть, -ять; they ~d the hall for a night они́ сня́ли зал на ве́чер; ~d help (*domestic servant*) слуга́ (*m.*); служа́нка, домрабо́тница; **2.** (*let out for hire*) сда|ва́ть, -ть внаём/напрока́т.

  *cpd.*: ~-**purchase** *n.* поку́пка в рассро́чку.

**hireling** *n.* наёмник, найми́т.

**hirer** *n.* беру́щий внаём/напрока́т; (*employer*) работода́тель (*m.*).

**hiring** *n.* (~ *out*) сда́ча внаём/напрока́т; (*borrowing*) наём, прока́т.

**Hiroshima** *n.* Хиро́сима.
**hirsute** *adj.* волоса́тый, косма́тый.
**his** *pron.*: what is ~ by right то, что принадлежи́т ему́ по пра́ву; my bicycle is newer than ~ у меня́ велосипе́д нове́е, чем у него́.
*poss. adj.* его́; (*referring to subj. of sentence*) свой.
**Hispanic** *adj.*: the ~ world испа́но- и португалоязы́чный мир; ~ studies испани́стика.
**Hispanist** *n.* испани́ст.
**hiss** *n.* шипе́ние, свист.
*v.t.* (*an actor*) осви́ст|ывать, -а́ть; he was ~ed off the stage его́ освиста́ли.
*v.i.* шипе́ть, за-/про-.
**historian** *n.* исто́рик.
**historic** *adj.* истори́ческий; (*significant*) знамена́тельный; (*gram.*): the ~ present истори́ческое/повествова́тельное настоя́щее.
**historical** *adj.* истори́ческий.
**historicity** *n.* истори́чность.
**history** *n.* исто́рия; make (*or* go down in) ~ войти́ (*pf.*) в исто́рию; ~ is silent on that point исто́рия об э́том ума́лчивает; this chair has a ~ э́тот стул име́ет свою́ исто́рию; that is ancient ~! (*fig.*) э́то старо́!; the histories of Shakespeare истори́ческие хро́ники (*f. pl.*) Шекспи́ра.
*cpd.*: ~**-book** *n.* уче́бник исто́рии.
**histrionic** *adj.* (*pert. to acting*) актёрский, сцени́ческий; (*stagy*) театра́льный, наи́гранный.
**histrionics** *n.* (*performance*) представле́ние; (*behaviour*) театра́льность, наи́гранность.
**hit** *n.* (*blow*) уда́р, толчо́к; (*strike or shot which reaches target*) попада́ние; (*stroke of sarcasm*) вы́пад, ко́лкость; (*coll., success*) успе́х; (*popular song*) популя́рная пе́сенка; шля́гер.
*v.t.* **1.** (*strike*) уд|аря́ть, -а́рить; бить, по-; сту́к|ать, -нуть; he fell and ~ his head on a stone он упа́л и уда́рился голово́й о ка́мень; he was ~ on the head его́ уда́рили по голове́; don't ~ a man when he's down лежа́чего не бьют; the car ~ a tree маши́на вре́залась в де́рево; he ~ the nail on the head (*fig.*) он попа́л пря́мо в то́чку; the bullet ~ him in the shoulder пу́ля попа́ла ему́ в плечо́; he was ~ by a falling stone его́ заде́ло па́дающим ка́мнем; **2.** (*fig. uses*): you've ~ it! вы попа́ли в то́чку!; the idea suddenly ~ me меня́ вдруг осени́ло; the town was ~ by an earthquake го́род был поражён землетрясе́нием; ~ the trail, road (*coll.*) выступа́ть, вы́ступить в похо́д; стартова́ть (*impf., pf.*); he ~s the bottle now and again (*coll.*) у него́ быва́ют запо́и; **3.** (*encounter*): he ~ a bad patch (*coll.*) он попа́л в плоху́ю по́лосу.
*v.i.*: he ~ on an idea ему́ пришла́ в го́лову мысль.
*with advs.*: ~ **back** *v.t.*: he ~ the ball back он отби́л мяч; if he ~s you, ~ him back е́сли он вас уда́рит, да́йте сда́чи; ~ **off** *v.t.* (*describe aptly*) ме́тко описа́ть (*pf.*) (*or* изобрази́ть (*pf.*)); ~ it off ла́дить (*impf.*); ~ **out** *v.i.*: he ~ out at his opponents он дал ре́зкий отпо́р свои́м проти́вникам; ~ **up** *v.t.*: he ~ up a good score он сыгра́л с хоро́шим счётом.
*cpd.*: ~**-or-miss** *adj.* сде́ланный как попа́ло (*or* ко́е-как).
**hitch** *n.* (*jerk*) рыво́к; (*knot*) у́зел; (*temporary stoppage*; *snag*) заде́ржка, загво́здка; without a ~ гла́дко, без сучка́ и задо́ринки.
*v.t.* **1.** (*fasten*) привя́з|ывать, -а́ть; прицеп|ля́ть, -и́ть; ~ one's waggon to a star (*fig.*) дерза́ть (*impf.*); высоко́ ме́тить (*impf.*); **2.** (*lift*): ~ up one's trousers подтя́|гивать, -ну́ть брю́ки; **3.** (*coll.*): ~ a lift подъе́хать (*pf.*) на попу́тной маши́не; **4.** (*sl.*): get ~ed жени́ться (*impf., pf.*); вступи́ть (*pf.*) в брак.
*v.i.* (*coll., travel by getting free rides*); *also* ~**-hike** е́здить автосто́пом.
*cpds.*: ~**-hiker** *n.* (*coll.*) путеше́ствующий на попу́тных маши́нах; ~**-hiking** *n.* «голосова́ние», езда́ автосто́пом (*or* на попу́тных маши́нах).
**hither** *adv.* сюда́.
*cpd.*: ~**to** *adv.* до сих пор.
**Hitler|ian, -ite** *adjs.* ги́тлеровский.
**Hitlerism** *n.* гитлери́зм.
**Hittite** *n.* хетт; (*language*) хе́ттский язы́к.
*adj.* хе́ттский.
**hive** *n.* у́лей; (*fig.*): the office is a ~ of industry рабо́та в конто́ре кипи́т.
*v.t.* **1.**: ~ bees сажа́ть, посади́ть пчёл в у́лей; ~ honey запас|а́ть, -ти́ мёд в у́лей; **2.** (*fig.*): they ~d off and formed a new party они́ отколо́лись/отрои́лись и со́здали но́вую па́ртию; certain jobs were ~d off to other departments не́которые ви́ды рабо́т бы́ли пору́чены други́м отде́лам.
**hives** *n.* (*med.*) крапи́вница.
**hm** *int.* гм!
**ho** *int.* (*arch., voc.*) эй; ~, ~ (*laughter*) ха-ха́; westward ~! на за́пад!; land ~! земля́!
**hoar** *adj.* седо́й.
*cpd.*: ~**-frost** *n.* и́ней, и́зморозь.
**hoard** *n.* (та́йный) запа́с, склад.
*v.t.* припря́тывать (*impf.*); ск|а́пливать, -опи́ть больши́е запа́сы (*чего*); ~ing food is illegal зако́н запреща́ет припря́тывать продово́льствие.
**hoarding** *n.* **1.** (*fence round building site*) забо́р вокру́г стройплоща́дки; **2.** (*for poster display*) рекла́мный щит; **3.** (*stocking up*) накопле́ние; (*fin.*) тезаври́рование.
**hoarse** *adj.* хри́плый, си́плый; he talked himself ~ он договори́лся до хрипоты́.
**hoarseness** *n.* хрипота́, си́плость.
**hoary** *adj.* (*grey or white with age*) седо́й, седовла́сый; (*ancient*) дря́хлый, дре́вний; a ~ joke ста́рая шу́тка; анекдо́т с бородо́й.

**hoax** *n.* надува́тельство, ро́зыгрыш.

  *v.t.* над|ува́ть, -у́ть; разы́гр|ывать, -а́ть; дура́чить, о-.

**hob** *n.* по́лка в ками́не/печи́.

**hobble** *v.t.*: ~ a horse стрено́жить (*pf.*) ло́шадь.

  *v.i.* ковыля́ть (*impf.*); прихра́мывать (*impf.*).

  *cpd.*: ~-**skirt** *n.* дли́нная, зау́женная кни́зу ю́бка.

**hobbledehoy** *n.* нескла́дный/углова́тый подро́сток; юне́ц.

**hobby** *n.* (*leisure pursuit*) хо́бби (*nt. indecl.*).

  *cpd.*: ~-**horse** *n.* игру́шечная лоша́дка; (*fig.*) конёк.

**hobgoblin** *n.* чертёнок, бесёнок; прока́зливый дух.

**hobnail** *n.* сапо́жный гвоздь; ~ed boots подби́тые гвоздя́ми боти́нки.

**hobnob** *v.i.* води́ться (*impf.*), якша́ться (*impf.*) (с кем).

**hobo** *n.* (*Am. sl.*) бродя́га (*m.*).

**Hobson's choice** *n.* вы́бор без вы́бора.

**hock**[1], **hough** *nn.* (*leg joint*) коле́нное сухожи́лие; (*pl.*) поджи́л|ки (*g.* -ок).

**hock**[2] *n.* (*wine*) рейнве́йн.

**hock**[3] *n.* (*sl., pawn*): in ~ в ломба́рде; в закла́де.

  *v.t.* за|кла́дывать, -ложи́ть.

**hockey** *n.* (*on field*) травяно́й хокке́й; ice ~ хокке́й (с ша́йбой).

  *cpds.*: ~-**player** *n.* хоккеи́ст (*fem.* -ка); ~-**stick** *n.* клю́шка.

**hocus-pocus** *n.* фо́кус, махина́ция, трюк.

**hod** *n.* (строи́тельный) лото́к.

**hodge-podge** *n.* (*coll.*) мешани́на; «сбо́рная соля́нка».

**hoe** *n.* моты́га, тя́пка.

  *v.t. & i.* моты́жить (*impf.*); выпа́лывать, вы́полоть; he ~d up the weeds он вы́полол сорняки́.

**hog** *n.* бо́ров; (*Am., also fig.*) свинья́; go the whole ~ дов|оди́ть, -ести́ де́ло до конца́; идти́ (*det.*) на всё.

  *v.t.* (*coll.*) (*eat greedily*) жрать, со-; (*monopolize*): he ~ged the conversation он не дава́л никому́ сло́ва вста́вить.

  *cpds.*: ~'**s-back** *n.* (*ridge*) гре́бень (*m.*); хребе́т; ~**shead** *n.* бо́чка; *мера ёмкости* 240 ли́тров; ~**wash** *n.* (*pig-swill*) по́йло; (*coll., rubbish*) чушь, вздор.

**hoggish** *adj.* сви́нский, свиноподо́бный.

**hogmanay** *n.* (*Sc.*) кану́н Но́вого го́да.

**hoi(c)k** *v.t.* (*jerk, yank*) рвану́ть (*pf.*).

  *v.i.* (*clear throat noisily*) гро́мко отка́шливаться (*impf.*).

*hoi polloi* *n.* простонаро́дье.

**hoist** *n.* подъёмник.

  *v.t.* подн|има́ть, -я́ть; he was ~ by his own petard он попа́л в со́бственную лову́шку.

**hoity-toity** *adj.* (*haughty, fussy*) кичли́вый, с го́нором.

  *int.* ну и ну́!

**hokey-pokey** *n.* (*coll., trickery*) надува́тельство, махина́ция.

**hokum** *n.* (*sl.*) вздор, чепуха́.

**hold** *n.* **1.** (*grasp, grip*) уде́рживание, захва́т; he caught ~ of the rope он ухвати́лся за кана́т; he kept ~ of the reins он не выпуска́л пово́дья из рук; he laid, seized, took ~ of my arm он схвати́л/взял меня́ за́ руку; don't lose ~; don't let go your ~ держи́те, не отпуска́йте; (*fig.*): I got ~ of a plumber я нашёл/отыска́л водопрово́дчика; where did you get ~ of that idea? отку́да вы э́то взя́ли?; **2.** (*in boxing or wrestling*) захва́т; they fought with no ~s barred они́ боро́лись с примене́нием любы́х захва́тов; (*fig.*) они́ прибега́ли ко всевозмо́жным уло́вкам; once the flu gets a ~, it is hard to shake off грипп тако́е де́ло: е́сли запусти́ть — не ско́ро попра́вишься; **3.** (*means of pressure*): he has a ~ on, over him он де́ржит его́ в рука́х; **4.** (*support*): his feet could find no ~ on the cliff face его́ нога́ не могла́ найти́ опо́ры на пове́рхности утёса; **5.** (*ship's*) трюм.

  *v.t.* **1.** (*clasp, grip*) держа́ть (*impf.*); they sat ~ing hands они́ сиде́ли, держа́сь за́ руки; **2.** (*maintain, keep in a certain position*): ~ yourself straight! держи́сь пря́мо!; ~ it! (*coll.*) (*don't move*) не дви́гайтесь!; не шевели́тесь!; (*fig., keep*): he held himself in readiness он был наготове; they were held to a draw их вы́нудили к ничье́й; they held the enemy at bay они́ не подпуска́ли неприя́теля; I won't ~ you to your promise я не тре́бую, что́бы вы сдержа́ли своё сло́во; ~ the line! (*teleph.*) жди́те у телефо́на!; не клади́те тру́бку!; **3.** (*detain*): he was held prisoner его́ держа́ли в плену́; they held him for questioning его́ задержа́ли для допро́са; **4.** (*contain*): the hall ~s a thousand зал вмеща́ет ты́сячу челове́к; ~ one's liquor переноси́ть (*impf.*) спиртно́е; his theory will not ~ water (*fig.*) его́ тео́рия несостоя́тельна; **5.** (*consider, believe*) полага́ть (*impf.*), счита́ть (*impf.*); the court held that . . . суд призна́л, что . . .; ~ dear высоко́ цени́ть (*impf.*); he is held in great esteem он по́льзуется больши́м уваже́нием; he was held responsible ему́ пришло́сь отвеча́ть; I don't ~ it against him я не ста́влю ему́ э́то в вину́; he held the law in contempt он презира́л зако́н; **6.** (*restrain*): she held her breath она́ затаи́ла дыха́ние; he held his hand (*fig., took no action*) он сдержа́л себя́; ~ everything! (*coll.*) останови́тесь!; ~ your noise! не шуми́те!; ~ your tongue! молчи́те!; пома́лкивайте!; ~ your horses (*coll.*) ле́гче на поворо́тах!; there's no ~ing him на него́ (*or* ему́) нет у́держу; **7.** (*have, own*): he ~s the ace у него́ туз; all this land is held by one man всей э́той землёй владе́ет оди́н челове́к; ~ the record быть рекордсме́ном; ~ shares быть держа́телем а́кций; the opinion is widely held э́то мне́ние широко́ распространено́; we ~ the same views мы приде́рживаемся одина́ковых взгля́дов; **8.** (*occupy, remain in possession of*): how long has he held office? как давно́ он занима́ет э́ту до́лжность?; he held his ground (*lit.*) он не уступа́л; (*fig.*) он не сдава́лся; I can ~ my own against anyone я могу́ потяга́ться с кем уго́дно; he ~s the rank of sergeant он име́ет зва́ние сержа́нта; the sight held his attention э́то зре́лище прикова́ло его́ внима́ние; **9.** (*carry on, conduct, convene*): they were ~ing a conversation они́ бесе́довали; the meeting was held at noon собра́ние состоя́лось в по́лдень.

*v.i.* **1.** (*grasp*): ~ tight! держи́те кре́пче/кре́пко!; **2.** (*adhere*): he ~s firmly to his beliefs он твёрдо де́ржится свои́х убежде́ний; I ~ by what I said я приде́рживаюсь того́, что сказа́л ра́ньше; **3.** (*agree, approve*): I don't ~ with that я так не счита́ю; я э́того не одобря́ю; **4.** (*remain*): he held aloof он держа́лся особняко́м; ~ still! не дви́гайтесь!; the argument ~s good до́вод сохраня́ет си́лу; **5.** (*remain unbroken, unchanged, intact*): will the rope ~? вы́держит ли верёвка?; how long will the weather ~? до́лго ли проде́ржится (просто́ит) така́я пого́да?

*with advs.*: ~ **apart** *v.t.*: they held the brawlers apart они́ растащи́ли спо́рящих; ~ **back** *v.t.* (*restrain*): I couldn't ~ him back я не мог его́ удержа́ть; (*withhold*): he held back part of their wages он удержа́л часть их зарпла́ты; (*repress*): I had to ~ back a smile мне пришло́сь сдержа́ть улы́бку; *v.i.* (*hesitate*) ме́шкать (*impf.*); (*refrain*): возде́рж|иваться, -а́ться (*от чего*); ~ **down** *v.t.* (*lit.*): ~ your head down! не поднима́йте головы́!; (*fig.*): do you think you can ~ the job down? суме́ете ли вы удержа́ться на э́той до́лжности?; we will try to ~ prices down мы постара́емся не допусти́ть ро́ста цен; ~ **forth** *v.t.* (*offer*) протя́|гивать, -ну́ть; *v.i.* (*coll., orate*) разглаго́льствовать (*impf.*); веща́ть (*impf.*); ~ **in** *v.t.* (*lit.*): her waist was held in by a belt её та́лия была́ стя́нута по́ясом; (*fig.*): I could hardly ~ myself in я едва́ сдержа́лся; ~ **off** *v.t.* (*keep away, repel*): he held his dog off он придержа́л соба́ку; they held off the attack они́ отби́ли ата́ку; he held off going to the doctor он откла́дывал визи́т к врачу́; *v.i.* (*stay away*): the rain held off all morning дождя́ так и не́ было всё у́тро; ~ **on** *v.i.* (*keep in position*) прикреп|ля́ть, -и́ть; the handle was held on with glue ру́чка держа́лась на клею́; *v.i.* (*cling*) держа́ться (*за что*); she held on to the banisters она́ держа́лась за пери́ла; (*fig.*): you should ~ on to those shares вам бы на́до держа́ться за э́ти а́кции; (*coll., wait*): ~ on a minute till I'm ready подожди́те — я бу́ду

гото́в че́рез мину́ту; (*on the telephone*): ~ on, please! не ве́шайте тру́бку!; ~ **out** *v.t.* (*extend*): he greeted me and held out his hand он произнёс приве́тствие и протяну́л мне ру́ку; (*fig., offer*): I can't ~ out any hope я не могу́ вас ниче́м обнадёжить; *v.i.* (*endure, refuse to yield*): the fortress held out for 6 weeks кре́пость продержа́лась 6 неде́ль; the men are ~ing out for more money рабо́чие не уступа́ют, тре́буя повыше́ния зарпла́ты; he held out on me (*coll.*) он ута́ивал (*что*) от меня́; он скры́тничал; (*last*): supplies cannot ~ out much longer запа́сов надо́лго не хва́тит; ~ **over** *v.t.* (*defer*) от|кла́дывать, -ложи́ть; ~ **together** *v.t.*: the box was held together with string коро́бка была́ перевя́зана бечёвкой (,чтобы не развали́лась); (*fig.*) the leader held his party together ли́дер сплоти́л па́ртию; *v.i.* (*fig.*): his arguments do not ~ together в его́ до́водах есть неувя́зка; ~ **under** *v.t.* (*fig.*): this nation has been held under for generations э́та страна́ уже́ давно́ нахо́дится под гнётом; ~ **up** *v.t.* (*lift, hold erect*): the boy held up his hand ма́льчик по́днял ру́ку; (*fig., display, expose*): he was held up as an example его́ поста́вили в приме́р; he was held up to ridicule его́ вы́ставили на посме́шище; (*delay*) заде́рж|ивать, -а́ть; we were held up on the way по доро́ге нас задержа́ли; traffic was held up by fog движе́ние останови́лось из-за тума́на; I hope you will not ~ up your decision наде́юсь, вы не бу́дете ме́длить с реше́нием; the censor held up the play цензу́ра задержа́ла пье́су; work is (or has been) held up рабо́та ста́ла; (*waylay*): the robbers held them up at pistol point банди́ты огра́били их, угрожа́я пистоле́том; *v.i.*: do you think the table will ~ up under the weight? вы ду́маете, стол вы́держит тако́й вес?; (*fig.*): if the weather ~s up, we can go out е́сли така́я пого́да проде́ржится, мы мо́жем пойти́ куда́-нибудь.

*cpds.*: ~ **-all** *n.* вещево́й мешо́к; су́мка; ~ **-up** *n.* (*stoppage, delay*) заде́ржка; what's the ~-up? за чем де́ло ста́ло?; (*robbery*) вооружённый грабёж.

**holder** *n.* **1.** (*possessor, e.g. of a passport*) владе́лец, предъяви́тель (*m.*); облада́тель (*m.*); ~ of an office занима́ющий до́лжность; **2.** (*device for holding*) держа́тель (*m.*).

**holding** *n.* **1.** (*of land*) уча́сток (земли́); small ~ приуса́дебный уча́сток; **2.** (*property*) вкла́ды (*m. pl.*), ава́уры (*m. pl.*); **3.** (*stock*) запа́с, (*of library*) фонд.

*adj.*: ~ company компа́ния-держа́тель; ~ operation опера́ция для сохране́ния ста́туса кво (or для удержа́ния пози́ций).

**hole** *n.* **1.** (*cavity*) дыра́; **2.** (*opening*) отве́рстие; **3.** (*rent*) щель, про́резь; **4.** (*burrow*) нора́; **5.** (*pej. of a place*) дыра́; **6.** (*predicament*) беда́; **7.** (*in golf*) лу́нка; **8.** (*phrases*): it made a

~ in his savings пла́кали его́ сбереже́ния; he is always picking ~s он ко всему́ придира́ется; a square peg in a round ~ челове́к не на своём ме́сте.

*v.t.* **1.** (*make ~ in*) де́лать отве́рстия в +*p.*; **2.** (*make ~ through*) продыря́в|ливать, -ить; **3.** (*golf*) заг|оня́ть, -на́ть (мяч) в лу́нку.

*cpd.*: ~**-and-corner** *adj.* закули́сный.

**holiday** *n.* **1.** (*day off*) выходно́й (день); bank ~ нерабо́чий день (,когда́ закры́ты ба́нки); church ~ церко́вный пра́здник; **2.** (*annual leave*) о́тпуск, о́тдых; (*school, university vacation*) кани́кул|ы (*pl., g.* —); (*leisure time*) о́тдых; he is on ~ он в о́тпуску; у него́ кани́кулы; I take my ~s in June я беру́ о́тпуск в ию́не; where are you spending your ~? где вы бу́дете отдыха́ть?; ~ camp (ле́тний) ла́герь; ~ home дом о́тдыха.

*cpd.*: ~**-maker** *n.* отдыха́ющий; тури́ст (*fem.* -ка).

**holiness** *n.* свя́тость, свяще́нность; His H~ (the Pope) его́ святе́йшество.

**Holland**[1] *n.* (*country or province*) Голла́ндия.

**holland**[2] *n.* (*fabric*) холст; (*pl., spirit*) можжеве́ловая во́дка.

**Hollander** *n.* (*arch.*) голла́ндец.

**holler** *v.t. & i.* (*Am. coll.*) ора́ть (*impf.*); вопи́ть (*impf.*).

**hollo(a)** *v.i.* улюлю́кать (*impf.*).

**hollow** *n.* **1.** (*small depression*) вы́емка, впа́дина; hold s.o. in the ~ of one's hand держа́ть кого́-н. в рука́х; **2.** (*dell*) лощи́на, низи́на.

*adj.* **1.** (*not solid*) пусто́й, по́лый; **2.** (*of sounds*) глухо́й; **3.** (*fig., false, insincere*) фальши́вый, лжи́вый; ~ laughter неесте́ственный/ирони́ческий смех; a ~ victory беспло́дная побе́да; **4.** (*sunken*) ввали́вшийся, впа́лый; ~ cheeks ввали́вшиеся щёки.

*adv.*: we beat them ~ (*coll.*) мы разби́ли их в пух и прах.

*v.t.* (*usu.* ~ **out**) выда́лбливать, вы́долбить; де́лать, с- углубле́ние в +*p.*

**hollowness** *n.* (*insincerity*) неи́скренность.

**holly** *n.* остроли́ст.

**hollyhock** *n.* алте́й ро́зовый.

**holly-oak, holm-oak** *nn.* дуб ка́менный.

**holocaust** *n.* ма́ссовое уничтоже́ние; бо́йня; nuclear ~ я́дерная катастро́фа.

**holograph** *n.* собственнору́чно напи́санный докуме́нт.

*adj.* собственнору́чный.

**holster** *n.* кобура́.

**holy** *n.*: the H~ of Holies (*lit., fig.*) Свята́я Святы́х.

*adj.* свяще́нный, свято́й; H~ Communion Свято́е Прича́стие; the H~ Father его́ святе́йшество; the H~ Ghost, Spirit Свято́й Дух; the H~ Land Свята́я земля́; ~ orders духо́вный сан; ~ place святи́лище; the H~ Places Святы́е Места́; H~ Russia Свята́я

Русь; the H~ See Святе́йший Престо́л; a ~ terror (*coll.*) наказа́ние госпо́дне; a ~ war свяще́нная война́; ~ water свята́я вода́; H~ Week Страстна́я неде́ля; H~ Writ (*arch.*) свяще́нное писа́ние.

*cpd.*: ~**stone** *n.* песча́ник, пе́мза.

**homage** *n.* (*feudal*) феода́льная пови́нность; (*fig.*) почте́ние, преклоне́ние; we pay ~ to his genius мы преклоня́емся пе́ред его́ ге́нием.

**home** *n.* **1.** (*place where one resides or belongs*) дом; (*attr.*) дома́шний; it was a ~ from ~ там бы́ло как до́ма; a ~ of one's own со́бственный дом; his ~ is in London он жи́тель Ло́ндона; he made his ~ in Bristol он посели́лся в Бри́столе; he made London his second ~ Ло́ндон стал его́ вторы́м до́мом; he looks on Paris as his spiritual ~ он счита́ет Пари́ж свое́й духо́вной ро́диной; he has gone to his last ~ он отпра́вился в после́дний путь; left ~ она́ поки́нула (роди́тельский) дом; at home (*in one's house*) до́ма; (*on one's ~ ground*) у себя́; (*e.g. football*) на своём по́ле; she is not at ~ to anyone она́ никого́ не принима́ет; make yourself at ~ бу́дьте как до́ма; I feel at ~ here я чу́вствую себя́ здесь как до́ма; I don't feel at ~ in Spanish я в испа́нском не силён; he is away from ~ он в отъе́зде; **2.** (*institution*): a ~ for the disabled дом инвали́дов; he put his parents into a ~ он помести́л свои́х роди́телей в дом для престаре́лых; **3.** (*habitat*) ро́дина, ме́сто распростране́ния, ареа́л; **4.** (*in games*): the ~ stretch фи́нишная пряма́я; **5.** (*attr., opp.* foreign; *native, local*): ~ affairs вну́тренние дела́; H~ Counties гра́фства, окружа́ющие Ло́ндон; H~ Guard отря́ды (*m. pl.*) ме́стной оборо́ны, ополче́ние; of ~ manufacture оте́чественного произво́дства; the ~ market вну́тренний ры́нок; H~ Office министе́рство вну́тренних дел; ~ team кома́нда хозя́ев по́ля; ~ rule самоуправле́ние; ~ town родно́й го́род.

*adv.* **1.** (*at or to one's own house*): is he ~ yet? он (уже́) до́ма?; he was on his way ~ он шёл/е́хал домо́й; go ~! убира́йтесь восвоя́си!; nothing to write ~ about (*fig.*) ничего́ осо́бенного (*or* из ря́да вон выходя́щего); he is ~ and dry (*fig.*) он благополу́чно отде́лался; **2.** (*in or to one's own country*): things are different back ~ (*coll.*) у нас э́то не так (*or* ина́че); he came ~ from abroad он верну́лся из-за грани́цы; **3.** (*to the point aimed at*): the nails were driven ~ гво́зди бы́ли заби́ты; he drove his argument ~ он растолкова́л свои́ до́воды; bring sth. ~ to s.o. довести́ (*pf.*) что-н. до чьего́-н. созна́ния; it was brought ~ to him how lucky he was до него́ дошло́, как ему́ повезло́; his remarks struck ~ его́ замеча́ния попа́ли в цель; (*attr.*) ~ truths нелицеприя́тные и́стины (*f. pl.*); го́рькая пра́вда.

*v.i.*: ~ on to a beacon настр|а́иваться, -о́иться на мая́к; homing instinct тя́га домо́й; homing pigeon почто́вый го́лубь.

*cpds.*: ~-**baked** *adj.* дома́шней вы́печки; ~-**bird** *n.* (*fig.*) домосе́д (*fem.* -ка); ~-**brewed** *adj.* дома́шнего изготовле́ния; ~**coming** *n.* возвраще́ние домо́й; ~-**grown** *adj.* доморо́щенный; ~**land** *n.* ро́дина, родна́я страна́; ~-**like** *adj.* дома́шний, непринуждённый; ~-**lover** *n.* домосе́д (*fem.* -ка); ~-**made** *adj.* дома́шнего изготовле́ния; ~**sick** *adj.* скуча́ющий/тоску́ющий по до́му/ро́дине; ~**sickness** *n.* ностальги́я; ~**spun** *n. & adj.* домотка́ный; (*fig.*) сермя́жный, грубова́тый; ~**stead** *n.* уса́дьба; фе́рма; ~**work** *n.* дома́шнее зада́ние; за́данный уро́к; what was the ~work? что бы́ло за́дано на́ дом?

**homeless** *adj.* бездо́мный.

**homeliness** *n.* **1.** дома́шний ую́т; **2.** непритяза́тельность, неприхотли́вость; **3.** непригля́дность, невзра́чность.

**homely** *adj.* **1.** (*like home*) дома́шний, ую́тный; a ~ atmosphere дома́шняя обстано́вка; **2.** (*unpretentious*): a ~ old lady проста́я/ми́лая стару́шка; a ~ meal неприхотли́вая еда́; **3.** (*Am., unattractive*) некраси́вый; a ~ girl дурну́шка.

**homeopath** *n.* гомеопа́т.

**homeopathic** *adj.* гомеопати́ческий.

**homœopathy** *n.* гомеопа́тия.

**Homer**[1] *n.* Гоме́р.

**homer**[2] *n.* (*pigeon*) почто́вый го́лубь.

**Homeric** *adj.* гоме́ровский; the ~ poems поэ́мы Гоме́ра; ~ scholar гомерове́д; ~ laughter гомери́ческий смех.

**homeward** *adj.* иду́щий/веду́щий к до́му; ~ voyage обра́тный рейс/путь.

*adv.* (*also* ~**s**) к до́му; восвоя́си.

**hom(e)y** *adj.* (*Am. coll.*) дома́шний, ую́тный.

**homicidal** *adj.* (*intending murder*) замышля́ющий уби́йство; ~ mania ма́ния уби́йства.

**homicide** *n.* (*crime*) уби́йство; ~ squad отря́д сыскно́й поли́ции по расследо́ванию уби́йств.

**homily** *n.* про́поведь; (*reprimand*) нота́ция.

**hominid** *n.* гомини́д.

**hominy** *n.* варёная кукуру́за, мамалы́га.

**homo** *n.* го́мо (*m. indecl.*), го́мик (*coll.*).

**homœopath, -ic, -y** *see* HOMEOPATH *etc.*

**homogeneity** *n.* одноро́дность.

**homogeneous** *adj.* одноро́дный.

**homogenization** *n.* гомогениза́ция.

**homogenize** *v.t.* гомогенизи́ровать (*impf.*).

**homograph** *n.* омо́граф.

**homologous** *adj.* соотве́тственный; гомологи́ческий.

**homonym** *n.* омо́ним.

**homonym|ic, -ous** *adjs.* омоними́ческий.

**homophone** *n.* омофо́н.

***homo sapiens*** *n.* хо́мо са́пиенс (*m. indecl.*).

**homosexual** *n.* гомосексуали́ст.

*adj.* гомосексуа́льный.

**homosexuality** *n.* гомосексуали́зм.

**homunculus** *n.* гому́нкул(ус); (*dwarf*) ка́рлик, лилипу́т.

**homy** *see* HOMEY.

**Honduran(ean)** *n.* гондура́с|ец (*fem.* -ка).

*adj.* гондура́сский.

**Honduras** *n.* Гондура́с.

**hone** *n.* осело́к; точи́льный ка́мень.

*v.t.* точи́ть, за-/на-.

**honest** *adj.* (*fair, straightforward*) че́стный; (*sincere*): an ~ attempt че́стная попы́тка; (*expressive of honesty*): an ~ face откры́тое лицо́; (*candid*): if you want the ~ truth е́сли вы хоти́те знать всю/чи́стую пра́вду; to be ~ (with you) че́стно говоря́; (*legitimate*): he turns an ~ penny он зараба́тывает (на жизнь) че́стным трудо́м; (*respectable*): he made an ~ woman of her он прикры́л грех зако́нным бра́ком.

*cpds.*: ~-**to-god**, ~-**to-goodness** *adjs.* настоя́щий, взапра́вдашний; *adv.* че́стно!; ей-Бо́гу!

**honestly** *adv.* **1.** (*straightforwardly*) че́стно; **2.** (*candidly*) чистосерде́чно; ~! че́стное сло́во!; ~, that's all the money I have э́то все мои́ де́ньги, пове́рьте; **3.** (*remonstrance*) поми́луйте!; ну, зна́ете!

**honesty** *n.* **1.** (*integrity*) че́стность; **2.** (*candour*) чистосерде́чие, прямота́; **3.** (*bot.*) лу́нник.

**honey** *n.* мёд; (*Am. coll., darling*) дорого́й, ми́лый.

*cpds.*: ~-**bee** *n.* пчела́ медоно́сная; ~**comb** *n.* со́т|ы (*pl., g.* -ов); *v.t.* (*fig.*): the countryside is ~combed with caves э́тот райо́н усе́ян пеще́рами; the administration is ~combed with spies администра́ция киши́т шпио́нами; ~-**dew** *n.* медвя́ная роса́; (*melon*) муска́тная ды́ня; ~**moon** *n.* медо́вый ме́сяц; *v.i.* прово|ди́ть, -ести́ медо́вый ме́сяц; ~**suckle** *n.* жи́молость; ~-**sweet** *adj.* сла́дкий как мёд.

**hon|eyed, -ied** *adj.*: ~ words сла́дкие ре́чи.

**Hong Kong** *n.* Гонко́нг.

**honk** *n.* **1.** (*of goose*) крик (ди́ких гусе́й); **2.** (*of motor horn*) гудо́к.

*v.i.* **1.** крича́ть (*impf.*); **2.** гуде́ть (*impf.*).

**Honolulu** *n.* Гонолу́лу (*m. indecl.*).

**honorarium** *n.* гонора́р.

**honorary** *adj.* (*conferred as honour*) почётный; (*unpaid*) неопла́чиваемый.

**honorific** *n.* почти́тельное обраще́ние; (*in oriental languages*) фо́рма ве́жливости.

*adj.* почти́тельный, ве́жливый; an ~ post почётный пост.

**honour** *n.* **1.** (*good character, reputation*) честь; a man of ~ благоро́дный/че́стный челове́к; affair of ~ дуэ́ль; code of ~ ко́декс че́сти;

debt of ~ долг чести; he considered himself in ~ bound to obey он счёл своим долгом подчиниться; his ~ is at stake на карту поставлена его честь; (on my) word of ~! честное слово!; (*chastity*) честь, целомудрие; **2.** (*dignity, credit*): it's an ~ to work with him работать с ним — большая честь; it does you ~ это делает вам честь; guard of ~ почётный караул; maid of ~ фрейлина; the reception was held in his ~ приём был устроен в его честь; he won ~ in war он был увенчан боевой славой; (*in polite formulae*): will you do me the ~ of accepting this gift? окажите мне честь, приняв этот дар; I have the ~ to inform you имею честь сообщить вам; **3.** (*usu. pl., mark of respect, distinction*): Birthday H~s награды (*f. pl.*) по случаю дня рождения монарха; ~s list список пожалованных монархом почётных званий и титулов; he was buried with military ~s on his burial с воинскими почестями; let me do the ~s я буду за хозяина; (*as title*) your H~ ваша честь; **4.** (*pl., academic distinction*): ~s course курс, дающий право на диплом с отличием; pass with ~s сдать (*pf.*) экзамен с отличием; **5.** (*in card games*) онёры (*m. pl.*).

*v.t.* **1.** (*respect, do ~ to*) оказ|ывать, -ать честь +*d.*; **2.** (*confer dignity on*): he ~ed me with a visit он удостоил меня визитом; **3.** (*fulfil obligation*): he failed to ~ the agreement он не выполнил соглашения; will the cheque be ~ed? будет ли уплачено по этому чеку?

**honourable** *adj.* **1.** (*upright*) честный, достойный; **2.** (*consistent with honour*): an ~ peace почётный мир; are his intentions ~? честны ли его намерения?; **3.** (*title: also* right ~) достопочтенный.

**hooch** *n.* (*sl.*) спиртное, выпивка.

**hood** *n.* **1.** (*headgear*) капюшон, капор; **2.** (*of car or carriage*) складной верх, (*откидная*) крыша; **3.** (*Am., of car engine*) капот; **4.** (*Am. sl.*) = HOODLUM.

*v.t.* (*cover with ~*) покр|ывать, -ыть капюшоном.

**hoodlum** *n.* (*Am. sl.*) хулиган, бандит, громила (*m.*).

**hoodoo** *n.* несчастье, порча, сглаз.

*v.t.* (*also put the ~ on*) приносить (*impf.*) несчастье +*d.*; сглазить (*pf.*).

**hoodwink** *v.t.* одурачи|вать, -ть; (*coll.*) провести (*pf.*).

**hooey** *n.* (*sl.*) бред, чушь.

**hoof** *n.* копыто; on the ~ (*of cattle*) живой.

*v.t.* (*sl.*): ~ out выгнать (*pf.*); выставить (*pf.*); ~ it идти пёхом (*sl.*).

**hoo-ha** *n.* (*sl.*) суета, шумиха.

**hook** *n.* **1.** (*curved, usu. metal, device*) крючок (*also for fishing*), крюк; the receiver was off the ~ трубка была снята; he swallowed the tale ~, line and sinker (*fig.*) он попался на удочку; let off the ~ (*coll.*) выручать, выручить; вызволять, вызволить из беды; (*dress fastening*): ~ and eye крючок; (*agric. tool*) секач, серп; **2.** (*boxing blow*) хук, боковой удар; **3.** (*geog.*): the H~ of Holland Хук ван Холланд; честь; **4.** (*pl., academic distinction*): ~s course курс, дающий право на диплом с отличием; подцепить (*all pf.*); (*fig.*): she ~ed a rich husband (*coll.*) она подцепила богатого мужа; he is ~ed on drugs (*sl.*) он пристрастился к наркотикам; **2.** (*usu. with advs., fasten*): she ~ed up her dress она застегнула платье (на крючки); **3.** (*sl., steal*) стянуть (*pf.*); **4.**: ~ it (*sl.*) см|ываться, -ыться.

*v.i.* (*fasten*): the dress ~s (up) at the back платье застёгивается сзади.

*cpds.*: ~-**nosed** *adj.* с крючковатым носом; ~-**up** *n.* сцепление; (*radio*) одновременная трансляция; ~**worm** *n.* нематода.

**hookah** *n.* кальян.

**hooker** *n.* (*coll., ship*) судно, посудина; (*sl., prostitute*) проститутка.

**hookey** *n.*: play ~ (*Am. sl.*) прогуливать (*impf.*) (уроки).

**hooligan** *n.* хулиган.

**hooliganism** *n.* хулиганство.

**hoop** *n.* **1.** (*of barrel etc.*; *plaything*; *in circus*) обруч; they put him through the ~s (*fig.*) они подвергли ему трудным испытаниям; **2.** (*croquet*) ворот|а (*pl., g.* —).

*v.t.* (*bind with ~s*) скреп|лять, -ить обручем.

*cpds.*: ~-**la** *n.* (*game*) кольца (*nt. pl.*); ~-**skirt** *n.* кринолин.

**hoopoe** *n.* удод.

**hooray!** *int.* ура!

**hoot** *n.* **1.** (*derisive noise*) шиканье, гвалт; he doesn't give two ~s (*or a* ~) ему на это начхать (*coll.*); (*owl's cry*) уханье; (*warning note of vessel, car, siren etc.*) гудок, сигнал.

*v.t.* ошик|ивать, -ать; he was ~ed down; they ~ed him off (the stage) его ошикали.

*v.i.* (*in derision or amusement*) улюлюкать (*impf.*); we ~ed with laughter мы покатывались со смеху; (*of an owl*) ух|ать, -нуть; (*of a vessel, car etc.*) гудеть, про-; сигналить, про-; да|вать, -ть гудок.

**hooter** *n.* (*of factory*) гудок.

**hop**[1] *n.* **1.** подскок, скачок (на одной ноге); ~, skip and jump тройной прыжок; I was caught on the ~ (*coll.*) меня застали врасплох; **2.** (*dance*) танцулька (*coll.*); **3.** (*stage of flight*) перелёт.

*v.t.*: ~ it! (*sl.*) катись!

*v.i.* прыгать, скакать (*both impf.*); he ~ped over the ditch он перепрыгнул через канаву; she ~ped over to see me (*coll.*) она забежала ко мне; where has he ~ped off to? (*coll.*) куда это он ускакал?; he was ~ping mad (*coll.*) он рассвирепел/остервенел.

*cpds.*: ~**-o'-my-thumb** *n*. ма́льчик с па́льчик; ~**scotch** *n*. кла́ссы (*m. pl.*) (*игра*).

**hop²** *n*. (*bot.*) хмель (*m.*).

*cpds.*: ~**-field** *n*. хме́льник; ~**-picker** *n*. (*pers.*) сбо́рщи|к (*fem.* -ца) хме́ля; (*machine*) хмелеубо́рочная маши́на.

**hop|e** *n*. наде́жда; I have high ~es of him я возлага́ю на него́ больши́е наде́жды; we live in ~e(s) мы живём наде́ждой; don't raise my ~es in vain не обнадёживайте меня́ понапра́сну; ~e chest (*Am.*) сунду́к для прида́ного; his ~es were dashed его́ наде́жды ру́хнули; I can hold out little ~e я не могу́ вас обнадёжить; I went in the ~e of finding him я пошёл в наде́жде найти́ его́; there's not much ~e of that на э́то ма́ло наде́жды; he is the ~e of the side он наде́жда кома́нды; things are past all ~e положе́ние безнадёжно.

*v.t. & i.*: I ~e to see you soon наде́юсь, мы ско́ро уви́димся; let's ~e so! бу́дем наде́яться!; I ~e not наде́юсь, что нет; I am ~ing against ~e я продолжа́ю наде́яться, несмотря́ ни на что.

**hopeful** *n.*: young ~ (*joc.*) подаю́щий наде́жды ребёнок.

*adj.* **1.** (*having hope*): I am ~ of success я наде́юсь/рассчи́тываю на успе́х; **2.** (*inspiring hope*): a ~ prospect обнадёживающая перспекти́ва; a ~ sign благоприя́тный при́знак.

**hopefully** *adv.* (*in sense 'it is hoped'*): ~ he will arrive soon на́до наде́яться, он ско́ро прие́дет.

**hopefulness** *n*. наде́жда, оптими́зм.

**hopeless** *adj.* **1.** (*feeling no hope*) отча́явшийся; **2.** (*affording no hope*): a ~ situation безнадёжное положе́ние; a ~ illness неизлечи́мая боле́знь; **3.** (*coll., incapable*): he's quite ~ at science то́чные нау́ки ему́ соверше́нно не даю́тся; he is a ~ ass он безнадёжно глуп; **4.**: he fell ~ly in love он влюби́лся по́ уши.

**hopelessness** *n*. безнадёжность.

**hopper¹** *n*. (*for grain*) воро́нка.

**hopper²** *see* HOP-PICKER.

**Horace** *n.* (*poet*) Гора́ций.

**Horatian** *adj.* гора́циев.

**horde** *n*. (*of nomads*) орда́; (*fig.*) по́лчище, ту́ча, ку́ча.

**horizon** *n.* (*lit., fig.*) горизо́нт; over the ~ за горизо́нт(ом).

**horizontal** *n*. горизонта́ль.

*adj.* горизонта́льный.

**hormone** *n*. гормо́н; (*attr.*) гормо́нный, гормона́льный.

**horn** *n*. **1.** (*of cattle*) рог; I took the bull by the ~s (*fig.*) я взял быка́ за рога́; he drew in his ~s (*fig.*) он присмире́л/прити́х; **2.** (*hist., drinking-vessel*) рог, ку́бок; ~ of plenty рог изоби́лия; **3.** (*mus.*): French ~ валто́рна; (*hunting-* ~) рог; **4.** (*warning device*) гудо́к,

свисто́к; (*of a car*) клаксо́н, гудо́к; he sounded his ~ он дал сигна́л; **5.** (*substance*) рог; **6.**: on, between the ~s of a dilemma в тиска́х диле́ммы; **7.** (*geog.*): the H~ мыс Горн; the Golden H~ Золото́й Рог.

*v.i.*: he ~ed in on our conversation (*coll.*) он влез в наш разгово́р.

*cpds.*: ~**beam** *n*. граб; ~**bill** *n*. пти́ца-носоро́г; ~**blende** *n*. амфибо́л; ~**pipe** *n*. хо́рнпайп; ~**-rimmed** *adj.* в рогово́й опра́ве.

**horned** *adj.* рога́тый, с рога́ми.

**hornet** *n*. ше́ршень (*m.*); his words stirred up a ~'s nest его́ слова́ потрево́жили оси́ное гнездо́.

**horny** *adj.* **1.** рогово́й; ~ hands мозо́листые ру́ки; **2.** (*coll., lustful*) похотли́вый.

*cpd.*: ~**-handed** *adj.* с мозо́листыми рука́ми.

**horology** *n.* (*measuring time*) измере́ние вре́мени; (*making clocks*) часово́е де́ло.

**horoscope** *n*. гороско́п; she had her ~ cast ей соста́вили гороско́п.

**horrendous** *adj.* ужа́сный, жу́ткий.

**horri|ble, -d** *adjs.* ужа́сный, ужаса́ющий; (*coll., unpleasant*) ужа́сный, отврати́тельный; you're being ~ ты злой!

**horrific** *adj.* ужаса́ющий.

**horrif|y** *v.t.* (*fill with horror*) ужас|а́ть, -ну́ть; (*shock*) потряс|а́ть, -ти́; I was ~ied at his behaviour его́ поведе́ние меня́ ужасну́ло.

**horror** *n*. у́жас; the ~s (*coll., DT*) бе́лая горя́чка; ~s! како́й у́жас!; жуть!; the ~s of war у́жасы войны́; ~ film фильм у́жасов; (*extreme dislike*) I have a ~ of cats я терпе́ть не могу́ ко́шек; (*joc., shocking person*) жу́ткий тип.

*cpd.*: ~**-struck** *adj.* в у́жасе.

**hors de combat** *adv.* вне игры́; вы́шедший из стро́я.

**hors d'œuvres** *n*. заку́ски (*f. pl.*).

**horse** *n*. **1.** (*animal*) ло́шадь, конь (*m.*); to ~! по ко́ням!; he backs ~s он игра́ет на ска́чках; he lost (money) on the ~s он проигра́лся на ска́чках; he backed the wrong ~ (*fig.*) он просчита́лся; он поста́вил не на ту ло́шадь; he drove a ~ and cart он е́хал на теле́ге; he eats like a ~ он ест за семеры́х; you are flogging a dead ~ зря стара́етесь!; ги́блое де́ло!; не рвись!; hold your ~s! (*coll.*) ле́гче на поворо́тах!; put the cart before the ~ (*fig.*) поста́вить (*pf.*) (всё) с ног на́ го́лову; he learnt to ride a ~ он научи́лся е́здить верхо́м; that's a ~ of another colour (*fig.*) э́то совсе́м друго́й коленко́р; a dark ~ тёмная лоша́дка; I had it straight from the ~'s mouth я зна́ю э́то из первоисто́чника (*or* из пе́рвых рук); he got on his high ~ он стал в по́зу; **2.** (*cavalry*) ко́нница, кавале́рия; H~ Guards конногварде́йский полк; **3.** (*in gymnasium*) конь (*m.*).

*cpds.*: ~**back** *n*.: on ~back верхо́м; ~back

riding (*Am.*) = ~-**riding**; ~-**block** *n.* подставка (для поса́дки); ~-**box** *n.* ваго́н для лошаде́й; ~-**breaker** *n.* объе́здчик; ~-**chestnut** *n.* кашта́н ко́нский; ~-**cloth** *n.* попо́на; ~ **flesh** *n.* кони́на; he is a good judge of ~ flesh он большо́й знато́к лошаде́й; ~-**fly** *n.* слепе́нь (*m.*); ~ **hair** *n.* ко́нский во́лос; *adj.* из ко́нского во́лоса; ~-**laugh** *n.* хо́хот, ржа́ние; ~ **man** *n.* нае́здник, вса́дник; ~ **manship** *n.* иску́сство верхово́й езды́; ~ **play** *n.* шу́мная игра́/возня́; ~-**power** *n.* лошади́ная си́ла; 20 ~-power 20 лошади́ных сил; ~-**race,** ~-**racing** *n.* ска́чки (*f. pl.*), бега́ (*m. pl.*); ~-**radish** *n.* хрен; ~-**riding** *n.* верхова́я езда́; ~-**sense** *n.* просто́й здра́вый смысл; ~ **shoe** *n.* подко́ва; ~-**trade** *n.* (*fig.*) сде́лка; ~-**trading** торги́ (*m. pl.*); ~ **whip** *n.* хлыст; *v.t.* хлеста́ть, от-; ~-**woman** *n.* нае́здница, вса́дница.

**horsy** *adj.* (*fond of horses*) лю́бящий лошаде́й.

**hortat|ive, -ory** *adjs.* увеща́тельный; наставительный.

**horticultural** *adj.* садово́дческий.

**horticultur(al)ist** *n.* садово́д.

**horticulture** *n.* садово́дство.

**hosanna** *n. & int.* оса́нна.

**hose** *n.* **1.** (*stockings*) чуло́чные изде́лия; (*Am.*) чулки́ (*m. pl.*); **2.** (*tube, also* ~-pipe) шланг; fire ~ брандспо́йт, пожа́рный рука́в.

*v.t.:* he was hosing down the car он полива́л маши́ну водо́й из шла́нга.

**hosier** *n.* торго́вец трикота́жными това́рами.

**hosiery** *n.* (*shop*) магази́н трикота́жных изде́лий; (*wares*) трикота́жные изде́лия (*nt. pl.*).

**hospice** *n.* гости́ница, прию́т, богаде́льня; (*for terminal patients*) больни́ца для безнадёжных пацие́нтов.

**hospitable** *adj.* гостеприи́мный.

**hospital** *n.* больни́ца; (*esp. military*) го́спиталь (*m.*); he went into ~ он лёг в больни́цу; he is in ~ он лежи́т в больни́це; ~ ship плаву́чий го́спиталь.

**hospitality** *n.* гостеприи́мство.

**hospitalization** *n.* госпитализа́ция.

**hospitalize** *v.t.* госпитализи́ровать (*impf., pf.*).

**hospitaller** *n.* (*hist.*) госпиталье́р.

**host**[1] *n.* хозя́ин (*also zool.*); he is a good ~ он гостеприи́мный/раду́шный хозя́ин.

*v.t.:* the conference was ~ed by the British хозя́евами конфере́нции бы́ли брита́нцы.

**host**[2] *n.* (*army, multitude*) мно́жество, сонм; the Heavenly H~ си́лы небе́сные (*f. pl.*); the Lord of ~s Госпо́дь сил; a ~ of difficulties ма́сса тру́дностей.

**host**[3] *n.* (*sacrament*) го́стия.

**hostage** *n.* зало́жник; ~s to fortune (*fig.*) жена́ и де́ти.

**hostel** *n.* общежи́тие; youth ~ молодёжная тури́стская ба́за.

**hostelry** *n.* (*arch., joc.*) постоя́лый двор;

гости́ница.

**hostess** *n.* хозя́йка; (*on aircraft*) стюарде́сса; (*in night-club*) пла́тная партнёрша.

**hostile** *adj.* вражде́бный, неприя́зненный; he is ~ to the idea он про́тив э́той иде́и.

**hostility** *n.* (*enmity, ill-will*) вражде́бность; (*pl., warlike activity*) вое́нные/вооружённые де́йствия.

**hostler** see OSTLER.

**hot** *adj.* **1.** горя́чий; жа́ркий; I am ~ мне жа́рко; he got ~ playing ему́ ста́ло жа́рко от игры́; ~ air (*coll.*) бахва́льство; these goods are selling like ~cakes э́тот това́р идёт нарасхва́т; a ~ day жа́ркий день; a ~ flush прили́в кро́ви; ~ rod (*sl.*) маши́на с мо́щным мото́ром; in the ~ seat (*coll.*) как на иго́лках; the issue is too ~ to handle (*fig.*) э́то сли́шком щекотли́вый вопро́с; they made things too ~ for him они́ вы́жили его́; you'll get into ~ water вы попадёте в беду́; вам не поздоро́вится; **2.** (*spicy*) о́стрый; **3.** (*ardent*) горя́чий, пла́менный; ~ on the scent, trail по горя́чему сле́ду; **4.** (*angry*) раздражённый; **5.** (*excited*) взволно́ванный, возбуждённый; ~ under the collar (*coll.*) распалённый, взбешённый; **6.** (*exciting*) отли́чный, шика́рный; not so ~ (*coll.*) ничего́ осо́бенного; так себе́; a ~ number (*sl.*) шика́рная вещь; (*girl*) де́вочка-блеск; ~ stuff (*coll.*) (*person*) молодчи́на, гига́нт; (*something new and exciting*) блеск!; шик!; **7.** (*fresh*): ~ money «горя́чие де́ньги»; ~ news све́жие но́вости; ~ from the press то́лько что из типогра́фии; **8.** (*racing etc.*): ~ favourite всео́бщий фавори́т; a ~ tip де́льный сове́т; **9.** (*emergency*): ~ line пряма́я телефо́нная/телета́йпная связь.

*adv.* (*fig. uses*): he blows ~ and cold ≃ у него́ семь пя́тниц на неде́ле; I gave it him ~ and strong я отчита́л его́ как сле́дует.

*v.t.* (*usu.* ~ **up**) нагр|ева́ть, -е́ть; подогр|ева́ть, -е́ть; разогр|ева́ть, -е́ть.

*v.i.:* ~ **up** (*fig.*): the game ~ted up игра́ оживи́лась.

*cpds.:* ~-**bed** *n.* парни́к; (*fig.*) оча́г; a ~-bed of vice гнездо́ поро́ка; ~-**blooded** *adj.* пы́лкий, стра́стный; ~-**foot** *adv.* стремгла́в, поспе́шно; ~-**head** *n.* бу́йная/бедо́вая голова́; ~-**headed** *adj.* вспы́льчивый, горя́чий; ~-**house** *n.* оранжере́я, тепли́ца; ~-**plate** *n.* электри́ческая/га́зовая пли́тка; электропли́тка; ~-**pot** *n.* тушёное мя́со с овоща́ми; ~-**water-bottle** *n.* гре́лка.

**hotch-potch** *n.* мешани́на; «сбо́рная соля́нка».

**hotel** *n.* оте́ль (*m.*), гости́ница.

**hotelier** *n.* хозя́ин оте́ля.

**hotly** *adv.:* her cheeks flushed ~ её щёки я́рко зарде́лись; he replied ~ он отве́тил ре́зко (or с жа́ром).

**hotsy-totsy** *adj.* (*coll.*) в поря́дке, что на́до.

**Hottentot** *n.* готтенто́т (*fem.* -ка).
  *adj.* готтенто́тский.

**hough** *see* НОСК¹.

**hound** *n.* **1.** (*for hunting*) охо́тничья соба́ка; he rides to ~s он охо́тится на лиси́ц (с соба́ками); (*coll., any dog*) пёс, соба́ка; **2.** (*despicable man*) соба́ка.
  *v.t.* (*with advs.*): ~ **down** вы́ловить (*pf.*); ~ **on** натра́в|ливать, -и́ть.

**hour** *n.* **1.** (*period*) час; it will take me an ~ мне потре́буется час; boats for hire by the ~ прока́т ло́док с почасово́й опла́той; he works an 8-~ day у него́ восьмичасово́й рабо́чий день; ~ after ~ час за ча́сом; **2.** (*of clock-time*): the clock strikes the ~s and half-~s часы́ отбива́ют час и полчаса́; every ~ on the ~ в нача́ле ка́ждого ча́са; every ~ on the half-~ ка́ждый час в середи́не ча́са; at the eleventh ~ (*fig.*) в после́дний моме́нт; под за́навес; **3.** (*time of day or night*): we are open at all ~s мы откры́ты круглосу́точно; at an early ~ ра́но; they keep late ~s они́ по́здно ложа́тся (и встаю́т); in the small ~s в предрассве́тные часы́; regardless of the ~ в любо́е вре́мя (дня и но́чи); **4.** (*specific period of time*): our working ~s are long у нас до́лгий рабо́чий день; I had to work after ~s мне пришло́сь рабо́тать сверхуро́чно; he worked through his lunch ~ он рабо́тал в обе́денный переры́в; in office ~s в рабо́чее вре́мя; out of ~s в нерабо́чее вре́мя; after ~s по́сле закры́тия; **5.** (*fig., moment*): the ~ has come проби́л час; in the ~ of danger в мину́ту опа́сности; in an evil ~ в недо́брый час; questions of the ~ злободне́вные вопро́сы.
  *cpds.*: ~**-glass** *n.* песо́чные час|ы́ (*pl., g.* -о́в); ~**-hand** *n.* часова́я стре́лка; ~**-long** *adj.* одночасово́й; продолжа́ющийся час.

**houri** *n.* гу́рия.

**hourly** *adj.* **1.** (*occurring once an hour*) ежеча́сный; **2.** (*constant*) постоя́нный, непреста́нный; **3.**: an ~ wage почасова́я пла́та.
  *adv.* (*once every hour*) ежеча́сно; (*at any hour*) с ча́су на час; в любо́е вре́мя; (*constantly*) непреста́нно.

**house¹** *n.* **1.** (*habitation*) дом, зда́ние; ~ arrest дома́шний аре́ст; ~ guest гость (живу́щий в до́ме); ~ of cards (*lit., fig.*) ка́рточный до́мик; ~ of God дом бо́жий, це́рковь; they get on like a ~ on fire они́ прекра́сно ла́дят; keep ~ вести́ (*det.*) хозя́йство; they kept open ~ у них был откры́тый дом; put, set one's ~ in order (*fig.*) прив|оди́ть, -ести́ свои́ дела́ в поря́док; as safe as ~s в по́лной безопа́сности; set up ~ together зажи́ть (*pf.*) свои́м до́мом; turn s.o. out of ~ and home вы́гнать (*pf.*) кого́ п. из до́му; (*inn*) public ~ паб, пите́йное заведе́ние; have a drink on the ~ вы́пить (*pf.*) за счёт хозя́ина; (*of boarding*

*school*) ≃ интерна́т, общежи́тие; (*parl.*): H~ of Commons пала́та о́бщин; H~ of Lords пала́та ло́рдов; the H~ парла́мент; (*Stock Exchange*) би́ржа; **2.** (*audience*) зал, аудито́рия; they played to a full ~ на их выступле́нии зал был по́лон; she brought down the ~ её выступле́ние произвело́ фуро́р; (*performance*) представле́ние; (*cinema*) сеа́нс; **3.** (*dynasty*) дом, дина́стия; **4.** (*business concern*) учрежде́ние, фи́рма.
  *cpds.*: ~**-agent** *n.* жили́щный аге́нт; ~ **boat** *n.* плаву́чий дом; ~ **bound** *adj.* прико́ванный к до́му; ~**-boy** *n.* ма́льчик-слуга́ (*m.*); ~ **breaker** *n.* граби́тель-взло́мщик; ~ **breaking** *n.* грабёж со взло́мом; ~ **coat** *n.* (дома́шний) хала́т; ~**-dog** *n.* сторожева́я соба́ка; ~**-father**, ~**-mother** *nn.* заве́дующ|ий, -ая интерна́том/приютом; ~**-fly** *n.* му́ха ко́мнатная; ~**hold** *n.* дом; дома́шний круг; (*attr.*): ~ appliances бытовы́е прибо́ры; ~hold gods (*hist.*) пена́т|ы (*pl., g.* -ов); (*fig.*) семе́йные рели́квии; ~hold troops гва́рдия; a ~hold word обихо́дное выраже́ние; ~**holder** *n.* домовладе́лец; ~**-hunting** *n.* по́иски (*m. pl.*) кварти́ры/до́ма; ~ **keeper** *n.* эконо́мка; дома́шняя хозя́йка; ~ **keeping** *n.* дома́шнее хозя́йство; ~keeping expenses расхо́ды на хозя́йство; ~**-maid** *n.* го́рничная; ~-maid's knee воспале́ние су́мки надколе́нника; ~ **master** *n.* заве́дующий одни́м из интерна́тов шко́лы; ~**-painter** *n.* маля́р; ~**-physician** *n.* врач, живу́щий при больни́це; ~**-proud** *adj.* лю́бящий занима́ться благоустро́йством и украше́нием до́ма; ~**-room** *n.*: I wouldn't give it ~-room я не бу́ду захламля́ть э́тим дом; ~**-surgeon** *n.* хиру́рг, живу́щий при больни́це; ~**-to-** *adj.*: a ~-to-~ search обхо́д всех домо́в подря́д с о́быском; пова́льный о́быск; ~ **top** *n.* кры́ша, кро́вля; don't cry it from the ~tops не кричи́те об э́том на всех перекрёстках; ~**-trained** (*adj.*) приу́ченный жить (*or* не па́чкать) в до́ме; ~**-warming** *n.* новосе́лье; ~**-wife** *n.* домохозя́йка; ~ **wifely** *adj.* хозя́йственный, домови́тый; ~ **work** *n.* рабо́та по до́му.

**house²** *v.t.* **1.** (*provide house(s) for*) предост|авля́ть, -а́вить жильё +*d.*; сели́ть, по-; **2.** (*accommodate*) вме|ща́ть, -сти́ть; this building ~s the city council в э́том зда́нии размеща́ется муниципалите́т; **3.** (*store*) храни́ть (*impf.*); **4.** (*place securely*) уб|ира́ть, -ра́ть; пря́тать, с-.

**housing** *n.* **1.** (*provision of houses*) обеспе́чение жильём; the ~ problem жили́щная пробле́ма; **2.** (*houses built in quantity*): ~ estate жило́й микрорайо́н; **3.** (*casing*) ко́рпус, кожу́х.

**hovel** *n.* лачу́га, шала́ш.

**hover** *v.i.* пари́ть (*impf.*); (*fig.*): he ~ed around her он увива́лся за ней; he ~ed between life and death он был ме́жду жи́знью и сме́ртью. *cpd.*: ~**craft** *n.* хове́ркрафт; су́дно на возду́шной поду́шке.

**how** *n.*: he wanted to know the ~ and why of it он хоте́л знать все «заче́м» и «почему́». *adv.* **1.** (*in direct and indirect questions*) как; каки́м о́бразом?; ~ come? (*coll.*) как э́то?; ~ the devil did you find out? как вы э́то узна́ли, чёрт возьми́?; ~ on earth did it happen? как же э́то случи́лось?; ~ comes it that you are late? почему́ э́то вы опа́здываете?; ~ are you? как пожива́ете?; ~ do I know? почём я зна́ю?; ~ do you know that? отку́да вы э́то зна́ете?; ~ do you mean? что вы хоти́те сказа́ть?; в како́м смы́сле?; ~'s that? (*enquiring reason*) как э́то?; (*inviting comment*): ~'s that for a jump! ничего́ себе́ прыжо́к!; ~ about a drink? не хоти́те ли вы́пить?; не вы́пить ли нам?; ~ about that! (*coll., expr. admiration etc.*) ну и ну!; вот э́то да!; ~ now? (*arch. & joc.*) как дела́?; ~ so? почему́ э́то?; то́ есть?; ~ ever does he do it? как же он э́то де́лает?; **2.** (*with adjs. and advs.*): ~ far is it? как далеко́ э́то нахо́дится?; како́е расстоя́ние (до +*g.*)?; ~ many, much? ско́лько?; tell me ~ old she is скажи́те мне, ско́лько ей лет?; **3.** (*in indirect statements or questions*): I told him ~ I'd been abroad я рассказа́л ему́, как я съе́здил за грани́цу; **4.** (*in exclamations*): ~ he goes on! до чего́ он зану́да!; ~ I wish I were there! как бы мне хоте́лось быть сейча́с там!; and ~! (*coll.*) ещё как!; ~ beautifully she plays! как она́ прекра́сно игра́ет!

**howbeit** *conj.* (*arch.*) тем не ме́нее.

**howdah** *n.* паланки́н (*на спине́ слона́*).

**how-d'ye-do** *n.* (*coll.*) щекотли́вое положе́ние.

**how|ever** *adv.* (*also arch.*) **-soever**): ~ hard he tried как он ни стара́лся. *conj.* одна́ко; и всё же.

**howitzer** *n.* га́убица.

**howl** *n.* (*cry of pain or grief*) вопль (*m.*), стон; (*cry of derision*) вой, гул; (*of an animal*) вой, завыва́ние; (*of the wind*) завыва́ние; (*radio interference*) вой, рёв. *v.t. & i.* выть (*impf.*); the baby was ~ing its head off ребёнок надрыва́лся от кри́ка; he was ~ed down его́ го́лос заглуши́ли; его́ перекрича́ли; listen to the wolves ~ing! послу́шайте, как во́ют во́лки; the wind ~s in the chimney ве́тер завыва́ет в трубе́; a ~ing gale завыва́ющий ве́тер; the show was a ~ing success (*coll.*) спекта́кль име́л невероя́тный/колосса́льный/бе́шеный успе́х; a ~ing shame жу́ткий позо́р; стыд и срам; a ~ing wilderness глухома́нь.

**howler** *n.* (*coll., solecism*) грубе́йшая оши́бка, ля́псус.

**howsoever** (*arch.*) *see* HOWEVER *adv.*

**hoy**[1] *n.* (*boat*) небольшо́е берегово́е су́дно.

**hoy**[2] *int.* эй!

**hoyden** *n.* бой-ба́ба; бедо́вая де́вка.

**HQ** (*abbr.*, headquarters) штаб, ста́вка.

**hub** *n.* вту́лка; (*fig.*): the ~ of the universe пуп земли́.

**hubble-bubble** *n.* (*hookah*) кальян.

**hubbub** *n.* шум, го́вор, го́мон, гвалт.

**hubby** *n.* муженёк (*coll.*).

**hubris** *n.* горды́ня; надме́нность.

**hubristic** *adj.* высокоме́рный, надме́нный.

**huckaback** *n.* суро́вое полотно́.

**huckleberry** *n.* черни́ка (*collect.*); я́года черни́ки.

**huckster** *n.* торго́вец, бары́шник.

**huddle** *n.* **1.** (*disorderly mass*) ку́ча, гру́да, во́рох; **2.** they went into a ~ (*coll.*) они́ ста́ли та́йно совеща́ться/шушу́каться. *v.t.* вали́ть, с- в ку́чу. *v.i.* толпи́ться, с-; he lay ~d up он лежа́л, сверну́вшись кала́чиком; they ~d together for warmth они́ прижа́лись друг к дру́гу, что́бы согре́ться (*or* для тепла́).

**hue**[1] *n.* (*colour*) отте́нок, тон (*pl.* -а́).

**hue**[2] *n.*: ~ and cry кри́ки (*m. pl.*); во́згласы (*m. pl.*); raise a ~ and cry подн|има́ть, -я́ть крик.

**huff** *n.* вспы́шка раздраже́ния/оби́ды; he walked off in a ~ он ушёл вконе́ц разоби́женный. *v.t.* **1.** (*in game of draughts*) взять (*pf.*) фук; **2.**: you can ~ and puff but you won't stop me мо́жете зли́ться, но меня́ э́то не остано́вит.

**huffy** *adj.* оби́женный, рассе́рженный.

**hug** *n.* объя́тие. *v.t.* **1.** (*embrace*) обн|има́ть, -я́ть; (*fig.*): I ~ged myself on my good fortune я поздра́вил себя́ с уда́чей; **2.** (*fig., cling to, keep close to*): the ship ~ged the shore кора́бль шёл вдоль са́мого бе́рега; they still ~ their old beliefs они́ всё ещё цепля́ются за свои́ ста́рые убежде́ния.

**huge** *adj.* огро́мный, грома́дный; he ate a ~ supper за у́жином он нае́лся до отва́ла; a ~ joke великоле́пный ро́зыгрыш.

**hugely** *adv.* весьма́, чрезвыча́йно, стра́шно.

**hugeness** *n.* грома́дность, грандио́зность.

**hugger-mugger** *n.* (*secrecy*) секре́тность; (*confusion*) сумбу́р, беспоря́док. *adj.* секре́тный; сумбу́рный, беспоря́дочный. *adv.* секре́тно; сумбу́рно.

**Huguenot** *n.* гугено́т. *adj.* гугено́тский.

**huh** *int.* (*interrogation*) гм?, а?; (*expr. contempt*) хм!, гм!

**hulk** *n.* (*body of dismantled ship*) ко́рпус; (*unwieldy vessel*) неповоро́тливое су́дно, «коры́то»; (*large clumsy person*) «медве́дь» (*m.*); у́вален (*m.*).

**hulking** *adj.* неуклю́жий, неповоро́тливый.

**Hull**[1] *n.* Гулль (*m.*), Халл.

**hull**[2] *n.* (*of ship*) ко́рпус; (*of aircraft*) фюзеля́ж.

*v.t.*: ~ a ship (*strike in* ~) проби́ть (*pf.*) ко́рпус корабля́.

**hull**[3] *n.* (*shell, pod*) кожура́; скорлупа́.
*v.t.* лущи́ть (*impf.*), шелуши́ть (*impf.*).

**hullabaloo** *n.* шум, шуми́ха.

**hullo** *int.* (*greeting*) здра́сте!; приве́т!; (*on telephone*) алло́!; (*expr. surprise*) вот те на́!

**hum** *n.* жужжа́ние.
*v.t. & i.* **1.** (*make murmuring sound*): ~ming bird коли́бри (*m. indecl.*); ~ming-top волчо́к; **2.** (*sing with closed lips*) напева́ть (*impf.*); **3.**: ~ and ha(w) мя́млить (*impf.*); **4.** (*coll., be active*) идти́ (*det.*) по́лным хо́дом; кипе́ть (*impf.*); he made things ~ у него́ рабо́та кипе́ла; **5.** (*sl., stink*) воня́ть (*impf.*).

**human** *n.* челове́к.
*adj.* челове́ческий, челове́чий; ~ being челове́к; ~ error оши́бка, сво́йственная челове́ку; ~ kind челове́чество; ~ nature челове́ческая приро́да; the ~ race род людско́й; he did all that was ~ly possible он сде́лал всё, что в челове́ческих си́лах.

**humane** *adj.* **1.** (*compassionate*) гума́нный, челове́чный; ~ killer инструме́нт для безболе́зненного убо́я живо́тных; H~ Society о́бщество спаса́ния утопа́ющих; **2.**: ~ studies гуманита́рные нау́ки (*f. pl.*).

**humaneness** *n.* гума́нность, челове́чность.

**humanism** *n.* (*classical studies; non-religious ethics*) гумани́зм.

**humanist** *n.* гумани́ст.

**humanistic** *adj.* гуманисти́ческий.

**humanitarian** *n.* гумани́ст.
*adj.* гума́нный, челове́чный, человеколюби́вый.

**humanitarianism** *n.* человеколю́бие.

**humanit|y** *n.* **1.** (*human nature*) челове́чность, челове́ческие ка́чества; **2.** (*the human race*) челове́чество; род людско́й; **3.** (*crowd*) ма́сса люде́й, толпа́ наро́д; **4.** (*humaneness*) гума́нность; **5.** the ~ies гуманита́рные нау́ки (*f. pl.*).

**humanize** *v.t.* (*make human*) очелове́чи|вать, -ть; (*make humane*) де́лать, с- бо́лее челове́чным.

**humble** *adj.* **1.** (*lacking self-importance*) поко́рный, смире́нный; in my ~ opinion по моему́ непросвещённому мне́нию; your ~ servant ваш поко́рный слуга́; he was made to eat ~ pie ему́ пришло́сь покори́ться; **2.** (*lowly*) просто́й, скро́мный; of ~ birth из простонаро́дья.
*v.t.* смир|я́ть, -и́ть; ун|ижа́ть, -и́зить; ~ o.s. уничижа́ться (*impf.*).

**humble-bee** *n.* шмель (*m.*).

**humbleness** *n.* смире́ние, скро́мность.

**humbug** *n.* (*deceit, hypocrisy*) надува́тельство; (*hypocrite, fraud*) обма́нщик, очковтира́тель (*m.*); (*nonsense*) чушь, вздор; (*boiled sweet*) ледене́ц.

*v.t.* над|ува́ть, -у́ть; провести́ (*pf.*).

**humdinger** *n.* (*sl.*) «блеск», чу́до.

**humdrum** *adj.* однообра́зный, ну́дный.

**humerus** *n.* плечева́я кость.

**humid** *adj.* вла́жный.

**humidity** *n.* вла́жность.

**humidor** *n.* увлажни́тель (*m.*).

**humiliate** *v.t.* ун|ижа́ть, -и́зить.

**humiliation** *n.* униже́ние.

**humility** *n.* смире́ние; скро́мность.

**hummock** *n.* буго́р, приго́рок; ~s of ice торо́сы (*m. pl.*).

**humoresque** *n.* юморе́ска.

**humorist** *n.* (*facetious person*) остря́к, весельча́к; (*humorous writer etc.*) юмори́ст.

**humorous** *adj.* юмористи́ческий; a ~ author писа́тель-юмори́ст; a ~ situation коми́ческое положе́ние.

**humour** *n.* **1.** (*disposition*) нрав, душе́вный склад; in an ill ~ не в ду́хе; в плохо́м настрое́нии; this will put you in a good ~ э́то подни́мет вам настрое́ние; he is out of ~ он не в ду́хе; I am in no ~ for argument у меня́ нет настрое́ния спо́рить; he will work when the ~ takes him он рабо́тает по настрое́нию; **2.** (*amusement*) ю́мор; his speech was full of ~ в его́ ре́чи бы́ло мно́го ю́мора; he has little sense of ~ у него́ сла́бое чу́вство ю́мора.
*v.t.* потака́ть (*impf.*) +*d.*; ублаж|а́ть, -и́ть +*d.*

**humourless** *adj.* лишённый чу́вства ю́мора; ску́чный.

**hump** *n.* **1.** (*protuberance on back*) горб; **2.** (*rounded hillock*) буго́р, бугоро́к; we are over the ~ now (*fig.*) са́мое тру́дное позади́; **3.** (*fit of depression*) пода́вленное состоя́ние, хандра́; it gives me the ~ э́то наво́дит на меня́ тоску́.
*v.t.* **1.** (*make ~-shaped*) выгиба́ть, вы́гнуть; го́рбить, с-; the cat ~ed up its back ко́шка вы́гнула спи́ну; **2.** (*carry, shoulder*) нести́ (*det.*) (на плеча́х); взва́ливать (*impf.*) на́ спину.
*cpd.*: ~-**backed** *adj.* горба́тый.

**humph** *int.* хм!

**humus** *n.* гу́мус, перегно́й.

**Hun** *n.* гунн; (*pej., German*) немчура́ (*m.*).

**hunch** *n.* **1.** (*hump*) горб; **2.** (*Am. coll., intuitive feeling*) чутьё, интуи́ция; I had a ~ he would come я предчу́вствовал, что он придёт; he acted on a ~ он де́йствовал интуити́вно.
*v.t.*: he ~ed (up) his shoulders он ссуту́лился/сго́рбился.
*cpd.*: ~-**back** *n.* горбу́н.

**hundred** *n.* (*число́, но́мер*) сто; (*collect.*) со́тня; about 100 о́коло ста́; 100 each по́ сто; up to 100 до ста́; page 100 со́тая страни́ца; room 100 со́тая ко́мната, со́тый но́мер; a ~ and fifty сто пятьдеся́т, полтора́ста; ~s of people со́тни люде́й; sell by the ~ прод|ава́ть, -а́ть по́ сто штук (*or* со́тнями); ~ s of thousands со́тни ты́сяч; I have a ~ and one things to do я до́лжен сде́лать ку́чу дел; ~ per cent (*as adj.*) стопроце́нтный; (*adv.*) на (все) сто проце́нтов; I'm one ~ per cent behind you я целико́м и по́лностью на ва́шей стороне́; a ~ to one наверняка́; сто про́тив одного́; it's a ~ to one they will not meet again руча́юсь, что они́ бо́льше не встре́тятся; he lived to be a ~ он до́жил до ста лет; at fourteen ~ hours (*mil.*) в четы́рнадцать (часо́в) ноль-ноль (мину́т); в 14 ч. ро́вно; the nineteen ~s девятисо́тые го́ды.

*adj.* сто +g. *pl.*; two (*etc. to* nine) ~ две́сти, три́ста, четы́реста, пятьсо́т, шестьсо́т, семьсо́т, восемьсо́т, девятьсо́т (*all* +g. *pl.*); a ~ miles away (*fig.*) за ты́сячу вёрст; далеко́.

*cpds.*: ~ **fold** *adj.* стокра́тный; *adv.* во́ сто раз, в сто крат; ~**-rouble note** сторублёвая бума́жка, сторублёвка; ~ **weight** *n.* (англи́йский, америка́нский) це́нтнер.

**hundredth** *n.* (*fraction*) одна́ со́тая.

*adj.* со́тый.

**Hungarian** *n.* (*pers.*) венгр, венге́р|ец (*fem.* -ка); (*language*) венге́рский язы́к.

*adj.* венге́рский.

**Hungary** *n.* Ве́нгрия.

**hunger** *n.* го́лод; (*fig., strong desire*) жа́жда.

*v.i.* (*fig.*) жа́ждать (*impf.*); she ~ed for excitement она́ жа́ждала развлече́ний.

*cpds.*: ~**-march** *n.* голо́дный похо́д; ~**-strike** *n.* голодо́вка.

**hungover** *adj.* (*coll.*) страда́ющий с похме́лья/перепо́я.

**hungry** *adj.* голо́дный; (*fig., avid*) жа́ждущий; (*fig., of soil*) беспло́дный.

**hunk** *n.* большо́й кусо́к; (*of bread*) ломо́ть (*m.*) хле́ба.

**hunkers** *n.* (*Sc.*) я́годицы (*f. pl.*); on one's ~ на ко́рточках.

**Hunnish** *adj.* гу́ннский; (*barbarous*) ва́рварский.

**hunt** *n.* **1.** (~*ing expedition*) охо́та; **2.** (~*ing association*) охо́тничье о́бщество; **3.** (*search*) охо́т|а, по́иск|и (*pl., g.* -ов) (чего).

*v.t. & i.* **1.** (*e.g. animals*) охо́титься (*impf.*) (на +a.); (*persons or things*) охо́титься (*impf.*) за +i.; вести́ (*det.*) по́иски +g.; he had a ~ed look у него́ был затра́вленный вид.

*with advs.*: the criminal was ~ed **down** престу́пника пойма́ли; she ~ed **out** some old clothes она́ отыска́ла где́-то ста́рую оде́жду; will you ~ **up** the address for me? мо́жете разыска́ть для меня́ э́тот а́дрес?

**hunter** *n.* **1.** (*one who hunts*) охо́тник; I'm as hungry as a ~ я го́лоден как волк; **2.** (*horse*) гу́нтер; охо́тничья ло́шадь.

**hunting** *n.* охо́та.

*cpds.*: ~**-box** *n.* охо́тничий до́мик; ~**-crop** *n.* охо́тничий хлыст; ~**-ground** *n.* охо́тничье

уго́дье; happy ~**-ground(s)** (*fig., heaven*) рай ~**-horn** *n.* охо́тничий рог.

**huntress** *n.* же́нщина-охо́тник; (*goddess*) боги́ня охо́ты.

**huntsman** *n.* охо́тник; е́герь (*m.*).

**hurdle** *n.* (*fencing*) (перено́сная) загоро́дка; (*in athletics & fig.*) барье́р, препя́тствие.

*v.t.* (*fence off*) огор|а́живать, -оди́ть.

*v.i.* (*engage in* ~*-jumping*) уча́ствовать в бе́ге с барье́рами.

**hurdler** *n.* (*fence-maker*) рабо́чий, ста́вящий огра́ды; (*athlete*) барьери́ст (*fem.* -ка).

**hurdy-gurdy** *n.* шарма́нка.

**hurl** *v.t.* бр|оса́ть, -о́сить; швыр|я́ть, -ну́ть; he ~ed abuse at me он осы́пал меня́ оскорбле́ниями.

**hurly-burly** *n.* переполо́х, сумя́тица.

**hurr|ah, -ay** *n. & int.* ура́!

*v.t.* крича́ть (*impf.*) «ура́».

**hurricane** *n.* урага́н; ~ lamp фона́рь «мо́лния».

**hurr|y** *n.* спе́шка, поспе́шность; what's the ~ y? куда́/заче́м спеши́ть?; there's no ~ y спеши́ть не́куда; she is always in a great ~ y она́ ве́чно торо́пится; he was in no ~ y to go on не спеши́л уходи́ть; in his ~ y, he forgot his brief-case в спе́шке он забы́л взять портфе́ль; you won't need that again in a ~ y вам тепе́рь э́то не ско́ро пона́добится; you won't beat tha in a ~ y попро́буйте переплю́нуть э́то! (*coll.*)

*v.t. & i.* **1.** (*perform hastily*): don't ~ y the jo рабо́тайте не спеша́; he ~ied over his break fast он поспе́шно проглоти́л свой за́втрак; he had a ~ied meal он на́скоро перекуси́л; **2** (*move or cause to move hastily*): if you ~ y him he'll make mistakes е́сли вы бу́дете его́ торо пи́ть/подгоня́ть, он наде́лает оши́бок; the ~ied the book out of sight он поспе́шно убра кни́гу; she ~ied down the road она́ торопли́в (за)шага́ла вдоль у́лицы.

*with advs.*: ~ y **along** there, please! пото ра́пливайтесь, пожа́луйста!; you need not ~ **back** не спеши́те возвраща́ться; he ~ie **away, off** он бы́стро удали́лся; the boy wa ~ied off to bed ма́льчика бы́стро уложи́л спать; ~ y **up!** поторопли́вайтесь!; can't yo ~ him up? ра́зве вы не мо́жете ег поторопи́ть?

**hurt** *n.* вред, уще́рб; she can come to no ~ ничего́ с ней не сде́лается; it was a ~ to h pride э́то заде́ло его́ самолю́бие.

*v.t. & i.* (*inflict pain on*): I won't ~ you я вам н причиню́ бо́ли (*or* не сде́лаю бо́льно); my arт ~s у меня́ боли́т/но́ет рука́; these shoes ~ (me) э́ти ту́фли мне жмут; it didn't ~ a b ниско́лько не́ было бо́льно; where does it ~ что/где у вас боли́т?; (*damage, harm* ушиб|а́ть, -и́ть; he fell and ~ his back он упа и уши́б спи́ну; he was more frightened than ~ он не сто́лько уши́бся, ско́лько испуга́лся; o.s. ушиби́ться (*pf.*), уда́риться (*pf.*); it won

~ this chair to get wet от воды́ э́тому сту́лу ничего́ не бу́дет; it wouldn't ~ to try it (*coll.*) попы́тка — не пы́тка; it won't ~ to wait we меша́ло бы подожда́ть; (*offend, pain*): she was deeply ~ by my remark моё замеча́ние её о́чень оби́дело/заде́ло; now you've ~ his feelings ну вот, вы его́ и оби́дели; a ~ expression оби́женное/оскорблённое выраже́ние.

**hurtful** *adj.* **1.** (*detrimental*) вре́дный, па́губный; **2.**: a ~ remark оби́дное замеча́ние.

**hurtle** *v.t. & i.* нести́сь (*impf.*), мча́ться (*impf.*).

**husband** *n.* муж (*pl.* -ья́).

*v.t.* бере́чь (*impf.*); we must ~ our resources мы должны́ бере́чь/эконо́мить на́ши ресу́рсы.

*cpd.*: ~**man** *n.* (*arch.*) земледе́лец.

**husbandry** *n.* **1.** (се́льское) хозя́йство; animal ~ скотово́дство; **2.** (*frugality*) бережли́вость.

**hush** *n.* молча́ние, тишь.

*v.t.*: she ~ed the baby to sleep она́ убаю́кала ребёнка; the scandal was ~ed up сканда́л замя́ли.

*v.i.*: ~! (*as int.*) ти́ше!; молчи́те!

*cpds.*: ~-~ *adj.* (*coll.*) та́йный, засекре́ченный; ~-**money** *n.* взя́тка за молча́ние.

**hushaby** *int.* ба́ю-бай!

**husk** *n.* шелуха́, скорлупа́, плёнка; (*fig.*) вне́шняя оболо́чка, шелуха́.

*v.t.* очища́ть (*impf.*); лущи́ть (*impf.*).

**huskiness** *n.* (*hoarseness*) хриплова́тость.

**husky**[1] *n.* (*Eskimo dog*) эскимо́сская ла́йка.

**husky**[2] *adj.* **1.** (*with husks*) покры́тый шелухо́й; **2.** (*dry*) сухо́й; **3.** (*hoarse*) сухо́й, хри́плый; **4.** (*coll., brawny*) ро́слый, здоро́вый.

**hussar** *n.* гуса́р.

**Hussite** *n.* гуси́т.

*adj.* гуси́тский.

**hussy** *n.* (*pert girl*) де́рзкая девчо́нка; (*trollop*) шлю́ха, потаску́шка.

**hustings** *n.* (*fig.*) вы́боры (*m. pl.*) в парла́мент.

**hustle** *n.* су́толока, да́вка.

*v.t.* **1.** (*jostle*) толка́ть (*impf.*); пиха́ть (*impf.*); he ~d his way through the crowd он проти́снулся сквозь толпу́; **2.** (*thrust, impel*): the police ~d him away его́ забра́ли полице́йские.

*v.i.* толка́ться (*impf.*); проти́скиваться (*impf.*); (*act strenuously*) пробива́ться (*impf.*).

**hustler** *n.* (*bustler, strenuous person*) пробивно́й челове́к; (*coll., prostitute*) проститу́тка.

**hut** *n.* (*small building*) хи́жина, лачу́га; (*barrack*) бара́к.

**hutch** *n.* (*for pets*) кле́тка; (*derog., small house*) хиба́рка.

**hutment** *n.* (*mil.*) вре́менный ла́герь.

**Hwang-Ho** *n.* Хуанхэ́ (*f. indecl.*).

**hyacinth** *n.* гиаци́нт.

**hybrid** *n.* гибри́д.

*adj.* гибри́дный; сме́шанный.

**hybridization** *n.* гибридиза́ция.

**hybridize** *v.t.* скре́|щивать, -сти́ть; гибриди́ровать (*impf.*).

**hydatid** *n.* (*cyst*) гидати́да; (*tapeworm*) эхиноко́кк.

**hydra** *n.* ги́дра.

**hydrangea** *n.* горте́нзия.

**hydrant** *n.* гидра́нт.

**hydrate** *n.* гидра́т, гидроо́кись.

*v.t.* гидрати́ровать.

**hydraulic** *adj.* гидравли́ческий.

**hydraulics** *n.* гидра́влика.

**hydro** *n.* (*coll.*) оте́ль-водолече́бница.

**hydrocarbon** *n.* углеводоро́д.

**hydrocephaly** *n.* водя́нка головно́го мо́зга, гидроцефа́лия.

**hydrochloric** *adj.*: ~ acid соля́ная кислота́.

**hydrodynamic** *adj.* гидродинами́ческий.

**hydroelectric** *adj.* гидроэлектри́ческий; ~ power station гидроэлектроста́нция (*abbr.* ГЭС).

**hydrofoil** *n.* су́дно на подво́дных кры́льях (*abbr.* СПК).

**hydrogen** *n.* водоро́д; ~ bomb водоро́дная бо́мба.

**hydrographic** *adj.* гидрографи́ческий.

**hydrolysis** *n.* гидро́лиз.

**hydrometer** *n.* гидро́метр, водоме́р.

**hydropathic** *adj.* водолече́бный.

**hydrophobia** *n.* водобоя́знь.

**hydroplane** *n.* гидросамолёт.

**hydroxide** *n.* гидроо́кись, гидра́т о́киси.

**hyena** *n.* гие́на.

**hygiene** *n.* гигие́на.

**hygienic** *adj.* гигиени́ческий.

**hymen** *n.* (*anat.*) де́вственная плева́; (H~, *myth.*) Гименéй.

**hymeneal** *adj.* (*poet.*) сва́дебный.

**hymn** *n.* (церко́вный) гимн.

*v.t.*: he insists on ~ing my praises он не перестаёт петь мне дифира́мбы.

*cpd.*: ~-**book** *n.* (*also* **hymnal**) сбо́рник церко́вных ги́мнов.

**hyperbola** *n.* (*geom.*) гипе́рбола.

**hyperbole** *n.* гипе́рбола, преувеличе́ние.

**hyperbolical** *adj.* гиперболи́ческий, преувели́ченный.

**hypercritical** *adj.* въе́дливый, приди́рчивый.

**hypermarket** *n.* кру́пный универса́л (в пригороде).

**hypersensitive** *adj.* с повы́шенной чувстви́тельностью.

**hypertension** *n.* (*med.*) высо́кое кровяно́е давле́ние.

**hypertrophy** *n.* гипертрофи́я.

**hyphen** *n.* дефи́с, чёрточка.

*v.t.*: a ~ed word сло́во, кото́рое пи́шется че́рез дефи́с/чёрточку.

**hyphenate** *v.t.* писа́ть, на- че́рез дефи́с/чёрточку.

**hypnosis** *n.* гипно́з.

**hypnotic** *n.* (*subject*) загипнотизи́рованный; (*drug*) гипноти́ческое сре́дство.
   *adj.* гипноти́ческий, завора́живающий.
**hypnotism** *n.* гипноти́зм.
**hypnotist** *n.* гипнотизёр.
**hypnotize** *v.t.* гипнотизи́ровать, за-.
**hypochondria** *n.* ипохо́ндрия.
**hypochondriac** *n.* ипохо́ндрик.
   *adj.* ипохондри́ческий.
**hypocoristic** *adj.* ласка́тельный; уменьши́тельный.
**hypocrisy** *n.* лицеме́рие.
**hypocrite** *n.* лицеме́р.
**hypocritical** *adj.* лицеме́рный, неи́скренний.
**hypodermic** *adj.*: ~ injection подко́жное впры́скивание; подко́жная инъе́кция; ~ syringe/needle шприц/игла́ для подко́жных инъе́кций.
**hypotenuse** *n.* гипотену́за.
**hypothecate** *v.t.* за|кла́дывать, -ложи́ть.
**hypothermia** *n.* гипотерми́я.
**hypothesis** *n.* гипо́теза.
**hypothesize** *v.i.* предпол|ага́ть, -ожи́ть; стро́ить (*impf.*) дога́дки.
**hypothetical** *adj.* гипотети́ческий.
**hyssop** *n.* иссо́п.
**hysterectomy** *n.* удале́ние ма́тки.
**hysteria** *n.* истери́я.
**hysterical** *adj.* истери́чный; в исте́рике.
**hysterics** *n.* исте́рика.

# I

**I** *pron.* я; it is ~ э́то я; he and ~ were there мы с ним бы́ли там; ~ too и я то́же; he is older than ~ он ста́рше меня́.
**iambic** *n.* ямби́ческий стих.
   *adj.* ямби́ческий.
**iambus** *n.* ямб.
**Iberia** *n.* (*peninsula*) Ибе́рия.
**Iberian** *n.* ибе́р (*fem.* -ка).
   *adj.* ибери́йский.
**ibex** *n.* ка́менный козёл, козеро́г.
**ibid(em)** *adj.* там же, в том же ме́сте.
**ibis** *n.* и́бис.
**ICBM** *n.* (*abbr.*, intercontinental ballistic missile) МБР (межконтинента́льная баллисти́ческая раке́та).
**ice** *n.* **1.** лёд; black ~ гололе́дица; he broke the ~ (*lit., fig.*) он слома́л/разби́л лёд; that cuts no ~ with me э́то меня́ ниско́лько не впечатля́ет; he is skating on thin ~ (*fig.*) он игра́ет с огнём; the proposal was kept on ~ прое́кт заморо́зили; ~ age леднико́вый пери́од; **2.** (*~-cream*) моро́женое; do they sell ~s? продаётся ли моро́женое?
   *v.t.* **1.** (*freeze; of wine, coffee etc., chill*) замор|а́живать, -о́зить; **2.** (*cover with* ~): the pond was soon ~d over пруд вско́ре затяну́ло/скова́ло льдом; **3.** (*cul.*) глазирова́ть (*impf., pf.*).
   *cpds.*: ~**-axe** *n.* ледору́б; ~**-blink** *n.* ледяно́й о́тблеск; ~ **bound** *adj.* затёртый/ско́ванный льда́ми; ~**-box** *n.* ле́дник, холоди́льник; ~ **breaker** *n.* ледоко́л; ~**-bucket** *n.* ведёрко со льдом; (*for making* ~*-cream*) моро́женица; ~**-cap** *n.* леднико́вый покро́в, ледни́к; ~**-cold** *adj.* ледяно́й; ~**-cream** *n.* моро́женое; ~-cream man моро́женщик; ~**-drift** *n.* дрейф льда; ледохо́д; ~**-field** *n.* ледяно́е по́ле; ~**-floe** *n.* плаву́чая льди́на; ~**-free** *adj.* свобо́дный ото льда, незамерза́ющий; ~**-hockey** *n.* хокке́й (на льду); ~**-house** *n.* льдохрани́лище; ~**-lolly** *n.* (*coll.*) моро́женое на па́лочке; ~**man** *n.* (*Am.*) разво́зчик/продаве́ц льда; ~**-pack** *n.* (*pack* ~) ледяно́й пак, торо́систый лёд; ~**-pick** *n.* кайла́; (*cul.*) пешня́ для льда; ~**-rink** *n.* като́к; ~**-run** *n.* ледяна́я го́рка; ~**-skate** *n.* конёк; *v.i.* ката́ться (*impf.*) на конька́х; ~**-yacht** *n.* бу́ер.
**iceberg** *n.* а́йсберг.
**Iceland** *n.* Исла́ндия.
**Icelander** *n.* исла́нд|ец (*fem.* -ка).
**Icelandic** *n.* исла́ндский язы́к.
   *adj.* исла́ндский.
**ichneumon** *n.* **1.** (*animal*) ихне́вмон; фарао́нова мышь; **2.** (~-fly) нае́здник.
**ichor** *n.* (*path.*) су́кровица; (*myth.*) ихо́р.
**ichthyology** *n.* ихтиоло́гия.
**ichthyosaurus** *n.* ихтиоза́вр.
**icicle** *n.* сосу́лька.
**icing** *n.* (*on cake*) са́харная глазу́рь; (*of surfaces*) глазиро́вка, обледене́ние.
**icon, ikon** *n.* ико́на; о́браз (*pl.* -а́); ~ lamp лампа́д(к)а.
**iconoclasm** *n.* иконобо́рство.
**iconoclast** *n.* иконобо́рец; (*fig.*) бунта́рь (*m.*).
**iconoclastic** *adj.* (*fig.*) иконобо́рческий.
**iconography** *n.* иконогра́фия.
**iconostasis** *n.* иконоста́с.
**ictus** *n.* икт.
**icy** *adj.* (*cold, lit., fig.*) ледяно́й; (*covered with ice*) покры́тый льдом.
**id** *n.* ид.
**Idaho** *n.* Айда́хо (*m. indecl.*).
**idea** *n.* **1.** (*mental concept*) иде́я; fixed ~ навя́зчивая иде́я; he tried to force his ~s on me он стара́лся навяза́ть мне свои́ иде́и; where did you get that ~? отку́да вы э́то взя́ли?; **2.**

(*thought*) мысль; I can't bear the ~ of it (одна́) мысль об э́том мне проти́вна; he is disturbed by the ~ of a possible accident его́ беспоко́ит мысль о возмо́жной беде́; don't put ~s into his head не внуша́йте ему́ нену́жных иде́й; the (very) ~ (of it)! поду́мать то́лько!; **3.** (*notion*; *understanding*) поня́тие; I've no ~ я поня́тия не име́ю; he has little ~ of physics у него́ сла́бое представле́ние о фи́зике; I have a good ~ of his abilities я прекра́сно представля́ю себе́, на что он спосо́бен; he gave me a general ~ of the story он в о́бщих черта́х пересказа́л мне расска́з; **4.** (*scheme*; *plan*) иде́я, за́мысел, наме́рение; a bright ~ блестя́щая иде́я; a man (full) of ~s челове́к по́лный иде́й; my ~ is to start afresh я ду́маю нача́ть всё снача́ла; what's the big ~? (*coll.*) в чём смысл всего́ э́того?; э́то ещё заче́м?; I studied Russian with the ~ of visiting Leningrad я изуча́л ру́сский язы́к с наме́рением съе́здить в Ленингра́д; I have run out of ~s у меня́ ко́нчились все иде́и; that's the ~! вот и́менно!; э́то то, что ну́жно!; **5.** (*way of thinking*): the young ~ де́тский ум.

**ideal** *n.* идеа́л.
  *adj.* идеа́льный; соверше́нный; превосхо́дный.

**idealism** *n.* идеали́зм.

**idealist** *n.* идеали́ст.

**idealistic** *adj.* идеалисти́ческий.

**idealization** *n.* идеализа́ция.

**idealize** *v.t.* идеализи́ровать (*impf., pf.*).

**idée fixe** *n.* навя́зчивая иде́я, иде́я-фикс.

**idem** *n.* тот же.

**identical** *adj.* **1.** (*the same*): the ~ room where he was born та са́мая ко́мната, в кото́рой он роди́лся; **2.** (*exactly similar*) тожде́ственный, иденти́чный; the handwriting in the two manuscripts is ~ по́черк обе́их ру́кописей иденти́чен; ~ twins одноя́йцевы́е близнецы́.

**identification** *n.* **1.** (*recognition*; *establishing identity*): ~ of a body опозна́ние тру́па; ~ of a prisoner установле́ние ли́чности аресто́ванного; (*attr.*) опознава́тельный; ~/identity disc ли́чный знак; ~ marks опознава́тельные зна́ки; ~ papers докуме́нты, удостоверя́ющие ли́чность; ~ parade процеду́ра опозна́ния подозрева́емого (свиде́телем и́ли пострада́вшим); **2.** (*treating as identical*) отождествле́ние.

**identif|y** *v.t.* **1.** (*recognize*; *establish identity of*) опозн|ава́ть, -а́ть; устан|а́вливать, -ови́ть ли́чность +g.; **2.** (*treat as identical*) отождеств|ля́ть, -и́ть; **3.** (*associate*), *also v.i.* (*coll.*): he ~ied (himself) with the movement он солидаризи́ровался с э́тим движе́нием.

**identikit** *n.*: an ~ (picture) фоторо́бот (*подозреваемого преступника, сделанный по описаниям очевидцев*).

**identity** *n.* **1.** (*sameness*) иденти́чность, тожде́ственность; **2.** (*who one is*) ли́чность; he proved his ~ он предста́вил удостовере́ние свое́й ли́чности; a case of mistaken ~ (суде́бная/сле́дственная) оши́бка в установле́нии престу́пника *и т.п.*; ~ card удостовере́ние ли́чности; ~ disc *see* IDENTIFICATION DISC.

**ideo|gram, -graph** *nn.* идеогра́мма.

**ideographic(al)** *adj.* идеографи́ческий.

**ideological** *adj.* идеологи́ческий, иде́йный.

**ideologist** *n.* идео́лог.

**ideology** *n.* идеоло́гия.

**Ides** *n.* и́д|ы (*pl., g.* —).

**idiocy** *n.* (*mental condition*) идиоти́зм; (*med.*) слабоу́мие; (*stupidity*; *stupid behaviour*) идио́тство, глу́пость.

**idiom** *n.* (*expression*) идио́ма; (*language*; *way of speaking*) наре́чие, го́вор, язы́к; (*fig., style of writing etc.*) стиль (*m.*), (*чей*) тво́рческий по́черк.

**idiomatic** *adj.* идиомати́ческий; he speaks ~ Russian он свобо́дно владе́ет ру́сским языко́м; он говори́т по-ру́сски как ру́сский; an ~ language язы́к, бога́тый идио́мами.

**idiosyncracy** *n.* своеобра́зие; (*med.*) идиосинкрази́я.

**idiosyncratic** *adj.* своеобра́зный; (*med.*) идиосинкрази́ческий.

**idiot** *n.* идио́т, дура́к; a drivelling ~ зако́нченный идио́т, кру́глый дура́к; don't be an ~ (*coll.*) не валя́йте дурака́; не дури́те; (*attr.*): an ~ child слабоу́мный ребёнок.

**idiotic** *adj.* идио́тский, дура́цкий.

**idle** *adj.* **1.** (*not working*) нерабо́тающий, безде́йствующий; (*unemployed*) безрабо́тный; the strike made thousands ~ из-за забасто́вки ты́сячи люде́й оказа́лись без рабо́ты; (*unoccupied*) неза́нятый, свобо́дный; (*inactive*) безде́ятельный; he has his hands ~ all day он весь день безде́льничает; (*doing nothing*) пра́здный; he stands ~ while others work он безде́льничает, пока́ други́е рабо́тают; (*of factories etc.*) безде́йствующий; (*of machinery*) проста́ивающий; the machines stood ~ all week маши́ны простоя́ли це́лую неде́лю; (*of money*): ~ capital мёртвый капита́л; (*of time*): in an ~ moment в свобо́дную мину́ту; **2.** (*lazy*; *slothful*) пра́здный, лени́вый; he leads an ~ existence он ведёт пра́здную жизнь; **3.** (*purposeless*): out of ~ curiosity из пра́здного/пусто́го любопы́тства; ~ talk пуста́я болтовня́; ~ gossip пусты́е спле́тни; (*fruitless*; *vain*): an ~ attempt тще́тная попы́тка; напра́сное уси́лие; ~ hopes пусты́е/тще́тные наде́жды; ~ dreams пусты́е мечты́; it is ~ to expect him to help бесполе́зно рассчи́тывать на его́ по́мощь; (*baseless*): ~ rumours необосно́ванные/пусты́е слу́хи; ~ fears напра́сные стра́хи/опасе́ния.

*v.t.*: he ~d away his life он растра́тил свою́ жизнь впусту́ю.

*v.i.* **1.** (*be* ~) безде́льничать (*impf.*); stop idling about! переста́ньте безде́льничать!; (*loiter*): they ~d about the streets они́ пра́здно слоня́лись по у́лицам; **2.** (*of an engine*): the motor ~s well мото́р хорошо́ рабо́тает на холосто́м ходу́.

**idleness** *n.* пра́здность; безде́лье; лень; she lives in ~ она́ живёт в пра́здности; она́ ведёт пра́здную жизнь.

**idler** *n.* безде́льник, лентя́й; (*stroller*) фланёр.

**idly** *adv.* лени́во; (*absently*) рассе́янно.

**idol** *n.* и́дол, куми́р; the ~ of the public люби́мец пу́блики.

**idolater** *n.* идолопокло́нник.

**idolatrous** *adj.* идолопокло́ннический, обоготворя́ющий; (*fig.*) поклоня́ющийся (*кому-н.*).

**idolatry** *n.* идолопокло́нство; (*fig.*) обожа́ние.

**idolization** *n.* обоготворе́ние; (*fig.*) обожа́ние.

**idolize** *v.t.* обоготвор|я́ть, -и́ть; (*fig.*) боготвори́ть (*impf.*); обожа́ть (*impf.*).

**idyll** *n.* иди́ллия.

**idyllic** *adj.* идилли́ческий.

**i.e.** то есть, т.е.

**if** *n.*: I want no ~s and buts (я не хочу́ слы́шать) никаки́х отгово́рок; there are no ~s about it никаки́х «е́сли»!; it is a very big ~ э́то ещё большо́й вопро́с; э́то ещё о́чень сомни́тельно.

*conj.* **1.** (*condition or supposition*) е́сли, е́сли бы; ~ he is reading е́сли он чита́ет; ~ he were reading е́сли бы он чита́л; ~ he comes е́сли он придёт; ~ I were you на ва́шем ме́сте; ~ necessary е́сли необходи́мо; ~ so е́сли/коль так; the debts, ~ any, were recovered е́сли и бы́ли каки́е-либо долги́, они́ пога́шены; ~ anything he is more stupid than he е́сли уж на то пошло́, она́ глупе́е его́; hold on, ~ not you'll fall держи́тесь, а то упадёте; nobody, ~ not he е́сли не он, то и никто́; ~ only they arrive in time! хоть бы они́ прие́хали во́время!; ~ only I had known! е́сли бы я то́лько знал!; ~ only to please him хотя́ бы для того́, чтобы доста́вить ему́ удово́льствие; he talks as ~ he were the boss он говори́т, как бу́дто он нача́льник; he stood there as ~ dumb он стоя́л, бу́дто немо́й; as ~ by chance бу́дто бы случа́йно; as ~ you didn't know! как бу́дто вы не зна́ли!; it's not as ~ you had no money друго́е де́ло, е́сли б у вас не́ было де́нег; even ~ е́сли да́же; **2.** (*though*) хотя́, пусть; ~ they are poor, they are nevertheless happy хотя́ они́ и бе́дны, они́ всё же сча́стливы; a pleasant, ~ chilly, day прия́тный, хотя́ и прохла́дный день; **3.** (*whether*): do you know ~ he is at home? вы не зна́ете, он до́ма?; see ~ the door is locked посмотри́те, заперта́ ли дверь; **4.** (*in excl.*): ~ I haven't lost my gloves again! поду́мать то́лько, я опя́ть потеря́л перча́тки!

**igloo** *n.* и́глу (*nt. indecl.*).

**Ignatius** *n.* Игна́тий.

**igneous** *adj.* (*of rock*) изве́рженный, пироге́нный; вулкани́ческого происхожде́ния.

**ignis fatuus** *n.* блужда́ющий огонёк; (*fig.*) обма́нчивая наде́жда.

**ignite** *v.t. & i.* заж|ига́ть(ся), -е́чь(ся); воспламен|я́ть(ся), -и́ть(ся).

**ignition** *n.* (*igniting*) зажига́ние, воспламене́ние; (~ *system in engine*) зажига́ние; ~ coil кату́шка зажига́ния; ~ key ключ зажига́ния.

**ignoble** *adj.* (*base*) по́длый, ни́зкий, ни́зменный, посты́дный; (*of lowly birth*) ни́зкого происхожде́ния.

**ignominious** *adj.* позо́рный, посты́дный; an ~ death бессла́вная смерть.

**ignominy** *n.* (*dishonour*) позо́р, бесче́стье; (*infamous conduct*) ни́зкое/посты́дное поведе́ние.

**ignoramus** *n.* неве́жда.

**ignorance** *n.* (*in general*) неве́жество, неве́жественность; he displayed total ~ он обнару́жил по́лное неве́жество; (*of certain facts*) незна́ние, неве́дение; he did it in ~ of the facts он сде́лал э́то по незна́нию фа́ктов (*or* по неве́данию); in a state of blissful ~ в состоя́нии блаже́нного неве́дения.

**ignorant** *adj.* неве́жественный; ~ of music несве́дущий в му́зыке; I was ~ of his intentions я не зна́л о его́ наме́рениях; я не́ был посвящён в его́ пла́ны.

**ignore** *v.t.* игнори́ровать (*impf., pf.*); не обра|ща́ть, -ти́ть внима́ния на +*a.*

**iguana** *n.* игуа́на.

**IJsselmeer** *n.* Эйссельме́р.

**ikon** *see* ICON.

**ilex** *n.* па́дуб.

**iliac** *adj.* подвздо́шный.

**Iliad** *n.* Илиа́да.

**ilk** *n.*: and others of his ~ (*coll.*) и други́е того́ же ро́да; и ему́ подо́бные; (*liter.*) и и́же с ним.

**ill** *n.* **1.** (*evil, harm*) зло; I meant him no ~ я не жела́л ему́ зла; **2.** (*pl., misfortunes*) бе́ды (*f. pl.*), несча́стья (*nt. pl.*).

*adj.* **1.** (*unwell*) больно́й, нездоро́вый; he looks ~ он вы́глядит больны́м; he was taken (*or* fell) ~ of a fever он заболе́л лихора́дкой; I feel ~ мне нехорошо́; я пло́хо себя́ чу́вствую; the mentally ~ психи́чески больны́е; **2.** (*bad*): ~ effects па́губные после́дствия; ~ fame, repute дурна́я сла́ва; плоха́я репута́ция; house of ~ fame публи́чный дом; ~ feeling неприя́знь, вражде́бность, оби́да; I did it to show there was no ~ feeling я сде́лал э́то, чтобы показа́ть, что я не пита́ю оби́ды; ~ fortune несча́стье, неуда́ча; ~ health нездоро́вье, недомога́ние; ~ humour, temper (*disposition*) дурно́й нрав/хара́ктер; (*mood*) дурно́е настрое́ние; in an ~ humour в раздраже́нии; he had ~ luck ему́ не повезло́; as ~ luck would have it как назло́; как на грех/беду́; по несча́стью; a run of ~ luck полоса́ невезе́нья; ~ omen дурно́е предзнаменова́ние; bird of ~ omen (*fig.*) предве́стник беды́/несча́стья; he met with ~ success он потерпе́л неуда́чу; ~ treatment дурно́е обраще́ние; ~ weeds grow apace дурна́я трава́ в рост идёт; ~ will зла́я во́ля, зло́ба; *see also* ~ feeling; I bear you no ~ will я не жела́ю вам зла; it's an ~ wind (that blows nobody any good) нет ху́да без добра́.

*adv.* пло́хо, ду́рно; ~ at ease не по себе́; I can ~ afford it я с трудо́м могу́ себе́ э́то позво́лить; it ~ becomes you э́то вам не идёт; he behaved ~ (*liter.*) он (по)вёл себя́ пло́хо/ду́рно; he took it ~ that . . . он оби́делся на то, что . . .; it went ~ with him ему́ не повезло́; I have never spoken ~ of him я никогда́ не отзыва́лся о нём пло́хо.

*cpds.*: ~-**advised** *adj.* не(благо)разу́мный; ~-**bred**, ~-**mannered** *adjs.* невоспи́танный, пло́хо воспи́танный; ~-**conditioned** *adj.* (*of pers.*) дурно́го нра́ва, недо́брый; (*of thg.*) в плохо́м состоя́нии; ~-**considered**, ~-**judged** *adjs.* необду́манный; ~-**disposed** *adj.* (*malicious*) зло́бный, злонра́вный; (*unfavourable*) недоброжела́тельный (*к кому*); не располо́жен (*к кому*); ~-**defined** *adj.* неопределённый; ~-**famed** *adj.* по́льзующийся дурно́й сла́вой/репута́цией; ~-**fated** *adj.* злосча́стный, роково́й; ~-**favoured** *adj.* (*in appearance*) непривлека́тельный, некраси́вый; ~-**gotten** *adj.* нече́стно на́житый; ~-**humoured** *adj.* дурно́го нра́ва, в дурно́м настрое́нии; ~-**informed** *adj.* пло́хо осведомлённый; ~-**intentioned** *adj.* зловре́дный, злонаме́ренный; ~-**judged** *see* ~-**considered**; ~-**mannered** *see* ~-**bred**; ~-**matched** *adj.* неподходя́щий; ~-**natured** *adj.* зло́бный, зловре́дный; ~-**omened** *adj.* злове́щий; ~-**starred** *adj.* злосча́стный; ~-**tempered** *adj.* вспы́льчивый, зло́бный; ~-**timed** *adj.* несвоевре́менный; ~-**treat**, ~-**use** *v.t.* пло́хо об|ходи́ться, -ойти́сь с +*i.*; пло́хо обраща́ться (*impf.*) с +*i.*; ~-**will** *n.* недоброжела́тельность, враждебность.

**illegal** *adj.* незако́нный, нелега́льный.
**illegality** *n.* незако́нность, нелега́льность.
**illegibility** *n.* неразбо́рчивость, неудобочита́емость.
**illegible** *adj.* неразбо́рчивый, неудобочита́емый.
**illegitimacy** *n.* (*of action*) незако́нность; (*of birth*) незаконнорождённость.
**illegitimate** *adj.* (*of action*) нсзако́нный; (*of pers.*) незаконнорождённый; (*of conclusion*) необосно́ванный.
**illiberal** *adj.* (*unenlightened*) непросвещённый; (*narrow-minded*) ограни́ченный, недалёкий;

(*intolerant*) нетерпи́мый; (*stingy*) скупо́й.
**illiberality** *n.* непросвещённость; ограни́ченность; нетерпи́мость; ску́пость.
**illicit** *adj.* незако́нный, недозво́ленный.
**Illinois** *n.* Иллино́йс.
**illiteracy** *n.* негра́мотность, безгра́мотность.
**illiterate** *n.* негра́мотный; (*pej.*) не́уч.
   *adj.* (*esp. of pers.*) негра́мотный; (*esp. of writing*) безгра́мотный.
**illness** *n.* боле́знь; he caught a serious ~ он зарази́лся тяжёлой боле́знью; she had a long ~ она́ перенесла́ дли́тельную боле́знь; he was absent through ~ он отсу́тствовал по боле́зни; ~ of the mind душе́вная/психи́ческая боле́знь; (*ill-health*) нездоро́вье, сла́бое здоро́вье; (*incidence of* ~) заболева́емость; has there been much ~ in your family? страда́ли ли чле́ны ва́шей семьи́ серьёзными заболева́ниями?; (*onset of* ~) заболева́ние; his ~ began with a chill его́ заболева́ние начало́сь с озно́ба.
**illogical** *adj.* нелоги́чный.
**illogicality** *n.* нелоги́чность.
**illuminat|e** *v.t.* 1. (*light*) осве|ща́ть, -ти́ть; an ~ed sign светя́щаяся рекла́ма; 2. (*decorate with lights*) иллюмини́ровать (*impf., pf.*); the town was ~ed for the festival к пра́зднику в го́роде устро́или иллюмина́цию; 3. (*of manuscripts etc.*) иллюмини́ровать (*impf., pf.*); an ~ed manuscript заста́вочная ру́копись; 4. (*shed light on*; *explain*) осве|ща́ть, -ти́ть; прол|ива́ть, -и́ть свет на +*a.*; an ~ing talk поучи́тельная бесе́да.
**illumination** *n.* 1. освеще́ние; 2. иллюмина́ция; let's go and see the ~s пойдёмте посмо́трим иллюмина́цию; 3. (*of manuscript*) заста́вка.
**illumine** *v.t.* (*liter.*) 1. (*light up*) осве|ща́ть, -ти́ть; (*with sunshine, a smile etc.*) озар|я́ть, -и́ть; 2. (*enlighten*) просве|ща́ть, -ти́ть.
**illusion** *n.* иллю́зия, обма́н; optical ~ опти́ческая иллю́зия, обма́н зре́ния; I was under an ~ я был во вла́сти иллю́зии; I have no ~s about him относи́тельно его́ у меня́ нет никаки́х иллю́зий.
**illusionist** *n.* иллюзиони́ст, фо́кусник.
**illus|ive, -ory** *adjs.* иллюзо́рный, при́зрачный.
**illustrate** *v.t.* 1. (*decorate with pictures*) иллюстри́ровать (*impf., pf.*); 2. (*make clear by examples*) иллюстри́ровать; поясн|я́ть, -и́ть; this ~s the advantages of cooperation э́то пока́зывает преиму́щества сотрудни́чества.
**illustration** *n.* иллюстри́рование; иллюстра́ция, поясне́ние.
**illustrative** *adj.* иллюстрати́вный, поясни́тельный; a work ~ of his genius произведе́ние, пока́зывающее его́ гениа́льность.
**illustrator** *n.* иллюстра́тор.
**illustrious** *adj.* просла́вленный, знамени́тый.
**ILO** *n.* (*abbr.*, International Labour Organiza-

tion) МОТ (Междунаро́дная организа́ция труда́).

**image** n. **1.** (representation) изображе́ние; **2.** (statue) ста́туя, скульпту́ра; graven ~ и́дол, куми́р; **3.** (likeness; counterpart) ко́пия, портре́т; he was the ~ of his father он был то́чной ко́пией (or живы́м портре́том) своего́ отца́; **4.** (idea; conception) о́браз; **5.** (simile or metaphor) о́браз; he spoke in ~s он говори́л о́бразно; **6.** (opt.) изображе́ние; (reflection) отраже́ние; **7.** (impression made on others) репута́ция, прести́ж.

v.t. (represent, portray) предст|авля́ть, -а́вить; изобра|жа́ть, -зи́ть; (reflect) отра|жа́ть, -зи́ть; отобра|жа́ть, -зи́ть.

cpd.: ~-**worship** n. идолопокло́нство.

**imagery** n. (in writing) о́бразность.

**imaginable** adj. вообрази́мый; we had the greatest trouble ~ у нас бы́ли невообрази́мые хло́поты.

**imaginary** adj. вообража́емый, вы́мышленный; (also math.) мни́мый.

**imagination** n. воображе́ние; he let his ~ run riot он дал во́лю своему́ воображе́нию; use your ~! напряги́те своё воображе́ние!

**imaginative** adj. с воображе́нием; одарённый/облада́ющий (больши́м/бога́тым) воображе́нием; ~ writing худо́жественная литерату́ра, беллетри́стика.

**imagin|e** v.t. **1.** (form mental picture of) вообра|жа́ть, -зи́ть; she is always ~ing things ей ве́чно что-то мере́щится; **2.** (conceive) предст|авля́ть, -а́вить себе́; I cannot ~e how it happened я не могу́ предста́вить себе́, как э́то случи́лось; I ~e Peter to be tall я представля́ю себе́ Петра́ высо́ким; **3.** (suppose) предпол|ага́ть, -ожи́ть; полага́ть (impf.); do you ~e I like it? неуже́ли вы полага́ете, что мне э́то нра́вится?; **4.** (think) ду́мать, по-; I ~ed I heard footsteps мне показа́лось, что я слы́шал шаги́; **5.** (fancy): ~e seeing you here! кто бы мог поду́мать, что я уви́жу вас здесь?; **6.** (guess) дога́д|ываться, -а́ться; пон|има́ть, -я́ть; I cannot ~e what you mean ума́ не приложу́, что вы име́ете в виду́.

**imagism** n. имажини́зм.

**imago** n. (zool.) има́го (indecl.).

**imam** n. има́м.

**imbalance** n. отсу́тствие равнове́сия, неусто́йчивость; несоотве́тствие.

**imbecile** n. (person of weak intellect) крети́н; слабоу́мный; (fool) глупе́ц, дура́к (coll.).
adj. слабоу́мный; (stupid) глу́пый.

**imbecility** n. имбеци́льность, кретини́зм; слабоу́мие; (stupidity) глу́пость.

**imbib|e** v.t. (drink) погло|ща́ть, -ти́ть; пить, вы́-; (fig., assimilate) усв|а́ивать, -о́ить; впи́т|ывать, -а́ть; he ~ed new ideas он впита́л но́вые иде́и.
v.i.: he has been ~ing (coll.) он вы́пивши.

**imbroglio** n. пу́таница.

**imbrue** v.t. (liter.) обагр|я́ть, -и́ть; hands ~d with blood ру́ки, обагрённые кро́вью.

**imbue** v.t. **1.** (lit., saturate) пропи́т|ывать, -а́ть; (dye) окра́|шивать, -сить; **2.** (fig., inspire) всел|я́ть, -и́ть (что в кого); the war ~d the nation with the spirit of patriotism война́ всели́ла в наро́д дух патриоти́зма; (fill): ~d with hatred прони́кнутый не́навистью.

**IMF** (abbr., International Monetary Fund) Междунаро́дный валю́тный фонд.

**imitate** v.t. **1.** (follow example of) подража́ть (impf.) +d.; you should ~ his virtues вы должны́ подража́ть его́ доброде́телям; **2.** (copy; mimic) копи́ровать (impf.); имити́ровать (impf.); передра́зн|ивать, -и́ть; **3.** (make sth. similar to) имити́ровать (impf.); подде́л|ывать, -ать; he ~s diamonds in paste он изготовля́ет подде́льные бриллиа́нты; ~ oak by graining кра́сить (impf.) (что) под дуб; fabric made to ~ silk материа́л, имити́рующий шёлк.

**imitation** n. **1.** (imitating; mimicry) подража́ние; in ~ of her teacher в подража́ние своему́ учи́телю; (built in) ~ Gothic постро́енный в псевдоготи́ческом сти́ле; he does bird ~s он уме́ет подража́ть пти́цам; **2.** (copy) имита́ция, подде́лка; wood painted in ~ of marble де́рево, окра́шенное под мра́мор; beware of ~s! остерега́йтесь подде́лок!; (attr.) иску́сственный, подде́льный; ~ leather иску́сственная ко́жа; ~ antiques подде́льные антиква́рные изде́лия.

**imitative** adj.: ~ words звукоподража́тельные слова́; the ~ arts изобрази́тельные иску́сства; an ~ animal подража́ющее живо́тное; ~ behaviour подража́тельное поведе́ние.

**imitator** n. подража́тель (fem. -ница).

**immaculate** adj. **1.** (pure) незапя́тнанный; the I~ Conception непоро́чное зача́тие; **2.** (faultless) безупре́чный, безукори́зненный.

**immanence** n. прису́щность; (phil.) иммане́нтность.

**immanent** adj. (inherent) прису́щий; (pervading) вездесу́щий; (phil.) имма́нентный.

**immaterial** adj. (not corporeal) невеще́ственный; бестеле́сный; (unimportant) несуще́ственный; it is quite ~ to me мне реши́тельно всё равно́.

**immature** adj. незре́лый.

**immaturity** n. незре́лость.

**immeasurable** adj. неизмери́мый.

**immediacy** n. **1.** (directness) непосре́дственность; **2.** (in time) незамедли́тельность; (urgency) безотлага́тельность.

**immediate** adj. **1.** (direct, closest possible) непосре́дственный, прямо́й, ближа́йший; (next in order) очередно́й; in the ~ neighbourhood в непосре́дственной бли́зости; my ~ neighbours мои́ ближа́йшие сосе́ди; on his ~

left сра́зу нале́во от него́; the ~ heir прямо́й насле́дник; in the ~ future в ближа́йшем бу́дущем; **2.** (*without delay*) неме́дленный, мгнове́нный; there was an ~ silence наступи́ла мгнове́нная тишина́; **3.** (*urgent*) безотлага́тельный.

**immediately** *adv.* (*directly*) непосре́дственно; (*without delay, at once*) неме́дленно, то́тчас (же), сра́зу, мгнове́нно.

*conj.*: ~ I heard the news как то́лько я узна́л но́вости.

**immemorial** *adj.* незапа́мятный; from time ~ с незапа́мятных времён.

**immense** *adj.* (*huge*) огро́мный, грома́дный; (*vast*) безме́рный, необозри́мый, необъя́тный; (*countless*) несме́тный; (*coll., very great*): it was an ~ disappointment э́то бы́ло огро́мным разочарова́нием; he is an ~ eater он неуме́ренный едо́к; we enjoyed ourselves ~ly мы получи́ли огро́мное удово́льствие; she was ~ly proud of her son она́ невероя́тно горди́лась свои́м сы́ном.

**immensity** *n.* безме́рность, необъя́тность, необозри́мость.

**immerse** *v.t.* **1.** погру|жа́ть, -зи́ть; окун|а́ть, -у́ть; ~d in thought погружённый в ду́му; she ~d herself in a book она́ погрузи́лась в чте́ние; **2.** (*fig., entangle*) запу́т|ывать, -ать; he was ~d in debt он погря́з в долга́х.

**immersion** *n.* (*lit., fig.*) погруже́ние; ~ heater погружа́емый нагрева́тель.

**immigrant** *n.* иммигра́нт (*fem.* -ка).

**immigrate** *v.i.* иммигри́ровать (*impf., pf.*).

**immigration** *n.* иммигра́ция; ~ officer сотру́дник иммиграцио́нного ве́домства (*or* иммиграцио́нной слу́жбы).

**imminence** *n.* нави́сшая угро́за, опа́сность.

**imminent** *adj.* надвига́ющийся; a storm was ~ надвига́лась гроза́; (*of danger*) непосре́дственный, нави́сший.

**immobile** *adj.* неподви́жный.

**immobility** *n.* неподви́жность.

**immobilization** *n.* (*med.*) дли́тельный посте́льный режи́м; (*of limb etc.*) иммобилиза́ция; (*of troops*) ско́вывание.

**immobilize** *v.t.* иммобилизова́ть (*pf.*); (*mil.*) ско́в|ывать, -а́ть; парализова́ть (*impf., pf.*); our troops were ~d на́ши войска́ бы́ли парализо́ваны; his ~d by a broken leg я не мог дви́гаться из-за сло́манной ноги́; he ~d his car он вы́вел свой автомоби́ль из стро́я; their funds were ~d их фо́нды бы́ли заморо́жены.

**immoderate** *adj.* неуме́ренный.

**immodest** *adj.* нескро́мный; (*indecent*) неприли́чный.

**immodesty** *n.* нескро́мность; (*indecency*) неприли́чие.

**immolate** *v.t.* (*lit., fig.*) прин|оси́ть, -ести́ в же́ртву.

**immolation** *n.* жертвоприноше́ние.

**immoral** *adj.* безнра́вственный, амора́льный; ~ earnings сомни́тельные дохо́ды.

**immorality** *n.* безнра́вственность, амора́льность.

**immortal** *n. & adj.* бессме́ртный; ~ fame неувяда́емая сла́ва.

**immortality** *n.* бессме́ртие.

**immortalization** *n.* увекове́чение.

**immortalize** *v.t.* увекове́чи|вать, -ть; обессме́ртить (*pf.*).

**immovability** *n.* неподви́жность; (*steadfastness*) непоколеби́мость.

**immovable** *n.* (*usu. pl.*) недви́жимость.

  *adj.* (*that cannot be moved*; *stationary*; *fixed, e.g. of property*) недви́жимый; (*motionless*) неподви́жный; (*steadfast*) непоколеби́мый; (*emotionless*) невозмути́мый.

**immune** *adj.*: ~ to, from, against disease невоспри́и́мчивый к боле́зни; ~ against poison имму́нный к я́ду; ~ from criticism неподвла́стный кри́тике; ~ from taxes свобо́дный/освобождённый от нало́гов.

**immunity** *n.* **1.** (*from disease etc.*) невоспри́и́мчивость, иммуните́т (к чему́); **2.** (*in law*) неприкоснове́нность, иммуните́т; diplomatic ~ дипломати́ческий иммуните́т; **3.** (*from tax*) освобожде́ние (от нало́га).

**immunization** *n.* иммуниза́ция.

**immunize** *v.t.* иммунизи́ровать (*impf., pf.*) (кого́ к чему́).

**immunology** *n.* иммуноло́гия.

**immunotherapy** *n.* иммунотерапи́я.

**immure** *v.t.* заточ|а́ть, -и́ть; замуро́в|ывать, -а́ть; зап|ира́ть, -ере́ть; he ~d himself in his study он заперся́ в кабине́те.

**immutability** *n.* неизме́нность, непрело́жность.

**immutable** *adj.* неизме́нный, непрело́жный.

**imp** *n.* (*lit.*; *fig., mischievous child*) дьяволёнок, чертёнок, бесёнок; (*fig. only*) постре́л.

**impact** *n.* (*collision*) столкнове́ние; (*striking force*) уда́р, толчо́к; (*fig., effect, influence*) возде́йствие, влия́ние; his words made an immediate ~ его́ слова́ возыме́ли неме́дленное де́йствие.

**impacted** *adj.*: ~ fracture вколо́ченный перело́м; ~ tooth ретини́рованный зуб.

**impair** *v.t.* (*damage*) повре|жда́ть, -ди́ть; (*spoil*) по́ртить, ис-; (*undermine*) под|рыва́ть, -орва́ть; (*weaken*) осл|абля́ть, -а́бить; (*make worse*) ух|удша́ть, -у́дшить; smoking will ~ your health куре́нье подорвёт ва́ше здоро́вье; the view was ~ed by a chimney вид был испо́рчен дымово́й трубо́й; his vision was ~ed его́ зре́ние пострада́ло; this ~ed the force of his argument э́то осла́било си́лу его́ до́вода.

**impairment** *n.* поврежде́ние; по́рча; подры́в; ослабле́ние; ухудше́ние.

**impale** *v.t.* прок|а́лывать, -оло́ть; пронз|а́ть,

-и́ть; прот|ыка́ть, -кну́ть; (*hist.*) сажа́ть, посади́ть на́ кол; he ∼d himself on his sword он пронзи́л себя́ мечо́м; he fell and was ∼d on the railings он свали́лся на огра́ду и проткну́л себе́ живо́т.

**impalpable** *adj.* (*not felt by touch*) неосяза́емый; (*by senses or mind*) неощути́мый; (*elusive*) неулови́мый.

**impanel** *vt.* включ|а́ть, -и́ть в спи́сок прися́жных.

**imparity** *n.* нера́венство.

**impart** *v.t.* **1.** (*lend*; *give*) прид|ава́ть, -а́ть; he ∼ed a serious tone to the conversation он прида́л разгово́ру серьёзный тон; **2.** (*communicate, e.g. news*) перед|ава́ть, -а́ть; сообщ|а́ть, -и́ть; **3.** (*pass on, e.g. knowledge*) дели́ться, по- +*i.*; he ∼ed his skill to us он подели́лся с на́ми свои́м уме́нием.

**impartial** *adj.* беспристра́стный, непредвзя́тый.

**impartiality** *n.* беспристра́стность, непредвзя́тость.

**impassable** *adj.* (*on foot*) непроходи́мый; (*for vehicles*) непрое́зжий.

**impasse** *n.* (*lit., fig.*) тупи́к; things reached an ∼ дела́ зашли́ в тупи́к.

**impassioned** *adj.* стра́стный, пы́лкий.

**impassive** *adj.* (*unmoved*) бесстра́стный; (*serene*) безмяте́жный.

**impassivity** *n.* бесстра́стие; безмяте́жность.

**impasto** *n.* наложе́ние кра́сок густы́м сло́ем.

**impatience** *n.* нетерпе́ние, нетерпели́вость; he was all ∼ to begin ему́ не терпе́лось нача́ть; (*irritation*) раздраже́ние.

**impatient** *adj.* нетерпели́вый; (*irritable*) раздражи́тельный, раздражённый; he was growing, getting ∼ он теря́л терпе́ние, он раздража́лся; he is ∼ of advice он не те́рпит сове́тов; she was ∼ for a letter она́ нетерпели́во ждала́ письма́; he is ∼ to begin ему́ не те́рпится нача́ть.

**impeach** *v.t.* **1.** (*accuse*) обвин|я́ть, -и́ть (*кого в чём*); he was ∼ed (*for treason*) ему́ предъяви́ли обвине́ние в госуда́рственной изме́не; **2.** (*call in question*) осп|а́ривать, -о́рить; are you ∼ing my honour? неуже́ли вы ста́вите под сомне́ние мою́ честь?

**impeachment** *n.* **1.** (*accusation*) обвине́ние; (*on charge of treason etc.*) импи́чмент; **2.** (*calling in question*) выраже́ние сомне́ния в +*p.* (*or* недове́рия к +*d.*).

**impeccability** *n.* (*rectitude*) непогреши́мость; (*faultlessness*) безупре́чность.

**impeccable** *adj.* (*without sin*) непогреши́мый; (*faultless*) безупре́чный.

**impecuniosity** *n.* безде́нежье.

**impecunious** *adj.* безде́нежный.

**impedance** *n.* (*elec.*) по́лное сопротивле́ние; импеда́нс.

**impede** *v.t.* (*obstruct*) препя́тствовать (*impf.*)

+*d.*; прегра|жда́ть, -ди́ть; (*delay*) заде́рж|ивать, -а́ть; (*hinder*) меша́ть, по- (*кому/чему*); затрудн|я́ть, -и́ть; осложн|я́ть, -и́ть; the traffic was ∼d у́личное движе́ние бы́ло заде́ржано; negotiations were ∼d перегово́ры бы́ли затруднены́.

**impediment** *n.* **1.** (*obstruction*) препя́тствие, прегра́да, поме́ха; (*hindrance, delay*) заде́ржка; an ∼ to progress препя́тствие на пути́ прогре́сса; **2.** (*speech defect*) заика́ние; he has an ∼ in his speech он заика́ется.

**impedimenta** *n.* (*mil.*) обо́зы (*m. pl.*); (*baggage*) бага́ж.

**impel** *v.t.* **1.** (*propel*) прив|оди́ть, -ести́ в движе́ние; **2.** (*drive*; *force*) прин|ужда́ть, -у́дить; пон|ужда́ть, -у́дить; заст|авля́ть, -а́вить; побу|жда́ть, -ди́ть; conscience ∼led him to speak the truth со́весть прину́дила его́ говори́ть пра́вду; he was ∼led to crime by poverty бе́дность толкну́ла его́ на преступле́ние; I feel ∼led to say я вы́нужден сказа́ть.

**impend** *v.i.* **1.** (*be imminent*; *approach*) надв|ига́ться, -и́нуться; прибл|ижа́ться, -и́зиться; war was ∼ing война́ надвига́лась; his ∼ing arrival его́ предстоя́щий прие́зд; **2.** (*threaten*) угрожа́ть (*impf.*); нав|иса́ть, -и́снуть; ∼ing danger нави́сшая опа́сность/ угро́за.

**impenetrability** *n.* (*lit., fig.*) непроница́емость.

**impenetrable** *adj.* непроница́емый; an ∼ forest непроходи́мый лес; an ∼ mystery непостижи́мая та́йна; ∼ darkness непрогля́дная тьма́; a mind ∼ by, to new ideas ко́сный ум.

**impenitence** *n.* нераска́янность, закосне́лость.

**impenitent** *adj.* нераска́янный, закосне́лый.

**imperative** *n.* (*gram.*) повели́тельное наклоне́ние, императи́в.
  *adj.* **1.** (*urgent; essential*): an ∼ request настоя́тельное тре́бование; it is ∼ that you come at once вам необходи́мо то́тчас яви́ться; **2.** (*imperious*) повели́тельный, вла́стный; **3.** (*gram.*) повели́тельный.

**imperceptible** *adj.* (*that cannot be perceived*) незаме́тный; (*very slight, gradual*) незначи́тельный.

**imperfect** *n.* (*gram.*) проше́дшее несоверше́нное вре́мя, имперфе́кт.
  *adj.* (*faulty*) несоверше́нный, дефе́ктный; (*incomplete*) непо́лный; (*unfinished*) незако́нченный; (*gram.*) проше́дший, несоверше́нный.

**imperfection** *n.* (*incompleteness, faultiness*) несоверше́нство, неполнота́; (*fault*) дефе́кт, изъя́н; недоста́ток.

**imperfective** *n. & adj.* (*gram.*) несоверше́нный (вид).

**imperial** *n.* (*beard*) эспанью́лка.
  *adj.* **1.** (*of an empire*) импе́рский; ∼ Rome/Russia Ри́мская/Росси́йская импе́рия;

**2.** (*of an emperor*) импера́торский; the ~ crown импера́торская коро́на; His I ~ Majesty его́ импера́торское вели́чество; **3.** (*majestic*) великоле́пный; with ~ disdain с ца́рственным презре́нием; **4.** (*of Br. measures*) импе́рский.

**imperialism** *n.* империали́зм.

**imperialist** *n.* империали́ст.

**imperialist(ic)** *adj.* империалисти́ческий, империали́стский.

**imperil** *v.t.* подв|ерга́ть, -е́ргнуть опа́сности; ста́вить, по- под угро́зу.

**imperious** *adj.* (*domineering*) повели́тельный, вла́стный; (*urgent, imperative*) настоя́тельный, императи́вный.

**imperiousness** *n.* повели́тельность, вла́стность; настоя́тельность, императи́вность.

**imperishable** *adj.* (*lit.*) непо́ртящийся; (*fig.*) нетле́нный; ~ fame ве́чная/неувяда́емая сла́ва.

**impermanence** *n.* непостоя́нство, неусто́йчивость.

**impermanent** *adj.* непостоя́нный, неусто́йчивый.

**impermeability** *n.* непроница́емость.

**impermeable** *adj.* непроница́емый.

**impermissible** *adj.* непозволи́тельный, недозво́ленный.

**impersonal** *adj.* безли́кий, безли́чный; ~ forces объекти́вные си́лы; (*gram.*) безли́чный.

**impersonality** *n.* безли́кость, безли́чность; объекти́вность.

**impersonate** *v.t.* (*act the part of*) игра́ть (*impf.*) роль +*g.*; изобра|жа́ть, -зи́ть; (*pretend to be*) выдава́ть (*impf.*) себя́ за +*a.*

**impersonation** *n.* изображе́ние; he gave an ~ of the professor он изобрази́л профе́ссора; (*leg.*) персона́ция, незако́нная вы́дача себе́ за друго́е лицо́.

**impersonator** *n.*: female ~ эстра́дный арти́ст, изобража́ющий же́нщину.

**impertinence** *n.* (*rudeness*) де́рзость, на́глость, наха́льство; (*irrelevance*) неуме́стность.

**impertinent** *adj.* де́рзкий, на́глый, наха́льный; неуме́стный.

**imperturbability** *n.* невозмути́мость.

**imperturbable** *adj.* невозмути́мый.

**impervious** *adj.* непроница́емый; ~ to light светонепроница́емый; (*fig.*): ~ to criticism глух к кри́тике.

**impetigo** *n.* импети́го (*indecl.*).

**impetuosity** *n.* стреми́тельность, поры́вистость, необду́манность, горя́чность.

**impetuous** *adj.* (*moving violently*) стреми́тельный, бу́рный, поры́вистый; (*acting or done with rash energy*) стреми́тельный, поры́вистый; горя́чий; (*impulsive*) импульси́вный; (*unpremeditated*) необду́манный.

**impetus** *n.* толчо́к; и́мпульс; the car travelled for several yards under its own ~ автомоби́ль проо́хал не́сколько ме́тров по ине́рции; (*fig.*) толчо́к, сти́мул; this will give an ~ to trade э́то даст торго́вле толчо́к.

**impiety** *n.* не(благо)чести́вость.

**impinge** *v.i.* па́дать (*impf.*) на +*a.*; ударя́ться (*impf.*) о +*a.*; rays of light ~ on the retina лучи́ све́та па́дают на сетча́тку.

**impious** *adj.* не(благо)чести́вый.

**impish** *adj.* прока́зливый, озорно́й.

**impishness** *n.* прока́зливость, озорство́.

**implacability** *n.* неумоли́мость.

**implacable** *adj.* неумоли́мый, безжа́лостный.

**implant** *v.t.* вв|оди́ть, -ести́; (*fig., instil*) внедр|я́ть, -и́ть; наса|жда́ть, -ди́ть, всел|я́ть, -и́ть; he ~ed a doubt in her mind он посе́ял в ней сомне́ние.

**implausibility** *n.* неправдоподо́бность, неверо́ятность.

**implausible** *adj.* неправдоподо́бный, неверо́ятный.

**implement¹** *n.* ору́дие, инструме́нт; farm ~s сельскохозя́йственные ору́дия.

**implement²** *v.t.* выполня́ть, вы́полнить; осуществл|я́ть, -и́ть; пров|оди́ть, -ести́ в жизнь; when the scheme is ~ed когда́ план бу́дет осуществлён.

**implementation** *n.* выполне́ние, осуществле́ние.

**implicate** *v.t.* вовл|ека́ть, -е́чь; вме́ш|ивать, -а́ть; заме́ш|ивать, -а́ть; впу́т|ывать, -ать; the evidence ~d him ули́ки ука́зывали на его́ прича́стность; I refuse to be ~d я отка́зываюсь быть заме́шанным.

**implication** *n.* (*involvement*) вовлече́ние; (*implying; thing implied*) скры́тый смысл; намёк; by ~ ко́свенно; I do not like your ~ мне не нра́вится ваш намёк; I wish to avoid any ~ of hostility я хоте́л бы избежа́ть како́го бы то ни бы́ло отте́нка вражде́бности; (*significance*) значе́ние.

**implicit** *adj.* **1.** (*implied*) подразумева́емый, недоска́занный; ~ threat скры́тая угро́за; ~ consent молчали́вое согла́сие; ~ in his statement was a denial его́ заявле́ние подразумева́ло отка́з; **2.** (*unquestioning*) безогово́рочный; I have ~ belief in him я безогово́рочно ве́рю в него́.

**implore** *v.t.* умоля́ть, -и́ть; he ~d my forgiveness он моли́л меня́ о проще́нии.

**imploringly** *adv.* умоля́юще.

**implosive** *adj.* имплози́вный.

**impl|y** *v.t.* **1.** (*of a person: suggest, hint at*) подразумева́ть (*impf.*), намека́ть (*impf.*) на +*a.*; what are you ~ying by that? что вы хоти́те э́тим сказа́ть?; he ~ied that I was wrong он намека́л на то (*or* дал поня́ть), что я непра́в; **2.** (*of a statement, action etc.*) подразумева́ть (*impf.*); (об)означа́ть (*impf.*); what do his words ~y? что означа́ют его́ слова́?; I knew what was ~ied я знал, что подразумева́лось; silence ~ies consent молча́ние — знак согла́сия; these conclusions were ~ied by the evidence э́ти вы́воды вытека́ли из ули́к.

**impolite** *adj.* неве́жливый, неучти́вый.

**impoliteness** *n.* неве́жливость, неучти́вость.

**impolitic** *adj.* не(благо)разу́мный, неполити́чный.

**imponderable** *adj.* (*fig.*) неулови́мый.

**import**[1] *n.* **1.** (*bringing from abroad*) и́мпорт, ввоз; (*pl., goods introduced*) и́мпортные/ввози́мые/вво́зные това́ры (*m. pl.*); (*attr.*) и́мпортный, привозно́й; ~ duty вво́зная по́шлина; **2.** (*meaning*) значе́ние.

**import**[2] *v.t.* **1.** (*bring in*) импорти́ровать (*impf., pf.*); вв|ози́ть, -езти́; wheat is ~ed from abroad пшени́ца ввози́тся из-за грани́цы; **2.** (*signify*) означа́ть (*impf.*).

**importance** *n.* значе́ние, значи́тельность, ва́жность; (*standing*) вес; attach ~ to sth. придава́ть (*impf.*) значе́ние чему́-н.; it is of no ~ э́то не име́ет значе́ния; э́то незначи́тельно; a person of some ~ ва́жное лицо́; ли́чность, име́ющая вес; of little ~ малова́жный; a matter of great ~ де́ло огро́мной ва́жности; it is of the utmost ~ that ... кра́йне ва́жно, что́бы ...

**important** *adj.* значи́тельный, ва́жный; (*weighty*) ве́ский; he went away on ~ business он уе́хал по ва́жному де́лу; ~ people ва́жные/влия́тельные ли́ца; he likes to look ~ он лю́бит ва́жничать; it is ~ for you to realize it ва́жно, что́бы вы по́няли э́то; more ~ly ... что ещё бо́лее ва́жно ...

**importation** *n.* и́мпорт, ввоз.

**importer** *n.* импортёр.

**importunate** *adj.* назо́йливый, навя́зчивый, доку́чливый; ~ demands настоя́тельные тре́бования.

**importune** *v.t.* докуча́ть (*impf.*) +*d.*; he ~d me for a loan он докуча́л мне про́сьбами о ссу́де.

**importunity** *n.* назо́йливость, навя́зчивость, доку́чливость, домога́тельство.

**impose** *v.t.* (*obligation*) возл|ага́ть, -ожи́ть (*что на кого*); (*tax, penalty etc.*) нал|ага́ть, -ожи́ть (*что на кого*); обл|ага́ть, -ожи́ть (*кого чем*); the judge ~d a fine of 20 roubles судья́ наложи́л штраф в 20 рубле́й; the government ~d a tax on wealth госуда́рство обложи́ло бога́тых нало́гом; this will ~ a heavy burden on the people э́то ля́жет тя́жким бре́менем на наро́д; he ~d himself on our company он навяза́лся/наби́лся к нам в компа́нию; he ~s his views on everyone он навя́зывает всем свои́ взгля́ды.

*v.i.*: ~ on (*deceive*) обма́н|ывать, -у́ть; we have been ~d upon нас обману́ли; (*take advantage of*): he ~s on his friends он испо́льзует свои́х друзе́й.

**imposing** *adj.* внуши́тельный, импоза́нтный.

представи́тельный.

**imposition** *n.* **1.** (*imposing of obligation, burden etc.*) возложе́ние, наложе́ние; **2.** (*thing imposed*; *tax etc.*) обложе́ние, нало́г; **3.** (*school punishment*) дополни́тельное зада́ние; **4.** (*fraud*) обма́н, моше́нничество; **5.** (*unreasonable demand*) чрезме́рное тре́бование.

**impossibility** *n.* невозмо́жность.

**impossible** *adj.* невозмо́жный; don't ask me to do the ~ не тре́буйте от меня́ невозмо́жного; an ~ person невозмо́жный/несно́сный челове́к.

**impost** *n.* нало́г.

**impostor** *n.* обма́нщи|к (*fem.* -ца); самозва́н|ец (*fem.* -ка).

**imposture** *n.* обма́н; самозва́нство.

**impotence** *n.* бесси́лие; (*sexual*) импоте́нция.

**impotent** *adj.* бесси́льный; he is ~ (*sexually*) он импоте́нт.

**impound** *v.t.* (*cattle etc.*) заг|оня́ть, -на́ть; (*property*) конфискова́ть (*impf., pf.*).

**impoverish** *v.t.* (*reduce to poverty*) обедн|я́ть, -и́ть; дов|оди́ть, -ести́ до бе́дности/обнища́ния; become ~ed бедне́ть, о-; ни́ща́ть, об-; ~ed (*adj.*) бе́дный, обедне́вший; обнища́вший, ни́щий; (*of soil*; *make barren*) истощ|а́ть, -и́ть; (*of health*) расстр|а́ивать, -о́ить; (*of ideas, style etc.*) обедн|я́ть, -и́ть; an ~ed mind убо́гий/ску́дный ум.

**impoverishment** *n.* обедне́ние, обнища́ние; истоще́ние.

**impracticability** *n.* невыполни́мость, неисполни́мость, неосуществи́мость.

**impracticable** *adj.*: an ~ scheme невыполни́мый/неосуществи́мый план; ~ ideas неосуществи́мые иде́и; ~ roads непроходи́мые/непрое́зжие доро́ги.

**imprecation** *n.* прокля́тие.

**impregnability** *n.* непристу́пность.

**impregnable** *adj.* непристу́пный; (*fig.*): ~ virtue непоколеби́мая доброде́тель; an ~ argument неопровержи́мый до́вод.

**impregnate** *v.t.* (*fertilize*) оплодотвор|я́ть, -и́ть; (*saturate*) пропи́т|ывать, -а́ть; нас|ыща́ть, -ы́тить; ~d wood импрегни́рованная древеси́на.

**impregnation** *n.* оплодотворе́ние; пропи́тывание, насыще́ние.

**impresario** *n.* импреса́рио (*m. indecl.*), антрепренёр.

**impress**[1] *n.* (*lit., typ.*) о́ттиск; (*also fig.*) отпеча́ток, печа́ть; his work bears the ~ of genius его́ рабо́та несёт печа́ть ге́ния.

**impress**[2] *v.t.* **1.** (*make by imprinting*) отти́с|кивать, -нуть; вытисня́ть, вы́тиснить; (*fig., on the mind*) запечатл|ева́ть, -е́ть; внуш|а́ть, -и́ть (*кому*); the words were ~ed on his memory слова́ запечатле́лись в его́ па́мяти; we ~ed on them the need for caution мы внуши́ли им необходи́мость соблюда́ть

осторо́жность; **2.** (*make imprint on*) де́лать, с-
отпеча́ток на +*p.*; (*fig., have a strong effect on*)
произв|оди́ть, -ести́ впечатле́ние на +*a.*; he
did not ~ me at all он не произвёл на меня́
никако́го впечатле́ния; **3.** (*for mil. service*)
наси́льно вербова́ть, за-.

*v.i.* произв|оди́ть, -ести́ впечатле́ние.

**impression** *n.* **1.** (*imprint*) отпеча́ток, о́ттиск;
his fingers left an ~ его́ па́льцы оста́вили
отпеча́тки; the dentist took an ~ зубно́й врач
сде́лал сле́пок; **2.** (*typ., copies printed*) тира́ж;
(*reprint*) печа́тание, перепеча́тка; **3.** (*effect*)
эффе́кт, результа́т; впечатле́ние; make,
create an ~ произв|оди́ть, -ести́ впечатле́ние;
she scrubbed the floor but could make no ~ on
the dirt она́ дра́ила пол, но без ощути́мого/
вся́кого результа́та; **4.** (*notion*) впечатле́ние,
представле́ние; I have, get an ~ (*or* my ~ is)
that he is not sincere у меня́ (сложи́лось)
впечатле́ние, что он неи́скренен; I was under
the ~ that . . . я полага́л, что . . .; I have a
strong ~ that . . . я почти́ уве́рен, что . . .; one
cannot rely on first ~s нельзя́ доверя́ть
пе́рвому впечатле́нию.

**impressionable** *adj.* впечатли́тельный, вос-
прии́мчивый; she is at an ~ age она́ о́чень
впечатли́тельна — у неё тако́й во́зраст.

**impressionism** *n.* импрессиони́зм.

**impressionist** *n.* импрессиони́ст; (*attr.*) импрес-
сиони́стский.

**impressionistic** *adj.* импрессионисти́ческий,
импрессиони́стский.

**impressive** *adj.* внуши́тельный, впечатля́ю-
щий, си́льный; an ~ speech я́ркая речь; an ~
scene впечатля́ющая/волну́ющая карти́на.

**imprest** *n.* ава́нс, подотчётная су́мма.

**imprimatur** *n.* (*eccl.*) разреше́ние (на печа́-
тание); (*fig., sanction*) са́нкция, одобре́ние.

**imprint**[1] *n.* (*lit., fig.*) отпеча́ток; (*fig.*) печа́ть;
publisher's ~ выходны́е да́нные (*nt. pl.*); her
face bore the ~ of sorrow на её лице́ запечат-
ле́лась грусть.

**imprint**[2] *v.t.* отпеча́т|ывать, -ать; вытисня́ть,
вы́тиснить; (*fig.*) запечат|ева́ть, -е́ть; the
words became ~ed on our minds э́ти слова́
запа́ли нам в ду́шу; he ~ed a kiss on her cheek
он запечатле́л поцелу́й на её щеке́.

**imprison** *v.t.* заключ|а́ть, -и́ть в тюрьму́;
зато́ч|а́ть, -и́ть; (*fig.*): feelings ~ed in his
breast его́ потаённые чу́вства.

**imprisonment** *n.* тюре́мное заключе́ние;
заточе́ние; he was sentenced to life ~ его́
приговори́ли к пожи́зненному заключе́нию.

**improbability** *n.* неправдоподо́бие, невероя́т-
ность.

**improbable** *adj.* неправдоподо́бный, невероя́т-
ный.

**improbity** *n.* бесче́стность.

**impromptu** *n.* (*mus.*) экспро́мт.

    *adj.* импровизи́рованный.

*adv.* экспро́мтом, без подгото́вки.

**improper** *adj.* **1.** (*unsuitable*) неподходя́щий,
несоотве́тствующий; неуме́стный; behav-
iour ~ to the occasion поведе́ние, неподхо-
дя́щее к слу́чаю; an ~ question неуме́стный
вопро́с; an ~ friendship недосто́йное
знако́мство; **2.** (*incorrect*) непра́вильный; ~
fraction непра́вильная дробь; put sth. to ~ use
испо́льзовать что-н. не по назначе́нию; **3.**
(*unseemly, indecent*) неприли́чный, непри-
сто́йный.

**impropriety** *n.* неуме́стность; непра́вильность;
непристо́йность, неприли́чие.

**improvable** *adj.* поддаю́щийся улучше́нию.

**improv|e** *v.t.* **1.** (*make better*) ул|учша́ть,
-у́чшить; ~ing (*edifying*) literature поучи́-
тельная литерату́ра; he ~ed his French он
сде́лал успе́хи во францу́зском языке́; **2.**
(*turn to good account*): ~e the occasion
воспо́льзоваться (*pf.*) слу́чаем.

    *v.i.* **1.** (*become better*) ул|учша́ться,
-у́чшиться; he has ~ed in manners его́ мане́ры
улу́чшились; her looks have ~ed она́
похороше́ла; wine ~es with age вино́ улуч-
ша́ется с года́ми; it will ~e with use э́то бу́дет
улучша́ться по ме́ре по́льзования; he is ~ing
in his studies он стал лу́чше учи́ться; things
are ~ing дела́ нала́живаются; his health is
~ing он (*or* его́ здоро́вье) поправля́ется; (*of
prices: rise*) подн|има́ться, -я́ться; пов|ыша́-
ться, -ы́ситься; **2.**: ~e on (*produce sth. better
than*): I can ~e on that я могу́ предложи́ть
не́что лу́чшее; he ~ed on my ideas он разви́л
да́льше мои́ мы́сли; the design cannot be ~ed
upon моде́ль не поддаётся дальне́йшему
улучше́нию.

**improvement** *n.* улучше́ние; there has been an
~ in the weather пого́да улу́чшилась; your
writing is in need of ~ вам сле́дует испра́вить
ваш по́черк; there is room for ~ могло́ бы
быть лу́чше; this is an ~ on your first attempt
ва́ша втора́я попы́тка значи́тельно лу́чше
пе́рвой; (*rebuilding etc.*) перестро́йка; пере-
стано́вка; he is carrying out ~s on his house он
за́нят усоверше́нствованием своего́ до́ма.

**improvidence** *n.* непредусмотри́тельность;
расточи́тельность, небережли́вость.

**improvident** *adj.* (*heedless of the future*)
непредусмотри́тельный; (*wasteful*) расточи́-
тельный, небережли́вый.

**improvisation** *n.* импровиза́ция.

**improvise** *v.t. & i.* (*music, speech etc.*) импро-
визи́ровать (*impf.*); (*arrange as makeshift*) мастери́ть, с-; she ~d a bed on the floor
она́ сооруди́ла посте́ль на полу́; an ~d dinner
импровизи́рованный у́жин.

**imprudence** *n.* опроме́тчивость, неблаго-
разу́мие, неосторо́жность.

**imprudent** *adj.* опроме́тчивый, неблаго-
разу́мный, неосторо́жный.

**impudence** n. де́рзость; бессты́дство; наха́льство; на́глость.

**impudent** adj. (audacious) де́рзкий; (shameless) бессты́дный; (insolent) наха́льный, на́глый; an ~ fellow наха́л, нагле́ц.

**impugn** v.t. осп|а́ривать, -о́рить; he ~ed my honesty он подве́рг мою́ че́стность сомне́нию.

**impulse** n. (lit., phys.) толчо́к; (elec.) и́мпульс; (fig., impetus, stimulus): the war gave an ~ to trade война́ дала́ толчо́к торго́вле; he lost all ~ to work он потеря́л вся́кое влече́ние к рабо́те.

**impulsion** n. толчо́к, побужде́ние, и́мпульс.

**impulsive** adj. импульси́вный.

**impunity** n.: with ~ безнака́занно.

**impure** adj. нечи́стый, гря́зный; (indecent) непристо́йный.

**impurity** n. нечистота́, грязь; (unchastity) нечистопло́тность.

**imputable** adj. припи́сываемый.

**imputation** n. 1. (imputing, ascription) вмене́ние в вину́; обвине́ние, припи́сывание; he could not avoid the ~ of dishonesty он не мог избежа́ть подозре́ния в бесче́стности; 2. (aspersion) тень, пятно́; ~s were cast on his character на его́ репута́цию была́ бро́шена тень.

**impute** v.t. вмен|я́ть, -и́ть; припи́с|ывать, -а́ть; the faults ~d to him недоста́тки, припи́сываемые ему́.

**in** n.: he knew all the ~s and outs of the affair он знал все то́нкости де́ла.

adj. (coll., fashionable) популя́рный, мо́дный; he knows all the '~' people он зна́ет всех ну́жных люде́й.

adv. 1. (at home) до́ма; tell them I'm not ~ скажи́те, что меня́ нет до́ма; (~ one's office etc.): the boss is not ~ yet нача́льника (в кабине́те) ещё нет; he has been ~ and out all day он весь день то приходи́л, то уходи́л; 2. (arrived at station, port etc.): the train has been ~ (for) 10 minutes по́езд пришёл 10 мину́т тому́ наза́д; 3. (inside) внутри́, внутрь; he wore a coat with the fur side ~ он носи́л пальто́ ме́хом вовну́трь; 4. (harvested): the crops were ~ урожа́й был со́бран; 5. (available for purchase): strawberries are ~ начался́ сезо́н клубни́ки; 6. (~ fashion): short skirts are ~ again коро́ткие ю́бки опя́ть в мо́де; 7. (~ office): which party was ~ then? кака́я па́ртия была́ тогда́ у вла́сти? 8. (burning): is the fire still ~? ками́н ещё гори́т? 9. (batting): England was ~ all day кома́нда А́нглии отбива́ла мяч весь день; 10.: day ~, day out изо дня в день; 11. (involved): count me ~! включи́те и меня́!; he was ~ at, from the start он принима́л уча́стие с са́мого нача́ла; 12. (with preps.): we are ~ for a storm грозы́ не минова́ть; быть грозе́; he is ~ for a surprise его́ ожида́ет сюрпри́з; are you ~ for the next race? вы уча́ствуете в сле́дующем забе́ге?; ~ for a penny, ~ for a pound семь бед — оди́н отве́т; he has got it ~ for me (coll.) он про́тив меня́ что-то име́ет; you'll be ~ for it when she finds out вам доста́нется за э́то, когда́ она́ узна́ет; are you ~ on his plans? (coll.) вы в ку́рсе его́ пла́нов?; ~ with (coll., on good terms with) вхож в +a., к +d.; he is well ~ with the council у него́ в сове́те свои́ лю́ди.

prep. 1. (position) в/на +p.; (inhabited places): ~ Moscow в Москве́; he is the best worker ~ the village он пе́рвый рабо́тник на селе́; (countries and territories): ~ France во Фра́нции; ~ the Crimea в Крыму́; ~ the Ukraine на Украи́не; ~ the Western Ukraine в За́падной Украи́не; (islands and promontories): ~ the British Isles на Брита́нских острова́х; ~ Alaska на Аля́ске; (mountainous regions within Russia): ~ the Caucasus на Кавка́зе; (mountainous regions elsewhere): ~ the Alps в А́льпах; (open spaces and flat areas): ~ the street на у́лице; ~ the square на пло́щади; in the country в дере́вне; ~ the garden в саду́; ~ the field в по́ле; ~ the fields на поля́х; (buildings): ~ the theatre в теа́тре; (places of learning): ~ school в шко́ле; ~ the university в университе́те; (places of work): ~ the factory на заво́де; (activities): ~ the lesson на уро́ке; ~ a duel на дуэ́ли/поеди́нке; ~ the war на войне́; во вре́мя войны́; ~ the Civil War в гражда́нской войне́; (groups): ~ the crowd в толпе́; (points of compass): ~ the (Far) East на (Да́льнем) Восто́ке; (vehicles): let's go ~ the car пое́дем на маши́не; they were travelling ~ his car они́ е́хали в его́ маши́не; (parts of body): hold this ~ your hand держи́те э́то в руке́; she had a child ~ her arms у неё на рука́х был ребёнок; he is lame ~ one leg он хром на одну́ но́гу; (natural phenomena): ~ the sun на со́лнце; ~ the fresh air на све́жем во́здухе; ~ darkness в темноте́; ~ the rain под дождём; he went out ~ the rain он вы́шел в дождь; ~ the sky в/на не́бе; ~ a strong wind при си́льном ветре́; на си́льном ветру́; (books): ~ the Bible в Би́блии; (authors): ~ Shakespeare у Шекспи́ра; (close to): she was sitting ~ the window она́ сиде́ла у окна́; 2. (motion) в (rarely на) +a.; they arrived ~ the city они́ при́были в го́род; look ~ the mirror посмотри́те в зе́ркало; he threw the letter ~ the fire он бро́сил письмо́ в ого́нь; he whispered ~ my ear on шепта́л мне на́ ухо; 3. (time) (i) (specific centuries, years and decades): ~ the 20th century в двадца́том ве́ке; ~ 1975 в ты́сяча девятьсо́т се́мьдесят пя́том году́; ~ May в ма́е; ~ future в бу́дущем; ~ childhood в де́тстве; ~ old age на ста́рости лет; he is ~ his fifties ему́ за пятьдеся́т; ему́ шесто́й деся́ток; (ii) (ages of history, events, periods): ~ the Middle Ages в срéдние векá; ~ the Stone Age в кáменном вéке; ~ that period в тот пери́од; ~ the sixties в шестидеся́тые гóды; ~ these days в э́ти дни; ~ the days of my youth в дни моéй мóлодости; ~ our day в нáши дни; ~ my time в моё врéмя; ~ my lifetime на моём веку́; ~ peacetime в ми́рное врéмя; injured ~ the explosion рáненый во врéмя взры́ва; ~ the course of в течéние +g. (*see also vii*); 3 times ~ one day три рáза в оди́н день; (*iii*): ~ the first minute of the game на пéрвой мину́те игры́; (*iv*) (*seasons*): ~ spring веснóй; (*times of day*): ~ the morning у́тром; ~ the mornings по утрáм; ~ the afternoon днём; пóсле полу́дня; (*v*) (*with gerund*): ~ crossing the river при перехóде реки́; переходя́ рéку; (*of reigns: during*): ~ Napoleon's time при Наполеóне; (*vi*) (*at the end of*): I shall finish this book ~ 3 days' time я кóнчу э́ту кни́гу чéрез три дня; ~ less than 3 weeks рáньше чем чéрез три недéли; (*vii*) (*in the course of*): how many will come ~ one day? скóлько приду́т за день?; I haven't been there ~ the last 3 years за послéдние три гóда я нé был там; I shall write the story ~ (the space of) 3 weeks я напишу́ э́тот расскáз в три (*or* зá три) недéли; he wrote twice ~ one week он написáл двáжды за одну́ недéлю; he completed it ~ 6 weeks он закóнчил э́то в течéние шести́ недéль; **4.** (*condition, situation*): ~ his absence в егó отсу́тствие; ~ his presence в егó прису́тствии; ~ these circumstances при э́тих усло́виях; ~ custody под арéстом; cry out ~ fear вскри́кнуть (*pf.*) от стрáха; ~ place на мéсте; I am not ~ a position to я не имéю возмóжности (+*inf.*); ~ power у влáсти; ~ the wake of вслед за +*i.*; ~ the way (*lit.*) поперёк дорóги; (*fig.*): these books are ~ my way э́ти кни́ги мне мешáют; he is not ~ it (*i.e. in the running*) он не четá (*кому*); **5.** (*dress*): she was ~ white онá былá в бéлом (плáтье); he was dressed ~ . . . на нём был . . .; she dresses ~ bright colours онá одевáется в я́ркие цветá; **6.** (*form*; *mode*; *arrangement*; *quantity*): ~ pairs пáрами; ~ folds склáдками; payment ~ silver оплáта серебрóм; they died ~ (their) thousands они́ умирáли ты́сячами; ~ writing в пи́сьменном ви́де (*or* пи́сьменно); ~ a row в ряду́; (*successively*) подря́д; ~ a circle в кругу́; ~ short вкрáтце; в нéскольких словáх; ~ dozens по дю́жинам; **7.** (*manner*): ~ a whisper шёпотом; ~ a businesslike way деловы́м óбразом; по-делово́му; ~ a loud voice грóмким гóлосом; ~ detail подрóбно; ~ full пóлностью; ~ part чáстью, части́чно; ~ secret под секрéтом, по секрéту; ~ succession подря́д, послéдовательно; ~ turn по óчереди; ~ haste в спéшке, второпя́х; **8.** (*language*): ~ Russian по-ру́сски; ~ several languages на нéскольких языкáх; **9.** (*material*): a statue ~ marble стáтуя из мрáмора; **10.**

(*medium*): he paints ~ oils он пи́шет мáслом; **11.** (*cul.*): ~ butter на мáсле; **12.** (*solvent*; *diluent*): take the medicine ~ water лекáрство принимáть с водóй; **13.** (*contained* ~; *inherent* ~): there are 7 days ~ a week в недéле семь дней; there's no sense ~ complaining жáловаться бессмы́сленно; he has nothing of the hero ~ him в нём нет ничегó герóйского; he hasn't got it ~ him to succeed у негó нет задáтков к успéху; there's nothing ~ it (*coll., it is easy*) пáра пустякóв; (*coll., there is no difference*) нет никакóй рáзницы; there's nothing ~ it (*coll., no benefit*) for me мне э́то ничегó не даст; **14.** (*consisting* ~): the enemy lost a thousand ~ killed and wounded неприя́тель потеря́л ты́сячу человéк уби́тыми и рáнеными; we have lost a good friend ~ him в нём (*or* в егó лицé) мы потеря́ли хорóшего дру́га; **15.** (*ratio: out of*): only 1 ~ every 10 survived из кáждых десяти́ тóлько оди́н вы́жил; he has 1 chance ~ 5 of success егó шáнсы на успéх — оди́н к пяти́; they had to pay 10p ~ the pound им пришлóсь плати́ть дéсять пéнсов с фу́нта; **16.** (*division*): he broke the plate ~ pieces он разби́л тарéлку на куски́; **17.** ( ~ *respect of*): they differ ~ size but not ~ colour они́ различáются по размéру, а не по цвéту; he was senior ~ rank он был стáрший по чи́ну; a lecture ~ anatomy лéкция по анатóмии; an expert ~ economics специали́ст по эконóмике; strong ~ mathematics силён (*pred.*) в математи́ке; weak ~ French слаб (*pred.*) во францу́зском языкé; broad ~ the shoulders широ́к (*pred.*) в плечáх; (*dimension*): 4 feet ~ length четы́ре фу́та в длину́; (*of bodily defects*): blind ~ one eye слеп (*pred.*) на оди́н глаз; (*of physique or natural characteristics*): slight ~ build хру́пкого сложéния; poor ~ quality плохóго кáчества; he is young ~ appearance он молодóй на вид; a land rich ~ iron странá, богáтая желéзом; he was unfortunate ~ his friends ему́ не везлó с друзья́ми; he is advanced ~ years ему́ ужé немáло лет; он ужé не мóлод; what's new ~ hats? каки́е шля́пы тепéрь мóдны?; they were 7 ~ number их бы́ло сéмеро; **18.** (*according to*): ~ my opinion по моему́ мнéнию; по-мóему; ~ common decency из элементáрной поря́дочности; **19.**: ~ reply to в отвéт на +*a.*; ~ honour of в честь +*g.*; ~ memory of в пáмять +*g.*; ~ protest в знак протéста; **20.** (*engaged* ~): ~ business в дéле; ~ battle в бою́; ~ search of в пóисках +*g.*; ~ self-defence для самооборóны; в поря́дке самозащи́ты; **21.** (*with other parts of speech, forming phrasal conjs.*): ~ that тем, что; так как; ~ between мéжду +*i.*; something ~ between нéчто срéднее.

**inability** *n.* неспосóбность.

***in absentia*** *adv.* заóчно.

**inaccessibility** *n.* недосту́пность, непристу́пность.

**inaccessible** *adj.* недосту́пный, непристу́пный.

**inaccuracy** *n.* нето́чность.

**inaccurate** *adj.* нето́чный.

**inaction** *n.* (*inactive state*) безде́йствие; (*pej., doing nothing*) безде́лье, (*coll.*) ничегонеде́ланье.

**inactive** *adj.* **1.** безде́йственный, безде́йствующий; he leads an ~ life он ведёт безде́ятельный/пасси́вный о́браз жи́зни; the machines were ~ маши́ны проста́ивали; **2.** (*of chemicals etc.*) ине́ртный, неде́ятельный.

**inactivity** *n.* безде́йствие.

**inadequacy** *n.* недоста́точность, неполноце́нность; (*personal*) неспосо́бность.

**inadequate** *adj.* (*insufficient*) недоста́точный; words are ~ to express my joy слов недостаёт (*or* не хвата́ет), что́бы вы́разить мою́ ра́дость; (*less than capable of*) неспосо́бный; he was ~ to the task он отказа́лся неспосо́бным к выполне́нию э́той зада́чи.

**inadmissible** *adj.* (*unacceptable*) неприе́млемый; (*impermissible*) недопусти́мый.

**inadvertence** *n.* (*inattention*) невнима́тельность; (*oversight*) недосмо́тр; (*false step*) неосторо́жность.

**inadvertent** *adj.* неумы́шленный, неча́янный, нево́льный.

**inadvisability** *n.* нецелесообра́зность, нежела́тельность.

**inadvisable** *adj.* нецелесообра́зный, нежела́тельный.

**inalienability** *n.* неотчужда́емость, неотъе́млемость.

**inalienable** *adj.* неотчужда́емый, неотъе́млемый.

**inalterable** *adj.* неизменя́емый, неизме́нный.

**inamorata** *n.* возлю́бленная.

**inane** *adj.* бессмы́сленный, глу́пый, пусто́й, неле́пый.

**inanimate** *adj.* неодушевлённый, неживо́й; ~ nature нежива́я приро́да; an ~ noun неодушевлённое существи́тельное; (*lifeless; also fig., without animation*) безжи́зненный.

**inanition** *n.* (*med.*) истоще́ние, изнуре́ние.

**inanity** *n.* бессмы́сленность, глу́пость; пустота́, неле́пость; глу́пое замеча́ние.

**inapplicability** *n.* неприменимость.

**inapplicable** *adj.* неприменимый; (*unsuitable*) неподходя́щий.

**inapposite** *adj.* неуме́стный.

**inappreciable** *adj.* (*imperceptible*) незаме́тный; (*insignificant*) незначи́тельный.

**inappropriate** *adj.* неуме́стный, неподходя́щий; несоотве́тствующий (+*d.*).

**inappropriateness** *n.* неуме́стность, несоотве́тствие.

**inapt** *adj.* (*unskilful*) неиску́сный, неуме́лый, неспосо́бный; (*unsuitable*) неподходя́щий,
неуме́стный, несоотве́тствующий.

**inaptitude** *n.* (*lack of skill*) неуме́ние, неспосо́бность (к +*d.*).

**inarticulate** *adj.* (*of speech*) невня́тный, нечленоразде́льный; (*of pers.*) косноязы́чный; (*taciturn*) молчали́вый; (*dumb*) немо́й.

**inarticulateness** *n.* нечленоразде́льность; косноязы́чие; молчали́вость, немота́.

**inartistic** *adj.* нехудо́жественный.

**inasmuch as** так как; ввиду́ того́, что; поско́льку.

**inattent|ion, -iveness** *nn.* невнима́ние, невнима́тельность (к +*d.*).

**inattentive** *adj.* невнима́тельный.

**inaudibility** *n.* плоха́я слы́шимость; невня́тность.

**inaudible** *adj.* неслы́шный; (*indistinct*) невня́тный.

**inaugural** *n.* торже́ственная речь при вступле́нии в до́лжность.
  *adj.* вступи́тельный.

**inaugurate** *v.t.* **1.** (*instal with ceremony*) (торже́ственно) вв|оди́ть, -ести́ в до́лжность; the President was ~d президе́нт вступи́л в до́лжность; **2.** (*launch; officiate at opening of*) откр|ыва́ть, -ы́ть; (*fig.*): they ~d many reforms они́ ввели́ мно́го рефо́рм; he ~d a new policy он положи́л нача́ло но́вой поли́тике; a new era was ~d нача́лась но́вая э́ра.

**inauguration** *n.* вступле́ние в до́лжность; инаугура́ция; откры́тие; нача́ло.

**inauspicious** *adj.* (*of ill omen*) злове́щий; (*unlucky*) несчастли́вый.

**in-basket** *n.* корзи́нка для входя́щей корреспонде́нции.

**inboard** *adj.* располо́женный внутри́ су́дна.

**inborn** *adj.* врождённый, прирождённый, насле́дственный.

**inbred** *adj.* (*innate*) see INBORN; (*result of inbreeding*) рождённый от роди́телей, состоя́щих в кро́вном родстве́ ме́жду собо́й.

**inbreeding** *n.* (*of animals*) ро́дственное спа́ривание; инбри́динг; (*of people*) узкоро́дственные бра́чные отноше́ния.

**Inca** *n.* И́нка (*c.g.*).

**incalculable** *adj.* **1.** (*too great for calculation*) неисчисли́мый, бесчётный, бесчисленный, несме́тный; it has done ~ harm э́то причини́ло неисчисли́мый/огро́мный вред; **2.** (*of pers.: unreliable*) ненадёжный; (*unpredictable*) капри́зный, причу́дливый.

*in camera* *adv.*: the trial will be held ~ проце́сс бу́дет закры́тым (*or* бу́дет идти́ при закры́тых дверя́х).

**incandescence** *n.* нака́л, нака́ливание, кале́ние.

**incandescent** *adj.* накалённый, раскалённый; (*of light*) светя́щийся от нагре́ва; ~ lamp (*or* light bulb) ла́мпа нака́ливания.

**incantation** *n.* заклина́ние, закля́тие.

**incapability** *n.* неспособность.

**incapable** *adj.* **1.** (*not having a particular capacity*) неспособный; he is ~ of understanding он неспособен понять (*что*); он неспособен к пониманию; ~ of speech невладеющий речью; ~ of pleading (*leg.*) невменяемый; ~ of lying неспособный на ложь; they are an ~ lot это никчёмные люди; **2.** (*not susceptible*) не поддающийся (*чему*).

**incapacitate** *v.t.*: ~ for, from (*render incapable of or unfit for*) делать, с- неспособным/непригодным к +*d.*; his illness ~d him for work из-за болезни он стал нетрудоспособным; (*disable*): he was ~d for 3 weeks он выбыл из строя на три недели; (*mil.*) выводить, вывести из строя; the enemy's tanks were ~d танки противника были выведены из строя; (*disqualify*) лиш|ать, -ить (*кого чего*); they were ~d from voting они были лишены права голоса.

**incapacity** *n.* неспособность; (*leg.*) ограничение дееспособности.

**incarcerate** *v.t.* заточ|ать, -ить (в тюрьму).

**incarceration** *n.* заточение (в тюрьму).

**incarnate**[1] *adj.* (*in bodily form*) воплощённый; he is the Devil ~ он дьявол во плоти; (*personified*) олицетворённый; modesty ~ олицетворение скромности, сама скромность.

**incarnate**[2] *v.t.* вопло|щать, -тить; олицетвор|ять, -ить; she ~d all the virtues она воплощала в себе (*or* олицетворяла собой) все добродетели.

**incarnation** *n.* **1.** (*taking on bodily form*): the I~ воплощение (божества в Христе); (*re-birth*) инкарнация; in a future ~ в новом рождении; **2.** (*embodiment, personification*) воплощение, олицетворение.

**incautious** *adj.* неосторожный, опрометчивый.

**incendiarism** *n.* поджог.

**incendiary** *n.* **1.** (*arsonist*) поджигатель (*m.*); (*fig., firebrand*) подстрекатель (*m.*); **2.** (~ bomb) зажигательная бомба.
*adj.* зажигательный; (*fig.*) подстрекающий.

**incense**[1] *n.* ладан, фимиам (*also fig.*); they were burning ~ они кадили ладаном.
*cpd.*: ~**-burner** *n.* (*vessel*) кадильница.

**incense**[2] *v.t.* разгневать (*pf.*); прив|одить, -ести в ярость; she was ~d at, by his behaviour его поведение привело её в ярость.

**incentive** *n.* побуждение, стимул; he lacks all ~ to work у него нет никакого стимула для работы; ~ bonus поощрительная премия.

**inception** *n.* начало, начинание.

**incertitude** *n.* неуверенность.

**incessant** *adj.* непрестанный, непрерывный.

**incest** *n.* кровосмешение.

**incestuous** *adj.* кровосмесительный; (*pers.*) виновный в кровосмешении.

**inch** *n.* дюйм; he moved forward by ~es мало-помалу он двигался вперёд; the car missed me by ~es автомобиль едва меня не задавил; he was every ~ a sailor он был моряком с головы до пят; he did not yield an ~ он не уступил ни на йоту; give him an ~ and he'll take an ell дай ему палец, он всю руку отхватит; he was flogged within an ~ of his life его избили до полусмерти; (*pl., stature*): a man of your ~es человек вашего роста.
*v.i. with advs.*: he was ~ing **along** он медленно тащился; the car began to ~ **forward** машина медленно тронулась с места.

**inchoate** *adj.* зачаточный.

**inchoative** *adj.* (*gram.*) начинательный.

**incidence** *n.* **1.** (*phys., falling; contact*) падение, наклон; angle of ~ угол падения; **2.** (*range or scope of effect*) охват, сфера действия; the ~ of taxation охват налогообложением; the ~ of a disease число заболевших.

**incident** *n.* случай, событие; происшествие, инцидент; frontier ~ пограничный инцидент; without ~ без происшествий; (*in play, novel etc.*) эпизод.
*adj.* ~ to (*connected with*) связанный с +*i.*; (*characteristic of*) присущий +*d.*, свойственный +*d.*

**incidental** *adj.* **1.** (*casual*) случайный; (*passing*) попутный; (*inessential*) несущественный; (*secondary*) побочный; ~ expenses побочные расходы; ~ music музыкальное сопровождение; **2.**: ~ to (*accompanying, contingent on*) сопряжённый с +*i.*; (*resulting from*) вытекающий из +*g.*; fatigue ~ to a journey усталость, сопряжённая с путешествием.

**incidentally** *adv.* (*in passing*) попутно; (*parenthetically*) между прочим; кстати; к слову сказать.

**incinerate** *v.t.* испепел|ять, -ить; сж|игать, -ечь дотла; (*cremate*) кремировать (*impf., pf.*).

**incineration** *n.* сжигание дотла; (*cremation*) кремация.

**incinerator** *n.* мусоросжигательная печь; кремационная печь.

**incipient** *adj.* зарождающийся.

**incise** *v.t.* (*make cut in*) надр|езать, -езать; (*engrave*) вырезать, вырезать.

**incision** *n.* надрез.

**incisive** *adj.* режущий; (*fig.*): an ~ tone резкий тон; an ~ mind острый/проницательный ум.

**incisiveness** *n.* резкость; острота, пронзительность.

**incisor** *n.* (*tooth*) резец.

**incite** *v.t.* (*stir up*) возбу|ждать, -дить; (*encourage, urge, impel*) побу|ждать, -дить; подстрек|ать, -нуть; he ~d them to revolt он подстрекал их к мятежу.

**incitement** *n.* (*inciting*) подстрекательство; (*spur, stimulus*) побуждение, стимул.

**incivility** *n.* неучтивость, невежливость.

**inclemency** *n.* суровость.

**inclement** *adj.* суро́вый.

**inclination** *n.* **1.** (*bending*; *slanting*) наклоне́ние, накло́н; an ~ of the head киво́к; накло́н головы́; **2.** (*slope*) накло́н, скат, отко́с; the ~ of a roof скат кры́ши; **3.** (*tendency*) накло́нность, скло́нность; an ~ to stoutness скло́нность/предрасполо́женность к полноте́; **4.** (*desire*) охо́та, жела́ние; he has lost all ~ to work он потеря́л вся́кую охо́ту к рабо́те; I have no ~ to go out у меня́ нет никако́го жела́ния выходи́ть; he follows his own ~s он сле́дует свои́м жела́ниям; I went with him against my ~ я пошёл с ним вопреки́ со́бственному жела́нию.

**incline**¹ *n.* накло́нная пло́скость, накло́н, скат.

**incline**² *v.t.* **1.** (*cause to lean or slant*) наклон|я́ть, -и́ть; his cap was ~d at a rakish angle его́ ке́пка была́ ли́хо сдви́нута на́ ухо; ~d plane накло́нная пло́скость; (*bend forward or down*) склон|я́ть, -и́ть; **2.** (*turn, direct*) напр|авля́ть, -а́вить; he ~d his ear to their plea он благоскло́нно вы́слушал их про́сьбу; **3.** (*fig., dispose*) склон|я́ть, -и́ть; his heart ~d him to pity его́ до́брое се́рдце склоня́ло его́ к жа́лости; he is ~d to grow fat он скло́нен к полноте́; I am ~d to agree with you я скло́нен с ва́ми согласи́ться; if you feel ~d (to do so) е́сли вы располо́жены э́то сде́лать; favourably ~d to благоскло́нный к +*d*.

*v.i.* **1.** (*lean, slope*) наклон|я́ться, -и́ться; склон|я́ться -и́ться; **2.**: right ~! (*drill command*) пол-оборо́та напра́во!; **3.** (*tend*) склон|я́ться, -и́ться; he ~s to(wards) leniency он скло́нен к снисходи́тельности; I ~ to think that ... я скло́нен ду́мать, что ...

**inclose** *see* ENCLOSE.

**includ|e** *v.t.* включ|а́ть, -и́ть; (*place on a list*) вн|оси́ть, -ести́; I ~e you among my friends я включа́ю вас в число́ свои́х друзе́й; they were all there, wives ~ed все бы́ли в сбо́ре, включа́я жён; 5 members, ~ing the President пять чле́нов, включа́я президе́нта; we saw several of them, ~ing your brother мы ви́дели не́которых из них, в том числе́ (и) ва́шего бра́та; service ~ed включа́я услу́ги; your work will ~e sweeping the floor в ва́ши обя́занности бу́дет входи́ть подмета́ние поло́в; (*contain*) заключа́ть (*impf.*); содержа́ть (*impf.*) в себе́; this book ~es all his poems в э́той кни́ге со́браны все его́ стихи́.

**inclinometer** *n.* уклономе́р, угломе́р, креноме́р.

**inclusion** *n.* включе́ние.

**inclusive** *adj.* & *adv.* **1.**: ~ of (*including*) включа́я; включа́ющий в себя́; содержа́щий в себе́; **2.**: from Feb. 2nd to 20th ~ со второ́го февраля́ по двадца́тое включи́тельно; **3.**: ~ terms (*at hotel*) цена́ ко́мнаты с по́лным содержа́нием.

**incognito** *n., adj.* & *adv.* инко́гнито (*m., nt., indecl.*).

**incoherence** *n.* несвя́зность, непосле́довательность, бессвя́зность.

**incoherent** *adj.* несвя́зный, непосле́довательный; (*of speech*) бессвя́зный.

**incombustible** *adj.* негорю́чий, невоспламеня́емый, огнесто́йкий.

**income** *n.* дохо́д, прихо́д; earned ~ за́работок; unearned ~ ре́нта, нетрудовы́е дохо́ды (*m. pl.*); private ~ ча́стные дохо́ды; live on one's ~ жить на свои́ сре́дства; live within (*or* up to) one's ~ жить по сре́дствам; exceed, live beyond one's ~ жить не по сре́дствам.
*cpd.*: ~**-tax** *n.* подохо́дный нало́г.

**incoming** *n.* (*pl., income*) дохо́ды (*m. pl.*).
*adj.* входя́щий, поступа́ющий, прибыва́ющий; the ~ year наступа́ющий год; the ~ tide прили́в; the ~ president новои́збранный президе́нт; ~ mail входя́щая по́чта; ~ profit поступа́ющая при́быль; ~ tenant но́вый жиле́ц.

**incommensurability** *n.* несоизмери́мость; несоразме́рность.

**incommensurable** *adj.* несоизмери́мый; несоразме́рный.

**incommensurate** *adj.* (*out of proportion*) несоразме́рный (с +*i.*); (*inadequate*) несоотве́тствующий (+*d.*); (*disproportionate*) несоизмери́мый.

**incommode** *v.t.* (*disturb, put out*) беспоко́ить, о-; (*make difficulties for*) стесн|я́ть, -и́ть; (*hinder*) меша́ть, по- +*d.*

**incommunicable** *adj.* (*not to be shared*) непередава́емый; (*not to be told*) невырази́мый.

**incom(m)unicado** *adj.* & *adv.* лишённый пра́ва перепи́ски и сообще́ния; в изоля́ции.

**incomparable** *adj.* (*not comparable to or with*) несравни́мый (с +*i.*); (*matchless*) несравне́нный, бесподо́бный.

**incompatibility** *n.* несоотве́тствие; несовмести́мость; a divorce on grounds of ~ разво́д по причи́не несхо́дства хара́ктеров.

**incompatible** *adj.* несовмести́мый; ~ colours несочета́емые цвета́.

**incompetence** *n.* неспосо́бность, некомпете́нтность; неуме́ние.

**incompetent** *adj.* (*lacking ability*) неспосо́бный (*к чему or inf.*); (*lacking qualifications*) некомпете́нтный (*в чём*); (*inefficient, unskilful*) неуме́лый.

**incomplete** *adj.* (*not full*) непо́лный; an ~ set непо́лный компле́кт; (*defective, lacking*) несоверше́нный; (*unfinished*) незако́нченный, незаве́ршенный; the book was ~ at his death ко дню его́ сме́рти кни́га оста́лась неоко́нченной/незаверше́нной.

**incompleteness** *n.* неполнота́; несоверше́нство; незаве́ршенность; незако́нченность.

**incomprehensibility** *n.* непоня́тность, непостижи́мость.

**incomprehensible** *adj.* непоня́тный, непостижи́мый.

**incomprehension** *n.* непонима́ние.

**incompressible** *adj.* несжима́емый, несжима́ющийся, неуплотня́емый.

**incomunicado** *see* INCOM(M)UNICADO.

**inconceivable** *adj.* (*incomprehensible*) непостижи́мый; (*unimaginable*) невообрази́мый; (*coll., unbelievable, most unlikely*) немы́слимый.

**inconclusive** *adj.* (*of argument etc.*) неубеди́тельный; (*of action*) нереши́тельный; the vote was ~ голосова́ние не́ дало определённых результа́тов.

**inconclusiveness** *n.* неубеди́тельность; нереши́тельность, неопределённость.

**incongruity** *n.* несоотве́тствие; неуме́стность; неле́пость.

**incongruous** *adj.* (*out of keeping*) несоотве́тствующий, неподходя́щий, несоотве́тственный; (*out of place, inappropriate*) неуме́стный; (*absurd*) неле́пый.

**inconsequence** *n.* непосле́довательность.

**inconsequent, -ial** *adjs.* (*not following logically*) непосле́довательный; (*disconnected, disjointed*) несвя́зный; (*irrelevant, immaterial*) несуще́ственный.

**inconsiderable** *adj.* незначи́тельный; his income was ~ его́ за́работок был ничто́жным.

**inconsiderate** *adj.* невнима́тельный (к други́м), нечу́ткий; he is ~ of, to everyone он невнима́телен ко всем; он ни с кем не счита́ется; (*thoughtless, rash*) необду́манный, опроме́тчивый.

**inconsiderateness** *n.* невнима́тельность, нечу́ткость; опроме́тчивость,

**inconsistenc|y** *n.* несовмести́мость; непосле́довательность; противоречи́вость, сби́вчивость; there are ~ies in his argument его́ до́воды непосле́довательны (*or* полны́ противоре́чий).

**inconsistent** *adj.* (*incompatible, not in agreement*) несовмести́мый (*с чем*); (*inconsequent*) непосле́довательный; (*containing contradictions*) противоречи́вый, сби́вчивый.

**inconsolable** *adj.* неуте́шный, безуте́шный.

**inconspicuous** *adj.* незаме́тный; he made himself ~ он стушева́лся; он постара́лся оста́ться незаме́ченным.

**inconstancy** *n.* непостоя́нство, изме́нчивость, переме́нчивость; неве́рность.

**inconstant** *adj.* непостоя́нный, изме́нчивый, переме́нчивый; (*in love or friendship*) неве́рный.

**incontestable** *adj.* неоспори́мый.

**incontinence** *n.* невоздё́ржанность; несдё́ржанность; (*of urine/faeces*) недержа́ние мочи́/ка́ла.

**incontinent** *adj.* невоздё́ржанный (*esp. sexually*); несдё́ржанный; (*of urine/faeces*): he was ~ он страда́л недержа́нием (мочи́/ка́ла).

**incontrovertible** *adj.* неоспори́мый.

**inconvenience** *n.* неудо́бство, беспоко́йство; he was put to great ~ ему́ причини́ли большо́е неудо́бство; at great personal ~ цено́й большо́го неудо́бства для себя́.

*v.t.* причин|я́ть, -и́ть неудо́бство +*d.*; беспоко́ить, о-; стесн|я́ть, -и́ть.

**inconvenient** *adj.* неудо́бный; if it is not ~ to you е́сли э́то вам удо́бно.

**inconvertibility** *n.* (*fin.*) необрати́мость.

**inconvertible** *adj.* (*fin.*) необрати́мый, неконверти́руемый; ~ currency необрати́мая валю́та.

**incorporate**[1] *adj.* зарегистри́рованный в ка́честве юриди́ческого лица́.

**incorporate**[2] *v.t.* **1.** (*unite, combine*) объедин|я́ть, -и́ть; соедин|я́ть, -и́ть; fertilizers should be ~d with the soil удобре́ния должны́ быть переме́шаны с землёй; **2.** (*include, introduce*) включ|а́ть, -и́ть; содержа́ть (*impf.*); his suggestions were ~d in the plan его́ предложе́ния бы́ли включены́ в план; his survey ~s the latest trends in его́ обзо́ре рассма́триваются нове́йшие тече́ния; ~ in, into (*annex to*) присоедин|я́ть, -и́ть; Austria was ~d into Germany А́встрия была́ включена́ в Герма́нию (*or* присоединена́ к Герма́нии); **3.** (*form into corporation*) регистри́ровать, за-как корпора́цию.

*v.i.* соедин|я́ться, -и́ться; the firm ~d with others фи́рма слила́сь с други́ми.

**incorporation** *n.* объедине́ние, соедине́ние; включе́ние (в соста́в); инкорпора́ция, присоедине́ние; регистра́ция/оформле́ние о́бщества в ка́честве юриди́ческого лица́.

**incorporeal** *adj.* (*not material*) невеще́ственный; (*without bodily form*) бестеле́сный, бесплó́тный.

**incorrect** *adj.* (*inaccurate; displaying errors, of style etc.*) непра́вильный; (*untrue; erroneous, of statements etc.*) неве́рный; (*of behaviour or conduct*) некорре́ктный.

**incorrectness** *n.* непра́вильность; неве́рность; некорре́ктность.

**incorrigibility** *n.* неисправи́мость.

**incorrigible** *adj.* (*incurable*) неисправи́мый; (*inveterate*) закоренé́лый.

**incorruptibility** *n.* (*honesty*) неподку́пность; (*imperishability*) неподве́рженность по́рче; нетле́нность.

**incorruptible** *adj.* (*proof against bribery etc.*) неподку́пный; (*proof against decay*) непортя́щийся, нетле́нный.

**increase**[1] *n.* (*measurable*) увеличе́ние; ~ of speed увеличе́ние ско́рости; ~ in value увеличе́ние сто́имости; (*growth*) рост, возраста́ние; увеличе́ние; ~ in population рост населе́ния; unemployment is on the ~ безрабо́тица растёт/увели́чивается; (*amount of* ~) приро́ст; my shares show an ~ of 5% мои́ а́кции подняли́сь на пять проце́нтов; we had an ~ (of pay) мы получи́ли приба́вку/надба́вку.

**increase²** *v.t.* увели́чи|вать, -ть; he ~d his wealth он увели́чил своё состоя́ние; (*extend*): ~ one's influence расш|иря́ть, -и́рить своё влия́ние; (*raise*): ~ prices пов|ыша́ть, -ы́сить це́ны; (*quicken*): ~ one's pace уск|оря́ть, -о́рить шаг; (*multiply*): ~ one's efforts умн|ожа́ть, -о́жить (or удв|а́ивать, -о́ить) уси́лия; (*strengthen*): this merely ~d his determination э́то то́лько уси́лило его́ реши́мость.

*v.t.* увели́чи|ваться, -ться; (*grow*) расти́ (*impf.*); возраст|а́ть, -и́ (с+*g.*, до +*g.*); (*intensify*) уси́ли|ваться, -ться; (*expand*) расш|иря́ться, -и́риться; the speed ~d ско́рость увели́чилась; the pace of life ~s темп жи́зни ускоря́ется; (*multiply*): his efforts ~d tenfold его́ уси́лия возросли́/умно́жились в де́сять раз; (*rise*): sugar ~d in price са́хар повы́сился в цене́ (or подорожа́л).

**increasingly** *adv.* всё бо́лее; всё бо́льше и бо́льше; it becomes ~ difficult стано́вится всё трудне́е.

**incredibility** *n.* неправдоподо́бность, невероя́тность.

**incredibl|e** *adj.* (*lit., unbelievable*) неправдоподо́бный, невероя́тный, неимове́рный; (*coll., extraordinary*) невероя́тный, неслы́ханный; he was ~y stupid он был невероя́тно глуп.

**incredulity** *n.* недове́рчивость.

**incredulous** *adj.* недове́рчивый.

**increment** *n.* (*increase*) рост, приро́ст; (*profit*) при́быль; (*amount of regular increase*) приба́вка.

**incriminate** *v.t.* (*accuse*) обвин|я́ть, -и́ть; (*expose; show to be guilty*) изоблич|а́ть, -и́ть; his confession ~d his brother in the affair его́ призна́ние ука́зывало на прича́стность бра́та к де́лу; he refused to ~ himself он отказа́лся дава́ть показа́ния про́тив себя́.

**incriminatory** *adj.* инкримини́рующий.

**incrust** *see* ENCRUST.

**incrustation** *n.* (*encrusting*) инкруста́ция; (*crust, hard coating*) на́кипь.

**incubate** *v.t.* (*of a bird: hatch out*) выси́живать, вы́сидеть; выводи́ть, вы́вести; (*hatch by artificial heat*) инкуби́ровать (*impf., pf.*); (*fig.*) вына́шивать, вы́носить; выси́живать, вы́сидеть.

*v.i.* сиде́ть (*impf.*) на я́йцах.

**incubation** *n.* (*of eggs*) выси́живание, инкуба́ция; (*stage of disease*) инкуба́ция; ~ period инкубацио́нный пери́од.

**incubator** *n.* инкуба́тор.

**incubus** *n.* (*fig.*): his wife was an ~ to him жена́

была́ ему́ обу́зой.

**inculcate** *v.t.* внедр|я́ть, -и́ть; внуш|а́ть, -и́ть.

**inculcation** *n.* внедре́ние, внуше́ние.

**inculpate** *v.t.* (*expose*) изоблич|а́ть, -и́ть; (*accuse*) обвин|я́ть, -и́ть.

**inculpation** *n.* изобличе́ние, обвине́ние.

**incumbency** *n.* (*church*) бенефи́ций; (*tenure*) по́льзование бенефи́цием; пребыва́ние в до́лжности.

**incumbent** *n.* 1. (*eccl.*) прихо́дский свяще́нник; 2. занима́ющий (*какую-н.*) до́лжность.

*adj.*: ~ upon возлежа́щий на +*p.*; возло́женный на +*a.*; it is ~ upon you to warn them вы обя́заны предупреди́ть их.

**incur** *v.t.* (*bring on oneself*) навл|ека́ть, -е́чь на себя́; she ~red the blame она́ навлекла́ на себя́ обвине́ния; (*run into*) подв|ерга́ться, -е́ргнуться +*d.*; I ~red his displeasure я навлёк на себя́ его́ неудово́льствие; he ~red heavy expenses он понёс больши́е расхо́ды.

**incurable** *adj.* (*of sick person*) безнадёжный; (*fig.*): an ~ optimist неисправи́мый оптими́ст; (*of disease*) неизлечи́мый; (*of habit etc.*) неискорени́мый.

**incurious** *adj.* нелюбопы́тный.

**incursion** *n.* вторже́ние, наше́ствие, налёт, набе́г.

**indebted** *adj.* (*owing money*) в долгу́, до́лжный; he was ~ to the bank он задолжа́л ба́нку; how much am I ~ to you? ско́лько я вам до́лжен (за э́то)?; (*owing gratitude*) обя́занный; to whom am I ~ for this? кому́ я обя́зан за э́то?

**indebtedness** *n.* задо́лженность; обя́занность.

**indecency** *n.* неприли́чие, непристо́йность; an act of gross ~ непристо́йное де́йствие.

**indecent** *adj.* 1. (*unseemly*) неподоба́ющий, неблагови́дный; she left with ~ haste она́ ушла́ с неподоба́ющей поспе́шностью; 2. (*obscene*) неприли́чный, непристо́йный.

**indecipherable** *adj.* не поддаю́щийся расшифро́вке; (*of handwriting etc.*) неразбо́рчивый.

**indecision** *n.* нереши́тельность, неуве́ренность.

**indecisive** *adj.* (*irresolute, hesitant*) нереши́тельный; (*not producing a decision or result*) реша́ющий; an ~ battle бой, не име́ющий реша́ющего значе́ния; an ~ argument недоста́точно убеди́тельный аргуме́нт.

**indeclinable** *adj.* несклоня́емый.

**indecorous** *adj.* (*improper*) неприли́чный; (*unseemly*) неподоба́ющий.

**indecorum** *n.* наруше́ние прили́чий; неблагопристо́йность.

**indeed** *adv.* 1. (*really, actually*) действи́тельно; в са́мом де́ле; вот и́менно; and ~ да и; (*confirmatory, 'to be sure'*) и то́чно; if ~ е́сли то́лько/вообще́; 2. (*expr. emphasis*): yes, ~ ну коне́чно!; ну, да!; (a) как же!; very glad ~ о́чень, о́чень рад; thanks very much ~ премно́го вам благода́рен; no, ~ ну уж нет!;

как бы не так; куда́!; где там!; this is generosity ~ вот э́то ще́дрость!; why ~? действи́тельно, заче́м?; заче́м со́бственно?; "Will you come?" – "I will ~" «Вы придёте?» — «Непреме́нно/обяза́тельно»; "Did you have any trouble?" – "We did ~" «У вас бы́ли неприя́тности?» — «Ещё каки́е!»; ("Who is X?" –) "Who is he ~?!" (*sc. nobody knows*) «В са́мом де́ле, кто он тако́й?»; (*sc. you ought to know*) «Что вы спра́шиваете!»; **3.** (*expr. intensification*) к тому́ же; ма́ло/бо́лее того́; да́же; she was worried, ~ desperate она́ была́ озабо́чена, да́же в отча́янии; I saw him recently, ~ yesterday я ви́дел его́ неда́вно, не да́лее как вчера́; **4.** (*admittedly*) пра́вда; хотя́ (и); коне́чно; разуме́ется; there are ~ exceptions коне́чно, есть и исключе́ния; I may ~ be wrong допуска́ю, что я, мо́жет быть, непра́в; he is ~ rich, but . . . он, разуме́ется, бога́т, но . . .; **5.** (*acknowledging information*) пра́вда?; вот как!; **6.** (*iron.*): charity ~! ничего́ себе́ благотвори́тельность!; is it ~! в са́мом де́ле!; progress ~! то́же мне шаг вперёд!; шаг вперёд, не́чего сказа́ть!

**indefatigable** *adj.* неутоми́мый; (*unremitting*) неосла́бный.

**indefeasible** *adj.* неотъе́млемый.

**indefectible** *adj.* (*unfailing*) неизме́нный.

**indefensible** *adj.* (*mil.*) неприго́дный для оборо́ны; (*unjustified*) не име́ющий оправда́ния, непрости́тельный; an ~ statement неприе́млемое утвержде́ние.

**indefinable** *adj.* неопредели́мый.

**indefinite** *adj.* **1.** (*not clearly defined*) неопределённый; **2.** (*unlimited*) неограни́ченный; he was away for an ~ time он уе́хал на неопределённый срок; **3.** (*gram.*): ~ article неопределённый арти́кль; the past ~ (tense) проше́дшее неопределённое (вре́мя).

**indelible** *adj.* (*lit., fig.*) несмыва́емый; ~ ink несмыва́емые черни́ла; (*fig., unforgettable*) неизглади́мый.

**indelicacy** *n.* неделика́тность; беста́ктность.

**indelicate** *adj.* (*unrefined, immodest*) неделика́тный; (*tactless*) нетакти́чный, беста́ктный.

**indemnification** *n.* страхова́ние; предоставле́ние индемните́та; возмеще́ние, компенса́ция.

**indemnif|y** *v.t.* **1.** (*insure, protect*) страхова́ть, за-~; ~y s.o. against loss застрахова́ть кого́-н. на слу́чай убы́тков; **2.** (*give legal security to*) предост|авля́ть, -а́вить индемните́т +*d.*; освобо|жда́ть, -ди́ть от отве́тственности; **3.** (*compensate*) возме|ща́ть, -сти́ть (*что кому*); компенси́ровать (*impf., pf.*) (*что кому*); he was ~ied for all his expenses ему́ бы́ли возмещены́ все расхо́ды.

**indemnity** *n.* (*security against damage or loss*) гара́нтия возмеще́ния убы́тков; (*legal security*) индемните́т; (*compensation*) возмеще́-ние; (*paid to war victor*) контрибу́ция.

**indemonstrable** *adj.* недоказу́емый; не тре́бующий доказа́тельства.

**indent**[1] *n.* (*requisition or order for goods*) зая́вка, наря́д.

**indent**[2] *v.t.* **1.** (*make notches or recesses in*) зазу́бри|вать, -ть; нас|ека́ть, -е́чь; выреза́ть, вы́резать; изре́з|ывать, -ать; an ~ed coastline изви́листая берегова́я ли́ния; **2.** (*make dent in*) выда́лбливать, вы́долбить; **3.** (*draw up in duplicate*) сост|авля́ть, -а́вить (*документ*) в двух экземпля́рах; **4.** (*typ.*): ~ed (*напи́санный/напеча́танный*) с о́тступом; the first line of each paragraph is ~ed ка́ждый абза́ц начина́ется с кра́сной строки́.
*v.i.* (*make an order or requisition*): the government ~ed on our factory for its paper supplies прави́тельство сде́лало на́шей фа́брике зака́з на поста́вку бума́ги.

**indentation** *n.* (*notch, cut*) зубе́ц, вы́рез, зазу́брина; (*in coastline etc.*) изви́лина.

**indention** *n.* (*typ.*) абза́ц, о́тступ.

**indenture** *n.* контра́кт, до́гово́р ме́жду учени-ко́м и хозя́ином.
*v.t.* свя́з|ывать, -а́ть контра́ктом.

**independence** *n.* **1.** незави́симость (от +*g.*), самостоя́тельность; war of ~ война́ за незави́симость; война́ за (национа́льное) освобожде́ние; I ~ Day День незави́симости; **2.** (*independent income*) самостоя́тельный дохо́д.

**independent** *n.* (*pol.*) незави́симый.
*adj.* незави́симый, самостоя́тельный; не зави́сящий (от +*g.*); ~ proof объекти́вное доказа́тельство; an ~ witness непредубеж-дённый свиде́тель; an ~ clause (*gram.*) гла́вное предложе́ние; (*in adv. sense*): ~ of незави́симо от +*g.*; поми́мо +*g.*; is an ~ person у неё незави́симый хара́ктер; an ~ state незави́симое госуда́рство; an ~ income незави́симый/самостоя́тельный дохо́д; we are travelling ~ly (*separately*) мы путеше́ст-вуем врозь/отде́льно.

**indescribable** *adj.* неопису́емый.

**indestructibility** *n.* неразруши́мость.

**indestructible** *adj.* неразруши́мый.

**indeterminable** *adj.* (*unascertainable, indefin-able*) неопредели́мый.

**indetermin|acy, -ateness** *nn.* неопределённость, нереши́тельность.

**indeterminate** *adj.* (*not fixed; indefinite*) неопределённый; an ~ sentence неопределён-ный пригово́р; (*not settled; undecided*) нерешённый; неоконча́тельный; an ~ result неоконча́тельный результа́т; (*vague; indefin-able*) нея́сный, сму́тный.

**indeterminateness** *see* INDETERMINACY.

**index** *n.* **1.** (*indicator, pointer on instrument*) стре́лка; **2.** (*indicative figure or value*) и́ндекс; retail price ~ и́ндекс ро́зничных цен; (*fig.,* *indication*) показа́тель (*m.*); his behaviour was an ~ of his true feelings по его́ поведе́нию мо́жно бы́ло сде́лать вы́вод об его́ и́стинных чу́вствах; **3.** (*alphabetical*) указа́тель (*m.*); subject ~ предме́тный указа́тель; card ~ картоте́ка; ~ card (картоте́чная) ка́рточка; **4.** (*math.*) показа́тель (*m.*) сте́пени; **5.** (~ finger) указа́тельный па́лец.

*v.t.* **1.** (*compile* ~ *to*) снаб|жа́ть, -ди́ть указа́телем; **2.** (*insert in* ~) зан|оси́ть, -ести́ в указа́тель.

**India** *n.* Индия: ~ paper кита́йская бума́га, би́бльдрук.

*cpd.*: i~**rubber** *n.* рези́нка, ла́стик.

**Indian** *n.* **1.** (*native of India*) инди́|ец (*fem.* -а́нка); **2.** (American, Red ~) инд|е́ец (*fem.* -иа́нка), красноко́жий; **3.**: West ~ вест- -и́нд|ец (*fem.* -ка).

*adj.* **1.** (*of India*) инди́йский; ~ hemp кендьы́рь (*m.*); ~ ink тушь; ~ Ocean Инди́йский океа́н; **2.** (*American*) инде́йский; ~ club булава́; ~ corn кукуру́за, маи́с; in i~ file гусько́м; ~ summer ба́бье ле́то; **3.** West ~ вест-и́ндский.

**indicate** *v.t.* (*point out*) пока́з|ывать, -а́ть; ука́з|ывать, -а́ть (*кого/что or на кого/что*); he ~d the way он указа́л/показа́л путь; (*fig., point to*) ука́з|ывать, -а́ть; he ~d the need for secrecy он указа́л на необходи́мость соблюде́ния та́йны; (*show*) обозн|ача́ть, -а́чить; ̦the frontier is ~d in red грани́ца обозна́чена кра́сным (цве́том); (*state*) выража́ть, вы́разить; he ~d his intentions он вы́разил свои́ наме́рения; (*be a sign of*) свиде́тельствовать (*impf.*) о +*p.*; означа́ть (*impf.*); быть при́знаком +*g.*; his manner ~d willingness to assist его́ поведе́ние свиде́тельствовало о жела́нии помо́чь; rust ~s neglect ржа́вчина свиде́тельствует о плохо́м ухо́де; (*call for*) тре́бовать (*impf.*) +*g.*; an operation is ~d опера́ция необходи́ма/пока́зана; (*measure by indicator*): ~d horsepower индика́торная мо́щность.

**indication** *n.* (*pointing out*) указа́ние; (*sign*) знак, указа́тель (*m.*); ~ of a right of way указа́тель пра́ва прое́зда; all the ~s are that he has left the country всё свиде́тельствует о том, что он уе́хал из страны́; (*suggestion*; *intimation*) при́знак, намёк; he gave no ~ of his feelings он ниче́м не вы́дал свои́х чувств; (*portent*) при́знак; there are ~s of trouble ahead есть при́знаки гряду́щих неприя́тностей.

**indicative** *n.* (*gram.*) изъяви́тельное накло́не́ние.

*adj.* **1.**: ~ of (*suggesting, showing*) ука́зывающий (*на что*); свиде́тельствующий (*о чём*); a headache may be ~ of eyestrain головна́я боль иногда́ свиде́тельствует о перенапряже́нии глаз; this may be ~ of his

intentions э́то, возмо́жно, ука́зывает на его́ наме́рения; **2.** (*gram.*) изъяви́тельный.

**indicator** *n.* **1.** (*pointer of instrument*) стре́лка; указа́тель (*m.*); **2.** (*other indicating device*) индика́тор; direction ~s (*road signs*) доро́жные зна́ки (*m. pl.*); указа́тели направле́ния; traffic ~s (*on a vehicle*) указа́тели поворо́тов; ~ board (*showing train arrivals and departures*) табло́ (*indecl.*); ~ light (*e.g. on dashboard*) световой сигна́л; **3.** (*chem.*) индика́тор; litmus paper is an ~ of acid ла́кмусовая бума́га явля́ется индика́тором кислоты́; **4.** (*fig., sign, symptom*) показа́тель (*m.*), при́знак.

**indict** *v.t.* предъяв|ля́ть, -и́ть обвине́ние +*d.*; he was ~ed for theft он был обвинён в кра́же.

**indictable** *adj.*: an ~ offence преступле́ние, пресле́дуемое по обвини́тельному а́кту.

**indictment** *n.* (*charge*) обвини́тельный акт; (*action*) предъявле́ние обвине́ния; bring an ~ against s.o. предъяв|ля́ть, -и́ть обвине́ние кому́-н.; (*fig.*): these figures are an ~ of government policy э́ти ци́фры слу́жат обвини́тельным докуме́нтом про́тив поли́тики прави́тельства.

**Indies** *n. pl.*: the East ~ Ост-Индия; the West ~ Вест-Индия.

**indifference** *n.* **1.** (*absence of interest*) безразли́чие; индифференти́ность; равноду́шие; he regarded the matter with ~ он отнёсся к э́тому де́лу с равноду́шием; **2.** (*absence of feeling*) безразли́чие; равноду́шие; he showed complete ~ to their sufferings он прояви́л по́лное равноду́шие к их страда́ниям; **3.** (*neutrality*) нейтра́льность; he maintained an attitude of ~ он держа́лся нейтра́льной ли́нии; **4.** (*small importance*) малова́жность; it is a matter of ~ to me мне э́то безразли́чно; э́то для меня́ не име́ет значе́ния.

**indifferent** *adj.* (*without interest*) безразли́чный; равноду́шный; индифференти́ный; (*neutral*) unbiassed) нейтра́льный; (*mediocre*) посре́дственный.

**indigence** *n.* нищета́, нужда́.

**indigenous** *adj.* тузе́мный; ме́стный; kangaroos are ~ to Australia кенгуру́ во́дятся в Австра́лии.

**indigent** *adj.* бе́дный, ни́щий.

**indigestible** *adj.* неудобовари́мый; тру́дно перева́риваемый; (*fig.*) тру́дный, неудобовари́мый.

**indigestion** *n.* несваре́ние, диспепси́я; the meal has given me ~ э́та еда́ вы́звала у меня́ расстро́йство желу́дка; he gets ~ after eating по́сле еды́ у него́ быва́ет изжо́га; mental ~ неспосо́бность усво́ить всю информа́цию, перегру́зка информа́цией.

**indignant** *adj.* возмущённый; негоду́ющий; I was ~ at his remark его́ замеча́ние меня́ возмути́ло; he became ~ with me он вознегодова́л на меня́; an ~ protest гне́вный проте́ст.

**indignation** *n.* возмуще́ние, негодова́ние, гнев; the sight aroused his ~ э́то зре́лище вы́звало у него́ возмуще́ние; he was full of ~ against the police он был возмущён поведе́нием поли́ции; an ~ meeting (ма́ссовый) ми́тинг проте́ста.

**indignit|y** *n.* униже́ние, оскорбле́ние; he was treated with ~y его́ подве́ргли оскорби́тельному обраще́нию; we were subjected to various ~ies мы подве́рглись вся́ческим униже́ниям.

**indigo** *n.* (*dye*) инди́го (*indecl.*); ~ blue цвет инди́го; си́не-фиоле́товый цвет.

**indirect** *adj.* непрямо́й, ко́свенный; опосре́дствованный; an ~ route обхо́дный/око́льный путь; ~ lighting рассе́янный свет; ~ tax ко́свенный нало́г; an ~ reference ко́свенная ссы́лка; (*secondary*) побо́чный, втори́чный; ~ effect побо́чный/дополни́тельный эффе́кт; (*gram.*): ~ object ко́свенное дополне́ние; ~ speech ко́свенная речь.

**indiscernible** *adj.* неразличи́мый.

**indiscipline** *n.* недисциплини́рованность.

**indiscreet** *adj.* (*incautious*) неосторо́жный; неосмотри́тельный; (*foolish*; *imprudent*) неблагоразу́мный; (*tactless*) беста́ктный; an ~ question нескро́мный вопро́с.

**indiscretion** *n.* (*indiscreetness*) нескро́мность; (*indiscreet act*) неосторо́жный/неблагоразу́мный посту́пок; (*revelation of secret*) неосторо́жность в выска́зываниях; he committed an ~ он проговори́лся.

**indiscriminate** *adj.* **1.** (*undiscriminating*) неразбо́рчивый; an ~ reader нетре́бовательный/неразбо́рчивый чита́тель; to be ~ in one's friendships води́ться (*impf.*) с любы́м и ка́ждым; быть неразбо́рчивым в друзья́х; **2.** (*random*) де́йствующий без разбо́ра; he gives ~ praise он хва́лит без разбо́ра; he hit out ~ly он наноси́л уда́ры куда́ попа́ло (*or* напра́во и нале́во); **3.** (*disorderly*; *unselected*) беспоря́дочный; an ~ mass of data ку́ча беспоря́дочной информа́ции.

**indispensability** *n.* необходи́мость; незамени́мость.

**indispensable** *adj.* (*of thg.*) необходи́мый; air is ~ to life во́здух необходи́м для жи́зни; (*of pers.*) незамени́мый.

**indisposed** *adj.* (*disinclined*): I am ~ to believe you я не скло́нен вам ве́рить; (*unwell*) (немно́го) нездоро́вый; the Queen is ~ короле́ве нездоро́вится.

**indisposition** *n.* (*disinclination*) нерасположе́ние, нежела́ние; (*feeling unwell*) недомога́ние.

**indisputability** *n.* неоспори́мость.

**indisputabl|e** *adj.* неоспори́мый; his genius is ~e

он бесспо́рно гениа́льный челове́к; you are ~y correct вы бесспо́рно пра́вы.

**indissolubility** *n.* неруши́мость.

**indissoluble** *adj.* неразры́вный; неруши́мый; ~ bonds of friendship неразры́вные у́зы дру́жбы; (*chem.*) нераствори́мый.

**indistinct** *adj.* (*of things seen or heard*) нея́сный; невня́тный; his speech was ~ он говори́л невня́тно; (*vague*; *obscure*) сму́тный, расплы́вчатый; I have only an ~ memory of him я по́мню его́ о́чень сму́тно.

**indistinctness** *n.* (*of sense objects*) нея́сность, неотчётливость; (*of mental images*) расплы́вчатость, нея́сность.

**indistinguishable** *adj.* (*not recognizably different*) неразличи́мый, неотличи́мый; he is ~ from his brother его́ невозмо́жно отличи́ть от бра́та; он неотличи́м от бра́та; the two are ~ э́ти дво́е неразличи́мы; (*unrecognizable*; *imperceptible*) незаме́тный.

**indite** *v.t.* сочин|я́ть, -и́ть; (*write*) писа́ть, на-.

**individual** *n.* **1.** (*single being*) ли́чность, индиви́дуум, едини́ца, о́собь; the rights of the ~ права́ ли́чности; **2.** (*type of person*) челове́к, тип, субъе́кт; an unpleasant ~ неприя́тный тип.

*adj.* **1.** (*single, particular*) отде́льный; **2.** (*of or for one person*) ли́чный, ча́стный; the teacher gave each pupil ~ attention учи́тель уделя́л внима́ние ка́ждому ученику́; **3.** (*distinctive*) характе́рный, осо́бенный; he has an ~ style of writing у него́ оригина́льный/осо́бый/своеобра́зный стиль письма́.

**individualism** *n.* индивидуали́зм.

**individualist** *n.* индивидуали́ст.

**individualistic** *adj.* индивидуалисти́ческий.

**individuality** *n.* (*separate existence*) индивидуа́льность; (*individual character*) индивидуа́льность; ли́чность.

**individualization** *n.* индивидуализа́ция.

**individualize** *v.t.* (*give distinct character to*) индивидуализи́ровать (*impf.*, *pf.*); (*specify*) подро́бно определ|я́ть, -и́ть.

**indivisibility** *n.* недели́мость.

**indivisible** *adj.* недели́мый.

**Indochina** *n.* Индокита́й.

**indocile** *adj.* непослу́шный.

**indocility** *n.* непослуша́ние.

**indoctrinate** *v.t.* внуш|а́ть, -и́ть при́нципы +*d.*; подв|ерга́ть, -е́ргнуть идеологи́ческой обрабо́тке.

**indoctrination** *n.* идеологи́ческая обрабо́тка.

**Indo-European** *n.* индоевропе́ец.

*adj.* индоевропе́йский.

**Indo-Germanic** *adj.* индогерма́нский.

**indolence** *n.* ле́ность, вя́лость, неради́вость.

**indolent** *adj.* лени́вый, вя́лый, неради́вый.

**indomitability** *n.* неукроти́мость.

**indomitable** *adj.* неукроти́мый.

**Indonesia** *n.* Индоне́зия.

**Indonesian** *n.* (*pers.*) индонези|ец (*fem.* -йка); (*language*) индонезийский язы́к.
*adj.* индонезийский.

**indoor** *adj.* ко́мнатный; ~ aerial вну́тренняя/ко́мнатная анте́нна; ~ games ко́мнатные и́гры; ~ swimming-pool закры́тый бассе́йн; ~ work рабо́та в помеще́нии (*or* по до́му).

**indoors** *adv.* (*expr. position*) в до́ме; взаперти́; в четырёх стена́х; we stayed ~ all morning мы просиде́ли до́ма (*or* никуда́ не выходи́ли) всё у́тро; (*expr. motion*) в дом.

**indorse, -ment** *see* ENDORSE, -MENT.

**indubitable** *adj.* несомне́нный; бесспо́рный.

**induc|e** *v.t.* **1.** (*persuade, prevail on*) убеж|да́ть, -ди́ть; возде́йствовать (*impf., pf.*) на +*a.*; nothing will ~e him to change his mind ничто́ не заста́вит его́ измени́ть реше́ние; **2.** (*bring about*) вызыва́ть, вы́звать; illness ~ed by fatigue боле́знь, вы́званная переутомле́нием; sleep-~ing drugs снотво́рные сре́дства; ~ a birth стимули́ровать (*impf., pf.*) ро́ды; **3.** (*elec.*) индукти́ровать (*impf., pf.*); ~ed current индукти́рованный ток; **4.** (*log.*) выводи́ть, вы́вести путём инду́кции.

**inducement** *n.* (*motive, incentive*) сти́мул; there is no ~ for me to stay here ничто́ не уде́рживает меня́ здесь; (*lure*) прима́нка; the ~s of the capital притяга́тельная си́ла столи́чной жи́зни (*or* столи́цы).

**induct** *v.t.* (*install in post*) вв|оди́ть, -ести́; назн|ача́ть, -а́чить на до́лжность; (*initiate*) вв|оди́ть, -ести́; посвя|ща́ть, -ти́ть; (*Am., into armed forces*) приз|ыва́ть, -ва́ть на вое́нную слу́жбу.

**inductance** *n.* индукти́вность.

**induction** *n.* **1.** (*installation in post*) введе́ние в до́лжность; (*introduction, initiation*) введе́ние, вступле́ние; (*Am., into armed forces*) призы́в на вое́нную слу́жбу; **2.** (*log.*) инду́кция; **3.** (*elec.*) инду́кция; **4.** (*med., of a birth*) стимуля́ция ро́дов.

**inductive** *adj.* (*log.*) индукти́вный; (*elec.*) индукти́вный; индукцио́нный.

**indue** *see* ENDUE.

**indulge** *v.t.* (*gratify, give way to*) потво́рствовать (*impf., pf.*) +*d.*; потака́ть (*impf.*) +*d.*; she ~d all his wishes она́ потака́ла всем его́ жела́ниям; he ~d himself in nothing он себе́ во всём отка́зывал; (*spoil*) по́ртить (*impf.*); балова́ть, из-; their children have been over-~d они́ избалова́ли свои́х дете́й; (*entertain*) пита́ть (*impf.*); леле́ять (*impf.*); I still ~ the hope that . . . я всё ещё леле́ю наде́жду, что . . .
*v.i.* (*allow o.s. pleasure*) увлека́ться (*impf.*) (чем); не отказа́ть (*pf.*) себе́ в удово́льствии; he ~s in a cigar он позволя́ет себе́ вы́курить сига́ру; she rarely ~s in a new dress она́ ре́дко позволя́ет себе́ поку́пку но́вого пла́тья; (*coll., partake of drink*) выпива́ть (*impf.*).

**indulgence** *n.* **1.** (*gratification of others*) потво́р-

ство, потака́ние, побла́жка; (*of oneself*) потво́рство свои́м при́хотям; **2.** (*tolerance*) снисходи́тельность, терпи́мость; **3.** (*pleasure indulged in*) удово́льствие; smoking is his only ~ куре́ние — его́ еди́нственная сла́бость; **4.** (*eccl.*) индульге́нция.

**indulgent** *adj.* (*compliant*) потво́рствующий; (*tolerant*) снисходи́тельный, терпи́мый; ~ criticism снисходи́тельная кри́тика; ~ parents не сли́шком стро́гие роди́тели.

**Indus** *n.* Инд.

**industrial** *n.* (*one engaged in industry*) промы́шленник; (*pl., shares in joint-stock enterprise*) а́кции (*f. pl.*) промы́шленных предприя́тий.
*adj.* промы́шленный, индустриа́льный; ~ accident несча́стный слу́чай на произво́дстве; произво́дственная тра́вма; ~ area индустриа́льный райо́н; ~ crops техни́ческие культу́ры; ~ design промы́шленный диза́йн, промы́шленная эсте́тика; ~ disease профессиона́льное заболева́ние; ~ dispute трудово́й конфли́кт; ~ relations отноше́ния, возника́ющие в проце́ссе произво́дства; the I~ Revolution промы́шленный переворо́т; ~ training произво́дственное обуче́ние.

**industrialism** *n.* индустриали́зм.

**industrialist** *n.* промы́шленник; фабрика́нт.

**industrialization** *n.* индустриализа́ция.

**industrialize** *v.t.* индустриализи́ровать (*impf.*).

**industrious** *adj.* трудолюби́вый, усе́рдный.

**industr|y** *n.* **1.** (*branch of manufacture*) о́трасль; home ~ies (осно́вные) о́трасли оте́чественной промы́шленности; cottage ~ надо́мный про́мысел; куста́рная промы́шленность; a dying ~y отмира́ющая о́трасль промы́шленности; **2.** (*the world of manufacture*) инду́стрия; промы́шленность; he intends to go into ~y он хо́чет заня́ться промы́шленной де́ятельностью; **3.** (*diligence*) трудолю́бие; усе́рдие.

**indwelling** *adj.* прису́щий.

**inebriate**[1] *n.* пья́ница (*c.g.*), выпиво́ха (*coll., c.g.*), алкого́лик.
*adj.* пья́ный; опьянённый.

**inebriate**[2] *v.t.* (*usu. in p. part.*) вызыва́ть, вы́звать опьяне́ние у +*g.*; he became ~d он опьяне́л.

**inebriety** *n.* алкоголи́зм; опьяне́ние.

**inedibility** *n.* несъедо́бность.

**inedible** *adj.* несъедо́бный.

**ineffable** *adj.* неописуемый, невырази́мый.

**ineffaceable** *adj.* неизглади́мый.

**ineffective** *adj.* неде́йственный, безрезульта́тный; напра́сный, неэффекти́вный; (*of pers., inefficient*) неуме́лый, неспосо́бный.

**ineffectiveness** *n.* безрезульта́тность, неэффекти́вность; неуме́ние.

**ineffectual** *adj.* безрезульта́тный, неуда́чный; an ~ person неуда́чник.

**inefficacious** *adj.* неэффекти́вный, бесполе́зный.

**inefficacy** *n.* бесполе́зность, неэффекти́вность.

**inefficiency** *n.* неспосо́бность, неэффекти́вность, нерасторо́пность.

**inefficient** *adj.* (*of persons*) неуме́лый, неспосо́бный, нерасторо́пный; (*of organizations, measures etc.*) неэффекти́вный, неде́йственный; малопроизводи́тельный; (*of machines*) непроизводи́тельный.

**inelastic** *adj.* неэласти́чный; (*lit., fig.*) неги́бкий; жёсткий.

**inelasticity** *n.* неэласти́чность; (*lit., fig.*) неги́бкость; жёсткость.

**inelegance** *n.* неэлега́нтность.

**inelegant** *adj.* неэлега́нтный.

**ineligibility** *n.* непригóдность, нежела́тельность.

**ineligible** *adj.* (*for office*) неподходя́щий; (*for military service*) него́дный (к +*d.*).

**ineluctable** *adj.* неотврати́мый, неизбе́жный.

**inept** *adj.* (*out of place*) неуме́стный; (*clumsy*) неуме́лый; (*stupid*; *absurd*) глу́пый, неле́пый.

**ineptitude** *n.* неуме́стность, неуме́ние; глу́пая вы́ходка.

**inequalit|y** *n.* **1.** (*lack of equality*) нера́венство; несоотве́тствие; ~y of distribution неравноме́рность распределе́ния; ~ies in wealth иму́щественное нера́венство; **2.** (*difference*; *dissimilarity*) несхо́дство; **3.** (*pl., variability*) изме́нчивость; the ~ies in his work неро́вность его́ рабо́ты; **4.** (*of surface: irregularity*) неро́вность.

**inequitable** *adj.* несправедли́вый.

**inequity** *n.* несправедли́вость.

**ineradicable** *adj.* неискорени́мый.

**inert** *adj.* (*of substance*) ине́ртный; (*of the body, movements etc.*) тяжёлый, неповоро́тливый; (*fig., of pers.*) вя́лый, безде́ятельный.

**inertia** *n.* (*phys.*) ине́рция; (*inertness, sloth*) ине́ртность; (*inactivity*) ине́ртность; безде́йствие.

**inertial** *adj.* инерцио́нный.

**inertness** *see* INERTIA.

**inescapable** *adj.* неизбе́жный.

**inessential** *adj.* незначи́тельный; малова́жный; малозна́чащий; несуще́ственный.

**inestimable** *adj.* неоцени́мый.

**inevitability** *n.* неизбе́жность.

**inevitable** *adj.* неизбе́жный, немину́емый; (*coll., customary*) неизме́нный.

**inexact** *adj.* нето́чный.

**inexactitude** *n.* нето́чность.

**inexcusable** *adj.* непрости́тельный.

**inexhaustible** *adj.* (*unfailing*) неистощи́мый, неисчерпа́емый; ~ energy неистощи́мая эне́ргия; ~ patience неистощи́мое терпе́ние; an ~ supply неисчерпа́емый запа́с; (*untiring*) неутоми́мый.

**inexorability** *n.* неумоли́мость, непреклóнность.

**inexorable** *adj.* (*relentless, unyielding*) неумоли́мый, непреклóнный; безжа́лостный; ~ demands непреклóнные/безжа́лостные тре́бования; ~ logic неумоли́мая лóгика.

**inexpediency** *n.* нецелесообра́зность.

**inexpedient** *adj.* нецелесообра́зный.

**inexpensive** *adj.* недорогóй.

**inexperience** *n.* неóпытность.

**inexperienced** *adj.* неóпытный.

**inexpert** *adj.* неуме́лый.

**inexpiable** *adj.* (*of crime or offence*) неискупи́мый; (*of feelings: unappeasable*) непримири́мый.

**inexplicable** *adj.* необъясни́мый.

**inexplicit** *adj.* непоня́тный; нея́сный.

**inexpressible** *adj.* невырази́мый, неизъясни́мый, неописуемый.

**inexpressive** *adj.* невырази́тельный.

**inexpugnable** *adj.* неодоли́мый.

**inextinguishable** *adj.* (*lit., fig.*) неугаси́мый; (*fig.*) неистреби́мый; ~ hatred неугаси́мая не́нависть.

**inextricable** *adj.* запу́танный, слóжный; an ~ situation безвы́ходное положе́ние; ~ difficulties неразреши́мые тру́дности; everything was in ~ confusion всюду цари́л невероя́тный хаóс.

**infallibility** *n.* **1.** (*incapability of error*) безоши́бочность; Papal ~ непогреши́мость па́пы; **2.** (*dependability*) надёжность.

**infallible** *adj.* (*incapable of error*) безоши́бочный, непогреши́мый; (*unfailing*) надёжный; an ~ method надёжный/ве́рный спóсоб; ~ proof неопровержи́мое доказа́тельство.

**infamous** *adj.* позóрный, посты́дный.

**infamy** *n.* (*evil repute*) дурна́я сла́ва; (*moral depravity*) ни́зость; (*infamous conduct*) позóрное поведе́ние; (*shame, disgrace*) позóр.

**infancy** *n.* младе́нчество; the child died in ~ ребёнок у́мер во младе́нчестве; from his earliest ~ с ра́ннего де́тства; (*leg.*) де́тский вóзраст; (*fig.*) ра́нняя ста́дия разви́тия, младе́нчество.

**infant** *n.* младе́нец; (*leg.*) несовершенноле́тний; ~ mortality де́тская сме́ртность; ~ prodigy вундерки́нд; ~ school шкóла для малыше́й; (*fig.*): an ~ nation молода́я на́ция; ~ industry зарожда́ющаяся промы́шленность.

**infanta** *n.* инфа́нта.

**infante** *n.* инфа́нт.

**infanticide** *n.* (*pers.*) детоуби́йца (*c.g.*); (*crime*) детоуби́йство.

**infantile** *adj.* **1.** де́тский, младе́нческий; ~ paralysis де́тский парали́ч; **2.** (*childish*) инфанти́льный.

**infantilism** *n.* инфантили́зм.

**infantry** *n.* пехо́та; ~ regiment пехо́тный полк. *cpd.*: **~man** *n.* пехоти́нец.

**infatuate** v.t.: he is ~d with her она́ ему́ вскружи́ла го́лову; he was ~d with the idea иде́я его́ ослепи́ла.

**infatuation** n. (for s.o.) влюблённость, увлече́ние; (with sth.) увлече́ние.

**infect** v.t. (lit., fig.) зара|жа́ть; -зи́ть; the wound became ~ed ра́на загнои́лась.

**infection** n. (infecting) инфе́кция; (infectious disease) инфекцио́нное заболева́ние; he caught the ~ from his brother (lit., fig.) он зарази́лся от бра́та; the ~ of enthusiasm зарази́тельность энтузиа́зма.

**infectious** adj. (carrying infection, liable to infect) инфекцио́нный; (fig.) зарази́тельный; his enthusiasm was ~ его́ энтузиа́зм оказа́лся зарази́тельным.

**infelicitous** adj. неуда́чный, неуме́стный.

**infelicity** n. неуме́стность.

**infer** v.t. 1. (deduce) заключ|а́ть, -и́ть; am I to ~ that you disagree? зна́чит ли э́то, что вы несогла́сны?; he ~red the worst from her expression по выраже́нию её лица́ он предположи́л са́мое ху́дшее; 2. (imply) подразумева́ть (impf.).

**inferable** adj. выводи́мый.

**inference** n. (inferring) выведе́ние; by ~ путём выведе́ния; (conclusion) вы́вод; заключе́ние; I drew the obvious ~ я сде́лал есте́ственный вы́вод.

**inferential** adj. (inferred) вы́веденный.

**inferior** n. (in rank, social status etc.) подчинённый; (in skill, mental attributes etc.): he is her ~ in horsemanship он е́здит на ло́шади ху́же, чем она́.

adj. 1. (lower in position, rank etc.) ни́зший; he held an ~ position он занима́л (бо́лее) ни́зкое положе́ние; the rank of captain is ~ to that of major капита́н ни́же майо́ра по зва́нию; 2. (poorer in quality) ху́дший; this batch is in no way ~ to the others э́та па́ртия това́ра ничу́ть не ху́же други́х; 3. (of poor quality) плохо́й, скве́рный, низкосо́ртный, низкопро́бный; an ~ specimen плохо́й образе́ц; 4. (of less importance) неполноце́нный; he makes me feel ~ в его́ прису́тствии у меня́ появля́ется ко́мплекс неполноце́нности.

**inferiority** n. (of position) бо́лее ни́зкое положе́ние; (of rank) бо́лее ни́зкое зва́ние; (of quality) низкосо́ртность; (of ability) неполноце́нность; ~ complex ко́мплекс неполноце́нности.

**infernal** adj. 1. (of hell) а́дский; the ~ regions преиспо́дняя; 2. (devilish, abominable) а́дский, дья́вольский, инферна́льный; an ~ machine а́дская маши́на; ~ cruelty нечелове́ческая жесто́кость; 3. (coll., confounded) черто́вский; an ~ nuisance прокля́тье; he is ~ly clever он черто́вски умён.

**inferno** n. (lit., fig.) ад; the building became a blazing ~ дом преврати́лся в пыла́ющий/

о́гненный ад.

**infertile** adj. неплодоро́дный, беспло́дный, стери́льный.

**infertility** n. неплодоро́дность, беспло́дность, стери́льность.

**infest** v.t. наводня́ть (impf.); the house is ~ed with rats дом наводнён кры́сами; his clothes were ~ed with lice его́ оде́жда кише́ла вша́ми; pirates ~ed the coast прибре́жные во́ды кише́ли пира́тами.

**infestation** n. наводне́ние.

**infidel** n. & adj. неве́рный.

**infidelity** n. неве́рность, изме́на.

**in-fighting** n. (boxing) инфа́йтинг; бли́жний бой; бой с бли́жней диста́нции; (fig.) междоусо́бная дра́ка; вну́тренняя борьба́; вну́тренний конфли́кт.

**infiltrate** v.t. (pass through filter) фильтрова́ть (impf.); (permeate) инфильтри́ровать (impf.); пропи́т|ывать, -а́ть; (fig.) прон|ика́ть, -и́кнуть; the enemy ~d our lines враг прони́к к нам в тыл.

v.i. (lit., fig.) прос|а́чиваться, -очи́ться; (fig.) инфильтри́ровать (impf.).

**infiltration** n. (lit.) инфильтра́ция; (fig., mil. and pol.) проникнове́ние, инфильтра́ция.

**infinite** n. бесконе́чность; бесконе́чное простра́нство; the ~ (~ space) бесконе́чность.

adj. (boundless) бесконе́чный; the ~ goodness of God беспреде́льная благода́ть бо́жья; (countless) несме́тный; there are ~ possibilities возмо́жности неисчерпа́емы; (very great) огро́мный.

**infinitesimal** adj. бесконе́чно ма́лый; стремя́щийся к нулю́; ~ calculus исчисле́ние бесконе́чно ма́лых.

**infinitive** n. инфинити́в.

**infinitude** n. (boundlessness) бесконе́чность; (boundless extent) обши́рность; (boundless number) бесконе́чно большо́е число́.

**infinity** n. бесконе́чность.

**infirm** adj. (physically) не́мощный, дря́хлый; (of mind, judgement etc.) нетвёрдый; ~ of purpose нереши́тельный.

**infirmary** n. (hospital) лазаре́т; (sick quarters) изоля́тор.

**infirmity** n. не́мощь; дря́хлость.

**inflame** v.t. 1.: her eyes were ~d with weeping от слёз у неё воспали́лись глаза́; the wound became ~d ра́на воспали́лась/загнои́лась; 2. (arouse) возбу|жда́ть, -ди́ть; his speech ~d popular feeling его́ речь распали́ла стра́сти; ~d with passion пыла́ющий стра́стью.

**inflammable** adj. легко́ воспламеня́ющийся, горю́чий; (fig.) вспы́льчивый.

**inflammation** n. (inflaming, lit., fig.) воспламене́ние; вспы́шка; (inflamed state of organ or skin) воспале́ние.

**inflammatory** adj. (lit.) воспали́тельный; (fig.) зажига́тельный; подстрека́тельный.

**inflatable** adj. надувно́й.

**inflate** v.t. **1.** (*fill with air, gas etc.*) над|ува́ть, -у́ть; нака́ч|ивать, -а́ть; (*fig.*): ~d with pride наду́тый от ва́жности; ~d language напы́щенный язы́к; ~d importance разду́тое значе́ние; **2.** (*fin.*): ~d prices взви́нченные це́ны.

**inflation** n. (*of balloon, tyre etc.*) надува́ние; (*econ.*) инфля́ция.

**inflationary** adj. инфляцио́нный.

**inflect** v.t. (*gram.*) склоня́ть, про-; (*modulate*) модули́ровать (*impf.*).

**infle|ction, -xion** n. (*gram.*) фле́ксия, склоне́ние; (*of voice*) интона́ция.

**inflexibility** n. неги́бкость, жёсткость; (*fig.*) непрекло́нность, непоколеби́мость.

**inflexible** adj. неги́бкий, жёсткий; (*fig.*) непрекло́нный, непоколеби́мый.

**inflexion** see INFLECTION.

**inflict** v.t. нан|оси́ть, -ести́ (*удар*); причин|я́ть, -и́ть (*боль*); he ~ed a mortal blow он нанёс смерте́льный уда́р; a self-~ed wound ра́на, нанесённая самому́ себе́; the judge ~ed a severe penalty судья́ вы́нес суро́вый пригово́р; I don't wish to ~ myself upon you я не хочу́ навя́зываться вам.

**infliction** n. (*of blow, wound etc.*) причине́ние (*боли*); (*of penalty etc.*) назначе́ние (*наказания*); (*painful or troublesome experience*) страда́ние; наказа́ние.

**in-flight** adj. происходя́щий в полёте, на борту́ самолёта.

**inflow** n. (*of liquid*) втека́ние; (*of goods, money etc.*) наплы́в, прито́к.

**influence** n. (*power to affect or change*) влия́ние, возде́йствие; she is a good ~ on him она́ на него́ хорошо́ влия́ет; he is an ~ for good он хорошо́ возде́йствует на окружа́ющих; он подаёт хоро́ший приме́р; fall under s.o.'s ~ поп|ада́ть, -а́сть под чьё-н. влия́ние; under the ~ (*of drink*) под возде́йствием (алкого́ля); he has ~ with the government прави́тельство с ним счита́ется; (*power due to position or wealth*) влия́ние; авторите́т; use your ~ on my behalf не откажи́те замо́лвить за меня́ сло́во/слове́чко; a man of ~ влия́тельный челове́к.

v.t. влия́ть, по- на +a.; ока́з|ывать, -а́ть влия́ние на +a.; де́йствовать, по- (or возде́йствовать impf., pf.) на +a.; nothing will ~ me to change my mind ничто́ не изме́нит моего́ реше́ния; he was ~d by what he saw он оказа́лся под влия́нием уви́денного; don't be ~d by bad examples не поддава́йтесь возде́йствию плохи́х приме́ров.

**influential** adj. влия́тельный.

**influenza** n. инфлюэ́нца, грипп.

**influx** n. (*fig.*) наплы́в.

**infold** see ENFOLD.

**inform** v.t. **1.** (*tell; make aware*) информи́ровать

(*impf.*); сообщ|а́ть, -и́ть +d.; осв|едомля́ть, -е́домить; ста́вить, по- в изве́стность; I was not ~ed of the facts мне не сообщи́ли о фа́ктах; я не́ был осведомлён; keep me ~ed держи́те меня́ в ку́рсе дел; according to ~ed opinion согла́сно осведомлённым круга́м; he is a well ~ed man он хорошо́ осведомлён; an ~ed guess дога́дка, осно́ванная на зна́ниях; **2.** (*pervade; inspire; fill*) (во)одушев|ля́ть, -и́ть; нап|олня́ть, -о́лнить (*чувствами и т.п.*).

v.i. дон|оси́ть, -ести́; he ~ed against, on his comrades он доноси́л на свои́х това́рищей.

**informal** adj. неофициа́льный; непринуж-дённый; it will be an ~ party ≃ соберёмся за́просто; ~ dress повседне́вная оде́жда; an ~ meeting неофициа́льная встре́ча; встре́ча в непринуждённой обстано́вке.

**informality** n. непринуждённость.

**informant** n. информа́тор; осведоми́тель (*fem.* -ница); исто́чник/носи́тель (*m.*) информа́ции.

**information** n. **1.** (*something told; knowledge*) информа́ция; све́дения (*nt. pl.*); спра́вка; да́нные (*nt. pl.*); a useful piece of ~ поле́зная информа́ция; according to my ~ согла́сно мои́м све́дениям; can you give me any ~ about fares? не мо́жете ли дать мне спра́вку о сто́имости прое́зда?; he is a mine of ~ он кла́дезь зна́ний; for your ~ к ва́шему све́дению; ~ bureau спра́вочное бюро́; ~ desk спра́вочный стол; **2.** (*leg.*) жа́лоба; lay, lodge an ~ against s.o. пода́ть жа́лобу в суд на кого́-н.; донести́ на кого́-н.

**informative** adj. информацио́нный, инфор-ми́рующий; поучи́тельный; I found him most ~ он снабди́л меня́ о́чень поле́зной инфор-ма́цией; an ~ article содержа́тельная/поучи́-тельная статья́.

**informer** n. осведоми́тель (*fem.* -ница); (*against s.o.*) доно́счи|к (*fem.* -ца).

**infraction** n. наруше́ние.

**infra dig** pred. adj. (*coll.*) унизи́тельно.

**infra-red** adj. инфракра́сный.

**infrastructure** n. инфраструкту́ра.

**infrequency** n. ре́дкость.

**infrequent** adj. ре́дкий.

**infringe** v.t. & i. нар|уша́ть, -у́шить; посяга́ть (*impf.*) на +a.; ущем|ля́ть, -и́ть; this does not ~ on your rights э́то не ущемля́ет ва́ших прав.

**infringement** n. наруше́ние; посяга́тельство; ущемле́ние.

**infuriat|e** v.t. прив|оди́ть, -ести́ в я́рость/ бе́шенство; an ~ing delay приводя́щая в бе́шенство заде́ржка; he became ~ed with me он разозли́лся на меня́.

**infuse** v.t. (*pour in*) вли|ва́ть, -ть; (*steep in liquid*) зава́р|ивать, -и́ть; наста́ивать (*impf.*); (*inspire*) всел|я́ть, -и́ть; внуш|а́ть, -и́ть.

v.i. наста́иваться (*impf.*); let the tea ~ for 5 minutes пусть чай наста́ивается пять мину́т.

**infusion** n. влива́ние; (*fig.*) внуше́ние; (*of tea,*

herbs etc.) насто́ивание; (*liquid made by* ~) насто́йка.

**ingathering** *n.* (*harvest*) сбор урожа́я.

**ingenious** *adj.* изобрета́тельный; остроу́мный; an ~ solution остроу́мное/гениа́льное реше́ние; (*of a device, machine etc.*) иску́сный; замыслова́тый.

**ingénue** *n.* инженю́ (*f. indecl.*).

**ingenuity** *n.* изобрета́тельность; оригина́льность.

**ingenuous** *adj.* (*sincere*; *candid*) и́скренний, чистосерде́чный; открове́нный; (*simple*, *unsophisticated*) просто́й, простоду́шный, безыску́сный; (*naive*) простоду́шный.

**ingenuousness** *n.* и́скренность, чистосерде́чность; простоду́шие.

**ingest** *v.t.* глота́ть (*impf.*); прогл|а́тывать, -оти́ть.

**ingestion** *n.* прие́м (пи́щи).

**ingle-nook** *n.* месте́чко у ками́на.

**inglorious** *adj.* (*ignominious*) бессла́вный; (*obscure*) незаме́тный.

**ingoing** *adj.* входя́щий; the ~ tenant но́вый жиле́ц.

**ingot** *n.* сли́ток.

**ingrained** *adj.* **1.** прони́кший; въе́вшийся; ~ dirt въе́вшаяся грязь; **2.** (*fig.*) закорене́лый, врождённый; ~ prejudice укорени́вшийся предрассу́док.

**ingrate** *n.* (*liter.*) неблагода́рный челове́к.

**ingratiat|e** *v.t.*: he ~ed himself with the new manager он вошёл в дове́рие к но́вому нача́льнику; an ~ing smile заи́скивающая улы́бка.

**ingratitude** *n.* неблагода́рность.

**ingredient** *n.* составна́я часть, ингредие́нт, компоне́нт; the ~s of a cake ингредие́нты пирога́; hard work is an important ~ of success упо́рный труд — одно́ из основны́х усло́вий успе́ха.

**ingress** *n.* (*entry*) до́ступ; вхожде́ние; (*right of entry*) пра́во вхо́да.

**ingrowing** *adj.* враста́ющий; ~ toe-nail враста́ющий но́готь ноги́.

**inguinal** *adj.* пахово́й.

**ingurgitate** *v.t.* жа́дно глота́ть (*impf.*); погло|ща́ть, -ти́ть.

**ingurgitation** *n.* загла́тывание; поглоще́ние.

**inhabit** *v.t.* жить (*impf.*) в +*p.*; обита́ть (*impf.*) в +*p.*; населя́ть (*impf.*); his family ~ed a large estate его́ семья́ жила́ в большо́м поме́стье; is the island ~ed? э́тот о́стров обита́ем?; the house was ~ed by foreigners дом был населён иностра́нцами; many birds ~ the forest в лесу́ во́дится мно́го птиц.

**inhabitable** *adj.* приго́дный для жилья́; жило́й.

**inhabitant** *n.* жи́тель (*fem.* -ница); жиле́ц.

**inhalant** *n.* ингаля́тор.

**inhalation** *n.* ингаля́ция.

**inhale** *v.t.* вд|ыха́ть, -охну́ть.

*v.i.* затя́гиваться (*сигаре́той и т.п.*); it is dangerous to ~ затя́гиваться вре́дно.

**inhaler** *n.* (*device*) ингаля́тор.

**inharmonious** *adj.* (*of sounds*) негармони́чный; (*fig.*) негармони́рующий.

**inhere** *v.i.* быть прису́щим/сво́йственным; быть неотъе́млемым, принадлежа́ть (+*d.*).

**inherent** *adj.* сво́йственный, прису́щий; (*inalienable*) неотъе́млемый.

**inherit** *v.t. & i.* насле́довать (*impf., pf.*; *pf. also* у-); полу|ча́ть, -и́ть насле́дство.

**inheritable** *adj.* насле́дуемый.

**inheritance** *n.* (*inheriting*) насле́дование; (*sth. inherited*) насле́дство; (*fig.*): an ~ of misery го́рькое насле́дие.

**inheritor** *n.* насле́дни|к (*fem.* -ца).

**inhibit** *v.t.* (*forbid*) запре|ща́ть, -ти́ть; (*hinder, restrain*) сде́рж|ивать, -а́ть; подав|ля́ть, -и́ть; ско́в|ывать, -а́ть; fear ~s his actions страх ско́вывает его́ де́йствия; an ~ed person ско́ванный челове́к.

**inhibition** *n.* (*inhibiting*) запреще́ние, запре́т; (*restraint*) сде́рживание/подавле́ние (чувств); (*psych.*) торможе́ние.

**inhospitable** *adj.* негостеприи́мный, непривет́ливый; an ~ coast суро́вый бе́рег.

**inhospitality** *n.* негостеприи́мность, непривет́ливость.

**inhuman** *adj.* бесчелове́чный.

**inhumane** *adj.* негума́нный.

**inhumanity** *n.* бесчелове́чность.

**inhume** *v.t.* погре|ба́ть, -сти́; пред|ава́ть, -а́ть земле́.

**inimical** *adj.* (*hostile*; *conflicting*) вражде́бный; недружелю́бный; (*harmful*) вре́дный, неблагоприя́тный; factors ~ to success обстоя́тельства, неблагоприя́тствующие успе́ху; ~ to one's health вре́дный для здоро́вья.

**inimitable** *adj.* неподража́емый; несравне́нный.

**iniquitous** *adj.* чудо́вищный; несправедли́вый.

**iniquity** *n.* несправедли́вость; зло.

**initial** *n.*: what are your ~s? ва́ши инициа́лы?; (*pl., as signature*) пара́ф.

*adj.* нача́льный; in the ~ stage в первонача́льной ста́дии; ~ cost первонача́льная сто́имость; ~ velocity нача́льная ско́рость; ~ letter нача́льная бу́ква.

*v.t.*: ~ a document ста́вить, по- инициа́лы под докуме́нтом; парафи́ровать (*impf., pf.*) докуме́нт.

**initiate**[1] *n.* посвящённый.

**initiate**[2] *v.t.* **1.** (*set in motion*) нач|ина́ть, -а́ть; **2.** (*introduce*) вв|оди́ть, -ести́; посвяти́ть (*pf.*); they ~d him into society они́ ввели́ его́ в о́бщество; he was ~d into the mysteries of science его́ посвяти́ли в та́йны нау́ки.

**initiation** *n.* (*beginning*) основа́ние, установле́ние, учрежде́ние; (*admission*; *introduction*) введе́ние (в о́бщество); ~ ceremonies обря́ды посвяще́ния.

**initiative** *n.* **1.** (*lead*) инициати́ва, почи́н; he took the ~ он взял на себя́ инициати́ву; he acted on his own ~ он де́йствовал по со́бственной инициати́ве; you have the ~ инициати́ва в ва́ших рука́х; **2.** (*enterprise*) инициати́ва, инициати́вность, предприи́мчивость; he showed considerable ~ он прояви́л недю́жинную предприи́мчивость; a man of ~ инициати́вный челове́к.

**initiator** *n.* инициа́тор.

**inject** *v.t.* вв|оди́ть, -ести́; впры́с|кивать, -нуть; the drug was ~ed into the blood-stream лека́рство ввели́ в ве́ну; the nurse ~ed his arm with morphia сестра́ сде́лала ему́ уко́л мо́рфия в ру́ку; he learned to ~ himself with insulin он научи́лся де́лать себе́ уко́лы инсули́на; (*fig.*): he will ~ new life into the government он вдохнёт но́вую жизнь в де́ятельность прави́тельства; he ~ed a remark into the conversation он вста́вил замеча́ние в разгово́р.

**injection** *n.* впры́скивание; инъе́кция; have you had an ~ for cholera? вы привива́лись про́тив холе́ры?

**injudicious** *adj.* неблагоразу́мный; неразу́мный.

**injudiciousness** *n.* неблагоразу́мие.

**injunction** *n.* (*command*) прика́з, предписа́ние; (*leg.*) суде́бный запре́т.

**injure** *v.t.* (*physically*) ушиб|а́ть, -и́ть; повре|жда́ть, -ди́ть; ра́нить, по-; he was ~d in a fall он уши́бся при паде́нии; he fell and ~d himself он упа́л и уши́бся; washing may ~ this fabric э́тот материа́л мо́жет пострада́ть при сти́рке; crops ~d by storms поби́тые непого́дой хлеба́; (*fig.*) вреди́ть, по- +*d.*; this may ~ his prospects э́то мо́жет повреди́ть его́ бу́дущему; he will ~ his own reputation он сам испо́ртит себе́ репута́цию; (*offend*) ра́нить, по-; об|ижа́ть, -и́деть; оскорб|ля́ть, -и́ть; you have ~d his feelings вы ра́нили/оскорби́ли его́ чу́вства.

**injured** *adj.* (*suffering injury*) ра́неный; an ~ soldier ра́неный солда́т; the ~ party пострада́вшая сторона́; (*as n.*): the dead and ~ уби́тые и ра́неные; (*showing sense of wrong*) оби́женный, оскорблённый; in an ~ voice оби́женным то́ном; ~ innocence оскорблённая неви́нность.

**injurious** *adj.* вре́дный, губи́тельный; ~ to health вре́дный для здоро́вья; remarks ~ to his reputation замеча́ния, подрыва́ющие его́ репута́цию.

**injur|y** *n.* (*to the body*) ра́на, ране́ние, уши́б, тра́вма; a war ~y боево́е ране́ние; his ~ies were superficial его́ ра́ны бы́ли несерьёзные; he sustained multiple ~ies он получи́л мно́жество ране́ний; he threatened to do me

an ~y он грози́лся меня́ поби́ть; (*to property etc.*) уще́рб; the building suffered ~y by fire зда́ние пострада́ло от пожа́ра; (*wrongful treatment*) оскорбле́ние; that is adding insult to ~y э́то равноси́льно но́вому оскорбле́нию; (*fig., damage*) вред, уще́рб; this will do great ~y to our cause э́то нанесёт большо́й вред на́шему де́лу.

**injustice** *n.* несправедли́вость; you do him an ~ вы к нему́ несправедли́вы; you are doing yourself an ~ вы де́лаете себе́ во вред.

**ink** *n.* черни́л|а (*pl., g.* —); the words were underlined in red ~ слова́ бы́ли подчёркнуты кра́сными черни́лами; the sky was as black as ~ не́бо бы́ло чёрное как смоль; printer's ~ типогра́фская кра́ска; the ~ came off on my hands я изма́зался черни́лами; an ~ drawing рису́нок ту́шью.

*v.t.*: ~ one's fingers па́чкать, за- па́льцы черни́лами.

*with advs.*: ~ **in** a drawing покр|ыва́ть, -ы́ть рису́нок ту́шью; ~ **over** pencil lines обв|оди́ть, -ести́ каранда́шные ли́нии черни́лами.

*cpds.*: ~**-blot** *n.* черни́льная кля́кса; ~**-bottle** *n.* пузырёк для черни́л; ~**-pad** *n.* штемпельная поду́шечка; ~**-pot** черни́льница; ~**-slinger** *n.* (*coll.*) писа́ка (*m.*); борзопи́сец; ~**-stand** *n.* черни́льный прибо́р; ~**-well** *n.* черни́льница (*в па́рте, столе́*).

**inkling** *n.* намёк; сла́бое подозре́ние; I had not the least ~ of their intentions я не име́л ни мале́йшего представле́ния об их наме́рениях.

**inky** *adj.* (*stained with ink*) запа́чканный черни́лами; (*black*) чёрный как смоль.

**inland** *adj.* располо́женный внутри́ страны́; an ~ sea вну́треннее мо́ре; ~ trade вну́тренняя торго́вля; the I~ Revenue управле́ние нало́говых сбо́ров.

*adv.* (*motion*) вглубь/внутрь страны́; (*place*) внутри́ страны́; they travelled ~ они́ е́хали вглубь страны́; storms are more frequent ~ бу́ри быва́ют ча́ще в райо́нах, удалённых от мо́ря.

**in-law** *n.* сво́йственник, родня́ со стороны́ му́жа/жены́; ~s свояки́ (*m. pl.*).

**inla|y** *n.* инкруста́ция; моза́ика; (*dentistry*) пло́мба.

*v.t.* покр|ыва́ть, -ы́ть моза́икой; инкрусти́ровать (*impf., pf.*); an ~id floor пол, покры́тый моза́икой; парке́тный пол.

**inlet** *n.* **1.** (*small arm of water*) у́зкий зали́в; **2.** (*insertion in garment*) вста́вка; **3.**: ~ valve впускно́й кла́пан.

**inmate** *n.* (*of house*) жиле́ц; (*of hospital, mental home etc.*) обита́тель (*m.*); больно́й, пацие́нт; (*of prison*) заключённый.

*in medias res adv.* с ме́ста в карье́р.

*in memoriam prep.* в па́мять +*g.*; па́мяти +*g.*

**inmost, innermost** *adjs.* глубоча́йший; (*fig.*) сокрове́ннейший.

**inn** *n.* гости́ница, тракти́р; постоя́лый двор. *cpds.*: ~ **keeper** *n.* хозя́ин гости́ницы; ~-**sign** *n.* вы́веска придоро́жного тракти́ра.

**innards** *n.* (*coll.*) вну́тренности (*f. pl.*).

**innate** *adj.* врождённый, приро́дный.

**inner** *adj.* (*nearer to centre*) вну́тренний; an ~ room вну́тренняя ко́мната; ~ tube ка́мера ши́ны; (*intimate*) инти́мный, сокрове́нный; my ~ convictions мои́ вну́тренние убежде́ния; the ~ man (*joc., stomach*) желу́док.

**innermost** *see* INMOST.

**innings** *n.* о́чередь уда́ра (*крикет*); (*fig.*): the Socialists had a long ~ социали́сты до́лго держа́лись у вла́сти; he had a good ~ он про́жил до́лгую и счастли́вую жизнь.

**innocence** *n.* **1.** (*guiltlessness*) невино́вность; his ~ was established его́ невино́вность была́ дока́зана; **2.** (*freedom from sin*) неви́нность; (*chastity*) целому́дрие; **3.**: I thought in my ~ that he would repay me я по наи́вности наде́ялся, что он вернёт мне долг.

**innocent** *n.* неви́нный младе́нец; slaughter of the ~s (*bibl.*) избие́ние младе́нцев.
     *adj.* **1.** (*leg.*) невино́вный; **2.** (*harmless*) неви́нный, безоби́дный; an ~ amusement неви́нное развлече́ние; **3.** (*without sin*) неви́нный, безгре́шный; ~ as a babe неви́нный как дитя́; **4.** (*naive, simple*) наи́вный, простоду́шный.

**innocuous** *adj.* безвре́дный, безоби́дный.

**innovate** *v.i.* вв|оди́ть, -ести́ нововведе́ния; произв|оди́ть, -ести́ измене́ния/переме́ны; вв|оди́ть, -ести́ но́вшество.

**innovation** *n.* нововведе́ние, но́вшество, нова́торство.

**innovator** *n.* нова́тор.

**innuendo** *n.* ко́свенный намёк; недомо́лвка; инсинуа́ция; he spoke in ~es он говори́л намёками.

**innumerable** *adj.* бесчи́сленный, неисчисли́мый, бессчётный.

**innumerate** *adj.* не разбира́ющийся в матема́тике.

**inoculate** *v.t.* де́лать, с- приви́вку; приви|ва́ть, -и́ть; he was ~d against smallpox ему́ приви́ли о́спу.

**inoculation** *n.* приви́вка; I have to have an ~ for typhoid мне ну́жно сде́лать приви́вку от ти́фа.

**inodorous** *adj.* непа́хнущий, не име́ющий за́паха.

**inoffensive** *adj.* (*giving no offence*) необи́дный, неоскорби́тельный; (*harmless*) безоби́дный.

**inoffensiveness** *n.* безоби́дность.

**inoperable** *adj.* (*untreatable by surgery*) неопера́бельный; (*unworkable*) неприме́ни́мый; the plan proved to be ~ план оказа́лся

невыполни́мым.

**inoperative** *adj.* неэффекти́вный, недействи́тельный.

**inopportune** *adj.* неуме́стный, несвоевре́менный.

**inordinate** *adj.* (*immoderate*; *uncontrolled*) беспоря́дочный; (*excessive*) чрезме́рный; неуме́ренный.

**inorganic** *adj.* неоргани́ческий.

**in-patient** *n.* стациона́рный/ко́ечный больно́й; ~ treatment стациона́рное лече́ние.

**input** *n.* (*to computer*) ввод, пода́ча (информа́ции).

**inquest** *n.* (*official enquiry*) сле́дствие, дозна́ние; (*coroner's* ~) перви́чное рассле́дование причи́н и обстоя́тельств сме́рти; сле́дствие, проводи́мое ко́ронером и его́ жюри́; (*investigation*) рассле́дование, разбира́тельство.

**inquir|e** (*see also* ENQUIRE) *v.t.* спр|а́шивать, -оси́ть; узн|ава́ть, -а́ть; may I ~e your name? могу́ я узна́ть, как вас зову́т?; I ~ed of a passer-by how to find your house я спроси́л прохо́жего, как найти́ ваш дом.
     *v.i.* спр|авля́ться, -а́виться; нав|оди́ть, -ести́ спра́вку; we ~ed about the train service мы спра́вились относи́тельно расписа́ния поездо́в; she ~ed after your health она́ справля́лась о ва́шем здоро́вье; has he ~ed for me? он меня́ спра́шивал?; we must ~e into the matter мы должны́ рассле́довать э́то де́ло; an ~ing mind пытли́вый ум.

**inquirer** *n.* де́лающий запро́с.

**inquir|y** (*see also* ENQUIRY) *n.* **1.** (*question*) наведе́ние спра́вок; I made ~ies я навёл спра́вки; on ~y в отве́т на вопро́с; **2.** (*investigation*) рассле́дование; сле́дствие; court of ~y сле́дственная коми́ссия; the police are making ~ies поли́ция рассле́дует де́ло; there will be a full ~y назна́чено по́лное рассле́дование э́того де́ла.

**inquisition** *n.* иссле́дование, изыска́ние; he was subjected to an ~ он был под сле́дствием; (*hist.*) инквизи́ция.

**inquisitive** *adj.* любозна́тельный, любопы́тный, пытли́вый.

**inquisitiveness** *n.* любозна́тельность, любопы́тство, пытли́вость.

**inquisitor** *n.* (*hist.*) инквизи́тор.

**inquisitorial** *adj.* иссле́довательский; сле́дственный; инквизи́торский.

**inroad** *n.* (*raid*) набе́г; (*encroachment*) посяга́тельство; the holiday will make a large ~ on my savings кани́кулы поглотя́т бо́льшую часть мои́х сбереже́ний.

**inrush** *n.* (*of water etc.*) внеза́пный прито́к; (*of people*) внеза́пное вторже́ние.

**insalubrious** *adj.* нездоро́вый.

**insane** *adj.* **1.** (*mad*) безу́мный, сумасше́дший; невменя́емый; he went ~ он лиши́лся рассу́дка; он сошёл с ума́; he was certified ~ врачи́ призна́ли его́ психи́чески больны́м; (*as n.*): the ~ душевнобольны́е; home for the ~ сумасше́дший дом; психиатри́ческая на невменя́емость; **2.** (*folly*) безу́мие; it would be ~ to proceed бы́ло бы безу́мием продолжа́ть.

**insanitary** *adj.* антисанита́рный, негигиени́чный.

**insanity** *n.* **1.** (*madness*) душе́вная/психи́ческая боле́знь; безу́мие; невменя́емость; the defendant pleaded ~ обвиня́емый сосла́лся на невменя́емость; **2.** (*folly*) безу́мие; it would be ~ to proceed бы́ло бы безу́мием продолжа́ть.

**insatiability** *n.* ненасы́тность.

**insatia|ble, -te** *adjs.* ненасы́тный; his appetite is ~ у него́ ненасы́тный аппети́т; ~ of power жа́ждущий вла́сти.

**inscribe** *v.t.* **1.** (*engrave*) выреза́ть, вы́резать; начерта́ть (*pf.*); the stone was ~d with their names их имена́ бы́ли вы́сечены на ка́мне; a verse is ~d on his tomb на его́ надгро́бном ка́мне вы́сечена стихотво́рная эпита́фия; **2.** (*write*; *sign*) надпи́с|ывать, -а́ть; please ~ your name in the book пожа́луйста, распиши́тесь в кни́ге; **3.** (*dedicate*) посвя|ща́ть, -ти́ть; the poems were ~d to his wife стихотворе́ния бы́ли посвящены́ его́ жене́; **4.** (*geom.*) впи́с|ывать, -а́ть; **5.** (*comm.*): ~d stock зарегистри́рованные це́нные бума́ги.

**inscription** *n.* на́дпись.

**inscrutability** *n.* зага́дочность, непроница́емость; непостижи́мость.

**inscrutable** *adj.* зага́дочный, непроница́емый; (*incomprehensible*) непостижи́мый.

**insect** *n.* насеко́мое; ~ bite уку́с насеко́мого; ~ powder порошо́к от насеко́мых.

**insecticide** *n.* инсектици́д.

**insectivorous** *adj.* насекомоя́дный.

**insecure** *adj.* **1.** (*unsafe*; *unreliable*) ненадёжный, небезопа́сный; the ladder was ~ ле́стница была́ неусто́йчива; the window was ~ly fastened окно́ бы́ло непло́тно закры́то; his position in the firm is ~ у него́ ша́ткое положе́ние в фи́рме; **2.** (*lacking confidence*) неуве́ренный (в себе́); I feel ~ of the future я не уве́рен в бу́дущем.

**insecurity** *n.* ненадёжность, небезопа́сность; неуве́ренность.

**inseminate** *v.t.* оплодотвор|я́ть, -и́ть.

**insemination** *n.* оплодотворе́ние; artificial ~ иску́сственное оплодотворе́ние.

**insensate** *adj.* (*without sensibility*) бесчу́вственный, безду́шный; (*senseless*; *mad*) неразу́мный.

**insensibility** *n.* нечувстви́тельность; (*unconsciousness*) о́бморочное состоя́ние; (*lack of appreciation*; *indifference*) безчу́вственность, безразли́чие, равноду́шие.

**insensible** *adj.* (*without physical sensation*) нечувстви́тельный; his hands were ~ with cold от хо́лода его́ ру́ки потеря́ли чувстви́тельность; (*unconscious*) потеря́вший созна́ние; (*unaware*) не сознаю́щий; he was ~ of his danger он не сознава́л опа́сности; (*without emotion*; *unsympathetic*) бесчу́вственный; (*imperceptible*) незаме́тный.

**insensitive** *adj.* нечувстви́тельный; невоспри́имчивый, равноду́шный; ~ to light нечувстви́тельный к све́ту; ~ to beauty равноду́шный к красоте́.

**insensitivity** *n.* нечувстви́тельность; (*indifference*) невоспри́имчивость, равноду́шие.

**insentient** *adj.* неодушевлённый, неживо́й.

**inseparable** *adj.* неразде́льный, неразры́вный; ~ companions неразлу́чные прия́тели; he was ~ from his books его́ невозмо́жно бы́ло оторва́ть от книг; an ~ quality неотъе́млемое ка́чество.

**insert**[1] *n.* вста́вка; (*in book, newspaper etc.*) вкла́дыш, вкла́дка.

**insert**[2] *v.t.* вст|авля́ть, -а́вить; поме|ща́ть, -сти́ть; he ~ed the key in the lock он вста́вил ключ в замо́к; have you ~ed a coin? вы опусти́ли моне́ту? I ~ed an advertisement in the paper я помести́л объявле́ние в газе́те.

**insertion** *n.* (*inserting*) вставле́ние, введе́ние; (*sth. inserted*) вста́вка.

**inset**[1] *n.* (*in book*) вкла́дка, вкле́йка; (*small map*) ка́рта-вре́зка; (*in dress*) вста́вка.

**inset**[2] *v.t.* (*insert*) вст|авля́ть, -а́вить; вкла́дывать, вложи́ть; (*indent*) печа́тать, на- с о́тступом (three spaces: в три зна́ка).

**inshore** *adj.* прибре́жный.

    *adv.* (*position*) у бе́рега; (*motion*) к бе́регу, на взмо́рье; the wind was blowing ~ ве́тер дул по направле́нию к бе́регу.

**inside** *n.* **1.** (*interior*) вну́треннее простра́нство; вну́тренняя часть; have you seen the ~ of the house? вы бы́ли внутри́ до́ма?; the door was bolted on the ~ дверь была́ заперта́ изнутри́; ~ out наизна́нку; the thieves turned everything ~ out во́ры всё переверну́ли вверх дном; he knows the subject ~ out он зна́ет предме́т назубо́к; **2.** (*of a garment*) изна́нка; **3.** (*of road*): it is forbidden to pass on the ~ обго́н спра́ва запрещён; **4.** (*of circular objects*: *part nearest centre*) вну́тренняя пове́рхность; the ~ of the bearing was worn вну́тренняя пове́рхность подши́пника сноси́лась; **5.** (*stomach*; *intestines*) вну́тренности (*f. pl.*); he complained of a pain in his ~ он жа́ловался на боль в желу́дке.

    *adj.* вну́тренний; ~ passenger пассажи́р, сидя́щий внутри́ авто́буса; ~ pocket вну́тренний карма́н; ~ left/right (*football*) ле́вый/пра́вый полусре́дний; he received ~ information он получи́л секре́тную информáцию; it was an ~ job (*coll.*) э́то сде́лал кто́-то из свои́х.

*adv.* **1.** (*in or on the inner surface*) внутрь; she wore her coat with the fur ~ она́ носи́ла шу́бу ме́хом внутрь; **2.** (*in the interior*) внутри́; I opened the box and there was nothing ~ я откры́л коро́бку — в ней ничего́ не оказа́лось; **3.** (*indoors*) внутри́, в помеще́нии, до́ма; stay ~ till the rain stops остава́йтесь до́ма, пока́ дождь не прекрати́тся; come ~ out of the rain! заходи́те внутрь, не сто́йте под дождём!; **4.** (*in prison*): he did 6 weeks ~ (*coll.*) он просиде́л 6 неде́ль (за решёткой); **5.** (*of a vehicle*) внутрь; get ~! сади́тесь в маши́ну!

*prep.* **1.** (*of place*) внутрь +*g.*; в +*p.*; she was just ~ the door она́ стоя́ла пря́мо в дверя́х; dogs are not allowed ~ the shop с соба́ками вход в магази́н запрещён; have you seen ~ the house? вы ви́дели дом изнутри́?; **2.** (*of time*) в преде́лах +*g.*; the job can't be done ~ (of) a month э́ту рабо́ту невозмо́жно сде́лать/зако́нчить в тече́ние ме́сяца; I shall be back ~ (of) a week я верну́сь не поздне́е, чем че́рез неде́лю.

**insider** *n.* свой/непосторо́нний челове́к.

**insidious** *adj.* (*treacherous; crafty*) преда́тельский, кова́рный; (*making stealthy progress*) подстерега́ющий, кова́рный; an ~ disease кова́рная боле́знь.

**insidiousness** *n.* преда́тельство, кова́рство.

**insight** *n.* проница́тельность; понима́ние; he shows great ~ into human character он прекра́сно понима́ет люде́й; gain an ~ into sth. пости|гнуть, -чь что-н.; a man of ~ проница́тельный челове́к; she had a sudden ~ into the consequences она́ вдруг предста́вила себе́ все после́дствия.

**insignia** *n.* (*decorations*) зна́ки (*m. pl.*) отли́чия, ордена́ (*m. pl.*); (*badges of rank etc.*) зна́ки (*m. pl.*) разли́чия, эмбле́мы (*f. pl.*) вла́сти.

**insignificance** *n.* малова́жность, ничто́жность.

**insignificant** *adj.* малова́жный, ничто́жный.

**insincere** *adj.* неи́скренний.

**insincerity** *n.* неи́скренность.

**insinuat|e** *v.t.* **1.** (*introduce*): he ~ed himself into their company он втёрся/прони́к в их о́бщество; **2.** (*hint*) намек|а́ть, -ну́ть на +*a.*; (и́сподволь) внуш|а́ть, -и́ть; нашёпт|ывать, -а́ть; говори́ть (*impf.*) намёками; what are you ~ing? на что вы намека́ете?

**insinuation** *n.* (*hint*) намёк; инсинуа́ция; нашёптывание; there was an ~ of foul play ко́е-кто намека́л на возмо́жность нече́стной игры́.

**insipid** *adj.* безвку́сный, пре́сный; (*fig.*) неинтере́сный; вя́лый.

**insipidity** *n.* отсу́тствие вку́са; пре́сность; (*fig.*) ску́ка; вя́лость.

**insist** *v.t. & i.* наст|а́ивать, -оя́ть на +*p.*; тре́бовать, по- +*g.*; упо́рствовать (*impf.*); he ~ed on his rights он наста́ивал на свои́х права́х; he ~ed on his innocence он наста́ивал на свое́й невино́вности; he ~ed on my accompanying him он настоя́л на том, что́бы я его́ сопровожда́л; very well, if you ~! ну ла́дно, ко́ли вы наста́иваете!

**insistence** *n.* (*quality*) насто́йчивость, упо́рство; (*act*) настоя́ние, насто́йчивое тре́бование.

**insistent** *adj.* (*repeatedly urged*) насто́йчивый, упо́рный; ~ demands насто́йчивые/настоя́тельные тре́бования; (*determinedly urging*) насто́йчивый; настоя́тельный; he was ~ that I should go он наста́ивал на том, что́бы я пошёл.

**in situ** *adv.* на ме́сте.

**insobriety** *n.* нетре́звость, пья́нство.

**insofar as** *conj.* (посто́льку,) поско́льку; в той ме́ре/сте́пени, в како́й . . .; наско́лько.

**insolation** *n.* инсоля́ция; освеще́ние со́лнечными луча́ми.

**insole** *n.* сте́лька.

**insolence** *n.* (*contempt*) высокоме́рие; (*insulting behaviour*) наха́льство, де́рзость.

**insolent** *adj.* (*contemptuous*) высокоме́рный; (*insulting; disrespectful*) наха́льный, де́рзкий.

**insolubility** *n.* нераствори́мость; неразреши́мость.

**insoluble** *adj.* (*of substance*) нераствори́мый; (*of problem*) неразреши́мый.

**insolvency** *n.* неплатёжеспосо́бность; банкро́тство; несостоя́тельность.

**insolvent** *adj.* неплатёжеспосо́бный; несостоя́тельный.

**insomnia** *n.* бессо́нница.

**insomniac** *n.* страда́ющий бессо́нницей.

**insouciance** *n.* небре́жность.

**insouciant** *adj.* небре́жный.

**inspect** *v.t.* осм|а́тривать, -отре́ть; инспекти́ровать (*impf., pf.*); the Queen ~ed the troops короле́ва произвела́ смотр войска́м.

**inspection** *n.* (*examination*) осмо́тр, инспе́кция; on closer ~ при бо́лее внима́тельном рассмотре́нии; medical ~ медици́нский осмо́тр; the house is open to ~ дом откры́т для всео́бщего обозре́ния; these goods will not pass ~ при прове́рке э́ти това́ры бу́дут забрако́ваны; (*review*) пара́д, смотр; the general held an ~ генера́л произвёл смотр войска́м.

**inspector** *n.* (*inspecting official*) инспе́ктор, ревизо́р; (*police officer*) инспе́ктор (поли́ции).

**inspectorate** *n.* инспе́кторство; до́лжность инспе́ктора; (*institution*) инспе́кция.

**inspiration** *n.* **1.** (*source of creative activity; idea*) вдохнове́ние; he drew his ~ from nature он че́рпал вдохнове́ние в приро́де; I had an ~ меня́ осени́ла мысль; **2.** (*divine guidance*) вдохнове́ние, найтие; **3.** (*person or thing that* *inspires*; *stimulus*) вдохнове́ние, вдохнови́тель (*m.*).

**inspire** *v.t.* **1.** (*influence creatively*) вдохнов|ля́ть, -и́ть; his friend's death ~d him to write an elegy смерть дру́га вдохнови́ла его́ на эле́гию; he is an ~d musician он вдохнове́нный музыка́нт; in an ~d moment в моме́нт вдохнове́ния; **2.** (*instil*; *imbue*) всел|я́ть, -и́ть; his actions ~d alarm in the neighbourhood его́ поведе́ние встрево́жило всю окру́гу; his work does not ~ me with confidence его́ рабо́та не вызыва́ет у меня́ дове́рия; ~ s.o. with courage внуш|а́ть, -и́ть му́жество кому́-н. (*or* в кого́-н.); **3.** (*put about*) инспири́ровать (*impf.*); распростран|я́ть, -и́ть (*слухи и т.п.*).

**inspirer** *n.* вдохнови́тель (*fem.* -ница); (*of rumour etc.*) распространи́тель (*fem.* -ница).

**inspirit** *v.t.* воодушев|ля́ть, -и́ть; ободр|я́ть, -и́ть; ~ing words ободря́ющие слова́.

**inst.** (*abbr.*, instant) с.м.

**instability** *n.* неусто́йчивость; (*of character*) неуравнове́шенность.

**install** *v.t.* **1.** (*place in office*; *induct*) вв|оди́ть, -ести́ в до́лжность; **2.** (*settle*) устр|а́ивать, -о́ить; поме|ща́ть, -сти́ть; he ~ed his family in a hotel он помести́л свою́ семью́ в гости́нице; we are comfortably ~ed in our new home мы удо́бно устро́ились в но́вом до́ме; she ~ed herself in an armchair она́ устро́илась в кре́сле; **3.** (*fix in position*) устан|а́вливать, -ови́ть; the workmen came to ~ a new cooker рабо́чие пришли́ установи́ть но́вую ку́хонную плиту́.

**installation** *n.* (*of pers.*) введе́ние в до́лжность; (*of thg.*) устано́вка; (*equipment etc. installed*) устано́вка, устро́йство; (*buildings etc. for tech. purposes*) сооруже́ния (*nt. pl.*); a military ~ вое́нные сооруже́ния; вое́нные устано́вки (*f. pl.*).

**instalment** *n.* **1.** (*partial payment*) взнос; we are paying for our carpet by ~s (*or* on the ~ plan) мы пла́тим за ковёр в рассро́чку; **2.** (*of published work*) отры́вок, вы́пуск; отде́льная часть.

**instance** *n.* **1.** (*example*) приме́р; for ~ наприме́р; let me give you an ~ я вам приведу́ приме́р; **2.** (*particular case*) слу́чай; in this ~ в э́том/да́нном слу́чае; in the first ~ в пе́рвую о́чередь; **3.** (*request*) тре́бование, про́сьба; at the ~ of по про́сьбе/предложе́нию +*g.*
*v.t.* прив|оди́ть, -ести́ в ка́честве приме́ра.

**instant** *n.* **1.** (*precise moment*) мгнове́ние; come here this ~! иди́ сюда́ сию́ же мину́ту!; he left that very ~ он момента́льно (*or* в тот же моме́нт) удали́лся; I recognized him the ~ I saw him я сра́зу же его́ узна́л; **2.** (*momentary duration*) мгнове́ние, миг; I shall be back in an ~ я — ми́гом; я верну́сь че́рез мину́ту; I was only away for an ~ я отлучи́лся то́лько на мину́ту.

*adj.* **1.** (*immediate*) неме́дленный; мгнове́нный; I felt ~ relief я тотча́с же почу́вствовал облегче́ние; the book was an ~ success кни́га име́ла мгнове́нный успе́х; **2.** (*insistent*) насто́йчивый; **3.** (*of food preparation*): ~ coffee раствори́мый ко́фе; **4.** (*abbr.* inst.) теку́щий; your letter of the 5th ~ ва́ше письмо́ от пя́того числа́ сего́ ме́сяца (*abbr.* с.м.).

**instantaneous** *adj.* (*done in an instant*) мгнове́нный; it was an ~ decision э́то бы́ло решено́ мгнове́нно; (*immediate*) неме́дленный; death was ~ смерть наступи́ла мгнове́нно.

**instead** *adv.* взаме́н (+*g.*); ~ of вме́сто +*g.*; let me go ~ (of you) дава́йте я пойду́ вме́сто вас; if the steak is off I'll have chicken ~ е́сли бифште́ксов нет, я возьму́ ку́рицу; why don't you go out ~ of reading? вме́сто того́, что́бы чита́ть, вы лу́чше бы пошли́ погуля́ть; we are going by train ~ of by car мы е́дем по́ездом, а не на маши́не.

**instep** *n.* подъём (ноги́):

**instigate** *v.t.* подстрека́ть (*impf.*); they were ~d to rebel их подстрека́ли на бунт (*or* к бу́нту); he ~d the murder он провоци́ровал уби́йство.

**instigation** *n.* подстрека́тельство, науще́ние; the boy stole at his brother's ~ ма́льчик соверши́л кра́жу по науще́нию бра́та.

**instigator** *n.* подстрека́тель (*fem.* -ница).

**instil** *v.t.* (*lit.*) вл|ива́ть, -ить; ка́п|ать, на-; (*fig.*) внуш|а́ть, -и́ть; прив|ива́ть, -и́ть; he tried to ~ some discipline into his pupils on пыта́лся приви́ть свои́м ученика́м чу́вство дисципли́ны (*or* приучи́ть свои́х ученико́в к дисципли́не); his love of science was ~led at an early age с ма́лых лет ему́ внуша́ли любо́вь к нау́ке.

**instinct**[1] *n.* инсти́нкт; herd ~ ста́дное чу́вство; my ~ told me to turn back инсти́нкт подсказа́л мне верну́ться обра́тно; he acted by, on ~ он де́йствовал по интуи́ции (*or* инсти́нктивно); he is a creature of ~ он челове́к интуити́вный; (*natural liking or propensity*) спосо́бность, чутьё; he has an ~ for a bargain у него́ приро́дное чутьё к вы́годным поку́пкам; he has an uncanny ~ for making mistakes у него́ необыкнове́нная спосо́бность де́лать оши́бки.

**instinct**[2] *adj.* (*liter.*) по́лный; the painting is ~ with life карти́на испо́лнена жи́зни.

**instinctive** *adj.* инстинкти́вный, безотчётный, подсозна́тельный; I took an ~ dislike to him у меня́ возни́кла безотчётная неприя́знь к нему́.

**institute** *n.* институ́т.
*v.t.* **1.** (*found*; *establish*) устан|а́вливать, -ови́ть; учре|жда́ть, -ди́ть; marriage was ~d for the rearing of children институ́т бра́ка возни́к для воспита́ния дете́й; ~ a law вв|оди́ть, -ести́ зако́н; **2.** (*set on foot*)

нач|ина́ть, -а́ть; the police ~d proceedings поли́ция возбуди́ла де́ло; they ~d a search они́ произвели́ о́быск.

**institution** n. **1.** (setting up) установле́ние; учрежде́ние; **2.** (established custom or practice) институ́т, учрежде́ние; the old nurse had become quite an ~ in the family ста́рая ня́ня ста́ла непреме́нным атрибу́том семьи́; **3.** (organization with social purpose) организа́ция, заведе́ние; charitable ~ благотвори́тельное учрежде́ние; mental ~ психиатри́ческая лече́бница.

**institutional** adj. устано́вленный; учрежде́нный; ~ religion организо́ванная рели́гия; she is in need of ~ care её сле́дует госпитализи́ровать.

**instruct** v.t. **1.** (teach) учи́ть, на- (кого чему); обуч|а́ть, -и́ть (кого чему); he ~s the class in English он преподаёт англи́йский язы́к; **2.** (order; direct) инструкти́ровать (impf., pf.; pf. also про-); прика́з|ывать, -а́ть; I was ~ed to call on you мне бы́ло ве́лено к вам зайти́; I shall ~ my solicitor я поручу́ де́ло своему́ адвока́ту.

**instruction** n. **1.** (teaching) обуче́ние; he received ~ in mathematics он получи́л математи́ческое образова́ние; **2.** (direction) инструкта́ж, инструкти́рование; руково́дство; follow the ~s on the packet сле́дуйте указа́ниям на паке́те; I have my ~s мне был дан прика́з; he had ~s to return ему́ веле́ли/приказа́ли (or ему́ бы́ло ве́лено/прика́зано) верну́ться.
cpd.: ~-book n. руково́дство.

**instructive** adj. поучи́тельный.

**instruct|or, -ress** nn. инстру́ктор; учи́тель (fem. -ница); преподава́тель (fem. -ница).

**instrument** n. **1.** (implement) инструме́нт; he was knocked out with a blunt ~ его́ оглуши́ли тупы́м предме́том; (apparatus) аппара́т, прибо́р; ~ panel пульт управле́ния; (machine or device) ору́дие; ~ of torture ору́дие пы́тки; **2.** (musical ~) (музыка́льный) инструме́нт; **3.** (fig., means) ору́дие; he was the ~ of another's vengeance он был ору́дием чужо́й ме́сти; **4.** (formal document) докуме́нт; акт.
v.t. инструменто́вать (impf., pf.); оркестрова́ть (impf., pf.); the piece was ~ed for full orchestra произведе́ние бы́ло инструменто́вано для по́лного соста́ва орке́стра.

**instrumental** n. (gram.) твори́тельный паде́ж.
adj. **1.** (serving as means): ~ to our purpose поле́зный для на́шей це́ли; he was ~ in obtaining the order он спосо́бствовал получе́нию (or соде́йствовал в получе́нии зака́за; **2.** (mus.) инструмента́льный; **3.** (gram.) твори́тельный, инструмента́льный.

**instrumentalist** n. инструментали́ст.

**instrumentality** n. соде́йствие; by the ~ of при соде́йствии +g.

**instrumentation** n. **1.** (mus.) инструменто́вка,

оркестро́вка; **2.** (provision of tools etc.) оснаще́ние инструме́нтами.

**insubordinate** adj. неподчиня́ющийся; непоко́рный; неповину́ющийся.

**insubordination** n. неподчине́ние; непоко́рность; неповинове́ние.

**insubstantial** adj. (not real) нереа́льный, иллюзо́рный; (groundless) неоснова́тельный.

**insufferable** adj. несно́сный, невыноси́мый.

**insufficiency** n. недоста́точность, недоста́ток, нехва́тка.

**insufficient** adj. недоста́точный, ограни́ченный, непо́лный; our food supply is ~ for a week нам не хва́тит проду́ктов на неде́лю; that in itself is ~ excuse само́ по себе́ э́то недоста́точное оправда́ние.

**insular** adj. островно́й; (fig.) ограни́ченный, у́зкий.

**insularity** n. ограни́ченность, у́зость.

**insulat|e** v.t. (separate; detach) отдел|я́ть, -и́ть; изоли́ровать (impf., pf.); (protect from escape of heat or electricity) изоли́ровать (impf., pf.); ~ing tape изоляцио́нная ле́нта; ~e one's roof утепл|я́ть, -и́ть (or теплоизоли́ровать) кры́шу.

**insulation** n. (insulating) (тепло)изоля́ция; (substance) изоляцио́нный материа́л.

**insulator** n. непроводни́к.

**insulin** n. инсули́н.

**insult**[1] n. оскорбле́ние; оби́да; this book is an ~ to the intelligence э́та кни́га возмуща́ет ра́зум; he took it as a personal ~ он э́то воспри́нял как ли́чное оскорбле́ние; see also INJURY.

**insult**[2] v.t. оскорб|ля́ть, -и́ть; I have never been so ~ed меня́ в жи́зни никто́ так не оскорбля́л; ~ing language оскорби́тельные выраже́ния.

**insuperable** adj. непреодоли́мый.

**insupportable** adj. нестерпи́мый, невыноси́мый, несно́сный.

**insurable** adj. могу́щий быть застрахо́ванный.

**insurance** n. страхова́ние, страхо́вка; (sum insured) су́мма страхова́ния; ~ agent страхово́й аге́нт; ~ company страхова́я компа́ния, страхово́е о́бщество; ~ policy страхово́й по́лис; ~ premium страхова́я пре́мия; life ~ страхова́ние жи́зни; National I~ госуда́рственное страхова́ние; take out ~ страхова́ться, за-; he is a bad ~ risk его́ риско́вано страхова́ть.

**insure** v.t. **1.** (pay for guarantee of) страхова́ть, за-; he ~d his house for £20,000 он застрахова́л свой дом на 20 000 фу́нтов; is your life ~d? вы застрахова́ли свою́ жизнь?; the ~d (pers.) застрахо́ванный; **2.** (guarantee) гаранти́ровать (impf.); страхова́ть, за-; Lloyd's ~s ships Лло́йд страху́ет корабли́; **3.** see ENSURE.
v.i. страхова́ться, за-; have you ~d against fire? вы застрахова́лись от пожа́ра?

**insurer** *n.* страхо́вщик, страхова́тель (*m.*).

**insurgent** *n.* повста́нец.

*adj.* восста́вший.

**insurmountable** *adj.* непреодоли́мый.

**insurrection** *n.* восста́ние.

**intact** *adj.* (*untouched*) нетро́нутый, це́лый; I hope to keep my savings ~ наде́юсь, что мне уда́стся сохрани́ть свои́ сбереже́ния; the burglars left his stamp collection ~ граби́тели не тро́нули его́ колле́кцию ма́рок; (*unharmed*) невреди́мый, нетро́нутый; she kept her honour ~ она́ сберегла́ свою́ честь.

**intaglio** *n.* (*process*) глубо́кая печа́ть; (*design*) инта́лия; (*gem*) ге́мма с углублённым изображе́нием.

**intake** *n.* (*of recruits etc.*) набо́р; (*consumption*) потребле́ние.

**intangible** *adj.* **1.** (*non-material*) неосяза́емый, неулови́мый; ~ assets нематериа́льные акти́вы, неосяза́емые це́нности; **2.** (*vague, obscure*): ~ ideas сму́тные/нея́сные представле́ния.

**integer** *n.* це́лое число́.

**integral** *adj.* **1.** (*essential*) неотъе́млемый, суще́ственный; **2.** (*whole; complete*) по́лный, це́льный; **3.** (*math.*) интегра́льный; ~ calculus интегра́льное исчисле́ние.

**integrate** *v.t.* **1.** (*combine into whole*) объедин|я́ть, -и́ть в еди́ное це́лое; an ~d personality це́льная ли́чность; **2.** (*complete by adding parts*) заверш|а́ть, -и́ть; прид|ава́ть, -а́ть зако́нченный вид (*чему*); **3.** (*assimilate*) ассимили́ровать (*impf., pf.*); racially ~d schools шко́лы совме́стного обуче́ния для дете́й разли́чных рас. **4.** (*math.*) интегри́ровать (*impf., pf.*).

*v.i.* (*join together*) объедин|я́ться, -и́ться.

**integrated** *adj.*: ~ circuit интегра́льная схе́ма.

**integration** *n.* объедине́ние, интегри́рование; (*of armed forces, races etc.*) интегра́ция.

**integrity** *n.* **1.** (*uprightness; honesty*) че́стность, це́льность; a man of ~ че́стный/принципиа́льный/неподку́пный челове́к; **2.** (*complete state*) це́лостность; territorial ~ территориа́льная це́лостность.

**integument** *n.* ко́жа, кожура́, скорлупа́.

**intellect** *n.* интелле́кт, ум, рассу́док; the ~s of the age вели́кие умы́ эпо́хи.

**intellectual** *n.* интеллиге́нт (*fem.* -ка), интеллектуа́л; (*pl., collect.*) интеллиге́нция.

*adj.* интеллектуа́льный; ~ process мысли́тельный проце́сс; ~ pursuits у́мственная рабо́та, заня́тие для ума́.

**intellectualism** *n.* интеллектуали́зм.

**intellectuality** *n.* интеллектуа́льность; интеллиге́нтность.

**intelligence** *n.* **1.** (*mental power*) ум, интелле́кт; ~ quotient коэффицие́нт у́мственного разви́тия; ~ test испыта́ние у́мственных спосо́бностей; high/low ~ высо́кий/ни́зкий

интелле́кт; obvious to the meanest ~ вся́кому дураку́ я́сно; **2.** (*quickness of understanding; sagacity*) ум, сообрази́тельность; he has ~ он сообража́ет; a person of ~ у́мный/неглу́пый челове́к; I had the ~ to refuse his offer у меня́ хвати́ло ума́ не приня́ть его́ предложе́ния; **3.** (*news, information*) изве́стия (*nt. pl.*), све́дения (*nt. pl.*); **4.** (*mil.*) разве́дка; разве́дывательное управле́ние.

**intelligent** *adj.* у́мный, смышлёный, сообрази́тельный.

**intelligentsia** *n.* интеллиге́нция.

**intelligibility** *n.* поня́тность, вня́тность, вразуми́тельность.

**intelligible** *adj.* поня́тный, вня́тный, вразуми́тельный; his words were barely ~ его́ слова́ едва́ мо́жно бы́ло поня́ть.

**intemperance** *n.* (*immoderation*) невозде́ржанность; (*lack of self-control*) несде́ржанность; (*immoderate drinking*) невозде́ржанность; пристра́стие к спиртны́м напи́ткам.

**intemperate** *adj.* (*immoderate*) невозде́ржанный; (*lacking self-control*) несде́ржанный; (*addicted to drink*) невозде́ржанный, пью́щий.

**intend** *v.t.* **1.** (*purpose; have in mind*) хоте́ть, собира́ться, намерева́ться (*all impf.*); I ~ed him to do it (*or* that he should do it) я хоте́л, что́бы он э́то сде́лал; was this ~ed? э́то бы́ло сде́лано преднаме́ренно?; **2.** (*design; mean*) предназн|ача́ть, -а́чить; his son is ~ed for the bar он гото́вит сы́на в юри́сты; a book ~ed for advanced students кни́га, рассчи́танная на продви́нутый эта́п обуче́ния студе́нтов; a measure ~ed to secure peace ме́ра, напра́вленная на укрепле́ние ми́ра; is this sketch ~ed to be me? э́то я изображён на рису́нке?

**intended** *n.* (*betrothed*) наречённый, жени́х; (*fem.*) наречённая, неве́ста.

**intense** *adj.* **1.** (*extreme*) си́льный, инсти́вный; ~ cold си́льный хо́лод; ~ red насы́щенный кра́сный цвет; ~ hatred о́страя не́нависть; ~ly annoyed кра́йне рассе́рженный; **2.** (*ardent; emotionally charged*) напряжённый, не́рвный; an ~ expression напряжённое выраже́ние.

**intenseness** *n.* си́ла, напряжённость, насы́щенность.

**intensification** *n.* интенсифика́ция, усиле́ние, увеличе́ние.

**intensif|y** *v.t.* уси́ли|вать, -ть; увели́чи|вать, -ть; he ~ied his efforts он приложи́л ещё бо́льше уси́лий.

**intensity** *n.* си́ла, интенси́вность, глубина́.

**intensive** *adj.* интенси́вный; напряжённый; ~ methods of farming интенси́вное земледе́лие; ~ bombing уси́ленная бомбардиро́вка; ~ care unit блок интенси́вной терапи́и.

**intent**[1] *n.* наме́рение, цель; I did it with good ~ я сде́лал э́то из до́брых побужде́ний; to all ~s and purposes на са́мом де́ле; по существу́; факти́чески.

**intent**[2] *adj.* **1.** (*earnest, eager*) увлечённый, ре́вностный; there was an ~ expression on his face у него́ бы́ло сосредото́ченное выраже́ние лица́; **2.** (*sedulously occupied*) погружённый (*во что*); поглощённый (*чем*); he was ~ on his work он был поглощён свое́й рабо́той; **3.** (*resolved*) по́лный реши́мости; he was ~ on getting a first он был по́лон реши́мости получи́ть дипло́м с отли́чием.

**intention** *n.* наме́рение; у́мысел; it was quite without ~ э́то бы́ло сде́лано/ска́зано без у́мысла; I have no ~ of going to the party я во́все не намерева́юсь идти́ на вечери́нку; his ~s are good у него́ хоро́шие наме́рения; has he made known his ~s? он уже́ объяви́л о свои́х наме́рениях?

**intentional** *adj.* умы́шленный, преднаме́ренный; наро́чный, созна́тельный; my absence was not ~ моё отсу́тствие не́ было преднаме́ренным; he ignored me ~ly он умы́шленно меня́ не заме́тил.

**inter** *v.t.* хорони́ть, по-/за-; погре|ба́ть, -сти́.

**inter-** *pref.* взаимо-, меж(ду)-.

**interact** *v.i.* взаимоде́йствовать (*impf.*).

**interaction** *n.* взаимоде́йствие.

**inter alia** *adv.* среди́ про́чих.

**interbreed** *v.t. & i.* скр|е́щивать(ся), -ести́ть(ся).

**intercalary** *adj.* (*day, month*) приба́вленный для согласова́ния календаря́ с со́лнечным го́дом; ~ year високо́сный год.

**intercede** *v.i.* заступ|а́ться, -и́ться (*за кого перед кем*); хода́тайствовать, по- (*о ком/чем перед кем*).

**intercept** *v.t.* перехва́т|ывать, -и́ть; (*listen in on*) подслу́ш|ивать, -ать; a blind to ~ the light што́ра, не пропуска́ющая свет; the view was ~ed by trees дере́вья заслоня́ли вид.

**interception** *n.* перехва́тывание, перехва́т, подслу́шивание.

**intercession** *n.* хода́тайство; засту́пничество.

**intercessor** *n.* хода́тай; засту́пник.

**interchange** *n.* **1.** (*transposition*) перестано́вка; **2.** (*exchange*) обме́н; ~ of views обме́н мне́ниями; **3.** (*alternation*) чередова́ние.
*v.t.* **1.** (*transpose*) перест|авля́ть, -а́вить; **2.** (*exchange*) обме́н|ивать, -я́ть; обме́н|иваться, -я́ться +i.; **3.** (*alternate*) чередова́ть (*impf.*); he ~d work and play он чередова́л рабо́ту с досу́гом.

**interchangeability** *n.* (взаимо)заменя́емость; равноце́нность.

**interchangeable** *adj.* взаимозаменя́емый; (*equivalent*) равноце́нный.

**intercollegiate** *adj.* (*Am.*) межуниверсите́тский.

**intercom** *n.* (*coll.*) (вну́тренняя телефо́нная) связь; перегово́рное устро́йство.

**intercommunicat|e** *v.i.* обща́ться (*impf.*) друг с дру́гом; the prisoners are allowed to ~e заключённым разреша́ется обще́ние друг с дру́гом; ~ing bedrooms сме́жные спа́льни.

**intercommunication** *n.* обще́ние, связь.

**intercommunion** *n.* (*eccl.*) причаще́ние протеста́нтов в католи́ческой це́ркви *и т.п.*

**interconnect** *v.i.* переплета́ться (*impf.*).

**interconnection** *n.* взаимосвя́зь.

**intercontinental** *adj.* межконтинента́льный.

**intercourse** *n.* (*social*) обще́ние; (*diplomatic or commercial*) сноше́ние, связь; (*sexual*) половы́е сноше́ния; have ~ with s.o. вступи́ть (*pf.*) в половы́е сноше́ния с кем-н.

**interdependence** *n.* взаимозави́симость.

**interdependent** *adj.* взаимозави́симый.

**interdict** *n.* (*eccl.*) интерди́кт.

**interdiction** *n.* запре́т.

**interest** *n.* **1.** (*attention, curiosity, concern*) интере́с; feel, show, take a great, keen ~ in sth. проявля́ть, -и́ть большо́й интере́с к чему́-н.; I have no ~ in games спорт меня́ не интересу́ет; **2.** (*quality arousing* ~) занима́тельность; his books lack ~ for me меня́ его́ кни́ги не занима́ют; it is of ~ to note that . . . интере́сно заме́тить, что . . .; it is of no ~ to me whether we win or lose меня́ соверше́нно не интересу́ет, вы́играем мы и́ли нет; matters of ~ to everybody вопро́сы, ва́жные для всех; **3.** (*pursuit*) интере́с; my chief ~s are art and history я интересу́юсь гла́вным о́бразом иску́сством и исто́рией; a man of wide ~s челове́к с широ́ким кру́гом интере́сов; **4.** (*oft. pl., advantage, benefit*) по́льза, вы́года; it is in, to your ~ to listen to his advice в ва́ших же интере́сах прислу́шаться к его́ сове́там; I acted in your ~s я де́йствовал в ва́ших интере́сах; you must look after your own ~s вы должны́ блюсти́ свои́ интере́сы; in the ~s of truth в интере́сах и́стины; I know where my ~s lie я зна́ю свою́ вы́году; **5.** (*legal or financial right or share*) до́ля, часть; he has an ~ in that firm он име́ет до́лю в э́той фи́рме; American ~s in Europe америка́нские капиталовложе́ния в Евро́пе; **6.** (*group having common concern*) заинтересо́ванные круги́ (*m. pl.*); business ~s торго́вые предпринима́тели (*m. pl.*); **7.** (*charge on loan*) ссу́дный проце́нт; проце́нты (*m. pl.*); проце́нтный дохо́д; pay ~ on a loan плати́ть (*impf.*) проце́нты по за́йму; lend money at 7% = р.а. дать (*impf.*) де́ньги (в рост) под семь проце́нтов годовы́х; rate of ~ проце́нтная ста́вка; at a high rate of ~ под больши́е проце́нты; he lives on the ~ from his investments он живёт на дохо́д со свои́х капиталовложе́ний; (*fig.*): he returned the blow with ~ он отве́тил на уда́р с лихво́й; my kindness was repaid with ~ меня́ щедро вознаградили за мою́ любе́зность.
*v.t.* интересова́ть (*impf.*); this will ~ you вам

это бу́дет интере́сно; can I ~ you in another drink? могу́ я вам предложи́ть ещё рю́мочку?; when he mentioned money I was ~ed at once как то́лько он заговори́л о деньга́х, я то́тчас же заинтересова́лся; I shall be ~ed to know what happens держи́те меня́ в изве́стности о дальне́йшем.

*cpds.*: ~-**bearing** *adj.* проце́нтный, принося́щий проце́нт; ~-**free** *adj.* беспроце́нтный.

**interested** *adj.* **1.** (*having or showing interest*) интересу́ющийся; are you ~ in football? вы интересу́етесь футбо́лом?; **2.** (*not impartial*) коры́стный, заинтересо́ванный; he acted from ~ motives он де́йствовал из коры́стных побужде́ний; an ~ party заинтересо́ванная сторона́.

**interesting** *adj.* интере́сный.

**interface** *n.* стык; (*fig.*) взаимосвя́зь, взаимоде́йствие; координа́ция.

**interfer|e** *v.i.* **1.** (*meddle*; *obtrude oneself*) вме́ш|иваться, -а́ться; don't ~e in my affairs не вме́шивайтесь в мои́ дела́; it is unwise to ~e between husband and wife неразу́мно вме́шиваться в дела́ ме́жду му́жем и жено́й; she is an ~ing old lady она́ назо́йливая стару́ха; don't ~e with this machine не тро́гайте э́ту маши́ну; my papers have been ~ed with кто́-то тро́гал мои́ бума́ги; **2.** (*come in the way*; *present an obstacle*) меша́ть, по- +*d.*; I am going to London tomorrow if nothing ~es я за́втра пое́ду в Ло́ндон, е́сли ничто́ не помеша́ет; **3.** (*coll.*, *molest sexually*): the little girl had been ~ed with де́вочку изнаси́ловали.

**interference** *n.* вмеша́тельство, поме́ха; (*radio*) поме́хи (*f. pl.*).

**interferometer** *n.* интерферо́метр.

**intergalactic** *adj.* межзвёздный.

**interim** *n.* промежу́ток вре́мени; in the ~ тем вре́менем.

*adj.* вре́менный, предвари́тельный, промежу́точный; ~ report предвари́тельный докла́д.

**interior** *n.* **1.** (*inside*) вну́тренность; the earth's ~ не́дра (*nt. pl.*) земли́; **2.** (*of building*) интерье́р; ~ decorator худо́жник по интерье́ру; ~ decoration вну́треннее оформле́ние помеще́ния; **3.** (*painting*) интерье́р; **4.** (*inland areas*) глуби́нные райо́ны (*m. pl.*); he made a journey into the ~ of Brazil он соверши́л путеше́ствие вглубь Брази́лии; **5.** (*home affairs*): Minister of the I~ мини́стр вну́тренних дел.

*adj.* вну́тренний.

**interject** *v.t.* вст|авля́ть, -а́вить; (*coll.*) вверну́ть (*pf.*) (*замечание*); 'It's not true,' he ~ed «Э́то не пра́вда», — заме́тил он вскользь.

**interjection** *n.* восклица́ние; (*gram.*) междоме́тие.

**interlace** *v.t. & i.* перепле|та́ть(ся), -сти́(сь); спле|та́ть(ся), -сти́(сь).

**interlard** *v.t.*: his prose is ~ed with foreign words его́ про́за пересы́пана иностра́нными слова́ми.

**interleave** *v.t.* про|кла́дывать, -ложи́ть чи́стые листы́ ме́жду страни́цами; an ~ed text текст с проло́женными чи́стыми листа́ми.

**interline** *v.t.* (*insert between lines*) впи́с|ывать, -а́ть ме́жду строк.

**interlinear** *adj.* междустро́чный; подстро́чный.

**interlink** *v.t. & i.* взаимосвя́з|ывать(ся), -а́ть(ся).

**interlock** *v.t. & i.* соедин|я́ть(ся), -и́ть(ся); they ~ed hands они́ (кре́пко) держа́лись за́ руки.

**interlocutor** *n.* собесе́дник.

**interloper** *n.* тре́тий ли́шний; незва́ный гость.

**interlude** *n.* (*interval of play*) антра́кт; (*mus. & fig.*) интерлю́дия.

**intermarriage** *n.* брак ме́жду людьми́ ра́зных рас/национа́льностей *и т.п.*

**intermarry** *v.i.* сме́ш|иваться, -а́ться; родни́ться, по- путём бра́ка.

**intermediary** *n.* посре́дник.

*adj.* (*acting as go-between*) посре́днический; (*intermediate*) промежу́точный, посре́дствующий.

**intermediate** *adj.* промежу́точный; at an ~ stage на перехо́дной ста́дии.

**interment** *n.* погребе́ние.

**intermezzo** *n.* интерме́ццо (*indecl.*).

**interminable** *adj.* бесконе́чный, несконча́емый, ве́чный.

**intermingle** *v.t. & i.* сме́ш|ивать(ся), -а́ть(ся).

**intermission** *n.* переры́в, па́уза; I work from 8 to 4 without ~ я рабо́таю с восьми́ до четырёх без переры́ва.

**intermit** *v.t.* прер|ыва́ть, -ва́ть; прекра|ща́ть, -ти́ть.

**intermittent** *adj.* прерыва́ющийся; преры́вистый.

**intermix** *v.t. & i.* переме́ш|ивать(ся), -а́ть(ся); сме́ш|ивать(ся), -а́ть(ся).

**intermixture** *n.* смесь; смеше́ние.

**intern**[1] *n.* (*Am.*) студе́нт медици́нского колле́джа; молодо́й врач (*работающий в больнице и живущий при ней*).

**intern**[2] *v.t.* интерни́ровать (*impf., pf.*).

**internal** *adj.* вну́тренний; ~ strife вну́тренние раздо́ры; ~ injuries пораже́ния вну́тренних о́рганов; ~ combustion engine дви́гатель (*m.*) вну́треннего сгора́ния; ~ evidence доказа́тельство, лежа́щее в са́мом докуме́нте.

**internally** *adv.* изнутри́, вну́тренне.

**international** *n.* (*socialist organization*) Интернациона́л; (*sporting event*) междунаро́дные состяза́ния (*nt. pl.*); (*participant*) уча́стник междунаро́дных состяза́ний.

*adj.* междунаро́дный, интернациона́льный.

**Internationale** *n.* Интернациона́л.

**internecine** adj. междоусо́бный; смерто-но́сный; разруши́тельный.

**internee** n. интерни́рованный.

**internment** n. интерни́рование; ~ camp ла́герь (m.) для интерни́рованных (лиц).

**interpellation** n. запро́с, интерпелля́ция.

**interpenetrate** v.t. взаимопроника́ть (impf.).

**interphone** n. (Am.) вну́тренний телефо́н.

**interplanetary** adj. межплане́тный.

**interplay** n. взаимоде́йствие, взаимосвя́зь.

**interpolate** v.t. интерполи́ровать (impf., pf.); вст|авля́ть, -а́вить.

**interpolation** n. интерполя́ция; вста́вка.

**interpose** v.t. **1.** (insert; cause to intervene; also v.i.) вме́ш|иваться, -а́ться; вст|авля́ть, -а́вить; the fire was so hot that we ~d a screen ого́нь пыла́л так си́льно, что мы заслони́ли ками́н экра́ном; he ~d (himself) between the disputants он разня́л спо́рящих; ~ an objection выдвига́ть, вы́двинуть возраже́ние; **2.** (interrupt) переб|ива́ть, -и́ть.

**interposition** n. (intervention) вмеша́тельство.

**interpret** v.t. **1.** (expound meaning of) толкова́ть (impf.); истолк|о́вывать, -ова́ть; интер-прети́ровать (impf.); how do you ~ this dream? как вы объясня́ете э́тот сон?; this passage has been ~ed in various ways э́тот отры́вок истолко́вывали по-ра́зному; (of an actor) трактова́ть (impf.); **2.** (understand) истолко́в|ывать, -а́ть; I ~ed his silence as a refusal я истолкова́л его́ молча́ние как отка́з.
v.i. перев|оди́ть, -ести́ (у́стно); he ~ed for the President он был перево́дчиком (or он перевёл слова́) президе́нта.

**interpretation** n. (expounding; exposition) интерпрета́ция, толкова́ние; (by an actor) тракто́вка, интерпрета́ция; (understanding, construction) толкова́ние; he puts a different ~ on the facts он ина́че истолко́вывает э́ти фа́кты; (oral translation) (у́стный) перево́д.

**interpreter** n. перево́дчи|к (fem. -ца).

**interracial** adj. межра́совый.

**interregnum** n. междуца́рствие.

**interrelate** v.t. взаимосвя́зывать (impf.).

**interrelation(ship)** n. взаимоотноше́ние, соот-несённость, взаи́мная связь.

**interrogate** v.t. допр|а́шивать, -оси́ть.

**interrogation** n. допро́с; mark of ~ вопроси́-тельный знак.

**interrogative** adj. вопроси́тельный.

**interrogator** n. сле́дователь (m.).

**interrogatory** adj. вопроси́тельный.

**interrupt** v.t. **1.** (break in on; also v.i.) прер|ы-ва́ть, -ва́ть; переб|ива́ть, -и́ть; don't ~ when I am speaking не перебива́йте, когда́ я говорю́; he ~ed me as I was reading он прерва́л моё чте́ние; **2.** (disturb) нар|уша́ть, -у́шить; меша́ть, по- +d.; my sleep was ~ed by the noise of trains шум поездо́в то и де́ло меня́ буди́л; his performance was ~ed by coughing

его́ выступле́ние прерыва́лось ка́шлем в за́ле; war ~s trade война́ наруша́ет тор-го́влю; **3.** (obstruct) заслон|я́ть, -и́ть; препя́тствовать (impf.) +d.; these trees ~ the view э́ти дере́вья заслоня́ют вид.

**interruption** n. переры́в; поме́ха; наруше́ние; вторже́ние; he continued to speak despite ~s он продолжа́л говори́ть, невзира́я на поме́хи; ~ of communications наруше́ние свя́зи.

**intersect** v.t. & i. перес|ека́ть(ся), -е́чь(ся); перекр|е́щивать(ся), -ести́ть(ся).

**intersection** n. (intersecting) пересече́ние; (point of ~) то́чка пересече́ния; (crossroads) перекрёсток.

**intersperse** v.t. разбр|а́сывать, -оса́ть; расс|ыпа́ть, -ы́пать; red flowers ~d with yel-low ones кра́сные цветы́ впереме́жку с жёлтыми; his talk was ~d with anecdotes он пересыпа́л своё выступле́ние анекдо́тами.

**interstate** adj. межшта́тный, межгосуда́рс-твенный.

**interstellar** adj. межзвёздный.

**interstice** n. промежу́ток, расще́лина, сква́-жина.

**intertribal** adj. межплеменно́й.

**intertwine** v.t. & i. спле|та́ть(ся), -сти́(сь); their arms were ~d их ру́ки бы́ли сплетены́; the two subjects are ~d э́ти два предме́та те́сно свя́заны ме́жду собо́й.

**interurban** adj. междугоро́дный.

**interval** n. **1.** (of time) промежу́ток, отре́зок вре́мени; there was an ~ of a week between his two visits ме́жду двумя́ его́ посеще́ниями прошла́ неде́ля; we see each other at ~s вре́мя от вре́мени мы ви́димся; at ~s of an hour ка́ждый час; **2.** (of place) расстоя́ние; the posts were set at ~s of 10 feet столбы́ бы́ли расста́влены на расстоя́нии десяти́ фу́тов; **3.** (fig.) разры́в; there is a wide ~ between the classes ме́жду кла́ссами существу́ет большо́й разры́в; **4.** (theatr.) антра́кт; **5.** (mus.) интер-ва́л.

**intervene** v.i. **1.** (of an event): we were to have met, but his death ~d мы должны́ бы́ли встре́титься, но его́ смерть э́тому помеша́ла; if nothing ~s е́сли ничего́ не случи́тся; some years ~d с тех пор прошло́ не́сколько лет; **2.** (interpose one's influence) вме́ш|иваться, -а́ться; the government ~d in the dispute прави́тельство вмеша́лось в конфли́кт.

**intervention** n. вмеша́тельство; интерве́нция.

**interventionist** n. интерве́нт.

**interview** n. делова́я встре́ча; собесе́дование; интервью́ (nt. indecl.); I am having an ~ for the job у меня́ собесе́дование в связи́ с но́вой рабо́той; he gave an ~ to the press он дал журнали́стам интервью́.
v.t. & i. интервью́и́ровать (impf., pf.); взять (pf.) интервью́ у +g.; only certain candidates

were ~ed бесе́довали то́лько с не́которыми кандида́тами; he ~s well (*conducts an* ~) он хоро́ший интервьюе́р; (*acquits himself*) он хорошо́ де́ржится во вре́мя интервью́.

**interviewee** *n.* интервьюи́руемый, даю́щий интервью́.

**interviewer** *n.* интервьюе́р.

**inter-war** *adj.* (име́вший ме́сто) ме́жду двумя́ мировы́ми во́йнами.

**interweave** *v.t.* впле|та́ть, -сти́; (*insert*) вст|авля́ть, -а́вить; truth interwoven with fiction пра́вда, переме́шанная с вы́мыслом.

**intestacy** *n.* отсу́тствие завеща́ния.

**intestate** *adj.* уме́рший без завеща́ния.

**intestinal** *adj.* кише́чный.

**intestine**[1] *n.* кише́чник.

**intestine**[2] *adj.* вну́тренний, междоусо́бный.

**intimacy** *n.* (*also euph., sexual intercourse*) инти́мность, бли́зость.

**intimate**[1] *n.* бли́зкий друг.

   *adj.* **1.** (*close, familiar*) закады́чный; ~ friends закады́чные/задуше́вные друзья́; they are on ~ terms они́ в бли́зких отноше́ниях; **2.** (*private, personal*) инти́мный, ли́чный; the ~ details of his life подро́бности его́ ли́чной жи́зни; an ~ diary инти́мный дневни́к; **3.** (*detailed*) основа́тельный, глубо́кий, доскона́льный; he has an ~ knowledge of the subject он доскона́льно зна́ет предме́т.

**intimate**[2] *v.t.* (*convey*) ув|едомля́ть, -е́домить; (*hint, imply*) намек|а́ть, -ну́ть на +*a.*; вскользь упом|ина́ть, -яну́ть.

**intimation** *n.* намёк; уведомле́ние.

**intimidate** *v.t.* запу́г|ивать, -а́ть; угрожа́ть (*impf.*) +*d.*; терроризи́ровать (*impf., pf.*).

**intimidation** *n.* запу́гивание; угро́зы (*f. pl.*).

**into** *prep.* **1.** (*expr. motion to a point within*) в +*a.*; I was going ~ the theatre я входи́л в теа́тр; **2.** (*expr. extent*) до; far ~ the night до по́здней но́чи; **3.** (*expr. change or process*) *usu.* в +*a.*; the rain turned ~ snow дождь перешёл в снег; translate ~ French перев|оди́ть, -ести́ на францу́зский; he thrust a pistol ~ his belt он заткну́л пистоле́т за по́яс.

**intolerable** *adj.* невыноси́мый, несно́сный.

**intolerance** *n.* нетерпи́мость; his body developed an ~ to antibiotics у него́ развила́сь аллерги́я к антибио́тикам.

**intolerant** *n.* нетерпи́мый; ~ of (*unable to bear*) не вынося́щий +*g.*

**intonation** *n.* (*intoning*) интона́ция; (*modulation of voice*) модуля́ция.

**intone** *v.t.* интони́ровать; модули́ровать; чита́ть нараспе́в (*all impf.*).

***in toto*** *adv.* целико́м, по́лностью, в це́лом.

**intoxicat|e** *v.t.* (*lit., fig.*) опьян|я́ть, -и́ть; ~ing liquor опьяня́ющий напи́ток; become ~ed опьяне́ть (*pf.*).

**intoxication** *n.* интоксика́ция, отравле́ние;

опьяне́ние.

**intra-** *pref.* внутри-.

**intractability** *n.* упря́мство, непоко́рность, несгово́рчивость.

**intractable** *adj.* упря́мый, непоко́рный, несгово́рчивый; an ~ temper упря́мый хара́ктер; an ~ beast непоко́рное живо́тное; (*of thgs.*) непода́тливый, трудноуправля́емый; ~ metal непода́тливый мета́лл; ~ pain неустрани́мая боль.

**intramural** *adj.* ~ studies о́чные заня́тия, о́чное обуче́ние.

**intransigence** *n.* непримири́мость; непрекло́нность.

**intransigent** *adj.* непримири́мый; непрекло́нный.

**intransitive** *adj.* непереходный.

**intra-uterine** *adj.*: ~ device (*abbr.* IUD) внутрима́точный контрацепти́в.

**intravenous** *adj.* внутриве́нный.

**intrepid** *adj.* неустраши́мый, бесстра́шный.

**intrepidity** *n.* неустраши́мость, бесстра́шие.

**intricacy** *n.* запу́танность, сло́жность.

**intricate** *adj.* запу́танный, сло́жный.

**intrigu|e** *n.* (*secret plotting*) интри́га; про́иски (*m. pl.*); (*amour*) любо́вная связь, интри́га, интри́жка.

   *v.t.* интригова́ть, за-; интересова́ть, за-; I was ~ed to learn мне бы́ло интере́сно узна́ть; an ~ing prospect зама́нчивая перспекти́ва; they ~ed against the king они́ интригова́ли про́тив короля́.

**intrinsic** *adj.* прису́щий, сво́йственный; по́длинный; ~ value вну́тренняя це́нность.

**introduc|e** *v.t.* **1.** (*insert*): he ~d the key into the lock он вста́вил ключ в замо́к; **2.** (*bring in*) вв|оди́ть, -ести́; (при)вн|оси́ть, -ести́; the motor works are ~ing a new model автозаво́д выпуска́ет но́вую моде́ль; many improvements have been ~ed введи́ мно́го усоверше́нствований; tobacco was ~ed from America впервы́е таба́к был завезён из Аме́рики; a new manager was ~ed into the store в магази́н назна́чили но́вого заве́дующего; ~e a bill вв|оди́ть, -ести́ законопрое́кт; ~e a custom завести́ (*pf.*) обы́чай; **3.** (*present*) предст|авля́ть, -а́вить; знако́мить, по- (*кого с кем*); may I ~e my fiancée? разреши́те мне предста́вить мою́ неве́сту; have we been ~ed (to each other)? мы знако́мы?; my father ~ed me to chess мой оте́ц научи́л меня́ игра́ть в ша́хматы; **4.** (*begin*): he ~ed his speech with a quotation он на́чал своё выступле́ние с цита́ты.

**introduction** *n.* **1.** (*inserting*) ввод, введе́ние, включе́ние; **2.** (*bringing in, instituting*) введе́ние, установле́ние; **3.** (*sth. brought in*) но́вшество; a recent ~ from abroad загра́ничная нови́нка; нововведе́ние из-за грани́цы; **4.** (*presentation*) представле́ние; the hostess

made ~s all round хозя́йка всех пере-
знако́мила; this wine needs no ~ from me э́то
вино́ в мое́й рекоменда́ции не нужда́ется;
letter of ~ рекоменда́тельное письмо́; **5.** (*title
of book*): An I~ to Nuclear Physics «Введе́ние
в я́дерную фи́зику»; **6.** (*preliminary matter in
book, speech etc.*) введе́ние, вступле́ние.
**introductory** *adj.* вступи́тельный, вво́дный.
**introspect** *v.i.* занима́ться (*impf.*) самоанали-
зом.
**introspection** *n.* интроспе́кция, самоана́лиз.
**introspective** *adj.* интроспекти́вный.
**introvert** *n.* челове́к, сосредото́ченный на
само́м себе́; ро́бкий, засте́нчивый челове́к.
*v.t.*: an ~ed nature за́мкнутая нату́ра.
**intrud|e** *v.t.*: he ~ed his foot into the doorway он
су́нул но́гу в дверь; he ~ed himself into our
company он навяза́л нам своё о́бщество; I
don't wish to ~e my opinions on you я не хочу́
вам навя́зывать свои́ мне́ния; the thought
~ed itself into my mind э́та мысль засе́ла у
меня́ в голове́.
*v.i.* вт|орга́ться, -о́ргнуться; I hope I'm not
~ing наде́юсь, я вам не помеша́ю; you are
~ing on my time вы посяга́ете на моё вре́мя.
**intruder** *n.* (*intrusive person*) навя́зчивый
челове́к; (*burglar*) граби́тель (*m.*); (*raiding aircraft*) самолёт вторже́ния.
**intrusion** *n.* вторже́ние; an ~ on my privacy
наруше́ние моего́ уедине́ния/поко́я; втор-
же́ние в мою́ ли́чную жизнь.
**intrusive** *adj.* незва́ный; назо́йливый.
**intrust** *see* ENTRUST.
**intuit** *v.t.* пост|ига́ть, -и́гнуть интуити́вно.
**intuition** *n.* интуи́ция; чутьё; I had an ~ of her
death я почу́вствовал, что она́ умерла́.
**intuitive** *adj.* интуити́вный; women are more ~
than men же́нщины облада́ют бо́лее ра́з-
витой интуи́цией, чем мужчи́ны.
**inundate** *v.t.* затоп|ля́ть, -и́ть; наводн|я́ть, -и́ть;
floods ~d the valley доли́на была́ залита́ в
результа́те наводне́ний; (*fig.*) нап|олня́ть,
-о́лнить; наводн|я́ть, -и́ть; I was ~d with let-
ters меня́ засы́пали пи́сьмами; the town was
~d with tourists го́род был наводнён тури́-
стами.
**inundation** *n.* наводне́ние; (*fig.*) наплы́в.
**inure** *v.t.* приуч|а́ть, -и́ть; прив|ива́ть, -и́ть
на́вык (к чему́); working in the fields ~d his
body to heat and cold рабо́та в по́ле приучи́ла
его́ органи́зм к жаре́ и хо́лоду.
**inutility** *n.* бесполе́зность, непригодность.
**invade** *v.t.* захва́т|ывать, -и́ть; зан|има́ть, -я́ть;
Germany ~d France Герма́ния вто́рглась во
(*or* напа́ла на) Фра́нцию; (*fig.*) охва́т|ывать,
-и́ть; наводн|я́ть, -и́ть; овлад|ева́ть, -е́ть +i.;
doubts ~d her mind е́ю овладе́ли сомне́ния;
crowds of tourists ~d the restaurants то́лпы
тури́стов наводни́ли рестора́ны; ~ s.o.'s
rights посяг|а́ть, -ну́ть на чьи-н. права́.

**invader** *n.* захва́тчик.
**invalid**[1] *n.* (*sick person*) больно́й; ~ chair
кре́сло для инвали́дов; ~ diet дие́та для
больны́х.
*v.t.*: he was ~ed out (of the army) его́ демоби-
лизова́ли по состоя́нию здоро́вья; его́
комиссова́ли.
**invalid**[2] *adj.* (*groundless*) несостоя́тельный,
неприго́дный; ~ argument несостоя́тельный
до́вод; (*having no legal force*) недейст-
ви́тельный, не име́ющий зако́нной си́лы.
**invalidate** *v.t.* де́лать, с- неполноце́нным;
лиш|а́ть, -и́ть зако́нной си́лы; аннули́ровать
(*impf., pf.*).
**invalidation** *n.* лише́ние (зако́нной) си́лы;
аннули́рование.
**invalidity** *n.* недействи́тельность, незако́н-
ность.
**invaluable** *adj.* неоцени́мый, бесце́нный.
**invariable** *adj.* неизме́нный, постоя́нный.
**invasion** *n.* вторже́ние, нападе́ние, наше́ствие;
the ~ of Europe вторже́ние в Евро́пу;
~ of privacy наруше́ние поко́я/уедине́ния;
вторже́ние в (чью-н.) ли́чную жизнь.
**invective** *n.* инвекти́ва, брань.
**inveigh** *v.i.*: ~ against я́ростно нап|ада́ть, -а́сть
на +a.; поноси́ть (*impf.*); де́лать, с- вы́пады
про́тив +g.
**inveigle** *v.t.* соблазн|я́ть, -и́ть; оболь|ща́ть,
-сти́ть; they ~d him into the conspiracy они́
вовлекли́ его́ в за́говор; he was ~d into sign-
ing a cheque его́ обма́ном заста́вили
подписа́ть чек.
**invent** *v.t.* (*devise, originate*) изобре|та́ть,
-сти́; when was this machine ~ed? когда́
была́ изобретена́ э́та маши́на?; (*think
up*) приду́м|ывать, -ать; выду́мывать, вы́-
думать.
**invention** *n.* (*designing; contrivance*) изобрете́-
ние; (*inventiveness*) изобрета́тельность, на-
хо́дчивость; (*fabrication*) вы́думка; his story
is pure ~ его́ расска́з — сплошна́я вы́думка;
a writer of great ~ писа́тель с бога́той
фанта́зией.
**inventive** *adj.* изобрета́тельный, нахо́дчивый.
**inventor** *n.* изобрета́тель (*m.*).
**inventory** *n.* инвента́рь (*m.*).
**inverse** *adj.* обра́тный, противополо́жный; in
~ ratio, proportion to в обра́тной про-
порциона́льности к +d.
**inversion** *n.* (*turning upside down*) пере-
стано́вка; переворти́вание; (*reversing order
or relation*) измене́ние поря́дка/после́дова-
тельности; (*gram.*) инве́рсия.
**invert**[1] *n.* (*homosexual*) гомосексуали́ст.
**invert**[2] *v.t.* (*turn upside down*) перев|ора́чивать,
-ерну́ть; ~ed commas кавы́чки (*f. pl.*);
(*reverse order or relation*) перест|авля́ть,
-а́вить; меня́ть, по- (*or* изменя́ть, -и́ть) поря́-
док.

**invertebrate** *n.* беспозвоно́чное (живо́тное). *adj.* беспозвоно́чный.

**invest** *v.t.* **1.** (*clothe, usu. fig.*) од|ева́ть, -е́ть; облач|а́ть, -и́ть; he was ~ed with a robe его́ облачи́ли в ма́нтию; he was ~ed with full authority его́ облекли́ все́ми полномо́чиями; the house was ~ed with an air of mystery дом был оку́тан та́йной; **2.** (*lay out as* ~*ment*) поме|ща́ть, -сти́ть; вкла́дывать, вложи́ть; инвести́ровать (*impf., pf.*); **3.** (*lay siege to*) оса|жда́ть, -ди́ть; окруж|а́ть, -и́ть.

*v.i.* поме|ща́ть, -сти́ть де́ньги/капита́л; (*coll., spend money usefully*): I must ~ in a new hat мне придётся потра́титься на (*or* приобрести́) но́вую шля́пу.

**investigate** *v.t.* рассле́довать (*impf., pf.*); иссле́довать (*impf., pf.*).

**investigation** *n.* рассле́дование, сле́дствие; иссле́дование.

**investigator** *n.* сле́дователь (*m.*); иссле́дователь (*m.*).

**investiture** *n.* инвеститу́ра; форма́льное введе́ние в до́лжность; пожа́лование зва́ния.

**investment** *n.* **1.** (*investing*) инвести́рование, капиталовложе́ние, помеще́ние капита́ла; a wise ~ разу́мное испо́льзование де́нег; (*sum invested*) инвести́ция; вклад; (*lucrative acquisition*) уда́чное приобрете́ние; **2.** (*siege*) оса́да.

**investor** *n.* вкла́дчик.

**inveterate** *adj.* закорене́лый, зая́длый; an ~ disease закорене́лая боле́знь; ~ hatred глубоко́ укорени́вшаяся не́нависть; an ~ smoker зая́длый кури́льщик.

**invidious** *adj.* оскорби́тельный; вызыва́ющий оби́ду/за́висть; an ~ comparison оби́дное/ оскорби́тельное сравне́ние.

**invidiousness** *n.* оскорби́тельность.

**invigilate** *v.t. & i.* надзира́ть (*impf.*) за (*кем*); следи́ть (*impf.*) за экзамену́ющимися.

**invigilation** *n.* надзо́р за экзамену́ющимися.

**invigilator** *n.* следя́щий/надзира́ющий за экзамену́ющимися.

**invigorat|e** *v.t.* укреп|ля́ть, -и́ть; прид|ава́ть, -а́ть си́лу +*d.*; (*fig.*) воодушев|ля́ть, -и́ть; вдохнов|ля́ть, -и́ть; his ideas are ~ing его́ иде́и вдохновля́ют.

**invincibility** *n.* непобеди́мость.

**invincible** *adj.* непобеди́мый; ~ will несгиба́емая во́ля.

**inviolability** *n.* неруши́мость; неприкоснове́нность.

**inviolable** *adj.* неруши́мый; неприкосно- ве́нный; ~ oath неруши́мая кля́тва.

**inviolate** *adj.* ненару́шенный; нетро́нутый.

**invisibility** *n.* неви́димость.

**invisible** *adj.* неви́димый, незри́мый; ~ to the naked eye незаме́тный для невооружённого гла́за; when I called he was ~ когда́ я пришёл, он никого́ не принима́л; ~ exports невиди-

мый э́кспорт; ~ ink симпати́ческие черни́ла; ~ repair худо́жественная што́пка.

**invitation** *n.* приглаше́ние; send out ~s pa|ссыла́ть, -зосла́ть приглаше́ния; an ~ to lunch приглаше́ние на обе́д; I came at your ~ я пришёл по ва́шему приглаше́нию; admission by ~ only вход то́лько по пригласи́тельным биле́там.

**invite**[1] *n.* (*coll., invitation*) приглаше́ние.

**invit|e**[2] *v.t.* **1.** (*request to come*) пригла|ша́ть, -си́ть; she ~ed him into her flat она́ пригласи́ла его́ к себе́ на кварти́ру; I am seldom ~ed out меня́ ре́дко куда́-либо приглаша́ют; I was not ~ed меня́ не зва́ли; ~e o.s. напроси́ться (*pf.*) в го́сти; **2.** (*request*) пред- л|ага́ть, -ожи́ть; проси́ть, по-; I ~ed him to reconsider я предложи́л ему́ пересмотре́ть своё реше́ние; we were ~ed to choose нам был предоста́влен вы́бор; the speaker ~ed questions from the audience ле́ктор проси́л пу́блику задава́ть вопро́сы; **3.** (*encourage*) привл|ека́ть, -е́чь; распол|ага́ть, -ожи́ть; the soft air ~es one to dream на све́жем во́здухе хорошо́ мечта́ется; his manner ~es confidence его́ обраще́ние вызыва́ет дове́рие; (*tend to provoke*) вызыва́ть (*impf.*), спосо́бствовать (*impf.*) +*d.*; are you trying to ~e trouble? вы что, напра́шиваетесь на неприя́тности?; **4.** (*attract*) привл|ека́ть, -е́чь; her clothes ~ed attention её оде́жда привлека́ла внима́ние; the water looks ~ing вода́ ма́нит.

**invocation** *n.* взыва́ние (к Бо́гу); моли́тва.

**invoice** *n.* (счёт-)факту́ра.

*v.t.*: ~ goods to s.o. выпи́сывать, вы́писать счёт/факту́ру кому́-н. на това́ры.

**invoke** *v.t.* **1.** (*call on*) приз|ыва́ть, -ва́ть; ~ the law взыва́ть, воззва́ть к зако́ну; he ~d the dictionary in support of his statement он сосла́лся на слова́рь для подкрепле́ния своего́ утвержде́ния; **2.** (*call for*) взыва́ть, воззва́ть (*о чём*), моли́ть (*impf.*); ~ God's blessing моли́ть Бо́га о благослове́нии; she ~d his aid она́ взыва́ла к его́ по́мощи; she ~d a curse on his family она́ прокляла́ его́ семью́.

**involuntary** *adj.* (*forced*) вы́нужденный, нео-хо́тный; (*accidental*) случа́йный; (*unintentional*) ненаме́ренный; (*uncontrollable*) нево́льный, непроизво́льный.

**involve** *v.t.* **1.** (*entangle; implicate*) вовл|ека́ть, -е́чь; впу́т|ывать, -ать; I don't want to get ~d in this business я не хочу́ впу́тываться в э́то де́ло; he is ~d with stocktaking just now он сейча́с за́нят инвентариза́цией; he was ~d in debt он запу́тался в долга́х; ~ himself with an actress он связа́лся с актри́сой; it will not ~ you in any expense э́то не введёт вас в расхо́ды; **2.** (*have as consequence; entail*) влечь (*impf.*) за собо́й; вызыва́ть, вы́звать; it would ~ my living in London в тако́м слу́чае мне бы пришло́сь жить в Ло́ндоне; I want to know

what is ~d я хочу́ знать, с чем э́то
сопряжено́.
**involved** *adj.* сло́жный, запу́танный.
**involvement** *n.* (*participation*) прича́стность;
(*complicated situation*) сло́жное положе́ние;
(*financial*) де́нежное затрудне́ние; (*personal*)
связь, вовлечённость.
**invulnerability** *n.* неуязви́мость.
**invulnerable** *adj.* неуязви́мый.
**inward** *adj.* (*lit., fig.*) вну́тренний; I was ~ly
relieved в душе́ (*or* про себя́) я вздохну́л с
облегче́нием.
    *adv. see* INWARD(S).
**inwardness** *n.* и́стинная приро́да; су́щность,
суть.
**inward(s)** *adv.* вну́тренне; (*expr. motion*)
внутрь.
**inwrought** *adj.* (*of fabric*) за́тканный; (*of pattern*) во́тканный.
**iodine** *n.* йод.
**iodoform** *n.* йодофо́рм.
**ion** *n.* ио́н.
**Ionian** *adj.* иони́йский, иони́ческий; ~ Islands
Иони́ческие острова́ (*m. pl.*).
**Ionic** *adj.* иони́ческий.
**ionization** *n.* иониза́ция.
**ionize** *v.t.* иониз́ировать (*impf.*).
**ionosphere** *n.* ионосфе́ра.
**ionospheric** *adj.* ионосфе́рный.
**iota** *n.* (*lit., fig.*) йо́та; we will not yield one ~ мы
не отсту́пим ни на йо́ту/пядь; I don't care one
~ мне реши́тельно всё равно́.
**IOU** *n.* (*coll.*) долгова́я распи́ска.
**Iowa** *n.* Айова (*m.*).
**ipecacuanha** *n.* ипекакуа́на, рво́тный ко́рень.
**ipse dixit** *n.* голосло́вное утвержде́ние.
**ipso facto** *adv.* тем са́мым; по самому́ фа́кту.
**IQ** *n.* (*abbr.,* intelligence quotient) коэф-
фицие́нт у́мственного разви́тия.
**Irak, Iraki** *see* IRAQ, IRAQI.
**Iran** *n.* Ира́н.
**Iranian** *n.* ира́н|ец (*fem.* -ка).
    *adj.* ира́нский.
**Ira|q, -k** *n.* Ира́к.
**Ira|qi, -ki** *n.* ира́кец, жи́тель (*fem.* -ница)
Ира́ка.
**irascibility** *n.* раздражи́тельность, вспы́ль-
чивость.
**irascible** *adj.* раздражи́тельный, вспы́ль-
чивый.
**irate** *adj.* серди́тый, гне́вный.
**irateness** *n.* гнев, зло́ба.
**IRBM** *n.* (*abbr.,* intermediate range ballistic missile) БРСД (баллисти́ческая раке́та сре́дней
да́льности).
**ire** *n.* (*liter.*) гнев, зло́ба.
**Ireland** *n.* Ирла́ндия.
**irenic, eirenic** *adj.* примиря́ющий, миротво́р-
ческий.
**iridescence** *n.* ра́дужность; игра́ цвето́в.

**iridescent** *adj.* ра́дужный, перели́вчатый.
**iridium** *n.* ири́дий.
**iris** *n.* **1.** (*plant*) и́рис; **2.** (*of eye*) ра́дужная
оболо́чка.
**Irish** *n.* **1.** (*language*) ирла́ндский язы́к; **2.**: the
~ ирла́ндцы (*m. pl.*).
    *adj.* ирла́ндский; it sounds ~ to me (*coll.*) мне
ка́жется, э́то всё нелоги́чно; ~ stew ≃
тушёная бара́нина с карто́шкой.
    *cpds.*: ~**man** *n.* ирла́ндец; ~**woman** *n.*
ирла́ндка.
**irk** *v.t.* надоеда́ть (*impf.*) +*d.*; раздража́ть
(*impf.*).
**irksome** *adj.* раздражи́тельный, надое́дливый,
доку́чливый.
**irksomeness** *n.* раздражи́тельность, надое́д-
ливость, доку́чливость.
**iron** *n.* **1.** (*metal*) желе́зо; the I ~ Age желе́зный
век; his muscles are of ~ у него́ стальны́е
му́скулы; the ~ entered into his soul «в
желе́зо вошла́ душа́ его́»; он был пода́влен
го́рем; strike while the ~ is hot (*prov.*) куй
желе́зо, пока́ горячо́; **2.** (*flat- or smoothing-
~*) утю́г; electric ~ электри́ческий утю́г; run
the ~ over my trousers, please погла́дьте мне,
пожа́луйста, брю́ки; **3.** (*pl.,* fire-~s)
ками́нный прибо́р; he has too many ~s in the
fire он берётся за сли́шком мно́го дел сра́зу;
**4.** (*pl.,* fetters) око́в|ы (*pl., g.* —); (*handcuffs*)
нару́чники (*m. pl.*); the ringleaders were put in
~s зачи́нщиков закова́ли в кандалы́; **5.**
(branding-~) клеймо́; **6.** (*support for leg*)
ножно́й проте́з.
    *adj.* (*lit., fig.*) желе́зный; the I~ Curtain
желе́зный за́навес; ~ lung иску́сственное
лёгкое; ~ rations неприкоснове́нный запа́с;
an ~ tonic тонизи́рующее сре́дство,
содержа́щее желе́зо; he ruled with an ~ hand
он управля́л/пра́вил желе́зной руко́й; the ~
hand in the velvet glove желе́зная рука́ в бар-
ха́тной перча́тке; an ~ will желе́зная во́ля.
    *v.t. & i.* (*smooth with flat-~*) утю́жить, вы́-;
гла́дить, по-/вы́-; she spent the whole evening
~ing она́ гла́дила бельё весь ве́чер; ~ out
(*fig.*) сгла́|живать, -дить; the difficulties have
all been ~ed out все осложне́ния устранены́.
    *cpds.*: ~**-age** *adj.* принадлежа́щий же-
ле́зному ве́ку; ~**clad** *n.* бронено́сец;
~**-foundry** *n.* чугунолите́йный цех; ~**-grey**
*adj.* стально́го цве́та; ~**master** *n.* фабрика́нт
желе́зных изде́лий; ~**monger** *n.* торго́вец
скобяны́м това́ром; ~**-ware** *n.* скобяно́й
това́р; ~**work** *n.* чугу́нные украше́ния;
~**-works** *n.* чугунолите́йный заво́д.
**ironic(al)** *adj.* ирони́ческий.
**ironing** *n.* **1.** (*action*) утю́жка, гла́женье;
~**-board** гла́дильная доска́; **2.** (*linen*) бельё
для гла́женья.
**ironist** *n.* насме́шник.
**iron|y** *n.* иро́ния; the ~y of fate иро́ния судьбы́;

one of life's ~ies одна́ из превра́тностей судьбы́; the ~y of it is that . . . иро́ния в том, что . . .

**irradiate** *v.t.* (*subject to light rays*) осве|ща́ть, -ти́ть; бр|оса́ть, -о́сить свет на +*a*.; (*subject to radiation*) излуч|а́ть, -и́ть; облуч|а́ть, -и́ть; (*fig., light up*) озар|я́ть, -и́ть.

**irradiation** *n.* освеще́ние; (*fig.*) лучеза́рность.

**irrational** *adj.* (*not endowed with reason*) неразу́мный, не облада́ющий ра́зумом; (*illogical*; *absurd*) иррациона́льный, нелоги́чный, неразу́мный; (*math.*) иррациона́льный.

**irrationality** *n.* неразу́мность, иррациона́льность, нелоги́чность.

**irreclaimable** *adj.* безвозвра́тный.

**irreconcilability** *n.* непримири́мость; несовмести́мость.

**irreconcilable** *adj.* (*of persons*) непримири́мый; (*of ideas etc.*) несовмести́мый, противоречи́вый; this is ~ with his previous statement э́то противоре́чит его́ предыду́щему заявле́нию.

**irrecoverable** *adj.* невозмести́мый; (*irremediable*) непоправи́мый.

**irredeemable** *adj.* непоправи́мый; (*of currency*) неразме́нный; (*of an annuity*) не подлежа́щий вы́купу.

**irredentist** *n.* (*Ital. hist.*) ирреденти́ст.

**irreducible** *adj.* преде́льный, минима́льный; the ~ minimum преде́льный ми́нимум; ~ to order не поддаю́щийся упоря́дочению.

**irrefragable** *adj.* неоспори́мый, неопровержи́мый.

**irrefutability** *n.* неопровержи́мость.

**irrefutable** *adj.* неопровержи́мый.

**irregular** *n.* (*usu. pl., mil.*) нерегуля́рные войска́.
   *adj.* **1.** (*contrary to rule or norm*) непра́вильный; необы́чный; непри́нятый; ~ proceeding де́йствие, наруша́ющее заведённый поря́док; an ~ marriage незако́нный брак; he leads an ~ life он ведёт беспоря́дочную жизнь; **2.** (*variable in occurrence*) нерегуля́рный; he keeps ~ hours он встаёт и ложи́тся когда́ попа́ло; he is ~ in attending lectures он посеща́ет ле́кции нерегуля́рно; **3.** (*unsymmetrical*) непра́вильный, несимметри́чный; an ~ polygon несимметри́чный многоуго́льник; **4.** (*uneven*) неро́вный; ~ teeth неро́вные зу́бы; an ~ surface неро́вная пове́рхность; **5.** (*unequal*; *heterogeneous*) неравноме́рный, неодина́ковый; at ~ intervals с неодина́ковыми интерва́лами; **6.** (*not straight*) неро́вный; an ~ coastline изре́занная берегова́я ли́ния; **7.** (*gram.*) непра́вильный.

**irregularity** *n.* (*of conduct, procedure*) беспоря́док; незако́нность; (*of occurence*) непра́вильность, нерегуля́рность; (*of form*) несимметри́чность, непра́вильность, неро́вность.

**irrelevanc|e, -y** *nn.* неуме́стность; (*remark*) неуме́стное замеча́ние.

**irrelevant** *adj.* неуме́стный, неподходя́щий; ~ to the matter in hand не относя́щийся к де́лу.

**irreligion** *n.* неве́рие.

**irreligious** *adj.* неве́рующий.

**irremediable** *adj.* непоправи́мый, неизлечи́мый.

**irremovable** *adj.* неустрани́мый; (*from office*) не поддаю́щийся смеще́нию.

**irreparable** *adj.*: an ~ mistake непоправи́мая оши́бка; an ~ loss безвозвра́тная поте́ря/ утра́та; my watch suffered ~ harm мои́ часы́ оконча́тельно слома́лись.

**irreplaceable** *adj.* незамени́мый.

**irrepressible** *adj.* неукроти́мый, неугомо́нный, неудержи́мый; an ~ child неугомо́нный ребёнок; ~ optimism неистреби́мый оптими́зм.

**irreproachable** *adj.* безукори́зненный, безупре́чный.

**irresistible** *adj.* непреодоли́мый, неотрази́мый; an ~ impulse безу́держный поры́в; an ~ argument неопроверж́имый до́вод; her smile was ~ у неё была́ покоря́ющая улы́бка.

**irresolute** *adj.* нереши́тельный.

**irresolut|ion, -eness** *nn.* нереши́тельность.

**irrespective** *adj.*: ~ of невзира́я/несмотря́ на +*a*.

**irresponsibility** *n.* безотве́тственность.

**irresponsible** *adj.* безотве́тственный.

**irretrievability** *n.* невозмести́мость, невосполни́мость; безнадёжность, непоправи́мость.

**irretrievable** *adj.* (*unrecoverable*) невозмести́мый, невосполни́мый; (*beyond rescue*) безнадёжный; (*irreparable*) непоправи́мый.

**irreverence** *n.* непочти́тельность, неуваже́ние.

**irreverent** *adj.* непочти́тельный, неуважи́тельный.

**irreversibility** *n.* необрати́мость.

**irreversible** *adj.* (*e.g. process*) необрати́мый; (*e.g. decision*) неотменя́емый.

**irrevocability** *n.* бесповоро́тность; (*finality*) оконча́тельность.

**irrevocable** *adj.* (*unalterable*) неотменя́емый; (*gone beyond recall*) бесповоро́тный.

**irrigate** *v.t.* **1.** (*supply water to*) оро|ша́ть, -си́ть; **2.** (*med.*) пром|ыва́ть, -ы́ть.

**irrigation** *n.* **1.** (*supply of water*) ороше́ние, иррига́ция; ~ canal ирригацио́нный кана́л; **2.** (*med.*) промыва́ние.

**irritability** *n.* раздражи́тельность; чувстви́тельность, раздражи́мость.

**irritable** *adj.* **1.** (*easily annoyed*) раздражи́тельный; **2.** (*of skin etc.*) чувстви́тельный, не́жный, раздражи́мый.

**irritant** *n.* раздражи́тель (*m.*).
   *adj.* раздража́ющий.

**irritat|e** *v.t.* **1.** (*annoy*) раздража́ть (*impf.*); he was in an ~ing mood он был соверше́нно

невозмо́жен; **2.** (*cause discomfort to*) раздража́ть (*impf.*); the smoke ~es one's eyes дым ест глаза́.
*v.i.* (*coll., itch*): the scab began to ~e струп стал зуде́ть/чеса́ться.

**irritation** *n.* (*annoyance*; *discomfort*) раздраже́ние; (*coll., itch*) зуд, чесо́тка.

**irruption** *n.* вторже́ние.

**Isaac** *n.* Исаа́к.

**Isaiah** *n.* (*bibl.*) Иса́ия (*m.*).

**Isfahan** *n.* Исфаха́н.

**isinglass** *n.* ры́бий желати́н/клей.

**Islam** *n.* исла́м, мусульма́нство.

**Islamic** *adj.* мусульма́нский, ислами́стский.

**island** *n.* о́стров; traffic ~ островок безопа́сности.

**islander** *n.* островитя́н|ин (*fem.* -ка).

**isle** *n.* о́стров; the British I~s Брита́нские острова́.

**islet** *n.* островок.

**ism** *n.* (*coll.*) уче́ние, тео́рия, «изм».

**isobar** *n.* изоба́ра.

**isogloss** *n.* изогло́сса.

**isolate** *v.t.* **1.** изоли́ровать (*impf., pf.*) (*also med.*); разобщ|а́ть, -и́ть; villages were ~d by the snow из-за снегопа́да сообще́ние с дере́вня́ми бы́ло нару́шено; an ~d village отдалённая дере́вня; an ~d occasion ча́стный/ отде́льный слу́чай; you cannot ~ one aspect of the subject нельзя́ рассма́тривать э́то де́ло исключи́тельно с одно́й то́чки зре́ния; **2.** (*chem.*) выделя́ть, вы́делить.

**isolation** *n.* (*separation*) изоля́ция, разобще́ние; a policy of ~ поли́тика изоля́ции; (*detachment*) уедине́ние; he lives in splendid ~ он живёт в благослове́нном уедине́нии; a case considered in ~ отде́льно взя́тый слу́чай; (*med.*) изоля́ция; ~ hospital инфекцио́нная больни́ца.

**isolationism** *n.* изоляциони́зм.

**isolationist** *n.* изоляциони́ст.

**isometric** *adj.* изометри́ческий.

**isosceles** *adj.* равнобе́дренный.

**isotherm** *n.* изоте́рма.

**isotope** *n.* изото́п.

**Israel** *n.* (*bibl., pol.*) Изра́иль (*m.*); children, sons of ~ сыны́ Изра́илевы.

**Israeli** *n.*, **Israelite** *n.* (*bibl.*) израильтя́н|ин (*fem.* -ка).
*adj.* изра́ильский.

**issue** *n.* **1.** (*outflowing*; *emergence*) вытека́ние; (*place of emergence*) вы́ход; **2.** (*putting out, publication, production*) вы́пуск; an ~ of stamps вы́пуск ма́рок; on the day of ~ в день вы́хода/вы́пуска; (*sth. published or produced*) вы́пуск, изда́ние; recent ~s of a magazine после́дние номера́ журна́ла; an ~ of winter clothing компле́кт зи́мней оде́жды; **3.** (*question, topic*) вопро́с; предме́т обсужде́ния; the point at ~ предме́т спо́ра; I don't want to make

an ~ of it я не хочу́ де́лать из э́того исто́рию; join, take ~ with s.o. on sth. нач|ина́ть, -а́ть спо́рить с кем-н. о чём-н.; **4.** (*outcome*) исхо́д; ито́г; I await the ~ я жду результа́та; the matter was brought to a successful ~ де́ло зако́нчилось благополу́чно; **5.** (*leg., offspring*) пото́мство.

*v.t.* **1.** (*utter, publish*) изд|ава́ть, -а́ть; выпуска́ть, вы́пустить; an order was ~d for everyone to remain at home был и́здан прика́з не выходи́ть на у́лицу; he ~d a solemn warning он сде́лал серьёзное предупрежде́ние; a book ~d last year кни́га, и́зданная в про́шлом году́; **2.** (*supply*) выдава́ть, вы́дать; снаб|жа́ть, -ди́ть; everyone was ~d with ration cards всем вы́дали продово́льственные ка́рточки.

*v.i.* **1.** (*go, come out*) выходи́ть, вы́йти; вытека́ть (*impf.*); smoke ~d from the chimney дым шёл/вали́л из трубы́; water ~d from the rock вода́ точи́лась из скалы́; no sound ~d from his lips он не пророни́л ни зву́ка; blood was issuing from his wounds кровь сочи́лась из его́ ран; **2.** (*proceed, emanate*) прои|сходи́ть, -зойти́; where do these rumours ~ from? отку́да пошли́ э́ти слу́хи?; **3.** (*result*) конча́ться, ко́нчиться; заверш|а́ться, -и́ться; their dispute ~d in bloodshed их ссо́ра зако́нчилась кровопроли́тием.

**Istanbul** *n.* Стамбу́л, Истанбу́л.

**isthmus** *n.* переше́ек, перемы́чка.

**it** *pron.* **1.** он (она́, оно́); э́то; *often untranslated, see examples:* he loved his country and died for ~ он люби́л свою́ страну́ и поги́б за неё; who is it? кто э́то?; ~'s the postman э́то почтальо́н; I don't speak Russian but I understand ~ я не говорю́ по- ру́сски, но понима́ю; the shed has no roof over ~ сара́й не име́ет кры́ши; ~ is unpleasant, of course э́то, коне́чно, неприя́тно; that's just ~ то́-то и оно́; в то́м-то и де́ло; that's not ~ э́то не то; не в том де́ло; **2.** (*impersonal or indefinite*): ~ is winter (стои́т) зима́; ~ was in winter де́ло бы́ло зимо́й; ~ is cold хо́лодно; ~ is 6 o'clock (сейча́с) шесть часо́в; ~ is raining идёт дождь; ~ is 5 miles to Oxford до О́ксфорда пять миль; we had to walk ~ нам пришло́сь пойти́ пешко́м; run for ~! беги́те изо всех сил (*or* что есть мо́чи)!; he had a bad time of ~ ему́ здо́рово доста́лось; if ~ were not for him е́сли бы не он; не будь его́; how goes ~? как дела́?; ~ is said говоря́т; ~ is no use going there не́зачем идти́ туда́; **3.** (*anticipating logical subject*): ~ is hard to imagine тру́дно себе́ предста́вить; I thought ~ best to inform you я почёл за лу́чшее сообщи́ть вам; ~ appears I was wrong выхо́дит, что я был непра́в; **4.** (*emph. another word*): ~ was John who said that э́то сказа́л Джон; ~ is to him you must write э́то ему́ вы должны́ написа́ть; ~ is here that the trouble lies вот в чём беда; ~ was a purse that she dropped and not a bag урони́ла-то она́ кошелёк, а не су́мку; ~ was here that I met her здесь-то мы с ней и встре́тились; **5.** (*other emph. uses*): he thinks he's ~ (*coll.*) он (поря́дком) зазнаётся; that's ~ (*the problem*) вот и́менно; (*right*) (вот) и́менно, ве́рно; (*coll., the end*) вот и всё; и то́чка; this is ~ (*expected event*) наконе́ц-то; **6.**: '~' (*at children's games*) водя́щий (*etc., depending on game; see also* HE): who is '~'? кто во́дит?; чья о́чередь води́ть?

**Italian** *n.* (*pers.*) италья́н|ец (*fem.* -ка); (*language*) италья́нский язы́к.

*adj.* италья́нский.

**italicize** *v.t.* выделя́ть, вы́делить курси́вом.

**italics** *n.* курси́в; in ~ курси́вом.

**itch** *n.* **1.** (*irritation of skin*) зуд; **2.** (*disease*) чесо́тка; **3.** (*hankering*) стремле́ние; зуд; he has an ~ to travel он жа́ждет путеше́ствовать.

*v.i.* **1.** (*irritate*) чеса́ться (*impf.*); he has an ~ing palm он жа́дный (до де́нег); **2.** (*feel a longing*) испы́тывать (*impf.*) зуд; I was ~ing to strike him рука́ у меня́ так и зуде́ла/чеса́лась уда́рить его́.

**itchy** *adj.* зудя́щий.

**item** *n.* пункт, но́мер; ~s on the agenda пу́нкты пове́стки дня; the first ~ on the programme (*entertainment*) пе́рвый но́мер програ́ммы; ~ of expenditure статья́ расхо́да; the list comprises 11 ~s спи́сок включа́ет 11 предме́тов; news ~ (коро́ткое) сообще́ние.

**itemization** *n.* (*list*) пе́речень (*m.*); спи́сок.

**itemize** *v.t.* перечи|сля́ть, -и́слить; сост|авля́ть, -а́вить пе́речень +*g.*; an ~d account

подро́бный счёт.

**iterate** *v.t.* повтор|я́ть, -и́ть; возобнов|ля́ть, -и́ть.

**iteration** *n.* повторе́ние, возобновле́ние.

**itinerant** *adj.* стра́нствующий, скита́ющийся; ~ musicians стра́нствующие/бродя́чие музыка́нты; an ~ judge судья́, объезжа́ющий свой о́круг.

**itinerary** *n.* (*route*) маршру́т, путь (*m.*).

**its** *poss. adj.* его́, её; (*pert. to subject of sentence*) свой; the horse broke ~ leg ло́шадь слома́ла (себе́) но́гу.

**itself** *pron.* **1.** (*refl.*) себя́; -ся (*suff.*); the cat was washing ~ кот мы́лся; the monkey saw ~ in the mirror обезья́на уви́дела себя́ в зе́ркале; **2.** (*emph.*) сам; she is kindness ~ она́ сама́ доброта́; она́ воплоще́ние доброты́; the house ~ is not worth much дом сам по себе́ мно́гого не сто́ит; by ~ (*alone*) оди́н, одино́ко, в отда́ле́нии; (*automatically*) самостоя́тельно; the clock stood by ~ in the corner в углу́ стоя́ли то́лько часы́; in ~ сам по себе́; of ~ сам (по себе́); the house looked ~ again дом сно́ва приобрёл пре́жний вид.

**IUD** *n.* (*abbr.,* intra-uterine device) ВМК (внутрима́точный контрацепти́в).

**ivied** *adj.* уви́тый плющо́м.

**ivory** *n.* **1.** (*substance*) слоно́вая кость; the I~ Coast Бе́рег Слоно́вой Ко́сти; **2.** (*colour*) цвет слоно́вой ко́сти; **3.** (*pl., coll., piano keys*) кла́виши (*m. pl.*).

*adj.* (*made of* ~) из слоно́вой ко́сти; (*of the colour of* ~) ма́товый, кре́мовый; ~ skin ма́товая ко́жа.

**ivy** *n.* плющ.

# J

**jab** *n.* **1.** (*sharp blow*) тычо́к; he gave me a ~ in the ribs with his elbow он ткнул меня́ ло́ктем в бок; (*with foot or knee*) пино́к; (*in boxing*) коро́ткий прямо́й уда́р по ко́рпусу; **2.** (*coll., injection*) уко́л; they gave him (*or* he got) a ~ ему́ сде́лали уко́л; have you had your smallpox ~? вам уже́ сде́лали приви́вку от о́спы?

*v.t.* **1.** (*poke*) ты́кать, ткнуть; don't ~ me in the eye with your umbrella! смотри́те, не проткни́те мне ва́шим зо́нтиком глаз!; (*pierce*) кол|о́ть, -ьну́ть; пырну́ть (*pf.*) (*ножом*); he ~bed with a bayonet его́ проткну́ли штыко́м; **2.** (*thrust*) втыка́ть, воткну́ть; he ~bed his knee into my stomach он пнул мне в живо́т коле́ном; they ~bed a needle into his arm они́ воткну́ли иго́лку ему́ в ру́ку.

*v.i.* he ~bed at my chin он ткнул меня́ в подборо́док; a ~bing pain ко́лющая боль.

**jabber** *n.* трескотня́, тараба́рщина.

*v.t. & i.* треща́ть (*impf.*); тарато́рить, про-.

**jabot** *n.* жабо́ (*indecl.*).

**jacaranda** *n.* джакара́нда.

**jacinth** *n.* гиаци́нт.

**jack** *n.* **1.** (*name*): J~ Frost Моро́з Кра́сный Нос; before you could say J~ Robinson момента́льно; в два счёта; в мгнове́ние о́ка; ≃ и а́хнуть не успе́л; J~ Tar матро́с; every man ~ все до еди́ного; ~ of all trades ма́стер на все ру́ки; he is ~ of all trades and master of none он за всё берётся и ничего́ то́лком не уме́ет; ~ rabbit (*Am.*) кро́лик-саме́ц; **2.** (*card*) вале́т; ~ of spades пи́ковый вале́т; **3.** (*flag*) гюйс; Union J~ госуда́рственный флаг Соединённого Короле́вства; **4.** (*lifting device*) домкра́т.

*v.t.*: ~ **up** (*of car etc.*) подн|има́ть, -я́ть домкра́том; (*fig., of prices etc.*) пов|ыша́ть, -ы́сить.

*cpds.*: ~**ass** *n.* осёл: (*fool*) осёл, дурáк; ~**boot** *n.* сапóг; (*hist.*) ботфóрт; ~**daw** *n.* гáлка; ~**-in-office** *n.* чинýша (*c.g.*), бюрокрáт; ~**-in-the-box** *n.* ящик с выскáкивающей фигýркой; ~**knife** *n.* большóй складнóй нож; (*fig., dive*) прыжóк (в вóду) согнýвшись; *v.i.* (*dive*) прыгать (*impf.*) в вóду согнýвшись; ~**-plane** *n.* шерхéбель (*m.*), рубáнок; ~**pot** *n.* (*at cards*) банк при «прáзднике»; he hit the ~pot (*fig.*) емý крýпно повезлó.

**jackal** *n.* шакáл.

**jackanapes** *n.* (*coxcomb*) выскочка; фат; (*pert child*) дéрзкий ребёнок.

**jacket** *n.* **1.** кýртка; (*part of suit*) пиджáк; (*woman's*) жакéт; **2.** (*tech., insulating cover*) кожýх; обшивка; **3.** (*of book*) супероблóжка; **4.** (*skin of potato*) кожурá; potatoes in their ~s (*or* ~ potatoes) картóфель в мундире.

**Jacob** *n.* (*bibl.*) Иáков.

**Jacobin** *n.* якобинец.
  *adj.* якобинский.

**Jacobinism** *n.* якобинство.

**Jacobite** *n.* якобит.
  *adj.* якобитский.

**jade¹** *n.* **1.** (*min.*) нефрит; гагáт; (*attr.*) нефритовый; **2.** (~ green) цвет нефрита.

**jade²** *n.* (*arch.*) (*horse*) кляча; (*pej., woman*) шлюха.
  *v.t.* (*esp. p. part.*): you look ~d у вас утомлённый вид; a ~d appetite вялый аппетит.

**Jaeger** *n.* éгеровская ткань, шерстянóй трикотáж для белья.

**Jaffa** *n.* Яффа; ~ oranges изрáильские апельсины.

**jag¹** *n.* (*sharp projection*) óстрый выступ; зубéц; (*notch*) зазýбрина; (*tear*) дырка.

**jag²** *n.* (*sl.*): go on a ~ уйти (*pf.*) в запóй.

**jagged** *adj.* (*notched*) зазýбренный; ~ mountain tops зубчáтые вершины; (*unevenly cut, torn*) нерóвно нарéзанный/отóрванный.

**jaguar** *n.* ягуáр.

**jail** *see* GAOL.

**jailer** *see* GAOLER.

**Jain** *n.* член сéкты джáйна.

**Jainism** *n.* учéние сéкты джáйна.

**jalopy** *n.* (*sl.*) (*car*) драндулéт; (*car or plane*) «консéрвная бáнка».

**jalousie** *n.* (*blind*) жалюзи (*nt. indecl.*); (*shutter*) стáвень (*m.*).

**jam¹** *n.* джем; варéнье; ~ tart пирóг с варéньем; it was money for ~ это было однó удовóльствие.
  *cpd.*: ~**-jar**, ~**-pot** *nn.* бáнка для джéма; (*empty*) бáнка из-под джéма.

**jam²** *n.* **1.** (*crush*) дáвка; traffic ~ затóр, прóбка; **2.** (*stoppage*) останóвка; **3.** (*dilemma*) нелóвкое положéние; get into a ~ влипнуть (*pf.*) (*coll.*).
  *v.t.* **1.** (*cram*) наб|ивáть, -ить; втис|кивать,

-нуть; she ~med everything into the cupboard онá всё запихнýла в шкаф; he ~med his foot into the doorway он просýнул нóгу в дверь; he ~med his hat on his head он нахлобýчил шляпу; they were ~med in like sardines они набились (тудá) как сéльди в бóчке; (*force*): a chair was ~med up against the door дверь былá забаррикадирована крéслом; he ~med the brakes on он рéзко затормозил; **2.** (*trap*) прищем|лять, -ить; the child ~med its fingers in the door ребёнок прищемил себé пáльцы двéрью; **3.** (*cause to stick or stop*): the machine got ~med станóк застопорило/заклинило; (*wedge*): ~ the door open! закрепите дверь открытой; **4.** (*obstruct; crowd*) заби|вáть, -ить; the crowds ~med every exit толпá забила все выходы; the roads were ~med with cars дорóги были запрýжены машинами; the room was ~med with people кóмната былá биткóм набита; the room was ~med with furniture кóмната былá загромождена мéбелью; (*radio*) глушить, за-.
  *v.i.* (*get stuck*) застр|евáть, -ять; за|едáть, -éсть; the door ~med дверь заéло.
  *cpds.*: ~**-packed** *adj.* набитый до откáза; биткóм набитый; ~**-session** *n.* импровизáция джáзового оркéстра.

**Jamaica** *n.* Ямáйка; ~ rum ямáйский ром.

**Jamaican** *n.* ямáец; житель(ница) Ямáйки.
  *adj.* ямáйский.

**jamb** *n.* (*of door, window*) косяк.

**jamboree** *n.* **1.** (*of Scouts etc.*) слёт; **2.** (*celebration*) прáзднество; (*spree*) весéлье.

**James** *n.* (*bibl.*) Иáков; (*hist.*) Яков.

**jamming** *n.* (*stoppage*) заедáние; (*radio*) заглушéние.

**jangl|e** *n.* рéзкий звук.
  *v.t. & i.* издавáть (*impf.*) рéзкий звук; бренчáть (*impf.*); a ~ing piano разбитый роя́ль; their voices ~ed my nerves их голосá дéйствовали мне на нéрвы.

**janitor** *n.* приврáтник, швейцáр, двóрник.

**jani|zary, -ssary** *n.* янычáр.

**January** *n.* январь (*m.*); (*attr.*) январский.

**Janus** *n.* (*myth.*) Янус.

**Jap** *n.* япóшка (*c.g.*) (*coll.*).

**Japan¹** *n.* Япóния.

**japan²** *n.* (*varnish*) чёрный лак.
  *v.t.* лакировáть, от-.

**Japanese** *n.* (*pers.*) япóн|ец (*fem.* -ка); (*language*) япóнский язык.
  *adj.* япóнский.

**jape** *n.* шýтка.
  *v.i.* шутить, по-.

**japonica** *n.* айвá япóнская.

**jar¹** *n.* (*vessel*) бáнка.

**jar²** *n.* **1.** (*harsh sound*) неприятный звук; **2.** (*shock, vibration*) сотрясéние; (*on nerves or feelings*) неприятный эффéкт; the news gave him a ~ извéстие неприятно поразило егó; **3.**

(*disagreement*) несогла́сие; (*quarrel*) ссо́ра.
*v.t.* (*shake*) сотряс|а́ть, -ти́; (*fig., shock*)
потряс|а́ть, -ти́.
*v.i.* **1.** (*emit harsh sound*) изд|ава́ть, -а́ть
ре́зкий звук; (*sound discordantly*) дисгар-
мони́ровать (*impf.*); **2.**: ~on, against (*strike
with grating sound*) скрежета́ть (*impf.*) по +*d.*;
~ on (*irritate, annoy*) раздраж|а́ть, -и́ть; **3.**
(*disagree*) ст|а́лкиваться, -олкну́ться; (*fig.*):
these colours ~ э́ти цвета́ не сочета́ются.
**jardinière** *n.* жардинье́рка.
**jargon** *n.* жарго́н; (*gibberish*) тараба́рщина.
**jasmine, jessamine** *nn.* жасми́н.
**jasper** *n.* я́шма.
**jaundice** *n.* желту́ха.
*v.t.* (*usu. p. part.*): a ~d complexion жёлтый
цвет лица́; he took a ~d view of the affair он
ко́со смотре́л на э́то де́ло.
**jaunt** *n.* увесели́тельная пое́здка/прогу́лка.
**jauntiness** *n.* бо́йкость, ли́хость; беспе́чность,
небре́жность.
**jaunting-car** *n.* двухколёсный ирла́ндский
экипа́ж.
**jaunty** *adj.* (*sprightly*) бо́йкий, лихо́й; (*carefree*)
беспе́чный, небре́жный.
**Java** *n.* Я́ва.
**Javanese** *n.* (*pers.*) ява́н|ец (*fem.* -ка); (*language*)
ява́нский язы́к.
*adj.* ява́нский.
**javelin** *n.* мета́тельное копьё; (throwing) the ~
(*contest*) мета́ние копья́.
*cpd.*: ~-**thrower** *n.* мета́тель (*fem.* -ница)
копья́.
**jaw** *n.* **1.** че́люсть; (*pl., mouth*) рот; (*of animal*)
пасть; the dog held the bird in its ~s соба́ка
держа́ла пти́цу в зуба́х; in the ~s of a vice в
тиска́х; in the ~s of death в когтя́х сме́рти; **2.**
(*coll., talk, admonition*): give s.o. a ~ (ing) дать
(*pf.*) кому́-н. вздрю́чку; they had a good ~
они́ всласть поболта́ли; hold your ~!
заткни́сь!
*v.t.* (*coll., lecture; rebuke*) чита́ть (*impf.*)
нота́цию +*d.*; отчи́тывать (*impf.*).
*v.i.* (*coll., talk at length*) пережёвывать (*impf.*)
одно́ и то же; ну́дно говори́ть (*impf.*).
*cpds.*: ~-**bone** *n.* челюстна́я кость; ~-**breaker**
*n.* (*coll.*) труднопроизноси́мое сло́во.
**jay** *n.* со́йка.
*cpds.*: ~-**walk** *v.i.* неосторо́жно пере|хо-
ди́ть, -йти́ у́лицу; ~-**walker** *n.* неосторо́жный
пешехо́д.
**jazz** *n.* джаз; and all that ~ (*sl.*) и всё тако́е
про́чее; (*attr.*) джа́зовый.
*v.t.*: ~up (*fig., enliven*) ожив|ля́ть, -и́ть.
*cpds.*: ~-**band** *n.* джаз-орке́стр; ~ **man**,
~-**player** *nn.* джази́ст; уча́стник джаз-
орке́стра.
**jazzy** *adj.* (*like jazz*) джа́зовый; (*showy*)
бро́ский, я́ркий.
**jealous** *adj.* **1.** (*of affection etc.*) ревни́вый; she

was ~ of her husband's secretary она́
ревнова́ла му́жа к секрета́рше; a ~ god бог
ревни́тель; **2.** (*vigilant in defence*): he is ~ of his
rights он ревни́во оберега́ет свои́ права́; **3.**
(*envious*) зави́стливый; I am ~ of his success я
зави́дую его́ успе́ху.
**jealousy** *n.* ре́вность, ревни́вость; (*envy*)
за́висть.
**jean** *n.* (*text.*) джинсо́вая ткань; (*pl., trousers*)
джи́нс|ы (*pl., g.* -ов); (*overalls*) джи́нсовый
комбинезо́н.
**jeep** *n.* джип, вездехо́д.
**jeer** *n.* насме́шка, глумле́ние; (*taunt*) издёвка.
*v.t. & i.* глуми́ться (*impf.*) (над +*i.*); на-
смеха́ться (*impf.*) (над +*i.*); the crowd ~ed (at)
him толпа́ глуми́лась над ним; he was ~ed off
the stage он ушёл со сце́ны под улюлю́канье.
**Jehovah** *n.* Иегова́ (*m.*).
**Jehu** *n.* (*bibl.*) Ииу́й; (*fig.*): he drives like ~ он
лиха́ч.
**jejune** *adj.* ску́дный; пусто́й; бессодержа́-
тельный.
**jejuneness** *n.* ску́дность; бессодержа́тель-
ность.
**jell** *v.i.* (*coll., set into jelly*) заст|ыва́ть, -ы́ть;
(*fig.*) формирова́ться, с-.
**jellied** *adj.* засты́вший; преврати́вшийся в
желе́; ~ eels зали́вное из угре́й.
**jelly** *n.* желе́ (*indecl.*); (*aspic*) сту́день (*m.*); royal
~ ма́точное молочко́.
*cpd.*: ~-**fish** *n.* меду́за.
**jemmy** (*Am.* **jimmy**) *n.* «фо́мка», отмы́чка
(*coll.*).
**jenny** *n.* (*crane*) подвижна́я лебёдка; (*spin-
ning-*) пряди́льный стано́к периоди́ческого
де́йствия.
*cpd.*: ~-**wren** *n.* королёк, крапи́вник.
**jeopardize** *v.t.* (*endanger*) подв|ерга́ть, -е́ргнуть
опа́сности; (*put at risk*) рискова́ть (*impf.*) +*i.*;
he ~d his chances of success он рискова́л
свои́ми ша́нсами на успе́х.
**jeopardy** *n.* (*danger*) опа́сность; (*risk*) риск; his
life was in ~ его́ жизнь была́ в опа́сности.
**jerboa** *n.* тушка́нчик.
**jeremiad** *n.* иеремиа́да, го́рестная по́весть.
**Jeremiah** *n.* (*bibl.*) Иереми́я (*m.*).
**Jericho** *n.* Иерихо́н.
**jerk** *n.* **1.** (*pull*) рыво́к; (*jolt; shock*) уда́р; the
train stopped with a ~ по́езд ре́зко затор-
мози́л; he gave the handle a ~ он дёрнул за
ру́чку; **2.** (*twitch*) судоро́жное вздра́гивание;
with a ~ of his head дёрнув голово́й; **3.**: physical ~s (*coll.*) гимна́стика, заря́дка; **4.** (*Am.
sl., despicable person*) подо́нок.
*v.t.* (*push*) ре́зко толк|а́ть, -ну́ть; (*pull,
twitch*) дёр|гать, -нуть; (*throw*) швыр|я́ть,
-ну́ть; he ~ed his head back он вски́нул
го́лову.
*v.i.*: the train ~ed to a halt по́езд ре́зко
останови́лся.

**jerkin** *n.* ку́ртка-безрука́вка.

**jerk|y** *adj.* (*moving in jerks*) дви́гающийся ре́зкими толчка́ми; ~y movements су́дорожные движе́ния; we had a ~y ride в доро́ге нас си́льно трясло́; he spoke ~ily он говори́л отры́висто.

**jerry** *n.* **1.** (*sl.*, *chamber pot*) ночно́й горшо́к; **2.** (J~: *German*) фриц, немчура́ (*m.*) (*both coll.*).
 *cpds.*: ~-**builder** *n.* подря́дчик, возводя́щий непро́чные постро́йки из плохо́го материа́ла; ~-**building** *n.* непро́чная постро́йка; ~-**built** *adj.* постро́енный ко́е-как; ~**can** *n.* кани́стра.

**jersey** *n.* (*fabric, garment*) дже́рси (*nt. indecl.*); football ~ футбо́лка; J~ cow джерсе́йская коро́ва.

**Jerusalem** *n.* Иерусали́м; ~ artichoke земляна́я гру́ша.

**jessamine** *see* JASMINE.

**jest** *n.* шу́тка; in ~ в шу́тку; many a true word is spoken in ~ в ка́ждой шу́тке есть до́ля пра́вды; make a ~ of шути́ть (*impf.*) над +*i.*; (*object of ridicule*) объе́кт насме́шек/шу́ток, посме́шище.
 *v.i.* шути́ть, по-; (*speak amusingly*) балагу́рить (*impf.*); ~ at шути́ть над +*i.*

**jester** *n.* (*hist.*) шут; court ~ придво́рный шут.

**jesting** *adj.* шутли́вый.

**Jesuit** *n.* иезуи́т; (*attr.*) иезуи́тский.

**Jesuitical** *adj.* иезуи́тский.

**Jesuitry** *n.* иезуи́тство.

**Jesus** *n.* Иису́с.

**jet¹** *n.* (*min.*) гага́т.
 *adj.* гага́товый; (~-black) чёрный как смоль.

**jet²** *n.* **1.** (*stream of water etc.*) струя́; **2.** (*spout, nozzle*) сопло́; **3.** (~ engine) реакти́вный дви́гатель; (~ aircraft) реакти́вный самолёт; ~ pilot пило́т реакти́вного самолёта.
 *v.i.* (*spurt, gush*) бить (*impf.*) струёй; (*coll.*, *fly by* ~) лета́ть (*indet.*) на реакти́вном самолёте.
 *cpds.*: ~-**fighter** *n.* реакти́вный истреби́тель; ~-**lag** *n.* наруше́ние су́точного ри́тма; ~-**propelled** *adj.* реакти́вный; ~-**set** *n.* у́зкий круг бога́тых путеше́ственников; междунаро́дная эли́та.

**jetsam** *n.* груз, вы́брошенный за́ борт при угро́зе ава́рии.

**jettison** *v.t.* (*lit., fig.*) выбра́сывать, вы́бросить (за́ борт).

**jetty** *n.* при́стань, мол.

**Jew** *n.* евре́й (*fem.* -ка); иуде́й (*fem.* -ка).
 *cpds.*: ~-**baiting** *n.* пресле́дование евре́ев; **j~'s-harp** *n.* варга́н.

**jewel** *n.* (*precious stone*) драгоце́нный ка́мень; (*in watch*) ка́мень; (*ornament containing* ~) ювели́рное изде́лие; драгоце́нность; (*fig., of pers. or thg.*) сокро́вище.
 *v.t.* (*esp. p. part.*): a ~led watch час|ы́ (*pl., g.*

-о́в) на камня́х; (*set in* ~s) часы́, укра́шенные бриллиа́нтами; a ~led sword меч, укра́шенный драгоце́нными камня́ми.
 *cpd.*: ~-**box**, ~-**case** *nn.* футля́р/шкату́лка для ювели́рных изде́лий.

**jeweller** *n.* ювели́р.

**jewel|lery**, **-ry** *n.* ювели́рные изде́лия; драгоце́нности (*f. pl.*).

**Jewess** *n.* евре́йка; иуде́йка.

**Jewish** *adj.* евре́йский; иуде́йский.

**Jewry** *n.* (*collect., Jews*) евре́и (*m. pl.*), евре́йство; (*quarter*) евре́йский кварта́л.

**Jezebel** *n.* (*bibl.*) Иезаве́ль; (*fig.*) распу́тная/на́глая же́нщина.

**jib¹** *n.* **1.** (*naut.*) кли́вер; the cut of s.o.'s ~ (*coll., personal appearance*) вне́шний вид, физионо́мия; **2.** (*of crane*) стрела́.
 *cpd.*: ~-**boom** *n.* утле́гарь (*m.*).

**jib²** *v.i.* (*of horse or pers.*) уп|ира́ться, -ере́ться; ~ at sth. уклоня́ться (*impf.*) от чего́-н.

**jibe¹** (*mock*) *see* GIBE.

**jibe²** (*Am.: fit, agree*) соотве́тствовать (+*d.*), согласова́ться (с +*i.*) (*both impf.*).

**jiffy** *n.* (*coll.*) миг; wait a ~! подожди́те мину́тку!; in a ~ одни́м ми́гом; I'll come in a ~ я ми́гом.

**jig¹** *n.* (*dance*) джи́га.
 *v.t.*: she was ~ging the baby up and down она́ подбра́сывала ребёнка.
 *v.i.* (*dance*) танцева́ть (*impf.*) джи́гу; (*move jerkily*; *fidget*): ~ about припля́сывать (*impf.*); ~ up and down пры́гать (*impf.*).

**jig²** *n.* (*tech.*) зажи́мное приспособле́ние.
 *cpds.*: ~-**saw** *n.* (*tool*) ажу́рная пила́; (*puzzle*) (составна́я) карти́нка-зага́дка.

**jigger** *v.t.* (*coll.*): I'll be ~ed! (*expr. surprise*) ну и ну!; ну и дела́!; не мо́жет быть!

**jiggery-pokery** *n.* (*coll.*) ко́зн|и (*pl., g.* -ей); плу́тни (*f. pl.*).

**jiggle** *v.t.* пока́ч|ивать, -а́ть.

**jilt** *n.* коке́тка.
 *v.t.* бр|оса́ть, -о́сить.

**jim-jams** *n.* (*sl.*): it gives me the ~ у меня́ от э́того мандра́ж/мура́шки по ко́же (бе́гают).

**jimmy** *see* JEMMY.

**jingle** *n.* (*ringing sound*) звя́канье; (*pej., rhyme*) ри́фма; избы́точная аллитера́ция.
 *v.t. & i.* звя́к|ать, -нуть (+*i.*); he ~d the keys он позвя́кивал/звя́кнул ключа́ми; the bell ~d колоко́льчик звя́кнул.

**jingo** *n.* шовини́ст, джингои́ст; ура́-патрио́т; by ~! ёлки-па́лки!; ей-Бо́гу!; чёрт возьми́!

**jingoism** *n.* шовини́зм, ура́-патриоти́зм.

**jingoistic** *adj.* шовинисти́ческий.

**jink** *n.* (*coll.*): high ~s (шу́мное/бу́рное) весе́лье.

**jinn(ee)** *n.* джин.

**jinx** *n.* (*coll.*) злы́е ча́ры (*f. pl.*); put a ~ on сгла́зить (*pf.*).

**jitter** *n.* (*coll.*): have the ~s не́рвничать (*impf.*);

it gave me the ~s меня́ о́торопь взяла́.
*v.i.* не́рвничать (*impf.*).
*cpd.*: ~ **bug** *n.* (*nervous person*) псих (*coll.*).
**jittery** *adj.* (*coll.*) не́рвный.
**jive** *n.* (*sl.*) джа́зовая му́зыка.
*v.i.* танцева́ть (*impf.*) под джа́зовую му́зыку.
**Joan** *n.*: ~ of Arc Жа́нна д'Арк.
**job**[1] *n.* **1.** (*piece of work*; *task*) рабо́та; зада́ние; he does a good ~ (*of work*) он хорошо́ рабо́тает; my ~ is to wash the dishes моя́ обя́занность — мыть посу́ду; odd ~s случа́йная рабо́та; payment by the ~ сде́льная опла́та; he is on the ~ by 8 o'clock он прихо́дит на рабо́ту в во́семь часо́в; fall down on the ~ (*coll.*) прова́л|ивать, -и́ть де́ло; (*difficult task*): we had a ~ finding them мы наси́лу их отыска́ли; **2.** (*product of work*): you've made a good ~ of that вы сде́лали э́то хорошо́; this bike is a nice ~ (*coll.*) э́тот велосипе́д недурна́я шту́чка; just the ~ (*coll.*) то, что на́до; **3.** (*employment*; *position*) рабо́та; ме́сто; what is your ~? кака́я у вас рабо́та? кем/где вы рабо́таете?; he has a good ~ он име́ет хоро́шую рабо́ту; he is good at his ~ он хоро́ший рабо́тник; look for a ~ иска́ть (*impf.*) рабо́ту; get a ~ на|ходи́ть, -йти́ рабо́ту; lose one's ~ теря́ть, по-рабо́ту/ме́сто; out of a ~ без рабо́ты; provide ~s for the boys разд|ава́ть, -а́ть «тё́пленькие» месте́чки по бла́ту (*coll.*); **4.** (*coll.*, *crime*, *esp. theft*) воровство́, «де́ло»; **5.** (*transaction*): a put-up ~ махина́ция; it's a good ~ you stayed at home хорошо́, что вы оста́лись до́ма; it's a good ~ for you the inspector's not here ва́ше сча́стье, что инспе́ктора здесь нет; he's gone, and a good ~ too! он ушё́л — и сла́ва Бо́гу!; make the best of a bad ~ переби́ться (*pf.*), обойти́сь (*pf.*); дово́льствоваться (*impf.*) ма́лым; give up as a bad ~ махну́ть (*pf.*) руко́й на +*a.*
*v.i.* (*do ~s*): ~bing gardener наё́мный садо́вник; (*deal in stocks*) быть ма́клером.
**Job**[2] *n.* (*bibl.*) Ио́в; it would try the patience of ~ э́то вы́ведет из себя́ да́же а́нгела; a ~'s comforter го́ре-утеши́тель (*m.*).
**jobber** *n.* (*broker*) ма́клер.
**jobbery** *n.* спекуля́ция.
**jobless** *adj.* безрабо́тный.
**jockey** *n.* жоке́й.
*v.t.* (*cheat*) обма́н|ывать, -у́ть; обжу́ли|вать, -ть; (*manoeuvre*): ~ s.o. into sth. обма́ном склон|я́ть, -и́ть кого́-н. к чему́-н.; he was ~ed out of his job его́ подсиде́ли (*coll.*).
*v.i.*: ~ for position (*fig.*) оттира́ть (*impf.*) друг дру́га (*в борьбе́ за вы́годное положе́ние и т.п.*).
**jock-strap** *n.* суспензо́рий.
**jocose** *adj.* игри́вый.
**jocos|eness, -ity** *nn.* игри́вость.

**jocular** *adj.* (*merry*) весё́лый; (*humorous*) шутли́вый, заба́вный.
**jocularity** *n.* весё́лость, шутли́вость.
**jocund** *adj.* (*cheerful*) весё́лый; (*lively*) живо́й.
**jodhpurs** *n.* брюк|и́ (*pl.*, *g.* —); галифе́ (*nt. pl.*, *indecl.*).
**jog** *n.* (*push*; *nudge*) толчо́к; (*trot*) рысь; бег трусцо́й.
*v.t.*: ~ up and down подбра́сывать (*impf.*); ~ s.o.'s elbow толк|а́ть, -ну́ть кого́-н. под ло́коть; ~ s.o.'s memory освеж|а́ть, -и́ть чью́-н. па́мять.
*v.i.* **1.** (*coll.*, *run slowly*) бе́гать (*indet.*) трусцо́й; he ~ged along (*on horseback*) он труси́л (на ло́шади); business is ~ging along дела́ иду́т свои́м чередо́м; **2.**: ~ up and down подпры́гивать (*impf.*).
*cpd.*: ~**-trot** *n.*: at a ~-trot ры́сью, рысцо́й.
**jogging** *n.* бег трусцо́й.
**joggle** *v.t. & i.* пока́чивать(ся) (*impf.*).
**Johannesburg** *n.* Йоха́ннесбург.
**John**[1] *n.* (*bibl.*, *hist.*) Иоа́нн.
**john**[2] *n.* (*Am.*, *lavatory*) сорти́р (*coll.*).
**johnny-come-lately** *n.* (*coll.*) ≃ новичо́к, прише́лец; запозда́лый гость.
**joie de vivre** *n.* жизнера́достность.
**join** *n.* связь, соедине́ние.
*v.t.* **1.** (*connect*) соедин|я́ть, -и́ть; the towns are ~ed by a railway э́ти города́ соединя́ет желе́зная доро́га; ~ hands взя́ться (*pf.*) за́ руки; (*fasten*) свя́з|ывать, -а́ть (*что с чем*); (*unite*) объедин|я́ть, -и́ть; they ~ed forces они́ объедини́ли уси́лия; ~ in marriage венча́ть, об-; **2.** (*enter*) вступ|а́ть, -и́ть в +*a.*; he ~ed the party (*pol.*) он вступи́л в па́ртию; he ~ed their ranks он примкну́л к их ряда́м; ~ battle вступ|а́ть, -и́ть в бой; нача́ть (*pf.*) сраже́ние; ~ issue вступ|а́ть, -и́ть в спор; ~ a club стать (*pf.*) чле́ном клу́ба; ~ the army вступи́ть/пойти́ (*pf.*) в а́рмию; (*sc. rejoin*) one's regiment (*or* ship) верну́ться (*pf.*) в полк (*or* на кора́бль); **3.** (*enter s.o.'s company*) присоедин|я́ться, -и́ться к +*d.*; (*side with*) прим|ыка́ть, -кну́ть к +*d.*; (*meet*) встр|еча́ться, -е́титься с +*i.*; may I ~ you? (*at table*) разреши́те мне присе́сть?; will you ~ us in a walk? не хоти́те ли прогуля́ться с на́ми?; he ~ed us in approving the decision он присоедини́л свой го́лос к на́шему одобре́нию э́того реше́ния; **4.** (*flow or lead into*) соедин|я́ться, -и́ться с +*i.*; сл|ива́ться, -и́ться с +*i.*; where the Cherwell ~s the Thames где река́ Че́рвелл впада́ет в Те́мзу; there is a restaurant where you ~ the motorway у въе́зда на автостра́ду есть рестора́н.
*v.i.* **1.** (*be connected, fastened, united*; *come or flow together*) соедин|я́ться, -и́ться; свя́з|ываться, -а́ться; объедин|я́ться, -и́ться; сходи́ться, сойти́сь; сл|ива́ться, -и́ться; (*border on each other*) грани́чить (*impf.*) друг с

другом; **2.** (*take part*): may I ~ in the game? можно мне поиграть с вами?; he ~ed in the applause он присоединился к аплодирующим; they all ~ed in the chorus все пели припев хором; **3.** (*become a member*) стать (*impf.*) членом (*чего*).

*with advs.:* ~ **in** *v.i.* (*take part*) прин|имать, -ять участие; (*in conversation*) вступ|ать, -ить в беседу; ~ **on** *v.t. & i.* присоедин|ять(ся), -ить(ся); ~ **together** *v.t.* связ|ывать, -ать; соедин|ять, -ить; ~ **up** *v.t. & i.* соедин|ять(ся), -ить(ся); связ|ывать(ся), -ать(ся); *v.i.* (*coll., enlist*) поступ|ать, -ить на военную службу.

**joiner** *n.* **1.** (*woodworker*) столяр; ~'s shop столярная мастерская; be a ~ столярничать (*impf.*); **2.** (*coll., one who joins societies etc.*) член многих организаций и клубов.

**joinery** *n.* столярная работа; do, practise ~ столярничать (*impf.*).

**joint** *n.* **1.** (*place of juncture; means of joining*) соединение; стык; the pipe is leaking at the ~s труба течёт в стыке; ball and socket ~ шарнир; шаровое соединение; **2.** (*anat.*) сустав, сочленение; out of ~ (*pred.*) вывихнут; (*fig.*) не в порядке; my ~s ache у меня ломит в суставах; **3.**: a ~ of meat кусок мяса (к обеду); a cut off the ~ кусок зажаренного мяса; **4.** (*resort*) хата (*sl.*); **5.** (*sl., marijuana cigarette*) сигарета с марихуаной/гашишем.

*adj.* **1.** (*combined; shared*) совместный; ~ action совместное действие; take ~ action действовать (*impf.*) сообща; (*common*) общий; ~ account общий счёт; ~ efforts общие/совместные усилия; at our ~ expense за наш общий счёт; (*united*) соединённый; **2.** (*sharing*): ~ owner совладелец; ~ author соавтор; ~ heir сонаследник.

*v.t.* **1.** (*connect by ~s*) соедин|ять, -ить; a ~ed doll кукла на шарнирах; **2.** (*divide into ~s*) расчлен|ять, -ить.

*cpd.:* ~**-stock** *n.* (*attr.*) акционерный.

**jointure** *n.* имущество завещанное жене.

**joist** *n.* балка.

**jok|e** *n.* шутка; (*story*) анекдот; (*witticism*) острота; (*laughing-stock*) посмешище; it's no ~e! это не шутка!; crack, make a ~e шутить, по-; make a ~e of sth. обернуть (*pf.*) что-н. в шутку; свести (*pf.*) что-н. к шутке; play a ~e on s.o. сыграть (*pf.*) шутку с кем-н.; подшу|чивать, -тить над кем-н.; he couldn't see the ~e он не понял шутки; can't you take a ~e? вы что, шуток не понимаете?; it was a standing ~e это было объектом постоянных шуток; dirty ~e непристойная/неприличная шутка; practical ~e розыгрыш; the ~e was on him это он в дураках остался.

*v.i.* шутить, по-; I was only ~ing я всего лишь пошутил; ~ing apart шутки в сторону; кроме шуток.

**joker** *n.* (*one who jokes*) шутник; (*coll., fellow*)

парень (*m.*); (*cards*) джокер.

**jollification** *n.* увеселение.

**jollity** *n.* веселье, увеселение.

**jolly** *adj.* (*cheerful*) весёлый; (*festive; entertaining*) праздничный; (*slightly drunk*) подвыпивший; (*pred.*) навеселе; (*coll., pleasant*) приятный.

*adv.* (*coll., very*) очень; ~ well (*coll., definitely*) впрямь; you'll ~ well have to do it вам-таки придётся это сделать; she is 40 and ~ well looks it она-таки выглядит на все свои 40 лет.

*v.t.:* ~ s.o. **along** умасли|вать, -ть кого-н.

*cpd.:* ~**-boat** *n.* четвёрка; судовая шлюпка.

**jolt** *n.* толчок; (*fig.*) удар, потрясение.

*v.t. & i.* трясти(сь) (*impf.*); we were ~ed about нас швыряло/швырнуло во все стороны; the cart ~ed along телегу подбрасывало; (*fig.*) потряс|ать, -ти; пора|жать, -зить; it ~ed him out of his routine это выбило его из колеи.

**Jonah** *n.* Иона (*m.*); (*fig.*) человек, приносящий несчастье.

**Jonathan** *n.* Ионафан.

**jonquil** *n.* жонкилия.

**Jordan** *n.* (*river*) Иордан; (*country*) Иордания.

**Jordanian** *n.* иордан|ец (*fem.* -ка).

*adj.* иорданский.

**jorum** *n.* чаша.

**Joseph** *n.* Иосиф.

**josh** (*Am. sl.*) *n.* добрая шутка, мистификация, розыгрыш.

*v.t.* разыгрывать (*impf.*); подшу|чивать, -тить над +*i.*

**Joshua** *n.* (*bibl.*) Иисус (Навин).

**joss-stick** *n.* пахучая палочка.

**jostle** *v.t.* толк|ать, -нуть; отт|ирать, -ереть; I was ~d from every side меня толкали со всех сторон.

*v.i.* толкаться (*impf.*); he ~d against me он оттирал меня.

**jot**[1] *n.* (*small amount*) йота; he was not one ~ the worse for it это ему ничуть не повредило.

**jot**[2] *v.t.:* ~ **down** набр|асывать, -осать; кратко запис|ывать, -ать.

**jotter** *n.* (*pad*) блокнот.

**jottings** *n.* записи (*f. pl.*).

**joule** *n.* джоуль (*m.*).

**journal** *n.* (*newspaper*) газета; (*periodical*) журнал; (*ship's log*) (судовой) журнал; (*bookkeeping*) журнал.

**journalese** *n.* газетный штамп.

**journalism** *n.* журналистика.

**journalist** *n.* журналист.

**journalistic** *adj.* журналистский.

**journey** *n.* (*expedition; trip*) путешествие, поездка; рейс; (under)take a ~ пред|принимать, -ять (*or* соверш|ать, -ить) путешествие; break one's ~ прер|ывать, -вать поездку; be, go on a ~ путешествовать (*impf.*); he did the ~ on foot он совершил путешéствие пешкóм; he reached his ~'s end он достиг концá пути; он прóжил жизнь; the bus makes 6 ~s a day автóбус совершáет шесть рéйсов в день; (travel; travelling time): on the return ~ на обрáтном пути; will there be any refreshments on the ~? бýдут ли в пути давáть лёгкие закýски?; London is 6 hours' ~ from here отсюда до Лóндона шесть часóв езды; it was a wasted ~ путешéствие бы́ло напрáсным.

v.i. путешéствовать (impf.).

cpd.: ~ man n. (hired worker) наёмный рабóчий/рабóтник.

**joust** n. (ры́царский) турни́р.

v.i. состязáться (impf.) на турни́ре.

**Jove** n. Юпи́тер; by ~! вот те нá!; ну и дéла!

**jovial** adj. (merry) весёлый; (convivial) общи́тельный.

**joviality** n. весёлость; общи́тельность.

**jowl** n. (jaw) чéлюсть; (dewlap) подгрýдок; (chin): a heavy ~ тяжёлый подборóдок.

**joy** n. **1.** (gladness) рáдость; (pleasure) удовóльствие; jump for ~ скакáть (impf.) от рáдости; one of the ~s of life однá из рáдостей жи́зни; life was no ~ жизнь былá не в рáдость; I wish you ~ of it (iron.) с чем и поздравля́ю; **2.** (coll., success, response): I kept 'phoning but got no ~ я звони́л-звони́л, но никакóго тóлку.

cpds.: ~-bells n. прáздничный звон; ~-ride n. поéздка ради забáвы на чужóй автомаши́не (без разрешéния); ~stick n. (av., sl.) рычáг/рýчка управлéния.

**joyful** adj. рáдостный, счастли́вый.

**joyfulness** n. рáдость.

**joyless** adj. безрáдостный.

**joylessness** n. безрáдостность.

**joyous** adj. рáдостный; (happy) весёлый.

**JP** n. (abbr., Justice of the Peace) мировóй судья́.

**jubilant** adj. ликýющий; be ~ ликовáть (impf.).

**jubilation** n. ликовáние.

**jubilee** n. **1.** (anniversary) юбилéй; golden/silver ~ пятидесятилéтний/двадцатипятилéтний юбилéй; (attr.) юбилéйный; **2.** (rejoicing) прáзднество.

**Judaic** adj. иудéйский.

**Judaism** n. юдаи́зм.

**Judas** n. (bibl.) Иýда (m.); (fig.) предáтель (m.).

cpd.: ~-tree n. багря́нник; иýдино дéрево.

**judder** v.i. вибри́ровать (impf.) с грóхотом.

**judge** n. **1.** (legal functionary) судья́ (m.); J~ Advocate воéнный прокурóр; (book of) J~s (bibl.) Кни́га Судéй (Изрáилевых); **2.** (arbiter) арби́тр; let me be the ~ of that оставьте мне суди́ть об этом; the ~s (of a contest) жюри́ (nt. indecl.); he is one of the ~s он в состáве жюри́; он вхóдит в состáв судéйской коллéгии; **3.** (expert, connoisseur) экспéрт, знатóк; a ~ of wines знатóк вин; a ~ of art цени́тель (m.)

искýсства.

v.t. **1.** (pass ~ment on) суди́ть (impf.) о +i.; don't ~ him by appearances! не суди́те о нём по внéшности!; who ~d the race?; кто суди́л на этом состязáнии?; (assess) оцéн|ивать, -и́ть; **2.** (consider) считáть (impf.); he was ~d to be innocent егó сочли́ невинóвным; I ~d it better to keep quiet я счёл за лýчшее промолчáть; (suppose) полагáть (impf.); I ~d him to be about 50 я полагáл, что емý óколо пяти́десяти; **3.** (hear and try): the case was ~d in secret дéло слýшалось в закры́том судé.

v.i. **1.** (make an appraisal or decision) суди́ть (impf.); to ~ from what you say судя́ по томý, что вы сказáли; **2.** (act as ~; arbitrate) быть арби́тром, суди́ть (impf.).

**judg(e)ment** n. **1.** (sentence) пригов́óр; pass ~ (on) выноси́ть, вы́нести пригов́óр +d.; суди́ть (impf.) о +p.; a reserved ~ отсрóченное решéние; the ~ was in his favour решéние судá бы́ло в егó пóльзу; it was a ~ on him это бы́ло емý наказáнием; a ~ on sin кáра за грех; (act or process of judging): sit in ~ (fig.) суди́ть (impf.) другúх свысокá; J~ Day Сýдный день; the Last J~ Стрáшный суд; **2.** (opinion; estimation) мнéние; суждéние; in my ~ по моемý мнéнию; private ~ чáстное мнéние; a hasty ~ опромéтчивое суждéние; against one's better ~ вопреки́ гóлосу рáзума; an error of ~ оши́бка в суждéнии; I reserve ~ about that я (покá) воздержýсь от суждéния по этому пóводу; **3.** (criticism) осуждéние; **4.** (discernment) рассуди́тельность; he shows good ~ он здрáво сýдит.

cpd.: ~-seat n. судéйское мéсто; (tribunal) суд.

**judgeship** n. судéйская дóлжность.

**judicature** n. судоустрóйство; систéма судéйских óрганов; Supreme Court of J~ Верхóвный суд; (judge's office) судéйская дóлжность; (judge's term of office) срок пребывáния на дóлжности судьи́.

**judicial** adj. **1.** судéбный; ~ proceedings судéбный процéсс; ~ murder узакóненное уби́йство; **2.** (critical; impartial) рассуди́тельный; беспристрáстный.

**judiciary** n. сýдьи (m. pl.).

**judicious** adj. здравомы́слящий, рассуди́тельный.

**judiciousness** n. рассуди́тельность.

**judo** n. дзюдó (indecl.).

**judoist** n. дзюдои́ст (fem. -ка).

**jug** n. (vessel) кувши́н; (prison) тюря́га (sl.); be in ~ сидéть (impf.) за решёткой; put in ~ посади́ть (pf.) за решётку.

**jugful** n. пóлный кувши́н (чего).

**Juggernaut** n. (relig.) Джагернáут; (fig.) безжáлостная неумоли́мая си́ла; (lorry) многотóнный грузови́к.

**juggins** n. (sl.) простáк, глупéц.

**juggle** n. (*sleight of hand*) фо́кус, трюк; (*fraud*) обма́н.

    v.t. (*lit., fig., manipulate*) жонгли́ровать (*impf.*) +i.; (*defraud*): ~ s.o. out of sth. вы́манить (*pf.*) что-н. у кого́-н.

    v.i. (*lit., fig.*) жонгли́ровать (*impf.*).

**juggler** n. жонглёр.

**juggl|ery, -ing** nn. жонгли́рование.

**Jugoslav, -ia** see YUGOSLAV, -IA.

**jugular** n. (~ vein) яре́мная ве́на.

    adj. ше́йный.

**juice** n. **1.** (*bot., physiol.*) сок; (*fruit* ~) фрукто́вый сок; stew in one's own ~ (*coll.*) вари́ться (*impf.*) в со́бственном соку́; **2.** (*sl., petrol*) бензи́н; **3.** (*sl., elec. current*) (электри́ческий) ток.

**juiciness** n. со́чность.

**juicy** adj. со́чный; (*coll., racy, scandalous*) сма́чный.

**ju-jitsu** n. джи́у-джи́тсу (*nt. indecl.*).

**ju-ju** n. (*fetish*) амуле́т; (*magic*) колдовство́.

**jujube** n. (*lozenge*) юю́ба.

**juke-box** n. автома́т-прои́грыватель (m.).

**julep** n.: mint ~ (*Am.*) мя́тный напи́ток из ви́ски со льдом.

**Julian** adj. юлиа́нский.

**July** n. ию́ль (m.); (*attr.*) ию́льский.

**jumble** n. (*untidy heap*) беспоря́дочная ку́ча; (*disorder, muddle*) беспоря́док, пу́таница; (*coll., unwanted articles*) хлам; ~ sale дешёвая распрода́жа (на благотвори́тельном база́ре).

    v.t. (*also* ~ **up**) перемеш|ивать, -а́ть.

**jumbo** n. (*coll., elephant*) слон; (*attr., very large*) гига́нтский; больши́щий; ~ jet реакти́вный ла́йнер.

**jump** n. прыжо́к; скачок; long/high ~ прыжо́к в длину́/высоту́; he's for the high ~ (sc. *hanging*) по нему́ ви́селица пла́чет; take a running ~ (*lit.*) пры́г|ать, -нуть с разбе́га; (*fig., coll.*): I told him to take a running ~ я веле́л ему́ прова́ливать; (*obstacle in steeplechase*) барье́р; water ~ ров с водо́й; (*fig., abrupt change*): there was a big ~ in the temperature температу́ра си́льно подскочи́ла; (*fig., start, shock*) вздра́гивание; you gave me a ~ вы меня́ напуга́ли.

    v.t. **1.** (~ *over, across*) перепры́г|ивать, -нуть че́рез +a.; **2.** (*cause to* ~): he ~ed his horse at the fence он посла́л свою́ ло́шадь че́рез забо́р; **3.** (*var. fig. uses*): ~ bail нару́шить (*pf.*) усло́вия освобожде́ния под зало́г; ~ the gun (*coll.*) нача́ть (*pf.*) ска́чки до сигна́ла; нача́ть что-н. до поло́женного вре́мени; ~ the queue пройти́ (*pf.*) без о́череди; the train ~ed the rails по́езд сошёл с ре́льсов; ~ ship бежа́ть, с- с корабля́ до истече́ния сро́ка слу́жбы; дезерти́ровать (*impf., pf.*) с су́дна; you've ~ed a few lines вы пропусти́ли (*or* перескочи́ли че́рез) не́сколько строк.

    v.i. **1.** пры́г|ать, -нуть; (*on horseback*) вск|а́кивать, -очи́ть; (*with parachute*) пры́гать с парашю́том; **2.** (*fig.*): he ~ed from one topic to another он переска́кивал с одно́й те́мы на другу́ю; **3.** (*start*): the noise made me ~ звук заста́вил меня́ вздро́гнуть; **4.** (*make sudden movement*): shares ~ed to a new level а́кции подскочи́ли; **5.** (*fig. uses*): I would ~ at the chance я бы ухвати́лся за э́ту возмо́жность; he ~ed at my offer он ухвати́лся за моё предложе́ние; ~ for joy пры́гать/скака́ть (*impf.*) от ра́дости; ~ on s.o. (*attack*) набро́ситься (*pf.*) на кого́-н.; (*rebuke*) ре́зко осади́ть (*pf.*) кого́-н.; ~ to conclusions де́лать (*impf.*) поспе́шные вы́воды; ~ to it! потора́пливайтесь!; he ~ed to his feet он вскочи́л на́ ноги.

    with *advs.*: they ~ed **about** to keep warm они́ пры́гали, что́бы согре́ться; he ~ed **back** in surprise он отпря́нул в удивле́нии; she ~ed **down** from the fence она́ соскочи́ла с забо́ра; he took off his clothes and ~ed **in** он разде́лся и пры́гнул в во́ду; if you want a lift, ~ **in**! е́сли хоти́те, что́бы я вас подбро́сил, залеза́йте в маши́ну!; don't ~ **off** before the bus stops! не спры́гивайте на ходу́ (*or* до по́лной остано́вки авто́буса)!; ~ing-off point (*fig.*) отправна́я то́чка; as the train began to move I ~ed **on** я впры́гнул в по́езд, когда́ он уже́ тро́нулся; ~ **up** from one's chair вск|а́кивать, -очи́ть со сту́ла; ~ **up** and down пры́гать/подпры́гивать (*impf.*) вверх и вниз; ~ed-up adj. (*coll.*): a ~ed-up person вы́скочка (*c.g.*).

    cpds.: ~**-jet** n. реакти́вный самолёт вертика́льного взлёта; ~**-off** n. (*to decide tie*) дополни́тельный круг на бега́х с препя́тствиями (*при одина́ковых результа́тах*); ~**-seat** n. откидно́е сиде́нье; ~**-suit** n. комбинезо́н.

**jumper** n. (*athlete; horse*) прыгу́н, скаку́н; (*garment*) дже́мпер; (*Am., pinafore dress*) сарафа́н; (*sailor's*) фо́рменка.

**jumpy** adj. не́рвный, дёрганый.

**junction** n. **1.** (*joining*) соедине́ние; **2.** (*meeting point: of railways*) у́зел; узлово́й пункт; (*of roads*) скреще́ние (доро́г), перекрёсток; (*of rivers*) слия́ние; **3.** (*elec.*): ~ box соедини́тельная му́фта.

**juncture** n. (*joining*) соедине́ние; (*concurrence of events*) стече́ние обстоя́тельств; at a critical ~ в крити́ческий моме́нт; at this ~ в э́тот моме́нт, сейча́с.

**June** n. ию́нь (m.); (*attr.*) ию́ньский.

**Jungian** adj. юнгиа́нский.

**jungle** n. джунгл|и (*pl., g.* -ей); the law of the ~ зако́н джу́нглей; ~ warfare боевы́е де́йствия в джу́нглях.

**junior** n. & adj. мла́дший; John Jones ~ Джон Джонс мла́дший; he is 6 years my ~ он моло́же меня́ на шесть лет; (*coll.*): and what will J~ have to drink? а что бу́дет пить молодо́й челове́к?; ~ partner мла́дший партнёр; ~ school нача́льная шко́ла; ~ common-room студе́нческая ко́мната о́тдыха; in his ~ year (*Am.*) на предпосле́днем ку́рсе.

**juniper** *n.* можжеве́льник; (*attr.*) можже-вёловый.

**junk**[1] *n.* (*rubbish*) ру́хлядь, хлам, ути́ль (*m.*). *v.t.* (*sl., discard*) вы́бросить (*pf.*) в ути́ль. *cpds.*: ~-heap *n.*: it is only fit for the ~-heap э́то пора́ сдать в ути́ль; ~-shop *n.* ла́вка старьёвщика.

**junk**[2] *n.* (*sailing vessel*) джо́нка.

*Junker n.* ю́нкер.

**junket** *n.* **1.** (*dish*) сла́дкий творо́г со сли́вками; **2.** (*also* ~ing) пиру́шка; **3.** (*Am., outing*) пикни́к; **4.** (*Am., free trip*) увесели́тельная пое́здка на казённый счёт *и т.п.*

**junk|ie, -y** *n.* (*sl., drug addict*) наркома́н.

*Juno n.* Юно́на.

**Junoesque** *adj.* подо́бный Юно́не.

**junta** *n.* (*also junto: clique, faction*) кли́ка.

*Jupiter n.* (*myth., astron.*) Юпи́тер.

*Jurassic n.* (~ period) ю́рский пери́од; ю́ра. *adj.* ю́рский.

**juridical** *adj.* юриди́ческий.

**jurisconsult** *n.* юриско́нсульт.

**jurisdiction** *n.* (*legal authority*) юрисди́кция; have ~ over име́ть (*impf.*) юрисди́кцию над +*i.*; it does not lie within my ~ э́то не вхо́дит в мою́ компете́нцию.

**jurisprudence** *n.* юриспруде́нция.

**jurist** *n.* юри́ст.

**juristic** *adj.* юриди́ческий.

**juror** *n.* член жюри́, прися́жный (заседа́тель).

**jury** *n.* жюри́ (*nt. indecl.*); прися́жные (заседа́тели) (*m. pl.*); grand ~ (*hist., Am.*) большо́е жюри́.

*cpds.*: ~-box *n.* скамья́ прися́жных (заседа́телей); ~man *n.* прися́жный; ~woman *n.* же́нщина — прися́жный заседа́тель.

**jussive** *adj.* (*gram.*) повели́тельный.

**just** *adj.* (*equitable*) справедли́вый; act ~ly to(wards) s.o. быть справедли́вым по отноше́нию к кому́-н.; (*deserved*) заслу́женный; receive one's ~ deserts получи́ть (*pf.*) по заслу́гам; (*well-grounded*) обосно́ванный, справедли́вый; (*proper, correct*) ве́рный; he gave a ~ account он дал то́чный отчёт.

*adv.* то́чно, как раз; it was ~ 3 o'clock бы́ло ро́вно три часа́; ~ then как раз тогда́; в ту мину́ту; that's ~ the trouble в то́м-то и беда́; ~ how did you do it? как (же) и́менно вам удало́сь э́то сде́лать?; ~ like, as (*expr. comparison*) так же как (и); то́чно как; that's ~ like him (*typical*) э́то так похо́же на него́; that's ~ like me э́то вы́литый я!; that's ~ it вот и́менно!; that's ~ the point в том-то и де́ло; ~ the thing и́менно то, что на́до; the hat is ~ my size шля́па мне в са́мую по́ру; ~ so

то́чно/и́менно так; (*exactly arranged*) тю́телька в тю́тельку; ~ so (*you are quite right*) так то́чно; he is ~ as lazy as ever он всё тако́й же лени́вый; ~ as much сто́лько же; I'd ~ as soon stay at home я предпочёл бы оста́ться до́ма; it's ~ as well I warned you хорошо́, что я вас предупреди́л; thank you ~ the same спаси́бо и на э́том; **3.**: ~ about (*approximately*): ~ about right почти́ пра́вильно; (*almost*): I've ~ about finished я почти́ ко́нчил; **4.** (*expr. time*) то́лько что; (*very recently*) I saw him ~ now я то́лько что ви́дел его́; as you were ~ saying как вы то́лько что сказа́ли; ~ as (*expr. time*) (как) то́лько; ~ as he entered the room то́лько он вошёл в ко́мнату; (*at this moment*): I'm ~ off я ухожу́ сию́ мину́ту; the show is ~ beginning представле́ние как раз начина́ется; **5.** (*barely, no more than*) едва́; I ~ caught the train я едва́ успе́л на по́езд; he had ~ come in when the 'phone rang едва́ он вошёл, (как) зазвони́л телефо́н; he is (only) ~ beginning to speak Russian он едва́ (*or* то́лько-то́лько) начина́ет говори́ть по-ру́сски; I've got ~ enough for my fare у меня́ де́нег то́лько-то́лько хва́тит на биле́т; (wait) ~ a minute! (одну́) мину́т(к)у!; **6.** (*merely, simply*) то́лько; ~ listen to this! вы то́лько послу́шайте!; I went ~ to hear him я пошёл, то́лько чтобы послу́шать его́; it's ~ that I don't like him де́ло про́сто в том, что он мне неприя́тен; ~ fancy! поду́мать то́лько!; (то́лько) предста́вьте себе́!; ~ you wait! ну, погоди́!; ~ for fun шу́тки ра́ди; ~ in case на вся́кий слу́чай; **7.** (*positively, absolutely*) так и; про́сто (-напро́сто); the coffee ~ would not boil ко́фе ника́к не закипа́л; it's ~ splendid! э́то про́сто великоле́пно!; don't I ~! ещё бы!; not ~ yet ещё не/нет.

**justice** *n.* **1.** (*fairness, equity*) справедли́вость; do ~ to отд|ава́ть, -а́ть до́лжное +*d.*; you are not doing yourself ~ вы не проявля́ете себя́ в по́лную си́лу; to do him ~ к че́сти его́ сказа́ть; with ~ со всей справедли́востью; **2.** (*system of institutions*) юсти́ция; (*judicial proceedings*) правосу́дие; administer ~ отправля́ть (*impf.*) правосу́дие; bring s.o. to ~ отд|ава́ть, -а́ть кого́-н. под суд; привл|ека́ть, -е́чь кого́-н. к суде́бной отве́тственности; Court of J~ суд; **3.** (*magistrate; judge*) судья́ (*m.*); J~ of the Peace мирово́й судья́.

**justiciable** *adj.* подлежа́щий юрисди́кции.

**justiciary** *n.* суде́йский чино́вник. *adj.* суде́йский.

**justifiable** *adj.* опра́вданный; ~ homicide уби́йство в це́лях самозащи́ты *и т.п.*.

**justification** *n.* **1.** оправда́ние; he objected, and with ~ он возрази́л, и не без основа́ний; it was said in ~ э́то бы́ло ска́зано в оправда́ние; **2.** (*typ.*) вы́ключка строки́.

**justificatory** *adj.* оправда́тельный.

**justif|y** *v.t.* **1.** (*establish rightness of*) опра́вд|ывать, -а́ть; I was ~ied in suspecting . . . я име́л все основа́ния подозрева́ть . . .; ~y o.s. (*or one's actions, conduct*) опра́вд|ываться, -а́ться; **2.** (*typ.*) выключа́ть, вы́ключить (*строку*).

**jut** *v.i.* (*usu.* ~ **out**) выступа́ть (*impf.*); выдава́ться (*impf.*).

**jute**[1] *n.* джут.

**Jute**[2] *n.* ют.

**Jutish** *adj.* ю́тский.

**Jutland** *n.* Ютла́ндия.

**Juvenal** *n.* Ювена́л.

**juvenile** *n.* подро́сток (*fem.* де́вочка-подро́сток).

*adj.* ю́ный, ю́ношеский; ~ delinquent малоле́тний престу́пник; ~ delinquency де́тская престу́пность; ~ books кни́ги для ю́ношества; ~ court суд по дела́м несовершенноле́тних.

**juvenilia** *n.* ю́ношеские произведе́ния.

**juxtapose** *v.t.* поме|ща́ть, -сти́ть бок о́ бок; (*for comparison*) сопост|авля́ть, -а́вить (*кого с кем or что с чем*).

**juxtaposition** *n.* сосе́дство, бли́зость; (*for comparison*) сопоставле́ние.

# K

**Kabul** *n.* Кабу́л.

**Kaffir** *n.* (*pers.*) кафр; (*language*) ка́фрский язы́к; ~ corn со́рго ка́фрское.

**kaftan** *see* CAFTAN.

**Kaiser** *n.* ка́йзер.

**kale** *n.* листова́я капу́ста.

**kaleidoscope** *n.* (*lit., fig.*) калейдоско́п.

**kaleidoscopic** *adj.* калейдоскопи́ческий.

**kalends** *see* CALENDS.

**Kalmuck** *n.* (*pers.*) калмы́|к (*fem.* -чка); (*language*) калмы́цкий язы́к.

*adj.* калмы́цкий.

**kamikaze** *n.* (*pilot*) камика́дзе (*m. indecl.*), лётчик-сме́ртник.

**Kampuchea** *n.* Кампучи́я.

**Kampuchean** *n.* кампучи́|ец (*fem.* -йка).

*adj.* кампучи́йский.

**kangaroo** *n.* кенгуру́ (*m. indecl.*); ~ court незако́нное суде́бное разбира́тельство.

**Kantian** *adj.* кантиа́нский.

**kaolin** *n.* каоли́н.

**kapellmeister** *n.* капельме́йстер, дирижёр.

**kapok** *n.* капо́к.

**Karachi** *n.* Кара́чи (*m. indecl.*).

**karakul** *see* CARACUL.

**Kara Sea** *n.* Ка́рское мо́ре.

**karat** (*Am.*) *see* CARAT.

**karate** *n.* карате́ (*nt. indecl.*).

**Karelia** *n.* Каре́лия.

**Karelian** *n.* каре́л (*fem.* -ка).

*adj.* каре́льский.

**karst** *n.* карст; (*attr.*) ка́рстовый.

**Kashmir** *n.* Кашми́р.

**Kashmir|i** *n.* (*pers.*) кашми́р|ец (*fem.* -ка); (*language*) кашми́рский язы́к.

**kayak** *n.* кая́к.

**Kazakh** *n.* (*pers.*) каза́|х (*fem.* -шка); (*language*) каза́хский язы́к.

**Kazakhstan** *n.* Казахста́н.

**Kazan** *n.* Каза́нь.

**kebab** *n.* кеба́б, шашлы́к.

**keel** *n.* (*of ship*) киль (*m.*); false ~ фальшки́ль (*m.*); on an even ~ не кача́ясь; (*fig.*) усто́йчивый, стаби́льный.

*v.t.* (*impf.*) перев|ора́чивать, -ерну́ть ки́лем вверх; килева́ть (*impf., pf.*).

*v.i.:* ~ **over** опроки́|дываться, -ну́ться.

*cpds.:* ~-**block** *n.* кильбло́к; ~-**haul** *v.t.* прота́скивать (*impf.*) под ки́лем; (*fig., reprimand*) пропесо́чи|вать, -ть (*coll.*).

**keen**[1] *n.* (*lament*) причита́ние/плач по поко́йнику.

*v.i.* голоси́ть (*impf.*).

**keen**[2] *adj.* (*lit., fig.: sharp, acute*) о́стрый; ~ eyesight о́строе зре́ние; a ~ intellect о́стрый/проница́тельный ум; (*piercing*) пронзи́тельный; a ~ glance пронзи́тельный/о́стрый взгляд; a ~ wind ре́зкий/прони́зывающий ве́тер; ~ frost си́льный моро́з; (*strong, intense*) си́льный; ~ desire си́льное/о́строе жела́ние; ~ interest живо́й интере́с; (*eager, energetic*) ре́вностный, энерги́чный; a ~ businessman энерги́чный деле́ц; a ~ pupil усе́рдный/приле́жный учени́к; ~ competition тру́дное соревнова́ние; ожесточённая конкуре́нция; a ~ demand for sth. большо́й спрос на что-н.; (*enthusiastic*) стра́стный; a ~ sportsman стра́стный спортсме́н; энтузиа́ст/люби́тель (*m.*) спо́рта; be ~ on си́льно/стра́стно увл|ека́ться, -е́чься +*i.*; I am not ~ on chess я не осо́бенно увлека́юсь ша́хматами; he is ~ on your coming ему́ о́чень хо́чется, чтобы вы пришли́; they are ~ on getting (*or to get*) the work done они́ стремя́тся око́нчить де́ло; им не те́рпится зако́нчить рабо́ту.

**keenness** *n.* (*sharpness*) острота́; (*of cold etc.*) си́ла, интенси́вность; (*eagerness, enthusiasm*) усе́рдие; энтузиа́зм.

**keep**[1] *n.* (*tower*) гла́вная ба́шня (*за́мка*).

**keep**[2] *n.* **1.** (*maintenance*) содержа́ние; **2.** (*sustenance*) проко́рм, пропита́ние; earn one's зараб|а́тывать, -о́тать себе́ на пропита́ние; he's not worth his ~ от него́ про́ку ма́ло; (*fodder*) фура́ж, корм; **3.**: for ~s насовсе́м (*coll.*).

*v.t.* **1.** (*retain possession of*) держа́ть (*impf.*), не отдава́ть (*impf.*); ост|авля́ть, -а́вить (себе́ *or* при себе́); ~ the change! сда́чи не на́до!; (*preserve*) храни́ть (*impf.*); сохран|я́ть, -и́ть; (*save, put by*): I shall ~ this paper to show my mother я сохраню́ э́ту газе́ту, что́бы показа́ть ма́тери; I'm ~ing this for a rainy day я берегу́ э́то на чёрный день; you can't ~ milk for more than a day молоко́ ки́снет в тече́ние су́ток; he ~s all her letters он храни́т все её пи́сьма; (*hold on to*): she kept the book a long time она́ до́лго держа́ла (*or* не возвраща́ла) кни́гу; (*appropriate*) присв|а́ивать, -о́ить себе́; when I lent you my umbrella I didn't mean you to ~ it одолжи́в вам зо́нтик, я не ду́мал, что вы его́ присво́ите; **2.** (*cause to remain*): the traffic kept me awake у́личное движе́ние не дава́ло мне спать; the garden ~s me busy сад не даёт мне сиде́ть сложа́ ру́ки; this will ~ him quiet for a bit э́то отвлечёт его́ немно́жко; ~ sth. safe храни́ть (*impf.*) что-н. в безопа́сности; ~ it dark! об э́том никому́ ни сло́ва!; ~ o.s. alive подде́рживать (*impf.*) свою́ жизнь (*чем*); ~ hope alive подде́рж|ивать, -а́ть наде́жду; ~ an issue alive не да|ва́ть, -ть вопро́су загло́хнуть; ~ the house clean содержа́ть (*impf.*) дом в чистоте́/поря́дке; ~ one's hands clean держа́ть ру́ки чи́стыми; (*fig.*) ~ мара́ть (*impf.*) рук; ~ your mouth shut! держи́те язы́к за зуба́ми!; I want the door kept open я хочу́, что́бы дверь остава́лась откры́той; I'm ~ing my ears open я держу́ у́шки на маку́шке; ~ s.o. supplied снабжа́ть (*impf.*) кого́-н.; ~ the grass cut регуля́рно стричь (*impf.*) траву́; ~ s.o. in the dark держа́ть кого́-н. в неве́дении; ~ s.o. in suspense держа́ть кого́-н. в напряжённом ожида́нии; he kept his hands in his pockets он держа́л ру́ки в карма́нах; ~ it to yourself пома́лкивайте об э́том; ~ an eye on sth. пригля́дывать (*impf.*) за чем-н.; ~ your mind on your work не отвлека́йтесь от свое́й рабо́ты; ~ sth. in mind, view име́ть (*impf.*) что-н. в виду́; ~ sth. in order держа́ть что-н. в поря́дке; ~ s.o. in order держа́ть кого́-н. в узде́; where do you ~ the salt? где вы храни́те соль?; **3.** (*cause to continue*): he kept me standing for an hour он подержа́л меня́ на нога́х це́лый час; I don't like to be kept waiting я не люблю́, когда́ меня́ заставля́ют ждать; they kept him working late они́ заде́рживали его́ на рабо́те допоздна́; that will ~ you going till lunch-time тепе́рь вы проде́ржитесь до обе́да; **4.** (*remain in, on*): ~ one's seat (*remain sitting*) не встава́ть (*impf.*); ~ the saddle удёрж|иваться, -а́ться в седле́; ~ one's feet

удержа́ться на нога́х, устоя́ть (*both pf.*); ~ one's bed лежа́ть (*impf.*) в посте́ли; (*retain, preserve*): ~ one's balance сохраня́ть/удёрживать (*both impf.*) равнове́сие; ~ one's own counsel молча́ть (*impf.*); ~ one's distance соблю|да́ть, -сти́ расстоя́ние/диста́нцию; she has kept her figure она́ сохрани́ла стро́йность; (*for phrr. of the kind* '~ company'; '~ guard'; '~ order'; '~ time' *etc. see under nn.*); **5.** (*have charge of*; *manage, own*; *rear, maintain*) име́ть, держа́ть, содержа́ть (*all impf.*); who ~s the keys? у кого́ храня́тся ключи́?; they ~ 2 cars у них две маши́ны; the shop was kept by an Italian владе́льцем ла́вки был италья́нец; he wants to ~ pigs он хо́чет держа́ть свине́й; he ~s a mistress in town он соде́ржит любо́вницу в го́роде; у него́ в го́роде любо́вница; a kept woman содержа́нка; I have a wife and family to ~ у меня́ на иждиве́нии жена́ и де́ти; that won't even ~ him in cigarettes э́того ему́ не хва́тит да́же на сигаре́ты; ~ house вести́ (*det.*) (дома́шнее) хозя́йство; he ~s open house у него́ дом откры́т для всех; a well-kept garden хорошо́ ухо́женный сад; **6.** (*maintain, ~ entries in*) вести́ (*det.*); ~ books/accounts вести́ счета́; do you ~ a diary? веде́те ли вы дневни́к?; how long have records been kept? как до́лго вели́сь за́писи?; are you ~ing the score? вы веде́те счёт?; **7.** (*detain*) заде́рж|ивать, -а́ть; I won't ~ you я вас не задержу́; there was nothing to ~ me there меня́ там ничто́ не держа́ло; they kept him in prison его́ держа́ли в тюрьме́; **8.** (*stock; have for sale*): we don't ~ cigarettes мы не продаём сигаре́ты; we do not ~ such goods таки́х това́ров мы не де́ржим; **9.** (*defend, protect*): ~ goal стоя́ть (*impf.*) на воро́тах; защища́ть (*impf.*) воро́та; God ~ you! да храни́т вас Госпо́дь!; **10.** (*observe*; *be faithful to*; *fulfil*) сдёрж|ивать, -а́ть; соблю|да́ть, -сти́; ~ the law соблюда́ть зако́н; ~ one's word держа́ть, с- сло́во; ~ faith сохран|я́ть, -и́ть ве́рность; he kept the arrangements to the letter он в то́чности соблюда́л распоряже́ния; I can't ~ the appointment я не могу́ прийти́ на встре́чу; **11.** (*celebrate*) пра́здновать, от-; отм|еча́ть, -е́тить; **12.** (*guard, not divulge*) храни́ть (*impf.*); сохран|я́ть, -и́ть.

*v.i.* **1.** (*remain*) держа́ться (*impf.*); остава́ться (*impf.*); the weather kept fine стоя́ла хоро́шая пого́да; if it ~s fine е́сли проде́ржится хоро́шая пого́да; е́сли пого́да не испо́ртится; I can't ~ warm here я здесь не могу́ согре́ться; ~ cool (*fig.*) не теря́ть (*impf.*) головы́; the food will ~ warm in the oven в духо́вке еда́ оста́нется тёплой; please ~ quiet! пожа́луйста, не шуми́те!; how are you ~ing? как живёте-мо́жете? (*coll.*); I'm ~ing quite well (я) на здоро́вье не жа́луюсь; I exercise to ~ fit я занима́юсь гимна́стикой/спо́ртом, чтобы быть в фо́рме; we still ~ in touch мы всё ещё подде́рживаем отноше́ния/связь; ~ in line не выходи́ть (*impf.*) из стро́я; ~ in step шага́ть (*impf.*) в но́гу; **2.** (*continue*) продолжа́ть (*impf.*) +*inf.*; she ~s giggling она́ всё хихи́кает; ~ going! продолжа́йте идти́!; ~ straight on! иди́те/поезжа́йте пря́мо вперёд!; **3.** (*remain fresh*): the food will ~ in the refrigerator еда́ в холоди́льнике не испо́ртится; (*fig.*): my news will ~ till tomorrow с мои́ми новостя́ми мо́жно подожда́ть до за́втра.

*with preps.*: (*for phrr. with* **in** *or* **on** +*n. see under v.t.* **2.** *or v.i.* **1.** *or under n.*): ~ **after** (*continue to pursue*) продолжа́ть (*impf.*) пого́ню за +*i.*; (*chivvy*) пристава́ть (*impf.*) к +*d.*; we are ~ing **ahead of** schedule мы продолжа́ем опережа́ть гра́фик; he ~s his pupils **at** it он заставля́ет ученико́в труди́ться; you must ~ at it till it's finished вы не должны́ отрыва́ться, пока́ не ко́нчите; I kept at him to start the job я наста́ивал, что́бы он на́чал рабо́ту; he kept his hands **behind** his back он держа́л ру́ки за спино́й; he kept behind me all the way он шёл позади́ меня́ всю доро́гу; his brothers kept his share **from** him его́ бра́тья удержа́ли его́ до́лю; what are you trying to ~ from me? что вы скрыва́ете от меня́?; my umbrella ~s me from getting wet зо́нтик спаса́ет меня́ от дождя́; I kept him from hurting himself я не́ дал ему́ ушиби́ться; I could hardly ~ (myself) from laughing я едва́ удержа́лся от сме́ха; ~ **off** the grass! по газо́нам не ходи́ть!; I have to ~ off sugar мне на́до избега́ть са́хара; he can't ~ off (the subject of) politics он ника́к не мо́жет съе́хать с разгово́ров о поли́тике; I couldn't ~ my eyes off her я не мог отвести́ от неё глаз; they tried to ~ me **out of** the room они́ пыта́лись не пуска́ть меня́ в ко́мнату; he kept out of the room он не входи́л в ко́мнату; I kept the sweets out of his reach я держа́л конфе́ты пода́льше от него́; he kept his gun out of sight он припря́тал ружьё (с глаз доло́й); they kept him out of the talks его́ не допуска́ли к перегово́рам; ~ out of s.o.'s way (*avoid him*) избега́ть (*impf.*) кого́-н.; (*not hinder him*) не меша́ть (*impf.*) кому́-н.; I kept out of their quarrel я не вме́шивался в их ссо́ру; he cannot ~ out of trouble for long он ве́чно попада́ет в исто́рии; I kept him **to** his promise я заста́вил его́ вы́полнить обеща́ние; he kept the news to himself он ни с кем не дели́лся но́востью; he ~s his feelings to himself он скрыва́ет свои́ чу́вства; he ~s himself to himself он замыка́ется в себе́; we must ~ costs to a minimum мы должны́ свести́ расхо́ды до ми́нимума; ~ to one's bed остава́ться (*impf.*) в посте́ли; ~ to the path держа́ться (*impf.*) тропи́нки; ~ to the point не отклон|я́ться, -и́ться от те́мы; he ~s to his former opinion он приде́рживается

пре́жнего мне́ния; he ~s the boys **under** control он де́ржит ма́льчиков в узде́; ~ s.o. under observation следи́ть (*impf.*) за кем-н.

*with advs.*: ~ **away** *v.t.*: the rain kept people away дождь отпугну́л наро́д; she kept her daughter away from school она́ не пуска́ла дочь в шко́лу; a spray to ~ flies away аэрозо́ль (*m.*) для отпу́гивания мух; we could not ~ him away from books мы не могли́ удержа́ть его́ от чте́ния; *v.i.*: he tried to ~ away from them он стара́лся их избега́ть; he kept away for fear of ridicule из-за стра́ха показа́ться смешны́м он держа́лся в стороне́; he kept away from spirits он остерега́лся спиртны́х напи́тков; ~ **back** *v.t.* (*restrain*) сдёрж|ивать, -а́ть; the police could not ~ the crowd back поли́ция не могла́ сдержа́ть толпу́; (*retain*): they ~ £1 from my wages из мое́й зарпла́ты уде́рживают оди́н фунт; (*repress*): she could hardly ~ back her tears она́ с трудо́м сде́рживала слёзы; (*conceal*): he kept back the sad news from her он скрыва́л от неё печа́льные изве́стия; (*retard*): illness kept back his development боле́знь задержа́ла его́ разви́тие; *v.i.* держа́ться (*impf.*) в стороне́; ~ **down** *v.t.*: ~ your head down! не поднима́йте головы́!; (*fig., coll.*) не высо́вывайся!; ~ your voice down! не повыша́йте го́лоса!; (*limit, control*): they tried to ~ down expenses они́ стара́лись ограни́чить расхо́ды; a mistaken policy was ~ing production down оши́бочная поли́тика заторма́живала произво́дство; unemployment was kept down безрабо́тице не дава́ли разраста́ться; how do you ~ the weeds down? как вы бо́ретесь с сорняка́ми?; (*oppress*) держа́ть (*impf.*) в подчине́нии; (*suppress*) подав|ля́ть, -и́ть; (*digest*): he can't ~ anything down у него́ желу́док ничего́ не принима́ет; *v.i.* (*lie low*) притаи́ться (*pf.*); ~ **in** *v.t.* (*confine*): I ~ the children in when it rains когда́ идёт дождь, я держу́ дете́й до́ма; he was kept in after school его́ оста́вили по́сле уро́ков; (*maintain*): we ~ the fire in overnight мы подде́рживаем ого́нь всю ночь; I practise to ~ my eye, hand in я трениру́юсь/практи́куюсь, что́бы не отвы́кнуть; *v.i.* (*stay indoors*) ост|ава́ться, -а́ться до́ма; ~ in with s.o. подде́рживать (*impf.*) хоро́шие отноше́ния с кем-н.; ~ **off** *v.t.* (*restrain*): they kept the hounds off till the signal was given го́нчих не подпуска́ли, пока́ не да́ли сигна́л; (*ward off, repel*): I kept his blows off with my stick я отрази́л его́ уда́ры па́лкой; my hat will ~ the rain off моя́ шля́па защити́т меня́ от дождя́; *v.i.* (*stay at a distance*): I hope the rain ~s off я наде́юсь, что дождь не начнётся; the crowd kept off till the very end толпа́ до са́мого конца́ держа́лась в отдале́нии; ~ **on** *v.t.* (*continue to wear*): women ~ their hats on in church в це́ркви же́нщины не снима́ют шляп; ~ your shirt, hair on! (*sl.*) спокойно!; не нервничайте!; (*continue to employ, educate*): they kept the workers on они оставили рабочих; they won't ~ you on after 60 они уволят вас, когда вам исполнится 60 лет; I'm ~ing my boy on (at school) for another year я оставляю сына в школе ещё на год; (*leave in place*): ~ the lid on не снимайте крышку; *v.i.* (*with pres. part., continue*): he kept on reading он продолжал читать; she kept on glancing out of the window она беспрестанно выглядывала из окна; he kept on falling on постоянно падал; (*continue, persist*): the rain kept on all day дождь шёл весь день; she kept on till the job was finished она работала, пока всё не закончила; (*continue talking*): he will ~ on about his dogs он как заладит (*coll.*) о собаках; (*nag*): if you ~ on at him, he'll take you to the theatre если вы не отстанете от него, он в конце концов поведёт вас в театр; ~ **out** *v.t.* (*exclude*): this coat ~s out the cold very well это пальто хорошо защищает от холода; I drink to ~ out the cold я пью, чтобы согреться; we put up a fence to ~ out trespassers мы построили/поставили забор, чтобы посторонние не заходили на территорию; (*leave in view*): I kept these papers out to show you я оставил эти бумаги, чтобы показать их вам; *v.i.*: Private – ~ out! посторонним вход воспрещён/запрещён!; ~ **together** *v.t.*: this folder will ~ your papers together в эту папку вы сможете сложить все документы; he has hardly enough to ~ body and soul together он едва сводит концы с концами; the conductor kept the band together дирижёр сплотил оркестр; *v.i.*: the mountaineers kept together for safety для безопасности альпинисты держались вместе; ~ **under** *v.t.* держать (*impf.*) в подчинении; ~ **up** *v.t.* (*prevent from falling or sinking*): he could not ~ his trousers up у него всё время сваливались брюки; the wall was kept up by a buttress стена держалась на подпорке; (*fig., sustain, maintain*): ~ up one's spirits не падать (*impf.*) духом; ~ one's strength up подкрепля́ть (*impf.*) силы; ~ one's end up держать (*impf.*) пистолетом (*coll.*); не ударить (*pf.*) лицом в грязь; ~ up appearances соблюдать (*impf.*) приличия/видимость; держать (*impf.*) марку; the house is expensive to ~ up этот дом дорого содержать; ~ up the conversation поддерживать (*impf.*) разговор; (*continue*): ~ up the good work! продолжайте в том же духе!; he can ~ it up for hours он в этом неутомим; he could not ~ up the payments он не мог регулярно платить; the custom has been kept up for centuries этот обычай сохранялся столетия; I wish I had kept up my Latin жаль, что я забросил латынь; (*prevent from going to bed*): the baby kept us up half the night ребёнок не

давал нам спать полночи; *v.i.* (*stay upright, afloat etc.*): the tent may not ~ up if the wind gets stronger палатка может не устоять/выдержать, если ветер усилится; (*stay high, e.g. a kite; temperature*) держаться (*impf.*); (*continue*): if the weather ~s up we will have a picnic если хорошая погода продержится, мы устроим пикник; (*stay level*): we kept up with them the whole way всю дорогу мы не отставали от них; stop! I can't ~ up подождите! я за вами не поспеваю; the unions demand that wages should ~ up with prices профсоюзы требуют, чтобы зарплата росла вместе с ценами; ~ up with the times не отставать (*impf.*) от событий; шагать (*impf.*) в ногу со временем; ~ up with the Joneses быть не хуже других/людей; (*remain in touch*): I try to ~ up with the news я стараюсь следить за событиями; I ~ up with several old friends я поддерживаю отношения кое с кем из старых друзей.

*cpd.*: ~-**fit** *adj.*: ~-fit exercises зарядка.

**keeper** *n.* 1. (*guardian*) хранитель (*m.*), сторож; (*in zoo*) служитель (*m.*) (зоопарка); (*in prison*) надзиратель (*m.*); (*in asylum*) санитар; I am not my brother's ~ я не сторож моему брату; (*lighthouse-*~, *museum-*~) смотритель (*m.*); (*of shop, restaurant etc.*) владелец; хозяин; (*goal-*~) вратарь (*m.*); 2.: this apple is a good ~ этот сорт яблок может долго лежать.

**keeping** *n.* 1.: in safe ~ в надёжных руках; в полной захранности; 2.: be in ~ with соответствовать (*impf.*) +*d.*; that remark is out of ~ with his character это замечание для него не типично.

**keepsake** *n.* сувенир; as a ~ на память.

**keg** *n.* бочонок.

**Kelt** *see* CELT.

**ken** *n.*: beyond my ~ вне моей компетенции; за пределами моих познаний.

*v.t.* (*Sc.*) знать (*impf.*).

**kennel** *n.* 1. конура; 2. (*pl., for hounds*) псарня; 3. (*mean dwelling*) хижина; хибарка, конура. *v.t.* (*keep in* ~) держать (*impf.*) в конуре; (*drive into* ~) заг|онять, -нать в конуру.

**Kenya** *n.* Кения.

**Kenyan** *n.* кени|ец (*fem.* -йка).

*adj.* кенийский.

**kepi** *n.* кепи (*nt. indecl.*).

**kerb** *n.* обочина.

*cpd.*: ~**stone** *n.* бордюрный камень.

**kerchief** *n.* платок, косынка.

**kernel** *n.* (*of nut or fruit-stone*) ядро; (*of seed, e.g. wheat grain*) зерно; (*fig., essence*) суть, сущность.

**keros|ene, -ine** *n.* керосин; (*attr.*) керосиновый.

**kestrel** *n.* пустельга.

**ketch** *n.* кеч.

**ketchup** *n.* кетчуп.

**kettle** *n.* чайник; (*pot for boiling, e.g. fish*) котелóк; here's a pretty ~ of fish! вот так нóмер!; хорóшенькое дéло!; that's quite another ~ of fish э́то совсéм из другóй óперы.

*cpds.*: ~-**drum** *n.* литáвра; ~-**drummer** *n.* литаврúст, литáврщик.

**key** *n.* **1.** ключ; ~ to the door/clock ключ от двéри/часóв; ~ money задáток при получéнии ключéй от квартúры; **2.** (*fig., sth. providing access or solution*) ключ; the ~ to the political situation (to the Mediterranean) ключ к понимáнию политúческой ситуáции (к Средизéмному мóрю); the ~ to a mystery разгáдка тáйны; the ~ to success is hard work залóг успéха — упóрная рабóта; (*to foreign text*) подстрóчник; (*to map*) легéнда; **3.** (*attr., important, essential*) вáжный, важнéйший; ведýщий; ~ position ключевáя позúция; ~ question стержневóй вопрóс; a ~ man незаменúмый рабóтник; ~ industries ведýщие óтрасли промы́шленности; **4.** (*of piano or typewriter*) клáвиш, клáвиша; (*pl.*) клавиатýра; (*of wind instrument*) клáпан; Morse ~ ключ Мóрзе; shift ~ смен|я́ть, -и́ть регúстр; **5.** (*mus.*) ключ, тонáльность; in a low ~ (*fig.*) сдéржанно.

*v.t.*: ~ **up** взви́н|чивать, -ти́ть.

*cpds.*: ~**board** *n.* клавиатýра; ~board instrument клáвишный инструмéнт; ~ **hole** *n.* замóчная сквáжина; ~**note** *n.* (*mus.*) основнáя нóта ключá; (*fig.*) лейтмотúв; основнáя мысль; ~-**ring** *n.* кольцó для ключéй; ~**stone** *n.* замкóвый кáмень; (*fig.*) краеугóльный кáмень; ~**word** *n.* ключевóе слóво.

**khaki** *n.* защúтный цвет, хáки (*nt. indecl.*); dressed in ~ одéтый в хáки.

*adj.*: a ~ shirt рубáшка цвéта хáки.

**khan** *n.* хан.

**khanate** *n.* хáнство.

**Kharkov** *n.* Хáрьков.

**khedive** *n.* хедúв.

**kibbutz** *n.* киббýц.

**kibitzer** *n.* (*coll.*) непрóшенный совéтчик (*при игре в карты*).

**kibosh** *n* (*sl.*): put the ~ on прихлóпнуть (*pf.*).

**kick** *n.* **1.** удáр, пинóк; give s.o. a ~ уд|аря́ть, -áрить (*or* ля́г|áть, -нýть) когó-н. ногóй; give a ~ (*of horse*) ляг|áться, -нýться; (*football*): the referee gave a free ~ судья́ объявúл свобóдный удáр; **2.** (*recoil*) отдáча; **3.** (*fig., resilience*): he has no ~ left in him он вы́дохся; **4.** (*coll., stimulus*): get a ~ out of sth. полуꞏч|áть, -и́ть удовóльствие от чегó-н.; he does it for ~s (*sl.*) он дéлает э́то из озорствá; this vodka has real ~ in it в э́той вóдке есть грáдус.

*v.t.* уд|аря́ть, -áрить ногóй; he ~ed me on the shin он удáрил меня́ по гóлени; you mustn't ~ a man when he's down нельзя́ бить лежáчего; I could have ~ed myself я рвал на себé вóлосы; he ~ed the ball он удáрил по мячý; he ~ed a goal он забúл гол; ~ the bucket дать

(*pf.*) дýба (*sl.*); ~ one's heels ждать (*impf.*) с нетерпéнием; he kept me ~ing my heels for 2 hours он меня́ протомúл два часá; ~ the habit (*sl., give up drug-taking*) брóсить (*pf.*) наркóтики.

*v.i.* (*of animals*) лягáться (*impf.*); брыкáться (*impf.*); (*fig.*): ~ at, against sth. протестовáть (*impf.*) прóтив чегó-н.; ~ over the traces взбунтовáться (*pf.*); he is still alive and ~ing он всё ещё жив-здорóв.

with *advs.*: ~ **about, around** *v.t.*: they were ~ing a ball about онú гоня́ли мяч; (*discuss informally*): ~ an idea around обсуждáть (*impf.*) проблéму в чáстном поря́дке; (*treat badly*): he felt he had been ~ed around too long он чýвствовал, что егó слúшком уж шпыня́ют; *v.i.* (*coll.*): is his father still ~ing around? егó отéц ещё жив?; I don't want the children ~ing around when I'm working я не хочý, чтоб дéти вертéлись под ногáми, когдá я рабóтаю; there are plenty of jobs ~ing around кругóм мест скóлько угóдно; don't leave your shoes ~ing around не разбрáсывай свои тýфли; ~ **back** *v.t.*: the goalie ~ed the ball back into play вратáрь врбросúл мяч в игрý; *v.i.* (*retaliate*) совершúть (*pf.*) отвéтный удáр; (*recoil*) отдавáть (*impf.*); ~ **in** *v.t.*: ~ the door in взл|áмывать, -омáть дверь; ~ s.o.'s teeth in выбивáть, вы́бить комý-н. зýбы; ~ **off** *v.t.* (*e.g. shoes*) сбр|áсывать, -óсить; *v.i.* (*football*) нач|инáть, -áть игрý; (*coll., begin*) нач|инáть, -áть; ~ **out** *v.t.* (*eject, expel*) выгоня́ть, вы́гнать; вы́швырнуть (*pf.*); *v.i.* выбрáсывать, вы́бросить нóги; лягáться (*impf.*); ~ **over** *v.t.* опроки́|дывать, -нуть; ~ **up** *v.t.*: the herd ~ed up a cloud of dust стáдо пóдняло óблако пы́ли; the horse ~ed up its heels лóшадь взбрыкнýла; he ~ed up a stone он подбрóсил кáмень ногóй; (*coll., create*): ~ up a row устр|áивать, -óить скандáл; ~ up a din подн|имáть, -я́ть шум.

*cpds.*: ~-**back** *n.* (*recoil*) отдáча; (*payment*) магарыꞏч; ~-**off** *n.* начáло (игры́); ~-**starter** *n.* ножнóй стáртер.

**kicker** *n.* (*horse*) брыклúвая лóшадь.

**kid**[1] *n.* **1.** (*young goat*) козлёнок; **2.** (*leather*) шеврó (*indecl.*); (*attr.*) шеврóвый; (*for gloves*) лáйка; ~ glove лáйковая перчáтка; use, wear ~ gloves (*fig.*) осторóжно/мя́гко обращáться (*impf.*) (*с кем*); **3.** (*coll., child*) малы́ш; he's just a ~ он всегó лишь ребёнок; my ~ brother мой млáдший брат; that's ~(s') stuff! ≃ простóе дéло; раз плю́нуть.

*cpd.*: ~-**glove** *adj.*: ~-glove methods дели-кáтные/осторóжные мéтоды.

**kid**[2] *v.t.* **1.** (*coll., deceive*) над|увáть, -ýть; who are you ~ding? когó вы хотúте обманýть?; don't ~ yourself! не обмáнывайте себя́!; **2.** (*tease*) дразнúть (*impf.*); ~ s.o. on, along водúть (*impf.*) когó-н. за́ нос.

*v.i.* (*tease with untruths*): you're ~ding! врёшь!

**kidd|y, -ie** *n.* (*coll.*) дётка (*c.g.*).

**kidnap** *v.t.* пох|ища́ть, -и́тить.

**kidnapper** *n.* похити́тель (*m.*).

**kidney** *n.* **1.** по́чка; ~ soup суп из по́чек; ~ transplant переса́дка по́чек; **2.** (*type, temperament*): they are of the same ~ они́ одного́ по́ля я́года; они́ одни́м ми́ром ма́заны.

*cpds.*: ~-**bean** *n.* фасо́ль (*collect.*); ~-**shaped** *adj.* почкови́дный; ~-**stone** *n.* га́лька.

**Kiev** *n.* Ки́ев.

**Kievan** *adj.* ки́евский.

**kill** *n.* **1.** (*of hunted animal*) отстре́л; (*of enemy aircraft etc.*) уничтоже́ние; be in at the ~ (*fig.*) прибы́ть (*pf.*) к дележу́ добы́чи; **2.** (*animal(s) ~ed*) добы́ча; a good ~ бога́тая добы́ча.

*v.t.* **1.** уб|ива́ть, -и́ть; (*rats etc.*) мори́ть, вы́-; he was ~ed in an accident он поги́б при ава́рии; ~ed in action уби́т в бою́ (*or* на по́ле сраже́ния); ~ o.s. (*lit.*) ко́нчить само-уби́йством; (*fig., coll.*) перенапряга́ться (*impf.*); the villain gets ~ed in the end злоде́й в конце́ концо́в погиба́ет; ~ two birds with one stone уби́ть (*pf.*) двух за́йцев одни́м уда́ром; the shock ~ed her потрясе́ние её уби́ло; my feet are ~ing me я без за́дних ног; the frost ~ed my roses мои́ ро́зы поги́бли от моро́за; **2.** (*animals for food*) ре́зать, за-; зак|а́лывать, -оло́ть; (*esp. in quantity*) заб|ива́ть, -и́ть; the wolf ~ed the calf волк заре́зал телёнка; **3.** (*destroy, put an end to*) уничт|ожа́ть, -о́жить; разб|ива́ть, -и́ть; this drug ~s the pain э́то лека́рство утоля́ет боль; ~ a proposal провали́ть (*pf.*) предложе́ние; **4.** (*neutralize, e.g. colours*) нейтрализова́ть (*impf., pf.*); the orchestra ~ed the violin орке́стр заглуши́л скри́пку; cigarettes ~ the appetite папиро́сы по́ртят аппети́т; ~ time уб|ива́ть, -и́ть вре́мя; корота́ть, с- вре́мя; **5.** (*coll., switch off*) вы-ключа́ть, вы́ключить; **6.** (*coll., finish off*): shall we ~ the bottle? разда́вим/прико́нчим буты́лку?; **7.** (*sport*): ~ the ball (*football*) останови́ть (*pf.*) мяч; (*tennis*) погаси́ть (*pf.*) мяч; **8.** (*overwhelm*): ~ s.o. with kindness погуби́ть кого́-н. чрезме́рной добро́той; your jokes are ~ing me! ва́ши шу́тки меня́ умори́ли!; dressed to ~ разоде́тый впух и впрах.

*v.i.*: thou shalt not ~! не убий!; ~ or cure ≃ риско́ванное сре́дство.

*with advs.*: ~ **off** *v.t.* переб|ива́ть, -и́ть.

*cpd.*: ~**joy** *n.* брюзга́ (*c.g.*).

**killer** *n.* (*murderer*) уби́йца (*c.g.*); ~ whale коса́тка; (*fatal disease*): typhus is a ~ тиф — смерте́льная боле́знь; (*poison*): rat ~ крыси́ный яд.

**killing** *n.* (*murder*) уби́йство; mercy ~ уби́йство из гума́нных соображе́ний; (*slaughter of animals*) убо́й, забо́й; (*fig., coll.*): he made a ~ он

сорва́л большо́й куш.

*adj.* (*exhausting*) уби́йственный; (*amusing*) умори́тельный; ~ly funny умопомрачи́тельно смешно́й.

**kiln** *n.* печь.

*cpd.*: ~-**dry** *v.t.* суши́ть, вы́- в печи́.

**kilo** *n.* кило́ (*indecl.*).

**kilocycle** *n.* килоци́кл; ~ per second килоге́рц.

**kilogram(me)** *n.* килогра́мм.

**kilohertz** *n.* килоге́рц.

**kilolitre** *n.* килоли́тр.

**kilometre** *n.* киломе́тр.

**kilometric** *adj.* километро́вый.

**kiloton** *n.* килото́нна.

**kilovolt** *n.* килово́льт.

**kilowatt** *n.* килова́тт.

*cpd.*: ~-**hour** *n.* килова́тт-час.

**kilt** *n.* (шотла́ндская) ю́бка.

*v.t.* под|тыка́ть, -откну́ть (ю́бку).

**kilted** *adj.* нося́щий шотла́ндскую ю́бку.

**kimono** *n.* кимоно́ (*indecl.*).

**kin** *n.* (*family*) семья́; (*relations*) родня́ (*collect.*); ро́дственники (*m. pl.*); kith and ~ родны́е и бли́зкие; (*fig.*) бра́тья по кро́ви; next of ~ ближа́йший ро́дственник, ближа́йшая ро́дственница.

*pred. adj.* (*arch.*): he is ~ to me он мне ро́дственник; we are ~ мы в родстве́.

**kinaesthetic** *adj.* кинестети́ческий.

**kind** *n.* **1.** (*race*) род; human ~ род челове́ческий; **2.** (*class, sort, variety*) род, сорт, разнови́дность; all ~s of goods вся́кие това́ры; something of the ~ что́-то (*or* что́-нибудь) в э́том ро́де; of a different (*or* another) ~ друго́го ро́да; nothing of the ~ ничего́ подо́бного; an actor of a ~ в изве́стном смы́сле актёр; he is a ~ of actor он в своём ро́де актёр; one of a ~ у́никум; уника́льный; two of a ~ (*at cards*) па́ра; (*fig.*) два сапога́ па́ра; what ~ of? что за?; како́й?; what ~ of a painter is he? что он за худо́жник?; what ~ of box do you want? како́го ро́да коро́бка вам нужна́?; that ~ of person is never satisfied тако́й челове́к всегда́ чем-то недово́лен; that ~ of thing таки́е ве́щи/шту́ки; всё в тако́м ро́де; those ~s of people annoy me лю́ди тако́го ти́па меня́ раздража́ют; **3.**: ~ of (*coll., to some extent*): I ~ of expected it я вро́де бы ожида́л э́того; I felt ~ of sorry for him мне его́ бы́ло ка́к-то жаль; **4.** (*natural character*) ка́чество; differ in ~ отлича́ться по ка́честву; различа́ться по свое́й приро́де; **5.**: in ~ нату́рой; pay in ~ плати́ть, за- нату́рой; repay in ~ (*fig.*) отпла́|чивать, -ти́ть той же моне́той.

*adj.* до́брый, любе́зный; be so ~ as to close the door бу́дьте любе́зны, закро́йте дверь; with ~ regards с серде́чным приве́том.

*cpds.*: ~-**hearted** *adj.* добросерде́чный; ~**heartedness** *n.* доброта́.

**kindergarten** *n.* де́тский сад.

**kindle** *v.t.* разж|ига́ть, -е́чь; (*fig., arouse*) возбу|жда́ть, -ди́ть; (*evoke*) вызыва́ть, вы́звать.

   *v.i.* загор|а́ться, -е́ться; (*fig.*) вспы́х|ивать, -нуть.

**kindliness** *n.* доброта́.

**kindling** *n.* (*firewood*) раcто́пка; ще́пки (*f. pl.*).

**kindly** *adj.* до́брый, добродуш́ный; (*fig., of climate etc.*) благоприя́тный, мя́гкий.

   *adv.* **1.** (*in a kind manner*) любе́зно, ми́ло; **2.** (*please*): ~ ring me tomorrow бу́дьте добры́, позвони́те мне за́втра; **3.**: the cat took ~ to its new home ко́шка прижила́сь в но́вом до́ме; he took ~ to my suggestion он хорошо́ отнёсся к моему́ предложе́нию; he does not take ~ to criticism он не лю́бит кри́тики.

**kindness** *n.* **1.** (*benevolence, kind nature*) доброта́; he was ~ itself он был сама́ доброта́; he did it out of (the) ~ (*of his heart*) он сде́лал э́то по доброте́ (серде́чной); it would be a mistaken ~ to give him the money дать ему́ де́ньги бы́ло бы медве́жьей услу́гой; **2.** (*kind act; service*) любе́зность; одолже́ние; do s.o. a ~ ока́з|ывать, -а́ть кому́-н. любе́зность; де́лать, с- кому́-н. одолже́ние.

**kindred** *n.* **1.** (*blood relationship*) (кро́вное) родство́; claim ~ with претендова́ть (*impf.*) на родство́ с +*i.*; **2.** (*one's relatives*) родня́ (*collect.*).

   *adj.* (*lit., fig.*) ро́дственный; ~ ideas ро́дственные иде́и; a ~ spirit родна́я душа́.

**kine** *n. pl.* (*arch.*) коро́вы (*f. pl.*).

**kinematic** *adj.* кинемати́ческий.

**kinematics** *n.* кинема́тика.

**kinetic** *adj.* кинети́ческий.

**kinetics** *n.* кине́тика.

**king** *n.* **1.** коро́ль (*m.*); (*anc. and bibl.*) царь (*m.*); Gentlemen, the K~! (*toast*) господа́, здоро́вье короля́!; the book of K~s Кни́га Царе́й; the K~'s English пра́вильный англи́йский язы́к; turn ~'s evidence изоблич|а́ть, -и́ть свои́х сообщников; ~'s evil (*arch.*) золоту́ха; K~'s messenger дипломати́ческий курье́р; K~ of K~s Царь Царе́й; **2.** (*fig.*): oil ~ нефтяно́й коро́ль; ~ of beasts/birds царь звере́й/птиц; (*chess*): White K~ бе́лый коро́ль; ~'s pawn короле́вская пе́шка; (*draughts, checkers*) да́мка; (*cards*): ~ of diamonds бубно́вый коро́ль.

   *cpds.*: ~**fisher** *n.* (голубо́й) зиморо́док; ~**pin** *n.* (*bolt*) шкво́рень (*m.*); (*in skittles*) центра́льная ке́гля; (*fig.*) гла́вное лицо́; ~**-size(d)** *adj.* кру́пный; бо́льшего разме́ра.

**kingdom** *n.* короле́вство; the United K~ Соединённое Короле́вство; the animal ~ живо́тное ца́рство; the ~ of heaven ца́рство небе́сное: thy ~ come да прии́дет ца́рствие Твое́; send s.o. to ~ come (*coll.*) отпра́вить (*pf.*) кого́-н. на тот свет (*or* к пра́отцам);

you'll wait from now to ~ come (*coll.*) ну, тепе́рь бу́дете ждать до второ́го прише́ствия.

**king|like, -ly** *adjs.* короле́вский, ца́рский; (*fig.*) вели́чественный.

**kingship** *n.* короле́вский сан.

**kink** *n.* (*in rope etc.*) переги́б; (*in metal*) изги́б; (*fig., in character*) причу́да.

**kinkajou** *n.* кинкажу́ (*m. indecl.*).

**kinky** *adj.* (*twisted*) кручёный; (*coll., perverted*) извращённый; со стра́нностями.

**kinsfolk** *n.* родня́ (*collect.*).

**kinship** *n.* (*relationship*) родство́; (*similarity*) схо́дство.

**kinsman** *n.* ро́дственник.

**kinswoman** *n.* ро́дственница.

**kiosk** *n.* кио́ск; telephone ~ телефо́нная бу́дка, автома́т.

**kip** (*coll.*) *n.* (*lodging*) ночле́жка; (*bed*) ко́йка; (*sleep*) сон.

   *v.i.* **1.**: ~ down for the night устро́иться (*pf.*) на́ ночь; **2.** (*sleep*) кема́рить, по- (*coll.*).

**kipper** *n.* копчёная селёдка.

   *v.t.* копти́ть, за-.

**Kirghiz** *n.* (*pers.*) кирги́з (*fem.* -ка); (*language*) кирги́зский язы́к.

   *adj.* кирги́зский.

**kirk** *n.* шотла́ндская (пресвитериа́нская) це́рковь.

**kirsch** *n.* вишнёвая во́дка, киршва́ссер.

**kirtle** *n.* ве́рхняя ю́бка.

**kismet** *n.* рок, судьба́.

**kiss** *n.* поцелу́й; give s.o. a ~ on the cheek поцелова́ть (*pf.*) кого́-н. в щёку; blow s.o. a ~ посла́ть (*pf.*) кому́-н. возду́шный поцелу́й; steal a ~ сорва́ть (*pf.*) поцелу́й; give her a ~ from me! поцелу́й её за меня́!; ~ of life иску́сственное дыха́ние; Judas ~ поцелу́й Иу́ды.

   *v.t.* целова́ть, по-; he ~ed away her tears поцелу́ями он осуши́л её слёзы; ~ the book целова́ть, по- Би́блию (принима́я прися́гу); ~ the dust (*fig.*) пасть (*pf.*) ниц; покори́ться (*pf.*); they ~ed each other goodbye они́ поцелова́лись на проща́нье; you can ~ goodbye to the inheritance вы мо́жете распроща́ться с насле́дством; пла́кало ва́ше насле́дство; he ~ed his hand to me он посла́л мне возду́шный поцелу́й; ~ the rod (*fig.*) поко́рно прин|има́ть, -я́ть наказа́ние.

   *v.i.* целова́ться, по-.

   *cpd.*: ~**-curl** *n.* ло́кон на лбу (*or* у виска́).

**kisser** *n.* (*mouth*) ва́режка (*sl.*).

**kit** *n.* (*personal equipment, esp. clothing*) снаряже́ние; a soldier's ~ солда́тское снаряже́ние; ~ inspection прове́рка снаряже́ния; (*workman's tools*) набо́р инструме́нтов; (*for particular sport or activity*) набо́р/компле́кт (спорти́вных) принадле́жностей; survival ~ набо́р са́мого необходи́мого; (*set of parts for assembly*) констру́ктор.

*v.t. & i. (usu.* ~ **out, up**) снаря|жа́ть(ся), -ди́ть(ся).

*cpd.:* ~ **bag** *n.* вещево́й мешо́к/ра́нец; вещмешо́к.

**kitchen** *n.* ку́хня; ~ garden огоро́д; ~ sink мо́йка; ра́ковина; ~ unit ку́хонный комба́йн. *cpds.:* ~**-maid** *n.* судомо́йка; ~**-ware** *n.* ку́хонная у́тварь.

**kitchenette** *n.* ма́ленькая ку́хонька.

**kite** *n.* **1.** (*bird*) (кра́сный) ко́ршун; **2.** (*toy*) (возду́шный/бума́жный) змей; (*fig., to test reaction*) запус|ка́ть, -ти́ть змея́; (*fig., to test reaction*) пус|ка́ть, -ти́ть про́бный шар; ~ balloon змéйковый аэроста́т; **3.** (*sl., aeroplane*) самолёт; **4.** (*comm.*): fly a ~ получи́ть (*pf.*) де́ньги под фикти́вный ве́ксель.

**kith** *see* KIN.

**kitsch** *n.* китч, дешёвка.

**kitten** *n.* кот|ёнок, our cat has had ~s на́ша ко́шка окоти́лась; у на́шей ко́шки котя́та; she nearly had ~s она́ на сте́нку ле́зла (*coll.*).

**kittenish** *adj.* игри́вый.

**kittiwake** *n.* моёвка.

**kitty** *n.* (*at cards etc.*) пу́лька, банк; (*cat*) ки́ска.

**kiwi** *n.* ки́ви (*f. indecl.*); К~ (*coll.*) новозела́нд|ец (*fem.* -ка).

**klaxon** *n.* кла́ксон.

**kleptomania** *n.* клептома́ния.

**kleptomaniac** *n.* клептома́н (*fem.* -ка).

**klieg** *n.* (light) «со́лнце», «со́лнечный» прожéктор.

**knack** *n.* (*skill, faculty*) сноро́вка, уме́ние; have the ~ of име́ть (*impf.*) сноро́вку (*в чём*); there's a ~ to it де́ло тре́бует сноро́вки.

**knacker** *n.* ску́пщик ста́рых лошаде́й; ~'s yard живодёрня.

**knapsack** *n.* ра́нец.

**knave** *n.* **1.** (*arch., rogue*) плут, моше́нник; **2.** (*cards*) вале́т; ~ of hearts вале́т черве́й.

**knavery** *n.* плутовство́.

**knavish** *adj.* плутовско́й.

**knead** *v.t.* (*e.g. dough or clay*) меси́ть, за/с-; ~ing-machine тестомеси́льная маши́на; ~ing-trough квашня́; (*massage*) масси́ровать (*impf., pf.*).

**knee** *n.* коле́н|о (*pl.* -и); he was on his ~s он стоя́л на коле́нях; go down on one's ~s (*or* on bended ~) стать/упа́сть (*pf.*) на коле́ни; (*fig.*): go on one's ~s to s.o. на коле́нях моли́ть (*impf.*) кого́-н.; bring s.o. to his ~s ста́вить, по- кого́-н. на коле́ни; bend, bow the ~ преклон|я́ть, -и́ть коле́на; I went weak at the ~s у меня́ задрожа́ли поджи́лки (*or* подкоси́лись но́ги); on the ~s of the gods в руце́ бо́жьей; I learnt it at my mother's ~ я впита́л э́то с молоко́м ма́тери; they were up to their ~s in mud они́ бы́ли по коле́но в грязи́; the ~s of his trousers were worn его́ брю́ки протёрлись в коле́нках.

*v.t.* уд|аря́ть, -а́рить коле́ном.

*cpds.:* ~**-bend** *n.* приседа́ние; ~**-breeches** *n.* бри́дж|и (*pl., g.* -ей); ~**-cap** *n.* коле́нная ча́шка; (*protection*) наколе́нник; ~**-capping** *n.* вы́стрел в коле́нную ча́шку; ~**-deep** *pred. adj. & adv.*: he stood ~-deep in water он стоя́л по коле́но в воде́; ~**-high** *pred. adj. & adv.* (*reaching to the* ~): the grass was ~-high трава́ была́ по коле́но; ~**-joint** *n.* (*anat.*) коле́нный суста́в; (*tech.*) коле́нчатое сочлене́ние; ~**-length** *adj.* до коле́н.

**kneel** *v.i.* **1.** (*also* ~ **down**: go down on one's knees) ста|нови́ться, -ть на коле́ни; ~ to s.o. преклон|я́ть, -и́ть коле́на пе́ред кем-н.; **2.** (*be in* ~*ing position*) стоя́ть (*impf.*) на коле́нях; they knelt in prayer они́ моли́лись на коле́нях.

**knell** *n.* погреба́льный/похоро́нный звон; (*fig.*): his death sounded the ~ of their hopes его́ смерть означа́ла коне́ц их наде́ждам.

**knickerbockers** *n.* бри́дж|и (*pl., g.* -ей).

**knickers** *n.* (*fem. undergarment*) панталóн|ы (*pl., g.* —).

**(k)nick-(k)nack** *n.* безделу́шка.

**knife** *n.* нож; (*pocket* ~) но́жик; before one could say ~ момента́льно; в мгнове́ние о́ка; he has his ~ into me он име́ет зуб на меня́; hold a ~ to s.o.'s throat прист|ава́ть, -а́ть с ножо́м к го́рлу к кому́-н.; it was war to the ~ between them ме́жду ни́ми шла война́ не на жизнь, а на смерть; you could cut the atmosphere with a ~ во́здух был тако́й, что хоть топо́р ве́шай; (*fig.*) атмосфе́ра была́ накалённая; he had an accent you could cut with a ~ акце́нт выдава́л его́ с голово́й.

*v.t.* зак|а́лывать, -оло́ть ножо́м.

*cpds.:* ~**-edge** *n.* (*blade*) острие́ ножа́; on a ~-edge (*fig.*) вися́щий на волоске́; ~**-fight** *n.* поножо́вщина; ~**-grinder** *n.* точи́льщик; ~**-point** *n.*: at ~-point угрожа́я ножо́м; ~**-rest** *n.* подста́вка для ножа́.

**knight** *n.* **1.** (*hist.*) ры́царь (*m.*); (*in anc. Rome*) вса́дник; **2.** (*mod.*) ≃ ли́чный дворяни́н; **3.** (*member of order*) кавале́р; K~ of the Garter кавале́р о́рдена Подвя́зки; K~ Commander кавале́р о́рдена второ́й сте́пени; K~ Grand Cross кавале́р о́рдена пе́рвой сте́пени; **4.** (*chess*) конь (*m.*); ~'s move ход конём.

*v.t.* (*hist.*) возв|оди́ть, -ести́ в ры́царское досто́инство; (*mod.*) ≃ присв|а́ивать, -о́ить (*кому*) ненасле́дственное дворя́нское зва́ние.

*cpds.:* ~**-errant** *n.* стра́нствующий ры́царь; ~**-errantry** *n.* донкихо́тство.

**knighthood** *n.* ры́царство; ры́царское зва́ние; he was recommended for a ~ его́ предста́вили к ры́царскому зва́нию.

**knit** *v.t.* **1.**: ~ wool into stockings (*or* stockings from wool) вяза́ть, с- чулки́ из ше́рсти; ~ **up** (*repair*) што́пать, за-; hand-/machine-~ted garments вя́заная/трикота́жная оде́жда; вя́занки (*f. pl.*); **2.** (*fasten*; *also* ~ **together**) скреп|ля́ть, -и́ть; a well-~ frame скла́дная фигу́ра; a closely-~ argument хорошо́ мотиви́рованный до́вод; (*unite*) соедин|я́ть, -и́ть; families ~ together by marriage се́мьи, соединённые бра́ком; **3.** ~ one's brows хму́рить, на- бро́ви; хму́риться, на-.

*v.i.* **1.** (*do ~ting*) вяза́ть (*impf.*); **2.** (*of bones*) сраст|а́ться, -и́сь.

*cpd.*: ~**wear** *n.* трикота́жные изде́лия.

**knitting** *n.* (*action*) вяза́ние; (*fig.*) скрепле́ние, соедине́ние; (*material being knitted*) вяза́нье.

cpds.: ~-**machine** *n.* вяза́льная маши́на; ~-**needle** *n.* вяза́льная спи́ца; ~-**yarn** *n.* трикота́жная пря́жа.

**knob** *n.* **1.** (*protuberance*) вы́пуклость; (*on body*) ши́шка; **2.** (*handle*) ру́чка; (*button*) кно́пка; **3.** (*of butter etc.*) кусо́чек; **4.** (*on walking-stick*) набалда́шник.

**knobbly** *adj.* шишкова́тый.

**knock** *n.* **1.** (*rap, rapping sound*) стук; double ~ двукра́тный стук; give a ~ on the door стуча́ть, по- в дверь; there came a loud ~ разда́лся гро́мкий стук; **2.** (*sound of ~ing in engine*) (детонацио́нный) стук; детона́ция; anti-~ (*additive*) антидетона́тор; **3.** (*blow*) уда́р; he got a nasty ~ on the head он си́льно уда́рился голово́й; его́ си́льно уда́рили по голове́; **4.** (*fig.*): the pound has taken some ~s lately в после́днее вре́мя курс фу́нта сте́рлингов си́льно пострада́л.

*v.t.* **1.** (*hit*) уд|аря́ть, -а́рить; the blow ~ed him flat уда́р сбил его́ с ног; he ~ed the ball into the net он заби́л мяч в се́тку; he ~ed the table with his hammer он уда́рил по́ столу молотко́м; she ~ed her arm against the chair она́ сту́кнулась руко́й о стул; ~ sth. to bits разб|ива́ть, -и́ть что-н. вдре́безги; he ~ed a nail into the wall он вбил гвоздь в сте́ну; he ~ed a hole in, through the wall он проби́л ды́рку в стене́; he ~ed the glass off the table он смахну́л стака́н со стола́; ~s.o. on, over the head уда́рить/сту́кнуть (*both pf.*) кого́-н. по голове́; he ~ed the gun out of his hand я вы́бил из его́ руки́ пистоле́т; **2.** (*fig. uses*): the idea was ~ed on the head э́тому предложе́нию не да́ли хо́ду; I tried to ~ some sense into his head я пыта́лся впра́вить ему́ мозги́ (*or* образу́мить его́); ~ into shape прив|оди́ть, -ести́ в поря́док; he ~ed the ash off his cigarette он стряхну́л пе́пел с папиро́сы; I'll ~ a pound off the price я сбро́шу/ски́ну/сба́влю фунт с цены́; he ~ed five seconds off the record time он поби́л реко́рд на пять секу́нд; you can ~ my name off the list вы мо́жете меня́ вы́черкнуть из спи́ска; that ~s the bottom out of his argument э́то сво́дит на нет его́ до́вод; **3.** (*criticize*) ха́ять (*impf.*) (*sl.*).

*v.i.* **1.** (*rap*) стуча́ть, по-; ~ at the door стуча́ть(ся), по- в дверь; '~ before entering' (*notice*) без сту́ка не входи́ть; ~ on wood

(*Am.*) тьфу-тьфу́, не сгла́зить!; **2.**: ~ against (*collide with*) нат|ыка́ться, -кну́ться на +*a.*; (*coll., meet*) столкну́ться (*pf.*) с +*i.*; **3.** (*of engine*) стуча́ть (*impf.*); **4.** (*coll., travel*): he spent a year ~ing round Europe он год болта́лся по Евро́пе.

*with advs.*: ~ **about** *v.t.* (*treat roughly*) помя́ть/намя́ть (*pf.*) бока́ (*кому*); лома́ть. по-/с- (*что*); *v.i. also* ~ (**a**)**round** (*travel, wander*): he's ~ed about a bit in his time он в своё вре́мя поброди́л/пое́здил по све́ту; (*coll., keep company*): she's ~ing around with a married man она́ связа́лась с жена́тым челове́ком; ~ **back** *v.t.* (*lit.*): the electric shock ~ed him back against the wall уда́ром то́ка его́ отбро́сило к стене́; (*disconcert*): the news ~ed me back изве́стие привело́ меня́ в замеша́тельство; (*coll., consume*): he can ~ back 5 pints in as many minutes он за пять мину́т мо́жет опроки́нуть/вы́лакать пять пинт (пи́ва); (*coll., cost*): that will ~ me back a bit э́то ста́нет мне в копе́ечку; ~ **down** *v.t.* (*strike to ground*) сби|ва́ть, -ть с ног; вали́ть, с-; he was ~ed down by a car его́ сби́ла маши́на; you could have ~ed me down with a feather я был поражён как мо́лнией; (*demolish*) сн|оси́ть, -ести́; (*dismantle*) раз|бира́ть, -обра́ть; (*at auction*) прису|жда́ть, -ди́ть; the auctioneer ~ed down the vase to the French bidder аукциони́ст про́дал ва́зу францу́зскому покупщику́; the vase was ~ed down for £5 ва́за пошла́ (*or* была́ про́дана) за пять фу́нтов; (*reduce*) сн|ижа́ть, -и́зить; ~ **in** *v.t.*: ~ a nail in вби|ва́ть, -ть (*or* заб|ива́ть, -и́ть) гвоздь; ~ **off** *v.t.* (*lit.*): сби|ва́ть, -ть; сшиб|а́ть, -и́ть; сма́х|ивать, -ну́ть; (*coll. uses*): (*deduct from price*) сб|авля́ть, -а́вить; (*compose or complete rapidly*): he can ~ off an article in half-anhour он мо́жет состря́пать/сварга́нить (*sl.*) статью́ за полчаса́; (*steal*) сти́брить (*pf.*) (*sl.*); *v.i.* (*stop work*) шаба́шить, по- (*sl.*); ~ **out** *v.t.* (*lit.*): he ~ed a pane out он вы́бил стекло́ из ра́мы; he ~ed two of my teeth out он вы́бил мне два зу́ба; (*empty by ~ing*): he ~ed out his pipe он вы́колотил/вы́бил тру́бку; (*make unconscious*) оглуш|а́ть, -и́ть; the blow on his head ~ed him out он был оглушён уда́ром по голове́; (*boxing*) нокаути́ровать (*impf., pf.*); (*overwhelm*) потряс|а́ть, -ти́; (*eliminate from contest*): he was ~ed out in the first round он вы́был в пе́рвом ту́ре; ~ **over** *v.t.* опроки́|дывать, -нуть; ~ **together** *v.t.*: he ~ed together a cupboard он на́спех сколоти́л шкаф; ~ **up** *v.t.* (*lit.*): I ~ed his arm up я уда́рил его́ по ру́ке сни́зу вверх; she ~ed up the ball with her racket она́ подбро́сила мяч раке́ткой; (*prepare*): I can soon ~ up a meal я на́скоро/бы́стренько пригото́влю еду́; (*waken*) буди́ть, раз-; (*sl., exhaust*) выма́тывать, вы́мотать; (*sl., make ill*): after the party

he was ~ed up for a week вечери́нка вы́била
его́ из коле́й на неде́лю; (*Am., make pregnant*)
обрюха́тить (*pf.*) (*sl.*); *v.i.* (*tennis*) разм|ина́ться, -я́ться (*coll.*).

*cpds.*: ~ about *adj.*: ~about humour гру́бый
фарс; ~ **down** *adj.*: a ~down blow сокруши́-
тельный уда́р; at a ~down price по дешёвке
(*coll.*); ~down furniture разбо́рная ме́бель;
~-**kneed** *adj.* с вы́вернутыми внутрь
коле́нями; ~ **out** *n.* (*boxing*) нока́ут; (*competition*) соревнова́ния (*nt. pl.*) по олимпи́йской
систе́ме; (*fig., sth. striking*) не́что сног-
сшиба́тельное; (*attr.*): ~out blow со-
круши́тельный уда́р; ~out drops нарко́тик
(*добавля́емый в вино́, что́бы привести́
же́ртву в бессозна́тельное состоя́ние*);
~-**up** *n.* (*tennis*) разми́нка.

**knocker** *n.* (*on door*) (дверно́й) молото́к; (*pl.,
breasts*) буфера́ (*m. pl.*) (*sl.*).

*cpd.*: ~-**up** *n.* челове́к, кото́рый хо́дит из
до́ма в дом и бу́дит рабо́чих на рабо́ту.

**knocking** *n.* (*noise*) стук.

**knocking-shop** *n.* (*sl.*) публи́чный дом.

**knoll** *n.* хо́лмик, буго́р, бугоро́к.

**knot** *n.* **1.** (*in rope etc.*; *in wood*; *measure of speed*)
у́зел; tie a ~ in a rope завя́з|ывать, -а́ть у́зел
на верёвке; tie sth. in a ~ завя́з|ывать, -а́ть
что-н. узло́м; tie o.s. (up) in(to) ~s (*fig.*)
запу́таться (*pf.*); I had him tied up in ~s я его́
вконе́ц запу́тал; cut the Gordian ~ разруби́ть
(*pf.*) го́рдиев у́зел; a vessel of 20 ~s су́дно со
ско́ростью два́дцать узло́в; we are flying at
500 ~s мы лети́м со ско́ростью 500 узло́в в
час; **2.** (*group, cluster*) ку́чка.

*v.t. & i.* завя́з|ывать(ся), -а́ть(ся).

*cpd.*: ~-**hole** *n.* дыра́ от сучка́.

**knotted** *adj.* **1.** (*also* **knotty**: *gnarled*) узлова́тый,
сучкова́тый; **2.**: a ~ed rope верёвка с
узла́ми; верёвка, завя́занная узло́м.

**knotty** *adj.* **1.** *see* KNOTTED **1.**; **2.**: a ~ problem
запу́танная/тру́дная пробле́ма.

**knout** *n.* кнут.

**know** *n.*: be in the ~ быть в ку́рсе де́ла.

*v.t.* **1.** (*be aware, have knowledge of*) знать
(*impf.*): I ~ nothing about it я об э́том ничего́
не зна́ю; I ~ for a fact that . . . я достове́рно
зна́ю, что . . .; as far as I ~ наско́лько мне
изве́стно; for all I ~ почём (*sl.*) мне знать; кто
его́ зна́ет; don't I ~! мне да (*or* мне ли э́того)
не знать!; не говори́те!; who ~s? как знать?;
I wouldn't ~ пра́во, я не зна́ю; отку́да мне
знать?; he's a fool and I let him ~ it он дура́к, и
я ему́ так и сказа́л; he let it be ~n that . . . он
дал поня́ть, что . . .; never let it be ~n ни-
когда́ в э́том не признава́йтесь; that's all you
~ (about it) мно́го вы зна́ете; you (should) ~
best вам лу́чше знать; he did all he knew to
avoid it он сде́лал всё возмо́жное, что́бы
э́того избежа́ть; before I knew it we had
arrived я не успе́л огляну́ться, как мы

при́были; before you ~ where you are не
успе́ешь огляну́ться; в два счёта; I knew it! (я)
так и знал!; I don't ~ that I like this я не
уве́рен, что мне э́то нра́вится; мне э́то не
сли́шком нра́вится; he ~s what's what он
зна́ет, что к чему́; he ~s his own mind он
зна́ет, чего́ (он) хо́чет; he doesn't ~ his own
mind он сам не зна́ет, чего́ хо́чет; он не
мо́жет ни на что реши́ться; he ~s a thing or
two он ко́е в чём разбира́ется; он зна́ет, что к
чему́; he has been ~n to be wrong у него́
быва́ли оши́бки; he has been ~n to steal
ворова́ть ему́ не вно́ве; he is ~n to have been
married before изве́стно, что он уже́ был
жена́т; I ~ what! вот что!; зна́ете что?; I ~
what, let's begin again! Иде́я! Дава́йте начнём
снача́ла!; you ~ what? зна́ете что?; not if I ~
it! я э́того не
допущу́; у меня́ э́тот но́мер не пройдёт; you
~ what he is (ну, да) вы его́ зна́ете; вы зна́ете,
како́й он; he ~s what he is about он своё де́ло
зна́ет; I meant to be early, but you ~ what it is я
собира́лся прийти́ пора́ньше, но зна́ете, как
э́то быва́ет; **2.** (*recognize, distinguish*) знать,
у-; узн|ава́ть, -а́ть; отлич|а́ть, -и́ть; I ~ him
by sight я зна́ю его́ в лицо́; I might not ~ him
again я могу́ его́ не узна́ть (при встре́че); he
knew her at once он её сра́зу узна́л; I shouldn't
~ him from his brother я его́ не отличи́л бы от
бра́та; I don't ~ him from Adam я его́ (в
жи́зни) в глаза́ не вида́л; I knew him for a liar я
знал, что он лжец; I'd ~ him anywhere я
узна́ю его́ да́же во сне; he is ~n as a gambler
за ним во́дится сла́ва игрока́; he is ~n to his
friends as Jumbo друзья́ кли́чут его́ Слоно́м;
this plant is ~n as heartsease э́то расте́ние
но́сит назва́ние «аню́тины гла́зки»; he ~s a
good thing when he sees it он понима́ет, что
хорошо́ и что пло́хо; у него́ губа́ не ду́ра; **3.**
(*be acquainted, familiar with*) знать (*impf.*);
быть знако́мым с +*i.*; get to ~ s.o.
знако́миться, по- с кем-н.; I have ~n him
since childhood я с ним знако́м с де́тства; I ~
him slightly у меня́ с ним бе́глое знако́мство; I
don't ~ him to speak to я с ним недоста́точно
знако́м, что́бы вступа́ть в разгово́р; make
o.s. ~n to s.o. предст|авля́ться, -а́виться
кому́-н.; he is ~n to the police он у поли́ции на
заме́тке; **4.** (*be versed in; understand; have
experience in*) знать, понима́ть (*impf.*), раз-
бира́ться (*impf.*) в +*p.*; he ~s Russian он зна́ет
ру́сский язы́к; он владе́ет ру́сским языко́м;
~ by heart знать наизу́сть/(*coll.*) назубо́к; ~
how to уме́ть, с-; **5.** (*experience*): he ~s no
peace он не зна́ет поко́я; he has ~n many
privations он пе́режил/испыта́л мно́го
лише́ний; I have ~n worse to happen мне
изве́стны слу́чаи и поху́же; I have never ~n
him tell a lie я не по́мню, что́бы он когда́-
-нибудь солга́л; **6.** (*be subject to*): he ~s no

shame он не ве́дает стыда́; her happiness knew no bounds её сча́стье не зна́ло грани́ц; её сча́стью не́ было преде́ла. *See also* KNOWN.

*v.i.*: let s.o. ~ сообщ|а́ть, -и́ть (*or* да|ва́ть, -ть знать) кому́-н.; will you let me ~? вы сообщи́те мне?; (the) Lord only ~s! Бог его́ зна́ет!; одному́ Бо́гу изве́стно; how should I ~? почём я зна́ю?; what do you ~ (about that)? поду́майте (то́лько)!; ишь ты!; you never ~ как знать?; he doesn't want to ~ (*refuses to take notice, interest*) он (и) знать не хо́чет; you never ~, he may come back какзнать, он мо́жет и верну́ться; I ~ better than to ...я не так прост, что́бы ...; I should have ~n better than to ask his advice и дёрнуло же меня́ спроси́ть его́ сове́та!; (do) you ~ (*in parenthesis*) зна́ете ли; понима́ете; it's too hot to work, you ~ жа́рко рабо́тать-то; do you ~ of a good restaurant? вы зна́ете (*or* вы мо́жете порекомендова́ть) хоро́ший рес-тора́н?; 'Have you met him?' – 'Not that I ~ of' «Вы встреча́лись с ним?» — «Наско́лько мне изве́стно, нет»; I don't ~ him but I ~ of him ли́чно я с ним незнако́м, но наслы́шал о нём; did you ~ about the accident? вы зна́ли об э́том несча́стном слу́чае?; he ~s about cars он разбира́ется в маши́нах; I don't ~ about that (*expr. doubt*) я не зна́ю, не уве́рен!; со-мнева́юсь; ой ли. *See also* KNOWN.

*cpds.*: ~-**all** *n.* всезна́йка (*c.g.*); ~-**how** *n.* уме́ние; о́пыт; у́ровень (*m.*) зна́ний; су́мма зна́ний; секре́ты (*m. pl.*) произво́дства; тех-ноло́гия; have the ~-how облада́ть (*impf.*) уме́нием; (*body of experience*): profes-sional/technical ~-how профессиона́ль-ные/техни́ческие на́выки (*m. pl.*).

**knowable** *adj.* познава́емый.

**knowing** *n.*: there's no ~ what may happen невозмо́жно предви́деть, что мо́жет случи́ться/произойти́; I did it without ~ я сде́лал э́то бессозна́тельно.

*adj.* (*intelligent*) у́мный; (*knowledgeable*) осведомлённый; (*shrewd*) проница́тельный; (*understanding*) понима́ющий; (*bright*): a ~ child смышлёный ребёнок; (*significant*): a ~ look многозначи́тельный взгляд.

**knowingly** *adv.* (*significantly*) многозначи́-тельно; (*intentionally, consciously*) наро́чно, созна́тельно.

**knowledge** *n.* зна́ние; he has a thorough ~ of Russian у него́ основа́тельные зна́ния по ру́сскому языку́; field, branch of ~ о́бласть зна́ния; о́трасль нау́ки; (*understanding*): our ~ of the subject is as yet limited на́ши позна́ния в э́той о́бласти пока́ ограни́чены; (*experience*) о́пыт; (*information*) изве́стия (*nt. pl.*), све́дения (*nt. pl.*); our earliest ~ of the Slavs на́ши пе́рвые све́дения о славя́нах; I have no ~ of that я не име́ю об э́том све́дений; (*range of information or experience*): to the best

of my ~ наско́лько мне изве́стно; it came to my ~ that ... мне ста́ло изве́стно, что ...; to my certain ~ как мне достове́рно изве́стно; not to my ~ мне э́то неизве́стно; наско́лько я зна́ю — нет; without s.o.'s ~ без чьего́-н. ве́дома.

**knowledgeable** *adj.* хорошо́ осведомлённый.

**known** *adj.*: it is a ~ fact that ... изве́стно, что ...; a scene ~ to him from childhood карти́на, знако́мая ему́ с де́тства; everything gets ~ всё стано́вится изве́стным. *See also* KNOW, *v.t.*

**knuckle** *n.* **1.** (*anat.*) суста́в; rap s.o. over the ~s (*fig.*) дать (*pf.*) нагоня́й кому́-н.; near the ~ (*coll.*) на гра́ни неприли́чного; скабрёзный, риско́ванный; **2.** (*joint of meat*) но́жка, голя́шка.

*v.i.*: ~ down to one's work прин|има́ться, -я́ться за де́ло; ~ under (to) уступ|а́ть, -и́ть (+*d.*); покор|я́ться, -и́ться (+*d.*).

*cpds.*: ~-**bone** *n.* ба́бка; ~-**duster** *n.* касте́т.

**KO** *abbr.* нока́ут.

**koala** *n.* (~ bear) коа́ла (*m.*), су́мчатый мед-ве́дь.

**kohlrabi** *n.* кольра́би (*f. indecl.*).

**kolinsky** *n.* колоно́к; (*fur*) мех колонка́.

**kolkhoz** *n.* колхо́з.

**Komsomol** *n.* (*association*) комсомо́л; (*member*) комсомо́л|ец (*fem.* -ка); (*attr.*) комсомо́ль-ский.

**kopeck** *see* COPECK.

**Koran** *n.* кора́н.

**Korea** *n.* Коре́я.

**Korean** *m.* (*pers.*) коре́|ец (*fem.* -я́нка); (*lan-guage*) коре́йский язы́к.

*adj.* коре́йский.

**kosher** *adj.* коше́рный.

**koumiss** *n.* кумы́с.

**ko(w)tow** *n.* ни́зкий покло́н.

*v.i.* де́лать, с- ни́зкий покло́н; (*fig.*) раболе́пствовать (*impf.*), пресмыка́ться (*impf.*) (*перел кем*).

**kraal** *n.* краа́ль (*m.*).

**kremlin** *n.* кремль (*m.*); the K~ Кремль; (*attr.*) кремлёвский.

**krill** *n.* криль (*m.*).

**kris** *n.* мала́йский кинжа́л.

**Krishna** *n.* Кри́шна (*m.*).

**krona** *n.* (шве́дская) кро́на.

**krone** *n.* (да́тская, норве́жская) кро́на.

**krypton** *n.* крипто́н.

**Kubla(i)** *n.* Хубила́й.

**kudos** *n.* сла́ва.

**Ku-Klux-Klan** *n.* ку-клукс-клан.

**kulak** *n.* (*hist.*) кула́к.

**kummel** *n.* тми́нная во́дка, кю́ммель (*m.*).

**kumquat** *n.* кумква́т.

**Kuomintang** *n.* (*hist.*) гоминда́н.

**Kurd** *n.* курд (*fem.* -ка).

**Kurdish** *n.* ку́рдский язы́к.

*adj.* ку́рдский.

**Kurdistan** *n.* Курдиста́н.
**Kuwait** *n.* Куве́йт.

**kvass** *n.* квас.
**Kymric** *adj. see* CYMRIC.

# L

**L** *cpd.*: ~-**plate** *n.* ≃ щито́к с на́дписью «уче́бная» (*на маши́не*).
**la** *n.* (*mus.*) ля (*nt. indecl.*).
**lab** (*coll.*) = LABORATORY.
**label** *n.* ярлы́к, этике́тка; (stick-on ~) накле́йка; (*tag*) би́рка; pin, stick a ~ on (*lit., fig.*) прикле́и|вать, -ть (*or* прилеп|ля́ть, -и́ть) ярлы́к/этике́тку к +*d.*; (*gram. or stylistic* ~, *gloss*) поме́та.
  *v.t.* (*stick* ~ *on*) накле́и|вать, -ть ярлы́к на +*a.*; (*fasten* ~ *to*) привя́з|ывать, -а́ть ярлы́к/би́рку к +*d.*; (*fig.*): he was ~led a fascist ему́ прикле́или ярлы́к фаши́ста.
**labial** *n.* (~ consonant) губно́й/лабиа́льный согла́сный.
  *adj.* (*of the lips*) губно́й; (*phon.*) губно́й, лабиа́льный.
**labile** *adj.* (*phys., chem.*) неусто́йчивый, лаби́льный.
**labiodental** *adj.* гу́бно-зубно́й, ла́био-дента́льный.
**laboratory** *n.* лаборато́рия; (*in school*) кабине́т; in ~ conditions в лаборато́рных усло́виях; ~ assistant лабора́нт (*fem.* -ка).
**laborious** *adj.* **1.** (*difficult*) тру́дный, тяжёлый, тя́жкий; (*toilsome*) трудоёмкий; (*wearying*) утоми́тельный; **2.** (*of style, forced*) вы́мученный; (*involved*) громо́здкий, тяжёлый.
**laboriousness** *n.* трудоёмкость; (*of style*) громо́здкость.
**labour** *n.* **1.** (*toil, work*) труд, рабо́та; manual ~ физи́ческий труд; lost ~ напра́сный труд; a ~ of love бескоры́стный труд; люби́мое де́ло; ~ camp исправи́тельно-трудово́й ла́герь; ~ colony трудова́я коло́ния; **2.** (*pol., workers*) трудя́щиеся, рабо́чий класс; Ministry of L~ министе́рство труда́; International L~ Organization (ILO) Междунаро́дная организа́ция труда́ (МОТ); L~ Day День (*m.*) труда́; **3.** (*work force*) рабо́чие (*pl.*), рабо́чая си́ла; skilled ~ квалифици́рованные рабо́чие; shortage of ~ нехва́тка рабо́чей си́лы; ~ dispute трудово́й конфли́кт; ~ exchange би́ржа труда́; ~ relations трудовы́е отноше́ния; **4.** (L~ Party) лейбори́стская па́ртия, лейбори́сты (*m. pl.*); Vote L~! голосу́йте за лейбори́стскую па́ртию!; the L~ government лейбори́стское прави́тельство; a ~ MP член парла́мента от лейбори́стской па́ртии; **5.** (*childbirth*) ро́д|ы (*pl., g.* -ов); ~ pains родовы́е схва́тки (*f. pl.*);

~ ward роди́льная пала́та; she went into ~ у неё начали́сь ро́ды; be in ~ рожа́ть (*impf.*).
  *v.t.*: ~ a point входи́ть (*impf.*) в изли́шние подро́бности; распространя́ться (*impf.*) о чём-н.
  *v.i.* **1.** (*toil, work*) труди́ться (*impf.*), рабо́тать (*impf.*); a ~ing man рабо́чий; **2.** (*strive, exert o.s.*): he is ~ing to finish his book он прилага́ет все уси́лия, что́бы ко́нчить кни́гу; ~ for peace боро́ться (*impf.*) за мир; **3.** (*move, work etc. with difficulty*): ~ for breath задыха́ться (*impf.*); дыша́ть (*impf.*) с трудо́м; the ship was ~ing кора́бль боро́лся с волна́ми; the car ~ed up the hill маши́на с трудо́м взбира́лась в го́ру; **3.**: ~ under (*suffer from*): you are ~ing under a delusion вы нахо́дитесь в заблужде́нии.
  *cpds.*: ~-**intensive** *adj.* трудоёмкий; ~-**saving** *adj.* рационализа́торский; даю́щий эконо́мию в труде́; облегча́ющий труд.
**laboured** *adj.* **1.** (*difficult*): ~ breathing/movement затруднённое дыха́ние/движе́ние; **2.** (*forced*): ~ style/compliment вы́мученный стиль/комплиме́нт.
**labourer** *n.* рабо́чий.
**labourite** *n.* лейбори́ст (*fem.* -ка).
  *adj.* лейбори́стский.
**Labrador** *n.* Лабрадо́р; (dog) лабрадо́р.
**laburnum** *n.* золото́й дождь.
**labyrinth** *n.* (*lit., fig.*) лабири́нт.
**labyrinthine** *adj.* (*lit.*) лабири́нтный; (*fig.*) запу́танный.
**lac** *n.* (*resin, varnish*) лак; сыро́й шелла́к.
**lace** *n.* **1.** (*open-work fabric*) кру́жево, кружева́ (*nt. pl.*); ~ collar кружевно́й воротни́к; ~ factory кружевна́я фа́брика; **2.** (*braid*) позуме́нт; (*mil.*) галу́н; **3.** (*of shoe etc.*) шнуро́к.
  *v.t.* **1.** (*fasten or tighten with* ~) шнурова́ть, за-; зашнуро́в|ывать, -а́ть; he ~d up his shoes он зашнурова́л боти́нки; she ~d in her waist она́ затя́гивалась в корсе́т; **2.** (*interlace*) спле|та́ть, -сти́; **3.** (*trim with* ~) отде́л|ывать, -ать кружева́ми; **4.** (*fortify*): ~ coffee with rum подл|ива́ть, -и́ть ром в ко́фе.
  *v.i.*: ~ into s.o. намя́ть (*pf.*) бока́ кому́-н. (*coll.*).
  *cpds.*: ~-**maker** *n.* (*fem.*) кружевни́ца; ~-**making** *n.* (*by hand*) плете́ние кру́жев; (*by machine*) произво́дство кру́жев.
**lacerate** *v.t.* (*lit., fig.*) терза́ть, рас-/ис-; расте́рз|ывать, -а́ть; (*wound*) ра́нить (*impf., pf.*).

**laceration** *n.* (*tearing*) терза́ние, разрыва́ние; (*wound*) рва́ная ра́на.

**lachrymal** *adj.* слёзный.

**lachrymose** *adj.* слезли́вый, плакси́вый.

**lack** *n.* недоста́ток; for ~ of money из-за недоста́тка (*or* за неиме́нием) де́нег; for ~ of evidence за отсу́тствием ули́к; there was no ~ of people в лю́дях не́ было недоста́тка; there was no ~ of water воды́ бы́ло вполне́ доста́точно.

*v.t.* & *i.*: he ~s sth. ему́ чего́-то недостаёт; he ~s, is ~ing in courage у него́ не хвата́ет хра́брости; we ~money мы нужда́емся в деньга́х; a subject on which information is ~ing предме́т, о кото́ром ничего́ не изве́стно; a week ~ing in incident неде́ля, бе́дная собы́тиями; he ~s for nothing у него́ ни в чём нет недоста́тка.

*cpd.*: ~-**lustre** *adj.* ту́склый, без бле́ска.

**lackadaisical** *adj.* то́мный, вя́лый, апати́чный; in a ~ manner спустя́ рукава́, без воодушевле́ния.

**lackey** *n.* (*lit., fig.*) лаке́й; (*fig.*) подхали́м.

**laconic** *adj.* (*of pers.*) неразгово́рчивый, немногосло́вный; (*of speech etc.*) лакони́чный, сжа́тый.

**lacon(ic)ism** *n.* лакони́зм; (*saying*) лакони́чное изрече́ние.

**lacquer** *n.* политу́ра (*no pl.*); лак.

*v.t.* лакирова́ть (*impf.*).

*cpd.*: ~-**ware** *n.* лакиро́ванные изде́лия.

**lacrosse** *n.* лакро́сс.

**lactate** *v.i.* выделя́ть, (*impf.*) молоко́.

**lactation** *n.* лакта́ция, выделе́ние молока́; (*breast-feeding*) кормле́ние гру́дью.

**lactic** *adj.* моло́чный.

**lacuna** *n.* пробе́л, лаку́на.

**lacustrine** *adj.* озёрный; ~ dwellings сва́йные постро́йки (*f. pl.*) (на о́зере).

**lad** *n.* (*boy*) ма́льчик; (*fellow, youth*) па́рень (*m.*), ма́лый; (*pl.*) ребя́т|а (*pl., g.* —); ~s and lasses хло́пцы и девча́т|а (*pl., g.* —); good ~! молоде́ц!; молодча́га! (*m.*); молодчи́на! (*m.*); just you wait, my ~! погоди́, па́рень!; he's a good ~ он па́рень сво́йский; a regular ~ руба́ха-па́рень; a bit of a ~ гуля́ка (*m.*).

**ladder** *n.* **1.** ле́стница; folding/extending ~ складна́я/выдвижна́я ле́стница; (*fig.*): ~ of success путь к успе́ху; climb the social ~ поднима́ться (*impf.*) по обще́ственной ле́стнице; he has one foot on the ~ он на́чал де́лать карье́ру; **2.** (*on a ship*) трап; **3.** (*in stocking*) спусти́вшаяся пе́тля; mend a ~ подн|има́ть, -я́ть пе́тлю.

*v.t.* & *i.*: I have ~ed my stocking; my stocking has ~ed у меня́ спусти́лась пе́тля на чулке́; you have ~ed my stocking вы мне порва́ли чуло́к.

*cpd.*: ~-**proof** *adj.* неспуска́ющийся.

**laddie** = LAD.

**lade** *v.t.* (*usu. p. part.*) грузи́ть, на-; нагру|жа́ть, -зи́ть; he returned ~n with books он верну́лся нагру́женный кни́гами; the table was ~n with food стол ломи́лся от еды́/яств; she was ~n with cares она́ была́ обременена́ забо́тами.

**la-di-da** *adj.* (*coll.*) мане́рный, жема́нный.

**ladies** *n. see* LADY *n.* **6.**

**lading** *n.* (*process*) погру́зка; (*cargo*) груз; (*on hired ship*) фрахт; bill of ~ коносаме́нт, тра́нспортная накладна́я.

**ladle** *n.* ковш; soup ~ разлива́тельная ло́жка.

*v.t.* че́рпать (*impf.*); отче́рп|ывать, -ать; ~ out soup разл|ива́ть, -и́ть суп; (*fig.*): ~ out compliments выдава́ть (*impf.*) комплиме́нты (напра́во и нале́во).

**lady** *n.* **1.** (*woman of social status*) да́ма; society ~ све́тская да́ма; first ~ (*Am.*) супру́га президе́нта; L~ Bountiful благотвори́тельница; (*in address*): my ~ суда́рыня; (*as title*) ле́ди (*f. indecl.*); **2.** (*relig.*): Our L~ Богоро́дица; L~ chapel приде́л Богома́тери; L~ Day Благове́щение; **3.** (*courteous or formal for woman*) да́ма, госпожа́; Ladies and Gentlemen да́мы и господа́; ladies first! доро́гу да́мам!; old ~ пожила́я же́нщина; young ~ ба́рышня; (*sweetheart*) возлю́бленная; (*fiancée*) неве́ста; leading ~ (*theatr.*) веду́щая актри́са; ladies' man да́мский уго́дник, волоки́та (*m.*); **4.** (*attr.*): ~ doctor же́нщина-врач; **5.** (*wife*): your good ~; your ~ wife ва́ша супру́га; **6.** the ladies' (*or* ladies) (*coll., lavatory*) же́нская убо́рная.

*cpds.*: ~-**bird**, (*Am.*) ~-**bug** *nn.* бо́жья коро́вка; ~-**in-waiting** *n.* фре́йлина; ~-**killer** *n.* сердцее́д; ~-**like** *adj.* (*refined, elegant*) изя́щный, делика́тный, благоро́дный; ~-**love** *n.* возлю́бленная; да́ма се́рдца; ~-'**s-maid** *n.* камери́стка.

**ladyship** *n.*: her/your ~ её/ва́ша ми́лость.

**lag**[1] *n.* (*delay*) запа́здывание; ~ of the tide запа́здывание прили́ва.

*v.i.* отст|ава́ть, -а́ть; the children were ~ging (behind) де́ти тащи́лись сза́ди; they worked badly and ~ged behind они́ пло́хо рабо́тали и плели́сь в хвосте́.

**lag**[2] *n.* (*coll., convict*) каторжа́нин, ка́торжник; old ~ рецидиви́ст.

**lag**[3] *v.t.* (*wrap in felt etc.*) изоли́ровать/покрыва́ть (*impf.*) (во́йлоком); (*encase with boards*) обш|ива́ть, -и́ть доска́ми.

**lager** *n.* све́тлое пи́во.

**laggard** *n.* ло́дырь (*m.*); отстаю́щий.

**lagging** *n.* (*for pipes etc.*) терми́ческая изоля́ция, термоизоля́ция, обши́вка.

**lagoon** *n.* лагу́на.

**laicization** *n.* секуляриза́ция.

**laicize** *v.t.* секуляризи́ровать (*impf., pf.*).

**lair** *n.* ло́говище; (*of bear*) берло́га; (*fig.*): thieves' ~ воровско́й прито́н.

**laird** *n.* поме́щик (*в Шотла́ндии*).

**laissez-faire** *n.* невмеша́тельство; поли́тика невмеша́тельства прави́тельства в эконо́мику.

**laity** *n.* (*relig.*) миря́не (*m. pl.*); (*those outside a profession*) профа́ны (*m. pl.*); непрофессиона́лы (*m. pl.*); обыва́тели (*m. pl.*).

**lake**[1] *n.* о́зеро; (*attr.*): L~ District Озёрный край.
  *cpds.*: ~**-dwelling** *n.* сва́йная постро́йка; ~**side** *n.* бе́рег о́зера.

**lake**[2] *n.* (*pigment*) кра́сочный лак.

**Lallans** *n.* диале́кт ю́жной ча́сти Шотла́ндии.

**lam** (*sl.*) *v.t.* колоти́ть, от-.
  *v.i.*: ~ into s.o. набро́ситься (*pf.*) на кого́-н.

**lama** *n.* ла́ма (*m.*).

**lamaism** *n.* ламаи́зм.

**lamasery** *n.* ламаи́стский монасты́рь.

**lamb** *n.* ягнёнок, бара́шек; L~ of God а́гнец бо́жий; Persian ~ кара́куль (*m.*); as innocent as a ~ (*fig.*) су́щий младе́нец; наи́вная душа́; lead like a ~ to the slaughter пове́сти (*pf.*) как а́гнца на закла́ние; as well be hanged for a sheep as a ~ семь бед — оди́н отве́т; (*fig., of child or mild person*) ягнёнок, ове́чка; (*meat*) бара́шек; leg of ~ бара́нья нога́.
  *v.i.* (*of ewe*) ягни́ться, о(б)-; the ~ing season вре́мя ягне́ния.
  *cpds.*: ~**like** *adj.* кро́ткий, сми́рный; ~**skin** *n.* овчи́на; бара́шек; мерлу́шка; ~**'s-wool** *n.* поя́рок.

**lambast(e)** *v.t.* дуба́сить, от- (*coll.*).

**lambent** *adj.* (*flickering*) игра́ющий, мерца́ющий; (*glowing*) светя́щийся, сия́ющий.

**lambkin** *n.* ягнёночек.

**lame** *adj.* **1.** хромо́й; be, walk ~ хрома́ть (*impf.*); he is ~ in one leg он хрома́ет на одну́ но́гу; the halt and the ~ хромы́е и не́мощные (*pl.*); **2.** (*fig., of argument, speech etc.*) сла́бый; a ~ excuse сла́бая отгово́рка; (*of metre*) хрома́ющий.
  *v.t.* кале́чить, ис-; (*maim*) уве́чить, из-.

**lamé** *n.* ламе́ (*indecl.*).

**lameness** *n.* хромота́; (*fig., of excuse etc.*) неубеди́тельность.

**lament** *n.* (*expression of grief*) се́тование, причита́ние; (*in music or verse*) плач; эле́гия.
  *v.t.*: ~ one's fate се́товать, по- (*or* ропта́ть, воз-) на судьбу́; ~ one's youth опла́к|ивать, -ать свою́ мо́лодость; late ~ed поко́йный, незабве́нный.
  *v.i.* се́товать, по-; причита́ть (*impf.*) (по +*p.*); (*complain*) жа́ловаться (*impf.*).

**lamentable** *adj.* плаче́вный; приско́рбный, жа́лкий.

**lamentation** *n.* (*lamenting*) се́тование, причита́ние; (*lament*) плач, жа́лобы (*f. pl.*); L~s (*bibl.*) Кни́га Плач Иереми́и; they raised a cry of ~ они́ по́дняли вопль.

**laminate**[1] *adj.* (*in plates*) пласти́нчатый; (*in layers*) расслоённый, сло́истый.

**laminate**[2] *v.t.* (*roll into plates*) прока́т|ывать, -а́ть в листы́; (*split into layers*) рассла́ивать, -о́ить.
  *v.i.* расщеп|ля́ться, -и́ться.

**lamination** *n.* (*splitting*) расслое́ние; (*rolling*) прока́тка; раска́тывание; (*geol.*) сло́истость.

**lamp** *n.* ла́мпа; standard ~ торше́р; table ~ насто́льная ла́мпа; (*on vehicle*) фа́ра; (*lantern*; street ~) фона́рь (*m.*); (*electric bulb*) ла́мп(очк)а; (*eccles.*) свети́льник; (*icon-*~) лампа́да.
  *cpds.*: ~**black** *n.* (ла́мповая) са́жа; ко́поть; ~**-chimney,** ~**-glass** *nn.* ла́мповое стекло́; ~**light** *n.* (*indoors*) свет ла́мпы; (*in street*) фона́рный свет; ~**lighter** *n.* фона́рщик; ~**-oil** *n.* кероси́н; ~**-post,** ~**-standard** *nn.* у́личный фона́рь; ~**shade** *n.* абажу́р.

**lampoon** *n.* па́сквиль (*m.*).
  *v.t.* писа́ть, на- па́сквиль на +*a.*

**lampoonist** *n.* пасквиля́нт.

**lamprey** *n.* мино́га.

**lance** *n.* (*for throwing*) копьё; (*cavalry weapon*) пи́ка; (*for fishing*) острога́; (*fig.*): break a ~ for s.o. лома́ть (*impf.*) ко́пья за кого́-н.; break a ~ with s.o. скре́|щивать, -сти́ть шпа́ги с кем-н.
  *v.t.* (*pierce with* ~) коло́ть, за- пи́кой; (*med.*) вскры|ва́ть, -ть ланце́том.
  *cpd.*: ~**-corporal** *n.* мла́дший капра́л.

**lancer** *n.* ула́н; (*pl., regiment*) ула́нский полк; (*pl., dance*) лансье́ (*indecl.*).

**lancet** *n.* (*surg.*) ланце́т; (*archit.*): ~ arch ланце́тная/стре́льчатая а́рка; ~ window стре́льчатое окно́.

**land** *n.* **1.** земля́; ~ mass земе́льный масси́в; (*dry* ~) су́ша; they sighted ~ они́ уви́дели су́шу/зе́млю; travel by ~ е́хать (*det.*) су́шей (*or* по су́ше); carriage by ~ сухопу́тная перево́зка; ~ forces (*mil.*) сухопу́тные войска́; reach, make ~ дост|ига́ть, -и́гнуть бе́рега; ~ breeze берегово́й ве́тер; see how the ~ lies (*fig.*) пров|еря́ть, -е́рить, как обстоя́т дела́; **2.** (*ground, soil*) грунт, по́чва; he works on the ~ он рабо́тает на земле́; work the ~ обраба́тывать (*impf.*) зе́млю; good farming ~ плодоро́дная по́чва; a house with some ~ дом с земе́льным уча́стком; ~ hunger земе́льный го́лод; ~ tax поземе́льный нало́г; ~ tenure землевладе́ние; **3.** (*country*) земля́, страна́; (*state*) госуда́рство; ~ of dreams страна́ грёз; ~ of promise, promised ~ земля́ обетова́нная; native ~ ро́дина, отчи́зна; край родно́й; оте́чество; our Soviet ~ наш сове́тский край; на́ша сове́тская ро́дина; in a foreign ~ за грани́цей; in the ~ of the living в живы́х; no man's ~ ничья́ земля́; (*mil.*) ниче́йная полоса́; **4.** (*property*) земля́, име́ние; he owns ~ он владе́ет землёй; his ~s extend for several miles его́ владе́ния простира́ются на не́сколько миль.

*v.t.* **1.** (*bring to shore*): ~ a vessel приводи́ть, -ести́ су́дно к бе́регу; ~ cargo выгружа́ть, вы́грузить груз; ~ passengers выса́живать, вы́садить пассажи́ров; **2.**: an aircraft сажа́ть, посади́ть (*or* приземл|я́ть, -и́ть) самолёт; **3.**: ~ a fish выта́скивать, вы́тащить ры́бу на бе́рег; a ~ed fish по́йманная ры́ба; **4.** (*win*) выи́грывать, вы́играть; (*secure*): he ~ed himself a good job он пристро́ился на хоро́шую рабо́ту; **5.** (*get, involve*): that will ~ you in gaol э́го доведёт вас до тюрьмы́; he ~ed himself in trouble он навлёк на себя́ беду́; he ~ed himself with a lot of work он загрузи́л себя́ рабо́той; **6.** (*deal*): I ~ed him one on the nose я зае́хал ему́ по́ носу (*coll.*).

*v.i.* **1.** (*of ship*) прист|ава́ть, -а́ть к бе́регу; причали|вать, -ть; (*of passengers*) выса́живаться, вы́садиться; сходи́ть, сойти́ (на бе́рег); **2.** (*of aircraft*) приземл|я́ться, -и́ться; де́лать, с- поса́дку; (*on water*) приводн|я́ться, -и́ться; (*space-craft on moon*) прилун|я́ться, -и́ться; (*on Mars*) примарси́ться (*pf.*); **3.** (*of athlete, after jump*) приземл|я́ться, -и́ться; **4.** (*fall, lit. or fig.*): she ~ed in trouble она́ попа́ла в беду́; we ~ed in a bog мы угоди́ли в боло́то; the ball ~ed on his head мяч попа́л ему́ в го́лову; **5.**: ~ up (*coll., arrive*) приб|ыва́ть, -ы́ть; I ~ed up in the wrong street я очути́лся не на той у́лице.

*cpds.*: ~-**agent** *n.* (*steward*) управля́ющий име́нием; (*dealer in property*) аге́нт по прода́же земе́льных уча́стков; ~**fall***n.*: make a ~fall под|ходи́ть, -ойти́ к бе́регу; ~-**girl** *n.* рабо́тница на фе́рме; ~ **holder** *n.* землевладе́лец; ~ **lady** *n.* хозя́йка; ~ **line** *n.* назе́мная ли́ния свя́зи; ~-**locked** *adj.* окружённый су́шей, закры́тый; без вы́хода к мо́рю; ~ **lord** *n.* хозя́ин; (*owner of* ~) землевладе́лец; (*of building*) домовладе́лец; ~ **lubber** *n.* сухопу́тная кры́са; ~ **mark** *n.* (*boundary marker*) межево́й столб; (*prominent feature*) заме́тный предме́т на ме́стности; (*from air*) назе́мный опознава́тельный знак; (*from sea*) берегово́й знак; (*mil.*) (назе́мный) ориенти́р; (*turning-point in history etc.*) ве́ха; ~-**mine** *n.*фуга́с; (назе́мная) ми́на; ~ **owner** *n.* землевладе́лец; ~ **rail** *n.* коросте́ль (*m.*), перга́ч; ~ **slide** *n.* (*of hill etc.*) обва́л; (*subsidence*) о́ползень (*m.*); (*pol.*): they won by a ~slide они́ одержа́ли реши́тельную побе́ду; ~**slip** *n.* обва́л, о́ползень (*m.*); ~ **sman** *n.* неморя́к; ~-**surveying** *n.* (геодези́ческая) съёмка, межева́ние; ~-**surveyor***n.* землеме́р; ~-**tax***n.* земе́льный налог.

**landau** *n.* ландо́ (*indecl.*).

**landed** *adj.* **1.** (*possessing land*) землевладе́льческий; ~ gentry поме́щики (*m. pl.*); **2.** (*consisting of land*): ~ property земе́льные владе́ния.

**landing** *n.* **1.** (*bringing or coming to earth*)

поса́дка, приземле́ние; ~ approach захо́д на поса́дку; forced ~ вы́нужденная поса́дка; **2.** (*on water*) приводне́ние; (*on the moon*) прилуне́ние; **3.** (*putting ashore; depositing by air*) вы́садка; (*of goods*) вы́грузка; **4.** (*mil.*) деса́нт, вы́садка деса́нта; opposed ~ вы́садка (деса́нта) с бо́ем (*or* при сопротивле́нии проти́вника); **5.** (*on stairs*) (ле́стничная) площа́дка.

*cpds.*: ~-**craft** *n.* деса́нтное су́дно; деса́нтный (броне)ка́тер; ~-**deck** *n.* поса́дочная па́луба; ~-**field** *n.* лётное по́ле; ~-**gear** *n.* шасси́ (*nt. indecl.*); ~-**ground** *n.* взлётно- -поса́дочная площа́дка; ~-**net** *n.* подсачо́к, сачо́к; ~-**party** *n.* деса́нтная гру́ппа, деса́нт; ~-**stage** *n.* дебаркаде́р, при́стань; ~-**strip** *n.* поса́дочная полоса́.

**landscape** *n.* (*picture*) пейза́ж; (*scenery*) ланд- ша́фт, вид ме́стности.

*cpds.*: ~-**gardening** *n.* садо́во-па́рковая архитекту́ра; ~-**painter** *n.* пейзажи́ст; ~-**painting** *n.* (*picture*) пейза́ж; (*art*) иску́с- ство пейза́жа.

**landscapist** *n.* пейзажи́ст.

**landward** *n.*: to ~ к бе́регу.

*adj.*: on the ~ side со стороны́ су́ши.

*adv.* (*also* ~s) к бе́регу.

**lane** *n.* **1.** (*narrow street*) переу́лок, у́зкая у́лочка; (*country road*) доро́жка, тропи́нка; **2.** (*between rows of people*) прохо́д; form a ~ вы́строиться (*pf.*); **3.** (*of traffic*) ряд; get into ~ вста|ва́ть, -ть в ряд; four-~ highway авто- стра́да с четырьмя́ ряда́ми движе́ния; **4.** (*air route*) тра́сса; **5.** (*for shipping*) морско́й путь; (*through ice*) разво́дье; **6.** (*on race-track, swimming-pool*) доро́жка; wrong ~ чужа́я доро́жка.

**language** *n.* язы́к; (*esp. spoken*) речь; ~ and literature (*as subj. of study*) филоло́гия; in a foreign ~ на иностра́нном языке́; they don't speak the same ~ (*fig.*) они́ говоря́т на ра́зных языка́х; a degree in ~s дипло́м об оконча́нии филологи́ческого факульте́та; (*words, expressions*): he has a great command of ~ он прекра́сно владе́ет языко́м; bad ~ скверносло́вие; strong ~ си́льные выраже́ния; science of ~ языкове́дение, языкозна́ние; native ~ родно́й язы́к; spoken ~ разгово́рный язы́к; business ~ делова́я речь; ~ student (*at university*) фило́лог.

**languid** *adj.* то́мный, вя́лый.

**languidness** *n.* то́мность, вя́лость.

**languish** *v.i.* томи́ться (*impf.*); изныва́ть (*impf.*); a ~ing look то́мный взгляд.

**languor** *n.* то́мность, вя́лость; (*pleasant*) исто́ма.

**languorous** *adj.* то́мный; по́лный исто́мы.

**lank** *adj.* **1.** (*tall and lean*) поджа́рый, худоща́вый; **2.**: ~ hair гла́дкие/прямы́е во́лосы.

**lanky** *adj.* долговя́зый; ~ person верзи́ла (*c.g.*) (*coll.*).

**lanolin** *n.* ланоли́н.

**lantern** *n.* **1.** фона́рь (*m.*); magic ~ волше́бный фона́рь; **2.** (*of lighthouse*) светова́я ка́мера.
*cpds.*: ~**-jawed** *adj.* с впа́лыми щека́ми; ~**-lecture** *n.* ле́кция с пока́зом диапозити́вов; ~**-slide** *n.* диапозити́в.

**lanthanum** *n.* ланта́н.

**lanyard** *n.* (*cord*) ремéнь (*m.*); (*for securing sail*) та́лреп; (*mil.*) вытяжно́й шнур.

**Laos** *n.* Ла́ос.

**Laotian** *n.* (*pers.*) лао́с|ец (*fem.* -ка); лаотя́н|ин (*fem.* -ка); (*language*) лао́сский язы́к.
*adj.* лао́сский.

**lap**[1] *n.* **1.**: the boy sat on his mother's ~ ма́льчик сиде́л у ма́тери на коле́нях; the cat climbed on to my ~ ко́шка забрала́сь ко мне на коле́ни; (*fig.*): in the ~ of the gods в руце́ бо́жьей; he lives in the ~ of luxury он живёт как у Христа́ за па́зухой; **2.** (*of garment*) пола́, фа́лда; подо́л.
*cpd.*: ~**-dog** *n.* боло́нка.

**lap**[2] *n.* **1.** (*coil or turn e.g. of rope*) вито́к, оборо́т; (*of rolled cloth*) руло́н; **2.** (*circuit of race-track*) круг; he won by 3 ~s он победи́л, обойдя́ проти́вника в 3 круга́; I'm on the last ~ (*fig., have almost finished*) я закругля́юсь; я почти́ ко́нчил.
*v.t.* **1.** (*wrap*): ~ cloth round sth. обёр|тывать, -ну́ть что-н. мате́рией; ~ sth. in cloth зав|ора́чивать, -ерну́ть что-н. в мате́рию; (*fig., surround, enfold*) окруж|а́ть, -и́ть; **2.** (*sport: be a ~ ahead of*) об|ходи́ть, -ойти́ (*or* об|гоня́ть, -огна́ть) (*кого*) на круг.

**lap**[3] *n.* (*sound of waves*) плеск.
*v.t.* **1.** (*drink with tongue*) лака́ть, вы́-; the cat ~ped up the milk ко́шка вы́лакала молоко́; **2.** (*fig., accept eagerly*) жа́дно глота́ть (*impf.*); he ~ped up their compliments он жа́дно ловил их комплиме́нты.
*v.i.* (*of waves*) плеска́ться (*impf.*); waves ~ on the beach во́лны пле́щутся о бе́рег.

**La Paz** *n.* Ла-Па́с.

**lapel** *n.* ла́цкан, отворо́т.

**lapidary** *n.* (*gem cutter*) грани́льщик; (*polisher*) шлифова́льщик; (*engraver*) гравёр.
*adj.* **1.** (*pert. to stone-cutting*) грани́льный; а ~ inscription вы́гравированная на ка́мне на́дпись; **2.** (*fig.*) лапида́рный.

**lapis lazuli** *n.* лазури́т, ля́пис-лазу́рь.

**Lapland** *n.* Лапла́ндия.

**Laplander** *n.* лапла́нд|ец (*fem.* -ка).

**Lapp** *n.* **1.** (*pers.*) саа́м (*fem.* -ка); лопа́р|ь (*fem.* -ка); **2.** (*also* ~**ish**: *language*) саа́мский/лопа́рский язы́к; язы́к саа́ми.
*adj.* **1.** (*also* ~**ish**) лопа́рский, саа́мский; **2.** (*of Lapland*) лапла́ндский.

**lapse** *n.* **1.** (*slight mistake, slip*) упуще́ние, опло́шность; (*of memory*) прова́л па́мяти; (*of the pen*) опи́ска; (*of the tongue*) обмо́лвка, огово́рка; **2.** (*moral deviation*) просту́пок; (*decline*) паде́ние; **3.** (*leg., ending of right etc.*) прекраще́ние; недействи́тельность; **4.** (*passage of time*) тече́ние; after the ~ of a month по истече́нии ме́сяца; (*interval*) промежу́ток.
*v.i.* **1.** (*decline morally; slip back*) пасть (*pf.*); they ~d into heresy они́ впа́ли в е́ресь; he ~d into his old ways он приня́лся за ста́рое; ~ into idleness облени́ться (*pf.*); ~ into silence зам|олка́ть, -о́лкнуть; a ~d Catholic бы́вший като́лик; **2.** (*leg., become void*) теря́ть, поси́лу; (*revert*): the property ~d to the Crown име́ние отошло́ к казне́; **3.** (*of time*) про|ходи́ть, -йти́; минова́ть (*impf., pf.*).

**lapsus linguae** *n.* обмо́лвка, огово́рка.

**lapwing** *n.* чи́бис, пига́лица.

**larboard** *n.* ле́вый борт.

**larcenous** *adj.*: with ~ intent с наме́рением соверши́ть кра́жу.

**larceny** *n.* кра́жа; grand/petty ~ кру́пная/ме́лкая кра́жа.

**larch** *n.* (*tree*) ли́ственница; (~ wood) древеси́на ли́ственницы.

**lard** *n.* лярд, топлёное свино́е са́ло.
*v.t.* (*cul.*) шпигова́ть, на-; (*fig.*) усна|ща́ть, -сти́ть.

**larder** *n.* кладова́я, кладо́вка.

**lares and penates** *n.* ла́ры и пена́ты (*pl.*); родны́е пена́ты.

**large** *n.*: at ~ (*free*) на во́ле, на свобо́де; set at ~ освобо|жда́ть, -ди́ть; (*in general*) целико́м; во всём объёме; в свое́й ма́ссе; the public at ~ широ́кая пу́блика; people at ~ were dissatisfied наро́д в основно́м был недово́лен; (*at length*) простра́нно; (*without particularization*): he casts imputations at ~ он разбра́сывает обвине́ния напра́во и нале́во; (*coll.*) он обвиня́ет всех чо́хом; ambassador at ~ (*Am.*) посо́л по осо́бым поруче́ниям.
*adj.* большо́й, кру́пный; a man of ~ sympathies челове́к большо́го се́рдца; on a ~ scale в большо́м/кру́пном масшта́бе; a criminal on a ~ scale престу́пник кру́пного кали́бра; ~ handwriting кру́пный по́черк; in ~ type кру́пным шри́фтом; a ~ landowner кру́пный землевладе́лец; a ~ population многочи́сленное/большо́е населе́ние; (*spacious*) просто́рный; (*considerable*) значи́тельный; (*copious*) оби́льный; (*extensive*) широ́кий; (*fat*) по́лный; as ~ as life (*fig.*) во всей красе́; here he is, as ~ as life он тут как тут; he turned up as ~ as life он яви́лся со́бственной персо́ной; ~r than life бо́лее, чем в натура́льную величину́; (*fig.*) преувели́ченный.
*adv.*: by and ~ вообще́ говоря́.
*cpds.*: ~**-bore** *adj.* крупнокали́берный; ~**-handed** *adj.* (*generous*) щéдрый; ~**-hearted** *adj.* великоду́шный; ~**-minded** *adj.* широ́ких

взгля́дов; ~-scale *adj.* кру́пный, крупно-масшта́бный; a ~-scale map крупномас-шта́бная ка́рта.

**largely** *adv.* (*to a great extent*) по бо́льшей ча́сти; в значи́тельной сте́пени; (*generously*) ще́дро.

**largess(e)** *n.* щедро́ты (*f. pl.*).

**largish** *adj.* дово́льно большо́й; великова́тый.

**largo** *n., adj. & adv.* ла́рго (*indecl.*).

**lariat** *n.* арка́н.

**lark¹** *n.* (*bird*) жа́воронок; rise with the ~ вста|ва́ть, -ть с петуха́ми.
*cpd.:* ~ **spur** *n.* живокость, шпо́рник.

**lark²** *n.* (*coll.*), (*prank*) прока́за; (*amusement*) заба́ва; for a ~ шу́тки ра́ди; what a ~! вот поте́ха!
*v.i.:* ~ **about** резви́ться (*impf.*).

**larrikin** *n.* хулига́н.

**larrup** *v.t.* (*coll.*) поро́ть, вы́-; да|ва́ть, -ть (*кому*) трёпку/по́рку.

**larva** *n.* личи́нка.

**laryngeal** *adj.* горта́нный.

**laryngitis** *n.* ларинги́т.

**laryngoscope** *n.* ларингоско́п.

**larynx** *n.* горта́нь.

**Lascar** *n.* матро́с-инди́ец.

**lascivious** *adj.* похотли́вый.

**lasciviousness** *n.* по́хоть, похотли́вость.

**laser** *n.* ла́зер; (*attr.*) ла́зерный.

**lash¹** *n.* (eye~) ресни́ца.

**lash²** *n.* **1.** (*thong*) реме́нь (*m.*); he got the ~ он был нака́зан пле́тью; **2.** (*stroke*) уда́р (пле́тью); he got fifty ~es он получи́л пятьдеся́т уда́ров пле́тью; (*fig.*): the ~ of criticism бич кри́тики; he felt the ~ of her tongue он по себе́ знал, како́й у неё о́стрый язы́к.
*v.t.* **1.** (*with whip; also of wind, rain*) хлест|а́ть, -ну́ть; (*fig.*): ~ o.s. into a fury разъяр|я́ться, -и́ться; (*with satire, criticism, abuse*) бичева́ть (*impf.*); **2.** (*wave about*): the dog ~ed its tail соба́ка би́ла хвосто́м; **3.** (*fasten with rope etc.*) свя́з|ывать, -а́ть; привя́з|ывать, -а́ть.
*v.i.:* the rain ~ed against the window ве́тер хлеста́л в окно́; he ~ed into his opponent он набро́сился на своего́ проти́вника.
*with advs.:* ~ **down** *v.t.* привя́з|ывать, -а́ть (*что к чему*); (*naut.*) найто́вить, об-; ~ **out** *v.i.* (*with fists*) наки́|дываться, -ну́ться (*на кого*); (*kick*) ляг|а́ть, -ну́ть; (*verbally*) разра|жа́ться, -зи́ться бра́нью; (*coll., spend lavishly*) сори́ть (*impf.*) деньга́ми; ~ **together** *v.t.* свя́з|ывать, -а́ть.
*cpd.:* ~-**up** *n.* (*makeshift*) вре́мянка.

**lashing** *n.* (*whipping*) по́рка; (*pl., coll., plenty*): ~s of cream ма́сса сли́вок.

**lass, -ie** *nn.* (*child*) де́вочка; (*young woman*) де́вушка.

**lassitude** *n.* уста́лость, утомле́ние, вя́лость.

**lasso** *n.* арка́н, лассо́ (*indecl.*).
*v.t.* аркáнить, за-.

**last¹** *n.* (*shoemaker's*) коло́дка; stick to your ~! (*fig.*) занима́йся свои́м де́лом; ≃ всяк свер-чо́к знай свой шесто́к.

**last²** *n.* (*final or most recent pers. or thg.*): he was the ~ of his line он был после́дним в роду́; he was the ~ to go он ушёл после́дним; our house is the ~ in the road наш дом по-сле́дний/кра́йний на у́лице; the ~ of the wine оста́тки (*m. pl.*) вина́; the ~ shall be first ≃ мно́гие после́дние бу́дут пе́рвыми; on the ~ of the month в после́дний день ме́сяца; breathe one's ~ испусти́ть (*pf.*) после́дний вздох; look one's ~ at, on смотре́ть, по- в после́дний раз на +*a.*; we have seen the ~ of him мы его́ бо́льше не уви́дим; he remained impenitent to the ~ он не раска́ялся до са́мого конца́; at ~ наконе́ц; (*as excl.*) наконе́ц-то!; at long ~ в конце́ концо́в, наконе́ц.
*adj.* **1.** (*latest; final*; ~ *of series*) после́дний; in the ~ 7 years в после́дние 7 лет; at the very ~ moment в са́мый после́дний моме́нт; her hat is the ~ word её шля́па — после́дний крик мо́ды: the L~ Day, Judgement Стра́шный суд; Су́дный день; светопреставле́ние; ~ rites, sacrament причаще́ние пе́ред сме́ртью; this chair is on its ~ legs э́тот стул е́ле ды́шит; ~ name фами́лия; ~ but not least of his talents после́дний по счёту, но не по ва́жности из его́ тала́нтов; ~ but one предпосле́дний; ~ but two тре́тий от конца́; the ~ thing I heard was that he was getting married после́днее, что я о нём слы́шал, э́то то, что он собира́ется жени́ться; ~ thing at night по́здно ве́чером; пре́жде, чем лечь спать; пе́ред сном; **2.** (*preceding, of time*) про́шлый; in the ~ cen-tury/year/month в про́шлом столе́тии/году́/ме́сяце; ~ week на про́шлой неде́ле; ~ night we got home late вчера́ ве́чером мы по́здно верну́лись; ~ night I slept badly про́шлой но́чью я пло́хо спал; the week before ~ позапро́шлая неде́ля; the night before ~ позавчера́ ве́чером; **3.** (*utmost*): a matter of the ~ importance де́ло чрез-вычáйной вáжности; **4.** (*least likely or suit-able*): he is the ~ person I expected to see вот кого́ ме́ньше всего́ я ожида́л уви́деть; she is the ~ person to help от неё ме́ньше всего́ мо́жно ожида́ть по́мощи; that's the ~ thing I would have expected э́того я ника́к не ожида́л.
*adv.* **1.** (*in order*) по́сле всех; he finished ~ он ко́нчил после́дним; **2.** (*for the ~ time*) в после́дний раз; when I ~ saw him когда́ я в после́дний раз ви́дел его́; **3.** (~*ly, in the* ~ *place*) на после́днем ме́сте; в конце́; ~ but not least I wish you success и, наконе́ц, — но отню́дь не в после́днюю о́чередь, — я жела́ю вам успе́ха.
*v.i.* **1.** (*go on, continue*) дли́ться, про-; прод|олжа́ться, -о́лжиться; winter ~s six months зима́ дли́тся шесть ме́сяцев; will the

performance ~ much longer? до́лго ли ещё продли́тся спекта́кль?; the rain won't ~ long дождь ско́ро пройдёт; if the good weather ~s е́сли уде́ржится (*or* бу́дет стоя́ть) хоро́шая пого́да; **2.** (*hold out*) выде́рживать, вы́держать: as long as my health ~s (out) пока́ у меня́ хва́тит здоро́вья; (*be preserved, survive*) сохран|я́ться, -и́ться; the tradition has ~ed until today э́та тради́ция сохрани́лась до настоя́щего вре́мени; **3.** (*of clothes*): this suit has ~ed well э́тому костю́му сно́су нет; **4.** (*of the dying*): he won't ~ long он до́лго не протя́нет (*coll.*); **5.** (*be sufficient for*) хват|а́ть, -и́ть на +*a.*: £30 ~s me a week 30 фу́нтов мне хвата́ет на неде́лю; the bread won't ~ us today хле́ба нам на сего́дня не хва́тит.

*cpds.*: ~-**ditch** *adj.*: a ~-ditch stand упо́рная оборо́на; ~-**minute** *adj.* (сде́ланный) в после́днюю мину́ту; ~-**named** *adj.* после́дний (из упомя́нутых).

**lasting** *adj.* (*durable, enduring*) про́чный, продолжи́тельный; ~ peace про́чный мир; a ~ monument ве́чный па́мятник; (*persistent, permanent*) постоя́нный; ~ regrets постоя́нное чу́вство сожале́ния; leave a ~ impression произв|оди́ть, -ести́ неизглади́мое впечатле́ние.

**lastly** *adv.* в заключе́ние; наконе́ц.

**latch** *n.* (*bar*) щеко́лда; (*lock*) защёлка; on the ~ на щеко́лде/защёлке.

*v.t.* (*put on*) закр|ыва́ть, -ы́ть на щеко́лду.

*v.i.*: ~ on to смекну́ть (*pf.*) (*coll.*).

*cpd.*: ~-**key** *n.* ключ (от америка́нского замка́); соба́чка.

**late** *adj.* **1.** (*far on in time*) по́здний; it is ~ по́здно; it's getting ~ де́ло идёт к но́чи; in the ~ evening по́здним ве́чером; in ~ summer к концу́ ле́та; in ~ May к концу́ ма́я; in по́здних чи́слах ма́я; the ~ 19th century коне́ц 19 ве́ка; ~ edition вече́рний вы́пуск; keep ~ hours по́здно ложи́ться (*impf.*) спать; it is ~ in the day for that для э́того поздно́вато; ~r events после́дующие собы́тия; at, by 2 o'clock at the ~st са́мое по́зднее в 2 часа́; **2.** (*behind time*): be ~ for the train оп|а́здывать, -озда́ть на по́езд (for the theatre в теа́тр; for dinner к у́жину); he was an hour ~ он опозда́л на час; the train is running an hour ~ по́езд идёт с опозда́нием в (оди́н) час; по́езд опа́здывает на час; I was ~ in replying я опозда́л отве́тить (*or* с отве́том); plums are ~ this year сли́вы в э́том году́ поспе́ли по́здно; ~ comer опозда́вший; ~ developer ≈ заме́дленного разви́тия; ~ riser лю́бящий подо́льше поспа́ть; he is a ~ riser он по́здно встаёт; он до́лго спит по утра́м; **3.** (*recent*) неда́вний; после́дний; in ~ years за после́дние го́ды; the ~ war после́дняя/про́шлая война́; his ~st book его́ после́дняя кни́га; ~st news после́дние изве́стия; **4.** (*former*) пре́жний;

(*immediately preceding*) бы́вший; the ~ government пре́жнее прави́тельство; **5.** (*deceased*) поко́йный, (ны́не) почи́вший; **6.** (*belated*) запозда́лый; a few ~ swallows не́сколько запозда́лых ла́сточек.

*adv.* по́здно: better ~ than never лу́чше по́здно, чем никогда́; sooner or ~r ра́но и́ли по́здно; stay up ~ по́здно ложи́ться (*impf.*); ~ in life в пожило́м во́зрасте; на ста́рости лет; a year ~r спустя́ год; see you ~r! уви́димся!; пока́!; ~ into the night до по́здней но́чи; of ~ (в/за) после́днее вре́мя.

*cpd.*: ~-**night** *adj.* ночно́й (*сеанс и т.п.*).

**lately** *adv.* неда́вно; have you seen him ~? ви́дели ли вы его́ в после́днее вре́мя?; I've been working hard ~ после́днее вре́мя я мно́го рабо́тал.

**latency** *n.* скры́тое состоя́ние; (*tech.*) лате́нтность.

**lateness** *n.*: the ~ of the train опозда́ние по́езда; despite the ~ of the hour несмотря́ на по́здний час.

**latent** *adj.* скры́тый, лате́нтный; (*chem.*) свя́занный.

**lateral** *adj.* боково́й, горизонта́льный; ~ section попере́чный разре́з; ~ strut горизонта́льная связь; ~ road (*mil.*) рока́дная доро́га.

**latest** *adj.* после́дний; са́мый но́вый; the ~ thing после́днее сло́во, но́вость, нови́нка; *see also* LATE.

**latex** *n.* мле́чный сок, ла́текс.

**lath** *n.* ре́йка, пла́нка; ~ and plaster дра́нка и штукату́рка; (*on roof*) обрешётка; ~ fence штаке́тник; as thin as a ~ худо́й как ще́пка.

**lathe** *n.* тока́рный стано́к.

**lather** *n.* (мы́льная) пе́на; (*on horse*) мы́ло, пе́на; in a ~ в мы́ле; (*fig., agitated*) в запа́рке.

*v.t.* мы́лить (*impf.*); намы́ли|вать, -ть; (*coll., thrash*) вздуть (*pf.*); да|ва́ть, -ть трёпку +*d.*

*v.i.* (*of soap*) мы́литься; (*of a horse*) покр|ыва́ться, -ы́ться мы́лом.

**lathering** *n.* (*coll.*) трёпка, взбу́чка.

**lathery** *adj.* (*covered with lather*) намы́ленный; (*lathering easily*) мы́лкий; (*of a horse*) взмы́ленный.

**Latin** *n.* **1.** (*language*) латы́нь; лати́нский язы́к; dog ~ ку́хонная латы́нь; low ~ вульга́рная латы́нь; **2.** (*inhabitant of Latium*) латиня́нин; **3.** (*Frenchman, Italian etc.*) челове́к рома́нского происхожде́ния.

*adj.* лати́нский; ~ America Лати́нская Аме́рика; ~ languages/nations рома́нские языки́/наро́ды; ~ scholar латини́ст.

*cpd.*: ~-**American** *adj.* латиноамерика́нский.

**Latinism** *n.* латини́зм.

**Latinist** *n.* латини́ст.

**Latinity** *n.* (*quality of Latin*) лати́нский стиль.

**latish** *adj.* поздноватый.

**latitude** *n.* **1.** (*distance from equator*; *pl., regions*) широта́; ~ 25°N 25° се́верной широты́; high/low ~s высо́кие/тропи́ческие широ́ты; **2.** (*freedom of action*) свобо́да (де́йствий); (*liberality*) широта́ (взгля́дов); терпи́мость; **3.** (*breadth, extent*) обши́рность.

**latitudinal** *adj.* широ́тный.

**latitudinarian** *adj.* веротерпи́мый.

**latrine** *n.* убо́рная, отхо́жее ме́сто; (*on ship*) гальюн.

**latter** *pron. & adj.* после́дний, второ́й; in the ~ half of June во второ́й полови́не ию́ня; the former ... the ~ пе́рвый ... второ́й/после́дний; the ~ тот, после́дний.

*cpd.*: ~-**day** *adj.* совреме́нный, нове́йший; L~-day Saints мормо́ны (*m. pl.*).

**latterly** *adv.* (*of late*) (в/за) после́днее вре́мя; (*towards the end*) к концу́, под коне́ц.

**lattice** *n.* решётка; (*attr.*; *also* ~**d**) решётчатый.

**Latvia** *n.* Ла́твия.

**Latvian** *n.* (*pers.*) латви́|ец (*fem.* -йка); латы́ш (*fem.* -ка); (*language*) латы́шский язы́к.
*adj.* латви́йский, латы́шский.

**laud** *n.* хвала́; (*pl., eccl.*) хвали́тны (*f. pl.*).
*v.t.* восхвал|я́ть, -и́ть; сла́вить (*impf.*).

**laudability** *n.* похва́льность.

**laudable** *adj.* похва́льный.

**laudanum** *n.* насто́йка о́пия.

**laudatory** *adj.* хвале́бный.

**laugh** *n.* смех; (*loud* ~) хо́хот; it was a ~ сме́ху-то бы́ло; we had a good ~ over it мы от души́ посмея́лись над э́тим; he had the last ~ в конце́ концо́в посмея́лся он; have the ~ on s.o. ост|авля́ть, -а́вить кого́-н. в дурака́х; the ~ was on him он оста́лся в дурака́х; I could not raise a ~ меня́ э́то ничу́ть не рассмеши́ло; he joined in the ~ он присоедини́лся к о́бщему сме́ху; he gave a loud ~ он гро́мко рассмея́лся.

*v.t.*: ~ to scorn высме́ивать, вы́смеять; I ~ed him out of his fears я рассе́ял сме́хом его́ опасе́ния; he was ~ed out of court он был осмея́н; he was ~ing his head off он хохота́л как безу́мный.

*v.i.* смея́ться (*impf.*); хохот|а́ть, -ну́ть; (*begin* ~*ing*) засмея́ться (*pf.*); burst out ~ing рассмея́ться (*pf.*); расхохота́ться (*pf.*); разрази́ться (*pf.*) сме́хом; I almost burst out ~ing я чуть бы́ло не пры́снул; he who ~s last, ~s longest хорошо́ смеётся тот, кто смеётся после́дним; he ~s at my jokes он смеётся, когда́ я шучу́; who/what are you ~ing at? над кем/чем вы смеётесь?; it's nothing to ~ at ничего́ смешно́го; I should ~ if he came in ну и смея́лся бы я, е́сли бы он вошёл; he ~ed in my face он рассмея́лся мне в лицо́; he ~ed fit to burst (*coll.*) он чуть не ло́пнул со́ смеху; I ~ed till I cried я смея́лся до слёз; he was ~ing up his sleeve он смея́лся в кула́к (*or* исподтишка́); he'll soon be ~ing on the other side of his face ему́ ско́ро бу́дет не до сме́ху;

make s.o. ~ смеши́ть, рас- кого́-н.; don't make me ~! (*iron.*) не смеши́те (меня́); it's enough to make a cat ~ э́то ку́рам на́ смех; I couldn't help ~ing я не мог удержа́ться от сме́ха; I couldn't stop ~ing я смея́лся так, что не мог останови́ться.

*with advs.*: ~ **away** *v.t.* прог|оня́ть, -на́ть (*or* рассе́|ивать, -ять) сме́хом; ~ **off** *v.t.*: ~ it off отшу́|чиваться, -ти́ться; ~ sth. off отде́л|ываться, -аться от чего́-н. шу́ткой; сво|оди́ть, -ести́ что-н. на шу́тку.

**laughable** *adj.* смешно́й, смехотво́рный.

**laughing** *n.* смех; I was in no mood for ~ мне бы́ло не до сме́ху; I couldn't speak for ~ от сме́ха я не мог произнести́ ни сло́ва; it is no ~ matter э́то не шу́точное де́ло; he burst out ~ он рассмея́лся/расхохота́лся.

*cpds.*: ~-**gas** *n.* веселя́щий газ; ~-**stock** *n.* посме́шище; make a ~-stock of s.o. выставля́ть, вы́ставить кого́-н. на посме́шище.

**laughter** *n.* смех; (*loud*) хо́хот; he broke into peals of ~ он разрази́лся раска́тистым сме́хом; die of, with ~ ум|ира́ть, -ере́ть со́ смеху; смея́ться (*impf.*) до упа́ду; roar with ~ хохота́ть (*impf.*) во всё го́рло; rock (*or* be convulsed) with ~ пока́т|ываться, -и́ться со́ смеху; split one's sides with ~ над|рыва́ть, -орва́ть живо́тики со́ смеху (*coll.*).

**launch**[1] *n.* (*motor-boat*) ка́тер; (*warship's longboat*) ланч.

**launch**[2] *n.* (*of ship*) спуск (на́ воду); (*of rocket or spacecraft*) за́пуск; (*of torpedo*) вы́пуск.
*v.t.* (*set afloat*): ~ a ship спус|ка́ть, -ти́ть кора́бль на́ воду; (*send into air*): ~ a rocket запус|ка́ть, -ти́ть раке́ту; ~ing-pad ста́ртовая площа́дка; ~ing-range раке́тный полиго́н; ~ing-site ста́ртовая пози́ция; ~ing-tower пускова́я вы́шка; (*aircraft from flight deck*) катапульти́ровать (*impf., pf.*); (*hurl, discharge*): ~ a spear мет|а́ть, -ну́ть (*or* бр|оса́ть, -о́сить) копьё; ~ a torpedo выпуска́ть, вы́пустить торпе́ду; (*initiate*): ~ an attack нач|ина́ть, -а́ть ата́ку; ~ a campaign нач|ина́ть, -а́ть (*or* откр|ыва́ть, -ы́ть) кампа́нию; ~ an enterprise пус|ка́ть, -ти́ть предприя́тие.
*v.i.* пус|ка́ться, -ти́ться; he ~ed into an argument он пусти́лся в спор; we are ~ing (out) on, into a new enterprise мы начина́ем но́вое де́ло; I decided to ~ out on a new car я реши́л разори́ться на но́вый автомоби́ль (*coll.*).

**launder** *v.t. & i.* стира́ть(ся), вы́-; this cloth ~s well э́та мате́рия хорошо́ стира́ется.

**laund(e)rette** *n.* пра́чечная самообслу́живания.

**laundress** *n.* пра́чка.

**laundry** *n.* **1.** (*establishment*) пра́чечная; send to the ~ отд|ава́ть, -а́ть в сти́рку (*or* пра́чечную); my shirt came back torn from the

~ в пра́чечной мне порва́ли руба́шку; **2.** (*clothes*) бельё (для сти́рки *or* из сти́рки). *cpd.*: ~ **man** *n.* рабо́чий в пра́чечной.

**laureate** *n.*: Poet L~ поэ́т-лауреа́т.

**laurel** *n.* лавр; (*attr.*) ла́вро́вый; (*fig., pl.*): reap, win ~s пожина́ть (*impf.*) ла́вры; rest on one's ~s почива́ть, -и́ть на ла́врах; look to one's ~s защи|ща́ть, -ти́ть своё пе́рвенство.

**laurelled** *adj.* уве́нчанный ла́врами (*or* лавро́вым венко́м).

**Lausanne** *n.* Лоза́нна.

**lava** *n.* ла́ва; ~ bed пласт ла́вы; ~ flow пото́к ла́вы.

**lavatory** *n.* (*WC*) убо́рная, туале́т; (*washroom*) умыва́льная (ко́мната); ~ paper туале́тная бума́га.

**lave** *v.t.* (*liter.*) омыва́ть (*impf.*).

**lavender** *n.* лава́нда; ~ water лава́ндовая вода́; a ~ gown пла́тье бледно-лило́вого цве́та.

**lavish** *adj.* **1.** (*generous*) щё́дрый; (*prodigal*) расточи́тельный; he is ~ in his praise он щедр на похвалы́; a ~ reception бога́тый приём; **2.** (*abundant*) оби́льный.

*v.t.*: ~ money on sth. расточа́ть (*impf.*) де́ньги на что-н.; ~ praise on s.o. расточа́ть (*impf.*) похвалы́ кому́-н.; ~ care on s.o. окружа́ть (*impf.*) кого́-н. чрезме́рными забо́тами.

**lavishness** *n.* щё́дрость; расточи́тельность.

**law** *n.* **1.** (*rule or body of rules for society*) зако́н; the ~ of the land зако́н страны́; the bill became ~ законопроє́кт был при́нят; above the ~ вы́ше зако́на; by ~ по зако́ну; within the ~ в ра́мках (*or* без наруше́ния) зако́на; break, violate the ~ нар|уша́ть, -у́шить зако́н; keep, observe the ~ соблюда́ть (*impf.*) зако́н; pass a ~ прин|има́ть, -я́ть зако́н; his word is ~ его́ сло́во — зако́н; he is a ~ unto himself он живёт по со́бственным зако́нам; necessity knows no ~ нужда́ не зна́ет зако́на; natural ~ зако́н приро́ды; the ~ of supply and demand зако́н спро́са и предложе́ния; the ~s of the game пра́вила (*nt. pl.*) игры́; **2.** (*as subject of study, profession, system*) пра́во, юсти́ция; civil ~ гражда́нское пра́во; in international ~ по междунаро́дному пра́ву; declare martial ~ объяв|ля́ть, -и́ть вое́нное положе́ние; ~ and order правопоря́док; зако́нность и поря́док; rule of ~ правопоря́док; ~ school юриди́ческая шко́ла; read, study ~ изуч|а́ть, -и́ть пра́во; go in for the ~ учи́ться, вы́- на юри́ста; follow, practise ~ быть юри́стом; doctor of ~s до́ктор юриди́ческих нау́к; court of ~ суд; L~ Courts (*building*) Дом правосу́дия; **3.** (*process of* ~; ~*suit*) суде́бный проце́сс; go to ~ возбу|жда́ть, -ди́ть суде́бное де́ло; have the ~ on s.o. пода́ть (*pf.*) на кого́-н. в суд; take the ~ into one's own hands поступ|а́ть, -и́ть самочи́нно; **4.** (*phys. etc.*): ~ of gravity зако́н тяготе́ния; ~ of probability тео́рия вероя́т-

ностей.

*cpds.*: ~**-abiding** *adj.* законопослу́шный; ~**-breaker** *n.* правонаруши́тель (*m.*); ~**-court** *n.* суд; ~**-giver**, ~**-maker** *nn.* законода́тель (*m.*); ~ **man** *n.* (*Am.*) полице́йский, шери́ф; ~**suit** *n.* суде́бный проце́сс; bring a ~suit against s.o. возбу|жда́ть, -ди́ть (суде́бное) де́ло про́тив кого́-н.

**lawful** *adj.* зако́нный; his ~ wedded wife его́ зако́нная жена́; (*rightful*) правоме́рный.

**lawfulness** *n.* зако́нность, закономе́рность.

**lawks** *int.* (*coll.*) Бо́же мой!; Го́споди!

**lawless** *adj.* (*of country etc.*) ди́кий, анархи́чный; (*of pers.*) непоко́рный, мяте́жный.

**lawlessness** *n.* беззако́нность, беззако́ние; непоко́рность, мяте́жность.

**lawn**[1] *n.* (*area of grass*) газо́н; ~ tennis те́ннис. *cpds.*: ~**-mower** *n.* газонокоси́лка; ~**-sprinkler** *n.* устро́йство для поли́вки газо́нов; ~**-tennis** *n.* .те́ннис.

**lawn**[2] *n.* (*linen*) бати́ст.

**lawyer** *n.* юри́ст; (*advocate, barrister*) адвока́т; (*legal adviser or expert*) законове́д, юриско́нсульт.

**lax** *adj.* (*negligent, inattentive*) небре́жный; (*not strict*) нестро́гий; ~ discipline сла́бая дисципли́на; ~ morals распу́щенные нра́вы.

**laxative** *n.* слаби́тельное (сре́дство). *adj.* слаби́тельный.

**lax|ity, -ness** *nn.* небре́жность; (*of morals*) распу́щенность; (*of expression*) нето́чность.

**lay**[1] *n.* (*liter.*) пе́сня, балла́д.

**lay**[2] *n.* **1.**: she's an easy ~ она́ слаба́ на передо́к (*sl.*); **2.** see also LIE[2] *n.*

*v.t.* **1.** (*put down, deposit*) класть, положи́ть; he laid his hand on my shoulder он положи́л ру́ку мне на плечо́; ~ a child to sleep укла́дывать, уложи́ть ребёнка (спать); ~ to rest (*bury*) хорони́ть, по-; ~ an egg нести́, с- яйцо́; (*set in position*): ~ bricks класть (*impf.*) кирпичи́; ~ a foundation (*lit., fig.*) за|кла́дывать, -ложи́ть фунда́мент; ~ a carpet стлать, по- ковёр; ~ cable/pipes про|кла́дывать, -ложи́ть ка́бель/тру́бы; ~ rails укла́дывать, уложи́ть ре́льсы; ~ an ambush устр|а́ивать, -о́ить заса́ду; ~ a trap ста́вить, по- лову́шку; **2.** (*fig., place*): ~ a bet держа́ть (*impf.*) пари́; ~ £10 on a horse ста́вить, по- 10 фу́нтов на ло́шадь; I'll ~ (*coll.*) пари́ держу́; бьюсь об закла́д; ~ evidence before s.o. предъяв|ля́ть, -и́ть кому́-н. доказа́тельства; ~ the facts before s.o. ознак|о́мить, -ести фа́кты до све́дения кого́-н.; ~ a charge предъяв|ля́ть, -и́ть обвине́ние (*кому в чём*); ~ sth. to s.o.'s charge вмен|я́ть, -и́ть что-н. в вину́ кому́-н.; ~ s.o. under an obligation связа́ть (*pf.*) кого́-н. благода́рностью; the scene is laid in London де́йствие происхо́дит в Ло́ндоне; **3.** (*prepare*): ~ a fire пригото́вить (*pf.*) всё, что́бы развести́ ого́нь; ~ the table for dinner накр|ыва́-

ть, -ы́ть на стол к обе́ду; ~ plans сост|авля́ть, -а́вить пла́ны; **4.** (*cause to subside*): ~ the corn прим|ина́ть, -я́ть пшени́цу; ~ the dust приб|ива́ть, -и́ть пыль; ~ a ghost изг|оня́ть, -на́ть ду́ха; **5.** (*cover*) укла́дывать, уложи́ть; покр|ыва́ть, -ы́ть; a floor laid with linoleum пол, покры́тый лино́леумом; **6.** (*cause to be*): ~ bare (*lit.*) обнаж|а́ть, -и́ть; (*fig., reveal*) раскр|ыва́ть, -ы́ть; ~ low (*knock over*) вали́ть, с-; (*overthrow*) низл|ага́ть, -ожи́ть; he was laid low with a fever он слёг с лихора́дкой; ~ o.s. open to attack подст|авля́ть, -а́вить себя́ под уда́р; ~ o.s. open to suspicion на-вл|ека́ть, -е́чь на себя́ подозре́ние; ~ waste опустош|а́ть, -и́ть; **7.** ~ by the heels излови́ть (*pf.*); **8.** (*sl., copulate with*) переспа́ть (*pf.*) с +*i.*

*v.i.* **1.** (*sc. eggs*) нести́сь (*impf.*); **2.** (*sc. the table*): she laid for six она́ накры́ла на шесте-ры́х; **3.** (*strike*): ~ about s.o. колоти́ть, по-кого́-н.; ~ about one раздава́ть (*impf.*) уда́ры напра́во и нале́во; ~ into s.o. нап|ада́ть, -а́сть на кого́-н.

*with advs.*: ~ **aside** (*also* ~ **by**) *v.t.* (*lit.*) от|кла́дывать, -ложи́ть; he laid aside his work он отложи́л рабо́ту; (*relinquish, abandon*) ост|авля́ть, -а́вить; you must ~ aside your prejudices на́до оста́вить/(от)бро́сить пред-рассу́дки; (*save*) от|кла́дывать, -ложи́ть; ~ **back** *v.t.*: the dog laid back its ears соба́ка заложи́ла у́ши; ~ **by** *see* ~ **aside**; ~ **down** *v.t.* (*on ground, bed etc.*) укла́дывать, уложи́ть; ~ down one's arms (*surrender*) скла́дывать, сложи́ть ору́жие; ~ down a field to grass пус|ка́ть, -ти́ть по́ле под траву́; (*formulate, prescribe*): ~ down conditions/rules устан|а́вливать, -ови́ть (*or* формули́ровать, с-; выраба́тывать, вы́работать) усло́вия/пра́вила; he laid it down as a condition that . . . он поста́вил усло́вием, что́бы . . .; this is laid down in the regulations э́то предпи́сано пра́вилами; he is fond of ~ing down the law он лю́бит диктова́ть/распоряжа́ться; (*sacrifice*): ~ down one's life for one's friends же́рт-вовать, по- жи́знью (*or* класть, положи́ть жизнь) за друзе́й; (*begin to build*): ~ down a ship за|кла́дывать, -ложи́ть кора́бль; ~ **in** *v.t.* (*stock up with*) загот|а́вливать (*or* -овля́ть), -о́вить; запас|а́ть, -ти́; запас|а́ться, -ти́сь +*i.*; ~ **off** *v.t.* (*suspend from work*) ув|ольня́ть, -о́лить (со слу́жбы); отстран|я́ть, -и́ть (от рабо́ты); (*coll., desist from*) перест|ава́ть, -а́ть; *v.i.*: ~ off! (*coll.*) брось(те)!; от-ста́нь(те)!; ~ **on** *v.t.* (*provide supply of*) пров|оди́ть, -ести́; is water laid on here? здесь есть водопрово́д?; (*coll.*): he promised to ~ on some drinks он обеща́л поста́вить вы́пивку; (*arrange*) устр|а́ивать, -о́ить; it's all laid on всё устро́ено; (*fig.*): ~ it on thick (*coll., of exagger-ated praise*) гру́бо льсти́ть (*impf.*); ~ **out** *v.t.* (*arrange for display etc.*) выставля́ть,

вы́ставить; ~ out clothes выкла́дывать, вы́ложить оде́жду; (*design*) плани́ровать, рас-; (*garden etc.*) разб|ива́ть, -и́ть; (*for bur-ial*): ~ out a corpse уб|ира́ть, -ра́ть поко́йника; (*spend*) тра́тить, ис-; (*knock down*) сби|ва́ть, -ть (с ног): ~ o.s. out to please s.o. из ко́жи вон лезть (*impf.*), что́бы угоди́ть кому́-н.; ~ **to** *v.i.* (*of ship*) ложи́ться, лечь в дрейф (*or* на курс); ~ **up** *v.t.* (*save, store*) копи́ть, на-; запас|а́ть, -ти́; you are ~ing up trouble for yourself вы лишь навлечёте неприя́тности себе́ на́ го́лову; (*make inactive*): my car was laid up all winter всю зи́му моя́ маши́на простоя́ла; he was laid up with a broken leg он был прико́ван к посте́ли из-за сло́манной ноги́.

*cpds.*: ~**about** *n.* (*coll.*) бродя́га (*c.g.*), туне-я́-дец; безде́льник; ~**-by** *n.* придоро́жная площа́дка для стоя́нки автомоби́лей; стоя́нка (на обо́чине); ~**-off** *n.* (*of workers*) сокраще́ние ка́дров; ~**out** *n.* (*arrangement*) расположе́ние; (*of town etc.*) плани́ровка; (*of garden etc.*) разби́вка; (*plan*) чертёж, план.

**lay**[3] *adj.* **1.** (*opp. clerical*) мирско́й; ~ brother беле́ц; **2.** (*opp. professional*): ~ opinion мне́ние неспециали́стов.

*cpd.*: ~**man** *n.* миря́нин; профа́н; не-профессиона́л, неспециали́ст; ~**woman** *n.* миря́нка, непрофессиона́лка.

**layer**[1] *n.* (*thickness, stratum*) слой, пласт, на-слое́ние; (*of ice on road*) ледяна́я ко́рка; (*inserted* ~) прокла́дка; ~ cake слоёный пиро́г.

*v.t.* (*lay or cut in* ~*s*) пластова́ть (*impf.*); насл|а́ивать, -ои́ть.

**layer**[2] *n.* (*laying hen*) несу́шка; these hens are good ~s э́ти ку́ры хорошо́ несу́тся.

**layette** *n.* прида́ное новорождённого.

**lay-figure** *n.* манеке́н.

**laying** *n.* (*of eggs*) кла́дка; (*of cable*) прокла́дка; (*of bricks*) укла́дка; (*of carpet*) расстила́ние; (*of turf*) дерно́вка; (*of rails, pipes*) укла́дка.

*cpd.*: ~**-on** *n.*: ~**-on** of hands рукопо-ложе́ние.

**lazaret(to)** *n.* (*leper hospital*) лепрозо́рий; (*quarantine station*) каранти́нное помеще́ние.

**Lazarus** *n.* (*bibl.*) Ла́зарь (*m.*).

**laze** *v.t. & i.*: ~ about слоня́ться (*impf.*) без де́ла; ~ away the time безде́льничать (*impf.*).

**laziness** *n.* лень, ле́нность.

**lazy** *adj.* лени́вый; become ~ разлен|и́ваться, -и́ться; be ~ лени́ться (*impf.*); I was too ~ to write to him я лени́лся (*or* мне бы́ло лень) ему́ писа́ть.

*cpds.*: ~**bones** *n.* лентя́й (*fem.* -ка), ло́дырь (*m.*); (*coll.*) лежебо́ка (*c.g.*); ~**-tongs** *n.* панто-гра́фный захва́т.

**lea** *n.* луг.

**leach** *v.t.* выщела́чивать, вы́щелочить.

**lead**[1] *n.* **1.** (*metal*) свине́ц; (*attr.*) свинцо́вый; ~

foil свинцо́вая фо́льга́; red ~ свинцо́вый су́рик; white ~ свинцо́вые бели́ла; ~ poisoning отравле́ние свинцо́м; **2.** (*black* ~) графи́т; ~ pencil (графи́товый) каранда́ш; the ~ keeps breaking гри́фель постоя́нно лома́ется; **3.** (*on fishing line*) грузи́ло; (*as ammunition*) дробь; (*bullets*) пу́ли (*f. pl.*); **4.** (*naut., for sounding*) лот; cast, heave the ~ бр|оса́ть, -о́сить лот; swing the ~ отлы́нивать (*impf.*) от рабо́ты (*coll.*); **5.** (~ *seal*) свинцо́вая пло́мба; **6.** (*typ.*) шпон; **7.** (*pl., on roof or window*) свинцо́вые листы́ (*m. pl.*) для покры́тия кры́ши.

*v.t.* (*cover with* ~) освинц|о́вывать, -ева́ть.

*cpds.*: ~**sman** *n.* лотово́й; ~**works** *n.* свинцоплави́льный заво́д.

**lead²** *n.* **1.** (*direction, guidance; initiative*) руково́дство; инициати́ва; give a ~ to s.o. под|ава́ть, -а́ть приме́р кому́-н.; take the ~ брать, взять (на себя́) руково́дство/инициати́ву; follow s.o.'s ~ (*lit., fig.*) сле́довать, по- за кем-н.; **2.** (*first place*): be in the ~ стоя́ть (*impf.*) во главе́; (*sport*) быть впереди́; вести́ (*det.*); (*fig.*) стоя́ть (*impf.*) во главе́, пе́рвенствовать (*impf.*); take the ~ (*sport*) выходи́ть, вы́йти вперёд; he had a ~ of 10 metres он опереди́л други́х на 10 ме́тров; **3.** (*clue*): give s.o. a ~ on sth. нав|оди́ть, -ести́ кого́-н. на след чего́-н.; the police are looking for a ~ поли́ция пыта́ется напа́сть на след; **4.** (*cord, strap*) поводо́к, при́вязь; 'dogs must be kept on a ~' (*notice*) соба́к держа́ть на поводке́; **5.** (*elec.*) про́вод (*pl. -*а́); **6.** (*theatr.*) гла́вная роль; актёр, игра́ющий гла́вную роль; **7.** (*cards*) ход; your ~! ваш ход!

*v.t.* **1.** (*conduct*) води́ть (*indet.*), вести́, по- (*det.*); ~ by the hand вести́ за́ руку; ~ a horse by the bridle вести́ ло́шадь под уздцы́; ~ s.o. by the nose вести́ кого́-н. на поводу́; ~ astray сбива́ть (*impf.*) с пути́ и́стинного; ~ captive взять (*pf.*) в плен; ~ to the altar (*of bridegroom*) повести́ (*pf.*) к алтарю́; жени́ться (*impf., pf.*) на +*p.*; he led his troops into battle он повёл солда́т в бой; ~ the way идти́ (*det.*) во главе́; he was led off the premises его́ вы́вели из помеще́ния; **2.** (*fig., bring, incline, induce*): what led you to this idea? что навело́ вас на э́ту мысль?; ~ s.o. to believe созда́ть (*pf.*) впечатле́ние у кого́-н. , что . . .; he led us to expect much он пробуди́л у нас больши́е наде́жды; **3.** (*cause to go, e.g. water*) пров|оди́ть, -ести́; **4.** (*be in charge of*): ~ an expedition/orchestra руководи́ть (*impf.*) экспеди́цией/орке́стром; (*direct*) управля́ть (*impf.*) +*i.*; (*command*) кома́ндовать (*impf.*) +*i.*; (*act as chief or head of*) возгл|авля́ть, -а́вить;(*be in the forefront of*): the choir ~s the procession хор идёт во главе́ проце́ссии; ~ the fashion быть законода́телем мод; Britain led the world in trade Великобрита́ния была́

веду́щей торго́вой держа́вой ми́ра; **5.** (*pass, spend*): ~ an idle life вести́ (*det.*) пра́здную жизнь; ~ a wretched existence влачи́ть (*impf.*) жа́лкое существова́ние; **6.** (*cause to spend or undertake*): ~ s.o. a dog's life отравля́ть (*impf.*) жизнь кому́-н.; ~ s.o. a dance заст|авля́ть, -а́вить кого́-н. попляса́ть/помучиться; мане́жить, по- кого́-н.; **7.** (*cards*): ~ trumps ходи́ть, пойти́ с ко́зыря.

*v.i.* **1.** (*of a road etc.*) вести́ (*det.*): all roads ~ to Rome все доро́ги веду́т в Рим, (*fig.*) вести́; прив|оди́ть, -ести́; this method will ~ to difficulties э́тот ме́тод вы́зовет сло́жности; **2.** (*be first or ahead*) быть впереди́; вести́ (*det.*); лиди́ровать (*impf.*); our team is ~ing by 5 points на́ша кома́нда впереди́ на пять очко́в; **3.** (*cards*) ходи́ть, пойти́; **4.** (*journalism*): the Times led with an article on the strike «Таймс» посвяти́ла свою́ передову́ю статью́ забасто́вке.

*with advs.*: ~ **away** *v.t.* отв|оди́ть, -ести́; ув|оди́ть, -ести́; ~ **in** *v.t.* вв|оди́ть, -ести́; ~ **off** *v.t.* (*take away*) ув|оди́ть, -ести́; (*start*): they led off the dance они́ откры́ли та́нец; *v.i.*: he led off with an apology он на́чал с извине́ния; ~ **on** *v.t.* (*lit.*): he led his troops on to victory он вёл свои́ войска́ к побе́де; (*encourage*) поощр|я́ть, -и́ть; (*deceive*) обма́н|ывать, -у́ть; (*flirt with*): she is ~ing him on она́ его́ завлека́ет; *v.i.*: ~ on! вперёд!; ~ **up** *v.i.*: ~ up to (*lit.*) подв|оди́ть, -ести́ к +*d.*; (*precede, form preparation for*) подгот|овля́ть, -о́вить; the events that led up to the war собы́тия, приве́дшие к войне́; (*direct conversation towards*) нав|оди́ть, -ести́ разгово́р на +*a.*; what are you ~ing up to? куда́ вы кло́ните?

*cpd.*: ~**-in** *n.* (*introduction*) введе́ние, ввод; (*elec.*) ввод.

**leaden** *adj.* (*lit., fig.*) свинцо́вый.

**leader** *n.* **1.** (*pol.*) руководи́тель (*m.*), ли́дер; (*rhet.*) вождь (*m.*); **2.** (*of group*) вожа́к; (*of gang*) глава́рь (*m.*); **3.** (*mil.*) команди́р; **4.** (*of orchestra*) пе́рвая скри́пка; (*Am., conductor*) дирижёр; **5.** (*front horse in team*) пере́дняя ло́шадь; **6.** (*leading article*) передова́я (статья́), передови́ца.

**leadership** *n.* (*role of leader; group of leaders*) руково́дство; (*pre-eminence*) пе́рвенство; (*qualities of a leader*) ли́дерство, инициати́вность.

**leading** *adj.* (*foremost*) веду́щий; (*outstanding*) выдаю́щийся; ~ aircraftman рядово́й авиа́ции пе́рвого кла́сса; ~ article передова́я (статья́), передови́ца; ~ case (руководя́щий) суде́бный прецеде́нт; ~ lady исполни́тельница гла́вной ро́ли; ~ light (*of art, science etc.*) свети́ло, корифе́й; (*of society*) знамени́тость, свети́ло; ~ question наводя́щий вопро́с; ~ seaman ста́рший матро́с; ~ topic злободне́вная те́ма.

*cpds.*: ~-**rein** *n*. по́вод; ~-**strings** *n*.: in ~-strings (*fig*.) на поводу́.

**leaf** *n*. **1.** (*of tree or plant*) лист (*pl*. -ья); in ~ покры́тый листво́й; come into ~ распус|ка́ться, -ти́ться; tobacco ~ листово́й таба́к; **2.** (*of book*) лист (*pl*. -ы́); (*fig*.): take a ~ out of s.o.'s book брать, взять приме́р с кого́-н.; turn over a new ~ откр|ыва́ть, -ы́ть но́вую страни́цу; нач|ина́ть, -а́ть но́вую жизнь, испра́виться (*pf*.); **3.** (*of metal etc*.) лист (*pl*. -ы́); gold ~ листово́е зо́лото; ~ spring листова́я рессо́ра; **4.** (*of table etc*.) откидна́я доска́; (*inserted section*) вставна́я доска́; **5.** (*of shutter*) ство́рка.
   *v.t*.: ~ **over, through** перели́ст|ывать, -а́ть.
   *v.i*. (*come into* ~) распус|ка́ться, -ти́ться.
   *cpds*.: ~-**green** *adj*. цве́та зелёной листвы́; ~-**mould** *n*. ли́ственный перегно́й.
**leafage** *n*. листва́.
**leafless** *adj*. безли́стный.
**leaflet** *n*. **1.** (*bot*.) листо́к; **2.** (*printed*) брошю́рка; (*pol*.) листо́вка.
**leafy** *adj*. густоли́ственный.
**league**[1] *n*. (*measure*) лье (*indecl*.).
**league**[2] *n*. (*alliance*) ли́га; L~ of Nations Ли́га на́ций; in ~ with в сою́зе с +*i*.; (*pej*.) в сго́воре с +*i*.; football ~ футбо́льная ли́га.
   *v.i*.: ~ **together** образо́в|ывать, -а́ть сою́з; (*pej*.) сгов|а́риваться, -ори́ться.
**leak** *n*. (*hole*) течь; spring a ~ да|ва́ть, -ть течь; stop a ~ остан|а́вливать, -ови́ть течь; (*escape of fluid*) уте́чка; (*fig*., *of information*) уте́чка/проса́чивание информа́ции.
   *v.t*. (*fig*.) выдава́ть, вы́дать.
   *v.i*. (*lit*.) течь (*impf*.); протека́ть (*impf*.); прос|а́чиваться, -очи́ться; (*fig*.): the affair ~ed out де́ло вы́плыло нару́жу.
   *cpd*.: ~-**proof** *adj*. непроница́емый, герме́тический.
**leakage** *n*. (*lit*., *fig*.) уте́чка.
**leaky** *adj*. дыря́вый, име́ющий течь; a ~ pipe протека́ющая труба́; these barrels are ~ э́ти бо́чки теку́т; (*coll*., *indiscreet*) болтли́вый.
**lean**[1] *n*. (*of meat*) по́стная часть.
   *adj*. **1.** (*thin*) то́щий; (*fig*.): ~ years ску́дные го́ды; a ~ harvest ску́дный/плохо́й урожа́й; **2.** (*of meat*) нежи́рный, по́стный.
**lean**[2] *n*. (*inclination*) укло́н, накло́н.
   *v.t*. прислон|я́ть, -и́ть (*что к чему*); оп|ира́ть, -ере́ть (*что обо что*): ~ the ladder against the wall! прислони́те ле́стницу к стене́!; he was ~ing his arm on the table он опира́лся руко́й о стол.
   *v.i*. **1.** (*incline from vertical*) наклон|я́ться, -и́ться; the tower ~s slightly ба́шня слегка́ наклони́лась; the trees are ~ing in the wind дере́вья кло́нятся от ве́тра; the L~ing Tower of Pisa Па́дающая ба́шня в Пи́зе; sit ~ing backward/forward сиде́ть (*impf*.), пода́вшись наза́д/вперёд; he ~s over backwards to help

(*fig*.) он из ко́жи вон ле́зет, что́бы помо́чь; ~ out of the window высо́вываться, вы́сунуться из окна́; he ~ed over to her он наклони́лся к ней; he was ~ing over my shoulder он загля́дывал мне че́рез плечо́; he ~t towards clemency он был скло́нен к милосе́рдию; I ~ towards the same opinion я скло́нен ду́мать то же са́мое; **2.** (*support o.s*.) прислон|я́ться, -и́ться; оп|ира́ться, -ере́ться; he was ~ing against a tree он стоя́л, прислони́вшись к де́реву; he walked ~ing on a stick он шёл, опира́ясь на трость; she was ~ing on the table with her elbows она́ сиде́ла, облокоти́вшись о/на стол; she was ~ing on his arm она́ опира́лась на его́ ру́ку; (*fig*.): he ~s (*depends*) on his wife for support он опира́ется на подде́ржку жены́; I had to ~ (*coll*., *put pressure*) on him to get results мне пришло́сь нажа́ть на него́, что́бы доби́ться результа́тов.
   *cpd*.: ~-**to** *n*. односка́тная пристро́йка.
**leaning** *n*. (*inclination*) скло́нность; (*tendency*) пристра́стие.
**leanness** *n*. худоба́, истоще́ние.
**leap** *n*. прыжо́к, скачо́к; take a ~ пры́гнуть (*pf*.); his heart gave a ~ се́рдце у него́ дро́гнуло/ёкнуло; (*fig*.): a ~ in the dark прыжо́к в неизве́стность; by ~s and bounds стреми́тельно.
   *v.t*. (~ *over*) переск|а́кивать, -очи́ть (*or* перепры́г|ивать, -нуть) че́рез +*a*.
   *v.i*. пры́г|ать, -нуть; my heart ~t for joy у меня́ се́рдце подскочи́ло от ра́дости; ~ to one's feet вск|а́кивать, -очи́ть; he ~t (*fig*.) at my offer он так и ухвати́лся за моё предложе́ние.
   *cpds*.: ~-**frog** *n*. чехарда́; *v.t*. перепры́г|ивать, -нуть че́рез +*a*.; ~-**year** *n*. високо́сный год.
**learn** *v.t*. **1.** (*get knowledge of*) учи́ться, на- +*d*. *or inf*.; изуч|а́ть, -и́ть; (*study*) занима́ться +*i*.; he ~ed (how) to ride он научи́лся е́здить верхо́м; (~ *a trade*) обуч|а́ться, -и́ться +*d. or inf*.; he is ~ing to be an interpreter он у́чится на перево́дчика; (~ *off or by heart*) учи́ть, вы́-; вы́учиться (*pf*.) +*d*.; he ~t French он вы́учился францу́зскому языку́; where did you ~ Russian? где вы изуча́ли ру́сский язы́к?; she is ~ing her part она́ у́чит/разу́чивает свою́ роль; he ~t the prayer by heart он вы́учил моли́тву наизу́сть/назубо́к; he ~t his lesson (*fig*.) он получи́л хоро́ший уро́к; **2.** (*be informed*) узн|ава́ть, -а́ть; I have yet to ~ where we are going я ещё не зна́ю, куда́ мы пойдём; **3.** (*vulg*., *teach*) учи́ть, про-; that'll ~ you э́то вам бу́дет нау́кой; I'll ~ him я покажу́ ему́!; я проучу́ его́!
   *v.i*.: he ~s slowly нау́ки ему́ даю́тся тру́дно; он у́чится с трудо́м; you can ~ from his mistakes учи́тесь на его́ оши́бках; I was sorry to

~ of your illness я с сожалéнием узнáл о вáшей болéзни.

**learned** *adj.* учёный; my ~ friend (*Counsel*) мой учёный коллéга; a ~ society наýчное óбщество.

**learner** *n.* начинáющий; he is a good ~ он хорошó ýчится; (~-*driver*) начинáющий водúтель (не имéющий водúтельских прав); шофёр-ученú|к (*fem.* -чка).

**learning** *n.* (*process*) учéние; изучéние; ~ did not come easily to him учéние емý давáлось нелегкó; (*possession of knowledge*) учёность, эрудúция; (*body of knowledge*) наýка; seat of ~ очáг просвещéния; the New L~ (*Renaissance*) Возрождéние.

**lease** *n.* арéнда; long ~ долгосрóчная арéнда; the ~ is running out срок арéнды истекáет; we took the house on a 20-year ~ мы взя́ли дом в арéнду на 20 лет; (*fig.*): the doctors gave him a new ~ of life врачú емý продлúли жизнь; he took on a new ~ of life он слóвно зáново родúлся; the drama has taken on a new ~ of life искýсство дрáмы возродúлось.
*v.t.* (*of lessee*) арендовáть (*impf.*, *pf.*); брать, взять в арéнду/наём; (*of lessor*) сд|авáть, -ать в арéнду.
*cpds.*: ~**hold** *n.* арéнда; владéние на правáх арéнды; ~hold property арендóванная сóбственность; ~**holder** *n.* арендáтор; ~-**lend** *n.* ленд-лúз.

**leash** *n.* прúвязь, поводóк; (*for hounds*) смычóк; let off the ~ (*lit.*) спус|кáть, -тúть с поводкá; (*fig.*) развязáть (*pf.*) рýки +d.; hold in ~ (*lit.*, *fig.*) держáть (*impf.*) на (корóтком) поводкé; strain at the ~ (*fig.*) рвáться (*impf.*) в бой.
*v.t.* брать, взять на поводóк.

**least** *n.*: ~ said, soonest mended чем мéньше скáзано, тем лéгче испрáвить дéло; to say the ~ мя́гко говоря́; the ~ he could do is to pay for the damage он мог бы по крáйней мéре возместúть ущéрб; at ~ по крáйней мéре; сáмое мéньшее; не мéньше +g.; at the very ~ по мéньшей мéре; give me ten at the (very) ~ дáйте мне мúнимум дéсять; at ~ once a year не рéже, чем раз в год; he is at ~ as tall as you он вáшего рóста, а мóжет быть и вы́ше; you should at ~ have warned me вы бы хоть предупредúли меня́; you can at ~ try попы́тка не пы́тка; not in the ~ ни в малéйшей стéпени, ничýть, нискóлько; not in the ~ interested совсéм не заинтересóван (*pred.*).
*adj.* (*smallest*) наимéньший; минимáльный; ~ common multiple óбщее наимéньшее крáтное; that's the ~ of my worries э́то меня́ мéньше всегó волнýет; (*slightest*) малéйший; he hasn't the ~ idea about it он об э́том не имéет ни малéйшего поня́тия.
*adv.* мéньше всегó; I like this the ~ of all his plays э́та егó пьéса мне нрáвится мéньше всех

другúх; it is the ~ successful of his books э́то наимéнее удáчная из егó книг; no-one can complain, you ~ of all никтó не мóжет жáловаться, а вы и подáвно; with the ~ possible trouble с наимéньшими хлóпотами; с наимéньшей затрáтой сил; not ~ не в послéднюю óчередь.

**least|ways, -wise** *adv.* (*dial.*) по крáйней мéре.

**leather** *n.* **1.** кóжа; patent ~ лакирóванная кóжа; imitation ~ кожимúт; as tough as ~ жёсткий как подóшва; **2.** (*wash-*~) зáмша; бархóтка; **3.** (~ *thong*) ремéнь (*m.*).
*adj.* **1.** (*made of* ~) кóжаный; ~ jacket кóжаная кýртка; кóжанка; **2.** (*pert. to* ~) кожéвенный; ~ goods кожéвенный товáр.
*v.t.* (*thrash*) лупúть, от- (*coll.*); порóть, вы́-.
*cpd.*: ~-**neck** *n.* (*Am. sl.*, *marine*) солдáт морскóй пехóты.

**leatherette** *n.* кожимúт.

**leathering** *n.* (*thrashing*) трёпка, пóрка (*coll.*).

**leathery** *adj.* (*tough*) жёсткий; ~ skin загрубéвшая кóжа.

**leave** *n.* **1.** (*permission*) позволéние, разрешéние; who gave you ~ to go? кто дал вам разрешéние уйтú?; I take ~ to remark я позвóлю себé замéтить; by your ~ с вáшего разрешéния; without (so much as) a 'by your ~' без спрóса/спрóсу; **2.** (~ *of absence*) óтпуск; he is on ~ он в отпускý; when are you going on ~? когдá вы ухóдите в óтпуск?; I've come back from ~ я вернýлся из óтпуска; he took French ~ он ушёл не простúвшись (*or* по-англúйски); sick ~ óтпуск по болéзни; compassionate ~ (*mil.*) увольнéние по семéйным обстоя́тельствам; ~ pass увольнúтельная запúска; отпускнóе свидéтельство; **3.** (*farewell*): take (one's) ~ (of s.o.) про|щáться, -стúться (с кем-н.); take ~ of one's senses сойтú с умá (*pf.*); (*coll.*) рехнýться (*pf.*).
*v.t.* **1.** (*allow or cause to remain*) ост|авля́ть, -áвить; the wound left a scar от рáны остáлся шрам; his words left a deep impression егó словá произвелú большóе впечатлéние; I was left with the feeling that . . . у меня́ остáлось чýвство, что . . .; let us ~ it at that пусть так; you can take it or ~ it! вáша вóля!; has anyone left a message? никтó ничегó не передавáл?; he left a wife and three children пóсле егó смéрти женá остáлась однá с тремя́ детьмú; two from five ~s three пять мúнус два равня́ется трём; (*with indication of state or circumstances*): ~ me alone! остáвьте меня́ (в покóе)!; ~ my books alone! не трóгайте мои́ кнúги!; ~ well alone! от добрá добрá не úщут; лýчшее — враг хорóшего; it ~s me cold (*fig.*) э́то меня́ не трóгает; I left him in no doubt as to my intention я емý я́сно объяснúл своё намéрение; they left him in the lurch онú брóсили егó в бедé; it ~s much to be desired

это оставля́ет жела́ть мно́го лу́чшего; ~ the door open! оста́вьте дверь откры́той!; не закрыва́йте дверь!; he ~s himself open to attack он ста́вит себя́ под уда́р; some things are better left unsaid о не́которых веща́х лу́чше не говори́ть; she was left a widow она́ оста́лась вдово́й; the illness left him weak по́сле боле́зни у него́ появи́лась сла́бость; (past p., remaining): I have no money left у меня́ не оста́лось де́нег; how much milk is there left? ско́лько оста́лось молока́?; 2. (~ behind by accident) заб|ыва́ть, -ы́ть; I left my umbrella at home я забы́л зо́нтик до́ма; 3. (bequeath) завеща́ть (impf., pf.); ост|авля́ть, -а́вить в насле́дство; she was left a large inheritance by her uncle дя́дя оста́вил ей большо́е насле́д-ство; 4. (abandon) бр|оса́ть, -о́сить; пок|ида́ть, -и́нуть; he left his wife for another woman он бро́сил свою́ жену́ ра́ди друго́й (же́нщины); 5. (relinquish): ~ hold, go of выпуска́ть, вы́пустить из рук; 6. (commit, entrust) предост|авля́ть, -а́вить; I ~ the decision to you предоставля́ю реше́ние вам; it was left to him to decide реша́ть до́лжен был он; ~ it to him пусть он э́то сде́лает; ~ it to me я э́тим займу́сь; he ~s nothing to chance он чрезвыча́йно осторо́жен; he was left to him-self он был предоста́влен самому́ себе́; 7. (go away from) выходи́ть, вы́йти из +g.; (by vehi-cle) выезжа́ть, вы́ехать из +g.; (by air) вылета́ть, вы́лететь из +g.; (for verbs used when subj. is a mode of transport, see v.i.); I ~ the house at eight я выхожу́ и́з дому в во́семь часо́в; ~ the room! вы́йдите из ко́мнаты!; has your cold left you yet? у вас прошла́ про-сту́да?; the train was an hour late leaving Oxford по́езд о́тбыл из О́ксфорда с часовы́м опозда́нием; I left him in good health когда́ я его́ поки́нул, он был соверше́нно здоро́в; you ~ the church on your left це́рковь оста́нется у вас сле́ва; (come off): the train left the rails по́езд сошёл с ре́льсов; (rise from): ~ the table вст|ава́ть, -ать из-за стола́; (~ for good, quit) бр|оса́ть, -о́сить; пок|ида́ть, -и́нуть; he left his job он бро́сил свою́ рабо́ту; our typist left us на́ша машини́стка уво́лилась; he left the Communist party он вы́шел из ком-мунисти́ческой па́ртии; has he left the country for good? он навсегда́ поки́нул страну́?; he left home at 16 в 16 лет он ушёл и́з дому; he ~s school this year он конча́ет шко́лу в э́том году́.

v.i. 1. (of pers. on foot) уходи́ть, уйти́; (by transport) уезжа́ть, уе́хать; (by air) улет|а́ть, -е́ть; when do you ~ for the South? когда́ вы уезжа́ете на юг?; (~ for good): she left (her job) without giving notice она́ ушла́ с рабо́ты, не уве́домив нача́льства; 2. (of train) от|ходи́ть, -ойти́; (of boat) от|ходи́ть, -ойти́;

отпл|ыва́ть, -ы́ть; (of aircraft) вылета́ть, вы́лететь.

with advs.: ~ about, ~ around v.t.: don't ~ your money around не оставля́йте де́ньги где попа́ло; ~ aside v.t. ост|авля́ть, -а́вить в стороне́; leaving expense aside, it's not a practi-cal idea э́то бесполе́зная зате́я, уж не говоря́ о расхо́дах; ~ behind v.t. ост|авля́ть, -а́вить по́сле себя́; (forget to take): he left his hat behind он забы́л свою́ шля́пу; (abandon): he was left behind on the island его́ поки́нули на о́строве; (bequeath): he left behind a tidy sum он оста́вил изря́дную су́мму; (outstrip): we left him far behind мы его́ оста́вили далеко́ позади́; ~ down v.t.: ~ the blinds down! не поднима́йте што́ры!; ~ in v.t.: we ~ the fire in overnight у нас ками́н гори́т всю ночь; he left in all the quotations он сохрани́л все цита́ты; ~ off v.t. (not put on): I posted the letter but left off the stamp я отосла́л письмо́, но не прикле́ил ма́рки; (not wear): I ~ off my waist-coat in hot weather в жару́ я не ношу́ жиле́та; (stop) перест|ава́ть, -а́ть +inf.; конча́ть, ко́нчить +a.; ~ off smoking бр|оса́ть, -о́сить кури́ть; v.i. (halt) остан|а́вливаться, -ови́ться; where did we ~ off? на чём мы останови́-лись?; ~ on v.t.: I left the light on я оста́вил свет включённым; I left my jacket on я не снял пиджака́; ~ out v.t.: she left the washing out in the rain она́ оста́вила бельё под дождём; (omit) пропус|ка́ть, -ти́ть; ~ me out of this! не втя́гивайте меня́ в э́то!; I felt left out я почу́в-ствовал себя́ ли́шним; ~ over v.t. (defer) от-кла́дывать, -ложи́ть; (pass., remain): ост|а-ва́ться, -а́ться; a lot was left over after dinner по́сле обе́да остава́лось ещё мно́го еды́.

cpd.: ~-taking n. проща́ние, расстава́ние.

**leaved** adj.: thickly ~ с густо́й листво́й, густо-ли́ственный.

**leaven** n. (lit., fig.) заква́ска; of the same ~ (fig.) из одного́ те́ста.

v.t. (lit.) заква́|шивать, -сить; (fig.): he ~ed his speech with a few jokes он оживи́л свою́ речь двумя́-тремя́ анекдо́тами.

**leavening** n. заква́ска.

**leavings** n. оста́тки (m. pl.); (of food) объе́дки (m. pl.); (of drink) опи́в|ки (pl., g. -ок).

**Lebanese** n. лива́н|ец (fem. -ка).

adj. лива́нский.

**Lebanon** n.: (the) ~ Лива́н.

**lecher** n. развра́тник, распу́тник.

**lecherous** adj. развра́тный, распу́тный.

**lecherousness** n. развра́тность, распу́тство.

**lechery** n. развра́т.

**lectern** n. анало́й; (in lecture-room) пюпи́тр.

**lector** n. доце́нт, преподава́тель (m.).

**lecture** n. 1. (dissertation) ле́кция; attend a ~ слу́шать, про- ле́кцию; give a ~ чита́ть, про- (or проче́сть) ле́кцию; 2. (reproof) нота́ция;

give, read s.o. a ~ читáть, про- нотáцию кому́-н.

*v.t.* читáть, про- лéкцию/нотáцию +*d.*

*v.i.*: he ~s in Russian он читáет лéкции по ру́сскому языку́; he ~s in Roman law он преподаёт ри́мское прáво.

*cpd.*: ~-**room** *n.* аудитóрия.

**lecturer** *n.* (*speaker*) доклáдчик; (*professional* ~) лéктор; (*univ.*) преподавáтель (*m.*).

**lectureship** *n.* лéкторство; (*senior* ~) доцентýра.

**ledge** *n.* (*shelf*) плáнка, пóлочка; (*projection*) вы́ступ; (*edge*) край; (*under water*) шельф, бар.

**ledger** *n.* (*book*) грóсбух; (*главная*) учётная кни́га; ~ shelf пóлка для счетовóдных книг.

**lee** *n.* (*shelter*): under the ~ of под защи́той +*g.*; (~ *side*) подвéтренная сторонá; ~ shore подвéтренный бéрег.

*cpd.*: ~**way** *n.* дрейф; make up ~way (*lit.*) компенси́ровать (*impf.*, *pf.*) снос вéтром; (*fig.*) навёрст|ывать, -áть упу́щенное; he has much ~way to make up ему́ предстои́т мнóгое навёрстáть.

**leech**[1] *n.* (*arch.*, *physician*) лéкарь (*m.*).

**leech**[2] *n.* (*worm*) пия́вка; prescribe ~es назн|ачáть, -áчить пия́вки; stick like a ~ присосáться (*impf.*) как пия́вка.

**leek** *n.* лук-порéй.

**leer** *n.* ухмы́лка.

*v.i.* ухмыл|я́ться, -ьну́ться; ~ at хи́тро/злóбно смотрéть, по- на +*a.*; кри́во улыб|а́ться, -ну́ться +*d.*

**leery** *adj.* (*sl.*) хи́трый; (*wary*) недовéрчивый.

**lees** *n.* (*lit.*, *fig.*) подóнки (*m. pl.*); drain to the ~ (*lit.*) вы́пить (*pf.*) до дна; (*fig.*) испи́ть (*pf.*) чáшу (*чего*).

**leeward** *n.* подвéтренная сторонá; to ~ (of) на подвéтренной сторонé (от +*g.*).

*adj.* подвéтренный; L~ Islands Подвéтренные островá.

*adv.* под вéтром.

**left** *n.* 1. (*side, direction*): from the ~ слéва; from ~ to right слéва напрáво; on the ~ of the street на лéвой сторонé у́лицы; on, to my ~ (*location or motion*) налéво от меня́; on, from my ~ слéва от меня́; he turned to the ~ он повернýл налéво; 2. (~-*handed blow*) удáр лéвой (рукóй); 3. (*mil.*: ~ *flank*) лéвый фланг; 4. (*pol.*): the L~ лéвые (*pl.*) (*партии*).

*adj.* лéвый; ~ hook лéвый хук; ~ turn лéвый поворóт; ~ wing (*pol.*) лéвое крылó.

*adv.* налéво; turn ~ св│орáчивать, -ерну́ть налéво; ~ turn! (*mil.*) налéво!

*cpds.*: ~-**hand** *adj.* лéвый; ~-hand service (*tennis*) подáча лéвой рукóй; car with ~-hand drive маши́на с левосторóнним управлéнием (*or* с рулём слéва); ~-hand screw винт с лéвым хóдом; ~-**handed** *adj.* дéлающий всё лéвой рукóй; ~-handed person левшá (*c.g.*);

~-handed blow удáр лéвой рукóй; ~-handed compliment сомни́тельный комплимéнт; ~-**wing** *adj.* лéвый, с лéвыми тендéнциями; ~-**winger** *n.* представи́тель (*m.*) лéвого крылá (*пáртии*), лéвый.

**leftism** *n.* левизнá, лéвые взгля́ды (*m. pl.*).

**leftist** *n.* левá│к (*fem.* -чка).

*adj.* лéвый.

**leftovers** *n. pl.* остáтки (*m. pl.*).

**leftwards** *adv.* налéво, влéво.

**lefty** *n.* (*coll.*) (*left-handed pers.*) левшá (*c.g.*); (*pol.*) левá│к (*fem.* -чка).

**leg** *n.* 1. ногá; (*dim.*) нóжка; (*of bird*) лáпа, лáпка; she is all ~s онá дли́нная и несклáдная; with one's ~s in the air вверх ногáми; he is on his ~s again (*after illness*) он встал нá ноги; I've been on my ~s all day я был на ногáх цéлый день; he is on his last ~s (*dying*) он ды́шит на лáдан; the car is on its last ~s маши́на вот-вóт развáлится; I could hardly drag one ~ after another я едвá волочи́л нóги; get on one's hind ~s (*of dog etc.*) встá│вáть, -ть на зáдние лáпы; give s.o. a ~ up (*lit.*) помóчь (*pf.*) кому́-н. взобрáться; (*fig., assist*) окáз│ывать, -áть пóмощь кому́-н.; pull s.o.'s ~ разы́гр│ывать, -áть когó-н.; подшу́│чивать, -ти́ть над кем-н.; run s.o. off his ~s заг│оня́ть, -нáть когó-н.; be run off one's ~s сб│ивáться, -и́ться с ног; shake a ~ (*coll., dance*) танцевáть (*impf.*); (*coll., get going*) дви́гаться (*impf.*); шевели́ть (*impf.*) ногáми; show a ~! (*coll.*) подъём!; he hasn't a ~ to stand on ему́ нет оправдáния; егó дóводы не выдéрживают (ни малéйшей) кри́тики; stretch one's ~s размя́ть (*pf.*) нóги; take to one's ~s унести́ (*pf.*) нóги; брóситься (*pf.*) в бéгство; walk s.o. off his ~s замýчить (*pf.*) когó-н. ходьбóй; 2. (*meat*): ~ of mutton барáнья ногá; ~ of pork óкорок; 3. (*of furniture etc.*) нóжка; 4. (*of garment*): trouser ~ штани́на; (*of sock or stocking*) пáголенок; 5. (*stage of journey etc.*) этáп.

*v.t.*: ~ it (*coll.*) идти́ (*det.*) пешкóм; we ~ged it for 20 miles мы отмахáли 20 миль пешкóм.

*cpds.*: ~-**pull** *n.* (*coll.*) мистификáция, рóзыгрыш; ~-**room** *n.* мéсто для ног; ~-**show** *n.* (*coll.*) фриво́льный эстрáдный тáнец, «парáд нóжек».

**legacy** *n.* наслéдство, наслéдие.

**legal** *adj.* 1. (*pert. to or based on law*) юриди́ческий, правовóй; ~ department юриди́ческий отдéл; ~ aid bureau юриди́ческая консультáция; ~ obligation правовóе обязáтельство; ~ fiction юриди́ческая фи́кция; ~ practitioner адвокáт; ~ adviser юрискóнсульт; the ~ profession профéссия юри́ста; (*lawyers*) юри́сты, адвокáты (*both m. pl.*); take ~ advice консульти́роваться, про- с юри́стом; 2. (*permitted or ordained by law*) закóнный, легáльный; ~ tender закóнное платёжное срéдство; ~ offence правонарушéние; within one's ~ rights в закóнном прáве; **3.** (*involving court proceedings*) судéбный; ~ action судéбный иск; судéбное дéло; take ~ action against возбу|ждáть, -дѝть дéло прóтив +*g.*; под|авáть, -áть в суд на +*a.*; ~ costs судéбные издéржки.

**legalism** *n.* буквоéдство, бюрократѝзм.

**legalist** *n.* закóнник.

**legalistic** *adj.* бюрократѝческий.

**legality** *n.* закóнность, легáльность.

**legalization** *n.* узаконéние, легализáция; офор-млéние.

**legalize** *v.t.* узакóни|вать, -ть; легализѝровать (*impf., pf.*); оф|ормлять, -óрмить.

**legate**[1] *n.* легáт.

**legate**[2] *v.t.* завещáть (*impf., pf.*).

**legatee** *n.* наслéдни|к (*fem.* -ца), легатáрий.

**legation** *n.* представѝтельство, мѝссия.

**legato** *n. & adv.* легáто (*indecl.*).

**legend** *n.* **1.** легéнда; famous in ~ воспéтый в легéндах; **2.** (*inscription, explanatory matter*) нáдпись, легéнда.

**legendary** *adj.* легендáрный.

**legerdemain** *n.* (*sleight of hand*) лóвкость рук; (*trickery*) надувáтельство; (*trick*) улóвка.

**leger line** *n.* (*mus.*) добáвочная линéйка.

**leggings** *n.* (*cloth*) гамáши (*f. pl.*); (*leather*) крáги (*f. pl.*).

**leggy** *adj.* длиннонóгий.

**leghorn** *n.* (*fowl*) леггóрн.

**legibility** *n.* разбóрчивость, чёткость, удобо-читáемость.

**legible** *adj.* разбóрчивый, чёткий, удобочи-тáемый.

**legion** *n.* **1.** (*body of soldiers*) легиóн; Foreign L~ инострáнный легиóн; L~ of Honour óрден Почётного легиóна; **2.** (*multitude*) ле-гиóн, тьма; their name is ~ ѝмя им легиóн.

**legion|ary, -naire** *nn.* легионéр.

**legislate** *v.i.* изд|авáть, -áть закóны.

**legislation** *n.* законодáтельство.

**legislative** *adj.* законодáтельный.

**legislator** *n.* законодáтель (*m.*).

**legislature** *n.* (*authority*) законодáтельная власть; (*assembly*) законодáтельный óрган; (*institutions*) законодáтельные учреждéния.

**legitimacy** *n.* закóнность.

**legitimate**[1] *adj.* **1.** (*lawful*) закóнный; ~ sovereign закóнный монáрх; (*proper*): ~ drama драматѝческий теáтр; дрáма; (*justifi-able*): ~ demands справедлѝвые трéбования; (*reasonable, admissible*) обоснóванный, до-пустѝмый; **2.** (*by birth*) законнорождённый.

**legitimate**[2] *v.t.*, **legitimation** *n. see* LEGITIMIZ|E, -ATION.

**legitimist** *n.* легитимѝст.

**legitim|ization, -ation** *nn.* узаконéние, леги-тимáция.

**legitim|ize, -ate** *vv.t.* **1.** узакóни|вать, -ть; **2.** (*adopt, of pers.*) усынов|лять, -ѝть (*внеб-*

рáчного ребёнка).

**legless** *adj.* безнóгий.

**legume** *n.* (*pod*) стручóк; (*pl., crops*) бобóвые (*pl.*).

**leguminous** *adj.* бобóвый, стручкóвый.

**Le Havre** *n.* Гавр.

**Leipzig** *n.* Лéйпциг.

**leisure** *n.* свобóдное врéмя; досýг; at ~ на досýге; at one's ~ (*in free time*) в свобóдное врéмя; (*unhurriedly*) не спешá; I have ~ for reading у меня есть врéмя для чтéния; ~ clothes домáшняя одéжда; in one's ~ hours в свобóдное врéмя; ~ time досýжее врéмя.

**leisured** *adj.* досýжий, прáздный; the ~ classes нетрудовы́е клáссы.

**leisureliness** *n.* нетороплѝвость.

**leisurely** *adj.* неспéшный, нетороплѝвый; at a ~ pace спокóйным шáгом.

*adv.* не спешá, мéдленно.

**leitmotiv** *n.* лейтмотѝв.

**lemming** *n.* лéмминг.

**lemon** *n.* **1.** (*fruit, tree*) лимóн; (*attr.*) лимóнный; ~ drop лимóнный ледéнец; ~ squash лимóнный сок с сóдовой водóй; ~ squeezer соковыжимáлка для лимóна; **2.** (*colour*) лимóнный цвет; **3.**: the answer's a ~ (*coll.*) так не пойдёт!

**lemonade** *n.* лимонáд.

**lemon sole** *n.* морскóй язы́к.

**lemur** *n.* лемýр.

**lend** *v.t.* **1.** да|вáть, -ть взаймы́; од|áлживать (*or* -олжáть), -олжѝть; ссу|жáть, -дѝть (*кого чем or что кому*); ~ me £5 одолжѝте мне (*or* дáйте мне взаймы́) пять фýнтов; ~ me the book for a while дáйте мне кнѝгу на врéмя; he lent me the book to read он мне дал почитáть э́ту кнѝгу; **2.** (*impart*) прид|авáть, -áть; their costumes lent a note of gaiety to the scene их костю́мы придавáли картѝне жизнерáдост-ный тон; **3.** (*proffer*): ~ an ear to вы́-слýшивать, вы́слушать; ~ a hand (*help*) окáз|ывать, -áть пóмощь (*кому*); (*cooperate*) окáз|ывать, -áть содéйствие (*кому*); (*help out in difficulty*) выручáть, вы́ручить; **4.**: ~ o.s. to (*agree to*) позвóлить (*pf.*) себé согласѝться на +*a.*; (*accommodate o.s. to*) подда|вáться, -áться на +*a.*; the novel ~s itself to filming ромáн подхóдит для экранизáции; (*connive at*) потак|áть (*impf.*) +*d.*; (*indulge in*) пред|авáться, -áться +*d.*; (*allow of*) допус|кáть, -тѝть; the affair ~s itself to many interpretations дéло мóжно толковáть по-рáзному; (*be serviceable for*) годѝться (*impf.*) +*a.* (*or* для +*g.*).

*with advs.*: ~ **out** *v.t.* (*of library etc.*) выдавáть, вы́дать нá дом.

*cpd.*: ~-**lease** *n.* ленд-лѝз.

**lender** *n.* заимодáвец, кредитóр.

**lending** *n.* ссýда; (*of money*) дáча взаймы́; he does not approve of ~ он не одобря́ет долгóв;

~ library библиоте́ка (с вы́дачей книг на́ дом); отде́л абонеме́нта, абонеме́нт.

**length** *n*. **1.** (*dimension, measurement*) длина́; 2 metres in ~ 2 ме́тра длино́й; this material is sold by ~ э́та мате́рия продаётся на ме́тры/я́рды; he lay at full ~ он лежа́л вы́тянувшись во всю длину́; he travelled the ~ and breadth of Europe он изъе́здил Евро́пу вдоль и попере́к; **2.** (*racing etc*.): the horse won by a ~ ло́шадь опереди́ла други́х на ко́рпус; they lost (the boat-race) by half a ~ (в состяза́ниях по гре́бле) они́ отста́ли на полко́рпуса; **3.** (*of time*) продолжи́тельность, дли́тельность, срок; the ~ of the visit was excessive визи́т затяну́лся; the chief fault of this film is its ~ гла́вный недоста́ток э́того фи́льма — его́ растя́нутость; he objected to the ~ of the play он счита́л, что пье́са сли́шком дли́нная; seniority by ~ of service старшинство́ по вы́слуге лет; I shall be away for a certain ~ of time меня́ не бу́дет не́которое вре́мя; ~ of the course (*of study*) срок обуче́ния; at ~ (*finally*) наконе́ц; (*in detail*) во всех подро́бностях; he explained at some ~ он объясни́л дово́льно простра́нно; (*for a long time*) до́лго; he spoke at great ~ он говори́л о́чень до́лго; **4.** (*distance, extent*) расстоя́ние; keep s.o. at arm's ~ (*fig*.) держа́ть (*impf*.) кого́-н. на почти́тельном расстоя́нии; the ships passed at a cable's ~ apart суда́ прошли́ друг от дру́га на расстоя́нии ка́бельтова; **5.** (*extent, degree*): go to any ~(s) идти́ (*det*.) на всё; ни пе́ред чем не остана́вливаться (*impf*.); he went to great ~s not to offend them он сде́лал всё возмо́жное, что́бы их не оби́деть; she went to ~s to get her own way она́ из ко́жи ле́зла, что́бы доби́ться своего́; I will not go the ~ of denying it я не ста́ну отрица́ть э́того; **6.** (*of vowel or syllable*) долгота́; **7.** (*piece of material*) кусо́к; отре́з.

**lengthen** *v.t. & i.* удлин|я́ть(ся), -и́ть(ся); the author ~ed (out) his article а́втор растяну́л статью́.

**lengthening** *n*. удлине́ние.

**lengthiness** *n*. растя́нутость; длинно́ты (*f. pl*.).

**length|ways, -wise** *adv*. (*along its length*): fold the blanket ~ сложи́те одея́ло вдоль; (*in length*): this piece measures not quite 3 feet ~ в длину́ в э́том куске́ без ма́лого 3 фу́та.

**lengthy** *adj*. дли́нный, затя́нутый; (*in time*) дли́тельный; (*of speech etc*.) растя́нутый, простра́нный.

**leniency** *n*. снисхожде́ние; мя́гкость.

**lenient** *adj*. (*of pers*.) снисходи́тельный; (*of punishment etc*.) мя́гкий.

**Lenin** *n*. Ле́нин; ~ prize Ле́нинская пре́мия.

**Leningrad** *n*. Ленингра́д.

**Leninism** *n*. ленини́зм.

**Leninist** *n*. ле́нинец.
   *adj*. ле́нинский.

**lenitive** *adj*. успока́ивающий.

**lenity** *n*. милосе́рдие.

**lens** *n*. (*anat., opt*.) ли́нза; (*anat*.) хруста́лик гла́за; (*phot*.) объекти́в.

**Lent** *n*. вели́кий пост; ~ term весе́нний триме́стр.

**Lenten** *adj*. (*of Lent*) великопо́стный; (*fasting*): ~ fare по́стный стол.

**lentil** *n*. чечеви́ца; ~ soup чечеви́чная похлёбка.

**lento** *adv*. ле́нто (*indecl*.).

**Leo** *n*. (*astr., hist*.) Лев.

**leonine** *adj*. льви́ный.

**leopard** *n*. леопа́рд; snow, mountain ~ сне́жный леопа́рд/барс, и́рбис; the ~ cannot change his spots ≃ мо́жет ли барс перемени́ть пя́тна свои́?; мо́жет ли челове́к измени́ть свою́ приро́ду?

**leopardess** *n*. са́мка леопа́рда.

**leotard** *n*. трико́ (*indecl*.), леота́рд.

**leper** *n*. прокажённый.

**lepidoptera** *n. pl*. чешуекры́лые (*pl*.).

**lepidopterous** *adj*. чешуекры́лый.

**leprechaun** *n*. гном.

**leprosarium** *n*. лепрозо́рий.

**leprosy** *n*. прока́за.

**leprous** *adj*. (*infected by leprosy*) прокажённый.

**Lesbian** *n*. (*homosexual*) лесбия́нка.
   *adj*. (*geog*.) лесбо́сский; (*pert. to Lesbianism*) лесби́йский.

**Lesbianism** *n*. лесби́йская любо́вь.

*lèse majesté* *n*. оскорбле́ние мона́рха.

**lesion** *n*. поврежде́ние, пораже́ние.

**less** *n*. ме́ньшее коли́чество; you should eat ~ вам сле́дует ме́ньше есть; I cannot accept ~ than £50 ме́ньше, чем на 50 фу́нтов я не соглашу́сь; no ~ than £500 не ме́нее пятисо́т фу́нтов; no more and no ~ than . . . не бо́лее и не ме́нее, как . . .; all the ~ because . . . ещё ме́ньше из-за того́, что . . .; it is nothing ~ than disgraceful э́то позо́р и бо́льше ничего́; he knew it would mean nothing ~ than the sack он знал, что за э́то ему́ не минова́ть увольне́ния; in ~ than no time в одно́ мгнове́ние; в два счёта; in ~ than an hour ме́ньше чем за час; you will see ~ of me in future впосле́дствии вы не бу́дете меня́ ви́деть так ча́сто; (I want) ~ of your cheek! не хами́те!; the ~ said, the better чем ме́ньше слов, тем лу́чше; I don't think any the ~ of him for that э́то не умаля́ет моего́ мне́ния о нём; he was a father to them, no ~ он был для них как родно́й оте́ц.

   *adj*. **1.** (*smaller*) ме́ньший; of ~ importance ме́ньшей ва́жности; of ~ magnitude ме́ньшего разме́ра; in a ~(er) degree в ме́ньшей сте́пени; grow ~ ум|еньша́ться, -е́ньшиться; **2.** (*not so much*) ме́ньше; there will be ~ danger if we go together если мы пойдём вместе, это не будет так опасно; eat ~ meat! ешьте меньше мяса!; ~ noise! потише!; **3.** (*of lower rank*): no ~ a person than . . . никто иной, как . . .

*adv.* меньше, менее; не так, не столько; he is ~ intelligent than his sister он не так умён, как его сестра; the ~ you think about it the better чем меньше об этом думать, тем лучше; ~ and ~ всё меньше и меньше; none the ~ тем не менее; I do not say he is negligent, still (*or* much) ~ dishonest я не хочу сказать, что он небрежен, и уж тем более не обвиняю его в нечестности.

*prep.* минус; I paid him his wages, ~ what he owed me я выдал ему зарплату, вычтя из неё сумму, которую он мне задолжал.

**lessee** *n.* (*of house etc.*) съёмщик; (*of land*) арендатор, наниматель (*m.*).

**lessen** *v.t. & i.* ум|еньшать(ся), -еньшить(ся).

**lessening** *n.* уменьшение.

**lesser** *adj.* меньший; (*of plants, animals*) малый; the ~ brethren меньшая братия; the ~ evil меньшее из двух зол, наименьшее зло; (*trifling*): the ~ troubles of everyday life мелкие хлопоты повседневной жизни.

**lesson** *n.* **1.** урок, занятие; English ~s уроки английского языка; give ~s in physics да|вать, -ть уроки физики; ~s begin on 1 September занятия начинаются первого сентября; take ~s брать (*impf.*) уроки; teach s.o. a ~ (*rebuke, punish*) дать (*pf.*) урок кому-н.; проучить (*pf.*) кого-н.; let that be a ~ to you! да будет это вам наукой!; **2.** (*eccl.*) чтение.

**lessor** *n.* арендодатель (*m.*), сдающий в аренду (*or* внаём).

**lest** *conj.* чтобы не; I fear ~ he should see her я боюсь, как бы он её не увидел.

**let**[1] *n.* **1.**: without ~ or hindrance беспрепятственно; **2.** (*tennis*): ~ ball! сетка!

**let**[2] *n.* (*of property*) аренда; take a house on a long ~ снять (*pf.*) дом на длительный срок.

*v.t.* (*also* ~ **out**) сда|вать, -ть в наём; the flat is already ~ квартира уже сдана; 'house to ~ furnished' сдаётся дом с мебелью.

*v.i.*: this house would ~ easily этот дом снимут быстро.

**let**[3] *v.t.* **1.** (*allow*) позв|олять, -олить +*d.*; раз|реш|ать, -ить +*d.*; ~ me help you позвольте вам помочь; why not ~ him try? дайте ему возможность попробовать; he won't ~ me work он не даёт мне работать; ~ s.o. be ост|авлять, -авить кого-н. в покое; ~ sth. be не тро|гать, -нуть чего-н.; ~ drop, fall ронять, уронить; ~ fly at (*go for*) s.o. напус|каться, -титься на кого-н.; ~ fly at (*shoot at*) sth. стрелять (*impf.*) во что-н.; ~ go (*relax grip on*) выпускать, выпустить из рук; отпус|кать, -тить; ~ go (of) my hand

отпустите мою руку; ~ o.s. go увл|екаться, -ечься; (*set free*) выпуска|ть, выпустить; ~ things go вести (*det.*) дела спустя рукава; (*sell*): he ~ the chair go for a song он продал стул по дешёвке; (*ignore*): this was untrue but I ~ it go, pass это было неправдой, но я не стал возражать; ~ one's hair grow отпус|кать, -тить волосы; we ~ the storm pass and then went out мы переждали грозу, потом вышли; ~ slide пустить (*pf.*) на самотёк (*see also* ~ go); ~ slip (*chance etc.*) упус|кать, -тить; **2.** (*cause to*): ~ s.o. have it (*coll., punish*) сурово наказать (*pf.*) кого-н.; ~ s.o. know да|вать, -ть кому-н. знать; I ~ him see he was in the wrong я дал ему понять, что он неправ; ~ it not be said that we were afraid да не обвинят нас в трусости; **3.** (*in imper. or hortatory sense*): ~ me see (*reflect*) погодите; дайте подумать; ~ him do it пусть он это сделает; just ~ him try it! пусть только попробует!; ~ X equal the height of the building пусть высота здания равняется X; ~ us drink выпьем(те); давай(те) выпьем/пить; ~ us pray помолимся; ~ us not be greedy не будем жадничать; ~ them come in пусть войдут; ~ there be light да будет свет; **4.** (~ *come or go*): he ~ me into the room он впустил меня в комнату; shall I ~ you into a secret? хотите я раскрою вам тайну?; he was ~ out of prison его выпустили из тюрьмы; **5.**: ~ blood пус|кать, -тить кровь (*кому*).

*with advs.*: ~ **alone** *v.t.* ост|авлять, -авить (*кого*) в покое; не тро|гать, -нуть (*чего*); ~ him alone to finish it не мешайте ему закончить это; ~ alone (*not to mention*) не только что, не говоря уже о +*p.*; they haven't got a radio, ~ alone television у них и радио нет, не то, что телевизора; he can't even walk, ~ alone run он и ходить-то не может, а бегать и подавно; ~ well alone не вмешиваться без нужды; ≃ от добра добра не ищут; ~ **down** *v.t.* (*lower*) опус|кать, -тить; ~ one's hair down (*lit.*) распус|кать, -тить волосы; (*fig.*) разоткровенничаться (*pf.*); ~ s.o. down gently (*fig.*) щадить, по- чьё-н. самолюбие; (*disappoint*) разочаро́в|ывать, -áть; I feel ~ down я разочарован; (*fail to support*) подв|одить, -ести (*coll.*); I was badly ~ down меня здорово подвели; he ~ the side down (*coll.*) он подвёл своих; (*deflate*): ~ down tyres спус|кать, -тить шины; (*lengthen*): ~ down a dress выпускать, выпустить платье; ~ **in** *v.t.* (*admit*) впус|кать, -тить; the window doesn't ~ in much light через это окно проникает мало света; my shoes ~ in water мои туфли протекают; he ~ himself in он сам открыл дверь и вошёл; he ~ me in for endless trouble он впутал меня в бесконечные неприятности; what have I ~ myself in for? во что я ввязался?; we ~ him in on the secret мы посвяти́ли его́ в та́йну; (*insert*) вст|авля́ть, -а́вить; (*into garment*) вши|ва́ть, -ть; (*engage*): ~ the clutch in включ|а́ть, -и́ть сцепле́ние; ~ **off** *v.t.* (*discharge*) разря|жа́ть, -ди́ть; ~ off fireworks запуска́ть (*impf.*) фейерве́рк; (*emit*): ~ off steam (*lit., fig.*) выпуска́ть, вы́пустить пары́; ~ off a smell испуска́ть (*impf.*) за́пах; (*allow to dismount*): ~ me off at the next stop ссади́те меня́ на сле́дующей остано́вке; (*acquit; not punish*) не нака́зывать (*impf.*); поми́ловать (*pf.*); he was ~ off lightly он легко́ отде́лался; (*excuse*) про|ща́ть, -сти́ть +d.; they ~ him off his debt ему́ прости́ли долг; (*liberate*) освобо|жда́ть, -ди́ть; he ~ them off work for the day он их освободи́л от рабо́ты на день; *v.i.* (*fire*) вы́стрелить (*pf.*); ~ **on** *v.t. & i.* (*coll., divulge*) прогов|а́риваться, -ори́ться; don't ~ on about it ни сло́ва об э́том!; (*pretend*) прики́|дываться, -нуться; ~ **out** *v.t.* выпуска́ть, вы́пустить; ~ the air out of a tyre вы́пустить (*pf.*); во́здух из ши́ны; спусти́ть (*pf.*) ши́ну; ~ the water out of the bath вы́пустить/спусти́ть (*both pf.*) во́ду из ва́нны; ~ out a scream завизжа́ть (*pf.*); взви́згнуть (*pf.*); ~ out a secret прогов|а́риваться, -ори́ться; проболта́ться (*pf.*); he ~ out the whole story он вы́болтал всю исто́рию; she ~ out the sleeves она́ вы́пустила рукава́; ~ the fire out да|ва́ть, -ть поту́хнуть огню́; ~ **past** *v.t.* да|ва́ть, -ть пройти́; ~ **through** *v.t.* пропус|ка́ть, -ти́ть; ~ **up** *v.i.* (*weaken, diminish*) ослаб|ева́ть, -е́ть; (*stop for a while*) приостан|а́вливаться, -ови́ться; (*relax, take a rest*) перед|ыха́ть, -охну́ть; he never ~s up in his work он рабо́тает без передышки (*or* не поклада́я рук).

*cpds.*: ~-**down** *n.* (*disappointment, anticlimax*) разочарова́ние; ~-**off** *n.*: that was a ~-off! пронесло́!; ~-**out** *n.* возмо́жность отступле́ния; a ~-out clause усло́вие об освобожде́нии от отве́тственности; ~-**up** *n.* (*respite*) переды́шка; остано́вка, прекраще́ние; (*relaxation*) ослабле́ние.

**lethal** *adj.* (*fatal*) смерте́льный; a ~ dose смерте́льная до́за; (*designed to kill*) смертоно́сный; ~ gas смертоно́сный газ; ~ chamber ка́мера для усыпле́ния живо́тных.

**lethargic** *adj.* вя́лый; (*med.*) летарги́ческий.

**lethargy** *n.* вя́лость; летарги́я.

**Lethe** *n.* (*myth.*) Ле́та.

**Lett** *n.* латы́ш (*fem.* -ка).

**letter** *n.* **1.** (*of alphabet*) бу́ква; capital ~ прописна́я бу́ква; the word is written with a capital ~ э́то сло́во пи́шется с прописно́й бу́квы; small ~ строчна́я бу́ква; it was written in small ~s э́то бы́ло напи́сано строчны́ми бу́квами; (*fig., precise detail*): to the ~ буква́льно; the ~ of the law бу́ква зако́на; he follows the law to the ~ он соблюда́ет зако́н

до после́дней запято́й; in ~ and in spirit по фо́рме и по существу́; **2.** (*typ.*) ли́тера; **3.** (*written communication*) письмо́; (*official*) паке́т; registered ~ заказно́е письмо́; ~ of credit аккредити́в; ~ of introduction рекоменда́тельное письмо́; ~ of advice (*comm.*) уведомле́ние; ~s of credence вери́тельные гра́моты (*f. pl.*); ~s patent жа́лованная гра́мота, пате́нт; ~ of recall отзывны́е гра́моты; **4.** (*pl., literature*) литерату́ра; man of ~s литера́тор; the profession of ~s литера́торство, заня́тие литерату́рой.

*v.t.* **1.** (*impress title on*) отти́с|кивать, -нуть загла́вие на +a.; the title was ~ed in gold загла́вие бы́ло вы́тиснено золоты́ми бу́квами; **2.** (*classify by means of ~s*) пом|еча́ть, -е́тить бу́квами.

*cpds.*: ~-**balance** *n.* почто́вые вес|ы́ (*pl., g.* -о́в); ~-**bomb** *n.* письмо́, начинённое взрывча́ткой; бо́мба в конве́рте; ~-**box** *n.* почто́вый я́щик; ~-**card** *n.* письмо́-секре́тка; скла́дывающаяся откры́тка; ~-**head(ing)** *n.* (*heading*) ша́пка на фи́рменном бла́нке; (*paper*) фи́рменный бланк; ~-**press** *n.* (*text, captions*) печа́тный текст; (*printing from raised type*) высо́кая печа́ть; ~-**writer** *n.* (*pers.*) тот, кто ведёт перепи́ску; (*manual*) письмо́вник.

**lettered** *adj.* (*well-read*) начи́танный.

**lettering** *n.* (*inscription*) на́дпись; (*impressing of title*) тисне́ние (*буквами*); (*script*) шрифт.

**Lettish** *n.* латы́шский язы́к.

*adj.* латы́шский.

**lettuce** *n.* (*plant, dish*) сала́т; (*plant*) лату́к; cabbage ~ коча́нный сала́т.

**leucocyte** *n.* лейкоци́т.

**leucorrhoea** *n.* бе́л|и (*pl., g.* -ей).

**leuk(a)emia** *n.* белокро́вие, лейкеми́я.

**Levant[1]** *n.*: the ~ Лева́нт, Бли́жний Восто́к.

**levant[2]** *v.i.* смы́ться (*pf.*) (*coll.*).

**Levantine** *n.* леванти́н|ец (*fem.* -ка); жи́тель (*fem.* -ница) Лева́нта.

*adj.* леванти́йский.

**levee[1]** *n.* (*reception*) (у́тренний) приём при дворе́ с прису́тствием одни́х мужчи́н.

**levee[2]** *n.* (*Am., embankment*) на́бережная.

**level** *n.* **1.** (*instrument*) ватерпа́с; у́ровень (*m.*); spirit ~ спиртово́й у́ровень; **2.** (*horizontal plane or line*) у́ровень; on a ~ with на одно́м у́ровне с +i.; out of ~ не по отве́су; water finds its own ~ вода́ в сообща́ющихся сосу́дах стои́т на одно́м у́ровне; at eye ~ на у́ровне гла́за; (*fig., coll.*): on the ~! че́стно!; is he on the ~? мо́жно ли ему́ ве́рить?; **3.** (*social etc., standing*): he found his own ~ он нашёл подходя́щее для себя́ ме́сто/о́бщество; students at an advanced ~ бо́лее продви́нутые студе́нты; a higher ~ of civilization бо́лее высо́кий у́ровень цивилиза́ции; subsistence ~ прожи́точный ми́нимум; talks at Cabinet ~

переговóры на ýровне прави́тельства; **4.** (*geog., plain*) равни́на.

*adj.* (*even*) рóвный; (*flat*) плóский; (*horizontal*) горизонтáльный; ~ crossing (железнодорóжный) переéзд; the room was ~ with the street кóмната былá на однóм ýровне с ýлицей; the water was ~ with the banks водá былá врóвень с берегáми; draw ~ with наг|оня́ть, -нáть; have, keep a ~ head сохраня́ть (*impf.*) спокóйствие; do one's ~ best чéстно старáться (*impf.*).

*v.t.* **1.** (*make* ~) ур|áвнивать, -овня́ть; вырáвнивать, вы́ровнять; **2.** (*raze to ground*) ср|áвнивать, -овня́ть с землёй; the bump on the runway must be ~led нáдо вы́ровнять бугóр на взлётной площáдке; **3.** (*geol.*) нивели́ровать (*impf., pf.*); **4.** (*direct, aim*) нав|оди́ть, -ести́; нацéли|вать, -ть; they ~led their guns at the enemy positions они́ нацéлили орýдия на пози́ции неприя́теля; she ~led a gun at his head онá прицéлилась емý в гóлову; (*fig.*) напр|авля́ть, -áвить (*что против кого*).

*with advs.*: ~ **down** *v.t.* вырáвнивать, вы́ровнять; (*fig.*) нивели́ровать (*impf., pf.*); ~ **off, ~ out** *vv.t.* (*smooth out*) сглá|живать, -дить; (*make* ~, *even, identical*) ур|áвнивать, -овня́ть; *v.i.* (*of aircraft*) вырáвниваться, вы́ровняться; ~ **up** *v.t.* ур|áвнивать, -овня́ть; подн|имáть, -я́ть на оди́н ýровень.

*cpds.*: ~**-headed** *adj.* трéзвый, рассуди́тельный.

**leveller** *n.* побóрник рáвенства; (*hist.*) лéвеллер.

**lever** *n.* (*lit., fig.*) рычáг; (*long pole*) вáга; ~ watch áнкерные часы́.

*v.t.*: ~ sth. out высвобождáть, вы́свободить что-н. рычагóм; ~ sth. up подн|имáть, -я́ть что-н. рычагóм; he ~ed the stone into position он установи́л кáмень с пóмощью рычагá.

**leverage** *n.* (*action*) дéйствие/уси́лие рычагá; ~ system рычáжная передáча; use ~ on s.o. (*fig.*) повлия́ть (*pf.*) на когó-н.

**leveret** *n.* зайчóнок.

**leviathan** *n.* (*bibl., fig.*) левиафáн.

**levitate** *v.t. & i.* подн|имáть(ся), -я́ть(ся) в вóздух.

**levitation** *n.* левитáция.

**Levite** *n.* леви́т.

**Leviticus** *n.* Леви́т.

**levity** *n.* легкомы́слие.

**levy** *n.* **1.** (*collection of taxes etc.*) сбор; (*imposition*) обложéние; (*raising*) взимáние; capital ~ налóг на капитáл; **2.** (*of recruits*) набóр; mass ~ нарóдное ополчéние; (*body of recruits*) новобрáнцы (*m. pl.*).

*v.t.* **1.** (*raise*) взимáть (*impf.*) (*что с кого*); **2.** (*recruit*) наб|ирáть, -рáть; **3.**: ~ blackmail on s.o. вымогáть (*impf.*) дéньги у когó-н. путём шантажá.

**lewd** *adj.* (*of pers.*) разврáтный; (*of thg.*) сáльный.

**lewdness** *n.* разврáтность; сáльность.

**lewisite** *n.* люизи́т.

**lexical** *adj.* лекси́ческий.

**lexicographer** *n.* лексикóграф.

**lexicographical** *adj.* лексикографи́ческий.

**lexicography** *n.* лексикогрáфия.

**lexicon** *n.* (*dictionary*) словáрь, лексикóн; (*vocabulary of writer etc.*) лéксика.

**ley** *n.* пар, паровóе пóле; ~ farming травопóльная систéма.

**Leyden jar** *n.* лéйденская бáнка.

**Lhasa** *n.* Лхáса.

**liabilit**|**y** *n.* **1.** (*responsibility*) отвéтственность; limited ~y company компáния с ограни́ченной отвéтственностью; admit ~y for sth. призн|авáть, -áть себя́ отвéтственным за что-н.; **2.** (*obligation*) обязáтельство; meet one's ~ies выполня́ть, вы́полнить обязáтельства; (*pl., debts*) долги́ (*m. pl.*); **3.** (*burden, handicap*): he's nothing but a ~y он прóсто обýза; this is a terrible ~y э́то нам стрáшно мешáет; I shall only be a ~y я бýду тóлько помéхой.

**liable** *adj.* **1.** (*answerable*) отвéтственный (*за* +*a.*); **2.** (*subject*): he is ~ to a heavy fine егó мóгут подвéргнуть большóму штрáфу; she is ~ to epileptic fits онá подвéржена эпилепти́ческим припáдкам; the words are ~ to misconstruction ничегó не стóит невéрно истолковáть э́ти словá; **3.** (*apt, likely*): difficulties are ~ to arise мóгут возни́кнуть трýдности; she is ~ to forget it онá склóнна забывáть об э́том.

**liaise** *v.i.* (*coll.*) устанáвливать/поддéрживать (*impf.*) связь (с +*i.*).

**liaison** *n.* **1.** (*mil. etc.*) связь; ~ officer офицéр свя́зи; **2.** (*love affair*) (любóвная) связь; **3.** (*phon.*) свя́зывание конéчного соглáсного с начáльным глáсным послéдующего слóва.

**liana** *n.* лиáна.

**liar** *n.* лгун (*fem.* -ья); врун (*fem.* -ья).

**lias** *n.* лейáс.

**liassic** *adj.* лейáсский.

**Lib** *n.* (*coll.*): Women's ~ femiни́стское движéние (*за уравнение женщин в правах с мужчинами*).

**libation** *n.* (*drink-offering*) возлия́ние.

**libel** *n.* клеветá; ~ action дéло по обвинéнию в клеветé; publish a ~ against s.o. печáтать, наклеветни́ческие заявлéния о ком-н.; law of ~ закóн о диффамáции; this book is a ~ on Soviet justice э́та кни́га пáсквиль (*m.*) на совéтское правосýдие.

*v.t.* клеветáть, о- (*кого*), на- (*на кого*).

**libeller** *n.* клеветни́|к (*fem.* -ца); пасквиля́нт.

**libellous** *adj.* клеветни́ческий; (*of books etc.*) пáсквильный.

**liberal** *n.* либерáл.

*adj.* **1.** (*generous, open-handed*) щéдрый;

(*abundant*) оби́льный; **2.** (*open- or broad-minded*): a man of ~ views челове́к широ́ких взгля́дов; (*progressive*) передово́й; (*non-specialist*): a ~ education гуманита́рное образова́ние; the ~ arts гуманита́рные нау́ки; **3.** (*pol.*) либера́льный; the L~s либера́льная па́ртия.

**liberalism** *n.* либерали́зм.

**liberality** *n.* ще́дрость; широта́ взгля́дов.

**liberalization** *n.* демократиза́ция, либерали-за́ция.

**liberalize** *v.t.*: ~ trade облегч|а́ть, -и́ть усло́вия торго́вли; (*ideas, regime*) либерализи́ровать (*impf., pf.*).

**liberate** *v.t.* **1.** освобо|жда́ть, -ди́ть; a mind ~d from prejudice ум, освобождённый от пред-рассу́дков; **2.** (*chem.*) выделя́ть, вы́делить.

**liberation** *n.* освобожде́ние; (*chem.*) выде-ле́ние.

**liberator** *n.* освободи́тель (*fem.* -ница).

**Liberia** *n.* Либе́рия.

**Liberian** *n.* либери́|ец (*fem.* -йка).
   *adj.* либери́йский.

**libertarian** *n.* (*advocate of freedom*) боре́ц за демократи́ческие свобо́ды.

**libertine** *n.* (*licentious person*) распу́тник.
   *adj.* распу́щенный.

**libertinism** *n.* распу́щенность.

**libert|y** *n.* **1.** (*freedom*) свобо́да; ~y of the sub-ject свобо́да по́дданного; ~y of action свобо́да де́йствий; ~y boat шлю́пка с увольня́емыми на бе́рег; ~y man матро́с, увольня́емый на бе́рег; at ~y находя́щийся на свобо́де; you are at ~y to go вы во́льны́ уйти́; set at ~y выпуска́ть, вы́пустить на во́лю/свобо́ду; regain one's ~y (*escape*) верну́ть (*pf.*) себе́ свобо́ду; (*be released*) быть вы́пущенным на свобо́ду; **2.** (*licence*) во́льность; take ~ies позв|оля́ть, -о́лить себе́ во́льности; the author takes ~ies with facts а́втор сли́шком во́льно обраща́ется с фа́к-тами; take the ~y осме́ли|ваться, -ться +*inf.*; позв|оля́ть, -о́лить себе́ +*inf.*; may I take the ~y of asking your name? позво́льте спроси́ть, как вас зову́т?; **3.** (*pl., privileges; rights*) во́льности (*f. pl.*); привиле́гии (*f. pl.*).

**libidinous** *adj.* похотли́вый.

**libido** *n.* либи́до (*indecl.*).

**Libra** *n.* (*astron.*) Весы́ (*pl., g.* -о́в).

**librarian** *n.* библиоте́карь (*m.*).

**librarianship** *n.* (*post*) до́лжность биб-лиоте́каря; (*technique*) библиоте́чное де́ло, библиотекове́дение.

**library** *n.* библиоте́ка; (*reading-room*) чита́ль-ный зал; reference ~ спра́вочная библио-те́ка; (*attr.*) библиоте́чный; ~ ticket чита́тельский биле́т.

**librettist** *n.* либретти́ст.

**libretto** *n.* либре́тто (*indecl.*).

**Libya** *n.* Ли́вия.

**Libyan** *n.* ливи́|ец (*fem.* -йка).
   *adj.* ливи́йский.

**licence** (*Am. also* **license**) *n.* **1.** (*permission*) раз-реше́ние; (*for trade*) лице́нзия; grant s.o. a ~ выдава́ть, вы́дать лице́нзию кому́-н.; **2.** (*permit, certificate*) свиде́тельство; driving ~ води́тельские права́; **3.** (*freedom*): poetic ~ поэти́ческая во́льность; **4.** (*licentiousness*) распу́щенность.
   *cpds.*: ~-**holder** *see* LICENSEE; ~-**plate** *n.* (*Am.*) номерно́й знак.

**license** (*Am. also* **licence**) *v.t.* **1.** (*permit, author-ize*) разреш|а́ть, -и́ть (*что*); да|ва́ть, -ть раз-реше́ние на (*что*); the police would not ~ his gun поли́ция отказа́ла ему́ в разреше́нии на огнестре́льное ору́жие; **2.** (*grant permit, per-mission to*) разреш|а́ть, -и́ть +*d.*; a shop ~d to sell tobacco ла́вка, облада́ющая лице́нзией на прода́жу таба́чных изде́лий; ~d premises (*inn*) заведе́ние, в кото́ром разреша́ется прода́жа спиртны́х.напи́тков.

**licensee** (*also* **license-holder**) *n.* облада́тель (*fem.* -ница) разреше́ния/лице́нзии; (*of public-house*) хозя́|ин (*fem.* -йка) ба́ра.

**licensing** *n.* лицензи́рование; ~ hours часы́ прода́жи спиртны́х напи́тков; ~ system лицензио́нная систе́ма.

**licentiate** *n.* лицензиа́т; облада́тель (*fem.* -ница) дипло́ма.

**licentious** *adj.* распу́щенный.

**licentiousness** *n.* распу́щенность.

**lichee**, **lychee** *n.* личжи́ (*indecl.*), кита́йский крыжо́вник (collect.).

**lichen** *n.* лиша́йник.

**lich-gate** *see* LYCH-GATE.

**licit** *adj.* зако́нный.

**lick** *n.* **1.**: he gave the stamp a ~ он лизну́л ма́рку; he gave his face a ~ and a promise (*coll.*) он на́спех ополосну́л лицо́; **2.** (*sl., speed*): he went at a fair ~ он мча́лся очертя́ го́лову.
   *v.t.* **1.** лиз|а́ть, -ну́ть; (~ *all over*) обли́з|ыва-ть, -а́ть; ~ one's lips/(*coll.*) chops обли́з|ыва-ть, -а́ть гу́бы; обли́з|ываться, -а́ться; (*fig.*): ~ s.o.'s boots лиза́ть (*impf.*) сапоги́ кому́-н.; ~ one's wounds зали́з|ывать, -а́ть ра́ны; ~ sth. into shape прид|ава́ть, -а́ть вид чему́-н.; ~ s.o. into shape обтёс|ывать, -а́ть кого́-н.; **2.** (*coll., thrash*) зад|ава́ть, -а́ть взбу́чку +*d.*; **3.** (*coll., defeat*) поб|ива́ть, -и́ть.
   *v.t.*: ~ **off**, ~ **up** сли́з|ывать, -а́ть (*or* -ну́ть).
   *cpd.*: ~**spittle** *n.* подхали́м.

**lickerish** *adj.*: (*greedy*) жа́дный; (*lustful*) похот-ли́вый.

**licking** *n.* (*coll.*): he took a ~ (*thrashing*) ему́ доста́лась взбу́чка; (*was defeated*) он был разби́т в пух и прах.

**licorice** *see* LIQUORICE.

**lid** *n.* **1.** кры́шка; (*fig.*): take the ~ off (*disclose*) вы́тащить (*pf.*) на свет бо́жий; that puts the ~ on it (*sl.*) э́то коне́ц!; **2.** (*sl., hat*) покры́шка.

**lido** *n.* (обще́ственный) пляж.

**lie**[1] *n.* (*falsehood*) ложь; white ~ ложь во спасе́ние; tell a ~ лгать, со-; give the ~ to s.o. обвин|я́ть, -и́ть кого́-н. во лжи; give the ~ to sth. опров|ерга́ть, -е́ргнуть что-н.

*v.t.*: he ~d his way out он вы́путался с по́мощью лжи.

*v.i.* лгать, со-; врать, со-/на-; he ~d to me он мне солга́л; ~ in one's teeth, throat на́гло/бессты́дно лгать, со-; the camera cannot ~ фотогра́фия не (со)врёт.

*cpd.*: ~-**detector** *n.* дете́ктор лжи, полигра́ф.

**lie**[2] *n.* (*also* LAY): the ~ of the land хара́ктер ме́стности; обстано́вка.

*v.i.* **1.** (*repose*) лежа́ть, по-; she lay on the grass all morning она́ всё у́тро пролежа́ла на траве́; here ~s . . . здесь поко́ится прах +*g.*; (*remain*): ~ in ambush находи́ться (*impf.*) в заса́де; ~ in wait for s.o. выжида́ть (*impf.*) кого́-н. в заса́де; ~ low притаи́ться (*pf.*), затаи́ться (*pf.*); ~ idle (*of machinery etc.*) прост|а́ивать, -оя́ть; **2.** (*be; be situated*) находи́ться (*impf.*); быть расположе́нным; ~ at anchor стоя́ть (*impf.*) на я́коре; near us lay a cruiser недалеко́ от нас стоя́л кре́йсер; London ~s on the Thames Ло́ндон стои́т на Те́мзе; the town lay in ruins го́род лежа́л в разва́линах; the crime lay heavy on his conscience э́то преступле́ние тяжёлым ка́мнем лежа́ло на его́ со́вести; see how the land ~s (*fig.*) выявля́ть, вы́явить обстано́вку; узн|ава́ть, -а́ть, как обстои́т де́ло; the coast ~s open to attack бе́рег не защищён от нападе́ния; **3.** (*fig., reside, rest*): the choice ~s with you вы́бор зави́сит от вас; вам выбира́ть; do you know what ~s behind it all? вы зна́ете, что за э́тим кро́ется?; do your interests ~ in that direction? у вас есть интере́с к тако́го ро́да дела́м?; э́та о́бласть вас интересу́ет?; she knows where her interests ~ она́ зна́ет свою́ вы́году; the blame ~s at his door вина́ на нём; it ~s with you от вас зави́сит; as far as in me ~s наско́лько э́то от меня́ зави́сит; I will do all that ~s in my power сде́лаю всё, что в мои́х си́лах; **4.** (~ *down*) ложи́ться, лечь; приле́чь (*pf.*); he went and lay on the bed он лёг на крова́ть; ~ with s.o. (*carnally*) спать/жить (*impf.*) с кем-н.

*with advs.*: ~ **about**, ~ **around** валя́ться (*impf.*); быть разбро́санным; (*idle*) болта́ться (*impf.*); ~ **ahead** предстоя́ть (*impf.*); ~ **back** (*in chair etc.*) отки́|дываться, -нуться; (*take things easy*) сиде́ть (*impf.*) сло́жа ру́ки; ~ **down** ложи́ться, лечь; I shall ~ down for an hour я приля́гу на час/часо́к; take an insult lying down безро́потно прин|има́ть, -я́ть оскорбле́ние; ~ down on the job (*fig., slack*) лени́ться (*impf.*); (*sl.*) са́чковать (*impf.*); ~ **in**

оставаться (*impf.*) в посте́ли; не встава́ть (*impf.*); ~ **to** (*naut.*) лежа́ть (*impf.*) в дре́йфе; ~ **up** (*stay in bed*) остава́ться (*impf.*) в посте́ли; не встава́ть (*impf.*) с посте́ли; (*go into hiding*) скр|ыва́ться, -ы́ться; (*naut.*) находи́ться (*impf.*) в до́ке.

**lief** *adv.* (*arch.*) охо́тно.

**liege** *n.* ле́нник.

*adj.* ле́нный; ~ lord сеньо́р.

*cpd.*: ~ **man** *n.* васса́л.

**lien** *n.* пра́во удержа́ния.

**lieu** *n.*: in ~ of вме́сто +*g.*

**lieutenancy** *n.* зва́ние лейтена́нта.

**lieutenant** *n.* **1.** (*mil.*) лейтена́нт; first, second ~: *corresponding ranks in Soviet Army are* ста́рший лейтена́нт, лейтена́нт, мла́дший лейтена́нт; **2.** (*civ.*) замести́тель (*m.*).

*cpds.*: ~-**colonel** *n.* подполко́вник; ~-**commander** *n.* (*nav.*) капита́н-лейтена́нт; ~-**general** *n.* генера́л-лейтена́нт.

**life** *n.* **1.** (*being alive*) жизнь, (*coll.*) житьё; a matter of ~ and death вопро́с жи́зни и сме́рти; he has the power of ~ and death over his subjects в его́ рука́х жизнь и смерть его́ по́дданных; bring back to ~ (*from the dead*) воскре|ша́ть, -си́ть; возвра|ща́ть, -ти́ть к жи́зни; escape with one's ~ вы́жить (*pf.*), уцеле́ть (*pf.*); give (*or* lay down) one's ~ for s.o. отда́ть/положи́ть (*both pf.*) жизнь за кого́-н.; lose one's ~ ги́бнуть, по-; many lives were lost мно́гие поги́бли; мно́го наро́ду поги́бло; great loss of ~ мно́го челове́ческих жертв; run for one's ~ (*or* for dear ~) бежа́ть (*det.*) сломя́ го́лову; save one's ~ спас|а́ться, -ти́сь от сме́рти; save s.o.'s ~ спасти́ (*pf.*) кого́-н. от сме́рти; спасти́ жизнь кому́-н.; take ~ убива́ть (*impf.*); take one's (own) ~ конча́ть, (по)ко́нчить с собо́й; take one's ~ in one's hands рискова́ть (*impf.*) жи́знью; take s.o.'s ~ лиши́ть (*pf.*) кого́-н. жи́зни; upon my ~! че́стное сло́во!; ей-Бо́гу!; not on your ~! ни за что!; I couldn't for the ~ of me . . . хоть убе́й, я не мог (бы) . . .; insure one's ~ страхова́ть, за- свою́ жизнь; ~ insurance страхова́ние жи́зни; (*existence*): this (earthly) ~ земно́е бытие́; the next ~, ~ beyond the grave загро́бная/потусторо́нняя жизнь; ~ eternal, everlasting ве́чная жизнь; do you believe in a future ~? вы ве́рите в загро́бную жизнь?; that's ~! такова́ жизнь!; what a ~! (*pej.*) ра́зве э́то жизнь?; make ~ easy for s.o. облегча́ть (*impf.*) кому́-н. жизнь; with all the pleasure in ~ с превели́ким удово́льствием; (*way or style of* ~) быт; житьё-бытьё; family ~ дома́шний быт; country, village ~ дереве́нская жизнь; he leads a gay ~ он ве́село живёт; a dog's ~ соба́чья жизнь; high ~ све́тская жизнь; low ~ жизнь низо́в; the simple ~ просто́й/непритяза́тельный о́браз жи́зни; this is the ~! вот э́то жизнь!; не жизнь, а ма́сленица; anything for a quiet ~! лишь бы поко́й!; чем бы дитя́ ни те́шилось, лишь бы не пла́кало; (*department of* ~): in private/public ~ в ча́стной/обще́ственной жи́зни; sex ~ полова́я жизнь; see ~ повида́ть (*pf.*) свет; **2.** (*period, span of* ~): at my time of ~ в моём во́зрасте; get the fright of one's ~ перепуга́ться (*pf.*) на́смерть; have the time of one's ~ прекра́сно проводи́ть (*impf.*) вре́мя; быть счастли́вым как никогда́; наслажда́ться (*impf.*) жи́знью; he has had a good/quiet ~ он про́жил хоро́шую/споко́йную жизнь; average expectation of ~ сре́дняя продолжи́тельность жи́зни; he got ~; he is in for ~ (*coll.*) он получи́л пожи́зненное заключе́ние; ~ annuity пожи́зненная ре́нта; ~ interest пра́во на пожи́зненное владе́ние (*чем*); ~ peerage ли́чное/пожизненное па́рство; ~ sentence пригово́р к пожи́зненному заключе́нию; it was his ~ work э́то бы́ло трудо́м (всей) его́ жи́зни; (*of inanimate things, durability*) долгове́чность; срок слу́жбы; these machines have an average ~ of 10 years сре́дний срок слу́жбы э́тих маши́н 10 лет; ~ of a tyre пробе́г ши́ны; **3.** (*animation*) жи́вость, оживле́ние; put some ~ into it! живе́е!; пошеве́ливайтесь!; the ~ and soul of the party душа́ о́бщества; there's ~ in the old dog yet есть ещё по́рох в порохо́вницах; the child is full of ~ ребёнок о́чень живо́й; there's no ~ in her playing её игра́ безжи́зненна; bring (back) to ~ (*after fainting etc.*) прив|оди́ть, -ести́ в чу́вства; (*fig.*) вдохну́ть (*pf.*) жизнь в +*a.*; воскре|ша́ть, -си́ть; come to ~ (*recover senses*) очну́ться (*pf.*); the play came to ~ in the third act к тре́тьему де́йствию пье́са оживи́лась; **4.** (*living things*) жизнь; is there ~ on Mars? есть ли жизнь на Ма́рсе?; animal ~ живо́тный мир; marine ~ морска́я фа́уна; still ~ натюрмо́рт; draw from ~ рисова́ть, на- с нату́ры; ~ model нату́рщи|к (*fem.* -ца); моде́ль; **5.** (*actuality*): true to ~ реалисти́чный; as large as ~ в натура́льную величину́; как живо́й; со́бственной персо́ной; larger than ~ преувели́ченный; that's him to the ~! э́то вы́литый он!; **6.** (*chance of living*): he has nine lives он живу́чий; **7.** (*biography*) жизнь, биогра́фия; lives of the saints жития́ святы́х; the ~ history of a plant жи́зненный цикл расте́ния; he told me his ~ story он пове́дал мне исто́рию свое́й жи́зни; он рассказа́л мне всю свою́ жизнь.

*cpds.*: ~-**and-death** *adj.* жи́зненно ва́жный, реша́ющий; a ~-and-death struggle борьба́ не на жизнь, а на́ смерть; ~**belt** *n.* спаса́тельный круг; ~-**blood** *n.* кровь; (*fig.*) жи́зненная си́ла; ~**boat** *n.* спаса́тельная ло́дка; ~**buoy** *n.* спаса́тельный круг; ~-**cycle** *n.* жи́зненный цикл; цикл разви́тия; ~-**force** *n.* жи́зненная си́ла; ~-**giving** *adj.*

живи́тельный; ~-**guard**, ~-**saver** *nn.* спаса́тель (*fem.* -ница) (на пля́же); ~-**jacket** *n.* спаса́тельная ку́ртка; ~**like** *adj.* реалисти́чный; ~-**line** *n.* (*naut.*) спаса́тельный коне́ц; (*diver's*) сигна́льный коне́ц; (*palmistry*) ли́ния жи́зни; ~**long** *adj.* пожи́зненный; they were ~long friends они́ бы́ли друзья́ми всю жизнь; ~-**preserver** *n.* (*weapon*) дуби́нка, запо́лненная свинцо́м; ~-**saver** *see* ~-**guard**; (*fig.*) спасе́ние; ~-**saving** *n.* спасе́ние; *adj.* спаса́тельный; ~**size(d)** *adj.* в натура́льную величину́; ~-**span** *n.* продолжи́тельность/ протяже́ние жи́зни; ~-**style** *n.* о́браз жи́зни; ~**time** *n.* жизнь; in s.o.'s ~time при жи́зни кого́-н.; the chance of a ~time ре́дкий/ исключи́тельный слу́чай; it's a ~time since I saw her я её не ви́дел це́лую ве́чность.

**lifeless** *adj.* (*dead*) мёртвый; (*inanimate*) неживо́й; (*inert, without animation*) безжи́зненный.

**lifelessness** *n.* безжи́зненность.

**lifer** *n.* (*coll.*) (*pers.*) заключённый пожи́зненно; приговорённый к пожи́зненной ка́торге; (*sentence*) пожи́зненное заключе́ние.

**lift** *n.* **1.** (*act of raising*) подъём; (*extent of rise*) высота́ подъёма; (*aeron., upward pressure*) подъёмная си́ла; **2.** (*transport by air*) возду́шные перево́зки (*f. pl.*); **3.** (*transport of passenger in car etc.*): give s.o. a ~ подв|ози́ть, -езти́ кого́-н.; (*coll.*) подки́|дывать, -нуть кого́-н.; he thumbed a ~ to London он дое́хал на попу́тных до Ло́ндона; он дое́хал до Ло́ндона автосто́пом; **4.** (*fig., of spirits*): the news gave her a ~ от э́той но́вости она́ воспря́ла ду́хом; **5.** (*apparatus*) лифт; (*tech.*) подъёмник; ~ attendant лифтёр (*fem.* -ша); ~ cage кле́тка подъёмника; take the ~ подн|има́ться, -я́ться ли́фтом (*or* на ли́фте).

*v.t.* **1.** (*raise*) подн|има́ть, -я́ть; he barely ~ed his eyes to her on едва́ взгляну́л на неё; she had her face ~ed ей сде́лали пласти́ческую опера́цию (*or* подтя́жку) лица́; he did not ~ a finger (*fig.*) он и па́льцем не пошевельну́л; ~ one's hand (*to deal blow*) зама́х|иваться, -ну́ться; ~ one's hands (*in prayer*) возд|ева́ть, -е́ть ру́ки; I would not ~ a hand against him у меня́ не подняла́сь бы рука́; **2.** (*dig up*): ~ potatoes выка́пывать, вы́копать карто́фель; **3.** (*transport by air*): the troops were ~ed to Africa войска́ бы́ли доста́влены в А́фрику по во́здуху; **4.** (*steal*) спере́ть (*pf.*) (*coll.*); (*of a plagiarist*) спи́с|ывать, -а́ть, красть, у-; плаги́ровать (*impf.*); **5.** (*remove*): ~ a ban сн|има́ть, -ять запре́т.

*v.i.* (*rise*) подн|има́ться, -я́ться; (*disperse*) рассе́|иваться, -яться; (*cease*) прекра|ща́ться, -ти́ться.

*with advs.*: ~ **down** *v.t.* снять (*pf.*) и поста́вить (*pf.*) на́ пол (*or* на зе́млю); ~ **off** *v.t.* сн|има́ть, -я́ть; *v.i.* (*of rocket*) от|рыва́ться,

-орва́ться от земли́; ~ **out** v.t. вынима́ть, вы́нуть; ~ **up** v.t. подн|има́ть, -я́ть; ~ up one's voice (sing) запе́ть (pf.); (speak) заговори́ть (pf.); (cry out) подня́ть (pf.) крик; закрича́ть (pf.); ~ up your hearts! горе́ сердца́!

cpds.: ~**boy**, ~**man** nn. лифтёр; ~-**off** n. отры́в от земли́; (of rocket) моме́нт схо́да.

**ligament** n. свя́зка.

**ligature** n. (med., typ.) лигату́ра; (mus.) ли́га.

**light**[1] n. **1.** свет; in the ~ на свету́; in the ~ of day при дневно́м све́те; in artificial ~ при иску́сственном освеще́нии; at first ~ на рассве́те; this room has a north ~ в э́той ко́мнате о́кна выхо́дят на се́вер; stand against the ~ стоя́ть (impf.) про́тив све́та; get in s.o.'s ~ заслон|я́ть, -и́ть свет кому́-н.; (attr.) световой; ~ year световой год; (fig.): see the ~ (of day) (be born) уви́деть (pf.) свет; (be made public) быть обнаро́дованным, уви́деть (pf.) свет; see the ~ (realize truth) прозр|ева́ть, -е́ть; in the ~ of experience исходя́ из о́пыта; by the ~ of nature свои́м умо́м; bring to ~ выводи́ть, вы́вести на чи́стую во́ду; раскр|ыва́ть, -ы́ть; come to ~ обнару́жи|ваться, -ться; выплыва́ть, вы́плыть; shed, throw ~ on sth. прол|ива́ть, -и́ть свет на что-н.; hide one's ~ under a bushel зарыва́ть (impf.) свой тала́нт в зе́млю; (brightness): northern ~s се́верное сия́ние; there was a ~ in his eyes у него́ блесте́ли глаза́; (in a picture): effects of ~ and shade эффе́кты све́та и те́ни; светоте́нь; (lighting) освеще́ние; electric ~ электри́ческое освеще́ние; in a bad ~ при плохо́м освеще́нии; (fig.): this book shows him in a bad ~ э́та кни́га пока́зывает его́ в невы́годном све́те; there was a ~ in the window в окне́ был свет; окно́ свети́лось; put on the ~ зажи|га́ть, -е́чь свет; (point of ~): the ~s of the town огни́ го́рода; городски́е огни́; **2.** (lamp) ла́мпа; ~ bulb ла́мпочка; 'L~s out!' «погаси́ть ого́нь/свет!»; (of car) фа́ра; we saw the ~s of a car мы уви́дели свет автомоби́льных фар; dip the ~s переключ|а́ть, -и́ть на бли́жний свет; navigation ~s (of ship) сигна́льно--отличи́тельные огни́; (of aircraft) аэронавигацио́нные огни́; traffic ~s светофо́р; go against the ~s е́хать (impf.) (or про|езжа́ть, -е́хать) на кра́сный свет; give s.o. the green ~ (fig.) да|ва́ть, -ть зелёную у́лицу кому́-н.; see the red ~ (fig.) зам|еча́ть, -е́тить опа́сность; (fig.): a leading ~ (in society) свети́ло, знамени́тость; **3.** (flame) ого́нь (m.); strike a ~ (with match) заж|ига́ть, -е́чь спи́чку; have you a ~? нет ли у вас огонька́?; give me a ~ да́йте прикури́ть; **4.** (fig., natural ability): according to one's ~s по ме́ре свои́х спосо́бностей; **5.** (archit.) окно́; просве́т.

adj. **1.** (opp. dark) све́тлый; get ~ рассве|та́ть, -сти́; we must leave while it's still ~ нам на́до уйти́ засветло; **2.** (in colour) све́тлый; све́тлого цве́та; a ~ green све́тло-зелёный цвет.

v.t. (also ~ **up**) **1.** (kindle) заж|ига́ть, -е́чь; ~ a fire разв|оди́ть, -ести́ ого́нь; ~ (up) a cigarette заку́р|ивать, -и́ть папиро́су; **2.** (illuminate) осве|ща́ть, -ти́ть; the house is lit by electricity в до́ме электри́ческое освеще́ние; the town is lit up for the carnival по слу́чаю карнава́ла в го́роде иллюмина́ция; ~ the way for s.o. свети́ть, по- кому́-н.; (fig.): a smile lit up his face улы́бка озари́ла его́ лицо́; he was lit up (drunk) он был под му́хой/гра́дусом (coll.).

v.i.: ~ **up** (switch on ~s) включ|а́ть, -и́ть свет; ~ing-up time вре́мя для включе́ния фар; (of the face) свети́ться, за-; ожив|ля́ться, -и́ться; (start smoking) заку́р|ивать, -и́ть.

cpds.: ~**house** n. мая́к; ~**house** keeper смотри́тель (m.) маяка́; ~-**meter** n. экспоно́метр; ~**ship** n. плаву́чий мая́к; ~-**year** n. световой год.

**light**[2] adj. (opp. heavy) лёгкий; ~ artillery лёгкая артилле́рия; a ~ blow лёгкий уда́р; our casualties were light на́ши поте́ри бы́ли незначи́тельны; ~ coin неполнове́сная моне́та; ~ comedy лёгкая коме́дия; a ~ crop ску́дный урожа́й; a ~ diet облегчённая дие́та; ~ of foot прово́рный; he needs a ~ hand с ним ну́жно обраща́ться мя́гко; with a ~ heart с лёгким се́рдцем; ~ industry лёгкая промы́шленность; a ~ meal непло́тная еда́; we had a ~ meal мы перекуси́ли; ~ music лёгкая му́зыка; ~ rain небольшо́й/ме́лкий дождь; ~ reading лёгкое чте́ние; a ~ sentence мя́гкий пригово́р; the ship returned ~ кора́бль верну́лся без гру́за; a ~ sleep лёгкий/чу́ткий/неглубо́кий сон; I am a ~ sleeper я чу́тко сплю; ~ soil ры́хлая по́чва; traffic is ~ today сего́дня неинтенси́вное движе́ние; the bridge is suitable for ~ traffic only мост годи́тся то́лько для легковы́х маши́н; in ~ type све́тлым шри́фтом; give s.o. ~ weight обве́|шивать, -сить кого́-н.; a ~ woman же́нщина лёгкого поведе́ния; he made ~ work of it он легко́ спра́вился с э́тим де́лом; he made ~ of the difficulties он преуменьша́л тру́дности; I was £1 ~ я недосчита́лся одного́ фу́нта.

adv.: travel ~ путеше́ствовать (impf.) налегке́.

cpds.: ~-**armed** adj. (with ~ weapons) легковооружённый; ~-**fingered** adj. нечи́стый на́ руку; ~-**footed** adj. прово́рный, легконо́гий; ~-**headed** adj.: she felt ~-headed у неё закружи́лась голова́; ~-**hearted** adj. (carefree) беспе́чный; (gay) весёлый; (thoughtless) легкомы́сленный; (of action) необду́манный; (joking) игри́вый, шутли́вый; ~-**heartedness** n. беспе́чность;

весёлость; ~-**weight** *n.* легковес; борец/боксёр лёгкого веса; (*fig.*) несерьёзный человек; *adj.* легковесный.

**light³** *v.i.*: ~ on (*encounter*) набрести (*pf.*) на +*a.*: his eyes ~ed on her face его взгляд упал на её лицо.

**lighten¹** *v.t.* (*make less heavy or easier*) облегч|ать, -ить; they ~ed the ship of ballast они сбросили балласт с корабля; it ~ed our task это облегчило нашу задачу; (*mitigate*): ~ a sentence смягч|ать, -ить приговор.

*v.i.*: his heart ~ed у него стало легче на душе.

**lighten²** *v.t.* (*illuminate, make brighter*) осве|щать, -тить; просвет|лять, -ить.

*v.i.* **1.** (*grow brighter*) светлеть, про-; проясн|яться, -иться; **2.** (*of lightning*) сверк|ать, -нуть; it is ~ing сверкает молния.

**lighter¹** *n.* (*for cigarettes etc.*) зажигалка; (*for fires etc.*) запал.

**lighter²** *n.* (*boat*) лихтер.

*cpd.*: ~**man** *n.* матрос на лихтере.

**lighting** *n.* освещение.

**lightish** *adj.* (*of colour*) световатый.

**lightly** *adv.* легко; tread ~ легко/осторожно ступать (*impf.*); he touched ~ on the past он слегка коснулся прошлого; he jumped ~ to the ground он ловко спрыгнул на землю; it's not a thing to enter upon ~ за такие дела не следует браться необдуманно; he takes everything ~ он ничего не принимает всерьёз; you have got off ~ вы легко отделались; the accused got off ~ обвиняемый отделался лёгким наказанием.

**lightness** *n.* (*of weight*) лёгкость; (*nimbleness*) ловкость; (*mildness*) мягкость; (*of colour*) светлость, светлота.

**lightning** *n.* молния; forked ~ зигзагообразная молния; sheet, summer ~ зарница; swift as ~ молниеносно; he was struck by ~ в него ударила молния.

*adj.*: with ~ speed молниеносно; с быстротой молнии; a ~ attack молниеносная атака.

*cpd.*: ~-**conductor**, ~-**rod** *nn.* громоотвод.

**lights** *n.* (*animal's lungs*) лёгкие (*nt. pl.*).

**lightsome** *adj.* (*graceful*) лёгкий, грациозный; (*merry*) беспечный, весёлый; (*nimble*) подвижный.

**ligneous** *adj.* древесный, деревянистый.

**lignite** *n.* лигнит.

**lignum vitae** *n.* гваяковое дерево.

**likable** *see* LIK(E)ABLE.

**like¹** *n.* (*sth. equal or similar*) подобное; did you ever hear the ~ (of it)? слышали вы что-нибудь подобное?; как вам это нравится?; music, dancing and the ~ музыка, танцы и тому подобное; (*pers.*) подобный; we shall not look upon his ~ again такого (человека) мы никогда больше не встретим; the ~s of me, us

наш брат; the ~s of you ваш брат.

*adj.* подобный, похожий; in ~ manner подобным образом; we have ~ tastes у нас сходные вкусы; as ~ as two peas похожи как две капли воды; ~ father, ~ son яблоко от яблони недалеко падает; (*equal*) равный; ~ signs (*math.*) одинаковые знаки; ~ poles repel each other одноимённые полюсы отталкиваются. *See also prep. uses.*

*adv.* **1.** (*probably*): ~ enough, very ~ весьма возможно; (as) ~ as not вернее всего; **2.** (*coll., as it were*) вроде, похоже.

*prep.* **1.** (*similar to, characteristic of*) похожий на +*a.*; she is ~ her mother она похожа на мать; that's just ~ him! это похоже на него!; узнаю его!; what's she ~? что она за человек?; какая она?; что она собой представляет?; I don't care for films ~ that я не люблю подобных фильмов; a house ~ yours дом вроде вашего; don't be ~ that! (*coll., behave unhelpfully*) бросьте!; there's nothing ~ walking to keep you fit для здоровья нет ничего полезнее, чем ходьба; ходить пешком — лучший способ сохранить здоровье; his second book is nothing ~ as good as the first его вторая книга не сравнительно хуже первой; that is nothing ~ enough этого не может хватить; £500 would be more ~ it скорее фунтов 500; they sold something ~ 1000 copies они продали (что-то) около 1000 экземпляров; that's something ~ comfort! вот это комфорт так комфорт!; look ~ *see* LOOK *v.i.* **3**; it smells ~ something burning пахнет горелым; it sounds ~ thunder как будто гремит гром; the crowd buzzed ~ a swarm of bees толпа гудела, точно рой шмелей; it sounds ~ a good idea это, пожалуй, хорошая идея; he drinks ~ a fish он пьёт как бочка; don't talk ~ that! не надо так говорить; a person ~ that такой человек; he was working ~ anything он трудился изо всех сил; it's ~ nothing on earth это ни на что не похоже; **2.** (*inclined towards*): do you feel ~ going for a walk? вам (не) хочется пройтись?; I don't feel ~ it мне (что-то) не хочется; I felt ~ crying мне хотелось плакать; я чуть не заплакал; I feel ~ an ice-cream я бы не прочь съесть мороженое; I feel ~ nothing on earth (*dreadful*) я себя отвратительно чувствую.

*conj.* (*coll.*): he talks ~ I do он говорит так же, как я.

*cpd.*: ~-**minded** *adj.* придерживающийся тех же взглядов; ~-minded person единомышленник.

**like²** *n.*: ~s and dislikes симпатии и антипатии (*both f. pl.*); she has her ~s and dislikes у неё очень определённый вкус.

*v.t.* (*take pleasure in*) любить (*impf.*), ценить (*impf.*); he ~s living in Paris ему нравится жить в Париже; she ~d dancing она любила танцева́ть; I ~ him он мне нра́вится; his parents ~ me я пришёлся его́ роди́телям по душе́; I ~ oysters but they don't ~ me я люблю́ у́стрицы, но пло́хо их переношу́; we ~d the play пье́са нам понра́вилась; how do you ~ that? как вам э́то нра́вится?; I ~ that! (*iron.*) ничего́ себе́!; ну и ну!; I ~ his impudence вот э́то наха́льство!; what don't you ~ about it? что вас в э́том не устра́ивает?; I don't ~ (*am reluctant*) to disturb you прости́те, что беспоко́ю вас; (you can) ~ it or lump it! (*coll.*) нра́вится — не нра́вится, а ничего́ не поде́лаешь; whether you ~ it or not во́лей-нево́лей; would you ~ a drink? хоти́те вы́пить (чего́-нибудь)?; if you ~ е́сли хоти́те; I should ~ to meet him мне хоте́лось бы познако́миться с ним; he would ~ to come on хоте́л бы прийти́; I would have ~d to (or would like to have) come я жале́ю, что не мог прийти́; I'd ~ to see *you* do it! посмотре́л бы я, как э́то у вас получи́лось бы; I ~ this picture better than that мне э́та карти́на нра́вится бо́льше, чем та; I wouldn't ~ there to be any misunderstanding я хоте́л бы, что́бы меня́ по́няли пра́вильно; I ~ to think he values my advice мне хоте́лось бы ду́мать (*or* я наде́юсь), что он це́нит мой сове́т; I ~ people to tell the truth (я) люблю́, когда́ (лю́ди) говоря́т пра́вду; I ~ to be sure я предпочита́ю знать наверняка́; how do you ~ your tea? вы пьёте чай с са́харом/молоко́м (*и т.п.*)?; as you ~ как уго́дно; come whenever you ~ приходи́те в любо́е вре́мя; he was outspoken if you ~, but not rude он был, е́сли хоти́те, открове́нен, но ника́к не груб; that was a performance if you ~! (*a fine one*) вот э́то спекта́кль, э́то я понима́ю!

**lik(e)able** *adj.* симпати́чный.

**likelihood** *n.* вероя́тность; in all ~ по всей вероя́тности; there is little ~ of his coming ма́ло вероя́тно, что он прие́дет.

**likely** *adj.* **1.** (*probable*) вероя́тный; (*plausible*) правоподо́бный; a ~ story! (*iron.*) так я и пове́рил!; **2.** (*suitable*) подходя́щий; (*promising*) многообеща́ющий; **3.** (*to be expected*): he is ~ to come он вероя́тно придёт; that is never ~ to happen э́то вряд ли когда́-нибудь случи́тся.

*adv.* вероя́тно; most, very ~ наве́рно; скоре́е всего́; not ~! (на)вря́д ли!; как бы не так!; as ~ as not вполне́ вероя́тно/возмо́жно; не исключено́.

**liken** *v.t.* упод|обля́ть, -о́бить (*кого́/что кому́/чему́*); сравн|ивать, -и́ть (*кого́, что с чем*).

**likeness** *n.* **1.** (*resemblance*) схо́дство, подо́бие; a family ~ фами́льное схо́дство; in his own image and ~ по своему́ о́бразу и подо́бию; **2.** (*guise*) обли́чие; in the ~ of в ви́де +*g.*; под личи́ной +*g.*; **3.** (*representation, portrait*)

изображе́ние, портре́т.

**likewise** *adv.* подо́бно.

*conj.* таки́м же о́бразом.

**liking** *n.* симпа́тия (*к кому́*); расположе́ние (*к чему́*): he has a ~ for quotations он лю́бит цита́ты; I took a ~ to him я почу́вствовал к нему́ симпа́тию; she has no ~ for this work э́та рабо́та ей не по душе́; is the meat done to your ~? э́то мя́со пригото́влено как вы лю́бите?

**lilac** *n.* сире́нь.

*adj.* (*pert. to* ~; ~-*coloured*) сире́невый.

**lilliputian** *adj.* лилипу́тский, миниатю́рный, кро́шечный.

**lilt** *n.* (*tune*) напе́в; (*rhythm*) ритм.

*v.i.*: a ~ing melody мелоди́чный напе́в.

**lily** *n.* ли́лия; ~ of the valley ла́ндыш.

*cpds.*: ~-**livered** *adj.* трусли́вый; ~-**pond** *n.* пруд с ли́лиями; ~-**white** *adj.* лиле́йный.

**limb** *n.* **1.** (*of body; also fig.*) член; коне́чность; escape with life and ~ вы́йти (*pf.*) це́лым и невреди́мым; tear s.o. ~ from ~ раз|рыва́ть, -орва́ть кого́-н. на ча́сти; **2.** (*branch of tree*) сук, ветвь; out on a ~ (*fig.*) в невы́годном/опа́сном положе́нии.

**limber**[1] *n.* (*mil.*) передо́к.

**limber**[2] *adj.* (*flexible, pliable*) ги́бкий, пода́тливый; (*nimble*) прово́рный.

*v.i.*: ~ **up** разм|ина́ться, -я́ться.

**limbless** *adj.* (*armless*) безру́кий; (*legless*) безно́гий.

**limbo** *n.* **1.** (*relig.*) лимб; преддве́рие а́да; **2.** (*fig.*): our plans are in ~ неизве́стно, что из на́ших пла́нов полу́чится.

**lime**[1] *n.* (*fruit*) лайм; ~ juice сок ла́йма.

**lime**[2] *n.* (*tree*) ли́па; (*attr.*) ли́повый.

**lime**[3] *n.* **1.** (*calcium oxide*) и́звесть; slaked/quick ~ гашёная/негашёная и́звесть; ~ water известко́вая вода́; **2.** (*bird-*~) пти́чий клей.

*v.t.* **1.** (*soil*) изве́стко|вать (*impf., pf.*); уд|обря́ть, -о́брить и́звестью; **2.** (*twig*) нама́з|ывать, -ать (пти́чьим) кле́ем; (*bird*) лови́ть, пойма́ть на клей.

*cpds.*: ~-**kiln** *n.* печь для о́бжига и́звести; ~-**light** *n.* (*lit.*) свет ра́мпы; (*fig.*): be in the ~light быть знамени́тостью; быть в це́нтре внима́ния; быть на виду́; come into the ~light ста|нови́ться, -ть знамени́тостью; ~-**pit** *n.* зо́льник; ~ **stone** *n.* известня́к; (*attr.*) известняко́вый.

**limey** *n.* (*Am. sl.*) ангича́нин.

**limit** *n.* **1.** (*terminal point*) преде́л; (*comm.*) лими́т; the ~s of endurance преде́лы выно́сливости; he exceeded the speed ~ он превы́сил устано́вленную ско́рость; set, fix a ~ to sth. устан|а́вливать, -ови́ть преде́л чему́-н.; lower/upper ~ ми́нимум/ма́ксимум; that's the ~! э́то перехо́дит все грани́цы!; he is the (very) ~! он невозмо́жен!; without ~ без конца́; (*endlessly*) бесконе́чно; there is a ~ to what I can stand моему́ терпе́нию есть преде́л;

his greed knows no ~s его́ жа́дность не зна́ет преде́лов; I am willing to help you, within ~s я гото́в помо́чь вам в преде́лах возмо́жного (*or* в изве́стных преде́лах); **2.** (*border, boundary*) грани́ца; he has gone beyond the ~s of decency он перешёл грани́цы прили́чия; city ~s городска́я черта́; 'off ~s to military personnel' (*Am.*) «вход военнослу́жащим воспрещён»; **3.** (*time* ~) (преде́льный) срок; next week is our extreme ~ сле́дующая неде́ля для нас кра́йний срок; age ~ преде́льный во́зраст.

*v.t.* ограни́чи|вать, -ть (*кого́/что чем*); I shall ~ myself to a single chapter я ограни́чусь одно́й главо́й; ~ed monarchy ограни́ченная мона́рхия; ~ed edition изда́ние, вы́пущенное ограни́ченным тиражо́м; ~ed liability company компа́ния с ограни́ченной отве́тственностью.

**limitation** *n.* **1.** (*limiting, being limited*) ограниче́ние; (*condition*) огово́рка; (*drawback*) недоста́ток; he has his ~s он не лишён недоста́тков; **2.** (*leg.*) (искова́я) да́вность; statute of ~s зако́н об исково́й да́вности.

**limitless** *adj.* безграни́чный, беспреде́льный; (*of time*) бесконе́чный.

**limn** *v.t.* (*arch., liter.*) (жи́во) писа́ть (*impf., pf.*); изобра|жа́ть, -зи́ть.

**limousine** *n.* лимузи́н.

**limp**[1] *n.* хромота́; he has (*or* walks with) a ~ он хрома́ет/прихра́мывает.
   *v.i.* хрома́ть (*impf.*); he was ~ing along the street он ковыля́л по у́лице; (*fig.*): the plane ~ed back to base самолёт с трудо́м добра́лся до ба́зы.

**limp**[2] *adj.* **1.** (*flexible*) мя́гкий; a book in ~ covers кни́га в мя́гком переплёте; **2.** (*without energy; flabby*) вя́лый; I feel ~ я совсе́м без сил; go ~ обм|яка́ть, -я́кнуть.

**limpet** *n.* блю́дечко (*моллюск*); stick like a ~ приста́ть (*pf.*) как ба́нный лист; ~ mine магни́тная ми́на.

**limpid** *adj.* прозра́чный.

**limpidity** *n.* прозра́чность.

**limy** *adj.* (*sticky*) кле́йкий, вя́зкий; (*of soil*) известко́вый.

**linage** *n.* (*number of lines*) коли́чество строк; (*payment*) постро́чная опла́та.

**linchpin, lynchpin** *n.* чека́; (*fig., of pers. or thg.*) тот/то, на ком/чём всё де́ржится; незамени́мый челове́к; опо́ра.

**linctus** *n.* миксту́ра.

**linden** *n.* ли́па.

**line**[1] *n.* **1.** (*cord*) верёвка: hang washing on the ~ разве́сить (*pf.*) бельё на верёвке; (*fishing-* ~) ле́ска; fish with rod and ~ уди́ть (*impf.*) ры́бу; (*plumb-* ~) отве́с; (*naut., for sounding*) лот, ло́тлинь (*m.*); **2.** (*wire, cable for communication*) ли́ния (свя́зи); ка́бель (*m.*); про́вод; direct ~ пряма́я ли́ния; party ~ паралле́льные телефо́ны; hot ~ (*coll.*) прямо́й

про́вод; the ~ is bad пло́хо слы́шно; the ~ is engaged (*Am.* busy) ли́ния занята́; he is on the ~ он говори́т по телефо́ну; он у телефо́на; give me a ~ to the Ministry соедини́те меня́ с министе́рством; an outside ~, please да́йте го́род, пожа́луйста; hold the ~! подожди́те у телефо́на!; не ве́шайте тру́бку!; lay ~s про|кла́дывать, -ложи́ть ка́бель; **3.** (*rail.*) ли́ния; ~s of communication (*mil.*) коммуника́ции (*f. pl.*); up (down) ~ железнодоро́жная ли́ния, веду́щая в столи́цу (из столи́цы); main ~ гла́вный путь, магистра́ль; branch ~ (железнодоро́жная) ве́тка; he has reached the end of the ~ (*fig.*) он дошёл до ру́чки/то́чки/преде́ла; (*track*) полотно́; ре́льсы (*m. pl.*); (ре́льсовый) путь; I crossed the ~ by the bridge я перешёл ли́нию по мосту́; **4.** (*transport system*) ли́ния; air ~s возду́шные ли́нии; **5.** (*long narrow mark*) ли́ния, черта́; (*geom., geog. etc.*): ~s of force силовы́е ли́нии; date ~ ли́ния су́точного вре́мени; cross the L~ пересе|ка́ть, -е́чь эква́тор; (*imagined straight* ~): ~ of fire направле́ние стрельбы́; hang a picture on the ~ ве́шать, пове́сить карти́ну на у́ровне глаз; **6.** (*on face etc.*) скла́дка, морщи́на; (*on palm*): ~ of fate ли́ния судьбы́; **7.** (*drawn, painted etc.*) штрих; ~ drawing штрихово́й/каранда́шный рису́нок; ~ engraving штрихова́я гравю́ра; purity of ~ чистота́ ли́ний; in broad ~s в о́бщих черта́х; drawn in bold ~s нарисо́ванный сме́лыми штриха́ми; (*pl., contour, outline, shape*) ко́нтур, очерта́ние; ~s of a ship обво́ды (*m. pl.*) корабля́; **8.** (*boundary, limit*) грани́ца, преде́л, черта́; dividing ~ раздели́тельная черта́; (*fig.*): draw a ~ between различ|а́ть, -и́ть; draw the ~ пров|оди́ть, -ести́ грани́цу; one must draw the ~ somewhere всему́ есть преде́л; I draw the ~ at that на э́то я уж не согла́сен; (*sport*): the ball went over the ~ мяч перешёл черту́; at the starting ~ на ста́рте; toe the ~ (*fig.*) беспреко́словно слу́шаться/подчиня́ться (*impf.*); ходи́ть (*indet.*) по ни́точке; **9.** (*row*) ряд, ли́ния; stand in ~ стоя́ть (*impf.*) в ряд; (*Am., queue*) стоя́ть (*impf.*) в о́череди; (в)стать (*pf.*) в о́чередь; in ~ with в одну́ ли́нию (*or* в ряд) с +*i.*; (*fig.*) в согла́сии/соотве́тствии с +*i.*; bring into ~ (*fig.*) привле́чь (*pf.*) (*кого*) на свою́ сто́рону; соглас́о́в|ывать, -а́ть (*что*); come, fall into ~ согла|ша́ться, -си́ться; (*fig.*) согласова́ться (*impf., pf.*); be out of ~ (*fig.*) не соотве́тствовать (*impf.*) но́рме; (*mil.*): in ~ в развёрнутом строю́; ~ of march похо́дный поря́док; draw up in ~ стро́ить, по- в ряд; (*nav., av.*): abreast ~ строй фро́нта; ~ ahead строй в ли́нию, строй кильва́тера; **10.** (*mil., entrenched position*): front ~ ли́ния фро́нта; in the front ~ на передово́й; ~s of defence оборони́тельный рубе́ж; behind the enemy

~s за расположе́нием (*or* в (бли́жнем) тылу́) проти́вника; go up the ~ отпр|авля́ться, -а́виться на фронт; he was beaten all along the ~ (*fig.*) он потерпе́л пораже́ние на всех фронта́х; **11.** (*mil., nav.*: *main, not auxiliary, formation*): ~ regiment лине́йный полк; ship of the ~ лине́йный кора́бль (*abbr.* линко́р); **12.** (*of print or writing*) строка́; on ~ 10 на строке́ деся́той; begin a new ~! начни́те с но́вой строки́!; read between the ~s (*fig.*) чита́ть (*impf.*) ме́жду строк; marriage ~s свиде́тельство о бра́ке; send (*coll.* drop) s.o. a ~ (*or* a few ~s) черкну́ть (*pf.*) кому́-н. не́сколько слов; (*pl., verse*) стихи́ (*m. pl.*); (*pl., actor's part*) роль; **13.** (*lineage*) ли́ния; in direct ~ of descent по прямо́й (нисходя́щей) ли́нии; the last of a long ~ of kings после́дний в стари́нном короле́вском роду́; in the male ~ по мужско́й ли́нии; **14.** (*course, direction, track*) направле́ние, ли́ния; ~ of action ли́ния поведе́ния/де́йствия; general ~s of policy о́бщие направле́ния поли́тики; take a firm, hard, strong ~ зан|има́ть, -я́ть твёрдую пози́цию; де́йствовать (*impf.*) энерги́чно; стро́го об|ходи́ться, -ойти́сь (*с кем*); take the ~ of least resistance пойти́ (*pf.*) по ли́нии наиме́ньшего сопротивле́ния; follow the party ~ приде́рживаться (*impf.*) парти́йной ли́нии; take a different ~ зан|има́ть, -я́ть ину́ю пози́цию; get a ~ on sth. навести́ (*pf.*) спра́вки о чём-нибудь; on similar ~s анало́гичным о́бразом; на тех же основа́ниях; you and I are thinking along the same ~s мы с ва́ми ду́маем в одно́м направле́нии; on different ~s по-друго́му; (*principle*): the business is run on co-operative ~s предприя́тие де́йствует на кооперати́вных нача́лах; **15.** (*province, sphere of activity*): cards are not in my ~ ка́рточная игра́ — не по мое́й ча́сти; in the ~ of duty при исполне́нии служе́бных обя́занностей; his ~ of business род его́ заня́тий; I have friends in the banking ~ у меня́ есть друзья́ в фина́нсовом ми́ре; what's your ~? чем вы занима́етесь?; кака́я у вас профе́ссия?; **16.** (*class of goods*) сорт, род, моде́ль (*товара*): they are bringing in a new ~ in bicycles они́ вво́дят/внедря́ют но́вую моде́ль велосипе́да; consumer ~s потреби́тельские това́ры (*m. pl.*); **17.** (*pl., coll., fortune*): it was hard ~s on him (ужа́сно) не повезло́ ему́; hard ~s! бедня́га! (*c.g.*).

*v.t.* **1.** (*mark with* ~s) линова́ть, раз-; ~d paper линованная бума́га; his face was deeply ~d его́ лицо́ бы́ло изборождено́ морщи́нами; **2.** (*form a* ~ *along*) стоя́ть (*impf.*) (*or* быть расста́вленными) вдоль +*g.*; police ~d the street полице́йские стоя́ли по обе́им сторона́м у́лицы; the road was ~d with trees доро́га была́ обса́жена дере́вьями.

*with adv.*: ~ **up** *v.t.* (*align*) выстра́ивать,

вы́строить в ряд/ли́нию; they were ~d up against a wall их вы́строили вдоль стены́; (*coll., arrange*): I have something ~d up for you я для вас ко́е-что устро́ил; (*coll., collect*): ~d up a lot of votes он собра́л мно́го голосо́в; *v.i.* выстра́иваться, вы́строиться в ряд/ли́нию; (*queue up*) ста|нови́ться, -ть в о́чередь; (*fig., align o.s.*) присоедин|я́ться, -и́ться (*к кому*).

*cpds.*: ~**man** *n.* (*teleg.*) лине́йный надсмо́трщик; ~**sman** *n.* (*rail.*) путево́й обхо́дчик; (*sport*) боково́й судья́; ~**-up** *n.* (*arrangement, grouping*) расположе́ние, строй; расстано́вка.

**line²** *v.t.* **1.** (*put lining into*) ста́вить, по- на подкла́дку; подб|ива́ть, -и́ть; ~ a coat with silk поста́вить (*pf.*) пальто́ на шёлковую подкла́дку; подб|ива́ть, -и́ть пальто́ шёлком; her coat is ~d with silk у неё пальто́ на шёлковой подкла́дке; **2.** (*fig.*) заст|авля́ть, -а́вить; the wall was ~d with books стена́ была́ заста́влена кни́гами; (*fig., fill*): ~ one's pockets наб|ива́ть, -и́ть себе́ карма́ны; ~ one's stomach подкреп|ля́ться, -и́ться; **3.** (*tech., of walls etc.*) облиц|о́вывать, -ева́ть.

**lineage** *n.* (*ancestry*) происхожде́ние; (*genealogy*) родосло́вная.

**lineal** *adj.* происходя́щий по прямо́й ли́нии (*от кого*).

**lineament** *n.* черта́; (*pl.*) очерта́ния (*nt. pl.*), ко́нтуры (*m. pl.*).

**linear** *adj.* лине́йный.

**linen** *n.* **1.** (*material: smooth*) полотно́; (*coarse*) холст; **2.** (~ *articles*) бельё; (*clothing*) (носи́льное) бельё; (*bed-*~) посте́льное бельё; table ~ столо́вое бельё; wash one's dirty ~ in public (*fig.*) выноси́ть (*impf.*) сор из избы́.

*adj.* **1.** (*pert. to flax*) льняно́й; ~ industry льняна́я промы́шленность; ~ cloth льняно́е полотно́; **2.** (*made of* ~) полотня́ный.

*cpds.*: ~**-draper** *n.* торго́вец льняны́ми тка́нями; ~**-room** *n.* бельева́я (ко́мната).

**liner** *n.* (*ship*) ла́йнер; air ~ возду́шный ла́йнер.

**ling¹** *n.* (*heather*) ве́реск.

**ling²** *n.* (*fish*) морска́я щу́ка; морско́й нали́м.

**linger** *v.i.* (*take one's time*) ме́длить (*impf.*); ме́шкать (*impf.*); without ~ing a minute не ме́для ни мину́ты; she ~ed over her dressing она́ до́лго одева́лась; a ~ing death ме́дленная смерть; (*stay on*) заде́рж|иваться, -а́ться; ~ing disease затяжна́я боле́знь; I have ~ing doubts мои́ сомне́ния не рассе́ялись; the guests ~ed over their coffee го́сти засиде́лись за ко́фе; (*dwell at length*): the speaker ~ed on, over his favourite subject ора́тор задержа́лся на своём люби́мом предме́те; she gave him a ~ing glance она́ посмотре́ла на него́ до́лгим взгля́дом; (*of time: drag*) затя́гиваться (*impf.*);

(*continue to live*): the old man ～ed for another week стари́к протяну́л ещё одну́ неде́лю.

　　*with advs.*: ～ **about**, ～ **around** *v.i.* болта́ться (*impf.*); ～ **on** *v.i.* (*of doubt etc.*: *remain*) ост|ава́ться, -а́ться; (*of customs*; *be preserved*) сохраня́ться (*impf.*); (*of invalid*) влачи́ть (*impf.*) существова́ние; ～ **out** *v.t.*: ～ out one's days влачи́ть (*impf.*) дни свои́.

**lingerie** *n.* да́мское бельё.

**lingo** *n.* (*pej.*) (иностра́нный) язы́к; (*jargon*) жарго́н.

**lingua franca** *n.* сме́шанный язы́к.

**lingual** *adj.* язы́чный.

**linguist** *n.* (*speaker of foreign languages*): he is a good ～ ему́ легко́ даю́тся языки́; он о́чень спосо́бен к языка́м; (*philologist*) лингви́ст, языкове́д.

**linguistic** *adj.* лингвисти́ческий, языкове́дческий; ～ problems пробле́мы языка́.

**linguistics** *n.* лингви́стика, языкозна́ние, языкове́дение.

**liniment** *n.* мазь.

**lining** *n.* (*of garment*) подкла́дка; (*of walls etc.*) облицо́вка; (*of stomach*) сте́нки (*f. pl.*); brake ～ тормозна́я прокла́дка; every cloud has a silver ～ нет ху́да без добра́.

**link** *n.* **1.** (*of chain*; *also fig.*) звено́; missing ～ недостаю́щее звено́; **2.** (*cuff-* ～) за́понка; **3.** (*connection*) связь.

　　*v.t.* (*unite*) соедин|я́ть, -и́ть; (*join*) свя́з|ывать, -а́ть; (*tech., couple*) сцеп|ля́ть, -и́ть; these notions are not ～ed (to each other) э́ти поня́тия не свя́заны ме́жду собо́й; ～ arms with s.o. идти́ (*det.*) по́д руку с кем-н.; ～ one's arm through another's брать, взять кого́-н. по́д руку.

　　*v.i.*: ～ on to sth. прим|ыка́ть, -кну́ть к чему́-н.; ～ with (*fit in with*) sth. вяза́ться (*impf.*) с чем-н.

　　*with advs.*: ～ **together** *v.t.* свя́з|ывать, -а́ть; ～ **up** *v.t. & i.* соедин|я́ться, -и́ться.

　　*cpds.*: ～-**man** *n.* (*on TV*) веду́щий програ́мму; ～-**up** *n.* связь, соедине́ние.

**linkage** *n.* (*chem.*) связь.

**links** *n.* (*golf-* ～) по́ле для игры́ в гольф.

**linnet** *n.* конопля́нка.

**lino** = LINOLEUM.

**linocut** *n.* гравю́ра на лино́леуме, линогравю́ра.

**linoleum** *n.* лино́леум.

**linotype** *n.* линоти́п.

**linseed** *n.* льняно́е се́мя; ～ cake льняны́е жмыхи́ (*m. pl.*); ～ oil льняно́е ма́сло.

**lint** *n.* **1.** (*med.*) ко́рпия; (*gauze*) ма́рля; **2.** (*fluff*) пух.

**lintel** *n.* при́толока.

**lion** *n.* лев; ～'s share (*fig.*) льви́ная до́ля; put one's head in the ～'s mouth (*fig.*) рискова́ть (*impf.*) голово́й; (*fig., celebrity*) све́тский лев, знамени́тость.

*cpds.*: ～-**cub** *n.* львёнок; ～-**hearted** *adj.* неустраши́мый; ～-**hunter** *n.* охо́тник на львов; (*fig.*) челове́к, гоня́ющийся за знамени́тостями.

**lioness** *n.* льви́ца.

**lionize** *v.t.*: ～ s.o. носи́ться (*impf.*) с кем-нибудь, как с знамени́тостью.

**lip** *n.* **1.** губа́ (*dim.* гу́бка); lower/upper ～ ни́жняя/ве́рхняя губа́; bite one's ～ (*in vexation*) куса́ть (*impf.*) губы́; (*in thought*) закус|ывать, -и́ть губу́; curl one's ～ (*in scorn*) презри́тельно криви́ть, с- губы; not a word escaped, passed his ～s он не пророни́л ни сло́ва; hang on s.o.'s ～s впи́т|ывать (*impf.*) ка́ждое сло́во кого́-н.; слу́шать кого́-н. с восто́ргом; смотре́ть кому́-н. в рот; keep a stiff upper ～ сохран|я́ть, -и́ть самооблада́ние; lick one's ～s обли́з|ываться, -ну́ться; smack one's ～s чмо́к|ать, -нуть; I heard it from his own ～s я слы́шал э́то от него́ самого́; the news is on everyone's ～s но́вость у всех на уста́х; **2.** (*edge of cup, wound etc.*) край; (*of ladle*) но́сик; **3.** (*coll., impudence*) де́рзость; none of your ～! не дерзи́!; I won't take any ～ from him! я ему́ покажу́ дерзи́ть!; пусть он не про́бует мне дерзи́ть.

　　*cpds.*: ～-**read** *v.t. & i.* чита́ть (*impf.*) с губ; ～-**reading** *n.* чте́ние с губ; ～-**salve** *n.* мазь для смягче́ния губ; ～-**service** *n.* неи́скренние призна́ния/завере́ния; pay ～-service to sth. призн|ава́ть, -а́ть что-н. то́лько на слова́х; ～ **stick** *n.* (*substance*) губна́я пома́да; (*applicator*) па́лочка губно́й пома́ды.

**lipped** *adj.* (*of vessel*) с но́сиком; (*of edge*) за́гнутый.

　　*in comb.*: thick-～ толстогу́бый.

**liquefaction** *n.* расплавле́ние; сжиже́ние.

**liquefy** *v.t. & i.* (*of metals etc.*) распл|авля́ть(ся), -а́вить(ся); (*of gas*) сжи|жа́ть(ся), -ди́ть(ся).

**liqueur** *n.* ликёр.

　　*cpd.*: ～-**glass** *n.* ликёрная рю́м(оч)ка.

**liquid** *n.* **1.** (*substance*) жи́дкость; ～ measure ме́ра жи́дкости; **2.** (*phon.*) пла́вный.

　　*adj.* **1.** (*in ～ form*) жи́дкий; ～ oxygen жи́дкий кислоро́д; ～ food жи́дкая пи́ща; **2.** (*translucent*): ～ eyes я́сные глаза́; a ～ sky прозра́чное не́бо; **3.** (*of sounds*) певу́чий, мелоди́чный, пла́вный; **4.**: ～ assets ликви́дные акти́вы.

**liquidate** *v.t.* (*all senses*) ликвиди́ровать (*impf., pf.*).

**liquidation** *n.* ликвида́ция; go into ～ ликвиди́роваться (*impf., pf.*); ～ of debts погаше́ние долго́в.

**liquidator** *n.* ликвида́тор.

**liquidity** *n.* жи́дкое состоя́ние; (*fin.*) ликви́дность.

**liquidizer** *n.* (*cul.*) соковыжима́лка.

**liquor** *n.* **1.** (*alcoholic drink*) (спиртно́й)

напи́ток; in (*or* the worse for) ~ под му́хой; ~ store ви́нный магази́н; **2.** (*liquid*) жи́дкость.

**liqu|orice, lic-** *n.* (*plant*) соло́дка, лакри́чник; (*substance*) лакри́ца.

**lira** *n.* ли́ра.

**Lisbon** *n.* Лисабо́н.

**lisle** *n.* (~ thread) фильдеко́с; ~ stockings фильдеко́совые чулки́.

**lisp** *n.* шепеля́вость; he has (*or* speaks with) a ~ он шепеля́вит; (*of leaves etc.*) шо́рох.

   *v.i.* шепеля́вить (*impf.*); сюсю́кать (*impf.*).

**lissom(e)** *adj.* ги́бкий.

**list** *n.* **1.** (*roll, inventory, enumeration*) спи́сок, пе́речень (*m.*); black ~ чёрный спи́сок; casualty ~ спи́сок потерь; on the active ~ на действи́тельной слу́жбе; enter sth. on a ~ вн|оси́ть, -ести́ что-н. в спи́сок; make a ~ сост|авля́ть, -а́вить спи́сок; ~ price цена́ по прейскура́нту; **2.** (*pl., tilting-yard*) аре́на (турни́ра); (*fig.*): enter the ~s against s.o. вступ|а́ть, -и́ть в бой с кем-н.

   *v.t.* (*make a ~ of*) сост|авля́ть, -а́вить спи́сок +g.; (*enter on a ~*) вн|оси́ть, -ести́ в спи́сок; (*enumerate*) переч|исля́ть, -и́слить; ~ed building зда́ние, находя́щееся под охра́ной госуда́рства.

**list²** *n.* (*leaning*) крен; накло́н; have a ~ крени́ться (*impf.*).

   *v.i.* (*of ship*) накреня́ться (*impf.*); крени́ться, на-.

**listen** *v.i.* слу́шать, по-; ~ to слу́шать, по- +*a.*; do you ~ (in) to the radio? слу́шаете ли вы ра́дио?; (*pay attention, heed to*) прислу́ш|иваться, -аться к +*d.*; don't ~ to him! не обраща́йте на него́ внима́ния!; I was ~ing for the bell я (напряжённо) ждал звонка́; (*hear out*) выслу́шивать, вы́слушать; ~ to me and then decide выслу́шайте меня́, а пото́м реша́йте!; (*for a certain time*) прослу́ш|ивать, -ать; he ~s to the radio all evening он це́лый ве́чер слу́шает ра́дио; the doctor ~ed to his heart врач прослу́шал его́ се́рдце; (*overhear, eavesdrop on*) подслу́ш|ивать, -ать; he ~ed in on their conversation он подслу́шал их разгово́р; ~ing-post пост подслу́шивания.

**listener** *n.* слу́шатель (*m.*); he is a good ~ он уме́ет слу́шать; (*to radio*) радиослу́шатель (*m.*).

**listing** *n.* спи́сок; составле́ние спи́ска.

**listless** *adj.* апати́чный, вя́лый.

**listlessness** *n.* апа́тия, вя́лость.

**litany** *n.* ектенья́.

**liter** *see* LITRE.

**literacy** *n.* гра́мотность.

**literal** *adj.* **1.** (*of, or expressed in, letters*) бу́квенный; ~ error опеча́тка, бу́квенная оши́бка; **2.** (*following the text exactly; taking words in primary sense*) буква́льный; he has a ~ mind у него́ педанти́чный/прозаи́ческий ум.

**literalness** *n.* буква́льность.

**literary** *adj.* **1.** (*pert. to literature, books, writing*) литерату́рный; (*of ~ studies*) литературове́дческий; ~ history исто́рия литерату́ры; a ~ man литера́тор; ~ property литерату́рная со́бственность; **2.** (*of style or vocabulary*) кни́жный.

**literate** *adj.* гра́мотный.

**literati** *n.* литера́торы (*m. pl.*).

**literature** *n.* литерату́ра; student of ~ литературове́д; study of ~ литературове́дение; (*printed matter*) литерату́ра; кни́ги брошю́ры и т.п.

**lithe** *adj.* ги́бкий.

**litheness** *n.* ги́бкость.

**lithium** *n.* ли́тий.

**lithograph** *n.* литогра́фия; ~ print литогра́фский о́ттиск.

   *v.t.* литографи́ровать (*impf., pf.*).

**lithographer** *n.* лито́граф.

**lithographic** *adj.* литогра́фский.

**lithography** *n.* литогра́фия.

**Lithuania** *n.* Литва́.

**Lithuanian** *n.* (*pers.*) лито́в|ец (*fem.* -ка); (*language*) лито́вский язы́к.

   *adj.* лито́вский.

**litigant** *n.* тя́жущаяся сторона́.

**litigate** *v.i.* суди́ться (*impf.*).

**litigation** *n.* тя́жба; суде́бный проце́сс.

**litigious** *adj.* **1.** (*fond of going to law*) сутя́жнический; a ~ person сутя́га (*c.g.*); сутя́жни|к (*fem.* -ца); **2.** (*pert. to litigation*) ~ procedure процеду́ра суде́бного разбира́тельства.

**litmus** *n.* ла́кмус; ~ paper ла́кмусовая бума́га.

**litotes** *n.* лито́та.

**litre** (*Am.* **liter**) *n.* литр.

**litter** *n.* **1.** (*refuse*) сор, отбро́с|ы (*pl., g.* -ов); **2.** (*straw etc. for animals*) подсти́лка; **3.** (*newly-born animals*) помёт; **4.** (*hist., means of transport*) паланки́н; (*stretcher*) носи́л|ки (*pl., g.* -ок).

   *v.t.* **1.** (*make untidy*) сори́ть, на-; he ~ed the room with paper он разброса́л бума́гу по всей ко́мнате; the table is ~ed with books стол зава́лен кни́гами; **2.** (*provide with straw for bedding*): ~ a horse де́лать, с- подсти́лку для ло́шади.

   *v.i.* (*give birth: of dogs*) щени́ться, о-; (*of pigs*) пороси́ться, о-.

   *cpds.*: ~**-basket** *n.* му́сорная корзи́на; ~**-bin** *n.* му́сорный я́щик.

**littérateur** *n.* литера́тор.

**little** *n.* (*not much*) ма́ло, немно́го, немно́жко +*g.*; there was ~ left оста́лось ма́ло/немно́го; it had ~ to do with me э́то де́ло меня́ ма́ло каса́лось; our plans came to ~ из на́ших пла́нов ма́ло что получи́лось; he makes ~ of physical pain он не бои́тся физи́ческой бо́ли; he thinks ~ of me он обо мне ни́зкого/невысо́кого мне́ния; it takes ~ to make him angry его́ нетру́дно рассерди́ть; I see ~ of him now я тепе́рь ре́дко ви́жу его́; in ~ в миниатю́ре; ~ or nothing почти́ ничего́; ма́ло что; he has done ~ or nothing for us он нам почти́ ниче́м не помо́г; (small amount): I did what ~ I could я сде́лал то немно́гое, что мог; the ~ of his work that remains то немно́гое, что сохрани́-лось из его́ трудо́в; I'd like a ~ of that salad я бы хоте́л немно́го/чу́точку э́того сала́та; he knows a ~ Japanese он немно́го зна́ет япо́нский; he knows a ~ of everything он зна́ет обо всём понемно́гу; he has done not a ~ to harm us он нам нема́ло/поря́дком навреди́л; (short time or distance): after a ~ he returned вско́ре он верну́лся; won't you stay (for) a ~? побу́дьте/посиди́те ещё немно́го!; ~ by ~ ма́ло-пома́лу; постепе́нно.

adj. 1. (small) ма́ленький, небольшо́й; ~ finger мизи́нец; ~ toe мизи́нец ноги́; L ~ Bear (astron.) Мала́я Медве́дица; (expr. by dim., e.g.) ~ house до́мик; ~ man челове́чек; 2. (young): ~ boy (ма́ленький) ма́льчик; ~ girl (ма́ленькая) де́вочка; my ~ brother мой брати́шка; ~ ones (children) дет|и́ (pl., g. -е́й); малыши́ (m. pl.); де́тки (f. pl.); (animals) детёныши (m. pl.); 3. (trivial, unpretentious) ме́лкий; незначи́тельный; the ~ things of life жите́йские ме́лочи (f. pl.); 4. (not tall or long) невысо́кий; недли́нный; he was a ~ man он был челове́к небольшо́го ро́ста; I went a ~ way with him я с ним прошёл не́сколько шаго́в; wait here for a ~ while подожди́те здесь немно́жко; 5. (small, of quantity) ма́ло, немно́го, немно́жко +g.; there is ~ butter left ма́сла оста́лось ма́ло; he knows ~ Japanese он пло́хо зна́ет япо́нский; have a ~ some-thing to eat! перекуси́те чу́точку!; ску́-шайте что́-нибудь!; it gives me no ~ pleasure э́то доставля́ет мне и́стинное удово́льствие; 6. (in var. emotive senses): that poor ~ girl! бедня́жка!; he's quite the ~ gentleman э́тот ма́льчик — настоя́щий джентльме́н; so that's your ~ game! так вы вон что заду́мали!; I know your ~ ways я зна́ю ва́ши шту́чки; зна́ем мы вас!; I left the ~ woman (coll.) at home жена́/стару́шка оста́лась до́ма; you ~ liar! ах ты, лгуни́шка! (c.g.).

adv. 1. (not much) ма́ло; I see him very ~ я ма́ло/ре́дко с ним ви́жусь; ~ more нена-мно́го/немно́гим бо́льше; it is ~ more than speculation э́то но́сит предположи́тель-ный хара́ктер; he is ~ better than a thief он про́сто-на́просто вор; ~ short of madness су́щее безу́мие; (not at all): ~ did he know I was following him он и не подозрева́л, что я иду́ за ним; we ~ thought he would go to those lengths мы ника́к не ожида́ли, что он дойдёт до тако́й кра́йности; 2. (a ~: slightly, some-what) немно́го, немно́жко; this hat is a ~ too

big for me э́та шля́па мне немно́го велика́; I was a ~ afraid you would not come я немно́го боя́лся, что вы не придёте; he was not a ~ annoyed он был не на шу́тку раздражён; I am a ~ happier now я тепе́рь не́сколько успоко́ился; she is a ~ over 40 ей немно́гим бо́льше сорока́.

**littoral** n. побере́жье.
   adj. прибре́жный.
**liturgical** adj. литурги́ческий.
**liturgy** n. (eccl.) литурги́я.
**livable** see LIV(E)ABLE.

**live** adj. 1. (living) живо́й; ~ bait живе́ц; (pert. to living pers. or thg.): ~ birth рожде́ние живо́го ребёнка; number of ~ births число́ живорождённых дете́й; ~ weight живо́й вес; (fig.): ~ issue актуа́льный вопро́с; 2. (burn-ing): ~ coals горя́щие у́гли; 3. (not spent or exploded): a ~ match неиспо́льзованная спи́чка; ~ ammunition боевы́е патро́ны; ~ rail токопроводя́щий рельс; a ~ wire (lit.) про́вод под то́ком/напряже́нием; (fig.) челове́к с изю́минкой, «жи́вчик»; 4. (not recorded): ~ broadcast пряма́я переда́ча; (away from studio) внестуди́йная переда́ча; the game was broadcast ~ матч трансли́ровался непо-сре́дственно со стадио́на.
   cpd.: ~-**stock** n. дома́шний скот.

**live²** v.t. (spend, experience) пров|оди́ть, -ести́; прож|ива́ть, -и́ть; he ~d his whole life there он там прожи́л всю жизнь; he is living a double life он ведёт двойну́ю жизнь; he ~s life to the full он живёт по́лной жи́знью; life is not worth living жить не сто́ит; ~ a lie жить (impf.) по лжи.
   v.i. 1. (be alive) жить (impf.); (of habitat) води́ться, обита́ть (both impf.); 2. (subsist): they ~ on vegetables они́ пита́ются овоща́ми; you can't ~ on air на пи́ще свято́го Анто́ния до́лго не проживёшь; they ~ off the land они́ живу́т на подно́жном корму́; they ~ from hand to mouth они́ перебива́ются с хле́ба на́ во́ду; они́ е́ле сво́дят концы́ с конца́ми; 3. (depend for one's living) жить (impf.); he ~s on his wife он живёт на иждиве́нии жены́; he ~s on his earnings он живёт на свои́ за́работки; they ~ quietly, within their income они́ живу́т скро́мно, по сре́дствам; he ~s on, off his friends он живёт за счёт друзе́й; he ~s on his reputation он живёт ста́рым капита́лом; he ~s by, on his wits он живёт на сомни́тельные дохо́ды; 4. (conduct o.s.) жить (impf.); he ~s up to his principles/reputation он стро́го приде́рживается свои́х при́нципов; он не роня́ет свое́й репута́ции; he ~d up to my expectations он не обману́л мои́х ожида́ний; he ~s to himself он живёт за́мкнуто; he ~d and died a bachelor он жил и у́мер холос-тяко́м; (arrange one's diet, habits etc.): he ~s well он живёт хорошо́ (or на широ́кую но́гу);

two can ~ as cheaply as one вдвоём жить не доро́же, чем одному́; ~ like a lord (*or* a fighting cock) ката́ться (*impf.*) как сыр в ма́сле; **5.** (*enjoy life*): now at last I'm really living вот э́то я называ́ю жи́знью!; if you've never been to Paris, you haven't ~d кто в Пари́же не быва́л, тот жи́зни не вида́л; **6.** (*continue alive*): the doctors think he won't ~ врачи́ ду́мают, что он не вы́живет; he ~d to a great (*or* ripe old) age он до́жил до глубо́кой ста́рости; they ~d happily ever after они́ ста́ли жить-пожива́ть да добра́ нажива́ть; he ~d to regret it впосле́дствии он об э́том жале́л; he did not ~ to finish the work он у́мер, не заверши́в рабо́ту; he will ~ to see his grandchildren married он успе́ет вну́ков жени́ть; long ~ the Queen! да здра́вствует короле́ва!; she has ~d through a great deal она́ мно́го пережила́; you, we ~ and learn век живи́ — век учи́сь; ~ and let ~ сам живи́ и други́м не меша́й; I have nothing to ~ for мне не́зачем жить; he ~s for his work он живёт свое́й рабо́той; для него́ рабо́та — всё; (*fig., survive*): his fame will ~ for ever сла́ва его́ не умрёт; **7.** (*reside*) жить, прожива́ть (*both impf.*); обита́ть (*impf.*); where do you ~? где вы живёте?; I ~ at No. 17 я живу́ в до́ме но́мер 17; the house has a ~d-in appearance у до́ма обжито́й вид; he is living with his secretary он живёт/сожи́тельствует с секрета́ршей; they are living apart (*of married couple*) они́ живу́т врозь; они́ разъе́хались; ~ with (*fig. tolerate*) мири́ться, при- с +*i.*

*with advs.*: ~ **down** *v.t.* загла́|живать, -дить; he will never ~ down the scandal ему́ никогда́ не уда́стся загла́дить сканда́л; ему́ никогда́ не забу́дут его́ сканда́льного поведе́ния; ~ **in** *v.i.*: the servants all ~ in/out вся прислу́га — живу́щая/приходя́щая; ~ **on** *v.i.*: his memory ~s on па́мять о нём жива́; ~ **out** *v.t.* (*survive*): she will not ~ out the night она́ не протя́нет до утра́; *v.i.*: most officers ~ out бо́льшая часть офице́ров не живёт в каза́рмах; *see also* ~ **in**; ~ **together** *v.i.*: are they married or only living together? они́ жена́ты и́ли так живу́т (*or* сожи́тельствуют)?; France and Germany have learnt to ~ together Фра́нция и Герма́ния научи́лись жить в ми́ре; ~ **up** *v.t.*: ~ it up (*coll.*) жить (*impf.*) широко́.

*cpd.*: ~**long** *adj.* це́лый; the ~long day день-деньско́й.

**liv(e)able** *adj.* **1.** (*of house etc.*) го́дный для жилья́; **2.** (*of life*) сно́сный; **3.**: ~-with (*of pers.*) тако́й, с кото́рым мо́жно ужи́ться.

**livelihood** *n.* сре́дства (*nt. pl.*) к существова́нию; earn, gain one's ~ зараба́тывать (*impf.*) на жизнь; добыва́ть (*impf.*) сре́дства к существова́нию.

**liveliness** *n.* жи́вость, оживлённость.

**lively** *adj.* **1.** (*lit., fig.*) живо́й; take a ~ interest in sth. проявля́ть (*impf.*) живо́й интере́с к

чему́-н.; (*animated*) оживлённый; trade was ~ торго́вля шла бо́йко; (*energetic*) живо́й, де́ятельный; (*bright*): ~ colours я́ркие кра́ски; (*brisk*): we walked at a ~ расе мы шли бы́стрым ша́гом; look ~! быстре́е!; жи́во!; повора́чивайся!; **2.** (*exciting, dangerous*): make things ~ for s.o. зада́ть (*pf.*) жа́ру кому́-н.; насоли́ть (*pf.*) кому́-н.

**liven** *v.t. & i.* (*also* ~ **up**) ожив|ля́ть(ся), -и́ть(ся).

**liver**[1] *n.* (*anat.*) пе́чень; ~ complaint боле́знь пе́чени; (*food*) печёнка; ~ sausage ли́верная колбаса́.

   *cpd.*: ~-**fluke** *n.* печёночная двуу́стка.

**liver**[2] *n.*: loose ~ распу́тник; fast ~ прожига́тель (*m.*) жи́зни.

**liveried** *adj.* ливре́йный.

**liver|ish, -y** *adjs.*: he is feeling ~ у него́ поша́ливает пе́чень; (*fig., peevish*) жёлчный.

**livery**[1] *n.* (*of servants*) ливре́я; (*of a guild etc.*) фо́рма; (*for horses*) проко́рм; ~ stable пла́тная коню́шня.

**livery**[2] *see* LIVERISH.

**livid** *adj.* (*of colour*) серова́то-си́ний; мёртвенно-бле́дный; (*coll., of temper*): be ~ черне́ть, по-; I was ~ я был взбешён.

**living** *n.* **1.** (*process, manner of* ~): ~ conditions усло́вия жи́зни; a ~ wage прожи́точный ми́нимум; the art of ~ уме́ние жить; loose ~ распу́тство; cost of ~ сто́имость жи́зни; standard of ~ жи́зненный у́ровень; **2.** (*livelihood*) сре́дства (*nt. pl.*) к жи́зни; earn one's ~ зараб|а́тывать, -о́тать себе́ на жизнь; he makes his ~ by teaching он зараба́тывает преподава́нием; the world owes us a ~ о́бщество обя́зано содержа́ть нас; **3.** (*fare*): good, high ~ бога́тый стол; plain ~ просто́й стол; **4.** (*eccl.*) бенефи́ций.

   *adj.* **1.** (*alive*) живо́й; a ~ language живо́й язы́к; a ~ death жа́лкое существова́ние; within ~ memory на па́мяти живу́щих; not a ~ soul (*as obj.*) ни (одно́й) живо́й души́; no man ~ could do better никто́ на све́те не мог бы сде́лать лу́чше; (*as n.*) the ~ живы́е (*pl.*); he is in the land of the ~ он ещё жив; он ещё не поки́нул э́тот свет; **2.** (*true to life*) he is the ~ image of his father он вы́литый оте́ц; **3.** (*contemporary*): he is the greatest of ~ writers он крупне́йший из совреме́нных писа́телей.

   *cpds.*: ~-**room** *n.* гости́ная; ~-**space** *n.* жи́зненное простра́нство.

**Livy** *n.* Ли́вий.

**lizard** *n.* я́щерица.

**Ljubljana** *n.* Лю́бляна.

**llama** *n.* ла́ма.

**Lloyd's** *n.*: ~ Register реги́стр Лло́йда.

**lo** *int.* (*arch.*): ~ and behold и вдруг, о чу́до.

**loach** *n.* голе́ц.

**load** *n.* **1.** (*what is carried*; *burden*) но́ша; груз, нагру́зка; тя́жесть; each one carried his own

~ ка́ждый нёс свою́ покла́жу; (*fig.*) бре́мя; a ~ of worries бре́мя забо́т; that was a ~ off my mind у меня́ как гора́ с плеч; you have taken a ~ off my mind от ва́ших слов мне ста́ло ле́гче; **2.** (*amount carried by vehicle etc.*) груз; a ~ of bricks груз кирпиче́й; (*fig., coll.*): it's a ~ of rubbish э́то сплошна́я чепуха́; **3.** (*phys., elec.*) нагру́зка; test under ~ испы́т|ывать, -а́ть под нагру́зкой; **4.** (*pl., coll., large amount*) у́йма, ма́сса.

*v.t.* **1.** (*cargo etc.*) грузи́ть, по-; the goods were ~ed on to the ship това́ры погрузи́ли на кора́бль; **2.** (*ship, vehicle etc.*) грузи́ть, на-; нагру|жа́ть, -зи́ть (*что чем*); **3.** (*fig., with cares etc.*) обремен|я́ть, -и́ть (*кого чем*); don't ~ yourself with extra work не взва́ливайте на себя́ ли́шнюю рабо́ту; **4.** (*with gifts, praises etc.*) ос|ыпа́ть, -ы́пать (*кого чем*); **5.** (*firearm, camera etc.*) заря|жа́ть, -ди́ть; he ~ed the camera with film он заряди́л аппара́т (плёнкой); **6.** (*weight with lead*) нал|ива́ть, -и́ть свинцо́м; ~ed dice нали́тые свинцо́м ко́сти; the dice were ~ed against him (*fig.*) все ша́нсы бы́ли про́тив него́; его́ пораже́ние бы́ло предрешено́; (*fig.*): a ~ed question провокацио́нный вопро́с; **7.** (*fill to capacity*): the bus was ~ed with people авто́бус был перепо́лнен; **8.** (*sl.*): he's ~ed (*rich*) у него́ де́нег ку́ры не клюю́т; (*drunk*) он нагрузи́лся; (*drugged*) он под ка́йфом.

*v.i.* грузи́ться, на-.

*with advs.*: ~ **down** *v.t.* обремен|я́ть, -и́ть; ~ **up** *v.t.* нагру|жа́ть, -зи́ть; *v.i.* грузи́ться, на-.

*cpds.*: ~-**bearing** *adj.*: ~-bearing capacity грузоподъёмность; ~-**carrier** *n.* грузова́я маши́на, грузови́к; ~-**displacement**, ~-**draught** *nn.* водоизмеще́ние при по́лном гру́зе; ~-**line** *n.* грузова́я ватерли́ния; ~ **star**, ~ **stone** see LODE-.

**loader** *n.* (*pers.*) гру́зчик.

**loading** *n.* **1.** (*of cargo*) погру́зка; **2.** (*of ship, vehicle etc.*) нагру́зка; ~ berth погру́зочный прича́л; ~ hatch грузово́й люк; **3.** (*of gun, camera etc.*) заря́дка; **4.** (*elec.*) нагру́зка.

**loaf**¹ *n.* **1.** (*of bread*) буха́нка; cottage ~ карава́й; small ~ бу́лка; half a ~ is better than no bread ≃ на безры́бье и рак ры́ба; (~-shaped food): meat ~ мясно́й руле́т; sugar ~ са́харная голова́; **2.** (*sl., head*) башка́; use one's ~ шевели́ть (*impf.*) мозга́ми.

**loaf**² *v.i.* (*coll.; also* ~ **about**) ло́дырничать, гоня́ть ло́дыря (*both impf.*); шата́ться (*impf.*) без де́ла.

**loafer** *n.* ло́дырь (*m.*); праздношата́ющийся.

**loam** *n.* сугли́нок.

**loamy** *adj.* сугли́нистый.

**loan** *n.* **1.** (*sum lent*) заём; ссу́да; government ~s госуда́рственные за́ймы (*m. pl.*); he asked for a ~ of £10 он попроси́л 10 фу́нтов взаймы́; **2.** (*lending or being lent*): take on ~; have the ~ of

(*of money*) брать, взять взаймы́; (*of objects*) брать, взять на вре́мя (*or* на вре́менное по́льзование); may I have the ~ of this book? могу́ ли я взять на вре́мя э́ту кни́гу?; this exhibit is on ~ from the museum э́тот экспона́т вре́менно взят из музе́я; the picture is out on ~ э́та карти́на передана́ в други́е ру́ки.

*v.t.* одолж|а́ть, -и́ть; да|ва́ть, -ть взаймы́.

*cpds.*: ~-**collection** *n.* вы́ставка экспона́тов из ча́стных колле́кций; ~-**translation** *n.* ка́лька; ~-**word** *n.* заи́мствованное сло́во.

**lo(a)th** *pred. adj.*: he was ~ to do anything он ничего́ не хоте́л де́лать; nothing ~, he went on отпра́вился с удово́льствием.

**loathe** *v.t.* (*detest*) ненави́деть (*impf.*); (*feel disgust for*) чу́вствовать/испы́тывать (*impf.*) отвраще́ние к +*d.*; (*be unable to bear*) быть не в состоя́нии терпе́ть; I ~ asking him about it мне ужа́сно неприя́тно его́ спра́шивать об э́том.

**loathing** *n.* отвраще́ние; feel ~ for испы́тывать (*impf.*) отвраще́ние к +*d.*

**loathsome** *adj.* отврати́тельный, омерзи́тельный.

**lob** *n.* (*high-pitched ball*) свеча́.

*v.t.*: ~ a ball под|ава́ть, -а́ть свечу́.

**lobby** *n.* вестибю́ль (*m.*); (*theatr.*) фойе́ (*indecl.*); (*in Parliament*) кулуа́р|ы (*pl., g.* -ов).

*v.t.* агити́ровать, (*impf.*) (в кулуа́рах).

**lobbying** *n.* агита́ция (в кулуа́рах).

**lobbyist** *n.* лобби́ст.

**lobe** *n.* (*of liver, brain etc.*) до́ля; (*of ear*) мо́чка.

**lobelia** *n.* лобе́лия.

**lobotomy** *n.* лоботоми́я.

**lobster** *n.* ома́р; red as a ~ кра́сный как рак.

*cpd.*: ~-**pot** *n.* ве́рша для ома́ров.

**local** *n.* (*inhabitant*) ме́стный жи́тель; (*paper*) ме́стная газе́та; (*train*) ме́стный по́езд; (*public house*) ме́стный паб, ме́стная пивна́я.

*adj.* ме́стный; зде́шний; (*of that place*) (*coll.*) та́мошний; ~ anaesthetic ме́стный нарко́з; ~ authority ме́стные вла́сти; ~ colour ме́стный колори́т; ~ government ме́стное самоуправле́ние; ~ pain локализо́ванная боль; ~ population коренно́е населе́ние; ~ showers ≃ места́ми дожди́; 2 o'clock ~ time два часа́ по ме́стному вре́мени; he is a ~ man он из зде́шних мест; он зде́шний.

**locale** *n.* ме́сто (де́йствия); ме́стность.

**localism** *n.* (*local custom or idiom*) ме́стный обы́чай; ме́стное/областно́е выраже́ние.

**locality** *n.* ме́стность; (*neighbourhood*): there is no cinema in the ~ нигде́ побли́зости нет кино́; (*faculty of recognizing places*): she has a good sense (*coll.*) bump of ~ она́ хорошо́ ориенти́руется (на ме́стности).

**localization** *n.* локализа́ция.

**localize** *v.t.* локализова́ть (*impf., pf.*).

**locally** *adv.*: he is well-known ~ он изве́стен в

этих края́х; he works ~ он рабо́тает побли́зости.

**locate** v.t. **1.** (establish in a place) поме|ща́ть, -сти́ть; (designate place of) назн|ача́ть, -а́чить ме́сто (чему or для чего); be ~d (situated) находи́ться (impf.); **2.** (determine position of) определ|я́ть, -и́ть ме́сто/местоположе́ние +g.; has the fault been ~d? нашли́ повреде́ние?; определи́ли ли ме́сто повреде́ния?; (discover) обнару́жи|вать, -ть; he ~d the source of the Nile он нашёл исто́ки Ни́ла.

**location** n. **1.** (determining of place) определе́ние (ме́ста); **2.** (position, situation) местонахожде́ние, местоположе́ние; **3.**: on ~ (cin.) на нату́ре.

**locative** n. & adj. (gram.) ме́стный (паде́ж).

**loch** n. о́зеро (в Шотла́ндии).

**lock¹** n. (of hair) ло́кон, прядь.

**lock²** n. **1.** (on door or firearm) замо́к; under ~ and key под замко́м; ~, stock and barrel целико́м и по́лностью; (on door or gate) запо́р; (on mechanism) сто́пор; **2.** (of vehicle's wheels) у́гол поворо́та; full ~ до упо́ра; other ~ поворо́т в другу́ю сто́рону; **3.** (wrestling hold) захва́т; **4.** (on canal) шлюз.
v.t. **1.** (secure; restrict movement of) зап|ира́ть, -ере́ть (на замо́к); is the door ~ed? дверь заперта́?; she ~ed him into the bedroom она́ заперла́ его́ в спа́льне; I was ~ed out дверь была́ заперта́, и я не мог войти́; **2.** (cause to stop moving or revolving) тормози́ть, за-; he ~ed the steering он за́пер руль; **3.** (engage, interlace) спле|та́ть, -сти́; his fingers were ~ed together он сцепи́л ру́ки; they were ~ed in an embrace они́ сжима́ли друг дру́га в объя́тиях.
v.i. **1.**: does this chest ~? э́тот сунду́к запира́ется?; в сундуке́ есть замо́к?; **2.** (become rigid or immovable) застр|ева́ть, -я́ть; **3.** (interlace) перепле|та́ться, -сти́сь; сцеп|ля́ться, -и́ться; the parts ~ into each other дета́ли взаи́мно блоки́руются.
with advs.: ~ **away** v.t. спря́тать (pf.) под замо́к; ~ **in** v.t. зап|ира́ть, -ере́ть (кого) в ко́мнате/до́ме и т.n.; he ~ed himself in он за́перся на ключ; ~ **out** v.t. зап|ира́ть, -ере́ть дверь и не впуска́ть; the workers were ~ed out рабо́чих подве́ргли лока́уту; ~ **up** v.t. зап|ира́ть, -ере́ть на замо́к; (imprison) сажа́ть, посади́ть; he ought to be ~ed up его́ сле́дует помести́ть в сумасше́дший дом; his capital is ~ed up in land весь его́ капита́л в земе́льных владе́ниях; v.i.: when do you ~ up for the night? в како́м часу́ вы ве́чером закрыва́етесь?
cpds.: ~-**gate** n. шлю́зные воро́та; ~**jaw** n. тризм че́люсти; ~-**keeper** n. смотри́тель (m.) шлю́за; ~-**out** n. лока́ут; ~-**smith** n. сле́сарь (m.); ~smith's trade слеса́рное де́ло; ~-**up** n. ареста́нтская ка́мера; (shed) сара́й.

**locker** n. (cupboard) шка́фчик; (naut.) рунду́к.
cpd.: ~-**room** n. раздева́лка.

**locket** n. медальо́н.

**loco¹** (coll.) = LOCOMOTIVE.

**loco²** adj. (insane) чо́кнутый (sl.).

**locomotion** n. передвиже́ние.

**locomotive** n. локомоти́в; (steam) парово́з; (electric) электрово́з; (diesel) ди́зель (m.), теплово́з; ~ shed депо́ (indecl.).
adj. дви́жущий, дви́гательный; ~ engine see n.

**locum (tenens)** n. (doctor or clergyman) вре́менный замести́тель (m.).

**locus** n. (math.) траекто́рия; ~ of points геометри́ческое ме́сто то́чек.

**locus classicus** n. класси́ческая цита́та, наибо́лее подходя́щая в да́нном слу́чае.

**locust** n. **1.** (insect) саранча́ (also collect.); ~s wild honey (bibl.) акри́д|ы (pl., g. —) и ди́кий мёд; **2.** (carob tree) рожко́вое де́рево; **3.** (false acacia) лжеака́ция.

**locution** n. оборо́т (ре́чи) идио́ма.

**lode** n. ру́дная жи́ла.
cpds.: ~**star** n. (fig.) путево́дная звезда́; ~**stone** (also **loadstone**) n. магни́тный железня́к; (fig.) магни́т.

**lodge** n. **1.** (cottage e.g. at entrance to park) дом привра́тника; **2.** (porter's apartment) сторо́жка; **3.** (hunting ~) охо́тничий до́мик; **4.** (freemason's ~) масо́нская ло́жа; **5.** (trade union branch) ме́стная профсою́зная организа́ция; **6.** (beaver's etc. lair) нора́.
v.t. **1.** (accommodate) да|ва́ть, -ть помеще́ние +d.; поме|ща́ть, -сти́ть; this building can ~ 50 в э́том зда́нии мо́гут размести́ться 50 жильцо́в; **2.** (deposit) сда|ва́ть, -ть на хране́ние; **3.** (fig., enter): ~ a complaint/appeal обра|ща́ться, -ти́ться с жа́лобой/апелля́цией; ~ a claim предъяв|ля́ть, -и́ть прете́нзию; ~ an objection заяв|ля́ть, -и́ть проте́ст.
v.i. **1.** (reside) жить (impf.); прожива́ть (impf.); he ~s with us он наш жиле́ц; **2.** (become embedded, stuck) застр|ева́ть, -я́ть; a bone ~d in his throat кость застря́ла у него́ в го́рле.

**lodgement** n. **1.** (mil.): make a ~ захва́т|ывать, -и́ть пози́цию; закреп|ля́ться, -и́ться; **2.** (deposit; depositing of funds) депози́т; депони́рование.

**lodger** n. жил|е́ц (fem. -и́ца); (occupant of flat) квартира́нт (fem. -ка).

**lodging** n. (dwelling-place) кварти́ра; (rented accommodation) наёмная кварти́ра; (pl.) меблиро́ванные ко́мнаты (f. pl.); he lives in ~s он снима́ет ко́мнату.

**loess** n. лёсс.

**loft** n. **1.** (room in roof) чердак; (hay-~) сенова́л; (pigeon-~) голубя́тня; (organ-~) хо́р|ы (pl., g. -ов).

*v.t.*: ~ a ball пос|ыла́ть, -ла́ть мяч высоко́/вверх.

**loftiness** *n.* (больша́я) высота́; возвы́шенность; (*fig.*, *haughtiness*) высокоме́рие, надме́нность.

**lofty** *adj.* (*high*) высо́кий; (*exalted*) возвы́шенный; (*haughty*) высокоме́рный, надме́нный.

**log**¹ *n.* **1.** (*of wood*) бревно́, чурба́н; (*for fire*) поле́но; he slept like a ~ он спал как уби́тый; ~ cabin (бреве́нчатая) хи́жина.

*cpds.*: ~-**jam** *n.* зато́р; (*fig.*) засто́й, тупи́к; ~-**rolling** *n.* перека́тка брёвен; (*fig.*) поли́тика «ты мне — я тебе́».

**log**² *n.* **1.** (*naut.*, *trailed float*) лаг; **2.** (~-**book**) ва́хтенный журна́л; (*of aircraft*) бортово́й журна́л; формуля́р; (*of lorry or car*) формуля́р.

*v.t.* (*record*) занос|и́ть, -ести́ в ва́хтенный журна́л; регистри́ровать (*impf.*, *pf.*); (*attain*) разв|ива́ть, -и́ть (*скорость по лагу*).

*cpds.*: ~-**book** *n. see n.* **2.**; ~-**line** *n.* лаглинь (*m.*).

**log**³ = LOGARITHM.

**loganberry** *n.* лога́нова я́года (*гибрид малины с ежевикой*).

**logarithm** *n.* логари́фм.

**logarithmic** *adj.* логарифми́ческий.

**loggerhead** *n.*: they are at ~s они́ в ссо́ре (*or* не в лада́х) друг с дру́гом.

**loggia** *n.* ло́джия.

**logging** *n.* (*cutting into logs*) лесозагото́вка.

**logic** *n.* ло́гика.

*cpd.*: ~-**chopping** *n.* софи́стика.

**logical** *adj.* логи́ческий; (*consistent*) логи́чный, после́довательный.

**logician** *n.* ло́гик.

**logistics** *n.* (*mil.*) материа́льно-техни́ческое обеспе́чение.

**logo** *n.* эмбле́ма.

**loin** *n.* **1.** (*pl.*) поясни́ца; gird up one's ~s препоя́сать (*pf.*) свои́ чре́сла (*bibl.*); **2.** (*joint of meat*) филе́ (*indecl.*).

*cpd.*: ~-**cloth** *n.* набе́дренная повя́зка.

**Loire** *n.* Луа́ра.

**loiter** *v.i.* (*dawdle*) ме́шкать (*impf.*); замешка́ться (*pf.*); (*hang about*) шата́ться, околачиваться, слоня́ться (*all impf.*) (без де́ла).

**loiterer** *n.* праздношата́ющийся.

**loll** *v.i.* **1.** (*sit or stand in lazy attitude*) сиде́ть/ стоя́ть (*impf.*) развалясь; **2.** (*of tongue etc.*: *hang loose*) выва́ливаться (*impf.*).

**lollipop** *n.* леденец на па́лочке.

**lollop** *v.i.*: ~ along идти́ (*det.*) вразва́лку.

**lolly** *n.* **1.** (*coll.*) = LOLLIPOP; **2.** (*sl.*, *money*) гро́ш|и (*pl.*, *g.* -ей).

**Lombard** *n.* (*hist.*) лангоба́рд; (*native of Lombardy*) ломба́рдец; жи́тель (*m.*) Ломба́рдии.

**Lombardy** *n.* Ломба́рдия; ~ poplar пирамида́льный то́поль италья́нский.

**London** *n.* Ло́ндон; (*attr.*) ло́ндонский; Greater ~ Большо́й Ло́ндон.

**Londoner** *n.* ло́ндон|ец (*fem.* -ка).

**lone** *adj.* одино́кий, уединённый; ~ wolf (*lit.*, *fig.*) бирю́к; play a ~ hand де́йствовать (*impf.*) в одино́чку.

**loneliness** *n.* одино́чество.

**lonely** *adj.* **1.** (*solitary*, *alone*) одино́кий; feel ~ испы́тывать (*impf.*) одино́чество; чу́вствовать (*impf.*) себя́ одино́ким; lead a ~ existence вести́ (*det.*) одино́кий о́браз жи́зни; жить (*impf.*) уединённо/за́мкнуто; **2.** (*isolated*) уединённый.

**loner** *n.* (*coll.*) бирю́к, одино́чка (*c.g.*).

**lonesome** *adj.* одино́кий; on one's ~ (*coll.*) оди́н-одинёшенек; feel ~ тоскова́ть (*impf.*); томи́ться (*impf.*) одино́чеством.

**long**¹ *n.* **1.** (*a ~ time*): I shan't be away for ~ я уезжа́ю ненадо́лго; я ско́ро верну́сь; it won't take ~ э́то не займёт мно́го вре́мени; will you take ~ over it? вы ско́ро ко́нчите?; he did not take ~ to answer он не заме́длил отве́тить; it is ~ since he was here он давно́ здесь не́ был; at the ~est са́мое бо́льшее; **2.**: the ~ and the short of it is that ... сло́вом, де́ло в том, что . . .; **3.** (~ *syllable*) до́лгий слог.

*adj.* **1.** (*of space*, *measurement*) дли́нный; the table is 2 metres ~ э́тот стол длино́й в 2 ме́тра (*or* име́ет 2 ме́тра длины́); how ~ is this river? какова́ длина́ э́той реки́?; ~ form (*of Russian adj.*) по́лная фо́рма; ~ jump прыжо́к в длину́; ~ measure ме́ра длины́; a ~ mile до́брая ми́ля; in the ~ run в коне́чном ито́ге/счёте; с тече́нием вре́мени; ~ in the tooth (*fig.*) не пе́рвой мо́лодости; ~ trousers брю́к|и (*pl.*, *g.* —); on the ~ wave на дли́нной волне́; **2.** (*of distance*) да́льний; a ~ journey да́льний/ до́лгий путь; a ~ way off далеко́; from a ~ way off издалека́; **3.** (*of time*) до́лгий; a ~ life до́лгая жизнь; a ~ memory хоро́шая па́мять; my holiday is 2 weeks ~ мой о́тпуск дли́тся две неде́ли; я име́ю две неде́ли о́тпуска (*or* двухнеде́льный о́тпуск); ~ service дли́тельная/до́лгая слу́жба; a quarrel of ~ standing да́вняя/многоле́тняя ссо́ра; for a ~ time до́лго, давно́; надо́лго; a ~ time ago мно́го вре́мени тому́ наза́д; давны́м-давно́; a ~ time before the war задо́лго до войны́; it will be a ~ time before we meet again мы встре́тимся сно́ва ещё не ско́ро; I had not seen him for many a ~ day я его́ це́лую ве́чность не ви́дел; **4.** (*prolonged*) дли́тельный; a ~ illness затяжна́я боле́знь.

*adv.* **1.** (*a ~ time*): I shan't be ~ я ско́ро верну́сь; я не задержу́сь; he is not ~ for this world он не жиле́ц на э́том све́те; she is ~ since dead она́ давно́ умерла́; it was ~ past midnight бы́ло далеко́ за́ полночь; ~ after (*prep.*) до́лгое вре́мя по́сле +*g.*; ~ before (*prep.*) задо́лго до +*g.*; ~ after(wards) до́лгое время спустя; гораздо позже/позднее; ~ before (*adv.*) давно, гораздо раньше; these events are ~ past всё это случилось давно; ~ ago (давным-)давно; before ~ вскоре, скоро; **2.** (*for a ~ time*): I have ~ thought so я давно так думаю; how ~ have you been here? вы здесь давно?; вы давно (сюда) пришли/приехали?; ~ live the Queen! да здравствует королева!; **3.** (*throughout*): all day ~ целый день; день-деньской; all night ~ всю ночь напролёт; **4.**: as ~ as I live пока я жив; stay as ~ as you like оставайтесь, сколько хотите; as ~ as you don't mind если вам всё равно; если вы не возражаете; **5.** so ~! пока! (*coll.*); **6.** no ~er больше не; I can't wait much ~er много дольше ждать я не могу.

*cpds.*: ~-**awaited** *adj.* долгожданный; ~**boat** *n.* баркас; ~**bow** *n.* -**delayed** *adj.* запоздалый; ~-**distance** *adj.* ~-distance call междугородный/международный вызов; ~-distance train поезд дальнего следования; ~-distance runner стайер, бегун на длинные дистанции; ~-**drawn-out** *adj.* (*of conversation*) затянувшийся; (*of story*) растянутый; (*of illness*) затяжной; ~-**haired** *adj.* длинноволосый; ~ **hand** *n.* обычное письмо (от руки); ~-**headed** *adj.* (*fig.*) проницательный; ~-**legged** *adj.* длинноногий; ~-**lived** *adj.* долговечный; ~-**lost** *adj.* давно потерянный/утраченный; ~-**playing** *adj.* долгоиграющий; ~-**range** *adj.* (*of gun*) дальнобойный; (*of aircraft*) дальнего действия; (*of forecast, policy etc.*) долгосрочный; ~-**shoreman** *n.* портовый грузчик; ~-**sighted** *adj.* дальнозоркий; (*fig.*) дальновидный; ~-**standing** *adj.* старинный; долголетний; a ~-standing promise давнее обещание; ~-**suffering** *n.* долготерпение; *adj.* многострадальный, долготерпеливый; ~-**term** *adj.* долгосрочный; (*of plans etc.*) перспективный; ~-**wave** *adj.* длинноволновый; ~-**winded** *adj.* (*prolix*) многоречивый, многословный.

**long**[2] *v.i.*: ~ for sth. жаждать (*impf.*) чего-н.; we are ~ing for your return мы ждём не дождёмся вашего возвращения; I ~ed for a drink я ужасно хотел пить; я томился жаждой; ~ for s.o. тосковать (*impf.*) по кому-н.; скучать (*impf.*) по кому-н.; ~ to do sth. мечтать (*impf.*) что-то делать; he ~ed to get away from town ему не терпелось уехать из города.

**longevity** *n.* (*of pers.*) долголетие; (*of thg.*) долговечность.

**longing** *n.* желание, жажда (*чего*); тоска (*по чему*).

*adj.* тоскующий; he looked at the books with ~ eyes он смотрел на книги с вожделением.

**longish** *adj.* (*of size*) длинноватый; (*of duration*) долговатый.

**longitude** *n.* долгота; at 20° ~ West на 20° западной долготы.

**longitudinal** *adj.* (*of longitude*) долготный; (*lengthwise*) продольный.

**longw|ays**, -**ise** *adv.* в длину.

**loo** *n.* (*lavatory*) сортир (*coll.*).

**loofah** *n.* люфа, люффа.

**look** *n.* **1.** (*glance*) взгляд; he gave me a ~ он бросил взгляд (*or* взглянул) на меня; there were angry ~s from the crowd толпа глядела с негодованием; give s.o. a black ~ злобно посмотреть/взглянуть (*pf.*) на кого-н.; may I have, take a ~ at your paper? позвольте просмотреть вашу газету? **2.**: have, take a ~ at (*examine*) осм|атривать, -отреть; рассм|атривать, -отреть; the doctor had a good ~ at his throat доктор внимательно посмотрел его горло; (*fig.*): we must take a long ~ at these terms мы должны разобраться в поставленных условиях тщательно (*or* как следует); **3.**: have a ~ for (*search for*) искать, по-; **4.** (*expression*) выражение; there was a ~ of horror on his face его лицо выражало ужас; a ~ of pleasure came over her features выражение удовольствия разлилось по её лицу; **5.** (*appearance*) вид; he had an odd ~ about him у него был странный вид; this house has a homely ~ у этого дома уютный вид; I don't like the ~ of things плохо дело!; he has given the shop a new ~ он совсем преобразил магазин; this is the new ~ in evening wear вот новый силуэт вечерних туалетов; (*pl., personal appearance*) наружность, внешность; ~s don't count по внешности не судят; не в красоте дело; she has good ~s она хороша собой; lose one's (good) ~s дурнеть, по-.

*v.t.* **1.** (*inspect, scrutinize*): ~ s.o. in the face, eye смотреть, по- в глаза кому-н.; don't ~ a gift horse in the mouth дарёному коню в зубы не смотрят; ~ s.o. up and down смерить (*pf.*) кого-н. глазами/взглядом; **2.** (*express with eyes*): she ~ed her thanks она взглядом выразила благодарность; she ~ed daggers at him она злобно (*or* со злостью) посмотрела на него; **3.** (*have the appearance of; see also v.i.* **3**) выглядеть (*impf.*) +i.: he ~s an old man выглядит стариком; he made me ~ a fool он поставил меня в дурацкое положение; he ~s his age ему вполне дашь его годы; she is thirty, but she does not ~ it ей тридцать, но ей столько не дашь; he is not ~ing himself на нём лица нет; you are ~ing yourself again теперь вы снова стали похожи на себя; she ~s her best in blue ей синее больше всего к лицу; I ~ my best after breakfast я лучше всего выгляжу после завтрака; **4.** (*with indir. questions: observe*) смотреть, по-; ~ who's here! кого я вижу!; now ~ what you've done!

смотри́те, что вы наде́лали!; ~ where you're going! смотри́те, куда́ идёте!

*v.i.* **1.** (*use one's eyes; pay attention*) смотре́ть, по-; he ~ed out of the window to see if she was coming он посмотре́л в окно́, не идёт ли она́; ~ over there! посмотри́те/взгляни́те туда́!; ~ before you leap ≃ семь раз приме́рь, оди́н отре́жь; не зна́я бро́ду, не су́йся в во́ду; ~ here! послу́шайте!; ~ alive, sharp! живе́й!; потора́пливайтесь!; смотри́ в о́ба!; не зева́йте!; (*fig., consider*) вду́маться (*impf.*); when one ~s more closely при ближа́йшем рассмотре́нии; (*search*) иска́ть, по-; **2.** (*face*) выходи́ть (*impf.*); the windows ~ on to the garden (street) о́кна выхо́дят в сад (на у́лицу); **3.** (*appear; see also v.t.* 3) вы́глядеть (*impf.*) +*i.*; she is ~ing well она́ хорошо́ вы́глядит; everybody ~ed tired у всех был уста́лый вид; that ~s tasty у э́того блю́да аппети́тный вид; that hat ~s well on you вам идёт (*or* к лицу́) э́та шля́па; you would ~ well if he were to refuse (*iron.*) хоро́ший вы бу́дете вы́глядеть, е́сли он отка́жется; хоте́л бы я на вас посмотре́ть, е́сли он отка́жется; it would not ~ well to refuse отказа́ться бы́ло бы неудо́бно/нело́вко; he made me ~ small он меня́ уни́зил; things ~ black пло́хо де́ло; the situation ~s promising ситуа́ция как бу́дто благоприя́тная/обнадёживающая; that ~s suspicious э́то подозри́тельно; it ~s as if . . . ка́жется (, что) . . .; похо́же на то, что . . .; ~ like (*resemble*) вы́глядеть (*impf.*); походи́ть (*impf.*) на +*a.*; the old man ~s like a tramp у старика́ вид бродя́ги; he ~s like his father он похо́ж на отца́; she ~s like nothing on earth она́ Бог зна́ет на что похо́жа; (*give expectation of*): it ~s like rain собира́ется (*or* похо́же, что бу́дет) дождь; де́ло (идёт) к дождю́; it ~s like a fine day день обеща́ет быть хоро́шим; it ~s like war па́хнет войно́й; 'Shall we be late?' – 'It ~s like it' «Мы опа́здываем?» — «Похо́же (, что так)» (*or* «Весьма́ вероя́тно»); he ~s like winning он, ка́жется, вы́йдет победи́телем; похо́же, что он вы́играет.

*with preps.*: ~ **about** one огля́д|ываться, -е́ться; he ~ed about the room он обвёл глаза́ми ко́мнату; ~ **after** (*follow with eye*) следи́ть (*impf.*) глаза́ми за +*i.*; (*care for*) смотре́ть (*impf.*) за +*i.*; присма́тривать (*impf.*) за +*i.*; уха́живать (*impf.*) за +*i.*; she has four children to ~ after на её попече́нии че́тверо дете́й; he needs ~ing after он нужда́ется в ухо́де; he seems well ~ed after у него́ ухо́женный вид; he had to ~ after himself ему́ приходи́лось всё де́лать самому́; I can ~ after myself я не нужда́юсь в посторо́нней по́мощи; ~ after yourself! (*in leave-taking*) береги́те себя́!; (*keep safe*) храни́ть (*impf.*); I gave my valuables to the bank to ~ after я сдал свои́ це́нности в банк на хране́ние; (*be responsible for*) вести́ (*det.*); занима́ться (*impf.*) +*i.*; a lawyer is ~ing after my affairs мои́ми дела́ми ве́дает юри́ст; don't worry, I'll ~ after the bill не беспоко́йтесь, я займу́сь счётом; ~ **at** (*direct gaze on*) смотре́ть, по- на +*a.*; he was ~ing at a book он смотре́л на кни́гу; just ~ at the time! поду́майте, как по́здно!; it's not worth ~ing at здесь (и) смотре́ть не́ за что; he's not much to ~ at вне́шность у него́ не сли́шком внуши́тельная; вне́шне он ничего́ осо́бенного собо́й не представля́ет; to ~ at him, you would think . . . судя́ по его́ ви́ду, мо́жно поду́мать, что . . .; he won't even ~ at milk он и смотре́ть не хо́чет на молоко́; (*inspect, examine*) смотре́ть, по- на +*a.*; осм|а́тривать, -отре́ть; the doctor ~ed at the patient врач осмотре́л больно́го; I must get my car ~ed at на́до, что́бы посмотре́ли/прове́рили мою́ маши́ну; the customs men ~ed at our luggage тамо́женники осмотре́ли наш бага́ж; (*fig., consider*) вду́маться (*impf.*) в +*a.*; обра|ща́ть, -ти́ть внима́ние на +*a.*; we must ~ at the matter carefully на́до как сле́дует поду́мать об э́том де́ле (*or* разобра́ться в э́том вопро́се); I ~ed **down** the street я оки́нул взгля́дом у́лицу; he ~ed down the page он пробежа́л страни́цу глаза́ми; ~ **for** (*seek*) иска́ть, по-; he is ~ing for his wife он и́щет свою́ жену́; he is ~ing for a wife он и́щет себе́ жену́; he is ~ing for a job он и́щет ме́ста; he is ~ing for trouble он рвётся в бой; он ле́зет на рожо́н; (*hope for, expect*) наде́яться (*impf.*) на +*a.*; ожида́ть (*impf.*) +*g.*; I ~ed for better things from him я ожида́л от него́ лу́чшего; we obtained the ~ed-for result мы доби́лись жела́емого результа́та; ~ **in** the mirror смотре́ться, по- в зе́ркало; ~ **into** (*lit.*) смотре́ть, по- в +*a.*; (*investigate, examine*) иссле́довать (*impf.*); рассм|а́тривать, -отре́ть; it is something that needs ~ing at с э́тим на́до разобра́ться; I shall ~ into the matter я займу́сь э́тим вопро́сом; ~ **on** (*regard*) счита́ть (*impf.*); I ~ on him as my son я счита́ю его́ свои́м сы́ном; он мне всё равно́ что сын; he ~ed on the remark as an insult он восприня́л замеча́ние как оскорбле́ние; he ~s on me with contempt он меня́ презира́ет; ~ **on** the bright side смотре́ть (*impf.*) оптимисти́чески; ~ **on to** (*face*) see *v.i.* 2; he ~ed **out of** the window он посмотре́л в окно́; he ~ed **over** the wall он посмотре́л че́рез сте́ну; ~ over one's shoulder огля́д|ываться, -ну́ться; ~ s.o.'s shoulder смотре́ть, по- кому́-нибудь че́рез плечо́; the teacher was ~ing over our homework учи́тель просма́тривал на́шу дома́шнюю рабо́ту; he left us to ~ over the house он оста́вил нас одни́х осма́тривать дом; ~ **round** (*inspect*) осм|а́тривать, -отре́ть; he ~ed **through** the window он посмотре́л в окно́; he ~ed right through (*ignored*) me он смотре́л ми́мо меня́; they ~ed through (*examined*) our papers они́ просмотре́ли на́ши бума́ги; he quickly ~ed through the newspaper он бы́стро пробежа́л глаза́ми газе́ту; ~ **to** (*turn to*) обра|ща́ться, -ти́ться к +*d*.; we ~ed to him for help мы рассчи́тывали на его́ по́мощь; (*heed*): ~ to one's laurels стреми́ться (*impf*.) сохрани́ть своё пе́рвенство; he should ~ to his manners ему́ сле́дует обрати́ть внима́ние на свои́ мане́ры; ~ **upon** *see* ~ at, on.

*with advs*.: ~ **about,** ~ **around** *v.i.* осм|а́триваться, -отре́ться; иска́ть (*impf*.) (*что*) повсю́ду; ~ **ahead** *v.i.* (*lit., fig*.) смотре́ть (*impf*.) вперёд; ~ **around** *see* ~ **about,** ~ **round;** ~ **aside** *v.i.* смотре́ть (*impf*.) в сто́рону; ~ **away** *v.i.* отв|ора́чиваться, -ерну́ться; ~ **back** *v.i.* (*lit., fig*.) огля́|дываться, -ну́ться; once started, there was no ~ing back раз уж мы на́чали, отступа́ть бы́ло по́здно; I will ~ back in an hour's time я ещё раз загляну́ че́рез час; ~ back on вспомина́ть (*impf*.); припомина́ть (*impf*.); ~ **behind** *v.i.* смотре́ть, по- наза́д; ~ **down** *v.i.* (*lower one's gaze*) опус|ка́ть, -ти́ть глаза́; ~ down on смотре́ть (*impf*.) свысока́ на +*a*.; презира́ть (*impf*.); ~ **forward** смотре́ть (*impf*.) вперёд; ~ forward to предвку́шать (*impf*.); ждать (*impf*.) +*g*. с нетерпе́нием; I ~ forward to meeting you жду с нетерпе́нием, когда уви́жусь с ва́ми; I am so ~ing forward to it я так жду э́того; I ~ forward to his arrival я не дождусь его́ прие́зда; ~ **in** *v.i.*: ~ in (*call*) on s.o. загля́|дывать, -ну́ть (*or* забе|га́ть, -жа́ть) к кому́-н.; ~ **on** *v.i.* наблюда́ть, смотре́ть (*both impf*.); ~ **out** *v.t.* (*select*): I must ~ out some old dresses мне на́до отобра́ть каки́е-то ста́рые пла́тья; he ~ed out some examples on подыска́л не́сколько приме́ров; *v.i.* (*from a window*) смотре́ть, по- в окно́; (*be careful*) быть насторо́же; ~ out! осторо́жно!; if you don't ~ out you'll lose your ticket смотри́те, как бы не потеря́ть биле́т!; (*keep one's eyes open*): she stood at the door ~ing out for the postman она́ стоя́ла в дверя́х, высма́тривая почтальо́на; we are ~ing out for a house мы присма́триваем дом; ~ **over** *v.t.* (*scrutinize*) просм|а́тривать, -отре́ть; ~ **round,** ~ **around** *v.i.* (*turn one's head*) огля́|дываться, -ну́ться; озира́ться (*impf*.); (*make an inspection*) осм|а́триваться, -отре́ться; ~ round for (*seek*) подыскивать (*impf*.); ~ **up** *v.t.* (*visit*) наве|ща́ть, -сти́ть; (*for, seek information on*) оты́ск|ивать, -а́ть; и|ска́ть, разы-; ~ up trains посмотре́ть (*pf*.) расписа́ние; *v.i.* (*raise one's eyes*) подн|има́ть, -я́ть глаза́ (at s.o.: на кого́-н.); (*improve*) ул|учша́ться, -у́чшиться; things are ~ing up дела́ иду́т на попра́вку; ~ up to (*respect*) уважа́ть (*impf*.); he is ~ed up to by everybody

он по́льзуется всео́бщим уваже́нием; все его́ уважа́ют.

*cpds*.: ~**-in** *n*.: I didn't get a ~-in меня́ не подпусти́ли к пирогу́; ~**-out** *n*. (*watchman*) наблюда́тель (*m*.); (*post*) наблюда́тельный пункт; (*watch*): be on the ~-out быть начеку́ (*or* насторо́же *or* на стра́же); be on the ~-out for (*e.g. a house*) присма́тривать (*impf*.) себе́; be on the ~-out for the enemy подстерега́ть (*impf*.) неприя́теля; (*prospect*): it's a poor ~-out for us у нас перспекти́ва нева́жная; (*concern*): that's his ~-out э́то его́ де́ло/забо́та; ~**-see** *n*. (*coll*.) бе́глый просмо́тр, бы́стрый взгляд.

**looker-on** *n*. зри́тель (*m*.), наблюда́тель (*m*.).
**looking-glass** *n*. зе́ркало; Alice through the L~ «Али́са в зазе́ркалье».
**loom**[1] *n*. тка́цкий стано́к.
**loom**[2] *v.i.* **1.** (*appear indistinctly*; *also* ~ **up**) нея́сно вырисо́вываться (*impf*.); ма́ячить (*impf*.); a black shape ~ed in the distance что́-то черне́ло вдали́; **2.** (*impend*) нав|иса́ть, -и́снуть; ~ large (*threatingly*) прин|има́ть, -я́ть угрожа́ющие разме́ры; (*prominently*): the risk ~ed large in his mind мысль об опа́сности его́ пресле́довала неотсту́пно.
**loon** *n*. (*bird*) гага́ра.
**loon(y)** *n. & adj.* рехну́вшийся; чо́кнутый (*coll*.).
*cpd*.: ~**-bin** *n*. (*sl*.) психбольни́ца.
**loop** *n*. **1.** пе́тля; **2.** (*rail*.; *also* ~-line) ве́тка; **3.** (*av*.) мёртвая пе́тля; **4.** (*contraceptive*) пружи́нка, пе́тля.
*v.t.* **1.** (*form into* ~) де́лать, с- пе́тлю из +*g*.; **2.** (*fasten with* ~) закреп|ля́ть, -и́ть пе́тлей; **3.** ~ the ~ (*av*.) де́лать, с- мёртвую пе́тлю.
**loophole** *n*. (*in wall*) бойни́ца; (*fig*.) лазе́йка.
**loopy** *adj.* рехну́вшийся (*coll*.).
**loose** *n*.: on the ~ в загу́ле; на свобо́де; на во́ле.
*adj.* **1.** (*free, unconfined, unrestrained*) свобо́дный; break ~ вы́рваться (*pf*.) на свобо́ду; (*of a dog*) сорва́ться с це́пи; let ~ (*e.g. a dog*) спус|ка́ть, -ти́ть с це́пи; (*e.g. lion, maniac*) выпуска́ть, вы́пустить; ~ box денни́к; **2.** (*not fastened or held together*): ~ papers отде́льные листы́; ~ cover (*on armchair etc.*) чехо́л; he carries his change in his pocket ме́лочь у него́ пря́мо в карма́не (без кошелька́); she wears her hair ~ она́ хо́дит с распу́щенными волоса́ми; (*not packed*) без упако́вки; (*of dry goods*) развесно́й; **3.** (*not secure or firm*): a ~ end (*of rope*) свобо́дный коне́ц; at a ~ end (*fig*.) без де́ла; he was at a ~ end он не знал, за что приня́ться; I have a ~ tooth у меня́ зуб шата́ется; his tooth came ~ у него́ зуб расшата́лся; the nut is ~ га́йка разболта́лась; the button is ~ пу́говица болта́ется; the screw came, worked ~ винт развинти́лся; he has a screw ~ (*sl*.) у него́ ви́нтика не хвата́ет; the string is ~ верёвка

сла́бо завя́зана; the string came ~ верёвка
развяза́лась; hang ~ болта́ться (*impf.*); **4.**
(*slack*) сла́бо натя́нутый; with a ~ rein с
отпу́щенными вожжа́ми; ride s.o. with a ~
rein (*fig.*) обраща́ться (*impf.*) с кем-н. снис-
ходи́тельно; дава́ть (*impf.*) кому́-н. во́лю;
распуска́ть (*impf.*) кого́-н.; ~ bowels поно́с;
are your bowels ~? у вас расстро́йство
(желу́дка)?; he has a ~ tongue он сли́шком
болтли́в; ~ clothes широ́кая/просто́рная
оде́жда; а ~ collar свобо́дный во́рот; (*not
close-knit*): a ~ build, frame несскла́дная
фигу́ра; **5.** (*not compact or dense*): ~ soil
ры́хлая по́чва; ~ weave ре́дкая ткань; ~
order (*mil.*) расчленённый строй; **6.** (*impre-
cise*): a ~ statement неопределённое/рас-
плы́вчатое заявле́ние; а ~ translation при-
ближи́тельный/во́льный перево́д; а ~ style
небре́жный стиль; ~ thinking нечёткость
мы́сли; **7.** (*morally lax*) распу́щенный; ~ living распу́тство; распу́тный о́браз жи́зни; а ~
woman распу́тная же́нщина.

> *v.t.* (*release*) освобо|жда́ть, -ди́ть; вы-
> свобожда́ть, вы́свободить; отпус|ка́ть,
> -ти́ть; (*undo*) развя́з|ывать, -а́ть; (*relax*)
> распус|ка́ть, -ти́ть.

> *cpds.*: ~-**fitting** *adj.* широ́кий, просто́рный;
> ~-**leaf** *adj.* со вкладны́ми листка́ми; ~-leaf
> binder скоросшива́тель (*m.*); ~-**limbed** *adj.*
> ги́бкий; ~-**tongued** *adj.* болтли́вый.

**loosen** *v.t.* (*tongue*) развя́з|ывать, -а́ть; (*screw*)
отви́н|чивать, -ти́ть; (*by shaking or pulling*)
расша́т|ывать, -а́ть; (*soil*) разрыхл|я́ть, -и́ть;
(*tie, rope, belt etc.*) осл|абля́ть, -а́бить; the wine
~ed his tongue вино́ развяза́ло ему́ язы́к; ~ a
tooth расшата́ть (*pf.*) зуб; ~ one's grip
осла́бить (*pf.*) хва́тку; ~ discipline осла́бить
дисципли́ну; ~ one's hold on sth. выпуска́ть,
вы́пустить что́-н. из рук; (*bowels*) про-
сл|абля́ть, -а́бить.

**looseness** *n.* (*slackness*) сла́бость; (*of morals*)
распу́щенность; (*of bowels*) поно́с.

**loosestrife** *n.* вербе́йник.

**loot** *n.* добы́ча, награ́бленное добро́.

> *v.t.* гра́бить, раз-.

> *v.i.* ун|оси́ть, -ести́ добы́чу.

**looter** *n.* мароде́р, граби́тель (*m.*).

**looting** *n.* мароде́рство, грабе́ж.

**lop** *v.t.* (*also* ~ **off**) руби́ть (*impf.*); отруб|а́ть,
-и́ть.

**lope** *v.i.* бежа́ть (*det.*) в припры́жку.

**lop-eared** *adj.* вислоу́хий.

**lop-sided** *adj.* кривобо́кий; (*fig.*) нерав-
номе́рный, односторо́нний; your tie has got ~
у вас га́лстук на́ бок съе́хал.

**loquacious** *adj.* словоохо́тливый, болтли́вый.

**loquaci|ousness, -ty** *n.* словоохо́тливость,
болтли́вость.

**lord** *n.* **1.** (*ruler; also fig.*) власти́тель (*m.*), влас-
тели́н; ~s of creation (*mankind*) род

человеческий; (*joc., men*) си́льный пол;
(*king*) госуда́рь (*m.*); (*feudal* ~) сеньо́р; ~ of
the manor владе́лец поме́стья; (*magnate*)
магна́т; ~ and master (*joc., husband*) супру́г и
повели́тель (*m.*); (*senior or superior*) хозя́ин;
live like a ~ жить (*impf.*) припева́ючи; drunk
as a ~ пьян как сте́лька/сапо́жник; **2.**
(*nobleman*) лорд; House of L~s пала́та ло́р-
дов; ~s temporal and spiritual «све́тские» и
«духо́вные» ло́рды; My ~! мило́рд!; **3.** (*God*)
Госпо́дь; Our L~ (*Christ*) Госпо́дь; L~ have
mercy! Го́споди, поми́луй!; (the) L~ only
knows Бог (его́) зна́ет; in the year of our L~
. . . в . . . ом году́ от рождества́ Христо́ва;
L~'s day воскре́сный день; L~'s Prayer
моли́тва госпо́дня, О́тче наш; L~'s Supper
Евхари́стия.

> *v.t.*: ~ it over s.o. кома́ндовать (*impf.*) кем-н.;
> помыка́ть (*impf.*) кем-н.

**lordly** *adj.* (*magnificent*) пы́шный; (*haughty*)
надме́нный.

**lordship** *n.* **1.** (*rule, authority*) власть, владе́ние;
**2.**: Your L~ ва́ша све́тлость/ми́лость.

**lore** *n.* (специа́льные) зна́ния (*nt. pl.*); bird ~
зна́ния о пти́цах; (*traditions*) преда́ния (*nt. pl.*).

**lorgnette** *n.* лорне́т.

**lorn** *adj., see* FORLORN.

**Lorraine** *n.* Лотари́нгия.

**lorry** *n.* грузови́к.

**Los Angeles** *n.* Лос-А́нджелес.

**los|e** *v.t.* **1.** теря́ть, по-; утра́|чивать, -тить;
лиш|а́ться, -и́ться +*g.*; give sth. up for ~t
счита́ть (*impf.*) что́-н. (безвозвра́тно)
пропа́вшим; the goods were ~t in transit
това́ры пропа́ли в пути́; I ~t count of his
mistakes я потеря́л счёт его́ оши́бкам; I am
beginning to ~e faith in him я начина́ю теря́ть
ве́ру в него́; he ~t his head (*fig.*) он потеря́л
го́лову; Charles I ~t his head Карл I был
обезгла́влен; ~e heart па́|дать, -сть ду́хом;
the plane was ~ing height самолёт теря́л
высоту́; he ~t a leg он потеря́л но́гу, он
лиши́лся ноги́; ~e patience выходи́ть, вы́йти
из терпе́ния; ~e one's place (*job*) быть уво́-
ленным; (*in queue*) теря́ть, по- о́чередь; (*while
reading*) сби́ться (*pf.*), потеря́ть (*pf.*) ме́сто;
~e one's reason лиш|а́ться, -и́ться рассу́дка;
сходи́ть, сойти́ с ума́; ~e (*forfeit*) one's rights
утра́|чивать, -тить свои́ права́; ~e sight of
(*lit.*) упус|ка́ть, -ти́ть и́з виду; (*fig.*) не
уч|и́тывать, -е́сть; заб|ыва́ть, -ы́ть; ~e one's
sight осле́пнуть (*pf.*); потеря́ть (*pf.*) зре́ние;
~e one's temper рассерди́ться (*pf.*); have you
~t your tongue? вы что́ — язы́к проглоти́ли?;
I ~t touch with him я потеря́л связь с ним; we
~t track of the time мы утра́тили вся́кое
представле́ние о вре́мени; he ~t the use of his
legs у него́ отня́лись но́ги; he ~t his voice он
потеря́л/сорва́л го́лос; ~e one's way за-
блуди́ться (*pf.*); I am trying to ~e weight я

стара́юсь похуде́ть; a ~t art утра́ченное иску́сство; a ~t soul (*fig.*) пропа́щий челове́к; I am ~t without her без неё я как без рук; he was ~t to all sense of shame он утра́тил вся́кий стыд; **2.** (*~e by death*): ~e an old friend лиши́ться (*pf.*) ста́рого дру́га; he ~t his wife у него́ умерла́ жена́; he ~t his son in the war у него́ на войне́ поги́б сын; she ~t the baby (*by miscarriage*) она́ вы́кинула; у неё был вы́кидыш; the enemy ~t 1000 men неприя́тель потеря́л ты́сячу челове́к; be ~t (*perish, die*) ги́бнуть (*impf.*) пог|иба́ть, -и́бнуть; the ship was ~t with all hands су́дно со всем экипа́жем поги́бло; **3.**: be, get ~t (*~e one's way*) заблуди́ться (*pf.*); get ~t! исче́зни!, кати́сь! (*coll.*); (*fig.*): ~t in thought заду́мавшись; ~e o.s. in sth. погру|жа́ться, -зи́ться во что́-н.; **4.** (*cease to see, understand etc.*): I've ~t you; you've ~t me (*coll., I can't follow you*) я потеря́л нить (ва́шей мы́сли); be ~t (*disappear*) исч|еза́ть, -е́знуть; проп|ада́ть, -а́сть; the train was ~t to sight по́езд скры́лся (и́з виду); the church was ~t in the fog це́рковь скры́лась в тума́не; what he said was ~t in the noise его́ слова́ потону́ли в шу́ме; **5.** (*fail to use; waste*): ~e an opportunity упус|ка́ть, -ти́ть возмо́жность; he ~t no opportunity он по́льзовался вся́кой возмо́жностью; ~e time теря́ть, по- вре́мя; he ~t no time in getting away он тут же убежа́л; он убежа́л, не теря́я вре́мени; there is not a moment to be ~t нельзя́ теря́ть ни мину́ты (вре́мени); вре́мя не те́рпит; make up for ~t time навёрст|ывать, -а́ть упу́щенное вре́мя; the joke was ~t on him шу́тка не дошла́ до него́; **6.** (*in contest, sport, gambling*) прои́гр|ывать, -а́ть; he ~t the argument его́ поби́ли в спо́ре; the motion was ~t предложе́ние не прошло́; they ~t the match они́ проигра́ли; I ~t my bet я проигра́л пари́; **7.** (*of a clock*) отст|ава́ть, -а́ть на +*a.*; my watch ~es 5 minutes a day мои́ часы́ отстаю́т на 5 мину́т в день.

*v.i.* **1.** прои́гр|ывать, -а́ть; теря́ть, по-; fight a ~ing battle вести́ (*det.*) безнадёжную борьбу́; they ~t by 3 points они́ недобра́ли трёх очко́в; he ~t on the deal в э́той сде́лке он оста́лся в про́игрыше; ~e out (*coll.*) потерпе́ть (*pf.*) неуда́чу; **2.** (*of a clock*): my watch is ~ing мои́ часы́ отстаю́т.

**loser** *n.* (*at a game*) проигра́вший; he is a good (bad) ~ он (не) уме́ет досто́йно про́игрывать; come off (*or* be) a ~ оста́ться (*pf.*) в про́игрыше.

**losings** *n.* про́игрыш.

**loss** *n.* **1.** поте́ря; ~ of sight поте́ря зре́ния; ~ of heat теплопоте́ря; ~ of life поте́ри уби́тыми; челове́ческие же́ртвы (*f. pl.*); suffer heavy ~es понести́ (*pf.*) больши́е поте́ри; **2.** (*detriment*) утра́та; his death was a great ~ его́

смерть была́ большо́й утра́той; his resignation is no great ~ его́ отста́вка — небольша́я поте́ря; it's your ~, not mine э́то ва́ша беда́, не моя́; **3.** (*monetary*) убы́ток; cover a ~ покр|ыва́ть, -ы́ть убы́ток; incur ~es терпе́ть, по- убы́тки; meet a ~ нести́ (*det.*) убы́ток; sell at a ~ прод|ава́ть, -а́ть с убы́тком (*or* в убы́ток); dead ~ чи́стый убы́ток; (*coll., useless pers. etc.*) пусто́е ме́сто; gambling ~es про́игрыши (*m. pl.*) (в ка́ртах, на бега́х и *m.n.*); **4.** (*destruction, wreck*) ги́бель; **5.**: I am at a ~ to answer я затрудня́юсь отве́тить; he was at a ~ what to say он не нашёлся, что сказа́ть; in my presence he was always at a ~ при мне он всегда́ теря́лся.

**lot** *n.* **1.**: decide by ~ реш|а́ть, -и́ть жере́бьёвкой; cast ~s бр|оса́ть, -о́сить жре́бий; draw ~s тяну́ть (*impf.*) жре́бий; (*fig., destiny*) судьба́, у́часть, до́ля; cast in one's ~ with s.o. свя́з|ывать, -а́ть свою́ судьбу́ с кем-н.; it fell to his ~ to go ему́ вы́пал жре́бий (*or* пришло́сь) идти́; **2.** (*plot of land*) уча́сток; parking ~ (*Am.*) стоя́нка для маши́н/автомоби́лей; **3.** (*coll., of persons*) наро́д; our/your ~ наш/ваш брат; these children are an extremely dirty ~ э́ти де́ти грязны́ до невозмо́жности; **4.** (*in auction*) па́ртия; (*coll.*): he is a bad ~ он плохо́й челове́к; **5.**: the ~ (*coll., everything*) всё; that's the ~! вот и всё!; **6.** (a ~, ~s: *a large number, amount*) мно́го; ма́ло ли что; a ~ of people мно́го наро́ду; мно́гие; ма́ло ли кто (+*sg. vb.*); what a ~ of people there were! ско́лько бы́ло наро́ду!; I have seen a ~ in my time на своём веку́ я мно́гое повида́л; I don't see a ~ of him nowadays мы с ним ма́ло/ре́дко ви́димся ны́нче; he has ~s of friends у него́ мно́го друзе́й; ~s of times ма́ло ли когда́; there were ~s of apples left оста́лась у́йма я́блок; he plays a ~ of football он мно́го игра́ет в футбо́л.

*adv.* (a ~) **1.** (*often*) ча́сто; we went to the theatre a ~ мы ча́сто ходи́ли в теа́тр; **2.** (*with comps.: much*) гора́здо, си́льно; a ~ worse гора́здо ху́же; a ~ better куда́ лу́чше; the patient became a ~ worse больно́му ста́ло намно́го ху́же.

**loth** *see* LO(A)TH.

**Lothario** *n.* (*fig.*) волоки́та (*m.*), пове́са (*m.*), донжуа́н.

**lotion** *n.* примо́чка; (*cosmetic*) лосьо́н.

**lottery** *n.* лотере́я; ~ ticket лотере́йный биле́т.

**lotto** *n.* лото́ (*indecl.*).

**lotus** *n.* (*bot., myth.*) ло́тос.

*cpd.*: ~-**eater** *n.* сибари́т.

**loud** *adj.* гро́мкий; (*sonorous*) зву́чный; (*noisy*) шу́мный; (*fig.*): ~ colours крича́щие/крикли́вые кра́ски/цвета́.

*adv.* гро́мко; we laughed ~ and long мы до́лго и гро́мко смея́лись; out ~ вслух.

*cpds.*: ~-**hailer** *n.* ру́пор; ~-**mouthed** *adj.*

крикли́вый; ~**speaker** *n.* громкоговори́тель (*m.*), дина́мик.

**loudness** *n.* гро́мкость; зво́нкость; (*of colour*) крикли́вость.

**lough** *n.* о́зеро (*в Ирла́ндии*).

**Louis** *n.* (*hist.*) Людо́вик; Louis Philippe Луи́ Фили́пп.

**lounge** *n.* (*in hotel*) фойе́ (*indecl.*); (*at airport*) зал ожида́ния.

*v.i.* (*sit in relaxed position*) сиде́ть (*impf.*) разваля́сь (*or* вразва́лку); (*sit or stand, leaning against sth.*) сиде́ть/стоя́ть (*impf.*) прислоня́сь (*к чему*); ~ about (*idly*) безде́льничать (*impf.*); слоня́ться (*impf.*); ~ lizard (*sl.*) све́тский безде́льник; ~ suit костю́м, пиджа́чная па́ра.

**lour, lower** *v.i.* (*lit., fig.*) насу́п|ливаться, -и́ться; he ~ed at me он смотре́л на меня́ насу́пившись; a ~ing sky мра́чное не́бо; a ~ing expression угрю́мое выраже́ние.

**louse** *n.* вошь; (*sl., of pers.*) гни́да.

*v.t.* ~ up (*sl.*) испо́ртить, испога́нить (*both pf.*).

**lousiness** *n.* вши́вость; (*fig.*) гну́сность.

**lousy** *adj.* **1.** (*infested with lice*) вши́вый; **2.** (*sl., disgusting, rotten*) парши́вый, отврати́тельный; he played a ~ trick on me он мне сде́лал га́дость; он мне подложи́л свинью́; I feel ~ today я сего́дня чу́вствую себя́ отврати́тельно; **3.** (*sl.*): be ~ with кише́ть (*impf.*) +*i.*; he is ~ with money он не зна́ет, куда́ дева́ть де́ньги; у него́ де́нег ку́ры не клюю́т.

**lout** *n.* хам, обло́м.

**loutish** *adj.* ха́мский; неотёсанный.

**loutishness** *n.* ха́мство; неотёсанность.

**louv|er, -re** *n.* (*slatted opening*; *also* ~-boards) жалюзи́ (*nt. pl. indecl.*); (*skylight*) слухово́е окно́.

**lovable** *adj.* ми́лый, прия́тный, обая́тельный.

**lovage** *n.* бороздоплод́ник.

**love** *n.* **1.** любо́вь; mother(ly) ~ матери́нская любо́вь; he has a ~ of adventure он большо́й люби́тель приключе́ний; feel ~ for, towards s.o. испы́тывать (*impf.*) любо́вь к кому́-н.; show ~ to s.o. проя́в|ля́ть, -и́ть любо́вь к кому́-н.; for ~ of из любви́ к +*d.*; ра́ди +*g.*; for the ~ of God ра́ди Бо́га; labour of ~ бескоры́стный труд; люби́мое де́ло; he sent you his ~ он проси́л переда́ть вам серде́чный приве́т; there is no ~ lost between them они́ друг дру́га недолю́бливают; not for ~ or money ни за что́ на све́те; they were playing for ~ они́ игра́ли не на де́ньги; they married for ~ они́ жени́лись по любви́; be in ~ (*with s.o.*) быть влюблённым (в кого́-н.); fall in ~ with s.o. влюб|ля́ться, -и́ться в кого́-н.; fall out of love with s.o. разлюб|ля́ть (*pf.*) кого́-н.; make ~ to (*court*) уха́живать (*impf.*) за +*i.*; make ~ (*have sexual intercourse*) быть бли́зкими; his ~ was not returned он люби́л без взаи́мности;

unrequited ~ неразделённая любо́вь; любо́вь без взаи́мности; ~ affair рома́н; (*pej.*) любо́вная связь; ~ story рома́н про любо́вь; (*in address*): (my) ~! (мой) ми́лый!; (моя́) ми́лая!; ра́дость моя́!; **2.** (*delightful pers., esp. child*) пре́лесть; (*sweetheart, mistress*) люби́мая, ми́лая, возлю́бленная; he has had many ~s он люби́л мно́го раз; an old ~ of mine моя́ ста́рая (да́вняя) па́ссия; **3.** (*zero score*) ноль (*m.*); ~ all счёт ноль-ноль; ~ game «суха́я».

*v.t.* люби́ть (*impf.*); I ~ the way he smiles мне ужа́сно нра́вится, как он улыба́ется; я люблю́ его́ улы́бку; I ~ my work я люблю́ мою́ рабо́ту; I ~ walking in the rain я обожа́ю гуля́ть под дождём; he ~s finding fault он ве́чно придира́ется; I'd ~ to go to Italy мне о́чень хоте́лось бы съе́здить в Ита́лию; I'd ~ you to come я был бы сча́стлив, е́сли бы вы пришли́; 'Will you come?' – 'Yes, I'd ~ to' «Вы придёте?» — «Да, с удово́льствием/ра́достью».

*cpds.*: ~-**bird** *n.* неразлу́чник; (*pl., fig.*) влюблённые; ~-**child** *n.* дитя́ (*nt.*) любви́; ~-**feast** *n.* ве́черя бра́тства; ~-**hate** *adj.*: they have a ~-hate relationship у них любо́вь-нена́висть; ~-**in-a-mist** *n.* чернушка; ~-**in-idleness** *n.* аню́тины гла́зки (*m. pl.*); ~-**letter** *n.* любо́вная запи́ска; ~-**lies-bleeding** *n.* щири́ца; ~-**lorn** *adj.* безнадёжно влюблённый; ~-**making** *n.* (*intimacy*) физи́ческая бли́зость; ~-**match** *n.* брак по любви́; ~-**nest** *n.* гнёздышко; ~-**philtre**, ~-**potion** *nn.* любо́вный напи́ток; приворо́тное зе́лье; ~-**seat** *n.* кре́сло-дива́н на двои́х; ~**sick** *adj.* снеда́емый любо́вью; ~-**song** *n.* любо́вная пе́сня; ~-**token** *n.* зало́г любви́.

**loveless** *adj.* нелюбя́щий, без любви́; a ~ marriage брак не по любви́.

**loveliness** *n.* (*beauty*) красота́; (*attractiveness*) очарова́тельность.

**lovely** *adj.* (*beautiful*) краси́вый, прекра́сный; (*charming, attractive*) преле́стный, миловидный; we had a ~ time мы прекра́сно провели́ вре́мя; ~! (*excellent!*) замеча́тельно! отли́чно!

**lover** *n.* любо́вни|к (*fem.* -ца); (*pl.*) влюблённые; they became ~s (*had intercourse*) они́ сошли́сь/сбли́зились; a ~s' quarrel ≃ ми́лые браня́тся, то́лько те́шатся; **2.** (*devotee*) люби́тель (*m.*); покло́нник; охо́тник (*до чего*); приве́рженец; сторо́нник; ~ of good food гурма́н; animal ~ люби́тель (*m.*) живо́тных.

**lovey** *n.* (*coll.*) ми́лый, голу́бчик.

**loving** *n.*: the child needs a lot of ~ ребёнок нужда́ется в любви́ и ла́ске.

*adj.* любя́щий; from your ~ father от любя́щего тебя́ отца́; (*tender*) не́жный.

*cpds.*: ~-**cup** *n.* круговáя чáша; ~-**kindness** *n.* нéжная забóтливость; милосéрдие.

**low**[1] *n.* **1.** (*meteor.*) циклóн; **2.** (~ *point or level*): the pound fell to an all-time ~ фунт достúг небывáло нúзкого ýровня.

*adj.* **1.** нúзкий, невысóкий; the chair is too ~ стул слúшком нúзкий/нúзок; of ~ stature невысóкого рóста; the switch was very ~ down выключáтель был располóжен óчень нúзко; ~ dress (*with* ~ *neck*) плáтье с нúзким/глубóким вы́резом (*or* с большúм декольтé); ~ gear пéрвая скóрость; the sun was ~ in the sky сóлнце стоя́ло нúзко (над горизóнтом); ~ pressure/voltage нúзкое давлéние/напряжéние; ~ blood pressure понúженное кровяно́е давлéние; ~ tide, water мáлая водá, отлúв; at ~ tide, water во врéмя отлúва; ~ visibility понúженная/плохáя/слáбая вúдимость; (*geog.*, ~-*lying*) нúзкий, нúзменный; Low Countries Нидерлáнды, Бéльгия и Люксембýрг; (*of pitch of sound*) нúзкий; in a ~ key (*fig.*) приглушённо, сдéржанно, без шýма; (*of volume of sound*) негрóмкий, тúхий; he spoke in a ~ voice он говорúл, понúзив гóлос (*or* тúхим гóлосом); I have a ~ opinion of him я невысóкого/невáжного мнéния о нём; ~ birth нúзкое происхождéние; **2.** (*vulgar, common*): ~ life жизнь низóв; ~ Latin вульгáрная латы́нь; ~ language нúзменный/вульгáрный язы́к; a ~ style вульгáрный стиль; ~ comedy нúзкая комéдия; фарс; **3.** (*base*) нúзкий, пóдлый; a ~ trick пóдлая улóвка; a ~ scoundrel отпéтый негодя́й; ~ cunning нúзкое ковáрство; пóдлые улóвки (*f. pl.*); **4.** (*nearly empty*; *scanty*): the river is ~ рекá мелкá/обмелéла; a ~ attendance мáлая/плохáя посещáемость; we are getting ~ on sugar у нас остаётся маловáто сáхару; **5.** (*poor, depressed*): be in ~ health прихвáрывать (*impf.*); in ~ spirits в подáвленном настроéнии; I was feeling ~ я чýвствовал себя́ невáжно.

*adv.* нúзко; bow ~ отвéсить (*pf.*) нúзкий поклóн; нúзко кланя́ться, поклонúться; bring ~ (*fig.*) повˈергáть, -éргнуть; lay ~ (*fig.*) низвˈергáть, -éргнуть; lie ~ (*fig.*) затáˈиваться, -úться; stocks are running ~ запáсы кончáются; sink ~ опусˈкáться, -тúться; sink ~ in the water глубокó погруˈжáться, -зúться в вóду; he sank ~ in my esteem он нúзко пал в моúх глазáх; I didn't think he would stoop so ~ я не ожидáл, что он падёт так нúзко.

*cpds.*: ~-**born** *adj.* нúзкого происхождéния; ~-**bred** *adj.* невоспúтанный; ~**brow** *n.* человéк, обладáющий неразвúты́м вкýсом; *adj.* неразвитóй, обывáтельский; ~**brow** tastes мещáнские вкýсы; ~-**down** *n.* (*information*) подногóтная (*coll.*); *adj.* пóдлый, сквéрный; ~-**frequency** *adj.* низкочас-

тóтный; ~-**grade** *adj.* низкосóртный; (*of ore*) бéдный; ~-**key** *adj.* (*fig.*) сдéржанный; ~**land** *n.* (*usu. pl.*) нúзменность, низúна; *adj.* низúнный; ~-**lying** *adj.* нúзменный; ~-lying areas нúзменности (*f. pl.*); ~-**necked** *adj.* с нúзким вы́резом; ~-**pitched** *adj.* (*of sound*) нúзкий; нúзкого тóна; (*of roof*) полóгий; ~-**powered** *adj.* маломóщный; ~-**spirited** *adj.* уны́лый, подáвленный; ~-**water** *adj.*: ~-water mark отмéтка ýровня нúзкой воды́; (*fig.*) (нúзший) предéл.

**low**[2] *v.i.* (*of cattle*) мычáть, за-.

**lower**[1] *adj.* нúжний; ~ case (*typ.*) строчны́е бýквы (*f. pl.*); the L.~ Chamber, House нúжняя палáта; палáта óбщин; ~ deck нúжняя пáлуба; on a ~ floor (этажóм) нúже; the ~ orders нúзшие сослóвия; ~ reaches (*of a river*) низóвьˈе, -я; the ~ regions (*hell*) преиспóдняя; ~ school млáдшие клáссы; пéрвая ступéнь.

*cpd.*: ~-**class** *adj.* принадлежáщий к нúзшему сослóвию.

*v.t.* **1.** (*e.g. boat, flag*) спусˈкáть, -тúть; (*eyes*) опусˈкáть, -тúть; потˈупля́ть, -ýпить; (*price*) снˈижáть, -úзить; (*voice*) понˈижáть, -úзить; ~ing illness изнурúтельная болéзнь; **2.** (*decrease*) умˈеньшáть, -éньшить; **3.** (*debase*) унˈижáть, -úзить.

**lower**[2] *see* LOUR.

**lowermost** *adj.* нижáйший; (*сáмый*) нúжний.

**lowlander** *n.* жúтель (шотлáндских) низúн.

**lowliness** *n.* скрóмность, непритязáтельность.

**lowly** *adj.* (*humble*) скрóмный; (*primitive*) нúзший.

**loyal** *adj.* (*faithful*) вéрный; he is ~ to his comrades он вéрен товáрищам; (*devoted*) прéданный; a ~ wife прéданная женá; ~ supporters of the local team постоя́нные болéльщики мéстной комáнды; (*pol., supporting established authority*) вернопóдданный, благонадёжный.

**loyalist** *n.* лоя́лúст.

**loyalty** *n.* вéрность, прéданность, лоя́льность; political ~ политúческая благонадёжность.

**lozenge** *n.* (*shape*) ромб; (*pastille*) таблéтка, лепёшка, пастúлка.

*cpd.*: ~-**shaped** *adj.* ромбовúдный.

**LP** *n.* (*abbr.* long-playing (record)) долгоигрáющая пластúнка.

**LSD**[1] *n.* (*obs., money*) дéнˈьги (*pl., g.* -ег).

**LSD**[2] *n.* (*abbr.*, lysergic acid dimethylamide) ЛСД.

**Ltd** *adj.* (*abbr.*) с огранúченной отвéтственностью.

**lubber** *n.* (*clumsy fellow*) ýвалень (*m.*) (*coll.*); (*seaman*) неóпытный моря́к.

**lubricant** *n.* смáзка, мазь.

**lubricat|e** *v.t.* смáзˈывать, -ать; ~ing oil смáзочное мáсло.

**lubrication** *n.* смáзывание.

**lubricator** *n.* (*pers.*) смáзчик; (*oil*) смáзка; (*machine component*) лубрикáтор.

**lubricious** *adj.* (*lewd*) похотлúвый.

**lubricity** *n.* похотлúвость.

**lucent** *adj.* (*shining*) блестя́щий; (*transparent*) прозрáчный.

**lucerne** *n.* люцéрна.

**lucid** *adj.* я́сный; he has a ~ mind у негó я́сная головá; a ~ interval свéтлый промежýток; прóблеск сознáния.

**lucidity** *n.* я́сность.

**Lucifer** *n.* (*Satan*) Люцифéр; (*star*) ýтренняя звездá.

**luck** *n.*: good/bad ~ счáстье/несчáстье; везéние/невезéние; удáча/неудáча; good ~!; the best of ~! желáю счáстья/удáчи/успéха!; . . . and good ~ to him . . . и дай емý Бог! bad, hard ~! не повезлó! what rotten ~! какóе невезéние!; worse ~! к несчáстью/ сожалéнию; увы́!; тем хýже (для негó *и m.n.*); no such ~! увы́, нет; as ~ would have it по/к счáстью; (*unfortunately*) по/к несчáстью; как нáзло; (*in neutral sense*) получи́лось так, что . . .; it was just a matter of ~ э́то был вопрóс везéния; just my ~! такóе уж у меня́ везéние!; I had the (good) ~ to be selected мне посчастли́вилось попáсть в числó и́збранных; he had the bad ~ to break his leg как на грех, он сломáл себé нóгу; we're in ~('s way) нам везёт; we're out of ~ (нам) не везёт; he's down on his ~ емý не везёт; it was a great piece of ~ э́то была́ больша́я/рéдкая удáча; I did it by sheer ~ мне прóсто повезлó; a run of (bad) ~ полосá (не)везéния; his ~ is in емý везёт; he has the devil's own ~ емý чертóвски везёт; try one's ~ пытáть, посчáстья; push one's ~ искушáть (*impf.*) судьбý; you never know your ~ как знать, вдруг да и посчастли́вится; he was a mascot for ~ он нóсит талисмáн на счáстье.

**luckily** *adv.* к/по счáстью; удáчно; по счастли́вому слýчаю.

**luckless** *adj.* (*of pers., unfortunate*) несчастли́вый, незадáчливый; (*unsuccessful*) неудáчливый; (*of things or actions*) несчáстный, неудáчный, злополýчный.

**lucky** *adj.* **1.** (*of pers.*) счастли́вый, удáчливый; (*of things, actions, events*) удáчный; a ~ person счастли́вец, удáчник; ~ dog, beggar счастли́вчик; he's ~ in everything емý во всём везёт; he's ~ in business он удáчлив в делáх; ~ for you he's not here вáше счáстье, что егó здесь нет; you're ~ to be alive скажи́ спаси́бо, что остáлся в живы́х!; a ~ shot удáчный вы́стрел; (*fig., guess*) счастли́вая догáдка; ≈ попáл в тóчку; **2.** (*bringing luck*): a ~ charm счастли́вый талисмáн.

**lucrative** *adj.* (*profitable*) при́быльный; (*remunerative*) дохóдный.

**lucre** *n.* при́быль, нажи́ва; filthy ~ пре-

зрéнный метáлл.

**Lucretius** *n.* Лукрéций.

**lucubration** *n.* заня́тия (*nt. pl.*) по ночáм; (*product*) плоды́ (*m. pl.*) ночны́х раздýмий.

**Lucullan** *adj.*: ~ feast Лукýллов пир.

**ludicrous** *adj.* (*absurd*) нелéпый; (*laughable*) смехотвóрный, смешнóй.

**luff** *v.t.* приво́д|и́ть, -ести́ к вéтру. *v.i.* идти́ (*det.*) в бейдеви́нд.

***Luftwaffe*** *n.* лю́фтваффе (*indecl.*); ВВС (*f. pl.*) ги́тлеровской Гермáнии.

**lug**[1] *n.* (*projection*) ушкó; (*sl., ear*) ýхо.

**lug**[2] *v.t.* (*coll.*) волочи́ть (*impf.*); тащи́ть (*impf.*).

**luge** *n.* тобóгган.

**luggage** *n.* багáж; piece of ~ вещь, мéсто; left ~ office кáмера хранéния. *cpds.*: ~-**carrier** *n.* (*e.g. on bicycle*) багáжник; ~-**label** *n.* багáжный я́рлык; ~-**rack** *n.* (*in train*) сéтка/пóлка для багажá; ~-**trolley** *n.* багáжная телéжка; ~-**van** *n.* багáжный вагóн.

**lugger** *n.* лю́гер.

**lugubrious** *adj.* (*mournful*) скóрбный; (*dismal*) мрáчный.

**lugubriousness** *n.* мрáчность.

**lugworm** *n.* пескожи́л.

**Luke** *n.* (*bibl.*) Лукá (*m.*).

**lukewarm** *adj.* теповáтый, чуть тёплый; кóмнатной температýры; (*fig., indifferent*) прохлáдный.

**lull** *n.* (*in storm, fighting etc.*) зати́шье; (*in conversation*) пáуза, переры́в. *v.t.* (~ *to sleep*) убаю́к|ивать, -ать; (*allay*) усып|ля́ть, -и́ть; рассé|ивать, -ять.

**lullaby** *n.* колыбéльная (пéсня).

**lumbago** *n.* люмбáго (*indecl.*); прострéл.

**lumbar** *adj.* поясни́чный.

**lumber**[1] *n.* (*disused furniture etc.*) рýхлядь, хлам; (*Am., timber*) пиломатериáлы (*m. pl.*). *v.t.* (*fill, obstruct, make untidy with* ~) завáл|ивать, -и́ть (*что чем*); (*encumber*) обременя́ть (*impf.*); I'm ~ed with my mother-in-law тёща у меня́ на шéе. *v.i.* (*work on tree-felling etc.*) руби́ть/вали́ть (*impf.*) дерéвья; распи́ливать/заготáвливать (*impf.*) лес. *cpds.*: ~-**jack**, ~-**man** *nn.* лесорýб; ~-**jacket** *n.* (корóткая) рабóчая кýртка; ~-**mill** *n.* лесопи́льный завóд; ~-**room** *n.* чулáн; ~-**yard** *n.* леснóй склад.

**lumber**[2] *v.i.* (*also* ~ **along**) дви́гаться (*impf.*) тяжелó; перевáливаться (*impf.*).

**lumbering**[1] *n.* лесозаготóвка.

**lumbering**[2] *adj.* (*of pers.*) дви́гающийся тяжелó/неуклю́же; (*of cart etc.*) громыхáющий.

**luminary** *n.* (*lit., fig.*) свети́ло.

**luminescence** *n.* свечéние, люминесцéнция.

**luminescent** *adj.* светя́щийся, люминесцéнтный.

**luminosity** *n.* освещённость, я́ркость.

**luminous** adj. светя́щийся; (bright) све́тлый, я́ркий.

**lumme** int. (coll.) Бо́же мой!

**lump** n. **1.** (of earth, dough etc.) ком; ~ of clay ком гли́ны; (large piece) (кру́пный) кусо́к; ~ of sugar кусо́к са́хара; ~ sugar пилёный/куско́вой са́хар; ~ of ice/snow глы́ба льда/сне́га; ~ of wood чурба́н; ~ in the throat комо́к в го́рле; **2.** (swelling) ши́шка, о́пухоль; **3.** (pers.) дуби́на (c.g.); **4.**: ~ sum паушá́льная су́мма; единовре́менная пла́та; they get paid a ~ sum им пла́тят акко́рдно.

v.t. **1.** ~ together (collect into heap) вали́ть (impf.), сва́л|ивать, -и́ть в ку́чу; (treat alike; place in single category) ста́вить (impf.) на одну́ до́ску; the passengers were ~ed in with the crew пассажи́ров помести́ли вме́сте с экипа́жем; **2.** ~ it (coll., put up with it) примири́ться (pf.) (с чем); you must ~ it нрáвится — не нра́вится, а придётся проглоти́ть.

cpd.: ~-**fish** n. морско́й воробе́й.

**lumping** adj. (clumsy) неуклю́жий; (dull-witted) тупоу́мный.

**lumpish** adj. неуклю́жий; тупо́й, глу́пый.

**lumpy** adj. комкова́тый.

**lunacy** n. (insanity) безу́мие, сумасше́ствие; (leg.) невменя́емость; (folly) безу́мие.

**lunar** adj. лу́нный.

**lunatic** n. сумасше́дший; душевнобольно́й.

adj. (mad) сумасше́дший; ~ asylum сумасше́дший дом; психиатри́ческая больни́ца; (foolish, senseless) безу́мный; (eccentric) чуда́ческий; ~ fringe ку́чка фана́тиков; экстреми́сты (m. pl.).

**lunation** n. лу́нный ме́сяц.

**lunch** n. (midday meal) обе́д; (второ́й) за́втрак, ленч.

v.t. уго|ща́ть, -сти́ть обе́дом/за́втраком.

v.i. обе́дать; за́втракать, по-.

cpds.: ~-**break**, ~-**hour**, ~-**time** nn. обе́денный переры́в; ~-**party** n. зва́ный обе́д/за́втрак.

**luncheon** n. обе́д.

cpds.: ~-**meat** n. мясно́й руле́т; ~-**voucher** n. тало́н на обе́д.

**lung** n. лёгкое; he has a good pair of ~s у него́ зы́чный го́лос; у него́ лужёная гло́тка; ~ cancer рак лёгк|ого, -их.

cpds.: ~-**fish** n. двоякоды́шащая ры́ба; ~-**power** n. си́ла го́лоса.

**lunge** n. (forward movement) бросо́к; (in fencing) вы́пад.

v.i. ~ (out) at (fencing, boxing etc.) сде́лать (pf.) вы́пад на +a.

**lunik** n. лу́нник.

**lupin** n. люпи́н.

**lupine** adj. во́лчий.

**lupus** n. волча́нка; туберкулёз ко́жи.

**lurch**[1] n.: leave s.o. in the ~ пок|ида́ть, -и́нуть кого́-н. в беде́; подв|оди́ть, -ести́ кого́-н.

**lurch**[2] n.: (stagger) the ship gave a ~ кора́бль дал крен (or накрени́лся).

v.i. шата́ться (impf.); пошá́т|ываться, -ну́ться; the drunken man ~ed across the street пья́ный, пошá́тываясь, перешёл у́лицу.

**lure** n. (falconry) прима́нка; (bait for fish) прима́нка, нажи́вка; (decoy used in hunting) ва́бик; (fig., enticement) собла́зн; the ~ of foreign travel зама́нчивость заграни́чных путеше́ствий.

v.t. (fish) прима́н|ивать, -и́ть; (persons) зама́н|ивать, -и́ть; соблазн|я́ть, -и́ть; завл|ека́ть, -е́чь; a rival firm ~d him away конкури́рующая фи́рма перемани́ла его́ (к себе́); I was ~d (on) by the promise of a reward меня́ соблазни́ла перспекти́ва награ́ды; they were ~d on to destruction их замани́ли на (по)ги́бель.

**lurid** adj. (wan) (мéртвенно-)бле́дный; ту́склый; (stormy) грозово́й; (gaudy) крича́щий, аляпова́тый; (sinister) злове́щий; (sensational): a ~ novel бульва́рный рома́н; ~ details жу́ткие подро́бности.

**lurk** v.i. прита́|иваться, -и́ться; ~ about ждать (impf.) притаи́вшись; I have a ~ing sympathy for him он вызыва́ет у меня́ нево́льное сочу́вствие.

**Lusatia** n. Лу́жица.

**Lusatian** n. лужича́н|ин (fem. -ка).

adj. лу́жицкий.

**luscious** adj. (succulent) со́чный; (ripe, also fig.) нал
ивно́й; (over-sweet, cloying) при́торный.

**lusciousness** n. со́чность, при́торность.

**lush**[1] n. (Am., drunkard) пьянчу́жка (c.g.), алка́ш (sl.).

**lush**[2] adj. пы́шный, роско́шный.

**lust** n. **1.** (sexual passion) по́хоть, вожделе́ние; ~s of the flesh пло́тские по́хоти (f. pl.); **2.** (craving): ~ for power жа́жда вла́сти.

v.i.: ~ for, after s.o. испы́т|ывать, -а́ть вожделе́ние к кому́-н.; жела́ть (impf.) кого́-н.

**lustful** adj. похотли́вый.

**lustfulness** n. похотли́вость.

**lustiness** n. (health) здоро́вье; (vigour) бо́дрость.

**lustre** n. (chandelier) лю́стра; (material) блестя́щая полушерстяна́я мате́рия; (glaze) глазу́рь; (gloss, brilliance) блеск, гля́нец; (bright light) сия́ние; (splendour, glory) сла́ва; add ~ to sth. прид|ава́ть, -а́ть блеск чему́-н.

**lustreless** adj. ту́склый.

**lustrous** adj. (brilliant) блестя́щий; (glossy) гля́нцеви́тый.

**lusty** adj. (healthy) здоро́вый; (robust) здорове́нный; (vigorous) бо́дрый.

**lutanist** n. игра́ющий на лю́тне.

**lute** n. (mus.) лю́тня.

**Lutheran** n. лютера́н|ин (fem. -ка).

adj. лютера́нский.

**Lutheranism** n. лютера́нство.

**lux** *n.* (*phys.*) люкс.
**Luxemburg** *n.* Люксембу́рг.
**Luxemburger** *n.* люксембу́ржец; жи́тель (*fem.* -ница) Люксембу́рга.
**luxuriance** *n.* изоби́лие; бога́тство; пы́шность.
**luxuriant** *adj.* (*profuse*) оби́льный; (*of imagination etc.*) бога́тый; (*splendid*) пы́шный; (*of growth*) бу́йный.
**luxuriate** *v.i.* **1.** (*of plants*) бу́йно расти́ (*impf.*); **2.** (*enjoy o.s.*): ~ in sth. наслажда́ться (*impf.*) чем-н.
**luxurious** *adj.* (*sumptuous*) роско́шный; (*splendid*) пы́шный; (*self-indulgent*) расточи́тельный; live ~ly роско́шествовать (*impf.*).
**luxury** *n.* **1.** (*luxuriousness*) ро́скошь; live in the lap of ~ жить (*impf.*) в ро́скоши; (*pleasure*) удово́льствие; **2.** (*object of* ~) предме́т ро́скоши; wine is my only ~ еди́нственная ро́скошь, каку́ю я себе́ позволя́ю — э́то вино́; ~ goods предме́ты ро́скоши; ~ apartment роско́шная кварти́ра; но́мер-люкс.
**lycanthropy** *n.* ликантро́пия.
**lycée** *n.* лице́й.
**Lyceum** (*hist.*) *n.* лице́й.
**lychee** *see* LICHEE.
**lych-**(*also* **lich-**)**gate** покойницкая.
**lye** *n.* щёлок.
**lying**[1] *n.* (*telling lies*) ложь, враньё.
  *adj.* ло́жный; лжи́вый.
**lying**[2] *n.*: ~ in state до́ступ к те́лу имени́того

покойника.
  *cpd.*: ~**-in** *n.* ро́д|ы (*pl.*, *g.* -ов); послеродово́й пери́од; ~-in-hospital роди́льный дом.
**lymph** *n.* (*physiol.*) ли́мфа.
**lymphatic** *adj.* лимфати́ческий; (*fig.*, *of pers.*) вя́лый.
**lynch** *n.*: ~ law суд/зако́н Ли́нча; самосу́д.
  *v.t.* линчева́ть (*impf.*, *pf.*).
**lynchpin** *see* LINCHPIN.
**lynx** *n.* рысь.
  *cpd.*: ~**-eyed** *adj.* с о́стрым зре́нием.
**Lyons** *n.* Лио́н.
**Lyra** *n.* (*astron.*) Ли́ра.
**lyre** *n.* ли́ра.
  *cpd.*: ~**-bird** *n.* пти́ца-ли́ра, лирохво́ст.
**lyric** *n.* **1.** (~ *poem*) лири́ческое стихотворе́ние; (*pl.*) лири́ческие стихи́ (*m. pl.*); (~ *poetry*) ли́рика; **2.** (*theatr.*, *words of song*) слова́ (*nt. pl.*)/текст (*песни*).
  *adj.* лири́ческий; ~ writer ли́рик; поэ́т-пе́сенник.
**lyrical** *adj.* лири́ческий; he waxed ~ about, over . . . он расчу́вствовался, говоря́ о . . .; he was ~ in his praise of the play он с воодушевле́нием расхва́ливал пье́су.
**lyricism** *n.* лири́зм.
**lyrist** *n.* (*player on lyre*) игра́ющий на ли́ре; (*poet*) лири́ческий поэ́т.
**lysol** *n.* лизо́л.

# M

**ma**[1] *n.* (*coll.*) ма́ма.
**MA**[2] *n.* (*abbr.*) маги́стр иску́сств.
**ma'am** *n.* суда́рыня.
**mac** (*coll.*) = MAC(K)INTOSH.
**macabre** *adj.* мра́чный, жу́ткий.
**macadam** *n.* макада́м, щебёночное покры́тие.
**macadamize** *v.t.*: ~d road доро́га с щебёночным покры́тием.
**macaroni** *n.* макаро́н|ы (*pl.*, *g.* —).
**macaroon** *n.* минда́льное пече́нье.
**Macassar** *n.*: Straits of ~ Макаса́рский проли́в.
**macaw** *n.* а́ра.
**Macbeth** *n.* Макбе́т.
**mace**[1] *n.* (*club*; *staff of office*) булава́; жезл.
  *cpd.*: ~**-bearer** *n.* булавоно́сец, жезлоно́сец.
**mace**[2] *n.* (*spice*) муска́т.
**macedoine** *n.* (*cul.*) маседуа́н; (*fig.*) винегре́т.
**Macedon, -ia** *nn.* Македо́ния.
**Macedonian** *n.* македо́н|ец (*fem.* -ка).
  *adj.* македо́нский.
**macerate** *v.t.* выма́чивать, вы́мочить; мацери́ровать (*impf.*, *pf.*).
**maceration** *n.* выма́чивание, мацера́ция.

**Mach (number)** *n.* число́ M(а́ха).
**machete** *n.* маче́те (*indecl.*).
**Machiavellian** *adj.* макиаве́ллевский.
**machicolation** *n.* навесна́я бойни́ца.
**machination** *n.* махина́ция; ко́зни (*f. pl.*), интри́га.
**machine** *n.* **1.** (*mechanical device, apparatus*) маши́на, механи́зм; the ~ age век маши́н/те́хники; ~ translation маши́нный перево́д; ~ shop механи́ческий цех; (~-*tool*) стано́к; grinding ~ шлифова́льный стано́к; **2.** (*means of transport*) маши́на; (*car*) автомоби́ль (*m.*), маши́на; (*bicycle*) велосипе́д; (*motor-cycle*) мотоци́кл; (*aircraft*) самолёт; **3.** (*controlling organization*) аппара́т; party ~ парти́йный аппара́т.
  *v.t.* (*on lathe etc.*) обраб|а́тывать, -о́тать (на станке́ *or* механи́ческим спо́собом); (*on sewing-* ~) шить, с- на маши́не.
  *cpds.*; ~**-gun** *n.* пулемёт; ~-gun fire пулемётный ого́нь; *v.t.* (*fire at*) обстре́л|ивать, -я́ть; (*shoot down*) расстре́л|ивать, -я́ть; ~**-gunner** *n.* пулемётчик; ~**-made** *adj.*:

~-made goods товáр фабрúчного произвóдства; ~ **-minder** *n.* рабóчий у станкá; ~
**operator** *n.* (*agr.*) механизáтор.
**machinery** *n.* (*collect., machines*) машúны
(*f. pl.*), тéхника; (*mechanism*) механúзм;
(*fig.*): the ~ of government правúтельствен-
ная структýра.
**machinist** *n.* машинúст; (*sewing-machine
operator*) швéйник, (*fem.*) швея́.
**mack** (*coll.*) = MAC(K)INTOSH.
**mackerel** *n.* макрéль, скýмбрия; ~ sky нéбо в
барáшках.
**mac(k)intosh** *n.* непромокáемый плащ,
дождевúк, макинтóш.
**macrocephalic** *adj.* большеголóвый, макроце-
фáльный.
**macrocosm** *n.* макрокóсм.
**macron** *n.* знак долготы́.
**mad** *adj.* 1. (*insane*) сумасшéдший; he is as ~ as
a hatter он совершéнно сумасшéдший; go ~
сходúть, сойтú с умá; drive s.o. ~ св｜одúть,
-естú когó-н. с умá; this is bureaucracy gone ~
э́то бюрокрáтия, доведённая до безýмия; 2.
(*of animals*) бéшеный; 3. (*wildly foolish*)
шальнóй; a ~ escapade безрассýдная вы́-
ходка; that was a ~ thing to do поступúть так
бы́ло прóсто безýмием; ~ly in love безýмно
влюблённый; ~ly expensive безýмно
дорогóй; 4. (*coll., angry, annoyed*) сердú́тый;
~ with anger вне себя́ от гнéва; be, get ~
вы́йти (*pf.*) из себя́; I was ~ at missing the train
я вы́л вне себя́ из-за тогó, что опоздáл на
пóезд; be, get ~ with s.o. сердúться, рас- на
когó-н.; she was ~ with me for breaking the
vase онá разозлúлась на меня́ за то, что я
разбúл вáзу; 5. ~ about (*infatuated with,
enthusiastic for*) в востóрге (*or* без пáмяти) от
+*g.*; she was ~ about him онá былá от негó без
умá; the boy is ~ about ice-cream мáльчик
обожáет морóженое; his wife was ~ about
cats егó женá былá помéшана на кóшках; 6.
like ~ безýдержно; I rushed like ~ я помчá-
лся как угорéлый; he is working like ~ он
рабóтает как одержúмый; they were shouting
like ~ онú кричáли благúм мáтом; he drove
like ~ он éхал с бéшеной скóростью.
*cpds.*: ~ **cap** *n.* сорвиголовá (*c.g.*); ~ **house** *n.*
сумасшéдший дом; ~ **man** *n.* сумасшéдший;
~ **woman** *n.* сумасшéдшая.
**Madagascar** *n.* Мадагаскáр.
**madam** *n.* (*form of address*) мадáм, судáрыня;
(*coll., brothel-keeper*) мадáм.
**madden** *v.t.* (*persons*) раздраж｜áть, -úть; (*animals*) бесúть, вз-.
**maddening** *adj.* неснóсный.
**madder** *n.* (*plant*) марéна; (*dye*) марéновый
красúтель, крапп.
**Madeira** *n.* Мадéйра; (*wine*) мадéра.
*mademoiselle* *n.* мадемуазéль; (*governess*)
гувернáнтка-францýженка.

**madness** *n.* (*insanity*) сумасшéствие; (*of animals*) бéшенство; (*folly*) безýмие.
**madonna** *n.* мадóнна; ~ lily бéлая лúлия.
**madrigal** *n.* мадригáл.
**maelstrom** *n.* водоворóт; (*fig.*) вихрь (*m.*).
**maenad** *n.* менáда.
**maestro** *n.* маэ́стро (*m. indecl.*).
**maffick** *v.i.* бýрно рáдоваться (*impf.*).
**Mafia** *n.* мáфия; (*fig.*) клúка.
**magazine**[1] *n.* 1. (*mil. store*) воéнный склад; (*for
arms and ammunition*) склад боеприпáсов; (*on
ship*) пороховóй пóгреб; пóгреб боеприпáсов; 2. (*cartridge chamber*) магазú́нная
корóбка; магазú́н; (*attr.*) магазú́нный.
**magazine**[2] *n.* (*periodical*) журнáл; (*attr.*) жур-
нáльный.
**magenta** *n.* фуксú́н.
 *adj.* краснова́то-лилóвого цвéта.
**maggot** *n.* (*grub*) личúнка; (*whim, fancy*)
причýда, блажь.
**maggoty** *adj.* червúвый.
**Magi** *n.*: the ~ волхвы́ (*m. pl.*); Adoration of the
~ поклонéние волхвóв.
**magic** *n.* (*lit., fig.*) мáгия, волшебствó; as if by ~
как по волшебствý.
 *adj.* волшéбный, магú́ческий; ~ lantern
волшéбный фонáрь; ~ wand волшéбная
пáлочка.
**magical** *adj.* феерúческий, волшéбный.
**magician** *n.* (*sorcerer*) волшéбник; (*conjurer*)
фóкусник.
**magisterial** *adj.* (*of a magistrate*) судéйский;
(*authoritative*) авторитéтный.
**magistracy, magistrature** *nn.* судéйство;
магистратýра.
**magistrate** *n.* судья́ (*m.*) (нú́зшей инстáнции).
**Magna C(h)arta** *n.* Велúкая хáртия вóль-
ностей.
**magnanimity** *n.* великодýшие.
**magnanimous** *adj.* великодýшный.
**magnate** *n.* магнáт.
**magnesia** *n.* магнéзия, óкись мáгния; milk of ~
молочкó магнéзии.
**magnesium** *n.* мáгний; ~ flare вспы́шка
мáгния.
**magnet** *n.* (*lit., fig.*) магнúт.
**magnetic** *adj.* магнú́тный; (*fig.*): ~ personality притяга́тельная/магнетú́ческая лú́ч-
ность.
**magnetism** *n.* магнетú́зм; (*magnetic properties*)
магнú́тные свóйства; (*fig.*) притяга́тель-
ность.
**magnetization** *n.* (*process*) намагнúчивание;
(*state*) намагнú́ченность.
**magnetize** *v.t.* намагнú｜чивать, -тить; (*fig.*)
гипнотизú́ровать, за-.
**magneto** *n.* магнéто (*indecl.*).
**Magnificat** *n.* Величáние (Богорóдицы).
**magnification** *n.* увеличéние; a microscope of 50
~s микроскóп с пятидесятикрáтным увели-

че́нием; (*of a radio signal*) усиле́ние; (*exaggeration*) преувеличе́ние.

**magnificence** *n.* великоле́пие.

**magnificent** *adj.* великоле́пный.

**magnifico** *n.* вельмо́жа (*m.*).

**magnify** *v.t.* (*cause to appear larger*) увели́чи|вать, -ть; ~ing-glass увеличи́тельное стекло́, лу́па; (*exaggerate*) преувели́чи|вать, -ть; ~ an incident разд|ува́ть, -у́ть инциде́нт; (*extol*) превозн|оси́ть, -ести́.

**magniloquence** *n.* высокопа́рность, напы́щенность.

**magniloquent** *n.* высокопа́рный, напы́щенный.

**magnitude** *n.* (*size*) величина́; a star of the first ~ звезда́ пе́рвой величины́; (*importance*) ва́жность; a matter of the first ~ де́ло первостепе́нной ва́жности.

**magnolia** *n.* магно́лия.

**magnum** *n.* ви́нная буты́ль, вмеща́ющая две ква́рты.

**magpie** *n.* соро́ка; (*fig., collector, hoarder*) барахо́льщик.

**Magyar** *n.* **1.** (*pers.*) мадья́р (*fem.* -ка); венг|р (*fem.* -е́рка); **2.** (*language*) венге́рский язы́к; **3.** (~ blouse) венге́рка.

*adj.* мадья́рский, венге́рский.

**Maharaja(h)** *n.* магара́джа (*m.*).

**Maharani** *n.* магара́ни (*f. indecl.*).

**Mahdi** *n.* Махди́ (*m. indecl.*).

**mah-jong** *n.* маджо́нг.

**mahogany** *n.* (*wood, tree*) кра́сное де́рево; (*colour*) цвет кра́сного де́рева.

**Mahomet, -an** *see* MOHAMMED, -AN.

**mahout** *n.* пого́нщик слоно́в.

**maid** *n.* **1.** (*girl, unmarried woman*) де́ва, деви́ца; old ~ ста́рая де́ва; ~ of honour фре́йлина; **2.** (*domestic servant*) прислу́га, домрабо́тница; (*in hotel*) го́рничная; ~ of all work прислу́га за всё.

*cpd.*: ~**servant** *n.* прислу́га, служа́нка.

**maiden** *n.* де́ва.

*adj.* **1.** (*of a girl*) де́вичий; ~ name де́вичья фами́лия; **2.** (*unmarried*): ~ aunt незаму́жняя тётка; **3.** (*first*): ~ speech пе́рвая речь (новои́збранного чле́на парла́мента); ~ voyage пе́рвый рейс.

*cpds.*: ~**hair** (**fern**) *n.* адиа́нтум; ~**head** *n.* де́вственность; ~**like**, ~**ly**, *adjs.* де́ви́чий.

**mail**[1] *n.* **1.** (*postal system*) по́чта; by ordinary ~ обы́чной по́чтой; ~ order почто́вый зака́з/перево́д; **2.** (~-*train*) почто́вый по́езд; **3.** (*letters*) по́чта, пи́сьма (*nt. pl.*); has the ~ come? по́чта была́?; I had a lot of ~ today я получи́л сего́дня мно́го пи́сем.

*v.t.* отпр|авля́ть, -а́вить (по по́чте); where can I ~ this letter? где тут почто́вый я́щик?; the firm has me on its ~ing-list я состою́ в спи́ске подпи́счиков фи́рмы.

*cpds.*: ~**bag** *n.* мешо́к для почто́вой корреспонде́нции; мешо́к с по́чтой; ~**-boat** *n.*

почто́вый парохо́д; ~**box** *n.* (*Am.*) почто́вый я́щик; ~**-coach** *n.* почто́вая каре́та; ~**-van** *n.* (*road*) почто́вый ваго́н; автомоби́ль, собира́ющий и развозя́щий по́чту; (*rail*) почто́вый ваго́н.

**mail**[2] *n.* (*coat of* ~) кольчу́га.

**mailed** *adj.*: ~ fist (*fig.*) брониро́ванный кула́к, вое́нная мощь.

**maim** *v.t.* кале́чить, ис-; he was ~ed for life он оста́лся кале́кой на всю жизнь.

**main** *n.* **1.**: in the ~ в основно́м; **2.**: with might and ~ изо всех сил; **3.** (*arch., sea*) (откры́тое) мо́ре; **4.** (*sg. and pl., principal supply line*) магистра́ль; (*sewerage*) канализа́ция; our house is not on the mains к на́шему до́му не подведена́ канализа́ция; (*water*) водопрово́д; водопрово́дная магистра́ль; turn the water off at the ~(s)! перекро́йте водопрово́д!; (*gas*) газопрово́д; (*electricity*) ка́бель (*m.*); ~s supply электроснабже́ние; the ~s voltage is 250 напряже́ние электросе́ти 250 вольт; ~s radio set радиоприёмник, рабо́тающий от се́ти.

*adj.* **1.** (*principal*) гла́вный, основно́й; ~ course (*of meal*) жарко́е; ~ line (*rail*) железнодоро́жная магистра́ль; the ~ point основно́й/гла́вный пункт, суть; ~ road магистра́ль, -ная доро́га; ~ street гла́вная у́лица; **2.** (*fully exerted*): by ~ force наси́льно.

*cpds.*: ~**brace** *n.* гро́та-брас; splice the ~brace (*coll., serve rum ration*) вы́дать (*pf.*) дополни́тельную по́рцию ро́ма; (*take a drink*) напи́ться (*pf.*); ~**-deck** *n.* гла́вная па́луба; ~**land** *n.* (*continent*) матери́к; (*opp.* island): they live on the ~land они́ живу́т на большо́й земле́; ~**mast** *n.* грот-ма́чта; ~**sail** *n.* грот; ~**spring** *n.* (*of watch*) ходова́я пружи́на; (*fig.*) гла́вная дви́жущая си́ла; ~**stay** *n.* (*naut.*) гро́та-штаг; (*fig.*) опо́ра; ~**stream** *n.* (*fig.*) госпо́дствующая тенде́нция.

**mainly** *adv.* гла́вным о́бразом.

**maintain** *v.t.* **1.** (*keep up*) подде́рживать (*impf.*); (*preserve*) сохран|я́ть, -и́ть; (*continue*) продолжа́ть (*impf.*); the pilot ~ed a constant speed пило́т подде́рживал постоя́нную ско́рость; if prices are ~ed е́сли це́ны уде́ржатся на пре́жнем у́ровне; law and order must be ~ed законопоря́док до́лжен соблюда́ться; ~ a custom блюсти́ (*impf.*) обы́чай; he ~ed his ground он стоя́л на своём; he ~ed silence он храни́л молча́ние; **2.** (*support*) содержа́ть (*impf.*); he has a wife and child to ~ ему́ прихо́дится содержа́ть жену́ и ребёнка; **3.** (*keep in repair*): he ~s his car himself он ремонти́рует свою́ маши́ну сам; **4.** (*defend*) отст|а́ивать, -оя́ть; he ~ed his rights он отста́ивал свои́ права́; **5.** (*assert as true*) утвержда́ть (*impf.*); he ~ed his innocence он наста́ивал на свое́й невино́вности.

**maintenance** *n.* **1.** (*maintaining*) поддержа́ние; сохране́ние; содержа́ние; price ~ поддержа́ние цен; **2.** (*payment in support of dependants*) содержа́ние; **3.** (*care or repair of machinery etc.*) техни́ческое обслу́живание; ~ crew ремо́нтная брига́да/кома́нда; ~ manual руково́дство по ухо́ду и обслу́живанию.

**maison(n)ette** *n.* (*small house*) котте́дж; (*apartment*) двухэта́жная кварти́ра.

***maître d'hôtel*** *n.* метрдоте́ль (*m.*).

**maize** *n.* кукуру́за, ма́ис.

**majestic** *adj.* вели́чественный.

**majesty** *n.* (*stateliness*) вели́чественность; (*title*): His/Her M~ его́/её вели́чество.

**majolica** *n.* майо́лика.

**major** *n.* (*rank*) майо́р; (*mus.*: ~ key) мажо́р.
  *adj.* **1.** (*greater*) бо́льший; the ~ part бо́льшая часть; (*principal, more important*) гла́вный; ~ road гла́вная доро́га; the ~ part in a play гла́вная роль в пье́се; ~ premiss больша́я посы́лка; **2.** (*significant*) кру́пный; a ~ success кру́пный успе́х; ~ advances in science кру́пные/значи́тельные успе́хи в нау́ке; a ~ operation кру́пная опера́ция; a ~ war больша́я война́; **3.** (*elder*): Smith M~ Смит ста́рший; **4.** (*mus.*) мажо́рный; ~ key мажо́рная тона́льность; ~ third больша́я те́рция.
  *v.i.*: he ~ed in science (*Am.*) он специализи́ровался в фи́зике.
  *cpds.*: ~**-domo** *n.* мажордо́м; ~**-general** *n.* генера́л-майо́р.

**Majorca** *n.* Мальо́рка, Майо́рка.

**majority** *n.* **1.** (*greater part or number*) бо́льшая часть; большинство́; (*in elections etc.*): absolute ~ абсолю́тное большинство́; they gained a ~ of 30 они́ получи́ли на 30 голосо́в бо́льше; the government has a ~ of 60 у прави́тельственной па́ртии 60 голосо́в бо́льше, чем у оппози́ции; he won by a large ~ он победи́л значи́тельным большинство́м (голосо́в); ~ verdict пригово́р, за кото́рый проголосова́ло бо́льше полови́ны прися́жных заседа́телей; **2.** (*full age*) совершенноле́тие; when will he attain his ~? когда́ он дости́гнет совершенноле́тия?

**make** *n.* (*product of particular firm or pers.*): a good ~ of car автомоби́ль хоро́шей ма́рки; is this jam your own ~? э́то варе́нье ва́шего со́бственного изготовле́ния?
  *v.t.* **1.** (*fashion, create, construct*) де́лать, с-; (*build*) стро́ить, по-; what is this made of? из чего́ э́то сде́лано?; I'm not made of stone я не ка́менный; you must think I'm made of money вы, наве́рно, ду́маете, что я де́нежный мешо́к; this chair is made to last э́тот стул сде́лан про́чно/добро́тно; they were made for each other они́ бы́ли со́зданы друг для дру́га; **2.** (*sew together*) шить, с-; a suit made to order костю́м, сши́тый на зака́з; **3.** (*utter*) произн|оси́ть, -ести́; he made a speech он произнёс речь; он вы́ступил с ре́чью; she

made a remark она́ сде́лала замеча́ние; don't ~ a noise не шуми́те; соблюда́йте тишину́; he made a choking sound он изда́л звук, сло́вно поперхну́лся; **4.** (*compile, compose*) сост|авля́ть, -а́вить; ~ a list! соста́вьте спи́сок!; have you made your will? вы соста́вили завеща́ние?; **5.** (*bodily movements, etc.*: *execute*) де́лать, с-; *see also under n. obj.*; **6.** (*manufacture, produce*) изгот|овля́ть, -о́вить; произв|оди́ть, -ести́; the factory ~s shoes заво́д изготовля́ет о́бувь; paper is made here здесь произво́дится бума́га; he made a good impression он произвёл хоро́шее впечатле́ние; he made a sketch он сде́лал рису́нок/набро́сок; ~ a film сн|има́ть, -я́ть фильм; **7.** (*prepare*) гото́вить, при-; вари́ть, с-; she made breakfast она́ пригото́вила за́втрак; is the coffee made? ко́фе гото́в?; ~ a fire разв|оди́ть, -ести́ ого́нь; ~ a bed (*prepare for sleeping*) стлать, по- (*or* стели́ть, по-) посте́ль; (*tidy it after use*) уб|ира́ть, -ра́ть посте́ль; **8.** (*establish, create*): ~ a rule устан|а́вливать, -ови́ть пра́вило; he ~s a rule of going to bed early он взял (себе́) за пра́вило ложи́ться ра́но; **9.** (*equal, result in*) равня́ться (*impf.*) +*d.*; four plus two ~s six четы́ре плюс два равня́ется шести́; this ~s the third time you've been late вы уже́ тре́тий раз опа́здываете; it ~s no difference всё равно́; this book ~s pleasant reading э́ту кни́гу чита́ешь с удово́льствием; (*constitute*) he ~s a good chairman он хоро́ший председа́тель; it ~s (good) sense э́то разу́мно; (*become, turn out to be*): she will ~ a good pianist из неё вы́йдет хоро́шая пиани́стка; **10.** (*construe, understand*) пон|има́ть, -я́ть; can you ~ anything of it? вы что́-нибудь тут понима́ете?; what do you ~ of this sentence? как вы понима́ете э́то предложе́ние?; (*estimate, consider to be*): what do you ~ the time? кото́рый час на ва́ших часа́х?; what do you ~ that bird to be? что э́то, по-ва́шему, за пти́ца?; **11.**: ~ much of: he has not made much of his opportunities он ма́ло испо́льзовал свои́ возмо́жности; the author ~s much of his childhood а́втор придаёт большо́е значе́ние своему́ де́тству; ~ little of не придава́ть (*impf.*) большо́го значе́ния +*d.*; (*minimize*) преум|еньша́ть, -е́ньшить; ~ the best of испо́льзовать наилу́чшим о́бразом; ~ the best of a bad job де́лать, с- хоро́шую ми́ну при плохо́й игре́; ~ the most of испо́льзовать (*impf., pf.*) максима́льно; you only have a week, so ~ the most of it у вас всего́ неде́ля, так что проведи́те её с максима́льной по́льзой; **12.** (*reach*) дост|ига́ть, -и́чь +*g.*; we made the bridge by dusk мы добрали́сь до моста́, когда́ ста́ло смерка́ться; we just made the train мы е́ле поспе́ли на по́езд; he made it (*succeeded*) after three years он дости́г успе́ха че́рез три го́да; (*gain*) получ|а́ть, -и́ть; he made a clear profit он получи́л чи́стую при́быль; (*earn*) зараб|а́тывать, -о́тать; he ~s a good living он хорошо́ зараба́тывает; (*ensure*) обеспе́чи|вать, -ть; this success made his career э́тот успе́х обеспе́чил ему́ карье́ру; he's got it made (for him) (*coll.*) ему́ обеспе́чен успе́х; **13.** (*cause to be*) де́лать, с- +*a. and i.*; the rain ~s the road slippery от дождя́ де́лается доро́га ско́льзкой; she made his life miserable она́ отрави́ла ему́ жизнь; she made herself a martyr она́ преврати́ла себя́ в му́ченицу; ~ s.o. angry серди́ть, рас- кого́-н.; (*appoint, elect*): I made him my helper я сде́лал его́ свои́м помо́щником; they made him a general его́ произвели́ в генера́лы; they made him chairman его́ вы́брали председа́телем; (*represent as*): Shakespeare ~s Richard a weak character Шекспи́р изобража́ет Ри́чарда безво́льным челове́ком; **14.** (*compel, cause to*) заст|авля́ть, -а́вить; побу|жда́ть, -ди́ть; he made them suffer for it за э́то он им отплати́л; he was made to kneel его́ заста́вили стать на коле́ни; I'll ~ you pay for this! вы у меня́ за э́то запла́тите!; don't ~ me laugh! не смеши́те меня́!; the book made me laugh, but it made her cry меня́ кни́га рассмеши́ла, а её растро́гала до слёз; it ~s you think э́то заставля́ет заду́маться; look what you made me do! ≃ всё из-за вас!; смотри́, до чего́ ты меня́ довёл!; she made believe she was crying она́ сде́лала вид, бу́дто пла́чет; he ~s Richard die in 1026 по нему́ выхо́дит, что Ри́чард у́мер в 1026 году́; ~ sth. do, ~ do with sth. об|ходи́ться, -ойти́сь с чем-н.; we must ~ do on our pension мы должны́ обойти́сь одно́й пе́нсией; can you ~ do without coal for another week? мо́жете ли вы обойти́сь ещё одну́ неде́лю без угля́?

*v.i.* **1.** (*with certain preps.*: *move, proceed*): **after** пус|ка́ться, -ти́ться в пого́ню (*or* вслед) за +*i.*; ~ **at** (*attack*) напусти́ться (*pf.*) на +*a.*; ~ **for** (*head towards*) напр|авля́ться, -а́виться на +*a. or* к +*d.*; (*depart for*) отпр|авля́ться, -а́виться в/на +*a.*; (*assail*) кида́ться, ки́нуться на +*a.*; (*try to get*): he made for her purse он попыта́лся стащи́ть у неё кошелёк; (*conduce to*) спосо́бствовать (*impf.*) +*d.*; ~ **with** (*Am. coll., hurry up, get on*): ~ with the drinks! неси́те скоре́е напи́тки!; **2.** (*act, behave*): he made as if to go он сде́лал вид, что хо́чет уйти́; may I ~ so bold as to come in? позво́льте мне взять на себя́ сме́лость войти́; **3.** (~ *a profit*): did you ~ on the deal? ну как, кре́пко нагре́ли ру́ки на э́той сде́лке? (*coll.*).

*with advs.*: ~ **away** *v.i.* = ~ **off**; ~ **away with** (*get rid of*) изб|авля́ться, -а́виться от +*g.*; (*kill*) прик|а́нчивать, -о́нчить; ~ away with o.s. (*or* one's life) поко́нчить (*pf.*) с собо́й; ~ **off** *v.i.* (*hurry away*) сбе|га́ть, -жа́ть; he made off with all speed он пусти́лся бежа́ть со всех ног; (*escape, abscond*) скр|ыва́ться, -ы́ться;

the thieves made off with the jewellery во́ры скры́лись, захвати́в с собо́й драгоце́нности; ~ **out** *v.t.* (*write out*): ~ out a bill/cheque выпи́сывать, вы́писать счёт/чек; ~ out a report сост|авля́ть, -а́вить отчёт; (*assert, maintain*) утвержда́ть (*impf.*); they ~ out he was drunk они́ утвержда́ют, что он был пьян; you ~ me out to be a liar по-ва́шему выхо́дит, что я лгу; (*conclude*): how do you ~ that out? как э́то у вас получа́ется?; (*argue*): he made out a good case for it он привёл ве́ские до́воды в по́льзу э́того; (*understand*) раз|бира́ться, -обра́ться в +*p.*; I can't ~ him out я не могу́ его́ поня́ть; we can't ~ out what he wants мы ника́к не поймём, чего́ он хо́чет; (*discern, distinguish*) различ|а́ть, -и́ть; *v.i.* (*coll., get on*): how did he ~ out? как он спра́вился (с э́той зада́чей)?; ~ **over** *v.t.* (*refashion*) переде́л|ывать, -ать; (*transfer*) перев|оди́ть, -ести́; he made the. money over to me он перевёл де́ньги на моё и́мя; ~ **up** *v.t.* (*increase*): they made up the wall to its former height они́ достро́или сте́ну до пре́жней высоты́; he made up the mixture to the right consistency он развёл смесь до ну́жной консисте́нции; (*complete*): ~ up the complement сост|авля́ть, -а́вить кома́нду, гру́ппу *и m.n.*; will you ~ up a four at bridge? не соста́вите ли вы нам па́ртию в бридж?; (*pay*; *pay the residue of*) допла́|чивать, -ти́ть; I shall ~ up the difference out of my own pocket я доплачу́ ра́зницу из своего́ карма́на; (*repay*) возме|ща́ть, -сти́ть; we must ~ it up to him somehow мы должны́ ка́к-то возмести́ть ему́ э́то; (*recover*) навёрст|ывать, -а́ть; (*fig.*): he quickly made up leeway in his studies он бы́стро ликвиди́ровал отстава́ние в свои́х заня́тиях; he made up his losses in a single night он возмести́л свои́ убы́тки за одну́ ночь; (*prepare*, ~ *ready*) гото́вить, при-/из-; ask the chemist to ~ up this prescription попроси́те фармаце́вта пригото́вить лека́рство по э́тому реце́пту; ~ up a bed заст|ила́ть, -ла́ть (*or* -ели́ть) посте́ль; ~ up a road асфальти́ровать (*impf., pf.*) доро́гу; we ~ up the fire before going to bed перед сном мы разжига́ем ками́н; (*typ.*: *set up*) наб|ира́ть, -ра́ть; (*sew together*) шить, с-; (*pack up, tie together*): the parcel was neatly made up посы́лка была́ аккура́тно упако́вана; (*fig.*): ~ up one's mind реш|а́ть, -и́ть; my mind is made up я при́нял реше́ние; ~ up your mind! реша́йтесь на что́-нибудь!; (*form, compose, compile*) сост|авля́ть, -а́вить; what are the qualities which ~ up his character? каки́е ка́чества определя́ют его́ хара́ктер?; life is made up of disappointments жизнь полна́ разочарова́ний; (*concoct, invent*) выду́мывать, вы́думать; сочин|я́ть, -и́ть; the whole story was made up вся э́та исто́рия была́ вы́думана; he ~s it up as he goes along он сочиня́ет на ходу́; (*assemble*) соб|ира́ть, -ра́ть; (*settle*) ула́|живать, -дить; ~ (it) up (*be reconciled*) мири́ться, по-; let's ~ it up and be friends дава́йте помири́мся; (*for a stage performance*) гримирова́ть, за-; he was made up to look the part его́ загримирова́ли как тре́бовалось для ро́ли; (*with cosmetics*) кра́сить, на-; маза́ться, на-; she was heavily made up она́ была́ си́льно накра́шена; *v.i.* (*be reconciled*) мири́ться, по-; (*for the stage*) гримирова́ться, за-; (*use cosmetics*) кра́ситься, на-; ~ up for (*compensate for*) возме|ща́ть, -сти́ть; загла́|живать, -дить; this will ~ up for everything э́тим всё бу́дет компенси́ровано; he was lazy at school but he has made up for it since в шко́ле он лени́лся, но пото́м наверста́л всё (с лихво́й); ~ up to (*curry favour with*) подли́з|ываться, -а́ться к +*d.*

*cpds.*: ~-**believe** *n.*: he lives in a world of ~-believe он живёт в ми́ре грёз; it's all ~-believe э́то — сплошна́я фанта́зия; ~**shift** *n.* вре́менное приспособле́ние/сре́дство; (*attr.*): a ~shift shelter на́скоро сколо́ченное укры́тие; время́нка; a ~shift dinner на́скоро пригото́вленный обе́д; ~-**up** *n.* (*composition*): there is some cowardice in his ~-up он не́сколько трусова́т; (*theatr.*) грим; put on ~-up гримирова́ться, за-; (*cosmetics*) космет– и́ческие това́ры (*m. pl.*); she wears, uses a lot of ~-up она́ си́льно кра́сится; ~**weight** *n.* дове́сок; противове́с.

**maker** *n.* (*manufacturer*) производи́тель (*m.*), изготови́тель (*m.*); (*relig., creator*): the M~ of the universe творе́ц вселе́нной; he went to meet his M~ он преста́вился.

**making** *n.* **1.** (*that which makes s.o. successful etc.*; *decisive influence*): this incident was the ~ of him благодаря́ э́тому собы́тию, он вы́шел в лю́ди; **2.** (*pl., profits*) за́работок; **3.** (*pl., potential qualities*): he has all the ~s of a general у него́ есть все зада́тки, что́бы стать генера́лом; **4.** (*construction*) стро́йка, построе́ние; (*creation*) созда́ние; the difficulties were not of my ~ э́ти тру́дности возни́кли не из-за меня́; (*compilation*) составле́ние; (*manufacture, production*) изготовле́ние, произво́дство; (*preparation*) приготовле́ние.

**malachite** *n.* малахи́т; (*attr.*) -овый.

**maladjusted** *adj.* (*fig., of pers.*) пло́хо приспосо́бленный; ~ children трудновоспиту́емые де́ти.

**maladjustment** *n.* плоха́я приспособля́емость.

**maladministration** *n.* плохо́е управле́ние.

**maladroit** *adj.* (*clumsy*) нело́вкий; (*tactless*) беста́ктный.

**maladroitness** *n.* нело́вкость; беста́ктность.

**malady** *n.* (*lit., fig.*) неду́г, боле́знь.

**Malaga** *n.* (*town*) Ма́лага; (*wine*) мала́га.

**Malagasy** *n.* (*pers.*) малагаси́|ец (*fem.* -йка);

(*language*) малагаси́йский язы́к.
   *adj.* малагаси́йский; the ~ Republic Малага́сийская респу́блика.

**malaise** *n.* (*bodily discomfort*) недомога́ние; (*disquiet*) беспоко́йство.

**malapropism** *n.* ~ непра́вильное употребле́ние слов.

**malapropos** *adv.* некста́ти, невпопа́д.

**malaria** *n.* маляри́я.

**malarial** *adj.* маляри́йный.

**malarkey** *n.*: none of your ~! конча́йте трепа́ться! (*sl.*).

**Malawi** *n.* Мала́ви (*nt. indecl.*).

**Malaya** *n.* Мала́йя.

**Malay(an)** *n.* (*pers.*) мала́|ец (*fem.* -йка); (*language*) мала́йский язы́к.
   *adj.* мала́йский.

**Malaysia** *n.* Мала́йзия.

**malcontent** *n. & adj.* недово́льный.

**male** *n.* (*pers.*) мужчи́на (*m.*); (*animal etc.*) саме́ц.
   *adj.* мужско́й; ~ animal саме́ц; ~ heir насле́дник; ~ nurse санита́р; ~(-voice) choir мужско́й хор; (*tech.*): ~ screw винт, болт, шуру́п.

**malediction** *n.* прокля́тие.

**malefactor** *n.* злоде́й.

**maleficent** *adj.* (*hurtful*) па́губный; (*criminal*) престу́пный.

**malevolence** *n.* недоброжела́тельность, зло– ра́дство.

**malevolent** *adj.* недоброжела́тельный, зло– ра́дный.

**malfeasance** *n.* должностно́е преступле́ние.

**malformation** *n.* непра́вильное образова́ние; уро́дство.

**malformed** *adj.* непра́вильно/пло́хо сфор– ми́рованный; уро́дливый.

**malfunction** *n.* неиспра́вная рабо́та, отка́з.

**Mali** *n.* Мали́ (*nt. indecl.*).

**Malian** *n.* мали́|ец (*fem.* -ка).
   *adj.* мали́йский.

**malice** *n.* **1.** (*ill-will*) зло́ба; bear ~ to(wards), against s.o. таи́ть, за- зло́бу на кого́-н. (*or* про́тив кого́-н.); I bear you no ~ я не пита́ю к вам зло́бы; **2.** (*leg., wrongful intent*): with ~ aforethought злоумы́шленно.

**malicious** *adj.* (*of pers.*) зло́й; (*of thought, act etc.*) зло́бный; ~ tongues злы́е языки́; ~ intent престу́пное наме́рение.

**malign** *adj.* па́губный.
   *v.t.* (*slander*) клевета́ть, на- на +*a.*; оклевета́ть (*pf.*); (*defame*) поро́чить, о-; черни́ть, о-; much-~ed оклевета́нный.

**malignancy** *n.* зло́бность; (*med.*) злока́чест– венность.

**malignant** *adj.* зло́й, зло́бный; (*med.*) злока́чественный.

**malignity** *n.* зло́бность.

**malinger** *v.i.* симули́ровать (*impf., pf.*).

**malingerer** *n.* симуля́нт (*fem.* -ка).
**mall** *n.* алле́я; (*shopping precinct*) торго́вый центр.
**mallard** *n.* кря́ква.
**malleability** *n.* ко́вкость; (*fig.*) пода́тливость.
**malleable** *adj.* (*of metal etc.*) ко́вкий; (*of pers.*) пода́тливый.
**mallet** *n.* деревя́нный молото́к; колоту́шка.
**mallow** *n.* ма́льва, просвирня́к.
**malmsey** *n.* мальва́зия.
**malnutrition** *n.* недоеда́ние; непра́вильное пита́ние.
**malodorous** *adj.* злово́нный.
**malpractice** *n.* (*wrongdoing*) противозако́нное де́йствие; (*leg., of physician*) престу́пная небре́жность (врача́); (*leg., abuse of trust*) злоупотребле́ние дове́рием.
**malt** *n.* со́лод; ~ liquor солодо́вый напи́ток. *v.t.* (*make into* ~) солоди́ть, на-. *cpd.*: ~**house** *n.* солодо́вня.
**Malta** *n.* Ма́льта.
**Maltese** *n.* (*pers.*) мальти́|ец (*fem.* -йка); (*language*) мальти́йский язы́к. *adj.* мальти́йский.
**Malthusian** *n.* мальтузиа́нец. *adj.* мальтузиа́нский.
**maltreat** *v.t.* ду́рно обраща́ться (*impf.*) с +*i.*; he was jailed for ~ing his children он был заключён в тюрьму́ за дурно́е обраще́ние с детьми́; ~ books по́ртить (*impf.*) кни́ги.
**maltreatment** *n.* дурно́е обраще́ние (*с кем*).
**malversation** *n.* злоупотребле́ние по слу́жбе.
**mama, mamma, mammy** *n.* ма́ма, ма́мочка; ~'s boy ма́менькин сыно́к.
**mamba** *n.* ма́мба.
**mamma** *see* МАМА.
**mammal** *n.* млекопита́ющее (живо́тное).
**mammalian** *adj.* относя́щийся к млекопита́ющим.
**mammary** *adj.*: ~ gland моло́чная железа́.
**Mammon** *n.* (*also* **m**~, *fig.*) мам(м)о́на, бога́тство.
**mammoth** *n.* ма́монт. *adj.* (*huge*) гига́нтский, грома́дный.
**mammy** *see* МАМА.
**man** *n.* **1.** (*person, human being*) челове́к (*pl.* лю́ди); what can a ~ do? что (тут) поде́лаешь?; as one ~ все как оди́н; to a ~ все до одного́; any ~ = ANYBODY; no ~ = NOBODY; ~ about town све́тский челове́к; ~ in the street сре́дний челове́к; a ~ in a thousand ре́дкостный челове́к; ~ of action челове́к де́йствия/де́ла; ~ of character челове́к с хара́ктером; ~ of God (*saint*) свято́й уго́дник; (*priest*) свяще́нник; ~ of honour челове́к че́сти; че́стный челове́к; ~ of ideas изобрета́тельный челове́к; ~ of letters литера́тор; ~ of mark выдаю́щийся челове́к; ~ of means состоя́тельный челове́к; ~ of the

moment челове́к, по́сланный само́й судьбо́й; ~ of peace миролюби́вый челове́к; ~ of principle принципиа́льный челове́к; ~ of property состоя́тельный челове́к; ~ of sense разу́мный челове́к; ~ of taste челове́к со вку́сом; ~ of his word челове́к сло́ва; ~ of few words немногосло́вный челове́к; ~ of the world быва́лый челове́к; he is an Oxford ~ он выпускни́к О́ксфорда; the inner ~ душа́; вну́треннее «я»; (*joc.*) желу́док; I feel a new ~ я чу́вствую себя́ обновлённым; he is his own ~ он сам себе́ хозя́ин; he's just the ~ for the job он со́здан для э́того; I'm your ~ я и́менно тот, кто вам ну́жен; я с ва́ми; **2.** (*mankind*) челове́к, челове́чество; the rights of ~ права́ челове́ка; (*typifying an era*): Renaissance ~ челове́к эпо́хи Возрожде́ния; Neanderthal ~ неандерта́лец; **3.** (*adult male*) мужчи́на (*m.*); they talked ~ to ~ они́ говори́ли, как мужчи́на с мужчи́ной; I have known him ~ and boy я его́ зна́ю с де́тства; old ~ стари́к; young ~ молодо́й челове́к; come to ~'s estate дост|ига́ть, -и́чь совершенноле́тия; (*implying virility or fortitude*): it will make a ~ of him э́то сде́лает из него́ настоя́щего мужчи́ну; he bore the pain like a ~ он терпе́л боль как настоя́щий мужчи́на; be a ~! бу́дьте мужчи́ной!; **4.** (*in address*): speak up, ~! говори́те же!; tell me, my (good) ~... скажи́те мне, дружо́к...; old ~ старина́ (*m.*); **5.** (*husband*) муж; they lived as ~ and wife они́ жи́ли как муж и жена́; my old ~'s a dustman мой стари́к рабо́тает му́сорщиком; **6.**: best ~ (*at wedding*) ша́фер; **7.** (*servant, esp. valet*) слуга́ (*m.*); **8.** (*pl., soldiers*) солда́ты; (*sailors*) матро́сы; (*employees*) рабо́чие; **9.** (*piece in chess*) фигу́ра; (*in draughts*) ша́шка; (*in other games*) фи́шка.
*v.t.* **1.** (*mil., equip*) укомплекто́в|ывать, -а́ть ли́чным соста́вом; **2.** (*occupy*) зан|има́ть, -я́ть; ~ the guns обслу́живать (*impf.*) ору́дия; a ~ned spacecraft пилоти́руемый косми́ческий кора́бль.
*cpds.*: ~**-at-arms** *n.* (*arch.*) во́ин, солда́т; ~**-eater** *n.* людое́д; ~**-eating** tiger тигр-людое́д; ~**handle** *v.t.* (*move by manual effort*) та|ска́ть (*indet.*), -щи́ть (*det.*) (вручну́ю); (*treat roughly*) изб|ива́ть, -и́ть; ~**-hater** *n.* мизантро́п, человеконенави́стник; ~**hole** *n.* (*inspection well*) смотрово́й коло́дец; (*naut.*) люк; ~**-hour** *n.* челове́ко-ча́с; ~**-hunt** *n.* ро́зыск, полице́йская обла́ва; ~**kind** *n.* челове́чество; ~**-made** *adj.* иску́сственный; (*text.*) синтети́ческий; ~**-of-war**, ~**-o'-war** *n.* вое́нный кора́бль; ~**power** *n.* рабо́чая си́ла; ~**servant** *n.* слуга́; ~**-size(d)** *adj.* для взро́слого челове́ка; ~**slaughter** *n.* непредумы́шленное уби́йство; уби́йство по неосторо́жности; ~**-trap** *n.* западня́.

**manacle** *n.* нару́чник; (*pl., fetters, lit., fig.*) око́в|ы (*pl., g. —*).

*v.t.* над|ева́ть, -е́ть нару́чники +*d.*

**manag|e** *v.t.* **1.** (*control, conduct*) управля́ть, руководи́ть, заве́довать (*all impf.* +*i.*); they ~ed the business between them они́ вдвоём управля́ли предприя́тием; the estate was ~ed by his brother име́нием управля́л его́ брат; ~e a household вести́ (*det.*) (дома́шнее) хозя́йство; ~ing director дире́ктор--распоряди́тель (*m.*); **2.** (*handle*) владе́ть (*impf.*) +*i.*: she can ~e a bicycle она́ уме́ет е́здить на велосипе́де; can you ~e the car by yourself? вы мо́жете са́ми спра́виться с маши́ной?; I can't ~e it э́то мне не по си́лам; **3.** (*be ~er of*): he has ~ed the team for 10 years он руководи́л кома́ндой в тече́ние десяти́ лет; the singer was looking for someone to ~e him певе́ц поды́скивал себе́ импреса́рио; who ~es this department? кто заве́дует э́тим отде́-лом?; **4.** (*cope with*) спр|авля́ться, -а́виться с +*i.*; I can't ~e this work я не спра́влюсь с э́той рабо́той; э́та рабо́та мне не по плечу́; can't you ~e another sandwich? неуже́ли вы не оси́лите ещё оди́н бутербро́д?; **5.** (*contrive*) суме́ть (*pf.*); умудр|я́ться, -и́ться; ухитр|я́ться, -и́ться; he ~ed to answer он суме́л отве́тить; I ~ed to convince him мне удало́сь убеди́ть его́; he ~ed to break his neck он умудри́лся слома́ть себе́ ше́ю; can you ~ dinner? вы смо́жете пообе́дать с на́ми?

*v.i.* (*cope*) спр|авля́ться, -а́виться; you will never ~e on your pension вы ни за что не проживёте на свою́ пе́нсию; (*get by, make do*) об|ходи́ться, -ойти́сь; we must ~e without bread today сего́дня нам придётся обойти́сь без хле́ба.

**manageable** *adj.* (*of task etc.*) выполни́мый; of ~ dimensions удо́бных разме́ров; (*of pers.*) сгово́рчивый; he is ~ с ним мо́жно договори́ться.

**management** *n.* **1.** (*control, controlling*) управ-ле́ние (*чем*), руково́дство, организа́ция; estate ~ управле́ние име́нием; it was all due to bad ~ всё де́ло бы́ло в плохо́м управле́нии; **2.** (*handling pers. or thing*) обраще́ние; уме́ние владе́ть +*i.*; staff ~ обраще́ние с ли́чным соста́вом; **3.** (*governing body*) правле́ние; (*managerial staff*) администра́ция; (*senior staff*) дире́кция.

**manager** *n.* **1.** (*controller of business etc.*) заве́дующий (*чем*); нача́льник, дире́ктор, ме́неджер; (*sport*) ста́рший тре́нер; ме́неджер; sales ~ заве́дующий отде́лом сбы́та; **2.** (*person with administrative skill*) администра́тор; she is no ~ (*of housewife*) она́ плоха́я хозя́йка.

**manageress** *n.* заве́дующая; canteen ~ заве́дующая столо́вой.

**managerial** *adj.* администрати́вный; управ-

ле́нческий.

**manatee** *n.* ламанти́н.

**Manchu** *n.* маньчжу́р (*fem.* -ка).

**Manchuria** *n.* Маньчжу́рия.

**mandarin**[1] *n.* **1.** (*official*) мандари́н; (*bureaucrat*) чино́вник; (*pedant*) бо́нза (*m.*); **2.** (*language*) мандари́нское наре́чие кита́йского языка́.

**mandarin**[2] *n.* (*orange*) мандари́н.

**mandate** *n.* (*authority*) полномо́чие; (*to govern territory*) манда́т; (*given by voters*) нака́з; (*leg.*) прика́з суда́.

*v.t.*: ~d territory подманда́тная террито́рия.

**mandatory** *adj.* (*compulsory*) обяза́тельный; (*hist., pert. to mandates*) манда́тный; ~ state госуда́рство-мандата́рий.

**mandible** *n.* (*of mammals*) ни́жняя че́люсть; (*of birds*) ство́рка клю́ва; (*of insects*) жва́ло.

**mandolin(e)** *n.* мандоли́на.

**mandrake** *n.* мандраго́ра.

**mandrill** *n.* мандри́л.

**mane** *n.* гри́ва.

**manège** *n.* мане́ж.

**maneuver, -ability, -able** *see* MANOEUVRE *etc.*

**manful** *adj.* му́жественный.

**manganese** *n.* ма́рганец.

    *adj.* ма́рганцевый.

**mange** *n.* парша́.

**mangel(-wurzel), mangold** *n.* кормова́я свёкла.

**manger** *n.* я́сл|и (*pl., g.* -ей); dog in the ~ соба́ка на се́не.

**mangle**[1] *n.* (*отжи́мный*) като́к.

    *v.t.* отж|има́ть, -а́ть.

**mangle**[2] *v.t.* (*mutilate*) уро́довать, из-; (*cut to pieces*) кромса́ть, ис-; (*fig.*) иска|жа́ть, -зи́ть.

**mango** *n.* ма́нго (*indecl.*).

**mangold** *see* MANGEL(-WURZEL).

**mangosteen** *n.* мангуста́н.

**mangrove** *n.* древоко́рень (*m.*).

**mangy** *adj.* парши́вый.

**manhood** *n.* **1.** (*state of being a man; adult status*) возмужа́лость; взро́слость, совершенно-ле́тие; **2.** (*manly qualities*) му́жественность; **3.** (*the male population*) мужско́е населе́ние.

**mania** *n.* ма́ния; (*lit., fig.*) a ~ for work ма́ния к рабо́те.

**maniac** *n.* манья́к; (*fig.*): football ~ зая́длый футболи́ст; speed ~ люби́тель (*m.*) большо́й ско́рости.

    *adj.* (*also* ~al, **manic**) маниака́льный.

**manic-depressive** *adj.* страда́ющий маниа-ка́льно-депресси́вным психо́зом.

**manicur|e** *n.* маникю́р; (*attr.*) маникю́рный.

    *v.t.* де́лать, с- маникю́р +*d.*; she was ~ing her nails она́ де́лала себе́ маникю́р.

**manicurist** *n.* (*fem.*) маникю́рша.

**manifest** *n.* (*cargo-list*) деклара́ция, манифе́ст.

    *adj.* я́вный, очеви́дный; he was ~ly disturbed он был я́вно взволно́ван.

    *v.t.* (*show clearly*) я́сно пока́з|ывать, -а́ть; (*exhibit*) проявл|я́ть, -и́ть; he ~ed a desire to leave он прояви́л жела́ние уйти́; (*prove*) дока́з|ывать, -а́ть.

**manifestation** *n.* проявле́ние; (*public demonstration*) манифеста́ция.

**manifesto** *n.* манифе́ст.

**manifold** *adj.* (*numerous*) многочи́сленный; (*various*) разнообра́зный.

**manikin** *n.* (*undersized man*) челове́чек; (*dwarf*) ка́рлик; (*artist's dummy*) манеке́н.

**Manila** *n.* Мани́ла.

  *adj.* мани́льский; ~ paper бума́га из мани́льской конопли́.

**manioc** *n.* манио́ка.

**manipulate** *v.t.* (*lit., fig.; also pej.*) манипули́ровать (*impf.*) +*i.*; he ~d the arguments in his own favour он уме́ло ору́довал до́водами в свою́ по́льзу.

**manipulation** *n.* манипуля́ция; ~ of the stock market игра́ на би́рже.

**manipulator** *n.* манипуля́тор.

**manlike** *adj.* мужско́й; (*of a woman*) мужеподо́бная; (*of animal*) похо́жий на челове́ка.

**manliness** *n.* му́жественность.

**manly** *adj.* (*of pers.*) мужско́й; (*bold, resolute*) му́жественный; (*of qualities etc.*) подоба́ющий мужчи́не.

**manna** *n.* ма́нна; like ~ from heaven как ма́нна небе́сная.

**mannequin** *n.* (*pers.*) манеке́нщица; (*dummy*) манеке́н.

**manner** *n.* **1.** (*way, fashion, mode*) о́браз; in, after this ~ таки́м о́бразом; in a ~ of speaking в не́котором смы́сле; he holds his fork in an awkward ~ он неуклю́же де́ржит ви́лку; ~ of proceeding при́нятый поря́док (*чего*); adverb of ~ наре́чие о́браза де́йствия; he made his first speech as to the ~ born он произнёс свою́ пе́рвую речь, как прирождённый ора́тор; **2.** (*pl., ways of life; customs*) обы́чаи (*m. pl.*); нра́вы (*m. pl.*); comedy of ~s коме́дия нра́вов; **3.** (*personal bearing, style of behaviour*) мане́ра; he has a strange ~ of speaking у него́ стра́нная мане́ра говори́ть; he has an awkward ~ он де́ржится нело́вко; (*style in literature or art*): after the ~ of Dickens в сти́ле Ди́ккенса; **4.** (*pl., behaviour*) мане́ры (*f. pl.*); good, bad ~s хоро́шие/плохи́е мане́ры; it is bad ~s to yawn зева́ть неприли́чно; the children have good table ~s де́ти уме́ют себя́ вести́ за столо́м; (*polite behaviour*): have you no ~s? где ва́ши мане́ры?; have you forgotten your ~s? вы забы́ли, как на́до себя́ вести́?; **5.** (*kind*): what ~ of man is he? что он за челове́к?; all ~ of things вся́кого ро́да ве́щи; by no ~ of means нико́им о́бразом.

**mannered** *adj.* (*showing mannerism*) мане́рный.

**mannerism** *n.* мане́ра, мане́рность; (*style of art*) манье́ри́зм.

**mannerist** *n.* (*art*) манье́ри́ст.

**mannerly** *adj.* ве́жливый.

**mannish** *adj.* (*of a woman*) похо́жая на мужчи́ну; мужеподо́бная.

**manœuvrability** (*Am.* **maneuverability**) *n.* манёвренность.

**manœuvrable** (*Am.* **maneuverable**) *adj.* манёвренный.

**manœuvre** (*Am.* **maneuver**) *n.* **1.** (*mil.*) манёвр; on ~s на манёврах; the Army is holding ~s сухопу́тные войска́ прово́дят манёвры; **2.** (*adroit management*) манёвр, махина́ция; the conditions leave us no room for ~ обстано́вка такова́, что маневри́ровать невозмо́жно; (*intrigue*) интри́га.

  *v.t.* маневри́ровать (*impf.*) +*i.*; I ~d him to his chair мне удало́сь подвести́ его́ к сту́лу; he ~d his queen out of a difficult position он вы́вел ферзя́ из тру́дного положе́ния.

  *v.i.* (*lit., fig.*) маневри́ровать (*impf.*).

**manometer** *n.* мано́метр.

**manor** *n.* (*estate*) поме́стье; lord of the ~ поме́щик; (~-*house*) уса́дьба, поме́щичий дом.

**manorial** *adj.* манориа́льный.

*manqué* *adj.*: a poet ~ неуда́вшийся поэ́т.

**mansard** *n.* (~ *roof*) манса́рдная кры́ша; (*garret*) манса́рда.

**manse** *n.* дом па́стора (*в Шотла́ндии*).

**mansion** *n.* особня́к; country ~ за́городный дом; (*pl., house of flats*) многокварти́рный дом.

**mantel(piece)** *n.* ками́нная по́лка.

**mantilla** *n.* манти́лья.

**mantis** *n.* (*praying* ~) богомо́л.

**mantissa** *n.* манти́сса.

**mantle** *n.* **1.** (*cloak*) ма́нтия; (*fig.*): he assumed the prophet's ~ он взял на себя́ роль проро́ка; the ~ of the late Prime Minister has fallen on him он продолжа́тель де́ла поко́йного премье́р-мини́стра; **2.** (*fig., covering*) покро́в; **3.** (*for gas-jet*) кали́льная се́тка.

  *v.t. & i.* (*liter.*): the fields were ~d with snow поля́ бы́ли покры́ты сне́гом; an ivy-~d wall стена́, уви́тая плющо́м; her cheeks ~d with blushes она́ зарде́лась.

**manual** *n.* **1.** (*handbook*) руково́дство; (*textbook*) уче́бник; (*aid*) посо́бие; **2.** (*keyboard*) клавиату́ра орга́на.

  *adj.* (*operated by hand*) ручно́й; ~ly ручны́м спо́собом; (*performed by hand*): ~ labour физи́ческий труд.

**manufactur|e** *n.* изготовле́ние; (*on large scale*) произво́дство; goods of foreign ~e изде́лия иностра́нного произво́дства.

  *v.t.* **1.** (*produce*) изгот|овля́ть, -о́вить; ~ed goods промтова́ры (*m. pl.*); ~ing industry обраба́тывающая промы́шленность; ~ing town промы́шленный го́род; **2.** (*make up, invent*) фабрикова́ть, с-.

**manumission** *n.* освобожде́ние от ра́бства.

**manumit** *v.t.* отпус|ка́ть, -ти́ть на во́лю.

**manure** *n.* наво́з.

  *v.t.* унаво́|живать, -зить.

**manuscript** *n.* ру́копись; the book is still in ~ кни́га ещё в ру́кописи; (*attr.*) рукопи́сный.

**Manx** *n.* (*language*) мэ́нский язы́к; (*the M* ~: *people*) жи́тели (*m. pl.*) о́строва Мэн.

  *adj.* мэ́нский; ~ cat бесхво́стая ко́шка.

  *cpds.:* ~**man, -woman** *nn.* жи́тель(ница) (*or* уроже́н|ец, -ка) о́строва Мэн.

**many** *adj.* мно́гие; a good, great ~ большо́е коли́чество +*g.*; ~ people мно́го люде́й; мно́гие (лю́ди); ~ years passed прошло́ мно́го лет; ~ a one мно́гие; ~ a time, ~ times мно́го раз; ~'s the time о́чень ча́сто, ча́стенько; half as ~ вдво́е ме́ньше; twice as ~ вдво́е бо́льше; I haven't seen him for ~ a day я его́ давно́ не ви́дел; as, so ~ (as) сто́лько (, ско́лько); not as ~ as не так мно́го, как; there were as ~ as forty people there там бы́ло це́лых со́рок челове́к; not ~ немно́го, не так уж мно́го; is it right that the ~ should starve? ра́зве справедли́во, что́бы ма́ссы голода́ли?; ~ more гора́здо бо́льше +*g.*; one too ~ (*not wanted*; *in the way*) тре́тий ли́шний; I was one too ~ for him (*coll.*) я его́ перехитри́л; he's had one too ~ (*coll.*) он вы́пил ли́шнего.

  *cpds.:* мно́го-; ~**-coloured** *adj.* пёстрый, многоцве́тный; ~**-sided** *adj.* (*lit., fig.*) многосторо́нний.

**Maoism** *n.* Маои́зм.

**Maori** *n.* (*pers.*) мао́ри (*c.g., indecl.*); (*language*) язы́к мао́ри.

**map** *n.* ка́рта; (*e.g. of rail system*) схе́ма; town ~ план го́рода; this town is right off the ~ э́то совсе́м захолу́стный городо́к; they wiped the village off the ~ они́ стёрли дере́вню с лица́ земли́; this scandal put the village on the ~ село́ получи́ло изве́стность из-за э́того сканда́ла.

  *v.t.:* (*make* ~ *of*): this district was first ~ped a hundred years ago ка́рта э́того райо́на была́ впервы́е соста́влена сто лет наза́д; he ~ped out his route before leaving он соста́вил маршру́т пе́ред отъе́здом; (*fig.*): he ~ped out his plans он прики́нул, что ему́ ну́жно де́лать; ~ping pen рейсфе́дер.

  *cpds.:* ~**-maker** *n.* карто́граф; ~**-reader** *n.*: he is an excellent ~-reader он прекра́сно чита́ет ка́рту; ~**-reading** *n.* чте́ние карт.

**maple** *n.* клён; ~ sugar/syrup клено́вый са́хар/сиро́п.

  *cpds.:* ~**-leaf** *n.* клено́вый лист; ~**-wood** *n.* клён; (*attr.*) клено́вый.

**maquette** *n.* маке́т.

**Maquis** *n.* маки́ (*m. indecl.*).

**mar** *v.t.* по́ртить, ис-.

**marabou** *n.* марабу́ (*m. indecl.*).

**maraschino** *n.* мараски́н.

**marathon** *n.* (~ race) марафо́нский бег; (*attr.*):

a ~ effort гига́нтское уси́лие.

**maraud** *v.i.* мародёрствовать (*impf., pf.*).

**marauder** *n.* мародёр.

**marble** *n.* **1.** (*substance*) мра́мор; (*pl., collection of statuary*) колле́кция скульпту́р из мра́мора; **2.** (*in child's game*) стекля́нный ша́рик; play ~s игра́ть (*impf.*) в ша́рики.

  *adj.* (*lit., fig.*) мра́морный.

  *v.t.* раскра́|шивать, -сить под мра́мор; ~d paper мра́морная бума́га.

  *cpd.:* ~**-topped** *adj.* с мра́морным ве́рхом.

**March**[1] *n.* март; (*attr.*) ма́ртовский.

**march**[2] *n.* (*hist., frontier area*) пограни́чная полоса́.

**march**[3] *n.* (*mil.*) марш; on the ~ в похо́де; ~ past торже́ственный марш; forced ~ форси́рованный марш; quick/slow ~ бы́стрый/ме́дленный марш; (*mus.*): dead ~ похоро́нный марш; in ~ time в те́мпе ма́рша; (*pol.*) похо́д, демонстра́ция; (*fig., distance*): it was a long day's ~ был дли́нный перехо́д; steal a ~ on опере|жа́ть, -ди́ть; (*fig., progress*): ~ of events ход собы́тий; the ~ of time по́ступь вре́мени.

  *v.t.* **1.** (*cause to* ~) води́ть (*indet.*), вести́, по- стро́ем; he ~ed them up to the top of the hill он повёл их стро́ем на верши́ну холма́; **2.** (*cover by* ~ing) про|ходи́ть, -йти́.

  *v.i.* **1.** (*mil.*) марширова́ть (*impf., pf.*); German troops ~ed into Austria неме́цкие войска́ вступи́ли в А́встрию; we watched them ~ past мы смотре́ли, как они́ прошли́ стро́ем; quick ~! ша́гом марш!; **2.** (*walk determinedly*): he ~ed into the room он сме́ло вошёл в ко́мнату; with these words he ~ed out с э́тими слова́ми он демонстрати́вно вы́шел вон.

  *with advs.:* ~ **along** *v.i.*: they were ~ing along singing они́ марширова́ли с пе́снями; ~ **back** *v.t.*: I caught him running off and ~ed him back я пойма́л его́, когда́ он убега́л, и препроводи́л обра́тно; *v.i.*: they ~ed back to barracks они́ стро́ем верну́лись в каза́рмы; ~ **by** *v.i.* прошага́ть (*pf.*) ми́мо; ~ **in** *v.t.*: he was ~ed in to see the Head его́ ввели́ в кабине́т нача́льника; *v.i.*: when the soldiers ~ed in когда́ солда́ты вступи́ли (в го́род *u m.n.*); ~ **off** *v.t.*: he was ~ed off to prison его́ препроводи́ли в тюрьму́; *v.i.*: she ~ed off in disgust ей ста́ло проти́вной вы́шла вон; ~ **out** *v.t.*: выводи́ть, вы́вести; *v.i.*: the workers ~ed out on strike рабо́чие вы́шли на забасто́вку; ~ **up** *v.i.*: they ~ed up to the wall они́ прошага́ли к стене́; he ~ed up and hit her он реши́тельно подошёл к ней и уда́рил её.

**marcher** *n.* демонстра́нт (*fem.* -ка).

**marching** *n.* похо́дное движе́ние; ~ drill строева́я подгото́вка; in ~ order в похо́дном поря́дке; ~ orders (*mil.*) прика́з о выступле́нии; (*fig.*): get one's ~ orders получа́ть, -и́ть расчёт; they gave him his ~

orders они уволили его; ~ song походная песня.

**marchioness** *n.* маркиза.

**Mardi Gras** *n.* ~ масленица.

**mare** *n.* кобыла; ~'s nest (*fig.*) миф, иллюзия.

**margarine** *n.* маргарин.

**marge**[1] *n.* (*poet., margin*) кайма.

**marge**[2] (*coll.*) = MARGARINE.

**margin** *n.* **1.** (*edge, border*) край; (*of page*) поле (*usu. pl.*); in the ~ на полях; ~ release (*on typewriter*) табулятор полей; **2.** (*extra amount*) запас; коэффициент; safety ~ запас прочности; he won by a narrow ~ он победил с небольшим преимуществом; ~ of error допустимая погрешность; they allowed a ~ for mistakes они сделали допуск на ошибки; he was allowed a certain ~ ему оставили кое-какую свободу действий; pıofit ~ прибыль, размер прибыли.

**marginal** *adj.* **1.** (*written in margin*) (написанный) на полях; ~ notes заметки (*f. pl.*) (на полях); **2.** (*pert. to an edge or limit*) краевой; предельный; ~ utility предельная полезность; ~ land малоплодородная земля; ~ question второстепенный вопрос; **3.** (*minimal; barely adequate or perceptible*) минимальный.

**marginalia** *n.* заметки (*f. pl.*) на полях.

**margrave** *n.* маркграф.

**marguerite** *n.* нивяник, маргаритка.

**marigold** *n.* ноготки (*m. pl.*).

**marijuana, -huana** *n.* марихуана.

**marina** *n.* марина (пристань для яхт).

**marinade** *n.* маринад.

*v.t.* (*also* **marinate**) мариновать, за-.

**marine** *n.* **1.** (*fleet*): mercantile, merchant ~ торговый флот; **2.** (*naval infantryman*) солдат морской пехоты; the M~s морская пехота; tell that to the (Horse) M~s! расскажите это своей бабушке! (*coll.*).

*adj.* морской; ~ engineer судовой механик; ~ insurance морское страхование; ~ painting морской пейзаж; ~ stores судовые припасы.

**mariner** *n.* мореплаватель (*m.*); master ~ капитан, шкипер; ~'s compass морской компас.

**marionette** *n.* марионетка.

**marital** *adj.* (*of marriage*): ~ union брачный союз; (*of husband or wife*): ~ rights супружеские права.

**maritime** *adj.* (*of the sea*): ~ law морское право; ~ powers морские державы; (*situated by the sea*): the M~ Province (*of the USSR*) Приморский край.

**marjoram** *n.* душица.

**mark**[1] *n.* **1.** (*surface imperfection; stain, spot etc.*) пятно; the horse has a white ~ on its nose у лошади на носу белое пятно; (*scratch*) царапина; (*cut*) порез; (*scar*) рубец, шрам; there were ~s of smallpox on his face его лицо было изрыто оспой; **2.** (*trace*) след; tyre ~s следы шин; you have left dirty ~s on the floor вы наследили на полу; **3.** (*sign, symbol*) знак; punctuation ~s знаки препинания; question ~ вопросительный знак; as a ~ of goodwill в знак расположения; (*indication, feature, symptom*) признак; politeness is the ~ of a gentleman вежливость — отличительная черта джентльмена; **4.** (*for purpose of distinction or identification*) метка, (*notch*) зарубка; ~s made on trees метки, сделанные на деревьях; (*fig.*): make one's ~ выдвигаться, выдвинуться; a man of ~ выдающийся человек; (*as signature*): he could not write his name but made his ~ он вместо подписи поставил крест; (*on an industrial product*) фабричная марка; (*fig., stamp*): it bears the ~ of hurried work видно, что это делалось в спешке; **5.** (*reference point*) метка; the ~s show the depth of water in feet отметки показывают глубину воды в футах; (*fig., standard*): his work was not up to the ~ его работа была не на высоте; I'm not quite up to the ~ today я сегодня не совсем в форме; come up to the ~ опра́вд|ывать, -а́ть ожидания; keep s.o. up to the ~ добиваться (*impf.*) от кого-н. хороших показателей; overstep the ~ (*fig.*) выходить, выйти за границы дозволенного; **6.** (*starting-line*) старт; get off the ~ стартовать (*impf., pf.*); quick/slow off the ~ (*fig.*) лёгкий/тяжёлый на подъём; on your ~s; get set; go! на старт; внимание; марш!; **7.** (*assessment of performance*) отметка; he always gets good ~s он всегда получает хорошие отметки; she got top ~s in the exam она сдала (экзамен) на «отлично»; (*unit of assessment*) балл; they gave him 7 ~s out of 10 он набрал 7 баллов из 10; (*fig.*): I give him full ~s for trying я высоко ценю его старательность; this is a black ~ against him это ему зачтётся; **8.** (*target*) цель; hit the ~ (*lit., fig.*) поп|ада́ть, -а́сть в цель; miss (*or fall wide of*) the ~ прома́х|иваться, -ну́ться; his criticism was beside the ~ его критика была не по существу; overshoot the ~ (*lit.*) стреля́ть, вы́стрелить с перелётом; (*fig.*) за|ходи́ть, -йти́ сли́шком далеко́ (*coll.*); пересоли́ть (*pf.*); you're way off the ~ вы попа́ли па́льцем в не́бо (*coll.*).

*v.t.* **1.** (*stain, scar, scratch etc.*): a tablecloth ~ed with coffee stains ска́терть, забры́зганная ко́фе; the table was badly ~ed сто́л был си́льно запа́чкан; his face was ~ed with spots его́ лицо́ бы́ло покры́то прыща́ми; features ~ed by grief черты́ лица́, отме́ченные го́рем; (*of animal's coloration etc.*): the bird was ~ed with white on the throat у пти́цы была́ бе́лая отме́тина на ше́е; **2.** (*for recognition purposes*) ме́тить, по-; ~ed cards краплёные ка́рты;

~ing-ink маркиро́вочные черни́ла; (*with price*): all the goods are ~ed на всех това́рах проста́влена цена́; **3.** (*distinguish*): his reign was ~ed by great victories его́ ца́рствование бы́ло ознамено́вано вели́кими побе́дами; this novel ~s him as a great author э́тот рома́н ста́вит его́ в ряд вели́ких писа́телей; he called for champagne to ~ the occasion он заказа́л шампа́нское, чтоб отме́тить (э́то) собы́тие; **4.** (*indicate*) отм|еча́ть, -е́тить; is our village ~ed on this map? на́ша дере́вня нанесена́ на э́ту ка́рту?; the prices are clearly ~ed це́ны чётко проста́влены; to ~ his displeasure he remained silent он храни́л молча́ние в знак недово́льства; **5.** (*record*) запи́с|ывать, -а́ть; (*observe and remember*): a ~ed man челове́к, взя́тый на заме́тку; (*promising*) много-обеща́ющий челове́к; (*football etc.: follow closely*) закр|ыва́ть, -ы́ть; (*notice; pay heed to*) зам|еча́ть, -е́тить; ~ you, I don't agree with all he says заме́тьте, я согла́сен не со всем, что он говори́т; ~ my words! помяни́те моё сло́во!; **6.** (*assign ~s to; assess*): ~ an exercise пров|еря́ть, -е́рить упражне́ние; the judges ~ed his performance very high су́дьи высоко́ оцени́ли его́ выступле́ние; **7.** ~ time (*mil.*) обознача́ть (*impf.*) шаг на ме́сте; ~ time! на ме́сте ша́гом — марш!; (*fig.*) топта́ться (*impf.*) на ме́сте; тяну́ть (*impf.*) вре́мя.

*with advs.*: ~ **down** *v.t.* (*select*): they had ~ed him down as their victim они́ занесли́ его́ в свой чёрный спи́сок; (*reduce price of*): all the goods were ~ed down for the sale для распро-да́жи це́ны на все това́ры бы́ли сни́жены; (*give low* ~ *to*): he was ~ed down for bad spelling ему́ сни́зили оце́нку за орфографи́-ческие оши́бки; ~ **in** *v.t.*: he ~ed in his route on the map он разме́тил свой маршру́т на ка́рте; ~ **off** *v.t.* отм|еча́ть, -е́тить; an area was ~ed off for the guests часть мест *и т.п.* была́ отведена́ для госте́й; ~ **out** *v.t.*: a tennis court had been ~ed out те́ннисный корт был рас-чёрчен/разме́чен; (*plan*): their course was ~ed out several weeks in advance их маршру́т был разрабо́тан не́сколькими неде́лями ра́нее; (*preselect, destine*): he was ~ed out for promo-tion его́ реши́ли повы́сить в до́лжности; cat-tle ~ed out for slaughter скот, отобранный на убо́й; ~ **up** *v.t.* (*raise; raise price of*): prices were ~ed up every month це́ны повыша́ли ка́ждый ме́сяц; goods were ~ed up after the budget це́ны бы́ли повы́шены по́сле объявле́ния фина́нсовой сме́ты; (*record*): who will ~ up the score? кто бу́дет запи́сывать счёт?; (*raise ~s of*) зав|ыша́ть, -ы́сить оце́нку +*d.*

*cpd.*: ~-**up** *n.* наце́нка.

**mark²** *n.* (*currency*) ма́рка.

**marked** *adj.* (*distinct, noticeable*) заме́тный; they were ~ly different они́ существенно отлича́-лись друг от дру́га.

**marker** *n.* (*recorder of score*) марке́р; (*indicator*) индика́тор; (*flag*) сигна́льный флажо́к; (*beacon*) ма́ркерный (радио)мая́к; (*buoy*) буёк; (*bookmark*) закла́дка; (*tool*) отме́тчик.

**market** *n.* **1.** (*gathering; event; place of business*) ры́нок, база́р; he sends his pigs to ~ он продаёт свои́х свине́й на база́ре; (*attr.*) ры́ночный, ба́зарный; ~ hall ры́ночный павильо́н/зал; (*fig., area of sale*): world ~ мирово́й ры́нок; the Common M~ О́бщий ры́нок; **2.** (*trade*) торго́вля; the ~ in wool торго́вля ше́рстью; (*opportunity for sale*) сбыт; there is no ~ for these goods на э́ти това́ры нет спро́са; they will find a ready ~ они́ легко́ найду́т сбыт; **3.** (*rates of purchase and sale; share prices*) це́ны (*f. pl.*); the ~ is falling це́ны па́дают; the coffee ~ is steady цена́ на ко́фе стаби́льна (*or* де́ржится твёрдо); play the ~ спекули́ровать (*impf.*) на би́рже; ~ research изуче́ние конъюнк-ту́ры/возмо́жностей ры́нка; ~ value ры́ночная сто́имость; **4.** in the ~ for (*ready to buy*) обду́мывающий поку́пку (*чего*); **5.** on the ~ (*available for purchase*): he put his house on the ~ он вы́ставил свой дом на прода́жу; his estate will soon come on to the ~ его́ име́ние ско́ро поступит в прода́жу.

*v.t.* (*sell in* ~) продава́ть (*impf.*); (*put up for sale*) пус|ка́ть, -ти́ть в прода́жу.

*cpds.*: ~-**day** *n.* база́рный день; ~-**garden** *n.* огоро́д (для выра́щивания овоще́й на прода́жу); ~-**gardener** *n.* владе́лец огоро́да; ~-**gardening** *n.* това́рное овощево́дство; ~-**place** *n.* база́рная пло́щадь; ~ **town** *n.* го́род, в кото́ром есть ры́нок.

**marketable** *adj.* (*produced for sale*) това́рный; (*selling quickly*) хо́дкий.

**marketing** *n.* (*trade*) торго́вля; (*sale*) сбыт.

**marking** *n.* **1.** (*coloration of animals etc.*) окра́ска; **2.** (*for identification*): aircraft ~s опознава́тельные зна́ки (*m. pl.*) самолёта; **3.** (*assessment*) оце́нка.

**marksman** *n.* стрело́к; a good ~ ме́ткий стре-ло́к; (*sniper*) сна́йпер.

**marksmanship** *n.* ме́ткая стрельба́; стрелко́вое мастерство́.

**marl** *n.* ме́ргель (*m.*).

**marline** *n.* марли́нь (*m.*).

*cpd.*: ~-**spike** *n.* сва́йка.

**marmalade** *n.*: orange ~ апельси́новое/апельси́нное варе́нье.

**Marmara** *n.*: Sea of ~ Мра́морное мо́ре.

**marmoreal** *adj.* (*fig.*) мра́морный.

**marmoset** *n.* марты́шка.

**marmot** *n.* суро́к.

**maroon¹** *n. & adj.* (*colour*) тёмно-бордо́вый цвет.

**maroon²** *n.* (*signal*) сигна́льная раке́та.

**maroon³** *v.t.* выса́живать, вы́садить на необита́емый о́стров *и т.п.*; (*fig., pass.*) застр|ева́ть, -я́ть; we were ~ed in Paris мы застря́ли в Пари́же; we were ~ed by the tide мы бы́ли отре́заны прили́вом.

**marque** *n.*: letters of ~ (*hist.*) ка́перское свиде́тельство.

**marquee** *n.* (больша́я) пала́тка.

**marquetry** *n.* маркетри́ (*nt. indecl.*), инкруста́ция по де́реву.

**marqu|is, -ess** *n.* марки́з.

**marquise** *n.* марки́за.

**marriage** *n.* **1.** (*ceremony*) сва́дьба; бракосочета́ние; **2.** (*contraction of ~ by man*) жени́тьба; his ~ to Liza его́ жени́тьба на Ли́зе; he made her an offer of ~ он сде́лал ей предложе́ние; he took her in ~ он взял её в жёны; (*by woman*) вы́ход за́муж; he gave his daughter in ~ он вы́дал дочь за́муж; **3.** (*married state*) брак, супру́жество; (*of woman, also*) заму́жество; ~s are made in heaven бра́ки заключа́ются в небеса́х; ~ of convenience брак по расчёту; they were joined in ~ они́ сочета́лись бра́ком; their ~ broke up их брак распа́лся; relative by ~ сво́йственни|к (*fem.* -ца); ро́дственни|к (*fem.* -ца) по му́жу/жене́; **4.** (*attr.*) бра́чный; ~ bureau бюро́ (*indecl.*) бра́чных услу́г/знако́мств; ~ certificate свиде́тельство о бра́ке; ~ guidance консульта́ция для вступа́ющих в брак (и состоя́щих в бра́ке); ~ licence разреше́ние на брак; ~ market я́рмарка неве́ст; ~ portion прида́ное; ~ settlement бра́чный догово́р; **5.** (*fig., union*) сочета́ние.

*cpds.*: ~**-bed** *n.* бра́чное/супру́жеское ло́же; ~**-broker** *n.* сват; (*fem.*) сва́ха; ~**-lines** *n.* свиде́тельство о бра́ке.

**marriageable** *adj.*: of ~ age бра́чного во́зраста; a ~ girl де́вушка на вы́данье (*coll.*); неве́ста.

**married** *adj.* **1.** (*of man*) жена́тый; (*of woman*) заму́жняя, (*pred.*) за́мужем (за +*i.*); they are ~ (*to each other*) они́ жена́ты; **2.** (*pert. to marriage*) супру́жеский; a ~ couple супру́жеская па́ра; ~ life супру́жеская жизнь, супру́жество.

**marrow** *n.* **1.** (*anat.*) (ко́стный) мозг; I was chilled to the ~ я продро́г до мо́зга косте́й; **2.** (vegetable ~) кабачо́к.

*cpds.*: ~**-bone** *n.* мозгова́я кость; ~**fat** *n.* мозгово́й горо́х.

**marr|y** *v.t.* **1.** (*of man*) жени́ться (*impf., pf.*) на +*p.*); he would like to ~ money он хоте́л бы жени́ться на бога́той (*or* на деньга́х); **2.** (*of woman*) выходи́ть, вы́йти за́муж за +*a.*; **3.** (*of parent: give daughter in marriage*) выдава́ть, вы́дать за́муж (за кого); (*give son in marriage*) жени́ть (на ком); **4.** сочета́ть бра́ком; (*of priest*) венча́ть, об-; **5.** (*fig., join*) сочета́ть (*impf., pf.*); (*devote*): he was ~ied to his work он был поглощён свое́й рабо́той.

*v.i.* (*of man*) жени́ться (*impf., pf.*); (*of woman*)

выходи́ть, вы́йти за́муж; (*of couple*) пожени́ться (*pf.*); вступ|а́ть, -и́ть в брак; (*relig.*) венча́ться, об-.

**Mars** *n.* (*myth., astron.*) Марс.

**Marsala** *n.* марса́ла.

**Marseillaise** *n.* Марселье́за.

**Marseilles** *n.* Марсе́ль (*m.*).

**marsh** *n.* боло́то; (~y ground) боло́тистая ме́стность; (*attr.*) боло́тный; ~ gas боло́тный газ.

*cpds.*: ~**land** *n.* боло́тистая ме́стность; топь; ~**mallow** *n.* (*plant*) лека́рственный алте́й; (*confection*) пастила́; ~**-marigold** *n.* боло́тная калу́жница.

**marshal** *n.* **1.** (*mil.*) ма́ршал; air ~ ма́ршал авиа́ции; **2.** (*organizer of ceremonies*) обер-церемонийме́стер.

*v.t.* **1.** (*draw up in order*): ~ troops выстра́ивать, вы́строить войска́; (*fig.*): ~ one's forces соб|ира́ть, -ра́ть си́лы; ~ facts, arguments прив|оди́ть, -ести́ фа́кты/до́воды в систе́му; **2.** (*direct*): ~ a crowd напр|авля́ть, -а́вить толпу́; (*fig.*): ~ public opinion напр|авля́ть, -а́вить обще́ственное мне́ние; they were ~led into the dining-room они́ бы́ли торже́ственно введены́ в столо́вую; **3.** (*rail.*) сортирова́ть (*impf.*); ~ling-yard сортиро́вочная (ста́нция).

**marshy** *adj.* боло́тистый, то́пкий.

**marsupial** *n.* су́мчатое живо́тное.

*adj.* су́мчатый.

**mart** *n.* (*market-place*) ры́нок; (*centre of trade*) торго́вый центр; (*auction-room*) аукцио́нный зал.

**marten** *n.* куни́ца.

**martial** *adj.* (*military*) вое́нный; ~ law вое́нное положе́ние; (*militant*): ~ spirit боево́й дух.

**Martian** *n.* марсиа́н|ин (*fem.* -ка).

**martin** *n.*: house~ городска́я ла́сточка; sand-~ берегова́я ла́сточка.

**martinet** *n.* приди́рчивый нача́льник; сторо́нник стро́гой дисципли́ны.

**martingale** *n.* мартинга́л.

**martlet** *n.* стриж (чёрный).

**martyr** *n.* му́ченик (*fem.* -ца); (*fig., sufferer*) страда́л|ец (*fem.* -ица); be a ~ to, for a cause страда́ть, по- за де́ло; he is a ~ to gout он изму́чен пода́грой; she makes a ~ of herself она́ стро́ит из себя́ му́ченицу; he made a ~ of his wife он заму́чил свою́ жену́.

*v.t.* му́чить, за-; (*fig.*): he ~ed himself for the party он принёс себя́ в же́ртву па́ртии; she had a ~ed air у неё был му́ченический вид.

**martyrdom** *n.* му́ченичество; (*ordeal*) муче́ние; suffer ~ (*lit., fig.*) быть му́чеником.

**martyrology** *n.* мартиро́лог.

**marvel** *n.* чу́до; he's a ~ он чуде́сный челове́к; she is a ~ of patience она́ само́ терпе́ние; it's a ~ that he escaped э́то су́щее чу́до, что ему́ удало́сь спасти́сь; the medicine worked ~s лека́рство сотвори́ло чудеса́.

*v.t. & i. (wonder)* диви́ться *(impf.)* +*d.*; удив|ля́ться, -и́ться +*d.*; he ~led that ... он порази́лся тому́, что . . .; I ~ how it was done я не могу́ себе́ предста́вить, как э́того дости́гли; ~ **at** *(be surprised at)* изум|ля́ться, -и́ться +*d.*; *(admire)* восхи|ща́ться, -ти́ться +*i.*

**marvellous** *adj.* *(astonishing)* изуми́тельный; *(splendid)* чуде́сный.

**Marxian** *adj.* маркси́стский.

**Marxism** *n.* маркси́зм.

**Marxist** *n.* маркси́ст *(fem. -ка).*
*adj.* маркси́стский.

**Mary** *n.*: the Virgin M~ Де́ва Мари́я.

**marzipan** *n.* марципа́н.

**mascara** *n.* тушь для ресни́ц; put on ~ подводи́ть, -ести́ глаза́/бро́ви.

**mascot** *n.* талисма́н.

**masculine** *n.* (~ gender) мужско́й род; (~ noun) существи́тельное мужско́го ро́да.
*adj.* мужско́й; *(manly)* му́жественный; *(of a woman)* мужеподо́бная; *(pros.):* ~ rhyme мужска́я ри́фма.

**masculinity** *n.* му́жественность.

**maser** *n.* ма́зер.

**mash** *n. (for brewing)* су́сло; *(animal fodder)* ме́сиво, болту́шка из отрубе́й; *(potato etc.)* пюре́ *(indecl.).*
*v.t. (brewing):* ~ malt зава́р|ивать, -и́ть со́лод; *(cul.):* ~ turnips де́лать, с- пюре́ из ре́пы; ~ed potatoes карто́фельное пюре́.

**mask** *n.* ма́ска; under the ~ of friendship под личи́ной дру́жбы; he threw off the ~ *(fig.)* он сбро́сил ма́ску/личи́ну.
*v.t.* над|ева́ть, -е́ть ма́ску на +*a.*; ~ed men лю́ди в ма́сках; ~ed ball маскара́д; *(fig.)* she ~ed her feelings она́ скрыва́ла свои́ чу́вства; *(mil.)* маскирова́ть, за-; *(cover)* закр|ыва́ть, -ы́ть.

**masochism** *n.* мазохи́зм.

**masochist** *n.* мазохи́ст.

**masochistic** *adj.* мазохи́стский.

**mason** *n. (builder)* ка́менщик; *(stone-dresser)* каменотёс; (M~, free~) масо́н.

**masonic** *adj.* масо́нский; ~ lodge масо́нская ло́жа.

**masonry** *n. (stonework)* ка́менная кла́дка; (M~, free~) масо́нство.

**masque** *n.* ма́ска.

**masquerad|e** *n. (lit., fig.)* маскара́д.
*v.i.:* he ~ed as a general он выдава́л себя́ за генера́ла; he is ~ing under an assumed name он скрыва́ется под вы́мышленной фами́лией.

**mass**[1] *n. (relig.)* ме́сса, литурги́я; *(in Orthodox church)* обе́дня; high ~ торже́ственная ме́сса; low ~ ме́сса без пе́ния; ~es were said for his soul за упоко́й его́ души́ служи́ли обе́дни.

**mass**[2] *n.* **1.** *(phys. etc.)* ма́сса; in the ~ в ма́ссе, в це́лом; his body is a ~ of bruises он весь в синяка́х; his story was a ~ of lies его́ расска́з был сплошно́й ло́жью; a ~ of earth/rock гру́да земли́/камне́й; **2.** *(large number)* мно́жество; ~es of people ма́сса наро́ду; the ~es *(наро́дные/широ́кие) ма́ссы*; *(pl., coll., large amount)*: there's ~es of food полно́ еды́; **3.** *(greater part)* бо́льшая часть; **4.** *(attr.)* ма́ссовый; ~ destruction ма́ссовое уничтоже́ние; ~ education всео́бщее обуче́ние/образова́ние; the ~ media сре́дства ма́ссовой информа́ции; мас-ме́диа; ~ meeting ма́ссовый ми́тинг; ~ number ма́ссовое число́; ~ observation опро́с обще́ственного мне́ния; ~ production ма́ссовое произво́дство.
*v.t.* соб|ира́ть, -ра́ть; ~ troops масси́ровать *(impf., pf.)* войска́; ~ed bands объединённые *(вое́нные)* орке́стры; the flowers were ~ed for effect для созда́ния эффе́кта цветы́ бы́ли со́браны вме́сте.
*v.i.* соб|ира́ться, -ра́ться; the clouds are ~ing собира́ются облака́.
*cpd.:* ~-**produce** *v.t.:* these toys are ~-produced э́ти игру́шки ма́ссового/сери́йного произво́дства.

**massacre** *n.* бо́йня; M~ of the Innocents Избие́ние младе́нцев.
*v.t.* переб|ива́ть, -и́ть; *(fig., in sport)* разгроми́ть *(pf.).*

**massage** *n.* масса́ж.
*v.t.* масси́ровать *(impf., pf.).*

**masseur** *n.* массажи́ст.

**masseuse** *n.* массажи́стка.

**massif** *n. (го́рный)* масси́в.

**massive** *adj.* масси́вный; *(very considerable, substantial):* he received ~ support он получи́л огро́мную подде́ржку.

**massy** *adj.* масси́вный, соли́дный.

**mast**[1] *n. (ship's ~, flagpole, radio ~)* ма́чта; sail before the ~ служи́ть *(impf.)* просты́м матро́сом.
*cpd.:* ~**head** *n.* топ ма́чты; *(of newspaper)* заголо́вок газе́ты.

**mast**[2] *n. (bot.)* плодоко́рм.

**mastectomy** *n.* мастэктоми́я.

**master** *n.* **1.** *(one in control, boss)* хозя́ин; *(owner)* владе́лец; ~ of the house хозя́ин до́ма; is the ~ in? до́ма хозя́ин?; be one's own ~ быть самому́ по себе́; ни от кого́ не зави́сеть; he is ~ in his own home он хозя́ин в со́бственном до́ме; I will show you who's ~ посмо́трим, кто здесь гла́вный; be ~ of oneself владе́ть *(impf.)* собо́й; ~ of ceremonies церемонийме́йстер; ~ of the situation хозя́ин положе́ния; like ~, like man ≃ како́в поп, тако́в прихо́д; *(of a ship)* капита́н; ~ mariner капита́н, шки́пер; **2.** *(teacher)* учи́тель *(m.)*; maths ~ учи́тель матема́тики; *(in university)*; M~ of Arts маги́стр иску́сств; M~ of a college глава́ *(m.)* колле́джа; **3.** *(skilled* *craftsman, expert*) ма́стер; ~ builder строи́тель-подря́дчик; he was a ~ of satire он был ма́стером сати́ры; old ~s (*artists*) ста́рые мастера́; (*paintings*) карти́ны ста́рых масте́ро́в; grand ~ (*chess*) гроссме́йстер; he made himself ~ of the language он овладе́л языко́м; **4.** (*original*) по́длинник, моде́ль, оригина́л; **5.** (*pref. to boy's name*) ма́стер, господи́н; **6.** (*attr.*): ~ bedroom гла́вная спа́льня; ~ plan генера́льный план; ~ race ра́са госпо́д; ~ switch гла́вный выключа́тель; ~ touch рука́ ма́стера.

*v.t.* **1.** (*gain control of; deal with*) спр|авля́ться, -а́виться с +*i.*; the problem was easily ~ed с пробле́мой легко́ удало́сь спра́виться; can you ~ that horse? смо́жете вы совлада́ть с э́той ло́шадью?; **2.** (*acquire knowledge of, skill in*) овлад|ева́ть, -е́ть +*i.*; it is a language which can be ~ed in 6 months э́тим языко́м мо́жно овладе́ть за шесть ме́сяцев; **3.** (*overcome*) овлад|ева́ть, -е́ть +*i.*; ~ one's feelings владе́ть, о- свои́ми чу́вствами.

*cpds.*: ~**-at-arms** *n.* гла́вный старшина́ корабе́льной поли́ции; ~**-hand** *n.* ма́стер, специали́ст; ~**-key** *n.* отмы́чка; ~**-mind** *n.* (*genius*) ге́ний; (*leader*) руководи́тель (*m.*); *v.t.*: he ~-minded the plan он разрабо́тал весь план; ~**piece** *n.* шеде́вр; ~**-stroke** *n.* гениа́льный ход.

**masterful** *adj.* (*imperious*) вла́стный; (*skilful*) мастерско́й.

**masterfulness** *n.* вла́стность, деспоти́чность; уве́ренность; мастерство́.

**masterly** *adj.* мастерско́й; in (a) ~ fashion мастерски́.

**mastership** *n.* (*dominion, control*) главе́нство; (*office of master*) до́лжность дире́ктора *и т.п.*

**mastery** *n.* **1.** (*authority*) власть; (*supremacy*) госпо́дство; ~ of the seas госпо́дство на мо́ре; gain the ~ of доб|ива́ться, -и́ться госпо́дства над +*i.*; **2.** (*skill*) мастерство́; **3.** (*knowledge*) владе́ние; ~ of a subject основа́тельное зна́ние предме́та.

**mastic** *n.* (*resin*) масти́ка; (*tree*) масти́ковое де́рево.

**masticate** *v.t. & i.* жева́ть, раз-.

**mastication** *n.* жева́ние.

**mastiff** *n.* масти́фф.

**mastitis** *n.* масти́т.

**mastodon** *n.* мастодо́нт.

**mastoid** *n.* (*growth*) сосцеви́дный отро́сток; (*coll., mastoiditis*) мастоиди́т.

**masturbate** *v.i.* онани́ровать (*impf.*), мастурби́роать (*impf.*).

**masturbation** *n.* онани́зм, мастурба́ция.

**mat¹** *n.* **1.** (*floor covering*) ко́врик; (*door-* ~) рого́жка, полови́к; wipe your feet on the ~ вы́трите но́ги о полови́к; the boss had him on the ~ (*fig., coll.*) хозя́ин дал ему́ нагоня́й; **2.** (*placed under an object to protect surface*) под-ста́вка.

**mat²** *n.* (*tangled mass of hair etc.*) колту́н, клубо́к.

*v.t.*: his hair was ~ted with blood его́ во́лосы сли́плись от кро́ви.

**mat³** *adj. see* МАТ(Т).

**matador** *n.* матадо́р.

**match¹** *n.* (*for producing flame*) спи́чка; box of ~es коро́бка спи́чек; put a ~ to заж|ига́ть, -е́чь; подж|ига́ть, -е́чь; strike a ~ заж|ига́ть, -е́чь спи́чку; чи́ркнуть (*pf.*) спи́чкой; safety ~es безопа́сные/обыкнове́нные спи́чки; (*mil., fuse*) запа́льный фити́ль.

*cpds.*: ~**board** *n.* шпунтова́я доска́; ~**box** *n.* спи́чечная коро́бка; ~**lock** *n.* фити́льный замо́к; ~ lock gun фити́льное ружьё; ~**stick** *n.*: he's as thin as a ~stick он худо́й как ще́пка; he drew ~stick figures он рисова́л па́лочных челове́чков; ~**wood** *n.* (*splinters*) спи́чечная соло́мка; make ~wood of разб|ива́ть, -и́ть вдре́безги; the ship was smashed to ~wood кора́бль разби́лся вдре́безги.

**match²** *n.* **1.** (*equal in strength or ability*) па́ра, ро́вня; под стать +*d.*; he's no ~ for her он ей не па́ра; куда́ ему́ с ней равня́ться; he found, met his ~ он нашёл/встре́тил досто́йного проти́вника; ≃ нашла́ коса́ на ка́мень; he was more than a ~ for me он был сильне́е меня́; **2.** (*thing resembling or suiting another*): these curtains are a good ~ for the carpet э́ти занаве́ски подхо́дят к ковру́; a perfect ~ of colours прекра́сное сочета́ние цвето́в; I can't find a ~ for this glove я не могу́ подобра́ть па́ру к э́той перча́тке; (*of man and woman*): they are, make a good ~ они́ хоро́шая па́ра; **3.** (*matrimonial alliance*) па́ртия; she wants to make a good ~ for her daughter она́ и́щет хоро́шей па́ртии свое́й до́чери; they decided to make a ~ of it они́ реши́ли пожени́ться; (*person eligible for marriage*): he would be an excellent ~ он соста́вит отли́чную па́ртию; **4.** (*contest; game*) соревнова́ние, состяза́ние; матч, игра́; wrestling ~ состяза́ние по борьбе́; football ~ футбо́льный матч; doubles ~ па́рная игра́; the ~ was drawn игра́ ко́нчилась вничью́; we lost all our away ~es мы проигра́ли все и́гры/ма́тчи на чужо́м по́ле.

*v.t.* **1.** (*equal*) сравня́ться (*impf.*) с +*i.*; **2.** (*pit, oppose*) противопост|авля́ть, -а́вить (*кого/что кому/чему*); no-one was willing to ~ themselves against him никто́ не хоте́л с ним свя́зываться; the contestants were well ~ed уча́стники состяза́ния бы́ли уда́чно подо́браны; **3.** (*suit; correspond to*) под|ходи́ть, -ойти́ к +*d.*; гармони́ровать с +*i.*; her hat doesn't ~ her dress у неё шля́па не подхо́дит к пла́тью; a hat trimmed with velvet to ~ шля́па, отде́ланная ба́рхатом подходя́щего цве́та; she bought 6 chairs and 6 cushions to ~ она́ купи́ла 6 сту́льев и к ним 6 поду́шек соотвѐтствующего цвѐта; (*find a* ~ *for*): can you ~ this button? мо́жете ли вы подобра́ть таку́ю же пу́говицу?; we try to ~ the jobs with the applicants мы стара́емся подобра́ть подходя́щую рабо́ту для кандида́тов; they are a well-~ed couple они́ хоро́шая/подходя́щая па́ра.

*v.i.* (*correspond*: *be identical*): the handbag and gloves don't ~ су́мочка и перча́тки не гармони́руют друг с дру́гом.

*cpd.*: ~-**maker** *n.* сват; (*fem.*) сва́ха; (*fig.*) сво́дня (*c.g.*).

**matchless** *adj.* несравнѐнный.

**mate**[1] *n.* **1.** (*companion*; (*coll.*) *form of address*) брат, друг, ко́реш; (*fellow-worker*) напа́рник; (*schoolfellow*) соучени́к; **2.** (*one of a pair of animals or birds*) саме́ц; (*fem.*) са́мка; (*marriage partner*) супру́г (*fem.* -a); **3.** (*assistant*) помо́щник; surgeon's ~ ассисте́нт хиру́рга; **4.** (*ship's* ~) помо́щник капита́на; second ~ второ́й помо́щник.

*v.t. & i.* спа́ри|вать(ся), -ть(ся).

**mate**[2] *n.* (*chess*) мат; fool's ~ мат со второ́го хо́да; ~! шах и мат!

*v.t.* де́лать, с- мат +*d.*

**matelot** *n.* (*coll.*) моря́к.

**material** *n.* **1.** (*substance*) материа́л; raw ~(s) сырьё; (*fig., of pers.*): he is good officer ~ из него́ вы́йдет хоро́ший офице́р; (*subject-matter*): there is good ~ there for a novel там есть хоро́ший материа́л для рома́на; **2.** (*fabric, stuff*) мате́рия; dress ~ платяна́я ткань; made of waterproof ~ сде́ланный из непромока́емого материа́ла; **3.** (*pl.*) writing ~s пи́сьменные принадле́жности.

*adj.* **1.** (*pert. to matter or material*; *physical*; *bodily*) материа́льный; ~ needs физи́ческие потре́бности; the ~ world материа́льный мир; ~ nouns существи́тельные, обозна-ча́ющие вещество́; ~ pleasures земны́е ра́дости; **2.** (*important, essential*) суще́ственный; a ~ witness ва́жный свиде́тель; ~ evidence веще́ственные доказа́тельства; the position has not changed ~ly положе́ние по существу́ не измени́лось.

**materialism** *n.* материали́зм.

**materialist** *n.* материали́ст.

**materialistic** *adj.* материалисти́ческий.

**materialization** *n.* (*taking bodily form*) материа-лиза́ция; (*fulfilment*) осуществле́ние; материализа́ция.

**materialize** *v.t.* материализова́ть (*impf., pf.*).

*v.i.* материализова́ться; (*come to pass, be fulfilled*) осуществ|ля́ться, -и́ться.

**matériel** *n.* (*mil.*) материа́льная часть, те́хника.

**maternal** *adj.* (*motherly*) матери́нский; (*on mother's side*): ~ uncle дя́дя с матери́нской стороны́ (*or* по ма́тери).

**maternity** *n.* матери́нство; (*attr.*): ~ benefit посо́бие роже́нице; ~ dress пла́тье для бере́менных; ~ home, hospital роди́льный дом; ~ nurse акуше́рка; the doctor is out on a ~ case врача́ вы́звали приня́ть ро́ды.

**mat(e)y** *adj.* общи́тельный, компане́йский.

**math** *see* MATHEMATICS.

**mathematical** *adj.* математи́ческий.

**mathematician** *n.* матема́тик.

**mathematics** *n.* (*coll. abbr.* **maths,** *Am.* **math**) матема́тика.

**matinée** *n.* дневно́е представле́ние; у́тренник; ~ idol актёр, по́льзующийся популя́рностью у зая́длых театра́лок.

**matins** *n.* (за)у́треня.

**matriarchy** *n.* матриарха́т.

**matricide** *n.* (*crime*) матереуби́йство; (*criminal*) матереуби́йца (*c.g.*).

**matriculate** *v.i.* быть при́нятым в вы́сшее уче́бное заведе́ние.

**matriculation** *n.* зачисле́ние в вы́сшее уче́бное заведе́ние.

**matrilineal** *adj.* по матери́нской ли́нии.

**matrimonial** *adj.* супру́жеский; бра́чный.

**matrimony** *n.* брак; the bonds of ~ бра́чные у́зы (*pl., g.* —).

**matrix** *n.* (*anat., womb*) ма́тка; (*typ. etc., mould*) ма́трица.

**matron** *n.* **1.** (*elderly married woman*) матро́на; **2.** (*in hospital*) ста́ршая сестра́; сестра́-хозя́йка; **3.** (*in school*) эконо́мка.

**matronly** *adj.* подоба́ющий почте́нной же́нщине.

**mat(t)** *adj.* ма́товый; ~ paint ма́товая кра́ска.

**matter** *n.* **1.** (*phys., phil*) мате́рия; (*substance*) вещество́; **2.** (*physiol.*): grey ~ се́рое вещество́; (*pus*) гной; **3.** (*content, opp. form or style*) содержа́ние; **4.** (*material for reading*) материа́лы (*m. pl.*); printed ~ печа́тный материа́л; (*as category for postal purposes*) ≈ бандеро́ль; **5.** (*material for discussion*) те́ма, предме́т; the article provided ~ for debate статья́ дала́ пи́щу для диску́ссии; (*question*; *issue*) вопро́с; де́ло; that's quite another ~ э́то совсе́м друго́е де́ло; a ~ of common knowledge общеизве́стный факт; it is a ~ of course само́ собо́й разуме́ется; as a ~ of fact (*to tell the truth*) по пра́вде сказа́ть; (*in reality*) на са́мом де́ле; (*incidentally*) со́бственно (говоря́); a ~ of some (*or* slight) importance ва́жный/второстепе́нный вопро́с; it is a ~ for the police э́то де́ло поли́ции; a hanging ~ уголо́вное преступле́ние; it's no laughing ~ э́то де́ло не шу́точное; a ~ of life and death вопро́с жи́зни и сме́рти; there's a little ~ of payment остаётся пустяко́вый вопро́с — вопро́с о платежа́х; it's a ~ of money всё де́ло в деньга́х; that's a ~ of opinion э́то вопро́с мне́ния; на э́то ка́ждый смо́трит по-сво́ему; э́то как для кого́; a ~ of principle де́ло при́нципа; принципиа́льный вопро́с; a ~ of taste де́ло вку́са; it's only a ~ of time before he gives in ра́но или по́здно он сда́стся; a ~ of urgency сро́чное де́ло; (*pl.*, *affairs*) дела́; money ~s де́нежные дела́; as ~s stand при тепе́решнем положе́нии дел; to make ~s worse в доверше́ние ко всем бе́дам; **6.** the ~: (*wrong, amiss*): what's the ~? в чём де́ло?; is (there) anything the ~? что́-нибудь не ла́дно?; what's the ~ with him? что с ним?; there's nothing the ~ (with me) (у меня́) всё в поря́дке; **7.** (*importance*): (it's) no ~ э́то нева́жно; no ~ what I do, the result will be the same что бы я ни сде́лал, результа́т бу́дет тот же; he could not do it, no ~ how he tried как он ни стара́лся, он не мог э́того сде́лать; **8.** a ~ of (*about*): that was a ~ of 40 years ago э́то дела́ сорокале́тней да́вности; a ~ of £5 о́коло пяти́ фу́нтов; (*a few*): he was back again in a ~ of hours он верну́лся че́рез не́сколько часо́в; **9.** for that ~; for the ~ of that е́сли уж на то пошло́; **10.** in the ~ of в отноше́нии +g.; относи́тельно +g.; что каса́ется +g.

*v.i.* име́ть (*impf.*) значе́ние; it doesn't ~ to me э́то не име́ет для меня́ значе́ния; does it ~ if I come late? ничего́, е́сли я опозда́ю?; it doesn't ~ much if you come late ничего́ стра́шного, е́сли вы опозда́ете; what does it ~ what I say? ра́зве мои́ слова́ име́ют хоть како́е-то значе́ние?; what can it possibly ~ to him? како́е значе́ние, в конце́ концо́в, э́то име́ет для него́?

*cpds.*: ~**-of-course** *adj.* само́ собо́й разуме́ющийся; ~**-of-fact** *adj.* приземлённый, лишённый фанта́зии; сухо́й, делово́й, практи́чный.

**Matthew** *n.* (*bibl.*) Матфе́й.
**matting** *n.* рого́жка, цино́вка.
**mattins** *see* MATINS.
**mattock** *n.* моты́га.
**mattress** *n.* матра́ц; air ~ надувно́й матра́ц.
**maturation** *n.* созрева́ние.
**mature** *adj.* **1.** (*of fruit etc., ripe*) спе́лый; (*lit., fig., ripe, developed*) зре́лый; on ~ consideration по зре́лом размышле́нии; a person of ~ years челове́к зре́лых лет; **2.** (*ready, prepared*) гото́вый; **3.** (*comm., ready for payment*) подлежа́щий опла́те; (*of debt*) подлежа́щий погаше́нию.

*v.t.* (*crops, wine etc.*) выде́рживать, вы́держать; (*fig.*): the years have ~d his character с года́ми его́ хара́ктер установи́лся.

*v.i.* **1.** (*lit., fig., ripen, develop*) созр|ева́ть, -е́ть; the grapes ~d in the sun виногра́д созре́л на со́лнце; children ~ earlier nowadays в на́ши дни де́ти развива́ются быстре́е; his plans have not yet ~d его́ пла́ны ещё не созре́ли/офо́рмились; **2.** (*become due for payment*): the policy ~s next year в бу́дущем году́ наступа́ет срок вы́платы по страхово́му по́лису.

**maturity** *n.* зре́лость; reach ~ дост|ига́ть, -и́чь зре́лости; bring to ~ заверши́ть (*pf.*).

**matutinal** *adj.* у́тренний.
**matzo** *n.* маца́.
**maudlin** *adj.* слюня́во сентимента́льный; плакси́вый во хмелю́.
**maul** *v.t.* **1.** (*of pers.*) изб|ива́ть, -и́ть; stop ~ing me about! переста́ньте меня́ терза́ть!; (*of animal*) терза́ть, рас-; he was ~ed to death by a tiger его́ растерза́л тигр; **2.** (*fig., by criticism*) громи́ть, раз-; his last book got a ~ing from the critics кри́тики разгроми́ли его́ после́днюю кни́гу в пух и прах.
**maulstick** *n.* мушта́бель (*m.*).
**maunder** *v.i.* (*talk idly*) говори́ть (*impf.*) бессвя́зно.
**Maundy Thursday** *n.* Страстно́й/Вели́кий Четве́рг.
**Mauritania** *n.* Маврита́ния.
**Mauritanian** *n.* маврита́н|ец (*fem.* -ка).
  *adj.* маврита́нский.
**Mauritius** *n.* Маври́кий.
**mausoleum** *n.* мавзоле́й.
**mauve** *n., adj.* розова́то-лило́вый (цвет).
**maverick** *n.* (*calf*) неклеймёный телёнок; (*fig., dissenter; outsider*) диссиде́нт; изго́й; (*attr.*) неприка́янный.
**maw** *n.* утро́ба; (*fig.*) пасть.
**mawkish** *adj.* прито́рный.
**mawkishness** *n.* прито́рность.
**maxilla** *n.* ве́рхняя че́люсть.
**maxillary** *adj.* верхнечелюстно́й.
**maxim** *n.* (*aphorism*) афори́зм; (*principle*) при́нцип.
**maximize** *v.t.* максима́льно увели́чи|вать, -ть.
**maximum** *n.* ма́ксимум.
  *adj.* максима́льный.
**May**[1] *n.* **1.** (*month*) май; ~ Day Пе́рвое ма́я; пра́здник Пе́рвого ма́я; ~ Day parade первома́йский пара́д; **2.** (*attr.*) ма́йский; **3.** (m~) (*hawthorn*) боя́рышник.
  *cpds.*: ~**-beetle**, ~**-bug** *nn.* ма́йский жук; ~**day** (*distress signal*) сигна́л бе́дствия; ~**fly** *n.* подёнка; ~**pole** *n.* ма́йское де́рево.
**may**[2] *v.aux.* **1.** (*expr. possibility*) мо́жет быть; пожа́луй; it ~ be true возмо́жно, э́то пра́вда; it ~ not be true возмо́жно, э́то не так; he ~ might lose his way он мо́жет заблуди́ться; he might have lost his way without my help без мое́й по́мощи он мог бы заблуди́ться; I was afraid he might have lost his way я боя́лся, как бы он не заблуди́лся; you might kill someone вы ~ убьёте кого́-нибудь; you ~ well be right вполне́ возмо́жно, вы и пра́вы; we ~, might as well stay почему́ бы нам не оста́ться; and who ~, might you be? а кто вы тако́й?; that's as ~ be э́то ещё вопро́с; be that as it ~ как бы то ни́ было; **2.** (*expr. permission*): ~ I come and see you? мо́жно мне (*or* могу́ я) к вам зайти́?; you ~ go if you wish е́сли хоти́те, мо́жете идти́; you ~ not smoke нельзя́ кури́ть; where have you been, ~ I ask? могу́ я

узна́ть, где вы пропада́ли?; you ~ well (*with good reason*) say so ва́ша пра́вда; **3.** (*expr. suggestion*): you might call at the butcher's вы бы зашли́ к мясни́ку́; **4.** (*expr. reproach*): you might offer to help! вы могли́ бы предложи́ть свою́ по́мощь!; you might have asked my permission мо́жно бы́ло бы спроси́ть моего́ согла́сия; **5.** (*in subord. clauses, expr. purpose, fear, wish, hope*): I wrote (so) that you might know я вам написа́л, что́бы вы зна́ли; I fear he ~ be dead я бою́сь, что он у́мер; I hope he ~ come наде́юсь, он придёт; I hoped he might come я наде́ялся, что он придёт; **6.** (*in main clause, expr. wish or hope*): ~ you live long! жела́ю вам до́лгой жи́зни!; ~ you live to repent it! наде́юсь, вы об э́том ещё пожале́ете!; ~ the best man win! да победи́т сильне́йший!; ~ it please your Majesty да бу́дет уго́дно ва́шему вели́честву; **7.** (*be able*): try as I ~, I shall never learn to speak Russian well как бы я ни стара́лся, я никогда́ не научу́сь хорошо́ говори́ть по-ру́сски.

*cpds*.: ~**be** *adv*. мо́жет быть; **might-have-been** *n*. (*pers*.) неуда́чник; (*lost opportunity*) упу́щенная возмо́жность; «е́сли бы да кабы́».

**Maya** *n*. (*race*) ма́йя; (*member of race*) ма́йя (*c.g.*); (*language*) язы́к ма́йя.

**mayhem** *n*. нанесе́ние уве́чья; (*fig*.) разгро́м, погро́м; commit, cause, create ~ нан|оси́ть, -ести́ уве́чье (*кому*).

**mayonnaise** *n*. майоне́з.

**mayor** *n*. городско́й голова́; мэр.

**mayoralty** *n*. (*office*) до́лжность мэ́ра; (*period*): during his ~ в бы́тность его́ мэ́ром.

**mayoress** *n*. (*mayor's wife*) жена́ мэ́ра; (*female mayor*) же́нщина-мэр.

**maze** *n*. лабири́нт; (*fig*.) пу́таница.

**mazurka** *n*. мазу́рка.

**mead**[1] *n*. (*drink*) мёд.

**mead**[2] (*arch*.) = MEADOW.

**meadow** *n*. луг.

*cpds*.: ~**-grass** *n*. мя́тлик луговой; ~**-lark** *n*. жа́воронок луговой; ~**-saffron** *n*. безвре́менник осе́нний, зимо́вник; ~**-sweet** *n*. та́волга: лаба́зник.

**meagre** *adj*. **1.** (*of pers., thin*) худо́й, то́щий; **2.** (*poor, scanty*) ску́дный; a ~ style сухо́й стиль; ~ fare по́стная еда́.

**meal**[1] *n*. (*ground grain*) мука́ (гру́бого помо́ла).

**meal**[2] *n*. еда́, тра́пеза; don't talk during ~s не разгова́ривайте во вре́мя еды́; have a good ~ пло́тно пое́сть (*pf*.); have a light ~ заку́с|ывать, -и́ть; it's a long time since I had a square ~ я давно́ не ел сы́тно; don't make a ~ of it (*coll., fig*.) не раздува́йте из э́того це́лую исто́рию; we have 3 ~s a day мы еди́м 3 ра́за в день; we have our ~s in the canteen мы пита́емся в столо́вой; let's have a ~ out this evening дава́йте сего́дня поу́жинаем в рестора́не; shall

we ask them round for a ~? не пригласи́ть ли их отобе́дать/отужинать с на́ми?; evening ~ у́жин; midday ~ обе́д.

*cpds*.: ~**-ticket** *n*. тало́н на обе́д; ~**-time** *n*.: at ~-times за едо́й.

**mealie** *n*. поча́ток кукуру́зы; (*pl*.) кукуру́за.

**mealy** *adj*. **1.** (*consisting of meal*) мучни́стый; (*resembling meal, floury*): ~ potatoes рассы́пчатый карто́фель; **2.** (*fig., of complexion*) боле́зненно-бле́дный, мучни́стый.

*cpd*.: ~**-mouthed** *adj*. чрезме́рно делика́тный.

**mean**[1] *n*. (*intermediate or average point, condition etc*.) середи́на; a happy (*or* the golden) ~ золота́я середи́на; (*math*.) сре́дняя величина́; (*pl., method, resources*) see MEANS.

*adj*. сре́дний; (*math*.): ~ line биссектри́са; Greenwich ~ time сре́днее вре́мя по Гри́нвичу.

*cpds*.: ~**time** *n*.: in the ~time ме́жду тем; ~**while** *adv*. ме́жду тем, тем вре́менем.

**mean**[2] *adj*. **1.** (*lowly*) ни́зкий; of ~ parentage ни́зкого происхожде́ния; **2.** (*inferior*): it is clear to no ~est intelligence э́то да́же дураку́/глупцу́ я́сно; he is a man of no ~ abilities он челове́к незауря́дных спосо́бностей; **3.** (*shabby, squalid*): ~ streets убо́гие у́лицы (*f. pl*.); **4.** (*niggardly*) скупо́й; **5.** (*ignoble, discreditable*) ни́зкий, по́длый, нече́стный; **6.** (*ill-natured, spiteful*) зло́бный; don't be ~ to him не обижа́йте его́.

**mean**[3] *v.t*. **1.** (*intend*) име́ть (*impf*.) в виду́; намерева́ться (*impf*.); I ~ to solve this problem я наме́рен реши́ть э́тот вопро́с; he ~s business он берётся за де́ло всерьёз; he ~s mischief у него́ дурны́е наме́рения; he ~s well by you он жела́ет вам добра́; I ~ no harm я не жела́л зла; I ~ you to (*or* that you should) go away я хочу́, что́бы вы ушли́; I ~ t it as a joke я хоте́л пошути́ть; I ~ t to leave yesterday, but couldn't я собира́лся вчера́ уе́хать, но не смог; I didn't ~ to hurt you я не хоте́л вас оби́деть; I didn't ~ you to read it я не хоте́л, что́бы вы э́то чита́ли; **2.** (*design, destine*) предназн|ача́ть, -а́чить; I ~ this house for my son я предназнача́ю э́тот дом для сы́на; my parents ~t him to be a doctor роди́тели про́чили его́ в доктора́; they were ~t for each other они́ бы́ли со́зданы друг для дру́га; this letter is ~t for you э́то письмо́ предназнача́ется вам; **3.** (*of pers., intend to convey*) хоте́ть (*impf*.) сказа́ть; what do you ~? что вы э́тим хоти́те сказа́ть?; he ~s what he says он говори́т то, что ду́мает; он слов на ве́тер не броса́ет; what do you ~, 'finished'? как так, зако́нчил?; do you ~ Charles I or Charles II? вы говори́те о Ка́рле I и́ли о Ка́рле II?; what do you ~ by it? (*how dare you?*) как вы сме́ете? **4.** (*of words etc., signify*) зна́чить (*impf*.), означа́ть (*impf*.); this sentence ~s nothing to me это предложе́ние ничего́ мне не говори́т; what is ~t by this word? как на́до понима́ть э́то сло́во?; modern music ~s nothing to me совреме́нная му́зыка мне соверше́нно непоня́тна; this ~s we can't go зна́чит, мы не смо́жем пойти́; her promises don't ~ a thing её обеща́ния ничего́ не сто́ят; does my friendship ~ nothing to you? неуже́ли моя́ дру́жба ничего́ для вас не зна́чит?; (*entail, involve*): organizing a fête ~s a lot of hard work подгото́вка к пра́зднику тре́бует мно́го уси́лий; (*portend*): this ~s war э́то приведёт к войне́; зна́чит, бу́дет война́.

**meander** *v.i.* (*of streams, roads etc.*) извива́ться (*impf.*), ви́ться (*impf.*); a ~ing river изви́листая река́; (*of pers., wander along*) броди́ть (*impf.*); (*in speech etc.*) сбива́ться (*impf.*) с мы́слей (в ре́чи и т.п.); растека́ться (*impf.*) мы́слью по дре́ву.

**meaning** *n.* значе́ние; what is the ~ of this word? что э́то сло́во означа́ет?; this word can have two ~s у э́того сло́ва есть два значе́ния; get the ~ of пон|има́ть, -я́ть смысл +g.; what is the ~ of this? (*querying another's action*) что э́то зна́чит?; he looked at me with ~ он посмотре́л на меня́ многозначи́тельно.
  *adj.* многозначи́тельный.

**meaningful** *adj.* (*full of meaning*) многозначи́тельный; (*making sense*) содержа́тельный, то́лковый.

**meaningless** *adj.* бессмы́сленный.

**meanness** *n.* по́длость, ни́зость; ску́пость.

**means** *n.* **1.** (*instrument, method*) спо́соб; a ~ to an end сре́дство для достиже́ния це́ли; we shall find ways and ~ of persuading him мы найдём спо́соб убеди́ть его́; by fair ~ or foul все́ми пра́вдами и непра́вдами; by ~ of посре́дством +g.; с по́мощью +g.; by all (manner of) ~ все́ми сре́дствами; by all ~ (*Am., without fail*) непреме́нно; (*expr. permission*) коне́чно; пожа́луйста; by all ~ ask him, but he won't come пригласи́ть-то вы его́ пригласи́те, но он всё равно́ не придёт; by no ~ нико́им о́бразом; he is by no ~ to be admitted его́ ни в ко́ем слу́чае нельзя́ пуска́ть сюда́; it was by no ~ easy э́то бы́ло отню́дь не легко́; **2.** (*facilities*): ~ of communication (*transport*) сре́дства сообще́ния; (*telecommunication*) сре́дства свя́зи; **3.** (*resources*) сре́дства; ~ of existence сре́дства к существова́нию; a man of ~ челове́к со сре́дствами; he has private ~ у него́ есть со́бственные сре́дства; ~ test прове́рка нужда́емости; live beyond one's ~ жить (*impf.*) не по сре́дствам.

**measles** *n.* корь; German ~ красну́ха; a child with ~ ребёнок, больно́й ко́рью.

**measly** *adj.* (*coll., miserably small*) жа́лкий.

**measurable** *adj.* измери́мый; in the ~ future в обозри́мом бу́дущем; within ~ limits в изве́стных преде́лах.

**measure** *n.* **1.** (*calculated quantity, size etc.; system of ~ment*) ме́ра; dry ~ ме́ра сыпу́чих тел; linear ~ лине́йная ме́ра; liquid ~ ме́ра жи́дкостей; clothes made to ~ оде́жда, сши́тая на зака́з; short ~ (*of weight*) недове́с; (*of length etc.*) недоме́р; full ~ по́лная ме́ра; (*fig.*): he repaid my kindness in full ~ он отплати́л мне за мою́ доброту́ сполна́; it took him less than a day to get the ~ of his new assistant не прошло́ и дня, как он раскуси́л своего́ но́вого помо́щника; **2.** (*degree, extent*) сте́пень; his reply showed the ~ of his intelligence по его́ отве́ту мо́жно бы́ло суди́ть о сте́пени его́ ума́; his efforts were in large ~ wasted его́ уси́лия во мно́гом пропа́ли да́ром; in some ~ до не́которой сте́пени; (*prescribed limit, extent*) преде́л; she was irritated beyond ~ она́ пришла́ в невероя́тное раздраже́ние; set ~s to ограни́чи|вать, -ть; **3.** (*measuring device*): metre ~ метр; litre ~ литро́вый ме́рный сосу́д; **4.** (*proceeding, step*) ме́ра, мероприя́тие; take ~s against прин|има́ть, -я́ть ме́ры про́тив +g.; adopt severe ~s примен|я́ть, -и́ть стро́гие ме́ры; **5.** (*law*) зако́н; pass a ~ приня́ть (*pf.*) зако́н; **6.** (*verse rhythm*) разме́р; (*mus.*) такт; tread a ~ (*arch.*) танцева́ть (*impf.*); **7.** (*mineral stratum*): coal ~s каменноу́гольные пласты́ (*m. pl.*).
  *v.t.* **1.** (*find size etc. of*) ме́рить, с-; изм|еря́ть, -е́рить; the cloth is ~d in metres мате́рию измеря́ют в ме́трах; a ~d mile ме́рная ми́ля; he was ~d for a suit с него́ сня́ли ме́рку для костю́ма; (*fig.*): I ~d him up and down я сме́рил его́ взгля́дом; he offered to ~ his strength against mine он предложи́л поме́риться со мной си́лами; he fell and ~d his length on the ground он упа́л и растяну́лся во всю длину́; **2.** (*amount to when ~d*): the room ~s 12 ft. across ко́мната ширино́й в двена́дцать фу́тов.
  *with advs.*: ~ **off, out** *vv.t.* отм|еря́ть, -е́рить; he ~d out a litre of milk он отме́рил литр молока́; the football pitch had been ~d out футбо́льное по́ле бы́ло уже́ разме́чено; ~ **up** *v.i.*: the team has not ~d up to our expectations кома́нда не оправда́ла на́ших ожида́ний.

**measured** *adj.* **1.** (*rhythmical*) разме́ренный; ~ tread ме́рная по́ступь; **2.** (*of speech, moderate*) уме́ренный; (*carefully considered*) обду́манный, осторо́жный.

**measureless** *adj.* безме́рный, безграни́чный, неизмери́мый.

**measurement** *n.* (*measuring*) измере́ние; (*dimension*) разме́р; take s.o.'s ~s снять (*pf.*) ме́рку с кого́-н.; waist ~ объём та́лии.

**meat** *n.* мя́со; one man's ~ is another man's poison что поле́зно одному́, то друго́му вре́дно; ≃ что ру́сскому здо́рово, то не́мцу смерть; argument is ~ and drink to him его́ хле́бом не корми́, дай поспо́рить; strong ∼ (*fig.*) ≃ оре́шек не по зуба́м; a speech full of ∼ содержа́тельная речь.

*cpds.*: ∼-**axe** *n.* сека́ч; ∼-**ball** *n.* фрика-де́лька; ∼-**eating** *adj.* плотоя́дный; ∼-**pie** *n.* пиро́г с мя́сом; ∼-**safe** *n.* холоди́льник для хране́ния мя́са.

**meaty** *adj.* мяси́стый; (*fig., pithy*) содержа́-тельный.

**Mecca** *n.* (*lit., fig.*) Ме́кка.

**mechanic** *n.* меха́ник.

**mechanical** *adj.* **1.** (*pert. to machines*) механи́-ческий; ∼ engineering машиностро́ение; a ∼ failure механи́ческое поврежде́ние; ∼ly operated с механи́ческим управле́нием; **2.** (*of pers. or movements: automatic*) машина́льный.

**mechanics** *n.* (*lit., fig.*) меха́ника.

**mechanism** *n.* механи́зм.

**mechanistic** *adj.* (*phil.*) механисти́ческий.

**mechanization** *n.* механиза́ция.

**mechanize** *v.t. & i.* механизи́ровать(ся) (*impf., pf.*).

**medal** *n.* меда́ль; the reverse of the ∼ (*fig.*) обра́тная сторона́ меда́ли; (*mil. award*) о́рден (*pl. -á*).

**medallion** *n.* медальо́н.

**medallist** *n.* (*recipient*) медали́ст (*fem. -ка*); призёр; (*engraver*) медалье́р.

**meddle** *v.i.*: ∼ in (*interfere in*) вме́ш|иваться, -а́ться в +*a.*; ∼ with (*touch, tamper with*) тро́|гать, -нуть.

**meddlesome** *adj.* назо́йливый; he is a ∼ person он всё вре́мя вме́шивается не в свои́ дела́.

**Mede** *n.*: laws of the ∼s and Persians (*fig.*) ≃ незы́блемые зако́ны.

**media** *see* MEDIUM *n.* **6.**

**mediaeval** = MEDIEVAL.

**medial** *adj.* **1.** (*situated in middle*) среди́нный; ∼ consonant согла́сный в середи́не сло́ва; **2.** (*of average size*) сре́дний.

**median** *n.* (*math., stat.*) медиа́на; (*anat.*: ∼ artery) среди́нная арте́рия.

*adj.* среди́нный.

**mediate¹** *adj.* опосре́дствованный.

**mediate²** *v.t.*: the settlement was ∼d by Britain соглаше́ние бы́ло дости́гнуто при посре́д-ничестве Великобрита́нии.

*v.i.* выступа́ть, вы́ступить посре́дником; посре́дничать (*impf.*).

**mediation** *n.* посре́дничество.

**mediator** *n.* посре́дник.

**mediatory** *adj.* посре́днический.

**medic** *n.* (*coll.*) (студе́нт-)ме́дик.

**medical** *n.* (*coll.*, ∼ examination): have a ∼ про|ходи́ть, -йти́ медици́нский осмо́тр (*abbr.* медосмо́тр).

*adj.* медици́нский; враче́бный; (*opp.* surgical) терапевти́ческий; ∼ certificate спра́вка от врача́; ∼ history исто́рия боле́зни; ∼ man, practitioner врач, терапе́вт; ∼ officer офице́р

медици́нской слу́жбы; ∼ orderly санита́р; ∼ service медици́нское обслу́живание; ∼ unit санита́рная часть; санча́сть.

**medicament** *n.* лека́рство, медикаме́нт.

**medicate** *v.t.* (*treat medically*) лечи́ть (*impf.*); (*impregnate*) нас|ыща́ть, -ы́тить лека́рством.

**medication** *n.* лече́ние.

**medicinal** *adj.* (*of medicine*) лека́рственный; (*curative*) целе́бный.

**medicine** *n.* **1.** (*science, practice*) медици́на; practise ∼ практикова́ть/рабо́тать (*impf.*) врачо́м; **2.** (*opp.* surgery) терапи́я; **3.** (*substance*) лека́рство, сре́дство; медикаме́нт, миксту́ра; he is taking ∼ for a cough он принима́ет лека́рство от ка́шля; he took his ∼ (*fig., punishment*) like a man он проглоти́л э́ту пилю́лю как настоя́щий мужчи́на; I gave him a taste of his own ∼ (*fig.*) я ему́ отплати́л той же моне́той.

*cpds.*: ∼-**ball** *n.* медици́нбол; ∼-**chest** *n.* апте́чка; ∼-**glass** *n.* мензу́рка; ∼-**man** *n.* зна́харь (*m.*).

**medico** *n.* (*coll.*) ме́дик.

**medieval** *adj.* средневеко́вый.

**medievalist** *n.* медиеви́ст.

**mediocre** *adj.* посре́дственный.

**mediocrity** *n.* (*quality; pers.*) посре́дственность.

**meditate** *v.t.* замышля́ть (*impf.*).

*v.i.* размышля́ть (*impf.*) (on: о +*p.*).

**meditation** *n.* размышле́ние; lost in ∼ погружённый в размышле́ния.

**meditative** *adj.* (*of pers.*) заду́мчивый; (*of mind etc.*) созерца́тельный.

**Mediterranean** *n.* (∼ Sea) Средизе́мное мо́ре.

*adj.* средиземномо́рский.

**medium** *n.* **1.** (*middle quality*) середи́на; he strikes a happy ∼ он приде́рживается золото́й середи́ны; **2.** (*phys., intervening substance*) среда́; **3.** (*means, agency*) сре́дство; through the ∼ of посре́дством +*g.*; **4.** (*solvent*) раствори́тель (*m.*); **5.** (*spiritualist*) ме́диум; **6.** (*means or channel of expression*) сре́дство; the media (*sc. of communication*) сре́дства ма́с-совой информа́ции; one sculptor chooses stone as his ∼, another metal одни́ ску́льпторы предпочита́ют рабо́тать в ка́мне, други́е — в мета́лле.

*adj.* (*intermediate*) промежу́точный; (*average*) сре́дний; a man of ∼ height челове́к сре́днего ро́ста.

*cpds.*: ∼-**sized** *adj.* сре́днего разме́ра; ∼-**wave** *adj.* средневолно́вый.

**medlar** *n.* мушмула́.

**medley** *n.* смесь; (*mus.*) попурри́ (*nt. indecl.*).

**medusa** *n.* (*zool.*) меду́за; M∼ (*myth.*) Меду́за.

**meed** *n.* (*liter.*) вознагражде́ние.

**meek** *adj.* кро́ткий.

**meekness** *n.* кро́тость.

**meerschaum** *n.* (*clay*) морска́я пе́нка; (*pipe*) пе́нковая тру́бка.

**meet**¹ *n.* (*of sportsmen, etc.*) сбор.

*v.t.* **1.** (*encounter*) встр|еча́ть, -е́тить; fancy ~ing you! ну и встре́ча!; well met! добро́ пожа́ловать!; ~ s.o. halfway (*fig.*) идти́, пойти́ навстре́чу кому́-н.; (*greet*): she met her guests at the door она́ встре́тила госте́й в дверя́х; a bus ~s all trains к прихо́ду ка́ждого по́езда подаю́т авто́бус; they were met by a hail of bullets они́ бы́ли встре́чены шква́льным огнём; (*make acquaintance of*) знако́миться, по- с +*i.*; I met your sister in Moscow я познако́мился с ва́шей сестро́й в Москве́; (I want you to) ~ my fiancée я хочу́ познако́мить вас с мое́й неве́стой; **2.** (*reach point of contact with*): where the river ~s the sea там, где река́ впада́ет в мо́ре; при впаде́нии реки́ в мо́ре; our street ~s the main road by the church на́ша у́лица выхо́дит на гла́вную доро́гу у це́ркви; there is more in this than ~s the eye здесь де́ло не так про́сто; **3.** (*face*): they advanced to ~ the enemy они́ продви́нулись навстре́чу проти́внику; I am ready to ~ your challenge я гото́в приня́ть ваш вы́зов; **4.** (*experience, suffer*): ~ one's death поги́бнуть (*pf.*); he met misfortune with a smile он му́жественно переноси́л невзго́ды; **5.** (*satisfy, answer, fulfil*): I cannot ~ your wishes я не могу́ вы́полнить (*pf.*) ва́ши тре́бования; the request was met by a sharp refusal про́сьба натолкну́лась на ре́зкий отка́з; I'm afraid your offer does not ~ the case я бою́сь, ва́ше предложе́ние не отвеча́ет тре́бованиям; how can I ~ my commitments? как мне вы́полнить свои́ обя́занности?; he met all their objections он учёл все их возраже́ния; **6.** (*pay, settle*): ~ a bill упла́|чивать, -ти́ть по счёту; this will barely ~ my expenses э́то с трудо́м покро́ет мой расхо́ды.

*v.i.* **1.** (*of pers., come together*) встр|еча́ться, -е́титься; we seldom ~ мы ре́дко встреча́емся; haven't we met before? мы с ва́ми не знако́мы?; I hope to ~ you again soon я наде́юсь ско́ро с ва́ми встре́титься; till we ~ again до сле́дующей встре́чи; our eyes met на́ши глаза́ встре́тились; (*become acquainted*) знако́миться, по-; we met at a dance мы познако́мились на та́нцах; **2.** (*assemble*) соб|ира́ться, -ра́ться; the council met to discuss the situation сове́т собра́лся, что́бы обсуди́ть положе́ние; **3.** (*of things, qualities etc.: come into contact, unite*) сходи́ться (*impf.*); this belt won't ~ round his waist э́тот по́яс на нём не схо́дится; there are traffic lights where the roads ~ на перекрёстке — светофо́р; the rivers Oka and Volga ~ at Gorki Го́рький — ме́сто слия́ния рек Оки́ и Во́лги; all these qualities met in him он облада́л все́ми э́тими ка́чествами; make (both) ends ~ (*fig.*) св|оди́ть, -ести́ концы́ с конца́ми; **4.** ~ with: ~ with difficulties испы́т|ывать, -а́ть затрудне́ния; I met with much opposition я натолкну́лся на си́льное сопротивле́ние; ~ with approval/refusal встре́тить (*pf.*) одобре́ние/отка́з; he met with an accident с ним произошёл несча́стный слу́чай; (*find by chance*) нат|ыка́ться, -кну́ться на +*a.*

with *advs.*: ~ **together** *v.i.* соб|ира́ться, -ра́ться; ~ **up** *v.i.* (*coll.*): we met up (*or* I met up with him) in London мы встре́тились в Ло́ндоне.

**meet**² *adj.* (*arch., right, proper*) подоба́ющий; it is ~ for him ему́ подоба́ет.

**meeting** *n.* **1.** (*encounter*) встре́ча; our ~ was purely accidental мы встре́тились соверше́нно случа́йно; (*by arrangement*) свида́ние; **2.** (*gathering*) собра́ние; address a ~ выступа́ть, вы́ступить на собра́нии; (*political* ~) ми́тинг; (*session*) заседа́ние; **3.** (*of waters*) слия́ние; **4.** (*sports* ~) (спорти́вное) состяза́ние; (*race-* ~) ска́чки (*f. pl.*).

*cpds.*: ~-**house** *n.* моли́твенный дом; ~-**place** *n.* ме́сто встре́чи.

**megacycle** *n.* мегаге́рц.

**megadeath** *n.* оди́н миллио́н уби́тых.

**megalith** *n.* мегали́т.

**megalithic** *n.* мегалити́ческий.

**megalomania** *n.* мегалома́ния, ма́ния вели́чия.

**megalomaniac** *n.* страда́ющий ма́нией вели́чия.

**megaphone** *n.* мегафо́н.

**megaton** *n.* мегато́н.

**megawatt** *n.* мегава́тт.

**megohm** *n.* мего́м.

**megrim** *n.* (*migraine*) мигре́нь; (*pl., low spirits*) уны́ние.

**meiosis** *n.* мейо́зис.

**melancholia** *n.* меланхо́лия.

**melancholy** *n.* уны́ние.

*adj.* (*of pers.*) уны́лый; (*of things: saddening*) гру́стный, печа́льный.

**Melanesia** *n.* Мелане́зия.

**Melanesian** *n.* меланези́|ец (*fem.*, -йка).

*adj.* меланези́йский.

*mélange* *n.* смесь.

*mêlée* *n.* сва́лка.

**mellifluous** *adj.* медото́чивый.

**mellow** *adj.* **1.** (*of fruit*) спе́лый; (*of wine*) вы́держанный; **2.** (*of voice, sound, colour, light*) со́чный; **3.** (*of character: softened*) подобре́вший, смягчи́вшийся; (*genial*) добро́душный; **4.** (*coll., tipsy*) подвы́пивший.

*v.t.*: fruit ~ed by the sun плод, созре́вший на со́лнце; age has ~ed him го́ды смягчи́ли его́ хара́ктер.

*v.i.* (*of fruit*) созр|ева́ть, -е́ть; посп|ева́ть, -е́ть; (*of wine*) станови́ться (*impf.*) вы́держанным; (*of voice*) станови́ться (*impf.*) сочне́е; (*of pers.*) смягч|а́ться, -и́ться; добре́ть, по-.

**mellowness** *n.* спе́лость; вы́держанность; со́чность.

**melodic** *adj.* мелоди́чный.

**melodious** *adj.* мелоди́чный; ~ voice певу́чий го́лос.

**melodiousness** *n.* мелоди́чность, певу́честь.

**melodrama** *n.* (*lit., fig.*) мелодра́ма.

**melodramatic** *adj.* мелодрамати́ческий.

**melody** *n.* (*tune*) мело́дия: (*tunefulness*) мелоди́чность.

**melon** *n.* ды́ня; (water-~) арбу́з; (water-)~ plantation бахча́.

**Melpomene** *n.* Мельпоме́на.

**melt** *v.t.* **1.** (*reduce to liquid: of ice, snow, butter, wax*) раст|а́пливать, -опи́ть; (*of metal*) пла́вить, рас-; **2.** (*dissolve*) раствор|я́ть, -и́ть; **3.** (*fig., soften*) размягч|а́ть, -и́ть.
   *v.i.* **1.** (*become liquid: of ice, snow, butter, wax*) та́ять, рас-; (*of metal*) пла́виться, рас-; **2.** (*dissolve*) раствор|я́ться, -и́ться; **3.** (*fig., soften*) смягч|а́ться, -и́ться; та́ять, от-; her heart ~ed at the sight её се́рдце смягчи́лось при ви́де э́того; **4.** (*change slowly; merge*): one colour ~ed into another оди́н цвет переходи́л в друго́й; **5.** (*coll., suffer from heat*): I'm ~ing! я весь распла́вился (от жары́).
   *with advs.*: ~ **away** *v.i.* (*lit., fig., disappear*) та́ять, рас-; (*fig., disperse*) рассе́|иваться, -яться; ~ **down** *v.t.* распл|авля́ть, -а́вить.

**melting** *n.* плавле́ние.
   *adj.* (*fig., of looks*) то́мный.
   *cpds.*: ~-**point** *n.* температу́ра плавле́ния; ~-**pot** *n.* ти́гель (*m.*); (*fig.*): throw into the ~-pot подв|ерга́ть, -е́ргнуть коренно́му измене́нию.

**member** *n.* член, уча́стни|к (*fem.* -ца) (о́бщества *и т.п.*); ~s only вход то́лько для чле́нов; full ~ полнопра́вный член.

**membership** *n.* (*being a member*) чле́нство; (*collect., members*) чле́ны (*m. pl.*); (*number of members*) число́ чле́нов; (*composition*) соста́в; admission to ~ приня́тие (*в клуб и т.п.*); ~ card чле́нский биле́т.

**membrane** *n.* перепо́нка, мембра́на.

**memento** *n.* сувени́р; as a ~ на па́мять; ~ **mori** напомина́ние о сме́рти.

**memo** = MEMORANDUM.

**memoir** *n.* (*brief biography*) (биографи́ческая) заме́тка; (*pl., autobiography*) воспомина́ния (*nt. pl.*), мемуа́р|ы (*pl., g.* -ов); author of ~s мемуари́ст.

**memorable** *adj.* достопа́мятный.

**memorandum** *n.* (*written reminder*) запи́ска; (*record of events, facts, transactions etc.*) докладна́я запи́ска; (*dipl.*) мемора́ндум; memo(randum) book, pad записна́я кни́жка; блокно́т.

**memorial** *n.* (*commemorative object, custom etc.*) па́мятник; (*pl., chronicles*) хро́ника, ле́топись.
   *adj.*: ~ plaque мемориа́льная доска́; ~ service помина́льная слу́жба.

**memorialize** *v.t.* (*commemorate*) увекове́чи|вать, -ть.

**memorize** *v.t.* (*commit to memory*) зап|омина́ть, -о́мнить; (*learn by heart*) зау́ч|ивать, -и́ть (наизу́сть).

**memory** *n.* **1.** (*faculty; its use*) па́мять; I have a bad ~ for faces у меня́ плоха́я па́мять на ли́ца; a ~ like a sieve дырья́вая па́мять; search, rack one's ~ ры́ться, по- в па́мяти; play by, from ~ игра́ть (*impf.*) на па́мять; lose one's ~ лиш|а́ться, -и́ться па́мяти; loss of ~ поте́ря па́мяти; it escapes my ~ я не по́мню э́того; may I refresh, jog your ~? позво́льте вам напо́мнить; in ~ of в па́мять +*g.*; sacred to the ~ of... свяще́нной па́мяти +*g.*; ...of blessed ~ блаже́нной па́мяти; within living ~ на па́мяти живу́щих; **2.** (*recollection*) воспомина́ние; relive old memories за́ново пережи́ть (*pf.*) про́шлое; I have a clear ~ of what happened я я́сно по́мню, что случи́лось; **3.** (*computers*): ~ bank, store маши́нная па́мять; запомина́ющее устро́йство.

**menace** *n.* (*threat*) угро́за; (*obnoxious pers.*) (*coll.*) зану́да (*c.g.*).
   *v.t.* угрожа́ть (*impf.*) +*d.*

**ménage** *n.* хозя́йство; ~ à trois брак втроём.

**menagerie** *n.* (*lit., fig.*) звери́нец.

**mend** *n.* **1.** (*patch*) запла́та; (*darn*) што́пка; **2.** be on the ~ идти́ (*det.*) на попра́вку.
   *v.t.* **1.** (*repair; make sound again*) чини́ть, по-; заш|ива́ть, -и́ть; ~ socks што́пать, за- носки́; my socks need ~ing мои́ носки́ нужда́ются в почи́нке; the road was ~ed only last week доро́гу почини́ли то́лько на про́шлой неде́ле; **2.** (*improve, reform*) испр|авля́ть, -а́вить; that won't ~ matters э́тим де́лу не помо́жешь; ~ one's ways испр|авля́ться, -а́виться; it is never too late to ~ испра́виться никогда́ не по́здно; ~ one's pace наб|ира́ть, -ра́ть ско́рость.
   *v.i.* (*regain health*) выздора́вливать, вы́здороветь; his leg is ~ing nicely его́ нога́ зажива́ет хорошо́.

**mendacious** *adj.* лжи́вый.

**mendacity** *n.* лжи́вость.

**Mendelian** *adj.* ме́нделевский.

**mendic|ancy, -ity** *nn.* ни́щенство, попроша́йничество.

**mendicant** *n. & adj.* ни́щий.

**mending** *n.* (*of clothes*) почи́нка, што́пка; invisible ~ худо́жественная што́пка.

**menfolk** *n.* мужчи́ны (*m. pl.*).

**menhir** *n.* менги́р, ка́менный столб.

**menial** *n.* лаке́й.
   *adj.* лаке́йский; ~ work чёрная рабо́та.

**meningitis** *n.* менинги́т.

**meniscus** *n.* мени́ск.

**menopause** *n.* климактери́ческий пери́од, кли́макс.

**menses** *n.* менструа́ции (*f. pl.*).

**Menshevik** *n.* меньшеви́к; (*attr.*) меньше-ви́стский.

**menstrual** *adj.* менструа́льный.

**menstruate** *v.i.* менструи́ровать (*impf.*).

**menstruation** *n.* менструа́ции (*f. pl.*).

**mensurable** *adj.* измери́мый.

**mensuration** *n.* измере́ние.

**menswear** *n.* мужска́я оде́жда.

**mental** *adj.* **1.** (*of the mind*) у́мственный; ~ powers у́мственные спосо́бности; he has a ~ age of 7 у него́ у́ровень семиле́тнего ребёнка; ~ deficiency слабоу́мие; ~ly defective, deficient у́мственно отста́лый; **2.** (*pert. to* ~ *illness*) психи́ческий; ~ disease психи́ческая боле́знь; ~ home, hospital психиатри́ческая больни́ца; ~ patient душевнобольно́й; **3.** (*carried out in the mind*) мы́сленный; ~ reservation мы́сленная огово́рка; he made a ~ note of the number он отме́тил но́мер в уме́; ~ arithmetic у́стный счёт.

**mentality** *n.* (*capacity*) у́мственные спосо́бности (*f. pl.*); (*level*) у́мственное разви́тие; (*attitude*) пси́хика.

**menthol** *n.* менто́л, мя́та.

**mentholated** *adj.* менто́ловый.

**mention** *n.* упомина́ние; ссы́лка; there was a ~ of him in the paper в газе́те упомина́лось его́ и́мя; receive a ~ (*be referred to*) быть упомя́нутым; honourable ~ похва́льный о́тзыв; he made no ~ whatever of your illness он ни сло́вом не обмо́лвился о ва́шей боле́зни.

*v.t.* упом|ина́ть, -яну́ть (*кого/что or о ком/чём*); ссыла́ться, сосла́ться на +*a.*; I shall ~ it to him я скажу́ ему́ об э́том; ~ s.o.'s name наз|ыва́ть, -ва́ть чьё-н. и́мя; forgive me for ~ing it, but… прости́те, что я говорю́ об э́том, но…; he was ~ed in dispatches его́ и́мя упомина́лось в спи́ске отличи́вшихся; don't ~ it! не́ за что!; ничего́; не сто́ит!; not to ~ (*or without* ~ing) не говоря́ уж о +*p.*; ~ только что; yes, now you ~ it ах да, вы мне напо́мнили.

**mentor** *n.* наста́вник, ме́нтор.

**menu** *n.* меню́ (*nt. indecl.*).

**Mephistopheles** *n.* Мефисто́фель (*m.*).

**mephitic** *adj.* ядови́тый, вре́дный.

**mercantile** *adj.* торго́вый; ~ marine торго́вый флот.

**mercenary** *n.* наёмник.
*adj.* (*hired*) наёмный; (*motivated by money*) коры́стный.

**merchandise** *n.* това́ры (*m. pl.*).

**merchant** *n.* **1.** (*trader*) купе́ц; (*attr.*) купе́ческий; the ~ class купе́чество; (*with qualifying word: dealer, tradesman*) торго́вец; wine ~ торго́вец ви́нами; (*attr.*) торго́вый; ~ ship торго́вое су́дно; ~ fleet, marine, navy, service торго́вый флот; ~ bank комме́рческий банк; **2.** (*coll., in cpds.: addict*): speed-~ лиха́ч.

*cpd.*: ~**man** *n.* торго́вое су́дно.

**merciful** *adj.* милосе́рдный, сострада́тельный; Lord, be ~ to us Го́споди, сми́луйся над на́ми; his death was a ~ release смерть была́ для него́ бла́гом; ~ Heavens! Бо́же ми́лостивый!; we were ~ly spared the details к сча́стью, нас не посвяти́ли во все подро́бности.

**mercifulness** *n.* милосе́рдие.

**merciless** *adj.* беспоща́дный, безжа́лостный.

**mercilessness** *n.* беспоща́дность, безжа́лостность.

**mercurial** *adj.* **1.** (*of mercury*) рту́тный; ~ poisoning отравле́ние рту́тью; **2.** (*of pers., lively*) живо́й; (*volatile*) непостоя́нный, изме́нчивый.

**mercuric** *adj.*: ~ chloride сулема́; ~ oxide о́кись рту́ти.

**Mercury**[1] *n.* (*myth., astron.*) Мерку́рий.

**mercury**[2] *n.* (*metal*) ртуть; ~ column (*of barometer*) рту́тный столб.

**merc|y** *n.* **1.** (*compassion, forbearance, clemency*) милосе́рдие; поща́да; beg for ~ проси́ть (*impf.*) поща́ды; show ~ to (*or have* ~ on) щади́ть, по-; they were given no ~ им не́ было поща́ды; throw o.s. on s.o.'s ~ сда́ться (*pf.*) на ми́лость кого́-н.; a verdict of guilty with a recommendation to ~ верди́кт о вино́вности с рекоменда́цией поми́лования; act of ~ акт милосе́рдия; ~ killing эйтана́зия, умерщвле́ние неизлечи́мых больны́х; God's ~ ~ ми́лость Бо́жья; Lord, have ~ upon us! Го́споди, поми́луй!; **2.** (*power*): at the ~ of во вла́сти +*g.*; they left him to the ~ of fate они́ оста́вили его́ на произво́л судьбы́; he was left to X's tender ~ies его́ оста́вили на ми́лость Х'а; **3.** (*blessing*): it's a ~ he wasn't drowned сча́стье, что он не утону́л; one must be thankful for small ~ies ≃ на́до ра́доваться и ма́лому.

**mere**[1] *n.* (*lake*) о́зеро.

**mere**[2] *adj.* **1.** (*simple*; *pure*) просто́й; чи́стый; (*absolute*) су́щий; (*no more than, nothing but*) не бо́лее чем; всего́ лишь; то́лько; ~ coincidence просто́е совпаде́ние; by the ~st chance по чи́стой случа́йности; he is the ~st nobody он су́щее ничто́жество; it's a ~ trifle э́то су́щая ме́лочь; a ~ thousand roubles кака́я-нибудь ты́сяча/тысчёнка рубле́й; he is a ~ child он всего́ лишь ребёнок; they received a ~ pittance они́ получа́ли су́щие гроши́; **2.** (*single*; …*alone*) оди́н (то́лько); ~ words are not enough слова́ми де́лу не помо́жешь; at the ~ thought при одно́й мы́сли; the ~ sight of him disgusts me оди́н его́ вид вызыва́ет у меня́ отвраще́ние.

**merely** *adv.* (*simply*) про́сто; (*only*) то́лько.

**meretricious** *adj.* мишу́рный.

**merganser** *n.* крохаль (*m.*).

**merge** *v.t. & i.* сл|ива́ть(ся), -и́ть(ся); twilight ~d into darkness су́мерки смени́лись темното́й.

**merger** *n.* слия́ние; (*comm.*) объедине́ние.

**meridian** *n.* (*geog.*) меридиа́н; (*astr. and fig.*) зени́т.

*adj.* (*of noon*) полу́денный; (*fig., culminating*) кульминацио́нный.

**meridional** *adj.* (*of a meridian*) меридиона́льный; (*of the south, esp. of Europe*) ю́жный.

**meringue** *n.* мере́нга.

**merino** *n.* (*sheep*) мерино́с; (*wool*) мерино́совая шерсть.

**merit** *n.* (*deserving quality, worth*) досто́инство; a man of ~ челове́к с несомне́нными досто́инствами; the suggestion has ~; there is some ~ in the suggestion в э́том предложе́нии есть свои́ плю́сы; make a ~ of sth. ста́вить (*impf.*) что-н. себе́ в заслу́гу; (*action etc. deserving recognition*) заслу́га; he was rewarded according to his ~s он был вознаграждён по заслу́гам; (*pl., rights and wrongs*): one must decide each question on its ~s на́до реша́ть ка́ждый вопро́с по существу́.

*v.t.* заслу́ж|ивать, -и́ть.

**meritocracy** *n.* о́бщество, управля́емое людьми́ с наибо́льшими спосо́бностями.

**meritorious** *adj.* похва́льный.

**merlin** *n.* дербни́к, кре́чет.

**mermaid** *n.* руса́лка.

**merman** *n.* водяно́й трито́н.

**merriment** *n.* весе́лье.

**merry** *adj.* **1.** (*happy, full of gaiety*) весёлый; make ~ (*have fun*) весели́ться, по-; M~ Christmas! с Рождество́м Христо́вым!

*cpds.*: ~-**go-round** *n.* карусе́ль; ~-**making** *n.* весе́лье, поте́ха; ~**thought** *n.* ви́лочка.

**mesa** *n.* столо́вая гора́.

**mésalliance** *n.* нера́вный брак, мезалья́нс.

**mescalin(e)** *n.* мескали́н.

**Mesdames** *n.* (*pl.*) госпожи́ (*f. pl.*).

**mesh** *n.* **1.** (*space in net etc.*) яче́йка; ~ bag аво́ська; **2.** (*pl., network*) сеть; (*fig., snares*) се́ти (*f. pl.*); **3.** in ~ (*mech.*) сцепле́нный.

*v.t.* (*catch in net*) пойма́ть (*pf.*) в се́ти.

*v.i.* (*interlock*) зацеп|ля́ться, -и́ться; (*fig., harmonize, of people*) найти́ (*pf.*) о́бщий язы́к.

**mesmeric** *adj.* гипноти́ческий.

**mesmerism** *n.* гипноти́зм.

**mesmerist** *n.* гипнотизёр.

**mesmerize** *v.t.* (*lit., fig.*) гипнотизи́ровать, за-.

**mesolithic** *adj.* мезолити́ческий; ~ age сре́дний ка́менный век.

**meson** *n.* мезо́н.

**mesozoic** *adj.* мезозо́йский.

**mess[1]** *n.* **1.** (*disorder*) беспоря́док; the room was in a complete ~ ко́мната была́ в соверше́нном беспоря́дке; make a ~ of (*spoil; bungle*)

прова́л|ивать, -и́ть; he made a ~ of his life он загуби́л свою́ жизнь; **2.** (*dirt*) грязь; your shirt is in a ~ у вас руба́шка запа́чкалась; make a ~ of (*soil*) па́чкать, за-; **3.** (*confusion*) пу́таница; **4.** (*trouble*) неприя́тность, беда́, го́ре; get o.s. into a ~ вли́пнуть (*pf.*) (*coll.*).

*v.t.* (*make dirty, esp. with excrement*): Johnny ~ed his pants Джо́нни замара́л штани́шки.

*v.i.*: ~ with (*interfere with*) вме́шиваться (*impf.*) в +*a.*

with *advs.*: ~ **about** *v.t.* (*inconvenience*) причиня́ть (*impf.*) неудо́бство +*d.*; *v.i.* (*work half-heartedly or without plan*) кани́телиться (*impf.*); (*potter, idle about*) кани́телиться (*impf.*); ~ about with (*fiddle with*) вози́ться (*impf.*) с +*i.*; don't ~ about with matches не игра́йте со спи́чками; ~ **up** *v.t.* (*make dirty*) па́чкать, пере-; (*bungle*) прова́л|ивать, -и́ть; (*put into confusion*) перепу́т|ывать, -ать.

**mess[2]** *n.* **1.** (*eating-place*) столо́вая; officers' ~ офице́рский клуб; (*on ship*) каю́т-компа́ния; **2.** ~ of pottage (*bibl.*) чечеви́чная похлёбка.

*v.i.* есть (*impf.*).

*cpds.*: ~-**jacket** *n.* обе́денный ки́тель; ~-**kit** *n.* столо́вый набо́р; ~**mate** *n.* това́рищ по каю́т-компа́нии; ~-**tin** *n.* котело́к.

**message** *n.* **1.** (*formal*) сообще́ние; (*informal*) запи́ска, за́пись; I received a ~ by telephone мне переда́ли по телефо́ну; can I take a ~ for him? что ему́ переда́ть?; have you got the ~? (*understood*) до вас дошло́?; поня́тно?; усекли́?; **2.** (*writer's theme*) иде́йное содержа́ние; (*prophet's teaching*) уче́ние.

**messenger** *n.* курье́р, связно́й, посы́льный; (*postal* ~) посы́льный, разно́счик.

*cpd.*: ~-**boy** *n.* ма́льчик на посы́лках.

**Messiah** *n.* Месси́я (*m.*).

**Messianic** *adj.* мессиа́нский.

**Messrs** *n.* (*pl.*) господа́ (*m. pl.*); К° (*abbr.*).

**messy** *adj.* (*untidy*) неу́бранный; (*dirty*) гря́зный; (*slovenly*) неря́шливый.

**metabolic** *adj.*: ~ disease наруше́ние обме́на веще́ств.

**metabolism** *n.* обме́н веще́ств.

**metacarpal** *n.* (~ bone) пя́стная кость.

*adj.* пя́стный.

**metacarpus** *n.* пясть.

**metal** *n.* **1.** мета́лл; ferrous/non-ferrous ~s чёрные/цветны́е мета́ллы; **2.** (road-~) ще́бень (*m.*); **3.** (*pl., rails*) ре́льсы (*m. pl.*); the train jumped the ~s по́езд сошёл с ре́льсов.

*adj.* металли́ческий.

*v.t.*: ~led road шоссе́ (*indecl.*).

*cpds.*: ~-**work** *n.* металлообрабо́тка; ~-**worker** *n.* металли́ст, сле́сарь (*m.*).

**metallic** *adj.* металли́ческий.

**metalliferous** *adj.* рудоно́сный.

**metallize** *v.t.* металлизи́ровать (*impf., pf.*).

**metallography** *n.* металлогра́фия.

**metallurgic(al)** *adj.* металлурги́ческий.

**metallurgist** *n.* металлу́рг.
**metallurgy** *n.* металлу́рги|я.
**metamorphose** *v.t.* превра|ща́ть, -ти́ть.
**metamorphosis** *n.* метаморфо́за.
**metaphor** *n.* мета́фора; mixed ~ сме́шанная мета́фора.
**metaphorical** *adj.* метафори́ческий; ~ly speaking о́бразно говоря́.
**metaphysical** *adj.* метафизи́ческий; ~ poet поэ́т метафизи́ческой шко́лы.
**metaphysics** *n.* метафи́зика.
**metatarsal** *n.* (~ bone) плюснева́я кость.
*adj.* плюснево́й.
**metatarsus** *n.* плюсна́.
**metathesis** *n.* (*gram., phon.*) перестано́вка букв/зву́ков; метате́за.
**mete (out)** *v.t.* назн|ача́ть, -а́чить; определ|я́ть, -и́ть; выделя́ть, вы́делить.
**metempsychosis** *n.* метемпсихо́з, перемеще́ние душ.
**meteor** *n.* метео́р; ~ shower пото́к метео́ров.
**meteoric** *adj.* **1.** (*of meteors*) метеори́ческий; (*fig.*): a ~ career головокружи́тельная карье́ра; **2.** (*of the atmosphere*) метеорологи́ческий.
**meteorite** *n.* метеори́т.
**meteorograph** *n.* метеоро́граф.
**meteoroid** *n.* метеоро́ид.
**meteorological** *adj.* метеорологи́ческий; ~ centre, office слу́жба пого́ды.
**meteorologist** *n.* метеоро́лог.
**meteorology** *n.* метеороло́гия.
**meter**[1] *n.* (*apparatus*) счётчик; gas ~ га́зовый счётчик; a man came to read the ~ слу́жащий пришёл снять показа́ния счётчика.
*v.t.* изм|еря́ть, -е́рить; зам|еря́ть, -е́рить.
**meter**[2] *see* METRE.
**methane** *n.* мета́н.
**method** *n.* (*mode, way*) ме́тод, спо́соб; (*system*) систе́ма, мето́дика; work without ~ рабо́тать (*impf.*) без вся́кой систе́мы; there's ~ in his madness в его́ безу́мии есть систе́ма.
**methodical** *adj.* (*systematic*) системати́ческий; (*of regular habits*) методи́чный.
**Methodism** *n.* методи́зм.
**Methodist** *n.* методи́ст; (*attr.*) методи́стский.
**methodological** *adj.* методологи́ческий.
**meths** (*coll.*) = METHYLATED SPIRIT.
**Methuselah** *n.* Мафусаи́л.
**methyl** *n.* мети́л; (*attr.*): ~ alcohol мети́ловый спирт.
**methylated** *adj.*: ~ spirit денатура́т.
**meticulous** *adj.* (*punctilious*) тща́тельный, педанти́чный; (*over-scrupulous*) щепети́льный.
**meticulousness** *n.* тща́тельность, педанти́чность; щепети́льность.
*métier* *n.* (*profession*) профе́ссия; (*trade*) ремесло́.
**metonymy** *n.* метони́мия.

**met|re** (*Am.* **-er**) *n.* (*unit of length*) метр; (*verse rhythm*) разме́р.
**metric** *adj.* метри́ческий.
**metrical** *adj.* (*of, or composed in, metre*) метри́ческий; (*pert. to measurement*) измери́тельный.
**metrication** *n.* введе́ние метри́ческой систе́мы.
**metrics** *n.* ме́трика.
**Metro** *n.* метро́ (*indecl.*).
**metronome** *n.* метроно́м.
**metropolis** *n.* (*city*) столи́ца; (*country*) метропо́лия.
**metropolitan** *n.* (*eccl.*) митрополи́т.
*adj.* (*of capital*) столи́чный; (*of country*) относя́щийся к метропо́лии; (*of see*) митрополи́чий.
**mettle** *n.* (*strength of character*) хара́ктер; show one's ~ прояви́ть (*pf.*) свой хара́ктер; (*spirit, combativeness*) боево́е настрое́ние; her taunts put him on his ~ её насме́шки пробуди́ли в нём рве́ние.
**mettlesome** *adj.* (*of pers.*) рья́ный; (*of horse*) рети́вый.
**Meuse** *n.* Маа́с, Мёз.
**mew**[1] *n.* (*of cat*) мяу́канье.
*v.i.* мяу́к|ать, -нуть.
**mew**[2] *n.* (*gull*) ча́йка.
**mew**[3] *v.t.* (*also* ~ **up**) сажа́ть, посади́ть в кле́тку.
**mewl** *v.i.* попи́скивать (*impf.*).
**mews** *n.* коню́шни (*f. pl.*) (переде́ланные в жило́е помеще́ние).
**Mexican** *n.* мексика́н|ец (*fem.* -ка).
*adj.* мексика́нский.
**Mexico** *n.* Ме́ксика; ~ City Ме́хико (*m. indecl.*).
**mezzanine** *n.* антресо́ль, полуэта́ж.
**mezzo** *adv.* по́лу-; ~ forte дово́льно гро́мко.
*cpd.*: ~-**soprano** *n.* ме́ццо-сопра́но (*indecl.*).
**mezzotint** *n.* ме́ццо-ти́нто (*nt. & f. indecl.*).
**Miami** *n.* Майа́ми (*m. indecl.*).
**miaou, miaow** *n.* мяу́канье; (*onomat.*) мя́у!
*v.i.* мяу́кать (*impf.*).
**miasma** *n.* миа́зм|ы (*pl., g.* —).
**mica** *n.* слюда́; (*attr.*) слюдяно́й.
**Michael** *n.* Михаи́л.
**Michaelmas** *n.* Миха́йлов день; ~ term (*acad.*) осе́нний триме́стр.
**Michelangelo** *n.* Микела́нджело (*m. indecl.*).
**mickey** *n.* (*sl.*): take the ~ out of s.o. издева́ться (*impf.*) над кем-н.
**Mickey Finn** *n.* (*drink*) ёрш (*sl.*).
**microbe** *n.* микро́б.
**microbiological** *adj.* микробиологи́ческий.
**microbiologist** *n.* микробио́лог.
**microbiology** *n.* микробиоло́гия.
**microcosm** *n.* микроко́см.
**microdot** *n.* микрофотосни́мок.
**microfiche** *n.* микрофи́ша.
**microfilm** *n.* микрофи́льм.
*v.t.* микрофильми́ровать (*impf.*); де́лать,

с- микрофи́льм +g.

**micrometer** n. микро́метр.

**micron** n. микро́н.

**microphone** n. микрофо́н.

**microscope** n. микроско́п.

**microscopic** adj. микроскопи́ческий.

**microwave** n. микроволна́; (attr.) микрово́лновый; ~ oven высокочасто́тная (электро)пе́чь.

**mid** adj. & pref.: in ~ air (высоко́) в во́здухе; in ~ career в разга́р карье́ры; in ~ Channel посреди́ Ла-Ма́нша; in ~ course посреди́не пути́; from ~ June to ~ July с середи́ны ию́ня до середи́ны ию́ля; she interrupted him in ~ sentence она́ прервала́ его́ на полусло́ве.

  cpds.: ~**day** n. по́лдень (m.); adj.: the ~day sun полу́денное со́лнце; ~**land** adj. расположенный внутри́ страны́; the M~lands центра́льные гра́фства А́нглии; ~**most** adj. середи́нный; ~**night** n. по́лночь; as black as ~night чёрный как ночь; during the ~night hours в по́лночь; he was burning the ~night oil он рабо́тал по ноча́м; он полуно́чничал; ~night sun полу́но́чное со́лнце; ~**summer** n. середи́на ле́та; at ~summer среди́ ле́та; adj. M~summer Day Ива́нов день; M~summer Night's Dream (play title) «Сон в ле́тнюю ночь»; ~summer madness чи́стое сумасше́ствие/безу́мие; ~**way** adv. на полпути́; the M~(dle)-west n. Сре́дний За́пад США; ~**winter** n. середи́на зимы́.

**midden** n. наво́зная ку́ча.

**middle** n. 1. середи́на; in the ~ of среди́ +g.; there is a pain in the ~ of my back у меня́ боль в поясни́це; in the ~ of nowhere Бог зна́ет где; (of time): in the ~ of the night посреди́ но́чи; I was in the ~ of getting ready в тот моме́нт я как раз собира́лся; 2. (waist) та́лия; he caught her round the ~ он о́бнял/схвати́л её за та́лию; 3. (gram.) сре́дний зало́г.

  adj.: сре́дний; in ~ age в сре́днем во́зрасте; the M~ Ages сре́дние века́; the ~ classes сре́дние слои́ о́бщества; буржуази́я; upper/lower ~ class кру́пная/ме́лкая буржуази́я; he followed a ~ course он держа́лся уме́ренного ку́рса; он вы́брал сре́дний путь; ~ distance сре́дний план; M~ East Сре́дний Восто́к; M~ English средне-англи́йский язы́к; ~ finger сре́дний па́лец; in ~ life в середи́не жи́зни; his ~ name is George его́ второ́е и́мя — Гео́ргий; politics is his ~ name (coll.) поли́тика — для него́ всё; ~ school сре́дняя шко́ла; ~ term (logic) сре́дняя посы́лка; ~ watch ночна́я ва́хта; M~ West see MID-**west**.

  cpds.: ~**-aged** adj. сре́дних лет; немолодо́й; ~**-class** adj. буржуа́зный; ~**man** n. посре́дник; ~**-of-the-road** adj. уме́ренных (полити́ческих) взгля́дов; ~**weight** n. & adj.

(боксёр) сре́днего ве́са.

**middling** adj. сре́дний, второсо́ртный; fair to ~ так себе́.

  adv. сно́сно, сре́дне; ничего́, так себе́.

**middy** (coll.) = MIDSHIPMAN.

**midge** n. кома́р, мо́шка; (pl., collect.) мошкара́.

**midget** n. ка́рлик; (attr.) ка́рликовый; ~ submarine сверхма́лая подво́дная ло́дка.

**midriff** n. диафра́гма; ве́рхняя часть живота́.

**midshipman** n. корабе́льный гардемари́н.

**midst** n. середи́на; in the ~ of среди́, в разга́р +g., ме́жду +i.; a stranger in our ~ чужо́й среди́ нас.

**midwife** n. акуше́рка; повива́льная ба́бка.

**midwifery** n. акуше́рство.

**mien** n. (liter.) вид, нару́жность.

**miff** v.t. (coll.): he was ~ed by my remark моё замеча́ние его́ оби́дело/заде́ло.

**might**[1] n. 1. (power to enforce will) мощь; ~ is right кто силён, тот и пра́в; 2. (strength) си́ла; with (all his) ~ and main изо всей мо́чи.

**might**[2] v. aux. see MAY.

**mightiness** n. (power) мо́щность; (size) вели́чие.

**mighty** adj. 1. (powerful) мо́щный; (great) вели́кий; high and ~ (pompous, arrogant) зано́счивый; 2. (massive) грома́дный.

  adv. (Am. coll.) о́чень.

**mignonette** n. резеда́.

**migraine** n. мигре́нь.

**migrant** n. переселе́нец; (bird) перелётная пти́ца.

  adj. кочу́ющий; перелётный.

**migrate** v.i. пересел|я́ться, -и́ться; мигри́ровать (impf.); (of birds) соверш|а́ть, -и́ть перелёт.

**migration** n. мигра́ция; перелёт.

**migratory** adj. перелётный.

**mike** (coll.) = MICROPHONE.

**milage** see MIL(E)AGE.

**milch** adj.: ~ cow до́йная коро́ва.

**mild** adj. мя́гкий; (of pers.) кро́ткий, ти́хий; a ~ reproof мя́гкий упрёк; to put it ~ly мя́гко говоря́; a ~ day тёплый день; a ~ cheese нео́стрый/мя́гкий сыр; ~ steel мя́гкая сталь; ~ tobacco сла́бый таба́к.

**mildew** n. ми́лдью (nt. indecl.), ложномучни́стая роса́.

**mildness** n. мя́гкость; (of food etc.) пре́сность.

**mile** n. ми́ля; for ~s around на мно́го миль вокру́г; 30 ~s an hour 30 миль в час; he ran the ~ in 4 minutes он пробежа́л ми́лю за 4 мину́ты; (fig.): I am feeling ~s better мне намно́го лу́чше; I was ~s away я замечта́лся; it sticks out a ~ э́то броса́ется в глаза́; э́то ви́дно за версту́.

  cpd.: ~**stone** n. ка́мень с указа́нием расстоя́ния; (fig.) ве́ха.

**mil(e)age** n. 1. (distance in miles) расстоя́ние в ми́лях; (of car) пробе́г автомоби́ля в ми́лях; ~

indicator счётчик пройденного пути; **2.** (*travel expenses*) проездны́е (*pl.*).

**miler** *n.* (*athlete*) бегу́н на диста́нцию в одну́ ми́лю.

**milieu** *n.* окруже́ние, среда́.

**militancy** *n.* вой́нственность.

**militant** *n.* бое́ц, боре́ц; воя́ка (*m.*); активи́ст (*fem.* -ка).

*adj.* вой́нствующий; the Church ~ вой́н-ствующая це́рковь; ~ students вой́нственно настро́енные студе́нты.

**militarism** *n.* милитари́зм.

**militarist** *n.* милитари́ст.

**militarize** *v.t.* милитаризи́ровать (*impf.*, *pf.*), военизи́ровать (*impf.*, *pf.*).

**military** *n.*: the ~ военнослу́жащие (*m. pl.*), войска́ (*nt. pl.*).

*adj.* вое́нный; of ~ age призывно́го во́зраста; ~ band вое́нный орке́стр; ~ engineer-ing вое́нно-инжене́рное де́ло; a ~ man военно-слу́жащий, вое́нный; ~ service вое́нная слу́жба; (*as liability*) во́инская пови́нность; ~ training вое́нная подгото́вка.

**militate** *v.i.*: ~ against препя́тствовать (*impf.*) +*d.*; говори́ть (*impf.*) про́тив +*g.*; his age ~s against him ему́ меша́ет во́зраст.

**militia** *n.* мили́ция.

*cpd.*: ~**man** *n.* милиционе́р.

**milk** *n.* молоко́; the ~ of human kindness co-страда́ние; it's no good crying over spilt ~ слеза́ми го́рю не помо́жешь; (*attr.*) моло́ч-ный; ~ pudding моло́чный пу́динг; ~ tooth моло́чный зуб.

*cpds.*: ~**-and-water** *adj.* (*fig.*) безли́кий, бесцве́тный, безво́льный, бесхара́ктерный; ~**-bar** *n.* кафе́-моло́чная; ~**-churn** *n.* мас-лобо́йка; ~**-float** *n.* теле́жка для развоз́ки молока́; ~**maid** *n.* доя́рка; ~**man** *n.* продаве́ц молока́, моло́чник; ~**-powder** *n.* порошко́вое молоко́; ~**-shake** *n.* моло́чный кокте́йль; ~**sop** *n.* тря́пка; мя́мля (*c.g.*); ~**-white** *adj.* моло́чно-бе́лый.

*v.t.* дои́ть, по-; (*fig.*): they ~ed him of all his cash они́ вы́жали из него́ все де́ньги.

*v.i.*: the cows are ~ing well коро́вы хорошо́ до́ятся.

**milky** *adj.* моло́чный; the M~ Way Мле́чный Путь.

**mill** *n.* (*for grinding corn*) ме́льница; they put him through the ~ (*fig.*) они́ подве́ргли его́ тяжёлым испыта́ниям; (*factory*) фа́брика.

*v.t.* **1.** (*grind*) моло́ть, пере-; **2.** (*cut with* ~*ing-machine*) фрезерова́ть (*impf.*); a coin with a ~ed edge моне́та с насе́чкой по кра́ю.

*v.i.* (*coll.*): a crowd was ~ing around the entrance лю́ди толпи́лись у вхо́да.

*cpds.*: ~**-hand** *n.* фабри́чный/заводско́й рабо́чий; ~**-pond** *n.* ме́льничный пруд; the sea is like a ~-pond мо́ре соверше́нно споко́йно; ~**-race** *n.* (*trough*) ме́льничный

лото́к; ~**stone** *n.* жёрнов; (*fig.*) ка́мень (*m.*) на ше́е; ~**-wheel** *n.* ме́льничное колесо́.

**millenary** *n.* тысячеле́тие.

*adj.* тысячеле́тний.

**millennial** *adj.* тысячеле́тний.

**millennium** *n.* тысячеле́тие; (*fig.*) золото́й век; све́тлое бу́дущее.

**millepede** *see* MILLIPEDE.

**miller** *n.* ме́льник.

**millet** *n.* про́со.

**milliard** *n.* миллиа́рд.

**millibar** *n.* миллиба́р.

**milligram(me)** *n.* миллигра́м.

**millimetre** *n.* миллиме́тр.

**milliner** *n.* (*fem.*) моди́стка.

**millinery** *n.* (*trade*) произво́дство/прода́жа да́мских шляп; (*stock-in-trade*) да́мские шля́пки (*f. pl.*).

**million** *n. & adj.* миллио́н (+*g.*); he made a cool ~ он сколоти́л (*coll.*) миллио́нчик; thanks a ~ (*coll.*) огро́мное спаси́бо; an inheritance of a ~ миллио́нное насле́дство.

**millionaire** *n.* миллионе́р.

**millionairess** *n.* миллионе́рша.

**millionth** *n.* миллио́нная часть.

*adj.* миллио́нный.

**mill|ipede, -epede** *n.* многоно́жка.

**milometer** *n.* счётчик про́йденных миль.

**milt** *n.* семенники́ (*m. pl.*).

**mim|e** *n.* (*drama*; *performer*) мим; (*dumb-show*) пантоми́ма.

*v.t.* (*act by* ~*ing*) изобра|жа́ть, -зи́ть мими́-чески; (*mimic*) подража́ть (*impf.*) +*d.*; пере-дра́зн|ивать, -и́ть; имити́ровать (*impf.*).

**mimeograph** *n.* мимео́граф.

*v.t.* печа́тать, на- на мимео́графе.

**mimesis** *n.* мимети́зм, мимикри́я.

**mimetic** *adj.* (*imitative*) подража́тельный; (*biol.*) облада́ющий мимикри́ей.

**mimic** *n.* имита́тор; мими́ческий актёр, мими́ст (*fem.* -ка); he is a good ~ он облада́ет да́ром подража́ния.

*adj.* подража́тельный.

*v.t.* **1.** (*ridicule by imitation*) передра́з-н|ивать, -и́ть; пароди́ровать (*impf.*); **2.** (*zool.*) принима́ть (*impf.*) защи́тную окра́ску +*g.*

**mimicry** *n.* (*imitation*) имити́рование; под-ража́ние (+*d.*); (*zool.*) мимикри́я.

**mimosa** *n.* мимо́за.

**minaret** *n.* минаре́т.

**minatory** *adj.* угрожа́ющий.

**mince** *n.* (*chopped meat*) фарш.

*v.t.* (*chop small*) руби́ть (*impf.*); пропус|ка́ть, -ти́ть че́рез мясору́бку; ~d beef фарш из говя́дины; mincing-machine мясору́бка; (*fig.*): he does not ~ matters он говори́т без обиняко́в.

*v.i.* (*behave affectedly*) жема́ниться (*impf.*); (*of walk*) семени́ть (*impf.*); he ~d up to me он подошёл ко мне семеня́щей похо́дкой.

*cpds.*: ~**meat** *n.* сла́дкая начи́нка для пирожко́в; they made ~meat of our team (*fig.*) они́ разгроми́ли на́шу кома́нду в пух и прах; ~**-pie** *n.* ≃ сла́дкий пирожо́к.

**mincer** *n.* мясору́бка.

**mind** *n.* **1.** (*intellect*) ум, ра́зум; he has a very good ~ он о́чень спосо́бный; you must be out of your ~ вы с ума́ сошли́; a triumph of ~ over matter торжество́ ду́ха над мате́рией; his ~ has gone; he has lost his ~ он не в своём уме́; great ~s вели́кие умы́; he is one of the best ~s of our time он оди́н из велича́йших/лу́чших умо́в на́шего вре́мени. **2.** (*remembrance*): bear in ~ зап|омина́ть, -о́мнить; bring to ~ на-п|омина́ть, -о́мнить о +*p.*; I called his words to ~ я вспо́мнил его́ слова́; it puts me in ~ of something э́то мне что́-то напомина́ет; the tune went clean out of my ~ я на́чисто забы́л э́ту мело́дию; out of sight, out of ~ с глаз доло́й — из се́рдца вон; time out of ~ испоко́н веко́в; **3.** (*opinion*) мне́ние; he spoke his ~ on the subject он открове́нно вы́сказался на э́ту те́му; I gave him a piece of my ~ я ему́ вы́-ложил всё, что ду́мал; we are of one (*or* of the same) ~ мы одина́кового мне́ния; is he still of the same ~? он всё ещё того́ же мне́ния?; he doesn't know his own ~ он сам не зна́ет, чего́ он хо́чет; try to keep an open ~! попыта́йтесь сохрани́ть объекти́вный подхо́д; **4.** (*intention*) наме́рение; I have a good (*or* half a) ~ not to go я скло́нен не пойти́; he changed his ~ он переду́мал; I have made up my ~ to stay я реши́л оста́ться; my ~ is made up я твёрдо реши́л; I was in two ~s whether to accept the invitation я колеба́лся, приня́ть мне при-глаше́ние и́ли нет; **5.** (*direction of thought or desire*): she set her ~ on a holiday abroad ей о́чень хоте́лось провести́ кани́кулы за-грани́цей; **6.** (*thought*) мы́сли (*f. pl.*); my ~ was on other things я ду́мал о друго́м; I had something on my ~ меня́ что́-то трево́жило; I set his ~ at rest я его́ успоко́ил; it took her ~ off her troubles э́то отвлекло́ её от её забо́т/невзго́д; I cannot read his ~ я не могу́ разгада́ть его́ мы́сли; I can see him in my ~'s eye он стои́т у меня́ пе́ред глаза́ми; **7.** (*way of thinking*) настрое́ние; in his present frame, state of ~ в его́ ны́нешнем состоя́нии; to my ~ на мой взгляд; мне ка́жется (*or* я счита́ю), что . . .; **8.** (*attention*): he turned his ~ to his work он сосредото́чился на свое́й рабо́те; if you give, set your ~ to your work е́сли вы настро́итесь на рабо́ту; keep your ~ on what you are doing не отвлека́йтесь; absence of ~ рассе́янность; he showed great presence of ~ он прояви́л огро́мное прису́тствие ду́ха.

*v.t.* **1.** (*take care, charge of*) присм|а́тривать, -отре́ть за +*i.*; ~ your own business! не вме́шивайтесь не в своё де́ло!; **2.** (*worry about*) забо́титься (*impf.*) о +*p.*; бес-

поко́иться о +*p.*; never ~ the expense не ду́майте о расхо́дах; ~ your head! осторо́жнее, не ушиби́те го́лову!; **3.** (*object to*) возра|жа́ть, -зи́ть на +*a.*; име́ть (*impf.*) что-н. про́тив +*g.*; I don't ~ the cold я не бою́сь хо́лода; would you ~ opening the door? откро́йте, пожа́луйста, дверь; I wouldn't ~ going for a walk я не прочь прогуля́ться; I don't ~ going alone мне всё равно́, я могу́ пойти́ оди́н; **4.** (*heed, note*) прислу́ш|иваться, -аться к +*d.*; слу́шаться (*impf.*) +*g.*; if I had ~ed his advice е́сли бы я прислу́шался к его́ сове́ту; ~ you lock the door! не забу́дьте запере́ть/закры́ть дверь!

*v.i.* **1.** (*worry*) беспоко́иться (*impf.*); тре-во́житься (*impf.*); we're rather late, but never ~ мы немно́го опа́здываем, ну, ничего́!; but I do ~! но мне не всё равно́! 'Where have you been?' – 'Never you ~!' «Где вы бы́ли?» — «Не ва́ше де́ло!»; **2.** (*object*) возра|жа́ть, -зи́ть; do you ~ if I smoke? вы не про́тив, е́сли я закурю́?; if you don't ~ с ва́шего раз-реше́ния; е́сли вас не затрудни́т; do you ~, you're treading on my foot! прости́те, вы наступи́ли мне на́ ногу; **3.** (*bear sth. in ~*) не заб|ыва́ть, -ы́ть; ~ you, I don't altogether approve заме́тьте, что я э́то не совсе́м одо-бря́ю; not a word, ~! смотри́те, никому́ ни сло́ва!

*cpds.*: ~**-bending** *adj.* умопомрачи́тельный (*coll.*); ~**-reader** *n.* отга́дчик мы́слей; ясно-ви́дящий; ~**-reading** *n.* чте́ние/уга́дывание мы́слей, яснови́дение.

**minded** *adj.* **1.** (*disposed*): I am ~ to go and see him мне хо́чется его́ повида́ть; **2.** (*as suff. expr. interest*) скло́нный к +*d.*; проявля́ющий интере́с к +*d.*; mathematically-~ с математи́-ческими накло́нностями.

**mindful** *adj.* забо́тливый; we must be ~ of the children мы должны́ ду́мать о де́тях; I was ~ of his advice я по́мнил его́ сове́т; he was ~ of his duty он сознава́л свой долг.

**mindfulness** *n.* забо́тливость.

**mindless** *adj.* **1.** (*without care*) беззабо́тный; ~ of danger не сознава́я опа́сности; **2.** (*not requiring intelligence*): ~ drudgery механи́-ческий труд; **3.** (*without intelligence*) глу́пый; ~ youths безмо́зглые юнцы́.

**mindlessness** *n.* (*unconcern*) беззабо́тность; легкомы́слие; (*stupidity*) глу́пость, без-мо́зглость.

**mine**[1] *n.* **1.** (*excavation*) ша́хта; рудни́к; копь; (gold-~) (золото́й) при́иск; the men went down the ~ рабо́чие спусти́лись в ша́хту; (*fig.*) сокро́вищница; кла́дезь (*m.*); he is a ~ of information он неиссяка́емый исто́чник информа́ции; **2.** (*explosive device*) ми́на.

*v.t.* **1.** (*excavate*): ~ coal/ore добыва́ть (*impf.*) у́голь/руду́; coal is ~d у́голь добыва́ют и́з-под земли́; **2.** (*mil.*) мини́ровать, за-;

под|рыва́ть, -орва́ть; they ~d the approaches to the harbour они́ замини́ровали подхо́ды к га́вани; the vessel was ~d су́дно подорва́ли.

*v.i.* разраб|а́тывать, -о́тать рудни́к; they were mining for gold они́ добыва́ли зо́лото; the mining industry го́рная промы́шленность; a mining town шахтёрский го́род/посёлок; mining engineer го́рный инжене́р.

*cpds.*: ~-**detector** *n.* миноиска́тель (*m.*); ~**field** *n.* ми́нное по́ле; ~**layer** *n.* ми́нный загради́тель; ~**laying** *n.* мини́рование; ~**sweeper** *n.* ми́нный тра́льщик.

**mine**[2] *pron.*: that book is ~ э́то моя́ кни́га; a friend of ~ (оди́н) мой друг/знако́мый.

*adj.* (*arch.*): ~ host мой гостеприи́мный хозя́ин.

**miner** *n.* (*coal-*~) шахтёр; (*gold-*~) золото-иска́тель (*m.*).

**mineral** *n.* минера́л, руда́.

*adj.* минера́льный; ~ oil нефть; ~ water минера́льная вода́.

**mineralogist** *n.* минерало́г.

**mineralogy** *n.* минерало́гия.

**minestrone** *n.* италья́нский овощно́й суп.

**mingle** *v.t.* смеш|ивать, -а́ть.

*v.i.* сме́шиваться (*impf.*); ~ with (*frequent*) обща́ться (*impf.*) с +*i.*; враща́ться (*impf.*) среди́ +*g.*

**mingy** *adj.* (*coll.*) скупо́й, прижи́мистый.

**miniature** *n.* (*portrait; branch of painting*) миниатю́ра; (*small-scale model*) маке́т; (*fig.*): she is her mother in ~ она́ вы́литая мать, то́лько в миниатю́ре; (*attr.*) миниатю́рный.

**miniaturist** *n.* миниатюри́ст.

**minibus** *n.* микроавто́бус.

**minicab** *n.* микротакси́ (*nt. indecl.*).

**minim** *n.* (*mus.*) полови́нная но́та.

**minimal** *adj.* (*least possible*) минима́льный; (*minute*) о́чень ма́ленький, наиме́ньший.

**minimize** *v.t.* (*reduce to minimum*) дов|оди́ть, -ести́ до ми́нимума; (*make light of*) пре-ум|еньша́ть, -е́ньши́ть.

**minimum** *n.* ми́нимум; (*attr.*) минима́льный; ~ wage минима́льная зарабо́тная пла́та.

**mining** *n.* го́рное де́ло, го́рная промы́шлен-ность; *see aso* MINE *v.t.*

**minion** *n.* (*favourite*) фавори́т, люби́мец; (*servant*) приспе́шник.

**miniskirt** *n.* мини-ю́бка.

**minister** *n.* **1.** (*head of government dept.*) мини́стр; Prime M~ премье́р-мини́стр; **2.** (*in dipl. service*) посла́нник; **3.** (*clergyman*) свяще́нник, па́стор.

*v.i.*: ~ to служи́ть (*impf.*) +*d.*; прислу́живать (*impf.*) +*d.*; he ~ed to her wants он ей прислу́живал; a ~ing angel а́нгел-храни́тель (*m.*).

**ministerial** *adj.* министе́рский.

**ministration** *n.* (*pl., services*) по́мощь; обслу́-живание; (*of a priest*) отправле́ние свящён-

ником свои́х обя́занностей.

**ministry** *n.* **1.** (*department of state*) министе́р-ство; **2.** (*government*) кабине́т мини́стров; **3.** (*relig.*): he entered the ~ он при́нял духо́вный сан.

**mink** *n.* но́рка; (*attr.*) но́рковый; ~ coat но́р-ковое пальто́/манто́.

**minnow** *n.* песка́рь (*m.*).

**Minoan** *adj.* мино́йский.

**minor** *n.* (*person under age*) несовершенно-ле́тний.

*adj.* **1.** (*of lesser importance*) второ-степе́нный; малозначи́тельный, ме́лкий, небольшо́й; ~ repairs ме́лкий ремо́нт; ~ suit (*cards*) мла́дшая масть; ~ term (*log.*) ма́лая посы́лка; **2.** (*younger*) ме́ньший, мла́дший; Smith M~ Смит мла́дший; **3.** (*mus.*) мино́рный, ма́лый.

**Minorca** *n.* Мено́рка; (*fowl*) мино́рка.

**minority** *n.* **1.** (*being under age*) несовершенно-ле́тие; **2.** (*smaller number of votes etc.*) меньшинство́, ме́ньшая часть; you are in the ~ вы в меньшинстве́; they lost by a ~ of one они́ получи́ли на оди́н го́лос ме́ньше (и про-игра́ли); (*attr.*): ~ report заявле́ние мень-шинства́; ~ group меньшинство́; **3.** (~ *nationality*) национа́льное меньшинство́, нацменьшинство́.

**Minotaur** *n.* Минота́вр.

**minster** *n.* кафедра́льный собо́р.

**minstrel** *n.* **1.** (*medieval singer or poet*) менест-ре́ль (*m.*); **2.** (*esp. pl., public entertainer*) исполни́тели (*m. pl.*) негритя́нских мело́дий и пе́сен (загримиро́ванные не́грами).

**minstrelsy** *n.* иску́сство менестре́лей.

**mint**[1] *n.* (*bot.*) мя́та; ~ sauce со́ус из мя́ты.

**mint**[2] *n.* (*fin.*) моне́тный двор; he made a ~ of money он сколоти́л (*coll.*) состоя́ние; (*attr., lit., fig.*) но́венький, но́вый; a book in ~ condi-tion новёхонькая кни́га.

*v.t.* чека́нить (*impf.*); (*fig., invent*) выду́мы-вать, вы́думать; a newly-~ed phrase све́жий оборо́т.

**minuet** *n.* менуэ́т.

**minus** *n.* ми́нус; two ~es make a plus (*in multi-plication*) ми́нус на ми́нус даёт плюс.

*adj.* отрица́тельный; ~ sign (знак) ми́нус; quantity отрица́тельная величина́.

*prep.* ми́нус; без +*g.*; ~ 1 ми́нус едини́ца; he came back ~ an arm он верну́лся без руки́.

**minuscule** *n.* (*letter*) мину́скул; (*script*) ру́ко-пись, напи́санная мину́скулами.

*adj.* мину́скульный; о́чень ма́ленький.

**minute**[1] *n.* **1.** (*fraction of hour or degree*) мину́та; he left it to the last ~ он э́то оста́вил до после́дней мину́ты; the train left several ~s ago по́езд отошёл не́сколько мину́т наза́д; **2.** (*moment*) мгнове́ние, моме́нт, миг; I'll come in a ~ я сейча́с/ми́гом приду́; come here this ~! сейча́с же иди́ сюда́!; just a ~ одну́ мину́тку!; I won't be a ~ я на мину́тку; сейча́с верну́сь!; I'll tell him the ~ he arrives как то́лько он придёт, я ему́ скажу́; he came in and the next ~ he was gone он пришёл и че́рез секу́нду его́ не́ было; they left at 2 o'clock to the ~ они́ ушли́ в 2 часа́ ро́вно; he is always up to the ~ with his news он всегда́ в ку́рсе после́дних новосте́й; **3.** (*usu. pl., record*) протоко́л; the ~s of the last meeting протоко́л после́днего совеща́ния; (*memorandum*) (делова́я) запи́ска.

   *v.t.* вести́ протоко́л +*g.*; запи́с|ывать, -а́ть. *cpds.*: ~**-book** *n.* кни́га протоко́лов; ~**-gun** *n.* сигна́льная пу́шка; ~**-hand** *n.* мину́тная стре́лка; ~**man** *n.* (*Am. hist.*) солда́т наро́дной мили́ции.

**minute²** *adj.* (*tiny*) ме́лкий, кро́хотный; (*detailed*) подро́бный, дета́льный.

**minuteness** *n.* подро́бность.

**minutiae** *n.* ме́лочи (*f. pl.*); дета́ли (*f. pl.*).

**minx** *n.* озорни́ца; (*coquette*) коке́тка.

**miocene** *n.* миоце́н.
   *adj.* миоце́новый.

**miracle** *n.* чу́до; ~ play мира́кль (*m.*); he escaped by a ~ он чу́дом уцеле́л; a ~ of ingenuity чу́до изобрета́тельности.

**miraculous** *adj.* (*supernatural*) сверхъесте́ственный; (*surprising*) чуде́сный; (*miracle-working*) чудотво́рный.

**mirage** *n.* (*lit., fig.*) мира́ж.

**mire** *n.* тряси́на; боло́то; his name was dragged through the ~ его́ смеша́ли с гря́зью.

**mirror** *n.* зе́ркало; ~ image (*lit., fig.*) (зерка́льное) отображе́ние; (*fig.*) отображе́ние, изображе́ние.
   *v.t.* отра|жа́ть, -зи́ть; (*fig.*) отобра|жа́ть, -зи́ть; изобра|жа́ть, -зи́ть.

**mirth** *n.* (*gladness*) весе́лье, ра́дость; (*laughter*) смех.

**mirthful** *adj.* весёлый, ра́достный.

**mirthless** *adj.* безра́достный.

**miry** *adj.* боло́тистый; гря́зный.

**misadventure** *n.* несча́стье, несча́стный слу́чай; death by ~ смерть от несча́стного слу́чая.

**misalliance** *n.* мезалья́нс.

**misanthrope** *n.* мизантро́п.

**misanthropic** *adj.* человеконенави́стнический.

**misanthropy** *n.* мизантро́пия.

**misapplication** *n.* непра́вильное испо́льзование (+*g.*); злоупотребле́ние (+*i*).

**misapply** *v.t.* непра́вильно испо́льзовать (*impf., pf.*); злоупотреб|ля́ть, -и́ть +*i.*

**misapprehend** *v.t.* пон|има́ть, -я́ть превра́тно.

**misapprehension** *n.* превра́тное понима́ние; недоразуме́ние; I was under a ~ я заблужда́лся.

**misappropriate** *v.t.* (незако́нно) присв|а́ивать, -о́ить; соверш|а́ть, -и́ть растра́ту +*g.*

**misappropriation** *n.* незако́нное присвое́ние;

растра́та.

**misbegotten** *adj.* (*fig.*) презре́нный, позо́рный.

**misbehave** *v.i.* ду́рно себя́ вести́ (*det.*).

**misbehaviour** *n.* дурно́е поведе́ние.

**miscalculate** *v.t.* пло́хо рассчи́т|ывать, -а́ть.
   *v.i.* просчи́т|ываться, -а́ться.

**miscalculation** *n.* просчёт.

**miscall** *v.t.* (*call by wrong name*) неве́рно наз|ыва́ть, -ва́ть.

**miscarriage** *n.* **1.** (*biol.*) вы́кидыш; she had a ~ у неё произошёл вы́кидыш; **2.** (*going astray*) оши́бка; ~ of goods недоста́вка това́ров по а́дресу; ~ of justice суде́бная оши́бка.

**miscarr|y** *v.i.* **1.** (*of a woman*) име́ть (*impf.*) вы́кидыш; **2.** (*fail*) терпе́ть (*impf.*) неуда́чу; his plans ~ied его́ пла́ны провали́лись; **3.** (*fail to arrive*) не доходи́ть (*impf.*) по а́дресу; my letters ~ied мои́ пи́сьма не дошли́ (*or* затеря́лись).

**miscast** *v.t.* да|ва́ть, -ть неподходя́щую роль +*d.*; he was ~ as Falstaff ему́ не сле́довало поруча́ть роль Фальста́фа; the play was ~ ро́ли в пье́се бы́ли распределены́ неуда́чно.

**miscegenation** *n.* смеше́ние рас.

**miscellanea** *n. pl.* литерату́рная смесь; ра́зное.

**miscellaneous** *adj.* сме́шанный; разнообра́зный, разношёрстный.

**miscellany** *n.* смесь, вся́кая вся́чина; literary ~ литерату́рный альмана́х/сбо́рник.

**mischance** *n.* неуда́ча; невезе́ние; by ~ к несча́стью.

**mischief** *n.* **1.** (*harm, damage*) вред; put that knife away, or you'll do someone a ~ убери́те нож, а то кого́-нибудь пора́ните; **2.** (*discord, ill-feeling*) раздо́р: he is out to make ~ between us он хо́чет нас поссо́рить; **3.** (*naughtiness*) озорство́; прока́зы (*f. pl.*); he is always getting into ~ он всегда́ прока́зничает/шали́т; can't you keep him out of ~? неуже́ли вы не мо́жете удержа́ть его́ от прока́з?; **4.** (*mockery*) his eyes were full of ~ его́ глаза́ бы́ли полны́ лука́вства; **5.** (*coll., mischievous child*) озорни́к; прока́зник.
   *cpds.*: ~**-maker** *n.* интрига́н, смутья́н; ~**-making** *n.* интри́ги (*f. pl.*), интрига́нтство.

**mischievous** *adj.* (*harmful*) вре́дный; (*spiteful, malicious*) злой, зло́бный; (*given to pranks*) озорно́й, шаловли́вый.

**misconceive** *v.t.* непра́вильно пон|има́ть, -я́ть.

**misconception** *n.* непра́вильное представле́ние/понима́ние.

**misconduct¹** *n.* **1.** (*mismanagement*) плохо́е веде́ние (дел); **2.** (*improper conduct*) дурно́е поведе́ние; professional ~ наруше́ние профессиона́льной э́тики; должностно́е преступле́ние; **3.** (*adultery*) супру́жеская неве́рность.

**misconduct²** *v.t.* (*mismanage*) пло́хо вести́ (*det.*) (дела́); ~ o.s. ду́рно себя́ вести́ (*det.*).

**misconstruction** *n.* непра́вильное/неве́рное

толкова́ние; his words were open to ∼ его́ слова́ могли́ быть истолко́ваны неве́рно/непра́вильно/превра́тно.

**misconstrue** *v.t.* непра́вильно истолко́в|ывать, -а́ть.

**miscount** *n.* непра́вильный подсчёт.

    *v.t. & i.* ошиб|а́ться, -и́ться в подсчёте; обсчи́т|ываться, -а́ться.

**miscreant** *n.* (*arch., scoundrel*) подле́ц, негодя́й.

**miscue** *n.* непра́вильный/плохо́й уда́р (*в билья́рде*).

**misdate** *v.t.* непра́вильно дати́ровать (*impf., pf.*).

**misdeal** *n.* непра́вильная сда́ча.

    *v.i.* ошиб|а́ться, -и́ться при сда́че карт.

**misdeed** *n.* преступле́ние.

**misdemeanour** *n.* просту́пок.

**misdirect** *v.t.* неве́рно напр|авля́ть, -а́вить; the letter was ∼ed письмо́ бы́ло непра́вильно адресо́вано; his efforts were ∼ed его́ уси́лия бы́ли напра́влены по ло́жному пути́; the jury was ∼ed прися́жным да́ли непра́вильное напу́тствие.

**misdirection** *n.* неве́рное указа́ние направле́ния/пути́.

**misdoubt** *v.t.* (*arch.*) **1.** (*have doubts of*): I ∼ his loyalty я сомнева́юсь в его́ ве́рности; **2.** (*suspect*): I ∼ that he will betray us я подозрева́ю, что он нас преда́ст.

***mise-en-scène*** *n.* мизансце́на; (*fig., setting, environment*) окружа́ющая обстано́вка.

**miser** *n.* скря́га, скупе́ц.

**miserable** *adj.* **1.** (*wretched*; *unhappy*) жа́лкий; несча́стный; **2.** (*causing wretchedness*) плохо́й, скве́рный; what ∼ weather! кака́я скве́рная пого́да!; a ∼ hovel жа́лкая лачу́га/хиба́ра; **3.** (*mean*; *contemptible*): a ∼ sum (of money) ничто́жная/мизе́рная су́мма.

**miserere** *n.* (*prayer*) мизере́ре (*indecl.*); «поми́луй мя, Бо́же».

**miserliness** *n.* ску́пость, ска́редность.

**miserly** *adj.* скупо́й, ска́редный.

**misery** *n.* **1.** (*suffering*; *wretchedness*) страда́ние; муче́ние; he put the dog out of its ∼ он положи́л коне́ц страда́ниям соба́ки; I was suffering ∼ from toothache я не знал куда́ дева́ться от зубно́й бо́ли; **2.** (*extreme poverty*) нищета́, бе́дность; **3.** (*coll., pers. who complains*) зану́да (*c.g.*), ны́тик.

**misfire** *n.* осе́чка.

    *v.i.* да|ва́ть, -ть осе́чку; (*tech., of ignition*) выпода́|ть; вы́пасть; the gun ∼d ружьё да́ло осе́чку; (*fig.*) не состоя́ться (*impf.*); his plans ∼d его́ план сорва́лся.

**misfit** *n.* (*of clothes*) пло́хо сидя́щее/сши́тое пла́тье; (*pers.*) неприспосо́бленный челове́к; (*failure*) неуда́чник.

**misfortune** *n.* (*bad luck*) беда́, несча́стье; I had the ∼ to lose my purse я име́л несча́стье

потеря́ть кошелёк; companions in ∼ друзья́ по несча́стью; (*stroke of bad luck*) несча́стье, неуда́ча; ∼s never come singly пришла́ беда́, отворя́й ворота́.

**misgive** *v.t.*: my mind ∼s me у меня́ дурно́е предчу́вствие.

**misgiving** *n.* опасе́ние; дурно́е предчу́вствие.

**misgovern** *v.t.* пло́хо управля́ть (*impf.*) +*i.*; пло́хо руководи́ть (*impf.*) +*i.*

**misgovernment** *n.* плохо́е управле́ние/руково́дство (*чем*).

**misguided** *adj.*: I was ∼ enough to trust him я име́л неосторо́жность ему́ дове́рить; ∼ enthusiasm энтузиа́зм, досто́йный лу́чшего примене́ния.

**mishandle** *v.t.* (*ill-treat*) пло́хо/ду́рно обраща́ться (*impf.*) с +*i.*; (*manage inefficiently*) пло́хо вести́ (*det.*) (*де́ло*).

**mishap** *n.* неуда́ча; неприя́тное происше́ствие.

**mishear** *v.t.* нето́чно рассли́шать (*pf.*).

**mishit** *n.* про́мах.

**mishmash** *n.* (*coll.*) пу́таница, мешани́на.

**misinform** *v.t.* непра́вильно информи́ровать (*impf., pf.*).

**misinformation** *n.* неве́рная информа́ция.

**misinterpret** *v.t.* непра́вильно пон|има́ть, -я́ть; непра́вильно истолко́в|ывать, -а́ть.

**misinterpretation** *n.* непра́вильное понима́ние/толкова́ние.

**misjudge** *v.t.* неве́рно оце́н|ивать, -и́ть; he ∼d the distance and fell он не рассчита́л расстоя́ние и упа́л; he has been ∼d о нём соста́вили непра́вильное мне́ние; его́ недооцени́ли.

**misjudg(e)ment** *n.* непра́вильное мне́ние/сужде́ние.

**mislay** *v.t.* (*lose*) затеря́ть (*pf.*); (*put in wrong place*) положи́ть (*pf.*) не на ме́сто.

**mislead** *v.t.* (*lit., lead astray*) вести́ (*det.*) по непра́вильному пути́; (*fig., cause to do wrong*) сби|ва́ть, -ть с пути́; (*fig., give wrong impression to*) вв|оди́ть, -ести́ в заблужде́ние; a ∼ing statement заявле́ние, вводя́щее в заблужде́ние.

**mismanage** *v.t.* пло́хо управля́ть (*impf.*) +*i.*; пло́хо руководи́ть (*impf.*) +*i.*

**mismanagement** *n.* плохо́е управле́ние/руково́дство (*чем*); (*inefficiency*) нераспоряди́тельность.

**misname** *v.t.* неве́рно именова́ть (*impf.*).

**misnomer** *n.* непра́вильное назва́ние/и́мя.

**misogynist** *n.* женонави́стник.

**misogyny** *n.* женонави́стничество.

**misplace** *v.t.* положи́ть (*pf.*) не на ме́сто.

**misplaced** *adj.* (*out of place*) неуме́стный; (*unfounded*) безоснова́тельный.

**misprint** *n.* опеча́тка.

**mispronounce** *v.t.* непра́вильно произн|оси́ть, -ести́.

**mispronunciation** *n.* непра́вильное произноше́ние.

**misquotation** *n.* неточная цита́та; искаже́ние цита́ты.

**misquote** *v.t.* неточно цити́ровать, про-; I have been ~d мои́ слова́ исказили.

**misread** *v.t.* (*read incorrectly*) чита́ть, про-непра́вильно; (*misinterpret*) непра́вильно истолко́в|ывать, -а́ть.

**misremember** *v.t. & i.* пло́хо/неточно по́мнить (*impf.*).

**misrepresent** *v.t.* иска|жа́ть, -зи́ть; he ~ed the facts он искази́л фа́кты; I was ~ed меня́ предста́вили в ло́жном све́те.

**misrepresentation** *n.* искаже́ние (фа́ктов).

**misrule** *n.* (*bad government*) плохо́е правле́ние; (*lawlessness*) беспоря́док, ана́рхия.

**miss**[1] *n.* ( *failure to hit etc.*) про́мах; a ~ is as good as a mile «чуть-чу́ть» не счита́ется; near ~ (*lit.*) попада́ние/разры́в вблизи́ це́ли; ( *fig.*) бли́зкая дога́дка *и т.п.*; I gave the meeting a ~ я не пошёл на собра́ние.

*v.t.* **1.** ( *fail to hit or catch*): he ~ed the ball он пропусти́л мяч; he ~ed the target он не попа́л в цель; the bullet ~ed him by inches пу́ля чуть-чу́ть его́ не заде́ла; he ~ed the bus (*lit.*) он опозда́л на авто́бус; ( *fig.*) он упусти́л слу́чай; **2.** ( *fig., fail to grasp*) не пон|има́ть, -я́ть; не улови́ть ( *pf.*); you have ~ed the point вы не по́няли су́ти; **3.** ( *fail to secure*): he ~ed his footing and fell он оступи́лся и упа́л; **4.** ( *fail to hear or see*) не услы́шать ( *pf.*); пропус|ка́ть, -ти́ть; I ~ed your last remark я прослу́шал ва́ше после́днее замеча́ние; you must not ~ this film не пропусти́те э́тот фильм; you haven't ~ed much вы немно́го потеря́ли; it's the corner house; you can't ~ it это углово́й дом — вы его́ не мо́жете не заме́тить; **5.** ( *fail to meet*): you've just ~ed him! вы с ни́м чуть-чу́ть размину́лись!; **6.** (*escape by chance*) избе|га́ть, -жа́ть; we just ~ed having an accident мы чуть не попа́ли в катастро́фу; ещё немно́го и мы попа́ли бы в катастро́фу; **7.** (*discover or regret absence of*): when did you ~ your purse? когда́ вы обнару́жили, что у вас нет коше́лька?; she ~es her husband она́ скуча́ет по му́жу; we ~ed you нам вас недостава́ло; he won't be ~ed его́ отсу́тствия не заме́тят; (*sc. lamented*) никто́ не пожале́ет, что его́ нет; I ~ his talks я скуча́ю по его́ ле́кциям; he wouldn't ~ a hundred pounds что ему́ сто фу́нтов!

*v.i.* **1.** ( *fail to hit target*) прома́х|иваться, -ну́ться; не поп|ада́ть, -а́сть в цель; he shot at me but ~ он вы́стрелил в меня́, но промах-ну́лся; **2.** (*of an engine*): it is ~ing on one cylinder оди́н цили́ндр барахли́т.

*with adv.*: ~ **out** *v.t.* упус|ка́ть, -ти́ть; пропус|ка́ть, -ти́ть; you have ~ed out the most important thing вы пропусти́ли/упусти́ли са́мое ва́жное; I shall ~ out the first course я не бу́ду есть пе́рвое; *v.i.* (*coll.*): he ~ed out on all

the fun он пропусти́л са́мое весёлое; I felt I was ~ing out я чу́вствовал, что мно́гое упуска́ю.

**miss**[2] *n.* (*young girl*; *also voc.*) де́вушка; (M~: *as title*) мисс.

**missal** *n.* служе́бник, моли́твенник.

**missel-thrush** *n.* дрозд-деря́ба.

**misshapen** *adj.* уро́дливый, деформи́рован-ный.

**missile** *n.* **1.** (*object thrown*) мета́тельный пред-ме́т; **2.** (*weapon thrown or fired*) снаря́д; **3.** (*rocket weapon*) раке́та; guided ~ управ-ля́емая раке́та; ballistic ~ баллисти́ческая раке́та; ~ site ста́ртовая пози́ция; ста́ртовый ко́мплекс.

**missing** *adj.* недостаю́щий; потеря́вшийся; there is a page ~ не хвата́ет страни́цы; he has ~ing for a whole day он где́-то пропада́л це́лый день; he went ~ он пропа́л (бе́з вести); the dead and ~ уби́тые и пропа́вшие бе́з вести; the ~ link недостаю́щее звено́.

*quasi-prep.* (*coll., short of*): I am ~ two shirt buttons у меня́ на руба́шке оторвали́сь две пу́говицы.

**mission** *n.* **1.** (*errand*) поруче́ние; командиро́вка; **2.** (*vocation*) ми́ссия, призва́ние; his ~ in life цель его́ жи́зни; **3.** (*mil., sortie or task*) зада́ние; **4.** (*dipl.*) ми́ссия, (*to UN*) делега́ция; **5.** (*relig.*) ми́ссия; миссионе́рская де́ятель-ность.

**missionary** *n.* миссионе́р (*fem.* -ка).
*adj.* миссионе́рский.

**miss|is, -us** *n.* (*coll.*) жена́; хозя́йка.

**missive** *n.* посла́ние.

**misspell** *v.t. & i.* непра́вильно написа́ть ( *pf.*); сде́лать ( *pf.*) орфографи́ческую оши́бку.

**misspelling** *n.* непра́вильное написа́ние.

**misspen|d** *v.t.* (*of funds*) тра́тить, рас-; a ~t youth (напра́сно) растра́ченная мо́лодость.

**misstate** *v.t.* де́лать, с- ло́жное заявле́ние о +*p.*; предст|авля́ть, -а́вить в ло́жном све́те.

**misstatement** *n.* ло́жное заявле́ние.

**missus** *see* MISSIS.

**missy** *n.* (*coll.*) ба́рышня, де́вушка.

**mist** *n.* (*lit., fig.*) тума́н, дымка, мгла.
*v.t. & i.* затума́ни|вать(ся), -ть(ся); my glasses have ~ed over у меня́ запоте́ли очки́.

**mistakable** *adj.*: he is easily ~ for his brother его́ легко́ приня́ть за бра́та.

**mistak|e** *n.* оши́бка; заблужде́ние; by ~e по оши́бке; make no ~e (about it) бу́дьте уве́рены; he's a villain and no ~e он мо-ше́нник, в э́том не мо́жет быть сомне́ния.
*v.t.* (*misunderstand*) ошиб|а́ться, -и́ться в +*p.*; there is no ~ing his meaning смысл его́ слов преде́льно я́сен; (*misrecognize*): he mis-took me for my brother он при́нял меня́ за моего́ бра́та.

**mistaken** *adj.* **1.** (*in error*): if I am not ~ е́сли я не ошиба́юсь; **2.** (*ill-judged*; *erroneous*) нео-

смотри́тельный; оши́бочный, непра́виль-
ный; а ~ kindness неуме́стная любе́зность.

**mister** *n.* (*with surname etc.*; *abbr.* **Mr**) ми́стер,
господи́н (*abbr.* г-н); she is waiting for M~
Right она́ ждёт своего́ су́женого; (*coll.*, *as
voc.*) ми́стер, сэр.

**mistime** *v.t.* (*action*) сде́лать (*pf.*) не во́время;
he ~d his blow он пло́хо/не рассчита́л уда́р;
(*speech*) сказа́ть (*pf.*) не во́время; а ~d
remark неуме́стное замеча́ние.

**mistiness** *n.* тума́нность.

**mistletoe** *n.* оме́ла бе́лая.

**mistral** *n.* мистра́ль (*m.*).

**mistranslate** *v.t.* непра́вильно перев|оди́ть,
-ести́.

**mistranslation** *n.* непра́вильный перево́д.

**mistress** *n.* **1.** (*of household etc.*) хозя́йка; (*of
college*) глава́; ~ of the situation хозя́йка
положе́ния; а ~ of needlework мастери́ца
вышива́ть; Britain was ~ of the seas Брита́ния
была́ влады́чицей море́й; **2.** (*schoolteacher*)
учи́тельница; **3.** (*lover*) любо́вница.

**mistrial** *n.* непра́вильное суде́бное разбира́-
тельство.

**mistrust** *n.* недове́рие.
   *v.t.* не доверя́ть (*impf.*) +*d.*

**mistrustful** *adj.* недове́рчивый.

**misty** *adj.* тума́нный; (*fig.*) сму́тный;
расплы́вчатый.

**misunder|stand** *v.t.* непра́вильно пон|има́ть,
-я́ть; she felt ~stood она́ чу́вствовала, что её
не понима́ют.

**misunderstanding** *n.* недоразуме́ние.

**misuse**[1] *n.* непра́вильное употребле́ние;
злоупотребле́ние (*чем*); дурно́е обраще́ние
(*с чем*).

**misuse**[2] *v.t.* (*use improperly*) непра́вильно
употреб|ля́ть, -и́ть; (*treat badly*) ду́рно об-
раща́ться (*impf.*) с +*i.*

**mite**[1] *n.* (*small coin*) полу́шка; грош; (*fig.*, *small
contribution*) ле́пта; (*bit*) чу́точка, ка́пелька;
he was not a ~ ashamed ему́ не́ было ни
ка́пельки сты́дно; (*small child*) малю́тка (*c.g.*),
кро́шка.

**mite**[2] *n.* (*insect*) клещ.

**Mithraism** *n.* митраи́зм.

**Mithras** *n.* Ми́тра (*m.*).

**mitigat|e** *v.t.* смягч|а́ть, -и́ть; облегч|а́ть, -и́ть;
~ing circumstances смягча́ющие обстоя́-
тельства.

**mitigation** *n.* смягче́ние, ослабле́ние; a plea in
~ хода́тайство о смягче́нии пригово́ра.

**mitre**[1] *n.* (*headgear*) ми́тра.

**mitre**[2] *n.* (*joint*) соедине́ние в ус.
   *v.t.* соедин|я́ть, -и́ть в ус.

**mitt** *n.* (*mitten*) мите́нка; (*sl.*, *hand*) рука́; (*pl.*,
*sl.*, *boxing gloves*) боксёрские перча́тки (*f.
pl.*).

**mitten** *n.* рукави́ца, ва́режка.

**mix** *n.* смесь; соста́в; cake ~ порошо́к для
ке́кса *и т.п.*

   *v.t.* **1.** (*mingle*) сме́ш|ивать, -а́ть; (*combine*)
сочета́ть (*impf.*); you can't ~ oil and water
ма́сло с водо́й не сме́шивается; I like to ~
business with pleasure я люблю́ сочета́ть
прия́тное с поле́зным; **2.** (*prepare by* ~*ing*)
сме́ш|ивать, -а́ть; переме́ш|ивать, -а́ть; ~ me
a cocktail пригото́вьте мне кокте́йль.

   *v.i.* (*mingle*) сме́шиваться (*impf.*); (*combine*)
сочета́ться (*impf.*); wine and beer don't ~
по́сле вина́ нельзя́ пить пи́во; (*of persons*)
обща́ться (*impf.*, *pf.*); she won't ~ with her
neighbours она́ не хо́чет обща́ться с
сосе́дями.

   *with advs.*: ~ **in** *v.t.* заме́ш|ивать, -си́ть; beat
the eggs and ~ in the flour взбе́йте я́йца и
смеша́йте с муко́й; ~ **up** *v.t.* (~ *thoroughly*)
(хорошо́) переме́|шивать, -си́ть; (*confuse*)
перепу́т|ывать, -ать; I ~ed him up with his
father я перепу́тал его́ с отцо́м; I ~ed up the
dates я перепу́тал чи́сла; a ~ed-up child (*coll.*)
тру́дный ребёнок; (*involve*) впу́т|ывать, -ать;
I don't want to become ~ed up in the affair я не
хочу́ вя́зываться в э́то де́ло.

   *cpds.*: ~-**up** *n.* недоразуме́ние.

**mixed** *adj.* сме́шанный, переме́шанный; (place
for) ~ bathing о́бщий пляж; a ~ bunch (*of
flowers*) сме́шанный буке́т; (*of people*) раз-
ношёрстная компа́ния; ~ doubles сме́шанная
па́рная игра́; ~ farming сме́шанное
хозя́йство; I have ~ feelings about it у меня́ на
э́тот счёт разноречи́вые чу́вства; ~ grill
ассорти́ (*nt. indecl.*) из жа́реного мя́са; ~
marriage сме́шанный брак; ~ metaphor
сме́шанная мета́фора; ~ school шко́ла со-
вме́стного обуче́ния.

**mixer** *n.* **1.** (*machine*) меша́лка, ми́ксер; **2.** (*sociable pers.*): he is a good ~ он общи́тельный
челове́к; **3.** (*cin. etc.*) ми́кшер; тонме́йстер.

**mixture** *n.* (*mixing*) сме́шивание; (*sth. mixed*)
смесь; cough ~ микстура от ка́шля; the ~ as
before (*fig.*) по ста́рым реце́птам.

**miz(z)en** *n.* (~-sail) биза́нь.
   *cpd.*: ~-**mast** *n.* биза́нь-ма́чта.

**mizzle** *v.i.* (*drizzle*) мороси́ть (*impf.*).

**mnemonic** *n.* (*aid to memory*) мнемони́ческая
па́мять.
   *adj.* мнемони́ческий.

**mo** (*coll.*) = MOMENT.

**moan** *n.* стон; (*coll.*, *complaint*) стон, нытьё.
   *v.t. & i.* стона́ть (*impf.*); (*coll.*, *complain*) ныть
(*impf.*); (*fig.*) выть (*impf.*); завыва́ть (*impf.*);
the ~ing of the wind завыва́ние ве́тра.

**moaner** *n.* ны́тик (*coll.*).

**moat** *n.* ров с водо́й.
   *v.t.*: a ~ed castle за́мок, обнесённый рвом.

**mob** *n.* **1.** (*rabble, crowd*) толпа́; **2.** the ~ (*common people*) толпа́; чернь; ~ rule самосу́д;
суд ли́нча.
   *v.t.* нап|ада́ть, -а́сть на +*a.*; the singer was

~bed by his fans певца́ осажда́ли покло́н-
ники.
**mobile** *n.* подвесна́я констру́кция, «моба́йл».
    *adj.* **1.** (*easily moved*) передвижно́й, пере-
но́сный; ~ troops подвижны́е войска́; ~ canteen автола́вка; **2.** (*lively, agile*) подви́жный;
~ features живо́е лицо́.
**mobility** *n.* подви́жность, моби́льность.
**mobilization** *n.* мобилиза́ция.
**mobilize** *v.t.* мобилизова́ть (*impf., pf.*); he ~d all
his resources to help us он мобилизова́л все
свои́ ресу́рсы, что́бы нам помо́чь.
    *v.i.* мобилизова́ться (*impf., pf.*).
**mobster** *n.* банди́т.
**moccasin** *n.* мокаси́н.
**mocha** *n.* ко́фе (*m.*) мо́кко (*indecl.*).
**mock** *n.* насме́шка, посме́шище; this makes a ~
of all my work э́то сво́дит всю мою́ рабо́ту на
нет.
    *adj.* подде́льный, фальши́вый; ~ battle
уче́бный бой; ~ examination предэкза-
менацио́нная прове́рка.
    *v.t.* **1.** (*ridicule*) насмеха́ться (*impf.*) над +*i.*;
издева́ться (*impf.*) над +*i.*; высме́ивать,
вы́смеять; they ~ed the teacher они́ издева́-
лись над учи́телем; **2.** (*mimic*) пере-
дра́зн|ивать, -и́ть; ~ing-bird пересме́шник;
**3.** (*defy*): the iron bars ~ed his efforts to escape
желе́зная решётка лиша́ла его́ наде́жды на
побе́г.
    *v.i.*: ~ at = ~ *v.t.* **1.**
    *cpds.*: ~**-heroic**; *adj.* ироикоми́ческий;
~**-modesty** *n.* ло́жная скро́мность; ~**-turtle
soup** *n.* суп из теля́чьей головы́; ~**-up** *n.*
маке́т.
**mocker** *n.* насмешни|к (*fem.* -ца).
**mockery** *n.* (*ridicule*) издева́тельство, осме-
я́ние; he was held up to ~ над ним издева́-
лись; (*parody*) паро́дия; the trial was a ~ of
justice суд был паро́дией на правосу́дие.
**mod** *n.* (*sl.*) стиля́га (*c.g.*), мо́дник.
**modal** *adj.* (*logic, gram.*) мода́льный; (*mus.*)
ла́довый.
**modality** *n.* (*in pl.*:) ме́тоды (*m. pl.*), приёмы (*m.
pl.*), мето́дика.
**mode** *n.* **1.** (*manner*) ме́тод, спо́соб; ~ of operation спо́соб рабо́ты; ~ of life о́браз жи́зни; **2.**
( *fashion*) мо́да; обы́чай; **3.** (*mus.*) лад;
тона́льность.
**model** *n.* **1.** (*representation*) моде́ль, маке́т,
схе́ма; working ~ де́йствующая моде́ль; ~
aircraft моде́ль самолёта; **2.** ( *pattern*) об-
разе́ц, станда́рт; he made each box on the ~ of
the first он сде́лал все коро́бки по образцу́
пе́рвой; he is a ~ of gallantry он образе́ц
гала́нтности; a ~ husband идеа́льный муж; **3.**
( *pers. posing for artist*) нату́рщи|к ( *fem.* -ца);
life ~ жива́я моде́ль; **4.** (*woman displaying
clothes etc.*) манеке́нщица; male ~ мане-
ке́нщик; **5.** (*dress*) моде́ль; **6.** (*design*) моде́ль,

тип; sports ~ (*car*) спорти́вный автомоби́ль.
    *v.t.* де́лать, с- моде́ль +*g.*; he ~led her face in
wax он вы́лепил из во́ска её лицо́; she ~led
the dress (*wore it as a* ~) она́ демонстри́ровала
пла́тье; clay ~ling ле́пка из гли́ны; ( *fig.*):
delicately ~led features то́нкие черты́ лица́;
he ~s himself upon his father он подража́ет
отцу́; он сле́дует приме́ру своего́ отца́; she
~s for a living она́ рабо́тает манеке́нщицей.
**modeller** *n.* ле́пщик, моде́льщик.
**moderate**[1] *n.* уме́ренный челове́к; челове́к,
приде́рживающийся уме́ренных взгля́дов.
    *adj.* уме́ренный; сре́дний; ~ appetite
уме́ренный аппети́т; ~ drinker челове́к,
пью́щий уме́ренно; ~ly well dressed
дово́льно хорошо́ оде́тый.
**moderat**|**e**[2] *v.t.* ум|еря́ть, -е́рить; смягч|а́ть,
-и́ть; he ~ed his demands он уме́рил свои́
тре́бования; ~e your language выбира́йте
выраже́ния.
    *v.i.* **1.** (*become less violent*) смягч|а́ться,
-и́ться; the wind is ~ing ве́тер стиха́ет; **2.**
(*preside*) председа́тельствовать (*impf.*).
**moderation** *n.* (*moderating*) сде́рживание;
регули́рование; (*moderateness*) уме́ренность,
сде́ржанность; in ~ уме́ренно.
**moderator** *n.* (*mediator*) арби́тр, посре́дник;
(*chairman*) председа́тель (*m.*).
**modern** *adj.* совреме́нный; ~ languages но́вые
языки́; ~ history но́вая исто́рия.
**modernism** *n.* модерни́зм.
**modernist** *n.* модерни́ст.
**modernistic** *adj.* модерни́стский.
**modernity** *n.* совреме́нность.
**modernization** *n.* модерниза́ция.
**modernize** *v.t.* модернизи́ровать (*impf., pf.*).
**modest** *adj.* **1.** (*decorous*) благопристо́йный; **2.**
(*unassuming, indifferent*) скро́мный, за-
сте́нчивый; **3.** (*not excessive*) скро́мный,
уме́ренный.
**modesty** *n.* **1.** благопристо́йность; **2.** скро́м-
ность, засте́нчивость; in all ~ со всей
скро́мпостью; **3.** сде́ржанность, уме́рен-
ность.
**modicum** *n.* о́чень ма́лое коли́чество.
**modification** *n.* модифика́ция; видоизмене́ние.
**modif**|**y** *v.t.* **1.** (*make changes in*) модифици́-
ровать (*impf.*); видоизмен|я́ть, -и́ть; **2.** (*make
less severe, violent etc.*) смягч|а́ть, -и́ть;
ум|еря́ть, -е́рить; **3.** ( *gram.*) определ|я́ть,
-и́ть; the adverb ~ies the verb наре́чие
определя́ет глаго́л; a ~ied vowel
изменя́емый гла́сный.
**modish** *adj.* мо́дный.
**modiste** *n.* (*dressmaker*) моди́стка; (*milliner*)
шля́пница.
**modulate** *v.t.* (*vary pitch of; also radio*) модули́-
ровать (*impf.*).
**modulation** *n.* модуля́ция.
**module** *n.* (*spacecraft*) мо́дульный отсе́к; com-

mand ~ кома́ндный отсе́к; lunar ~ лу́нная ка́псула.

***modus operandi*** *n.* спо́соб де́йствия.

***modus vivendi*** *n.* мо́дус виве́нди (*indecl.*).

**moggy** *n.* (*sl., cat*) ки́с(к)а.

**mogul** *n.*: the Great, Grand M~ (*hist.*) Вели́кий Мого́л; ( *fig., tycoon*) магна́т.

**mohair** *n.* мохе́р; (*attr.*) мохе́ровый.

**Mohammed, Muhammad, Mahomet** *n.* Муха́ммед, Маго́ме́т.

**Mohammedan, Muhammadan, Mahometan** *n.* магомета́н|ин (*fem.* -ка).
    *adj.* магомета́нский.

**Mohammedanism** *n.* магомета́нство.

**moiety** *n.* (*arch.*) (*half*) полови́на; ( *portion*) часть, до́ля.

**moire** *n.* муа́р.

**moiré** *adj.* муа́ровый.

**moist** *adj.* вла́жный, сыро́й.

**moisten** *v.t.* увлажн|я́ть, -и́ть; см|а́чивать, -очи́ть; she ~ed the cloth она́ смочи́ла тря́пку; he ~ed his lips он облизну́л гу́бы.

**moisture** *n.* вла́жность, вла́га.

**moisturize** *v.t.* увлажн|я́ть, -и́ть.

**moithered** *adj.* замо́танный (*coll.*).

**moke** *n.* (*sl.*) осёл, иша́к.

**molar** *n.* моля́р, коренно́й зуб.
    *adj.* коренно́й.

**molasses** *n.* мела́сса, чёрная па́тока.

**mold, -er, -ing, -y** *see* MOULD *etc.*

**Moldavia** *n.* Молда́вия.

**Moldavian** *n.* молдава́н|ин (*fem.* -ка); *adj.* молда́вский.

**mole**[1] *n.* (*blemish*) ро́динка, борода́вка.

**mole**[2] *n.* (*zool.*) крот.
    *cpds.*: ~**-hill** *n.* крото́вина; ~**skin** *n.* крото́вый мех; *adj.* крото́вый.

**mole**[3] *n.* (*breakwater*) мол, да́мба.

**molecular** *adj.* молекуля́рный.

**molecule** *n.* моле́кула.

**molest** *v.t.* прист|ава́ть, -а́ть к +*d.*; зад|ира́ть, -ра́ть.

**molestation** *n.* пристава́ние.

**moll** *n.* (*gangster's mistress*) шалашо́вка, мару́ха (*sl.*).

**mollify** *v.t.* смягч|а́ть, -и́ть; успок|а́ивать, -о́ить.

**mollusc** *n.* моллю́ск.

**mollycoddle** *n.* не́женка; «ма́менькин сыно́к».
    *v.t.* не́жить (*impf.*); балова́ть, из-.

**Moloch** *n.* (*myth.*) Моло́х.

**molt** *see* MOULT.

**molten** *adj.* распла́вленный, ли́тый; ~ metal распла́вленный мета́лл.

***molto*** *adv.* (*mus.*) о́чень.

**Moluccas** *n.* Молу́ккские острова́ (*m. pl.*).

**molybdenum** *n.* молибде́н.

**moment** *n.* **1.** (*instant; short period of time*) моме́нт, миг; this ~ (*at once*) сию́ мину́ту; at the right ~ в подходя́щий моме́нт; at the last ~ в после́днюю мину́ту; he will be here (at) any ~ now он здесь бу́дет с мину́ты на мину́ту; half, just a ~! оди́н моме́нт! мину́точку!; it was all done in a ~ всё бы́ло сде́лано в миг; he was ready to go at a ~'s notice он был гото́в идти́ по пе́рвому зо́ву; I am busy at the ~ я сейча́с за́нят; at this ~ в да́нную мину́ту; only a ~ ago мину́ту наза́д; at odd ~s ме́жду де́лом; I would not agree to that for a ~ я ни за что́ не соглашу́сь с э́тим; я ника́к не могу́ с э́тим согласи́ться; the ~ (*as soon as*) I saw him как то́лько я его́ уви́дел; **2.** (*mech.*) моме́нт; **3.** (*arch., importance*) ва́жность, значе́ние; affairs of (great) ~ ва́жные дела́; дела́ первостепе́нной ва́жности; it is of no ~ э́то нева́жно.

**momentary** *adj.* (*lasting a moment*) момента́льный.

**momentous** *adj.* ва́жный, знамена́тельный.

**momentum** *n.* ( *phys.*) ине́рция; ( *fig., impetus*) дви́жущая си́ла; и́мпульс; the conspiracy gathered ~ за́говор разраста́лся.

**Monaco** *n.* Мона́ко (*indecl.*).

**monad** *n.* (*phil.*) мона́да.

**monarch** *n.* мона́рх.

**monarchic(al)** *adj.* монархи́ческий.

**monarchism** *n.* монархи́зм.

**monarchist** *n.* монархи́ст. *adj.* монархи́стский.

**monarchy** *n.* мона́рхия.

**monastery** *n.* монасты́рь (*m.*).

**monastic** *adj.* (*of monasteries*) монасты́рский; ~ order мона́шеский о́рден; ~ life мона́шеская жизнь.

**monasticism** *n.* мона́шество.

**Monday** *n.* понеде́льник.

**Monegasque** *n.* жи́тель (*fem.* -ница) Мона́ко.
    *adj.* мона́кский.

**monetarism** *n.* монетари́зм.

**monetary** *adj.* де́нежный; моне́тный; ~ unit де́нежная едини́ца; ~ reform де́нежная рефо́рма; ~ fund валю́тный фонд.

**money** *n.* де́н|ьги ( *pl. g.* -ег); ready ~ нали́чные (*pl.*); he's after your ~ он охо́тится за ва́шими деньга́ми; for ~ для/ра́ди/из-за де́нег; they play (*cards*) for ~ они́ игра́ют на де́ньги; for my ~ ( *fig.*) на мой взгляд; I got my ~'s worth я получи́л сполна́ за свои́ де́ньги; he lost ~ on the deal он потеря́л де́ньги на сде́лке; make ~ (*become rich*) разбогате́ть ( *pf.*); do you think I'm made of ~? вы ду́маете, у меня́ де́нег по́лно?; he put his ~ into the business он вложи́л свой капита́л в де́ло; I put my ~ on the favourite я поста́вил на фавори́та; throw good ~ after bad упо́рствовать (*impf.*) в безнадёжном де́ле; ~ for jam (*or* for old rope) (*coll.*) де́ньги, полу́ченные ни за что́; there's ~ in it for you э́то — вы́годное для вас де́ло; marry (into) ~ жени́ться (*impf., pf.*) на богáтой/деньгáх; ~ talks с деньгáми всегó мóжно добиться.

*cpds.*: ~-**box** *n.* копилка; ~-**changer** *n.* меня́ла (*m.*); ~-**grubber** *n.* стяжáтель (*m.*); ~-**grubbing** *adj.* стяжáтельский; ~ **lender** *n.* ростовщик; ~-**market** *n.* дéнежный/ валю́тный ры́нок; ~-**order** *n.* почтóвый перевóд; ~-**spinner** *n.* (*coll.*) дéнежное дéло.

**moneyed** *adj.*: а ~ man дéнежный человéк.

**moneyless** *adj.* бездéнежный.

**Mongol** *n.* (*racial type*) монгóл (*fem.* -ка); (**m**~: *sufferer from* ~*ism*) монголóид.

*adj.* (*racial*) монгóльский; (*path.*) монголóидный.

**Mongolia** *n.* Монгóлия.

**Mongolian** *n.* (*pers.*) монгóл (*fem.* -ка); (*language*) монгóльскии язы́к.

*adj.* монгóльский.

**mongolism** *n.* монголи́зм.

**mongoose** *n.* мангýста.

**mongrel** *n.* дворня́жка, пóмесь, ублю́док; (*fig.*) мети́с (*fem.* -ка).

*adj.* нечистокрóвный, беспорóдный.

**monitor** *n.* **1.** (*in school*) стáроста (*c.g.*); **2.** (*of broadcasts*) слухáч, радиоперехвáтчик; сотрýдник слýжбы радиопрослýшивания; **3.** (*detector apparatus*) устанóвка для радиоперехвáта; **4.** (*TV*) видеоконтрóльное устрóйство.

*v.t.* пров|еря́ть, контроли́ровать, изучáть (*all impf.*); ~ a treaty наблюдáть (*impf.*) за исполнéнием договóра.

**monk** *n.* монáх.

**monkey** *n.* обезья́на; ~ business, tricks шáлости (*f. pl.*), продéлки (*f. pl.*); he made a ~ out of me (*fig.*) он вы́ставил меня́ на посмéшище; get one's ~ up (*sl.*) рассерди́ться (*pf.*); you young ~! ах ты, прокáзник/озорни́к!

*v.i.* дурáчиться (*impf.*); забавля́ться (*impf.*); stop ~ing about with the radio! перестáньте копáться в приёмнике!

*cpds.*: ~-**jacket** *n.* матрóсская кýртка; ~-**nut** *n.* арáхис; ~-**puzzle** *n.* араукáрия; ~-**wrench** *n.* разводнóй гáечный ключ.

**monochrome** *n.* однокрáсочное изображéние.

*adj.* монохрóмный.

**monocle** *n.* монóкль (*m.*).

**monogamous** *adj.* моногáмный, единобрáчный.

**monogamy** *n.* моногáмия, единобрáчие.

**monogram** *n.* моногрáмма.

**monograph** *n.* моногрáфия.

**monohull** *n.* однокóрпусное сýдно.

**monolith** *n.* моноли́т.

**monolithic** *adj.* (*lit., fig.*) моноли́тный.

**monologue** *n.* монолóг.

**monomania** *n.* мономáния.

**monomaniac** *n.* манья́к.

**monophonic** *adj.* монофони́ческий.

**monoplane** *n.* моноплáн.

**monopolist** *n.* монополи́ст.

**monopolistic** *adj.* монополисти́ческий.

**monopolize** *v.t.* монополизи́ровать (*impf., pf.*); he ~s the conversation он не даёт никомý встáвить слóва.

**monopoly** *n.* монопóлия.

**monorail** *n.* монорéльс; однорéльсовая подвеснáя желéзная дорóга.

**monosyllabic** *adj.* однослóжный.

**monosyllable** *n.* однослóжное слóво.

**monotheism** *n.* монотеи́зм, единобóжие.

**monotheist** *n.* монотеи́ст.

**monotheistic** *adj.* монотеисти́ческий.

**monotone** *n.*: in a ~ без вся́кого выражéния, монотóнно.

**monotonous** *adj.* монотóнный.

**monotony** *n.* монотóнность, однообрáзие.

**monotype** *n.* моноти́п.

**monoxide** *n.* одноóкись; carbon ~ óкись углерóда.

*monsignor*(**e**) *n.* монсеньёр.

**monsoon** *n.* (*wind*) муссóн; (*season*) сезóн дождéй.

**monster** *n.* (*misshapen creature*) урóд; (*imaginary animal*) чудóвище; (*pers. of exceptional cruelty etc.*) чудóвище, и́зверг; (*sth. abnormally large*) громáдина; (*attr.*) чудóвищный; громáдный.

**monstrosity** *n.* (*quality*) урóдство, чудóвищность; (*object*) чудóвище.

**monstrous** *adj.* (*monster-like*) ужáсный, безобрáзный; (*huge*) громáдный, исполи́нский; (*outrageous*) чудóвищный, ужáсный.

**montage** *n.* (*cinema*) монтáж; (*composite picture*) фотомонтáж.

**Mont Blanc** *n.* Монблáн.

**Monte Carlo** *n.* Мóнте-Кáрло (*indecl.*).

**Montenegrin** *n.* черногóр|ец (*fem.* -ка).

*adj.* черногóрский.

**Montenegro** *n.* Черногóрия.

**month** *n.* мéсяц; he will never do it in a ~ of Sundays он никогдá э́того не сдéлает; the last six ~s послéдние полгóда; friendship ~ мéсячник дрýжбы.

**monthly** *n.* (*periodical*) ежемéсячник; (*pl., coll., woman's period*) мéсячные (*pl.*).

*adj.* мéсячный; ~ ticket мéсячный (проезднóй) билéт.

*adv.* ежемéсячно.

**Montreal** *n.* Монреáль (*m.*).

**monument** *n.* пáмятник; a ~ to Pushkin пáмятник Пýшкину; ancient ~ дрéвний пáмятник; (*fig. model, example*) образéц, примéр.

**monumental** *adj.* увековéчивающий, монументáльный; ~ mason мáстер, дéлающий надгрóбные пли́ты; (*fig.*) колоссáльный; a ~ achievement колоссáльное достижéние; he showed ~ ignorance он прояви́л порази́тельное невéжество.

**moo** *n.* мычáние.

  *v.i.* мычáть, про-.

  *cpd.:* ~**-cow** *n.* (*coll.*) корóвка.

**mooch** *v.i.* (*coll.*) слонЯться (*impf.*) (без дéла).

**mood**[1] *n.* (*state of mind*) настроéние; I am not in the ~ for conversation я не располóжен к разговóру; he works as the ~ takes him он рабóтает по настроéнию; she is in one of her ~s онá опЯть не в дýхе; a man of ~s человéк настроéния.

**mood**[2] *n.* (*gram.*) наклонéние.

**moodiness** *n.* угрЮмость, мрáчность; капрúзность.

**moody** *adj.* (*gloomy*) угрЮмый; (*subject to changes of mood*) капрúзный; переméнчивого настроéния.

**moon**[1] *n.* лунá; (*astron.*) Лунá; (*esp. poet.*) мéсяц; is there a ~ tonight? ночь сегóдня лýнная?; new ~ молодóй мéсяц, новолýние; the ~ was at the full бЫло полнолýние; she is crying for the ~ (*fig.*) ей тóлько птúчьего молокá не хватáет; (*satellite*) спýтник; the ~s of Jupiter спýтники Юпúтера; (*month*): many ~s ago давнЫм-давнó; once in a blue ~ раз в год по обещáнию.

  *cpds.:* ~**beam** *n.* луч лунЫ; ~**-faced** *adj.* круглолúцый; ~**-landing** *n.* прилунéние; ~**light** *n.* лýнный свет; by ~light при лунé; a ~light walk прогýлка при лунé; do a ~light flit (*sl.*) тáйно съéхать с квартúры (*чтобы не платить за неё*); ~**lighter** *n.* (*coll., one who does a second job in evening*) халтýрщик; прирабáтывающий побóчно/налéво; ~**lighting** *n.* (*coll.*) халтýра; побóчный прирабóток; ~**lit** *adj.* зáлитый лýнным свéтом; ~**scape** *n.* лýнный ландшáфт; ~**shine** *n.* (*lit.*) лýнный свет; (*visionary talk etc.*) фантáзия; бред; (*Am., smuggled spirits*) контрабáндный спирт; ~**-shot** *n.* зáпуск на Лунý; ~**stone** *n.* лýнный кáмень; ~**-struck** *adj.* помéшанный.

**moon**[2] *v.t. & i.:* he ~ed away a whole week он потрáтил впустýю цéлую недéлю; stop ~ing around the house! перестáньте слонЯться/ бродúть/болтáться по дóму!

**moonless** *adj.* безлýнный.

**moony** *adj.* (*listless*) вЯлый; (*dreamy*) мечтáтельный.

**moor**[1] *n.* мéстность, порóсшая вéреском.

  *cpds.:* ~**cock** *n.* самéц шотлáндской куропáтки; ~**fowl** *n.* шотлáндская куропáтка; ~**hen** *n.* сáмка шотлáндской куропáтки; ~**land** *n.* вéресковая пýстошь.

**Moor**[2] *n.* мавр; (*fem.*) мавритáнка.

**moor**[3] *v.t.* стáвить, по- на причáл; швартовáть, при-; the boat was ~ed to a stake лóдка былá зачáлена за кóлышек.

  *v.i.:* they ~ed in the harbour онú пришвартовáлись в гáвани.

**mooring|s** *n.* (*gear*) мёртвые якорЯ; (*place*) мéсто стоЯнки; причáл.

**cpd.:** ~**-mast** *n.* (*for airship*) причáльная мáчта; ~**-rope** *n.* швартóв.

**Moorish** *adj.* мавритáнский; мáврский.

**moose** *n.* америкáнский лось.

**moot** *adj.:* a ~ point спóрный пункт.

  *v.t.:* the question was ~ed вопрóс постáвили на обсуждéние.

**mop**[1] *n.* швáбра; ~ of hair копнá волóс.

  *v.t.* прот|ирáть, -ерéть; вытирáть, вЫтереть; she ~ped the floor онá протёрла пол; he ~ped his brow он вЫтер лоб.

  *with adv.:* ~ **up** *v.t. & i.* (*fig.*): the profits were quickly ~ped up вся прúбыль бЫстро испарúлась; ~ping-up operations (*mil.*) прочёсывание райóна; очúстка захвáченной территóрии от протúвника.

**mop**[2] *v.i.:* ~ and mow гримáсничать (*impf.*).

**mope** *v.i.* хандрúть (*impf.*); куксúться (*impf.*).

**moped** *n.* мопéд.

**moppet** *n.* малЮтка (*c.g.*).

**moquette** *n.* ковёр «мокéт»; плюш «мокéт».

**moraine** *n.* морéна.

**moral** *n.* **1.** морáль; the ~ of this story is... морáль сей бáсни таковá...; the book points a ~ в кнúге содéржится нравоучéние; **2.** (*pl.*) нрáв|ы (*pl., g.* -ов); loose ~s свобóдные нрáвы, распýщенность; a man without ~s безнрáвственный человéк.

  *adj.* **1.** (*ethical*) морáльный; нрáвственный; ~ sense умéние отличáть добрó от зла; ~ standards морáльные критéрии/устóи; ~ philosophy этика; **2.** (*virtuous*) нрáвственный; he leads a ~ life он ведёт добродéтельную жизнь; **3.** (*capable of ~ action*): man is a ~ agent человéк — носúтель этúческого начáла; **4.** (*conducive to ~ behaviour*) нравоучúтельный; a ~ tale нравоучúтельный расскáз; **5.** (*non-physical*) морáльный, духóвный; he won a ~ victory он одержáл морáльную побéду; I gave him ~ support я оказáл емý морáльную поддéржку; he had the ~ courage to refuse у негó хватúло сúлы дýха отказáть; **6.** (*virtual*): it is a ~ certainty that he will win почтú навернякá он побéдит.

**morale** *n.* морáльное состоЯние.

**moralist** *n.* (*teacher of morality*) моралúст.

**morality** *n.* **1.** (*moral conduct*) морáль; **2.** (*system of morals*) нрáвственность, этика; **3.** (~ play) моралитé (*indecl.*).

**moralize** *v.i.* морализúровать (*impf.*).

**morass** *n.* болóто; трясúна.

**moratorium** *n.* морáторий; impose a ~ объяв|лЯть, -úть морáторий.

**Moravia** *n.* Морáвия.

**morbid** *adj.* **1.** (*pert. to disease*): ~ anatomy патологúческая анатóмия; ~ growth (*злокáчественное*) новообразовáние; **2.** (*unwholesome*) болéзненный, нездорóвый.

**morbid|ity, -ness** *n.* болéзненность.

**mordant** *adj.* ко́лкий; язви́тельный.

**more** *n. & adj.* ( *greater amount or number*) бо́льше, бо́лее; a little ~ побо́льше; he received ~ than I did он получи́л бо́льше меня́; ~ than enough предоста́точно; he got no ~ than his due он получи́л сто́лько, ско́лько ему́ поло́жено; you thanked her, which is ~ than I did вы поблагодари́ли её, чего́ я не сде́лал; (*additional amount or number*) ещё; бо́льше; ~ tea ещё ча́ю; I hope to see ~ of you я наде́юсь ви́деться с ва́ми поча́ще; and what is ~ а кро́ме того́; и бо́льше того́; have you any ~ matches? у вас ещё оста́лись спи́чки?; у вас нет бо́льше спи́чек?; there is no ~ soup бо́льше нет су́па; twice ~ ещё два ра́за.

*adv.* бо́льше, бо́лее; (*rather*) скоре́е; ~ or less бо́лее и́ли ме́нее; I like beef ~ than mutton я предпочита́ю говя́дину бара́нине; he is no ~ a professor than I am он тако́й же профе́ссор, как я; ~ ridiculous бо́лее смехотво́рный; she is ~ beautiful than her sister она́ краси́вее свое́й сестры́; ~ and ~ всё бо́лее и бо́лее; I became ~ and ~ tired я всё бо́льше устава́л; the ~ the better чем бо́льше, тем лу́чше; ~ than once не раз; once ~ сно́ва, опя́ть, ещё раз; I saw him no ~ я его́ бо́льше не ви́дел; he is no ~ его́ уже́ нет с на́ми (*or* нет в живы́х); его́ не ста́ло; 'I can't understand this' – 'No ~ can I' «Я э́того не понима́ю» — «Я то́же»; all the ~ because... тем бо́лее, что...

**morel** *n.* (*mushroom*) сморчо́к.

**morello** *n.* ви́шня море́ль.

**moreover** *adv.* кро́ме того́; сверх того́.

**mores** *n.* нра́вы (*m. pl.*).

**morganatic** *adj.* морганати́ческий.

**morgue** *n.* морг, мертве́цкая.

**moribund** *adj.* умира́ющий, отмира́ющий.

**Mormon** *n.* мормо́н (*fem.* -ка).

**Mormonism** *n.* мормони́зм.

**morn** *n.* ( *poet.*) у́тро; денни́ца.

**morning** *n.* **1.** у́тро; in the ~ у́тром; it began to rain in the ~ дождь пошёл с утра́; on Monday ~ в понеде́льник у́тром; next ~ на (сле́дующее) у́тро; three o'clock in the ~ три часа́ но́чи/пополу́ночи; this ~ сего́дня у́тром; from ~ till night с утра́ до ве́чера; one ~ в одно́ у́тро; одна́жды у́тром; when he awoke it was ~ когда́ он просну́лся, света́ло; good ~! до́брое у́тро!; с до́брым у́тром!; ~ after (*coll.*) похме́лье; **2.** (*attr.*) у́тренний; ~ coat визи́тка; ~ glory вьюно́к пурпу́рный; ~ sickness тошнота́ и рво́та бере́менных; недомога́ние бере́менных по утра́м; ~ star у́тренняя звезда́, Вене́ра.

**Moroccan** *n.* марокка́н|ец ( *fem.* -ка).
*adj.* марокка́нский.

**Morocco** *n.* Маро́кко (*indecl.*); (*m* ~: *leather*) сафья́н, (*attr.*) сафья́новый.

**moron** *n.* слабоу́мный.

**moronic** *adj.* слабоу́мный, идио́тский.

**morose** *adj.* ( *gloomy*) мра́чный; (*unsociable*) необщи́тельный.

**moroseness** *n.* мра́чность; необщи́тельность.

**morpheme** *n.* морфе́ма.

**Morpheus** *n.*: in the arms of ~ в объя́тиях Морфе́я.

**morph|ia, -ine** *n.* мо́рфий.

**morphological** *adj.* морфологи́ческий.

**morphology** *n.* морфоло́гия.

**morris dance** *n.* мо́ррис (*народный английский танец*).

**morrow** *n.* (*liter.*): on the ~ на сле́дующий день.

**morse** *n.* ( ~ code) а́збука Мо́рзе; ~ key ключ Мо́рзе.

**morsel** *n.* кусо́чек, ка́пелька.

**mortal** *n.* сме́ртный.
*adj.* **1.** (*subject to death*) сме́ртный; in this ~ life в э́той преходя́щей жи́зни; **2.** (*leading to death*) смерте́льный, смертоно́сный; a ~ accident катастро́фа со сме́ртельным исхо́дом; a ~ wound смерте́льная ра́на; ~ combat сме́ртный бой; they were ~ enemies они́ бы́ли смерте́льные враги́; ~ sin сме́ртный грех; **3.** (*extreme*) смерте́льный, ужа́сный; ~ fear смерте́льный страх; he was in a ~ hurry он был в стра́шной спе́шке.

**mortality** *n.* (*being mortal*; *number or rate of deaths*) сме́ртность; the ~ rate was high проце́нт сме́ртности был высо́кий.

**mortar**[1] *n.* (*building material*) известко́вый раство́р.
*v.t.* скреп|ля́ть, -и́ть известко́вым раство́ром.
*cpd.*: ~-**board** (*used in building*) со́кол; (*cap*) академи́ческая ша́почка.

**mortar**[2] *n.* (*bowl*) сту́п(к)а.

**mortar**[3] *n.* (*mil.*) миномёт.
*v.t.* обстре́л|ивать, -я́ть миномётным огнём.
*cpd.*: ~-**fire** *n.* миномётный ого́нь.

**mortgage** *n.* закла́д; ипоте́ка; (*deed*) закладна́я; pay off the ~ вы́купить (*pf.*) зало́женный дом; raise a ~ получ|а́ть, -и́ть заём под закладну́ю.
*v.t.* за|кла́дывать, -ложи́ть; the house was ~d for £10,000 дом был зало́жен за 10 000 фу́нтов сте́рлингов.

**mortgagee** *n.* залогодержа́тель (*m.*).

**mortgag|er, -or** *n.* должни́к по закладно́й.

**mortice** *see* MORTISE.

**mortician** *n.* (*Am.*) похоро́нных дел ма́стер.

**mortification** *n.* **1.** (*hurt, humiliation, grief*) оби́да, униже́ние, оскорбле́ние; (*bitterness*) го́речь; **2.** (*subduing*) подавле́ние, укроще́ние; ~ of the flesh умерщвле́ние пло́ти; **3.** (*med.*) омертве́ние, некро́з.

**mortify** *v.t.* **1.** (*cause shame or humiliation to*) об|ижа́ть, -и́деть; ун|ижа́ть, -и́зить; **2.** (*cause grief to*) оскорб|ля́ть, -и́ть; a ~ing defeat унизи́тельное пораже́ние; **3.** (*embitter*) нап|олня́ть, -о́лнить го́речью; **4.** (*subdue*) подав|ля́ть, -и́ть; укро|ща́ть, -ти́ть; умерщв|ля́ть, -и́ть; he learnt to ~ the flesh он научи́лся подавля́ть стра́сти.

*v.i.* гангренизи́роваться (*impf., pf.*); мертве́ть, о-.

**mort|ise, -ice** *n.* гнездо́; паз; ~ lock врезно́й замо́к.

*v.t.* запус|ка́ть, -ти́ть в паз.

**mortuary** *n.* морг, поко́йницкая.

*adj.* похоро́нный, погреба́льный.

**mosaic**[1] *n.* моза́ика.

*adj.* моза́ичный.

**Mosaic**[2] *adj.* Моисе́ев; the ~ law Моисе́евы зако́ны.

**Moscow** *n.* Москва́; (*attr.*) моско́вский; in the ~ area под Москво́й.

**Moselle** *n.* (*river*) Мо́зель (*m.*); (*wine*) мозельве́йн.

**Moses** *n.* Моисе́й.

**Moslem** *see* MUSLIM.

**mosque** *n.* мече́ть.

**mosquito** *n.* кома́р.

*cpd.*: ~**-net** *n.* противомоски́тная се́тка; накома́рник.

**moss** *n.* (*plant*) мох; (*peat-bog*) торфяно́е боло́то.

*cpds.*: ~**-green** *adj.* тёмно-зелёный; ~**-grown** *adj.* поро́сший мхом; ~**-rose** *n.* му́скусная ро́за.

**mossy** *adj.* мши́стый.

**most** *n.* (*greatest part*) бо́льшая часть; I was in bed ~ of the time бо́льшую часть вре́мени я провёл в посте́ли; (*greatest amount*) наибо́льшее коли́чество; who scored the ~? кто получи́л наибо́льшее коли́чество очко́в?; at (the) ~ са́мое бо́льшее; ма́ксимум; максима́льно; не бо́льше (+*g., or* чем . . .); £5 at the ~ ма́ксимум 5 фу́нтов; that is the ~ I can do э́то ма́ксимум того́, что я могу́ сде́лать; you must make the ~ of your chances вам ну́жно наилу́чшим о́бразом испо́льзовать свои́ возмо́жности.

*adj.*: the play was boring for the ~ part в основно́м пье́са была́ ску́чная; ~ people большинство́ люде́й; ~ of us большинство́ из нас; who has the ~ money? у кого́ бо́льше всех де́нег?

*adv.* **1.** (*expr. comparison*): what I ~ desire чего́ я бо́льше всего́ хочу́; the ~ beautiful са́мый краси́вый; ~ accurately са́мым то́чным о́бразом; **2.** (*very*) о́чень, весьма́, в вы́сшей сте́пени.

**mostly** *adv.* гла́вным о́бразом; the weather was ~ dull в основно́м пого́да стоя́ла па́смурная; his diet was ~ fruit and vegetables он обы́чно пита́лся фру́ктами и овоща́ми.

**mote** *n.* (*speck*) пыли́нка; he sees the ~ in his brother's eye (*fig.*) он ви́дит сучо́к в гла́зе бра́та своего́; он ви́дит лишь чужи́е недо-

ста́тки.

**motel** *n.* моте́ль (*m.*).

**motet** *n.* моте́т.

**moth** *n.* мотылёк, ночна́я ба́бочка; (clothes) ~ (платяна́я) моль.

*cpds.*: ~**ball** *n.* нафтали́новый ша́рик; in ~balls (*fig.*) на хране́нии; *v.t.* (*fig.*): the ship was ~balled кора́бль поста́вили на консерва́цию; ~**-eaten** *adj.* (*lit.*) изъе́денный мо́лью; (*fig.*) устаре́вший; обветша́лый; ~**-proof** *adj.* молесто́йкий; *v.t.* обраб|а́тывать, -о́тать молесто́йкими вещества́ми.

**mother** *n.* **1.** мать; (*dim.*) ма́ма, ма́тушка; she was like a ~ to him она́ была́ ему́ как родна́я мать; every ~'s son (of them) все до одного́; unmarried ~ мать-одино́чка; (*fig. origin*) исто́чник, нача́ло; necessity is the ~ of invention (*prov.*) голь на вы́думки хитра́; **2.** (*attr.*) матери́нский; ~ country ро́дина; M~ Earth земля́-корми́лица; mать сыра́ земля́; ~ ship плаву́чая ба́за; ~ tongue родно́й язы́к; ~ wit здра́вый смысл; **3.** (*head of religious community*): M~ Superior мать-игу́менья.

*v.t.* относи́ться (*impf.*) по-матери́нски к +*d.*; уха́живать (*за кем*) как за ребёнком; вск|а́рмливать, -орми́ть; she ~ed a family of ten она́ вы́растила десятеры́х дете́й; a child needs ~ing ребёнку нужна́ матери́нская забо́та; M~ing Sunday матери́нское воскресе́нье.

*cpds.*: ~**craft** *n.* уме́ние воспи́тывать дете́й; ~**-in-law** *n.* (*wife's mother*) тёща; (*husband's mother*) свекро́вь; ~**land** *n.* ро́дина, отчи́зна, оте́чество; ~**-of-pearl** *n.* перламу́тр; *adj.* перламу́тровый; ~**'s help** *n.* ня́ня.

**motherhood** *n.* матери́нство.

**motherless** *adj.* лишённый ма́тери.

**motherliness** *n.* матери́нская не́жность/забо́тливость.

**motherly** *adj.* не́жный, забо́тливый.

**motif** *n.* (*in music, literature*) лейтмоти́в; гла́вная мысль; (*in painting*) моти́в; (*ornament on dress*) вы́шитое украше́ние.

**motion** *n.* **1.** (*movement*) движе́ние; perpetual ~ ве́чное движе́ние; the car was in ~ маши́на дви́галась; he put the machine in ~ он привёл маши́ну в де́йствие; he set the plan in ~ он приступи́л к осуществле́нию план; ~ picture кинофи́льм; (*fig.*) he went through the ~s of asking my permission он попроси́л моего́ разреше́ния лишь для профо́рмы; **2.** (*gesture*) телодвиже́ние; жест; I made a ~ to him to stop я показа́л ему́ же́стом, что́бы он останови́лся; **3.** (*proposal*) предложе́ние; the ~ was carried предложе́ние бы́ло при́нято; we put the ~ to the vote мы поста́вили предложе́ние на голосова́ние; **4.** (*evacuation of bowels*) стул, испражне́ние; **5.** (*mechanism of clock etc.*) ход.

*v.t. & i.*: he ~ed to them to leave он показа́л

жéстом, чтóбы онú ушлú; he ~ed to the auctioneer он дал знак аукциони́сту; he ~ed the girls to come nearer он поманúл дéвушек к себé.

**motionless** *adj.* неподви́жный.

**motivate** *v.t.* **1.** (*induce*) побу|жда́ть, -ди́ть; тол-к|а́ть, -ну́ть; he is highly ~d у негó есть мóщный сти́мул; he is insufficiently ~d емý не хвата́ет сти́мула; **2.** (*give reasons for*) обоснóв|ывать, -а́ть; мотиви́ровать (*impf., pf.*).

**motivation** *n.* побужде́ние, сти́мул; (*interest*) заинтересóванность; (*giving reasons*) обоснова́ние, мотивирóвка.

**motive** *n.* (*inducement, cause*) пóвод, моти́в, побужде́ние; (*motif*) моти́в.
*adj.* дви́жущий; ~ power/force дви́жущая си́ла.

**motley** *adj.* (*multi-coloured*) разноцве́тный, пёстрый; (*varied*): a ~ crowd разношёрст-ная/пёстрая толпа́.

**motor** *n.* **1.** (*engine*) дви́гатель (*m.*), мотóр; electric ~ электродви́гатель (*m.*); ~ vehicle автомоби́ль (*m.*); **2.** (~-car) (легковóй) автомоби́ль (*m.*); the ~ trade торгóвля автомоби́лями; **3.** (*anat.*): ~ nerve дви́гательный нерв.
*v.i.*: they ~ed down to the country онú по-éхали на автомоби́ле за́ город.
*cpds.*: ~-**bicycle**, ~-**bike** (*coll.*)*nn.* мотоци́кл; ~-**boat** *n.* мотóрная лóдка; ~-**car** *n.* автомоби́ль (*m.*); ~-**coach** *n.* экскурсиóнный/междугорóдный автóбус; ~-**cycle** *n.* мотоци́кл; ~-**cycle** racing мотогóнки (*f. pl.*); ~-**cyclist** *n.* мотоцикли́ст; ~-**man** *n.* води́тель (*m.*); (*of train*) машини́ст; ~-**racing** *n.* автомоби́льные гóнки (*abbr.* автогóнки) (*f. pl.*); ~-**scooter** *n.* моторóллер; ~-**ship** *n.* теплохóд; ~-**way** *n.* автостра́да, авто-магистра́ль.

**motorcade** *n.* (*Am.*) автоколóнна; кортéж автомоби́лей.

**motorist** *n.* автомобили́ст (*fem.* -ка).

**motorize** *v.t.* моторизова́ть (*impf., pf.*).

**mottled** *adj.* пятни́стый, кра́пчатый.

**motto** *n.* **1.** (*inscription*) эпи́граф; (*her.*) на́дпись на гербé; **2.** (*maxim*) деви́з; лóзунг.

**moue** *n.* грима́са.

**moujik, muzhik** *n.* мужи́к.

**mould**[1] (*Am.* **mold**) *n.* (*hollow form for casting etc.*) лите́йная фóрма; (*for making jellies etc.*) фóрмочка, фóрма; (*fig.*): they are not cast in the same ~ онú лю́ди ра́зные.
*v.t.* отлива́ть (*impf.*); формова́ть (*impf.*): she ~ed the dough into loaves она́ формова́ла буха́нки из те́ста; the head was ~ed in clay голова́ была́ вы́леплена в гли́не; (*fig.*) фор-мирова́ть (*impf.*); his character was ~ed by experience егó хара́ктер сформирова́лся под влия́нием жи́зненного óпыта.

**mould**[2] (*Am.* **mold**) *n.* (*fungus*) плéсень.

**mould**[3] (*Am.* **mold**) *n.* (*loose earth*) взрыхлённая земля́.

**moulder**[1] (*Am.* **molder**) *n.* формóвщик, лите́йщик.

**moulder**[2] (*Am.* **molder**) *v.i.* расс|ыпа́ться, -ы́паться; разр|уша́ться, -у́шиться; ~ing ruins вéтхие разва́лины.

**moulding** (*Am.* **molding**) *n.* **1.** (*shaping*) фор-мóвка; отли́вка; **2.** (*archit.*) лепнóе украше́ние.

**mouldy** (*Am.* **moldy**) *adj.* (*affected by mould*) заплéсневелый; (*stale*) чёрствый; (*coll., inferior*) скве́рный, парши́вый; (*coll., unwell*) нездорóвый.

**moult** (*Am.* **molt**) *n.* ли́нька.
*v.i.* линя́ть (*impf.*); меня́ть (*impf.*) оперéние.

**mound** *n.* (*for burial or fortification*) на́сыпь; курга́н.

**mount** *n.* **1.** (*mountain; hill*) гора́; возвы́шен-ность; M~ Everest гора́ Эверéст; **2.** (*horse*) (верхова́я) лóшадь; **3.** (*of a picture*) паспартý (*nt. indecl.*); **4.** (*glass slide for specimens*) пред-мéтное стеклó; **5.** (*of a jewel*) опра́ва.
*v.t.* **1.** (*ascend, get on to*) вз|бира́ться, -обра́ться на +*a.*; подн|има́ться, -я́ться на +*a.*; he ~ed the hill он поднялся́ на холм; he ~ed his horse он сел на лóшадь; he ~ed the throne он взошёл на престóл; the stallion ~ the mare жеребéц покры́л кобы́лу; **2.** (*provide with horse*): we can ~ you мы мóжем снабди́ть вас верховóй лóшадью; ~ed police кóнная поли́ция; **3.** (*put, fix on a* ~) вст|авля́ть, -а́вить в опра́ву; опр|авля́ть, -а́вить; do you want your photographs ~ed? вы хоти́те накле́ить фотогра́фии на паспартý?; the guns were ~ed орýдия бы́ли устанóвлены на лафéты; **4.** (*set up*): they ~ed guard over the jewels онú охраня́ли драгоцéнности; the enemy ~ed an offensive враг предприня́л наступлéние; **5.** (*present on stage or for display*) ста́вить, по-; the play was lavishly ~ed спекта́кль был пы́шно офóрмлен.
*v.i.* **1.** (*increase*) расти́ (*impf.*); (*also* ~ up) нак|а́пливаться, -опи́ться; **2.** the blood ~ed to her cheeks кровь брóсилась ей в лицó; he ~ed and rode off on вскочи́л в седлó и ускака́л.

**mountain** *n.* **1.** гора́; he is making a ~ out of a molehill он дéлает из мýхи слона́; **2.** (*attr.*) гóрный; ~ chain, range гóрная цепь; ~ sick-ness гóрная болéзнь; ~ ash ряби́на (ликёрная); **3.** (*fig.*) ма́сса, кýча; a ~ of debts ма́сса долгóв; a butter ~ (*glut*) избы́ток ма́сла.

**mountaineer** *n.* альпини́ст.

**mountaineering** *n.* альпини́зм.

**mountainous** *adj.* гори́стый; (*huge*) грома́дный.

**mountebank** *n.* (лéкарь-) шарлата́н; скоморóх, фигля́р.

**mourn** *v.t.* опла́кивать (*impf.*); he ~ed the loss

of his wife он скорбе́л по по́воду сме́рти свое́й жены́.

*v.i.* скорбе́ть (*impf.*); печа́литься (*impf.*); she ~ed for her child она́ опла́кивала смерть своего́ ребёнка.

**mourner** *n.* прису́тствующий на похорона́х; (*hired*) пла́кальщи|к (*fem.* -ца).

**mournful** *adj.* ско́рбный, тра́урный.

**mourning** *n.* **1.** (*grief; respect for the dead*) скорбь; тра́ур; day of ~ тра́урный день; **2.** (*black clothes*) тра́ур; she was in deep ~ она́ была́ в глубо́ком тра́уре; the court went into ~ двор облачи́лся в тра́ур.

*cpd.:* ~-**band** *n.* тра́урная повя́зка.

**mouse** *n.* мышь; (*fig.*) мы́шка, мышо́нок.

*v.i.* (*of cat*) лови́ть (*impf.*) мыше́й.

*cpds.:* ~-**coloured** *adj.* мыши́ного цве́та; ~-**trap** *n.* мышело́вка.

**mouser** *n.* мышело́в.

**mousse** *n.* мусс.

**moustache** (*Am.* **mustache**) *n.* ус|ы́ (*pl., g.* -о́в).

**mousy** *adj.* **1.** (*timid*) ро́бкий, ти́хий; **2.** (*colour*) мыши́ный.

**mouth**¹ *n.* рот; (*dim., e.g. baby's*) ро́тик; I shouldn't have opened my ~ мне не сле́довало говори́ть; I have only to open my ~ and he gets annoyed сто́ит мне то́лько откры́ть рот, как он начина́ет зли́ться; keep your ~ shut! молчи́!; пома́лкивай!; her ~ turned down она́ ску́ксилась; he was down in the ~ он ходи́л, как в во́ду опу́щенный; the word passed from ~ to ~ но́вость передава́лась из уст в уста́; by word of ~ у́стно; they live from hand to ~ они́ е́ле сво́дят концы́ с конца́ми; don't put words into my ~ не припи́сывайте мне того́, что я не говори́л; you have taken the words out of my ~ вы предвосхи́тили мой слова́; я и́менно э́то хоте́л сказа́ть; you will be laughing on the wrong side of your ~ вы ещё напла́четесь; вам бу́дет не до сме́ха; the food made his ~ water при ви́де еды́ у него́ потекли́ слю́нки; (*fig.*): ~ of a bottle го́рлышко; ~ of a cave вход в пеще́ру; ~ of a river у́стье реки́; ~ of a sack горлови́на мешка́.

*cpds.:* ~-**organ** *n.* губна́я гармо́ника; ~**piece** *n.* (*of instrument, pipe etc.*) мундшту́к; (*fig., spokesman*) ру́пор; глаша́тай; ~-**wash** *n.* полоска́ние для рта; зубно́й эликси́р; ~-**watering** *adj.* вку́сный, аппети́тный.

**mouth**² *v.t.*: the actor ~ed his words актёр напы́щенно декламировал; he ~ed the words 'Go away' «Уйди́те», сказа́л он одни́ми губа́ми.

*v.i.* беззву́чно шевели́ть (*impf.*) губа́ми; грима́сничать (*impf.*).

**mouthful** *n.* кусо́к, глото́к; (*fig., long word*) тру́дно произноси́мое сло́во; you spoke a ~! (*coll.*) ≃ золоты́е слова́!

**movable** *adj.* (*portable*) подвижно́й, портати́вный; (*varying in date*): ~ feast переходя́щий пра́здник.

**movables** *n.* (*furniture etc.*) дви́жимое иму́щество.

**move** *n.* **1.** (*in games*) ход; it's your ~ ваш ход!; (*fig.*) посту́пок; ход, шаг; **2.** (*initiation of action or motion*) движе́ние; it's time we made a ~ нам пора́ дви́гаться; they made a ~ to go они́ ста́ли собира́ться уходи́ть; они́ напра́вились к вы́ходу; get a ~ on! дви́гайтесь!, потора́пливайтесь!, пошеве́ливайтесь!; the enemy is on the ~ враг на ма́рше; **3.** (*change of residence*) перее́зд; when does your ~ take place? когда́ вы переезжа́ете?

*v.t.* **1.** (*change position of; put in motion*) дви́гать (*impf.*); передв|ига́ть, -и́нуть; he ~d his chair nearer the fire он пододви́нул стул к ками́ну; ~ your books out of the way! убери́те свои́ кни́ги!; do you mind moving your car? бу́дьте любе́зны, переста́вьте свою́ маши́ну; he couldn't ~ his queen (*at chess*) он не мог продви́нуть ферзя́; he never ~d a muscle он не шевельну́л ни одни́м.му́скулом; (*fig.*) он и бро́вью не повёл; I ~d heaven and earth to get him the job я сде́лал всё возмо́жное, что́бы устро́ить его́ на э́ту рабо́ту; **2.** (*affect, provoke*) тро́гать (*impf.*); волнова́ть (*impf.*); the play ~d me deeply пье́са меня́ глубоко́ взволнова́ла; the sight ~d him to tears зре́лище тро́нуло его́ до слёз; a moving experience волну́ющее пережива́ние; he is easily ~d to anger его́ легко́ рассерди́ть; **3.** (*prompt, induce*) побу|жда́ть, -ди́ть; заст|авля́ть, -а́вить; I was ~d to intervene я не мог не вмеша́ться; he works when the spirit ~s him он рабо́тает, когда́ у него́ есть настрое́ние; **4.** (*propose*) вн|оси́ть, -ести́ предложе́ние; I ~ that the meeting be adjourned я предлага́ю отложи́ть заседа́ние; **5.** (*loosen*): the laxative ~d his bowels слаби́тельное поде́йствовало.

*v.i.* **1.** (*change position; be in motion*) дви́гаться (*impf.*); шевел|и́ться, -ьну́ться; the lever won't ~ рыча́г не сдвига́ется; don't ~! не дви́гайтесь!; a moving staircase эскала́тор; moving pictures кинокарти́на; we were certainly moving (*going fast*) мы бы́стро мча́лись/дви́гались; **2.** (*in games*) ходи́ть (*impf.*); whose turn is it to ~? чей ход?; **3.** (*change one's residence*) пере|езжа́ть, -е́хать; moving-day день перее́зда; moving-van фурго́н для перево́зки ме́бели; **4.** (*make progress*) развива́ться (*impf.*); things began to ~ fast собы́тия на́чали бы́стро развива́ться; work ~s slowly рабо́та идёт ме́дленно; one must ~ with the times на́до шага́ть в но́гу со вре́менем; **5.** (*stir*) шевели́ться (*impf.*); nobody ~d to help him никто́ не пошевели́лся, что́бы ему́ помо́чь; **6.** (*go about*) враща́ться (*impf.*); he ~s in exalted circles он враща́ется в вы́сших сфе́рах; **7.** (*leg., make application*) ходáтайствовать (*impf.*); I ~ for a new trial я ходáтайствую о пересмóтре дéла.

*with advs.*: ~ **about**, ~ **around** *v.t.* перест|авля́ть, -áвить; they ~d the furniture about они́ переста́вили мéбель; he was ~d about a lot егó чáсто переводи́ли с однóй дóлжности на другу́ю; *v.i.* пере|езжáть, -éхать; разъезжáть (*impf.*); he ~s about a lot он мнóго разъезжáет; ~ **along** *v.i.*: ~ along there, please! проходи́те, пожáлуйста!; ~ **around** *see* ~ **about**, ~ **round**; ~ **aside** *v.t.* & *i.* отодв|ига́ть(ся), -и́нуть(ся); ~ **away** *v.t.* & *i.* удал|я́ть(ся), -и́ть(ся); ~ your hand away! убери́те рýку!; they ~d away from here они́ переéхали отсю́да; ~ **back** *v.t.*: he ~d the books back (*away from him*) он отодви́нул кни́ги; (*to where they had been*) он поста́вил кни́ги наза́д (на пóлку); *v.i.*: he ~d (*stepped*) back он отошёл; they ~d back (*to where they had lived*) они́ верну́лись (на стáрую кварти́ру *и т.п.*); ~ **forward** *v.t.* & *i.* дви́|гать(ся), -нуть(ся) вперёд; ~ **in** *v.t.*: troops were ~d in бы́ли введены́ войскá; *v.i.* (*take up abode*): they ~d in next door они́ посели́лись в сосéднем дóме; ~ **off** *v.i.*: the train was moving off пóезд нáчал отходи́ть (*or* трóнулся); ~ **on** *v.t.* продв|ига́ть, -и́нуть; he ~d the hands (*of the clock*) on он переста́вил стрéлки вперёд; the police ~d the crowd on поли́ция заста́вила толпý отойти́; *v.i.* продв|ига́ться, -и́нуться; идти́ (*det.*) дáльше; she stopped and then ~d on онá останови́лась, а потóм опя́ть продолжáла путь; he ~d on to a better job он перешёл на бóлее подходя́щую рабóту; ~ **out** *v.t.*: the squatters were ~d out сквáтеров вы́селили; *v.i.*: we have to ~ out tomorrow мы должны́ съéхать зáвтра; ~ **over** *v.t.* отодв|и́гать, -и́нуть; *v.i.* (*e.g. in bed*) передв|ига́ться, -и́нуться; ~ **round** *v.t.*: she ~d the furniture round онá переста́вила мéбель; *v.i.*: the sails of the windmill ~d round кры́лья мéльницы враща́лись; ~ **together** *v.t.* сдв|ига́ть, -и́нуть; *v.i.* сходи́ться, сойти́сь; съ|езжа́ться, -éхаться; ~ **up** *v.t.*: ~ up a chair! пододви́ньте стул!; he was ~d up into the next class егó перевели́ в слéдующий класс; they ~d up the reserves они́ подтяну́ли резéрвы; *v.i.*: ~ up and let me sit down! подви́ньтесь и дáйте мне сесть!; prices ~d up цéны подняли́сь; they ~d up in the world они́ вы́шли в лю́ди.

**movement** *n.* **1.** (*state of moving, motion*) движéние, перемещéние; his hands were in constant ~ рýки у негó находи́лись в беспрестáнном движéнии; what are your ~s today? какóе у вас сегóдня расписáние?; **2.** (*of the body or part of it*) жест, телодвижéние; he made a ~ to go он собрáлся уходи́ть; with a ~ of his head движéнием головы́; **3.** (*mil. evolution*) передвижéние; **4.** (*from one place to*

another) переселéние; ~ of populations переселéние нарóдов; **5.** (*organized activity*): peace ~ движéние за мир; **6.** (*of the bowels*) стул, рабóта кишéчника; **7.** (*action of novel etc.*) развитие дéйствия; сюжéт; **8.** (*mus., rhythm*) темп; this piece has a lively ~ э́та мýзыка напи́сана в живóм тéмпе; **9.** (*mus., section of composition*) часть; slow ~ мéдленная часть; **10.** (*moving parts*) ход; механи́зм; a clock's ~ ход часóв; **11.** (*group united by common purpose*) движéние; the labour ~ рабóчее движéние; **12.** (*comm., fin.: animation*) оживлéние; ~ of prices изменéние в цéнах.

**mover** *n.* **1.** (*initiator of idea etc.*) инициáтор; **2.** (*of proposal*) áвтор предложéния; **3.** prime ~ перви́чный дви́гатель; **4.** (*Am., towing vehicle*) (автомоби́ль-)тягáч.

**movie** *n.* (*coll.*) фильм, кинокарти́на; he's gone to the ~s он пошёл в кинó.

*cpds.*: ~**-goer** *n.* люби́тель (*fem.* -ница) кинó; ~**-maker** *n.* режиссёр.

**moving** *adj.* волну́ющий, трóгательный.

**mow**[1] *v.t.* & *i.* коси́ть, с-; they were ~ing the hay они́ коси́ли сéно; he ~ed the lawn он постри́г газóн.

*with adv.*: ~ **down** (*fig.*) ск|áшивать, -оси́ть; they were ~n down by a burst of machine-gun fire их скоси́ла пулемётная óчередь.

**mow**[2] *v.i. see* MOP[2].

**Mozambican** *n.* жи́тель (*fem.* -ница) Мозамби́ка.

*adj.* мозамби́кский.

**Mozambique** *n.* Мозамби́к.

**mph** (*miles per hour*) (*стóлько-то*) миль в час.

**Mr** *see* MISTER.

**Mrs** *n.* госпожá (*abbr.* г-жá).

**MS** *n.* (*abbr.*) рýкопись.

**Ms** *n.* (*abbr.*) миз, госпожá.

**much** *n.* & *adj.* мнóгое; мнóго +*g.*; ~ of what you say is true мнóгое из тогó, что вы говори́те, справедли́во; I have ~ to tell you мне есть что вам рассказáть; I will say this ~ стóлько (и не бóльше) я готóв сказáть; his work is not up to ~ в егó рабóте нет ничегó осóбенного; too ~ сли́шком (мнóго); мнóго; it was too ~ for me э́то бы́ло для меня́ (уж) сли́шком; he thinks too ~ of himself он сли́шком высóкого мнéния о себé; don't make too ~ of the incident не придавáйте э́той истóрии сли́шком большóго значéния; I couldn't make ~ of the lecture лéкция былá мне не óчень поня́тна; I don't see ~ of him я егó рéдко ви́жу; he doesn't read ~ он мáло читáет; he is not ~ of an actor он актёр óчень невáжный; she is not ~ to look at онá далекó не красáвица; I don't think ~ of this cheese мне не óчень нрáвится э́тот сыр; we are not devoting ~ attention мы не уделя́ем большóго внимáния; мы уделя́ем мáло внимáния;

how ~ ско́лько +g.; very ~ о́чень (мно́го); о́чень си́льно; as ~ again ещё сто́лько же; I thought as ~ я так и ду́мал; I will do as ~ for you я вам отплачу́ тем же; I didn't get as ~ as he я получи́л ме́ньше его́; as ~ as to say as бы говоря́; it is as ~ my idea as yours э́то сто́лько же моя́ иде́я, ско́лько ва́ша; it was as ~ as I could do to stop laughing я с трудо́м уде́рживался от сме́ха; so ~ сто́лько +g.; without so ~ as a 'by your leave' не сказа́в да́же «с ва́шего позволе́ния»; a bit ~ (coll.) немно́жко-мно́жко.

adv. 1. (by far) гора́здо; ~ better гора́здо лу́чше; ~ the best гора́здо лу́чше други́х/остальны́х; 2. (greatly) о́чень; нема́ло; I am ~ obliged to you премно́го вам обя́зан; I was ~ amused мне бы́ло о́чень заба́вно; it doesn't ~ matter э́то не име́ет большо́го значе́ния; it does not differ ~ э́то немно́гим отлича́ется; so ~ the better тем лу́чше; he was not ~ the worse он не о́чень пострада́л; I couldn't see him, ~ less speak to him я не смог его́ уви́деть, не то, что поговори́ть с ним; how ~ do you love me? как си́льно ты меня́ лю́бишь?; ~ to my surprise к моему́ вели́кому удивле́нию; ~ as I should like to go как бы я ни хоте́л пойти́; not ~! (coll., very ~) о́чень да́же!; а вы как ду́маете?; а как же!; 3. (about) приме́рно, почти́; his condition is ~ the same его́ состоя́ние приме́рно тако́е же; they are ~ of a size они́ почти́ одного́ разме́ра; ~ of a ~ness (coll.) приме́рно одного́ ка́чества; почти́ одина́ково.

**mucilage** n. (Am.) клей.
**muck** (coll.) n. 1. (manure) наво́з; 2. (dirt) грязь; (fig., anything disgusting) дрянь; 3. (mess): he tried to finish the job and made a ~ of it он попыта́лся зако́нчить рабо́ту и то́лько загуби́л её.
v.t. (manure) унаво́|живать, -зить; (make dirty) па́чкать, ис-.
with advs.: ~ about v.t. (inconvenience) причин|я́ть, -и́ть неудо́бство +d.; v.i.: he was ~ing about with the radio он вози́лся с ра́дио; ~ in v.i.: if we all ~ in we shall soon get it done е́сли мы вме́сте за э́то возьмёмся, мы э́то бы́стро сде́лаем; ~ out v.t.: he ~ed out the stables он почи́стил коню́шни; ~ up v.t. (make dirty) загрязн|я́ть, -и́ть; па́чкать, ис-; (spoil, bungle) испо́ртить (pf.); напорта́чить (pf.); I ~ed up my exam я завали́л экза́мен.
cpds.: ~-cart n. теле́га для перево́зки наво́за; ~-heap n. наво́зная ку́ча; ~-raker n. (fig.) выгреба́тель (m.) му́сора; ~-raking n. копа́ние в грязи́; ~-sweat n.: he is in a ~-sweat он весь в поту́.
**mucky** adj. (coll.) гря́зный; пога́ный.
**mucous** adj. сли́зистый; ~ membrane сли́зистая оболо́чка.
**mucus** n. слизь.

**mud** n. грязь; сля́коть; (here's) ~ in your eye! (sl.) бу́дем здоро́вы!; I am used to having ~ thrown at me (fig.) я привы́к к тому́, что меня́ полива́ют; his name was ~ (fig.) он был опозо́рен; (attr.): ~ flat вя́зкое дно, обнажа́ющееся при отли́ве; ~ hut земля́нка; ~ pie кули́чик.
cpds.: ~-bath n. грязева́я ва́нна; ~guard n. крыло́; ~-pack n. космети́ческая ма́ска; ~-slinging n. (fig.) клевета́.
**muddle** n. 1. (mess; disorder) беспоря́док; неразбери́ха; you have made a ~ of it вы всё перепу́тали; things have got into a ~ всё перепу́талось/смеша́лось; he left everything in a dreadful ~ он оста́вил по́сле себя́ ужа́сный беспоря́док; 2. (confusion of mind) пу́таница; I was in a ~ over the dates я запу́тался в да́тах.
v.t. 1. (bring into disorder) перепу́т|ывать, -ать; вн|оси́ть, -ести́ беспоря́док в +a.; you have ~d (up) my papers вы смеша́ли мои́ бума́ги; 2. (confuse) пу́тать, на-; сби|ва́ть, -ть с то́лку; don't ~ me (up) не сбива́йте меня́ с то́лку; his brain was ~d with drink по́сле вы́пивки он пло́хо сообража́л.
v.i. ~ along, ~ through вози́ться (impf.); копа́ться (impf.); they ~ed along они́ де́йствовали наобу́м; we shall ~ through somehow мы ко́е-как спра́вимся.
cpds.: ~-headed adj. бестолко́вый; ~-headedness n. бестолко́вость.
**muddy** adj. 1. (covered or soiled with mud) гря́зный; запа́чканный; a ~ road гря́зная доро́га; ~ boots забры́зганные гря́зью боти́нки; 2. (of colours) нечи́стый, гря́зный; 3. (of liquids) му́тный; a ~ stream му́тный ручей; ~ coffee му́тный ко́фе; 4. (of complexion) земли́стый; 5. (of ideas etc.) пу́таный, тума́нный.
v.t. обры́зг|ивать, -ать (or забры́зг|ивать, -ать) гря́зью.
**muezzin** n. муэдзи́н.
**muff**[1] n. (for hands; also tech.) му́фта.
**muff**[2] v.t. (coll.) ма́зать, про-; пропус|ка́ть, -ти́ть; he ~ed the catch он пропусти́л мяч; (spoil) по́ртить, ис-; the actor ~ed his lines актёр перепу́тал ре́плики.
**muffin** n. ≃ горя́чая бу́лочка.
**muffle** v.t. 1. (wrap up) ку́тать, за-; he was ~d up in an overcoat он заку́тался в пальто́; ~d oars обмо́танные вёсла; 2. (of sound) глуши́ть, за-; a ~d peal of bells приглушённый звон колоколо́в; ~ed voices приглушённые голоса́.
**muffler** n. (scarf) кашне́ (indecl.), шарф; (silencer) глуши́тель (m.).
**mufti**[1] n. (in Islam) му́фтий.
**mufti**[2] n. (civilian clothes) шта́тское пла́тье; in ~ в шта́тском.
**mug**[1] n. (vessel) кру́жка; (sl., face) мо́рда.

**mug**[2] *n.* (*simpleton*) балбе́с; it's a ~'s game э́то для дурако́в; безнаде́жное де́ло.

**mug**[3] *v.t.*: ~ up (*sl., study hard*) зубри́ть, вы́-.

**mug**[4] *v.t.* (*sl., attack*) нап|ада́ть, -а́сть на +*a.*; (*rob*) гра́бить, о-; ~ging у́личный грабёж, ограбле́ние прохо́жего.

**mugger** *n.* у́личный граби́тель.

**muggins** *n.* (*sl., fool, dupe*) простофи́ля (*c.g.*).

**muggy** *adj.* (*damp and warm*) сыро́й и тёплый; (*close*) уду́шливый.

**mugwump** *n.* (*Am. sl.*) (*fence-sitter*) неусто́йчивый член организа́ции; (*boss*) ши́шка (*c.g.*).

**Muhammad, -an** *n. see* MOHAMMED, -AN.

**mulatto** *n.* мула́т (*fem.* -ка).
   *adj.* бро́нзовый, сму́глый.

**mulberry** *n.* (*tree*) ту́товое де́рево, шелкови́ца; (*fruit*) ту́товая я́года; (*attr., colour*) багро́вый.

**mulch** *n.* му́льча.
   *v.t.* мульчи́ровать (*impf., pf.*).

**mulct** *v.t.* (*fine*) штрафова́ть, о-; (*swindle*): he was ~ed of £5 у него́ вы́манили 5 фу́нтов; его́ нагре́ли (*coll.*) на 5 фу́нтов.

**mule**[1] *n.* **1.** (*animal*) мул; (*fig., of pers.*) упря́мый осёл; **2.** (*spinning-machine*) мюль-маши́на.
   *cpd.*: ~-**driver** *n.* пого́нщик му́лов.

**mule**[2] *n.* (*slipper*) шлёпанец.

**muleteer** *n.* пого́нщик му́лов.

**mulish** *adj.* упря́мый.

**mull**[1] *v.t.*: ~ wine вари́ть, с- глинтве́йн.

**mull**[2] *v.t.*: ~ over (*ponder*) размышля́ть (*impf.*) над +*i.*; обду́м|ывать, -ать; (*discuss*) обсу|жда́ть, -ди́ть.

**mullah** *n.* мулла́ (*m.*).

**mullet** *n.* кефа́ль.

**mulligatawny** *n.* о́стрый инди́йский суп.

**mullion** *n.* сре́дник; ~ed window сво́дчатое окно́.

**multi-** *pref.* много-, му́льти-.

**multicoloured** *adj.* многоцве́тный, кра́сочный.

**multifarious** *adj.* разнообра́зный.

**multiform** *adj.* многообра́зный.

**multilateral** *adj.* многосторо́нний.

**multilingual** *adj.* многоязы́чный, разноязы́чный.

**multimillionaire** *n.* мультимиллионе́р.

**multinational** *n.* (~ company) междунаро́дная/транснациона́льная корпора́ция.

**multiple** *n.* кра́тное число́; lowest common ~ о́бщее наиме́ньшее кра́тное.
   *adj.* составно́й; многочи́сленный; ~ injuries многочи́сленные ране́ния; ~ store одноти́пный фи́рменный магази́н.

**multiplex** *adj.* составно́й, сло́жный.

**multiplication** *n.* умноже́ние; ~ table табли́ца умноже́ния.

**multiplicity** *n.* многочи́сленность, разнообра́зие.

**multiplier** *n.* мно́житель (*m.*), коэффицие́нт.

**multipl**|**y** *v.t.* **1.** (*math.*) умн|ожа́ть, -о́жить; seven ~ied by two два́жды семь; 66 ~ied by

36 66, помно́женное на 36; **2.** (*increase*) увели́чи|вать, -ть; мно́жить, по-/у-; one can ~y instances мо́жно привести́ мно́жество приме́ров.
   *v.i.* размн|ожа́ться, -о́житься; rabbits ~ rapidly кро́лики бы́стро размножа́ются; increase and ~! плоди́тесь и размножа́йтесь.

**multiracial** *adj.* многонациона́льный, многора́совый.

**multitude** *n.* (*great number*) мно́жество, ма́сса; the ~ (*mass of people*) толпа́; чернь, ма́сса.

**multitudinous** *adj.* многочи́сленный, многообра́зный.

**mum**[1] *n.* (*coll., mother*) маму́ля, ма́ма.

**mum**[2] *adj.* (*coll., quiet*): I kept ~ about it я об э́том пома́лкивал; ~'s the word молчо́к!; ни сло́ва!

**mumble** *n.* бормота́ние.
   *v.t. & i.* (*mutter*) бормота́ть, про-; (*chew with gums*) ша́мкать, про-.

**mumbo-jumbo** *n.* (*idol*) и́дол, фети́ш; (*gibberish*) тараба́рщина.

**mummer** *n.* ря́женый; (*pej., actor*) фигля́р.

**mummery** *n.* (*dumb-show*) пантоми́ма; (*pej., ceremonial*) неле́пый ритуа́л; маскара́д.

**mummify** *v.t.* мумифици́ровать (*impf., pf.*).

**mummy**[1] *n.* (*embalmed corpse*) му́мия.

**mummy**[2] *n.* (*coll., mother*) ма́ма, ма́мочка; ~'s boy, darling ма́менькин сыно́к.

**mumps** *n.* сви́нка.

**munch** *v.t. & i.* жева́ть, про-; ча́вкать (*impf.*).

**mundane** *adj.* земно́й, мирско́й, све́тский.

**Munich** *n.* Мю́нхен.

**municipal** *adj.* муниципа́льный, городско́й.

**municipality** *n.* муниципалите́т.

**munificence** *n.* ще́дрость.

**munificent** *adj.* ще́дрый.

**muniment** *n.* гра́мота; докуме́нт.

**munition** *v.t.* обеспе́чи|вать, -ть снаряже́нием.

**munitions** *n.* снаряже́ние, вооруже́ние; (*attr.*) ~ factory вое́нный заво́д.

**mural** *n.* фре́ска, стенна́я ро́спись.
   *adj.* стенно́й.

**murder** *n.* уби́йство; he was accused of ~ его́ обвини́ли в уби́йстве; a ~ has been committed соверше́но уби́йство; ~ weapon ору́дие уби́йства; ~ will out (*fig.*) ~ ши́ла в мешке́ не утаи́шь; he cried blue ~ (*coll.*) он (за)крича́л/вопи́л карау́л (*or* благи́м ма́том); (*fig.*): the traffic was (sheer) ~ (*coll.*) движе́ние бы́ло стра́шное/смертоуби́йственное.
   *v.t.* уб|ива́ть, -и́ть; a man was ~ed уби́ли челове́ка; челове́к уби́т; (*fig., of a bad performance*) по́ртить (*impf.*); губи́ть (*impf.*); she ~ed the sonata она́ загуби́ла сона́ту; he ~s the language он коверка́ет язы́к.
   *v.i.*: he ~ed for gain он соверши́л преднаме́ренное уби́йство с це́лью нажи́вы.

**murderer** *n.* уби́йца (*c.g.*).

**murderess** *n.* (же́нщина-)уби́йца.

**murderous** *adj.* смертоно́сный, уби́йственный; жесто́кий; a ~ glance уби́йственный взгляд; the exams are ~ экза́мены уби́йственно трудны́.

**murk** *n.* мрак, темнота́.

**murkiness** *n.* мра́чность.

**murky** *adj.* мра́чный, тёмный; his ~ past его́ тёмное про́шлое.

**murmur** *n.* **1.** (*low sound*) бормота́ние, шёпот; his voice sank to a ~ он заговори́л шёпотом; его́ го́лос пони́зился до шёпота; a ~ of conversation ти́хая бесе́да; the ~ of bees жужжа́ние пчёл; the ~ of the waves ро́пот волн; a heart ~ (*med.*) шу́мы (*m. pl.*) в се́рдце; **2.** (*fig., complaint*) ро́пот, ворча́ние; ~s of discontent выраже́ния (*nt. pl.*) недово́льства; he paid up without a ~ он заплати́л без зву́ка.
*v.t. & i.* говори́ть (*impf.*) ти́хо; бормота́ть, про-; шепта́ть, про-; he ~ed a prayer он прошепта́л моли́тву; (*complain*) ропта́ть (*impf.*); ворча́ть (*impf.*) the people ~ed at, against the new laws наро́д ропта́л по по́воду но́вых зако́нов.

**murrain** *n.* я́щур.

**Muscat** *n.* Маска́т; ~ and Oman Ома́н и Маска́т; m~ grape муска́тный виногра́д.

**muscatel** *n.* (*wine*) муска́т.

**muscle** *n.* мы́шца, му́скул; he didn't move a ~ (*remained motionless*) он не (по)шевельну́лся; он и у́хом не повёл.
*v.i.* (*coll.*): he ~d in on the conversation он ввяза́лся в разгово́р.
*cpd.:* ~**man** *n.* сила́ч, геркуле́с; (*bouncer*) вышиба́ла (*m.*).

**Muscovite** *n.* (*native of old Russia*) москвитя́н|ин (*fem.* -ка); (*native of Moscow*) москви́ч (*fem.* -ка).
*adj.* моско́вский.

**Muscovy** *n.* Моско́вия; Grand Duchy of ~ Вели́кое кня́жество Моско́вское.

**muscular** *adj.* (*pert. to muscle*) мы́шечный; (*with strong muscles; robust*) му́скулистый; си́льный.

**muse**[1] *n.* (*myth.*) му́за.

**muse**[2] *v.i.* размышля́ть (*impf.*); заду́мываться (*impf.*).

**museum** *n.* музе́й; ~ piece (*lit., fig.*) музе́йный экспона́т; музе́йная ре́дкость.

**mush** *n.* (*pulpy mass*) ка́ша, каши́ца; (*Am., boiled meal*) ка́ша; (*coll., sentimental writing or music*) сентимента́льщина.

**mushroom** *n.* гриб; ~ cloud грибови́дное о́блако; ~ growth (*fig.*) бы́стрый рост.
*v.i.* (*pick* ~s) собира́ть (*impf.*) грибы́; (*fig., grow rapidly*) бы́стро распространя́ться (*impf.*); расти́ (*impf.*) как грибы́ под дождём.

**mushy** *adj.* мя́гкий; (*fig.*) слаща́вый.

**music** *n.* **1.** му́зыка; take up ~ заня́ться (*pf.*) му́зыкой; the lines were put, set to ~ by Brahms Брамс положи́л стихи́ на му́зыку; it

was ~ to his ears э́то ласка́ло его́ слух; you will have to face the ~ (*criticism, outcry*) вам придётся за э́то распла́чиваться; **2.** (*attr.*) ~ centre музыка́льный комба́йн; ~ lesson уро́к му́зыки; ~ master, teacher учи́тель (*m.*) му́зыки; **3.** (*sheet* ~, ~*al score*) но́ты (*f. pl.*).
*cpds.:* ~**-hall** *n.* (*place, entertainment*) мю́зик-холл; ~-hall artist эстра́дный арти́ст (*fem.* -ка); ~**-paper** *n.* но́тная бума́га; ~**-room** *n.* музыка́льная ко́мната; ~**-stand** *n.* пюпи́тр.

**musical** *n.* (~ *comedy*) музыка́льная коме́дия; музыка́льное ревю́ (*indecl.*), опере́тта.
*adj.* (*pert. to, fond of music*) музыка́льный; ~ box музыка́льная шкату́лка; ~ chairs «сту́лья с му́зыкой» (игра́); ~ glasses стекля́нная гармо́ника; a ~ voice мелоди́чный го́лос; ~ talent музыка́льность.

**musician** *n.* (*performer*) музыка́нт; (*composer*) компози́тор.

**musicianship** *n.* музыка́льность.

**musicologist** *n.* музыкове́д.

**musicology** *n.* музыкове́дение.

**musk** *n.* му́скус.
*cpds.:* ~**-deer** *n.* му́скусный оле́нь; ~**-melon** *n.* ды́ня му́скусная; ~**-ox** *n.* му́скусный бык, овцебы́к; ~**-rat** *n.* онда́тра, вы́хухоль (*m.*), му́скусная кры́са; ~**-rose** *n.* му́скусная ро́за.

**musket** *n.* мушке́т.

**musketeer** *n.* мушкетёр.

**musketry** *n.* (*small arms firing*) стрельба́ из винто́вки.

**musky** *adj.* му́скусный, па́хнущий му́скусом.

**Muslim, Moslem, Mussulman** *n.* мусульма́н|ин (*fem.* -ка).
*adj.* мусульма́нский.

**muslin** *n.* мусли́н, кисея́.
*adj.* мусли́новый, кисе́йный.

**musquash** *n.* (*fur*) мех онда́тры.

**muss** *v.t.* (*coll.*): ~ **up** (*e.g. hair*) взъеро́шить (*pf.*); растрепа́ть (*pf.*).

**mussel** *n.* двуство́рчатая раку́шка; ми́дия.

**Mussulman** *see* Muslim.

**must**[1] *n.* (*unfermented grape-juice*) муст, виногра́дное су́сло.

**must**[2] *n.* (*mould*) пле́сень.

**must**[3] *n.* (*coll., necessary item*): the Tower of London is a ~ for visitors тури́сты непреме́нно должны́ посмотре́ть Ло́ндонский Та́уэр.
*v. aux.* **1.** (*expr. necessity*): one ~ eat to live что́бы жить, ну́жно есть; ~ you go so soon? неуже́ли вам на́до уже́ уходи́ть?; if you ~, you ~ в конце́ концо́в, ну́жно зна́чит ну́жно; ~ you behave like that? неуже́ли вы ина́че не мо́жете?; (*expr. obligation*): you ~ do as you're told ну́жно слу́шаться; we ~ not be late нам нельзя́ опа́здывать; you ~ not forget to write непреме́нно напиши́те; I ~ ask you to leave я вы́нужден попроси́ть вас уйти́; I ~ admit я до́лжен призна́ть; we ~ see what can be done

следует поду́мать, что здесь мо́жно сде́лать (*or* как помо́чь де́лу); **2.** (*with neg., expr. prohibition*): cars ~ not be parked here стоя́нка маши́н запрещена́; **3.** (*expr. certainty or strong probability*): you ~ be tired вы, наве́рно, уста́ли; this ~ be the bus coming now э́то, веро́ятно/наве́рно (*or* должно́ быть), авто́бус; you ~ have known that не мо́жет быть, что́бы вы э́того не зна́ли; **4.** (*iron.*): just as I was leaving, he ~ come and talk to me то́лько я собра́лся уйти́, он как на беду́ яви́лся и зате́ял разгово́р.

**mustache** *see* MOUSTACHE.

**mustang** *n.* муста́нг.

**mustard** *n.* (*plant; relish*) горчи́ца: keen as ~ по́лный энтузиа́зма; ~ gas горчи́чный газ, ипри́т.

   *cpds.*: ~**-plaster** *n.* горчи́чник; ~**-pot** *n.* горчи́чница.

**muster** *n.* **1.** (*mil., assembly*) сбор, смотр; **2.** (*numbers attending a function*) о́бщее число́; there was a good ~ яви́лось мно́го наро́ду; **3.** (*inspection; roll-call*) пове́рка; перекли́чка; will his work pass ~? (*fig.*) его́ рабо́та годи́тся?; **4.** (~-*book*, ~-*roll*) спи́сок ли́чного соста́ва.

   *v.t.* (*summon together*) соз|ыва́ть, -ва́ть; соб|ира́ть, -ра́ть; (*fig.*) he ~ed up all his courage он собра́лся с ду́хом.

   *v.i.* (*assemble*) соб|ира́ться, -ра́ться.

**mustiness** *n.* за́тхлость; ко́сность, отста́лость.

**musty** *adj.* (*mouldy, stale*) запле́сневелый; (*smelling of mould or age*) проки́сший, за́тхлый; (*fig., ancient; out-of-date*) ко́сный, отста́лый, устаре́лый.

**mutability** *n.* изме́нчивость.

**mutable** *adj.* изме́нчивый.

**mutant** *adj.* мута́нтный.

**mutate** *v.i.* (*biol.*) видоизменя́ться (*impf.*).

**mutation** *n.* измене́ние; (*biol.*) мута́ция.

**mutatis mutandis** *adv.* внося́ необходи́мые измене́ния.

**mute**[1] *n.* **1.** (*dumb person*) немо́й; **2.** (*non-speaking actor*) стати́ст; **3.** (*mus.*) сурди́н(к)а.

   *adj.* **1.** (*silent*) безмо́лвный; he made a ~ appeal он бро́сил моля́щий взгляд; **2.** (*dumb*) немо́й; **3.** (*phon., silent*) немо́й, непроизноси́мый; (*plosive*) глухо́й.

   *v.t.* приглуш|а́ть, -и́ть; they played with ~d strings они́ игра́ли под сурди́нку.

**mute**[2] *v.i.* (*of birds*) мара́ться (*impf.*).

**mutilate** *v.t.* уве́чить, из-; кале́чить, ис-; (*fig.*) иска|жа́ть, -зи́ть; the book was ~d in the film version в фи́льме содержа́ние кни́ги бы́ло искажено́.

**mutilation** *n.* уве́чье; (*fig.*) искаже́ние.

**mutineer** *n.* мяте́жник.

**mutinous** *adj.* мяте́жный.

**mutiny** *n.* мяте́ж.

   *v.i.* бунтова́ть, взбунтова́ться; под|ыма́ть,

-ня́ть мяте́ж.

**mutt** *n.* (*sl.*) (*stupid pers.*) остоло́п, о́лух; (*dog*) пёс.

**mutter** *n.* бормота́ние; he spoke in a ~ он бормота́л; the ~ of thunder глухи́е раска́ты (*m. pl.*) гро́ма.

   *v.t. & i.* бормота́ть (*impf.*); говори́ть (*impf.*) невня́тно; he ~ed an apology он пробормота́л извине́ние; ~ings of discontent глухо́й ро́пот недово́льства.

**mutton** *n.* бара́нина; as dead as ~ мёртвый; ~ dressed as lamb (*fig.*) молодя́щаяся стару́шка; return to ones ~s верну́ться (*pf.*) к те́ме разгово́ра (*or* свои́м бара́нам); ~ chop бара́нья отбивна́я.

   *cpd.*: ~**-head** *n.* (*coll.*) бара́н.

**mutual** *adj.* взаи́мный; ~ admiration society о́бщество взаи́много восхище́ния/восхвале́ния; our ~ friend наш о́бщий друг; ~ insurance company компа́ния взаи́много страхова́ния.

**muzhik** *see* MOUJIK.

**muzzle** *n.* **1.** (*animal's*) мо́рда, ры́ло; **2.** (*guard for this*) намо́рдник; **3.** (*of firearm*) ду́ло; ~ velocity нача́льная ско́рость.

   *v.t.* над|ева́ть, -е́ть намо́рдник на +*a.*; (*fig.*) заст|авля́ть, -а́вить молча́ть; зат|ыка́ть, -кну́ть; he tried to ~ the press он пыта́лся заста́вить печа́ть молча́ть.

   *cpd.*: ~**-loading** *adj.* заряжа́ющийся с ду́ла.

**muzzy** *adj.* (*coll.*) нея́сный; тума́нный; (*drunk*) опьяне́вший.

**my** *poss. adj.* мой; (*belonging to speaker*) свой; I lost ~ pen я потеря́л свою́ ру́чку; for ~ part что каса́ется меня́; ~ own child мой (со́бственный) ребёнок; I was all on ~ own я был оди́н-одинёшенек/одинёхонек (*or* соверше́нно оди́н); I did it all on ~ own я сде́лал э́то самостоя́тельно (*or* без посторо́нней по́мощи); (*with words of address*): ~ dear дорого́й; ~ dear fellow дорого́й мой; ~ good man/woman мой друг; (*in exclamations*): ~ goodness!; oh, ~! Бо́же мой!; ~, ~! ну и ну́! поду́мать то́лько!

**Mycenae** *n.* Мике́н|ы (*pl., g.* —).

**Mycenean** *adj.* мике́нский.

**mycology** *n.* миколо́гия.

**myna(h)** *n.* ма́йна.

**myopia** *n.* миопи́я, близору́кость.

**myopic** *adj.* миопи́ческий, близору́кий.

**myosotis** *n.* незабу́дка.

**myriad** *n.* мириа́д|ы (*pl., g.* —); несчётное число́.

   *adj.* несчётный.

**myrmidon** *n.* (*fig.*) прислу́жник; ~s of the law блюсти́тели (*m. pl.*) зако́на/поря́дка.

**myrrh** *n.* (*resin*) ми́рра.

**myrtle** *n.* мирт.

**myself** *pron.* **1.** (*refl.*) себя́; I said to ~ я себе́ сказа́л; I felt pleased with ~ я был дово́лен собо́й; **2.** (*emph.*) сам; I ~ did it э́то я сде́лал; I did it ~ я сам э́то сде́лал; I did it by ~ (*without help*) я э́то сде́лал сам; I am not ~ today я сего́дня немно́го не в фо́рме; **3.** (*after preps.*): for ~, I prefer tea что каса́ется меня́, я предпочита́ю чай; dancing takes me out of ~ та́нцы развлека́ют меня́; **4.** (*representing* I *or* me): my wife and ~ were there мы с жено́й бы́ли там.

**mysterious** *adj.* таи́нственный, зага́дочный.

**mystery** *n.* **1.** (*secret, secrecy*; *obscurity*) та́йна, секре́т, зага́дка; the murder remained a ~ э́то уби́йство оста́лось зага́дкой/та́йной; their origins are wrapped in ~ их происхожде́ние покры́то мра́ком неизве́стности; don't make a ~ of it не де́лайте из э́того та́йну; **2.** (*relig.*)

та́инство, та́йные обря́ды (*m. pl.*); ~ play мисте́рия; **3.** (*novel etc.*) детекти́в.

**mystic** *n.* ми́стик.
   *adj.* (*also* ~ **al**) мисти́ческий.

**mysticism** *n.* мистици́зм, ми́стика.

**mystification** *n.* мистифика́ция.

**mystify** *v.t.* мистифици́ровать (*impf., pf.*); оза-да́чи|вать, -ть.

**mystique** *n.* таи́нственность, зага́дочность; мисти́ческая/таи́нственная си́ла.

**myth** *n.* (*lit., fig.*) миф.

**mythic(al)** *adj.* мифи́ческий.

**mythological** *adj.* мифологи́ческий.

**mythologist** *n.* мифо́лог.

**mythology** *n.* мифоло́гия.

**myxomatosis** *n.* миксомато́з.

# N

**nab** *v.t.* (*arrest*) накр|ыва́ть, -ы́ть (*coll.*); (*catch in wrong-doing*) заст|ава́ть, -а́ть; заст|ига́ть, -и́гнуть.

**nabob** *n.* (*hist.*) набо́б.

**nacelle** *n.* (*aero-engine casing*) кожу́х; (*airship car*) гондо́ла.

**nacre** *n.* (*mother-of-pearl*) перламу́тр; (*shellfish*) жемчу́жница.

**nacr(e)ous** *adj.* перламу́тровый.

**nadir** *n.* (*astron.*) нади́р; (*fig.*) ни́зшая то́чка; he was at the ~ of his hopes он потеря́л вся́кую наде́жду.

**nag**[1] *n.* лоша́дка; (*pej.*) кля́ча.

**nag**[2] *v.t.* пили́ть (*impf.*); she ~ged him into going to the theatre она́ пили́ла его́, пока́ он не согласи́лся пойти́ с ней в теа́тр.
   *v.i.* брюзжа́ть (*impf.*); ~ at s.o. пили́ть (*impf.*) кого́-н.

**nagger** *n.* брюзга́ (*c.g.*).

**nagging** *n.* брюзжа́ние; постоя́нные приди́рки (*f. pl.*); (*coll.*) пилёж.
   *adj.* приди́рчивый; (*quarrelsome*) сварли́вый; a ~ pain ною́щая боль.

**naiad** *n.* ная́да.

**nail** *n.* **1.** (*on finger or toe*) но́готь (*m.*); (*dim.*) ногото́к; bite one's ~s with impatience куса́ть (*impf.*) но́гти от нетерпе́ния; you should get your ~s cut вам сле́дует постри́чь но́гти; **2.** (*metal spike*) гвоздь (*m.*); he's as hard as ~s э́то желе́зный челове́к; (*physically*) у него́ желе́зное здоро́вье; (*morally*) у него́ жёсткий хара́ктер; you've hit the ~ on the head вы попа́ли в то́чку; he pays on the ~ он распла́чивается неме́дленно; a ~ in s.o.'s coffin (*fig.*) гвоздь (*m.*) в чей-н. гроб.
   *v.t.* **1.** пригво|жда́ть, -зди́ть; приб|ива́ть, -и́ть (*что к чему*); he ~ed the picture (on) to

the wall он приби́л карти́ну к стене́; I am ~ing the lid down я прибива́ю кры́шку; я забива́ю я́щик; he ~ed the ends together он сбил края́ (*чего*); the windows were ~ed up о́кна бы́ли заколо́чены; (*fig.*): he stood ~ed to the ground он стоя́л как вко́панный; его́ сло́вно к земле́ пригвозди́ли; he ~ed his colours to the mast он стоя́л на́смерть; он упо́рствовал до конца́; **2.** (*fig., fix, arrest*): his words ~ed my attention его́ слова́ прикова́ли к себе́ моё внима́ние; (*catch, get hold of*): he ~ed me as I was leaving он перехвати́л меня́ на вы́ходе; (*pin down*): he tried to evade the issue but I ~ed him down он пыта́лся уйти́ от пробле́мы, но я его́ прижа́л к сте́нке; (*confute*): that lie must be ~ed э́ту ложь на́до разоблачи́ть.
   *cpds.*: ~-**brush** *n.* щёт(оч)ка для ногте́й; ~-**file** *n.* пи́лка (для ногте́й); ~-**head** *n.* шля́пка (гвоздя́); ~-**parings** *n.* сре́занные но́гти (*m. pl.*); ~-**scissors** *n.* но́жниц|ы (*pl.*, *g.* —) для ногте́й; ~-**varnish** *n.* лак для ногте́й.

**naive** *adj.* наи́вный, простоду́шный; просто-ва́тый; (*of art*) примити́вный.

**naïveté, naivety** *nn.* наи́вность, простоду́шие, простова́тость.

**naked** *adj.* го́лый; strip ~ разд|ева́ть(ся), -е́ть(ся) (догола́); with ~ swords с ша́шками наголо́; ~ wire го́лый про́вод; ~ flame, light откры́тый ого́нь; (*of natural objects: bare*) го́лый; (*defenceless*) безору́жный; (*plain, undisguised, unadorned*) просто́й, неприкра́шенный; the ~ truth го́лая и́стина; with the ~ eye невооружённым гла́зом.

**nakedness** *n.* нагота́, обнажённость; (*fig.*): the ~ of his arguments голосло́вность его́ аргумента́ции.

**namby-pamby** *adj.* мягкоте́лый; слаща́вый, сентимента́льный.

**name** *n.* **1.** (*esp.* fore~) и́мя (*nt.*); (*surname*) фами́лия; (*of pet*) кли́чка; what is his ~? как его́ зову́т/фами́лия?; a man by, of the ~ of . . . челове́к по и́мени/фами́лии . . .; your ~ was given me by Ivanov Ива́нов дал мне ва́шу фами́лию; a certain doctor, Crippen by ~ не́кий до́ктор по и́мени Кри́ппен; they are known to me by ~ мне изве́стны их имена́; я зна́ю их понаслы́шке; he goes by various ~s он изве́стен под ра́зными фами́лиями; he knows all the staff by ~ он зна́ет и́мя ка́ждого сотру́дника; he goes by, under the ~ of Smith он изве́стен под и́менем Смит; in heaven's ~ ра́ди Бо́га; in the ~ (*on behalf*) of от и́мени +*g.*; in the ~ of common sense во и́мя здра́вого смы́сла; in the ~ of the law и́менем зако́на; he kept the money in his own ~ он держа́л де́ньги на своё и́мя; he published the book in his own ~ он и́здал кни́гу под свои́м и́менем (*or* под свое́й фами́лией); she was his wife in ~ only она́ была́ его́ жено́й лишь номина́льно; она́ то́лько числи́лась его́ жено́й; he lent his ~ to their petition он поддержа́л их пети́цию свои́м авторите́том; I put my ~ down for a flat я записа́лся в о́чередь на кварти́ру; he has a house to his ~ у него́ со́бственный дом; she hasn't a penny to her ~ у неё за душо́й ни гроша́; he has £500 to his ~ он мо́жет похва́статься пятьюста́ми фу́нтами; take s.o.'s ~ in vain всу́е пом|ина́ть, -яну́ть чьё-н. и́мя; you may use my ~ мо́жете сосла́ться на меня́; **2.** (*of a thing*) назва́ние; what is the ~ of your school? как называ́ется ва́ша шко́ла?; this street has changed its ~ э́ту у́лицу переименова́ли; **3.** (*family*): he upheld the honour of his ~ он поддержа́л честь (своего́) ро́да (*or* свое́й семьи́); he was the last of his ~ он был после́дний в роду́; **4.** (*personage*): the great ~s of history вели́кие истори́ческие ли́чности (*f. pl.*)/де́ятели (*m. pl.*); **5.** (*reputation*) и́мя, репута́ция; he made a ~ for himself он со́здал/соста́вил/сде́лал себе́ и́мя; he has a bad ~ у него́ дурна́я сла́ва; this firm has a ~ for honesty э́та фи́рма изве́стна свое́й че́стностью; **6.** call s.o. ~s руга́ть (*impf.*) кого́-н.

*v.t.* **1.** (*give* ~ *to*) наз|ыва́ть, -ва́ть; да|ва́ть, -ть и́мя +*d.*; they haven't yet ~d the baby они́ ещё не да́ли ребёнку и́мя; he was ~d Andrew after his grandfather его́ назва́ли Андре́ем по де́ду (*or* в честь де́да); the street is ~d after Napoleon у́лица но́сит и́мя Наполео́на; the Moscow underground railway is ~d after Lenin моско́вскому метро́ присво́ено и́мя Ле́нина; Cape Kennedy was ~d in honour of the President назва́ние «Мыс Ке́ннеди» бы́ло дано́ в честь президе́нта; **2.** (*recite*): the pupil ~d the chief cities of Europe учени́к перечи́слил/на-

зва́л гла́вные города́ Евро́пы; (*state, mention*) наз|ыва́ть, -ва́ть; ~ your price! назна́чьте це́ну!; you ~ it, we've got it (*coll.*) чего́ то́лько у нас нет!; (*identify*): how many stars can you ~ (*sc. identify*)? ско́лько звёзд вы мо́жете определи́ть?; (*appoint*): he asked her to ~ the day он проси́л её назна́чить день (сва́дьбы); (*nominate*): he was ~d for the professorship его́ кандидату́ра была́ вы́двинута на до́лжность профе́ссора; он был назна́чен профе́ссором; (*as an example*) прив|оди́ть, -ести́ (*что*) в ка́честве приме́ра.

*cpds.*: ~**-day** *n.* имени́н|ы (*pl., g.* —); ~**-dropping** *n.* (*coll.*) ≃ хвастовство́ свои́ми знако́мствами/свя́зями; ~**-part** *n.* загла́вная роль; ~**-plate** *n.* доще́чка/табли́чка с и́менем; ~**sake** *n.* (*with same first* ~) тёзка (*c.g.*); (*with same surname, but unrelated*) однофами́л|ец (*fem.* -ица); ~**-tape** *n.* тесьма́ с фами́лией (*для ме́тки белья́ и т.п.*).

**nameless** *adj.* (*without a name*) безымя́нный; (*unnamed, unmentioned*) нена́званный, неупомя́нутый; someone who shall be ~ не́кто, кого́ мы не ста́нем называ́ть по и́мени; (*unmentionable, unspeakable*): ~ horror невырази́мый у́жас.

**namely** *adv.* (*a*) и́менно; то есть.

**nancy(-boy)** *n.* «девчо́нка», пе́дик (*sl.*).

**nankeen** *n.* на́нка, кита́йка.

**nanny** *n.* (*nurse*) ня́ня, ня́нька; (*as addressed by child*) ня́нечка.

*cpd.*: ~**-goat** *n.* коза́.

**nap**[1] *n.* (*short sleep*) коро́ткий сон; have, take a ~ вздремну́ть (*pf.*); catch s.o. ~ping заста́ть/засти́гнуть (*pf.*) кого́-н. враспло́х.

**nap**[2] *n.* (*surface of cloth*) ворс, начёс; (*downy surface*) пушо́к.

*v.t.* начёс|ывать, -а́ть.

**nap**[3] *n.* (*game*) наполео́н; go ~ поста́вить (*pf.*) всё на ка́рту.

**napalm** *n.* напа́лм; (*attr.*) напа́лмовый.

**nape** *n.* загри́вок.

**napery** *n.* столо́вое бельё.

**naphtha** *n.* лигрои́н.

**naphthal|ene, -ine** *n.* нафтали́н.

**Napierian** *adj.* не́перов.

**napkin** *n.* (table-~) салфе́тка.

*cpd.*: ~**-ring** *n.* кольцо́ для салфе́тки.

**Naples** *n.* Неа́поль (*m.*).

**Napoleon** *n.* Наполео́н; (*coin*) наполеондо́р.

**Napoleonic** *adj.* наполео́новский; ~ code ко́декс Наполео́на.

**nappy** *n.* (*coll.*) пелёнка.

**narcissism** *n.* нарцисси́зм, самолюбова́ние, самовлюблённость.

**narcissistic** *adj.* самовлюблённый; любу́ющийся собо́й.

**narcissus** *n.* нарци́сс.

**narcosis** *n.* нарко́з.

**narcotic** n. (drug) нарко́тик; (addict) наркома́н.
adj. наркоти́ческий.

**nark¹** n. (police decoy or spy; informer) лега́вый (coll.); стука́ч (coll.).

**nark²** v.t. (sl.) зли́ть, разо-; ~ it! брось!

**narrate** v.t. расска́з|ывать, -а́ть; повествова́ть (impf.).

**narration** n. (action, story) расска́з, повествова́ние; (story) по́весть.

**narrative** n. (story) расска́з, по́весть; (exposition of facts or circumstances, e.g. in court) изложе́ние фа́ктов/обстоя́тельств де́ла.
adj. повествова́тельный.

**narrator** n. расска́з|ик (fem. -ица); (of folktales) сказ́итель (fem. -ница).

**narrow** n. (usu. pl., strait) у́зкий проли́в.
adj. (lit., fig.) **1.** у́зкий; within ~ limits в у́зких преде́лах/ра́мках; a ~ circle of acquaintances те́сный круг знако́мых; ~ circumstances стеснённые обстоя́тельства; a ~ mind ограни́ченный ум; take a ~ view of sth. у́зко под|ходи́ть, -ойти́ к чему́-н.; **2.** (with little margin): a ~ majority незначи́тельное большинство́; a ~ victory побе́да с небольши́м преиму́ществом; he had a ~ escape from death он чу́дом избежа́л сме́рти; he ~ly escaped drowning он чуть не утону́л; I had a ~ squeak (coll.) я дёшево отде́лался; **3.** (close; precise): he was ~ly watched за ним при́стально наблюда́ли.
v.t. сужа́ть, су́|живать, -зить; ~ one's eyes, gaze сощу́ри|ваться, -ться; (limit) ограни́чи|вать, -ть; the choice was ~ed down to two candidates вы́бор свёлся к двум кандида-ту́рам; this ~s the field (of search) э́то сужа́ет круг по́исков.
v.i. (of river etc.) су́|живаться, -зиться; his eyes ~ed он прищу́рился; он сощу́рил глаза́.
cpds.: ~-**gauge** adj. узкоколе́йный; ~-**minded** adj. у́зкий; с предрассу́дками; ~-**mindedness** n. у́зость (взгля́дов).

**narrowness** n. у́зость, теснота́.

**narthex** n. на́ртекс, притво́р.

**narwhal** n. нарва́л.

**nasal** n. (phon.) носово́й (звук).
adj. **1.** (of, for the nose) носово́й; ~ catarrh на́сморк; (of the voice) гнуса́вый; speak in a ~ voice говори́ть (impf.) в нос; гнуса́вить (impf.); **2.** (phon.) носово́й.

**nasality** n. носово́й хара́ктер (зву́ка).

**nasalization** n. назализа́ция.

**nasalize** v.t. произн|оси́ть, -ести́ в нос; this sound has become ~d э́тот звук преврати́лся в носово́й.

**nascent** adj. (на)рожда́ющийся.

**nastiness** n. гну́сность, проти́вность.

**nasturtium** n. насту́рция.

**nasty** adj. **1.** (offensive, e.g. smell or taste) неприя́тный, проти́вный; the medicine tastes ~ у э́того лека́рства неприя́тный/проти́вный вкус; (repellent, sickening) отврати́тельный; **2.** (morally offensive) ме́рзкий, га́дкий; a ~ piece of work! (said of pers.) ну и мерза́вец!; ну и мерза́вка!; he has a ~ mind у него́ гря́зное воображе́ние; **3.** (unkind, spiteful, unpleasant) злой; a ~ remark злое замеча́ние; a ~ temper тяжёлый хара́ктер; he played a ~ trick on me он сыгра́л со мной злу́ю шу́тку; turn ~ обозли́ться (pf.); (of the elements): ~ weather скве́рная пого́да; a ~ wind пронзи́тельный ве́тер; there's a ~ storm brewing надвига́ется си́льный шторм; **4.** (threatening) опа́сный; there was a ~ look in his eye его́ вид не предвеща́л ничего́ до́брого; **5.** (troublesome): a ~ bout of bronchitis тяжёлый при́ступ бронхи́та; he had a ~ fall он неуда́чно упа́л (и расши́бся); **6.** (difficult): that's a ~ rock to climb на э́ту скалу́ нелегко́ взобра́ться; it's a ~ situation to be in очута́ться в тако́м положе́нии неприя́тно; that's a ~ one! (question) тру́дный вопро́с!; спроси́те поле́гче!; (insult) э́то уж чересчу́р!

**natal** adj. ~ day день рожде́ния.

**natality** n. рожда́емость.

**nation** n. на́ция; (people) наро́д; (state) госуда́рство; (country) страна́.
cpd.: ~-**wide** adj.: a ~-wide search ро́зыск/по́иски по всей стране́; (in USSR) всесою́зный ро́зыск; ~-wide poll всенаро́дный опро́с.

**national** n. (citizen) граждан́ин (fem. -а́нка); (subject) по́дданн|ый (fem. -ая).
adj. (of the state) госуда́рственный; (of the country or population as a whole) наро́дный, всенаро́дный; (central; opp. provincial) центра́льный; (pert. to a particular nation or ethnic group) национа́льный; ~ anthem госуда́рственный гимн; ~ debt госуда́рственный долг; ~ economy наро́дное хозя́йство; ~ elections всео́бщие вы́боры; ~ emergency чрезвыча́йное положе́ние в стране́; ~ feeling национали́зм, патриоти́зм; ~ flag госуда́рственный флаг; ~ genius, spirit дух наро́да; ~ government центра́льное прави́тельство; a ~ (all-party) government коалицио́нное прави́тельство; ~ holiday/income/language госуда́рственный пра́здник/дохо́д/язы́к; ~ newspapers центра́льные газе́ты; ~ park запове́дник; национа́льный парк; ~ service во́инская пови́нность; ~ theatre госуда́рственный теа́тр; ~ly known изве́стный всей стране́; the possibility of solving the problem ~ly возмо́жность разреше́ния вопро́са в общегосуда́рственном масшта́бе.

**nationalism** n. национали́зм.

**nationalist** n. национали́ст (fem. -ка).
adj. (also -**ic**) националисти́ческий.

**nationality** n. (membership of a nation, country) по́дданство; гражда́нство; (of) what ~ are you? како́го вы по́дданства?; како́е у вас по́дданство?; (*ethnic group, e.g. within USSR*) национа́льность.

**nationalization** *n.* национализа́ция.

**nationalize** *v.t.* национализи́ровать (*impf., pf.*); steel was ~d сталелите́йная промы́шленность была́ национализи́рована.

**native** *n.* **1.** (*indigenous inhabitant*) тузе́м|ец (*fem.* -ка); коренно́й жи́тель (*fem.* коренна́я жи́тельница); **2.** a ~ of (*born in*) уроже́н|ец (*fem.* -ка) +*g.*; (*living in*) жи́тель (*fem.* -ница) +*g.*; (*local inhabitant*) жи́тель (*fem.* -ница); **3.** (*of animal*): the kangaroo is a ~ of Australia кенгуру́ во́дится в Австра́лии; (*of plant*): the eucalyptus is a ~ of Australia ро́дина эвкали́пта — Австра́лия.

*adj.* **1.** (*innate*) врождённый, приро́дный; **2.** (*of one's birth*) родно́й; ~ language родно́й язы́к; ~ land ро́дина, оте́чество; he returned to his ~ haunts он возврати́лся в родны́е края́ (*or* в родну́ю сто́рону); **3.** (*indigenous, esp. of non-European countries*) тузе́мный; ~ customs (тузе́мные/ме́стные) обы́чаи (*m. pl.*); ~ population тузе́мное/коренно́е/ме́стное населе́ние; go ~ «отузе́миться» (*pf.*) (*coll.*); ~ plants ме́стные расте́ния; **4.** (*natural, in natural state*) есте́ственный; (*of minerals*): ~ gold саморо́дное зо́лото.

**nativity** *n.* (*birth of Christ*; *picture of this*) Рождество́ Христо́во; (*of Virgin etc.*) рожде́ние.

**NATO** *n.* НА́ТО (*indecl.*), Североатланти́ческий сою́з.

**natter** (*coll.*) *n.*: I came in for a ~ я зашёл поболта́ть.

*v.i.* болта́ть (*impf.*).

**natterjack** *n.* (~ toad) камышо́вая жа́ба.

**natt**|**y** *adj.* (*coll., spruce, trim*) элега́нтный; he is ~ily dressed он оде́т с иго́лочки; он элега́нтен, как роя́ль.

**natural** *n.* **1.** (*mus. sign*) бека́р; **2.** (*mental defective*) идио́т, слабоу́мный; **3.**: he's a ~ for the part он рождён/со́здан для э́той ро́ли.

*adj.* **1.** (*found in, established by, conforming or pertaining to nature*) есте́ственный, приро́дный; стихи́йный; ~ death есте́ственная смерть; she died a ~ death она́ умерла́ свое́й сме́ртью; ~ forces си́лы приро́ды; ~ gas приро́дный газ; ~ history естествозна́ние; ~ law есте́ственное пра́во; ~ life земно́е существова́ние; for the rest of one's ~ life до конца́ жи́зни; ~ phenomena явле́ния приро́ды; ~ resources приро́дные бога́тства; ~ sciences есте́ственные нау́ки; ~ selection есте́ственный отбо́р; in its ~ state (*of land, animals etc.*) в есте́ственном/первобы́тном/приро́дном состоя́нии; **2.** (*normal, ordinary, not surprising*) есте́ственный, норма́льный; he spoke in his ~ voice он говори́л свои́м обы́чным го́лосом; his presence seems quite ~ его́ прису́тствие ка́жется вполне́

есте́ственным; it is ~ for parents to love their children для роди́телей есте́ственно люби́ть дете́й; **3.** (*unforced, spontaneous*) непринуждённый; (*simple, unaffected*) просто́й; простоду́шный; (*not artificial*) живо́й; (*genuine*) по́длинный; **4.** (*innate*) врождённый, приро́дный; ~ gifts приро́дные дарова́ния; **5.** (*destined by nature*): he is a ~ linguist он прирождённый лингви́ст; **6.** (*illegitimate*) незаконорождённый; **7.** (*mus.*): B ~ си-бека́р.

*cpd.*: ~-**born** *adj.*: a ~-born Englishman англича́нин по рожде́нию.

**naturalism** *n.* натурали́зм.

**naturalist** *n.* **1.** (*student of animals etc.*) естествоиспыта́тель (*m.*); **2.** (*in art*) натурали́ст.

**naturalistic** *adj.* натуралисти́ческий.

**naturalization** *n.* натурализа́ция; акклиматиза́ция.

**naturalize** *v.t.* (*admit to citizenship*) натурализова́ть (*impf., pf.*); (*of animals, plants: introduce to another country*) акклиматизи́ровать (*impf., pf.*).

**naturally** *adv.* **1.** (*not surprisingly*) есте́ственно; (*of course*) коне́чно; **2.** (*spontaneously, without affectation*) есте́ственно; **3.** (*by nature*) от рожде́ния; по приро́де (свое́й); (*as by instinct*) he took ~ to swimming пла́вание дало́сь ему́ легко́; он как бу́дто всю жизнь пла́вал; oratory comes ~ to him он прирождённый ора́тор.

**naturalness** *n.* **1.** (*absence of affectation*) непринуждённость; behave with ~ держа́ться (*impf.*) есте́ственно; **2.** (*lifelike quality*): the portrait lacks ~ портре́т вы́глядит безжи́зненным.

**nature** *n.* **1.** (*force, natural phenomena*) приро́да; N~'s laws зако́ны приро́ды; in the course of ~ есте́ственным хо́дом/путём; against (*or* contrary to) ~ противоесте́ственный; ~ cure лече́ние путём стимули́рования есте́ственных проце́ссов; ~ study природове́дение, естествозна́ние; ~ worship поклоне́ние приро́де; paint from ~ писа́ть (*impf.*) с нату́ры; one of N~'s gentlemen джентльме́н по приро́де (свое́й); in a state of ~ (*e.g. primitive man*) в первобы́тном состоя́нии; (*naked*) в чём мать родила́; **2.** (*of humans or animals: character, temperament*) хара́ктер, нату́ра; a generous ~ ще́дрый хара́ктер; he did it out of good ~ он сде́лал э́то по доброте́ душе́вной; she was cautious by ~ она́ была́ от приро́ды осторо́жна; human ~ челове́ческая приро́да; second ~ втора́я нату́ра; it was his ~ to be proud он был го́рдым по нату́ре; **3.** (*of things: essential quality*) хара́ктер; the ~ of the evidence хара́ктер доказа́тельств; by, in the (very) ~ of things по приро́де веще́й; the ~ of gases сво́йства (*nt. pl.*) га́зов; (*sort, kind*) род;

things of this ~ тако́го ро́да ве́щи; our talk was of a confidential ~ на́ша бесе́да носи́ла конфиденциа́льный хара́ктер; something in the ~ of a disappointment не́что вро́де разочарова́ния; **4.**: relieve ~ отпр|авля́ть, -а́вить есте́ственные на́добности.

**naturism** n. (*nudism*) нуди́зм.

**naturist** n. (*nudist*) нуди́ст.

**naught** n. (*arch. exc. in phrr.*): bring to ~ св|оди́ть, -ести́ на нет; come to ~ св|оди́ться, -ести́сь к нулю́; ни к чему́ не прив|оди́ть, -ести́; (*peter out*) сходи́ть, сойти́ на нет; set at ~ ни во что не ста́вить (*impf.*); *see also* **nought.**

**naughtiness** n. озорство́.

**naughty** adj. **1.** (e.g. *child's behaviour*) озорно́й, капри́зный; be ~ озорнича́ть (*impf.*); капри́зничать (*impf.*); you were ~ today ты сего́дня пло́хо себя́ вёл; that is ~ of you (*to adult*) э́то нехорошо́ с ва́шей стороны́; don't be ~! не шали́!; **2.** (*risqué*) риско́ванный.

**Nauru** n. Нау́ру (m. indecl.).

**nausea** n. (*physical*) тошнота́; I was overcome by ~ меня́ затошни́ло/стошни́ло; (*mental disgust*) отвраще́ние.

**nauseat|e** v.t. **1.** (*physically*) вызыва́ть, вы́звать тошноту́ у +g.; ~ing тошнотво́рный; I find rich food ~ing меня́ тошни́т от жи́рной пи́щи; **2.** (*fig., disgust*) вызыва́ть, вы́звать отвраще́ние у +g.; прети́ть (*impf.*) +d.; I am ~ed by hypocrisy мне проти́вно лицеме́рие; ~ing отврати́тельный.

**nauseous** adj. тошнотво́рный; (*fig.*) отврати́тельный.

**nautical** adj. морско́й; ~ mile морска́я ми́ля.

**nautilus** n. наути́лус, кора́блик.

**naval** adj. **1.** морско́й; (*of the navy*) вое́нно--морско́й; (*of a fleet*) фло́тский; ~ barracks морска́я каза́рма; ~ base вое́нно-морска́я ба́за; ~ life фло́тская жизнь; ~ officer морско́й офице́р; ~ stores шки́перское иму́щество; **2.** (*pert. to ships*) корабе́льный, судово́й; ~ architect инжене́р-судостро́итель (m.); ~ yard вое́нная верфь; судострои́тельный заво́д.

**nave**[1] n. (*of church*) кора́бль (m.), неф.

**nave**[2] n. (*of wheel*) ступи́ца.

**navel** n. (*lit.*) пуп, пупо́к; (*fig.*) пуп; ~ orange апельси́н с ру́бчиком, на́вель (m.). *cpd.*: ~-**cord**, ~-**string** n. пупо́чный кана́тик, пупови́на.

**navigability** n. судохо́дность.

**navigable** adj. (*of waters*) судохо́дный; (*of vessels*) мореходный.

**navigate** v.t. **1.** (*of pers.*): ~ a ship/aircraft управля́ть (*impf.*) кораблём/самолётом; вести́ (*det.*) кора́бль/самолёт; ~ a river/sea пл|а́вать, -ыть по реке́/мо́рю; (*fig.*): he ~d the bill through Parliament он провёл законопрое́кт в парла́менте; he ~d the dif-

ficulties with skill он уме́ло обходи́л тру́дности; **2.** (*of vessel*): the yacht easily ~d the locks я́хта легко́ прошла́ шлю́зы.

*v.i.* (*in ship*) пла́вать (*indet.*), плыть (*det.*); (*in aircraft*) лета́ть (*indet.*), лете́ть (*det.*); navigating officer штурман.

**navigation** n. **1.** (*process*) управле́ние (кораблём, самолётом u m.n.); **2.** (*skill*) навига́ция; ~ lights навигацио́нные огни́; **3.** (*passage of ships*) судохо́дство; inland ~ речно́е судохо́дство; (*period of possible* ~) навига́ция.

**navigator** n. (*naut., av.*) штурман, навига́тор; (*hist., explorer*) морепла́ватель (m.).

**navvy** n. землеко́п; чернорабо́чий.

**navy** n. **1.** (*naval forces*) вое́нно-морски́е си́лы (*f. pl.*); (*ships of war*) вое́нно-морско́й флот; merchant ~ торго́вый флот; ~ yard вое́нная верфь; **2.** (*department of naval affairs*) морско́е ве́домство; **3.** (~ blue) тёмно-си́ний цвет. *cpd.*: ~-**blue** adj. тёмно-си́ний.

**nay** n. (*liter.*): no-one dared to say him ~ никто́ не смел отказа́ть/возража́ть ему́.

*adv.* (*arch.*) нет; he asked, ~ begged us to stay он проси́л, верне́е, умоля́л нас оста́ться.

**Nazareth** n. Назаре́т; Jesus of ~ Иису́с из Назаре́та; Иису́с Назаря́нин/Назоре́й.

**Nazi** n. наци́ст (*fem.* -ка), ги́тлеровец. adj. наци́сткий, ги́тлеровский.

**Nazism** n. наци́зм.

**NB** (*abbr.*) NB, нотабе́не.

**NCO** n. see NON-COMMISSIONED OFFICER.

**Neanderthal** n. (~ man) неандерта́лец; неандерта́льский челове́к.

**neap** n. (~ tide) квадрату́рный прили́в.

**Neapolitan** n. неаполита́н|ец (*fem.* -ка). adj. неаполита́нский.

**near** adj. **1.** (*close at hand, in space or time*) бли́зкий; how ~ is the sea? (как) бли́зко/ далеко́ отсю́да мо́ре?; the station is quite ~ (to) our house ста́нция совсе́м бли́зко от на́шего до́ма; which is the ~est way to the stadium? как бли́же всего́ пройти́ к стади́ону?; in the ~ future в ближа́йшем бу́дущем; spring is ~ бли́зится весна́; I spoke to the man ~est me я заговори́л со свои́м ближа́йшим сосе́дом; the N~ East Бли́жний Восто́к; ~ sight близору́кость; (*fig.*): your guess is ~ the truth ва́ша дога́дка близка́ к и́стине (*or* недалека́ от и́стины); вы почти́ угада́ли; **2.** (*closely connected*) бли́зкий; a ~ relative бли́зкий ро́дственник; his ~est and dearest его́ бли́зкие (*pl.*); **3.** the ~ side (*of road or vehicle in Britain*) ле́вая сторона́; **4.** (*narrowly achieved*): he had a ~ escape он едва́ избежа́л (*чего*); a ~ miss непрямо́е попада́ние; we won, but it was a ~ thing мы победи́ли, но с трудо́м; **5.** (*coll., niggardly*) прижи́мистый.

*adv.* **1.** (*of place or time*) бли́зко; he was standing ~ at hand (*or* ~ by) он стоя́л бли́зко/ря́дом; they looked far and ~ они́ иска́ли повсю́ду; people came from far and ~ лю́ди прибыва́ли отовсю́ду (*or* со всех концо́в страны́/земли́); the procession drew ~ проце́ссия приближа́лась; Christmas is drawing ~ бли́зится Рождество́; it is ~ (up)on midnight почти́ по́лночь; come a little ~er подойди́те побли́же; **2.** (*fig.*): I came ~ to believing him я чуть бы́ло ему́ не пове́рил; as ~ as I can guess наско́лько я могу́ суди́ть; this is as ~ bribery as makes no matter э́то со́бственно равноси́льно взя́точничеству; the bus was nowhere ~ full авто́бус был далеко́ не по́лон; she is nowhere ~ as old as her husband она́ далеко́ не так стара́, как муж; она́ гора́здо моло́же му́жа.

*v.t.* прибл|ижа́ться, -и́зиться к +*d.*; he is ~ing his end ему́ ско́ро придёт коне́ц; он при́ смерти.

*prep.* у, о́коло, близ, бли́зко от (*all* +*g.*); she sat ~ the door она́ сиде́ла у/во́зле две́ри; there are woods ~ the town о́коло го́рода есть лес; he lives ~ us он живёт бли́зко от нас; ~ here недалеко́ отсю́да; is there a hotel ~ here? есть ли здесь побли́зости гости́ница?; come ~er the fire! (по)дви́гайтесь к ками́ну!; I'm getting ~ the end of the book я зака́нчиваю кни́гу; it must be ~ dinner-time ско́ро должно́ быть обе́д; his hopes are ~ fulfilment ещё немно́го, и наде́жды его́ сбу́дутся; no-one can come ~ him for skill никто́ не мо́жет сравни́ться с ним в мастерстве́; we are no ~er a solution мы ничу́ть не бли́же к реше́нию.

*cpds.*: **~by** *adj.* располо́женный побли́зости; близлежа́щий, сосе́дний; **~-side** *adj.* (*in Britain*) ле́вый; **~-sighted** *adj.* близору́кий.

**nearly** *adv.* **1.** (*almost*) почти́; we are ~ there мы почти́ прие́хали/пришли́; I was ~ run over меня́ чуть не задави́ли; he ~ fell он чуть (бы́ло) не упа́л; there is not ~ enough to eat еды́ далеко́ не доста́точно; **2.** (*closely, intimately*) бли́зко; ~ related в бли́зком родстве́.

**nearness** *n.* бли́зость.

**neat** *adj.* **1.** (*of appearance: tidy*) опря́тный, аккура́тный; (*elegant*) изя́щный; (*well-proportioned*) хорошо́ сложённый; a ~ figure изя́щная фигу́рка; **2.** (*clear, precise, e.g. of handwriting, style*) чёткий; (*of wit: pointed, well-turned*) ме́ткий; отто́ченный; a ~ retort остроу́мная ре́плика; **3.** (*of liquor etc., undiluted*) неразба́вленный; drink one's whisky ~ пить (*impf.*) чи́стое ви́ски; **4.** (*skilful*) иску́сный, ло́вкий; he made a ~ job of it он э́то здо́рово сде́лал.

**neatness** *n.* опря́тность; изя́щность, изя́щество; ме́ткость; ло́вкость.

**Nebuchadnezzar** *n.* Навуходоно́сор.

**nebula** *n.* (*astron.*) тума́нность; (*med.*) помутне́ние рогово́й оболо́чки; бельмо́.

*adj.* небуля́рный.

**nebular** *adj.* небуля́рный.

**nebulosity** *n.* (*cloudiness*) о́блачность; (*fig., vagueness*) тума́нность.

**nebulous** *adj.* (*cloudy*) о́блачный; (*fig.*) тума́нный, нея́сный, сму́тный.

**necessarily** *adv.* обяза́тельно; it is not ~ true э́то не обяза́тельно так.

**necessar|y** *n.*: the ~ies of existence предме́ты пе́рвой необходи́мости; I did the ~y я сде́лал (всё), что ну́жно; (*money*): I had to find the ~y мне пришло́сь раскоше́литься (*coll.*).

*adj.* (*inevitable, inescapable*) неизбе́жный; a ~y evil неизбе́жное зло; (*indispensable*) необходи́мый; food is ~y to life пи́ща необходи́ма для жи́зни; (*compulsory, obligatory*) необходи́мый, обяза́тельный; it is ~y to eat in order to live что́бы жить, необходи́мо пита́ться; it is not ~ to dress for dinner мо́жно не одева́ться к обе́ду; переодева́ться к обе́ду необяза́тельно.

**necessitate** *v.t.* вынужда́ть, вы́нудить; his illness ~d his retirement из-за боле́зни он был вы́нужден пода́ть в отста́вку; the weather ~s a change of plan из-за пого́ды прихо́дится меня́ть пла́ны; your proposal ~s borrowing money е́сли приня́ть ва́ше предложе́ние, придётся занима́ться де́ньги.

**necessitous** *adj.* нужда́ющийся, бе́дный.

**necessity** *n.* **1.** (*inevitability*) неизбе́жность; logical ~ логи́чески неизбе́жный вы́вод; the doctrine of ~ детермини́зм; **2.** (*compulsion, need*) нужда́, необходи́мость; physical ~ физи́ческая необходи́мость; of ~ по необходи́мости; ~ knows no law нужда́ кре́пче зако́на; in case of ~ в слу́чае необходи́мости; ~ is the mother of invention голь на вы́думки хитра́; **3.** (*necessary thing*): the telephone is a ~ телефо́н не ро́скошь, а предме́т пе́рвой необходи́мости.

**neck** *n.* **1.** ше́я; (*dim.*) ше́йка; I have a stiff ~ мне продуло́ ше́ю; break s.o.'s ~ свёр|тывать, -ну́ть (*or* слома́ть (*pf.*)) ше́ю кому́-н.; he got it in the ~ ему́ влете́ло/попа́ло (*coll.*); он получи́л нагоня́й; ему́ да́ли по ше́е; he's a pain in the ~ он ужа́сная зану́да (*coll.*); risk one's ~ риск|ова́ть, -ну́ть голово́й; save one's ~ спасти́ (*pf.*) свою́ го́лову/шку́ру; stick one's ~ out (*coll.*) напр|а́шиваться, -оси́ться на неприя́тности; лезть, по- в пе́тлю; ста́вить, по- себя́ под уда́р; he was up to his ~ in water он стоя́л по ше́ю в воде́; he is up to his ~ in debt он в долгу́ как в шелку́; he is up to his ~ in work у него́ рабо́ты по го́рло; the horse won by a ~ ло́шадь опереди́ла други́х на го́лову; wring s.o.'s ~ свёр|тывать, -ну́ть ше́ю кому́-н.; I'll wring his ~ (*fig.*) я ему́ го́лову/ше́ю сверну́; he was thrown out ~ and crop его́ вы́толкали в ше́ю; ~ and ~ ноздря́ в ноздрю́; голова́ в го́лову; ~ or nothing пан и́ли пропа́л; **2.** (*geog., promontory*) мыс; (*isth-*

*mus*) перешéек; **3.** (*of var. objects*): ~ of a bottle гóрлышко буты́лки; ~ of a violin гриф скри́пки; ~ of a shirt вóрот руба́шки; grab s.o. by the ~ хвата́ть, схвати́ть когó-н. за ши́ворот; **4.** (*sl., impudence*) наха́льство.

*v.i.* нéжничать (*impf.*); обжима́ться (*impf.*) (*sl.*).

*cpds.*: ~**cloth** *n.* га́лстук; шéйный платóк; ~**lace** *n.* ожерéлье; ~**line** *n.* вы́рез (пла́тья); low ~line декольтé (*indecl.*); ~**tie** *n.* га́лстук; ~**wear** *n.* га́лстуки, воротнички́ (*m. pl.*) *и m.n.*

**necking** *n.* нéжничанье, обжима́ние (*coll.*).

**necklet** *n.* корóткое ожерéлье; горжéтка.

**necrology** *n.* (*obituary notice*) некролóг; (*death-roll*) спи́сок умéрших.

**necromancer** *n.* некрома́нт; колду́н.

**necromancy** *n.* некрома́нтия; колдовствó; чёрная ма́гия.

**necromantic** *adj.* колдовскóй.

**necrophilia** *n.* некрофили́я.

**necropolis** *n.* некрóполь (*m.*).

**necrosis** *n.* омертвéние, некрóз.

**nectar** *n.* (*myth., bot.*) некта́р.

**nectarine** *n.* гла́дкий пéрсик, нектари́н.

**née** *adj.* урождённая.

**need** *n.* (*want, requirement*) нужда́; be, stand in ~ of нужда́ться (*impf.*) в +*p.*; the house is in ~ of repair дом нужда́ется в ремóнте; I have ~ of a rest мне ну́жен óтдых; she feels a ~ for (*or* the ~ of) company у неё есть потрéбность в óбществе; ей не хвата́ет óбщества; my ~s are few у меня́ потрéбности скрóмные; enough to satisfy one's ~s доста́точно, чтóбы удовлетвори́ть потрéбности; (*emergency*) нужда́; in one's (*hour of*) ~ в нужде́; a friend in ~ is a friend indeed друзья́ познаю́тся в бедé; (*necessity*) необходи́мость; if ~ be в слу́чае необходи́мости; is there any ~ to hurry? ра́зве ну́жно торопи́ться?; there's no ~ to get upset нéзачем расстра́иваться; there is no ~ for him to read the whole book ему́ необяза́тельно прочита́ть всю кни́гу.

*v.t.* **1.** (*want, require*) нужда́ться (*impf.*) в +*p.*; the grass ~s cutting газóн слéдует подстри́чь; the tap ~s a new washer ну́жно смени́ть прокла́дку в кра́не; he ~s a haircut ему́ пора́ (по)стри́чься; we shall ~ every penny нам потрéбуется/понадóбиться ка́ждая копéйка; what he ~s is a good hiding егó слéдует хорошéнько вы́пороть; it only ~s one volunteer and everyone would go доста́точно вы́зваться одному́, и (за ним) пойду́т все; **2.** (*with inf., be obliged, under necessity*): ~ I come today? мне ну́жно приходи́ть сегóдня?; you ~n't do it all tomorrow вам не обяза́тельно кóнчить всю рабóту за́втра; one ~s to be on one's guard with him с ним слéдует/ну́жно держа́ть у́хо вострó; it ~s to be done э́то ну́жно сдéлать; э́то должнó быть сдéлано;

don't be away longer than you ~ не заде́рживайтесь там дóльше, чем ну́жно/необходи́мо; ~ she have come at all? а на́до ли бы́ло ей приходи́ть вообще́?; you ~ not have bothered напра́сно вы беспокóились; I ~ not (*have no reason to*) мне нéзачем; he ~ not come он мóжет не (*or* он не дóлжен *or* ему́ не на́до) приходи́ть.

*v.i.* (*be in want*) нужда́ться (*impf.*).

**needful** *n.*: the ~ (*coll.*) дéн|ьги (*pl., g.* -ег). *adj.* необходи́мый.

**needle** *n.* **1.** (*for sewing etc.*) игла́, игóлка; thread a ~ вд|ева́ть, -еть ни́тку в игóлку; eye of a ~ (игóльное) ушкó; as sharp as a ~ (*fig.*) у́мный, как чёрт; чертóвски проница́тельный; look for a ~ in a haystack иска́ть (*impf.*) игóлку в стóге сéна; gramophone ~ патефóнная игла́; (*for knitting*) спи́ца; (*instrument pointer*) стрéлка; **2.** (*leaf of conifer*): pine/fir ~ соснóвая/елóвая игла́; (*pl.*) хвóя (*collect.*); **3.** (*obelisk*) обели́ск; **4.** ·(*coll., irritation*): get the ~ нéрвничать (*impf.*).

*v.t.* (*irritate, tease*) подд|ева́ть, -éть.

*cpds.*: ~-**case** *n.* игóльник; ~**craft** *n.* рукодéлие; ~**woman** *n.* швея́; (*non-professional*) рукодéльница; ~**work** *n.* рукодéлие, шитьё, вшива́ние.

**needless** *adj.* (*unnecessary*) нену́жный; (*superfluous*) ли́шний; (*inappropriate, uncalled for*) неумéстный; ~ to say (самó собóй) разумéется; ~ to say, we shall return the book мы, разумéется, вернём кни́гу.

**needlessness** *n.* нену́жность, неумéстность.

**needs** *adv.* (*liter.*): I ~ must go я дóлжен идти́; (*iron.*): he must ~ go just when I want him ему́, ви́дите ли, на́до уходи́ть и́менно тогда́, когда́ он мне ну́жен; ~ must when the devil drives прóтив рожна́ не попрёшь; нужда́ крéпче закóна.

**needy** *adj.* нужда́ющийся; they are in ~ circumstances они́ нужда́ются; (*as n.*): the poor and ~ беднота́.

**ne'er** *adv.* (*arch.*) никогда́; he had ~ a friend in the world у негó на всём бéлом свéте нé было ни однóй роднóй души́.

*cpd.*: ~-**do-well** *n.* бездéльник, негóдник.

**nefarious** *adj.* злодéйский, бесчéстный.

**negate** *v.t.* (*deny*) отрица́ть (*impf.*); отрица́ть существова́ние +*g.*; (*nullify*) св|оди́ть, -ести́ на нет; (*be opposite of; contradict*) опроверга́ть (*impf.*).

**negation** *n.* (*denial*) отрица́ние; (*nullification*) опроверже́ние; (*contradiction*): this is a ~ of common sense э́то противорéчит здра́вому смы́слу.

**negative** *n.* **1.** (*statement, reply, word*) отрица́ние; he answered in the ~ он дал отрица́тельный отвéт; two ~s make an affirmative отрица́ние отрица́ния равноси́льно утвержде́нию; ми́нус на ми́нус даёт плюс; а

sentence in the ~ отрица́тельное пред-
ложе́ние; **2.** (*elec.*) отрица́тельный по́люс; **3.**
(*phot.*) негати́в.

*adj.* отрица́тельный; take a ~ attitude от-
рица́тельно/негати́вно отн|оси́ться, -ести́сь
к (*чему*); ~ sign (*math.*) знак ми́нус; ~ voice
(*vote*) го́лос про́тив; **2.** (*phot.*) негати́вный.

*v.t.* (*reject, veto*) отв|ерга́ть, -е́ргнуть;
нал|ага́ть, -ожи́ть ве́то/запре́т на +*a.*; (*dis-
prove*) опров|ерга́ть, -е́ргнуть; (*contradict*)
противоре́чить (*impf.*) +*d.*

**negativism** *n.* негативи́зм.

**neglect** *n.* **1.** (*failure to attend to*) пренебреже́ние
+*i.*; ~ of one's duties пренебреже́ние свои́ми
обя́занностями, хала́тность; ~ of one's
appearance пренебреже́ние свое́й вне́ш-
ностью; **2.** (*lack of care*) запу́щенность; the
wound festered through ~ ра́на загнои́лась
оттого́, что была́ запу́щена; ~ of one's children отсу́тствие забо́ты о со́бственных
де́тях; she scolded him for his ~ of her она́ его́
руга́ла за невнима́тельность; **3.** (*failure to
notice; disregard*) невнима́ние; **4.** (*uncared-for
state*) запу́щенность, забро́шенность; the
house was in a state of ~ дом был
запу́щен/забро́шен.

*v.t.* **1.** (*leave undone, let slip*) запус|ка́ть,
-ти́ть; забр|а́сывать, -о́сить; he ~ed his
studies он запусти́л заня́тия; you ~ed your
duty вы не вы́полнили свой долг; I shall ~ no
opportunity of seeing him я повида́ю его́ (*or*
встре́чусь с ним) при пе́рвой же
возмо́жности; **2.** (*leave uncared for*): he ~s his
family он не забо́тится о семье́; ~ed children
безнадзо́рные/забро́шенные де́ти; a ~ed
garden запу́щенный/забро́шенный сад; you
have been ~ing me all these months все э́ти
ме́сяцы вы не обраща́ли на меня́ никако́го
внима́ния; (*of books, writers etc.*): he is a ~ed
composer он (несправедли́во) забы́тый
компози́тор; **3.** (*with inf., fail, forget*) заб|ыва́-
ть, -ы́ть; he ~ed to wind up the clock он забы́л
завести́ часы́.

**neglectful** *adj.* (*careless, inattentive*) небре́жный,
невнима́тельный; (*remiss*) неради́вый, бес-
пе́чный; he is ~ of his interests он не
забо́тится о со́бственных интере́сах.

**négligé** *n.* неглиже́ (*indecl.*); пеньюа́р.

**negligence** *n.* небре́жность, хала́тность; criminal ~ престу́пная небре́жность; невни-
ма́тельность; неря́шливость.

**negligent** *adj.* (*careless*) небре́жный; he is ~ of
his duties он отно́сится небре́жно/хала́тно к
свои́м обя́занностям; (*inattentive*) невнима́-
тельный; (*slovenly*) неря́шливый; he is ~ in
dress/appearance он одева́ется неря́шливо; у
него́ соверше́нно опусти́вшийся вид.

**negligible** *adj.* незначи́тельный.

**negotiable** *adj.* **1.** ~ conditions, terms усло́вия,
кото́рые мо́гут служи́ть предме́том

перегово́ров; **2.** (*of securities, cheques etc.*)
подлежа́щий переусту́пке; с пра́вом пере-
да́чи; ~ securities оборо́тные це́нные
бума́ги; **3.** (*navigable*) проходи́мый; (*of roads*)
прое́зжий.

**negotiate** *v.t.* **1.** (*arrange*) догов|а́риваться,
-ори́ться о +*p.*; (*conduct negotiations over*)
вести́ (*impf.*) перегово́ры о +*p.*; (*conclude
agreement on*) прийти́ (*pf.*) к соглаше́нию о
+*p.*; **2.** (*convert into cash*): ~ a cheque полу-
ч|а́ть, -и́ть де́ньги по че́ку; разменя́ть (*pf.*)
чек; вы́платить (*pf.*) по че́ку; **3.** (*get over or
through*) проб|ира́ться, -ра́ться че́рез +*a.*; ~
a corner брать, взять поворо́т; (*fig., sur-
mount*): ~ an obstacle/difficulty преодо-
л|ева́ть, -е́ть препя́тствие/тру́дность.

*v.i.* догов|а́риваться, -ори́ться.

**negotiation** *n.* **1.** ~ of terms обсужде́ние
усло́вий; conduct ~s вести́ перегово́ры; **2.** ~
of a bill переусту́пка/переда́ча ве́кселя; **3.**
(*fig.*): ~ of difficulties преодоле́ние
тру́дностей.

**negotiator** *n.* уча́стник перегово́ров; (*representative*) представи́тель (*m.*).

**Negress** *n.* негритя́нка.

**negritude** *n.* принадле́жность к чёрной ра́се.

**Negro** *n.* негр.

*adj.* негритя́нский.

**Negroid** *adj.* негро́идный.

**Negus**[1] *n.* не́гус.

**negus**[2] *n.* (*drink*) не́гус.

**neigh** *n.* ржа́ние.

*v.i.* ржать, за-.

**neighbour** *n.* (*lit., and of countries, guests at dinner etc.*) сосе́д (*fem.* -ка); my next-door ~ мой
ближа́йший сосе́д (по у́лице); this house and
its ~s э́тот и сосе́дние с ним дома́; love of
one's ~ любо́вь к бли́жнему; love thy ~!
возлюби́ бли́жнего своего́!

*v.i.*: ~ on прилега́ть (*impf.*) к +*d.*; сосе́д-
ствовать (*impf.*) с +*i.*; ~ing countries
сосе́дние стра́ны; пограни́чные госуда́рства.

**neighbourhood** *n.* **1.** (*locality*) ме́стность,
окре́стность; our ~ is a healthy one мы живём
в здоро́вой ме́стности; (*district*) райо́н; (*vicinity*) сосе́дство; in the ~ of the park о́коло (*or*
недалеко́ от) па́рка; in the ~ of 20 tons при-
близи́тельно/приме́рно два́дцать тонн; **2.**
(*neighbours; comunity*) сосе́ди (*m. pl.*);
окружа́ющие (*pl.*); he was the laughing-stock
of the ~ он был посме́шищем всей окру́ги.

**neighbourliness** *n.* доброcосе́дское отноше́ние.

**neighbourly** *adj.* доброcосе́дский; in a ~ fashion по-сосе́дски; that's not a ~ thing to do э́то
не по-сосе́дски.

**neither** *pron. & adj.* ни тот ни друго́й; ~ of them
knows ни оди́н (*or* никто́) из них не зна́ет; они́
о́ба не зна́ют; ~ of them likes it э́то не
нра́вится ни тому́, ни друго́му; he took ~ side
in the argument в спо́ре он не присоедини́лся

ни к той ни к другóй сторонé (*or* ни к однóй из сторóн).

*adv.* **1.**: ~ . . . nor ни . . . ни; ~ one thing nor the other ни рыба, ни мясо; one must ~ smoke nor spit here здесь нельзя ни курить, ни плевáть; he ~ knows nor cares он не знáет и не хóчет знать; it's of no interest to you, nor to me ~ (*sl.*) э́то никомý не интерéсно — ни вам, ни мне; that's ~ here nor there э́то тут ни при чём; ~ he nor I went ни он, ни я не пошли́; **2.** (*after neg. clause*): if you don't go, ~ shall I если вы не пойдёте, то и я не пойдý; he didn't go and ~ did I он не пошёл, я тóже.

**nelson** *n.* (*wrestling-hold*) нéльсон.

*nem. con. adv.* без возражéний.

**Nemesis** *n.* (*retribution*) возмéздие, кáра.

**nenuphar** *n.* кувши́нка.

**neoclassical** *adj.* неокласси́ческий.

**neocolonial** *adj.* неоколониали́стский.

**neocolonialism** *n.* неоколониали́зм.

**neo-Fascist** *n.* неофаши́ст.

*adj.* неофаши́стский.

**neolithic** *n.* (*the* ~ *age*) неоли́т.

*adj.* неолити́ческий.

**neologism** *n.* неологи́зм.

**neon** *n.* неóн.

*adj.* неóновый; ~ sign неóновая реклáма.

**neophyte** *n.* неофи́т.

**neo-Platonism** *n.* неоплатони́зм.

**neo-Platonist** *n.* неоплатóник.

**neozoic** *adj.* кайнозóйский.

**Nepal** *n.* Непáл.

**Nepal**‖**ese, -i.** *n.* непáлец; (*fem.*) жи́тельница Непáла. *adj.* непáльский.

**nephew** *n.* племя́нник.

**nephrite** *n.* нефри́т.

**nephritic** *adj.* пóчечный.

**nephritis** *n.* нефри́т.

*ne plus ultra n.* верх (*чего*).

**nepotism** *n.* непоти́зм, кумовствó.

**Neptune** *n.* (*myth., astron.*) Нептýн.

**nereid** *n.* (*myth., zool.*) нереи́да.

**Nero** *n.* Нерóн.

**nerve** *n.* **1.** нерв; ~ gas отравля́ющее веществó (*abbr.* ОВ) нéрвно-паралити́ческого дéйствия; ~ specialist врач по нéрвным болéзням, нервопатóлог; (*pl.*): he has ~s of steel у негó желéзные нéрвы; he doesn't know what ~s are он не знáет, что такóе нéрвы; my ~s are bad у меня́ нéрвы никудá не годя́тся; he's just a bundle of ~s он прóсто комóк нéрвов; he suffers from ~s у негó нéрвы не в поря́дке; he gets on my ~s он дéйствует мне на нéрвы; **2.** (*courage, assurance*) смéлость; lose one's ~ оробéть (*pf.*); (*coll., impudence*): have the ~ to . . . имéть нáглость +*inf.*; he's got a ~ ну и наглéц!; he had the ~ to ask me . . . у негó хвати́ло дýху спроси́ть меня́ . . .; **3.** (*sinew*) жи́ла; strain every ~ to . . . напр‖ягáть, -я́чь

все си́лы, чтóбы . . .; **4.** (*bot.*) жи́лка.

*v.t.* (*impart vigour/courage to*) прид‖авáть, -áть си́лы/хрáбрости +*d.*; he ~d himself to make a speech он собрáлся с дýхом и произнёс речь.

*cpds.*: ~**-cell** *n.* нéрвная клéтка; ~**-centre** *n.* нéрвный центр; ~**-racking** *adj.* дéйствующий на нéрвы; измáтывающий.

**nerveless** *adj.* (*inert*) инéртный; (*limp, flabby*) вя́лый; (*powerless*) бесси́льный; (*without feeling*) бесчýвственный; his arm fell ~ to his side егó рукá бесси́льно опусти́лась; he writes in a ~ style он пи́шет вя́ло/скýчно/безжи́зненно.

**nervous** *adj.* **1.** (*pert. to nerves*) нéрвный; ~ system нéрвная систéма; ~ strain нéрвное напряжéние; he had a ~ breakdown у негó бы́ло нéрвное расстрóйство; **2.** (*highly strung*) нéрвный; **3.** (*agitated*) взволнóванный; he was ~ before making his speech он волновáлся/нéрвничал пéред выступлéнием; **4.** (*apprehensive*) нéрвный; I am ~ of asking him я не решáюсь спроси́ть егó.

**nervousness** *n.* нéрвность, нервóзность.

**nervy** *adj.* нéрвный, нервóзный; feel ~ нéрвничать (*impf.*).

**nest** *n.* гнездó, (*dim.*) гнёздышко; (*fig.*) feather one's ~ ≃ наби́ть (*pf.*) себé кармáн; наж‖ивáться, -и́ться; нагрéть (*pf.*) рýки; he feathered his ~ by selling arms он нажи́лся на торгóвле орýжием; foul one's own ~ пáкостить (*impf.*) в сóбственном дóме; ~ of tables комплéкт стóликов, вставля́ющихся оди́н в другóй; ~ of vipers змеи́ное гнездó.

*v.i.* **1.** (*of birds*) гнезди́ться (*impf.*); **2.** (*hunt for birds'* ~s) охóтиться (*impf.*) за гнёздами.

*cpds.*: ~**-egg** *n.* (*lit.*) подкладнóе яйцó; (*fig., savings*) сбережéния (*nt. pl.*).

**nestle** *v.t. & i.*: ~ (*one's head/face*) against s.o./sth. приж‖имáться, -áться (головóй/лицóм) к комý/чемý-н.; ~ down устрóиться (*pf.*) поудóбнее; ~ down in bed свёр‖ты-ваться, -нýться калáчиком в постéли; ~ up to s.o. ласкáться, при- к комý-н.; льнýть, при- к комý-н.

**nestling** *n.* птенéц, птéнчик.

**net**[1] *n.* **1.** (*fruit-* ~, *mosquito-* ~ *etc.*) сéтка; (*snare for birds, fishing-* ~ *and fig.*) сеть, сéти (*f. pl.*); (*hair-* ~, *tennis, cricket-* ~ *etc.*) сéтка; (*butterfly-* ~) сачóк; **2.** (*fabric*) тюль (*m.*); ~ curtains тю́левые занавéски; **3.** (*network, of communications etc.*) сеть.

*v.t.* **1.** (*fish, birds etc.*) лови́ть, пойма́ть в сеть/сéти; **2.** (*fruit etc.*) накр‖ывáть, -ы́ть сéткой; **3.** he ~ted the ball он заки́нул мяч в сéтку; (*at football*) он заби́л гол.

*cpds.*: ~**-ball** *n.* баскетбóл; ~**work** *n.* сеть.

**net**[2]**, nett** *adj.* чи́стый; ~ income чи́стый дохóд; ~ weight чи́стый вес; вес нéтто.

*v.t.* (*obtain as profit*) срывáть, сорвáть; he

~ted a handsome profit он сорва́л соли́дный куш.

**nether** *adj.* ни́жний; ~ garments (*joc.*) штан|ы́ (*pl., g.* -о́в); ~ regions, world преиспо́дняя. *cpd.*: ~**most** *adj.* са́мый ни́жний.

**Netherlander** *n.* голла́нд|ец (*fem.* -ка).

**Netherlandish** *adj.* нидерла́ндский.

**Netherlands** *n.* Нидерла́нд|ы (*pl., g.* -ов).

**nett** *see* NET².

**netting** *n.* се́тка.

**nettle** *n.* крапи́ва.
*v.t.* (*fig.*) зад|ева́ть, -е́ть; раздраж|а́ть, -и́ть. *cpd.*: ~**-rash** *n.* крапи́вница.

**neural** *adj.* не́рвный.

**neuralgia** *n.* невралги́я.

**neuralgic** *adj.* невралги́ческий.

**neurasthenia** *n.* неврастени́я.

**neurasthenic** *adj.* неврастени́ческий, неврастени́чный.

**neuritis** *n.* неври́т.

**neurologist** *n.* невро́лог.

**neurology** *n.* невроло́гия.

**neuron** *n.* нейро́н.

**neuropath** *n.* невропа́т.

**neuropathic** *adj.* невропатологи́ческий.

**neuropathologist** *n.* невропато́лог.

**neuropathology** *n.* невропатоло́гия.

**neurosis** *n.* невро́з.

**neurotic** *n.* неврасте́ник.
*adj.* неврастени́ческий, неврастени́чный.

**neuter** *n.* (*gram., gender*) сре́дний род; (*word*) сло́во сре́днего ро́да.
*adj.* (*gram.*) сре́дний; сре́днего ро́да; (*zool.*) кастри́рованный; (*bot.*) беспо́лый.
*v.t.* кастри́ровать (*impf., pf.*).

**neutral** *n.* (*of gears*) холосто́й ход; in ~ в сре́днем положе́нии.
*adj.* **1.** (*of state or pers.*) нейтра́льный; be ~ зан|има́ть, -я́ть нейтра́льную пози́цию; **2.** (*of colour etc., indeterminate*) неопределённый, нейтра́льный; **3.** (*chem.*) сре́дний; **4.** (*elec.*) нулево́й, нейтра́льный; **5.** (*of gears*) холосто́й.

**neutralism** *n.* нейтрали́зм.

**neutrality** *n.* нейтралите́т.

**neutralization** *n.* нейтрализа́ция.

**neutralize** *v.t.* нейтрализова́ть (*impf., pf.*); (*paralyse*) парализова́ть (*impf., pf.*).

**neutron** *n.* нейтро́н.

**Neva** *n.* Нева́.

**never** *adv.* **1.** никогда́ (. . . не); (*not once*) ни ра́зу (. . . не); it is ~ too late to mend испра́виться никогда́ не по́здно; ~ a dull moment! не соску́чишься!; you ~ know как знать?; ~ before никогда́ ра́ньше; I have ~ before (*or* in my life) seen such tomatoes в жи́зни не ви́дел/ви́дывал таки́х помидо́ров; I believed him once, but ~ again одна́жды я ему́ пове́рил, но бо́льше никогда́ не пове́рю; (*emphatic for* not) так и нет; that will ~ do э́то

никуда́ не годи́тся; he ~ even tried он да́же не попро́бовал; he spoke ~ a word он не пророни́л ни сло́ва; I ~ slept a wink я глаз не сомкну́л; (*expr. incredulity*) ~! не мо́жет быть!; (*with imper.*): ~ fear! не бо́йтесь!; не беспоко́йтесь!; ~ say die! не отча́ивайтесь!; ~ mind (*don't trouble yourself*) не беспоко́йтесь!; (*in answer to apology*) ничего́!; **2.** (*expr. surprise*): surely you ~ told him! неуже́ли вы ему́ сказа́ли?; well, I ~ (did)! не мо́жет быть!
*cpds.*: ~**-ceasing** *adj.* беспреста́нный, непреры́вный; ~**-dying** *adj.* бессме́ртный; ~**-ending** *adj.* бесконе́чный; it's a ~-ending job э́той рабо́те конца́ нет; ~**-fading** *adj.* (*fig.*) неувяда́емый; ~**-failing** *adj.* надёжный; ~ **more** *adv.* никогда́ бо́льше/впредь; ~-~ *n.*: ~-~ land (*sc. of plenty*) ска́зочная страна́ изоби́лия; he bought his car on the ~-~ (*coll.*) он купи́л маши́ну в рассро́чку; ~**theless** *adv.* одна́ко; *conj.* тем не ме́нее; ~**-to-be-forgotten** *adj.* незабве́нный.

**new** *adj.* **1.** но́вый; the N~ World Но́вый Свет; the N~ Testament Но́вый заве́т; N~ Year Но́вый год; *see also* YEAR; N~ Brunswick Нью-Бра́нсуик; N~ Hampshire Нью-Хе́мпшир; N~ Jersey Нью-Дже́рси (*m. indecl.*); N~ Mexico Нью-Ме́ксико (*m. indecl.*); N~ Orleans Но́вый Орлеа́н; N~ York Нью-Йо́рк; N~ Yorker урожён|ец (*fem.* -ка) Нью-Йо́рка; N~ Zealand Но́вая Зела́ндия; N~ Zealander новозела́нд|ец (*fem.* -ка); as good as ~ совсе́м как но́вый; what's ~? что но́вого?; he became a ~ man он стал други́м челове́ком; **2.** (*modern, advanced*) новомо́дный; the ~ diplomacy совреме́нная диплома́тия; the ~ mathematics но́вый ме́тод преподава́ния матема́тики; the ~est fashions нове́йшие/после́дние мо́ды; **3.** (*fresh*) молодо́й; ~ potatoes молодо́й карто́фель; ~ moon молодо́й ме́сяц, новолу́ние; ~ wine молодо́е вино́; **4.** (*unaccustomed*): I am ~ to this work я в э́том де́ле новичо́к; (*unfamiliar*) this work is ~ to me э́та рабо́та для меня́ непривы́чна.
*cpds.*: ~**-born** *adj.* новорождённый; ~ **comer** *n.* новичо́к; he's a ~comer to the village он посели́лся в э́той дере́вне неда́вно; ~**-fangled,** ~**-fashioned** *adjs.* новомо́дный; ~**-found** *adj.*: a ~-found interest но́вое увлече́ние (+*i.*); N~**foundland** *n.* Нью́фа́ундле́нд; (*dog*) нью́фа́ундле́нд, водола́з; ~**-laid** *adj.* све́жий; ~**-mown** *adj.* свежеско́шенный; ~**-year** *adj.* нового́дний.

**newel** *n.* коло́нна винтово́й ле́стницы; баля́сина.

**newly** *adv.* **1.** (*recently*) неда́вно; ~ arrived неда́вно прибы́вший; **2.** (*anew*) вновь; a ~ painted gate свежеокра́шенная кали́тка; **3.** (*in a new way*) за́ново; по-ино́му; по-но́вому.

*cpds.*: ~-**built** *adj.* неда́вно вы́строенный; ~-**wed** *n.*: the ~-weds молодожён|ы (*pl., g.* -ов); *adj.* новобра́чный.

**newtess** *n.* новизна́.

**news** *n.* **1.** но́вости (*f. pl.*); (*piece of* ~) но́вость; have you heard the ~? вы слы́шали но́вость?; is there any (*or* what's the) ~? что но́вого?; what ~ of him? что слы́шно о нём?; that's good ~! рад слы́шать!; вот здо́рово!; сла́ва Бо́гу!; I had bad ~ from home я получи́л неутеши́тельные ве́сти и́з дому; he brought bad ~ он принёс дурну́ю весть; that's no ~ to me! я э́то и ра́ньше знал; no ~ is good ~ отсу́тствие весте́й — хоро́шая весть; we had ~ from him мы получи́ли от него́ ве́сточку; have you had ~ of the results? вам уже́ изве́стны результа́ты?; **2.** (*in press or radio*) после́дние изве́стия; he is in the ~ про него́ пи́шут в газе́тах; ~ agency телегра́фное аге́нтство; ~ bulletin информацио́нный бюллете́нь; ~ cinema, theatre кинотеа́тр; «Но́вости дня»; ~ conference пресс--конфере́нция; ~ flash коро́ткое э́кстренное сообще́ние.

*cpds.*: ~**agent**, ~-**dealer**, ~-**vendor** *nn.* продав|е́ц (*fem.* -щи́ца) газе́т; (газе́тный) киоскёр (*fem.* -ша); ~**boy** *n.* газе́тчик; ~**cast** *n.* после́дние изве́стия (по ра́дио/телеви́дению); ~**caster** *n.* ди́ктор; радио-коммента́тор; ~-**dealer** *see* ~**agent**; ~-**girl** *n.* газе́тчица; ~-**letter** *n.* информацио́нный бюллете́нь; ~**monger** *n.* спле́тни|к (*fem.* -ца); ~**paper** *n.* газе́та; (*attr.*) газе́тный; ~**print** *n.* газе́тная бума́га; ~-**reader** *n.* ди́ктор (после́дних изве́стий); ~**reel** *n.* кинохро́ника; ~**room** *n.* отде́л новосте́й; ~**sheet** *n.* информацио́нный листо́к; ~-**stand** *n.* газе́тный кио́ск; ~-**vendor** *see* ~**agent**; ~**worthy** *adj.* интере́сный; представля́ющий интере́с для печа́ти.

**newsy** *adj.* (*coll.*) по́лный новосте́й.

**newt** *n.* трито́н.

**Newton** *n.* Нью́то́н.

**Newtonian** *adj.* нью́то́нов.

**next** *n.* (*in order*): the week after ~ че́рез неде́лю; ~, please! сле́дующий!; ~ of kin ближа́йший ро́дственник; (*letter*): I will tell you in my ~ сообщу́ в сле́дующем письме́; (*issue*): to be continued in our ~ продолже́ние в сле́дующем но́мере.

*adj.* **1.** (*of place: nearest*) ближа́йший; (*adjacent*) сосе́дний, сме́жный; in the ~ house в сосе́днем до́ме; the house ~ to ours дом ря́дом с на́шим; he lives ~ door он живёт ря́дом; he lives ~ door but one to us он живёт че́рез дом от нас; ~ door to blasphemy на гра́ни богоху́льства; the chair was ~ to the fire стул стоя́л у ками́на; **2.** ~ to (*fig., almost*) почти́; it was ~ to impossible бы́ло почти́ невозмо́жно; I got it for ~ to nothing я купи́л э́то за

бесце́нок; **3.** (*in a series*) очередно́й; (*future*) бу́дущий, сле́дующий; (*past or future*) сле́дующий; (*future*) сле́дующий, бу́дущий; ~ day на друго́й/сле́дующий день; ~ Friday в (сле́дующую) пя́тницу; ~ October в октябре́ э́того/бу́дущего го́да; the ~ day but one was a holiday э́то бы́ло за два дня до пра́здника; ~ week на бу́дущей/той неде́ле; ~ year в бу́дущем году́; the Sunday ~ before Easter после́днее воскресе́нье пе́ред Па́схой; ~ time we'll go to London в сле́дующий раз мы пое́дем в Ло́ндон; better luck ~ time! мо́жет, в сле́дующий раз бо́льше повезёт!; the shoes ~ to these in size ту́фли на оди́н но́мер бо́льше/ме́ньше э́тих; he is ~ in line он пе́рвый на о́череди; он сле́дующий; the ~ thing I knew, I was lying on the floor в ту же мину́ту я очути́лся лежа́щим на полу́; the ~ world друго́й/потусторо́нний мир.

*adv.*: he stood ~ to the fire он стоя́л во́зле ками́на; he placed his chair ~ to hers он поста́вил свой стул ря́дом с её (сту́лом); what ~? ещё что!; э́того ещё не хвата́ло!; what will he do ~? а тепе́рь что он наду́мает?; G comes ~ to, ~ after F «G» сле́дует за «F»; when I saw him когда́ я его́ уви́дел в сле́дующий раз; ~ we come to the library зате́м мы подхо́дим к библиоте́ке.

*prep.* ря́дом с +*i.*; he never wears wool ~ (to) his skin он никогда́ не надева́ет шерсть/шерстяно́е на го́лое те́ло.

*cpd.*: ~-**door** *adj.* сосе́дний; ~-door neighbour ближа́йший сосе́д.

**nexus** *n.* связь.

**Niagara** *n.* Ниага́ра; ~ falls Ниага́рский водопа́д.

**nib** *n.* перо́.

**nibble** *n.*: have, take a ~ at sth. надку́с|ывать, -и́ть что-н.

*v.t.* поку́сывать (*impf.*); (*at bait*) дёрг|ать, -нуть; (*at grass*) щипа́ть (*impf.*); пощи́пывать (*impf.*); (*of fish*) кл|ева́ть, -ю́нуть.

*v.i.*: ~ at sth. грызть (*impf.*) что-н.; (*fig.*): he ~ed at the offer он поду́мывал приня́ть э́то предложе́ние.

**Nicaragua** *n.* Никара́гуа (*indecl.*).

**Nicaraguan** *n.* никарагуа́н|ец (*fem.* -ка).

*adj.* никарагуа́нский.

**Nice**[1] *n.* Ни́цца.

**nice**[2] *adj.* **1.** (*agreeable*) прия́тный, ми́лый; (*good*) хоро́ший; (*of pers.*) ми́лый, симпати́чный, любе́зный; they have a ~ (*comfortable*) home у них ую́тный дом; that's very ~ of you э́то о́чень ми́ло с ва́шей стороны́; this soup tastes ~ э́то вку́сный суп; the country is looking ~ за́ городом тепе́рь краси́во; the house was ~ and big дом был просто́рный; get the room ~ and tidy! хороше́нько убери́те ко́мнату!; the soup was ~ and hot суп был по-настоя́щему горя́чий;

the children were ~ and clean де́ти бы́ли чи́стенькие/ухо́женные; (*iron.*): a ~ state of affairs! хоро́шенькое де́ло!; **2.** (*fastidious, scrupulous*) разбо́рчивый; (*discriminating*): it calls for ~ judgement здесь тре́буется всё стара́тельно/хороше́нько взве́сить; (*subtle*) то́нкий; a ~ shade of meaning то́нкий смысло́вой отте́нок (*or* отте́нок значе́ния); ~ distinctions то́нкие разли́чия.

   *cpd.*: ~-**looking** *adj.* краси́вый, симпати́чный.

**nicely** *adv.* (*well, satisfactorily*) хорошо́; he is getting along ~ у него́ дела́ иду́т хорошо́; (*of progress*) он де́лает успе́хи; (*of invalid*) он поправля́ется; (*agreeably*) прия́тно; (*kindly*) ми́ло; that will suit me ~ э́то мне вполне́ подойдёт; (*aptly*): ~ put ме́тко ска́зано.

**niceness** *n.* (*amiability*) любе́зность; (*exactitude*) то́чность.

**nicety** *n.* **1.** (*exactness*) то́чность; (*accuracy*) аккура́тность; to a ~ то́чно; **2.** (*subtle quality*) то́нкость; a point of great ~ о́чень то́нкий вопро́с; **3.** (*pl., minute distinctions, details*) ме́лкие подро́бности (*f. pl.*).

**niche** *n.* ни́ша; (*fig.*): he found his ~ in life он нашёл своё ме́сто (*or* себе́ месте́чко) в жи́зни.

**Nicholas** *n.* Никола́й.

**nick**[1] *n.* **1.** (*notch*) зару́бка; **2.** (*prison*) куту́зка (*sl.*); **3.** in the ~ of time в (са́мый) после́дний моме́нт; как раз во́время.

   *v.t.* **1.** (*cut notch in*) де́лать, с- зару́бку на +*p.*; he ~ed his chin shaving он поре́зал себе́ подборо́док во вре́мя бритья́; **2.** (*sl., arrest*) задержа́ть, арестова́ть, схвати́ть (*all pf.*); **3.** (*steal*) сти́брить (*pf.*) (*sl.*).

**Nick**[2] *n.*: Old ~ чёрт, сатана́ (*m.*).

**nickel** *n.* (*metal*) ни́кель (*m.*); (*Am. coin*) пятице́нтовик.

   *adj.* ни́келевый.

   *v.t.* никелирова́ть (*impf., pf.*).

   *cpd.*: ~-**plated** *adj.* никелиро́ванный; ~-**plating** *n.* никелиро́вка.

**nick-nack** *see* KNICK-KNACK.

**nickname** *n.* про́звище, кли́чка.

   *v.t.* прозыва́ть, -ва́ть +*a. & i.*; he was ~d Shorty его́ прозва́ли Коротышкой.

**nicotine** *n.* никоти́н; ~ poisoning отравле́ние никоти́ном.

   *cpd.*: ~-**stained** *adj.* жёлтый от табака́.

**niece** *n.* племя́нница.

**niello** *n.* чернь (*на мета́лле*).

**Niemen** *n.* Не́ман.

**Nietzschean** *adj.* ницшеа́нский.

**niffy** *adj.* (*sl.*) изя́щный, шика́рный.

**nifty** *adj.* (*sl.*) (*adept*) ло́вкий; (*stylish*) сти́льный.

**Niger** *n.* Ни́гер.

**Nigeria** *n.* Ниге́рия.

**Nigerian** *n.* нигери́|ец (*fem.* -йка).

*adj.* нигери́йский.

**niggard** *n.* скря́га (*c.g.*).

**niggardliness** *n.* ску́пость.

**niggardly** *adj.* скупо́й.

**nigger** *n.* черномазый (*coll.*); he's the ~ in the woodpile в нём вся загвоздка; he works like a ~ он рабо́тает как вол.

   *cpd.*: ~-**brown** *adj.* тёмно-кори́чневый.

**niggle** *v.t.* (*irritate*) задева́ть (*impf.*); поддева́ть (*impf.*).

   *v.i.* (*fuss over detail*) мелочи́ться (*impf.*); (*make trivial complaints*) придира́ться (*impf.*) (к пустяка́м).

**niggling** *adj.* (*requiring attention to detail*) кропотли́вый; (*petty*) ме́лочный; ~ criticism ме́лочная кри́тика; приди́рки (*f. pl.*).

**nigh** (*arch.*)=NEAR.

**night** *n.* **1.** ночь; (*waking hours of darkness*) ве́чер; dark, black as ~ чёрный как смоль; all ~ (long) всю ночь (напролёт); last ~ вчера́ ве́чером; tomorrow ~ за́втра ве́чером; at, by ~ но́чью; at ~s по нача́м; at dead of ~ в глуху́ю ночь; ~ and day днём и но́чью; we reached home before ~ мы пришли́ домо́й засветло; on Saturday ~ в суббо́ту ве́чером; on the ~ of the 12th/13th в ночь с двена́дцатого на трина́дцатое; good ~!; (*coll.*) ~-~! споко́йной но́чи!; have a good/bad ~('s sleep) хорошо́/пло́хо спать (*impf.*); it's my ~ off э́то мой свобо́дный ве́чер; stay the ~ ночева́ть, пере-; turn ~ into day превра|ща́ть, -ти́ть ночь в день; the Arabian N~s (*title*) «Ты́сяча и одна́ ночь»; work ~s (*Am.*) рабо́тать (*impf.*) по нача́м; a ~'s lodging ночле́г; **2.** (*attr.*) ночно́й; ~ fighter (*aircraft*) ночно́й истреби́тель; ~ life ночна́я жизнь (го́рода); ~ nurse ночна́я сиде́лка; ~ shift ночна́я сме́на; in the ~ watches в бессо́нные но́чи.

   *cpds.*: ~-**bell** *n.* ночно́й звоно́к; ~-**bird** *n.* (*lit.*) ночна́я пти́ца; (*fig.*) полуно́чник, сова́; ~-**blindness** *n.* кури́ная слепота́; ~-**cap** *n.* (*clothing*) ночно́й колпа́к; (*beverage*) стака́н (чего́) на́ ночь; ~-**club** *n.* ночно́й клуб, кафешанта́н; ~-**dress** *n.* ночна́я соро́чка/руба́шка; ~-**fall** *n.* су́мер|ки (*pl., g.* -ек); by ~-fall к ве́черу; ~-**gown** *n.* ночна́я руба́шка; ~-**jar** *n.* козодо́й; ~-**light** *n.* ночни́к; ~-**line** *n.* (*fishing*) у́дочка с прима́нкой, поста́вленная на́ ночь; ~-**long** *adj.* продолжа́ющийся всю ночь; ~-**mare** *n.* кошма́р; (*fig.*) у́жас; have a ~mare ви́деть (*impf.*) кошма́рный сон; he had ~s all through the night всю ночь ему́ сни́лись кошма́ры; ~-**marish** *adj.* кошма́рный; ~-**owl** *n.* (*fig.*) see ~-**bird**; ~-**porter** *n.* ночно́й швейца́р/портье́ (*m. indecl.*); ~-**school** *n.* вече́рняя шко́ла; ~-**shade** *n.* паслён; deadly ~shade со́нная о́дурь; ~-**shirt** *n.* ночна́я руба́шка; ~-**soil** *n.* нечисто́ты (*f. pl.*); ~-**time** *n.* ночно́е вре́мя; in the ~-time но́чью;

~-**watchman** *n.* ночно́й сто́рож; ~-**work** *n.* ночна́я рабо́та.

**night|ie, -y** *n.* ночна́я соро́чка.

**nightingale** *n.* солове́й.

**nightly** *adj.* (*happening at night*) ночно́й; (*happening every night*) ежено́щный; ~ performances ежедне́вные вече́рние представле́ния.

*adv.* ежено́щно; ка́ждую ночь.

**nighty** 1. *see* NIGHTIE; 2.: ~-night! ба́иньки-бай! (*coll.*).

**nihilism** *n.* нигили́зм.

**nihilist** *n.* нигили́ст (*fem.* -ка).

**nihilistic** *adj.* нигилисти́ческий.

**nil** *n.* нуль (*m.*); his influence is ~ его́ влия́ние равно́ нулю́.

**Nile** *n.* Нил; Blue ~ Голубо́й Нил.

**Nilotic** *adj.* (*geog.*) ни́льский; (*anthrop.*) нилоти́ческий; ~ languages нило́тские языки́.

**nimble** *adj.* (*agile*) прово́рный; (*lively*) живо́й; шу́стрый; (*swift*) бы́стрый; (*dextrous*) ло́вкий; he is ~ on his feet он о́чень прово́рен; (*mentally quick, sharp*) бо́йкий, нахо́дчивый; a ~ wit бо́йкий ум.

*cpds.*: ~-**footed** *adj.* быстроно́гий; ~-**witted** *adj.* нахо́дчивый, остроу́мный; he is ~-witted он за сло́вом в карма́н не (по)ле́зет.

**nimbus** *n.* (*halo*) нимб; (*aureole*) орео́л; (*meteor.*) дождево́е о́блако.

**nincompoop** *n.* дура́к, болва́н.

**nine** *n.* (*число/но́мер*) де́вять; (~ *people*) де́вятеро, де́вять челове́к; ~ each по девяти́; in ~s, ~ at a time по девяти́, девя́тками; (*figure; thing numbered* 9; *group of* ~) девя́тка; (*with var. nouns expr. or understood: cf. examples under* FIVE); dressed (up) to the ~s разоде́тый в пух и прах.

*adj.* де́вять +*g. pl.*; ~ twos are eighteen де́вять на два — восемна́дцать; a ~ days' wonder скоропреходя́щая сенса́ция; ~ times out of ten в девяти́ слу́чаях из десяти́; в грома́дном большинстве́ слу́чаев.

*cpds.*: ~-**fold** *adj.* девятикра́тный; *adv.* вде́вятеро, в де́вять раз, в девятикра́тном разме́ре; ~-**pins** *n.* ке́гл|и (*pl., g.* -ей).

**nineteen** *n.* девятна́дцать; in the 1920s в двадца́тые го́ды 20-го ве́ка; talk ~ to the dozen тарато́рить (*impf.*); треща́ть (*impf.*) без у́молку.

*adj.* девятна́дцатый.

**nineteenth** *n.* (*date*) девятна́дцатое число́; (*fraction*) одна́ девятна́дцатая, девятна́дцатая часть.

*adj.* девятна́дцатый.

**ninetieth** *n.* одна́ девяно́стая; девяно́стая часть.

*adj.* девяно́стый.

**ninet|y** *n.* девяно́сто; he is in his ~ies ему́ за девяно́сто; in the ~ies (*decade*) в девяно́стых года́х; (*temperature*) за девяно́сто гра́дусов

(по Фаренге́йту).

*adj.* девяно́сто +*g. pl.*; ~y-nine times out of a hundred в девяно́ста девяти́ слу́чаях из ста.

**Nineveh** *n.* Нине́вия.

**ninny** *n.* дурачо́к.

**ninth** *n.* (*date*) девя́тое число́; (*fraction*) одна́ девя́тая; девя́тая часть; (*mus. interval*) но́на.

*adj.* девя́тый.

**nip** *n.* 1. (*pinch*) щипо́к; he gave her a playful ~ on the cheek он игри́во ущипну́л её за́ щёку; 2. (*small bite*) уку́с; the puppy gave his finger a ~ щено́к кусану́л его́ за па́лец; 3. (*of frost*): there's a ~ in the air today сего́дня (моро́з) пощи́пывает; 4. (*of liquor etc.*) рю́мочка, глото́к, ка́пелька.

*v.t.* 1. (*pinch*) щип|а́ть, -ну́ть; his fingers were ~ped in the door ему́ прищеми́ло па́льцы две́рью; 2. (*bite*) покуса́ть, укуси́ть, кусану́ть (*all pf.*); 3. (*of frost etc.*) щип|а́ть, -ну́ть; the blossom was ~ped by the frost заморо́зки поби́ли ра́нний цвет; ~ sth. in the bud (*fig.*) задуши́ть/подави́ть (*pf.*) что-н. в заро́дыше; 4. ~ **off** отку́с|ывать, -и́ть.

*v.i.* 1. (*pinch*) щипа́ться (*impf.*); a crab can ~ quite severely краб о́чень бо́льно щи́плется; 2. (*strike cold*) щипа́ть (*impf.*); the frost ~s hard today моро́з сего́дня здо́рово щи́плет; a ~ping wind секу́щий ве́тер; 3. (*usu. with advs., move smartly*): I must ~ along to the shop мне ну́жно сбе́гать в магази́н; he ~ped in just ahead of me он заскочи́л как раз пе́редо мной; he ~ped off home он удра́л домо́й; I'll (just) ~ on ahead я побегу́ вперёд; he ~ped out to have a smoke он вы́скочил покури́ть.

**nipper** *n.* (*claw*) клешня́; (*pl., pincers*) клещ|и́ (*pl., g.* -е́й); (*sl., child*) малы́ш, кро́шка.

**nipple** *n.* (*of breast*) сосо́к; (*of feeding-bottle*) со́ска; (*tech.*) ни́ппель (*m.*).

**nippy** *adj.* 1. (*nimble*) прово́рный; look ~! пошеве́ливайтесь!; 2. (*chilly*): a ~ wind ре́зкий ве́тер; the weather is ~ моро́зит.

**nirvana** *n.* нирва́на.

**nisi** *conj.*: decree ~ усло́вный разво́д.

**nit** *n.* гни́да; (*sl., fool*) дурачо́к.

*cpd.*: ~-**pick** *v.i.* (*sl.*) придира́ться (*impf.*) к мелоча́м; ~-**picking** (*sl.*) *n.* придира́ (*f. pl.*), блохоиска́тельство; *adj.* приди́рчивый.

**nitrate** *n.* соль/эфи́р азо́тной кислоты́; нитра́т; copper ~ азотноки́слая медь.

**nitre** *n.* сели́тра.

**nitric** *adj.* азо́тный; ~ acid азо́тная кислота́; ~ oxide о́кись азо́та.

**nitrogen** *n.* азо́т.

*adj.* азо́тный.

**nitrogenous** *adj.* азо́тный.

**nitroglycerine** *n.* нитроглицери́н.

**nitrous** *adj.* азо́тистый; ~ acid азо́тистая кислота́; ~ oxide за́кись азо́та; ~ gases нитро́зные га́зы.

**nitty-gritty** *n.* (*sl.*) суть де́ла; конкре́тные

дета́ли (*f. pl.*); «вся ку́хня»; the ~ of politics полити́ческая ку́хня.

**nitwit** *n.* о́лух (*coll.*).

**nix** *n.* (*sl., nothing*) ничего́; ни черта́.

**no** *n.* (*refusal*) отка́з; (*vote against*) го́лос про́тив; the ~es have it большинство́ (голосо́в) про́тив.

*adj.* **1.** (*not any*) никако́й; there's ~ food in the house в до́ме нет еды́; ~ two people are alike нет двух люде́й, схо́дных во всём; нет двух одина́ковых люде́й; all people ра́зные; it's ~ use complaining нет (никако́го) смы́сла жа́ловаться; жа́лобы де́лу не помо́гут; ~ doubt несомне́нно; ~ end of sth. о́чень мно́го чего́-н.; in ~ way ничу́ть; ниско́лько; it's ~ go не вы́йдет/пойдёт (*coll.*); ~ way (*coll., certainly not*) нико́им о́бразом; ~ words can describe . . . слова́ бесси́льны описа́ть . . .; ≃ ни сло́вом сказа́ть, ни перо́м описа́ть . . .; under ~ pretext ни под каки́м ви́дом; there is ~ question of that об э́том не мо́жет быть и ре́чи; there's ~ saying what may happen мо́жет случи́ться что уго́дно; мо́жно ждать чего́ уго́дно; they are in ~ way alike они́ ни в чём не похо́жи; ~ man, ~ one никто́; I spoke to ~ one я ни с кем не говори́л; ~ one was there там никого́ не́ было; ~ one man can do this в одино́чку э́то никому́ не под си́лу; *see also* NOBODY; **2.** (*not a; quite other than*) не; he's ~ fool он (во́все) не дура́к; он совсе́м не глуп; he's ~ friend of mine мне он не друг; он мне отню́дь не друг; it's ~ distance at all э́то совсе́м недалеко́; э́то в двух шага́х; туда́ руко́й пода́ть; in ~ time в два счёта; I have ~ great regard for him осо́бого уваже́ния он у меня́ не вызыва́ет; **3.** (*expr. refusal or prohibition*): ~ children! то́лько без дете́й!; ~ surrender! не сдава́ться!; ~ smoking кури́ть воспреща́ется; ~ talking! никаки́х разгово́ров!; ~ entry вход воспрещён; нет вхо́да.

*adv.* **1.** (*with comps., not at all, in no way*) не; ~ better than before ничу́ть не лу́чше, чем ра́ньше; he is ~ better than an animal он настоя́щее живо́тное; he is ~ less than a scoundrel он про́сто-на́просто подле́ц; he gave him ~ less than 10,000 он дал ему́ це́лых де́сять ты́сяч; we met the president, ~ less мы да́же ви́дели самого́ президе́нта; he ~ longer lives there он бо́льше там не живёт; I have ~ more to say мне бо́льше не́чего сказа́ть; мне не́чего приба́вить; there is ~ more bread хле́ба нет; he is ~ more a professor than I am он тако́й же профе́ссор, как я; sooner said than done! ска́зано — сде́лано!; ~ sooner had he said it than . . . не успе́л он сказа́ть, как . . .; **2.** whether or ~ так и́ли ина́че; в любо́м слу́чае; whether he comes or ~ придёт он и́ли нет.

*particle* **1.** (*in replies*) нет; he can never say ~

to an invitation он никогда́ не отка́жется от приглаше́ния; he will not take ~ for an answer он не при́мет отка́за; он не отсту́пится, пока́ не полу́чит согла́сия; (*after negative statement or question, sometimes*) да; "You don't like him, do you?" — "No, I don't" «Вам ведь он не нра́вится?» — «Да, не нра́вится»; "He's not a nice man" — "No, he isn't" «Он челове́к нева́жный» — «Да, нева́жный»; **2.** (*interpolated for emphasis*): one man cannot lift it, ~, nor half a dozen одному́ э́того не подня́ть, да что одному́ — и шестеры́м не спра́виться; **3.** (*expr. incredulity*) ~! не мо́жет быть!

*cpds.*: ~**-go** *adj.*: a ~-go area запре́тная о́бласть; ~**-good** *adj.* никчёмный; ~**man's-land** *n.* ничья́/ниче́йная земля́; нейтра́льная зо́на; ~**-one** *pron.*: see NO *adj.* 1, NOBODY; ~**-show** *n.* (*pers.*) неяви́вшийся пассажи́р.

**Noah** *n.* Ной; ~'s ark Но́ев ковче́г.

**nob** *n.* (*sl., bigwig*) (больша́я) ши́шка.

**nobble** *v.t.* (*sl.*) **1.** (*horse*) по́ртить, ис-; **2.** (*bribe*) подкуп|а́ть, -и́ть.

**Nobel prize** *n.* Но́белевская пре́мия.

**nobility** *n.* (*quality*) благоро́дство; (*titled class*) дворя́нство.

**noble** *n.* дворя́н|ин (*fem.* -я́нка).

*adj.* **1.** (*of character or conduct*) благоро́дный; (*expr. high ideals, sentiments*): a ~ poem стихотворе́ние, прони́кнутое высо́кими чу́вствами; **2.** (*belonging to the nobility*) дворя́нский; of ~ birth дворя́нского происхожде́ния; **3.** (*imposing, impressive*) внуши́тельный; (*majestic*) велича́вый, вели́чественный; (*excellent*) превосхо́дный, прекра́сный; **4.** ~ metal благоро́дный мета́лл.

*cpds.*: ~**man** *n.* дворяни́н; ~**-minded** *adj.* великоду́шный, благоро́дный; ~**-mindedness** *n.* (душе́вное) благоро́дство; ~**woman** *n.* дворя́нка.

*noblesse* *n.*: ~ *oblige* положе́ние обя́зывает.

**nobody** *n.* ничто́жный челове́к, ничто́жество.

*pron.* (*also* **no(-)one**) никто́ (. . . не); ~ knows никто́ не зна́ет; there was ~ present никого́ не́ было; it's ~'s business but his own э́то его́ (со́бственное) де́ло; *see also* NO *adj.* **1.**

**nocturnal** *adj.* ночно́й.

**nocturne** *n.* ноктю́рн.

**nod** *n.* киво́к; give a ~ of the head to s.o. кив|а́ть, -ну́ть голово́й кому́-н.; the land of ~ (*joc.*) со́нное ца́рство, ца́рство сна; on the ~ (*coll., on credit*) в креди́т.

*v.t.*: ~ one's head кив|а́ть, -ну́ть голово́й; ~ assent кивну́ть (*pf.*) в знак согла́сия.

*v.i.* **1.** кив|а́ть, -ну́ть; he ~ded to me in the street он кивну́л мне на у́лице; a ~ding acquaintance ша́почное знако́мство; **2.** (*become drowsy*) клева́ть (*impf.*) но́сом (*coll.*); he ~ded off during the lecture он задрема́л на ле́кции; even Homer ~s ≃ и на старуху быва́ет проруха.

**noddle** *n.* (*sl., head*) башка́.

**node** *n.* (*bot., phys.*) у́зел; (*astron., math.*) то́чка пересече́ния.

**nodule** *n.* (*bot.*) узело́к; (*med.*) узело́к, узелко́вое утолще́ние.

**noggin** *n.* кру́жечка.

**nohow** *adv.* (*coll.*) ника́к; нико́им о́бразом.

**noise** *n.* **1.** (*din*) шум; make a ~ шуме́ть, за-; don't make so much ~! не шуми́те!; переста́ньте шуме́ть!; **2.** (*sound*) звук; can you hear a funny ~? вы слы́шите э́тот стра́нный звук?; he made sympathetic ~s (*coll.*) он сочу́вственно подда́кивал; **3.** a big ~ (*coll.*) ши́шка; **4.** (*radio*) поме́хи (*f. pl.*).

*v.t.:* ~ abroad распростран|я́ть, -и́ть.

**noiseless** *adj.* бесшу́мный.

**noisette** *n.* (*cul.*) ≃ те́фтел|и (*pl., g.* -ей).

**noisiness** *n.* шумли́вость, гро́мкость.

**noisome** *adj.* (*harmful*) вре́дный; (*fetid*) злово́нный, воню́чий; (*offensive*) омерзи́тельный, ме́рзкий, отврати́тельный.

**noisy** *adj.* (*of thing*) шу́мный; a ~ party шу́мная вечери́нка; your engine sounds ~ мото́р у вас что́-то шуми́т; (*of pers.*) шумли́вый; don't be so ~! что вы так расшуме́лись?; ~ laughter гро́мкий смех.

**nomad** *n.* коче́вник; (*attr.*) кочево́й.

**nomadic** *adj.* кочево́й; lead a ~ life кочева́ть (*impf.*); вести́ (*impf.*) кочево́й о́браз жи́зни.

**nom de guerre, nom de plume** *nn.* псевдони́м.

**nomenclature** *n.* номенклату́ра.

**nominal** *adj.* **1.** (*pert. to nouns or names*) именно́й; ~ roll именно́й спи́сок; **2.** (*existing in name only*) номина́льный.

**nominalism** *n.* номинали́зм.

**nominalist** *n.* номинали́ст.

**nominate** *v.t.* (*appoint, e.g. date, place, pers.*) назн|ача́ть, -а́чить; (*propose, e.g. candidate*) выставля́ть, вы́ставить кандидату́ру +*g.*

**nomination** *n.* назначе́ние; выставле́ние кандидату́ры; how many ~s are there for chairman? ско́лько вы́ставлено кандида́тов на пост председа́теля?

**nominative** *n.* (~ case) имени́тельный паде́ж.

*adj.* имени́тельный.

**nominee** *n.* кандида́т.

**non-** *pref.* не-.

**nonage** *n.* несовершенноле́тие; (*immaturity*) незре́лость.

**nonagenarian** *n.* девяностоле́тний ста́рик.

**non-aggression** *n.*: ~ pact догово́р о ненападе́нии.

**non-alcoholic** *adj.* безалкого́льный.

**non-aligned** *adj.* (*pol.*) неприсоедини́вшийся (к блока́м).

**non-alignment** *n.* поли́тика неприсоедине́ния.

**non-appearance** *n.* (*leg.*) нея́вка в суд.

**non-attendance** *n.* непосеще́ние, нея́вка.

**non-believer** *n.* неве́рующий.

**non-belligerency** *n.* неуча́стие в войне́.

**non-belligerent** *n. & adj.* не уча́ствующий в войне́; невою́ющий.

**nonce** *n.*: for the ~ для да́нного слу́чая; на э́то вре́мя; поку́да.

*cpd.:* ~-**word** *n.* (*ling.*) окказиона́льное сло́во.

**nonchalance** *n.* беззабо́тность; безразли́чие.

**nonchalant** *adj.* (*carefree*) беспе́чный, беззабо́тный; a ~ manner развя́зная мане́ра; (*indifferent*) безразли́чный.

**non-combatant** *n.* (*non-fighting soldier*) нестроево́й солда́т; (*pl., civilians*) гражда́нское населе́ние.

*adj.* небоево́й; (*of units*) нестроево́й.

**non-commissioned** *adj.*: ~ officer сержа́нт; военнослу́жащий сержа́нтского соста́ва.

**non-committal** *adj.* (*evasive*) укло́нчивый.

**non-compliance** *n.*: ~ with regulations несоблюде́ние пра́вил.

*non compos mentis* *adj.* невменя́емый.

**non-conducting** *adj.* непроводя́щий.

**non-conductor** *n.* непроводни́к.

**nonconformist** *n.* своеобы́чный челове́к; (*pol.*) диссиде́нт, инакомы́слящий; (*relig.*) секта́нт, раско́льник.

*adj.* своеобы́чный; диссиде́нтский; секта́нтский.

**nonconformity** *n.* несоблюде́ние (пра́вил), неподчине́ние; (*relig.*) секта́нтство, раско́л.

**non-cooperation** *n.* нежела́ние совме́стно рабо́тать; отка́з сотру́дничать (*с кем*).

**non-delivery** *n.* (*of mail*) недоста́вка; (*of goods*) неприбы́тие (това́ра).

**nondescript** *adj.* невзра́чный; неопределённого ви́да; се́рый; безли́чный.

**none** *pron.* (*pers.*) никто́; ~ of us is perfect никто́ из нас не явля́ется соверше́нством; ≃ все мы гре́шны; I saw ~ of the people I wanted to я не ви́дел никого́ из тех, кого́ хоте́л повида́ть; it was ~ other than Smith himself э́то был не кто ино́й, как Смит; ~ of the people died ни оди́н челове́к не у́мер; ~ but fools believe it э́тому ве́рят одни́ дураки́; he is ~ of your canting hypocrites он не принадлежи́т к ханжа́м и лицеме́рам; (*thg.*) ничто́; there is ~ of it left из э́того ничего́ не оста́лось; ~ of this is mine из э́того мне ничего́ не принадлежи́т; всё э́то не моё; ~ of the books is red среди́ э́тих книг — кра́сной ни одно́й; ~ of the houses collapsed ни оди́н дом не ру́хнул; ~ of the exhibition is worth seeing на вы́ставке нет ничего́ сто́ящего; it's better than ~ at all э́то лу́чше чем ничего́; he will accept ~ but the best он не принима́ет ничего́ второсо́ртного; он на второ́й сорт не согла́сен; his understanding is ~ of the clearest у него́ не са́мая я́сная голова́; he would have ~ of it он и слу́шать не хоте́л; ~ of that! э́то не пойдёт!;

довóльно!; ~ of your impudence! без дéрзостей, пожáлуйста!; it's ~ of your business э́то не вáше дéло; you have money and I have ~ у вас есть дéньги, а у меня́ нет.

*adv.*: I feel ~ the better for seeing the doctor врач мне ничéм не помóг; he is ~ the worse for his accident он вполнé опрáвился пóсле несчáстного слýчая; the pay is ~ too high плáта отню́дь не высóкая; ~ the less тем не мéнее.

**non-effective** *adj.* недействи́тельный; (*mil.*) вы́шедший из стрóя по болéзни (*or* вслéдствие ранéния); негóдный к воéнной слýжбе.

**nonentity** *n.* (*pers.*) ничтóжество.

**non-essential** *n.* несущéственная вещь.
*adj.* несущéственный.

**non-Euclidean** *adj.* неэвкли́дов.

**non-European** *n.* неевропéец (*fem.* -йка).
*adj.* неевропéйский.

**non-event** *n.* собы́тие сомни́тельной вáжности.

**non-existence** *n.* небытиé.

**non-existent** *adj.* несуществу́ющий.

**non-ferrous** *adj.*: ~ metals цветны́е метáллы.

**non-fiction** *adj.* документáльный.

**non-figurative** *adj.* 1. (*literal*) буквáльный, непереносный; 2. ~ art абстрáктное/беспредмéтное искýсство.

**non-flammable** *adj.* невоспламеня́ющийся.

**non-fulfilment** *n.* невыполнéние.

**non-interference** *n.* невмешáтельство.

**non-intervention** *n.* невмешáтельство.

**non-iron** *adj.* (*of clothes*) немнýщийся.

**non-member** *n.* нечлéн.

**non-metal** *n.* неметáлл, металлóид.

**non-metallic** *adj.* неметалли́ческий.

**non-moral** *adj.* не относя́щийся к э́тике; аморáльный.

**non-negotiable** *adj.* (*comm.*) непередавáемый, необращáющийся; (*not for discussion*) не подлежáщий осуждéнию.

**non-nuclear** *adj.* нея́дерный; (*pol.*) не применя́ющий я́дерное орýжие; не располагáющий я́дерным орýжием; (*of zone, area*) безъя́дерный; (*of weapons*) обы́чный, нея́дерный.

**non-observance** *n.* несоблюдéние, невыполнéние, нарушéние.

**no-nonsense** *adj.* серьёзный, стрóгий, сурóвый; не тéрпящий легкомы́слия/вóльностей.

**nonpareil** *n.* (*perfect specimen*) верх совершéнства; идеáл; (*typ.*) нонпарéль.

**non-party** *adj.* беспарти́йный.

**non-payment** *n.* неуплáта, неплатёж.

**nonplus** *v.t.* прив|оди́ть, -ести́ в замешáтельство; сму|щáть, -ти́ть.

**non-political** *adj.* неполити́ческий.

**non-productive** *adj.* непроизводи́тельный.

**non-profit(-making)** *adj.* некоммéрческий; на

общéственных начáлах.

**non-proliferation** *n.* нераспространéние (я́дерного орýжия).

**non-recognition** *n.* непризнáние.

**non-residence** *n.* непроживáние (где-н.).

**non-resident** *n. & adj.* непроживáющий (где-н.); приéзжий.

**non-resistance** *n.* непротивлéние (комý/чемý).

**non-resistant** *adj.* не окáзывающий сопротивлéния; неустóйчивый.

**non-rigid** *adj.* нежёсткой констрýкции.

**non-sectarian** *adj.* включáющий все релúгии.

**nonsense** *n.* (*sth. without meaning*) бессмы́слица; the sentence seems sheer ~ to me предложéние кáжется мне совершéнно бессмы́сленным; (*rubbish*) ерундá, чепухá, вздор; talk ~ говори́ть (*impf.*) ерундý; нагороди́ть (*pf.*) вздор; нести́ (*impf.*) чушь|дичь; 2. (*foolish conduct*) глýпость; let's have no more ~! хвáтит валя́ть дуракá!; what ~ is this? э́то что за глýпости!; ~ verse(s) стишки́ (*m. pl.*)-нелéпицы/-бессмы́слицы (*f. pl.*).

**nonsensical** *adj.* бессмы́сленный, нелéпый, глýпый.

**non sequitur** *n.* нелоги́чное заключéние.

**non-skid** *adj.* небуксýющий.

**non-slip** *adj.* нескóльзкий.

**non-smoker** *n.* (*pers.*) некуря́щий; (*compartment*) *see* NON-SMOKING.

**non-smoking** *adj.*: ~ compartment купé (*indecl.*) для некуря́щих.

**non-starter** *n.* (*coll.*) мёртвый нóмер.

**non-stick** *adj.*: a ~ saucepan неподгорáющая кастрю́ля.

**non-stop** *adj.* 1. (*of train or coach*) безостанóвочный; (*of aircraft or flight*) беспосáдочный; 2. (*continuous*) непреры́вный.
*adv.* 1. безостанóвочно; беспосáдочно; без останóвок; 2. he talks ~ он говори́т без ýмолку.

**nonsuit** *v.t.*: ~ a plaintiff прекра|щáть, -ти́ть произвóдство граждáнского дéла; закры́ть (*pf.*) дéло.

**non-swimmer** *n.* не умéющий плáвать.

**non-transferable** *adj.* не подлежáщий передáче (другóму).

**non-U** *adj.* ≃ некультýрный.

**non-union** *adj.*: he employs ~ labour он принимáет на рабóту нечлéнов профсою́за.

**non-violence** *n.* откáз от применéния наси́лия.

**non-white** *n. & adj.* (*of race*) цветнóй.

**noodle** *n.* (*simpleton*) балдá (*c.g.*), дýрень (*m.*).

**noodles** *n. pl.* (*cul.*) лапшá.

**nook** *n.* уголóк; I searched every ~ and cranny я обшáрил кáждый ýгол; (*retreat*) укрóмный уголóк.

**noon** *n.* (*also* ~**day**, ~**tide**) пóлдень (*m.*); at ~ в пóлдень; 12 ~ двенáдцать часóв дня; (*attr.*) полýденный, полднéвный.

**noose** *n.* (*loop*) пе́тля; (*lasso*) арка́н; put one's neck in the ~ (*fig.*) лезть (*impf.*) в пе́тлю.

**nor** *conj.*: they had neither arms ~ provisions у них не́ бы́ло ни ору́жия, ни провиа́нта; he can't do it, ~ can I он не мо́жет э́то сде́лать, да и я то́же; you are not well, ~ am I вам нездоро́вится, и мне то́же; I said I had not seen him, ~ had I я сказа́л, что не ви́дел его́, и э́то пра́вда; he had neither the means ~, apparently, the inclination у него́ не́ бы́ло средств — да, похо́же, и жела́ния; ~ will I deny that . . . не ста́ну та́кже отрица́ть, что . . .; ~ is this all и э́то ещё не всё.

**Nordic** *adj.* норди́ческий, скандина́вский.

**norm** *n.* но́рма, пра́вило.

**normal** *adj.* (*regular, standard*) норма́льный; it is ~ weather for the time of year э́то обы́чная/норма́льная пого́да для э́того вре́мени го́да; (*usual*) обы́чный; it's quite ~ for him to arrive late опа́здывать вполне́ в его́ обы́чае; I ~ly use the bus обы́чно я е́ду авто́бусом; (*sane, well-balanced*) норма́льный.

**normal|cy, -ity** *nn.* норма́льность; обы́чное состоя́ние.

**normalization** *n.* нормализа́ция.

**normalize** *v.t.* нормализова́ть (*impf., pf.*).

**Norman** *n.* **1.** (*inhabitant of Normandy*) норма́нд|ец (*fem.* -ка); **2.** (*hist.*) норма́нн.
*adj.* норма́ндский; (*hist.*) норма́ннский; the ~ Conquest завоева́ние А́нглии норма́ннами; ~ French норма́ннский диале́кт францу́зского языка́; ~ architecture рома́нский стиль в архитекту́ре.

**Normandy** *n.* Норма́ндия.

**normative** *adj.* нормати́вный.

**Norse** *n.*: Old ~ древнескандина́вский язы́к.
*adj.* (*Norwegian*) норве́жский.
*cpd.*: ~**man** *n.* скандина́в; (*Ru. hist.*) варя́г.

**north** *n.* се́вер; (*naut.*) норд; the far ~ кра́йний се́вер; the ~ of England се́верная часть А́нглии; the ~ of Europe се́верные стра́ны (*f. pl.*) Евро́пы; in the ~ на се́вере; from the ~ с се́вера; to the ~ на се́вер; to the ~ of к се́веру от +*g.*; се́вернее +*g.*; magnetic ~ се́верный магни́тный по́люс; ~ by east/west норд-тень-ост/вест.
*adj.* се́верный; N~ America Се́верная Аме́рика; N~ American урожён|ец (*fem.* -ка) Се́верной Аме́рики; североамерика́нский; the ~ country се́верная А́нглия; N~ Island о́стров Се́верный; N~ Pole Се́верный по́люс; N~ Sea Се́верное мо́ре; N~ star Поля́рная звезда́.
*adv.*: we went ~ мы пое́хали на се́вер; a line drawn ~ and south ли́ния, проведённая с се́вера на юг; ~ of a line from A to B к се́веру от ли́нии, веду́щей от А к Б (*or* иду́щей от А до Б).
*cpds.*: ~**bound** *adj.* иду́щий/дви́жущийся на се́вер; ~**countryman** *n.* урожёнец се́верной

А́нглии; ~-**east** *n.* се́веро-восто́к; (*naut.*) норд-ост; *adj.* (*also* ~-**easterly,** ~-**eastern**) се́веро-восто́чный; ~-east wind (*also* ~-**easter,** *n.*) норд-ост; *adv.* (*also* ~-**easterly,** ~-**eastward**) к се́веро-восто́ку; на се́веро-восто́к; ~-**west** *n.* се́веро-за́пад; (*naut.*) норд-вест; *adj.* (*also* ~-**westerly,** ~-**western**) се́веро-за́падный; ~-west wind (*also* ~-**wester(ly),** *nn.*) норд-вест; *adv.* (*also* ~-**westerly,** ~-**westward**) к се́веро-за́паду; на се́веро-за́пад.

**northerly** *n.* (*wind*) се́верный ве́тер.
*adj.* се́верный.
*adv.*: the wind blows ~ ве́тер ду́ет с се́вера; proceed ~ дви́гаться (*impf.*) к се́веру.

**northern** *adj.* се́верный; ~ lights се́верное сия́ние.

**northerner** *n.* северя́н|ин (*fem.* -ка).

**northernmost** *adj.* са́мый се́верный.

**northward** *n.*: to ~ к се́веру.
*adj.* се́верный.
*adv.* на се́вер.

**Norway** *n.* Норве́гия.

**Norwegian** *n.* (*pers.*) норве́ж|ец (*fem.* -ка); (*language*) норве́жский язы́к.
*adj.* норве́жский.

**nose** *n.* **1.** нос; (*dim.*) но́сик; my ~ is bleeding у меня́ идёт кровь но́сом; his ~ is running у него́ на́сморк/со́пли; I have a stuffy ~ у меня́ зало́жило нос; with one's ~ in the air (*fig.*) задра́в нос; as plain as the ~ on your face я́сно как два́жды два — четы́ре (*or* как на ла́дони); bite, snap s.o.'s ~ off (*fig.*) огрыз|а́ться, -ну́ться на кого́-н.; blow one's ~ сморка́ться, вы-; bury one's ~ in a book уткну́ться (*pf.*) но́сом в кни́гу; cut off one's ~ to spite one's face с доса́ды сде́лать (*pf.*) ху́же себе́; follow one's ~ (*go straight ahead*) идти́ (*det.*) пря́мо (вперёд); (*be guided by instinct*) руково́дствоваться (*impf.*) интуи́цией/чутьём; hold one's ~ заж|има́ть, -а́ть нос; keep one's ~ clean (*coll., avoid trouble*) держа́ться (*impf.*) пода́льше (*от чего*); не высо́вываться (*impf.*); keep your ~ out of my business! не су́йте нос не в своё де́ло!; keep one's ~ to the grindstone не отрыва́ться (*impf.*) от де́ла; рабо́тать (*impf.*) не поклада́я рук; не дава́ть себе́ переды́шки; keep s.o.'s ~ to the grindstone не дава́ть (*impf.*) кому́-н. ни о́тдыху ни сро́ку; lead s.o. by the ~ вести́ (*det.*) кого́-н. на поводу́; look down one's ~ at s.o. смотре́ть, по- свысока́ на кого́-н.; make a long ~ at s.o. пока́з|ывать, -а́ть нос кому́-н.; pay through the ~ плати́ть, за- втри́дорога; poke, push, thrust one's ~ into sth. сова́ть, су́нуть нос во что-н.; punch s.o. on the ~ да|ва́ть, -ть кому́-н. по́ носу; put s.o.'s ~ out of joint ≃ утере́ть (*pf.*) нос кому́-н.; rub s.o.'s ~ in sth. ты́кать, ткнуть кого́-н. но́сом во что-н.; he can see no further than his ~ он да́льше своего́ но́са не ви́дит; talk through one's ~ говори́ть (*impf.*) в нос; turn up one's ~ at sth. вороти́ть (*impf.*) нос от чего́-н.; under one's ~ под са́мым но́сом; he stole the purse from under my ~ он укра́л кошелёк из-под моего́ но́са; **2.** (*sense of smell; also fig., flair*) чутьё; my dog has a good ~ у мое́й соба́ки хоро́шее чутьё; he has a ~ for gossip у него́ како́й-то (*or* пря́мо--таки) нюх на спле́тни; **3.** (*of car, aircraft etc.*) нос; they were driving ~ to tail они́ е́хали вплотну́ю друг за дру́гом; маши́ны шли пло́тной верени́цей; **4.** (*nozzle*) сопло́.

*v.t.* **1.** (*of animals, smell*) чу́ять (*impf.*); **2.** (*nuzzle*) ты́каться, ткну́ться но́сом в +*a.*; **3.** ~ one's way проб|ира́ться, -ра́ться; the ship ~d her way through the channel кора́бль осторо́жно пробира́лся по фарва́теру; **4.** ~ into (*pry, meddle*) сова́ться (*or* сова́ть нос) (*impf.*) в +*a.*

with *advs.*: ~ **about** *v.i.* (*sniff, smell*) ню́хать (*impf.*); the dog ~d about the room соба́ка обню́хивала ко́мнату; ~ **out** *v.t.* (*of animals*) учу́ять (*impf.*); оты́ск|ивать, -а́ть чутьём; (*fig.*) разню́х|ивать, -ать; he will ~ out scandal anywhere сканда́л он как ню́хом чу́ет.

*cpds.*: ~**-bag** *n.* то́рба; ~**-bleed** *n.*: he has frequent ~-bleeds у него́ ча́сто идёт но́сом кровь; ~**-cone** *n.* (*of rocket etc.*) носово́й ко́нус; головна́я часть; ~**-dive** *n.* пики́рование, пике́ (*indecl.*); prices took a ~-dive це́ны ре́зко упа́ли; *v.i.* пики́ровать (*impf., pf.*); ~**gay** *n.* (*arch.*) буке́т цвето́в; ~**-ring** *n.* (*for bull*) ноздрево́е кольцо́.

**noseless** *adj.* безно́сый.

**nosey** *see* NOSY.

**nosh** *n.* шамо́вка, жратва́ (*sl.*).

**nostalgia** *n.* (*homesickness*) тоска́ по ро́дине; ностальги́я; (*for old times*) тоска́ по про́шлому.

**nostalgic** *adj.* (*pers.*) тоску́ющий; (*thg.*) ностальги́ческий, вызыва́ющий воспомина́ния.

**nostril** *n.* ноздря́.

**nostrum** *n.* (*lit., fig.*) панаце́я.

**nos|y, -ey** *adj.* (*coll.*) любопы́тный.

**not** *adv.* **1.** не; it is my book, ~ yours э́то моя́ кни́га, а не ва́ша; ~ till after dinner то́лько по́сле обе́да; she is ~ here её здесь нет; 'Are you going to tell him?' — 'N~ I!' «Вы ему́ ска́жете?» — «То́лько не я!»; he won't pay you, ~ he! он ника́к вам не запла́тит, э́то уж пове́рьте!; I won't go there, ~ I! я́-то уж не пойду́ туда́; **2.** (*elliptical phrr.*): guilty or ~, he is my son вино́вен — невино́вен, а всё равно́ он мой сын; if it's fine, we'll go, but if ~ we'll stay here е́сли бу́дет хоро́шая пого́да, мы пое́дем, а нет — (так) оста́немся здесь; we must hurry, if ~ we may be late на́до потора́пливаться, а (не) то опозда́ем; whether or ~ так и́ли ина́че; I hope ~

наде́юсь, что нет; 'are you afraid?' — 'I should say ~!' «Вы бои́тесь?» — «Да ничу́ть!»; **3.** (*even*): ~ one of them moved ни оди́н из них не подви́нулся; there's ~ a drop left не оста́лось ни (еди́ной) ка́пли; ~ a day passed without . . . и дня не проходи́ло без (того́, что́бы) . . .; 'Have you heard any news?' — 'N~ a thing' «Вы слы́шали каки́е-нибудь но́вости?» — «Никаки́х»; **4.** (*litotes*): ~ a few мно́гие, дово́льно мно́го; ~ infrequently дово́льно ча́сто; ~ unconnected with . . . име́ющий не́которую связь с +*i.*; 'Was he annoyed?' — 'N~ half!' «он рассерди́лся?» — «Ещё как!»; **5.** (~ *at all*): 'Do you mind if I smoke?' — 'N~ at all!' «Вы не возража́ете, е́сли я закурю́?» — «Ниско́лько/ничу́ть!»; 'Many thanks!' — 'N~ at all!' «Большо́е спаси́бо!» — «Не сто́ит! (*or* Пожа́луйста!)»; it's ~ at all clear совсе́м/во́все не я́сно; **6.** (*introducing concession*): it's ~ that I don't want to, I can't не то что я не хочу́, не могу́; (it is) ~ that I fear him, but . . . я не то чтобы его́ боя́лся, но . . .; I can't do it, ~ but what a younger man might (ли́чно) я на э́то не спосо́бен, но э́то не зна́чит, что кто́-нибудь помоло́же не мо́жет; **7.** (*var. phrr.*): ~ for the world ни за что на све́те; ~ on your life ни в ко́ем слу́чае; не ду́майте; как (бы) не так; ~ really! да нет!; не мо́жет быть!; ~ in the least ничу́ть, ниско́лько; he's ~ much of an actor он нева́жный (*or* так себе́) актёр.

**notability** *n.* знамени́тость.

**notable** *n.* знамени́тость.

*adj.* (*perceptible*) заме́тный; (*worthy of note, remarkable*) замеча́тельный; (*eminent, outstanding*) ви́дный, выдаю́щийся; (*well-known*) изве́стный; (*celebrated*) знамени́тый; (*noteworthy*) достопримеча́тельный; (*famed, renowned*) сла́вящийся, изве́стный (*чем*); a city ~ for its buildings го́род, сла́вящийся свое́й архитекту́рой.

**notably** *adv.* осо́бенно; в осо́бенности; (*perceptibly*) заме́тно.

**notary** *n.* нота́риус.

**notation** *n.* нота́ция; musical ~ но́тное письмо́; phonetic ~ фонети́ческая транскри́пция.

**notch** *n.* зару́бка.

*v.t.* **1.** (*mark with* ~) де́лать, с- зару́бку на +*p.*; **2.** ~ up a point (*in game*) выи́грывать, вы́играть очко́.

**note** *n.* **1.** (*mus., as written, sounded or sung*) но́та; (*key of instrument*) кла́виша; eighth/quarter ~ (*Am.*) восьма́я/четвёртая но́та; strike the ~s брать, взять но́ты; ударя́ть (*impf.*) по кла́вишам; (*fig.*): he sounded a ~ of warning он вы́разил опасе́ние; there was a ~ of irony in his voice в его́ го́лосе слы́шалась иро́ния; the ~ of pessimism in his writings пессимисти́ческая но́тка в его́ сочине́ниях; strike the right ~ попа́сть (*pf.*) в тон; strike a false ~ не попа́сть в тон; взять (*pf.*) неве́рный тон; (*characteristic*) черта́; frankness is the chief ~ in his character открове́нность — гла́вная черта́ его́ хара́ктера; **2.** (*distinction*): a family of ~ изве́стная семья́; a man of ~ ва́жное лицо́; **3.** (*attention, notice*) внима́ние; take ~ of (*observe*) прин|има́ть, -я́ть во внима́ние; (*heed*) прин|има́ть, -я́ть к све́дению; worthy of ~ заслу́живающий внима́ния; **4.** (*written record*) за́пись; make a ~ of sth. запи́с|ывать, -а́ть что-н.; he made, took ~s of the lecture он законспекти́ровал ле́кцию; he made a ~ in his diary он сде́лал за́пись в дневнике́; he spoke from ~s он говори́л по конспе́кту; compare ~s (*fig.*) обме́н|иваться, -я́ться впечатле́ниями; **5.** (*annotation*) примеча́ние; (*in paper, book etc.*) заме́тка; **6.** (*communication*) запи́ска; he left a ~ for you он оста́вил вам запи́ску; diplomatic ~ дипломати́ческая но́та; promissory ~ долгова́я распи́ска; **7.** (*currency*) банкно́т; ба́нковый биле́т.

*v.t.* **1.** (*observe, notice*) зам|еча́ть, -е́тить; (*heed*) обра|ща́ть, -ти́ть внима́ние на +*a.*; **2.** ~ **down** (*in writing*) запи́с|ывать, -а́ть.

*cpds.*: ~ **book** *n.* (*pad*) блокно́т; (*exercise-book*) тетра́дь; ~ **case** *n.* бума́жник; ~ **paper** *n.* пи́счая бума́га; ~ **worthy** *adj.* досто́йный внима́ния; (*of thg.*) достопримеча́тельный.

**noted** *adj.* изве́стный, знамени́тый; ~ for his courage изве́стный свои́м му́жеством.

**nothing** *n.* (*trifle*) ме́лочь, пустя́к; a mere ~ су́щий пустя́к; sweet ~s ми́лый вздор; (*nonentity*) ничто́жество; (*zero*) нуль (*m.*).

*pron.* ничто́, ничего́; ~ came of it из э́того ничего́ не вы́шло; ~ I did was right что бы я ни де́лал, всё (бы́ло) не так; ~ whatever ро́вно ничего́; ~ worries him ничто́ не забо́тит его́; Much Ado about N~ Мно́го шу́ма из ничего́; he's a politician and ~ more он поли́тик и ничего́ бо́лее; ~ but peace can save mankind то́лько мир мо́жет спасти́ челове́чество; I heard ~ but reproaches я слы́шал одни́ упрёки; he is ~ but a liar он про́сто-на́просто лгун; it's ~ but robbery э́то су́щий грабёж; in ~ but a shirt в одно́й руба́шке; he is ~ if not conscientious чего́-чего́, а добросо́вестности у него́ хвата́ет; she is ~ to me она́ мне безразли́чна; he is ~ without his money без де́нег он был бы ниче́м; it's ~ to what I felt э́то ничто́ по сравне́нию с тем, что мне пришло́сь пережи́ть; it's ~ to him to work all night ему́ ничего́ не сто́ит прорабо́тать всю ночь; it's ~ to him what I say мои́ слова́ для него́ — ничто́; он не обраща́ет ни мале́йшего внима́ния на мои́ слова́; there's ~ to do (*or* be done) не́чего де́лать; there's ~ to be ashamed of в э́том ничего́ нет посты́дного; there's ~ worse than getting wet through нет ничего́ ху́же, чем промо́кнуть насквозь; ~ doing! не вы́йдет!; (э́тот) но́мер

не пройдёт!; there was ~ for it but to tell the truth пришло́сь сказа́ть пра́вду; there's ~ (*no difficulty*) to it э́то пустяки́; there's ~ (*no truth*) in it э́то (сплошна́я) вы́думка; there's ~ (*no advantage*) in it for me мне э́то ничего́ не даст; there's ~ like a hot bath нет ничего́ лу́чше горя́чей ва́нны; ~ much ма́ло; what's wrong? ~ much! в чём де́ло? Да ни в чём!; что случи́лось? Ничего́ осо́бенного!; there's ~ wrong with that ничего́ в э́том плохо́го нет; bring to ~ св|оди́ть, -ести́ на нет; our efforts came to ~ из на́ших уси́лий ничего́ не вы́шло; that music does ~ for me э́та му́зыка меня́ не тро́гает; he did ~ to help он ниче́м не помо́г; you knew, and did ~ about it вы зна́ли и ничего́ не сде́лали; he did ~ but look at her он то́лько и де́лал, что смотре́л на неё; you do ~ but complain вы то́лько и зна́ете, что жа́ловаться; I feel like ~ (on earth) я чу́вствую себя́ (пре)отврати́тельно; I have ~ to do мне не́чего де́лать; it has ~ to do with me э́то меня́ не каса́ется; я здесь ни при чём; э́то от меня́ не зави́сит; they had ~ to eat у них не́ было никако́й еды́; I have ~ against him я ничего́ про́тив него́ не име́ю; I have ~ but praise for him я не могу́ им нахвали́ться; he has ~ in him он соверше́нная пусты́шка; I had ~ to do with him я с ним ника́к не́ был свя́зан (*or* не име́л никаки́х дел); he had ~ on (*was naked*) он был нагишо́м (*or* соверше́нно го́лый); Miss England has ~ on (*coll., is inferior to*) her Мисс А́нглия ей в подмётки не годи́тся; the police have ~ on me (*to my discredit*) у поли́ции ко мне не мо́жет быть никаки́х прете́нзий; our investigations led to ~ на́ши иссле́дования ни к чему́ не привели́; I like ~ better than . . . я бо́льше всего́ люблю́ . . .; he looks like ~ on earth он вы́глядит соверше́нным пу́галом; I could make ~ of his statement я ничего́ не по́нял в его́ заявле́нии; he made ~ of his illness он не придава́л значе́ния свое́й боле́зни; she made ~ of the job (*was ineffective*) она́ не спра́вилась с де́лом; ~ of the kind ничего́ подо́бного; mathematics mean ~ to me я ничего́ не понима́ю в матема́тике; does it mean ~ to you that I am unhappy? а то, что я несча́стен — для вас ничто́?; to say ~ of the expense не говоря́ о расхо́дах; he started from ~ он на́чал с нуля́; he will stop at ~ он ни пе́ред чем не остано́вится; he thinks ~ of walking 20 miles он споко́йно мо́жет пройти́ два́дцать миль пешко́м; when it first happened I thought ~ of it когда́ э́то случи́лось в пе́рвый раз, я ниско́лько не́ был взволно́ван; think ~ of it! (*replying to thanks etc.*) э́то пустяки́!; ничего́!; for ~ (*without cause*) ни за́ что ни про́ что; (*to no purpose*) зря, напра́сно, да́ром; (*free of charge*) (за)да́ром, беспла́тно; he was not his father's son for ~ неда́ром он был сы́ном своего отца; thank you for ~! благодарим покорно!; she wants for ~ она ни в чём не нуждается.

*adv.*: she is ~ like her sister она совсем не похожа на сестру; this exam is ~ like as hard as the last этот экзамен гораздо/куда легче предыдущего; it is ~ short of scandalous это настоящее/сущее/просто безобразие.

**nothingness** *n.* (*non-existence*) небытие; (*insignificance*) ничтожество.

**notice** *n.* **1.** (*intimation*) предупреждение; give ~ of sth. to s.o. предупре|ждать, -дить кого-н. о чём-н.; have ~ of sth. быть предупреждённым о чём-н.; ~ is hereby given настоящим сообщается; **2.** (*time-limit*): he gave me a week's ~ (*of dismissal*) он предупредил меня об увольнении за неделю; I have to give my employer a month's ~ (*of resignation*) я должен предупредить хозяина за месяц (об уходе с работы); the employees were all given ~ всем служащим объявили об увольнении; the landlord gave the tenant ~ to quit домовладелец предупредил съёмщика о расторжении контракта; he gave me due/ample ~ он предупредил меня своевременно/заблаговременно; at short ~ в последнюю минуту; в срочном порядке; he предупредив заблаговременно; at a moment's ~ тотчас, незамедлительно; till further ~ впредь до дальнейшего/особого уведомления/распоряжения; deposit at short ~ краткосрочный вклад; **3.** (*written or printed announcement*) объявление, извещение; obituary ~ (*reporting death*) объявление о смерти; (*biographical*) некролог; ~s are posted up on the board объявления вывешены на доске; **4.** (*attention*) внимание; it has come to my ~ that . . . мне стало известно, что . . .; до меня дошли сведения о том, что . . .; may I bring to your ~ the fact that . . .? позвольте обратить ваше внимание на тот факт, что . . .; he took no ~ of me он не обращал на меня внимания; he sat up and took ~ он навострил уши; take ~ that this is my lowest price предупреждаю, что это моя крайняя цена; he considers the matter beneath his ~ он считает это дело недостойным его внимания; **5.** (*critique*) рецензия, отзыв; the play got good ~s газеты дали положительные отзывы о пьесе.

*v.t.* **1.** (*observe*) зам|ечать, -етить; he didn't even ~ me он меня даже не заметил; I couldn't help but ~ what she was wearing я невольно обратил внимание на её наряд; I ~d fear in his voice я почувствовал страх в его голосе; he ~s things он наблюдательный человек; он всё замечает; **2.** (*write account or critique of*) писать, на- отчёт о +*p.*; рецензировать, про-.

*cpd.*: ~-**board** *n.* доска объявлений.

**noticeable** *adj.* заметный.

**notifiable** *adj.* (*of disease etc.*) подлежащий регистрации.

**notification** *n.* (*announcement*) объявление, извещение, предупреждение; (*official registration*) регистрация.

**notif|y** *v.t.* **1.** (*give notice of, announce*) объяв|лять, -ить о +*p.*; he ~ied the loss of his wallet to the police он заявил в полицию о пропаже бумажника; (*register*) регистрировать (*impf., pf.*); all births must be ~ied все рождения подлежат регистрации; **2.** (*inform*) изве|щать, -стить; сообщ|ать, -ить +*d.*; I was ~ied of your arrival меня известили о вашем (предстоящем) приезде; he ~ied me of his address он сообщил мне свой адрес.

**notion** *n.* **1.** (*idea, conception*) понятие, представление; (*opinion*) мнение, взгляд; I haven't the slightest ~ не имею ни малейшего понятия; I had no ~ of leaving my country я и в мыслях не держал покидать родину; the ~ of my resigning is absurd предположение, что я пойду в отставку, абсурдно; he got the ~ of selling the house ему пришло/взбрело в голову продать дом; his head is full of stupid ~s голова его набита дурацкими идеями; such is the common ~ таково общепринятое мнение; **2.** (*pl., Am., small wares*) галантерея.

**notional** *adj.* (*ostensible, imaginary*) воображаемый, мнимый.

**notoriety** *n.* дурная слава; his arrest won him a brief ~ его арест создал/принёс ему на время печальную известность.

**notorious** *adj.* (*well-known*) (обще)известный; ~ criminal известный преступник; (*pej.*) пресловутый; печально известный.

**Notre Dame** *n.* Нотр-Дам, собор (Парижской) Богоматери.

**notwithstanding** *adv.* всё-таки.

*prep.* несмотря на +*a.*

*conj.*: ~ that . . . несмотря на то, что . . .

**nougat** *n.* нуга.

**nought** *n.* **1.** (*nothing*) see NAUGHT; **2.** (*zero*) нуль (*m.*); 6 from 6 leaves ~ шесть минус шесть равняется нулю; **3.** (*figure 0*) ноль (*m.*); add a ~ прибавить (*pf.*) ноль; ~ point one (0.1) ноль целых и одна десятая (0,1).

**noun** *n.* (имя) существительное; ~ declension склонение существительных.

**nourish** *v.t.* (*lit., fig.*) питать (*impf.*); ~ing food питательная еда; he was ~ed on radical ideas радикальные идеи ему прививали с детства.

**nourishment** *n.* питание; he is able to take ~ again он снова может принимать пищу.

**nous** *n.* (*common sense*) здравый смысл; (*coll.*) смётка.

**nouveau riche** *n.* нувориш.

**nova** *n.* новая звезда.

**Nova Scotia** *n.* Новая Шотландия.

**novel** *n.* рома́н.

   *adj.* (*new*) но́вый; (*unusual*) необы́чный.

**novelette** *n.* (*pej.*) дешёвый рома́н.

**novelist** *n.* писа́тель (*fem.* -ница); романи́ст (*fem.* -ка).

**novella** *n.* по́весть, ново́лла.

**novelt|y** *n.* (*newness*) новизна́; (*new thing*) нови́нка; но́вшество; it was a ~y for him to travel by plane бы́ло ему́ в нови́нку путеше́ствовать самолётом; the shops were full of Christmas ~ies магази́ны ломи́лись от но́вых рожде́ственских това́ров.

**November** *n.* ноя́брь (*m.*); (*attr.*) ноя́брьский; on ~ the fifth пя́того ноября́.

**novice** *n.* **1.** (*relig.*) послу́шни|к (*fem.* -ца); **2.** (*beginner*) новичо́к.

**novi|ciate, -tiate** *n.* послу́шничество; (*fig., probation*) иску́с, испыта́ние.

**now** *adv.* **1.** (*at the present time*) тепе́рь, сейча́с, ны́н(ч)е; в настоя́щее вре́мя; (*opp. previously*): I'm married ~ я уже́ жена́т; (it's) ~ or never тепе́рь и́ли никогда́; ~ and again вре́мя от вре́мени; (every) ~ and then поро́й; ~ he's cheerful, ~ he's sad он то ве́сел, то гру́стен; ~ he says one thing, ~ another он говори́т то одно́, то друго́е; (*with preps.*): before ~ (*hitherto*) до сих пор; (*in the past*) в про́шлом; by ~ к э́тому вре́мени; he should be here by ~ он до́лжен бы уже́ быть здесь; from ~ on впредь; отны́не; till (*or* up to) ~ до сих пор; **2.** (*this time*): ~ you've broken it! ну, вот вы и слома́ли его́/её!; ~ you're talking! (*coll.*) э́то друго́е де́ло!; **3.** (*at once; at this moment*) сейча́с; I must go ~ мне пора́ (уходи́ть); he was here just ~ он то́лько что был здесь; only ~ то́лько тепе́рь; **4.** (*in historic narrative*) тепе́рь; тогда́; в тот моме́нт; в то вре́мя; (*by then*) к тому́ вре́мени; (*next*) по́сле э́того; **5.** (*introducing new factor or aspect; summing up*) а; так вот; и вот; ~ it turned out that и вот оказа́лось, что; ~ Barabbas was a robber а э́тот Вара́вва был разбо́йник; ~ there lived a blacksmith in the village так вот, а в селе́ жил кузне́ц; **6.** (*emphatic*) ну, так, ита́к; ~ you just listen to me нет, вы послу́шайте, что я вам скажу́; ~ don't get upset вы то́лько не расстра́ивайтесь; ~ what do you mean by that? что вы, со́бственно, хоти́те э́тим сказа́ть?; ~ what's the matter with you? что э́то с ва́ми?; ~ then ну́-ка; ну-ну́; послу́шайте!; ~ why didn't I think of that? как же я об э́том не поду́мал?

   *conj.* (*also* ~ that) по́сле того́, как; ~ you mention it, I do remember тепе́рь, когда́ вы упомяну́ли об э́том, я вспомина́ю; ~ that I know you better . . . тепе́рь, узна́в вас коро́че . . .; ~(that) he has come раз/поско́льку он пришёл.

**nowadays** *adv.* ны́нче; в на́ше вре́мя; в на́ши дни; в ны́нешние времена́.

**nowhere** *adv.* нигде́; (*motion*) никуда́; the horse came in ~ ло́шадь безнадёжно отста́ла; the house was ~ near the park дом стоя́л о́чень далеко́ от па́рка; he was ~ near 60 ему́ ещё бы́ло далеко́ до шести́десяти (лет); £5 is ~ near enough пяти́ фу́нтов далеко́ не доста́точно; this conversation is getting us ~ э́тот разгово́р нас ни к чему́ не приведёт; a bottle of vodka appeared from ~ отку́да ни возьми́сь, возни́кла буты́лка во́дки; there's ~ to sit не́где сесть; he has ~ to go ему́ не́куда идти́; in the middle of ~ у чёрта на кули́чках.

**nowise** *adv.* (*arch.*) нико́им о́бразом.

**nowt** *n.* (*dial.*) ничего́.

**noxious** *adj.* (*harmful*) вре́дный, па́губный; (*poisonous*) ядови́тый.

**noxiousness** *n.* вре́дность.

**nozzle** *n.* сопло́; jet ~ форсу́нка; fire ~ брандспо́йт.

**nth** *adj.* э́нный; to the ~ degree (*fig.*) в вы́сшей сте́пени.

**nuance** *n.* отте́нок, нюа́нс.

**nub** *n.* (*fig., point, gist*) суть.

**nubile** *adj.* дости́гшая бра́чного во́зраста.

**nuclear** *adj.* **1.** (*phys.*) я́дерный; ~ bomb термоя́дерная бо́мба; ~ energy я́дерная эне́ргия; ~ fallout радиоакти́вные оса́дки (*m. pl.*); ~ fission я́дерное деле́ние; ~ physics я́дерная фи́зика; ~ reactor а́томный реа́ктор; ~ test испыта́ние термоя́дерного ору́жия; ~ ship а́томное су́дно; ~ warfare я́дерная война́; ~ weapons я́дерное ору́жие; **2.** ~ family ма́лая/нуклеа́рная семья́.

**nucleonic** *adj.* нукло́нный; ~ warfare я́дерно-электро́нная война́.

**nucleonics** *n.* нуклео́ника.

**nucleus** *n.* (*phys., fig.*) ядро́; (*biol.*) заро́дыш.

**nude** *n.* **1.** (*art*) обнажённая (фигу́ра); **2.** in the ~ нагишо́м.

   *adj.* го́лый, обнажённый, наго́й.

**nudge** *n.* толчо́к ло́ктем; give s.o. a ~ (*lit., fig.*) подт|а́лкивать, -олкну́ть кого́-н.

   *v.t.* подт|а́лкивать, -олкну́ть.

**nudism** *n.* нуди́зм.

**nudist** *n.* нуди́ст.

**nudity** *n.* нагота́.

**nugatory** *adj.* пусто́й, пустя́чный; (*inoperative*) недействи́тельный.

**nugget** *n.* саморо́док.

**nuisance** *n.* (*annoyance*) доса́да; (*unpleasantness*) неприя́тность; (*inconvenience*) неудо́бство; what a ~! кака́я доса́да!; that boy is a perfect ~ э́тот мальчи́шка — су́щее наказа́ние; go away, you are a ~! уходи́, ты мне меша́ешь!; commit no ~ (*do not urinate*) безобра́зничать запреща́ется!; be a ~ to s.o. (*of pers.*) доса|жда́ть, -ди́ть кому́-н.; (*of thg.*) раздража́ть (*impf.*) кого́-н.; make a ~ of o.s. to s.o. надо|еда́ть, -е́сть кому́-н.; he makes a ~ of himself он такóй надоéдливый; с ним возни́ не оберёшься.

**null** *adj.* **1.** (*invalid*) недействи́тельный; become ~ and void утрá|чивать, -тить (закóнную) си́лу; **2.** (*insignificant, without character*) ничтóжный.

**nullification** *n.* аннули́рование.

**nullify** *v.t.* (*annul*) аннули́ровать (*impf., pf.*); (*bring to nothing*) св|оди́ть, -ести́ к нулю́.

**nullity** *n.* **1.** (*invalidity*) недействи́тельность; ~ decree судéбное решéние о призна́нии бра́ка недействи́тельным; **2.** (*insignificant person*) ничтóжество, пустóе мéсто.

**numb** *adj.* **1.** (*of body*) онемéлый, онемéвший; (*of extremities:* ~ *with cold*) окоченéлый; go ~ онемéть (*pf.*); **2.** (*of mind, senses*) оцепенéвший; go ~ оцепенéть (*pf.*).

*v.t.*: my hand was ~ed with cold моя́ рука́ окоченéла от хóлода; my senses were ~ed with terror я оцепенéл от у́жаса.

*cpd.*: ~**skull** *n.* óлух.

**number** *n.* **1.** (*numeral*) числó, ци́фра; odd and even ~s чётные и нечётные чи́сла; in round ~s в кру́глых ци́фрах; кру́глым числóм; примéрно; by ~s (*mil., in drill movements*) по подразделéниям; **2.** (*quantity, amount, total*) числó, коли́чество; the average ~ in a class is 30 срéдняя чи́сленность кла́сса ~ 30 человéк/ученикóв; the lift will only hold a certain ~ лифт поднима́ет лишь определённое числó/коли́чество пассажи́ров; we were 20 in ~ нас бы́ло два́дцать (человéк); we must keep the ~s down на́до ограни́чить числó (*кого, чего*); there were a large ~ of people there там бы́ло мнóго нарóду; a ~ of professors attended the lecture нéсколько профессорóв слу́шали лéкцию; a ~ of people thought otherwise нéкоторые/мнóгие ду́мали ина́че; a small ~ of children небольша́я гру́ппа детéй; they won by force of ~s они́ победи́ли благодаря́ чи́сленному превосхóдству; (*company*): among our ~ there were several students среди́ нас бы́ло нéсколько уча́щихся; he was (one) of our ~ at first вначáле он был одни́м из на́ших; times without ~ несчётное числó раз; **3.** (*identifying*) нóмер; he was ~ 3 on the list он шёл трéтьим нóмером в спи́ске; look after ~ one (*fig.*) забóтиться (*impf.*) о сóбственной персóне; public enemy ~ one враг нóмер оди́н; he lives at ~ 5 он живёт в дóме нóмер 5; the gentleman in (room) ~ 204 господи́н из нóмера 204; telephone ~ нóмер телефóна; what is your ~? какóй у вас нóмер?; you have the wrong ~ вы не туда́ звони́те/попáли; a car's (registration) ~ нóмер автомоби́ля; catalogue ~ шифр по катало́гу; he's got your ~ (*fig., has sized you up*) он вас раскуси́л; he drew a ~ in a raffle он вы́тащил билéт в лотерéе; when your ~ comes up (*fig.*) когда́

придёт ваш черёд (*or* ва́ша óчередь); his ~ is up (*coll.*) егó пéсенка спéта; (*coll., person*): he's a curious ~ он любопы́тный тип; (*issue of magazine*): the current ~ послéдний/очереднóй нóмер; back ~ ста́рый нóмер; (*fig.*): he's a back ~ он отста́л от жи́зни; this model is a back ~ э́та модéль устарéла; in penny ~s (*fig., piecemeal*) в/чéрез час по ча́йной лóжке; (*song or item in stage performance*) нóмер; (*coll., garment*): she wore a fetching little ~ на ней бы́ло преми́ленькое пла́тице; **4.** (*bibl.*): the Book of N~s Кни́га Чи́сел; **5.** (*gram.*) числó.

*v.t.* **1.** (*count*) переч|исля́ть, -и́слить; his days are ~ed егó дни сочтены́; **2.** (*give* ~ *to*) нумеровá́ть, за-/пере-; all the seats are ~ed все места́ нумерóваны; he ~ed the men off он сдéлал перекл
и́чку по номера́м; **3.** (*amount to*) насчи́тываться (*impf.*); they ~ed sixty all told их в óбщей слóжности насчи́тывалось шестьдеся́т (человéк); the town ~s about 50,000 inhabitants гóрод насчи́тывает óколо пяти́десяти ты́сяч жи́телей; **4.** (*include*) включ|а́ть, -и́ть; I ~ him among my friends я счита́ю егó свои́м дру́гом.

*v.i.* (*mil., also* ~ **off**) рассчи́т|ываться, -а́ться (по поря́дку номерóв); 'by twos, ~!' «на пéрвый-вторóй, рассчита́йся!»

*cpd.*: ~**-plate** *n.* номернóй знак.

**numberless** *adj.* бесчи́сленный.

**numbness** *n.* оцепенéние.

**numbskull** *see* NUMSKULL.

**numeracy** *n.* элемента́рное зна́ние арифмéтики.

**numeral** *n.* **1.** ци́фра; Arabic/Roman ~s ара́бские/ри́мские ци́фры; **2.** (*gram.*) (и́мя) числи́тельное.

*adj.* цифровóй.

**numerate** *adj.* облада́ющий элемента́рным зна́нием арифмéтики.

**numeration** *n.* нумера́ция.

**numerator** *n.* числи́тель (*m.*).

**numerical** *adj.* чи́сленный, числовóй; ~ superiority чи́сленное превосхóдство; ~ly superior превосходя́щий чи́сленностью; ~ value числовóе значéние.

**numerous** *adj.* многочи́сленный; a ~ company больша́я компа́ния; my relatives are not ~ у меня́ не так уж мнóго рóдственников.

**numinous** *adj.* мисти́ческий, таи́нственный.

**numismatics** *n.* нумизма́тика.

**numismatist** *n.* нумизма́т.

**numskull, numbskull** *n.* тупи́ца (*c.g.*), óлух.

**nun** *n.* мона́хиня, мона́шенка.

**nuncio** *n.* па́пский ну́нций.

**nunnery** *n.* (жéнский) монасты́рь.

**nuptial** *adj.* сва́дебный.

**nuptials** *n. pl.* сва́дьба.

**Nuremberg** *n.* Нюрнберг.

**nurse** *n.* **1.** (~*maid*) ня́ня, ня́нька; **2.** (*wet-*~)

кормилица; **3.** (*of the sick*) нянечка, санитарка, сиделка; (*senior* ~) медсестра; male ~ санитар, (*coll.*) медбрат; **4.** put a child out to ~ with s.o. отда|вать, -ать ребёнка кому-н. на воспитание; **5.** (*fig.*): ~ of liberty колыбель свободы.

*v.t.* **1.** (*suckle*) кормить (*impf.*) (грудью); nursing mother кормящая мать; **2.** (*take charge of; attend to*) ухаживать (*impf.*) за +*i.*; **3.** (*hold in one's arms*) держать (*impf.*) на руках; **4.** (*fig.*): ~ hopes лелеять (*impf.*) надежду; ~ a grudge, grievance against s.o. тайть (*impf.*) обиду против кого-н.; ~ one's resources экономить (*impf.*) средства; ~ (*sit over*) the fire сидеть (*impf.*) у самого камина; ~ a young plant выращивать, вырастить растение; ~ a cold (сидеть (*impf.*) дома и) лечиться (*impf.*) от насморка; ~ one's constituency обхаживать (*impf.*) избирателей.

*v.i.* (*Am., feed at the breast*) сосать (*impf.*) грудь.

**nurs(e)ling** *n.* питомец.

**nursery** *n.* **1.** (*room*) детская; **2.** (*institution etc. for care of young*): day ~ (дневные) ясл|и (*pl., g.* -ей); **3.** ~ school детский сад, детсад; ~ rhyme детские стишки (*m. pl.*); детская песенка; ~ slopes (*skiing*) пологие спуски (*m. pl.*), спуски для начинающих лыжников; **3.** (*hort.*) рассадник, питомник.

*cpd.*: ~**man** *n.* (*proprietor*) владелец питомника; (*employee*) работник питомника.

**nursing** *n.* (*career*) профессия среднего медицинского персонала; take up ~ сделаться (*pf.*) медицинской сестрой; учиться (*impf.*) на медсестру; ~ sister медсестра; ~ home (частная) лечебница, (частный) санаторий.

**nursling** *see* NURS(E)LING.

**nurture** *n.* (*nourishment*) питание; (*training*) воспитание; (*care*) уход.

*v.t.* (*nourish*) питать (*impf.*); (*rear, train*) воспит|ывать, -ать.

**nut** *n.* **1.** орех; crack ~s раск|алывать, -олоть (*or* щёлкать, *impf.*) орехи; a hard ~ to crack (*fig.*) крепкий орешек; he can't sing for ~s (*coll.*) он совершенно не умеет петь; по части

пения он пас; ~s (to you)! (*sl.*) к чёрту!; ещё чего захотел!; как не так!; **2.** (*sl., head*) башка; he is off his ~ он спятил; **3.** (*pl., coll., crazy*): he is ~s у него не все дома; he is ~s on her он на ней помешан; he is ~s about motorcycles он помешан на мотоциклах; **4.** (*for securing bolt*) гайка; ~s and bolts (*fig., practical details*) конкретные детали.

*v.i.*: go ~ting собирать (*impf.*) орехи.

*cpds.*: ~**-brown** *adj.* каштановый; ~**-case** *n.* (*sl.*) псих; the N~cracker *n.* (*ballet title*) Щелкунчик; ~**crackers** *n.* щипц|ы (*pl., g.* -ов) для орехов; ~**hatch** *n.* поползень (*m.*); ~**-house** *n.* психушка, дурдом (*sl.*); ~**shell** *n.* ореховая скорлупа; in a ~shell (*fig.*) кратко; в двух словах; he put the problem in a ~shell он кратко и чётко сформулировал проблему; ~**-tree** *n.* орех(овое дерево); (*hazel tree*) орешник.

**nutmeg** *n.* мускатный орех.

**nutria** *n.* нутрия.

**nutrient** *n.* питательное вещество.

**nutriment** *n.* пища.

**nutrition** *n.* питание; (*food*) пища.

**nutritional** *adj.* питательный; диетный.

**nutritionist** *n.* диетолог; диетврач; диетсестра.

**nutritious** *adj.* питательный.

**nutritive** *adj.* питательный.

**nutter** *n.* (*coll.*) сумасшедший.

**nutty** *adj.* **1.** (*of taste*) с привкусом ореха; **2.** (*crazy*) чокнутый (*coll.*).

**nuzzle** *v.t. & i.*: ~ (against, into) s.o./sth. тыкаться, (у)ткнуться носом в кого-н./что-н.

**nyctalopia** *n.* куриная слепота.

**nylon** *n.* нейлон; (*pl., ~ stockings*) нейлоновые чулки (*m. pl.*).

**nymph** *n.* **1.** (*myth.*) нимфа; water ~ наяда; (*Ru.*) русалка; sea ~ нереида; wood ~ дриада; **2.** (*zool.*) нимфа.

**nymphet** *n.* нимфетка.

**nymphomania** *n.* нимфомания.

**nymphomaniac** *n.* нимфоманка.

**nystagmus** *n.* нистагм.

**NZ** *n.* (*abbr.*) Новая Зеландия; (*attr.*) новозеландский.

# O

**O** *n.* (*nought*) нуль (*m.*).

*int.* о!; ~ God! Боже!; *see also* ОН.

**oaf** *n.* (*awkward lout*) неуклюжий человек; увалень (*m.*); (*stupid person*) дурень (*m.*).

**oafish** *adj.* неуклюжий; придурковатый.

**oak** *n.* (*tree; wood*) дуб; (*attr.*) дубовый.

*cpds.*: ~**-apple, gall** *nn.* чернильный орешек;

~**-wood** *n.* (*copse*) дубовая роща, дубняк, дубрава; (*timber*) дуб.

**oaken** *adj.* дубовый.

**oakum** *n.* пакля.

**oar** *n.* **1.** весло; he pulls a good ~ он хорошо гребёт; он хороший гребец; strain at the ~s налегать (*impf.*) на вёсла; rest on one's ~s (*lit.*)

суши́ть (*impf.*) вёсла; (*fig.*) поч|ива́ть, -и́ть на ла́врах; put, shove, stick one's ~ into sth. вме́шиваться (*impf.*) в чужи́е дела́; chained to the ~ (*fig.*) прико́ванный к тяжёлой рабо́те; **2.** (*rower*) гребе́ц; he is a good ~ он хоро́ший гребе́ц; он хорошо́ гребёт.

*cpds.*: ~**lock** *n.* уклю́чина; ~**sman** *n.* гребе́ц; ~**smanship** *n.* иску́сство гре́бли; ~**swoman** *n.* (же́нщина-)гребе́ц.

**oared** *adj. & in comb.* (-)весе́льный.

**oasis** *n.* оа́зис.

**oast** *n.* печь для су́шки хме́ля.

*cpd.*: ~**house** *n.* суши́лка для хме́ля.

**oat** *n.* (*in pl.*) овёс; feel one's ~s (*coll.*) быть оживлённым; чу́вствовать (*impf.*) свою́ си́лу; he is off his ~s (*coll.*) он потеря́л аппети́т; wild ~s овсю́г; sow one's wild ~s (*fig.*) прож|ига́ть, -е́чь мо́лодость; he has sown his wild ~s он уже́ перебеси́лся/остепени́лся.

*adj.* овся́ный.

*cpds.*: ~**-cake** *n.* овся́ная лепёшка; ~**meal** *n.* толокно́; овся́ная мука́.

**oath** *n.* **1.** прися́га; on, under ~ под прися́гой; ~ of allegiance прися́га на ве́рность; take, swear an ~ да|ва́ть, -ть кля́тву; присяг|а́ть, -ну́ть; put s.o. on, under ~; administer an ~ to s.o. прив|оди́ть, -ести́ кого́-н. к прися́ге; **2.** (*profanity*) прокля́тие, руга́тельство.

**Obadiah** *n.* (*bibl.*) А́вдий.

**obbligato** *n. & adj.* облига́то (*indecl.*).

**obduracy** *n.* упря́мство; ожесточе́ние.

**obdurate** *adj.* (*stubborn*) упря́мый; (*hardheaded*) ожесточённый, чёрствый; (*impertinent, unregenerate*) нераска́янный; закоре́нелый.

**obedience** *n.* послуша́ние, поко́рность; ~ to rules повинове́ние пра́вилам; ~ to one's parents послуша́ние роди́телям; in ~ to the law согла́сно зако́ну; в соотве́тствии с зако́ном; take a vow of ~ да|ва́ть, -ть обе́т послуша́ния; passive ~ по́лное послуша́ние; повинове́ние.

**obedient** *adj.* послу́шный, поко́рный; ~ to his wishes повину́ясь его́ жела́ниям; your ~ servant (*arch.*) ваш поко́рный слуга́.

**obeisance** *n.* (*bow*) покло́н; (*curtsey*) револа́нс; (*fig., homage*) почте́ние, уваже́ние; do, pay ~ to выража́ть, вы́разить почте́ние +*d.*

**obelisk** *n.* обели́ск.

**obelus** *n.* кре́стик, обели́ск.

**obese** *adj.* ту́чный, по́лный.

**obesity** *n.* ту́чность, полнота́; (*med.*) ожире́ние.

**obey** *v.t.* (*comply with*): ~ the laws подчин|я́ться, -и́ться зако́нам; (*be obedient to*): ~ one's parents слу́шаться, по- роди́телей; (*execute*): ~ an order выполня́ть, вы́полнить кома́нду/прика́з/приказа́ние; (*act in response to*): ~ an impulse подда|ва́ться, -а́ться порыву.

*v.i.* повинова́ться (*impf., pf.*).

**obfuscate** *v.t.* (*darken, obscure*) затемн|я́ть, -и́ть; (*confuse*) сму|ща́ть, -ти́ть; ~ s.o.'s mind тума́нить, за- чей-н. рассу́док.

**obfuscation** *n.* затемне́ние, помутне́ние.

**obituary** *n.* некроло́г.

*adj.*: некрологи́ческий.

**object**[1] *n.* **1.** (*material thing*) предме́т, вещь; ~ lesson (*lit.*) нагля́дный уро́к; (*fig.*): he is an ~ lesson in courtesy он образе́ц ве́жливости; (*coll., spectacle*) ~ you look in that hat! ну и ви́д(ик) у тебя́ в э́той шля́пе!; **2.** (*focus of feeling, effort etc.*) предме́т, объе́кт; an ~ of curiosity предме́т любопы́тства; a suitable ~ for study объе́кт, подходя́щий для изуче́ния; **3.** (*purpose, aim*) цель; what was your ~ in writing? с како́й це́лью вы писа́ли?; чего́ вы хоте́ли доби́ться ва́шим письмо́м?; I had no particular ~ in view я никако́й определённой це́ли не пресле́довал; I visited him with the ~ of settling my debts я пошёл к нему́ для того́, что́бы расплати́ться с долга́ми; his one ~ in life цель всей его́ жи́зни; **4.** (*consideration*): money/time is no ~ де́ньги/вре́мя не в счёт; **5.** (*philos.*) объе́кт; **6.** (*gram.*) дополне́ние; a transitive verb takes a direct ~ перехо́дный глаго́л тре́бует прямо́го дополне́ния.

*cpd.*: ~**-finder** *n.* видоиска́тель (*m.*).

**object**[2] *v.t. & i.* возра|жа́ть, -зи́ть; протестова́ть (*impf.*); выдвига́ть, вы́двинуть возраже́ния (про́тив +*g.*); I ~ to being treated like this я не жела́ю, что́бы со мной так обраща́лись; do you ~ to my smoking? вас не беспоко́ит, что я курю́?; I'll open a window if you don't ~ с ва́шего разреше́ния я откро́ю окно́.

**objectify** *v.t.* де́лать, с- веще́ственным/предме́тным.

**objection** *n.* возраже́ние, проте́ст; raise (an) ~ to, against sth. возра|жа́ть, -зи́ть про́тив чего́-н.; are there any ~s? есть возраже́ния?; ~ overruled/sustained возраже́ние отклоня́ется/принима́ется; I have no ~ to your going abroad я не возража́ю (*or* я ничего́ не име́ю) про́тив ва́шей пое́здки за грани́цу.

**objectionable** *adj.* (*open to objection*) вызыва́ющий возраже́ние; (*undesirable, unpleasant*) нежела́тельный; неприя́тный.

**objective** *n.* **1.** (*aim*) цель; **2.** (*mil.*) объе́кт, цель; **3.** (*gram.*) объе́ктный паде́ж; **4.** (*lens*) объекти́в.

*adj.* (*var. senses*) объекти́вный; (*mil.*): ~ point то́чка встре́чи.

**objectivism** *n.* объективи́зм.

**objectivity** *n.* объекти́вность.

**objector** *n.* возража́ющий; conscientious ~ челове́к, отка́зывающийся от вое́нной слу́жбы по принципиа́льным соображе́ниям.

**objet d'art** *n.* предме́т иску́сства.

**objurgation** *n.* упрёк, вы́говор.

**oblation** *n.* жéртва; пожéртвование.

**obligate** *v.t.* обя́з|ывать, -áть.

**obligation** *n.* (*promise, engagement*) обязá-тельство; (*duty, responsibility*) обя́занность; be under an ~ to s.o быть обя́занным кому́-н.; быть в долгу́ пéред кем-н.; fulfil, repay an ~ выполня́ть, вы́полнить обязáтельство; уплати́ть (*pf.*) долг; отблагодари́ть (*pf.*); meet one's ~s покр|ывáть, -ы́ть свои́ обя-зáтельства; you are under no ~ to reply вы не обя́заны отвечáть.

**obligatory** *adj.* обязáтельный.

**oblige** *v.t.* **1.** (*bind by promise etc.*; *require*) обя́-з|ывать, -áть; свя́з|ывать, -áть (*кого*) обя-зáтельством; **2.** (*compel*) вынуждáть, вы́нудить; we are ~d to remind you мы вы́нуждены напóмнить вам; I am ~d to say я дóлжен (вам) сказáть; if you do not leave I shall be ~d to call the police éсли вы не покинете помещéние, мне придётся вы́звать полицию; **3.** (*do favour to*) обя́з|ы-вать, -áть; I would be ~d if you would close the door сдéлайте одолжéние, закрóйте, пожáлуйста, дверь; I am much ~d to you я вам óчень обя́зан/благодáрен; can you ~ me with a pen? не мóжете ли вы одолжи́ть мне ру́чку?

*v.i.*: he ~d with a song он любéзно спел пéсню.

**obliging** *adj.* услу́жливый, любéзный.

**oblique** *adj.* **1.** (*slanting*) косóй; ~ surface на-клóнная плóскость; **2.** (*gram. and fig.*) кóс-венный; **3.** (*devious*) окóльный; (*sly*) лукáвый, ковáрный.

**obliquity** *n.* (*deviousness*) лукáвство, ковáр-ство.

**obliterate** *v.t.* (*lit., fig., erase, wipe out*) вычёркивать, вы́черкнуть; ст|ирáть, -ерéть; (*destroy*) изглá|живать, -дить; уничт|ожáть, -óжить.

**obliteration** *n.* стирáние; вычёркивание; уни-чтожéние, изглáживание.

**oblivion** *n.* забвéние; fall, sink into ~ быть забы́тым (*or* прéданным забвéнию).

**oblivious** *adj.* (*forgetful*) забы́вчивый; he was ~ of the time он (совершéнно) забы́л о врéмени; he was ~ to her objections он был глух к её возражéниям.

**obliviousness** *n.* забы́вчивость.

**oblong** *n.* (*shape*) продолговáтая фигу́ра; (*object*) продолговáтый предмéт.

*adj.* продолговáтый.

**obloquy** *n.* (*defamation*) клеветá; (*reproach*) поношéние; heap ~ on s.o. (*or* s.o. with ~) подв|ергáть, -éргнуть когó-н. поношéниям.

**obnoxious** *adj.* (*offensive*) проти́вный; (*intoler-able*) несносный.

**obnoxiousness** *n.* проти́вность; несносность.

**oboe** *n.* гобóй.

**oboist** *n.* гобои́ст (*fem.* -ка).

**obscene** *adj.* непристóйный, неприли́чный.

**obscenit|y** *n.* непристóйность; he was shouting ~ies он грóмко выкри́кивал нецензу́рные словá.

**obscurantism** *n.* мракобéсие, обскуранти́зм.

**obscurantist** *n.* мракобéс, обскурáнт.

*adj.* обскуранти́стский.

**obscuration** *n.* помрачéние; (*astron.*) затмéние.

**obscure** *adj.* **1.** (*not easily understood or clearly expressed*) невразуми́тельный, непоня́тный; нея́сный; невня́тный; his motives were ~ моти́вы егó бы́ли нея́сны; **2.** (*remote; hidden*) уединённый; скры́тый; an ~ village глухáя дерéвушка; (*inconspicuous*; *little-known*) незамéтный; малоизвéстный; безвéстный; an ~ poet малоизвéстный поэ́т; a man of ~ origins человéк скрóмного происхождéния; **3.** (*dark, sombre, dim, dull*) тёмный, мрáчный, сму́тный, ту́склый.

*v.t.* (*darken; also fig., make less noticeable or clear*) затемн|я́ть, -и́ть; (*dim the glory of*; *eclipse*) затм|евáть, -и́ть; (*conceal from sight*) заслон|я́ть, -и́ть; загор|áживать, -оди́ть.

**obscurity** *n.* (*darkness, gloom*) тьма, мрак; (*vag-ueness, lack of clarity*) нея́сность; (*unintelligi-bility*) непоня́тность; (*being unknown or unheard of*) неизвéстность, безвéстность.

**obsequies** *n. pl.* погребéние, пóхор|оны (*pl., g.* -óн).

**obsequious** *adj.* подобострáстный, раболéп-ный.

**obsequiousness** *n.* подобострáстие, раболéпие, подхали́мство.

**observable** *adj.* замéтный, различи́мый.

**observance** *n.* **1.** (*of rule, law, custom etc.*) со-блюдéние; **2.** (*rite, ceremony*) обря́д, прáз-днование; (*ritual*) ритуáл.

**observant** *adj.* **1.** (*attentive*) наблюдáтельный; внимáтельный; **2.**: ~ of the rules при-дéрживающийся прáвил.

**observation** *n.* **1.** (*observing, surveillance*) на-блюдéние; keep s.o. under ~ держáть (*impf.*) когó-н. под наблюдéнием; come under ~ поп|адáть, -áсть под наблюдéние; take ~s of sth. наблюдáть (*impf.*) (*or* дéлать (*impf.*) на-блюдéния) над чем-н.; he was sent to hospital for ~ егó положи́ли в больни́цу на об-слéдование; ~ post наблюдáтельный пункт; ~ car вагóн (для тури́стов) с повы́шенной обзóрностью; **2.** (*quality of being observant*) наблюдáтельность; **3.** (*remark*) замечáние, выскáзывание.

**observatory** *n.* обсерватóрия.

**observe** *v.t.* **1.** (*notice*) зам|ечáть, -éтить; (*see*) ви́деть, у-; **2.** (*watch*) наблюдáть (*impf.*) за +*i.*; следи́ть (*impf.*) за +*i.*; (*examine, study*) изу-ч|áть, -и́ть; **3.** (*keep, adhere to*) соблю|дáть, -сти́; ~ silence храни́ть (*impf.*) молчáние; **4.**

(*remark, comment*) зам|еча́ть, -е́тить; **5.** (*commemorate*) отм|еча́ть, -е́тить; **6.** (*celebrate*) пра́здновать, от-.

**observer** *n.* **1.** (*spectator, watcher*) наблюда́тель (*m.*); **2.**: he is an ~ of old customs он соблюда́ет ста́рые обы́чаи; он приде́рживается ста́рых обы́чаев.

**obsess** *v.t.* завлад|ева́ть, -е́ть (*or* овлад|ева́ть, -е́ть) (чьим-н.) умо́м; (*haunt*) му́чить (*impf.*); he was ~ed by the thought of failure он был одержи́м мы́слью о неуда́че; he is ~ed by money он поме́шан на деньга́х; he is ~ed by class prejudice он весь во вла́сти кла́ссовых предрассу́дков.

**obsession** *n.* (*being obsessed*) одержи́мость; (*fixed idea*) навя́зчивая иде́я; dieting became an ~ with him он был одержи́м/поглощён мы́слью о дие́те.

**obsess|ive, -ional** *adjs.* навя́зчивый, всепоглоща́ющий.

**obsidian** *n.* обсидиа́н.

**obsolescence** *n.* устарева́ние; planned, built-in ~ заплани́рованный мора́льный изно́с, заплани́рованная устаре́лость.

**obsolescent** *adj.* устарева́ющий; выходя́щий из употребле́ния.

**obsolete** *adj.* устаре́лый; вы́шедший из употребле́ния; become ~ выходи́ть, вы́йти из употребле́ния; отж|ива́ть, -и́ть; отм|ира́ть, -ере́ть.

**obstacle** *n.* (*physical obstruction*) препя́тствие; ~ race бег/ска́чки с препя́тствиями; clear an ~ взять (*pf.*) препя́тствие; (*hindrance*) препя́тствие, поме́ха; put, throw ~s in s.o.'s way чини́ть (*impf.*) препя́тствия кому́-н.; ~s to world peace препя́тствия/поме́хи на пути́ к всео́бщему ми́ру.

**obstetric(al)** *adj.* акуше́рский, родовспомога́тельный.

**obstetrician** *n.* акуш|ёр (*fem.* -е́рка).

**obstetrics** *n.* акуше́рство.

**obstinacy** *n.* упря́мство; насто́йчивость.

**obstinate** *adj.* (*stubborn*) упря́мый; (*persistent*) насто́йчивый; (*of disease*) упо́рный, трудноизлечи́мый.

**obstreperous** *adj.* (*unruly*) бу́йный; (*noisy*) шу́мный.

**obstreperousness** *n.* бу́йность, шумли́вость.

**obstruct** *v.t.* меша́ть (*impf.*) +*d.*, препя́тствовать (*impf.*) +*d.*; ~ the road загра|жда́ть, -ди́ть доро́гу; ~ s.o.'s movement препя́тствовать, вос- кому́-н.; ~ progress затрудн|я́ть, -и́ть прогре́сс; ~ the view заслон|я́ть, -и́ть вид; ~ the light загор|а́живать, -оди́ть свет.

**obstruction** *n.* загражде́ние, поме́ха; (*hindrance*) препя́тствие; (*difficulty*) затрудне́ние; (*parl.*) обстру́кция.

**obstructive** *adj.* препя́тствующий; загора́живающий; обструкцио́нный.

**obstructiveness** *n.* обструкцио́нность.

**obtain** *v.t.* **1.** (*receive*) получ|а́ть, -и́ть; he ~ed a prize он получи́л приз; have you ~ed permission? вы получи́ли разреше́ние?; **2.** (*procure*) доб|ыва́ть, -ы́ть; he ~ed the services of a secretary он получи́л возмо́жность по́льзоваться услу́гами секретаря́; (*acquire*) приобре|та́ть, -сти́; this book was ~ed for me by the library библиоте́ка вы́писала э́ту кни́гу для меня́; **3.** (*attain*) дост|ига́ть, -и́гнуть +*g.*; they ~ed good results они́ дости́гли/доби́лись хоро́ших результа́тов.

*v.i.* (*be current, prevalent*) примен|я́ться, -и́ться; these views no longer ~ э́ти взгля́ды уже́ устаре́ли.

**obtainable** *adj.* достижи́мый, досту́пный; is this model still ~? э́ту моде́ль мо́жно ещё получи́ть?

**obtrude** *v.t.* навя́з|ывать, -а́ть; ~ oneself on s.o. навя́з|ываться, -а́ться кому́-н.

*v.i.* навя́з|ываться, -а́ться.

**obtrusion** *n.* навя́зывание.

**obtrusive** *adj.* (*importunate*) навя́зчивый, назо́йливый; (*conspicuous*) броса́ющийся в глаза́.

**obtrusiveness** *n.* навя́зчивость, назо́йливость; (*prominence*) заме́тность.

**obtuse** *adj.* (*lit., fig.*) тупо́й.

**obtuseness** *n.* ту́пость.

**obverse** *n.* (*of a coin etc.*) лицева́я сторона́.

**obviate** *v.t.* (*evade, circumvent*) избе|га́ть, -жа́ть +*g.*; (*get rid of*) изб|авля́ться, -а́виться от +*g.*; (*remove*) устран|я́ть, -и́ть.

**obvious** *adj.* очеви́дный, я́сный; for an ~ reason по вполне́ поня́тной причи́не; an ~ remark трюи́зм.

**obviousness** *n.* очеви́дность, я́сность.

**ocarina** *n.* окари́на.

**occasion** *n.* **1.** слу́чай; on many ~s во мно́гих слу́чаях; ча́сто; I was there on one ~ я там был одна́жды; on ~ (*when the ~ arises*) при слу́чае; (*now and then*) вре́мя от вре́мени, иногда́; on the ~ of his marriage по слу́чаю его́ бра́ка; today is a special ~ сего́дня осо́бый день; he was dressed for the ~ он был соотве́тственно оде́т; profit by the ~ воспо́льзоваться (*pf.*) слу́чаем; choose one's ~ вы́брать (*pf.*) подходя́щий моме́нт; rise to the ~ оказа́ться (*pf.*) на высоте́ положе́ния; **2.** (*reason, ground*) причи́на, основа́ние; give ~ to служи́ть, по- причи́ной/основа́нием для +*g.*; I had no ~ to meet him у меня́ не́ было по́вода встреча́ться с ним; there is no ~ for laughter здесь смея́ться не́чему; (*immediate cause*): the ~ of the strike was one man's dismissal по́водом к забасто́вке послужи́ло увольне́ние одного́ рабо́чего.

*v.t.* (*cause*) причин|я́ть, -и́ть; вызыва́ть, вы́звать; his behaviour ~ed his parents much anxiety его́ поведе́ние доставля́ло роди́телям много волне́ний; (*be reason for*) служи́ть (*impf.*) по́водом к +*d.*

**occasional** *adj.* случа́йный; (*infrequent*) ре́дкий; ~ table сто́лик.

**occasionally** *adv.* (*at times*) поро́й, иногда́, и́зредка; вре́мя от вре́мени; случа́йно.

**Occident** *n.* за́пад.

**occidental** *adj.* за́падный.

**occipital** *adj.* заты́лочный.

**occiput** *n.* заты́лок.

**occlude** *v.t.* прегра|жда́ть, -ди́ть; закр|ыва́ть, -ы́ть; заку́пори|вать, -ть.

**occlusion** *n.* прегражде́ние, загражде́ние, закры́тие, заку́порка; (*dental*) прику́с (зубо́в).

**occult**[1] *n.*: the ~ оккульт́ные нау́ки (*f. pl.*).
    *adj.* (*secret*) та́йный, сокрове́нный; (*magical*) маги́ческий.

**occult**[2] *v.t.* (*astron.*) заслон|я́ть, -и́ть; затемн|я́ть, -и́ть.

**occultation** *n.* (*astron.*) покры́тие.

**occultism** *n.* оккульти́зм.

**occupancy** *n.* заня́тие; (*taking, holding possession*) завладе́ние; (*holding on lease*) аре́нда, владе́ние.

**occupant** *n.* **1.** (*inhabitant*) жи́тель (*fem.* -ница); **2.** (*tenant, lessee*) жиле́ц, аренда́тор, нанима́тель (*m.*), квартиросъёмщик, квартиронанима́тель (*m.*); **3.** (*one who has taken possession, conqueror*) оккупа́нт; захва́тчик; **4.**: the ~s of the car все, кто находи́лись в маши́не; е́хавшие в маши́не.

**occupation** *n.* **1.** (*taking possession*) завладе́ние; the house is ready for immediate ~ дом гото́в для неме́дленного вселе́ния; (*forcible ~ of building etc.*) захва́т; **2.** (*mil.*) оккупа́ция; army of ~ оккупацио́нная а́рмия; **3.** (*holding, inhabiting as owner or tenant*) прожива́ние (в до́ме и т.п.); (*temporary use*) вре́менное по́льзование (чем); (*period of tenure*) пери́од прожива́ния; **4.** (*way of spending time*) заня́тие, вре́мя(пре)провожде́ние; **5.** (*employment*) заня́тие; род заня́тий; профе́ссия; what is his ~? чем он занима́ется?; кто он по профе́ссии?

**occupational** *adj.* профессиона́льный; ~ disease профессиона́льное заболева́ние; ~ hazard риск, свя́занный с хара́ктером рабо́ты; профессиона́льный риск; ~ therapy трудотерапи́я.

**occupier** *n.* (*temporary occupant*; *dweller*) вре́менный владе́лец; жиле́ц; (*lessee*) аренда́тор, наёмщик.

**occup|y** *v.t.* **1.** (*take over or move into property, house, country etc.*; *take possession of*) завладе́ть (*pf.*) +*i.*; the building was ~ied by squatters зда́ние бы́ло за́нято самово́льно въе́хавшими жильца́ми; **2.** (*be in possession of*; *hold*) занима́ть (*impf.*); (*mil.*) оккупи́ровать (*impf., pf.*); all the rooms are ~ied

все ко́мнаты за́няты; he ~ied the position of treasurer он занима́л до́лжность казначе́я; **3.** (*take up*): the bed ~ies most of the room крова́ть занима́ет бо́льшую часть ко́мнаты; the whole day was ~ied in shopping весь день ушёл на хожде́ние по магази́нам; the work ~ies my whole attention рабо́та целико́м поглоща́ет меня́; **4.** (*employ*): he ~ies his time with crossword puzzles он заполня́ет всё своё вре́мя реше́нием кроссво́рдов; my day is fully ~ied мой день по́лностью за́нят; я за́нят весь день; ~y o.s. with sth. занима́ться (*impf.*) чем-н.

**occur** *v.i.* **1.** (*be met, found*) встр|еча́ться, -е́титься; **2.** (*take place*) случ|а́ться, -и́ться; прои|сходи́ть, -зойти́; ~ again повторя́ться (*impf.*); **3.** (*of thought, ideas*) при|ходи́ть, -йти́ на ум; it ~red to me that . . . мне пришло́ в го́лову, что . . .

**occurrence** *n.* (*incident, event*) происше́ствие, слу́чай; (*phenomenon*) явле́ние; an everyday ~ обы́чное явле́ние; (*incidence*): of frequent ~ ча́сто встреча́ющийся, распространён́ный.

**ocean** *n.* **1.** океа́н; (*attr.*) океа́нский; ~s and seas (*collect.*) мирово́й океа́н; **2.** (*coll., pl., vast amount*): ~s of food ма́сса еды́; ~s of tears мо́ре слёз.
    *cpd.*: ~**-going** *adj.* океа́нский.

**Oceania** *n.* Океа́ния.

**oceanic** *adj.* океа́нский.

**oceanographer** *n.* океано́граф.

**oceanographic** *adj.* океанографи́ческий.

**oceanography** *n.* океаногра́фия.

**ocelot** *n.* оцело́т.

**ochre** *n.* о́хра.

**ochr(e)ous** *adj.* охря́ный.

**o'clock** *adv.*: two ~ два часа́; like one ~ (*vigorously, promptly*) в два счёта; как штык (*coll.*).

**octagon** *n.* восьмиуго́льник.

**octagonal** *adj.* восьмиуго́льный.

**octahedral** *adj.* восьмигра́нный.

**octahedron** *n.* восьмигра́нник, окта́эдр.

**octane** *n.* окта́н; high-~ *adj.* высокоокта́новый.

**octaroon** *see* OCTOROON.

**octave** *n.* (*mus.*) окта́ва; (*pros.*) окта́ва, восьмисти́шие.

**octavo** *n.* форма́т в восьму́ю до́лю листа́.
    *adj.*: an ~ volume то́мик ин-окта́во (*or* в одну́ восьму́ю листа́).

**octet** *n.* окте́т.

**October** *n.* октя́брь (*m.*); (*attr.*) октя́брьский; the ~ Revolution Октя́брьская револю́ция.

**octogenarian** *n.* восьмидесятиле́тний стари́к; (*fem.*) восьмидесятиле́тняя стару́ха.
    *adj.* восьмидесятиле́тний.

**octopus** *n.* осьмино́г, спрут.

**octoroon, octaroon** *n.* челове́к, име́ющий одну́ восьму́ю часть негритя́нской кро́ви.

**octosyllabic** *adj.* восьмисло́жный.

**octosyllabics** *n.* восьмисло́жные стихи́ (*m. pl.*).

**octroi** *n.* (*duty*) вну́тренняя по́шлина; (*place of levy*) городска́я тамо́жня.

**ocular** *adj.* глазно́й; ~ proof нагля́дное доказа́тельство.

**oculist** *n.* окули́ст.

**odalisque** *n.* одали́ска.

**odd** *adj.* **1.** (*not even*) нечётный; ~ numbers нечётные чи́сла; houses with ~ numbers дома́ с нечётными номера́ми; **2.** (*not matching*) непа́рный; I was wearing ~ socks я был в ра́зных носка́х; **3.** (*not in a set*) разро́зненный; **4.** (*with some remainder or excess*) с ли́шним; 40 ~ со́рок с ли́шним (*or* с чем-то *or* (*coll.*) с га́ком); £12 ~ двена́дцать с ли́шним фу́нтов; ~ change сда́ча; (*small coins*) ме́лочь; **5.** (*spare, extra*) доба́вочный; ~ player запасно́й игро́к; ~ man out (*pers. or thg. outside group*) исключе́ние; не принадлежа́щий к да́нному ря́ду; **6.** (*occasional, casual*) случа́йный; ~ jobs случа́йная рабо́та; at ~ times (*now and then*) поро́й; he made the ~ mistake (*coll.*) ему́ случа́лось ошиба́ться; we picked up an ~ bargain or two нам удало́сь сде́лать не́сколько уда́чных поку́пок; (*unoccupied*): in an ~ moment ме́жду де́лом; **7.** (*strange, queer, unusual*) стра́нный, необы́чный, эксцентри́чный, чудно́й; his behaviour was very ~ он о́чень стра́нно себя́ вёл.

*cpds.*: ~**ball** *n.* (*sl.*) чуда́к, оригина́л; ~**-job** *n.* (*attr.*): ~-job man разнорабо́чий; ~**-looking** *adj.* стра́нного ви́да; чудно́й.

**oddish** *adj.* стра́нный, чудакова́тый.

**oddity** *n.* (*quality*) стра́нность, чудакова́тость; (*pers.*) чуда́|к (*fem.* -чка); (*thg. or event*) причу́дливая вещь; стра́нное/необы́чное явле́ние.

**oddly** *adv.*: ~ enough как (э́то) ни стра́нно; предста́вьте себе́.

**oddment** *n.* (*left-over piece*) оста́ток, обре́зок; (*misc. article*) шту́ка.

**oddness** *n.* стра́нность.

**odds** *n. pl.* **1.** (*difference*) ра́зница; it makes no ~ нева́жно; всё равно́; what's the ~? кака́я ра́зница?; **2.** (*balance of advantage*): the ~ are in our favour переве́с на на́шей стороне́; the ~ were against his winning ша́нсы (*m. pl.*) на вы́игрыш бы́ли про́тив него́; he won against heavy ~ он вы́играл про́тив значи́тельного превосхо́дства сил; by long ~ намно́го, значи́тельно, реши́тельно; **3.** (*chances, likelihood*): the ~ are that he will do so вероя́тнее всего́, что он и́менно так посту́пит; **4.** (*equalizing allowance*): give s.o. ~ да|ва́ть, -ть кому́-н. преиму́щество; **5.** (*betting*): lay, give ~ of 10 to 1 ста́вить (*impf.*) де́сять про́тив одного́; long ~ нера́вные ша́нсы (*m. pl.*); short ~ почти́ ра́вные ша́нсы; it is ~ on that

he will win его́ ша́нсы на вы́игрыш вы́ше, чем у проти́вника; over the ~ (*fig., excessive*) чересчу́р; **6.** (*variance*): be at ~ with s.o. не ла́дить (*impf.*) с кем-н.; **7.**: ~ and ends (*leftovers*) оста́тки (*m. pl.*); обры́вки (*m. pl.*); (*sundries*) вся́кая вся́чина; (*of material*) обре́зки (*m. pl.*).

**ode** *n.* о́да.

**odious** *adj.* (*hateful*) ненави́стный; (*foul, vile*) гну́сный; (*repulsive*) отврати́тельный, проти́вный.

**odiousness** *n.* гну́сность, отврати́тельность.

**odium** *n.* (*hatred*) не́нависть; (*disgust*) отвраще́ние; (*reprobation*) осужде́ние, позо́р; incur, bear ~ навл|ека́ть, -е́чь на себя́ не́нависть/отвраще́ние; the affair brought ~ upon his family де́ло навлекло́ позо́р на его́ семью́.

**odometer** *n.* одо́метр.

**odor|iferous, -ous** *adjs.* благоуха́ющий, благово́нный.

**odour** *n.* (*smell*) за́пах; (*aroma*) арома́т; (*fig., savour, trace*) при́вкус; (*fig., repute, reputation*): be in good/bad ~ with s.o. быть в ми́лости/неми́лости у кого́-н.; ~ of sanctity (*fig.*) орео́л свя́тости.

**odourless** *adj.* без за́паха.

**Odysseus** *n.* Одиссе́й.

**Odyssey** *n.* Одиссе́я; (*fig.*) одиссе́я, приключе́ния (*nt. pl.*).

**oecology** etc., see ECOLOGY etc.

**oecumenical** see ECUMENICAL.

**oecumenism** see ECUMENISM.

**oedema** *n.* отёк.

**Oedipus** *n.* Эди́п; ~ complex эди́пов ко́мплекс.

**o'er** see OVER.

**oersted** *n.* э́рстед.

**oesophagus** *n.* пищево́д.

**oestrogen** *n.* эстроге́н.

**oestr|us, -um** *nn.* те́чка.

**oeuvre** *n.* труды́ (*m. pl.*); произведе́ния (*nt. pl.*).

**of** *prep., expr. by g. and/or var. preps.*: **1.** (*origin*): he is ~ noble descent он благоро́дного происхожде́ния; he comes ~ a good family он происхо́дит из хоро́шей семьи́; there was one child ~ that marriage от э́того бра́ка роди́лся оди́н ребёнок; Lawrence ~ Arabia Ло́уренс Арави́йский; that's what comes ~ being careless вот к чему́ приво́дит неосторо́жность/небре́жность; what will become ~ us? что с на́ми бу́дет?; **2.** (*cause*): he died ~ fright он у́мер от испу́га (*or* со стра́ху); he did it ~ necessity он сде́лал э́то по необходи́мости; ~ one's own accord доброво́льно; по со́бственному жела́нию; it happened ~ itself э́то произошло́ само́ по себе́; **3.** (*authorship*): the works ~ Shakespeare произведе́ния Шекспи́ра; **4.** (*material*): what is it made ~? из чего́ э́то сде́лано?; a house ~ cards ка́рточный до́мик; **5.** (*composition*): a bunch keys свя́зка ключе́й; a family ~ 8 семья́ из восьми́ челове́к (*or* в во́семь челове́к); a work ~ 250 pages рабо́та в 250 страни́ц; a loan ~ £20 заём в 20 фу́нтов; an error ~ 10 roubles оши́бка в/на де́сять рубле́й; **6.** (*contents*): a bottle ~ milk (*full*) буты́лка молока́; (*with some milk in it*) буты́лка с молоко́м; **7.** (*qualities, characteristics*): a man ~ strong character челове́к си́льного хара́ктера (*or* с си́льным хара́ктером); a man ~ ability спосо́бный челове́к; **8.** (*description*): a case ~ smallpox слу́чай (чёрной) о́спы; an accusation ~ theft обвине́ние в кра́же; a vow ~ friendship кля́тва в дру́жбе; an act ~ violence акт наси́лия; the King ~ Denmark да́тский коро́ль; a man ~ 80 челове́к восьми́десяти лет; восьмидесятиле́тний стари́к; **9.** (*identity, definition*): the name ~ George и́мя Гео́ргий; the city ~ Rome (го́род) Рим; the Port ~ London Ло́ндонский порт; that fool ~ a driver э́тот глу́пый води́тель; a letter ~ introduction рекоменда́тельное письмо́; a letter ~ complaint письмо́ с жа́лобой; your letter ~ the 14th ва́ше письмо́ от 14-ого (числа́); the affair ~ the missing papers де́ло о пропа́вших докуме́нтах; **10.** (*objective*): a lover ~ music люби́тель (*m.*) му́зыки; love ~ study любо́вь к заня́тиям; the use ~ a car по́льзование маши́ной; a view ~ the river вид на́ реку; a copy ~ the letter ко́пия (с) письма́; **11.** (*subjective*): the love ~ a mother любо́вь ма́тери; матери́нская любо́вь; **12.** (*possession, belonging*): the property ~ the state госуда́рственная со́бственность; a thing ~ the past де́ло про́шлого; **13.** (*partitive*): some ~ us не́которые/ко́е-кто из нас; 5 ~ us пя́теро из нас; a quarter ~ an hour че́тверть ча́са; that he ~ all men should do it! ме́ньше всего́ мо́жно бы́ло э́того ожида́ть от него́!; most ~ all осо́бенно; бо́льше всего́/всех; ~ all the cheek! ну и на́глость!; here ~all places you expect punctuality где-где, а здесь, каза́лось бы, мо́жно бы́ло рассчи́тывать на то́чность; a friend ~ ours оди́н из на́ших знако́мых; a great friend ~ ours большо́й наш друг; this wine is none ~ the best э́то вино́ не из лу́чших; he is ~ the same opinion он того́ же мне́ния; **14.** (*concerning*): we talked ~ politics мы говори́ли о поли́тике; that is true ~ every case э́то приложи́мо ко всем слу́чаям; what ~ it? что из того́?; ну и что?; **15.** (*during*): ~ an evening ве́чером; по вечера́м; ~ late years в после́дние го́ды; **16.** (*separation, distance, direction*): within 10 miles ~ London в десяти́ ми́лях от Ло́ндона; north ~ к се́веру от +*g.*; се́вернее +*g.*; **17.** (*on the part* ~): it was good ~ you бы́ло о́чень ми́ло с ва́шей стороны́; **18.** (*intensive*): the Holy ~ Holies свята́я святы́х; **19.** (*when dependent on preceding v. or adj., see under this word*).

**off** *n.* (*start of race*): they were waiting for the ~ они́ жда́ли сигна́ла к ста́рту.

*adj.* **1.** (*nearer to centre of road*): on the ~ side (*in Britain*) на пра́вой стороне́ доро́ги; **2.** (*improbable*): I went on the ~ chance of finding him in я пошёл туда́ на аво́сь ~ вдруг заста́ну (его́); **3.** (*spare*): during an ~ moment ме́жду де́лом; **4.** (*substandard*): it was one of my ~ days в тот день я был не в са́мой лу́чшей фо́рме; **5.** (*inactive*): the ~ season мёртвый сезо́н; **6.** ~ licence пате́нт на прода́жу спиртны́х напи́тков навы́нос.

*adv.* (*for phrasal vv. with off see relevant verb entries*) **1.** (*away*): two miles ~ в двух ми́лях отту́да/отсю́да; the elections are still two years ~ до вы́боров ещё два го́да; ~ with you! марш отсю́да!; пойди́те прочь!; he's ~ to France tomorrow он за́втра уезжа́ет во Фра́нцию; it's time I was ~; I must be ~ мне пора́ (уходи́ть); ~ we go! пошли́!; they're ~! (*racing*) старту́ют!; ~ with his head! го́лову с плеч!; **2.** (*removed*): hats ~! (*fig.*) ша́пки доло́й!; he is going to have his beard ~ он собира́ется сбрить бо́роду; **3.** (*disconnected; not available*): the light is ~ свет отключён; the gas/electricity was ~ газ/электри́чество бы́ло отключено́; are the brakes ~? вы отпусти́ли тормоза́?; the ice-cream is ~ моро́женое ко́нчилось; the ~ position (*of switch etc.*) положе́ние выключе́ния; «отключено́»; **4.** (*ended, cancelled*): their engagement is ~ их помо́лвка расто́ргнута; the match is ~ матч отменён; **5.** (*not working*): day ~ выходно́й (день); today is my day ~ я (*or* у меня́) сего́дня выходно́й; night ~ свобо́дный ве́чер; he was ~ sick он не́ был на рабо́те по боле́зни; he was always taking time ~ он постоя́нно брал отгу́лы; I'm ~ now till Monday меня́ не бу́дет до понеде́льника; **6.** (*of food: not fresh; tainted*): the fish is ~ ры́ба испо́ртилась (*or* с душко́м (*coll.*)); **7.** (*theatr.*): noises ~ шум за сце́ной; **8.** (*coll., ill-behaved*): I thought it a bit ~ when he left me to pay the bill по-мо́ему, бы́ло не о́чень краси́во с его́ стороны́ оста́вить меня́ распла́чиваться; **9.** (*supplied*): they are quite well ~ они́ вполне́ обеспе́чены; how are you ~ for money? как у вас с деньга́ми?; **10.**: ~ and on (*intermittently*) с переры́вами; вре́мя от вре́мени; от слу́чая к слу́чаю; от ра́за к ра́зу.

*prep.* (*from; away from; up or down from*): the car went ~ the road маши́на съе́хала с доро́ги; ~ the beaten track по непроторённой доро́ге; just ~ the High Street неподалёку от гла́вной у́лицы; ~ balance несбаланси́рованный; неусто́йчивый; ~ centre смещённый от це́нтра; асимметри́чный; ~ work не на рабо́те; ~ colour (*out of sorts*) нездоро́вый; не в фо́рме; (*risqué*) риско́ванный; he fell ~ the ladder он упа́л с ле́стницы; he took 50p ~ the price он сни́зил це́ну на пятьдеся́т пе́нсов; он сба́вил с цены́ пятьдеся́т пе́нсов; I picked it up ~ the floor я по́днял э́то с по́лу; they were eating ~ the same plate они́ е́ли из одно́й таре́лки; I won £5 ~ him (*coll.*) я вы́играл у него́ пять фу́нтов; the ship lay ~ the coast су́дно стоя́ло неподалёку от бе́рега; I broke the spout ~ the teapot я отби́л но́сик у ча́йника; he has been walking me ~ my feet мы с ним сто́лько ходи́ли пешко́м, что я валю́сь с ног; I was run ~ my feet я сби́лся с ног; ~ form не в фо́рме; he was ~ his game он был не в лу́чшей фо́рме; he must be ~ his head он, должно́ быть, спя́тил; he got ~ the point он сби́лся с те́мы; (*disinclined for*): he is ~ his food он потеря́л аппети́т; I'm ~ smoking мне надое́ло кури́ть; (*have given it up*) я бро́сил кури́ть.

**offal** *n.* **1.** (*of meat*) потроха́ (*m. pl.*); (*entrails*) требуха́; **2.** (*refuse, garbage*) отбро́сы (*m. pl.*); **3.** (*of grain*) о́труб|и (*pl., g.* -ей).

**off-beat** *n.* (*mus.*) неуда́рная но́та.

   *adj.* (*fig.*) необы́чный; нешабло́нный, оригина́льный, эксцентри́чный.

**off-centre** *adj.* смещённый от це́нтра.

**off-colour** *adj.* (*risqué*) риско́ванный.

**offence** (*Am.* **offense**) *n.* **1.** (*wrong-doing*) просту́пок; (*crime*) преступле́ние; an ~ against the law наруше́ние зако́на; commit an ~ соверш|а́ть, -и́ть правонаруше́ние; **2.** (*affront; wounded feeling; annoyance*) оби́да; cause, give ~ to оскорб|ля́ть, -и́ть; take ~ at об|ижа́ться, -и́деться на +*a.*; quick to take ~ оби́дчивый; no ~ (meant)! не в оби́ду будь ска́зано!; **3.** (*attack*) нападе́ние.

**offend** *v.t.* **1.** (*give offence to; wound*) об|ижа́ть, -и́деть; I hope you won't be ~ed наде́юсь, вы не оби́дитесь; are you ~ed with me? вы на меня́ (не) оби́делись?; **2.** (*outrage*) оскорб|ля́ть, -и́ть; it ~s my sense of decency э́то оскорбля́ет моё чу́вство прили́чия.

   *v.i.* греши́ть (*impf.*); his statement ~s against the truth его́ заявле́ние греши́т про́тив и́стины; ~ against the law нар|уша́ть, -у́шить зако́н; he deleted the ~ing words он вы́черкнул слова́, вы́звавшие возраже́ние.

**offender** *n.* (*against law*) правонаруши́тель (*m.*); престу́пник; first ~ соверши́вщий преступле́ние впервы́е.

**offense** *see* OFFENCE.

**offensive** *n.* нападе́ние; (*mil.*) наступле́ние; take (*or* go over to) the ~ пере|ходи́ть, -йти́ в наступле́ние; (*fig.*) зан|има́ть, -я́ть наступа́тельную пози́цию.

   *adj.* **1.** (*causing offence*) оскорби́тельный; (*of pers.*) проти́вный; **2.** (*repulsive*) отврати́тельный; **3.** (*aggressive*) агресси́вный; **4.** (*mil.*) наступа́тельный; ~ weapon наступа́тельное ору́жие.

**offer** *n.* **1.** предложе́ние; make an ~ де́лать, с-

предложе́ние; decline an ~ отклон|я́ть, -и́ть предложе́ние; submit an ~ предст|авля́ть, -а́вить предложе́ние; **2.**: on ~ в прода́же.

   *v.t.* предл|ага́ть, -ожи́ть; ~ one's hand (*lit.*) протя́|гивать, -ну́ть ру́ку; (*in marriage*) де́лать, с- предложе́ние; предл|ага́ть, -ожи́ть ру́ку; he ~ed me a drink он предложи́л мне вы́пить; I was ~ed a lift меня́ предложи́ли подвезти́; the job ~s good prospects э́то перспекти́вная рабо́та; they are ~ing a reward объя́влено вознагражде́ние; may I ~ my congratulations? позво́льте вас поздра́вить?; ~ sth. for sale выставля́ть, вы́ставить что-н. на прода́жу; ~ an opinion выража́ть, вы́разить (*or* выска́зывать, вы́сказать) своё мне́ние; ~ an apology прин|оси́ть, -ести́ извине́ния; ~ one's services предложи́ть (*pf.*) свои́ услу́ги; he did not ~ to help он не предложи́л помо́чь; ~ resistance ока́з|ывать, -а́ть сопротивле́ние; ~ (up) a sacrifice прин|оси́ть, -ести́ (*что*) в же́ртву; ~ prayers возн|оси́ть, -ести́ моли́твы.

   *v.i.*: as opportunity ~s как предста́вится (удо́бный) слу́чай; при (удо́бном) слу́чае.

**offering** *n.* **1.** предложе́ние; **2.** (*of a sacrifice*) жертвоприноше́ние; (*thg. or creature offered*) подноше́ние, же́ртва; **3.** (*contribution*) поже́ртвование.

**offertory** *n.* (*collection*) церко́вные поже́ртвования (*nt. pl.*).

**off-hand** *adj.* (*also* **off-handed**) развя́зный, бесцеремо́нный.

   *adv.* сра́зу, без подгото́вки.

**office** *n.* **1.** (*position of responsibility; service*) до́лжность, слу́жба; honorary ~ почётная слу́жба; the party in ~ па́ртия, находя́щаяся у вла́сти; he held ~ for 10 years он занима́л пост де́сять лет; take (*or* enter upon) ~ вступ|а́ть, -и́ть в до́лжность; run for ~ (*Am.*) выставля́ть, вы́ставить свою́ кандидату́ру; leave, resign one's ~ уйти́ (*pf.*) с до́лжности; term of ~ срок полномо́чий; **2.** (*duty*) обя́занность, фу́нкция; it is my ~ to check the accounts в мои́ обя́занности вхо́дит проверя́ть счета́; **3.** (*premises*) конто́ра, канцеля́рия; (*private* ~, *also doctor's or dentist's*) кабине́т; ~ block администрати́вное зда́ние; ~ hours часы́ рабо́ты; рабо́чее/служе́бное вре́мя; I must be at the ~ мне на́до быть на слу́жбе; **4.** (*department, agency*) бюро́ (*indecl.*); отде́л, департа́мент; управле́ние, ве́домство; Home/Foreign O~ Министе́рство вну́тренних/иностра́нных дел; Record O~ Госуда́рственный архи́в; International Labour O~ Междунаро́дное бюро́ труда́; ~ expenses расхо́ды на канцеля́рские принадле́жности; booking ~ биле́тная ка́сса; editorial ~ реда́кция; publishing ~ изда́тельство; enquiry ~ спра́вочное бюро́; lost property ~ бюро́/стол нахо́док; recruiting ~ призывно́й пункт; branch ~ филиа́л, отделе́ние; **5.** (*usu. pl., service, assistance*) услу́га; through his good ~s благодаря́ его́ посре́дничеству; **6.** (*rite*) обря́д; the last ~s погреба́льный обря́д; O ~ for the Dead заупоко́йная слу́жба, панихи́да; **7.** (*pl., subsidiary rooms*): the house has 5 main rooms and the usual ~s в до́ме 5 основны́х ко́мнат и разли́чные слу́жбы.

*cpds.* : ~**-boy** *n.* рассы́льный; посы́льный; ~**-work** *n.* канцеля́рская рабо́та; ~**-worker** *n.* (конто́рский) слу́жащий; канцеля́рский рабо́тник.

**officer** *n.* **1.** (*in armed forces*) офице́р; (*pl., collect.*) офице́рский соста́в; commanding ~ команди́р; ~s' mess офице́рская столо́вая; ~ of the day дежу́рный офице́р; first ~ (*naval*) пе́рвый помо́щник капита́на; **2.** (*official*) должностно́е лицо́, чино́вник; the highest ~s of state вы́сшие сано́вники госуда́рства; medical ~ of health санита́рный инспе́ктор; consular ~ ко́нсульский рабо́тник; customs ~ тамо́женный чино́вник; scientific research ~ нау́чный сотру́дник; ~s of a club руково́дство (*or* чле́ны правле́ния) клу́ба.

*v.t.* комплектова́ть (*or* укомплекто́вывать), у- офице́рским соста́вом.

**official** *n.* должностно́е лицо́, чино́вник; слу́жащий; government ~s прави́тельственные чино́вники; госуда́рственные слу́жащие.

*adj.* (*relating to an office*) служе́бный, должностно́й; ~ duties служе́бные обя́занности; ~ position служе́бное положе́ние; (*formal*): an ~ style форма́льный стиль; (*authoritative*) официа́льный; ~ language официа́льная терминоло́гия; (*of a country*) госуда́рственный язы́к; ~ly I am not here официа́льно меня́ здесь нет.

**officialdom** *n.* чино́вничество, бюрократи́ческий аппара́т.

**officialese** *n.* казённый язы́к; бюрократи́ческий жарго́н.

**officiate** *v.i.* : ~ for s.o. исполня́ть (*impf.*) обя́занности кого́-н.; ~ at a wedding соверша́ть (*impf.*) обря́д бракосочета́ния; ~ as host быть за хозя́ина; ~ as chairman председа́тельствовать (*impf.*).

**officious** *adj.* (*over-zealous*) чрезме́рно (*or* не в ме́ру) усе́рдный/услу́жливый; (*interfering*) навя́зчивый, назо́йливый.

**officiousness** *n.* навя́зывание свои́х услу́г; чрезме́рное рве́ние; «администрати́вный восто́рг».

**offing** *n.* (*naut.*) откры́тое мо́ре; in the ~ (*naut.*) в виду́ бе́рега, (*fig.*) в перспекти́ве.

**off-key** *adj.* (*lit., fig.*) фальши́вый.

**off-load** *v.t.* разгру|жа́ть, -зи́ть.

**off-peak** *adj.* непи́ковый; ~ hours часы́ зати́шья.

**offprint** *n.* о́ттиск.

**off-putting** *adj.* (*coll.*) отта́лкивающий.

**off-scourings** *n.* отбро́сы (*m. pl.*); подо́нки (*m. pl.*).

**off-season** *adj.* несезо́нный.

**offset** *n.* (*compensation*) возмеще́ние; (*typ.*) офсе́т.

*v.i.* (*compensate for*) возме|ща́ть, -сти́ть; (*neutralize*) противостоя́ть (*impf.*) +*d.*; (*typ.*) печа́тать, на- офсе́тным спо́собом.

**offshoot** *n.* побе́г; (*fig.*) о́трасль; бокова́я ветвь.

**offshore** *adj.* (*close to shore*) прибре́жный; (*abroad*) заграни́чный; ~ wind береґово́й ве́тер; ~ fishery морско́й рыболо́вный про́мысел.

**off-side** *n.* (*football*) положе́ние вне игры́; офса́йд.

**offspring** *n.* пото́мок, о́тпрыск; (*pl.*) пото́мство; (*fig.*) плод.

**off-stage** *adj.* : ~ whisper шёпот за кули́сами.

**off-the-cuff** *adj.* импровизи́рованный.

**off-the-peg** *adj.* гото́вый (*об оде́жде*).

**off-white** *adj.* серова́то-бе́лый.

**often** *adv.* ча́сто; every so ~ вре́мя от вре́мени; as ~ as not нере́дко; more ~ than not бо́льшей ча́стью, в большинстве́ слу́чаев; not ~ не ча́сто, ре́дко, ма́ло когда́.

**ogee** *n.* си́нус; гусёк; S-обра́зная крива́я.

**ogival** *adj.* ожива́льный, стре́льчатый.

**ogive** *n.* стре́лка сво́да; стре́льчатый свод.

**ogle** *v.t.* не́жно погля́д|ывать, -е́ть на +*a.*; стро́ить (*impf.*) гла́зки +*d.*

**ogre** *n.* велика́н-людое́д.

**ogress** *n.* велика́нша-людое́дка.

**oh** *int.* о!, ах!; (*expr. surprise, fright, pain*) ой!; ~ yes, ~ really? (нет,) пра́вда; неуже́ли?; да?; ~ for a drink! ах, как хо́чется пить!

**Ohio** *n.* Ога́йо (*m. indecl.*).

**ohm** *n.* ом.

**ohmmeter** *n.* омме́тр.

**oho** *int.* ого́!

**oil** *n.* **1.** ма́сло; mineral/vegetable ~ минера́льное/расти́тельное ма́сло; fixed/volatile ~s жи́рные/эфи́рные масла́; cod-liver ~ ры́бий жир; engine ~ маши́нное ма́сло; fuel ~ мазу́т; burn the midnight ~ рабо́тать (*impf.*) по ноча́м; pour ~ on the flames подл|ива́ть, -и́ть ма́сла в ого́нь; pour ~ on troubled waters успок|а́ивать, -о́ить волне́ния/стра́сти; умиротворя́ть (*impf.*); **2.** (*petroleum*) нефть; strike ~ обнару́жить/ найти́ (*pf.*) месторожде́ние не́фти; (*fig., attain success*) напа́сть (*pf.*) на жи́лу; неожи́данно разбогате́ть (*pf.*); **3.** (*painting*) ма́сляная кра́ска; paint in ~s писа́ть (*impf.*) ма́слом.

*v.t.* (*lubricate*) сма́з|ывать, -ать; ~ the wheels (*fig.*) ула́дить де́ло; (*bribe*) да|ва́ть, -ть взя́тку; «подма́зать» (*pf.*); (*treat with* ~) пропи́т|ывать, -а́ть ма́слом; ~ed silk проре-

зи́ненный шёлк; well ~ed (*drunk*) навеселе́.
*cpds.*: ~-**bearing** *adj.* нефтено́сный; ~-**cake** *n.* жмых; ~-**can** *n.* маслёнка; ~ **cloth** *n.* клеёнка; (*linoleum*) лино́леум; ~-**colour** *n.* ма́сляная кра́ска; ~**field** *n.* месторожде́ние нефти; ~-**fired** *adj.*: ~-fired central heating нефтяно́е центра́льное отопле́ние; ~-**heater** *n.* парафи́новая пе́чка; ~-**lamp** *n.* кероси́новая ла́мпа; ~ **man** *n.* нефтепромы́шленник; ~-**paint** *n.* ма́сляная кра́ска; ~-**painting** *n.* (*activity*) жи́вопись; (*object*) ма́сло, холст, карти́на; she's no ~-painting она́ далеко́ не краса́вица; ~-**paper** *n.* воща́нка; ~-**press** *n.* маслобо́йный пресс; ~-**resistant** *adj.* масло-упо́рный; ~-**rig** *n.* нефтяна́я вы́шка; ~ **skin** *n.* (*material*) клеёнка; (*garment*) непромока́емый костю́м; ~-**slick** *n.* плёнка нефти (*or* нефтяно́е пятно́) на воде́; ~ **stone** *n.* точи́льный ка́мень; ~-**tank** *n.* нефтяна́я цисте́рна; ~-**tanker** *n.* (*ship*) та́нкер; (*vehicle*) нефтево́з; ~-**well** *n.* нефтяна́я сква́жина.

**oiliness** *n.* масляни́стость, вя́зкость; (*fig.*) еле́йность.

**oily** *adj.* **1.** ма́сляный, вя́зкий; ~ cheese масляни́стый сыр; **2.** (*fig.*, *fawning*, *unctuous*) еле́йный.

**ointment** *n.* мазь.

**OK, okay** (*coll.*) *n.* одобре́ние, разреше́ние, «добро́».
*adj.*: it's ~ ничего́; годи́тся; it's ~ by me я согла́сен; it looks ~ to me по-мо́ему, ничего́; an ~ expression прие́млемое выраже́ние.
*adv.*: the meeting went off ~ собра́ние прошло́ благополу́чно.
*v.t.*: he ~ed the proposal он одо́брил э́то предложе́ние.
*int.* (*also* **oke**) ла́дно!; хорошо́!; идёт!; слу́шаюсь.

**okapi** *n.* ока́пи (*m. indecl.*).

**okay, oke** *see* OK.

**okra** *n.* о́кра.

**old** *n.* **1.** the ~ (*people*) старики́ (*m. pl.*); young and ~ (*everyone*) стар и млад; **2.**: of ~ в пре́жнее вре́мя; в пре́жние времена́; from of ~ и́сстари; in days of ~ в старину́; men of ~ лю́ди, жи́вшие в старину́.
*adj.* **1.** ста́рый, стари́нный; ~ age ста́рость; ~ age pension пе́нсия по ста́рости; ~ man (*also coll.*, *husband or father*) стари́к; ~ woman (*also coll.*, *wife*) стару́ха; ~ lady ста́рая да́ма, стару́ха; ~ folk старики́; ~ folk's home дом для престаре́лых; ~ maid ста́рая де́ва; on the ~ side в лета́х/года́х; grow ~ ста́риться, co-; **2.** (*characteristic of old people*) ста́рческий; he has an ~ face у него́ старообра́зное лицо́; an ~ head on young shoulders му́дрый не по лета́м; **3.** (*expr. age in years etc.*): how ~ is he? ско́лько ему́ лет?; he is ~ enough to know better в его́ во́зрасте пора́ бы понима́ть, что к

чему́; he is ~ enough to be her father он ей в отцы́ годи́тся; my son is 4 years ~ моему́ сы́ну четы́ре го́да; he could read at 4 years ~ в четы́ре го́да он уже́ чита́л; a four-year-~ (*child*) четырёхле́тний ребёнок; (*horse*) четырёхле́тка; this newspaper is two weeks ~ э́та газе́та двухнеде́льной да́вности; **4.** (*practised*, *experienced*) (*inveterate*) закорене́лый; he is an ~ hand at such things он в таки́х дела́х ма́стер (*or* соба́ку съел); he is ~ in crime он закорене́лый престу́пник; **5.** (*coll.*, *expr. familiarity*): ~ man, chap, fellow старина́ (*m.*), стари́к; ~ boy, thing дружо́к, дружи́ще (*m.*); the ~ man (*employer*) стари́к, хозя́ин, шеф, «сам»; we had a good, fine, high ~ time мы хорошо́/здо́рово провели́ вре́мя; **6.** (*coll.*, *whatever*): any ~ time когда́ уго́дно; he dresses any ~ how он одева́ется как попа́ло (*or* Бог/чёрт зна́ет как); **7.** (*dating from the past*; *ancient*; *long-standing*) стари́нный, давни́шний; an ~ family стари́нный род; one of the ~ school челове́к ста́рого зака́ла; that story is as ~ as the hills э́тот расска́з стар, как мир; they are ~ friends они́ стари́нные/да́вние друзья́; the ~ guard ста́рая гва́рдия; the O~ World Ста́рый Свет; the O~ Testament Ве́тхий заве́т; he was paying off ~ scores он своди́л ста́рые счёты; **8.** (*former*) бы́вший, пре́жний; an ~ boy (*of school*) бы́вший учени́к; выпускни́к; ~-boy network круг бы́вших однока́шников; the good ~ days до́брое ста́рое вре́мя; the ~ country ро́дина (отцо́в); O~ English/German (*language*) древнеангли́йский/древненеме́цкий (язы́к); O~ French старофранцу́зский; ~ ways стари́нные обы́чаи; ~ master (*artist*) живопи́сец эпо́хи до XVIII (восемна́дцатого) ве́ка; (*painting*) произведе́ние иску́сства эпо́хи до XVIII ве́ка; see the ~ year out встр|еча́ть, -е́тить Но́вый год; **9.** (*worn*, *shabby*) поно́шенный, потрёпанный; I was wearing my ~est clothes я был в са́мом поно́шенном из мои́х костю́мов.
*cpds.*: ~-**clothes-man** *n.* старьёвщик; ~-**established** *adj.* да́вний, давни́шний, стари́нный; ~-**fashioned** *adj.* старомо́дный; (*obsolete*) устаре́лый; ~-**maidish** *adj.* стародеви́чий, чо́порный; he is rather ~-maidish в нём есть что́-то от ста́рой де́вы; ~-**time** *adj.* стари́нный; ~-**timer** *n.* старожи́л; ~-**womanish** *adj.* стару́шечий; ~-**world** *adj.* (*ancient*) стари́нный; (*belonging to former days*) старосве́тский.

**olden** *adj.* (*arch.*) ста́рый, было́й; in ~ days, times в былы́е времена́.

**olde-worlde** *adj.* (*coll.*) стилизо́ванный под старину́.

**oldish** *adj.* старова́тый.

**oleaginous** *adj.* (*oily*) масляни́стый; (*yielding oil*) масли́чный.

**oleander** *n.* олеа́ндр.

**oleograph** *n.* олеогра́фия.

**oleomargarine** *n.* олеомаргари́н.

**olfactory** *adj.* обоня́тельный; ~ organ о́рган обоня́ния.

**oligarch** *n.* олига́рх.

**oligarchic(al)** *adj.* олигархи́ческий.

**oligarchy** *n.* олига́рхия.

**olive** *n.* **1.** (*tree*) масли́на; оли́вковое де́рево; Mount of O~s гора́ Елео́нская; (*fruit*) масли́на, оли́вка; **2.** (*colour*) оли́вковый цвет.
   *adj.* оли́вковый; hold out an ~ branch (*fig.*) стара́ться, по- ула́дить де́ло ми́ром; ~ oil оли́вковое ма́сло.

**Olympiad** *n.* олимпиа́да.

**Olympian** *n.* (*godlike pers.*; *participant in Olympic games*) олимпи́ец.
   *adj.* олимпи́йский.

**Olympic** *adj.* олимпи́йский; ~ games, ~s Олимпи́йские и́гры.

**Olympus** *n.* Оли́мп.

**Oman** *n.* Ома́н; Trucial ~ (*hist.*) Ома́н Договóрный.

**ombudsman** *n.* о́мбудсман (*чиновник, рассматривающий претензии граждан к правительственным служащим*).

**omega** *n.* оме́га.

**omelet(te)** *n.* омле́т; you can't make an ~ without breaking eggs ≃ лес ру́бят — ще́пки летя́т.

**omen** *n.* предзнаменова́ние; (*sign*) знак.
   *v.t.* предвеща́ть (*impf.*).

**ominous** *adj.* злове́щий.

**omission** *n.* **1.** про́пуск; **2.** упуще́ние.

**omit** *v.t.* **1.** (*leave out*) пропус|ка́ть, -ти́ть; **2.** (*neglect*) упус|ка́ть, -ти́ть; I ~ted to lock the door я забы́л запере́ть дверь.

**omnibus** *n.* **1.** авто́бус; **2.** (~ *volume*) одното́мник; **3.** (*attr.*): ~ resolution резолю́ция по ря́ду вопро́сов; ~ bill законопрое́кт по ра́зным статья́м.

**omnipotence** *n.* всемогу́щество.

**omnipotent** *adj.* всемогу́щий.

**omnipresence** *n.* вездесу́щность.

**omnipresent** *adj.* вездесу́щий.

**omniscience** *n.* всеве́дение.

**omniscient** *adj.* всеве́дущий.

**omnivorous** *adj.* (*lit., fig.*) всея́дный.

**on** *adv.* (*for phrasal verbs with* on, *see relevant verb entries*); **1.** (*expr. continuation*): straight ~ пря́мо; and so ~ и так да́лее; from now ~ (начина́я) с э́того дня; read ~! продолжа́йте чита́ть!; чита́йте да́льше!; he looked at me and then walked ~ он взгляну́л на меня́ и пошёл да́льше (*or* продолжа́л свой путь); we walked ~ and ~ мы всё шли и шли, he went ~ (and ~) about his dog он без конца́ говори́л о свое́й соба́ке; what is he ~ about? (*coll.*) о чём э́то он?; he was ~ at me to lend him my bicycle он (всё) пристава́л ко мне, что́бы я одолжи́л ему́

мой велосипе́д; (*expr. extension*): further ~ да́льше; later ~ по́зже; a garage has been built ~ (to the house) (к до́му) пристро́или гара́ж; **2.** (*placed, fixed, spread etc.* ~ *sth.*): the kettle is ~ ча́йник стои́т/поста́влен; the light-switch is ~ свет включён; he had his glasses ~ он был в очка́х; он наде́л очки́; на нём бы́ли очки́; your badge is ~ upside-down у вас (*or* вы нацепи́ли) значо́к вверх нога́ми; **3.** (*arranged, available*): what's ~ this week? (*at theatre*) что идёт/даю́т на э́той неде́ле?; what's ~ tonight? (*TV*) кака́я сего́дня програ́мма?; что сего́дня пока́зывают?; he is ~ (*performing*) tonight он выступа́ет сего́дня (ве́чером); have you anything ~ next week? у вас что́-нибудь наме́чено на бу́дущей неде́ле?; вы бу́дете за́няты на сле́дующей неде́ле?; is the match still ~? матч не отмени́ли/отменён?; breakfast is ~ from 8 to 10 за́втрак подаю́т с восьми́ до десяти́ часо́в; **4.** (*turned, switched* ~): the radio was ~ full blast ра́дио бы́ло включено́ на всю мощь; the tap was left ~ кран был не вы́ключен; забы́ли вы́ключить кран; leave the light ~! не гаси́те свет!; is the brake ~? то́рмоз включён?; **5.** (~ *stage*): you're ~ next! сле́дующий вы́ход — ваш!; **6.** (*expr. contact*): I've been ~ to him this morning (*by telephone*) я говори́л с ним (по телефо́ну) сего́дня у́тром; he's ~ to a good thing (*coll.*) ему́ повезло́; he was ~ to it in a flash (*coll.*) он сра́зу схвати́л (*or* вник в) суть (де́ла); the police are ~ to him (*coll.*) поли́ция его́ раскуси́ла; **7.**: you're ~! (*coll., I accept your offer, bet etc.*) идёт!; it's not ~ (*coll., feasible*) не вы́йдет/пройдёт.

*prep.* (*for some senses see also* UPON) **1.** (*expr. position*): ~ the table на столе́; Rostov-~-Don Росто́в-на-Дону́; (*supported by*): stand ~ one leg стоя́ть (*impf.*) на одно́й ноге́; he walks ~ crutches он хо́дит на костыля́х; the look ~ his face выраже́ние его́ лица́; (*as means of transport*): ride ~ a donkey е́хать (*det.*) верхо́м на осле́; ~ horseback верхо́м; ~ foot пешко́м; I came ~ the bus я прие́хал авто́бусом; (~ *one's person*): I have no money ~ me у меня́ нет при себе́ де́нег; a gun was found ~ him у него́ нашли́ ору́жие; (*over the surface of*; *along*): the fly was crawling ~ the ceiling му́ха ползла́ по потолку́; the boat floated ~ the current ло́дка плыла́ по тече́нию; (*expr. relative position, with* left, right, side, hand *etc.*): ~ all sides со всех сторо́н; повсю́ду; ~ my left сле́ва от меня́; ~ my part с мое́й стороны́; ~ the one hand . . . ~ the other (hand) с одно́й стороны́ . . . с друго́й (стороны́); ~ either side of the street по о́бе стороны́ у́лицы; he walked ~ the other side of the street он шёл по противополо́жной стороне́ у́лицы; uncle ~ the father's side дя́дя со стороны́ отца́; **2.** (*expr. final position of movement or action*): she threw her gloves ~ (**to**) the floor она́ бро́сила перча́тки на́ пол; he sat down ~ the sofa он сел на дива́н; they went ~ deck они́ вы́шли на па́лубу; the windows open ~ (to) the garden о́кна выхо́дят в сад; **3.** (*expr. point of contact*): he hit me ~ the head он уда́рил меня́ по голове́; I hit my head ~ a stone я уда́рился голово́й о ка́мень; I cut my finger ~ the glass я поре́зал себе́ па́лец о стекло́; he kissed her ~ the lips он поцелова́л её в гу́бы; he knocked ~ the door он постуча́л в дверь; I cut my finger ~ a knife я поре́зал себе́ па́лец ножо́м; she dried her hands ~ a towel она́ вы́терла ру́ки полоте́нцем; her dress caught ~ a nail она́ зацепи́лась пла́тьем за гвоздь; **4.** (*of musical instrument*): he played a tune ~ the fiddle он сыгра́л мело́дию на скри́пке; **5.** (*of a medium of communication*): ~ the radio/telephone/ television по ра́дио/телефо́ну/телеви́зору; **6.** (*expr. membership*): she is ~ the committee она́ член комите́та; we have no one over 40 ~ our staff у нас в шта́те нет никого́ ста́рше сорока́ лет; **7.** (*expr. time*): ~ that same day в тот же день; ~ Tuesday во вто́рник; ~ time во́время; своевре́менно; то́чно по расписа́нию; ~ the instant то́тчас; ~ the next day на сле́дующий день; ~ this occasion на э́тот раз; ~ the 8th of May восьмо́го ма́я; ~ the morning of the 8th of May у́тром восьмо́го ма́я; ~ a winter morning зи́мним у́тром; ~ Tuesdays по вто́рникам; ~ our holidays we work on a farm во вре́мя о́тпуска мы рабо́таем на фе́рме; ~ the occasion of his death по слу́чаю его́ сме́рти; **8.** (*at the time of*; *immediately after*): ~ his arrival по его́ прие́зде; ~ my return когда́ я верну́лся/верну́сь; cash ~ delivery опла́та по доста́вке; ~ seeing him she ran off уви́дев его́, она́ убежа́ла; ~ this I spoke тогда́ я вы́сказался; ~ his father's death по сме́рти отца́; (*during*): ~ my way home по доро́ге домо́й; ~ his rounds по вре́мя (его́) обхо́да; ~ examination при осмо́тре; **9.** (*concerning*): an article ~ Pushkin статья́ о Пу́шкине; decisions ~ reparations реше́ния по репара́циям; a poem ~ X's death стихотворе́ние на смерть X'а; ~ that subject на э́ту те́му, по э́той те́ме, над э́той те́мой, по э́тому по́воду; **10.** (*on the strength, basis of*): he was acquitted ~ my evidence он был опра́вдан на осно́ве мои́х показа́ний; ~ easy terms на льго́тных усло́виях; workers ~ part time рабо́чие, за́нятые непо́лный рабо́чий день; ~ half-pay с сохране́нием поло́вины окла́да; **11.** (*expr. direction of effort*): work ~ a book рабо́та над кни́гой; work ~ building a house рабо́та по постро́йке до́ма; I spent two hours ~ that job я потра́тил на э́ту рабо́ту два часа́; he spent £500 ~ his daughter's wedding он потра́тил пятьсо́т фу́нтов на сва́дьбу до́чери; **12.** (*at the expense of*): drinks are ~ me я угоща́ю; the joke was ~ me шу́тка оберну́-

лась про́тив меня́; he lives ~ his friends он живёт за счёт друзе́й; **13.** (*by means of*): he lives ~ slender means он живёт на ску́дные сре́дства; he lives ~ fish он пита́ется ры́бой; the machine runs ~ oil маши́на рабо́тает на ма́сле; **14.** (*imposed* ~): a tax ~ tobacco по́шлина на таба́чные изде́лия.

**onanism** *n.* онани́зм.

**on-board** *adj.* бортово́й.

**once** *adv.* **1.** (оди́н) раз; he read the letter only ~ он прочита́л письмо́ то́лько оди́н раз; ~ is enough одного́ ра́за (вполне́) доста́точно; ~ bitten, twice shy ≃ обжёгшись на молоке́, бу́дешь дуть и на́ во́ду; пу́ганая воро́на куста́ бои́тся; ~ six is six одино́жды шесть — шесть; it happened only that ~ э́то случи́лось в тот еди́нственный раз; more than ~ не раз; ~ a day (оди́н) раз в день; ~ every 6 weeks ка́ждые шесть неде́ль; just (for) this ~ э́тот раз, в ви́де исключе́ния; то́лько в э́тот оди́н-еди́нственный раз; хотя́ бы на э́тот раз; for ~ на сей раз; в ви́де исключе́ния; ~ again; more ещё раз; ~ and again; (every) ~ in a while (*occasionally*) и́зредка; вре́мя от вре́мени; for ~ in a way, while на э́тот раз; ~ (and) for all (*finally*) раз (и) навсегда́; ~ or twice не́сколько раз; not ~ ни ра́зу, никогда́; **2.** (*whenever, as soon as*): ~ he understands this как то́лько он поймёт э́то; ~ you hesitate you are lost сто́ит заколеба́ться, и ты пропа́л; **3.** (*at one time, formerly*) не́когда; одно́ вре́мя; одна́жды; когда́-то; как-то; ~ upon a time there was (да́вны́м-давно́) жил-был; (*on one occasion in the past*) одна́жды; **4.**: at ~ (*immediately*) сейча́с же; сра́зу же; то́тчас; неме́дленно; (*simultaneously*) в то же вре́мя; don't all talk at ~! не говори́те все сра́зу/вме́сте!; all at ~ (*suddenly*) внеза́пно, вдруг.

*conj. see adv.* **2.**

*cpds.*: ~-**famous** *adj.* не́когда просла́вленный; ~-**over** *n.* (*coll.*): give s.o./sth. the ~-over бе́гло осм|а́тривать, -отре́ть кого́-что-н.

**oncology** *n.* онколо́гия.

**oncoming** *adj.* приближа́ющийся, наступа́ющий.

**on-duty** *adj.* дежу́рный.

**one** *n.* **1.** (*number*) оди́н; (*in counting*): ~, 2, 3 раз/оди́н, два, три; (*figure 1*) едини́ца; число́ оди́н; minus ~ ми́нус едини́ца; a row of ~s ряд едини́ц; they came in, by ~s and twos они́ входи́ли по одино́чке и по́ дво́е; 5 ~s are 5 пя́тью оди́н — пять; ~ or two (*several*) не́сколько; (*a few*) немно́го; ~ in 10 оди́н из десяти́; на де́сять челове́к (то́лько) оди́н; he scored ~ out of 10 он получи́л одно́ очко́ из десяти́ (возмо́жных); ten to ~ he will forget ста́влю де́сять про́тив одного́ — он забу́дет; he's ~ in a thousand таки́х, как он — оди́н на тысячу; last but ~ предпоследний; ~ and a half полтора +g.; go ~ better than s.o. превзойти (pf.) кого-н.; he was ~ too many for me он был сильнее меня; я с ним не мог справиться; you're ~ up on me (у вас) очко́ в вашу по́льзу; вы меня́ опереди́ли; **2.** (*in a series*): Part O ~ часть пе́рвая, I часть (*read as* пе́рвая часть); Volume O ~ том пе́рвый, I том (*read as* пе́рвый том); Act I де́йствие пе́рвое; room ~ ко́мната (но́мер) оди́н; пе́рвая ко́мната; пе́рвый но́мер; a no. 1 (bus) пе́рвый но́мер; he looks after number ~ (*i.e. himself*) он забо́тится (лишь) о само́м себе́; **3.** (*hour*) час; I'll see you at ~ я вас уви́жу в час; it was past ~ шёл второ́й час; quarter/half past ~ че́тверть/полови́на второ́го; at a quarter to ~ (в) без че́тверти час; o'clock (*a.m.*) час но́чи; (*p.m.*) час дня; **4.** (*age*): he's only ~ ему́ всего́/то́лько год(ик); **5.** (*expr. unity or identity*): he is a scholar and a musician all in ~ он и учёный, и музыка́нт; we are at ~ in thinking . . . мы согла́сны в том, что . . .; it's all ~ to me мне безразли́чно (*or* всё равно́); **6.** (*being, person, creature*): the Evil O ~ чёрт, дья́вол, нечи́стый; little ~s де́ти; our loved ~s на́ши бли́зкие; the bird feeds its young ~s пти́ца ко́рмит свои́х птенцо́в; he fought like ~ possessed он боро́лся, как одержи́мый; he is not ~ to refuse он не тако́в, чтобы отказа́ться; what a ~ you are for making excuses! вы ма́стер находи́ть предло́ги; he is ~ who never complains он не из тех, кто жа́луется; believe ~ who has tried it пове́рьте о́пытному челове́ку; ~ who speaks German челове́к, кото́рый (*or* тот, кто) говори́т по-неме́цки; **7.** (*member of a group*) оди́н; ~ of my friends оди́н из мои́х друзе́й; he was ~ of the first to arrive он пришёл одни́м из пе́рвых; many a ~ мно́гие; ~ of the women кто́-то из же́нщин; the ~ with the beard тот (, кото́рый) с бородо́й; which ~ of you did it? кто из вас э́то сде́лал?; ~ and all все как оди́н; I for ~ don't believe him что каса́ется меня́, то я не ве́рю ему́; ~ of these days ка́к-нибудь на днях; he is not ~ of our customers э́то не наш клие́нт; он не из на́ших клие́нтов; он не принадлежи́т к на́шим клие́нтам; not ~ of them ни оди́н из них; никто́ из них; ~ another друг дру́га; ~ after the other; ~ by ~ оди́н за други́м; (the) ~ . . . the other . . . оди́н/тот . . . друго́й . . .; ~ each по одному́; ~ at a time по одному́/одино́чке; по о́череди; не все ра́зом; ~ of a kind (*unique specimen*) уника́льный; (*unique*) уника́льный; **8.** (*referring to category specified or understood*): Do you play the piano? There's ~ in the study Игра́ете ли вы на роя́ле? В кабине́те есть роя́ль; which book do you want, the red or the green ~? каку́ю кни́гу вы хоти́те, кра́сную и́ли зелёную?; 'Take my pen!' – 'Thanks, I have ~' «Возьми́те мою́

ру́чку!» — «Спаси́бо, у меня́ есть»; other people have a mother, but I haven't ~ у други́х мать есть, а у меня́ нет; this pencil is better than that ~ э́тот каранда́ш лу́чше того́; this book is more interesting than the ~ I read yesterday э́та кни́га интере́снее чем та, кото́рую я чита́л вчера́; I gave him ~ (*blow*) on the chin я ему́ дал по че́люсти (*or* в зу́бы); that's ~ in the eye for you/him (*fig.*) получи́л!; we had ~ (*drink*) for the road мы вы́пили на доро́жку; let's have a quick ~! пропу́стим по одно́й! (*coll.*); he had ~ too many он вы́пил ли́шнего.

*pron.*: ~ never knows никогда́ не зна́ешь; кто его́ зна́ет?; ~ doesn't say that in Russian по-ру́сски так не говоря́т; ~ can say anything nowadays в на́ше вре́мя мо́жно всё говори́ть; how can ~ do it? как э́то сде́лать?; cut off ~'s nose навреди́ть (*pf.*) самому́ себе́; ~ gets used to anything челове́к ко всему́ привыка́ет; ~'s own свой (со́бственный).

*adj.* **1.** оди́н; (*sometimes untranslated, e.g.*) price ~ rouble цена́ рубль; (*with pluralia tantum*) одни́; ~ watch одни́ часы́; ~ hundred and ~ сто оди́н; not ~ man in a hundred will understand you на со́тню ни одного́ (челове́ка) не сы́щется, кто бы вас по́нял; I have ~ or two things to do у меня́ есть ко́е-каки́е дела́; **2.** (*only*) еди́нственный; the ~ way to do it еди́нственный спо́соб э́то сде́лать; the ~ thing I detest is . . . бо́льше всего́ я ненави́жу . . .; (*single*): no ~ man can lift it одному́ э́то ника́к не подня́ть; with ~ accord единоду́шно; they spoke with ~ voice они́ говори́ли в оди́н го́лос; ~ and undivided еди́ный и недели́мый; (*united*): be made ~ (*in marriage*) пожени́ться (*pf.*), сочета́ться (*impf., pf.*) бра́ком; **3.** (*the same*) тот же са́мый; оди́н и тот же; all in ~ direction всё в том же (са́мом) направле́нии; at the same time в одно́ и то же вре́мя; **4.** (*particular but unspecified*): at ~ time когда́-то; одно́ вре́мя; не́когда; ~ evening ка́к-то/одна́жды ве́чером; ~ day (*in past*) одна́жды; (*in future*) когда́-нибудь; ~ fine day в оди́н прекра́сный день; **5.** (*a certain*) не́кий; we bought the house from ~ Jones мы купи́ли дом у не́коего Джо́нса; **6.** (*opp. other*): I'll go ~ way and you go the other я пойду́ в одну́ сто́рону, а вы — в другу́ю; я пойду́ одно́й доро́гой, а вы — друго́й; neither ~ thing nor the other ни то́ ни сё; (*just*) ~ thing after another не одно́, так друго́е; for ~ thing, I'm not ready во-пе́рвых, я не гото́в.

*cpds.*: ~-**act** *adj.* одноа́ктный; ~-**armed** *adj.* однору́кий; ~-armed bandit (*sl.*) иго́рный автома́т; ~-**eyed** *adj.* одногла́зый; ~-**horse** *adj.*: ~-horse town захуда́лый городи́шко; ~-**legged** *adj.* одноно́гий; ~-**man** *adj.* (*seating* ~ *man*) одноме́стный; ~-man exhibition, show персона́льная вы́ставка; ~-man business единоли́чное предприя́тие; ~-night *adj*.: ~-night stand (*theatr.*) еди́нственное представле́ние; ~-off, ~-shot *adjs.* (*coll.*) уника́льный, еди́нственный; в одно́м экземпля́ре; ра́зовый, однора́зовый; единовре́менный; изоли́рованный; ~-piece *adj.* це́льный, состоя́щий из одного́ куска́; ~-sided *adj.* (*asymmetrical*) ассиметри́чный; (*prejudiced*) однобо́кий, односторо́нний, пристра́стный; ~-time *adj.* бы́вший; было́й; *see also* ~-OFF; ~-to-one *adj.* с отноше́нием одного́ к одному́; ~-track *adj.* (*rail*) одноколе́йный; (*fig.*): ~-track mind у́зкий кругозо́р; ~-way *adj.*: ~-way traffic односторо́ннее движе́ние; ~-way street у́лица с односторо́нним движе́нием; ~-way ticket биле́т в одну́ сто́рону (*or* в одно́м направле́нии).

**oneiromancy** *n.* толкова́ние снов.

**oneness** *n.* еди́нство.

**onerous** *adj.* обремени́тельный, тя́гостный, хло́потный.

**onerousness** *n.* обремени́тельность, тя́гостность.

**oneself** *pron.* (*refl.*) себя́, -ся; talk to ~ говори́ть (*impf.*) с сами́м собо́й; sit by ~ сиде́ть (*impf.*) в стороне́/одино́честве; for ~ самостоя́тельно; cooking for ~ is a bore ску́чно гото́вить для одного́/самого́ себя́ (*or* для себя́ одного́); see for ~ убеди́ться самому́ ли́чно.

**ongoing** *adj.* теку́щий; проходя́щий сейча́с; для́щийся.

**onion** *n.* лу́ковица; (*pl., collect.*) лук (ре́пчатый); spring ~s зелёный лук; (*attr.*) лу́ковый; ~ dome ку́пол-лу́ковка; he knows his ~s (*sl.*) он в своём де́ле соба́ку съел.

*cpd.*: ~-skin *n.* лу́ковичная шелуха́.

**onlooker** *n.* зри́тель (*m.*); наблюда́тель (*m.*); (*witness*) свиде́тель (*m.*); ~s see most of the game со стороны́ видне́е.

**only** *adj.* еди́нственный; one and ~ оди́н еди́нственный; she was an ~ child она́ была́ еди́нственным ребёнком; ~ children are usually self-centred еди́нственные де́ти (у роди́телей) обы́чно эгоцентри́чны; this ring is the ~ one of its kind э́то кольцо́ — еди́нственное в своём ро́де; she is not the ~ one она́ не исключе́ние; I was the ~ one there кро́ме меня́ там никого́ не́ было; he was the ~ one to object он оди́н возража́л; ~ women attended the meeting на заседа́нии бы́ли одни́ же́нщины; ~ a month ago не да́лее как ме́сяц тому́ наза́д; the ~ thing is, I can't afford it но то́лько я не могу́ себе́ э́то позво́лить; де́ло лишь в том, что мне э́то не по сре́дствам; the ~ thing for 'flu is to go to bed про́тив гри́ппа есть лишь одно́ сре́дство — отлежа́ться (в посте́ли).

*adv.* то́лько; всего́; I have ~ just arrived я

то́лько что при́был; he was ~ just in time он чуть (бы́ло) не опозда́л; он едва́ успе́л; if ~ you knew е́сли бы вы то́лько зна́ли; I am ~ too pleased я о́чень рад; it is ~ too true увы́, э́то пра́вда/так; the engine started, ~ to stop again мото́р заве́лся, но тут же загло́х; not ~ that! ма́ло того́!; the soup was ~ warm суп был то́лько что тёплый.

*conj.* но; I would go myself, ~ I'm tired я пошёл бы сам, но я уста́л; he's a good speaker, ~ he shouts a lot он хоро́ший ора́тор, то́лько вот сли́шком кричи́т.

*cpd.*: ~-begotten *adj.* единоро́дный.

**on-off** *adj.*: ~-off switch выключа́тель (*m.*); руби́льник.

**onomastic** *adj.* ономасти́ческий.

**onomatopoeia** *n.* звукоподража́ние.

**onomatopoeic** *adj.* звукоподража́тельный.

**onrush** *n.* на́тиск; (*attack*) ата́ка.

**onset** *n.* на́тиск, ата́ка, поры́в; (*beginning*) нача́ло, наступле́ние.

**onshore** *adj.*: ~ wind морско́й ве́тер, ве́тер с мо́ря.

**on-site** *adj.* на места́х/ме́сте.

**onslaught** *n.* стреми́тельная/я́ростная ата́ка; реши́тельная борьба́.

**onto** *see* **on** *prep.* **2.**

**ontological** *adj.* онтологи́ческий.

**ontology** *n.* онтоло́гия.

**onus** *n.* бре́мя, отве́тственность; ~ of proof бре́мя дока́зывания.

**onward** *adj.* продвига́ющийся; ~ movement движе́ние вперёд.

*adv.* (*also* ~s) вперёд; from now ~ впредь, отны́не; from then ~ с тех пор; с той поры́; (*in future*) с того́ вре́мени.

**onyx** *n.* о́никс.

**oodles** *n.* (*coll.*) ма́сса, у́йма; ~ of money ку́ча де́нег.

**oolite** *n.* ооли́т.

**oolitic** *adj.* ооли́товый.

**ooze** *n.* (*slime*) ил, ти́на; (*wet mud*) ли́пкая грязь; (*exudation*) проса́чивание.

*v.t.* (*emit*): the wound ~d blood из ра́ны сочи́лась кровь; (*fig.*): he ~d self-confidence от него́ так и несло́ самоуве́ренностью.

*v.i.* (*flow slowly*) ме́дленно течь (*impf.*); (*in drops*) сочи́ться (*impf.*); (*fig.*): ~ away уб|ыва́ть, -ы́ть; his strength ~d away си́лы покида́ли его́; the secret ~d out та́йна постепе́нно просочи́лась.

**opacity** *n.* **1.** непрозра́чность; (*obscurity*) затенённость; **2.** (*obscurity of meaning*) нея́сность; (*of thought*) сму́тность; **3.** (*dullness of mind*) ту́пость.

**opal** *n.* опа́л.

*adj.* опа́ловый; ~ glass моло́чное/ма́товое стекло́.

**opal|escent, -ine** *adjs.* опа́ловый.

**opaque** adj. непрозра́чный; (*dark, obscure*) тёмный; (*obtuse, dull-witted*) тупо́й, глу́пый.

**opaqueness** n. непрозра́чность; темнота́; ту́пость, глу́пость.

**op. cit.** (*abbr.*) в цити́рованном труде́.

**open** n. **1.** (~ *space*; ~ *air*) откры́тое простра́нство; in the ~ под откры́тым не́бом; на откры́том во́здухе; **2.** (*fig.*): bring sth. into the ~ выводи́ть, вы́вести что-н. на чи́стую во́ду; come into the ~ выявля́ться, вы́явиться; (*be frank*) быть открове́нным.

adj. **1.** откры́тый; in the ~ air на откры́том во́здухе; receive, welcome with ~ arms (*fig.*) встре|ча́ть, -е́тить тепло́/раду́шно (*or* с распростёртыми объя́тиями); ~ boat беспа́лубное су́дно; you can read him like an ~ book его́ нетру́дно/легко́ раскуси́ть; keep one's bowels ~ следи́ть (*impf.*) за (своевре́менным) де́йствием кише́чника; ~ car/carriage откры́тая маши́на/каре́та; ~ city откры́тый го́род; ~ competition откры́тое состяза́ние; откры́тый чемпиона́т; ~ contempt я́вное презре́ние; in ~ country в непересечённой ме́стности; среди́ поле́й и луго́в; in ~ court в откры́том суде́бном заседа́нии; ~ day (*at school*) день откры́тых двере́й; ~ drain откры́тая (во́до)сто́чная труба́; keep one's ears ~ прислу́шиваться (*impf.*); навостри́ть (*pf.*) у́ши; with ~ eyes (*or* one's eyes ~) с откры́тыми глаза́ми; (*fig.*) созна́тельно; ~ flower распусти́вшийся цвето́к; ~ ground незащищённый грунт; with an ~ hand ще́дрой руко́й; ~ hostility откры́тая/неприкры́тая вражда́; they keep ~ house у них откры́тый/гостеприи́мный дом; ~ letter откры́тое письмо́; ~ market во́льный ры́нок; have an ~ mind on sth. не име́ть предвзя́того мне́ния по да́нному вопро́су; with ~ mouth с откры́тым ртом; рази́нув рот; ~ prison тюрьма́ откры́того ти́па; an ~ question откры́тый/нерешённый вопро́с; on the ~ road на большо́й доро́ге; an ~ scandal публи́чный сканда́л; on the ~ sea в откры́том мо́ре; ~ season охо́тничий сезо́н; ~ secret секре́т полишине́ля; ~ space незагоро́женное ме́сто; ~ ticket биле́т без ограниче́ния сро́ка по́льзования; ~ warfare откры́тая война́; ~ winter мя́гкая зима́; ~ wound откры́тая/незажи́вшая ра́на; break ~ (*v.t.*) вскры|ва́ть, -ть; распеча́т|ывать, -ать; взл|а́мывать, -ома́ть; the door flew ~ дверь распахну́лась; he threw the window ~ он распахну́л окно́; we left the matter ~ мы оста́вили вопро́с откры́тым; **2.** (*accessible, available*) досту́пный; the road is ~ to traffic доро́га откры́та для движе́ния; the chairman threw the debate ~ председа́тель объяви́л пре́ния откры́тыми; the post is still ~ ме́сто ещё не за́нято; ~ to attack уязви́мый; ~ to question спо́рный; ~ to misinterpretation

спосо́бный вы́звать непра́вильное толкова́ние; ~ to offer гото́вый рассмотре́ть предложе́ние; ~ to argument гото́вый вы́слушать до́воды; **3.** (*generous*) ще́дрый; (*hospitable*) гостеприи́мный; **4.** (*frank*) открове́нный; he is as ~ as the day э́то откры́тая душа́; **5.** (*phon.*) откры́тый.

v.t. **1.** откр|ыва́ть, -ы́ть; (*unseal*) распеча́т|ывать, -ать; (*unwrap*) разв|ора́чивать, -ерну́ть; (*book, newspaper*) раскр|ыва́ть, -ы́ть; ра|скла́дывать, -зложи́ть; (*vein; parcel at customs etc.*) вскр|ыва́ть, -ы́ть; (*bottle*) отку́пори|вать, -ть; ~ the bowels оч|ища́ть, -и́стить кише́чник; ~ wide (*e.g. door*) распа́х|ивать, -ну́ть; he ~ed his mouth wide он широко́ откры́л рот; don't ~ your umbrella indoors не раскрыва́йте зо́нтик в ко́мнате; **2.** (*fig.*): she ~ed her heart to me она́ откры́ла мне ду́шу; I ~ed his eyes to the situation я откры́л ему́ глаза́ на положе́ние дел; he ~ed an account он откры́л счёт; the secretary ~ed the debate секрета́рь откры́л пре́ния; the enemy ~ed fire неприя́тель откры́л ого́нь; we ~ed negotiations мы приступи́ли к перегово́рам; a new business has been ~ed осно́вано но́вое предприя́тие; **3.**: a road was ~ed through the forest че́рез лес проложи́ли доро́гу; they are planning to ~ a mine они́ собира́ются заложи́ть ша́хту; many acres were ~ed to cultivation (бы́ло) распа́хано мно́жество земе́ль.

v.i. **1.** откр|ыва́ться, -ы́ться; (*unfold*, ~ *wide*) раскр|ыва́ться, -ы́ться; the heavens ~ed (*fig.*) дождь поли́л, как из ведра́; **2.** (*fig., begin*) нач|ина́ться, -а́ться; the play ~s with a long speech пье́са открыва́ется дли́нным моноло́гом; the new play ~s on Saturday но́вая пье́са идёт с суббо́ты; в суббо́ту — премье́ра но́вой пье́сы; when does the school ~ again? когда́ возобновля́ются заня́тия в шко́ле?; I shall ~ by reading the minutes я начну́ с чте́ния протоко́ла; **3.** (*of door, room etc.*): the study ~s into the drawing-room кабине́т сообща́ется с гости́ной; the windows ~ on to a courtyard о́кна выхо́дят во двор.

with advs.: ~ out v.i.: the river ~s out река́ расширя́ется; the roses ~ed out ро́зы распусти́лись; (*become communicative*) раскр|ыва́ться, -ы́ться; ~ up v.t.: ~ up! (*command to open*) откро́йте дверь!; he ~ed up the boot (of the car) он откры́л/раскры́л бага́жник; (*territory*) осв|а́ивать, -о́ить; his stories ~ up a new world его́ расска́зы раскрыва́ют но́вый мир; v.i.: he ~ed up about his visit он открове́нно рассказа́л о свое́й пое́здке; a machine-gun ~ed up на́чал стреля́ть пулемёт.

cpds: ~-air adj.: ~-air life жизнь на откры́том во́здухе; ~-armed adj. с распростёртыми объя́тиями; an ~-armed welcome радушный приём; ~**cast** *adj.*: ~cast mining открытая разработка; открытые горные работы; ~**-ended** *adj.* (*fig.*) не имеющий заранее предусмотренных ограничений; бессрочный; ~**-eyed** *adj.* с широко раскрытыми глазами; (*watchful*) бдительный; с открытыми глазами; *adv.* сознательно; ~**-handed** *adj.* щедрый; ~**-heart** *adj.*: ~-heart operation операция, проводимая на отключённом сердце; ~**-hearted** *adj.* с открытой душой; (*sincere*) чистосердечный; (*generous*) великодушный; ~**-hearth** *adj.*: ~-hearth furnace мартеновская печь; ~**-minded** *adj.* непредубеждённый; ~**-mouthed** *adj.* разинувший рот от удивления; ~**-work** *n.* ажурная работа/строчка; мережка; *adj.* ажурный.

**opener** *n.* (*for cans etc.*) консервный нож; (*coll.*) открывалка (*also for bottles*).

**opening** *n.* **1.** (*vbl. senses*) открытие, раскрытие, вскрытие; **2.** (*aperture*) отверстие; щель; проход; **3.** (*football: gap in defence*) окно; **4.** (*beginning*) начало, вступление; (*initial part*) вступительная часть; **5.** (*job*) место, вакансия; **6.** (*favourable opportunity*) удобный случай; благоприятная возможность; **7.** (*chess*) дебют.

*adj.* (*initial*) начальный, первый; (*introductory*) вступительный; ~ remarks вступительные замечания; ~ night премьера; (*working*): ~ hours рабочие часы; часы работы.

**openly** *adv.* открыто; (*frankly*) откровенно; (*publicly*) публично, открыто.

**openness** *n.* (*frankness*) откровенность; (*liberality of mind*) широта (кругозора); непредубеждённость; восприимчивость.

**opera** *n.* опера; at/to the ~ в опере/оперу; (*branch of art*) оперное искусство.

*cpds.* ~**-glass(es)** *n.* (театральный) бинокль; ~**-hat** *n.* шапокляк, складной цилиндр; ~**-house** *n.* оперный театр; ~**-singer** *n.* оперный певец, оперная певица.

**operable** *adj.* **1.** (*med.*) операбельный; **2.** (*workable*) действующий, функционирующий.

**operate** *v.t.* **1.** (*control work of*) управлять (*impf.*) +*i.*; эксплуатировать (*impf.*); he ~s a lathe он работает на токарном станке; the company ~s three factories эта компания управляет тремя фабриками; the machine is ~d by electricity эта машина работает на электричестве; **2.** (*bring into motion*) прив|одить, -ести в движение; **3.** (*put into effect*): we ~ a simple system мы применяем простую систему.

*v.i.* **1.** (*work, act*) работать (*impf.*); действовать (*impf.*); the brakes failed to ~ тормоза отказали; **2.** (*produce effect or influence*) оказ|ывать, -ать влияние (на +*a.*); действовать, по-; **3.** ~ on (*surg.*) оперировать (*impf., pf.*) (for: по поводу +*g.*); **4.** (*mil.*)

действовать (*impf.*); оперировать (*impf., pf.*).

**operatic** *adj.* оперный.

**operating** *adj.* **1.** (*surg.*): ~ room, theatre операционная; ~ surgeon оперирующий хирург; ~ table операционный стол; **2.**: ~ costs эксплуатационные расходы.

**operation** *n.* **1.** (*action, effect*) действие; работа; функционирование; bring into ~ прив|одить, -ести в действие; come into ~ нач|инать, -ать действовать; go out of ~ выходить, выйти из строя; **2.** (*force, validity*) сила; **3.** (*process*) процесс, операция; **4.** (*control, making work*) управление, эксплуатация; **5.** (*business transaction*) операция; (*speculation*) спекуляция; **6.** (*mil.*) операция, действие; combined ~s совместные действия; ~s room командный пункт; **7.** (*med.*) операция; хирургическое вмешательство; an ~ for appendicitis операция аппендицита; an ~ for cancer операция (по поводу) рака; perform an ~ делать, с- (*or* произв|одить, -ести) операцию; **8.** (*math.*) действие.

**operational** *adj.* **1.** (*mil.*) оперативный; ~ message боевое донесение/сообщение; ~ unit боевое подразделение; **2.** the fleet is ~ флот в состоянии боевой готовности; the factory is fully ~ завод полностью готов к эксплуатации; **3.** (*needed for operating*): ~ data рабочие данные.

**operative** *n.* (*machine operator*) квалифицированный рабочий, станочник, механик; (*artisan*) ремесленник.

*adj.* **1.** (*working, operating*) действующий; (*having force*) действительный; (*effective*) действенный; become ~ (*of law etc.*) входить, войти в силу; ~ part of a resolution резолютивная часть решения; **2.** (*practical*) оперативный; (*of surgical operations*) операционный, оперативный.

**operator** *n.* **1.** (*one who works a machine*) управляющий (машиной); оператор; **2.** (*telephonist*) телефонист (*fem.* -ка); (*W/T* ~) телеграфист (*fem.* -ка); (*radio* ~) радист (*fem.* -ка), связист (*fem.* -ка); **3.** (*comm.*) делец; (*pej.*) спекулянт.

**operetta** *n.* оперетта.

**ophidian** *n.* змея.

**ophthalmia** *n.* офтальмия.

**ophthalmic** *adj.* глазной.

**ophthalmologist** *n.* офтальмолог.

**ophthalmology** *n.* офтальмология.

**ophthalmoscope** *n.* офтальмоскоп.

**opiate** *n.* опиат; (*fig.*) опиум.

**opine** *v.t.* (*express opinion*) высказывать, высказать мнение, что . . .; (*hold opinion*) придерживаться (*impf.*) того мнения, что . . .

**opinion** *n.* (*judgement, belief*) мнение; (*view*) взгляд; public ~ общественное мнение; in the ~ of по мнению +*g.*; in my ~ по моему мнению, по-моему, на мой взгляд; be of the

~ that . . . держа́ться (*impf.*) того́ мне́ния, что
. . .; полага́ть (*impf.*) (*or* счита́ть (*impf.*)), что
. . .; change one's ~ меня́ть (*impf.*), переме-
ни́ть (*pf.*) мне́ние; form an ~ сост|авля́ть,
-а́вить себе́ мне́ние; that is a matter of ~ э́то
зави́сит от то́чки зре́ния; на э́то существу́ют
разли́чные мне́ния; ~ poll опро́с обще́ствен-
ного мне́ния; (*estimate*): have a high/low ~ of
быть высо́кого/невысо́кого мне́ния о +*p.*;
(*conviction*) убежде́ние; act up to one's ~s
поступ|а́ть, -и́ть в соотве́тствии со свои́ми
убежде́ниями (*or* согла́сно свои́м убежде́-
ниям); (*expert judgment*) заключе́ние; I wish to
get another ~ я хоте́л бы пригласи́ть (ещё
одного́) специали́ста.

**opinionated** *adj.* догмати́чный; упо́рствующий
в свои́х взгля́дах.

**opisometer** *n.* курвиме́тр.

**opium** *n.* о́пиум; ~ den прито́н кури́льщиков
о́пиума.

**opossum** *n.* опо́ссум.

**opponent** *n.* оппоне́нт, проти́вник.
  *adj.* противополо́жный; (*antagonistic*) враж-
де́бный.

**opportune** *adj.* (*timely*) своевре́менный, уме́ст-
ный; (*suitable*) подходя́щий; благоприя́т-
ный.

**opportunism** *n.* оппортуни́зм.

**opportunist** *n.* оппортуни́ст.
  *adj.* оппортунисти́ческий.

**opportunit|y** *n.* (*favourable circumstance*)
удо́бный слу́чай; (*good chance*) благо-
прия́тная возмо́жность; as ~y offers при
слу́чае; there were few ~ies of, for hearing
music почти́ не́ было возмо́жности слу́шать
му́зыку; I had no ~y to thank him у меня́ не́
было возмо́жности поблагодари́ть его́; the
legacy afforded/gave him an ~y to travel на-
сле́дство предоста́вило/да́ло ему́ возмо́ж-
ность путеше́ствовать; ring me up if you get
the ~y! позвони́те, е́сли бу́дет возмо́жность
(*or* предста́вится слу́чай); I made an ~y to
meet him я нашёл предло́г встре́титься с ним;
he seized, took the ~y to . . . он воспо́льзова-
лся слу́чаем, что́бы . . .; he let slip a golden
~y он упусти́л блестя́щую возмо́жность.

**oppos|e** *v.t.* **1.** (*set against or in contrast to*)
противопост|авля́ть, -а́вить (*что чему*); two
~ed ideas две противополо́жные иде́и; as
~ed to в отли́чие от +*g.*; I am firmly ~ed to
the idea я реши́тельно про́тив э́той иде́и; **2.**
(*set o.s. against*) восст|ава́ть, -а́ть (*or*
возра|жа́ть, -зи́ть *or* выступа́ть, вы́ступить)
про́тив +*g.*; проти́виться, вос- +*d.*; the ~ing
side проти́вная сторона́; (*sport*) кома́нда
проти́вника; they were ~ed by enemy forces
им противостоя́ли си́лы проти́вника; (*show
opposition to*) ока́з|ывать, -а́ть сопротив-
ле́ние +*d.*; сопротивля́ться (*impf.*) +*d.*;
(*reject; propose rejection of*) отклон|я́ть, -и́ть;

he ~ed my request он отклони́л мою́ про́сьбу;
the motion was ~ed by a majority пред-
ложе́ние бы́ло отклонено́ большинство́м
(голосо́в).

**opposite** *n.* противополо́жность; he was quite
the ~ of what I expected он оказа́лся по́лной
противополо́жностью того́, что я ожида́л;
just the ~ пряма́я/по́лная противопо-
ло́жность; как раз наоборо́т.
  *adj.* противополо́жный; the ~ sex
противополо́жный пол; his house is ~ ours
его́ дом (стои́т) напро́тив на́шего; in the ~
direction в обра́тном направле́нии; ~ poles
(*elec.*) разноимённые по́люсы; ~ number
лицо́, занима́ющее таку́ю же до́лжность в
друго́м ве́домстве *и т.п.*
  *adv.* напро́тив.
  *prep.* (на)про́тив +*g.*; put a tick ~ your
name поста́вьте га́лочку про́тив ва́шей
фами́лии.

**opposition** *n.* **1.** (*placing or being placed opposite*)
противопоставле́ние; they found themselves
in ~ (to each other) они́ оказа́лись в
противополо́жных лагеря́х; **2.** (*contrast*)
противополо́жность; **3.** (*resistance, contrary
action*) сопротивле́ние, противоде́йствие,
оппози́ция; the infantry encountered heavy ~
пехо́та встре́тила си́льное сопротивле́ние;
he offered no ~ он не оказа́л никако́го
сопротивле́ния; he acted in ~ to my wishes он
поступи́л вопреки́ мои́м жела́ниям; **4.** (*pol.*)
оппози́ция; the Leader of the O~ ли́дер
оппози́ции; the party was in ~ па́ртия находи́-
лась в оппози́ции; **5.** (*astron.*) противо-
стоя́ние.

**oppositionist** *n.* оппозиционе́р.

**oppress** *v.t.* **1.** (*of a ruler or government*) угнета́ть
(*impf.*); притесн|я́ть, -и́ть; подавля́ть, -и́ть; **2.**
(*weigh down; weary*) удруч|а́ть, -и́ть; томи́ть
(*impf.*); feel ~ed with the heat томи́ться (*impf.*)
от жары́; be ~ed with grief быть удручённым
го́рем.

**oppression** *n.* **1.** (*oppressing*) угнете́ние, гнёт,
притесне́ние, тирани́я; (*being oppressed*)
угнетённость; **2.** (*heaviness, languor*) пода́в-
ленность.

**oppressive** *adj.* угнета́ющий, давя́щий; (*tyrannical*) деспоти́ческий; (*burdensome*) тя́гост-
ный; (*wearisome*) (у)томи́тельный; ~ weather
угнета́ющая/ду́шная пого́да.

**oppressor** *n.* угнета́тель (*m.*).

**opprobrious** *adj.* (*injurious*) оскорби́тельный;
(*shameful*) позо́рный.

**opprobrium** *n.* (*reproach*) напа́дки (*m. pl.*);
негодова́ние, возмуще́ние; (*shame, disgrace*)
позо́р.

**opt** *v.i.*: ~ for выбира́ть, вы́брать; ~ out of
уклон|я́ться, -и́ться от +*g.*; (*доброво́льно*)
выбыва́ть, вы́быть из +*g.*; устран|я́ться,
-и́ться от +*g.*

**optative** *n.* (~ mood) оптати́в; жела́тельное наклоне́ние.
    *adj.* оптати́вный.
**optic** *n.* **1.** (*lens*) ли́нза; **2.** (*joc., eye*) глаз.
    *adj.* зри́тельный, опти́ческий, глазно́й; ~ angle у́гол зре́ния; ~ nerve зри́тельный нерв.
**optical** *adj.* опти́ческий, зри́тельный; ~ illusion опти́ческий обма́н; обма́н зре́ния.
**optician** *n.* о́птик.
**optics** *n.* о́птика.
**optimism** *n.* оптими́зм.
**optimist** *n.* оптими́ст (*fem.* -ка).
**optimistic** *adj.* оптимисти́ческий, оптимисти́чный.
**optimum** *adj.* оптима́льный.
**option** *n.* **1.** (*choice*) вы́бор; soft ~ лёгкий вы́бор; ли́ния наиме́ньшего сопротивле́ния; I have no ~ but to ... у меня́ нет друго́го вы́бора, как . . .; keep, leave one's ~s open ост|авля́ть, -а́вить вы́бор за собо́й; не свя́з|ывать, -а́ть себя́ (оконча́тельно); **2.** (*right of choice*) пра́во вы́бора; I have an ~ on the house я облада́ю преиму́щественным пра́вом на поку́пку э́того до́ма; at buyer's ~ по усмотре́нию покупа́теля; **3.** (*stock exchange etc.*) опцио́н; ~ price курс пре́мий.
**optional** *adj.* необяза́тельный, факульта́тивный; ~ (bus) stop остано́вка по тре́бованию.
**optometrist** *n.* о́птик.
**opulence** *n.* бога́тство, оби́лие, изоби́лие.
**opulent** *adj.* (*wealthy*) бога́тый; (*abundant*) оби́льный.
**opus** *n.* **1.** (*mus.*) о́пус; **2.**: magnum ~ са́мое кру́пное (*or* гла́вное) произведе́ние (а́втора *и m.n.*).
**or**[1] *n.* (*her.*) золото́й цвет.
**or**[2] *conj.* **1.** и́ли; will you be here ~ not? вы здесь бу́дете и́ли нет?; he came for a day ~ two он прие́хал на день-друго́й; two ~ three два-три; **2.** (~ else) и́ли, ина́че; и́ли же; а (не) то; take the book now, ~ I'll give it to s.o. else возьми́те кни́гу сейча́с, а не то я её отда́м кому́-нибудь друго́му; wear your coat ~ you'll catch cold наде́ньте пальто́, ина́че (*or* а то) просту́дитесь; we must hurry ~ we'll be late ну́жно потора́пливаться, а то опозда́ем; do as I say ~ else! де́лай что ска́зано и́ли пеня́й на себя́! **3.**: there were 20 ~ so people present там бы́ло челове́к 20 (*or* о́коло двадцати́ челове́к); **4.**: storm ~ no storm, I shall go гроза́ не гроза́, пойду́.
**oracle** *n.* (*hist., fig.*) ора́кул; work the ~ (*fig.*) нажа́ть (*pf.*) на та́йные пружи́ны; (*oracular statement*) прорица́ние, предсказа́ние.
**oracular** *adj.* (*prophetic*) проро́ческий; (*ambiguous*) двусмы́сленный; (*obscure*) зага́дочный.
**oral** *n.* у́стный экза́мен.
    *adj.* (*by word of mouth*) у́стный; (*pert. to mouth*) стомати́ческий; ~ cavity ротова́я по́лость.
**orange** *n.* **1.** (*fruit*) апельси́н; blood ~ (апельси́н-)королёк; (*attr.*) апельси́новый (*see also cpds.*); **2.** (*tree*) апельси́новое де́рево; ~ marmalade апельси́нное варе́нье; **3.** (*colour*) ора́нжевый цвет; **4.**: William of O~ Вильге́льм Ора́нский; O~ Free State (*hist.*) Ора́нжевая Респу́блика.
    *adj.* (*colour*) ора́нжевый.
    *cpds.*: ~-blossom *n.* флёрдора́нж; помера́нцевые цветы́ (*m. pl.*); ~-juice *n.* апельси́новый сок; O~man *n.* оранжи́ст; ~-peel *n.* апельси́нная ко́рка; (*dried*) апельси́нная це́дра; (*candied*) апельси́нный цука́т; ~-pip *n.* зёрнышко апельси́на; O~woman оранжи́стка.
**orangeade** *n.* оранжа́д.
**orangery** *n.* оранжере́я (для выра́щивания апельси́новых дере́вьев).
**orang-utan** *n.* орангута́нг.
**orate** *v.i.* ора́торствовать (*impf.*).
**oration** *n.* речь.
**oratio obliqua** *n.* ко́свенная речь.
**oratio recta** *n.* пряма́я речь.
**orator** *n.* ора́тор.
**oratorical** *adj.* ора́торский; (*rhetorical*) ритори́ческий.
**oratorio** *n.* орато́рия.
**oratory** *n.* (*rhetoric*) красноре́чие, рито́рика; (*chapel*) моле́льня.
**orb** *n.* (*globe, sphere*) шар, сфе́ра; (*heavenly body*) небе́сное свети́ло; (*part of regalia*) держа́ва; (*poet., eye*) о́ко.
**orbit** *n.* **1.** (*of planet etc.*) орби́та; (*circuit completed by space vehicle*) вито́к; **2.** (*eye-socket*) глазна́я впа́дина; орби́та, глазни́ца; **3.** (*fig., sphere of action*) сфе́ра де́ятельности, орби́та.
    *v.t.* (*put into* ~) выводи́ть, вы́вести на орби́ту.
    *v.i.* (*move in* ~) враща́ться (*impf.*) по орби́те.
**orbital** *adj.* (*astron.*) орбита́льный; (*of road*) окружно́й; (*of eye*) глазно́й.
**Orcadian** *n.* жи́тель (*fem.* -ница) Оркне́йских острово́в; оркне́|ец (*fem.* -йка).
    *adj.* оркне́йский.
**orchard** *n.* (фрукто́вый) сад; cherry ~ вишнёвый сад.
**orchestra** *n.* **1.** орке́стр; full ~ симфони́ческий орке́стр; string ~ стру́нный орке́стр; ~ pit оркестро́вая я́ма; ~ stalls парте́р; **2.** (*Gk. theatre*) орхе́стра.
**orchestral** *adj.* оркестро́вый.
**orchestrate** *v.t.* оркестрова́ть (*impf., pf.*); (*fig.*) организова́ть, с-; компонова́ть, с-.
**orchestration** *n.* оркестро́вка.
**orchid** *n.* орхиде́я.
**orchidaceous** *adj.* орхиде́йный.
**ordain** *v.t.* **1.** (*eccl.*) посвя|ща́ть, -ти́ть в духо́вный сан; he was ~ed priest он был

посвящён в свящéнники; **2.** (*destine, decree*) предпи́с|ывать, -áть.

**ordeal** *n.* **1.** (*hist.*) «суд бóжий»; **2.** (*trying experience*) мытáрство, му́ка; тяжёлое испытáние.

**order** *n.* **1.** (*arrangement*) поря́док; (*sequence, succession*) послéдовáтельность; ~ of the day (*agenda*) повéстка дня; in alphabetical ~ в алфави́тном поря́дке; in ~ of size по размéру; in ~ of importance по стéпени вáжности; out of ~, not in the right ~ не по поря́дку; не в поря́дке; не на (том) мéсте; put sth. in ~ прив|оди́ть, -ести́ что-н. в поря́док; **2.** (*mil. formation*) строй; battle ~ боевóй поря́док; in close/open/extended ~ в сóмкнутом/разóмкнутом/расчленённом строю́; **3.** (*result of arrangement or control*): everything is in ~ всё в поря́дке; he keeps his books in (good) ~ он содéржит свои́ кни́ги в поря́дке; (*settled state*): keep ~ поддéрживать (*impf.*) (*or* соблю|дáть, -сти́) поря́док; restore ~ восстан|áвливать, -ови́ть поря́док; law and ~ правопоря́док, закóнность; (*efficient state*) поря́док, испрáвность; out of ~ неиспрáвный, в плохóм состоя́нии; the bell is out of ~ звонóк не рабóтает (*or* в неиспрáвности); he got the typewriter into working ~ он почини́л (*or* привёл в поря́док) маши́нку; (*healthy state*) поря́док; хорóшее состоя́ние; his liver is out of ~ у негó с пéченью не в поря́дке; **4.** (*procedure*) поря́док; (*procedural rules*) реглáмент; call s.o. to ~ приз|ывáть, -вáть когó-н. к поря́дку; call a meeting to ~ откры́ть (*pf.*) заседáние; maintain, keep ~ (in the hall) обеспéчи|вать, -ть соблюдéние поря́дка (в зáле); следи́ть (*impf.*) за поря́дком; O~! к поря́дку!; реглáмент!; he raised a point of ~ он проси́л слóво (*or* вы́ступил) по поря́дку ведéния заседáния; the motion is in ~ предложéние приéмлемо; is it in ~ to ask questions? полагáется ли задавáть вопрóсы?; am I in ~? в поря́дке ли моё заявлéние?; out of ~ в нарушéние процеду́ры; **5.** (*command, instruction*) прикáз, распоряжéние, поручéние; by ~ of the president по поручéнию/прикáзу президéнта; give an, the ~ отд|авáть, -áть прикáз; I won't take ~s from you вы мнóй не распоряжáйтесь/комáндуйте; obey ~s подчин|я́ться, -и́ться прикáзу; till further ~s до дальнéйшего распоряжéния; under s.o.'s ~s под комáндой когó-н.; get one's marching ~s (*dismissal*) (*fig.*) получи́ть (*pf.*) отстáвку; (*warrant*) óрдер (*pl.* -á); ~ to view (a house) смотровóй óрдер; **6.** (*direction to supply*) закáз (на +*a.*); on ~ по закáзу; is on ~ закáзан; put in an ~ for закáз|ывать, -áть; fill, fulfil an ~ выполня́ть, вы́полнить закáз; I am having a suit made to ~ я шью себé костю́м на закáз; that's a tall ~ (*fig.*) э́то нелёгкая/тру́дная задáча; мнóгого захотéл!; **7.** (*direction to bank*): standing ~

прикáз о регуля́рных платежáх; (*pl., parl.*) прáвила (*nt. pl.*) процеду́ры; **8.** (*direction to Post Office*): money/postal ~ дéнежный/почтóвый перевóд; **9.** (*social group, stratum*) социáльная гру́ппа; слой; lower ~s простóй нарóд; **10.** (*pl., eccl.*): holy ~s духóвный сан; confer ~s on рукопол|агáть, -ожи́ть; take ~s ста|нови́ться, -ть духóвным лицóм; **11.** (*distinction; insignia*) óрден (*pl.* -á); O~ of Lenin óрден Лéнина; he was awarded the O~ of the Garter егó награди́ли óрденом Подвя́зки; **12.** (*kind, sort, category*) сорт, род; talent of another ~ талáнт инóго поря́дка; (*math.*) поря́док; a sum of the ~ of £10 су́мма поря́дка десяти́ фу́нтов; (*biol.*) отря́д; (*archit.*) óрдер (*pl.* -ы), óрден (*pl.* -ы); **13.** (*of chivalry or relig.*) óрден (*pl.* -ы); **14.**: in ~ to (для тогó,) чтóбы +*inf.*; in ~ that (для тогó,) чтóбы +*past tense*.

*v.t.* **1.** (*arrange, regulate*) прив|оди́ть, -ести́ в поря́док; he ~s his affairs well у негó делá в безукори́зненном поря́дке; (*mil.*): ~ arms! к ногé!; **2.** (*command*) прикáз|ывать, -áть; распоря|жáться, -ди́ться; he ~ed an enquiry он приказáл (*or* дал распоряжéние) провести́ расслéдование; he ~ed the soldiers to leave он приказáл солдáтам разойти́сь; he ~ed the gates to be closed он приказáл закры́ть ворóта; he was ~ed home ему́ приказáли верну́ться (*or* егó отослáли) домóй; **3.** (*prescribe*) пропи́с|ывать, -áть; **4.** (*reserve; request; arrange for supply of*) закáз|ывать, -áть; **5.**: ~ s.o. about комáндовать (*impf.*) +*i.*; I don't like being ~ed about я не люблю́, когдá мнóю комáндуют/распоряжáются.

*cpds.*: ~-**book** *n.* кни́га закáзов; ~-**form** *n.* бланк закáза.

**orderliness** *n.* (*order*) поря́док; (*methodical nature*) аккурáтность; (*good behaviour*) хорóшее поведéние.

**orderly** *n.* (*mil., runner*) ординáрец, связнóй; (*mil., attendant in barracks*) дневáльный; (*in hospital*) санитáр.

  *adj.* **1.** (*methodical, neat, tidy*) аккурáтный, опря́тный; **2.** (*quiet; well-behaved*) ти́хий, послу́шный; **3.** (*organized*) организóванный; **4.** (*mil.*): ~ officer дежу́рный офицéр; ~ room помещéние для су́точного наря́да.

**ordinal** *n.* (~ *number*) поря́дковое числи́тельное.

**ordinance** *n.* укáз; (*decree*) декрéт.

**ordinand** *n.* ожидáющий рукоположéния.

**ordinariness** *n.* обы́чность, заурядность.

**ordinary** *n.* **1.**: out of the ~ необы́чный, незаурядный; **2.**: in ~ постоя́нный; Surgeon-in-~ to the King/Queen лейб-мéдик; professor-in-~ ординáрный профéссор.

  *adj.* (*usual*) обы́чный; (*average, common*) обыкновéнный; (*simple*) простóй; (*normal*) нормáльный; (*commonplace*) заурядный; ~ seaman млáдший матрóс.

**ordination** n. (eccl.) рукоположе́ние (в духо́вный сан).

**ordnance** n. (artillery) артилле́рия; (military stores and materials) артиллери́йско-техни́ческое и вещево́е снабже́ние; ~ survey (mapping) вое́нно-топографи́ческая съёмка; (department) госуда́рственное картографи́ческое управле́ние.

**ordure** n. (dung) наво́з; (filth) грязь.

**ore** n. руда́.
  cpds.: ~-**bearing** adj. рудоно́сный; ~-**field** n. ру́дный бассе́йн.

**oread** n. ореа́да; го́рная ни́мфа.

**organ** n. **1.** (mus.) орга́н, (attr.) орга́нный; American ~ фисгармо́ния; mouth ~ губна́я гармо́ника, (coll.) гармо́шка; street ~ шарма́нка; **2.** (biol., pol. etc.) о́рган.
  cpds.: ~-**blower** n. (pers.) раздува́льщик мехо́в (у орга́на); ~-**grinder** n. шарма́нщик; ~-**loft** n. хо́р|ы (pl., g. -ов); галере́я; ~-**pipe** n. орга́нная труба́; ~-**stop** n. реги́стр орга́на.

**organd|ie, -y** n. органди́ (f. indecl.); (гру́бая) кисея́.

**organic** adj. **1.** органи́ческий; ~ whole еди́ное це́лое; **2.** (organized) организо́ванный; an ~ whole еди́ное це́лое.

**organism** n. органи́зм.

**organist** n. органи́ст.

**organization** n. организа́ция.

**organize** v.t. организо́в|ывать, -а́ть; устр|а́ивать, -о́ить; ста́вить, по-; it took him a long time to get ~d он до́лгое вре́мя не мог собра́ться; she is an ~d person она́ челове́к организо́ванный.

**organizer** n. организа́тор.

**orgasm** n. орга́зм.

**orgiastic** adj. (fig.) разну́зданный.

**orgy** n. о́ргия; (fig.) разгу́л; an ~ of concerts бесконе́чная цепь конце́ртов.

**oriel** n. э́ркер; ~ window э́ркерное окно́.

**orient** n. восто́к.
  adj. (poet.) восто́чный.
  v.t. see ORIENT(ATE).

**oriental** adj. восто́чный; ~ studies востокове́дение, ориенталистика.

**orientalism** n. ориентали́зм.

**orientalist** n. востокове́д, ориентали́ст.

**orient(ate)** v.t. (determine position of) опреде́л|ять, -и́ть местонахожде́ние +g.; ~ o.s. ориенти́роваться (impf., pf.).

**orientation** n. (lit., fig.) ориентиро́вка, ориента́ция.

**orienteering** n. ориенти́рование на ме́стности.

**orifice** n. (aperture) отве́рстие; (mouth) у́стье.

**oriflamme** n. орифла́мма.

**origin** n. (beginning, source) нача́ло, исто́чник; (derivation, extraction) происхожде́ние; he is of peasant ~ он вы́ходец из крестья́н.

**original** n. **1.** -по́длинник; a copy of the ~ ко́пия с по́длинника/оригина́ла; I am reading Tolstoy in the ~ я чита́ю Толсто́го в по́длиннике; X was the ~ of Ivanov (in the novel) X явля́ется прототи́пом Ива́нова; **2.** (eccentric) оригина́л, чуда́к.
  adj. **1.** (first, earliest) первонача́льный; ~ sin перворо́дный грех; the ~ inhabitants исконные жи́тели; **2.** (archetypal; genuine) по́длинный; ~ manuscript по́длинная ру́копись; **3.** (constructive, inventive) оригина́льный; an ~ mind изобрета́тельный/самобы́тный ум; **4.** (novel, fresh) но́вый, све́жий; своеобра́зный.

**originality** n. по́длинность; оригина́льность, своеобра́зие, изобрета́тельность, самобы́тность.

**originally** adv. (in the first place) первонача́льно, исхо́дно; (in origin) по происхожде́нию.

**originate** v.t. (cause to begin, initiate) причин|я́ть, -и́ть; зав|оди́ть, -ести́; вв|оди́ть, -ести́; да|ва́ть, -ть нача́ло +d.; **2.** (create) созд|ава́ть, -а́ть; поро|жда́ть, -ди́ть.
  v.i. брать, взять нача́ло; (arise) возн|ика́ть, -и́кнуть; зав|оди́ться, -ести́сь; the quarrel ~d in a remark of mine ссо́ра возни́кла из-за моего́ замеча́ния.

**origination** n. (source, origin) нача́ло, происхожде́ние; (creation) исто́к, исто́чник, созда́ние.

**originator** n. (initiator) инициа́тор; (author) а́втор; (creator) созда́тель (m.); (inventor) изобрета́тель (m.); (sender of message) отправи́тель (m.).

**oriole** n. и́волга.

**Orion** n. (astron.) Орио́н.

**orison** n. (arch.) моле́ние.

**Orkney** n. О́ркни (m. indecl.); (attr.) оркне́йский.

**Orleans** n. Орлеа́н; Maid of ~ Орлеа́нская де́ва.

**ormolu** n. золочёная бро́нза; ме́бель с украше́ниями из золочёной бро́нзы.

**ornament**[1] n. **1.** (adornment, embellishment) украше́ние; **2.** (decorative article or feature) орна́мент; (fig.): he is an ~ to the school он — го́рдость шко́лы; **3.** (pl., eccl.) церко́вная у́тварь; **4.** (mus.) орнаме́нтика.

**ornament**[2] v.t. укр|аша́ть, -а́сить.

**ornamental** adj. орнамента́льный; (decorative) декорати́вный.

**ornamentation** n. украше́ние.

**ornate** adj. бога́то укра́шенный; (of style) витиева́тый, цвети́стый.

**ornithological** adj. орнитологи́ческий.

**ornithologist** n. орнито́лог.

**ornithology** n. орнитоло́гия.

**orotund** adj. (of voice) зву́чный, полнозву́чный; (of style) высокопа́рный; (pretentious) напы́щенный.

**orphan** n. сирота́ (c.g.).
  adj. сиро́тский.

*v.t.* лиш|а́ть, -и́ть (*кого*) роди́телей; де́лать, с- сирото́й; an ~ed child осироте́вший ребёнок.

**orphanage** *n.* прию́т для сиро́т.

**orphanhood** *n.* сиро́тство.

**Orpheus** *n.* Орфе́й.

**orrery** *n.* планета́рий.

**orris** *n.* (*bot.*) каса́тик флоренти́йский.

    *cpd.*: ~-**root** *n.* фиа́лковый ко́рень; порошо́к из фиа́лкового ко́рня.

**orthodox** *adj.* ортодокса́льный, правове́рный; (*relig.*): the O~ Church правосла́вная це́рковь.

**orthodoxy** *n.* ортодокса́льность, правове́рность; (*relig.*) правосла́вие.

**orthographic(al)** *adj.* орфографи́ческий.

**orthography** *n.* правописа́ние, орфогра́фия.

**orthopaedic** *adj.* ортопеди́ческий.

**orthopaedics** *n.* ортопе́дия.

**orthopaedist** *n.* ортопе́д.

**ortolan** *n.* садо́вая овся́нка.

**oryx** *n.* сернобы́к.

**oscillate** *v.t.* кача́ть (*impf.*).

    *v.i.* (*swing*) кача́ться (*impf.*); (*fluctuate*) колеба́ться (*impf.*); (*elec., radio; also fig.*) колеба́ться (*impf.*).

**oscillation** *n.* колеба́ние; (*elec.*) осцилля́ция.

**oscillator** *n.* осцилля́тор; (*radio*) генера́тор.

**oscillatory** *adj.* колеба́тельный.

**oscillograph** *n.* осцилло́граф.

**oscilloscope** и. осциллоско́п.

**osier** *n.* (*plant*) и́ва; (*shoot*) лоза́.

    *adj.* и́вовый.

    *cpd.*: ~-**bed** *n.* ивня́к.

**Oslo** *n.* О́сло (*m. indecl.*).

**osmium** *n.* о́смий.

**osmosis** *n.* о́смос.

**osmotic** *adj.* осмоти́ческий.

**osprey** *n.* (*zool.*) скопа́.

**osseous** *adj.* (*of bone*) костяно́й; (*bony*) кости́стый.

**Ossetian** *n.* осети́н (*fem.* -ка).

    *adj.* осети́нский.

**ossification** *n.* окостене́ние; (*fig.*) очерствле́ние, окостене́ние.

**ossif|y** *v.t. & i.* превра|ща́ть(ся), -ти́ть(ся) в кость; (*fig.*) заст|ыва́ть, -ы́ть; очерстве́ть, окосне́ть, окостене́ть (*all pf.*); his opinions ~ied with age с во́зрастом он закосне́л в свои́х убежде́ниях.

**ossuary** *n.* склеп; (*cave*) пеще́ра с костя́ми; (*urn*) кремацио́нная у́рна.

**Ostend** *n.* Осте́нде (*m. indecl.*).

**ostensibl|e** *adj.* (*for show*) показно́й; (*professed*) мни́мый; he called ~y to thank me он пришёл я́кобы для того́, чтобы поблагодари́ть меня́.

**ostentation** *n.* (*display*) выставле́ние напока́з; (*boasting*) хвастовство́, бахва́льство.

**ostentatious** *adj.* показно́й, хвастли́вый.

**osteoarthritis** *n.* остеоартри́т.

**osteopath** *n.* остеопа́т.

**osteopathic** *adj.* остеопати́ческий.

**osteopathy** *n.* остеопа́тия.

**ostler** (*Am.* **hostler**) *n.* ко́нюх.

**ostracism** *n.* (*hist., fig.*) остраки́зм; (*fig.*) изгна́ние (из о́бщества).

**ostracize** *v.t.* подв|ерга́ть, -е́ргнуть остраки́зму; изг|оня́ть, -на́ть.

**ostrich** *n.* (*also fig.*) стра́ус; (*attr.*) стра́усовый; a digestion like an ~ лужёный желу́док.

**other** *pron.* друго́й, ино́й; the ~ (*liter., pers. referred to*) тот; one (thing) or the ~ одно́ из двух; ~s may disagree with you ины́е с ва́ми мо́гут не согласи́ться; as an example to ~s в приме́р други́м/про́чим; ' ~s' (*in classification*) про́чие; one after the ~ оди́н за други́м; we talked of this, that and the ~ мы говори́ли о том, о сём; the money belongs to one or ~ of them де́ньги принадлежа́т кому́-то из них; someone or ~ has left the gate open кто́-то оста́вил кали́тку откры́той; some day or ~ когда́-нибудь, ка́к-нибудь; I will get there somehow or ~ я уж ка́к-нибудь туда́ доберу́сь; I want this book and no ~ я хочу́ и́менно э́ту кни́гу; it was none ~ than Mr. Brown э́то был не кто ино́й, как сам г-н Бра́ун; no one ~ than he никто́ кро́ме него́; I could do no ~ than agree мне не остава́лось ничего́ друго́го, как согласи́ться; (*expr. reciprocity*): they were in love with each ~ они́ бы́ли влюблены́ друг в дру́га; they got in each ~'s way они́ друг дру́гу меша́ли; (*pl., additional ones; more*): let me see some ~s покажи́те ещё каки́е-нибудь!; there are no ~s други́х нет; (*remaining ones*): the ~s had already gone остальны́е уже́ ушли́; why this day of all ~s? почему́ и́менно сего́дня?

    *adj.* **1.** друго́й; on the ~ hand с друго́й стороны́; open your ~ eye откро́йте второ́й глаз; on the ~ side of the road на той стороне́ доро́ги; the ~ world тот свет; the ~ side of the moon обра́тная сторона́ луны́; we must find some ~ way мы должны́ изыска́ть друго́й спо́соб; there was no ~ place to go бо́льше идти́ бы́ло не́куда; some ~ time в друго́й раз; **2.** (*additional*) ещё +*g.*; how many ~ children have you? ско́лько у вас ещё дете́й?; **3.** (*remaining*) остально́й; we shall visit the ~ museums tomorrow мы посети́м остальны́е музе́и за́втра; ~ things being equal при про́чих ра́вных усло́виях; **4.**: the ~ day на дня́х; every ~ ка́ждый второ́й; every ~ day че́рез день; **5.**: ~ ranks (*mil.*) сержа́нтско--рядово́й соста́в.

    *adv.*: see OTHERWISE **1.**

    *cpd.*: ~-**worldly** *adj.* не от ми́ра сего́; потусторо́нний.

**otherness** *n.* непохо́жесть, отли́чие.

**otherwise** *adj.*: the matter is quite ~ де́ло обстои́т совсе́м не так.

*adv.* **1.** (*in a different way*) по-друго́му, други́м спо́собом, ина́че; I was ~ engaged я был за́нят други́м (де́лом); ~ known as . . . та́кже имену́емый +*i.*; он же; I could do no ~ (*or* other) я не мог поступи́ть ина́че; they do not influence him ~ (*or* other) than by example они́ де́йствуют на него́ то́лько приме́ром; **2.** (*in other respects or circumstances*): в други́х отноше́ниях; the house is cold but ~ comfortable дом холо́дный, но в остально́м удо́бный; I will go if you do, but not ~ я пойду́ то́лько, е́сли вы то́же пойдёте; **3.** (*if not; or else*): I went, ~ I would have missed them я пошёл, и́наче я бы их не заста́л; shut the windows, ~ the rain will come in закро́йте о́кна, а то дождём намо́чит; **4.**: the merits or ~ of the plan досто́инства и́ли недоста́тки э́того пла́на.
*cpd.*: ~-**minded** *adj.* инакомы́слящий.
**otiose** *adj.* нену́жный, ли́шний.
**otitis** *n.* оти́т.
**Ottawa** *n.* Отта́ва.
**otter** *n.* вы́дра; sea ~ морско́й бобр.
*cpd.*: ~-**hound** *n.* вы́дровая соба́ка.
**Otto** *n.* (*hist.*) Отто́н.
**Ottoman** *n.* **1.** (*hist.*) оттома́н; **2.** (*sofa*) оттома́нка, тахта́.
*adj.* оттома́нский.
**oubliette** *n.* потайна́я, подзе́мная темни́ца.
**ouch** *int.* ой!, ай!
**ought** *v. aux.* **1.** (*expr. duty*): you ~ to go there вы должны́ (*or* вам сле́дует) туда́ пойти́; you ~ to have gone yesterday вам сле́довало пойти́ туда́ вчера́; he ~ never to have done it он ни в ко́ем слу́чае не до́лжен был так поступа́ть; **2.** (*expr. desirability*): you ~ to see that film вы (непреме́нно) должны́ посмотре́ть э́тот фильм; you ~ to have seen his face на́до бы́ло ви́деть его́ лицо́; I told him the house ~ to be painted я сказа́л ему́, что сле́дует покра́сить дом; **3.** (*expr. probability*) вероя́тно; if he started early he ~ to be there by now е́сли он отпра́вился ра́но, то он, вероя́тно (*or* должно́ быть), сейча́с уже́ там; it ~ not to take you long э́то не должно́ заня́ть у вас мно́го вре́мени.
**ouija-board** *n.* планше́тка для спирити́ческих сеа́нсов.
**ounce**[1] *n.* (*weight*) у́нция; (*fig.*): he hasn't an ~ of sense у него́ нет ни ка́пли здра́вого смы́сла; an ~ of practice is worth a pound of theory день пра́ктики сто́ит го́да тео́рии.
**ounce**[2] *n.* (*zool.*) и́рбис.
**our** *poss. adj.* наш; O~ Father О́тче наш; O~ Lady Бо́жья ма́терь, Пресвята́я де́ва; in ~ midst среди́ нас, в на́шей среде́; in ~ opinion (*i.e. of the writer, editor*) по на́шему мне́нию.
**ours** *pron. & pred. adj.* наш; ~ is a blue car на́ша маши́на си́няя; this tree is ~ э́то де́рево на́ше (*or* принадлежи́т нам); this government of ~

э́то на́ше прави́тельство; if you are short of chairs, borrow one of ~ е́сли у вас не хвата́ет сту́льев, возьми́те у нас; the money is not ~ to give away мы не име́ем пра́ва распоряжа́ться э́тими деньга́ми.
**ourselves** *pron.* **1.** (*refl.*) себя́; -ся; we washed ~ мы умы́лись; (*after preps.*): we can only depend on ~ мы мо́жем полага́ться то́лько на себя́ (сами́х); we were not satisfied with ~ мы бы́ли недово́льны собо́й; **2.** (*emph.*) са́ми; we ~ were not present са́ми мы не прису́тствовали; **3.**: by ~ (*alone*) са́ми по себе́; we can't do it by ~ (*without aid*) мы не мо́жем сде́лать э́то са́ми/одни́.
**oust** *v.t.* вытесня́ть, вы́теснить; (*expel*) выгоня́ть, вы́гнать; (*eject*) выселя́ть, вы́селить.
**out** *pred. adj. & adv.* (*for phrasal verbs see relevant verb entries*) **1.** (*away from home, office, room, usual place etc.*): he is ~ его́ нет до́ма; he is, was ~ for lunch он ушёл обе́дать; let's have dinner ~! пойдёмте обе́дать в рестора́н!; it was the maid's night ~ у прислу́ги был свобо́дный ве́чер; the jury was ~ for 2 hours прися́жные совеща́лись 2 часа́; the book was ~ (*of the library*) кни́га была́ вы́дана (*or* на рука́х); the children are ~ (*of school*) early today сего́дня дете́й ра́но отпусти́ли; (*of expulsion*): the crowd were shouting 'Stevens ~!' толпа́ крича́ла: «доло́й Сти́венса!» (*or* «Сти́венса вон!»); the workers are ~ (*on strike*) рабо́чие бастуют; ~! (*at tennis*) нет!; **2.** (~ *of doors*) на дворе́; на у́лице; it is quite warm ~ today сего́дня на дворе́ тепло́; we sleep ~ on fine nights в пого́жие но́чи мы спим на во́здухе; he was ~ and about all day он был на нога́х весь день; we were ~ in the garden мы бы́ли в саду́; the police are ~ looking for him поли́ция разы́скивает его́ (повсю́ду); (*fig., intent*): they are ~ to get him они́ (во что бы то ни ста́ло) наме́рены его́ пойма́ть; he is ~ for my blood он жа́ждет мое́й кро́ви; he is ~ for what he can get он блюдёт свои́ интере́сы; **3.** (*extracted*): you will feel better when the tooth is ~ вы бу́дете почу́вствуете лу́чше, когда́ вам удаля́т зуб; **4.** (*open*): the blossom is ~ цветы́ распусти́лись; (*visible*): the moon came ~ луна́ показа́лась; вы́плыла луна́; the stars are ~ звёзды вы́сыпали; the sun will be ~ this afternoon по́сле полу́дня пока́жется/поя́вится со́лнце; (*revealed*): the secret is, was ~ секре́т раскры́лся (*or* стал всем изве́стен); murder will ~ ши́ла в мешке́ не утаи́шь; ~ with it! отвеча́йте!; говори́те же, что́ у вас на душе́!; (*published, issued*): my book is ~ at last моя́ кни́га вы́шла, наконе́ц, из печа́ти; when will the results be ~? когда́ объя́вят результа́ты?; there is a warrant ~ for his arrest име́ется о́рдер на его́ аре́ст; **5.** (*with superl.*): whisky is the best thing ~ for a cold

виски — лу́чшее сре́дство от просту́ды; **6.** (*at departure*): will you see me ~? вы меня́ проводи́те (до двере́й)?; on the voyage ~ на пути́ туда́; he stumbled on the way ~ выходя́, он споткну́лся; (*at a distance*): he is ~ in the Far East он на Да́льнем Восто́ке; ~ at sea в откры́том мо́ре; when they were four days ~ на четвёртый день пла́вания; the tide is ~ сейча́с отли́в; **7.** (*coll.*, ~ *of favour, fashion*): short hair is ~ коро́ткая стри́жка не в мо́де; (*inadmissible*): that idea is ~ for a start э́та иде́я исключа́ется с са́мого нача́ла; (*astray, wrong*): be ~ in one's calculations ошиб|а́ться, -и́ться в расчётах; I wasn't far ~ я не на мно́го ошибся; my watch is 10 minutes ~ мои́ часы́ отстаю́т/спеша́т/(*coll.*) врут на де́сять мину́т; **8.** (*ended, over*): before the week is ~ до оконча́ния неде́ли; (*to the end*): I let him have his sleep ~ я дал ему́ вы́спаться; (*extinguished*): the fire is ~ ого́нь поту́х; (*conflagration*) пожа́р ко́нчился; lights ~! гаси́те свет!; sound 'lights ~' сыгра́ть (*pf.*) зо́рю; (*unconscious*) без созна́ния; he was ~ (for the count) он был в нока́уте; she was ~ for about five minutes она́ лежа́ла без чувств о́коло пяти́ мину́т; two drinks and he is ~ ему́ доста́точно двух рю́мок, что́бы впасть в бесчу́вствие; **9.**: ~ and ~ соверше́нно, по́лностью; ~ and away безусло́вно, несравне́нно; **10.**: ~ **of** (*movement*): he fell ~ of the window он вы́пал из окна́; as they came ~ of the theatre когда́ они́ вы́шли из теа́тра; he leapt ~ of bed он вскочи́л с посте́ли; the soldiers came ~ of the firing-line солда́ты вы́шли из-под огня́; (*material*): made ~ of silk (сши́тый) из шёлка, шёлковый; (*horse-breeding*): ~ of Lady Grey сын (кобы́лы) Ле́ди Грей; (*from among*): 2 students ~ of 40 два студе́нта из сорока́; one week ~ of ten одна́ неде́ля из десяти́; (*motive*): ~ of pity/love/respect из жа́лости/любви́/уваже́ния (к кому́/чему́); ~ of grief/joy с го́ря/ра́дости; ~ of boredom от/со ску́ки; (*outside*): ~ of danger вне опа́сности; ~ of doors на у́лице, на дворе́, на во́здухе; ~ of hours вне рабо́чего вре́мени; не в приёмные часы́; ~ of (its) place не на ме́сте; it's ~ of the question об э́том не мо́жет быть и ре́чи; ~ of town за́ го́родом; he is ~ of town его́ нет в го́роде; он уе́хал; ~ of this world (*coll.*) умопомрачи́тельный, неслы́ханный; восхити́тельные; he was never ~ of England он никогда́ не выезжа́л из А́нглии; feel ~ of it чу́вствовать (*impf.*) себя́ чужи́м (*or* ни при чём); (*not conforming or amenable to*): ~ of condition не в фо́рме; ~ of control вне контро́ля; ~ of fashion не в мо́де; get ~ of hand вы́йти (*pf.*) из-под контро́ля; отби́ться (*pf.*) от рук; ~ of sorts не в свое́й таре́лке; не в ду́хе/настрое́нии; ~ of step не в но́гу; ~ of tune расстро́енный; не в тон; (*without*): ~ of

breath запыха́вшийся; ~ of patience вы́веденный из терпе́ния; ~ of work безрабо́тный; we are ~ of sugar у нас ко́нчился са́хар; (*origin*): a scene ~ of a play сце́на из пье́сы; he paid for it ~ of his salary он заплати́л за э́то из свое́й зарпла́ты; (*so as to give up or lose*): he was talked ~ of the idea его́ отговори́ли от э́той зате́и; I have been cheated ~ of £50 меня́ наду́ли на 50 фу́нтов.

**outage** *n.* переры́в, безде́йствие.

**out-and-out** *adj.* соверше́нный, по́лный, отъя́вленный.

**outback** *n.* глушь.

**outbalance** *v.t.* переве́|шивать, -сить.

**outbid** *v.t.* **1.** (*at auction*): ~ s.o. предл|ага́ть, -ожи́ть бо́лее высо́кую це́ну, чем кто-н.; **2.** (*surpass*) прев|осходи́ть, -зойти́.

**outboard** *adj.* забо́ртный; ~ motor подвесно́й мото́р.
   *adv.* за бо́ртом.

**outbound** *adj.* выходя́щий/уходя́щий в рейс.

**outbreak** *n.* (*of disease, anger etc.*) вспы́шка; ~ of hostilities нача́ло вое́нных де́йствий.

**outbuilding** *n.* надво́рное строе́ние, надво́рная постро́йка.

**outburst** *n.* (*of rage etc.*) вспы́шка, взрыв, поры́в; (*of applause or laughter*) взрыв.

**outcast** *n.* (*exile*) изгна́нник, отве́рженный, отщепе́нец; (*homeless person*) (бездо́мный) бродя́га (*m.*).
   *adj.* и́згнанный, отве́рженный; бездо́мный, бесприю́тный.

**outclass** *v.t.* прев|осходи́ть, -зойти́.

**outcome** *n.* (*result*) результа́т; (*issue*) исхо́д; (*consequence*) (по)сле́дствие.

**outcrop** *n.* (*geol.*) обнаже́ние поро́д; (*fig.*) выявле́ние.
   *v.i.* обнажа́ться (*impf.*) (*or* выходи́ть (*impf.*)) на пове́рхность.

**outcry** *n.* (*noise*) крик, вы́крик; (*protest*) проте́ст; (обще́ственное) негодова́ние.

**outdated** *adj.* устаре́лый, устаре́вший.

**outdistance** *v.t.* перег|оня́ть, -на́ть.

**outdo** *v.t.* прев|осходи́ть, -зойти́.

**outdoor** *adj.*: ~ games и́гры на откры́том во́здухе; подвижны́е и́гры; ~ clothes ве́рхнее пла́тье; an ~ type люби́тель (*m.*) приро́ды (*or* спорти́вных игр); ~ aerial вне́шняя/нару́жная анте́нна.

**outdoors** *n.*: the great ~ ма́тушка-приро́да.
   *adv.* на откры́том во́здухе, на дворе́; (*expr. motion*) на во́здух.

**outer** *n.* (*on target*) (попада́ние в) «молоко́»; he scored an ~ он попа́л в молоко́; он промахну́лся.
   *adj.* (*external*) вне́шний; the ~ world вне́шний мир; (*turned to the outside*) нару́жный; (*further away*): ~ space ко́смос; the ~ suburbs да́льние предме́стья.

**outermost** *adj.* са́мый да́льний от це́нтра.

**outface** v.t. (defy) смути́ть (pf.); сконфу́зить (pf.).

**outfall** n. (of river) у́стье.

**outfield** n. (outlying land) отдалённое по́ле.

**outfit** n. **1.** (set of equipment) снаряже́ние, компле́кт; (of tools etc.) инструме́нт, набо́р, прибо́р; (of clothes) костю́м; **2.** (organized group) ба́нда (coll.); (mil. unit) (воен)ча́сть; во́инская/войскова́я часть.

**outfitter** n.: gentlemen's ~ владе́лец магази́на мужско́й оде́жды.

**outflank** v.t. об|ходи́ть, -ойти́ (or охва́т|ывать, -и́ть) фланг +g.; (fig., outwit) перехитри́ть (pf.).

**outflow** n. истече́ние; (e.g. of gold) уте́чка.

**out-general** v.t. превзойти́ (pf.) в вое́нном иску́сстве.

**outgoing** adj. **1.** (departing): ~ ship уходя́щее су́дно; ~ mail исходя́щая по́чта; the ~ president президе́нт, чей срок на посту́ истека́ет; **2.** (sociable): an ~ personality общи́тельный/ лёгкий хара́ктер; уживчивый челове́к.

**outgoings** n. расхо́ды (m. pl.), изде́ржки (f. pl.).

**outgrow** v.t. **1.** (grow taller than) перераст|а́ть, -и́; (grow too large for) выраста́ть, вы́расти из +g.; my family has ~n our house наш дом стал те́сен для мое́й семьи́; **2.** (discard with time) отде́л|ываться, -а́ться от (чего) с во́зрастом; выраста́ть, вы́расти из +g.

**outgrowth** n. **1.** (of plants etc.) наро́ст; **2.** (result, development) проду́кт, результа́т; **3.** (offshoot) о́тпрыск.

**outgun** v.t. дост|ига́ть, -и́чь огнево́го превосхо́дства над +i.; ~ the enemy подав|ля́ть, -и́ть артилле́рию проти́вника.

**outhouse** n. надво́рное строе́ние; (Am.) убо́рная во дворе́.

**outing** n. прогу́лка, экску́рсия; (on foot) похо́д; (picnic) пикни́к.

**outlandish** adj. дико́винный, чудно́й.

**outlast** v.t. (outlive) переж|ива́ть, -и́ть.

**outlaw** n. лицо́, объя́вленное вне зако́на.
   v.t. объяв|ля́ть, -и́ть вне зако́на.

**outlawry** n. объявле́ние/положе́ние вне зако́на.

**outlay** n. (expenses) изде́ржки (f. pl.), затра́ты (f. pl.); ~ on clothes расхо́ды (m. pl.) на оде́жду.

**outlet** n. **1.** (lit.) выходно́е/выпускно́е отве́рстие; **2.** (fig., comm.) сбыт; **3.** (for energies etc.) отду́шина, вы́ход; **4.** (elec.) штепсельная розе́тка.

**outline** n. **1.** (contour) очерта́ние, ко́нтур, а́брис; (attr.) ко́нтурный; in ~ в о́бщих черта́х; **2.** (draft, sketch, summary) набро́сок, эски́з; о́черк; **3.** (scheme; schedule) план, схе́ма, конспе́кт.
   v.t. **1.** (drawing) нарисова́ть (pf.) ко́нтур (чего); **2.** (give an ~ of) нам|еча́ть, -е́тить в о́бщих черта́х; набр|а́сывать, -оса́ть.

**outlive** v.t. переж|ива́ть, -и́ть.

**outlook** n. **1.** (prospect, lit., fig.) вид, перспекти́ва; the ~ for trade is good перспекти́вы для торго́вли хоро́шие; (weather etc.) прогно́з; **2.** (point of view) то́чка зре́ния; (mental horizon) кругозо́р.

**outlying** adj. отдалённый, удалённый.

**outmanoeuvre** (Am. **outmaneuver**) v.t. (fig.) перехитри́ть (pf.).

**outmatch** v.t. прев|осходи́ть, -зойти́.

**outmoded** adj. старомо́дный, немо́дный.

**outnumber** v.t. прев|осходи́ть, -зойти́ (кого, что) чи́сленно.

**out-of-date** adj. устаре́лый; старомо́дный.

**out-of-fashion** adj. старомо́дный, немо́дный.

**out-of-print** adj. распро́данный, разоше́дшийся; ~ books букинисти́ческие кни́ги.

**out-of-the-way** adj. **1.** (remote) отдалённый, удалённый; **2.** (obscure) малоизве́стный, малоупотреби́тельный; экзоти́ческий, эксцентри́ческий; **3.** (out of place) неуме́стный.

**out-of-work** adj. безрабо́тный.

**out-patient** n. амбулато́рный больно́й; ~ department амбулато́рия, поликли́ника; ~ treatment амбулато́рное лече́ние.

**outplay** v.t. обы́гр|ывать, -а́ть.

**outpost** n. (mil.) аванпо́ст; (settlement) отдалённое поселе́ние.

**outpouring** n. излия́ние.

**output** n. **1.** (production) вы́пуск, проду́кция, произво́дство; literary ~ литерату́рная проду́кция; (of mine) добы́ча; (of power station) мо́щность; (of computer) выходя́щая информа́ция; **2.** (productivity) производи́тельность.

**outrage** n. безобра́зие, оскорбле́ние; наруше́ние прили́чий.
   v.t. (offend, insult) оскорб|ля́ть, -и́ть; (rape) изнаси́ловать (pf.).

**outrageous** adj. безобра́зный, возмути́тельный, вопию́щий, сканда́льный; ~ prices возмути́тельные це́ны; an ~ remark возмути́тельное замеча́ние.

**outré** adj. экстравага́нтный.

**outreach** v.t. (surpass) прев|осходи́ть, -зойти́.

**outrider** n. (usu. pl.) полице́йский эско́рт.

**outrigger** n. (rowlock) выносна́я уклю́чина; (boat) аутри́гер.

**outright** adj. (open, direct) прямо́й, откры́тый; (positive) соверше́нный; an ~ scoundrel отъя́вленный моше́нник; he gave an ~ denial он категори́чески отрица́л (свою́ вину́ и m.n.).
   adv. (openly, right out) пря́мо, откры́то; (at once) сра́зу; (once and for all) раз (и) навсегда́; own sth. ~ владе́ть (impf.) чем-н. по́лностью.

**outrival** v.t. прев|осходи́ть, -зойти́.

**outrun** v.t. (outstrip) опере|жа́ть, -ди́ть; (run farther than) перег|оня́ть, -на́ть.

**outsell** *v.t.*: ~ s.o. прод|ава́ть, -а́ть бо́льше, чем кто-н.

**outset** *n.* нача́ло; at the ~ внача́ле; from the ~ с са́мого нача́ла.

**outshine** *v.t.* (*lit., fig.*) затм|ева́ть, -и́ть.

**outside** *n.* нару́жная сторона́; (*outer surface*) вне́шняя пове́рхность; from ~ извне́; from, on the ~ снару́жи; the door opens from the ~ дверь открыва́ется снару́жи; they covered the ~ of the door они́ оби́ли дверь снару́жи; the ~ of the house needs painting нару́жные сте́ны до́ма нужда́ются в покра́ске; at the (very) ~ са́мое бо́льшее.

*adj.* **1.** (*external, exterior*) нару́жный, вне́шний; ~ repairs нару́жный ремо́нт; ~ broadcast внестуди́йная переда́ча; ~ measurements габари́тные разме́ры; **2.** (*extreme*) кра́йний; he has an ~ chance of winning есть совсе́м небольша́я вероя́тность, что он вы́играет; у него́ есть небольшо́й/ничто́жный шанс на вы́игрыш; ~ left/right (*sport*) ле́вый/пра́вый кра́йний; **3.** (*not belonging*) посторо́нний, вне́шний; ~ help по́мощь извне́; посторо́нняя по́мощь; the ~ world вне́шний мир.

*adv.* снару́жи; извне́; (*to the* ~) нару́жу; (*out of doors*) на у́лице; на дворе́; (*in the open air*) на откры́том во́здухе.

*prep.* **1.** вне +*g.*; (*beyond bounds of*) за преде́лами +*g.*; ~ the door/window за две́рью/окно́м; he went ~ the house он вы́шел и́з дому во двор; it is ~ my field э́то не вхо́дит в мою́ компете́нцию; э́то вне мое́й юрисди́кции; **2.** (*apart from*) за исключе́нием +*g.*; he has no interests ~ his work вне/кро́ме рабо́ты его́ ничего́/ничто́ не интересу́ет.

**outsider** *n.* посторо́нний; (*non-specialist*) дилета́нт, неспециали́ст, профа́н; (*in contest, lit., fig.*) тёмная лоша́дка, аутса́йдер; (*cad*) невоспи́танный челове́к, хам.

**outsize** *n.* разме́р бо́льше станда́ртного.

*adj.* нестанда́ртный; больши́х разме́ров.

**outskirts** *n.* (*of town*) окра́ина, предме́стье.

**outsmart** *v.t.* (*coll.*) перехитри́ть (*pf.*).

**outspoken** *adj.* прямо́й, открове́нный.

**outspread** *adj.* распростёртый.

**outstanding** *adj.* (*prominent, eminent*) выдаю́щийся; (*still to be done*) невы́полненный; (*unpaid*): ~ accounts неопла́ченные счета́.

**outstare** *v.t.* сму|ща́ть, -ти́ть при́стальным взгля́дом.

**outstay** *v.t.* (*other guests*) переси́|живать, -де́ть; ~ one's welcome загости́ться (*pf.*); заси́|живаться, -де́ться; злоупотреб|ля́ть, -и́ть гостеприи́мством.

**outstretched** *adj.* протя́нутый, растяну́вшийся.

**outstrip** *v.t.* (*lit., fig.*) опере|жа́ть, -ди́ть; об|гоня́ть, -огна́ть; перег|оня́ть, -на́ть.

**outtalk** *v.t.* говори́ть (*impf.*) до́льше, чем (*кто*); заговори́ть (*pf.*).

**out-tray** *n.* корзи́нка/я́щик для исходя́щих бума́г.

**outvie** *v.t.* прев|осходи́ть, -зойти́.

**outvote** *v.t.*: ~ s.o. наб|ира́ть, -ра́ть бо́льше голосо́в, чем кто-н.; the proposal was ~d предложе́ние провали́ли при голосова́нии.

**outward** *adj.* (*external*) нару́жный, вне́шний; ~ calm вне́шнее споко́йствие; ~ form вне́шность; (*visible*) ви́димый; to all ~ appearances су́дя (*or* наско́лько мо́жно суди́ть) по вне́шности; по всем при́знакам; (*superficial*) пове́рхностный.

*adv.*: ~ bound выходя́щий/уходя́щий в пла́вание/рейс.

**outwardly** *adv.* вне́шне, снару́жи; (*at sight*) на вид.

**outwards** *adv.* нару́жу.

**outwear** *v.t.* (*wear out*) изн|а́шивать, -оси́ть.

**outweigh** *v.t.* переве́|шивать, -сить.

**outwit** *v.t.* перехитри́ть (*pf.*).

**outwork** *n.* (*mil.*) вне́шнее/передово́е укрепле́ние.

**outworn** *adj.* (*lit.*) изно́шенный; (*of ideas etc.*) устаре́лый, изби́тый.

**ouzel** *n.* чёрный дрозд.

**oval** *n.* ова́л.

*adj.* ова́льный.

**ovarian** *adj.* я́ичниковый.

**ovary** *n.* я́ичник.

**ovation** *n.* ова́ция.

**oven** *n.* духо́вный шкаф, духо́вка; (*baker's, industrial*) печь.

*cpd.*: ~**ware** *n.* огнеупо́рная посу́да.

**over**[1] *n.* (*cricket*) се́рия броско́в.

**over**[2] *adv.* (*for phrasal verbs with* over *see relevant verb*) **1.** (*across; to, on the other side*): ~ there (вон) там; ~ against (*opposite*) про́тив/напро́тив +*g.*; (*compared to*) по сравне́нию с +*i.*; I asked him ~ я пригласи́л его́ (к себе́); he's ~! (*has jumped clear*) он перепры́гнул; он взял высоту́!; ~ (to you)! (*said by radio operator*) перехожу́ на приём!; see ~ (*instruction to reader*) см. на оборо́те!; (*to the ground*): one push and ~ I went! толчо́к — и я растяну́лся на земле́!; **2.** (*covering surface*): all ~ (*everywhere*) повсю́ду; hills covered ~ with trees холмы́, сплошь покры́тые дере́вьями; your shoes are all ~ mud ва́ши ту́фли все в грязи́; the whole world ~ по всему́ ми́ру; во всём ми́ре; I felt hot and cold all ~ меня́ (всего́) броса́ло в жар и хо́лод; that's John all ~ э́то типи́чный Джон; узнаю́ Джо́на; John is his father all ~ Джон — вы́литый оте́ц; **3.** (*at an end*): the meeting is ~ собра́ние ко́нчилось; the holidays are half ~ уже́ прошла́/минова́ла полови́на кани́кул; I shall be glad to get it ~ (with) сла́ва Бо́гу, де́ло идёт к концу́; it's all ~ with their marriage с их супру́жеской жи́знью поко́нчено; the doctor could see it was all ~ with him врачу́ бы́ло я́сно, что он безнадёжен; **4.** (*also* ~ **again**: *for a second time*; *once more*) опя́ть, сно́ва, ещё раз; ~ and ~ again ты́сячу раз; he read it three times ~ он три́жды э́то перечита́л; if I had my life ~ again е́сли б мне довело́сь прожи́ть жизнь за́ново; **5.** (*in excess*): sums of £5 and ~ су́ммы в 5 фу́нтов и вы́ше; the parcel weighs 2 pounds or ~ посы́лка ве́сит два фу́нта, е́сли не бо́льше (*or* а то и бо́льше); I had £3 (left) ~ у меня́ ещё остава́лось три фу́нта.

*prep.* **1.** (*above*): a roof ~ one's head кры́ша над голово́й; the threat hanging ~ them нави́сшая над ни́ми угро́за; a seagull flew ~ us над на́ми пролете́ла ча́йка; (*expr. division*): five ~ two (*math.*) пять дробь два; 1 ~ 2 одна́ втора́я; (*fig.*): the lecture was ~ their heads ле́кция была́ вы́ше их понима́ния; his voice was heard ~ the crowd его́ го́лос раздава́лся над толпо́й; **2.** (*to the far side of*): a bridge ~ the river мост че́рез ре́ку; he climbed ~ the fence он переле́з че́рез забо́р; ~ the sea за́ море; ~ the hills за́ горы; I threw the ball ~ the wall я перекину́л мяч че́рез сте́ну; he jumped ~ the puddles он перепры́гнул (че́рез) лу́жи; he swam ~ the river он переплы́л ре́ку; he looked ~ his shoulder он огляну́лся; he read the letter ~ my shoulder он чита́л письмо́, загля́дывая че́рез моё плечо́; he looked at her ~ his spectacles он смотре́л на неё пове́рх очко́в; (*down from*): he fell ~ the cliff он упа́л со скалы́; (*against*): he tripped ~ a stone он споткну́лся о ка́мень; **3.** (*on the far side of*): the ocean он живёт по ту сто́рону океа́на (*or* за океа́ном); he lives ~ the way он живёт че́рез у́лицу; she is ~ the operation опера́ция у неё прошла́ благополу́чно; **4.** (*resting on*; *covering*): he carried a raincoat ~ his arm он шёл, перекину́в плащ че́рез ру́ку; he pulled his cap ~ his eyes он надви́нул ша́пку на глаза́; crossing one leg ~ the other перекину́в но́гу за́ ногу; a change came ~ him с ним произошла́ переме́на; what has come ~ you? что с ва́ми случи́лось?; (*across*, ~ *the surface of*): ~ the whole country по всей стране́; a flush spread ~ her face кра́ска залила́ её лицо́ (*or* разлила́сь по её лицу́); all ~ the world во всём ми́ре; по всему́ све́ту; the news was all ~ town но́вость разошла́сь по го́роду; he was all ~ me (*coll.*, *of flattery, attention*) он засы́пал меня́ комплиме́нтами; **5.** (*more than*): ~ a year ago бо́льше/свы́ше го́да тому́ наза́д; he can't be ~ 60 ему́ (ника́к) не бо́льше шести́десяти (лет); ~ and above his wages в добавле́ние к его́ зарпла́те; ~ and above that (*moreover*) к тому́ же; children ~ 5 де́ти ста́рше пяти́ лет; ~ 600 шестьсо́т с ли́шним; ~ age превыша́ющий возрастно́й преде́л; (*superior to in rank*): a general is ~ a colonel генера́л вы́ше полко́вника; **6.** (*in command, charge, control*

*of*): he was ruler ~ several tribes он был вождём не́скольких племён; I have two people ~ me на́до мной ещё два нача́льника; have you no control ~ your dog? вы что, не мо́жете спра́виться со свое́й соба́кой?; he has an advantage ~ me у него́ пе́редо мной преиму́щество; a victory ~ the forces of reaction побе́да над си́лами реа́кции; **7.** (*as long as*): can you stay ~ the whole week? мо́жете ли вы оста́ться на всю/це́лую неде́лю?; I can only stay ~ Saturday night я могу́ оста́ться то́лько до утра́ воскресе́нья; (*during*): much has happened ~ the past two years за после́дние два го́да мно́го чего́ произошло́; **8.** (*near*; *leaning, bending* ~): they were sitting ~ the fire они́ сиде́ли у ками́на; I stood ~ him while he finished it я не отходи́л от него́, пока́ он не ко́нчил; **9.** (*while engaged in*): he takes too long ~ his work он до́лго во́зится со свое́й рабо́той; he fell asleep ~ the job он засну́л за рабо́той; (*while consuming*): we chatted ~ a bottle of wine мы болта́ли за буты́лкой вина́; **10.** (*on the subject of*; *because of*): he laughed ~ our misfortune он смея́лся над на́шей бедо́й; it's no good crying ~ spilt milk тепе́рь уж по́здно слёзы лить; слеза́ми го́рю не помо́жешь; he gets angry ~ nothing он зли́тся из-за пустяко́в; a quarrel ~ money ссо́ра из-за де́нег; **11.** (*through the medium of*): I heard it ~ the radio я слы́шал э́то по ра́дио.

**over-abundance** *n.* избы́ток, изли́шество.

**over-abundant** *adj.* избы́точный, изли́шний.

**overact** *v.t. & i.* перейгр|ывать, -а́ть.

**over-active** *adj.* сверхакти́вный.

**over-activity** *n.* повы́шенная акти́вность.

**overall** *n.* рабо́чий хала́т; (*pl.*) комбинезо́н.

    *adj.* (*total*) по́лный; (*general*) (все)о́бщий; ~ dimensions габари́тные/преде́льные разме́ры.

    *adv.* (*taken as a whole*) в це́лом.

**over-ambitious** *adj.* чересчу́р честолюби́вый.

**over-anxiety** *n.* чрезме́рное волне́ние.

**over-anxious** *adj.* сли́шком обеспоко́енный; ~ mother изли́шне забо́тливая мать.

**overarm** *adj. & adv.*: ~ stroke овера́рм.

**overawe** *v.t.* внуш|а́ть, -и́ть благогове́йный страх +*d.*

**overbalance** *v.t.* (*knock over*) опроки́|дывать, -нуть; (*capsize*) перев|ора́чивать, -ерну́ть; (*outweigh*) переве́|шивать, -сить.

    *v.i.* теря́ть, по- равнове́сие.

**overbear** *v.t.* одол|ева́ть, -е́ть; подав|ля́ть, -и́ть; an ~ing manner вла́стная мане́ра.

**overblown** *adj.* (*of flower etc.*) осыпа́ющийся; an ~ beauty перезре́лая краса́вица.

**overboard** *adv.*: man ~! челове́к за бо́ртом!; throw ~ (*lit.*) выки́дывать, вы́кинуть за́ борт; (*fig.*) бр|оса́ть, -о́сить.

**over-bold** *adj.* сли́шком сме́лый; (*rash*) опроме́тчивый.

**overbook** *v.t.*: the trip (*etc.*) was ~ed биле́тов бы́ло про́дано бо́льше, чем мест.

**overbuild** *v.t. & i.* (чрезме́рно) застр|а́ивать, -о́ить.

**overburden** *v.t.* перегру|жа́ть, -зи́ть.

**over-busy** *adj.* (*overworked*) перегру́женный.

**over-careful** *adj.* чрезме́рно осторо́жный.

**overcast** *adj.* (*of sky*) покры́тый облака́ми; (*of weather*) хму́рый.

**over-cautious** *adj.* чрезме́рно осторо́жный/ро́бкий; изли́шне предусмотри́тельный.

**overcharge** *n.* (*of money*) завы́шенная цена́; (*elec.*) перезаря́д.

*v.t. & i.* запр|а́шивать, -оси́ть чрезме́рную це́ну у (*кого*); (*elec.*) перезаря|жа́ть, -ди́ть; (*fig.*) перегру|жа́ть, -зи́ть.

**overcloud** *v.t.* заст|ила́ть, -ла́ть облака́ми/ту́чами; (*fig.*) омрач|а́ть, -и́ть.

**overcoat** *n.* пальто́ (*indecl.*); (*mil.*) шине́ль.

**overcome** *v.t. & i.* (*prevail over, get the better of*) преодол|ева́ть, -е́ть; (*be victorious over*) побе|жда́ть, -ди́ть; (*of emotion*) охва́т|ывать, -и́ть; he was ~ by rage он был охва́чен я́ростью; ~ by the sight растро́ганный зре́лищем; (*of heat*) изнур|я́ть, -и́ть; (*of hunger*) истощ|а́ть, -и́ть.

**over-confidence** *n.* самонаде́янность, самоуве́ренность.

**over-confident** *adj.* самонаде́янный, самоуве́ренный; he was ~ of success он был сли́шком уве́рен в успе́хе.

**overcook** *v.t.* пережа́ри|вать, -ть; пере-ва́р|ивать, -и́ть.

**over-critical** *adj.* чрезме́рно суро́вый.

**overcrop** *v.t.* истощ|а́ть, -и́ть.

**overcrowd** *v.t.* переп|олня́ть, -о́лнить.

**over-curious** *adj.* чрезме́рно любопы́тный.

**overdevelop** *v.t.* (*phot.*) переде́рж|ивать, -а́ть (при проявле́нии); ~ed чрезме́рно ра́звитый; преувели́ченный.

**overdo** *v.t.* (*overcook*) пережа́ри|вать, -ть; the comic scenes were ~ne они́ переборщи́ли в коми́ческих сце́нах; ~ it переб|а́рщивать, -орщи́ть; перес|а́ливать, -оли́ть; переусе́рд-ствовать (*pf.*) (*в чём*); don't ~ it (*work too hard*) не перенапряга́йтесь/переутомля́йтесь.

**overdose** *n.* сли́шком больша́я до́за; she died of an ~ она́ умерла́ от чрезме́рной до́зы (*нарко́тика и т.п.*).

**overdraft** *n.* овердра́фт, перерасхо́д; превы-ше́ние креди́та.

**overdraw** *v.t.* **1.**: ~ one's account прев|ыша́ть, -ы́сить креди́т; I am £100 ~n я превы́сил креди́т в ба́нке на 100 фу́нтов; у меня́ на счету́ 100 фу́нтов дефици́та; **2.** (*exaggerate*): his characters are ~n его́ персона́жи кари-кату́рны.

**overdress** *v.t. & i.*: she ~es (*or* is ~ed) она́ одева́ется/оде́та сли́шком наря́дно.

**overdrive** *n.* (*of vehicle*) ускоря́ющая переда́ча.

*v.t.* (*pers.*) переутом|ля́ть, -и́ть; (*horse*) заг|оня́ть, -на́ть.

**overdue** *adj.* запозда́лый; the train is ~ по́езд запа́здывает; recognition of his services is long ~ давно́ пора́ призна́ть его́ заслу́ги; the baby is 2 weeks ~ ребёнок до́лжен был роди́ться две неде́ли тому́ наза́д; (*of payment*) про-сро́ченный.

**over-eager** *adj.* сли́шком усе́рдный/ре́вност-ный/нетерпели́вый.

**over-eagerness** *n.* изли́шнее усе́рдие; изли́шняя поспе́шность/горя́чность.

**overeat** *v.i.* пере|еда́ть, -е́сть; объ|еда́ться, -е́сться.

**over-emotional** *adj.* сли́шком эмоциона́льный.

**over-emphasize** *v.t.* изли́шне подчёрк|ивать, -ну́ть.

**over-emphatic** *adj.* с изли́шним нажи́мом.

**over-enthusiasm** *n.* чрезме́рный энтузиа́зм.

**over-enthusiastic** *adj.* с изли́шним энтузиа́з-мом; he was not ~ он не́ был в восто́рге.

**overestimate**[1] *n.* сли́шком высо́кая оце́нка.

**overestimate**[2] *v.t.* переоце́н|ивать, -и́ть.

**over-excite** *v.t.* кра́йне возбу|жда́ть, -ди́ть.

**over-excitement** *n.* перевозбужде́ние.

**over-exert** *v.t.* перенапр|яга́ть, -я́чь.

**over-exertion** *n.* перенапряже́ние.

**over-expose** *v.t.* (*phot.*) переде́рж|ивать, -а́ть.

**over-exposure** *n.* переде́ржка.

**over-familiar** *adj.* сли́шком фамилья́рный.

**over-familiarity** *n.* чрезме́рная фамилья́р-ность.

**overfeed** *v.t.* перек|а́рмливать, -орми́ть.

**overfeeding** *n.* перека́рмливание.

**overfish** *v.i.* истощ|а́ть, -и́ть запа́сы ры́бы.

**overflight** *n.* перелёт.

**overflow** *n.* (*flowing* ~) разли́в; (*superfluity*) избы́ток; (*outlet*) сливно́е отве́рстие.

*v.t. & i.* перел|ива́ться, -и́ться (*через что*); the river ~s its banks река́ разлива́ется (*or* выхо́дит из берего́в); ~ing with пере-по́лненный +*i.*; (*fig.*) преиспо́лненный +*g./i.*

**overfly** *v.t.* перелет|а́ть, -е́ть че́рез +*a.*

**overfond** *adj.*: I am not ~ of skating я не сли́шком-то люблю́ ката́ться на конька́х.

**overfondness** *n.* чрезме́рное увлече́ние (*чем*).

**overfulfil** (*Am.* **-l**) *v.t.* перев|ыполня́ть, -ы́пол-нить.

**overfulfilment** (*Am.* **-ll-**) *n.* перевыполне́ние.

**overfull** *adj.* перепо́лненный (+*i.*).

**over-generous** *adj.* сли́шком ще́дрый.

**overglaze** *n.* ве́рхний слой глазу́ри.

**overground** *adj.* надзе́мный.

**overgrow** *v.t.* зараст|а́ть, -и́; the garden was ~n with nettles сад заро́с крапи́вой.

**overgrowth** *n.* (*excessive growth*) чрезме́рный рост; (*of weeds etc.*) за́росль.

**overhand** *adj. & adv.* (*delivery of ball*) произ-води́мый све́рху вниз.

**overhang** *n.* вы́ступ.

*v.t. & i.* выступа́ть, выдава́ться (*both impf.*) над +*i.*; (*fig.*) нав|иса́ть, -и́снуть над +*i.*

**over-hasty** *adj.* опроме́тчивый; сли́шком поспе́шный.

**overhaul** *n.* (техни́ческий/медици́нский) осмо́тр; (*reconditioning*) восстановле́ние; (*thorough repair*) капита́льный ремо́нт.

*v.t.* **1.** осм|а́тривать, -отре́ть; восстан|а́вливать, -ови́ть; ремонти́ровать, от-; **2.** (*overtake*) дог|оня́ть, -на́ть.

**overhead** *n.* (*usu. pl.*) накладны́е расхо́ды (*m. pl.*).

*adj.* **1.** (*above ground level*): ~ railway надзе́мная желе́зная доро́га; ~ wires, lines возду́шные провода́; ~ crane мостово́й кран; **2.** (*comm.*): ~ charges, costs накладны́е расхо́ды.

*adv.* наверху́; (*above one's head*) над голово́й; (*in the sky*) на не́бе.

**overhear** *v.t.* (*intentionally*) подслу́ш|ивать, -ать; (*accidentally*) неча́янно услы́шать (*pf.*).

**overheat** *v.t. & i.* перегр|ева́ть(ся), -е́ть(ся).

**over-indulge** *v.t.* (*spoil*) сли́шком балова́ть, из-.

*v.i.*: ~ in sth. злоупотребля́ть (*impf.*) чем-н.

**over-indulgence** *n.* чрезме́рное баловство́; злоупотребле́ние (+*i*).

**over-indulgent** *adj.* потака́ющий; сли́шком снисходи́тельный.

**overjoyed** *adj.* вне себя́ от ра́дости; о́чень счастли́вый.

**overkill** *n.* многокра́тное уничтоже́ние.

**over-kind** *adj.* сли́шком до́брый.

**overladen** *adj.* перегру́женный.

**overland** *adj.* сухопу́тный.

*adv.* по су́ше.

**overlap** *n.* (*tech.*) перекры́тие; (*fig.*) части́чное совпаде́ние.

*v.t.* покр|ыва́ть, -ы́ть части́чно.

*v.i.* заходи́ть (*impf.*) (оди́н на друго́й); (*coincide*) (части́чно) совпада́ть (*impf.*); my holidays ~ with yours мой о́тпуск части́чно совпада́ет с ва́шим.

**overlapping** *n.* параллели́зм, дубли́рование, повторе́ние.

*adj.* паралле́льный, части́чно дубли́рующий.

**overlay** *n.* покры́тие.

*v.t.* покр|ыва́ть, -ы́ть.

**overleaf** *adv.* на оборо́те страни́цы.

**overleap** *v.t.* перепры́г|ивать, -нуть (че́рез) +*a.*

**overl|ie** *v.t.* лежа́ть (*impf.*) над +*i.*; ~ying strata ве́рхние слои́; she ~ay the baby она́ заспала́ ребёнка.

**overload** *n.* перегру́зка.

*v.t.* перегру|жа́ть, -зи́ть.

**over-long** *adj.* сли́шком дли́нный/до́лгий.

*adv.* сли́шком до́лго.

**overlook** *v.t.* **1.** (*look down on*) смотре́ть, посве́рху на +*a.*; (*tower above*): the mountains ~ the sea го́ры возвыша́ются над мо́рем; **2.**

(*open on to*) выходи́ть (*impf.*) на +*a.*; our house is not ~ed наш дом защищён от посторо́нних взгля́дов; a view ~ing the lake вид на о́зеро; **3.** (*superintend*) смотре́ть (*impf.*) за +*i.*; **4.** (*fail to notice*) просмотре́ть (*pf.*); прогляде́ть (*pf.*); пропус|ка́ть, -ти́ть; the mistake was completely ~ed никто́ не заме́тил оши́бки; you've ~ed one important thing вы упусти́ли и́з виду одно́ ва́жное обстоя́тельство; he was ~ed (*not promoted*) его́ обошли́; **5.** (*excuse*) про|ща́ть, -сти́ть; I will ~ his mistakes я не бу́ду заде́рживаться на его́ оши́бках.

**overlord** *n.* (*suzerain*) сюзере́н; (*master*) повели́тель (*m.*).

**overly** *adv.* сли́шком, чересчу́р.

**overman** *v.t.*: the department is ~ned в отде́ле разду́ты шта́ты; отде́л перегру́жен людьми́.

**overmanning** *n.* раздува́ние шта́тов.

**overmantel** *n.* резно́е украше́ние над ками́ном.

**overmaster** *v.t.* покор|я́ть, -и́ть; подчин|я́ть, -и́ть.

**overmastering** *adj.* непреодоли́мый.

**over-modest** *adj.* чересчу́р скро́мный.

**over-much** *adv.* сли́шком мно́го; чрезме́рно.

**overnight** *adj.*: ~ preparations подгото́вка накану́не; an ~ stay ночёвка, ночле́г.

*adv.* (*on the previous evening*) накану́не ве́чером; (*through the night*) всю ночь; (*during the night*) за́ ночь; stay ~ ночева́ть, за-; (*fig.*): he rose to fame ~ сла́ва пришла́ к нему́ внеза́пно.

**overpass** *n.* путепрово́д, эстака́да, виаду́к.

**overpay** *v.t.* перепла́|чивать, -ти́ть.

**overpayment** *n.* перепла́та.

**over-peopled** *adj.* перенаселённый.

**overpersuade** *v.t.* переубе|жда́ть, -ди́ть.

**overplay** *v.t.* (*overact*) переи́гр|ывать, -а́ть; (*overemphasize*) прид|ава́ть, -а́ть чрезме́рное значе́ние +*d.*; ~ one's hand (*fig.*) переоце́н|ивать, -и́ть свои́ возмо́жности.

**overplus** *n.* избы́ток, изли́шек.

**overpopulated** *adj.* перенаселённый.

**overpopulation** *n.* перенаселе́ние.

**overpower** *v.t.* одол|ева́ть, -е́ть; ~ing grief сокруша́ющее го́ре; I found the heat ~ing я изнемога́л от жары́; мне бы́ло нестерпи́мо жа́рко.

**overpraise** *v.t.* перехва́л|ивать, -и́ть.

**over-produce** *v.t.* перепроизв|оди́ть, -ести́.

**over-production** *n.* перепроизво́дство.

**overrate** *v.t.* переоце́н|ивать, -и́ть.

**overreach** *v.t.* (*outwit*) перехитри́ть (*pf.*); ~ o.s. (*defeat one's object*) зарва́ться (*pf.*); зайти́ сли́шком далеко́.

**over-react** *v.i.* реаги́ровать (*impf.*) чрезме́рно ре́зко.

**over-refined** *adj.* чрезме́рно утончённый/ рафини́рованный.

**over|ride** *v.t.* (*e.g. enemy country*) вт|орга́ться,

-о́ргнуться в +*a.*; he ~ rode my objections он отве́рг/отмёл мои́ возраже́ния; он не посчита́лся с мои́ми возраже́ниями; ~ riding основно́й, первостепе́нный; гла́вный, реша́ющий; an ~ riding objection неопровержи́мое возраже́ние.

**overrider** *n.* клык ба́мпера.

**over-ripe** *adj.* перезре́лый.

**overrule** *v.t.* (*annul*) аннули́ровать (*impf., pf.*); отмен|я́ть, -и́ть; ~ a claim/objection отв|ерга́ть, -е́ргнуть (*or* отклон|я́ть, -и́ть) претё́нзию/возраже́ние; I was ~ d моё возраже́ние отве́ргли.

**overrun** *v.t.* **1.** (*of river*) зал|ива́ть, -и́ть; **2.** (*of enemy*) соверш|а́ть, -и́ть набе́г на +*a.*; **3.** (*of vermin, weeds etc.*: *infest*): the garden is ~ with weeds сад заро́с сорняка́ми; the house is ~ with rats дом киши́т кры́сами; **4.** (*go beyond*): the speaker overran his time выступа́ющий превы́сил регла́мент; **5.** (*typ.*) перебр|а́сывать, -о́сить.

*v.i.*: the bath is ~ ning ва́нна перелива́ется/переполня́ется (че́рез край); the broadcast is ~ ning by 20 minutes переда́ча идёт на 20 мину́т до́льше поло́женного вре́мени.

**overseas** *adj.* замо́рский; (*foreign*) заграни́чный; ~ trade вне́шняя торго́вля; ~ shipment отпра́вка за грани́цу.

*adv.* за́ морем; go ~ е́хать (*det.*), по- за́ мо́ре.

**oversee** *v.t.* надзира́ть (*impf.*) за +*i.*

**overseer** *n.* надсмо́трщик, надзира́тель (*m.*).

**oversell** *v.t.* прод|ава́ть, -а́ть сверх свои́х запа́сов; (*fig.*) преувели́чи|вать, -ть досто́инства +*g.*; перехва́ли|вать, -и́ть.

**over-sensitive** *adj.* чересчу́р чувстви́тельный.

**over-sensitiveness** *n.* чрезме́рная чувстви́тельность.

**over-serious** *adj.* чересчу́р серьёзный.

**over-sexed** *adj.* сладостра́стный; чрезме́рно чу́вственный; эроти́чный; легковозбуди́мый.

**overshadow** *v.t.* (*lit., fig.*) заслон|я́ть, -и́ть; затм|ева́ть, -и́ть.

**overshoe** *n.* гало́ша.

**overshoot** *n.* (*av.*) перелёт при поса́дке.

*v.t.*: ~ the mark (*lit.*) взять (*pf.*) вы́ше це́ли; (*fig.*) преувели́чи|вать, -ть; перес|а́ливать, -оли́ть; зайти́ (*pf.*) сли́шком далеко́.

*v.i.*: the plane overshot on landing самолёт перелете́л при поса́дке.

**oversight** *n.* (*failure to notice*) недосмо́тр, упуще́ние; (*supervision*) надзо́р.

**over-simplification** *n.* сли́шком большо́е упроще́ние; вульгариза́ция.

**over-simplify** *v.t.* сли́шком упро|ща́ть, -сти́ть.

**oversize(d)** *adj.* о́чень/сли́шком большо́го разме́ра.

**oversleep** *v.i.* заспа́ться, проспа́ть (*both pf.*).

**oversleeve** *n.* нарука́вник.

**overspend** *v.i.* тра́тить (*impf.*) сли́шком мно́го.

**overspill** *n.* (*of population*) избы́ток населе́ния; ~ town го́род-спу́тник.

**overstate** *v.t.* преувели́ч|ивать, -ить; разд|ува́ть, -у́ть.

**overstatement** *n.* преувеличе́ние.

**overstay** *v.t.*: ~ one's welcome загости́ться (*pf.*); злоупотреб|ля́ть, -и́ть гостеприи́мством.

**oversteer** *n.* изли́шнее/чрезме́рное повора́чивание (*автомоби́ля*).

**overstep** *v.t.* переступ|а́ть, -и́ть (*что or* грани́цы *чего*).

**overstock** *v.t.* (*with goods*) переп|олня́ть, -о́лнить това́ром; the market is ~ ed ры́нок зава́лен/заби́т това́ром.

**over-strain** *n.* перенапряже́ние.

*v.t.* перенапр|яга́ть, -я́чь; (*over-exert*) переутом|ля́ть, -и́ть.

**over-stress** *v.t.* изли́шне подчёрк|ивать, -ну́ть.

**overstrung** *adj.* (*of pers., nerves etc.*) перенапряжённый; he is ~ он нахо́дится в не́рвном напряже́нии; у него́ натя́нуты не́рвы.

**oversubscribe** *v.t.*: the loan has been ~ d подпи́ска на заём превы́сила устано́вленную су́мму.

**overt** *adj.* (*open*) откры́тый; (*obvious, evident*) я́вный, очеви́дный.

**overtak|e** *v.t.* (*catch up with*) дог|оня́ть, -на́ть; (*outstrip*) об|гоня́ть, -огна́ть; перег|оня́ть, -на́ть; no ~ ing! обго́н запрещён!; misfortune overtook him его́ пости́гло несча́стье; we were ~ en by a shower ли́вень засти́г нас врасплю́х.

**overtax** *v.t.* (*lit.*) обремен|я́ть, -и́ть чрезме́рными нало́гами; (*strength, patience etc.*) истощ|а́ть, -и́ть.

**overthrow**[1] *n.* (*ruin, destruction*) ниспроверже́ние; (*defeat*) пораже́ние.

**overthrow**[2] *v.t.* (*lit., fig.*) ниспров|ерга́ть, -е́ргнуть; пора|жа́ть, -зи́ть; (*subvert*) св|ерга́ть, -е́ргнуть; побе|жда́ть, -ди́ть.

**overtime** *n.* сверхуро́чное вре́мя; (*work*) сверхуро́чная рабо́та, перерабо́тка.

*adv.* сверхуро́чно.

**overtired** *adj.* переутомлённый.

**overtone** *n.* оберто́н; (*fig., also*) отте́нок.

**overtop** *v.t.* возв|ыша́ться, -ы́ситься над +*i.*

**overtrump** *v.t.* перекр|ыва́ть, -ы́ть ста́ршим ко́зырем.

**overture** *n.* **1.** (*mus.*) увертю́ра; **2.** (*pl.*): peace ~ s ми́рные предложе́ния, ми́рная инициати́ва.

**overturn** *v.t. & i.* опроки́|дывать(ся), -нуть(ся).

**overvalue** *v.t.* ста́вить, по- завы́шенную це́ну на +*a.*

**overview** *n.* обзо́р.

**overweening** *adj.* (*arrogant*) высокоме́рный; ~ ambition/pride чрезме́рное тщесла́вие/высокоме́рие.

**overweight** *n.* излишек веса.

*adj.* весящий больше нормы; he is several pounds ~ у него несколько лишних фунтов веса; он весит на несколько фунтов больше нормы; ~ luggage (оплачиваемый) излишек багажа.

**overwhelm** *v.t.* (*weigh down*) подав|лять, -ить; (*submerge*) погру|жать, -зить; (*in battle*) сокруш|ать, -ить; (*fig.*): his kindness ~ed me я был ошеломлён/подавлен его добротой; I was ~ed with joy моё сердце переполнилось радостью; ~ing majority подавляющее большинство.

**overwind** *v.t.*: ~ a watch перекрутить (*pf.*) пружину у часов.

**overwork** *n.* (*overstrain*) перенапряжение, переутомление.

*v.t. & i.* переутом|лять(ся), -ить(ся); (*fig.*): that phrase has been ~ed это выражение затаскано.

**overwrite** *v.i.* (*write too elaborately*) писать (*impf.*) вычурно.

**overwrought** *adj.* слишком возбуждённый, нервничающий; she is ~ у неё нервное истощение.

**Ovid** *n.* Овидий.

**oviduct** *n.* яйцевод.

**oviform** *adj.* яйцевидный.

**ovine** *adj.* овечий.

**oviparous** *adj.* яйценосный.

**ovipositor** *n.* яйцеклад.

**ovoid** *adj.* яйцевидный.

**ovulate** *v.i.* овулировать (*impf., pf.*).

**ovulation** *n.* овуляция.

**ovum** *n.* яйцо.

**owe** *v.t. & i.* **1.** (*be under obligation to pay*) быть должным +*d.*; you ~ us £50 вы должны нам 50 фунтов; I ~d him a large sum я был должен ему большую сумму; I ~ you for the ticket я вам должен за билет; he ~s 4 roubles за ним осталось четыре рубля; he still ~s for last year у него ещё задолженность за прошлый год; you ~ it to yourself to take a holiday вам необходимо взять отпуск; **2.** (*be indebted for*) быть обязанным (*кому чем*); I ~ it to you that I am still alive я обязан вам жизнью; he ~s his success to hard work своим успехом он обязан неустанной работе.

**owing** *adj.* **1.** (*yet to be paid*) причитающийся; there is 2 roubles ~ to you from me вам причитается два рубля с меня; **2.**: ~ to (*attributable to; caused by*) по причине +*g.*; вследствие +*g.*; (*thanks to*) благодаря +*d.*; (*on account of, because of*) из-за +*g.*; ~ to fog we were late из-за тумана мы опоздали.

**owl** *n.* сова; barn ~ сипуха; little ~ домовый сыч; tawny ~ неясыть.

**owlet** *n.* совёнок.

**owlish** *adj.* глуповатый.

**own** *pron.*: come into one's ~ добиться (*pf.*)

признания; get one's ~ back on s.o. поквитаться (*pf.*) с кем-н.; hold one's ~ стоять (*impf.*) на своём; on one's ~ (*alone*) в одиночестве; (*unaided, independently*) самостоятельно, независимо, сам (по себе).

*adj.* собственный, свой; my ~ house мой собственный дом; this house is not my ~ этот дом мне не принадлежит; I want a dog of, for my very ~ я хочу собаку, которая бы принадлежала мне одному; my time is my ~ я хозяин своего времени; may I have it for my ~? можно мне взять это насовсем? can I have a room of my ~? можно получить отдельную комнату?; a flavour all its ~ особенный аромат; with one's ~ hand собственноручно; he died by his ~ hand он покончил с собой; он покончил самоубийством; he had reasons of his ~ у него были (на то) свои причины; he has nothing of his ~ он ничего не имеет; I love truth for its ~ sake я люблю правду ради правды; name your ~ price! назовите свою цену!; of one's ~ accord по собственному побуждению; добровольно; he is his ~ master он сам себе хозяин; she makes all her ~ clothes она сама себя обшивает; my ~ father мой родной отец; he was ~ brother to the Prime Minister он приходился родным братом премьер-министру.

*v.t.* **1.** (*have as property*) владеть +*i.*; who ~s this bag? чья эта сумка?; the land was ~ed by my father (эта) земля принадлежала моему отцу; **2.** (*acknowledge, admit*) призн|авать, -ать; he would not ~ his faults он не признавал за собой недостатков; he refused to ~ the child он отказывался признать отцовство.

*v.i.*: ~ to sth.; ~ up призн|аваться, -аться в чём-н.; I ~ to having told a lie я признаюсь, что солгал.

**owner** *n.* владелец; хозя|ин (*fem.* -йка); at ~'s risk на ответственность владельца; joint ~ совладелец.

**ownerless** *adj.* бесхозный, без хозяина.

**ownership** *n.* собственность, право собственности; владение (*чем*); joint ~ общая собственность, сособственность.

**ox** *n.* бык; (*castrated*) вол.

*cpds.*: ~-**bow** *n.* (*geog.*) слепой рукав реки; ~**hide** *n.* воловья шкура; ~**tail** *n.* воловий/бычий хвост; ~-**tongue** *n.* воловий/бычий язык.

**oxalic** *adj.* щавелевый.

**Oxbridge** *n.* (*coll.*) Оксфорд и Кембридж (*университеты*).

**Oxford** *n.* Оксфорд; (*attr.*) оксфордский; ~man оксфорде́ц; ~ University Оксфордский университет.

**oxidation** *see* OXID(IZ)ATION.

**oxide** *n.* окись.

**oxid(iz)ation** *n.* окисление.

**oxidize** *v.t.* окисл|ять, -ить.

**Oxonian** *n.* студе́нт (*fem.* -ка) Оксфо́рдского университе́та; око́нчивший Оксфо́рдский университе́т.
  *adj.* оксфо́рдский.
**oxyacetylene** *adj.* кислоро́дно-ацетиле́новый.
**oxygen** *n.* кислоро́д; ∼ mask кислоро́дная ма́ска; ∼ tent кислоро́дная пала́тка.
**oxygenate** *v.t.* нас|ыща́ть, -ы́тить кислоро́дом.
**oxygenation** *n.* насыще́ние кислоро́дом.

**oxygenous** *adj.* кислоро́дный.
**oxymoron** *n.* оксю́морон.
**oyez** *int.* (*arch.*) слу́шайте!
**oyster** *n.* у́стрица; the world is his ∼ весь мир к его́ услу́гам.
  *cpds.* ∼-**bed** *n.* у́стричный садо́к; ∼-**catcher** *n.* (*zool.*) кули́к-соро́ка.
**oz.** *n.* (*abbr.*) у́нция.
**ozone** *n.* озо́н.

# P

**P** *n.*: we must mind our ∼'s and Q's на́до быть осторо́жным; на́до соблюда́ть прили́чия.
**p.** (*abbr.*) = PENNY, PENCE.
**pa** *n.* (*coll.*) па́па (*m.*).
**pabulum** *n.*: mental ∼ пи́ща для ума́.
**pace¹** *n.* **1.** (*step*) шаг; **2.** (*speed of progression*): mend, quicken one's ∼ уск|оря́ть, -о́рить шаг; keep ∼ with посп|ева́ть, -е́ть за +*i.*; the train moved at a snail's ∼ по́езд дви́гался с черепа́шьей ско́ростью; (*fig.*): the slowest pupil sets the ∼ for the whole class са́мый отста́лый учени́к задаёт темп всему́ кла́ссу; London tempted him to go the ∼ в Ло́ндоне он вёл бу́рный о́браз жи́зни; **3.** (*gait, esp. of horse*) аллю́р, по́ступь; he put the horse through its ∼s он пуска́л ло́шадь ра́зными аллю́рами.
  *v.t.* **1.** (*measure out, traverse in* ∼s) шага́ть (*impf.*); he ∼d the floor он расха́живал по ко́мнате; I ∼d out the distance я изме́рил расстоя́ние шага́ми; **2.** (*set the* ∼ *for*) зад|ава́ть, -а́ть темп +*d.*; лиди́ровать (*бегуна*).
  *v.i.* ходи́ть (*indet.*); расха́живать (*impf.*); he ∼d up and down он ходи́л взад и вперёд.
  *cpd.*: ∼-**maker** *n.* ли́дер, задаю́щий темп; (*cardiac aid*) ритмиза́тор се́рдца.
**pace²** *prep.*: ∼ the critics с позволе́ния кри́тиков.
**pachyderm** *n.* толстоко́жее (живо́тное).
**pacific** *n.*: the P∼ (Ocean) Ти́хий океа́н; (*attr.*) тихоокеа́нский; the P∼ Islands Океа́ния.
  *adj.* (*peaceful, calm*) споко́йный; (*promoting peace*) миролюби́вый.
**pacification** *n.* успоко́ение; умиротворе́ние.
**pacificatory** *adj.* успокои́тельный; умиротворя́ющий.
**pacifier** *n.* (*one who soothes*) успокои́тель (*m.*); (*bringer of peace*) миротво́рец; (*Am., child's dummy*) со́ска, пусты́шка.
**pacifism** *n.* пацифи́зм.
**pacifist** *n.* пацифи́ст; (*attr.*) пацифи́стский.
**pacify** *v.t.* (*soothe*; *appease*) успок|а́ивать, -о́ить; умиротвор|я́ть, -и́ть; (*rebels etc.*) усмир|я́ть, -и́ть.

**pack** *n.* **1.** (*bundle*) тюк; (*carried on back*) вьюк, у́зел; **2.** (*packet; packaged quantity of goods*) па́чка, паке́т; **3.** (*collection*) набо́р; it's all a ∼ of lies э́то сплошна́я ложь; a ∼ of thieves ша́йка воро́в; **4.** (*animals*): ∼ of hounds сво́ра го́нчих; ∼ of wolves ста́я волко́в; **5.** (*Rugby forwards*) нападе́ние; **6.** (*cards*) коло́да; **7.** (∼-*ice*) пак.
  *v.t.* **1.** (*put into container*) упако́в|ывать, -а́ть; запако́в|ывать, -а́ть; укла́дывать, уложи́ть; ∼ed lunch за́втрак в паке́те, кото́рый беру́т с собо́й; (*for preservation*) консерви́ровать, за-; **2.** (*put into small space*) наб|ива́ть, -и́ть; they were ∼ed like sardines они́ наби́лись как се́льди в бо́чке; **3.** (*cover for protection in transit etc.*) уплотн|я́ть, -и́ть; the glass is ∼ed in cotton wool стекло́ упако́вано в ва́ту; **4.** (*fill*) зап|олня́ть, -о́лнить; he ∼ed his bags and left он упакова́л ве́щи и уе́хал; the hall was ∼ed зал был наби́т; **5.**: ∼ a jury/committee под|бира́ть, -обра́ть соста́в жюри́/комите́та; **6.**: he ∼s a punch (*coll.*) у него́ си́льный уда́р.
  *v.i.* **1.** (∼ one's clothes) упако́в|ываться, -а́ться; **2.** (*crowd together*): they ∼ed into the car они́ вти́снулись в автомоби́ль; **3.** send s.o. ∼ing прогна́ть (*pf.*) кого́-н.
  *with advs.*: ∼ **away** *v.t.* от|кла́дывать, -ложи́ть; I ∼ed my overcoat away for the summer я убра́л своё пальто́ на ле́то; ∼ **down** *v.t.* уплотн|я́ть, -и́ть; the soil should be ∼ed down firmly грунт сле́дует хорошо́нько утрамбова́ть; ∼ **in** *v.t.*: she took her bag and ∼ed everything in она́ взяла́ су́мку и всё в неё упакова́ла; (*fig., accomplish in given time*): I'm only going for a week, so I have a lot to ∼ in я е́ду то́лько на неде́лю, и потому́ моё вре́мя бу́дет о́чень уплотнено́; (*coll., stop, give up*) прекра|ща́ть, -ти́ть; he's ∼ing in his job он броса́ет рабо́ту; ∼ it in, will you! бро́сьте, пожа́луйста; *v.i.*: it was a small car but they all ∼ed in somehow автомоби́ль был ма́ленький, но все ко́е-как в него́ вти́снулись; ∼ **off** *v.t.* (*despatch*) отгру|жа́ть, -зи́ть; отпр|авля́ть, -а́вить; the goods were ∼ed off yesterday това́р

был отгру́жен/отпра́влен вчера́; she ~ed the children off to school она́ отпра́вила дете́й в шко́лу; *v.i. (depart)*: he ~ed off to London он махну́л (*coll.*) в Ло́ндон; ~ **on** *v.t.*: ~ on sail подня́ть ( *pf.*) все паруса́; ~ **out** *v.t.*: the hall was ~ed out зал был запо́лнен до отка́за; ~ **up** *v.t.*: have the presents been ~ed up yet? пода́рки уже́ упако́ваны?; (*coll., stop*): I ~ed up smoking last year я бро́сил кури́ть в про́шлом году́; *v.i.*: we spent the day ~ing up мы це́лый день скла́дывались; (*coll., stop working*): the workmen ~ed up at 5 рабо́чие смота́лись в 5 часо́в; the engine ~ed up мото́р отказа́л.

*cpds.*: ~-**drill** *n.* наказа́ние марширо́вкой с по́лной вы́кладкой; ~-**horse** *n.* вью́чная ло́шадь; ~-**ice** *n.* пак; па́ковый лёд; ~-**saddle** *n.* вью́чное седло́; ~-**thread** *n.* бечёвка, шпага́л.

**package** *n.* посы́лка, паке́т; ( *fig.*): ~ deal ко́мплексная сде́лка.

*v.t.* упак|о́вывать, -ова́ть; ( *fig.*): a ~ tour организо́ванная туристи́ческая пое́здка; ко́мплексное турне́ (*indecl.*).

**packer** *n.* (*person*; *firm*) упако́вщик.

**packet** *n.* **1.** (*small parcel*; *carton*) па́чка; паке́т; **2.** (*coll., large sum of money*): that must have cost him a ~ э́то, наве́рное, сто́ило ему́ у́йму де́нег; it cost me a ~ э́то мне влете́ло/ста́ло в копе́ечку.

**packing** *n.* **1.** (*action, process*) упако́вка; I have all my ~ to do to-night я до́лжен упакова́ть все ве́щи сего́дня ве́чером; **2.** (*material*) упако́вочный материа́л; (*seal for pipes etc.*) уплотни́тельный материа́л.

*cpds.*: ~-**case** *n.* я́щик для упако́вки; ~-**needle** *n.* упако́вочная игла́; ~-**thread** *n.* бечёвка.

**pact** *n.* пакт.

**pad** *n.* **1.** (*small cushion*) поду́шечка; ( *for protection*) прокла́дка; he played with ~s on his shins он игра́ла в щитка́х; (*to give shape*) подкладны́е пле́чики (*m. pl.*); **2.** (*block of paper*) блокно́т; **3.** (*of animal's foot*) ла́па; **4.** (*launching platform*) пусково́й/ста́ртовый стол; пускова́я площа́дка; **5.** (*sl., bed, sleeping quarters*) ко́мната, убе́жище, приста́нище, свой у́гол.

*v.t.* **1.** ( *provide with padding*): ~ded cell пала́та, оби́тая во́йлоком; ~ shoulders подкладны́е пле́чи (*nt. pl.*); **2.** ( *fig., also* ~ **out**) перегру|жа́ть, -зи́ть; разб|авля́ть, -а́вить; his essays are ~ded out with quotations его́ о́черки перегру́жены цита́тами.

*v.i.* (*coll., move softly*) дви́гаться (*impf.*) бесшу́мно.

**padding** *n.* (*lit.*) наби́вка, подби́вка; ( *fig.*) многосло́вие; длинно́ты (*f. pl.*); «вода́».

**paddle**[1] *n.* (*oar*) гребо́к; байда́рочное весло́; (~-*shaped implement*) скребо́к; (*blade of*

~-*wheel*) пли́ца.

*v.t. & i.* грести́ (*impf.*); I learned to ~ my own canoe ( *fig.*) я научи́лся де́йствовать самостоя́тельно.

*cpds.*: ~-**steamer** *n.* колёсный парохо́д; ~-**wheel** *n.* гребно́е колесо́.

**paddl**|**e**[2] *n.*: the children have gone for a ~е де́ти пошли́ поплеска́ться в воде́.

*v.i.* (*walk in shallow water*) шлёпать (*impf.*) по воде́; ~ing-pool де́тский бассе́йн-лягуша́тник.

**paddock** *n.* (*small field, esp. for horses*) вы́гул, па́стбище; (*at racecourse*) паддо́к.

**Paddy**[1] *n.* (*coll., Irishman*) Пэ́дди (*m. indecl.*), ирла́ндец.

**paddy**[2] *n.* ( *growing rice*) рис-сыре́ц.

*cpd.*: ~-**field** *n.* (*заливно́е*) ри́совое по́ле.

**paddy**[3] (**whack**) *n.* (*coll., fit of temper*) я́рость.

**padlock** *n.* вися́чий замо́к.

*v.t.* ве́шать, пове́сить замо́к на +*a.*

**padre** *n.* (*coll.*) па́дре (*m. indecl.*).

**paean** *n.* пеа́н.

**p(a)ederast, -y** *see* PEDERAST, -Y.

**paediatric** *adj.* педиатри́ческий.

**paediatrician** *n.* педиа́тр.

**paediatrics** *n.* педиатри́я.

**paedophilia** *n.* педофили́я.

**pagan** *n.* язы́чник.

*adj.* язы́ческий.

**paganism** *n.* язы́чество.

**page**[1] *n.* (*of a book etc.*; *also fig.*) страни́ца; (*typ.*) полоса́; ~ proof корректу́ра в листа́х; вёрстка (*collect.*).

*v.t.* нумерова́ть, про- страни́цы (*кни́ги и m.n.*).

**page**[2] *n.* (*boy servant, attendant*) паж.

*v.t.*: please have Mr. Smith ~d пожа́луйста, вы́зовите господи́на Сми́та.

**pageant** *n.* (*sumptuous spectacle*) церемо́ния, проце́ссия; (*open-air enactment of historical events*) представле́ние, де́йство.

**pageantry** *n.* пы́шность, пара́дность.

**paginate** *v.t.* нумерова́ть, пере- страни́цы +*g.*

**pagination** *n.* пагина́ция.

**pagoda** *n.* па́года.

**pah** *int.* фу!, тьфу!

**pail** *n.* бадья́, ведро́.

**pailful** *n.*: ~ of water ведро́ воды́.

**paill(i)asse** *see* PALLIASSE.

**pain** *n.* **1.** (*suffering*) боль; he is in great ~ у него́ си́льная боль; he cried out in ~ он вскри́кнул от бо́ли; her words caused me ~ её слова́ причини́ли мне боль; ( *particular or localized*): where do you feel the ~? где вы чу́вствуете боль?; he had severe stomach ~s у него́ бы́ли о́стрые бо́ли в желу́дке; she felt her (labour) ~s coming on она́ чу́вствовала приближе́ние схва́ток; he is a ~ in the neck (*coll.*) он де́йствует на не́рвы; **2.** ( *pl., trouble, effort*) стара́ния (*nt. pl.*), хло́п|оты (*pl., g.* -о́т); she

spared no ~s to make us comfortable она́ не
жале́ла уси́лий, что́бы нам бы́ло удо́бно; he
takes great ~s over every picture он му́чится
над ка́ждой карти́ной; he was at ~s to show us
everything он позабо́тился о том, что́бы
показа́ть нам всё; you will get nothing for your
~s вы ничего́ не полу́чите за свои́ труды́; **3.**
( *penalty*): he goes there on ~ of his life (*or* on
~ of death) он идёт туда́ под стра́хом сме́рти.
*v.t.* причин|я́ть, -и́ть боль +*d*.; does your
tooth ~ you? у вас боли́т зуб?; it ~s me to
have to say this мне бо́льно э́то говори́ть; a
~ed expression оби́женное выраже́ние лица́;
a ~ed silence тя́гостное молча́ние.
   *cpds.*: ~-**killer** *n.* болеутоля́ющее (сре́-
дство).
**painful** *adj.* (*to body or mind*) боле́зненный,
мучи́тельный, причиня́ющий боль; it is my ~
duty to tell you … мой тя́гостный долг
сообщи́ть вам, что …
**painfulness** *n.* боле́зненность, мучи́тельность.
**painless** *adj.* безболе́зненный.
**painlessness** *n.* безболе́зненность.
**painstaking** *adj.* стара́тельный, усе́рдный;
кропотли́вый.
**paint** *n.* кра́ска; wet ~! осторо́жно, окра́-
шено!; that door could do with a touch of ~ э́ту
дверь хорошо́ бы подкра́сить; a stone hit the
car and took the ~ off в маши́ну попа́л ка́мень
и поцара́пал кра́ску; (*cosmetic*) румя́н|а (*pl., g.*
—), косме́тика; (*theatr.*) грим.
   *v.t. & i.* **1.** (*portray in colours*) рисова́ть
(*impf.*); писа́ть, на- кра́сками; he ~s one
худо́жник; он занима́ется жи́вописью; ( *fig.,
in words*) распи́с|ывать, -а́ть; he's not as black
as he is ~ed не так уж он плох, как его́
изобража́ют; **2.** (*cover or adorn with* ~)
кра́сить, по-; the house is ~ed white дом
вы́крашен в бе́лый цвет; she never ~s her face
она́ никогда́ не кра́сится; ~ the lily ( *fig.*) ≃
переборщи́ть (*pf.*); переусе́рдствовать (*pf.*);
they ~ed the town red ( *fig.*) они́ загуля́ли (*or*
устро́или кутёж); ~ed lady (*butterfly*)
репе́йница.
   *with advs.*: ~ **in** *v.t.* впи́с|ывать, -а́ть; ~ **out**
*v.t.* закра́|шивать, -сить.
   *cpds.*: ~-**box** *n.* набо́р кра́сок; ~-**brush** *n.*
кисть; ~-**remover** *n.* раствори́тель (*m.*),
смы́вка; ~-**roller** *n.* краси́льный ва́лик;
~ **work** *n.* кра́ска.
**painter**[1] *n.* (*artist*) худо́жник; (*decorator*) маля́р.
**painter**[2] *n.* (*rope*) фа́линь (*m.*); cut the ~ ( *fig.*)
отдел|я́ться, -и́ться (*от чего*).
**painterly** *adj.* худо́жественный, живопи́сный.
**painting** *n.* **1.** ( *profession*) жи́вопись; he took up
~ он заня́лся жи́вописью; **2.** (*work of art*)
карти́на; **3.** (*cosmetics*) косме́тика; (*theatr.*)
грим.
**pair** *n.* па́ра; I have only one ~ of hands у меня́
всего́ две руки́ (*or* па́ра рук); I have found one

boot, but its ~ is missing я нашёл оди́н бо-
ти́нок, а па́рного нет; the happy ~ счастли́вая
па́ра; they walked along in ~s они́ шли
па́рами; a carriage and ~ каре́та,
запряжённая па́рой (ло́шадей); ~ of scissors
но́жниц|ы ( *pl., g.* —); one ~ of scissors одни́
но́жницы; ~ of spectacles очк|и́ ( *pl., g.* -о́в);
two ~s of trousers дво́е (*or* две па́ры) брюк.
   *v.t.* (*unite*) спа́ри|вать, -ть; (*mate*) случ|а́ть,
-и́ть.
   *with adv.*: ~ **off** *v.t. & i.* разб|ива́ть(ся),
-и́ть(ся) на па́ры; (*coll., marry*) жени́ться
(*impf., pf.*), пожени́ться (*pf.*).
**pajamas** *see* PYJAMAS.
**Pakistan** *n.* Пакиста́н.
**Pakistani** *n.* пакиста́н|ец ( *fem.* -ка).
   *adj.* пакиста́нский.
**pal** (*coll.*) *n.* ко́реш, корешо́к; he was a real ~ to
me он был мне настоя́щим дру́гом; be a ~ and
lend me a cigarette будь дру́гом, дай мне
сигаре́ту.
   *v.i.* ~ **up** подружи́ться ( *pf.*).
**palace** *n.* (*residence*; *splendid building*) дворе́ц;
(*hall of entertainment*) зал.
**paladin** *n.* (*hist.*) палади́н; ( *fig., champion*)
ры́царь (*m.*).
**palaeographer** *n.* палео́граф.
**palaeographic** *adj.* палеографи́ческий.
**palaeography** *n.* палеогра́фия.
**palaeolithic** *adj.* палеолити́ческий.
**palaeontologist** *n.* палеонто́лог.
**paleontology** *n.* палеонтоло́гия.
**palaeozoic** *n.* палеозо́й.
   *adj.* палеозо́йский.
**palan|quin, -keen** *n.* паланки́н.
**palatable** *adj.* вку́сный; ( *fig.*) прие́млемый.
**palatal** *n.* ( *phon.*) палата́льный звук.
   *adj.* палата́льный.
**palatalization** *n.* палатализа́ция, смягче́ние.
**palatalize** *v.t.* палатализи́ровать (*impf.*); смяг-
ч|а́ть, -и́ть.
**palate** *n.* (*roof of mouth*) нёбо; (*lit., fig., taste*)
вкус.
**palatial** *adj.* роско́шный, великоле́пный.
**palatinate** *n.* палатина́т; the P~ (*in Germany*)
Пфальц.
**Palatine** *adj.* гра́фский; count ~ пфальцгра́ф;
county ~ пфальцгра́фство.
**palaver** *n.* (*coll.*) перегово́р|ы (*pl., g.* -ов).
   *v.i.* трепа́ться (*impf.*) (*coll.*).
**pale**[1] *n.* (*stake*) кол; (*boundary*) черта́; his conduct puts him beyond the ~ ( *fig.*) его́
поведе́ние перехо́дит все грани́цы; ~ of settlement (*hist.*) черта́ осе́длости.
**pale**[2] *adj.* **1.** (*of complexion*) бле́дный; she turned
~ она́ побледне́ла; (*of colours*) све́тлый; ~
ale све́тлое пи́во; ~ blue све́тло-голубо́й; **2.**
(*dim*) бле́дный, ту́склый; a ~ reflection of its
former glory бле́дная тень было́й сла́вы.
   *v.i.* бледне́ть, по-; ( *fig.*) тускне́ть, по-; the

event ~d into insignificance э́то собы́тие отошло́ на за́дний план.

*cpds.*: ~ **face** *n.* (*white man*) челове́к бе́лой ра́сы; ~-**faced** *adj.* бледноли́цый.

**paleness** *n.* бле́дность.

**Palestine** *n.* Палести́на.

**Palestinian** *n.* палести́н|ец (*fem.* -ка).
   *adj.* палести́нский.

**palette** *n.* (*lit., fig.*) пали́тра.
   *cpd.*: ~-**knife** *n.* мастихи́н.

**palfrey** *n.* (да́мская) верхова́я ло́шадь.

**palimpsest** *n.* палимпсе́ст.

**palindrome** *n.* палиндро́м.

**palindromic** *adj.* палиндроми́ческий.

**paling** *n.* палиса́д, частоко́л.

**palinode** *n.* палино́дия.

**palisade** *n.* частоко́л.

**palish** *adj.* бледнова́тый.

**pall**[1] *n.* покро́в; (*fig.*) покро́в, пелена́; а ~ of smoke hung over the city о́блако ды́ма висе́ло над го́родом.
   *cpd.*: ~-**bearer** *n.* несу́щий гроб.

**pall**[2] *v.i.* при|еда́ться, -е́сться (+*d.*); ~ on наску́чи|вать, -ть +*d.*

**Pallas** *n.* Палла́да.

**pallet** *n.* (*straw bed*) соло́менный тюфя́к.

**palliasse, paill(i)asse** *n.* тюфя́к.

**palliate** *v.t.* (*alleviate*) облегч|а́ть, -и́ть; (*extenuate*) смягч|а́ть, -и́ть.

**palliation** *n.* облегче́ние; смягче́ние; I say this, not in ~ of my action я говорю́ э́то не для того́, чтобы оправда́ть своё поведе́ние.

**palliative** *n.* паллиати́в.
   *adj.* паллиати́вный; смягча́ющий.

**pallid** *adj.* бле́дный.

**pallor** *n.* бле́дность.

**pally** *adj.* (*coll.*) сво́йский, обходи́тельный.

**palm**[1] *n.* (*tree*) па́льма; (*branch, symbol of victory*) па́льмовая ветвь; P~ Sunday ве́рбное воскресе́нье; he carried, bore off the ~ ему́ доста́лась па́льма пе́рвенства.
   *cpd.*: ~-**oil** *n.* па́льмовое ма́сло; (*fig., bribe-money*) взя́тка.

**palm**[2] *n.* (*of hand*) ладо́нь; if you cross the gipsy's ~ with silver she will read your hand позолоти́те цыга́нке ру́чку, она́ вам погада́ет; he greased the doorman's ~ (*bribed him*) он подма́зал портье́; he has an itching ~ (*fig.*) у него́ ру́ки загребу́щие.
   *v.t.*: ~ sth. off on s.o. (*or* s.o. off with sth.) подс|о́вывать, -у́нуть что-н. кому́-н.; the baker tried to ~ off a stale loaf on me бу́лочник хоте́л мне сбыть чёрствый хлеб.

**palmary** *adj.* превосхо́дный.

**palmist** *n.* хирома́нт (*fem.* -ка).

**palmistry** *n.* хирома́нтия.

**palmy** *adj.* (*fig.*) счастли́вый; in my ~ days в мои́ счастли́вые/золоты́е дни.

**palpable** *adj.* ощути́мый; а ~ swelling прощу́пываемая о́пухоль; а ~ error я́вная оши́бка.

**palpate** *v.t.* ощу́пывать (*impf.*); пальпи́ровать (*impf.*).

**palpitate** *v.i.* (*pulsate*) пульси́ровать (*impf.*); (*tremble*) трепета́ть (*impf.*).

**palpitation** *n.* сердцебие́ние, тре́пет; just to watch him gave me ~s оди́н его́ вид приводи́л меня́ в тре́пет.

**pals|y** *n.* парали́ч.
   *v.t.* (*fig.*) парализова́ть (*impf.*); he was ~ied with fear его́ парализова́л страх.

**palter** *v.i.* (*equivocate*) хитри́ть, с-.

**paltriness** *n.* ме́лочность, ничто́жность.

**paltry** *adj.* (*worthless*) ничто́жный; (*petty, mean*) ме́лкий; (*contemptible*) презре́нный.

**pampas** *n.* пампа́с|ы (*pl., g.* -ов).
   *cpd.*: ~-**grass** *n.* трава́ пампа́сная.

**pamper** *v.t.* балова́ть, из-; she ~ed herself and stayed in bed all morning она́ не́жилась в посте́ли всё у́тро.

**pamphlet** *n.* (*treatise*) памфле́т; (*printed leaflet*) брошю́ра.

**pamphleteer** *n.* памфлети́ст.

**pan**[1] *n.* **1.** (*kitchen utensil;* sauce~) кастрю́ля; (frying-~) сковорода́; **2.** (*of scales*) ча́шка; **3.** (*of water-closet*) унита́з; **4.** (*ore-washing screen*) лото́к, поддо́н.
   *v.t.* **1.** (*coll., criticize severely*) разн|оси́ть, -ести́; **2.** (also ~ **out**: *wash gravel etc.*) пром|ыва́ть, -ы́ть.
   *v.i.* (*fig.*): everything ~ned out well де́ло вы́шло как нельзя́ лу́чше.
   *cpds.*: ~ **cake** *n.* блин; ола́дья; the ground was as flat as a ~cake земля́ была́ соверше́нно пло́ская; ~ **handle** *n.* (*Am.*) у́зкий вы́ступ земли́; *v.t. & i.* (*Am.*) попроша́йничать (*impf.*); ~-**lid** *n.* кры́шка (кастрю́ли); ~ **tile** *n.* жело́бчатая черепи́ца.

**pan**[2] *n.* (*camera movement*) панорами́рование.
   *v.t.* панорами́ровать (*impf.*).
   *v.i.* (*of camera*) повора́чиваться (*impf.*).

**Pan**[3] *n.* (*myth.*) Пан.
   *cpd.*: p~-**pipes** *n.* фле́йта Па́на.

**pan**[4] *pref.* пан-.

**panacea** *n.* панаце́я.

**panache** *n.* (*fig.*) рисо́вка.

**Panama** *n.* Пана́ма; ~ hat пана́ма.

**Panamanian** *n.* жи́тель (*fem.* -ница) Пана́мы.
   *adj.* пана́мский.

**Pan-American** *adj.* панамерика́нский.

**panchromatic** *adj.* панхромати́ческий.

**pancreas** *n.* поджелу́дочная железа́.

**pancreatic** *adj.* панкреати́ческий.

**panda** *n.* па́нда.

**pandemic** *n.* пандеми́я.
   *adj.* всео́бщий.

**pandemonium** *n.* (*uproar, confusion*) смяте́ние, шум, столпотворе́ние.

**pander** *n.* (*procurer*) сво́дник; (*accomplice*) посо́бник.

**Pandora's box** *v.i.* (*procure*) сво́дничать (*impf.*); (*minister*) потво́рствовать (*impf.*); потака́ть (*impf.*); this newspaper ~s to the lowest tastes э́та газе́та угожда́ет са́мым ни́зменным вку́сам.

**Pandora's box** *n.* я́щик Пандо́ры.

**pane** *n.* око́нное стекло́.

**panegyric** *n.* панеги́рик.

*adj.* панегири́ческий.

**panel** *n.* **1.** (*of door etc.*) пане́ль; **2.** (*of cloth*) вста́вка; **3.** (*register*) спи́сок; ~ doctor врач страхка́ссы; I am on Dr. Jones's ~ я в спи́ске до́ктора Джо́нса; **4.** (*group of speakers*) коми́ссия, жюри́ (*nt. indecl.*); ~ game викто́рина; **5.** (*for instruments*) пульт; control ~ пульт управле́ния.

**panelling** *n.* пане́льная обши́вка; филёнка.

**panellist** *n.* уча́стник диску́ссии; член жюри́.

**Pan-European** *adj.* панъевропе́йский.

**pang** *n.* **1.** (*physical*) боль; ~s of hunger му́ки го́лода; birth ~s родовы́е схва́тки (*f. pl.*); **2.** (*mental*) му́ки (*f. pl.*); a ~ of conscience угрызе́ние со́вести.

**pangolin** *n.* я́щер.

**panic** *n.* па́ника; ~ measures отча́янные ме́ры.

*v.t.* (*coll.*): they were ~ked into surrender они́ впа́ли в па́нику и сдали́сь.

*v.i.* впа|да́ть, -сть в па́нику; паникова́ть (*impf.*).

*cpds.*: ~-**monger** *n.* паникёр; ~-**stricken** *adj.* охва́ченный па́никой.

**panicky** *adj.* (*coll.*) пани́ческий.

**panjandrum** *n.* «ши́шка» (*coll.*).

**pannier** *n.* (*basket*) корзи́на; (*part of skirt*) кринолѝн.

**pannikin** *n.* кру́жка, ми́сочка.

**panoplied** *adj.* во всеору́жии.

**panoply** *n.* доспе́х|и (*pl., g.* -ов).

**panorama** *n.* (*lit., fig.*) панора́ма.

**panoramic** *adj.* панора́мный.

**pansy** *n.* (*flower*) аню́тины гла́з|ки (*pl., g.* -ок); (*coll., homosexual*) «пе́дик».

*adj.* (*coll., effeminate*) женоподо́бный.

**pant** *v.i.* тяжело́ дыша́ть (*impf.*); пыхте́ть (*impf.*); зад|ыха́ться, -охну́ться; ~ for (*fig.*) вздыха́ть (*impf.*) о +*p.*

**pantaloon** *n.* **1.** (*clown*) Пантало́не (*m. indecl.*), кло́ун; **2.** (*pl., hist.*) панталон́|ы (*pl., g.* —); (*coll., trousers*) штан|ы́ (*pl., g.* -о́в).

**pantechnicon** *n.* (*warehouse*) склад; (*van*) фурго́н.

**pantheism** *n.* пантеи́зм.

**pantheist** *n.* пантеи́ст.

**pantheistic** *adj.* пантеисти́ческий.

**pantheon** *n.* (*lit., fig.*) пантео́н.

**panther** *n.* панте́ра; (*Am.*) пу́ма.

**panties** *n.* (*children's*) штани́ш|ки (*pl., g.* -ек); (*women's*) тру́сик|и (*pl., g.* -ов).

**panto** (*coll.*) = PANTOMIME *n.* (1).

**pantograph** *n.* панто́граф.

**pantomime** *n.* (*entertainment*) пантоми́ма;

фее́рия; (*dumb show*) пантоми́ма.

**pantry** *n.* кладова́я.

**pants** *n.* (*underwear*) трус|ы́ (*pl., g.* -о́в); (*long*) кальсо́н|ы (*pl., g.* —); (*coll. or Am., trousers*) брю́к|и (*pl., g.* —); штан|ы́ (*pl., g.* -о́в).

**pantyhose** *n.* колго́т|ки (*pl., g.* -ок).

**panzer** *adj.* броне́танковый.

**pap** *n.* (*soft food*) ка́шица.

**papa** *n.* па́па (*m.*).

**papacy** *n.* па́пство.

**papal** *adj.* па́пский; P~ States (*hist.*) Па́пская о́бласть.

**papaw, pawpaw** *n.* азими́на.

**paper** *n.* **1.** бума́га; it seemed a good scheme on ~ на бума́ге план вы́глядел хорошо́; you must get that idea down on ~ (*or* commit . . . to ~) вы должны́ э́ту мысль записа́ть; I had hardly put pen to ~ я то́лько бы́ло приня́лся писа́ть; (*attr.*): ~ bag бума́жный мешо́к; ~ napkin бума́жная салфе́тка; a ~ tiger «бума́жный тигр»; a ~ vote was taken проведено́ пи́сьменное голосова́ние; **2.** (news~) газе́та; what do the ~s say? что пи́шут газе́ты?; he wants to get his name in the ~s он хо́чет попа́сть в газе́ту; (*attr.*): ~ round доста́вка газе́т на́ дом; ~ shop газе́тный кио́ск; **3.** (*currency*) банкно́ты (*f. pl.*), бума́жные де́н|ьги (*pl., g.* -ег); **4.** (*pl., documents*) докуме́нты (*m. pl.*), бума́ги (*f. pl.*); ship's ~s судовы́е докуме́нты; he sent in his ~s он по́дал в отста́вку; **5.** (examination ~) экзаменацио́нная рабо́та; сочине́ние; **6.** (*essay, lecture*) докла́д; **7.** (wall~) обо́|и (*pl., g.* -ев).

*v.t.* (*put wall* ~ *on*) окле́и|вать, -ть обо́ями.

*with adv.*: ~ **over** *v.t.* закле́и|вать, -ть бума́гой; (*fig.*): his speech merely ~ed over the cracks in the party его́ речь была́ лишь попы́ткой затуше́вать раско́л в па́ртии.

*cpds.*: ~**back** *n.* кни́га в бума́жном/ мя́гком переплёте; ~**boy** *n.* разно́счик газе́т; ~**chase** *n.* игра́ «за́яц и соба́ки»; ~**clip** *n.* канцеля́рская скре́пка; ~**hanger** *n.* обо́йщик; ~**knife** *n.* нож для разреза́ния бума́ги; ~**mill** *n.* бума́жная фа́брика; ~**weight** *n.* пресс-папье́ (*indecl.*); ~**work** *n.* канцеля́рская рабо́та.

**papier mâché** *n.* папье́-маше́ (*indecl.*).

**papist** *n.* (*pej.*) папи́ст; като́лик.

**papistry** *n.* (*pej.*) папи́зм; католици́зм.

**papoose** *n.* инде́йский ребёнок.

**paprika** *n.* кра́сный/стручко́вый пе́рец, па́прика.

**Papua** *n.* Па́пуа (*indecl.*).

**Papuan** *n.* папуа́с (*fem.* -ка).

*adj.* папуа́сский.

**papyrus** *n.* папи́рус.

**par**[1] *n.* **1.** (*equality*) ра́венство; this is on a ~ with his other work э́то на у́ровне други́х его́ рабо́т; **2.** (*recognized or face value*) цена́; above

~ вы́ше номина́льной цены́; at ~ по номина́льной цене́; below ~ ни́же номина́льной цены́; **3.** (*standard, normal condition*) норма́льное состоя́ние; I feel below ~ today я себя́ сего́дня нева́жно чу́вствую; ~ for the course (*fig., coll.*) сре́дняя но́рма.

**par²**, **para** (*coll.*) = PARAGRAPH.

**parable** *n.* при́тча.

**parabola** *n.* пара́бола.

**parabolic** *adj.* (*math.*) параболи́ческий.

**parachute** *n.* парашю́т; (*attr.*): ~ flare освети́тельная раке́та; ~ jump/landing прыжо́к/ приземле́ние с парашю́том; ~ mine парашю́тная ми́на; ~ troops возду́шно-деса́нтные войска́.

*v.t.*: the stores were ~d to the ground припа́сы бы́ли сбро́шены с парашю́том.

*v.i.*: the pilot ~d out of the aircraft пило́т вы́бросился из самолёта с парашю́том.

*cpds.*: ~-**jumper** *n.* парашюти́ст; ~-**jumping** *n.* прыжки́ (*m. pl.*) с парашю́том.

**parachutist** *n.* парашюти́ст.

**parade** *n.* **1.** (*display*) пока́з; fashion ~ пока́з мод; he makes a ~ of his virtues он щеголя́ет свои́ми доброде́телями; **2.** (*muster of troops*) пара́д; they were on ~ all morning у них всё у́тро была́ строева́я подгото́вка; **3.** (~-*ground*) плац; **4.** (*public promenade*) промена́д.

*v.t.* (*display*) выставля́ть, вы́ставить напока́з; (*muster*) стро́ить, вы́-/по-.

*v.i.* (*muster*) стро́иться, вы́-/по-; (*march in procession*) ше́ствовать (*impf.*); маршрова́ть (*impf.*).

*cpds.*: ~-**dress** *n.* пара́дное пла́тье; ~-**ground** *n.* плац.

**paradigm** *n.* паради́гма.

**paradise** *n.* рай; bird of ~ ра́йская пти́ца; a ~ on earth рай земно́й; he is living in a fool's ~ он живёт в ми́ре иллю́зий.

**paradis(i)al** *adj.* ра́йский.

**paradox** *n.* парадо́кс.

**paradoxical** *adj.* парадокса́льный.

**paraffin** *n.* **1.** (~ *oil*) кероси́н; ~ lamp кероси́новая ла́мпа; **2.** (~ *wax*) парафи́н; liquid ~ парафи́новое ма́сло.

**paragon** *n.* образе́ц.

**paragraph** *n.* абза́ц; (*newspaper item*) заме́тка.

*v.t.* разделя́|ть, -и́ть на абза́цы.

**Paraguay** *n.* Парагва́й.

**Paraguayan** *n.* парагва́|ец (*fem.* -йка).

*adj.* парагва́йский.

**parakeet** *n.* длиннохво́стый попуга́й.

**parallax** *n.* паралла́кс.

**parallel** *n.* **1.** (*line or direction*) паралле́льная ли́ния; in ~ паралле́льно; (*of latitude*) паралле́ль; **2.** (*fig., similar thing; comparison*) паралле́ль; one cannot draw a ~ between the two wars невозмо́жно провести́ паралле́ль ме́жду э́тими двумя́ во́йнами.

*adj.* паралле́льный; ~ bars (паралле́льные) бру́сь|я (*pl., g.* -ев); (*analogous, similar*) аналоги́чный.

*v.t.* (*produce a* ~ *to*) подыска́ть (*pf.*) паралле́ль +*d.*; (*compare*) сравн|ива́ть, -и́ть; пров|оди́ть, -ести́ паралле́ль ме́жду +*i.*; (*correspond to*) соотве́тствовать (*impf.*) +*d.*

**parallelepiped** *n.* параллелепи́пед.

**parallelism** *n.* (*lit., fig.*) параллели́зм.

**parallelogram** *n.* параллелогра́мм.

**paralyse** *v.t.* (*lit., fig.*) парализова́ть (*impf., pf.*).

**paralysis** *n.* (*lit., fig.*) парали́ч.

**paralytic** *n.* парали́тик.

*adj.* (*lit.*) паралити́ческий, парализо́ванный; (*incapably drunk*) парализо́ванный; (*feeble, inept*) не́мощный, хи́лый.

**parameter** *n.* (*math.*; *also fig., aspect, factor*) пара́метр.

**paramilitary** *adj.* полувое́нный; военизи́рованный.

**paramount** *adj.* первостепе́нный; his influence was ~ он име́л огро́мное/всеси́льное влия́ние.

**paramour** *n.* любо́вни|к (*fem.* -ца).

**paranoia** *n.* парано́йя.

**paranoi|d**, **-ac** *nn.* парано́ик.

*adjs.* парано́идный, паранои́ческий.

**paranormal** *adj.* паранорма́льный.

**parapet** *n.* (*low wall*) парапе́т; (*trench defence*) бру́ствер.

**paraphernalia** *n.* (*belongings*) ли́чные ве́щи (*f. pl.*), принадле́жности (*f. pl.*); (*trappings*) атрибу́ты (*m. pl.*), причинда́л|ы (*pl., g.* -ов).

**paraphrase** *n.* переска́з.

*v.t.* переска́з|ывать, -а́ть.

**paraplegia** *n.* параплеги́я.

**paraplegic** *adj.* парализо́ванный.

**parasite** *n.* парази́т; (*fig.*) парази́т; тунея́дец.

**parasitic** *adj.* (*lit., fig.*) паразити́ческий.

**parasol** *n.* зо́нтик (от со́лнца).

**paratrooper** *n.* парашюти́ст, деса́нтник.

**paratroops** *n.* парашю́тно-деса́нтные войска́ (*nt. pl.*).

**paratyphoid** *n.* парати́ф.

**parboil** *v.t.* обва́р|ивать, -и́ть кипятко́м.

**parcel** *n.* **1.** (*package*) паке́т, посы́лка; ~ post почто́во-посы́лочная слу́жба; **2.** (*arch., portion*) часть; a ~ of land уча́сток земли́; part and ~ составна́я/неотъе́млемая часть (*чего*).

*v.t.* (*pack up; also* ~ **up**) накова́ть, у-; (*divide; also* ~ **out**) дроби́ть, раз-.

**parch** *v.t.* иссуш|а́ть, -и́ть; перес|ыха́ть, -о́хнуть; the ground was ~ed земля́ вы́сохла; his throat was ~ed with thirst у него́ от жа́жды пересо́хло в го́рле; my lips are ~ed у меня́ запекли́сь гу́бы.

**parchment** *n.* (*skin, manuscript, type of paper*) перга́мент.

**pardon** *n.* **1.** извине́ние, проще́ние; I beg your ~ (*apology*) прошу́ проще́ния; (*request for* *repetition*) повтори́те, пожа́луйста!; прости́те, не рассльа́шал!; **2.** (*leg.*) поми́- лование; they were granted a free ~ их поми́-ловали.

*v.t.* (*forgive*) про|ща́ть, -сти́ть; (*excuse*) извин|я́ть, -и́ть; if you'll ~ the expression извини́те за выраже́ние; (*leg.*) поми́ловать (*pf.*).

**pardonabl|e** *adj.* прости́тельный; she was ~y proud of her son она́, вполне́ заслу́женно, горди́лась свои́м сы́ном.

**pare** *v.t.* (*trim*) стричь, обо-; (*peel*) чи́стить, по-: (*reduce*; *also* ~ **away,** ~ **down**) ур|е́зы-вать, -е́зать, (*pf.*) -е́зать.

**paregoric** *n.* болеутоля́ющее/успока́ивающее сре́дство.

*adj.* болеутоля́ющий.

**parent** *n.* (*father or mother*) роди́тель (*fem.* -ница); our first ~s (*Adam and Eve*) на́ши прароди́тели; (*fig., origin*) исто́чник; (*attr., original*) первонача́льный; ~ firm компа́ния-учреди́тель; ~ stock (*bot.*) корнева́я по́росль.

**parentage** *n.* происхожде́ние; отцо́вство, матери́нство; he is of mixed ~ он происхо́дит от сме́шанного бра́ка.

**parental** *adj.* роди́тельский.

**parenthes|is** *n.* вво́дное сло́во/предложе́ние; (*pl.*) кру́глые ско́бки (*f. pl.*); in ~es в ско́бках.

**parenthetic(al)** *adj.* вво́дный.

**parenthetically** *adv.* ме́жду де́лом/про́чим, в ви́де отступле́ния.

**parenthood** *n.*: planned ~ (иску́ственное) ограниче́ние соста́ва семьи́.

*par excellence adv.*: this is the fashionable quarter ~ э́то са́мый что ни на есть мо́дный райо́н.

**pariah** *n.* (*lit., fig.*) па́рия (*c.g.*).

*cpd.*: ~-**dog** *n.* дворня́жка.

**paring** *n.* (*peeling*) очище́ние; (*trimming: of nails etc.*) стри́жка; (*slicing: of cheese etc.*) нареза́ние; nail ~s обре́зки (*m. pl.*) ногте́й.

*pari passu adv.* наравне́, паралле́льно.

**Paris** *n.* (*geog.*) Пари́ж; (*myth.*) Пари́с.

**parish** *n.* (*eccles.*) прихо́д; (*civil*) о́круг; ~ clerk псало́мщик; ~ council прихо́дский сове́т; ~ register прихо́дская метри́ческая кни́га.

**parishioner** *n.* прихожа́н|ин (*fem.* -ка).

**Parisian** *n.* парижа́н|ин (*fem.* -ка).

*adj.* пари́жский.

**Parisienne** *n.* парижа́нка.

**parity** *n.* (*equality*) ра́венство; (*analogy*) анало́гия; by ~ of reasoning по анало́гии.

**park** *n.* **1.** (*public garden*) парк; **2.** (*protected area of countryside*) запове́дник; национа́льный парк; **3.** (*grounds of country mansion*) уго́д|ья (*pl., g.* -ий); **4.** (*for vehicles etc.*) стоя́нка, парк.

*v.t.* ост|авля́ть, -а́вить; (*coll., stow, dispose*) скла́дывать, сложи́ть; you can ~ your things in my room вы мо́жете бро́сить свой ве́щи в мое́й ко́мнате; he ~ed himself in the best chair

он усе́лся в лу́чшее кре́сло.

*v.i.* ста́вить, по- маши́ну (на стоя́нку); (*coll.*) устро́иться (*pf.*); расположи́ться (*pf.*).

*cpd.*: ~-**keeper** *n.* сто́рож (при па́рке).

**parka** *n.* па́рка.

**parking** *n.* (авто)стоя́нка; no ~! стоя́нка запрещена́!

*cpds.*: ~-**light** *n.* подфа́рник; ~-**lot** *n.* стоя́нка; ме́сто стоя́нки; ~-**meter** *n.* стоя́ночный счётчик; счётчик на стоя́нке.

**Parkinson's disease** *n.* боле́знь Паркинсо́на.

**parky** *adj.* (*coll.*) холоднова́тый.

**parlance** *n.* язы́к; мане́ра выраже́ния; in common ~ в просторе́чии.

**parley** *n.* перегово́р|ы (*pl., g.* -ов).

*v.i.* догова́риваться (*impf.*).

**parliament** *n.* парла́мент; P~ met парла́мент собра́лся; P~ is sitting парла́мент заседа́ет; P~ rose парла́мент око́нчил заседа́ние; the Queen opened P~ короле́ва откры́ла се́ссию парла́мента.

**parliamentarian** *n.* (*member of parliament*) парламента́рий.

**parliamentary** *adj.* парла́ментский, парла-ме́нтарный.

**parlour** *n.* (*in house*) гости́ная; ~ tricks све́тские тала́нты; (*in inn*) зал; (*for official reception*) приёмная; (*Am., for clients*) ателье́ (*indecl.*), кабине́т, сало́н; beauty ~ космети́-ческий кабине́т/сало́н; funeral ~ похоро́н-ное бюро́ (*indecl.*); ice-cream ~ кафе́--моро́женое.

*cpds.*: ~-**game** *n.* фа́нт|ы (*pl., g.* -ов); ~-**maid** *n.* го́рничная.

**parlous** *adj.* (*arch., joc.*) стра́шный.

**Parmesan** *n.* (~ cheese) сыр пармеза́н.

**Parnassian** *adj.* парна́сский.

**parochial** *adj.* прихо́дский; (*fig.*) ограни́-ченный, у́зкий.

**parochialism** *n.* ограни́ченность, у́зость.

**parodist** *n.* пароди́ст.

**parody** *n.* паро́дия.

*v.t.* пароди́ровать (*impf., pf.*).

**parole** *n.* че́стное сло́во; he was released on ~ его́ освободи́ли под че́стное сло́во.

*v.t.* освобо|жда́ть, -ди́ть под че́стное сло́во (*or* на пору́ки).

**paroxysm** *n.* парокси́зм; (*of anger, laughter*) при́ступ.

**parquet** *n.* парке́т.

**parricidal** *adj.* отцеуби́йственный.

**par|ricide, pat-** *nn.* (*pers.*) отцеуби́йца (*c.g.*); (*crime*) отцеуби́йство.

**parrot** *n.* (*lit., fig.*) попуга́й.

*v.t.* повтор|я́ть, -и́ть как попуга́й.

*cpd.*: ~-**fashion** *adv.* как попуга́й.

**parry** *v.t.* отра|жа́ть, -зи́ть (уда́р).

**parse** *v.t. & i.* де́лать, с- граммати́ческий разбо́р (*чего*).

**parsec** *n.* парсе́к.

**Parsee** *n.* парс.
**parsimonious** *adj.* скупо́й, прижи́мистый.
**parsimony** *n.* ску́пость.
**parsley** *n.* петру́шка.
**parsnip** *n.* пастерна́к.
**parson** *n.* па́стор; ~'s nose (*of fowl*) «архиере́йский нос», кури́ная гу́зка.
**parsonage** *n.* пастора́т.
**part** *n.* **1.** часть; (*portion*) до́ля; the greater ~ (*majority*) бо́льшая часть; for the most ~ бо́льшей ча́стью; по бо́льшей ча́сти; ~ части́чно, отча́сти; this book is good in ~s э́та кни́га хороша́ места́ми; inquisitiveness is ~ of being young мо́лодости сво́йственна любозна́тельность; ~ and parcel *see* PARCEL *n.* **2.**; (*equal division*): he received a fifth ~ of the estate он получи́л пя́тую до́лю состоя́ния; the glass was three ~s full стака́н был нали́т на три че́тверти; (*instalment*): the journal comes out in weekly ~s журна́л выхо́дит еженеде́льными вы́пусками; (*component*): spare ~s запасны́е ча́сти; (*gram.*): ~s of speech ча́сти ре́чи; principal ~s of a verb основны́е фо́рмы (*f. pl.*) глаго́ла; **2.** (*share, contribution*) уча́стие; take ~ in прин|има́ть, -я́ть уча́стие в +*p.*; I'll have no ~ in it я не бу́ду принима́ть в э́том уча́стия; I have done my ~ я сде́лал своё де́ло (*or* свою́ часть рабо́ты); **3.** (*actor's role or lines*) роль; he is only playing a ~ он про́сто игра́ет; luck played a large ~ in his success уда́ча сыгра́ла большу́ю роль в его́ успе́хе; **4.** (*side in dispute etc.*) сторона́; take s.o.'s ~ вст|ава́ть, -ать на чью-н. сто́рону; there will be no objection on his ~ с его́ стороны́ возраже́ний не бу́дет; for my ~ с мое́й стороны́, что каса́ется меня́; he took my criticism in good ~ он не оби́делся на мою́ кри́тику; **5.** (*region*) места́ (*nt. pl.*), край; in our ~ of the world в на́ших края́х; I'm a stranger in these ~s я в э́тих места́х чужо́й; do you know these ~s? зна́ете вы э́ти края́?; **6.** (*mus.*) па́ртия; it is a difficult ~ to sing э́ту па́ртию тру́дно спеть; a song for four ~s пе́сня на четы́ре го́лоса; **7.** (*pl., abilities*) спосо́бности (*f. pl.*); a man of ~s спосо́бный челове́к; **8.** (*pl., genitals*): private ~s половы́е о́рганы (*m. pl.*).

*adv.* части́чно, ча́стью, отча́сти; the wall is ~ brick and ~ stone стена́ сло́жена части́чно из кирпича́, части́чно из ка́мня.

*v.t.* раздел|я́ть, -и́ть; he ~ed the fighters он разня́л деру́щихся/драчуно́в; the policeman ~ed the crowd толпа́ расступи́лась пе́ред полице́йским; his hair was ~ed in the middle его́ во́лосы бы́ли расчёсаны на прямо́й пробо́р; he ~s it at the side он но́сит пробо́р сбо́ку; we ~ed company (*went different ways*) мы разошли́сь/разъе́хались; (*ended our relationship*) мы расста́лись; (*differed*) мы разошли́сь во мне́ниях.

*v.i.* расст|ава́ться, -а́ться; they ~ed friends они́ расста́лись друзья́ми; she has ~ed from her husband она́ разошла́сь с му́жем; he hates to ~ with his money он страх как не лю́бит расстава́ться с деньга́ми.

*cpds.*: ~**-owner** *n.* совладе́лец; ~**-song** *n.* хорова́я пе́сня; ~**-time** *adj.*, *adv.* на непо́лной ста́вке; с непо́лной нагру́зкой; ~**-worn** *adj.* слегка́ поно́шенный.

**partake** *v.i.* **1.** (*take a share*) прин|има́ть, -я́ть уча́стие; they partook of our meal они́ поели́ с на́ми; **2.** (*fig., savour*): his manner ~s of insolence его́ поведе́ние грани́чит с на́глостью.

**parterre** *n.* (*in garden*) цветни́к; (*theatr.*) парте́р.
**parthenogenesis** *n.* партеногене́з.
**Parthenon** *n.* Парфено́н.
**Parthian** *adj.*: a ~ shot, shaft парфя́нская стрела́.
**partial** *adj.* **1.** (*opp. total*) части́чный; ~ eclipse непо́лное затме́ние; **2.** (*biased*) пристра́стный; **3.**: ~ to (*fond of*) неравноду́шный к +*d.*
**partiality** *n.* (*bias*) пристра́стность; (*fondness*) скло́нность (к кому́/чему́).
**participant** *n.* уча́стник.
**participate** *v.i.* (*take part*) уча́ствовать (*impf.*).
**participation** *n.* уча́стие.
**participle** *n.* прича́стие; present and past ~s прича́стия настоя́щего и проше́дшего вре́мени.
**particle** *n.* **1.** части́ца, крупи́ца; a ~ of dust пыли́нка; she hasn't a ~ of sense у неё нет ни ка́пли здра́вого смы́сла; **2.** (*gram.*) неизменя́емая части́ца.
**particoloured** *adj.* разноцве́тный.
**particular** *n.* ча́стность; in ~ в ча́стности; they agreed down to the smallest ~ они́ соглаша́лись во всём до мельча́йших подро́бностей; (*pl.*) да́нные (*pl.*); let me take down your ~s разреши́те мне записа́ть ва́ши да́нные; they sent me ~s of the house они́ присла́ли мне (подро́бное) описа́ние до́ма.

*adj.* **1.** (*specific, special*) осо́бенный, осо́бый; for no ~ reason без осо́бой причи́ны; **2.** (*detailed*) обстоя́тельный; a ~ account обстоя́тельный/дета́льный отчёт; **3.** (*fastidious*) приверёдливый; I am not ~ what I eat я неразбо́рчив в еде́; she is not ~ about her dress ей всё равно́, что наде́ть.

**particularism** *n.* приве́рженность; (*pol.*) партикуляри́зм.
**particularity** *n.* специ́фика.
**particularize** *v.t.* переч|исля́ть, -и́слить.
*v.i.* вда|ва́ться, -ться в подро́бности.
**particularly** *adv.* осо́бенно.
**parting** *n.* **1.** (*leave-taking*) проща́ние; a kiss at ~ поцелу́й на проща́ние; a ~ gift проща́льный пода́рок; **2.** (*separation*) расстава́ние; проща́ние; at the ~ of the ways (*lit., fig.*) на распу́тье; **3.** (*of the hair*) пробо́р.
*parti pris* *n.* предвзя́тое мне́ние.

**parti|san, -zan** *n.* **1.** (*zealous supporter*) при-
ве́рженец; you say that in a ~ spirit вы
говори́те пристра́стно; **2.** (*resistance fighter*)
партиза́н (*fem.* -ка).

**partisanship** *n.* приве́рженность.

**partition** *n.* (*division*) разде́л; the ~ of Poland
разде́л По́льши; (*dividing structure*)
перегоро́дка; (*compartment*) отделе́ние,
се́кция.
   *v.t.* дели́ть, раз-/по-; ~ **off** отгор|а́живать,
-оди́ть.

**partitive** *adj.* (*gram.*) раздели́тельный.

**partizan** *see* PARTISAN.

**partly** *adv.* части́чно, отча́сти.

**partner** *n.* (*cards, dancing etc.*) партнёр (*fem.*
-ша); (*comm.*): senior ~ in the firm гла́вный
компаньо́н фи́рмы; ~s in crime соуча́стники
(*m. pl.*) преступле́ния; (*in marriage*) супру́г
(*fem.* -a).
   *v.t.* (*be* ~ *to*) быть партнёром +g.

**partnership** *n.* това́рищество; компа́ния; he
and his brother are in ~ они́ с бра́том
компаньо́ны; marriage is a ~ for life брак —
сою́з на всю жизнь.

**partridge** *n.* куропа́тка.

**parturition** *n.* ро́д|ы (*pl., g.* -ов).

**party** *n.* **1.** (*political group*) па́ртия; he puts ~
before country он ста́вит интере́сы па́ртии
вы́ше интере́сов ро́дины; ~ politics
парти́йная поли́тика; the ~ system парти́йная
систе́ма; **2.** (*group with common interests or
pursuits*) компа́ния, гру́ппа; we travelled
abroad in a ~ мы пое́хали за грани́цу
гру́ппой; we need one more to make up the ~
нам ну́жен ещё оди́н челове́к, что́бы со-
ста́вить компа́нию; **3.** (*social gathering*)
вечери́нка, приём; ~ dress вече́рнее пла́тье;
he lacks the ~ spirit он не компане́йский
челове́к; **4.** (*outing*) экску́рсия; **5.** (*participant
in contract etc.*) сторона́; the wife was the
injured ~ жена́ была́ пострада́вшей
стороно́й; I won't be ~ to such a scheme я не
приму́ уча́стия в э́той зате́е; **6.** (*joc., person*)
осо́ба; **7.** (*attr., shared*): ~ line (*telephone*)
о́бщий телефо́нный про́вод; ~ wall бранд-
ма́уер.
   *cpd.*: ~**-coloured** = PARTICOLOURED.

**parvenu** *n.* парвеню́ (*m. indecl.*).

**paschal** *adj.* пасха́льный.

***pas de deux*** *n.* па-де-де́ (*m., nt. indecl.*).

**pasha** *n.* паша́ (*m.*).

**pass** *n.* **1.** (*qualifying standard in exam*) сда́ча
экза́мена; he got a ~ in French он сдал
францу́зский; он прошёл по-францу́зскому;
a bare ~ сда́ча экза́мена без отли́чия; **2.**
(*situation*) положе́ние; things reached a pretty
~ дела́ при́няли скве́рный оборо́т; **3.** (*arch.*):
it came to ~ так случи́лось/произошло́; **4.**
(*permit, document*) про́пуск (*pl.* -а́); free ~
свобо́дный вход; контрама́рка; **5.** (*transfer

*of ball in game*) пас, переда́ча; **6.** (*movement of
hand*) пасс; **7.** (*lunge, thrust*) вы́пад; (*coll.,
amorous approach*): he made a ~ at her он к
ней пристава́л; **8.** (*mountain defile*) уще́лье,
перева́л; he sold the ~ (*fig.*) он соверши́л
преда́тельство; **9.** (*at cards*) пас.
   *v.t.* **1.** (*go by*) про|ходи́ть, -йти́ ми́мо +g.; he
~es the shop on his way to work он прохо́дит
ми́мо магази́на по доро́ге на рабо́ту; I ~ed
him in the street я прошёл ми́мо него́ на у́лице;
**2.** (*overtake*) об|гоня́ть, -огна́ть; **3.** (*go, get
through*) про|ходи́ть, -йти́; not a word ~ed his
lips он не произнёс ни сло́ва; will your car ~
the test пройдёт ли ва́ша маши́на испыта́ние?;
~ an exam сдать/вы́держать (*pf.*) экза́-
мен; **4.** (*spend*) пров|оди́ть, -ести́; he ~ed
a pleasant evening there он провёл там
прия́тный ве́чер; **5.** (*surpass, exceed*)
превы́ша́ть, -ы́сить; it ~es all reason э́то
выхо́дит за преде́лы разу́много; **6.** (*examine
and accept*) пропус|ка́ть, -ти́ть; only one can-
didate was ~ed by the board коми́ссия
утверди́ла то́лько одного́ кандида́та;
(*approve, sanction*) од|обря́ть, -о́брить; **7.**
(*hand over*) перед|ава́ть, -а́ть; ~ (me) the salt,
please! переда́йте мне соль, пожа́луйста! **8.**
(*utter*) произн|оси́ть, -ести́; he refrained from
~ing judgement он воздержа́лся выноси́ть
сужде́ние; the judge ~ed sentence судья́
вы́нес пригово́р; we met and ~ed the time of
day мы встре́тились и разгово́рились; **9.**
(*cause to circulate*) пус|ка́ть, -ти́ть в об-
раще́ние; he was accused of ~ing forged notes
его́ обвини́ли в распростране́нии фаль-
ши́вых де́нег; **10.** (*cause to go, move*): he ~ed
his eye over the goods он просмотре́л това́ры;
he ~ed a rope round her waist он обвяза́л её
та́лию верёвкой; ~ a ball перед|ава́ть, -а́ть
(*or* бр|оса́ть, -о́сить) мяч; **11.** (*excrete*)
испус|ка́ть, -ти́ть; he could not ~ water он не
мог мочи́ться.
   *v.i.* **1.** (*proceed, move*) про|ходи́ть, -йти́;
перепр|авля́ться, -а́виться; he ~ed by the
window он прошёл ми́мо окна́; he ~ed
through the door он прошёл в/че́рез дверь; ~
along (down) the car! проходи́те да́льше!; she
~ed out of sight она́ исче́зла из ви́ду; his name
will ~ into oblivion его́ и́мя забу́дется (*or*
ка́нет в Ле́ту); (*get through*): let me ~! да́йте
мне пройти́!; (*circulate*) перед|ава́ться, -а́ться;
the magazine ~ed from hand to hand журна́л
передава́лся из рук в ру́ки; (*in opposite directions*) минова́ть (*impf., pf.*); they ~ed without
speaking они́ мо́лча прошли́ ми́мо друг дру́га;
(*fig., live*): he has ~ed through many misfortunes он пе́режил мно́го несча́стий; **2.** (*over-
take*) об|гоня́ть, -огна́ть; ~ing prohibited for 2
miles обго́н запрещён на две ми́ли; **3.** (*go by,
elapse*) про|ходи́ть, -йти́; the procession ~ed
проце́ссия прошла́ ми́мо; time ~es slowly

время прохо́дит ме́дленно; six years have ~ed since then с тех пор прошло́ шесть лет; **4.** (*change*) превра|ща́ться, -ти́ться; day ~es into night день перехо́дит в ночь; his mood ~ed from fear to anger в нём страх смени́лся я́ростью; **5.** (*be said or done*) прои|сходи́ть, -зойти́; did you hear what ~ed between them? вы зна́ете, что ме́жду ни́ми произошло́?; **6.** (*go without comment*): his words ~ed unnoticed его́ слова́ прошли́ незаме́ченными; на его́ слова́ никто́ не обрати́л внима́ния; let it ~! не на́до об э́том говори́ть!; **7.** (*come to an end*) про|ходи́ть, -йти́; прекра|ща́ться, -ти́ться; the pain will ~ боль пройдёт; **8.** (*qualify in exam etc.*; *be valid, accepted, recognized*) проходи́ть, -йти́; he ~es for an expert он счита́ется специали́стом; he ~ed under a false name он жил под чужо́й фами́лией; **9.** (*at cards*) пасова́ть, с-.

*with advs.*: ~ **along** *v.i.* про|ходи́ть, -йти́; ~ **away** *v.i.* (*vanish*) прекра|ща́ться, -ти́ться; исч|еза́ть, -е́знуть; (*die*) сконча́ться (*pf.*); ~ **by** *v.t. & i.* про|ходи́ть, -йти́ ми́мо; ~ **down** *v.t.* перед|ава́ть, -а́ть; the custom was ~ed down from father to son обы́чай передава́лся от отца́ к сы́ну; *v.i.* пере|ходи́ть, -йти́; ~ **off** *v.t.* (*dismiss*): he ~ed off the whole affair as a joke он обрати́л всё де́ло в шу́тку; (*palm off, get rid of*) подс|о́вывать, -у́нуть; сбы|ва́ть, -ть; (*falsely represent*): he ~es himself off as a foreigner он выдаёт себя́ за иностра́нца; he tried to ~ off the picture as genuine он выдава́л карти́ну за по́длинник; *v.i.* (*go away*) прекра|ща́ться, -ти́ться; the pain was slow to ~ off боль проходи́ла ме́дленно; (*be carried through*) про|ходи́ть, -йти́; the wedding ~ed off without a hitch сва́дьба прошла́ без сучка́ без задо́ринки; ~ **on** *v.t.* перед|ава́ть, -а́ть; (*charge, tax etc.*) пере|кла́дывать, -ложи́ть (*на кого*); *v.i.* про|ходи́ть, -йти́; let us ~ on to other topics дава́йте перейдём/переключи́мся на други́е те́мы; (*euph., die*) сконча́ться (*pf.*); ~ **out** *v.i.* (*qualify, graduate*) про|ходи́ть, -йти́; ~ing-out parade пара́д выпускнико́в; (*coll., lose consciousness*) теря́ть, по- созна́ние; ~ **over** *v.t.* (*hand over*) перед|ава́ть, -а́ть; (*omit; overlook, ignore*) пропус|ка́ть, -ти́ть; we shall ~ over your previous offences мы не бу́дем инкримини́ровать вам предыду́щие наруше́ния; he was ~ed over for a younger man они́ ему́ предпочли́ бо́лее молодо́го челове́ка; *v.i.* про|ходи́ть, -йти́; the storm ~ed over бу́ря пронесла́сь (и ушла́); (*euph., die*) сконча́ться (*pf.*); ~ **round** *v.t.* перед|ава́ть, -а́ть; ~ the hat round пусти́ть (*pf.*) ша́пку по кру́гу; ~ **through** *v.t.* прод|ева́ть, -е́ть; ~ **up** *v.t.* (*hand up*) под|ава́ть, -а́ть; (*coll., refuse*) отка́з|ываться, -а́ться от +g.

*cpds.*: ~-**book** *n.* ба́нковская кни́жка; ~-**key**

*n.* отмы́чка; **P**~**over** *n.* евре́йская па́сха; ~**word** *n.* паро́ль (*m.*).

**passable** *adj.* (*affording passage*) проходи́мый, прое́зжий; (*tolerable*) сно́сный.

**passage** *n.* **1.** (*going by*) прохо́д; the ~ of time тече́ние вре́мени; (*going across, over*) перее́зд; перелёт; a bird of ~ перелётная пти́ца; (*transition, change*) перехо́д; (*going through, way through*) прохо́д; the police forced a ~ through the crowd поли́ция проложи́ла себе́ путь че́рез толпу́; (*right to go through*) пра́во прохо́да; **2.** (*crossing by ship etc.*) рейс; have you booked your ~? вы заказа́ли биле́т на парохо́д?; we had a rough ~ на́ше пла́вание бы́ло бу́рным; (*fig.*): the bill had a rough ~ законопро́ект был при́нят по́сле бу́рного обсужде́ния; work one's ~ отраб|а́тывать, -о́тать свой прое́зд; **3.** (*passing of law etc.*) проведе́ние; **4.** (*corridor*) коридо́р; **5.** (*alley*) прохо́д; **6.** (*coll., duct in body*) прохо́д, прото́к; back ~ (*rectum*) за́дний прохо́д; (*pl., breathing tubes*) дыха́тельные пут|и́ (*pl., g.* -е́й); **7.** (*literary excerpt*) ме́сто, отры́вок, текст; (*mus.*) пасса́ж; **8.** (*pl., interchange*) сты́чка; **9.**: ~ of arms (*lit.*) схва́тка, бой; (*fig.*) сты́чка.

*cpd.*: ~-**way** *n.* коридо́р; прохо́д.

**passé** *adj.* (*past one's prime*) увя́дший.

**passenger** *n.* **1.** пассажи́р; седо́к; ~ train пассажи́рский по́езд; ~ seat ме́сто ря́дом с води́телем; **2.** (*coll., one not pulling his weight*) балла́ст, «слаба́к».

**passe-partout** *n.* (*key*) отмы́чка; (*picture-framing method*) паспарту́ (*nt. indecl.*).

**passer-by** *n.* прохо́жий.

**passim** *adv.* везде́, повсю́ду.

**passing** *n.* **1.** (*going by*) прохожде́ние; I just called in ~ я зашёл мимохо́дом; I will mention in ~ я заме́чу попу́тно (*or* ме́жду про́чим); **2.** (*death*) смерть, кончи́на.

*adj.* (*transient*): a ~ fancy мимолётное увлече́ние; the ~ fashion преходя́щая мо́да.

*adv.* (*arch., exceedingly*) чрезвыча́йно.

*cpds.*: ~-**bell** *n.* похоро́нный звон; ~-**note** *n.* (*mus.*) перехо́дная но́та.

**passion** *n.* **1.** (*strong emotion; sexual feeling*) страсть; his ~s were quickly aroused его́ бы́ло нетру́дно разъяри́ть; (*burst of anger*) взрыв; fly into a ~ при|ходи́ть, -йти́ в я́рость; he was in a towering ~ он ужа́сно серди́лся; (*enthusiasm*) пыл; she has a ~ for Bach она́ стра́стно увлечена́ му́зыкой Ба́ха; **2.** (*relig.*): the P~ стра́сти Госпо́дни (*f. pl.*); кре́стные му́ки (*f. pl.*); P~ play библе́йская мисте́рия; the St. Matthew P~ Стра́сти по Матве́ю.

**passionate** *adj.* (*having strong emotions*) стра́стный, пы́лкий; (*sexually ardent*) стра́стный; (*impassioned, of language etc.*) пы́лкий, горя́чий, стра́шный.

**passionately** *adv.* стра́стно, пы́лко; he is ~ fond of golf он энтузиа́ст го́льфа.

**passionless** *adj.* бесстра́стный.

**passive** *n.* (*gram.*) пасси́вная фо́рма; страда́тельный зало́г.

*adj.* пасси́вный; (*gram.*) пасси́вный, страда́тельный.

**passiv|eness, -ity** *nn.* пасси́вность.

**passport** *n.* (*lit.*) па́спорт; (*fig.*) ключ, путёвка; hard work is the ~ to success усе́рдие — зало́г успе́ха.

**past** *n.* **1.** про́шлое; courtesy is a thing of the ~ ве́жливость вы́шла из мо́ды; you are living in the ~ вы живёте в про́шлом; one cannot undo the ~ нельзя́ зачеркну́ть про́шлое; (~ *life, career*): a woman with a ~ же́нщина с про́шлым; he tried to live down his ~ он стара́лся перечеркну́ть своё про́шлое; **2.** (*gram.*) проше́дшее вре́мя.

*adj.* **1.** (*bygone*) мину́вший, про́шлый; that is all ~ history всё э́то уже́ исто́рия; (*pred., gone by*) ми́мо; the time for that is ~ вре́мя для э́того давно́ минова́ло; that is all ~ and done with с э́тим поко́нчено; what's ~ is ~ де́ло про́шлое; **2.** (*preceding*) про́шлый; for the ~ few days за после́дние не́сколько дней; during the ~ week за э́ту неде́лю; for some time ~ за после́днее вре́мя; **3.** (*gram.*) проше́дший; ~ participle прича́стие проше́дшего вре́мени; ~ tense проше́дшее вре́мя; **4.**: a ~ master непревзойдённый ма́стер.

*adv.* ми́мо; the soldiers marched ~ солда́ты прошли́ ми́мо; he pushed ~ он протолка́лся/проби́лся.

*prep.* **1.** (*after*) по́сле +*g.*; it is ~ eight o'clock тепе́рь девя́тый час; ten ~ one де́сять мину́т второ́го; he lived to be ~ eighty ему́ бы́ло за во́семьдесят, когда́ он у́мер; **2.** (*by*) ми́мо +*g.*; he drove ~ the house он прое́хал ми́мо до́ма; he hurried ~ me он пробежа́л ми́мо меня́; **3.** (*to or on the far side of*) за +*a.*/*i.*; you've gone ~ the turning вы прое́хали поворо́т; his house is ~ the church его́ дом за це́рковью; **4.** (*beyond, exceeding*) свы́ше +*g.*, сверх +*g.*; I am ~ caring тепе́рь мне уже́ всё равно́; the pain was ~ endurance боль была́ нестерпи́ма; he was a fine actor, but he's ~ it now (*coll.*) когда́-то он был хоро́шим актёром, но э́то в про́шлом; this is ~ a joke э́то перехо́дит грани́цы шу́ток; he is ~ praying for он безнадёжен; I wouldn't put it ~ him to steal the money я ду́маю, что он спосо́бен укра́сть де́ньги.

**pasta** *n.* макаро́н|ы (*pl., g.* —).

**paste** *n.* (*soft dough*) те́сто; (*malleable mixture*; *savoury preparation*) па́ста; (*adhesive*) клей; (*gem substitute*) страз.

*v.t.* **1.** (*stick*) накле́|ивать, -ить; the notice was ~ed up on the wall объявле́ние бы́ло прикле́ено к стене́; she ~d the pictures into her album она́ вкле́ила карти́нки в альбо́м; his

name had been ~d over его́ и́мя закле́или; **2.** (*sl., beat*) устр|а́ивать, -о́ить взбу́чку +*d.*; their team got a good pasting их кома́нда получи́ла хоро́шую взбу́чку.

*cpd.* ~ **board** *n.* карто́н.

**pastel** *n.* (*crayon*) пасте́ль; ~ shades пасте́льные кра́ски; (*drawing in* ~) рису́нок пасте́лью.

**pastern** *n.* путова́я кость.

**pasteurization** *n.* пастериза́ция.

**pasteurize** *v.t.* пастеризова́ть (*impf., pf.*).

**pastiche** *n.* (*literary imitation*) стилиза́ция (под +*a.*); подде́лка.

**pastille** *n.* пасти́лка.

**pastime** *n.* (прия́тное) вре́мя(пре)провожде́ние.

**pastor** *n.* па́стор.

**pastoral** *n.* (*literary or artistic work*) пастора́ль; (*bishop's letter*) посла́ние.

*adj.* (*pert. to shepherds or country life*) пастора́льный; (*pert. to clergy*) па́сторский.

**pastor|ate, ship** *nn.* пастора́т.

**pastry** *n.* (*baked dough*) конди́терские изде́лия; (*tart, cake*) пиро́жное.

*cpd.*: ~ **-cook** *n.* конди́тер.

**pasturage** *n.* (*grazing*) па́стбище; (*herbage for cattle etc.*) подно́жный корм; (*grazing land*) вы́пас.

**pasture** *n.* = PASTURAGE; the sheep were put out to ~ ове́ц вы́гнали на па́стбище.

*v.t.* (*put to graze*) пасти́ (*impf.*).

**pasty**[1] *n.* пирожо́к, расстега́й.

**pasty**[2] *adj.* (*like paste*) тестообра́зный; (*pale-faced*) бле́дный.

**pat**[1] *n.* **1.** (*light touch or sound*) хлопо́к; шлепо́к; he deserves a ~ on the back (*fig.*) он заслу́живает одобре́ния/похвалы́; **2.** (*small mass*): the butter was served in ~s ма́сло по́дали кро́хотными кусо́чками.

*v.t.* хлоп|а́ть, -нуть; (*a dog*) гла́дить, по-; he ~ted my shoulder он похло́пал меня́ по плечу́; I can't help ~ting myself on the back я не могу́ не похвали́ть себя́.

**pat**[2] *adv.* (*appositely*) кста́ти; his answer came ~ он отве́тил без колеба́ния; he had his lesson off ~ он знал уро́к назубо́к; stand ~ (*stick to one's decision or bet*) стоя́ть (*impf.*) на своём; (*at cards etc.*) остава́ться (*impf.*) при свои́х; не брать (*impf.*) прику́па.

*cpds.*: ~ **-a-cake** *n.* (*child's game*) ла́душ|ки (*pl., g.* -ек); ~ **-ball** *n.* вя́лый те́ннис.

**Patagonia** *n.* Патаго́ния.

**patch** *n.* **1.** (*covering over hole*) запла́та; he wore ~es on his elbows на локтя́х у него́ бы́ли запла́ты; (*over wound*) пла́стырь (*m.*); (*over eye*) повя́зка; (*fig., coll.*): the film is not a ~ on the book фильм — ничто́ по сравне́нию с кни́гой; **2.** (*decorative facial spot*) му́шка; **3.** (*superficial mark or stain*) пятно́; (*distinctive area*) клочо́к; ~es of blue sky клочки́ голубо́го не́ба; we ran into a fog ~ мы попа́ли в тума́н; there were ~es of ice on the road на доро́ге места́ми была́ гололе́дица; (*fig.*): he has struck a bad ~ ему́ не везёт; the play was amusing in ~es места́ми пье́са была́ забавной; **4.** (*piece of ground*) уча́сток; **5.** (*scrap, remnant*) отре́зок.

*v.t.* (*mend*) лата́ть, за-.

*with advs.*: ~ **over** *v.t.* лата́ть, за-; ~ **up** *v.t.* (*lit.*) чини́ть, по-; заде́л|ывать, -ать; (*fig.*) мири́ть, по-; the quarrel was soon ~ed up ссо́ра была́ вско́ре ула́жена.

*cpds.*: ~**-pocket** *n.* накладно́й карма́н; ~**work** *n.* (*lit.*) лата́ние; (*fig.*) мешани́на; ~work quilt лоску́тное одея́ло.

**patchouli** *n.* пачу́л|и (*pl., g.* -ей).

**patchy** *adj.* (*marked with patches*) пятни́стый; (*fig., of uneven quality*) неодноро́дный, разноро́дный, неро́вный.

**pate**[1] *n.* (*arch.*) башка́.

**pâté**[2] *n.* паште́т; ~ *de foie gras* гуси́ный паште́т.

**patella** *n.* пате́лла.

**patent** *n.* пате́нт; Р~ Office пате́нтное бюро́.

*adj.* **1.** (*giving entitlement*): letters ~ жа́лованная гра́мота; привиле́гия; **2.** (*protected by* ~) патенто́ванный; ~ leather лаки́рованная ко́жа, лак; ~-leather shoes лаки́рованные ту́фли; **3.** (*coll., well-contrived, ingenious*) изобрета́тельный; **4.** (*obvious*) очеви́дный.

*v.t.* патентова́ть, за-.

**patentee** *n.* патентооблада́тель (*m.*).

**pater** *n.* (*coll.*) оте́ц, папа́ша (*m.*).

**paterfamilias** *n.* глава́ (*m.*) семьи́.

**paternal** *adj.* **1.** (*fatherly*) отцо́вский, оте́ческий; ~ instinct отцо́вский инсти́нкт; he is very ~ towards her по отноше́нию к ней он де́ржится весьма́ покрови́тельственно; (*fig.*): ~ government прави́тельство, оте́чески относя́щееся к наро́ду; **2.** (*related through father*) ро́дственный по отцу́; ~ grandmother ба́бушка со стороны́ отца́.

**paternalism** *n.* покрови́тельственное попече́ние.

**paternity** *n.* отцо́вство; (*fig., source, authorship*) а́вторство.

**paternoster** *n.* (*Lord's prayer*) «О́тче наш».

**path** *n.* (*track for walking*) тропа́, тропи́нка; доро́жка; ~ through the woods лесна́я тропа́/тропи́нка; garden ~ садо́вая доро́жка; (*fig.*) путь (*m.*); the police made a ~ for him through the crowd поли́ция проложи́ла ему́ прохо́д в толпе́; if ever he crosses my ~ е́сли он когда́--нибудь встре́тится мне на пути́; he swept aside all who stood in his ~ он смета́л всех, кто стоя́л на его́ пути́; on our ~ through life на на́шем жи́зненном пути́; he followed the ~ of duty он ве́рно сле́довал до́лгу; our ~s diverged на́ши доро́ги разошли́сь; (*course, tra-*

*jectory*) траекто́рия; the ~ of a bullet траекто́рия полёта пу́ли.

*cpds.*: ~**finder** *n.* (*explorer*) иссле́дователь (*m.*); (*aircraft*) самолёт наведе́ния; ~**way** *n.* тропа́, путь (*m.*).

**pathetic** *adj.* (*arousing pity*) печа́льный, жа́лкий, тро́гательный; (*coll., wretchedly inadequate*) жа́лкий.

**pathless** *adj.* бездоро́жный.

**pathological** *adj.* патологи́ческий.

**pathologist** *n.* пато́лог.

**pathology** *n.* патоло́гия.

**pathos** *n.* па́фос.

**patience** *n.* **1.** терпе́ние; he would try the ~ of Job он вы́вел бы из терпе́ния да́же а́нгела; I have no ~ with him он меня́ выво́дит из терпе́ния; I am out of (*or* have lost) ~ with him я потеря́л с ним вся́кое терпе́ние; my ~ is exhausted моё терпе́ние ко́нчилось; **2.** (*card game*) пасья́нс.

**patient** *n.* пацие́нт, больно́й.

*adj.* терпели́вый.

**patina** *n.* пати́на.

**patio** *n.* па́тио (*indecl.*), дво́рик.

**patois** *n.* ме́стный го́вор.

**patriarch** *n.* (*male head of tribe*) старе́йшина (*m.*); (*venerable old man*) патриа́рх; (*eccl.*) патриа́рх.

**patriarchal** *adj.* патриарха́льный.

**patriarchate** *n.* (*eccl.*) патриа́ршество.

**patriarchy** *n.* патриа́рхия, патриарха́т.

**patrician** *n.* (*Roman noble*) патри́ций; (*aristocrat*) аристокра́т.

*adj.* патрициа́нский; аристократи́ческий.

**patricide** *see* PARRICIDE.

**patrimonial** *adj.* насле́дственный.

**patrimony** *n.* (*inheritance from father*) отцо́вское насле́дие; (*fig.*) насле́дие.

**patriot** *n.* патрио́т.

**patriotic** *adj.* патриоти́ческий.

**patriotism** *n.* патриоти́зм.

**patrol** *n.* **1.** (*action*) патрули́рование; on ~ в дозо́ре; ~ car (полице́йская) патру́льная маши́на; ~ vessel сторожево́е су́дно; **2.** (*of aircraft*) баражи́рование; **3.** (~*ling body*) патру́ль (*m.*); (~*ling official*) патру́льный.

*cpds.*: ~**man** *n.* (*road scout*) патру́льный; (*Am., policeman*) полице́йский.

*v.t. & i.* патрули́ровать (*impf.*).

**patron** *n.* **1.** (*supporter, protector*) покрови́тель (*m.*); a ~ of the arts покрови́тель иску́сств, мецена́т; ~ saint свято́й засту́пник, свята́я засту́пница; **2.** (*customer*) (постоя́нный) клие́нт, покупа́тель (*m.*).

**patronage** *n.* (*support, sponsorship*) покрови́тельство, ше́фство; (*right of appointment*) пра́во назначе́ния на до́лжность; (*'protection', influence*) покрови́тельство; (*coll.*) блат; (*customer's support*) постоя́нная клиенту́ра;

(*patronizing manner*) покрови́тельственные мане́ры (*f. pl.*).

**patroness** *n.* покрови́тельница, патроне́сса.

**patroniz|e** *v.t.* (*support, encourage*) покрови́тельствовать (*impf.*) +*d.*; (*visit as customer*) постоя́нно посеща́ть (*impf.*); (*treat condescendingly*) отн|оси́ться, -ести́сь свысока́ к +*d.*; ~ing airs покрови́тельственные мане́ры (*f. pl.*).

**patronymic** *n.* (*Ru.*) о́тчество.

**patter**[1] *n.* (*of salesman, conjurer etc.*) скорогово́рка.

  *v.i.* (*talk glibly*) тарато́рить (*impf.*).

**patter**[2] *n.* (*tapping sound*) посту́кивание; то́пот, стук.

  *v.i.* бараба́нить (*impf.*), топота́ть (*impf.*); the rain ~ed on the windows дождь бараба́нил в о́кна; her footsteps ~ed down the hall её шаги́ простуча́ли по за́лу.

**pattern** *n.* **1.** (*laudable example*) образе́ц; a ~ of virtue образе́ц доброде́тели; (*attr.*) образцо́вый; **2.** (*model for production*) вы́кройка; dress ~ вы́кройка (пла́тья); **3.** (*sample of cloth etc.*) обра́зчик; **4.** (*design*) моде́ль; **5.** (*arrangement, system*) о́браз, мане́ра; new ~s of behaviour но́вые но́рмы (*f. pl.*); events are following the usual ~ собы́тия сле́дуют обы́чным путём.

  *v.t.* **1.** (*model*) копи́ровать, с-; ~ a dress on a Paris model скопи́ровать пла́тье с пари́жской моде́ли; he ~ed himself on his father он брал приме́р со своего́ отца́; **2.** (*decorate with design*) укр|аша́ть, -а́сить; a ~ed dress пла́тье в узо́рах (*or* с узо́рами).

**patty** *n.* пирожо́к.

  *cpd.*: ~-**pan** *n.* про́тивень (*m.*).

**paucity** *n.* нехва́тка, недоста́точность, ску́дость.

**Paul** *n.* Па́вел; ~ Pry чрезме́рно любопы́тный челове́к.

**paunch** *n.* брюшко́, пу́зо.

**paunchy** *adj.* пуза́тый.

**pauper** *n.* бедня́к.

**pauperism** *n.* нищета́.

**pauperization** *n.* паупериза́ция.

**pauperize** *v.t.* дов|оди́ть, -ести́ до нищеты́.

**pause** *n.* (*intermission, temporary halt*) переры́в; передь́шка; my remarks gave him ~ мои́ замеча́ния смути́ли его́; (*in speaking, reading, mus.*) па́уза.

  *v.i.* остан|а́вливаться, -ови́ться; she scarcely ~d for breath она́ не переводи́ла дыха́ния; if you ~ to think е́сли зада́маться.

**pavan(e)** *n.* (*mus.*) пава́на.

**pave** *v.t.* мости́ть, вы́-; ~d road мощёная доро́га; the road to hell is ~d with good intentions благи́ми наме́рениями вы́мощена доро́га в ад; (*fig.*): his proposal ~d the way for an understanding его́ предложе́ние откры́ло путь к взаимопонима́нию.

**pavement** *n.* **1.** (*footway*) тротуа́р; ~ artist худо́жник, рису́ющий на тротуа́ре; **2.** (*paved floor*) пол, вы́ложенный моза́икой.

**pavilion** *n.* (*building for sport or tournament*) павильо́н; (*large tent*) шатёр.

**paving** *n.* (*paved way*) мостова́я; (*act of* ~) мощё́ние у́лиц.

  *cpd.*: ~-**stone** *n.* брусча́тка, булы́жник.

**paw** *n.* ла́па; (*coll.*): take your ~s off me! ру́ки прочь!

  *v.t.* (*touch with* ~) тро́гать, по- ла́пой; the horse ~ed the ground конь бил копы́тами; (*handle, fondle clumsily*) ла́пать (*impf., pf.*).

**pawky** *adj.* лука́вый; ирони́ческий.

**pawl** *n.* (*lever*) защёлка.

**pawn**[1] *n.* (*chessman, also fig.*) пе́шка.

**pawn**[2] *n.* (*pledge*) зало́г, закла́д; in ~ зало́женный; he took his watch out of ~ он вы́купил часы́ из ломба́рда.

  *v.t.* за|кла́дывать, -ложи́ть.

  *cpds.*: ~-**broker** *n.* ростовщи́к; ~-**shop** *n.* ломба́рд.

**pawpaw** *see* PAPAW.

**pax** *n.* **1.** (*peace*) мир; P~ Romana мир, навя́занный ри́мской импе́рией; **2.** (*schoolboy's truce-word*) чур меня́!; хва́тит!

**pay** *n.* пла́та, (*coll.*) зарпла́та; жа́лование; ~ clerk бухга́лтер-расчётчик; a ~ cut сниже́ние зарпла́ты; a ~ increase повыше́ние зарпла́ты; on half ~ на полови́нной ста́вке; he is in the ~ of the enemy он на слу́жбе у врага́.

  *v.t.* **1.** (*give in return for sth.*) плати́ть, за-, у-; she always ~s cash она́ всегда́ пла́тит нали́чными; he has paid the penalty for his greed он поплати́лся за свою́ жа́дность; (*contribute*): everyone must ~ his share ка́ждый до́лжен внести́ свою́ до́лю; I'll ~ the difference я доплачу́; ~ one's fare плати́ть, за- за прое́зд; опла́|чивать, -ти́ть прое́зд; **2.** (*remunerate, recompense*) опла́|чивать, -ти́ть +*d.*; they are paid by the hour они́ получа́ют почасову́ю опла́ту; we are paid on Fridays мы получа́ем зарпла́ту по пя́тницам; he who ~s the piper calls the tune кто пла́тит музыка́нту, тот и зака́зывает му́зыку; he was paid in his own coin ему́ отплати́ли той же моне́той; there will be the devil to ~ пото́м хлопо́т не оберёшься; бу́дет грандио́зный сканда́л; **3.** (*settle*, ~ *for*) упла́|чивать, -ти́ть; the defendant must ~ costs обвиня́емый до́лжен уплати́ть суде́бные изде́ржки; he paid his way through college он сам зараба́тывал себе́ на вы́сшее обуче́ние; **4.** (*bestow, render*): ~ attention to me! послу́шайте меня́!; ~ s.o. a compliment де́лать, с- кому́-н. комплиме́нт; ~ heed to обра|ща́ть, -ти́ть внима́ние на +*a.*; ~ one's respects to свиде́тельствовать, за- своё почте́ние +*d.*; ~ s.o. a visit наве|

ща́|ть, -сти́ть кого́-н.; **5.** (*benefit, profit*): it will
~ you to wait вам сто́ит подожда́ть.
*v.i.* **1.** (*give money*) распла́|чиваться, -ти́ться;
he ~s on the nail он пла́тит неме́дленно; I paid
through the nose for it я заплати́л за э́то
бе́шеные де́ньги; **2.** (*suffer*) поплати́ться (*pf.*);
you'll ~ dearly for this вы за э́то до́рого
заплати́те; he paid for his carelessness он
пострада́л из-за своего́ легкомы́слия; **3.**
(*yield a return*) окупа́|ться, -и́ться; дава́ть
(*impf.*) при́быль; (*fig.*) име́ть смысл; опра́в-
д|ывать, -ать себя́; the business is ~ing hand-
somely де́ло прино́сит прекра́сный дохо́д;
де́ло прекра́сно окупа́ется; it ~s to advertise
рекла́ма окупа́ется.
*with advs.*: ~ **back** *v.t.* (*return*) возвра|ща́ть,
-ти́ть (*also* верну́ть); he paid back every penny
он верну́л всё до после́дней копе́йки; (*reim-
burse*): he paid me back in person он самоли́ч-
но верну́л мне де́ньги; (*have revenge on*): I'll
~ you back for this я вам за э́то отплачу́; ~ **in**
*v.t.* вн|оси́ть, -ести́; ~ **off** *v.t.* рассчи́т|ыва-
ться, -а́ться с +*i.*; the workers were paid off с
рабо́чими рассчита́лись; I have paid off my
debts я расплати́лся со свои́ми долга́ми; я
вы́платил свои́ долги́; he is ~ing off old scores
он сво́дит ста́рые счёты; (~ *wages and dis-
charge*) рассчи́т|ывать, -а́ть; *v.i.* (*bring profit*)
окуп|а́ться, -и́ться; ~ **out** *v.t.* (*expend, make
payment of*) выпла́чивать, вы́платить; (*rope
etc.*) отпус|ка́ть, -ти́ть; трави́ть (*impf.*); ~
**over** *v.t.* перепла́|чивать, -ти́ть; ~ **up** *v.t.* (*set-
tle*) выпла́чивать, вы́платить; a paid-up
account счёт закры́тый счёт; *v.i.* (~ *amount due*)
рассчи́т|ываться, -а́ться сполна́; ~ up and
look pleasant! выкла́дывай де́нежки и
улыба́йся!
*cpds.*: ~-**day** *n.* платёжный день; (*coll.*) день
зарпла́ты, полу́чка; ~-**desk** *n.* ка́сса; ~**load**
*n.* (*of vehicle*) поле́зный груз; (*of missile*)
поле́зная нагру́зка; ~ **master** *n.* касси́р;
P~master-General гла́вный казначе́й; ~-**off**
*n.* (*settlement*) вы́плата; (*profit, reward*) на-
гра́да; (*coll., climax, e.g. of a joke*) развя́зка;
~-**packet** *n.* за́работок, (*coll.*) полу́чка; ~**roll,**
~-**sheet** *nn.* платёжная ве́домость; there are
500 men on the ~roll в платёжной ве́домости
(*or* в шта́те) чи́слится 500 челове́к.
**payable** *adj.* опла́чиваемый; подлежа́щий
упла́те.
**payee** *n.* получа́тель (*fem.* -ница) (де́нег).
**payer** *n.* плате́льщи|к (*fem.* -ца).
**payment** *n.* (*paying, sum paid*) опла́та; платёж;
(*of debt etc.*) упла́та; prompt ~ is requested
про́сят неме́дленно уплати́ть; he made a cash
~ of £50 он заплати́л 50 фу́нтов нали́чными;
(*requital*): this is in ~ of your services э́то
вознагражде́ние за ва́ши услу́ги.
**pea** *n.* горо́шина; (*pl., collect.*) горо́х; they are as
like as two ~s они́ похо́жи как две ка́пли

воды́; ~ soup горохо́вый суп; split ~s
лущёный горо́х.
*cpds.*: ~-**green** *adj.* я́рко-зелёный; ~**nut** *n.*
земляно́й оре́х, ара́хис; ~nut butter па́ста из
тёртого ара́хиса, оре́ховая па́ста; ~**nuts** *n.*
(*Am. sl., trifling amount*) грощи́ (*m. pl*)
~-**shooter** *n.* тру́бка для стрельбы́ горо́хом;
~-**souper** *n.* (*coll., fog*) густо́й тума́н.
**peace** *n.* **1.** (*freedom from war*) мир; ~ with
honour почётный мир; our countries are at ~
again ме́жду на́шими стра́нами сно́ва
устано́влен мир; (*treaty*): the ~ of Paris
пари́жский мир; ~ talks ми́рные
перегово́ры; (*fig.*): make one's ~ with s.o.
помири́ться (*pf.*) с кем-н.; **2.** (*freedom from
civil disorder*) споко́йствие; поря́док; they
were bound over to keep the ~ им предписа́ли
соблюда́ть поря́док; breach of the ~
наруше́ние обще́ственного поря́дка; Justice
of the P~ мирово́й судья́; **3.** (*rest, quiet*)
споко́йствие, поко́й; ~ be with you! мир вам!;
may he rest in ~ мир пра́ху его́; she found ~
(*died*) at last она́, наконе́ц, отпра́вилась на
поко́й; can we have some ~ and quiet? нельзя́
ли поти́ше?; ~ of mind споко́йствие ду́ха; he
never gives me a moment's ~ он мне не даёт ни
мину́ты поко́я; he held his ~ (*arch.*) он
пребыва́л в молча́нии.
*cpds.*: ~-**keeping** *adj.*: ~-keeping force
войска́ (*nt. pl.*) по поддержа́нию ми́ра;
~-**loving** *adj.* миролюби́вый; ~**maker** *n.*
миротво́рец; ~-**offering** *n.* искупи́тельная
же́ртва; (*fig.*) задабривание; ~-**pipe** *n.*
тру́бка ми́ра; ~ **time** *n.* ми́рное вре́мя.
**peaceable** *adj.* миролюби́вый, ми́рный.
**peaceful** *adj.* ми́рный; ~ coexistence ми́рное
сосуществова́ние; a ~ end (*death*) ми́рная
кончи́на.
**peach**[1] *n.* **1.** (*fruit*) пе́рсик; ~ blossom пе́рси-
ковый цвет; **2.** (*tree*) пе́рсиковое де́рево; **3.**
(*coll., superb specimen*) «пе́рвый сорт»; **4.**
(*coll., attractive girl*) красо́тка.
**peach**[2] *v.i.* стуча́ть, на- (*на кого*) (*sl.*).
**peacock** *n.* павли́н; ~ blue перели́вчатый
си́ний цвет.
**peahen** *n.* са́мка павли́на, па́ва.
**pea-jacket** *n.* бушла́т, тужу́рка.
**peak**[1] *n.* **1.** (*mountain top*) пик, верши́на; **2.**
(*point of beard*) кли́нышек; **3.** (*of cap*)
козырёк; **4.** (*of ship*) концево́й отсе́к; **5.** (*fig.,
highest point, maximum*) пик; ~ load (*elec.*)
максима́льная нагру́зка; his excitement
reached its ~ его́ возбужде́ние дости́гло
преде́ла; ~ hours часы́ пик; ~ viewing hours
наибо́лее популя́рные часы́ для пока́за те-
лепереда́ч.
*v.i.*: demand ~ed спрос дости́г вы́сшей
то́чки.
**peak**[2] *v.i.* (*waste away*) ча́хнуть, за-.
**peaked** *adj.* **1.** остроконе́чный; ~ cap (фор-

менная) фура́жка; **2.** (*haggard*; *also* **peaky**) осу́нувшийся; измождённый.

**peaky** *adj. see* PEAKED (2).

**peal** *n.* (*of bells*) звон, трезво́н; (*of thunder*) гро́хот, раска́т; (*of laughter*) взрыв.
  *v.t.:* ~ bells трезво́нить (*impf.*).
  *v.i.* (*of bells*) трезво́нить (*impf.*); (*of thunder*) греме́ть, про-; (*of laughter*) разд|ава́ться, -а́ться.

**pear** *n.* **1.** (*fruit*) гру́ша; **2.** (*tree*) гру́шевое де́рево, гру́ша; **3.**: prickly ~ опу́нция.

**pearl** *n.* жемчу́жина; (*pl., collect.*) же́мчуг; cast ~s before swine мета́ть (*impf.*) би́сер пе́ред сви́ньями; (mother-of-) ~ buttons перламу́тровые пу́говицы.
  *cpds.:* ~**-barley** *n.* перло́вая крупа́; ~**-diver**, ~**-fisher** *nn.* лове́ц/иска́тель (*m.*) же́мчуга.

**pearly** *adj.* похо́жий на же́мчуг; жемчу́жного цве́та, жемчу́жный.

**peasant** *n.* крестья́н|ин (*fem.* -ка).

**peasantry** *n.* крестья́нство.

**pease pudding** *n.* горо́ховый пу́динг, горо́ховая запека́нка.

**peat** *n.* торф.
  *cpd.:* ~**-bog** *n.* торфяно́е боло́то.

**pebble** *n.* голы́ш; га́лька; булы́жник; ~ lens ли́нза из го́рного хрусталя́; she's not the only ~ on the beach таки́х как она́ пруд пруди́.
  *cpd.:* ~**-dash** *n.* гравийная набро́ска; *adj.* гравийный.

**pebbly** *adj.* покры́тый га́лькой.

**pecan** *n.* оре́х-пека́н.

**peccadillo** *n.* грешо́к.

**peck**[1] *n.* (*fig., large amount*) ма́сса, ку́ча.

**peck**[2] *n.* (*made by beak*) клево́к; (*fig., hasty kiss*): he gave her a ~ on the cheek он чмо́кнул её в щёку.
  *v.t.* клева́ть, клю́нуть; поклева́ть (*pf.*).
  *v.i.* (*fig.*): she ~ed at her food она́ едва́ дотро́нулась до еды́; ~ing order ≃ неофициа́льная иера́рхия.

**pecker** *n.* (*sl.*): keep your ~ up! не ве́шай но́са!

**peckish** *adj.* (*coll.*) голо́дный.

**pectoral** *adj.* грудно́й.

**peculation** *n.* растра́та, казнокра́дство.

**peculator** *n.* растра́тчик, казнокра́д.

**peculiar** *adj.* **1.** (*exclusive, distinctive*) осо́бенный, своеобра́зный; this custom is ~ to the English э́то чи́сто англи́йский обы́чай; **2.** (*particular*) осо́бенный; a building of ~ interest зда́ние, представля́ющее осо́бый интере́с; **3.** (*strange*) стра́нный; his behaviour was rather ~ он вёл себя́ дово́льно стра́нно.

**peculiarity** *n.* (*characteristic*) сво́йство; осо́бенность; (*oddity*) стра́нность.

**pecuniary** *adj.* де́нежный.

**pedagogic(al)** *adj.* педагоги́ческий.

**pedagogue** *n.* педаго́г.

**pedagogy** *n.* педаго́гика.

**pedal** *n.* педа́ль.

*v.t. & i.* (*of cyclist*) е́хать (*det.*) (на велосипе́де); (*of organist*) наж|има́ть, -а́ть (на) педа́ль.
  *cpd.:* ~**-cycle** *n.* велосипе́д.

**pedalo** *n.* морско́й/во́дный велосипе́д.

**pedant** *n.* педа́нт.

**pedantic** *adj.* педанти́чный.

**pedantry** *n.* педанти́чность.

**peddle** *v.t.* торгова́ть (*impf.*) вразно́с; he ~s his wares in every town он развози́т свои́ това́ры по всем города́м; (*fig.*): she likes to ~ gossip она́ лю́бит разноси́ть спле́тни.

**peddler** *see* PEDLAR.

**pe|derast, pae-** *n.* педера́ст.

**pe|derasty, pae-** *n.* педера́стия.

**pedestal** *n.* (*of column or statue*) пьедеста́л; he set her on a ~ (*fig.*) он вознёс её на пьедеста́л; (*of desk etc.*) основа́ние.

**pedestrian** *n.* пешехо́д.
  *adj.* **1.** (*of or for walking*) пешехо́дный; ~ crossing перехо́д; ~ footpath пешехо́дная доро́жка; **2.** (*fig., prosaic*) прозаи́ческий, прозаи́чный, ску́чный.

**pediatric, -ian, -s** *see* PAEDIATRIC *etc.*

**pedicure** *n.* (*chiropody*) педикю́р; (*chiropodist*) ма́стер по педикю́ру; педикю́рша.

**pedigree** *n.* (*genealogical table*) родосло́вная; (*line of descent*) происхожде́ние; (*ancient descent*): a man of ~ челове́к с хоро́шей родосло́вной; (*fig., of word etc.*) этимоло́гия; (*attr.*): ~ cattle племенно́й скот.

**pediment** *n.* фронто́н.

**pedlar** (*Am.* **peddler**) *n.* разно́счик, коробе́йник.

**pedometer** *n.* шагоме́р.

**pee** (*coll.*) *n.* (*urination*) пи-пи́ (*nt. indecl.*); (*urine*) моча́.
  *v.i.* мочи́ться, по-.

**peek** (*coll.*) *n.* взгляд укра́дкой.
  *v.i.* взгля́|дывать, -ну́ть; ~ **in** загля́|дывать, -ну́ть; ~ **out** выгля́|дывать, вы́глянуть.

**peel** *n.* (*thin skin e.g. of apple or potato*) кожура́, шелуха́; (*rind of orange etc.*) ко́рка.
  *v.t.* **1.** (*remove skin from*) оч|ища́ть, -и́стить; (*fig.*): he kept his eyes ~ed (*coll.*) он смотре́л в о́ба; **2.** (*remove from surface*) сн|има́ть, -ять; he ~ed the stamp off the envelope он откле́ил ма́рку от конве́рта.
  *v.i.* **1.** (*lose skin, bark etc.*) шелуши́ться (*impf.*); the sun makes my arms ~ у меня́ шелуша́тся пле́чи от со́лнца; the walls were ~ing with the damp сте́ны обле́зли от сы́рости; **2.** (*come away from surface*; *also* ~ **away, off**) слез|а́ть, -ть; обл|еза́ть, -е́зть; the paint has begun to ~ (off) кра́ска начала́ сходи́ть.
  *with advs.:* ~ **away** *v.t.* сн|има́ть, -ять; *v.i. see* PEEL *v.i.* 2.; ~ **off** *v.t.*: he ~ed off his clothes and dived in он сбро́сил с себя́ оде́жду и нырну́л; *v.i.* (*lit.*) *see* PEEL *v.i.* 2.; (*fig., detach o.s. from*

*group*) выходи́ть, вы́йти из стро́я; the aircraft ~ed off to attack самолёт вы́рвался из стро́я для ата́ки.

**peeler** *n.* (*device for peeling*) шелуши́тель (*m.*).

**peeling** *n.* кожура́, шелуха́; potato ~s карто́фельные очи́стки (*f. pl.*).

**peep**[1] *n.* **1.** (*furtive or hasty look*) взгляд укра́дкой; take, have a ~ at взгляну́ть (*pf.*) на +*a.*; **2.** (*first appearance*) про́блеск; at ~ of day, dawn на рассве́те.

*v.i.* подгля́д|ывать, -е́ть; he ~ed in at the window он загляну́л в окно́; during the morning the sun ~ed out у́тром вы́глянуло со́лнце.

*cpds.*: ~**-hole** *n.* глазо́к; ~**-show** *n.* кинетоско́п.

**peep**[2] *n.* (*chirp*) писк, чири́канье; (*fig.*): I couldn't get a ~ out of him я не мог из него́ ни сло́ва вы́жать.

*v.i.* пища́ть, пи́скнуть; чири́к|ать, -нуть.

**peer**[1] *n.* **1.** (*equal*) ро́вня; you will not find his ~ вы не найдёте ему́ ра́вного; this wine is without ~ э́то вино́ несравне́нно; **2.** (*noble*) лорд, пэр; he was made a ~ его́ возвели́ в ло́рды; ему́ пожа́ловано зва́ние ло́рда.

**peer**[2] *v.i.* (*look closely*) всм|а́триваться, -отре́ться (в +*a.*).

**peerage** *n.* (*body of peers*) сосло́вие пэ́ров; (*rank*) пэ́рство, ти́тул пэ́ра.

**peeress** *n.* супру́га пэ́ра; же́нщина, име́ющая ти́тул пэ́ра.

**peerless** *adj.* несравне́нный.

**peeve** (*coll.*) *n.* (*grievance*) прете́нзия.

*v.t.*: he looks ~d у него́ недово́льный вид.

**peevish** *adj.* брюзгли́вый; капри́зный.

**peewit, pewit** *n.* чи́бис.

**peg** *n.* ко́лышек; (clothes-~) крючо́к; (hat-, coat-~) ве́шалка; he buys his clothes off the ~ он покупа́ет гото́вую оде́жду; (tent-~) ко́лышек для натя́гивания пала́тки; (*fig.*): he is a square ~ in a round hole он не на своём ме́сте; it provided a ~ to hang a discourse on э́то послужи́ло по́водом для выступле́ния; he should be taken down a ~ его́ ну́жно осади́ть; с него́ на́до сбить спесь.

*v.t.* (*fasten*) прикреп|ля́ть, -и́ть; (*comm., fix level of*): ~ prices замор|а́живать, -о́зить це́ны.

*with advs.*: ~ **away** *v.i.* вка́лывать (*impf.*); корпе́ть (*impf.*) (*coll.*); ~ **down** *v.t.* (*lit.*) укреп|ля́ть, -и́ть; (*fig., restrict*) свя́з|ывать, -а́ть; ~ **out** *v.t.* (*mark with* ~s): he ~ged out his claim (*lit.*) он отме́тил грани́цы своего́ уча́стка; (*fig.*) он закрепи́л своё пра́во; (*hang out with* ~s): ~ out the clothes разве́|шивать, -сить оде́жду; *v.i.* (*sl., expire*) выдыха́ться, вы́дохнуться; умере́ть (*pf.*).

*cpds.*: ~**-board** *n.* стенд; ~**-leg** *n.* (*leg*) деревя́нная нога́; (*pers.*) челове́к с деревя́нной ного́й; ~**-top** *n.* куба́рь (*m.*), волчо́к; ~-top trousers брю́ки, широ́кие в бёдрах и у́зкие

внизу́.

**peignoir** *n.* пенью́ар.

**pejorative** *adj.* уничижи́тельный, пренебрежи́тельный.

**peke** = Pekin(g)ese *n.* (2).

**Pekin(g)** *n.* Пеки́н.

**Pekin(g)ese** *n.* (*pers.*) жи́тель Пеки́на; (*dog*) кита́йский мопс, пекине́с.

**pelagic** *adj.* пелаги́ческий; ~ whaling морско́й лов кито́в.

**pelargonium** *n.* пеларго́ния.

**pelican** *n.* пелика́н.

**pelisse** *n.* (*officer's*) гуса́рский ме́нтик.

**pellet** *n.* ша́рик; (*pill*) пилю́ля; (*small shot*) пу́лька.

**pell-mell** *adv.* вперемешку; беспоря́дочно; his words came out ~ он говори́л сби́вчиво.

**pellucid** *adj.* прозра́чный.

**pelmet** *n.* ламбреке́н.

**pelt**[1] *n.* (*skin*) ко́жа, шку́ра.

**pelt**[2] *n.*: at full ~ по́лным хо́дом.

*v.t.* (*assail*) швыр|я́ть, -ну́ть; забр|а́сывать, -о́сить; they ~ed him with stones/insults они́ заброса́ли его́ камня́ми/оскорбле́ниями.

*v.i.* стуча́ть, по-; бараба́нить (*impf.*); the rain was ~ing down дождь бараба́нил вовсю́.

**pelvic** *adj.* та́зовый; ~ girdle та́зовый по́яс.

**pelvis** *n.* таз.

**pemmican** *n.* пеммика́н.

**pen**[1] *n.* (*writing instrument*) перо́ (*strictly* 'nib', quill'), ру́чка (*strictly* '~-holder'); he never puts ~ to paper он никогда́ не берётся за перо́; (*fig.*): he makes his living by his ~ он живёт литерату́рным трудо́м; he has a witty ~ он пи́шет остроу́мно.

*v.t.* писа́ть, на-; сочин|я́ть, -и́ть.

*cpds.*: ~**-and-ink** *adj.* нарисо́ванный перо́м; a ~-and-ink drawing рису́нок перо́м/ту́шью; ~**-friend** *n.* корреспонде́нт (*fem.* -ка); ~**-holder** *n.* ру́чка; ~**-knife** *n.* перочи́нный но́ж(ик); ~**manship** *n.* каллигра́фия; ~**-name** *n.* (литерату́рный) псевдони́м; ~**-nib** *n.* перо́ (пи́счее); ~**-portrait** *n.* литерату́рный портре́т; ~**-pusher** *n.* (*coll.*) писа́ка (*c.g.*).

**pen**[2] *n.* (*enclosure*) заго́н; submarine ~ укры́тие для подво́дных ло́док.

*v.t.* (*also* ~ **in,** ~ **up**) зап|ира́ть, -ере́ть.

**penal** *adj.*: ~ code уголо́вный ко́декс; ~ colony штрафна́я коло́ния; ~ laws уголо́вное пра́во; ~ offence уголо́вное преступле́ние; ~ servitude ка́торжные/исправи́тельно-трудовы́е рабо́ты.

**penalize** *v.t.* (*make punishable*) нака́з|ывать, -а́ть; (*subject to penalty*) штрафова́ть, о-; нака́з|ывать, -а́ть; he was ~d for a foul он был нака́зан за гру́бую игру́.

**penalty** *n.* (*lit., fig.*) наказа́ние; on, under ~ of death под стра́хом сме́ртной ка́зни; he paid the ~ of his folly он поплати́лся за со́бственное безрассу́дство; (*sport*) штрафно́е очко́

~ area штрафна́я площа́дка; ~ kick штрафно́й уда́р.

**penance** *n.* епитимья́, покая́ние; he must do ~ for his sins он до́лжен замоли́ть/искупи́ть свои́ грехи́.

**pence** *n.*, *see* PENNY.

**penchant** *n.* скло́нность (*к чему*); симпа́тия (*к кому*).

**pencil** *n.* каранда́ш; coloured ~ цветно́й каранда́ш; eyebrow ~ каранда́ш для брове́й; a ~ drawing рису́нок карандашо́м.

*v.t.* рисова́ть, на-; ~led eyebrows подрисо́ванные бро́ви; he ~led (*reserved provisionally*) a cabin он сде́лал предвари́тельный зака́з на каю́ту; the corrections were ~led in попра́вки бы́ли внесены́ карандашо́м.

**pendant** *n.* **1.** (*hanging ornament*) подве́ска; брело́к; ~s on a chandelier подве́ски на лю́стре; **2.** (*complement, counterpart*) дополне́ние, па́ра.

**pendent** *adj.* (*lit., hanging*) свиса́ющий, вися́чий; (*fig., incomplete, in suspense*) нерешённый.

**pendentive** *n.* па́рус сво́да/ку́пола.

**pending** *adj.* рассма́триваемый; нерешённый; ~ tray, file я́щик для бума́г, отло́женных для рассмотре́ния; па́пка «К рассмотре́нию».

*prep.* **1.** (*during*) во вре́мя +*g.*; в тече́ние +*g.*; **2.** (*until*) до +*g.*; в ожида́нии +*g.*

**pendulous** *adj.* подвесно́й.

**pendulum** *n.* ма́ятник; swing of the ~ (*fig.*) кача́ние ма́ятника.

**penetrability** *n.* проница́емость.

**penetrable** *adj.* проница́емый.

**penetrate** *v.t.* **1.** (*pierce, find access to*) прон|ика́ть, -и́кнуть в +*a.*; the bullet ~d his brain пу́ля прони́кла ему́ в мозг; they ~d the enemy's defences они́ прорвали́сь че́рез оборо́ну проти́вника; (*see through*): our eyes could not ~ the darkness мы не могли́ ничего́ разгляде́ть в темноте́; (*fig.*) разга́д|ывать, -а́ть; I soon ~d his designs я вско́ре раскуси́л его́ наме́рения; **2.** (*pervade*) прон|ика́ть, -и́кнуть; прони́з|ывать, -а́ть; the smell ~d the whole house за́пах распространи́лся по всему́ до́му.

*v.i.* **1.** (*make one's way*) вт|орга́ться, -о́ргнуться; Livingstone ~d into the interior of Africa Ливингсто́н прони́к вглубь А́фрики; **2.** (*be heard clearly*): his voice ~d into the next room его́ го́лос доноси́лся в сосе́днюю ко́мнату.

**penetrating** *adj.* си́льный; о́стрый; a ~ mind проница́тельный/о́стрый ум; a ~ voice прони́зительный го́лос.

**penetration** *n.* (*penetrating*) проника́ние; peaceful ~ (*of a country*) ми́рное проникнове́ние; (*mil., breach of defences*) проры́в; (*mental acumen*) проница́тельность; (*sexual*) сои́тие.

**penguin** *n.* пингви́н.

**penicillin** *n.* пеницилли́н.

**peninsula** *n.* полуо́стров.

**peninsular** *adj.* полуостровно́й; the P~ War война́ на Пирене́йском полуо́строве.

**penis** *n.* пе́нис, (мужско́й) член.

**penitence** *n.* раска́яние.

**penitent** *n.* ка́ющийся гре́шник.
*adj.* раска́ивающийся.

**penitential** *adj.* покая́нный.

**penitentiary** *n.* (*house of correction*) исправи́тельный дом; (*prison*) тюрьма́.
*adj.* исправи́тельный.

**pennant** *n.* флажо́к, вы́мпел.

**penniless** *adj.* без гроша́.

**pennon** *n.* флажо́к, вы́мпел.

**penny** *n.* пе́нни (*nt. indecl.*), пенс; (*Am., coin*) цент; a ~ for your thoughts о чём вы заду́мались?; in for a ~, in for a pound ≃ взя́вшись за гуж, не говори́, что не дюж; he turned up like a bad ~ ≃ то́лько его́ и не хвата́ло; he found a way of turning an honest ~ он нашёл че́стный за́работок; that cost a pretty ~ э́то влете́ло в копе́ечку; at last the ~ has dropped! (*coll.*) наконе́ц-то дошло́; I must (go and) spend a ~ (*coll.*) мне ну́жно кой-куда́; in ~ numbers (*fig., small quantities*) в ма́леньком коли́честве; ~ wise and pound foolish крохобо́р в мелоча́х и расточи́телен в кру́пном.

*cpds.*: ~**-a-liner** *n.* писа́ка (*c.g.*); ~**-farthing** *n.* (*bicycle*) стари́нный велосипе́д; ~**-in-the-slot machine** *n.* автома́т.

**penologist** *n.* пено́лог; тюрьмове́д.

**penology** *n.* пеноло́гия; тюрьмове́дение.

**pension** *n.* пе́нсия; old-age, retirement ~ пе́нсия по ста́рости; war ~ вое́нная пе́нсия; widow's ~ вдо́вья пе́нсия.
*v.t.* назн|ача́ть, -а́чить пе́нсию +*d.*
*with adv.*: ~ **off** *v.t.* ув|ольня́ть, -о́лить на пе́нсию.

**pension** *n.* (*boarding-house*) пансио́н; *en* ~ rates по́лный пансио́н.

**pensionable** *adj.*: he is a ~ employee он име́ет пра́во на пе́нсию; his job is a ~ э́та рабо́та даёт ему́ пра́во на пе́нсию.

**pensionary** *n.* пенсионе́р.
*adj.* пенсио́нный.

**pensioner** *n.* пенсионе́р.

**pensive** *adj.* заду́мчивый.

**pensiveness** *n.* заду́мчивость.

**pent** *adj.* за́пертый; ~-up feelings пода́вленные чу́вства.

**pentacle** *n.* пентагра́мма, маги́ческий пятиуго́льник.

**pentagon** *n.* пятиуго́льник; the P~ (*U.S. War Dept.*) Пентаго́н.

**pentagram** *n.* пентагра́мма, маги́ческий пятиуго́льник.

**pentameter** *n.* пента́метр.

**Pentateuch** *n.* пятикни́жие.

**pentathlon** *n.* пятибо́рье.

**Pentecost** *n.* пятидеся́тница.

**Pentecostal** *adj.* пятидеся́тнический.

**Pentecostalist** *n.* пятидеся́тни|к (*fem.* -ца).

**penthouse** (*sloping roof*) наве́с; (*Am., apartment on roof*) мезони́н; особня́к, вы́строенный на кры́ше небоскрёба.

**pentode** *n.* пенто́д.

**penultimate** *adj.* предпосле́дний.

**penumbra** *n.* полуте́нь.

**penurious** *adj.* бе́дный; ску́дный.

**penury** *n.* нужда́; ску́дость.

**peon** *n.* (*labourer*) пео́н, подёнщик.

**peonage** *n.* батра́чество.

**peony** *n.* пио́н.

**people** *n.* **1.** (*race, nation*) наро́д; the Soviet ~s наро́ды Сове́тского Сою́за; government of the ~, by the ~, for the ~ власть наро́да, для наро́да, осуществля́емая наро́дом; ~'s republic наро́дная респу́блика; **2.** (*proletariat*) наро́д; the common ~ просто́й наро́д; a man of the ~ челове́к из наро́да; he rose from the ~ он вы́шел из наро́да; **3.** (*inhabitants*) жи́тели (*m. pl.*); (*workers*) слу́жащие (*pl.*); (*citizens*) гра́ждане (*m. pl.*); **4.** (*persons grouped by class, place etc.*): poor ~ бедняки́ (*m. pl.*); country ~ се́льские жи́тели; young ~ молодёжь; old ~ старики́ (*m. pl.*); our ~ на́ши; **5.** (*relatives, parents*) родны́е (*pl.*); **6.** (*persons in general*) лю́д|и (*pl., g.* -е́й); few ~ ма́ло люде́й; four ~ четы́ре челове́ка; че́тверо; there were 20 ~ present прису́тствовало 20 челове́к; many, most ~ will object большинство́ бу́дет про́тив; ~ say he's mad говоря́т, что он сумашше́дший; he doesn't care what ~ say ему́ всё равно́, что о нём говоря́т.

*v.t.* засел|я́ть, -и́ть; a thickly-~d district густонаселённый райо́н; (*fig.*): the town is ~d with memories го́род по́лон воспомина́ний.

**pep** (*coll.*) *n.* бо́дрость ду́ха; put some ~ into it! веселе́е!, живе́е!; ~ pill стимуля́тор, стимули́рующая пилю́ля (*наркотик*); ~ talk «нака́чка».

*v.t.* (*usu.* ~ **up**) подбодр|я́ть, -и́ть; стимули́ровать (*impf., pf.*).

**pepper** *n.* (*condiment*) пе́рец; (*capsicum plant or pod*) стручко́вый пе́рец.

*v.t.* **1.** (*sprinkle or season with* ~) пе́рчить, на-/по-; **2.** (*fig., sprinkle*) усе́|ивать, -ять; **3.** (*fig., pelt*) забр|а́сывать, -о́сить; he was ~ed with questions его́ забро́сали вопро́сами.

*cpds.*: ~-**and-salt** *n.* (*cloth*) тка́цкий рису́нок «пе́рец и соль»; *adj.* (*colour*) кра́пчатый; ~-**box,** ~-**castor,** *nn.* пе́речница; ~**corn** *n.* пе́речное зерно́, перчи́нка; (*fig., rent*) номина́льная аре́ндная пла́та; ~-**mill** *n.* ме́льница (для пе́рца); ~ **mint** *n.* (*plant; its essence*) мя́та пе́речная; (*flavoured sweet*) мя́тный ледене́ц; ~-**pot** *see* ~-**box.**

**peppery** *adj.* (*of food*) наперченный; (*fig., irascible*) вспы́льчивый.

**pepsin** *n.* пепси́н.

**peptic** *adj.* пепти́ческий, пищевари́тельный; ~ ulcer я́зва желу́дка.

**per** *prep.* **1.** (*for each*) в +*a.*; на +*a.*; с +*g.*; 60 miles ~ hour 60 миль в час; grams ~ square centimetre гра́ммы на оди́н квадра́тный сантиме́тр; they collected 20 pence ~ man они́ собра́ли по 20 пе́нсов с челове́ка; **2.** (*by means of*) по +*d.*; че́рез +*a.*; **3.**: as ~ usual (*coll.*) по обыкнове́нию.

**peradventure** *n.*: beyond a ~ без сомне́ния.

**perambulate** *v.t.* расха́живать (*impf.*) по +*d.*

**perambulation** *n.* прогу́лка; обхо́д.

**perambulator** *n.* де́тская коля́ска.

**per annum** *adv.* в год.

**percale** *n.* перка́ль (*f. or m.*).

**per capita** *adv.* на ду́шу.

**perceivable** *adj.* ощути́мый.

**perceive** *v.t.* (*with mind*) пон|има́ть, -я́ть; пост|ига́ть, -и́гнуть, -и́чь; (*through senses*) чу́вствовать, по-; ощу|ща́ть, -ти́ть.

**per cent, percent** *n.* проце́нт; three ~ три проце́нта.

*adv.* проце́нт, на со́тню.

**percentage** *n.* (*rate per cent*) проце́нтное содержа́ние; (*proportion*) проце́нтное отноше́ние, проце́нт; (*share in profits*) до́ля, часть; (*Am. coll., profit*) вы́года.

**perceptibility** *n.* ощути́мость.

**perceptibl|e** *adj.* ощути́мый; he was ~y moved он был заме́тно растро́ган.

**perception** *n.* (*process or faculty of perceiving*) восприя́тие, ощуще́ние; (*quality of discernment*) осозна́ние; понима́ние; (*phil.*) перце́пция.

**perceptive** *adj.* восприи́мчивый; проница́тельный.

**perceptiveness** *n.* восприи́мчивость, проница́тельность.

**perch**[1] *n.* (*zool.*) о́кунь (*m.*).

**perch**[2] *n.* (*of bird*) насе́ст, жёрдочка; (*fig.*): he was knocked off his ~ ему́ сби́ли го́нор (*coll.*).

*v.t. & i.* сади́ться (*impf.*) на насе́ст; устр|а́иваться, -о́иться; birds ~ on the boughs пти́цы садя́тся на ве́тви; he ~ed (himself) on a stool он присе́л на табуре́т; a town ~ed on a hill го́род, прилепи́вшийся на верши́не холма́.

**perchance** *adv.* (*arch. or joc.*) быть мо́жет, случа́йно.

**percipience** *n.* спосо́бность восприя́тия.

**percipient** *adj.* воспринима́ющий.

**percolate** *v.t.* про|ходи́ть, -йти́ че́рез +*a.*; the water ~s every crevice вода́ проника́ет че́рез ка́ждую щель.

*v.i.* прос|а́чиваться, -очи́ться; water ~s through sand вода́ прохо́дит сквозь песо́к; I'm waiting for the coffee to ~ я жду, пока́ ко́фе профильтру́ется; (*fig.*): the news ~d at last но́вости наконе́ц просочи́лись.

**percolator** *n.* (*cul.*) кофе́йник, перколя́тор, кофева́рка.

**per contra** *adv.* с друго́й стороны́; наоборо́т.

**percussion** *n.* **1.** (*striking*) уда́р; ~ cap уда́рный писто́н; ~ fuse взрыва́тель (*m.*) уда́рного де́йствия; **2.** (~ instruments) уда́рные инструме́нты (*m. pl.*).

**per diem** *adv.* в день.

**perdition** *n.* ги́бель.

**peregrination** *n.* стра́нствование.

**peregrine** *n.* (~ falcon) со́кол; сапса́н.

**peremptory** *adj.* (*imperious*) повели́тельный; непререка́емый; (*leg.*) императи́вный; ~ challenge (*leg.*) отво́д (прися́жного) без указа́ния причи́ны.

**perennial** *n.* (*plant*) многоле́тнее расте́ние; hardy ~ (*lit.*) вынóсливый многоле́тник; (*fig.*) навя́зший в зуба́х вопро́с.

*adj.* (*lasting throughout year*) дли́щийся кру́глый год; (*enduring*) (веко)ве́чный; (*regularly repeated*) регуля́рно повторя́ющийся.

**perfect**[1] *n.* (*gram.*) перфе́кт; the future ~ бу́дущее соверше́нное вре́мя.

*adj.* **1.** (*entire, complete*; *absolute*) соверше́нный, по́лный; I felt a ~ fool я почу́вствовал себя́ по́лным/фо́рменным дурако́м; the child was a ~ nuisance ребёнок всем до́ смерти надое́л; that is ~ nonsense э́то по́лный абсу́рд; э́то абсолю́тная чепуха́; you have a ~ right to your opinion вы име́ете по́лное пра́во приде́рживаться своего́ мне́ния; a ~ stranger совсе́м чужо́й (челове́к); I am ~ly sure of it я соверше́нно уве́рен в э́том; **2.** (*faultless*) соверше́нный; безупре́чный; a ~ diamond безупре́чный алма́з; he speaks ~ English он в соверше́нстве говори́т по-англи́йски; (*thoroughly accomplished*) соверше́нный; the actors were word-~ актёры зна́ли роль назубо́к; (*corresponding to an ideal*) соверше́нный, идеа́льный; (*corresponding to definition*; *archetypal*): a ~ circle то́чный круг; he committed the ~ murder он соверши́л класси́ческое уби́йство; **3.** (*exact, precise*) абсолю́тный; ~ pitch (*mus.*) абсолю́тный слух; (*corresponding to requirements*) безупре́чный; the dress is a ~ fit пла́тье прекра́сно сиди́т; that is a ~ instance of what I mean э́то как нельзя́ лу́чше подтвержда́ет то, что я име́ю в виду́; **4.** (*gram.*) перфе́ктный, соверше́нный; ~ tense перфе́кт; ~ participle прича́стие проше́дшего вре́мени; **5.** (*mus.*): ~ fifth чи́стая кви́нта.

**perfect**[2] *v.t.* (*complete*; *accomplish, achieve*) заверша́|ть, -и́ть; выполня́ть, вы́полнить; (*bring to highest standard*) соверше́нствовать, у-.

**perfection** *n.* **1.** (*perfecting*) заверше́ние, соверше́нствование; **2.** (*faultlessness, excellence*) соверше́нство; she dances to ~ она́ безупре́чно танцу́ет; **3.** (*ideal or its embodi-*

*ment*) зако́нченность; the ~ of beauty верх красоты́; (*highest pitch*) вы́сшая сте́пень (*чего*).

**perfectionist** *n.* взыска́тельный челове́к; добыва́ющийся соверше́нства; (*towards oneself*) взыска́тельный к себе́ челове́к.

**perfective** *n.* (*gram.*) соверше́нный вид.

*adj.* соверше́нный; в соверше́нном ви́де.

**perfervid** *adj.* пы́лкий.

**perfidious** *adj.* вероло́мный, кова́рный.

**perfid|iousness, -y** *nn.* вероло́мство, кова́рность.

**perforate** *v.t.* перфори́ровать (*impf.*); a ~d appendix прободно́й аппе́ндикс.

*v.i.*: the appendix ~d произошло́ прободе́ние аппе́ндикса.

**perforation** *n.* (*piercing*) перфора́ция, просве́рливание; (*row of pierced holes*) перфори́рованный ряд.

**perforce** *adv.* во́лей-нево́лей.

**perform** *v.t.* **1.** (*carry out*) выполня́ть, вы́полнить; исп|олня́ть, -о́лнить; **2.** (*enact*) исп|олня́ть, -о́лнить; Hamlet will be ~ed next week «Га́млета» даю́т на сле́дующей неде́ле; ~ing rights права́ на постано́вку/исполне́ние; he ~ed conjuring tricks он показа́л фо́кусы.

*v.i.* **1.** (*act, play instrument etc.*) игра́ть, сыгра́ть; (*execute tricks*): ~ing seal дресси́рованный тюле́нь; **2.** (*function*): my car ~s well on hills моя́ маши́на хорошо́ идёт в го́ру.

**performance** *n.* **1.** (*execution*) исполне́ние, выполне́ние, проведе́ние; in the ~ of his duty при исполне́нии до́лга; **2.** (*achievement, feat*) де́йствие; that was a fine ~ of his! (*iron.*) хорошо́ же он себя́ прояви́л!; **3.** (*of a machine, vehicle etc.*) ход, характери́стика; **4.** (*public appearance*) выступле́ние; **5.** (*of play etc.*) представле́ние; постано́вка; спекта́кль (*m.*); (*of music*) исполне́ние; **6.** (*coll., tedious process, fuss*): he made a ~ of it он из э́того устро́ил це́лую исто́рию.

**performer** *n.* исполни́тель (*m.*); he is a fine ~ on the flute он прекра́сно игра́ет на фле́йте.

**perfume** *n.* (*odour*) благоуха́ние; (*fluid*) дух|и́ (*pl., g.* -о́в).

*v.t.* (*impart odour to*) де́лать, с- благоуха́нным; (*apply scent to*) души́ть, на-.

**perfumer** *n.* парфюме́р.

**perfumery** *n.* (*business*) парфюме́рная промы́шленность; (*shop*) парфюме́рия; (*wares*) парфюме́рные това́ры (*m. pl.*).

**perfunctoriness** *n.* пове́рхностность; небре́жность.

**perfunctory** *adj.* пове́рхностный; небре́жный.

**pergola** *n.* пе́ргола.

**perhaps** *adv.* мо́жет быть; возмо́жно; пожа́луй; ~ not мо́жет быть и нет; there is no ~ about it э́то несомне́нно.

**pericardium** *n.* перика́рд.

**peridot** *n.* перидо́т.

**perigee** n. периге́й.

**perihelion** n. периге́лий.

**peril** n. опа́сность; риск; he goes in ~ of his life его́ жизнь в постоя́нной опа́сности; you come inside at your ~ вход (сюда́) риско́ван.

**perilous** adj. опа́сный; риско́ванный.

**perimeter** n. (of a geom. figure) пери́метр; (of an airfield etc.) вне́шняя грани́ца; (of a defensive position) вне́шний обво́д (or пере́дний край) кругово́й оборо́ны; ~ defence кругова́я оборо́на.

**period** n. **1.** пери́од; the ~ of the sun's revolution пери́од обраще́ния со́лнца; she has ~s of depression у неё быва́ют пери́оды депре́ссии; at no ~ in his life was he ever happy он никогда́ в жи́зни не́ был сча́стлив; he will be away for a long ~ его́ не бу́дет до́лгое вре́мя; **2.** (previous age) эпо́ха; she wore the dress of the ~ она́ была́ оде́та в сти́ле эпо́хи; ~ furniture сти́льная/стари́нная ме́бель; a ~ play пье́са, рису́ющая нра́вы определённой эпо́хи; **3.** (session of instruction) уро́к; **4.** (course of disease) ста́дия; **5.** (menses) ме́сячные (pl.); **6.** (sentence) фра́за; (pl., rhetorical language) рито́рика; **7.** (full stop) то́чка; коне́ц; the war put a ~ to his studies война́ положи́ла коне́ц его́ заня́тиям.

**periodic** adj. периоди́ческий, очередно́й; ~ table (chem.) периоди́ческая табли́ца.

**periodical** n. периоди́ческое изда́ние; (pl.) перио́дика.

   adj. = PERIODIC.

**periodicity** n. периоди́чность.

**peripatetic** adj. (itinerant) бродя́чий.

**peripheral** adj. (lit.) перифери́йный; (fig., not central to a subject) несуще́ственный; побо́чный.

**periphery** n. окру́жность; (lit., fig.) перифери́я.

**periphrasis** n. перифра́з.

**periphrastic** adj. перифрасти́ческий.

**periscope** n. периско́п.

**periscopic** adj. перископи́ческий; ~ sight периско́пный прице́л.

**perish** v.t.: we were ~ed with cold мы про́сто погиба́ли от хо́лода; strong sun will ~ rubber си́льные со́лнечные лучи́ разруша́ют рези́ну.

   v.i. **1.** пог|иба́ть, -и́бнуть; they shall ~ by the sword они́ поги́бнут от меча́; . . . or ~ in the attempt ≃ пан и́ли пропа́л; ~ the thought! Бо́же упаси́!; **2.**: the rubber has ~ed рези́на пришла́ в него́дность.

**perishable** adj. тле́нный, непро́чный, скоропо́ртящийся; (pl., as n.) скоропо́ртящийся това́р.

**perisher** n. (sl.) ничто́жество; (child) прока́зник.

**perishing** adj. (coll.) (cold): it's ~ here здесь а́дский хо́лод; (wretched) ужа́сный, стра́шный.

**peristyle** n. перисти́ль (m.).

**peritoneum** n. брюши́на.

**peritonitis** n. перитони́т.

**periwig** n. (пу́дреный) пари́к.

**periwinkle** n. (mollusc) литори́на; (plant) барви́нок.

**perjure** v.t.: ~ o.s. да|ва́ть, -ть ло́жное показа́ние под прися́гой; a ~d witness лжесвиде́тель (fem. -ница).

**perjurer** n. лжесвиде́тель (fem. -ница).

**perjury** n. лжесвиде́тельство; commit ~ = PERJURE O.S.

**perk**[1] n. (coll.) = PERQUISITE.

**perk**[2] v.t. **1.** (move smartly): the dog ~ed up its tail соба́ка задрала́ хвост; he ~ed his head over the fence он вы́сунул го́лову че́рез забо́р; **2.**: ~ **up** (smarten) приукра́|шивать, -сить; ожив|ля́ть, -и́ть; (of taste) припр|авля́ть, -а́вить.

   v.i.: I hope the weather ~s up (coll.) наде́юсь, что пого́да пола́дится.

**perkiness** n. бо́йкость, весёлость.

**perky** adj. (of dog etc.) живо́й, бо́йкий; (cheerful) весёлый.

**perm** n. (coll., permanent wave) пермане́нт.

   v.t.: she had her hair ~ed она́ сде́лала себе́ пермане́нтную зави́вку.

**permafrost** n. ве́чная мерзлота́.

**permalloy** n. пермалло́й.

**permanence** n. неизме́нность; постоя́нство.

**permanency** n. **1.** = PERMANENCE; **2.** (sth. permanent) обы́денное явле́ние; (job) постоя́нное заня́тие.

**permanent** adj. постоя́нный; ~ wave зави́вка «пермане́нт»; ~ way ве́рхнее строе́ние пути́.

**permanganate** n. перманга́т; ~ of potash марганцовоки́слый ка́лий.

**permeability** n. проница́емость.

**permeable** adj. проница́емый.

**permeate** v.t. & i. пропи́т|ывать, -а́ть; прон|ика́ть, -и́кнуть в +a.; прос|а́чиваться, -очи́ться в +a.

**permeation** n. (lit., fig.) проникнове́ние, проса́чивание.

**Permian** adj. пе́рмский.

**permissibility** n. допусти́мость.

**permissible** adj. допусти́мый, позволи́тельный.

**permission** n. позволе́ние, разреше́ние; you must get ~ to go there что́бы пойти́ туда́, необходи́мо разреше́ние; she has my ~ to stay я разреша́ю ей оста́ться; with your ~ I'll leave с ва́шего позволе́ния я ухожу́.

**permissive** adj.: ~ society о́бщество вседозво́ленности.

**permissiveness** n. вседозво́ленность.

**permit**[1] n. разреше́ние, про́пуск (pl. -а́); work ~ разреше́ние на рабо́ту; residence ~ вид на жи́тельство.

**permit**[2] *v.t.* разреш|а́ть, -и́ть; smoking ~ted кури́ть разреша́ется; if I may be ~ted to speak е́сли мне бу́дет позво́лено вы́сказаться.
*v.i.*: if circumstances ~ е́сли обстоя́тельства позво́лят; weather ~ting е́сли пого́да позво́лит; the situation ~s of no delay ситуа́ция не те́рпит отлага́тельства.

**permutation** *n.* пермута́ция.

**pernicious** *adj.* па́губный, вре́дный; ~ anaemia злока́чественное малокро́вие.

**perniciousness** *n.* па́губность.

**pernickety** *adj.* (*coll.*) привере́дливый.

**perorate** *v.i.* (*declaim*) разглаго́льствовать (*impf.*).

**peroration** *n.* (*conclusion*) заключе́ние ре́чи.

**peroxide** *n.* пе́рекись; hydrogen ~ пе́рекись водоро́да; a ~ blonde кра́шеная блонди́нка.
*v.t.* обесцве́|чивать, -тить.

**perpend** *v.t.* взве́шивать, обду́мывать (*both impf.*).

**perpendicular** *n.* перпендикуля́р; out of the ~ невертика́льный; (*plumb-line*) отве́сная ли́ния.
*adj.* (*at right angles*) перпендикуля́рный; (*vertical*) вертика́льный.

**perpetrate** *v.t.* соверш|а́ть, -и́ть; учин|я́ть, -и́ть; he ~d a frightful pun он состря́пал/вы́дал потряса́ющий каламбу́р.

**perpetration** *n.* соверше́ние.

**perpetrator** *n.* вино́вный; престу́пник.

**perpetual** *adj.* ве́чный; ~ motion ве́чное движе́ние; (*for life*) бессро́чный, пожи́зненный.

**perpetuate** *v.t.* увекове́чи|вать, -ть.

**perpetuation** *n.* увекове́чение.

**perpetuity** *n.* ве́чность; in ~ навсегда́, (на)ве́чно.

**perplex** *v.t.* (*puzzle*) озада́чи|вать, -ть; (*complicate*) усложн|я́ть, -и́ть; запу́т|ывать, -ать.

**perplexity** *n.* (*bewilderment*) озада́ченность, недоуме́ние; (*cause of bewilderment*) запу́танность.

**perquisite** *n.* льго́та; (*pl.*) побо́чные преиму́щества.

**perry** *n.* гру́шевый сидр.

**per se** *adv.* само́ по себе́.

**persecute** *v.t.* пресле́довать (*impf.*).

**persecution** *n.* пресле́дование; ~ mania ма́ния пресле́дования.

**persecutor** *n.* пресле́дователь (*m.*).

**perseverance** *n.* упо́рство; насто́йчивость.

**persever|e** *v.i.*: you must ~e in (at, with) your work вы должны́ упо́рно продолжа́ть свою́ рабо́ту; he is very ~ing он о́чень стара́телен.

**Persia** *n.* Пе́рсия.

**Persian** *n.* (*pers.*) перс (*fem.* -ия́нка); (*language*) перси́дский язы́к.
*adj.* перси́дский.

**persiflage** *n.* подшу́чивание.

**persimmon** *n.* хурма́.

**persist** *v.i.* **1.** (*resist dissuasion*) упо́рствовать (*impf.*); he ~ed in his opinion он упо́рствовал в своём мне́нии; он упо́рно отста́ивал своё мне́ние; he ~ed in coming with me он настоя́л на том, что́бы пойти́ со мной; **2.** (*continue to exist, remain*) сохран|я́ться, -и́ться; the custom ~s to this day э́тот обы́чай сохрани́лся по сей день; fog will ~ all day тума́н поде́ржится весь день.

**persistence** *n.* (*obstinacy*) упо́рство; (*continuation*) продолже́ние; живу́честь.

**persistent** *adj.* **1.** (*obstinate*) упо́рный; **2.** (*slow to go or change*) усто́йчивый, постоя́нный.

**person** *n.* **1.** (*individual*) челове́к; осо́ба; a young ~ молода́я осо́ба; out of bounds to all ~s whatsoever вход воспрещён абсолю́тно всем; not a single ~ was injured ра́неных не́ было совсе́м; (*of particular category*) лицо́; a very important ~ о́чень ва́жное/значи́тельное лицо́; displaced ~s переме́щённые ли́ца; (*relig.*) лицо́, ипоста́сь; the three ~s of the Trinity три ипоста́си Тро́ицы; **2.** (*body*) лицо́; an offence against the ~ преступле́ние про́тив ли́чности; freedom of the ~ свобо́да ли́чности; the great man appeared in ~ вели́кий челове́к яви́лся со́бственной персо́ной; the Church was there in the ~ of Father X це́рковь была́ предста́влена отцо́м X; **3.** (*gram.*) лицо́; first ~ singular пе́рвое лицо́ еди́нственного числа́.

**persona** *n.* вне́шняя сторона́ ли́чности; ~ (non) grata персо́на (нон) гра́та (*indecl.*).

**personable** *adj.* привлека́тельный.

**personage** *n.* (*important person*) ли́чность, персо́на; (*in a play*) персона́ж.

**personal** *adj.* ли́чный; this letter is ~ to me э́то ли́чное письмо́ мне; she is a ~ acquaintance of mine я её ли́чно зна́ю; she has great ~ charm у неё большо́е ли́чное обая́ние; ~ column (*of newspaper*) ли́чная коло́нка; ~ estate (*leg.*) дви́жимое иму́щество; they were selected by ~ interview их отобра́ли путём индивидуа́льного собесе́дования; ~ pronoun ли́чное местоиме́ние; don't make ~ remarks! не переходи́те на ли́чности!

**personality** *n.* **1.** (*individual existence or identity*) индивидуа́льность; **2.** (*distinctive ~, character*) ли́чность; a strong ~ си́льная ли́чность; dual ~ раздвое́ние ли́чности; cult культ ли́чности; **3.** (*public figure*) де́ятель (*m.*), изве́стная ли́чность; **4.** (*pl., offensive remarks*) вы́пады (*m. pl.*).

**personalize** *v.t.* прин|има́ть, -я́ть на свой счёт; вн|оси́ть, -ести́ ли́чный элеме́нт в +*a.*; ~d stationery (*marked with initials etc.*) именна́я пи́счая бума́га.

**personally** *adv.* ли́чно; he was ~ involved он был ли́чно заме́шан; don't take it ~! не принима́йте э́то на свой счёт!; ~ I prefer this ли́чно я предпочита́ю э́то.

**personalty** *n.* (*leg.*) движимость.
**personate** *v.t.* (*act the part of*) играть, сыграть роль +*g.*; (*pretend to be*) выдавать (*impf.*) себя за +*a.*
**personation** *n.* воплощение; (*leg.*) персонация.
**personification** *n.* олицетворение; he is the ~ of selfishness он воплощённый эгоизм.
**personif|y** *v.t.* (*give personal attributes to*) олицетвор|ять, -ить; (*exemplify*) вопло|щать, -тить; she was kindness ~ied она была воплощением доброты.
**personnel** *n.* персонал; штат, кадры (*m. pl.*); ~ officer работник отдела кадров; ~ department отдел кадров.
**perspective** *n.* **1.** (*system of representation*) перспектива; the roof is out of ~ (*in a drawing*) крыша изображена вне перспективы; (*fig.*): you must see, get things in (their right) ~ надо видеть вещи в их истинном свете; **2.** (*vista*) вид; (*fig.*) перспективы (*f. pl.*).
  *adj.* перспективный; ~ drawing чертёж в перспективе.
**perspex** *n.* плексиглас.
**perspicacious** *adj.* проницательный.
**perspicacity** *n.* проницательность.
**perspicuous** *adj.* ясный, понятный.
**perspicu|ousness, -ity** *nn.* ясность, понятность.
**perspiration** *n.* (*sweating*) потение; (*sweat*) пот.
**perspire** *v.i.* потеть, вс-.
**persuadable** *adj.* внушаемый; поддающийся убеждению.
**persuade** *v.t.* **1.** (*convince*) убе|ждать, -дить; I ~d him of my innocence я убедил его в моей невиновности; **2.** (*induce*) угов|аривать, -орить; he was ~d to sing его уговорили спеть.
**persuader** *n.* увещеватель (*m.*).
**persuasion** *n.* (*persuading*) убеждение; (*persuasiveness*) убедительность; (*conviction*) убеждение; (*denomination*) вероисповедание.
**persuasive** *adj.* убедительный; (*of pers.*) обладающий даром убеждения.
**persuasiveness** *n.* убедительность.
**pert** *adj.* дерзкий, нахальный.
**pertain** *v.i.* (*belong*) принадлежать (*impf.*); (*be appropriate*) под|ходить, -ойти; подобать (*impf.*); (*relate*) относиться (*impf.*) (к кому/чему).
**pertinacious** *adj.* упрямый, неуступчивый.
**pertinac|iousness, -ity** *nn.* упрямство, неуступчивость.
**pertinence** *n.* уместность.
**pertinent** *adj.* уместный; подходящий.
**pertness** *n.* дерзость, нахальство.
**perturb** *v.t.* тревожить, вс-; волновать, вз-.
**perturbation** *n.* встревоженность; волнение.
**Peru** *n.* Перу (*f. indecl.*).
**peruke** *n.* (пудреный) парик.
**perusal** *n.* (внимательное) чтение.

**peruse** *v.t.* внимательно читать, про-; (*examine*) рассм|атривать, -отреть.
**Peruvian** *n.* перуан|ец (*fem.* -ка).
  *adj.* перуанский.
**pervade** *v.t.* наполнять (*impf.*); пропитывать (*impf.*).
**pervasion** *n.* распространение; наполнение.
**pervasive** *adj.* пронизывающий, распространённый.
**pervasiveness** *n.* распространение.
**perverse** *adj.* (*unreasonable*) превратный; (*persistent in wrongdoing*) порочный, извращённый.
**pervers|eness, -ity** *nn.* превратность; извращённость.
**perversion** *n.* (*distortion, misrepresentation*) искажение; (*corruption, leading astray*) извращение; (*sexual deviation*) извращение, перверсия.
**pervert**[1] *n.* (*sexual deviant*) извращенец; (*renegade*) отступник.
**pervert**[2] *v.t.* (*misapply*) извра|щать, -тить; (*corrupt*) развра|щать, -тить.
**pervious** *adj.* (*allowing passage*; *permeable*) проходимый; доступный; (*receptive*) восприимчивый.
**peseta** *n.* песета.
**pesky** *adj.* (*Am., coll.*) докучливый, занудливый.
**peso** *n.* песо (*indecl.*).
**pessary** *n.* пессарий.
**pessimism** *n.* пессимизм.
**pessimist** *n.* пессимист.
**pessimistic** *adj.* пессимистический, пессимистичный.
**pest** *n.* (*harmful creature*) вредитель (*m.*); insect ~s вредные насекомые; (*of pers.*) зануда (*c.g.*).
**pester** *v.t.* докучать (*impf.*); he keeps ~ing me for money он всё пристаёт ко мне насчёт денег; she ~ed her father to take her with him она приставала отцу, чтобы он взял её с собой.
**pesticide** *n.* пестицид.
**pestiferous** *adj.* тлетворный, пагубный; (*of pers.*) докучливый.
**pestilence** *n.* чума.
**pestilent** *adj.* смертоносный; (*fig.*) губительный.
**pestilential** *adj.* чумной; пагубный.
**pestle** *n.* пестик.
**pet**[1] *n.* **1.** (*animal, bird etc.*) домашнее/комнатное/любимое животное; ~ food корм для домашних животных; ~ shop зоомагазин; **2.** (*favourite*) любим|ец (*fem.* -ица), баловень (*m.*); teacher's ~ любимчик учителя; his ~ subject его излюбленная тема; onions are my ~ aversion я больше всего не люблю лук; ~ name ласкательное/уменьшительное имя.

*v.t.* (*treat with affection*) балова́ть, из-; (*fondle*) ласка́ть, при-.

*v.i.* (*coll., fondle each other*) обжима́ться (*impf.*).

**pet²** *n.* (*ill-humour, sulk*) дурно́е настрое́ние.

**petal** *n.* лепесто́к.

**petard** *n.* пета́рда; he was hoist with his own ~ он попа́л в со́бственную лову́шку; он сде́лал э́то на свою́ же го́лову.

**Peter¹** *n.* Пётр; he is robbing ~ to pay Paul у одного́ берёт, а друго́му даёт; со Спа́са дерёт, да на Нико́лу кладёт.

**peter²** *v.i.*: ~ **out** (*run dry, low*) исс|яка́ть, -я́кнуть; the track ~ed out след постепе́нно загло́х.

**petite** *adj.* ма́ленькая (*f.*), миниатю́рная (*f.*).

**petition** *n.* проше́ние; (*formal request*) пети́ция; (*application to court*) хода́тайство.

*v.t. & i.* под|ава́ть, -а́ть проше́ние +*d.*; хода́тайствовать, по-.

**petitioner** *n.* проси́тель (*m.*); (*in a divorce suit*) исте́ц.

**petrel** *n.* буреве́стник; stormy ~ (*lit.*) качу́рка ма́лая; (*fig.*) буреве́стник.

**petrification** *n.* (*lit.*) петрифика́ция, окамене́ние; (*fig.*) оцепене́ние.

**petrif|y** *v.t.* (*lit.*) превра|ща́ть, -ти́ть в ка́мень; (*fig.*) прив|оди́ть, -ести́ в оцепене́ние; I was ~ied я остолбене́л/оцепене́л.

**petrochemicals** *n. pl.* хими́ческие проду́кты (*m. pl.*) из нефтяно́го сырья́.

**petrol** *n.* бензи́н; fill up with ~ запр|авля́ться, -а́виться бензи́ном; ~ bomb буты́лка с зажига́тельной сме́сью; ~ can кани́стра для бензи́на; ~ engine бензи́новый дви́гатель; ~ pump бензонасо́с; ~ pump attendant слу́жащий бензоколо́нки; ~ station бензоколо́нка; ~ tank бензоба́к.

**petroleum** *n.* нефть; the ~ industry нефтяна́я промы́шленность; ~ jelly вазели́н.

**petrologist** *n.* петро́граф.

**petrology** *n.* петроло́гия, петрогра́фия.

**petticoat** *n.* ни́жняя ю́бка; ~ government ба́бье ца́рство.

**pettifogger** *n.* сутя́га, крючкотво́р.

**pettifogging** *n.* сутя́жничество, крючкотво́рство.

*adj.* сутя́жнический.

**pettiness** *n.* ме́лочность.

**pettish** *adj.* оби́дчивый, раздражи́тельный.

**petty** *adj.* **1.** (*trivial*) ме́лкий, малова́жный; **2.** (*small-minded*) ме́лочный; **3.** (*of small amounts*): ~ cash де́ньги на ме́лкие расхо́ды; ~ theft ме́лкая кра́жа; **4.** ~ officer (*nav.*) старшина́ (*m.*).

**petulance** *n.* раздражи́тельность, нетерпели́вость.

**petulant** *adj.* раздражи́тельный, нетерпели́вый.

**petunia** *n.* пету́ния.

**pew** *n.* отгоро́женное ме́сто в це́ркви; take a ~! (*coll.*) приса́живайтесь!

**pewit** *see* PEEWIT.

**pewter** *n.* (*alloy*) сплав о́лова с други́м мета́ллом; (*vessels made of* ~) оловя́нная посу́да. *adj.* оловя́нный.

**pfennig** *n.* пфе́нниг.

**phaeton** *n.* фаэто́н.

**phalanx** *n.* (*hist.*) фала́нга; (*anat.*) фала́нга па́льца.

**phalarope** *n.* плаву́нчик.

**phallic** *adj.* фалли́ческий; ~ symbol изображе́ние/си́мвол фа́ллоса.

**phallus** *n.* фа́ллос.

**phantasm** *n.* (*ghost*) фанто́м, при́зрак.

**phantasmagoria** *n.* фантасмаго́рия.

**phantasmal** *adj.* при́зрачный.

**phantasy** *see* FANTASY.

**phantom** *n.* **1.** (*ghost*) при́зрак, фанто́м; (*attr.*) при́зрачный; **2.** (*illusion*): a ~ of the imagination плод фанта́зии.

**Pharaoh** *n.* фарао́н.

**Pharaonic** *adj.* фарао́новский.

**Pharisaical** *adj.* (*fig.*) фарисе́йский; (*fig.*) ха́нжеский.

**Pharisaism** *n.* фарисе́йство; (*fig.*) ханжество́.

**Pharisee** *n.* фарисе́й; (*fig.*) ханжа́ (*c.g.*).

**pharmaceutical** *adj.* фармацевти́ческий; ~ chemist фармаце́вт, апте́карь (*m.*).

**pharmaceutics** *n.* фармаци́я, апте́чное де́ло.

**pharmacist** *n.* фармаце́вт.

**pharmacologist** *n.* фармако́лог.

**pharmacology** *n.* фармаколо́гия.

**pharmacopoeia** *n.* фармакопе́я.

**pharmacy** *n.* (*dispensing*) апте́чное де́ло; (*dispensary*) апте́ка.

**pharyng(e)al** *adj.* гло́точный.

**pharyngitis** *n.* фаринги́т.

**pharynx** *n.* зев; гло́тка.

**phase** *n.* фа́за; (*stage*) ста́дия; (*aspect*) аспе́кт; be in (out of) ~ with (не) совпада́ть с +*i.*

*v.t.*: a ~d withdrawal поэта́пный вы́вод; ~ out (*e.g. weapons, bases*) сн|има́ть, -ять с вооруже́ния (по эта́пам); свёр|тывать, -ну́ть; ликвиди́ровать (*impf., pf.*).

**Ph.D.** *n.* (*degree*) сте́пень кандида́та нау́к.

**pheasant** *n.* фаза́н.

**phenomenal** *adj.* (*perceptible*) ощуща́емый; (*extraordinary, prodigious*) феномена́льный.

**phenomenon** *n.* (*object of perception*) фено́мен, явле́ние; (*remarkable pers. or thing*) фено́мен, чу́до; infant ~ чу́до-ребёнок, вундерки́нд.

**phew** *int.* (*expr. astonishment*) ну и ну!; ~, what a crowd! ну и толпа́!; (*discomfort*): ~, isn't it hot! уф, ну и жара́!; (*weariness*): ~, what a day it's been! уф, ну́ и денёк вы́дался!; (*disgust*): ~, that meat's bad! фу, э́то мя́со испо́рчен!; (*relief*): ~, that was a near one! ф-фу/уф, пронесло́! (*coll.*).

**phial** *n.* пузырёк.

**philander** *v.i.* флиртова́ть (*impf.*).
**philanderer** *n.* волоки́та (*c.g.*), ловела́с.
**philanthropic** *adj.* филантропи́ческий.
**philanthropist** *n.* филантро́п.
**philanthropy** *n.* филантро́пия.
**philatelic** *adj.* филателисти́ческий.
**philatelist** *n.* филатели́ст.
**philately** *n.* филатели́я.
**philharmonic** *n.* (~ *society*) филармо́ния.
   *adj.* филармони́ческий.
**philippic** *n.* (*fig.*) обличи́тельная речь, фили́п-
пика.
**Philippine** *adj.* филиппи́нский; the ~s (*islands*)
Филиппи́н|ы (*pl., g.* —).
**Philistine** *n.* (*bibl.*) филисти́млянин; (*fig.*)
фили́стер, обыва́тель (*m.*).
   *adj.* фили́стерский, обыва́тельский.
**Philistinism** *n.* фили́стерство.
**philological** *adj.* языкове́дческий; филологи́-
ческий.
**philologist** *n.* языкове́д; фило́лог.
**philology** *n.* языкове́дение; филоло́гия.
**philosopher** *n.* фило́соф; (*person of equable
temperament*) фило́соф, невозмути́мый
челове́к.
**philosophic(al)** *adj.* (*both senses*) филосо́фский.
**philosophize** *v.i.* филосо́фствовать (*impf.*).
**philosophy** *n.* филосо́фия; (*equability*) фило-
со́фская невозмути́мость.
**philtre** *n.* любо́вный напи́ток.
**phlebitis** *n.* флеби́т.
**phlebotomy** *n.* вскры́тие ве́ны.
**phlegm** *n.* (*secretion*) мокро́та; (*fig.*) флег-
мати́чность.
**phlegmatic** *adj.* флегмати́чный.
**phobia** *n.* фо́бия, страх.
**Phoenicia** *n.* Финики́я.
**Phoenician** *n.* финики́ян|ин (*fem.* -ка).
   *adj.* финики́йский.
**phoenix** *n.* (*bird*) фе́никс; (*fig., paragon*) обра-
зе́ц соверше́нства.
**phone** (*see also* TELEPHONE) *n.* телефо́н; (*attr.*)
телефо́нный.
   *v.t. & i.* звони́ть, по- (*кому*).
   with advs.: ~ **back** *v.t. & i.* сде́лать (*pf.*)
отве́тный телефо́нный звоно́к; перезвони́ть
(*pf.*); ~ **up** *v.t. & i.* позвони́ть (*pf.*) (*кому*).
   *cpd.*: ~-**in** *n.* програ́мма «звони́те —
отвеча́ем».
**phoneme** *n.* фоне́ма.
**phonetic** *adj.* фонети́ческий.
**phonetician, phonet(ic)ist** *n.* фонети́ст.
**phonetics** *n.* фоне́тика.
**phon(e)y** (*sl.*) *n.* (*pers.*) шарлата́н, обма́нщик;
(*thing*) подде́лка, фальши́вка, ли́па.
   *adj.* подде́льный, фальши́вый, ли́повый; the
'~ war' «стра́нная война́».
**phonograph** *n.* (*Am., gramophone*) граммофо́н,
патефо́н.
**phonological** *adj.* фонологи́ческий.

**phonologist** *n.* фоно́лог.
**phonology** *n.* фоноло́гия.
**phony** *see* PHON(E)Y.
**phooey** *int.* (*sl.*) фу!
**phosgene** *n.* фосге́н.
**phosphate** *n.* фосфа́т.
**phosphorescence** *n.* фосфоресце́нция.
**phosphorescent** *adj.* фосфоресци́рующий.
**phosphoric** *adj.* фосфори́ческий.
**phosphorous** *adj.* фо́сфористый.
**phosphorus** *n.* фо́сфор.
**photo** *n.* (*coll.*) фо́то (*indecl.*), сни́мок.
   *cpds.*: ~-**copy** *n.* фотоко́пия, светоко́пия; *v.t.*
сн|има́ть, -ять фотоко́пию +*g.*; ~-**finish** *n.*
фотофи́ниш.
**photoelectric** *adj.* фотоэлектри́ческий.
**photogenic** *adj.* (*photographing well*) фото-
гени́чный.
**photograph** *n.* фотогра́фия.
   *v.t.* фотографи́ровать, с-.
   *v.i.*: she ~s well она́ хорошо́ выхо́дит на
фотогра́фиях.
**photographer** *n.* фото́граф.
**photographic** *adj.* фотографи́ческий.
**photography** *n.* фотогра́фия, фотосъёмка.
**photogravure** *n.* фотогравю́ра.
**photostat** *n.* фотоко́пия.
   *v.t.* сн|има́ть, -ять фотоко́пию +*g.*
**phrase** *n.* (*group of words or mus. notes*) фра́за;
(*expression*) оборо́т, словосочета́ние; empty
~s пусты́е слова́.
   *v.t.* **1.** (*express in words*) формули́ровать, с-;
**2.** (*mus.*) фрази́ровать (*impf.*).
   *cpd.*: ~-**book** *n.* разгово́рник.
**phraseological** *adj.* фразеологи́ческий.
**phraseology** *n.* фразеоло́гия.
**phrenetic** *adj.* исступлённый.
**phrenologist** *n.* френо́лог.
**phrenology** *n.* френоло́гия.
**Phrygia** *n.* Фри́гия.
**Phrygian** *n.* фриги́ец.
   *adj.* фриги́йский.
**phthisis** *n.* чахо́тка, туберкулёз.
**phut** *adv.* (*coll.*): the balloon went ~ ша́рик
ло́пнул.
**phylloxera** *n.* филлоксе́ра.
**physic** *n.* (*medical practice*): a doctor of ~ до́к-
тор медици́ны; (*medicine*) лека́рство.
**physical** *adj.* физи́ческий; ~ properties
физи́ческие сво́йства; the ~ universe мате-
риа́льный мир; it is a ~ impossibility э́то
физи́чески невозмо́жно; (*relating to the
body*): ~ beauty физи́ческая красота́; ~
education/training физи́ческое воспита́ние/
трениро́вка; физкульту́ра; ~ exercises
гимнасти́ческие упражне́ния; заря́дка; have
you had your ~ (examination)? вы бы́ли на
медици́нском осмо́тре?
**physician** *n.* врач.
**physicist** *n.* фи́зик.

**physics** *n.* фи́зика.

**physiognomist** *n.* (*judge of character from face*) физиономи́ст.

**physiognomy** *n.* физионо́мия; (*of country etc.*) о́блик.

**physiographic(al)** *adj.* физиографи́ческий.

**physiography** *n.* физиогра́фия.

**physiological** *adj.* физиологи́ческий.

**physiologist** *n.* физио́лог.

**physiology** *n.* физиоло́гия.

**physiotherapist** *n.* физиотерапе́вт.

**physiotherapy** *n.* физиотерапи́я.

**physique** *n.* телосложе́ние.

**pi¹** *n.* (*geom.*) число́ «пи».

**pi²** *adj.* (*sl., pious*) на́божный.

**pianissimo** *n., adj. & adv.* пиани́ссимо (*indecl.*).

**pianist** *n.* пиани́ст (*fem.* -ка).

**piano¹** *n.* фортепья́но (*indecl.*), роя́ль (*m.*); (*upright*) пиани́но (*indecl.*); ~ accordion аккордео́н; ~ lessons уро́ки игры́ на фортепья́но.

    *cpds.*: ~**forte** *n.* фортепья́но (*indecl.*); ~**-player** *n.* пиани́ст; (*instrument*) пиано́ла; ~**-stool** *n.* (враща́ющийся) табуре́т для пиани́ста; ~**-tuner** *n.* настро́йщик.

**piano²** *adj. & adv.* (*mus.*) пиа́но; a ~ passage пасса́ж «пиа́но»; (*fig.*): he seemed ~ today он что́-то сего́дня прити́х.

**pianola** *n.* пиано́ла.

**piastre** *n.* пиа́стр.

**piazza** *n.* (*square*) пло́щадь, ры́нок; (*Am., verandah*) вера́нда.

**pibroch** *n.* вариа́ции (*f. pl.*) для волы́нки.

**pica** *n.* (*typ.*) ци́церо (*m. indecl.*).

**picador** *n.* пикадо́р.

**picaresque** *adj.* плутовско́й.

**picayune** *adj.* (*Am. coll.*) ничто́жный.

**piccalilli** *n.* марино́ванные о́вощ|и (*pl., g.* -е́й).

**piccaninny, pickaninny** *n.* негритёнок.

**piccolo** *n.* пи́кколо (*indecl.*).

**pick** *n.* **1.** (~*axe*) кирка́, кайло́; **2.** (*probing instrument, e.g. dentist's*) про́бник; **3.** (*selection*) отбо́р, вы́бор; take your ~! выбира́йте!; I had first ~ мне пе́рвому доста́лось; the ~ of the bunch са́мое лу́чшее/отбо́рное.

    *v.t.* **1.** (*pluck, gather*) соб|ира́ть, -ра́ть; they were ~ing apples они́ собира́ли я́блоки; don't ~ the flowers! не рви́те цветы́!; she ~ed the thread from her dress она́ сняла́ ни́тку с пла́тья; **2.** (*extract contents of*): he is ~ing your brains он испо́льзует ва́ши иде́и/позна́ния; his pocket was ~ed in the crowd в толпе́ ему́ зале́зли в карма́н; **3.** (*remove flesh from*) обгл|а́дывать, -ода́ть; the birds ~ed the bones clean пти́цы склева́ли всё мя́со с косте́й; I have a bone to ~ with you (*fig.*) у меня́ к вам кру́пный разгово́р; **4.** (*probe*) ковыря́ть (*impf.*): it's not nice to ~ one's teeth ковыря́ть в зуба́х некраси́во; stop ~ing your nose! не ковыря́й в носу́!; (*probe to open*) откр|ыва́ть,

-ы́ть отмы́чкой; the lock has been ~ed замо́к взло́ман; **5.** (*pull apart*) щипа́ть, о(б)-; criminals were made to ~ oakum заключённых поста́вили щипа́ть па́клю; (*fig.*): he ~ed my argument to pieces он разнёс мою́ аргумента́цию в пух и прах; **6.** (*make by ~ing*): he ~ed a hole in the cloth он продыря́вил мате́рию; he ~s holes in everything I say он придира́ется ко вся́кому моему́ сло́ву; **7.** (*select*) выбира́ть, вы́брать; he ~ed his words carefully он тща́тельно подбира́л слова́; she ~ed her way through the mud она́ осторо́жно ступа́ла по гря́зи; the captains ~ed sides капита́ны подобра́ли соста́в кома́нд; can you ~ the winner? мо́жете ли вы зара́нее угада́ть победи́теля?; he's trying to ~ a quarrel он и́щет по́вода для ссо́ры.

    *v.i.* (*select*) выбира́ть, вы́брать; you mustn't ~ and choose вы сли́шком уж разбо́рчивы.

    *with preps.*: the invalid ~ed **at** (*trifled with*) his food инвали́д поковыря́л еду́ ви́лкой; she's always ~ing at (*nagging*) me она́ ве́чно ко мне придира́ется; why do you always ~ **on** (*single out*) the same boy? почему́ вы всегда́ выбира́ете одного́ и того́ же ма́льчика?

    *with advs.*: ~ **off** *v.t.* (*pluck*) срыва́ть, сорва́ть; (*shoot by deliberate aim*) подстрели́ть (*pf.*); ~ **out** *v.t.* (*select*): he ~ed out the best for himself са́мое лу́чшее он вы́брал для себя́; (*distinguish*): I ~ed him out in the crowd я узна́л его́ в толпе́; the pattern was ~ed out in red кра́сный узо́р выделя́лся (на фо́не); (*play note by note*): she can ~ out tunes by ear она́ подбира́ет мело́дии по слу́ху; ~ **over** *v.t.* (*examine*) переб|ира́ть, -ра́ть; ~ **up** *v.t.* (*lift*) подн|има́ть, -я́ть; he ~ed himself up off the ground он подня́лся с земли́; he ~ed up his bag он взял свою́ су́мку; (*acquire, gain*) приобре|та́ть, -сти́; he has ~ed up an American accent он приобрёл америка́нский акце́нт; he could barely ~ up a livelihood он с трудо́м зараба́тывал себе́ на жизнь; he went there to ~ up information он пошёл туда́ раздобы́ть све́дения; I ~ed up a bargain at the sale я сде́лал вы́годную поку́пку на распрода́же; he ~ed her up on the street corner он подцепи́л (*coll.*) её на перекрёстке; where can I have ~ed up this germ? где я мог подцепи́ть э́ту инфе́кцию?; the car began to ~ up speed маши́на начала́ набира́ть ско́рость; can you ~ up Moscow on your radio? вы мо́жете пойма́ть Москву́ на своём приёмнике?; (*provide transport for*) брать (*impf.*), под|бира́ть, -обра́ть; the train stops to ~ up passengers по́езд остана́вливается, что́бы забра́ть пасса́жиров; I never ~ up hitch-hikers я никогда́ не беру́ «голосу́ющих» на доро́гах; (*collect*): I ~ her up from school on my way home from work я забира́ю её из шко́лы, возвраща́ясь домо́й по́сле рабо́ты; (*apprehend*) заде́рж|ивать, -а́ть; the culprit was ~ed up by the police престу́пник был заде́ржан поли́цией; (regain) приобре|та́ть, -сти́; he soon ~ed up spirits он вско́ре повеселе́л; (resume) возобнов|ля́ть, -и́ть; he ~ed up the thread where he had left off он возобнови́л бесе́ду с того́ ме́ста, где останови́лся; v.i. (recover health) попр|авля́ться, -а́виться; he soon ~'ed up after his illness он бы́стро опра́вился по́сле боле́зни; (improve) ул|учша́ться, -у́чшиться; trade is ~ing up торго́вля оживля́ется; (gain speed): after a slow start the engine ~ed up по́сле ме́дленного ста́рта мото́р зарабо́тал как сле́дует; (become acquainted) зна-ко́миться, по-; who has he ~ed up with now? с кем он тепе́рь завёл знако́мство?

cpds.: ~ **axe** n. киркомоты́га; ~ **lock** n. (instrument) отмы́чка; ~ **-me-up** n. тони-зи́рующее сре́дство; ~ **pocket** n. вор-карма́н-ник; ~ **-up** n. (microphone) да́тчик; (of record-player) ада́птер; (van) пика́п; (casual acquaintance) случа́йное знако́мство, (coll.) «кадр»; (acceleration) ускоре́ние.

**pick-a-back, piggy-back** advs. на спине́; на зако́рках.

**pickaninny** see PICCANINNY.

**picker** n. (of fruit etc.) сбо́рщи|к (fem. -ца).

**picket** n. **1.** (pointed stake) кол; ~ fence часто-ко́л; **2.** (also **picquet**: small body of troops) заста́ва, карау́л; **3.** (of strikers) пике́т; (individual) пике́тчик.

v.t. **1.** (secure with stakes) обн|оси́ть, -ести́ частоко́лом; the horse was ~ed nearby ло́шадь была́ привя́зана неподалёку; **2.** (guard): the camp was securely ~ed ла́герь надёжно охраня́лся; **3.** (deploy as guards): he ~ed his men round the house он вы́ставил свои́х люде́й охраня́ть дом; **4.** (mount guards on): the enemy has ~ed the bridge враг вы́ставил карау́л у моста́; **5.** (deny entry to) пикети́ровать (impf.); the workers are ~ing the factory рабо́чие пикети́руют фа́брику.

**picking** n. **1.** (gathering) собира́ние, сбор; **2.**: ~ and stealing воровство́; **3.** (pl., remains) оста́тки (m. pl); объе́дки (m. pl.); **4.** (pl., profits) пожи́ва.

**pickle** n. **1.** (preservative) марина́д; рассо́л; I have a rod in ~ for him (fig.) я держу́ для него́ ро́згу нагото́ве; **2.** (usu. pl., preserved vegetables) соле́нья (pl.); mustard ~(s) пи́кул|и (pl., g. -ей) в горчи́чном со́усе; **3.** (coll., predicament, mess) беда́; he came home in a sorry ~ он пришёл домо́й в плаче́вном состоя́нии; **4.** (coll., mischievous child) озорни́к, шалу́н.

v.t. **1.** маринова́ть, за-; ~d herrings мари-но́ванная селёдка; **2.**: he came home ~d он пришёл домо́й под гра́дусом/га́зом (sl.).

**picky** adj. (Am. coll.) разбо́рчивый, приди́р-чивый.

**picnic** n. пикни́к; (fig., coll., sth. easily done)

удово́льствие; it was no ~ э́то бы́ло нелёгкое де́ло.

v.i. за́втракать, по- на траве́.

cpds.: ~ **-basket** n. корзи́нка для пикника́; ~ **-flask** n. фля́жка для пикника́.

**picnicker** n. уча́стник пикника́.

**picquet** see PICKET n. 2.

**Pict** n. пикт.

**pictograph** n. пиктогра́мма.

**pictorial** n. иллюстри́рованное изда́ние.

adj. изобрази́тельный; (illustrated) иллюс-три́рованный.

**picture** n. **1.** (depiction; pictorial composition) карти́на; ~s (in general) жи́вопись; ~ hat ≃ наря́дная шля́пка; ~ postcard худо́жест-венная откры́тка; откры́тка с ви́дом; (illustration) изображе́ние; (portrait) пор-тре́т, ко́пия; (fig.): she is the very ~ of her mother она́ вы́литая мать; (drawing) рису́нок; (image on TV screen) карти́н(к)а; **2.** (beautiful object) карти́нка; **3.** (embodiment) олицет-воре́ние; he looks the ~ of health он олицет-воре́ние здоро́вья; **4.** (coll., of information): he will soon put you in the ~ он вско́ре объясни́т вам, что к чему́; don't fail to keep me in the ~ не забу́дьте держа́ть меня́ в ку́рсе де́ла; **5.** (film) (кино)фи́льм, карти́на; (pl., cinema show, cinema) кино́ (indecl.); what's on at the ~s? что идёт в кино́?

v.t. (depict) опи́с|ывать, -а́ть; изобра|жа́ть, -зи́ть; ~ to yourself вообрази́те/предста́вьте себе́.

cpds.: ~ **-book** n. кни́жка с карти́нками; ~ **-card** n. (court card) фигу́рная ка́рта; ~ **-gallery** n. карти́нная галлере́я; ~ **-house,** ~ **-palace,** ~ **-theatre** nn. кинотеа́тр; ~ **-writing** n. пиктографи́ческое письмо́.

**picturesque** adj. (of scenery, buildings etc.) живопи́сный; (of language) о́бразный; (of pers.) колори́тный.

**piddle** v.i. (coll.) мочи́ться, по-.

**piddling** adj. (coll., trifling) пустя́чный.

**pidgin, pigeon** n.: that's not my ~ э́то не моя́ забо́та; ~ English упрощённый гибри́дный вариа́нт англи́йского языка́.

**pie**[1] n. (pastry with filling) пиро́г, пирожо́к; (fig.): ~ in the sky пиро́г на том све́те; it's as easy as ~ э́то плёвое де́ло (coll.); he has a finger in the ~ он заме́шан в э́том де́ле.

cpd.: ~ **-crust** n. ко́рочка (пирога́); ~ **-eyed** adj. (sl.) пья́ный.

**pie**[2] n. (typ.) сыпь.

**piebald** n. пе́гая ло́шадь.

adj. пе́гий.

**piece** n. **1.** (portion, fragment, bit) кусо́к; a ~ of bread кусо́к хле́ба; a ~ of cake (lit.) кусо́к то́рта; (coll., sth. easily accomplished) ле́гче лёгкого; a ~ of coal кусо́к у́гля; (small) уголёк; a ~ of paper листо́к бума́ги; (all) of a ~ with в соотве́тствии с +i.; all in one ~

неразо́бранный; (*fig.*, *unharmed*) це́лый и невреди́мый; the dish lay in ~s блю́до разби́лось на куски́; the record was smashed to ~s пласти́нка разби́лась вдре́безги; he took the watch to ~s он разобра́л часы́; he was left to pick up the ~s (*fig.*) его́ оста́вили расхлёбывать ка́шу; he went to ~s under interrogation он раскопо́лся на допро́се; he went to ~s after his wife's death он совсе́м рассы́пался по́сле сме́рти жены́; **2.** (*small area*) уча́сток; a ~ (*plot*) of land уча́сток земли́; a ~ (*sheet*) of water водоём, пруд; **3.** (*example, instance*) образе́ц; a ~ of news но́вость; here's a ~ of luck! вот э́то уда́ча!; may I give you a ~ of advice? мо́жно дать вам сове́т?; I gave him a ~ of my mind я его́ отчита́л; **4.** (*unit of material*) шту́ка, кусо́к; this cloth is sold by the ~ э́тот материа́л прода́ётся отре́зами; **5.** (*single composition*) произведе́ние; a ~ of music пье́са; a ~ of verse стихотворе́ние; the child said its ~ ребёнок повтори́л то, что вы́учил наизу́сть; **6.** (*object of art or craft*) произведе́ние иску́сства; вещь, вещи́ца; there were some nice ~s at the sale на распрода́же бы́ло не́сколько хоро́ших веще́й; ~ of furniture ме́бель; three-~ suite дива́н с двумя́ кре́слами; museum ~ (*lit.*) музе́йная вещь; (*fig.*) музе́йная ре́дкость; a beautiful ~ of work великоле́пная рабо́та; nasty ~ of work (*coll.*) проти́вный тип; **7.** (*one of a set*): he set out the ~s on the chessboard он расста́вил фигу́ры на ша́хматной доске́; a 52-~ dinner service обе́денный серви́з из пяти́десяти двух предме́тов; **8.** (*coin*) моне́та; a ten-cent ~ моне́та в де́сять це́нтов; ~ of eight пе́со (*indecl.*); **9.** (*instrument*) инструме́нт; a six-~ band сексте́т; **10.** (*sl., woman, girl*) де́вушка, «ба́бёнка».

*v.t.* (*make up from* ~s) соб|ира́ть, -ра́ть из кусо́чков; (*join*) соедин|я́ть, -и́ть.

with advs.: ~ **out** *v.t.* восп|олня́ть, -о́лнить; ~ **together** *v.t.* соедин|я́ть, -и́ть; (*fig.*) свя́з|ывать, -а́ть; ~ **up** *v.t.* чини́ть, по-.

*cpds.*: ~**-goods** *n.* шту́чный това́р; ~ **meal** *adj.* части́чный; *adv.* по частя́м; уры́вками; ~**-rates** *n.* сде́льная опла́та; ~**-work** *n.* сде́льщина; ~**-worker** *n.* сде́льщик.

*pièce de résistance n.* (*cul.*) гла́вное блю́до; (*fig.*) достопримеча́тельность.

**pied** *adj.* пёстрый; P~ Piper ду́дочник в пёстром костю́ме.

*pied à terre n.* приста́нище.

**pier** *n.* **1.** (*structure projecting into sea*) пирс; (*breakwater*) волноло́м; (*landing stage*) мол; **2.** (*bridge support*) бык; **3.** (*masonry between windows*) просте́нок.

*cpd.*: ~**-glass** *n.* трюмо́ (*indecl.*).

**pierc|e** *v.t.* прок|а́лывать, -оло́ть; she had her ears ~ed ей проколо́ли у́ши; ~ing cold прони́зывающий хо́лод; a ~ing cry прон-

зи́тельный крик; a ~ing gaze проница́тельный взгляд.

*v.i.* прон|ика́ть, -и́кнуть; проб|ива́ться, -и́ться; they ~ed through the enemy lines они́ прорвали́сь сквозь ли́нии укрепле́ний врага́.

**pierrot** *n.* (*minstrel*) пьеро́ (*m. indecl.*).

*pietà n.* пиета́, плач Богома́тери.

**pietism** *n.* (*exaggerated piety*) чрезме́рное благоче́стие.

**piety** *n.* на́божность.

**piffle** *n.* (*coll.*) вздор, чепуха́.

**piffling** *adj.* (*coll., trifling*) ничто́жный, пусты́чный.

**pig** *n.* **1.** (*animal*) свинья́; ~s might fly быва́ет, что сви́ньи лета́ют; he bought a ~ in a poke он купи́л кота́ в мешке́; (*greedy or disagreeable person*): he made a ~ of himself он нажра́лся, как свинья́; **2.** (*mass of iron*) брусо́к.

*v.t. & i.* **1.** (*farrow*) пороси́ться, о-; **2.** жить (*impf.*) по-сви́нски; they had to ~ (it) together in a small room им пришло́сь тесни́ться в кро́шечной ко́мнате.

*cpds.*: ~**-headed** *adj.* тупо́й; ~**-iron** *n.* чугу́н в чу́шках; ~**skin** *n.* свина́я ко́жа; ~**-sticker** *n.* (*hunter*) охо́тник на кабано́в; (*knife*) большо́й нож; ~**-sticking** *n.* охо́та на кабано́в; ~ **sty** *n.* (*lit., fig.*) свина́рник; ~**-tail** *n.* коси́чка; ~**wash** *n.* помо́|и *pl.* (*pl., g. -ев*).

**pigeon**[1] *n.* го́лубь (*m.*); carrier, homing ~ почто́вый го́лубь; clay ~ гли́няная лета́ющая мише́нь.

*cpds.*: ~**-breasted,** ~**-chested** *adjs.* с цыпля́чьей гру́дью; ~**hole** *n.* (*compartment*) отделе́ние для бума́г; *v.t.* (*fig.*) от|кла́дывать, -ложи́ть в до́лгий я́щик; ~**-toed** *adj.* косола́пый.

**pigeon**[2] *see* PIDGIN.

**piggery** *n.* **1.** (*sty*) свина́рник, хлев; (*farm*) свиноферма; **2.** (*piggishness*) сви́нство.

**piggy** *n.* (*piglet; greedy child*) поросёнок.

*adj.* свино́й, порося́чий.

*cpds.*: ~**-back** *see* PICK-A-BACK; ~**-bank** *n.* копи́лка.

**pigl|et, -ing** *nn.* поросёнок.

**pigment** *n.* пигме́нт.

**pigmentation** *n.* пигмента́ция.

**pigmented** *adj.* пигменти́рованный.

**pigmy** *see* PYGMY.

**pike** *n.* (*weapon*) копьё; (*fish*) щу́ка.

*cpd.*: ~**staff** *n.*: plain as a ~staff я́сный как день.

**pila|ff, -u** *n.* пила́в, плов.

**pilaster** *n.* пиля́стр.

**pilau** *see* PILAFF.

**pilchard** *n.* сарди́н(к)а.

**pile**[1] *n.* (*stake, post*) сва́я.

*cpd.*: ~**-driver** *n.* копёр.

**pile**[2] *n.* **1.** (*heap*) ку́ча, гру́да; funeral ~ погреба́льный костёр; (*coll., of money*): he made his ~ он нажи́л состоя́ние; (*coll., any* *large quantity*) ку́ча, ма́сса; **2.** (*massive building*) зда́ние; **3.** (*elec.*) батаре́я; **4.**: atomic ~ а́томный реа́ктор.

*v.t.* **1.** (*heap up*) сва́л|ивать, -и́ть в ку́чу; the soldiers ~d arms солда́ты соста́вили винто́вки в ко́злы; he ~d coal on to the fire он подбро́сил у́гля́ в ками́н; **2.** (*load*) нагру|жа́ть, -зи́ть; the table was ~d high with dishes стол ломи́лся от яств.

*with advs.*: ~ **in** *v.i.* (*coll., crowd into a vehicle etc.*) заб|ира́ться, -ра́ться; наб|ива́ться, -и́ться; ~ **on** *v.t.* нава́л|ивать, -и́ть; (*fig.*) преувели́чи|вать, -ть; don't ~ it on! бро́сьте залива́ть! (*coll.*); ~ **up** *v.t.* накоп|ля́ть, -и́ть; *v.i.* (*accumulate*) нагромо|жда́ться, -зди́ться; work keeps piling up рабо́ты всё вре́мя прибавля́ется; (*crash*) разб|ива́ться, -и́ться.

*cpd.*: ~**-up** *n.* (*crash*) столкнове́ние не́скольких маши́н.

**pile³** *n.* (*down, soft hair*) шерсть, во́лос; (*nap on cloth, carpet etc.*) ворс.

**pile⁴** *n.* (*usu. pl., haemorrhoid*) геморро́й.

**pilfer** *v.t. & i.* ворова́ть (*impf.*), таска́ть (*impf.*).

**pilfer|age, -ing** *nn.* ме́лкая кра́жа.

**pilferer** *n.* ме́лкий жу́лик, вори́шка (*c.g.*).

**pilgrim** *n.* пилигри́м, пало́мник; P~ Fathers «отцы́-пилигри́мы»; англи́йские колони́сты, посели́вшиеся в Аме́рике в 1620 году́.

**pilgrimage** *n.* пало́мничество; they went on a ~ to Lourdes они́ отпра́вились на пало́мничество в Лурд.

**pill** *n.* **1.** пилю́ля, табле́тка; take ~s прин|има́ть, -я́ть пилю́ли; (*fig.*): a bitter ~ го́рькая пилю́ля; contraceptive ~ противозача́точная пилю́ля; she is on the ~ она́ принима́ет (противозача́точные) табле́тки; **2.** (*sl., ball*) мяч.

*cpd.*: ~**box** *n.* (*receptacle*) коро́бочка для табле́ток; (*mil., emplacement*) долговре́менное огнево́е сооруже́ние, *abbr.* дос; (*hat*) шля́пка без поле́й.

**pillage** *n.* мародёрство, грабёж.

*v.t. & i.* мародёрствовать (*impf.*); гра́бить, о-.

**pillager** *n.* мародёр.

**pillar** *n.* (*column*) столб; (*support*) опо́ра; he was driven from ~ to post он мета́лся с ме́ста на ме́сто; (*fig.*) столп; P~s of Hercules Герку́лесовы столпы́; ~s of society столпы́ о́бщества.

*cpd.*: ~**-box** *n.* (стоя́чий) почто́вый я́щик.

**pillion** *n.* (*on motor-cycle*) за́днее сиде́нье; she rode ~ она́ е́хала на за́днем сиде́нье мотоци́кла.

**pillory** *n.* позо́рный столб.

*v.t.* (*fig.*) пригво|жда́ть, -зди́ть к позо́рному столбу́.

**pillow** *n.* поду́шка.

*v.t.*: ~ one's head класть, положи́ть го́лову (на +*a.*); he ~ed his head in his hands он подпёр го́лову руко́й.

*cpds.*: ~**-case**, ~**-slip** *nn.* на́волочка; ~**-fight** *n.* дра́ка поду́шками.

**pilot** *n.* **1.** (*of vessel*) ло́цман; drop the ~ (*fig.*) отка́з|ываться, -а́ться от ве́рного сове́тчика; (*of aircraft*) лётчик, пило́т; ~ officer лейтена́нт авиа́ции; **2.** (*attr., fig.*) про́бный, о́пытный; ~ scheme экспериме́нт.

*v.t.* (*lit., fig.*) пилоти́ровать (*impf.*); напр|авля́ть, -а́вить.

*cpds.*: ~**-balloon** *n.* шар-пило́т; ~**-boat** *n.* ло́цманское су́дно, ло́цманский бот; ~**-fish** *n.* рыба-ло́цман; ~**-light** *n.* (*for gas indicator*) га́зовая горе́лка; контро́льная/сигна́льная ла́мпа.

**pilotage** *n.* пилота́ж.

**pilotless** *adj.* беспило́тный.

**pim(i)ento** *n.* (*sweet pepper*) пиме́нт, пе́рец души́стый.

**pimp** *n.* (*pander*) сво́дник; (*ponce*) сутенёр.

*v.i.* сво́дничать (*impf.*).

**pimpernel** *n.* о́чный цвет.

**pimple** *n.* прыщ, пры́щик.

**pimply** *adj.* прыща́вый.

**pin** *n.* **1.** була́вка; шпи́лька; for two ~s I'd knock you down ещё немно́го, и я вас сту́кну; I don't care a ~ for your advice мне наплева́ть на ваш сове́т; she was as neat as a new ~ она́ была́ оде́та с иго́лочки; you could have heard a ~ drop мо́жно бы́ло усы́шать, как му́ха пролети́т; ~s and needles (*tingling sensation*) колотьё по́сле до́лгого сиде́нья; I've got ~s and needles in my leg у меня́ нога́ затекла́; **2.** (*securing peg*) прище́пка; **3.** (*pl., coll., legs*) но́ги (*f. pl.*); he's shaky on his ~s он пло́хо де́ржится на нога́х.

*v.t.* **1.** (*fasten*) прик|а́лывать, -оло́ть; she ~ned a rose to her dress она́ приколо́ла ро́зу к пла́тью; (*fig.*): ~ accusation, blame on s.o. сва́л|ивать, -и́ть вину́ на кого́-н.; I ~ my faith on the captain я возлага́ю все наде́жды на капита́на; **2.** (*immobilize*) приж|има́ть, -а́ть; the bandits ~ned him against the wall банди́ты прижа́ли его́ к стене́; he was ~ned beneath the vehicle его́ придави́ло маши́ной; his arms were ~ned behind him ему́ связа́ли ру́ки за спино́й.

*with advs.*: ~ **down** *v.t.* (*lit.*) прик|а́лывать, -оло́ть; (*fig., commit to an action or opinion*) прип|ира́ть, -ере́ть к сте́нке; ~ **on** *v.t.* прик|а́лывать, -оло́ть; ~ **together** *v.t.* ск|а́лывать, -оло́ть; скреп|ля́ть, -и́ть; ~ **up** *v.t.* прик|а́лывать, -оло́ть; пове́сить (*pf.*); she ~ned up her hair она́ заколо́ла во́лосы.

*cpds.*: ~**ball**, ~**-table** *nn.* (*game, machine*) кита́йский билья́рд; ~**cushion** *n.* поду́шечка для иго́лок и була́вок; ~**head** *n.* (*sl., stupid person*) болва́н, тупи́ца (*c.g.*); ~**-money** *n.* де́ньги на ме́лкие расхо́ды; ~**-point** *n.* (*lit.*) острие́ була́вки; *v.t.* (*fig.*) то́чно определ|я́ть,

-и́ть; ука́з|ывать, -а́ть па́льцем; ~-**prick** *n.*
(*lit.*) була́вочный уко́л; (*fig.*) «шпи́лька»,
ме́лкий уко́л; ~-**stripe** (*suit*) *n.* костю́м в
то́нкую све́тлую поло́ску; ~-**table** *see* ~ **ball**;
~-**up** *n.* фотогра́фия красо́тки в журна́ле;
~-**up** girl красо́тка.

**pinafore** *n.* фа́ртук, пере́дник.

**pince-nez** *n.* пенсне́ (*indecl.*).

**pincer** *n.* **1.** (*of crustacean*) клешня́; **2.** (*pl.*)
щипц|ы́ (*pl., g.* -о́в); кле́щ|и́ (*pl., g.* -е́й); ~
movement (*mil.*) захва́т в кле́щи́.

**pinch** *n.* **1.** (*nip*) щипо́к; he gave her a ~ on the
cheek он ущипну́л её за щёку; (*fig., constraint*)
сжа́тие; he felt the ~ of poverty он оказа́лся в
тиска́х нужды́; at a ~; if it comes to the ~ в
кра́йнем слу́чае; е́сли придётся ту́го; **2.**
(*small amount*) щепо́тка; a ~ of snuff
поню́шка табаку́; you must take that with a ~
of salt (*fig.*) вы не должны́ э́тому ве́рить.

*v.t.* **1.** (*nip, squeeze*) прищем|ля́ть, -и́ть;
ущипну́ть (*pf.*); his fingers were ~ed in the
door он прищеми́л па́льцы две́рью; that's
where the shoe ~es (*fig.*) вот в чём загво́здка;
(*fig.*): his face was ~ed with cold моро́з щипа́л
ему́ лицо́; I have often been ~ed for money я
ча́сто страда́л от недоста́тка де́нег; **2.** (*steal*)
стяну́ть (*pf.*), стащи́ть (*pf.*) (*coll.*); **3.** (*arrest,
charge*) «зацапать» (*pf.*) (*sl.*).

*v.i.* (*be niggardly*) скупи́ться, по-; отка́зы-
вать (*impf.*) себе́ (*в чём*); she had to ~ and
scrape to make ends meet ей приходи́лось
эконо́мить на всём для того́, что́бы своди́ть
концы́ с конца́ми.

**pinchbeck** *n.* томпа́к.
*adj.* томпа́ковый; (*fig.*) подде́льный.

**pine**[1] *n.* **1.** (*conifer*) сосна́; **2.** (*~apple*) анана́с.
*cpds.*: ~ **apple** *n.* анана́с; ~-**cone** *n.* сосно́вая
ши́шка; ~-**marten** *n.* америка́нская куни́ца;
~-**needle** *n.* хво́я; ~ **wood** *n.* сосно́вая дре-
веси́на.

**pin**|**e**[2] *v.i.* **1.** (*languish, waste*) ча́хнуть, за-;
томи́ться (*impf.*); she is ~ing away она́ ча́хнет;
**2.** (*long*): ~e for жа́ждать +*g.*; I ~e for sea air
так хо́чется подыша́ть морски́м во́здухом.

**pineal** *adj.* шишкови́дный.

**ping** *n.* свист, писк.
*v.i.* св|исте́ть, -и́стнуть; пи́скнуть (*pf.*).

**ping-pong** *n.* пинг-по́нг.

**pinion**[1] *n.* (*end of wing*) оконе́чность пти́чьего
крыла́; (*poet., wing*) крыло́.
*v.t.* (*immobilize by cutting wing*) подр|еза́ть,
-е́зать кры́лья +*g.*; (*bind arms of*) свя́з|ывать,
-а́ть ру́ки +*g.*

**pinion**[2] *n.* (*cog-wheel*) шестерня́.

**pink**[1] *n.* (*flower*) гвозди́ка; (*colour*) ро́зовый
цвет; (*perfection*): he is in the ~ (of health) он
пы́шет здоро́вьем; (*foxhunter's coat*) кра́сный
камзо́л.
*adj.* (*of colour*) ро́зовый; (*of pol. shade of
opinion*) «ро́зовый», ле́вый.

**pink**[2] *v.t.* (*prick with sword*) прок|а́лывать,
-оло́ть; (*decorate by perforation*) укр|аша́ть,
-а́сить ды́рочками; ~ing shears фесто́нные
но́жницы.

**pink**[3] *v.i.* (*of engine*) стуча́ть (*impf.*).

**pinnace** *n.* команди́рский ка́тер.

**pinnacle** *n.* (*of building*) шпиц; (*fig.*) верши́на.

**pinny** *n.* (*coll.*) пере́дничек.

**pint** *n.* пи́нта; ~ jug кувши́н ёмкостью в пи́нту.
*cpd.*: ~-**sized** *adj.* (*fig.*) ма́ленький, кро́хот-
ный.

**pioneer** *n.* (*one who is first in the field*) пионе́р,
нова́тор, первооткрыва́тель (*m.*); (*mil.*)
сапёр; P~ Corps сапёрно-строи́тельные
ча́сти.
*v.t. & i.* быть пионе́ром (*в чём*); про|кла́ды-
вать, -ложи́ть путь; ~ing *adj.* нова́торский.

**pious** *adj.* набо́жный.

**pip** *n.* **1.** (*fruit seed*) се́мечко; зёрнышко; **2.**
(*fowl disease*) типу́н; this weather gives me the
~ (*sl.*) пого́да нагоня́ет на меня́ тоску́; **3.**
(*high-pitched sound*) писк; (*teleph.*) гудо́к,
сигна́л; **4.** (*spot on playing-card etc.*) очко́; **5.**
(*coll., star on officer's uniform*) звёздочка.
*v.t.* (*sl., defeat*) прова́л|ивать, -и́ть; he was
~ped at the post его́ обогна́ли в после́днюю
мину́ту; (*hit with shot*) подстре́л|ивать, -и́ть.
*cpd.*: ~-**squeak** *n.* (*coll.*) ничто́жество.

**pipe** *n.* **1.** (*conduit*) труба́; **2.** (*mus. instrument*)
свире́ль; ду́дка; (*bosun's whistle*) бо́цманская
ду́дка; (*bagpipe*) волы́нка; **3.** (*shrill voice or
sound*) вопль (*m.*); писк; (*note of bird*) свист;
пе́ние; **4.** (*for smoking*) тру́бка; he lit a ~ and
smoked it он закури́л тру́бку; your ~ has gone
out ва́ша тру́бка поту́хла; ~ of peace тру́бка
ми́ра; put that in your ~ and smoke it! (*coll.*)
намота́йте э́то себе́ на ус!; **5.** (*cask of wine*)
бо́чка (вмести́мостью в 105 галло́нов).
*v.t.* **1.** (*also v.i.*) (*play on ~*) игра́ть, сыгра́ть
на свире́ли/ду́дке/волы́нке; **2.** (*lead, summon
by piping*) свиста́ть (*impf.*); he ~d all hands on
deck он свиста́л всех наве́рх; **3.** (*utter in shrill
voice*) пища́ть, пи́скнуть; **4.** (*decorate cake*)
покр|ыва́ть, -ы́ть кре́мом; (*ornament dress*)
отде́л|ывать, -ать ка́нтом; **5.** (*convey by ~s*)
пус|ка́ть, -ти́ть по труба́м; a ~d water supply
водопрово́д.
*with advs.*: ~ **down** *v.i.* (*restrain o.s.*) сба́вить
(*pf.*) тон (*coll.*); ~ **up** (*coll., start to sing, play,
speak*) запе́ть (*pf.*); пода́ть (*pf.*) го́лос.
*cpds.*: ~-**clay** *n.* бе́лая гли́на; тру́бочная
гли́на; *v.t.* бели́ть, по- тру́бочной гли́ной;
~-**dream** *n.* пуста́я/несбы́точная мечта́;
~ **line** *n.* трубопрово́д, нефтепрово́д; (*fig.*)
коммуникацио́нная ли́ния; in the ~line (*fig.*)
на подхо́де; ~-**rack** *n.* подста́вка для тру́бок;
~-**tobacco** *n.* тру́бочный таба́к.

**piper** *n.* ду́дочник; (*bag~*) волы́нщик; he who
pays the ~ calls the tune кто пла́тит, тот и
распоряжа́ется.

**pipette** *n.* пипе́тка.

**piping** *n.* (*system of pipes*) трубопрово́д; (*ornamental cord*) кант; (*cake decoration*) глазу́рь, крем; (*playing of pipes*) игра́ на свире́ли и т.п. *adj.* (*of voice etc.*) пронзи́тельный.
*adv.*: ~ hot с пы́лу, с жа́ру.

**pipistrel(le)** *n.* лету́чая мышь.

**pipkin** *n.* гли́няный горшо́чек.

**pippin** *n.* пепи́н(ка).

**piquancy** *n.* (*lit., fig.*) пика́нтность.

**piquant** *adj.* (*lit., fig.*) пика́нтный.

**pique** *n.* доса́да; in a fit of ~ в поры́ве раздраже́ния.
*v.t.* (*hurt the pride of*) уязв|ля́ть, -и́ть; (*stimulate*) возбу|жда́ть, -ди́ть; ~ o.s. on горди́ться (*impf.*) +*i.*

**piqué** *n.* пике́ (*indecl.*).

**piquet** *n.* пике́т.

**piracy** *n.* пира́тство; (*infringement of copyright*) наруше́ние а́вторского пра́ва.

**piragua** *n.* пиро́га.

**pirate** *n.* (*sea-robber*) пира́т; (*ship*) пира́тский кора́бль; (*infringer of copyright*) наруши́тель (*m.*) а́вторского пра́ва; (*unauthorized broadcaster*) радиопира́т.
*v.t.* (*literary etc. work*) публикова́ть, о- в наруше́ние а́вторских прав.

**piratical** *adj.* пира́тский.

**pirouette** *n.* пируэ́т.
*v.i.* де́лать (*impf.*) пируэ́ты; сде́лать (*pf.*) пируэ́т.

**pis aller** *n.* после́днее сре́дство; as a ~ на худо́й коне́ц; в кра́йнем слу́чае.

**piscatorial** *adj.* рыболо́вный.

**Pisces** *n.* Ры́бы (*f. pl.*).

**piscicultural** *adj.* рыбово́дный.

**pisciculture** *n.* рыбово́дство.

**pisé** *n.* гли́на с гра́вием.

**pish** *int.* фи!, фу!

**piss** *n.* (*vulg.*) моча́.
*v.t.*: ~ the bed мочи́ться, по- в крова́ть; ~ blood мочи́ться, по- кро́вью.
*v.i.* мочи́ться (*impf.*); ~ off! отцепи́сь!, прова́ливай!

**pissed** *adj.* (*vulg., drunk*) пья́ный в сте́льку.

**pistachio** *n.* фиста́шка.

**pistil** *n.* пе́стик.

**pistol** *n.* пистоле́т; he was held up at ~ point его́ задержа́ли, угрожа́я пистоле́том.
*cpd.*: ~-**shot** *n.* пистоле́тный вы́стрел.

**piston** *n.* по́ршень (*m.*); (*mus.*) писто́н.
*cpds.*: ~-**engine** *n.* поршнево́й дви́гатель; ~-**ring** *n.* поршнево́е кольцо́; ~-**rod** *n.* поршнево́й шток.

**pit**¹ *n.* **1.** (*excavation*) я́ма; gravel from the ~ гра́вий из карье́ра; **2.** (*coal-mine*) ша́хта; he works down the ~ он на подзе́мных рабо́тах в ша́хте; ~ pony ша́хтная ло́шадь; **3.** (*covered hole, trap*) западня́, лову́шка; the ~ (*hell*) преиспо́дняя; ад; **4.** (*depression*) углубле́ние,

я́мка; ~ of the stomach подло́жечная я́мка; **5.** (*scar*) о́спина, ряби́на; **6.** (*theatr.*) оркестро́вая я́ма; ~ stalls парте́р; **7.** (*on motor-racing circuit*) ремо́нтная я́ма, смотрова́я кана́ва.
*v.t.* **1.** (*oppose*): he ~ted his wits against the law он пыта́лся обойти́ зако́н; **2.** (*scar*): his face was ~ted by smallpox его́ лицо́ бы́ло изры́то о́спой.
*cpds.*: ~**fall** *n.* (*lit., fig.*) западня́, капка́н; ~**head** *n.* надша́хтное зда́ние; ~**man** *n.* (*miner*) шахтёр; ~-**prop** *n.* рудни́чная сто́йка.

**pit**² (*Am.*) *n.* (*fruit-stone*) ко́сточка.
*v.t.* (*remove stones from*) вынима́ть, вы́нуть ко́сточки из +*g.*

**pit-a-pat** *n.* бие́ние, тре́пет.
*adv.* с бие́нием/тре́петом; her heart, went ~ её се́рдце затрепета́ло; she ran ~ down the stairs она́ бы́стро — топ-топ-топ — сбежа́ла вниз по ле́стнице.

**pitch**¹ *n.* **1.** (*plunging motion of ship*) (килева́я) ка́чка; (*lurch forward*) бросо́к; **2.** (*throw*) бросо́к; (*delivery of ball*) пода́ча; **3.** (*area for games*) по́ле, площа́дка; **4.** (*spot where trader or entertainer operates*) (постоя́нное/обы́чное) ме́сто; **5.** (*of voice or instrument*) высота́; **6.** (*height, intensity, degree*) у́ровень (*m.*), сте́пень; excitement reached fever ~ всех трясло́ от возбужде́ния; things came to such a ~ that ... де́ло дошло́ до того́, что ...; **7.** (*slope of roof*) укло́н, скат.
*v.t.* **1.** (*set up, erect*): they ~ed camp for the night они́ разби́ли ла́герь на́ ночь; a ~ed battle генера́льное сраже́ние; **2.** (*throw*) бр|оса́ть, -о́сить; he was ~ed on to his head он уда́рился голово́й о зе́млю; (*fig.*): he was ~ed into the centre of events он очути́лся в са́мом це́нтре собы́тий; **3.** (*mus.*): the song is ~ed too high for me пе́сня сли́шком высока́ для моего́ го́лоса; **4.** (*coll., tell*) расска́з|ывать, -а́ть; he ~ed a plausible yarn он вы́дал правдоподо́бную исто́рию.
*v.i.* (*of ship*): the ship was ~ing кора́бль кача́ло; (*of pers., fall or lurch forwards*) па́дать, упа́сть; (*fig.*) набр|а́сываться, -о́ситься; he ~ed into the work он окуну́лся в рабо́ту; he ~ed into me он бро́сился на меня́; he ~ed on the easiest solution он ухвати́лся за са́мое лёгкое реше́ние.
*with advs.*: ~ **in** *v.i.* (*join in with vigour*) горячо́/энерги́чно взя́ться (*pf.*) (за что); ~ **out** *v.t.* выбра́сывать, вы́бросить; выки́дывать, вы́кинуть; the car overturned and the occupants were ~ed out автомоби́ль переверну́лся, и пассажи́ров вы́швырнуло из него́.
*cpd.*: ~**fork** *n.* (се́нные) ви́л|ы (*pl., g.* —).

**pitch**² *n.* (*bituminous substance*) смола́; ~ darkness тьма кроме́шная.
*cpds.*: ~-**black** *adj.* чёрный как смоль; ~**blende** *n.* урани́т; ~-**dark** *adj.*: it is ~-dark

here здесь темны́м-темно́; ~-**pine** *n.* сосна́ жёсткая.

**pitcher** *n.* (*jug*) кувши́н; (*at baseball*) подаю́щий.

**pitchy** *adj.* смоли́стый.

**piteous** *adj.* жа́лкий; жа́лобный.

**pith** *n.* (*plant tissue*) паренхи́ма; сердцеви́на; (*spinal cord*) спинно́й мозг; (*essential part*) суть; (*vigour, force*) эне́ргия, си́ла.

**pithy** *adj.* (*fig.*) сжа́тый; содержа́тельный.

**pitiable** *adj.* несча́стный; (*contemptible*) жа́лкий.

**pitiful** *adj.* (*compassionate*) жа́лостливый; (*arousing pity*) жа́лостный; (*contemptible*) жа́лкий.

**pitiless** *adj.* безжа́лостный.

**pitilessness** *n.* безжа́лостность.

**pittance** *n.* «жа́лкие гроши́» (*m. pl.*).

**pitter-patter** *n. & adv.* топ-то́п, тук-ту́к.
　*v.i.* посту́кивать (*impf.*).

**pituitary** *n.* (~ gland) мозгово́й прида́ток; гипо́физ.

**pit|y** *n.* **1.** (*compassion*) жа́лость; have, take ~y on сжа́литься (*pf.*) над +*i.*; I feel ~y for him мне его́ о́чень жа́лко; he married her out of ~y он жени́лся на ней из жа́лости; for ~y's sake! (*expr. impatience*) Го́споди Бо́же мой!; **2.** (*cause for regret*) жаль; what a ~y! как жа́лко!; more's the ~y тем ху́же; it's a great ~y (*or* a thousand ~ies) о́чень, о́чень жаль; the ~y of it is that... са́мое гру́стное в э́том то, что...
　*v.t.* жале́ть, по-; she is much to be ~ied её о́чень жаль.

**Pius** *n.* Пий.

**pivot** *n.* то́чка враще́ния; (*fig.*) то́чка опо́ры.
　*v.i.* враща́ться (*impf.*); верте́ться (*impf.*); everything ~s on his decision всё упира́ется в его́ реше́ние.

**pivotal** *adj.* осево́й; центра́льный; (*fig.*) основно́й.

**pixilated** *adj.* (*sl.*) чо́кнутый.

**pix|y, -ie** *n.* эльф.

**pizzicato** *n. adj. & adv.* пиццика́то (*indecl.*).

**placard** *n.* плака́т; (*advertising performance*) афи́ша.
　*v.t.* (*display ~s on*) разве́|шивать, -сить плака́ты на +*p.*; (*advertise with ~s*) реклами́ровать (*impf., pf.*).

**placate** *v.t.* умиротвор|я́ть, -и́ть; успок|а́ивать, -о́ить.

**placatory** *adj.* задо́бривающий; умиротворя́ющий.

**place** *n.* **1.** ме́сто; I have put my money in a safe ~ я положи́л де́ньги в надёжное ме́сто; all over the ~ (*everywhere*) повсю́ду; (*in confusion*) повсю́ду, в беспоря́дке; (*correct, appropriate* ~): everything is in ~ всё на ме́сте; there's a time and a ~ for everything всему́ своё вре́мя и ме́сто; her hair was out of ~ её причёска растрепа́лась; your laughter is out of ~ ваш смех неуме́стен; that put him in his ~ э́то поста́вило его́ на ме́сто; (*reserved, occupied* ~): he took his ~ in the queue он за́нял ме́сто в о́череди; (*seat*): he gave up his ~ to a lady он уступи́л своё ме́сто да́ме; take your ~s! займи́те свои́ места́!; (*fig., position*): put yourself in my ~ поста́вьте себя́ на моё ме́сто; in your ~ I would go на ва́шем ме́сте я бы пошёл; (*at table*): six ~s were laid стол был накры́т на шесть персо́н; на столе́ бы́ло шесть прибо́ров; (*fig.*): take ~ (*occur*) име́ть (*impf.*) ме́сто; when will the race take ~? когда́ состоя́тся го́нки?; take the ~ of (*replace*) замен|я́ть, -и́ть; give ~ to смен|я́ться, -и́ться +*i.*; her tears gave ~ to smiles её слёзы смени́лись улы́бкой; in ~ of вме́сто +*g.*; **2.** (*locality; specific area or point*) ме́сто; in ~s (*here and there*) места́ми; we visited all the ~s of interest мы осмотре́ли все интере́сные места́; small ~s are not marked on the map ме́лкие пу́нкты не обозна́чены на ка́рте; there's no ~ like home в гостя́х хорошо́, а до́ма лу́чше; I have a sore ~ on my lip у меня́ боля́чка на губе́; **3.** (*building; domicile*) дом; жили́ще; ~ of worship моли́твенный дом; his ~ of work ме́сто его́ рабо́ты; ~s of entertainment места́ развлече́ний; he has a little ~ in the country у него́ небольшо́й за́городный до́мик; come round to my ~! заходи́те ко мне!; **4.** (*employment*) ме́сто, слу́жба; he will have to seek another ~ ему́ придётся иска́ть друго́е ме́сто; **5.** (*point or passage in book etc.*) ме́сто, страни́ца; I put in a pencil to mark my ~ я заложи́л страни́цу карандашо́м; he closed the book and lost his ~ он закры́л кни́гу и забы́л, где останови́лся; **6.** (*position in race or contest*): our team took first ~ на́ша кома́нда заняла́ пе́рвое ме́сто; he backed the horse for a ~ он поста́вил на ло́шадь в расчёте, что она́ займёт одно́ из пе́рвых мест; (*stage, position in series*): in the first ~ во-пе́рвых; **7.** (*math.*): correct to three ~s of decimals с то́чностью до тре́тьего десяти́чного зна́ка.
　*v.t.* **1.** (*stand*) ста́вить, по-; (*lay*) класть, положи́ть; (*set*) сажа́ть, посади́ть; (*dispose*) разме|ща́ть, -сти́ть; расст|авля́ть, -а́вить; **2.** (*appoint*) поме|ща́ть, -сти́ть; **3.** (*comm.*) поме|ща́ть, -сти́ть (*де́ньги и т.п.*); I ~d an order with them я помести́л у них зака́з; £500 was ~d to his credit на его́ счёт бы́ло поло́жено 500 фу́нтов; how can we ~ (*find a buyer for*) this stock? как бы сбыть э́тот това́р?; **4.** (*repose*) возл|ага́ть, -ожи́ть (*наде́жды и т.п.*); no-one ~s any confidence in his reports его́ сообще́ния не вызыва́ют ни у кого́ дове́рия; **5.** (*identify*) определ|я́ть, -и́ть; I know those lines, but I cannot ~ them мне знако́мы э́ти стро́чки, но я не могу́ вспо́мнить, отку́да они́.

*cpds.*: ~**-kick** *n.* уда́р по неподви́жному мячу́; ~**-mat** *n.* ≃ салфе́тка под столо́вый прибо́р; ~**-name** *n.* географи́ческое назва́ние; ~s (*collect.*) топони́мика.

**placebo** *n.* (*med.*) безвре́дное (не ока́зывающее де́йствия) лека́рство.

**placement** *n.* размеще́ние; (*seating order*) расса́дка.

**placenta** *n.* плаце́нта.

**placet** *n.* го́лос «за».

**placid** *adj.* споко́йный, безмяте́жный.

**placidity** *n.* споко́йствие, безмяте́жность.

**plagiarism** *n.* плагиа́т.

**plagiarist** *n.* плагиа́тор.

**plagiarize** *v.t. & i.* занима́ться (*impf.*) плагиа́том; he ~d my book его́ рабо́та целико́м спи́сана с мое́й кни́ги.

**plague** *n.* **1.** (*pestilence*) чума́; **2.** (*infestation*) бе́дствие; a ~ of rats наше́ствие крыс; **3.** (*annoyance*) напа́сть, чума́, «зара́за».

   *v.t.* (*afflict*) нас|ыла́ть, -ла́ть чуму́/бе́дствие на +*a.*; (*pester*) докуча́ть (*impf.*) +*d.*

   *cpd.*: ~**-spot** *n.* (*on skin*) чумно́е пятно́; (*district*) зачумлённая ме́стность; (*fig.*) расса́дник зара́зы.

**plaice** *n.* ка́мбала.

**plaid** *n.* (*garment*) плед.

**plain** *n.* равни́на.

   *adj.* **1.** (*clear, evident*) я́сный, я́вный; it is as ~ as the nose on one's face э́то я́сно как день; her distress was ~ to see она́ я́вно страда́ла; it was ~ sailing from then on с тех пор всё пошло́ как по ма́слу; **2.** (*easy to understand*) я́сный, поня́тный; the telegram was sent in ~ language телегра́мму да́ли откры́тым те́кстом; why can't you speak ~ English? почему́ вы не говори́те просты́м языко́м?; **3.** (*straightforward, candid*) прямо́й; I am a ~ man я челове́к просто́й; I will be ~ with you я бу́ду с ва́ми открове́нен; ~ speaking hurts nobody никогда́ не меша́ет говори́ть без обиняко́в; ~ dealing че́стность, прямота́; **4.** (*simple, ordinary, unembellished, not coloured*) просто́й, скро́мный, неприхотли́вый, безыску́сный; ~ clothes (*opp. to uniform*) штатское (пла́тье); ~ food проста́я пи́ща; ~ living скро́мная жизнь; ~ words просты́е слова́; **5.** (*unattractive*) некраси́вый; a ~ Jane некраси́вная де́вушка, дурну́шка.

   *adv.* я́сно, про́сто.

   *cpds.*: ~**-chant**, ~**-song** *nn.* однот́нный напе́в; ~**-clothes** *adj.* оде́тый в штатское; ~-clothes man сы́щик, переоде́тый полице́йский, шпик; ~**-spoken** *adj.* открове́нный.

**plainness** *n.* (*candour*) прямота́, открове́нность; (*simplicity*) простота́, скро́мность, неприхотли́вость, безыску́сность; (*unattractiveness*) непривлека́тельность.

**plaint** *n.* (*leg., accusation*) жа́лоба; (*poet., lam-*

*entation*) се́тование, стена́ние.

**plaintiff** *n.* исте́ц.

**plaintive** *adj.* печа́льный, гру́стный.

**plait** *n.* коса́; she wears her hair in a ~ она́ но́сит ко́су.

   *v.t.* запле|та́ть, -сти́.

**plan** *n.* план; (*drawing, diagram*) чертёж; ~s were drawn up бы́ли соста́влены пла́ны; (*map*) ка́рта; a ~ of the city план го́рода; (*schedule*): all went according to ~ всё прошло́ по пла́ну (*or* как бы́ло наме́чено); (*project*) прое́кт; five-year ~ пятиле́тний план; master ~ генера́льный план; they made ~s for the future они́ стро́или пла́ны на бу́дущее; (*system*) за́мысел; on the instalment ~ в рассро́чку; an open-~ house дом откры́той плани́ровки.

   *v.t.* **1.** (*make a ~ of*) плани́ровать, за-; **2.** (*arrange, design*) проекти́ровать (*impf.*); ~ned economy пла́новая эконо́мика.

   *v.i.* намерева́ться (*impf.*); where are you ~ning to go this year? куда́ вы собира́етесь éхать в э́том году́?; we must ~ ahead на́до ду́мать о бу́дущем.

**planchette** *n.* планше́тка (для спирити́ческих сеа́нсов).

**plane**[1] *n.* (*tree*) плата́н.

**plane**[2] *n.* (*tool*) руба́нок, струг, калёвка.

   *v.t. & i.* строга́ть, вы́-.

   *with advs.*: ~ **away,** ~ **down** *v.t.* состру́г|ивать, -а́ть.

**plane**[3] *n.* **1.** (*flat surface*) пло́скость; **2.** (*aeroplane*) самолёт; **3.** (*fig., level*) у́ровень (*m.*); her thoughts are on a higher ~ у неё бо́лее высо́кий строй мы́слей; **4.**: ~ sailing (*naut.*) пла́вание по локсодро́мии; (*fig.*) несло́жное де́ло.

   *adj.* пло́ский, плоскостно́й.

**planet** *n.* плане́та.

**planetarium** *n.* планета́рий.

**planetary** *adj.* плане́та́рный, плане́тный.

**plangent** *adj.* (*plaintive*) зауны́вный.

**plank** *n.* доска́; the pirates made him walk the ~ пира́ты сбро́сили его́ в мо́ре; (*fig., item in election programme*) пункт предвы́борной платфо́рмы.

   *v.t.* (*coll., also* **plunk**): he ~ed down his money on the table он вы́ложил де́ньги на стол.

   *cpd.*: ~**-bed** *n.* на́р|ы (*pl., g.* —).

**planking** *n.* обши́вка доска́ми; насти́л; (*planks*) до́ски (*f. pl.*).

**plankton** *n.* планкто́н.

**planner** *n.* планови́к, организа́тор; проекти́ровщик.

**planning** *n.* плани́рование; long-term ~ перспекти́вное плани́рование; family ~ (иску́ственное) ограниче́ние соста́ва семьи́.

**plant** *n.* **1.** (*vegetable organism*) расте́ние; ~ diseases боле́зни расте́ний; ~ life жизнь расте́ний; **2.** (*industrial fixtures or machinery*) оборýдование; **3.** (*factory*) завóд; **4.** (*swindle, hoax*) надувáтельство, подвóх; **5.** (*coll., article placed to incriminate*; *incrimination*) сфабрикóванная улúка.

*v.t.* **1.** (*put in ground or water to grow*) сажáть, посадúть; сéять, по-; I have ~ed out the cabbages я вы́садил капýсту в грунт; **2.** (*furnish with* ~*s*) засá|живать, -дúть; the beds were ~ed with roses гря́дки бы́ли засáжены рóзами; **3.** (*fig., establish, settle*): the colony was ~ed 300 years ago э́та колóния былá оснóвана 300 лет томý назáд; he ~ed a doubt in my mind он посéял во мне сомнéние; he ~ed himself in front of the fire он стал пéред сáмим камúном; ~ a blow нанестú (*pf.*) тóчный удáр; ~ evidence подстр|áивать, -óить улúки; the enemy ~ed a spy in our midst враг заслáл шпиóна в нáши ряды́.

**plantain** *n.* (*herb*) подорóжник; (*tropical tree*) дúкий банáн.

**plantation** *n.* (*area of planted trees*) насаждéния (*pl.*); (*estate*) плантáция.

**planter** *n.* (*plantation owner*) плантáтор; (*agric. machine*) сéялка; (*Am., container for plants*) я́щик для рассáды.

**plantigrade** *adj.* стопоходя́щий.

**plaque** *n.* (*tablet*) таблúчка, дощéчка; (*badge*) значóк, бля́ха.

**plash** *n.* (*splashing sound*) плеск, всплеск.

*v.i.* плес|кáть, -нýть; плескáться (*impf.*).

**plasm(a)** *n.* (*fluid*) плáзма; blood ~ кровяня́а плáзма.

**plaster** *n.* **1.** (*for coating walls etc.*) штукатýрка; ~ cast гúпсовый слéпок; ~ of Paris гипс; ~ saint (*fig.*) свято́й, безгрéшный; **2.** (*med.*) плáстырь (*m.*).

*v.t.* **1.** (*coat with* ~) штукатýрить, о(т)-; (*fig.*) пáчкать, за-; his boots were ~ed with mud егó ботúнки бы́ли облéплены гря́зью; **2.** (*cover with sticking-* ~) на|клáдывать, -ложúть плáстырь на +*a.*; (*fig.*): the trunk was ~ed with labels сундýк был весь облéплен наклéйками; **3.**: get ~ed (*sl., drunk*) нализáться (*pf.*); упúться (*pf.*).

**plasterer** *n.* штукатýр.

**plastic** *n.* плáстик, пластмáсса; (*pl.*) плáстика (*sg.*).

*adj.* **1.** (*made of* ~) пластмáссовый; ~ bomb плáстиковая бóмба; **2.** (*pert. to moulding*; *sculptural*) лепнóй; скульптýрный; the ~ arts пластúческие искýсства; ~ surgery пластúческая хирургúя; **3.** (*malleable*) пластúчный; (*fig., susceptible to influence*) подáтливый.

**plasticine** *n.* пластилúн.

**plasticity** *n.* пластúчность.

**plate** *n.* **1.** (*shallow dish*) тарéлка; side ~ тарéлка для хлéба; a ~ of cold meat блюдо с холóдным мя́сом; (*fig.*): he has a lot on his ~ у негó дел по гóрло (*coll.*); the game was handed to him on a ~ емý преподнеслú побéду на

блю́дечке; collection ~ блю́до для пожéртвований; **2.** (*collect., metal tableware*) посýда; silver ~ серéбряная посýда; **3.** (*sheet of metal, glass etc.*) лист, полосá; a ~ on the door gave the doctor's name на двéри былá таблúчка с фамúлией дóктора; the battery has zinc ~s батарéя имéет цúнковые пластúны; (*metal in this form*) броня́; armour ~ бронево́е плúты (*f. pl.*); **4.** (*phot.*) фотопластúнка; half ~ полутóновое клишé (*indecl.*); **5.** (*lithog.*) гальваноклишé (*indecl.*); (*illustration*) вкладнáя иллюстрáция; **6.** (*typ.*) стереотúп; **7.** (*dental* ~) вставнáя чéлюсть (зубнóй) протéз; **8.** (*cup as racing prize*) кýбок; **9.** (*rail.*) рéльсовая наклáдка.

*v.t.* **1.** (*cover with metal* ~*s*) плакировáть (*impf.*); **2.** (*coat with layer of metal*) покр|ывáть, -ы́ть метáллом; silver-~d spoons посеребрённые лóжки.

*cpds.*: ~-**glass** *adj.* из зеркáльного стеклá; ~ **layer** *n.* путевóй рабóчий; ~-**rack** *n.* сушúлка для посýды.

**plateau** *n.* платó (*indecl.*).

**plateful** *n.* (*pólnaya*) тарéлка (*чего*).

**platen** *n.* (*of typewriter*) вáлик.

**platform** *n.* **1.** (*at station*) платфóрма, перрóн; at ~ No. 3 на платфóрме № 3; ~ ticket перрóнный билéт; **2.** (*for speakers*) трибýна; (*fig., pol.*) (политúческая) платфóрма.

**plating** *n.* покры́тие, обшúвка.

**platinum** *n.* плáтина; ~ blonde «плáтиновая» (óчень свéтлая) блондúнка.

**platitude** *n.* плóскость, банáльность.

**platitudinous** *adj.* плóский, банáльный.

**Plato** *n.* Платóн.

**Platonic** *adj.* платонúческий.

**platoon** *n.* взвод.

**platter** *n.* блю́до; cold ~ холóдное ассортú (*indecl.*).

**platypus** *n.* утконóс.

**plaudit** *n.* (*usu. pl.*) аплодисмéнт|ы (*pl., g.* -ов); похвалá (*sg.*).

**plausibility** *n.* вероя́тность, правдоподóбие.

**plausible** *adj.* правдоподóбный.

**play** *n.* **1.** (*recreation, amusement*) игрá; all work and no ~ makes Jack a dull boy Джек в дрýжбе с дéлом, в ссóре с бездéльем — бедня́га Джек не знакóм с весéльем; the children were at ~ дéти игрáли; mathematics is child's ~ to him математúка для негó — дéтские игрýшки; it was said in ~ э́то бы́ло скáзано рáди забáвы; ~ on words игрá слов; **2.** (*gambling*) азáртная игрá; **3.** (*conduct of game etc.*) манéра игры́; there was a lot of rough ~ бы́ло мнóго грýбой игры́; I am here to see fair ~ я слежý за тем, чтóбы игрá велáсь по прáвилам; the police suspect foul ~ полúция подозревáет, что дéло нечúсто; **4.** (*state of being played with*): the ball was out of ~ мяч был вне игры́; **5.** (*turn or move in game*) ход; it's your ~ ваш ход; **6.** (*fig., action*) де́йствие, де́ятельность; all his strength was brought into ~ он мобилизова́л все свои́ си́лы; the ~ of market forces воздействие фа́кторов ры́нка; **7.** (*dramatic work*) пье́са, спекта́кль (*m.*); their quarrel was as good as a ~ их ссо́ра была́ заба́вным зре́лищем; **8.** (*visual effect*) игра́; перели́вы (*m. pl.*); the ~ of light on the water игра́ све́та на воде́; **9.** (*free movement*) люфт, свобо́дный ход; there is too much ~ in the brake pedal тормо́зная педа́ль име́ет сли́шком большо́й свобо́дный ход; **10.** (*fig., scope*) во́ля; просто́р; she allowed her curiosity free ~ она́ дала́ во́лю своему́ любопы́тству; he made much ~ with the fact that I was unmarried он осо́бенно упира́л на то, что я не жена́т.

*v.t.* **1.** (*perform, take part in*) игра́ть, сыгра́ть в +*a.*; ~ football игра́ть (*impf.*) в футбо́л; ~ the game! (*fig., abide by the rules*) игра́йте по пра́вилам!; he wouldn't ~ ball (*coll., cooperate*) он не хоте́л сотру́дничать; ~ it cool (*coll.*) сохраня́ть (*impf.*) хладнокро́вие; ~ it long (*coll.*) тяну́ть (*impf.*) вре́мя; **2.** (*perform on*) игра́ть, сыгра́ть на +*p.*; can you ~ the piano? вы игра́ете на роя́ле?; he ~s second fiddle (*fig.*) он игра́ет втору́ю скри́пку; **3.** (*cause to be heard*) исп|олня́ть, -о́лнить; they ~ed their favourite records они́ поста́вили/проигра́ли свои́ люби́мые пласти́нки; he ~ed it by ear (*fig., of extempore action*) он де́йствовал по интуи́ции; **4.** (*perpetrate*): he is always ~ing tricks on me он всегда́ надо мно́й подшу́чивает; my memory ~s tricks па́мять меня́ подво́дит; you will ~ that joke once too often вы когда́-нибудь доигра́етесь; **5.** (*enact role of*) игра́ть, сыгра́ть; I ~ed Horatio я игра́л Гора́цио; she loves to ~ the great lady она́ лю́бит изобража́ть из себя́ гранд-да́му; ~ the man! бу́дьте мужчи́ной!; stop ~ing the fool! переста́ньте валя́ть дурака́!; this will ~ havoc with our plans э́то расстро́ит на́ши пла́ны; ~ truant прогу́л|ивать, -я́ть заня́тия/уро́ки; **6.** (*enact drama of*) дава́ть (*impf.*); дава́ть представле́ние +*g.*; they are ~ing Othello (в теа́тре) даю́т/идёт «Оте́лло»; **7.** (*contend against*): will you ~ me at chess? вы сыгра́ете со мной в ша́хматы?; **8.** (*angling: keep on end of line*) выва́живать (*impf.*); **9.** (*cards*): he ~ed the ace он пошёл с туза́; he ~ed his trump card (*fig.*) он пусти́л в ход ко́зырь; he ~ed his cards well (*fig.*) он де́йствовал уме́ло; **10.** (*use as ~er*): they ~ed Jones at full back Джо́нса поста́вили игра́ть защи́тником; **11.** (*strike, propel*) уд|аря́ть, -а́рить; (*fig.*): he ~ed it off the cuff он импровизи́ровал на ходу́; he ~ed the affair skilfully он иску́сно провёл де́ло; **12.** (*direct*) напр|авля́ть, -а́вить; the firemen ~ed their hoses on to the blaze пожа́рники напра́вили брандспо́йты на пла́мя.

*v.i.* **1.** игра́ть, сыгра́ть; (*amuse o.s., have fun*) забавля́ться (*impf.*); резви́ться (*impf.*); they were ~ing at soldiers они́ игра́ли в войну́; you're not trying, you're just ~ing at it! вы не рабо́таете, а в бирю́льки игра́ете!; what are you ~ing at? что за игру́ вы ведёте?; she ~ed on his vanity она́ сыгра́ла на его́ тщесла́вии; he is fond of ~ing on words он лю́бит каламбу́ры; she is ~ing with his affections она́ игра́ет его́ чу́вствами; I am ~ing with the idea of resigning я поду́мываю об отста́вке; he ~ed with his glasses while he was talking разгова́ривая, он верте́л в рука́х очки́; don't ~ with fire! (*fig.*) не игра́йте с огнём!; run away and ~! пойди́ поиграй!; (*take part in game or sport*): they ~ed to win они́ игра́ли с аза́ртом; two can ~ at that game! (*fig.*) посмо́трим ещё, чья возьмёт!; I have always ~ed fair with you я всегда́ поступа́л с ва́ми че́стно; (*gamble*) what shall we ~ for? по ско́льку бу́дем игра́ть/ста́вить?; he is ~ing for high stakes (*fig.*) он игра́ет по-кру́пному; (*perform music*): it's an old instrument but it ~s well э́то ста́рый инструме́нт, но у него́ хоро́ший звук; (*on stage etc.*): they ~ed to full houses они́ игра́ли при по́лном за́ле; ~ to the gallery (*fig.*) иска́ть (*impf.*) дешёвой популя́рности; игра́ть (*impf.*) на пу́блику; (*move, be active*): a smile ~ed on her lips улы́бка игра́ла на её губа́х; a breeze ~ed in the trees ветеро́к шелесте́л в дере́вьях; the light ~ed on the water на воде́ игра́ли световы́е бли́ки; the fountains were ~ing би́ли фонта́ны; **2.** (*be directed*): searchlights ~ed on the aircraft проже́кторы бы́ли напра́влены на самолёт; the guns ~ed on the enemy's lines пу́шки обстре́ливали пози́ции врага́; **3.** (*of ground or pitch*): the pitch ~ed well until the rain came по́ле бы́ло в хоро́шем состоя́нии, пока́ не начался́ дождь; **4.** (*strike ball*) де́лать, сбросо́к; (*fig.*): he ~ed into my hands он сыгра́л мне на́ руку.

*with advs.*: ~ **about,** ~ **around** *v.i.* игра́ть (*impf.*); резви́ться (*impf.*); the children were ~ing about in the garden де́ти резви́лись в саду́; ~ **back** *v.t.* воспроизв|оди́ть, -ести́; прослу́ш|ивать, -ать; the tape was ~ed back плёнку проигра́ли; ~ **down** *v.t.* (*fig., minimize*) преум|еньша́ть, -е́ньшить; I ~ed down his faults in my report в своём отчёте я части́чно обошёл его́ недоста́тки; ~ **o.s. in** *v.i.* разы́гр|иваться, -а́ться; входи́ть, войти́ в игру́/рабо́ту; ~ **off** *v.t.* (*replay*): the drawn game must be ~ed off next week ничья́ должна́ быть переи́грана на сле́дующей неде́ле; (*set in opposition*) натра́в|ливать, -и́ть (*кого на кого*); he ~ed his rivals off against one another он стра́вливал свои́х сопе́рников ме́жду собо́й; ~ **out** *v.t.* (~ *to the end, to a result*) дои́гр|ывать, -а́ть; (*pass., be exhausted*) выдыха́ться, вы́дохнуться; ~ **over** *v.t.*

переигр|ывать, -а́ть; may I ~ over my new composition? мо́жно вам проигра́ть моё но́вое произведе́ние?; ~ **through** v.t. сыгра́ть (pf.) (целико́м); the conductor made them ~ the movement through again дирижёр заста́вил их сыгра́ть/проигра́ть э́ту часть за́ново; ~ **up** v.t. (give emphasis, importance to) обы́гр|ывать, -а́ть; he ~ed up the advantages of the scheme он обыгра́л преиму́щества пла́на; (coll., give trouble to) му́чить, за-; Tommy has been ~ing me up all morning То́мми досажда́л мне всё у́тро; my car is ~ing me up again моя́ маши́на опя́ть барахли́т; v.i. (exert o.s. in game) стара́ться, по-; ~ up, boys! нажми́, ребя́та!; (misbehave) распус|ка́ться, -ти́ться; the boys ~ up when their father is away ма́льчики распуска́ются, когда́ отца́ нет до́ма; ~ up to (support) подде́рж|ивать, -а́ть; (on stage) подыгр|ывать, -а́ть +d.; the cast ~ed up to the leading lady тру́ппа подыгрывала веду́щей актри́се; (humour) подда́кивать (impf.); she ~s up to her husband она́ подда́кивает своему́ му́жу; (give flattering attention to) льстить (impf.) +d.; подли́зываться (impf.) к +d.

cpds.: ~-**acting** n. (fig.) притво́рство, наи́грыш; ~-**back** n. воспроизведе́ние; ~-**bill** n. (poster) театра́льная афи́ша; ~-**box** n. я́щик для игру́шек; ~-**boy** n. пове́са (m.), донжуа́н; ~-**fellow**, ~-**mate** nn.: the child needs a ~-fellow ребёнку на́до с кем-то игра́ть; ~-**goer** n. театра́л; ~-**going** n. посеще́ние теа́тра; ~-**ground** n. (at school) площа́дка для игр; шко́льный двор; (fig.) излю́бленное ме́сто развлече́ния; ~-**house** n. теа́тр; ~-**mate** see ~-**fellow**; ~-**off** n. реша́ющая встре́ча; повто́рная встре́ча по́сле ничье́й; ~-**pen** n. де́тский мане́ж; ~-**school** n. де́тский сад; ~-**suit** n. спорти́вный костю́м; ~-**thing** n. (lit., fig.) игру́шка; ~-**time** n. вре́мя о́тдыха; шко́льная переме́на; ~-**wright** n. драмату́рг.

**player** n. **1.** (of game) игро́к; спортсме́н; **2.** (actor) актёр; **3.** (musician): a ~ on the clarinet кларнети́ст; **4.** (record-~) прои́грыватель (m.).

cpd.: ~-**piano** n. пиано́ла.

**playful** adj. игри́вый, шаловли́вый.

**playfulness** n. игри́вость.

**playing** n. игра́.

cpds.: ~-**card** n. игра́льная ка́рта; ~-**field** n. спорти́вное по́ле.

**playlet** n. пье́ска.

**plaza** n. пло́щадь.

**plea** n. **1.** (leg.) заявле́ние в суде́; аргуме́нт, возраже́ние; he entered a ~ of guilty он призна́л себя́ вино́вным; **2.** (excuse) предло́г; on the ~ of ill-health под предло́гом боле́зни; **3.** (request, appeal) про́сьба.

**plead** v.t. **1.** (argue for) защи|ща́ть, -ти́ть; he had a lawyer to ~ his case его́ де́ло вёл адвока́т; he

~ed the cause of the pensioners он защища́л интере́сы пенсионе́ров; **2.** (offer as excuse) ссыла́ться, сосла́ться на +a.; the defendant ~ed insanity подсуди́мый сосла́лся на невменя́емость; I must ~ ignorance of the facts к сожале́нию, я не в ку́рсе де́ла; **3.** (declare o.s.): my client ~s (not) guilty мой клие́нт (не) признаёт себя́ вино́вным.

v.i. **1.** (address court as advocate) выступа́ть, вы́ступить в суде́; **2.** (appeal, entreat) приз|ыва́ть, -ва́ть; умоля́ть (impf.); the prisoners ~ed for mercy заключённые проси́ли о поми́ловании; he ~ed with me to stay он умоля́л меня́ не уходи́ть.

**pleading** n. выступле́ние защи́ты; хода́тайство; special ~ тенденцио́зный подбо́р фа́ктов/аргуме́нтов.

**pleasance** n. (arch.) сад, парк.

**pleasant** adj. прия́тный; I made myself ~ to them я с ни́ми держа́лся как мо́жно любе́знее.

**pleasantness** n. любе́зность.

**pleasantry** n. (joke) шу́тка; (amiable interchange) любе́зность.

**please** v.t. нра́виться, по- +d.; дост|авля́ть, -а́вить удово́льствие +d.; it ~s the eye э́то ра́дует глаз; his attitude ~s me меня́ ра́дует его́ пози́ция; I was not very ~d at, by, with the results я был не о́чень дово́лен результа́тами; I feel better, I'm ~d to say рад сообщи́ть, что я чу́вствую себя́ лу́чше; as ~d as Punch (coll.) рад-раде́шенек; I was ~d to note мне бы́ло прия́тно отме́тить; I shall be ~d to attend я бу́ду рад приня́ть уча́стие; he was ~d to criticize me (iron.) он почёл за бла́го сде́лать мне замеча́ния; ~ God we shall arrive in time! дай Бог, что́бы мы прие́хали во́-время!; ~ yourself как вам бу́дет уго́дно; he ~s himself what he does он поступа́ет, как ему́ заблагорассу́дится.

v.i. **1.** (give pleasure) уго|жда́ть, -ди́ть; she is very anxious to ~ она́ о́чень стара́ется угоди́ть; **2.** (think fit) изво́лить (impf.); do as you ~ де́лайте, как хоти́те; he comes just when he ~s он прихо́дит, когда́ ему́ взду́мается/заблагорассу́дится; **3.** (polite request): ~ shut the door пожа́луйста, закро́йте дверь; won't you ~ sit down? пожа́луйста, сади́тесь; ~ do try the jam прошу́ вас, попро́буйте варе́нья; ~ forgive our long silence о́чень про́сим извини́ть нас за до́лгое молча́ние; if you ~ е́сли вам уго́дно; о́чень вас прошу́; пожа́луйста, бу́дьте так добры́; (iron.): he's taken a day's leave, if you ~ предста́вьте себе́ (or поду́майте то́лько), он взял выходно́й.

**pleasing** adj. прия́тный.

**pleasurable** adj. доставля́ющий удово́льствие.

**pleasure** n. **1.** (enjoyment) удово́льствие; lead a life of ~ жить (impf.) в своё удово́льствие; he is travelling for ~ он путешéствует для своегó сóбственного удовóльствия; it's a ~! (*sc. to oblige*) рад служúть!; it gives me great ~ to see you мне óчень прия́тно вас вúдеть; may I have the ~ (of a dance)? разрешúте приглаcúть вас (на тáнец)?; he takes ~ in teasing her емý доставля́ет удовóльствие подтрýнивать над ней; they take their ~s sadly им и рáдость не в рáдость; **2.** (*will, desire*) желáние; at your ~ по вáшему желáнию; we await your ~ к вáшим услýгам; he was detained during her Majesty's ~ он был задéржан до осóбого распоряжéния корóны.

*cpds.*: ~-**boat** *n.* прогýлочный кáтер; ~-**ground** *n.* сад, парк; ~-**lover** *n.* охóтник до удовóльствий; ~-**seeking** *adj.* úщущий удовóльствий.

**pleat** *n.* склáдка.

*v.t.* плиссировáть (*impf.*); ~ed skirt плиссирóванная ю́бка; ю́бка в склáдку.

**plebeian** *n.* плебéй.

*adj.* плебéйский.

**plebiscite** *n.* плебисцúт.

**plebs** *n.* плебс.

**plectrum** *n.* плектр.

**pledge** *n.* **1.** (*thing left as earnest of intent; token*) залóг; **2.** (*promise*) обéт, обещáние; he has signed the (*temperance*) ~ он дал зарóк не пить; **3.**: goods in ~ товáры в залóге; take out of ~ выкупáть, вы́купить (из заклáда).

*v.t.* **1.** (*give as security*) отд|авáть, -áть в залóг; (*pawn*) за|кладывать, -ложúть; ~ o.s. обя́з|ываться, -áться; ручáться, поручúться; I ~ my word даю́ слóво; ручáюсь; **2.** (*enjoin*): I ~d him to secrecy я взял с негó слóво не говорúть (об э́том).

**Pleiades** *n.* Плея́д|ы (*pl., g.* —).

**Pleistocene** *n.* плейстоцéн.

**plenary** *adj.*: ~ powers неогранúченные полномóчия; ~ session пленáрное заседáние, плéнум.

**plenipotentiary** *n.* полномóчный представúтель.

*adj.* полномóчный, неогранúченный.

**plenitude** *n.* (*fullness*) полнотá; (*abundance*) изобúлие.

**plenteous** *adj.* (*abundant*) обúльный; (*productive*) урожáйный.

**plentiful** *adj.* изобúльный, обúльный.

**plenty** *n.* **1.** (*abundance*) изобúлие; there was food in ~ едá былá в изобúлии; **2.** (*large quantity or number*) мнóжество; he has ~ of money у негó пóлно дéнег; we have ~ of time to spare у нас мнóго врéмени в запáсе; **3.** (*sufficient*) достáток; that will be ~ э́того бýдет предостáточно.

*adv.* (*coll., amply*) вполнé.

**plenum** *n.* плéнум.

**pleonasm** *n.* плеонáзм.

**pleonastic** *adj.* плеонастúческий.

**plesiosaurus** *n.* плезиозáвр.

**plethora** *n.* (*med.*) полнокрóвие; (*fig., overabundance*) избы́ток.

**pleurisy** *n.* плеврúт.

**plexus** *n.* сплетéние; solar ~ сóлнечное сплетéние.

**pliability** *n.* гúбкость; (*fig.*) гúбкость, устýпчивость.

**pliable** *adj.* гúбкий; (*fig.*) гúбкий, устýпчивый.

**pliant** *adj.* гúбкий; (*fig.*) гúбкий, подáтливый.

**pliers** *n.* щипц|ы́ (*pl., g.* -óв); клещ|и (*pl., g.* -éй).

**plight**[1] *n.* незавúдное положéние.

**plight**[2] *v.t.* (*arch.*): they ~ed their troth онú поклялúсь в вéрности; ~ed lovers помóлвленные (*pl.*), обручённые (*pl.*).

**plimsoll** *n.* **1.** (*light shoe*): ~s парусúновые тýфли (*f. pl.*); кроссóв|ки (*pl., g.* -ок); тáпочки (*f. pl.*); **2.**: P~ line грузовáя мáрка.

**plinth** *n.* плúнтус.

**Pliocene** *n.* плиоцéн.

**plod** *n.* (*walk*) тяжёлая пóступь; (*work*) тяжёлая рабóта.

*v.t. & i.* тащúться (*impf.*); the labourer ~ded his way home рабóчий устáло тащúлся домóй; (*fig.*): ~ away at sth. корпéть (*impf.*) над чем-н.

**plodder** *n.* (*fig.*) трудя́га (*c.g.*); работя́га (*c.g.*).

**plonk** *n.* (*sl., cheap wine*) дешёвое винó, пóйло.

*v.t.* (*coll., put down heavily*) грóх|ать, -нуть; бáх|ать, -нуть; he ~ed himself in an armchair он плю́хнулся в крéсло.

**plop** *n.* бульк.

*adv.*: fall ~ бултыхнýться (*pf.*).

*v.t. & i.* шлёпнуть(ся) (*pf.*).

*int.* бух!

**plosive** *n.* взрывнóй звук.

*adj.* взрывнóй.

**plot** *n.* **1.** (*piece of ground*) учáсток (землú); **2.** (*outline of play etc.*) фáбула, сюжéт; **3.** (*conspiracy*) зáговор.

*v.t.* **1.** (*make plan of*) планúровать, за-; **2.** (*record*) нан|осúть, -естú; **3.** (*measure out: also* ~ **out**) разб|ивáть, -úть; **4.** (*conspire to achieve*): they ~ted his ruin онú готóвили емý гúбель.

*v.i.* (*conspire*) вынáшивать (*impf.*) зáговор.

**plough** (*Am.* **plow**) *n.* **1.** плуг; we have 100 acres under ~ у нас 100 áкров пáшни (*or* пáхотной землú); he put his hand to the ~ (*fig.*) он взя́лся/приня́лся за дéло; (*snow-*~) снегоочистúтель (*m.*); **2.**: the P~ (*astron.*) Большáя Медвéдица.

*v.t.* **1.** пахáть, вс-; he is ~ing the sand (*fig.*) трáтит сúлы впустýю; he ~s a lonely furrow (*fig.*) он дéйствует в одинóчку; (*fig.*): he ~ed his way through the mud он шлёпал по гря́зи; **2.** (*coll., fail*) провáл|ивать, -úть.

*v.i.* **1.** (*fig.*) продв|игáться, -úнуться; the ship ~ed through the waves корáбль рассекáл вóлны; I ~ed through the book я с трудóм осѝлил кнѝгу; **2.** (*coll., fail in exam*) провáл|иваться, -ѝться.

*with advs.*: ∼ **back** *v.t.*: profits are ∼ed back прѝбыль вклáдывается в дéло; ∼ **in** *v.t.* запáх|ивать, -áть.

*cpds.*: ∼ **boy** *n.* пáрень (*m.*) «от сохѝ»; ∼ **land** *n.* пáхотная землѝ; ∼ **man** *n.* пáхарь (*m.*); ∼ **share** *n.* плýжный лéмéх.

**plover** *n.* ржáнка.

**plow** *see* PLOUGH.

**ploy** *n.* (*manœuvre*) улóвка.

**pluck** *n.* **1.** (*pull, twitch*) дéрганье; **2.** (*of an animal*) лѝвер; **3.** (*coll., courage*) смéлость, отвáга.

*v.t.* **1.** (*pull off, pick*) срывáть, сорвáть; соб|ирáть, -рáть; **2.** (*strip of feathers*) ощѝп|ывать, -áть; **3.** (*cause to vibrate by twitching*) щипáть (*pf.*); ∼ed instrument щипкóвый инструмéнт; **4.** (*twitch, pull at*; *also v.i.*) дéр|гать, -нуть.

*with advs.*: ∼ **off** *v.t.* выдёргивать, вы̀дернуть; ∼ **out** *v.t.* выщѝп|ывать, вы̀щипать; ∼ **up** *v.t.*: ∼ up courage собрáться (*pf.*) с дýхом.

**plucky** *adj.* (*coll.*) смéлый, отвáжный, решѝтельный.

**plug** *n.* **1.** (*stopper, e.g. of bath*) прóбка, затѝчка, стóпор; (*wax*) ear-∼ затѝчка для ушéй; **2.** (*elec. connector*) вѝлка; (*socket*) розéтка; **3.** (*spark-*∼) запáльная свечá, свечá зажигáния; **4.** (*of WC*): he pulled the ∼ он спустѝл вóду; **5.** (*of tobacco*) жевáтельный табáк; **6.** (*coll., advertisement*) реклáма.

*v.t.* (*stop up*) закýпори|вать, -ть; (*connect with elec.* ∼) включ|áть, -ѝть; (*coll., boost*) реклами́ровать (*impf., pf.*); (*Am. sl., shoot*) застрелѝть (*pf.*).

*with advs.*: ∼ **away** *v.i.* (*coll., persevere*) корпéть (*impf.*); ∼ **in** *v.t.* включ|áть, -ѝть; ∼ **up** *v.t.* закýпори|вать, -ть.

*cpd.*: ∼-**ugly** *n.* (*Am. sl.*) держимóрда (*m.*), хулигáн.

**plum** *n.* **1.** (*fruit, tree*) слѝва; **2.** (*raisin*) изю̀м; корѝнка; ∼ cake кекс с корѝнкой; ∼ duff варёный пýдинг с корѝнкой; ∼ pudding плам-пýдинг; **3.** (*fig., prized object or possession*) «жѝрный кусóк», «слѝв|ки» (*pl., g.* -ок); лáкомый кусóчек; a ∼ job тёплое местéчко.

**plumage** *n.* оперéние.

**plumb** *n.* отвéс, грузѝло; out of ∼ наклóнный, отвéсный.

*adj.* (*vertical*) вертикáльный.

*adv.* (*exactly*) тóчно; (*Am. sl., utterly*) совершéнно, совсéм.

*v.t.* (*sound*) изм|ерѝть, -éрить лóтом; (*fig.*) прон|икáть, -ѝкнуть в +*a.*; he ∼ed the depths of absurdity он дошёл до пóлной абсýрда.

*cpds.*: ∼-**line** *n.* отвéс, отвéсная лѝния; ∼-**rule** *n.* линéйка с отвéсом.

**plumbago** *n.* (*graphite*) графѝт.

**plumber** *n.* водопровóдчик.

**plumbing** *n.* (*occupation*) слесáрно-водопровóдное дéло; (*installation*) водопровóд, сантéхника.

**plume** *n.* **1.** (*feather*) перó; in borrowed ∼s ≃ ворóна в павлѝньих пéрьях; a ∼ of smoke струýйка ды̀ма; дымóк; **2.** (*in headdress*) султáн, плюмáж.

*v.t.*: the bird ∼s its feathers птѝца охорáшивается (*or* чѝстит пёрышки); (*fig.*): he ∼s himself on his skill он кичѝтся свои́м мастерствóм.

**plummet** *n.* свинцóвый груз; грузѝло, тѝжесть.

*v.i.* об|рывáться, -орвáться; (*fig.*): shares ∼ed áкции рéзко упáли.

**plummy** *adj.* (*coll., of voice*) сóчный.

**plump**[1] *adj.* (*rounded, chubby*) пýхлый, окрýглый; (*fattish*) пóлный.

*v.t.*: ∼ **up 1.** (*fatten*) вск|áрмливать, -ормѝть; дéлать, с- пýхлым; **2.**: she ∼ed up the cushions онá взбѝла подýшки.

*v.i.*: ∼ **out** разд|авáться, -áться; толстéть, рас-; her cheeks have ∼ed out у неё округлѝлись щёки.

**plump**[2] *adj.* (*blunt*) прямóй.

*v.t.* (*drop*; *usu.* ∼ **down**) бýх|ать, -нуть; швыр|ѝть, -нýть.

*v.i.* (*fall heavily*; *usu.* ∼ **down**) шлёп|аться, -нуться; (*make one's choice*) реш|áть, -ѝть; I ∼ for the roast beef я — за рóстбиф.

**plunder** *n.* (*looting*) грабёж; (*loot*) добы̀ча.

*v.t. & i.* грáбить, о-; расх|ищáть, -ѝтить.

**plunge** *n.* **1.** (*dive*) ныря́ние; (*fig.*): he took the ∼ он решѝл: была́ не была́; **2.** (*violent movement*) бросóк.

*v.t.* погру|жáть, -зѝть; the room was ∼d into darkness кóмната погрузѝлась во мрак; he ∼d his hands into water он опустѝл рýки в вóду; they were ∼d into despair онѝ бы̀ли повéргнуты в отчáяние.

*v.i.* (*dive*) окун|áться, -ýться; (*fig.*): a plunging neckline глубóкий вы̀рез на плáтье; **2.** (*lunge forward*) бр|осáться, -óситься (вперёд); the horse ∼d forward лóшадь рванýлась вперёд; the ship ∼d through the waves корáбль шёл, рассекáя вóлны; (*fig.*) погру|жáться, -зѝться; he ∼d into the work он погрузѝлся в рабóту; **3.** (*sl., gamble heavily*) азáртно игрáть (*impf.*).

**plunger** *n.* плýнжер.

**plunk** *see* PLANK *v.t.*

**pluperfect** *n.* давнопрошéдшее врéмя.

*adj.* давнопрошéдший.

**plural** *n.* мнóжественное числó.

*adj.* **1.** (*gram.*) мнóжественный; **2.** (*multiple*) многочѝсленный; неоднорóдный; a ∼ society плюралистѝческое óбщество.

**pluralism** *n.* плюрали́зм.

**plurality** *n.* (*plural state*) мнóжественность; (*large number*) мнóжество; (*pluralism*) совмести́тельство; (*relative majority*) относи́тельное большинство́.

**plus** *n.* **1.** (*symbol*) знак плюс; **2.** (*additional or positive quantity*) доба́вочное коли́чество.

*adj.* (*additional, extra*) доба́вочный; (*math., elec.*) положи́тельный.

*prep.* плюс; ~ or minus плюс-ми́нус.

*cpd.*: ~**-fours** *n.* брю́к|и (*pl., g.* —) гольф.

**plush** *n.* плюш.

*adj.* (*made of* ~) плю́шевый; (*sl., sumptuous*; also **plushy**) шика́рный.

**Pluto** *n.* (*myth., astron.*) Плуто́н.

**plutocracy** *n.* плутокра́тия.

**plutocrat** *n.* плутокра́т.

**plutocratic** *adj.* плутократи́ческий.

**plutonium** *n.* плуто́ний.

**ply**[1] *n.* (*layer*) слой, пласт; (*strand*) слой; three-~ cable трёхсло́йный/трёхжи́льный ка́бель.

*cpd.*: ~**wood** *n.* фане́ра; *adj.* фане́рный.

**ply**[2] *v.t.* **1.** (*manipulate*): she plied her needle она́ занима́лась шитьём; they plied the oars они́ налега́ли на вёсла; **2.** (*work at*): he plies an honest trade он зараба́тывает на хлеб че́стным трудо́м; **3.** (*keep supplied*) по́тчевать (*impf.*); I was plied with food меня́ усе́рдно корми́ли; they plied him with questions они́ засы́пали его́ вопро́сами.

*v.i.* курси́ровать (*impf.*).

**p.m.** *adv.* пополу́дни.

**pneumatic** *adj.* пневмати́ческий; возду́шный.

**pneumonia** *n.* воспале́ние лёгких, пневмони́я.

**po** (*coll.*) *n.* ночно́й горшо́к.

*cpd.*: ~**-faced** *adj.* надме́нный, презри́тельный, чва́нный.

**poach**[1] *v.t.* (*cul.*): ~ eggs вари́ть, с- (яйцо́-) пашо́т.

**poach**[2] *v.t. & i.*: ~ game браконье́рствовать (*impf.*); охо́титься (*or* уди́ть ры́бу) (*both impf.*) в чужи́х владе́ниях; you are ~ing on my preserves (*lit., fig.*) вы вме́шиваетесь в мои́ дела́; вы вторга́етесь в мои́ владе́ния; (*fig.*): ~ (a ball) (*e.g. at tennis*) перехва́т|ывать, -и́ть мяч.

**poacher** *n.* браконье́р.

**pock-marked** *adj.* рябо́й.

**pocket** *n.* **1.** (*in clothing*) карма́н; put your pride in your ~ спря́чьте го́рдость в карма́н; I am always dipping into my ~ for him мне прихо́дится всегда́ дава́ть ему́ де́ньги; they live in each other's ~s они́ неразлу́чны; he has the chairman in his ~ председа́тель у него́ в рука́х; **2.** (*money resources*): your ~ will suffer пострада́ет ваш карма́н; э́то уда́рит по ва́шему карма́ну; he was in ~ at the end of the day под коне́ц дня он был в вы́игрыше; I shall be out of ~ я бу́ду в про́игрыше; у меня́ бу́дет убы́ток; out-of-~ expenses расхо́ды, опла́чиваемые нали́чными; **3.** (*at billiards*) лу́за; **4.** (*small area*): ~ of resistance оча́г сопротив-

ле́ния; ~s of unemployment райо́ны безрабо́тицы; **5.** air ~ возду́шная я́ма; возду́шный мешо́к; **6.** (*geol.*) карма́н, гнездо́; **7.** (*attr., miniature*) карма́нный; ~ edition карма́нное изда́ние; ~ battleship «карма́нный» линко́р.

*v.t.* **1.** класть, положи́ть в карма́н; (*fig., appropriate*) прикарма́ни|вать, -ть; **2.**: he ~ed the ball (*billiards*) он загна́л шар в лу́зу; **3.**: he had to ~ the insult ему́ пришло́сь проглоти́ть оби́ду.

*cpds.*: ~**-book** *n.* (*notebook*) записна́я кни́жка; (*wallet*) бума́жник; ~**-handkerchief** *n.* носово́й плато́к; ~**-knife** *n.* карма́нный но́ж(ик); ~**-money** *n.* карма́нные де́н|ьги (*pl., g.* -ег); ~**-size(d)** *adj.* карма́нного форма́та; миниатю́рный.

**pocketful** *n.* по́лный карма́н (*чего*).

**pod** *n.* (*seed vessel*) стручо́к.

*v.t.* (*shell*) лущи́ть (*impf.*).

**podgy** *adj.* то́лстенький, призе́мистый; (*of face*) пу́хлый, толстощёкий.

**podium** *n.* (*archit.*) по́диум, по́дий; (*rostrum*) трибу́на; возвыше́ние.

**poem** *n.* стихотворе́ние; (*long narrative*) поэ́ма.

**poet** *n.* поэ́т.

**poetaster** *n.* рифмоплёт.

**poetess** *n.* поэте́сса.

**poetic** *adj.* поэти́ческий; ~ licence поэти́ческая во́льность; ~ justice справедли́вое возме́здие.

**poetical** *adj.* поэти́ческий, поэти́чный; ~ works поэти́ческие произведе́ния.

**poetry** *n.* (*also fig.*) поэ́зия; (*poetical work*) стих|и́ (*pl., g.* -о́в); (*poetical quality*) поэти́чность.

**pogrom** *n.* погро́м.

**poignancy** *n.* острота́, ре́зкость.

**poignant** *adj.* (*of taste etc.*) о́стрый, те́рпкий; (*painfully moving*) о́стрый, ре́зкий, го́рький.

**point** *n.* **1.** (*sharp end*) остриё; not to put too fine a ~ on it (*fig.*) без обиняко́в; не делика́тничая; говоря́ напрями́к; **2.** (*tip*) ко́нчик; **3.** (*promontory*) мыс; **4.** (*dot*) то́чка; full ~ то́чка; decimal ~ (*in Russian usage*) запята́я (*отделяющая десятичную дробь от целого числа*); two ~ five (2·5) две це́лых и пять деся́тых; forty-five ~ nought (45·0) со́рок пять и ноль деся́тых; 36.6 (*human temperature Centigrade*) три́дцать шесть и шесть; **5.** (*mark, position*) ме́сто, пункт; ~ of contact (*lit., fig.*) то́чка соприкоснове́ния; ~ of departure отправна́я/исхо́дная то́чка; ~ of intersection то́чка пересече́ния; ~ of view то́чка зре́ния; they have reached the ~ of no return возвра́та наза́д для них уже́ нет; **6.** (*moment*) моме́нт; at this ~ he turned round тут он поверну́лся; I was on the ~ of leaving я уже́ собра́лся уходи́ть; at the ~ of death при́ смерти; when it came to the ~, he refused в реша́ющий моме́нт он отказа́лся; **7.** (*mark on scale*) отмéтка, делéние; (*unit*) единúца; boiling-~ тóчка кипéния; up to a ~ до извéстной стéпени; **8.** (*of the compass*) странá свéта; **9.** (*unit of evaluation, score*) пункт, очкó; they won on ~s онú вы́играли по очкáм; he can give me ~s in boxing он даст мне мнóго очкóв вперёд в бóксе; he tried to score a ~ off me (*lit.*) он попытáлся меня́ обстáвить; **10.** (*chief idea, meaning, purpose*) суть, дéло, вопрóс, смысл; that is beside the ~ не в э́том суть/дéло; he carried his ~ он отстоя́л свою́ тóчку зрéния; он провёл свою́ идéю; come to the ~ дойтú (*pf.*) до глáвного/сýти дéла; that's just the ~ вот úменно; в тóм-то и дéло; I don't see the ~ of the joke я не пóнял, в чём соль э́того анекдóта; э́та шýтка мне непоня́тна; you have a ~ there тут вы прáвы; тóже вéрно; a case in ~ нагля́дный примéр; in ~ of fact в действúтельности; фактúчески; his remarks lack ~ его́ замечáния недостáточно конк-рéтны; I made a ~ of seeing him я счёл необ-ходúмым повидáться с ним; you missed the ~ вы не пóняли сýти дéла; there was no ~ in staying не имéло смы́сла оставáться; that's not the ~ не в э́том суть; off the ~ некстáти; he is off the ~ он говорúт не по существý; I see your ~ я вас понимáю; what's the ~ of it? какóй в э́том смысл?; **11.** (*item*) пункт; we agree on certain ~s по нéкоторым пýнктам мы схóдимся; I explained the theory ~ by ~ я разъяснúл теóрию по пýнктам; I suppose we can stretch a ~ я полагáю, мы мóжем сдéлать скúдку; it is a ~ of honour with him для негó э́то вопрóс чéсти; ~ of order вопрóс к поря́-дку ведéния; that is a ~ in his favour э́то говорúт в егó пóльзу; **12.** (*quality, trait*) чертá; the plan has its good ~s э́тот план не лишён достóинств; the weak ~ of the argument слáбое мéсто в аргументáции; singing is not my strong ~ я не силён в пéнии; **13.** (*pl., rail.*) стрéлочный перевóд; стрéлки (*f. pl.*); **14.** (*typ.*) тóчка, пункт; **15.** (*action of dog*) стóйка.

*v.t.* **1.** (*aim*) укáз|ывать, -áть; покáз|ывать, -áть; he ~ed a gun at her он навёл на неё пистолéт; he ~ed a finger at her он указáл пáльцем на неё; **2.** (*sharpen*) точúть, за-; **3.** (*give force to*) заостр|я́ть, -úть; **4.** (*fill with mortar*) ~ brickwork расшú|вáть, -úть швы клáдки.

*v.i.* укáз|ывать, -áть; the sign ~ed to the station дорóжный знак укáзывал направ-лéние к стáнции; everything ~s to his guilt всё укáзывает на егó винý; (*of a dog*) дéлать, с-стóйку.

with *adv.*: ~ out *v.t.* укáз|ывать, -áть на +*a.*; подч|ёркивать, -еркнýть; he ~ed out my mis-takes он указáл мне на мои́ ошúбки.

*cpds.*: ~-**blank** *adj.* (*lit.*) прямóй; (*fig.*) категорúческий; *adv.* пря́мо, в упóр; ~-**duty** *n.* обя́занности (*f. pl.*) полицéйского-регу-

лирóвщика; ~**sman** *n.* стрéлочник; ~-**to**-~ *n.* (*race*) кросс по пересечённой мéст-ности.

**pointed** *adj.* **1.** (*e.g. a stick*) остроконéчный; **2.** (*significant, directed against s.o.*) óстрый, кóлкий; подчёркнутый; she gave me a ~ look онá на меня́ многознáчительно посмотрéла.

**pointer** *n.* **1.** (*rod*) укáзка; **2.** (*of balance etc.*) стрéлка, указáтель (*m.*); **3.** (*indication, hint*) намёк; **4.** (*dog*) пóйнтер.

**pointillism** *n.* пуантилúзм.

**pointing** *n.* (*of wall etc.*) расшúвка швов.

**pointless** *adj.* (*purposeless, useless*) бессмы́с-ленный; a ~ joke плóская шýтка; it is ~ to argue with him спóрить с ним бессмы́сленно.

**poise** *n.* (*equilibrium*) равновéсие; (*carriage*) осáнка; (*self-possession*) уравновéшенность, самооблáдание.

*v.t.* удéрж|ивать, -áть в равновéсии; he is ~d to attack он готóв к нападéнию.

**poison** *n.* яд, отрáва; he hates me like ~ он меня́ смертéльно ненавúдит.

*v.t.* (*lit., fig.*) отрав|ля́ть, -úть; he has food ~ing он отравúлся.

*cpds.*: ~-**gas** *n.* ядовúтый газ; ~-**ivy** *n.* сумáх ядонóсный/укореня́ющийся.

**poisoner** *n.* отравúтель (*fem.* -ница).

**poisonous** *adj.* ядовúтый; (*fig.*) врéдный; (*vici-ous*) злой, ядовúтый; (*coll., repulsive*) протúвный.

**poke** *n.* (*prod*) толчóк; give the fire a ~! повороши́те/пошурýйте ýгли/дровá!; he gave me a ~ in the ribs он толкнýл меня́ в бок.

*v.t.* **1.** (*prod*) ты́кать, ткнуть; **2.** (*thrust*) пихáть (*impf.*); совáть (*impf.*); he ~d his stick through the fence он просýнул пáлку чéрез забóр; he ~d his tongue out он вы́сунул язы́к; he ~s his nose into other people's business он суёт нос не в своё дéло; he ~d fun at me он насмехáлся надо мнóй; **3.** (*cause by prodding*): the boy ~d a hole in his drum мáльчик продыря́вил барабáн.

*v.i.*: he ~d about among the rubbish он ры́лся в мýсоре.

**poke-bonnet** *n.* дáмская шля́пка с козырькóм.

**poker** *n.* **1.** (*for a fire*) кочергá; gas ~ гáзовая зажигáлка; **2.** (*game*) пóкер.

*cpds.*: ~-**face** *n.* бесстрáстное/кáменное лицó; ~-**faced** *adj.* с кáменным выражéнием лицá; ~-**work** *n.* выжигáние по дéреву.

**poky** *adj.* (*coll.*) тéсный, убóгий.

**Poland** *n.* Пóльша.

**polar** *adj.* **1.** (*of or near either Pole*) поля́рный; ~ bear бéлый медвéдь; ~ exploration исслéдо-вание поля́рных райóнов; **2.** (*elec.*) поля́рный, пóлюсный; **3.** (*geom.*) поля́рный.

**polarity** *n.* (*lit., fig.*) поля́рность.

**polarization** *n.* (*lit., fig.*) поляризáция.

**polarize** *v.t. & i.* (*lit., fig.*) поляризовáть(ся) (*impf.*).

**pole**[1] *n.* (*of the earth*; *also elec. and fig.*) по́люс; an expedition to the P~ экспеди́ция к по́люсу; he and his sister are ~s apart они́ с сестро́й — две противополо́жности.

*cpd.*: ~**-star** *n.* Поля́рная звезда́.

**pole**[2] *n.* (*post, rod etc.*) столб, шест; up the ~ (*sl.*) (*crazy*) не в своём уме́; (*in difficulties*) в тяжёлом положе́нии.

*cpds.*: ~**-jumping,** ~**-vault** *nn.* прыжки́ (*m. pl.*) с шесто́м.

**Pole**[3] *n.* (*pers.*) поля́к; (*fem.*) по́лька.

**pole-axe** *n.* (*old weapon*) секи́ра; (*butcher's implement*) топо́р.

*v.t.* заб|ива́ть, -и́ть (*скот*).

**polecat** *n.* лесно́й хорёк.

**polemic** *n.* поле́мика; спор.

*adj.* (*also* ~**al**) полеми́ческий, спо́рный.

**polemist** *n.* полеми́ст; спо́рщик.

**police** *n.* поли́ция, мили́ция; ~ constable полице́йский, (*in Britain*) консте́бль (*m.*); ~ force поли́ция; a ~ state полице́йское госуда́рство.

*v.t.* соблюда́ть (*impf.*) поря́док и дисципли́ну в +*p.*; (*of pers.*) держа́ть (*impf.*) в струне́.

*cpds.*: ~**-court** *n.* полице́йский суд; ~**-magistrate** *n.* судья́, председа́тель-ствующий в полице́йском суде́; ~ **man** *n.* полисме́н, полице́йский, милиционе́р; ~**-officer** *n.* полице́йский; ~**-station** *n.* (полице́йский) уча́сток; мили́ция, отделе́ние мили́ции; ~ **woman** *n.* же́нщина-поли-це́йский/милиционе́р.

**policlinic** *n.* поликли́ника.

**policy** *n.* (*planned course of action*) поли́тика, курс; (*statecraft*) поли́тика; (*insurance*) стра-хово́й по́лис.

*cpd.*: ~**-holder** *n.* держа́тель (*m.*) страхово́го по́лиса.

**polio(myelitis)** *n.* полиомиели́т.

**polish**[1] *n.* **1.** (*smoothness, brightness*) полиро́вка; **2.** (*substance used for* ~*ing*) политу́ра; **3.** (*act of* ~*ing*) полиро́вка; I must give my shoes a ~ я до́лжен почи́стить ту́фли; **4.** (*fig., refinement*) то́нкость; лоск.

*v.t.* полирова́ть, от-; (*fig.*) шлифова́ть, от-; ~ed (*behaviour etc.*) све́тский, ве́жливый.

*with advs.*: ~ **off** *v.t.* (*coll., finish*) разде́латься (*pf.*) с +*i.*; I must ~ off this letter я до́лжен поко́нчить с э́тим письмо́м; he ~ed off the cake он бы́стро распра́вился с пирого́м; ~ **up** *v.t.* (*lit., give gloss to*) прид|ава́ть, -а́ть лоск +*d.*; she ~ed up the silver она́ почи́стила серебро́; (*fig., improve*) соверше́нствовать, у-; I must ~ up my French мне ну́жно освежи́ть (в па́мяти) францу́зский язы́к.

**Polish**[2] *n.* (*language*) по́льский язы́к.

*adj.* по́льский.

**polisher** *n.* (*workman*) полиро́вщик; (*machine*) полирова́льная маши́на.

**Politburo** *n.* политбюро́ (*indecl.*).

**polite** *adj.* ве́жливый, учти́вый, воспи́танный; ~ society хоро́шее/культу́рное о́бщество.

**politeness** *n.* ве́жливость, учти́вость, воспи́-танность.

**politic** *adj.* **1.** (*prudent*) благоразу́мный; **2.**: the body ~ госуда́рство, полити́ческая систе́ма.

**political** *adj.* полити́ческий; (*pert. to internal politics*) внутриполити́ческий; ~ science политоло́гия.

**politician** *n.* поли́тик; (*pej.*) поли́тик, полити-ка́н.

**politics** *n.* поли́тика; party ~ парти́йная поли́тика; he went into ~ as a young man он вступи́л на полити́ческое по́прище в мо́лодости; (*political views*) полити́ческие взгля́ды (*m. pl.*); what are his ~? каковы́ его́ полити́ческие убежде́ния?

**polity** *n.* (*form of government*) госуда́рственное устро́йство; (*organized society, state*) госуда́рство.

**polka** *n.* по́лька.

*cpd.*: ~**-dot** *n.* (*pattern*) узо́р в горо́шек; (*attr.*): ~-dot dress пла́тье в горо́шек.

**poll**[1] *n.* (*voting process*) голосова́ние; the coun-try will go to the ~s in May страна́ бу́дет голосова́ть (*or* в стране́ бу́дут вы́боры) в ма́е; (*list of voters/candidates*) спи́сок избира́-телей/кандида́тов; he came head of the ~ он получи́л наибо́льшее коли́чество/число́ голосо́в; (*counting of votes*) подсчёт голосо́в; (*number of votes*) коли́чество по́данных голосо́в; there was a light/heavy ~ акти́вность избира́телей была́ ни́зкой/высо́кой; (*opinion canvass*) опро́с.

*v.t.* **1.** (*receive*): he ~ed 60,000 votes он получи́л 60 000 голосо́в; **2.** (*take votes of*): they ~ed the meeting они́ поста́вили вопро́с на голосова́ние.

*cpd.*: ~**-tax** *n.* поду́шный нало́г.

**poll**[2] *n.* (*coll., parrot*) «по́пка» (*m.*).

**pollard** *n.* подстри́женное де́рево; (*attr.*) подстри́женный.

*v.t.* подстр|ига́ть, -и́чь (*дерево*).

**pollen** *n.* цвето́чная пыльца́.

**pollinate** *v.t.* опыл|я́ть, -и́ть.

**pollination** *n.* опыле́ние.

**polling** *n.* голосова́ние.

*cpds.*: ~**-booth** *n.* каби́на для голосова́ния; ~**-day** *n.* день вы́боров; ~**-station** *n.* избира́тельный уча́сток.

**pollster** *n.* лицо́, производя́щее опро́с обще́ст-венного мне́ния.

**pollute** *v.t.* загрязн|я́ть, -и́ть; (*fig.*) оскверн|я́ть, -и́ть.

**pollution** *n.* загрязне́ние; environmental ~ за-грязне́ние окружа́ющей среды́; (*fig.*) оскверне́ние.

**polo** *n.* по́ло (*indecl.*).

*cpd.*: ~**-neck** (*sweater*) *n.* сви́тер с закры́тым высо́ким воротнико́м; «водола́зка».

**polonaise** *n.* полоне́з.

**polonium** *n.* поло́ний.

**poltroon** *n.* (*arch.*) трус.

**polyandry** *n.* полиа́ндрия, многому́жие.

**polyanthus** *n.* при́мула высо́кая.

**polyclinic** *n.* кли́ника; больни́ца о́бщего ти́па.

**polygamist** *n.* полига́мист.

**polygamous** *adj.* полига́мный.

**polygamy** *n.* полига́мия, многобра́чие.

**polyglot** *n.* полигло́т.

   *adj.* многоязы́чный.

**polygon** *n.* многоуго́льник.

**polygonal** *adj.* многоуго́льный.

**polymath** *n.* эруди́т; всесторо́нне осведом-лённый челове́к.

**polymer** *n.* полиме́р.

**Polynesia** *n.* Полине́зия.

**Polynesian** *n.* полинези́|ец (*fem.* -йка).

   *adj.* полинези́йский.

**polyp** *n.* (*zool., med.*) поли́п.

**polyphonic** *adj.* полифони́ческий.

**polyphony** *n.* полифони́я.

**polypus** *n.* поли́п.

**polystyrene** *n.* полистро́л.

**polysyllabic** *adj.* многосло́жный.

**polysyllable** *n.* многосло́жное сло́во.

**polytechnic** *n.* полите́хникум.

   *adj.* политехни́ческий.

**polytheism** *n.* политеи́зм.

**polytheist** *n.* политеи́ст.

**polytheistic** *adj.* политеисти́ческий.

**polythene** *n.* полиэтиле́н; (*attr.*) полиэти-ле́новый.

**pom** (*coll.*) = POMERANIAN.

**pomade** *n.* пома́да.

   *v.t.* пома́дить, на-.

**pomander** *n.* ша́рик с аромати́ческими тра́вами.

**pomegranate** *n.* грана́т.

**Pomeranian** *n.* (*dog*) шпиц.

**pommel** *n.* (*of saddle*) лука́; (*of sword*) голо́вка.

   *v.t. see* PUMMEL.

**pomp** *n.* пы́шность, по́мпа.

**pompano** *n.* трохино́тус.

**Pompey** *n.* Помпе́й.

**pom-pom** *n.* (*mil.*) малокали́берная зени́тная устано́вка.

**pompon** *n.* (*tuft*) помпо́н.

**pomposity** *n.* помпе́зность; (*of pers.*) напы́-щенность.

**pompous** *adj.* помпе́зный; (*of pers.*) напы́-щенный.

**ponce** *n.* сутенёр.

**poncho** *n.* наки́дка «по́нчо» (*indecl.*).

**pond** *n.* пруд.

   *cpds.*: ~-**life** *n.* прудова́я фа́уна; ~**weed** *n.* рдест.

**ponder** *v.t.* обду́м|ывать, -ать; взве́|шивать, -сить.

   *v.i.* размышля́ть (*impf.*).

**ponderable** *adj.* (*fig.*) весо́мый, значи́тельный.

**ponderous** *adj.* (*heavy*) тяжёлый; (*bulky*) масси́вный; (*of style etc.*) тяжелове́сный.

**poniard** *n.* коро́ткий кинжа́л.

   *v.t.* зак|а́лывать, -оло́ть кинжа́лом.

**pontiff** *n.* (*high priest*) первосвяще́нник; (*bishop*) епи́скоп; supreme ~ (*the Pope*) па́па ри́мский.

**pontifical** *adj.* епи́скопский, епископа́льный; (*fig.*) догмати́ческий.

**pontificals** *n.* (*vestments*) архиере́йское обла-че́ние.

**pontificate** *n.* (*office*) понтифика́т.

   *v.i.* (*fig., lay down the law*) веща́ть (*impf.*).

**pontoon** *n.* **1.** (*boat*) понто́н; ~ bridge понто́нный мост; **2.** (*card game*) два́дцать одно́.

**pony** *n.* (*horse*) по́ни (*m. indecl.*); (*sl., £25*) два́дцать пять фу́нтов сте́рлингов.

   *cpd.*: ~-**tail** *n.* «ко́нский хвост».

**poodle** *n.* пу́дель (*m.*).

**pooh** *int.* фу!; уф!

**pooh-pooh** *v.t.* фы́ркать (*impf.*) на +*a.*; относи́ться (*impf.*) пренебрежи́тельно к +*d.*

**pool**[1] *n.* (*small body of water*) пруд; (*puddle*) лу́жа; (swimming-~) бассе́йн; (*still place in river*) за́водь.

**pool**[2] *n.* **1.** (*total of staked money*) пу́лька; совоку́пность ста́вок; football ~s фут-бо́льный тотализа́тор; **2.** (*business arrange-ment*) пул; **3.** (*common reserve*) о́бщий фонд; **4.** (*billiards game*) пул; **5.**: typing ~ ма-шинопи́сное бюро́ (*indecl.*).

   *v.t.* объедин|я́ть, -и́ть в о́бщий фонд; we ~ed our resources мы объедини́ли на́ши ресу́рсы.

   *cpd.*: ~-**room** *n.* билья́рдная.

**poop** *n.* (*of ship*) корма́.

**poor** *n.* (*collect.*: the ~) бедняки́ (*m. pl.*), бе́дные (*pl.*): the ~ ye have always with you (*bibl.*) ни́щих всегда́ име́ете с собо́ю.

   *adj.* **1.** (*indigent*) бе́дный; **2.** (*unfortunate, deserving of sympathy*) бе́дный, несча́стный; the ~ fellow has nowhere to sleep бедня́ге не́где переночева́ть; ~ little chap! бедня́жка!; **3.** (*small, scanty*) ску́дный; плохо́й; a ~ supply плохо́е снабже́ние; a ~ harvest ни́зкий урожа́й; a ~ response сла́бый о́тклик; **4.** (*of low quality*) плохо́й; a ~ soil бе́дная/ неплодоро́дная по́чва; ~ health сла́бое здоро́вье; **5.** (*miserable, spiritless*) несча́с-тный, жа́лкий.

   *cpds.*: ~-**box** *n.* кру́жка для сбо́ра в по́льзу бе́дных; ~-**house** *n.* богаде́льня; ~-**spirited** *adj.* ро́бкий, малоду́шный.

**poorly** *adj.* нездоро́вый; are you feeling ~? вам нездоро́вится?

   *adv.* бе́дно; пло́хо; his parents are ~ off его́ роди́тели живу́т бе́дно; this book is ~ written э́та кни́га пло́хо напи́сана.

**poorness** *n.* (*poor quality*) бе́дность; недоста́точность; the ~ of the soil ску́дость/ неплодоро́дность по́чвы.

**pop**[1] *n.* (*explosive sound*) щёлк, треск; (*coll.,* *gaseous drink*) шипу́чий напи́ток; (*sl., pawn*): in ~ в закла́де.

*adv.*: the balloon went ~ ша́рик ло́пнул; the cork went ~ про́бка хло́пнула.

*v.t.* **1.** (*cause to explode*): ~ a balloon проколо́ть (*pf.*) ша́рик; **2.** (*put suddenly*) сова́ть, су́нуть; he ~ped his head through the window он вы́сунул го́лову из окна́; ~ the question (*coll.*) сде́лать (*pf.*) предложе́ние; **3.** (*sl., pawn*) за|кла́дывать, -ложи́ть.

*v.i.* (*make explosive sound*) тре́скаться (*impf.*); the sound of a cork ~ping звук вы́стрелившей про́бки; (*shoot*) стрельну́ть (*pf.*), (*coll.*) пульну́ть (*pf.*); they were ~ping away at the target они́ пали́ли по мише́ни.

*with advs.* (*coll.*): they ~ped in for a drink они́ заскочи́ли/забежа́ли вы́пить; I am ~ping off home now ну, я побежа́л домо́й; he ~ped off (*died*) last week на про́шлой неде́ле он отда́л концы́ (*sl.*); his eyes ~ped out он вы́лупил глаза́; I'll ~ over to the shop я сбе́гаю в магази́н.

*cpds.*: ~**corn** *n.* поп-ко́рн; возду́шная кукуру́за; ~**-eyed** *adj.* пучегла́зый; ~**-gun** *n.* пуга́ч.

**pop**[2] (*coll. abbr., popular*) *n.* (*music*) поп-му́зыка.

*adj.*: ~ singer исполни́тель (*fem.* -ница) поп-му́зыки.

**pop**[3] *n.* (*Am. coll., father*) па́пка, ба́тька (*both* *m.*).

**pope** *n.* (*bishop of Rome*) па́па (*m.*); (*Orthodox* *priest*) поп.

**popery** *n.* (*pej.*) папи́зм.

**popinjay** *n.* (*conceited person*) вообража́ла (*c.g.*); (*fop*) фат, хлыщ.

**popish** *adj.* (*pej.*) католи́ческий.

**poplar** *n.* то́поль (*m.*).

**poplin** *n.* попли́н.

**poppa** *n.* (*Am. coll.*) па́пка, па́па, ба́тя, папа́ня (*all m.*).

**poppet** *n.* (*as term of endearment*) кро́шка, малы́шка; she is a ~ она́ пре́лесть.

**poppy** *n.* мак; (*attr.*) ма́ковый.

*cpds.*: ~**-head** *n.* коро́бочка/голо́вка ма́ка; ~**-seed** *n.* мак.

**poppycock** *n.* чепуха́ (*coll.*).

**popsy** *n.* кро́шка, ку́колка (*coll.*).

**populace** *n.* (*the masses*) ма́ссы (*f. pl.*); (*mob*) чернь.

**popular** *adj.* **1.** (*of the people*) наро́дный; ~ front наро́дный фронт; **2.** (*suited to the needs, tastes* *etc. of the people*): the ~ press ма́ссовая пре́сса/печа́ть; ~ prices общедосту́пные це́ны; ~ science нау́чно-популя́рная литерату́ра; ~ song популя́рная пе́сня; **3.** (*generally* *liked*) по́льзующийся о́бщей симпа́тией; she

is ~ at school её лю́бят в шко́ле; he is ~ with the ladies он име́ет успе́х у же́нщин; he is not ~ with his colleagues колле́ги его́ недолю́бливают.

**popularity** *n.* популя́рность; успе́х.

**popularization** *n.* популяриза́ция.

**popularize** *v.t.* популяризи́ровать (*impf.*).

**popularly** *adv.*: he was ~ supposed to be a magician в наро́де его́ счита́ли волше́бником.

**populate** *v.t.* насел|я́ть, -и́ть; засел|я́ть, -и́ть.

**population** *n.* населе́ние; жи́тели (*m. pl.*).

**populism** *n.* (*Ru. hist.*) наро́дничество.

**populist** *n.* (*Ru. hist.*) наро́дник.

**populous** *adj.* многолю́дный, густонаселённый.

**porcelain** *n.* фарфо́р; (*attr.*) фарфо́ровый.

**porch** *n.* (*covered entrance*) подъе́зд, по́ртик; (*Am., verandah*) вера́нда, балко́н.

**porcine** *adj.* свино́й.

**porcupine** *n.* дикобра́з.

**pore**[1] *n.* по́ра.

**pore**[2] *v.i.*: he likes to ~ over old books он лю́бит сиде́ть над ста́рыми кни́гами.

**pork** *n.* свини́на; ~ chop свина́я отбивна́я котле́та; ~ pie пиро́г со свини́ной.

*cpd.*: ~**-butcher** *n.* свинобо́ец.

**porker** *n.* отко́рмленный на убо́й порося́ты.

**porn(o)** *n.* (*coll.*) порногра́фия.

**pornographer** *n.* челове́к, распространя́ющий порногра́фию.

**pornographic** *adj.* порнографи́ческий.

**pornography** *n.* порногра́фия.

**porosity** *n.* по́ристость.

**porous** *adj.* по́ристый.

**porphyry** *n.* порфи́р.

**porpoise** *n.* морска́я свинья́.

**porridge** *n.* овся́ная ка́ша; save your breath to cool your ~ ≃ сиди́ и пома́лкивай; держи́ язы́к за зуба́ми.

**porringer** *n.* ми́сочка.

**port**[1] *n.* (*harbour*) порт, га́вань; P~ of London Ло́ндонский порт; ~ of call порт захо́да; (*fig.*) прист́анище; free ~ во́льная га́вань; any ~ in a storm (*fig.*) в бу́рю люба́я га́вань хороша́.

**port**[2] *n.* (*left side*) ле́вый борт; hard to ~! ле́во руля́!; on the ~ bow сле́ва по́ носу.

**port**[3] *n.* (*wine*) портве́йн.

**port**[4] *n.* (*mil.*) строева́я сто́йка с ору́жием; ~ arms! на грудь!

**portability** *n.* портати́вность.

**portable** *adj.* портати́вный.

**portage** *n.* перено́ска, перево́з; перепра́ва во́локом.

*v.t.* перепр|авля́ть, -а́вить во́локом.

**portal** *n.* порта́л.

**Port-au-Prince** *n.* Порт-о-Пре́нс.

**portcullis** *n.* опускна́я решётка.

**Porte** *n.*: the Sublime ~ (*hist.*) Блиста́тельная/Высо́кая По́рта.

**portend** *v.t.* предвеща́ть (*impf.*).

**portent** *n.* (*omen*) предзнаменова́ние; (*marvel*) чу́до.

**portentous** *adj.* (*prophetic*) ве́щий; (*significant*) многозначи́тельный; (*pompous*) напы́щенный.

**porter** *n.* **1.** (*carrier of luggage etc.*) носи́льщик; **2.** (*Am., sleeping car attendant*) проводни́к; **3.** (*door-keeper*) швейца́р; ~'s lodge до́мик привра́тника; дво́рницкая; **4.** (*type of beer*) по́ртер.

**porterage** *n.* перено́ска, доста́вка.

**portfolio** *n.* **1.** (*case*) портфе́ль (*m.*), па́пка; **2.** (*of investments*) пе́речень (*m.*) це́нных бума́г; **3.** (*ministerial office*) портфе́ль (*m.*); minister without ~ мини́стр без портфе́ля.

**porthole** *n.* иллюмина́тор.

**portico** *n.* по́ртик.

*portière* *n.* портье́ра.

**portion** *n.* (*part, share*) часть; до́ля; (*of food*) по́рция; (*dowry*) прида́ное; (*lot*) до́ля.

*v.t.* (*divide*) дели́ть, раз-; ~ **out** (*distribute*) произв|оди́ть, -ести́ разде́л +g.

**portionless** *adj.*: a ~ girl бесприда́нница.

**portliness** *n.* доро́дство, полнота́, ту́чность.

**portly** *adj.* доро́дный, по́лный, ту́чный.

**portmanteau** *n.* складно́й саквоя́ж.

**portrait** *n.* портре́т.

**portraitist** *n.* портрети́ст.

**portraiture** *n.* портре́тная жи́вопись; описа́ние, характери́стика.

**portray** *v.t.* (*depict, describe*) рисова́ть, напортре́т +g.; (*act part of*) игра́ть, сыгра́ть; созда́ть (*pf.*) о́браз +g.

**portrayal** *n.* изображе́ние, о́браз.

**Port Said** *n.* Порт-Саи́д.

**Portugal** *n.* Португа́лия.

**Portuguese** *n.* **1.** (*pers.*) португа́л|ец (*fem.* -ка); the P~ (*pl.*) португа́льцы (*m. pl.*); **2.** (*language*) португа́льский язы́к.
*adj.* португа́льский.

**pose** *n.* (*of body or mind*) по́за.
*v.t.* (*put in desired position*) ста́вить, по- в по́зу; (*put forward, propound*) предл|ага́ть, -ожи́ть; изл|ага́ть, -ожи́ть; this ~s an awkward problem э́то создаёт серьёзную пробле́му.
*v.i.* **1.** (*take up a position or attitude*) пози́ровать (*impf.*); they ~d for the photograph они́ пози́ровали для фотогра́фии; he ~s as an expert он выдаёт себя́ за знатока́/специали́ста; **2.** (*behave in an affected way*) рисова́ться (*impf.*).

**poser** *n.* (*problem*) загво́здка, закавы́ка.

**poseur** *n.* позёр.

**posh** *adj.* (*coll.*) шика́рный, фешене́бельный.

**posit** *v.t.* (*postulate*) постули́ровать (*impf.*).

**position** *n.* **1.** (*place occupied by s.o. or sth.*) ме́сто; he took up his ~ by the door он за́нял своё ме́сто у две́ри; (*mil.*) пози́ция; the enemy's ~s were stormed пози́ции врага́ бы́ли

взя́ты шту́рмом; **2.** (*situation, circumstances*) положе́ние; the ~ is desperate положе́ние отча́янное; that puts me in an awkward ~ э́то ста́вит меня́ в неудо́бное положе́ние; I am not in a ~ to say я не в состоя́нии сказа́ть; **3.** (*posture*) по́за; he assumed a sitting ~ он при́нял сидя́чую по́зу; **4.** (*mental attitude, line of argument*) пози́ция; allow me to state my ~ разреши́те мне вы́сказать свою́ то́чку зре́ния; **5.** (*place in society, status*) положе́ние; he is a man of wealth and ~ у него́ есть и де́ньги, и положе́ние; **6.** (*post, employment*) до́лжность, ме́сто; I am looking for a ~ as tutor я ищу́ ме́сто репети́тора.
*v.t.* (*place in* ~) ста́вить, по-; поме|ща́ть, -сти́ть; (*determine* ~ *of*) разме|ща́ть, -сти́ть.

**positive** *n.* (*gram.*) положи́тельная сте́пень; (*math.*) положи́тельная величина́; (*phot.*) позити́в.
*adj.* **1.** (*definite, explicit*) несомне́нный, определённый; to my ~ knowledge he has not seen her я то́чно зна́ю, что он её не ви́дел; proof ~ несомне́нное доказа́тельство; **2.** (*convinced, certain*) уве́ренный, убеждённый; are you ~ you saw him? вы уве́рены, что ви́дели его́? I am quite ~ on that point я в э́том абсолю́тно убеждён; **3.** (*assertive*) самоуве́ренный; **4.** (*practical, helpful*) положи́тельный; a ~ suggestion де́льное предложе́ние; **5.** (*downright*) абсолю́тный, зако́нченный; he is a ~ fool он зако́нченный дура́к; **6.** (*gram., math., elec.*) положи́тельный; a ~ charge положи́тельный заря́д; the ~ sign знак плюс; **7.** (*phot.*) позити́вный.

**positively** *adv.* несомне́нно, я́сно, абсолю́тно; his opinions were ~ expressed его́ сужде́ния бы́ли вы́ражены я́сно/категори́чески; 'Are you warm enough?' – 'Positively!' «Вам тепло́?» — «О, да!»; she was ~ rude to me она́ была́ со мной про́сто груба́.

**positivism** *n.* позитиви́зм.

**positivist** *n.* позитиви́ст.

**positron** *n.* позитро́н.

**posse** *n.* отря́д полице́йских.

**possess** *v.t.* **1.** (*own, have*) владе́ть (*impf.*) +i.; облада́ть (*impf.*) +i.; all I ~ is yours всё, что я име́ю, — ва́ше; **2.** (*keep control of, maintain*): ~ oneself in patience сохраня́ть (*impf.*) споко́йствие; **3.**: ~ o.s. of (*acquire*) приобре|та́ть, -сти́; the thief ~ed himself of my purse вор присво́ил себе́ мой кошелёк; **4.**: be ~ed of (*endowed with*) быть наделённым +i.; **5.** (*dominate, influence*) овлад|ева́ть, -е́ть; захва́т|ывать, -и́ть; witches were thought to be ~ed by the devil счита́лось, что ве́дьмы одержи́мы дья́волом; he is ~ed by one idea он одержи́м одно́й иде́ей; whatever ~ed him to do that? что его́ заста́вило/дёрнуло поступи́ть таки́м о́бразом?; **6.** (*sexually*) овладе́ть (*pf.*) +i.

**possession** *n.* **1.** (*ownership, occupation*) владе́ние; she came into ~ of a fortune она́ получи́ла состоя́ние в насле́дство; they took ~ of the house они́ ста́ли владе́льцами до́ма; the documents are in my ~ докуме́нты в мои́х рука́х; he is in full ~ of his senses он в здра́вом уме́; ~ is nine points of the law владе́ние иму́ществом почти́ равно́ пра́ву на него́; **2.** (*property*) иму́щество, со́бственность; **3.** (*territory*) владе́ния (*nt. pl.*); Britain's overseas ~s замо́рские/заокеа́нские владе́ния Великобрита́нии; **4.** (*diabolic etc.*) одержи́мость; **5.** (*sexual*) облада́ние.

**possessive** *n.* (*gram.*) притяжа́тельный паде́ж.
 *adj.* **1.** (*gram.*) притяжа́тельный; **2.** (*of pers.*) со́бственнический, хва́ткий; (*jealous*) ревни́вый; she is a ~ mother она́ вла́стная мать.

**possessiveness** *n.* ревни́вость.

**possessor** *n.* (*owner*) владе́лец, облада́тель (*m.*); (*holder*) факти́ческий владе́лец.

**possibilit|у** *n.* возмо́жность; (*likelihood*) вероя́тность, вероя́тие; there is no ~y of his coming возмо́жность его́ прихо́да исключена́; it is within the bounds of ~y э́то в преде́лах возмо́жности; (*pl., potentiality*) возмо́жности (*f. pl.*); перспекти́вы (*f. pl.*); the idea has great ~ies э́та иде́я открыва́ет больши́е возмо́жности.

**possible** *n.* (~ *choice*) возмо́жное.
 *adj.* **1.** возмо́жный; (*achievable*) осуществи́мый; as soon as ~ как мо́жно скоре́е; I have done everything ~ to help я сде́лал всё возмо́жное, что́бы помо́чь; **2.** (*tolerable, reasonable*) терпи́мый, сно́сный; he is the only ~ man for the job он еди́нственный челове́к, кото́рый подхо́дит для э́той рабо́ты.

**possibly** *adv.* **1.** (*in accordance with what is possible*) возмо́жно; вероя́тно; how can I ~ do that? как же я могу́ э́то сде́лать?; **2.** (*perhaps*) возмо́жно; мо́жет быть.

**possum** *n.* (*coll.*) опо́ссум; play ~ (*fig.*) прики́дываться (*impf.*) бесчу́вственным.

**post¹** *n.* (*of wood, metal etc.*) столб; starting ~ ста́ртовый столб; winning ~ столб у фи́ниша; whipping ~ позо́рный столб.
 *v.t.* (*display publicly*) выве́шивать, вы́весить; объяв|ля́ть, -и́ть; '~ no bills' «выве́шивать объявле́ния воспреща́ется»; the results will be ~ed (up) on the board результа́ты бу́дут вы́вешены на доске́; the ship was ~ed as missing су́дно бы́ло объя́влено пропа́вшим бе́з вести.

**post²** *n.* (*mail*) по́чта; by ~ по́чтой; по по́чте; by return of ~ с обра́тной по́чтой; parcel ~ почто́во-посы́лочная слу́жба; I must take these letters to the ~ я до́лжен отнести́ э́ти пи́сьма на по́чту; if you hurry you will catch the ~ е́сли вы поспеши́те, то успе́ете до отпра́вки по́чты; has the ~ come yet? по́чта уже́ была́?; the letter came by the first ~

письмо́ пришло́ с у́тренней по́чтой.
 *v.t.* **1.** (*dispatch by mail*) отпр|авля́ть, -а́вить по по́чте; **2.** (*book-keeping*) перен|оси́ть, -ести́ в гроссбу́х; зан|оси́ть, -ести́ в бухга́лтерские кни́ги; (*fig.*) изве|ща́ть, -сти́ть; keep me ~ed (of events) держи́те меня́ в ку́рсе (дел)!
 *cpds.*: ~**-bag** *n.* су́мка почтальо́на; ~**-box** *n.* почто́вый я́щик; ~**card** *n.* откры́тка; picture ~card худо́жественная откры́тка; ~**code** *n.* почто́вый и́ндекс; ~**-free** *adj.* опла́ченный отправи́телем; *adv.* опла́чено; ~**-haste** *adv.* о́чень бы́стро; ~**man** *n.* почтальо́н; ~**mark** *n.* почто́вый ште́мпель; *v.t.* ста́вить, по- почто́вый ште́мпель на +*a.*/*p.*; ~**master** *n.* почтме́йстер; нача́льник почто́вого отделе́ния; ~**mistress** *n.* нача́льница почто́вого отделе́ния; ~**-office** *n.* по́чта; (*branch office*) отделе́ние свя́зи; (*main office*) почта́мт; ~**-paid** *adj.* с опла́ченными почто́выми расхо́дами; *adv.* опла́чено.

**post³** *n.* **1.** (*place of duty*) пост; at one's ~ на посту́; **2.** (*fort*) форт; **3.** (*trading station*) торго́вый пост; факто́рия; **4.** (*appointment, job*) до́лжность; **5.** (*bugle-call*): last ~ пове́стка пе́ред вече́рней зарёй.
 *v.t.* **1.** (*assign to place of duty*) назн|ача́ть, -а́чить на до́лжность; **2.** (*mil.*) прикоманд|иро́в|ывать, -а́ть.

**post-** *pref.* по-, по́сле-, пост-.

**postage** *n.* почто́вый сбор; почто́вые расхо́ды (*m. pl.*).
 *cpd.*: ~**-stamp** *n.* почто́вая ма́рка.

**postal** *adj.* почто́вый; ~ order де́нежный почто́вый перево́д; ~ tuition зао́чное обуче́ние; Universal P~ Union Междунаро́дный почто́вый сою́з.

**post-date** *v.t.* дати́ровать (*impf.*) пере́дним (or бо́лее по́здним) число́м.

**poster** *n.* (*placard*) афи́ша, плака́т; (bill-~) расклейщик афи́ш.
 *cpd.*: ~**-paint** *n.* плака́тная кра́ска.

**poste restante** *n.* до востре́бования.

**posterior** *n.* зад.
 *adj.* (*subsequent*) после́дующий; (*behind*) за́дний.

**posterity** *n.* (*descendants*) пото́мство; (*future generations*) после́дующие поколе́ния (*nt. pl.*); go down to ~ войти́ (*pf.*) в века́.

**postern** *n.* за́дняя дверь; боково́й вход.

**post-graduate** *n.*: ~ student аспира́нт (*fem.* -ка); ~ studies аспиранту́ра.

**posthumous** *adj.* посме́ртный; ~ child ребёнок, роди́вшийся по́сле сме́рти отца́.

**postil(l)ion** *n.* форе́йтор.

**Post-Impressionist** *n.* постимпрессиони́ст.

**post-mortem** *n.* (*on dead body*) вскры́тие тру́па, аутопси́я; (*coll., on game etc.*) разбо́р (игры́/ма́тча *и т.п.*).

**post-natal** *adj.* послеродово́й.

**postpone** *v.t.* отсро́чи|вать, -ть; от|кла́дывать, -ложи́ть.

**postponement** *n.* отсро́чка, откла́дывание.

**post-prandial** *adj.* послеобе́денный.

**postscript** *n.* постскри́птум.

**postulate**[1] *n.* постула́т.

**postulate**[2] *v.t.* постули́ровать (*impf.*).

**posture** *n.* (*physical attitude*) по́за; (*carriage of body*) оса́нка; (*situation, condition*) положе́ние.
　*v.i.*: she ~d in front of the glass она́ пози́ровала пе́ред зе́ркалом.

**posturer** *n.* позёр.

**post-war** *adj.* послевое́нный.

**posy** *n.* буке́т цвето́в.

**pot**[1] *n.* **1.** (*vessel*) горшо́к; a ~ of jam ба́нка варе́нья; ~s and pans ку́хонная посу́да/у́тварь; a ~ of tea ча́йник с зава́ренным ча́ем; ~ plants горше́чные расте́ния; ~ roast тушёное мя́со; (*fig.*): he wrote to keep the ~ boiling он писа́л ра́ди за́работка; it's the ~ calling the kettle black ≃ са́м-то ты хоро́ш!; чья бы коро́ва мыча́ла...; his work is going to ~ (*coll.*) его́ рабо́та идёт насма́рку; come and take ~ luck with us! ≃ чем бога́ты, тем и ра́ды!; a watched ~ never boils кто над ча́йником стои́т, у того́ он не кипи́т; **2.** (*coll., usu. pl., large sum*): ~s of money ку́ча де́нег; **3.** (*coll., person of importance*): big ~ «ши́шка», туз; **4.** (*coll., prize cup*) ку́бок; **5.** (*coll., paunch*) пу́зо.
　*v.t.* **1.** (*e.g. preserves*) консерви́ровать, за-; ~ted meat консерви́рованное мя́со; **2.** (*e.g. plants*) сажа́ть, посади́ть в горшо́к; ~ting shed помеще́ние для переса́дки расте́ний; **3.** (*fig., abridge*) сокра|ща́ть, -ти́ть; уре́з|ывать, -ать; **4.** (*billiards*) заг|оня́ть, -на́ть в лу́зу; **5.**: ~ a baby (*coll.*) сажа́ть, посади́ть ребёнка на горшо́к; **6.** (*kill with a ~-shot*) подстре́л|ивать, -и́ть.
　*v.i.*: he was ~ting away at the ducks он стреля́л по у́ткам науга́д (*or* не це́лясь).
　*cpds.*: ~-**bellied** *adj.* пуза́тый; ~-**belly** *n.* брю́хо, пу́зо; ~-**boiler** *n.* (*book etc.*) халту́ра; ~-**boy** *n.* слуга́ (*m.*) в тракти́ре; ~-**herb** *n.* (съедо́бная) зе́лень; ~ **hole** *n.* (*in road surface*) вы́боина, рытви́на; (*in rocks*) котлови́на, му́льда; ~-**holer** *n.* (спортсме́н-) спелео́лог; ~-**holing** *n.* спелеоло́гия; ~-**hook** *n.* (*for hanging pots*) крюк; (*fig., curved stroke*) закорю́(ч)ка; ~-**house** *n.* каба́к, пивна́я; ~-**hunter** *n.* «охо́тник за приза́ми»; ~-**luck** *n.*: come and take ~-luck! ≃ чем бога́ты, тем и ра́ды; ~-**roast** *v.t.* туши́ть, с-; ~-**shot** *n.* неприце́льный вы́стрел.

**pot**[2] *n.* (*marijuana*) дурь, тра́вка (*coll.*).

**potash** *n.* пота́ш.

**potassium** *n.* ка́лий; (*attr.*) ка́лиевый.

**potation** *n.* питьё.

**potato** *n.* (*collect., and pl.*) карто́фель (*m.*),

(*coll.*) карто́шка; (*single* ~) карто́фелина; mashed ~es карто́фельное пюре́ (*indecl.*); ~ crop урожа́й карто́феля; ~ crisps хрустя́щий карто́фель.

**poteen** *n.* ирла́ндский самого́н.

**potency** *n.* си́ла; власть; эффекти́вность; (*sexual*) поте́нция.

**potent** *adj.* (*powerful*) си́льный, могу́щественный; (*efficacious*) эффекти́вный.

**potentate** *n.* повели́тель (*m.*), властели́н.

**potential** *n.* потенциа́л.
　*adj.* потенциа́льный.

**potentialit|y** *n.* потенциа́льность; he has great ~ies у него́ больши́е зада́т|ки (*pl., g.* -ов)/возмо́жности.

**pother** *n.* шум, сумато́ха.

**potion** *n.* насто́йка, сна́добье; love ~ приворо́тное зе́лье; любо́вный напи́ток.

**potpourri** *n.* (*lit., fig.*) попурри́ (*nt. indecl.*).

**potsherd** *n.* черепо́к.

**pottage** *n.* (*arch.*) похлёбка; mess of ~ (*Bibl.*) чечеви́чная похлёбка.

**potter**[1] *n.* гонча́р; ~'s wheel гонча́рный круг.

**potter**[2] *v.i.* (*e.g. in garden*) копа́ться (*impf.*), ковыря́ться (*impf.*); he ~ed along the road он плёлся по доро́ге.

**pottery** *n.* (*ware*) кера́мика; (*craft*) гонча́рное де́ло; (*workshop*) гонча́рня.

**potty**[1] *n.* (*coll., chamber-pot*) горшо́чек.

**potty**[2] *adj.* (*trifling*) ме́лкий, пустяко́вый; (*crazy*) чо́кнутый (*coll.*).

**pouch** *n.* су́мка, мешо́чек; ammunition ~ патро́нная су́мка; tobacco ~ кисе́т; (*container for documents etc.*) па́пка; diplomatic ~ (*Am.*) дипломати́ческая по́чта; (*kangaroo's*) су́мка; (*fig., loose skin*) мешо́к.
　*v.t.* (*put into* ~) класть, положи́ть в су́мку.

**pouf(fe)** *n.* (*seat*) пуф.

**poulterer** *n.* торго́вец пти́цей и ди́чью.

**poultice** *n.* припа́рка.
　*v.t.* ста́вить, по- припа́рки на +*a.*

**poultry** *n.* дома́шняя пти́ца (*collect.*).
　*cpds.*: ~-**farm** *n.* птицефе́рма; ~-**farmer** *n.* птицево́д; ~-**farming** *n.* птицево́дство; ~-**house** *n.* пти́чник; ~-**man** *n.* птицево́д; торго́вец дома́шней пти́цей; ~-**run** *n.* пти́чий вольер; ~-**yard** *n.* пти́чий двор.

**pounce** *n.* (*swoop*) налёт, прыжо́к.
　*v.i.* набр|а́сываться, -о́ситься; the cat ~d on the mouse ко́шка бро́силась на мышь; (*fig.*) кида́ться, наки́нуться (*на кого́/что*); (*find fault*) прид|ира́ться, -ра́ться; he ~d on every mistake он цепля́лся за мале́йшую оши́бку.

**pound**[1] *n.* **1.** (*weight*) фунт; butter is 60p a ~ ма́сло сто́ит 60 пе́нсов за фунт; he insisted on his ~ of flesh он безжа́лостно потре́бовал выполне́ния сде́лки; **2.** (*money*) фунт (сте́рлингов); a five-~ note банкно́та в 5 фу́нтов сте́рлингов; 20p in the ~ два́дцать проце́нтов.

**pound²** *n.* (*enclosure*) загóн.

**pound³** *v.t.* **1.** (*crush*) бить, раз-; the ship was ~ed on the rocks корáбль удáрило о скáлы; **2.** (*thump*) колотúть (*impf.*); she ~ed him with her fists онá колотúла егó кулакáми; the pianist was ~ing out a tune пианúст барабáнил по клáвишам.

*v.i.* **1.** (*thump*): the guns were ~ing away орýдия палúли вовсю; he ~ed at the door он колотúл в дверь; his feet ~ed on the stairs он тóпал по лéстнице; her heart was ~ing with excitement её сéрдце колотúлось от волнéния; **2.** (*run heavily*) мчáться/нестúсь (*both impf.*) с грóхотом.

**poundage** *n.* (*payment per lb.*) пóшлина с вéса; (*postal charge*) плáта за дéнежный перевóд.

**-pounder** (*in comb.*): he caught a three-~ (*fish*) он поймáл рыбу вéсом в три фýнта; (*gun firing shot of — pounds*): 100-~ ≃ 152-мм пýшка.

**pour** *v.t.* лить (*impf.*); нал|ивáть, -úть; will you ~ me (out) a cup of tea? налéйте мне, пожáлуйста, чáшку чáя; who will ~ (*the tea*)? кто бýдет разливáть чай?; (*fig.*): he ~ed scorn on the idea он высмеял эту идéю; he tried to ~ oil on troubled waters он пытáлся остудúть стрáсти; he ~ed cold water on my suggestion он раскритиковáл моё предложéние.

*v.i.* лúться (*impf.*); water ~ed from the roof водá струúлась с крыши; sweat ~ed off his brow с негó катúлся пот; (*fig.*): the crowd ~ed out of the theatre толпá повалúла из теáтра; (*of rain*) лить (*impf.*) как из ведрá; it's going to ~ бýдет лúвень; it was ~ing with rain шёл проливнóй дождь; it was a ~ing wet day весь день лúло как из ведрá; it never rains but it ~s (*fig.*) бедá не прихóдит однá; пришлá бедá — открывáй ворóта.

*with advs.* (*fig.*): letters ~ed in пúсьма так и посыпались; she ~ed out a tale of woe онá излилá своё гóре; his words ~ed out in a flood словá лилúсь из негó потóком.

**pourer** *n.*: who's going to be ~? кто бýдет разливáть?; this jug is a good ~ из этого кувшúна удóбно разливáть/наливáть.

**pout** *n.* надýтые гýбы (*f. pl.*).

*v.i.* над|увáть, -ýть гýбы; дýться, на-.

**pouter** *n.* (*pigeon*) зобáстый гóлубь.

**poverty** *n.* бéдность, нищетá; on the ~ line на грáни нищеты; (*fig.*) нехвáтка; отсýтствие; ~ of ideas скýдость мыслей.

*cpd.*: ~-**stricken** *adj.* (*lit.*) нúщий; (*fig.*) захудáлый, убóгий.

**POW** (*abbr.*, prisoner of war) военноплéнный.

**powder** *n.* (*chem., med. etc.*) порошóк; (*cosmetic*) пýдра; (*explosive*) пóрох; keep your ~ dry (*fig.*) держúте пóрох сухúм; it's not worth ~ and shot (*fig.*) ≃ овчúнка выделки не стóит.

*v.t.* **1.** (*reduce to* ~) превра|щáть, -тúть в порошóк; ~ed milk порошкóвое/сухóе

молокó; **2.** (*apply* ~ *to*) пýдрить, на-.

*cpds.*: ~-**blue** *adj.* зеленовáто-голубóй; ~-**flask**, ~-**horn** *nn.* пороховнúца; ~-**magazine** *n.* пороховóй пóгреб; ~-**puff** *n.* пухóвка; ~-**room** *n.* дáмская (туалéтная) кóмната.

**powdery** *adj.* порошкообрáзный; рассыпчатый.

**power** *n.* **1.** (*ability, capacity*) сúла, мощь; I will do all in my ~ я сдéлаю всё, что в моúх сúлах; it is not within my ~ это не в моéй влáсти; purchasing ~ покупáтельная спосóбность; his voice has great carrying ~ у негó óчень звóнкий гóлос; his ~s of resistance are low у негó слáбая сопротивляемость; this ring has the ~ to make you invisible это кольцó обладáет свóйством дéлать человéка невúдимым; the ~ to express one's thoughts спосóбность выражáть своú мысли; **2.** (*pl., faculties*): he is a man of considerable ~s он надлён большúми спосóбностями; he was at the height of his ~s он был в расцвéте сил; his ~s are failing егó сúлы угасáют; the task is beyond his ~s задáча емý не по сúлам; **3.** (*vigour, strength*) энéргия; more ~ to your elbow! (*coll.*) желáю удáчи!; **4.** (*energy, force*) энéргия; electric ~ электроэнéргия; there was a ~ cut электроэнéргию врéменно отключúли; the machine is on full ~ машúна рабóтает на пóлную мóщность; **5.** (*authority, control*) власть; I have him in my ~ он в моéй влáсти; he has no ~ over me у негó нет надо мнóй влáсти; France was at the height of her ~ Фрáнция находúлась в расцвéте своегó могýщества; in ~ у влáсти; out of ~ не у влáсти; the party in ~ прáвящая пáртия; balance of ~ равновéсие сил; ~ politics полúтика с позúции сúлы; **6.** (*right, authorization*) прáво; the judge exceeded his ~s судья превысил своú полномóчия; the committee has ~ to co-opt members комитéт имéет прáво кооптúровать члéнов; **7.** (*influential person or organization*) сúла; he is a great ~ for good егó влияние весьмá благотвóрно; the ~s that be сúльные (*pl.*) мúра сегó; **8.** (*state*) держáва; the Great P~s велúкие держáвы; **9.** (*supernatural force*) сúла; the ~s of darkness сúлы тьмы; merciful ~s! сúлы небéсные!; **10.** (*coll., large number or amount*) мнóжество; this medicine has done me a ~ of good это лекáрство принеслó мне огрóмную пóльзу; **11.** (*math.*) стéпень; two to the ~ of ten два в десятой стéпени; the fourth ~ of ten четвёртая стéпень десятки; **12.** (*magnifying capacity*) сúла увеличéния.

*v.t.* (*supply with energy*) снаб|жáть, -дúть силовым двúгателем; an aircraft ~ed by four jets самолёт с четырьмя реактúвными двúгателями.

*cpds.*: ~-**boat** *n.* мотóрный кáтер; ~-**dive** *n.*

пики́рование с рабо́тающим мото́ром; ~-**driven** *adj.* с механи́ческим приво́дом; ~-**house** *n.* силова́я ста́нция; ~-**lathe** *n.* механи́ческий тока́рный стано́к; ~-**plant**, ~-**station** *nn.* электроста́нция; ~-**point** *n.* электровво́д, штéпсельная розéтка.

**powerful** *adj.* си́льный, мо́щный; a ~ voice си́льный го́лос; a ~ argument мо́щный/убеди́тельный до́вод; a ~ nation могу́щественный наро́д; a ~ speech я́ркая/впечатля́ющая речь.

**powerless** *adj.* бесси́льный; I was ~ to move я был не в состоя́нии дви́нуться; he is ~ in the matter он бесси́лен что́-либо сде́лать.

**powwow** (*coll.*) *n.* собра́ние, говори́льня.

   *v.i.* совеща́ться (*impf.*).

**pox** *n.* (*coll.*) си́филис.

**PR** (*abbr.*) *see* PUBLIC *adj.* **1.**

**practicability** *n.* целесообра́зность.

**practicable** *adj.* (*feasible*) осуществи́мый, реа́льный; (*of roads etc., passable*) проходи́мый, проéзжий; (*of a stage window etc.*) настоя́щий, недекорати́вный.

**practical** *adj.* **1.** (*concerned with practice*) практи́ческий; a ~ joke ро́зыгрыш, шу́тка; play a ~ joke on разы́гр|ывать, -а́ть; he is a ~ man он практи́ческий челове́к; you must be ~ about it вы должны́ смотре́ть на э́то с практи́ческой то́чки зре́ния; **2.** (*useful in practice, workable, feasible*) осуществи́мый; this is not a ~ suggestion э́то предложе́ние нереа́льно; **3.** (*virtual*) факти́ческий, настоя́щий; it is a ~ impossibility э́то практи́чески невозмо́жно.

**practicality** *n.* практи́чность.

**practically** *adv.* **1.** (*in a practical manner*) практи́чески; look at a question ~ смотре́ть на вопро́с с практи́ческой то́чки зре́ния; **2.** (*almost*) практи́чески, факти́чески; в су́щности, почти́.

**practice** *n.* **1.** (*performance*) пра́ктика; the idea will not work in ~ э́та иде́я на пра́ктике неосуществи́ма; he put his plan into ~ он осуществи́л свой план; **2.** (*regular or habitual performance*) обы́чай, обыкнове́ние; he makes a ~ of early rising он взял себе́ за пра́вило ра́но встава́ть; my usual ~ is to tip я име́ю обыкнове́ние дава́ть чаевы́е; borrowing money is a bad ~ брать де́ньги в долг — скве́рная привы́чка; this ~ must stop э́ту пра́ктику на́до прекрати́ть; sharp ~ моше́нничество, махина́ции (*f. pl.*); put into ~ осуществ|ля́ть, -и́ть; **3.** (*repeated exercise*) упражне́ние, трениро́вка; ~ makes perfect на́вык ма́стера ста́вит; your game needs more ~ вам на́до бо́льше трениро́ваться; I am badly out of ~ я давно́ не упражня́лся/практикова́лся; **4.** (*work of doctor, lawyer etc.*) пра́ктика; the ~ of medicine медици́нская пра́ктика; he is in ~ in York он име́ет пра́ктику в Йо́рке.

   *v.t. & i.*: *see* PRACTISE.

**practician** *n.* пра́ктик.

**practis|e** (*Am.* **practice**) *v.t.* **1.** (*perform habitually*) де́лать, с- по привы́чке; you should ~e what you preach ва́ши слова́ не должны́ расходи́ться с де́лом; (*for exercise*): you should ~e this stroke вам ну́жно отрабо́тать э́тот уда́р; (*sport, game etc.*) упражня́ться (*impf.*) в +*p.*; (*instrument*): she was ~ing the piano она́ упражня́лась на роя́ле; **2.** (*a profession etc.*) практикова́ть (*impf.*); a ~ing physician практику́ющий врач.

   *v.i.* **1.** упражня́ться (*impf.*); трени́роваться (*impf.*); **2.** ~e on (*exploit*) испо́льзовать (*pf.*); злоупотреб|ля́ть, -и́ть; he ~ed upon my good nature он воспо́льзовался мое́й добро́той.

**practitioner** *n.* (*med.*) практику́ющий врач; general ~ уча́стко́вый врач.

**praetorian** *adj.* преториа́нский; ~ guard преториа́нцы (*m. pl.*).

**pragmatic(al)** *adj.* прагмати́ческий.

**pragmatism** *n.* прагмати́зм.

**pragmatist** *n.* прагма́тик.

**Prague** *n.* Пра́га; (*attr.*) пра́жский.

**prairie** *n.* пре́рия.

   *cpds.*: ~-**chicken** *n.* лугово́й те́терев; ~-**dog** *n.* лугова́я соба́чка.

**praise** *n.* похвала́; his work is beyond ~ его́ рабо́та вы́ше вся́кой похвалы́; he spoke in ~ of sport он говори́л о по́льзе спо́рта; he sang his master's ~s он пел дифира́мбы своему́ хозя́ину; he was loud in her ~s он осыпа́л её похвала́ми; ~ be (to God)! сла́ва Бо́гу!

   *v.t.* (*voice approval, admiration of*) хвали́ть, по-; (*give glory to*) восхвал|я́ть, -и́ть.

   *cpd.*: ~**worthy** *adj.* досто́йный похвалы́; похва́льный.

**pram** (*coll.*) = PERAMBULATOR.

**prance** *n.* (*leap*) скачо́к.

   *v.i.* (*of horse*) гарцева́ть (*impf.*); (*of pers.*) (*coll.*) форси́ть (*impf.*).

**prank** *n.* вы́ходка, проде́лка; he is up to his ~s again он опя́ть за свои́ прока́зы; play ~s on разы́грывать (*impf.*); play a ~ on разыгра́ть (*pf.*).

**prankster** *n.* шутни́к, прока́зник.

**prate** *v.i.* трепа́ться (*impf.*).

**pratique** *n.* свиде́тяльство о сня́тии каранти́на.

**prattle** *n.* болтовня́; ле́пет.

   *v.i.* болта́ть (*impf.*); лепета́ть, про-.

**prattler** *n.* болту́н.

**prawn** *n.* креве́тка.

**pray** *v.t.* **1.** (*supplicate*) моли́ть (*impf.*); умол|я́ть, -и́ть; ~ God he comes in time дай Бог, что́бы он пришёл во́время; **2.** (*arch., ellipt.*) пожа́луйста; what, ~, is the meaning of that? како́й в э́том смысл, скажи́те на ми́лость?

   *v.i.* моли́ться, по-; the farmers ~ed for rain фе́рмеры моли́ли о дожде́; we will ~ for the Queen мы бу́дем моли́ться за короле́ву; he is past ~ing for он пропа́щий челове́к; его́ пе́сенка спе́та.

**prayer** *n.* **1.** (*act of praying*) моле́ние; **2.** (*formula, petition*) моли́тва; the Lord's P~ О́тче наш, моли́тва госпо́дня; say one's ~s моли́ться, по- **3.** (*entreaty*) про́сьба, мольба́; **4.** (*also pl.*, *form of worship*) богослуже́ние. *cpds.*: ~**-book** *n.* моли́твенник; ~**-mat,** ~**-rug** *nn.* моли́твенный ко́врик; ~**-meeting** *n.* моли́твенное собра́ние; ~**-wheel** *n.* моли́твенное колесо́.

**prayerful** *adj.* (*pers.*) богомо́льный, на́божный.

**pre-** *pref.* (*beforehand, in advance*) до-, пред-; зара́нее; (*dating from before*) до-.

**preach** *v.t.* пропове́довать (*impf.*); go out and ~ the gospel! иди́те и неси́те лю́дям ева́нгелие!; he ~ed the virtue of thrift он пропове́довал бережли́вость.
   *v.i.* (*deliver sermon*) чита́ть про́поведь; (*give moral advice*) поуча́ть (*impf.*); ~ to the converted ≃ ломи́ться (*impf.*) в откры́тую дверь.

**preacher** *n.* пропове́дник.

**preachify** *v.i.* (*coll.*) пропове́довать (*impf.*); чита́ть (*impf.*) нота́ции.

**preamble** *n.* преа́мбула.

**pre-arrange** *v.t.* организо́в|ывать, -а́ть зара́нее; at a ~d signal по усло́вленному зна́ку/сигна́лу.

**pre-arrangement** *n.* предвари́тельная подгото́вка/договорённость.

**prebend** *n.* пребе́нда.

**prebendary** *n.* пребенда́рий.

**precarious** *adj.* **1.** (*uncertain*) ненадёжный; a ~ foothold ненадёжная опо́ра; ~ health сла́бое здоро́вье; he makes a ~ living он едва́ зараба́тывает на жизнь; **2.** (*dangerous, risky*) опа́сный, риско́ванный.

**precaution** *n.* предосторо́жность, предусмотри́тельность; it is wise to take ~s against fire разу́мно приня́ть ме́ры предосторо́жности про́тив (*or* на слу́чай) пожа́ра.

**precautionary** *adj.* предупреди́тельный; ~ measures ме́ры предосторо́жности.

**preced|e** *v.t.* (*take* ~*ence of, come before*) предше́ствовать (*impf.*) +*d.*; (*walk ahead of*): he was ~ed by his wife жена́ шла впереди́ него́.
   *v.i.*: in the ~ing sentence в предыду́щем предложе́нии.

**precedence** *n.* **1.** (*priority, superiority*) первоочерёдность, приорите́т; this question takes ~ э́тот вопро́с до́лжен рассма́триваться в пе́рвую о́чередь; **2.** (*right of preceding others*) старшинство́.

**precedent** *n.* прецеде́нт; there is no ~ for this э́то не име́ет прецеде́нта; create, set a ~ созд|ава́ть, -а́ть (*or* устан|а́вливать, -ови́ть) прецеде́нт.

**precentor** *n.* ре́гент хо́ра.

**precept** *n.* наставле́ние; предписа́ние.

**preceptor** *n.* наста́вник.

**precession** *n.*: ~ of the equinoxes предваре́ние равноде́нствий.

**pre-Christian** *adj.* дохристиа́нский.

**precinct** *n.* **1.** (*enclosed space*) двор; **2.** (*pl.*, *environs*) окре́стности (*f. pl.*); **3.** (*area of restricted access*): pedestrian ~ уча́сток у́лицы то́лько для пешехо́дов; shopping ~ торго́вый пасса́ж; **4.** (*Am.*, *police or electoral district*) уча́сток.

**preciosity** *n.* изы́сканность, изощрённость.

**precious** *adj.* **1.** (*of great value*) драгоце́нный; ~ stones/metals драгоце́нные ка́мни (*m. pl.*)/мета́ллы (*m. pl.*); (*as endearment*) люби́мый; my ~ мой ненагля́дный; **2.** (*affected, over-refined*) мане́рно-изы́сканный; **3.** (*coll., very great*) огро́мный; it cost a ~ sight more э́то сто́ило намно́го доро́же; he is a ~ rascal он настоя́щий моше́нник; (*iron.*) драгоце́нный; a ~ friend! хоро́ш друг!
   *adv.* (*coll.*) о́чень, здо́рово; I got ~ little for the ring я получи́л за кольцо́ о́чень ма́ло; there is ~ little hope наде́жды почти́ нет.

**preciousness** *n.* (*value*) драгоце́нность; (*affectation*) мане́рность.

**precipice** *n.* про́пасть, обры́в; fall over a ~ сорва́ться (*pf.*) с обры́ва.

**precipitate**[1] *n.* оса́док.
   *adj.* (*headlong*) стреми́тельный; (*rash*) опроме́тчивый, скоропали́тельный.

**precipitate**[2] *v.t.* **1.** (*throw down*) низв|ерга́ть, -е́ргнуть; (*fig.*) вв|ерга́ть, -е́ргнуть; the country was ~d into war страну́ вве́ргнули в войну́; **2.** (*bring on rapidly*) уск|оря́ть, -о́рить; **3.** (*chem.*) оса|жда́ть, -ди́ть.

**precipitation** *n.* (*rain etc.*) оса́д|ки (*pl.*, *g.* -ов); (*rashness, haste*) стреми́тельность, поспе́шность.

**precipitous** *adj.* (*steep*) обры́вистый, круто́й; (*hasty*) поспе́шный.

**precipitousness** *n.* (*steepness*) обры́вистость, крутизна́; (*haste*) скоропали́тельность, поспе́шность.

**précis** *n.* кра́ткое изложе́ние, конспе́кт.

**precise** *adj.* (*exact*) то́чный, аккура́тный, пунктуа́льный; (*punctilious*) тща́тельный.

**precisely** *adv.* то́чно; (*with numbers or quantities*) ро́вно; at ~ two o'clock ро́вно в два часа́; nothing ~ ро́вно ничего́; (*as reply: 'quite so'*) соверше́нно ве́рно; вот и́менно.

**preciseness** *n.* то́чность; чёткость.

**precision** *n.* то́чность; аккура́тность, пунктуа́льность; ~ bombing прице́льное бомбомета́ние; ~ instrument то́чный прибо́р.

**preclude** *v.t.* предотвра|ща́ть, -ти́ть; исключ|а́ть, -и́ть.

**precocious** *adj.* (*of fruit*) скороспе́лый; (*of pers.*) ра́но разви́вшийся; (*coll.*) из молоды́х да ра́нний.

**precoci|ousness, -ty** *nn.* скороспе́лость; ра́ннее разви́тие.

**precognition** *n.* предви́дение.
**preconceived** *adj.* предвзя́тый.
**preconception** *n.* предвзя́тое мне́ние.
**pre-condition** *n.* предвари́тельное усло́вие.
**precursor** *n.* предше́ственник, предве́стник, предте́ча (*c.g.*).
**pre-date** *v.t.* (*antedate*) дати́ровать за́дним (*or* бо́лее ра́нним) число́м; (*precede*) предше́ствовать +*d.*
**predator** *n.* хи́щник.
**predatory** *adj.* хи́щный, хи́щнический, граби́-тельский.
**predecease** *v.t.*: he ~d her он у́мер ра́ньше её.
**predecessor** *n.* предше́ственник; this car is big-ger than its ~ э́та маши́на бо́льше ста́рой/пре́жней.
**predestination** *n.* предопределе́ние.
**predestine** *v.t.* предопредел|я́ть, -и́ть.
**predeterminate** *adj.* предопределённый, пред-решённый.
**predetermination** *n.* предопределе́ние.
**predetermine** *v.t.* предреш|а́ть, -и́ть.
**predicament** *n.* тру́дная ситуа́ция, (*coll.*) переплёт; that puts me in a ~ э́то ста́вит меня́ в тру́дное положе́ние.
**predicate**[1] *n.* (*gram.*) сказу́емое; (*log.*) преди-ка́т.
**predicate**[2] *v.t.* утвер|жда́ть, -ди́ть.
**predication** *n.* предика́ция, утвержде́ние.
**predicative** *adj.* предикати́вный.
**predict** *v.t.* предска́з|ывать, -а́ть.
**predictable** *adj.* предсказу́емый.
**prediction** *n.* предсказа́ние.
**predictor** *n.* (*mil.*) прибо́р управле́ния артил-лери́йским зени́тным огнём.
**predigest** *v.t.* (*fig.*) адапти́ровать (*impf.*); разжёвывать (*impf.*).
**predilection** *n.* пристра́стие, скло́нность (for: к +*d.*).
**predispose** *v.t.* предраспол|ага́ть, -ожи́ть; I am ~d in his favour я предрасполо́жен к нему́; my mother is ~d to rheumatism моя́ мать предрасполо́жена к ревмати́зму.
**predisposition** *n.* предрасположе́ние, скло́н-ность (к чему).
**predominance** *n.* (*control; superiority*) превос-хо́дство; госпо́дство; (*preponderance*) преоб-лада́ние.
**predominant** *adj.* (*without rival*) преоблада́ю-щий, превосходя́щий; (*preponderant, con-spicuous*) домини́рующий.
**predominate** *v.i.* преоблада́ть (*impf.*); домини́ровать (*impf.*).
**pre-eminence** *n.* преиму́щество, превос-хо́дство.
**pre-eminent** *adj.* превосходя́щий, выдаю́-щийся.
**pre-empt** *v.t.* (*buy up*) скуп|а́ть, -и́ть; (*appropri-ate*) присв|а́ивать, -о́ить; завлад|ева́ть, -е́ть +*i.*; (*forestall*) предупре|жда́ть, -ди́ть.

**pre-emption** *n.* ску́пка; присвое́ние; завла-де́ние (чем).
**pre-emptive** *adj.* опережа́ющий; ~ strike упрежда́ющий уда́р.
**preen** *v.t.* (*of bird*): ~ one's feathers чи́стить (*impf.*) пе́рья/пёрышки; (*of pers.*) при-хор|а́шиваться, -оши́ться; (*fig.*): he ~s him-self on his good looks он горди́тся свое́й вне́-шностью.
**pre-existence** *n.* предсуществова́ние.
**pre-existent** *adj.* предсуществу́ющий.
**prefabricate** *v.t.*: ~d house (*coll.*, prefab) сбо́рный дом.
**prefabrication** *n.* изготовле́ние дета́лей для сбо́рки.
**preface** *n.* (*written*) предисло́вие; (*spoken*) вво́дное сло́во; (*fig.*) вступле́ние, проло́г.
*v.t.* де́лать, с- вступле́ние к +*d.*; предпос|ы-ла́ть, -ла́ть; he ~d his remarks with a quotation он на́чал свои́ замеча́ния с цита́ты.
**prefatory** *adj.* вступи́тельный, вво́дный.
**prefect** *n.* 1. (*official*) префе́кт; 2. (*at school*) ста́рший учени́к, ста́роста (*c.g.*), префе́кт.
**prefecture** *n.* префекту́ра.
**prefer** *v.t.* 1. (*like better*) предпоч|ита́ть, -е́сть; I ~ fish to meat я предпочита́ю ры́бу мя́су; 2. (*promote*) продв|ига́ть, -и́нуть; 3. (*submit*): ~ charges выдвига́ть, вы́двинуть обвине́ния.
**preferable** *adj.* предпочти́тельный; it's not a comfortable bed, but it's ~ to sleeping on the floor э́та крова́ть не о́чень удо́бна, но на ней всё же лу́чше спать, чем на полу́.
**preference** *n.* 1. (*greater liking*) предпочте́ние; he has a ~ for silk ties он пита́ет сла́бость к шёлковым га́лстукам; have you any ~? что вы предпочита́ете?; I chose this in ~ to the other я предпочёл э́то тому́; we cannot give you ~ over everyone else мы не мо́жем дать вам предпочте́ние пе́ред все́ми други́ми; (*pre-ferred thg.*) вы́бор; 2. (*econ.*) льго́тная тамо́женная по́шлина.
**preferential** *adj.* предпочти́тельный; льго́т-ный.
**preferment** *n.* продвиже́ние по слу́жбе.
**prefigure** *v.t.* служи́ть (*impf.*) прототи́пом +*g.*
**prefix** *n.* (*at beginning of word*) приста́вка, пре́-фикс; (*title such as* 'Mr') обраще́ние, ти́тул.
*v.t.* присоедин|я́ть, -и́ть (приставку к слову).
**pregnancy** *n.* бере́менность.
**pregnant** *adj.* бере́менная; become ~ забере́менеть (*pf.*); (*fig.*) чрева́тый; words ~ with meaning слова́, испо́лненные смы́сла; a ~ silence многозначи́тельное молча́ние.
**pre-heat** *v.t.* предвари́тельно подогр|ева́ть, -е́ть.
**prehensile** *adj.* хвата́тельный.
**prehistoric** *adj.* доистори́ческий.
**prehistory** *n.* предысто́рия.
**pre-human** *adj.* существова́вший до появле́ния челове́ка.

**prejudge** *v.t.* предреш|а́ть, -и́ть.

**prejudgement** *n.* предрешéние.

**prejudice** *n.* **1.** (*preconceived opinion*) предубеждéние, предрассýдок; **2.** (*detriment*) ущéрб, вред; **3.** (*prejudgement*): without ~ без ущéрба (для +*g.*); (*leg.*) не отка́зываясь от свои́х прав.

*v.t.* **1.** (*cause to have a* ~) предубе|жда́ть, -ди́ть; you are ~d against him вы предубежденьí про́тив негó; **2.** (*impair validity of*) нан|оси́ть, -ести́ ущéрб +*d.*; he ~d his reputation он подпо́ртил себé репута́цию.

**prejudicial** *adj.* (*detrimental*) врéдный; ущемля́ющий; наноси́щий ущéрб +*d.*

**prelacy** *n.* прела́тство.

**prelate** *n.* прела́т.

**prelim** *n.* (*coll.*) вступи́тельный экза́мен; (*pl., typ.*) сбóрный лист.

**preliminary** *n.* предготови́тельное мероприя́тие.

*adj.* предвари́тельный.

**prelude** *n.* (*mus.*) прелю́дия; (*fig.*): this was the ~ to the storm э́то был пéрвый гром пéред бу́рей.

*v.t.* (*serve as* ~ *to*) служи́ть (*impf.*) вступлéнием к +*d.*

**premarital** *adj.* добра́чный.

**premature** *adj.* преждеврéменный; ~ birth преждеврéменные рóд|ы (*pl., g.* -ов); ~ baby недонóшенный младéнец; ~ decision необду́манное/поспéшное решéние.

**premeditate** *v.t.*: ~d murder преднамéренное уби́йство.

**premeditation** *n.* преднамéренность.

**premenstrual** *adj.* предменструа́льный.

**premier** *n.* премьéр-мини́стр.

*adj.* пéрвый; гла́вный.

**première** *n.* премьéра; the film had its ~ last night э́тот фильм был впервьíе пока́зан вчера́.

**premiership** *n.* премьéрство.

**premise**[1] *n.* **1.** (*log., also* **premiss**) посьíлка; **2.** (*pl., house and land*) помещéние; drinks are to be consumed on the ~s напи́тки продаю́тся распи́вочно; licensed ~s помещéние, в котóром разрешена́ прода́жа спиртньíх напи́тков.

**premise**[2] *v.t.* предпос|ыла́ть, -ла́ть.

**premiss** see PREMISE[1].

**premium** *n.* **1.** (*reward*) награ́да; this will put a ~ on dishonesty э́то бу́дет поощря́ть нечéстных людéй; **2.** (*amount paid for insurance*) (страховáя) прéмия; **3.** (*additional charge or payment*) припла́та; **4.**: at a ~ вьíше номина́ла; с при́былью; (*in demand*) пóльзующийся спрóсом.

**premonition** *n.* предчу́вствие.

**premonitory** *adj.* предупрежда́ющий, предостерега́ющий.

**pre-natal** *adj.* предродовóй.

**preoccupation** *n.* (*mental absorption*) озабóченность, поглощённость; (*absorbing subject*) забóта; his one ~ is making money егó еди́нственная забóта — дéлать дéньги.

**preoccup|y** *v.t.* забóтить, о-; the match ~ied his thoughts матч занима́л все егó мьíсли; he was too ~ied to pay attention он не обрати́л внима́ния, так как был сли́шком поглощён свои́ми мьíслями.

**pre-ordain** *v.t.* предназн|ача́ть, -а́чить.

**prep** *n.* (*coll., school work*) приготовлéние урóков; (*work set*) ≃ урóк(и) на́ дом.

*adj.* (*coll.*): ~ school (ча́стная) приготови́тельная шкóла.

**pre-packed** *adj.* расфасóванный.

**preparation** *n.* **1.** (*process of preparing or being prepared*) приготовлéние; she was packing in ~ for the journey она́ укла́дывала вéщи, готóвясь к поéздке; a second edition is in ~ готóвится вторóе изда́ние; (*pl., preparatory measures*): ~s are well under way подготóвка идёт вовсю́; he made ~s to leave он стал готóвиться к отъéзду; **2.** (*medicine*) лека́рство.

**preparatory** *adj.* подготови́тельный.

*adv.*: ~ to прéжде чем (+*inf.*); до тогó, как (+*finite v.*)

**prepare** *v.t.* готóвить (*impf.*); пригот|а́вливать, -óвить; подгот|а́вливать, -óвить; she ~d a meal она́ приготóвила еду́; I was ~d for the worst я был готóв к са́мому ху́дшему; the tutor ~d him for his exams учи́тель готóвил егó к экза́менам; he ~d his speech in advance он подготóвил свою́ речь зара́нее; they ~d (*fitted out*) an expedition они́ оснасти́ли экспеди́цию.

*v.i.* подгот|а́вливаться, -óвиться; пригот|а́вливаться, -óвиться; they ~d for an attack они́ подготóвились к ата́ке (неприя́теля).

**preparedness** *n.*. готóвность.

**prepa|y** *v.t.* опла́|чивать, -ти́ть зара́нее; ~id telegram телегра́мма с опла́ченным отвéтом.

**preponderance** *n.* перевéс, преиму́щество.

**preponderant** *adj.* имéющий перевéс; преобла́дающий.

**preponderate** *v.i.* перевé|шивать, -сить; преобла́дать (*impf.*).

**preposition** *n.* предлóг.

**prepositional** *adj.* предлóжный.

**prepossess** *v.t.* предраспол|ага́ть, -ожи́ть; his appearance is not ~ing у негó нерасполага́ющая внéшность; the jury were ~ed in his favour прися́жные бьíли предрасполóжены к нему́.

**prepossession** *n.* предрасположéние.

**preposterous** *adj.* нелéпый.

**Pre-Raphaelite** *n.* прерафаэли́т.

**prerequisite** *n.* предпосьíлка.

**pre-revolutionary** *adj.* дореволюциóнный.

**prerogative** *n.* (*of ruler, etc.*) прерогати́ва; (*privilege*) привиле́гия.

**presage** *n.* (*portent*) предзнаменова́ние, при́знак; (*presentiment*) предчу́вствие.

*v.t.* (*portend*) предвеща́ть (*impf.*); (*forebode*) предчу́вствовать (*impf.*).

**presbyter** *n.* пресви́тер; (*in early Church*) старе́йшина (*m.*).

**Presbyterian** *n.* пресвитериа́н|ин (*fem.* -ка). *adj.* пресвитериа́нский.

**presbytery** *n.* (*body of presbyters*) пресвите́рия; (*priest's house*) дом свяще́нника при це́ркви.

**prescience** *n.* предви́дение.

**prescient** *adj.* предви́дящий.

**prescind** *v.i.*: ~ from выпуска́ть, вы́пустить и́з виду; абстраги́роваться (*impf., pf.*) от +*g.*

**prescribe** *v.t.* **1.** (*lay down, impose*) предпи́с|ывать, -а́ть; penalties ~d by the law ме́ры наказа́ния, предусмо́тренные зако́ном; **2.** (*med.*) пропи́с|ывать, -а́ть.

**prescription** *n.* **1.** (*prescribing*) предпи́сывание; распоряже́ние; **2.** (*doctor's direction*) реце́пт; **3.** (*leg.*) пра́во да́вности; positive ~ приобрете́ние пра́ва по да́вности; negative ~ уте́ря пра́ва по сро́ку да́вности.

**prescriptive** *adj.* **1.** (*giving directions*) предпи́сывающий; **2.** (*leg.*): ~ right пра́во, осно́ванное на да́вности.

**preselect** *v.t.*: ~ a gear (*on car*) изб|ира́ть, -ра́ть переда́чу (в автомоби́ле) для после́дующего её включе́ния.

**preselective** *adj.*: ~ gearbox преселекти́вная коро́бка переда́ч.

**presence** *n.* **1.** (*being present*) прису́тствие; ~ of mind прису́тствие ду́ха; I was summoned to his ~ я был вы́зван к нему́; he was calm in the ~ of danger он остава́лся споко́йным пе́ред лицо́м опа́сности; saving your ~ при всём к вам уваже́нии; **2.** (*carriage, bearing*) оса́нка; вид, вне́шность.

*cpd.*: ~**-chamber** *n.* приёмный зал.

**present**[1] *n.* **1.** (*time now at hand*) настоя́щее (вре́мя); there's no time like the ~ ≃ лови́ моме́нт; at ~ сейча́с; for the ~ пока́; he lives in the ~ он живёт сего́дняшним днём; **2.** (*gram., ~* tense) настоя́щее вре́мя.

*adj.* **1.** (*at hand*) прису́тствующий; ~ company excepted о прису́тствующих не говоря́т; no one else was ~ никого́ бо́льше не́ было; all ~ and correct все налицо́; всё в поря́дке; ~ to the senses осознава́емый, ощути́мый; **2.** (*in question, under consideration*) да́нный, настоя́щий; in the ~ case в да́нном слу́чае; the ~ writer пи́шущий э́ти стро́ки; **3.** (*existent, prevalent*) настоя́щий, тепе́решний; (*available, to hand*) име́ющийся; at the ~ time в настоя́щее вре́мя; сейча́с; the ~ fashion совреме́нная мо́да; the ~ holder of the title ны́нешний облада́тель ти́тула; under ~ circumstances в ны́нешних усло́виях; в да́нных

(*or* при сложи́вшихся) обстоя́тельствах; ~ value (*of an object*) тепе́решняя цена́; **4.** (*gram.*) настоя́щий; ~ participle прича́стие настоя́щего вре́мени.

*cpd.*: ~**-day** *adj.* совреме́нный, ны́нешний.

**present**[2] *n.* (*gift*) пода́рок, дар; I will make you a ~ of this shawl я вам подарю́ э́ту шаль.

**present**[3] *n.* (*mil.*) взя́тие на карау́л.

*v.t.* **1.** (*tender, offer, put forward*) дари́ть, по-; вруч|а́ть, -и́ть; he ~ed his compliments он засвиде́тельствовал своё уваже́ние/почте́ние; the little girl ~ed a bouquet де́вочка преподнесла́ буке́т цвето́в; the waiter ~ed the bill официа́нт предста́вил счёт; he ~ed his case well он хорошо́ изложи́л свои́ до́воды; he ~ed himself for duty он яви́лся на слу́жбу; as soon as an opportunity ~s itself как то́лько предста́вится слу́чай; (*give, furnish*): she ~ed her husband with a son она́ подари́ла му́жу сы́на; I was ~ed with a choice мне предоста́вили вы́бор; **2.** (*introduce*) предст|авля́ть, -а́вить; may I ~ my wife? разреши́те предста́вить мою́ жену́; she was ~ed at court она́ была́ предста́влена ко двору́; **3.** (*put on stage*) пока́з|ывать, -а́ть; this play was first ~ed in New York э́ту пье́су пе́рвый раз показа́ли/поста́вили в Нью-Йо́рке; 'International Films ~ ...' фильм... произво́дства компа́нии «Интерне́шнл фильмс»; **4.** (*exhibit*): his face ~ed a strange appearance его́ лицо́ вы́глядело стра́нно; the situation ~s a threat положе́ние чрева́то опа́сностью; he ~ed a bold front он напусти́л на себя́ хра́брый вид; **5.** (*mil.*): ~ arms брать, взять на карау́л; (*as command*) на карау́л!

**presentable** *adj.* прили́чный, респекта́бельный.

**presentation** *n.* **1.** (*making a present*) подноше́ние, вруче́ние; ~ copy (*of a book*) да́рственный экземпля́р; **2.** (*introduction, esp. at court*) представле́ние; **3.** (*theatr.*) пока́з, постано́вка; **4.** (*production, submission*) предъявле́ние; the cheque is payable on ~ чек бу́дет опла́чен по предъявле́нии; **5.** (*exposition*) пода́ча.

**presentiment** *n.* предчу́вствие; he had a ~ of danger он предчу́вствовал опа́сность.

**presently** *adv.* (*soon*) вско́ре; (*Am., at present*) сейча́с, в настоя́щее вре́мя, в да́нный моме́нт.

**preservation** *n.* **1.** (*act of preserving*) сохране́ние, консерви́рование; ~ of life сохране́ние жи́зни; ~ of food консерви́рование проду́ктов; (*of monuments, etc.*) охра́на; **2.** (*state of being preserved*) сохра́нность; the building is in a fine state of ~ э́то зда́ние прекра́сно сохрани́лось.

**preservative** *n.* (*in food*) предохраня́ющее сре́дство.

**preserve 1.** (*jam*) варе́нье; **2.** (*area for protection* *of game, etc.*) заповéдник; (*fig.*): this subject is his private ~ э́то егó óбласть.

*v.t.* **1.** (*save*; *protect from harm*) сохран|я́ть, -и́ть; his presence of mind ~d him from a worse fate прису́тствие ду́ха уберегло́ его́ от ху́дшей у́части; God ~ us! упаси́ нас Бог/Госпо́дь!; **2.** (*keep from decomposition, etc.*) консерви́ровать, за-; **3.** (*of game, etc.*) охраня́ть (*impf.*) от браконье́рства; fishing is ~d in this river лови́ть ры́бу в э́той реке́ запреща́ется; **4.** (*keep alive, youthful etc.*) со-хран|я́ть, -и́ть; his name will be ~d for ever его́ и́мя оста́нется в века́х; she is well ~d она́ хорошо́ сохрани́лась; he is a well-~d eighty он хорошо́ сохрани́лся для свои́х восьми́десяти лет; **5.** (*maintain*) поддéрж|ивать, -а́ть; храни́ть, со-; he ~d his dignity он сохрани́л своё досто́инство; she ~d a discreet silence она́ благоразу́мно храни́ла молча́ние.

**preside** *v.i.* председа́тельствовать (*impf.*); the mayor ~d over the council мэр председа́тельствовал на заседа́нии совéта; Father ~d at table отéц сидéл во главé стола́.

**presidency** *n.* президéнтство.

**president** *n.* (*of State etc.*) президéнт; (*of college*) рéктор, дирéктор; (*Am., of company, bank etc.*) дирéктор, глава́ (*c.g.*).

**presidential** *adj.* президéнтский; дирéкторский.

**presidium** *n.* прези́диум.

**press** *n.* **1.** (*act of* ~*ing*): he gave her hand a ~ он пожа́л ей ру́ку; she gave his trousers a ~ она́ погла́дила ему́ брю́ки; **2.** (*machine for* ~*ing*) пресс; **3.** (*printing-machine*) пресс; печа́тный стано́к; his new book is in the ~ его́ но́вая кни́га нахо́дится в печа́ти; we go to ~ tomorrow за́втра но́мер идёт в набо́р/печа́ть; a newspaper hot from the ~ свéжий но́мер газéты; stop ~ (news) э́кстренное сообщéние; 'stop ~' (*heading*) «в послéднюю мину́ту»; **4.** (*printing or publishing house*) изда́тельство; **5.** (*newspaper world*) печа́ть, прéсса; ~ agency агéнтство печа́ти; газéтное агéнтство; ~ agent агéнт по дела́м печа́ти; ~ campaign кампа́ния в печа́ти; ~ conference пресс-конфéренция; ~ release сообщéние для печа́ти; (*newspaper reaction*) о́тклик, рецéнзия; a good ~ helps to sell a book хоро́шие о́тклики в печа́ти спосо́бствуют сбы́ту кни́ги; the bill had a bad ~ прéсса недоброжела́тельно встрéтила э́тот законопроéкт; **6.** (*crowd*) толчея́, толпа́; **7.** (*pressure*) спéшка; ~ of business неотло́жные дела́; **8.** (*cupboard*) шкаф.

*v.t.* **1.** (*exert physical pressure on*) наж|има́ть, -а́ть; нада́в|ливать, -и́ть; ~ the trigger/button нажа́ть (*pf.*) куро́к/кно́пку; he ~ed the button (*initiated action*) он дал дéлу ход; **2.** (*push*) приж|има́ть, -а́ть; he ~ed his nose against the window он прижа́л нос к окну́; **3.** (*compress,*

*etc.*) гла́дить, по-; утю́жить, от-; my suit needs ~ing мой костю́м нужда́ется в утю́жке; the villagers are ~ing the grapes жи́тели дерéвни да́вят виногра́д; the juice ~ed from a lemon сок из вы́жатого лимо́на; ~ed beef мясны́е консéрв|ы (*pl., g.* -ов); **4.** (*clasp, embrace*) приж|има́ть, -а́ть; she ~ed the child to her bosom она́ прижа́ла ребёнка к груди́; he ~ed her hand он пожа́л ей ру́ку; **5.** (*fig., sustain vigorously*): our team ~ed home its attack на́ша кома́нда наседа́ла; he ~ed his claim он наста́ивал на своём трéбовании; **6.** (*fig., harry, exert pressure on*) тесни́ть (*impf.*); our forces were hard ~ed враг си́льно тесни́л на́ши войска́; he was hard ~ed for an answer он не нашёлся, что отвéтить; I was ~ed for time у меня́ бы́ло врéмени в обрéз; **7.** (*urge, importune*): they ~ed me to stay они́ угова́ривали меня́ оста́ться; he ~ed me for a decision он торопи́л меня́ с решéнием; **8.** (*urge acceptance of*) навя́зывать (*impf.*); he ~ed money on me он уси́ленно предлага́л мне дéньги; **9.** (*recruit forcibly*) наси́льно вербова́ть, за-; every available chair was ~ed into service все имéющиеся в распоряжéнии сту́лья пошли́ в ход.

*v.i.*: if you ~ too hard, the pencil will break éсли сли́шком нажима́ть, каранда́ш сло-ма́ется; (*fig.*): his responsibilities ~ed heavily upon him он был пода́влен свои́ми обя́занностями; time ~es врéмя не тéрпит.

*with advs.*: ~ **back** *v.t.* отбр|а́сывать, -о́сить; оттесн|я́ть, -и́ть; ~ **down** *v.t.* приж|има́ть, -а́ть; прида́в|ливать, -и́ть; ~ **forward** *v.i.* прот|а́лкиваться, -олкну́ться (вперёд); ~ **on** *v.i.* потора́пливаться (*impf.*); ~ on regardless! продолжа́йте в том же ду́хе несмотря́ ни на что!; ~ **out** *v.t.* выжима́ть, вы́жать; ~ **up** *v.t.* тесни́ть (*impf.*).

*cpds.*: ~-**button** *n.* нажи́мная кно́пка; ~-button warfare «кно́почная война́»; ~-**clipping**, ~-**cutting** *nn.* газéтная вы́резка; ~-**gallery** *n.* места́ для представи́телей прéссы/печа́ти; ~-**gang** *n.* (*hist.*) отря́д вербо́вщиков во флот; *v.t.* наси́льно вербова́ть во флот; (*fig.*) ока́з|ывать, -а́ть давлéние на +*a.*; ~-**man** *n.* журнали́ст, газéтчик, репортёр; ~-**mark** *n.* шифр (*кни́ги*); ~-**stud** *n.* кно́пка (*одéжная*); ~-**up** *n.* отжи́м; do ~-ups отжима́ться (*impf.*) (на полу́).

**presser** *n.* гла́ди́льщик.

**pressing**[1] *n.* (*of clothing*) гла́жка, утю́жка.

**pressing**[2] *adj.* (*urgent*) спéшный, неотло́жный; (*insistent*) настоя́тельный, насто́йчивый.

**pressure** *n.* **1.** давлéние; the tyre ~s are low давлéние в ши́нах ни́зкое; ~ cabin гермети́ческая каби́на; (*fig.*) напряжéние; they are working at high ~ они́ рабо́тают о́чень напряжённо; **2.** (*compulsive influence*) давлéние, воздéйствие; bring ~ to bear on прин|ужда́ть, -у́дить; they brought ~ to bear on him to sign они́ принуди́ли его́ подписа́ться; put ~ on наж|има́ть, -а́ть на +*a*.; the police put ~ on him поли́ция оказа́ла ажи́м/давле́ние на него́; ~ group ≃ инициати́вная гру́ппа; under ~ of poverty под гнётом нищеты́.

*cpds.*: ~-**cooker** *n.* скорова́рка; ~-**gauge** *n.* мано́метр.

**pressurize** *v.t.* **1.** герметизи́ровать (*impf.*); ~d cabin гермети́ческая каби́на; **2.** (*fig.*) ока́з|ывать, -а́ть давле́ние на +*a*.; he was ~d into writing a confession его́ заста́вили написа́ть призна́ние.

**prestidigitation** *n.* пока́зывание фо́кусов.

**prestidigitator** *n.* фо́кусник.

**prestige** *n.* прести́ж.

**prestigious** *adj.* (*having prestige*) влия́тельный, авторите́тный, уважа́емый.

**prestissimo** *n., adj. & adv.* прести́ссимо (*indecl.*).

**presto**[1] *n., adj. & adv.* (*mus.*) пре́сто (*indecl.*).

**presto**[2] *int.*: (hey) ~! гопля́!

**pre-stressed** *adj.* предвари́тельно напряжённый.

**presumable** *adj.* предполага́емый, вероя́тный.

**presumably** *adv.* вероя́тно; на́до полага́ть, что...

**presume** *v.t.* **1.** (*assume, take for granted*) полага́ть (*impf.*); you are married, I ~? я полага́ю, что вы жена́ты?; **2.** (*with inf.*: *venture*) позв|оля́ть, -о́лить себе́; осме́ли|ваться, -ться; I would not ~ to argue with you я не возьму́ на себя́ сме́лость с ва́ми спо́рить.

*v.i.*: ~ on (*take liberties with*): he ~d on my good nature он злоупотреби́л мое́й доброто́й.

**presumption** *n.* **1.** (*assumption*) предположе́ние, (*leg.*) презу́мпция; ~ of innocence презу́мпция невино́вности; I left on the ~ he would follow я ушёл, предполага́я, что он после́дует за мной; the ~ is that he is lying на́до исходи́ть из того́, что он врёт; there is a strong ~ against it есть серьёзные основа́ния про́тив; **2.** (*arrogance, boldness*) самонаде́янность.

**presumptive** *adj.* предположи́тельный, предполага́емый; ~ father предполага́емый оте́ц; ~ evidence показа́ния, осно́ванные на дога́дках.

**presumptuous** *adj.* самонаде́янный, самоуве́ренный.

**presumptuousness** *n.* самонаде́янность, самоуве́ренность.

**presuppose** *v.t.* (*зара́нее*) предпол|ага́ть, -ожи́ть; допус|ка́ть, -ти́ть.

**presupposition** *n.* предположе́ние, допуще́ние; исхо́дная предпосы́лка.

**pretence** (*Am.* **pretense**) *n.* **1.** (*pretending, make-believe*) притво́рство; he made a ~ of reading the newspaper он притвори́лся, что чита́ет газе́ту; he obtained money by false ~s

он раздобы́л де́ньги обма́нным путём; **2.** (*pretext, excuse*) предло́г, отгово́рка; he called under the ~ of asking advice он зашёл под предло́гом спроси́ть сове́та; **3.** (*claim*) прете́нзия; I make no ~ to scholarship я не претенду́ю на учёность; **4.** (*ostentation*) претенцио́зность; a man without ~ челове́к без прете́нзий.

**pretend** *v.t. & i.* **1.** (*make believe*) притворя́ться (*impf.*); де́лать вид; she is ~ing to be asleep она́ притворя́ется, что спит; let's ~ to be pirates! дава́йте игра́ть в пира́тов!; **2.** (*claim*) претендова́ть (*impf.*); I don't ~ to understand Einstein я не претенду́ю на то, что понима́ю Эйнште́йна; they both ~ed to the throne они́ о́ба претендова́ли на престо́л.

**pretender** *n.* претенде́нт, самозва́нец.

**pretense** *see* PRETENCE.

**pretension** *n.* **1.** (*claim*) притяза́ние, прете́нзия; I make no ~ to literary style я во́все не претенду́ю на литерату́рный стиль; **2.** (*pretentiousness*) претенцио́зность.

**pretentious** *adj.* претенцио́зный; показно́й.

**pretentiousness** *n.* претенцио́зность.

**preterite** *n.* прете́рит.

*adj.* прете́ритный.

**pretermission** *n.* (*omission, neglect*) упуще́ние; небре́жность; (*breaking off*) вре́менное прекраще́ние.

**pretermit** *v.t.* (*omit to mention*) пропус|ка́ть, -ти́ть; (*omit to do*) пренебр|ега́ть, -е́чь +*i.*; (*discontinue*) прер|ыва́ть, -ва́ть.

**preternatural** *adj.* сверхъесте́ственный.

**pretext** *n.* предло́г, отгово́рка; on, under the ~ of под предло́гом +*g.*

**prettify** *v.t.* укр|аша́ть, -а́сить.

**prettiness** *n.* миловидность; пре́лесть, привлека́тельность.

**pretty** *n.*: my ~! моя́ пре́лесть!

*adj.* **1.** (*attractive*) краси́вый, хоро́шенький; **2.** (*pleasant*) прия́тный, хоро́ший; he has a ~ wit он о́чень остроу́мен; **3.** (*iron.*) хоро́шенький, весёленький; a ~ mess you have made of it! ну и ка́шу вы завари́ли!; **4.** (*considerable*) значи́тельный; изря́дный; this will cost you a ~ penny э́то вам обойдётся в копе́ечку.

*adv.* **1.** (*fairly*) доста́точно; дово́льно; I have ~ well finished my work я почти́ что зако́нчил свою́ рабо́ту; ~ much о́чень, в значи́тельной сте́пени; почти́; **2.**: he is sitting ~ он непло́хо устро́ился.

*cpd.*: ~-~ *adj.* (*of pers.*) смазли́вый, ку́кольный; (*of thg.*) как карти́нка; как конфе́тка.

**pretzel** *n.* кренделёк.

**prevail** *v.i.* **1.** (*win*) торжествова́ть (*impf.*); truth will ~ пра́вда восторжеству́ет; ~ over одол|ева́ть, -е́ть; **2.** (*be widespread*) преоблада́ть (*impf.*), госпо́дствовать (*impf.*): ~ing winds преоблада́ющие ве́тры; the fashion still ~s э́та мо́да ещё госпо́дствует; calm ~s цари́т споко́йствие; **3.**: ~ on (*persuade*) убе|жда́ть, -ди́ть; I ~ed on him to stop smoking я уговори́л его́ бро́сить кури́ть.

**prevalence** *n.* распростране́ние.

**prevalent** *adj.* распространённый.

**prevaricate** *v.i.* уклоня́ться (*impf.*) от отве́та; уви́л|ивать, -ьну́ть.

**prevarication** *n.* уклоне́ние от отве́та; уви́ливание.

**prevent** *v.t.* предотвра|ща́ть, -ти́ть; предохран|я́ть, -и́ть; меша́ть, по- +*d.*; препя́тствовать, вос- +*d.*; не дать (*pf.*) +*d.*; illness ~ed him from coming боле́знь помеша́ла ему́ прийти́.

**preventable** *adj.* не неизбе́жный.

**preventative** *see* PREVENTIVE.

**prevention** *n.* предотвраще́ние, предохране́ние; ~ is better than cure предупрежде́ние лу́чше лече́ния.

**prevent|ive, -ative** *n.* предупреди́тельная ме́ра. *adj.* предупреди́тельный; ~ detention превенти́вное заключе́ние; ~ medicine профилакти́ческая медици́на, профила́ктика.

**preview** *n.* (предвари́тельный) просмо́тр, премье́ра, верниса́ж. *v.t.* предвари́тельно просм|а́тривать, -отре́ть.

**previous** *adj.* **1.** (*earlier, former*) предыду́щий; on a ~ occasion в предыду́щем слу́чае; on the ~ day за́ день до э́того; **2.** (*coll., premature, hasty*) преждевре́менный; you are a little ~ вы немно́го поспеши́ли. *adv.*: ~ to пре́жде +*g.*, до +*g.*; ~ to that he was in the army до э́того он был в а́рмии.

**previously** *adv.* **1.** (*earlier*) зара́нее, ра́ньше; I arrived two days ~ я прие́хал на́ два дня ра́ньше; **2.** (*formerly*) ~ he had lived with his brother до э́того он жил со свои́м бра́том.

**prevision** *n.* предви́дение.

**pre-war** *adj.* предвое́нный, довое́нный.

**prey** *n.* добы́ча; bird of ~ хи́щная пти́ца; (*fig.*) же́ртва; he fell an easy ~ to their cunning он оказа́лся лёгкой же́ртвой их кова́рства; she was a ~ to anxiety её одолева́ло/му́чило беспоко́йство. *v.i.* охо́титься (*impf.*); owls ~ on mice со́вы охо́тятся на мыше́й; (*fig.*): he ~ed upon credulous women он обма́нывал дове́рчивых же́нщин; the crime ~ed upon his mind (соверше́нное) преступле́ние не дава́ло ему́ поко́я.

**price** *n.* **1.** цена́; asking ~ запра́шиваемая цена́; he bought it at cost ~ он купи́л э́то по себесто́имости; what is the ~ of eggs? ско́лько стоя́т я́йца?; there is a ~ on his head объя́влена награ́да за его́ го́лову; every man has his ~ все лю́ди прода́жны; they wanted

peace at any ~ им ну́жен был мир любо́й цено́й; I wouldn't have your job at any ~ я бы не согласи́лся на ва́шу рабо́ту ни за каки́е де́ньги; he got the job, but at a ~ он получи́л рабо́ту, но дорого́й цено́й; **2.** (*value*) це́нность; a pearl of great ~ жемчу́жина большо́й це́нности; good health is beyond ~ хоро́шее здоро́вье — бесце́нный дар; **3.** (*betting odds*) ша́нсы (*m. pl.*); what ~ the favourite? какова́ вы́плата за фавори́та?; what ~ honour? чего́ тепе́рь сто́ит честь?

*v.t.* **1.** (*fix ~ of*) назн|ача́ть, -а́чить це́ну на +*a.*; he will ~ himself out of the market он завыша́ет це́ну и теря́ет покупа́телей; **2.** (*enquire ~ of*) прице́н|иваться, -и́ться к +*d.*

*cpds.*: ~**-control** *n.* контро́ль (*m.*) над це́нами; ~**-list** *n.* прейскура́нт; ~**-tag** *n.* ярлы́к (с указа́нием цены́).

**priceless** *adj.* (*invaluable*) бесце́нный; (*coll., most amusing*) бесподо́бный.

**pricey** *adj.* (*coll.*) дорого́й.

**prick** *n.* **1.** шип; колю́чка; (*puncture*) проко́л; (*fig.*): the ~s of conscience угрызе́ния (*nt. pl.*) со́вести; **2.** (*mark made by ~ing*) уко́л; **3.** (*arch., goad*): it is no use kicking against the ~s заче́м лезть на рожо́н?; **4.** (*penis*) хуй (*vulg.*).

*v.t.* коло́ть, у-; her laughter ~ed the bubble of his self-esteem её смех уязви́л его́ самолю́бие; (*fig.*) терза́ть (*impf.*); my conscience has been ~ing me меня́ му́чила со́весть.

*v.i.* коло́ться, у-.

with *advs.*: ~ **off**, ~ **out** *v.t.* пикирова́ть (*impf.*); переса́|живать, -ди́ть; ~ **up** *v.t.*: ~ up one's ears (*of animal or pers.*) навостри́ть (*pf.*) у́ши.

**prickle** *n.* (*thorn*) колю́чка, шип; (*of hedgehog etc.*) игла́. *v.t. & i.* коло́ть(ся), у-.

**prickly** *adj.* (*having spines or thorns*) колю́чий; (*causing a prickling sensation*) ко́лкий; (*fig., easily offended*) оби́дчивый.

**pride** *n.* **1.** (*self-esteem, conceit*) го́рдость; (*pej.*) спесь; (*amour-propre*) амби́ция; ~ goes before a fall гордыня до добра́ не доведёт; pocket, swallow one's ~ поступи́ться (*pf.*) свои́м самолю́бием; **2.** (*consciousness of worth, dignity*) чу́вство со́бственного досто́инства; proper ~ самоуваже́ние; I have too much ~ to accept charity го́рдость не позволя́ет мне приня́ть ми́лостыню; false ~ ло́жная го́рдость, тщесла́вие; he takes ~ in his work он горди́тся свое́й рабо́той; **3.** (*object of satisfaction*): the yacht was his ~ and joy э́та я́хта была́ его́ го́рдостью и ра́достью; **4.** (*prime*) расцве́т; in the ~ of his youth в расцве́те мо́лодости; **5.** (*primacy*): his book takes ~ of place его́ кни́ге принадлежи́т почётное ме́сто; **6.**: a ~ of lions ста́я львов.

*v.t.*: ~ o.s. on горди́ться (*impf.*) +*i.*: she ~s

herself on her cooking она́ горди́тся свои́м кулина́рным иску́сством.

**prie-dieu** *n.* скаме́ечка для моли́твы.

**priest** *n.* (*of Christian church*) свяще́нник, священнослужи́тель (*m.*); (*of non-Christian religion*) жрец; high ∼ верхо́вный жрец.

 *cpds.*: ∼ **craft** *n.* вмеша́тельство духове́нства в мирску́ю жизнь; ∼**-ridden** *adj.* (находя́щийся) в подчине́нии у духове́нства.

**priestess** *n.* жри́ца.

**priesthood** *n.* (*office*) свяще́нство; (*clergy*) духове́нство; (*non-Christian*) жре́чество.

**priestly** *adj.* свяще́ннический; жре́ческий.

**prig** *n.* педа́нт; (*hypocrite*) ханжа́ (*c.g.*).

**priggish** *adj.* педанти́чный; ха́нжеский.

**priggishness** *n.* педанти́чность; ха́нжество́.

**prim** *adj.* (*also* ∼ and proper) чо́порный.

**prima** *adj.*: ∼ ballerina при́ма-балери́на; ∼ donna (*lit.*) примадо́нна, ди́ва; (*fig.*) примадо́нна.

**primacy** *n.* (*pre-eminence*) главе́нство; (*office of primate*) сан архиепи́скопа.

**primaeval** *see* PRIMEVAL.

**prima facie** *adj.*: ∼ evidence доказа́тельство, доста́точное при отсу́тствии опроверже́ния.

 *adv.* на пе́рвый взгляд.

**primal** *adj.* (*original*) первонача́льный; (*chief*) гла́вный.

**primarily** *adv.* (*originally*) первонача́льно; (*principally, essentially*) в основно́м; гла́вным о́бразом; в пе́рвую о́чередь.

**primary** *n.* (*Am.*) предвари́тельное предвы́борное собра́ние; предвари́тельные вы́бор|ы (*pl., g.* -ов).

 *adj.* **1.** (*original*) первонача́льный; ∼ school нача́льная шко́ла; **2.** (*fundamental, basic, principal*) основно́й; ∼ colours основны́е цвета́; of ∼ importance первостепе́нной ва́жности; ∼ meaning основно́е/перви́чное значе́ние.

**primate** *n.* (*archbishop*) прима́с; (*mammal*) прима́т.

**prime** *n.* **1.** (*perfection, best part*) расцве́т; in the ∼ of life в расцве́те сил; he is past his ∼ его́ лу́чшие дни оста́лись позади́; **2.** (*first or earliest part*) нача́ло; **3.** (∼ *number*) просто́е число́.

 *adj.* **1.** (*principal*) гла́вный; ∼ minister премье́р-мини́стр; **2.** (*excellent*) первокла́ссный; ∼ beef первосо́ртная говя́дина; **3.** (*fundamental*) основно́й; ∼ cost себесто́имость; ∼ mover (*source of motive power*) перви́чный дви́гатель; (*fig.*) зачи́нщик; ∼ number просто́е число́.

 *v.t.* **1.** (*firearm*) заря|жа́ть, -ди́ть; (*engine, pump*) запр|авля́ть, -а́вить; **2.** (*supply with facts etc.*) инструкти́ровать (*impf., pf.*); ната́ск|ивать, -а́ть; **3.** (*fill with food or drink*) накорми́ть (*pf.*); напои́ть (*pf.*); **4.** (*cover with first coat of paint etc.*) грунтова́ть (*impf.*).

**primer**[1] *n.* **1.** (*school-book*) буква́рь (*m.*); **2.** (*for*

*igniting*) запа́л, ка́псюль (*m.*); **3.** (*paint*) грунто́вка.

**primer**[2] *n.* (*size of type*) шрифт в 18 пу́нктов.

**prim|eval, -aeval** *adj.* первобы́тный, первозда́нный.

**priming** *n.* (*firing charge*) запра́вка, зали́вка; (*paint*) грунт, грунто́вка.

**primitive** *n.* (*painter*) примитиви́ст; (*painting*) примити́в.

 *adj.* (*earliest*) первобы́тный; ∼ man первобы́тный челове́к; (*unsophisticated, simple*) примити́вный, несло́жный.

**primness** *n.* чо́порность.

**primogenitor** *n.* прароди́тель (*m.*), пра́щур.

**primogeniture** *n.* перворо́дство.

**primordial** *adj.* перви́чный, иско́нный, первобы́тный; (*fundamental*) основно́й.

**primrose** *n.* **1.** (*flower*) при́мула; the ∼ path ≃ путь наслажде́ний; **2.** (*colour*) бле́дно-жёлтый цвет.

**primus** *n.* (∼ *stove*) при́мус.

**prince** *n.* **1.** князь (*m.*); (*son of royalty*) принц, (*arch.*) короле́вич; P∼ of Wales/Denmark принц Уэ́льский/Да́тский; ∼ consort принц-супру́г; ∼ of the Church кардина́л, князь це́ркви; **2.** (*fig.*): the P∼ of Peace Христо́с; the ∼ of darkness сатана́ (*m.*); ∼ of poets царь (*m.*) поэ́тов; merchant ∼ кру́пный коммерса́нт; ∼ of rogues коро́ль жу́ликов.

**princedom** *n.* сан при́нца; кня́жество.

**princeling** *n.* (*pej.*) князёк.

**princely** *adj.* (*pert. to a prince*) кня́жеский, короле́вский; (*generous*) благоро́дный; (*splendid*) кня́жеский, ца́рственный.

**princess** *n.* (*wife of non-royal prince*) княги́ня; (*their daughter*) княжна́; (*daughter or daughter-in-law of sovereign*) принце́сса, (*arch.*) короле́вна; ∼ royal ста́ршая дочь короля́/короле́вы.

**principal** *n.* **1.** (*head of college etc.*) дире́ктор, ре́ктор; **2.** (*person for whom another acts*) довери́тель (*m.*); **3.** (*chief participant in crime*) гла́вный престу́пник; **4.** (*in duel*) дуэли́ст; **5.** (*pl., chief actors*) веду́щие исполни́тели (*m. pl.*); **6.** (*sum of money*) капита́л.

 *adj.* гла́вный, основно́й.

**principality** *n.* кня́жество.

**principally** *adv.* гла́вным о́бразом; преиму́щественно.

**principle** *n.* при́нцип, нача́ло; the ∼ of the wheel при́нцип колеса́; Archimedes' ∼ зако́н Архиме́да; the first ∼s of geometry осно́вы (*f. pl.*) геоме́трии; I agree in ∼ в при́нципе я согла́сен; I object to it on ∼ я возража́ю про́тив э́того из при́нципа; a man of ∼ принципиа́льный челове́к.

**prink** *v.t.* наря|жа́ть, -ди́ть; she ∼ed herself up at the mirror она́ наряжа́лась/прихора́шивалась пе́ред зе́ркалом.

 *v.i.* наря|жа́ться, -ди́ться.

**print** *n.* **1.** (*mark made on surface by pressure*) след; отпеча́ток; the police took his ~s поли́ция сняла́ у него́ отпеча́тки па́льцев; **2.** (*letters, etc.*) шрифт; печа́ть; he looked forward to seeing his name in ~ он предвкуша́л моме́нт появле́ния своего́ и́мени в печа́ти; the book is in ~ кни́га ещё в прода́же; the book is out of ~ кни́га распро́дана; **3.** (*picture*) гравю́ра, эста́мп, репроду́кция; **4.** (*phot.*) отпеча́ток; **5.** (*cotton fabric*) си́тец; a ~ dress си́тцевое пла́тье.

*v.t.* **1.** (*impress*) печа́тать, на-/от-; (*fig.*) запечатл|ева́ть, -е́ть; her face was ~ed on his memory её лицо́ запечатле́лось у него́ в па́мяти; **2.** (*produce by ~ing process; copy photographically*) печа́тать, на-/от-; this undertaking is not worth the paper it is ~ed on э́то обяза́тельство не сто́ит бума́ги, на кото́рой оно́ напи́сано; where did you get it ~ed? где вам э́то напеча́тали?; **3.** (*write in imitation of ~*) писа́ть, на- печа́тными бу́квами; **4.** (*mark with coloured design*) наб|ива́ть, -и́ть.

*with advs.*: ~ **off**, ~ **out** *v.t.* (*phot.*) де́лать, с- фотоотпеча́тки +*g.*

*cpd.*: ~**-out** *n.* (*by computer*) распеча́тка (с) ЭВМ; ~**-seller** *n.* продаве́ц гравю́р и эста́мпов.

**printable** *adj.* (*fit to print*) досто́йный напеча́тания.

**printer** *n.* (*operator of press*) печа́тник, типо́граф; (*type-setter*) набо́рщик; ~'s copy оригина́л для набо́ра; ~'s devil учени́к (ма́льчик) на побегу́шках в типогра́фии; (*owner of printing business*) типо́граф; (*tele-printer*) телепри́нтер.

**printing** *n.* (*act or process*) печа́тание; (*trade*) печа́тное де́ло; (*material printed in one operation*) печа́тное изда́ние.

*cpds.*: ~**-ink** *n.* печа́тная кра́ска; ~**-machine** *n.* печа́тная маши́на; ~**-office** *n.* типогра́фия; ~**-press** *n.* печа́тный стано́к.

**prior**¹ *n.* (*eccl.*) прио́р, настоя́тель (*m.*).

**prior**² *adj.* (*earlier*) пре́жний; (*more important*) первоочередно́й; he has a ~ claim to your attention он мо́жет претендова́ть на ва́ше внима́ние в пе́рвую о́чередь.

*adv.*: ~ to до +*g.*

**prioress** *n.* настоя́тельница.

**priorit|y** *n.* приорите́т; поря́док очерёдности; safety is our first, highest, top ~y безопа́сность — на́ша са́мая неотло́жная забо́та; have you got your ~ies right? пра́вильно ли вы оцени́ли, что бо́лее и что ме́нее ва́жно?

**priory** *n.* монасты́рь (*m.*).

**pri|se, -ze** *v.t.* взл|а́мывать, -ома́ть; the box was ~d open я́щик взлома́ли; he ~d up the paving-stone он по́днял булы́жник с по́мощью рычага́; (*fig.*) разн|има́ть, -я́ть;

they ~d the combatants apart они́ разня́ли деру́щихся.

**prism** *n.* при́зма.

**prismatic** *adj.* призмати́ческий.

**prison** *n.* **1.** тюрьма́; he is in ~ for murder он в тюрьме́ за уби́йство; he was sent to ~ for a year его́ посади́ли в тюрьму́ на́ год; **2.** (*attr.*) тюре́мный; ~ camp исправи́тельно-трудово́й ла́герь; ~ clothes ареста́нтская оде́жда; ~ sentence тюре́мный срок.

*cpd.*: ~**-breaking** *n.* побе́г из тюрьмы́.

**prisoner** *n.* **1.** (*detained by civil authorities*) заключённый; ~ at the bar подсуди́мый; (*fig.*) пле́нник; у́зник; he was a ~ to his habits он был пле́нником свои́х привы́чек; **2.** (~ *of war*) военнопле́нный; they were all taken ~ их всех взя́ли в плен.

**prissy** *adj.* чо́порный, жема́нный, вы́чурный.

**pristine** *adj.* (*former*) пре́жний, было́й; (*fresh, pure*) чи́стый, нетро́нутый.

**prithee** *int.* (*arch.*) молю́/прошу́ вас.

**privacy** *n.* (*seclusion*) уедине́ние, уединённость; this is an invasion of my ~ э́то — вмеша́тельство в мою́ ли́чную/ча́стную жизнь; (*avoidance of publicity*) секре́тность; he told me in the strictest ~ that... он мне сказа́л стро́го по секре́ту, что...

**private** *n.* **1.** (*soldier*) рядово́й; **2.**: in ~ в у́зком кругу́; в ча́стной жи́зни; he drinks a great deal in ~ он мно́го пьёт в одино́чку; can we discuss this in ~? мо́жно нам поговори́ть об э́том с гла́зу на глаз?

*adj.* **1.** (*personal*) ча́стный, ли́чный; my ~ affairs мои́ ли́чные дела́; ~ enterprise ча́стное предпринима́тельство, (*a particular concern*) ча́стное предприя́тие; in ~ life в ли́чной жи́зни; ~ means ли́чное состоя́ние; ~ property ча́стная со́бственность; for ~ reasons по ли́чным причи́нам; ~ secretary ли́чный секрета́рь; **2.** (*not open to the general public*) закры́тый; ~ view закры́тый просмо́тр, верниса́ж; **3.** (*secret*) та́йный, секре́тный; for your ~ ear стро́го ме́жду на́ми; ~ parts половы́е о́рганы; **4.** (*without official status*) ча́стный; неофициа́льный; прива́тный; in one's ~ capacity как ча́стное лицо́; ~ eye (*coll.*) ча́стный сы́щик/детекти́в; ~ member (*of Parliament*) депута́т парла́мента, не входя́щий в прави́тельство; a doctor in ~ practice ча́стный врач.

**privateer** *n.* (*vessel, captain*) ка́пер.

**privateering** *n.* ка́перство.

**privation** *n.* (*loss*) утра́та; лише́ние; (*hardship*) лише́ние; нужда́.

**privet** *n.* бирючи́на.

**privilege** *n.* привиле́гия; the ~ of birth привиле́гия по рожде́нию; (*in Parliament*) депута́тская неприкоснове́нность; breach of ~ наруше́ние прав парла́мента; (*fig.*): it was a ~

to listen to him слу́шать его́ бы́ло исключи́-
тельным удово́льствием.

*v.t.* да|ва́ть, -ть привиле́гию +*d.*; I was ∼d to
be there я име́л сча́стье/честь там быть.

**privileged** *adj.* привилегиро́ванный.

**privy** *n.* (*latrine*) убо́рная.

 *adj.* **1.** (*secret*) ча́стный, приватный,
скры́тый; ∼ parts (*arch.*) половые о́рганы; **2.**
(*pert. to the sovereign*): P∼ Council та́йный
сове́т; the ∼ purse су́ммы, ассигно́ванные на
ли́чные расхо́ды мона́рха; **3.** ∼ to при-
ча́стный к +*d.*; посвящённый в +*a.*; he was ∼
to her intentions он был посвящён в её пла́ны.

**prize**[1] *n.* **1.** (*reward for merit etc.*) приз; (*esp.
monetary*) пре́мия; награ́да; **2.** (*fig., goal*)
предме́т жела́ний; the ∼s of life жи́зненные
бла́га; **3.** (*attr., awarded as prize*) призово́й;
(∼-*winning*) премиро́ванный; ∼ poem поэ́ма,
удосто́енная пре́мии; (*coll., egregious*)
отъя́вленный; he is a ∼ idiot он
патенто́ванный дура́к.

 *v.t.* высоко́ цени́ть (*impf.*); he ∼s his honour
above everything он це́нит свою́ честь бо́льше
всего́ остально́го.

 *cpds.*: ∼-**fight** *n.* матч боксёров-профес-
сиона́лов; ∼ **fighter** *n.* боксёр-профессиона́л;
∼-**ring** *n.* ринг; ∼-**winner** *n.* призёр (*fem. coll.*
-ша).

**prize**[2] *n.* (*taken at sea*) приз, трофе́й; (*fig., wind-
fall*) нахо́дка, добы́ча.

 *cpd.*: ∼-**money** *n.* призовы́е де́н|ьги (*pl., g.*
-ег).

**prize**[3] *see* PRISE.

**pro**[1] *n.* (*point in favour*): ∼s and cons до́воды
«за» и «про́тив».

 *prep.* (*coll., in favour of*) за +*a.*; are you ∼ the
bill? вы за э́тот законопрое́кт?

**pro**[2] *n.* (*coll., professional actor, sportsman etc.*)
профессиона́л (*fem.* -ка).

**PRO**[3] (*abbr.*) *see* PUBLIC *adj.* **1.**

**probability** *n.* вероя́тность; in all ∼ по всей
вероя́тности; there is a strong ∼ that... весьма́
вероя́тно, что...

**probable** *n.* (*candidate*) си́льный кандида́т.

 *adj.* вероя́тный.

**probate** *n.* (*proving of will*) утвержде́ние
завеща́ния; ∼ has been granted завеща́ние
бы́ло утверждено́; (*copy of will*) заве́ренная
ко́пия завеща́ния.

**probation** *n.* **1.** (*testing of candidate etc.*) испыта́-
ние; (*period of test*) стажиро́вка; испыта́-
тельный срок; he was on ∼ for two years он
прошёл двухле́тний испыта́тельный срок; **2.**
(*leg.*) испыта́тельный срок, усло́вное осво-
божде́ние; he was put on ∼ он получи́л
усло́вный пригово́р; ∼ officer должностно́е
лицо́, осуществля́ющее надзо́р за усло́вно
осуждённым.

**probationary** *adj.* испыта́тельный; ∼ sentence
усло́вный пригово́р.

**probationer** *n.* (*trainee*) стажёр; практика́нт;
(*offender on probation*) усло́вно осуждённый.

**probative** *adj.* доказа́тельный; слу́жащий
доказа́тельством.

**probe** *n.* (*instrument*) зонд; (*fig., investigation*)
рассле́дование; (*space exploration*): moon ∼
испыта́тельный полёт на Луну́; (*spacecraft*)
иссле́довательская/зонди́рующая раке́та.

 *v.t. & i.* зонди́ровать (*impf.*); (*fig., also*) ис-
сле́довать (*impf., pf.*); it would be unwise to ∼
too deeply into the matter неблагоразу́мно
пыта́ться вни́кнуть сли́шком глубоко́ в э́то
де́ло.

**probity** *n.* че́стность; a man of ∼ челове́к
безукори́зненной че́стности.

**problem** *n.* проблема, вопро́с; he was faced with
the ∼ of moving house пе́ред ним вста́ла
проблема перее́зда; ∼ child тру́дный
ребёнок; ∼ play проблемная пье́са; (*math.
etc.*) зада́ча; chess ∼ ша́хматная зада́ча.

**problematic(al)** *adj.* проблемати́чный.

**proboscis** *n.* (*of elephant etc.*) хо́бот; (*of insect*)
хобото́к; (*joc., nose*) дли́нный нос.

**pro-British** *adj.* пробрита́нский.

**procedural** *adj.* процеду́рный.

**procedure** *n.* процеду́ра; rules of ∼ пра́вила
процеду́ры, регла́мент; пра́вила вну́трен-
него распоря́дка; свод процессуа́льных
норм.

**proceed** *v.i.* **1.** (*go on*) прод|олжа́ть, -о́лжить; **2.**
(*start*): she ∼ed to lay the table она́ приняла́сь
накрыва́ть на стол; shall we ∼ to business?
перейдём к де́лу?; **3.** (*make one's way*)
отпр|авля́ться, -а́виться; **4.** (*originate*)
исходи́ть (*impf.*); the evils that ∼ from war
несча́стья, вызыва́емые войно́й; the noise
appeared to ∼ from the next room каза́лось,
что шум исхо́дит из сосе́дней ко́мнаты; **5.**
(*take legal action*): will you ∼ against him? вы
собира́етесь возбуди́ть де́ло про́тив него́?

**proceeding** *n.* **1.** (*piece of conduct*) посту́пок;
(*pl., conduct*) поведе́ние; (*pl., activity*) де́я-
тельность; **2.** (*pl., records of society etc.*) труды́
(*m. pl.*), запи́ски (*f. pl.*); **3.** (*pl., legal action*)
суде́бное де́ло; судопроизво́дство; раз-
бира́тельство; he took ∼s against his employer
он возбуди́л (суде́бное) де́ло про́тив своего́
работода́теля.

**proceeds** *n.* вы́ручка, дохо́д; the ∼ will go to
charity вы́рученная су́мма пойдёт на благо-
твори́тельные це́ли.

**process**[1] *n.* **1.** проце́сс; **2.** (*course*) тече́ние, ход;
in ∼ of time с тече́нием вре́мени; the house is
in ∼ of construction дом стро́ится; **3.** (*method
of manufacture etc.*) проце́сс; спо́соб; **4.** (*leg.,
summons*) вы́зов в суд; a ∼ will be served on
him его́ вы́зовут в суд.

 *v.t.* **1.** (*treat in special way*) обраб|а́тывать,
-о́тать; ∼ed cheese пла́вленый сыр; **2.** (*sub-
ject to routine handling*) оф|ормля́ть, -о́рмить;

it will take a week to ~ your request потребуется неделя, чтобы рассмотреть вашу просьбу.

**process²** *v.i.* (*coll., walk in procession*) участвовать (*impf.*) в процессии.

**procession** *n.* процессия, шествие; walk in ~ дефилировать (*impf.*); идти (*det.*) маршем.

**proclaim** *v.t.* (*announce*) провозгла|шать, -сить; (*reveal*): his accent ~ed him (to be) a foreigner его акцент выдавал в нём иностранца.

**proclamation** *n.* провозглашение; обнародование.

**proclivity** *n.* склонность, наклонность.

**proconsul** *n.* заместитель (*m.*) консула; (*Rom. hist.*) проконсул; (*governor*) губернатор.

**procrastinate** *v.i.* медлить (*impf.*); тянуть (*impf.*); время/канитель.

**procrastination** *n.* промедление, канитель.

**procreate** *v.t. & i.* произв|одить, -ести (потомство).

**procreation** *n.* воспроизведение; (*of people*) деторождение; (*of animals*) размножение.

**Procrustean** *adj.*: ~ bed прокрустово ложе.

**proctor** *n.* **1.** (*university official*) проктор, надзиратель (*m.*); **2.** (*leg.*) адвокат; Queen's/ King's P~ чиновник Высокого суда, ведающий делами о разводах.

**procurable** *adj.* доступный.

**procurator** *n.* **1.** (*magistrate*) поверенный; public ~ прокурор; ~ fiscal прокурор (*в Шотландии*); **2.** (*proxy*) доверенное лицо.

**procure** *v.t.* **1.** (*obtain*) дост|авать, -ать; **2.** (*bring about*): he ~d his wife's death он подстроил смерть жены; he ~d her dismissal он добился того, что её уволили.

*v.i.* (*act as procurer*) сводничать (*impf.*).

**procurement** *n.* приобретение, получение; (*of equipment etc.*) поставка.

**procurer** *n.* поставщик; (*pimp*) сводник.

**procuress** *n.* сводница, сводня.

**prod** *n.* тычок.

*v.t.* тыкать (*impf.*); (*fig.*) подстрекать (*impf.*); he has to be ~ded into action его приходится подталкивать; I ~ded his memory я заставил его напрячь память.

**prodigal** *n.* мот, транжира (*c.g.*).

*adj.* (*wasteful*) расточительный; the P~ Son блудный сын; (*lavish*) щедрый; he is ~ of advice он щедро раздаёт советы.

**prodigality** *n.* расточительность, мотовство; щедрость.

**prodigious** *adj.* (*amazing*) потрясающий; (*enormous*) огромный.

**prodigy** *n.* чудо; infant ~ вундеркинд; a ~ of learning (*pers.*) кладезь (*m.*) премудрости.

**produce¹** *n.* продукты (*m. pl.*).

**produce²** *v.t.* **1.** (*make, manufacture*) вырабатывать, выработать; произв|одить, -ести; выпускать, выпустить; **2.** (*bring about*)

вызывать, вызвать; прин|осить, -ести; this method ~s good results этот метод даёт хорошие результаты; **3.** (*bring forward*) предст|авлять, -авить; can you ~ proof of your words? можете ли вы представить что-либо в доказательство правоты ваших слов?; **4.** (*bring out, into view*) предъяв|лять, -ить; дост|авать, -ать; you must ~ a ticket вы должны предъявить билет; **5.** (*also v.i., yield, bear*) прин|осить, -ести; произв|одить, -ести; France ~s the best wine Франция производит лучшее вино; this soil ~s good crops эта почва даёт хороший урожай; his wife ~d an heir его жена родила наследника; our hens ~ well куры у нас хорошо несутся; our country has ~d many great men наша страна дала миру много великих людей; **6.** (*compose, write*) созд|авать, -ать; **7.** (*bring before public*) ставить, по-; the opera was first ~d in Vienna эту оперу впервые поставили в Вене; (*cin.*) выпускать, выпустить; **8.** (*geom.*): ~ a line прод|олжать, -олжить линию.

**producer** *n.* **1.** (*of goods*) производитель (*m.*); **2.** (*stage, TV*) режиссёр, постановщик; **3.** (*film*) продюсер; **4.**: ~ gas генераторный газ.

**product** *n.* (*article produced*) продукт; (*result*) результат, плод; (*math.*) произведение.

**production** *n.* **1.** (*manufacture*) продукция; mass ~ массовая продукция; ~ line поточная линия; **2.** (*yield*) производительность; **3.** (*composing; composition*) произведение; **4.** (*stage, film*) постановка.

**productive** *adj.* (*tending to produce*) производительный; money is not always ~ of happiness деньги не всегда приносят счастье; (*producing commodities of value*): ~ labour производительный труд; (*yielding well, fertile*) плодородный; a ~ author плодовитый автор; (*efficient*) продуктивный.

**productivity** *n.* (*rate of production*) производительность; (*productiveness, efficiency*) продуктивность.

**prof** (*coll.*) = PROFESSOR 2.

**profanation** *n.* профанация, осквернение.

**profane** *adj.* (*secular*) мирской; (*uninitiated*) непосвящённый; (*heathen*) языческий; (*irreverent*) богохульный.

*v.t.* профанировать (*impf., pf.*); оскверн|ять, -ить.

**profanity** *n.* (*irreverence*) богохульство; (*swearing*) сквернословие.

**profess** *v.t.* **1.** (*claim to have or feel*) открыто заявл|ять, -ить; he ~es an interest in architecture он заявляет, что интересуется архитектурой; **2.** (*claim, admit, pretend*) претендовать (*impf.*); I don't ~ to know much about music я не претендую на большие познания в музыке; he ~es to be an expert at chess он выдаёт себя за первоклассного шахматиста; **3.** (*affirm belief in*) исповедовать (*impf.*); **5.**

(*practice*): he ~es medicine он занимается медициной; **5.** (*teach as professor*) преподавать (*impf.*).

**professed** *adj.* **1.** (*self-declared*) открытый, явный; **2.** (*alleged, ostensible*) мнимый; **3.** (*monk*) принявший постриг; a ~ nun монахиня, давшая обет.

**professedly** *adv.* (*ostensibly*) притворно, якобы.

**profession** *n.* **1.** (*occupation*) профессия; he is a teacher by ~ он по профессии учитель; the ~ (*i.e. actors*) актёры (*m. pl.*); the oldest ~ древнейшая профессия; **2.** (*declaration*; *admission*) заявление; заверение; ~s of love заверения в любви.

**professional** *n.* (*expert practitioner*) профессионал; (*sportsman*) спортсмен-профессионал.

*adj.* профессиональный; ~ people лица свободных профессий.

**professionalism** *n.* профессионализм.

**professor** *n.* (*one who professes*): a ~ of Christianity исповедующий христианство; (*teacher*) профессор.

**professorial** *adj.* профессорский.

**professorship** *n.* профессорство.

**proffer** *n.* предложение.

*v.t.* предл|агать, -ожить; he ~ed his hand он протянул руку.

**proficiency** *n.* мастерство, умение.

**proficient** *adj.* умелый; she is ~ at typing она хорошо печатает; he is ~ in the art of flattery он искусный льстец.

**profile** *n.* (*side view, esp. of face*) профиль (*m.*); seen in ~ в профиль; (*fig.*) he kept a low ~ он старался не выделяться; (*biographical sketch*) биографический очерк.

**profit** *n.* **1.** (*advantage*) польза, выгода; he discovered to his ~ that... он узнал к собственной выгоде, что...; you will gain no ~ from resistance вы ничего не добьётесь сопротивлением; he studied to little ~ учение не принесло ему почти никакой пользы; there is no ~ in further discussion продолжать дискуссию бесполезно; with ~ выгодно; **2.** (*pecuniary gain*) прибыль; he made a ~ out of the deal он получил прибыль на этой сделке; he sold the land at a ~ он продал землю с выгодой; they keep hens for ~ они разводят кур ради денег; the ~ motive погоня за прибылью; ~ and loss account счёт прибылей и убытков.

*v.t.* прин|осить, -ести пользу +*d.*; what will it ~ him? что это ему даст?.

*v.i.* пользоваться, вос- (+*i.*); извл|екать, -ечь пользу (из +*g.*); he has not ~ed from his experience он не воспользовался своим опытом; I ~ed by your advice ваш совет пошёл мне на пользу; he ~ed by his wife's death смерть жены была ему выгодна.

*cpd.*: ~**-sharing** *n.* участие в прибыли.

**profitability** *n.* полезность, доходность,

прибыльность, рентабельность.

**profitable** *adj.* (*advantageous*) полезный, выгодный; (*lucrative*) доходный, прибыльный, рентабельный.

**profiteer** *n.* спекулянт.

*v.i.* спекулировать (*impf.*).

**profiteering** *n.* спекуляция.

*adj.* спекулянтский.

**profitless** *adj.* бесполезный; бесплодный.

**profligacy** *n.* распутство; расточительность.

**profligate** *n.* развратник; расточитель (*m.*).

*adj.* (*dissolute*) распутный; (*extravagant*) расточительный.

**pro forma** *adj.*: ~ invoice примерная/ориентировочная/предварительная фактура.

*adv. phr.* для проформы.

**profound** *adj.* глубокий; ~ ignorance полное невежество; he took a ~ interest in it он проявил огромный интерес к этому; a ~ subject сложный предмет; a ~ writer серьёзный писатель.

**profundity** *n.* глубина; (*fig.*) серьёзность.

**profuse** *adj.* (*plentiful*) обильный; (*lavish*) щедрый, расточительный; he apologized ~ly он рассыпался в извинениях.

**profuseness** *n.* обилие.

**profusion** *n.* изобилие.

**progenitor** *n.* прародитель (*m.*), предок; (*predecessor*) предшественник.

**progeny** *n.* потомство.

**pro-German** *n.* германофил (*fem.* -ка).

*adj.* германофильский, пронемецкий.

**progesterone** *n.* прогестерон.

**prognathous** *adj.* прогнатический.

**prognosis** *n.* прогноз.

**prognostic** *n.* предзнаменование.

*adj.* предвещающий.

**prognosticate** *v.t.* предсказ|ывать, -ать; предвещать (*impf.*).

**prognostication** *n.* предсказание; (*omen*) предзнаменование.

**program(me)** *n.* **1.** программа; (*radio, TV*) передача; (*plan*) план; what's (on) the ~ for tonight? какие у нас планы на вечер?; he has a full ~ tomorrow завтра он полностью занят; **2.** (*computer instructions*) программирование.

*v.t.* (*make plan of*) сост|авлять, -авить программу +*g.*; (*supply data to*) программировать, за-.

**progress¹** *n.* **1.** (*forward movement*) движение вперёд; the horses made slow ~ лошади двигались медленно; **2.** (*advance, development*) прогресс; ~ report доклад о ходе работы; the invalid is making good ~ больной поправляется; a meeting is in ~ идёт заседание; preparations are in ~ ведутся приготовления.

**progress²** *v.i.* прогрессировать (*impf.*); ул|учшаться, -учшиться; how are things ~ing? как идут дела?; he has hardly ~ed at all with his studies он не сде́лал почти́ никаки́х успе́хов в учёбе.

**progression** *n.* (*progress*) продвиже́ние; (*math.*) прогре́ссия; (*mus.*) прогре́ссия, секве́нция.

**progressive** *n.* прогресси́вный челове́к.

*adj.* **1.** (*favouring progress*) прогресси́вный, передово́й; **2.** (*gradual*) поступа́тельный, постепе́нный; **3.** (*of disease etc.*) прогресси́рующий; **4.**: ~ tense (*gram.*) продо́лженное вре́мя, континуати́в.

**prohibit** *v.t.* запре|ща́ть, -ти́ть; smoking ~ed кури́ть воспреща́ется.

**prohibition** *n.* запреще́ние; (*of sale of intoxicants*) запреще́ние прода́жи спиртны́х напи́тков, сухо́й зако́н.

**prohibitionism** *n.* прогибициони́зм.

**prohibitionist** *n.* прогибициони́ст.

**prohibitive** *adj.* запрети́тельный, запреща́ющий; ~ prices недосту́пные це́ны.

**prohibitory** *adj.* запреща́ющий.

**project**[1] *n.* прое́кт, план; (*industrial etc. plant*) новостро́йка.

**project**[2] *v.t.* **1.** (*devise*) проекти́ровать, за-; **2.** (*throw, impel*) выбра́сывать, вы́бросить; **3.** (*of light*) испус|ка́ть, -ти́ть; (*of shadow*) отбр|а́сывать, -о́сить; **4.** (*with projector; also math.*) проекти́ровать, с-; проеци́ровать (*impf., pf.*); **5.** (*fig.*): he ~ed himself into the future он мы́сленно перенёсся в бу́дущее; a good actor can ~ himself into a role хоро́ший актёр мо́жет по́лностью войти́ в (свою́) роль.

*v.i.* (*protrude*) выдава́ться (*impf.*); выступа́ть (*impf.*); ~ing teeth торча́щие зу́бы; a ~ing balcony нависа́ющий балко́н.

**projectile** *n.* снаря́д.

*adj.* мета́тельный; ~ force дви́жущая си́ла.

**projection** *n.* **1.** (*planning*) проекти́рование; **2.** (*throwing, propulsion*) отбра́сывание; **3.** (*cin.*) прое́кция (изображе́ния); ~ room (кино) проекцио́нная каби́на; **4.** (*psych., geom.*) прое́кция; Mercator's ~ мерка́торская прое́кция; **5.** (*protrusion*) вы́ступ; (*protruding part*) выдаю́щаяся часть.

**projectionist** *n.* (*of film etc.*) киномеха́ник.

**projector** *n.* (*planner*) проекти́ровщик; плановиќ; (*apparatus*) проже́ктор.

**prolapse** *n.* прола́пс, выпаде́ние.

*v.i.* выпада́ть, вы́пасть.

**prole** *n.* (*coll.*) пролета́рий; «трудя́га» (*c.g.*).

**prolegomena** *n.* пролегоме́н|ы (*pl., g.* -ов).

**proletarian** *n.* пролета́рий.

*adj.* пролета́рский.

**proletariat** *n.* пролетариа́т.

**proliferate** *v.i.* пролифери́ровать (*impf., pf.*); размн|ожа́ться, -о́житься; (*fig.*) распростран|я́ться, -и́ться.

**proliferation** *n.* пролифера́ция; (*fig.*) распростране́ние.

**prolific** *adj.* (*lit.*) плодоро́дный; оби́льный; (*fig.*) плодови́тый; ~ of ideas порожда́ющий

иде́ю за иде́ей.

**prolix** *adj.* многосло́вный, ну́дный.

**prolixity** *n.* многосло́вие, ну́дность.

**prologue** *n.* проло́г.

**prolong** *v.t.* продл|ева́ть, -и́ть; he ~ed his leave by a day он продли́л свой о́тпуск на оди́н день; a ~ed argument затяну́вшийся спор.

**prolongation** *n.* продле́ние, пролонга́ция; (*lengthening*) продолже́ние; удлине́ние.

**prom** (*coll.*) = PROMENADE *n.*

**promenade** *n.* (*walk for pleasure etc.*) прогу́лка; ~ concert променадный конце́рт; (*place of pedestrian resort*) ме́сто для гуля́ния; (*Am., students' ball*) бал (*в колле́дже*).

*v.i.* гуля́ть, по-; прогу́л|иваться, -я́ться.

**Promethean** *adj.* промете́ев.

**Prometheus** *n.* Промете́й.

**prominence** *n.* (*importance*) ви́дное положе́ние.

**prominent** *adj.* **1.** (*projecting*) выступа́ющий; **2.** (*conspicuous*) заме́тный; a ~ feature in the landscape характе́рная черта́ пейза́жа; **3.** (*important, distinguished*) выдаю́щийся.

**promiscuity** *n.* неразбо́рчивость; распу́щенность.

**promiscuous** *adj.* неразбо́рчивый, огу́льный; (*sexually*) распу́щенный.

**promise** *n.* **1.** (*assurance*) обеща́ние; he gave his solemn ~ never to steal again он твёрдо/торже́ственно обеща́л (*or* дал сло́во) бо́льше не ворова́ть; he kept his ~ он сдержа́л своё обеща́ние; ~s are made to be broken на то и обеща́ния, чтобы их наруша́ть; breach of ~ наруше́ние обеща́ния; **2.** (*ground for expectation*) наде́жда; he shows ~ он подаёт наде́жды; a writer of ~ многообеща́ющий писа́тель.

*v.t. & i.* **1.** (*undertake, assure*) обеща́ть, по-; he ~d to be here by 7 он обеща́л быть здесь в 7 часо́в; I ~d myself a quiet evening я реши́л споко́йно провести́ ве́чер; it will not be easy, I ~ you уверя́ю вас, что э́то бу́дет нелегко́; the P~d Land (*bibl.*) земля́ обетова́нная; **2.** (*give grounds for expecting*): the clouds ~ rain ту́чи предвеща́ют дождь; it ~s to be a warm day день обеща́ет быть тёплым; the scheme ~s well э́тот план вы́глядит многообеща́ющим; the boy ~s well ма́льчик подаёт больши́е наде́жды.

**promising** *adj.* перспекти́вный; многообеща́ющий, подаю́щий наде́жды.

**promissory** *adj.*: ~ note долгово́е обяза́тельство.

**promontory** *n.* мыс.

**promote** *v.t.* **1.** (*raise to higher rank*) продв|ига́ть, -и́нуть; пов|ыша́ть, -ы́сить в чи́не; he was ~d (*to the rank of*) sergeant ему́ присво́или зва́ние сержа́нта; **2.** (*establish*) учре|жда́ть, -ди́ть; осно́в|ывать, -а́ть; **3.** (*encourage, support*) поощр|я́ть, -и́ть; подде́рж|ивать, -а́ть; соде́йствовать, по- +*d.*; **4.** (*publicize to boost* *sales*) реклами́ровать (*impf.*); соде́йствовать прода́же +*g*.

**promoter** *n.* (*patron*) покрови́тель (*m.*); company ~ учреди́тель/основа́тель (*m.*) компа́нии.

**promotion** *n.* (*in rank*) продвиже́ние, повыше́ние; (*encouragement, support*) поощре́ние, подде́ржка, соде́йствие; (*publicizing*) рекла́ма.

**prompt**[1] *n.* (*theatr.*) подска́зка.
   *v.t. & i.* **1.** (*assist memory of*) подска́з|ывать, -а́ть +*d.*; (*theatr.*) суфли́ровать +*d.*; **2.** (*impel, induce*) побу|жда́ть, -ди́ть; he was ~ed by mercy он де́йствовал из жа́лости.
   *cpd.*: ~**-book** *n.* суфлёрский экземпля́р пье́сы.

**prompt**[2] *adj.* бы́стрый; he was ~ in coming forward он сра́зу же (*or* тут же) откли́кнулся; he arrived ~ly at 9 он прие́хал то́чно в де́вять; a ~ answer неме́дленный отве́т; ~ payment своевре́менная упла́та; неме́дленный платёж.

**prompter** *n.* суфлёр.

**prompt|itude, -ness** *nn.* быстрота́, гото́вность.

**promulgate** *v.t.* обнаро́довать (*impf.*); провозгла|ша́ть, -си́ть.

**promulgation** *n.* обнаро́дование, провозглаше́ние.

**prone** *adj.* **1.** (*face downwards*) лежа́щий ничко́м; **2.**: ~ to (*disposed, liable to*) скло́нный к +*d.*; he is ~ to make mistakes ему́ сво́йственно ошиба́ться; I am ~ to accidents со мно́й ве́чно что́-то случа́ется.

**proneness** *n.* скло́нность.

**prong** *n.* зубе́ц.

**pronominal** *adj.* местоиме́нный.

**pronoun** *n.* местоиме́ние.

**pronounc|e** *v.t.* **1.** (*declare*) объяв|ля́ть, -и́ть; ~e judgement (*leg.*) выноси́ть, вы́нести суде́бное реше́ние; ~e a curse on прокл|ина́ть, -я́сть; the doctor ~ed him out of danger до́ктор объяви́л, что он вне опа́сности; he ~ed himself in favour of the bill он вы́сказался в по́льзу законопрое́кта; **2.** (*utter*) произн|оси́ть, -ести́; выгова́ривать (*impf.*); how is this word ~ed? как произно́сится э́то сло́во?.
   *v.i.* **1.** (*give one's opinion*) выска́зываться, вы́сказаться; the jury ~ed for the defendant прися́жные оправда́ли подсуди́мого; **2.**: a ~ing dictionary слова́рь произноше́ния, орфоэпи́ческий слова́рь.

**pronounceable** *adj.* удобопроизноси́мый.

**pronounced** *adj.* (*decided*) я́вный; ре́зко вы́раженный; the play was a ~ success пье́са я́вно име́ла успе́х; he walks with a ~ limp он си́льно/заме́тно хрома́ет.

**pronouncement** *n.* заявле́ние; выска́зывание.

**pronto** *adv.* (*sl.*) жи́во, бы́стро.

**pronunciamento** *n.* пронунсиаме́нто (*indecl.*).

**pronunciation** *n.* произноше́ние, вы́говор.

**proof** *n.* **1.** доказа́тельство; this is ~ positive of his guilt э́то несомне́нно дока́зывает его́ вину́; as, in ~ of his good intentions в доказа́тельство его́ до́брых наме́рений; **2.** (*demonstration*): is it capable of ~? э́то доказу́емо?; **3.** (*test, trial*) испыта́ние; прове́рка; his courage was put to the ~ его́ сме́лость подве́рглась испыта́нию; the ~ of the pudding is in the eating ≃ обо всём су́дят по результа́там; не попро́буешь, не узна́ешь; **4.** (*of alcoholic liquor*) кре́пость; **5.** (*typ.*) корректу́ра; (*from engraving*) про́бный о́ттиск с гравю́ры.
   *adj.* **1.** (*of tried or prescribed strength*) устано́вленной кре́пости; ~ spirit раство́р спи́рта определённой кре́пости; **2.** (*impenetrable, resistant*): ~ against bullets пуленепроница́емый; ~ against weather непромока́емый, погодоусто́йчивый; (*fig.*): ~ against temptation не поддаю́щийся искуше́нию.
   *v.t.* (*waterproof*) де́лать, с- не проница́емым.
   *cpds.*: ~**-read** *v.t. & i.* чита́ть, про- (*or* держа́ть) корректу́ру; ~**-reader** *n.* корре́ктор; ~**-reading** *n.* счи́тка; чте́ние корректу́ры; ~**-sheet** *n.* корректу́ра.

**prop**[1] *n.* (*support*) сто́йка; подпо́рка; (*fig.*) опо́ра; подде́ржка.
   *v.t.* **1.** подп|ира́ть, -ере́ть; ~ open a door подп|ира́ть, -ере́ть дверь, что́бы она́ не захло́пнулась; he sat ~ped up in bed он сиде́л в крова́ти, опира́ясь на поду́шки; ~ the ladder against the wall! приста́вьте ле́стницу к стене́!; **2.** (*fig.*) подде́рж|ивать, -а́ть.

**prop**[2] *n.* (*coll., theatr.*) бутафо́рия, реквизи́т.

**prop**[3] (*coll.*) = PROPELLER.

**propaganda** *n.* пропага́нда; (*attr.*) пропага́ндный, пропаганди́стский.

**propagandist** *n.* пропаганди́ст.

**propagandize** *v.t.* пропаганди́ровать (*impf.*).

**propagate** *v.t.* (*multiply by reproduction*) размн|ожа́ть, -о́жить; разв|оди́ть, -ести́; (*disseminate*) распростран|я́ть, -и́ть; (*transmit; extend operation of*) пере|дава́ть, -да́ть.
   *v.i.* размн|ожа́ться, -о́житься.

**propagation** *n.* размноже́ние; (*fig.*) распростране́ние.

**propagator** *n.* распространи́тель (*fem.* -ница).

**propane** *n.* пропа́н.

**propel** *v.t.* прив|оди́ть, -ести́ в движе́ние; ~ling pencil выдвижно́й каранда́ш; автомати́ческий каранда́ш, автокаранда́ш.

**propell|ant, -ent** *nn.* дви́жущая си́ла; (*fuel*) раке́тное то́пливо.

**propeller** *n.* дви́житель (*m.*); (*of ship*) винт (корабля́); (*of aircraft*) пропе́ллер, (возду́шный) винт.

**propensity** *n.* предрасполо́женность, скло́нность.

**proper** *adj.* **1.** (*belonging especially*) сво́йственный; прису́щий; **2.** (*suitable, appropriate*) подходя́щий, ну́жный; at the ~ time в своё вре́мя; they did the ~ thing by him с ним обошли́сь по справедли́вости; **3.** (*decent, respectable*) (благо)присто́йный, прили́чный, подоба́ющий; **4.** (*correct, accurate*) пра́вильный; in the ~ sense of the word в настоя́щем/прямо́м смы́сле сло́ва; **5.** (*gram.*): ~ noun и́мя со́бственное; **6.** (*strictly so called*): within the sphere of architecture ~ в о́бласти со́бственно архитекту́ры; **7.** (*coll., thorough*) соверше́нный, по́лный; his room was in a ~ mess в его́ ко́мнате цари́л по́лный беспоря́док.

**properly** *adv.* (*correctly*) подоба́юще; как сле́дует; до́лжным о́бразом; ~ speaking со́бственно говоря́; you must be ~ dressed вы должны́ оде́ться подоба́ющим о́бразом.

**propertied** *adj.* име́ющий со́бственность; иму́щий; the ~ classes иму́щие кла́ссы; землевладе́льцы.

**propert|y** *n.* **1.** (*possession(s)*) со́бственность; иму́щество; a man of ~y со́бственник; the news is common ~y но́вость изве́стна всем; real ~y недви́жимая со́бственность; ~y qualification иму́щественный ценз; **2.** (*house; estate*) дом; име́ние; **3.** (*ownership*) пра́во со́бственности; **4.** (*attribute, quality*) сво́йство; this plant has healing ~ies э́то расте́ние облада́ет целе́бными сво́йствами; **5.** (*theatr.*) бутафо́рия, реквизи́т.

   *cpd.*: ~ **man**, ~ **-master** *nn.* реквизи́тор.

**prophecy** *n.* предсказа́ние, проро́чество.

**prophesy** *v.t. & i.* предска́з|ывать, -а́ть; проро́чить, на-.

**prophet** *n.* проро́к, предсказа́тель (*m.*).

**prophetess** *n.* проро́чица, предсказа́тельница.

**prophetic** *adj.* проро́ческий.

**prophylactic** *n.* профилакти́ческое сре́дство. *adj.* профилакти́ческий.

**prophylaxis** *n.* профила́ктика.

**propinquity** *n.* (*closeness*) бли́зость, сосе́дство; (*kinship*) родство́.

**propitiate** *v.t.* (*appease*) умиротвор|я́ть, -и́ть; ут|еша́ть, -е́шить; (*win favour of*) сниска́ть (*pf.*) благоскло́нность +g.

**propitiation** *n.* умиротворе́ние; утеше́ние.

**propitiatory** *adj.* утеша́ющий; примири́тельный.

**propitious** *adj.* (*benevolent*) благожела́тельный; (*favourable*) благоприя́тный.

**proponent** *n.* пропаганди́ст, побо́рник (*чего*).

**proportion** *n.* **1.** (*comparative part*) пропо́рция, часть; **2.** (*ratio*) пропо́рция, соотноше́ние; the ~ of blacks to whites is high пропорциона́льно чёрных гора́здо бо́льше, чем бе́лых; in ~ пропорциона́льно, соразме́рно; **3.** (*math., equality of ratios*) пропо́рция; **4.** (*due relation*) соразме́рность; keep a sense of ~ сохраня́ть (*impf.*) чу́вство ме́ры; his ambitions are out of all ~ его́ честолю́бие выхо́дит за вся́кие

ра́мки; **5.** (*pl., dimensions*) разме́р, разме́ры (*m. pl.*); a house of stately ~s дом внуши́тельных разме́ров.

   *v.t.* соразм|еря́ть, -е́рить; дози́ровать (*impf.*).

**proportional** *adj.* пропорциона́льный.

**proportionate** *adj.* соразме́рный; payment will be ~ to effort опла́та бу́дет соотве́тствовать затра́ченным уси́лиям.

**proposal** *n.* предложе́ние.

**propose** *v.t.* **1.** (*offer suggestion or plan of*) предл|ага́ть, -ожи́ть; вн|оси́ть, -ести́ предложе́ние; he ~d (marriage) to her он сде́лал ей предложе́ние; **2.** (*nominate, put forward*) выдвига́ть, вы́двинуть; his name was ~d for secretary его́ выдвига́ли на пост секретаря́; **3.** (*offer as toast*): his health was ~d провозгласи́ли тост за его́ здоро́вье; **4.** (*intend*) предпол|ага́ть, -ожи́ть; I ~ to leave tomorrow я собира́юсь/наме́рен е́хать за́втра. *v.i.* (*make plans*) намерева́ться (*impf.*); man ~s, God disposes челове́к предполага́ет, а Бог располага́ет.

**proposition** *n.* **1.** (*statement*) заявле́ние; **2.** (*proposed scheme*) предложе́ние; **3.** (*coll., undertaking, problem etc.*) де́ло; he is a tough ~ с ним тру́дно име́ть де́ло; **4.** (*coll., immoral proposal*) гну́сное предложе́ние.

**propound** *v.t.* предл|ага́ть, -ожи́ть на обсужде́ние; изл|ага́ть, -ожи́ть.

**proprietary** *adj.* со́бственнический; (*pert. to a firm*) фи́рменный; ~ medicines патенто́ванные лека́рства; ~ rights пра́во со́бственности; he adopted a ~ attitude towards her он относи́лся к ней, как к свое́й со́бственности.

**proprietor** *n.* владе́лец, хозя́ин.

**proprietress** *n.* владе́лица, хозя́йка.

**propriet|y** *n.* (*fitness*) уме́стность; (*correctness of behaviour or morals*) пра́вильность; (благо)присто́йность; (*pl., rules of behaviour*): the ~ies must be observed на́до соблюда́ть пра́вила прили́чия.

**propulsion** *n.* движе́ние вперёд; jet ~ реакти́вное движе́ние.

**propulsive** *adj.* дви́жущий вперёд; ~ force дви́жущая си́ла.

**pro rata** *adv.* попорциона́льно; в соотве́тствии (с чем).

**pro-rector** *n.* проре́ктор.

**prorogation** *n.* пророга́ция (парла́мента).

**prorogue** *v.t.* назн|ача́ть, -а́чить переры́в в рабо́те (парла́мента и т.п.).

**prosaic** *adj.* прозаи́ческий.

**proscenium** *n.* просце́ниум.

**proscribe** *v.t.* (*deprive of legal protection*) объяв|ля́ть, -и́ть вне зако́на; (*denounce, condemn*) осу|жда́ть, -ди́ть.

**proscription** *n.* изгна́ние; опа́ла.

**prose** *n.* **1.** про́за; (*attr.*) прозаи́ческий; ~ writers (писа́тели-)проза́ики; ~ poem стихотво́-

ре́ние в про́зе; (*fig.*) про́за, прозаи́чность; **2.** (*piece set for translation*) отры́вок для перево́да.
   *v.i.* (*talk tediously*) распространя́ться (*impf.*) (*о чём*).

**prosecute** *v.t.* **1.** (*continue*) прод|олжа́ть, -о́лжить; **2.** (*carry on*) занима́ться (*impf.*) +*i.*; he ~d the inquiry with vigour он энерги́чно повёл рассле́дование; **3.** (*leg.*) возбу|жда́ть, -ди́ть де́ло про́тив +*g.*; trespassers will be ~d нарушители бу́дут пресле́доваться по зако́ну.

**prosecution** *n.* **1.** (*pursuit*) веде́ние; in the ~ of his duty при исполне́нии свои́х обя́занностей; **2.** (*carrying on legal proceedings*) обвине́ние; предъявле́ние и́ска; **3.** (*prosecuting party*) обвине́ние; counsel for the ~ обвини́тель (*m.*) (в уголо́вном проце́ссе).

**prosecutor** *n.* обвини́тель (*m.*); Public P~ госуда́рственный обвини́тель, прокуро́р.

**proselyte** *n.* прозели́т (*fem.* -ка).

**proselytize** *v.t.* (*convert*) обра|ща́ть, -ти́ть в другу́ю ве́ру.

**prosiness** *n.* ну́дность.

**prosodic** *adj.* просоди́ческий.

**prosody** *n.* просо́дия.

**prospect**[1] *n.* **1.** (*extensive view*) вид, панора́ма; (*fig., mental scene*) перспекти́ва; **2.** (*expectation, hope*) перспекти́ва; there is no ~ of success нет наде́жды на успе́х; a job without ~s рабо́та без перспекти́в; I have nothing in ~ at present в настоя́щее вре́мя у меня́ нет ничего́ в перспекти́ве; **3.** (*coll., possible customer*) потенциа́льный покупа́тель/зака́зчик.

**prospect**[2] *v.t.* иссле́довать (*impf.*); разве́д|ывать, -ать.
   *v.i.*: they were ~ing for gold они́ иска́ли зо́лото.

**prospective** *adj.* **1.** (*applicable to future*) бу́дущий; предполага́емый; the law is ~ зако́н не име́ет обра́тной си́лы; **2.** (*expected*) ожида́емый; **3.** (*future*) бу́дущий.

**prospector** *n.* разве́дчик, стара́тель (*m.*).

**prospectus** *n.* проспе́кт.

**prosper** *v.t.* благоприя́тствовать +*d.*; may Heaven ~ you! да помо́жет вам Бог!
   *v.i.* преусп|ева́ть, -е́ть; процвета́ть (*impf.*); cheats never ~ обма́н до добра́ не доведёт.

**prosperity** *n.* процвета́ние.

**prosperous** *adj.* процвета́ющий, зажи́точный.

**prostaglandin** *n.* простагланди́н.

**prostate** *n.* проста́та; ~ disease боле́знь предста́тельной железы́.

**prosthesis** *n.* проте́з.

**prosthetic** *adj.* проте́зный.

**prostitute** *n.* проститу́тка.
   *v.t.*: ~ o.s. зан|има́ться, -я́ться прости́туцией; (*fig.*) торгова́ть (*impf.*) собо́й; he ~d his talents он про́дал/загуби́л свой тала́нт.

**prostitution** *n.* (*lit., fig.*) проститу́ция.

**prostrate**[1] *adj.* **1.** (*lying face down*) распростёртый; лежа́щий ничко́м; **2.** (*overcome, overthrown*) пове́рженный; she was ~ with grief она́ была́ сло́млена го́рем; **3.** (*exhausted*) измождённый.

**prostrate**[2] *v.t.* **1.** (*lay flat on ground*) опроки́|дывать, -нуть; trees were ~d by the gale бу́ря повали́ла дере́вья; he ~d himself before the altar он пал ниц пе́ред алтарём; **2.** (*overcome*) изнур|я́ть, -и́ть; they were ~d by the heat жара́ их изнури́ла.

**prostration** *n.* (*lying flat*) распростёртое положе́ние; (*exhaustion*) изнеможе́ние; простра́ция.

**prosy** *adj.* ну́дный.

**protagonist** *n.* (*chief actor*) гла́вный геро́й; (*in contest etc.*) протагони́ст; (*advocate*) побо́рник.

**protean** *adj.* многообра́зный, изме́нчивый.

**protect** *v.t.* **1.** (*keep safe, guard*) охран|я́ть, -и́ть; предохран|я́ть, -и́ть; the house is well ~ed against fire дом хорошо́ защищён от огня́; **2.** (*fit with safety device*) обезопа́сить (*pf.*); **3.** (*shelter*) защи|ща́ть, -ти́ть; огра|жда́ть, -ди́ть; it is government policy to ~ the farmer поли́тика прави́тельства — защища́ть (интере́сы) фе́рмера.

**protection** *n.* **1.** (*defence*) защи́та; his clothing afforded him no ~ from the cold оде́жда была́ ему́ плохо́й защи́той от хо́лода; ~ money о́ткуп от вымога́телей; **2.** (*shelter*) огражде́ние; **3.** (*care*) попече́ние; under my ~ на моём попече́нии; **4.** (*patronage*) покрови́тельство; **5.** (*assurance, security*) обеспе́чение; **6.** (*protective pers. or thg.*) защи́тник; защи́та; **7.** (*econ.*) протекциони́зм.

**protectionism** *n.* протекциони́зм.

**protectionist** *n.* сторо́нник протекциони́зма.

**protective** *adj.* защи́тный; ~ colouring защи́тная окра́ска; ~ custody содержа́ние под стра́жей; ~ tariff протекцио́нный тари́ф.

**protector** *n.* (*pers.*) защи́тник; (*hist., regent*) ре́гент, проте́ктор; (*protective device*) защи́тное приспособле́ние.

**protectorate** *n.* (*protected territory*) протектора́т; (*regency*) ре́гентство.

**protectress** *n.* защи́тница.

**protégé** *n.* протеже́ (*c.g., indecl.*).

**protein** *n.* протеи́н; бело́к.

**pro tempore, pro tem** (*coll.*) *adv.* вре́менно, пока́.

**protest**[1] *n.* проте́ст; возраже́ние; enter, lodge a ~ заяви́ть (*pf.*) проте́ст; he made no ~ он не протестова́л; without ~ не протесту́я; ~ march марш проте́ста.

**protest**[2] *v.t.* **1.** (*affirm*) утвержда́ть (*impf.*); he continued to ~ his innocence он продолжа́л отста́ивать свою́ невино́вность; **2.** (*Am., object to*) возража́ть/протестова́ть (*impf.*) про́тив +*g.*; **3.** (*comm.*) опротест|о́вывать, -ова́ть.

*v.i.*: I ~ against being called a liar я протестую против того, чтобы меня называли лжецом; the prisoners ~ed about their food заключённые были недовольны тюремной пищей и устроили протест; they ~ed against the decision они опротестовали решение.

**Protestant** *n.* протестант.

  *adj.* протестантский.

**Protestantism** *n.* протестантство.

**protestation** *n.* (*affirmation*) (торжественное) заявление; (*protest*) протест.

**protest|er, -or** *nn.* протестующий.

**protestingly** *adv.* протестующим тоном.

**protocol** *n.* (*agreement*; *etiquette*) протокол.

**proton** *n.* протон.

**protoplasm** *n.* протоплазма.

**prototype** *n.* прототип; опытный образец.

**protozoa** *n.* протозоа (*pl. indecl.*), простейшие (*nt. pl.*).

**protract** *v.t.* затя|гивать, -нуть; a ~ed visit затянувшийся визит; a ~ed war затяжная война.

**protractor** *n.* транспортир, угломер.

**protrud|e** *v.t.* высовывать, высунуть.

  *v.i.* выдаваться (*impf.*); ~ing teeth торчащие зубы.

**protrusion** *n.* высовывание; выступ.

**protuberance** *n.* выпуклость, опухоль, шишка.

**protuberant** *adj.* выпуклый, выдающийся.

**proud** *adj.* гордый; he is a ~ man он гордец; he was too ~ to complain он был слишком горд, чтобы жаловаться; he was ~ of his garden он гордился своим садом; he was the ~ father of twins он был счастливым отцом двойни; this is a ~ day for the school это торжественный/радостный день для школы; (*arrogant*) надменный; (*splendid*) величавый, горделивый; the fleet was a ~ sight флот выглядел величественно великолепно.

  *adv.*: it was a sumptuous meal: they did us ~ они нас угостили на славу.

**provable** *adj.* доказуемый.

**prove** *v.t.* **1.** (*demonstrate*) доказ|ывать, -ать; обоснов|ывать, -ать; he ~d his worth many times over он показал себя в высшей степени достойным человеком; he cannot be ~d guilty нельзя доказать, что он виновен; he needs to ~ himself to others ему надо утвердить себя в глазах других; **2.** (*put to the test*) испыт|ывать, -ать; the exception ~s the rule исключение подтверждает правило; proving-ground (*mil.*) испытательный полигон; **3.** (*leg.*): ~ a will утвердить (*pf.*) завещание.

  *v.i.* (*turn out*) оказ|ываться, -аться; the alarm ~d (to be) a hoax тревога оказалась ложной; the play ~d a success пьеса имела успех; the report ~d true сообщение подтвердилось; he ~d to have been right получилось, что он был прав.

**proven** *adj.* доказанный; not ~ (*Sc.*) «вина не доказана».

**provenance** *n.* происхождение.

**Provençal** *n.* (*pers.*) провансалец; (*language*) провансальский язык.

  *adj.* провансальский, прованский.

**Provence** *n.* Прованс.

**provender** *n.* (*fodder*) фураж; (*joc., food*) пища.

**proverb** *n.* пословица; (the Book of) P ~ s Книга притчей Соломоновых.

**proverbial** *adj.* **1.** (*pert. to proverbs*) пословичный; ~ wisdom народная мудрость; he spends money like the ~ fool он тратит деньги, как последний дурак; **2.** (*notorious*) общеизвестный; he is ~ly unpunctual его непунктуальность вошла в поговорку.

**provide** *v.t.* **1.** ~ s.o. with sth. обеспечи|вать, -ть кого-н. чем-н.; снаб|жать, -дить кого-н. чем-н.; who will ~ the food? кто позаботится о пище?; they are well ~d with money у них достаточно денег; students must ~ their own textbooks студенты обязаны приобретать учебники сами; the tale ~d much amusement рассказ всех очень развеселил; the Lord will ~ Бог подаст; **2.** (*prescribe*) предусм|атривать, -отреть.

  *v.i.* (*prepare o.s.*) пригот|авливаться, -овиться; ~ against one's old age обеспечить (*pf.*) себя к старости; she had three children to ~ for на её содержании было трое детей.

**provid|ed, -ing** *conjs.* при условии, что; если.

**providence** *n.* **1.** (*foresight, thrift*) предусмотрительность; **2.** (*divine care*): he escaped by a special ~ его спасло (только) провидение; (*P* ~: *God*) провидение, промысл божий.

**provident** *adj.* предусмотрительный; расчётливый.

**providential** *adj.* (*lucky*) счастливый; it was ~ that you came вас сам Бог послал.

**provider** *n.* снабженец; поставщик; her husband is a good ~ её муж хорошо обеспечивает семью.

**providing** *see* PROVIDED.

**province** *n.* **1.** (*division of country*) область, провинция; **2.**: the ~s провинция; периферия; in the ~s на местах/периферии; **3.** (*sphere, department*) компетенция; область; that is outside my ~ это вне моей компетенции; **4.** (*eccl.*) епархия.

**provincial** *n.* (*pers. from provinces*) провинциал (*fem.* -ка).

  *adj.* (*lit., fig.*) провинциальный; ~ governor губернатор провинции.

**provincialism** *n.* провинциальность; (*in language etc.*) диалектизм.

**provision** *n.* **1.** (*supplying*) снабжение; **2.** (*pl., supplies, esp. food*) провизия; съестные припасы (*m. pl.*); ~ s merchant оптовый торговец продовольствием; **3.** (*preparation*) обеспечение; their father had made ~ for them отéц обеспéчил их на бýдущее; **4.** (*item of agreement, law etc.*) услóвие; положéние.

*v.t.* снаб|жáть, -ди́ть продовóльствием.

**provisional** *adj.* врéменный; (*approximate*) ориентирóвочный; he gave ~ consent он дал предвари́тельное соглáсие; ~ government врéменное прави́тельство.

**proviso** *n.* услóвие, оговóрка; with the ~ that . . . с услóвием (*or* с оговóркой), что . . .; subject to this ~ при э́том услóвии.

**provocation** *n.* **1.** (*challenge, incitement*) вы́зов; he swears on the slightest ~ он ругáется по малéйшему пóводу; I did it under ~ меня́ спровоци́ровали на э́то; **2.** (*ruse*) провокáция.

**provocative** *adj.* вызывáющий; провокацио́нный; his remarks were ~ of laughter егó замечáния вы́звали смех; she gave him a ~ smile онá улыбнýлась емý зазывáюще; race is a ~ subject рáсовая тéма всегдá вызывáет полéмику.

**provoke** *v.t.* **1.** (*cause, arouse; challenge*) вызывáть, вы́звать; провоци́ровать, с-; **2.** (*impel*) побу|ждáть, -ди́ть; **3.** (*anger*) серди́ть, рас-; раздраж|áть, -и́ть; he is easily ~d егó легкó вы́вести из себя́.

**provoking** *adj.* раздражáющий, досáдный.

**provost** *n.* (*head of college*) рéктор; (*Sc. dignitary*) мэр; ~-marshal начáльник воéнной поли́ции.

**prow** *n.* нос (*судна, самолёта*).

**prowess** *n.* дóблесть, отвáга; (*skill*) мастерствó, умéние.

**prowl** *n.*: cats on the ~ after mice кóшки, высмáтривающие мышéй.

*v.t.*: thieves ~ the streets вóры шныря́ют по ýлицам.

*v.i.* крáсться (*impf.*); wolves were ~ing outside the tent вóлки ры́скали вокрýг палáтки.

**proximate** *adj.* ближáйший, непосрéдственный.

**proximity** *n.* бли́зость; сосéдство; in (close) ~ to вблизи́/поблизости от +*g.*, ря́дом с +*i.*; ~ fuse радиовзрывáтель (*m.*).

**prox.** (*abbr.*) слéдующего мéсяца.

**proxy** *n.* **1.** (*authorization*) полномóчие, довéренность; they voted (married) by ~ они́ голосовáли (заключи́ли брак) по довéренности; **2.** (*substitute*) замести́тель (*m.*); he stood ~ for his brother он представля́л своегó брáта; (*attr.*): ~ vote голосовáние по довéренности.

**prude** *n.* ханжá (*c.g.*).

**prudence** *n.* благоразýмие; предусмотри́тельность.

**prudent** *adj.* благоразýмный; предусмотри́тельный.

**prudential** *adj.* расчётливый.

**prudery** *n.* (притвóрная) стыдли́вость.

**prudish** *adj.* стыдли́вый; хáнжеский.

**prudishness** *n.* (напускнáя) стыдли́вость;

хáнжествó.

**prune**[1] *n.* черносли́в.

**prun**|**e**[2] *v.t.* **1.** (*trim*) обр|езáть, -éзать; под-р|езáть, -éзать; ~ing-hook приви́вочный нож; ~ing-shears секáтор; садóвые нóжницы; (*fig.*) сокра|щáть, -ти́ть; урéз|ывать, -ать; the department was ~ed of superfluous staff весь изли́шний штат в отдéле сократи́ли; **2.** (*simplify*) упро|щáть, -сти́ть.

**prurienc**|**e**, **-y** *nn.* похотли́вость; зуд.

**prurient** *adj.* похотли́вый.

**pruritus** *n.* зуд.

**Prussia** *n.* Прýссия.

**Prussian** *n.* прусса́|к (*fem.* -чка).

*adj.* прýсский; ~ blue берли́нская лазýрь.

**prussic** *adj.* циáнистый; ~ acid сини́льная кислотá.

**pry** *v.i.* (*peer*) подгля́д|ывать, -éть; подсм|áтривать, -отрéть; (*interfere*) вмéшиваться (*impf.*).

**PS** *n.* постскри́птум, припи́ска.

**psalm** *n.* псалóм.

**psalmist** *n.* псалми́ст.

**psalmody** *n.* псалмóдия.

**psalter** *n.* псалты́рь (*f. or m.*).

**psaltery** *n.* псалтерио́н.

**psephology** *n.* изучéние результáтов голосовáния на вы́борах.

**pseudo** *adj.* фальши́вый.

**pseudo-** *pref.* псевдо-, лже-.

**pseudonym** *n.* псевдони́м.

**pseudonymous** *adj.* пи́шущий/напи́санный под псевдони́мом.

**pshaw** *int.* фи!, фу!, тьфу!

**psittacosis** *n.* пситтакóз.

**psoriasis** *n.* псориáз.

**Psyche**[1] *n.* (*myth.*) Психéя.

**psyche**[2] *n.* душá; дух.

**psychedelic** *adj.* психедели́ческий, заýмный.

**psychiatric** *adj.* психиатри́ческий.

**psychiatrist** *n.* психиáтр.

**psychiatry** *n.* психиатри́я.

**psychic** *adj.* **1.** = PSYCHICAL; **2.** (*susceptible to occult influence*) ≃ ясновиди́щий.

**psychical** *adj.* (*of the soul or mind*) душéвный; (*of non-physical phenomena*) психи́ческий.

**psychoanalyse** *v.t.* психоанализи́ровать (*impf., pf.*).

**psychoanalysis** *n.* психоанáлиз.

**psychoanalyst** *n.* психоанали́тик.

**psychoanalytic** *adj.* психоаналити́ческий.

**psycholinguistics** *n.* психолингви́стика.

**psychological** *adj.* психологи́ческий; he arrived at the ~ moment он появи́лся в сáмое подходя́щее врéмя; ~ warfare психологи́ческая войнá.

**psychologist** *n.* психóлог.

**psychology** *n.* психолóгия; (*coll., mental processes*) пси́хика.

**psychopath** *n.* психопáт (*fem.* -ка).

**psychopathic** *adj.* психопати́ческий; he is ~ он психопа́т.

**psychopathology** *n.* психопатоло́гия.

**psychopathy** *n.* психопа́тия.

**psychosis** *n.* психо́з.

**psychosomatic** *adj.* психосомати́ческий.

**psychotherapeutic** *adj.* психотерапевти́ческий.

**psychotherapist** *n.* психотерапе́вт.

**psychotherapy** *n.* психотерапи́я.

**psychotic** *adj.* психо́зный, психоти́ческий, душевнобольно́й.

**PT** *n.* (*abbr.*) физи́ческая подгото́вка.

**ptarmigan** *n.* шотла́ндский те́терев.

**pterodactyl** *n.* птерода́ктиль (*m.*).

**PTO** (*abbr.*) см. на об. (смотри́ на оборо́те).

**Ptolemaic** *adj.*: ~ system Птолеме́ева систе́ма ми́ра.

**Ptolemy** *n.* Птолеме́й.

**ptomaine** *n.* птома́ин; ~ poisoning отравле́ние тру́пным я́дом.

**pub** *n.* (*coll.*) пивна́я; бар; каба́к.

   *cpd.*: ~-**crawl** *n.* (*coll.*) шата́ние по пивны́м/ба́рам.

**puberty** *n.* полова́я зре́лость.

**pubes** *n.* лобко́вая о́бласть.

**pubescence** *n.* полово́е созрева́ние.

**pubescent** *adj.* дости́гший полово́й зре́лости.

**pubic** *adj.* лобко́вый, ло́нный; ~ hair во́лосы на лобке́.

**pubis** *n.* лобко́вая/ло́нная кость.

**public** *n.* **1.** (*community*) обще́ственность; наро́д; the British ~ англи́йский наро́д; the library is open to the ~ вход в библиоте́ку свобо́дный; members of the (general) ~ представи́тели обще́ственности (*or* широ́кой пу́блики); **2.** (*section of community*) пу́блика; the theatre-going ~ театра́льная пу́блика; **3.** (*audience*) пу́блика; he refuses to appear before the ~ он отка́зывается публи́чно выступа́ть; I have never spoken in ~ я никогда́ не выступа́л публи́чно; my ~ (*of an actor*) моя́ аудито́рия; мои́ зри́тели (*m. pl.*); **4.** (*coll.,* ~ house) пивна́я; бар.

   *adj.* **1.** (*pert. to people in general*) обще́ственный; ~ opinion обще́ственное мне́ние; a matter of ~ concern де́ло, представля́ющее обще́ственный интере́с; he is in the ~ eye он нахо́дится в по́ле зре́ния обще́ственности; ~ health здравоохране́ние; it is ~ knowledge э́то общеизве́стно; ~ relations взаимоотноше́ние (организа́ции) с клиенту́рой (и о́бществом в це́лом); рекла́ма; ~ relations officer нача́льник/сотру́дник отде́ла информа́ции (и рекла́мы); in the ~ interest в интере́сах о́бщества/госуда́рства; ~ enemy враг наро́да; **2.** (*pert. to politics or the state*) обще́ственный, госуда́рственный; a ~ man, figure обще́ственный де́ятель; he entered ~ life он заня́лся обще́ственной де́ятельностью; he held ~ office он занима́л

(вы́борную) госуда́рственную до́лжность; ~ record office госуда́рственный архи́в; in the ~ service на госуда́рственной слу́жбе; ~ prosecutor обще́ственный прокуро́р; ~ spirit обще́ственное созна́ние; **3.** (*accessible to all; shared by the community*) публи́чный, общедосту́пный, общенаро́дный; ~ convenience обще́ственная убо́рная; ~ holiday устано́вленный зако́ном пра́здник; ~ library публи́чная библиоте́ка; ~ utilities комму́нальные услу́ги; ~ works обще́ственные рабо́ты; предприя́тия обще́ственного по́льзования; **4.** (*done openly, in view of others*) публи́чный, гла́сный; откры́тый; ~ inquiry публи́чное рассле́дование; he made it ~ он пре́дал э́то гла́сности; ~ speaking орато́рское иску́сство; he does a lot of ~ speaking он ча́сто выступа́ет публи́чно; ~ address system громкоговори́тели (*m. pl.*); систе́ма трансляцио́нного радиовеща́ния; ~ protest откры́тый проте́ст.

   *cpds.*: ~-**house** *n.* пивна́я, бар; ~-**spirited** *adj.* патриоти́чески настро́енный; дви́жимый интере́сами обще́ственности.

**publican** *n.* (*keeper of public-house*) содержа́тель (*m.*) ба́ра; (*hist., tax-gatherer*) сбо́рщик нало́гов, (*bibl.*) мы́тарь (*m.*).

**publication** *n.* (*of news etc.*) публика́ция, опубликова́ние; (*issuing of written work, photograph etc.*) изда́ние, вы́ход, вы́пуск; (*published work*) изда́ние; произведе́ние.

**publicist** *n.* (*writer on current topics*) публици́ст.

**publicity** *n.* **1.** (*public notice, dissemination*) гла́сность; an actress seeking ~ актри́са, добива́ющаяся рекла́мы; the report was given full ~ сообще́ние получи́ло широ́кую огла́ску; **2.** (*advertisement*) рекла́мирование; рекла́ма; ~ agent аге́нт по рекла́ме; ~ campaign рекла́мная кампа́ния.

**publicize** *v.t.* рекла́мировать (*impf.*); огла|ша́ть, -си́ть.

**publish** *v.t.* **1.** (*make generally known*) публикова́ть, о-; огла|ша́ть, -си́ть; **2.** (*announce formally*) официа́льно объяв|ля́ть, -и́ть; **3.** (*issue copies of*) печа́тать, на-; изд|ава́ть, -а́ть; выпуска́ть, вы́пустить; be ~ed выходи́ть, вы́йти (из печа́ти).

**publishable** *adj.* могу́щий быть напеча́танным/и́зданным; приго́дный для печа́ти.

**publisher** *n.* изда́тель (*m.*).

**publishing** *n.* изда́тельское де́ло; ~ house изда́тельство.

**puce** *adj.* краснова́то-кори́чневый.

**puck** *n.* (*in ice-hockey*) ша́йба.

**pucker** *n.* (*fold, crease*) скла́дка; (*wrinkle*) морщи́на.

   *v.t. & i.* мо́рщить(ся), на-; his brow was ~ed он насу́пился; this coat ~s up at the shoulders э́то пальто́ морщи́т в плеча́х.

**puckish** *adj.* прока́зливый; плутовско́й, шаловли́вый.

**pud** (*coll.*) = PUDDING.

**pudding** *n.* пу́динг, запека́нка; (*sweet course*) сла́дкое; black ~ кровяна́я колбаса́; ~ face (*coll.*) то́лстая, невырази́тельная физионо́мия.

**puddle** *n.* (*pool*) лу́жа.
~ *v.t.* (*metall.*) пудлингова́ть (*impf.*).

**pudenda** *n.* (же́нские) нару́жные половы́е о́рганы (*m. pl.*).

**pudgy** *adj.* пу́хлый; ни́зенький и то́лстый.

**puerile** *adj.* де́тский, инфанти́льный.

**puerility** *n.* инфанти́льность.

**puerperal** *adj.* роди́льный; ~ fever роди́льная горя́чка.

**Puerto Rican** *n.* пуэрторика́н|ец (*fem.* -ка).
~ *adj.* пуэрто-рика́нский.

**Puerto Rico** *n.* Пуэ́рто-Ри́ко (*indecl.*).

**puff** *n.* **1.** (*of breath*) вы́дох; **2.** (*of smoke, steam etc.*) дымо́к, клуб; he took a ~ at his cigar он затяну́лся сига́рой; **3.** (*sound*) пыхте́ние; **4.** (*of air or wind*) струя́ во́здуха; **5.** (*coll., publicity*) ду́тая рекла́ма, похвала́; **6.** (*cake*) сло́йка; сло́ёный пирожо́к.
~ *v.t.* **1.** (*breathe out*) выдыха́ть, вы́дохнуть; he ~ed smoke in my face он пусти́л дым мне в лицо́; **2.** (*make out of breath*): I was ~ed after the climb у меня́ сде́лалась оды́шка по́сле подъёма; **3.**: ~ **out, up** над|ува́ть, -у́ть; расп|уха́ть, -у́хнуть; his hand was ~ed up его́ рука́ распу́хла; he ~ed out his chest with pride он го́рдо вы́пятил грудь; **4.** (*praise extravagantly*) чрезме́рно расхва́л|ивать, -и́ть.
~ *v.i.* **1.** (*come out in ~s*) клуби́ться (*impf.*); **2.** (*breathe quickly*): he was ~ing and panting он не мог отдыша́ться; он пыхте́л; **3.** (*emit smoke*) дыми́ться (*impf.*); he ~ed away at his pipe он попы́хивал тру́бкой.
*cpd.*: ~-**ball** *n.* дождеви́к.

**puffer(-train)** *n.* (*coll.*) ту-ту́ (*nt. indecl.*).

**puffin** *n.* ту́пик, топо́рик.

**puffy** *adj.* (*swollen*) одутлова́тый.

**pug** *n.* мопс.
*cpd.*: ~-**nosed** *adj.* курно́сый.

**pugilism** *n.* кула́чный бой.

**pugilist** *n.* боксёр.

**pugilistic** *adj.* кула́чный.

**pugnacious** *adj.* драчли́вый, вои́нственный.

**pugnacity** *n.* драчли́вость, вои́нственность.

**puissance** *n.* (*arch.*) могу́щество, мощь.

**puissant** *adj.* (*arch.*) могу́щественный, мо́щный.

**puke** *v.i.* блева́ть (*impf.*); he ~d его́ вы́рвало; (*vulg.*) он сблевну́л.

**pukka** *adj.* (*coll.*) настоя́щий.

**pulchritude** *n.* красота́.

**pule** *v.i.* пища́ть (*impf.*); скули́ть (*impf.*).

**pull** *n.* **1.** (*tug*) тя́га; дёрганье; he gave a ~ on the rope он дёрнул (за) верёвку; **2.** (*swig*) глото́к; he took a ~ at the bottle он сде́лал глото́к из буты́лки; **3.** (*inhalation of smoke*) затя́жка; he took a ~ at his pipe он затяну́лся тру́бкой; **4.** (*coll., row*) гребля́; let's go for a ~ on the lake! дава́йте поката́емся по о́зеру!; **5.** (*handle*) ру́чка; шнуро́к; **6.** (*force, effort*) напряже́ние; the tide exerts a strong ~ прили́в облада́ет большо́й си́лой; it was a long hard ~ up the hill взобра́ться на́ гору сто́ило больши́х уси́лий; **7.** (*coll., advantage*) преиму́щество; you have the ~ over me у вас пе́редо мной преиму́щество; **8.** (*coll., influence*) блат; he has a lot of ~ у него́ больши́е свя́зи; **9.** (*print, rough proof*) про́бный о́ттиск; **10.** (*at cricket or golf*) уда́р с ле́вым укло́ном.
~ *v.t.* **1.** (*draw towards one, tug, jerk*) тяну́ть, по-; тащи́ть, под-; the boy ~ed his sister's hair ма́льчик дёрнул сестру́ за́ волосы; he ~ed me by the sleeve он потяну́л меня́ за рука́в; **2.** (*obtain by ~ing*): the barman ~ed a glass of beer барме́н нацеди́л стака́н пи́ва; **3.** (*fig.*): he is good at ~ing strings он ма́стер нажима́ть на кно́пки; pull s.o.'s leg разы́гр|ывать, -а́ть кого́-н.; she ~ed a face at him она́ ско́рчила ему́ грима́су; he ~ed a long face у него́ вы́тянулась физионо́мия; he is trying to ~ a fast one он стара́ется нас объего́рить (*coll.*); **4.** (*extract, pluck*) выта́скивать, вы́тащить; выдёргивать, вы́дернуть; ~ a tooth вырыва́ть, вы́рвать зуб; she ~ed all the flowers она́ сорвала́ все цветы́; he ~ed a gun on me он вы́хватил пистоле́т и навёл его́ на меня́; **5.** (*propel by ~ing*) тяну́ть, по-; the carriage was ~ed by horses каре́та была́ запряжена́ лошадьми́; he is not ~ing his weight (*lit., in rowing*) он не налега́ет на вёсла; (*fig.*) он рабо́тает вполси́лы; **6.** (*rowing*): he ~s a good oar он хорошо́ гребёт; **7.** (*restrain*) сде́рж|ивать, -а́ть; the jockey ~ed his horse жоке́й придержа́л своего́ коня́; he ~ed his punches (*lit., fig.*) он уда́рил вполси́лы; **8.** (*strain, e.g. muscle*) растя́г|ивать, -ну́ть.
~ *v.i.* **1.** (*exert drawing force*) тяну́ть, по-; they ~ed on the rope они́ потяну́ли за верёвку; he ~ed at the bell он дёрнул звоно́к; the boatman ~ed hard at, on the oars ло́дочник усе́рдно налега́л на вёсла; the horse ~ed against the bit ло́шадь натяну́ла удила́; the engine is ~ing well мото́р хорошо́ тя́нет; **2.** (*suck*) тяну́ть, по-; he ~ed on his pipe он потя́гивал тру́бку; **3.** (*propel boat, car etc.*) е́хать, про-; he had to ~ across the road ему́ на́до бы́ло перее́хать на другу́ю сто́рону; ~ for the shore! греби́те к бе́регу!; **4.** (*move under propulsion*) дви́гаться (*impf.*); the car is ~ing to the left маши́ну зано́сит вле́во; the train ~ed out of the station по́езд отошёл от ста́нции.
*with advs.*: ~ **about** *v.t.* таска́ть (*impf.*) туда́ и сюда́; the dog ~ed the cushion about соба́ка тереби́ла поду́шку; ~ **apart** *v.t.* (*also* ~ to

pieces) раз|рыва́ть, -орва́ть на куски́; (*fig.*, *criticize severely*) разн|оси́ть, -ести́ в пух и прах; ~ **aside** *v.t.* оття́|гивать, -ну́ть; ~ **away** *v.t.*: he ~ed his hand away он убра́л ру́ку; *v.i.* (*move off*) от|рыва́ться, -орва́ться; the boat ~ed away from the quay ло́дка отплыла́ от при́стани; (*gain ground*): the favourite quickly ~ed away фавори́т бы́стро оторва́лся от остальны́х; ~ **back** *v.t.* отта́|скивать, -щи́ть; оття́|гивать, -ну́ть; he ~ed her back from the window он оттащи́л её от окна́; *v.i.* ~ back the curtains! отдёрните/откро́йте занаве́ски!; *v.i.*: when she saw his gun she ~ed back уви́дев его́ пистоле́т, она́ отпря́нула; ~ **down** *v.t.* (*lower by* ~*ing*) спус|ка́ть, -ти́ть; ~ down the blinds! опусти́те што́ры!; he ~ed the branch down он нагну́л ве́тку; he was attacked and ~ed down на него́ напа́ли и повали́ли его́ на зе́млю; (*demolish*) сн|оси́ть, -ести́; (*debilitate*) осл|абля́ть, -а́бить; ~ **in** *v.t.* (*retract*) втя́|гивать, -ну́ть; (*curtail*) сокра|ща́ть, -ти́ть; (*haul on, draw towards one*) тащи́ть, вы́-; тяну́ть, по-; the rope was ~ed in верёвку натяну́ли; he ~ed in his horse он осади́л ло́шадь; (*coll., arrest*) аресто́в|ывать, -а́ть; he ~s in £50 a week он получа́ет 50 фу́нтов в неде́лю; I was ~ed in to help in the search меня́ заста́вили приня́ть уча́стье в ро́зыске; *v.i.* (*drive or move to a standstill*) остан|а́вливаться, -ови́ться; the train ~ed in по́езд подошёл к перро́ну; he ~ed in to the kerb он подъе́хал к тротуа́ру; (*drive or move towards near side of road*): he ~ed in to avoid a collision он прижа́лся к обо́чине, что́бы избежа́ть столкнове́ния; ~ **off** *v.t.* (*remove, detach*) стя́|гивать, -ну́ть; сн|има́ть, -ять; he ~ed the buttons off он сорва́л/оторва́л пу́говицы; he ~ed his shoes off он стащи́л ту́фли; (*coll.*, *achieve*) успе́шно заверш|а́ть, -и́ть; he ~ed off the three first prizes он сорва́л три пе́рвых при́за; if he ~s it off е́сли у него́ вы́й|дет/выгорит; *v.i.* тро́гаться (*impf.*); the car ~ed off in a hurry маши́на бы́стро отъе́хала; ~ **on** *v.t.* натя́|гивать, -ну́ть; he ~ed his socks on он натяну́л носки́; ~ **out** *v.t.* (*extract*) выта́с|кивать, вы́тащить; he ~ed out his watch он вы́тащил часы́; he ~ed out the drawer он вы́двинул я́щик; the weeds should be ~ed out сорняки́ на́до вы́дернуть/вы́полоть; (*withdraw*) выводи́ть, вы́вести; the troops should be ~ed out войска́ сле́дует вы́вести; *v.i.* (*drive or move away*) от|ъезжа́ть, -ойти́; he caught the train as it was ~ing out он вскочи́л в по́езд на ходу́; (*of driving manœuvres*) отъезжа́ть, -е́хать; he ~ed out to overtake он вы́шел на обго́н; (*withdraw*): the troops had to ~ out войска́м пришло́сь вы́йти из бо́я; the drawer won't ~ out я́щик не выдвига́ется; he ~ed out (*of the business*) он отказа́лся от уча́стия в э́том де́ле; ~ **round** *v.t.* вылё́чивать,

вы́лечить; the brandy will soon ~ you round конья́к ско́ро приведёт вас в чу́вство; *v.i.* (*recover*) попр|авля́ться, -а́виться; he will ~ round in a day or so он придёт в себя́ (*or* попра́вится) че́рез день-друго́й; (*reverse direction*) разв|ора́чиваться, -ерну́ться; ~ **through** *v.t.* (*lit.*) прота́|скивать, -щи́ть; (*fig.*) спас|а́ть, -ти́; the doctor ~ed him through до́ктор его́ спас; he dreaded the exam but his determination ~ed him through он ужа́сно боя́лся экза́мена, но реши́лся сдать и сдал; *v.i.* (*recover from illness*) попр|авля́ться, -а́виться; he was gravely ill, but ~ed through somehow он был тяжело́ бо́лен, но ко́е-как суме́л попра́виться; (*surmount difficulties, survive*): we shall ~ through in the end в конце́ концо́в мы вы́крутимся; ~ **together** *v.t.*: ~ yourself together! возьми́те себя́ в ру́ки!; держи́те себя́ в рука́х!; *v.i.* (*fig.*) сраба́тываться, -о́таться; сходи́ться, сойти́сь; if we all ~ together, we shall win объедини́вшись, мы победи́м; the oarsmen ~ed together as one man гребцы́ налегли́ на вёсла как оди́н челове́к; ~ **up** *v.t.* (*uproot*) вырыва́ть, вы́рвать; the plant had been ~ed up by the roots расте́ние вы́рвали с ко́рнем; (*raise*) вытя́гивать, вы́тянуть; he ~ed himself up to his full height он вы́прямился во весь рост; you must ~ your socks up (*fig., coll.*) вам на́до засучи́ть рукава́; (*draw nearer*) придв|ига́ть, -и́нуть; ~ up a chair! придви́ньте стул!; (*bring to a halt*) остан|а́вливать, -ови́ть; (*reprimand*) отчи́т|ывать, -а́ть; *v.i.* (*come to a halt*) остан|а́вливаться, -ови́ться; don't get off the bus until it ~s up не выходи́те из авто́буса до по́лной остано́вки; (*improve one's position*) подтя́|гиваться, -ну́ться; he ~ed up to second place он вы́шел на второ́е ме́сто.

*cpds.*: ~-**in** *n.* (*driver's cafe*) заку́сочная, забега́ловка; ~-**out** *n.* (*folded illustration*) вкле́йка большо́го форма́та; (*detachable section*) вкла́дка; ~-**over** *n.* пуло́вер; ~-**through** *n.* проти́рка (*орудия*); ~-**up** *n.* (= ~-**in**) заку́сочная; (*gymnastic exercise*) подтя́гивание.

**pullet** *n.* моло́дка, молода́я ку́рочка.

**pulley** *n.* шкив; блок.

*cpd.*: ~-**block** *n.* полиспа́ст.

**pullulate** *v.i.* (*multiply*) расплоди́ться (*pf.*); (*teem*) изоби́ловать (*impf.*).

**pulmonary** *adj.* лёгочный.

**pulp** *n.* **1.** (*of fruit*) мя́коть; **2.** (*of animal tissue*) пу́льпа; **3.** (*of wood, rags etc. for making paper*) древе́сная ма́сса, пу́льпа; **4.** (*fig.*) каши́ца; бесфо́рменная ма́сса; his arm was crushed to a ~ ему́ раздроби́ло ру́ку; ~ literature макулату́ра.

*v.t.* (*make into* ~) превра|ща́ть, -ти́ть в пу́льпу; (*remove* ~ *from*) оч|ища́ть, -и́стить от мя́коти.

**pulpit** *n.* амво́н, ка́федра; (*fig.*) трибу́на.

**pulpy** *adj.* мяси́стый; со́чный.

**pulsar** *n.* пульса́р.

**pulsate** *v.i.* пульси́ровать (*impf.*).

**pulsation** *n.* пульса́ция.

**puls|e¹** *n.* пульс; the doctor took his ~e врач пощу́пал ему́ пульс; what is your ~e rate? како́й у вас пульс?; (*fig.*) пульса́ция, бие́ние; he has his finger on the nation's ~e он зна́ет, чем ды́шит страна́; the music stirred his ~e му́зыка его́ взволнова́ла; (*of music*) ритм.

    *v.i.* пульси́ровать (*impf.*); би́ться (*impf.*); it sent the blood ~ing through his veins э́то зажгло́ его́/ему́ кровь.

**pulse²** *n.* (*collect., legumes*) бобо́вые (расте́ния).

**pulverize** *v.t.* **1.** (*reduce to powder*) размельч|а́ть, -и́ть; (*fig., smash, demolish*) сокруш|а́ть, -и́ть; **2.** (*divide into spray*) распыл|я́ть, -и́ть.

    *v.i.* распыля́ться (*impf.*).

**pulverizer** *n.* (*crusher*) дроби́лка; (*spray*) пульвериза́тор.

**puma** *n.* пу́ма, кугуа́р.

**pumice** *n.* (~-stone) пе́мза.

    *v.t.* шлифова́ть (*impf.*) (пе́мзой).

**pummel, pommel** *v.t.* колоти́ть, по-; тузи́ть, от-.

**pump¹** *n.* насо́с, по́мпа; ~ attendant (*at filling station*) слу́жащий бензоколо́нки.

    *v.t.* **1.** (*transfer by* ~*ing*) кача́ть, на-; they ~ed water out of the hold они́ вы́качали во́ду из трю́ма; we have a ~ed water supply вода́ подаётся к нам насо́сами; the tyre needs more air ~ing into it ши́ну на́до подкача́ть; (*fig.*): I had maths ~ed into me at school в меня́ вда́лбливали матема́тику в шко́ле; **2.** (*affect or empty by* ~*ing*) выка́чивать, вы́качать; the well had been ~ed dry коло́дец по́лностью осуши́ли; (*fig.*): I ~ed him for information я его́ выспра́шивал; я выве́дывал у него́ све́дения; **3.** (*agitate as in* ~*ing*): he ~ed my arm up and down он до́лго тряс мне ру́ку; **4.** (*also* ~ **up**: *inflate*) нака́ч|ивать, -а́ть; bicycle tyres should be ~ed hard велосипе́дные ши́ны должны́ быть ту́го нака́чаны.

    *cpd.*: ~-**room** *n.* бюве́т; зал для питья́ минера́льной воды́.

**pump²** *n.* (*shoe*) ту́фля-ло́дочка.

**pumpernickel** *n.* неме́цкий ржано́й хлеб.

**pumpkin** *n.* ты́ква.

**pun** *n.* игра́ слов, каламбу́р.

    *v.i.* игра́ть слова́ми, каламбу́рить (*impf.*).

**punch¹** *n.* **1.** (*blow with fist*) уда́р кулако́м; I gave him a ~ on the nose я дал ему́ по́ носу; **2.** (*fig., energy*) эне́ргия; пыл; his performance lacked ~ он игра́л вя́ло (*or* без изю́минки); сго́ игре́ недостава́ло огня́; **3.** (*tool for perforating e.g. paper*) перфора́тор, компо́стер; (*for stamping designs*) пуансо́н.

    *v.t.* **1.** (*hit with fist*) уд|аря́ть, -а́рить кулако́м;

I'd like to ~ your face я бы охо́тно дал вам по физионо́мии; he was ~ed on the chin он получи́л кулако́м в че́люсть; **2.** (*perforate*) компости́ровать (*impf.*); the conductor ~ed our tickets конду́ктор прокомпости́ровал/ проби́л на́ши биле́ты; ~ holes проб|ива́ть, -и́ть отве́рстия; the bolts must be ~ed out болты́ ну́жно вы́бить; ~ed card перфока́рта.

    *cpds.*: ~-**ball**, ~**ing-ball** *nn.* пенчингбо́л; подвесна́я гру́ша; ~-**drunk** *adj.* ошара́шенный, обалде́лый; ~-**line** *n.* кульмина́ционный пункт; уда́рная фра́за; ~-**up** *n.* дра́ка, потасо́вка.

**punch²** *n.* (*beverage*) пунш.

    *cpd.*: ~-**bowl** *n.* ча́ша для пу́нша.

**Punch³** *n.* (*puppet character*) Панч, Петру́шка (*m.*); ~ and Judy show ку́кольное (я́рмарочное) представле́ние; he was as pleased as ~ он расплыва́лся от удово́льствия.

**punctilio** *n.* форма́льность; педанти́зм.

**punctilious** *adj.* педанти́чный; скрупулёзный.

**punctiliousness** *n.* педанти́чность; скрупулёзность.

**punctual** *adj.* пунктуа́льный; то́чный; let us try to be ~ for meals дава́йте не опа́здывать к столу́.

**punctuality** *n.* пунктуа́льность, то́чность.

**punctuate** *v.t.* (*insert punctuation marks in*) ста́вить, по- зна́ки препина́ния в +*a.*; (*fig., interrupt, intersperse*) прер|ыва́ть, -ва́ть; his speech was ~d with cheers его́ речь прерыва́лась во́згласами одобре́ния.

**punctuation** *n.* пунктуа́ция; ~ mark знак препина́ния.

**puncture** *n.* проко́л; his bicycle had a ~ он проткну́л ши́ну своего́ велосипе́да.

    *v.t.* прок|а́лывать, -оло́ть; (*fig.*): his pride was ~d его́ го́рдость была́ уязвлена́.

    *v.i.*: these tyres ~ easily э́ти ши́ны легко́ прока́лываются.

**pundit** *n.* учёный инду́с; (*authority, expert*) знато́к, специали́ст; до́ка (*coll., m.*).

**pungency** *n.* острота́; е́дкость.

**pungent** *adj.* (*of smell or taste*) о́стрый; (*of speech, humour etc.*) о́стрый, е́дкий.

**Punic** *adj.* пуни́ческий.

**punish** *v.t.* **1.** (*inflict penalty on*) нака́з|ывать, -а́ть; the thief was ~ed by a fine на во́ра наложи́ли штраф; **2.** (*inflict penalty for*): theft was severely ~ed за кра́жу суро́во кара́ли; **3.** (*tax strength of*) изнур|я́ть, -и́ть; изм|а́тывать, -ота́ть; he set a ~ing pace он за́дал уби́йственный темп; **4.** (*treat roughly*): England were ~ed in the second half англича́нам всы́пали во второ́м та́йме; **5.** (*coll., make inroads on*): he ~ed the meat pie он набро́сился на мясно́й пиро́г.

**punishable** *adj.*: treason is ~ by death изме́на кара́ется сме́ртной ка́знью.

**punishment** *n.* (*penalty*) взыска́ние; наказа́ние;

(*rough treatment*) суро́вое обраще́ние; his opponent came in for severe ~ его́ проти́внику здо́рово доста́лось.

**punitive** *adj.* кара́тельный; ~ taxation суро́вое налогообложе́ние.

**Punjab** *n.* Пенджа́б.

**Punjabi** *n.* (*pers.*) пенджа́б|ец (*fem.* -ка); (*language*) язы́к пенджа́би.

    *adj.* пенджа́бский.

**punk**[1] *n.* (*rotten wood*) гни́лое де́рево; (*as tinder*) трут; (*worthless pers.*) него́дник, дрянь-челове́к.

**punk**[2] *adj.* (*sl., very bad*) никудышный, дрянно́й.

**punkah** *n.* подве́шенное опаха́ло; элект-ровентиля́тор под потолко́м.

**punnet** *n.* корзи́н(оч)ка.

**punster** *n.* каламбури́ст.

**punt**[1] *n.* (*boat*) плоскодо́нный я́лик.

    *v.i.* плыть (*impf.*), отта́лкиваясь versто́м.

**punt**[2] *n.* (*kick*) уда́р ного́й.

    *vt. & i.* уд|аря́ть, -а́рить ного́й.

**punt**[3] *v.i.* (*at cards*) понти́ровать (*impf.*); (*at races*) ста́вить, по- на ло́шадь.

**punter** *n.* (*at cards*) понтёр; (*at races*) игро́к.

**puny** *adj.* (*undersized, feeble*) тщеду́шный; хи́лый.

**pup** *n.* **1.** (*young dog*) щено́к; the bitch is in ~ су́ка ожида́ет щеня́т; you've been sold a ~ (*fig., coll.*) вас провели́; **2.** (*conceited youth*) щено́к; молокосо́с.

**pupa** *n.* ку́колка.

**pupate** *v.i.* оку́кли|ваться, -ться.

**pupil** *n.* **1.** (*one being taught*) учени́к; **2.** (*ward under age*) подопе́чный; **3.** (*of eye*) зрачо́к.

    *cpd.*: ~-**teacher** *n.* студе́нт-практика́нт.

**pupil(l)age** *n.* (*state of being a ward*) малоле́т-ство; (*being under instruction*) учени́чество.

**pupillary** *adj.* (*anat.*) зрачко́вый.

**puppet** *n.*: glove ~ ку́кла; string ~ марионе́тка; (*fig.*) марионе́тка; ~ state марионе́точное госуда́рство.

    *cpd.*: ~-**play**, ~-**show** *nn.* ку́кольное пред-ставле́ние, ку́кольный спекта́кль.

**puppy** *n.* **1.** (*young dog*) щено́к; ~ fat де́тская пу́хлость; ~ love де́тская любо́вь; **2.** (*conceited youth*) щено́к; молокосо́с.

**purblind** *adj.* подслепова́тый; (*fig.*) недаль-нови́дный.

**purchasable** *adj.* име́ющийся в прода́же.

**purchase** *n.* **1.** (*buying*) ку́пля; ~ price покупна́я цена́; **2.** (*thing bought*) поку́пка; she came home laden with ~s она́ верну́лась домо́й, нагру́женная поку́пками; **3.** (*value; return from land*) сто́имость; дохо́д с земли́; sold at 20 years' ~ про́дано за сто́имость, ра́вную двадцатикра́тному годово́му дохо́ду; his life is not worth a day's ~ он и дня не проживёт; **4.** (*lever, leverage*) рыча́г; зажи́м, захва́т.

    *v.t.* (*buy*) покупа́ть, купи́ть; приобре|та́ть,

-сти́; his life was dearly ~d он до́рого заплати́л за свою́ жизнь; the purchasing power of the pound покупа́тельная спосо́бность фу́нта (сте́рлингов).

    *cpd.*: ~-**money** *n.* покупны́е де́н|ьги (*pl., g.* -ег); ~-**tax** *n.* нало́г на поку́пку.

**purchaser** *n.* покупа́тель (*fem.* -ница).

**purdah** *n.* **1.** (*curtain*) за́навес, отделя́ющий же́нскую полови́ну; (*covering body*) чадра́; **2.** (*segregation of women*) затво́рничество же́н-щин; (*fig.*) затво́рничество; he went into ~ for several days он уедини́лся на не́сколько дней.

**pure** *adj.* (*in var. senses*) чи́стый; (*unmixed*) беспри́месный; (*of unmixed race or descent*) чистокро́вный; ~ mathematics теорети́чес-кая/чи́стая матема́тика; ~ in heart чистосер-де́чный; ~ taste безупре́чный вкус; it was a ~ accident э́то была́ чи́стая случа́йность; that is laziness ~ and simple э́то про́сто-на́просто лень.

    *cpd.*: ~-**bred** *adj.* чистокро́вный.

**purée** *n.* пюре́ (*indecl.*).

**purely** *adv.* (*blamelessly*) чи́сто; (*entirely*) чи́сто, соверше́нно, вполне́.

**pureness** *see* PURITY.

**purgation** *n.* очище́ние; (*of bowels*) очище́ние кише́чника.

**purgative** *n.* слаби́тельное сре́дство.

    *adj.* (*aperient*) слаби́тельный, очисти́тель-ный; (*purificatory*) очища́ющий.

**purgatorial** *adj.* очисти́тельный.

**purgatory** *n.* чисти́лище; (*fig.*) ад.

**purge** *n.* **1.** (*clearance; cleansing*) очище́ние; очи́стка; (*pol.*) чи́стка; репре́ссии (*f. pl.*); **2.** (*medicine*) слаби́тельное.

    *v.t.* **1.** (*lit., fig., cleanse*) оч|ища́ть, -и́стить; he was ~d of his sins ему́ отпусти́ли грехи́; a medicine to ~ the bowels слаби́тельное для очище́ния кише́чника; he ~d himself of all suspicion он очи́стил себя́ от всех подо-зре́ний; the party was ~d of its rebels па́ртию очи́стили от бунтовщико́в; **2.** (*lit., fig., remove by cleansing; also* ~ **away, off, out**): the stains were ~d out пя́тна отчи́стили/вы́вели; he ~d his contempt (*of court*) он поплати́лся за неуваже́ние к суду́.

**purification** *n.* очи́стка, очище́ние; the P~ (*of the Virgin Mary*) Сре́тение госпо́дне.

**purificatory** *adj.* очисти́тельный, очища́ющий.

**purify** *v.t.* оч|ища́ть, -и́стить; (*relig.*) совер-ш|а́ть, -и́ть обря́д очище́ния.

**purism** *n.* пури́зм.

**purist** *n.* пури́ст.

**puritan** *n.* (*lit., fig.*) пурита́н|ин (*fem.* -ка).

    *adj.* пурита́нский.

**puritanical** *adj.* пурита́нский.

**puritanism** *n.* пурита́нство.

**purity** *n.* (*var. senses*) чистота́; (*absence of adult-eration*) беспри́месность; (*of race or descent*) чистокро́вность.

**purl**[1] *n.* (*knitting*) оборо́тное двухлицево́е вяза́ние.

*v.i.* вяза́ть (*impf.*) пе́тлей наизна́нку.

**purl**[2] *n.* (*sound of brook*) журча́ние.

*v.i.* журча́ть (*impf.*).

**purler** *n.* (*coll.*) паде́ние; he tripped and came a ~ он споткну́лся и полете́л голово́й вниз.

**purlieus** *n. pl.* (*limits*) грани́цы (*f. pl.*); преде́лы (*m. pl.*); (*outskirts*) окре́стности (*f. pl.*), окра́ина.

**purloin** *v.t.* присв|а́ивать, -о́ить; пох|ища́ть, -и́тить.

**purple** *n.* 1. (*colour*) пу́рпур; фиоле́товый цвет; 2. (the ~: *robes of emperor etc.*) порфи́ра; born in the ~ (*fig.*) зна́тного ро́да; he was raised to the ~ он стал кардина́лом.

*adj.* пурпу́рный; лило́вый; фиоле́товый; багро́вый; ~ patch, passage цвети́стый/пы́шный пасса́ж; he turned ~ with rage он побагрове́л от я́рости.

*v.t. & i.* обагр|я́ть(ся), -и́ть(ся).

**purplish** *adj.* багряни́стый.

**purport**[1] *n.* смысл; суть.

**purport**[2] *v.t.* подразумева́ть (*impf.*); this book is not all it ~s to be э́та кни́га не совсе́м така́я, како́й она́ претенду́ет быть.

**purpose** *n.* 1. (*design, aim, intention*) цель; наме́рение; what was your ~ in coming? с како́й це́лью вы пришли́?; this tool will serve my ~ э́тот инструме́нт мне подойдёт; a novel with a ~ нравоучи́тельный/тенденцио́зный рома́н; for what ~ are they meeting? какова́ цель их встре́чи?; for practical ~s the war is over война́ практи́чески око́нчена; the box had been used for various ~s я́щик испо́льзовали для разли́чных це́лей; he went there of set ~ он пошёл туда́ преднаме́ренно (*or* с определённой це́лью); on ~ наро́чно, специа́льно; I left the gate open on ~ я специа́льно оста́вил воро́та откры́тыми; so far he has said nothing to the ~ пока́ он не сказа́л ничего́ пу́тного (*or* по существу́); I went there to no ~ я напра́сно туда́ ходи́л; she went out with the ~ of buying clothes она́ вы́шла с наме́рением купи́ть оде́жду; 2. (*determination, resolve*) целеустремлённость.

*v.t.* (*liter.*) име́ть це́лью; замышля́ть (*impf.*); what do you ~ to achieve? каки́е це́ли вы себе́ ста́вите?; чего́ вы добива́етесь?

**purposeful** *adj.* целеустремлённый, целенапра́вленный.

**purposeless** *adj.* бесце́льный; бессмы́сленный.

**purposely** *adv.* наро́чно, (пред)наме́ренно, специа́льно.

**purposive** *adj.* целево́й; (*determined*) реши́тельный.

**purr** *n.* (*of cat*) мурлы́канье; (*of engine etc.*) урча́ние.

*v.i.* (*of cat*; *also fig.*) мурлы́кать (*impf.*); (*of*

engine etc.) урча́ть (*impf.*).

**purse** *n.* 1. (*bag for money*) кошелёк; his ~ was a good deal lighter by the end of the evening к концу́ ве́чера его́ кошелёк изря́дно опусте́л; (*Am., handbag*) су́м(оч)ка; 2. (*fig., monetary resources*) де́нь|ги (*pl., g.* -ег); the public ~ казна́; the privy ~ су́ммы (*f. pl.*), ассигно́ванные на ли́чные расхо́ды мона́рха; 3. (*sum collected or offered as prize or gift*) де́нежный приз.

*v.t.* мо́рщить, с-; he ~d (up) his lips он поджа́л гу́бы.

*cpds.:* ~-**proud** *adj.* гордя́щийся свои́м бога́тством; ~-**strings** *n.*: her husband holds the ~-strings (*fig.*) её муж распоряжа́ется деньга́ми (*or* контроли́рует расхо́ды).

**purser** *n.* судово́й казначе́й.

**pursuance** *n.* выполне́ние; in ~ of one's duties по до́лгу слу́жбы.

**pursuant** *adj.*: ~ to в соотве́тствии с +*i.*; ~ to your instructions согла́сно ва́шим указа́ниям.

**pursue** *v.t.* 1. (*hunt, chase, beset*) пресле́довать (*impf.*); 2. (*strive after, aim at*) добива́ться (*impf.*) +*g.*; 3. (*carry out, engage in*) сле́довать (*impf.*) +*d.*; the policy ~d by the government поли́тика, проводи́мая прави́тельством; 4. (*continue*) прод|олжа́ть, -о́лжить.

**pursuer** *n.* пресле́дователь (*m.*).

**pursuit** *n.* 1. (*chase*) пресле́дование; пого́ня; he escaped, with the police in hot ~ он бежа́л, пресле́дуемый поли́цией по пята́м; ~ aircraft самолёт-истреби́тель; 2. (*following, seeking*) по́иск|и (*pl., g.* -ов); he will stop at nothing in ~ of his ends он не остано́вится ни перед чем для достиже́ния свои́х це́лей; 3. (*profession or recreation*) заня́тие.

**pursy** *adj.* (*short-winded*) страда́ющий оды́шкой; (*corpulent*) ту́чный.

**purulence** *n.* нагное́ние.

**purulent** *adj.* гно́йный.

**purvey** *v.t.* (*supply*) снаб|жа́ть, -ди́ть (*кого чем*).

*v.i.* (*supply provisions*) пост|авля́ть, -а́вить продово́льствие.

**purveyance** *n.* поста́вка.

**purveyor** *n.* поставщи́к.

**purview** *n.* (*range, scope*) сфе́ра; о́бласть де́йствия; these matters fall within my ~ э́ти дела́ вхо́дят в мою́ компете́нцию.

**pus** *n.* гной.

**push** *n.* 1. (*act of propulsion*) толчо́к; he closed the door with a ~ он захло́пнул дверь; my car won't start; can you give me a ~? моя́ маши́на не заво́дится, вы мо́жете её подтолкну́ть?; 2. (*coll., dismissal*) увольне́ние; they have given me the ~ меня́ вы́гнали; 3. (*self-assertion*) напо́ристость; in this job you need plenty of ~ в э́той рабо́те на́до быть о́чень предприи́мчивым; 4. (*vigorous effort*) нажи́м; we must make a ~ to be there by 8 мы должны́ поднажа́ть, что́бы поспе́ть туда́ к восьми́ (часа́м); the enemy's ~ was successful на́тиск врага́ был успе́шным; **5.**: at a ~; if it comes to the ~ (*coll.*) на худо́й коне́ц; в кра́йнем слу́чае.

*v.t.* **1.** (*propel; exert pressure to move*) толк|а́ть, -ну́ть; пих|а́ть, -ну́ть; stop ~ing me! переста́ньте меня́ толка́ть!; he ~es all the dirty jobs on to me он всю гря́зную рабо́ту спи́хивает/сва́ливает на меня́; **2.** (*fig., urge, impel*) подт|а́лкивать, -олкну́ть; he had to ~ himself to finish the job ему́ пришло́сь принале́чь, что́бы зако́нчить рабо́ту; I didn't want to go, I was ~ed into it я не хоте́л идти́, меня́ в э́то ввяза́ли; **3.** (*force*) прот|а́лкивать, -олкну́ть; he ~ed his fist through the window он просу́нул кула́к в окно́; I ~ed my way through the crowd я проти́снулся сквозь толпу́; **4.** (*press*) наж|има́ть, -а́ть; ~ the button and the bell will ring нажми́те кно́пку, и звоно́к зазвени́т; **5.** (*put under pressure*) ока́з|ывать, -а́ть да́вление на +*a*.; I am ~ed for time у меня́ вре́мени в обре́з; **6.** (*exploit*): the enemy ~ed their advantage to the utmost неприя́тель испо́льзовал своё преиму́щество до конца́; don't ~ your luck! (*coll.*) не испы́тывайте судьбу́!; **7.** (*promote, advertise*) реклами́ровать (*impf.*); прота́лкивать (*impf.*).

*v.i.* **1.** (*exert force*) толка́ться (*impf.*); it's like ~ing against a brick wall э́то всё равно́, что би́ться лбом о сте́ну; ~ hard at the door! толкни́те дверь посильне́е!; don't ~! не толка́йтесь!; не напира́йте! **2.** (*force one's way*) прот|а́лкиваться, -олкну́ться; he ~ed between us он проти́снулся ме́жду на́ми; they all ~ed into the room они́ все ввали́лись в ко́мнату; I had to ~ through the crowd мне пришло́сь проти́скиваться сквозь толпу́; he ~ed past me он проле́з вперёд, оттолкну́в меня́.

*with advs.*: ~ **about** *v.t.* (*coll.*) потрепа́ть (*pf.*); помя́ть (*pf.*); he was seized by the gang and ~ed about хулига́ны пойма́ли его́ и поколоти́ли; ~ **along** *v.t.* (*lit.*): the boy was ~ing his barrow along ма́льчик кати́л та́чку; (*fig.*) спеши́ть, по-; пот|ара́пливать, -оропи́ть; the work is going slowly; see if you can ~ it along рабо́та идёт ме́дленно; мо́жет, вы суме́ете её уско́рить; *v.i.* (*coll.*) убира́ться (*impf.*); it's getting late, I must ~ along стано́вится по́здно, мне пора́ в путь; ~ **around** *v.t.* переставля́ть (*impf.*); передвига́ть (*impf.*); (*fig.*) кома́ндовать (*impf.*) (*кем*); I won't be ~ed around я не позво́лю кома́ндовать над собо́й; ~ **aside** *v.t.* отт|а́лкивать, -олкну́ть; ~ **away** *v.t.* = ~ **aside**; *v.i.*: they ~ed away from the shore они́ отплы́ли от бе́рега; ~ **back** *v.t.* (*repulse*) отбр|а́сывать, -о́сить; (*move away*) отодв|ига́ть, -и́нуть; she ~ed back the bedclothes она́ отки́нула одея́ло; he ~ed back his

glasses он сдви́нул очки́ на лоб; (*coll., swallow*) прогл|а́тывать, -оти́ть; he ~ed back two whiskies он опроки́нул два стака́нчика ви́ски; ~ **down** *v.t.* вали́ть, по-; every time he tried to stand up he was ~ed down при ка́ждой попы́тке встать его́ вали́ли с ног; ~ **forward** *v.t.* толк|а́ть, -ну́ть вперёд; *v.i.* (*make progress*) продв|ига́ться, -и́нуться (вперёд); tomorrow we can ~ forward again with our work за́втра мы опя́ть нава́лимся на рабо́ту; ~ **in** *v.t.* вт|а́лкивать, -олкну́ть; have you ~ed the plug fully in? вы по́лностью воткну́ли ви́лку?; *v.i.* втира́ться, втере́ться; don't ~ in! (*intrude*) не ле́зьте!; ~ **off** *v.t.* отт|а́лкивать, -олкну́ть; in the struggle his hat was ~ed off в потасо́вке ему́ сби́ли шля́пу; they ~ed the boat off from shore они́ оттолкну́ли ло́дку от бе́рега; *v.i.* (*in a boat*) отт|а́лкиваться, -олкну́ться от бе́рега; (*coll., leave*) см|ыва́ться, -ы́ться; ~ **on** *v.t.* продв|ига́ться, -и́нуться вперёд; next day they ~ed on again на сле́дующий день они́ продолжа́ли путь; ~ **out** *v.t.*: plants are ~ing out new leaves у расте́ний распуска́ются но́вые ли́стья; he opened the door and ~ed me out он откры́л дверь и вы́толкнул меня́; *v.i.* выдава́ться (*impf.*) вперёд; they ~ed out to sea они́ вы́шли в мо́ре; ~ **over** *v.t.* опроки́|дывать, -нуть; I was nearly ~ed over in the rush в толкотне́ меня́ чуть не сби́ли с ног; ~ **past** *v.i.* прот|а́лкиваться, -олка́ться; ~ **through** *v.t.* (*lit.*, *fig.*) прот|а́лкивать, -олкну́ть; the bill was ~ed through against opposition законопрое́кт протолкну́ли, несмотря́ на оппози́цию; *v.i.* проти́с|киваться, -нуться; he saw a gap in the crowd and ~ed through он уви́дел разры́в в толпе́ и вти́снулся в него́; ~ **to** *v.t.* (*close*) за|крыва́ть, -кры́ть; ~ **together** *v.t.* (*e.g. books on a shelf*) сдв|ига́ть, -и́нуть; ~ **up** *v.t.* сдв|ига́ть, -и́нуть; подн|има́ть, -я́ть кве́рху; (*increase*) увели́чи|вать, -ть; *v.i.*: he ~ed up against me он прижа́лся ко мне.

*cpds.*: ~-**bike** *n.* (*coll.*) велосипе́д; ~-**button** *n.* нажи́мная кно́пка; ~-button warfare «кно́почная» война́; ~-**cart** *n.* ручна́я теле́жка; ~-**chair** *n.* де́тский (складно́й) стул на колёсиках; ~**over** *n.* (*sl., someone easily overcome*) пода́тливый челове́к; (*coll.*) слаба́к; (*sl., something easily accomplished*) па́ра пустяко́в; ~-**up** *n.* (*exercise*) выжима́ние в упо́ре; do ~-ups отжима́ться (*impf.*) на рука́х.

**pusher** *n.* (*aircraft*) самолёт с толка́ющим винто́м; (*forceful person*) пробивно́й ма́лый; напо́ристый челове́к.

**pushful** *adj.* предприи́мчивый, пробивно́й; *also* PUSHING.

**pushfulness** *n.* предприи́мчивость; (*self-assertion*) насты́рность.

**push|ing, -y** *adjs.* насты́рный, назо́йливый.

**pusillanimity** *n.* малоду́шие.

**pusillanimous** *adj.* малоду́шный.

**puss** *n.* (*cat*) ко́шечка, ки́ска; ~, ~! кис-кис!; (*coll., girl*) ко́шечка.

   *cpd.*: ~**-moth** *n.* ночна́я ба́бочка; ночно́й мотылёк.

**pussy** *n.* ки́са, ки́ска, ко́тик, ко́ш(еч)ка.

   *cpds.*: ~**-cat** *n.* ко́шечка; ~**foot** *v.i.* (*move stealthily*) кра́сться (*impf.*) по-коша́чьи; (*coll., behave cautiously*) виля́ть (*impf.*); темни́ть (*impf.*); ~**-willow** *n.* и́ва-шелю́га кра́сная, ве́рба.

**pustule** *n.* пу́стула; прыщ.

**put** *v.t.* **1.** (*move into a certain position*) класть, положи́ть; (*stand*) ста́вить, по-; (*set*) сажа́ть, посади́ть; ~ the glasses on the tray! поста́вьте стака́ны на подно́с; he is trying to ~ it across you (*coll.*) он пыта́ется вас провести́; the boy ~ the cat down the well ма́льчик бро́сил кота́ в коло́дец; ~ the money in your pocket! положи́те де́ньги в карма́н!; he ~ his hands in his pockets он засу́нул ру́ки в карма́ны; ~ a nail in the wall вбить (*pf.*) гвоздь в сте́ну; I'll ~ you in the best bedroom я вас помещу́ в са́мой лу́чшей ко́мнате; ~ some milk in my tea! нале́йте мне молока́ в чай!; don't ~ sugar in my tea! не клади́те са́хару в чай!; he was ~ in prison его́ посади́ли в тюрьму́; I ~ myself in your hands я отдаю́ себя́ в ва́ши ру́ки; ~ yourself in my place! поста́вьте себя́ на моё ме́сто!; I ~ him in his place (*fig.*) я поста́вил его́ на ме́сто; he ~ the papers into the drawer он убра́л/положи́л бума́ги в я́щик стола́; they ~ a satellite into orbit они́ вы́вели спу́тник на орби́ту; I ~ the matter into the hands of my lawyer я поручи́л э́то де́ло своему́ адвока́ту; the thief ~ his hand inside my pocket вор засу́нул ру́ку мне в карма́н; they are sure to ~ him inside (*i.e. prison*) его́ наверняка́ поса́дят; don't ~ your daughter on the stage не пуска́йте дочь на сце́ну; I asked her to ~ a patch on my trousers я попроси́л её залата́ть мои́ брю́ки; he ~ me on my way он показа́л мне доро́гу; she ~ the clothes on the line она́ разве́сила бельё; she ~ a cloth on the table она́ накры́ла стол ска́тертью; she ~ her daughter on to the swing она́ посади́ла дочь на каче́ли; I'll ~ you on to a good thing (*coll.*) я дам вам хоро́ший сове́т; a cloche was ~ over the plants расте́ния бы́ли накры́ты стекля́нным колпако́м; he ~ a shawl round her shoulder он накры́л её пле́чи ша́лью; ~ it there! (*shake hands*) дай пять! (*coll.*); the postman ~ a letter through the box почтальо́н опусти́л письмо́ в я́щик; they ~ the horse to the cart ло́шадь запрягли́ в теле́гу; she ~ the children to bed она́ уложи́ла дете́й; he was ~ to a good school его́ опреде-ли́ли в хоро́шую шко́лу; he ~ the glass to his lips он поднёс стака́н к губа́м; ~ a napkin under the plate! подложи́те салфе́тку под таре́лку!; the sweep ~ his brush up the chim-

ney трубочи́ст засу́нул щётку в дымохо́д; where did I ~ that book куда́ я дел ту кни́гу?; **2.** (*move with force; thrust*) вонз|а́ть, -и́ть; she ~ a knife between his ribs она́ вонзи́ла ему́ нож ме́жду рёбер; he ~ a bullet through his head он пусти́л себе́ пу́лю в лоб; he ~ his fist through the window он проби́л окно́ кулако́м; **3.** (*bring into a certain state or relationship*): his alibi ~s him above suspicion благодаря́ а́либи он стои́т вне подозре́ния; that ~s me at a disadvantage э́то ста́вит меня́ в невы́годное положе́ние; he ~ me at my ease с ним я почу́вствовал себя́ свобо́дно; that will ~ the whole project at risk э́то поста́вит весь план под угро́зу; he ~ his past behind him он порва́л со свои́м про́шлым; they ~ him in a terrible fright его́ запуга́ли до́ смерти; the dinner ~ him in a good mood обе́д привёл его́ в хоро́шее расположе́ние ду́ха; you ~ me in mind. of your mother вы напомина́ете мне ва́шу мать; the least thing ~s him in a rage любо́й пустя́к приво́дит его́ в я́рость; he likes to ~ people in the wrong он лю́бит ука́зывать други́м на оши́бки; that ~s us level (*at game etc.*) тепе́рь мы кви́ты; his cold ~ him off his food из-за просту́ды ему́ не хоте́лось есть; his antics ~ me off my game его́ проде́лки меша́ли мне игра́ть; he was ~ on oath его́ привели́ к прися́ге; the bark of the dog ~ him on his guard лай соба́ки предостерёг его́; the workers were ~ on short time рабо́чих перевели́ на сокращённую неде́лю; he was ~ out of countenance он смути́лся; he ~ the poor creature out of its misery он изба́вил бедня́гу от страда́ний; he ~ me right on this point в э́том он меня́ попра́вил; the boiler needs to be ~ right на́до почини́ть коло́нку; the examiner ~ him through it (*tested severely*) экзамина́тор его́ как сле́дует погоня́л (*coll.*); he ~ my suggestion to the test он подве́рг моё предложе́ние испыта́нию; he was ~ to death его́ казни́ли; let's ~ it to the vote поста́вим вопро́с на голосова́ние; I was ~ to great expense меня́ ввели́ в огро́мный расхо́д; I am sorry to ~ you to inconvenience прости́те, что я причиня́ю вам неудо́бства; I was hard ~ to it not to laugh я с трудо́м уде́рживался от сме́ха; your generosity ~s me to shame ва́ша ще́дрость заставля́ет меня́ красне́ть; the villagers were ~ to the sword жи́телей дере́вни пре́дали мечу́; (*impose, bring in*): the tax ~s a heavy burden on the rich нало́г ложи́тся тяжёлым бре́менем на бога́тых; ~ an end to прекра|ща́ть, -ти́ть; положи́ть (*pf.*) коне́ц +*d.*; he ~ an end to his life он поко́нчил с собо́й; he ~ the blame on me он свали́л вину́ на меня́; the government ~ a tax on wealth прави́тельство ввело́ нало́г на состоя́ние; (*set, arrange*): ~ in order прив|оди́ть, -ести́ в поря́док; the party should ~ its house in order па́ртии сле́дует навести́ поря́док в свои́х ряда́х; he tried to ~ matters right он стара́лся попра́вить дела́; (*appoint, set*) назн|ача́ть, -а́чить; ~ s.o. in charge of ста́вить, по- кого́-н. во главе́ +g.; (*apply*): if you ~ your mind to it е́сли вы займётесь э́тим всерьёз; he ~s his knowledge to good use он испо́льзует свои́ зна́ния с то́лком; (*offer, present*): they ~ their house on the market они́ объяви́ли о прода́же до́ма; the play has never been ~ on (the stage) before э́ту пье́су никогда́ ра́ньше не ста́вили; (*instil, inspire*) всел|я́ть, -и́ть; вдохну́ть (*pf.*); a glass of brandy will ~ new life into you рю́мка коньяку́ прида́ст вам но́вую си́лу; (*stake*) ста́вить, по-; (*invest*) вкла́дывать, вложи́ть; поме|ща́ть, -сти́ть; I should ~ the money into property я бы помести́л де́ньги в недви́жимость; (*make s.o. succumb or resort to*): he ~ his opponent to flight он обрати́л своего́ проти́вника в бе́гство; take a tablet to ~ you to sleep прими́те табле́тку, что́бы усну́ть; the dog had to be ~ to sleep соба́ку пришло́сь усыпи́ть; **4.** (*write; mark*) писа́ть, на-; ста́вить, по- (*знак и т.п.*); I cannot ~ my name to that document я не могу́ подписа́ть тако́й докуме́нт; this ~ paid to his ambitions э́то положи́ло коне́ц его́ наде́ждам; **5.** (*of price etc.*): he ~ s a high value on courtesy он высоко́ це́нит ве́жливость; I wouldn't care to ~ a price on it я бы предпочёл не называ́ть то́чную це́ну; a price was ~ on his head за его́ го́лову был объя́влен вы́куп; I would ~ her (age) at about 65 я бы дал ей лет 65; I wouldn't ~ it past him to be lying с него́ ста́нется и совра́ть; **6.** (*submit, propound*) выдвига́ть, вы́двинуть; зад|ава́ть, -а́ть; may I ~ a suggestion? мо́жно мне внести́ предложе́ние?; I ~ it to you that . . . ра́зве вы мо́жете отрица́ть, что . . .?; **7.** (*express; present*) изл|ага́ть, -ожи́ть; how can I ~ it? как бы э́то сказа́ть?; the case can be ~ in a few words де́ло мо́жно изложи́ть в не́скольких слова́х; will you ~ that in writing? вы мо́жете изложи́ть/подтверди́ть э́то на бума́ге?; I can't ~ it into words я не могу́ вы́разить э́то слова́ми; how would you ~ that in English? как вы э́то ска́жете (*or* как э́то бу́дет) по-англи́йски?; that's ~ting it mildly! мя́гко говоря́!; **8.** (*translate*) перев|оди́ть, -ести́; it was difficult to ~ his speech into French бы́ло тру́дно перевести́ его́ речь на францу́зский; **9.** (*mus., set*): his poems have been ~ to music many times его́ стихи́ бы́ли мно́го раз поло́жены на му́зыку; **10.** (*hurl*): ~ting the shot толка́ние ядра́.

*v.i.* **1.** (*impose*): don't let him ~ upon you смотри́те, что́бы он вам на ше́ю не сел; **2.** to sea (*of vessel or crew*) уходи́ть, уйти́ в мо́ре.

*with advs.*: ~ **about** *v.t.* (*spread*) распростран|я́ть, -и́ть; the news was ~ about that he was missing разнёсся/распространи́лся слух, что

он пропа́л; (*turn round*): he ~ the boat about он разверну́л ло́дку; (*inconvenience*) причин|я́ть, -и́ть неудо́бство/хло́поты +d.; *v.i.* пов|ора́чиваться, -ерну́ться; ~ **across** *v.t.* (*convey over river, road etc.*) перепр|авля́ть, -а́вить; the ferry will ~ you across to the other bank паро́м перевезёт вас на друго́й бе́рег; (*make clear, communicate*) объясн|я́ть, -и́ть; he failed to ~ his idea across ему́ не удало́сь пояснить свою́ мысль/иде́ю; ~ **aside** *v.t.* (*lay to one side; save*) от|кла́дывать, -ложи́ть; (*ignore*): these objections cannot be ~ aside мы обя́заны приня́ть во внима́ние э́ти возраже́ния; ~ **away** *v.t.* (*tidy*) уб|ира́ть, -ра́ть; (*save*) от|кла́дывать, -ложи́ть; (*renounce*) отка́з|ываться, -а́ться от +g.; изб|авля́ться, -а́виться от +g.; I ~ away childish things я поко́нчил с де́тством; (*coll., eat*): it's amazing how much that boy can ~ away про́сто удиви́тельно, ско́лько э́тот ма́льчик мо́жет съесть/ (*coll.*)сло́пать; (*coll.,* ~ *into confinement*) упря́тать (*pf.*) (за решётку; в сумасше́дший дом); (*kill*): our dog had to be ~ away нам пришло́сь усыпи́ть соба́ку; ~ **back** *v.t.* (*replace, restore*) класть, положи́ть на ме́сто; they ~ the deposed king back on the throne они́ сно́ва возвели́ све́ргнутого короля́ на престо́л; (*move backwards*) передв|ига́ть, -и́нуть (*or* перест|авля́ть, -а́вить) наза́д; (*of clock*) перев|оди́ть, -ести́ наза́д; (*retard, delay*) заде́рж|ивать, -а́ть; heavy rains ~ back the harvest си́льные дожди́ задержа́ли созрева́ние (*or* убо́рку) урожа́я; (*postpone*) от|кла́дывать, -ложи́ть; *v.i.* возвра|ща́ться, -ти́ться; the ship was forced to ~ back to port кораблю́ пришло́сь верну́ться/возврати́ться в порт; ~ **by** *v.t.* (*save*) от|кла́дывать, -ложи́ть; ~ **down** *v.t.* (*place on ground etc.*) класть, положи́ть на зе́млю; ~ your gun down! бро́сьте ору́жие!; опусти́те ружьё!; he ~ his head down and was soon asleep он положи́л го́лову на поду́шку и вско́ре засну́л; ~ one's foot down (*be firm*) стоя́ть (*impf.*) на своём; (*accelerate*) нажа́ть (*pf.*) на газ; (*allow to alight*): the bus stopped to ~ down passengers авто́бус останови́лся, что́бы вы́садить пассажи́ров; (*place in storage*): I ~ down a supply of port я сде́лал запа́с портве́йна; (*make deposit of*) вн|оси́ть, -ести́ (*задаток*); (*lower, reduce*) сн|ижа́ть, -и́зить; (*bring in to land*): the pilot ~ his machine down safely пило́т благополу́чно посади́л маши́ну; (*coll., swallow*): he can ~ down 6 pints in a row он мо́жет опроки́нуть шесть кру́жек (пи́ва) зара́з; (*repress*) подав|ля́ть, -и́ть; the rebellion was quickly ~ down восста́ние бы́ло бы́стро пода́влено; his aim is to ~ down crime его́ цель — искорени́ть престу́пность; his cheerfulness will not be ~ down его́ жизнера́достность неиссяка́ема; I ~ him down (*coll.*) я осади́л его; (*write down*) запи́с|ывать, -а́ть; let me ~ your name down before I forget дава́йте я запишу́ ва́шу фами́лию, пока́ не забы́л; you may ~ me down for £5 я даю́ 5 фу́нтов; ~ these groceries down to my account запиши́те э́ти проду́кты на мой счёт; (*consider*) счита́ть (*impf.*); I would ~ her down as about 25 я дал бы ей лет 25; I ~ him down as a braggart я при́нял его́ за хвастуна́; (*attribute*) припи́с|ывать, -а́ть; (*kill, of animals*) усыпл|я́ть, -и́ть; умерщв|ля́ть, -и́ть; ~ **forth** *v.t.* (*exert*) напр|яга́ть, -я́чь; (*produce*): the trees are ~ting forth new leaves на дере́вьях распуска́ются но́вые ли́стья; ~ **forward** *v.t.* (*advance*): the clocks are ~ forward in spring весно́й часы́ перево́дят вперёд; we must ~ our best foot forward мы должны́ поднажа́ть (*coll.*); (*propose*) выдвига́ть, вы́двинуть; he ~ forward a theory он вы́двинул тео́рию; his name was ~ forward была́ вы́двинута его́ кандидату́ра; (*bring nearer*) передв|ига́ть, -и́нуть вперёд; the meeting has been ~ forward to Tuesday собра́ние перенесли́ на вто́рник; ~ **in** *v.t.* (*cause to enter; insert*) вст|авля́ть, -а́вить; he ~ his head in at the window он всу́нул го́лову в окно́; have you ~ the joint in yet? вы уже́ поста́вили мя́со в духо́вку?; to make a call you must ~ in a coin что́бы позвони́ть по телефо́ну, на́до опусти́ть моне́ту; (*instal*) вст|авля́ть, -а́вить; I had to have a new engine ~ in мне пришло́сь поста́вить но́вый мото́р; they are ~ting in the telephone они́ ста́вят себе́ телефо́н; им/нам (*и т.п.*) ста́вят телефо́н; (*elect to office*) изб|ира́ть, -ра́ть; we helped to ~ the Conservatives in мы помогли́ консерва́торам прийти́ к вла́сти; (*contribute*): I ~ in a word for him я вста́вил за него́ слове́чко; (*submit, present*) под|ава́ть, -а́ть; he ~ in a claim for damages он предъявля́ет иск об убы́тках; I ~ in an application я по́дал заявле́ние; ~ in an appearance появ|ля́ться, -и́ться; (*work*): I ~ in 6 hours today я сего́дня отрабо́тал 6 часо́в; *v.i.* (*of boat or crew*) за|ходи́ть, -йти́ в порт; the ship ~ in at Gibraltar кора́бль зашёл в Гибралта́р; (*apply*): she ~ in for a job as secretary она́ подала́ заявле́ние на до́лжность секретаря́ (*or* ме́сто секрета́рши); ~ **off** *v.t.* (*postpone*) от|кла́дывать, -ложи́ть; отсро́чи|вать, -ть; never ~ off till tomorrow what you can do today никогда́ не откла́дывай на за́втра то, что мо́жешь сде́лать сего́дня; that is simply ~ting off the evil day э́то зна́чит то́лько оття́гивать час распла́ты; (*cancel engagement with*) отмен|я́ть, -и́ть встре́чу с | *i.*; (*postpone*): I shall have to ~ you off till next week мне придётся перенести́ встре́чу с ва́ми на сле́дующую неде́лю; (*fob off*): he ~ me off with promises он отде́лался от меня́ обеща́ниями; (*deter*) отпу́г|ивать, -ну́ть; we

were ~ off by the weather мы переду́мали из-за пого́ды; (*repel*) отт|а́лкивать, -олкну́ть; I was ~ off by his tactlessness меня́ оттолкну́ла/покоро́била его́ беста́ктность; (*distract*): I can't recite if you keep ~ting me off я не могу́ деклами́ровать, когда́ вы меня́ отвлека́ете; (*allow to alight*): will you ~ me off at the next stop? вы мо́жете вы́садить меня́ на сле́дующей остано́вке?; *v.i.* (*leave shore*) отча́ли|вать, -ть; ~ **on** *v.t.* (*clothes etc.*) над|ева́ть, -е́ть; you should ~ more clothes on вы должны́ потепле́е оде́ться; (*place in position*): when the pot is full, ~ the lid on когда́ кастрю́ля напо́лнится, накро́йте её кры́шкой; ~ the potatoes on (to boil)! поста́вьте (вари́ть) карто́шку!; (*add*) приб|авля́ть, -а́вить; he ~ more coal on он подбро́сил у́гля; he ~ on a spurt он рвану́лся (вперёд); (*assume*): he ~ on an air of innocence он напусти́л на себя́ неви́нный вид; her modesty is all ~ on её скро́мность наи́гранна; she is fond of ~ting on airs она́ лю́бит ва́жничать; (*increase*) увели́чи|вать, -ть; the ship ~ on steam кора́бль увели́чил ско́рость; you're ~ting on weight вы полне́ете; (*light, radio etc.*) включ|а́ть, -и́ть; (*make available*) примен|я́ть, -и́ть; they are ~ting on extra trains они́ пуска́ют дополни́тельные поезда́; (*present*) ста́вить, по-; the children are ~ting on a play де́ти ста́вят пье́су; she ~ on a first-class meal она́ пригото́вила отли́чный обе́д/у́жин; ~ on an act; ~ it on (*coll.*) лома́ть (*impf.*) коме́дию; (*advance*) передв|ига́ть, -и́нуть вперёд; watches should be ~ on an hour часы́ на́до перевести́ на час вперёд; (*stake*) ста́вить, по-; (*coll., overcharge*): some hotels ~ it on during the season не́которые гости́ницы деру́т высо́кую це́ну во вре́мя ле́тнего сезо́на; (*tease, 'kid'*): he's ~ting you on он вас разы́грывает; ~ **out** *v.t.*: (*thrust out, eject*): he ~ out his own eyes он вы́колол себе́ глаза́; his family was ~ out into the street его́ семью́ вы́бросили на у́лицу; (*place outside door*): выставля́ть, вы́ставить за дверь; ~ the cat out вы́пустите ко́шку!; (*extend, protrude*): ~ your tongue out! покажи́те язы́к!; he ~ out his hand in welcome он протяну́л ру́ку для приве́тствия; she opened the window and ~ her head out она́ откры́ла окно́ и вы́сунула го́лову; the snail ~ out its horns ули́тка вы́пустила ро́жки; (*arrange so as to be seen*) выкла́дывать, вы́ложить; the shopkeeper ~ out his best wares ла́вочник вы́ложил/вы́ставил свой лу́чший това́р; the valet ~ out my clothes камерди́нер вы́ложил мою́ оде́жду; (*hang up outside*) выве́шивать, вы́весить; ~ out the flags! вы́весите фла́ги!; she ~ the washing out to dry она́ разве́сила бельё суши́ться; (*produce*) выпуска́ть, вы́пустить; this firm ~s out shoddy goods э́та фи́рма выпуска́ет дрянно́й това́р; the tree ~s out blossom де́рево цветёт; (*issue*) выпуска́ть, вы́пустить; they ~ out invitations они́ разосла́ли приглаше́ния; (*send away for a purpose*) отпр|авля́ть, -а́вить; от|сыла́ть, -осла́ть; repairs are done here, not ~ out ремо́нт веду́т на ме́сте — никуда́ не отсыла́ют; the horse was ~ out to stud жеребца́/кобы́лу пусти́ли на пле́мя; (*extinguish*) туши́ть, по-; гаси́ть, по-; ~ the lights out! потуши́те свет!; ~ your cigarette out! погаси́те сигаре́ту!; ~ out the fire before going to bed! потуши́те ого́нь (в ками́не) пе́ред тем, как идти́ спать; the firemen ~ out the blaze пожа́рные потуши́ли пла́мя; (*dislocate*) вы́вихнуть (*pf.*); (*disconcert*) нерви́ровать (*impf.*); (*inconvenience*) наруш|а́ть, -и́ть пла́ны +*g.*; would it ~ you out to come at 3? вас не затрудни́т прийти́ в 3 часа́?; (*vex*) раздраж|а́ть, -и́ть; (*lend out at interest*) да|ва́ть, -ть под проце́нты; he has £1000 ~ out at 5% он дал ты́сячу фу́нтов под 5 проце́нтов; (*allow to alight*) опус|ка́ть, -ти́ть; I asked the driver to ~ me out at the station я попроси́л шофёра вы́садить меня́ у ста́нции; *v.i.*: the lifeboat ~ out to sea спаса́тельная шлю́пка вы́шла в мо́ре; ~ **over** *v.t.* (*convey*) перед|ава́ть, -а́ть; he ~ over his meaning effectively он хорошо́ изложи́л свою́ мысль; he is trying to ~ one over on you (*coll.*) он пыта́ется вас одура́чить; ~ **through** *v.t.* (*transact*) осуществ|ля́ть, -и́ть; выполня́ть, вы́полнить; he ~ through a successful deal он проверну́л вы́годную сде́лку; (*connect by telephone*) соедин|я́ть, -и́ть; ~ **together** *v.t.* (*bring close or into contact*) соедин|я́ть, -и́ть; скрепл|я́ть, -и́ть; (*assemble*) сост|авля́ть, -а́вить; (*construct from components*) соб|ира́ть, -ра́ть; he ~ the clock together again он собра́л часы́; (*collect*) соб|ира́ть, -ра́ть; ~ your things together ready for the journey! собери́те ве́щи в доро́гу!; better than all the rest ~ together лу́чше всех остальны́х вме́сте взя́тых; ~ **up** *v.t.* (*raise, hold up*) подн|има́ть, -я́ть; ~ up your hand if you know the answer! кто зна́ет отве́т, подними́те ру́ку!; ~ your hands up!; ~ them up! (*coll.*) ру́ки вверх!; ~ one's feet up полёживать (*impf.*); he ~s my back up (*coll.*) он меня́ раздража́ет/бе́сит; (*display*) выставля́ть, вы́ставить; a warning was ~ up where the cliff had fallen у ме́ста обва́ла скалы́ бы́ло вы́ставлено предупрежде́ние; (*erect*) воздв|ига́ть, -и́гнуть; стро́ить, по-; this house was ~ up in six weeks э́тот дом постро́или за шесть неде́ль; shall we ~ the curtains up? бу́дем ве́шать занаве́ски?; (*increase*) повы́ш|а́ть, -ы́сить; ~ up prices подн|има́ть, -я́ть це́ны; (*offer*) выдвига́ть, вы́двинуть; she ~ up a prayer for his safety она́ моли́лась, чтобы с ним ничего́ не случи́лось; he ~ up no resistance он не оказа́л сопротив-

ле́ния; I ~ up a suggestion я внёс предложе́ние; our men ~ up a good show на́ши лю́ди хорошо́ себя́ показа́ли/прояви́ли; the house was ~ up for sale объяви́ли о прода́же до́ма; (*pack*) пакова́ть, у-/за-; the tomatoes are ~ up in boxes помидо́ры уло́жены в я́щики; will you ~ up some sandwiches for us? вы мо́жете дать нам с собо́й бутербро́ды?; (*propose*) выдвига́ть, вы́двинуть (в кандида́ты); they ~ up three candidates они́ вы́двинули трёх кандида́тов; (*supply*) вн|оси́ть, ести́; I will ~ up £1000 to support him я вношу́ ты́сячу фу́нтов в его́ по́льзу; (*stow away; sheathe*) уб|ира́ть, -ра́ть; пря́тать, с-; ~ up your sword! вложи́те меч в но́жны!; (*cause to fly up*): ~ up game подн|има́ть, -я́ть дичь; the beaters ~ up some partridges заго́нщики подня́ли куропа́ток; (*accommodate*): he ~ me up for the night я переночева́л у него́; (*coll., introduce*): I ~ him up to that trick я его́ научи́л э́тому приёму/трю́ку; (*coll., prompt*): who ~ him up to it, I wonder? интере́сно, кто его́ надоу́мил?; *v.i.* (*stand for election*) баллоти́роваться (*impf.*); выдвига́ть, вы́двинуть свою́ кандидату́ру; (*stay*) остан|а́вливаться, -ови́ться; ночева́ть, пере-; (*tolerate*) мири́ться, при- (с кем/чем); I won't ~ up with any nonsense я не потерплю́ никаки́х глу́постей.

*cpds.*: ~**-down** *n.* (*snub*) ре́зкость; ~**-off** *n.* (*evasion*) уло́вка; отгово́рка; ~**-on** *n.* (*teasing remark*) насме́шка, ро́зыгрыш; ~**-up** *adj.*: a ~-up job подстро́енное де́ло; ~**-upon** *adj.* оби́женный, трети́руемый.

**putative** *adj.* мни́мый, предполага́емый.

**putrefaction** *n.* гние́ние; разложе́ние.

**putrefy** *v.i.* гнить, с-; разл|ага́ться, -ожи́ться.

**putrescence** *n.* гние́ние.

**putrescent** *adj.* гнию́щий; разлага́ющийся.

**putrid** *adj.* (*decomposed*) гнило́й; (*coll., unpleasant*) отврати́тельный.

**putsch** *n.* путч.

**putt** *n.* уда́р, загоня́ющий мяч в лу́нку (*гольф*). *v.i.* гнать (*det.*) мяч в лу́нку; ~ing-green лужа́йка вокру́г лу́нки (*гольф*).

**puttee** *n.* обмо́тка; (*Am., legging*) кра́га.

**putty** *n.* зама́зка; шпаклёвка. *v.t.* шпаклева́ть (*impf.*).

**puzzle** *n.* зага́дка; (*for entertainment*) головоло́мка. *v.t.* озада́чи|вать, -ть; прив|оди́ть, -ести́ в недоуме́ние; don't ~ your brains over it не лома́йте себе́ го́лову над э́тим. *v.i.*: he ~d over the problem all night он всю ночь би́лся над э́той зада́чей. *with adv.*: ~ **out** *v.t.* разгада́ть (*pf.*); найти́ (*pf.*) реше́ние +*g.*

**puzzlement** *n.* замеша́тельство.

**pye-dog** *n.* бродя́чая соба́ка, дворня́жка (в Индии).

**pygmy, pigmy** *n.* пигме́й.

**pyjamas** (*Am.* **pajamas**) *n.* пижа́ма; ~ trousers пижа́мные штаны́.

**pylon** *n.* столб, пило́н.

**pylorus** *n.* привра́тник желу́дка, пило́рус.

**Pyongyang** *n.* Пхенья́н.

**pyorrh(o)ea** *n.* пиоре́я.

**pyramid** *n.* (*lit., fig.*) пирами́да.

**pyramidal** *adj.* пирамида́льный, пирами́дный.

**pyre** *n.* погреба́льный костёр.

**Pyrenean** *adj.* пирене́йский.

**Pyrenees** *n.* Пирене́|и (*pl., g.* -ев).

**pyrites** *n.* серни́стые мета́ллы (*m. pl.*).

**pyromania** *n.* пирома́ния.

**pyromaniac** *n.* пирома́н.

**pyrotechnic** *adj.* пиротехни́ческий.

**pyrotechnics** *n.* (*art of making fireworks*) пироте́хника; (*firework display*; *also fig.*) фейерве́рк.

**Pyrrhic** *adj.*: a ~ victory пи́ррова побе́да.

**Pythagoras** *n.* Пифаго́р; ~' theorem теоре́ма Пифаго́ра.

**python** *n.* пито́н.

**pythoness** *n.* пи́фия; вещу́нья.

**pyx** *n.* (*eccl.*) дарохрани́тельница; (*at Royal Mint*) я́щик для про́бной моне́ты.

# Q

**Qatar** *n.* Ка́тар.

**QC** *n.* адвока́т вы́сшего ра́нга.

**QED** (*abbr.*) что и тре́бовалось доказа́ть.

**qua** *prep.* как, в ка́честве +*g.*

**quack**[1] *n.* (*sound*) кря́канье.
    *v.i.* кря́кать (*impf.*).
    *cpd.*: ~-~ *n.* (*coll., duck*) кря-кря́ (*indecl.*).

**quack**[2] *n.* (*bogus doctor etc.*) шарлата́н; ~ medicine шарлата́нское сна́добье/сре́дство.

**quackery** *n.* шарлата́нство.

**quad** (*coll.*) **1.** = QUADRANGLE; **2.** = QUADRUPLET.

**quadrangle** *n.* (*courtyard*) четырёхуго́льный двор.

**quadrangular** *adj.* четырёхуго́льный.

**quadrant** *n.* (*of circle*) квадра́нт; (*instrument*) се́кторный ру́мпель.

**quadraphonic** *adj.* квадрофони́ческий.

**quadratic** *adj.* квадра́тный.

**quadrilateral** *n.* четырёхуго́льник.
    *adj.* четырёхсторо́нний.

**quadrille** *n.* (*dance*) кадри́ль.

**quadroon** *n.* квартеро́н.

**quadruped** *n.* четвероно́гое (живо́тное).

**quadruple** *n.* учетверённое коли́чество.
    *adj.* **1.** (*fourfold*) учетверённый; his income is ~ mine его́ дохо́д бо́льше моего́ в четы́ре ра́за; **2.** (*quadripartite*) четырёхсторо́нний; **3.** (*mus.*): ~ time четырёхча́стный такт.
    *v.t.* учетвер|я́ть, -и́ть.
    *v.i.* увели́чи|ваться, -ться в четы́ре ра́за.

**quadruplets** *n. pl.* четверня́; she gave birth to ~ она́ родила́ четверню́ (*or* четверы́х близнецо́в).

**quadruplicate**[1] *n.*: copy this in ~ напеча́тайте э́то в четырёх экземпля́рах.
    *adj.* четырёхкра́тный.

**quadruplicate**[2] *v.t.* учетвер|я́ть, -и́ть.

**quaff** *v.t. & i.* пить, вы- за́лпом.

**quagmire** *n.* боло́то.

**quail**[1] *n.* пе́репел.

**quail**[2] *v.i.* тру́сить, с-; па́дать (*impf.*) ду́хом.

**quaint** *adj.* причу́дливый, чудно́й, курьёзный; старомо́дный; he has some ~ notions он челове́к со стра́нными поня́тиями.

**quaintness** *n.* причу́дливость, курьёзность.

**quak|e** *n.* (*coll.*, earth~) землетрясе́ние.
    *v.i.* дрожа́ть (*impf.*); содрог|а́ться, -ну́ться; I woke up ~ing with fright я просну́лся, дрожа́ от стра́ха; ~ing-grass трясу́нка.

**Quaker** *n.* ква́кер (*fem.* -ша); (*attr.*) ква́керский.

**qualification** *n.* **1.** (*modification, limiting factor*) ограниче́ние, огово́рка; without ~ безогово́рочно; **2.** (*required quality*) квалифика́ция; **3.** (*description*) оце́нка, характери́стика.

**qualifier** *n.* (*gram.*) определи́тель (*m.*).

**qualif|y** *v.t.* **1.** (*render fit*) де́лать, с- приго́дным; I am not ~ied to advise you я недоста́точно компете́нтен, что́бы дава́ть вам сове́ты; his age ~ies him for the vote по во́зрасту он име́ет пра́во го́лоса; ~ying examination отбо́рочный экза́мен; he is a ~ied doctor он дипломи́рованный врач; **2.** (*limit, modify*) ум|еньша́ть, -е́ньшить; ум|еря́ть, -е́рить; I must ~y my statement я до́лжен сде́лать огово́рку; I gave the idea my ~ied approval я одо́брил э́ту иде́ю с не́которыми огово́рками; **3.** (*describe*) оце́н|ивать, -и́ть; определ|я́ть, -и́ть; adjectives ~y nouns прилага́тельные определя́ют существи́тельные.
    *v.i.*: he will ~y after three years че́рез три го́да он полу́чит дипло́м; will you ~y for a pension? бу́дет ли вам причита́ться пе́нсия?

**qualitative** *adj.* ка́чественный.

**quality** *n.* **1.** (*degree of merit*) ка́чество; of poor ~ ни́зкого ка́чества; a high-~ fabric высокока́чественная ткань; we consider ~ before quantity мы ста́вим ка́чество вы́ше количества; (*excellence*) доброка́чественность; ~ goods высокока́чественные това́ры; **2.** (*faculty, characteristic, attribute*) ка́чество, сво́йство; he has the ~ of inspiring confidence он облада́ет сво́йством внуша́ть дове́рие; he gave us a taste of his ~ он показа́л, на что он спосо́бен; he has many good qualities у него́ мно́го це́нных ка́честв; her voice has a shrill ~ у неё визгли́вый го́лос; **3.** (*high rank*): people of ~; the ~ вы́сшее о́бщество; знать.

**qualm** *n.* **1.** (*queasy feeling*) тошнота́; **2.** (*misgiving*) сомне́ние, колеба́ние; ~s of conscience угрызе́ния (*nt. pl.*) со́вести.

**quandary** *n.* затрудни́тельное положе́ние; I was in a ~ which way to go я был в затрудне́нии (*or* не знал), како́й вы́брать путь.

**quango** *n.* (*coll.*) полуавтоно́мная организа́ция.

**quantify** *v.t.* (*determine quantity of*) определ|я́ть, -и́ть коли́чество +*g.*; (*express as quantity*) выража́ть, вы́разить коли́чественно.

**quantitative** *adj.* коли́чественный.

**quantit|y** *n.* **1.** (*measurable property*) коли́чество; **2.** (*thing having ~y*) величина́; число́; unknown ~y (*math.*) неизве́стное; (*pers.*) челове́к-зага́дка; **3.** (*sum or amount*) до́ля; часть; she buys in small ~ies она́ покупа́ет понемно́гу; (*considerable sum or amount*) большо́е коли́чество; there is a ~y of work left undone оста́лось мно́го недоде́ланной рабо́ты; **4.** (*of vowel*) долгота́.

**quantum** *n.* (*amount*) коли́чество, су́мма; (*phys.*) квант; ~ theory ква́нтовая тео́рия.

**quarantine** *n.* каранти́н; dogs are kept in ~ for 6 months соба́к де́ржат 6 ме́сяцев в каранти́не.
*v.t.* содержа́ть (*impf.*) в каранти́не; поме|ща́ть, -сти́ть в каранти́н.

**quark** *n.* кварк.

**quarrel** *n.* **1.** (*altercation, contention*) ссо́ра; he loves to pick a ~ он лю́бит ссо́риться; they made up their ~ они́ помири́лись; **2.** (*cause for complaint*) по́вод для ссо́ры; I have no ~ with him on that score у меня́ нет к нему́ прете́нзии по э́тому по́воду.
*v.t.* (*contend, dispute*) ссо́риться, по-; (*take issue*) спо́рить, по-; I cannot ~ with his logic я не могу́ не согласи́ться с его́ ло́гикой.

**quarrelsome** *adj.* сварли́вый.

**quarry**¹ *n.* (*object of pursuit; prey*) добы́ча; пресле́дуемый зверь.

**quarr|y**² *n.* (*for stone etc.*) каменоло́мня.
*v.t.* (*extract*) доб|ыва́ть, -ы́ть.
*v.i.* (*fig.*) ры́ться (*impf.*); he has ~ied in the library for his evidence он перры́л библиоте́ку в по́исках доказа́тельств.
*with advs.*: the hillside has been almost ~ied away почти́ весь склон холма́ разрабо́тан; this marble was ~ied out by hand э́тот мра́мор добы́ли вручну́ю.
*cpd.*: ~**man** *n.* каменобо́ец, каменотёс.

**quart** *n.* ква́рта.

**quarter** *n.* **1.** (*fourth part*) че́тверть; (*of hour*): ~ to six без че́тверти шесть; a ~ past six че́тверть седьмо́го; an hour and a ~ час с че́твертью; a ~ of an hour later на пятна́дцать мину́т по́зже; the clock strikes the ~s часы́ бьют ка́ждые пятна́дцать мину́т; (*lunar period*): the first ~ of the moon пе́рвая че́тверть Луны́; (*of year*) кварта́л; (*court of*) ~ sessions суд кварта́льных се́ссий; we pay a ~'s rent in advance мы пла́тим квартпла́ту за (оди́н) кварта́л вперёд; **2.** (*of carcase*) четверти́на (ту́ши); ~s пере́дняя/за́дняя часть; the dog got up on its hind ~s соба́ка вста́ла на за́дние ла́пы; **3.** (*Am. coin*) два́дцать пять це́нтов; **4.** (*her.*) че́тверть (геральди́ческого щита́); **5.** (*measure of grain etc.*) ква́ртер, че́тверть; **6.** (*point of compass*) страна́ све́та; (*fig., direction, place*) ме́сто; the boys came running from every ~ ма́льчики бежа́ли со всех сторо́н; you will get no sympathy from that ~ вы не должны́ ожида́ть сочу́вствия с его́/её стороны́; there is a belief in certain ~s that ... в не́которых круга́х счита́ют, что . . .; **7.** (*district of town*) кварта́л; residential ~ жило́й кварта́л; кварта́л жилы́х домо́в; the Latin Q~ Лати́нский кварта́л **8.** (*pl., lodgings*) каза́рмы (*f. pl.*); кварти́ры (*f. pl.*); the army went into winter ~s а́рмия перешла́ на зи́мние кварти́ры; he took up his ~s with a local family он посели́лся у кого́-то из ме́стных жи́телей; **9.**: at close ~s в те́сном сосе́дстве; вблизи́; they were fighting at close ~s они́ вели́ бли́жний бой; when I saw him at close ~s I was appalled я ужасну́лся, когда́ уви́дел его́ вблизи́; **10.** (*mercy*) поща́да; the enemy was forced to cry ~ врагу́ пришло́сь проси́ть поща́ды; no ~ was asked and none was given никто́ поща́ды не проси́л, никто́ поща́ды не дава́л.
*v.t.* **1.** (*divide into four*) дели́ть, раз- на четы́ре ча́сти; traitors were hanged, drawn and ~ed преда́телей ве́шали и четвертова́ли; (*her.*) дели́ть (*impf.*) (*щит*) на че́тверти; поме|ща́ть, -сти́ть (*новый герб*) в одно́й из четверте́й щита́; **2.** (*put into lodgings*) расквартиро́в|ывать, -а́ть; where are you ~ed? где вы останови́лись/посели́лись?
*cpds.*: ~-**back** *n.* защи́тник; ~-**day** *n.* день, начина́ющий кварта́л; ~-**deck** *n.* квартерде́к; (*fig., officers*) офице́рский соста́в; ~-**final** *n.* четвертьфина́л; ~-**hour** *n.* че́тверть часа́; ~-**hourly** *adv.* ка́ждые че́тверть часа́; ~-**light** *n.* ма́лое боково́е окно́; ~-**master** *n.* квартирме́йстер; Q~master General ≃ генера́льный квартирме́йстер, нача́льник квартирме́истерской слу́жбы; ~master sergeant сержа́нт-квартирме́йстер; ~-**mile** *n.* че́тверть ми́ли; ~-**miler** *n.* бегу́н на че́тверть ми́ли; ~-**tone** *n.* (*mus.*) интерва́л в че́тверть то́на.

**quartering** n. (dividing into four) деле́ние на четы́ре; (lodging) расквартирова́ние; (her.) разделе́ние герба́/щита́.

**quarterly** n. (periodical) ежекварта́льное изда́ние.

adj. кварта́льный; ~ payment покварта́льная вы́плата; вы́плата раз в три ме́сяца.

adv. ежекварта́льно; раз в три ме́сяца; по четвертя́м (го́да).

**quartet(te)** n. кварте́т.

**quarto** n. (size of paper) (ин-)ква́рто (indecl.); (book of ~ sheets) кни́га форма́та ин-ква́рто.

**quartz** n. кварц; (attr.) ква́рцевый.

**quasar** n. кваза́р.

**quash** v.t. (cancel) отмен|я́ть, -и́ть; аннули́ровать (impf., pf.); (crush) подав|ля́ть, -и́ть.

**quasi-** pref. ква́зи-; полу́-.

**quassia** n. (tree) ка́ссия; (drug) отва́р из ка́ссии.

**quatercentenary** n. четырёхсотле́тие.

adj. четырёхсотле́тний.

**quaternary** n. (geol.: ~ system) четверти́чный пери́од.

adj. **1.** (of four parts) состоя́щий из четырёх часте́й; **2.** (geol.) четверти́чный.

**quatrain** n. четверости́шие.

**quatrefoil** n. четырёхли́стник.

**quattrocento** n. кватроче́нто (indecl.); XV (пятна́дцатый) век.

**quaver** n. **1.** (trembling tone) дрожа́ние; there was a ~ in his voice его́ го́лос дрожа́л; **2.** (mus.) восьма́я но́та.

v.i. дрожа́ть (impf.); вибри́ровать (impf.).

**quay** n. прича́л; на́бережная.

cpd.: ~**side** n. при́стань.

**queasiness** n. тошнота́; (fig.) щепети́льность, со́вестливость.

**queasy** adj. **1.** (inclined to sickness) подверженный тошноте́; my stomach feels a little ~ меня́ немно́го тошни́т; he turned ~ at the sight of food ему́ сде́лалось пло́хо при ви́де еды́; **2.** (fig., fastidious, over-scrupulous) щепети́льный, со́вестливый.

**Quebec** n. Квебе́к; (attr.) квебе́кский.

**queen** n. **1.** короле́ва; ~ consort супру́га пра́вящего короля́; ~ dowager вдо́вствующая короле́ва; ~ mother короле́ва-мать; Q~ Anne is dead (prov.) ≃ откры́л Аме́рику!; **2.** (fig.) боги́ня, короле́ва, цари́ца; Q~ of the May короле́ва ма́я; beauty ~ короле́ва красоты́; ~ of cities коро́ль городо́в; царь-го́род; Britain was ~ of the seas А́нглия была́ влады́чицей море́й; **3.** (~ bee, ~ wasp, ~ ant) ма́тка; **4.** (at chess) ферзь (m.), короле́ва; ~'s pawn фе́рзевая пе́шка; **5.** (at cards) да́ма; ~ of hearts черво́нная да́ма; да́ма черве́й; **6.**: Q~'s Bench (hist.) Суд короле́вской скамьи́; Q~'s Counsel адвока́т вы́сшего ра́нга; he can't speak the Q~'s English он не уме́ет пра́вильно говори́ть по-англи́йски; Q~'s evidence обвиня́емый, об-

лича́ющий свои́х соо́бщников; see also KING; **7.** (sl., homosexual) гомосексуали́ст.

v.t. **1.**: she ~ed it over the other girls она́ разы́грывала принце́ссу пе́ред подру́гами; **2.** (chess): ~ a pawn пров|оди́ть, -ести́ пешку в ферзи́.

**queenly** adj. ца́рственный, короле́вский.

**queer** n. (sl., homosexual) педера́ст, (coll.) пе́дик.

adj. (strange, odd) стра́нный; чудакова́тый; he's a ~ customer он стра́нный тип; he is ~ in the head у него́ не все до́ма; (causing suspicion) подозри́тельный, сомни́тельный; he is up to something ~ он замышля́ет что́-то подозри́тельное; he found himself in Q~ Street он попа́л в беду́; (unwell) недомога́ющий; the heat is making me feel ~ мне нехорошо́ от жары́; (homosexual) гомосексуа́льный.

v.t. по́ртить, ис-.

**queerness** n. стра́нность; чудакова́тость.

**quell** v.t. подав|ля́ть, -и́ть.

**quench** v.t. (extinguish) гаси́ть, по-; туши́ть, по-; (slake): ~ one's thirst утол|я́ть, -и́ть жа́жду; (fig., suppress) подав|ля́ть, -и́ть; (tech., cool in water) зака́л|ивать, -и́ть.

**quenchless** adj. неугаси́мый; неутоли́мый.

**quern** n. ручна́я ме́льница.

**querulous** adj. ворчли́вый.

**querulousness** n. ворчли́вость.

**quer|y** n. (question) вопро́с; ~y, where did he go? спра́шивается, куда́ он пошёл?; (question mark) вопроси́тельный знак.

v.t. **1.** (ask, inquire) осв|едомля́ться, -е́домиться; допы́тываться (impf.); **2.** (call in question) выража́ть, вы́разить сомне́ние в +p.; he ~ied my reasons for coming он усомни́лся в причи́нах моего́ прихо́да.

**quest** n. по́иски (m. pl.); the ~ for happiness пого́ня за сча́стьем; he went in ~ of food он отпра́вился на по́иски еды́.

v.i. иска́ть (impf.); разы́скивать (impf.).

**question** n. **1.** (interrogation; problem) вопро́с; stop asking ~s! переста́ньте задава́ть вопро́сы!; I put the ~ to him я за́дал ему́ вопро́с; he popped the ~ (coll.) over dinner он сде́лал ей предложе́ние за у́жином; a leading ~ наводя́щий вопро́с; a good ~! зако́нный/толко́вый вопро́с! beg the ~ исхо́дить (impf.) из того́, что ещё не дока́зано; приводи́ть (impf.) в ка́честве аргуме́нта спо́рное предложе́ние; обходи́ть (impf.) принципиа́льный вопро́с; it is only a ~ of finding the money де́ло то́лько за тем, что́бы раздобы́ть де́ньги; the ~ of the hour злободне́вный вопро́с; the ~ is, can we afford it? вопро́с в том, мо́жем ли мы э́то себе́ позво́лить?; a holiday is out of the ~ об о́тпуске не мо́жет быть и ре́чи; that's not the ~ не в э́том де́ло; the man in ~ челове́к, о кото́ром идёт речь; his wishes do not come into

~ его желания тут ни при чём; the ~ does not arise такого вопроса не возникает; **2.** (*doubt, objection*) сомнение; his statements were called in ~ его заявления были поставлены под сомнение; his veracity is open to ~ его правдивость ещё под вопросом; I make no ~ that you are telling the truth я не сомневаюсь в том, что вы говорите правду; without, beyond ~ бесспорно; he allowed my claims without ~ он удовлетворил мои требования без единого вопроса; there is no ~ but that he will succeed (*or* of his not succeeding) его успех не подлежит сомнению; **3.** (*arch., torture*): the prisoners were put to the ~ заключённых подвергли пытке.

*v.t.* **1.** (*interrogate*) допр|ашивать, -осить; I ~ed him closely on his theory я подробно расспрашивал его о его теории; he is wanted for ~ing by the police полиция разыскивает его для допроса; **2.** (*cast doubt on*) сомнева́ться (*impf.*) в +*p.*; осп|а́ривать, -о́рить. *cpds.*: ~-**mark** *n.* вопросительный знак; ~-**master** *n.* ведущий викторину (*or* в викторине).

**questionable** *adj.* (*doubtful*) сомнительный; ненадёжный; (*disreputable*) сомнительный, подозрительный.

**questioner** *n.* интервьюёр.

**questionnaire** *n.* анкета, вопросник.

**queue** *n.* о́чередь; he was trying to jump the ~ он пыта́лся влезть без о́череди; get to the back of the ~! ста́ньте в о́чередь!
    *v.i.* (*also* ~ **up**) станови́ться (*impf.*) в о́чередь.

**quibbl**|**e** *n.* софи́зм, уве́ртка.
    *v.i.* уви́л|ивать, -ьну́ть; a ~ing argument укло́нчивый до́вод; I won't ~e over 20p я не бу́ду пререка́ться из-за двадцати́ пе́нсов.

**quibbler** *n.* казуи́ст, крючкотво́р.

**quick** *n.* **1.**: the ~ (*arch., live persons*) живы́е (*pl.*); **2.**: he bit his nails to the ~ он искуса́л но́гти до кро́ви; his words cut me to the ~ его́ слова́ заде́ли меня́ за живо́е.
    *adj.* **1.** (*rapid*) бы́стрый, ско́рый; he set off at a ~ pace он пошёл бы́стрым ша́гом; this is the ~est way home э́то са́мая коро́ткая доро́га домо́й; be ~ about it! поторопи́тесь!; живе́й!; he is a ~ worker он бы́стро рабо́тает; there were three shots in ~ succession три вы́стрела разда́лись оди́н за други́м; ~ march! ша́гом — марш!; the soldiers were marching in ~ time солда́ты шли бы́стрым ша́гом; we got there in double ~ time мы добрали́сь туда́ в два счёта; there's just time for a ~ one (*drink*) мы как раз успе́ем пропусти́ть по ма́ленькой; **2.** (*lively, prompt*) бы́стрый; живо́й; (*of mind*) сообрази́тельный, шу́стрый; a ~ child живо́й/сообрази́тельный ребёнок; you need a ~ eye at tennis в те́ннисе ну́жен бы́стрый глаз; he is ~ at figures он бы́стро счита́ет; ~ of foot

подви́жный; he has a ~ temper он вспы́льчив; she is ~ to take offence она́ о́чень оби́дчива.
    *adv.* бы́стро; ~, get a doctor! скоре́е позови́те врача́!; I'll come as ~ as I can я приду́ как то́лько смогу́; she replied, as ~ as lightning она́ отве́тила мгнове́нно.
    *cpds.*: ~-**change** *adj.*: ~-change artist актёр--трансформа́тор; ~-**eared** *adj.* облада́ющий о́стрым слу́хом; ~-**firing** *adj.* скоростре́льный; ~-**freeze** *v.t.* бы́стро замор|а́живать, -о́зить; ~-**frozen** *adj.* быстрозаморо́женный; ~**lime** *n.* негашёная и́звесть; ~**sand(s)** *n.* зыбу́чий песо́к; ~**set** *adj.*: a ~set hedge жива́я и́згородь; ~**silver** *n.* ртуть; (*fig., attr.*) живо́й, подви́жный; ~**step** *n.* (*dance*) куик-сте́п; ~-**tempered** *adj.* вспы́льчивый; ~-**witted** *adj.* смышлёный, нахо́дчивый.

**quicken** *v.t.* (*make quicker*) уск|оря́ть, -о́рить; he ~ed his pace он приба́вил ша́гу; (*stimulate*) возбу|жда́ть, -ди́ть.
    *v.i.* **1.** (*become quicker*) уск|оря́ться, -о́риться; her pulse ~ed её пульс уско́рился/участи́лся; **2.**: the child ~ed in her womb ребёнок шевельну́лся у неё под се́рдцем.

**quickie** *n.* (*coll.*) что́-то сде́ланное на ско́рую ру́ку; (*in quiz*) кра́ткий вопро́с.

**quickness** *n.* быстрота́; (*of eye, ear etc.*) острота́; (*of hand*) прово́рство; (*of mind*) сообрази́тельность; (*of temper*) вспы́льчивость.

**quid**[1] *n.* (*coll., £1*) фунт (сте́рлингов).

**quid**[2] *n.* (*of tobacco*) кусо́к прессо́ванного табака́.

**quid pro quo** *n.* услу́га за услу́гу.

**quiescence** *n.* неподви́жность; безде́йствие.

**quiescent** *adj.* неподви́жный; безде́йствующий; дре́млющий.

**quiet** *n.* (*stillness, silence*) тишина́; absolute ~ reigned цари́ло по́лное споко́йствие; (*repose*) поко́й, споко́йствие, мир; I was glad to have an hour's ~ я был рад ча́су поко́я; there is peace and ~ in the countryside в дере́вне тишина́ и поко́й.
    *adj.* **1.** (*making little or no sound*) ти́хий; бесшу́мный; ~ footsteps неслы́шные/бесшу́мные шаги́; a ~ car бесшу́мная маши́на; a ~ room ти́хий но́мер; be ~! помолчи́те!; can't you keep ~? не мо́жете ли вы помолча́ть?; this will keep him ~ for a bit э́то его́ на вре́мя утихоми́рит; the baby was ~ at last наконе́ц младе́нец ути́х; **2.** (*making little motion*) ти́хий; неподви́жный; a ~ sea споко́йное мо́ре; **3.** (*undisturbed*) споко́йный; ми́рный; we had a ~ night ночь прошла́ споко́йно; now I can go to bed with a ~ mind тепе́рь я могу́ спать споко́йно; **4.** (*of gentle or inactive disposition*) споко́йный; ти́хий; **5.** (*unobtrusive*) нея́ркий; ~ colours приглушённые/споко́йные цвета́; a ~ dress скро́мное/нея́ркое пла́тье; **6.** (*private; concealed*)

та́йный; скры́тый; keep it ~! об э́том мол-
чо́к!; on the ~ (*secretly*) тайко́м; втихомо́лку;
(*in confidence*) под секре́том; **7.** (*informal,
unostentatious*) скро́мный.

    *v.t.* успок|а́ивать, -о́ить.

    *int.* ти́ше!

**quieten** *v.t. & i.* (*also* ~ **down**) успок|а́ивать(ся),
-о́ить(ся).

**quietism** *n.* квиети́зм.

**quietist** *n.* квиети́ст; (*attr., also* ~**ic**) квиети́-
ческий.

**quietness** *n.* (*stillness*) тишина́; (*repose*) поко́й;
(*of manner, character*) невозмути́мость,
спокойствие.

**quietude** *n.* (*liter.*) поко́й, споко́йствие.

**quietus** *n.* (*arch., death*) кончи́на; he received his
~ ему́ пришёл коне́ц; give the ~ to положи́ть
(*pf.*) коне́ц +*d.*

**quiff** *n.* чёлка; (*tuft*) зачёс.

**quill** *n.* (*feather*) пти́чье перо́; (~ pen) гуси́ное
перо́; (*of porcupine*) игла́ (дикобра́за).

**quilt** *n.* стёганое одея́ло.

    *v.t.* стега́ть, вы́-/про-; a ~ed dressing-gown
стёганый хала́т.

**quin** (*coll.*) = QUINTUPLET.

**quince** *n.* (*fruit, tree*) айва́; (*attr.*) айво́вый.

**quin|centenary, -gentenary** *nn.* пятисотле́тие.

**quinine** *n.* хини́н.

**quinquagenarian** *n.* челове́к пяти́десяти лет.

    *adj.* пятидесятиле́тний.

**quinquennial** *adj.* пятиле́тний.

**quinquennium** *n.* пятиле́тие.

**quinsy** *n.* флегмоно́зная анги́на.

**quintal** *n.* це́нтнер, квинта́л.

**quintessence** *n.* квинтэссе́нция.

**quintessential** *adj.* наибо́лее суще́ственный;
коренно́й.

**quintet(te)** *n.* квинте́т.

**quintuple** *n.* пятикра́тное коли́чество.

    *adj.* пятикра́тный.

    *v.t. & i.* увели́чи|вать(ся), -ть(ся) в пять раз.

**quintuplet** *n.* оди́н из пяти́ близнецо́в.

**quip** *n.* остро́та, кра́сное словцо́.

    *v.i.* остри́ть, с-.

**quire**[1] *n.* (*of paper*) десть.

**quire**[2] *see* CHOIR.

**quirk** *n.* (*oddity*) причу́да; through some ~ of
fate по капри́зу судьбы́; (*flourish*) завито́к,
вы́верт.

**quirky** *adj.* с причу́дами.

**quisling** *n.* кви́слинг, преда́тель (*m.*).

**quit** *adj.*: we are ~ of the obligation мы
свобо́дны от обяза́тельства; we are well ~ of
him к сча́стью, мы от него́ изба́вились.

    *v.t.* **1.** (*leave*) ост|авля́ть, -а́вить; **2.** (*coll.,
stop*) прекра|ща́ть, -ти́ть; бр|оса́ть, -о́сить;
the men ~ work рабо́чие прекрати́ли рабо́ту;
(*Am.*): ~ grumbling! бро́сьте ворча́ть!; **3.**: ~
(*acquit*) o.s. вести́ (*impf.*) себя́.

    *v.i.* **1.** (*leave premises, job etc.*): the tenant was

asked to ~ жильца́ попроси́ли съе́хать с
кварти́ры; the maid was given notice to ~
го́рничную предупреди́ли об увольне́нии; **2.**
(*leave off*) перест|ава́ть, -а́ть.

**quite** *adv.* **1.** (*entirely*) совсе́м, соверше́нно,
вполне́; I ~ agree я вполне́ согла́сен; ~ right!
соверше́нно ве́рно!; ~ so!; ~! безусло́вно!,
несомне́нно!, ве́рно!, (вот) и́менно!; have you
~ finished? ну, вы ко́нчили?; this is ~ the best
book э́то безусло́вно са́мая хоро́шая кни́га;
that is ~ another matter э́то совсе́м друго́е
де́ло; pink is ~ the thing this year ро́зовый
цвет мо́ден в э́том году́; it's not ~ the thing (to
do) э́то не совсе́м при́нято; I am not ~ myself
today я немно́го не в себе́ сего́дня; **2.** (*to a
certain extent*) дово́льно, вполне́; it is ~ cold
here здесь дово́льно хо́лодно; I ~ like cycling
я не прочь поката́ться на велосипе́де; it took
me ~ a long time э́то о́тняло у меня́ дово́льно
мно́го вре́мени; ~ a few дово́льно мно́го;
нема́ло.

**Quito** *n.* Ки́то (*m. indecl.*).

**quits** *pred. adj.*: I will be ~ with you yet я ещё с
ва́ми расквита́юсь; now we are ~ тепе́рь мы
кви́ты; he decided to cry ~ он реши́л пойти́ на
мирову́ю.

**quittance** *n.* освобожде́ние.

**quitter** *n.* (*coll.*) (*coward*) трус; (*shirker*)
прогу́льщик.

**quiver**[1] *n.* (*for arrows*) колча́н.

**quiver**[2] *n.* (*vibration*) дрожь.

    *v.i.* дрожа́ть, за-; трясти́сь, за-.

*qui vive* *n.*: on the ~ наготове, начеку́, на-
стороже́.

**Quixote** *n.*: Don ~ Дон-Кихо́т; (*as generic*)
донкихо́т.

**quixotic** *adj.* донкихо́тский.

**quiz** *n.* (*interrogation*) опро́с; (*test of knowledge*)
се́рия вопро́сов; (*entertainment*) викторина.

    *v.t.* (*interrogate*) выспра́шивать, вы́спро-
сить; (*make fun of*) подшу́|чивать, -ти́ть над
+*i.*; (*regard with curiosity*) разгля́д|ывать,
-е́ть.

    *cpd.*: ~-**master** *n.* веду́щий виктори́ну (*or* в
виктори́не).

**quizzical** *adj.* насме́шливый, ирони́ческий.

**quod** *n.* (*prison*) тюря́га (*sl.*).

**quoin** *n.* углово́й ка́мень кла́дки.

**quoit** *n.* мета́тельное кольцо́; ~s (*game*)
мета́ние коле́ц в цель.

**quondam** *adj.* (*liter.*) бы́вший, пре́жний.

**quorum** *n.* кво́рум.

**quota** *n.* кво́та, но́рма.

**quotable** *adj.* досто́йный повторе́ния.

**quotation** *n.* **1.** (*quoting*) цити́рование; ~
marks кавы́ч|ки (*pl., g.* ек); double ~
marks кавы́чки в два штриха́; (*passage
quoted*) цита́та; **2.** (*estimate of cost*) цена́,
расце́нка.

**quot|e** *n.* **1.** (*coll., quotation*) цита́та; **2.** (*pl., coll.,* *quotation marks*) кавы́ч|ки (*pl., g.* -ек).

*v.t.* **1.** (*repeat words of*) цити́ровать, про-; he is always ~ing Shakespeare он всегда́ цити́рует Шекспи́ра; can I ~e you on that? могу́ ли я сосла́ться на ва́ши слова́?; '~ . . . unquote' «откры́ть кавы́чки . . . закры́ть кавы́чки»; **2.** (*adduce*) ссыла́ться, сосла́ться на +*a.*; can you ~ an instance? мо́жете ли вы привести́ приме́р?; **3.**: ~ a price назн|ача́ть, -а́чить це́ну; this is the best price I can ~ you э́то

самая лу́чшая цена́, каку́ю я могу́ вам предложи́ть.

**quoth** *v.t.* (*arch., pret.*) промо́лвил.

**quotidian** *n.* ( ~ fever) маляри́я с ежедне́вными при́ступами.

*adj.* ежедне́вный.

**quotient** *n.* ча́стное; intelligence ~ коэф-фицие́нт врождённых у́мственных спосо́б-ностей.

**q.v.** см(отри́) (*там-то*).

# R

**R** *n.*: the three ~s ≃ азы́ (*m. pl.*) нау́ки.

**rabbi** *n.* равви́н.

**rabbinical** *adj.* равви́нский.

**rabbit** *n.* **1.** (*rodent*) кро́лик; ~ punch позаты́льник; **2.** (*poor performer at game*) мази́ла (*c.g.*), слаба́к (*coll.*); **3.**: Welsh ~ (*also* rarebit) грено́к с сы́ром; breed like ~s раз-множа́ться (*impf.*) как кро́лики.

*v.i.* **1.** (*hunt ~s*) охо́титься (*impf.*) на за́йцев; **2.** (*babble*) трепа́ться (*impf.*) (*coll.*).

*cpds.*: ~-**hole** *n.* кро́личья нора́; ~-**hutch** *n.* кро́личья кле́тка; ~-**warren** *n.* крольча́тник; (*fig.*) лабири́нт.

**rabble** *n.* сброд, чернь.

**Rabelaisian** *adj.* раблезиа́нский.

**rabid** *adj.* **1.** (*affected with rabies*) бе́шеный, больно́й водобоя́знью; **2.** (*furious, violent*) бе́шеный, я́ростный; **3.** (*extremist*): a ~ social-ist оголте́лый социали́ст.

**rabies** *n.* бе́шенство, водобоя́знь.

**raccoon** *see* RACOON.

**race¹** *n.* **1.** (*contest*) бег на ско́рость, го́нка; забе́г; (horse-)~s ска́чки (*f. pl.*); ~ walker скорохо́д; how many horses are in the first ~? ско́лько лошаде́й уча́ствует в пе́рвом забе́ге?; a racing man завсегда́тай тотализа́тора; let's have a ~ дава́й побежи́м наперегонки́; it was a ~ against time вре́мени бы́ло в обре́з; (*fig.*): his ~ is almost run его́ жизнь бли́зится к зака́ту; **2.** (*swift current*) бы́стрый пото́к.

*v.t.* **1.** (*compete in speed with*): I'll ~ you to the corner посмо́трим, кто быстре́е добежи́т до угла́; **2.** (*cause to compete in ~*): how often do you ~ your horses? как ча́сто ва́ши ло́шади уча́ствуют в ска́чках?; **3.** (*cause to move fast*): they ~d the bill through они́ в спе́шном поря́дке протащи́ли билль че́рез парла́мент; ~ an engine форси́ровать (*impf., pf.*) дви́гатель; перегру|жа́ть, -зи́ть мото́р.

*v.i.* **1.** (*compete in speed*) состяза́ться (*impf.*) в ско́рости; **2.** (*participate in horse-racing*) уча́ствовать (*impf.*) в ска́чках; **3.** (*move at*

*speed*) нести́сь (*impf.*); мча́ться, по-; the prop-eller was racing пропе́ллер сли́шком рас-крути́лся.

*cpds.*: ~-**card** *n.* програ́мма ска́чек; ~ **course** *n.* ипподро́м; ~ **horse** *n.* скакова́я ло́шадь; ~-**meeting** *n.* день (*m.*) ска́чек; ~-**track** *n.* доро́жка, трек.

**race²** *n.* пле́мя (*nt.*), род; the human ~ род людско́й; a ~ apart осо́бая ра́са; (*breed*) род, поро́да; (*descent*) происхожде́ние; (*ethnic*) ра́са; (*attr.*) ра́совый.

**raceme** *n.* гроздь (*m.*), кисть.

**racer** *n.* (*pers.*) го́нщик, (*rider*) нае́здник; (*horse*) скакова́я ло́шадь; (*car, yacht etc.*) го́ночная маши́на/я́хта и т.п.

**rachitic** *adj.* рахити́чный.

**racial** *adj.* ра́совый.

**raci|alism, -sm** *nn.* раси́зм.

**raci|alist, -st** *nn.* раси́ст.

**raciness** *n.* острота́, пря́ность, те́рпкость.

**racis|m, -t** *see* RACIALIS|M, -T.

**rack¹** *n.* **1.** (*frame*) сто́йка с по́лками; стелла́ж; (*for fodder*) я́сл|и (*pl., g.* -ей); (*plate-* ~) под-ста́вка для посу́ды; (*hat-* ~) ве́шалка; (*luggage-* ~ *for travellers*) се́тка (*в ваго́не, авто́бусе*); **2.** (*toothed bar*) зубча́тая ре́йка; ~(-and-pinion) railway зубча́тая желе́зная доро́га.

**rack²** *n.* (*instrument of torture*) ды́ба; he was put on the ~ (*lit.*) его́ вздёрнули на ды́бу; I was on the ~ (*fig.*) all the time he was away всё вре́мя, что его́ не́ было, я был как на иго́лках.

*v.t.* **1.** (*torture*) му́чить, из-; терза́ть, ис-; he was ~ed with pain он ко́рчился от бо́ли; (*fig.*): I ~ed my brains for an answer я лома́л го́лову над отве́том; **2.** (*shake violently*): the cough ~ed his whole body всё его́ те́ло сотряса́лось от ка́шля; **3.** (*exact excessive rent from*) драть (*impf.*); об|дира́ть, -одра́ть.

*cpd.*: ~-**rent** *n.* граби́тельская аре́ндная/кварти́рная пла́та.

**rack³** (*also* **wrack**) *n.* (*drifting clouds*) несу́щиеся облака́.

**rack**[4] (*also* **wrack**) *n.* (*destruction*): everything went to ~ and ruin всё пошло́ пра́хом.

**rac|ket**[1], **-quet** *n.* **1.** (*for tennis etc.*) раке́тка; **2.**: squash ~s сквош.

*cpd.*: ~-**press** *n.* зажи́м для раке́тки.

**racket**[2] *n.* **1.** (*din, uproar*) шум, гам, гро́хот; **2.** (*hectic activity*) го́нка, горя́чка, сумато́ха; (*social*) вихрь (*m.*) удово́льствий; разгу́л, прожига́ние жи́зни; **3.**: I could never stand the ~ (*pace*) я бы не вы́держал тако́го те́мпа жи́зни; I refused to stand the ~ (*take the blame*) я отказа́лся отвеча́ть за э́то; **4.** (*coll., dishonest scheme or system*) жу́льническое предприя́тие, надува́тельство, афе́ра; (*extortion*) вымога́тельство.

*v.i.* (*usu.* ~ **about**) (*lead gay life*) весели́ться (*impf.*); пуска́ться (*impf.*) в разгу́л; (*move noisily*) шуме́ть (*impf.*).

**racketeer** *n.* афери́ст, рэкети́р.

**raconteur** *n.* хоро́ший расска́зчик.

**rac|oon, -coon** *n.* ено́т.

**racquet** *see* RACKET[1].

**racy** *adj.* (*piquant, lively*) о́стрый, пря́ный; а ~ style бо́йкий/я́ркий стиль; а ~ flavour те́рпкий при́вкус; ~ of the soil самобы́тный, кондо́вый.

**radar** *n.* (*system*) радиолока́ция; (*apparatus*) радиолока́тор, рада́р; (*attr.*) рада́рный, радиолокацио́нный.

**raddle** *n.* кра́сная о́хра.

*v.t.*: ~d cheeks нарумя́ненные щёки.

**radial** *adj.* радиа́льный; (*anat.*) лучево́й.

**radiance** *n.* сия́ние, блеск; the sun's ~ со́лнечное сия́ние.

**radiant** *adj.* **1.** (*lit., fig.*) сия́ющий; she was ~ with youth она́ блиста́ла мо́лодостью; she was ~ with happiness она́ сия́ла от сча́стья; he is in ~ health он пы́шет здоро́вьем; **2.** (*transmitted by radiation*) лучи́стый; ~ heat теплово́е излуче́ние.

**radiate** *v.t. & i.* излуч|а́ть(ся), -и́ть(ся); (*fig.*): his face ~d happiness его́ лицо́ свети́лось ра́достью.

**radiation** *n.* радиа́ция, излуче́ние; ~ treatment радиотерапи́я; ~ sickness лучева́я боле́знь; (*fig.*) сия́ние.

**radiator** *n.* (*heating device*) батаре́я, радиа́тор; (*portable*) электронагрева́тель (*m.*), рефле́ктор; (*of car*) радиа́тор.

**radical** *n.* (*math., philol.*) ко́рень (*m.*); (*pol.*) радика́л.

*adj.* (*fundamental*) коренно́й; (*pol.*) радика́льный; (*math.*) относя́щийся к ко́рню; (*philol., bot.*) корнево́й.

**radicalism** *n.* радикали́зм.

**radio** *n.* (*means of communication*) ра́дио (*indecl.*); (*broadcasting system*) радиовеща́ние; (*receiving/transmitting apparatus*) радиоприёмник/радиопереда́тчик; (*message sent by* ~) радиогра́мма; ~ beacon радиомая́к; ~

compass радиоко́мпас; ~ direction finding радиопеленга́ция; ~ programme радиопереда́ча; ~ silence радиомолча́ние.

*v.t.* **1.** (*send by* ~) перед|ава́ть, -а́ть (по ра́дио); **2.** (*contact by* ~) ради́ровать (*pf.*) +*d.*

**radioactive** *adj.* радиоакти́вный.

**radioactivity** *n.* радиоакти́вность.

**radiocarbon** *n.* радиоакти́вный углеро́д; ~ dating датиро́вка радиоуглеро́дным ме́тодом.

**radiogram** *n.* (*picture*) рентгеногра́мма; (*telegram*) радиогра́мма; (*gramophone with radio*) радио́ла.

**radiograph** *n.* (*instrument*) актино́метр.

**radiographic** *adj.* радиографи́ческий.

**radiography** *n.* радиогра́фия.

**radiolocation** *n.* радиолока́ция.

**radiologist** *n.* радио́лог, рентгено́лог.

**radiotherapy** *n.* лучева́я терапи́я.

**radish** *n.* реди́ска.

**radium** *n.* ра́дий.

**radius** *n.* ра́диус; (*anat.*) лучева́я кость; within a ~ of в ра́диусе +*g.*

**radix** *n.* основа́ние систе́мы счисле́ния.

**radome** *n.* (*av.*) ко́жух/обтека́тель (*m.*) анте́нны.

**RAF** *n.* (*abbr.*) ВВС Великобрита́нии (*f. pl.*).

**raffia** *n.* ра́фия.

**raffish** *adj.* (*dissipated*) беспу́тный; (*in appearance*) потрёпанный.

**raffle** *n.* лотере́я.

*v.t.* (*also* ~ **off**) разы́гр|ывать, -а́ть в лотере́е.

**raft** *n.* (*сплавно́й*) плот.

**rafter** *n.* стропи́ло.

**raftsman** *n.* спла́вщик ле́са; (*ferryman*) паро́мщик.

**rag**[1] *n.* **1.** (*small, esp. torn, piece of cloth*) тря́пка, лоску́т; they tore his shirt to ~s они́ разорва́ли его́ руба́шку в кло́чья; (*pl., torn or tattered clothing*) лохмо́ть|я (*pl., g.* -ев); отре́пья (*nt. pl.*); he went about in ~s он ходи́л, как обо́рванец; his coat is in ~s его́ пальто́ изно́шено до дыр; **2.** (*pej. or joc., garment*) тря́пки (*f. pl.*); I haven't a ~ to wear мне соверше́нно не́чего наде́ть; the ~ trade (*coll.*) шве́йная промы́шленность; glad ~s (*coll.*) пара́дное облаче́ние; **3.** (*pej., newspaper*) газетёнка; **4.** (*fig., shred, scrap*) обры́вки, оста́тки (*both m. pl.*); he couldn't provide a ~ of evidence он не мог привести́ ни мале́йшего доказа́тельства; the meat was cooked to ~s мя́со соверше́нно вы́варилось.

*cpds.*: ~-(**and-bone-**)**man** *n.* старьёвщик; ~**bag** *n.* (*fig.*) мешо́к для лоскуто́в; (*fig.*) вся́кая вся́чина; ~-**doll** *n.* тряпи́чная ку́кла; ~-**paper** *n.* тряпи́чная бума́га; ~-**picker** *n.* старьёвщик; ~**tag** (**and bobtail**) *n.* подо́нки (*m. pl.*), сброд; ~**time** *n.* регтайм.

**rag**[2] *n.* (*students' prank*) подтру́ннивание, прока́зы (*f. pl.*).

*v.t.* (*play prank on*; *tease*) разы́гр|ывать, -а́ть; изводи́ть (*impf.*); he took a lot of ~ging at school в шко́ле его́ здо́рово изводи́ли.

**ragamuffin** *n.* оборва́нец.

**rag|e** *n.* **1.** (*violent anger*) я́рость, гнев; he flew into a ~e он пришёл в я́рость; (*fig.*): the ship was exposed to the full ~e of the storm кора́бль испыта́л всю я́рость бу́ри; **2.** (*dominant fashion*): short skirts were all the ~e коро́ткие ю́бки бы́ли тогда́ после́дним кри́ком мо́ды.

*v.i.*: he ~ed at his wife он наки́нулся на свою́ жену́; the wind ~ed all day ве́тер бушева́л весь день; a ~ing torrent бушу́ющий пото́к; a ~ing thirst мучи́тельная жа́жда.

**ragged** *adj.* **1.** (*torn, frayed*) рва́ный, потрёпанный; (*wearing torn clothes*) обо́рванный; **2.** (*rough or uneven in outline*): a ~ beard косма́тая борода́; ~ clouds рва́ные облака́; **3.** (*wanting polish or uniformity*): their singing is ~ они́ пою́т нестро́йно.

**raglan** *n.* пальто́(*indecl.*)-регла́н.

**ragout** *n.* рагу́ (*nt. indecl.*).

**raid** *n.* налёт, набе́г, рейд; he was killed during a ~ on London он был уби́т во вре́мя налёта на Ло́ндон; the police made a ~ on the club поли́ция нагря́нула в клуб; there was a ~ on the bank произошло́ ограбле́ние ба́нка; there was a ~ on sterling была́ сде́лана попы́тка подорва́ть курс фу́нта; the boys made a ~ on the pantry мальчи́шки зале́зли в чула́н с проду́ктами.

*v.t.*: our bombers ~ed Hamburg на́ши бомбардиро́вщики соверши́ли налёт на Га́мбург; the flat was ~ed in his absence в его́ отсу́тствие кварти́ру огра́били; he had to ~ his savings ему́ пришло́сь воспо́льзоваться ча́стью свои́х сбереже́ний.

**raider** *n.* (*av.*) уча́стник налёта; (*criminal*) налётчик, граби́тель (*m.*).

**rail**[1] *n.* (*bar for protection, support etc.*) перекла́дина, ре́йка; (*of staircase*) пери́л|а (*pl., g.* —); ~ fence огра́да; the horse was forced to the ~s ло́шадь оказа́лась прижа́той к огра́де (ипподро́ма); they were leaning over the ship's ~ они́ стоя́ли, облокоти́вшись о борт па́лубы; **2.** (*of railway or tram track*) рельс; live ~ конта́ктный рельс; the train ran off the ~s по́езд сошёл с ре́льсов; (*fig.*): after his wife's death he went off the ~s он был соверше́нно вы́бит из колеи́ сме́ртью жены́; (*railway transport*): by ~ по́ездом; ~ fares are going up сто́имость прое́зда по желе́зной доро́ге повыша́ется.

*v.t.*: ~ **in** огор|а́живать, -оди́ть; ~ **off** отгор|а́живать, -оди́ть.

*cpds.*: ~**car** *n.* дрези́на; ~**head** *n.* коне́чная/вы́грузочная ста́нция; ~**road** *n.* (*Am.*) желе́зная доро́га; *v.t.* (*coll.*): they were ~roaded into agreement их с хо́ду втяну́ли в соглаше́ние; the bill was ~roaded through the House билль протащи́ли че́рез парла́мент; ~**way** *n.* (*track, system, company*) желе́зная доро́га; model ~way игру́шечная желе́зная доро́га; (*attr.*) железнодоро́жный; ~**wayman** *n.* железнодоро́жник.

**rail**[2] *v.i.* (*liter.*) руга́ться (*impf.*); he ~ed at me он стал на меня́ ора́ть; it's no use ~ing against the system како́й смысл поноси́ть систе́му?

**railing(s)** *n.* и́згородь, огра́да.

**raillery** *n.* (доброду́шное) подтру́нивание/подшу́чивание.

**raiment** *n.* (*liter.*) одея́ние.

**rain** *n.* дождь (*m.*); I was caught in the ~ я попа́л под дождь; don't go out in the ~ не выходи́те под дождь; I think I felt a drop of ~ вро́де начина́ет накра́пывать; a shower of ~ ли́вень (*m.*); a light ~ was falling мороси́л дожди́к; let's have a drink to keep the ~ out что-то ста́ло холода́ть, не пора́ ли нам подда́ть?; ~ or shine в любу́ю пого́ду; as right as ~ в по́лном поря́дке; the ~s start in July дожди́ начина́ются в ию́ле; a ~ of bullets град пуль; a ~ of congratulations пото́к поздравле́ний.

*v.t.*: it is ~ing cats and dogs льёт как из ведра́; (*fig.*): she ~ed blows on his head она́ колоти́ла его́ по голове́.

*v.i.*: it is ~ing дождь идёт; it was ~ing hard шёл си́льный/проливно́й дождь; it never ~s but it pours пришла́ беда́ — отворя́й ворота́; (*fig.*): tears ~ed down her cheeks слёзы гра́дом кати́лись по её щека́м.

*with advs.*: ~ **in** *v.i.*: it is ~ing in under the door дождь подтека́ет под дверь; ~ **off** *v.t.*: the match was ~ed off матч был со́рван из-за дождя́; ~ **out** *v.t.*: the storm ~ed itself out гроза́ отбушева́ла и улегла́сь.

*cpds.*: ~**bow** *n.* ра́дуга; her dress was all the colours of the ~bow её пла́тье отлива́ло все́ми цвета́ми ра́дуги; ~**-cloud** *n.* ту́ча; ~**-coat** *n.* плащ; ~**-drop** *n.* ка́пля дождя́; ~**-fall** *n.* оса́д|ки (*pl., g.* -ов); ~**-gauge** *n.* дождеме́р; ~**-maker** *n.* ≃ шама́н/колду́н, наклика́ющий дождь; ~**proof** *adj.* непромока́емый; ~**storm** *n.* гроза́; ~**-water** *n.* дождева́я вода́; ~**wear** *n.* непромока́емая оде́жда и о́бувь.

**rainy** *adj.* дождли́вый; you should save for a ~ day вы должны́ откла́дывать на чёрный день.

**raise** *n.* (*Am., rise in salary*) приба́вка; (*increase in stake or bid*) повыше́ние.

*v.t.* **1.** (*lift*; *cause to rise*) подн|има́ть, -я́ть; the anchor was ~d я́корь был по́днят; he barely ~d his eyes он почти́ не поднима́л глаз; will all in favour ~ their hand все, кто «за», подними́те ру́ки; he ~d his hat он приподня́л шля́пу; the ship was ~d from the sea-bed кора́бль был по́днят со дна; a little yeast will ~ the dough что́бы те́сто подня́ло́сь, ну́жно немно́го дрожже́й; (*make higher*) пов|ыша́ть, -ы́сить; I ~d the temperature to 80° я повы́сил температу́ру до 80°; the government ~d the duty on tobacco прави́тельство повы́сило по́шлину на таба́к; the news ~d my hopes изве́стие укрепи́ло мои́ наде́жды; the stakes were ~d ста́вки бы́ли повы́шены; I'll ~ you я повыша́ю ста́вку; (*make louder, more vehement*): don't ~ your voice не повыша́йте го́лоса; voices were ~d in anger раздали́сь гне́вные голоса́; (*cause to stand*): I ~d him from his knees я помо́г ему́ подня́ться с коле́н; (*arouse*): the heat ~d blisters on his skin от жары́ он весь покры́лся волдыря́ми; the carriage ~d a cloud of dust каре́та подняла́ о́блако пы́ли; Lazarus was ~d from the dead Ла́зарь был воскрешён из мёртвых; (*fig.*): he ~d Cain, hell он устро́ил стра́шный сканда́л; (*elevate*): he was ~d to the peerage его́ произвели́ в пэ́ры; (*erect*): they ~d the standard of revolt они́ по́дняли флаг восста́ния; a monument was ~d to his memory ему́ был воздви́гнут па́мятник; 2. (*bring up*): may I ~ one question? мо́жно мне зада́ть вопро́с?; the issue will never be ~d э́тот вопро́с никогда́ не бу́дет по́днят; several objections were ~d бы́ло сде́лано не́сколько возраже́ний; (*evoke*): his words hardly ~d a laugh почти́ никто́ не засмея́лся в отве́т; this ~d a blush on her cheek э́то заста́вило её покрасне́ть; you ~d a doubt in my mind вы зарони́ли мне в ду́шу сомне́ние; (*summon up*): I couldn't ~ a smile я не мог себя́ заста́вить улыбну́ться; he could hardly ~ the energy to get up он е́ле собра́лся с си́лами, что́бы встать; 3. (*give voice to*): she ~d the alarm она́ подняла́ трево́гу; they ~d a hue and cry они́ ста́ли звать на по́мощь; 4. (*collect, procure*): she ~d money for charity она́ собрала́ де́ньги на благотвори́тельные це́ли; I tried to ~ a loan я попыта́лся взять де́ньги в долг; he couldn't ~ enough money for a meal он не смог раздобы́ть доста́точно де́нег, что́бы пое́сть; (*levy*): the king ~d an army коро́ль собра́л а́рмию; 5. (*rear*): they ~d a family они́ вы́растили дете́й; sheep are ~d on the downs ове́ц разво́дят в холми́стых райо́нах; (*grow, cultivate*): he ~d a fine crop of turnips он вы́растил хоро́ший урожа́й ре́пы; 6. (*siege etc.*) сн|има́ть, -я́ть.

**raisin** *n.* изю́минка; (*pl., collect.*) изю́м.

**raison d'être** *n.* смысл, разу́мное основа́ние.

**raj** *n.* (*hist.*) брита́нское правле́ние в Инди́и.

**rajah** *n.* ра́джа (*m.*).

**rake¹** *n.* (*implement*) гра́бл|и (*pl., g.* -ей); croupier's ~ лопа́точка крупье́; as thin as a ~ худо́й как ще́пка.

*v.t.*: he ~d the soil level он разрыхли́л грунт; the paths were ~d clean доро́жки бы́ли расчи́щены; (*fig.*): the guns ~d the ship су́дно бы́ло обстре́ляно продо́льным огнём.

*v.i.* (*fig.*): he ~d among his papers он

перевороши́л свои́ бума́ги.

*with advs.*: ~ **in** *v.t.*: he ~d in the money (*fig.*) он загреба́л де́ньги лопа́той; ~ **out** *v.t.* выгреба́ть, вы́грести; she ~d out the ashes она́ вы́гребла пе́пел; ~ **together** *v.t.* сгре|ба́ть, -сти́ в ку́чу; ~ **up** *v.t.* сгре|ба́ть, -сти́; (*fig.*): why ~ up an old quarrel? заче́м вороши́ть ста́рую ссо́ру?

*cpd.*: ~-**off** *n.* (*coll.*) магары́ч; комисси́онные (*pl.*).

**rake²** *n.* (*arch., dissolute person*) пове́са (*m.*), распу́тни|к (*fem.* -ца).

**rake³** *n.* (*slope*) у́гол накло́на.

*v.t.*: the ship's funnels are ~d тру́бы корабля́ устано́влены накло́нно.

**rakish** *adj.* (*jaunty*) щеголева́тый; у́харский; his hat was set at a ~ angle он носи́л ша́пку (ли́хо) набекре́нь.

**rallentando** *n., adj. & adv.* раллента́ндо.

**rall|y** *n.* 1. (*assembly*) сбор, слёт, ми́тинг; 2. (*recovery, revival*) восстановле́ние сил; попра́вка; 3. (*at tennis etc.*) переки́дка.

*v.t.* 1. (*reassemble*) соб|ира́ть, -ра́ть (в строй); спл|а́чивать, -оти́ть; 2. (*revive*): his words ~ied their spirits его́ слова́ воодушеви́ли их; 3. (*chaff*) поддра́зн|ивать, -и́ть.

*v.i.* 1. (*reassemble*) соб|ира́ться, -ра́ться; спл|а́чиваться, -оти́ться; they ~ied round the leader они́ сплоти́лись вокру́г вождя́; they ~ied to the cause де́ло сплоти́ло их; 2. (*revive*): he ~ied from his illness он опра́вился от боле́зни; the market ~ied ры́нок воспря́нул.

**ram** *n.* 1. (*male sheep*) бара́н; 2. (*astron.*: the R~) Ове́н; 3. (*battering-* ~) тара́н.

*v.t.* 1. (*drive or compress by force*): stakes were ~med into the ground ко́лья бы́ли вби́ты в зе́млю; the soil was ~med down грунт был утрамбо́ван; he ~med his clothes into a drawer он запихну́л свою́ оде́жду в я́щик (комо́да); (*fig.*): he ~med the point home он вдолби́л им свою́ мысль; why do you ~ my faults down my throat? заче́м вы мне ты́чете мои́ми недоста́тками?; 2. (*strike with force*): the ship ~med the bridge (*by accident*) кора́бль наскочи́л на мост; he ~med the enemy flagship он протара́нил фла́гман проти́вника.

*cpds.*: ~-**jet** *n.* самолёт с прямото́чным возду́шно-реакти́вным дви́гателем; ~-**rod** *n.* шо́мпол.

**rambl|e** *n.* прогу́лка.

*v.i.* 1. (*walk for pleasure*) прогу́л|иваться, -я́ться; 2. (*of plants*) ползти́, ви́ться (*both impf.*); 3. (*fig., of speech or writing*) болта́ть (*impf.*) языко́м; бубни́ть (*impf.*); a ~ing speaker раски́дчивый ора́тор; (*of sick person*) загова́риваться (*impf.*); 4.: a ~ing house разбро́санный дом.

**rambler** *n.* (*discursive speaker*) пустоме́ля (*c.g.*);

(*kind of rose*) вью́щаяся ро́за.

**ramification** *n.* разветвле́ние; (*offshoot*) ответвле́ние.

**ramif|y** *v.t. & i.* разветв|ля́ть(ся), -и́ть(ся); a ~ied system of railways разветвлённая систе́ма желе́зных доро́г.

**ramp**[1] *n.* (*slope*) скат, укло́н.

**ramp**[2] *n.* (*coll., swindle etc.*) обдира́ловка, вымога́тельство.

**rampage** *n.* бу́йство, разгу́л.
*v.i.* бу́йствовать, буя́нить (*both impf.*).

**rampageous** *adj.* бу́йный, неи́стовый.

**rampant** *adj.* **1.** (*her.*): lion ~ взды́бленный лев; **2.** (*violent, rabid*) я́рый, оголте́лый; **3.** (*unchecked, widespread*) свире́пствующий, безу́держный; disease was ~ боле́знь свире́пствовала; **4.** (*rank, luxuriant*) бу́йный, пы́шный.

**rampart** *n.* крепостно́й вал; парапе́т; (*fig.*) опло́т.

**ramshackle** *adj.* (*e.g. house*) обветша́лый; (*e.g. car*) разби́тый.

**ranch** *n.* ра́нчо (*indecl.*), фе́рма.

**rancher** *n.* владе́лец ра́нчо; скотово́д.

**rancid** *adj.* прого́рклый, ту́хлый.

**rancorous** *adj.* озло́бленный, злопа́мятный.

**rancour** *n.* зло́ба, озло́бленность; злопа́мятство.

**rand** *n.* (*currency*) ранд.

**random** *n.*: at ~ наобу́м, науга́д, науда́чу; shoot at ~ стреля́ть (*impf.*) не це́лясь; he hit out at ~ он бил, куда́ придётся.
*adj.* случа́йный; сде́ланный на аво́сь; ~ bullet шальна́я пу́ля; ~ choice случа́йный вы́бор; ~ paving моще́ние без подбо́ра камне́й; ~ remark случа́йное замеча́ние.

**randy** *adj.* распу́тный, похотли́вый.

**ranee** *see* RANI.

**range** *n.* **1.** (*row, line, series*) цепь, ряд; a ~ of mountains го́рная цепь; a ~ of buildings ряд зда́ний; **2.** (*grazing area*) неугоро́женное па́стбище; (*hunting ground*) охо́тничье уго́дье; **3.** (*area for firing, bombing etc.*) полиго́н; rifle ~ стре́льбище; тир; ~ practice уче́бная стрельба́; **4.** (*area of distribution of species*) ареа́л, зо́на обита́ния; **5.** (*operating distance*) да́льность, ра́диус; the missile has a ~ of 1000 miles ра́диус де́йствия раке́ты — 1000 миль; ~ of a transmitter да́льность де́йствия переда́тчика; ~ of an aircraft да́льность полёта самолёта; the enemy was out of ~ of our guns враг был вне дося́гаемости на́ших ору́дий; wait till he is within ~ подпусти́те его́ на расстоя́ние вы́стрела; **6.** (*distance to target*) расстоя́ние, да́льность; they fired at close ~ они́ стреля́ли с бли́зкого расстоя́ния; find the ~ определ|я́ть, -и́ть расстоя́ние; **7.** (*limit of audibility or visibility*) преде́л, -ы; beyond the ~ of vision вне преде́лов ви́димости; **8.** (*extent; distance between*

*limits*) диапазо́н; her voice has a remarkable ~ у неё замеча́тельный диапазо́н; a wide ~ of temperature широ́кий диапазо́н температу́р; **9.** (*selection*) набо́р; (*assortment*) ассортиме́нт; this fabric comes in a wide ~ of colours э́та ткань выпуска́ется са́мых разли́чных цвето́в; **10.** (*scope*): the subject is outside my ~ э́тот вопро́с — не по мое́й ча́сти; **11.** (*cooking-stove*) ку́хонная плита́.

*v.t.* **1.** (*place in row*) распол|ага́ть, -ожи́ть (*or* выстра́ивать, вы́строить) в ряд; they ~d themselves against the wall они́ вы́строились вдоль стены́; the troops were ~d along the river-bank войска́ бы́ли размещены́ вдоль бе́рега реки́; **2.** (*traverse*): wolves ~d the prairie во́лки ры́скали по сте́пи; police ~d the woods (*in their search*) поли́ция прочёсывала лес; ships ~d the seas корабли́ борозди́ли моря́.

*v.i.* **1.** (*wander, roam*): tigers ~d through the jungle ти́гры броди́ли по джу́нглям; **2.** (*extend*) простира́ться (*impf.*); my research ~s over a wide field мои́ иссле́дования охва́тывают широ́кую о́бласть; **3.** (*vary between limits*) колеба́ться (*impf.*); prices ~ from £10 to £50 це́ны коле́блются от десяти́ до пяти́десяти фу́нтов; **4.** (*of guns etc., carry*): the gun ~s over 5 miles дальнебо́йность пу́шки — 5 миль.

*cpd.*: ~-**finder** *n.* дальноме́р.

**ranger** *n.* (*guard of forest or parkland*) лесни́чий, лесни́к, объе́здчик; (*pl., mounted troops*) ко́нная охра́на.

**rangy** *adj.* (*of pers.*) длиннноно́гий, поджа́рый.

**ran|i, -ee** *n.* ра́ни (*f. indecl.*).

**rank**[1] *n.* **1.** (*row*) ряд; (*taxi*- ~) стоя́нка такси́; **2.** (*line of soldiers*) шере́нга; in the front ~ (*lit.*) в пе́рвой шере́нге; (*fig., pre-eminent*) в пе́рвых ряда́х; the men broke ~(s) солда́ты нару́шили строй; an artist of the first ~ первокла́ссный худо́жник; among the ~s of the unemployed в ряда́х безрабо́тных; **3.** (*usu. pl., common soldiers*): ~ and file (*mil. etc.*) рядовы́е; he rose from the ~s он вы́служился из рядовы́х; he was reduced to the ~s его́ разжа́ловали в рядовы́е; **4.** (*in armed forces*) зва́ние, чин; he has the ~ of captain он име́ет чин капита́на; other ~s сержа́нтско-рядово́й соста́в; **5.** (*official position*) служе́бное положе́ние; (*social position*): he attained high ~ он дости́г высо́кого положе́ния; persons of ~ высокопоста́вленные лю́ди; ~ and fashion вы́сшее о́бщество; people of all ~s of society представи́тели всех слоёв о́бщества.

*v.t.* (*class, assess*) классифици́ровать (*impf., pf.*); he was ~ed among the great poets его́ причисля́ли к вели́ким поэ́там.

*v.i.* (*have a place*): a major ~s above a captain майо́р — вы́ше капита́на по чи́ну; a high-~ing officer ста́рший офице́р; France ~s among the great powers Фра́нция вхо́дит в число́ вели́ких держа́в.

**rank²** *adj.* **1.** (*too luxuriant, coarse*) бу́йный, пы́шный; ~ vegetation бу́йная расти́тельность; the roses are growing ~ ро́зы сли́шком бу́йно разросли́сь; a garden ~ with weeds сад, заро́сший сорняка́ми; **2.** (*foul to smell or taste*; *offensive*): the skunk gives off a ~ odour от ску́нса исхо́дит злово́ние; **3.** (*loathsome, corrupt*) гну́сный; **4.** (*gross*) чрезме́рный; ~ indecency ди́кая непристо́йность; ~ injustice вопию́щая несправедли́вость; ~ nonsense су́щая чепуха́; ~ poison настоя́щая отра́ва, чи́стый яд; ~ treason на́глая изме́на.

**ranker** *n.* (*private soldier*) рядово́й.

**rankle** *v.i.* (*fester*) гно́иться (*impf.*); (*give pain*) боле́ть (*impf.*); the insult ~d in his memory его́ жгло воспомина́ние об оби́де.

**rankness** *n.* (*excess*) изоби́лие, чрезме́рность; (*offensiveness*) гну́сность.

**ransack** *v.t.* **1.** (*search*) обша́ри|вать, -ть; переры́ть (*pf.*); I ~ed my memory я перевороши́л свою́ па́мять; **2.** (*plunder*) гра́бить, раз-.

**ransom** *n.* вы́куп; he was held to ~ (*lit.*) за него́ тре́бовали вы́куп; (*fig.*) его́ шантажи́ровали; it is worth a king's ~ (*fig.*) э́то не име́ет цены́.
    *v.t.* (*pay ~ for*) плати́ть, за- вы́куп за +*a.*

**rant** *n.* тира́да; разглаго́льствование.
    *v.i.* вити́йствовать; разглаго́льствовать (*both impf.*).

**ranter** *n.* фразёр, красноба́й.

**rap** *n.* **1.** (*light blow*) лёгкий уда́р, стук; I heard a ~ at the window я услы́шал стук в окно́; he received a ~ on the knuckles (*fig., reproof*) ему́ да́ли по рука́м; I don't care a ~ мне наплева́ть; **2.** (*blame*): who will take the ~ for this? кто бу́дет за э́то отдува́ться? (*coll.*).
    *v.t.* слегка́ уд|аря́ть, -а́рить по +*d.*
    *v.i.* ст|уча́ть, -у́кнуть; посту́|кивать, -ча́ть; he ~ped on the door он постуча́л в дверь.
    *with adv.*: ~ **out** *v.t.* (*utter brusquely*) говори́ть (*impf.*) отры́висто; he ~ped out his orders он выкри́кивал свои́ приказа́ния.

**rapacious** *adj.* жа́дный, а́лчный, ненасы́тный.

**rapacity** *n.* жа́дность, а́лчность, ненасы́тность.

**rape¹** *n.* изнаси́лование; (*fig.*): the ~ of Czechoslovakia наси́льственный захва́т Чехослова́кии.
    *v.t.* наси́ловать, из-; (*fig.*) надруга́ться (*pf.*) над +*i.*

**rape²** *n.* (*bot.*) рапс.

**Raphael** *n.* (*bibl.*) Рафаи́л; (*painter*) Рафаэ́ль (*m.*).

**rapid** *n.* (*pl.*) речно́й поро́г; shoot ~s преодол|ева́ть, -е́ть поро́ги.
    *adj.* (*swift*) бы́стрый, ско́рый; (*steep*) круто́й.

**rapidity** *n.* быстрота́, ско́рость.

**rapier** *n.* рапи́ра.

*cpd.*: ~**-thrust** (*lit.*) уко́л рапи́рой; (*fig., of repartee*) остроу́мный вы́пад; уда́р в то́чку.

**rapine** *n.* (*liter.*) грабёж.

**rapist** *n.* наси́льник.

**rapport** *n.* взаимопонима́ние, конта́кт; he and I are in ~ мы с ним отли́чно ла́дим.

**rapporteur** *n.* докла́дчик.

**rapprochement** *n.* сближе́ние.

**rapscallion** *n.* прощелы́га (*c.g.*), моше́нник.

**rapt** *adj.* (*enraptured*) восхищённый; (*absorbed*) поглощённый; he was ~ in contemplation он был погружён в разду́мье; she listened with ~ attention она́ слу́шала, затаи́в дыха́ние.

**rapture** *n.* восто́рг; she went into ~s over the play она́ была́ в (ди́ком) восто́рге от пье́сы.

**rapturous** *adj.* восто́рженный.

**rare¹** *adj.* **1.** (*not dense*): a ~ atmosphere разрежённая атмосфе́ра; **2.** (*uncommon*) ре́дкий; it is ~ for him to smile он ре́дко улыба́ется; this flower is ~ in Britain э́тот цвето́к ре́дко встреча́ется в Великобрита́нии; **3.** (*remarkably good*): ре́дкостный; we had a ~ old time (*coll.*) мы на ре́дкость хорошо́ провели́ вре́мя; he has a ~ wit он на ре́дкость остроу́мен.

**rare²** *adj.* (*undercooked*) недожа́ренный; a ~ steak бифште́кс с кро́вью.

**rarebit** *see* RABBIT *n.* **3.**

**raref|action, -ication** *nn.* разреже́ние, разрежённость.

**rarefy** *v.t.* разре|жа́ть, -ди́ть; разжижа́ть (*impf.*); (*fig.*) утонч|а́ть, -и́ть; рафини́ровать (*impf., pf.*).
    *v.i.* разре|жа́ться, -ди́ться; разжижа́ться (*impf.*).

**rarely** *adv.* ре́дко, нечасто, и́зредка.

**raring** *adj.* (*coll.*): he was ~ to go ему́ не терпе́лось приступи́ть к де́лу.

**rarity** *n.* (*uncommonness, infrequency*) ре́дкость; (*thg. valued for this*) (больша́я) ре́дкость.

**rascal** *n.* (*rogue*) моше́нник, плут; (*mischievous child*) шалу́н.

**rascally** *adj.* моше́ннический, нечестный.

**rase** *see* RAZE.

**rash¹** *n.* сыпь; he broke out in a ~ у него́ вы́ступила сыпь; (*fig.*): there was a ~ of new building но́вые зда́ния вы́росли как грибы́ (по́сле дождя́).

**rash²** *adj.* поспе́шный, опроме́тчивый, необду́манный.

**rasher** *n.* ло́мтик (беко́на/ветчины́).

**rashness** *n.* поспе́шность, опроме́тчивость, необду́манность.

**rasp** *n.* (*file*) тёрка, ра́шпиль (*m.*); (*grating sound*) скре́жет.
    *v.t.* (*scrape*) скрести́, скобли́ть, тере́ть (*all impf.*).
    *v.i.* скрежета́ть (*impf.*); a ~ing voice скрипу́чий го́лос.

*with advs.*: ~ **away**, ~ **off** *v.t.* соскабл|ивать, -и́ть; ст|а́чивать, -очи́ть; ~ **out** *v.t.* (*e.g. an order*) га́ркнуть, прохрипе́ть (*both pf.*).

**raspberry** *n.* **1.** (*fruit*) мали́на (*collect.*); а ~ я́года мали́ны; ~ cane куст мали́ны; ~ jam мали́новое варе́нье; **2.** (*sl., sound or gesture of derision*): he blew me a ~ он показа́л мне нос.

**raster** *n.* растр.

**rat** *n.* **1.** (*rodent*) кры́са; he looked like a drowned ~ он походи́л на мо́крую ку́рицу; I smell a ~ я чу́ю подво́х; здесь что-то нечи́сто; ~s! (*coll., nonsense*) чушь!; **2.** (*traitor to cause*) изме́нник, ренега́т.

*v.i.* **1.** (*hunt* ~s) лови́ть (*impf.*) крыс; **2.**: ~ on (*break faith with, desert*) s.o. измен|я́ть, -и́ть кому́-н.

*cpds.*: ~-**catcher** *n.* крысоло́в; ~-**race** *n.*: we are all in the ~-race мы все бо́ремся за ме́сто под со́лнцем; ~-**trap** *n.* крысоло́вка.

**ratable** *see* RAT(E)ABLE.

**rat-a-tat** *see* RAT-TAT.

**ratchet** *n.* (*toothed mechanism*) храпово́й механи́зм, храпови́к; (~-**wheel**) храпово́е колесо́.

**rate**[1] *n.* **1.** (*numerical proportion*) но́рма, разме́р; ста́вка; ~ of exchange курс обме́на; ~ of interest проце́нтная ста́вка; bank ~ учётная ста́вка ба́нка; birth ~ рожда́емость; death ~ сме́ртность; **2.** (*speed*) ско́рость; at a steady ~ с постоя́нной ско́ростью; we shall never get there at this ~ при таки́х те́мпах мы туда́ никогда́ не доберёмся; ~ of climb скороподъёмность; **3.** (*price*) расце́нка, тари́ф; his ~s are high он до́рого берёт; the letter ~ goes up every year тари́ф на пи́сьма повыша́ется ежего́дно; **4.** (*tax on property etc.*) ме́стный/коммуна́льный нало́г; water ~ пла́та за водоснабже́ние; **5.**: at any ~ (*in any case*) во вся́ком слу́чае; at that ~ (*on that basis, if that is so*) you will never succeed в тако́м слу́чае вы никогда́ не добьётесь успе́ха.

*v.t.* **1.** (*estimate, consider*) оце́н|ивать, -и́ть; how do you ~ my chances? как вы оце́ниваете мои́ ша́нсы?; do you ~ him among your friends? счита́ете ли вы его́ свои́м друго́м?; **2.** (*assess for purposes of levy*) оце́н|ивать, -и́ть (*or* классифици́ровать (*impf., pf.*)) в це́лях налогообложе́ния; **3.** (*deserve*): he ~s a prize он заслу́живает награ́ды.

*v.i.* коти́роваться (*impf.*); ~ as (*be considered*) счита́ться (*impf.*) +*i.*; he ~s high in my esteem я его́ о́чень ценю́/уважа́ю.

*cpds.*: ~-**collector** *n.* сбо́рщик ме́стных нало́гов; ~-**payer** *n.* плате́льщик ме́стных/коммуна́льных нало́гов.

**rate**[2] *v.t.* (*liter., scold*) отчи́т|ывать, -а́ть; брани́ть (*impf.*).

**rat(e)able** *adj.* подлежа́щий обложе́нию нало́гом/нало́гами.

**rather** *adv.* **1.** (*by preference or choice*): I would ~ die than consent я скоре́е умру́, чем соглашу́сь; I'd ~ have coffee я предпочёл бы ко́фе; I'd ~ not say я лу́чше промолчу́; ~ than annoy him, she agreed она́ согласи́лась, что́бы не серди́ть его́; **2.** (*more truly or precisely*) скоре́е, верне́е; last night, or ~ this morning вчера́ но́чью, и́ли, верне́е/точне́е (сказа́ть), сего́дня у́тром; she is shy ~ than unsociable она́ скоре́е засте́нчива, чем необщи́тельна; a year ~ than a term год, а не семе́стр; **3.** (*somewhat*) дово́льно, не́сколько; the result was ~ surprising результа́т был дово́льно неожи́данным; he is ~ stupid он како́й-то глу́пый; he is ~ taller than his brother он немно́го вы́ше своего́ бра́та; his style is ~ heavy у него́ тяжелова́тый стиль; it is ~ a pity а жаль всё же; I ~ think you are mistaken а мне сдаётся, что вы ошиба́етесь; the effect was ~ spoiled эффе́кт был не́сколько подпо́рчен; **4.** (*coll., assuredly*) ещё бы!

**ratification** *n.* ратифика́ция.

**ratify** *v.t.* ратифици́ровать (*impf., pf.*).

**rating**[1] *n.* **1.** (*of property etc.*) оце́нка; (*assessment of worth*) определе́ние сто́имости; (*of vehicles etc.*) классифика́ция; **2.** (*sailor*) матро́с, специали́ст рядово́го и́ли старши́нского соста́ва.

**rating**[2] *n.* (*scolding*) нагоня́й.

**ratio** *n.* отноше́ние, соотноше́ние; коэффицие́нт; in inverse ~ to обра́тно пропорциа́льный +*d.*

**ratiocinate** *v.i.* рассужда́ть (*impf.*) логи́чески.

**ratiocination** *n.* логи́ческие рассужде́ния.

**ration** *n.* рацио́н, паёк; ~ book кни́жка на норми́рованные това́ры; забо́рная кни́жка; ~ card продово́льственная ка́рточка; iron ~s неприкоснове́нный запа́с; they were on short ~s они́ бы́ли на ску́дном пайке́; (*pl., food*) продово́льствие, дово́льствие.

*v.t.*: they were ~ed to one loaf a week их паёк своди́лся к одно́й буха́нке в неде́лю; meat was severely ~ed мя́со бы́ло стро́го норми́ровано.

**rational** *adj.* (*based on reason*) разу́мный; (*endowed with reason*) разу́мный, мы́слящий; (*math.*) рациона́льный.

**rationale** *n.* основна́я причи́на; логи́ческое обоснова́ние.

**rationalism** *n.* рационали́зм.

**rationalist** *n.* рационали́ст.

**rationalistic** *adj.* рационалисти́ческий.

**rationality** *n.* разу́мность, рациона́льность.

**rationalization** *n.* (*explanation*) обоснова́ние, разу́мное объясне́ние; (*justification*) оправда́ние; (*improvement*) рационализа́ция.

**rationalize** *v.t.* (*give or find reasons for*) обосно́в|ывать, -а́ть; разу́мно объясн|я́ть, -и́ть; опра́вдывать, -а́ть; (*make more efficient*) рационализи́ровать (*impf., pf.*).

**rattan** *n* . (*palm*) па́льма рота́нговая; (*material*) рота́нг; (*cane*) трость.

**rat-tat(-tat)** (*also* **rat-a-tat**) *n*. тук-ту́к.

**ratter** *n*. (*rat-catcher*) крысоло́в; (*traitor, deserter*) ренега́т, перебе́жчик.

**rattle** *n*. **1.** (*sound*) треск, гро́хот; the ~ of machine-guns пулемётная дробь; (*of hail*) стук; (*of crockery*) гро́хот; **2.** (*child's toy*) погрему́шка; **3.** (*for sports fans etc.*) трещо́тка; **4.** (*of conversation*) болтовня́.

*v.t.* **1.** (*cause to* ~): he ~d the money-box он встряхну́л копи́лку; the wind ~d the windows о́кна дребезжа́ли от ве́тра; **2.** (*coll., agitate*): he is not easily ~d его́ нелегко́ вы́вести из равнове́сия.

*v.i.*: the hail ~d on the roof град бараба́нил по кры́ше; the car ~d over the stones маши́на громыха́ла по камня́м.

*with advs.*: he ~d off a list of names он вы́палил це́лый спи́сок фами́лий; he ~d on about his family он продолжа́л тарато́рить о свое́й семье́.

*cpds.*: ~**-brain**, ~**-pate** *nn*. пустоголо́вый челове́к; трепло́ (*c.g.*); ~**-brained**, ~**-pated** *adjs.* пустоголо́вый; ~**snake** *n*. грему́чая змея́; ~**trap** *n*. драндуле́т, колыма́га.

**rattling** *adj. & adv.* (*coll.*): he set off at a ~ pace он бо́дро зашага́л; we had a ~ (good) time мы шика́рно провели́ вре́мя.

**ratty** *adj.* (*coll.*) злой, раздражи́тельный.

**raucous** *adj.* ре́зкий, хри́плый, ре́жущий у́хо.

**raunchy** *adj.* (*Am. coll.*) распу́тный, похотли́вый.

**ravage** *n*. (*usu. pl.*) разруше́ние, опустоше́ние; (*fig.*): the ~s of time следы́ (*m. pl.*) вре́мени.

*v.t. & i.* **1.** (*plunder*) гра́бить, раз-; опустош|а́ть, -и́ть; the troops ~d the countryside войска́ разгра́били весь райо́н; **2.** (*devastate, damage*): the fire ~d through the town ого́нь бушева́л по всему́ го́роду; (*fig.*): her face was ~d by suffering на её лице́ была́ печа́ть страда́ния.

**rave** *n*. (*coll., enthusiastic review*) восто́рженный о́тзыв.

*v.t.*: he ~d himself hoarse он докрича́лся до хрипоты́.

*v.i.* (*in delirium*) бре́дить (*impf.*); (*fig., in anger*) нейстовствовать (*impf.*); (*in delight*): they ~d about the play они́ бы́ли в восто́рге от пье́сы (*see also* RAVING).

**ravel** *v.t. & i.* запу́т|ывать(ся), -ать(ся); спу́т|ывать(ся), -ать(ся); the wool became ~led (up) ни́тки спу́тались.

*with advs.*: ~ **out** *v.t.* распу́т|ывать, -ать; ~ **up** *v.t.* пу́тать (*or* запу́тывать), за-.

**raven**[1] *n*. во́рон.

*cpd.*: ~**-haired** *adj.* с волоса́ми цве́та во́ронова крыла́.

**raven**[2] *v.t.* (*liter.*) пож|ира́ть, -ра́ть.

*v.i.* (*prowl*) ры́скать (*impf.*) в по́исках

добы́чи.

**ravenous** *adj.* прожо́рливый, хи́щный; a ~ beast хи́щник; a ~ appetite во́лчий аппети́т; I am ~ я го́лоден как волк.

**ravine** *n*. овра́г, лощи́на.

**raving** *n*. бред; the ~s of an idiot бред сумасше́дшего.

*adj. & adv.* **1.** (*insane*): a ~ lunatic бу́йно поме́шанный; you must be ~ mad ты совсе́м спя́тил; **2.**: a ~ beauty сногсшиба́тельная краса́вица; a ~ success оглуши́тельный успе́х.

**ravish** *v.t.* (*enchant*) оболь|ща́ть, -сти́ть; восхи|ща́ть, -ти́ть; a ~ing view восхити́тельный вид.

**raw** *n.*: my remarks touched him on the ~ мои́ слова́ заде́ли его́ на живо́е.

*adj.* **1.** (*uncooked*) сыро́й, све́жий; I prefer my fruit ~ я предпочита́ю све́жие фру́кты; **2.** (*in natural state, unprocessed*) необрабо́танный; ~ materials сырьё; ~ spirit чи́стый спирт; ~ sugar нерафини́рованный са́хар; **3.** (*callow, inexperienced*) зелёный, нео́пытный; ~ recruits необстре́лянные солда́ты; **4.** (*unprotected by skin, sensitive*): a ~ wound све́жая/незажи́вшая ра́на; the wind has made my face ~ у меня́ обве́трилось лицо́; **5.** (*artistically crude*) гру́бый, топо́рный; **6.** (*of weather*) промо́зглый, сыро́й; холо́дный и вла́жный; **7.** (*harsh*) суро́вый; he got a ~ deal (*coll.*) с ним суро́во обошли́сь.

*cpds.*: ~**-boned** *adj.* костля́вый; ~**hide** *n*. сде́ланный из недублёной ко́жи.

**rawness** *n*. **1.** (*lack of experience*) нео́пытность; **2.** (*sensitivity of skin*) чувстви́тельность ко́жи (*при раздраже́нии, сса́дине и т.п.*); **3.** (*crudity*) гру́бость, топо́рность; **4.** (*of weather*) промо́зглость, сы́рость, вла́жность.

**ray**[1] *n*. (*lit., fig.*) луч; the sun's ~s со́лнечные лучи́; a ~ of hope луч/про́блеск наде́жды.

**ray**[2] *n*. (*fish*) скат.

**rayon** *n*. иску́сственный шёлк, виско́за.

**raze, rase** *v.t.* **1.** (*demolish*) разр|уша́ть, -у́шить до основа́ния; the city was ~d to the ground го́род сравня́ли с землёй; **2.** (*efface*) ст|ира́ть, -ере́ть; вычёркивать, вы́черкнуть; his name was ~d from her memory его́ и́мя стёрлось у неё в па́мяти.

**razor** *n*. бри́тва; electric ~ электробри́тва; open, cut-throat ~ опа́сная бри́тва; safety ~ безопа́сная бри́тва.

*cpds.*: ~**-bill** *n*. гага́рка; ~**-blade** *n*. ле́звие; ~**-edge** (*fig.*) остриё ножа́; on a ~-edge на краю́ про́пасти.

**razzia** *n*. набе́г, налёт.

**razzle(-dazzle)** *n*. (*sl.*) кутёж, гуля́нка; they have gone on the ~ они́ загуля́ли.

**Rd.** (*abbr.*) у́лица.

**re**[1] *n*. (*mus.*) ре (*indecl.*).

**re**[2] *prep.* по де́лу +*g.*; каса́тельно +*g.*

**reach** *n.* **1.** (*stretching movement*): he made a ~ for the railing он протяну́л ру́ку к пери́лам; (*extent of this*) разма́х/длина́ руки́; tennis requires a good ~ для те́нниса ну́жен большо́й разма́х руки́; the apples were beyond their ~ они́ не могли́ дотяну́ться до я́блок; (*fig.*): we are within easy ~ of London от нас легко́ добра́ться до Ло́ндона; the subject is above my ~ э́то вы́ше моего́ понима́ния; **2.** (*stretch of river etc.*): the upper ~es of the Thames верхо́вья (*nt. pl.*) Те́мзы.

*v.t.* **1.** (*attain, fetch with outstretched hand*) дотя́|гиваться, -ну́ться до +*g.*; I can just ~ the shelf я е́ле-е́ле могу́ дотяну́ться до по́лки; please ~ me that book доста́ньте мне, пожа́луйста, э́ту кни́гу; **2.** (*arrive at*) дост|ига́ть, -и́гнуть +*g.*; we shall ~ town in 5 minutes мы бу́дем в го́роде че́рез 5 мину́т; the ladder will not ~ the window ле́стница не доста́нет до окна́; your letter ~ed me only yesterday ва́ше письмо́ дошло́ до меня́ то́лько вчера́; a rumour ~ed my ears до меня́ дошёл слух; ~ agreement прийти́ (*pf.*) к соглаше́нию; ~ a conclusion прийти́ (*pf.*) к заключе́нию; **3.** (*make contact with*): can I ~ you by telephone? с ва́ми мо́жно связа́ться по телефо́ну?; **4.** (*rise or sink to*): his genius ~ed new heights его́ ге́ний дости́г небыва́лых высо́т; the pound ~ed a new low курс фу́нта (сте́рлингов) упа́л ещё ни́же, чем когда́-нибудь пре́жде.

*v.i.* **1.** (*stretch out hand*) тяну́ться, по- руко́й; he ~ed for his rifle он потяну́лся к винто́вке; **2.** (*extend*) простира́ться, тяну́ться (*both impf.*); his voice ~ed to the back of the hall его́ го́лос был слы́шен в конце́ за́ла; the park ~es from here to the river парк тя́нется отсю́да до реки́; (*fig.*): his income will not ~ to it его́ дохо́дов для э́того не хва́тит.

with *advs.*: ~ **down** *v.t.* (*fetch down*) дост|ава́ть, -а́ть; сн|има́ть, -я́ть; брать, взять; *v.i.*: he ~ed down and picked up the coin он нагну́лся и по́днял моне́ту; the well ~es down for over 100 feet коло́дец ухо́дит вглубь бо́лее чем на 100 фу́тов; ~ **forward** *v.i.*: he ~ed forward to save her он протяну́л ру́ку, что́бы удержа́ть её; ~ **out** *v.i.*: he ~ed out to catch the ball он протяну́л ру́ки, что́бы пойма́ть мяч; ~ **up** *v.i.* (*stretch hand up*) протяну́ть (*pf.*) ру́ку вверх; (*rise*) the tree ~es up to the sky де́рево тя́нется к не́бу.

*cpd.*: ~**-me-downs** *n.* (*coll.*) гото́вая оде́жда.

**reachable** *adj.* достижи́мый.

**react** *v.i.* реаги́ровать (*impf., pf.*); (*have an effect*) вызыва́ть, вы́звать реа́кцию; влия́ть (*impf.*); applause ~s upon a speaker аплоди-сме́нты воодушевля́ют ора́тора; these two influences ~ on each other э́ти два влия́ния взаимоде́йствуют; (*chem.*): acids ~ together кисло́ты вступа́ют в реа́кцию; (*respond*) реаги́ровать (*impf.*); отв|еча́ть, -е́тить (на +*a.*); animals ~ to kindness живо́тные реаги́руют на ла́ску; she ~ed by bursting into tears в отве́т она́ распла́калась; the enemy ~ed with a bombardment враг отве́тил на э́то бомбарди-ро́вкой; (*act in opposition*) проти́виться, вос-; сопротивля́ться (*impf.*).

**reaction** *n.* (*var. senses*) реа́кция; my first ~ was one of disbelief снача́ла э́то вы́звало у меня́ недове́рие; chain ~ цепна́я реа́кция.

**reactionary** *n.* реакционе́р.
*adj.* реакцио́нный.

**reactivate** *v.t.* реактиви́ровать (*impf., pf.*); вдохну́ть (*pf.*) но́вую жизнь в +*a.*

**reactivation** *n.* реактива́ция; возобновле́ние де́ятельности.

**reactive** *adj.* реакти́вный.

**reactivity** *n.* реакти́вность.

**reactor** *n.* (*tech.*) реа́ктор.

**read** *n.* чте́ние; a good ~ (*book*) интере́сная/захва́тывающая кни́га; I shall have a ~ and then go to bed я немно́го почита́ю и ля́гу спать.

*v.t.* **1.** (*peruse*) чита́ть, про- *or* проче́сть; have you ~ this book? вы чита́ли э́ту кни́гу?; he can ~ several languages он уме́ет чита́ть на не́скольких языка́х; he ~ the letter to himself он прочёл письмо́ про себя́; this author is widely ~ э́того а́втора мно́го чита́ют; can you ~ music? вы уме́ете игра́ть по но́там?; вы разбира́ете но́ты?; he was ~ing his head off он зачи́тывался; Johnny learnt to ~ the time Джо́нни научи́лся понима́ть вре́мя по часа́м; ~ the letter to me! прочита́йте мне письмо́!; he likes being ~ to он лю́бит, когда́ ему́ чита́ют; the bill was ~ (*parl.*) ≃ билль был обсуждён; she ~ herself to sleep она́ чита́ла, пока́ не усну́ла; he ~ himself hoarse он охри́п от чте́ния; he ~ himself into the subject он вчита́лся в э́тот предме́т; **2.** (*discern, make out*): he ~ my thoughts он чита́л мои́ мы́сли; he can ~ shorthand он уме́ет расшифро́вывать стеногра́ммы; she had her hand ~ ей погада́ли по руке́; you ~ too much into my words вы вкла́дываете в мои́ слова́ то, чего́ в них нет; you (have) ~ too much into the text вы вы́читали из те́кста то, чего́ в нём нет; **3.** (*interpret*): do not ~ my silence as consent не прими́те моё молча́ние за согла́сие; I ~ his letter as a refusal я расце́ниваю/истолко́вываю его́ письмо́ как отка́з; **4.** (*take as correct*): for X ~ Y вме́сто X (*or* напеча́тано X,) сле́дует чита́ть Y; this editor ~s X for Y э́тот реда́ктор замени́л У на X; for Copperfield ~ Dickens напи́сано Ко́пперфильд, а подразумева́ется Ди́ккенс; **5.** (*study*) изуча́ть (*impf.*); he is ~ing law он у́чится на юриди́ческом факульте́те; **6.** (*examine*): ~ a meter сн|има́ть, -я́ть показа́ния счётчика; ~ proofs держа́ть (*impf.*) корректу́ру; пра́вить, исвы- вёрстку; **7.** (*indicate, register*) see *v.i.* **2.**

*v.i.* **1.**: he can neither ~ nor write он не умéет ни читáть, ни писáть; I ~ about it in the papers я прочёл об э́том в газéтах; have you ~ of him before? вы читáли о нём рáньше?; you must ~ between the lines (*fig.*) слéдует читáть мéжду строк; he ~ down the advertisement columns он прочитáл раздéл объявлéний; she ~s to the children at bedtime онá читáет дéтям пéред сном; **2.** (*consist of specified words etc.*): the text ~s '500' в тéксте напи́сано «500»; the document ~s as follows докумéнт гласи́т слéдующее; the letter ~s ... в письмé говори́тся/скáзано . . .; how does the sentence ~ now? как тепéрь звучи́т/сформули́ровано э́то предложéние?; the passage ~s thus э́то мéсто читáется так; the thermometer ~s 20° below термóметр покáзывает ми́нус 20°; **3.** (*produce effect when read*): this ~s like a threat э́то звучи́т как угрóза; the play ~s well пьéса хорошó читáется; **4.** (*study*): he is ~ing for the exam он готóвится к экзáмену.

*with advs.*: ~ **back** *v.t.* повтор|я́ть, -и́ть; the operator ~ the telegram back телефони́ст(ка) повтори́л(а) текст телегрáммы; ~ **in** *v.t.*: ~ o.s. in вчи́тываться (*impf.*); ~ **off** *v.t.* (*e.g. list*) прочи́т|ывать, -áть; (*from dial etc.*) сн|имáть, -ять (*показáния*); счи́т|ывать, -áть; ~ **out** *v.t.* прочи́т|ывать, -áть; оглаш|áть, -си́ть; the results were ~ out бы́ли оглашены́ результáты; ~ **over** *v.t.* перечи́т|ывать, -áть; прочи́т|ывать, -áть; I finished my essay and ~ it over я закóнчил своё сочинéние и перечитáл егó; I ~ the letter over to him я прочёл ему́ письмó; ~ **through** *v.t.* прочи́т|ывать, -áть; have you ~ his letter through? вы прочитáли егó письмó до концá?; ~ **up** *v.t.* подчитáть (*pf.*); читáть (*impf.*) для подготóвки; he ~ up the subject он подчитáл кóе-что по э́тому предмéту.

*cpd.*: ~-**out** *n.* вы́вод/вы́дача дáнных.

**readability** *n.* (*legibility*) разбóрчивость, удобочитáемость; (*interest*) читáбельность.

**readable** *adj.* **1.** (*legible*) разбóрчивый, удобочитáемый; **2.** (*teleg.*): are my signals ~? мои́ сигнáлы расшифрóваны/при́няты?; **3.** (*enjoyable*) (*coll.*) интерéсный, читáбельный; this is a ~ novel э́тот ромáн хорошó читáется.

**readdress** *v.t.* переадресóв|ывать, -áть.

**reader** *n.* **1.** (*of books etc.*) читáтель (*fem.* -ница); he is a fast ~ он бы́стро читáет; ~'s slip (*in library*) читáтельское трéбование; publisher's ~ рецензéнт (*издáтельства*); **2.** (*university teacher*) ≃ стáрший преподавáтель; доцéнт; **3.** (*textbook*) хрестомáтия; кни́га для чтéния; child's ~ буквáрь (*m.*); a Russian ~ хрестомáтия по ру́сскому языку́.

**readership** *n.* (*readers*) круг читáтелей; (*university post*) дóлжность стáршего преподавáтеля; доцентýра.

**readily** *adv.* (*willingly*) охóтно; (*without difficulty*) легкó, без трудá.

**readiness** *n.* (*prompt compliance*) готóвность, охóта; (*facility, resourcefulness*) нахóдчивость; (*prepared state*) готóвность; reinforcements were held in ~ подкреплéния бы́ли приведены́ в состоя́ние готóвности.

**reading** *n.* **1.** (*act or pursuit*) чтéние; his exploits make interesting ~ егó похождéния читáются с интерéсом; a man of wide ~ начи́танный человéк; **2.** (*version*) вариáнт, формули́ровка; there is a variant ~ есть другóй вариáнт тéкста; **3.** (*interpretation*) толковáние; what is your ~ of events? как вы оцéниваете собы́тия?; **4.** (*of instrument*) показáние; the gauge showed a high ~ показáния индикáтора бы́ли высóкими; **5.** (*of proofs, or part in play*) счи́тка; (*recital*) публи́чное чтéние, декламáция; a ~ from the New Testament чтéние из Нóвого завéта; **6.** (*stage in passage of bill*) чтéние; the motion was rejected on the second ~ предложéние бы́ло отвéргнуто при вторóм чтéнии.

*cpds.*: ~-**desk** *n.* пюпи́тр; ~-**lamp** *n.* настóльная лáмпа; ~-**room** *n.* читáльный зал, читáльня.

**readjust** *v.t.* попр|авля́ть, -áвить; испр|авля́ть, -áвить; приспос|áбливать, -óбить; he ~ed his tie он попрáвил гáлстук; they had to ~ their attitude им пришлóсь пересмотрéть свои́ пози́ции.

*v.i.*: after the war he found it hard to ~ пóсле войны́ ему́ трýдно бы́ло приспосóбиться.

**readjustment** *n.* приспособлéние, регули́ровка, перестрóйка; the speedometer needs ~ спидóметр нáдо отрегули́ровать; the war brought about a complete ~ войнá вы́звала пóлную перестрóйку жи́зни.

**ready** *n.*: he held his rifle at the ~ он держáл винтóвку в положéнии для стрельбы́.

*adj.* (*prepared; in a fit state*) готóвый (*к чему*); приготóвленный, подготóвленный; I'm just getting ~ я почти́ готóв; she got the children ~ for school онá собралá детéй в шкóлу; ~! go! внимáние — марш!; she was ~ to drop with fatigue онá пáдала с ног от устáлости; (*willing*) готóвый, проявля́ющий готóвность; I am ~ to admit I was wrong готóв признáть, что я был непрáв; he is ~ for anything он готóв ко всему́ (*or* на всё); (*quick, facile*) склóнный; you are very ~ to find fault вы вéчно придирáетесь; he is always ~ with an excuse у негó всегдá найдётся отговóрка; a wit нахóдчивость; (*available*) (имéющийся) наготóве; ~ money нали́чные дéньги.

*adv.*: they sell meat ~ cooked там продаётся мяснáя кулинáрия.

*cpds.*: ~-**made** *adj.* готóвый; (*fig.*) изби́тый, шаблóнный; ~-**to-wear** *adj.* готóвый;

~-**witted** *adj.* нахо́дчивый, сообрази́-
тельный.

**reaffirm** *v.t.* (вновь) подтвер|жда́ть, -ди́ть.

**reaffirmation** *n.* (повто́рное) подтвержде́ние.

**reafforestation** *see* REFORESTATION.

**reagent** *n.* (*chem.*) реакти́в.

**real**[1] *n.* (*hist., coin*) реа́л.

**real**[2] *n.*: for ~ (*coll.*) по-настоя́щему; всерьёз.

*adj.* (*actual*) реа́льный; реа́льно сущест-
ву́ющий; настоя́щий; (*genuine*) по́длинный;
(*sincere*) и́скренний, неподде́льный; (*substantial, fundamental*) реа́льный, суще́ственный;
was it ~ or a dream? э́то бы́ло во сне и́ли
наяву́?; in ~ life в жи́зни; ~ silver насто-
я́щее/чи́стое серебро́; the ~ McCoy (*coll.*)
са́мый настоя́щий; ≃ не придерёшься; that is
not the ~ reason настоя́щая причи́на не в том;
a ~ gentleman настоя́щий джентльме́н; that's
what I call a ~ car! вот э́то маши́на — ничего́
не ска́жешь!; I have a ~ admiration for him я
им и́скренне восхища́юсь; he has a ~ grievance его́ прете́нзии обосно́ваны; the ~ point
is . . . суть вопро́са в том, что . . .; (*leg.*): ~
estate недви́жимость.

*adv.* (*Am. coll.*): we had a ~ nice time мы
здо́рово провели́ вре́мя.

**realign** *v.t.* перестр|а́ивать, -о́ить.

**realignment** *n.* перестро́йка.

**realism** *n.* (*var. senses*) реали́зм.

**realist** *n.* реали́ст (*fem.* -ка).

**realistic** *adj.* (*practical*) реалисти́чный,
практи́чный; (*in art etc.*) реалисти́ческий.

**reality** *n.* реа́льность, существова́ние,
действи́тельность; in ~ в/на са́мом де́ле; в
действи́тельности; it is time he was brought
back to ~ ему́ ну́жно откры́ть глаза́ на
фа́кты (*or* спусти́ться на зе́млю); (*sincerity*)
и́скренность; (*verisimilitude*) реалисти́ч-
ность; по́длинность, достове́рность.

**realization** *n.* (*recognition*) осозна́ние;
(*achievement*) осуществле́ние; (*conversion
into money*) реализа́ция, прода́жа.

**realize** *v.t.* **1.** (*be aware of*) осозн|ава́ть, -а́ть;
(*grasp mentally*) сообра|жа́ть, -зи́ть; he ~d his
mistake at once он сра́зу же осозна́л свою́
оши́бку; I ~ what you must think of me пред-
ставля́ю, что вы обо мне ду́маете; do you ~
what you have done? вы понима́ете, что вы
сде́лали?; I didn't ~ you wanted it до меня́ не
дошло́ (*or* мне бы́ло невдомёк), что э́то вам
ну́жно; **2.** (*convert into fact*) осуществ|ля́ть,
-и́ть; I will help you to ~ your ambition я
помогу́ вам осуществи́ть ва́ши стремле́ния;
her worst fears were ~d оправда́лись её са́мые
ху́дшие опасе́ния; **3.** (*convert into money*) реа-
лизо́в|ывать, -а́ть; превра|ща́ть, -ти́ть в
де́ньги; **4.** (*fetch*) выруча́ть, вы́ручить; the
sale ~d over £5000 за прода́жу бы́ло
вы́ручено бо́лее пяти́ ты́сяч фу́нтов; **5.**
(*amass, gain*) получ|а́ть, -и́ть; they ~d an

enormous profit они́ получи́ли огро́мную
при́быль.

**really** *adv.* действи́тельно; в/на са́мом де́ле;
по-настоя́щему; то́чно; do you ~ mean it? вы
серьёзно?; he is ~ not such a bad fellow на
са́мом де́ле он не тако́й уж плохо́й челове́к;
did that ~ happen last year? ра́зве э́то случи́-
лось в про́шлом году́?; I am ~ sorry for you
мне вас и́скренне жаль; I ~ think you should
stay по-мо́ему, вам непреме́нно ну́жно
оста́ться; ~, you should be more careful пра́во
же, вам сле́дует быть осторо́жнее; ~? (*expr.
surprise*) серьёзно?, неужéли?; (*acknowledging information*) да?; пра́вда?; ~! (*expr. indignation*) ну, зна́ете!

**realm** *n.* короле́вство; (*fig.*) сфе́ра; peer of the
~ пэр (Великобрита́нии); coin of the ~ ходя́-
чая моне́та; out of the ~ (*leg.*) за преде́лами
страны́; (*fig.*): you are entering the ~s of fancy
вы перено́ситесь/вступа́ете в ца́рство
фанта́зии.

**realtor** *n.* (*Am.*) аге́нт по прода́же недви́-
жимости.

**realty** *n.* (*leg.*) недви́жимость.

**ream**[1] *n.* (*quantity of paper*) стопа́ (=480
листа́м); (*fig.*): he wrote ~s of nonsense он
написа́л бе́здну вся́кой чепухи́.

**reanimate** *v.t.* ожив|ля́ть, -и́ть; воскре|ша́ть,
-си́ть.

**reanimation** *n.* оживле́ние, воскреше́ние.

**reap** *v.t. & i.* жать, с-; пож|ина́ть, -а́ть; ~ing-
hook серп; ~ing-machine жа́тка; (*fig.*): he is
~ing where he has not sown он пожина́ет
плоды́ чужо́го труда́; he is ~ing the fruits of
his folly он пожина́ет плоды́ свое́й глу́пости.

**reaper** *n.* **1.** (*labourer*) жн|ец (*fem.* -и́ца); Death
the R~ ста́рая с косо́й; **2.** (*machine*) жа́тка.

**reappear** *v.i.* сно́ва появ|ля́ться, -и́ться.

**reappearance** *n.* но́вое появле́ние; возрож-
де́ние.

**reappoint** *v.t.* повто́рно назн|ача́ть, -а́чить.

**reappointment** *n.* повто́рное назначе́ние.

**reappraisal** *n.* переоце́нка.

**reappraise** *v.t.* пересм|а́тривать, -отре́ть;
за́ново оце́н|ивать, -и́ть; переоце́н|ивать,
-и́ть.

**rear**[1] *n.* **1.** за́дняя часть/сторона́; the kitchen is
at the ~ of the house ку́хня — в за́дней ча́сти
до́ма; **2.** (*of army etc.*) тыл; хвост коло́нны;
they were attacked in the ~ их атакова́ли с
ты́ла; ~ services слу́жба ты́ла; he was a slow
runner and always brought up the ~ он пло́хо
бежа́л и всегда́ ока́зывался в хвосте́; **3.** (*coll.,
buttocks*) зад, за́дница.

*adj.*: ~ entrance чёрный ход; ~ wheel за́днее
колесо́.

*cpds.*: ~-**admiral** *n.* контр-адмира́л; ~**guard**
*n.* арьерга́рд; ~guard action арьерга́рдный
бой; ~**most** *adj.* са́мый за́дний; после́дний.

**rear**[2] *v.t.* **1.** (*raise, erect*) воздв|ига́ть, -и́гнуть; а

monument was ~ed on the spot на э́том ме́сте
был воздви́гнут па́мятник; jealousy ~ed its
head (в нём *и т.п.*) зашевели́лась ре́вность;
**2.** (*bring up*) расти́ть (*or* выра́щивать), вы-;
воспи́т|ывать, -а́ть; the children were ~ed by
foster-parents дете́й воспита́ли/вы́растили
приёмные роди́тели; (*breed*) разв|оди́ть,
-ести́; cattle are ~ed on the plains скот раз-
во́дят на равни́нах.
  *v.i.* (*also* ~ **up**) ста|нови́ться, -ть на дыбы́;
the horse ~ed in terror ло́шадь (в)ста́ла на
дыбы́ от испу́га.

**re-arise** *v.i.* сно́ва возн|ика́ть, -и́кнуть; воз-
ро|жда́ться, -ди́ться.

**rearm** *v.t. & i.* перевооруж|а́ть(ся), -и́ть(ся).

**rearmament** *n.* перевооруже́ние.

**rearrange** *v.t.* перестр|а́ивать, -о́ить; пере-
ст|авля́ть, -а́вить; передв|ига́ть, -и́нуть.

**rearrangement** *n.* перестано́вка, перестро́йка,
перегруппиро́вка.

**rearward** *n.* тыл; in the ~ в тылу́; to the ~ of
позади́ +*g.*
  *adj.* тылово́й, за́дний.

**rearwards** *adv.* наза́д; в тыл; на попя́тную.

**reascend** *v.t. & i.* сно́ва подн|има́ться, -я́ться;
сно́ва восходи́ть, взойти́ (на +*a.*).

**reascent** *n.* повто́рный подъём; но́вое
восхожде́ние.

**reason** *n.* **1.** (*cause, ground*) причи́на; he refused
to give his ~s он отказа́лся объясни́ть; there
is ~ to believe that . . . есть основа́ния
полага́ть, что . . .; that is no ~ for thinking . . .
э́то не даёт основа́ния ду́мать, что . . .; with
~ обосно́ванно; for no good ~ без уважи́-
тельной причи́ны; he resigned for ~s of health
он уво́лился по состоя́нию здоро́вья; for the
simple ~ that . . . по той просто́й причи́не,
что . . .; give back the money, or I'll know the
~ why отда́й де́ньги, а то пожале́ешь; he was
excused by ~ of his age его́ освободи́ли,
приня́в во внима́ние во́зраст; **2.** (*intellectual
faculty*) ра́зум, рассу́док; he lost his ~ он
лиши́лся рассу́дка; **3.** (*good sense, moderation*) благоразу́мие; he will not listen to ~ он
не прислу́шивается к го́лосу ра́зума; he was
brought to ~ его́ удало́сь образу́мить; his
actions are without rhyme or ~ в его́ по-
сту́пках нет никако́го смы́сла; it stands to ~
разуме́ется; I will do anything in ~ я сде́лаю
всё в преде́лах разу́много; there is ~ in
what you say то, что вы говори́те, разу́мно/
резо́нно.
  *v.t.* **1.** (*argue, contend*) дока́зывать (*impf.*); **2.**
(*express logically*): a ~ed argument
обосно́ванный до́вод; **3.** (*persuade by argu-
ment*) убе|жда́ть, -ди́ть; he ~ed her out of her
fears он убеди́л её, что её стра́хи
необосно́ваны; **4.**: ~ **out** (*solve by* ~*ing*) раз-
га́д|ывать, -а́ть.
  *v.i.*: it is useless to ~ with him его́ бесполе́зно

убежда́ть; ло́гика на него́ не де́йствует.

**reasonable** *adj.* **1.** (*sensible, amenable to reason*)
(благо)разу́мный; **2.** (*moderate*) уме́ренный,
прие́млемый; he has a ~ chance of success у
него́ неплохи́е ша́нсы на успе́х; **3.** (*of price*)
недорого́й; the charges are ~ (они́) беру́т
недо́рого; the shoes are quite ~ ту́фли сто́ят
недо́рого.

**reasonableness** *n.* благоразу́мие, рассуди́-
тельность; (*of prices*) уме́ренность.

**reasoning** *n.* рассужде́ние, аргумента́ция; the
~ faculty, powers of ~ спосо́бность
рассужда́ть.

**reassemble** *v.t.* сно́ва соб|ира́ть, -ра́ть; (*tech.*)
переб|ира́ть, -ра́ть.
  *v.i.* сно́ва соб|ира́ться, -ра́ться; сно́ва
встр|еча́ться, -е́титься.

**reassembly** *n.* (*of committee etc.*) возобновлён-
ное заседа́ние (по́сле переры́ва); (*tech.*)
перебо́рка.

**reassert** *v.t.* сно́ва подтвер|жда́ть, -ди́ть; сно́ва
выдвига́ть, вы́двинуть; ~ o.s. само-
утвержда́ться (*impf.*).

**reassertion** *n.* повто́рное завере́ние, под-
твержде́ние.

**reassess** *v.t.* переоце́н|ивать, -и́ть.

**reassessment** *n.* переоце́нка.

**reassign** *v.t.* назн|ача́ть, -а́чить на друго́е
ме́сто; перев|оди́ть, -ести́; перераспре-
дел|я́ть, -и́ть.

**reassignment** *n.* перево́д, перераспределе́ние.

**reassume** *v.t.* сно́ва брать, взять (*or* при-
н|има́ть, -я́ть) на себя́.

**reassumption** *n.* повто́рное приня́тие (на себя́).

**reassurance** *n.* (повто́рное) завере́ние, под-
твержде́ние.

**reassur|e** *v.t.* успок|а́ивать, -о́ить; подбодр|я́ть,
-и́ть; зав|еря́ть, -е́рить; I can ~e you on that
point я могу́ успоко́ить вас на э́тот счёт;
his words were most ~ing его́ слова́ звуча́ли
са́мым ободря́ющим о́бразом.

**reattach** *v.t.* сно́ва прикреп|ля́ть, -и́ть; (*mil.*)
переподчин|я́ть, -и́ть.

**reattachment** *n.* повто́рное прикрепле́ние;
(*mil.*) переподчине́ние.

**Réaumur** *n.* Реомю́р.

**reawaken** *v.t.* сно́ва пробу|жда́ть, -ди́ть; воз-
ро|жда́ть, -ди́ть.

**reawakening** *n.* но́вое пробужде́ние; воз-
рожде́ние.

**rebarbative** *adj.* отта́лкивающий, непри-
влека́тельный.

**rebate** *n.* (*discount*) ски́дка; вы́чет.

**rebel**[1] *n.* (*against government*) повста́нец,
мяте́жник; бунтовщи́|к (*fem.* -ца), бунта́рь
(*m.*); (*attr.*) повста́нческий; бунта́рский.

**rebel**[2] *v.i.* восст|ава́ть, -а́ть; бунтова́ть,
взбунтова́ться; the tribes ~led against the
government племена́ восста́ли про́тив прави́-
тельства; such treatment would make anyone

~ про́тив тако́го обраще́ния кто уго́дно взбунту́ется.

**rebellion** *n.* восста́ние, мяте́ж, бунт.

**rebellious** *adj.* (*in revolt*) восста́вший, мяте́жный, повста́нческий; (*disobedient*) стропти́вый, непоко́рный.

**rebelliousness** *n.* бунта́рство, непослуша́ние, непоко́рность.

**rebind** *v.t.* за́ново перепле|та́ть, -сти́.

**rebirth** *n.* второ́е рожде́ние, возрожде́ние, воскресе́ние.

**rebore** *v.t.* раст|а́чивать, -очи́ть.

**reborn** *adj.* возрождённый, возроди́вшийся, перероди́вшийся.

**rebound**[1] *n.* отско́к, рикоше́т; on the ~ рикоше́том; (*fig.*): he married her on the ~ он жени́лся на ней с доса́ды.

**rebound**[2] *v.i.* отск|а́кивать, -очи́ть; the ball ~ed against the wall мяч отскочи́л от стены́; (*fig.*): your action may ~ on yourself э́то мо́жет оберну́ться про́тив вас сами́х.

**rebuff** *n.* отпо́р, ре́зкий отка́з, попра́ние.

*v.t.*: she ~ed his advances она́ пресе́кла его́ заи́грывания; the enemy's attack was ~ed ата́ка неприя́теля была́ отби́та/отражена́.

**rebuild** *v.t.* сно́ва стро́ить, по-; перестр|а́ивать, -о́ить; застр|а́ивать, -о́ить; реконструи́ровать (*impf., pf.*).

**rebuke** *n.* упрёк, уко́р; вы́говор, замеча́ние.

*v.t.* упрек|а́ть, -ну́ть; укоря́ть (*impf.*); де́лать, с- замеча́ние/вы́говор +*d.*

**rebus** *n.* ре́бус.

**rebut** *v.t.* опров|ерга́ть, -е́ргнуть; отв|ерга́ть, -е́ргнуть.

**rebuttal** *n.* опроверже́ние.

**recalcitrance** *n.* непоко́рность, непослуша́ние.

**recalcitrant** *adj.* непоко́рный, непослу́шный; с но́ровом.

**recalculate** *v.t.* пересчи́т|ывать, -а́ть.

**recalculation** *n.* пересчёт.

**recall** *n.* **1.** (*summons to return*) о́тзыв; (*signal to return*) сигна́л к возвраще́нию; (*bringing back*): the letters are lost beyond ~ э́ти пи́сьма бессле́дно исче́зли; **2.** (*recollection*) воспомина́ние; па́мять; total ~ по́лное восстановле́ние в па́мяти.

*v.t.* **1.** (*summon back*) от|зыва́ть, -озва́ть; the ambassador was ~ed его́ посла́ отозва́ли; he was ~ed from furlough его́ вы́звали из о́тпуска; **2.** (*bring back to mind*) нап|омина́ть, -о́мнить; this ~s my childhood to me э́то напомина́ет мне де́тство; I ~ed his words я вспо́мнил его́ слова́; can you ~ where you lost the bag? вы мо́жете припо́мнить, где вы оста́вили су́мку?; **3.** (*revoke*) отмен|я́ть, -и́ть; брать, взять обра́тно; the order was ~ed прика́з отмени́ли.

**recant** *v.t. & i.* публи́чно ка́яться, рас- (*в чём*); отр|ека́ться, -е́чься (*от чего*).

**recantation** *n.* отрече́ние; публи́чное покая́ние.

**recap** (*coll.*) *n.* повторе́ние.

*v.t. & i.* = RECAPITULATE.

**recapitulate** *v.t.* повтор|я́ть, -и́ть; резюми́ровать (*impf., pf.*).

**recapitulation** *n.* повторе́ние; резюме́ (*indecl.*); сумми́рование.

**recapture** *n.* повто́рный захва́т; взя́тие обра́тно.

*v.t.* взять (*pf.*) обра́тно; пойма́ть (*pf.*); the prisoner was ~d заключённого пойма́ли; (*fig.*) восстан|а́вливать, -ови́ть в па́мяти; I tried to ~ my first impressions я пыта́лся восстанови́ть свои́ пе́рвые впечатле́ния.

**recast** *v.t.* **1.** (*cast again, e.g. a gun*) отл|ива́ть, -и́ть за́ново; **2.** (*rewrite, rephrase*) пераб|а́тывать, -о́тать; испр|авля́ть, -а́вить; **3.** (*remodel, refashion*) переде́л|ывать, -ать; перестр|а́ивать, -о́ить; **4.** (*change cast*) перераспредел|я́ть, -и́ть ро́ли в (*пьесе*).

**recce** (*coll.*) = RECONNAISSANCE.

**reced|e** *v.i.* **1.** (*move back*) отступ|а́ть, -и́ть; от|ходи́ть, -ойти́; the tide was ~ing вода́ спада́ла; нача́лся отли́в; ~ing hair реде́ющие во́лосы; залы́сина; **2.** (*slope back*) отклоня́ться (*impf.*) наза́д; a ~ing chin сре́занный подборо́док; a ~ing cliff нави́сшая скала́; **3.** (*fig., withdraw*) от|ходи́ть, -ойти́; **4.** (*decline*) пон|ижа́ться, -и́зиться; ~ing prices снижа́ющиеся це́ны.

**receipt** *n.* **1.** (*receiving*) получе́ние; on ~ of the news по получе́нии изве́стия; I am in ~ of your letter Ва́ше письмо́ мно́ю полу́чено; **2.** (*pl., money received*) де́нежные поступле́ния; **3.** (*written acknowledgement*) распи́ска, квита́нция.

*v.t.*: ~ a bill распи́с|ываться, -а́ться на счёте.

**receive** *v.t.* **1.** (*get, be given*) получ|а́ть, -и́ть; your letter will ~ attention ва́ше письмо́ бу́дет рассмо́трено; he ~d a warm welcome ему́ оказа́ли тёплый приём; he ~d injuries он получи́л ране́ния; he ~d severe punishment он подве́ргся суро́вому наказа́нию; information has not yet been ~d све́дения ещё не поступи́ли; that is not the impression I ~d у меня́ создало́сь ино́е впечатле́ние; they ~d the sacrament они́ причасти́лись; he ~s stolen goods он укрыва́ет кра́деное; **2.** (*admit*) прин|има́ть, -я́ть; допус|ка́ть, -ти́ть; I am not receiving guests я не принима́ю госте́й; he was ~d into the Church его́ при́няли в ло́но це́ркви; (*give reception to, greet*) прин|има́ть, -я́ть; he was ~d with open arms его́ встре́тили с распростёртыми объя́тиями; how was your speech ~d? как бы́ло встре́чено ва́ше выступле́ние?; how did he ~ the news? как он восприня́л э́ту но́вость?; **3.** (*hold, contain*) вме|ща́ть, -сти́ть; **4.** (*accept as true, accurate etc.*) призн|ава́ть, -а́ть пра́вильным; ~d relig-

ion госпо́дствующая рели́гия; ~d pronunciation нормати́вное произноше́ние; **5.** (*bear
weight or impact of*): he ~d the bullet in his
shoulder пу́ля попа́ла ему́ в плечо́; **6.** (*obtain
signals from*): are you receiving me? вы меня́
слы́шите?; can you ~ the third programme?
ваш приёмник берёт тре́тью програ́мму?;
broadcast receiving licence лице́нзия на
по́льзование радиоприёмником.

**receiver** *n.* **1.** получа́тель (*m.*); (*of stolen goods*)
укрыва́тель (*m.*) кра́деного; **2.** (official ~)
ликвида́тор, управля́ющий ко́нкурсной
ма́ссой; **3.** (telephone ~) (телефо́нная)
тру́бка; lift the ~ подн|има́ть, -я́ть тру́бку;
replace the ~ класть, положи́ть тру́бку; **4.**
(radio ~) (ра́дио)приёмник.

**recension** *n.* пересмо́тренное изда́ние; испра́в-
ленный вариа́нт; реда́кция.

**recent** *adj.* **1.** (*occurring lately*) неда́вний; within
~ memory за после́днее вре́мя; **2.** (*modern*)
совреме́нный.

**recently** *adv.* неда́вно, на днях, за после́днее
вре́мя; until quite ~ ещё совсе́м неда́вно.

**receptacle** *n.* вмести́лище, приёмник.

**reception** *n.* **1.** (*of guests etc.*) приём; they are
having a ~ они́ даю́т приём; ~ area (*of camp
etc.*) ла́герь приёма пополне́ния; ~ clerk (*in
hotel, hospital*) (*also* ~ist) регистра́тор,
дежу́рный; (*in a business firm*) секрета́р|ь
(*fem.* -ша) по приёму посети́телей; ~ desk (*in
hotel*) регистра́ция, конто́рка портье́; (*in hospital*) регистрату́ра; ~ room приёмная; **2.**
(*greeting, display of feeling*) встре́ча, приём; he
was given a great ~ ему́ устро́или великоле́-
пный приём; his book had a lukewarm ~ его́
кни́га была́ встре́чена хо́лодно; **3.** (*of ideas
etc.*) восприя́тие; **4.** (*of radio signals*) приём; ~
is good in this area в э́том райо́не хоро́ший
приём.

**receptionist** *see* RECEPTION **1.**

**receptive** *adj.* восприи́мчивый.

**receptivity** *n.* восприи́мчивость.

**recess** *n.* **1.** (*vacation*) переры́в; Parliament has
gone into ~ парла́мент распу́щен на кани́-
кулы; **2.** (*alcove, niche*) ни́ша, алько́в; **3.**
(*secret place*) тайни́к; укро́мный уголо́к; in the
~es of the heart в глубине́ души́.
*v.t.* (*set back*) отод|ига́ть, -ину́ть наза́д.
*v.i.* (*adjourn*): the court ~ed был объя́влен
переры́в в заседа́нии суда́.

**recession** *n.* (*withdrawal*) ухо́д, отступле́ние;
(*slump*) спад.

**recessional** *n.* после́днее песнопе́ние (*перед
концо́м слу́жбы*).

**recessive** *adj.*: ~ characteristic (*biol.*)
рецесси́вный при́знак.

**recharge** *v.t.* перезаря|жа́ть, -ди́ть; he ate to ~
his energies он ел, что́бы восстанови́ть свои́
си́лы.

**recherché** *adj.* (*choice*) изы́сканный, то́нкий;

(*far-fetched*) вы́чурный.

**rechristen** *v.t.* (*fig.*) переимено́в|ывать, -а́ть.

**recidivism** *n.* рециди́в.

**recidivist** *n.* рецидиви́ст.

**recipe** *n.* (*lit., fig.*) реце́пт; a ~ for happiness
секре́т сча́стья.

**recipient** *n.* получа́тель (*fem.* -ница); (*med.,
also*) реципие́нт.

**reciprocal** *n.* (*math.*) обра́тная величина́.
*adj.* (*mutual*) взаи́мный (*also gram.*),
обою́дный; (*inversely corresponding*) обра́т-
ный.

**reciprocat**|**e** *v.t.* отв|еча́ть, -е́тить взаи́м-
ностью; she ~ed his feelings она́ отвеча́ла ему́
взаи́мностью; they ~ed presents они́ обменя́-
лись пода́рками.
*v.i.* **1.** (*move back and forth*) дви́гаться (*impf.*)
взад и вперёд; ~ing engine поршнево́й
дви́гатель; **2.** (*make a return*) отпла́|чивать,
-ти́ть; отвеча́ть (*impf.*) тем же; I bought him a
drink and he ~ed я угости́л его́ вино́м, а он —
меня́.

**reciprocation** *n.* отве́тное де́йствие; обме́н.

**reciprocity** *n.* взаи́мность; взаимоде́йствие;
обме́н.

**recital** *n.* (*narration*) изложе́ние; повествова́-
ние; (*entertainment*) со́льный конце́рт; song ~
со́льный вока́льный конце́рт.

**recitation** *n.* деклама́ция; there is to be a ~ from
Shakespeare бу́дут чита́ть отры́вки из
Шекспи́ра; we heard a ~ of her troubles мы
услы́шали подро́бный расска́з о её не-
сча́стьях.

**recitative** *n.* речитати́в.

**recite** *v.t.* (*declaim from memory*) деклами́ро-
вать, про-; (*enumerate*) переч|исля́ть,
-и́слить.

**reck** *v.t.* (*arch.*) забо́титься (*impf.*); he ~ed
nothing of danger он не счита́лся с
опа́сностью.

**reckless** *adj.* безрассу́дный, опроме́тчивый;
отча́янный; a ~ disregard of consequences
безду́мное пренебреже́ние после́дствиями;
he drove ~ly он неосторо́жно вёл маши́ну; a
~ spender мот.

**recklessness** *n.* безрассу́дность, опроме́тчи-
вость, отча́янность.

**reckon** *v.t.* **1.** (*calculate*) счита́ть, вы́-; he never
~s the cost он никогда́ не учи́тывает рас-
хо́дов; charges are ~ed from the first of the
month пла́та исчисля́ется с пе́рвого числа́
ка́ждого ме́сяца; **2.** (*consider, rate*) счита́ть
(*impf.*); do you ~ him to be a great writer? вы
счита́ете его́ вели́ким писа́телем?; **3.** (*coll.,
opine*) полага́ть (*impf.*); I ~ he will win я
ду́маю, что он победи́т.
*v.i.* **1.** (*count*) счита́ть (*impf.*); he is a man to be
~ed with с таки́м челове́ком, как он, ну́жно
счита́ться; he ~ed without the English climate
он не взял в расчёт англи́йский кли́мат; **2.**

(*rely*, *depend*) рассчи́тывать (*impf.*) (*на кого/что*); he ~ed on making a clear profit он рассчи́тывал на чи́стую при́быль; **3.** (*settle account*) (*lit.*, *fig.*) рассчи́т|ываться, -а́ться; (*fig.*) расквита́ться (*pf.*).

**reckoner** *n.*: ready ~ сбо́рник вычисли́тельных табли́ц.

**reckoning** *n.* **1.** (*calculation*) счёт, вычисле́ние; dead ~ (*nav.*, *av.*) навигацио́нное счисле́ние; he is out in his ~ он оши́бся в расчётах; **2.** (*account*) распла́та; day of ~ (*fig.*) час распла́ты; there will be a heavy ~ to pay распла́та предстои́т тя́жкая.

**reclaim** *n.* see RECLAMATION; beyond ~ неисправи́мый.
    *v.t.* **1.** (*reform*) испр|авля́ть, -а́вить; **2.** (*civilize*) перевоспи́т|ывать, -а́ть; **3.** (*bring under cultivation*) осв|а́ивать, -о́ить; **4.** (*demand return of*) тре́бовать, по- обра́тно.

**reclamation** *n.* **1.** исправле́ние, улучше́ние; **2.** перевоспита́ние; **3.** освое́ние.

**réclame** *n.* рекла́ма, реклами́рование.

**reclassification** *n.* перево́д в другу́ю катего́рию; реклассифика́ция, пересортиро́вка.

**reclassify** *v.t.* перев|оди́ть, -ести́ в другу́ю катего́рию; пересортиро́в|ывать, -а́ть; переклассифици́ровать (*impf.*, *pf.*).

**recline** *v.t.* отки́|дывать, -нуть наза́д; she ~d her head on his shoulder она́ склони́ла го́лову ему́ на плечо́; he ~d his head against the back of the chair он сиде́л, отки́нув го́лову на спи́нку кре́сла.
    *v.i.* (*полу*)лежа́ть (*impf.*); возлежа́ть (*impf.*); they ~d on the ground они́ разлегли́сь на земле́; he ~d against the mantelpiece он стоя́л, прислони́вшись к ками́ну; reclining nude лежа́щая обнажённая.

**reclothe** *v.t.* сно́ва од|ева́ть, -е́ть; од|ева́ть, -е́ть в но́вое.

**recluse** *n.* затво́рник, отше́льник.

**recognition** *n.* **1.** (*knowing again*) опознава́ние; he changed beyond ~ он измени́лся до неузнава́емости; **2.** (*acknowledgement*) призна́ние; the ~ of Communist China призна́ние коммунисти́ческого Кита́я; he received a cheque in ~ of his services он получи́л чек в знак призна́ния его́ услу́г.

**recognizable** *adj.* опознава́емый.

**recognizance** *n.* (*bond*) ≃ обяза́тельство, да́нное в суде́; (*sum pledged*) зало́г.

**recognize** *v.t.* **1.** (*know again*) узн|ава́ть, -а́ть; I could barely ~ him я его́ е́ле узна́л; **2.** (*acknowledge*) призн|ава́ть, -а́ть; he was ~d as the lawful heir он был при́знан зако́нным насле́дником.

**recoil** *n.* отско́к; отда́ча.
    *v.i.* **1.** (*shrink back*) отпря́нуть (*pf.*); отпры́г|ивать, -нуть; отша́т|ываться, -ну́ться; the sight made him ~ with horror зре́лище заста́вило его́ отпря́нуть в у́жасе; **2.**

(*of gun*) отка́т|ываться, -и́ться; (*of rifle*) отд|ава́ть, -а́ть; **3.** (*rebound*) уда́рить (*pf.*) рикоше́том; (*fig.*) отра|жа́ться, -зи́ться (*на ком*); his scheme ~ed on his own head он попа́л в се́ти, кото́рые сам расста́вил.

**recollect** *v.t.* всп|омина́ть, -о́мнить; прип|омина́ть, -о́мнить.

**recollection** *n.* па́мять; воспомина́ние; to the best of my ~ наско́лько я по́мню; the music brought back ~s of the past му́зыка оживи́ла в па́мяти про́шлое.

**recommence** *v.t.* возобнов|ля́ть, -и́ть; нач|ина́ть, -а́ть сно́ва.
    *v.i.* возобнов|ля́ться, -и́ться.

**recommend** *v.t.* **1.** (*speak well of*; *suggest as suitable*) рекомендова́ть (*impf.*, *pf.*), от-/по- (*pf.*); сове́товать, по-; he was ~ed for promotion его́ вы́двинули на повыше́ние; **2.** (*make acceptable*): his appearance did not ~ him его́ нару́жность не располага́ла (к нему́); **3.** (*advise*) рекомендова́ть, по- +*d.*; сове́товать, по- +*d.*; **4.** (*commend*) вв|еря́ть, -е́рить; пору́ч|ать, -и́ть; the child was ~ed to their care ребёнка о́тдали на их попече́ние.

**recommendation** *n.* рекоменда́ция; I bought the shares on your ~ я купи́л а́кции по ва́шей рекоменда́ции; my ~ would be to sell them я бы посове́товал прода́ть их; that is no ~ of him э́то не говори́т в его́ по́льзу.

**recompense** *n.* компенса́ция; in ~ for your help в вознагражде́ние за ва́шу по́мощь.
    *v.t.* компенси́ровать (*impf.*, *pf.*); he was amply ~d for his trouble его́ ще́дро вознаград́или за его́ уси́лия; his losses were barely ~d ему́ едва́ возмести́ли убы́тки.

**reconcilable** *adj.* (*compatible*) совмести́мый (с чем).

**reconcile** *v.t.* **1.** (*make friendly*) мири́ть, по-; they finally became ~d они́, наконе́ц, помири́лись; **2.** (*settle*, *compose*) ула́|живать, -дить; their differences were ~d они́ ула́дили свои́ разногла́сия; **3.** (*cause to agree*, *make compatible*) совме|ща́ть, -сти́ть; согласо́в|ывать, -а́ть; how can you ~ this with your principles? как же э́то сочета́ется с ва́шими при́нципами?; **4.** (*resign*): ~ o.s. смиря́ться, -и́ться (с чем); примир|я́ться, -и́ться (с чем); you must ~ yourself to a life of poverty вы должны́ примири́ться с пожи́зненной бе́дностью.

**reconcil|ement**, **-iation** *nn.* примире́ние; ула́живание.

**recondite** *adj.* (*obscure*) зау́мный, малоизве́стный; (*of subject*, *specialized*) изве́стный у́зкому кру́гу.

**recondition** *v.t.* ремонти́ровать, от-.

**reconnaissance** *n.* разве́дка; ~ party разве́дывательная гру́ппа; разве́дывательный отря́д.

**reconnoitre** *v.t.* & *i.* разве́дывать (*impf.*); производи́ть (*impf.*) разве́дку.

**reconquer** *v.t.* отвоёв|ывать, -а́ть.

**reconquest** *n.* возвраще́ние, возвра́т (поте́рянной террито́рии *и т.п.*).

**reconsider** *v.t.* пересм|а́тривать, -отре́ть. *v.i.* переду́мать (*pf.*).

**reconsideration** *n.* пересмо́тр; измене́ние реше́ния; on ~ he decided to stay поду́мав, он реши́л оста́ться.

**reconstitute** *v.t.* воспроизв|оди́ть, -ести́.

**reconstitution** *n.* воспроизведе́ние, воссозда́ние.

**reconstruct** *v.t.* перестр|а́ивать, -о́ить; реконструи́ровать (*impf., pf.*); (*fig.*) воспроизв|оди́ть, -ести́; the police ~ed the crime поли́ция воспроизвела́ карти́ну преступле́ния.

**reconstruction** *n.* перестро́йка, реконстру́кция; (*of acts etc.*) воспроизведе́ние, воссозда́ние.

**reconvene** *v.t.* соз|ыва́ть, -ва́ть вновь. *v.i.* соб|ира́ться, -ра́ться вновь.

**reconversion** *n.* (*e.g. of currency*) реконве́рсия; (*of industry*) перево́д на ми́рные ре́льсы.

**reconvert** *v.t.* пров|оди́ть, -ести́ реконве́рсию +*g.*; (*industry*) перев|оди́ть, -ести́ на ми́рные ре́льсы.

**record¹** *n.* **1.** (*written note, document*) за́пись, учёт; the teacher keeps a ~ of attendance учи́тель ведёт учёт посеща́емости; weather ~s регистра́ция метеорологи́ческих да́нных; ~s department отде́л учёта; R~ Office госуда́рственный архи́в; **2.** (*state of being recorded, esp. as evidence*) за́пись; it is a matter of ~ э́то зафикси́ровано/зарегистри́ровано; it is on ~ that you lost every game изве́стно, что вы проигра́ли все ма́тчи; it was the hottest day on ~ э́то был са́мый жа́ркий день из ра́нее зафикси́рованных; I went on ~ as opposing the plan в протоко́ле бы́ло отме́чено, что я про́тив э́того пла́на; this is off the ~ э́то не должно́ быть пре́дано огла́ске; **3.** (*relic of past*) па́мятник; ~s of past civilizations па́мятники про́шлых цивилиза́ций; **4.** (*chronicle*) ле́топись; the film provides an interesting ~ of the war э́тот фильм интере́сен как ле́топись войны́; **5.** (*past achievement*) про́шлое; attendance ~ посеща́емость; he has an honourable ~ of service у него́ безупре́чный послужно́й спи́сок; this firm has a bad ~ for strikes э́та фи́рма изве́стна многочи́сленными забасто́вками; his ~ is against him его́ про́шлое говори́т про́тив него́; the defendant had a (criminal) ~ у обвиня́емого ра́нее име́лись суди́мости; **6.** (*sound recording*) (грам)пласти́нка; long-playing ~ долгоигра́ющая пласти́нка; is that symphony on ~? запи́сана ли э́та симфо́ния на пласти́нку?; they made a new ~ of the song вы́пустили ещё одну́ за́пись э́той пе́сни; **7.** (*best performance*) реко́рд; world ~ реко́рд ми́ра; she set up a new ~ for the mile она́ установи́ла но́вый реко́рд в бе́ге на одну́ ми́лю; England held the ~ for some years э́тот реко́рд принадлежа́л А́нглии не́сколько лет; he will easily beat the ~ он легко́ побьёт реко́рд; equal a ~ повтор|я́ть, -и́ть реко́рд; (*attr.*) реко́рдный, небыва́лый; we shall have a ~ apple crop у нас бу́дет реко́рдный урожа́й я́блок; he set off at a ~ pace он с ме́ста разви́л реко́рдную ско́рость; cars have had ~ sales про́дано реко́рдное коли́чество маши́н.

*cpds.*: ~**-breaking** *adj.* реко́рдный; ~**-holder** *n.* рекордсме́н (*fem.* -ка); ~**-player** *n.* прои́грыватель (*m.*).

**record²** *v.t.* **1.** (*set down in writing, or fig.*) запи́с|ывать, -а́ть; протоколи́ровать, за-; the book ~s his early years в кни́ге отражены́ его́ молоды́е го́ды; the ~ing angel а́нгел, отмеча́ющий до́брые дела́ и грехи́; **2.** (*on tape, film etc.*) запи́с|ывать, -а́ть (на плёнку); the camera ~ed his features фотоаппара́т запечатле́л его́ черты́; **3.** (*of instrument: register*) регистри́ровать, за-; the thermometer ~ed zero термо́метр пока́зывал ноль.

**recorder** *n.* (*magistrate*) реко́рдер; (*apparatus*) магнитофо́н; (*mus.*) (англи́йская) фле́йта.

**recording** *n.* (*putting on record*) за́пись, регистра́ция; (*registering of sound or TV*) звукоза́пись; видеоза́пись; (*recorded performance etc.*) за́пись.

**recount¹** *n.* (*second count*) пересчёт. *v.t.* пересчи́т|ывать, -а́ть.

**recount²** *v.t.* (*narrate*) расска́з|ывать, -а́ть.

**recoup** *v.t.* **1.** (*leg., deduct*) уде́рж|ивать, -а́ть; **2.** (*recover*): one's losses возвраща́ть, верну́ть поте́рянное; **3.** (*compensate*) возме|ща́ть, -сти́ть (*что кому*); компенси́ровать (*impf., pf.*) (*кого за что*).

**recourse** *n.* прибе́жище; вы́ход; your only ~ is legal action вам ничего́ не остаётся де́лать, как обрати́ться в суд; have ~ to прибе|га́ть, -́гнуть к +*d.*

**recover¹** *v.t.* **1.** (*regain, retrieve*) получ|а́ть, -и́ть обра́тно; доста́ть (*pf.*), верну́ть (*pf.*); he tried to ~ his losses он пыта́лся верну́ть поте́рянное; you will never ~ lost time вы никогда́ не наверста́ете упу́щенного вре́мени; he quickly ~ed his health он бы́стро вы́здоровел; will he ~ the use of his legs? смо́жет ли он когда́-нибудь сно́ва ходи́ть?; she never ~ed consciousness она́ так и не пришла́ в созна́ние; he ~ed his appetite к нему́ возврати́лся аппети́т; she was badly shocked, but ~ed herself она́ была́ си́льно потрясена́, но пото́м пришла́ в себя́; he staggered, but ~ed himself он оступи́лся, но сохрани́л равнове́сие; (*win back*) отвоёв|ывать, -а́ть; much land has been ~ed from the sea мно́го су́ши отвоёвано у мо́ря; **2.** (*secure by legal process*) взы́ск|ивать, -а́ть в суде́бном поря́дке; an action to ~ damages иск о возмеще́нии уще́рба.

*v.i.* **1.** (*revive*) попр|авля́ться, -а́виться; опр|авля́ться, -а́виться; has he quite ~ed (from his illness)? оконча́тельно ли он опра́вился от боле́зни?; I have quite ~ed я по́лностью вы́здоровел; it took me some time to ~ from my astonishment я до́лго не мог прийти́ в себя́ от удивле́ния; we must help the country to ~ мы должны́ помо́чь стране́ сно́ва встать на́ ноги; **2.** (*leg.*) возме|ща́ть, -сти́ть по суду́; plaintiff shall ~ (sc. *damages*) надлежи́т возмести́ть убы́тки, понесённые истцо́м.

**recover**[2] *v.t.* сно́ва покр|ыва́ть, -ы́ть; перекр|ыва́ть, -ы́ть; the chair needs ~ing стул на́до оби́ть на́ново.

**recovery** *n.* **1.** (*regaining possession; reclamation*) возвра́т; возмеще́ние; the ~ of your money will take time пройдёт вре́мя, пре́жде чем вы полу́чите свои́ де́ньги обра́тно; the ~ of marshland осуше́ние боло́т; **2.** (*revival; restoration to health*) выздоровле́ние; оздоровле́ние; he made a rapid ~ он бы́стро попра́вился; his business made a ~ его́ дела́ пошли́ на попра́вку; **3.** (*rehabilitation; restoration to use*) восстановле́ние; ремо́нт; ~ vehicle авари́йный автомоби́ль.

**recreant** *n.* (*liter.*) (*apostate*) отсту́пник; (*coward*) трус.
*adj.* отсту́пнический; трусли́вый, малоду́шный.

**recreate** *v.t.* (*refresh*) восстан|а́вливать, -ови́ть си́лы +g.; обнов|ля́ть, -и́ть.

**re-create** *v.t.* вновь созд|ава́ть, -а́ть; воссозд|ава́ть, -а́ть.

**recreation** *n.* о́тдых; развлече́ние; I need ~ мне на́до отдохну́ть/отвле́чься; he plays chess for ~ он отдыха́ет, игра́я в ша́хматы; ша́хматы для него́ о́тдых; ~ ground спортплоща́дка; площа́дка для игр.

**recriminate** *v.t.* отв|еча́ть, -е́тить обвине́нием на обвине́ние.

**recrimination** *n.* встре́чное обвине́ние; they indulged in mutual ~s они́ броса́ли друг дру́гу обвине́ния.

**recriminatory** *adj.*: he made a ~ speech он вы́ступил с контробвине́ниями.

**recrudesce** *v.i.* возобнов|ля́ться, -и́ться; ожив|ля́ться, -и́ться.

**recrudescence** *n.* (*of illness*) втори́чное заболева́ние; (*fig.*) рециди́в; но́вая вспы́шка.

**recrudescent** *adj.* возобнови́вшийся; повто́рный.

**recruit** *n.* (*mil.*) новобра́нец; raw ~ (*fig.*) новичо́к; (*new member*) но́вый член/уча́стник; our task is to win ~s for the cause на́ша зада́ча — привле́чь как мо́жно бо́льше люде́й к о́бщему де́лу.
*v.t.* **1.** (*enlist*) вербова́ть, за-; наб|ира́ть, -ра́ть; приз|ыва́ть, -ва́ть; ~ing sergeant сержа́нт по вербо́вке на вое́нную слу́жбу; **2.**

(*build up*): he is ~ing his strength он понемно́гу восстана́вливает свои́ си́лы.

**recruitment** *n.* вербо́вка; комплектова́ние ли́чным соста́вом.

**rectangle** *.* прямоуго́льник.

**rectangular** *adj.* прямоуго́льный.

**rectification** *n.* (*correction*) исправле́ние, попра́вка; (*chem.*) ректифика́ция; (*elec.*) выпрямле́ние.

**rectifier** *n.* (*elec.*) выпрями́тель (*m.*), дете́ктор.

**rectif**|**y** *v.t.* **1.** (*correct*) испр|авля́ть, -а́вить; I am trying to ~y the situation я пыта́юсь испра́вить положе́ние; he ~ied his statement он уточни́л своё заявле́ние; many abuses were ~ied мно́го несправедли́востей бы́ло устранено́; **2.** (*chem.*) ректифици́ровать (*impf., pf.*) **3.** (*elec.*) выпрямля́ть, вы́прямить.

**rectilinear** *adj.* прямолине́йный.

**rectitude** *n.* че́стность, прямота́.

**recto** *n.* лицева́я сторона́.

**rector** *n.* (*clergyman*) ≃ прихо́дский свяще́нник; (*of university*) ре́ктор.

**rectory** *n.* дом прихо́дского свяще́нника.

**rectum** *n.* пряма́я кишка́.

**recumbent** *adj.* лежа́чий, лежа́щий; in a ~ posture в лежа́чем положе́нии.

**recuperate** *v.i.* попр|авля́ться, -а́виться.

**recuperation** *n.* восстановле́ние сил; выздоровле́ние.

**recur** *v.i.* **1.** (*occur repeatedly*) повтор|я́ться, -и́ться; a ~ring headache хрони́ческие головны́е бо́ли (*f. pl.*); it is a ~ring problem э́то постоя́нно возника́ющая пробле́ма; ~ring decimal периоди́ческая десяти́чная дробь; **2.** (*return*) возвра|ща́ться, -ти́ться; the thought often ~s to me э́та мысль ча́сто меня́ посеща́ет.

**recurrence** *n.* повторе́ние; возвра́т.

**recurrent** *adj.* повторя́ющийся.

**recusancy** *n.* неподчинове́ние вла́сти; непови́нове́ние.

**recusant** *n.* нонконформи́ст; бунта́рь (*m.*).
*adj.* нонконформи́стский; бунта́рский.

**recycle** *v.t.* рециркули́ровать (*impf., pf.*); ~d paper бума́га из ути́ля.

**red** *n.* **1.** кра́сный цвет; his ~s are too bright у него́ сли́шком я́ркие отте́нки кра́сного; the article made me see ~ (*fig.*) статья́ привела́ меня́ в бе́шенство; (*of clothes*): ~ doesn't suit her кра́сное ей не идёт; she was dressed in ~ она́ была́ оде́та в кра́сное; (*billiards*): he went in off the ~ он сыгра́л своего́ от кра́сного шара́; **2.** (*debit side of account*) долг, задо́лженность; my account is in the ~ у меня́ задо́лженность в ба́нке; how can I get out of the ~? как мне вы́йти из долго́в?; **3.** (*coll., Communist*) «кра́сный».
*adj.* **1.** кра́сный; а́лый; her eyes were ~ with weeping её глаза́ покрасне́ли от слёз; she went ~ in the face она́ покрасне́ла; he was ~

with anger он покрасне́л от гне́ва; was my face ~! (*coll.*) ну, и осканда́лился же я!; his hands were ~ with the blood of his victims его́ ру́ки бы́ли обагрены́ кро́вью жертв; let's go out and paint the town ~! (*coll.*) (дава́й) пойдём покути́ть!; R ~ Admiral (*butterfly*) ба́бочка--адмира́л; R ~ Cross Кра́сный Крест; ~ deer благоро́дный оле́нь; R ~ Ensign флаг торго́вого фло́та Великобрита́нии; ~ flag (*danger signal*) кра́сный флажо́к; (*pol.*) кра́сный флаг, кра́сное зна́мя; ~ hat (*of cardinal*) кра́сная ша́пка; ~ heat кра́сное кале́ние; R ~ Indian красноко́жий, инде́ец; (*adj.*) красноко́жий; ~ lead (*min.*) свинцо́вый су́рик; ~ light (*warning signal*) сигна́л опа́сности; (*fig.*) he has seen the ~ light at last он наконе́ц почу́ял опа́сность; (*sign of brothel*) кра́сный фона́рь; ~ light district кварта́л публи́чных домо́в; ~ meat чёрное мя́со; it was like a ~ rag to a bull э́то поде́йствовало, как кра́сная тря́пка на быка́; the R ~ Sea Кра́сное мо́ре; ~ tape (*fig.*) канцеля́рская волоки́та; **2.** (*Soviet*): the R ~ Air Force сове́тские вое́нно-возду́шные си́лы.

*cpds.*: ~**-blooded** *adj.* (*fig.*) энерги́чный; му́жественный; ~ **breast** *n.* мали́новка; **R ~ brick** *n.* ≃ провинциа́льный университе́т; ~ **cap** *n.* (*mil. policeman*) вое́нный полице́йский; (*Am., porter*) носи́льщик; ~**-cheeked** *adj.* краснощёкий; ~ **coat** *n.* (*hist.*) «кра́сный мунди́р», брита́нский солда́т; ~ **currant** *n.* кра́сная сморо́дина; ~**-eyed** *adj.* (*from weeping*) с глаза́ми, кра́сными от слёз; ~**-haired** *adj.* рыжеволо́сый; ~**-handed** *adj.*: he was caught ~-handed его́ пойма́ли на ме́сте преступле́ния (*or* с поли́чным); ~ **head** *n.* ры́жий челове́к; ~**-headed** *adj.* ры́жий; ~**-hot** *adj.* раскалённый докрасна́; (*fig.*) (*fervent*) горя́чий, пы́лкий; a ~-hot socialist пла́менный социали́ст; (*exciting*): ~-hot news сенсацио́нное сообще́ние; ~**-letter** *adj.* пра́здничный; it was a ~-letter day for me э́то бы́ло для меня́ пра́здником; ~ **skin** *n.* (*coll.*) красноко́жий; ~ **wood** *n.* (*bot.*) кра́сное де́рево.

**redden** *v.t.* окра́|шивать, -сить в кра́сный цвет; багряни́ть (*impf.*).

*v.i.* красне́ть, по-; покр|ыва́ться, -ы́ться багря́нцем.

**reddish** *adj.* краснова́тый.

**redecorate** *v.t.* отде́л|ывать, -ать; ремонти́ровать, от-.

**redecoration** *n.* отде́лка; ремо́нт.

**redeem** *v.t.* **1.** (*get back, recover*) выкупа́ть, вы́купить; восстан|а́вливать, -ови́ть; the mortgage was ~ed зало́г был вы́плачен; he was able to ~ his honour он смог восстанови́ть свою́ честь; **2.** (*fulfil*) выполня́ть, вы́полнить; he ~ed his promise он вы́полнил

обеща́ние; **3.** (*purchase freedom of*) выкупа́ть, вы́купить; the slaves were ~ed рабо́в вы́купили; Christ came to ~ sinners Христо́с пришёл искупи́ть грехи́ люде́й; **4.** (*compensate*) искуп|а́ть, -и́ть; компенси́ровать (*impf., pf.*); he has one ~ing feature у него́ есть одно́ положи́тельное ка́чество.

**redeemable** *adj.* (*subject to purchase*) подлежа́щий вы́купу/погаше́нию.

**redeemer** *n.* спаси́тель, избави́тель, искупи́тель (*all m.*).

**redefine** *v.t.* определ|я́ть, -и́ть за́ново.

**redefinition** *n.* но́вое определе́ние; но́вая формулиро́вка.

**redemption** *n.* **1.** (*repurchase*) вы́куп; **2.** (*fulfilment*): ~ of a promise выполне́ние обеща́ния; **3.** (*deliverance, salvation*) искупле́ние; past ~ без наде́жды на спасе́ние; **4.** (*reform*) исправле́ние.

**redemptive** *adj.* искупи́тельный, искупа́ющий.

**redeploy** *v.t. & i.* передислоци́ровать(ся) (*impf., pf.*); перегруппиро́в|ывать(ся), -а́ть(ся); (*of resources*) перераспредел|я́ть, -и́ть.

**redeployment** *n.* передислока́ция; перегруппиро́вка; перераспределе́ние.

**re-design** *v.t.* переплани́ровать (*pf.*), за́ново (с)конструи́ровать (*pf.*).

**redevelop** *v.t.* (*e.g. an area*) перестр|а́ивать, -о́ить; застр|а́ивать, -о́ить.

**redevelopment** *n.* перестро́йка; застро́йка; ~ area райо́н застро́йки.

**rediffuse** *v.t.* (ре)трансли́ровать (*impf., pf.*).

**rediffusion** *n.* (*broadcasting system*) (ре)трансля́ция.

**redintegrate** *v.t.* восстан|а́вливать, -ови́ть; воссоедин|я́ть, -и́ть.

**redintegration** *n.* восстановле́ние, воссоедине́ние.

**redirect** *v.t.* (*e.g. letters*) переадресо́в|ывать, -а́ть; (*re-route*): the traffic was ~ed тра́нспорт был напра́влен по друго́му маршру́ту; he ~ed me to the station он напра́вил меня́ обра́тно на ста́нцию; (*fig.*): his efforts were ~ed to a new goal его́ уси́лия бы́ли обращены́ на другу́ю цель.

**redirection** *n.* переадресова́ние; перебро́ска.

**rediscover** *v.t.* откр|ыва́ть, -ы́ть за́ново.

**rediscovery** *n.* за́ново сде́ланное откры́тие.

**redistribute** *v.t.* перераспредел|я́ть, -и́ть.

**redistribution** *n.* перераспределе́ние.

**redo** *v.t.* переде́л|ывать, -ать; (*redecorate*) ремонти́ровать, от-.

**redolent** *adj.*: ~ (*fig., suggestive*) *of* отдаю́щий (*чем*), напомина́ющий (*что*).

**redouble** *v.t. & i.* **1.** (*increase*) удв|а́ивать(ся), -о́ить(ся); уси́ли|вать(ся), -ть(ся); увели́чи|вать(ся), -ть(ся); he ~d his efforts он удво́ил свои́ уси́лия; the cheers ~d ова́ция оси́лилась; **2.** (*at bridge*) втори́чно удв|а́ивать, -о́ить (ста́вку).

**redoubt** *n.* реду́т.

**redoubtable** *adj.* гро́зный; устраша́ющий.

**redound** *v.i.*: ~ to спосо́бствовать (*impf.*) +*d.*; соде́йствовать (*impf.*) +*d.*; this will ~ to your credit э́то укрепи́т ва́шу репута́цию.

**redraft** *n.* но́вый прое́кт; но́вая формули-ро́вка.

*v.t.* перепи́с|ывать, -а́ть.

**redress** *n.* возмеще́ние; I shall seek ~ я бу́ду добива́ться компенса́ции.

*v.t.* испр|авля́ть, -а́вить; возме|ща́ть, -сти́ть; their victory ~ed the balance of forces их побе́да восстанови́ла равнове́сие сил; her grievances were ~ed её жа́лобы бы́ли удов-летворены́.

**reduce** *v.t.* **1.** (*make less or smaller*) ум|еньша́ть, -е́ньшить; сокра|ща́ть, -ти́ть; we must ~ our expenditure мы должны́ сократи́ть расхо́ды; in ~d circumstances в стеснённых обстоя́-тельствах; their numbers were ~d to five их число́ уме́ньшилось до пяти́; exercise will ~ your weight заря́дка помо́жет вам сба́вить вес; (*lower*) сн|ижа́ть, -и́зить; сб|авля́ть, -а́вить; '~ speed now' «води́тель, притор-мози́!»; all prices are ~d все це́ны сни́жены; his temperature is much ~d у него́ тем-перату́ра значи́тельно пони́зилась; (*shorten*) сокра|ща́ть, -ти́ть; укор|а́чивать, -оти́ть; his sentence was ~d to 6 months ему́ сократи́ли пригово́р до шести́ ме́сяцев; (*make nar-rower*) сужа́ть, су́зить; (*weaken*) осл|абля́ть, -а́бить; (*demote*) пон|ижа́ть, -и́зить в до́лжности; he was ~d to the ranks его́ разжа́ловали в рядовы́е; **2.** (*bring, compel*) дов|оди́ть, -ести́ (*до чего*); вынужда́ть, вы́нудить; the film ~d her to tears фильм растро́гал её до слёз; I was ~d to silence мне пришло́сь промолча́ть; the teacher ~d the class to order учи́тель навёл поря́док в кла́ссе; the rebels were ~d to submission мяте́жников заста́вили прекрати́ть сопротивле́ние; the family was ~d to begging семья́ была́ обречена́ на нищету́; this ~s your argument to absurdity э́то лиша́ет ваш до́вод вся́кого смы́сла; **3.** (*convert*) превра|ща́ть, -ти́ть; the proposition, ~d to its simplest terms пред-ложе́ние в преде́льно упрощённом ви́де; all fractions can be ~d to decimals все дро́би мо́жно перевести́ в десяти́чные; the logs were ~d to ashes поле́нья сгоре́ли дотла́; he was ~d to a skeleton он преврати́лся в скеле́т; **4.** (*force to surrender*) подчин|я́ть, -и́ть; покор|я́ть, -и́ть.

*v.i.* **1.** (*become less*) сн|ижа́ться, -и́зиться; ум|еньша́ться, -е́ньшиться; interest is paid at a reduced rate проце́нт выпла́чивается по пони́женной ста́вке; **2.** (*lose weight*) худе́ть (*impf.*); соблюда́ть (*impf.*) дие́ту для по-худе́ния; a reducing diet дие́та для поте́ри ве́са; I'm trying to ~ я стара́юсь похуде́ть; **3.**

(*be equivalent*) равня́ться (*impf.*); 3½ yards ~s to 126 inches три с полови́ной я́рда — э́то 126 дю́ймов.

**reducible** *adj.*: these facts are ~ to natural causes э́ти фа́кты мо́гут быть объяснены́ есте́ст-венными причи́нами; the prices are ~ (*can be lowered*) це́ны мо́жно пони́зить; **2.** (*math.*) своди́мый.

*reductio ad absurdum n.* доведе́ние до абсу́рда.

**reduction** *n.* **1.** (*decrease*) сокраще́ние; сни-же́ние; a ~ in numbers коли́чественное сокраще́ние; price ~ сниже́ние цен; is there a ~ for children? есть ли ски́дка для дете́й?; ~ in rank пониже́ние в зва́нии; ~ of armaments сокраще́ние вооруже́ний; ~ of temperature сниже́ние температу́ры; (*shortening*) сокра-ще́ние; (*narrowing*) суже́ние; (*demotion*) пониже́ние; ~ to the ranks разжа́лование (в солда́ты); **2.** (*conversion*) перево́д; превраще́ние; **3.** (*reduced copy of picture etc.*) уме́ньшенная ко́пия.

**redundanc|e, -y** *nn.* (*superfluity*) изли́шек, избы́точность; (*in work-force*) безрабо́тица; сокраще́ние шта́тов; there will be ~ies in the building industry в строи́тельной про-мы́шленности ожида́ется большо́е сокра-ще́ние.

**redundant** *adj.* изли́шний, избы́точный; the last sentence is ~ после́днее предложе́ние изли́шне; many workers were made ~ мно́гих рабо́чих уво́лили.

**reduplicate** *v.t.* удв|а́ивать, -о́ить (*also gram.*); удв|а́ивать, -о́ить.

**reduplication** *n.* удвое́ние.

**re-echo** *v.t.* отра|жа́ть, -зи́ть (*or* повтор|я́ться, -и́ться) э́хом; откл|ика́ться, -и́кнуться.

**reed** *n.* **1.** (*bot.*) тростни́к, камы́ш; ~ thatch соло́менная кры́ша; he proved a broken ~ (*fig.*) оказа́лось, что на него́ нельзя́ опере́ться; **2.** (*mus.*) свире́ль; ~ stop (*of organ*) орга́нный реги́стр с язычко́выми тру́бками; the ~s (*of an orchestra*) дере-вя́нные духовы́е инструме́нты (*m. pl.*).

**re-edit** *v.t.* за́ново отредакти́ровать (*pf.*).

**re-educate** *v.t.* перевоспи́т|ывать, -а́ть.

**re-education** *n.* перевоспита́ние.

**reedy** *adj.* **1.** (*full of reeds*) тростнико́вый; заро́сший тростнико́м; **2.** (*of sounds*) прон-зи́тельный.

**reef**¹ *n.* (*geog.*) риф; подво́дная скала́.

**reef**² *n.* (*naut.*) риф.

*v.t.*: ~ a sail брать, взять ри́фы.

*cpd.*: ~-**knot** *n.* ри́фовый/прямо́й у́зел.

**reefer**¹ *n.* (*jacket*) бушла́т.

**reefer**² *n.* (*sl., marijuana cigarette*) сигаре́та с марихуа́ной.

**reek** *n.* (*foul smell*) вонь; (*smoke, vapour*) пары́ (*m. pl.*).

*v.i.* воня́ть, про-; his clothes ~ed of tobacco от его́ оде́жды несло́ табако́м; (*fig.*) попа́хивать, па́хнуть (*both impf.*); the affair ~s of corruption де́ло па́хнет корру́пцией.

**reel**[1] *n.* (*winding device*) кату́шка; руло́н; а ~ of thread, cotton кату́шка ни́ток; а ~ of film for a camera кату́шка плёнки для фотоаппара́та; (*fig.*): he sang three songs off the ~ он еди́ным ду́хом пропе́л три пе́сни.

*v.t.* нама́|тывать, -ота́ть.

with *advs.*: the fisherman ~ed in the line рыба́к смота́л у́дочку; the guide ~ed off a lot of dates гид вы́палил це́лый ряд истори́ческих дат.

**reel**[2] *n.* (*stagger*) шата́ние, колеба́ние.

*v.i.* кружи́ться (*impf.*); верте́ться (*impf.*); he ~ed under the blow он зашата́лся от уда́ра; it makes the mind ~ от э́того голова́ кру́гом идёт; the drunkard went ~ing home шата́ясь, пья́ница поплёлся домо́й.

**reel**[3] *n.* (*dance*) рил; хорово́д.

**re-elect** *v.t.* переизб|ира́ть, -ра́ть.

**re-election** *n.* переизбра́ние.

**re-eligible** *adj.* переизбира́емый.

**re-embark** *v.t.* (*pers.*) вновь сажа́ть, посади́ть; (*cargo*) вновь грузи́ть, по- (на кора́бль *и m.n.*).

*v.i.* возвра|ща́ться, -ти́ться на́ борт.

**re-embarkation** *n.* возвраще́ние на́ борт; поса́дка (по́сле стоя́нки).

**re-emerge** *v.i.* вновь появ|ля́ться, -и́ться.

**re-emergence** *n.* появле́ние вновь.

**re-emphasis** *n.* повто́рное подчёркивание.

**re-emphasize** *v.t.* подчёрк|ивать, -ну́ть сно́ва (*or* ещё раз).

**re-enact** *v.t.* вновь вв|оди́ть, -ести́ в де́йствие.

**re-enactment** *n.* повто́рный ввод в де́йствие.

**re-engage** *v.t.*: he ~d the clutch он вновь включи́л сцепле́ние; the workers were laid off and then ~d рабо́чих уво́лили, а пото́м вновь при́няли на рабо́ту; they are ~d (*to be married*) они́ обручи́лись сно́ва.

**re-engagement** *n.* **1.** (*of clutch, gearing etc.*) повто́рное включе́ние; **2.** (*of soldiers*) оставле́ние на сверхсро́чной слу́жбе; **3.** (*of workers*) восстановле́ние на рабо́те; **4.** (*of couple*) возобновле́ние помо́лвки.

**re-enlist** *v.i.* поступ|а́ть, -и́ть на сверхсро́чную слу́жбу.

**re-enlistment** *n.* поступле́ние на сверхсро́чную слу́жбу.

**re-enter** *v.i.* сно́ва входи́ть, войти́ в +*a.*; возвраща́ться, верну́ться в +*a.*

**re-entrant** *adj.* (*geom.*) входя́щий.

**re-entry** *n.* вхожде́ние/вступле́ние за́ново; ~ into the atmosphere возвра́т в атмосфе́ру.

**re-equip** *v.t.* переосна|ща́ть, -сти́ть.

**re-equipment** *n.* переоснаще́ние.

**re-establish** *v.t.* восстан|а́вливать, -ови́ть.

**re-establishment** *n.* восстановле́ние.

**re-examination** *n.* повто́рное рассмотре́ние; переэкзамено́вка.

**re-examine** *v.t.* вновь рассм|а́тривать, -отре́ть; пересм|а́тривать, -отре́ть; (*acad.*) втори́чно экзаменова́ть, про-.

**re-export** *n.* реэ́кспорт.

*v.t.* реэкспорти́ровать (*impf., pf.*).

**ref** (*coll.*) = REFEREE 2.

**reface** *v.t.* за́ново отде́л|ывать, -ать.

**refashion** *v.t.* перемодели́ровать (*impf., pf.*); переина́чи|вать, -ть.

**refectory** *n.* тра́пезная; столо́вая.

**refer** *v.t.* **1.** (*pass on, direct*) от|сыла́ть, -осла́ть; напр|авля́ть, -а́вить; the clerk ~red me to the manager слу́жащий отосла́л меня́ к нача́льнику; the dispute was ~red to the UN спор был пе́редан на рассмотре́ние ООН; the note ~s the reader to the appendix примеча́ние отсыла́ет чита́теля к приложе́нию; the motion was ~red back предложе́ние бы́ло возвращено́ для но́вого рассмотре́ния; **2.** (*ascribe, assign*) припи́с|ывать, -а́ть; he ~red his success to his wife's support он припи́сывал свой успе́х подде́ржке жены́.

*v.i.* **1.** (*have recourse*) спр|авля́ться, -а́виться; he ~red to the dictionary он спра́вился со словарём; the speaker ~red to his notes ора́тор загляну́л в конспе́кт; **2.** (*allude*): ~ to упом|ина́ть, -яну́ть; подразумева́ть (*impf.*); all his writings ~ to the war все его́ произведе́ния посвящены́ войне́; are you ~ring to me? вы име́ете в виду́ меня́?

**referee** *n.* **1.** (*arbitrator*) арби́тр; **2.** (*at games*) судья́ (*m.*); рефери́ (*m. indecl.*); **3.** (*pers. supplying testimonial*) поручи́тель (*m.*).

*v.t. & i.*: he agreed to ~ the match он согласи́лся суди́ть матч; ~ing суде́йство.

**reference** *n.* **1.** (*referring for decision, consideration etc.*) отсы́лка; he acted without ~ to his superiors он де́йствовал без консульта́ции с нача́льством; terms of ~ компете́нция, круг полномо́чий, ве́дение; **2.** (*relation*) отноше́ние; success has little ~ to merit заслу́ги далеко́ не всегда́ определя́ют успе́х; with ~ to your letter в связи́ с ва́шим письмо́м; **3.** (*allusion*) упомина́ние, ссы́лка; he made frequent ~ to our agreement он ча́сто ссыла́лся на на́ше соглаше́ние; the book contains many ~s to the Queen в кни́ге ча́сто упомина́ется короле́ва; **4.** (*in text*) ссы́лка, сно́ска; ~ mark (*asterisk etc.*) знак сно́ски; **5.** (*referring for information*) спра́вка; you should make ~ to a dictionary вам сле́дует обрати́ться к словарю́; work of ~, ~ book спра́вочник; насто́льная кни́га; ~ library спра́вочная библиоте́ка; **6.** (*testimonial*) о́тзыв, рекоменда́ция; (*person supplying ~*) поручи́тель (*m.*); he gave his professor as a ~ он назва́л профе́ссора в ка́честве своего́ поручи́теля.

*v.t.* (*provide book etc. with ~s*) снаб|жа́ть, -ди́ть примеча́ниями.

**referendum** *n.* рефере́ндум.

**referral** *n.* направле́ние.

**refill**[1] *n.* (*of fuel*) (до)запра́вка; (*of drink*) доли́тая рю́мка; (*for pen etc.*) запасно́й сте́ржень.

**refill**[2] *v.t* нап|олня́ть, -о́лнить вновь; may I ~ your glass? позво́льте подли́ть?
*v.i.* запр|авля́ться, -а́виться.

**refine** *v.t.* 1. (*purify*) оч|ища́ть, -и́стить; ~d sugar са́хар-рафина́д; 2. (*make more elegant or cultured*) соверше́нствовать, y-; ~d manners утончённые/изы́сканные мане́ры.

**refinement** *n.* 1. (*purification*) очище́ние, очи́стка; 2. (*of feeling, taste etc.*) утон-чённость, то́нкость; (*of breeding or manners*) благовоспи́танность; lack of ~ неотёсан-ность; 3. (*subtle or ingenious manifestation*) утончённость; a ~ of torture изощрённость пы́тки.

**refinery** *n.* (*oil*) нефтеочисти́тельный заво́д.

**refit**[1] *n.* ремо́нт, переоборудование.

**refit**[2] *v.t.* чини́ть, по-; переоборудовать (*impf., pf.*); ремонти́ровать, от-.

**reflate** *v.i.* (*econ.*) пров|оди́ть, -ести́ рефля́цию.

**reflation** *n.* рефля́ция.

**reflect** *v.t.* 1. (*light, heat etc.*) отра|жа́ть, -зи́ть; light is ~ed from a white surface свет отража́ется от бе́лой пове́рхности; (*fig., express, reveal*): her thoughts were ~ed in her face все её мы́сли отража́лись на её лице́; (*fig., bring, result in*): this behaviour ~s credit on his parents тако́е поведе́ние де́лает честь его́ роди́телям; 2. (*consider*) размышля́ть (*impf.*); разду́мывать (*impf.*); I ~ed how fortunate I had been я поду́мал о том, как мне повезло́.
*v.i.* 1. (*produce a reflection*) отра|жа́ться, -зи́ться; is the light ~ing in your eyes? вам свет не бьёт в глаза́?; (*fig., bring discredit*): your behaviour ~s on us all ва́ше поведе́ние кладёт пятно́ на нас всех; I do not wish to ~ on your honesty я не хочу́ броса́ть тень на ва́шу честь; 2. (*ponder*) заду́маться (*pf.*) (над +*i.*).

**refle|ction, -xion** *n.* 1. (*of light, heat etc.*) отраже́ние; she saw his ~ in the mirror она́ уви́дела его́ отраже́ние в зе́ркале; 2. (*consideration*) размышле́ние; рефле́ксия; he acts without ~ он де́йствует неосмотри́тельно; she was lost in ~ она́ была́ погружена́ в свои́ мы́сли; on ~, I may have been wrong по размышле́нии я реши́л, что, возмо́жно, я был непра́в; 3. (*expression of idea*) соображе́ние; замеча́ние; 4. (*expression of blame*) порица́ние; I intended no ~ on you я не собира́лся вас порица́ть; 5. (*cause of credit or discredit*): it is a ~ on my honour э́то задева́ет мою́ честь.

**reflective** *adj.* (*of a surface*) отража́ющий; (*thoughtful*) мы́слящий; заду́мчивый.

**reflector** *n.* рефле́ктор.

**reflex** *n.* (~ action) рефле́кс.
*adj.* отражённый; рефлекто́рный; ~ camera зерка́льный фотоаппара́т.

**reflexion** *see* REFLECTION.

**reflexive** *adj.* возвра́тный.

**refloat** *v.t.* подн|има́ть, -я́ть (*затонувшее судно*); сн|има́ть, -ять с ме́ли.

**reflorescence** *n.* повто́рное цвете́ние.

**reflux** *n.* отли́в, отто́к.

**reforestation** *n.* восстановле́ние лесны́х масси́вов.

**reform** *n.* (*improvement, correction*) рефо́рма; ~ school исправи́тельная шко́ла.
*v.t.* 1. (*change for the better*) реформи́ровать (*impf., pf.*); he is a ~ed character он соверше́нно испра́вился; 2. (*correct*) испр|авля́ть, -а́вить; ~ abuses устран|я́ть, -и́ть злоупотребле́ния.

**re-form** *v.t.* (*reshape, form again*) перефор-миро́в|ывать, -а́ть.
*v.i.* перестр|а́иваться, -о́иться; the soldiers ~ed into two ranks солда́ты перестро́ились в две шере́нги.

**reformation** *n.* (*change, improvement*) преобразова́ние; the R~ Реформа́ция.

**re-formation** *n.* (*forming again*) переформи-рова́ние.

**reformative** *adj.* исправи́тельный.

**reformatory** *n.* исправи́тельное заведе́ние.
*adj.* исправи́тельный.

**reformer** *n.* реформа́тор; преобразова́тель (*m.*); the R~s (*hist.*) реформа́торы це́ркви.

**refract** *v.t.* прелом|ля́ть, -и́ть.

**refraction** *n.* преломле́ние; рефра́кция.

**refractor** *n.* рефра́ктор.

**refractory** *n.* огнеупо́рный материа́л.
*adj.* 1. (*of pers.*) упря́мый, непослу́шный, неуправля́емый; 2. (*of illness*) упо́рный; не поддаю́щийся лече́нию; 3. (*fire-resisting*) огнеупо́рный.

**refrain**[1] *n.* рефре́н, припе́в; they joined in the ~ они́ подхвати́ли припе́в.

**refrain**[2] *v.i.* сде́рж|иваться, -а́ться; возде́рж|иваться, -а́ться; I could hardly ~ from laughing я е́ле сде́рживался от сме́ха; I ~ed from comment я воздержа́лся от замеча́ний/коммента́риев.

**refresh** *v.t.* освеж|а́ть, -и́ть; I woke ~ed сон освежи́л меня́; ~ o.s. (with food and drink) подкреп|ля́ться, -и́ться; let me ~ your memory позво́льте напо́мнить вам; the batteries need ~ing батаре́и ну́жно подзаряди́ть.

**refresher** *n.* 1. (~ course) курс переподгото́вки (*or* повыше́ния квалифика́ции); 2. (*fee*) дополни́тельный гонора́р; 3. (*coll., drink*) вы́пивка.

**refreshing** *adj.* освежа́ющий; ~ innocence подкупа́ющая наи́вность; he was ~ly frank его́ и́скренность была́ умили́тельна.

**refreshment** *n.* **1.** (*reinvigoration*) восстановле́ние сил; **2.** (*food or drink*) еда́; питьё; won't you take some ~? не хоти́те ли подкрепи́ться/закуси́ть?; ~s are served on the train в по́езде мо́жно перекуси́ть; ~ room буфе́т.

**refrigerate** *v.t.* замор|а́живать, -о́зить.

**refrigeration** *n.* заморе́живание.

**refrigerator** *n.* холоди́льник.

**refuel** *v.i.* поп|олня́ть, -о́лнить запа́сы то́плива; дозапра́виться (*pf.*).

**refuge** *n.* **1.** (*shelter*) убе́жище; приста́нище; the cat took ~ beneath the table кот спря́тался под столо́м; he sought ~ from his pursuers он иска́л убе́жище, что́бы укры́ться от пресле́дователей; (*fig.*) утеше́ние; спасе́ние; take ~ in lies приб|ега́ть, -е́гнуть ко лжи; she took ~ in silence она́ отма́лчивалась; **2.** (*traffic island*) острово́к безопа́сности.

**refugee** *n.* бе́жен|ец (*fem.* -ка).

**refulgence** *n.* сия́ние, сверка́ние.

**refulgent** *adj.* сия́ющий, сверка́ющий.

**refund**[1] *n.* возмеще́ние убы́тков; they gave me a ~ мне верну́ли де́ньги.

**refund**[2] *v.t.* (*pay back*) возвраща́ть, верну́ть (*де́ньги*); (*reimburse*) возме|ща́ть, -сти́ть.

**refurbish** *v.t.* поднов|ля́ть, -и́ть; отде́л|ывать, -ать.

**refurnish** *v.t.* за́ново меблирова́ть (*impf., pf.*).

**refusal** *n.* отка́з; he would take no ~ он не при́нял отка́за; when I sell the house I will give you first ~ когда́ я бу́ду продава́ть дом, я предложу́ его́ вам в пе́рвую о́чередь.

**refuse**[1] *n.* му́сор; ~ collection убо́рка му́сора; ~ dump сва́лка.

**refuse**[2] *v.t. & i.* (*decline to give or grant*) отка́з|ывать, -а́ть (*кому в чём*); (*reject*) отв|ерга́ть, -е́ргнуть; (*decline sth. offered*) отка́з|ываться, -а́ться от +*g.*; the request was ~d в про́сьбе бы́ло отка́зано; the invitation was ~d приглаше́ние не́ было при́нято; they ~d me permission мне не́ дали разреше́ния; children were ~d admittance дете́й не впусти́ли; it is an offer not to be ~d тако́е предложе́ние не сле́дует отклоня́ть; he proposed to her and was ~d он сде́лал ей предложе́ние и получи́л отка́з; the horse ~d (the fence) пе́ред барье́ром ло́шадь заарта́чилась.

**refutable** *adj.* опроверж́имый.

**refutation** *n.* опроверже́ние.

**refute** *v.t.* опров|ерга́ть, -е́ргнуть.

**regain** *v.t.* **1.** (*recover*) получ|а́ть, -и́ть обра́тно; the prisoners ~ed their freedom у́зники вновь обрели́ свобо́ду; he never ~ed consciousness он так и не пришёл в созна́ние; he ~ed his footing он сно́ва нащу́пал опо́ру ного́й; (*mil., recapture*) отвоёв|ывать, -а́ть; **2.** (*reach again*) сно́ва дост|ига́ть, -и́чь; they ~ed the shore они́ вновь дости́гли бе́рега.

**regal** *adj.* короле́вский.

**regale** *v.t.* уго|ща́ть, -сти́ть; по́тчевать (*impf.*).

**regalia** *n.* рега́ли|и (*pl., g.* -й).

**regard** *n.* **1.** (*gaze*) взгляд; **2.** (*point of attention, respect*) отноше́ние; in this ~ в э́том отноше́нии; in, with ~ to your request что каса́ется ва́шей про́сьбы; **3.** (*heed*) внима́ние; he pays no ~ to my warnings он не прислу́шивается к мои́м предупрежде́ниям; he acted without ~ for decency поступа́я таки́м о́бразом, он забы́л о поря́дочности; **4.** (*consideration*) внима́ние, забо́та; he paid no ~ to her feelings он не счита́лся с её чу́вствами; **5.** (*esteem*) уваже́ние (к +*g.*); he holds your opinion in high ~ он о́чень высоко́ це́нит ва́ше мне́ние; **6.** (*pl., greetings*) приве́т, покло́н; (*formula at end of letter*) с приве́том; my mother sends you her ~s моя́ мать шлёт вам приве́т; give him my warmest ~s переда́йте ему́ от меня́ серде́чный приве́т.

*v.t.* **1.** (*look at*) разгля́д|ывать, -е́ть; he ~ed me with hostility он разгля́дывал меня́ с неприя́знью; **2.** (*view mentally, consider*) расце́н|ивать, -и́ть; сч|ита́ть, -есть; I ~ his behaviour with suspicion я отношу́сь к его́ посту́пкам с подозре́нием; he was ~ed as a hero его́ счита́ли геро́ем; **3.** (*give heed to*) счита́ться (*impf.*) с +*i.*; he seldom ~s my advice он ре́дко принима́ет мои́ сове́ты; **4.** (*respect, esteem*) уважа́ть (*impf.*); we all ~ him highly мы все его́ о́чень уважа́ем; **5.** (*concern*): this does not ~ me э́то меня́ не каса́ется; as ~s, ~ing относи́тельно/каса́тельно +*g.*; что каса́ется +*g.*; насчёт +*g.*; he is careless as ~s money он легкомы́слен в де́нежных дела́х.

**regardful** *adj.*: he was ~ of my advice он внял моему́ сове́ту.

**regardless** *adj.* невнима́тельный (к +*d.*); ~ of expense не счита́ясь с расхо́дами; he pressed on ~ (*coll.*) он рва́лся вперёд, невзира́я ни на что.

**regatta** *n.* рега́та.

**regency** *n.* ре́гентство; R~ architecture архитекту́ра эпо́хи ре́гентства.

**regenerate**[1] *adj.* возрождённый.

**regenerate**[2] *v.t. & i.* возро|жда́ть(ся), -ди́ть(ся).

**regeneration** *n.* перерожде́ние, возрожде́ние.

**regent** *n.* ре́гент; Prince R~ принц-ре́гент.

**regicide** *n.* (*crime*) цареуби́йство; (*criminal*) цареуби́йца (*c.g.*).

**regime, régime** *n.* режи́м, строй; under the old ~ при ста́ром режи́ме.

**regimen** *n.* (*set of rules*) режи́м; поря́док; (*med., esp. diet*) режи́м, дие́та.

**regiment**[1] *n.* полк; (*fig., large number*) мно́жество, (це́лый) легио́н.

**regiment**[2] *v.t.* муштрова́ть (*impf.*); помыка́ть (*impf.*) +*i.*

**regimental** *adj* полково́й.

**regimentals** *n.* обмундирова́ние; they paraded in full ~s они́ марширова́ли в по́лной фо́рме.

**regimentation** *n.* регимента́ния, стро́гая регламента́ция; муштра́.

**Regina** *n.* (*leg.*): ~ v. Brown де́ло по обвине́нию Бра́уна.

**region** *n.* райо́н, о́бласть; регио́н; the Arctic ~s А́рктика (*sg.*); the nether, lower ~s ад, преиспо́дняя; (*of body*) по́лость; the abdominal ~ брюшна́я по́лость; in the ~ of the heart в о́бласти се́рдца; (*fig.*) о́бласть, сфе́ра; his income is in the ~ of £5000 он получа́ет приблизи́тельно 5 000 фу́нтов.

**regional** *adj.* райо́нный, областно́й; региона́льный; a ~ accent ме́стный акце́нт/вы́говор.

**register** *n.* **1.** (*record, list*) рее́стр; за́пись; (*in school*) журна́л; hotel ~ регистрацио́нная кни́га; ~ of voters спи́сок избира́телей; parish ~ прихо́дская кни́га; ~ office *see* REGISTRY; **2.** (*compass of voice or instrument*) реги́стр; **3.** (*linguistic level*) стилисти́ческий у́ровень; **4.** (*mechanical recording device*) счётчик; cash ~ ка́ссовый аппара́т, ка́сса; **5.** (*draught regulator*) задви́жка.

*v.t.* **1.** (*enter on official record*) регистри́ровать, за-; оф|ормля́ть, -о́рмить; all cars must be ~ed все маши́ны должны́ быть зарегистри́рованы; ~ed letter заказно́е письмо́; **2.** (*make mental note of*) отм|еча́ть, -е́тить; зап|омина́ть, -о́мнить; his mind did not ~ the fact э́тот факт не запечатле́лся у него́ в уме́; **3.** (*of an instrument: record*) пока́з|ывать, -а́ть; отм|еча́ть, -е́тить; the thermometer ~ed 20°С термо́метр пока́зывал 20 гра́дусов по Це́льсию; **4.** (*express*) выража́ть, вы́разить; the audience ~ed their disapproval пу́блика вы́разила своё недово́льство; her face ~ed surprise на её лице́ отрази́лось удивле́ние.

*v.i.* **1.** (*record one's name*) регистри́роваться, за-; **2.** (*coll., correspond to sth. known*): your name doesn't ~ with him ва́ше и́мя ничего́ ему́ не говори́т; **3.** (*be impressed on memory*): his words ~ed with me его́ слова́ запа́ли мне в па́мять.

**registrar** *n.* (*keeper of records*) рабо́тник регистрату́ры; (*head of register office*) заве́дующий (райо́нного) отделе́ния ЗАГС'а (= отде́л за́писей а́ктов гражда́нского состоя́ния); (*of university etc.*) регистра́тор, секрета́рь (*m.*).

**registration** *n.* регистра́ция; ~ of letters отпра́вка пи́сем заказно́й по́чтой; ~ number of a car (регистрацио́нный) но́мер маши́ны.

**registry** *n.* **1.** (*registration*) регистра́ция; **2.** (*office for keeping records*) регистрату́ра; they were married at a ~ они́ расписа́лись в ЗАГС'е (*cf.* REGISTRAR); они́ зарегистри́ровались; servants' ~ бюро́ по приписа́нию ме́ста для прислу́ги.

**regress** *v.i.* дви́гаться (*impf.*) в обра́тном направле́нии.

**regression** *n.* возвраще́ние (к +*d.*); (*decline*) упа́док.

**regressive** *adj.* регресси́вный.

**regret** *n.* сожале́ние; I found to my ~ that I was late я обнару́жил, к своему́ сожале́нию, что опозда́л; I have no ~s я ни о чём не жале́ю; he could not attend, and sent his ~s он переда́л, что не мо́жет прийти́ и про́сит его́ извини́ть.

*v.t.* **1.** (*feel sorrow for*) сожале́ть (*impf.*); I ~ losing my temper я сожале́ю, что вы́шел из себя́; I ~ to say . . . к сожале́нию, я до́лжен сказа́ть . . .; it is to be ~ted that . . . к сожале́нию . . .; мо́жно то́лько пожале́ть, что . . .; you will live to ~ this вы ещё пожале́ете об э́том; **2.** (*feel loss of*): he died ~ted by all он у́мер, все́ми опла́канный; he ~s his lost opportunities он (со)жале́ет об утра́ченных возмо́жностях.

**regretful** *adj.* опеча́ленный; по́лный сожале́ния.

**regrettable** *adj.* приско́рбный; досто́йный сожале́ния.

**regroup** *v.t. & i.* перегруппиро́в|ывать(ся), -а́ть(ся).

**regular** *n.* **1.** (~ soldier) солда́т регуля́рной а́рмии; **2.** (*coll.*, ~ customer) завсегда́тай; постоя́нный посети́тель.

*adj.* **1.** (*orderly in appearance, symmetrical*) пра́вильный; ~ features пра́вильные черты́; a ~ hexagon пра́вильный шестиуго́льник; **2.** (*steady, unvarying, systematic*) регуля́рный, норма́льный; ~ breathing споко́йное дыха́ние; a ~ pulse ритми́чный пульс; he approached with ~ steps он подошёл разме́ренным ша́гом; are your bowels ~? у вас регуля́рный стул?; I have no ~ work у меня́ нет постоя́нной рабо́ты; he keeps ~ hours у него́ чёткий/стро́гий режи́м; (*in order*) очередно́й; **3.** (*conventional, proper*) при́нятый, устано́вленный; this is the ~ procedure такова́ при́нятая/обы́чная процеду́ра; тако́в поря́док; **4.** (*gram.*) пра́вильный; **5.** (*properly appointed*) регуля́рный; ка́дровый; ~ army регуля́рная/постоя́нная а́рмия; **6.** (*coll., thorough, real*) су́щий, настоя́щий; she is a ~ nuisance она́ ужа́сная зану́да; **7.** (*Am., ordinary, standard*) регуля́рный, обы́чный; **8.** (*Am., likeable*): a ~ guy (*coll.*) сла́вный ма́лый.

**regularity** *n.* (*symmetry*) пра́вильность; (*systematic occurrence*) регуля́рность.

**regularize** *v.t.* упоря́дочи|вать, -ть.

**regulate** *v.t.* **1.** (*control*) регули́ровать (*impf.*); the police ~d the traffic поли́ция регули́ровала движе́ние; **2.** (*adapt to requirements*) контроли́ровать, про-; регули́ровать (*impf.*); **3.** (*adjust*) регули́ровать, от-; (*clock*) выверя́ть, вы́верить.

**regulation** *n.* **1.** (*control*) регули́рование; упорядоче́ние; **2.** (*adjustment*) вы́верка, регулиро́вка; **3.** (*rule*) пра́вило; the ~s say we must wear black согла́сно/по пра́вилам/уста́ву мы должны́ ходи́ть в чёрном; **4.** (*attr., standard*) устано́вленный; uniform of the ~ colour фо́рма устано́вленного цве́та; а ~ haircut стри́жка в соотве́тствии с уста́вом.

**regulator** *n.* регуля́тор, стабилиза́тор.

**regurgitate** *v.t.* отры́г|ивать, -ну́ть.

**regurgitation** *n.* отры́гивание.

**rehabilitate** *v.t.* (*restore to efficiency*) восстан|а́вливать, -ови́ть работоспосо́бность +*g.*; (*re-educate*) перевоспи́т|ывать, -а́ть; (*exculpate*) реабилити́ровать (*impf., pf.*).

**rehabilitation** *n.* трудоустро́йство; перевоспита́ние; реабилита́ция.

**rehash** *n.* перекро́йка; перетасо́вка.
    *v.t.* перекр|а́ивать, -ои́ть; перетасова́ть (*pf.*).

**rehear** *v.t.*: the case will be ~d де́ло бу́дет слу́шаться повто́рно.

**rehearsal** *n.* **1.** (*practice*) репети́ция; dress ~ генера́льная репети́ция; **2.** (*recitation, list*) перечисле́ние.

**rehearse** *v.t.* (*practise*) репети́ровать, от-; (*recite, recount*) переч|исля́ть, -и́слить.

**rehouse** *v.t.* пересел|я́ть, -и́ть.

**Reich** *n.* рейх.

**reign** *n.* ца́рствование, власть; in the ~ of Peter the Great в ца́рствование Петра́ Вели́кого; (*fig.*) власть, госпо́дство; ~ of terror (*hist.*) (якоби́нский) терро́р.
    *v.i.* ца́рствовать (*impf.*); (*fig.*) цари́ть (*impf.*); silence ~ed цари́ла тишина́; ~ing beauty пе́рвая краса́вица.

**re-ignite** *v.t.* вновь разж|ига́ть, -е́чь.

**reimburse** *v.t.* возме|ща́ть, -сти́ть (*что кому*); опла́|чивать, -ти́ть (*что кому*).

**reimbursement** *n.* возмеще́ние, возвраще́ние.

**reimpose** *v.t.* восстан|а́вливать, -ови́ть; сно́ва вв|оди́ть, -ести́.

**reimposition** *n.* восстановле́ние.

**Reims** *n.* Реймс.

**rein** *n.* по́вод (*pl.* -а́ *or* пово́дья), вожжа́; he gave his horse the ~(s) он отпусти́л пово́дья; he drew ~ outside the door он останови́л ло́шадь у вхо́да; (*fig.*): his wife holds the ~s его́ жена́ верхово́дит в до́ме; you are giving ~ to your imagination у вас разыгра́лось воображе́ние; we must keep a tight ~ on our spending мы должны́ стро́го контроли́ровать на́ши расхо́ды.
    *v.t.* (*fig.*) держа́ть (*impf.*) в узде́; ~ in a horse приде́рж|ивать, -а́ть ло́шадь.

**reincarnate** *v.t.* перевопло|ща́ть, -ти́ть.

**reincarnation** *n.* перевоплоще́ние.

**reindeer** *n.* се́верный оле́нь.

**reinfect** *v.t.* вновь зара|жа́ть, -зи́ть.

**reinfection** *n.* повто́рное зараже́ние.

**reinforce** *v.t.* уси́ли|вать, -ть; the army was ~d а́рмия получи́ла подкрепле́ние; this ~s my argument э́то подкрепля́ет мои́ до́воды; ~d concrete железобето́н.

**reinforcement** *n.* усиле́ние; (*of concrete*) арми́рование; (*pl., troops*) подкрепле́ние.

**reinsert** *v.t.* вв|оди́ть, -ести́ вновь.

**reinsertion** *n.* втори́чный ввод.

**reinstate** *v.t.* восстан|а́вливать, -ови́ть в права́х/до́лжности.

**reinstatement** *n.* восстановле́ние в права́х/до́лжности.

**reinsurance** *n.* (*lit., fig.*) перестрахо́вка.

**reinsure** *v.t.* (*lit., fig.*) перестрахо́в|ывать, -а́ть.

**reinter** *v.t.* перезахорони́ть (*pf.*).

**reinterment** *n.* перезахороне́ние.

**reinterpret** *v.t.* интерпрети́ровать (*pf.*) по-но́вому.

**reinterpretation** *n.* но́вая интерпрета́ция.

**reintroduce** *v.t.* вновь вв|оди́ть, -ести́.

**reintroduction** *n.* повто́рное введе́ние.

**reinvest** *v.t. & i.* сно́ва поме|ща́ть, -сти́ть (капита́л).

**reinvestment** *n.* повто́рное инвести́рование.

**reinvigorate** *v.t.* вдохну́ть (*pf.*) но́вые си́лы в +*a.*

**reissue** *n.* переизда́ние; повто́рный вы́пуск.
    *v.t.* переизд|ава́ть, -а́ть; сно́ва выпуска́ть, вы́пустить.

**reiterate** *v.t.* повтор|я́ть, -и́ть; тверди́ть (*impf.*).

**reiteration** *n.* повторе́ние.

**reject**[1] *n.* (*discarded article*) брак; (*man unfit for mil. service*) при́знанный него́дным к вое́нной слу́жбе.

**reject**[2] *v.t.* **1.** (*throw away*) отбр|а́сывать, -о́сить; **2.** (*refuse to accept*) отв|ерга́ть, -е́ргнуть; отклон|я́ть, -и́ть; (*candidate*) забаллоти́ровать (*pf.*); my offer was ~ed out of hand моё предложе́ние сра́зу же отклони́ли; I ~ your accusation я не принима́ю ва́ше обвине́ние; а ~ed suitor отве́ргнутый покло́нник; he was ~ed by the board он не прошёл коми́ссию; his stomach ~s food его́ желу́док не принима́ет пи́щу.

**rejection** *n.* (*casting out*) брако́вка; (*refusal to accept*) отка́з, отклоне́ние; ~ slip уведомле́ние реда́кции об отка́зе напеча́тать произведе́ние.

**rejoice** *v.t.* ра́довать, об-.
    *v.i.* ра́доваться, об- (*чему*); he ~s in the name of Eustace его́ награди́ли и́менем Евста́хий.

**rejoicing** *n.* весе́лье, ра́дость.

**rejoin**[1] *v.t.* **1.** (*join together again*) вновь присоедин|я́ть, -и́ть; **2.** (*return to*) присоедин|я́ться, -и́ться вновь +*d.*; прим|ыка́ть, -кну́ть вновь к +*d.*; he ~ed his regiment он верну́лся в свой полк; he ~ed his companions он присоедини́лся к друзья́м.

**rejoin**[2] *v.t. & i.* (*answer*) отв|еча́ть, -е́тить; возра|жа́ть, -зи́ть.

**rejoinder** *n.* отве́т; возраже́ние.

**rejuvenate** *v.t.* омол|а́живать, -оди́ть.

**rejuvenation** *n.* омоложе́ние.

**rekindle** *v.t.* разж|ига́ть, -е́чь вновь.

*v.i.* вновь разгор|а́ться, -е́ться.

**relapse** *n.* повторе́ние; рециди́в; she suffered a ~ она́ сно́ва заболе́ла; ~ from virtue отхо́д от пути́ и́стинного.

*v.i.* сно́ва преда́ться (*pf.*) (*чему*); сно́ва впасть (*pf.*) (*в какое-н. состояние*); he ~d into bad ways он сно́ва сби́лся с пути́; он (сно́ва) взя́лся за ста́рое; she ~d into silence она́ (сно́ва) замолча́ла.

**relate** *v.t.* **1.** (*narrate*) расска́з|ывать, -а́ть о +*p.*; strange to ~ как э́то ни стра́нно; **2.** (*establish relation between*) свя́з|ывать, -а́ть (*что с чем*); сопост|авля́ть, -а́вить (*что с чем*); устан|а́вливать, -ови́ть связь/отноше́ние (ме́жду +*i.*); *see also* RELATED.

*v.i.* **1.** (*be relevant*) относи́ться (*impf.*) (к +*d.*); име́ть (*impf.*) отноше́ние (к +*d.*); **2.** (*establish contact*): he does not ~ well to people он пло́хо схо́дится с людьми́.

**related** *adj.* **1.** (*logically connected*) (взаи́мо)свя́занный (с +*i.*); **2.** (*by blood or marriage*): he is ~ to the royal family он в родстве́ с короле́вской семье́й; he and I are ~ мы с ним ро́дственники; we are distantly ~ мы в да́льнем родстве́.

**relatedness** *n.* отноше́ние.

**relation** *n.* **1.** (*narration*) изложе́ние, расска́з; **2.** (*connection, correspondence*) отноше́ние, зави́симость; in, with ~ to что каса́ется +*g.*; относи́тельно +*g.*; the cost bears no ~ to the results расхо́ды несоизмери́мы с результа́тами; **3.** (*pl., dealings*) отноше́ния (*nt. pl.*); international ~s междунаро́дные отноше́ния; they broke off diplomatic ~s они́ порва́ли дипломати́ческие отноше́ния; public ~s officer нача́льник/сотру́дник отде́ла информа́ции и рекла́мы; sexual ~s половы́е сноше́ния; ~s are strained between them у них натя́нутые отноше́ния; **4.** (*kinsman, kinswoman*) ро́дственни|к (*fem.* -ца); (*pl.*) родня́ (*sg.*); a near, close ~ бли́зкий ро́дственник; ~s by marriage ро́дственники по му́жу/жене́; свойственники.

**relationship** *n.* (*relevance*) связь, отноше́ние; (*association, liaison*) взаимоотноше́ния (*nt. pl.*), связь; (*kinship*) родство́.

**relative** *n.* (*kinsman, kinswoman*) ро́дственни|к (*fem.* -ца).

*adj.* **1.** (*comparative*) относи́тельный, сравни́тельный; he is a ~ newcomer он здесь относи́тельно неда́вно; (*not absolute*) относи́тельный, усло́вный; beauty is a ~ term красота́ — поня́тие относи́тельное; ~ly speaking вообще́ говоря́; **2.**: ~ to (*having reference to*) каса́ющийся +*g.*; относя́щийся к +*d.*; the facts ~ to the situation обстоя́тель-

ства, относя́щиеся к де́лу; **3.** (*gram.*): ~ pronoun относи́тельное местоиме́ние.

**relativism** *n.* релятиви́зм.

**relativity** *n.* относи́тельность; theory of ~ тео́рия относи́тельности.

**relax** *v.t.* рассл|абля́ть, -а́бить; he ~ed his grip он разжа́л ру́ку; we must not ~ our efforts мы не должны́ ослабля́ть уси́лий; the rules may be ~ed распоря́док мо́жет быть ме́нее жёстким; do not ~ your attention не ослабля́йте внима́ния; a ~ing climate кли́мат, де́йствующий расслабля́юще.

*v.i.* (*weaken*) осл|абева́ть, -а́бнуть; (*rest*) рассл|абля́ться, -а́биться; отдыха́ть (*impf.*); I like to ~ in the sun я люблю́ посиде́ть/поваля́ться на со́лнце; the atmosphere ~ed атмосфе́ра разряди́лась.

**relaxation** *n.* **1.** (*slackening*) спад; уменьше́ние; смягче́ние; ~ of discipline ослабле́ние дисципли́ны; **2.** (*recreation*) о́тдых, развлече́ние; take one's ~ отдыха́ть (*impf.*); **3.** (*relief of tension*) разря́дка.

**relay** *n.* **1.** (*fresh team*) сме́на; (*pl.*): they worked in ~s они́ рабо́тали посме́нно; **2.** (~ race) эстафе́тный бег; **3.** (*elec.*) реле́ (*indecl.*); **4.** (*retransmitting device*) ретрансля́ция; ~ station ретрансляцио́нная ста́нция.

*v.t.* (*retransmit*) ретрансли́ровать (*impf., pf.*).

**re-lay** *v.t.* пере|кла́дывать, -ложи́ть.

**relearn** *v.t.* вы́учить (*pf.*) за́ново.

**release** *n.* **1.** (*liberation, deliverance*) освобожде́ние; ~ from prison освобожде́ние из тюрьмы́; death was a happy ~ for him смерть изба́вила его́ от тя́жких страда́ний; **2.** (*document authorizing* ~) свиде́тельство/докуме́нт об освобожде́нии; **3.** (*letting go, unfastening*) освобожде́ние; ~ of bombs сбра́сывание бомб; **4.** (*device for doing this*) спуск; carriage ~ (*of typewriter*) освобожде́ние каре́тки; ~ button спускова́я кно́пка; **5.** (*publication, issue*) вы́пуск; press ~ сообще́ние для печа́ти; the latest ~s (*films*) нови́нки (*f. pl.*) экра́на; this film is on general ~ э́тот фильм в широ́ком прока́те.

*v.t.* **1.** (*liberate*) освобо|жда́ть, -ди́ть; изб|авля́ть, -а́вить; **2.** (*unfasten, let go*) отпус|ка́ть, -ти́ть; выпуска́ть, вы́пустить; do not ~ the brake не отпуска́йте то́рмоз; he ~d her hand он отпусти́л её ру́ку; **3.** (*make over, surrender*) отд|ава́ть, -а́ть; he ~d his right to the property он отказа́лся от прав на иму́щество; **4.** (*issue for circulation*) выпуска́ть, вы́пустить; the news was ~d сообще́ние бы́ло пре́дано огла́ске; the film was ~d фильм был вы́пущен (на экра́ны).

**relegate** *v.t.* от|сыла́ть, -осла́ть; низв|оди́ть, -ести́; the team was ~d to the second division кома́нду перевели́ во второ́й разря́д; his works have been ~d to oblivion его́ произведе́ния бы́ли пре́даны забве́нию.

**relegation** *n.* пониже́ние, перево́д (в бо́лее ни́зкий класс *и т.п.*).

**relent** *v.i.* смягч|а́ться, -и́ться; подобре́ть (*pf.*); the storm ~ed бу́ря ути́хла; his sufferings made her ~ его́ страда́ния разжа́лобили её.

**relentless** *adj.* (*merciless*) безжа́лостный; (*implacable*) неумоли́мый; ~ persecution жесто́кие гоне́ния; (*persistent*) упо́рный, неукло́нный; ~ efforts неосла́бные уси́лия.

**relentlessness** *n.* безжа́лостность; неумоли́мость.

**relet** *v.t.* сда|ва́ть, -ть сно́ва.

**relevance** *n.* отноше́ние к де́лу; уме́стность, релева́нтность.

**relevant** *adj.* относя́щийся к де́лу; уме́стный, релева́нтный; ~ to относя́щийся к +*d.*

**reliability** *n.* надёжность; достове́рность.

**reliable** *adj.* надёжный; (*of a source, statement etc.*) достове́рный.

**reliance** *n.* (*trust*) дове́рие; I place great ~ upon him я ему́ о́чень доверя́ю; я о́чень на него́ наде́юсь/полага́юсь.

**reliant** *adj.* (*dependent*) зави́симый, зави́сящий; they are completely ~ on their pension они́ по́лностью зави́сят от свое́й пе́нсии.

**relic** *n.* 1. (*of saint etc.*) рели́квия; (*pl.*) мо́щ|и (*pl., g.* -е́й); 2. (*survival from past*) рели́квия; (*custom etc.*) пережи́ток; 3. (*pl., residue*) оста́ток.

**relict** *n.* (*leg., widow*) вдова́.

**relief** *n.* 1. (*alleviation, deliverance*) облегче́ние; the medicine brought some ~ лека́рство принесло́ не́которое облегче́ние; she heaved a sigh of ~ она́ издала́ вздох облегче́ния; it was a great ~ to me у меня́ отлегло́ от се́рдца; 2. (*abatement*) сниже́ние, смягче́ние; ~ of urban traffic congestion разгру́зка городско́го тра́нспорта; ~ road вспомога́тельная доро́га; 3. (*assistance to poor, distressed etc.*) посо́бие; eligible for public ~ име́ющий пра́во на госуда́рственное посо́бие; to go on ~ ему́ пришло́сь перейти́ на посо́бие; a ~ fund for flood victims фонд по́мощи же́ртвам наводне́ния; 4. (*liberation*) освобожде́ние; (*raising of siege*) сня́тие оса́ды; 5. (*replacement*) сме́на (дежу́рных); (*pers.*) сме́на; дежу́рный, заступа́ющий на пост; 6. (*contrast*) переме́на, контра́ст; a blank wall without ~ глуха́я ро́вная стена́; Shakespeare introduces comic ~ Шекспи́р прибега́ет к коми́ческой разря́дке; 7. (*sculpture etc.*) релье́ф; high/low ~ горелье́ф/барелье́ф; in high ~ о́чень вы́пукло; ~ design релье́фный узо́р; ~ map релье́фная ка́рта; (*fig.*) чёткость, релье́фность; the facts stand out in relief ~ фа́кты представля́ются самоочеви́дными.

**relieve** *v.t.* 1. (*alleviate*) облегч|а́ть, -и́ть; I was ~d to get your letter я был рад получи́ть ва́ше письмо́; it ~s the monotony э́то вно́сит разнообра́зие; 2. (*bring assistance to*) при|ходи́ть, -йти́ на по́мощь +*d.*; выруча́ть, вы́ручить; 3. (*unburden*) освобо|жда́ть, -ди́ть (*кого от чего*); this ~s me of the necessity to speak э́то освобожда́ет меня́ от необходи́мости говори́ть; swearing ~s one's feelings когда́ вы́ругаешься, стано́вится ле́гче; he ~d himself (*urinated*) against the wall он помочи́лся у сте́нки; may I ~ you of your bags? позво́льте мне взять ва́ши чемода́ны; the thief ~d him of his watch вор стащи́л у него́ часы́; 4. (*replace on duty*) смен|я́ть, -и́ть; you will be ~d at 10 o'clock вас сме́нят в 10 часо́в.

**religion** *n.* рели́гия, ве́ра; вероиспове́дание; she makes a ~ of housework она́ де́лает культ из дома́шнего хозя́йства.

**religious** *n.* ≃ мона́х; (*pl.*) чёрное духове́нство. *adj.* 1. (*of religion*) религио́зный; (*devout; practising religion*) религио́зный, на́божный; (*of a monastic order*) мона́шеский; 2. (*fig., scrupulous*): he attended every meeting ~ly он добросо́вестно/неукосни́тельно/свя́то посеща́л все собра́ния.

**reline** *v.t.* меня́ть, смени́ть подкла́дку у +*g.* (*or* на +*p.*).

**relinquish** *v.t.* (*give up, abandon*) ост|авля́ть, -а́вить; she ~ed all hope она́ оста́вила вся́кую наде́жду; I ~ed the habit я бро́сил э́ту привы́чку; (*surrender*) сд|ава́ть, -ать; ост|авля́ть, -а́вить; he ~ed his claims он отказа́лся от свои́х тре́бований; (*let go*) разж|има́ть, -а́ть; осл|абля́ть, -а́бить; the dog ~ed its hold соба́ка разжа́ла зу́бы.

**relinquishment** *n.* оставле́ние, сда́ча, отка́з (*от чего*).

**reliquary** *n.* ра́ка, ковче́г.

**relish** *n.* 1. (*appetizing flavour*) вкус, при́вкус; 2. (*fig., attractive quality*) пре́лесть, привлека́тельность; sport lost its ~ for me спорт потеря́л для меня́ свою́ пре́лесть; he enjoys the ~ of danger его́ влечёт опа́сность; (*zest, liking*) смак, пристра́стие; he ate with ~ он ел с аппети́том; I have no ~ for travel у меня́ нет тя́ги к путеше́ствиям; 3. (*sauce, garnish*) припра́ва; марина́д.

*v.t.* получ|а́ть, -и́ть удово́льствие от +*g.*; I could ~ a steak я бы с удово́льствием съел бифште́кс; you will not ~ what I have to say то, что я скажу́, не придётся вам по вку́су.

**relive** *v.t.* пережи|ва́ть, -и́ть вновь.

**reload** *v.t.* (*a vehicle etc.*) нагру|жа́ть, -зи́ть за́ново; (*a weapon*) перезаря|жа́ть, -ди́ть.

**relocate** *v.t. & i.* переме|ща́ть(ся), -сти́ть(ся); перебази́ровать(ся) (*pf.*).

**relocation** *n.* перемеще́ние.

**reluctance** *n.* нежела́ние; неохо́та; нерасположе́ние.

**reluctant** *adj.* неохо́тный; she was ~ to leave home ей не хоте́лось покида́ть дом; he followed with ~ steps он неохо́тно тащи́лся сле́дом.

**rely** *v.i.* полага́ться (*impf.*); наде́яться (*impf.*) (*both* на +*a.*); you can ~ on me вы мо́жете на меня́ положи́ться; ~ upon it, he will come он придёт, бу́дьте уве́рены.

**remain** *v.i.* ост|ава́ться, -а́ться; little ~ed of the original building от первонача́льного зда́ния почти́ ничего́ не оста́лось; it only ~s for me to thank you мне то́лько остаётся вас поблагодари́ть; that ~s to be seen поживём — уви́дим; ну, мы э́то ещё посмо́трим; (*stay*) пребыва́ть (*impf.*); he ~ed a week in Paris он про́был неде́лю в Пари́же; her face will ~ in my memory её лицо́ оста́нется в мое́й па́мяти; he ~ed silent он храни́л молча́ние; his servants ~ed faithful to him слу́ги оста́лись ве́рны ему́; these things ~ the same э́ти ве́щи не меня́ются; please ~ seated! пожа́луйста, не встава́йте!; one thing ~s certain одно́ безусло́вно я́сно; I ~ yours truly остаю́сь пре́данный Вам.

**remainder** *n.* **1.** (*residue, rest*) оста́т|ок, -ки; he is selling the ~ of his estate он продаёт оста́вшуюся часть своего́ поме́стья; (*of people*) остальны́е (*pl.*); **2.** (*arith.*) оста́ток; **3.** (*of book left unsold*) нераспро́данный тира́ж; **4.** (*leg.*) после́дующее иму́щественное пра́во.

*v.t.* уцен|я́ть, -и́ть нераспро́данный тира́ж; the book was ~ed кни́га была́ уценена́.

**remains** *n.* оста́тки (*m. pl.*), оста́нк|и (*pl., g.* -ов); the ~ of daylight оста́тки дневно́го све́та; the ~ of a meal оста́тки еды́; (*ruins*) разва́лин|ы (*pl., g.* —); (*corpse*): the ~s were cremated оста́нки бы́ли сожжены́.

**remake** *n.* (*e.g. of a film*) пересня́тый фильм; переде́лка.

*v.t.* переде́л|ывать, -ать.

**remand** *n.* возвраще́ние (аресто́ванного) под стра́жу; ~ home исправи́тельный дом для несовершенноле́тних.

*v.t.*: he was ~ed in custody его́ отосла́ли обра́тно под стра́жу.

**remark** *n.* **1.** (*notice*) наблюде́ние; it is worthy of ~ э́то досто́йно внима́ния; it passed without ~ э́то прошло́ незаме́ченным; **2.** (*spoken observation*) замеча́ние; he made rude ~s about my clothes он отпуска́л неве́жливые замеча́ния по по́воду мое́й оде́жды.

*v.t.* **1.** (*observe*) отм|еча́ть, -е́тить; **2.** (*comment*) зам|еча́ть, -е́тить; 'you are late,' he ~ed «Вы опозда́ли» — заме́тил он.

*v.i.* выска́зываться, вы́сказаться (*о чём*); he ~ed upon your absence он отме́тил ва́ше отсу́тствие.

**remarkable** *adj.* (*extraordinary*) удиви́тельный, замеча́тельный; (*notable*): this year has been ~ for its lack of rain э́то был на ре́дкость сухо́й год.

**remarriage** *n.* (вступле́ние в) но́вый брак.

**remarry** *v.t.* (*of man*) вновь жени́ться (*pf.*) на +*p.*; (*of woman*) вновь вы́йти (*pf.*) (за́муж) за +*a.*

*v.i.* вступ|а́ть, -и́ть в но́вый брак.

**remediable** *adj.* поправи́мый, излечи́мый.

**remedial** *adj.* исправля́ющий, лече́бный; (*educ.*) корректи́вный; ~ work рабо́та с отстаю́щими.

**remed|y** *n.* **1.** (*cure*) сре́дство, лека́рство; a ~y for warts сре́дство про́тив борода́вок; the ~y for superstition is knowledge лу́чшее лека́рство от суеве́рия — зна́ние; **2.** (*redress*) возмеще́ние; (*legal recourse*) сре́дство суде́бной защи́ты.

*v.t.* выле́чивать, вы́лечить; испр|авля́ть, -а́вить; this cannot ~y the situation э́то не попра́вит положе́ния; these ills must be ~ied э́ти недоста́тки должны́ быть испра́влены.

**remember** *v.t.* **1.** (*keep in the memory*) по́мнить (*impf.*); уде́рживать/храни́ть (*impf.*) в па́мяти; I ~ her as a girl я по́мню её де́вочкой; don't ~ it against me не зли́тесь на меня́ за э́то; **2.** (*recall*) всп|омина́ть, -о́мнить; прип|омина́ть, -о́мнить; I can't ~ his name я не могу́ вспо́мнить его́ и́мя; I ~ you saying it я по́мню, что вы э́то сказа́ли; not that I can ~ наско́лько я по́мню, нет; he ~ed himself in time он во́время опо́мнился; **3.** (*not forget; be mindful of*) не забыва́ть/забы́ть, име́ть (*impf.*) в виду́; ~ to turn out the light не забу́дьте погаси́ть свет; ~ me in your prayers помяни́те меня́ в свои́х моли́твах; you should ~ your place вы должны́ по́мнить своё ме́сто; ~ you are still a young man не забыва́йте, что вы ещё мо́лоды; **4.** (*implying gift or gratuity*): ~ the waiter! не забу́дьте дать официа́нту на чай!; he ~ed her in his will он упомяну́л её в своём завеща́нии; **5.** (*convey greetings*): ~ me to your mother кла́няйтесь ва́шей ма́тушке; переда́йте приве́т ва́шей ма́тери.

**remembrance** *n.* **1.** (*memory; recollection*) па́мять; воспомина́ние; in ~ of в па́мять о +*p.*; it put me in ~ of my youth э́то напо́мнило мне мо́лодость; to the best of my ~ наско́лько я по́мню; a service in ~ of the dead помина́льная слу́жба; R~ Day день па́мяти поги́бших (в пе́рвую и втору́ю мировы́е во́йны); **2.** (*memento*) сувени́р; **3.** (*pl., greetings*) приве́т; give my kind ~s to your wife переда́йте серде́чный приве́т ва́шей жене́.

**remilitarization** *n.* ремилитариза́ция.

**remilitarize** *v.t.* ремилитаризи́ровать (*impf., pf.*).

**remind** *v.t.* нап|омина́ть, -о́мнить (*кому что or о чём or inf.*); he ~s me of my father он напомина́ет мне отца́; I was ~ed of the last time we met э́то напо́мнило мне о на́шей после́дней встре́че; he ~ed me to buy bread он напо́мнил мне купи́ть хле́ба; that ~s me! кста́ти!; don't let me have to ~ you again не заставля́йте меня́ напомина́ть вам ещё раз; visitors are ~ed that there is no admission after

6 посети́телей про́сят име́ть в виду́, что впуск прекраща́ется в 6 часо́в.

**reminder** *n.* напомина́ние; I sent him a ~ я посла́л ему́ пи́сьменное напомина́ние; he needs a gentle ~ ему́ на́до осторо́жно напо́мнить.

**reminisce** *v.i.* пред|ава́ться, -а́ться воспомина́ниям.

**reminiscence** *n.* 1. (*memory*) воспомина́ние; he wrote ~s of the war он написа́л вое́нные мемуа́ры; 2. (*similarity*) схо́дство; черта́, напомина́ющая (*кого/что*).

**reminiscent** *adj.* 1. (*recalling the past*) вспомина́ющий, напомина́ющий; I found him in ~ mood я заста́л его́ погружённым в воспомина́ния; she had a ~ look у неё был заду́мчивый вид; 2.: ~ (*suggestive*) of напомина́ющий; his music is ~ of Brahms его́ му́зыка напомина́ет Бра́мса.

**remiss** *adj.* хала́тный; неради́вый.

**remission** *n.* 1. (*forgiveness*) проще́ние; ~ of sins отпуще́ние грехо́в; 2. (*discharge*): ~ of a debt освобожде́ние от до́лга; 3. (*abatement, decrease*) уменьше́ние; ~ of effort ослабле́ние уси́лий; the noise went on without ~ шум не умолка́л.

**remissness** *n.* хала́тность; неради́вость.

**remit**[1] *n.* (*terms of reference*) зада́чи (*f. pl.*), компете́нция.

**remit**[2] *v.t.* 1. (*forgive*) про|ща́ть, -сти́ть; отпус|ка́ть, -ти́ть (*грехи*); 2. (*excuse payment of*) освобо|жда́ть, -ди́ть (*кого*) от +*g.*; ~ a tax сн|има́ть, -ять нало́г; 3. (*slacken, mitigate*) ум|еньша́ть, -е́ньшить; осл|абля́ть, -а́бить; 4. (*send, transfer*) перес|ыла́ть, -ла́ть; перев|оди́ть, -ести́ (*де́ньги*); 5. (*refer for decision*) от|сыла́ть, -осла́ть.

*v.i.* (*abate*) осл|абля́ться, -а́биться; пре-кра|ща́ться, -ти́ться.

**remittance** *n.* (*sending of money*) перево́д де́нег; (*money sent*) де́нежный перево́д; переводи́мые де́ньги (*pl., g.* -ег).

**remitter** *n.* (*sender of money*) отправи́тель (*m.*) де́нежного перево́да.

**remnant** *n.* (*remains*) оста́ток; (*trace*) след; (*of cloth*) оста́ток; (*survival*) пережи́ток.

**remodel** *v.t.* переде́л|ывать, -ать.

**remonstrance** *n.* проте́ст; ремонстра́ция.

**remonstrate** *v.i.* протестова́ть (*impf.*); воз-ра|жа́ть, -зи́ть; (*urge*): he ~d with me он увещева́л меня́.

**remorse** *n.* 1. (*repentance; regret*) угрызе́ния (*nt. pl.*) со́вести; do you feel no ~ for what you did? вас не му́чит со́весть, что вы так по-ступи́ли?; 2. (*compunction*) жа́лость; without ~ безжа́лостно.

**remorseful** *adj.* по́лный раска́яния.

**remorseless** *adj.* безжа́лостный.

**remote** *adj.* отдалённый, да́льний, глухо́й; a ~ village глухо́е село́; a ~ ancestor далёкий

пре́док; ~ control дистанцио́нное управле́ние; there is a ~ possibility of its happening не совсе́м исключено́, что э́то случи́тся; I haven't the ~st idea не име́ю ни мале́йшего поня́тия; he was not even ~ly interested он не прояви́л ни мале́йшего интере́са (к +*d.*).

**remould**[1] *n.* (*tyre*) ши́на с восстано́вленным проте́ктором.

**remould**[2] *v.t.* лепи́ть, вы- за́ново; (*fig.*) пре-обра|жа́ть, -зи́ть.

**remount**[1] *n.* (*horse*) запасна́я/ремо́нтная ло́шадь; (*horses*) ремо́нтные ло́шади, ко́нский ремо́нт.

**remount**[2] *v.t.* 1. (*climb again*): he ~ed the ladder он сно́ва подня́лся на ле́стницу; he ~ed his horse он сно́ва сел на ло́шадь; we ~ed the hill мы сно́ва подняли́сь на холм; 2. (*provide fresh horses for*) меня́ть, по- лошаде́й +*d.*; 3. (*a photograph etc.*) перекле́ить (*pf.*) на друго́е паспарту́.

*v.i.* сно́ва сади́ться/сесть на ло́шадь.

**removable** *adj.* (*detachable*) съёмный; (*from office*) устрани́мый, сменя́емый.

**removal** *n.* (*taking away*) удале́ние; (*from office etc.*) смеще́ние, отстране́ние; (*of obstacles etc.*) устране́ние; (*of furniture*) перево́зка; ~ men перево́зчики ме́бели.

**remove** *n.* 1. (*degree of distance*) удале́ние; this is only one ~ from treason от э́того то́лько оди́н шаг до изме́ны; 2. (*move to higher class*) перехо́д/перево́д в сле́дующий класс.

*v.t.* 1. (*take away, off*) уб|ира́ть, -ра́ть; ун|оси́ть, -ести́; the maid ~d the tea-things го́рничная убрала́ ча́йную посу́ду; how can I ~ these stains? как мо́жно вы́вести э́ти пя́тна? the boy was ~d from school ма́льчика забра́ли из шко́лы; he ~d his hat он снял шля́пу; this will ~ all your doubts э́то рассе́ет все ва́ши сомне́ния; 2. (*dismiss*) сме|ща́ть, -сти́ть; he was ~d from office его́ сня́ли с рабо́ты; 3. (*eliminate*) устран|я́ть, -и́ть; 4. (*separate*): see REMOVED.

*v.i.* (*move house*) пере|езжа́ть, -е́хать.

**removed** *p. part.* 1. (*distant*) далёкий, отдалённый; what you have heard is not far ~ from the truth то, что вы слы́шали, не так далеко́ от и́стины; 2. (*of relationships*) да́льний; first cousin once ~ (*cousin's child*) ребёнок двою́родного бра́та (*or* двою́родной сестры́); (*parent's cousin*) двою́родный дя́дя, двою́родная тётя.

**remover** *n.* (furniture- ~) перево́зчик ме́бели.

**remunerate** *v.t.* (*person*) вознагра|жда́ть, -ди́ть; (*work*) опла́|чивать, -ти́ть.

**remuneration** *n.* вознагражде́ние; опла́та.

**remunerative** *adj.* (*well-rewarded*) вы́годный, хорошо́ опла́чиваемый.

**rena|issance, -scence** *n.* (*hist.*) Ренесса́нс, Возрожде́ние; R~ art иску́сство эпо́хи Возрожде́ния; (*revival*) возрожде́ние.

**renal** *adj.* по́чечный.

**rename** *v.t.* переимено́в|ывать, -а́ть.

**renascence** *see* RENAISSANCE.

**renascent** *adj.* возрожда́ющийся.

**rend** *v.t.* **1.** (*tear apart*) раз|рыва́ть, -орва́ть; раз|дира́ть, -одра́ть; the country was rent by civil war страну́ раздира́ла гражда́нская война́; an explosion rent the air взрыв сотря́с во́здух; **2.** (*tear away*) от|рыва́ть, -орва́ть; от|дира́ть, -одра́ть.

**render** *v.t.* **1.** (*give when required or due*) возд|ава́ть, -а́ть; отд|ава́ть, -а́ть; let us ~ thanks to God возблагодари́м же Бо́га; we are told to ~ good for evil нас у́чат плати́ть добро́м за зло; ~ unto Caesar (the things that are Caesar's) ке́сарево ке́сарю; doctors ~ valuable service врачи́ де́лают поле́зное де́ло; I was called on to ~ assistance меня́ попроси́ли оказа́ть по́мощь; **2.** (*present, submit*) предст|авля́ть, -а́вить; the tradesman ~ed his account торго́вец предъяви́л свой счёт; you must ~ an account of your expenditure вы должны́ отчита́ться в свои́х расхо́дах; **3.** (*perform, portray*) исп|олня́ть, -о́лнить; the sonata was beautifully ~ed сона́та была́ прекра́сно испо́лнена; the artist ~ed his expression faithfully худо́жник ве́рно улови́л выраже́ние его́ лица́; **4.** (*translate*) перев|оди́ть, -ести́; **5.** (*cause to be*): he was ~ed speechless он онеме́л; the car accident ~ed him helpless в результа́те автомоби́льной катастро́фы он оста́лся инвали́дом; **6.** (*melt and clarify*) топи́ть, пере-; **7.** (*cover with plaster*) штукату́рить, от-.

**rend|ering, -ition** *nn.* (*performance*) исполне́ние, тракто́вка; (*translation*) перево́д.

**rendezvous** *n.* (*meeting*) рандеву́ (*nt. indecl.*), свида́ние; (*place*) ме́сто свида́ния; (*mil.*) сбор. *v.i.* встр|еча́ться, -е́титься.

**rendition** *see* RENDERING.

**renegade** *n.* ренега́т, отсту́пник.

*adj.* ренега́тский, отсту́пнический.

**reneg(u)e** *v.i.*: he ~d on his promise он нару́шил своё обеща́ние; (*Am., at cards*) *see* REVOKE *v.i.*

**renew** *v.t.* **1.** (*replace*) обнов|ля́ть, -и́ть; замен|я́ть, -и́ть; she ~ed the water in his glass она́ поменя́ла ему́ во́ду в стака́не; the trees ~ed their leaves дере́вья покры́лись но́вой листво́й; **2.** (*restore, mend*) восстан|а́вливать, -ови́ть; with ~ed vigour с удво́енной эне́ргией; с но́выми си́лами; **3.** (*repeat, continue*) возобнов|ля́ть, -и́ть; the game was ~ed игра́ возобнови́лась; your subscription needs ~ing вам ну́жно возобнови́ть/продли́ть подпи́ску.

**renewable** *adj.* могу́щий быть обновлённым/продлённым; the lease is ~ next year срок аре́нды сле́дует продли́ть в сле́дующем году́; (*replaceable*) замени́мый; a pencil with ~ leads каранда́ш с запасны́ми гри́фелями.

**renewal** *n.* (*replacement*) обновле́ние; заме́на;

(*restoration*) восстановле́ние; (*resumption*) возобновле́ние, продле́ние.

**rennet** *n.* (*curdled milk*) сычу́жина.

**renounc|e** *v.t.* **1.** (*surrender*) отка́з|ываться, -а́ться от +*g.*; отр|ека́ться, -е́чься от +*g.*; he ~ed the world он отрёкся от ми́ра; **2.** (*repudiate*) отв|ерга́ть, -е́ргнуть; **3.** (*abandon, discontinue*) отка́з|ываться, -а́ться от +*g.*; they ~ed their attempt to reach the summit они́ отказа́лись от попы́тки взобра́ться на верши́ну; ~ing all thought of gain соверше́нно не ду́мая о вы́годе.

**renouncement** *n.* (*surrender*) отрече́ние, отка́з; (*repudiation*) отрица́ние.

**renovate** *v.t.* (*renew*) обнов|ля́ть, -и́ть; восстан|а́вливать, -ови́ть; (*repair*) поднов|ля́ть, -и́ть; ремонти́ровать, от-.

**renovation** *n.* обновле́ние; восстановле́ние; (*repair*) реконстру́кция; ремо́нт; the builders carried out ~s строи́тели произвели́ ремо́нт.

**renovator** *n.* реставра́тор.

**renown** *n.* сла́ва; изве́стность; a preacher of ~ пропове́дник, по́льзующийся большо́й изве́стностью; he won ~ on the battlefield он завоева́л сла́ву на по́ле бо́я.

**renowned** *adj.* просла́вленный, изве́стный; he is ~ for his eloquence он сла́вится свои́м красноре́чием.

**rent**[1] *n.* (*tear, split*) дыра́; проре́ха; a ~ in the clouds просве́т в ту́чах.

**rent**[2] *n.* (*for premises*) наёмная/аре́ндная пла́та; (*of land*) аре́ндная пла́та; (*of a flat*) квартпла́та; (*of telephone*) пла́та за телефо́н; she pays a high, heavy ~ for her flat она́ о́чень мно́го пла́тит за кварти́ру; I pay £50 a week in ~ я плачу́ 50 фу́нтов в неде́лю за кварти́ру; the ~ is fixed at £50 аре́ндная пла́та устано́влена в разме́ре пяти́десяти фу́нтов; I shall charge you ~ for the use of my car я бу́ду брать с вас пла́ту за по́льзование мои́м автомоби́лем.

*v.t.* **1.** (*occupy or use for* ~) аренд|ова́ть (*impf.*); сн|има́ть, -ять; **2.** (*let out for* ~) сд|ава́ть, -ать в наём; ~ed accommodation сня́тое жильё; **3.** (*be let*): these old houses ~ cheaply э́ти ста́рые дома́ сдаю́тся дёшево.

*cpds.*: ~**-book** *n.* кни́га учёта аре́ндной пла́ты; ~**-collector** *n.* сбо́рщик кварти́рной пла́ты; ~**-free** *adj. & adv.* освобождённый (от с освобожде́нием) от кварти́рной пла́ты; ~**-roll** *n.* (*register*) спи́сок владе́ний и дохо́дов от сда́чи в аре́нду.

**rentable** *adj.* приго́дный к сда́че внаём; могу́щий быть сда́нным в аре́нду.

**rental** *n.* (*income from rents*) ре́нтный дохо́д; (*rate of rent*) разме́р аре́ндной пла́ты.

**renter** *n.* (*payer*) нанима́тель (*m.*), аренда́тор; (*payee*) наймода́тель (*m.*), арендода́тель (*m.*).

**rentier** *n.* рантье́ (*m. indecl.*).

**renumber** *v.t.* перенумеро́в|ывать, -а́ть.

**renunciation** *n.* (*surrender*) отка́з, отрече́ние;

(*repudiation*) отрицáние; (*self-denial*) самоотречéние.

**reoccupation** *n.* (*of territory*) повтóрный захвáт;
(*of a building etc.*) повтóрное заселéние.

**reoccupy** *v.t.* вновь зан|имáть, -ять; вновь
оккупи́ровать (*impf.*, *pf.*).

**reopen** *v.t.* вновь/снóва откр|ывáть, -ы́ть;
возобновл|я́ть, -и́ть; she ~ed the window онá
снóва откры́ла окнó; the discussion was ~ed
дискýссия возобнови́лась; I intend to ~ my
bank account я собирáюсь вновь откры́ть
бáнковский счёт.

*v.i.*: the shops will ~ after the holidays пóсле
прáздников магази́ны открóются снóва.

**reorder** *n.* повтóрный/возобновлённый закáз.

*v.t.* (*rearrange*) перестр|áивать, -óить; (*renew
order for*) повторя́ть, -и́ть (*or* возобнов|ля́ть,
-и́ть) закáз на +*a.*

**reorganization** *n.* реорганизáция.

**reorganize** *v.t.* реорганизóв|ывать, -áть.

**rep**[1] , **-p**, **-s** *n.* (*text.*) репс.

**rep**[2] (*coll.*)=REPRESENTATIVE *n.*

**rep**[3] (*coll.*)=REPERTORY *n.* **2.**

**repaint** *v.t.* перекрá|шивать, -сить.

**repair**[1] *n.* **1.** (*restoring to sound condition*)
ремóнт; minor/running ~s мéлкий/текýщий
ремóнт; '~s while you wait' «ремóнт в
присýтствии закáзчика»; the shop is closed for
~s магази́н на ремóнте (*or* закры́т на
ремóнт); the road is under ~ дорóгу ремон-
ти́руют; my shoes need ~ мне нýжно
почини́ть тýфли; ~ shop ремóнтная мас-
терскáя; **2.** (*good condition*) гóдность,
испрáвность; the house is in good ~ дом в
хорóшем состоя́нии; the car is out of ~
маши́на неиспрáвна.

*v.t.* **1.** (*mend, renovate*) ремонти́ровать, от-;
(*restore*) восстан|áвливать, -ови́ть; **2.** (*make
amends for*): I should like to ~ my omission я
бы хотéл испрáвить упущéние.

**repair**[2] *v.i.* (*betake o.s.*) отпр|авля́ться,
-áвиться; напр|авля́ться, -áвиться.

**repairable** *adj.* поддаю́щийся ремóнту/исправ-
лéнию.

**repairer** *n.* мáстер, ремóнтник.

**reparable** *adj.* поправи́мый, исправи́мый;
восполни́мый.

**reparation** *n.* компенсáция; возмещéние
ущéрба; he made ~ for his fault он заглáдил
свою́ вину́; (*pl., compensation for war damage*)
(воéнные) репарáции (*f. pl.*).

**repartee** *n.* остроýмный отвéт; gift of ~
нахóдчивость, остроýмие.

**repast** *n.* (*liter.*) трáпéза; (*banquet*) пи́ршество.

**repatriate**[1] *n.* репатриáнт (*fem.* -ка).

**repatriate**[2] *v.t.* репатрии́ровать (*impf.*, *pf.*).

**repatriation** *n.* репатриáция.

**repay** *v.t.* выплáчивать, вы́платить; отплá|чи-
вать, -ти́ть; (*recompense*) возме|щáть, -сти́ть;
how can I ~ you? как я могý вас отбла-

годари́ть?; I shall ~ him in kind я отплачý емý
тем же (*or* той же монéтой); I repaid his visit я
нанёс емý отвéтный визи́т; I repaid his blows
with interest я как слéдует дал емý сдáчи.

*v.i.*: God will ~ Бог воздáст.

**repayable** *adj.* подлежáщий уплáте/пога-
шéнию.

**repayment** *n.* вы́плата, возмещéние.

**repeal** *n.* отмéна, аннули́рование.

*v.t.* аннули́ровать (*impf.*, *pf.*).

**repeat** *n.* повторéние; ~ order повтóрный
закáз.

*v.t.* **1.** (*say or do again*) повтор|я́ть, -и́ть; he is
always ~ing himself он постоя́нно повто-
ря́ется; the language he used will not bear ~ing
он употреби́л словá, котóрые и повтори́ть
неприли́чно; after ~ed attempts пóсле
неоднокрáтных попы́ток; don't ~ what I have
told you не говори́те никомý тогó, что я вам
сказáл; **2.** (*recite*) говори́ть (*impf.*) наизýсть;
деклами́ровать (*impf.*); ~ one's lesson
отв|ечáть, -éтить урóк.

*v.i.* **1.** (*recur*) повтор|я́ться, -и́ться;
встречáться (*impf.*); 0.3 ~ing (*math.*) 0 цéлых
и 3 в перńóде; **2.** (*of food*): onions ~ on me
(*coll.*) у меня́ отры́жка от лýка; **3.**: ~ing rifle
магази́нная винтóвка.

**repeatable** *adj.* (*of goods etc.*) обы́чный,
стандáртный, мáссового произвóдства.

**repeatedly** *adv.* неоднокрáтно, многокрáтно,
то и дéло.

**repeater** *n.* (*watch*) час|ы́ (*pl., g.* -óв) с репети́-
ром; (*firearm*) магази́нное орýжие.

**repêchage** *n.* (*sport*) дополни́тельные соревно-
вáния для включéния в финáл.

**repel** *v.t.* **1.** (*phys.*) отт|áлкивать, -олкнýть; **2.**
(*repulse*) от|гоня́ть, -огнáть; отб|ивáть, -и́ть;
the attack was ~led атáка былá отби́та; measures to ~ the enemy мéры для оказáния
отпóра врагý; she ~led his advances онá от-
вéргла егó ухáживания; **3.** (*be repulsive to*)
отт|áлкивать (*impf.*); вызывá́ть, вы́звать
отвращéние у +*g.*

**repellent** *n.*: insect ~ срéдство от насекóмых.

*adj.* (*repulsive*) отт|áлкивающий; вызывáю-
щий отвращéние.

**repent** *v.t. & i.* кáяться (*impf.*); раскá|иваться,
-я́ться (в чём); сокрушáться (*impf.*) (о чём); he
will live to ~ (of) his folly он когдá-нибудь
пожалéет о своём безрассýдстве.

**repentance** *n.* раскáяние.

**repentant** *adj.* кáющийся, раскáивающийся; he
is not in the least ~ он нискóлько не раскáи-
вается.

**repeople** *v.t.* вновь засел|я́ть, -и́ть.

**repercussion** *n.* (*recoil*) отдáча; (*of sound*) óт-
звук; (*fig.*) резонáнс; послéдствия (*nt. pl.*);
this event will have wide ~s э́то собы́тие бýдет
имéть далекó идýщие послéдствия.

**repertoire** *n.* репертуáр.

**repertory** n. 1. (*repertoire*) репертуа́р; 2. (*also* **rep**, *coll.*): ~ company постоя́нная гру́ппа с определённым репертуа́ром; ~ theatre репертуа́рный теа́тр; 3. (*fig., store*) запа́с.

**repetition** n. 1. (*repeating, recurrence*) повторе́ние; let there be no ~ of this что́бы э́того бо́льше не́ было; 2. (*saying by heart*) повторе́ние наизу́сть; 3. (*replica*) ко́пия.

**repetiti|ous, -ve** adjs. повторя́ющийся; изоби́лующий повторе́ниями.

**rephrase** v.t. перефрази́ровать (*impf., pf.*).

**repine** v.i. томи́ться (*impf.*); изныва́ть (*impf.*).

**replace** v.t. 1. (*put back, return*) класть, положи́ть (*or* ста́вить, по-) на ме́сто; возвра|ща́ть, -ти́ть; ~ the receiver положи́ть телефо́нную тру́бку; he ~d the money he had stolen он верну́л укра́денные де́ньги; 2. (*provide substitute for*) замен|я́ть, -и́ть; the vase cannot be ~d э́то уника́льная ва́за; 3. (*take the place of; succeed*) заме|ща́ть, -сти́ть; he ~d me as secretary он замеща́л/смени́л меня́ в до́лжности секретаря́.

**replaceable** adj. заменя́емый, замени́мый.

**replacement** n. (*restitution*) возмеще́ние; (*provision of substitute or successor*) замеще́ние, заме́на; (*substitute, successor*) заме́на; прее́мни|к (*fem.* -ца).

**replant** v.t. сно́ва заса́|живать, -ди́ть; переса́|живать, -ди́ть; the shrubs were ~ed wider apart кусты́ бы́ли переса́жены с бо́льшими интерва́лами.

**replay**[1] n. (*of a game*) переигро́вка; (*of a record etc.*) (повто́рное) про́игрывание.

**replay**[2] v.t. переи́гр|ывать, -а́ть; (повто́рно) про́игр|ывать, -а́ть.

**replenish** v.t. поп|олня́ть, -о́лнить; доза-пр|авля́ть, -а́вить.

**replenishment** n. пополне́ние; дозапра́вка.

**replete** adj. напо́лненный, перепо́лненный; сы́тый, насы́щенный, бога́тый (*чем*); ~ with food нае́вшийся вдо́воль.

**repletion** n. (*satiety*) сы́тость, насыще́ние; full to ~ по́лный до отка́за.

**replica** n. то́чная ко́пия, дублика́т.

**reply** n. отве́т; in (*or* by way of) в отве́т (на +*a.*); I rang but there was no ~ я звони́л, но никто́ не отве́тил; ~ paid с опла́ченным отве́том.
    v.i. отв|еча́ть, -е́тить; the enemy replied with a burst of gunfire проти́вник отве́тил ору́дийным огнём.

**repoint** v.t. за́ново расш|ива́ть, -и́ть швы кирпи́чной кла́дки.

**repolish** v.t. за́ново полирова́ть, от-.

**repopulate** v.t. за́ново засел|я́ть, -и́ть.

**repopulation** n. втори́чное заселе́ние.

**report** n. 1. (*account, statement*) докла́д, отчёт; newspaper ~ сообще́ние, изве́стие, репорта́ж; school ~ отчёт об успева́емости; progress ~ отчёт о хо́де выполне́ния; the police-man made a full ~ полице́йский соста́вил подро́бный протоко́л; 2. (*common talk, rumour*) молва́, слух; we have only ~s to go on наш еди́нственный исто́чник — слу́хи; by all ~s, he is doing well по всем све́дениям он процвета́ет; 3. (*sound of explosion or shot*) звук взры́ва/вы́стрела.
    v.t. 1. (*give news or account of*) сообщ|а́ть, -и́ть; сост|авля́ть, -а́вить отчёт о +*p.*; перед|ава́ть, -а́ть; де́лать, с- репорта́ж о +*p.*; it has been ~ed that . . . сообща́лось, что . . .; he was ~ed missing он счита́лся пропа́вшим бе́з вести; he ~ed having lost the money он заяви́л о поте́ре де́нег; the trial was ~ed in the press проце́сс освеща́лся в печа́ти; (*gram.*): ~ed (*indirect*) speech ко́свенная речь; 2. (*inform against, make known*) жа́ловаться, по-на +*a.*; I shall ~ you for insolence я пожа́луюсь на вас за ва́шу де́рзость.
    v.i. 1. (*give information*) до|кла́дывать, -ложи́ть; де́лать, с- докла́д; предст|авля́ть, -а́вить отчёт; да|ва́ть, -ть репорта́ж; they ~ well of the prospects они́ даю́т благоприя́тный о́тзыв о перспекти́вах; 2. (*present o.s.*) яв|ля́ться, -и́ться (*куда-н.*); приб|ыва́ть, -ы́ть (*куда-н.*); he was told to ~ to headquarters ему́ бы́ло веле́но яви́ться в штаб; ~ing time (*at airport*) вре́мя я́вки пассажи́ров.

**reportage** n. репорта́ж.

**reportedly** adv. по сообще́ниям; (*allegedly*) я́кобы.

**reporter** n. репортёр.

**repose** n. (*rest, sleep*) о́тдых, передышка; her face is beautiful in ~ её лицо́ прекра́сно, когда́ споко́йно; (*restfulness, tranquillity*) поко́й, безмяте́жность, гармо́ния.
    v.t. (*lay down*) класть, положи́ть; (*fig., place*): he ~s confidence in her он ей целико́м доверя́ет.
    v.i. 1. (*take one's rest*) отд|ыха́ть, -охну́ть; лечь (*pf.*) отдохну́ть; 2. (*lie*) лежа́ть (*impf.*); поко́иться (*impf.*); his remains ~ in the churchyard его́ прах поко́ится на кла́дбище; 3. (*be based*) осно́вываться (*impf.*); his argument ~s on a falsehood его́ до́воды осно́ваны на ло́жной предпосы́лке.

**repository** n. (*receptacle*) храни́лище, вмести́лище; (*store*) склад; (*fig.*): he is a ~ of information он неиссяка́емый исто́чник информа́ции; she is the ~ of all my secrets я поверя́ю ей все свои́ та́йны.

**repossess** v.t. из|ыма́ть, -ъя́ть за неплатёж.

**repossession** n. (*in hire-purchase*) изъя́тие иму́щества, взя́того в рассро́чку.

**repp** see REP[1].

**reprehend** v.t. де́лать, с- вы́говор +*d.*; осу|жда́ть, -ди́ть.

**reprehensible** adj. досто́йный осужде́ния; предосуди́тельный.

**represent** v.t. 1. (*portray*) изобра|жа́ть, -зи́ть; what does this picture ~? что изображено́ на э́той карти́не?; **2.** (*symbolize, correspond to*) символизи́ровать (*impf., pf.*), изобража́ть (*impf.*), обознача́ть (*impf.*); one inch on the map ~s a mile оди́н дюйм на ка́рте равня́ется одно́й ми́ле; **3.** (*make clear, point out*): they ~ed their case они́ изложи́ли свои́ до́воды; **4.** (*make out*): he ~ed himself as an expert он выдава́л себя́ за знатока́; **5.** (*play the part of*): she ~ed Cleopatra она́ игра́ла Клеопа́тру; **6.** (*speak or act for*) представля́ть (*impf.*); he ~s Britain at the UN он представля́ет Великобрита́нию в ООН; who ~s the defendant? кто явля́ется защи́тником обвиня́емого?

**representation** *n.* **1.** (*portrayal*) изображе́ние; **2.** (*statement of one's case*): diplomatic ~s дипломати́ческие представле́ния; **3.** (*performance*) представле́ние; **4.** (*delegation, deputizing*) представи́тельство; proportional ~ пропорциона́льное представи́тельство.

**representational** *adj.*: ~ art репрезентати́вное (*or* предме́тно-изобрази́тельное) иску́сство.

**representative** *n.* представи́тель (*m.*); House of R~s пала́та представи́телей.

*adj.* показа́тельный, типи́чный; a ~ collection представи́тельная колле́кция; ~ government представи́тельное прави́тельство; he is ~ of his age он типи́чный представи́тель свое́й эпо́хи.

**repress** *v.t.* **1.** (*put down, curb*) подав|ля́ть, -и́ть; угнета́ть (*impf.*); the revolt was ~ed восста́ние бы́ло пода́влено; **2.** (*restrain*) сде́рж|ивать, -а́ть; I could not ~ my laughter я не мог удержа́ться от сме́ха; a ~ed personality пода́вленная ли́чность.

**repression** *n.* (*suppression*) подавле́ние; репре́ссия; (*repressed impulse etc.*): he is full of ~s он ужа́сно закомплексо́ван.

**repressive** *adj.* репресси́вный.

**reprieve** *n.* (*leg.*): отсро́чка приведе́ния в исполне́ние (сме́ртного) пригово́ра; (*fig.*) передышка, вре́менное облегче́ние.

*v.t.*: the murderer was ~ed казнь уби́йцы отсро́чили.

**reprimand** *n.* вы́говор, замеча́ние.

*v.t.* де́лать, с- вы́говор/замеча́ние +*d.*

**reprint**[1] *n.* но́вое изда́ние; перепеча́тка.

**reprint**[2] *v.t.* переизд|ава́ть, -а́ть; перепеча́т|ывать, -ать.

*v.i.*: the book is ~ing кни́га переиздаётся.

**reprisal** *n.* отве́тный уда́р; отве́тное де́йствие, отме́стка; by way of ~ в отме́стку.

**reproach** *n.* **1.** (*rebuke*) упрёк, уко́р; his honesty is above ~ он безупре́чно че́стен; he gave me a look of ~ он посмотре́л на меня́ с укори́зной; ~es were heaped upon him его́ засы́пали упрёками; **2.** (*disgrace*) позо́р; he brought ~ on himself он себя́ опозо́рил; these slums are a ~ to the council э́ти трущо́бы слу́жат уко́ром для ме́стных власте́й.

*v.t.* упрек|а́ть, -ну́ть; укоря́ть (*impf.*); he

~ed his wife with extravagance он упрекну́л жену́ в расточи́тельстве; I have nothing to ~ myself for мне не́ в чем себя́ упрекну́ть; (*fig.*): his eyes ~ed me я прочита́л упрёк в его́ глаза́х.

**reproachful** *adj.* укори́зненный.

**reprobate** *n.* негодя́й, нечести́вец.

*adj.* нечести́вый; безнра́вственный.

*v.t.* порица́ть (*impf.*).

**reprobation** *n.* порица́ние.

**reproduce** *v.t.* **1.** (*copy, imitate*) воспроизв|оди́ть, -ести́; the artist has ~d your features well худо́жник хорошо́ воспроизвёл ва́ши черты́; (*of pictures*) репродуци́ровать (*impf., pf.*); **2.** (*beget*): living things ~ their kind живы́е существа́ размножа́ются; **3.** (*renew, grow again*) восстан|а́вливать, -ови́ть.

*v.i.* **1.** (*recreate sounds*): this record-player ~s well у э́того проигрыва́теля хоро́шее ка́чество звуча́ния; **2.** (*of animals*) разм|ножа́ться, -но́житься.

**reproducible** *adj.* воспроизводи́мый.

**reproduction** *n.* воспроизведе́ние; (*of picture*) репроду́кция; (*begetting of offspring*) размноже́ние.

**reproductive** *adj.* воспроизводи́тельный; (*biol.*) полово́й; ~ organs о́рганы размноже́ния.

**reprography** *n.* репрогра́фия.

**reproof** *n.* порица́ние; вы́говор; he spoke in ~ of our motives он осуди́л на́ши побужде́ния; the teacher administered a sharp ~ учи́тель сде́лал ре́зкое замеча́ние.

**re-proof** *v.t.* (*e.g. a coat*) вновь пропи́т|ывать, -а́ть водоотта́лкивающим соста́вом.

**reproval** *n.* вы́говор, порица́ние.

**reprove** *v.t.* отчи́т|ывать, -а́ть; де́лать, с- вы́говор +*d.*

**reps** *see* REP[1].

**reptile** *n.* пресмыка́ющееся; (*fig., of pers.*) пресмыка́ющийся, подхали́м.

**reptilian** *adj.* (*fig.*) пресмыка́ющийся, по́длый.

**republic** *n.* респу́блика; People's R~ наро́дная респу́блика; R~ of South Africa Южно-Африка́нская Респу́блика; (*fig.*) мир, ца́рство; the ~ of letters литерату́рный мир.

**republican** *n.* республика́нец; R~ (*Am.*) член Республика́нской па́ртии.

*adj.* республика́нский.

**republicanism** *n.* республикани́зм.

**republication** *n.* переизда́ние.

**republish** *v.t.* переизд|ава́ть, -а́ть.

**repudiate** *v.t.* отв|ерга́ть, -е́ргнуть; отр|ека́ться, -е́чься от +*g.*; I ~ your accusation я отверга́ю ва́ше обвине́ние; he ~s the authority of the law он не признаёт вла́сти зако́на; he ~d his responsibility он отказа́лся от отве́тственности.

**repudiation** *n.* отрече́ние; отрица́ние; отка́з.

**repugnance** *n.* (*antipathy*) отвраще́ние; (*contradiction*) противоре́чие.

**repugnant** *adj.* (*distasteful*) отврати́тельный; (*incompatible*) противоре́чащий.

**repulse** *n.* отпо́р, отраже́ние; the enemy suffered a ~ враг был отбро́шен наза́д.

  *v.t.* (*drive back*) отб|ива́ть, -и́ть; (*rebuff, refuse*) отт|а́лкивать, -о́лкнуть; отв|ерга́ть, -е́ргнуть.

**repulsion** *n.* 1. (*aversion*) отвраще́ние, омерзе́ние; 2. (*phys.*) отта́лкивание.

**repulsive** *adj.* 1. (*disgusting*) отврати́тельный, омерзи́тельный; 2. (*phys.*) отта́лкивающий.

**repurchase** *n.* поку́пка ра́нее про́данного това́ра.

  *v.t.* вновь покупа́ть, купи́ть (ра́нее про́данный това́р).

**reputable** *adj.* почте́нный, уважа́емый.

**reputation** *n.* 1. (*name*) репута́ция; he has a ~ for courage он сла́вится хра́бростью; he lived up to his ~ он показа́л, что сла́ва о нём была́ справедли́вой; 2. (*respectability*) до́брое и́мя; persons of ~ почте́нные лю́ди; a tarnished ~ запя́тнанная репута́ция.

**repute** *n.* (*reputation*) репута́ция; I know him by ~ я зна́ю о нём понаслы́шке; (*good reputation, renown*) до́брое и́мя, сла́ва; an artist of ~ худо́жник с и́менем.

  *v.t.*: he is ~d to be rich он счита́ется бога́тым; говоря́т, что он бога́т; the ~d father предполага́емый оте́ц.

**reputedly** *adv.* по о́бщему мне́нию.

**request** *n.* про́сьба; at my ~ по мое́й про́сьбе; ~ stop остано́вка по тре́бованию; details sent on ~ подро́бная информа́ция высыла́ется по тре́бованию; I have a ~ to make of you у меня́ к вам про́сьба; you shall have your ~ ва́ша про́сьба бу́дет удовлетворена́; put in a ~ for пода́ть (*pf.*) заявле́ние/зая́вку на +*a.*; a programme of ~s конце́рт по зая́вкам; this book is in great ~ на э́ту кни́гу большо́й спрос.

  *v.t.* проси́ть, по-; he ~ed to be allowed to remain он попроси́л разреше́ния оста́ться; that is all I ~ of you э́то всё, чего́ я от вас прошу́; passengers are ~ed not to smoke пасса́жиров про́сят не кури́ть; may I ~ you to leave? бу́дьте любе́зны удали́ться; may I ~ the pleasure of a dance? разреши́те пригласи́ть вас на та́нец.

**requiem** *n.* ре́квием, панихи́да.

**require** *v.t.* 1. (*need*) нужда́ться (*impf.*) в +*p.*; тре́бовать (*impf.*) +*g.*; your car ~s repair ва́ша маши́на нужда́ется в ремо́нте; when do you ~ the job to be done? к како́му сро́ку должна́ быть завершена́ рабо́та?; it ~d all his skill to ... ему́ пона́добилось примени́ть всё своё уме́ние, чтобы ...; all that is ~d is a little patience всё, что тре́буется, э́то немно́го терпе́ния; the matter ~s some thought над э́тим на́до поду́мать; 2. (*demand, order*) тре́бовать, по- +*g.*; прика́з|ывать, -а́ть; my attendance is ~d by law по зако́ну я обя́зан

присутствовать; what do you ~ of me? что вы от меня́ хоти́те?; I have done all that is ~d я сде́лал всё, что тре́буется; the situation ~s me to be present ситуа́ция тре́бует моего́ прису́тствия.

**requirement** *n.* 1. (*need*) нужда́; потре́бность; I have few ~s мои́ потре́бности невелики́; 2. (*demand*) тре́бование; усло́вие.

**requisite** *n.* необходи́мая вещь.
  *adj.* необходи́мый.

**requisition** *n.* 1. (*official demand*) тре́бование; (*mil.*) реквизи́ция; 2. (*service, use*) испо́льзование; every car was brought into ~ все маши́ны бы́ли реквизи́рованы; the dictionary was in constant ~ словарём постоя́нно по́льзовались.

  *v.t.* реквизи́ровать (*impf.*, *pf.*); houses were ~ed for billets дома́ бы́ли реквизи́рованы для размеще́ния солда́т.

**requital** *n.* воздая́ние, вознагражде́ние; возме́здие; in ~ of his services в вознагражде́ние за его́ услу́ги; he made full ~ он по́лностью рассчита́лся.

**requite** *v.t.* вознагра|жда́ть, -ди́ть; отпла́|чивать, -ти́ть; his kindness was ~d with ingratitude за доброту́ ему́ отплати́ли неблагода́рностью; he was ~d for his services он был вознаграждён за свои́ услу́ги.

**re-read** *v.t.* перечи́т|ывать, -а́ть.

**reredos** *n.* запресто́льный экра́н (в це́ркви).

**re-route** *v.t.* измен|я́ть, -и́ть маршру́т/тра́ссу +*g.*

**re-run** *n.* (*of film etc.*) повто́рный пока́з фи́льма.

  *v.t.*: the race was ~ состоя́лся повто́рный забе́г; he re-ran the tape он ещё раз проигра́л плёнку.

**resaddle** *v.t.* перес|ёдлывать, -едла́ть.

**resale** *n.* перепрода́жа.

**rescind** *v.t.* аннули́ровать (*impf.*, *pf.*); отмен|я́ть, -и́ть.

**rescission** *n.* аннули́рование, отме́на.

**rescript** *n.* рескри́пт.

**rescue** *n.* спасе́ние, вы́ручка; he came to my ~ он пришёл мне на по́мощь/вы́ручку; I had forgotten our guest's name, but she came to my ~ я забы́л и́мя на́шего го́стя, но она́ мне подсказа́ла; a ~ attempt попы́тка спасти́ (*кого́*/*что*); ~ vessel спаса́тельная ло́дка.

  *v.t.* спас|а́ть, -ти́; all the crew were ~d всю кома́нду спасли́; I ~d the letter from the dustbin я вы́удил э́то письмо́ из му́сорного я́щика.

**rescuer** *n.* спаси́тель (*fem.* -ница); избави́тель (*fem.* -ница).

**reseal** *v.t.* вновь запеча́т|ывать, -ать.

**research** *n.* изуче́ние, иссле́дование, изыска́ние; по́иски (*m. pl.*); ~ and development нау́чно-иссле́довательская рабо́та; ~ library нау́чно-техни́ческая библиоте́ка; ~ assis-

tant, worker нау́чный сотру́дник/рабо́тник;
~ satellite иссле́довательский спу́тник.

*v.t. & i.* иссле́довать (*impf., pf.*); he is ~ing
the subject он изуча́ет/разраба́тывает э́ту
те́му; the book is well ~ed за э́той кни́гой
чу́вствуется больша́я рабо́та.

**researcher** *n.* иссле́дователь (*fem.* -ница),
учёный.

**reseat** *v.t.* **1.**: the chair has been ~ed у сту́ла
замени́ли сиде́нье; **2.** (*seat again*) пере-
са́|живать, -ди́ть; she ~ed herself more com-
fortably она́ усе́лась поудо́бнее.

**resell** *v.t.* перепрод|ава́ть, -а́ть.

**resemblance** *n.* схо́дство; he bears a strong ~ to
his father он о́чень похо́ж на своего́ отца́.

**resemble** *v.t.* походи́ть (*impf.*) на +*a.*; име́ть
(*impf.*) схо́дство с +*i.*

**resent** *v.t.* возму|ща́ться, -ти́ться +*i.*;
негодова́ть (*impf.*) на +*a.*; I ~ your interfering
in my affairs мне о́чень не нра́вится, что вы
вме́шиваетесь в мои́ дела́.

**resentful** *adj.* возмущённый, негоду́ющий.

**resentment** *n.* возмуще́ние; негодова́ние; I bear
no ~ against him я на него́ не в оби́де.

**reservation** *n.* **1.** (*limitation, exception*) огово́р-
ка; mental ~ мы́сленная огово́рка; **2.** (*booking*) (предвари́тельный) зака́з; зака́занное/
заброни́рованное ме́сто; **3.** (*for tribes etc.*)
резерва́ция; (*for game*) запове́дник.

**reserve** *n.* **1.** (*store*) запа́с, резе́рв; a ~ of food
запа́с еды́/продово́льствия; gold ~s золоты́е
запа́сы; he has great ~s of energy у него́
большо́й запа́с эне́ргии; he has a little money
in ~ у него́ припасено́/отло́жено немно́го
де́нег; ~ bank резе́рвный банк; **2.** (*mil.*)
резе́рв; the R~ резе́рвные ча́сти (*f. pl.*); **3.**
(~ *player*) запасно́й (игро́к); **4.** (*area*): game ~
охо́тничий запове́дник; **5.** (*limitation, restriction*) огово́рка; I accept your statement without
~ я принима́ю ва́ше заявле́ние без огово́рок;
he fixed a ~ price on his house он установи́л
отправну́ю це́ну на свой дом; **6.** (*reticence*)
сде́ржанность; I managed to break through his
~ мне удало́сь преодоле́ть его́ за́мкнутость.
*v.t.* **1.** (*hold back, save*) бере́чь, с-;
прибер|ега́ть, -е́чь; ~ your strength for tomor-
row береги́те си́лы на за́втрашний день; **2.**: ~
judgement (*leg.*) от|кла́дывать, -ложи́ть
реше́ние; I prefer to ~ judgement я предпочи-
та́ю пока́ не выска́зываться; ~ a right со-
хран|я́ть, -и́ть (*or* резерви́ровать) (*impf., pf.*)
пра́во; **3.** (*set aside*) резерви́ровать, за-; (*book*)
зака́з|ывать, -а́ть; брони́ровать, за-; **4.** (*des-
tine*) предназн|ача́ть, -а́чить; a great future is
~d for him ему́ угото́вано большо́е бу́дущее.

**reserved** *adj.* **1.** (*booked, set aside*) зака́занный
(зара́нее); ~ seats (*in train*) плацка́ртные
места́; **2.** (*reticent, uncommunicative*) сде́р-
жанный, за́мкнутый.

**reservist** *n.* резерви́ст.

**reservoir** *n.* (*for water*) водохрани́лище,
водоём; (*for other fluids*) резервуа́р; (*of a fountain pen*) резервуа́р; (*fig., store*) сокро́вищ-
ница, исто́чник.

**reset** *v.t.* **1.** (*sharpen again*) подрегули́ровать
(*pf.*); **2.** (*e.g. a watch*) перест|авля́ть, -а́вить;
(*trap etc.*) сно́ва ста́вить, по-; **3.** (*place in
position again*) впр|авля́ть, -а́вить; вновь
вст|авля́ть, -а́вить; the doctor ~ his arm врач
впра́вил ему́ ру́ку; the diamond was ~
бриллиа́нт вста́вили в но́вую опра́ву.

**resettle** *v.t.* (*land*) сно́ва засел|я́ть, -и́ть; (*peo-
ple*) пересел|я́ть, -и́ть.
*v.i.* пересел|я́ться, -и́ться.

**resettlement** *n.* (*of territory*) повто́рное засе-
ле́ние; (*of refugees etc.*) переселе́ние; (*re-
employment*) трудоустро́йство (*демобилизо-
ванных и т.п.*).

**reshape** *v.t.* прид|ава́ть, -а́ть но́вую фо́рму +*d.*;
(*fig.*) видоизмен|я́ть, -и́ть; перекр|а́ивать,
-о́ить.

**reship** *v.t.* (*reload*) перегру|жа́ть, -зи́ть.

**reshipment** *n.* перегру́зка.

**reshuffle** *n.* (*cards*) перетасо́вка; (*fig.*) пере-
стано́вка, перетря́ска.
*v.t.* перетасо́в|ывать, -а́ть; (*fig.*) произвести́
(*pf.*) перестано́вку/перетря́ску в +*p.*

**reside** *v.i.* **1.** (*live*) прожива́ть (*impf.*); пребы-
ва́ть (*impf.*); **2.**: ~ (*inhere, be vested*) in
принадлежа́ть (*impf.*) +*d.*; быть прису́щим
+*d.*; supreme authority ~s in the President
президе́нт облечён вы́сшей вла́стью.

**residence** *n.* **1.** (*residing*) прожива́ние, пребы-
ва́ние; take up ~ въ|езжа́ть, -е́хать (в
официа́льную резиде́нцию); приб|ыва́ть,
-ы́ть; the students are in ~ again студе́нты
верну́лись в общежи́тие; **2.** (*home, mansion*)
дом, резиде́нция.

**residency** *n.* резиде́нция (*посла и т.п.*).

**resident** *n.* **1.** (*permanent inhabitant*) (постоя́н-
ный) жи́тель; (*in hotel*) постоя́лец; **2.** (*government agent*) резиде́нт.
*adj.* **1.** (*residing*) постоя́нно прожива́ющий;
the ~ population постоя́нное населе́ние; **2.**
(*inherent*) прису́щий, сво́йственный.

**residential** *adj.*: ~ qualifications for voting
избира́тельный ценз осе́длости; а ~ area
жило́й райо́н.

**residual** *adj.* оста́точный, оста́вшийся.

**residuary** *adj.* (*leg.*): ~ legatee насле́дник
иму́щества, очи́щенного от долго́в и
завеща́тельных отка́зов.

**residue** *n.* **1.** (*remainder*) оста́ток; **2.** (*leg.*) на-
сле́дство, очи́щенное от долго́в и завеща́-
тельных отка́зов.

**residuum** *n.* (*chem.*) оста́ток, оса́док.

**resign** *v.t.* **1.** (*give up*) отка́з|ываться, -а́ться от
+*g.*; I have ~ed all claim to the money я
отказа́лся от вся́ких притяза́ний на э́ти
де́ньги; he ~ed his post as Chancellor он по́дал

в отста́вку с поста́ ка́нцлера; they ~ed all hope они́ оста́вили вся́кую наде́жду; **2.** (*hand over*): he ~ed the children to her care он оста́вил дете́й на её попече́ние; **3.** (*reconcile*): he ~ed himself to defeat он смири́лся с пораже́нием; he was ~ed to being alone он примири́лся с одино́чеством.

*v.i.* под|ава́ть, -а́ть (*or* уходи́ть, уйти́) в отста́вку; уходи́ть, уйти́ с рабо́ты; he ~ed from the government он вы́шел из прави́тельства.

**resignation** *n.* **1.** (*surrender*) сда́ча; **2.** (*resigning of office*) отста́вка; he handed in his ~ он по́дал заявле́ние об отста́вке/ухо́де; his ~ was accepted его́ отста́вка была́ приня́та; **3.** (*acceptance of fate*) поко́рность, смире́ние.

**resigned** *adj.* поко́рный, безро́потный, смири́вшийся (с +*i.*).

**resilience** *n.* эласти́чность, упру́гость; (*fig.*) выно́сливость, живу́честь, жизнеспосо́бность.

**resilient** *adj.* эласти́чный, упру́гий; (*fig.*) неуныва́ющий; выно́сливый, живу́чий.

**resin** *n.* смола́; канифо́ль.

**resinous** *adj.* смоли́стый.

**resist** *v.t.* **1.** (*oppose*) сопротивля́ться (*impf.*) +*d.*; проти́виться (*impf.*) +*d.*; he ~ed arrest он сопротивля́лся аре́сту; all their attacks were ~ed все их ата́ки бы́ли отби́ты; it will do you no good to ~ authority сопротивле́ние властя́м не принесёт вам по́льзы; **2.** (*be proof against*) не поддава́ться (*impf.*) +*d.*; противостоя́ть (*impf.*) +*d.*; this metal ~s acid э́тот мета́лл не окисля́ется; **3.** (*refrain from*) возде́рж|иваться, -а́ться от +*g.*; I could not ~ the temptation to smile я не мог удержа́ться от улы́бки; she cannot ~ chocolates она́ не мо́жет устоя́ть пе́ред шокола́дом; he can never ~ a joke он не мо́жет не пошути́ть.

**resistance** *n.* **1.** (*opposition* ) сопротивле́ние; they offered stout ~ они́ оказа́ли упо́рное сопротивле́ние; he took the line of least ~ он пошёл по ли́нии наиме́ньшего сопротивле́ния; I broke down his ~ я сломи́л его́ сопротивле́ние; (~ movement) движе́ние сопротивле́ния; **2.** (*power to withstand*) сопротивля́емость; she has no ~ against cold у неё нет никако́й сопротивля́емости к хо́лоду; **3.** (*elec.*) сопротивле́ние.

**resistant** *adj.* сопротивля́ющийся; сто́йкий; ~ to all entreaty глухо́й ко всем мольба́м; ~ to heat жаросто́йкий.

**resister** *n.* сопротивля́ющийся; уча́стни|к (*fem.* -ца) движе́ния сопротивле́ния.

**resistor** *n.* рези́стор; кату́шка сопротивле́ния.

**re-sit** *v.t.*: ~ an examination пересдава́ть (*impf.*) экза́мен; permission to ~ physics разреше́ние на переда́чу фи́зики.

**re-sole** *v.t.* ста́вить, по- но́вые подмётки на +*a.*

**resolute** *adj.* реши́тельный; по́лный реши́мости.

**resolution** *n.* **1.** (*firmness of purpose*) реши́тельность, реши́мость; **2.** (*vow*): New Year ~ нового́дний заро́к; нового́днее обеща́ние самому́ себе́; **3.** (*expression of opinion or intent*) резолю́ция; they passed a ~ to go on strike они́ при́няли реше́ние нача́ть забасто́вку; **4.** (*of doubt, discord etc.* ) (раз)реше́ние; **5.** (*separation into components*; *analysis*) разложе́ние, расщепле́ние; **6.** (*mus.*) разреше́ние.

**resolve** *n.* (*determination*) реши́тельность, реши́мость; (*vow, intention*) реше́ние; наме́рение.

*v.t. & i.* **1.** (*decide, determine*) реш|а́ть, -и́ть; прин|има́ть, -я́ть реше́ние; I have ~d to spend less я реши́л тра́тить ме́ньше де́нег; it was ~d было́ решено́; they ~d to elect a new president они́ постанови́ли избра́ть но́вого президе́нта; **2.** (*settle*) (раз)реш|а́ть, -и́ть; all doubts were ~d все сомне́ния бы́ли разрешены́/рассе́яны; their quarrel was ~d их спор разреши́лся; **3.** (*break up, re-form*) разл|ага́ть, -ожи́ть; превра|ща́ть, -ти́ть; the distant shape ~d itself into a tower нея́сный силуэ́т вдали́ оказа́лся ба́шней.

**resonance** *n.* резона́нс, гул.

**resonant** *adj.* звуча́щий, зво́нкий.

**resort** *n.* **1.** (*recourse*): without ~ to force не прибега́я к наси́лию; in the last ~ в кра́йнем слу́чае; **2.** (*expedient*) наде́жда; спаси́тельное сре́дство; an operation was the only ~ опера́ция была́ еди́нственной наде́ждой; **3.** (*frequented place*): a ~ of businessmen излю́бленное ме́сто бизнесме́нов; holiday ~ куро́рт; seaside ~ морско́й куро́рт.

*v.i.* **1.** (*have recourse*) приб|ега́ть, -е́гнуть (к +*d.*); **2.** (*go in numbers or frequently*) быва́ть (*impf.*) (*где*); ~ to посе|ща́ть, -ти́ть; townsfolk ~ to the country every Sunday кáждое воскресе́нье горожа́не устремля́ются за́ город.

**re-sort** *v.t.* пересортиро́в|ывать, -а́ть.

**resound** *v.i.* звуча́ть (*impf.*); the hall ~ed with voices в за́ле раздава́лись голоса́; (*fig.*) греме́ть, про-; their fame ~ed throughout Europe их сла́ва греме́ла по всей Евро́пе; ~ing success шу́мный успе́х.

**resource** *n.* **1.** (*available supply*; *stock*) запа́сы (*m. pl.*); ресу́рсы (*m. pl.*); the country's natural ~s есте́ственные ресу́рсы страны́; we must make the most of our ~s мы должны́ наилу́чшим о́бразом испо́льзовать на́ши ресу́рсы; I came to the end of my ~s я исче́рпал все свои́ запа́сы/возмо́жности; he was left to his own ~s он мог положи́ться то́лько на самого́ себя́; **2.** (*leisure occupation*) о́тдых, развлече́ние; **3.** (*ingenuity*) нахо́дчивость; a man of ~ нахо́дчивый челове́к.

**resourceful** *adj.* изобрета́тельный, нахо́дчивый.

**resourcefulness** *n.* изобретáтельность, нахóд-чивость.

**respect** *n.* **1.** (*esteem, deference*) уважéние; he won their ~ он завоевáл их уважéние; he is held in great ~ егó óчень уважáют; I have the greatest ~ for his opinion я óчень считáюсь с егó мнéнием; with ~, I cannot agree при всём уважéнии к вам, я не могý согласи́ться; **2.** (*consideration, attention*): we must have, pay ~ to public opinion нам нáдо считáться с общéственным мнéнием; without ~ of persons невзирáя на ли́ца; **3.** (*reference, relation*) отношéние, касáтельство; in ~ of, with ~ to что касáется +*g.*; his writing is admirable in ~ of style что касáется сти́ля, он пи́шет превосхóдно; **4.** (*pl., polite greetings*) привéт; give my ~s to her передáйте ей от меня́ привéт; he came to pay his ~s он пришёл засвидéтельствовать своё почтéние.

*v.t.* **1.** (*treat with consideration or esteem; defer to*) уважáть (*impf.*); почитáть (*impf.*); my wishes were ~ed мои́ пожелáния бы́ли учтены́; **2.** (*relate to*): the law ~ing young persons закóн, касáющийся молодёжи.

**respectability** *n.* респектáбельность.

**respectable** *adj.* **1.** (*estimable*) достóйный уважéния; he acted from ~ motives он дéйствовал из благорóдных побуждéний; **2.** (*qualifying for social approval*) респектáбельный; your clothes are not quite ~ вы не óчень прили́чно одéты; he comes of a ~ family он из хорóшей/прили́чной семьи́; **3.** (*of some merit, size or importance*) прили́чный; he earns a ~ salary он зарабáтывает прили́чные дéньги; he is quite a ~ painter он вполнé прили́чный худóжник.

**respecter** *n.*: God is no ~ of persons Бог не лицеприя́тен; X is no ~ of persons X дéйствует невзирáя на ли́ца.

**respectful** *adj.* почти́тельный; they kept (at) a ~ distance они́ держáлись на почти́тельном расстоя́нии; yours ~ly с уважéнием.

**respective** *adj.* соотвéтственный; we went off to our ~ rooms мы разошли́сь по свои́м кóмнатам; the boys and girls were taught woodwork and sewing ~ly мáльчиков и дéвочек учи́ли соотвéтственно столя́рному дéлу и шитью́.

**respiration** *n.* дыхáние; he was given artificial ~ емý сдéлали искýсственное дыхáние.

**respirator** *n.* (*gas-mask*) противогáз, респирáтор; (*med.*) прибóр для дли́тельного искýсственного дыхáния.

**respiratory** *adj.* респирáторный, дыхáтельный.

**respite** *n.* **1.** (*relief, rest*) передышка; I worked without ~ я рабóтал без передышки; they gave us no ~ они́ не давáли нам передохнýть; **2.** (*temporary reprieve*) отсрóчка.

**resplendent** *adj.* блистáтельный, ослепи́тель-ный.

**respond** *v.i.* **1.** (*reply*) отв|ечáть, -éтить (на +*a.*); he ~ed with a blow он отвéтил удáром; **2.** (*react*) реаги́ровать, от- (на +*a.*); от|зывáться, -озвáться (на +*a.*); his illness is ~ing to treatment егó болéзнь поддаётся лечéнию.

**respondent** *n.* (*leg.*) отвéтчи|к (*fem.* -ца).

**response** *n.* **1.** (*reply*) отвéт; he made no ~ он ничегó не отвéтил; in ~ to your enquiry в отвéт на ваш запрóс; **2.** (*reaction*) реáкция, óтклик; my appeal met with no ~ моё обращéние не вы́звало никакóго óтклика; there was little ~ from the audience аудитóрия реаги́ровала слáбо; **3.** (*eccl.*): sung ~s отвéтствие хóра.

**responsibilit|y** *n.* **1.** (*being responsible*) отвéтственность; I take full ~y for my actions я берý на себя́ пóлную отвéтственность за свои́ дéйствия; he acted on his own ~y он дéйствовал на свой страх и риск; I decline all ~y я откáзываюсь от вся́кой отвéтственности; he has a position of great ~y он занимáет óчень отвéтственную дóлжность; **2.** (*charge, duty*) обя́занность, отвéтственность; a family is a great ~y семья́ наклáдывает большýю отвéтственность; he was relieved of his ~ies он был освобождён от исполнéния обя́занностей.

**responsible** *adj.* **1.** (*liable, accountable*) отвéтственный; ~ government отвéтственное прави́тельство; he is ~ to me for keeping the accounts в вопрóсах бухгалтéрии он подчиня́ется мне; she is ~ for cleaning my room убóрка моéй кóмнаты вхóдит в её обя́занности; (*to blame*): he was held ~ for the loss егó обвини́ли в э́той пропáже; who was ~ for breaking the window? кто разби́л окнó?; (*to be thanked*): Churchill was ~ for our victory нáша побéда — заслýга Чéрчилля; **2.** (*trustworthy*) надёжный; **3.** (*involving responsibility*) вáжный; a ~ post отвéтственный пост.

**responsive** *adj.* отзы́вчивый, восприи́мчивый; чýткий.

**rest**[1] *n.* **1.** (*sleep; relaxation in bed*) сон; óтдых; you need a good night's ~ вам нáдо как слéдует вы́спаться; I'm going (up) to have a ~ я пойдý приля́гу; я приля́гу отдохнýть; **2.** (*inactive, immobile or undisturbed state*) покóй; day of ~ день óтдыха; I set his mind at ~ я егó успокóил; the ball came to ~ мяч останови́лся; he brought the van to ~ он останови́л автофургóн; he was laid to ~ (*buried*) егó похорони́ли; **3.** (*intermission of work, activity etc.*) передышка; they took a short ~ они́ сдéлали небольшýю передышку; he gave his horse a ~ он дал коню́ отдохнýть; why don't you give drinking a ~? (*coll.*) отдохнýл бы ты малéнько от питья́; **4.** (*lodging-house, shelter*) мéсто óтдыха, клуб; seamen's ~ морскóй клуб; **5.** (*prop, support*) опóра; (*for telephone*) рыча́г; (*for billiard cue*) сто́йка; **6.** (*mus.*) па́уза.

*v.t.* **1.** (*give* ~ *to*) да|ва́ть, -ть о́тдых +*d.*; he ~ed his horse он дал коню́ отдохну́ть; God ~ his soul! ца́рствие ему́ небе́сное!; the land was ~ed for a year земля́ год лежа́ла под па́ром; are you quite ~ed? вы хорошо́ отдохну́ли?; a soft light ~s the eyes при мя́гком освеще́нии глаза́ отдыха́ют; **2.** (*place for support*) класть, положи́ть (на +*a.*); прислон|я́ть, -и́ть (*что к чему*); she ~ed her elbows on the table она́ положи́ла ло́кти на стол; he ~ed his chin on his hand он подпира́л подборо́док руко́й; he ~ed his gaze on the horizon он не отрыва́ясь смотре́л на горизо́нт; ~ the ladder against the wall! прислони́те ле́стницу к сте́нке! (*fig., base*) обоснов|ывать, -а́ть; he ~s his case on the right of ownership он стро́ит свои́ доказа́тельства на пра́ве со́бственности; he is ~ing his hopes on fine weather он наде́ется на хоро́шую пого́ду.

*v.i.* **1.** (*relax; take repose*) лежа́ть (*impf.*); отд|ыха́ть, -охну́ть; may he ~ in peace! мир пра́ху его́!; (last) ~ing-place моги́ла; I could not ~ until I'd told you the news я не мог успоко́иться, пока́ не подели́лся с ва́ми но́востью; **2.** (*fig., remain*) ост|ава́ться, -а́ться; the matter cannot ~ there э́то де́ло нельзя́ так оста́вить; the decision ~s with you реше́ние зави́сит от вас; ~ assured I will do all I can я сде́лаю всё возмо́жное, мо́жете не сомнева́ться; **3.** (*be supported*) опира́ться (*impf.*) (на что); поко́иться (*impf.*) (на чём); the bridge ~s on 4 piers мост поко́ится на четырёх опо́рах; there was a bicycle ~ing against the wall у стены́ стоя́л велосипе́д; (*fig.*) осно́вываться (*impf.*); your argument ~s on a fallacy ваш до́вод исхо́дит из оши́бочного утвержде́ния; **4.** (*linger; alight*) поко́иться (*impf.*); ост|ава́ться, -а́ться; the light ~ed on her face её лицо́ бы́ло освещено́; **5.** (*lie fallow*) оставаться (*impf.*) под па́ром; **6.** (*Am. leg.*): the defence ~s защи́те не́чего доба́вить.

*cpds.*: ~-**cure** *n.* лече́ние поко́ем; (*fig.*) рабо́та — не бей лежа́чего; ~-**day** *n.* выходно́й/нерабо́чий день; ~-**home** *n.* санато́рий, дом о́тдыха; ~-**house** *n.* гости́ница; ~-**room** *n.* (*Am., lavatory*) туале́т, убо́рная.

**rest**² *n.* (*remainder*) оста́ток; (*remaining things, people*) остальны́е (*pl.*); and all the ~ of it и всё про́чее; for the ~ в остально́м.

**restart** *v.t.* вновь нач|ина́ть, -а́ть; сно́ва зав|оди́ть, -ести́ (*машину*).

**restate** *v.t.* (*repeat*) вновь заяв|ля́ть, -и́ть; утвержда́ть (*impf.*); (*reformulate*) за́ново формули́ровать, с-.

**restatement** *n.* повто́рное заявле́ние; но́вая формулиро́вка.

**restaurant** *n.* рестора́н.

**restaurateur** *n.* владе́лец рестора́на.

**restful** *adj.* успокои́тельный, успока́ивающий; a ~ light мя́гкий свет; he has a ~ manner с ним (о́чень) споко́йно.

**restitution** *n.* возвраще́ние, возмеще́ние; ~ of conjugal rights восстановле́ние супру́жеских прав; he was forced to make ~ его́ заста́вили возмести́ть убы́тки.

**restive** *adj.* (*of horse*) норови́стый; (*of pers.*) стропти́вый; (*restless*) беспоко́йный.

**restless** *adj.* беспоко́йный, непосе́дливый, неугомо́нный; I feel ~ мне что-то не сиди́тся; she spent a ~ night она́ провела́ беспоко́йную/бессо́нную ночь.

**restlessness** *n.* беспоко́йство, непосе́дливость, неугомо́нность.

**restock** *v.i.* поп|олня́ть, -о́лнить запа́сы.

**restoration** *n.* **1.** (*return*) восстановле́ние; ~ of property возвраще́ние иму́щества; ~ to health восстановле́ние здоро́вья; **2.** (*refurbishment; renewal*) реставра́ция; church ~ реставра́ция це́ркви; ~ of a text восстановле́ние те́кста; **3.** (*model or drawing of lost object etc.*) реконстру́кция; **4.** (*hist.*) реставра́ция; R~ drama дра́ма эпо́хи Ка́рла II.

**restorative** *n.* тонизи́рующее/укрепля́ющее сре́дство.

**restore** *v.t.* **1.** (*give, bring or put back*) возвра|ща́ть, -ти́ть (*or* верну́ть); восстан|а́вливать, -ови́ть; the book was ~d to the library кни́гу верну́ли в библиоте́ку; he was ~d to his former post его́ восстанови́ли на пре́жней рабо́те; he wants to ~ the old custom он хо́чет возроди́ть ста́рый обы́чай; it ~s my confidence э́то вселя́ет в меня́ но́вую уве́ренность; he was soon ~d to health его́ здоро́вье вско́ре восстанови́лось; his spirits were ~d by the sight э́то зре́лище верну́ло ему́ хоро́шее настрое́ние; order was ~d поря́док был восстано́влен; **2.** (*reconvert to original state*) реставри́ровать (*impf., pf.*); восстан|а́вливать, -ови́ть; these pictures have been ~d э́ти карти́ны реставри́рованы; the text has been ~d текст восстано́влен.

**restorer** *n.* реставра́тор; восстанови́тель (*m.*).

**restrain** *v.t.* сде́рж|ивать, -а́ть; обу́зд|ывать, -а́ть; it needed four men to ~ him понадо́билось четы́ре челове́ка, что́бы удержа́ть его́; I could not ~ my laughter я не мог удержа́ться от сме́ха; his manner was ~ed он был сде́ржан.

**restraint** *n.* **1.** (*self-control*) сде́ржанность, самооблада́ние; невозмути́мость; **2.** (*physical*) ограниче́ние свобо́ды движе́ния; **3.** (*constraint*) ограниче́ние; the ~s of poverty тиск|и́ (*pl., g.* -о́в) бе́дности/нужды́; without ~ без ограниче́ний; свобо́дно.

**restrict** *v.t.* ограни́чи|вать, -ть; free travel is ~ed to pensioners беспла́тный прое́зд распространя́ется то́лько на пенсионе́ров;

speed is ~ed to 30 mph ско́рость ограни́чена до тридцати́ миль в час; his vision was ~ed by trees ему́ бы́ло пло́хо ви́дно из-за дере́вьев; ~ed area райо́н ограни́ченной ско́рости движе́ния; (*Am. mil.*) райо́н, закры́тый для военнослу́жащих.

**restriction** *n.* ограниче́ние; a speed ~ was first imposed and then lifted снача́ла вве́ли ограниче́ние ско́рости, а пото́м сня́ли; you can drink without ~ мо́жно пить ско́лько уго́дно.

**restrictive** *adj.* ограничи́тельный; ~ practices in industry ме́ры по ограниче́нию конкуре́нции и́ли произво́дства.

**restyle** *v.t.* переде́л|ывать, -ать; измен|я́ть, -и́ть стиль +g.

**result** *n.* результа́т, сле́дствие, исхо́д; he died as a ~ of his injuries он у́мер от ран; his efforts were without ~ его́ уси́лия бы́ли безрезульта́тны/беспло́дны; (*of a sum or problem*) результа́т, отве́т.

    *v.i.* **1.** (*arise, come about*) сле́довать (*impf.*) (*из чего*); this ~s from negligence э́то сле́дствие небре́жности; **2.** (*issue, end*) конча́ться, ко́нчиться (+*i.*); the quarrel ~ed in bloodshed ссо́ра ко́нчилась кровопроли́тием.

**resultant** *n.* (*phys.*, ~ force) равноде́йствующая си́ла.

    *adj.* равноде́йствующий; (*consequent*) вытека́ющий (*из чего*).

**resume** *v.t.* (*renew*) возобнов|ля́ть, -и́ть; (*continue*) прод|олжа́ть, -о́лжить; to ~ my story я продо́лжу свой расска́з; (*take again*) вновь обре|та́ть, -сти́; he ~d his seat он верну́лся на своё ме́сто; they ~d control они́ восстанови́ли контро́ль; he ~d command он сно́ва при́нял кома́ндование (*чем*).

    *v.i.*: let us ~ after lunch продо́лжим по́сле обе́да.

**résumé** *n.* резюме́ (*indecl.*).

**resumption** *n.* (*renewal*) возобновле́ние; (*continuation*) продолже́ние; (*reacquisition*) возвраще́ние; получе́ние обра́тно.

**resurface** *v.t.* меня́ть, смени́ть покры́тие +g.

    *v.i.* (*of a submarine*) всплы|ва́ть, -ть.

**resurgence** *n.* возрожде́ние, воскреше́ние.

**resurgent** *adj.* возрожда́ющийся.

**resurrect** *v.t.* **1.** (*raise from the dead*) воскр|еса́ть, -е́снуть; **2.** (*exhume*) выка́пывать, вы́копать (*труп*); **3.** (*fig., rediscover, revive*) возро|жда́ть, -ди́ть; воскре|ша́ть, -си́ть.

**resurrection** *n.* воскресе́ние; выка́пывание (*трупа*); (*fig.*) возрожде́ние, воскреше́ние.

**resuscitate** *v.t.* прив|оди́ть, -ести́ в созна́ние; (*fig.*) возвра|ща́ть, -ти́ть к жи́зни; воскре|ша́ть, -си́ть.

**resuscitation** *n.* приведе́ние в созна́ние; (*fig.*) возвраще́ние к жи́зни; воскреше́ние.

**retail** *n.* ро́зничная прода́жа; goods sold (by) ~ are dearer това́ры, продаю́щиеся в ро́зницу,

сто́ят доро́же; ~ prices ро́зничные це́ны.

    *v.t.* (*sell by* ~) прод|ава́ть, -а́ть в ро́зницу; (*recount details of*) переска́з|ывать, -а́ть.

    *v.i.* продава́ться (*impf.*) в ро́зницу.

**retailer** *n.* ро́зничный торго́вец.

**retain** *v.t.* **1.** (*keep, continue to have*) уде́рживать (*impf.*); сохран|я́ть, -и́ть; **2.** (*keep in place*) подде́рж|ивать, -а́ть; ~ing wall подпо́рная стена́; **3.** (*secure services of*) нан|има́ть, -я́ть; ~ing fee предвари́тельный гонора́р адвока́ту.

**retainer** *n.* **1.** (*hist.*) васса́л; (*servant*) слуга́ (*m.*); **2.** (*fee*) предвари́тельный гонора́р.

**retake**[1] *n.* (*cin.*) дубль (*m.*), повто́рная съёмка.

**retake**[2] *v.t.* **1.** (*recapture*) сно́ва брать, взять; the city was ~n го́род был сно́ва захва́чен; **2.** (*take back*) от|бира́ть, -обра́ть; **3.** (*film etc.*) пересн|има́ть, -я́ть.

**retaliate** *v.i.* отпла́|чивать, -ти́ть той же моне́той; мстить, ото- (*кому за что*).

**retaliation** *n.* отпла́та, возме́здие.

**retaliatory** *adj.* отве́тный, кара́тельный.

**retard** *v.t.* зам|едля́ть, -е́длить; the ignition needs to be ~ed ну́жно переста́вить на бо́лее по́зднее зажига́ние; a ~ed child у́мственно отста́лый ребёнок.

**retardation** *n.* замедле́ние, запа́здывание.

**retch** *v.i.* ту́житься (*impf.*) при рво́те; рыга́ть (*impf.*).

**retell** *v.t.* переска́з|ывать, -а́ть.

**retention** *n.* уде́рживание, сохране́ние; ~ of urine заде́ржка мочи́.

**retentive** *adj.*: a ~ memory це́пкая па́мять; a soil ~ of moisture по́чва, сохраня́ющая вла́гу.

**retentiveness** *n.* (*of memory*) це́пкость.

**rethink** *v.t.* пересм|а́тривать, -отре́ть.

**reticence** *n.* молчали́вость; скры́тность.

**reticent** *adj.* молчали́вый; скры́тный.

**reticulated** *adj.* се́тчатый.

**reticulation** *n.* се́тчатый узо́р.

**retina** *n.* сетча́тка.

**retinue** *n.* сви́та; эско́рт.

**retir**|**e** *v.t.* ув|ольня́ть, -о́лить; he was ~ed on a pension его́ отпра́вили на пе́нсию.

    *v.i.* **1.** (*withdraw*) удал|я́ться, -и́ться; she wishes to ~e from the world она́ хо́чет уйти́ из ми́ра; in company he ~es into himself когда́ круго́м лю́ди, он ухо́дит в себя́; she ~ed (to bed) early она́ ра́но легла́ (спать); he has a ~ing disposition он засте́нчивый челове́к; (*mil.*) отступ|а́ть, -и́ть; **2.** (*from employment*) уходи́ть, уйти́ в отста́вку; when will you reach ~ing age? когда́ вы дости́гнете пенсио́нного во́зраста?

**retired** *adj.* **1.** (*in retirement*) (находя́щийся) на пе́нсии; в отста́вке; a ~ officer отставно́й офице́р; the ~ list спи́сок офице́ров, находя́щихся в отста́вке; **2.** (*secluded*) уедине́нный.

**retirement** *n.* (*withdrawal*) отхо́д; (*seclusion*)

уединéние; (end of employment) отстáвка, вы́ход на пéнсию (or в отстáвку); in ~ в отстáвке; ~ age пенсиóнный вóзраст.

**retool** v.t. переоборýдовать (impf., pf.).

**retort**[1] n. (vessel) ретóрта.

**retort**[2] n. (reply) возражéние; рéзкий отвéт; отвéтный вы́пад.

v.t. & i. отв|ечáть, -éтить рéзко (тем же); пари́ровать (impf., pf.).

**retouch** n. рéтушь.

v.t. ретуши́ровать, от-/под-.

**retoucher** n. ретушёр.

**retrace** v.t. прослé|живать, -ди́ть; (in memory) восстан|áвливать, -ови́ть в пáмяти; ~ one's steps возвращáться, вернýться тем же путём; (reconstruct, rehearse) переч|исля́ть, -и́слить.

**retract** v.t. 1. (draw in) втя́|гивать, -нýть; 2. (withdraw) отр|екáться, -éчься от +g.; откáз|ываться, -áться от +g.; I ~ my statement я берý назáд своё заявлéние.

v.i. втя́|гиваться, -нýться.

**retractable** adj.: ~ undercarriage убирáющееся шасси́.

**retractation** see RETRACTION .

**retraction** n. (drawing in) втя́гивание; (withdrawal; also **retractation**) отречéние, откáз (от +g.).

**retrain** v.t. переподгот|áвливать, -óвить.

**retranslate** v.t. (back-translate) дéлать, с- обрáтный перевóд +g.

**retranslation** n. (back-translation) обрáтный перевóд; (into third language) перевóд не с оригинáла.

**retransmission** n. ретрансми́ссия, ретрансля́ция.

**retransmit** v.t. ретрансли́ровать (impf., pf.).

**retread** v.t.: ~ a tyre восстан|áвливать, -ови́ть протéктор (ши́ны).

**retreat** n. 1. (withdrawal) отступлéние, отхóд; the army was in full ~ áрмия отступáла по всемý фрóнту; he beat a hasty ~ он бы́стро пошёл на попя́тную; they sounded the ~ они́ дáли сигнáл к отхóду; 2. (secluded place) убéжище.

v.i. (withdraw) удал|я́ться, -и́ться; (recede): a ~ing chin срéзанный подборóдок.

**retrench** v.t. сокра|щáть, -ти́ть; урéз|ывать, -ать.

v.i. (economize) экономить, с-.

**retrenchment** n. сокращéние расхóдов.

**retrial** n. повтóрное слýшание дéла.

**retribution** n. возмéздие, кáра.

**retributive** adj. карáющий, карáтельный.

**retrievable** adj. восстанови́мый; (reparable) поправи́мый.

**retrieval** n. 1. (recovery, getting back) возвращéние; the money is lost beyond ~ дéньги потéряны безвозврáтно; (of birds etc. by dogs) понóска; (tech., of information) пóиск;

2. (recollection, restoration, revival) восстановлéние; 3. (making good, repair) исправлéние.

**retrieve** v.t. 1. (get back, recover) брать, взять обрáтно; достáть (pf.), вернýть (pf.); (of dogs; also v.i.) приноси́ть (impf.) (ди́чь); 2. (restore) восстан|áвливать, -ови́ть; 3. (put right, make amends for) испр|авля́ть, -áвить.

**retriever** n. охóтничья пóискóвая собáка.

**retroactive** adj. имéющий обрáтное дéйствие (or обрáтную си́лу).

**retrocede** v.t. снóва уступ|áть, -и́ть.

**retrocession** n. обрáтная устýпка.

**retrograde** adj. дви́жущийся в обрáтном направлéнии; ~ motion обрáтное движéние; (fig.) реакциóнный.

**retrogress** v.i. (go back) дви́гаться (impf.) назáд; (decline) ух|удшáться, -ýдшиться; регресси́ровать (impf.).

**retrogression** n. (backward movement) обрáтное движéние; (decline) регрéсс.

**retrogressive** adj. обрáтный; регресси́рующий.

**retro-rocket** n. тормозна́я ракéта, ракéта с обрáтной тя́гой.

**retrospect** n. взгляд в прóшлое; in ~ ретроспекти́вно; the journey was pleasant in ~ потóм об э́том путешéствии бы́ло прия́тно вспоминáть.

**retrospection** n. размышлéния (nt. pl.) о прóшлом; ретроспéкция.

**retrospective** adj. (regarding the past) ретроспекти́вный; обращённый в прóшлое; (applying to the past) относя́щийся к прóшлому; a ~ law закóн, имéющий обрáтную си́лу.

**retroussé** adj. вздёрнутый, курнóсый.

**re-try** v.t. (leg., case) слýшать (impf.) зáново; (pers.) суди́ть (impf.) снóва.

**returf** v.t. зáново покр|ывáть, -ы́ть дёрном.

**return** n. 1. (coming or going back) возвращéние; point of no ~ (av.) крити́ческая тóчка; (fig.) чертá, за котóрой (ужé) нет возврáта (назáд); there was no ~ of the symptoms симптóмы не повтори́лись; by ~ (of post) обрáтной пóчтой; many happy ~s (of the day)! с днём рождéния!; ~ fare стóимость обрáтного проéзда; 2. (~ ticket) обрáтный билéт; 3. (turnover) оборóт; (profit) при́быль; he got a good ~ on his investment он получи́л хорóший дохóд от влóженных дéнег; 4. (giving, sending, putting, paying back) отдáча, возврáт, оплáта; the ~ of a ball возврáт мячá; ~ match отвéтный матч; the ~ of a candidate избрáние кандидáта в парлáмент; 5. (reciprocation): in ~ (for) взамéн (+g.); (in response to) в отвéт (на +a.); 6. (report) отчёт, рáпорт; income tax ~ налóговая декларáция/вéдомость; election ~s результáт вы́боров.

v.t. 1. (give, send, put, pay back) возвра|щáть, -ти́ть (or вернýть); I ~ed the book to the shelf я поста́вил кни́гу обра́тно на по́лку; he ~ed the ball accurately он хорошо́ отби́л мяч; she ~ed my compliment она́ сде́лала мне отве́тный комплиме́нт; he ~ed the blow with interest его́ отве́тный уда́р был ещё сильне́е; his affection was not ~ed он не по́льзовался взаи́мностью; he ~ed good for evil он отплати́л добро́м за зло; he was ~ed by a narrow majority он прошёл (в парла́мент) с незначи́тельным большинство́м; ~ing officer (pol.) уполномо́ченный по вы́борам; **2.** (say in reply) отв|еча́ть, -е́тить; возра|жа́ть, -зи́ть; **3.** (declare) до|кла́дывать, -ложи́ть; заяв|ля́ть, -и́ть; the jury ~ed a verdict of guilty прися́жные призна́ли обвиня́емого вино́вным.

*v.i.* возвра|ща́ться, -ти́ться (or верну́ться); he left, never to ~ он ушёл/уе́хал навсегда́.

**returnable** *adj.* подлежа́щий возвра́ту/обме́ну.

**reunion** *n.* (reuniting) воссоедине́ние, объедине́ние; (meeting of old friends etc.) встре́ча; family ~ сбор всей семьи́.

**reunite** *v.t. & i.* воссоедин|я́ть(ся), -и́ть(ся).

**re-use**[1] *n.* повто́рное/но́вое испо́льзование.

**re-use**[2] *v.t.* сно́ва испо́льзовать (impf., pf.).

**Rev.**[1] *n.* = REVEREND.

**rev**[2] *n.* (coll.) = REVOLUTION 2.

*v.t. & i.* (also ~ **up**) увели́чи|вать, -ть оборо́ты (мото́ра).

**revaluation** *n.* (of currency) ревальва́ция.

**revalue** *v.t.* ревальви́ровать (impf., pf.).

**revamp** *v.t.* (fig.) поднов|ля́ть, -и́ть; приукра́|шивать, -сить.

**revanchist** *n.* реванши́ст.

*adj.* реванши́стский.

**reveal** *v.t.* обнару́жи|вать, -ть; пока́з|ывать, -а́ть; he would not ~ his name он не хоте́л назва́ть своё и́мя; he ~ed himself to be the father он объяви́л себя́ отцо́м; this account is very ~ing э́тот отчёт о́чень показа́телен; ~ed religion богооткрове́нная рели́гия; it was evening before the sun ~ed itself со́лнце показа́лось то́лько к ве́черу; she wore a ~ing dress она́ была́ в откры́том пла́тье.

**reveille** *n.* у́тренняя заря́; побу́дка.

**revel** *n.* гуля́нка, кутёж; the ~s went on all night гуля́нка шла всю ночь.

*v.i.* **1.** (make merry) пирова́ть (impf.); кути́ть (impf.); **2.** (take delight) наслажда́ться (impf.) (+i.); упива́ться (impf.) (+i.); she ~s in gossip она́ обожа́ет спле́тни.

**revelation** *n.* откры́тие, открове́ние (also fig., surprise); (bibl., **R**~(**s**)) открове́ние Иоа́нна Богосло́ва; апока́липсис.

**reveller** *n.* кути́ла (m.), гуля́ка (m.).

**revelry** *n.* попо́йка, разгу́л, гульба́.

**revenge** *n.* **1.** (retaliatory action) месть; he took his ~ on me он мне отомсти́л; **2.** (vindictive feeling) мсти́тельность; I acted out of ~ я э́то сде́лал из ме́сти; **3.** (in games) рева́нш; they gave their opponents their ~ они́ да́ли свои́м проти́вникам возмо́жность отыгра́ться.

*v.t.* мстить, ото- (кому за кого/что); he ~d the wrong done him он отомсти́л за нанесённую ему́ оби́ду; he ~d himself on his enemies он отомсти́л свои́м врага́м.

**revengeful** *adj.* мсти́тельный; жа́ждущий ме́сти.

**revenue** *n.* дохо́д; (of state) госуда́рственные дохо́ды; Inland R~ фина́нсовое/нало́говое управле́ние.

**reverberate** *v.t.* отра|жа́ть, -зи́ть.

*v.i.* (of sound etc.) отра|жа́ться, -зи́ться; (fig.): the news ~d э́та но́вость произвела́ фуро́р.

**reverberation** *n.* отраже́ние, ревербера́ция; (fig.) о́тклик, о́тзвук.

**revere** *v.t.* почита́ть (impf.); чтить (impf.); глубоко́ уважа́ть (impf.).

**reverence** *n.* **1.** (awe, respect) почита́ние, почте́ние; they have no ~ for tradition у них нет никако́го уваже́ния к тради́циям; **2.** (bow; curtsey) покло́н; реверра́нс; **3.**: your R~ ва́ше преподо́бие.

*v.t.* почита́ть (impf.); чтить (impf.).

**reverend** *adj.*: the R~ John Smith его́ преподо́бие Джон Смит; the ~ gentleman is mistaken его́ преподо́бие заблужда́ется.

**reverent(ial)** *adj.* почти́тельный, благогове́йный.

**reverie** *n.* мечта́ние, мечта́, грёза; she was lost in ~ она́ погрузи́лась в мечта́ния.

**reversal** *n.* (annulment) отме́на; (conversion into opposite) по́лная переме́на, поворо́т на 180° (сто во́семьдесят гра́дусов); переворо́т; a ~ of fortune превра́тность судьбы́; (phot.) обраще́ние.

**reverse** *n.* **1.** (opposite) противополо́жность; the ~ is true де́ло обстои́т как раз наоборо́т; he was the ~ of happy он был отню́дь не рад; I am not ill, quite the ~ я не бо́лен — совсе́м наоборо́т; **2.** (~ gear): he put the car into ~ он включи́л за́дний ход; (fig.): he was forced to put his plans into ~ ему́ пришло́сь пойти́ на попя́тную; **3.** (of coin) обра́тная сторона́; ре́шка; **4.** (misfortune; defeat) неуда́ча; пораже́ние; прова́л.

*adj.* обра́тный, противополо́жный; in ~ order в обра́тном поря́дке; stamps have gum on the ~ side с обра́тной стороны́ ма́рки покры́ты кле́ем; in ~ gear за́дним хо́дом; ~ image обра́тное/переввёрнутое изображе́ние.

*v.t.* **1.** (turn round, invert) пов|ора́чивать, -ерну́ть обра́тно; the situation was ~d ситуа́ция кру́то измени́лась; he ~d himself (his statement, attitude etc.) он кру́то измени́л свою́ пози́цию; **2.** (annul) отмен|я́ть, -и́ть; he ~d his decision он пересмотре́л своё реше́ние; **3.** (drive backwards): he ~d (the car) into a wall он дал за́дний ход и вре́зался в сте́ну.

*v.i.* **1.** (*of driver*) да|ва́ть, -ть за́дний ход; **2.** (*of vehicle*): the car ~s well маши́на хорошо́ идёт за́дним хо́дом; reversing light фона́рь (*m.*) за́днего хо́да; **3.** (*in waltzing*) вальси́ровать/кружи́ться (*impf.*) в обра́тную сто́рону.

**reversible** *adj.* (*of process etc.*) обрати́мый; (*that can be turned inside out*) двусторо́нний.

**reversion** *n.* **1.** (*return*) возвраще́ние (к пре́жнему состоя́нию); ~ to type атави́зм; **2.** (*of property or rights*) обра́тный перехо́д (иму́щества) к первонача́льному владе́льцу; **3.** (*sum payable on death*) страхо́вка, выпла́чиваемая по́сле сме́рти.

**revert** *v.i.* возвра|ща́ться, -ти́ться; the fields have ~ed to scrub поля́ вновь поросли́ куста́рником; he ~ed to his old ways он взя́лся за ста́рое; ~ing to your original question возвраща́ясь к ва́шему первонача́льному вопро́су; (*of property, rights etc.*) пере|ходи́ть, -йти́ (*к прежнему владельцу*); his land ~ed to the state его́ земля́ перешла́ к госуда́рству.

**revet** *v.t.* облиц|о́вывать, -ева́ть.

**revetment** *n.* облицо́вка, обши́вка.

**revictual** *v.i.* попо́лнить (*pf.*) запа́сы продово́льствия.

**review** *n.* **1.** (*re-examination, survey, revision*) пересмо́тр, просмо́тр; the decision is subject to ~ реше́ние подлежи́т пересмо́тру; the matter is under constant ~ к э́тому вопро́су постоя́нно возвраща́ются; **2.** (*retrospect*) пересмо́тр; воспомина́ние; a ~ of the year's events обзо́р собы́тий го́да; **3.** (*of mil. forces etc.*) пара́д; **4.** (*of book etc.*) реце́нзия, о́тзыв; **5.** (*periodical*) периоди́ческое изда́ние, обозре́ние.

*v.t.* **1.** (*reconsider, re-examine*) пересм|а́тривать, -отре́ть; **2.** (*survey mentally*) мы́сленно обозр|ева́ть, -е́ть; he ~ed his chances of success он проанализи́ровал/взве́сил свои́ ша́нсы на успе́х; **3.** (*inspect*) просм|а́тривать, -отре́ть; **4.** (*write critical account of*) рецензи́ровать, от-/про-; the film was well ~ed фильм получи́л хоро́шие реце́нзии.

*v.i.*: he ~s for the Times он рецензе́нт газе́ты «Таймс».

**reviewer** *n.* рецензе́нт, кри́тик.

**revile** *v.t.* оскорб|ля́ть, -и́ть; поноси́ть (*impf.*); брани́ть (*impf.*).

**revise** *v.t.* испра́вленный текст.

*v.t.* пересм|а́тривать, -отре́ть; испр|авля́ть, -а́вить; перераб|а́тывать, -о́тать; ~d and enlarged edition испра́вленное и допо́лненное изда́ние; I ~d my opinion of him я измени́л своё мне́ние о нём.

*v.i.*: I must ~ for the exams я до́лжен повтори́ть материа́л (*or* гото́виться) к экза́менам.

**reviser** *n.* реда́ктор.

**revision** *n.* пересмо́тр, реви́зия; (*checking*) прове́рка, перерабо́тка, редакту́ра; (*for exams*) повторе́ние.

**revisionism** *n.* ревизиони́зм.

**revisionist** *n.* ревизиони́ст.

**revisit** *v.t.* посе|ща́ть, -ти́ть сно́ва.

**revitalization** *n.* оживле́ние.

**revitalize** *v.t.* вновь ожив|ля́ть, -и́ть.

**revival** *n.* (*return to consciousness, health etc.*) возвраще́ние созна́ния; восстановле́ние здоро́вья; a sudden ~ in spirits внеза́пный подъём ду́ха; a ~ of interest оживле́ние интере́са; (*return to use, knowledge, popularity*) возрожде́ние; the ~ of old customs возрожде́ние ста́рых обы́чаев; the ~ of learning Возрожде́ние, Ренесса́нс; (*religious* ~) возрожде́ние ве́ры; (*of play*) возобновле́ние.

**revivalism** *n.* евангели́зм; уче́ние возрожде́нцев.

**revivalist** *n.* евангели́ст (*fem.* -ка); возрожде́нец.

**revive** *v.t.* возро|жда́ть, -ди́ть; ожив|ля́ть, -и́ть; a glass of brandy ~d her рю́мка коньяку́ привела́ её в чу́вство; their hopes were ~d они́ вновь обрели́ наде́жду; can you ~ the fire? вы мо́жете сно́ва разже́чь ого́нь?; the opera was recently ~d э́ту о́перу неда́вно поста́вили сно́ва.

*v.i.* возро|жда́ться, -ди́ться; (*regain vigour*) ож|ива́ть, -и́ть; his spirits ~d он приободри́лся; (*regain consciousness*) при|ходи́ть, -йти́ в себя́/чу́вство.

**revocable** *adj.* могу́щий быть отменённым.

**revocation** *n.* отме́на, аннули́рование.

**revoke** *n.* отме́на; рено́нс (*при наличии требуемой масти*).

*v.t.* отмен|я́ть, -и́ть; аннули́ровать (*impf., pf.*).

*v.i.* (*at cards*; *Am. also* **reneg(u)e**) пойти́ (*pf.*) с друго́й ма́сти при нали́чии тре́буемой.

**revolt** *n.* восста́ние; бунт; the peasants were in ~ крестья́не восста́ли.

*v.t.* вызыва́ть, вы́звать отвраще́ние у +*g.*; a ~ing sight отврати́тельное зре́лище.

*v.i.* восст|ава́ть, -а́ть; бунтова́ть(ся), взбунтова́ться; common sense ~s at it здра́вый смысл восстаёт про́тив э́того.

**revolution** *n.* **1.** (*revolving*) враще́ние; the ~ of the earth враще́ние земли́; **2.** (*one complete rotation*; *coll.* **rev**) оборо́т; at 60 ~s per minute при шести́десяти оборо́тах в мину́ту; **3.** (*pol., fig.*) револю́ция.

**revolutionary** *n.* революционе́р.

*adj.* революцио́нный.

**revolutionize** *v.t.* (*stir up to revolution*; *transform*) революционизи́ровать (*impf., pf.*).

**revolve** *v.t.* (*fig.*): he ~d the problem in his mind он всесторо́нне обду́мал пробле́му.

*v.i.* враща́ться (*impf.*); ~ing doors вра-
ща́ющиеся две́ри; (*fig.*): he thinks everything
~es around him он мнит себя́ це́нтром все-
ле́нной.

**revolver** *n.* револьве́р.

**revue** *n.* обозре́ние, ревю́ (*nt. indecl.*).

**revulsion** *n.* **1.** (*sudden change*) внеза́пное
измене́ние; a ~ in popular feeling перело́м в
обще́ственном мне́нии; **2.** (*disgust*) отвра-
ще́ние.

**reward** *n.* **1.** (*recompense*) награ́да (за +*a.*);
without thought of ~ не ду́мая о
вознагражде́нии; **2.** (*sum offered*) пре́мия;
де́нежное вознагражде́ние; there was a ~
(out) for his capture была́ объя́влена награ́да
за его́ пои́мку.

*v.t.* (воз)награ|жда́ть, -ди́ть; it was a ~ing
task де́ло сто́ило того́; our patience was ~ed
на́ше терпе́ние бы́ло вознаграждено́.

**rewind** *v.t.* перем|а́тывать, -ота́ть; (*a watch*)
(сно́ва) зав|оди́ть, -ести́.

**re-wire** *v.t.*: ~ a house обнов|ля́ть, -и́ть
прово́дку в до́ме.

**reword** *v.t.* выража́ть, вы́разить други́ми
слова́ми; переформули́ровать (*impf., pf.*).

**rewrite**[1] *n.* перерабо́танный текст.

**rewrite**[2] *v.t.* перепи́с|ывать, -а́ть.

**Rex** *n.* (*leg.*): ~ v. Brown де́ло по обвине́нию
Бра́уна.

**Reykjavik** *n.* Ре́йкьявик.

**Rhaeto-Romance, -Romanic** *adjs.* реторо-
ма́нский.

**rhapsodize** *v.i.* (*fig.*) восторга́ться (*impf.*);
говори́ть (*impf.*) с упое́нием.

**rhapsod|y** *n.* (*mus.*) рапсо́дия; (*fig.*): he went into
~ies over her dress он пел дифира́мбы её
туале́ту.

**Rhenish** *n.* (*arch.*: ~ wine) ре́йнское вино́.
*adj.* ре́йнский.

**rheostat** *n.* реоста́т.

**rhesus** *n.* (~ monkey) ре́зус; R~ factor
ре́зус-фа́ктор; R~-negative ре́зус-отрица́-
тельный.

**rhetoric** *n.* (*art of speech*) рито́рика; ора́торское
иску́сство; (*pej.*) красноба́йство, фразёр-
ство.

**rhetorical** *adj.* ритори́ческий; ~ question
ритори́ческий вопро́с.

**rhetorician** *n.* ри́тор; ора́тор.

**rheumatic** *n.* (*sufferer from rheumatism*) рев-
ма́тик; (*pl., coll., rheumatism*) ревмати́зм.
*adj.* ревмати́ческий; ~ fever ревмати́зм.

**rheumaticky** *adj.* (*coll.*) страда́ющий ревма-
ти́змом.

**rheumatism** *n.* ревмати́зм.

**rheumatoid** *adj.* ревмато́идный, ревмати́че-
ский; ~ arthritis ревмати́ческий полиартри́т,
суставно́й ревмати́зм.

**Rhine** *n.* Рейн; ~ wine ре́йнское вино́.
*cpds.*: ~land *n.* Ре́йнская о́бласть; **r~stone**

го́рный хруста́ль.

**rhino** *n.* **1.** = RHINOCEROS; **2.** (*money*) башл|и́
(*pl., g.* -е́й) (*sl.*).

**rhinoceros** *n.* носоро́г.

**rhizome** *n.* ризо́ма.

**Rhode Island** *n.* Род-А́йленд.

**Rhodes** *n.* Ро́дос.

**Rhodesia** *n.* Роде́зия.

**Rhodesian** *n.* родези́|ец (*fem.* -йка).
*adj.* родези́йский.

**rhododendron** *n.* рододе́ндрон.

**rhomboid** *n.* (*geom.*) ромбо́ид.
*adj.* (*also* -**al**) ромбови́дный.

**rhombus** *n.* (*geom.*) ромб.

**Rhone** *n.* Ро́на.

**rhubarb** *n.* **1.** реве́нь (*m.*); **2.** (*sl., confused shouting*) гвалт; «гур-гу́р», «ва́ра,ва́ра»; (*Am. sl.,
dispute*) перебра́нка.

**rhumb-line** *n.* локсодро́мия.

**rhyme** *n.* ри́фма; think of a ~ for 'love'
приду́майте ри́фму к сло́ву «любо́вь»; he
wrote the greeting in ~ он написа́л
приве́тствие в стиха́х; there is no ~ or reason
in it в э́том нет никако́го смы́сла; (*poem*)
стих; nursery ~ де́тский стишо́к; (*pl., verse*)
стихи́ (*m. pl.*), поэ́зия.

*v.t. & i.* рифмова́ть(ся) (*impf.*); you can't ~
those two words э́ти два сло́ва не рифму́ются;
~ed verses рифмо́ванный стих; rhyming dictionary слова́рь рифм; (*compose verse*)
сочиня́ть (*impf.*) стихи́.

**rhymester** *n.* рифмоплёт, стихоплёт.

**rhythm** *n.* ритм; ~ section (*of a band*) уда́рные
инструме́нты.

**rhythmic(al)** *adj.* ритми́чный, ритми́ческий.

**rib** *n.* **1.** (*anat.*) ребро́; he dug me in the ~s он
толкну́л меня́ в бок; spare ~s (*of meat*)
рёбрышки (*nt. pl.*); (*of leaf*) жи́лка; **2.** (*ship's
timber*) шпанго́ут, ребро́.

*v.t.* (*sl., tease*) разы́гр|ывать, -а́ть.

**ribald** *adj.* непристо́йный, скабрёзный; бес-
сты́дный.

**ribaldry** *n.* непристо́йность, скабрёзность;
скверносло́вие.

**riband** *see* RIBBON.

**ribbed** *adj.*: ~ cloth рубча́тая ткань.

**ribbon** (*also* **riband**) *n.* ле́нта, тесьма́; hair ~
ле́нта; campaign ~ ле́нта уча́стника
кампа́нии; (*fig.*): ~ development ле́нточная
застро́йка; his clothes were torn to ~s его́
оде́жда была́ разо́рвана в кло́чья.

**riboflavin** *n.* рибофлави́н.

**rice** *n.* рис; boiled ~ ри́совая ка́ша.
*cpds.*: ~**field** *n.* ри́совое по́ле; ~-**paper** *n.*
ри́совая бума́га.

**rich** *n.* (*collect.,* the ~) бога́тые (*pl.*).
*adj.* **1.** (*wealthy*) бога́тый; **2.** (*fertile, abundant*) плодоро́дный; a ~ soil плодо-
ро́дная/ту́чная по́чва; a land ~ in minerals
земля́, бога́тая ископа́емыми; he struck it ~

(*coll.*) он напа́л на жи́лу; **3.** (*valuable, plentiful*) оби́льный; а ~ harvest бога́тый урожа́й; **4.** (*costly, splendid*) це́нный, бога́тый, роско́шный; **5.** (*of food*) сдо́бный, жи́рный; **6.** (*of colours*) густо́й; **7.** (*of sounds or voices*) густо́й, со́чный; **8.** (*coll., amusing*) поте́шный, умори́тельный; **9.** (*of fuel*): а ~ mixture бога́тая смесь.

**riches** *n.* бога́тство, оби́лие; (*fig.*): the ~ of the soil сокро́вища (*nt. pl.*) земли́/недр.

**richly** *adv.*: she was ~ dressed она́ была́ бога́то оде́та; his punishment was ~ deserved он вполне́ заслужи́л тако́е наказа́ние.

**richness** *n.* бога́тство, оби́лие; (*of food*) сдо́бность, жи́рность.

**rick**¹ *n.* (*stack*) стог.

**rick**² (*also* **wrick**) *v.t.* растя́|гивать, -ну́ть; вы́вихнуть (*pf.*); I ~ed my neck я нело́вко поверну́л ше́ю.

**rickets** *n.* рахи́т.

**rickety** *adj.* (*suffering from rickets*) рахити́чный; (*fragile, unsteady*) ша́ткий, неусто́йчивый.

**rickshaw** *n.* ри́кша.

**ricochet** *n.* рикоше́т; ~ fire стрельба́ на рикоше́тах.

*v.i.* рикошети́ровать (*impf.*); бить (*impf.*) рикоше́том.

**rid** *v.t.* освобо|жда́ть, -ди́ть; изб|авля́ть, -а́вить; he ~ the country of beggars он изба́вил страну́ от ни́щих; get ~ of изб|авля́ться, -а́виться от +g.; (*coll.*) спла́вить (*pf.*); we were glad to be, get ~ of him мы бы́ли ра́ды от него́ изба́виться; you are well ~ of that car сла́ва Бо́гу, что вы изба́вились от э́той маши́ны.

**riddance** *n.* избавле́ние; устране́ние; good ~ to him! ~ ска́тертью доро́га.

**riddle**¹ *n.* зага́дка; (*mystery*) та́йна; he set me a ~ to solve он за́дал мне зага́дку; he talks in ~s он говори́т зага́дками; the ~ of the universe та́йна вселе́нной.

**riddle**² *n.* (*sieve*) решето́.

*v.t.* (*pierce all over*) решети́ть, из-; he was ~d with bullets пу́ли изрешети́ли его́ те́ло; (*fig.*): ~d with disease наскво́зь больно́й; they ~d his arguments они́ разби́ли его́ до́воды в пух и прах; the manuscript is ~d with errors ру́копись пестри́т оши́бками.

**ride** *n.* **1.** (*journey on horseback*) прогу́лка верхо́м; (*by vehicle*) пое́здка, езда́; it is only a 5-minute ~ to the station до ста́нции всего́ 5 мину́т езды́; **2.** (*excursion*) прогу́лка; let's go for a ~ into the country дава́йте съе́здим за́ город ра́ди прогу́лки; he took me for a ~ (*lit.*) он прокати́л меня́; (*coll., cheated*) он меня́ разыгра́л.

*v.t. & i.* **1.** (*on horseback*) е́здить (*indet.*), е́хать, по- (верхо́м) (на +*p.*); ката́ться (*impf.*) (верхо́м) (на +*p.*); (*gallop*) скака́ть (*impf.*); she ~s a horse well она́ хорошо́ е́здит верхо́м (*or* на ло́шади); he rode his horse at the fence он

напра́вил ло́шадь к барье́ру; he rode his horse over the fence он перемахну́л на ло́шади че́рез забо́р; the jockey rode a good race жоке́й хорошо́ скака́л; do you ~? вы е́здите верхо́м?; he ~s to hounds он охо́тится верхо́м с соба́ками; he is riding for a fall он допрыга́ется; he rode roughshod over her feelings он соверше́нно не счита́лся с её чу́вствами; **2.** (*on a vehicle*) е́здить (*indet.*), е́хать, по- (на +*p.*); I ~ a bicycle to work я е́зжу на рабо́ту на велосипе́де; **3.** (*of ships etc.*) плыть (*impf.*) (по +*d.*); the ship rode the waves кора́бль рассека́л во́лны; the ship was riding at anchor кора́бль стоя́л на я́коре; the moon is riding high луна́ плывёт высоко́; let it ~ (*fig.*) ну и пусть!; **4.** (*of a horse or vehicle*) кати́ться (*impf.*); идти́ (*det.*); this car ~s comfortably в э́той маши́не удо́бно е́здить.

*with advs.*: ~ **away** *v.i.* отъ|езжа́ть, -е́хать; уезжа́ть, уе́хать; ~ **down** *v.t.* (*pursue and catch up with*) дог|оня́ть, -на́ть; наст|ига́ть, -и́чь верхо́м; (*knock down by riding at s.o.*) дави́ть (*impf.*); топта́ть (*impf.*); ~ **out** *v.t.*: the ship rode out the storm кора́бль вы́держал на́тиск бу́ри; we shall ~ out our present troubles мы переживём ны́нешние тру́дности; *v.i.* соверш|а́ть, -и́ть прогу́лку; ~ **up** *v.i.* (*approach on horseback*) подъ|езжа́ть, -е́хать верхо́м; (*of clothing*) лезть (*impf.*) вверх.

**rider** *n.* **1.** (*horseman*) вса́дни|к (*fem.* -ца), нае́здни|к (*fem.* -ца); (*cyclist*) велосипеди́ст (*fem.* -ка); **2.** (*clause*) дополне́ние; добавле́ние; попра́вка.

**riderless** *adj.* без вса́дника.

**ridge** *n.* **1.** край; спи́нка; the ~ of a roof конёк кры́ши; **2.** (*of soil*) гре́бень (*m.*); ~ cultivation гребнево́й посе́в; **3.** (*of high land*) го́рный хребе́т/кряж.

*cpd.*: ~-**pole** *n.* распо́рка, растя́жка; конько́вый брус.

**ridicule** *n.* осмея́ние, насме́шка; he was an object of ~ он был предме́том насме́шек; I don't like being held up to ~ не люблю́, когда́ из меня́ де́лают посме́шище; you will lay yourself open to ~ вы вы́ставите себя́ на посме́шище.

*v.t.* осме́ивать (*impf.*); подн|има́ть, -я́ть на́ смех.

**ridiculous** *adj.* смехотво́рный; неле́пый; don't be ~! не говори́те глу́постей!

**ridiculousness** *n.* смехотво́рность; неле́пость.

**riding** *n.* верхова́я езда́.

*cpds.*: ~-**breeches** *n.* бри́дж|и (*pl., g.* -ей) для верхово́й езды́; ~-**habit** *n.* амазо́нка; ~-**master** *n.* бере́йтор; инстру́ктор по верхово́й езде́; ~-**school** *n.* шко́ла верхово́й езды́.

**rife** *adj.* распространённый; superstition was ~ суеве́рия бы́ли широко́ распространены́; the

country was ~ with rumours в стране́ ходи́ло
мно́жество слу́хов.
**riffle** *v.t. & i.*: he ~d (through) the pages он
бы́стро перелиста́л страни́цы.
**riffraff** *n.* подо́нки (*m. pl.*) о́бщества; сброд,
шпана́.
**rifle** *n.* винто́вка; ~ regiment пехо́тный/стрел-
ко́вый полк; (*pl.*, ~ troops) стрелко́вая часть;
стрелки́ (*m. pl.*).
   *v.t.* **1.** (*cut grooves in*) нареза́ть (*impf.*) кана́л
(*ствола*); **2.** (*plunder*) гра́бить, о-; очи́стить
(*pf.*).
   *cpds.*: ~**man** *n.* стрело́к; ~**-range** *n.* (*for
shooting practice*) тир, стре́льбище; (*distance*)
да́льность руже́йного вы́стрела; ~**-shot** *n.*
вы́стрел из винто́вки.
**rift** *n.* **1.** тре́щина, щель; a ~ in the clouds
просве́т в ту́чах; **2.** (*fig.*; also ~ in the lute)
разла́д.
   *cpd.*: ~**-valley** *n.* ри́фтовая доли́на; доли́на
прова́ла.
**rig** *n.* **1.** (*naut.*) приспособле́ние, осна́стка;
па́русное вооруже́ние; **2.** (*dress*) оде́жда; in
full ~ при по́лном пара́де; **3.** (*for drilling*)
бурова́я вы́шка.
   *v.t.* **1.** (*fit out*) осна|ща́ть, -сти́ть;
снаря|жа́ть, -ди́ть; **2.** (*manipulate, conduct
fraudulently*): the elections were ~ged
результа́ты вы́боров бы́ли подтасо́ваны; a
~ged match догово́рный матч.
   *with advs.*: ~ **out** *v.t.* снаря|жа́ть, -ди́ть;
наря|жа́ть, -ди́ть; she ~ged the boys out with
new clothes она́ вы́рядила ма́льчиков в но́вую
оде́жду; ~ **up** (на́скоро) *v.t.* соору|жа́ть,
-ди́ть.
   *cpd.*: ~**-out** *n.* наря́д.
**Riga** *n.* Ри́га; (*attr.*) ри́жский.
**rigging** *n.* такела́ж, осна́стка.
**right** *n.* **1.** (*what is just, fair*) правота́; справед-
ли́вость; ~, not might, must triumph должна́
восторже́ствовать справедли́вость, а не
си́ла; the child must learn the difference between ~ and wrong ребёнка сле́дует научи́ть
отлича́ть добро́ от зла; I know I am in the ~ я
зна́ю, что я прав; **2.** (*entitlement*) пра́во; as of
~ как полага́ющийся по пра́ву; in his, her
own ~ сам, в своём пра́ве, по себе́; stand on
one's ~s наст|а́ивать, -оя́ть на свои́х права́х;
stand up for one's ~s отст|а́ивать, -оя́ть свои́
права́; by ~ of conquest по пра́ву
завоева́теля; the house is hers by ~ дом
принадлежи́т ей по зако́ну; she accepts everything as hers by ~ она́ всё принима́ет так,
бу́дто ей э́то поло́жено по пра́ву; by ~s по
справедли́вости; че́стно говоря́; by ~s he
should be at work вообще́-то ему́ поло́жено
быть на рабо́те; ~ of way пра́во про-
хо́да/прое́зда; the divine ~ of kings пра́во
пома́занника бо́жьего; bill of ~s билль (*m.*) о
права́х; **3.** (*pl., correct state*): I have yet to find

out the ~s and wrongs of the case мне ещё
предстои́т разобра́ться, кто тут прав и кто
винова́т; he put the engine to ~s он привёл
мото́р в поря́док; he tried to set the world to ~s
он пыта́лся переде́лать мир; **4.** (~-hand side
etc.) пра́вая сторона́; on, to the ~ напра́во; on,
from the ~ спра́ва; most countries drive on the
~ в большинстве́ стран правосторо́ннее
движе́ние; my father is on the ~ of the photograph мой оте́ц нахо́дится на фотогра́фии
спра́ва; the enemy's ~ пра́вый фланг
проти́вника; **5.** (*pol.*): the R~ пра́вые (*pl.*);
politicians of the R~ полити́ческие де́ятели
пра́вого крыла́; **6.** (*boxing*) уда́р пра́вой.
   *adj.* **1.** (*just, morally good*) пра́вый, справед-
ли́вый; I try to do what is ~ я стара́юсь
поступа́ть че́стно; he did the ~ thing by her он
с ней че́стно поступи́л; you were ~ to refuse
вы сде́лали пра́вильно, что отказа́лись; it is
only ~ to tell you . . . я счита́ю свои́м до́лгом
сказа́ть вам, что . . .; that is only ~ and proper
так тому́ и сле́дует быть; it is not ~ that he
should be accused его́ обвиня́ют несправед-
ли́во; **2.** (*correct, true, required*) пра́вильный,
ве́рный, ну́жный; the ~ use of words
пра́вильное употребле́ние слов; the ~ man in
the ~ place челове́к на своём ме́сте; she is
waiting for Mr R~ она́ всё ещё ждёт при́нца;
the ~ road пра́вильный путь; that's not the ~
way to do it э́то де́лается не так; what is the ~
time? вы мо́жете сказа́ть то́чное вре́мя?; he
tried to keep on the ~ side of the teacher он
стара́лся не по́ртить отноше́ния с учи́телем;
~ side up в пра́вильном положе́нии; he is on
the ~ side of forty ему́ ещё нет сорока́; that's
~! пра́вильно!; ве́рно!; справедли́во
ска́зано; (*iron.*) пра́вильно!; ну и удружи́л!;
let's get it ~, are you on my side or not? дава́йте
разберёмся, на мое́й вы стороне́ и́ли нет?; I
tried to put him ~ я пыта́лся вы́вести его́ из
заблужде́ния; I set him ~ on a few points я ему́
кое-что разъясни́л; he's a Frenchman, ~
enough да, он францу́з — уж э́то то́чно; **3.** (*in
order, good health*) испра́вный; здоро́вый; can
you put my watch ~? вы мо́жете починить
мои́ часы́?; these matters must be put ~ э́ти
дела́ ну́жно ула́дить; this medicine will soon
put you ~ от э́того лека́рства вы ско́ро
попра́витесь; I feel as ~ as rain я себя́ пре-
кра́сно чу́вствую; he's not quite ~ in the head y
него́ не все до́ма; he was not in his ~ mind он
был не в своём уме́; everything will turn out ~
in the end всё в конце́ концо́в ула́дится; are
you all ~? всё в поря́дке?; (*expr. doubt*) вам
нехорошо́?; вам пло́хо?; all ~, I'll come with
you! ла́дно, я пойду́ с ва́ми!; all ~, I admit it!
ла́дно уж, признаю́сь!; it's all ~ with me я не
возража́ю; ~! (*expr. agreement or consent*)
ве́рно!; хорошо́!; ~ you are хорошо́!; (*coll.*)
идёт!; есть тако́е де́ло; **4.** (*opp. left*) пра́вый;

on my ~ hand напра́во от меня́; he is my ~ arm (*fig.*) он моя́ пра́вая рука́; he made a ~ turn он поверну́л напра́во; **5.**: ~ angle прямо́й у́гол; at ~ angles to под прямы́м у́глом к +*d.*; **6.** (*thorough*): you've made a ~ mess of it ну, наде́лали вы тут дело́в (*coll.*).

*adv.* **1.** (*straight*) пря́мо; carry ~ on! всё вре́мя пря́мо!; he went ~ to the point он сра́зу перешёл к де́лу; the wind is ~ behind us ве́тер ду́ет нам пря́мо в спи́ну; the plane flew ~ overhead самолёт пролете́л пря́мо над голово́й; **2.** (*exactly*) то́чно; the shot was ~ on target уда́р попа́л пря́мо в цель; I was there ~ on the stroke of one я пришёл ро́вно в час, мину́та в мину́ту; ~ here/there (*Am.*) пря́мо здесь/там; ~ now (*Am.*) сейча́с; в да́нный моме́нт; **3.** (*immediately*) сра́зу (же); ~ away сра́зу (же), неме́дленно, сию́ мину́ту; **4.** (*all the way, completely*) по́лностью; he turned ~ round он поверну́лся круго́м; the ship was ~ off course кора́бль соверше́нно сби́лся с ку́рса; they climbed ~ to the top они́ взобра́лись на са́мую верши́ну; the apples were rotten ~ through я́блоки совсе́м сгни́ли; he drank it ~ up он вы́пил всё (за́лпом); I went ~ back to the beginning я верну́лся к са́мому нача́лу; he came ~ up to me он подошёл ко мне вплотну́ю; **5.** (*justly; correctly, properly*) справедли́во; пра́вильно; he can do nothing ~ у него́ ничего́ не ла́дится; have I guessed ~? я угада́л?; nothing goes ~ for him у него́ всё идёт не так; if I remember ~ е́сли мне не изменя́ет па́мять; it serves you ~ подело́м вам; так вам и на́до; **6.** (*arch., very*) о́чень; you know ~ well . . . вы отли́чно зна́ете . . . **7.** (*in titles*): R~ Honourable достопочте́нный; **8.** (*of direction*) напра́во; eyes ~! равне́ние напра́во!; he owes money ~ and left он круго́м в долга́х; ~, left and centre круго́м, всю́ду.

*v.t.* **1.** (*restore to correct position*) выра́внивать, вы́ровнять; the boat ~ed itself ло́дка вы́ровнялась; (*fig., correct*) испр|авля́ть, -а́вить; the fault will ~ itself э́то испра́вится само́ собо́й; **2.** (*make reparation for*) возме|ща́ть, -сти́ть; this wrong must be ~ed э́ту несправедли́вость ну́жно устрани́ть.

*cpds.*: ~**about** *n.*: they sent him to the ~about (*fig.*) они́ его́ вы́проводили; *adj. & adv.*: ~about turn поворо́т круго́м (*or* на 180°); ~**-angled** *adj.* прямоуго́льный; ~**-hand** *adj.* пра́вый; ~-hand drive правосторо́ннее управле́ние; ~-hand man правофланго́вый; (*fig.*) ве́рный помо́щник; ~-hand screw винт с пра́вой наре́зкой; ~-hand turn пра́вый поворо́т; ~**-handed** *adj.* де́лающий всё пра́вой руко́й; ~**-hander** *n.* (*blow*) уда́р пра́вой руко́й; (*pers.*) правша́ (*coll., c.g.*); ~**-minded** *adj.* благонаме́ренный; разу́мный; ~**-mindedness** *n.* благонаме́ренность; разу́мность; ~**-wing** *adj.* пра́вых взгля́дов;

~**-winger** *n.* (*pol.*) пра́вый; челове́к пра́вых взгля́дов.

**righteous** *adj.* пра́ведный; ~ indignation справедли́вое негодова́ние.

**righteousness** *n.* пра́ведность.

**rightful** *adj.* зако́нный, правоме́рный.

**rightist** *n. & adj.* пра́вый; (челове́к) пра́вых взгля́дов.

**rightly** *adv.* **1.** (*correctly, properly*) пра́вильно; ~ or wrongly, I believe he is lying прав я и́ли непра́в, но я ду́маю, он врёт; **2.** (*justly*) справедли́во; he was punished, and ~ so он был нака́зан, и поде́лом.

**rightness** *n.* справедли́вость.

**righto** (*int.*) хорошо́!; ла́дно!

**rigid** *adj.* жёсткий, негну́щийся; (*fig.*) ко́сный, неги́бкий; ~ discipline/economy стро́гая дисципли́на/эконо́мия.

**rigidity** *n.* жёсткость; (*fig.*) ко́сность, неги́бкость.

**rigmarole** *n.* пуста́я болтовня́, пустозво́нство.

**rigor** *n.* озно́б; оцепене́ние; ~ mortis тру́пное окочене́ние; (*Am.*) *see* RIGOUR.

**rigorous** *adj.* (*strict*) стро́гий; (*severe, harsh*) суро́вый, безжа́лостный.

**rigour** *n.* стро́гость; суро́вость, безжа́лостность; with all the ~ of the law по всей стро́гости зако́на; the ~s of winter суро́вость зимы́.

**rile** *v.t.* (*coll.*) серди́ть, рас-; раздраж|а́ть, -и́ть; it ~d him to lose the game его́ зли́ло, что он проигра́л.

**rill** *n.* ручеёк.

**rim** *n.* о́бод; край; ~ of a wheel о́бод колеса́; ~ of a cup край ча́шки; spectacles with steel ~s очки́ в стально́й опра́ве.

*v.t.* обр|амля́ть, -а́мить; her eyes were red-~med у неё бы́ли воспалены́ глаза́/ве́ки.

**rime** *n.* (*frost*) и́ней, и́зморозь.

**rimless** *adj.* не име́ющий о́бода; без опра́вы; ~ spectacles пенсне́ (*indecl.*).

**rind** *n.* (*bark*) кора́; (*of melon, cheese*) ко́рка; (*of bacon*) кожура́, шку́рка.

**rinderpest** *n.* чума́ рога́того скота́.

**ring**[1] *n.* **1.** (*ornament, implement*) кольцо́; (*with stone; signet-*~) пе́рстень (*m.*); engagement ~ кольцо́, пода́ренное при помо́лвке; wedding ~ обруча́льное кольцо́; **2.** (*circle*) кольцо́, круг; ~s of a tree годовы́е ко́льца де́рева; he was blowing smoke ~s он пуска́л ко́льца ды́ма; they stood in a ~ они́ ста́ли в круг; he had ~s under his eyes у него́ бы́ли тёмные круги́ под глаза́ми; he made ~s round me (*fig.*) он заткну́л меня́ за́ пояс; **3.** (*conspiracy*) ша́йка, ба́нда, кли́ка; spy ~ шпио́нская организа́ция; **4.** (*of circus, boxing etc.*) аре́на, ринг; he retired from the ~ (*from a boxing career*) он бро́сил бокс; **5.** (*of cooker*) конфо́рка.

*v.t.* **1.** (*encompass*) окруж|а́ть, -и́ть; the singer

was ~ed (round) by admirers певи́цу окру-
жи́ли покло́нники; **2.** (*put ~ on*): the birds
have been ~ed птиц окольцева́ли; **3.** (*put ~
around*): his name was ~ed in pencil его́ и́мя
бы́ло обведено́ карандашо́м; **4.** (*cut into ~s,
e.g. fruit*) ре́зать, на- кружка́ми.
    *cpds.*: ~**-bark** *v.t.* окольц|о́вывать, -ева́ть
(*дерево*); ~**-dove** *n.* витю́тень (*m.*); ~**-fence** *n.*
огра́да; ~**-finger** *n.* безымя́нный па́лец;
~**leader** *n.* глава́рь (*m.*), зачи́нщик; ~**master**
*n.* инспе́ктор мане́жа; ~**-road** *n.* кольцева́я
доро́га; ~**side** пе́рвые ряды́ (*m. pl.*) (вокру́г
аре́ны); he had a ~side seat (*lit.*) он сиде́л в
пе́рвых ряда́х; (*fig.*) он находи́лся в гу́ще
собы́тий; ~**worm** *n.* стригу́щий лиша́й.
**ring²** *n.* **1.** звон, звук; the ~ of a coin звон
моне́ты; the ~ of his voice звук его́ го́лоса;
(*fig.*): it has the ~ of truth э́то звучи́т
правдоподо́бно; **2.** (*sound of bell*) звоно́к;
there was a ~ at the door в дверь позвони́ли; **3.**
(*telephone call*) звоно́к; give me a ~ tomorrow
позвони́те мне за́втра.
    *v.t.* **1.** звони́ть, по- в +*a.*; the postman rang the
bell почтальо́н позвони́л в дверь; they rang a
peal они́ звони́ли в колокола́; (*fig.*): he rang
the bell with his last book (*coll.*) после́дняя
кни́га принесла́ ему́ успе́х; that ~s a bell да,
да, припомина́ю; he rang the changes on his
theme он тверди́л одно́ и то же на ра́зные
лады́; **2.** (*telephone, also ~ up*) звони́ть, по-
+*d.*; will you ~ me when you get home? вы мне
позвони́те, когда́ прибу́дете домо́й?; **3.** (*mark
by ~ing*): the bell ~s the half-hours ко́локол
звони́т ка́ждые полчаса́.
    *v.i.* **1.** звони́ть, по-; the bells are ~ing звоня́т
колокола́; the bell rang for dinner позвони́ли к
обе́ду; the telephone rang зазвони́л телефо́н;
my ears are ~ing у меня́ звени́т в уша́х; his
voice was still ~ing in my ears его́ го́лос всё
ещё звуча́л у меня́ в уша́х; (*fig.*): his words ~
true его́ слова́ звуча́т правдоподо́бно; did you
~, Madam? вы меня́ вызыва́ли, суда́рыня?;
**2.** (*telephone*) звони́ть, по-; we must ~ for the
doctor мы должны́ вы́звать врача́ (по теле-
фо́ну); **3.** (*resound*) огла|ша́ться, -си́ться;
разноси́ться (*impf.*); the house rang with the
sound of children's voices де́тские голоса́
разноси́лись по всему́ до́му; the town rang
with his praises его́ сла́вил весь го́род.
    *with advs.*: they rang **down/up** the curtain
за́навес опусти́ли/по́дняли; ~ **off** пове́сить
(*pf.*) тру́бку; the bells rang **out** the old year and
rang **in** the new колоко́льным зво́ном
проводи́ли ста́рый год и встре́тили но́вый; a
shot rang **out** разда́лся вы́стрел; someone rang
(**up**) for you this morning вам кто́-то звони́л
у́тром.
**ringlet** *n.* (*curl*) ло́кон, завито́к.
**rink** *n.* като́к.
**rinse** *n.* (*action of rinsing*) полоска́ние; (*hair-*

*dye*) сре́дство для подкра́шивания воло́с.
    *v.t.* полоска́ть, вы́-; спол|а́скивать, -осну́ть;
~ out your mouth! прополощи́те рот!; she ~d
out the cup она́ сполосну́ла ча́шку.
**Rio (de Janeiro)** *n.* Ри́о-де-Жане́йро (*m. indecl.*).
**Rio de la Plata** *n.* Ла-Пла́та.
**Rio Grande** *n.* Ри́о-Гра́нде (*f. indecl.*).
**riot** *n.* **1.** (*brawl*) беспоря́дки (*m. pl.*); there was a
~ in the theatre в теа́тре разрази́лся сканда́л;
**2.** (*revolt*) мяте́ж, бунт; the R~ Act зако́н об
охра́не обще́ственного поря́дка; (*fig.*): the
teacher read the ~ act to his class учи́тель
сде́лал вы́говор всему́ кла́ссу; **3.** (*fig.*): the
students ran ~ with delight студе́нты
беси́лись от ра́дости; his latest play was a ~
его́ после́дняя пье́са име́ла потряса́ющий
успе́х; he was a prey to a ~ of emotions он не
мог совлада́ть с нахлы́нувшими на него́
чу́вствами; she allowed her fancy to run ~ она́
дала́ по́лную во́лю воображе́нию; the plague
ran ~ чума́ свире́пствовала; the weeds are
running ~ сорняки́ бу́йно разраста́ются; the
garden was a ~ of colour сад пестре́л все́ми
кра́сками.
    *v.i.* **1.** (*brawl, rebel*) бесчи́нствовать (*impf.*);
бу́йствовать (*impf.*); the crowd ~ed in the
streets толпа́ бесчи́нствовала на у́лицах; **2.**
(*fig.*) прожига́ть (*impf.*) жизнь.
**rioter** *n.* бунта́рь (*m.*), мяте́жник.
**riotous** *adj.* (*rebellious*) мяте́жный; (*wildly
enthusiastic*) безу́держный, шу́мный; ~
laughter безу́держный смех; ~ living раз-
гу́льная жизнь.
**riotousness** *n.* неи́стовство, безу́держность.
**rip¹** *n.* (*tear*) разре́з, проре́ха.
    *v.t.* рвать, разо-; расп|а́ривать, -оро́ть; he
~ped his trousers on a nail он разорва́л брю́ки
о гвоздь; he ~ped open the envelope он
разорва́л конве́рт; he ~ped off the lid он
сорва́л кры́шку; they ~ped out his appendix
ему́ удали́ли аппе́ндикс.
    *v.i.* **1.** (*tear*) рва́ться, разо-; the cloth ~ped
right across матѐрия разорвала́сь попола́м; **2.**
(*rush along*) мча́ться, про-; let her ~! жми на
всю кату́шку! (*coll.*); he lost his temper and let
~ at me он вы́шел из себя́ и крыл меня́
после́дними слова́ми; I just let things ~ я
реши́л: будь что бу́дет!
    *cpds.*: ~**-cord** *n.* вытяжно́й трос; ~**-off** *n.*
(*sl.*) воровство́, моше́нничество; ~**-roaring**,
~**-snorting** *adjs.* (*coll.*) бу́йный, шумли́вый;
~**-saw** *n.* продо́льная пила́.
**rip²** *n.* (*coll., rake*) распу́тник, пове́са (*m.*).
**riparian** *adj.* прибре́жный.
**ripe** *adj.* **1.** (*ready for gathering, eating or use*)
спе́лый, зре́лый; the corn is ~ зерно́ созре́ло;
~ cheese вы́держанный сыр; ~ lips
а́лые/по́лные гу́бы; (*fig.*): ~ judgement му́д-
рость, зре́лые сужде́ния; he lived to a ~ old
age он до́жил до глубо́кой ста́рости; **2.**

(*ready, suitable*) гото́вый, созре́вший; land ~ for development земля́, ожида́ющая застро́йки; the time is ~ for action пришло́ вре́мя де́йствовать.

**ripen** *v.t.* зреть (*or* созрева́ть), со-.

*v.i.* де́латься, с- зре́лым; their friendship ~ed into love их дру́жба переросла́ в любо́вь.

**ripeness** *n.* спе́лость, зре́лость.

**riposte** *n.* (*fencing*) отве́тный уда́р; (*verbal*) нахо́дчивый отве́т.

*v.i.* пари́ровать, от- уда́р; нахо́дчиво отве|ча́ть, -е́тить.

**ripping** *adj.* (*coll.*) великоле́пный, потряса́ющий; we had a ~ (good) time мы здо́рово повесели́лись.

**ripple** *n.* рябь, зыбь, круг; (*fig.*): his words caused a ~ of laughter его́ слова́ вы́звали лёгкий смешо́к; he showed not a ~ of emotion он не вы́казал никаки́х чувств.

*v.t. & i.* покр|ыва́ть(ся), -ы́ть(ся) ря́бью; (*fig.*): her hair ~d over her shoulders во́лосы струи́лись по её плеча́м; her voice ~d её го́лос журча́л.

**rise** *n.* **1.** (*upward slope*) подъём; we came to a ~ in the road мы подошли́ к подъёму доро́ги; **2.** (*area of higher ground*) холм, возвы́шенность; **3.** (*fig., ascent*) подъём; восхожде́ние; the ~ and decline of capitalism подъём и упа́док капитали́зма; **4.** (*increase*) повыше́ние, увеличе́ние; a ~ in temperature повыше́ние температу́ры; they asked for a ~ они́ попроси́ли об увеличе́нии зарпла́ты; a ~ in the cost of living удорожа́ние жи́зни; unemployment is on the ~ безрабо́тица растёт; **5.** (*in angling*): he waited all day for a ~ он весь день ждал клёва; (*fig.*): he is taking a ~ out of you он вас провоци́рует/дра́знит; **6.** (*vertical height of step*) высота́ (ступе́ньки); **7.** (*origin*): give ~ to вызыва́ть, вы́звать.

*v.i.* **1.** (*get up from bed*) вста|ва́ть, -ть (на́ ноги); I rose at 6 я встал в 6; (*from seated or kneeling position*) вста|ва́ть, -ть; подн|има́ться, -я́ться; they rose from the table они́ подняли́сь из-за стола́; the House rose at 10 пала́та зако́нчила рабо́ту в 10; he rose to his full height он встал во весь рост; the horse rose (up) on its hind legs ло́шадь вста́ла на дыбы́; (*into the air*) подн|има́ться, -я́ться; (*fig.*): you should ~ above petty jealousy вы должны́ быть вы́ше ме́лкой за́висти; (*from the dead*) воскр|еса́ть, -е́снуть; Christ is ~n Христо́с воскре́с; (*above the horizon*) восходи́ть, взойти́; when the sun ~s когда́ восхо́дит со́лнце; (*fig., appear*) возн|ика́ть, -и́кнуть; a picture rose in my mind в моём воображе́нии возни́к о́браз; the rising generation подраста́ющее поколе́ние; (*to the surface*) выходи́ть, вы́йти на пове́рхность; the fish won't ~ ры́ба не клюёт; (*fig.*): he rose to my bait он попа́лся на мою́ у́дочку; he will always ~ to the occa-

sion он не растеря́ется в любо́й ситуа́ции; his gorge rose at the sight при ви́де э́того он почу́вствовал отвраще́ние; **2.** (*slope upwards*) подн|има́ться, -я́ться; on rising ground на скло́не/возвыше́нии; (*tower*): the cliffs rose sheer above them над ни́ми кру́то возвыша́лись ска́лы; wooded mountains rose before us пе́ред на́ми вста́ли леси́стые го́ры; a range of hills rose on our left сле́ва от нас тяну́лась гряда́ холмо́в; **3.** (*increase in amount*) возраста́ть (*impf.*); увели́чи|ваться, -ться; rising costs увели́чивающие расхо́ды; (*in level*): the waters are rising вода́ поднима́ется/прибыва́ет; rising tide нараста́ющий прили́в; the bread has ~n хлеб подня́лся; the temperature is rising температу́ра повыша́ется; (*in price*) пов|ыша́ться, -ы́ситься в цене́; дорожа́ть, по-/вз-; (*in pitch*) уси́ли|вать, -ть; his voice rose in anger в гне́ве он повы́сил го́лос; his voice rose to a shriek го́лос его́ сорва́лся на крик; (*in intensity or animation*) увели́чи|ваться, -ться; the wind is rising ве́тер поднима́ется/уси́ливается/крепча́ет; her colour rose она́ покрасне́ла; his spirits rose его́ настрое́ние улу́чшилось; (*in importance or rank*) продв|ига́ться, -и́нуться; he hopes to ~ in the world он наде́ется сде́лать карье́ру; a rising lawyer подаю́щий наде́жды адвока́т; he rose from the ranks (*mil.*) он вы́служился из рядовы́х; он вы́двинулся в офице́ры; he rose to international fame он приобрёл мирову́ю изве́стность; (*in age*): he is rising 40 ему́ под со́рок; **4.** (*spring, originate*) брать, взять нача́ло; возн|ика́ть, -и́кнуть; the Severn ~s in Wales Се́верн берёт своё нача́ло в Уэ́льсе; (*rebel*) восст|ава́ть, -а́ть; the people rose (up) in arms наро́д восста́л с ору́жием в рука́х.

**riser** *n.*: **1.** he is an early ~ он встаёт с петуха́ми; **2.** (*of staircase*) подступень.

**risible** *adj.* (*pert. to laughing*) смешли́вый; (*laughable*) смешно́й, смехотво́рный.

**rising** *n.* **1.** (*getting up*) подъём; I believe in early ~ я счита́ю, что встава́ть на́до ра́но; **2.** (*of the sun, moon etc.*) восхо́д; **3.** (*rebellion*) восста́ние.

**risk** *n.* риск; he takes many ~s он лю́бит рискова́ть; he ran the ~ of defeat он рискова́л потерпе́ть пораже́ние; at the ~ of one's life риску́я жи́знью; at owner's ~ на риск владе́льца; you go at your own ~ вы идёте туда́ на свой страх и риск; I spoke at the ~ of offending him несмотря́ на то, что он мо́жет оби́деться, я реши́л вы́сказаться; he is a security ~ он неблагонадёжен.

*v.t.* **1.** (*expose to* ~) рискова́ть (*impf.*); he ~ed his life to save her он спас её, риску́я жи́знью; **2.** (*take the chance of*) риск|ова́ть, -ну́ть (*чем*); shall we ~ it? ну что, рискнём?; we must ~ getting caught мы риску́ем попа́сться, но вы́хода нет.

**risky** *adj.* **1.** (*hazardous*) риско́ванный, опа́сный; **2.** *see* RISQUÉ.

**risotto** *n.* рисо́тто (*m. indecl.*).

**risqué** (*also* **risky**) *adj.* риско́ванный, сомни́тельный.

**rissole** *n.* ру́бленая котле́та.

**rite** *n.* обря́д, ритуа́л, церемо́ния; the ~s of hospitality обы́чаи гостеприи́мства; last ~s (*extreme unction*) собо́рование; (*funeral*) похоро́нный обря́д; про́вод|ы (*pl., g.* -ов) в после́дний путь.

**ritual** *n.* ритуа́л, обря́дность; (*book*) служе́бник, тре́бник; he makes a ~ of eating он де́лает из еды́ культ.

  *adj.* ритуа́льный; (*fig., invariable*) обяза́тельный, неизме́нный.

**ritualism** *n.* приве́рженность к ритуа́лам/обря́дности.

**ritualist** *n.* ритуали́ст.

**ritualistic** *adj.* ритуалисти́ческий.

**rival** *n.* сопе́рник; ~s in love (*or* for power) сопе́рники в любви́ (*or* в борьбе́ за власть); he has many business ~s у него́ мно́го конкуре́нтов; he was without a ~ as chef он был непревзойдённым по́варом.

  *adj.* сопе́рничающий; television is a ~ attraction to reading телеви́зор — (мо́щный) конкуре́нт чте́ния; the ~ team кома́нда проти́вника.

  *v.t.* сопе́рничать (*impf.*) с +*i.*; I cannot hope to ~ your skill я не беру́сь сопе́рничать с ва́ми в уме́нии.

**rivalry** *n.* сопе́рничество, конкуре́нция, тя́жба; the teams were in friendly ~ ме́жду кома́ндами существова́ло дру́жеское сопе́рничество; let us not enter into ~ заче́м нам сопе́рничать?

**rive** *v.t.* (*liter.*) раз|рыва́ть, -орва́ть; срыва́ть, сорва́ть; сдира́ть (*impf.*); (*split*): trees ~n by lightning дере́вья, раско́лотые мо́лнией.

**river** *n.* река́; (*attr.*) речно́й; up/down ~ вверх/вниз по реке́; (*fig.*): the streets were ~s of blood у́лицы преврати́лись в пото́ки кро́ви.

  *cpds.*: ~-**basin** *n.* бассе́йн реки́; ~-**bed** *n.* ру́сло реки́; ~**side** *n.* прибре́жная полоса́; *adj.* прибре́жный, стоя́щий на берегу́ реки́.

**riverain** *adj.* речно́й, прибре́жный.

**rivet** *n.* заклёпка.

  *v.t.* клепа́ть (*impf.*); склёп|ывать, -а́ть; (*fig.*) устрем|ля́ть, -и́ть (*взгляд/внимание*); his eyes were ~ed on her его́ взгляд был прико́ван к ней.

**riveting** *adj.* (*coll.*) захва́тывающий, прико́вывающий внима́ние.

**Riviera** *n.* Ривье́ра.

**rivière** *n.* ожере́лье из не́скольких ни́тей.

**rivulet** *n.* речу́шка, руче́й.

**Riyadh** *n.* Эр-Риа́д.

**RN** *n.* (*abbr.*) англи́йский ВМФ (вое́нно-морско́й флот).

**roach** *n.* (*fish*) плотва́; (cock~) тарака́н.

**road** *n.* **1.** (*thoroughfare*) доро́га; (*attr.*) доро́жный (*see also cpds.*); main ~ гла́вная доро́га; ~ accident автомоби́льная/доро́жная катастро́фа; ~ junction пересече́ние доро́г, перекрёсток; ~ sense «чу́вство доро́ги»; ~ works доро́жно-ремо́нтные рабо́ты; my car is parked off the ~ я поста́вил маши́ну на обо́чине; the car has been off the ~ for a month маши́на простаива́ет це́лый ме́сяц; we have been on the ~ for hours мы е́дем уже́ мно́го часо́в; he is on the ~ (*of a salesman*) он в отъе́зде; (*of an actor*) он на гастро́лях; (*of a tramp*) он скита́ется по доро́гам; they live just up the ~ from us они́ живу́т в двух шага́х от нас на той же у́лице; the ~ has been up since Sunday доро́гу ремонти́руют с воскресе́нья; one for the ~ проща́льная рю́мка, посошо́к на доро́гу; **2.** (*fig.*) путь (*m.*), доро́га; he is on the ~ to recovery он на пути́ к выздоровле́нию; there is no royal ~ to learning путь к зна́ниям нелёгок; **3.** (*coll., way*): get out of my ~! прочь с доро́ги!; you are getting in my ~ вы мне меша́ете; I want to get these jobs out of the ~ я хочу́ разде́латься с э́тими дела́ми; **4.** (~stead) рейд.

  *cpds.*: ~-**bed** *n.* полотно́ доро́ги; ~-**block** *n.* загражде́ние на доро́ге; ~-**book** *n.* доро́жный спра́вочник; ~-**hog** *n.* плохо́й води́тель, лиха́ч; ~-**house** *n.* придоро́жный рестора́н; ~**man** *n.* доро́жный рабо́чий; ~-**map** *n.* доро́жная ка́рта; ~-**metal** *n.* щебёнка; ~**side** *n.* обо́чина доро́ги; ~**stead** *n.* рейд; ~-**test** (*of a car*) доро́жное испыта́ние; *v.t.* испыт|ывать, -а́ть (*машину*) в пробе́ге; ~**way** *n.* доро́га, прое́зжая часть; ~**worthiness** *n.* приго́дность для езды́ по доро́гам; ~**worthy** *adj.* приго́дный для езды́ по доро́гам (*or* к эксплуата́ции).

**roam** *v.t. & i.* броди́ть, стра́нствовать, скита́ться (*all impf.*); he ~ed the streets он броди́л по у́лицам.

**roan**¹ *n.* (*leather*) замени́тель сафья́на для переплётов.

**roan**² *adj.* ча́лый.

**roar** *n.* (*of animal*) рёв, рык; (*loud human cry*) крик; вопль (*m.*); he gave a ~ of anger он изда́л я́ростный вопль; there were ~s of laughter разда́лись взры́вы хо́хота; he set the table in a ~ он заста́вил весь стол покати́ться со́ смеху; (*of wind or sea*) рёв; (*of engine*) гро́хот, гул.

  *v.t. & i.* реве́ть (*impf.*); рыча́ть (*impf.*); the audience ~ed approval пу́блика реве́ла от восто́рга (*or* шу́мно выража́ла одобре́ние); they ~ed themselves hoarse они́ охри́пли от кри́ка; he ~ed his head off он ора́л изо всей мо́чи; the lion ~ed лев зарыча́л; he ~ed with laughter он надрыва́лся от сме́ха; он хохота́л во всё го́рло; shops are doing a ∼ing trade в магази́нах това́ры иду́т нарасхва́т.

**roast** *n.* жарко́е; кусо́к мя́са для жа́рки; cold ∼ холо́дное жа́реное мя́со.

*v.t.* жа́рить, под-; печь, ис-; ∼ beef жа́реная говя́дина; ∼ed coffee beans поджа́ренные кофе́йные зёрна; he ∼ed himself in front of the fire он гре́лся у ками́на.

*v.i.* гре́ться (*impf.*); switch off the fire, I'm ∼ing вы́ключите пе́чку, я весь изжа́рился.

**roaster** *n.* (*oven*) жаро́вня; (*chicken*) цыплёнок для жа́ренья.

**rob** *v.t.* красть, обо-; гра́бить, о-; I have been ∼bed меня́ обокра́ли/огра́били; the bank was ∼bed банк огра́били; they ∼bed him of his watch они́ укра́ли у него́ часы́; (*fig., deprive*) лиш|а́ть, -и́ть.

**robber** *n.* граби́тель (*m.*), вор.

**robbery** *n.* грабёж; ∼ with violence грабёж с наси́лием; there has been a ∼ произошло́ ограбле́ние; to charge such a price is daylight ∼ запроси́ть таку́ю це́ну — грабёж средь бе́ла дня.

**robe** *n.* ма́нтия; (*Am., dressing-gown; also* bath-∼) (купа́льный) хала́т.

*v.t.*: ∼d in black облачённый в чёрное.

*v.i.* облач|а́ться, -и́ться.

**robin (redbreast)** *n.* мали́новка.

**robot** *n.* (*lit., fig.*) ро́бот; (*attr.*) автомати́ческий.

**robust** *adj.* (*of pers., physique*) кре́пкий, си́льный; (*of health*) хоро́ший, кре́пкий; (*of appetite*) здоро́вый; (*of an object, mechanism etc.*) про́чный.

**robustness** *n.* здоро́вье; си́ла; кре́пость, про́чность.

**roc** *n.* пти́ца Рух.

**rock**[1] *n.* (*solid part of earth's crust*) го́рная поро́да; they dug down a foot and struck ∼ они́ вы́копали я́му в фут глубино́й и наткну́лись на ска́льную поро́ду; a house built on ∼ дом, постро́енный на скале́ (*or* ска́льном гру́нте); (*large stone*) скала́, утёс; (*boulder*) валу́н; the ship ran upon the ∼s кора́бль наскочи́л на ска́лы; the firm is on the ∼s (*coll.*) фи́рма прогоре́ла; (*Am., stone, pebble*) ка́мень (*m.*), булы́жник; whisky on the ∼s (*coll.*) ви́ски со льдом.

*cpds.*: ∼-**bed** *n.* пласт ка́менной поро́ды; ∼-**bottom** *n.* (*lit.*) коренна́я подстила́ющая поро́да; (*fig.*): at ∼-bottom prices по са́мым ни́зким це́нам; ∼-**cake** *n.* бу́лочка/пече́нье из круто́го те́ста; ∼-**climber** *n.* скалола́з; ∼-**climbing** *n.* скалола́зание; ∼-**crystal** *n.* го́рный хруста́ль; ∼-**drill** *n.* перфора́тор; ∼-**garden** *n.* (*also* ∼**ery**) са́дик с декорати́вными ка́менными го́рками; ∼-**plant** *n.* альпи́йское расте́ние; ∼-**ribbed** (*fig.*) твёрдый, непоколеби́мый; ∼-**salmon** *n.* нали́м; ∼-**salt** *n.* ка́менная соль.

**rock**[2] *n.* (*music*) рок.

*v.t.* (*sway gently*) кач|а́ть, -ну́ть; ука́ч|ивать, -а́ть; the nurse ∼ed the baby to sleep ня́ня укача́ла/убаю́кала ребёнка; the boat was ∼ed by the waves ло́дка кача́лась на волна́х; don't ∼ the boat! (*coll.*) ле́гче на поворо́тах!; (*shake*) трясти́, по-; the earthquake ∼ed the house дом шата́лся от землетрясе́ния; the news ∼ed the city но́вость потрясла́ го́род.

*v.i.* (*sway gently*) кача́ться (*impf.*); the trees ∼ed in the wind дере́вья раска́чивались на ветру́; ∼ing-chair кача́лка; ∼ing-horse конь(*m.*)-кача́лка; he ∼ed with laughter он тря́сся от сме́ха.

*cpd.*: ∼-'**n**'-**roll** *n.* рок-н-ро́лл.

**rocker** *n.* 1. (*of cradle etc.; chair*) кача́лка; 2.: go off one's ∼ рехну́ться (*pf.*) (*coll.*).

**rockery** *see* ROCK-**garden**.

**rocket** *n.* 1. (*projectile*) раке́та; ∼ range раке́тный полиго́н; ∼ site ста́ртовая площа́дка, полиго́н; 2. (*reprimand*): he got a ∼ from the boss он получи́л взбу́чку (*coll.*) от нача́льника.

*v.i.* (*fig.*): prices ∼ed (up) це́ны ре́зко подскочи́ли.

*cpd.*: ∼-**propelled** *adj.* раке́тный.

**rocketry** *n.* раке́тная те́хника.

**rocky** *adj.* 1. (*of or like rock; full of rocks*) скали́стый, камени́стый; the R∼ Mountains, the Rockies (*coll.*) Скали́стые го́ры (*f. pl.*); ∼ road (*fig.*) терни́стый путь; 2. (*shaky, unsteady*) неусто́йчивый, ша́ткий.

**rococo** *n.* рококо́ (*indecl.*).

*adj.* в сти́ле рококо́; (*fig.*) вы́чурный.

**rod** *n.* 1. (*slender stick*) прут; (*fishing-*∼) у́дочка; he fished with ∼ and line он лови́л ры́бу у́дочкой; (*instrument of chastisement*) ро́зга, хлыст; spare the ∼ and spoil the child пожале́ешь ро́згу — испо́ртишь ребёнка; he is making a ∼ for his own back он сам себе́ ро́ет я́му; I have a ∼ in pickle for him я держу́ для него́ ро́згу нагото́ве; he ruled the people with a ∼ of iron он пра́вил желе́зной руко́й; 2. (*metal bar*) сте́ржень (*m.*); curtain ∼ металли́ческий карни́з.

**rodent** *n.* грызу́н.

**rodeo** *n.* роде́о (*indecl.*).

**rodomontade** *n.* бахва́льство.

**roe**[1] *n.* (*hard*) икра́; (*soft* ∼) моло́к|и (*pl., g.* —).

**roe**[2] *n.* (*deer*) косу́ля.

*cpd.*: ∼-**buck** *n.* косу́ля-саме́ц.

**roentgen** *n.* рентге́н.

**roger** *int.* (*sl.*) вас по́нял!; ла́дно!; бу́дет сде́лано!; поря́док!

**rogue** *n.* 1. (*dishonest person*) жу́лик, моше́нник; ∼s' gallery архи́в фотосни́мков престу́пников; 2. (*mischievous or waggish pers.*) шалу́н, прока́зник, озорни́к; 3. (*animal*): ∼ elephant слон-отше́льник.

**rogu**|**ery**, -**ishness** *nn.* (*villainy*) жу́льничество, мошённичество; (*mischief*) шáлость, прокáзы (*f. pl.*), озорствó.

**roguish** *adj.* (*villainous*) жуликовáтый; (*playful*) шаловлѝвый, прокáзливый, озорнóй.

**roguishness** *see* ROGUERY.

**roister** *v.i.* бесчѝнствовать (*impf.*); бесновáться.

**roisterer** *n.* кутѝла (*m.*).

**role** *n.* (*lit., fig.*) роль, амплуá (*nt. indecl.*); he played (in) the ~ of Hamlet он исполня́л роль Гáмлета; title ~ заглáвная роль; he assumed the ~ of leader он взял на себя́ роль лѝдера.

**roll** *n.* **1.** (*of cloth, paper, film etc.*) рулóн; **2.** (*register, list*) реéстр, спѝсок; ~ of honour спѝсок убѝтых на войнé; the lawyer was struck off the ~s адвокáта лишѝли прáва прáктики; the sergeant called the ~ сержáнт сдéлал переклѝчку; **3.** (*other material in cylindrical form*) кáтышек, вáлик; **4.** (*of bread*) бýлочка; **5.** (*oscillating or revolving motion*) вращéние; колыхáние; покáчивание; the ~ of the ship покáчивание корабля́; he walked with a slight ~ он ходѝл слегкá вразвáлку; the pilot executed a ~ (*av.*) пилóт вы́полнил двойнóй переворóт; the dog had a ~ on the grass собáка поваля́лась на травé; **6.** (*rumbling sound*) раскáт; бой барабáна; a ~ of thunder раскáт грóма; a ~ of drums барабáнная дробь.

*v.t.* **1.** (*move by revolving*) катáть (*indet.*), катѝть (*det.*), по-; the logs were ~ed down the hill брёвна скатѝли с холмá; (*wind*) завёр|тывать, -нýть; he had a scarf ~ed round his neck он обмотáл шéю шáрфом; (*rotate*) вращáть (*impf.*); one's eyes вращáть (*impf.*) глазáми; **2.** (*flatten by use of cylinder*) катáть, рас-; раскáтывать (*impf.*); she was ~ing pastry онá раскáтывала тéсто; the lawn needs ~ing травý нáдо укатáть; ~ing-mill прокáтный стан; ~ing-pin скáлка; ~ed gold накладнóе зóлото; **3.** (*shape into cylinder or sphere*) свёр|тывать, -нýть, свóрачивать (*impf.*); (*e.g. cigarette*) скру|чивать, -тѝть; I ~ my own (cigarettes) я дéлаю самокрýтки; he carried a ~ed newspaper он шёл со свёрнутой газéтой; the hedgehog ~ed itself (up) into a ball ёж свернýлся в клубóк; help me ~ this ball of wool помогѝте мне смотáть э́тот клубóк шéрсти; she was nurse and housemaid ~ed into one онá былá одноврéменно и за ня́ньку и за прислýгу; **4.**: he cannot ~ his r's он картáвит; he ~s his r's он раскáтисто произнóсит звук «р»; он произнóсит «р» с вибрáцией.

*v.i.* **1.** (*move by revolving; revolve*) катѝться (*impf.*); скáтываться (*impf.*); the coin ~ed under the table монéта закатѝлась под стол; the car began to ~ downhill машѝна началá катѝться вниз; tears ~ed down her cheeks слёзы катѝлись по её щекáм; the carriage ~ed along the drive экипáж катѝлся по аллéе;

we must keep the wheels of industry ~ing мы должны́ содéйствовать рабóте промы́шленности; set, start the ball ~ing (*fig.*) откры́ть (*pf.*) дискýссию; ~ing stock подвижнóй состáв; **2.** (*tumble about, wallow*) валя́ться (*impf.*); porpoises were ~ing in the waves дельфѝны кувы́ркались в волнáх; he is ~ing in money он купáется в деньгáх; **3.** (*sway, rock*) качáться (*impf.*); колыхáться (*impf.*); the ship began to ~ парохóд нáчало качáть; ~ing gait похóдка вразвáлку; **4.** (*undulate*): waves were ~ing on to the shore вóлны накáтывались на бéрег; ~ing sea волнýющееся мóре; ~ing countryside холмѝстая мéстность; **5.** (*be flattened*): the dough ~s well тéсто легкó раскáтывается; **6.** (*make deep vibrating sound*) гремéть (*impf.*); грохотáть (*impf.*); thunder ~ed in the hills по холмáм прокатѝлся гром.

*with advs.*: ~ **about** *v.i.* валя́ться; ~ **along** *v.i.*: we were ~ing along at 30 m.p.h. машѝна катѝлась со скóростью 30 миль в час; ~ **away** *v.i.*: the mists ~ed away тумáн рассéялся; ~ **back** *v.t.* откáт|ывать, -ѝть назáд; let's ~ back the carpet and dance! давáйте свернём/скатáем ковёр и потанцýем!; *v.i.*: the cart ~ed back телéжка откатѝлась назáд; ~ **by** *v.i.*: the bus ~ed by автóбус проéхал мѝмо; how the years ~ by! как бы́стро кáтятся гóды!; ~ **down** *v.t.* скáт|ывать, -ѝть вниз; ~ down the blinds! опустѝте жалюзи́!; stones ~ed down by the river кáмни, перекáтываемые рекóй; ~ **in** *v.i.*: contributions began to ~ in нáчали поступáть взнóсы; he ~ed in half-an-hour late он подкатѝл/подрулѝл (*coll.*) с опоздáнием на полчасá; ~ **off** *v.t.*: please ~ off a dozen copies бýдьте добры́, отпечáтайте 12 экземпля́ров (*or* сдéлайте 12 óттисков); *v.i.* скáт|ываться, -ѝться; he ~ed off the bed он скатѝлся с кровáти; ~ **on** *v.t.*: she ~ed on her stockings онá натянýла чулкѝ; *v.i.*: the years are ~ing on а гóды идýт; ~ on summer! (*coll.*) скорéй бы наступѝло лéто!; ~ **out** *v.t.* (*e.g. carpet, pastry*) раскáт|ывать, -áть; they ~ed out the chorus припéв дрýжно подхватѝли; *v.i.*: the organ notes ~ed out лилѝсь звýки оргáна; she dropped her basket and everything ~ed out онá уронѝла корзѝнку, и всё из неё вы́катилось; ~ **over** *v.t.* перев|орáчивать, -ернýть; опрокѝ|дывать, -нуть; I ~ed the stone over я переверну́л кáмень; *v.i.* ворóчаться (*impf.*); he ~ed over and went to sleep again он переверну́лся на другóй бок и снóва заснýл; ~ **up** *v.t.* свёр|тывать, -нýть; ~ up the curtain подня́ть (*pf.*) зáнавес; he ~ed himself up in a blanket он заверну́лся в одея́ло; they ~ed up the enemy's flank онѝ оттеснѝли неприя́теля с флáнга; *v.i.*: he ~ed up to me (*fig.*) он подкатѝл ко мне; ~ up! ~ up! налетáй!; не проходѝте мѝмо!

*cpds.*: ~-**call** *n.* переклѝчка; ~-**collar** *n.* отложно́й воротни́к; ~-collar jersey фуфа́йка с высо́ким го́рлом; ~-**film** n. ро́ликовая фотоплёнка; ~-**neck** (pullover) n. водола́зка; ~-**on** n. (woman's garment) эласти́чный по́яс; ~-**top** (desk) n. бюро́ с деревя́нной што́рой.

**roller** n. **1.** ро́лик; като́к; garden ~ садо́вый като́к; **2.** (wave) волна́, вал.

*cpds.*: ~-**bearing** n. ро́ликовый подши́пник; ~-**coaster** n. америка́нские го́ры (f. pl.); ~-**skate** n. (pl.) ро́лики (m. pl.); v.i. ката́ться (indet.) на ро́ликах; ~-**towel** n. полоте́нце на ро́лике.

**rollick** v.i. резви́ться (impf.); весели́ться (impf.); we had a ~ing time мы здо́рово повесели́лись.

**roly-poly** n. пу́динг с варе́нием; (fig., plump child) «по́нчик»; пу́хлый ребёнок.

**Roman** n. **1.** (citizen of anc. Rome) ри́млян|ин (fem. -ка); **2.** (~ Catholic) като́лик; **3.** (r~: type) see adj.

*adj.* **1.** (of Rome) ри́мский; the ~ alphabet лати́нский алфави́т; ~ candle ри́мская свеча́; the ~ Empire Ри́мская импе́рия; r~ script, type лати́нский шрифт; лати́нская гра́фика; (opp. italics) прямо́й шрифт; (opp. bold) све́тлый шрифт; **2.** (relig.) католи́ческий; ~ Catholicism католи́чество.

**romance** n. **1.**: R~ languages рома́нские языки́; R~ philologist романи́ст; **2.** (medieval tale) ры́царский рома́н; **3.** (tale, episode, love affair) рома́н; **4.** (romantic atmosphere, glamour) рома́нтика; **5.** (mus.) рома́нс.

*v.i.* приукра́|шивать, -сить пра́вду; фантази́ровать (impf.).

**romancer** n. фантазёр, вы́думщик.

**Romanesque** n. & adj. рома́нский (стиль).

**Romania, R(o)umania** n. Румы́ния.

**Romanian, R(o)umanian** n. (pers.) румы́н (fem. -ка); (language) румы́нский язы́к.

*adj.* румы́нский.

**Romanic** adj. (neo-Latin) рома́нский.

**Romanism** n. (pej., Catholicism) католици́зм.

**Romanist** n. (pej.) кат|о́лик (fem. -оли́чка).

**Romanize** v.t. романизи́ровать (impf., pf.).

**Romansh** n. & adj. реторома́нский (язы́к).

**romantic** n. рома́нтик.

*adj.* романти́ческий, романти́чный; the R~ movement романти́зм.

**romanticism** n. романти́зм.

**romanticist** n. рома́нтик.

**romanticize** v.i. романтизи́ровать (impf., pf.).

**Romany** n. (gipsy) цыга́н (fem. -ка); (language) цыга́нский язы́к.

*adj.* цыга́нский.

**Rome** n. **1.** (city or state) Рим; ~ was not built in a day не сра́зу Москва́ стро́илась; Рим не сра́зу стро́ился; when in ~, do as ~ does ≃ в чужо́й монасты́рь со свои́м уста́вом не хо́дят; с волка́ми жить — по-во́лчьи выть; **2.** (Church of ~) ри́мско-католи́ческая це́рковь.

**Romish** adj. (pej.) ри́мско-католи́ческий.

**romp** n. (boisterous play) возня́; (lively child) сорване́ц.

*v.i.* резви́ться (impf.); the horse ~ed home ло́шадь с лёгкостью вы́играла ска́чки; he ~ed through his exams он шутя́ сдал экза́мены.

**rompers** n. (also **romper suit**) ползунк|и́ (pl., g. -о́в); де́тский комбинезо́н.

**rondo** n. ро́ндо (indecl.).

**roneo** n. ронео́граф, множи́тельный аппара́т.

*v.t.* печа́тать, на- на ронео́графе; разм|ожа́ть, -о́жить.

**rood** n. (arch., cross) крест, распя́тие.

*cpd.*: ~-**screen** n. кре́стная перегоро́дка, отделя́ющая кли́рос от не́фа.

**roof** n. кры́ша, кро́вля; the water-tank is in the ~ бак для воды́ стои́т под кры́шей; you have a ~ over your head у вас есть кры́ша над голово́й; I will not have him under my ~ я не хочу́ находи́ться с ним под одно́й кры́шей; the audience raised the ~ сте́ны сотряса́лись от аплодисме́нтов; ~ of the mouth нёбо.

*v.t.* крыть, по-; наст|ила́ть, -ла́ть кры́шу на +p.; ~ed with slates кры́тый ши́фером; ~ing-felt кро́вельный карто́н; толь (m.).

*cpds.*: ~-**garden** n. сад на кры́ше; ~-**rack** n. бага́жник (на кры́ше автомоби́ля); ~-**tree** n. стропи́льная нога́.

**rook** n. (bird) грач; (chess piece) тура́, ладья́.

*v.t.* (swindle) обма́н|ывать, -у́ть; (overcharge) обсчи́т|ывать, -а́ть.

**rookery** n. грачо́вник; (of seals etc.) ле́жбище.

**rookie** n. (sl.) новобра́нец, новичо́к.

**room** n. **1.** ко́мната; a four-~(ed) flat четырёхко́мнатная кварти́ра; ~ service обслу́живание в но́мере; ~ and board по́лный пансио́н; (pl., apartments) кварти́ра, ко́мнаты (f. pl.); private ~ (in restaurant) отде́льный кабине́т; language ~ (in school) кабине́т иностра́нных языко́в; ~ clerk (Am.) дежу́рный (в гости́нице); **2.** (space) ме́сто, простра́нство; the small table will take up no ~ ма́ленький сто́лик займёт немно́го ме́ста; there's plenty of ~ полно́ ме́ста; standing ~ only то́лько стоя́чие места́; there was no ~ to turn round in не́где бы́ло поверну́ться; is there ~ for one more? ещё оди́н челове́к уся́дется? (fig.): he was promoted to make ~ for his juniors его́ повы́сили, что́бы продви́нуть молоды́х; **3.** (scope, opportunity) возмо́жность; it leaves no ~ for doubt э́то не оставля́ет никаки́х сомне́ний; there is ~ for improvement in your work ва́ша рабо́та могла́ бы быть и лу́чше.

*v.i.*: we ~ed together in Paris в Пари́же мы жи́ли в одно́й кварти́ре; ~ing-house мебли́рованные ко́мнаты (f. pl.).

*cpd.*: ~-**mate** n. това́рищ по ко́мнате.

**roomer** n. (Am., lodger) квартира́нт, жиле́ц.

**roomful** *n.* по́лная ко́мната.

**roomy** *adj.* просто́рный, вмести́тельный.

**roost** *n.* куря́тник, насе́ст; go to ~ сади́ться, сесть на насе́ст; (*fig.*): he rules the ~ here он тут верхово́дит/распоряжа́ется.

  *v.i.* (*of birds*) усе́живаться, -е́сться на насе́ст; his curses came home to ~ его́ прокля́тия па́ли на его́ же го́лову.

**rooster** *n.* пету́х.

**root** *n.* **1.** (*of plant*) ко́рень (*m.*); the tree was torn up by the ~s де́рево вы́рвали с ко́рнем; take, strike ~ пуска́ть, -ти́ть ко́рни; the idea took ~ in his mind э́та мысль засе́ла ему́ в го́лову; poverty must be removed ~ and branch нищету́ ну́жно искорени́ть; **2.** (*cul., med.*): ~s коре́нья (*pl., g.* -ев); ~ plant корнепло́д; ~ сгор корнепло́дная культу́ра; **3.** (*of tooth, tongue, hair etc.*) ко́рень (*m.*); **4.** (*fig., source, basis*) причи́на; ~ cause основна́я причи́на; money is the ~ of all evil де́ньги — ко́рень зла; he got to the ~ of the problem он добра́лся до су́ти де́ла; envy lies at the ~ of all his actions за́висть лежи́т в осно́ве всех его́ де́йствий; the quarrel had its ~s deep in the past конфли́кт уходи́л корня́ми в далёкое про́шлое; this strikes at the very ~ of democracy э́то подрыва́ет са́мую осно́ву демокра́тии; **5.** (*math., philol.*) ко́рень (*m.*); square ~ квадра́тный ко́рень (из +*g.*).

  *v.t.* **1.**: the seedling ~ed itself са́женец приви́лся (*or* пусти́л ко́рни); **2.** (*fig.*): I have a ~ed objection to being disturbed я о́чень не люблю́, когда́ мне меша́ют; he is a man of deeply ~ed prejudices он челове́к с укорени́вшимися предрассу́дками; **3.** (*transfix*): he stood ~ed to the ground он стоя́л как вко́панный.

  *v.i.* **1.** (*take* ~) укореня́ться, -и́ться; **2.** (*of pigs etc., also* **rootle**) ры́ться (*impf.*); рыть (*impf.*) зе́млю; the dog was ~ing for an old bone соба́ка отка́пывала ста́рую кость; **3.**: ~ for (*Am., support*) боле́ть (*impf.*) за +*a.* (*coll.*).

  *with advs.*: ~ **about** *v.i.* (*lit., fig.*) ры́ться (*impf.*); ~ **out** *v.t.* (*lit., fig., extirpate*) вырыва́ть, вы́рвать с ко́рнем; (*fig., also*) уничтожа́ть, -о́жить; (*lit., fig., dig out*) отко́па́ть (*pf.*); ~ **up** *v.t.* вырыва́ть, вы́рвать с ко́рнем.

**rootle** *see* ROOT *v.i.* **2.**

**rootless** *adj.* **1.** (*unfounded*) беспо́чвенный, необосно́ванный; **2.** (*of pers.*) безро́дный, без ро́ду, без корне́й, без пле́мени.

**rope** *n.* (*cord, cable*) верёвка, кана́т; (*fig.*): money for old ~ лёгкая нажи́ва; give him enough ~ and he'll hang himself да́йте ему́ во́лю и он сам себя́ загу́бит; he knows the ~s он в ку́рсе де́ла; он зна́ет все ходы́ и вы́ходы; он зна́ет, что к чему́; (*string, skein*) ни́тка, вя́зка; a ~ of onions вя́зка лу́ка; a ~ of pearls ни́тка же́мчуга; a ~ of hair жгут воло́с.

  *v.t.* привя́з|ывать, -а́ть (*что к чему*).

  *with advs.*: ~ **in** *v.t.* (*coll., enlist*) втя́|гивать, -ну́ть; I was ~d in to help меня́ запрягли́ в э́то де́ло; ~ **off** *v.t.* отгора́|живать, -оди́ть верёвкой/кана́том; ~ **together** *v.t.*: the climbers were ~d together альпини́сты бы́ли свя́заны верёвкой; ~ **up** *v.t.* перевя́з|ывать, -а́ть.

  *cpds.*: ~**-dancer** *n.* кана́тный плясу́н; ~**-end** *n.* коне́ц тро́са; ~**-ladder** *n.* верёвочная ле́стница.

**ropy** *adj.* (*stringy*) вя́зкий, тягу́чий; (*sl., of poor quality*) никудышный.

**rorqual** *n.* кит полоса́тик, ро́рквал.

**rosary** *n.* чётки (*pl., g.* -ок).

**rose** *n.* **1.** ро́за; Wars of the R~s война́ А́лой и Бе́лой ро́зы; there is no ~ without a thorn нет ро́зы без шипо́в; (*fig.*): her path was strewn with ~s её путь был усы́пан ро́зами; life was no bed of (*or* not all) ~s for him у него́ была́ отню́дь не сла́дкая жизнь; this will put the ~s back into your cheeks э́то вернёт вам здоро́вье и све́жесть; under the ~ (*fig.*) по секре́ту, втихомо́лку; **2.** (*colour*) ро́зовый цвет; **3.** (*sprinkler*) спри́нклерная розе́тка.

  *cpds.*: ~**-bed** *n.* клу́мба с ро́зами; ~**bud** *n.* буто́н ро́зы; a ~bud mouth гу́бы, как лепестки́ ро́зы; ~**-bush** *n.* ро́зовый куст; ~**-coloured** *adj.* ро́зовый; he sees the world through ~-coloured spectacles он смо́трит на мир че́рез ро́зовые очки́; ~**-garden** *n.* роза́рий; ~**-pink** *n.* ро́зоватый отте́нок; *adj.* розова́тый; ~**-red** *n.* цвет кра́сной ро́зы; *adj.* кра́сный как ро́за; ~**-tree** *n.* шта́мбовая ро́за; ~**-water** *n.* ро́зовая вода́; ~**-window** *n.* окно́-розе́тка; ~ **wood** *n.* палиса́ндровое/ро́зовое де́рево.

**rosé** *n.* (*wine*) ро́зовое вино́.

**roseate** *adj.* ро́зовый; све́тлый.

**rosemary** *n.* розмари́н.

**rosette** *n.* розе́тка.

**Rosicrucian** *n.* розенкре́йцер.

**rosin** *n.* канифо́ль.

  *v.t.* нати|ра́ть, -ере́ть канифо́лью.

**roster** *n.* гра́фик; рее́стр; расписа́ние.

**Rostov-on-Don** *n.* Росто́в-на-Дону́.

**rostrum** *n.* трибу́на; ка́федра.

**rosy** *adj.* ро́зовый; ~ cheeks румя́ные щёки; (*fig.*) ра́достный, ра́дужный.

**rot** *n.* **1.** (*decay*) гние́ние; гниль; (*fig., deterioration*): the ~ set in начала́сь полоса́ неуда́ч; нача́лся разла́д; stop the ~ пресе́чь (*pf.*) зло в ко́рне; **2.** (*disease of sheep*) копы́тная гниль; **3.** (*coll., nonsense*) вздор, чушь; don't talk ~! бро́сьте чепуху́ моло́ть!

  *v.t.* по́ртить, ис-.

  *v.i.* **1.** (*decay*) гнить, с-; по́ртиться, ис-; (*fig.*) разлага́ться, -ожи́ться; the tree was ~ting away де́рево гни́ло; **2.** (*coll.*) нести́ (*det.*) вздор.

  *int.* ~! чушь!; бред!

**cpd.** ~**-gut** n. (*liquor*) не вино́, а отра́ва; «сучо́к».

**rota** n. гра́фик; рее́стр; (шта́тное) расписа́ние.

**rotary** adj. враща́ющийся; ~ motion враща́тельное движе́ние; ~ press ротацио́нная печа́тная маши́на; ~ pump ротацио́нный насо́с.

**rotate** v.t. & i. **1.** (*revolve*) враща́ть(ся) (*impf.*); **2.** (*arrange or recur in rotation*) чередова́ть(ся) (*impf.*); the duties (were) ~d every six weeks дежу́рства чередова́лись ка́ждые шесть неде́ль; the chairmanship ~s председа́тели поочерёдно выполня́ют свои́ фу́нкции.

**rotation** n. **1.** (*revolving*) враще́ние; оборо́т; **2.** (*regular succession*) чередова́ние; ~ of crops севооборо́т; they did guard duty in ~ они́ поочерёдно несли́ карау́льную слу́жбу.

**rotatory** adj. враща́тельный; враща́ющийся.

**rote** n.: he learnt the poem by ~ он вы́учил/вы́зубрил стихотворе́ние наизу́сть; perform duties by ~ механи́чески выполня́ть обя́занности.

**rotor** n. (*of electric motor*) ро́тор; (*of helicopter*) несу́щий винт.

**rotten** adj. (*decayed, putrid*) гнило́й, прогни́вший; ~ eggs ту́хлые я́йца; (*morally corrupt*) разложи́вшийся; испо́рченный; (*worthless*) никуды́шный; а ~ idea дура́цкая иде́я; (*very disagreeable, unfortunate*) отврати́тельный; what a ~ shame! э́то про́сто безобра́зие; оби́дно до слёз!; I'm feeling ~ я себя́ пога́но чу́вствую.

**rottenness** n. испо́рченность, разложе́ние.

**rotter** n. (*sl.*) подле́ц, подо́нок.

**rotund** adj. (*spherical*) округлённый; (*corpulent, plump*) по́лный; (*sonorous, grandiloquent*) зву́чный, высокопа́рный.

**rotunda** n. рото́нда.

**rotundity** n. округлённость; полнота́; зву́чность, высокопа́рность.

**r(o)uble** n. рубль (m.); (*note*) рублёвка, рублёвая бума́жка.

**roué** n. пове́са (m.).

**rouge** n. (*cosmetic*) румя́н|а (pl., g. —); губна́я пома́да.
v.t. & i. румя́нить(ся), на-.

**rough** n. **1.** (~ *things or circumstances*) тру́дности (f. pl.); you must take the ~ with the smooth на́до сто́йко переноси́ть превра́тности судьбы́; **2.** (~ *ground, esp. on golf-course*) неро́вная пове́рхность; he played the ball on to the ~ он посла́л мяч на неро́вный уча́сток по́ля; **3.** (*unfinished state*): I saw the poem in the ~ я ви́дел поэ́му в черновике́; **4.** (*ruffian, rowdy*) грубия́н, хулига́н.
adj. **1.** (*opp. smooth, even, level*) шерохова́тый, неро́вный; his skin was ~ to the touch у него́ была́ шерша́вая на о́щупь ко́жа; the next few miles were ~ going зате́м на протяже́нии не́скольких миль доро́га была́

уха́бистой/труднопроходи́мой; **2.** (*opp. calm, gentle, orderly*) бу́рный; ~ water бу́рные во́ды; the wind is getting ~ ве́тер крепча́ет; their team played a ~ game их кома́нда игра́ла гру́бо; a ~ crowd хамова́тая пу́блика; the students were ~ly handled by the police поли́ция гру́бо обраща́лась со студе́нтами; the bill had a ~ passage законопрое́кт прошёл с трудо́м (*or* со скри́пом, *coll.*); **3.** (*uncomfortable, arduous*) тру́дный; he had a ~ time ему́ пришло́сь ту́го; they gave him a ~ ride (*fig.*) они́ ему́ показа́ли, почём фунт ли́ха; he is not capable of ~ work тяжёлая рабо́та не для него́; ~ luck! вот невезе́ние!; **4.** (*of sounds: harsh*) ре́зкий; **5.** (*crude*) гру́бый; they meted out ~ justice наказа́ние вы́несли суро́вое; a ~ and ready meal еда́, пригото́вленная на ско́рую ру́ку; **6.** (*unfinished, rudimentary*) черново́й; a ~ sketch черново́й набро́сок; a ~ diamond (*lit.*) неогранённый алма́з; (*fig.*) неотшлифо́ванный алма́з; **7.** (*inexact, approximate*) приблизи́тельный; at a ~ guess по приблизи́тельной оце́нке; this will give you a ~ idea э́то даст вам о́бщее представле́ние; ~ly speaking гру́бо говоря́.
adv.: they treated him ~ (*coll.*) с ним гру́бо обраща́лись; he is inclined to play ~ он допуска́ет гру́бую игру́.
v.t.: ~ it (*coll.*) жить (*impf.*) без удо́бств.
with advs.: ~ **out** v.t. (*e.g. a plan*) набр|а́сывать, -оса́ть; ~ **up** v.t.: don't ~ up my hair! не еро́шьте мне во́лосы!
cpds.: ~**-and-tumble** n. дра́ка; сумато́ха; завару́ха; adj. беспоря́дочный; ~**cast** n. га́лечная штукату́рка; adj. (*lit.*) гру́бо оштукату́ренный; (*fig.*) грубова́тый, неотёсанный; ~**-hew** v.t. гру́бо обтёс|ывать, -а́ть; ~**-hewn** adj. (*fig.*) неотёсанный, некульту́рный; ~**house** n. (*coll.*) шум; сканда́л, база́р; ~**-neck** n. (*coll.*) хулига́н; ~**-rider** n. (*horse-breaker*) бере́йтор; ~**shod** adj. подко́ванный на шипы; adv. (*fig.*): he rode ~shod over their feelings он гру́бо попира́л их чу́вства; ~**-spoken** adj. гру́бый; гру́бо выража́ющийся.

**roughage** n. гру́бая пи́ща; гру́бые корма́.

**roughen** v.t. & i. де́лать(ся), с- гру́бым/шерохова́тым.

**roughness** n. **1.** (*to touch*) шерохова́тость; **2.** (*unevenness*) неро́вность; **3.** (*of water etc.*) волне́ние; **4.** (*crudity, coarseness*) гру́бость; **5.** (*harshness of sound*) ре́зкость.

**roulette** n. руле́тка; ~ wheel колесо́ руле́тки.

**Roumania, -n** see ROMANIA, -N.

**round** n. **1.** (*circular or* ~*ed object*) круг, окру́жность; (*slice*) ло́мтик; **2.** (*3-dimensional form*): a statue in the ~ кру́глая ста́туя; theatre in the ~ кру́глая сце́на в це́нтре за́ла; **3.** (*regular circuit or cycle*) цикл; обхо́д; кругооборо́т; the daily ~ повседне́вные дела́;

milk ~ ежедне́вная доста́вка молока́; the doctor is on his ~s до́ктор нахо́дится на обхо́де; he made, went the ~ of the sentries он соверши́л обхо́д часовы́х; a ~ of pleasures вихрь (*m.*) наслажде́ний; the news went the ~ of the village но́вость обошла́ всю дере́вню; a ~ of golf па́ртия в гольф; **4.** (*stage in contest*) тур, эта́п, ра́унд; he was knocked out in the third ~ он получи́л нока́ут в тре́тьем ра́унде; the team got through to the final ~ кома́нда вы́шла в фина́л; **5.** (*set, series, burst*): he bought a ~ of drinks он поста́вил по стака́нчику всем прису́тсвующим; a ~ of applause взрыв аплодисме́нтов; a ~ of wage claims очередно́е тре́бование повыше́ния зарпла́ты; **6.** (*of ammunition*) патро́н; компле́кт вы́стрела; dummy ~ уче́бный/холосто́й патро́н; **7.** (*song*) ро́ндо (*indecl.*); **8.** (*dance*) хорово́д; кругово́й та́нец.

*adj.* **1.** (*circular, spherical, convex*) кру́глый; ~ shoulders суту́лые пле́чи, суту́лость; **2.** (*involving circular motion*) кругово́й; ~ game игра́ с неограни́ченным коли́чеством уча́стников; ~ dance хорово́д; ~ robin проше́ние с по́дписями, располо́женными в кружо́к; ~ trip пое́здка в о́ба конца́; **3.** (*of numbers*) кру́глый; a ~ dozen це́лая дю́жина; in ~ numbers в кру́глых ци́фрах; **4.** (*considerable*) кру́пный, значи́тельный; a good ~ sum поря́дочная/кру́гленькая су́мма; at a ~ pace кру́пным аллю́ром; **5.** (*outspoken*) прямо́й; a ~ oath кре́пкое руга́тельство.

*adv.* (*for phrasal verbs with* round *see relevant verb entries*): all the year ~ кру́глый год; he slept the clock ~ он проспа́л весь день; the tree is six feet ~ э́то де́рево шесть фу́тов в окру́жности; better all ~ лу́чше во всех отноше́ниях; taking it all ~ принима́я во внима́ние всё; he went a long way ~ он сде́лал изуря́дный крюк; he was ~ at our house он зашёл к нам; she ordered the car ~ она́ веле́ла пода́ть маши́ну (к подъе́зду).

*v.t.* **1.** (*make* ~) округл|я́ть, -и́ть; a well-~ed phrase гла́дкая фра́за; **2.** (*go* ~) огиба́ть, обогну́ть; об|ходи́ть, -ойти́ круго́м; we ~ed the corner мы заверну́ли/сверну́ли за́ угол; the patient ~ed the corner больно́й пошёл на попра́вку; the ship ~ed the Cape кора́бль обогну́л мыс До́брой Наде́жды.

*v.i.* **1.** (*become* ~ *or plump*) округл|я́ться, -и́ться; **2.** (*turn aggressively*) he ~ed on me with abuse он обру́шился на меня́ с бра́нью; he ~ed on his pursuers он набро́сился на свои́х пресле́дователей.

*with advs.*: ~ **off** *v.t.* (*smooth*) выра́внивать, вы́ровнять; (*bring to a conclusion*) заверш|а́ть, -и́ть; ~ **out** *v.t.* закругл|я́ть, -и́ть; заверш|а́ть, -и́ть; *v.i.*: her figure was beginning to ~ out её фигу́ра начала́ округля́ться; ~ **up** *v.t.* сгоня́ть, согна́ть; the cattle were ~ed up скот

согна́ли; the courier ~ed up the party гид собра́л свою́ гру́ппу; (*arrest*) арест|о́вывать, -ова́ть.

*prep.* **1.** (*encircling*) вокру́г, круго́м, о́коло (*all +g.*); ~ the world вокру́г све́та; they sat ~ the table они́ сиде́ли вокру́г стола́; the earth revolves ~ the sun земля́ враща́ется вокру́г со́лнца; he worked ~ the clock он рабо́тал круглосу́точно (*or* кру́глые су́тки); **2.** (*to or at all points of*): he looked ~ the room он осмотре́л (всю) ко́мнату; we walked ~ the garden мы гуля́ли по са́ду; they went ~ the galleries они́ обошли́ карти́нные галере́и; **3.** ~ the corner за угло́м, (*of motion*) за́ угол; **4.** (*about, based on*): he wrote a book ~ his experience он описа́л свой о́пыт в кни́ге; **5.** (*approximately*) о́коло +*g.*; he got there ~ (about) midday он добра́лся туда́ о́коло полу́дня.

*cpds.*: ~**about** *n.* (*merry-go-round*) карусе́ль; (*traffic island*) кольцева́я тра́нспортная развя́зка; (*on road sign*) круговое движе́ние; *adj.* око́льный, кру́жный, кружно́й; (*fig.*) ко́свенный, обхо́дный; **R~head** *n.* круглого-ло́вый, пурита́нин; ~**house** *n.* (*of ship*) кормова́я ру́бка; ~**-shouldered** *adj.* суту́лый; ~**sman** *n.* доста́вщик; (*Am.*) полице́йский инспе́ктор; ~**-table** *n.* (*attr.*): ~-table conference конфере́нция кру́глого стола́; ~**-the-clock** *adj.* круглосу́точный; ~**-up** *n.* (*of news*) сво́дка новосте́й; (*of cattle*) заго́н скота́; (*raid*) обла́ва.

**roundel** *n.* (*circular panel or window*) кру́глое окно́; (*medallion*) медальо́н.

**roundelay** *n.* коро́тенькая пе́сенка.

**rounders** *n.* англи́йская лапта́.

**roundness** *n.* окру́глость.

**rouse** *v.t.* **1.** (*wake*) буди́ть, раз-; **2.** (*stimulate to action, interest etc.*) подстрека́ть (*impf.*); побу|жда́ть, -ди́ть; he ~d himself and went to work он взял себя́ в ру́ки и пошёл на рабо́ту; I could ~ no spark of sympathy я не мог вы́звать (в себе́) ни ка́пли сочу́вствия; a rousing chorus волну́ющий припе́в; **3.** (*provoke to anger*) возбу|жда́ть, -ди́ть; выводи́ть, вы́вести из себя́; he is terrible when ~d в гне́ве он ужа́сен.

*v.i.* пробу|жда́ться, -ди́ться.

**rout**[1] *n.* (*defeat*) разгро́м; (*disorderly retreat*) бе́гство; the enemy were put to ~ враг был разгро́млен.

*v.t.* разби|ва́ть, -и́ть на́голову; разгроми́ть (*pf.*); обра|ща́ть, -ти́ть в бе́гство.

**rout**[2] *v.t.*: ~ **out** (*drag out*) выта́скивать, вы́тащить; (*disclose*) обнару́жи|вать, -ть.

**route** *n.* маршру́т; тра́сса; in column of ~ (*mil.*) в похо́дной коло́нне.

*v.t.* отпр|авля́ть, -а́вить по маршру́ту, разраб|а́тывать, -о́тать маршру́т +*g.*

*cpd.*: ~**-march** *n.* похо́дный марш.

**routine** *n.* **1.** (*regular course of action*)

заведённый поря́док; режи́м; пра́ктика; форма́льность; (*attr.*) регуля́рный; очередно́й; теку́щий; повседне́вный; **2.** (*artiste's act*) но́мер, выступле́ние; a dance ~ танцева́льный но́мер.

**rov|e** *v.i.* скита́ться (*impf.*); he has a ~ing disposition он лю́бит стра́нствовать; she has a ~ing eye она́ так и стреля́ет глаза́ми; a ~ing correspondent разъездно́й корреспонде́нт; ~ing thoughts блужда́ющие мы́сли.

**rover** *n.* (*wanderer*) бродя́га (*m.*); скита́лец.

**row**¹ *n.* (*line*) ряд; they stood in a ~ они́ стоя́ли в ряд; the houses were built in ~s дома́ бы́ли постро́ены ряда́ми; seats in the front ~ места́ в пе́рвом ряду́; a hard ~ to hoe (*fig.*) тру́дная зада́ча.

**row**² *n.* (*by boat*) прогу́лка на ло́дке; we went (out) for a ~ мы пошли́ поката́ться на ло́дке.
  *v.t.:* he ~ed the boat in to shore он привёл ло́дку к бе́регу; we were ~ed across the river нас перепра́вили/перевезли́ че́рез ре́ку на ло́дке; Oxford were ~ing 40 (strokes) to the minute кома́нда О́ксфорда де́лала 40 гребко́в в мину́ту.
  *v.i.* грести́ (*impf.*); ~ out грести́ (*impf.*) от бе́рега; the boat ~s well ло́дка хорошо́ идёт; ~(ing)-boat гребна́я шлю́пка.

**row**³ *n.* **1.** (*noise, commotion*) шум; I can't work with this ~ going on я не могу́ рабо́тать в тако́м шу́ме; don't make (such) a ~! не шуми́те!; the tenants kicked up a ~ (*made a noise; protested*) жильцы́ по́дняли шум; **2.** (*argument, quarrel*) ссо́ра; спор; I had a ~ with the neighbours я поруга́лся с сосе́дями; **3.** (*disgrace*): I shall get into a ~ if I'm late мне здо́рово доста́нется, е́сли я опозда́ю.
  *v.i.* (*quarrel*) ссо́риться, по-; руга́ться (*impf.*).

**rowan** *n.* ряби́на.

**rowdiness** *n.* бесчи́нство; хулига́нство.

**rowdy** *n.* буя́н, скандали́ст; хулига́н.
  *adj.* гру́бый, шу́мный.

**rowdyism** *n.* гру́бость; хулига́нство.

**rowel** *n.* колёсико (шпо́ры).

**rowlock** *n.* уклю́чина.

**royal** *n.* (*coll., member of a ~ family*) член короле́вской семьи́.
  *adj.* **1.** (*of the reigning family; kingly*) короле́вский, ца́рский; of the blood ~ короле́вской кро́ви; the R~ Family короле́вская семья́; His R~ Highness его́ короле́вское высо́чество; the R~ Navy англи́йский вое́нно-морско́й флот; ~ blue я́рко-си́ний цвет; **2.** (*magnificent*) великоле́пный; we were ~ly entertained нас принима́ли по-ца́рски.

**royalism** *n.* роялри́зм.

**royalist** *n.* рояли́ст (*fem.* -ка).
  *adj.* роялри́стский.

**royalty** *n.* **1.** (*royal person or persons*) член(ы) короле́вской семьи́; **2.** (*mineral rights; pay-*

ment for these*) (пла́та за) пра́во разрабо́тки недр; **3.** (*payment to owner of patent or copyright*) а́вторский гонора́р; отчисле́ния (*pl.*) а́втору пье́сы и *т.п.*

**rpm** (*abbr.*) оборо́ты (*m. pl.*) в мину́ту.

**rub** *n.* **1.** (*act of ~bing*) натира́ние; стира́ние; she gave the mirror a ~ with a cloth она́ протёрла зе́ркало тря́пкой; **2.** (*snag*): there's the ~! в то́м-то и загво́здка!
  *v.t.* тере́ть (*impf.*); пот|ира́ть, -ере́ть; нат|ира́ть, -ере́ть; the dog ~bed its head against my legs соба́ка тёрлась голово́й о мои́ но́ги; Johnny ~bed his knee on the wall Джо́нни ободра́л коле́но о сте́нку; he ~bed the skin off his knees он стёр ко́жу на коле́нях; he ~bed himself (dry) with a towel он до́суха вы́терся полоте́нцем; he ~bed his hands with soap он намы́лил ру́ки; he ~bed his hands with satisfaction он потира́л ру́ки от удово́льствия; the Maoris ~ noses in greeting ма́ори тру́тся носа́ми в знак приве́тствия; there is no need to ~ my nose in it (*fig.*) не́зачем ты́кать меня́ но́сом; he ~s shoulders with the great он обща́ется с больши́ми людьми́; ~ the oil well into your skin на́до хороше́нько втере́ть ма́сло в ко́жу; the elbows of his coat were ~bed рукава́ его́ пальто́ пообтёрлись на локтя́х.
  *v.i.* тере́ться (*impf.*); mind you don't ~ against the wet paint бу́дьте осторо́жны и не запа́чкайтесь кра́ской.
  with advs.: ~ **along** *v.i.* ла́дить (*impf.*); уж|ива́ться, -и́ться; выпу́тываться, вы́путаться; ~ **down** *v.t.* обт|ира́ть, -ере́ть; he ~bed his horse down он основа́тельно почи́стил ло́шадь; ~ **in** *v.t.* вт|ира́ть, ере́ть; вд|а́лбливать, -олби́ть; the liniment should be ~bed in мазь сле́дует втира́ть; it was my fault; don't ~ it in! моя́ вина́! но ско́лько мо́жно упрека́ть?; ~ **off** *v.t.* ст|ира́ть, -ере́ть; all the shine was ~bed off весь блеск сошёл/стёрся; *v.i.*: her happiness ~bed off on those around her её сча́стье передава́лось тем, кто её окружа́л; ~ **on** *v.t.* (*e.g. ointment*) на|кла́дывать, -ложи́ть; ~ **out** *v.t.* отт|ира́ть, -ере́ть; ст|ира́ть, -ере́ть; (*murder*) приши́ть (*pf.*) (*sl.*); *v.i.*: this ink will not ~ out э́ти черни́ла не стира́ются; ~ **over** *v.t.* прот|ира́ть, -ере́ть; if the glass mists up, ~ it over е́сли стекло́ запоте́ет, протри́те его́; ~ **through** *v.i.* his trousers had ~bed through at the knees его́ брю́ки протёрлись на коле́нях; ~ **together** *v.t.*: he lit the fire by ~bing two sticks together он развёл костёр, добы́в ого́нь тре́нием; ~ **up** *v.t.* нач|ища́ть, -и́стить; полирова́ть, от-; she ~bed up the silver она́ начи́стила/почи́стила серебро́; you ~bed him up the wrong way вы к нему́ не так подошли́; I must ~ up my French мне ну́жно освежи́ть францу́зский.

**rub-a-dub** *n.* бараба́нный бой; трам-там-там.

**rubato** *n. adj. & adv.* руба́то (*indecl.*).

**rubber**[1] *n.* **1.** (*substance*) рези́на; каучу́к; ~ band рези́нка; ~ goods (*contraceptives*) противозача́точные сре́дства; ~ plant каучуконо́с; фи́кус каучуконо́сный; **2.** (*eraser*) ла́стик, рези́нка; **3.** (*Am. sl., condom*) презервати́в; **4.** (*pl., galoshes*) кало́ши (*f. pl.*). *cpds.:* ~ **neck** (*sl.*) *n.* зева́ка (*c.g.*); *v.i.* глазе́ть (*impf.*); ~**-stamp** *v.t.* (*coll.*) подпи́с|ывать, -а́ть не гля́дя.

**rubber**[2] *n.* (*cards*) ро́ббер.

**rubberized** *adj.* прорези́ненный, обло́женный рези́ной, гуммиро́ванный.

**rubbing** *n.* (*tracing*) копиро́вка притира́нием.

**rubbish** *n.* (*refuse, trash*) му́сор; хлам; (*nonsense*) чепуха́, вздор. *cpds.:* ~**-bin** *n.* му́сорное ведро́; ~**-cart** *n.* мусорово́з; ~**-dump,** ~**-tip** *nn.* му́сорная я́ма.

**rubbishy** *adj.* никуда́ не го́дный; дрянно́й.

**rubble** *n.* булы́жник, ще́бень (*m.*).

**rubella** *n.* красну́ха.

**Rubicon** *n.*: he crossed the ~ он перешёл Рубико́н.

**rubicund** *adj.* румя́ный.

**ruble** *see* R(O)UBLE.

**rubric** *n.* заголо́вок; ру́брика.

**ruby** *n.* руби́н; (*attr.*) руби́новый.

**ruck**[1] *n.* (*crowd*) чернь; се́рая ма́сса.

**ruck**[2] *n.* (*wrinkle*) морщи́на. *v.t. & i.:* ~ up соб|ира́ть(ся), -ра́ть(ся) скла́дками; мо́рщить(ся), с-.

**rucksack** *n.* рюкза́к.

**ructions** *n.* (*sl.*) завару́ха, сканда́л.

**rudder** *n.* (*of vessel*) руль (*m.*), штурва́л; (*of aircraft*) руль направле́ния.

**rudderless** *adj.* без руля́; (*fig.*) без руля́ и без ветри́л.

**ruddy** *adj.* **1.** (*glowing, reddish*) румя́ный; а ~ face румя́ное лицо́; ~ health цвету́щее здоро́вье; а ~ glow я́рко-кра́сный цвет; **2.** (*as expletive*) прокля́тый, чо́ртов.

**rude** *adj.* **1.** (*impolite, offensive*) гру́бый; невоспи́танный; don't make ~ remarks! не груби́те!; he was ~ to the teacher он нагруби́л учи́телю; **2.** (*indecent*) гру́бый, непристо́йный; **3.** (*startling, violent*) ре́зкий; а ~ shock внеза́пный уда́р; I had a ~ awakening (*fig.*) меня́ пости́гло го́рькое разочарова́ние; **4.** (*primitive, roughly made*) топо́рный; гру́бо сде́ланный; **5.** (*in natural state*) необрабо́танный; ~ ore необогащённая/рядова́я руда́; **6.** (*vigorous*) кре́пкий, си́льный; in ~ health кре́пкого здоро́вья.

**rudeness** *n.* (*impoliteness*) гру́бость; невоспи́танность.

**rudiment** *n.* **1.** (*in pl., elements, first principles*) элемента́рные зна́ния; (*beginnings, first trace*) зача́тки (*m. pl.*); he has not even the ~s of

common sense у него́ нет ни ка́пли здра́вого смы́сла; **2.** (*imperfectly developed organ*) рудимента́рный о́рган.

**rudimentary** *adj.* (*elementary*) элемента́рный; (*undeveloped*) рудимента́рный, зача́точный.

**rue**[1] *n.* (*bot.*) ру́та.

**rue**[2] *v.t.* (*liter.*) сожале́ть (*impf.*); you will ~ it вы об э́том пожале́ете; he lived to ~ the day пришло́ вре́мя, когда́ он про́клял тот день.

**rueful** *adj.* печа́льный, удручённый.

**ruff**[1] *n.* (*frill*) жабо́ (*indecl.*); (*on bird's neck*) кольцо́ пе́рьев вокру́г ше́и пти́цы.

**ruff**[2] *n.* (*bird*) турухта́н.

**ruffian** *n.* головоре́з, банди́т.

**ruffianly** *adj.* банди́тский.

**ruffle** *n.* (*ornamental frill*) обо́рка. *v.t.*: a breeze ~d the surface of the lake от ве́тра о́зеро покры́лось ря́бью; she ~d his hair она́ взъеро́шила ему́ во́лосы; the bird ~d up its feathers пти́ца взъеро́шила пе́рья; he never gets ~d он всегда́ невозмути́м; его́ невозмо́жно вы́вести из себя́.

**rug** *n.* **1.** (*mat*) ковёр; sweep sth. under the ~ (*fig.*) сты́ливо ута́ивать (*impf.*) что-н.; зама́зать/скрыть/замаскирова́ть (*pf.*) что-н. неприя́тное; **2.** (*wrap*) плед.

**Rugby (football)** *n.* ре́гби (*nt. indecl.*).

**rugged** *adj.* **1.** (*rough, uneven*) неро́вный; а ~ coast скали́стый бе́рег; **2.** (*irregular, strongly-marked*) гру́бый; ~ features ре́зкие черты́; **3.** (*unrefined*) неотшлифо́ванный, гру́бый; **4.** (*austere, harsh*) тяжёлый, тру́дный; **5.** (*sturdy*) кре́пкий, твёрдый.

**ruggedness** *n.* неро́вность; гру́бость; твёрдость.

**rugger** (*coll.*) = RUGBY (FOOTBALL).

**Ruhr** *n.* Рур; Ру́рская о́бласть.

**ruin** *n.* **1.** (*downfall*) ги́бель, круше́ние; the ~ of his hopes круше́ние его́ наде́жд; ambition led to his (*or* brought him to) ~ честолю́бие погуби́ло его́; ~ stared him in the face ему́ грози́ло разоре́ние; **2.** (*collapsed or destroyed state*; *building in this state*) разва́лины, руи́ны (*both f. pl.*); the house fell into ~ дом соверше́нно развали́лся (*or* преврати́лся в гру́ду разва́лин); ancient ~s дре́вние руи́ны (*f. pl.*); his life lay in ~s его́ жизнь была́ загу́блена; **3.** (*destroying agency*) поги́бель; he will be the ~ of us он нас погу́бит. *v.t.* разр|уша́ть, -у́шить; уничт|ожа́ть, -о́жить, губи́ть, по-; he was ~ed (*in business*) он разори́лся; this will ~ my chances э́то подорвёт мои́ ша́нсы; the effect was ~ed никако́го эффе́кта не получи́лось; the rain ~ed my suit дождь испо́ртил мой костю́м; а ~ed building разру́шенное зда́ние.

**ruination** *n.* ги́бель; разоре́ние.

**ruinous** *adj.* (*disastrous*) губи́тельный; (*in ruins*) разру́шенный; (*expensive*) разори́тельный.

**rule** *n.* **1.** (*regulation; recognized principle*)

пра́вило; keep, stick to the ~s of the game соблюда́ть (*impf.*) пра́вила игры́; ~ of the road пра́вила (*pl.*) у́личного движе́ния; he does everything by ~ он де́лает всё по пра́вилам; smoking is against the ~s кури́ть не разреша́ется; кури́ть нельзя́; work (*n.*) to ~ замедле́ние те́мпа рабо́ты (*род итальянской забастовки*); by ~ of thumb куста́рным спо́собом; на глазо́к; **2.** (*normal practice*; *custom*) привы́чка, обы́чай; my ~ is never to start an argument мой при́нцип — никогда́ не затева́ть спор; as a ~ как пра́вило; he makes it a ~ to rise early он взял за пра́вило встава́ть ра́но; **3.** (*government, sway*) правле́ние, госпо́дство; ~ of law власть зако́на; зако́нность; under foreign ~ под иностра́нным влады́чеством; **4.** (*measuring-stick*) лине́йка.

*v.t.* **1.** (*govern*) управля́ть (*impf.*) +*i.*; руководи́ть (*impf.*) +*i.*; she ~s her husband она́ кома́ндует му́жем; don't be ~d by prejudice не поддава́йтесь предрассу́дкам; **2.** (*decree, decide*) постан|а́вливать, -ови́ть; the chairman ~d the motion out of order председа́тель отклони́л предложе́ние, как наруша́ющее регла́мент; the umpire ~d that the ball was not out судья́ объяви́л, что мяч не́ был в а́уте; **3.**: a ~d exercise book тетра́дь в лине́йку; ~d paper лино́ванная бума́га.

*v.i.* (*hold sway*) пра́вить (*impf.*); управля́ть (*impf.*); ruling classes пра́вящие кла́ссы; ruling passion всепоглоща́ющая страсть.

*with advs.*: ~ **off** *v.t.* отдел|я́ть, -и́ть черто́й; ~ **out** *v.t.* (*exclude*) исключ|а́ть, -и́ть; I would not ~ out the possibility я не исключа́ю тако́й возмо́жности.

**ruler** *n.* (*reigning person*) прави́тель (*m.*); (*measuring-stick*) лине́йка.

**ruling** *n.* (*decree*; *decision*) постановле́ние; реше́ние.

**rum**¹ *n.* ром.

*cpd.*: ~-**runner** *n.* контрабанди́ст спиртны́х напи́тков.

**rum**², -**my** *adjs.* (*sl.*) чудно́й; he is a ~ customer он стра́нный тип; a ~ go! стра́нные дели́шки!

**Rumania, -n** *see* ROMANIA, -N.

**rumba** *n.* ру́мба.

*v.i.* танцева́ть, про- ру́мбу.

**rumbl**|**e** *n.* громыха́ние, гул.

*v.t.* (*coll., unmask, discover*) ви́деть (*impf.*) (*кого/что*) наскво́зь.

*v.i.* громыха́ть (*impf.*); греме́ть, за-/про-; thunder was ~ing in the distance вдалеке́ греме́л гром; a tractor ~ed along громыха́я, прошёл тра́ктор.

**rumbustious** *adj.* (*coll.*) шумли́вый, шу́мный.

**ruminant** *n.* жва́чное живо́тное.

*adj.* жва́чный.

**ruminate** *v.i.* (*chew the cud*) жева́ть (*impf.*) жва́чку; (*ponder*) разду́мывать (*impf.*).

**rumination** *n.* жева́ние жва́чки; (*fig.*) размыш-

ле́ние.

**rummage** *n.* (*search*) о́быск; (*old articles*) старьё; ~ sale бараха́лка; распрода́жа поде́ржанных веще́й.

*v.t.* обы́ск|ивать, -а́ть; the ship was ~d by Customs тамо́женники произвели́ досмо́тр корабля́.

*v.i.* ры́ться (*impf.*); he ~d (about) for his matches он всю́ду ры́лся в по́исках спи́чек.

**rummy**¹ *n.* (*card game*) реми-бридж.

**rummy**² *adj. see* RUM².

**rumour** *n.* слух; то́лк|и (*pl., g.* -ов); ~ has it that . . . хо́дят слу́хи, что . . .; there were ~s of war ходи́ли слу́хи, что бу́дет война́.

*v.t.*: it was ~ed that . . . ходи́ли слу́хи, что . . .; the ~ed visit визи́т, о кото́ром прошёл слух.

**rump** *n.* кресте́ц; (*fig., remnant*) оста́тки (*m. pl.*).

*cpd.*: ~-**steak** *n.* ромште́кс; вы́резка.

**rumple** *v.t.* мять, по-; трепа́ть, по-; еро́шить, взъ-; her dress was ~d её пла́тье помя́лось; don't ~ my hair! не трепи́те мне во́лосы!

**rumpus** *n.* шум, гам; сканда́л; ~ room ко́мната для игр и развлече́ний.

**run** *n.* **1.** (*action of ~ning*) бег, пробе́г; he went for a ~ before breakfast он сде́лал пробе́жку пе́ред за́втраком; he took a ~ and jumped across the brook он разбежа́лся и перепры́гнул че́рез руче́й; he started off at a ~ он побежа́л (с ме́ста); the prisoner made a ~ for it заключённый бежа́л/удра́л; the general had the enemy on the ~ генера́л обрати́л проти́вника в бе́гство; the prisoner is on the ~ заключённый нахо́дится в бега́х; she has been on the ~ all morning она́ была́ в бега́х всё у́тро; he had a good ~ for his money (*fig.*) он не зря стара́лся; его́ уси́лия окупи́лись; **2.** (*trip, journey, route*) пое́здка, рейс, маршру́т; we went for a ~ in the country мы съе́здили за́ город; it is a fast ~ from here to London отсю́да мо́жно бы́стро добра́ться до Ло́ндона; the driver was not on his usual ~ води́тель рабо́тал не на своём обы́чном маршру́те; the train did the ~ in 3 hours по́езд дошёл за 3 часа́; the ship was on a trial ~ кора́бль находи́лся в испыта́тельном ре́йсе; **3.** (*continuous stretch*) пери́од; отре́зок вре́мени; the government had a long ~ in office прави́тельство до́лго остава́лось у вла́сти; he had a ~ of good luck у него́ была́ полоса́ везе́ния; the play had a long ~ пье́са шла до́лго; in the long ~ в коне́чном счёте; **4.** (*score at cricket etc.*) очко́; **5.** (*tendency, sequence*) направле́ние; the ~ of the hills is from east to west гряда́ холмо́в тя́нется с восто́ка на за́пад; **6.** (*demand*) спрос; there is a ~ on this book э́та кни́га по́льзуется больши́м спро́сом; **7.** (*ordinary kind*): his talents are out of the common ~ он незауря́дно тала́нтлив;

~ of the mill обы́чный/сре́дний сорт; **8.** (*for fowls etc.*) заго́н; **9.** (*use, access*): he gave me the ~ of his library он предоста́вил мне всю свою́ библиоте́ку; **10.** (*mus., rapid scale passage*) рула́да, пасса́ж; **11.** (*cards in numerical sequence*) ка́рты (*f. pl.*), иду́щие подря́д по досто́инству; **12.** (*ladder in stocking etc.*) спусти́вшаяся пе́тля.

*v.t.* **1.** (*cause to* ~): he ran a horse in the Derby он вы́ставил свою́ ло́шадь на Де́рби; you will ~ yourself short of breath вы задохнётесь от бе́га; he nearly ran me off my legs он меня́ так загна́л, что я на нога́х не стоя́л; **2.** (*execute, perform*): he ran a good race он хорошо́ пробежа́л (диста́нцию); the heats were ~ yesterday забе́ги состоя́лись вчера́; he likes ~ning errands ему́ нра́вится быть на побегу́шках; **3.** (*cover, traverse*) бежа́ть (*det.*), про-; he can ~ the mile in under a minute он мо́жет пробежа́ть ми́лю ме́ньше, чем за мину́ту; I'd ~ a mile to avoid him я бы от него́ за версту́ убежа́л; the illness has to ~ its course боле́знь должна́ пройти́ все э́тапы; her children are ~ning the streets её де́ти бе́гают по у́лицам (как беспризо́рные); the canoe ran the rapids кано́э прошло́ че́рез поро́ги; **4.** (*expose o.s. to*) подв|ерга́ться, -е́ргнуться +*d.*; he ~s the risk of being caught он риску́ет быть по́йманным; he ran it too fine он оста́вил (*вре́мени, де́нег*) в обре́з; **5.** (*hunt, pursue*) пресле́довать (*impf.*); трави́ть (*impf.*); the hounds ran the fox to earth соба́ки загна́ли лису́ в но́ру; I ran him to earth in his study наконе́ц я насти́г его́ в кабине́те; I won, but he ran me very close я вы́играл у него́, но с больши́м трудо́м; **6.** (*convey in car*) подв|ози́ть, -езти́ (*or* подбр|а́сывать, -о́сить) (на маши́не); shall I ~ you home? хоти́те, я подвезу́ вас домо́й?; I'll ~ you to the station я подбро́шу вас к ста́нции; **7.** (*smuggle*) пров|ози́ть, -езти́ контраба́ндой; **8.** (*cause to go*): they ran the ship aground они́ посади́ли кора́бль на мель; he ran the car into the garage он загна́л маши́ну в гара́ж; he ran the car into a tree он вре́зался в де́рево; he ran his fingers over the keys он пробежа́л (*or* бы́стро провёл) па́льцами по кла́вишам; he ran his eye over the page он пробежа́л глаза́ми страни́цу; I shall ~ (water into) the bath я напущу́ воды́ в ва́нну; я пригото́влю ва́нну; he ran a sword through his enemy's body он пронзи́л врага́ мечо́м; **9.** (*operate*) управля́ть (*impf.*) +*i.*; эксплуати́ровать (*impf.*); who is ~ning the shop? кто ве́дает ла́вкой?; he ~s a small business у него́ своё небольшо́е де́ло; she ~s the house single-handed она́ сама́ ведёт хозя́йство; he ran the engine for a few minutes он завёл мото́р на не́сколько мину́т; they ran extra trains они́ пусти́ли дополни́тельные поезда́; can you afford to ~ a car? вы в со-

стоя́нии держа́ть маши́ну?; he thinks he ~s the show (*fig.*) он ду́мает, что он здесь гла́вный; **10.**: he is ~ning a temperature у него́ температу́ра.

*v.i.* **1.** (*move quickly, hurry*) бе́гать (*indet.*); бежа́ть (*det.*), по-; I ran after him я побежа́л за ним; I had to ~ for the train мне пришло́сь бежа́ть, чтобы поспе́ть на по́езд; he ran for his life он удира́л изо всех сил (*or* во весь дух); ~ for it! беги́!; (*coll.*) дуй!; he came ~ning to my aid он бро́сился ко мне на по́мощь; ~ and see who's at the door! сбе́гай посмотри́, кто пришёл!; she ~s after every man she meets она́ гоня́ется за все́ми мужчи́нами; **2.** (*compete*) соревнова́ться (*impf.*); he is ~ning in the 100 metres он бежи́т стометро́вку; (*fig.*): he ran for president он баллоти́ровался в президе́нты; **3.** (*come by chance*) столкну́ться (*pf.*) (с +*i.*); натолкну́ться (*pf.*) (на +*a.*); I ran into, across an old friend я случа́йно встре́тил ста́рого това́рища; **4.** (*of ship etc.*): the vessel ran ashore су́дно вы́бросило на бе́рег (*or* приткну́лось к бе́регу); they were ~ning before the wind они́ плы́ли с попу́тным ве́тром; they had to ~ into port им пришло́сь зайти́ в порт; **5.** (*of public transport*) ходи́ть (*indet.*); there are no trains ~ning поезда́ не хо́дят; **6.** (*of machines etc.: function*) де́йствовать (*impf.*); most cars ~ on petrol большинство́ маши́н рабо́тает/хо́дит на бензи́не; leave the engine ~ning! не выключа́йте мото́р!; **7.** (*of objects in motion*): it ~s on wheels э́то дви́гается на колёсах; (*fig.*): life ~s smoothly for him его́ жизнь течёт гла́дко; **8.** (*of liquid, sand etc.: flow*) течь, протека́ть, струи́ться (*all impf.*); the water is ~ning кран откры́т; the floor was ~ning with water пол был зали́т водо́й; wine ran like water вино́ лило́сь реко́й; tears/sweat ran down his face слёзы/пот кати́лись (*or* пот струи́лся) по его́ щека́м; the tide is ~s strong си́льный прили́в; the river is ~ning high вода́ в реке́ подняла́сь; I hit him till the blood ran я бил его́, пока́ не показа́лась кровь; my eyes are ~ning у меня́ слезя́тся глаза́; his nose was ~ning у него́ текло́ и́з носу; (*fig.*): feelings ran high стра́сти разгоре́лись; prices are ~ning high це́ны поднима́ются; **9.** (*become, grow*) станови́ться (*impf.*); the well ran dry коло́дец вы́сох; supplies were ~ning low запа́сы бы́ли на исхо́де; he ran short of money у него́ не остава́лось де́нег; his blood ran cold у него́ кровь засты́ла в жи́лах; **10.** (*develop unchecked*): the garden is ~ning wild сад бу́рно разраста́ется; she lets her children ~ wild её де́ти расту́т без присмо́тра; the lettuces ran to seed сала́т пошёл в семена́; he is ~ning to fat у него́ появля́ется жиро́к; don't let good food ~ to waste не переводи́те зря хоро́шую пи́щу; **11.** (*of colour, ink etc.: spread*) линя́ть, по-; if you wash this dress the dye will ~ е́сли вы пости-ра́ете э́то пла́тье, оно́ полиня́ет; **12.** (*of emotions, thought etc.*: *travel*): the news ran like wildfire но́вость распространи́лась с молние-но́сной быстрото́й; a tremor ran through the crowd толпа́ затрепета́ла; a pain ran up his arm у него́ стрельну́ло в руке́; the thought ran through his head у него́ промелькну́ла мысль; his thoughts were ~ning on a certain woman его́ мы́сли возвраща́лись к одно́й же́нщине; my eyes ran over the page я пробежа́л глаза́ми страни́цу; the tune kept ~ning through my head э́та мело́дия всё вре́мя звуча́ла у меня́ в уша́х; **13.** (*extend, stretch*) тяну́ться (*impf.*); простира́ться (*impf.*); the gardens ~ down to the river сады́ тя́нутся до реки́; a road ~ning along the river доро́га, иду́щая вдоль реки́; a fence ~s round the field по́ле огоро́жено забо́ром; the first volume ~s to 500 pages в пе́рвом то́ме 500 страни́ц; his biography ran into six editions его́ биогра́фия вы́держала шесть изда́ний; his income ~s into five figures он получа́ет бо́льше десяти́ ты́сяч; it will ~ to a lot of money э́то бу́дет сто́ить больши́х де́нег; our funds will not ~ to it на́ших де́нег на э́то не хва́тит; **14.** (*continue*; *remain in operation*) быть действи́тельным; the lease has seven years to ~ догово́р о на́йме действи́телен ещё семь лет; the play has been ~ning for five years пье́са идёт пять лет; it ~s in their family э́то у них насле́дственное; **15.** (*become unwoven*) спуска́ться (*impf.*); these stockings will not ~ на э́тих чулка́х пе́тли не спуска́ются; **16.** (*of narrative or verse*) гласи́ть (*impf.*); I forget how the line (of poetry) ~s я забы́л, как звучи́т э́та строка́; so the story ~s так говоря́т; her reply ran true to form отве́т был типи́чным для неё.

*further phrr. with preps.*: ~ **into** (*collide with*) налета́ть (*impf.*) на +*a.*; столкну́ться (*pf.*) с +*i.*; he ran into a lamp-post он налете́л на фона́рный столб; (*encounter, incur*): he ran into debt он зале́з/влез в долги́; if you ~ into danger е́сли вам бу́дет угрожа́ть опа́сность; the plan ran into difficulties план натолкну́лся на тру́дности; ~ **over, through** (*review*; *rehearse*) повтор|я́ть, -и́ть; I will ~ over the main points я повторю́ (*or* ещё раз перечи́слю) гла́вные пу́нкты; shall I ~ over the part with you? дава́йте пройдём ва́шу роль вме́сте; he ran through his mail он просмотре́л по́чту; ~ through (*spend*) тра́тить, по-; he ran through a small fortune он истра́тил це́лое состоя́ние.

*with advs.*: ~ **about** *v.i.* бе́гать (*indet.*); let the children ~ about пусть де́ти побе́гают; **along** *v.i.*: I must ~ along мне на́до бежа́ть; along and play! иди́ поигра́й!; ~ **around** *v.i.*: she is ~ning around with a married man она́ кру́тит с жена́тым (челове́ком); he had me ~ning around in circles он меня́ соверше́нно

сбил с то́лку; ~ **away**, ~ **off** *v.i.* убе|га́ть, -жа́ть; уд|ира́ть, -ра́ть; he ran away with his employer's daughter он сбежа́л с хозя́йской до́чкой; he ran away with the game он шутя́ вы́играл па́ртию; entertaining ~s away with a lot of money принима́ть госте́й сто́ит де́нег; don't ~ away with the idea that I am against you не внуша́йте себе́, что я име́ю что́-либо про́тив вас; the horse ran away with him ло́шадь его́ понесла́; he lets his tongue ~ away with him он сли́шком распуска́ет язы́к; ~ **back** *v.t.*: he ran the tape back он перемота́л плёнку наза́д; *v.i.*: he ran back to apologize он прибежа́л наза́д, чтобы извини́ться; the car ran back down the hill маши́на откати́лась наза́д под го́ру; let us ~ back over the argument дава́йте повтори́м доказа́тельство по пу́нктам; ~ **down** *v.t.*: the ship ran down a rowing-boat in the fog в тума́не кора́бль на-ткну́лся на шлю́пку; the cyclist was ~ down by a lorry грузови́к сбил велосипеди́ста; don't ~ your battery down не тра́ньте батаре́ю; she is always ~ning down her neighbours она́ ве́чно поно́сит сосе́дей; you look very ~ down у вас о́чень утомлённый вид; the police ran the murderer down in London поли́ция насти́гла уби́йцу в Ло́ндоне; it took him all day to ~ the reference down це́лый день ушёл у него́ на наведе́ние спра́вки; it is their policy to ~ down production их поли́тика напра́влена к свёртыванию произво́дства; *v.i.* остан|а́вли-ваться, -ови́ться; the clock ran down у часо́в ко́нчился заво́д; the labour force is ~ning down рабо́чая си́ла сокраща́ется; ~ **in** *v.t.*: he is ~ning in his car он обка́тывает свою́ маши́ну; the police ran him in его́ зацапа́ла поли́ция (*coll.*); ~ **off** *v.t.*: I ran off the water from the tank я вы́пустил во́ду из ба́ка; he can ~ off an article in half an hour он мо́жет настро́чить статью́ за полчаса́; can you ~ off 100 more copies? вы мо́жете сде́-лать/отпеча́тать ещё 100 экземпля́ров?; the heats will be ~ off today забе́ги состоя́тся сего́дня; *v.i.* убе|га́ть, -жа́ть; уд|ира́ть, -ра́ть; he ran off with the jewels он сбежа́л с драгоце́нностями; (*see also* ~ **away**); ~ **on** *v.i.* (*typ. etc.*) наб|ира́ть, -ра́ть в одну́ стро́ку (*or* в подбо́р); *v.i.* прод|олжа́ться, -о́лжиться; the lecture ran on for two hours ле́кция продолжа́-лась два часа́; ~ **out** *v.t.*: he ran the rope out он протяну́л верёвку; he was ~ out of the country его́ изгна́ли из страны́; *v.i.* (*lit.*) выбега́ть, вы́бежать; (*come to an end*) конча́ться, ко́нчиться; supplies are ~ning out запа́сы конча́ются; he will soon ~ out of money у него́ ско́ро ко́нчатся де́ньги; he ran out of ideas у него́ исся́кли иде́и; our tea ran out у нас вы́шел чай; time is ~ning out вре́мя истека́ет; the tide was ~ning out начался́ отли́в; the pier ~s out into the sea мол выдаётся в мо́ре;

**over** *v.t.* задави́ть (*pf.*); he was ~ over by a car его́ задави́ла маши́на; *v.i.*: the bath ran over ва́нна перелила́сь че́рез край; the (boiling) milk ran over молоко́ убежа́ло; ~ **through** *v.t.*: yield, or I will ~ you through! сдава́йтесь, а то я вас заколю́!; the teacher ran my mistakes through with his pencil учи́тель зачеркну́л мои́ оши́бки карандашо́м; ~ **together** *v.t.*: he ~s his words together он глота́ет слова́; ~ **up** *v.t.*: ~ up the flag подня́ть (*pf.*) флаг; she ran up a dress она́ (бы́стро) смастери́ла пла́тье; he ran up a shed он сооруди́л сара́й; he ran up a bill at the tailor's он задолжа́л портно́му; *v.i.*: she ran up to tell me the news она́ прибежа́ла, что́бы сообщи́ть мне но́вость; he ran up against a snag он натолкну́лся на препя́тствие.

*cpds.*: ~**about** *n.* (*car*) небольшо́й автомоби́ль; малолитра́жка; ~**around** *n.* (*coll., excuses*) отгово́рки (*f. pl.*); ~**away** *n.* (*fugitive*) бегле́ц; (*attr.*): a ~away horse ло́шадь, кото́рая понесла́; ~away inflation безу́держная инфля́ция; ~**-down** *n.* (*reduction*) сокраще́ние; (*summary*) кра́ткое изложе́ние; конспе́кт; give me a ~-down on events скажи́те мне кра́тко, что произошло́; ~**-off** *n.* (*deciding heat*) дополни́тельная игра́; (*copy from stencil etc.*) ко́пия, отпеча́ток; (*diversion of water*) сток; ~**-up** *n.* (*run preparatory to action*) разбе́г; (*fig.*): the ~-up to the election предвы́борная пора́/кампа́ния; ~**way** *n.* (*av.*) взлётно-поса́дочная полоса́ (*abbr.* ВПП).

**rune** *n.* ру́на.
**rung** *n.* (*of ladder*) ступе́нька; (*fig.*): he reached the topmost ~ of his profession он дости́г верши́ны в свое́й профе́ссии; (*of chair*) перекла́дина.
**runic** *adj.* руни́ческий.
**runnel** *n.* (*rivulet*) ручеёк; (*gutter*) кана́ва, сток.
**runner** *n.* **1.** (*athlete*) бегу́н; front ~ ли́дер; long-distance ~ ста́йер; marathon ~ марафо́нец; **2.** (*horse in race*) рыса́к, (бегова́я) ло́шадь; **3.** (*messenger; scout*) посы́льный курье́р; **4.** (*part which assists sliding motion*): curtain ~ кольцо́ для занаве́ски; sledge ~ по́лоз; **5.** (*narrow cloth; strip of carpet*) доро́жка; **6.** (*bot., shoot*) побе́г; ~ bean фасо́ль о́гненная.

*cpd.*: ~**-up** *n.* уча́стник/кандида́т, заня́вший второ́е ме́сто.
**running** *n.* **1.** (*sport, exercise*) бе́ганье, бег; I shall take up ~ я займу́сь бе́гом; **2.** (*pace*) ход; the favourite made all the ~ фаворит вёл бег; she made the ~ in the conversation она́ задава́ла тон в разгово́ре; **3.** (*contest*) состяза́ние; they are out of the ~ for the Cup они́ вы́были из соревнова́ний на ку́бок; he is in the ~ for Prime Minister он мо́жет стать премье́р-мини́стром; **4.** (*operation*) управле́ние (*чем*), эксплуата́ция.

*adj.* **1.** (*performed while* ~) бегу́щий; he took a ~ kick at the ball он уда́рил мяч с разбе́га; ~ jump прыжо́к с разбе́га; ~ fight отхо́д с боя́ми; **2.** (*performed while events proceed*) теку́щий; ~ commentary репорта́ж (по хо́ду де́йствия); **3.** (*continuous*) непреры́вный; a ~ fire of questions непреры́вный пото́к вопро́сов; **4.** (*in succession*) подря́д, кря́ду; he won three times ~ он вы́играл три ра́за подря́д; **5.** (*flowing*): ~ water (*in nature*) прото́чная вода́; (*domestic*) водопрово́д; hot and cold ~ water горя́чая и холо́дная вода́; (*oozing liquid*) гноя́щийся, слезя́щийся; a ~ sore гноя́щаяся боля́чка; a ~ nose сопли́вый нос, на́сморк; **6.** (*sliding*) скользя́щий; a ~ knot затяжно́й у́зел.

*cpd.*: ~**-board** *n.* подно́жка.
**runny** *adj.* теку́чий, жи́дкий; a ~ egg жи́дкое яйцо́; a ~ nose мо́крый нос, на́сморк.
**runt** *n.* (*undersized animal*) низкоро́слое живо́тное; (*of pers., pej.*) ка́рлик.
**rupee** *n.* ру́пия.
**rupture** *n.* **1.** (*breaking, bursting*) проры́в; перело́м; **2.** (*hernia*) гры́жа; **3.** (*breach, quarrel*) разры́в, разла́д.
*v.t.* **1.** (*burst, break*) прор|ыва́ть, -ва́ть; he ~d a blood-vessel он повреди́л кровено́сный сосу́д; ~ o.s. над|рыва́ться, -орва́ться; **3.** (*sever*) пор|ыва́ть, -ва́ть; their relationship was ~d они́ порва́ли вся́кие отноше́ния.
*v.i.* раз|рыва́ться, -орва́ться; прекра|ща́ться, -ти́ться.
**rural** *adj.* се́льский; ~ dean благочи́нный.
**ruse** *n.* уло́вка, ухищре́ние.
**rush¹** *n.* (*bot.*) тростни́к.

*cpd.*: ~**-light** *n.* лучи́на.
**rush²** *n.* **1.** (*precipitate movement*) стреми́тельное движе́ние; the ~ of water пото́к/напо́р воды́; a ~ of blood to the head прили́в кро́ви к голове́; he made a ~ for the goal он бро́сился к воро́там; (*bustle*) спе́шка; (*increase in activity, buying etc.*): a ~ of business оживле́ние в торго́вле; the Christmas ~ предрожде́ственская суета́/суто́лока; the gold ~ золота́я лихора́дка; a ~ job спе́шная рабо́та; in the ~ hour в часы́ пик; **2.** (*first print of film*) отсня́тый материа́л, (*in pl.*) «пото́ки» (*m. pl.*).
*v.t.* **1.** (*speed, hurry*) торопи́ть, по-; troops were ~ed to the front войска́ бы́ли сро́чно перебро́шены на фронт; a doctor was ~ed to the scene на ме́сто происше́ствия сро́чно доста́вили врача́; the order was ~ed through зака́з бы́стро проверну́ли; I refuse to be ~ed into a decision реше́ние в спе́шке; I was ~ed off my feet (*exhausted*) я сби́лся с ног; (~*ed into sth.*) мне заморо́чили го́лову; I must ~ off a letter я до́лжен бы́стренько настрочи́ть письмо́; **2.** (*charge*) брать, взять шту́рмом; they ~ed the

enemy lines они захватили вражеские позиции стремительным натиском; the audience ~ed the platform публика хлынула на эстраду; he ~ed the fence он слишком стремительно взял барьер; **3.** (*charge in money*): how much did they ~ you for that? сколько с вас содрали за это? (*coll.*).

*v.i.* мчаться, по-; бр|осаться, -оситься; кидаться, кинуться; she is always ~ing about она вечно носится; она вечно в бегах; he ~ed after me он бросился за мной; the train ~ed by поезд промчался мимо; he ~ed in and out он заскочил на минутку; he ~ed into print он поспешил напечататься; she ~ed off without saying goodbye она убежала, не попрощавшись; they ~ed to congratulate her они бросились её поздравлять; the blood ~ed to her face кровь бросилась ей в лицо; don't ~ to conclusions не делайте поспешных выводов; a ~ing wind порывистый ветер.

**rusk** *n.* сухарь (*m.*).

**russet** *adj.* красновато-коричневый.

**Russia** *n.* Россия; Holy ~ Святая Русь.

**Russian** *n.* **1.** (*pers.*) русск|ий (*fem.* -ая); the ~s русские (*pl.*); **2.** (*language*) русский язык; do you speak ~? вы говорите по-русски?

*adj.* русский; (*pol., hist., also*) российский; ~ studies русистика; ~ salad винегрет; салат-оливье (*indecl.*).

*cpd.*: ~-**speaking** *adj.* русскоязычный; знающий/изучивший русский язык; владеющий русским языком.

**Russianize** *v.t.* русифицировать (*impf., pf.*).

**Russicism** *n.* русизм.

**Russification** *n.* русификация.

**Russify** *v.t.* русифицировать (*impf., pf.*).

**Russo-Japanese** *adj.*: ~ war русско-японская война.

**Russophile** *n.* русофил (*fem.* -ка).

**Russophobia** *n.* русофобия.

**rust** *n.* (*on metal*; *plant disease*) ржавчина.

*v.t.* покр|ывать, -ыть ржавчиной.

*v.i.* ржаветь, за-; покр|ываться, -ыться ржавчиной.

*cpd.*: ~-**proof** *adj.* нержавеющий.

**rustic** *n.* деревенский житель, деревенщина (*c.g.*).

*adj.* (*countrified*) деревенский, сельский; (*unrefined*) неотёсанный, грубый; (*of rough workmanship*) грубо сработанный; a ~ bridge мост из нетёсаного леса.

**rusticate** *v.t.* (*suspend*) временно исключать (*impf.*) (*студента из университета*); (*archit.*) рустовать (*impf.*).

**rustication** *n.* (*suspension*) временное исключение (студента из университета); (*archit.*) рустовка.

**rusticity** *n.* деревенские обычаи (*m. pl.*); простота; неотёсанность.

**rustiness** *n.* ржавчина; (*fig.*) отсталость; (*hoarseness*) хриплость.

**rustle** *n.* шелест, шорох.

*v.t.* **1.** (*cause to* ~) шелестеть (*impf.*) +*i.*; шуршать (*impf.*) +*i.*; don't ~ the newspaper не шелестите газетой; **2.** (*Am. sl., steal*) красть, у-; **3.** ~ **up** (*coll.*) разыск|ивать, -ать; can you ~ up some food? вы можете раздобыть чего-нибудь поесть?

*v.i.* шелестеть (*impf.*); шуршать (*impf.*).

**rustler** *n.* (*Am.*) конокрад; вор, угоняющий скот.

**rustless** *adj.* нержавеющий.

**rusty** *adj.* ржавый, заржавленный; (*fig.*): his dinner-jacket was ~ with age его смокинг порыжел от старости; (*out of practice*): my German is ~ я подзабыл немецкий; (*hoarse*): his voice was ~ у него был скрипучий/хриплый голос.

**rut**[1] *n.* (*wheel-track*) колея, выбоина; (*fig.*) рутина; it is easy to get into a ~ легко погрязнуть в рутине.

*v.t.*: a deeply ~ted road дорога, изрытая глубокими колеями.

**rut**[2] *n.* (*sexual excitement*) гон; in ~ в охоте.

*v.i.* быть в охоте; the ~ting season время спаривания/случки.

**Ruth** *n.* (*bibl.*) Руфь.

**Ruthenia** *n.* (*hist.*) Малороссия; Subcarpathian ~ Подкарпацкая Русь.

**Ruthenian** *n.* русин (*fem.* -ка).

*adj.* русинский.

**ruthenium** *n.* рутений.

**ruthless** *adj.* безжалостный, жестокий.

**ruthlessness** *n.* безжалостность, жестокость.

**Rwanda** *n.* Руанда.

**rye** *n.* рожь; ~ bread ржаной хлеб; (~ whisky) ржаное виски (*indecl.*).

**Ryukyu Islands** *n.* острова Рюкю (*indecl.*).

# S

**Saar** *n.* Саар; ~land Саарская область.

**sabbath** *n.* **1.** (*Jewish*) суббота; (*Christian*) воскресенье; **2.** witches' ~ шабаш ведьм.

**sabbatical** *n.* (~ year, term) see adj.

*adj.* **1.** субботний; воскресный; **2.** ~ leave творческий/академический отпуск.

**Sabine** *n.*: Rape of the ~s похищение сабинянок.

**sable**[1] *n.* (*zool.*) со́боль (*m.*); (*fur*) со́боль, собо́лий мех.
    *adj.* собо́лий, соболи́ный.
**sable**[2] (*liter.*) *n.* (*colour*) чёрный цвет.
    *adj.* чёрный, вороно́й; (*funereal*) мра́чный, тра́урный.
**sabot** *n.* деревя́нный башма́к, сабо́ (*indecl.*).
**sabotage** *n.* сабота́ж, диве́рсия, вреди́тельство; acts of ~ диверсио́нные а́кты.
    *v.t.* саботи́ровать (*impf., pf.*); (*damage*) повре|жда́ть, -ди́ть; (*fig., disrupt*) срыва́ть, сорва́ть.
**saboteur** *n.* сабота́жник, диверса́нт, вреди́тель (*m.*).
**sabre** *n.* са́бля; (*fencing*) эспадро́н.
    *v.t.* руби́ть (*impf.*) са́блей.
    *cpds.:* ~-**cut** *n.* (*blow*) са́бельный уда́р; (*wound, scar*) са́бельная ра́на; ~-**fencer** *n.* сабли́ст; ~-**rattling** *n.* (*fig.*) бряца́ние ору́жием; ~-**toothed** *adj.* саблезу́бый.
**sabretache** *n.* та́шка.
**sac** *n.* (*biol.*) мешо́чек, су́мка; (*med.*) киста́, мешо́чек.
**saccharin** *n.* сахари́н.
**saccharine** *adj.* са́харный, са́харистый; (*fig.*) слаща́вый, прито́рный.
**sacerdotal** *adj.* свяще́ннический, жре́ческий.
**sachet** *n.* саше́ (*indecl.*).
**sack**[1] *n.* **1.** (*bag*) мешо́к; (~ *dress*) сак; **2.** (*coll., dismissal*): get the ~ быть уво́ленным; получ|а́ть, -и́ть расчёт; give s.o. the ~ ув|ольня́ть, -о́лить кого́-н.; рассчи́т|ывать, -а́ть кого́-н.; **3.** (*Am., bed*): hit the ~ отпр|авля́ться, -а́виться на боковую́ (*coll.*).
    *v.t.* **1.** (*put into* ~*s; also* ~ **up**) нас|ыпа́ть, -ы́пать в мешки́; **2.** (*coll., dismiss*) рассчи́т|ывать, -а́ть.
    *cpds.:* ~**cloth** *n.* мешкови́на; (*hair shirt*) власяни́ца; wear ~cloth and ashes (*fig.*) посыпа́ть (*impf.*) пе́плом главу́; ка́яться (*impf.*); ~-**race** *n.* бег в мешка́х.
**sack**[2] *n.* (*plundering*) разграбле́ние.
    *v.t.* (*also* put to ~) гра́бить, раз-; пред|ава́ть, -а́ть разграбле́нию; отд|ава́ть, -а́ть на разграбле́ние.
**sack**[3] *n.* (*hist., wine*) испа́нское бе́лое сухо́е вино́.
**sackful** *n.* по́лный мешо́к (*чего*); by the ~ (це́лыми) мешка́ми.
**sacking** *n.* (*text.*) мешкови́на, дерю́га.
**sacral** *adj.* (*anat.*) крестцо́вый; (*relig.*) обря́довый, ритуа́льный.
**sacrament** *n.* **1.** (*sacred act or rite*) та́инство; **2.** (*Eucharist*): the Holy S~ свято́е прича́стие; святы́е дары́ (*m. pl.*); те́ло госпо́дне; take, receive the ~ прича|ща́ться, -сти́ться; **3.** (*oath*) кля́тва, обе́т.
**sacramental** *adj.* сакрамента́льный; ~ wine вино́ для прича́стия.
**sacred** *adj.* свяще́нный, свято́й; ~ books

свяще́нные кни́ги; ~ music духо́вная му́зыка; ~ duty свяще́нный долг; nothing is ~ to him для него́ нет ничего́ свято́го; ~ cow (*fig.*) (неприкоснове́нная) святы́ня; ~ to the memory of my wife незабве́нной па́мяти мое́й супру́ги.
**sacredness** *n.* свя́тость.
**sacrifice** *n.* (*lit., fig.*) же́ртва; (*act of relig.* ~) жертвоприноше́ние; make a ~ of sth. прин|оси́ть, -ести́ что-н. в же́ртву; же́ртвовать, по- чем-н.; they made ~s for their children они́ мно́гим же́ртвовали ра́ди дете́й; at the ~ of his health же́ртвуя здоро́вьем, в уще́рб со́бственному здоро́вью; at the ~ of one's principles поступи́вшись свои́ми при́нципами; he sold his house at a ~ он про́дал свой дом с убы́тком.
    *v.t.* (*lit., at altar*) прин|оси́ть, -ести́ (*кого/что*) в же́ртву; (*give up, surrender*) же́ртвовать, по- +*i.*; he ~d truth to his own interests он принёс и́стину в же́ртву свои́м интере́сам.
**sacrificial** *adj.* же́ртвенный.
**sacrilege** *n.* святота́тство, кощу́нство.
**sacrilegious** *adj.* святота́тственный, кощу́нственный.
**sacristan** *n.* ри́зничий.
**sacristy** *n.* ри́зница.
**sacrosanct** *adj.* свяще́нный, неприкосно-ве́нный.
**sacrum** *n.* крестец́.
**sad** *adj.* **1.** гру́стный, печа́льный; I feel ~ мне гру́стно; with a ~ heart с тяжёлым се́рдцем; a ~ event печа́льное собы́тие; it is ~ to hear you say that приско́рбно э́то слы́шать; (*regrettable, lamentable*) приско́рбный; it is ~ that you failed the exams о́чень жаль, что вы провали́лись на экза́менах; a ~ mistake доса́дная оши́бка; he came to a ~ end он пло́хо ко́нчил; **2.** (*liter.*): he is a ~ rascal он неисправи́мый пове́са; he writes ~ stuff он пи́шет ужа́сно пло́хо/скве́рно; **3.** (*fig., of colours*) ту́склый, серова́тый; **4.**: you are ~ly mistaken вы жесто́ко ошиба́етесь; the garden was ~ly neglected сад был доне́льзя запу́щен.
**sadden** *v.t.* печа́лить, о-.
**saddle** *n.* **1.** седло́; (*of shaft horse's harness*) седёлка; be in the ~ (*lit.*) е́хать верхо́м; (*fig., in control*) верхово́дить (*impf.*); **2.** (*of animal's back*) седлови́на, (*as meat*) седло́; **3.** (*in hills*) седлови́на.
    *v.t.* **1.** седла́ть, о-; **2.** (*fig., burden with task, guilt etc.*): ~ s.o. with sth. взва́л|ивать, -и́ть что-н. на кого́-н. (*or* на ше́ю кому́-н.); he was ~d with his relatives он был обремене́н ро́дственниками; у него́ на ше́е сиде́ли ро́дственники.
    *cpds.:* ~**back** *n.* (*geog.*) седлови́на; ~-**bag** *n.* седе́льный вьюк; ~-**blanket** *n.* потни́к; ~-**bow** *n.* седе́льная лука́; ~-**cloth** *n.* чепра́к;

~-**girth** *n.* подпру́га; ~-**horse** *n.* верхова́я ло́шадь; ~-**strap** *n.* вью́чный реме́нь.

**saddler** *n.* седе́льник, шо́рник.

**saddlery** *n.* (*activity*) шо́рное де́ло, шо́рничество; (*workshop*) шо́рная мастерска́я.

**Sadducee** *n.* саддуке́й.

**sadism** *n.* сади́зм.

**sadist** *n.* сади́ст (*fem.* -ка).

**sadistic** *adj.* сади́стский.

**sadness** *n.* грусть, печа́ль, тоска́; a look of ~ печа́льный вид.

**safari** *n.* сафа́ри (*nt. indecl.*); охо́тничья экспеди́ция; on ~ на охо́те.

**safe**[1] *n.* сейф; несгора́емый шкаф/я́щик; (*meat-*~) холоди́льник.

**safe**[2] *adj.* **1.** (*affording security, not dangerous*) безопа́сный; (*reliable*) надёжный; put the money in a ~ place! спря́чьте де́ньги в надёжное ме́сто!; in ~ custody под надёжной охра́ной; in s.o.'s ~ keeping у кого́-н. на сохране́нии; is it ~ to leave him (alone)? не опа́сно/стра́шно его́ оставля́ть одного́?; to be on the ~ side на вся́кий слу́чай, для (бо́льшей) ве́рности; is she ~ on a bicycle? не стра́шно ей дове́рить велосипе́д?; is the dog ~ with children? де́тям не опа́сно игра́ть с э́той соба́кой?; **2.** (*free from danger*): we are ~ from attack мы мо́жем не опаса́ться нападе́ния; he is ~ from his enemies он недосяга́ем для враго́в; three inoculations will make you ~ три приви́вки — и вы бу́дете в по́лной безопа́сности; we are ~ as houses here мы здесь как за ка́менной стено́й; perfectly ~ в по́лной сохра́нности; (*unhurt, undamaged*): we saw them home ~ and sound мы доста́вили их домо́й це́лыми и невреди́мыми (*or* в це́лости и сохра́нности); **3.** (*cautious, moderate*) осторо́жный; better ~ than sorry бережёного (и) Бог бережёт; I decided to play ~ я реши́л не рискова́ть; **4.** (*certain*): he is a ~ winner он наверняка́ вы́играет; у него́ ве́рный вы́игрыш; it's a ~ bet мо́жно быть уве́ренным.

*cpds.*: ~-**conduct** *n.* (*document*) охра́нная гра́мота; ~-**deposit** *n.* храни́лище с се́йфами; ~**guard** *n.* охра́на, страхо́вка, гара́нтия (от +*g.*); *v.t.* гаранти́ровать (*impf., pf.*); охран|я́ть, -и́ть.

**safely** *adv.* **1.** (*unharmed*) благополу́чно, в сохра́нности; the parcel arrived ~ посы́лка пришла́ в це́лости и сохра́нности (*or* неповреждённой); **2.** (*for safety*): I put the bottle ~ away я убра́л буты́лку от беды́/греха́ пода́льше; **3.** (*by a safe margin*): they won the match ~ они́ вы́играли матч с лёгкостью; **4.** (*with confidence*): I can ~ say that … я могу́ с уве́ренностью сказа́ть, что …

**safeness** *n.* (*security*): a feeling of ~ чу́вство безопа́сности; (*of building, investment etc.*)

надёжность.

**safety** *n.* безопа́сность; endanger s.o.'s ~ грози́ть/угрожа́ть (*both impf.*) чьей-н. безопа́сности; рискова́ть (*impf.*) безопа́сностью кого́-н.; подверга́ть (*impf.*) кого́-н. опа́сности; our ~ was threatened на́ша безопа́сность была́ под угро́зой; they sought ~ in flight они́ пыта́лись спасти́сь бе́гством; there is ~ in numbers ≃ на миру́ и смерть красна́; безопа́снее де́йствовать сообща́; ~ first осторо́жность пре́жде всего́; play for ~ избега́ть (*impf.*) ри́ска; road ~ безопа́сность у́личного движе́ния; безопа́сность движе́ния по доро́гам; ~ curtain (*theatr.*) противопожа́рный за́навес; ~ factor коэффицие́нт безопа́сности; ~ film безопа́сная (невоспламеня́ющаяся) киноплёнка; ~ glass безоско́лочное стекло́; ~ lamp (*mining*) рудни́чная ла́мпа; ~ measures, precautions ме́ры безопа́сности; ~ match (безопа́сная) спи́чка; ~ net страхо́вочная се́тка; ~ razor безопа́сная бри́тва.

*cpds.*: ~-**belt** *n.* привязно́й реме́нь; ~-**catch** *n.* (*on gun etc.*) предохрани́тель (*m.*); ~-**fuse** *n.* (*for explosive*) огнепрово́дный шнур; (*elec.*) (пла́вкий) предохрани́тель (*m.*); ~-**pin** *n.* англи́йская була́вка; ~-**valve** *n.* предохрани́тельный кла́пан; (*fig.*): rowing provided a ~-valve for his energies заня́тия гре́блей дава́ли вы́ход его́ эне́ргии.

**saffron** *n.* (*substance*) шафра́н; (*colour*) шафра́нный/шафра́новый цвет.
*adj.* шафра́нный, шафра́новый.

**sag** *n.* (*of gate etc.*) оседа́ние, переко́с; (*of ceiling*) проги́б.
*v.i.* (*of gate etc.*) ос|еда́ть, -е́сть; покоси́ться (*pf.*); (*of rope, curtain*) пров|иса́ть, -и́снуть; (*of ladder, ceiling*) прог|иба́ться, -ну́ться; the ceiling ~s in the middle потоло́к прови́с посереди́не; (*of garment*) отв|иса́ть, -и́снуть; (*of cheeks, breasts*) обв|иса́ть, -и́снуть; a ~ging chin отви́слый подборо́док; (*fig., of prices*) па́дать, упа́сть.

**saga** *n.* са́га; (*fig.*): he told me the ~ of his escape он пове́дал мне (фантасти́ческую) исто́рию своего́ побе́га.

**sagacious** *adj.* **1.** (*of pers.*) му́дрый, здравомы́слящий; (*of animal*) у́мный; **2.** (*perspicacious*) проница́тельный, прозорли́вый; (*of action*: *far-sighted*) дальнови́дный, му́дрый.

**sagacity** *n.* му́дрость, здравомы́слие, ум; проница́тельность, прозорли́вость; дальнови́дность.

**sage**[1] *n.* **1.** (*bot.*) шалфе́й; **2.** (~ green) серова́то-зелёный цвет.

**sage**[2] *n.* (*wise man*) мудре́ц.
*adj.* му́дрый; (*iron.*) глубокомы́сленный.

**Sagittarius** *n.* Стреле́ц.

**sago** *n.* са́го (*indecl.*); ~ palm са́говая па́льма.

**Sahara** *n.* Caха́ра; (*fig.*) пусты́ня.

**sahib** *n.* (*arch.*) господи́н; джентльме́н.

**sail** *n.* **1.** па́рус; hoist ~ ста́вить, по- (*or* подн|има́ть, -я́ть) паруса́; lower the ~s спус|ка́ть, -ти́ть паруса́; under ~ под паруса́ми; in full ~ на всех паруса́х; get under (*or* set) ~ вы́йти (*pf.*) в пла́вание; make, set ~ for отпр|авля́ться, -а́виться к +*d.* (*or* в +*a.*); take in (*or* shorten) ~ (*lit.*) уб|авля́ть, -а́вить паруса́; (*fig.*) ограни́чи|вать, -ть свои стремле́ния; carry ~ нести́ (*det.*) паруса́; crowd ~ форси́ровать (*impf., pf.*) паруса́ми; strike ~ убра́ть (*pf.*) паруса́; **2.** (*ship*): there wasn't a ~ in sight не́ было ви́дно ни одного́ су́дна/корабля́; **3.** (*collect.*): a fleet of 50 ~ флот из пяти́десяти (па́русных) корабле́й; **4.** (*voyage or excursion on water*) пла́вание; go for a ~ отпр|авля́ться, -а́виться в пла́вание; it is 7 days' ~ from here э́то в семи́ днях пла́вания отсю́да; **5.** (*of windmill*) крыло́; **6.** (*dorsal fin*) спинно́й плавни́к.

*v.t.* **1.** (*of pers. or ship, travel over*) пла́вать (*indet.*); плыть, про- (*det.*) по +*d.*; he has ~ed the seven seas он исходи́л все моря́ (и океа́ны); we ~ed 150 miles мы проплы́ли/прошли́ 150 миль; **2.** (*control navigation of*) управля́ть (*impf.*) +*i.*; ~ toy boats пуска́ть (*impf.*) кора́блики.

*v.i.* **1.** пл|а́вать (*indet.*), -ыть (*det.*), поплы́ть (*pf.*); the new yacht ~s well у но́вой я́хты хоро́ший ход; ~ close to the wind (*lit.*) идти́/плыть (*det.*) кру́то к ве́тру; (*fig.*) вступ|а́ть, -и́ть на опа́сный путь; the ship ~ed into harbour кора́бль вошёл в га́вань (*or* пришёл в порт); we ~ed out to sea мы вы́шли в мо́ре; they ~ed up the coast они́ плы́ли вдоль бе́рега; **2.** (*start a voyage*) отпл|ыва́ть, -ы́ть; (*of freight*): the goods ~ed from London yesterday това́р был отпра́влен из Ло́ндона вчера́; **3.** (*fig., move gracefully, smoothly*) плыть (*impf.*); пла́вно дви́гаться (*impf.*); пропл|ыва́ть, -ы́ть; he ~ed through (*made light work of*) the exams он с лёгкостью (*or* без труда́) вы́держал экза́мены; ~ into (*coll., attack*) набр|а́сываться, -о́ситься на +*a.*; **4.** (*of birds*) пари́ть (*impf.*); (*of clouds*) нести́сь (*det.*); the clouds ~ed by проноси́лись облака́.

*cpds.*: ~-**cloth** *n.* паруси́на; ~-**maker** *n.* па́русный ма́стер; ~-**plane** *n.* планёр.

**sailer** *n.*: a fast, good ~ быстрохо́дное су́дно; хоро́ший ходо́к.

**sailing** *n.* **1.** (*act of* ~) (море)пла́вание; (*navigation*) морехо́дство, судохо́дство; (*directing a vessel*) кораблевожде́ние; (*as sport*) па́русный спорт; **2.** (*departure*) отхо́д, отплы́тие; (*voyage*) рейс; list of ~s расписа́ние парохо́дного движе́ния; ~ orders прика́з о вы́ходе в мо́ре; **3.** (*fig., progress*): it was plain ~ всё шло как по ма́слу.

*cpds.*: ~-**boat** *n.* па́русная ло́дка; ~-**master** *n.* шту́рман; ~-**ship** *n.* па́русное су́дно, па́русник.

**sailor** *n.* **1.** (*seaman*) моря́к, матро́с; морепла́ватель (*m.*), морехо́д; ~'s cap (матро́сская) бескозы́рка; ~s' home общежи́тие/гости́ница для матро́сов; ~ jacket матро́ска; **2.** he is a bad ~ он пло́хо перено́сит ка́чку (на мо́ре).

**sailoring** *n.* морска́я слу́жба.

**sailorly** *adj.* подоба́ющий моряку́.

**sainfoin** *n.* эспарце́т.

**saint** *n.* свято́й, пра́ведник; my ~'s day мой имени́н|ы (*pl., g.* —); patron ~ свято́й покрови́тель (*fem.* свята́я покрови́тельница); засту́пни|к (*fem.* -ца); it's enough to try the patience of a ~ э́то и а́нгела из терпе́ния вы́ведет; S~ Bernard (*dog*) сенберна́р; S~ John's wort зверобо́й; S~ Helena о́стров свято́й Еле́ны; S~ Kitts Сент-Кристо́фер; S~ Lawrence river река́ свято́го Лавре́нтия; S~ Louis (*city*) Сент-Лу́ис; S~ Lucia Сент-Люси́я; S~ Petersburg (*hist.*) Санкт-Петербу́рг; S~ Valentine's Day день свято́го Валенти́на; S~ Vitus's dance пля́ска свято́го Ви́та; All S~s (Day) пра́здник всех святы́х.

*cpd.*: ~-**like** *adj.* свято́й, а́нгельский.

**sainthood** *n.* свя́тость.

**saintliness** *n.* свя́тость; безгре́шность.

**saintly** *adj.* свято́й; безгре́шный.

**sake**[1] *n.*: for the ~ of ра́ди +*g.*; for God's, heaven's, goodness ~ ра́ди Бо́га (*or* всего́ свято́го); for one's own ~ для себя́; из-за себя́ самого́; for all our ~s ра́ди нас всех; he was persecuted for the ~ of his opinions его́ пресле́довали за убежде́ния; art for art's ~ иску́сство для иску́сства; for old times' ~ в па́мять про́шлого; he talks for the ~ of talking он говори́т так про́сто, чтоб поболта́ть.

**sake**[2] *n.* (*Japanese drink*) сакэ́ (*nt. indecl.*).

**Sakhalin** *n.* Сахали́н.

**salaam** *n.* селя́м.

**salable** *see* SAL(E)ABLE.

**salacious** *adj.* (*indecent*) непристо́йный.

**salacity** *n.* непристо́йность.

**salad** *n.* сала́т; fruit ~ фру́кты в сиро́пе; Russian ~ винегре́т; сала́т-оливье́ (*indecl.*); **2.** (*fig.*): in my ~ days в по́ру мое́й ра́нней ю́ности; когда́ я был зелёным юнцо́м.

*cpds.*: ~-**bowl** *n.* сала́тница; ~-**dressing** *n.* запра́вка (к сала́ту); ~-**oil** *n.* оли́вковое/прова́нское ма́сло.

**salamander** *n.* салама́ндра.

**salami** *n.* копчёная колбаса́; саля́ми (*f. indecl.*).

**sal ammoniac** *n.* нашаты́рь (*m.*).

**salaried** *adj.* (*pers.*) слу́жащий; (*post*) опла́чиваемый.

**salary** *n.* окла́д, зарпла́та.

**sale** *n.* **1.** прода́жа, сбыт; be on, for ~ име́ться (*impf.*) в прода́же; 'house for ~' (*as notice*) продаётся дом; he found a quick, ready ~ for his work он нашёл для свои́х изде́лий хоро́ший ры́нок сбы́та; put up for ~ выставля́ть, вы́ставить на прода́жу; the ~s were enormous спрос был колосса́льный; cash ~ прода́жа за нали́чный расчёт; there is no ~ for these goods на э́ти това́ры нет спро́са; ~ (*selling*) price прода́жная цена́; ~s clerk (*Am., shop assistant*) продав|е́ц (*fem.* -щи́ца); ~s department отде́л сбы́та; ~s talk рекла́ма, реклами́рование; ~s tax нало́г на про́данный това́р; **2.** (*event*): auction ~ прода́жа с аукцио́на; (*clearance* ~) распрода́жа; ~ (*reduced*) price сни́женная цена́, цена́ со ски́дкой.

   *cpds.*: ~-**room** *n.* аукцио́нный зал; ~ **sgirl**, ~ **slady** *nn. see* ~**swoman**; ~**sman** *n.* (*in shop*) продаве́ц; (*travelling door-to-door*) коммивояжёр; торго́вый аге́нт; ~**smanship** *n.* уме́ние/иску́сство продава́ть; ~**swoman**, ~**slady**, ~-**sgirl** *nn.* (*in shop*) продавщи́ца.

**sal(e)able** *adj.* хо́дкий.

**Salic** *adj.* сали́ческий; ~ law Сали́ческая пра́вда.

**salicylic** *adj.* салици́ловый.

**salient** *n.* (*in fortifications*) вы́ступ; (*in line of attack or defence*) вы́ступ, клин.

   *adj.* (*jutting out*) выдаю́щийся, выступа́ющий; (*fig.*) выдаю́щийся, вы́пуклый, я́ркий.

**saline** *n.* (*marsh etc.*) солонча́к; (*solution*) соляно́й раство́р; (*med.*) физиологи́ческий раство́р.

   *adj.* солёный, соляно́й; ~ spring солёный исто́чник; ~ baths соляны́е ва́нны; ~ solution соляно́й раство́р.

**salinity** *n.* солёность.

**saliva** *n.* слюна́.

**salivary** *adj.* слю́нный.

**salivate** *v.i.* выделя́ть, вы́делить слюну́.

**salivation** *n.* слюноотече́ние.

**sallow**[1] *n.* (*bot.*) и́ва, раки́та.

**sallow**[2] *adj.* боле́зненно-жёлтый; оли́вковый.

**sallowness** *n.* желтизна́; оли́вковый цвет.

**sally** *n.* **1.** (*mil.*) вы́лазка; (*fig., excursion*) прогу́лка, экску́рсия, похо́д; **2.** (*witty remark*) острота́, остроу́мная вы́ходка, ре́плика.

   *v.i.*: ~ **forth, out** (*mil.*) де́лать, с- вы́лазку; (*fig.*) отпр|авля́ться, -а́виться.

**salmon** *n.* ло́сось (*m.*); сёмга; ~ trout тайме́нь (*m.*); ку́мжа.

   *adj.* **1.** лососёвый; **2.** (*colour*) ора́нжево--ро́зовый; цве́та сомо́н.

**salon** *n.* сало́н, ателье́ (*indecl.*).

**Salonica** *n.* Сало́ники (*pl. indecl.*).

**saloon** *n.* (*on ship*) сало́н, каю́т-компа́ния; billiard ~ билья́рдная; ~ (bar) бар; ~ (car) седа́н.

**salsify** *n.* козлоборо́дник.

**salt**[1] *n.* **1.** соль; bath ~s арома́ти́ческие со́ли (*f.*

*pl.*) для ва́нны; cooking ~ пова́ренная соль; rock ~ ка́менная соль; sea ~ морска́я соль; smelling ~s ню́хательная соль; table ~ столо́вая соль; in ~ (*pickled*) солёный; he is not worth his ~ он никчёмный челове́к; take sth. with a grain of ~ отн|оси́ться, -ести́сь скепти́чески к чему́-н.; rub ~ into s.o.'s wounds (*fig.*) растрав|ля́ть, -и́ть (*or* сы́пать (*impf.*) соль на) чьи-н. ра́ны; the ~ of the earth соль земли́; **2.** old ~ (*sailor*) (ста́рый) морско́й волк.

   *adj.* (*salty, salted*) солёный; (*pert. to production of* ~) соляно́й; ~ tears го́рькие слёзы; ~ water морска́я вода́; ~ beef солони́на.

   *v.t.* **1.** (*cure in brine*) соли́ть, за-; ~ed meat солони́на; **2.** (*sprinkle with* ~) соли́ть, по-; ~ the street пос|ыпа́ть, -ы́пать у́лицу со́лью; **3.** ~ **away, down** (*fig., coll., put in safe keeping*) копи́ть, на-; класть/скла́дывать (*impf.*) в кубы́шку; **4.** (*fig., flavour*) his conversation was ~ed with humour разгово́р его́ был сдо́брен изря́дной до́зой ю́мора.

   *cpds.*: ~-**cellar** *n.* соло́нка; ~-**glaze** *n.* соляна́я глазу́рь; ~-**lake** *n.* солёное о́зеро; ~-**lick** *n.* соляно́й уча́сток/исто́чник; ~-**marsh** *n.* солонча́к; ~-**mine** *n.* соляна́я ша́хта; ~-**pan** *n.* солёное о́зеро; (*vessel*) ва́рница; ~-**spoon** *n.* ло́жечка для со́ли; ~-**water** *adj.*: ~-water fish морска́я ры́ба; ~-water lake солёное о́зеро; ~-**works** *n.* солева́рня.

**SALT**[2] (*abbr.*): ~ talks перегово́ры об ограниче́нии стратеги́ческих вооруже́ний; ~ 2 ОСВ2.

**saltiness** *n.* солёность.

**saltire** *n.* андре́евский крест.

**saltpetre** *n.* сели́тра.

**salty** *adj.* (*lit., fig.*) солёный; too ~ пересо́ленный.

**salubrious** *adj.* (*healthy*) здоро́вый; (*curative*) целе́бный, цели́тельный.

**salutary** *adj.* (*beneficial*) благотво́рный; a ~ warning поле́зное предупрежде́ние; (*salubrious*) целе́бный, цели́тельный.

**salutation** *n.* приве́тствие.

**salute** *n.* **1.** (*mil., naut.*) отда́ние че́сти; во́инское приве́тствие; give, make a ~ отд|ава́ть, -а́ть честь; acknowledge, return a ~ отв|еча́ть, -е́тить на приве́тствие; take the ~ прин|има́ть, -я́ть пара́д; (*with guns*) салю́т; a ~ of 6 guns салю́т из шести́ за́лпов; (*in fencing*) салю́т, приве́тствие; **2.** (*fig.*) приве́тствие, дань (*кому*).

   *v.t.* **1.** отд|ава́ть, -а́ть честь (*кому*); салютова́ть (*impf., pf.*) (*кому/чему*); they ~d the Queen's birthday with 21 guns они́ произвели́ салю́т из двадцати́ одного́ ору́дия в честь дня рожде́ния короле́вы; **2.** (*greet*) приве́тствовать (*impf., pf.*); (*meet*) встр|еча́ть, -е́тить.

   *v.i.* отд|ава́ть, -а́ть честь.

**Salvadorean** *n.* сальвадо́р|ец (*fem.* -ка).
  *adj.* сальвадо́рский.
**salvage** *n.* **1.** (*saving ship or property*) спасе́ние
  (иму́щества); (*what is saved*) спасённое
  иму́щество; спасённый груз *и т.п.*; (~
  *money*) вознагражде́ние/награ́да за спасённое иму́щество; **2.** (*saving waste paper, metal
  etc.*) сбор утиля (*or* утиль-сырья́).
  *v.t.* (*also* **salve**) спас|а́ть, -ти́; сохран|я́ть,
  -и́ть.
**salvation** *n.* спасе́ние (души́), избавле́ние; he
  must work out his own ~ пусть выпу́тывается
  как мо́жет; S~ Army А́рмия спасе́ния; (*pers.
  or thing that saves*) спаси́тель (*m.*), избави́тель
  (*m.*); спасе́ние; you have been the ~ of him вы
  его́ спасли́; work was my ~ рабо́та была́ мои́м
  еди́нственным спасе́нием.
**salve**[1] *n.* (*lit.*) целе́бная мазь; (*lit., fig.*) бальза́м.
  *v.t.* (*anoint*) сма́з|ывать, -ать; (*fig., soothe;
  smooth over*) врачева́ть (*impf.*); успок|а́ивать,
  -о́ить; сгла́|живать, -дить.
**salve**[2] *see* SALVAGE *v.t.*
**salver** *n.* (серебряный) подно́с.
**salvo** *n.* (*of guns*) залп; fire a ~ да|ва́ть, -ть
  залп; (*of bombs*) бо́мбовый уда́р; (*of applause*)
  взрыв аплодисме́нтов.
**sal volatile** *n.* нюха́тельная соль.
**Samaritan** *n.* самаритя́н|ин (*fem.* -ка); good ~
  до́брый самаритя́нин.
  *adj.* самаритя́нский.
**samba** *n.* са́мба.
**Sam Browne** *n.* офице́рская портупе́я.
**same** *pron. & adj.* **1.** тот же (са́мый); тако́й же;
  оди́н (и тот же); (*unvarying*) одина́ковый,
  неизме́нный, ро́вный; they are one and the ~
  person э́то оди́н и тот же челове́к; not the ~
  друго́й; this ~ э́тот са́мый/же; is that the ~
  man we saw yesterday? э́то тот же челове́к,
  кото́рого мы ви́дели вчера́?; I lived in the ~
  house as he я жил в одно́м до́ме с ним; we are
  the ~ age мы одни́х лет (*or* одного́ во́зраста
  *or* рове́сники); he chose the ~ career as his
  father он вы́брал ту же профе́ссию, что и его́
  оте́ц; the ~ weapons as are used today то же
  са́мое ору́жие, како́е употребля́ется (и) в
  на́ши дни; in the ~ way таки́м/подо́бным же
  о́бразом; at the ~ time в то же вре́мя, одно-
  вре́менно, вме́сте; (*however*) ме́жду тем; at
  the ~ time every evening ка́ждый ве́чер в оди́н
  и тот же час; men and women receive the ~
  wages мужчи́ны и же́нщины получа́ют
  одина́ковую зарпла́ту; his books seem all the
  ~ to me все его́ кни́ги ка́жутся мне на одно́
  лицо́; it's all the ~ to me мне всё равно́; the
  village looks just the ~ as ever (it did) дере́вня
  вы́глядит тако́й же, как всегда́ (*or* на вид
  ничу́ть не измени́лась); I'm not the ~ man
  that I was я не тако́й, как (*or* каки́м был)
  пре́жде; it comes to the ~ thing э́то одно́ и то
  же; э́то всё равно́/еди́но; (*coll.*) так на так; I'd

do the ~ again я бы то́чно так же поступи́л и
  тепе́рь; ~ again, please! то же са́мое,
  пожа́луйста!; . . . and the ~ to you! . . . и вам
  та́кже (*or* того́ же)!
  *adv.*: I don't feel the ~ towards him я стал к
  нему́ ина́че относи́ться; я к нему́ охладе́л; all
  the ~ (*nevertheless*) всё-таки; всё равно́; всё
  же; just the ~ (*despite that*) тем не ме́нее; ~
  here! я то́же!
**sameness** *n.* (*identity*) одина́ковость, то́жде-
  ство; (*similarity*) схо́дство, подо́бие; (*uniformity*) единообра́зие; (*monotony*) однооб-
  ра́зие.
**samisen** *n.* сямисэ́н.
**Samoa** *n.* Само́а (*nt. indecl.*); Western ~ (*pol.*)
  За́падное Само́а.
**Samoan** *n.* (*pers.*) самоа́н|ец (*fem.* -ка); (*lan-
  guage*) самоа́нский язы́к.
  *adj.* самоа́нский.
**samovar** *n.* самова́р.
**Samoyed** *n.* (*pers.*) не́н|ец (*fem.* -ка); (*language*)
  не́нецкий язы́к; (*dog*) ла́йка.
**sampan** *n.* сампа́н.
**sample** *n.* (*comm., fig.*) образе́ц, обра́зчик,
  приме́р; (*med.*) про́ба; take a ~ of sth. *see v.t.*
  *v.t.* брать, взять образе́ц +*g.*; (*wine, food etc.*)
  про́бовать, по-; (*try out*) испро́бовать (*pf.*);
  испы́т|ывать, -а́ть.
**sampler**[1] *n.* (*taster*) дегуста́тор.
**sampler**[2] *n.* (*embroidery*) ≃ вы́шивка.
**sampling** *n.* (*in statistics*) вы́борка; (*attr.*)
  вы́борочный.
**Samson** *n.* Самсо́н.
**samurai** *n.* самура́й.
**sanatorium** (*Am.* **sanitarium**) *n.* санато́рий; at a
  ~ в санато́рии.
**sanctification** *n.* освяще́ние; оправда́ние.
**sanctify** *v.t.* освя|ща́ть (*or* святи́ть), -ти́ть; (*jus-
  tify*) опра́вд|ывать, -а́ть.
**sanctimonious** *adj.* ха́нжеский; ~ person ханжа́
  (*c.g.*), свято́ша (*c.g.*).
**sanctimoniousness** *n.* ха́нжество́.
**sanction** *n.* **1.** (*authorization, permission*)
  са́нкция; official ~ has not been given
  официа́льной са́нкции (*or* официа́льного
  разреше́ния) нет; (*approval*) одобре́ние;
  without his ~ без его́ согла́сия; **2.** (*penalty*)
  ме́ра наказа́ния; **3.** (*moral, relig., pol.*)
  са́нкция.
  *v.t.* (*authorize*) санкциони́ровать (*impf., pf.*);
  (*ratify*) утвер|жда́ть, -ди́ть; (*approve*) од|об-
  ря́ть, -о́брить.
**sanctity** *n.* (*holiness, saintliness*) свя́тость;
  (*inviolability*) неприкоснове́нность.
**sanctuary** *n.* **1.** (*holy place*) святи́лище; **2.** (*part
  of church*) алта́рь (*m.*); **3.** (*asylum, refuge*)
  убе́жище; violate ~ нар|уша́ть, -у́шить пра́во
  убе́жища; **4.** (*for wild life*) запове́дник; bird ~
  пти́чий запове́дник.
**sanctum** *n.* святи́лище; (*fig., 'den'*) прибе́жище.

**sand** *n*. **1.** песо́к; grain of ~ песчи́нка; a house built on ~ (*fig.*) дом, воздви́гнутый/постро́енный на песке́; the ~s are running out дни сочтены́; бли́зится коне́ц; **2.** (*pl.*, *beach*) (песча́ный) пляж; numberless as the ~s of the sea бесчи́сленные как песчи́нки на морско́м берегу́.

*v.t.* (*sprinkle with* ~) пос|ыпа́ть, -ы́пать песко́м; (*polish with* ~) прот|ира́ть, -ере́ть песко́м.

*cpds.*: ~**bag** *n*. мешо́к с песко́м, балла́стный мешо́к; *v.t.*: the entrance was ~bagged вход был защищён мешка́ми с песко́м; ~**bank** *n*. песча́ная о́тмель/ба́нка; ~**-bar** *n*. песча́ная о́тмель (в у́стье реки́); ~**-bed** *n*. песча́ный пласт; ~**-blast** *n*. песча́ная струя́; песко-стру́йный аппара́т; *v.t.* обраб|а́тывать, -о́тать из пескоду́вки (*or* песча́ной струёй); ~**-box** (*rail.*) *n*. песо́чница; ~**boy** *n*.: happy as a ~boy беззабо́тный; ~**-castle** *n*. за́мок из песка́ (*or* на песке́); ~**-dune** *n*. дюна; ~**-eel** *n*. песча́нка; ~**-glass** *n*. песо́чные час|ы́ (*pl.*, *g.* -о́в); ~**-hill** *n*. дюна; ~ **man** *n*. ≃ дрёма, дремо́та; ~**-martin** *n*. берегова́я ла́сточка; ~**paper** *n*. шку́рка, нажда́чная бума́га; *v.t.* чи́стить, от- (*or* шлифова́ть, от-) шку́ркой; ~**piper** *n*. песо́чник; ~**-pit** *n*. (*quarry*) песча́ный карье́р; (*for children*) песо́чница; ~**-shoes** *n*. спорти́вные та́почки (*f. pl.*); ~**stone** *n*. песча́ник; ~**storm** *n*. песча́ная бу́ря, саму́м.

**sandal**[1] *n*. (*footwear*) санда́лия, сандале́та.

**sandal**[2] *n*. (~wood) санда́л.

*cpd.*: ~**-tree** *n*. санда́ловое де́рево.

**sandalled** *adj.*: her feet were ~ её но́ги бы́ли обу́ты (*or* она́ была́ обу́та) в санда́лии; она́ была́ в санда́лиях.

**sandwich** *n*. бутербро́д, са́ндвич; ham ~ бутербро́д с ветчино́й; open ~ откры́тый бутербро́д (с одни́м куско́м хле́ба).

*v.t.* (*insert*) вти́с|кивать, -нуть; (*squeeze*) сти́с|кивать, -нуть; вти́с|кивать, -нуть; заж|има́ть, -а́ть; his car was ~ed between two lorries его́ маши́на была́ зажа́та ме́жду двумя́ грузовика́ми.

*cpds.*: ~**-boards** *n*. рекла́мные щиты́ (*m. pl.*); ~ **course** *n*. курс обуче́ния, череду́ющий тео́рию с пра́ктикой; ~**-man** *n*. челове́к-рекла́ма.

**sandy** *adj.* **1.** (*consisting of sand*) песча́ный; (*containing or resembling sand*) песо́чный; **2.** (*of hair or pers.*) рыжева́тый.

**sane** *adj.* (*opp. mad*) норма́льный, психи́чески здоро́вый; (*sensible*) здра́вый; здравомы́слящий; разу́мный.

**San Francisco** *n*. Сан-Франци́ско (*m. indecl.*).

**sang-froid** *n*. хладнокро́вие; невозмути́мость.

**sanguinary** *adj.* крова́вый; (*bloodthirsty*) кровожа́дный.

**sanguine** *adj.* **1.** (*of complexion etc.*) румя́ный; **2.**

(*of temperament*) сангвини́ческий; (*optimistic*) оптимисти́ческий; I am ~ that we shall succeed я уве́рен в успе́хе; I am ~ about the plan я споко́ен за э́тот прое́кт.

**Sanhedri|n, -m** *n*. синедрио́н.

**sanitarium** *see* SANATORIUM.

**sanitary** *adj.* санита́рный, гигиени́ческий, гигиени́чный; ~ arrangements сану́зел; ~ engineering санте́хника; ~ inspector сани́нспе́ктор; ~ towel гигиени́ческая (ма́рлевая) поду́шка; ~ ware унита́зы (*m. pl.*).

**sanitation** *n*. (*conditions*) санита́рное состоя́ние; санита́рные усло́вия; (*sewage system*) канализацио́нная систе́ма; the houses had no indoor ~ в дома́х не́ было канализа́ции.

**sanity** *n*. (*mental health*) психи́ческое здоро́вье; душе́вное равнове́сие; (*reasonableness*) здравомы́слие, благоразу́мие.

**San José** *n*. Сан-Хосе́ (*m. indecl.*).

**San Marino** *n*. Сан-Мари́но (*indecl.*).

**San Salvador** *n*. Сан-Сальвадо́р.

**sanserif** *n*. гроте́сковый шрифт (без засе́чек).

**Sanskrit** *n*. санскри́т; in ~ на санскри́те.

*adj.* санскри́тский.

**Santa Claus** *n*. ≃ Дед Моро́з, рожде́ственский дед.

**Santo Domingo** *n*. Са́нто-Доми́нго (*m. indecl.*).

**São Paulo** *n*. Сан-Па́улу (*m. indecl.*).

**São Tomé e Príncipe** *n*. Сан-Томе́ и При́нсипи.

**sap**[1] *n*. (*of plants*) сок; (*fig.*) жизнь; жи́зненные си́лы (*f. pl.*).

*v.t.* (*drain of* ~) суши́ть, вы́-; (*fig.*): ~ s.o.'s strength под|рыва́ть, -орва́ть (*or* истощ|а́ть, -и́ть) чьи-н. си́лы.

*cpd.*: ~**wood** *n*. за́болонь.

**sap**[2] *n*. (*mil.*, *trench*) са́па; кры́тая транше́я.

*v.t.* (*mil.*) подк|а́пывать, -опа́ть; под|рыва́ть, -ры́ть; (*of action by water*) подм|ыва́ть, -ы́ть; разм|ыва́ть, -ы́ть; (*fig.*, *undermine*) под|рыва́ть, -орва́ть.

**sap**[3] *n*. (*sl.*, *simpleton*) проста́к.

**sapience** *n*. му́дрость.

**sapient** *adj.* (*wise*) му́дрый.

**sapless** *adj.* иссо́хший.

**sapling** *n*. (*tree*) молодо́е де́ревце.

**sapper** *n*. (*mil.*) сапёр; (*pl.*) инжене́рные войска́.

**Sapphic** *n*. (*verse*) сафи́ческая строфа́; (*pl.*) сафи́ческие стихи́ (*m. pl.*).

*adj.* сафи́ческий; (*Lesbian*) лесби́йский, сафи́ческий.

**sapphire** *n*. (*stone*) сапфи́р; (*colour*) лазу́рь.

*adj.* сапфи́рный; лазу́рный, сапфи́ровый.

**Sappho** *n*. Сафо́ (*f. indecl.*).

**sappy** *adj.* со́чный; (*fig.*) по́лный жи́зненных сил; в соку́.

**saraband** *n*. сараба́нда.

**Saracen** *n*. сараци́н (*fem.* -ка).

*adj.* сараци́нский.

**Saragossa** *n*. Сараго́са.

**Sarah** *n.* (*bibl.*) Cáppa.

**Sarajevo** *n.* Сара́ево.

**Sarawak** *n.* Сарава́к.

**sarcasm** *n.* сарка́зм.

**sarcastic** *adj.* саркасти́ческий.

**sarcoma** *n.* сарко́ма.

**sarcophagus** *n.* саркофа́г.

**sardine** *n.* сарди́н(к)а; packed like ~s (наби́ты) как се́льди в бо́чке.

**Sardinia** *n.* Сарди́ния.

**Sardinian** *n.* (*pers.*) сарди́н|ец; (*fem.*) жи́тель-ница/уроже́нка Сарди́нии.

    *adj.* сарди́нский.

**sardonic** *adj.* сардони́ческий.

**sardonyx** *n.* сардо́никс.

**sari** *n.* са́ри (*f. indecl.*).

**Sarmatia** *n.* Сарма́тия.

**Sarmatian** *n.* сарма́т.

    *adj.* сарма́тский.

**sarong** *n.* саро́нг.

**sarsaparilla** *n.* сарсапари́ль (*m.*).

**sartorial** *adj.* (*pert. to tailoring*) портня́жный; ~ elegance изя́щество в оде́жде; уме́ние одева́ться.

**sash**[1] *n.* (*round waist*) куша́к, по́яс; (*over shoulder*) (о́рденская) ле́нта.

**sash**[2] *n.* (*of window*) скользя́щая ра́ма (окна́).   *cpd.*: ~**-window** *n.* подъёмное окно́.

**Saskatchewan** *n.* Саска́чеван.

**Sassanian** *adj.* сассани́дский.

**Satan** *n.* сатана́ (*m.*).

**Satanic** *adj.* сатани́нский, а́дский.

**Satanism** *n.* сатани́зм.

**satchel** *n.* су́мка, ра́нец; (шко́льный) порт-фе́ль.

**sate** *v.t.* (*liter.*) нас|ыща́ть, -ы́тить; ~d with pleasure пресы́щенный наслажде́ниями.

**sateen** *n.* сати́н.

**satellite** *n.* **1.** (*moon, artefact*) спу́тник, сателли́т; manned ~ обита́емый спу́тник; спу́тник с экипа́жем на борту́; ~ town го́род-спу́тник; **2.** (*fig.*) сателли́т, приспе́шник.

    *adj.* вспомога́тельный, подчинённый.

**satiate** *v.t.* нас|ыща́ть, -ы́тить.

**satiety** *n.* насыще́ние, сы́тость; (*over-abundance*) пресыще́ние; to ~ до́сыта, вдо́сталь, до отва́ла/отка́за.

**satin** *n.* атла́с.

    *adj.* атла́сный.

    *cpds.*: ~**-paper** *n.* сатини́рованная/атла́сная бума́га; ~**wood** *n.* атла́сное де́рево.

**satinet(te)** *n.* сатине́т.

**satiny** *adj.* атла́сный, шелкови́стый.

**satire** *n.* сати́ра.

**satiric(al)** *adj.* сатири́ческий.

**satirist** *n.* сати́рик.

**satirize** *v.t.* высме́ивать, вы́смеять.

**satisfaction** *n.* **1.** удовлетворе́ние, удовлетво-рённость; (*pleasure*) удово́льствие; дово́ль-ство; прия́тное созна́ние; the work was done to my entire ~ я был по́лностью удовлетворён вы́полненной рабо́той; I wanted to know for my own ~ я про́сто хоте́л удостове́риться; the results give cause for ~ результа́ты вполне́ удовлетвори́тельны; you have the ~ of knowing you are right вы мо́жете утеша́ться созна́нием со́бственной правоты́; he did not conceal his ~ at the outcome он не скрыва́л (свое́й) ра́дости по по́воду исхо́да де́ла; **2.** (*in duel*) сатисфа́кция, удовле-творе́ние; **3.** (*payment of debt*) упла́та, погаше́ние; (*fig.*) распла́та; make ~ for sins искупи́ть (*pf.*) грехи́; **4.** (*compensation*) компенса́ция.

**satisfactory** *adj.* удовлетвори́тельный, хоро́-ший, прия́тный; (*successful*) уда́чный; (*convincing*) убеди́тельный.

**satisf|y** *v.t.* **1.** удовлетвор|я́ть, -и́ть; the compromise ~ies everyone компроми́сс удовле-творя́ет всех; this solution ~ies all the requirements э́то реше́ние удовлетворя́ет/отвеча́ет/соотве́тствует всем тре́бованиям; ~y one's hunger утол|я́ть, -и́ть го́лод; nothing ~ies him ниче́м ему́ не угоди́шь; he ~ied the examiners он вы́держал экза́мен; I was more than ~ied with the response я был бо́лее чем дово́лен о́ткликом; you must be ~ied with what you have вам придётся дово́льствоваться тем, что у вас есть; a ~ied customer дово́льный клие́нт; he won't be ~ied until he has had an accident он то́лько тогда́ успоко́ится, когда́ попадёт в беду́ (*or* сде́-лается же́ртвой несча́стного слу́чая); **2.** (*justify*): the result ~ied our expectations результа́т оправда́л на́ши ожида́ния; **3.** (*convince*) убе|жда́ть, -ди́ть; I ~ied him of my innocence я убеди́л его́ в мое́й невино́вности; I ~ied myself of his honesty я убеди́лся в его́ че́стности; you may be ~ied that it is so (вы) мо́жете не сомнева́ться, что э́то так; **4.** (*pay*): ~y a debt пога|ша́ть, -си́ть долг; **5.** (*fulfil*): ~y an obligation выполня́ть, вы́полнить обя-за́тельство; **6.** (*meet*): ~y s.o.'s objections отв|оди́ть, -ести́ чьи-н. возраже́ния; **7.** (*of food*): a ~ying lunch сы́тный обе́д.

**satrap** *n.* сатра́п.

**satrapy** *n.* сатра́пия.

**saturate** *v.t.* нас|ыща́ть, -ы́тить; the carpet became ~d with water ковёр пропита́лся водо́й; I was ~d (*wet through*) я весь промо́к; ~d solution насы́щенный раство́р.

**saturation** *n.* насыще́ние, насы́щенность; ~ bombing площадно́е бомбомета́ние со сплошны́м пораже́нием; (*over-abundance*) пресыще́ние.

**Saturday** *n.* суббо́та; (*attr.*) суббо́тний; on ~ evening в суббо́ту ве́чером; Holy ~ Вели́кая суббо́та.

**Saturn** *n.* (*astron., myth.*) Сату́рн; ~'s rings ко́льца (*nt. pl.*) Сату́рна.

**saturnalia** *n.* сатурна́лии (*f. pl.*).

**Saturnian** *adj.* (*pros.*) сатурни́ческий.

**saturnine** *adj.* мра́чный, угрю́мый.

**satyr** *n.* сати́р.

**sauce** *n.* (*cul.*) со́ус; (*fig., piquancy*) припра́ва, пика́нтность; (*coll., impertinence*) де́рзость; none of your ∼! не дерзи́!

   *cpds.*: ∼**-boat** *n.* со́усник; ∼ **pan** *n.* кастрю́ля.

**saucer** *n.* блю́дце; cup and ∼ ча́шка с блю́дцем; flying ∼ лета́ющее блю́дце.

   *cpd.*: ∼**-eyed** *adj.* с глаза́ми как пло́шки.

**saucy** *adj.* де́рзкий, задо́рный, озорно́й; а ∼ little hat коке́тливая шля́пка.

**Saudi** *n.* сау́дов|ец (*fem.* -ка).

   *adj.* сау́довский; ∼ Arabia Сау́довская Ара́вия.

**sauerkraut** *n.* ки́слая/ква́шеная капу́ста.

**sauna** *n.* (*also* ∼ **bath**) са́уна, фи́нская (парна́я) ба́ня.

**saunter** *n.* (*stroll*) прогу́лка; at a ∼ неторопли́во, не спеша́.

   *v.i.* идти́ (*det.*) не торопя́сь; ∼ up and down проха́живаться, прогу́ливаться, флани́ровать (*all impf.*).

**saurian** *adj.* относя́щийся к я́щерицам/я́щерам.

**sausage** *n.* соси́ска; (*large Continental type*) колбаса́.

   *cpds.*: ∼**-meat** *n.* колба́сный фарш; ∼**-roll** *n.* соси́ска, запечённая в бу́лочке; ∼**-skin** *n.* колба́сная кожура́/ко́жица.

**sauté** *n. & adj.* соте́ (*indecl.*).

**sauve qui peut** *n.* беспоря́дочное бе́гство.

**savage** *n.* дика́р|ь (*fem.* -ка); (*fig., brute*) зверь (*m.*), грубия́н.

   *adj.* **1.** (*primitive*) ди́кий, первобы́тный; **2.** (*of animals: fierce*) свире́пый; **3.** (*of attack, blow etc.*) жесто́кий, я́ростный; his book was ∼ly attacked in the press его́ кни́га подве́рглась свире́пым напа́дкам в пре́ссе.

   *v.t.* (жесто́ко) искуса́ть (*pf.*); (*fig.*) растерза́ть (*pf.*).

**savage|ness, -ry** *nn.* ди́кость; свире́пость; жесто́кость.

**savanna(h)** *n.* сава́нна.

**savant** *n.* (кру́пный) учёный.

**sav|e** *n.* (*football etc.*): the goalkeeper made a brilliant ∼e врата́рь блестя́ще отби́л нападе́ние/уда́р.

   *v.t.* **1.** (*rescue, deliver*) спас|а́ть, -ти́; изб|авля́ть, -а́вить; he ∼ed my life он спас мне жизнь; she was ∼ed from drowning её во́время вы́тащили из воды́; ей не да́ли утону́ть; he ∼ed the situation он спас положе́ние; he thought only of ∼ing his own skin он ду́мал лишь о спасе́нии со́бственной шку́ры; ∼e appearances соблюда́ть (*impf.*) ви́димость/прили́чия; (*protect, preserve*): God ∼e the Queen! Бо́же храни́ короле́ву!; ∼e face сохрани́ть/спасти́ (*pf.*) лицо́; **2.** (*put by*)

бере́чь, с-; от|кла́дывать, -ложи́ть; копи́ть, на-; I ∼ed (up) £50 towards a holiday я скопи́л 50 фу́нтов на о́тпуск/кани́кулы; ∼e me something to eat! оста́вьте/прибереги́те мне что́-нибудь пое́сть!; (*collect*) соб|ира́ть, -ра́ть; (*avoid using or spending*) эконо́мить, с-; ∼e expense избе|га́ть, -жа́ть затра́т; he took the bus to ∼e time он пое́хал авто́бусом, что́бы сэконо́мить вре́мя; he is ∼ing himself (*or* his strength) for the next race он бережёт си́лы для сле́дующего соревнова́ния; we will ∼e the cake for tomorrow прибережём пиро́г на за́втра; (*obviate need for, expense of etc.*): that will ∼e me £100 я сэконо́млю на э́том сто фу́нтов; it ∼ed me a lot of time э́то мне сберегло́ мно́го вре́мени; it will ∼e you trouble if you come with me е́сли вы пойдёте со мной, э́то изба́вит вас от ли́шних хлопо́т; I ∼ed him the trouble of replying я изба́вил его́ от необходи́мости отвеча́ть.

   *v.i.* эконо́мить, с-; he is ∼ing up for a bicycle он откла́дывает/ко́пит де́ньги (*or* он ко́пит) на велосипе́д.

   *prep.* (*liter.*) кро́ме +*g.*; без +*g.*; I know nothing of him ∼e that he is rich я ничего́ о нём не зна́ю, кро́ме того́, что он бога́т; all the men ∼e one все кро́ме одного́ (челове́ка).

**saveloy** *n.* сервела́т.

**saver** *n.* **1.** (*investor*) вкла́дчик; **2.**: this method is a ∼ of time and money э́тот ме́тод эконо́мит и вре́мя и де́ньги.

**saving** *n.* **1.** (*salvation, rescue*) спасе́ние; penicillin led to the ∼ of many lives пеницилли́н мно́гим спас жизнь; **2.** (*economy*) эконо́мия; а ∼ of millions of pounds эконо́мия в миллио́ны фу́нтов; **3.** (*pl., money laid by*) сбереже́ния (*nt. pl.*); they live on their ∼s они́ живу́т на свои́ сбереже́ния; ∼s bank сберега́тельная ка́сса; he had to draw on his ∼s ему́ пришло́сь прибе́гнуть к свои́м сбереже́ниям.

   *adj.* **1.** (*salutary*) спаси́тельный; ∼ grace (*fig.*) положи́тельное/спаси́тельное сво́йство; **2.** ∼ clause огово́рка.

   *prep.* (*liter.*) **1.** (*except*) кро́ме +*g.*; **2.** (*without offence to*): ∼ your presence при всём уваже́нии к вам; не в оби́ду будь ска́зано.

**saviour** *n.* спаси́тель (*m.*).

*savoir-faire* *n.* сме́тливость.

*savoir-vivre* *n.* воспи́танность, такт.

**savory** *n.* садо́вый ча́бер.

**savour** *n.* (*lit., fig.*) при́вкус; life lost its ∼ for me жизнь потеря́ла для меня́ вся́кую пре́лесть.

   *v.t.* (*sample*) про́бовать, по-; (*enjoy*) смакова́ть (*impf., pf.*).

   *v.i.*: ∼ of отзыва́ть/отдава́ть (*impf.*) +*i.*; the letter ∼s of jealousy в письме́ сквози́т ре́вность.

**savoury** *adj.* пика́нтный, о́стрый; ∼ omelette омле́т с о́строй припра́вой; (*fig.*): a not very ∼ district непригля́дный райо́н.

**Savoy** *n.* Саво́йя; s~ (cabbage) саво́йская капу́ста.

**Savoyard** *n.* савоя́р (*fem.* -ка).

**savvy** *n.* смека́лка (*coll.*).

*v.i.* ~? поня́тно?; дошло́?

**saw**[1] *n.* (*tool*) пила́; circular ~ кру́глая/циркуля́рная пила́.

*v.t.* пили́ть (*impf.*); распи́л|ивать, -и́ть.

*v.i.* пили́ть (*impf.*); this wood ~s easily э́то де́рево хорошо́ пи́лится; he ~ed away on the violin он пили́л себе́ на скри́пке.

*with advs.*: ~ **down** *v.t.* спи́л|ивать, -и́ть; ~ **off** *v.t.* отпи́л|ивать, -и́ть; he ~ed off the branch he was sitting on (*fig.*) он подруби́л сук, на кото́ром сиде́л; ~n-off shotgun обре́з; ~ **up** *v.t.* распи́л|ивать, -и́ть.

*cpds.*: ~**-blade** *n.* полотно́ пилы́; ~ **bones** *n.* (*coll.*) хиру́рг, костопра́в; ~ **dust** *n.* опи́л|ки (*pl., g.* -ок); ~**fish** *n.* рыба-пила́; ~**fly** *n.* пили́льщик; ~**-frame** *n.* лесопи́льная ра́ма; ~ **mill** *n.* лесопи́лка; лесопи́льный заво́д; ~**-tooth** *n.* зуб (пилы́); *adj.* зубча́тый.

**saw**[2] *n.* (*maxim*) посло́вица, погово́рка.

**sawyer** *n.* пи́льщик.

**sax** (*coll.*) = SAXOPHONE.

**saxifrage** *n.* камнело́мка.

**Saxon** *n.* (*hist.*) сакс; (*native of Saxony*) сак-со́н|ец (*fem.* -ка).

*adj.* саксо́нский.

**Saxony** *n.* Саксо́ния.

**saxophone** *n.* саксофо́н.

**say** *n.* (*expression of opinion*): let s.o. have his ~ да|ва́ть, -ть кому́-н. вы́сказаться; I have said my ~ я вы́сказал/сказа́л всё, что име́л/собира́лся сказа́ть; we had no ~ in the matter на́шего мне́ния в э́том де́ле не спра́шивали; he likes to have a ~ он хо́чет, чтобы счита́лись с его́ мне́нием.

*v.t. & i.* **1.** говори́ть, сказа́ть; he ~s I am lazy он говори́т, что я лени́в; would you ~ I was right? как по-ва́шему, я прав?; why can't he ~ what he means? почему́ он не ска́жет пря́мо, что он име́ет в виду́?; just ~ the word and I'll go то́лько скажи́те (сло́во), и я пойду́; he was asked to ~ something (*or* a few words) его́ попроси́ли сказа́ть не́сколько слов; ~ a good word for замо́лвить (*pf.*) слове́чко за +*a.*; as who should ~, as much as to ~ как бы говоря́; he said as much он приме́рно так и сказа́л; how do you ~ this in English? как э́то сказа́ть по-англи́йски? I must ~ призна́ться; не́чего сказа́ть; I'll have something to ~ to you about this на э́тот счёт я име́ю вам ко́е-что сказа́ть; she is said to be rich говоря́т, она́ бога́та; the tree is said to be 100 years old э́то де́рево счита́ется столе́тним; счита́ется/говоря́т, что э́тому де́реву сто лет; there is much to be said on both sides здесь мо́жно мно́го сказа́ть и за и про́тив; о́бе стороны́ по-сво́ему пра́вы; there is much to be said for

beginning now мно́гое говори́т за то, чтобы начина́ть тепе́рь; there is no more to be said бо́льше не́чего сказа́ть; the said Jones вышеупомя́нутый Джонс; ~ no more!, enough said! (*coll.*) (всё) поня́тно!; я́сно!; what have you got to ~ for yourself? что вы мо́жете сказа́ть в своё оправда́ние?; he has plenty to ~ for himself у него́ хорошо́ подве́шен язы́к; he has little to ~ for himself (*is taciturn*) он не о́чень(-то) разгово́рчив; из него́ ли́шнего (сло́ва) не вы́тянешь; there's no ~ing where they might be кто зна́ет (*or* неизве́стно), где они́ (нахо́дятся); it's hard to ~ why тру́дно сказа́ть, почему́; I couldn't rightly ~ пра́во, не зна́ю; I dare ~ пожа́луй, наве́рное, веро́ятно; how can you ~ such a thing? как вы мо́жете так(о́е) говори́ть?; I wouldn't (go so far as to) ~ that э́того я бы не сказа́л; didn't I ~ so? а я что сказа́л?; I'll ~ ! (*coll.*) (*yes indeed*) ещё бы!; you said it!; you can ~ that again! (*coll.*) золоты́е слова́!; вот и́менно!; то́-то и оно́!; ещё бы!; you don't ~ (so)! (*coll.*) неуже́ли?; не мо́жет быть!; I'm not ~ing не скажу́; ~ when! скажи́те, когда́ дово́льно!; when all is said and done в конце́ концо́в, в коне́чном счёте; (a) в о́бщем; he spoke for an hour but didn't ~ much он (про)говори́л би́тый/це́лый час, а ничего́ (почти́) не сказа́л; I can't ~ much for his English я невысо́кого мне́ния о его́ зна́нии англи́йского языка́; it ~s something, much for his honesty э́то свиде́тельствует о его́ че́стности; it ~s something for him that he apologized то́, что он извини́лся, говори́т в его́ по́льзу; ~ you are sorry! проси́ проще́ния!; ~ good-morning to s.o. здоро́ваться, по- с кем-н.; that is to ~ (*in other words; viz.*) то́ есть; ина́че говоря́; (*at least*) по кра́йней ме́ре; so to ~ так сказа́ть; I ~! (*Am.* ~!) (*attracting attention*) послу́шай(те)!; зна́ете что?; (*expr. surprise*) смотри́те!; поду́майте!; вот э́то да!; ух ты!; so he ~s е́сли ему́ ве́рить; ~s you! так я тебе́ и пове́рил! (*coll.*); it goes without ~ing (само́ собо́й) разуме́ется; слов нет; not to ~ ... чтобы не сказа́ть ...; to ~ nothing of (*not to mention*) не говоря́ (уж) о +*p.*; well said! хорошо́ ска́зано!; one would ~ he was asleep по-ви́димому, он спит; so ~ all of us мы все того́ же мне́ния. **2.** (*suppose, assume*): (let's) ~; shall we ~ ска́жем; допу́стим; (*for instance*) наприме́р; к приме́ру; приме́рно; I will give you, ~, £100 я вам дам, ска́жем, сто фу́нтов; ~ he were here, what then? допу́стим, он был бы (*or* ну, а е́сли бы он был) здесь, что тогда́?; ~ it were true предположи́м, что так; **3.** (*of inanimate objects: state, indicate*): what does it ~ in the instructions? как говори́тся в инстру́кции?; the Bible ~s в би́блии говори́тся/напи́сано/ска́зано; би́блия у́чит; what does the

Times ~? что говори́т/пи́шет «Таймс»?; the signpost ~s London на указа́теле напи́сано «Ло́ндон»; the clock ~s 5 o'clock часы́ пока́зывают пять; the notice ~s the museum is closed объявле́ние гласи́т, что музе́й закры́т; it ~s here he was killed in an accident здесь говори́тся/напи́сано/утвержда́ется, что/ бу́дто он поги́б в катастро́фе; the law ~s you must pay a fine по зако́ну вам сле́дует уплати́ть штраф; **4.** (*formulate, express*): ~ a prayer помоли́ться (*pf.*); произнести́ (*pf.*) (*or* чита́ть, про-) моли́тву; ~ mass служи́ть, отобе́дню; he said his lesson to the teacher он отве́тил уро́к учи́телю; **5.** (*of reactions*): ~ yes (*agree*) to sth. согла|ша́ться, -си́ться на что-н.; ~ yes (*accept invitation*) приня́ть (*pf.*) приглаше́ние; (*grant request*) дать (*pf.*) согла́сие; согласи́ться (*pf.*); ~ no (*refuse invitation*) отказа́ться (*pf.*) от приглаше́ния; (*refuse request*) отказа́ть(ся) (*pf.*); what do you ~ to a glass of beer? как насчёт кру́жечки пи́ва?; I could not ~ him nay я не мог ему́ отказа́ть; what would you ~ to a game of cards? а не сыгра́ть ли нам в ка́рты?

*with advs.*: ~ **away!**, ~ **on!** *vv.i.* дава́й говори́!; говори́, говори́!; ~ **out** *v.t. & i.* (*express fully, candidly*) вы́сказать(ся) (*pf.*) (открове́нно).

*cpd.*: ~**-so** *n.* (*power of decision*) реша́ющий го́лос; (*mere assertion*): I would not believe it on his ~-so я бы не стал ве́рить ему́ на́ слово.

**saying** *n.* (*adage*) погово́рка; as the ~ goes как говори́тся; it was a ~ of his that . . . он люби́л говори́ть, что . . .; (*utterance*): the ~s of Confucius выска́зывания (*nt. pl.*) Конфу́ция.

**sc.** (*abbr.*) *see* SCILICET.

**scab** *n.* боля́чка; (*on putrid wound*) струп; (*mange*) чесо́тка; (*coll., blackleg*) штрейкбре́хер.

*v.i.* (*also* ~ **over**) затя́|гиваться, -ну́ться; покр|ыва́ться, -ы́ться стру́пьями.

**scabbard** *n.* но́ж|ны (*pl., g.* -ен, -о́н).

**scabby** *adj.* (*covered with scabs*) покры́тый боля́чками/стру́пьями; (*mangy*) чесо́точный.

**scabies** *n.* чесо́тка.

**scabious** *n.* скабио́за.

**scabrous** *adj.* (*indecent*) скабрёзный.

**scaffold** *n.* **1.** эшафо́т, пла́ха; die on the ~ пог|иба́ть, -и́бнуть на эшафо́те; go to (*or* mount) the ~ идти́, пойти́ на эшафо́т/пла́ху; send to the ~ отпр|авля́ть, -а́вить на эшафо́т; **2.** *see* ~ING.

*v.t.* обстр|а́ивать, -о́ить леса́ми.

**scaffolding** *n.* лес|а́ (*pl., g.* -о́в).

*cpd.*: ~**-pole** *n.* сто́йка (лесо́в).

**scald** *n.* ожо́г.

*v.t.* **1.** ошпа́ри|вать, -ть; I ~ed my hand я ошпа́рил себе́ ру́ку; the child was ~ed to death ребёнок у́мер от ожо́гов; ~ing water круто́й кипято́к; ~ing tears жгу́чие слёзы;

the tea was ~ing hot чай был обжига́юще горя́чий; **3.** ~ milk подогр|ева́ть, -е́ть молоко́, не доводя́ до кипе́ния; пастеризова́ть (*impf., pf.*) молоко́.

**scale¹** *n.* **1.** (*of fish, reptile etc.*) чешу́йка; (*pl., collect.*) чешуя́; **2.** (*bot.*) шелуха́; **3.** (*on teeth*) ка́мень (*m.*); **4.** the ~s fell from his eyes (*liter.*) пелена́ спа́ла с его́ глаз.

*v.t.*: ~ a fish чи́стить, по- ры́бу; ~ metal сн|има́ть, -ять ока́лину с мета́лла; ~ a boiler сн|има́ть, -ять на́кипь с котла́.

*v.i.* **1.** (*form* ~; *also* ~ **over**) образо́в|ывать, -а́ть ока́лину/на́кипь; **2.** (*come off in flakes*; *also* ~ **off**) шелуши́ться (*impf.*); отп|ада́ть, -а́сть.

*cpd.*: ~**-armour** *n.* пласти́нчатая броня́.

**scale²** *n.* **1.** (*of balance*) ча́ш(к)а (весо́в); turn the ~ (*lit.*): he turned the ~ at 80 kg он ве́сил во́семьдесят килогра́ммов; (*fig.*): this battle turned the ~ in our favour э́то сраже́ние склони́ло ча́шу весо́в в на́шу сто́рону; throw sth. into the ~ бр|оса́ть, -о́сить что-н. на ча́шу весо́в; **2.** (*pl., weighing machine*) вес|ы́ (*pl., g.* -о́в); hold the ~s even (*fig.*) суди́ть (*impf.*) беспристра́стно.

*cpd.*: ~**-beam** *n.* коромы́сло весо́в.

**scale³** *n.* **1.** (*grading*) шкала́; ~ of charges шкала́ расце́нок; centigrade ~ шкала́ Це́льсия; social ~ обще́ственная ле́стница; (*math.*): ~ of notation систе́ма обозначе́ния; **2.** (*of map, and fig.*) масшта́б; draw sth. to ~ черти́ть, на- что-н. в масшта́бе; ~ drawing масшта́бный чертёж; on a large/small ~ в большо́м/ма́лом масшта́бе; we live on a small ~ мы живём скро́мно; **3.** (*size*) разме́р; **4.** (*mus.*) га́мма, звукоря́д; practise one's ~s разы́гр|ывать, -а́ть га́ммы.

*v.t.* **1.** (*climb*): ~ a wall влез|а́ть, -ть (*or* зал|еза́ть, -е́зть) на сте́ну; ~ a mountain вз|бира́ться, -обра́ться на́ гору; ~ the heights of wisdom дост|ига́ть, -и́чь верши́н прему́дрости.

*with advs.*: ~ **down** *v.t.* пон|ижа́ть, -и́зить; сн|ижа́ть, -и́зить; ум|еньша́ть, -е́ньшить; (*fig.*) сокра|ща́ть, -ти́ть; ~ **up** *v.t.* пов|ыша́ть, -ы́сить; увели́чи|вать, -ть.

**scaleless** *adj.* бесчешу́йный.

**scalene** *adj.* неравносторо́нний.

**scallion** *n.* лук-шало́т.

**scallop** *n.* (*mollusc*) гребешо́к; (*ornamental edging*) фесто́н.

*v.t.* отде́л|ывать, -ать фесто́нами; ~ed handkerchief носово́й плато́к с фесто́нами.

*cpd.*: ~**-shell** *n.* ра́ковина гребешка́.

**scallywag, scalawag** *n.* моше́нник, негодя́й; озорни́к.

**scalp** *n.* ко́жа головы́; (*Am. Indian trophy*) скальп; be out for (*or* after) s.o.'s ~ (*fig.*) жа́ждать (*impf.*) чьей-н. кро́ви.

*v.t.* скальпи́ровать (*impf., pf.*).

**scalpel** *n.* ска́льпель (*m.*).

**scaly** *adj.* (*with scales*) чешу́йчатый; (*flaking*) шелуша́щийся.

**scamp** *n.* шалу́н, пове́са (*m.*).

 *v.t.* де́лать, с- кое-как/халту́рно.

**scamper** *n.* (*quick run*) поспе́шное бе́гство; he ran off at a ~ он побежа́л стремгла́в; (*gallop*) гало́п.

 *v.i.* бе́гать (*indet.*); the dog ~ed off соба́ка отскочи́ла; the class ~ed through Shakespeare класс гало́пом пробежа́л по Шекспи́ру.

**scampi** *n.* креве́тки (*f. pl.*).

**scan** *v.t.* **1.** (*pros.*) сканди́ровать, про-; **2.** (*survey*) обв|оди́ть, -ести́ взгля́дом/глаза́ми; (*stare at*) при́стально смотре́ть (*impf.*) на +*a.*; he ~ned my face он испыту́юще взгляну́л мне в лицо́; (*glance through*) пробе|га́ть, -жа́ть (глаза́ми); **3.** (*TV*) разл|ага́ть, -ожи́ть (*изображение*); сани́ровать (*impf.*).

 *v.i.* (*pros.*) сканди́роваться (*impf.*); his verses don't ~ его́ стихи́ хрома́ют.

**scandal** *n.* (*shameful behaviour*) позо́р, безобра́зие; (*malicious gossip*) спле́тни (*f. pl.*); create a ~, give rise to ~ вызыва́ть, вы́звать возмуще́ние; да|ва́ть, -ть по́вод к спле́тням; it is a ~ э́то безобра́зие/возмути́тельно; she was the ~ of the neighbourhood она́ была́ при́тчей во язы́цех; talk ~ спле́тничать (*impf.*); School for S ~ «Шко́ла злосло́вия».

**scandalize** *v.t.* шоки́ровать (*impf.*).

**scandalmonger** *n.* спле́тни|к (*fem.* -ца).

**scandalmongering** *n.* спле́тни (*f. pl.*).

**scandalous** *adj.* (*disgraceful*) позо́рный, безобра́зный, возмути́тельный; (*defamatory*) клеветни́ческий; (*fond of scandal*): she has a ~ tongue у неё злой язы́к.

**Scandinavia** *n.* Скандина́вия.

**Scandinavian** *n.* скандина́в (*fem.* -ка).

 *adj.* скандина́вский.

**scanner** *n.* (*TV*) развёртывающее устро́йство.

**scansion** *n.* сканди́рование; (*metre*) разме́р.

**scant** *adj.* (*inadequate*) недоста́точный; (*meagre*) ску́дный; with ~ courtesy бесцеремо́нно; with ~ regard for my feelings не счита́ясь с мои́ми чу́вствами.

**scanty** *adj.* ску́дный (*see also* SCANT); ~ attire ску́дная оде́жда; ~ audience немногочи́сленная аудито́рия; ~ attendance плоха́я посеща́емость; ~ hair ре́дкие во́лосы.

**scapegoat** *n.* козёл отпуще́ния.

**scapegrace** *n.* шелопа́й, пове́са (*m.*).

**scapula** *n.* лопа́тка.

**scar**[1] *n.* шрам, рубе́ц; (*fig.*) след.

 *v.t.* (*mark with* ~) ра́нить, из-; a face ~red with smallpox рябо́е лицо́; лицо́, изры́тое о́спой; (*scratch*) цара́пать, о-/по-.

 *v.i.* (*form* ~; *also* ~ **over**) зарубц|о́вываться, -ева́ться.

**scar**[2], **scaur** *n.* утёс.

**scarab** *n.* скарабе́й.

**scarce** *adj.* (*insufficient*) недоста́точный; (*scanty*) ску́дный; (*rare*) ре́дкий; coal is ~ here у́голь здесь в дефици́те; butter was ~ during the war во вре́мя войны́ не хвата́ло ма́сла; good craftsmen are growing ~ хоро́шие мастера́ встреча́ются всё ре́же; money is ~ with them у них с деньга́ми ту́го; make o.s. ~ (*coll.*, *make off*) уб|ира́ться, -ра́ться (подобру́-поздоро́ву).

**scarcely** *adv.* **1.** (*barely*) едва́; почти́ не; she is ~ 17 ей едва́ испо́лнилось семна́дцать лет; I ~ know him я его́ почти́ не зна́ю; я едва́ с ним знако́м; (*only just*) то́лько; I had ~ entered the room when the bell rang то́лько я вошёл в ко́мнату, как зазвони́л звоно́к; **2.** (*surely not*): you can ~ believe her неуже́ли вы ей ве́рите?; I ~ know what to say пра́во, я не зна́ю, что сказа́ть; you will ~ maintain that . . . вряд ли вы ста́нете (*or* не ста́нете же вы) утвержда́ть, что . . .

**scarcity** *n.* **1.** (*insufficiency, dearth*) недоста́ток, нехва́тка, дефици́т; it was a time of great ~ э́то бы́ло вре́мя больши́х лише́ний; **2.** (*rarity*) ре́дкость; ~ value сто́имость, определя́емая дефици́том.

**scare** *n.* (*fright*) испу́г; give s.o. a ~ пуга́ть, ис- кого́-н.; you did give me a ~ как вы меня́ напуга́ли!; (*alarm, panic*) па́ника; the news created a ~ но́вость вы́звала па́нику; war ~ вое́нный психо́з; нави́сшая угро́за войны́; ~ headlines сенсацио́нные заголо́вки.

 *v.t.* пуга́ть, ис-; I felt ~d я боя́лся; they were ~d stiff они́ до́ смерти перепуга́лись.

 *v.i.*: he does not ~ easily (*coll.*) он неро́бкого деся́тка.

 *with advs.*: ~ **away**, ~ **off** *vv.t.* отпу́г|ивать, -ну́ть; спугну́ть (*pf.*).

 *cpds.*: ~**crow** *n.* пу́гало, (огоро́дное) чу́чело; ~**monger** *n.* паникёр (*fem.* -ша).

**scarf** *n.* шарф.

**scarify** *v.t.* (*surg., agric.*) скарифици́ровать (*impf., pf.*); (*fig., criticize*) жесто́ко раскритикова́ть (*pf.*).

**scarlet** *n.* а́лый цвет.

 *adj.* а́лый; turn ~ (*blush*) гу́сто покрасне́ть (*pf.*); ~ fever скарлати́на; ~ runner фасо́ль о́гненная; ~ woman блудни́ца.

**scarp** *n.* (*steep slope*) круто́й отко́с; (*of fortification*) эска́рп.

**scarper** *v.i.* (*coll.*) see SCRAM.

**scary** *adj.* (*coll.*) (*frightening*) жу́ткий; (*timid*) пугли́вый, ро́бкий.

**scathing** *adj.* ре́зкий, е́дкий, язви́тельный.

**scatological** *adj.* (*obscene*) сорти́рный.

**scatter** *v.t.* **1.** (*throw here and there*) разбр|а́сывать, -оса́ть; (*sprinkle*) расс|ыпа́ть, ы́пать; пос|ыпа́ть, -ы́пать; ~ seed разбр|а́сывать, -оса́ть семена́; toys were ~ed all over the room игру́шки бы́ли разбро́саны по всей ко́мнате; he ~ed his papers over the floor (*or* ~ed the floor with his papers) он разброса́л свои́ бума́ги по всему́ по́лу; they are ~ing gravel on the road они́ посыпа́ют доро́гу гра́вием; **2.** (*pass.*): the area is ~ed with small hamlets по э́той ме́стности полно́ ма́леньких дереву́шек; ~ed villages раски́данные (там и тут) сёла; **3.** (*lit., fig., drive away, disperse*) раз|гоня́ть, -огна́ть; рассе́|ивать, -ять; a shot ~ed the birds вы́стрел распуга́л птиц; a wind ~ed the clouds ве́тер рассе́ял облака́; a rough surface ~s the light шерохова́тая пове́рхность рассе́ивает свет; a thinly ~ed population ре́дкое населе́ние; in ~ed instances в отде́льных слу́чаях.

*v.i.* (*disperse*) расс|ыпа́ться, -ы́паться; рассе́|иваться, -яться; (*move off*) ра|сходи́ться, -зойти́сь; the crowd ~ed толпа́ разбежа́лась; the birds ~ed пти́цы разлете́лись.

*cpds.*: ~-**brain** *n.* вертопра́х; ~-**brained** *adj.* ве́треный.

**scatty** *adj.* (*coll.*) чо́кнутый, тро́нутый.

**scaur** *see* SCAR².

**scavenge** *v.i.* ры́ться/копа́ться (*impf.*) в отбро́сах; ходи́ть (*impf.*) по помо́йкам.

**scavenger** *n.* (*animal*) живо́тное, пита́ющееся па́далью; the jackal is the ~ of the plain шака́л — му́сорщик степе́й; (*bird*) стервя́тник; (*pers.*) му́сорщик.

**scenario** *n.* сцена́рий.

**scene** *n.* **1.** (*stage*) сце́на; (*fig.*): appear on the ~ появ|ля́ться, -и́ться; quit the ~ сойти́ (*pf.*) со сце́ны; **2.** (*place of action*) ме́сто де́йствия; the ~ is laid in London де́йствие происхо́дит в Ло́ндоне; **3.** (*place*) ме́сто; the ~ of the disaster/crime ме́сто катастро́фы/преступле́ния; ~ of operations (*mil.*) теа́тр вое́нных де́йствий; change of ~ переме́на обстано́вки; **4.** (*subdivision of play*) сце́на; the duel ~ сце́на дуэ́ли; (*fig., episode, incident*): ~s of country life сце́ны из се́льской жи́зни; make a ~ устр|а́ивать, -о́ить (*or* зака́т|ывать, -и́ть) сце́ну (*кому*); **5.** (*set, décor*) декора́ция; (*fig.*): behind the ~s за кули́сами; **6.** (*view, landscape*): a ~ of destruction карти́на разруше́ния; a desolate ~ карти́на запусте́ния.

*cpds.*: ~-**painter** *n.* худо́жник-декора́тор; ~-**shifter** *n.* рабо́чий сце́ны.

**scenery** *n.* (*theatr.*) декора́ции (*f. pl.*); (*landscape*) пейза́ж, вид.

**scenic** *adj.* сцени́ческий, сцени́чный, театра́льный; карти́нный, живопи́сный; ~ attraction привлека́тельное ме́сто; ~ beauty живопи́сность (ландша́фта); ~ railway америка́нские го́ры (*f. pl.*).

**scent** *n.* **1.** (*odour*) за́пах, арома́т, благоуха́ние; **2.** (*perfume*) дух|и́ (*pl., g.* -о́в); use, apply ~ души́ться, на-; **3.** (*sense of smell; lit., fig.*) чутьё, нюх; **4.** (*trail*) след; get on (*or* pick up) the ~ нап|ада́ть, -а́сть на след; lose the ~

теря́ть, по- след; (*fig.*): he threw the police off the ~ он сбил поли́цию со сле́да; be thrown off the ~ сб|ива́ться, -и́ться со сле́да; he put them on a false ~ он напра́вил их по ло́жному пути́.

*v.t.* **1.** (*discern by smell; also fig.*) чу́ять, по-; he ~ed treachery он почу́ял/заподо́зрил изме́ну; **2.** (*sniff*) ню́хать, по-; **3.** (*impart odour to*): roses ~ the air ро́зы распространя́ют благоуха́ние; a ~ed rose благоуха́нная ро́за; ~ed soap души́стое мы́ло.

*cpds.*: ~-**bottle** *n.* пузырёк/флако́н (для) духо́в; ~-**spray** *n.* духи́-спре́й (*indecl.*), духи́ в аэрозо́ле.

**scentless** *adj.* без за́паха, лишённый арома́та.

**sceptic** (*Am.* **skeptic**) *n.* ске́птик.

**sceptical** (*Am.* **skeptical**) *adj.* скепти́ческий; скепти́чески настро́енный (к +*d.*).

**scepticism** (*Am.* **skepticism**) *n.* скептици́зм.

**sceptre** *n.* ски́петр; wield the ~ ца́рствовать (*impf.*); пра́вить (*impf.*).

**schadenfreude** *n.* злора́дство.

**schedule** *n.* **1.** (*list*) спи́сок, пе́речень (*m.*); ~ of charges тари́ф ста́вок/расце́нок; **2.** (*plan, timetable*) план, расписа́ние; flight ~ расписа́ние самолётов; work ~ гра́фик рабо́ты; according to ~ соотве́тственно пла́ну; a full ~ больша́я програ́мма; be behind ~ зап|а́здывать, -озда́ть; be up to ~ не отст|ава́ть, -а́ть (от гра́фика); be ahead of ~ опере|жа́ть, -ди́ть гра́фик; before ~ ра́ньше вре́мени; on ~ во́время/то́чно.

*v.t.* **1.** (*tabulate*) сост|авля́ть, -а́вить спи́сок +*g.*; the house is ~d for demolition дом (пред)назна́чен на снос; ~d prices устано́вленные це́ны; a ~d flight регуля́рный рейс; **2.** (*time; plan*) рассчи́т|ывать, -а́ть; нам|еча́ть, -е́тить; we are ~d to finish by May по пла́ну мы должны́ ко́нчить к ма́ю; the train is ~d to leave at noon (по расписа́нию) по́езд отхо́дит в по́лдень.

**Scheldt** *n.* Шельда.

**schema** *n.* схе́ма.

**schematic** *adj.* схемати́ческий; (*stereotyped*) схемати́чный.

**schematize** *v.t.* схематизи́ровать (*impf., pf.*).

**schem|e** *n.* **1.** (*arrangement*) поря́док; in the ~e of things в поря́дке веще́й; colour ~e цветова́я га́мма; сочета́ние кра́сок; **2.** (*plan*) прое́кт, план, програ́мма; **3.** (*plot*) про́иск|и (*pl., g.* -ов), за́мысел.

*v.i.* интригова́ть (*impf.*); he was ~ing to escape он замышля́л побе́г; they were ~ing for power они́ плели́ интри́ги, что́бы пробра́ться к вла́сти.

**schemer** *n.* интрига́н (*fem.* -ка).

**scherzo** *n.* ске́рцо (*indecl.*).

**schism** *n.* раско́л; схи́зма.

**schismatic** *n.* раско́льник.

*adj.* раско́льнический.

**schist** *n.* сла́нец.

**schizoid** *n.* шизо́ид.
  *adj.* шизо́идный.

**schizophrenia** *n.* шизофрени́я.

**schizophrenic** *n.* шизофре́н|ик (*fem.* -и́чка).
  *adj.* шизофрени́ческий.

**Schleswig-Holstein** *n.* Шле́звиг-Го́льштейн.

**schmaltz** *n.* (*sl.*) сентимента́льщина.

**schmaltzy** *adj.* (*sl.*) сентимента́льный, при́торный, слаща́вый; слезли́вый, сопли́-вый, «сплошны́е со́пли».

**schnapps** *n.* шнапс.

**schnitzel** *n.* шни́|цель (*m.*).

**s(ch)norkel** *n.* шно́ркель (*m.*).

**scholar** *n.* **1.** (*learned person*) учёный-гумани-та́р; Latin ~ латини́ст; Greek ~ знато́к гре́ческого языка́, эллини́ст; he is no ~ учёный из него́ нева́жный; **2.** (*learner*) учени́к; he proved an apt ~ он оказа́лся спосо́бным ученико́м; **3.** (*holder of ~ship*) стипендиа́т (*fem.* -ка).

**scholarly** *adj.* учёный, эруди́рованный, академи́ческий; he has a ~ mind у него́ нау́чный склад ума́.

**scholarship** *n.* (*erudition*) учёность, эруди́ция; (*scholarly method or outlook*) академи́ческий/нау́чный подхо́д; (*grant*) стипе́ндия; memor-ial ~ именна́я стипе́ндия.

**scholastic** *adj.* **1.** (*hist.*) схоласти́ческий; **2.** академи́ческий; ~ institution уче́бное заведе́ние.

**scholasticism** *n.* схола́стика.

**school¹** *n.* **1.** (*place of education*) шко́ла; (*incl. higher education*) уче́бное заведе́ние; at ~ в шко́ле; go to ~ ходи́ть (*indet.*) в шко́лу; учи́ться (*impf.*) в шко́ле; go to ~ to s.o. (*fig.*) учи́ться (*impf.*) у кого́-н.; teach ~ (*Am.*) учи́тельствовать (*impf.*); start ~ поступ|а́ть, -и́ть (*or* пойти́ (*pf.*)) в шко́лу; leave ~ (*complete course*) конча́ть, ко́нчить шко́лу; (*abandon* ~) бр|оса́ть, -о́сить шко́лу; where were you at ~? где вы учи́лись?; we were at ~ together мы вме́сте учи́лись; of ~ age шко́льного во́зраста; ~ fees пла́та за обуче́-ние; ~ report шко́льный та́бель; boarding ~ шко́ла-интерна́т; boys'/girls' ~ муж-ска́я/же́нская шко́ла; public ~ (*in UK*) (привилегиро́ванная) ча́стная шко́ла; (*in US*) (беспла́тная) сре́дняя шко́ла; nursery ~ де́тский сад; primary ~ нача́льная шко́ла; secondary, high ~ сре́дняя шко́ла; junior/senior ~ шко́ла пе́рвой/второ́й ступе́ни; evening, night ~ вече́рняя шко́ла; military ~ вое́нное учи́лище; trade ~ профессиона́льное учи́лище; vocational ~ профессиона́льно-техни́ческое учи́лище; ~ of art худо́жественное учи́лище; ~ of dancing шко́ла та́нцев; (*research centre*) институ́т; (*dept of university, branch of study*): ~ of law юриди́ческая ка́федра, юриди́ческий факульте́т; (*pl., examination*) выпускны́е экза́мены (*m. pl.*); **2.** (*lessons*) заня́тия (*nt. pl.*); there will be no ~ today сего́дня заня́тий/уро́ков не бу́дет; ~ finishes at 4 заня́тия/уро́ки конча́ются в 4; **3.** (*range of classes*): the lower/middle/upper ~ мла́д-шие/сре́дние/ста́ршие кла́ссы (*m. pl.*); **4.** (*of art, manners etc.*): the Impressionist ~ импрессионисти́ческая шко́ла; he is one of the old ~ он челове́к ста́рой шко́лы (*or* ста́рого зака́ла); there is a ~ of thought which says ... существу́ет тече́ние, согла́сно кото́рому . . .; **5.** (*attr.*) шко́льный, уче́бный; see also cpds.

  *v.t.* обуч|а́ть, -и́ть; ~ one's temper обу́зды-вать (*impf.*) свой хара́ктер; сде́рживать (*impf.*) свой темпера́мент; ~ed by adversity проше́дший суро́вую шко́лу нужды́/лише́-ний; ~ a horse объ|езжа́ть, -е́здить ло́шадь.

  *cpds.*: ~-**bag** *n.* шко́льная су́мка; шко́льный ра́нец/портфе́ль; ~-**board** *n.* ≃ райо́нный отде́л наро́дного образова́ния (*abbr.* РОНО); ~-**book** *n.* уче́бник; ~**boy** *n.* шко́льник; ~boy slang шко́льный/учени́ческий жарго́н; ~ **cer-tificate** *n.* аттеста́т зре́лости; ~**children** *n.* шко́льники (*m. pl.*); ~-**days** *n.*: I read this author in my ~-days я э́того а́втора чита́л на шко́льной скамье́ (*or* ещё шко́льником); my ~-days ended when I was 15 моему́ уче́нию пришёл коне́ц, когда́ мне бы́ло 15 лет; ~-**fel-low,** ~**mate** *nn.* соучени́|к (*fem.* -ца), шко́льный това́рищ; ~**girl** *n.* шко́льница; ~-**inspector** *n.* шко́льный инспе́ктор; ~-**leaver** *n.* выпускни́|к (*fem.* -ца); ~-**leaving** *adj.*: ~-leaving age во́зраст, до кото́рого обуче́ние обяза́тельно; ~-leaving certificate аттеста́т зре́лости; ~**man** *n.* (*hist.*) схо-ла́ст(ик); ~-**marm** *n.* (*coll.*) (се́льская) учи́-тельница; ~**master** *n.* учи́тель (*m.*); ~-**master-ing** *see* ~**teaching**; ~**mate** *see* ~**fellow**; ~-**mis-tress** *n.* учи́тельница; ~ **pupil** *n.* учени́|к (*fem.* -ца); шко́льни|к (*fem.* -ца); ~-**room** *n.* класс; кла́ссная ко́мната; ~**teacher** *n.* учи́тель (*fem.* -ница); ~**teaching,** ~**mastering** *nn.* (*as profes-sion*) педаго́гика; he took up ~teaching он пошёл в учителя́ (*or* сде́лался педаго́-гом/учи́телем); (*activity*) преподава́ние; ~-**time** *n.* (*lesson-time*) уче́бное вре́мя.

**school²** *n.* (*of fish etc.*) кося́к.

**schooling** *n.* (*education*) (об)уче́ние; (*training*) подгото́вка; he had little ~ ему́ не довело́сь мно́го учи́ться; who is paying for her ~? кто опла́чивает (*or* пла́тит за) её обуче́ние?

**schooner** *n.* (*naut.*) шху́на; (*glass*) бока́л, стака́н.

**sciatic** *adj.* седа́лищный.

**sciatica** *n.* и́шиас.

**science** *n.* **1.** (*systematic knowledge*) нау́ка; pure/applied ~ чи́стая/прикладна́я нау́ка; moral ~ э́тика; social ~ обще́ственные нау́ки; **2.** (*natural* ~*s*) есте́ственные нау́ки; ~ fiction нау́чная фанта́стика; **3.** (*skill, e.g. in boxing*) иску́сство.

**scientific** *adj.* нау́чный; ~ knowledge нау́чное зна́ние; ~ method нау́чный ме́тод; he plays a ~ game он игра́ет по-нау́чному.

**scientist** *n.* учёный(-есте́ственник).

**scilicet** *adv.* (*abbr.* sc.) то есть (*abbr.* т.е.).

**Scilly Isles** *n.* острова́ (*m. pl.*) Сци́лли (*indecl.*).

**scimitar** *n.* ятага́н.

**scintilla** *n.* (*fig.*) чу́точка, крупи́ца, ка́пля; there is not a ~ of evidence нет (реши́тельно) никаки́х доказа́тельств.

**scintillat|e** *v.i.* (*lit., fig.*) и́скри́ться (*impf.*); блиста́ть (*impf.*); a book ~ing with wit кни́га, и́скря́щаяся остроу́мием.

**scintillation** *n.* сверка́ние, блеск; мерца́ние.

**sciolist** *n.* дилета́нт (*fem.* -ка).

**scion** *n.* (*of plant*) побе́г; (*descendant*) о́тпрыск, пото́мок.

**Scipio** *n.* Сципио́н.

**scirocco** *see* SIROCCO.

**scissor|s** *n.* (*also in wrestling, gymnastics*) но́жниц|ы (*pl., g.* —); ~s and paste (*fig.*) компиля́ция, «режь и клей».

*cpds.*: ~-**bill** *n.* клёст; ~-**case** *n.* футля́р для но́жниц; ~-**grinder** *n.* точи́льщик; ~-**grip**, ~-**hold** *nn.* но́жницы.

**sclerosis** *n.* склеро́з; multiple ~ рассе́янный склеро́з.

**sclerotic** *adj.* склероти́ческий, склероти́чный.

**scoff**[1] *n.* (*taunt*) насме́шка; (*laughing-stock*) посме́шище.

*v.i.* смея́ться, (*coll.*) зубоска́лить (*both impf.*); ~ at издева́ться/глуми́ться/насмеха́ться (*all impf.*) над +*i.*; he ~ed at danger он смея́лся над опа́сностью; be ~ed at быть мише́нью насме́шек, подверга́ться (*impf.*) насме́шкам; he was ~ed at над ним смея́лись.

**scoff**[2] *n.* (*food*) жратва́ (*sl.*).

*v.t. & i.* жра́ть, со-.

**scoffer** *n.* насме́шник, зубоска́л.

**scold** *n.* сварли́вая ба́ба.

*v.t.* брани́ть, вы́-; руга́ть, об-; отчи́т|ывать, -а́ть.

*v.i.* брани́ться, ворча́ть, брюзжа́ть (*all impf.*).

**scolding** *n.* брань; I gave him a good ~ я дал ему́ хоро́ший нагоня́й; я его́ как сле́дует отчита́л.

**scollop** *see* SCALLOP.

**sconce** *n.* (*candlestick*) подсве́чник; (*on wall bracket*) бра (*nt. indecl.*).

**scone** *n.* ≃ бу́лочка.

**scoop** *n.* **1.** (*for grain etc.*) сово́к; (*for liquids*) ковш; (*for food*) ло́жка; **2.** ~ neckline глубо́кое, кру́глое декольте́ (*indecl.*); **3.** (*journ.*) ≃ сенса́ция.

*v.t.* **1.** (*lift with* ~) че́рп|ать, -ну́ть; зачёрп|ывать, -ну́ть; выче́рпывать, вы́черпать; **2.** (*make by* ~*ing*) выда́лбливать, вы́дол-

бить; he ~ed out a hole in the sand он вы́рыл я́му в песке́; **3.** (*make a profit of*) срыва́ть, сорва́ть куш; he is ~ing in £100 a week он загреба́ет по сто фу́нтов в неде́лю; ~ the pool забра́ть/вы́играть (*pf.*) все взя́тки; **4.** (*journ.*) обст|авля́ть, -а́вить; they ~ed the other papers on this story они́ обскака́ли други́е газе́ты с э́той сенса́цией/но́востью.

**scoot** *v.i.* уд|ира́ть, -ра́ть (*coll.*).

**scooter** *n.* (*child's*) самока́т; (*motor* ~) мото-ро́ллер.

**scope** *n.* **1.** (*range, sweep*) разма́х, охва́т; an undertaking of wide ~ предприя́тие с широ́ким разма́хом; this is beyond my ~ э́то вне мое́й компете́нции; does the work fall within his ~? э́та рабо́та вхо́дит в сфе́ру его́ де́ятельности?; this is beyond the ~ of our enquiry э́то выхо́дит за преде́лы/ра́мки на́шего рассле́дования; **2.** (*outlet, vent*): the game offers ~ for the children's imagination э́та игра́ даёт просто́р де́тскому воображе́нию; the project provided ~ for his abilities э́тот прое́кт дал ему́ возмо́жность разверну́ть свои́ спосо́бности; he seeks ~ for his energies он и́щет де́ла, где бы приложи́ть свою́ эне́ргию; they gave him full ~ ему́ предоста́вили по́лную свобо́ду де́йствий.

**scorbutic** *adj.* цинго́тный.

**scorch** *v.t.* (*burn, dry up*) жечь, с-; ~ed earth policy страте́гия вы́жженной земли́; (*clothes etc.*) подпа́л|ивать, -и́ть; the long summer ~ed the grass за до́лгое ле́то трава́ вы́горела.

*v.i.* (*drive or ride at high speed*) жа́рить (*impf.*) (на всю кату́шку) (*coll.*).

*cpd.*: ~-**mark** *n.* подпа́лина, ожо́г.

**scorcher** *n.* (*coll., hot day*) зно́йный день.

**score** *n.* **1.** (*notch*) зару́бка; (*deep scratch*) глубо́кая цара́пина; (*weal on skin*) рубе́ц; **2.** (*arch., account*) счёт; pay one's ~ упла́|чивать, -ти́ть по счёту; распла́|чиваться, -ти́ться; death pays all ~s смерть всё примиря́ет; pay off old ~s (*fig.*) св|оди́ть, -ести́ ста́рые счёты; расквита́ться (*pf.*); **3.** (*in games*) счёт; what's the ~? како́й счёт?; make a good ~ сыгра́ть (*pf.*) с хоро́шим счётом; keep the ~ вести́ (*det.*) счёт; know the ~ (*fig., coll.*) быть в ку́рсе; зна́ть (*impf.*), что к чему́; **4.** (*mus.*): (full) ~ партиту́ра; piano/vocal ~ па́ртия форте-пиа́но/го́лоса; **5.** (*twenty*) два́дцать; a ~ of people челове́к два́дцать; ~s of people мно́жество наро́ду; three ~ and ten (*arch.*) се́мьдесят; ~s of times мно́го раз; ча́сто; workers are leaving in their ~s рабо́чие то́лпами оставля́ют рабо́ту; **6.** (*grounds*) причи́на, основа́ние, по́вод; on the ~ of ill-health по причи́не плохо́го здоро́вья; you need have no fear on that ~ на э́тот счёт вы мо́жете не беспоко́иться; **7.** (*retort*) уда́чная ре́плика; **8.** (*good fortune*) уда́ча.

*v.t.* **1.** (*notch*) изрéз|ывать, -ать; a face ~d with wrinkles лицó, изборождённое морщи́нами; (*incise*): ~ a line провести́ (*pf.*) ли́нию (ножóм *и т.п.*); (*mark, deface*): the article was ~d with corrections статья́ была́ испещрена́ попра́вками; ~ **out, through** вычёркивать, вы́черкнуть; зачёрк|ивать, -нуть; (*scratch*) цара́пать, ис-; (*preparatory to cutting*) разм|еча́ть, -е́тить; **2.** (*mark up*) ста́вить, по- в счёт; запи́с|ывать, -а́ть в долг; **3.** (*win*) выи́грывать, вы́играть; ~ a goal (*football*) заб|ива́ть, -и́ть гол; ~ tricks (*at cards*) брать, взять взя́тки; he ~d a success with his first book его́ пе́рвая кни́га принесла́ ему́ успе́х; a goal ~s six points за оди́н гол засчи́тывается 6 очкóв; **4.** (*mus., orchestrate*) оркестрова́ть (*impf., pf.*); (*arrange*) аранжи́ровать (*impf., pf.*).

*v.i.* **1.** (*keep score*) вести́ (*impf.*) счёт; (*win point*) выи́грывать, вы́играть очкó; they failed to ~ они́ не вы́играли ни одногó очка́; the centre-forward ~d центр нападе́ния заби́л гол; **2.** (*secure advantage*; *have good luck*) выи́грывать, вы́играть; that's where he ~s вот на чём он выи́грывает; вот в чём его́ си́ла/преиму́щество; ~ off s.o. вы́смеять/поддеть (*pf.*) когó-н.

*cpds.*: ~-**keeper** *n.* судья́-секрета́рь (*m.*); ~-**sheet** *n.* суде́йский протокóл.
**scorer** *n.* **1.** (*keeper of score*) счётчик; **2.**: the captain was the ~ of that goal тот гол заби́л капита́н.
**scorn** *n.* презре́ние; laugh to ~ высме́ивать, вы́смеять.

*v.t.* презира́ть (*impf.*); пренебр|ега́ть, -е́чь +*i.*; he ~ed the danger он презре́л опа́сность; he ~ed such methods он гнуша́лся подóбных сре́дствами.
**scornful** *adj.* (*of pers.*) надме́нный; he was ~ of the idea он отнёсся к э́той иде́е с презре́нием; (*of glance etc.*) презри́тельный.
**Scorpio** *n.* Скорпиóн.
**scorpion** *n.* скорпиóн.
**Scot** *n.* шотла́нд|ец (*fem.* -ка); (*hist.*) скотт.
**Scotch**¹ *n.* **1.** (*ling.*) шотла́ндский гóвор; **2.** (whisky) шотла́ндское ви́ски (*indecl.*); **3.** the ~ шотла́ндцы (*m. pl.*).

*adj.* шотла́ндский; ~ tape кле́йкая ле́нта, скотч.

*cpds.*: ~**man** *n.* шотла́ндец; ~**woman** *n.* шотла́ндка.
**scotch**² *v.t.* **1.** (*arch.*) ра́нить (*impf., pf.*); кале́чить, ис-; обезвре́|живать, -дить; **2.** (*fig.*): he ~ed the rumour он опрове́рг слух.
**scot-free** *adv.*: go ~ (*unharmed*) ост|ава́ться, -а́ться невреди́мым; (*unpunished*) ост|ава́ться, -а́ться безнака́занным.
**Scotland** *n.* Шотла́ндия.
**Scots** *n.* (*ling.*) шотла́ндский гóвор.

*adj.* шотла́ндский.

*cpds.*: ~**man** *n.* шотла́ндец; ~**woman** *n.* шотла́ндка.
**Scot(t)icism** *n.* шотланди́зм.
**Scottish** *adj.* шотла́ндский.
**scoundrel** *n.* подле́ц, мерза́вец.
**scour**¹ *n.* **1.** (*cleansing*) чи́стка; give sth. a good ~ вы́чистить (*pf.*) что-н. хороше́нько; **2.** (*action of current*) размы́в.

*v.t.* **1.** (*cleanse*): ~ a saucepan чи́стить, вы́-кастрю́лю; ~ a dish нач|ища́ть, -и́стить блю́до; **2.** (*of water*) пром|ыва́ть, -ы́ть; **3.** (*purge*) проч|ища́ть, -и́стить; **4.** (*remove by* ~*ing*; *also* ~ **away, off**) отт|ира́ть, -ере́ть.
**scour**² *v.t.* (*range in search or pursuit*) ры́скать, об-; he ~ed the town for his daughter он обе́гал весь гóрод в пóисках дóчери.

*v.i.* ры́скать (*impf.*).
**scourer** *n.* (*for saucepans etc.*) металли́ческая мочáлка; ёж.
**scourge** *n.* (*whip*; *also fig., pers.*) бич; (*misfortune*) бич, крест, бе́дствие.

*v.t.* (*flog*) сечь, вы́-; (*chastise*) бичева́ть (*impf.*); кара́ть, по-.
**scout**¹ *n.* **1.** (*mil.*) разве́дчик (*also ship, aircraft*); ~ car разве́дывательный автомоби́ль; **2.** (*Boy S*~) бойска́ут; **3.** (*coll., fellow*): he's a good ~ он хорóший ма́лый/па́рень.

*v.i.* (*reconnoitre*) разве́дывать (*impf.*); he is out ~ing он в разве́дке; (*coll., search*) разы́скивать (*impf.*); I have been ~ing about for a present я обры́скал все магази́ны в пóисках пода́рка; (*belong to S* ~ *movement*): my son is keen on ~ing мой сын увлека́ется бойска́утской де́ятельностью.

*cpd.*: ~**master** *n.* нача́льник отря́да бойска́утов.
**scout**² *v.t.* (*reject*) отв|ерга́ть, -е́ргнуть (с презре́нием).
**scow** *n.* ба́ржа́, ба́рка.
**scowl** *n.* серди́тый/хму́рый взгляд.

*v.i.* **1.**: he ~ed at me он свире́по посмотре́л на меня́; a ~ing face хму́рое/нахму́ренное лицó; **2.** (*fig., of sky*) хму́риться, на-; (*of cliffs etc.*) нав|иса́ть, -и́снуть.
**scrabble** *v.i.*: ~ **about** ша́рить (*impf.*); ~ about for sth. разы́скивать (*impf.*) что-н.
**scrag** *n.*: ~ end of mutton бара́нья ше́я.

*v.t.* (*coll., rough up*) трепа́ть, по-.
**scraggy** *adj.* костля́вый, тóщий; ча́хлый.
**scram** *v.i.* (*sl.*): I told him to ~ я ему́ веле́л убира́ться; ~! прова́ливай!; кати́сь!
**scramble** *n.* **1.** (*climb with hands and feet*) кара́б-канье; **2.** (*motor cycle race*) мотокрóсс; **3.** (*struggle to get sth.*) сва́лка; (*fig.*) борьба́, схва́тка; there was a ~ for the ball произошла́ схва́тка/борьба́ за мяч; it was a ~ to get ready in time мы собра́лись с трудóм, чтóбы поспе́ть вóвремя; the ~ for office борьба́ за дóлжность/места́ми.

*v.t.*: ~ eggs жа́рить, под- яи́чницу-болту́-
нью.

*v.i.* **1.** (*clamber*) кара́бкаться, вс-;
вз|бира́ться, -обра́ться; we ~d through the
bracken мы продра́ли́сь че́рез за́росли
па́поротника; the boys ~d over the wall
ма́льчики переле́зли че́рез забо́р; I ~d into
my clothes я поспе́шно натяну́л (на себя́)
оде́жду; he ~d into the car он влез/зале́з в
маши́ну; **2.** (*fig.*) боро́ться (*impf.*); the passengers ~d for seats пассажи́ры ри́нулись зани-
ма́ть места́; **3.** (*sl., of pilots or aircraft: take off*)
взлет|а́ть, -е́ть по трево́ге.

**scrambler** *n.* (*telephone*) засекре́чиватель (*m.*);
автомати́ческое шифрова́льное устро́йство.

**scrap**[1] *n.* **1.** (*small piece*) кусо́чек; (*of metal*)
обло́мок; (*of cloth*) обре́зок; лоску́т; (*fragment*) обры́вок; ~s of knowledge/conversation
обры́вки (*m. pl.*) зна́ний/разгово́ра; ~s of
paper клочки́ (*m. pl.*) бума́ги; there's not a ~
of evidence нет никаки́х (*or* каки́х бы то ни́
было) доказа́тельств; **2.** (*pl., waste food*)
объе́дк|и (*pl., g.* -ов); they found a few ~s of
food они́ нашли́ ко́е-каки́е оста́тки пи́щи; we
dined off ~s мы поу́жинали тем, что оста́-
лось от вчера́шнего обе́да; **3.** (*waste material,
refuse*) ути́ль (*m.*); утильсырьё; (~ *metal*)
(металли́ческий) лом, металло́м.

*v.t.* **1.** (*make into* ~) обра|ща́ть, -ти́ть в лом;
(*machines etc.*) отд|ава́ть, -а́ть (*or* пус|ка́ть,
-ти́ть) на слом; **2.** (*coll., discard*) выбра́сы-
вать, вы́бросить; бракова́ть, за-; сда|ва́ть,
-ть в архи́в.

*cpds.*: ~-**book** *n.* альбо́м для вы́резок;
~-**heap** *n.* сва́лка; throw sth. on the ~-heap
(*lit., fig.*) выбра́сывать, вы́бросить что-н. на
сва́лку; ~-**iron** *n.* желе́зный лом; ~-
**merchant** *n.* старьёвщик; торго́вец ути́лем;
~-**value** *n.* сто́имость (*чего*) на слом; ~-**yard**
*n.* склад ло́ма; пункт приёма метал-
лоло́ма/ути́ля; склад вторсырья́.

**scrap**[2] *n.* (*coll., fight*) дра́ка, сты́чка, потасо́вка;
have a ~ дра́ться, по-; сцеп|ля́ться, -и́ться;
вздо́рить, по-; he is always ready for a ~ он
стра́шный забия́ка.

*v.i.* дра́ться (*impf.*).

**scrape** *n.* **1.** (*action*) скобле́ние, чи́стка; (*of pen*)
скрип; (*of foot*) ша́рканье; give a carrot a ~
почи́стить (*pf.*) морко́вь; **2.** (*coll., awkward
predicament*) переде́лка; get into a ~ вли́пнуть
(*pf.*) (в исто́рию) (*coll.*).

*v.t.* **1.** (*abrade*) скобли́ть, вы́-; (*graze*)
сса́|живать, -ди́ть; I ~d my hand on the wall я
ссади́л/ободра́л себе́ ру́ку о сте́ну; **2.** (*clean*)
выска́бливать (*or* скобли́ть), вы́скоблить; ~
one's shoes соск|а́бливать, -обли́ть (*or*
сч|ища́ть, -и́стить *or* соскре|ба́ть, -сти́) грязь
с подо́шв; he ~d his plate clean он подчи́стил
всю таре́лку (*or* всё с таре́лки); **3.** ~ one's feet
ша́ркать (*impf.*) нога́ми; **4.** ~ a living ко́е-как

своди́ть (*impf.*) концы́ с конца́ми; **5.** ~
acquaintance with s.o. завя́з|ывать, -а́ть
знако́мство с кем-н.

*v.i.* **1.** (*rub*): my hand ~d against the wall я
ссади́л себе́ ру́ку о сте́ну; his car ~d against a
tree его́ маши́на заде́ла де́рево; он поцара́пал
маши́ну о де́рево; **2.** (*get through*): he ~d into
the university он с грехо́м попола́м прошёл в
университе́т; she just ~d into the final ей едва́
удало́сь вы́йти в фина́л; **3.** bow and ~
раболе́пствовать, подхали́мничать, рас-
ша́ркиваться (*all impf.*) (*перед кем*); **4.** (*on
violin*) пили́кать (*impf.*).

with *advs.*: ~ along (*also* **scratch along**), ~ by
*v.i.* (*get by*) проб|ива́ться, -и́ться; пробав-
ля́ться (*impf.*); we can just ~ along мы ко́е-как
перебива́емся; ~ **down** *v.t.* выска́бливать,
вы́скоблить; ~ **in** *v.i.*: the room was full but we
just ~d in ко́мната была́ битко́м наби́та, но
нам ко́е-как удало́сь вти́снуться; ~ **off** *v.t.*
соск|а́бливать, -обли́ть; соскре|ба́ть, -сти́; ~
**out** *v.t.* выскреба́ть, вы́скрести; выгреба́ть,
вы́грести; (*hollow or carve out*) выда́лб-
ливать, вы́долбить; (*bowl etc.*) выска́бливать,
вы́скоблить; ~ **through** *v.i.* проти́с|киваться,
-нуться; she ~d through (her exam) она́ с
трудо́м (*or* со скри́пом *or* с грехо́м попола́м)
вы́держала экза́мен; ~ **together** *v.t.* (*money
etc.*) наскре|ба́ть, -сти́; ~ **up** *v.t.*: he ~d up
enough money for the concert он наскрёб
де́ньги на конце́рт.

**scraper** *n.* (*implement*) скребо́к; (*for cleaning
shoes*) скоба́; (*road-making machine*) скре́пер.

**scrappy** *adj.* **1.** (*uncoordinated; miscellaneous*)
разро́зненный; a ~ essay легкове́сное со-
чине́ние; a ~ education пове́рхностное
образова́ние; **2.** (*fragmentary*) отры́вочный;
**3.** (*meagre*) ску́дный.

**scratch** *n.* **1.** (*mark*) цара́пина; **2.** (*noise*) ца-
ра́панье, чи́рканье; **3.** (*wound*) цара́пина,
сса́дина; without a ~ (*fig.*) без мале́йшей ца-
ра́пины; **4.** (*act of* ~*ing*): give one's head a ~
почеса́ть (*pf.*) го́лову; **5.** (*starting line*) старт;
(*fig.*): come up to ~ быть на высоте́
(положе́ния); де́лать (*impf.*) то, что
поло́жено; bring up to ~ дов|оди́ть, -ести́ до
тре́буемого состоя́ния; start from ~
нач|ина́ть, -а́ть с нача́ла/нуля́.

*adj.* (*haphazard*) случа́йный; (*heterogenous*)
разношёрстный; ~ crew случа́йная кома́нда;
~ dinner импровизи́рованный обе́д; обе́д,
приготовленный на ско́рую ру́ку.

*v.t.* **1.** цара́п|ать, о-; ~ oneself поцара́паться
(*pf.*); he merely ~ed the surface of the problem
он затро́нул/освети́л вопро́с весьма́ пове́рх-
ностно; he ~ed letters on the wall он
нацара́пал бу́квы на стене́; the dog ~ed a hole
in the lawn соба́ка вы́скребла/вы́рыла я́мку в
газо́не; **2.** (*to relieve itching*) чеса́ть, по-; ~
one's head чеса́ть (*impf.*) го́лову; he was ~ing

his head over the problem (*fig.*) он лома́л го́лову над э́той зада́чей; you ~ my back and I'll ~ yours (*fig.*) ты — мне, я — тебе́; куку́шка хва́лит петуха́ за то, что хва́лит он куку́шку; рука́ ру́ку мо́ет; **3.** (*erase*) вычёркивать, вы́черкнуть; (*withdraw*): ~ a horse сн|има́ть, -я́ть ло́шадь с соревнова́ния; (*cancel*): ~ an agreement аннули́ровать (*impf.*, *pf.*) соглаше́ние.

*v.i.* **1.** (*of pers.*, ~ *o.s.*) чеса́ться, по-; **2.** (*of animal*): does your cat ~? ва́ша ко́шка цара́пается?; **3.** (*of pen*) цара́пать (*impf.*); **4.** (*coll.*, *withdraw from race*) отка́з|ываться, -а́ться от уча́стия в бега́х.

*with advs.*: ~ **about**, ~ **around** *vv.i.*: the chickens ~ed around for food ку́ры копоши́лись в земле́ в по́исках пи́щи; he had to ~ around for evidence ему́ с трудо́м удало́сь наскрести́ доказа́тельства/ули́ки; ~ **along** *see* SCRAPE **along**; ~ **out** *v.t.* (*erase*) вычёркивать, вы́черкнуть; зачёрк|ивать, -ну́ть; (*with knife*) выреза́ть, вы́резать; ~ s.o.'s eyes out вы́царапать (*pf.*) глаза́ кому́-н.; ~ **up** *v.t.* (*disinter*): the dog ~ed up its bone соба́ка вы́рыла/вы́копала свою́ кость; (*collect with difficulty*) наскре|ба́ть, -сти́.

*cpd.*: ~-**pad** *n.* блокно́т для заме́ток.

**scratchy** *adj.* (*of pen*: *squeaky*) скрипу́чий; (*catching in paper*) цара́пающий.

**scrawl** *n.* кара́кули (*f. pl.*); (*fig.*) небре́жная запи́ска, (*coll.*) пису́лька.

*v.t.* черк|а́ть, -ну́ть.

*v.i.* писа́ть (*impf.*) кара́кулями; a ~ing hand неразбо́рчивый/разма́шистый/небре́жный по́черк.

**scrawny** *adj.* костля́вый.

**scream** *n.* **1.** пронзи́тельный крик; (*shriek*) вопль (*m.*); (*high-pitched* ~) визг; (*of bird*) крик, клёкот, клик; (*of fright*, *pain*) вопль (*m.*), крик; ~s of laughter взры́вы (*m. pl.*) хо́хота/сме́ха; a child's ~ визг ребёнка; **2.** (*coll.*, *funny affair*): it was a ~! (э́то была́) умо́ра, да и то́лько!; he is a perfect ~ он настоя́щий ко́мик.

*v.t.*: the sergeant ~ed an order сержа́нт вы́крикнул кома́нду; the baby was ~ing its head off ребёнок надрыва́лся от кри́ка; she ~ed herself red in the face она́ побагрове́ла от кри́ка.

*v.i.* **1.** вопи́ть (*impf.*); he was ~ing for help он взыва́л о по́мощи; you will ~ with laughter вы живо́тики надорвёте; he made us ~ он заста́вил нас буква́льно визжа́ть/вы́ть от сме́ха; the film is ~ingly funny фильм умори́тельно смешно́й; **2.** (*of bird*) (пронзи́тельно) крича́ть, за-; вскри́к|ивать, -нуть; (*of eagle*, *hawk etc.*) клекота́ть (*impf.*); **3.** (*of inanimate objects*): the brakes ~ed as he turned the corner тормоза́ завизжа́ли на поворо́те.

**scree** *n.* камени́стая о́сыпь.

**screech** *n.* пронзи́тельный крик, визг; скрип, скре́жет.

*v.i.* пронзи́тельно крича́ть, за-/про-; (*of gears*, *tyres etc.*) скрежета́ть (*impf.*); скрипе́ть (*impf.*).

*cpd.*: ~-**owl** *n.* сипу́ха.

**screechy** *adj.* визгли́вый.

**screed** *n.* (*document*) дли́нное, ску́чное посла́ние; (*harangue*) тира́да.

**screen** *n.* **1.** (*partition*) перегоро́дка; **2.** (*furniture*) ши́рма; **3.** (*shelter*, *protection*) прикры́тие, засло́н, заве́са; behind a ~ of trees под прикры́тием дере́вьев; (*cover*) покро́в; under the ~ of night под покро́вом но́чи; a ~ of cavalry кавалери́йский засло́н; a ~ of indifference ма́ска равноду́шия; **4.** (*elec.*) изоля́ция; **5.** (*on window*) се́тка; **6.** (*display board*) щит; **7.** (*cin.*, *TV*) экра́н; ~ adaptation экраниза́ция; she went for a ~ test она́ прошла́ про́бную съёмку; ~ size разме́р экра́на (по диагона́ли).

*v.t.* **1.** (*shelter*) заслон|я́ть, -и́ть; прикр|ыва́ть, -ы́ть; (*protect*) защи|ща́ть, -ти́ть; огра|жда́ть, -ди́ть; he is ~ing her он выгора́живает её; **2.** (*hide*) укр|ыва́ть, -ы́ть; the house was ~ed from view дом был укры́т от взо́ров; **3.** (*separate*) отгор|а́живать, -оди́ть; we ~ed off the kitchen from the dining-room мы отгороди́ли (ши́рмой) ку́хню от столо́вой; **4.** (*sift*, *lit.*, *fig.*) просе́|ивать, -ять; **5.** (*fig.*, *investigate*): they were ~ed before going abroad пе́ред отъе́здом за грани́цу они́ прошли́ прове́рку (на благонадёжность); **6.** (*show on* ~) пока́з|ывать, -а́ть; (*make film of*) экранизи́ровать (*impf.*, *pf.*); **7.** (*elec.*) экрани́ровать (*impf.*, *pf.*).

*cpds.*: ~-**play** *n.* сцена́рий; ~-**writer** *n.* сценари́ст, кинодраматру́рг, теледраматру́рг.

**screw** *n.* **1.** винт, болт, шуру́п; (*female* ~) га́йка; he has a ~ loose у него́ ви́нтика не хвата́ет (*coll.*); put the ~s on (*fig.*) наж|има́ть, -а́ть на +*a.*; ока́з|ывать, -а́ть давле́ние на +*a.*; зави́н|чивать, -ти́ть га́йки; **2.** (*turn of* ~): give it another ~ ещё раз(о́к) поверни́те; **3.** (*propeller*) винт; **4.** ~ of tobacco завёртка/закру́тка табаку́; **5.** (*coll.*, *miser*) скря́га (*c.g.*), скупердя́й; **6.** (*wages*): he gets a good ~ он получа́ет хоро́шие ба́шли за свою́ рабо́ту (*sl.*); **7.** (*prison warder*) вертуха́й (*sl.*).

*v.t.* **1.** зави́н|чивать, -ти́ть; the cap is ~ed tight кры́шка кре́пко зави́нчена; the cupboard was ~ed to the wall шкаф был приви́нчен к стене́; I ~ed the bolt into the post я ввинти́л болт в столб; **2.** (*fig.*, *turn*): I had to ~ my neck round to see him я чуть не вы́вернул ше́ю, чтобы уви́деть его́; I'll ~ his neck (*coll.*) я сверну́ ему́ ше́ю; **3.** (*copulate with*) тра́х|ать, -нуть (*sl.*).

*v.i.*: the handles ~ into the drawer ру́чки

приви́нчиваются к я́щику; this piece ~s on to that э́тот кусо́к приви́нчивается к тому́.

*with advs.*: ~ **down** *v.t. & i.* приви́н|чивать(ся), -ти́ть(ся); ~ **off** *v.t. & i.* отви́н|чивать(ся), -ти́ть(ся); ~ **on** *v.t. & i.* нави́н|чивать(ся), -ти́ть(ся); приви́н|чивать(ся), -ти́ть(ся); his head is ~ed on the right way он сообража́ет; у него́ голова́ (хорошо́) ва́рит; у него́ (есть) голова́ на плеча́х; ~ **out** *v.t.* (*coll., extort*) выжима́ть, вы́жать; I managed to ~ the truth out of him мне удало́сь вы́жать/вы́тянуть из него́ пра́вду; ~ **together** *v.t.*: he ~ed the boards together он скрепи́л до́ски винта́ми/ви́нтиками; ~ **up** *v.t.* зави́н|чивать, -ти́ть; (*crumple*) ко́мкать, с-; ~ up one's eyes щу́рить, со-/при- глаза́; a face ~ed up with pain лицо́, искажённое бо́лью (*or* от бо́ли); ~ o.s. up, ~ up one's courage собра́ться (*pf.*) с ду́хом; набра́ться (*pf.*) хра́брости; (*sl., spoil*) напорта́чить (*pf.*); зава́л|ивать, -и́ть.

*cpds.*: ~**ball** *n.* (*sl.*) чо́кнутый, сумасбро́д; ~**-cap**, ~**-top** *nn.* нави́нчивающая кры́шка; ~**driver** *n.* отвёртка; ~**-propeller** *n.* винт; ~**-top** *see* ~**-cap**; ~**-valve** *n.* винтово́й кла́пан.

**screwy** *adj.* (*sl., crazy*) тро́нутый, чо́кнутый; a ~ idea неле́пая/дура́цкая иде́я.

**scribbl|e** *n.* кара́кули (*f. pl.*).
*v.t. & i.* **1.** (*make marks* (*on*)) черка́ть (*coll.* чёркать), ис-; черти́ть, ис-; the children ~ed all over the wall де́ти исчерка́ли/исчерти́ли всю сте́ну; **2.** (*write hastily*) черка́ть, на-; I ~ed a note to him я черкну́л ему́ запи́ску; (*write untidily*) каля́кать, на-; (*of amateur writing*) попи́сывать (*impf.*); ~e verses кропа́ть (*impf.*) стишки́; ~ing-pad, block блокно́т для заме́ток.

**scribbler** *n.* (*fig., poor author*) писа́ка (*c.g.*), бумагомара́тель (*m.*).

**scribe** *n.* (*hist.*) писе́ц; (*bibl.*) кни́жник; (*hack*) писа́ка (*c.g.*).

**scrimmage** (*also* **scrum(mage)**) *n.* **1.** (*tussle*) сва́лка; **2.** (*Rugby football*) схва́тка вокру́г мяча́.
*v.i.* дра́ться (*impf.*); сгруди́ться (*coll.*) (*pf.*) вокру́г мяча́.

**scrimp** *see* SKIMP.

**scrimshank** *v.i.* сачкова́ть (*impf.*); отлы́нивать (*impf.*) от обя́занностей (*coll.*).

**scrimshanker** *n.* сачку́н, сачо́к (*coll.*).

**scrip** *n.* (*comm.*) вре́менный сертифика́т на владе́ние а́кциями.

**script** *n.* **1.** (*handwriting*) ру́копись; (*writing system*) письмо́, пи́сьменность, гра́фика; in Cyrillic ~ кири́ллицей; **2.** (*typeface*) шрифт; **3.** (*text*) текст, сцена́рий; **4.** (*leg.*) по́длинник.
*v.t.*: ~ed discussion зара́нее подгото́вленная диску́ссия.
*cpd.*: ~**-writer** *n.* сценари́ст, кинодрамату́рг, радиодрамату́рг, теледрамату́рг.

**scriptorium** *n.* (*hist.*) помеще́ние для перепи́ски

ру́кописей.

**scriptural** *adj.* библе́йский; a ~ quotation цита́та из би́блии.

**scripture** *n.* писа́ние; Holy S~ свяще́нное писа́ние; in the ~s в би́блии; (*as school subject*) зако́н бо́жий; ~ lesson уро́к зако́на бо́жьего.

**scrivener** *n.* (*hist.*) писе́ц.

**scrofula** *n.* золоту́ха.

**scrofulous** *adj.* золоту́шный.

**scroll** *n.* (*roll of parchment*) сви́ток; (*archit.*) завито́к, волю́та.
*cpd.*: ~**-work** *n.* орна́мент из завитко́в.

**Scrooge** *n.* скря́га (*m.*).

**scrotum** *n.* мошо́нка.

**scroung|e** *v.t.* (*cadge*) стрел|я́ть, -ьну́ть (*coll.*); (*take illicitly*) стяну́ть; сти́брить; стащи́ть (*all pf., coll.*).
*v.i.* **1.** (*search about*) ры́скать (*impf.*); they were ~ing for food они́ ры́скали в по́исках пи́щи; **2.** (*cadge*) попроша́йничать (*impf.*); кля́нчить (*impf.*); **3.** (*avoid duties*) тунея́дствовать (*impf.*); паразити́ровать (*impf.*).

**scrounger** *n.* попроша́йка (*c.g.*); social ~ тунея́дец.

**scrub**[1] *n.* (*brushwood*) куста́рник; (*area*) за́росли (*f. pl.*).

**scrub**[2] *n.*: give sth. a ~ почи́стить (*pf.*) что-н.
*v.t.* **1.** (*rub hard*) скрести́ (*impf.*); тере́ть (*impf.*); чи́стить, по-; дра́ить, на-; ~ the floor мыть, вы́- пол; ~ paint off one's hands сч|ища́ть, -и́стить кра́ску с рук; ~bing brush жёсткая щётка; **2.** (*sl., cancel*) отмен|я́ть, -и́ть.
*with advs.*: ~ **down** *v.t.*: he ~bed down the walls он вы́мыл сте́ны; ~ **off** *v.t.* отм|ыва́ть, -ы́ть; ~ **out** *v.t.*: she ~bed out the kitchen она́ вы́скребла ку́хню до́чиста; the pans were ~bed out кастрю́ли бы́ли вы́чищены.

**scrubby** *adj.* (*of land*) поро́сший куста́рником; (*of plant etc., stunted*) ча́хлый; (*of chin*) небри́тый.

**scruff** *n.*: take s.o. by the ~ of the neck хвата́ть, схвати́ть кого́-н. за ши́ворот/загри́вок.

**scruffy** *adj.* (*coll.*) неопря́тный, парши́вый; a ~ performance парши́вое исполне́ние.

**scrumptious** *adj.* (*coll.*) о́чень вку́сный; these pears are ~ э́ти гру́ши пря́мо объеде́ние.

**scrunch** *v.t.* (*coll.*) *see* CRUNCH.

**scruple** *n.* **1.** (*unit of weight*) скру́пул; **2.** (*of conscience*) сомне́ния (*nt. pl.*) (нра́вственного хара́ктера); he will tell lies without ~ он врёт без зазре́ния (со́вести); have ~s about doing sth. со́веститься, по- сде́лать что-н.; have no ~s не стесня́ться (*impf.*) ниче́м; he had no ~ about telling me everything он не постесня́лся мне всё рассказа́ть.
*v.i.* стесня́ться (*impf.*); со́веститься, по-; I would not ~ to accept the money я бы с лёгкой со́вестью при́нял де́ньги.

**scrupulous** adj. (of sensitive conscience) щепети́льный, доброcо́вестный; (accurate, punctilious) тща́тельный, скрупулёзный, педанти́чный; ~ care педанти́чная тща́тельность; ~ cleanliness абсолю́тная чистота́; ~ honesty скрупулёзная/безупре́чная че́стность; he is none too ~ он не отлича́ется щепети́льностью.

**scrupulousness** n. щепети́льность, добросо́вестность; тща́тельность; скрупулёзность.

**scrutineer** n. член счётной коми́ссии (на вы́борах).

**scrutinize** v.t. (examine) рассм|а́тривать, -отре́ть; (stare at) при́стально/испыту́юще смотре́ть (impf.) на +a.

**scrutiny** n. **1.** (searching gaze) внима́тельный/испыту́ющий взгляд; **2.** (close investigation) тща́тельное рассле́дование/рассмотре́ние/иссле́дование; his record does not bear ~ его́ про́шлое/поведе́ние далеко́ не безупре́чно; **3.** (of votes) прове́рка пра́вильности подсчёта избира́тельных бюллете́ней.

**scuba** n. скуба, аквала́нг; ~ diver плове́ц/ныря́льщик со ску́бой.

**scud** v.i. нести́сь, про-; пробе|га́ть, -жа́ть; (naut.) идти́ (det.) под ве́тром.

**scuff** v.t.: ~ (wear away) one's shoes истрёп|ывать, -а́ть (or трепа́ть, об-) о́бувь.
v.i. (shuffle) ша́ркать (impf.).

**scuffle** n. потасо́вка, схва́тка.
v.i. дра́ться (impf.); схва́т|ываться, -и́ться.

**scull** n. (oar) па́рное весло́; (at stern of boat) кормово́е весло́; (boat) see SCULLER.
v.t. & i.: ~ a boat грести́ (impf.) па́рными вёслами; (with stern-oar) грести́ кормовы́м весло́м, гала́нить (impf.).

**sculler** n. (pers.) гребе́ц; (boat; also scull) па́рная ло́дка; я́лик.

**scullery** n. судомо́йня.
cpd.: ~-maid n. судомо́йка.

**scullion** n. (arch.) ку́хонный мужи́к.

**sculpt** v.t. & i. (coll.) see SCULPTURE v.t., v.i.

**sculptor** n. ску́льптор.

**sculptress** n. же́нщина-ску́льптор; she is a ~ она́ ску́льптор.

**sculptural** adj. скульпту́рный, пласти́ческий; ~ beauty пласти́чная/холо́дная красота́.

**sculpture** n. (art, product) скульпту́ра.
v.t. (also sculpt) вая́ть, из-; (model in clay etc.) лепи́ть, вы́-; (in stone) высека́ть, вы́сечь; (in wood) ре́зать, вы́-.
v.i. быть/рабо́тать (impf.) ску́льптором.

**scum** n. на́кипь, пе́на; (fig.) подо́нки (m. pl.); ~ of the earth подо́нки о́бщества.
v.t. (skim) сн|има́ть, -ять на́кипь/пе́ну с +g.
v.i. (form ~) образо́в|ывать, -а́ть на́кипь/пе́ну.

**scumble** n. лессиро́вка, то́нкий слой кра́ски.
v.t. лессирова́ть (impf., pf.).

**scunner** n. (sl.): take a ~ at почу́вствовать (pf.) отвраще́ние (or о́струю неприя́знь) к +d.

**scupper** n. шпига́т.
v.t. (sink) потопи́ть (pf.); (fig., coll.) разби́ть (pf.) (в пух и прах); разгроми́ть (pf.); we're ~ed мы поги́бли.

**scurf** n. пе́рхоть.

**scurfy** adj.: my hair is ~ у меня́ (в волоса́х) пе́рхоть.

**scurrility** n. непристо́йность.

**scurrilous** adj. (indecent) непристо́йный; (abusive) оскорби́тельный.

**scurry** n. суета́, спе́шка; there was a ~ towards the exit все бро́сились к вы́ходу; the ~ of mice under the floor возня́ мыше́й под полом.
v.i. (also ~ about) суетли́во дви́гаться/бе́гать (both impf.); снова́ть (impf.); ~ through one's work на́спех проде́лать (pf.) рабо́ту.
with advs.: ~ away, ~ off vv.i. убе|га́ть, -жа́ть; (disperse) разбе|га́ться, -жа́ться.

**scurvied** adj. цинго́тный.

**scurvy** n. цинга́.
adj. (arch.) по́длый; ~ fellow подле́ц; ~ trick подво́х; play a ~ trick on s.o. подложи́ть (pf.) свинью́ кому́-н.

**scut** n. коро́ткий хвост(ик).

**scutcheon** see ESCUTCHEON.

**scuttle**[1] n. (for coal) ведёрко/я́щик для угля́.

**scuttle**[2] n. (hurried flight) стреми́тельное бе́гство; (fig.) малоду́шное отступле́ние.
v.i. суетли́во дви́гаться/бе́гать (both impf.); юркну́ть (pf.); снова́ть (impf.).

**scuttle**[3] v.t. (sink) топи́ть, по-; затоп|ля́ть, -и́ть.

**Scylla** n. Сци́лла; between ~ and Charybdis ме́жду Сци́ллой и Хари́бдой.

**scythe** n. коса́.
v.t. коси́ть, с-.

**Scythian** n. скиф (fem. -ка).
adj. ски́фский.

**sea** n. мо́ре; at ~ (lit.) в мо́ре; he is at ~ он нахо́дится в пла́вании; (all) at ~ (fig.) озада́чен, расте́рян (pred.); в недоуме́нии; he is at ~ он ничего́ не понима́ет/смы́слит, он расте́рян; beyond the ~ за́ морем; dominions beyond the ~s замо́рские владе́ния; by ~ мо́рем; by the ~ у мо́ря, на мо́ре; go to ~ (become a sailor) идти́ (det.), пойти́ (pf.) в моряки́; on the ~ (in ship) в мо́ре; ships sail on the ~ корабли́ пла́вают по́ морю; (situated on coast) на мо́ре; put to ~ (of ship) выходи́ть, вы́йти в мо́ре; the ~ covers three-quarters of the world's surface моря́ покрыва́ют три че́тверти пове́рхности земно́го ша́ра; open ~ откры́тое мо́ре; freedom of the ~s свобо́да море́й; on the high ~s в откры́том мо́ре; inland ~ закры́тое мо́ре; sail the seven ~s пла́вать (indet.) по моря́м-океа́нам; объе́здить (pf.) весь свет; a heavy ~ си́льное волне́ние; (wave) больша́я волна́; half ~s over (*drunk*) вы́пивши, под му́хой (*coll.*); ~s of blood мо́ре кро́ви; a ~ of troubles мо́ре невзго́д/бед; a ~ of faces мо́ре лиц.

*attr.*: ~ air морско́й во́здух; ~ journey, voyage, trip морско́е путеше́ствие; морска́я прогу́лка, пое́здка по́ морю; S~ Lord морско́й лорд (*член главного морского штаба*); ~ mile морска́я ми́ля; ~ power морска́я мощь; (*nation*) морска́я держа́ва.

*cpds.*: ~-anchor *n.* плаву́чий я́корь; ~-anemone *n.* акти́ния; ~-bathing *n.* морски́е купа́нья; ~-bed *n.* морско́е дно; ~-bird *n.* морска́я пти́ца; ~-biscuit *n.* суха́рь (*m.*), гале́та; ~board *n.* примо́рье, (*attr.*) примо́рский; ~-boat *n.*: a good ~-boat су́дно с хоро́шими морехо́дными ка́чествами; ~-born *adj.* (*of Venus*) пенорождённая; ~-borne *adj.* (*of trade*) морско́й; (*of goods*) перевози́мый мо́рем; ~-breeze *n.* ве́тер с мо́ря; ~-calf *n.* тюле́нь (*m.*); ~-captain *n.* капита́н да́льнего пла́вания; знамени́тый флотово́дец; ~-change *n.* (чуде́сное/радика́льное) преображе́ние; ~-chest *n.* матро́сский сундучо́к; ~-coast *n.* морско́й бе́рег; ~-cock *n.* (*naut.*) кингсто́н, забо́ртный кла́пан; ~-cook *n.* кок; son of a ~-cook ≃ су́кин сын; ~-cow *n.* морж; ~-cucumber *n.* морско́й огуре́ц; ~-dog *n.* (*old sailor*) (ста́рый) морско́й волк; ~-elephant *n.* морско́й слон; ~ farer *n.* морепла́ватель (*m.*); ~ faring *n.* морепла́вание; *adj.* морехо́дный; ~ faring (*also* ~ going) man моря́к, морепла́ватель (*m.*); ~-fight *n.* морско́й бой; ~-fish *n.* морска́я ры́ба; ~-fog *n.* тума́н, иду́щий с мо́ря; ~ food *n.* проду́кты мо́ря, морски́е проду́кты (*m. pl.*); ~ food restaurant ры́бный рестора́н; ~-fowl *n.* морска́я пти́ца; ~-front *n.* примо́рский бульва́р, набе́режная; ~-girt *adj.* опоя́санный моря́ми; ~-god *n.* морско́е божество́; ~ going *adj.* (*of ship*) морехо́дный; (*of pers.*) *see* ~ faring; ~-green *adj.* цве́та морско́й волны́; ~ gull *n.* (*also* ~-mew) ча́йка; ~-horse *n.* морско́й конёк; ~-kale *n.* морска́я капу́ста; ~-lane *n.* морско́й путь; (*pl.*) морски́е коммуника́ции (*f. pl.*); ~-lawyer *n.* придира (*c.g.*), критика́н; ~-legs *n.*: find, get one's ~-legs прив|ыка́ть, -ы́кнуть к ка́чке; ~-level *n.* у́ровень (*m.*) мо́ря; ~-lion *n.* морско́й лев; ~ man *n.* моря́к, матро́с; able ~ man матро́с; ~ manship *n.* иску́сство морепла́вания; practical ~ manship морска́я пра́ктика; ~-mark *n.* навигацио́нный знак; ориенти́р на берегу́; ~-mew *see* ~ gull; ~-monster *n.* морско́е чудо́вище; ~ plane *n.* гидросамолёт; ~ port *n.* морско́й порт; порто́вый го́род; ~ quake *n.* моретрясе́ние; ~-room *n.* простра́нство для маневри́рования; ~-rover *n.* пира́т; ~-salt *n.* морска́я соль; ~ scape *n.* морско́й пейза́ж, мари́на; ~-scout *n.* морско́й бойска́ут;

~-serpent *n.* морско́й змей; ~-shell *n.* морска́я ра́ковина; ~-shore *n.* морско́й бе́рег, взмо́рье; ~ sick *adj.*: I was ~ sick меня́ укача́ло; ~ sickness *n.* морска́я боле́знь; ~ side *n.* морско́е побере́жье; we stayed at the ~ side мы жи́ли/бы́ли на мо́ре/взмо́рье; he likes the ~ side он лю́бит е́здить на́ море; *adj.* примо́рский; a ~ side resort морско́й куро́рт; ~-to-~ *adj.*: ~-to-~ missile раке́та кла́сса «кора́бль-кора́бль»; ~-trout *n.* океани́ческая сельдь; ~-urchin *n.* морско́й ёж; ~-wall *n.* да́мба; сте́нка набережной; ~-water *n.* морска́я вода́; ~-way *n.* (*inland waterway*) судохо́дное ру́сло; фарва́тер; вну́тренний во́дный путь; ~ weed *n.* морска́я во́доросль; ~ worthiness *n.* морехо́дность, го́дность к пла́ванию; ~ worthy *adj.* морехо́дный, го́дный к пла́ванию.

seal[1] *n.* (*zool.*) тюле́нь (*m.*); (fur-~) ко́тик.

*v.i.* охо́титься (*impf.*) на тюле́ней.

*cpds.*: ~-fishery *n.* тюле́ний/ко́тиковый про́мысел; ~-rookery *n.* тюле́нье ле́жбище; ~ skin *n.* тюле́нья шку́ра; тюле́ний/ко́тиковый мех.

seal[2] *n.* 1. (*on document etc.*) печа́ть; wax ~ сургу́чная печа́ть; leaden ~ пло́мба; affix, set one's ~ to sth. ста́вить, по- свою́ печа́ть на что-н.; скреп|ля́ть, -и́ть что-н. печа́тью; set the ~ on заверш|а́ть, -и́ть; he set the ~ of approval on our action он одо́брил/ санкциони́ровал на́ши де́йствия; under my hand and ~ за мое́й собственнору́чной по́дписью и с приложе́нием печа́ти; under ~ of secrecy под секре́том; ~ of confession та́йна и́споведи; fix a (leaden) ~ on пломбирова́ть, за-; 2. (*gem, stamp etc. for* ~ing) печа́тка.

*v.t.* 1. (*affix* ~ *to*) при|кла́дывать, -ложи́ть печа́ть к +*d.*; the treaty has been signed and ~ed догово́р подпи́сан и скреплён печа́тями; ~ed orders секре́тный прика́з; ~ing-wax сургу́ч; 2. (*confirm*): ~ a bargain закреп|ля́ть, -и́ть сде́лку; 3. (*close securely; stop up*) запеча́т|ывать, -ать; пло́тно/на́глухо за-кр|ыва́ть, -ы́ть; a ~ed envelope запеча́танный конве́рт; they ~ed (up) all the windows они́ зама́зали/заде́лали все о́кна; the police ~ed off all exits from the square поли́ция отре́зала/загороди́ла все вы́ходы с пло́щади (*or* оцепи́ла пло́щадь); my lips are ~ed у меня́ запеча́таны уста́; that is a ~ed book to me э́то для меня́ кни́га за семью́ печа́тями; 4. (*set mark on; destine*) нал|ага́ть, -ожи́ть печа́ть на +*a.*; his fate is ~ed его́ у́часть решена́.

sealer *n.* (*pers.*) охо́тник на тюле́ней; (*ship*) зверобо́йное су́дно.

sealery *n.* тюле́нье ле́жбище.

seam *n.* шов, рубе́ц; (*of ship*) паз; burst at the ~s ло́п|аться, -нуть по шву; come apart at the ~s *(lit., fig.)* трещáть *(impf.)* по швам; *(geol.)* пласт.

*v.t.*: a face ~ed with lines лицó, избо-рождённое морщи́нами.

**seamless** *adj.* без шва; из одногó кускá; ~ stockings чулки́ без шва.

**seamstress, sempstress** *n.* швея́.

**seamy** *adj.*: the ~ side of life изнáнка жи́зни.

**seance** *n.* спиритúческий сеáнс.

**sear** *adj.* *(also* **sere***)* увя́дший, пожелтéвший, жёлтый, вы́сохший.

*v.t.* *(scorch)* опал|я́ть, -и́ть; *(cauterize)* приж|игáть, -éчь; *(make callous)* притуп|ля́ть, -и́ть; his soul was ~ed by injustice несправед-ли́вость иссуши́ла емý дýшу.

**search** *n.* **1.** *(quest)* пóиск *(usu. pl.)*; make a ~ for s.o./sth. искáть *(impf.)* когó-н./чтó-н.; a man in ~ of a wife человéк, и́щущий себé женý; he went in ~ of his wife он пошёл искáть женý *(or* за женóй); **2.** *(examination)* óбыск; the police carried out a ~ of the house поли́ция произ-велá óбыск в дóме; customs ~ тамóженный досмóтр; right of ~ прáво óбыска *(судóв)*.

*v.t.* **1.** *(examine)* обы́ск|ивать, -áть; we were ~ed at the airport мы прошли́ осмóтр в аэ-ропортý; *(rummage through)* обшáри|вать, -ть; I ~ed every drawer for my notes я обшáрил/перерыл все я́щики в пóисках свои́х замéток; **2.** *(peer at, scan)* обв|оди́ть, -ести́ взгля́дом; he ~ed my face он остановúл на мне испытýющий взгляд; он пытли́во (по)смотрéл на меня́; **3.** *(fig., scrutinize)*: ~ one's heart заглянýть *(pf.)* себé в дýшу; ~ your memory! напряги́те свою́ пáмять!; I ~ed my conscience я спроси́л свою́ сóвесть; я допроси́л себя́ с пристрáстием; **4.** *(penetrate)* прон|икáть, -и́кнуть; a ~ing wind прони-зывáющий вéтер; ~ing questions подрóбные вопрóсы; a ~ing enquiry тщáтельное рас-слéдование; **5.** ~ me! *(coll.)* я почéм знáю!; поня́тия не имéю!

*v.i.* искáть *(impf.)*; пров|оди́ть, -ести́ óбыск; ~ after, for разы́скивать *(impf.)*; оты́скивать *(impf.)*; ~ into the cause of sth. исслéдовать *(impf.)* причи́ну чегó-н.; ~ **out** *(find)* оты-скáть, разыскáть, обнарýжить *(all pf.)*; ~ through просмá|тривать, -отрéть; I ~ed through my desk for the letter я перерыл весь пи́сьменный стол в пóисках письмá; he ~ed through all his papers for the contract он пере-брáл все свои́ бумáги в пóисках договóра.

*cpds.*: ~**light** *n.* прожéктор; ~**-party** *n.* пóискóвая пáртия/грýппа; пóискóвый отря́д; ~**-warrant** *n.* óрдер на óбыск.

**searcher** *n.* искáтель *(fem.* -ница).

**season** *n.* **1.** сезóн; the four ~s четы́ре врéмени гóда; in the rainy ~ в сезóн дождéй; compli-ments of the ~! с прáздником!; strawberries are in ~ сейчáс поспéла клубни́ка; blackber-ries are out of ~ сейчáс ежеви́ке не сезóн; at

the height of the ~ в разгáр сезóна; holiday ~ сезóн отпускóв; close/open ~ врéмя, когдá охóта запрещенá/разрешенá; a word in ~ своеврéменное *(or* вóвремя скáзанное)* словéчко; вóвремя сдéланный намёк; in and out of ~ кстáти и некстáти; беспрестáнно; не переставáя; *(period)* перúод, порá; a ~ of inaction перúод/порá бездéйствия; **2.** ( ~ tic-ket) сезóнный/проезднóй (билéт); *(for con-certs etc.)* абонемéнт.

*v.t.* **1.** *(mature: of timber, wine etc.)* выдéрживать, вы́держать; **2.** *(acclimatize, inure)* приуч|áть, -и́ть; he ~ed himself to cold он приучи́л себя́ к хóлоду; a ~ed drinker мáстер пить; ~ed troops óпытные/испы́тан-ные войскá; **3.** *(spice)* припр|авля́ть, -áвить; ожив|ля́ть, -и́ть; a highly ~ed dish óстрое *(or* óчень пикáнтное) блю́до.

**seasonable** *adj.* *(suited to the season)* соотвéт-ствующий сезóну; *(opportune)* своеврé-менный.

**seasonal** *adj.* сезóнный.

**seasoning** *n.* *(cul.)* припрáва; *(of timber, wine)* выдéрживание.

**seat** *n.* **1.** сидéнье; *(chair)* стул; *(bench)* скамья́, скамéйка; *(saddle)* седлó; ~ of judgement суди́лище; **2.** *(place in vehicle, theatre etc.)* мéсто; take one's ~ зан|имáть, -я́ть мéсто; please take a ~! сади́тесь, пожáлуйста!; keep one's ~ ост|авáться, -áться на мéсте; не поднимáться с мéста; keep my ~ for me! посторожи́те моё мéсто!; he booked a ~ он заказáл билéт; take a back ~ *(fig.)* от|ходи́ть, -ойти́ на зáдний план; стуш|ёвываться, -евáться; **3.** *(of chair)* сидéнье; the ~ of the chair fell through у стýла провали́лось сидéнье; **4.** *(backside)* зад, седáлище; *(of trousers)* зад (у) брюк; he wore out the ~ of his trousers он просидéл брю́ки; **5.** *(site, location, headquarters)*: ~ of government местопребы-вáние прави́тельства; ~ of an organization штаб-квартúра организáции; ~ of war теáтр воéнных дéйствий; ~ of the passions средотóчие страстéй; the liver is the ~ of the disease болéзнь локализóвана/гнезди́тся в пéчени; ~ of learning нау́чный центр; **6.** *(mansion)* усáдьба, помéстье; **7.** *(parl.)* мéсто в парлáменте; have a ~ in parliament быть члéном парлáмента; lose one's ~ не быть переи́збранным в парлáмент; vacate one's ~ сложи́ть *(pf.)* депутáтские полномóчия; he has a ~ on the committee он член комитéта; **8.** he has a good ~ on a horse у негó хорóшая посáдка; он хорошó сиди́т на лóшади.

*v.t.* **1.** *(make sit)* сажáть, посади́ть; ~ o.s. сади́ться, сесть; ус|áживаться, -éсться; be ~ed! сади́тесь!; прошý сади́ться!; he remained ~ed он продолжáл сидéть; он не подня́лся с мéста; I found them ~ed round the fire я нашёл их сидя́щими вокрýг камúна; **2.**

(*provide with* ~s) вме|щать, -стить; the hall ~s over a thousand зал вмещает больше тысячи человек; this table ~s twelve за этот стол можно посадить двенадцать человек; **3.** (*mend* ~ *of*) чинить, по- сиденье +g.

*cpd.*: ~**-belt** *n.* (привязной) ремень.

**seating** *n.* **1.** (*allocation of places*) рассаживание, рассадка; (*placing at table*) размещение гостей за столом; the ~ arrangements were inadequate мест не хватало; **2.** (*seats*) (сидячие) места; ~ capacity число сидячих мест; additional ~ for 50 had to be provided пришлось добавить 50 сидячих мест; **3.** (*material for filling seat*) набивка.

**Seattle** *n.* Сиэтл.

**seaward** *adj.* (*of breeze etc.*) береговой; ~ tide отлив.

*adv.* (*also* ~**s**, to ~) к морю.

**sebaceous** *adj.* сальный.

**Sebastopol** *n.* Севастополь (*m.*).

**secant** *n.* секанс.

**secateurs** *n. pl.* садовые ножниц|ы (*pl., g.* —); секатор.

**secede** *v.i.* отл|агаться, -ожиться; отдел|яться, -иться; выходить, выйти (из +g.).

**secession** *n.* отложение; отделение (от +g.); выход (из +g.); War of S~ гражданская война в США.

**secessionist** *n.* сепаратист.

**seclude** *v.t.*: ~ from public gaze укр|ывать, -ыть от взоров публики; ~ o.s. from society удал|яться, -иться от общества; a ~d life уединённая жизнь; a ~d spot укромный уголок.

**seclusion** *n.* уединение, изоляция, уединённость; to live in ~ жить (*impf.*) в одиночестве.

**second**[1] *n.* **1.** второй; you are the ~ to ask me that вы уже второй человек, который меня об этом спроси́л/спра́шивает; ~ in command заместитель (*m.*) командира; on the ~ of May второго мая; he came (in) a good ~ (*in race*) он пришёл к финишу почти одновременно с первым; (*honours degree*) диплом второй степени; **2.** (*in duel, boxing etc.*) секундант; ~s out of the ring! секунданты за ринг!; **3.** (*pl., imperfect goods*) второсортный товар; these plates are ~s эти тарелки бракованные/нестандартные; **4.** (*measure of time or angle, also mus.*) секунда; wait a ~! одну секунду!; ~(s) hand (*of clock*) секундная стрелка.

*adj.* второй, другой; Charles the S~ Карл Второй; ~ childhood старческое слабоумие; he is in his ~ childhood он впал в детство; on the ~ (*Am.* third) floor на третьем этаже; the ~ largest city второй по величине город; ~ nature вторая натура; ~ person singular второе лицо единственного числа; he addressed her in the ~ person singular он обращался к ней на ты; he came in ~ он занял второе

место; in the ~ place во-вторых; for the ~ time вторично, второй раз; he did it at the ~ time of asking его пришлось дважды просить, прежде чем он это сделал; (*additional*) добавочный; ~ ballot перебаллотировка; ~ chamber верхняя палата; ~ helping добавка; France was a ~ home to him Франция была ему (*or* для него) второй родиной; ~ name фамилия; you need a ~ pair of boots вам нужна вторая/запасная пара ботинок; he has ~ sight он ясновидец; ~ string (*fig.*) вторая скрипка; ~ teeth постоянные зубы; have ~ thoughts передумать, раздумать (*pf.*); I am having ~ thoughts я начинаю колебаться; on ~ thoughts поразмыслив; по зрелом размышлении; do, say sth. a ~ time повтор|ять, -ить что-н.; get one's ~ wind обрести (*pf.*) второе дыхание; (*subordinate*; *comparable*): ~ to none непревзойдённый; he is ~ to none он никому не уступит; their taste is ~ to none у них безукоризненный вкус; ~ cousin троюродный брат (*fem.* троюродная сестра); play ~ fiddle играть (*impf.*) вторую скрипку; learn sth. at ~ hand узнать (*pf.*) что-н. понаслышке (*or* из вторых рук); ~ lieutenant младший лейтенант; ~ officer помощник капитана; he thinks he is a ~ Tolstoy он воображает себя вторым Толстым; the ~ violins вторые скрипки.

*v.t.* (*support*) поддерж|ивать, -ать; ~ words with deeds подкрепл|ять, -ить слова делами.

*cpds.*: ~**-best** *adj.* не самый лучший; (*inferior*) второразрядный, второсортный; не лучшего качества; *adv.*: come off ~-best терпеть, по- поражение; ~**-class** *n.* (*degree*) диплом второй степени; (*of travel*) второй класс; *adj.* второклассный; ~-class cabin каюта второго класса; ~-class citizens граждане второго сорта; ~-class hotel второразрядная гостиница; *adv.*: we travel ~-class мы ездим вторым классом; ~**-floor,** ~**-storey** *adjs.* на третьем этаже; ~**-generation** *adj.* второго поколения; ~**-hand** *n. see* SECOND *n.* **4.**; *adj.* (*previously used*) подержанный; ~-hand bookshop букинистический магазин; (*indirect*): ~-hand information информация из вторых рук; *adv.*: I bought the car ~-hand я купил машину как подержанную; ~**-rate** *adj.* (*of goods*) второсортный; непервоклассный; (*mediocre*) посредственный; ~**-rater** *n.* посредственность; ~**-storey** *see* ~**-floor.**

**second**[2] *v.t.* (*mil., admin.*) откомандиров|ывать, -ать.

**secondary** *adj.* **1.** (*opp. primary*) вторичный; ~ school средняя школа; **2.** (*subordinate*) второстепенный.

**secondly** *adv.* во-вторых.

**secrecy** *n.* тайна; (*of document*) секретность; he promised ~ он обещал хранить тайну; can we rely on his ∼? мо́жно ли положи́ться на его́ молча́ние/скро́мность?; he swore me to ∼ он взял с меня́ кля́тву/сло́во молча́ть; он заста́вил меня́ покля́сться не разглаша́ть (та́йну); the troops were despatched with absolute ∼ перебро́ска войск осуществля́лась в по́лной та́йне.

**secret** *n.* та́йна; (*in personal relations*) секре́т; keep a ∼ храни́ть, со- секре́т; let s.o. into a ∼ посвя|ща́ть, -ти́ть кого́-н. в та́йну; he has no ∼s from me от меня́ у него́ нет секре́тов; I make no ∼ of it я э́того не скрыва́ю; state ∼ госуда́рственная та́йна; open ∼ всем изве́стный секре́т; секре́т полишине́ля; всему́ све́ту по секре́ту; in ∼ в та́йне, по секре́ту; the ∼ of health is temperance возде́ржанность — зало́г здоро́вья; the ∼ of success is to keep on trying секре́т успе́ха в упо́рстве.

*adj.* **1.** та́йный; top ∼ (*as inscription*) соверше́нно секре́тно; keep sth. ∼ держа́ть (*impf.*) что-н. в та́йне; ∼ agent разве́дчик, шпио́н; ∼ ballot та́йное голосова́ние; ∼ police та́йная поли́ция; ∼ service секре́тная слу́жба; разве́дка; агенту́ра; the court met in ∼ session суде́бное заседа́ние происходи́ло за закры́тыми дверя́ми; ∼ sign усло́вный знак; ∼ society та́йное о́бщество; (*hidden*) потайно́й, скры́тый; ∼ staircase потайна́я ле́стница; (*clandestine*) подпо́льный; (*furtive*) скры́тый; (*remote*) укро́мный; a ∼ valley уединённая доли́на; (*undisclosed*): my ∼ ambition моя́ сокрове́нная мечта́; I was ∼ ly glad to see him в глубине́ души́ я был рад его́ ви́деть.

**secretaire** *n.* секрете́р.

**secretarial** *adj.* секрета́рский.

**secretariat** *n.* секретариа́т.

**secretary** *n.* секрета́р|ь (*fem., coll., typist etc.* -ша); permanent (under-) ∼ вы́сший чино́вник министе́рства; постоя́нный замести́тель (*m.*) мини́стра; S∼-General Генера́льный Секрета́рь; S∼ of State (*UK*) мини́стр; (*US*) госуда́рственный секрета́рь, мини́стр иностра́нных дел; private ∼ ли́чный секрета́рь.

*cpd.*: ∼**-bird** *n.* секрета́рь (*m.*).

**secretaryship** *n.* до́лжность секретаря́.

**secrete** *v.t.* **1.** (*physiol. etc.*) выделя́ть, вы́делить; **2.** (*conceal*) укр|ыва́ть, -ы́ть; пря́тать; с-; ∼ o.s. укр|ыва́ться, -ы́ться; пря́таться, с-.

**secretion** *n.* **1.** выделе́ние, секре́ция; **2.** сокры́тие, укрыва́ние; (*of stolen goods*) укрыва́тельство.

**secretive** *adj.* скры́тный, за́мкнутый; he was ∼ about his job он ничего́ не (*or* ма́ло) расска́зывал о свое́й рабо́те.

**secretiveness** *n.* скры́тность.

**sect** *n.* се́кта.

**sectarian** *n.* секта́нт (*fem.* -ка).

*adj.* секта́нтский.

**section** *n.* **1.** (*separate or distinct part*) се́кция; built in ∼ s сбо́рный, разбо́рный; (*severed portion*) кусо́к; ∼ of the day часть дня; ∼ of the population часть/слой населе́ния; residential ∼ жила́я часть/се́кция; жило́й уча́сток; ∼ of a journey эта́п пути́; ∼ of a book/speech разде́л кни́ги/ре́чи; (*mil.*) отделе́ние; (*department*) отде́л, отделе́ние; (*segment of fruit*) до́лька; (∼-mark, *i.e.* §) пара́граф; **2.** (*geom. etc.*) разре́з; ∼ drawing чертёж в разре́зе; сече́ние; **3.** (*microscopic* ∼) срез; **4.** (*surg.*) сече́ние, вскры́тие.

**sectional** *adj.* **1.** секцио́нный; **2.** (*pert. to a section of the community etc.*) группово́й; **3.** (*made in parts*) сбо́рный, разбо́рный, составно́й; **4.** ∼ arrangement of material распределе́ние материа́ла по разде́лам; **5.** (*of drawings, plans etc.*) в разре́зе; ∼ elevation разре́з; ∼ plan of a building план зда́ния в разре́зе.

**sectionalism** *n.* группови́на; секта́нтство, ме́стничество.

**sector** *n.* **1.** (*geom.*) се́ктор; **2.** (*mil., rail. etc.*) уча́сток; **3.** (*econ.*): the public/private ∼ обще́ственный/ча́стный се́ктор.

**secular** *adj.* **1.** (*this-worldly*) мирско́й; ∼ affairs мирски́е дела́; (*non-ecclesiastical, lay*) све́тский; ∼ arm све́тский суд; ∼ education све́тское образова́ние; **2.** (*non-monastic*): ∼ clergy бе́лое духове́нство; **3.** (*long-lasting*) (веко)ве́чный.

**secularism** *n.* секуляри́зм.

**secularization** *n.* секуляриза́ция.

**secularize** *v.t.* секуляризова́ть (*impf., pf.*).

**secure** *adj.* **1.** (*free from care*) споко́йный; feel ∼ about sth. не беспоко́иться (*impf.*) о чём-н.; быть споко́йным за что-н. (*or* относи́тельно чего́-н.); he left, ∼ in the knowledge that I would support him он ушёл, уве́ренный (*or* со споко́йной уве́ренностью) в мое́й подде́ржке; **2.** (*safe*): the bridge did not seem ∼ мост не каза́лся/представля́лся надёжным/про́чным; the doors are ∼ две́ри за́перты как сле́дует; the ladder is ∼ ле́стница стои́т про́чно; the town was ∼ against attack го́род был хорошо́ защищён от нападе́ния; ∼ from interruption свобо́дный от поме́х; (*reliable*) надёжный; make ∼ закреп|ля́ть, -и́ть; (*assured*): a ∼ income обеспе́ченный/ве́рный дохо́д; our victory is ∼ побе́да за на́ми; (*well-founded*): a ∼ assumption обосно́ванное предположе́ние.

*v.t.* **1.** (*make safe or fast*) закреп|ля́ть, -и́ть; застрахо́в|ывать, -а́ть; убер|ега́ть, -е́чь; ∼ a town against assault укрепи́ть (*pf.*) оборо́ну (*or* обеспе́чить (*pf.*) безопа́сность) го́рода от нападе́ния; ∼ one's valuables класть, положи́ть свои́ це́нные ве́щи в надёжное ме́сто; ∼ a prisoner свя́з|ывать, -а́ть пле́нного; **2.** (*guarantee, insure*) страхова́ть, за-; he

~d himself against every risk он застрахова́л себя́ от вся́кого ри́ска; Magna Carta ~d the liberties of Englishmen Вели́кая ха́ртия закрепи́ла во́льности англича́н; 3. (*obtain*) дост|ава́ть, -а́ть; заруч|а́ться, -и́ться +*i*.

**security** *n.* 1. (*safety*) безопа́сность; ~ against attack безопа́сность от нападе́ния; ~ device предохрани́тель (*m.*); S~ Council Сове́т Безопа́сности; he is a ~ risk он неблагонадёжен; I feel a sense of ~ in his presence его́ прису́тствие даёт мне чу́вство уве́ренности/защищённости; 2. (*safeguard, guarantee*) гара́нтия; ~ against thieves гара́нтия от воро́в; 3. (*pledge, promise*) зало́г, гара́нтия; ~ for a loan гара́нтия за́йма; закла́д; (*of pers.*) поручи́тель (*m.*); 4. (*pl., bonds*) це́нные бума́ги (*f. pl.*).

**sedan** *n.* (~ chair) паланки́н; (*Am., saloon car*) седа́н.

**sedate**[1] *adj.* степе́нный, уравнове́шенный.

**sedate**[2] *v.t.* да|ва́ть, -ть успокои́тельное +*d.*

**sedateness** *n.* степе́нность.

**sedation** *n.* успокое́ние; under ~ под де́йствием успокои́тельных.

**sedative** *n.* успокои́тельное (сре́дство); (*sleeping drug*) снотво́рное (сре́дство).
  *adj.* успока́ивающий, успокои́тельный; have a ~ effect де́йствовать успока́ивающе.

**sedentary** *adj.* (*of posture etc.*) сидя́чий; a ~ way of life сидя́чий о́браз жи́зни; (*of pers.*) неподви́жный, малоподви́жный.

**sedge** *n.* осо́ка.
  *cpd.*: ~-warbler *n.* камышо́вка-барсучо́к.

**sediment** *n.* оса́док, отсто́й.

**sedimentary** *adj.* оса́дочный.

**sedimentation** *n.* (*process*) осажде́ние; отложе́ние оса́дка; (*sediment*) оса́док.

**sedition** *n.* (*incitement*) подстрека́тельство к мятежу́; антиправи́тельственная агита́ция; (*rebellion*) мяте́ж.

**seditious** *adj.* мяте́жный, подстрека́тельский.

**seduce** *v.t.* 1. (*lead astray*) соблазн|я́ть, -и́ть; оболь|ща́ть, -сти́ть; he was ~d by wealth он польсти́лся на бога́тство; 2. (*a woman*) совра|ща́ть, -ти́ть; соблазн|я́ть, -и́ть.

**seducer** *n.* соблазни́тель (*m.*); обольсти́тель (*m.*), соврати́тель (*m.*).

**seduction** *n.* (*act of* ~) обольще́ние; (*temptation, enticement*) собла́зн.

**seductive** *adj.* соблазни́тельный; ~ smile обольсти́тельная улы́бка; (*persuasive*) убеди́тельный.

**seductiveness** *n.* соблазни́тельность.

**seductress** *n.* обольсти́тельница.

**sedulous** *adj.* (*diligent*) приле́жный; (*assiduous*) усе́рдный; (*painstaking*) стара́тельный.

**sedulousness** *n.* прилежа́ние; усе́рдие; стара́тельность.

**see**[1] *n.* (*territory*) епа́рхия; (*office*) ка́федра; the Holy S~ па́пский престо́л.

**see**[2] *v.t.* 1. ви́деть, у-; nothing could be ~n ничего́ не́ было ви́дно; the house cannot be ~n from the road дом с доро́ги не ви́ден/ви́дно; he is not to be ~n его́ не вида́ть/ви́дно; nothing was ~n of him о нём не́ было ни слу́ху ни ду́ху; I saw her arrive я ви́дел, как она́ прибыла́; I saw him approach(ing) the house я ви́дел, как он подходи́л к до́му; did you ~ anyone leaving? вы ви́дели, что́бы кто́-нибудь выходи́л (*or* кого́-нибудь выходя́щим) (отту́да)?; I saw the boy beaten я ви́дел, как изби́ли ма́льчика; I have never ~n such a thing ничего́ подо́бного я не вида́л/ви́дел; I never saw such rudeness я в жи́зни не встреча́лся с тако́й гру́бостью; most people want to be ~n in the best light лю́ди обы́чно хотя́т предста́ть в наилу́чшем све́те; ~ red (*coll.*) взбеси́ться (*pf.*); прийти́ (*pf.*) в я́рость/бе́шенство; I thought I was ~ing things мне каза́лось, что я бре́жу; I ~ things differently now я тепе́рь ина́че смотрю́ на ве́щи; (*in newspaper etc.*): I ~ our team has won ока́зывается, на́ша кома́нда победи́ла; 2. (*look at, watch*) смотре́ть, по- на +*a.*; осм|а́тривать, -отре́ть; ~ p. 4 см. стр. 4; let me ~ that да́йте мне на э́то взгляну́ть; let me ~ your letter покажи́те мне ва́ше письмо́; the film is worth ~ing э́тот фильм сто́ит посмотре́ть; ~ what you've done! смотри́те, что вы наде́лали!; ~ the sights, town осм|а́тривать, -отре́ть достопримеча́тельности; you must ~ Westminster Abbey вам необходи́мо побыва́ть в Вестми́нстерском абба́тстве (*or* посети́ть Вестми́нстерское абба́тство); we saw Hamlet yesterday мы вчера́ бы́ли на «Га́млете»; 3. (*experience*): he has ~n life (*or* the world) он вида́л/ви́дывал ви́ды; the house has ~n many changes дом претерпе́л/повида́л мно́го переме́н; he has ~n five reigns он пережи́л пять ца́рствований; she will never ~ 50 again ей перевали́ло за пятьдеся́т; I thought I would never (live to) ~ the day when . . . я не ду́мал, что доживу́ до того́, что́бы . . .; 4. (*imagine*) предст|авля́ть, -а́вить себе́ (*что*); can you ~ him apologizing? мо́жете себе́ предста́вить его́ прося́щим извине́ния?; 5. (*ascertain by looking; find out*) посмотре́ть, узна́ть, вы́яснить (*all pf.*); ~ for oneself убеди́ться (*pf.*) самому́/ли́чно; (go and) ~ who it is посмотри́те, кто там; if you watch me you'll ~ how it's done смотри́те на меня́ и поймёте, как э́то де́лается; shall I ~ if I can help them? мо́жет (быть), им на́до помо́чь?; I'll ~ if I can get tickets я постара́юсь/попро́бую доста́ть биле́ты; that remains to be ~n э́то ещё неизве́стно; 6. (*discern, comprehend*) пон|има́ть, -я́ть; as I ~ it по-мо́ему; на мой взгляд; he saw his mistake at once он сра́зу же по́нял свою́ ошибку; I ~ how it is мне поня́тно, как обстоя́т дела́; I don't ~ what good that is я не вижу, какая от этого польза; you ~ now why I hesitated теперь вы понимаете, отчего я колебался; as far as I can ~ насколько я понимаю; what does he ~ in her? что только он в ней видит/находит?; (do) you ~? (вы) понимаете?; you ~, I was an only child видите ли, я был единственным ребёнком; don't you ~? неужели вы не понимаете?; from this it can be ~n из этого следует; it can be ~n at a glance это ясно с первого взгляда; so I ~ сам вижу; понимаю; оно и видно; **7.** (*consider*) думать, по-; I'll ~ я подумаю; посмотрим; let me ~! погодите/постойте!; ~ing that . . .; ввиду того, что . . .; поскольку . . .; так как . . .; **8.** (*come across, meet*) видеть, у-; встр|ечать, -éтить; (*coll.*) повстречать (*pf.*); 1920 saw him in Greece 1920 (тысяча девятьсот двадцатый) год застал его в Греции; (*associate*) видеться (*impf.*), встречаться (*impf.*) (*с кем*); they stopped ~ing each other они разошлись (*or* перестали встречаться); (*visit*) посе|щать, -тить; наве|щать, -стить; we went to ~ our friends мы сходили/съездили к нашим друзьям; мы посетили наших друзей; come and ~ me, us sometime заходите как-нибудь; (I'll) be ~ing you! до скорого!; пока! (*coll.*); ~ you on Tuesday! до вторника!; **9.** (*interview, consult*): I went to ~ him about a job я зашёл к нему поговорить о работе; can I ~ you for a moment! можно вас на минутку?; you should ~ a doctor вам следует обратиться/наведаться к (*or* показаться) врачу; he went to ~ a lawyer он пошёл посоветоваться/поговорить с юристом; you can't ~ Mr. Smith today г-н Смит вас сегодня принять не может; (*receive*; *grant interview to*) прин|имать, -ять; the doctor will ~ you now доктор примет вас сейчас; **10.** (*escort, conduct*) прово|жать, -дить; he saw her to the door он проводил её до двери; I saw her across the road я перевёл её через улицу; (*provide for*): £5 should ~ you to the end of the week пяти фунтов должно хватить вам до конца недели; she saw him through college она помогла ему окончить университет; **11.** (*ensure*) следить, про-; ~ that it is done смотрите, чтобы это было сделано/выполнено; ~ (to it) that the door is locked проследите, чтобы заперли дверь.

*v.i.* видеть, у-; cats ~ best at night кошки видят лучше всего в темноте; can you ~ from where you are? вам оттуда видно?; as far as the eye can ~ насколько хватает/видит глаз; he cannot ~ (*is blind*) он не видит; он слеп; ~ing eye (*dog*) собака-проводник слепого, собака-поводырь (*m.*); ~ing is believing пока не увижу, не поверю; he will never be able to ~ again он (окончательно) ослеп; I am ~ing double у меня в глазах двоится; go and ~ for

yourself! пойдите и убедитесь сами!; ~ if you can . . . попробуйте . . .; she could ~ into the future она умела заглядывать в будущее; may I ~ inside? можно заглянуть внутрь?; they asked to ~ over, round the house они просили позволить им осмотреть дом; he could not ~ over the hedge изгородь заслоняла ему вид; we saw through his tricks мы раскусили его штучки; ~ through s.o. раскус|ывать, -ить кого-н.; видеть (*impf.*) кого-н. насквозь; I couldn't ~ to read было слишком темно (, чтобы) читать; **2.** (*imper., look*): ~, here he comes! вот и он!; **3.** (*make provision; take care; give attention*) заботиться, по- (*о чём*); (*arrange, organize*) ставить, по-; I shall ~ about the luggage я позабочусь о багаже (*or* займусь багажом); she ~s to the laundry она ведает стиркой; стирка в её ведении; I have to ~ to the children мне приходится смотреть за детьми; the garden needs ~ing to садом следует заняться; сад запущен; I saw to it that . . . я устроил так, что . . .; he saw to it that I got the money он позаботился о том, чтобы я получил деньги.

*with advs.*: ~ **back** *v.t.*: as it was late I offered to ~ her back так как было поздно, я предложил проводить её (домой *и т.п.*); ~ **in** *v.t.*: they came to ~ the boat in они пришли, (чтобы) встретить пароход; we saw the New Year in мы встретили Новый год; ~ **off** *v.t.*: we saw them off at the station мы проводили их на поезд; ~ **out** *v.t.* прово|дить, -ести до выхода; I can ~ myself out ≈ я сам найду дорогу; we saw the play out мы остались/досидели до конца пьесы; he saw out (*survived*) all his children он пережил всех своих детей; ~ **through** *v.t.*: who will ~ the job through? кто доведёт дело до конца?; his courage will ~ him through благодаря своему мужеству он выдержит все испытания.

*cpd.*: ~-**through** *adj.* прозрачный.

**seed** *n.* **1.** (*lit., fig.*) семя (*nt.*), зерно; зёрнышко, семечко; (*collect.*) семена (*nt. pl.*); sow ~(s) in the ground сеять, по- семена в грунт; go, run to ~ (*lit.*) идти, пойти в семена; (*fig., of pers.*) захиреть, опуститься, обрюзгнуть (*all pf.*); **2.** (*semen*) семя (*nt.*), сперма; **3.** (*bibl., offspring, descendants*) потомки (*m. pl.*), потомство; племя (*nt.*); ~ of Abraham семя Авраамово; **4.** (*sport: ~ed player*) отобранный/просеянный игрок; he is number 3 ~ он просеян за № 3.

*v.t.* **1.** (*remove ~ from*) оч|ищать, -истить от зёрнышек; ~ed raisins изюм без косточек; **2.** (*sow or sprinkle with ~*) сеять, по-; зас|евать, -еять; a newly ~ed lawn свежезасеянный газон; **3.** (*sport*) отбирать (*impf.*); ~ed player *see* SEED *n.* **4.**

*v.i.* (*shed ~*) ронять (*impf.*) семена.

*cpds.*: ~-**bearing** *adj.* семяносный; ~-**bed** *n.*

гряда́ с расса́дой; (*fig.*) расса́дник, оча́г;
~-**box** *n.* я́щик для расса́ды; ~-**cake** *n.*
пече́нье/кекс с тми́ном; ~-**corn** *n.* посевно́е
зерно́; ~-**pearl** *n.* ме́лкий же́мчуг; ~-**potatoes**
*n.* семенно́й карто́фель; ~**sman** *n.* торго́вец
семена́ми; ~-**time** *n.* посевно́й сезо́н.
**seedless** *adj.* бессемя́нный.
**seedling** *n.* се́янец; (*pl.*) расса́да (*collect.*).
**seedy** *adj.* (*shabby*) потрёпанный; he looks ~ у
него́ неважне́цкий вид; (*sleazy*) захуда́лый;
(*out of sorts*) не в фо́рме; I feel ~ я себя́
нева́жно/парши́во чу́вствую.
**seek** *v.t.* **1.** (*look for*) иска́ть (*impf.*) +*a./g. of
concrete/abstract object*; ~ a quarrel иска́ть
(*impf.*) (по́вода для) ссо́ры; ~ one's fortune
пыта́ть (*impf.*) сча́стье; ~ing a better position
в по́исках лу́чшего ме́ста; ~ out разыска́ть
(*pf.*); отыска́ть (*pf.*); (*enquire into*) иска́ть
(*impf.*); they were ~ing the causes of cancer они́
иссле́довали (*or* пыта́лись обнару́жить)
причи́ны ра́ка; the reason is not far to ~ за
объясне́нием далеко́ ходи́ть не на́до; efficient
leaders are far to ~ спосо́бных руководи́-
телей днём с огнём не сы́щешь; (*ask for*): ~
advice проси́ть (*impf.*) сове́та; обра|ща́ться,
-ти́ться за сове́том; сове́товаться, по-; ~ an
explanation тре́бовать, по- объясне́ния; ~
pardon добива́ться/проси́ть (*impf.*) проще́-
ния; **2.** (*attempt*) стара́ться, по-; пыта́ться,
по-; they sought to kill him они́ хоте́ли/пыта́-
лись его́ уби́ть; они́ покуша́лись/посяга́ли на
его́ жизнь.
  *v.i.*: ~ after sth. стреми́ться (*impf.*) к
чему́-н.; a sought-after person (чрезвыча́йно)
популя́рная ли́чность; ~ for sth. иска́ть
(*impf.*) что-н./чего́-н.
**seeker** *n.*: an earnest ~ after truth ре́вностный
иска́тель (*m.*) и́стины.
**seem** *v.i.* каза́ться, по-; предст|авля́ться,
-а́виться; it ~s to me мне ка́жется/сдаётся;
по-мо́ему; I don't ~ to like him почему́-то он
мне (*or* он мне чем-то) не нра́вится; I ~ to see
him still он так и стои́т у меня́ пе́ред глаза́ми;
I ~ed to hear a voice мне послы́шался чей-то
го́лос; it ~s like yesterday как бу́дто э́то бы́ло
вчера́; he is not what he ~s он не тако́й, как
ка́жется; she ~s young она́ вы́глядит мо́лодо;
it ~s cold today сего́дня, ка́жется, хо́лодно;
сего́дня как бу́дто хо́лодно; he and I can't ~
to get on together мы с ним что́-то ника́к не
пола́дим; it ~s nobody knew ка́жется, никто́
об э́том не знал; it would ~ пови́димому;
каза́лось бы; it would ~ that he stole the
money на́до полага́ть, что он укра́л де́ньги; so
it ~s на́до полага́ть; как бу́дто так; so we are
to get nothing, it ~s ита́к, выхо́дит, мы ничего́
не полу́чим.
**seeming** *n.*: to outward ~ вне́шне; су́дя по вне́-
шности.
  *adj.* (*apparent*) ка́жущийся, вне́шний;

(*affected*) напускно́й; a ~ friend мни́мый друг;
~ly по-ви́димому; как бу́дто.
**seemliness** *n.* прили́чие; (благо)присто́йность.
**seemly** *adj.* подоба́ющий, прили́чный,
прили́чествующий, присто́йный.
**seep** *v.i.* (*also* ~ **out, through**) прос|а́чиваться,
-очи́ться; (*leak*) прот|ека́ть, -е́чь.
**seepage** *n.* течь, уте́чка, проса́чивание.
**seer** *n.* прови́дец, проро́к.
**seersucker** *n.* лёгкая кре́повая ткань.
**seesaw** *n.* (доска́-)каче́л|и и (*pl., g.* -ей); под-
кидна́я доска́; ~ contest состяза́ние, про-
ходя́щее с переме́нным успе́хом; ~ policy
неусто́йчивая/непосле́довательная поли́тика.
  *v.i.* (*play on* ~) кача́ться, по- на доске́/каче́-
лях; (*fig., oscillate*) колеба́ться (*impf.*).
**seethe** *v.i.* (*of liquids, and fig.*) бурли́ть (*impf.*);
the country is ~ing with discontent страна́
бурли́т от недово́льства; he ~ed with anger
он кипе́л негодова́нием; the streets were ~ing
with people у́лицы кише́ли наро́дом.
**segment** *n.* сегме́нт, отре́зок; (*of fruit*) до́лька.
  *v.t. & i.* дели́ть(ся), раз- на сегме́нты.
**segmentation** *n.* сегмента́ция.
**segregate** *v.t.* отдел|я́ть, -и́ть; выдел|я́ть, выде-
лить; раздел|я́ть, -и́ть; изоли́ровать (*impf.*,
*pf.*).
**segregation** *n.* (*separation*) отделе́ние, выде-
ле́ние, изоля́ция; (*racial*) (ра́совая) сег-
рега́ция.
**seign|eur, -ior** *n.* (*hist.*) сеньо́р; grand ~
вельмо́жа (*m.*).
**seine**[1] *n.* не́вод; рыболо́вная сеть.
  *v.i.* лови́ть (*impf.*) ры́бу не́водом/сетя́ми.
**Seine**[2] *n.* Се́на.
**seisin** *n.* (*hist.*) владе́ние недви́жимостью.
**seismic** *adj.* сейсми́ческий.
**seismograph** *n.* сейсмо́граф.
**seismography** *n.* сейсмогра́фия.
**seismological** *adj.* сейсмологи́ческий.
**seismometer** *n.* сейсмо́метр.
**seizable** *adj.* (*of goods etc.*) подлежа́щий кон-
фиска́ции.
**seize** *v.t.* **1.** (*grasp; lay hold of*) хвата́ть,
схвати́ть; he ~d the boy by the arm он схвати́л
ма́льчика за́ руку; they ~d the thief они́
пойма́ли во́ра; he ~d (*hold of*) the rope он
схвати́л (*or* ухвати́лся за) верёвку; he was ~d
by apoplexy его́ хвати́л уда́р; (*fig., com-
prehend*): he ~d the point at once он сра́зу
схвати́л суть де́ла; I can't quite ~ your meaning я не совсе́м понима́ю/ухва́тываю/
ула́вливаю ва́шу мысль; (*fig., make use
of*): ~ an opportunity ухвати́ться (*pf.*) за
возмо́жность; по́льзоваться, вос- слу́чаем; **2.**
(*take possession of*) захва́т|ывать, -и́ть; ~ a for-
tress брать, взять кре́пость; ~ power за-
хва́т|ывать, -и́ть власть; (*fig., strike, affect*)
охва́т|ывать, -и́ть; he was ~d by a feeling of
remorse его́ охвати́ло/обуя́ло раска́яние; **3.**

(*impound, arrest*) нал|ага́ть, -ожи́ть аре́ст на +*a.*; конфискова́ть (*impf., pf.*).

*v.i.* **1.** ~ (up)on ухвати́ться за +*a.*; they ~d upon the chance они́ ухвати́лись за предста́вившийся слу́чай; he ~d upon my remark он прицепи́лся к мои́м слова́м; **2.** (*jam; also* ~ **up**) за|еда́ть, -е́сть; застр|ева́ть, -я́ть.

**seizure** *n.* (*capture*) захва́т; (*confiscation*) конфиска́ция; (*attack of illness*) припа́док; (*stroke*) уда́р; серде́чный при́ступ.

**seldom** *adv.* ре́дко; ~ if ever кра́йне ре́дко; почти́ никогда́; мо́жно сказа́ть, никогда́.

**select** *adj.* и́збранный, изы́сканный, элита́рный; ~ circles и́збранное о́бщество; и́збранные круги́; ~ committee осо́бый комите́т; а ~ club клуб для и́збранных.

*v.t.* выбира́ть, вы́брать; от|бира́ть, -обра́ть; под|бира́ть, -обра́ть; изб|ира́ть, -ра́ть; ~ed works и́збранные сочине́ния; ~ed fruit отбо́рные фру́кты.

**selection** *n.* **1.** (*choice*) вы́бор; make a ~ of выбира́ть, вы́брать (ме́жду +*i.*); there was a wide, great ~ был большо́й вы́бор; (*biol.*): natural ~ есте́ственный отбо́р; **2.** (*assortment*) подбо́р; набо́р; а ~ of summer clothes ассортиме́нт ле́тней оде́жды; (*number of selected items*) подбо́рка; а ~ from Faust отры́вки (*m. pl.*) из о́перы «Фа́уст».

**selective** *adj.* разбо́рчивый; (*radio*) селекти́вный; избира́тельный; ~ service (*Am.*) во́инская пови́нность для отде́льных гра́ждан (по отбо́ру).

**selectivity** *n.* разбо́рчивость; избира́тельность.

**selector** *n.* **1.** (*pers.*) отбо́рщик; **2.** (*teleph.*) селе́ктор; ~ gear избира́тельный аппара́т; (*radio*) ру́чка настро́йки; band ~ переключа́тель (*m.*) диапазо́нов.

**selenite** *n.* селени́т.

**selenium** *n.* селе́н.

**self** *n.* **1.** (*individuality, essence*) су́щность; (*personality*) ли́чность; (*ego*) (со́бственное) «я» (*indecl.*); his own, very ~ он сам; we get a glimpse of his very ~ мы мо́жем загляну́ть в са́мую его́ су́щность; I am not my former ~ я уж не тот, что пре́жде; he refused to listen to his better ~ он оставля́лся глух к призы́вам со́вести; my other ~ моё второ́е «я»; **2.** (*one's own interest*): he has no thought of ~ он не ду́мает о себе́; he always puts ~ first он себя́ не забыва́ет; **3.** (*comm.: oneself*): cheque made out to '~' чек, вы́писанный на со́бственное и́мя (*or* на себя́); a ticket for ~ and friend входно́й биле́т на два лица́.

**self-** *pref.* само-; себя-; свое-.

**self-abasement** *n.* самоуниже́ние, самоуничиже́ние.

**self-absorbed** *adj.* поглощённый собо́й.

**self-abuse** *n.* онани́зм.

**self-acting** *adj.* автомати́ческий.

**self-addressed** *adj.* адресо́ванный на со́бствен-

ное и́мя; ~ envelope (прилага́емый к письму́) конве́рт с обра́тным а́дресом отправи́теля.

**self-adhesive** *adj.* самозакле́ивающийся.

**self-adjustment** *n.* автомати́ческая регули-ро́вка; (*of pers.*) приспособле́ние к обстано́вке.

**self-admiration** *n.* самолюбова́ние.

**self-admiring** *adj.* любу́ющийся/восхища́ющийся собо́й.

**self-advertisement** *n.* саморекла́ма.

**self-affirmation** *n.* самоутвержде́ние.

**self-aggrandizement** *n.* самовозвели́чивание.

**self-analysis** *n.* самоана́лиз.

**self-appointed** *adj.* самозва́ный.

**self-approbation, -approval** *nn.* самодово́ль-ство.

**self-assertion** *n.* самоутвержде́ние.

**self-assertive** *adj.* самоутвержда́ющийся.

**self-assurance** *n.* уве́ренность (в себе́); (*pej.*) самоуве́ренность; самонадея́нность.

**self-assured** *adj.* (само)уве́ренный; самонадея́нный.

**self-awareness** *n.* самосозна́ние.

**self-binder** *n.* жне́я-сноповяза́лка.

**self-centred** *adj.* эгоцентри́ческий, эгоцентри́чный.

**self-coloured** *adj.* одноцве́тный; натура́льного цве́та.

**self-command** *n.* самооблада́ние.

**self-condemnation** *n.* самоосужде́ние.

**self-condemned** *adj.* осуждённый сами́м собо́й; нево́льно вы́давший себя́.

**self-confessed** *adj.* открове́нный; признаю́щий себя́ (*виновным*).

**self-confidence** *n.* уве́ренность (в себе́); (*pej.*) самоуве́ренность; самонадея́нность.

**self-confident** *adj.* уве́ренный (в себе́); (*pej.*) самоуве́ренный; самонадея́нный.

**self-congratulation** *n.* самодово́льство.

**self-conscious** *adj* **1.** (*awkward*) нело́вкий; (*shy*) засте́нчивый; (*embarrassed*) смущённый; **2.** (*phil.*) самосозна́ющий.

**self-consciousness** *n.* нело́вкость, засте́нчивость; (*phil.*) самосозна́ние.

**self-consistent** *adj.* после́довательный.

**self-constituted** *adj.* самозва́нный.

**self-contained** *adj.* (*independent, of pers.*) самостоя́тельный, незави́симый; (*of accom-modation*) отде́льный, изоли́рованный.

**self-contempt** *n.* презре́ние к самому́ себе́.

**self-contradiction** *n.* вну́треннее противоре́чие.

**self-contradictory** *adj.* (вну́тренне) противоре́чивый; противоре́чащий самому́ себе́.

**self-control** *n.* самооблада́ние; he had to exer-cise ~ он до́лжен был прояви́ть самооблада́ние; he regained his ~ к нему́ верну́лось самооблада́ние.

**self-controlled** *adj.* с самооблада́нием.

**self-convicted** *adj.* скомпромети́ровавшийся.

**self-critical** *adj.* самокрити́чный.

**self-criticism** *n.* самокри́тика.

**self-deceit, -deception** *nn.* самообма́н.

**self-defeating** *adj.* сам себя́ сводя́щий на нет.

**self-defence** *n.* самооборо́на, самозащи́та; in ∼ для самооборо́ны; в поря́дке самозащи́ты.

**self-deluded** *adj.* сам себя́ вве́дший в заблужде́ние.

**self-delusion** *n.* самообма́н, самообольще́ние.

**self-denial** *n.* самоотрече́ние; practise ∼ отка́зывать (*impf.*) себе́ во мно́гом; ограни́чивать (*impf.*) себя́.

**self-denying** *adj.* возде́рж(ан)ный, бескоры́стный, самоотве́рженный.

**self-depreciation** *n.* самоуничиже́ние.

**self-destruct** *v.i.* (*tech.*) самоликвиди́роваться (*impf.*, *pf.*).

**self-destruction** *n.* самоуничтоже́ние; (*suicide*) самоуби́йство; (*tech.*) самоликвида́ция.

**self-determination** *n.* самоопределе́ние.

**self-discipline** *n.* вну́тренняя дисципли́на.

**self-disparagement** *n.* умале́ние со́бственного досто́инства.

**self-disparaging** *adj.* самоуничижи́тельный.

**self-distrust, -doubt** *nn.* неве́рие в себя́.

**self-drive** *n.*: ∼ car hire прока́т автомаши́н.

**self-educated** *adj.*: a ∼ man, woman самоу́чка (*c.g.*).

**self-education** *n.* самообразова́ние.

**self-effacement** *n.* скро́мность; стремле́ние держа́ться в тени́.

**self-effacing** *adj.* скро́мный; держа́щийся в тени́.

**self-employed** *adj.* рабо́тающий не по на́йму; обслу́живающий своё со́бственное предприя́тие; принадлежа́щий к свобо́дной профе́ссии.

**self-esteem** *n.* самолю́бие.

**self-evident** *adj.* очеви́дный; само́ собо́й разуме́ющийся.

**self-examination** *n.* самоана́лиз.

**self-existent** *adj.* самостоя́тельный.

**self-explanatory** *adj.* не тре́бующий разъясне́ний.

**self-expression** *n.* самовыраже́ние.

**self-feeding** *adj.* (*of boiler etc.*) с автомати́ческой пода́чей.

**self-fertilization** *n.* самоопыле́ние; самооплодотворе́ние.

**self-fertilizing** *adj.* самопыля́ющийся; самооплодотворя́ющийся.

**self-forgetful** *adj.* бескоры́стный; беззаве́тный.

**self-forgetfulness** *n.* бескоры́стие.

**self-fulfilment** *n.* реализа́ция свои́х возмо́жностей.

**self-glorification** *n.* самовосхвале́ние.

**self-governing** *adj.* самоуправля́ющийся.

**self-government** *n.* самоуправле́ние.

**self-help** *n.* самопо́мощь.

**self-image** *n.* со́бственное представле́ние о себе́.

**self-immolation** *n.* самосожже́ние; (*fig.*) самопоже́ртвование.

**self-importance** *n.* самомне́ние.

**self-important** *adj.* ва́жный, ва́жничающий.

**self-imposed** *adj.* доброво́льный; доброво́льно взя́тый на себя́.

**self-improvement** *n.* самосоверше́нствование.

**self-induction** *n.* самоинду́кция.

**self-indulgence** *n.* избало́ванность; потака́ние свои́м сла́бостям; потво́рство свои́м жела́ниям.

**self-indulgent** *adj.* избало́ванный; потака́ющий свои́м сла́бостям; потво́рствующий свои́м жела́ниям.

**self-inflicted** *adj.* (*of penance*) доброво́льный; (*of wound, injury*) нанесённый самому́ себе́.

**self-instruction** *n.* самообразова́ние.

**self-interest** *n.* со́бственный интере́с; коры́сть; he acted from ∼ он де́йствовал из коры́стных побужде́ний.

**self-interested** *adj.* коры́стный, корыстолюби́вый.

**self-invited** *adj.* непро́шеный, незва́ный.

**selfish** *adj.* эгоисти́ческий, эгоисти́чный, коры́стный; ∼ person эгои́ст (*fem.* -ка).

**selfishness** *n.* эгоисти́чность, эгои́зм.

**self-justification** *n.* самооправда́ние.

**self-knowledge** *n.* самопозна́ние.

**selfless** *adj.* самоотве́рженный, беззаве́тный.

**selflessness** *n.* самоотве́рженность, беззаве́тность.

**self-loading** *adj.* (*of weapon*) самозаря́дный.

**self-locking** *adj.* самоблокиру́ющийся.

**self-love** *n.* себялю́бие, эгои́зм.

**self-made** *adj.*: a ∼ man челове́к, вы́бившийся из низо́в.

**self-mastery** *n.* самооблада́ние; владе́ние собо́й.

**self-murder** *n.* самоуби́йство.

**self-neglect** *n.* (*slovenliness*) опу́щенность, неопря́тность.

**self-perpetuating** *adj.* могу́щий продолжа́ться бесконе́чно; упо́рно держа́щийся за власть.

**self-pity** *n.* жа́лость к себе́.

**self-pitying** *adj.* испо́лненный жа́лостью к себе́.

**self-portrait** *n.* автопортре́т.

**self-possessed** *adj.* наделённый самооблада́нием; хладнокро́вный, невозмути́мый; со́бранный.

**self-possession** *n.* самооблада́ние, хладнокро́вие, невозмути́мость.

**self-praise** *n.* самохва́льство, бахва́льство.

**self-preservation** *n.* самосохране́ние.

**self-propelled** *adj.* самохо́дный.

**self-raising** *adj.*: ∼ flour самоподнима́ющаяся мука́.

**self-realization** *n.* разви́тие свои́х спосо́бностей.

**self-recording** *adj.* самопи́шущий, саморегистри́рующий.

**self-regard** *n.* **1.** (*concern for o.s.*) себялю́бие; **2.** *see* SELF-RESPECT.

**self-regulating** *adj.* саморегули́рующийся.

**self-reliance** *n.* самостоя́тельность, незави́симость.

**self-reliant** *adj.* полага́ющийся на себя́.

**self-renunciation** *n.* самоотрече́ние.

**self-reproach** *n.* самоосужде́ние, самобичева́ние.

**self-respect** *n.* уваже́ние к себе́; самоуваже́ние; чу́вство со́бственного досто́инства.

**self-restraint** *n.* сде́ржанность.

**self-righteous** *adj.* ха́нжеский, фарисе́йский.

**self-righteousness** *n.* ха́нжество, фарисе́йство.

**self-rule** *n.* самоуправле́ние.

**self-ruling** *adj.* самоуправля́ющийся.

**self-sacrifice** *n.* самопоже́ртвование.

**self-sacrificing** *adj.* самоотве́рженный.

**selfsame** *adj.* тот же са́мый; оди́н и тот же.

**self-satisfaction** *n.* самодово́льство.

**self-satisfied** *adj.* дово́льный собо́й; самодово́льный.

**self-sealing** *adj.* самоуплотня́ющийся, самозакле́ивающийся.

**self-seeking** *adj.* своекоры́стный.

**self-service** *n.* самообслу́живание; ~ store магази́н самообслу́живания.

**self-sown** *adj.* самосе́вный.

**self-starter** *n.* автомати́ческий ста́ртер; самопу́ск.

**self-styled** *adj.* самозва́нный.

**self-sufficiency** *n.* (*of pers.*) самостоя́тельность, самонаде́янность; (*econ.*) самообеспе́ченность, автарки́я.

**self-sufficient** *adj.* самостоя́тельный, самонаде́янный; (*econ.*) самообеспе́ченный, автарки́ческий.

**self-supporting** *adj.* (*of pers.*) самостоя́тельный, незави́симый; (*of business*) самоокупа́ющийся; the country is ~ in oil страна́ спосо́бна обеспе́чить себя́ не́фтью.

**self-taught** *adj.*: a ~ man, woman самоу́чка (*c.g.*); English ~ (*as title*) самоучи́тель (*m.*) англи́йского языка́.

**self-torture** *n.* самоистяза́ние.

**self-will** *n.* своево́лие.

**self-willed** *adj.* своево́льный.

**self-winding** *adj.* с автомати́ческим заво́дом.

**sell** *n.* **1.** (*manner of ~ing*): hard ~ навя́зывание това́ра; **2.** (*coll., deception, disappointment*) обма́н; доса́да.

*v.t.* **1.** прод|ава́ть, -а́ть; торгова́ть (*impf.*) +*i.*; I'll ~ you this carpet for £20 я вам прода́м/уступлю́ э́тот ковёр за 20 фу́нтов; I can't remember what I sold it for не по́мню, ско́лько я за э́то взял; ~ short (*coll., disparage*) умаля́ть (*impf.*) досто́инства +*g.*; ~ing price прода́жная цена́; this shop ~s stamps в э́том

магази́не продаю́тся/име́ются почто́вые ма́рки; (*offer dishonourably for gain*): he sold himself to the highest bidder он прода́лся тому́, кто бо́льше заплати́л; traitors who sold their country преда́тели, прода́вшие ро́дину; **2.** (*coll., put across*): he was unable to ~ his idea to the management ему́ не удало́сь убеди́ть правле́ние приня́ть его́ предложе́ние; ~ o.s. (*present o.s. to advantage*) под|ава́ть, -а́ть себя́; пока́з|ывать, -а́ть това́р лицо́м; **3.**: he is sold on the idea (*coll.*) он твёрдо де́ржится за э́ту иде́ю; **4.** (*coll., cheat, disappoint*): I've been sold again меня́ опя́ть наду́ли/обста́вили.

*v.i.* **1.** (*of pers.*): you were wise to ~ when you did вы во́время про́дали свой това́р; **2.** (*of goods*): the house sold for £9,000 за дом вы́ручили 9 000 фу́нтов; the record is ~ing like hot cakes э́ту пласти́нку покупа́ют/беру́т нарасхва́т; his book ~s well его́ кни́га хорошо́ идёт; tennis-balls ~ best in summer ле́том на те́ннисные мячи́ спрос вы́ше; wheat is not ~ing пшени́ца пло́хо продаётся; these pens ~ at 30p each э́ти ру́чки сто́ят (*or* продаю́тся за) 30 пе́нсов шту́ка.

*with advs.*: ~ **back** *v.t.*: I sold the car back to him for less than I paid for it я перепро́дал ему́ маши́ну с убы́тком; ~ **off** *v.t.* прод|ава́ть, -а́ть со ски́дкой; they sold off the goods at a reduced price они́ распро́дали това́р по сни́женной цене́; ~ **out** *v.t.*: he sold out his share of the business он про́дал свою́ до́лю в де́ле; *v.i.* the book sold out кни́га разошла́сь; the shop sold out of cigarettes они́ про́дали все папиро́сы в магази́не; they have sold out of tickets все биле́ты про́даны; they were accused of ~ing out to the enemy их обвини́ли в том, что они́ продали́сь врагу́; ~ **up** *v.t.* (*a debtor*): he was sold up его́ иму́щество пошло́ с молотка́ в счёт долго́в; *v.i.* (~ *one's possessions*) распрода́ть (*pf.*) своё иму́щество.

*cpd.*: ~-**out** *n.* распрода́жа; the play was a ~-out пье́са прошла́ с аншла́гом; (*betrayal*) изме́на, преда́тельство.

**seller** *n.* продав|е́ц (*fem.* -щи́ца); торго́в|ец (*fem.* -ка); ~'s market ры́ночная конъюнкту́ра, вы́годная для продавца́.

**Sellotape** *n.* (упако́вочная) кле́йкая ле́нта.

**selv|age, -edge** *n.* кро́мка.

**semantic** *adj.* семанти́ческий, смыслово́й.

**semantics** *n.* сема́нтика.

**semaphore** *n.* семафо́р; ручна́я сигнализа́ция.

*v.t. & i.* сигнализи́ровать (*impf., pf.*) флажка́ми.

**semblance** *n.* (*appearance*) вид; нару́жность; види́мость; under the ~ of под ви́дом +*g.*; в о́бразе +*g.*; he put on a ~ of anger он притвори́лся рассе́рженным; the ~ of victory види́мость побе́ды; (*likeness*) подо́бие, схо́дство.

**semen** *n.* се́мя (*nt.*), спе́рма.

**semester** *n.* семе́стр.

**semi** *n.* (*coll.*) *see* ~**-detached** house.
*pref.* полу́-.
*cpds.*: ~**-annual** *adj.* полугодово́й; ~**-automatic** *adj.* полуавтомати́ческий; ~**-barbarous** *adj.* полуди́кий; ~**-basement** *n.* полуподва́л; ~**breve** *n.* це́лая но́та; ~**-circle** *n.* полукру́г; ~**-circular** *adj.* полукру́глый; полукру́жный; ~**-civilized** *adj.* полуди́кий; ~**colon** *n.* то́чка с запято́й; ~**-conductor** *n.* полупроводни́к; ~**-conscious** *adj.* в полузабытьи́; ~**-consciousness** *n.* полузабытьё; ~**-darkness** *n.* полутьма́; ~**-desert** *n.* полупусты́ня; ~**-detached** *n.*: ~**-detached** house (*coll. abbr.* **semi**) оди́н из двух особняко́в, име́ющих о́бщую сте́ну; ~**-final** *n.* полуфина́л; ~**-finalist** *n.* полуфинали́ст (*fem.* -ка); ~**-finished** *adj.*: ~-finished article полуфабрика́т; ~**-invalid** *adj.* полубольно́й; ~**-literate** *adj.* полуграмотный; ~**-monthly** *adj.* двухнеде́льный; ~**-nude** *adj.* полуго́лый; ~**-official** *adj.* полуофициа́льный; официо́зный; ~-official newspaper официо́з; ~**-precious** *adj.*: ~-precious stone самоцве́т; ~**quaver** *n.* шестна́дцатая но́та; ~**-rigid** *adj.* полужёсткий; ~**-skilled** *adj.* полуквалифици́рованный; ~**-solid** *adj.* полутвёрдый; ~**tone** *n.* полуто́н; ~**-trailer** *n.* полуприце́п; ~**vowel** *n.* полугла́сный (звук); ~**-weekly** *adj. & adv.* (*twice a week*) (выходя́щий) два́жды в неде́лю.

**seminal** *adj.* **1.** семенно́й; ~ fluid семенна́я жи́дкость; **2.** (*fig.*) плодотво́рный.

**seminar** *n.* семина́р.

**seminarist** *n.* семинари́ст.

**seminary** *n.* семина́рия.

**Semite** *n.* семи́т (*fem.* -ка).

**semitic** *adj.* семити́ческий.

**semolina** *n.* ма́нная крупа́, ма́нка.

**sempstress** *see* SEAMSTRESS.

**senate** *n.* сена́т; (*univ.*) сове́т.

**senator** *n.* сена́тор.

**senatorial** *adj.* сена́торский.

**send** *v.t.* **1.** (*dispatch*) пос|ыла́ть, -ла́ть; отпр|авля́ть, -а́вить; they ~ their goods all over the world они́ рассыла́ют свои́ това́ры по всему́ све́ту; he sent me a book он присла́л мне кни́гу; I shall ~ you to bed я отправлю́ тебя́ спать; the teacher sent him out of the room учи́тель вы́ставил/вы́гнал его́ из кла́сса; I will ~ help to them я им подбро́шу подкрепле́ние; ~ me word of your arrival извести́те меня́ о ва́шем прибы́тии; he was sent to a good school его́ помести́ли/устро́или в хоро́шую шко́лу; **2.** (*cause to move*; *propel*): ~ the ball to s.o. под|ава́ть, -а́ть мяч кому́-н.; he sent a stone through the window он запусти́л ка́мнем в окно́; ~ s.o. packing (*or* about his business) прогна́ть/вы́гнать/выпроводить/спрова́дить (*all pf.*) кого́-н.; the

blow sent him flying уда́р сбил его́ с ног; (*fig., drive*): ~ s.o. mad св|оди́ть, -ести́ кого́-н. с ума́; his voice sent everyone to sleep его́ го́лос наводи́л на всех сон; the garden sent her into raptures сад привёл её в восто́рг; **3.** (*of divine agent*): a judgement sent of God наказа́ние, ниспо́сланное Бо́гом; God ~s rain Бог ниспосыла́ет дождь.

*v.i.*: I sent for a catalogue я заказа́л/вы́писал катало́г; he sent for a doctor он вы́звал врача́; он посла́л за врачо́м; I shall wait till I am sent for я бу́ду ждать, пока́ меня́ не позову́т; ~ to us for details обраща́йтесь за подро́бностями к нам.

*with advs.*: ~ **across** *v.t.* перепр|авля́ть, -а́вить; ~ **along** *v.t.* пос|ыла́ть, -ла́ть; ~ **away** *v.t.* от|сыла́ть, -осла́ть; the manager sent them away contented они́ ушли́ от дире́ктора дово́льные; *v.i.*: ~ away for sth. выпи́сывать, вы́писать что-н. (из друго́го ме́ста); ~ **back** *v.t.* (*pers.*) пос|ыла́ть, -ла́ть наза́д; (*thing*) от|сыла́ть, -осла́ть; (*of light etc.: reflect*) отра|жа́ть, -зи́ть; ~ **down** *v.t.* (*cause to fall*) пон|ижа́ть, -и́зить; (*expel from college*) исключ|а́ть, -и́ть; a glut sent prices down затова́ривание привело́ к паде́нию цен; ~ **forth** *v.t.* (~ *out*) высыла́ть, вы́слать; (*emit*) испус|ка́ть, -ти́ть; ~ **in** *v.t.*: he sent in his bill он посла́л счёт; ~ in one's name (*enrol*) запи́с|ываться, -а́ться; ~ in one's name as a candidate выставля́ть, вы́ставить свою́ кандидату́ру; ~ in a report предст|авля́ть, -а́вить отчёт; ~ in paintings for a competition предст|авля́ть, -а́вить карти́ны на ко́нкурс; ~ **off** *v.t.* (*despatch*) отпр|авля́ть, -а́вить; he was sent off by the referee судья́ удали́л его́ с по́ля; we went to the airport to ~ him off мы отпра́вились в аэропо́рт проводи́ть его́; ~ **on** *v.t.* (*forward*) перес|ыла́ть, -ла́ть; ~ **out** *v.t.* высыла́ть, вы́слать; he was sent out as a missionary его́ посла́ли миссионе́ром; (*distribute*) ра|ссыла́ть, -зосла́ть; invitations were sent out приглаше́ния бы́ли разо́сланы; (*emit*): ~ out rays испуска́ть (*impf.*) лучи́; ~ out heat выделя́ть, вы́делить тепло́; ~ out signals посыла́ть (*impf.*) сигна́лы; *v.i.*: we sent out for some beer мы посла́ли за пи́вом; ~ **round** *v.t.*: I sent round a note я посла́л запи́ску; *v.i.*: he sent round to see how I was он посла́л ко мне узна́ть, как я чу́вствую себя́; ~ **up** *v.t.*: ~ up a rocket запус|ка́ть, -ти́ть раке́ту; ~ up s.o.'s temperature подня́ть (*pf.*) у кого́-н. температу́ру; ~ up prices подн|има́ть, -я́ть це́ны; (*coll., ridicule*) высме́ивать, вы́смеять.

*cpds.*: ~**-off** *n.* про́вод|ы (*pl., g.* -ов); he got a marvellous ~-off from his friends друзья́ устро́или ему́ замеча́тельные про́воды; ~**-up** *n.* (*coll., parody, satire*) паро́дия, па́сквиль (*m.*), сати́ра.

**sender** *n.* отправи́тель (*m.*); (*of mail, also*)

адреса́нт; return to ~ возврати́ть (*pf.*) отправи́телю.

**Seneca** *n.* Сене́ка (*m.*).

**Senegal** *n.* Сенега́л.

**Senegalese** *n.* сенега́л|ец (*fem.* -ка). *adj.* сенега́льский.

**senescence** *n.* старе́ние.

**senescent** *adj.* старе́ющий.

**seneschal** *n.* (*hist.*) сенеша́ль (*m.*).

**Senhor** see SEÑOR.

**senile** *adj.* ста́рческий; ~ decay ста́рческая дря́хлость; (*of pers.*) дря́хлый; become ~ дряхле́ть, о-; впасть (*pf.*) в ста́рческое слабоу́мие.

**senility** *n.* дря́хлость; ста́рческое слабоу́мие.

**senior** *n.*: he is my ~ by 5 years он на пять лет ста́рше меня́; (*pl.*, ~ *pupils, students*) старшекла́ссники, старшеку́рсники (*both m. pl.*). *adj.* ста́рший (во́зрастом, года́ми, чи́ном); I am several years ~ to him я на не́сколько лет ста́рше его́; ~ citizen челове́к пенсио́нного во́зраста; пожило́й челове́к; ~ common room профе́ссорская; ~ partner глава́ фи́рмы, гла́вный компаньо́н; ~ school (*higher classes*) шко́ла второ́й ступе́ни; Johnson ~ Джо́нсон ста́рший; Джо́нсон-оте́ц.

**seniority** *n.* старшинство́.

**senna** *n.* ка́ссия; александри́йский лист.

**Señor, -a, -ita** (*also* **Senhor** *etc.*) *nn.* сенью́р, -а, -и́та.

**sensation** *n.* **1.** (*feeling*) ощуще́ние; ~ of awe чу́вство благогове́ния; lose all ~ по́лностью потеря́ть (*pf.*) чувстви́тельность; he had a ~ of giddiness он почу́вствовал головокруже́ние; **2.** (*exciting event*; *excitement*) сенса́ция; the wedding was a great ~ сва́дьба была́ настоя́щей сенса́цией; this paper deals largely in ~ э́та газе́та преиму́щественно гоня́ется за сенса́циями.

**sensational** *adj.* сенсацио́нный.

**sensationalism** *n.* (*pursuit of sensation*) пого́ня за сенса́циями.

**sense** *n.* **1.** (*faculty*) чу́вство; the five ~s пять чувств; sixth ~ шесто́е чу́вство; keen, quick ~s о́строе чу́вство/чутьё; a dull ~ of smell приту́пленное обоня́ние; a keen ~ of hearing о́стрый слух; the pleasures of ~ чу́вственные наслажде́ния; **2.** (*feeling*; *perception*; *appreciation*) чу́вство, ощуще́ние; he felt a ~ of injury он испыта́л чу́вство оби́ды; have you no ~ of shame? у вас стыда́ нет?; ~ of beauty эстети́ческое чу́вство; ~ of honour/duty чу́вство че́сти/до́лга; ~ of proportion чу́вство ме́ры; ~ of direction уме́ние ориенти́роваться; ~ of humour чу́вство ю́мора; ~ of failure ощуще́ние неуда́чи; **3.** (*pl.*, *sanity*) ум; take leave of one's ~s сходи́ть, сойти́ с ума́; bring s.o to his ~s наст|авля́ть, -а́вить кого́-н. на ум; прив|оди́ть, -ести́ кого́-н. в чу́вство; come to one's ~s бра́ться, взя́ться за ум; **4.** (*pl.*,

*consciousness*): come to one's ~s при|ходи́ть, -йти́ в себя́; **5.** (*common* ~) здра́вый смысл; a man of ~ (благо)разу́мный челове́к; talk ~ говори́ть (*impf.*) де́ло; he has more ~ than to ... он не так глуп (*or* он сли́шком умён), что́бы . . .; he had the ~ to call the police он догада́лся (*or* у него́ хвати́ло ума́) вы́звать поли́цию; what would be the ~ of going any further? како́й смысл продолжа́ть?; there is a lot of ~ in what you say то, что вы говори́те, вполне́ справедли́во; **6.** (*meaning*) смысл, значе́ние; in a ~ в изве́стном/не́котором смы́сле; до изве́стной/не́которой сте́пени; in every ~ во всех отноше́ниях; in no ~ нико́им о́бразом; ни в како́м отноше́нии; make ~ of пон|има́ть, -я́ть; раз|бира́ться, -обра́ться в +*p.*; it makes ~ э́то разу́мно; it makes no ~ э́то(го) не мо́жет быть; **7.** (*prevailing sentiment*): take the ~ of the meeting опреде|ля́ть, -и́ть настрое́ние собра́ния; the ~ of the meeting was that ... собра́ние пришло́ к заключе́нию, что ...; **8.** (*math. etc.: direction*) направле́ние.

*v.t.* чу́вствовать, по-; ощу|ща́ть, -ти́ть.

**senseless** *adj.* **1.** (*foolish*) бессмы́сленный, бестолко́вый, дура́цкий; **2.** (*unconscious*) бесчу́вственный; knock s.o. ~ оглуш|а́ть, -и́ть кого́-н.; he fell ~ on the floor он упа́л без чувств (*or* за́мертво) на́ пол.

**senselessness** *n.* бессмы́сленность; бессозна́тельность.

**sensibilit|y** *n.* чувстви́тельность (*e.g.* to kindness к доброте́); ~y of a writer то́нкость/чутьё писа́теля; offend, wound s.o.'s ~ies ра́нить (*impf.*, *pf.*) чьё-н. самолю́бие; оскорб|ля́ть, -и́ть чью-н. чувстви́тельность.

**sensible** *adj.* **1.** (*perceptible*) ощути́мый; (*appreciable*) заме́тный; **2.** (*showing good sense*) (благо)разу́мный; that was ~ of you вы хорошо́ сде́лали; ~ shoes практи́чная о́бувь; **3.**: be ~ of (*be aware of, recognize, appreciate*) (о)сознава́ть (*impf.*).

**sensibleness** *n.* благоразу́мие.

**sensitive** *adj.* чувстви́тельный, восприи́мчивый, чу́ткий; eyes ~ to light глаза́, чувстви́тельные к све́ту; don't be so ~ вы сли́шком оби́дчивы!; (*sharp*): ~ ears о́стрый слух; (*of instruments*): ~ balance то́чные весы́; (*tender*): ~ skin не́жная/(легко́)раздражи́мая ко́жа; (*painful*): ~ tooth больно́й зуб; (*potentially embarrassing*): a ~ topic щекотли́вая/делика́тная те́ма; (*phot.*): ~ paper светочувстви́тельная бума́га; (*econ.*): ~ market неусто́йчивый ры́нок.

**sensitivity** *n.* чувстви́тельность, восприи́мчивость; чу́ткость, то́чность; светочувстви́тельность; неусто́йчивость.

**sensitize** *v.t.* (*phot.*) де́лать, с- светочувстви́тельным.

**sensor** *n.* (*tech.*) да́тчик; чувстви́тельный элеме́нт.

**sensory** *adj.* сенсо́рный; ~ deprivation выключе́ние о́рганов чувств; сенсо́рная депривация.

**sensual** *adj.* чу́вственный (*also of mouth etc.*); пло́тский, сладостра́стный.

**sensualist** *n.* сластолю́бец; эпикуре́ец.

**sensuality** *n.* чу́вственность, сладостра́стие.

**sensuous** *adj.* чу́вственный; эстети́ческий.

**sensuousness** *n.* чу́вственность.

**sentence** *n.* 1. (*gram.*) предложе́ние; 2. (*leg.*) пригово́р; ~ of death сме́ртный пригово́р; be under ~ of death быть приговорённым к сме́рти; pass ~ on (*of judge*) выноси́ть, вы́нести пригово́р +*d.*; (*fig.*) осу|жда́ть, -ди́ть.

*v.t.* пригов|а́ривать, -ори́ть; he was ~d to penal servitude его́ приговори́ли к ка́торжным рабо́там.

**sententious** *adj.* дидакти́чный, сентенцио́зный; my father is very ~ мой оте́ц большо́й охо́тник поуча́ть.

**sententiousness** *n.* дидакти́чность, сентенцио́зность.

**sentient** *adj.* наделённый чувстви́тельностью.

**sentiment** *n.* 1. (*feeling*) чу́вство; have friendly ~s towards s.o. пита́ть (*impf.*) дру́жеские чу́вства к кому́-н.; my ~s towards your brother мои́ чу́вства (*or* моё отноше́ние) к ва́шему бра́ту; animated by noble ~s воодушевлённый благоро́дными чу́вствами; (*tendency to be swayed by feeling*): appeal to ~ взыва́ть (*impf.*) (*or* апелли́ровать (*impf., pf.*)) к эмо́циям/чу́вствам; 2. (*opinion*) мне́ние; то́чка зре́ния; those are my ~s таково́ моё мне́ние (по э́тому по́воду); 3. (*sentimentality*) сентимента́льность.

**sentimental** *adj.* сентимента́льный; of ~ value дорого́й как па́мять.

**sentimentalism** *n.* сентиментали́зм.

**sentimentalist** *n.* сентимента́льный челове́к.

**sentimentality** *n.* сентимента́льность.

**sentimentalize** *v.t.* прид|ава́ть, -а́ть (*чему*) сентимента́льную окра́ску.

*v.i.*: ~ over the past относи́ться (*impf.*) сентимента́льно к про́шлому; разводи́ть (*impf.*) сентиме́нты относи́тельно про́шлого.

**sentinel** *n.* (*guard*) часово́й; (*outpost*) сторожево́й пост; stand ~ over sth. (*fig.*) стоя́ть (*impf.*) на стра́же чего́-н.; охраня́ть (*impf.*) что-н.

**sentry** *n.* (*guard*) часово́й; (*post*) карау́льный пост; stand ~ стоя́ть (*impf.*) на часа́х; go on ~ заступ|а́ть, -и́ть на дежу́рство; come off ~ смен|я́ться, -и́ться с дежу́рства; ~ duty карау́льная слу́жба.

*cpds.*: ~-**box** *n.* бу́дка часово́го; ~-**go** *n.* карау́льная слу́жба.

**Seoul** *n.* Сеу́л.

**sepal** *n.* чашели́стик.

**separable** *adj.* отдели́мый; ~ verb (*in Ger.*) глаго́л с отделя́емой приста́вкой.

**separate**[1] *adj.* отде́льный, осо́бый; under ~ cover отде́льно; he entered my name in a ~ column он занёс мою́ фами́лию в осо́бую графу́; a ~ peace сепара́тный мир; two ~ questions два самостоя́тельных/ра́зных вопро́са; they are living ~ly они́ живу́т врозь/разде́льно.

**separate**[2] *v.t.* (*set apart*) отдел|я́ть, -и́ть; (*disunite, part*) разлуч|а́ть, -и́ть; he is ~d from his family он разлучён со свое́й семьёй; (*distinguish*): ~ truth from error отлича́ть/отделя́ть (*both impf.*) и́стину от заблужде́ния; ~ chaff from grain оч|ища́ть, -и́стить зерно́ от мяки́ны; ~ milk сепари́ровать (*impf., pf.*) молоко́.

*v.i.* 1. (*become detached*) отдел|я́ться, -и́ться; (*come untied*) разв|я́з|ываться, -а́ться; (*come unstuck*) откле́и|ваться, -ться; 2. (*part company*) расст|ава́ться, -а́ться; разлуч|а́ться, -и́ться; 3. (*of man and wife*) ра|сходи́ться, -зойти́сь; разъ|езжа́ться, -е́хаться.

**separation** *n.* отделе́ние, разделе́ние; разлуче́ние; расстава́ние; разлу́ка; ~ of milk сепари́рование молока́; ~ of cream сня́тие сли́вок; (*of spouses*) разде́льное жи́тельство супру́гов.

**separat(ion)ist** *n.* сепарати́ст (*fem.* -ка).

**separator** *n.* (*machine*) сепара́тор.

**sepia** *n.* (*fluid; colour*; ~ drawing) се́пия.

**sepoy** *n.* сипа́й.

**sepsis** *n.* се́псис; зараже́ние кро́ви.

**September** *n.* сентя́брь (*m.*).

*adj.* сентя́брьский.

**septennial** *adj.* семиле́тний.

**septet(te)** *n.* септе́т.

**septic** *adj.* септи́ческий; the wound has gone ~ ра́на загнои́лась; ~ sore throat стрептоко́кковая анги́на; ~ tank перегнива́тель (*m.*).

**septic(a)emia** *n.* зараже́ние кро́ви.

**septuagenarian** *n.* семидесятиле́тний стари́к (*fem.* семидесятиле́тняя стару́ха).

*adj.* семидесятиле́тний.

**Septuagesima** *n.* девя́тое воскресе́нье пе́ред Па́схой.

**Septuagint** *n.* свяще́нное писа́ние в перево́де семи́десяти двух толко́вников.

**sepulchral** *adj.* (*of a tomb*): ~ stone моги́льный ка́мень; (*for burial*): ~ vault погреба́льный склеп; ~ voice замоги́льный го́лос.

**sepulchre** *n.* гробни́ца, моги́ла; the Holy S~ гроб госпо́день; whited ~ (*fig.*) лицеме́р; гроб пова́пленный.

**sepulture** *n.* погребе́ние.

**sequel** *n.* 1. (*result, consequence*) (по)сле́дствие; in the ~ впосле́дствии, в результа́те; 2. (*of novel etc.*) продолже́ние (+*g.*).

**sequence** *n.* 1. (*succession*) после́довательность; ряд; поря́док; in logical/historical ~ в логи́ческой/истори́ческой (*or* хронологи́ческой) после́довательности; in rapid ~ оди́н за други́м; ~ of events ход/после́довательность собы́тий; ~ of the seasons сме́на времён го́да; (*gram.*): ~ of tenses после́довательность времён; a ~ of bad harvests полоса́ плохи́х урожа́ев; неурожа́йные го́ды, оди́н за други́м; **2.** (*part of film*) эпизо́д; **3.** (*cards*) три и́ли бо́лее ка́рты одно́й ма́сти в непреры́вной после́довательности; **4.** (*mus.*) секве́нция.

**sequester** *v.t.* **1.** (*isolate, detach*) изоли́ровать (*impf., pf.*); ~ o.s. from the world удал|я́ться, -и́ться от ми́ра; a ~ed village уединённая дере́вня; he leads a ~ed life он ведёт уединённый о́браз жи́зни; **2.** (*leg. etc.: seize, confiscate*; *also* **sequestrate**) секвестрова́ть (*impf., pf.*); конфискова́ть (*impf., pf.*).

**sequestrate** *see* SEQUESTER *v.t.* **2.**

**sequestration** *n.* секвестра́ция; ~ of property аре́ст иму́щества.

**sequin** *n.* (*coin*) цехи́н; (*spangle*) блёстка.

**sequoia** *n.* секво́йя.

**seraglio** *n.* сера́ль (*m.*).

**seraph** *n.* серафи́м.

**seraphic** *adj.* а́нгельский, ангелоподо́бный; (*e.g. smile*) блаже́нный.

**Serb** *n.* серб (*fem.* -ка).

**Serbia** *n.* Се́рбия.

**Serbian** *n.* (*native*) серб (*fem.* -ка); (*language*) се́рбский язы́к.
    *adj.* се́рбский.

**Serbo-Croat(ian)** *n.* серб(ск)охорва́тский язы́к.
    *adj.* серб(ск)охорва́тский.

**sere** *see* SEAR *adj.*

**serenade** *n.* серена́да.
    *v.t. & i.* петь, с- серена́ду (*кому*); исп|олня́ть, -о́лнить серена́ду (*для кого*).

**serendipity** *n.* счастли́вая спосо́бность де́лать неожи́данные откры́тия.

**serene** *adj.* **1.** (*of sky*) я́сный; (*of weather*) ти́хий; (*of sea*) безмяте́жный; (*of pers.: behaviour, appearance*) (с)поко́йный; her face wore a ~ look её лицо́ выража́ло споко́йствие; (*of things: trouble-free*): all ~! всё в поря́дке! (*coll.*); **2.** His S~ Highness его́ све́тлость.

**serenity** *n.* споко́йствие; тишина́; безмяте́жность.

**serf** *n.* крепостно́й.

**serfdom** *n.* крепостни́чество; крепостно́е пра́во.

**serge** *n.* са́ржа.

**sergeant** *n.* сержа́нт.
    *cpd.*: ~-**major** *n.* старшина́ (*m.*).

**serial** *n.* (*publication*) периоди́ческое изда́ние; (*story etc.*) рома́н, публику́ющийся/выходя́щий отде́льными вы́пусками; (*TV*) многосери́йный телефи́льм; сериа́л.
    *adj.* **1.** (*forming series*) поря́дковый; ~

number поря́дковый но́мер; in ~ order по поря́дку; **2.** (*issued in instalments*): ~ story по́весть с продолже́ниями; ~ film фильм в не́скольких се́риях; ~ rights а́вторское пра́во на сериализа́цию.

**serialization** *n.* сериализа́ция.

**serialize** *v.t.* (*publish, screen etc. in successive parts*) изд|ава́ть, -а́ть вы́пусками/се́риями.

**seriatim** *adv.* по пу́нктам.

**sericulture** *n.* шелково́дство.

**series** *n.* **1.** (*set; succession*) се́рия; a ~ of lectures цикл ле́кций; in ~ по поря́дку; (*number*) ряд; a ~ of questions ряд вопро́сов; a ~ of failures полоса́ неуда́ч; **2.** (*math., chem.*) ряд; **3.** (*geol.*) сви́та; **4.** (*elec.*) после́довательное соедине́ние; the lamps are connected in ~ ла́мпы соединя́ются после́довательно; **5.** (*TV*) многосери́йная програ́мма.

**serif** *n.* засе́чка.

**serio-comic** *adj.* трагикоми́ческий; полусерьёзный.

**serious** *adj.* **1.** (*thoughtful, earnest*) серьёзный; a ~ child заду́мчивый ребёнок; I am ~ about this я э́то говорю́ всерьёз; you can't be ~ вы шу́тите; give sth. ~ thought серьёзно обду́м|ывать, -ать что-н.; take sth. ~ly прин|има́ть, -я́ть что-н. всерьёз; to be ~; ~ly (*joking apart*) шу́тки в сто́рону; **2.** (*important, not slight*) серьёзный, суще́ственный, ва́жный; a ~ charge серьёзное/тя́жкое обвине́ние; a ~ play проблемная пье́са; he had a ~ accident с ним случи́лась серьёзная ава́рия; он попа́л в тяжёлую катастро́фу; he is ~ly ill он серьёзно/тяжело́/ опа́сно бо́лен; you are making a ~ mistake вы соверша́ете серьёзную оши́бку.
    *cpd.*: ~-**minded** *adj.* серьёзный.

**seriousness** *n.* серьёзность, ва́жность; in all ~ без шу́ток; со всей серьёзностью.

**serjeant-at-arms** *n.* парла́ментский при́став.

**sermon** *n.* про́поведь; the S~ on the Mount Наго́рная про́поведь; preach a ~ чита́ть, про-про́поведь; he read me a ~ on laziness он прочита́л мне нота́цию по по́воду ле́ни.

**sermonize** *v.t. & i.* чита́ть (*impf.*) про́поведь/мора́ль (*кому*); морализи́ровать (*impf., pf.*).

**serpent** *n.* змея́; (*bibl.*) змий.

**serpentine** *n.* (*min.*) змееви́к.
    *adj.* (*snake-like*) змееви́дный; (*sinuous*) изви́листый, извива́ющийся; (*subtle, profound*): ~ wisdom змеи́ная му́дрость; (*cunning*) кова́рный.

**serrate(d)** *adj.* зубча́тый, зазу́бренный; с зу́бчиками.

**serried** *adj.*: in ~ ranks со́мкнутыми ряда́ми; плечо́м к плечу́.

**serum** *n.* сы́воротка.

**servant** *n.* (*male, also fig.*) слуга́ (*m.*); your humble ~ ваш поко́рный слуга́; ~s' quarters помеще́ние для прислу́ги; (*maid*~) служа́нка, прислу́га, домрабо́тница; civil ~ госуда́рственный слу́жащий; public ~s должностны́е ли́ца.

*cpd.*: ~**-girl** *n.* служа́нка.

**serve** *n.* (*at tennis*) пода́ча; whose ~ is it? чья пода́ча?

*v.t.* **1.** (*be servant to*; *give service to*) служи́ть (*impf.*) +*d.*; he ~d his country well он ве́рно служи́л ро́дине; one cannot ~ two masters нельзя́ служи́ть двум господа́м; if my memory ~s me (aright) е́сли па́мять мне не изменя́ет; (*assist in operating*): ~ a gun обслу́живать (*impf.*) ору́дие; (*fertilize*): ~ a mare покр|ыва́ть, -ы́ть кобы́лу; **2.** (*meet needs of, satisfy, look after*): ~ a purpose служи́ть (*impf.*) це́ли; this box has ~d its purpose э́та коро́бка сослу-жи́ла свою́ слу́жбу; it ~d his interests to keep quiet ему́ бы́ло вы́годно молча́ть; these tools will ~ my needs э́ти инструме́нты вполне́ мне подхо́дят; (*suffice*): this sum will ~ him for a year э́тих де́нег ему́ хва́тит на́ год; (*provide service to*) обслу́ж|ивать, -и́ть; the railway ~s all these villages желе́зная доро́га обслу́жи-вает все э́ти сёла; **3.** (*supply with food, goods etc.*) под|ава́ть, -а́ть +*d.*; the waiter ~d us with vegetables официа́нт по́дал (нам) о́вощи; per-sons under 18 cannot be ~d ли́ца моло́же восемна́дцати лет не обслу́живаются; the shop-keeper refused to ~ me with butter ла́вочник отказа́лся отпусти́ть мне ма́сла; are you being ~d? вас кто́-нибудь обслу́жи-ва́ет?; **4.** (*proffer*) под|ава́ть, -а́ть; fish is ~d with sauce ры́ба подаётся с со́усом; dinner is ~d обед по́дан (*or* на столе́); ~ a ball под|ава́ть, -а́ть мяч; ~ a summons вруч|а́ть, -и́ть (*кому*) (суде́бную) пове́стку; **5.** (*fulfil, go through*): ~ one's apprenticeship про|ходи́ть, -йти́ вы́учку; ~ one's sentence отб|ыва́ть, -ы́ть срок; he ~d his time (in army/prison) он ослужи́л/о́тбыл срок; **6.** (*treat*): he ~d me badly он ду́рно со мной обошёлся; it ~s him right так ему́ и на́до; подело́м (ему́).

*v.i.* служи́ть (*impf.*); he ~d in the army он служи́л в а́рмии; he ~d in the First World War он воева́л в пе́рвую мирову́ю войну́; ~ on a jury быть прися́жным; she ~s in a shop она́ рабо́тает в магази́не; he ~d at table он прислу́живал за столо́м; I ~d under him я служи́л под его́ нача́лом/кома́ндованием; the plank ~d as a bench доска́ служи́ла ла́вкой/скамьёй; the bag isn't very good, but it will ~ мешо́к не осо́бенно хоро́ший, но сойдёт; a tool which ~s several purposes инструме́нт, слу́жащий для разли́чных це́лей; it ~s to show the folly of his claims э́то пока́зывает всю неле́пость его́ прете́нзий; it will ~ to remind him of his obligations э́то послу́жит ему́ напомина́нием о его́ обяза́-тельствах; when occasion ~s когда́ представ-

ля́ется слу́чай; при слу́чае.

*with advs.*: ~ **out** *v.t.* (*distribute*) разд|ава́ть, -а́ть; (*retaliate on*) отпла́|чивать, -ти́ть +*d.*; ~ **up** *v.t.* под|ава́ть, -а́ть; (*fig.*): the papers ~ up the same old news every day газе́ты ка́ждый день пи́шут об одно́м и том же.

**server** *n.* (*at tennis*) подаю́щий.

**service**[1] *n.* **1.** (*employment*) слу́жба; take s.o. into one's ~ нан|има́ть, -я́ть кого́-н.; she went into domestic ~ она́ пошла́ в прислу́ги; my car has seen long ~ моя́ маши́на прослужи́ла мно́го лет; length of ~ стаж, вы́слуга лет; **2.** (*branch of public work*): public, civil ~ госу-да́рственная слу́жба; he is in the civil ~ он нахо́дится на госуда́рственной слу́жбе; he entered the diplomatic ~ он поступи́л на дипломати́ческую слу́жбу; medical ~ слу́жба здравоохране́ния; (*mil.*) медици́н-ская слу́жба; intelligence, secret ~ раз-ве́дка; military ~ вое́нная слу́жба; do one's military ~ отб|ыва́ть, -ы́ть во́инскую пови́н-ность; which ~ is he in? в како́м ро́де войск он слу́жит?; the Senior S~ (брита́нский) воен-номорско́й флот; on active ~ на действи́-тельной слу́жбе; on detached ~ в команди-ро́вке; the (fighting) ~s вооружённые си́лы (*f. pl.*); long ~ сверхсро́чная слу́жба; ~ dress повседне́вное обмундирова́ние; ~ pay окла́д военнослу́жащего; ~ record послуж-но́й спи́сок; ~ rifle боева́я винто́вка; **3.** (*person's disposal*) услу́га; at your ~ к ва́шим услу́гам; on His, Her Majesty's S~ (*on letter*) прави́тельственное (письмо́); **4.** (*work done for s.o. or sth.*): will you do me a ~? мо́жно вас попроси́ть об услу́ге?; he has given good ~ он служи́л добросо́вестно; offer one's ~s предложи́ть (*pf.*) свои́ услу́ги; ~ of (*or* ~s to) the cause of peace служе́ние де́лу ми́ра; I need the ~s of a lawyer мне нужна́ юриди́ческая по́мощь; (*by hotel staff etc.*): the ~ is poor in that restaurant в (э́)том рестора́не обслу́жи-вание никуда́ не го́дится; ~ charge пла́та за обслу́живание; ~ flat кварти́ра с обслу́жи-ванием; ~ hatch разда́точная; ~ lift грузово́й лифт; **5.** (*assistance*) по́льза; can I be of ~ to you? могу́ я быть вам поле́зен?; what ~ will that be to you? кака́я вам от э́того по́льза?; **6.** (*system to meet public need*): postal ~ почто́вая слу́жба; bus ~ авто́бусное обслу́живание; municipal ~s коммуна́льные услу́ги (*f. pl.*); ~ pipe домово́й ввод; ~ entrance служе́бный вход; a frequent train ~ to London ча́стые поезда́ в Ло́ндон; **7.** (*attention to, maintenance of*) техобслу́живание; ~ station бензоко-ло́нка; **8.** (*eccl.*) слу́жба, обря́д; divine ~ богослуже́ние; take the/a ~ отпр|авля́ть, -а́вить богослуже́ние; marriage/burial ~ венча́ние/отпева́ние; **9.** (*set of dishes*) серви́з; **10.** (*in tennis*) пода́ча; ~ court по́ле пода́чи; **11.** (*leg.*): ~ of a writ вруче́ние суде́бного

предписа́ния.
*v.t.*: ~ a vehicle пров|оди́ть, -ести́ осмо́тр и теку́щий ремо́нт маши́ны.
*cpd.*: ~**man** *n.* военнослу́жащий.
**service**[2] *n.* (~ tree) ряби́на.
**serviceability** *n.* го́дность, приго́дность.
**serviceable** *adj.* (*useful*) поле́зный, го́дный, приго́дный; (*durable*) про́чный.
**serviette** *n.* салфе́тка.
**servile** *adj.* (*pert. to slavery*; *slavish*) ра́бский, ра́бий; ~ imitation ра́бское подража́ние (+*d.*); (*of pers. or behaviour*) раболе́пный, подобостра́стный.
**servility** *n.* ра́бство; подобостра́стие.
**serving** *n.* (*of food*) по́рция.
**servitude** *n.* ра́бство; penal ~ ка́торжные рабо́ты (*f. pl.*).
**servo-mechanism** *n.* сервомехани́зм; следя́щая систе́ма.
**servo-motor** *n.* серводви́гатель (*m.*); серво-приво́д.
**sesame** *n.* кунжу́т, сеза́м; open ~! сеза́м, откро́йся!
**session** *n.* **1.** заседа́ние; (*period*) се́ссия; the House is in ~ пала́та сейча́с заседа́ет; the committee went into secret ~ дальне́йшее обсужде́ние комите́т провёл при закры́тых дверя́х; **2.** (*University year*) уче́бный год; (*term*) семе́стр.
**sessional** *adj.* (*univ.*): ~ course of lectures годи́чный курс ле́кций.
**set** *n.* **1.** (*collection*; *outfit*) набо́р; компле́кт; колле́кция; (*number of persons or things*) ряд; се́рия; (*of accessories*) принадле́жности (*f. pl.*); ~ of tools инструме́нт, набо́р инструме́нтов; ~ of bells набо́р колоколо́в; complete ~ of stamps по́лный компле́кт ма́рок; ~ of golf-clubs компле́кт клю́шек для го́льфа; ~ of pieces for piano сбо́рник пьес для фортепья́но; chess ~ ша́хмат|ы (*pl., g.* —); ~ of drawing instruments (and box) готова́льня; ~ of furniture ме́бельный гарниту́р; toilet ~ туале́тный прибо́р; dinner ~ столо́вый серви́з; ~ of (natural) teeth зу́бы (*m. pl.*); (*dentures*) зубно́й проте́з; ~ of rules свод пра́вил; ~ of circumstances стече́ние/сово́купность обстоя́тельств; ~ of questions се́рия вопро́сов; ~ of lectures курс/цикл ле́кций; ~ of ideas систе́ма иде́й; ~ of players кома́нда игроко́в; ~ of dancers гру́ппа танцо́ров; **2.** (*receiving apparatus*): wireless ~ радиоприёмник; television ~ телеви́зор; battery ~ батаре́йный радиоприёмник; **3.** (*tennis*) сет, па́ртия; ~ point сет-бо́л; **4.** (*math.*) мно́жество; theory of ~s тео́рия мно́жеств; **5.** (*coterie*) круг, кружо́к; компа́ния; the racing ~ завсегда́таи (*m. pl.*) бего́в; the smart ~ фешене́бельное о́бщество; законода́тели (*m. pl.*) мод; a ~ of thieves ба́нда/ша́йка воро́в; **6.** (*direction, drift*): the ~ of the current/wind

направле́ние тече́ния/ве́тра; (*tendency*): the ~ of public opinion напра́вленность обще́ственного мне́ния; mental ~ склад ума́; **7.** (*warp, displacement, deflection*) отклоне́ние, накло́н; the tower has a ~ to the right ба́шня наклони́лась впра́во; **8.** (*posture, attitude*): the ~ of his head поса́дка его́ головы́; I knew him by the ~ of his hat я (сра́зу) узна́л его́ по его́ мане́ре носи́ть шля́пу (набекре́нь); **9.** (*pointing stance of dog*) сто́йка; make a (dead) ~ at (*attack*) нап|ада́ть, -а́сть на +*a.*; she made a dead ~ at him (*made herself attractive*) она́ ста́ла его́ завлека́ть; **10.**: ~ of sun захо́д со́лнца; **11.** (*seedling*; *shoot*) са́женец; побе́г; **12.** (*badger's burrow*) нора́; **13.** (*theatr.*) декора́ция; **14.** (*cin.*): on the ~ на съёмочной площа́дке.
*adj.* **1.** (*fixed*): a ~ stare неподви́жный взгляд; a ~ smile засты́вшая улы́бка; of ~ purpose умы́шленно; a man of ~ purpose целеустремлённый челове́к; he has ~ opinions у него́ (раз навсегда́) установи́вшиеся взгля́ды; he is ~ in his ways он закосне́л в свои́х привы́чках; ~ phrase клише́ (*indecl.*), шабло́нное выраже́ние; the weather is ~ fair (хоро́шая) пого́да установи́лась; (*prearranged*): at the ~ time в устано́вленное вре́мя; ~ dinner ко́мплексный обе́д; ~ piece (*literary etc.*) образцо́вое произведе́ние; (*prescribed*): ~ books обяза́тельная/рекомендо́ванная литерату́ра; (*prepared*): a ~ speech подгото́вленная речь; (*obligatory*): a ~ subject обяза́тельный предме́т; **2.** (*coll., ready*): all ~? гото́вы?; we were all ~ to go мы совсе́м уже́ собрали́сь идти́; **3.** (*resolved*): he is ~ on going to the cinema он настро́ился идти́ в кино́; he was dead ~ against the idea он на́мертво встал про́тив э́того предложе́ния.
*v.t.* **1.** (*lay*) класть, положи́ть; (*place*) разме|ща́ть, -сти́ть; распол|ага́ть, -ожи́ть; he ~ his hand on my shoulder он положи́л мне ру́ку на плечо́; she ~ the plates on the table (*separately*) она́ расста́вила таре́лки на столе́; (*in a pile*) она́ поста́вила (всю) сто́йку таре́лок на стол; they ~ a tasty meal before us они́ по́дали нам вку́сное угоще́ние; (*arrange out*) расст|авля́ть, -а́вить; 12 chairs were ~ round the table вокру́г стола́ бы́ло расста́влено двена́дцать сту́льев; (*apply*) при|кла́дывать, -ложи́ть; he ~ the cup to his lips он пригу́бил ча́шку, он поднёс ча́шку ко рту; ~ eyes on посмотре́ть (*pf.*) на +*a.*; взгля́нуть (*pf.*) на +*a.*; I have never ~ eyes on him since с тех пор я его́ бо́льше не ви́дел; ~ one's face against ни за что не соглаша́ться (*impf.*) на +*a.*; ~ fire to подж|ига́ть, -е́чь; ~ foot on наступ|а́ть, -и́ть на +*a.*; he ~ foot on these shores он при́был в э́ти края́; he will never ~ foot in my house я его́ никогда́ на поро́г не

пущу́; where man has never ~ foot где не ступа́ла нога́ челове́ка; ~ one's hand to приня́ться (*pf.*) за +*a.*; ~ (a) light to заж|ига́ть, -е́чь спи́чкой; ~ one's name to a document расписа́ться (*pf.*) на докуме́нте; as I was ~ting pen to paper то́лько я на́чал писа́ть; ~ in the ground сажа́ть, посади́ть; a safe was ~ in the wall в сте́ну был встро́ен сейф; **2.** (*adjust, prepare*) ста́вить, по-; I always ~ my watch by the station clock я всегда́ ста́влю часы́ по станцио́нным; they ~ a trap for him они́ поста́вили ему́ лову́шку; ~ sail подн|има́ть, -я́ть па́рус; ста́вить, по- паруса́; (*start a voyage*) отпл|ыва́ть, -ы́ть; пус|ка́ться, -ти́ться в пла́вание; ~ the table накр|ыва́ть, -ы́ть (на) стол; ~ a saw разв|оди́ть, -ести́ пилу́; ~ a razor пра́вить, вы́- бри́тву; **3.** (*make straight or firm*): ~ a bone впр|авля́ть, -а́вить кость; ~ s.o.'s hair укла́дывать, уложи́ть кому́-н. во́лосы; ~ting lotion жи́дкость для укла́дки воло́с; the wind will ~ the mortar на ветру́ раство́р затверде́ет/засты́нет; **4.** (*fig., apply*): ~ one's heart on стра́стно жела́ть (*impf.*) +*g.*; настро́иться (*pf.*) на +*a.*; ~ one's mind on, to sth. сосредото́читься (*pf.*) на чём-н.; настро́иться (*pf.*) на что-н.; ~ one's hopes on возл|ага́ть, -ожи́ть наде́жды на +*a.*; ~ a price on (*assign a price to*) назна́чить (*pf.*) це́ну на +*a.*; ~ a price on s.o.'s head назн|ача́ть, -а́чить (*or* объяв|ля́ть, -и́ть) це́ну за чью-н. го́лову; оцен|ивать, -и́ть чью-н. го́лову/жизнь; ~ the seal on (*fig.*) оконча́тельно реши́ть/утверди́ть (*pf.*); ~ store by (высоко́) цени́ть (*impf.*); ~ one's teeth сти́снуть (*pf.*) зу́бы; **5.** (*make or put into specified state*) прив|оди́ть, -ести́; he will ~ things right он приведёт всё в поря́док; он всё нала́дит; he ~ the boat in motion он привёл ло́дку в движе́ние; ~ sth. afloat спус|ка́ть, -ти́ть что-н. на́ воду; ~ at liberty освобо|жда́ть, -ди́ть; ~ s.o. at ease; s.o.'s mind at ease, rest успок|а́ивать, -о́ить (*or* ут|еша́ть, -е́шить *or* об|одря́ть, -одри́ть) кого́-н.; ~ at naught ни во что не ста́вить (*impf.*); ~ s.o. on his feet (*lit., fig.*) поста́вить (*pf.*) кого́-н. на́ ноги; ~ on foot нача́ть (*pf.*); затея́ть (*pf.*); ~ on fire подж|ига́ть, -е́чь; (*incite*): ~ he ~ his dog on me он натрави́л на меня́ соба́ку; he ~ the police after (*or* on to) the criminal он донёс в поли́цию на престу́пника; she is trying to ~ me against you она́ стара́ется восстанови́ть/настро́ить меня́ про́тив вас; (*weigh*): against the cost can be ~ the advantage при всей дорогови́зне (э́того) сле́дует по́мнить и вы́году; **6.** (*cause; compel*): I ~ him to sweeping the floor я веле́л ему́ подмести́ пол; he ~ them to work at Greek он усади́л их за гре́ческий (язы́к); I ~ him to copy the picture я поручи́л ему́ скопи́ровать карти́ну; **7.** (*start*): the smoke ~ her coughing

от ды́ма она́ зака́шлялась; his remarks ~ them laughing его́ замеча́ния рассмеши́ли их; I ~ him talking about Russia я навёл его́ на разгово́р о Росси́и; a programme to ~ you thinking програ́мма, кото́рая даёт пи́щу для размышле́ния; **8.** (*present, pose*) зад|ава́ть, -а́ть; his absence ~s us a problem его́ отсу́тствие ста́вит нас в тру́дное положе́ние; you have ~ me a difficult task вы поста́вили передо мной тру́дную зада́чу; **9.** (*establish*): ~ the pace/tone зад|ава́ть, -а́ть темп/тон; he is ~ting his children a bad example он подаёт свои́м де́тям дурно́й приме́р; **10.** (*compile*): ~ an exam paper сост|авля́ть, -а́вить вопро́сы для пи́сьменного экза́мена; **11.**: ~ sth. to music класть, положи́ть что-н. на му́зыку; he ~ new words to an old tune он написа́л но́вые слова́ на ста́рый моти́в; **12.** (*insert for adornment etc.*) вст|авля́ть, -а́вить (*что в что*); they ~ the top of the wall with broken glass они́ уты́кали верх стены́ би́тым стекло́м; a sky ~ with stars усе́янное звёздами не́бо; **13.** (*situate*): he ~ the scene in Paris ме́стом де́йствия он избра́л Пари́ж; the scene is ~ in London де́йствие происхо́дит в Ло́ндоне; **14.**: ~ a jewel опр|авля́ть, -а́вить драгоце́нный ка́мень; **15.** (*typ.*) наб|ира́ть, -ра́ть.

*v.i.* **1.** (*of sun*) сади́ться, сесть; we saw the sun ~ting мы ви́дели зака́т/захо́д со́лнца; (*of stars; also fig.*) за|ходи́ть, -йти́; **2.** (*of fruit, blossom*) завя́з|ываться, -а́ться; **3.** (*become firm or solid*) затверд|ева́ть, -е́ть; тверде́ть (*impf.*); густе́ть, за-; (*of jelly*) заст|ыва́ть, -ы́ть; (*of cement, concrete etc.*) схва́т|ываться, -и́ться; **4.** (*of face or eyes*) заст|ыва́ть, -ы́ть; **5.** (*of current*) опред|еля́ться, -и́ться; идти́ (*det.*). **6.** (*of a dog*) де́лать, с- сто́йку.

*with preps.*: ~ **about** (doing) sth. при́н|има́ться, -я́ться за что-н.; приступи́ть (*pf.*) к чему́-н. (*pf.*) чем-н.; ~ about (*beat up*) s.o. отде́лать (*pf.*) кого́-н.; ~ **after** (*try to overtake*) s.o. пус|ка́ться, -ти́ться в догонку за кем-н.; ~ **(up)on** s.o. нап|ада́ть, -а́сть на кого́-н.; ~ s.o. **to** work усади́ть (*pf.*) кого́-н. за рабо́ту; дать (*pf.*) рабо́ту кому́-н.; заста́вить (*pf.*) кого́-н. рабо́тать.

*with advs.*: ~ **apart,** ~ **aside** *vv.t.* (*allocate*) выделя́ть, вы́делить; (*reserve, save*) от|кла́дывать, -ложи́ть; a day ~ aside for revision день, отведённый/вы́деленный для прове́рки; (*disregard*): I ~ aside personal feelings я отбро́сил все ли́чные чу́вства; ~ting aside my expenses не счита́я мои́х расхо́дов; (*quash*) раст|орга́ть, -о́ргнуть; аннули́ровать (*impf., pf.*); отмен|я́ть, -и́ть; the court's verdict was ~ aside реше́ние суда́ бы́ло отменено́; ~ a claim aside отклон|я́ть, -и́ть иск; ~ **back** *v.t.* (*lit.*) отодв|ига́ть, -и́нуть; a house ~ back from the road дом, стоя́щий в стороне́ от доро́ги; the horse ~ back its ears ло́шадь прижа́ла

у́ши; ~ one's shoulders back распр|авля́ть,
-а́вить пле́чи; ~ the clock back перев|оди́ть,
-ести́ часы́ наза́д; (fig.) поверну́ть (pf.)
колесо́ исто́рии вспять; (hinder, delay, damage) заме́длить (pf.); затормози́ть (pf.); от-
бро́сить (pf.) наза́д; нанести́ (pf.) уро́н +d.;
his refusal ~ back our interests его́ отка́з нанёс
ущерб на́шим интере́сам; (coll., cost): the trip
~ him back a few pounds пое́здка обошла́сь
ему́ в не́сколько фу́нтов; ~ by v.t. (put by)
от|кла́дывать, -ложи́ть; ~ down v.t. (put
down) класть, положи́ть; ста́вить, по-; he ~
down his knapsack on the steps он (снял и)
поста́вил свой рюкза́к на ступе́ньку; (allow to
alight) выса́живать, вы́садить; the bus ~ us
down at the gate авто́бус вы́садил нас у воро́т;
(make statement or record): he ~ down his
complaint in writing он изложи́л свою́ жа́лобу
в пи́сьменном ви́де; she ~ down her impres-
sions in a diary она́ заноси́ла/запи́сывала свои́
впечатле́ния в дневни́к; he ~ himself down as
a student он записа́лся студе́нтом; they ~ him
down as a rogue они́ записа́ли его́ в негодя́и;
his failure was ~ down to laziness счита́ли, что
он провали́лся (то́лько) из-за свое́й ле́ни; ~
forth v.t. (propound, declare) изл|ага́ть,
-ожи́ть; формули́ровать, с-; v.i. (leave)
отпр|авля́ться, -а́виться; ~ in v.t. (insert)
вст|авля́ть, -а́вить; ~ in a sleeve вш|ива́ть,
-ить рука́в; (indent, e.g. a paragraph) нача́ть
(pf.) с о́тступа/абза́ца; v.i. (take hold): winter
is ~ting in наступа́ет зима́; the rain ~ in early
дождь начался́ ра́но; the tide is ~ting in на-
чина́ется прили́в; a new fashion ~ in появи́-
лась но́вая мо́да; ~ off v.t. (cause to explode):
they were ~ting off fireworks они́ пуска́ли
фейерве́рк; ~ off a rocket запус|ка́ть, -ти́ть
раке́ту; (cause, stimulate): his arrest ~ off a
wave of protest его́ аре́ст вы́звал волну́
проте́стов; (enhance): the ribbon will ~ off
your complexion ле́нта оттени́т цвет ва́шего
лица́; her dress ~s off her figure пла́тье
подчёркивает её фо́рмы; the frame ~s off the
picture карти́на в э́той ра́ме выи́грывает (or
хорошо́ смо́трится); (compensate) воз-
ме|ща́ть, -сти́ть; компенси́ровать (impf., pf.);
~ off gains against losses баланси́ровать, с-
при́были и убы́тки; (cause to start): the story ~
them off laughing э́тот расска́з заста́вил их
расхохота́ться; v.i. (leave) пойти́, пое́хать
(both pf.); we are ~ting off on a journey мы
отправля́емся в путеше́ствие; the horse ~ off
at a gallop ло́шадь пусти́лась гало́пом; they ~
off in pursuit они́ ки́нулись в дого́нку; he ~ off
running он бро́сился бежа́ть; ~ out v.t.
(arrange, display) распол|ага́ть, -ожи́ть;
выставля́ть, вы́ставить (на обозре́ние);
ра|скла́дывать, -зложи́ть; (plant out)
выса́живать, вы́садить; (expound) изл|ага́ть,
-ожи́ть; v.i. (leave) пойти́, пое́хать (both pf.);

отпр|авля́ться, -а́виться; they ~ out for War-
saw они́ отпра́вились/о́тбыли в Варша́ву;
(attempt): he ~ out to conquer Europe он
заду́мал/вознаме́рился покори́ть (всю)
Евро́пу; ~ to v.i. (make a start) прин|има́ться,
-я́ться; (begin to fight or argue) сцепи́ться (pf.);
схвати́ться (pf.); ~ together v.t. сост|авля́ть,
-а́вить (вме́сте); (compare) сопост|авля́ть,
-а́вить; ~ up v.t. (erect) устан|а́вливать,
-ови́ть; a statue was ~ up in his honour в его́
честь установи́ли ста́тую; (form): ~ up a
committee организова́ть (impf., pf.) (or
учре|жда́ть, -ди́ть) комите́т; (found, estab-
lish): ~ up a school учре|жда́ть, -ди́ть шко́лу;
he ~ up a new record он установи́л но́вый
реко́рд; ~ up house зажи́ть (pf.) свои́м
до́мом; they ~ up house together они́ ста́ли
жить вме́сте; ~ up shop откры́ть (pf.) ла́вку;
основа́ть (pf.) де́ло; he ~ his mistress up in a
flat он обста́вил кварти́ру для свое́й любо́в-
ницы; (claim, put forward): he ~s himself up to
be a scholar он изобража́ет из себя́ учёного;
he was ~ up as a claimant to the throne его́
про́чили на трон; (provide): I am ~ up with
novels for the winter я обеспе́чен рома́нами на
всю зи́му; (give voice to): ~ up a cry
подн|има́ть, -я́ть крик; (cause): smoking ~s up
an irritation куре́ние раздража́ет сли́зистую
оболо́чку; (restore to health): a holiday will ~
you up о́тдых вас поста́вит на́ ноги (or
восстано́вит ва́ши си́лы); well ~ up кре́пкого
телосложе́ния; (typ.) наб|ира́ть, -ра́ть; v.i. he
~ up as a butcher он откры́л/завёл мясну́ю
ла́вку (or мясно́й магази́н); ~ up in business
организова́ть (impf., pf.) своё де́ло; ~ up as a
man of letters вступи́ть (pf.) на литерату́рное
по́прище.

cpds.: ~back n. (delay) заде́ржка; (reverse)
неуда́ча; (difficulty) тру́дность, затрудне́ние;
he met with many ~backs у него́ бы́ло мно́го
неуда́ч; ~-off n. (compensation) противове́с;
~-out n. (beginning): at the first ~-out в са́мом
нача́ле; ~-square n. уго́льник; ~-to n. (fight)
схва́тка; have a ~-to схва́т|ываться, -и́ться;
сцеп|ля́ться, -и́ться; ~-up n. (coll., arrange-
ment) поря́дки (m. pl.); устро́йство; обста-
но́вка.

**settee** n. (небольшо́й) дива́н.

**setter** n. (dog) се́ттер.

**setting** n. 1. (of sun etc.) захо́д, зака́т; 2. (of
gems) опра́ва; 3. (background) фон, обста-
но́вка, окруже́ние; 4. (theatr.) декора́ции (f.
pl.) и костю́мы (m. pl.); оформле́ние; 5. (mus.)
му́зыка на слова́; 6. (at table) прибо́р.

**settle**[1] n. скамья́; скамья́-ларь (m.).

**settle**[2] v.t. 1. (place securely; put to rest): ~ o.s. in
an armchair (удо́бно) ус|а́живаться, -е́сться в
кре́сло; ~ an invalid among pillows уса́|жи-
вать, -ди́ть больно́го в поду́шках; ~ children
for the night укла́дывать, уложи́ть дете́й на́

ночь; **2.** (*install, establish*) поме|ща́ть, -сти́ть; устр|а́ивать, -о́ить; he ~d his daughter in a large house он посели́л дочь в большо́м до́ме; **3.** (*calm*) успок|а́ивать, -о́ить; he gave me sth. to ~ my stomach он дал мне желу́дочное лека́рство (*or* сре́дство для пищеваре́ния); **4.** (*reconcile*) ула́|живать, -дить; their differences were soon ~d их разногла́сия бы́ли ско́ро ула́жены; the dispute was ~d out of court спор был ула́жен полюбо́вно; **5.** (*dispel*): he ~d their doubts он разве́ял/рассе́ял их сомне́ния; **6.** (*decide*) реш|а́ть, -и́ть; that ~s it э́то реша́ет де́ло; ну, тогда́ не́ о чём спо́рить; let's ~ the matter дава́йте ко́нчим с э́тим де́лом; ~ it amongst yourselves! вы ка́к-нибудь са́ми договори́тесь!; the terms of the agreement were ~d бы́ли вы́работаны усло́вия соглаше́ния; nothing is ~d yet ещё ничего́ (оконча́тельно) не решено́; **7.** (*put in order*) прив|оди́ть, -ести́ в поря́док; ~ one's estate де́лать, с- завеща́ние; **8.** (*pay*): ~ a bill заплати́ть (*pf.*) по счёту; ~ a debt погаси́ть (*pf.*) долг; ~ old scores (*fig.*) св|оди́ть, -ести́ ста́рые счёты; расквита́ться (*pf.*); **9.** (*bestow legally*) закреп|ля́ть, -и́ть (*что за кем*); ~ an annuity on her он назна́чил ей ежего́дную ре́нту; (*bequeathe*) оста́вить (*pf.*); завеща́ть (*pf.*); **10.** (*colonize*) засел|я́ть, -и́ть; (*transport to new home*) посел|я́ть, -и́ть.

*v.i.* **1.** (*sink down; come to rest*) ос|еда́ть, -е́сть; the foundations have ~d фунда́мент осе́л; the dust will soon ~ (*fig.*) шуми́ха ско́ро уля́жется; the excitement ~d стра́сти ути́хли/улегли́сь; (*of ship*) погру|жа́ться, -зи́ться в во́ду; (*alight*) ус|а́живаться, -е́сться; a fly ~d on his nose у него́ на носу́ усе́лась му́ха; the butterfly ~d on a leaf ба́бочка се́ла на лист; dust ~d on everything повсю́ду осе́ла пыль; **2.** (*become fixed, stable, established*) устан|а́вливаться, -ови́ться; the weather has ~d at last наконе́ц-то пого́да установи́лась; the wind ~d in the east установи́лся восто́чный ве́тер; darkness ~d on the land вся страна́ погрузи́лась во мрак; the cold ~d on my, his chest просту́да засе́ла в груди́; **3.** (*become comfortable, accustomed; also* **down**): the dog ~d in its basket соба́ка улегла́сь в свое́й корзи́нке; I could not ~ to my work for the noise я не мог (норма́льно) рабо́тать из-за шу́ма; he never ~s to anything for long он ни на чём подо́лгу не мо́жет задержа́ться; **4.** (*make one's home*) посел|я́ться, -и́ться; обосно́в|ываться, -а́ться; ос|еда́ть, -е́сть; **5.** (*pay*) распла́|чиваться, -ти́ться; (*come to terms*) догов|а́риваться, -ори́ться; I'll ~ for half the profits (на худо́й коне́ц) я соглашу́сь на полови́ну при́были; **6.** (*decide*) остан|а́вливаться, -ови́ться (*на чём*); they could not ~ on a name for their son они́ не могли́ останови́ться ни на одно́м и́мени для сы́на; have you ~d

where to go? вы реши́ли, куда́ е́хать?

*with advs.*: ~ **back** *v.i.* (*in one's chair*) отки́нуться (*pf.*); ~ **down** *v.t.*: the nurse ~d the patient down for the night ня́нечка/сестра́ пригото́вила больно́го ко сну; *v.i.* (*in home, job etc.*) обосно́в|ываться, -а́ться; устр|а́иваться, -о́иться; (*adopt sober ways*) остепен|я́ться, -и́ться; (*at school*) привы́кнуть (*pf.*) к шко́ле; (*become quiet*) успок|а́иваться, -о́иться; since the strike things have ~d down по́сле забасто́вки всё пришло́ в но́рму; we ~d down for the night мы улегли́сь спать; (*give full attention*): now we can ~ down to our game тепе́рь мо́жно заня́ться на́шей игро́й; I can't ~ down to read with the radio on я не могу́ (споко́йно) чита́ть, когда́ включено́ ра́дио; he ~d down to write letters он приня́лся/усе́лся писа́ть пи́сьма; ~ **in** *v.t.* & *i.* всел|я́ть(ся), -и́ть(ся); водвор|я́ть(ся), -и́ть(ся); ~ **up** *v.t.* упла́|чивать, -ти́ть; he ~d up the account он уплати́л по счёту; он оплати́л счёт; ~ up one's affairs ула́|живать, -дить свои́ дела́; *v.i.* распла́|чиваться, -ти́ться (*с кем*).

**settled** *adj.* (*fixed, stable*) усто́йчивый; (*permanent*) постоя́нный; a man of ~ habits челове́к с укорени́вшимися привы́чками; (*determined*) определённый; it is my ~ intention to remain я твёрдо наме́рен оста́ться; (*staid*) степе́нный; (*composed*) споко́йный; уравнове́шенный.

**settlement** *n.* **1.** (*settling people*) поселе́ние; (*populating country*) заселе́ние; **2.** (*colony*) поселе́ние; penal ~ ка́торжная/исправи́тельная коло́ния; (*settled place*) посёлок; **3.** (*arranging*) ула́живание; **4.** (*solution*) урегули́рование; реше́ние; (*agreement*) соглаше́ние; reach a ~ дост|ига́ть, -и́чь соглаше́ния; arrange a ~ with s.o. догов|а́риваться, -ори́ться с кем-н. о соглаше́нии; judicial ~ урегули́рование в суде́бном поря́дке; **5.** (*leg.*): deed of ~ акт распоряже́ния иму́ществом (в чью-н. по́льзу); ~ of one's estate (*making will*) составле́ние завеща́ния; **6.** (*payment*) упла́та, расчёт; ~ of an account упла́та по счёту; ~ day день платежа́; **7.** (*of building etc.*) оседа́ние; (*of soil*) оса́дка; **8.**: Act of S~ (*Eng. hist.*) зако́н о престолонасле́дии.

**settler** *n.* поселе́нец.

**Sevastopol** *n.* Севасто́поль (*m.*).

**seven** *n.* (*число́/но́мер*) семь; (~ *people*) се́меро, семь челове́к; we ~, the ~ of us мы се́меро/всемеро́м; ~ each по семи́; in ~s, ~ at a time по семи́, семёрками; (*figure; thing numbered 7; group of* ~) семёрка; (*with var. nouns expressed or understood*: cf. examples under FIVE).

*adj.* семь +*g. pl.*; (*for people and pluralia tantum, also*) се́меро +*g. pl.*; ~ twos are fourteen се́мью (*or* семь на) два — четы́рнадцать; the S~ Years' War Семиле́тняя война́; sail the

~ seas пла́вать (*indet.*) по всем моря́м и океа́нам.

*cpds.*: ~**fold** *adj.* семикра́тный; *adv.* всёмеро, в семь раз; ~-**league** *adj.*: ~-league boots семими́льные сапоги́; ~-**year** *adj.* семиле́тний.

**seventeen** *n. & adj.* семна́дцать +*g. pl.*

**seventeenth** *n.* (*date*) семна́дцатое (число́); (*fraction*) семна́дцатая часть; одна́ семна́дцатая.

    *adj.* семна́дцатый.

**seventh** *n.* **1.** (*date*) седьмо́е (число́); **2.** (*fraction*) седьма́я часть; одна́ седьма́я; **3.** (*mus.*) се́птима.

    *adj.* седьмо́й; in the ~ heaven на седьмо́м не́бе.

**seventieth** *n.* семидеся́тая часть; одна́ семидеся́тая.

    *adj.* семидеся́тый.

**sevent|y** *n.* се́мьдесят; he is in his ~ies ему́ за се́мьдесят; ему́ восьмо́й деся́ток; in the ~ies (*decade*) в семидеся́тых года́х; в семидеся́тые го́ды; (*temperature*) за се́мьдесят гра́дусов (по Фаренге́йту).

**sever** *v.t.* отдел|я́ть, -и́ть; разлуч|а́ть, -и́ть; ~ a горе перер|еза́ть, -е́зать верёвку; he ~ed his opponent's arm он отруби́л ру́ку проти́внику; ~ one's connexion with пор|ыва́ть, -ва́ть связь с +*i.*; ~ o.s. from the Church отп|ада́ть, -а́сть от це́ркви; ~ diplomatic relations раз|рыва́ть, -орва́ть дипломати́ческие отноше́ния.

    *v.i.* раз|рыва́ться, -орва́ться; порва́ться (*pf.*).

**several** *pron.*: ~ of my friends не́которые/ины́е/ко́е-кто из мои́х друзе́й; I have four cups but I need ~ more у меня́ есть четы́ре ча́шки, но мне на́до бы ещё не́сколько (штук).

    *adj.* **1.** (*quite a few*) не́сколько +*g. pl.*; myself and ~ others я и ко́е-кто ещё; **2.** (*separate*) отде́льный; they all go their ~ ways ка́ждый из них идёт свои́м путём; ~ly по отде́льности; по одному́; jointly and ~ly совме́стно и по́рознь.

**severance** *n.* отделе́ние, разры́в; ~ pay выходно́е посо́бие; компенса́ция при увольне́нии.

**severe** *adj.* **1.** (*stern, strict, austere*) стро́гий, суро́вый; he is his own ~st critic стро́же всех себя́ су́дит он сам; ~ rebuke стро́гий вы́говор; ~ punishment суро́вое наказа́ние; **2.** (*violent*) си́льный; a ~ frost си́льный/ жесто́кий/лю́тый моро́з; ~ pain си́льная боль; she had a ~ cold у неё был си́льный на́сморк; there was ~ fighting шли жесто́кие бои́; **3.** (*exacting*): a ~ test суро́вая прове́рка; ~ competition жесто́кая/о́страя конкуре́нция; **4.** (*serious*) тяжёлый; серьёзный; ~ illness тяжёлая боле́знь; a ~ shortage of water о́страя нехва́тка воды́; **5.** (*unadorned*) стро́гий, суро́вый.

**severity** *n.* стро́гость, суро́вость; серьёзность; тя́жесть.

**Seville** *n.* Севи́лья; ~ orange помера́нец, го́рький апельси́н.

**sew** *v.t. & i.* шить, с-; ~ a button on to a dress приш|ива́ть, -и́ть пу́говицу к пла́тью; ~n (*of a book*) сброшюро́ванный.

    *with adv.*: ~ up *v.t.* заш|ива́ть, -и́ть; ~ up buttonholes обмёт|ывать, -а́ть пе́тли; (*coll., finish dealing with*) поко́нчить (*pf.*) с +*i.*

**sewage** *n.* сто́чные во́ды (*f. pl.*); нечисто́ты (*f. pl.*); ~ farm поля́ (*nt. pl.*) ороше́ния.

**sewer** *n.* (*conduit*) сто́чная труба́; main ~ магистра́льная канализацио́нная труба́; ~ rat кры́са.

**sewerage** *n.* канализа́ция.

**sewing** *n.* (*process, material*) шитьё; (*attr.*) шве́йный; ~ needle шве́йная игла́; ~ class уро́к рукоде́лия; кружо́к кро́йки и шитья́.

    *cpd.*: ~-**machine** *n.* шве́йная маши́на.

**sex** *n.* **1.** пол; the fair, gentle ~ прекра́сный пол; the weaker ~ сла́бый пол; the sterner ~ си́льный пол; without distinction of age or ~ без разли́чия по́ла и во́зраста; (*attr.*) полово́й; ~ antagonism антагони́зм поло́в; the ~ act полово́й акт; ~ appeal физи́ческая привлека́тельность; ~ change опера́ция по измене́нию по́ла; ~ kitten «ко́шечка»; ~ life полова́я жизнь; ~ maniac сексуа́льный манья́к, эротома́н (*fem.* -ка); **2.** (*sexual activity*) секс; (*sexual intercourse*) полово́е сноше́ние; have ~ with s.o. (*coll.*) име́ть (*impf.*) сноше́ние с кем-н.

    *v.t.* (*determine ~ of*) определ|я́ть, -и́ть пол +*g.*

    *cpds.*: ~-**pot** *n.* (*coll.*) секс-бо́мба; ~-**starved** *adj.* испы́тывающий сексуа́льный го́лод.

**sexagenarian** *n.* шестидесятиле́тний стари́к (*fem.* шестидесятиле́тняя стару́ха).

    *adj.* шестидесятиле́тний.

**Sexagesima** *n.* восьмо́е воскресе́нье пе́ред Па́схой.

**sexagesimal** *adj.* шестидесятери́чный.

**sexcentenary** *n.* шестисотле́тие.

**sexennial** *adj.* (*lasting 6 years*) шестиле́тний.

**sexiness** *n.* сексуа́льность, чу́вственность.

**sexism** *n.* дискримина́ция же́нщин; пренебрежи́тельное отноше́ние к же́нщине.

**sexist** *n.* женофо́б.

    *adj.* женоненави́стнический.

**sexless** *adj.* беспо́лый; (*lacking sexual appeal or feeling*) асексуа́льный.

**sexologist** *n.* сексо́лог.

**sexology** *n.* сексоло́гия.

**sextant** *n.* сleкста́нт.

**sextet** *n.* сексте́т.

**sexton** *n.* понома́рь (*m.*); церко́вный сто́рож; моги́льщик.

**sextuple** *adj.* шестикра́тный.

**sexual** *adj.* полово́й.

**sexuality** *n.* сексуа́льность.

**sexy** *adj.* (*coll.*) сексуа́льный, чу́вственный, эроти́ческий.

**Seychelles** *n.* Сейше́льские острова́.

**sh** *int.* шш!; тсс!

  *v.t. & i. see* SHUSH.

**shabbiness** *n.* потёртость; изно́шенность; убо́гость, убо́жество; по́длость, ни́зость.

**shabby** *adj.* **1.** (*of clothes*) поно́шенный; потрёпанный; (*of furniture*) вы́тертый; (*of pers. appearance*): he looks ~ у него́ потёртый/потрёпанный вид; (*of buildings, streets etc.*) убо́гий, захуда́лый; **2.** (*of behaviour*) ни́зкий, по́длый; a ~ trick гну́сная шу́тка.

  *cpd.*: ~**-genteel** *adj.* ≃ стара́ющийся замаскирова́ть свою́ бе́дность.

**shack** *n.* лачу́га.

  *v.i.*: ~ up with s.o. (*sl.*) сожи́тельствовать (*impf.*) с кем-н.

**shackle** *n.* (*pl., fetters*) око́в|ы (*pl., g.* —); (*fig.*): the ~s of convention ра́мки (*f. pl.*) прили́чий.

  *v.t.* (*lit., fetter*) зако́в|ывать, -а́ть в кандалы́; (*impede*) ско́в|ывать, -а́ть; стесня́ть (*impf.*).

**shad** *n.* шэд.

**shaddock** *n.* помпе́льмус, пуме́ло, грейпфру́т.

**shade** *n.* **1.** (*unilluminated area*) тень; put in(to) the ~ (*fig.*) затм|ева́ть, -и́ть; light and ~ (*in picture*) свет и те́ни; светоте́нь; (*partial darkness*) полумра́к; the ~s of night were falling наступи́ли су́мерки; **2.** (*tint, nuance*) отте́нок; the same colour in a lighter ~ тот же цвет, (но) светле́е; (*fig.*): ~s of meaning отте́нки (*m. pl.*) значе́ния; all ~s of opinion са́мые ра́зные убежде́ния; **3.** (*slight amount*): a ~ better немно́го/ка́пельку (*or* чуть-чу́ть) лу́чше; **4.** (*of lamp*) абажу́р; **5.** (*eye-*~) козырёк; **6.** (*Am., blind*) што́ра; **7.** (*pl.*, the ~s *i.e. Hades*) ца́рство тене́й.

  *v.t.* **1.** (*screen from light*) затен|я́ть, -и́ть; (*shield from light etc.*) заслон|я́ть, -и́ть; he ~d his eyes with his hand он заслони́л глаза́ руко́й (от све́та); a bench ~d from the wind скамья́, защищённая от ве́тра; **2.** (*restrict light of*) прикр|ыва́ть, -ы́ть; **3.** (*make gloomy, usu. fig.*) омрач|а́ть, -и́ть; **4.** (*drawing*) тушева́ть, за-.

  *v.i.*: one colour ~s into another оди́н цвет (постепе́нно) перехо́дит в друго́й.

**shadiness** *n.* тени́стость.

**shading** *n.* (*in drawing*) тушёвка.

**shadow** *n.* тень; in the ~ of a tree в тени́ де́рева; he has ~s under his eyes у него́ (чёрные/тёмные) круги́ под глаза́ми; he was a ~ of his former self; he was worn to a ~ от него́ оста́лась одна́ тень; cast a ~ on отбр|а́сы-вать, -о́сить (*or* бр|оса́ть, -о́сить) тень на +*a.*; (*fig.*) омрача́ть, -и́ть; under the ~ of (*protection*) под се́нью +*g.*; (*threat*) под угро́зой +*g.*; he is afraid of his own ~ он бои́тся со́бствен-ной те́ни; may your ~ never grow less жела́ю

вам здра́вствовать до́лгие го́ды!; there is not a ~ of doubt нет ни те́ни/мале́йшего сомне́ния; catch at ~s гоня́ться (*impf.*) за при́зраками; ~ cabinet «теневой кабине́т»; ~ factory предприя́тие, кото́рое легко́ перево́дится с ми́рного произво́дства на вое́нное.

  *v.t.* **1.** (*darken, cast ~ over*) осен|я́ть, -и́ть; омрач|а́ть, -и́ть; **2.** (*foreshadow*) предвеща́ть (*impf.*); **3.** (*watch and follow secretly*) (та́йно) следи́ть/сле́довать (*impf.*) за +*i.*

  *cpd.*: ~**-boxing** *n.* тренирово́чный бой; (*fig.*) показна́я борьба́; ви́димость борьбы́.

**shadowy** *adj.* (*shady*) тени́стый; (*dim*) нея́сный; (*vague*) сму́тный; (*hazy*) тума́нный.

**shady** *adj.* **1.** (*affording shade*) тени́стый; (*in shadow*) теневой; ~ side тенева́я сторона́; **2.** (*suspect*) сомни́тельный, тёмный; ~ enter-prise сомни́тельное/тёмное де́ло.

**shaft** *n.* **1.** (*of lance or spear*) дре́вко; **2.** (*arrow*) стрела́; (*fig.*) вы́пад; **3.** (*of light*) луч; ~ of lightning вспы́шка мо́лнии; **4.** (*stem, stalk*) сте́бель (*m.*); (*trunk*) ствол; **5.** (*of column*) сте́ржень (*m.*); (*of chimney*) труба́; **6.** (*of tool*) черено́к, ру́чка, рукоя́тка; (*of axe*) топори́ще; **7.** (*one of a pair on cart etc.*) огло́бля; (*central ~ between horses*) ды́шло; **8.** (*tech., rod*) вал; (*axle*) ось; **9.** (*of mine*) ша́хта; ствол ша́хты; sink a ~ про|ходи́ть, -йти́ ша́хту.

  *cpd.*: ~**-horse** *n.* коренни́к.

**shag**[1] *n.* (*tobacco*) махо́рка.

**shag**[2] *n.* (*bird*) длиннохво́стый бакла́н.

**shagginess** *n.* косма́тость, лохма́тость, взлох-ма́ченность.

**shaggy** *adj.* (*of hair*) косма́тый, лохма́тый, взлохма́ченный; (*of pers., hairy*) волоса́тый.

**shagreen** *n.* шагре́нь, шагре́невая ко́жа.

**Shah** *n.* шах.

**shake** *n.* **1.** встря́ска; give s.o./sth. a ~ встря́х|ивать, -ну́ть кого́-н./что-н.; give o.s. a ~ встря́х|иваться, -ну́ться; give the rug a ~ (*to clean it*) вытря́хивать, вы́тряхнуть ко́врик; he answered with a ~ of the head в отве́т он покача́л голово́й; **2.** (*tremble*): with a ~ in his voice с дро́жью в го́лосе; **3.** (*mus.*) трель; **4.** (*coll., moment*): in a brace of ~s вмиг, в оди́н миг; **5.** (*coll.*): this book is no great ~s э́та кни́га — ничего́ осо́бенного; э́та кни́га та́к себе (*or* нева́жная); he was no great ~s with a pen он не сли́шком бо́йко владе́л перо́м.

  *v.t.* **1.** тря́с|ти, -ну́ть; сотряс|а́ть, -ти́ (*что, чем*); I shook him by the shoulder я тряхну́л/потря́с его́ за плечо́; I shook his hand (*in greeting*) я пожа́л ему́ ру́ку; they shook hands они́ пожа́ли друг дру́гу ру́ки; они́ обменя́-лись рукопожа́тием; I shook the boy я стал трясти́ мальчи́шку; he shook the cocktail он сбил кокте́йль; he shook his head он (от-рица́тельно) покача́л голово́й; she shook the duster она́ вы́тряхнула тря́пку; ~ before using (*instructions on bottle*) пе́ред употребле́нием взба́лтывать; the blast shook the windows от взры́ва задрожа́ли стёкла; his steps shook the room от его́ шаго́в трясла́сь вся ко́мната; ~ one's fist at s.o. грози́ть, по-кому́-н. кулако́м; ~ a leg (*coll.*) (*dance*) пляса́ть (*impf.*); (*hurry*) потора́пливаться (*impf.*); **2.** (*shock*) потряс|а́ть, -ти́; she was ~n by the news э́та но́вость её потрясла́; it has ~n his health э́то подорва́ло его́ здоро́вье; he is much ~n after his illness боле́знь си́льно его́ подкоси́ла; (*morally*) колеба́ть, по-; he was ~n out of his complacency его́ самодово́льства как не быва́ло; it shook my composure э́то вы́вело меня́ из споко́йствия; his faith was ~n его́ ве́ра была́ поколе́блена; the prosecutor could not ~ the witness прокуро́ру не удало́сь сбить свиде́теля; my confidence in him was ~n моё дове́рие к нему́ бы́ло подо́рвано.

*v.i.* **1.** (*vibrate*) трясти́сь (*impf.*); сотряса́ться (*impf.*); the trees ~ in the wind дере́вья кача́ются на ветру́; the room ~s as he walks ко́мната сотряса́ется от его́ шаго́в; **2.** (*tremble*) дрожа́ть, за-; he was shaking with cold он дрожа́л от хо́лода; he was shaking with fever его́ трясла́ лихора́дка; his hands shook его́ ру́ки дрожа́ли; ~ in one's shoes трясти́сь/дрожа́ть (*impf.*) от стра́ха; he shook with laughter он (за)тря́сся от сме́ха; her voice shook with emotion её го́лос (за)дрожа́л/прерыва́лся от волне́ния.

*with advs.*: ~ **back** *v.t.*: she shook back her hair она́ отки́нула во́лосы наза́д; ~ **down** *v.t.*: he shook down the apples from the tree он сбил я́блоки с де́рева; (*cause to settle*) утряс|а́ть, -ти́; he shook down the grain in the sack он утря́с зерно́ в мешке́; *v.i.* (*settle, of grain etc.*) утряс|а́ться, -ти́сь; (*coll., of pers.*) распол|ага́ться, -ожи́ться; we will ~ down on the floor мы устро́имся/уля́жемся на полу́; (*settle in*) осв|а́иваться, -о́иться; he will soon ~ down at the new school он ско́ро осво́ится в но́вой шко́ле; ~ **off** *v.t.* (*lit.*) стря́х|ивать, -ну́ть; she shook off the rain from her hair она́ стряхну́ла с воло́с ка́пли дождя́; ~ off the dust from one's feet (*fig.*) отряхну́ть (*pf.*) прах от ног свои́х; (*fig., of pursuers, illness, habit etc.*) отде́л|ываться, -аться от +*g.*; изб|авля́ться, -а́виться от +*g.*; ~ off the yoke сбро́сить (*pf.*) и́го; ~ **out** *v.t.*: ~ out a blanket вытря́хивать, вы́тряхнуть одея́ло; ~ **up** *v.t.* встря́х|ивать, -ну́ть; (*mix by shaking*): ~ up a medicine взболта́ть (*pf.*) лека́рство; ~up a cocktail сбить (*pf.*) кокте́йль; (*restore to shape*): ~ up a pillow взби|ва́ть, -ть поду́шку; (*coll., rouse*): he decided to ~ up his staff он реши́л расшевели́ть свои́х подчинённых.

*cpds.*: ~**down** *n.* (*makeshift bed*) импровизи́рованная посте́ль; ~**-out,** ~**-up** *nn.*

встря́ска; перемеще́ние должностны́х лиц; коренны́е переме́ны (*f. pl.*).

**shaker** *n.* (*for cocktails*) ше́йкер; (*relig.*) ше́кер.

**Shakespeare** *n.* Шекспи́р.

**Shakespearian** *adj.* шекспи́ровский; ~ scholar шекспирове́д.

**shako** *n.* ки́вер.

**shaky** *adj.* ша́ткий, нетвёрдый; a ~ bridge/table ша́ткий мост/стол; his credit was ~ у него́ не́ было твёрдого креди́та; his position in the party is ~ у него́ в па́ртии ша́ткое/непро́чное положе́ние; he is on ~ ground (*fig.*) у него́ под нога́ми зы́бкая по́чва; ~ handwriting дрожа́щий по́черк; a ~ gait нетвёрдая похо́дка; a ~ voice дрожа́щий го́лос; his English is ~ он нетвёрд в англи́йском; he felt ~ in the saddle он неуве́ренно чу́вствовал себя́ в седле́; I feel ~ today мне сего́дня не-'здоро́вится; я сего́дня чу́вствую себя́ нева́жно.

**shale** *n.* сла́нец.

**shall** *v. aux.* (*see also* SHOULD) **1.** (*in 1st pers.*)*usu.* translated by future tense*:* I ~ go я пойду́; **2.** (*interrog.*): ~ I wait? мне подожда́ть?; ~ we close the window? закры́ть окно́?; ~ we have dinner now? не пообе́дать ли нам сейча́с?; **3.** (*in 2nd and 3rd pers., expr. promise*): you ~ have an apple полу́чишь (*or* бу́дет тебе́) я́блоко; **4.** (*mandatory*): I say you ~ go я прика́зываю вам пойти́; thou shalt not kill не убий; the committee ~ elect its chairman председа́тель избира́ется чле́нами комите́та.

**shallop** *n.* ладья́; я́лик, шлюп.

**shallot** *n.* (лук-)шало́т.

**shallow** *n.* (~ *place*) ме́лкое ме́сто; (*shoal*) мель; in the ~s на мели́/о́тмели.

*adj.* ме́лкий; ~ water ме́лкая вода́; ~ soil неглубо́кая по́чва; (*fig.*): ~ mind пове́рхностный/неглубо́кий ум; ~ talk пусто́й разгово́р.

*cpd.*: ~**-brained,** ~**-witted** *adjs.* пусто́й, легкомы́сленный.

**shallowness** *n.* (*of water etc.*) ме́лкость; (*of character*) пове́рхностность; (*of conversation*) пустота́, вздо́рность.

**shaly** *adj.* сланцева́тый.

**sham** *n.* **1.** (*pretence*) притво́рство; his illness is only a ~ он то́лько притворя́ется больны́м; (*hypocrisy*) лицеме́рие; her life is one long ~ вся её жизнь — сплошно́е лицеме́рие; **2.** (*counterfeit*) подде́лка; this diamond is a ~ э́тот бриллиа́нт подде́льный; (*deceit*) обма́н; **3.** (*of pers.*) притво́рщик; лицеме́р.

*adj.* **1.** (*feigned*) притво́рный; ~ illness мни́мая боле́знь; ~ battle, fight (*mil.*) уче́бный бой; **2.** (*counterfeit*) подде́льный; бутафо́рский.

*v.t.* (*feign, simulate*) притвор|я́ться, -и́ться +*i.*; симули́ровать (*impf., pf.*); ~ sleep/stupidity притвор|я́ться, -и́ться (*or* прики́|дываться, -нуться) спя́щим/простако́м.

*v.i.*: he is ~ming он притворя́ется.

**shaman** *n.* шама́н.

**shamanism** *n.* шама́нство.

**shamble** *n.* неуклю́жая похо́дка.

*v.i.*: ~ along тащи́ться (*impf.*); ковыля́ть (*impf.*); ~ in притащи́ться (*pf.*); he ~d up to us он приковыля́л к нам.

**shambles** *n.* (*slaughter-house*) бо́йня; (*coll., mess*) беспоря́док, кавард́ак; he made a ~ of the job он завали́л всё де́ло.

**shame** *n.* **1.** (*sense of guilt or inferiority*; *capacity for this*) стыд; he is quite without ~ у него́ совсе́м нет стыда́; он соверше́нно бессо́вестный; put to ~ пристыди́ть (*pf.*); he hung his head for ~ ему́ ста́ло сты́дно, и он опусти́л го́лову; to my ~ I must confess . . . к своему́ стыду́ до́лжен призна́ться . . .; for ~!; ~ on you! стыди́(те)сь!; как (вам) не сты́дно?; стыд и срам!; **2.** (*disgrace*) позо́р; срам; bring ~ on опозо́рить (*pf.*); навле́чь (*pf.*) позо́р на +*a.*; сгу ~ on s.o. гро́мко возмуща́ться (*impf.*) кем-н.; it's a ~ to laugh at him сты́дно/нехорошо́ над ним смея́ться; **3.** (*sth. regrettable*) жа́лость, доса́да; what a ~! как жаль!

*v.t.* **1.** (*cause to feel ashamed*) сму|ща́ть, -ти́ть; he ~d me into apologizing он меня́ пристыди́л/усо́вестил, и я извини́лся; **2.** (*disgrace*) позо́рить, о-; посрам|ля́ть, -и́ть.

*cpd.*: ~**faced** *adj.* пристыжённый.

**shameful** *adj.* позо́рный, посты́дный; ~ act безобра́зие.

**shameless** *adj.* бессты́дный; ~ person бессты́дни|к (*fem.* -ца); (*unscrupulous*) бессо́вестный; (*indecent*) непристо́йный.

**shamelessness** *n.* бессты́дство.

**shammy** *n.*: ~ leather за́мша.

**shampoo** *n.* шампу́нь (*m.*).

*v.t.* мыть, вы- (*го́лову*).

**shamrock** *n.* бе́лый кле́вер; кисли́ца; трили́стник.

**shandy** *n.* смесь пи́ва с лимона́дом; смесь просто́го пи́ва с имби́рным.

**Shanghai** *n.* Шанха́й.

*v.t.* (*sl.*): спои́ть (*pf.*) и увезти́ матро́сом на су́дно.

**shank** *n.* **1.** (*leg*) нога́; on S~s's pony, mare (*coll.*) на свои́х (на) двои́х; **2.** (*shin*) го́лень.

**shantung** *n.* чесуча́; (*attr.*) чесучо́вый.

**shanty**[1] *n.* (*hut*) хиба́рка; ~ town копа́й-го́род.

**shanty**[2] *n.* (*song*) ≃ матро́сская пе́сня.

**shape** *n.* **1.** (*configuration, outward form*) фо́рма; (*outline*) очерта́ние; take ~ (*become clear*) проясн|я́ться, -и́ться; обре|та́ть, -сти́ фо́рму; выража́ться, вы́разиться; скла́дываться, сложи́ться; lose one's ~ (*figure*) распл|ыва́ться, -ы́ться; полне́ть, рас-; толсте́ть, рас-; give ~ to прид|ава́ть, -а́ть фо́рму +*d.*;

(*appearance, guise*) вид, о́браз; a cloud in the ~ of a bear о́блако в ви́де медве́дя; a monster in human ~ чудо́вище в челове́ческом о́бразе; we have a leader in the ~ of Mr. X мы обрели́ ли́дера в лице́ г-на Х; I have had no answer in any ~ or form я не получи́л реши́тельно никако́го отве́та; **2.** (*vague figure*): strange ~s appeared in the dark в темноте́ явля́лись стра́нные о́бразы; **3.** (*order*) поря́док; put (*coll., knock, lick*) sth. into ~ прив|оди́ть, -ести́ что-н. в поря́док; (*condition*) состоя́ние; he was in poor ~ он был в плохо́м состоя́нии (*or* плохо́й фо́рме); in good ~ в по́лном поря́дке; в фо́рме; he is exercising to get into ~ он трениру́ется, чтобы обрести́ спорти́вную фо́рму; **4.** (*mould*) фо́рма.

*v.t.* прид|ава́ть, -а́ть фо́рму +*d.*; her face was delicately ~d у неё бы́ли то́нкие черты́ лица́; ~d like a heart сердцеви́дный; ~d like a cone конусообра́зный; (*from wood*) выреза́ть, вы́резать; (*from clay*) лепи́ть, вы́-/с-; ~ a coat to the figure шить, с- пальто́ по фигу́ре; (*fig.*): ~ s.o.'s character формирова́ть, с- чей-н. хара́ктер; the war ~d his destiny война́ определи́ла его́ судьбу́; ~ one's life устр|а́ивать, -о́ить свою жизнь; ~ a plan созд|ава́ть, -а́ть план; ~ one's course устан|а́вливать, -ови́ть (*or* брать, взять) курс; (*adapt*) приспос|а́бливать, -о́бить (*что к чему*).

*v.i.*: the boy is shaping well ма́льчик развива́ется/формиру́ется вполне́ удовлетвори́тельно; the affair is shaping well де́ло идёт на лад; as things are shaping е́сли так пойдёт да́льше.

with *adv.*: ~ up *v.i.* (*take* ~) скла́дываться, сложи́ться.

**shapeless** *adj.* бесфо́рменный.

**shapeliness** *n.* красота́, пропорциона́льность; (*of pers.*) стро́йность; хоро́шее телосложе́ние.

**shapely** *adj.* хорошо́ сложённый; стро́йный; а ~ leg стро́йная но́жка.

**shaper** *n.* **1.** (*machine tool*) попере́чно--строга́льный стано́к; **2.**: ~ of our destinies творе́ц на́ших су́деб; the ~ of the plan созда́тель (*m.*) пла́на.

**shard**[1] *n.* (*entom.*) надкры́лье.

**shard**[2] *n.* (*potsherd*) черепо́к.

**share**[1] *n.* **1.** (*part*) часть; (*portion, received or held*) до́ля; lion's ~ льви́ная до́ля; fair ~ причита́ющаяся до́ля (*кому*); he has his ~ of conceit он не лишён самомне́ния; have, take a ~ in sth. уча́ствовать (*impf.*) (*or* прин|има́ть, -я́ть уча́стие) в чём-н.; go ~s with s.o. входи́ть, войти́ в пай с кем-н.; going ~s на пая́х; **2.** (*contribution*) вклад; he had a large ~ in bringing this about его́ роль в достиже́нии э́того была́ весьма́ суще́ственна; he had no ~ in the plot он не́ был прича́стен к за́говору; **3.**

(*of capital*) а́кция; ordinary ~s а́кции на предъяви́теля; preference ~s привилегиро́ванные а́кции; we hold 1,000 ~s in the company нам принадлежи́т ты́сяча а́кций э́той компа́нии; ~ certificate акционе́рное свиде́тельство.

*v.t.* дели́ть, раз- (*что с кем*); he ~s all his secrets with me (*or* I ~ all his secrets) он де́лится со мной все́ми свои́ми та́йнами; ~ an office with s.o. рабо́тать (*impf.*) с кем-н. в одно́й ко́мнате; ~ the same book совме́стно по́льзоваться (*impf.*) одно́й кни́гой; (~ *in*) раздел|я́ть, -и́ть; he ~s my opinion он разделя́ет моё мне́ние; we must all ~ the blame мы все несём отве́тственность за э́то.

*v.i.*: I ~ in your grief я разделя́ю ва́ше го́ре; ~ and ~ alike всё на́до дели́ть по́ровну.

*with adv.*: ~ **out** *v.t.* (*divide*) дели́ть, раз-; раздел|я́ть, -и́ть; (*allocate*) распредел|я́ть, -и́ть; разд|ава́ть, -а́ть.

*cpds.*: ~**-cropper** *n.* изде́льщик; ~**-cropping** *n.* изде́льная систе́ма; ~**holder** *n.* акционе́р; ~**-list** *n.* курсово́й бюллете́нь; ~**-out** *n.* делёж.

**share**² *n.* (*of plough*) ле́мех.

**shark** *n.* (*also fig.*) аку́ла; (*swindler*) моше́нник, шу́лер.

*cpd.*: ~**skin** *n.* аку́лья ко́жа; шагре́нь.

**sharp** *n.* (*mus.*) дие́з.

*adj.* **1.** (*edged, pointed, clear-cut; also fig., of senses, sensations etc.*) о́стрый, острcoконе́чный, ре́зкий; ~ knife о́стрый нож; ~ pencil о́стрый (*or* хорошо́ отто́ченный) каранда́ш; ~ chin о́стрый подборо́док; ~ features ре́зкие черты́ лица́; the roofs stood out ~ly against the sky кры́ши чётко вырисо́вывались на фо́не не́ба; (*keen, alert*): ~ eyes о́строе зре́ние; ~ ears то́нкий слух; ~ wits о́стрый ум; he is ~ он хитёр; а ~ child сметли́вый ребёнок; keep a ~ look-out смотре́ть (*impf.*) в о́ба; (*of sounds*): ~ voice ре́зкий го́лос; ~ cry пронзи́тельный крик; (*severe*): he made a ~ retort он ре́зко возрази́л; а ~ remark ко́лкое замеча́ние; ~ temper ре́зкий хара́ктер; ~ tongue злой/о́стрый язы́к; ~ frost си́льный моро́з; ~ wind ре́зкий ве́тер; ~ attack of fever си́льный/о́стрый при́ступ лихора́дки; ~ pain о́страя боль; ~ remorse жесто́кое раска́яние; (*to the taste*): ~ dish о́строе блю́до; ~ wine те́рпкое вино́; **2.** (*abrupt*) круто́й, ре́зкий; ~ turn круто́й поворо́т; а ~ drop in the temperature ре́зкое паде́ние температу́ры; а ~ rise in prices ре́зкий подъём цен; **3.** (*brisk, lively*): ~'s the word! бы́стренько!; пошеве́ливайся!; there was a ~ struggle произошла́ энерги́чная схва́тка; **4.** (*artful*) хи́трый; ~ practice моше́нничество; he was too ~ for me он перехитри́л меня́; **5.** (*mus.*): F ~ фа (*nt. indecl.*) дие́з.

*adv.* **1.** (*at a ~ angle*): turn ~ right кру́то

поверну́ть (*pf.*) напра́во; **2.** (*punctually*): at four o'clock ~ то́чно/ро́вно в четы́ре (часа́); **3.** (*coll.*): look ~! быстре́е!; we must look ~ на́до потора́пливаться/торопи́ться; **4.** (*mus.*): he sings ~ он поёт сли́шком высоко́.

*cpds.*: ~**-edged** *adj.* о́стрый; ~**-eyed** *adj.* зо́ркий; ~**-featured** *adj.* с ре́зкими черта́ми (лица́); ~**-set** *adj.* (*hungry*) голо́дный; ~ **shooter** *n.* ме́ткий стрело́к; сна́йпер; ~**-sighted** *adj.* зо́ркий; ~**-tempered** *adj.* раздражи́тельный; ~**-witted** *adj.* с о́стрым умо́м.

**sharpen** *v.t.* **1.** (*knife etc.*) заостр|я́ть, -и́ть; точи́ть, от-/на-; (*pencil*) точи́ть, от-; my razor needs ~ing моя́ бри́тва притупи́лась; **2.** (*fig.*): hunger ~ed his wits го́лод сде́лал его́ изворо́тливым; a long walk ~s one's appetite дли́тельная прогу́лка спосо́бствует аппети́ту; **3.** (*mus.*) пов|ыша́ть, -ы́сить на полуто́н.

**sharpener** *n.* (*whetstone*) точи́ло; (pencil-~) точи́лка.

**sharper** *n.* шу́лер.

**sharpish** *adv.* (*coll., quickly*) бы́стренько.

**sharpness** *n.* острота́; (*of voice etc.*) ре́зкость; (*of outline, photograph etc.*) отчётливость, чёткость; (*astringency*) те́рпкость, е́дкость.

**shatter** *v.t.* разб|ива́ть, -и́ть (вдре́безги); the explosion ~ed the house от взры́ва дом разлете́лся в ще́пки; (*of health or nerves*) расстр|а́ивать, -о́ить; I was ~ed by the news (*coll.*) я был потрясён/уби́т э́той но́востью.

**shattering** *adj.* (*coll.*) потряса́ющий.

**shave** *n.* **1.** бри́тьё; give s.o. a ~ бри́ть, поко́го-н.; have a ~ поб|ри́ться (*pf.*); these blades give you a good ~ э́тими ле́звиями хорошо́ бри́ться; **2.** (*coll., escape*): we had a close, narrow ~ мы бы́ли на волосо́к от ги́бели.

*v.t.* **1.** ~ one's chin/beard вы́брить (*pf.*) подборо́док; брить (*impf.*) бо́роду; ~ a customer брить, по- клие́нта; ~ o.s. бри́ться, по-; ~n (*of chin*) бри́тый; (*of monk*) постри́женный; **2.** (*pare, of wood etc.*) строга́ть, вы́-; **3.** (*pass close to*) чуть не заде́ть (*pf.*).

*v.i.*: he does not ~ every day он бре́ется не ка́ждый день; my razor does not ~ properly моя́ бри́тва пло́хо бре́ет.

*with adv.*: ~ **off** *v.t.* сбри|ва́ть, -ть.

**shaver** *n.* **1.** (*razor*) бри́тва; electric ~ электробри́тва; **2.** (*coll.*): young ~ парнёк.

**shaving** *n.* **1.** (*action*) бритьё; ~ is compulsory in the army в а́рмии полага́ется бри́ться; **2.** (~s, *of wood or metal*) стру́жка.

*cpds.*: ~**-brush**, ~**-cream**, ~**-soap**, *nn.* ки́сточка/крем/мы́ло для бритья́.

**shawl** *n.* шаль; head ~ головно́й плато́к.

**she** *n.* **1.**: is the baby a he or a ~? э́тот младе́нец ма́льчик и́ли де́вочка?; **2.** (*female animal*) са́мка; су́ка *и т.п.*

*pron.* она́; та; it was ~ who did it э́то она́ сде́лала; ~ and I мы с ней.

*cpds.*: ~-**ass** *n.* осли́ца; ~-**bear** *n.* медве́дица; ~-**devil** *n.* ве́дьма; ~-**goat** *n.* коза́; ~-**wolf** *n.* волчи́ца.

**sheaf** *n.* (*of corn*) сноп; ~ of arrows пук/пучо́к стрел; ~ of papers па́чка/свя́зка бума́г.

**shear** *n.* (*pl., pair of* ~s) (садо́вые) но́жниц|ы (*pl., g.* —).
*v.t.* ре́зать, раз-/от-; (*sheep*) стри́чь, о-; (*fig.*): shorn of his authority лишённый вла́сти.
*v.i.*: they are ~ing next week ове́ц бу́дут стричь на той неде́ле.
with *adv.*: ~ **off** *v.t.* отр|еза́ть, -е́зать.

**shearer** *n.* стрига́льщик.

**shearing** *n.* стри́жка.

**sheath** *n.* (*of weapon*) но́жны́ (*pl., g.* но́жен/ножо́н); (*condom*) презервати́в.
*cpd.*: ~-**knife** *n.* фи́нка; охо́тничий нож.

**sheathe** *v.t.* **1.**: ~ one's sword вкла́дывать, вложи́ть меч в но́жны; **2.** (*tech., encase*) обш|ива́ть, -и́ть; заключ|а́ть, -и́ть в оболо́чку.

**sheathing** *n.* обши́вка; (*of cable*) оболо́чка; (*layer of boards*) опа́лубка.

**shed**[1] *n.* сара́й; open ~ наве́с; (*railway*) депо́ (*indecl.*); (*for aircraft*) анга́р, э́ллинг.

**shed**[2] *v.t.* **1.** сбр|а́сывать, -о́сить; trees ~ their leaves дере́вья роня́ют ли́стья; stags ~ their antlers оле́ни сбра́сывают рога́; (*of animals*) ~ hair, feathers, skin линя́ть (*impf.*); ~ one's clothes разд|ева́ться, -е́ться; сн|има́ть, -я́ть (*or* ски́|дывать, -нуть *or* сбр|а́сывать, -о́сить) оде́жду; **2.** (*cause to flow*) прол|ива́ть, -и́ть; he ~ his blood for his country он пролива́л кровь (*or* о́тдал жизнь) за ро́дину; no tears were ~ at his death никто́ не жале́л о его́ сме́рти; **3.** (*diffuse*): ~ light on (*lit., fig.*) бр|оса́ть, -о́сить свет на +*a.*; this ~s light on his disappearance э́то пролива́ет/броса́ет свет на его́ исчезнове́ние; ~ warmth around излуча́ть (*impf.*) тепло́; **4.** (*elec.*): ~ load сокра|ща́ть, -ти́ть нагру́зку.

**shedding** *n.*: ~ of leaves листопа́д; опада́ние ли́стьев; ~ of skin ли́нька; ~ of blood кровопроли́тие, проли́тие кро́ви; there was much ~ of tears бы́ло про́лито нема́ло слёз.

**sheen** *n.* (*gloss*) лоск; (*brightness*) блеск, сия́ние.

**sheep** *n.* **1.** овца́; keep ~ держа́ть (*impf.*) ове́ц; separate the ~ from the goats (*fig.*) отдели́ть (*pf.*) ове́ц от ко́злиц; make ~'s eyes at броса́ть (*impf.*) не́жные/влюблённые взгля́ды на +*a.*; they followed him like ~ они́ шли за ним, как ста́до бара́нов; wolf in ~'s clothing волк в ове́чьей шку́ре; the black ~ of the family вы́родок (в семье́); I felt like a lost ~ я чу́вствовал себя́ совсе́м поте́рянным; as well be hanged for a ~ as a lamb семь бед — оди́н отве́т; lost ~ заблу́дшая овца́; **2.** (*fig.*) ро́бкий, засте́нчиывый челове́к.
*cpds.*: ~-**dip** *n.* раство́р для купа́ния ове́ц;

~-**dog** *n.* овча́рка; ~-**farm** *n.* овцево́дческая фе́рма; ~-**farmer** *n.* овцево́д; ~-**farming** *n.* овцево́дство; ~-**fold** *n.* овча́рня; ~-**pen** *n.* заго́н (для ове́ц); ~-**run**, ~-**walk** *nn.* па́стбище; ~-**shank** *n.* (*naut.*) ко́лышка; ~-**shearer** *n.* стрига́льщик; ~-**shearing** *n.* стри́жка ове́ц; ~-**skin** *n.* овчи́на; ове́чья шку́ра; ба́ранья ко́жа; ~-skin coat дублёнка; *adj.* овчи́нный; ~-**walk** *n. see* ~-**run**.

**sheepish** *adj.* (*shy*) ро́бкий; (*embarrassed*) сконфу́женный; глупова́тый.

**sheer**[1] *adj.* **1.** (*mere, absolute*) соверше́нный, просто́й, су́щий, я́вный; ~ waste of time бессмы́сленная/бесполе́зная тра́та вре́мени; ~ nonsense соверше́нная бессмы́слица; су́щая чепуха́; ~ accident чи́стая случа́йность; from ~ habit про́сто по привы́чке; it is ~ madness э́то про́сто сумасше́ствие; by ~ force of will исключи́тельно благодаря́ си́ле во́ли; **2.** (*precipitous*) отве́сный; перпендикуля́рный; a ~ drop круто́й обры́в; **3.** (*text., diaphanous*) прозра́чный; (*lightweight*) лёгкий.
*adv.*: the bird rose ~ into the air пти́ца взлете́ла пря́мо вверх.

**sheer**[2] *v.i.*: ~ **away, off** (*depart*) от|ходи́ть, -ойти́; he ~ed off the subject он уклони́лся от э́той те́мы.

**sheet**[1] *n.* **1.** (*bed-linen*) простыня́; get between the ~s (*fig.*) заб|ира́ться, -ра́ться в посте́ль; as white as a ~ бле́дный как полотно́; **2.** (*flat piece*): лист (*pl.* -ы́); printer's ~ печа́тный лист; ~ of notepaper листо́к пи́счей бума́ги; ~ of snow пелена́ сне́га; ~ of water/ice полоса́ воды́/льда; the rain came down in ~s дождь лил как из ведра́; ~ metal листово́й мета́лл; ~ music но́ты (*f. pl.*); ~ lightning зарни́ца; a clean ~ (*fig.*) незапя́тнанная репута́ция.

**sheet**[2] *n.* (*naut., rope*) шкот; haul in the ~s выбира́ть, вы́брать шко́ты; three ~s in the wind (*drunk*) вдры́зг пья́ный (*coll.*).
*cpds.*: ~-**anchor** *n.* (*naut.*) запасно́й я́корь; (*fig.*) я́корь (*m.*) спасе́ния; ~-**bend** *n.* шко́товый у́зел.

**sheeting** *n.* (*text.*) просты́нное полотно́.

**sheik(h)** *n.* шейх.

**sheik(h)dom** *n.* владе́ния (*nt. pl.*) ше́йха.

**shekel** *n.* си́кель (*m.*); сре́бреник; (*pl., joc.*) гроши́ (*m. pl.*).

**sheldrake** *n.* пега́нка.

**shelf** *n.* **1.** по́лка; set of shelves по́лки; on the ~ (*past working age*) отстранённый от (*or* не у) дел; (*of unmarried woman*): she is on the ~ она́ ста́рая де́ва; **2.** (*ledge of rock etc.*) вы́ступ, усту́п; (*reef*) риф; (*sandbank*) о́тмель.
*cpds.*: ~-**mark** *n.* шифр, по́лочный и́ндекс; ~-**room** *n.* (свобо́дное) ме́сто на по́лках.

**shell** *n.* **1.** (*of mollusc etc.*) ра́ковина, раку́шка; (*of tortoise*) щит, па́нцырь (*m.*); (*of egg, nut*) скорлупа́; chickens in the ~ невы́лупившиеся цыпля́та; come out of one's ~ (*fig.*) выходи́ть, вы́йти из свое́й скорлупы́; retire into one's ~ (*fig.*) зам|ыка́ться, -кну́ться в свое́й скорлупе́; (*pod of pea etc.*) кожура́; **2.** (*outer walls of building, ship*) о́стов; **3.** (*frame of vehicle etc.*) карка́с; **4.** (*light boat*) лёгкая го́ночная ло́дка; **5.** (*fig., outward semblance*) (одна́) ви́димость (*чего*); **6.** (*explosive case, cartridge*) ги́льза; (*of bomb*) оболо́чка; (*missile*) снаря́д.

*v.t.* **1.**: ~ peas лущи́ть, об- горо́х; ~ eggs чи́стить, о- я́йца; **2.** (*bombard*) обстре́л|ивать, -я́ть (артиллери́йскими снаря́дами).

*with advs.*: ~ **off** *v.i.* (*of metal, paint etc.*) шелуши́ться (*impf.*); ~ **out** *v.i.* раскоше́ли|ваться, -ться (*coll.*).

*cpds.*: ~ **fire** *n.* артиллери́йский ого́нь; ~ **fish** *n.* (*mollusc*) моллю́ск; (*crustacean*) рако-обра́зное; ~**-hole** *n.* пробо́ина; воро́нка от снаря́да; ~ **proof** *adj.* брониро́ванный; ~**-shock** *n.* конту́зия; ~**-shocked** *adj.* конту́женный; ~**-work** *n.* изде́лие (*or pl.*) из ра́ковин.

**shellac** *n.* шелла́к.
*v.t.* покр|ыва́ть, -ы́ть шелла́ком.

**shelter** *n.* **1.** (*protection*) прикры́тие, укры́тие, защи́та; under, in the ~ of a tree под защи́той де́рева; ~ from the rain укры́тие от дождя́; take ~ from укр|ыва́ться, -ы́ться от +*g.*; the wall gave us ~ from the wind стена́ укры́ла/защити́ла нас от ве́тра; when he was homeless we gave him ~ когда́ ему́ не́где бы́ло жить, мы да́ли ему́ приста́нище (*or* приюти́ли его́); **2.** (*building etc. providing* ~) прию́т, приста́нище, убе́жище; (*bomb-* ~) (бо́мбо)убе́жище.

*v.t.* **1.** (*provide refuge for*) приюти́ть (*pf.*); (*screen from above*) укр|ыва́ть, -ы́ть; (*from side*) прикр|ыва́ть, -ы́ть; the trees ~ the house from the wind дере́вья защища́ют/укрыва́ют дом от ве́тра; a ~ed valley защищённая от ве́тра доли́на; **2.** (*protect, defend*) обер|ега́ть, -е́чь; he was ~ed from criticism его́ защища́ли от кри́тики; he led a ~ed life он жил без забо́т и трево́г; он вёл безмяте́жное существова́ние; a ~ed industry покрови́тельствуемая о́трасль промы́шленности.

*v.i.* укр|ыва́ться, -ы́ться; we were ~ing from the rain мы укрыва́лись от дождя́; he ~s behind his superiors он пря́чется за́ спину нача́льства.

**shelve**[1] *v.t.* **1.** (*put on shelf*) класть, положи́ть (*or, standing*: ста́вить, по-) на по́лку; ~ books расст|авля́ть, -а́вить кни́ги по по́лкам; **2.** (*fit with* ~s): ~ a cupboard вст|авля́ть, -а́вить в шкаф по́лки; **3.** (*fig., put aside*): ~ a plan от|кла́дывать, -ложи́ть прое́кт (в до́лгий я́щик); (*retire*) отстран|я́ть, -и́ть (*кого*) от дел; отпр|авля́ть, -а́вить (*кого*) на пе́нсию.

**shelve**[2] *v.i.* (*of ground*) отло́го спуска́ться (*impf.*).

**shemozzle** *n.* (*sl.*) ссо́ра, сканда́л.
**sheol** *n.* преиспо́дняя.
**shepherd** *n.* **1.** пасту́х; ~ boy подпа́сок, пастушо́к; ~'s crook посо́х; **2.** (*eccles.*) па́стырь (*m.*); the Good S ~ до́брый па́стырь.
*v.t.* **1.** (*tend*) пасти́ (*impf.*); **2.** (*marshal*): she ~ed the children across the road она́ перевела́ дете́й че́рез доро́гу; the tourists were ~ed into the museum тури́стов повели́ в музе́й.
**shepherdess** *n.* пасту́шка.
**sherbet** *n.* шербе́т.
**sheriff** *n.* шери́ф.
**sherry** *n.* хе́рес; ~ glass рю́мка для хе́реса.
**Shetland** *n.* (*also* the ~ Islands) Шетла́ндские острова́.
**shew** *see* SHOW.
**shibboleth** *n.* (*bibl.*) шиббо́ле́т; (*fig., pej.*) ло́зунг.
**shield** *n.* **1.** (*armour*; *also her., biol.*) щит; (*fig., protector*) защи́та; защи́тник; **2.** (*screen*) экра́н; (*on machine*) предохрани́тельный щит.
*v.t.* заслон|я́ть, -и́ть; защи|ща́ть, -ти́ть; (*fig.*) огра|жда́ть, -ди́ть; покр|ыва́ть, -ы́ть.
*cpd.*: ~**-bearer** *n.* щитоно́сец.
**shift** *n.* **1.** (*change of position etc.*) сдвиг, измене́ние, перемеще́ние; there was a ~ in public opinion в обще́ственном мне́нии произошёл сдвиг; ~ of the wind измене́ние ве́тра; ~ of fire (*mil.*) перено́с огня́; there has been a ~ of emphasis to... акце́нт перенесён на...; consonant ~ передвиже́ние/перебо́й согла́сных; **2.** (*of workers*) сме́на; work (in) ~s рабо́тать (*impf.*) посме́нно; I have done my ~ for today сего́дня я отрабо́тал свою́ сме́ну; he is on the night ~ он (рабо́тает) в ночно́й сме́не; **3.** (*liter., device, scheme*) уло́вка, хи́трость; as a desperate ~ как кра́йнее сре́дство; make ~ to ухитр|я́ться, -и́ться +*inf.*; изловчи́ться (*pf.*); make ~ without sth. об|ходи́ться, -ойти́сь без чего́-н.; **4.** (*type of dress*) пла́тье «руба́шка»; **5.** (*Am., gear-change*) переключе́ние (ско́рости).
*v.t.* (*move*) дви́|гать, -нуть; I can't ~ this screw (*make it turn*) не могу́ поверну́ть/завинти́ть/отвинти́ть э́тот винт; (*transfer*) переме|ща́ть, -сти́ть; ~ the furniture перест|авля́ть, -а́вить (*or* передв|ига́ть, -и́нуть) ме́бель; ~ the scene (*theatr.*) меня́ть (*impf.*) декора́ции; ~ key смени́ть (*pf.*) реги́стр; ~ responsibility for sth. to s.o. else пере|кла́дывать, -ложи́ть (*or* сва́л|ивать, -и́ть) отве́тственность за что-н. на кого́-н. друго́го; (*remove*) уб|ира́ть, -ра́ть; this rubbish has to be ~ed э́тот му́сор/хлам на́до убра́ть отсю́да; (*change*) меня́ть (*impf.*); the river ~s its course река́ меня́ет ру́сло; he ~ed his weight to the other foot он перенёс вес на другу́ю но́гу; ~ one's lodgings смени́ть (*pf.*) кварти́ру; ~ one's ground (*in argument*)

(из)меня́ть (*impf.*)/перемени́ть (*pf.*) пози́цию; зан|има́ть, -я́ть но́вую пози́цию.

*v.i.* **1.** переме|ща́ться, -сти́ться; the scene ~s to Paris де́йствие перено́сится в Пари́ж; (*change seat*) перес|а́живаться, -е́сть; (*move house*) пере|езжа́ть, -е́хать; ~ to another bed переле́чь (*pf.*) на другу́ю крова́ть; ~ from one foot to another перемина́ться (*impf.*) с ноги́ на́ ногу; the wind ~ed ве́тер перемени́лся; the wind is ~ing to the south ве́тер перехо́дит на ю́жный; the cargo is ~ing in the hold груз скользи́т по трю́му; ~ing sands дви́жущиеся пески́; **2.** (*manage*): I can ~ for myself я обойду́сь/спра́влюсь без посторо́нней по́мощи.

*cpds.*: ~-**work** *n.* сме́нная рабо́та; ~-**worker** *n.* рабо́тающий посме́нно.

**shiftless** *adj.* беспомо́щный, неуме́лый.

**shifty** *adj.*: а ~ fellow ско́льзкий тип; хи́трый ма́лый; ~ eyes бе́гающие гла́зки (*m. pl.*).

**shillela(g)h** *n.* дуби́нка.

**shilling** *n.* ши́ллинг.

**shilly-shally** *v.i.* колеба́ться (*impf.*).

**shimmer** *n.* мерца́ние, сла́бый неро́вный свет.

*v.i.* мерца́ть (*impf.*); блесте́ть (*impf.*).

**shin** *n.* го́лень; he barked his ~s он уда́рился ного́й; ~ of beef (*cul.*) говя́жья ру́лька, голя́шка.

*v.t.* (*coll.*): ~ up a tree вскара́бк|иваться, -аться на де́рево; ~ over a wall перел|еза́ть, -е́зть че́рез сте́ну; ~ down a drain-pipe спус|ка́ться, -ти́ться по водосто́чной трубе́.

*cpds.*: ~-**bone** *n.* большеберцо́вая кость; ~-**guards** *n.* (защи́тные) кра́ги (*f. pl.*); щитки́ (*m. pl.*).

**shindy** *n.* шум, сканда́л, сумато́ха, сва́лка; (*fuss*) исто́рия; kick up a ~ подн|има́ть, -я́ть шум; зат|ева́ть, -е́ять (*or* устр|а́ивать, -о́ить) сканда́л.

**shin|e** *n.* **1.** (*brightness*) блеск; (*gloss, lustre*) гля́нец, лоск; give the silver a ~e чи́стить, посеребро́; put a ~e on one's shoes нав|оди́ть, -ести́ гля́нец на ту́фли; the rain took the ~e out of her hair по́сле дождя́ её во́лосы поту́скне́ли; **2.**: rain or ~e в любу́ю пого́ду; **3.** (*Am. coll.*): take a ~e to s.o. увле́чься (*pf.*) кем-н.

*v.t.* **1.** (*polish*) чи́стить, вы́-; ~e shoes чи́стить, по- ту́фли; **2.**: ~e a light in s.o.'s face осве|ща́ть, -ти́ть фонарём чьё-н. лицо́; напр|авля́ть, -а́вить фона́рь на чьё-н. лицо́.

*v.i.* **1.** (*emit, radiate light*) свети́ть(ся) (*impf.*); (*brightly*) сия́ть (*impf.*); the sun ~es со́лнце сия́ет; the moon was ~ing on the lake луна́ освеща́ла (*or* лу́нный свет озаря́л) о́зеро; a lamp was ~ing in the window в окне́ свети́лась/горе́ла ла́мпа; (*fig.*): his face shone with happiness его́ лицо́ сия́ло от сча́стья (*or* сча́стьем); ~ing eyes сия́ющие глаза́; **2.** (*glitter, glisten*) блиста́ть (*impf.*); блес|те́ть, -ну́ть; the armour shone in the sun броня́ блесте́ла на

со́лнце; **3.** (*fig., excel*) блиста́ть (*impf.*); блесте́ть (*impf.*); he does not ~e in conversation собесе́дник он не блестя́щий; he is a ~ing example of industry он явля́ет собо́й замеча́тельный приме́р трудолю́бия.

**shiner** *n.* (*black eye*) фона́рь (*m.*) (*sl.*).

**shingle**[1] *n.* (*pebbles*) га́лька.

**shingle**[2] *n.* **1.** (*wooden tile*) (кро́вельная) дра́нка (*s.g. or collect.*); (*pl.*) гонт (*collect.*); **2.** (*Am., sign-board*) вы́веска; **3.** (*hair-style*) коро́ткая (да́мская) стри́жка.

*v.t.* **1.** (*cover with ~s*) крыть, по- го́нтом; **2.** (*hairdressing*) ко́ротко стричь, по-.

**shingles** *n.* (*med.*) опоя́сывающий лиша́й.

**shingly** *adj.* покры́тый га́лькой.

**Shinto(ism)** *n.* шинтои́зм.

**shiny** *adj.* **1.** (*polished, glistening*) начи́щенный, блестя́щий; she has ~ cheeks у неё лосня́тся щёки; ~ boots начи́щенные до бле́ска боти́нки; **2.** (*through wear*) лосня́щийся; his coat was ~ with age его́ пиджа́к лосни́лся от ста́рости.

**ship** *n.* кора́бль (*m.*); су́дно; on board ~ на борту́ корабля́; (*motion*) на́ борт; ~'s articles догово́р о на́йме на су́дно; ~'s biscuit галѐта; суха́рь (*m.*); ~'s captain капита́н торго́вого су́дна; шки́пер; ~'s chandler судово́й поставщи́к; ~'s company, crew экипа́ж корабля́; ~'s papers судовы́е докуме́нты; when my ~ comes in (*fig.*) когда́ я разбогате́ю; like ~s that pass in the night (разошли́сь) как в мо́ре корабли́; take ~ сади́ться, сесть на кора́бль.

*v.t.* **1.** (*take on board*) грузи́ть, по-; (*passengers*) произв|оди́ть, -ести́ поса́дку +*g.*; ~ crew нан|има́ть, -я́ть кома́нду; **2.** (*dispatch*) отпр|авля́ть, -а́вить; **3.**: ~ oars класть, положи́ть вёсла в ло́дку; (*as order*) суши́ вёсла!; ~ rudder наве́|шивать, -сить руль; ~ mast устан|а́вливать, -ови́ть ма́чту; ~ water да|ва́ть, -ть течь; ~ a sea прин|има́ть, -я́ть во́ду.

*v.i.*: he ~ped as a steward он поступи́л на су́дно официа́нтом.

*cpds.*: ~**board** *n.*: on ~board на борту́; на корабле́; ~-**breaker** *n.* подря́дчик по сло́му ста́рых судо́в; ~-**broker** *n.* судово́й ма́клер; ~**builder** *n.* судострои́тель (*m.*), кораблестрои́тель (*m.*); ~**building** *n.* судостро́ение, кораблестрое́ние; (*attr.*) судострои́тельный; ~-**canal** *n.* кана́л для морски́х судо́в; ~**load** *n.* судово́й груз; грузовмести́мость; ~**mate** *n.* това́рищ (по пла́ванию); ~-**owner** *n.* судовладе́лец; ~**shape** *adj. & adv.* аккура́тный; в по́лном поря́дке; get everything ~shape прив|оди́ть, -ести́ всё в по́лный поря́док; ~**way** *n.* ста́пель (*m.*); ~**wreck** *n.* кораблекруше́ние; (*fig., ruin*) крах, круше́ние; *v.t.*: be ~wrecked терпе́ть, по- кораблекруше́ние; (*fig.*): make ~wreck of разру́шить (*pf.*); разби́ть (*pf.*); their hopes were ~wrecked их наде́жды бы́ли разби́ты; ~**wright** *n.* корабе́льный пло́тник; ~**yard** *n.* верфь; судострои́тельный заво́д.

**shipment** *n.* **1.** (*loading*) погру́зка; (*despatch*) отпра́вка; **2.** (*goods shipped*) па́ртия това́ра.

**shipper** *n.* грузоотправи́тель (*m.*).

**shipping** *n.* **1.** *see* SHIPMENT 1.; **2.** (*transport*) перево́зка; ~ charges пла́та за перево́зку; **3.** (*collect., ships*) тонна́ж; movement of ~ движе́ние судо́в; unsuitable for ~ неподходя́щий для судохо́дства.

*cpds.*: ~-**agent** *n.* экспеди́тор; ~-**company** *n.* судохо́дная компа́ния; ~-**office** *n.* тра́нспортная конто́ра.

**shire** *n.* гра́фство.

**shirk** *v.t.* уклоня́ться, -и́ться (*or* уви́л|ивать, -ьну́ть) от +*g.*; he ~s responsibility он уклоня́ется от отве́тственности; he has been ~ing school он прогу́ливал шко́лу.

*v.i.* ло́дырничать (*impf.*); гоня́ть (*impf.*) ло́дыря.

**shirker** *n.* ло́дырь (*m.*).

**shirred** *adj.* (*Am.*): ~ eggs яйцо́-пашо́т.

**shirt** *n.* руба́шка; соро́чка (*also* =UNDERSHIRT); (*woman's, also*) блу́зка; (*fig.*): he hasn't a ~ to his back он гол как соко́л; he will have the ~ off your back он вас обдерёт как ли́пку; keep your ~ on! (*coll.*) споко́йно!; успоко́йтесь!; put one's ~ on (*fig., stake all on*) ста́вить, по-всё на +*a.*; stuffed ~ (*fig., coll.*) напы́щенное ничто́жество.

*cpds.*: ~-**button** *n.* пу́говица от руба́шки; ~-**collar** *n.* воротни́к руба́шки; ~-**front** *n.* мани́шка; ~-**sleeve** *n.*: in ~-sleeves без пиджака́; ~-**tail** *n.* низ/подо́л руба́шки; ~-**waist** *n.* англи́йская блу́зка; ~-waist dress англи́йское пла́тье.

**shirting** *n.* руба́шечная ткань.

**shirty** *adj.* (*sl.*) раздражённый; get ~ раздража́|ться, -и́ться.

**shish kebab** *n.* шиш-кеба́б.

**shit** *n.* говно́ (*vulg.*).

*v.i.* срать, по- (*vulg.*).

**shiver**[1] *n.* дрожь; a ~ ran up his spine дрожь пробежа́ла у него́ по спине́; it sent a ~ down my back у меня́ от э́того мура́шки пробежа́ли по спине́; it gives me the ~s to think of it от одно́й мы́сли об э́том меня́ броса́ет в дрожь.

*v.i.* дрожа́ть (*impf.*); he was ~ing with cold он дрожа́л от хо́лода.

**shiver**[2] *n.* (*fragment*) оско́лок; the glass broke into ~s стекло́ разби́лось вдре́безги.

*v.t. & i.* разби́|ва́ть(ся), -и́ть(ся) вдре́безги.

**shivery** *adj.*: I feel ~ меня́ зноби́т/позна́бливает.

**shoal**[1] *n.* (*shallow*) мелково́дье; (*sandbank*) мель, о́тмель, ба́нка; (*fig.*) скры́тая опа́сность.

*v.i.* меле́ть (*impf.*).

**shoal**[2] *n.* (*of fish*) ста́я, кося́к (ры́бы); (*great number*) ма́сса, мно́жество; he gets letters in ~s он получа́ет у́йму пи́сем.

*v.i.* (*of fish*) собира́ться (*impf.*) в кося́ки.

**shock**[1] *n.* **1.** (*violent jar or blow*) толчо́к, уда́р; the (earthquake) ~ was felt throughout the country (подзе́мный) толчо́к ощуща́лся по всей стране́; I got an electric ~ меня́ уда́рило то́ком; ~ treatment, therapy шокотерапи́я; ~ wave взрывна́я волна́; **2.**: ~ tactics (*mil.*) та́ктика сокруши́тельных уда́ров; (*fig.*) внеза́пные/неожи́данные де́йствия; ~ troops уда́рные войска́; **3.** (*disturbing impression*) потрясе́ние; he recovered from the ~ он отпра́вился от потрясе́ния; the news gave him a ~ но́вость потрясла́ его́; (*distressing surprise*): his death was a great ~ to her его́ смерть яви́лась для неё больши́м уда́ром; **4.** (*med.*) шок; treat s.o. for ~ лечи́ть (*impf.*) кого́-н. от шо́ка; he is suffering from ~ он нахо́дится в состоя́нии шо́ка (*or* в шо́ковом состоя́нии).

*v.t.* **1.** (*by electricity etc.*) ударя́ть, -а́рить; **2.** (*distress, outrage*): I was ~ed to hear of the disaster я был потрясён сообще́нием о катастро́фе; I was ~ed by his ingratitude я был возмущён его́ неблагода́рностью; **3.** (*offend sense of decency*) шоки́ровать (*impf.*); a ~ed expression выраже́ние у́жаса; he is not easily ~ed его́ ниче́м не удиви́шь.

*cpds.*: ~-**absorber** *n.* амортиза́тор; ~-**brigade** *n.* уда́рная брига́да; ~**proof** *adj.* (*of instrument*) ударосто́йкий, вибросто́йкий; ~-**worker** *n.* уда́рни|к (*fem.* -ца).

**shock**[2] *n.* (*of corn*) копна́; скирд, скирда́; (*of hair*) копна́ воло́с.

*v.t.* копни́ть (*impf.*); ста́вить (*impf.*) в ко́пны/скирды́; скирдова́ть (*impf.*).

*cpd.*: ~-**headed** *adj.* с копно́й воло́с; косма́тый.

**shocker** *n.* (*coll.*): the picture was a ~ (*very bad*) карти́на никуда́ (*or* ни к чо́рту) не годи́лась; he likes reading ~s он лю́бит чита́ть бульва́рные рома́ны.

**shocking** *adj.* (*disturbing*) потряса́ющий; (*disgusting*) возмути́тельный; (*improper*) прили́чный; (*scandalous*) сканда́льный; (*coll., very bad*) ужа́сный; he carried on something ~ (*vulg.*) он рвал и мета́л; he has a ~ temper он ужа́сно вспы́льчивый; he is ~ly late он ужа́сно запа́здывает.

**shoddy** *n.* (*text.*) шо́дди (*nt. indecl.*), дешёвка.

*adj.* дрянно́й, халту́рный, низкопро́бный.

**shoe** *n.* **1.** ту́фля; полуботи́нок; (*Am.*) боти́нок; put one's ~s on наде́|ва́ть, -е́ть ту́фли; об|ува́ться, -у́ться; put s.o.'s ~s on об|ува́ть, -у́ть кого́-н.; take one's ~s off сн|има́ть, -ять ту́фли; раз|ува́ться, -у́ться; change one's ~s перемени́ть (*pf.*) о́бувь; she had no ~s on она́ была́ разу́та/босико́м; she never wore ~s она́ всегда́ ходи́ла босико́м; (*fig.*): he is ready to step into my ~s он гото́в заня́ть (*or* заступи́ть на) моё ме́сто; I wouldn't be in his ~s я бы не хоте́л быть на его́ ме́сте (*or* оказа́ться в его́ шку́ре); he knows where the ~ pinches ≃ он зна́ет, где соба́ка зары́та (*or* в чём беда́); another pair of ~s друго́й коленко́р; совсе́м друго́е де́ло; **2.** (*horse* ~) подко́ва; cast, throw a ~ раско́в|ываться, -а́ться; (*of brake*) коло́дка.

*v.t.* (*horse*) подко́в|ывать, -а́ть; shod (*of pers.*) обу́тый.

*cpds.*: ~**black** *n.* чи́стильщик (сапо́г); ~**-brush** *n.* сапо́жная щётка; ~**-buckle** *n.* пря́жка на ту́флях; ~ **horn** *n.* рожо́к (для о́буви); ~**-lace** *n.* шнуро́к; ~**-leather** *n.* сапо́жная ко́жа; save ~-leather бере́чь (*impf.*) (*or* не трепа́ть (*impf.*) зря) о́бувь; ~**maker** *n.* сапо́жник; be a ~maker сапо́жничать (*impf.*); ~**making** *n.* сапо́жное ремесло́; ~**-shop** *n.* обувно́й магази́н; ~**-string** *n.* шнуро́к; live on a ~-string ко́е-как перебива́ться (*impf.*); the business is run on a ~-string э́то де́ло ведётся с минима́льным капита́лом; ~**-tree** *n.* коло́дка.

**shoeless** *adj.* разу́тый; босо́й; не име́ющий о́буви.

**shoo** *v.t.*: ~ **away**, ~ **off** отпу́г|ивать, -ну́ть; от|гоня́ть, -огна́ть.

*int.* (*to birds*) кыш!; (*to cats*) брысь!

**shoot** *n.* **1.** (*bot.*) росто́к, побе́г; **2.** (~*ing expedition*) охо́та; (~*ing party*) охо́тники (*m. pl.*); (*land for* ~*ing*) охо́тничье уго́дье; **3.** (*chute*) жёлоб; **4.**: the whole ~ (*coll.*) всё.

*v.t.* **1.** (*discharge, fire*): he shot an arrow from his bow он пусти́л стрелу́ из лу́ка; он вы́стрелил из лу́ка; he shot a stone from a sling он метну́л ка́мень из пращи́; these guns ~ rubber bullets э́ти ру́жья стреля́ют рези́новыми пу́лями; (*fig.*): ~ a glance at s.o. ки́нуть/бро́сить (*pf.*) взгляд на кого́-н.; стрельну́ть (*pf.*) глаза́ми в кого́-н.; ~ a line (*sl.*) врать (*impf.*); трави́ть (*impf.*); **2.** (*kill*) застрели́ть (*pf.*); (*wound*) ра́нить (*impf., pf.*); he was shot while trying to escape он был уби́т при попы́тке к бе́гству; he was shot dead он был сражён на́смерть (*or* уби́т напова́л); ~ s.o. in the back вы́стрелить (*pf.*) кому́-н. в спи́ну; ~ s.o. through the leg простре́л|ивать, -и́ть кому́-н. но́гу; he was shot in the head пу́ля попа́ла ему́ в го́лову; ~ game стреля́ть (*impf.*) дичь; we are going duck ~ing tomorrow мы за́втра отправля́емся стреля́ть (*or* охо́титься на) у́ток; (*execute*) расстре́л|ивать, -я́ть; he will be shot for treason его́ бу́дет расстре́лян (*or* его́ расстреля́ют) за изме́ну; **3.** (*propel*): ~ the ball into the net пос|ыла́ть, -ла́ть (*or* запус|ка́ть, -ти́ть) мяч в се́тку; ~ dice броса́ть (*impf.*) ко́сти; игра́ть (*impf.*) в ко́сти; he was shot over the horse's head он перелете́л че́рез го́лову ло́шади; they shot the grain into a lorry они́ ссы́пали зерно́ в грузови́к; ~ a bolt

(*on door*) задв|ига́ть, -и́нуть засо́в; he has shot his bolt (*fig.*) он сде́лал всё, что мог; он вы́дохся; **4.**: ~ rapids нести́сь (*impf.*) по стремни́не; ~ (*be carried rapidly under*) a bridge проноси́ться (*impf.*) под мосто́м; **5.** (*cin.*): ~ a film сн|има́ть, -ять фильм; ~ a scene засня́ть (*pf.*) эпизо́д; **6.** get shot of sth. (*coll.*) отде́л|ываться, -аться от чего́-н.

*v.i.* **1.** (*fire, of pers. or weapon*) стрел|я́ть, -ьну́ть; вы́стрелить (*pf.*); the archers shot low лу́чники стреля́ли по́низу; the police shot to kill полице́йские стреля́ли, не щадя́ жи́зни; he was shot at twice в него́ два́жды стреля́ли/вы́стрелили; he is out ~ing он на охо́те; this rifle ~s well э́та винто́вка прекра́сно стреля́ет; a ~ing war «горя́чая»/настоя́щая война́; **2.** (*dart*) прон|оси́ться, -ести́сь; a meteor shot across the sky по не́бу пронёсся метео́р; the car shot ahead маши́на рвану́лась вперёд; he shot out of the doorway он вы́скочил из подъе́зда; a pain shot up his arm он ощути́л стреля́ющую боль в руке́; a ~ing pain стреля́ющая/дёргающая боль; a ~ing star па́дающая звезда́; the flames shot upward пла́мя взмы́ло вверх; **3.** (*of plants*) пус|ка́ть, -ти́ть побе́ги; **4.** (*football etc.*) бить (*impf.*) по мячу́; ~! бей!; (*coll., speak*) валя́й говори́!; **5.** (*cin.*): they were ~ing all morning они́ всё у́тро снима́ли.

*with advs.*: ~ **away** *v.t.*: he had a leg shot away снаря́дом ему́ оторва́ло но́гу; he shot away all his ammunition он расстреля́л все свои́ боеприпа́сы; ~ **down** *v.t.*: we shot down five enemy aircraft мы сби́ли пять самолётов проти́вника; the prisoners were shot down пле́нных расстреля́ли; (*coll., demolish in argument*) переспо́рить (*pf.*); ~ **off** *v.i.* (*coll., leave hurriedly*) вы́лететь (*pf.*) (пу́лей); ~ **out** *v.t.* (*extend*): he shot out his hand он стреми́тельно протяну́л ру́ку; (*coll.*): ~ it out (*fight decisive battle*) дать (*pf.*) реши́тельный бой; *v.i.* вырыва́ться, вы́рваться; a car shot out of a side-street из переу́лка вы́летела маши́на; ~ **up** *v.t.* (*terrorize by gunfire*) терроризи́ровать (*impf., pf.*) стрельбо́й; *v.i.* (*grow rapidly*) бы́стро расти́, вы́-; (*of child*) вытя́гиваться, вы́тянуться; (*of prices etc.*) подск|а́кивать, -очи́ть; взмы|ва́ть, -ть; twenty hands shot up взвило́сь два́дцать рук.

**shooting** *n.* (*marksmanship*) стрельба́; (*sport*) охо́та.

*cpds.*: ~**-box** *n.* охо́тничий до́мик; ~**-brake** *n.* фурго́нчик; *n.* тир; ~**-jacket** *n.* охо́тничья ку́ртка; ~**-match** *n.*: the whole ~-match вся ку́ча; всё хозя́йство (*coll.*); ~**-party** *n.* гру́ппа охо́тников; (*occasion*) охо́та; ~**-range** *n.* тир; (*outdoor*) стре́льбище, полиго́н; ~**-stick** *n.* трость-табуре́т.

**shop** *n.* **1.** магази́н; (*small* ~) ла́вка; keep (a) ~ держа́ть (*impf.*) ла́вку; set up ~ откр|ыва́ть,

-ы́ть ла́вку; shut up ~ закр|ыва́ть, -ы́ть ла́вку (*fig.*, ла́вочку); all over the ~ (*everywhere*) повсю́ду; (*in confusion*) в беспоря́дке; talk ~ разгова́ривать/говори́ть (*impf.*) о (свои́х профессиона́льных) дела́х; вводи́ть (*impf.*) (узко)профессиона́льные те́мы в о́бщий разгово́р; you've come to the wrong ~ (*fig.*) вы оши́блись а́дресом; не на тако́вского напа́ли; **2.** (*work* ~) мастерска́я, цех; on the ~ floor в цеха́х; среди́ рядовы́х рабо́чих; closed ~ предприя́тие, принима́ющее на рабо́ту то́лько чле́нов профсою́за; ~ steward цехово́й ста́роста.

*v.t.* (*inform on*) стуча́ть, на- (*sl.*) на +*a.*

*v.i.* де́лать, с- поку́пки; we go ~ping in the market мы хо́дим за поку́пками на ры́нок; she ~ped around она́ ходи́ла по магази́нам и прице́нивалась.

*cpds.*: ~-**assistant** *n.* продав|е́ц (*fem.* -щи́ца); ~-**girl** *n.* продавщи́ца; ~**keeper** *n.* ла́вочни|к (*fem.* -ца); ~-**lifter** *n.* магази́нный вор; ~-**lifting** *n.* воровство́ с прила́вка (*or* в магази́нах); ~-**soiled**, ~**worn** *adjs.* лежа́лый; ~-**walker** *n.* дежу́рный администра́тор универма́га; ~-**window** *n.* витри́на; ~-window display вы́ставка това́ров в витри́не; ~**worn** *see* ~-**soiled.**

**shopper** *n.* покупа́тель (*fem.* -ница).

**shopping** *n.* поку́пки (*f. pl.*); do one's ~ де́лать, с- поку́пки; ~ centre торго́вый центр.

*cpds.*: ~-**bag,** ~-**basket** *nn.* су́мка для проду́ктов; хозя́йственная су́мка.

**shore**[1] *n.* бе́рег; on the ~ на берегу́; set foot on ~ ступ|а́ть, -и́ть на бе́рег; in ~ у бе́рега; distant ~s да́льние берега́/края́; he returned to his native ~s он возврати́лся к родны́м берега́м; ~ leave о́тпуск/увольне́ние на бе́рег.

*cpd.*: ~-**based** *adj.* бази́рующийся на берегу́; ~-based aircraft самолёт берегово́й авиа́ции.

**shore**[2] *v.t.*: ~ **up** подп|ира́ть, -ере́ть; крепи́ть (*impf.*).

**shoreward** *adv.* (*also* ~s) (по направле́нию) к бе́регу.

**short** *n.* **1.** (~ *film*) короткометра́жный фильм; **2.** (~ *circuit*) коро́ткое замыка́ние; **3.** (~ *drink*) рю́мочка пе́ред едо́й; **4.** (*pl.*, ~ *trousers*) тру́сик|и (*pl., g.* -ов), шо́рт|ы (*pl., g.* -ов).

*adj.* **1.** коро́ткий; (*of* ~ *duration*) кра́ткий, краткосро́чный, недо́лгий; (*of stature*) невысо́кого ро́ста; a ~ way коро́ткий путь; (*small*) небольшо́й; a ~ distance away, a ~ way off недалеко́, неподалёку; this dress is too ~ э́то пла́тье сли́шком ко́ротко; your coat is ~ in the arms у ва́шего пиджака́ рукава́ коротко́ва́ты; ~ steps ме́лкие шаги́; the days are getting ~er дни стано́вятся коро́че; the ~est distance кратча́йшее расстоя́ние; for a ~ time на коро́ткое вре́мя; in a ~ time вско́ре; a ~ time ago неда́вно; a ~ life недо́лгая/коро́ткая

жизнь; time is ~ вре́мени ма́ло; вре́мя на исхо́де (*or* не те́рпит); ~ circuit коро́ткое замыка́ние; ~ cut (*route*) кратча́йший путь; путь напрями́к; (*fig.*): there are no ~ cuts in science нет лёгких путе́й в нау́ке; win by a ~ head опереди́ть (*pf.*) ме́ньше чем на го́лову; ~ list спи́сок наибо́лее подходя́щих кандида́тов; a ~ memory коро́ткая па́мять; in ~ order (*Am., at once*) то́тчас; at ~ range с бли́зкого расстоя́ния; ~ story расска́з; be on ~ time рабо́тать (*impf.*) непо́лную неде́лю (*or* на полста́вки); take the ~ view быть недальнови́дным; ~ vowel кра́ткий гла́сный; make ~ work of sth. бы́стро распр|авля́ться, -а́виться с чем-н.; I want my hair cut ~ я хочу́ ко́ротко постри́чься; have a ' ~ back and sides' стри́чься (*impf.*) ко́ротко под бокс; **2.** (*concise, brief*): in ~ коро́че говоря́; (одни́м) сло́вом; for ~ сокраще́нно; для кра́ткости; they call him Jim for ~ дома́шние/до́ма его́ называ́ют Джи́мом; **3.** (*curt, sharp*) ре́зкий; he has a ~ temper он вспы́льчив; be ~ with s.o. говори́ть (*impf.*) с кем-н. су́хо; **4.** (*insufficient*): ~ delivery недоста́ча при доста́вке; in ~ supply дефици́тный; give s.o. ~ change обсчи́т|ывать, -а́ть кого́-н.; give s.o. ~ weight обве́|шивать, -сить кого́-н.; I am 2 roubles ~ у меня́ не хвата́ет двух рубле́й; **5.**: be ~ of sth. (*lacking*) испы́тывать (*impf.*) недоста́ток в чём-н.; не име́ть доста́точно чего́-н.; be ~ of breath запыха́ться (*impf.*); they are ~ of bricks у них не хвата́ет кирпича́; it was little ~ of a miracle э́то бы́ло почти́ чу́до; he is 3 days ~ of 70 че́рез три дня ему́ бу́дет се́мьдесят; **6.**: ~ of (*except*) кро́ме +*g.*; all aid ~ of war вся́ческая по́мощь, кро́ме непосре́дственного уча́стия в вое́нных де́йствиях; **7.** (*of pastry*) рассы́пчатый, песо́чный.

*adv.* **1.** (*abruptly*): he stopped ~ он вдруг останови́лся; (*while speaking*) он вдруг замолча́л; he tried to cut me ~ он стара́лся прерва́ть меня́ на полусло́ве; the sound of his voice pulled, brought me up ~ звук его́ го́лоса привёл меня́ в чу́вство; **2.** (*not far enough*): the ball fell ~ мяч не долете́л; **3.** ~ of (*without reaching*): come, fall ~ of a target не дост|ига́ть, и́чь це́ли; the play fell ~ of my expectations пье́са не оправда́ла мои́х наде́жд; their proposals fell ~ of our requirements их предложе́ния не удовлетворя́ли на́шим тре́бованиям; go ~ of sth. ограни́чи|вать, -ть себя́ в чём-н.; we ran ~ of potatoes у нас вы́шла (вся) карто́шка; I was taken ~ у меня́ живо́т схвати́ло (*coll.*); **4.** (*comm.*): sell ~ (*at a loss*) торгова́ть (*impf.*) в убы́ток; sell s.o. ~ (*fig., disparage*) отзыва́ться (*impf.*) о ком-н. пренебрежи́тельно.

*v.t.* (*elec.*): I ~ed the battery я замкну́л батаре́ю.

cpds.: ~**bread,** ~**cake** nn. песо́чное пече́нье; ~**-change** v.t. (coll.) обсчи́т|ывать, -а́ть; недода́ть (pf.) сда́чу +d.; ~**-circuit** v.t. зам|ыка́ть, -кну́ть на́коротко; (fig.) обойти́ (pf.) (кого); ~**coming** n. недоста́ток; ~**-dated** adj. (comm.) краткосро́чный; ~**fall** n. недоста́ток, нехва́тка, дефици́т; ~**-flowering** adj. короткоцветко́вый; ~**-haired** adj. с коро́ткой стри́жкой; (of animals) короткошёрстый; ~**hand** n. стеногра́фия; ~hand typist (машини́стка)-стенографи́стка; take down in ~hand стенографи́ровать, за-; ~**-handed** adj.: we are ~-handed у нас не хвата́ет люде́й/рабо́тников; ~**horn** n. шортго́рн; ~**-list** v.t. зан|оси́ть, -ести́ в спи́сок наибо́лее подходя́щих кандида́тов и т.п.; ~**-lived** adj. недолгове́чный, мимолётный; ~**-range** adj. (of gun) с небольшо́й да́льностью стрельбы́; (of missile) бли́жнего де́йствия; (of forecast) краткосро́чный; ~**-sighted** adj. (lit., fig.) близору́кий; ~**-sightedness** n. близору́кость; ~**-sleeved** adj. (shirt) с коро́ткими рукава́ми; ~**-spoken** adj. немногосло́вный, неразгово́рчивый; ~**-staffed** adj. неукомплекто́ванный шта́тами; страда́ющий недоста́тком рабо́чих рук; ~**-tempered** adj. вспы́льчивый; ~**-term** adj. краткосро́чный, кратковре́менный; ~**-waisted** adj. с высо́кой та́лией; ~**-wave** adj. коротково́лновый; ~**-winded** adj.: be ~-winded страда́ть (impf.) оды́шкой.

**shortage** n. недоста́ток, нехва́тка, дефици́т.

**shorten** v.t. & i. укор|а́чивать(ся), -оти́ть(ся); сокра|ща́ть(ся), -ти́ть(ся) (by an inch: на дюйм).

**shortening** n. (cul.) жир.

**shortly** adv. 1. (soon) ско́ро; ~ before незадо́лго до +g.; ~ after вско́ре по́сле +g.; 2. (briefly) кра́тко; to put it ~ ко́ротко говоря́; вкра́тце; 3. (sharply) ре́зко.

**shortness** n. коро́ткость; (of vowel) кра́ткость; ~ of sight близору́кость; ~ of breath оды́шка; ~ of temper вспы́льчивость, раздражи́тельность; ~ of time нехва́тка вре́мени.

**shot** n. 1. (missile): putting the ~ (sport) толка́ние ядра́; (pellet) дроби́нка; (collect.) дробь; 2. (discharge of firearm) вы́стрел; fire a ~ де́лать, с- вы́стрел; стрел|я́ть, -ьну́ть; вы́стрелить (pf.); he hit it at the first ~ он попа́л с пе́рвого вы́стрела/ра́за; take a ~ at стрельну́ть (pf.) по +d.; like a ~ (rapidly) в одну́ мину́ту; (eagerly) охо́тно; с удово́льствием/ра́достью; (without hesitation) не разду́мывая; he was off like a ~ он вы́бежал стреми́тельно/пу́лей; (fig.): a long ~ натя́жка; слепа́я дога́дка; сме́лое предположе́ние; have a ~ попыта́ться (pf.); don't make ~s at the question не отвеча́йте науга́д; a ~ in the dark случа́йная дога́дка; not by a long ~ нико́им о́бразом; 3. (stroke, at games

etc.) уда́р; he made some beautiful ~s он сде́лал не́сколько превосхо́дных уда́ров; (good) ~! молоде́ц!; 4. (of pers.) стрело́к; he's a good ~ он хоро́ший стрело́к; I'm not much of a ~ стрело́к я не ахти́ како́й; crack ~ ме́ткий стрело́к; big ~ туз, (ва́жная) ши́шка (coll.); 5. (phot.) сни́мок; (cin.) кадр; long ~ кадр, сня́тый о́бщим пла́ном; 6. (small dose) небольша́я до́за; ~ of liquor глото́к спиртно́го; (injection) уко́л; ~ in the arm (fig., stimulus, encouragement) сти́мул.

cpds.: ~**-blasting** n. дробестру́йная обрабо́тка; ~**gun** n. дробови́к; ~gun marriage вы́нужденный брак; ≃ жени́ться (impf., pf.) из-под па́лки.

**should** v. aux. 1. (conditional): I ~ say я бы сказа́л; I ~ have thought so каза́лось бы; ~ he die е́сли он умрёт; I ~n't think so не ду́маю; if I were you I ~n't . . . на ва́шем ме́сте я не стал бы . . .; ~ he be dismissed в слу́чае его́ увольне́ния; 2. (expr. duty): you ~ tell him вы должны́ ему́ сказа́ть; вам сле́дует ему́ сказа́ть; why ~ I listen to you? с како́й ста́ти ста́ну я вас слу́шать?; there is no reason why you ~ do that у вас нет никаки́х основа́ний/причи́ны так поступа́ть; 3. (expr. probability or expectation): we ~ be there by noon мы должны́ бы поспе́ть туда́ к полу́дню; they ~ be there by now они́, ве́рно, уже́ при́были; how ~ I know? а я почём зна́ю?; отку́да мне знать? why ~ you think that? почему́ вы так ду́маете?; 4. (expr. future in the past): I told him I ~ (would) be going я ему́ сказа́л, что пойду́; 5. (expr. purpose): I lent him the book so that he ~ study better я одолжи́л ему́ э́ту кни́гу, чтобы он полу́чше занима́лся; I am anxious that it ~ be done at once мне ва́жно, чтобы э́то бы́ло сде́лано сра́зу; he suggested that I ~ go он предложи́л мне уйти́; 6. (subjunctive use): I am surprised that he ~ be so foolish не ожида́л я, что он ока́жется столь неразу́мен.

**shoulder** n. плечо́; shrug one's ~s пож|има́ть, -а́ть плеча́ми; the coat is narrow across the ~s пиджа́к у́зок/жмёт в плеча́х; slung across the ~ перебро́шенный че́рез плечо́; ~ to ~ плечо́м к плечу́; have round ~s быть суту́лым; суту́литься (impf.); dislocate one's ~ вы́вихать, вы́вихнуть плечо́; stand head and ~s above the rest (lit., fig.) быть на́ голову вы́ше остальны́х; have broad ~s име́ть (impf.) широ́кие пле́чи; (fig.) быть двужи́льным/надёжным; быть в состоя́нии вы́нести мно́гое; I gave it to him straight from the ~ я рубану́л ему́ пря́мо сплеча́; an old head on young ~s не по лета́м у́мный; put, set one's ~ to the wheel (fig.) (при)нале́чь (pf.); энерги́чно взя́ться (pf.) за де́ло; give s.o. the cold ~ встр|еча́ть, -е́тить кого́-н. хо́лодно; обре́зать (pf.) кого́-н.; lay the blame on s.o.'s ~s сва́л|ивать, -и́ть вину́ на кого́-н.; 2. (of *meat)* лопа́тка; **3.** (*of mountain*) усту́п; **4.** (*of road*) обо́чина.

*v.t.* **1.** (*lit.*): ~ a heavy load взва́л|ивать, -и́ть на себя́ тяжёлый груз; ~ a rifle брать, взять винто́вку на плечо́; ~ arms! на плечо́!; к плечу́!; (*fig.*): ~ responsibility брать, взять на себя́ отве́тственность; **2.** (*push with* ~): ~ s.o. aside (*or* out of the way) отпи́х|ивать, -ну́ть кого́-н.; ~ (one's way) through a crowd прот|а́лкиваться, -олкну́ться сквозь толпу́.

*cpds.*: ~-**belt** *n.* портупе́я; (*bandolier*) патронта́ш; ~-**blade** *n.* лопа́тка; ~-**board** *n.* (*mil.*) пого́н; ~-**high** *adj.*: the grass was ~-high трава́ была́ (кому́) по плечо́; *adv.*: carry s.o. ~-high носи́ть, нести́ кого́-н. на плеча́х; ~-**holster** *n.* кобура́ пистоле́та, носи́мая под мы́шкой; ~-**knot** *n.* аксельба́нт; ~-**pad** *n.* пле́чико, подкладно́е плечо́; ~-**strap** *n.* (*mil.*) пого́н; (*of knapsack*) реме́нь (*m.*), ля́мка; (*of undergarment*) брете́лька.

**shout** *n.* крик.

*v.t.* выкри́кивать, вы́крикнуть; he ~ed himself hoarse он накрича́лся до хрипоты́; он крича́л до хрипоты́; он охри́п от кри́ка.

*v.i.* кр|ича́ть, за-, -и́кнуть; he ~ed with laughter он надрыва́лся от сме́ха; don't ~ at me не кричи́те на меня́; ~ for s.o. кри́кнуть (*pf.*) кого́-н.; гро́мко звать, по- кого́-н.; ~ for help крича́ть, за- карау́л; звать, по- на по́мощь; it's all over bar the ~ing мо́жно пра́здновать побе́ду; the ~ing died down кри́ки ути́хли.

*with advs.*: ~ **down** *v.t.* перекрича́ть (*pf.*); he was ~ed down крича́ли так, что он не смог говори́ть; ~ **out** *v.t.*: he ~ed out our names он вы́крикнул на́ши фами́лии; *v.i.* закрича́ть (*pf.*).

**shove** *n.* толчо́к; give s.o. a ~ пихну́ть/толкну́ть (*pf.*) кого́-н.

*v.t.* толк|а́ть, -ну́ть; ~ sth. into one's pocket сова́ть/су́нуть (*or* зас|о́вывать, -у́нуть) что-н. себе́ в карма́н; he ~d a paper in front of me он су́нул мне под нос каку́ю-то бума́жку; he ~d his way forward он проти́снулся вперёд.

*with advs.*: ~ **aside**, ~ **away** *vv.t.* отт|а́лкивать, -олкну́ть; отпи́х|ивать, -ну́ть; ~ **down** *v.t.* ст|а́лкивать, -олкну́ть; ~ **off** *v.i.* (*naut.*) отт|а́лкиваться, -олкну́ться от бе́рега; (*leave*) кати́ться (*impf.*).

**shovel** *n.* лопа́та, сово́к.

*v.t.*: ~ coal into a cellar сбр|а́сывать, -о́сить у́голь в подва́л; ~ earth out of a trench вынима́ть, вы́нуть зе́млю из кана́вы; ~ snow off a path сгре|ба́ть, -сти́ снег с доро́жки; ~ potatoes into one's mouth уплета́ть (*impf.*) карто́шку.

*with advs.*: ~ **out** *v.t.* выгреба́ть, вы́грести; ~ **up** *v.t.* сгре|ба́ть, -сти́.

**show**, (*arch.*) **shew** *n.* **1.** (*manifestation*): a ~ of

hands голосова́ние подня́тием рук; make a ~ of force демонстри́ровать, про- си́лу; make a ~ of learning пока́з|ывать, -а́ть свою́ учёность; make a ~ of generosity сде́лать (*pf.*) ще́дрый жест; ~ trial показа́тельный проце́сс; (*semblance*) ви́димость; there is a ~ of reason in his words его́ слова́ мо́гут показа́ться разу́мными; offer a ~ of resistance ока́з|ывать, -а́ть сопротивле́ния для ви́да; **2.** (*exhibition*) пока́з, вы́ставка; fashion ~ вы́ставка/пока́з мод; be on ~ быть вы́ставленным; dog/flower ~ вы́ставка соба́к/цвето́в; do sth. for ~ де́лать, с- что-н. для ви́да/ви́димости (*or* напока́з); (*ostentation*) пы́шность, пара́дность; **3.** (*entertainment*) представле́ние; ~ business театра́льное де́ло; let's go to a ~ пойдёмте в теа́тр; (*fig.*): steal the ~ переключи́ть (*pf.*) всё внима́ние на себя́; put up a good ~ хорошо́ себя́ прояви́ть (*pf.*); good ~! здо́рово!; bad ~! не повезло́!; кака́я неуда́ча!; **4.** (*concern*) де́ло; run the ~ вести́ (*det.*) де́ло; хозя́йничать (*impf.*); give the ~ away вы́дать (*pf.*) секре́т; проговори́ться (*pf.*).

*v.t.* **1.** (*disclose, reveal, offer for inspection*) пока́з|ывать, -а́ть; he ~ed his true colours он показа́л своё и́стинное лицо́; this dress will not ~ the dirt на э́том пла́тье грязь не бу́дет заме́тна; э́то пла́тье нема́ркое; he has not ~n his face since Friday он не пока́зывал но́са с пя́тницы; ~ fight сопротивля́ться (*impf.*); не поддава́ться (*impf.*); рва́ться (*impf.*) в бой; ~ one's hand (*lit., fig.*) раскр|ыва́ть, -ы́ть ка́рты; ~ a leg (*sl.*) вст|ава́ть, -а́ть с посте́ли; he has nothing to ~ for his efforts он зря стара́лся; у него́ ничего́ не получи́лось; have sth. to ~ for one's money тра́тить, по- де́ньги не впусту́ю; he ~ed signs of tiring он на́чал заме́тно устава́ть; ~ o.s. (*appear*) появ|ля́ться, -и́ться; пока́з|ываться, -а́ться; he ~ed himself unfit to govern он прояви́л свою́ неспосо́бность управля́ть; his clothes ~ signs of wear у его́ оде́жды слегка́ поно́шенный вид; ~ (*bare*) one's teeth (*of animals*) ска́литься, о-; (*fig.*) пока́з|ывать, -а́ть зу́бы/ко́гти; **2.** (*exhibit publicly*) выставля́ть (*impf.*); (*a film*) демонстри́ровать (*impf., pf.*); this film has been ~n twice already э́тот фильм уже́ два́жды шёл/пока́зывали; what are they ~ing at the theatre? что идёт в теа́тре?; **3.** (*display, manifest*) ока́з|ывать, -а́ть; he ~ed a preference он оказа́л предпочте́ние; he ~ed confidence in her он оказа́л ей дове́рие; ~ willing (*coll.*) прояви́ть (*pf.*) гото́вность; he ~ed bravery он прояви́л му́жество; he ~ed no mercy он был беспоща́ден; his work ~s originality его́ рабо́та дово́льно оригина́льна; it ~s his good taste э́то свиде́тельствует о его́ хоро́шем вку́се; ~ one's paces (*fig.*) показа́ть (*pf.*), на что приго́ден/годи́шься; **4.** (*point out*) указ|ывать, -а́ть на +*a.*; he ~ed me where I went wrong он указа́л мне на оши́бку; (*teach by precept*): he ~ed me how to play он показа́л мне, как игра́ть; (*demonstrate, prove*) дока́з|ывать, -а́ть; (*explain, illustrate*) объясн|я́ть, -и́ть; **5.** (*conduct*) прово|жа́ть, -ди́ть; he ~ed me to the door он проводи́л меня́ до двере́й; he ~ed me the door (*turned me out*) он указа́л мне на дверь; I ~ed him round the garden я показа́л ему́ сад; я поводи́л его́ по са́ду.

*v.i.* **1.** (*be visible*) видне́ться (*impf.*); the stain will not ~ пятно́ не бу́дет заме́тно; пятна́ не бу́дет ви́дно; the buds are just ~ing по́чки чуть показа́лись; the clouds ~ed white in the distance вдали́ беле́ли облака́; the light ~ed through the curtain свет просве́чивал сквозь занаве́ску; **2.** (*exhibit pictures etc.*): he is ~ing in London next spring сле́дующей весно́й он выставля́ется в Ло́ндоне; **3.** (*be exhibited*): what films are ~ing? каки́е иду́т фи́льмы?

*with advs.*: ~ **in** *v.t.* вв|оди́ть, -ести́ в ко́мнату/дом; ~ **off** *v.t.* (*display to advantage*): the frame ~s off the picture в э́той ра́мке карти́на хорошо́ смо́трится; (*boastfully*) щеголя́ть, по-+*i.*; he likes to ~ off his wit он лю́бит блесну́ть остроу́мием; *v.i.*: the child is ~ing off ребёнок рису́ется; ~ **out** *v.t.* пров|оди́ть, -ести́ к вы́ходу; вы́вести (*pf.*) (*из чего*); ~ **through** *v.i.*: light ~s through свет проника́ет; ~ **up** *v.t.* (*make conspicuous*) сде́лать (*pf.*) заме́тным; подчёрк|ивать, -ну́ть; (*expose*) разоблач|а́ть, -и́ть; изоблич|а́ть, -и́ть; *v.i.* (*coll., appear*) появ|ля́ться, -и́ться; he will ~ up at six он поя́вится в шесть; (*be conspicuous*): the flowers ~ed up against the white background цветы́ выделя́лись на бе́лом фо́не.

*cpds.*: ~**-boat** *n.* плаву́чий теа́тр; ~**-business** *n.* театра́льное де́ло, индустри́я развлече́ний; ~**-case** *n.* витри́на; ~**-down** *n.* про́ба сил; оконча́тельная прове́рка; ~**girl** *n.* хори́стка, актри́са на вы́ходах; ~**-ground** *n.* ме́сто, вы́деленное для я́рмарок *и т.п.*; ~**-jumping** *n.* ≃ ко́нные состяза́ния, показа́тельные прыжки́ (*m. pl.*); ~**man** *n.* антрепренёр; (*circus manager*) хозя́ин ци́рка; ~**manship** *n.* (*fig.*) уме́ние показа́ть това́р лицо́м; ~**-off** *n.* хвастуни́шка (*c.g.*) (*coll.*); ~**-piece** *n.* (лу́чший) образе́ц; ~**-place** *n.* достопримеча́тельность; ~**-room** *n.* демонстрацио́нный зал; ~**-stopper** *n.* (*coll.*) ≃ гвоздь програ́ммы.

**shower** *n.* **1.** (*of rain/snow*) кратковре́менный дождь/снег; heavy ~ ли́вень (*m.*); проливно́й дождь; April ~s апре́льские дожди́ (*m. pl.*); **2.** (*of hail, also fig.*) град; a ~ of invitations град приглаше́ний; **3.** (~-*bath*) душ; take a ~ прин|има́ть, -я́ть душ.

*v.t.* **1.** (*with water etc.*) залива́ть (*impf.*); **2.** (*with bullets etc.*) ос|ыпа́ть, -ы́пать гра́дом (пуль *и т.п.*); he ~ed me with questions он засы́пал/закида́л меня́ вопро́сами; he ~ed abuse on me он осы́пал меня́ оскорбле́ниями.

*v.i.* **1.** (*of rain etc.*) лить(ся) (*impf.*) (ли́внем); **2.** (*fig.*) сы́паться (*impf.*); arrows ~ed down on them на них обру́шился град стрел; **3.** (*have a* ~-*bath*) прин|има́ть, -я́ть душ.

*cpds.*: ~**-bath** *n.* душ; ~**-cap** *n.* рези́новая ша́почка; ~**-curtain** *n.* за́навес для ва́нны; ~**-room** *n.* душева́я.

**showery** *adj.* дождли́вый.

**showing** *n.*: he made a poor ~ он произвёл нева́жное впечатле́ние; on present ~ по да́нным, каки́ми мы располага́ем; согла́сно име́ющимся показа́ниям; on your own ~ по ва́шему со́бственному призна́нию.

**showy** *adj.* показно́й; a ~ hat бро́ская шля́па.

**shrapnel** *n.* шрапне́ль.

**shred** *n.* **1.** (*of cloth*) клочо́к; tear to ~s раз|рыва́ть, -орва́ть в клочки́/кло́чья; (*fig.*): they tore his argument to ~s они́ по́лностью опроки́нули его́ до́воды; he tore her reputation to ~s он навсегда́ испо́ртил ей репута́цию; (*small piece*) кусо́к; cut into ~s разр|еза́ть, -е́зать на куски́; **2.** (*fig., scrap, bit*): there is not a ~ of truth in what he says в том, что он говори́т, (нет) ни крупи́цы/ка́пли пра́вды.

*v.t.* (*tear*) разр|ыва́ть, -орва́ть; (*cut*) разр|еза́ть, -е́зать; ~ cabbage шинкова́ть (*impf.*) капу́сту.

**shredder** *n.* (*for vegetables*) тёрка; (*tech.*) дезинтегра́тор.

**shrew** *n.* (*zool.*) землеро́йка; (*woman*) сварли́вая же́нщина; Taming of the S~ «Укроще́ние стропти́вой».

**shrewd** *adj.* проница́тельный, ло́вкий, сообрази́тельный; (*astute*) сметли́вый, де́льный, ло́вкий; (*subtle*): a ~ critic то́нкий кри́тик; a ~ frost жесто́кий/си́льный моро́з; a ~ blow жесто́кий уда́р.

**shrewdness** *n.* проница́тельность, ло́вкость, сообрази́тельность, смётка.

**shrewish** *adj.* сварли́вый.

**shriek** *n.* визг; ~s of laughter could be heard раздава́лись взры́вы сме́ха; give a ~ взви́згнуть (*pf.*); завизжа́ть (*pf.*).

*v.t.* визгли́во выкри́кивать, вы́крикнуть.

*v.i.* визжа́ть, взви́згнуть; пронзи́тельно крича́ть, вскри́кнуть; вопи́ть, за-.

**shrift** *n.*: they gave him short ~ они́ с ним бы́стро разде́лались/распра́вились.

**shrike** *n.* сорокопу́т.

**shrill** *adj.* пронзи́тельный; (*fig.*) визгли́вый, крикли́вый.

*v.i.*: a whistle ~ed разда́лся пронзи́тельный свист.

**shrimp** *n.* креве́тка; (*fig., undersized person*) коро́тышка (*c.g.*).

    *v.i.* лови́ть (*impf.*) креве́ток.

**shrine** *n.* (*casket with relics*) ра́ка; (*tomb*) гробни́ца; (*chapel*) часо́вня; (*lit., fig., hallowed place*) святы́ня, храм.

**shrink** *v.t.*: hot water will ~ this fabric от горя́чей воды́ э́тот материа́л ся́дет; his face was shrunken with age его́ лицо́ бы́ло морщи́нистым от ста́рости.

    *v.i.* (*of clothes*) сади́ться, сесть; my shirt has shrunk моя́ руба́шка се́ла; (*of wood*) сс|ыха́ться, -о́хнуться; **2.** (*grow smaller*) сокра|ща́ться, -ти́ться; ~ing resources сокраща́ющиеся ресу́рсы; the streams have shrunk from drought от за́сухи ре́ки обмеле́ли; **3.** (*recoil, retreat*) отпря́нуть (*pf.*); he shrank (back) from the fire он отпря́нул от огня́; he will not ~ from danger он не отсту́пит пе́ред опа́сностью; I ~ from meeting him я бою́сь встреча́ться с ним.

**shrinkage** *n.* **1.** (*of clothes, metal*) уса́дка; (*in drying*) усу́шка; **2.** (*of resources*) сокраще́ние.

**shrivel** *v.t.* (*dry up*) высу́шивать, вы́сушить; (*wrinkle*) мо́рщить, с-; the sun ~led the leaves от со́лнца ли́стья смо́рщились.

    *v.i.* (*dry up*) высыха́ть, вы́сохнуть; исс|ыха́ть, -о́хнуть; (*wrinkle up*) смо́рщи|ваться, -ться; (*wither*) увя|да́ть, -я́нуть.

**shroud** *n.* **1.** (*for the dead*) са́ван; (*of Christ*) плащани́ца; **2.** (*naut.*) ва́нта.

    *v.t.* (*obscure, lit. & fig.*) оку́т|ывать, -ать.

**Shrovetide** *n.* ма́сленица.

**Shrove Tuesday** *n.* вто́рник на ма́сленой неде́ле.

**shrub** *n.* (*bot.*) куст.

**shrubbery** *n.* куста́рник.

**shrug** *n.* пожима́ние плеча́ми; with a ~ (of the shoulders) пожа́в плеча́ми.

    *v.t. & i.*: ~ (one's shoulders) пож|има́ть, -а́ть плеча́ми; ~ sth. off отстран|я́ть, -и́ть что-н. от себя́; игнори́ровать (*impf., pf.*) что-н.

**shuck** *n.* (*pod*) стручо́к.

    *v.t.* лущи́ть, об-.

**shudder** *n.* дрожь; a ~ passed over him; he gave a ~ он вздро́гнул; it gives me the ~s от э́того у меня́ мура́шки по спине́ (бе́гают).

    *v.i.* дрожа́ть, за-; содрог|а́ться, -ну́ться; he was ~ing with cold он дрожа́л от хо́лода; I ~ to think of it содрога́юсь при одно́й мы́сли об э́том.

**shuffle** *n.* **1.** (*movement*) ша́рканье; he walks with a ~ он ша́ркает нога́ми; (*dance step*) шафл; **2.** (*of cards*) тасо́вка; **3.** (*equivocation*) виля́ние.

    *v.t.* **1.** ~ one's feet ша́ркать (*impf.*) нога́ми; **2.**: ~ cards тасова́ть, с- ка́рты; s.o. has ~d my papers (around) кто-то ры́лся в мои́х бума́гах.

    *v.i.* **1.** ~ along, about волочи́ть (*impf.*) но́ги;

(*fig.*): ~ through one's work халту́рить (*pf.*); **2.** (*prevaricate*) уви́ливать (*impf.*); **3.** ~ out of a difficulty вы́вернуться (*pf.*).

    with *advs.*: ~ **off** *v.t.*: ~ off responsibility пере|кла́дывать, -ложи́ть отве́тственность на други́х; ~ **on** *v.t.*: ~ on one's clothes наки́нуть (*pf.*) оде́жду.

**shumac** *see* SUMAC(H).

**shun** *v.t.* избега́ть (*impf.*) +g.

**shunt** *n.* (*elec.*) шунт.

    *v.t.* **1.** (*rail., fig.*) перев|оди́ть, -ести́; ~ line запа́сный путь; **2.** (*elec.*) шунти́ровать (*impf., pf.*); **3.** (*postpone, shelve*) класть, положи́ть под сукно́.

    *v.i.* маневри́ровать (*impf.*); ~ing-yard сортиро́вочная ста́нция.

**shunter** *n.* (*rail.*) стре́лочник; (*engine*) маневро́вый электровоз.

**shush** *v.t.* ши́к|ать, -нуть на +a.

    *v.i.* (*be silent*) замолча́ть (*pf.*); (*call for silence*) шипе́ть.

    *int.* (*also* **sh**) шш!

**shut** *adj.* (*coll.*): be, get ~ of отде́л|ываться, -аться (*or* изб|авля́ться, -а́виться) от +g.

    *v.t.* **1.** (*close*) закр|ыва́ть, -ы́ть; затвор|я́ть, -и́ть; the door was ~ tight дверь была́ пло́тно закры́та/затворена́; ~ the door on s.o. (*or* in s.o.'s face*) захло́пнуть (*pf.*) дверь пе́ред кем-н.; ~ the door on a proposal отв|ерга́ть, -е́ргнуть предложе́ние; ~ a drawer задв|ига́ть, -и́нуть я́щик; he ~ his heart to pity он гнал от себя́ вся́кую жа́лость; ~ one's mind to игнори́ровать (*impf.*); отка́зываться (*impf.*) ду́мать о +p.; ~ one's mouth (*stop talking*) замолча́ть (*pf.*); he learnt to keep his mouth ~ он научи́лся держа́ть язы́к за зуба́ми; (*lock*) зап|ира́ть, -ере́ть; (*keep by force*): they ~ the dog in the house они́ за́перли соба́ку в до́ме; he was ~ out of the room его́ не пуска́ли в ко́мнату; (*fold up*): ~ a fan сложи́ть (*pf.*) ве́ер; ~ an umbrella закры́ть (*pf.*) зо́нтик; **2.** (*trap*): ~ one's finger in a drawer прищеми́ть (*pf.*) па́лец я́щиком стола́; my raincoat got ~ in the door мой плащ прищеми́ло две́рью.

    *v.i.* закр|ыва́ться, -ы́ться.

    with *advs.*: ~ **down** *v.t.*: ~ down the lid захло́пнуть (*pf.*) кры́шку; they are ~ting the factory down фа́брику закрыва́ют; *v.i.* закр|ыва́ться, -ы́ться; ~ **in** *v.t.* (*surround*) окруж|а́ть, -и́ть; our house is ~ in by trees наш дом со всех сторо́н окружён дере́вьями; I got ~ in я оказа́лся взаперти́; ~ **off** *v.t.* (*stop supply of*) отключ|а́ть, -и́ть; the gas was ~ off газ был отключён; (*switch off*) выключа́ть, вы́ключить; (*isolate*) изоли́ровать (*impf., pf.*); deafness ~s one off so глухота́ на́чисто отреза́ет челове́ка от окружа́ющего ми́ра; ~ **out** *v.t.* (*exclude*) исключ|а́ть, -и́ть; (*fence off*) загор|а́живать, -оди́ть; those trees ~ out the view э́ти дере́вья заслоня́ют вид; ~ out light/noise не пропус|ка́ть, -ти́ть све́та/шу́ма; I closed the curtains to ~ out the light я задёрнул занаве́ску, что́бы не проника́л свет; ~ **to** *v.t. & i.* (пло́тно) закр|ыва́ть(ся), -ы́ть(ся); захло́п|ываться, -нуться; the door ~ to behind me дверь за мной захло́пнулась; ~ **up** *v.t.* (*close*) зап|ира́ть, -ере́ть; he ~ up the box он за́пер шкату́лку; their house is ~ up for the winter дом у них заколо́чен на́ зиму; (*confine*): the boy was ~ up in his room ма́льчик был за́перт в ко́мнате; she had to stay ~ up for hours ей приходи́лось сиде́ть взаперти́ часа́ми; ~ up in prison сажа́ть, посади́ть в тюрьму́; (*silence*): they soon ~ him up они́ ско́ро заста́вили его́ замолча́ть; *v.i.* (*close*): these flowers ~ up at dusk э́ти цветы́ закрыва́ются в су́мерки; (*be, become silent*) молча́ть, за-; ~ up! заткни́сь!; заткни́ гло́тку! (*coll.*).

*cpds.*: ~-**down** *n.* закры́тие; ~-**eye** *n.*: time we got some ~-eye пора́ на боковую (*coll.*).
**shutter** *n.* 1. (*on window*) ста́вень (*m.*); put up the ~s (*fig.*) закр|ыва́ть, -ы́ть ла́вочку; 2. (*phot.*) затво́р.
*v.t.* закр|ыва́ть, -ы́ть ста́внями.
**shuttle** *n.* (*for weaving*) челно́к; (*fig.*) ~ service движе́ние (поездо́в, авто́бусов *и т.п.*) в о́ба конца́; ~ diplomacy челно́чная диплома́тия; space ~ косми́ческий челно́к/паро́м.
*v.i.* снова́ть (*impf.*).
*cpd.*: ~-**cock** *n.* вола́н.
**shy**[1] *n.* (*coll.*) (*throw*) бросо́к; have a ~ at sth. запус|ка́ть, -ти́ть ка́мнем (*и т.п.*) во что-н.; (*fig., attempt*) попы́тка; he had a ~ at the exam он попыта́л своё сча́стье на экза́мене.
*v.t.* (*coll.*) бр|оса́ть, -о́сить.
**shy**[2] *adj.* (*bashful*) засте́нчивый; (*timid*) ро́бкий, пугли́вый; (*reserved*) сде́ржанный; (*inhibited*) стесни́тельный; be ~ of s.o. робе́ть (*impf.*) пе́ред кем-н.; fight ~ of избега́ть (*impf.*) +g.; бе́гать (*impf.*) от +g.
*v.i.* 1. (*of horse*) отпря́|дывать, -нуть; ~ at a fence отка́з|ываться, -а́ться пе́ред препя́тствием; 2. (*of pers.*): ~ away from sth. робе́ть, о- пе́ред чем-н.; отпря́нуть (*pf.*) от чего-н.
**Shylock** *n.* (*fig.*) бессерде́чный ростовщи́к, кровопи́йца (*c.g.*).
**shyness** *n.* засте́нчивость, ро́бость, сде́ржанность, стесни́тельность.
**shyster** *n.* крючкотво́р (*coll.*).
**Siam** *n.* Сиа́м.
**Siamese** *n.* 1. (*pers.*) сиа́м|ец (*fem.* -ка); 2. (*language*) сиа́мский язы́к; 3. (~ cat) сиа́мская ко́шка.
*adj.* сиа́мский; ~ twins сиа́мские близнецы́ (*m. pl.*).
**Siberia** *n.* Сиби́рь.
**Siberian** *n.* сибиря́|к (*fem.* -чка).
*adj.* сиби́рский.

**sibilance** *n.* присви́стывание.
**sibiliant** *n.* свистя́щий звук.
*adj.* свистя́щий.
**sibling** *n.* родно́й брат, родна́я сестра́; ~s де́ти одни́х роди́телей.
**sibyl** *n.* (*hist.*) сиви́лла.
**sibylline** *adj.* зага́дочный; the S~ books Сиви́ллины кни́ги (*f. pl.*).
**sic** *adv.* так!
**siccative** *n.* сиккати́в; суши́льное вещество́.
**Sicilian** *n.* сицили́|ец (*fem.* -йка).
*adj.* сицили́йский.
**Sicily** *n.* Сици́лия.
**sick** *n.* (*collect.*: the ~) больны́е (*pl.*).
*adj.* 1. (*unwell*) больно́й; fall ~ забол|ева́ть, -е́ть; he is a ~ man он больно́й челове́к; go, report ~ (*mil.*) до|кла́дывать, -ложи́ть о свое́й боле́зни; he is off ~ он на бюллете́не; (*fig.*): be ~ at heart тоскова́ть (*impf.*); 2. (*nauseated*): I feel ~ меня́ тошни́т/мути́т; I am going to be ~ меня́ сейча́с вы́рвет; he was ~ его́ вы́рвало; (*fig.*): it makes me ~ to hear you say that у́ши вя́нут, когда́ вы говори́те тако́е; 3.: ~ **of**: I am ~ to death of her она́ мне надое́ла до́ смерти; we are ~ (and tired) of doing nothing нам надое́ло безде́льничать; he was ~ of the sight of food ему́ сам вид еды́ опроти́вел; он не мог смотре́ть на еду́ без отвраще́ния; 4.: ~ **at**: he was ~ at being beaten он был удручён свои́м пораже́нием; I am ~ at the thought of having to leave home у меня́ се́рдце щеми́т от одно́й мы́сли о расстава́нии с (родны́м) до́мом; 5.: ~ **for**: they were ~ for a sight of home они́ жа́ждали уви́деть родно́й дом хотя́ бы одни́м глазко́м; 6.: ~ joke мра́чая шу́тка; ~ humour чёрный ю́мор.
*v.t.*: ~ **up** (*coll.*): he ~ed up the onions его́ вы́рвало лу́ком.
*cpds.*: ~-**bay** *n.* (корабе́льный) лазаре́т; ~-**bed** *n.* посте́ль больно́го; he has only just risen from a ~-bed он то́лько (что) подня́лся (*or* встал на́ ноги) по́сле боле́зни; ~-**benefit** *n.* посо́бие по боле́зни; ~-**leave** *n.* о́тпуск по боле́зни; he is on ~-leave он на бюллете́не; ~-**list** *n.* спи́сок больны́х; he is on the ~-list он бо́лен/бюллете́нит; он отсу́тствует по боле́зни; ~-**parade** *n.* амбулато́рный/врачебный приём; ~-**pay** *n.* опла́та по бюллете́ню; ~-**room** *n.* ко́мната больно́го; меди́цинский кабине́т, кабине́т врача́.
**sicken** *v.t.* (*lit.*): the sight of blood ~s me меня́ тошни́т от ви́да кро́ви; (*fig., disgust, repel*) вызыва́ть, вы́звать отвраще́ние у (*кого*); ~ing отврати́тельный, проти́вный.
*v.i.* 1. (*become ill*) забол|ева́ть, -е́ть; he is ~ing for influenza он заболева́ет гри́ппом; 2. (*feel sick*): I ~ at the sight of meat меня́ тошни́т/мути́т от ви́да мя́са; 3. (*grow weary*) прес|ыща́ться, -ы́титься (*чем*); he ~ed of their quarrels ему́ надое́ли их ссо́ры.

**sickle** n. серп; a ~ moon серп луны́, лу́нный серп; молодо́й ме́сяц.

**sickly** adj. (unhealthy) боле́зненный; (puny) хи́лый; (unwell) нездоро́вый; (inducing nausea) тошнотво́рный; (mawkish) слаща́вый; ~ smile крива́я улы́бка.

**sickness** n. (ill-health) нездоро́вье; (disease) боле́знь; sleeping ~ со́нная боле́знь; (vomiting) рво́та; (nausea) тошнота́.

**side** n. **1.** сторона́; on this ~ на э́той стороне́; по э́ту сто́рону; on (along) both ~s по обе́им сторона́м; on either ~ с обе́их сторо́н; on all ~s со всех сторо́н; from every ~ со всех сторо́н, отовсю́ду; on the right/left ~ спра́ва/сле́ва; put on one ~ (defer, shelve) от|кла́дывать, -ложи́ть; stand to one ~ сторони́ться, по-; move to one ~ отодв|ига́ться, -и́нуться; take s.o. to one ~ отвести́ (pf.) кого́-н. в сторо́нку; on the ~ (coll., additionally) по совмести́тельству; (illicitly) нале́во; get, keep on the right ~ of s.o. распол|ага́ть, -ожи́ть кого́-н. к себе́; быть на хоро́шем счету́ у кого́-н.; he is on the wrong ~ of 50 ему́ за 50; **2.** (edge) край; on the ~ of the page на краю́ (or на поля́х) страни́цы; by the ~ of the lake на берегу́ о́зера; the ~s of a ditch сте́нки (f. pl.) рва; on the ~ of the mountain на скло́не горы́; ~ of a ship борт корабля́; **3.** (of room, table) коне́ц; **4.** (of the body) бок; I have a pain in my ~ у меня́ боли́т бок; split one's ~s (with laughter) хохота́ть (impf.) до упа́ду; живо́тики надрыва́ть, -орва́ть (от сме́ха); this dress needs letting out at the ~s э́то пла́тье на́до вы́пустить в бока́х; at my ~ ря́дом со мной; he sat by her ~ он сиде́л во́зле/по́дле неё; he always had a gun at his ~ он всегда́ име́л при себе́ револьве́р; they were standing ~ by ~ они́ стоя́ли ря́дом/рядко́м; **5.** (of meat) край; a ~ of beef/pork полови́на говя́жьей/свино́й ту́ши; **6.** (of a building) бокова́я стена́; he went round the ~ of the house он обогну́л дом; ~ entrance боково́й вход; **7.** (of cloth): right ~ лицева́я сторона́; лицо́; wrong ~ изна́нка; wrong ~ out наизна́нку; (of packages etc.): right ~ up пра́вильно; this ~ up э́той стороно́й вверх; (as inscription) верх; wrong ~ up вверх нога́ми; (of paper) страни́ца; his essay ran to six ~s он написа́л сочине́ние на шести́ страни́цах; **8.** (aspect): I can see the funny ~ of the affair я ви́жу смешну́ю сто́рону де́ла; try to look on the bright ~! стара́йтесь быть оптими́стом!; hear both ~s (of the case) выслу́шивать, вы́слушать о́бе то́чки зре́ния; **9.**: on the long/short ~ длиннова́тый/коротнова́тый; the weather is on the cool ~ пого́да дово́льно прохла́дная; **10.** (party, faction) сторона́; which ~ are you on? вы на чьей стороне́?; вы за кого́?; win s.o. over to one's ~ привл|ека́ть, -е́чь кого́-н. на свою́ сто́рону;

take ~s with s.o. прин|има́ть, -я́ть (or ста|нови́ться, -ть на) чью-н. сто́рону; **11.** (team) кома́нда; pick ~s под|бира́ть, -обра́ть кома́нду; let the ~ down (fig.) подв|оди́ть, -ести́ това́рищей; **12.** (lineage): on the mother's/father's ~ с матери́нской/отцо́вской стороны́; по матери́нской/отцо́вской ли́нии; **13.** (coll., pretentiousness) чва́нство, высокоме́рие; put on ~ ва́жничать (impf.); **14.** (attr.) боково́й; see also cpds.
v.i.: ~ with s.o. прин|има́ть, -я́ть чью-н. сто́рону; прим|ыка́ть, -кну́ть к кому́-н.
cpds.: ~-**arms** n. ли́чное ору́жие; ~**board** n. буфе́т, серва́нт; ~**boards**, ~**burns** nn. (coll.) ба́к|и (pl., g. —); ~-**car** n. коля́ска; ~-**dish** n. гарни́р, сала́т; ~-**drum** n. ма́лый бараба́н; ~-**effect** n. побо́чное де́йствие; ~-**face** adv. (in profile) в про́филь; ~-**glance** n.: with a ~-glance at him и́скоса на него́ взгляну́в; ~-**issue** побо́чный/второстепе́нный вопро́с; ~ **kick** n. (Am., coll.) прия́тель (m.), ко́реш; ~ **light** n. (on car) боково́й фона́рь; (on ship) (бортово́й) отличи́тельный ого́нь; (fig.): throw a ~ light on a subject прол|ива́ть, -и́ть дополни́тельный свет на предме́т; ~ **line** n. (work) побо́чная рабо́та; (goods) неосновно́й това́р; (football) бокова́я ли́ния по́ля; ~ **long** adv. и́скоса; ~-**plate** n. ма́ленькая таре́лка; ~-**road** n. просёлочная доро́га; ~-**saddle** n. да́мское седло́; ~-**show** n. (lit., fig.) интерме́дия; ~-**slip** n. (av.) скольже́ние на крыло́; ~-**splitting** adj. умори́тельный; ~-**step** n. шаг в сто́рону; v.t. (fig.) уклон|я́ться, -и́ться от +g.; об|ходи́ть, -ойти́; ~-**street** n. переу́лок; ~-**stroke** n. пла́вание на боку́; ~-**table** n. приставно́й стол; стол для заку́сок; ~-**track** n. запа́сный путь; разъе́зд; v.t. (rail.) перев|оди́ть, -ести́ на запа́сный путь; (postpone) от|кла́дывать, -ложи́ть; (distract): I meant to finish the job, but I was ~-tracked я собира́лся зако́нчить (э́ту) рабо́ту, да меня́ отвлекли́/сби́ли; ~-**view** n. вид сбо́ку, про́филь (m.); ~ **walk** n. (Am.) тротуа́р; ~**ways** adj. боково́й; crabs have a ~ways motion кра́бы дви́жутся бо́ком; adv. (to one ~) вбок; (of motion) бо́ком; ~ways on to sth. перпендикуля́рно к чему́-н.; ~-**whiskers** n. бакенба́рд|ы (pl., g. —); ~-**wind** n. боково́й ве́тер; (fig.) by a ~-wind око́льным путём.

**sidereal** adj. звёздный.

**siding** n. запа́сный путь.

**sidle** v.i.: ~ up to s.o. под|ходи́ть, -ойти́ к кому́-н. бочко́м; подкра́|дываться, -сться к кому́-н.

**siege** n. оса́да, блока́да; lay ~ to оса|жда́ть, -ди́ть; raise a ~ сн|има́ть, -я́ть оса́ду; withstand a ~ выде́рживать, вы́держать оса́ду; ~-gun n. оса́дное ору́дие.

**sienna** n. сие́на; burnt/raw ~ жжёная/натура́льная сие́на.

**sierra** *n.* го́рная цепь.

**siesta** *n.* сие́ста.

**sieve** *n.* си́то; he has a memory like a ~ у него́ голова́ дыря́вая.

  *v.t.* просе́|ивать, -ять.

**sift** *v.t.* просе́|ивать, -ять; ~ out sand from gravel отсе́|ивать, -ять песо́к от гра́вия; ~ sugar on to a cake пос|ыпа́ть, -ы́пать пече́нье са́харом; (*fig.*): ~ the facts рассм|а́тривать, -отре́ть (*or* тща́тельно анализи́ровать (*pf., impf.*)) фа́кты.

  *v.i.* (*percolate*) прон|ика́ть, -и́кнуть; the sand ~s into one's shoes песо́к попада́ет в ту́фли; the snow was ~ing down снег сы́пался на зе́млю.

**sigh** *n.* вздох; heave a ~ of relief взд|ыха́ть, -охну́ть с облегче́нием.

  *v.i.* взд|ыха́ть, -охну́ть; he ~ed for peace and quiet он вздыха́л по тишине́ и поко́ю; the wind ~ed in the trees ве́тер посви́стывал среди́ ветве́й.

**sight** *n.* **1.** (*faculty*) зре́ние; long ~ дальнозо́р-кость; (*fig.*) дальнови́дность; short ~ (*lit., fig.*) близору́кость; (*fig.*) недальнови́дность; sec-ond ~ яснови́дение; lose one's ~ теря́ть, по-зре́ние; сле́пнуть, о-; lose the ~ of one eye сле́пнуть, о- на оди́н глаз; I know her by ~ я зна́ю её в лицо́; **2.** (*seeing, being seen*) вид; I can't bear the ~ of him я его́ ви́деть не могу́; I laughed at the ~ of his face я расхохота́лся, взгляну́в на его́ лицо́; catch ~ of заме́тить (*pf.*); I got a ~ of the procession мне удало́сь (ме́льком) уви́деть ше́ствие; I kept him in ~ я не спуска́л с него́ глаз; я не выпуска́л его́ из по́ля зре́ния; lose ~ of теря́ть, по- (*or* упус|ка́ть, -ти́ть) и́з виду; he was lost to ~ он скры́лся и́з виду; at first ~ с пе́рвого взгля́да; на пе́рвый взгляд; love at first ~ любо́вь с пе́рвого взгля́да; at first ~ it looked like suicide на пе́рвый взгляд э́то каза́лось самоуби́йством; he can read music at ~ он уме́ет игра́ть с листа́; they were ordered to shoot at ~ им приказа́ли стреля́ть без пред-упрежде́ния; (*range of vision*): come into ~ пока́з|ываться, -а́ться; появ|ля́ться, -и́ться; in ~ на виду́; the end is in ~ ви́ден коне́ц; they were (with)in ~ of land бе́рег был бли́зок; put out of ~ пря́тать, с-; уб|ира́ть, -ра́ть; keep out of ~ не пока́з|ывать(ся), -а́ть(ся) (на глаза́); he would not let her out of his ~ он её с глаз не спуска́л; (get) out of my ~! с глаз мои́х доло́й!; out of ~, out of mind с глаз доло́й, из се́рдца вон; **3.** (*view, opinion*) мне́ние; all are equal in the ~ of God пе́ред Бо́гом все равны́; in the ~ of the law юриди́чески; guilty in the ~ of the law вино́вный пе́ред лицо́м зако́на; find favour in s.o.'s ~ сниска́ть (*pf.*) чье́-н. расположе́ние; **4.** (*spectacle*) вид, зре́лище; a ~ for sore eyes прия́тное зре́лище; жела́нный гость; a ~ for the gods зре́лище, досто́йное

бого́в; see the ~s осм|а́тривать, -отре́ть достопримеча́тельности; what a ~ you are! ну и вид(ик) у вас!; на что вы похо́жи!; he looked a perfect ~ он был похо́ж на пу́гало; **5.** (*coll., great deal*) ма́сса; у́йма; he looked a ~ better for his holiday он гора́здо/ значи́тельно/(на)мно́го лу́чше вы́глядел по́сле о́тдыха; **6.** (*aiming device*) прице́л; (*focusing device*) визи́р; take a ~ on прице́ли|ваться, -ться в +*a.*; get sth. into one's ~s брать, взять на прице́л что-н.; he set his ~s on becoming a professor он ме́тил в про-фессора́; **7.** (*attr.*): a ~ draft ве́ксель (*m.*) на предъяви́теля; ~ unseen не гля́дя; за глаза́; ~ translation перево́д с листа́.

  *v.t.* **1.** (*spot after searching*): they ~ed game они́ вы́смотрели дичь; I ~ed her amidst the crowd я заме́тил её в толпе́; the sailors ~ed land матро́сы уви́дели зе́млю; **2.** (*aim*): ~ a gun at a target нав|оди́ть, -ести́ ору́дие на цель.

  *cpds.*: ~-**reading** *n.* (*mus.*) игра́ с листа́; ~ **seeing** *n.* осмо́тр достопримеча́тельностей; ~ **seer** *n.* тури́ст (*fem.* -ка); экскурса́нт (*fem.* -ка).

**sighted** *adj.* (*not blind*) зря́чий.

**sightless** *adj.* слепо́й.

**sign** *n.* **1.** (*mark; gesture*) знак; make the ~ of the cross крести́ться, пере-; he made a ~ for me to approach он сде́лал мне знак подойти́; ~s of the zodiac зна́ки (*m. pl.*) зодиа́ка; deaf-and-dumb ~s а́збука глухонемы́х; (*symbol*) си́мвол; plus/minus ~ плюс/ми́нус; equals ~ знак ра́венства; **2.** (*indication*) при́знак; there is no ~ of progress нет никаки́х при́знаков прогре́сса; there's still no ~ of him его́ всё нет и нет; the plant showed ~s of growth расте́ние обнару́жило при́знаки ро́ста; he showed no ~ of recognizing me по его́ ви́ду мо́жно бы́ло поду́мать, что он меня́ не узна́л; ~ of the times зна́мение вре́мени; (*trace*) след; the house showed ~s of the fire дом нёс на себе́ следы́ пожа́ра; **3.** (*portent*) приме́та; **4.** (~-*board*) вы́веска; a ~ вы́веска тракти́ра; neon ~ нео́новая рекла́ма.

  *v.t. & i.* **1.** подпи́с|ывать(ся), -а́ть(ся); рас-пи́с|ываться, -а́ться; ста́вить, по- свою́ по́дпись; I ~ed for the parcel я расписа́лся в получе́нии паке́та; **2.** (*communicate by* ~) под|ава́ть, -а́ть знак; she ~ed to the others to leave она́ подала́ остальны́м знак уйти́.

  *with advs.*: ~ **away** *v.t.* отд|ава́ть, -а́ть; he ~ed away his inheritance он подписа́л отка́з от насле́дства; ~ **off** *v.i.* (*at end of broadcast*) дать (*pf.*) знак оконча́ния переда́чи; ~ **on**, ~ **up** *vv.t. & i.* нан|има́ть(ся), -я́ть(ся); the sailors ~ed on for a single voyage матро́сы наняли́сь на одно́ пла́вание; the club ~ed up a new goalkeeper клуб на́нял но́вого вратаря́.

  *cpds.*: ~**board** *n.* вы́веска; ~-**painter** *n.*

живопи́сец вы́весок; ~**post** *n.* указа́тель (*m.*).

**signal¹** *n.* **1.** (*conventional sign, official message*) сигна́л; distress ~ сигна́л бе́дствия; he gave the ~ to advance он дал сигна́л наступа́ть; the driver gave a hand ~ води́тель (*m.*) дал ручно́й сигна́л; (*rail.*) семафо́р; the ~s are against us семафо́р закры́т; (*for road traffic*) светофо́р; **2.** (*indication*): his rising was a ~ that the meeting was over он встал, дав э́тим поня́ть, что собра́ние око́нчено; this was a ~ for the crowd to start shouting э́то яви́лось для толпы́ сигна́лом, и подня́лся крик; **3.** (*pl., mil.*): ~s troops войска́ свя́зи.

*v.t.*: ~ an order переда|ва́ть, -а́ть прика́з; the ship ~led its position су́дно сигнализи́ровало своё местонахожде́ние; I ~ed (*motioned to*) him to come nearer я по́дал ему́ знак подойти́ побли́же; я помани́л его́ к себе́.

*v.i.* сигнализи́ровать (*impf., pf.*).

*cpds.*: ~-**box** *n.* сигна́льная бу́дка; блокпо́ст; ~**man** *n.* (*rail.*) стре́лочник; (*mil.*) связи́ст; (*nav.*) сигна́льщик.

**signal²** *adj.*: ~ success блестя́щий успе́х; ~ failure полне́йший прова́л.

**signalize** *v.t.* ознамено́в|ывать, -а́ть; отм|еча́ть, -е́тить.

**signaller** *n.* сигна́льщик; (*mil.*) связи́ст.

**signatory** *n.* подписа́вшаяся сторона́; подписа́вшийся.

*adj.*: ~ powers держа́вы, подписа́вшие догово́р.

**signature** *n.* **1.** по́дпись; **2.** (*mus.*): key ~ ключ; ~ tune музыка́льная ша́пка; **3.** (*typ.*) сигнату́ра.

**signet** *n.* печа́тка; ~ ring кольцо́ с печа́ткой.

**significance** *n.* (*meaning, import*) значе́ние; (*sense*) смысл; of no real ~ без осо́бого значе́ния; an event of great ~ собы́тие большо́й ва́жности.

**significant** *adj.* значи́тельный; (*important*) ва́жный; ~ changes суще́ственные измене́ния; (*expressive*): a ~ look многозначи́тельный взгляд.

**signification** *n.* значе́ние; смысл.

**signif|y** *v.t.* **1.** (*make known*) выража́ть, вы́разить; we ~ied our approval мы вы́разили своё одобре́ние; **2.** (*portend*) предвеща́ть (*impf.*); few people realized what this event ~ied ма́ло кто сознава́л, что предвеща́ло э́то собы́тие; **3.** (*mean*) означа́ть (*impf.*).

*v.i.* (*be of importance*) зна́чить (*impf.*); it does not ~y э́то нева́жно.

**Signor, -a, -ina** *nn.* синьо́р, -а, -и́на.

**Sikh** *n.* сикх.

**Sikhism** *n.* сикхи́зм.

**silage** *n.* си́лос.

*v.t.* силосова́ть, за-.

**silence** *n.* молча́ние; безмо́лвие; тишина́; ~ is golden молча́ние — зо́лото; ~ gives consent молча́ние — знак согла́сия; in ~ мо́лча; ~! ти́хо!; молча́ть!; break ~ нар|уша́ть, -у́шить молча́ние; keep ~ храни́ть (*impf.*) молча́ние; (*coll.*) пома́лкивать (*impf.*); call for ~ приз|ыва́ть, -ва́ть к тишине́; reduce s.o. to ~ заста́вить (*pf.*) кого́-н. (за)молча́ть.

*v.t.* (*pers.*) заст|авля́ть, -а́вить замолча́ть; (*thg.*) заглуш|а́ть, -и́ть.

**silencer** *n.* глуши́тель (*m.*).

**silent** *adj.* (*saying nothing*) безмо́лвный; the ~ majority молчали́вое большинство́; keep ~ молча́ть (*impf.*); keep ~ about sth. ум|а́лчивать, -олча́ть о чём-н.; history is ~ on this matter исто́рия об э́том ума́лчивает; fall, become ~ замолча́ть (*pf.*), умо́лкнуть (*pf.*); (*taciturn*) молчали́вый; (*mute*) немо́й; ~ film немо́й фильм; (*not pronounced*) непроизноси́мый; (*noiseless*) бесшу́мный.

**Silesia** *n.* Силе́зия.

**Silesian** *adj.* силе́зский.

**silhouette** *n.* силуэ́т; a portrait in ~ силуэ́тное изображе́ние, силуэ́т.

*v.t.*: the dome was ~d against the sky на не́бе вырисо́вывался силуэ́т ку́пола.

**silica** *n.* кремнезём; (*quartz*) кварц.

**silicate** *n.* силика́т.

**silicon** *n.* кре́мний; ~ chip кре́мневая микропласти́нка, чип.

**silicone** *n.* силокса́н.

**silicosis** *n.* силико́з.

**silk** *n.* **1.** шёлк; (*attr.*) шёлковый; ~ stockings шёлковые чулки́; ~ hat цили́ндр; **2.** (*pl., garments*) шелка́ (*m. pl.*); **3.** (*pl., for embroidery*) шёлк; шёлковые ни́тки (*f. pl.*).

*cpds.*: ~-**breeder** *n.* шелково́д; ~-**growing** *n.* шелково́дство; ~**worm** *n.* ту́товый шелкопря́д; шелкови́чный червь.

**silken** *adj.* (*made of silk*) шёлковый; (*resembling ~*) шелкови́стый; (*fig.*) see SILKY.

**silky** *adj.* шелкови́стый; (*fig., of voice etc.*) медоточи́вый.

**sill** *n.* (*of window*) подоко́нник; (*of door*) поро́г.

**silliness** *n.* глу́пость.

**silly** *n.* глупы́ш (*coll., fem.* -ка, глу́пенькая); дурачо́к (*fem.* ду́рочка).

*adj.* **1.** (*foolish*) глу́пый; do/say sth. ~ сде́лать/сказа́ть/сморо́зить (*pf.*) глу́пость; how ~ of me to forget! как глу́по бы́ло с мое́й стороны́ забы́ть!; **2.** (*imbecile*) слабоу́мный; the noise is driving me ~ э́тот шум меня́ с ума́ сведёт.

**silo** *n.* (*tower; pit*) си́лосная ба́шня/я́ма; (*for missile*) ста́ртовая ша́хта.

*v.t.* силосова́ть, за-.

**silt** *n.* ил.

*v.t. & i.* (*usu.* ~ up) заи́ли|вать(ся), -ть(ся); (*fig.*) накоп|ля́ть(ся), -и́ть(ся).

**Silurian** *adj.* силури́йский.

**sil|van, syl-** *adj.* лесно́й, леси́стый.

**silver** *n.* **1.** (*metal*; ~ware; ~ coins) серебро́; table ~ столо́вое серебро́; clean the ~ чи́стить, по-/на- серебро́; a pocketful of ~ по́лный карма́н серебра́; **2.** (*colour*) серебря́ный цвет.

*adj.* (*made of* ~) сере́бряный; (*resembling* ~) серебри́стый; ~ age серебряный век; ~ birch бе́лая берёза; ~ fir бе́лая/благоро́дная пи́хта; ~ fox черно-бу́рая лиси́ца; ~ hair серебри́стые во́лосы; седина́; ~ jubilee серебряный юбилей; двадцатипятилетие; ~ paper фо́льга; ~ sand то́нкий бе́лый песо́к; ~ spoon серебряная ло́жка; ~ wedding серебряная сва́дьба.

*cpds.*: ~-**grey** *adj.* серебри́сто-се́рый; ~-**haired** *adj.* седо́й; ~-**plated** *adj.* серебрёный, посеребрённый; гальванизи́рованный серебро́м; ~**point** *n.* (*stylus*) серебряный каранда́ш; ~**side** *n.* (*of beef*) ссек; ~**smith** *n.* сере́бряных дел ма́стер; ~-**tongued** *adj.* красноречи́вый; ~**ware** *n.* серебро́; изде́лия (*nt. pl.*) из серебра́.

**silvery** *adj.* серебри́стый.

**silviculture** *n.* лесово́дство.

**simian** *adj.* (*of apes*) обезья́ний; (*ape-like*) обезьянободо́бный.

**similar** *adj.* **1.** (*alike*) схо́дный; the hats are ~ in appearance шля́пы с ви́ду о́чень похо́жи; **2.**: ~ to похо́жий на +*a.*; подо́бный +*d.*; your car is ~ to mine у вас така́я же маши́на, как у меня́; ~ triangles подо́бные треуго́льники.

**similarity** *n.* схо́дство; points of ~ черты́ (*f. pl.*) схо́дства; о́бщие черты́; (*geom.*) подо́бие; his features bear a ~ to his father's он похо́ж на отца́ лицо́м.

**similarly** *adv.* так же; таки́м же о́бразом.

**simile** *n.* сравне́ние.

**similitude** *n.* схо́дство; подо́бие; ви́димость; in the ~ of наподо́бие +*g.*

**simmer** *n.*: bring to a ~ дов|оди́ть, -ести́ до лёгкого кипе́ния.

*v.t.* кипяти́ть (*impf.*) на ме́дленном огне́.

*v.i.* слегка́ кипе́ть (*impf.*); (*fig.*): ~ with indignation кипе́ть (*impf.*) негодова́нием; ~ down (*fig.*) от|ходи́ть, -ойти́; успок|а́иваться, -о́иться; ост|ыва́ть, -ы́ть; he ~ed down он успоко́ился/осты́л; his rage ~ed down его́ гнев осты́л.

**simony** *n.* симони́я.

**simoom, simoon** *n.* саму́м.

**simper** *n.* жема́нная улы́бка.

*v.i.* жема́нно улыб|а́ться, -ну́ться.

**simple** *n.* (*medicinal herb*) лека́рственное расте́ние.

*adj.* **1.** просто́й; I am not so ~ as to believe that я не так прост, что́бы пове́рить э́тому; ~ fracture просто́й перело́м; as ~ as ABC про́ще просто́го; it's as ~ as that то́лько и всего́; вот и всё; и вся недолга́; **2.** (*easy*)

лёгкий; the dress is ~ to make э́то пла́тье легко́ сшить; **3.** (*math.*): ~ equation уравне́ние пе́рвой сте́пени.

*cpds.*: ~-**hearted** *adj.* простоду́шный; и́скренний; ~-**minded** *adj.* (*unsophisticated*) бесхи́тростный; (*feeble-minded*) глу́пый, глупова́тый.

**simpleton** *n.* проста́|к (*fem.* -чка).

**simplicity** *n.* простота́; (*easiness*) лёгкость; the game is ~ itself э́та игра́ ле́гче лёгкого.

**simplification** *n.* упроще́ние.

**simplify** *v.t.* упро|ща́ть, -сти́ть; облегч|а́ть, -и́ть.

**simplistic** *adj.* (чрезме́рно) упрощённый.

**simply** *adv.* про́сто; the weather was ~ dreadful пого́да была́ пря́мо ужа́сная; I ~ couldn't manage to come я ника́к не мог прийти́; it's ~ that I don't like him про́сто-на́просто мне он не нра́вится.

**simulacrum** *n.* подо́бие, ви́димость.

**simulate** *v.t.* (*feign*) симули́ровать (*impf., pf.*); изобра|жа́ть, -зи́ть; (*pretend to be*) притвор|я́ться, -и́ться +*i.*; (*wear guise of, resemble*) упод|обля́ться, -о́биться +*d.*; (*imitate for training purposes*) воспроизв|оди́ть, -ести́; модели́ровать (*impf., pf.*); имити́ровать (*impf., pf.*).

**simulated** *adj.* подде́льный, иску́ственный; ~ flight модели́рованный/усло́вный полёт.

**simulation** *n.* симуля́ция; воспроизведе́ние; модели́рование; имити́рование.

**simulator** *n.* (*pers.*) симуля́нт, притво́рщик; (*device*) модели́рующее/имити́рующее устро́йство.

**simultaneity** *n.* одновреме́нность, синхро́нность.

**simultaneous** *adj.* одновреме́нный, синхро́нный; ~ interpreting синхро́нный перево́д.

**sin** *n.* **1.** грех; original ~ первородный грех; the seven deadly ~s семь сме́ртных грехо́в; ~s of omission and commission грехи́ де́янием и неде́янием; forgiveness of ~s отпуще́ние грехо́в; live in ~ жить (*impf.*) в незако́нном бра́ке; for my ~s за грехи́ мои́; like ~ (*coll.*) ужа́сно; as ugly as ~ стра́шен как сме́ртный грех; **2.** (*offence*): ~ against propriety наруше́ние прили́чий; it's a ~ to stay indoors грешно́ сиде́ть до́ма.

*v.i.* греши́ть, со-; more ~ned against than ~ning скоре́е же́ртва, чем вино́вный.

**Sinai** *n.* Сина́й.

**since** *adv.* **1.** (*from that time*) с тех пор; he has been here ever ~ с той поры́ он здесь так и оста́лся; ever before or ~ когда́-либо ра́ньше и́ли пото́м; he was healthier in the army than ever before or ~ он никогда́ не́ был так здоро́в, как когда́ служи́л в а́рмии; **2.** (*in the intervening time*): the theatre has ~ been rebuilt с тех пор (*or* поздне́е) теа́тр перестро́или; he was wounded but has ~ recovered он был ра́нен, но успе́л опра́виться; **3.** (*liter., ago*) (тому́) наза́д.

*prep.* с +*g.*; nothing has happened ~ Christmas с Рождества́ ничего́ не произошло́; ~ my last letter с тех пор, как я писа́л после́дний раз; ~ our talk по́сле на́шего разгово́ра; ~ yesterday со вчера́шнего дня; ~ when have you been fond of music? с каки́х пор вы ста́ли люби́ть му́зыку?

*conj.* **1.** (*from, during the time when*): how long is it ~ we last met? ско́лько вре́мени прошло́ с на́шей после́дней встре́чи?; I have moved house ~ I saw you я перее́хал с тех пор, как мы с ва́ми ви́делись; **2.** (*seeing that*) так как, поско́льку; ~ you ask, we're going to be married мы собира́емся жени́ться, е́сли хоти́те знать.

**sincere** *adj.* и́скренний; he was ~ in what he said он э́то говори́л и́скренне; a ~ friend и́стинный друг; yours ~ly и́скренне Ваш.

**sincerity** *n.* и́скренность.

**sine** *n.* си́нус.

**sinecure** *n.* синеку́ра.

**sine die** *adv.* на неопределённый срок; без назначе́ния но́вой да́ты.

**sine qua non** *n.* непреме́нное/обяза́тельное усло́вие.

**sinew** *n.* **1.** (*tendon*) сухожи́лие; (*pl., muscles*) жи́лы (*f. pl.*); (*pl., strength*) си́ла; a man of mighty ~s двужи́льный челове́к; **2.** (*fig., resources*) ресу́рсы (*m. pl.*).

**sinewy** *adj.* (*muscular*): ~ arms му́скулистые/ жи́листые ру́ки; (*tough*): ~ meat жи́листое мя́со.

**sinful** *adj.* гре́шный, грехо́вный.

**sinfulness** *n.* грехо́вность.

**sing** *v.t.* петь, с-/про-; ~ a baby to sleep убаю́к|ивать, -ать ребёнка пе́нием; (*fig.*): ~ s.o.'s praises восхваля́ть (*impf.*) кого́-н.; петь (*impf.*) хвалу́ кому́-н.

*v.i.* петь, с-; (*a role, song etc.*) исп|олня́ть, -о́лнить; ~ in tune петь (*impf.*) пра́вильно; ~ out of tune петь (*impf.*) фальши́во; фальши́вить, с-; she sang to the guitar она́ пе́ла под гита́ру; ~ small (*coll.*) сба́вить (*pf.*) тон; присмире́ть (*pf.*); Homer sang of the Trojan War Гоме́р воспева́л Троя́нскую войну́; my ears are ~ing у меня́ звени́т в уша́х; a bullet sang over his head пу́ля просвисте́ла над его́ голово́й.

*with advs.*: ~ out *v.i.* (*coll., shout*) кри́кнуть (*pf.*); закрича́ть (*pf.*); ~ up *v.i.* петь, загро́мче.

*cpds.*: ~-song *n.* **1.** (*impromptu* ~ing) импровизи́рованный (вока́льный) конце́рт; we had a ~-song мы попе́ли; **2.** (*rising and falling speech*) певу́чая речь; *adj.*: in a ~-song voice певу́чим го́лосом.

**Singapore** *n.* Сингапу́р.

**Singaporean** *n.* сингапу́р|ец (*fem.* -ка).

*adj.* сингапу́рский.

**singe** *n.* ожо́г.

*v.t.* пали́ть (*or* опа́л|ивать), о-; ~ one's wings (*fig.*) опа́л|ивать, -и́ть кры́лья; обж|ига́ться, -е́чься; have one's hair ~d подпали́ть (*pf.*) во́лосы.

*v.i.*: something is ~ing что́-то гори́т; па́хнет палёным.

**singer** *n.* пев|е́ц (*fem.* -и́ца).

**Singhalese** *see* SINHALESE.

**singing** *n.* пе́ние; she has a good ~ voice у неё хоро́ший го́лос.

**single** *n.* (*ticket*) биле́т в оди́н коне́ц; (*pl., of tennis etc.*) одино́чная игра́.

*adj.* **1.** (*one*) оди́н; (*only one*) еди́нственный, еди́ный; not a ~ man moved ни оди́н челове́к не дви́нулся; a ~ idea occupied his mind одна́ еди́нственная мысль занима́ла его́ ум; I haven't met a ~ soul я ни еди́ной души́ не встре́тил; he didn't say a ~ word он не пророни́л ни (одного́) сло́ва; in ~ file гусько́м; ~ line (*rail.*) одноколе́йная доро́га; ~ quotes кавы́чки в оди́н штрих; (*for or involving one person*): ~ bed односпа́льная крова́ть; ~ room одино́чный но́мер; ~ combat единобо́рство; (*taken individually*): every one of his pupils passed все его́ ученики́ до еди́ного прошли́; **2.** (*unmarried*) холосто́й; незаму́жняя; lead a ~ life вести́ (*det.*) холосту́ю жизнь; she stayed ~ all her life она́ до конца́ свое́й жи́зни так и не вы́шла за́муж; **3.** (*consistent*): with a ~ mind после́довательно; целеустремлённо.

*v.t.*: ~ **out**: he was ~d out его́ вы́делили; he ~d out the largest plums он отобра́л са́мые кру́пные сли́вы.

*cpds.*: ~-**barrelled** *adj.* одноство́льный; ~-**breasted** *adj.* однобо́ртный; ~-**decker** *n.* (*bus*) одноэта́жный авто́бус; ~-**entry** *adj.* (*comm.*): ~-entry bookkeeping проста́я бухгалте́рия; ~-**handed** *adj. & adv.* (*unaided*) без посторо́нней по́мощи; ~-**hearted** *adj.* (*sincere*) прямоду́шный; ~-**line** *adj.*: ~-line traffic движе́ние в оди́н ряд; ~-**minded** *adj.* пре́данный одному́ де́лу; целеустремлённый; ~-**seater** *n.* (*plane*) одноме́стный самолёт; ~-**track** *adj.* (*rail.*) одноколе́йный.

**singleness** *n.*: ~ of purpose целеустремлённость.

**singlet** *n.* ма́йка.

**singleton** *n.* (*cards*) еди́нственная ка́рта да́нной ма́сти.

**singly** *adv.* (*separately*) врозь; в отде́льности; these articles are sold ~ э́ти ве́щи продаю́тся поштучно.

**singular** *n.* (*gram.*) еди́нственное число́.

*adj.* **1.** (*gram.*) еди́нственный; **2.** (*rare, unusual*) необыча́йный; (*odd*) стра́нный; **3.** (*outstanding*) чрезвыча́йный; she was ~ly

beautiful она́ была́ необыча́йно/исключи́-
тельно хороша́.

**singularity** *n.* (*peculiarity*) осо́бенность;
(*uncommonness*; *oddness*) необы́чность;
стра́нность.

**singularize** *v.t.* (*distinguish*) выделя́ть,
вы́делить.

**Sin|halese, Sing-** *n.* (*pers.*) синга́лец, синга́л
(*fem.* -ка); (*language*) синга́льский язы́к.
*adj.* синга́льский.

**sinister** *adj.* **1.** злове́щий; а ~ plot кова́рный
за́говор; а ~ character тёмная ли́чность; **2.**
bar ~ (*fig.*) незаконнорождённость.

**sink** *n.* **1.** (*in kitchen etc.*) ра́ковина; **2.** (*cesspool*)
клоа́ка; (*fig.*): ~ of iniquity верте́п.

  *v.t.* **1.** ~ a ship топи́ть, по- су́дно; (*coll., fig.*):
~ a plan провали́ть (*pf.*) план; we're sunk
(*coll.*) мы поги́бли!; (*immerse*): sunk in thought
погружённый в размышле́ния; **2.** (*lower*)
опус|ка́ть, -ти́ть; she sank her head on to the
pillow она́ опусти́ла го́лову на поду́шку; he
sank his voice to a whisper он пони́зил го́лос до
шо́пота; (*drink down*): he can ~ a pint in ten
seconds он спосо́бен вы́хлестнуть (*coll.*)
пи́нту (пи́ва) за де́сять секу́нд; **3.** (*set aside,
forget, ignore*): let us ~ our differences забу́дем
на́ши разногла́сия!; he sank his own interests
in the common good он поступи́лся со́бствен-
ными интере́сами ра́ди о́бщих; **4.** (*drive,
plunge*): ~ a post six feet into the earth вк|а́пы-
вать, -опа́ть столб в зе́млю на шесть фу́тов;
~ a pile погру|жа́ть, -зи́ть сва́ю; (*fig.*): the
dog sank its teeth into his leg соба́ка вонзи́ла
зу́бы в его́ но́гу; **5.** (*invest*) вкла́дывать,
вложи́ть; he sank all his capital in property он
вложи́л весь капита́л в недви́жимость; **6.**
(*excavate*): ~ a well рыть, вы- (*or* углуб|ля́ть,
-и́ть) коло́дец; ~ a shaft про|ходи́ть, -йти́
ша́хтный ствол; **7.** (*engrave*): ~ a die
выреза́ть, вы- штамп.

  *v.i.* **1.** (*in water etc.*) тону́ть, за-; погру|
жа́ться, -зи́ться; идти́ (*det.*), пойти́ ко дну; the
ship sank with all hands су́дно затону́ло
вме́сте со всем экипа́жем; he sank to his knees
in mud он по коле́но провали́лся в грязь; the
bather sank like a stone купа́льщик ка́мнем
пошёл ко дну; ~ or swim ли́бо пан, ли́бо
пропа́л; he was left to ~ or swim его́ бро́сили
на произво́л судьбы́; **2.** (*disappear*) исч|еза́ть,
-е́знуть; скр|ыва́ться, -ы́ться; (*below the hori-
zon*) па́дать, упа́сть; за|ходи́ть, -йти́; the sun
~s in the west со́лнце захо́дит на за́паде; **3.**
(*subside, of water*) спа|да́ть, -сть; (*of building
or soil*) ос|еда́ть, -е́сть; **4.** (*abate*) ослаб|ева́ть,
-е́ть; **5.** (*get lower*) па́дать, упа́сть; his voice
sank его́ го́лос упа́л; prices were ~ing це́ны
(ре́зко) па́дали/снижа́лись; **6.** (*fall*): his head
sank back on the pillow его́ голова́ откину́лась
на поду́шку; she sank into a coma она́ впа́ла в
комато́зное состоя́ние; I sank into a deep

sleep я погрузи́лся в глубо́кий сон; (*fig.*): he
has sunk in my estimation он упа́л в мои́х
глаза́х; my heart sank у меня́ упа́ло се́рдце; his
spirits sank он пал ду́хом; they sank into poverty они́ впа́ли в нищету́; **7.** (*become hollow*)
впа|да́ть, -сть; his cheeks have sunk его́ щёки
впа́ли; **8.** (*percolate, penetrate*) впи́т|ываться,
-а́ться; вп|ива́ться, -и́ться; the dye ~s into the
fabric кра́ска впи́тывается в ткань; the rain
sank into the dry ground дождь пропита́л
суху́ю зе́млю; (*fig.*): ~ into the ground
провали́ться (*pf.*) сквозь зе́млю; the lesson
sank into his mind уро́к ему́ хорошо́ запо́м-
нился; his words sank in его́ слова́ не прошли́
да́ром; **9.** (*approach death*): he is ~ing он
угаса́ет.

**sinker** *n.* (*lead weight*) грузи́ло.

**Sinkiang** *n.* Синьцзя́н.

**sinking** *n.* (*of ship*) потопле́ние; (*of one's
strength*) поте́ря сил; ослабе́ние; (*of voice*)
пониже́ние (го́лоса); (*of a well etc.*) выка́пы-
вание; (*of debt*) погаше́ние; ~ fund фонд
погаше́ния.

**sinless** *adj.* безгре́шный.

**sinner** *n.* гре́шни|к (*fem.* -ца).

**Sino-** *pref.* кита́йско-.

**sinologist** *n.* китаи́ст, сино́лог.

**sinology** *n.* китаеве́дение.

**sinuosity** *n.* изви́лина, изви́листость.

**sinuous** *adj.* (*serpentine*) изви́листый; (*undulat-
ing*) волни́стый.

**sinus** *n.* (*anat.*) па́зуха; frontal ~es ло́бные
па́зухи.

**sinusitis** *n.* синуси́т.

**Sioux** *n.* си́у (*m. indecl.*).

**sip** *n.* глото́к; have, take a ~ of глотну́ть (*pf.*);
вы́пить (*pf.*) глото́к +*g.*
  *v.t.* потя́гивать (*impf.*).

**si|phon, sy-** *n.* сифо́н.
  *v.t.* ~ **off, out** выка́чивать, вы́качать
сифо́ном; (*fig.*) перек|а́чивать, -ача́ть.
  *v.i.* ст|ека́ть, -е́чь.

**sir** *n.* (*form of address*; *title*) сэр, су́дарь (*m.*),
господи́н; Dear S~ (*in letters*) Многоуважа́е-
мый господи́н.
  *v.t.* велича́ть (*impf.*) сэ́ром.

**sire** *n.* **1.** (*father*) оте́ц; (*ancestor*) пре́док; **2.**
(*stallion etc.*) производи́тель (*m.*); **3.** (*Your
Majesty*) ва́ше вели́чество.
  *v.t.* произвести́ (*pf.*) на свет; the stallion ~d
twenty foals от э́того жеребца́ родило́сь 20
жеребя́т; ~d by рождённый от +*g.*

**siren** *n.* (*myth., fig.*) сире́на; (*hooter*) сире́на,
гудо́к.

**Sirius** *n.* Си́риус.

**sirloin** *n.* филе́ (*indecl.*); филе́йная часть
(ту́ши).

**sirocco, scirocco** *n.* сиро́кко (*m. indecl.*).

**sisal** *n.* сиза́ль (*m.*).

**siskin** *n.* чиж, чи́жик.

**sissy** *n.* (*coll.*) «девчо́нка», не́женка (*c.g.*); ма́менькин сыно́к; (*coll.*) слаба́к.
*adj.* изне́женный, женоподо́бный.
**sister** *n.* сестра́; full ~ родна́я сестра́; (*nun*): S~ of Mercy сестра́ милосе́рдия; (*nursing* ~) (ста́ршая) медици́нская сестра́; (*attr.*): ~ nations бра́тские стра́ны; ~ ship одноти́пное су́дно.
*cpd.*: ~-in-law *n.* (*brother's wife*) неве́стка; (*husband's sister*) золо́вка; (*wife's sister*) своя́ченица.
**sisterhood** *n.* (*relig.*) се́стринская о́бщина.
**sisterly** *adj.* се́стринский.
**Sistine Chapel** *n.* Сиксти́нская капе́лла.
**Sisyphean** *adj.*: a ~ task сизи́фов труд.
**sit** *v.t.* **1.** (*seat*) сажа́ть, посади́ть; уса́|живать, -ди́ть; they sat the old lady by the fire стару́шку посади́ли у огня́; (*of several pers.*) расса́|живать, -ди́ть; I don't know if I can ~ you all round the table бою́сь, что вы все не помести́тесь за э́тим столо́м; ~ you/yourself down! (*coll.*) сади́тесь!; **2.**: he ~s his horse well он хорошо́ де́ржится в седле́; **3.** (*undergo*): ~ an examination держа́ть/сдава́ть (*impf.*) экза́мен.
*v.i.* **1.** (*take a seat*) сади́ться, сесть; **2.** (*be seated*) сиде́ть (*impf.*); he can't ~ still ему́ не сиди́тся (на ме́сте); ~ (*stay*) at home сиде́ть (*impf.*) до́ма; ~ tight (*stick to one's position*) не сдава́ться (*impf.*); не уступа́ть (*impf.*); держа́ться (*impf.*) (своего́); ~ on (*coll., snub*) s.o. осади́ть (*pf.*) кого́-н.; ~ on a committee быть чле́ном комите́та; ~ on sth. (*shelve it*) класть (*impf.*) что-н. под сукно́; (*of hens*: ~ on eggs*) выси́живать (*impf.*) цыпля́т; (*of birds*: *perch*) сиде́ть (*impf.*); ~ting duck, target (*fig.*) лёгкая мише́нь; гото́вая же́ртва; **3.** (*pose*): ~ to an artist пози́ровать (*impf.*) худо́жнику; ~ for one's photograph фотографи́роваться (*impf.*); **4.** (*hold meeting*; *be in session*) заседа́ть (*impf.*); the committee ~s at 10 заседа́ние комите́та начина́ется в 10 часо́в; he sat on the committee он был чле́ном комите́та; ~ on a case разбира́ть (*impf.*) де́ло; **5.** (*be candidate*): ~ for an exam держа́ть (*impf.*) экза́мен; ~ for a constituency представля́ть (*impf.*) о́круг в парла́менте; **6.** (*of clothes*: *fit, hang*): his coat does not ~ properly on his shoulders его́ пиджа́к пло́хо сиди́т в плеча́х; **7.** (*weigh*): the large dinner sat heavily on my stomach от оби́льного у́жина я испы́тывал тя́жесть в желу́дке; his principles ~ lightly on him; he ~s loosely to his principles он не сли́шком(-то) стеснён свои́ми при́нципами; **8.**: the wind ~s in the east ве́тер ду́ет с восто́ка.
*with advs.*: ~ **back** *v.i.* (*lit.*) отки́|дываться, -ну́ться; (*fig., relax effort*) безде́йствовать (*impf.*); ~ **down** *v.t.* сажа́ть, посади́ть; уса́|живать, -ди́ть; *v.i.* сади́ться, сесть; (*for a moment*) прис|а́живаться, -е́сть; ~ **down**

under an insult (безро́потно) сн|оси́ть, -ести́ оскорбле́ние; ~ **in** *v.i.* (*occupy premises in protest*) зан|има́ть, -я́ть помеще́ние в знак проте́ста; ~ in (*deputize*) for s.o. замеща́ть (*impf.*) кого́-н.; (*act as baby-sitter*) сиде́ть (*impf.*) с (чужи́м) ребёнком; ~ in on a meeting прису́тствовать (*impf.*) на собра́нии (с пра́вом совеща́тельного го́лоса); ~ **out** *v.t.* (*take no part in*): I have decided to ~ this one (*dance*) out я реши́л пропусти́ть э́тот та́нец; (*stay to end of*) выси́живать, вы́сидеть; (*outstay*) переси́|живать, -де́ть; *v.i.* (~ *outdoors*) сиде́ть (*impf.*) на во́здухе; ~ **through** *v.t.*: we sat through the concert мы вы́сидели весь конце́рт; ~ **up** *v.i.* (*from lying position*): he sat up in bed он приподня́лся (и сел) в посте́ли; (*straighten one's back*) сиде́ть (*impf.*) пря́мо; вы́прямиться (*pf.*); (*not go to bed*) заси́|живаться, -де́ться; we sat up all night with the invalid мы просиде́ли всю ночь с больны́м; don't ~ up for me не жди́те меня́, ложи́тесь спать; (*coll., be startled*): the news made him ~ up э́та но́вость его́ огоро́шила.
*cpds.*: ~-**down** *adj.*: a ~-down strike сидя́чая забасто́вка; ~-**in** *n.* демонстрати́вное заня́тие помеще́ния; ~-**upon** *n.* (*coll.*) за́дница.
**sitcom** *n.* (*coll.*) коме́дия положе́ний.
**site** *n.* (*place*) ме́сто; (*position*) положе́ние; (*location*) местоположе́ние, местонахожде́ние; building ~ строи́тельный уча́сток.
*v.t.* **1.** (*arrange, dispose*) распол|ага́ть, -ожи́ть; **2.** (*choose* ~ *of*) выбира́ть, вы́брать ме́сто для +g.; **3.** (*locate*): the house is ~d on a slope дом располо́жен на скло́не горы́/холма́.
**sitter** *n.* **1.** (*pers. sitting for portrait*) моде́ль; тот/та, кто пози́рует худо́жнику (*и т.п.*) для портре́та; **2.** (*hen*) насе́дка; **3.** (*baby-*~) ≃ приходя́щая ня́ня; **4.** (*sth. easily done*) па́ра пустяко́в (*coll.*).
**sitting** *n.* **1.** сиде́ние; **2.** (*session*) заседа́ние; the first ~ for lunch is at 12 o'clock за́втрак для пе́рвой о́череди подаётся в 12 часо́в; at one ~ в оди́н присе́ст; **3.** (*posing*) пози́рование; two ~s два сеа́нса.
*cpd.*: ~-**room** *n.* гости́ная.
**situate** *v.t.* поме|ща́ть, -сти́ть; распол|ага́ть, -ожи́ть.
**situated** *adj.* **1.** (*of buildings etc.*) располо́женный; a pleasantly ~ house дом, располо́женный в краси́вой ме́стности; **2.** (*of pers.*): I am awkwardly ~ я нахожу́сь в затрудни́тельном положе́нии; this is how I am ~ таковы́ мои́ обстоя́тельства; how are you ~ for money? как у вас (обстои́т) с деньга́ми?
**situation** *n.* **1.** (*place*) ме́сто; (*position*) местоположе́ние; **2.** (*circumstances*) обстано́вка, положе́ние, ситуа́ция; what is the ~? каково́ положе́ние дел?; какова́ обстано́вка?; **3.** (*job*) пост, ме́сто; ~s vacant (*as*

*column heading*) вака́нтные до́лжности; тре́буется рабо́чая си́ла.

**six** *n.* (число́/но́мер) шесть; (~ *people*) ше́стеро, шесть челове́к; we ~, the ~ of us мы ше́стеро/вшестеро́м; ~ each по шести́; in ~es, ~ at a time по шести́, шестёрками; (*figure*; *thing numbered* 6; *group of* ~) шестёрка; (*with var. nouns expressed or understood: cf. also examples under* FIVE): it is ~ of one and half a dozen of the other э́то одно́ и то же; что в лоб, что по́ лбу; оди́н друго́го сто́ит; everything is at ~es and sevens всё вверх дном; всё в беспоря́дке; the news knocked me for ~ э́та но́вость меня́ огоро́шила (*coll.*); he threw a ~ (*dice*) у него́ вы́пала шестёрка; double ~ (*domino*) ду́пель (*m.*) шесть.

*adj.* шесть +*g. pl.*; ~ feet high шесть фу́тов высото́й; (*for people and* pluralia tantum *also*) ше́стеро +*g. pl.*; ~ fives are thirty ше́стью (*or* шесть на) пять — три́дцать; ~ times as good вше́стеро (*or* в шесть раз) лу́чше.

*cpds.*: ~**fold** *adj.* шестикра́тный; *adv.* вше́стеро; в шесть раз; ~-**foot** *adj.* шестифу́товый; ~-**shooter** *n.* шестизаря́дный револьве́р; ~-**sided** *adj.* шестисторо́нний, шестигра́нный.

**sixteen** *n. & adj.* шестна́дцать (+*g. pl.*).

**sixteenth** *n.* 1. (*date*) шестна́дцатое (число́); 2. (*fraction*) шестна́дцатая часть; одна́ шестна́дцатая.

*adj.* шестна́дцатый.

**sixth** *n.* 1. (*date*) шесто́е (число́); 2. (*fraction*) шеста́я часть; одна́ шеста́я; five ~s пять шесты́х; 3. (*mus.*) се́кста.

*adj.* шесто́й; in the ~ form в ста́ршем кла́ссе; ~ sense шесто́е чу́вство.

**sixthly** *adv.* в-шесты́х.

**sixtieth** *n.* шестидеся́тая часть; одна́ шестидеся́тая.

*adj.* шестидеся́тый.

**sixt|y** *n.* шестьдеся́т; he is in his ~ies ему́ за шестьдеся́т (лет); он на седьмо́м деся́тке; in the ~ies (*decade*) в шестидеся́тых года́х; в шестидеся́тые го́ды; (*temperature*) за шестьдеся́т гра́дусов (по Фаренге́йту).

*adj.* шестьдеся́т +*g. pl.*

**sizable** *see* SIZ(E)ABLE.

**size**¹ *n.* 1. (*dimension, magnitude*) разме́р; величина́; what is the ~ of the house? какова́ пло́щадь э́того до́ма?; ско́лько ко́мнат в э́том доме́?; what ~ will the army be? какова́ бу́дет чи́сленность а́рмии?; a dog of enormous ~ огро́мная соба́ка; these books are all the same ~ э́ти кни́ги все одного́ форма́та; a wave the ~ of a house волна́, велчино́й/высото́й с дом; that's about the ~ of it (*coll.*) та́к-то обстои́т де́ло; cut s.o. down to ~ (*coll.*) ста́вить, по- кого́-н. на ме́сто; 2. (*of clothes etc.*): ~ 4 четвёртый разме́р/но́мер; what is your ~?;

what ~ do you take? како́й у вас но́мер?; the dress is just her ~ э́то пла́тье как раз её разме́ра; I take ~ 10 in shoes я ношу́ (*or* у меня́) со́рок второ́й но́мер о́буви; these are three ~s too big э́ти на три но́мера велики́; they are made in several ~s они́ быва́ют разли́чных разме́ров.

*v.t.* 1. сорти́ровать, рас- по разме́ру; 2.: ~ s.o. up оце́н|ивать, -и́ть кого́-н.; сост|авля́ть, -а́вить о ком-н. мне́ние; ~ up the situation определи́ть/взве́сить (*pf.*) обстано́вку.

**size**² *n.* (*for glazing paper, walls etc.*) клей, грунт; (*for textile*) шли́хта.

*v.t.*: ~ a wall окле́и|вать, -ть сте́ну; ~ paper прокле́и|вать, -ть бума́гу; ~ cloth шлихтова́ть (*impf.*) сукно́; ~ canvas грунтова́ть, за- холст.

**siz(e)able** *adj.* значи́тельного разме́ра; поря́дочный, изря́дный.

**sizzl|e** *n.* шипе́ние.

*v.i.* шипе́ть (*impf.*); a ~ing hot day зно́йный (*or* о́чень жа́ркий) день.

**skate**¹ *n.* (ice-~) конёк; get one's ~s on (*lit.*) над|ева́ть, -е́ть коньки́; (*fig., hurry*) потора́пливаться (*impf.*); (roller-~) ро́лик; ро́ликовый конёк.

*v.i.* 1. (*on ice*) ката́ться/бе́гать (*both indet.*) на конька́х; (*on roller-*~s) ката́ться (*indet.*) на ро́ликах; ~ on thin ice (*fig.*) прик|аса́ться, -осну́ться к щекотли́вой те́ме; игра́ть (*impf.*) с огнём; ~ over, round sth. (*fig.*) каса́ться, косну́ться чего́-н. вскользь; об|ходи́ть, -ойти́ что-н.; 2. (*slide, skid*) скользи́ть (*impf.*) (по пове́рхности).

*cpd.*: ~**board** *n.* сухопу́тный сёрфер; ~**boarding** *n.* сухопу́тный сёрфинг.

**skate**² *n.* (*fish*) скат.

**skater** *n.* конькобе́ж|ец (*fem. also* -ка).

**skating** *n.* бег/ката́ние на конька́х; конькобе́жный спорт; free(-style) ~ произво́льное ката́ние; pair ~ па́рное ката́ние.

*cpd.*: ~-**rink** *n.* като́к.

**skedaddle** (*coll.*) *n.*: there was a general ~ все бро́сились врассыпну́ю.

*v.i.* улепёт|ывать, -ну́ть (*coll.*); ~! кати́сь! (*coll.*).

**skein** *n.* (*of wool etc.*) мото́к пря́жи.

**skeletal** *adj.* скеле́тный, скелетообра́зный, скелетоподо́бный.

**skeleton** *n.* 1. скеле́т, костя́к; ~ in the cupboard (*fig.*) семе́йная та́йна; ~ at the feast (*fig.*) «мертве́ц» на пиру́; 2. (*fig., outline*) костя́к, схе́ма; 3. (*framework*) скеле́т, о́стов, карка́с, костя́к; 4. (*emaciated pers.*) ко́жа да ко́сти; 5. (*attr.*): ~ crew/staff минима́льный экипа́ж/штат; ~ key отмы́чка.

**skep, skip** *n.* (*basket*) плетёнка; (*beehive*) (соло́менный) у́лей; (*tub*) бадья́.

**skeptic, -al** *see* SCEPTIC, -AL.

**sketch** *n.* 1. (*artistic*) эски́з, набро́сок, зарисо́вка; **2.** (*verbal account*) (бе́глый) о́черк; **3.** (*play*) скетч.

*v.t.* (*draw, lit., fig.*) набр|а́сывать, -оса́ть; he ~ed in the details он наброса́л дета́ли; he ~ed out his plans он обрисова́л свои́ пла́ны в о́бщих черта́х.

*v.i.* рисова́ть (*impf.*); де́лать (*impf.*) набро́ски.

*cpds.*: ~**-block**, ~**-book** *nn.* альбо́м; блокно́т для рисова́ния/зарисо́вок; ~**-map** *n.* схемати́ческая ка́рта.

**sketching** *n.* рисова́ние; (эски́зов); рабо́та над набро́сками.

**sketchy** *adj.* (*in outline*) схемати́ческий, схемати́чный; (*superficial*) пове́рхностный; (*fragmentary*) отры́вочный, эски́зный, небре́жный.

**skew** *n.*: on the ~ кри́во, ко́со, на́искось, наискосо́к.

*adj.* (*coll.* ~**-whiff**) косо́й; (*math.*) асимметри́чный.

*cpd.*: ~**bald** *adj.* пе́гий.

**skewer** *n.* ве́ртел.

*v.t.* наса́|живать, -ди́ть на ве́ртел; (*fig.*) пронз|а́ть, -и́ть.

**ski** *n.* лы́жа.

*v.i.* ходи́ть (*indet.*) на лы́жах.

*cpds.*: ~**-boots** *n.* лы́жные боти́нки (*m. pl.*); ~**-joring** *n.* лы́жная букси́ровка за ло́шадью; ~**-jump** *n.* лы́жный трампли́н; ~**-jumping** *n.* прыжки́ (*m. pl.*) на лы́жах с трампли́на; ~**-lift** *n.* подъёмник; ~**-pants** *n.* лы́жные брю́к|и (*pl., g.* -); ~**-run**, ~**-track** *nn.* лыжня́.

**skid** *n.* **1.** (*slipping, e.g. of engine-wheel*) буксова́ние; go into a ~ забуксова́ть (*pf.*); (*of car*) зано́с; юз; the car went into a ~ маши́ну занесло́; **2.** (*braking device*) тормозна́я коло́дка; **3.** (*supporting piece of timber etc.*): put the ~s under (*fig.*) уск|оря́ть, -о́рить коне́ц/паде́ние (*кого*).

*v.i.* (*of wheels*) буксова́ть, за-; (*of car*) пойти́ (*pf.*) ю́зом; see also *n.* **1.**

*cpds.*: ~**-chain** *n.* цепь противоскольже́ния; ~**-lid** *n.* (*sl.*) шлем мотоцикли́ста; ~**-proof** *adj.* неподдаю́щийся зано́су; нескользя́щий; ~**-row** *n.* (*Am.*) райо́н алкаше́й (*coll.*) и бродя́г.

**skier** *n.* лы́жник.

**skiff** *n.* я́лик, скиф-одино́чка.

**skiing** *n.* лы́жный спорт.

**skilful** (*Am.* **skillful**) *adj.* иску́сный, уме́лый, ло́вкий, о́пытный; (*in sport*) техни́чный.

**skill** *n.* иску́сство; (*competence*) уме́ние; (*dexterity*) ло́вкость; (*technique*) мастерство́, сноро́вка.

**skilled** *adj.* иску́сный; (*highly-trained*) квалифици́рованный, о́пытный; ~ labour квалифици́рованная рабо́та.

**skillet** *n.* кастрю́лька на но́жках с дли́нной ру́чкой; (*Am.*) сковорода́.

**skillful** *see* SKILFUL.

**skim** *adj.*: ~ milk снято́е молоко́.

*v.t.* **1.** ~ a liquid сн|има́ть, -ять на́кипь с жи́дкости; ~ milk сн|има́ть, -ять сли́вки (с молока́); **2.** (*remove*): ~ the grease from, off the soup сн|има́ть, -ять жир с су́па; ~ the cream off sth. (*fig.*) сн|има́ть, -ять сли́вки/пе́нки с чего́-н.; **3.** (*move lightly over*): ~ the ground лете́ть (*det.*) над са́мой землёй; **4.** (*scan through*) пробе|га́ть, -жа́ть; (*book etc.*) чита́ть (*impf.*) «по диагона́ли»; (*touch on*) бе́гло каса́ться, косну́ться вопро́са.

**skimmer** *n.* **1.** (*ladle*) шумо́вка; **2.** (*for milk*) сепара́тор.

**skimp** *v.t.* скупи́ться (*impf.*) на +*a.*; ~ one's work халту́рить, с-; манки́ровать (*impf., pf.*) рабо́той.

*v.i.* эконо́мничать (*impf.*).

**skimpy** *adj.* (*meagre*) ску́дный; (*of clothes: short or tight*) те́сный, у́зкий.

**skin** *n.* **1.** ко́жа; clear ~ чи́стая ко́жа; dark ~ сму́глая/тёмная ко́жа; ~ disease ко́жная боле́знь; take the ~ off one's knees сдира́ть, содра́ть ко́жу на коле́нях; ссади́ть (*pf.*) (*or* ободра́ть (*pf.*)) коле́ни; it's no ~ off my nose (*coll.*) а мне́-то что?; he has a thick ~ (*fig.*) он толстоко́жий, у него́ то́лстая ко́жа; strip to the ~ разд|ева́ться, -е́ться донага́; I got soaked to the ~ я промо́к до (после́дней) ни́тки; get under s.o.'s ~ (*annoy intensely*) раздража́ть (*impf.*) кого́-н.; де́йствовать кому́-н. на не́рвы; беси́ть (*impf.*) кого́-н.; I nearly jumped out of my ~ я так и подскочи́л от неожи́данности; fear for one's ~ дрожа́ть (*impf.*) за свою́ шку́ру; save one's ~ спас|а́ть, -ти́ свою́ шку́ру; escape by the ~ of one's teeth чу́дом спасти́сь (*pf.*); he was all ~ and bone от него́ оста́лась одна́ ко́жа да ко́сти; **2.** (*of animal: hide*) шку́ра; leopard ~ шку́ра леопа́рда; rabbit ~ кро́личья шку́рка; (*fur*) мех (*pl.* -а́); **3.** (*for wine etc.*) мех (*pl.* -и́); **4.** (*of fruit*) кожура́; (*of grape*) ко́жица; (*of sausage*) кожура́, ко́жица; orange/lemon ~ апельси́нная/лимо́нная ко́рка; **5.** (*of ship, aeroplane*) обши́вка; **6.** (*on liquid etc.*) пе́нка.

*v.t.* **1.** (*remove ~ from*) сн|има́ть, -ять шку́ру с +*g.*; свежева́ть, о-; ~ s.o. alive сдира́ть, содра́ть с кого́-н. ко́жу за́живо; **2.** (*remove peel, rind from*) сн|има́ть, -ять кожуру́ с +*g.*; чи́стить, о-; keep one's eyes ~ned (*coll.*) смотре́ть (*impf.*) в о́ба; **3.** (*graze*) об|дира́ть, -одра́ть; she ~ned her knee она́ ободра́ла/ссади́ла себе́ коле́но; **4.** (*fleece*) об|ира́ть, -обра́ть; they ~ned him of every penny его́ обобра́ли до ни́тки.

*v.i.* (*also* ~ **over**) зарубц|о́вываться, -ева́ться; заж|ива́ть, -и́ть.

*cpds.*: ~**-deep** *adj.* пове́рхностный; ~**-diver** *n.* акваланги́ст; лёгкий водола́з; ~**-diving** *n.* подво́дное пла́вание (с аквала́нгом); ~**-flick** *n.* (фильм-) порну́шка (*coll.*); ~ **flint** *n.* скря́га (*c.g.*); ~-**food** *n.* пита́тельный крем (для ко́жи); ~-**graft** *n.* ко́жный транспланта́т; ~-**grafting** *n.* переса́дка/транспланта́ция ко́жи; ~**head** *n.* (*Br.*) «бритоголо́вый»; ~-**tight** *adj.* в обтя́жку.

**skinful** *n.*: he had a ~ он как сле́дует нагрузи́лся (*coll.*).

**skinner** *n.* (*furrier*) меховщи́к, скорня́к.

**skinny** *adj.* то́щий.

**skint** *adj.*: I'm ~ у меня́ ни копья́/шиша́ (нет) (*sl.*).

**skip**[1] *n.* скачо́к, прыжо́к.

*v.t.* (*fig.*) пропус|ка́ть, -ти́ть; he ~ped the class он пропусти́л/прогуля́л уро́к; he ~ped a class (*went up 2 classes*) он перескочи́л че́рез класс; ~ it! (*coll.*) хва́тить!; нева́жно!

*v.i.* **1.** (*use ~ping-rope*) скака́ть (*impf.*) (че́рез верёвочку); ~ping rope скака́лка; (*jump*): she ~ped for joy она́ подпры́гнула от ра́дости; he ~ped across the brook он перескочи́л (че́рез) руче́й; **2.** (*coll., go quickly or casually*): he ~ped off without telling anyone он ускака́л, нико́му ничего́ не сказа́в; he ~ped from subject to subject он переска́кивал с предме́та на предме́т; I ~ped through the preface я пробежа́л предисло́вие (глаза́ми); я бы́стро посмотре́л предисло́вие.

**skip**[2] *see* SKEP.

**skipper** *n.* (*captain*) шки́пер, капита́н.

**skirl** *n.*: the ~ of pipes звук волы́нки.

**skirmish** *n.* (*mil., fig.*) сты́чка; (коро́ткая) перестре́лка; схва́тка; a ~ of wits борьба́/состяза́ние умо́в.

*v.i.* (*mil.*) перестре́ливаться (*impf.*); (*fig.*) сцеп|ля́ться, -и́ться.

**skirt** *n.* (*garment; part of dress*) ю́бка; (*woman*) ба́ба (*coll.*); (*edge of forest*) опу́шка.

*v.t.* (*pass along edge of*): we ~ed the crowd мы обошли́ толпу́; the ship ~ed the coast су́дно шло вдоль бе́рега; (*form border of*): the road ~s the forest доро́га огиба́ет лес; ~ing-board пли́нтус.

*v.i.*: ~ round (*fig., avoid*) об|ходи́ть, -ойти́.

**skit** *n.* паро́дия, скетч, сати́ра (на +*a.*).

**skittish** *adj.* (*of horse etc.*) норови́стый; пугли́вый; (*of pers.*) капри́зный, игри́вый, коке́тливый.

**skittle** *n.* ке́гля; (*pl., game*) ке́гли (*f. pl.*); it's not all beer and ~s не всё заба́вы да развлече́ния.

*cpd.*: ~-**alley** *n.* кегельба́н.

**skive** *v.t.* (*leather*) разр|еза́ть, -е́зать; слои́ть, рас-.

*v.i.* (*evade duty*) сачкова́ть (*impf.*) (*sl.*).

**skiver** *n.* сачо́к (*sl.*).

**skivvy** *n.* (*coll., pej.*) служа́нка.

**skua** *n.* помо́рник.

**skuld|uggery, skulld-** надува́тельство, моше́нничество.

**skulk** *v.i.* (*hide*) скрыва́ться, (*impf.*); пря́таться

(*impf.*); (*lurk*) зата́иваться (*impf.*); (*slink*) кра́сться (*impf.*).

**skull** *n.* че́реп; ~ and crossbones че́реп со скре́щенными костя́ми; he has a thick ~ (*fig.*) он настоя́щий ме́дный лоб; I tried to get it into his ~ я пыта́лся втемя́шить э́то ему́ (в го́лову).

*cpd.*: ~-**cap** *n.* ермо́лка; (*Central Asian*) тюбете́йка; (*worn by Orthodox priests*) скуфе́йка, скуфья́.

**skullduggery** *n. see* SKULDUGGERY.

**skunk** *n.* воню́чка, скунс; (*fur*) ску́нсовый мех; (*coll., pers.*) подле́ц, подо́нок.

**sky** *n.* **1.** не́бо; there wasn't a cloud in the ~ на не́бе не́ было ни о́блачка; sleep under the open ~ спать (*impf.*) под откры́тым не́бом; praise s.o. to the skies превозн|оси́ть, -ести́ кого́-н. до небе́с; **2.** (*climate*) кли́мат; under warmer skies в бо́лее тёплых края́х.

*v.t.*: ~ a ball высоко́ запусти́ть (*pf.*) мяч.

*cpds.*: ~-**blue** *adj.* (небе́сно-)голубо́й; лазу́рный; ~-**high** *adv.* высоко́ в во́здух; (*fig.*) до небе́с; до са́мого не́ба; go ~-high (*explode*) взлете́ть (*pf.*) на во́здух; ~ **lark** *n.* полево́й жа́воронок; *v.i.* (*frolic etc.*) рези́ться (*impf.*); дура́читься (*impf.*); ~**light** *n.* ве́рхний свет; фона́рь (*m.*); ~ **line** *n.* горизо́нт; силуэ́т; ~-**pilot** *n.* (*coll.*) свяще́нник, капелла́н; ~-**rocket** *n.* сигна́льная раке́та; *v.i.* (*fig.*) стреми́тельно подня́ться (*pf.*); бы́стро расти́ (*pf.*); ~ **scraper** *n.* небоскрёб; ~-**sign** *n.* светова́я рекла́ма; ~-**wave** *n.* волна́, отражённая от ве́рхних слоёв атмосфе́ры; ~-wave communication связь на отражённой волне́; ~-**way** *n.* возду́шная тра́сса; авиатра́сса; ~-**writing** *n.* прочёрчивание самолётом бу́квенных зна́ков; возду́шная рекла́ма.

**skywards** *adv.* к не́бу; ввысь; вверх.

**slab** *n.* (*of stone etc.*) плита́; ~ of concrete бето́нная плита́; (*of cake etc.*) кусо́к; (*of soap*) брусо́к; кусо́к.

**slack**[1] *n.* **1.** (*loose part of rope, sail*) слабина́; pull in (*or take in, up*) the ~ подтя́|гивать, -ну́ть (*or* выбира́ть, вы́брать) слабину́; натя́|гивать, -ну́ть верёвку; **2.** (*pl., trousers*) (широ́кие) брю́к|и (*pl., g.* —); **3.** (~ *period of trade*) зати́шье.

*adj.* **1.** (*sluggish, slow*): I feel ~ this morning я сего́дня не в настрое́нии; trade is ~ торго́вля идёт вя́ло; в торго́вле засто́й; demand is ~ спрос небольшо́й; at a ~ speed (*of machine*) ти́хим хо́дом; ~ water стоя́ние прили́ва/отли́ва; **2.** (*of pers., lax*) расхля́банный; (*negligent*) небре́жный; be ~ in one's work хала́тно относи́ться (*impf.*) к рабо́те; рабо́тать (*impf.*) спустя́ рукава́; grow ~ распус|ка́ться, -ти́ться; **3.** (*loose; not taut*): ~ горе прови́сшая верёвка; ~ muscles дря́блые мы́шцы, дря́блая мускулату́ра; ride with a ~

rein е́хать (*det.*), отпусти́в пово́дья; **4.** (*quiet, inactive*): ~ season, period мёртвый сезо́н; зати́шье; **5.**: ~ lime гашёная и́звесть.

*v.t.* (*rope, sail, rein*) отпус|ка́ть, -ти́ть; осл|абля́ть, -а́бить.

*v.i.* **1.** (*also* ~ **off**) *see* SLACKEN *v.i.*; **2.** (*be indolent*) ло́дырничать (*impf.*); безде́льничать (*impf.*); гоня́ть (*impf.*) ло́дыря; we ~ed off towards five к пяти́ часа́м мы сба́вили темп (рабо́ты); **3.** ~ **up** (*reduce speed*) уб|авля́ть, -а́вить ско́рость; зам|едля́ть, -е́длить ход.

**slack²** *n.* (*coal*) у́гольная ме́лочь/пыль.

**slacken** *v.t.* **1.** (*rope, rein*) отпус|ка́ть, -ти́ть; осл|абля́ть, -а́бить; (*sail*) приспус|ка́ть -ти́ть; (*screw*) осл|абля́ть, -а́бить; **2.** (*diminish*): ~ one's efforts осл|абля́ть, -а́бить уси́лия; ~ speed зам|едля́ть, -а́вить ско́рость; зам|едля́ть, -е́длить ход.

*v.i.* **1.** (*also* **slack**) (*of rope*) пров|иса́ть, -и́снуть; (*of sail*) обв|иса́ть, -и́снуть; (*of screw, nut*) ослабе́ть (*pf.*); (*of knot*) развя́з|ываться, -а́ться; **2.** (*die down*): demand is ~ing спрос уменьша́ется; the storm is ~ing бу́ря стиха́ет.

**slacker** *n.* ло́дырь (*m.*); безде́льни|к (*fem.* -ца).

**slackness** *n.* небре́жность, расхля́банность.

**slag** *n.* шлак.

*cpd.*: ~-**heap** *n.* гру́да шла́ка.

**slake** *v.t.* **1.** (*liter.*): ~ one's thirst утол|я́ть, -и́ть жа́жду; **2.**: ~ lime гаси́ть, по- и́звесть.

**slalom** *n.* сла́лом.

**slam** *n.* **1.**: I heard the ~ of a door я слы́шал, как хло́пнула дверь; **2.** (*cards*): grand/little ~ большо́й/ма́лый шлем.

*v.t.* **1.** (*shut with a bang*): ~ a door хло́пнуть (*pf.*) две́рью; he ~med the door to он захло́пнул дверь; ~ the lid of a trunk захло́п|ывать, -нуть кры́шку сундука́; **2.** (*other violent or sudden action*): he ~med the brakes on он ре́зко затормози́л; he ~med the box down on the table он шва́ркнул коро́бку о стол; он швырну́л коро́бку на стол; **3.** (*defeat resoundingly*) разнести́ (*pf.*).

*v.i.* **1.** (*of door etc.*) захло́п|ываться, -нуться; **2.**: he ~med out of the room он вы́скочил/вы́летел из ко́мнаты.

**slander** *n.* клевета́.

*v.t.* клевета́ть, на- на +*a.*; оклевета́ть (*pf.*); поро́чить, о-; черни́ть, о-.

**slanderer** *n.* клеветни́|к (*fem.* -ца).

**slanderous** *adj.* клеветни́ческий; ~ person клеветни́|к (*fem.* -ца).

**slang** *n.* жарго́н; сленг; thieves' ~ воровско́е арго́ (*indecl.*); ~ word жарго́нное сло́во.

*v.t.* обруга́ть (*pf.*); ~ing match перебра́нка.

**slangy** *adj.* жарго́нный, вульга́рный; (*of pers.*) употребля́ющий жарго́н.

**slant** *n.* **1.** (*oblique position*): he wears his hat on the ~ он но́сит шля́пу набекре́нь; **2.** (*coll., point of view*) то́чка зре́ния; my trip gave me a new ~ on things по́сле пое́здки я на всё

взгляну́л по-но́вому.

*adj.* косо́й.

*v.t.* **1.** (*incline*) наклон|я́ть, -и́ть; **2.** (*fig., distort*) иска|жа́ть, -зи́ть; a ~ed article тенденцио́зная статья́.

*v.i.*: his handwriting ~s to the right он пи́шет с накло́ном впра́во; the ~ing rays of the sun косы́е лучи́ со́лнца.

*cpd.*: ~-**eyed** *adj.* с раско́сыми глаза́ми.

**slantwise** *adv.* вкось, ко́со, накло́нно.

**slap** *n.* шлепо́к; she gave the boy a good ~ она́ дала́ ма́льчику зво́нкий шлепо́к; ~ in the face (*lit., fig.*) пощёчина; ~ on the back (*fig.*) поздравле́ние; ~ and tickle обжима́ние (*coll.*).

*adv.*: the ball hit me ~ in the eye мяч попа́л мне пря́мо в глаз; he ran ~ into a post он вре́зался в (*or* налете́л на) столб; he hit the target ~ in the middle он попа́л в са́мое я́блоко мише́ни.

*v.t.* **1.** (*smack*) шлёпать, от-; ~ s.o.'s face дать (*pf.*) кому́-н. пощёчину; ~ s.o. on the back хло́п|ать, -нуть кого́-н. по спине́; **2.** (*apply with force or carelessly*): they ~ped a fine on him ему́ влепи́ли штраф; the paint was ~ped on кра́ска была́ нало́жена ко́е-как; **3.**: ~ **down** бр|оса́ть, -о́сить; he ~ped down the money on the counter он бро́сил/шва́ркнул/швырну́л де́ньги на прила́вок; (*rebuke*) оса|жда́ть, -ди́ть.

*cpds.*: ~-**bang** *adv.* со всего́ разма́ха; очертя́ го́лову; ~-**dash** *adj.* (*of pers.*) бесшаба́шный; (*of work*) поспе́шный, небре́жный; *adv.* (*hastily*) поспе́шно; (*anyhow*) ко́е-как; (*coll.*) тяп-ля́п, тяп да ляп; ~-**happy** *adj.* обалде́лый; бесшаба́шный; ~**stick** *n.* шутовство́, пая́сничание; ~stick comedy (дешёвый) фарс; ~-**up** *adj.* (*coll.*) шика́рный.

**slash** *n.* (*slit*) разре́з; (*wound*) ра́на; (*stroke*): he made a ~ with his sword он взмахну́л са́блей.

*v.t.* **1.** (*wound with knife etc.*) ра́нить, по-; (*with sword*) руби́ть (*impf.*); **2.** (*cut slits in*) разр|еза́ть, -е́зать; ~ed sleeves рукава́ с разре́зом; **3.** (*lash; fig., criticize*) бичева́ть (*impf.*); ~ing criticism ре́зкая/разгро́мная/беспоща́дная кри́тика; **4.** (*reduce*): ~ prices ре́зко сн|ижа́ть, -и́зить це́ны; ~ a budget ре́зко сокра|ща́ть, -ти́ть (*or* уре́з|ывать, -ать) бюдже́т.

**slat** *n.* пла́нка; перекла́дина; (*of blind*) пласти́нка.

**slate** *n.* **1.** (*material*) сла́нец; ~ quarry сла́нцевый карье́р; **2.** (*piece of* ~ *for roofing*) ши́ферная пли́тка; a house roofed with ~s дом, кры́тый ши́фером; **3.** (*for schoolwork*) гри́фельная доска́; (*fig.*): start with a clean ~ нач|ина́ть, -а́ть с нача́ла (*or* но́вую жизнь); wipe a debt off the ~ спис|а́ть (*pf.*) долг; wipe the ~ clean поко́нчить (*pf.*) с про́шлым; забы́ть (*pf.*) было́е.

*v.t.* **1.** (*cover with* ~s) крыть, по- ши́фером;

**2.** (*Am., nominate*) занести́ (*pf.*) в спи́сок кандида́тов; (*arrange*) назн|ача́ть, -а́чить; **3.** (*scold, criticize*) разн|оси́ть, -ести́; a good slating хоро́шая нахлобу́чка/головомо́йка.

*cpds.:* ~-**coloured** *adj.* синева́то-се́рый; ~-**pencil** *n.* гри́фель (*m.*).

**slater** *n.* (*of roofs*) кро́вельщик.

**slattern** *n.* неря́ха, грязну́ля (*both c.g.*).

**slatternliness** *n.* неря́шливость.

**slatternly** *adj.* неря́шливый.

**slaty** *adj.* (*colour*) синева́то-се́рый.

**slaughter** *n.* избие́ние, резня́; ма́ссовое убийство; (*of animals*) убой.

*v.t.* **1.** (*pers.*) изб|ива́ть, -и́ть; устр|а́ивать, -о́ить резню́ +*g.*; (*coll., defeat heavily*) разб|ива́ть, -и́ть впух и впрах; **2.** (*animals*) ре́зать, за-.

*cpd.:* ~**house** *n.* (ското)бо́йня.

**slaughterer** *n.* мясни́к (на бо́йне); (*fig.*) живодёр, пала́ч.

**Slav** *n.* слав|яни́н (*fem.* -я́нка); the ~s славя́не. *adj.* славя́нский.

**Slavdom** *n.* славя́нство; славя́не (*pl., collect.*).

**slave** *n.* раб (*fem.* -ы́ня *or* -а́); нево́льни|к (*fem.* -ца); willing ~ поко́рный/доброво́льный раб; she makes a ~ of her daughter она́ помыка́ет до́черью; она́ де́ржит дочь в ра́бском повинове́нии; he works like a ~ он рабо́тает, как вол; ~ of fashion раб мо́ды; ~ to duty/passion же́ртва до́лга/стра́сти; ~ to drink алкого́лик; ~ labour ра́бский труд; (*forced labour*) поднево́льный труд.

*v.i.:* ~ at sth. корпе́ть (*impf.*) над чем-н.; ~ **away** тяну́ть (*impf.*) ля́мку.

*cpds.:* ~-**driver** *n.* надсмо́трщик (рабо́в); (*fig.*) безжа́лостный нача́льник, погоня́ла (*c.g.*), эксплуата́тор; ~-**ship** *n.* нево́льничий кора́бль; ~-**trade** *n.* работорго́вля; ~-**trader** *n.* работорго́вец.

**slaver**[1] *n.* (*pers.*) работорго́вец; (*ship*) нево́льничий кора́бль.

**slaver**[2] *n.* (*spittle*) слю́ни (*f. pl.*). *v.i.* пуска́ть (*impf.*) слю́ни.

**slavery** *n.* ра́бство.

**slavey** *n.* (*coll.*) ≃ прислу́га (за всё).

**Slavic** *adj.* славя́нский.

**Slavicist** *see* SLAVIST.

**slavish** *adj.* ра́бский; ра́бий, уго́дливый; ~ imitation ра́бское подража́ние (+*d.*).

**Slavist** *n.* слави́ст.

**Slavonia** *n.* Славо́ния.

**Slavonic** *n.* славя́нский язы́к; Church ~ церковнославя́нский язы́к; ~ studies слави́стика. *adj.* славя́нский.

**Slavophil(e)** *n.* славянофи́л. *adj.* славянофи́льский.

**slay** *v.t.* (*liter.*) уб|ива́ть, -и́ть; сра|жа́ть, -зи́ть.

**slayer** *n.* уби́йца (*c.g.*).

**sleazy** *adj.* (*squalid*) захуда́лый, убо́гий.

**sled(ge)** *see* SLEIGH.

**sledge-hammer** *n.* кува́лда; кузне́чный мо́лот; ~ blows (*fig.*) сокруши́тельные уда́ры.

**sleek** *adj.* (*of animal or its coat, fur*) гла́дкий, лосня́щийся; (*of person's hair*) прили́занный. *v.t.* (*also* ~ **down**) пригла́|живать, -дить; прили́з|ывать, -а́ть.

**sleekness** *n.* гла́дкость; прили́занность.

**sleep** *n.* сон; light/deep/sound ~ лёгкий/глубо́кий/кре́пкий сон; have a ~ поспа́ть (*pf.*); сосну́ть (*pf.*); вздремну́ть (*pf.*); have one's ~ out высыпа́ться, вы́спаться; sleep the ~ of the just спать (*impf.*) сном пра́ведника; go (*coll.,* drop off) to ~ зас|ыпа́ть, -ну́ть; задр|ёмывать, -ема́ть; I couldn't get to ~ я не мог усну́ть; мне не спало́сь; I didn't have a wink of ~ all night я глаз не сомкну́л всю ночь; send to ~ усып|ля́ть, -и́ть; put a child to ~ укла́дывать, уложи́ть ребёнка (спать); we had our dog put to ~ нам пришло́сь соба́ку усыпи́ть; I need 8 hours' ~ a night мне тре́буется/ну́жно 8 часо́в, что́бы вы́спаться; he talks/walks in his ~ он говори́т/хо́дит во сне; I shan't lose any ~ over it я (по э́тому по́воду) пла́кать не ста́ну; my foot has gone to ~ я но́гу отсиде́л; у меня́ затекла́ нога́; winter ~ (*of animal*) зи́мняя спя́чка.

*v.t.* (*provide ~ing room for*): you can ~ ten people here здесь мо́жно уложи́ть де́сять челове́к; the hotel ~s 200 гости́ница рассчи́тана на 200 челове́к.

*v.i.* спать (*impf.*); (*spend the night*) ночева́ть (*impf.*); ~ well! (жела́ю вам) (с)поко́йной но́чи!; ~ like a top, log спать (*impf.*) как уби́тый (*or* без за́дних ног *or* мёртвым сном); I don't ~ well у меня́ плохо́й сон; I can't ~ я не могу́ засну́ть; his bed had not been slept in его́ посте́ль была́ не смя́та; ~ on a decision отложи́ть (*pf.*) реше́ние до утра́; better ~ on it! у́тро ве́чера мудрене́е (*prov.*); he slept through the alarm он проспа́л всю трево́гу; is he ~ing with her? он с ней спит/живёт?; S~ing Beauty Спя́щая Краса́вица; ~ing partner пасси́вный партнёр; компаньо́н, акти́вно не уча́ствующий в де́ле; let ~ing dogs lie (*prov.*) не буди́ ли́хо, когда́ спит ти́хо.

*with advs.:* ~ **around** *v.i.* (*be promiscuous*) спать (*impf.*) с кем попа́ло; ~ **away** *v.t.:* he slept the time away он проспа́л всё э́то вре́мя; ~ **in** *v.i.* (*intentionally*) поспа́ть (*pf.*) всласть; отс|ыпа́ться, -оспа́ться; (*oversleep*) про|сыпа́ть, -па́ть; заспа́ться (*pf.*); (*at place of work*) ночева́ть (*impf.*) на рабо́те; ~ **off** *v.t.:* ~ off a hangover проспа́ться (*pf.*) (по́сле попо́йки); ~ off a headache хороше́нько проспа́ться (*pf.*), что́бы прошла́ головна́я боль; ~ **on** *v.i.:* he is tired, let him ~ on он уста́л, не буди́те его́ (*or* пусть спит); ~ **out** *v.i.* (*out of doors*) спать (*impf.*) под откры́тым не́бом; (*away from home*) ночева́ть (*impf.*) не до́ма (*or* в гостя́х); ~ (*sc. live*) **together** *v.i.* жить (*impf.*).

*cpds.*: ~**-walker** *n.* луна́тик; ~**-walking** *n.* лунати́зм.

**sleeper** *n.* (*pers.*): he is a light/heavy ~ он чу́тко/кре́пко спит; (*rail support*) шпа́ла; (*sleeping-car*) спа́льный ваго́н.

**sleepiness** *n.* сонли́вость.

**sleeping** *n.*: ~ accommodation ночле́г; ме́сто для ночёвки.

*cpds.*: ~**-bag** *n.* спа́льный мешо́к; ~**-car** *n.* спа́льный ваго́н; ~**-draught** *n.* снотво́рное; ~**-pill** *n.* снотво́рная табле́тка; ~**-quarters** *n.* спа́льное помеще́ние; ~**-sickness** *n.* со́нная боле́знь; ~**-suit** *n.* де́тский спа́льный комбинезо́н.

**sleepless** *adj.* бессо́нный; бо́дрствующий; ~ vigilance неусы́пная бди́тельность.

**sleeplessness** *n.* бессо́нница.

**sleepy** *adj.* (*lit., fig.*) со́нный; сонли́вый, вя́лый; I feel ~ мне хо́чется (*or* я хочу́) спать; у меня́ слипа́ются глаза́; I grew ~ меня́ разбира́л сон; меня́ клони́ло ко сну; make s.o. ~ наг|оня́ть, -на́ть сон на кого́-н.; (*fig.*): this is a ~ place здесь со́нное ца́рство.

*cpd.*: ~**head** *n.* со́ня (*c.g.*).

**sleet** *n.* дождь (*m.*) со сне́гом; крупа́.

*v.i.*: it is ~ing сы́плет крупа́.

**sleeve** *n.* **1.** рука́в; pluck s.o.'s ~ дёр|гать, -нуть кого́-н. за рука́в; roll up one's ~s (*lit., fig.*) засу́ч|ивать, -и́ть рукава́; have, keep sth. up one's ~ (*fig.*) име́ть (*impf.*) что-н. про запа́с (*or* нагото́ве); laugh up one's ~ посме́иваться (*impf.*) в кула́к; **2.** (*av., wind-*~) ветроуказа́тель (*m.*); ветряно́й ко́нус; **3.** (*record cover*) конве́рт.

**sleeveless** *adj.* безрука́вный; ~ vest безрука́вка.

**sleigh, sled(ge)** *nn.* (*children's*) са́н|ки (*pl., g.* -ок); сала́з|ки (*pl., g.* -ок); (*for transport*) са́н|и (*pl., g.* -е́й).

*v.i.* ката́ться (*indet.*) в/на саня́х (*or* на са́нках/сала́зках).

*cpds.*: ~**-bell** *n.* бубе́нчик, колоко́льчик (на саня́х); ~**-dog** *n.* ездова́я/упряжна́я соба́ка.

**sleight-of-hand** *n.* ло́вкость рук.

**slender** *adj.* **1.** (*thin; narrow*) то́нкий; (*of pers., slim*) стро́йный; **2.** (*scanty*) ску́дный; ~ means ску́дные сре́дства; ~ hope сла́бая наде́жда; he has a ~ acquaintance with the law у него́ (весьма́) пове́рхностное знако́мство с зако́ном.

**slenderness** *n.* то́нкость, стро́йность.

**sleuth** *n.* сы́щик.

*cpd.*: ~**-hound** *n.* (соба́ка-)ище́йка.

**slew** (*Am. slue*) *v.t. & i.* (*also* ~ **round**) кру́то пов|ора́чивать(ся), -ерну́ть(ся).

**slice** *n.* **1.** (*of bread*) ломо́ть (*m.*); cut bread into ~s нар|еза́ть, -е́зать хлеб ломтя́ми; (*of meat*) ло́мтик; (*of fruit*) кусо́к, до́ля; **2.** (*portion,*

*share*) часть, до́ля; the play is a ~ of life э́та пье́са — сле́пок с жи́зни; **3.** (*for fish etc.*) ры́бный/широ́кий нож; лопа́точка (для то́рта).

*v.t.* **1.** нар|еза́ть, -е́зать ло́мтиками; ~d bread (предвари́тельно) наре́занный хлеб; **2.** (*golf*): ~ the ball ср|еза́ть, -е́зать мяч.

*with advs.*: ~ **off** *v.t.* отр|еза́ть, -е́зать; ~ **up** *v.t.* нар|еза́ть, -е́зать.

**slick** *n.* (*patch of oil etc.*) плёнка.

*adj.* (*skilful; smart*) ло́вкий, бо́йкий; (*smooth, also fig.*) гла́дкий; (*slippery*) ско́льзкий.

**slicker** *n.* пройдо́ха (*c.g.*); city ~ городско́й хлыщ (*coll.*).

**slid|e** *n.* **1.** (*act of* ~*ing*) скольже́ние; have a ~e поката́ться (*pf.*), прокати́ться (*pf.*) (*по льду, с горки и т.п.*); **2.** (*track on ice*) като́к; (*on snow-covered hill*) ледяна́я го́рка; **3.** (*chute*) спуск, жёлоб; **4.** (*of microscope*) предме́тное стекло́; **5.** (*for projection on screen*) диапозити́в, слайд; **6.** (*hair-*~*e*) зако́лка.

*v.t.*: ~e a drawer into place задв|ига́ть, -и́нуть я́щик; he ~ the bottle (over) to me он подо́дви́нул буты́лку ко мне; ~e sth. into s.o.'s hand сова́ть, су́нуть что-н. кому́-н. в ру́ку; he ~ his hand into his pocket он (незаме́тно) су́нул ру́ку в карма́н.

*v.i.* **1.** скользи́ть (*impf.*); ~ing door задвижна́я дверь; ~ing roof сдвига́ющаяся кры́ша; сдвижно́й верх; ~ing seat скользя́щее сиде́ние; (*down or off*): the papers ~ off my lap бума́ги соскользну́ли у меня́ с коле́н; the book ~ out of my hand кни́га вы́скользнула из мои́х рук; his trousers ~ to the ground у него́ спусти́лись брю́ки; the dagger ~es into its scabbard кинжа́л вкла́дывается в но́жны; **2.** (*as pastime*) скользи́ть (*impf.*); ката́ться (*indet.*); the boy ~ down the banisters ма́льчик скати́лся по пери́лам; **3.** (*fig.*): he ~ into the room он проскользну́л в ко́мнату; ~e over a delicate subject об|ходи́ть, -ойти́ щекотли́вую те́му; the years ~e by вре́мя лети́т; го́ды прохо́дят (незаме́тно); let sth. ~e пус|ка́ть, -ти́ть что-н. на самотёк; ~ing scale скользя́щая шкала́.

*cpds.*: ~**e-rule** *n.* логарифми́ческая лине́йка; ~**e-valve** *n.* золотни́к.

**slight**[1] *n.* (*disrespect*) неуваже́ние, пренебреже́ние; (*offence, injury*) оби́да; put a ~ on s.o. нанести́ (*pf.*) оби́ду кому́-н.; вы́казать (*pf.*) неуваже́ние к кому́-н.

*v.t.* об|ижа́ть, -и́деть; нан|оси́ть, -ести́ оби́ду +*d.*; выка́зывать, вы́казать неуваже́ние +*d.*; трети́ровать (*impf.*).

**slight**[2] *adj.* **1.** (*frail*) хру́пкий; (*slender*) то́нкий; **2.** (*light; not serious*) лёгкий; she has a ~ cold у неё небольшо́й на́сморк; она́ немно́жко просту́жена; ~ concussion лёгкая конту́зия; **3.** (*inconsiderable*) незначи́тельный; (*small*): there is a ~ risk of infection есть не́которая опа́сность зарази́ться; the risk is ~ опа́сность невелика́; he paid me ~ attention он не обраща́л на меня́ почти́ никако́го внима́ния; **4.**: ~est мале́йший; this is not the ~est use от э́того ро́вно никако́й по́льзы; 'Do you mind fresh air?' – 'Not in the ~est' «Вы не возража́ете, что откры́то окно́?» — «Ничу́ть!»; he is not to blame in the ~est он ни в мале́йшей сте́пени не винова́т.

**slightly** *adv.* слегка́; I know them ~ я с ни́ми немно́го знако́м; I know them only ~ я их почти́ не зна́ю; he was ~ injured он слегка́ пострада́л; он получи́л лёгкое ране́ние (*or* лёгкий уши́б); ~ younger немно́го/чуть моло́же.

**slim** *adj.* (*slender*) то́нкий; (*small*): on the ~mest of evidence на основа́нии сомни́тельных да́нных; a ~ chance of success сла́бая наде́жда на успе́х.

*v.i.* худе́ть, по-; сбра́сывать (*impf.*) (ли́шний) вес; ~ming exercises гимна́стика, спосо́бствующая похуде́нию (*or* поте́ре ве́са).

**slime** *n.* (*mud*) ил; (*viscous substance*) слизь.

**slimy** *adj.* **1.** сли́зистый; (*sticky*) вя́зкий; (*slippery*) ско́льзкий; **2.** (*fig., of pers.*) гну́сный, ско́льзкий.

**sling** *n.* **1.** (*for missile*) праща́; **2.** (*bandage*) пе́ревязь, косы́нка; his arm was in a ~ у него́ рука́ была́ на пе́ревязи; **3.** (*of rifle*) руже́йный реме́нь.

*v.t.* **1.** (*throw*) швыр|я́ть, -ну́ть; ~ s.o. out of the room вы́швырнуть (*pf.*) кого́-н. из ко́мнаты; **2.** (*cast by means of* ~) мет|а́ть, -ну́ть; **3.** (*suspend*) подве́|шивать, -сить; he slung the rifle over his shoulder он переки́нул винто́вку че́рез плечо́; (*hoist with* ~): the crates were slung on board я́щики по́дняли на́ борт; ~ one's hook мота́ть (*impf.*); см|а́тываться, -ота́ться (*sl.*).

*cpd.*: ~-**shot** *n.* (*Am.*) рога́тка.

**slink** *v.i.*: ~ **off, away** потихо́ньку от|ходи́ть, -ойти́; уйти́ (*pf.*), поджа́вши хвост.

**slinky** *adj.*: a ~ dress пла́тье в обтя́жку; a ~ walk кра́дущаяся похо́дка.

**slip** *n.* **1.** (*landslip*) обва́л; **2.** (*mishap, error*) оши́бка (по небре́жности); there's many a ~ ('twixt cup and lip) ≃ не скажи́ «гоп», пока́ не переско́чишь/перепры́гнешь; I made a ~ я оши́бся; я дал про́мах/ма́ху; ~ of the tongue/pen огово́рка/опи́ска; **3.**: he gave his pursuers the ~ он ускользну́л/улизну́л от пресле́дователей; **4.** (*loose cover*) чехо́л; pillow ~ на́волочка (для поду́шки); **5.** (*petticoat*) комбина́ция; (ни́жняя) соро́чка; **6.** (*of paper*) ка́рточка; поло́ска бума́ги; printer's ~s (*galleys*) гра́нки (*f. pl.*); о́ттиски (*m. pl.*); **7.** (*plant cutting*) побе́г, черено́к, отро́сток; a ~ of a girl девчу́шка; **8.** (~way) ста́пель (*m.*), слип, э́ллинг; the ship is still on the ~s кора́бль ещё не сошёл со стапеле́й; **9.** (*pl., theatr.*) кули́сы

(*f. pl.*).

*v.t.* **1.** (*slide; pass covertly*): she ~ped her little hand into mine она́ вложи́ла свою́ ру́чку в мою́; he ~ped the ring on to her finger он наде́л ей на па́лец кольцо́; I ~ped the waiter a coin я су́нул официа́нту моне́тку; **2.** (*slide out of; escape from*): the dog ~ped its collar соба́ка вы́тащила го́лову из оше́йника; it ~ped my memory/mind э́то у меня́ вы́скочило из па́мяти/головы́; **3.** (*release; drop*): they ~ped the anchor они́ сня́ли́сь с я́коря; the cow ~ped its calf коро́ва ски́нула телёнка; I ~ped the dog from its leash я спусти́л соба́ку с поводка́.

*v.i.* **1.** (*fall; slide*): she ~ped on the ice она́ поскользну́лась на льду; the blanket ~ped off the bed одея́ло соскользну́ло с посте́ли; ~ped disc смещённый межпозвонко́вый диск; she let the plate ~ она́ урони́ла таре́лку (на́ пол); (*fig.*): I let him ~ through my fingers я дал ему́ ускользну́ть от меня́; я упусти́л его́; he let the opportunity ~ он упусти́л возмо́жность; the remark ~ped out э́то замеча́ние случа́йно сорва́ло́сь у него́ (*и т.п.*) с языка́; he is ~ping (*losing his grip*) у него́ слабе́ет хва́тка; **2.** (*move quickly and/or unnoticed*): he ~ped away он незаме́тно ушёл; she ~ped out of the room она́ вы́скользнула из ко́мнаты; I'll ~ across to the pub я сбе́гаю в пивну́ю; the years are ~ping by го́ды ухо́дят; an error ~ped in вкра́лась оши́бка; he ~ped into the room он незаме́тно вошёл/прони́к в ко́мнату; he unconsciously ~ped into French он маши́на́льно (*or* , сам не замеча́я,) перешёл на францу́зский; I'll ~ into another dress я (бы́стренько) переоде́нусь; ~ through проскользну́ть (*pf.*) (че́рез +*a.*).

*with adv.*: ~ **up** *v.i.*: he ~ped up and hurt his back он поскользну́лся и повреди́л себе́ спи́ну; I ~ped up in my calculations я оши́бся в подсчётах; (*fig.*) я просчита́лся; I ~ped up there я дал ма́ху.

*cpds.*: ~-**carriage,** ~-**coach** *nn.* ваго́н, отцепля́емый на ста́нции без остано́вки по́езда; ~-**knot** *n.* скользя́щий затяжно́й у́зел; ~ **shod** *adj.* (*fig.*) небре́жный, неря́шливый, халту́рный; ~-**slop** *n.* (*sentimentality*) сентимента́льный вздор; (*weak drink*) бурда́; ~-**stream** *n.* (*av.*) спу́тная струя́ за винто́м; ~-**up** *n.* оши́бка, про́мах, недосмо́тр; ~**way** *n.* ста́пель (*m.*), слип, э́ллинг.

**slipper** *n.* (дома́шняя) ту́фля; та́почка; (*step-in*) шлёпанец.

*v.t.* отшлёпать (*pf.*) ту́флей.

**slipperiness** *n.* ско́льзкость.

**slippery** *adj.* **1.** ско́льзкий; he is on a ~ slope (*fig.*) он ка́тится по накло́нной пло́скости; **2.** (*fig., evasive, shifty*) увёртливый, ско́льзкий; (*unreliable*) ненадёжный.

**slippy** *adj.*: look ~! пошеве́ливайся! (*coll.*).

**slit** *n.* (*cut*) проре́з; (*slot*) щель, щёлка; ~ trench щель; а ~ skirt ю́бка с разре́зом.

*v.t.*: ~ open an envelope вскрыть/разорва́ть (*both pf.*) конве́рт; ~ s.o.'s throat перере́зать (*pf.*) кому́-н. гло́тку.

*cpd.*: ~-**eyed** *adj.* узкогла́зый.

**slither** *v.i.*: ~ about in the mud скользи́ть (*impf.*) по грязи; they ~ed down the hill они́ скати́лись с холма́; he ~ed down the pole он соскользну́л (вниз) по шесту́.

**sliver** *n.* (*of wood*) ще́пка, лучи́на.

*v.t. & i.* расщеп|ля́ть(ся), -и́ть(ся).

**slivovitz** *n.* сливя́нка.

**slob** *n.* (*sl.*) недотёпа (*c.g.*).

**slobber** *v.i.* (*lit., fig.*) распуска́ть (*impf.*) слю́ни.

**sloe** *n.* тёрн.

*cpds.*: ~-**eyed** *adj.* ≃ с глаза́ми как ви́шни; ~-**gin** *n.* сливя́нка; сли́вовая насто́йка.

**slog** *n.* (*hit*) си́льный уда́р; (*arduous work*) тяжёлая/утоми́тельная рабо́та.

*v.t.*: ~ s.o. in the jaw дать (*pf.*) кому́-н. в зу́бы; ~ a ball (си́льно/кре́пко) уда́рить (*pf.*) по мячу́.

*v.i.*: ~ at the ball бить (*impf.*) по мячу́; he was ~ging along the road он упо́рно шага́л по доро́ге; he is ~ging away at Latin он корпи́т над латы́нью (*coll.*).

**slogan** *n.* (*motto, watchword*) ло́зунг, деви́з; (*in advertising*) рекла́мная фо́рмула.

**sloop** *n.* шлюп.

**slop** *n.* **1.** (*liquid food*) жи́дкая пи́ща; (*thin gruel*) размазня́; (*poor soup etc.*) бурда́; жи́дкая похлёбка; **2.** (*pl., waste liquid*) помо́|и (*pl., g.* -ев); **3.** (*fig., sentimental utterance*) слезли́вые излия́ния, сантиме́нт|ы (*pl., g.* -ов).

*v.t.* **1.** (*spill, splash*): ~ beer over the table расплёск|ивать, -а́ть пи́во по столу́; ~ tea into the saucer вы́плеснуть (*pf.*) чай на блю́дце; ~ paint on the wall заля́п|ывать, -ать сте́ну кра́ской; **2.**: ~ out a prison cell выноси́ть, вы́нести пара́шу; ~ down the decks дра́ить, на- па́лубу.

*v.i.*: ~ about плеска́ться (*impf.*).

*cpds.*: ~-**basin** *n.* полоска́тельница; ~-**pail** *n.* (помо́йное) ведро́.

**slope** *n.* **1.** накло́н, склон, укло́н, пока́тость; (*upward*) подъём; (*downward*) спуск, скат; mountain ~s го́рные скло́ны; the house was on the ~ of the hill дом стоя́л на скло́не горы́; the table is on a ~ стол стои́т накло́нно; **2.** (*mil.*): the ~ положе́ние с винто́вкой на плечо́.

*v.t.*: ~ a roof ста́вить, по- кры́шу с укло́ном; ~ arms! на плечо́!

*v.i.* **1.**: ~ back(wards)/forwards покоси́ться (*pf.*) наза́д/вперёд; her handwriting ~s backwards у неё по́черк с накло́ном вле́во; ~ down спуска́ться (*impf.*); ~ up(wards) подни-ма́ться (*impf.*); a sloping roof пока́тая кры́ша; **2.**: ~ off см|а́тываться, -ота́ться; уд|ира́ть,

-ра́ть (*coll.*).

**sloppiness** *n.* (*untidiness*) неря́шливость; (*sentimentality*) сентимента́льность.

**sloppy** *adj.* **1.** (*of food*) жи́дкий; **2.** (*of road: muddy, slushy*) гря́зный, сля́котный; **3.** (*of floor, table*) забры́зганный, замы́зганный, за́литый (чем-н.); **4.** (*careless; slovenly*) неря́шливый; **5.** (*sentimental*) сентимента́ль-ный; ~ sentiment ло́жная чувстви́тельность.

**slosh** *v.t.* (*pour clumsily*) плесну́ть (*pf.*); (*hit*) отдуба́сить (*pf.*) (*coll.*).

*v.i.* ~ (*splash*) **about** плеска́ться (*impf.*).

**sloshed** *adj.* (*drunk*) в дыми́ну пья́ный (*sl.*).

**slot** *n.* **1.** паз, отве́рстие; put a coin in the ~ опус|ка́ть, -ти́ть моне́ту в автома́т; **2.** (*coll., suitable place or job*): we found a ~ for him as junior editor мы подыска́ли ему́ ме́сто мла́д-шего реда́ктора; **3.** (*in timetable*) кле́тка.

*v.t.* **1.**: ~ **together** спл|а́чивать, -оти́ть в паз; **2.**: ~ one part into another вдв|ига́ть, -и́нуть одну́ часть в другу́ю; we ~ted a song recital into the programme мы вста́вили в програ́мму исполне́ние пе́сен; the graduates were ~ted into jobs выпускнико́в устро́или на рабо́ту.

*v.i.* ~ **in** вст|авля́ться, -а́виться.

*cpds.*: ~-**machine** *n.* (торго́вый/иго́рный) автома́т; ~-**meter** *n.* (*e.g. for gas*) счётчик (-автома́т).

**sloth** *n.* **1.** (*zool.*) лени́вец; **2.** (*idleness*) лень, ле́ность.

**slothful** *adj.* лени́вый.

**slothfulness** *n.* ле́ность.

**slouch** *n.* **1.** (*of walk*) разви́нченная похо́дка; (*stoop*) суту́лость; **2.**: he's no ~ as a comedian он ко́мик хоть куда́! (*coll.*).

*v.i.* (*stoop*) суту́литься (*impf.*); ~ about the house слоня́ться (*impf.*) по до́му; ~ along ходи́ть (*indet.*), идти́ (*det.*) неуклю́же.

*cpd.*: ~-**hat** *n.* шля́па с опу́щенными поля́ми.

**slough**[1] *n.* (*quagmire*) топь, боло́то.

**slough**[2] *n.* (*cast skin*) сбро́шенная ко́жа.

*v.t.* (*of snake etc.*): ~ its skin сбр|а́сывать, -о́сить ко́жу; (*fig.*): ~ (**off**) изб|авля́ться, -а́виться от +*g.*

**Slovak** *n.* (*pers.*) слова́|к (*fem.* -чка); (*language*) слова́цкий язы́к.

*adj.* слова́цкий.

**Slovakia** *n.* Слова́кия.

**sloven** *n.* неря́ха (*c.g.*).

**Sloven|e, -ian** *nn.* (*pers.*) слове́н|ец (*fem.* -ка); (*language*) слове́нский язы́к.

*adj.* слове́нский.

**Slovenia** *n.* Слове́ния.

**slovenliness** *n.* неря́шливость.

**slovenly** *adj.* неря́шливый.

**slow** *adj.* **1.** ме́дленный; (*dilatory*) мед-ли́тельный; ~ train почто́вый по́езд; ~ march строево́й марш; he is a ~ walker он ме́дленно хо́дит; ~ motion заме́дленное движе́ние; заме́дленная съёмка; in ~ motion заме́дленной съёмкой; in a ~ oven на мéдленном огнé; be ~ over sth. мéдлить (*impf.*) с чем-н.; ~ly but surely мéдленно, но вéрно; ~ poison мéдленно дéйствующий яд; he was not ~ to defend himself он не замéдлил вы́ступить в свою́ защи́ту; he is ~ in the uptake он ту́го соображáет; **2.** (*of clock*): my watch is 10 minutes ~ мои́ часы́ отстаю́т на дéсять мину́т; you must be ~ вáши часы́, должнó быть, отстаю́т; **3.** (*dull-witted*) тупóй; **4.** (*not lively*): the film was rather ~ фильм был довóльно ску́чным; business is ~ делá иду́т вя́ло; **5.** (*phot., of film*) малочувстви́тельный.

*adv.* мéдленно; go ~ (*of workers*) устрáивать (*impf.*) итальянскую забастóвку; the doctor told him to go ~ врач велéл ему́ берéчься.

*v.t.* (*also* ~ **down,** ~ **up**) зам|едля́ть, -éдлить; he ~ed (the car) down он сбáвил скóрость; his illness ~ed him down болéзнь застáвила егó сбáвить темп.

*v.i.* (*also* ~ **down,** ~ **up**) зам|едля́ться, -éдлиться; (*of car or driver*) сб|авля́ть, -áвить скóрость; зам|едля́ть, -éдлить ход.

*cpds.*: ~**coach** *n.* копу́н, копу́ша (*c.g.*); ~**-down** *n.* замедлéние; ~**-match** *n.* огнепровóдный шнур; ~**-moving** *adj.* мéдленный; ~**-witted** *adj.* тупóй; ~**-worm** *n.* веретéница, слепозмéйка.

**slowness** *n.* мéдленность.

**sludge** *n.* (*mud*) грязь; (*sediment*) осáдок, отстóй; (*sewage*) нечистóт|ы (*pl., g.* —); (~-ice) сáло, мéлкий лёд.

*cpd.*: ~**-pump** *n.* желóнка, грязевóй насóс.

**sludgy** *adj.* гря́зный.

**slue** *see* SLEW.

**slug** *n.* (*zool.*) слизня́к; (*bullet*) пу́ля; (*typ.*) шпон; (*Am., short drink*) глотóк, рю́мочка.

*v.t.* (*Am., hit*) *see* SLOG.

**slugabed, sluggard** *nn.* лентя́й, сóня (*c.g.*), лежебóка (*c.g.*).

**sluggish** *adj.* **1.** вя́лый; he has a ~ liver у негó пошáливает пéчень; ~ market вя́лый ры́нок; ~ circulation вя́лое кровообращéние; (*slow-moving*) мéдленный, медли́тельный; а ~ stream мéдленная рéчка; **2.** (*lazy*) лени́вый.

**sluggishness** *n.* вя́лость, лéность, лень.

**sluice** *n.* **1.** (*floodgate*) шлюз; **2.** (*for washing ore*) жёлоб.

*v.t.* (*provide with* ~(*s*)) шлюзовáть (*impf., pf.*); (*flood with water*) зал|ивáть, -и́ть; (*rinse, wash down*) окáт|ывать, -и́ть (*когó/что чем*); мыть (*or* промывáть), про-; опол|áскивать, -оснýть.

*v.i.*: (*of water: pour out*) течь (*or* вытекáть), вы́-; rain was sluicing down шёл проливнóй дождь.

*cpds.*: ~**-gate,** ~**-valve** *nn.* шлюз.

**slum** *n.* трущóба; ~ clearance расчи́стка трущóб; снос вéтхих здáний.

*v.i.* (*visit* ~s) посещáть (*impf.*) трущóбы;

обслéдовать (*impf., pf.*) трущóбы.

*cpd.*: ~**-dweller** *n.* трущóбный жи́тель; обитáтель (*m.*) трущóбы.

**slumber** *n.* дремóта; disturb s.o.'s ~s нар|ушáть, -у́шить чей-н. сон.

*v.i.* дремáть, за-.

**slump** *n.* (*fall in prices etc.*) падéние; (*trade recession*) застóй, кри́зис; рéзкое падéние цен.

*v.i.* **1.** (*of pers., fall, sink*) свáл|иваться, -и́ться; he ~ed to the ground он свали́лся/бу́хнулся на зéмлю; **2.** (*of price, output, trade*) рéзко пáдать, упáсть.

**slur** *n.* **1.** (*mus. sign*) ли́га; **2.** (*stigma*) пятнó; put, cast a ~ on s.o. порóчить, о- когó-н.; очерн|я́ть, -и́ть когó-н.; it is no ~ on his reputation э́то никóим óбразом не бросáет тень на егó репутáцию.

*v.t.* **1.** (*pronounce indistinctly*) говори́ть (*impf.*) невня́тно/нечленораздéльно; бормотáть (*impf.*); **2.** (*mus., sing, play legato*) петь/игрáть (*impf.*) легáто; (*mark with* ~) свя́з|ывать, -áть ли́гой; **3.**: ~ **over** смáз|ывать, -ать; смягч|áть, -и́ть.

**slurp** (*coll.*) *v.t. & i.* чáвкать (*impf.*).

**slurry** *n.* жи́дкое цемéнтное тéсто; жи́дкая гли́на; жи́дкий строи́тельный раствóр.

**slush** *n.* **1.** сля́коть; **2.** (*fig., sentiment*) сентиментáльный вздор; **3.** (*Am.*): ~ fund фонд для пóдкупа госудáрственных чинóвников.

**slushy** *adj.* сля́котный, мóкрый; сентиментáльный.

**slut** *n.* неря́ха; (*trollop*) потаску́ха.

**sluttish** *adj.* неря́шливый; распу́щенный.

**sly** *adj.* (*mischievous*) лукáвый; (*cunning*) хи́трый; on the ~ укрáдкой; потихóньку; he's a ~ dog он плут(и́шка) (*m.*); у негó всё ши́то-кры́то.

*cpd.*: ~**boots** *n.* (*coll.*) плут (*fem.* -óвка).

**slyness** *n.* лукáвость, лукáвство; хи́трость.

**smack**[1] *n.* **1.** (*sound*) хлопóк; he brought his hand down with a ~ on the table он (грóмко) хлóпнул рукóй пó столу; ~ of the lips чмóканье; ~ of a whip щёлканье кнутá/хлыстá; **2.** (*blow, slap*) шлепóк; ~ in the face пощёчина; ~ in the eye (*fig.*) (неожи́данный) удáр; пощёчина; **3.** (*loud kiss*) звóнкий поцелу́й; **4.**: have a ~ at (*attempt*) sth. (*coll.*) попрóбовать (*pf.*) что-н.

*adv.* пря́мо; he went ~ into the wall он врéзался пря́мо в стéну.

*v.t.* **1.** (*slap*) хлóп|ать, -нуть; ~ a naughty child шлёпать, от- капри́зного ребёнка; he needs a good ~ing егó слéдует хорошéнько отшлёпать; **2.**: ~ one's lips чмóк|ать, -нуть (губáми); причмóк|ивать, -нуть.

**smack**[2] *n.* (*taste, tinge, trace*) при́вкус.

*v.i.*: ~ of (*lit., fig.*) отдавáть (*impf.*) +*i.*; his manner ~s of conceit егó манéра (держáться) не лишенá самодовóльства.

**smack**[3] *n.* (*naut.*) смак, рыболóвный шлюп.

**smacker** *n.* (*sl.*) (*blow*) шлепо́к; (*kiss*) зво́нкий поцелу́й; (*£1*) фунт; (*$1*) до́ллар.

**small** *n.*: **1.** ~ of the back поясни́ца; **2.** (*pl., coll., articles of laundry*) ме́лочь.

*adj.* **1.** ма́лый, ма́ленький, небольшо́й; (*of eggs, berries, jewels etc.*) ме́лкий; ~ change ме́лкие де́ньги; ме́лочь; a ~ sum of money небольша́я су́мма (де́нег); a ~ family небольша́я/ма́ленькая семья́; a ~ number of friends ку́чка друзе́й; ~ claims court суд ме́лких тяжб; ~ craft (*vessels*) ме́лкие суда́/ло́дки; ~ print ме́лкий шрифт; ~ handwriting ме́лкий/убо́ристый по́черк; ~ intestine то́нкая кишка́; (*not big enough*): this coat is too ~ for (*or* is ~ on) me э́то пальто́ мне мало́; (*of stature*) невысо́кий; невысо́кого ро́ста; he is the ~est он ни́же всех ро́стом; он са́мый ма́ленький; make s.o. look ~ (*fig.*) ун|ижа́ть, -и́зить кого́-н.; I felt very ~ я (по)чу́вствовал себя́ соверше́нно уничто́женным; (*of age*): ~ boy ма́ленький ма́льчик; he is too ~ to go to school он ещё не доро́с до шко́лы; (*of time*): in the ~ hours под у́тро; **2.** (*liter., no great*): he paid ~ attention to me он ма́ло обраща́л на меня́ внима́ния; he has ~ cause for satisfaction у него́ немно́го/ма́ло основа́ний быть дово́льным; to my no ~ surprise к моему́ нема́лому удивле́нию; they lost, and ~ wonder они́ проигра́ли, и не удиви́тельно!; **3.** (*unimportant, of ~ value*) ме́лкий, незначи́тельный; ~ beer (*fig.*) ме́лочи (*f. pl.*); пустяки́ (*m. pl.*); ~ fry (*fig.*) ме́лкая со́шка, мелюзга́; I have no time for such ~ matters у меня́ нет вре́мени для таки́х пустяко́в; one must be thankful for ~ mercies бу́дем благода́рны (и) за ма́лое; ~ talk све́тский разгово́р; **4.** (*modest, humble*) скро́мный; he rose from ~ beginnings он на́чал с ма́лого; great and ~ alike велики́е и ма́лые равно́; **5.** (*petty, mean*) ме́лкий, ме́лочный.

*adv.*: chop sth. up ~ ме́лко наруби́ть (*pf.*) что-н.; sing ~ подж|има́ть, -а́ть хвост; сба́вить (*pf.*) тон.

*cpds.*: ~**-arms** *n.* стрелко́вое ору́жие; ~**-bore** *adj.* малокали́берный; ~**holder** *n.* (*tenant*) ме́лкий аренда́тор; (*owner*) ме́лкий землевладе́лец/со́бственник; ~**holding** *n.* уча́сток ме́лкого аренда́тора; небольшо́е земе́льное владе́ние; ~**-minded** *adj.* ме́лочный; ~**pox** *n.* о́спа; ~**-scale** *adj.* ме́лкий; миниатю́рный; в ма́леньком масшта́бе; ~**-sword** *n.* рапи́ра, шпа́га; ~**-time** *adj.* пустя́чный, пустяко́вый; второсо́ртный, незначи́тельный; ~**-town** *adj.* провинциа́льный.

**smarm** *v.t.*: ~ down one's hair (*coll.*) прили́з|ывать, -а́ть во́лосы.

**smarmy** *adj.* (*coll.*) льсти́вый, еле́йный, вкра́дчивый.

**smart¹** *n.* (*liter., pain*) боль; (*of grief*) (серде́ч-

ная/душе́вная) боль; го́ре; (*effect of insult*) (о́страя) оби́да.

*v.i.* **1.** (*of wound or part of body*) жечь (*impf.*); са́днить (*impf.*); smoke makes the eyes ~ дым ест глаза́; my eyes are ~ing у меня́ глаза́ щи́плет; **2.** (*of pers.*): he ~ed under, from the insult он испы́тывал о́строе чу́вство оби́ды; ~ for sth. поплати́ться (*pf.*) за что-н.; you shall ~ for this вам за э́то доста́нется/попадёт.

**smart²** *adj.* **1.** (*sharp, severe*) ре́зкий, суро́вый, о́стрый; a ~ rebuke ре́зкая отпове́дь; a ~ box on the ear здоро́вая оплеу́ха; he got a ~ rap on the knuckles (*lit., fig.*) его́ как сле́дует уда́рили по рука́м (*or* проучи́ли); **2.** (*brisk, prompt*): he walked off at a ~ pace он удали́лся бы́стрым ша́гом; he saluted ~ly он бра́во о́тдал честь; **3.** (*bright, alert*): a ~ lad живо́й/шу́стрый ма́лый; **4.** (*clever, ingenious, cunning*) ло́вкий, бо́йкий; he is ~ at repartee он за сло́вом в карма́н не поле́зет; he was too ~ for me он меня́ перехитри́л; я не мог его́ перехитри́ть; **5.** (*cheeky*): he answered back ~ly он де́рзко отве́тил; **6.** (*neat, tidy*) опря́тный; **7.** (*elegant, stylish*): a ~ hat элега́нтная шля́пка; the ~ set фешене́бельное о́бщество; you look ~ у вас о́чень изя́щный вид.

*cpd.*: ~**-alec(k)**, ~**-alick** (*Am.* ~**y-pants**) *n.* самоуве́ренный нагле́ц; наха́л (*fem.* -ка).

**smarten** *v.t.* (*also* ~ **up**): ~ o.s. up принаря|жа́ться, -ди́ться; прихора́шиваться (*impf.*); (*a room, house, ship etc.*) прив|оди́ть, -ести́ в поря́док; нав|оди́ть, -ести́ блеск в +*p.* (*impf.*).

*v.i.*: ~ **up** (*in appearance or dress*): he has ~ed up он привёл себя́ в поря́док.

**smartness** *n.* (*briskness*) бо́йкость; (*elegance*) элега́нтность.

**smash** *n.* **1.** (*crash, collision*): the vase fell with a ~ ва́за с гро́хотом упа́ла; he gave his head an awful ~ on the pavement он си́льно уда́рился голово́й о тротуа́р; there has been a ~ on the motorway на автостра́де произошло́ столкнове́ние; many businesses were ruined in the ~ э́то банкро́тство разори́ло/погуби́ло мно́жество предприя́тий; **2.** (*blow with fist*) си́льный уда́р; (*at tennis etc.*) смэш; уда́р по мячу́ све́рху вниз; **3.**: ~ hit (*coll., play, film etc.*) боеви́к; (*song*) мо́дная пе́сенка; шля́гер.

*adv.* пря́мо; he drove ~ through the shop window он так и вре́зался в витри́ну.

*v.t.* **1.** (*shatter*) разб|ива́ть, -и́ть; the bowl was ~ed to bits ва́за разби́лась вдре́безги (*or* разлете́лась на ме́лкие кусо́чки); his theory was ~ed его́ тео́рия была́ разби́та в пух и прах; (*defeat*): ~ an enemy разгроми́ть (*pf.*) проти́вника; (*ruin financially*) разор|я́ть, -и́ть; **2.** (*drive with force*): he ~ed his fist into my face он с си́лой уда́рил меня́ кулако́м по лицу́; he

~ed the ball over the net си́льным уда́ром он посла́л мяч че́рез се́тку.

*v.i.* **1.** (*be broken*) разб|ива́ться, -и́ться; **2.** (*crash, collide*) вр|еза́ться, -е́заться; the car ~ed into a wall маши́на вре́залась в сте́ну; the ship ~ed against the rocks су́дно наскочи́ло на ска́лы.

*with advs.*: ~ **down** *v.t.* (*e.g. a wall*) сн|оси́ть, -ести́; вали́ть, по-; ~ **in** *v.t.* прол|а́мывать, -оми́ть; взл|а́мывать, -ома́ть; I'll ~ your face in я тебе́ мо́рду разобью́; ~ **up** *v.t.*: ~ up the furniture разлома́ть (*pf.*) всю ме́бель; ~ up the crockery переби́ть (*pf.*) всю посу́ду; ~ up one's car (*in collision*) разби́ть (*pf.*) маши́ну.

*cpds.*: ~**-and-grab** *adj.*: ~-and-grab (raid) (граби́тельский) налёт на витри́ну магази́на; ~**-up** *n.* (*collision*) столкнове́ние.

**smasher** *n.* (*coll., s.o. or sth. splendid*) не́что замеча́тельное/сногсшиба́тельное.

**smashing** *adj.* **1.**: ~ blow сокруши́тельный уда́р; ~ defeat (по́лный) разгро́м; тяжёлое пораже́ние; **2.** (*coll.*): a ~ film замеча́тельный/потряса́ющий фильм; we had a ~ time мы изуми́тельно провели́ вре́мя.

**smattering** *n.*: he has a ~ of German он чуть-чу́ть зна́ет неме́цкий; он зна́ет по-неме́цки два-три́ сло́ва.

**smear** *n.* **1.** (*blotch*) пятно́; (*microscope specimen*) мазо́к; a ~ of dirty fingers on the window отпеча́ток гря́зных па́льцев на окне́; **2.** (*coll., slander*) клевета́; ~ campaign клеветни́ческая кампа́ния.

*v.t.* **1.** (*daub*) ма́зать, на-; разма́з|ывать, -ать; he ~ed greasepaint on his face (*or* ~ed his face with greasepaint) он наложи́л грим (себе́) на лицо́ (*or* загримирова́лся); I ~ed my trousers with paint я испа́чкал брю́ки кра́ской; **2.** (*blur, e.g. a drawing*) разма́з|ывать, -ать; **3.** (*defame*) черни́ть, о-; поро́чить, о-.

**smell** *n.* **1.** (*faculty*) обоня́ние; a keen sense of ~ то́нкое обоня́ние/чутьё; I lost my sense of ~ я утра́тил чу́вство обоня́ния; я переста́л распознава́ть за́пахи; (*in animals*) чутьё; **2.** (*odour*) за́пах; what a (*sc. bad*) ~! ну и вонь!; this flower has no ~ э́тот цвето́к не име́ет за́паха (*or* не па́хнет); garlic has a pungent ~ у чеснока́ е́дкий за́пах; there was a ~ of burning па́хло га́рью/горе́лым; **3.** (*inhalation*): have, take a ~ of, at понюха́ть (*pf.*).

*v.t.* **1.** (*perceive ~ of*; *also fig.*) чу́ять (*impf.*); can you ~ onions? вы чу́вствуете за́пах лу́ка?; I can't ~ anything я не чу́вствую ника́кого за́паха; I ~ something burning я чу́вствую за́пах га́ри; I ~ a rat чу́ю недо́брое; I smelt danger я почу́вствовал опа́сность; **2.** (*sniff*) ню́хать, по-; just ~ this rose то́лько поню́хайте э́ту ро́зу; ~ing salts ню́хательная соль; **3.**: ~ **out** (*lit., fig.*) проню́х|ивать, -ать.

*v.i.* **1.** (*sniff*): the dog was ~ing at the lamppost соба́ка (об)ню́хала фона́рь; **2.** (*emit ~*)

па́хнуть (*impf.*); издава́ть (*impf.*) арома́т; the soup ~s good суп хорошо́/вку́сно па́хнет; the room smelt of polish в ко́мнате па́хло политу́рой; his breath ~s у него́ ду́рно па́хнет изо рта; the fish began to ~ ры́ба ста́ла пова́нивать/попа́хивать; **3.**: ~ of (*fig., suggest*) отд|ава́ть, -а́ть +*i.*; opinions that ~ of heresy мне́ния, грани́чащие с е́ресью; his writing ~s of the lamp у него́ вы́мученный слог; it ~s of dishonesty здесь не всё чи́сто.

**smelly** *adj.* попа́хивающий; ду́рно па́хнущий; воню́чий.

**smelt**[1] *n.* (*fish*) ко́рюшка.

**smelt**[2] *v.t.* (*ore*) пла́вить (*impf.*); (*metal*) выплавля́ть, вы́плавить.

**smew** *n.* луто́к.

**smidgen** *n.* (*Am., coll.*) чуто́к.

**smile** *n.* улы́бка; he greeted me with a ~ он встре́тил меня́ улы́бкой; give s.o. a ~ улыбну́ться (*pf.*) кому́-н.; he gave a faint ~ он сла́бо улыбну́лся; force a ~ вы́давить (*pf.*) из себя́ улы́бку; she was all ~s у неё был сия́ющий вид; она́ вся сия́ла.

*v.t.* **1.** (*express by ~*): he ~d farewell он улыбну́лся на проща́ние; she ~d her approval/forgiveness она́ улыбну́лась в знак одобре́ния/проще́ния; **2.**: he ~d a frosty smile он улыбну́лся ледяно́й улы́бкой.

*v.i.* улыб|а́ться, -ну́ться; усмех|а́ться, -ну́ться; what are you smiling at? чему́ вы улыба́етесь?; they ~d at his claims его́ прете́нзии каза́лись им смешны́ми; her ignorance made him ~ её неве́жество вы́звало у него́ улы́бку; keep smiling! не уныва́й!; a smiling face улыба́ющееся лицо́; (*habitual*) улы́бчивое лицо́; ~ on (*fig.*): fortune ~d on him сча́стье ему́ улыба́лось.

**smirch** *n.* пятно́.

*v.t.* (*lit., fig.*) пятна́ть, за-; (*fig.*) позо́рить, о-; поро́чить, о-.

**smirk** *n.* жема́нная/самодово́льная улы́бка.

*v.i.* ухмыля́ться (*impf.*).

**smit**|**e** *v.t.* **1.** (*arch. or joc., strike*) уд|аря́ть, -а́рить; **2.** (*afflict*) пора|жа́ть, -зи́ть; ~ten with the plague поражённый чумо́й; his conscience smote him его́ кольну́ла со́весть; he was ~ten with remorse его́ охвати́ло раска́яние; he was ~ten by her charms он был покорён её ча́рами.

*v.i.* (*arch., strike*): ~e (up)on би́ться (*impf.*) о +*a.*

**smith** *n.* (black~) кузне́ц.

**smithereens** *n.* (*coll.*): to ~ вдре́безги.

**smithy** *n.* ку́зница.

**smock** *n.* (*child's*) де́тский хала́тик; (*woman's*) ко́фта; (*peasant's*) (крестья́нская) блу́за.

**smocking** *n.* фигу́рные бу́ф|ы (*pl., g.* —); ме́лкие сбо́рки (*f. pl.*).

**smog** *n.* смог.

**smoke** *n.* **1.** дым; clouds of ~ клубы́ (*m. pl.*)

ды́ма; like ~ (*coll.*, *quickly*, *easily*) в оди́н миг; с лёгкостью; ле́гче лёгкого; there's no ~ without fire нет ды́ма без огня́; emit ~ дыми́ть (*impf.*); the ~ gets in my eyes дым разъеда́ет мне глаза́; ~ was pouring out дым (так и) вали́л; go up in ~ (*lit.*) сгора́|ть, -е́ть; (*fig.*, *come to nothing*; *also* end in ~) ко́нчиться (*pf.*) ниче́м; ~ abatement борьба́ с задымлённостью; 2.: have a ~ покури́ть (*pf.*); they broke off for a ~ они́ устро́или переку́р; 3. (*pl.*, *coll.*) сига́ры и сигаре́ты (*f. pl.*); (*coll.*) ку́рево.

*v.t.* 1. (*preserve or darken with* ~) копти́ть, за-; ~d fish копчёная ры́ба; ~d glass закопчёное стекло́; 2. (*fumigate*) оку́р|ивать, -и́ть; ~ out (*wasps etc.*) выку́ривать, вы́курить; (*fig.*, *unmask*) разоблач|а́ть, -и́ть; 3. (*tobacco etc.*) кури́ть, вы́; ~ o.s. sick накури́ться (*pf.*) до одуре́ния.

*v.i.* 1. (*emit* ~; *of chimney*, *fireplace etc.*) дыми́ть (*impf.*); (*of fire or burning substance*) дыми́ться (*impf.*); кури́ться (*impf.*); smoking ruins дымя́щиеся руи́ны; 2. (*of pers.*: ~ *tobacco etc.*) кури́ть (*impf.*); he ~s like a chimney он дыми́т без конца́ (*or* как парово́з).

*cpds.*: ~**-bomb** *n.* дымова́я бо́мба; ~**-dried** *adj.* копчёный; ~**-screen** *n.* (*lit.*, *fig.*) дымова́я заве́са; ~**-stack** *n.* труба́.

**smokeless** *adj.* безды́мный; ~ zone безды́мная городска́я зо́на.

**smoker** *n.* 1. (*pers.*) куря́щий; кури́льщи|к (*fem.* -ца); a heavy ~ зая́длый кури́льщик; 2. (*coll.*, *carriage*) ваго́н для куря́щих.

**smoking** *n.* (*of food*) копче́ние; (*of tobacco etc.*) куре́ние; No S ~ кури́ть воспреща́ется; I gave up ~ я бро́сил кури́ть.

*cpds.*: ~**-carriage**, ~**-compartment** *nn.* ваго́н/купе́ (*indecl.*) для куря́щих; ~**-mixture** *n.* (*of pipe tobacco*) тру́бочный таба́к; ~**-room** *n.* кури́тельная (ко́мната); ~-room talk разгово́р «не для дам» (*or* «для куря́щих»).

**smoky** *adj.* ды́мный; дымя́щийся; (*of colour*) ды́мчатый; (*blackened by smoke*) закопте́лый.

**smolder** *see* SMO(U)LDER.

**smooch** *v.i.* (*sl.*) обнима́ться, целова́ться (*both impf.*).

**smooth** *adj.* 1. (*even*, *level*) гла́дкий, ро́вный; a ~ chin гла́дкий/бри́тый (*or* гла́дко вы́бритый) подборо́док; a ~ road ро́вная доро́га; the tyre became ~ with wear ши́на сде́лалась соверше́нно гла́дкой от до́лгой слу́жбы; we must take the rough with the ~ ≃ не всё коту́ ма́сленица; a ~ sea споко́йное мо́ре; a ~ paste те́сто без комко́в; we had a ~ ride in the train по́езд шёл ро́вно, it was a ~ voyage мо́ре бы́ло споко́йное; everything went off ~ly всё прошло́ без сучка́ и задо́ринки; 2. (*not harsh to ear or taste*): ~ breathing ро́вное дыха́ние; ~ verse гла́дкие стихи́ (*m.*

*pl.*); ~ vodka мя́гкая во́дка; ~ wine нете́рпкое вино́; 3. (*of pers.*: *equable*, *unruffled*): he replied ~ly он споко́йно отве́тил; ~ manners мя́гкие мане́ры; he has a ~ tongue он говори́т гла́дко; он ма́стер говори́ть; (*flattering*) льсти́вый; (*insinuating*) вкра́дчивый.

*v.t.* 1. (*make level*) выра́внивать, вы́ровнять; 2. (*arrange neatly*, *flatten*) пригла́|живать, -дить; ~ing-iron утю́г; 3. (*make easy*) смягч|а́ть, -и́ть; he ~ed the way for his successor он облегчи́л путь для своего́ прее́мника.

*with advs.*: ~ **away** *v.t.*: he ~ed away our difficulties он устрани́л/на́ши затрудне́ния; ~ **down** *v.t.*: ~ down one's dress оде́р|гивать, -нуть пла́тье; he ~ed his hair down он пригла́дил во́лосы; he was angry but I managed to ~ him down он был серди́т, но мне удало́сь его́ успоко́ить; ~ **off** *v.t.*: ~ off sharp edges обт|а́чивать, -очи́ть о́стрые края́; ~ **out** *v.t.*: she ~ed out the folds in the tablecloth она́ разгла́дила скла́дки на ска́терти; his face looks ~ed out (*after sleep etc.*) у него́ стал бо́лее све́жий вид; он посвеже́л; ~ **over** *v.t.* смягч|а́ть, -и́ть; ~ things over ула|́живать, -дить де́ло.

*cpds.*: ~**-bore** *adj.* гладкоство́льный; ~**-faced** *adj.* (*beardless*) безборо́дый; (*shaven*) чи́сто вы́бритый; (*ingratiating*; *also* ~**-spoken**) вкра́дчивый; ~**-tongued** *adj.* сладкоречи́вый, льсти́вый.

**smoothie** *n.*: he is a ~ он без мы́ла куда́ хо́чет вле́зет (*coll.*).

**smoothness** *n.* гла́дкость.

**smorgasbord** *n.* «шве́дский» стол.

**smother** *n.* (*cloud of dust etc.*) о́блако пы́ли *и т.п.*

*v.t.* 1. (*suffocate*) души́ть, за-; the princes were ~ed in the Tower при́нцы бы́ли заду́шены в Та́уэре; he was ~ed by fumes он задохну́лся от испаре́ний; ~ (*extinguish*) a fire туши́ть, по- ого́нь; 2. (*cover*): the furniture was ~ed in dust ме́бель была́ покры́та густы́м сло́ем пы́ли; she ~ed the child with kisses она́ осы́пала ребёнка поцелу́ями; strawberries ~ed in cream клубни́ка, зали́тая сли́вками; 3. (*suppress*, *conceal*) подав|ля́ть, -и́ть; ~ing a yawn подавля́я/сде́рживая зево́к; they ~ed his cries они́ заглуши́ли его́ кри́ки; ~ (up) a crime зам|ина́ть, -я́ть преступле́ние.

*v.i.* зад|ыха́ться, -охну́ться.

**smoulder**, (*Am.*) **smolder** *v.i.* (*lit.*, *fig.*) тлеть (*impf.*); ~ing leaves тле́ющие ли́стья; ~ing hatred затаённая не́нависть.

**smudge** *n.* пятно́; you have a ~ on your cheek вы чем-то вы́мазали/испа́чкали щёку.

*v.t.* (*blur*) сма́з|ывать, -ать; (*smear*) ма́зать, вы́-.

*v.i.*: the drawing ~s easily рису́нок легко́ сма́зывается.

**smudgy** *adj.* запа́чканный.

**smug** *adj.* самодово́льный.

**smuggle** *v.t.* пров|ози́ть, -езти́ контраба́ндой; (*fig.*) he was ~d into the house его́ тайко́м провели́ в дом; I was able to ~ out a letter мне удало́сь тайко́м перепра́вить письмо́.

**smuggler** *n.* контрабанди́ст (*fem.* -ка).

**smuggling** *n.* контраба́нда.

**smugness** *n.* самодово́льство.

**smut** *n.* **1.** (*of soot etc.*) са́жа; **2.**: talk ~ нести́ (*det.*) поха́бщину; **3.** (*fungous disease*) головня́.

**smutty** *adj.*: ~ face гря́зное/запа́чканное лицо́; ~ joke поха́бный анекдо́т.

**snack** *n.* заку́ска; have a ~ заку́с|ывать, -и́ть. *cpd.*: ~-**bar** *n.* заку́сочная, буфе́т.

**snaffle** *n.* узде́чка, тре́нзель (*m.*); ride s.o on the ~ (*fig.*) делика́тно руководи́ть (*impf.*) кем-н. *v.t.* (*appropriate, steal*) стяну́ть, сти́брить, урва́ть (*all pf.*) (*sl.*).

**snafu** *n.* (*Am. coll.*) неразбери́ха, пу́таница.

**snag** *n.* **1.** (*on tree*) сучо́к; **2.** (*broken tooth*) сло́манный зуб; **3.** (*on river-bed*) коря́га; **4.** (*obstacle*) препя́тствие; (*difficulty*) затрудне́ние; (*hidden*) загво́здка. *v.t.* (*catch against*) зацепи́ться (*pf.*) за +*a.*

**snail** *n.* ули́тка; go at a ~'s pace тащи́ться (*impf.*) как черепа́ха.

**snake** *n.* змея́; grass ~ уж; ~ in the grass (*fig.*) скры́тый враг; змея́ подколо́дная. *v.i.*: the road ~s through the mountains доро́га вьётся меж гор. *cpds.*: ~ **bite** *n.* уку́с змеи́; змеи́ный уку́с; ~-**charmer** *n.* заклина́тель (*m.*) змей.

**snaky** *adj.* (*perfidious*) кова́рный; (*venomous*) ядови́тый.

**snap** *n.* **1.** (*noise*) щелчо́к, щёлканье; the box shut with a ~ коро́бка (гро́мко *or* с тре́ском) защёлкнулась; (*of sth. breaking*) треск; there was a ~ and the plank broke разда́лся треск и доска́ слома́лась; (*bite*) the dog made a ~ at him соба́ка пыта́лась его́ укуси́ть; **2.** (*fastener*) кно́пка; **3.** (*vigour, zest*) жи́вость, ого́нь (*m.*), огонёк, изю́минка; put some ~ into it! живе́е!; **4.** (*coll., photograph*) (люби́тельский) сни́мок; take a ~ of сн|има́ть, -ять; **5.** (*spell*): a cold ~ внеза́пное похолода́ние. *adj.*: ~ decision скоропали́тельное реше́ние; ~ answer отве́т с кондачка́ (*coll.*); they took a ~ vote они́ устро́или голосова́ние экспро́мтом; ~ strike забасто́вка, объя́вленная без предупрежде́ния. *v.t.* **1.** (*make ~ping noise with*) щёлк|ать, -нуть +*i.*; he ~ped his fingers in my face он щёлкнул па́льцами пе́ред мои́м но́сом; ~ one's fingers at (*fig., defy*) плева́ть (*impf.*) на +*a.*; **2.** (*break*) разл|а́мывать, -ома́ть; he ~ped the stick in two он разлома́л па́лку на́двое; **3.** (*coll., photograph*) сн|има́ть, -ять. *v.i.* **1.** (*make biting motion*): ~ at отгрыз|а́ться, -ну́ться на +*a.*; (*speak sharply*)

набро́ситься (*pf.*) на +*a.*; don't ~ at me! не кричи́те на меня́!; **2.** (*snatch*): ~ at an opportunity ухвати́ться (*pf.*) за возмо́жность; **3.** (*make ~ping sound*) щёлк|ать, -нуть; (*of fastener*) защёлк|иваться, -нуться; **4.** (*break*) тре́снуть (*pf.*); the rope ~ped верёвка оборвала́сь; **5.** (*move smartly*): ~ to attention вы́тянуться (*pf.*) во фронт; ~ out of it! (*coll.*) брось!; ~ into it! (*coll.*) дава́й!

*with advs.*: ~ **down** *v.t.*: he ~ped the lid down он защёлкнул/захло́пнул кры́шку; ~ **off** *v.t.* & *i.* (*break off*) отл|а́мывать(ся), -ома́ть(ся), -оми́ть(ся); ~ s.o.'s head off (*coll.*) об|рыва́ть, -орва́ть кого́-н.; ~ **up** *v.t.* (*snatch*) сца́пать (*pf.*); (*buy eagerly*) расхва́т|ывать, -а́ть; the tickets were ~ped up straight away биле́ты тут же расхвата́ли. *cpds.*: ~ **dragon** *n.* льви́ный зев; ~-**fastener** *n.* кно́пка; ~ **shot** *n.* (люби́тельский) сни́мок.

**snappish** *adj.* раздражи́тельный; (*of dog*) злой, куса́чий.

**snappy** *adj.* (*brisk*) живо́й; make it ~! (по)живе́е!; (*coll., neat, elegant*) шика́рный.

**snare** *n.* (*noose*) сило́к; (*trap*) западня́, лову́шка; lay, set a ~ for s.o. ста́вить, полову́шку кому́-н.; be caught in a ~ поп|ада́ть, -а́сть в лову́шку; a ~ and a delusion сплошно́й обма́н. *v.t.* лови́ть, пойма́ть в западню́/лову́шку. *cpd.*: ~-**drum** *n.* бараба́н со стру́нами.

**snarl**[1] *n.* (*growl*) рыча́ние; he answered with a ~ он зарыча́л в отве́т. *v.t.* & *i.* рыча́ть, за-.

**snarl**[2] *n.* (*tangle*) спу́танный клубо́к. *v.t.* запу́т|ывать, -ать; (*fig.*): the arrangements were ~ed up всё бы́ло перепу́тано.

**snatch** *n.* **1.** (*act of ~ing*): make a ~ at sth. хвата́ться (*pf.*) за что-н.; **2.** (*short spell*): sleep in ~es спать (*impf.*) уры́вками; **3.** (*fragment*) обры́вок; I overheard ~es of their conversation я подслу́шал обры́вки их разгово́ра; **4.** (*coll., robbery*) налёт. *v.t.* **1.** (*seize*) хвата́ть, схвати́ть; ~ sth. from s.o. урва́ть (*pf.*) что-н. у кого́-н.; ~ sth. out of s.o.'s hands (*or away from s.o.*) выхва́тывать, вы́хватить (*or* вырыва́ть, вы́рвать) что-н. у кого́-н. (из рук); don't ~! не хвата́й!; ~ an opportunity воспо́льзоваться (*pf.*) слу́чаем; ~ a kiss сорва́ть (*pf.*) поцелу́й; the wind ~ed off my hat ве́тер сорва́л с меня́ шля́пу; she ~ed up her handbag она́ схвати́ла свою́ су́мочку; **2.** (*obtain with difficulty*) ур|ыва́ть, -ва́ть; we ~ed a hurried meal мы на́скоро переку́сили; I managed to ~ a few hours' sleep мне удало́сь урва́ть не́сколько часо́в сна. *v.i.* хвата́ть (*impf.*); ~ at sth. хвата́ться, схвати́ться за что-н.

**snazzy** *adj.* шика́рный, пижо́нский (*coll.*).

**sneak** *n.* подле́ц; (*in school*) я́беда (*c.g.*).

*v.t.* стащи́ть (*pf.*); ~ a look at sth. взгляну́ть (*pf.*) на что-н. укра́дкой (*or* одни́м глазко́м). *v.i.* **1.** (*creep, move silently*) кра́сться (*impf.*); ~ into a room прокра́|дываться, -сться в ко́мнату; ~ out of a room выходи́ть, вы́йти укра́дкой (*or* выска́льзывать, вы́скользнуть) из ко́мнаты; he ~ed off round the corner он скры́лся за угло́м; (*fig.*): ~ out of responsibility ускольз|а́ть, -ну́ть от отве́тственности; **2.** (*tell tales*): ~ on s.o. я́бедничать, на- на кого́-н.

*cpd.*: ~-thief *n.* ме́лкий вор, вори́шка (*m.*).

**sneakers** *n.* (*coll.*) полуке́д|ы (*pl., g.* -ов/—).

**sneaking** *adj.* (*furtive*): he gave her a ~ glance он укра́дкой взгляну́л на неё; (*persistent, lingering*): ~ feeling та́йное подозре́ние; I have a ~ affection for her у меня́ к ней сла́бость.

**sneer** *n.* (*contemptuous smile*) презри́тельная усме́шка; (*taunt*) глумле́ние.

*v.i.* усмех|а́ться, -ну́ться; ~ at насмеха́ться (*impf.*) над +*i.*; (*in words*) глуми́ться (*impf.*) над +*i.*; a ~ing voice насме́шливый/ехи́дный го́лос.

**sneerer** *n.* насме́шни|к (*fem.* -ца).

**sneeze** *n.* чиха́нье; (*coll.*) чих; I felt a ~ coming and couldn't stop it я чу́вствовал, что сейча́с чихну́, и не мог сдержа́ться.

*v.i.* чих|а́ть, -ну́ть; £50 is not to be ~d at 50 фу́нтов — не шу́тка (*or* на земле́ не валя́ются).

**snick** *n.* (*notch*) зару́бка; (*cut*) надре́з.

**snicker** *n.* (*whinny*) ржа́ние; (*snigger*) хихи́канье.

*v.i.* ржать (*impf.*); хихи́кать (*impf.*).

**snide** *adj.* (*coll.*) ехи́дный.

**sniff** *n.* (*inhalation*) вдох; one ~ is sufficient to kill сто́ит э́то вдохну́ть, как сра́зу умрёшь; take a ~ at, of sth. поню́хать (*pf.*) что-н.; get a ~ of fresh air подыша́ть (*pf.*) све́жим во́здухом; give a ~ (*of contempt*) фы́рк|ать, -нуть; (*to stop nose running etc.*) шмы́г|ать, -нуть (но́сом).

*v.t.* (*inhale*) вд|ыха́ть, -охну́ть; (*smell at*) ню́хать, по-.

*v.i.* **1.** (*because of tears, cold etc.*) шмы́гать, -ну́ть (но́сом); (*in contempt*) фы́рк|ать, -нуть; **2.**: ~ at ню́хать, по-; the dog ~ed at the lamp-post соба́ка (об)ню́хала фона́рь; the offer is not to be ~ed at тако́е предложе́ние не ка́ждый день де́лают.

**sniffle** *n.* сопе́ние; (*pl.*) на́сморк.

*v.i.* шмы́|гать, -нуть (но́сом).

**sniffy** *adj.* (*coll.*) презри́тельный.

**snigger** *n.* хихи́канье.

*v.i.* хихи́к|ать, -нуть.

**snip** *n.* (*act of ~ping*) ре́зание; (*piece cut off*) обре́зок; кусо́к; (*coll., bargain*) (больша́я) уда́ча.

*v.t.* (*clip, trim*) подр|еза́ть, -е́зать; (*cut*): ~ out a piece of cloth выре́зывать, вы́резать (*or*

кро́ить, рас-) кусо́к мате́рии; ~ off a bud ср|еза́ть, -е́зать по́чку.

**snipe**[1] *n.* (*bird*) бека́с.

**snip|e**[2] *v.i.* (*mil.*) стреля́ть (*impf.*) из укры́тия; (*fig.*): he is always ~ing at the Church он ве́чно напада́ет на це́рковь.

**sniper** *n.* сна́йпер.

**snippet** *n.* (*of material*) лоску́т, лоскуто́к; (*pl., of news etc.*) обры́вки (*m. pl.*).

**snitch** *v.t.* (*coll., filch*) сти́брить, стяну́ть (*both pf.*) (*coll.*).

**snivel** *v.i.* (*run at the nose*) распус|ка́ть, -ти́ть со́пли; (*whine*) хны́кать (*impf.*); распус|ка́ть, -ти́ть ню́ни.

**sniveller** *n.* ны́тик.

**snob** *n.* сноб.

**snobbery** *n.* сноби́зм.

**snobbish** *adj.* сноби́стский.

**snood** *n.* (*hair-net*) се́тка (для воло́с).

**snook** *n.*: cock a ~ at пока́з|ывать, -а́ть (дли́нный) нос +*d.*

**snooker** *n.* сну́кер.

*v.t.* (*sl., defeat*) разби́ть (*pf.*), разгроми́ть (*pf.*).

**snoop** *v.i.* (*coll.*) подгля́дывать/подсма́тривать/выню́хивать (*impf.*) чужи́е та́йны.

**snooper** *n.* челове́к, сую́щий нос в чужи́е дела́.

**snooty** *adj.* (*coll.*) задира́ющий нос, вообража́ющий.

**snooze** (*coll.*) *n.*: have, take a ~ вздремну́ть (*pf.*); всхрапну́ть (*pf.*).

*v.i.* дрема́ть (*impf.*).

**snore** *n.* храп.

*v.i.* храпе́ть, за-; всхрапну́ть (*pf.*).

**snorer** *n.* храпу́н (*fem.* -ья).

**snorkel** *see* S(CH)NORKEL.

**snort** *n.* (*of contempt*) фы́рканье; (*of horse*) храпе́ние.

*v.i.* фы́рк|ать, -нуть; кря́к|ать, -нуть (от доса́ды).

**snorter** *n.* (*sl.*): I wrote him a ~ (*rebuke*) я его́ (хороше́нько) отчита́л в письме́.

**snot** *n.* (*vulg.*) со́пли (*f. pl.*).

**snotty** *adj.* (*vulg.*, ~-nosed) сопли́вый; (*sl., annoyed*) серди́тый; раздражённый.

**snout** *n.* **1.** (*of animal*) мо́рда; (*of pig*) ры́ло; **2.** (*nozzle*) сопло́.

**snow** *n.* снег; driven ~ позёмка; there was a fall of ~ вы́пал снег; the roads are deep in ~ все доро́ги в сугро́бах; the ~ is turning to rain снег перехо́дит в дождь; S~ Maiden Снегу́рочка.

*v.i.*: it is ~ing снег идёт.

*with advs.*: ~ **in**, ~ **up** *vv.t.*: the road is ~ed up доро́гу занесло́ сне́гом; we were ~ed in наш дом занесло́ сне́гом; ~ **under** *v.t.* (*fig.*): I was ~ed under with letters я был зава́лен (*or* меня́ засы́пали) пи́сьмами; we are ~ed under with work мы зава́лены рабо́той.

*cpds.*: ~**ball** *n.* снежо́к; *v.i.* игра́ть (*impf.*) в

снежки́; (*fig., increase*) расти́ (*impf.*), как снёжный ком; **~-blind** *adj.* ослеплённый сверка́ющим снёгом; be **~-blind** страда́ть (*impf.*) снёжной слепото́й; **~-blindness** *n.* снёжная слепота́; **~-blink** *n.* ледяно́й о́т-блеск; **~-boots** *n.* (тёплые) бо́ты (*m. pl.*); **~-bound** *adj.* (*of pers.*) не могу́щий вы́браться (и́з дому) из-за снёжных зано́сов; (*of place*) занесённый снёгом; **~-capped, ~-clad, ~-covered** *adjs.* покры́тый снёгом; **~-drift** *n.* сугро́б; **~ drop** *n.* подснёжник; **~ fall** *n.* снегопа́д; **~-fence** *n.* снегозащи́тное загражде́ние; снегово́й щит; **~-field** *n.* снёжное по́ле; **~ flake** *n.* снежи́нка; (*pl.*) (снёжные) хло́пья; **~-gauge** *n.* снегоме́р; **~-goggles** *n.* снёжные очк|и́ (*pl., g.* -о́в); **~-leopard** *n.* снёжный барс, и́рбис; **~-line** *n.* снегова́я ли́ния; **~ man** *n.* снёжная ба́ба; **~-mobile** *n.* мотоса́н|и, аэроса́н|и (*pl., g.* -ей); снегохо́д; **~-plough** *n.* снегоочисти́тель (*m.*); **~-shoes** *n.* снегосту́пы (*m. pl.*); **~-shovel** *n.* лопа́та для снёга; **~-slip** *n.* лави́на, снёжный обва́л; **~ storm** *n.* мете́ль, вью́га; **~-white** *adj.* белоснёжный; S**~-**White Снегу́рочка.

**snowy** *adj.* **1.**: ~ roofs заснёженные кры́ши; ~ weather снёжная пого́да; **2.** (*white*): ~ hair белоснёжные во́лосы; ~ owl бе́лая сова́.

**snub**[1] *n.* (*rebuff, slight*) афро́нт.
*v.t.* оса́|живать, -ди́ть.

**snub**[2] *adj.*: ~ nose вздёрнутый нос.
*cpd.*: **~-nosed** *adj.* курно́сый.

**snuff**[1] *n.* нюха́тельный таба́к; pinch of ~ понюшка; take ~ нюхать (*impf.*) таба́к; he is up to ~ (*shrewd*) его́ (на мяки́не) не проведёшь (*coll.*).
*cpds.*: **~-box** *n.* табаке́рка; **~-coloured** *adj.* таба́чный.

**snuff**[2] *v.t.* **1.** (*also* ~ out) туши́ть, по-; (*fig.*) гаси́ть, по-; ~ it (*die*) загну́ться (*pf.*), дать (*pf.*) ду́ба (*sl.*); **2.**: ~ a candle сн|има́ть, -я́ть нага́р со свечи́.

**snuffle** *n.* сопе́ние; I have the ~s (*coll.*) у меня́ и́з носу течёт.
*v.i.* сопе́ть (*impf.*).

**snug** *adj.* (*cosy*) ую́тный; (*adequate for comfort*): a ~ income прили́чный дохо́д; (*close-fitting*): a ~ jacket облега́ющая ку́ртка.

**snuggery** *n.* (*coll.*) уголо́к.

**snuggle** *v.i.*: ~ down in bed свёр|тываться, -ну́ться (клубко́м/клубо́чком/кала́чиком (*or* в клубо́(че)к) в посте́ли; ~ up to s.o. приж|има́ться, -а́ться к кому́-н.

**so**[1] *n.* (*mus.*) *see* SO(H).

**so**[2] *adv.* **1.** так; is that ~? пра́вда?; ~ it is (~ I am *etc.*)! действи́тельно!; так оно́ и есть!; (и) в са́мом де́ле; isn't that ~? не так ли?; that being ~ раз так; I'm ~ glad to see you я так рад вас ви́деть; would you be ~ kind as to visit her? бу́дьте так добры́, навести́те её; they are ~ bad as to be worthless они́ насто́лько пло́хи,

что про́сто никуда́ не годя́тся; he is not ~ silly as to ask her он не насто́лько глуп, что́бы проси́ть её; he was ~ overworked that . . . он был до тако́й сте́пени перегружён, что . . .; not ~ very . . . не так уж . . .; ever ~ little са́мая ма́лость; if he loves her ever ~ little ёсли он хоть ско́лько-нибудь её лю́бит; it is ever ~ easy э́то про́ще просто́го (*or* о́чень легко́); every ~ often вре́мя от вре́мени; ~ be it! пусть так!; быть по сему́!; ~ far (*up to now*) пока́, поку́да; до сих пор; ~ far as I know наско́лько я зна́ю; ~ far ~ good пока́ всё хорошо́; де́ло подвига́ется непло́хо; and ~ forth, on и так да́лее; just ~ вот и́менно!; ве́рно!; пра́вильно!; (*in good order*) в ажу́ре; ~ long! (*au revoir*) пока́! (*coll.*); ~ long as (*provided that*) ёсли то́лько; ~ many сто́лько +*g.*; thank you ~ much! большо́е спаси́бо!; (at) ~ much per person по сто́льку-то с челове́ка; ~ much for his advice вот и весь его́ сове́т!; ~ much ~ that насто́лько, что; ~ much the worse/better тем ху́же/лу́чше; he is not ~ much discontented as unsatisfied он скоре́е неудовлетворён, чем недово́лен; he left without ~ much as a nod он ушёл, да́же не кивну́в голово́й (на проща́ние); ~ to say, speak так сказа́ть; ~ what? ну и что (же)?; поду́маешь!; **2.** (*also*) то́же; (and) ~ do I и я то́же; **3.** (*consequently, accordingly*) ита́к, поэ́тому; ста́ло быть; зна́чит; he is ill, (and) ~ he can't come он нездоро́в, так что не мо́жет прийти́; ~ you did see him after all ита́к, вы всё-таки его́ ви́дели; it was late, ~ I went home бы́ло по́здно, и (поэ́тому) я пошёл домо́й; **4.** (*that the foregoing is true or will happen*): I suppose/hope ~ я ду́маю/наде́юсь, что да; do you think ~? вы так ду́маете?; 'I told you ~!' — '~ you did!' «я вам говори́л!» — «Да, ве́рно»; **5.**: ~ as to (*in order to*) (с тем), что́бы +*inf.*; (*in such a way as to*) так, что́бы; **6.** (*thereabouts*): there were 100 or ~ people there там бы́ло приме́рно сто челове́к (*or* о́коло ста челове́к).

*cpds.*: **~-and-~** *pron.* (*pers.*) тако́й-то; (*pej.*) тако́й-сяко́й; he's a mean old **~-and-~** он невероя́тный скря́га; he told me to do **~-and-~** он сказа́л мне, что́бы я сде́лал то́-то (и то́-то); **~-called** *adj.* так называ́емый; **~-so** *adj. & adv.* ничего́; так себе́.

**soak** *n.* **1.** (~*ing*): give the clothes a thorough ~! пусть бельё подо́льше помо́кнет!; **2.** (*sl., hard drinker*) пья́ница (*c.g.*); пьянчу́жка (*c.g.*).

*v.t.* **1.** (*steep*) выма́чивать, вы́мочить; she ~s the laundry overnight она́ зама́чивает бельё на́ ночь; he ~ed his bread in milk он разма́чивал хлеб в молоке́; **2.** (*wet through*): the shower ~ed me to the skin дождь промочи́л меня́ до ни́тки; **3.** (*fig., immerse*): he ~ed himself in Roman history он с голово́й ушёл в исто́рию

Ри́ма; **4.** (*coll., extort money from*): ~ the rich! выка́чивайте побо́льше де́нег из бога́тых!

*v.i.* **1.** (*remain immersed*) мо́кнуть (*impf.*); **2.** (*drain, percolate*) впи́т|ываться, -а́ться; про-с|а́чиваться, -очи́ться; the rain ~ed into the ground дождь пропита́л по́чву; the water ~ed through my shoes вода́ просочи́лась в мои́ ту́фли; **3.** (*coll., drink heavily*) пья́нствовать (*impf.*).

with *advs.*: ~ **off** *v.t.*: ~ off dirt отм|а́чивать, -очи́ть грязь; ~ **up** *v.t.* (*lit., fig.*) впи́т|ывать, -а́ть.

**soaker** *n.* (*heavy rain*) ли́вень (*m.*).

**soaking** *n.*: he got a ~ он здо́рово промо́к.

*adj. & adv.*: you are ~ (wet) вы промо́кли наскво́зь; it was a ~ (wet) day весь день лило́ (как из ведра́).

**soap** *n.* мы́ло; cake, tablet of ~ кусо́к мы́ла; household, washing ~ хозя́йственное мы́ло; soft ~ (*coll., flattery*) лесть.

*v.t.* мы́лить, на-; ~ o.s. намы́ли|ваться, -ться.

*cpds.*: ~-**box** *n.* я́щик из-под мы́ла; ~-box orator у́личный ора́тор; ~-**bubble** *n.* мы́льный пузы́рь; ~-**dish** *n.* мы́льница; ~-**flakes** *n.* мы́льные хло́пь|я (*pl., g.* -ев); ~-**opera** *n.* дневна́я многосери́йная радиопереда́ча (*для домохозя́ек*); ~-**powder** *n.* стира́льный порошо́к; ~ **stone** *n.* мы́льный ка́мень, стеати́т; ~-**suds** *n.* мы́льная пе́на; обмы́лк|и (*pl., g.* -ов); ~-**works** *n.* мылова́ренный заво́д.

**soapy** *adj.* **1.** (*covered with soap*): ~ face намы́ленное лицо́; **2.** (*resembling, containing, consisting of soap*) мы́льный; ~ water мы́льная вода́; a ~ taste при́вкус мы́ла; мы́льный при́вкус; **3.** (*unctuous*) еле́йный, вкра́дчивый.

**soar** *v.i.* **1.** (*of birds*) пари́ть, вос-; высоко́ взлет|а́ть, -е́ть; взмы|ва́ть, -ть; **2.** (*fig., rise, tower*) возн|оси́ться, -ести́сь; ~ing ambition непоме́рное честолю́бие; **3.** (*of prices*) (ре́зко) пов|ыша́ться, -ы́ситься; возраст|а́ть, -и́; **4.** (*of glider*) плани́ровать, с-.

**S.O.B.** *n.* (*Am.*) су́кин сын (*coll.*).

**sob** *n.* всхлип, всхли́пывание.

*v.t.*: she ~bed out her grief облива́ясь слеза́ми, она́ пове́дала своё го́ре; ~ one's heart out (отча́янно) рыда́ть (*impf.*); го́рько пла́кать (*impf.*); she ~bed herself to sleep она́ пла́кала, пока́ не усну́ла; она́ засну́ла в слеза́х.

*v.i.* всхли́п|ывать, -нуть.

*cpds.*: ~-**story** *n.* (*coll.*) жа́лкие слова́; душещипа́тельная исто́рия; ~-**stuff** *n.* сентимента́льщина.

**sober** *adj.* **1.** (*not drunk, temperate*) тре́звый; **2.** (*not fanciful*) здра́вый; a man of ~ judgement челове́к тре́звого ума́; no man in his ~ senses would have said that ни оди́н здравомы́слящий

челове́к не сказа́л бы э́того; **3.** (*of colour*) споко́йный; ~ly dressed нося́щий небро́скую/скро́мную оде́жду.

*v.t.* (*usu.* ~ **down,** ~ **up**) отрезв|ля́ть, -и́ть; вытрезвля́ть, вы́трезвить; this had a ~ing effect on them э́то поде́йствовало на них отрезвля́юще; ~ing-up station (*in USSR*) вытрезви́тель (*m.*).

*v.i.* остепен|я́ться, -и́ться; отрезв|ля́ться, -и́ться; ~ **up** потрезви́ться (*pf.*).

*cpds.*: ~-**minded** *adj.* рассуди́тельный; (*balanced*) уравнове́шенный; ~**sides** *n.* (*sedate pers.*) суха́рь (*m.*), неулы́ба (*c.g.*) (*both coll.*).

**sobriety** *n.* тре́звость.

**so|briquet, sou-** *n.* про́звище, кли́чка.

**soccer** *n.* футбо́л; ~ fan футбо́льный боле́льщик; ~ match футбо́льный матч; ~ player футболи́ст.

**sociability** *n.* общи́тельность.

**sociable** *adj.* общи́тельный, компане́йский.

**social** *n.* вечери́нка.

*adj.* **1.** (*pert. to the community*) обще́ственный, социа́льный; ~ contract обще́ственный догово́р; S ~ Democrat социа́л-демокра́т; ~ reform социа́льные рефо́рмы; ~ science социоло́гия; ~ sciences обще́ственные нау́ки; ~ security социа́льное обеспе́чение; ~ services систе́ма социа́льного обслу́живания; ~ worker рабо́тни|к (*fem.* -ца) сфе́ры социа́льных пробле́м; **2.** (*pert. to relationships*): one's ~ equals себе́ подо́бные (в социа́льной иера́рхии); ~ advancement продвиже́ние по обще́ственной ле́стнице; **3.** (*convivial*): ~ gathering дру́жеская встре́ча; ~ evening вечери́нка; I have met him ~ly я встреча́лся с ним в о́бществе; я встреча́л его́ в гостя́х.

*cpd.*: ~-**democratic** *adj.* социа́л-демократи́ческий.

**socialism** *n.* социали́зм.

**socialist** *n.* социали́ст (*fem.* -ка).

*adj.* социалисти́ческий.

**socialite** *n.* све́тская знамени́тость.

**socialization** *n.* социализа́ция, национализа́ция, обобществле́ние.

**socialize** *v.t.* обобществ|ля́ть, -и́ть; национализи́ровать (*impf., pf.*); ~d medicine госуда́рственное медици́нское обслу́живание.

*v.i.* (*coll., go about socially*) вести́ (*impf.*) све́тский о́браз жи́зни; (*maintain social relations*) подде́рживать (*impf.*) све́тское обще́ние (с кем-н.).

**society** *n.* о́бщество; (*association*) о́бщество, объедине́ние, организа́ция; (*e.g. students'*) клуб, кружо́к; high ~ вы́сшее о́бщество; (вы́сший) свет; ~ gossip све́тские спле́тни; све́тская болтовня́; S ~ of Friends «О́бщество друзе́й», ква́керы (*m. pl.*); S ~ Islands острова́ О́бщества.

**sociological** *adj.* социологи́ческий.

**sociologist** *n.* социо́лог.

**sociology** *n.* социоло́гия.

**sock¹** *n.* **1.** (*short stocking*) носо́к; pull up one's ~s (*lit.*) подтя́|гивать, -ну́ть носки́; (*fig.*) подтяну́ться (*pf.*); засучи́ть (*pf.*) рукава́; put a ~ in it заткну́ться (*pf.*) (*sl.*); ankle ~s коро́ткие носо́чки (*m. pl.*); **2.** (*inner sole*) сте́лька.

**sock²** (*sl.*) *n.* (*blow*) уда́р; give s.o. a ~ on the nose да|ва́ть, -ть кому́-н. по́ носу.

*v.t.* : I ~ed him in the jaw я дал ему́ в мо́рду.

**socket** *n.* **1.** (*anat.*) впа́дина; eye ~ глазна́я впа́дина, глазни́ца; wrench s.o.'s arm out of its ~ вы́вернуть (*pf.*) кому́-н. ру́ку; **2.** (*for plug*) розе́тка; (*for bulb*) патро́н.

*cpd.* : ~**-joint** *n.* шарни́рное соедине́ние.

**socle** *n.* цо́коль (*m.*).

**Socrates** *n.* Сокра́т.

**Socratic** *adj.* сокра́товский; ~ method эвристи́ческий ме́тод.

**sod¹** *n.* дёрн; under the ~ (*in one's grave*) в сыро́й земле́; в моги́ле.

**sod²** *n.* (*pej., fellow*) прохво́ст (*sl.*).

**soda** *n.* **1.** со́да; углеки́слый на́трий; baking ~ со́да для пече́ния; caustic ~ е́дкий натр; washing ~ стира́льная со́да; **2.** (~-water) со́довая (вода́); газиро́вка.

*cpds.* : ~**-bread** *n.* хлеб, вы́печенный на со́де; ~**-fountain** *n.* сатура́тор; сто́йка, где продаётся газиро́вка; ~**-siphon** *n.* сифо́н для газиро́ванной воды́; ~**-water** *n.* со́довая/газиро́ванная вода́; газиро́вка.

**sodality** *n.* бра́тство; общи́на.

**sodden** *adj.* (*drenched*) промо́кший; (*steeped*) пропи́танный; he was ~ with drink он отупе́л от вы́питого; он напи́лся до одуре́ния.

**sodium** *n.* на́трий.

**sodomite** *n.* педера́ст, гомосексуали́ст; скотоло́жец (*see next*).

**sodomy** *n.* педера́стия, гомосексуали́зм; (*bestiality*) скотоло́жство.

**sofa** *n.* дива́н.

**Sofia** *n.* Софи́я.

**soft** *adj.* **1.** мя́гкий; ~ colour нея́ркий цвет; ~ cover (*of book*) мя́гкий переплёт; ~ goods тексти́льные изде́лия; ~ furnishings драпиро́вки (*f. pl.*); a ~ light мя́гкий свет; ~ palate мя́гкое нёбо, нёбная заве́ска; ~ pencil мя́гкий каранда́ш; ~ rain лёгкий до́ждик; ~ soil ры́хлая по́чва; ~ water мя́гкая вода́; ~ drink безалкого́льный напи́ток; ~ drugs нарко́тики, не вызыва́ющие привыка́ния; ~ fruit я́года; ~ pedal ле́вая педа́ль; ~ (*gentle*) voice мя́гкий/ не́жный/ла́сковый го́лос; ~ (*low-pitched*) voice ти́хий го́лос; ~ sign (*gram.*) мя́гкий знак; **2.** (*gentle, compassionate*) мя́гкий, кро́ткий; отзы́вчивый; have a ~ spot for s.o. пита́ть (*impf.*) сла́бость к кому́-н.; (*indulgent*) нестро́гий; she is too ~ with her

children она́ недоста́точно строга́ с детьми́; она́ чересчу́р снисходи́тельна к де́тям; **3.** (*flabby*) дря́блый, изне́женный; **4.** (*coll., easy*): he has a ~ job у него́ лёгкая рабо́та (*or* рабо́та «не бей лежа́чего»); **5.** (*coll., ~ in the head, stupid*) глупова́тый; **6.** : ~ currency необрати́мая валю́та; **7.** (*phot.*) неконтра́стный.

*cpds.* : ~**-boiled** *adj.* : ~-boiled egg яйцо́ всмя́тку; ~**-footed** *adj.* мя́гко ступа́ющий; с мя́гкой/ти́хой по́ступью; ~**-headed** *adj.* глупова́тый; ~**-hearted** *adj.* мягкосерде́чный, отзы́вчивый; ~**-pedal** *v.t.* (*fig.*) смягча́ть (*impf.*); сма́зывать (*impf.*); ~**-soap** *v.t.* (*coll.*) льстить (*impf.*) +*d.* ; ~**-spoken** *adj.* с мя́гким го́лосом; медоточи́вый; ~**ware** *n.* програ́ммное/математи́ческое обеспе́чение; ~**-witted** *adj.* слабоу́мный, придуркова́тый; ~**wood** *n.* мя́гкая древеси́на.

**soften** *v.t.* смягч|а́ть, -и́ть; (*of voice*) пон|ижа́ть, -и́зить; (*enfeeble*) изнеж|ива́ть, -ть.

*v.i.* смягч|а́ться, -и́ться; ~ing of the brain размягче́ние мо́зга.

*with adv.* : ~ **up** *v.t.* : the enemy front was ~ed up by bombardment ли́ния проти́вника была́ обрабо́тана артогнём; ~ s.o. up (*fig.*) осл|абля́ть, -а́бить чьё-н. сопротивле́ние.

**softener** *n.* (*for water etc.*) (с)мягчи́тель (*m.*).

**softness** *n.* мя́гкость.

**softy** *n.* (*coll., weakling*) тря́пка, слаба́к; (*nincompoop*) дурачо́к.

**soggy** *adj.* : ~ bread пло́хо пропечённый хлеб; ~ ground размо́кшая/сыра́я/отсыре́вшая земля́.

**so(h)** *n.* (*mus.*) соль (*nt. indecl.*).

**soi-disant** *adj.* так называ́емый, мни́мый, самозва́нный.

**soigné** *adj.* хо́леный; элега́нтный.

**soil¹** *n.* **1.** (*earth*) по́чва; ~ science почвове́дение; **2.** (*fig., country*) земля́; he returned to his native ~ он возврати́лся на родну́ю зе́млю; on foreign ~ на иностра́нной террито́рии; на чужо́й земле́.

**soil²** *v.t.* па́чкать, за-/ис-/вы-; ~ed linen гря́зное бельё; I would not ~ my hands with it я не хочу́ мара́ть ру́ки э́тим.

*v.i.* : this fabric ~s easily э́то о́чень ма́ркий материа́л.

*cpd.* : ~**-pipe** *n.* канализацио́нная труба́.

**soirée** *n.* зва́ный ве́чер, суаре́ (*indecl.*).

**sojourn** (*liter.*) *n.* (вре́менное) пребыва́ние.

*v.i.* пребыва́ть, (вре́менно) жить, прожива́ть, находи́ться (*all impf.*).

**solace** *n.* утеше́ние, отра́да; books were his only ~ кни́ги бы́ли его́ еди́нственной уте́хой.

*v.t.* ут|еша́ть, -е́шить.

**solar** *adj.* со́лнечный; ~ flare протубера́нец; ~ plexus со́лнечное сплете́ние; ~ system со́лнечная систе́ма.

**solarium** *n.* соля́рий.

**solder** *n.* припо́й.

*v.t.* пая́ть (*impf.*); ~ sth. to sth. припа́|ивать, -я́ть что-н. к чему́-н.; ~ together спа́|ивать, -я́ть; ~ing-iron пая́льник.

**soldier** *n.* солда́т; (*liter.*) бое́ц, боре́ц; play at ~s игра́ть (*impf.*) в солда́тики; toy ~s оловя́нные солда́тики; the Unknown S~ Неизве́стный солда́т; play, come the old ~ (*fig.*) поуча́ть (*impf.*); кома́ндовать (*impf.*) (на права́х бо́лее о́пытного челове́ка); ~ of fortune (*mercenary*) наёмник, наёмный солда́т, кондотье́р; private ~ рядово́й, бое́ц; a great ~ вели́кий полково́дец; every inch a ~ и́стинный во́ин; солда́т/во́ин с головы́ до ног (*or* до мо́зга косте́й).

*v.i.* служи́ть (*impf.*) (в а́рмии); ~ on (*fig., persevere doggedly*) не сдава́ться (*impf.*).

*cpd.*: ~**-like** *see next*.

**soldierly** *adj.* вое́нный; (*in appearance; also* **soldier-like**) с вое́нной вы́правкой; по- -солда́тски.

**soldiery** *n.* солдатня́.

**sole**[1] *n.* (*fish*) морско́й язы́к, соль (*f.*).

**sole**[2] *n.* (*of foot*) ступня́, подо́шва; (*of shoe*) подо́шва, подмётка.

*v.t.* подш|ива́ть, -и́ть; подб|ива́ть, -и́ть; ~ a shoe ста́вить, по- подмётку.

**sole**[3] *adj.* (*only*) еди́нственный; ~ agent еди́нственный представи́тель; (*exclusive*) исключи́тельный; he has ~ management of the estate управле́ние име́нием лежи́т по́лностью на нём.

**solecism** *n.* (*of language*) солеци́зм; гру́бая (граммати́ческая) оши́бка; (*of behaviour*) просту́пок про́тив хоро́шего то́на.

**solely** *adv.* то́лько, еди́нственно, исключи́тельно; he is ~ responsible отве́тственность лежи́т на нём одно́м.

**solemn** *adj.* торже́ственный; (*serious*) серь- ёзный, ва́жный; he put on a ~ face он сде́лал серьёзное лицо́; (*pompous*) напы́щенный; ва́жный.

**solemnity** *n.* торже́ственность; (*gravity*) ва́жность; (*of appearance*) серьёзность; (*ceremony*) торжество́, церемо́ния.

**solemnization** *n.* пра́зднование; ~ of marriage церемо́ния бракосочета́ния; венча́ние.

**solemnize** *v.t.* (*perform*) соверш|а́ть, -и́ть; (*celebrate*) пра́здновать, от-; торже́ственно от- м|еча́ть, -е́тить; (*make solemn*) прид|ава́ть, -а́ть торже́ственность +*d.*

**solenoid** *n.* соленои́д.

**sol-fa** *n.* сольфе́джио (*indecl.*).

**solicit** *v.t.* **1.** (*petition, importune*): ~ s.o.'s help проси́ть, по- кого́-н. о по́мощи; **2.** (*ask for*): ~ favours of s.o. выпра́шивать (*impf.*) у кого́-н. ми́лости; events ~ his attention собы́тия тре́буют его́ внима́ния; **3.** (*accost*) прист|ава́ть, -а́ть к +*d.*

*v.i.* (*of prostitute*) пристава́ть (*impf.*) к

мужчи́нам.

**solicitation** *n.* про́сьба, хода́тайство.

**solicitor** *n.* адвока́т, юрисконсу́льт.

**solicitous** *adj.* забо́тливый, внима́тельный; she is ~ for, about your safety она́ забо́тится о ва́шей безопа́сности.

**solicitude** *n.* забо́тливость; (*anxiety*) забо́та, трево́га.

**solid** *n.* (*phys.*) твёрдое те́ло; regular ~ пра́вильное (геометри́ческое) те́ло; (*pl., food*) твёрдая пи́ща.

*adj.* **1.** (*not liquid or fluid*) твёрдый; ~ food твёрдая пи́ща; ~ fuel твёрдое то́пливо; become ~ тверде́ть, за-; **2.** (*not hollow*) масси́вный; ~ sphere масси́вный шар; ~ tyre масси́вная ши́на; he is ~ from the neck up у него́ не голова́, а коча́н капу́сты; **3.** (*homogeneous*) ~ silver чи́стое серебро́; **4.** (*unbroken*): 12 hours' ~ sleep 12 часо́в непреры́вного сна; 6 hours' ~ work 6 часо́в безостано́вочной рабо́ты; a ~ line сплошна́я черта́; it rained for 3 ~ days дождь лил три дня подря́д; I waited for a ~ hour я прожда́л це́лый/би́тый час; **5.** (*firmly built, substantial*) про́чный; a man of ~ build челове́к кре́пкого/пло́тного телосложе́ния; **6.** (*sound, reliable*) соли́дный; надёжный; a ~ business соли́дное де́ло; ~ arguments основа́тельные до́воды; he had no ~ ground for his action у него́ не́ было ве́ских/убеди́тельных основа́ний для тако́го посту́пка; ~ good sense настоя́щий здра́вый смысл; **7.** (*unanimous, united*) единоду́шный; the meeting was ~(ly) against him собра́ние единоду́шно вы́ступило про́тив него́; the party is ~ for peace па́ртия сплочена́ в стремле́нии к ми́ру; **8.** (*pert. to ~s*): ~ geometry стереоме́трия; ~(-state) physics фи́зика твёрдых тел; ~ foot куби́ческий фут; ~ angle теле́с- ный/простра́нственный у́гол.

**solidarity** *n.* солида́рность; ~ of purpose/inter- ests еди́нство це́лей/интере́сов; ~ of feeling единоду́шие.

**solidification** *n.* отвердева́ние.

**solidify** *v.t.* де́лать, с- твёрдым.

*v.i.* тверде́ть, за-; заст|ыва́ть, -ы́ть.

**solidity** *n.* твёрдость; (*sturdiness*) про́чность; (*reliability*) надёжность; (*soundness*) основа́- тельность; (*unity*) еди́нство.

**solidus** *n.* (*stroke*) дробь; коса́я/дели́тельная черта́.

**soliloquize** *v.t.* говори́ть/рассужда́ть (*impf.*) с сами́м собо́й; произноси́ть (*impf.*) моноло́г.

**soliloquy** *n.* моноло́г; разгово́р с сами́м собо́й.

**solipsism** *n.* солипси́зм.

**solipsist** *n.* солипси́ст.

**solitaire** *n.* (*gem*) солите́р; (*Am., card game*) солите́р, пасья́нс.

**solitary** *n.* (*recluse*) отше́льни|к (*fem.* -ца).

*adj.* (*secluded*) уединённый; (*lonely*) одино́-

кий; ~ confinement одино́чное заключе́ние; (*single*) едини́чный, еди́ный; a ~ instance едини́чный слу́чай; he didn't win a ~ prize он не вы́играл ни одного́ при́за.

**solitude** *n.* (*being alone*; *lonely place*) уедине́ние; (*loneliness*) одино́чество.

**solo** *n.* **1.** (*mus.*) со́ло (*indecl.*), со́льный но́мер, со́льное выступле́ние; music for ~ flute со́льная му́зыка для фле́йты; **2.** (*av.*) одино́чный полёт.

    *adj.* со́льный; (*av.*) одино́чный.

    *adv.* (*alone*): fly ~ выполня́ть, вы́полнить одино́чный полёт.

**soloist** *n.* соли́ст (*fem.* -ка).

**Solomon** *n.* Соломо́н; (*fig.*) настоя́щий/су́щий Соломо́н, мудре́ц; judgement of ~ Соломо́ново реше́ние, Соломо́нов суд; ~ Islands Соломо́новы острова́.

**solstice** *n.* солнцестоя́ние.

**solubility** *n.* раствори́мость.

**soluble** *adj.* (*dissolvable*) раствори́мый; (*solvable*) разреши́мый; поддаю́щийся реше́нию.

**solution** *n.* **1.** (*dissolving*) растворе́ние; (*result of this*) раство́р; strong/weak ~ кре́пкий/сла́бый раство́р; rubber ~ рези́новый клей; **2.** (*solving*; *answer*) реше́ние, вы́ход, отве́т; the only ~ is not to answer еди́нственно пра́вильное реше́ние — не отвеча́ть.

**solve** *v.t.*: ~ an equation/problem реш|а́ть, -и́ть уравне́ние/зада́чу; ~ a mystery реш|а́ть, -и́ть загáдку; распу́т|ывать, -ать (*or* разга́д|ыва-ть, -а́ть) та́йну; ~ a difficulty на|ходи́ть, -йти́ вы́ход из затрудне́ния.

**solvency** *n.* платёжеспосо́бность.

**solvent** *n.* раствори́тель (*m.*).

    *adj.* (*chem.*) растворя́ющий; (*fin.*) платёжеспосо́бный.

**Somali** *n.* (*pers.*) сомали́|ец (*fem.* -йка); (*language*) язы́к сомали́.

    *adj.* сомали́йский.

**Somalia** *n.* Сомали́ (*nt.*); Сомали́йская Респу́б-лика.

**somatic** *adj.* теле́сный, сомати́ческий.

**sombre** *adj.* (*gloomy*) угрю́мый; (*dismal*) мра́чный; (*overcast*) па́смурный.

**sombreness** *n.* угрю́мость; мра́чность; па́смурность.

**sombrero** *n.* сомбре́ро (*indecl.*).

**some** *pron.* **1.** (*of persons*): ~ say yes, ~ say no кто говори́т да, кто — нет; одни́ говоря́т да, други́е — нет; ~ left and others stayed одни́ ушли́, други́е оста́лись; ~ (*people*) were late ко́е-кто опозда́л; ~ one way, ~ the other кто куда́; ~ of these girls ко́е-кто/не́которые из э́тих де́вушек; **2.** (*of thgs.*, *an indefinite quantity or number*): I have ~ already у меня́ уже́ есть; have ~ more! возьми́те ещё!; those are nice apples; can I have ~? каки́е хоро́шие я́блоки — мо́жно (мне) взять па́рочку?; **3.** (*a part*) часть; I have ~ of the documents часть

докуме́нтов у меня́ есть; ~ of the morning часть утра́; I agree with ~ of what you said я согла́сен ко́е с чем из того́, что вы сказа́ли; я части́чно согла́сен с тем, что вы сказа́ли; **4.** (*coll.*): and then ~! (*more than that*) ещё как!

    *adj.* **1.** (*definite though unspecified*) како́й-то; ~ fool has locked the door како́й-то дура́к за́пер дверь; I read it in ~ book (or other) я чита́л э́то в како́й-то/одно́й кни́ге; one must make ~ (sort of) attempt на́до сде́лать хоть каку́ю-нибудь попы́тку; first ~ books, then others снача́ла одни́ кни́ги, пото́м други́е; ~ day, ~ time когда́-нибудь; is this ~ kind of joke? э́то что — своего́ ро́да шу́тка?; we shall find ~ way round the difficulty мы найдём како́й-нибудь (*or* тот и́ли ино́й) вы́ход из тру́дного положе́ния; **2.** (*no matter what*) како́й-нибудь, како́й-либо; he is looking for ~ work он и́щет (каку́ю-нибудь) рабо́ту; if I could find at least ~ place to stay the night! найти́ бы мне хоть како́й-нибудь ночле́г!; **3.** (*one or two*) ко́е-каки́е (*pl.*); (*a certain amount or number of*: *may be untranslated or expr. by g.*): I bought ~ envelopes я купи́л конве́ртов; I gave him ~ advice я ему́ ко́е-что посове́товал; ~ more ещё (+*g.*); ~ distance away на не́котором расстоя́нии; for ~ time now с не́которого вре́мени; ~ books не́сколько книг; ~ (length of) time дово́льно продолжи́тельное вре́мя; ~ children learn easily ины́м де́тям уче́ние даётся легко́ (*or* легко́ учи́ться); it takes ~ courage to ... тре́буется нема́ло му́жества, что́бы . . .; it takes ~ doing э́то не та́к-то легко́; ~ work is pleasant быва́ет/встреча́ется/попада́ется прия́тная рабо́та; **4.** (*in ~ sense or degree*; *to a certain extent*): that is ~ proof э́то в како́й-то сте́пени мо́жет служи́ть доказа́тельством; it served as ~ guide to his intentions э́то в не́которой/изве́стной сте́пени ука́зывало на его́ наме́рения; **5.** (*approximately*) приме́рно, о́коло; we waited ~ 20 minutes мы жда́ли мину́т два́дцать (*or* о́коло двадцати́ мину́т); **6.** (*coll.*, *expr. admiration etc.*) вот э́то; вот так; ~ speed! вот э́то ско́рость!; ~ heat! ну и жара́, не́чего сказа́ть!; he's ~ doctor! вот на-стоя́щий врач!; вот э́то врач, э́то я понима́ю!; (*iron.*) вот ещё!; вот . . . то́же; ~ joke, that was! шу́тка называ́ется!; ~ surprise! то́же мне сюрпри́з!; ~ painter! ничего́ себе́ (*or* хоро́ш) худо́жник!

**somebody** *n.*: a ~ челове́к с положе́нием, ва́жная персо́на, «ши́шка».

    *pron.* (*also* **someone**) (*in particular*) кто́-то; не́кто; there is ~ in the cellar в по́гребе кто́--то есть; (*no matter who*) кто́-нибудь, кто́--либо; I want ~ to help me я хочу́, что́бы кто́-нибудь мне помо́г; ~ else can do it кто́--нибудь друго́й мо́жет э́то сде́лать; пусть э́то сде́лает кто́-нибудь друго́й.

**somehow** *adv.* ка́к-нибудь; так и́ли ина́че; тем и́ли ины́м о́бразом; we shall manage ~ мы ка́к-нибудь спра́вимся; he found out my name ~ он каки́м-то о́бразом узна́л, как меня́ зову́т; (*for some reason*): ~ I never liked him он мне почему́-то никогда́ не нра́вился.

**someone** *see* SOMEBODY *pron.*

**someplace** (*Am.*) *see* SOMEWHERE.

**somersault** *n.* са́льто (*indecl.*); turn a double ~ де́лать, с- двойно́е са́льто.

*v.i.* кувырк|а́ться, -ну́ться.

**something** *pron.* (*definite*) что́-то, не́что; (*indefinite*) что́-нибудь, что́-либо; I must get ~ to eat я до́лжен что́-нибудь перехвати́ть; he lost ~ or other он что́-то тако́е потеря́л; she lectures in ~ or other она́ чита́ет ле́кции по како́му-то (там) предме́ту; I have seen ~ of his work я ви́дел ко́е-каки́е из его́ рабо́т; he is ~ of a liar он непро́чь совра́ть; there is ~ in what you say в том, что вы говори́те, есть определённый смысл; there is ~ about him в нём что́-то тако́е есть; she speaks with ~ of an accent она́ говори́т с лёгким акце́нтом; it is ~ of an improvement э́то не́который прогре́сс; won't you take a drop of ~? нали́ть вам рю́мочку?; it is ~ to have got so far сла́ва Бо́гу, хоть сто́лько сде́лали; you have ~ there в э́том вы пра́вы; he thinks he is ~ он высо́кого мне́ния о себе́; we managed to see ~ of each other нам удава́лось вре́мя от вре́мени встреча́ться; I think I'm on to ~ ка́жется, я нащу́пал путь (*or* напа́л на след); she has a cold or ~ у неё то ли просту́да, то ли ещё что́-то; he is a surgeon or ~ он хиру́рг и́ли что́-то в э́том ро́де.

*adv.*: he left ~ like a million он оста́вил что́-то поря́дка миллио́на; his house looks ~ like a prison его́ дом сма́хивает на тюрьму́; now that's ~ like a cigar! вот э́то настоя́щая сига́ра!; ~ awful (*vulg., frightfully*) ужа́сно.

**sometime** *adj.* (*liter.*) бы́вший.

*adv.* когда́-то, когда́-нибудь, когда́-либо; ~ soon ско́ро; come and see us ~ приходи́те к нам ка́к-нибудь.

**sometimes** *adv.* иногда́; ~ . . . ~ . . . то . . . то . . .

**somewhat** *pron.*: he is ~ of a connoisseur он в не́котором ро́де знато́к.

*adv.* ка́к-то, не́сколько, дово́льно; he is ~ off-hand он де́ржится ка́к-то небре́жно; he was ~ hard to follow его́ бы́ло дово́льно тру́дно понима́ть; the book loses ~ in translation кни́га не́сколько прои́грывает в перево́де.

**somewhere** *adv.* **1.** (*Am. also* **someplace**) где́-то, где́-нибудь, где́-либо; ~ else где́-то в друго́м ме́сте; где́-то ещё; (*motion*) куда́-то; I am going ~ tomorrow я за́втра ко́е-куда́ иду́; the noise came from ~ over there звук разда́лся где́-то там; '~' (*to lavatory*) ко́е-куда́; **2.**

(*approximately*) о́коло +*g.*; it is ~ about 6 o'clock сейча́с что́-то о́коло шести́.

**Somme** *n.* Со́мма.

**somnambulism** *n.* лунати́зм, сомнамбули́зм.

**somnambulist** *n.* луна́т|ик (*fem.* -и́чка); сомна́мбул (*fem.* -а).

**somnolence** *n.* со́нливость.

**somnolent** *adj.* (*drowsy*) со́нный, сонли́вый; (*inducing sleep*) снотво́рный.

**son** *n.* сын (*pl.* -овья́, (*rhet.*) -ы́); ~ and heir сын и насле́дник; S~ of Man Сын челове́ческий; S~ of God Сын бо́жий; ~s of the fatherland сыны́ оте́чества; ~ of the soil сын земли́; (*as form of address*): (my) ~ сыно́к.

   *cpd.*: ~**-in-law** *n.* зять (*m.*).

**sonant** *n.* зво́нкий согла́сный.

**sonar** *n.* гидролока́тор.

**sonata** *n.* сона́та; ~ form сона́тная фо́рма.

**sonatina** *n.* сонати́на.

**sonde** *n.* зонд.

*son et lumière* *n.* светозвукоспекта́кль (*m.*).

**song** *n.* **1.** (*singing*) пе́ние; burst into ~ запе́ть (*pf.*); зали́ться (*pf.*) пе́сней; **2.** (*words set to music; also bird's* ~) пе́сня; S~ of S~s Песнь пе́сней; marching ~ похо́дная пе́сня; drinking ~ засто́льная пе́сня; give us a ~! спо́йте нам!; make a ~ (and dance) about sth. (*coll.*) подн|има́ть, -я́ть шум из-за чего́-н.; he bought it for a ~ он э́то купи́л за бесце́нок.

   *cpds.*: ~**-bird** *n.* пе́вчая пти́ца; ~**-book** *n.* пе́сенник.

**songster** *n.* (*bird*) пе́вчая пти́ца.

**songstress** *n.* певи́ца.

**sonic** *adj.* звуково́й; ~ bang, boom сверхзвуково́й хлопо́к.

**sonnet** *n.* соне́т.

**sonny** *n.* (*coll.*) сыно́к, сыно́чек.

**sonority** *n.* зву́чность.

**sonorous** *adj.* зву́чный.

**soon** *adv.* **1.** (*in a short while*) ско́ро, вско́ре; it will ~ be dark ско́ро стемне́ет; he ~ recovered он вско́ре попра́вился; ~ after че́рез коро́ткое вре́мя; write ~! напиши́те поскоре́е!; as ~ as possible как мо́жно скоре́е; **2.** (*early*) ра́но; we arrived too ~ мы прибыли сли́шком ра́но; how ~ can you come? когда́ вы мо́жете прибы́ть?; the ~er the better чем ра́ньше, тем лу́чше; ~er or later ра́но и́ли по́здно; **3.**: as ~ as как то́лько; as ~ as I saw him, I recognized him я узна́л его́, как то́лько уви́дел; я его́ сра́зу узна́л; no ~er had he arrived than he wanted to borrow money не успе́л он прибы́ть, как стал проси́ть де́нег взаймы́; no ~er said than done ска́зано — сде́лано; **4.** (*willingly*): I would as ~ stay at home я предпочёл бы оста́ться до́ма; I would ~er die than permit it я скоре́е умру́, чем допущу́ э́то; what would you ~er do, go now or wait? что вы предпочита́ете — уйти́ и́ли подожда́ть?

**soot** *n.* са́жа, ко́поть.

**sooth** *n.* (*arch.*) пра́вда; ~ to say по пра́вде сказа́ть/говоря́.

*cpd.*: ~**sayer** *n.* предсказа́тель (*fem.* -ница).

**sooth|e** *v.t.* (*calm, pacify*) успок|а́ивать, -о́ить; she ~ed the baby to sleep она́ убаю́кала ребёнка; in a ~ing tone успока́ивающе; (*relieve, lighten*) облегч|а́ть, -и́ть; ~ing lotion успока́ивающая примо́чка; (*gratify, appease*) те́шить (*impf.*); my words ~ed his vanity мои́ слова́ успоко́или его́ самолю́бие.

**sooty** *adj.* (*blackened with soot*) закопчённый, закопте́лый; покры́тый ко́потью; (*black as soot*) чёрный как са́жа; (*containing, consisting of soot*): ~ deposit слой са́жи; ~ atmosphere по́лный ко́поти во́здух.

**sop** *n.* **1.** (*of bread*) кусо́к хле́ба, обмакну́тый во что-н.; (*crouton*) грено́к; **2.** (*fig.*) пода́чка, взя́тка; as a ~ to his pride что́бы поте́шить его́ самолю́бие; throw a ~ to Cerberus задо́брить (*pf.*) Це́рбера.

*v.t.* **1.** (*soak*) обма́к|ивать, -ну́ть; мак|а́ть, -ну́ть; мочи́ть, на-; **2.** ~ **up** (*mop up*) под-т|ира́ть, -ере́ть; **3.** (*drench*) пром|а́чивать, -очи́ть.

*v.i.*: the shirt was ~ping wet руба́шка промо́кла наскво́зь; we got ~ping wet мы промо́кли до ни́тки.

**Sophia** *n.* (*hist.*) Со́фья.

**sophism** *n.* софи́зм, софи́стика.

**sophist** *n.* софи́ст.

**sophistic(al)** *adj.* софи́стский; скло́нный к софи́стике.

**sophisticate¹** *n.* искушённый челове́к.

**sophisticate²** *v.t.* **1.** (*complicate*) усложн|я́ть, -и́ть; ~d techniques сло́жная/изощрённая те́хника; ~d weapons совреме́нные ви́ды ору́жия; **2.** (*mislead*) запу́т|ывать, -ать; **3.** (*refine*) утонч|а́ть, -и́ть; (*make less natural, simple*) лиш|а́ть, -и́ть простоты́/есте́ственности; ~d taste утончённый/изощрённый вкус; ~d manners изы́сканные мане́ры; **4.** (*distort*) превра́тно истолко́в|ывать, -а́ть; извра|ща́ть, -ти́ть; (*adulterate*) разб|авля́ть, -а́вить.

**sophistication** *n.* (*refinement*) утончённость, искушённость.

**sophistry** *n.* софи́стика.

**Sophocles** *n.* Софо́кл.

**sophomore** *n.* (*Am.*) студе́нт-второку́рсник.

**soporific** *n.* снотво́рное (сре́дство).

*adj.* снотво́рный, усыпля́ющий.

**soppy** *adj.* (*coll.*) (*wet*) промо́кший; (*sentimental*) сентимента́льный, слюня́вый.

**soprano** *n.* (*voice, singer, part*) сопра́но (*f. & nt. indecl.*); (*attr.*) сопра́нный; boy ~ ди́скант.

**Sorb** *n.* лу́жицкий серб, сорб, лужича́н|ин (*fem.* -ка).

**sorbet** *n.* шербе́т.

**Sorbian** *adj.* лу́жицкий.

**sorcerer** *n.* колду́н, волше́бник; маг.

**sorceress** *n.* колду́нья, волше́бница; (*witch*) ве́дьма.

**sorcery** *n.* колдовство́, волшебство́.

**sordid** *adj.* (*squalid, poor*) убо́гий, жа́лкий; (*filthy*) гря́зный; a ~ affair гну́сная исто́рия; (*low, base*) по́длый; ~ desires ни́зменные жела́ния.

**sordidness** *n.* убо́гость, убо́жество; грязь; по́длость; (*meanness*) ни́зость.

**sordine** *n.* сурди́н(к)а.

**sore** *n.* боля́чка, я́зва; (*wound*) ра́на; (*graze*) сса́дина; (*inflammation*) воспале́ние; (*fig.*): re-open old ~s береди́ть, раз- ста́рые ра́ны; time heals old ~s вре́мя заживля́ет (ста́рые) ра́ны.

*adj.* **1.** (*painful*): a ~ tooth больно́й зуб; I have a ~ (*grazed*) knee я ссади́л себе́ коле́но; he has a ~ throat у него́ боли́т го́рло; my feet are ~ with walking я мно́го ходи́л и натёр себе́ но́ги; I woke up with a ~ head я просну́лся с головно́й бо́лью; it is a ~ point with him э́то у него́ больно́е ме́сто; touch s.o. on a ~ place, spot (*fig.*) заде́ть (*pf.*) кого́-нибудь за живо́е; **2.** (*grieved, sorrowful*): a ~ heart тяжёлое се́рдце; **3.** (*coll., aggrieved*) раздражённый, оби́женный; he was ~ at not being invited он был зол (*or* оби́делся), что его́ не позва́ли; **4.** (*acute, extreme*) кра́йний; he is in ~ need of money он кра́йне нужда́ется в деньга́х; I was ~ly tempted у меня́ бы́ло си́льное искуше́ние.

*adv.* (*arch.*) кра́йне.

**soreness** *n.* (*painfulness, discomfort*) боль; (*grudge*) оби́да.

**sorghum** *n.* со́рго (*indecl.*).

**sorority** *n.* же́нская организа́ция/общи́на.

**sorrel¹** *n.* (*bot.*) щаве́ль (*m.*).

**sorrel²** *n.* (*horse*) гнеда́я ло́шадь.

*adj.* гнедо́й.

**sorrow** *n.* (*sadness, grief*) печа́ль; (*extreme* ~) скорбь; more in ~ than in anger скоре́й с тоско́й, чем с гне́вом; (*regret*) сожале́ние; express ~ for выража́ть, вы́разить сожале́ние о +*p.*; to my ~ к моему́ огорче́нию; (*sad experience*) го́ре; all these ~s broke his heart все э́ти го́рести/невзго́ды сломи́ли его́.

*v.i.* горева́ть (*impf.*); ~ for, over s.o. опла́кивать (*impf.*) кого́-н.

**sorrowful** *adj.* печа́льный, ско́рбный.

**sorry** *adj.* **1.** (*regretful*): be ~ for sth. сожале́ть (*impf.*) о чём-н.; I was ~ I had to do it я (со)жале́л, что пришло́сь так поступи́ть; I should be ~ for you to think . . . мне не хоте́лось бы, что́бы вы ду́мали . . .; aren't you ~ for what you've done? вы не раска́иваетесь в том, что наде́лали?; say you're ~! попроси́ проще́ния!; you'll be ~ for this one day когда́-нибудь вы об э́том пожале́ете; I'm ~ to hear it приско́рбно слы́шать; we were ~ to hear of your father's death с грýстью узнáли мы о смéрти вáшего отцá; ~! виновáт!; прости́те!; извини́те!; I'm ~ I came и сам не рад, что пришёл; ~, I'm busy извини́те, но я зáнят; ~, нет . . . к сожалéнию . . . ; увы́, . . . ; **2.** (*expr. pity, sympathy*): feel ~ for s.o. испы́тывать (*impf.*) жáлость к комý-н.; жалéть (*impf.*) когó-н.; сочýвствовать (*impf.*) комý-н.; it's the children I feel ~ for когó мне жаль — э́то детéй; feel ~ for o.s. быть испóлненным жáлости к себé; испóлниться (*pf.*) жáлостью к себé; **3.** (*wretched, pitiful*) жáлкий; in a ~ state в жáлком состоя́нии; a ~ excuse жáлкое оправдáние.

**sort** *n.* **1.** (*kind, class, category, species*) род, сорт, разря́д, вид; we have all ~s of books (*or* books of every ~) у нас вся́кого рóда кни́ги; people of that ~ такóго рóда лю́ди; books of different ~s кни́ги разли́чного рóда; that's the ~ of book I want и́менно такýю кни́гу мне и нáдо; a new ~ of bicycle нóвый тип велосипéда; he is not the ~ (*of person*) to complain он не такóго рóда человéк, чтóбы жáловаться; он не из тех, кто жáлуется; what ~ of man is he? что он за человéк?; a good ~ хорóший человéк/мáлый; what ~ of music do you like? какýю мýзыку вы лю́бите?; coffee of a ~ так называ́емый кóфе; нéкое подóбие кóфе; nothing of the ~ ничегó подóбного; a ~ of war своегó рóда (*or* своеобрáзная) войнá; a ~ of novel; a novel of a ~ какóй-то ромáн; нéчто врóде ромáна; a book of ~s так себé кни́га; different ~s of goods товáры рáзного рóда; people are divided into two ~s лю́ди дéлятся на два разря́да; people of all ~s лю́ди вся́кого разбóра; what ~ of people does he think we are? за когó он нас принимáет?; **2.** (*manner*): in some ~ (*liter.*) нéкоторым óбразом; **3.**: ~ of (*coll.*) врóде, как бы; в óбщем-то; в нéкотором рóде; he ~ of suggested I took him with me он как бы дал мне поня́ть, что хóчет пойти́ со мной; **4.**: out of ~s не в дýхе; I have felt out of ~s all day я весь день чýвствую себя́ невáжно; **5.** (*pl., typ.*) ли́теры (*f. pl.*).

*v.t.* раз|бирáть, -обрáть; they ~ed themselves into groups of six они́ разби́лись на грýппы по шести́/шесть человéк; (*grain, coal etc.*) сортировáть (*impf., pf.*).

*v.i.* (*liter., agree*): his actions ~ed ill with his protestations егó постýпки не вяза́лись с егó заявлéниями.

with *adv.*: ~ **out** *v.t.* (*select*) от|бирáть, -обрáть; (*separate*) отдел|я́ть, -и́ть; (*arrange, classify*) раз|бирáть, -обрáть; (*fig., put in order*): I have to go home to ~ things out мне нýжно пойти́ домóй и во всём разобрáться; everything will ~ itself out всё налáдится/образýется; I leave the rest for you to ~ out в остальнóм разберётесь сáми; let me ~

myself out дáйте мне прийти́ в себя́; (*coll., deal with, punish*): they began to fight but a policeman came along and ~ed them out они́ затéяли бы́ло дрáку, но подошёл полицéйский и навёл поря́док.

**sorter** *n.* сортирóвщик.

**sortie** *n.* (*sally*) вы́лазка; (*flight*) вы́лет; ~ into space вы́ход в кóсмос.

**SOS** *n.* (рáдио)сигнáл бéдствия.

**sot** *n.* пья́ница (*c.g.*), пьянчýжка (*c.g.*).

**sottish** *adj.* тупóй.

**sotto voce** *adv.* вполгóлоса; пони́зив гóлос.

**soubrette** *n.* субрéтка.

**soubriquet** *see* SOBRIQUET.

**soufflé** *n.* суфлé (*indecl.*).

**sough** *v.i.* стонáть (*impf.*); свистéть (*impf.*).

**soul** *n.* **1.** душá; All S ~ s' Day день поминовéния усóпших; commend one's ~ to God отдáть (*pf.*) Бóгу дýшу; lost ~ поги́бшая душá; I wonder how he keeps body and ~ together непоня́тно, как он свóдит концы́ с концáми; throw o.s. body and ~ into sth. всей душóй отд|авáться, -áться (*or* пред|авáться, -áться) чемý-н.; his whole ~ revolted against the prospect подóбная перспекти́ва возмущáла егó до глуби́ны души́; he cannot call his ~ his own он не смéет пи́кнуть; he puts his heart and ~ into his work он всю дýшу вклáдывает в свою́ рабóту; upon my ~! ей-Бóгу!; **2.** (*animating spirit*): he was the life and ~ of the party он был душóй óбщества; (*inspiration*): his pictures lack ~ егó карти́нам недостаёт души́; в егó карти́нах нет жи́зни; **3.** (*personification*): he is the ~ of honour э́то/он воплощённая/самá чéстность; **4.** (*personage*): the greatest ~s of antiquity величáйшие лю́ди дрéвности; **5.** (*person*): there wasn't a ~ in sight не ви́дно бы́ло ни души́; the ship went down with 200 ~s сýдно затонýло с двумя́ стáми дýшами на бортý; a simple ~ простáя душá; the poor ~ lost her way бедня́жка заблуди́лась; don't make a noise, there's a good ~! не шуми́, будь добр!

*cpds.*: ~-**destroying** *adj.* иссушáющий дýшу; ~-**mate** *n.* задушéвный друг; задушéвная подрýга; ~-**stirring** *adj.* волнýющий, захвáтывающий.

**soulful** *adj.* тóмный.

**soulless** *adj.* бездýшный.

**sound**[1] *n.* **1.** звук; (*of rain, sea, wind etc.*) шум; not a ~ was heard нé было слы́шно ни звýка; catch the ~ of sth. ул|áвливать, -ови́ть звук чегó-н.; I hear the ~ of voices я слы́шу голосá (*or* звук голосóв); vowel ~s глáсные звýки; ~ barrier звуковóй барьéр; ~ effects шумовы́е эффéкты; ~ effects man шумéр; ~ engineer звукоператóр; **2.** (*hearing range*): within ~ of в зóне слы́шимости +*g.*; **3.**: I don't like the ~ of it мне э́то (чтó-то) не нрáвится.

*v.t.* **1.** (*cause to* ~) звони́ть, по- в +*a.*;

they ~ed the bell они́ позвони́ли в ко́локол; ~ a trumpet труби́ть, по-; ~ the horn (*of a car*) сигна́лить, про-; да|ва́ть, -ть гудо́к; **2.** (*play on trumpet etc.*): ~ the retreat/reveille труби́ть, за-/про- отступле́ние/подъём; ~ the alarm бить, за- трево́гу; he ~ed her praises он пел ей хвалу́; он вовсю́ её расхва́ливал; **3.** (*pronounce*) произн|оси́ть, -ести́; the 'K' is not ~ed «К» не произно́сится; **4.** (*test*): the doctor ~ed his chest до́ктор прослу́шал его́ лёгкие/се́рдце.

*v.i.* **1.** (*emit sound*; *convey effect by sound*) звуча́ть, про-; the trumpets ~ed разда́ли́сь зву́ки труб; this key won't ~ э́та кла́виша не звучи́т; **2.** (*give impression*) каза́ться, по-; his voice ~s as if he has a cold по го́лосу ка́жется (*or* мо́жно поду́мать), что он просту́жен; у него́ просту́женный го́лос; it ~ed as if someone was running по доноси́вшимся зву́кам каза́лось, что кто́-то бежи́т; it ~s like thunder похо́же на гром; the statement ~s improbable э́то заявле́ние ка́жется маловероя́тным; the idea ~ed all right at first понача́лу э́та мысль показа́лась вполне́ прие́млемой.

*with adv.*: ~ **off** *v.i.* (*coll., of pers.*) шуме́ть (*impf.*); разглаго́льствовать (*impf.*).

*cpds.*: ~**-film** *n.* звуково́й фильм; ~**-proof** *adj.* звуконепроница́емый; ~**-recording** *n.* за́пись зву́ка, звукоза́пись; ~**-track** *n.* звукова́я доро́жка; ~**-wave** *n.* звукова́я волна́.

**sound**² *n.* (*strait*) проли́в.

**sound**³ *n.* (*probe*) зонд.

*v.t.* (*measure*) изм|еря́ть, -е́рить; they are ~ing (the depth of the) ocean они́ измеря́ют глубину́ океа́на; (*fig.*): she ~ed the depths of misery она́ испи́ла ча́шу до дна; **2.**: ~ the atmosphere зонди́ровать (*impf.*) атмосфе́ру; (*fig.*): ~ (out) s.o. (*or* s.o.'s intentions, opinions) зонди́ровать, по- кого́-н.

**sound**⁴ *adj.* **1.** (*healthy*) здоро́вый; ~ in body and mind здоро́вый те́лом и душо́й (*or* физи́чески и духо́вно); of ~ mind в здра́вом уме́ (и тве́рдой па́мяти); in wind and limb в по́лном здра́вии; his heart is as ~ as a bell се́рдце у него́ (здоро́вое) как у быка́; (*in good condition*) испра́вный; ~ fruit неиспо́рченные фру́кты; ~ timber добро́тный/кре́пкий лесоматериа́л; **2.** (*correct, logical*) здра́вый; a ~ argument убеди́тельный до́вод; his ideas are not very ~ его́ никак не назовёшь здравомы́слящим челове́ком; **3.** (*financially stable*) соли́дный; (*solvent*) платёжеспосо́бный; **4.** (*thorough*) хоро́ший; he needs a ~ slapping его́ ну́жно хороше́нько отшлёпать; he slept ~ly он кре́пко спал; he was ~ly thrashed он был здо́рово изби́т; он был изби́т как сле́дует.

**sounder** *n.* (*naut.*) лот.

**sounding**¹ *n.* (*measurement*) измере́ние глубины́; зонди́рование.

*cpds.*: ~**-balloon** *n.* шар-зонд; ~**-line** *n.* ло́тлинь (*m.*).

**sounding**² *adj.* (*resonant*) зву́чный; (*fig., empty of meaning*): ~ promises гро́мкие обеща́ния; ~ rhetoric треску́чие фра́зы.

**sounding-board** *n.* наве́с ка́федры; де́ка, резона́тор; (*fig.*) ру́пор.

**soundless** *adj.* беззву́чный.

**soundness** *n.* здоро́вье; про́чность; здра́вость; обосно́ванность; разу́мность.

**soup**¹ *n.* суп; mushroom/vegetable ~ грибно́й/овощно́й суп; beetroot ~ борщ; cabbage ~ щи (*pl., g.* щей); he is in the ~ он влип; он в пи́ковом положе́нии (*coll.*).

*cpds.*: ~**-kitchen** *n.* беспла́тная столо́вая для нужда́ющихся; ~**-ladle** *n.* поло́вник; ~**-plate** *n.* глубо́кая таре́лка; ~**-spoon** *n.* столо́вая ло́жка; ~**-tureen** *n.* су́пница.

**soup**² *v.t.* (*coll.*): ~ed-up с надду́вом.

**soupçon** *n.* толи́ка, чу́точка, при́вкус; са́мая ма́лость; намёк (на +*a.*); отте́нок.

**sour** *adj.* **1.** (*of fruit etc.*) ки́слый; ~ grapes! (*fig.*) зе́лен виногра́д!; **2.** (*of milk*) проки́сший, ски́сший; go, turn ~ ск|иса́ть, -и́снуть; свёр|тываться, -ну́ться; ~ cream смета́на; **3.** (*of soil*) ки́слый, сыро́й; **4.** (*of pers.*) мра́чный, озло́бленный.

*v.t.*: thunder will ~ the milk в грозу́ молоко́ свёртывается/свора́чивается; disappointments ~ed his temper от постоя́нных неуда́ч у него́ испо́ртился хара́ктер.

*v.i.* ск|иса́ть, -и́снуть; свёр|тываться (*or* свора́чиваться), -ну́ться; (*fig.*) по́ртиться, ис-.

*cpd.*: ~**puss** *n.* кисля́й (*coll.*).

**source** *n.* **1.** (*of stream etc.*) исто́к; he traced the river to its ~ он прошёл по реке́ до са́мого верхо́вья; **2.** (*fig.*) исто́чник; reliable ~s of information надёжные исто́чники информа́ции; ~ of infection исто́чник зара́зы.

*cpd.*: ~**-book** *n.* сбо́рник докуме́нтов.

**sourness** *n.* кислота́; ки́слый вкус.

**souse** *v.t.* **1.** (*put in pickle*) соли́ть, за-; марина́ть, за-; ~d herrings солёная/марино́ванная сельдь; **2.** (*plunge or soak in liquid*) мочи́ть, на-/за-; окун|а́ть, -у́ть; обма́к|ивать, -ну́ть; **3.** (*p. part., sl., drunk*) пья́ный в сте́льку.

**soutane** *n.* сута́на.

**south** *n.* юг; (*naut.*) зюйд; in the ~ на ю́ге; to the ~ of к ю́гу от (*or* южне́е) +*g.*; from the ~ с ю́га.

*adj.* ю́жный; on a ~ wall на ю́жной стене́; на стене́, обращённой к ю́гу; ~ wind ю́жный ве́тер; ве́тер с ю́га; S~ Africa Ю́жная А́фрика; S~ African Republic Ю́жно-Африка́нская Респу́блика; S~ America Ю́жная Аме́рика; S~ American (*n.*) южноамерика́н|ец (*fem.* -ка); (*adj.*) южноамерика́нский; S~ Island о́стров Ю́жный; S~ Pole Ю́жный по́люс; the S~ Seas ю́жная часть Ти́хого океа́на; S~ Sea Islands Океа́ния.

*adv.*: the ship sailed due ~ су́дно шло пря́мо на юг; our village is ~ of London на́ша дере́вня нахо́дится к ю́гу от Ло́ндона.

*cpds.*: ~-**east** *n.* юго-восто́к; (*naut.*) зюйд-о́ст; *adj.* (*also* ~-**easterly,** ~**-eastern,** ~**-eastward**) юго-восто́чный; *adv.* (*also* ~**-easterly,** ~**-eastwards**) на юго-восто́к; ~-**easter(ly)** *n.* (*wind*) юго-восто́чный ве́тер; зюйд-о́ст; ~-~-**east** (*naut.*) *n.* зюйд-зюйд-о́ст; ~-~-**west** *n.* (*naut.*) зюйд-зюйд-ве́ст; ~-**west** *n.* юго-за́пад; (*naut.*) зюйд-ве́ст; *adj.* (*also* ~-**westerly,** ~-**western,** ~**westward**) юго-за́падный; *adv.* (*also* ~-**westerly,** ~-**westwards**) на юго-за́пад; ~-**wester(ly)** *n.* (*wind*) юго-за́падный ве́тер; зюйд-ве́ст.

**Southampton** *n.* Саутге́мптон.

**southerly** *n.* (*wind*) ю́жный ве́тер.

*adj.* ю́жный.

**southern** *adj.* ю́жный; ~ most са́мый ю́жный.

**southerner** *n.* южа́н|ин (*fem.* -ка).

**southward** *adj.* ю́жный.

*adv.* (*also* ~s) на юг; к ю́гу, в ю́жном направле́нии.

**souvenir** *n.* сувени́р; as a ~ на па́мять.

**sou'wester** *n.* (*wind*) ю́жный ве́тер; (*hat*) зюйд-ве́стка, клеёнчатая ша́пка.

**sovereign** *n.* (*ruler*) госуда́р|ь (*fem.* -ыня); (*coin*) сове́рен.

*adj.* **1.** (*supreme*) верхо́вный; **2.** (*having* ~ *power*; *royal*) сувере́нный; ~ rights сувере́нные права́; a ~ state сувер́нное госуда́рство; **3.**: a ~ remedy превосхо́дное сре́дство.

**sovereignty** *n.* суверените́т.

**Soviet** *n.* сове́т; the Supreme ~ Верхо́вный Сове́т; the ~s (*coll.*) Сове́тское прави́тельство; Сове́тский Сою́з.

*adj.* сове́тский; the ~ Union Сове́тский Сою́з; Union of ~ Socialist Republics (USSR) Сою́з Сове́тских Социалисти́ческих Респу́блик (СССР).

**Sovietize** *v.t.* советизи́ровать (*impf., pf.*).

**sow**[1] *n.* (*pig*) свинья́; breeding ~ свинома́тка.

**sow**[2] *v.t.* **1.** (*seed*) се́ять, по-; (*fig.*): he is ~ing (the seeds of) dissension он се́ет раздо́р (*or* семена́ раздо́ра); **2.** (*ground*): зас|е́ивать (*or* -ева́ть), -е́ять; a field ~n with maize по́ле, засе́янное кукуру́зой.

**sower** *n.* (*pers.*) се́ятель (*m.*); (*machine*) се́ялка.

**sowing** *n.* посе́в, засе́в.

**soy** *n.* (*also* **soya**; ~ bean) со́я; (~ sauce) со́евый со́ус.

**sozzled** *adj.* (*sl.*) пья́ный в сте́льку.

**spa** *n.* во́ды (*f. pl.*); куро́рт с минера́льными исто́чниками; ~ water минера́льная вода́.

**space** *n.* **1.** (*expanse*) простра́нство, просто́р; he was staring into ~ он уста́вился/смотре́л в одну́ то́чку; vanish into ~ (*fig.*) испар|я́ться,

-и́ться; **2.** (*cosmic, outer* ~) косми́ческое/мирово́е простра́нство; ко́смос; they were the first to put a man into ~ они́ пе́рвыми запусти́ли челове́ка в ко́смос; (*attr.*) косми́ческий; ~ age косми́ческий век; ~ shuttle косми́ческий челно́к/паро́м; косми́ческий лета́тельный аппара́т многокра́тного испо́льзования; ~ travel, flight косми́ческий полёт; *see also cpds.*; **3.** (*distance, interval*) расстоя́ние; (*typ.*) интерва́л; **4.** (*of time, distance*): after a short ~ че́рез не́которое вре́мя; вско́ре; for the ~ of a mile на протяже́нии ми́ли; for a ~ of four weeks на протяже́нии четырёх неде́ль; in the ~ of a hour за час; в тече́ние ча́са; **5.** (*area; room*) ме́сто; blank ~ пусто́е ме́сто; in the ~ provided на ука́занном ме́сте; for want of ~ из-за недоста́тка ме́ста.

*v.t.* (*also* ~ **out**): the posts were ~d six feet apart столбы́ бы́ли располо́жены на расстоя́нии шести́ фу́тов друг от дру́га; payments can be ~d вы́плату мо́жно производи́ть в рассро́чку; (*typ.*) наб|ира́ть, -ра́ть в разря́дку.

*cpds.*: ~-**bar** *n.* кла́виша для интерва́ла; ~**craft** (*also* ~-**ship**) *nn.* косми́ческий кора́бль; ~**man** *n.* космона́вт; ~-**probe** *n.* косми́ческий полёт; ~-**ship** *see* ~**craft**; ~-**suit** *n.* скафа́ндр (космона́вта); ~-**time** *n.* простра́нство-вре́мя; ~**woman** *n.* же́нщина--космона́вт, космоплава́тельница.

**spacial** *adj.* простра́нственный.

**spacing** *n.* **1.** распределе́ние; **2.** (*typ., between letters*) разря́дка; (*between lines*) межстро́чие, интерва́л; type in double ~ печа́тать (*impf.*) че́рез два интерва́ла.

**spacious** *adj.* **1.** (*roomy*) просто́рный; (*vast, extensive*) обши́рный; (*capacious*) помести́тельный, вмести́тельный; **2.** (*fig.*) раздо́льный.

**spaciousness** *n.* просто́рность, просто́р; обши́рность, вмести́тельность.

**spade** *n.* **1.** (*tool*) лопа́та; call a ~ a ~ называ́ть (*impf.*) ве́щи свои́ми имена́ми; **2.** (*cards*) пи́ка; (*pl.*) пи́ки, пи́ковая масть; queen of ~s пи́ковая да́ма.

*v.t.*: ~ **up** вы́копать (*pf.*).

*cpd.*: ~-**work** *n.* (*fig.*) (кропотли́вая) подготови́тельная рабо́та.

**spadeful** *n.* (це́лая) лопа́та (*чего*).

**spaghetti** *n.* спаге́тти (*nt. indecl.*).

**Spain** *n.* Испа́ния.

**spam** *n.* колба́сный фарш.

**span** *n.* **1.** (*distance between supports*): ~ of an arch, of a bridge пролёт а́рки/моста́; **2.** (*of time*) промежу́ток/перио́д вре́мени; ~ of life продолжи́тельность жи́зни; **3.**: wing ~ разма́х кры́льев; **4.** (*distance between thumb and finger*) пядь.

*v.t.* **1.** (*extend across*) перекр|ыва́ть, -ы́ть; the bridge ~s the river мост переки́нут че́рез ре́ку; (*fig.*): the movement ~s almost two centuries э́то движе́ние охва́тывает почти́ два столе́тия; **2.** (*measure with fingers*) изм|еря́ть, -е́рить пядя́ми.

*cpd.*: ~-**roof** *n.* двуска́тная кры́ша.

**spandrel** *n.* антрво́льт; па́зуха сво́да.

**spangle** *n.* блёстка.

*v.t.* укр|аша́ть, -а́сить блёстками; the heavens ~d with stars не́бо, усы́панное звёздами.

**Spaniard** *n.* испа́н|ец (*fem.* -ка).

**spaniel** *n.* спание́ль (*m.*).

**Spanish** *n.* **1.** (*language*) испа́нский (язы́к); **2.**: the ~ (*collect.*) испа́нцы (*m. pl.*).

*adj.* испа́нский; ~ fly шпа́нская му́шка, шпа́нка.

**spank** *n.* шлепо́к; give a child a ~ шлёпнуть (*pf.*) ребёнка.

*v.t.* шлёп|ать, -нуть (*or* пошлёпать).

**spanking** *n.*: give a child a ~ нашлёпать/отшлёпать (*pf.*) ребёнка.

*adj.*: go at a ~ pace нести́сь/мча́ться (*impf.*) (во всю).

**spanner** *n.* (га́ечный) ключ; throw a ~ into the works (*fig.*) ≃ вставля́ть (*impf.*) па́лки в колёса.

**spar**[1] *n.* **1.** (*naut.*) ранго́утное де́рево; (*yard*) реёк; **2.** (*av.*) лонжеро́н.

**spar**[2] *n.* (*min.*) шпат.

**spar**[3] *n.* (*boxing*) спа́рринг; трениро́вочный/во́льный бой.

*v.i.* **1.** дра́ться (*impf.*) на кулака́х; бокси́ровать (*impf.*); ~ring-match трениро́вочный матч; ~ring partner партнёр для трениро́вки; **2.** (*fig., argue*) спо́рить (*impf.*); препира́ться (*impf.*).

**spare** *n.* **1.** (~ part) запасна́я часть, запча́сть; **2.** (~ wheel) запасно́е колесо́; **3.** (*of rope*): take up the ~ натя́|гивать, -ну́ть слабину́.

*adj.* **1.** (*scanty*) ску́дный; ~ diet ску́дное пита́ние; **2.** (*lean*) худоща́вый, сухоща́вый; **3.** (*excess, extra*) ли́шний; ~ room ко́мната для госте́й; ~ time свобо́дное вре́мя; ~ cash ли́шние де́ньги; (*additional, reserve*) запасно́й, запа́сный, резе́рвный; ~ parts запасны́е ча́сти, запча́сти; ~ wheel запасно́е колесо́; ~ tyre запасна́я ши́на; (*coll., of fat*) брюшко́.

*v.t.* **1.** (*withhold use of*) жале́ть, по-; he ~d no pains/expense to . . . он не жале́л уси́лий/расхо́дов, чтобы . . .; **2.** (*dispense with, do without*) об|ходи́ться, -ойти́сь без +*g.*; we cannot ~ him мы не мо́жем обойти́сь без него́; мы не мо́жем его́ отпусти́ть; **3.** (*afford*): can you ~ a cigarette? нет ли у вас ли́шней сигаре́ты?; can you ~ me 10 roubles? мо́жете ли вы дать мне де́сять рубле́й?; I can ~ you only a few minutes я могу́ удели́ть вам то́лько не́сколько мину́т; **4.** to ~ (*available, left over*): I have no time to ~ у меня́ нет ли́шнего

вре́мени; we got there with an hour to ~ когда́ мы при́были, у нас оказа́лся це́лый час в запа́се; three yards to ~ три я́рда ли́шних; they have enough and to ~ у них бо́лее чем доста́точно; у них ско́лько уго́дно (*чего*); **5.** (*show mercy, leniency to*) щади́ть, по-; the conquerors ~d no one победи́тели не (по)щади́ли никого́; ~ s.o.'s life сохрани́ть (*pf.*) кому́-н. жизнь; if I am ~d е́сли бу́ду жив; I tried to ~ his feelings я стара́лся щади́ть его́ чу́вства; ~ o.s. (*reserve strength*) бере́чь (*impf.*) свои́ си́лы; (*take things easily*) щади́ть (*impf.*) себя́; **6.** (*save from*) изб|авля́ть, -а́вить (*кого от чего*); I want to ~ you any unpleasantness я хочу́ изба́вить вас от возмо́жных неприя́тностей; I will ~ you the trouble of replying я изба́влю вас от необходи́мости отвеча́ть; ~ us the details изба́вьте нас от подро́бностей!; пожа́луйста, без подро́бностей!

*cpd.*: ~-**ribs** *n.* свины́е рёбрышки (*nt. pl.*).

**sparing** *adj.* (*moderate*) уме́ренный; be ~ with the sugar! не клади́те сли́шком мно́го са́хару; не налега́йте на са́хар!; (*frugal*) скупо́й; ~ of words/praise скупо́й на слова́/похвалы́; (*scanty, meagre*) ску́дный; (*careful*) бережли́вый; (*economical*) эконо́мный.

**spark** *n.* **1.** и́скра; strike ~s from a flint высека́ть ~ и́скры из кремня́; (*fig.*): if they get together the ~s will fly е́сли они́ сойду́тся, непреме́нно сце́пятся; he showed not a ~ of interest он не прояви́л ни те́ни/мале́йшего интере́са; he hasn't a ~ of intelligence у него́ нет ни ка́пли соображе́ния; **2.** (*pl., coll., ship's radio operator*) ради́ст.

*v.t.* (*also* ~ **off**; *cause*) вызыва́ть, вы́звать.

*v.i.* искри́ть (*impf.*); дать (*pf.*) и́скру.

*cpds.*: ~-**arrester** *n.* искрогаси́тель (*m.*); искроулови́тель (*m.*); ~-**coil** *n.* индукцио́нная кату́шка; инду́ктор; ~-**gap** *n.* искрово́й промежу́ток; ~(**ing**)-**plug** *n.* запа́льная свеча́.

**sparkle** *n.* сверка́ние, блеск, блиста́ние; блёстка, и́скорка; a ~ came into his eyes у него́ глаза́ засверка́ли/заблесте́ли; (*of wine etc.*) шипе́ние, искре́ние; the wine lost its ~ вино́ утра́тило искри́стость.

*v.i.* сверка́ть, за-; и́скри́ться (*impf.*); (*flash*) блесте́ть, за-; her eyes ~d у неё глаза́ сверка́ли/блесте́ли; (*of wit*) сверк|а́ть, -ну́ть; (*of wine*) игра́ть (*impf.*); и́скри́ться (*impf.*); sparkling wine шипу́чее/игри́стое вино́.

**sparkler** *n.* (*coll., diamond*) алма́з.

**sparrow** *n.* воробе́й.

*cpd.*: ~-**hawk** *n.* я́стреб-перепеля́тник; пустельга́ воробьи́ная.

**sparse** *adj.* ре́дкий; (*scattered*) разбро́санный; ~ly populated малонаселённый; ~ vegetation ску́дная расти́тельность.

**spars|eness, -ity** *nn.* ску́дость.

**Sparta** *n.* Спа́рта.

**Spartacist** *n.* спарта́ков|ец (*fem.* -ка).
  *adj.* спарта́ковский.
**Spartan** *n.* спарта́н|ец (*fem.* -ка).
  *adj.* спарта́нский.
**spasm** *n.* (*of muscles*) спа́зм(а), су́дорога; (*mental or physical reaction*) поры́в, при́ступ, припа́док; a ~ of coughing при́ступ ка́шля; ~s of grief взры́вы отча́яния; he works in ~s он рабо́тает наско́ками.
**spasmodic** *adj.* **1.** (*med.*) спазмати́ческий; (*convulsive*) су́дорожный; **2.** (*intermittent*) перемежа́ющийся; преры́вистый.
**spastic** *n.* парали́тик.
  *adj.* спасти́ческий.
**spat**[1] *n.* (*Am. coll.*) размо́лвка; лёгкая ссо́ра.
  *v.i.* брани́ться, по-.
**spat**[2] *n.* (*pl.*) коро́ткие ге́тры (*f. pl.*).
**spate** *n.* разли́в; наводне́ние; (*fig.*) пото́к; the river is in ~ река́ вздула́сь.
**spatial** *adj.* простра́нственный.
**spatter** (*also* **splatter**) *v.t.* бры́згать, за-; ~ed with mud забры́зганный гря́зью.
**spatula** *n.* шпа́тель (*m.*), лопа́точка.
**spatulate** *adj.* лопатообра́зный.
**spavin** *n.* ко́стный шпат.
**spavined** *adj.* страда́ющий (ко́стным) шпа́том.
**spawn** *n.* **1.** (*of fish etc.*) икра́; mushroom ~ грибни́ца; **2.** (*pej., offspring*) отро́дье.
  *v.t.* (*of fish etc.*) мета́ть (*impf.*); (*fig., pej.*) плоди́ть на-|рас-; поро|жда́ть, -ди́ть.
  *v.i.* (*reproduce*) мета́ть (*impf.*) икру́; (*pej., multiply*) плоди́ться, рас-.
**spay** *v.t.* удал|я́ть, -и́ть яи́чники у +*g.*
**speak** *v.t.* **1.** (*say, pronounce, utter*) говори́ть, сказа́ть; произн|оси́ть, -ести́; he didn't ~ a word он не произнёс ни сло́ва; he spoke his lines clearly он чётко/вня́тно произнёс свой текст; он отчека́нил свою́ роль; ~ words of wisdom изр|ека́ть, -е́чь му́дрость; (*give utterance to, express*) выска́зывать, вы́сказать; ~ the truth говори́ть, сказа́ть пра́вду; ~ one's mind открове́нно выска́зывать, вы́сказать своё мне́ние; *see also* SPOKEN; **2.** (*converse in*): he ~s Russian well он хорошо́/свобо́дно/ прекра́сно говори́т по-ру́сски (*or* владе́ет ру́сским языко́м); they were ~ing French они́ разгова́ривали/говори́ли по-францу́зски; he ~s six languages он владе́ет шестью́ языка́ми; он говори́т на шести́ языка́х.
  *v.i.* говори́ть, по-; (*converse*) разгова́ривать (*impf.*); вести́ (*indet.*) разгово́р; I was ~ing to him yesterday я говори́л/разгова́ривал с ним вчера́; they are not on ~ing terms они́ в ссо́ре; они́ бо́льше не разгова́ривают; he is on ~ing terms with her again он помири́лся с ней; (*make a speech*) произн|оси́ть, -ести́ речь; I am not used to ~ing in public я не привы́к публи́чно выступа́ть; he spoke for the motion он вы-

сказа́лся за предложе́ние; a ~ing likeness of George вы́литый Джордж; ~ing clock говоря́щие часы́; ~ing-trumpet ру́пор; ~ing-tube переговорная тру́бка; 'Smith ~ing' (*on telephone*) «(с ва́ми) говори́т Смит»; «Смит у телефо́на»; '~ing' (*on telephone*) «э́то я»; «слу́шаю»; actions ~ louder than words не по слова́м су́дят, а по дела́м; she could not ~ for joy она́ была́ вне себя́ от ра́дости; this calls for some plain ~ing сле́дует, ви́дно, объясни́ться начистоту́; I must ~ to him about his manners мне на́до бу́дет поговори́ть с ним о его́ мане́рах; so to ~ так сказа́ть; roughly, broadly ~ing в о́бщих/основны́х черта́х; приблизи́тельно, приме́рно; strictly ~ing стро́го говоря́; ~ing as a father как оте́ц; in a manner of ~ing е́сли мо́жно так вы́разиться; the facts ~ for themselves фа́кты говоря́т (са́ми) за себя́; ~ing for myself что каса́ется меня́; ~ for yourself! не говори́те за други́х!; не вам бы говори́ть!; let him ~ for himself не подска́зывайте!; пусть сам ска́жет!; ~ well, highly of s.o. хвали́ть, по- кого́-н.; he is well spoken of о нём хорошо́ отзыва́ются/говоря́т; ~ of (*mention, refer to*) упом|ина́ть, -яну́ть о (*ком/чём*); каса́ться, косну́ться (*чего*); ~ing of money, can you lend me a pound? кста́ти о деньга́х — не дади́те ли вы мне фунт взаймы́?; nothing to ~ of ничего́ осо́бенного; he has no wealth to ~ of его́ состоя́ние весьма́ незначи́тельно; the flat is too small, not to ~ of the noise э́та кварти́ра сли́шком мала́, и к тому́ же ещё здесь о́чень шу́мно; (*indicate, proclaim*): everything about her spoke of refined taste всё в ней ука́зывало на изы́сканный вкус (*or* говори́ло об изы́сканном вку́се); (*announce intention of*): he ~s of retiring next year он погова́ривает об ухо́де в отста́вку в бу́дущем году́.
  *with advs.:* ~ **out** *v.i.* (*express o.s. plainly*) выска́зываться, вы́сказаться открове́нно; ~ **up** *v.i.* (~ *louder*) говори́ть (*impf.*) погро́мче; (*express support*): ~ up for s.o. подде́рж|ивать, -а́ть кого́-н.
**speaker** *n.* **1.**: the ~ was a man of about 40 говоря́щему бы́ло лет со́рок; **2.**: a Russian ~ челове́к, владе́ющий ру́сским языко́м; he is a native Russian ~ его́ родно́й язы́к — ру́сский; **3.** (*public* ~) ора́тор, докла́дчик, выступа́ю-щий; **4.** (*parl.*) спи́кер; **5.** (*loud*-~) громко-говори́тель (*m.*), ру́пор.
**spear** *n.* копьё, дро́тик; (*for fish*) гарпу́н, ост-рога́.
  *v.t.* пронз|а́ть, -и́ть копьём; ~ fish бить (*impf.*) ры́бу острого́й.
  *cpds.:* ~**head** *n.* (*lit.*) наконе́чник/остриё копья́; (*fig.*) передово́й отря́д; аванга́рд; *v.t.*: ~head a movement возгл|авля́ть, -а́вить движе́ние; ~**man** *n.* копьено́сец, копе́йщик; ~**mint** *n.* (*bot.*) мя́та колоси́стая/курча́вая;

(*chewing-gum*) мя́тная жва́чка; жева́тельная рези́нка.

**spec**[1] *n.* (*coll.*): it turned out a good ~ э́то оказа́лось вы́годной опера́цией; he went there on ~ он пошёл туда́ науда́чу.

**spec**[2] *n.* (*coll., specification*) специфика́ция.

**special** *n.* (*edition*) э́кстренный вы́пуск; (*train*) по́езд специа́льного назначе́ния; дополни́тельный по́езд.

*adj.* **1.** осо́бый, осо́бенный, специа́льный, определённый; ~ to сво́йственный +*d.*; this book is of ~ interest to me э́та кни́га представля́ет осо́бый интере́с для меня́; for a ~ purpose со специа́льной це́лью; ~ agent аге́нт по осо́бым поруче́ниям; a ~ case осо́бый слу́чай; my ~ chair мой люби́мый стул; ~ course/subject специа́льный курс/предме́т; ~ correspondent специа́льный корреспонде́нт; ~ hospital специализи́рованная больни́ца; ~ licence (*for marriage*) разреше́ние на венча́ние без оглаше́ния; **2.** (*specific, definite*) определённый; do you want to come at any ~ time? вы хоти́те зара́нее договори́ться о вре́мени прихо́да?; **3.** (*extraordinary*) э́кстренный; ~ train по́езд специа́льного назначе́ния; э́кстренный по́езд; ~ edition э́кстренный вы́пуск; ~ delivery сро́чная доста́вка.

*cpd.*: ~-**purpose** *adj.* осо́бого/специа́льного назначе́ния.

**specialist** *n.* специали́ст (*fem.* -ка) (по +*d.*).

**speciality** (*Am.* **specialty**) *n.* **1.** (*characteristic*) осо́бенность, специ́фика; отличи́тельное сво́йство; отличи́тельная черта́; **2.** (*pursuit*) о́бласть специализа́ции; make a ~ of sth. специализи́роваться (*impf., pf.*) в чём-н.; what is his ~? кто он по специа́льности?; **3.** (*product, recipe etc.*): ~ of the house фи́рменное блю́до.

**specialization** *n.* специализа́ция.

**specialize** *v.t.* **1.** (*make specific, individual*): специализи́ровать (*impf., pf.*); ~d knowledge специа́льные позна́ния; **2.** (*biol.*): ~d organ специа́льный/осо́бый о́рган.

*v.i.* (*be or become specialist*) специализи́роваться (*impf., pf.*) (по +*d.*; в +*p.*).

**specially** *adv.* **1.** (*individually*) осо́бо; he was ~ mentioned о нём упомяну́ли осо́бо; **2.** (*for specific purpose*): специа́льно; ~ selected специа́льно ото́бранный; **3.** (*exceptionally*): осо́бенно, исключи́тельно; be ~ careful быть осо́бенно осторо́жным/внима́тельным.

**specialty** *see* SPECIALITY.

**specie** *n.* металли́ческие де́н|ьги (*pl., g.* -ег); pay in ~ плати́ть, за- зво́нкой моне́той.

**species** *n.* **1.** (*biol.*) (биологи́ческий) вид; our (*or* the (human)) ~ челове́ческий род; origin of ~ происхожде́ние ви́дов; **2.** (*kind*) вид, род, разнови́дность.

**specific** *n.* (специфи́ческое) сре́дство/лека́р-

ство.

*adj.* **1.** (*definite*) определённый, конкре́тный, осо́бенный; he has no ~ aim у него́ нет никако́й определённой це́ли; a ~ statement конкре́тное утвержде́ние; **2.** (*distinct*) специфи́ческий, осо́бый; **3.** (*biol.*) видово́й; **4.** (*phys.*): ~ gravity уде́льный вес; **5.** (*med.*) специфи́ческий; **6.** (*peculiar*) характе́рный; the style is ~ to that school of painters э́тот стиль характе́рен для той шко́лы жи́вописи.

**specification** *n.* (*for construction etc.*) специфика́ция, детализа́ция; прое́ктное зада́ние; (*of patent*) специфика́ция; техни́ческие усло́вия (*abbr.* ТУ).

**specif**|**y** *v.t.* **1.** (*name expressly*) определ|я́ть, -и́ть; уточн|я́ть, -и́ть; (*enumerate*) переч|исля́ть, -и́слить; unless otherwise ~ied е́сли нет ины́х указа́ний; **2.** (*include in specification*) специфици́ровать (*impf., pf.*); детализи́ровать (*impf., pf.*).

**specimen** *n.* **1.** (*example*; *sample*) экземпля́р; образе́ц, обра́зчик; (*individual of species*) о́собь; zoological ~s зоологи́ческие о́соби; a museum ~ музе́йный экспона́т; ~ page про́бная страни́ца; ~ of urine моча́ для ана́лиза; **2.** (*unusual person, thing*) тип, субъе́кт; a queer ~ чуда́к; стра́нный субъе́кт.

**specious** *adj.* благови́дный; a ~ argument вне́шне убеди́тельный до́вод; a ~ person лицеме́р (*fem.* -ка).

**speciousness** *n.* благови́дность.

**speck** *n.* (*dot*) кра́пинка; (*of dirt or decay*) пя́тнышко; ~ of dust пыли́нка; the ship was a ~ on the horizon кора́бль каза́лся то́чкой на горизо́нте.

**speckle** *v.t.* покр|ыва́ть, -ы́ть кра́пинками.

**speckled** *adj.* кра́пчатый; пятни́стый; ~ hen пёстрая/ряба́я ку́рица.

**specs** *n.* (*coll.*) *see* SPECTACLE (2).

**spectacle** *n.* **1.** (*public show*; *sight*) зре́лище; he is a sad ~ он явля́ет собо́й жа́лкое зре́лище; у него́ жа́лкий вид; he made a ~ of himself он вы́ставил себя́ на посме́шище; **2.** (*pl., glasses*) очк|и́ (*pl., g.* -о́в); he sees everything through rose-coloured ~s он ви́дит всё в ро́зовом све́те; он смо́трит на всё сквозь ро́зовые очки́.

**spectacled** *adj.* в очка́х, нося́щий очки́; (*of animal*) очко́вый.

**spectacular** *n.* эффе́ктное зре́лище.

*adj.* эффе́ктный, импоза́нтный.

**spectator** *n.* (*onlooker*) зри́тель (*fem.* -ница); (*observer*) наблюда́тель (*fem.* -ница).

**spectral** *adj.* при́зрачный; (*phys.*) спектра́льный.

**spectre** *n.* привиде́ние, при́зрак.

**spectrograph** *n.* спектро́граф.

**spectrometer** *n.* спектро́метр.

**spectroscope** *n.* спектроско́п.

**spectroscopic** *adj.* спектроскопи́ческий.

**spectroscopy** *n.* спектроскопи́я.

**spectrum** *n.* **1.** (*phys.*) спектр; ~ analysis спек-тра́льный ана́лиз; **2.** (*fig.*) диапазо́н.

**speculate** *v.i.* **1.** (*meditate*) размышля́ть (*impf.*) (*о чем*); разду́мывать (*impf.*) (*над чем*); (*conjecture*) де́лать (*impf.*) предположе́ния, гада́ть (*impf.*); **2.** (*risk, invest money*) спекули́ровать (*impf.*), игра́ть (*impf.*) на би́рже; he ~s in oil shares он спекули́рует нефтяны́ми а́кциями.

**speculation** *n.* (*meditation*) размышле́ние; (*conjecture*) предположе́ние; дога́дка; (*investment*) спекуля́ция; ~ on the Exchange игра́ на би́рже.

**speculative** *adj.* (*meditative*) умозри́тельный, теорети́ческий; (*conjectural*) предположи́тельный, гипотети́ческий; (*risky*) риско́ванный; (*comm.*) спекуляти́вный.

**speculator** *n.* спекуля́нт (*fem.* -ка).

**speech** *n.* **1.** (*faculty, act of speaking; also gram.*) речь; lose the power of ~ лиш|а́ться, -и́ться да́ра ре́чи; a ready flow of ~ пла́вная речь; freedom of ~ свобо́да сло́ва; have ~ with говори́ть, по- с +*i.*; ~ is silver, silence golden сло́во — серебро́, молча́ние — зо́лото; direct/indirect ~ пряма́я/ко́свенная речь; parts of ~ ча́сти ре́чи; figure of ~ о́бразное выраже́ние; риторическая фигу́ра; **2.** (*manner of speaking*) речь, го́вор; (*pronunciation*) произноше́ние, вы́говор; he is slow of ~ у него́ заме́дленная речь; ~ therapy логопе́-дия; **3.** (*public address*) речь; (*ора́торское*) выступле́ние; make a ~ произн|оси́ть, -ести́ речь; выступа́ть, вы́ступить с ре́чью; set ~ зара́нее соста́вленная речь; **4.** (*language*) речь; язы́к; го́вор.

*cpd.:* ~**-day** *n.* акт; а́ктовый день.

**speechify** *v.i.* ора́торствовать (*impf.*); раз-глаго́льствовать (*impf.*) (*coll.*).

**speechless** *adj.* (*wordless*) немо́й; (*temporarily unable to speak*) онеме́вший, безмо́лвный; I was ~ with surprise я онеме́л (*or* я лиши́лся да́ра ре́чи) от удивле́ния.

**speed** *n.* (*rapidity*) быстрота́, ско́рость; (*rate of motion*) ско́рость; with all possible ~ как мо́жно скоре́е; в срочне́йшем поря́дке; с преде́льной быстрото́й; at full, top ~ на по́лной ско́рости; по́лным хо́дом; gain, gather ~ наб|ира́ть, -ра́ть ско́рость; lose ~ теря́ть, по- ско́рость; my bicycle has four ~s мой велосипе́д име́ет четы́ре ско́рости; he was travelling at ~ он е́хал с большо́й ско́ростью; ~ limit дозво́ленная ско́рость; преде́л ско́рости.

*v.t.* **1.** (*send off*): ~ a parting guest прово|жа́ть, -ди́ть уходя́щего го́стя; ~ an arrow from the bow вы́пустить (*pf.*) стрелу́ из лу́ка; **2.** (*also* ~ **up**; *accelerate*) уск|оря́ть, -о́рить; the train service has been ~ed up по но́вому расписа́нию поезда́ хо́дят быстре́е; measures to ~ production ме́ры по повы-

ше́нию те́мпа произво́дства; **3.** (*increase revolutions of*): ~ an engine увели́чи|вать, -ть число́ оборо́тов мото́ра.

*v.i.* мча́ться, про-; нести́сь, про-; he was fined for ~ing его́ оштрафова́ли за превыше́ние ско́рости.

*cpds.:* ~**-boat** *n.* быстрохо́дный ка́тер, гли́ссер; ~**way** *n.* го́ночный трек; ~ racing спидве́й, скоростны́е мотого́нки (*f. pl.*); ~way rider мотого́нщик; ~**well** *n.* верони́ка.

**speedometer** *n.* спидо́метр.

**speedy** *adj.* (*rapid*) ско́рый, бы́стрый, прово́р-ный; (*hasty*) поспе́шный; (*prompt, undelayed*) ско́рый, неме́дленный; he wished me a ~ return он пожела́л мне ско́рого возвраще́ния; they took ~ action against him они́ при́няли сро́чные ме́ры про́тив него́.

**speleological** *adj.* спелеологи́ческий.

**speleologist** *n.* спелео́лог; иссле́дователь (*m.*) пеще́р.

**speleology** *n.* спелеоло́гия.

**spell[1]** *n.* **1.** (*magical formula; its effect*) закли-на́ние; ча́р|ы (*pl., g.* —); колдовство́; cast a ~ over околдо́в|ывать, -а́ть; заколдо́в|ывать, -а́ть; очаро́в|ывать, -а́ть; break the ~ разр|уша́ть, -у́шить ча́ры; **2.** (*fascination*) обая́ние, очарова́ние; he fell under the ~ of her beauty он подпа́л под обая́ние её красоты́.

*cpd.:* ~**-bound** *adj.* очаро́ванный, зача-ро́ванный; he held the audience ~-bound он зачарова́л слу́шателей.

**spell[2]** *n.* **1.** (*bout, turn*) сме́на, пери́од; a ~ of work пери́од рабо́ты; take a ~ порабо́тать (*pf.*); shall I take a ~ at the wheel? смени́ть ли мне вас у руля́?; **2.** (*interval*) пери́од; про-межу́ток вре́мени; I slept for a ~ я поспа́л не́которое вре́мя; we had a ~ of good luck у нас была́ полоса́ везе́ния; we're in for a ~ of fine weather ожида́ется полоса́ хоро́шей пого́-ды; **3.** (*period of rest*): take a ~ отдохну́ть (*pf.*).

**spell[3]** *v.t.* **1.** (*write or name letters in sequence*) произн|оси́ть, -ести́ (*or* писа́ть, на-) (*что*) по бу́квам; how do you ~ your name? как пи́шется ва́ша фами́лия?; he cannot ~ his own name он не мо́жет пра́вильно писа́ть свою́ фами́лию; I wish you would learn to ~ когда́ вы нау́читесь писа́ть без оши́бок?; **2.** (*usu.* **out**: *decipher slowly*) с трудо́м раз|бира́ть, -обра́ть (по бу́квам); (*fig., make explicit*) разжёв|ывать, -а́ть; **3.** (*of letters: make up*) сост|авля́ть, -а́вить (по бу́квам); what do these letters ~? како́е сло́во составля́ют э́ти бу́квы?; **4.** (*fig., signify*) означа́ть (*impf.*); these changes ~ disaster э́ти переме́ны сули́т несча́стье; **5.** (*relieve*) смен|я́ть, -и́ть.

*v.i.* писа́ть (*impf.*) пра́вильно/гра́мотно; we do not pronounce as we ~ мы произно́сим не так, как пи́шем.

**speller** *n.*: he is a poor ~ у него́ хрома́ет орфо-гра́фия; он с орфогра́фией не в лада́х.

**spelling** *n.* правописа́ние, орфогра́фия; I am not certain of the ~ of this word я не уве́рен в правописа́нии э́того сло́ва.

*cpd.*: ~-**bee** *n.* состяза́ние по орфогра́фии.

**spen|d** *v.t.* **1.** (*pay out*) тра́тить, ис-; расхо́довать, из-; how much have you ~t? ско́лько вы израсхо́довали?; she ~ds too much on clothes она́ сли́шком мно́го тра́тит на тря́пки/наря́ды; ~d a penny (*coll., use lavatory*) пойти́ (*pf.*) ко́е-куда́; **2.** (*consume, expend, exhaust*) истощ|а́ть, -и́ть; расхо́довать, из-; ~d o.s. истощ|а́ть, -и́ться; вы́мотаться (*pf.*); выдыха́ться, вы́дохнуться; he ~t his strength to no avail он потра́тил свои́ си́лы безрезульта́тно; the storm ~t itself бу́ря улегла́сь/ути́хла; he is completely ~t он вы́мотался вконе́ц; а ~t bullet пу́ля на изле́те; **3.** (*pass*) пров|оди́ть, -ести́; we ~t some hours looking for a hotel у нас ушло́ (*or* мы потра́тили) не́сколько часо́в на по́иски гости́ницы; а well-~t life с то́лком (*or* не напра́сно) про́житая жизнь; she ~t her life in good works она́ всю свою́ жизнь посвяти́ла до́брым дела́м; how do you ~d your leisure? как вы прово́дите свой досу́г?; the night is far ~t ночь на исхо́де.

*v.i.* (~ *money*) тра́титься, по-; ~ding-money карма́нные де́ньги; they went on a ~ding spree они́ пошли́ транжи́рить де́ньги.

*cpd.*: ~**dthrift** *n.* мот (*fem.* -о́вка); транжи́р (*fem.* -ка); транжи́ра (*c.g.*); расточи́тель (*fem.* -ница); *adj.* расточи́тельный.

**spender** *n.*: a lavish ~ ще́дрый челове́к.

**sperm** *n.* спе́рма; (~ whale) кашало́т.

**spermaceti** *n.* спермаце́т.

**spermatozoon** *n.* сперматозо́ид.

**spew** *v.t.* выблёвывать, вы́блевать; (*lit., fig.*) изрыг|а́ть, -ну́ть; a machine-gun ~ing out bullets пулемёт, полива́ющий (неприя́теля) огнём.

*v.i.* блева́ть, сблевну́ть.

**sphere** *n.* **1.** сфе́ра; (*globe*) шар, гло́бус; **2.** (*fig.*) сфе́ра, о́бласть/по́ле (де́ятельности); outside my ~ вне мое́й компете́нции; ~ of influence сфе́ра влия́ния.

**spherical** *adj.* сфери́ческий, шарообра́зный.

**spheroid** *n.* сферо́ид.

**spheroidal** *adj.* сфероида́льный, шарови́дный.

**sphincter** *n.* сфи́нктер.

**sphinx** *n.* сфинкс.

**sphygmometer** *n.* сфигмо́метр.

**spice** *n.* **1.** спе́ция, пря́ность, припра́ва; **2.** (*fig., smack, dash*) при́вкус; при́месь; отте́нок; his story lacked ~ его́ расска́зу не хвата́ло изю́минки.

*v.t.* припр|авля́ть, -а́вить; highly-~d dishes о́стрые/пря́ные блю́да.

**spick** *adj.*: ~ and span (*clean, tidy*) сверка́ющий чистото́й; (*smart*) элега́нтный; (*brand-new*) соверше́нно но́вый, новёхонький, с иго-

лочки.

**spicy** *adj.* аромати́чный, арома́тный, пря́ный; (*fig.*) пика́нтный, солёный.

**spider** *n.* пау́к; ~'s web паути́на.

*cpds.*: ~-**crab** *n.* морско́й пау́к; ~-**man** *n.* верхола́з; ~-**monkey** *n.* паукообра́зная обезья́на.

**spidery** *adj.*: ~ writing то́нкий витиева́тый по́черк; ~ legs дли́нные, то́нкие но́ги, «спи́чки» (*f. pl.*).

**spiel** (*Am., sl.*) *n.* загова́ривание зубо́в.

**spiffing** *adj.* (*coll.*) шика́рный.

**spi(f)flicate** *v.t.* раздолба́нить (*pf.*) (*coll.*).

**spigot** *n.* про́бка, вту́лка.

**spike** *n.* **1.** остриё, косты́ль (*m.*); (*on fence*) зубе́ц; (*for papers etc.*) нако́лка; (*on shoe*) шип, гвоздь (*m.*); ~ heels «гво́здики» (*m. pl.*), «шпи́льки» (*f. pl.*); **2.** (*bot.*) ко́лос.

*v.t.* **1.** (*fasten with* ~s) приб|ива́ть, -и́ть гвоздя́ми; **2.** (*furnish with* ~s) снаб|жа́ть, -ди́ть гвоздя́ми/шипа́ми; ~d boots боти́нки (*m. pl.*) на шипа́х; ~d helmet острове́рхая ка́ска; **3.**: ~ s.o.'s guns (*fig.*) расстр|а́ивать, -о́ить чьи-н. за́мыслы.

**spikenard** *n.* нард.

**spiky** *adj.* **1.** (*set with spikes*) уса́женный острия́ми; **2.** (*in form of spike*) остроконе́чный; заострённый; **3.** (*fig., of pers.*) колю́чий.

**spill**[1] *n.* (*of wood*) лучи́на; (*of paper*) жгут из бума́ги.

**spill**[2] *n.*: have a ~ (*fall, e.g. from a horse*) упа́сть (*pf.*); свали́ться (*pf.*).

*v.t.* **1.** (*accidentally*) прол|ива́ть, -и́ть; расплёск|ивать, -а́ть; I spilt a glass of water on her dress я проли́л стака́н воды́ на её пла́тье; without ~ing a drop не расплеска́в ни ка́пли; ~ salt расс|ыпа́ть, -ы́пать (*or* прос|ыпа́ть, -ы́пать) соль; **2.** (*intentionally*) прол|ива́ть, -и́ть; (*fig.*): ~ the beans (*coll.*) прогов|а́риваться, -ори́ться; разб|а́лтывать, -олта́ть секре́т; ~ s.o.'s blood прол|ива́ть, -и́ть чью-н. кровь; уб|ива́ть, -и́ть кого́-н.; much ink has been spilt on this question на э́тот вопро́с извели́ нема́ло бума́ги; **3.** (*throw out, down*): they were spilt on to the road их вы́бросило из экипа́жа/маши́ны; his horse spilt him ло́шадь сбро́сила его́.

*v.i.* (*of liquids*) разл|ива́ться, -и́ться; расплёск|иваться, -а́ться; (*of salt etc.*) расс|ыпа́ться, -ы́паться; прос|ыпа́ться, -ы́паться.

*with advs.*: ~ out *v.i.* вылива́ться, вы́литься; выплёскиваться, вы́плеснуться; ~ over *v.i.* перел|ива́ться, -и́ться (че́рез край).

*cpds.*: ~-**over** *n.* (*of population*) избы́точное населе́ние; ~**way** *n.* водосли́в, водосбро́с.

**spillage** *n.* уте́чка, утру́ска.

**spillikins** *n.* бирю́льки (*f. pl.*).

**spin** *n.* **1.** (*whirl, twisting motion*) круже́ние, верче́ние, враще́ние; go into a ~ заверте́ться (*pf.*); his head was in a ~ у него́ голова́ шла кру́гом; **2.** (*av.*) што́пор; go into a ~ войти́ (*pf.*) в што́пор; in a flat ~ (*coll.*) в по́лной расте́рянности; **3.** (*of ball*) враще́ние; put ~ on a ball закру́|чивать, -ти́ть мяч; **4.** (*of coin*): it all turned on the ~ of a coin всё зави́село от жре́бия; **5.** (*outing*) коро́ткая прогу́лка; go for a ~ in the car прокати́ться/поката́ться (*both pf.*) на маши́не.

*v.t.* **1.** (*yarn, wool etc.*) прясть, с-; сучи́ть, с-; ~ning-wheel (само)пря́лка; ~ning-machine пряди́льная маши́на; ~ a yarn (*fig.*) расска́з|ывать, -а́ть исто́рию; трави́ть (*impf.*) (*coll.*); the spider ~s its web пау́к плетёт паути́ну; spun silk шёлковая пря́жа; *see also* SPUN; **2.** (*cause to revolve*) верте́ть, за-; крути́ть, за-; кружи́ть, за-; ~ a coin подбра́|сывать, -о́сить моне́тку; ~ a top пус|ка́ть, ꞏти́ть волчо́к.

*v.i.* верте́ться, за-; крути́ться, за-; кружи́ться, за-; (*of compass needle or suspended object*) враща́ться (*impf.*); (*of wheel*) бы́стро враща́ться/крути́ться (*impf.*); (*of pers.*): the blow sent him ~ning against the wall уда́р швырну́л его́ (*or* уда́ром его́ от-швырну́ло) к стене́; my head is ~ning у меня́ голова́ идёт кру́гом.

*with advs.*: ~ **out** *v.t.*: ~ out a story растя́|гивать, -ну́ть расска́з; ~ **round** *v.t. & i.* бы́стро пов|ора́чивать(ся), -ерну́ть(ся) (круго́м).

*cpds.*: ~-**drier** *n.* механи́ческая суши́лка, центрифу́га; ~-**off** *n.* (*coll.*) побо́чный результа́т; вне́шние эффе́кты (*m. pl.*); дополни́тельный дохо́д.

**spina bifida** *n.* расщепле́ние ости́стых отро́стков позвоно́чника.

**spinach** *n.* шпина́т.

**spinal** *adj.* спинно́й; ~ column позвоно́чный столб, позвоно́чник, спинно́й хребе́т; ~ cord спинно́й мозг; ~ injury поврежде́ние позвоно́чника.

**spindle** *n.* (*of spinning-wheel*) веретено́; (*of spinning machine*) ось, вал; (*axis, rod*) ось, шпи́ндель (*m.*).

*cpds.*: ~-**legged** *adj.* (*of pers.*) длинноно́гий, тонконо́гий (*coll.*); (*of table etc.*) на то́нких но́жках; ~-**shanks** *n.* голена́стый (челове́к) (*coll.*).

**spindly** *adj.* дли́нный и то́нкий.

**spindrift** *n.* бры́зг|и (*pl., g.* —) морско́й воды́; морска́я пе́на.

**spine** *n.* **1.** (*backbone*) позвоно́чный столб, позвоно́чник, спинно́й хребе́т; (*of fish*) хребе́т; **2.** (*of hedgehog etc.*) игла́, колю́чка; **3.** (*of plant*) игла́, колю́чка, шип; **4.** (*of book*) корешо́к.

*cpd.*: ~-**chilling** *adj.* жу́ткий; вызыва́ющий у́жас/содрога́ние.

**spineless** *adj.* (*invertebrate*) беспозвоно́чный; (*fig.*) бесхребе́тный, бесхара́ктерный, мяг-

коте́лый.

**spinet** *n.* спине́т.

**spinnaker** *n.* спи́накер.

**spinner** *n.* (*pers.*) пряди́льщи|к (*fem.* -ца); пря́ха; (*machine*) пряди́льная маши́на.

**spinneret** *n.* пряди́льный о́рган.

**spinney** *n.* за́росль, ро́ща.

**spinster** *n.* (*old maid*) ста́рая де́ва; (*leg., unmarried woman*) незаму́жняя же́нщина.

**spinsterhood** *n.* старо́деви́чество.

**spiny** *adj.* (*covered with spines*) покры́тый и́глами/шипа́ми/колю́чками; (*prickly*) колю́чий.

**spiral** *n.* спира́ль; the smoke ascended in a ~ дым поднима́лся ко́льцами; wage-price ~ спира́ль зарпла́ты и цен.

*adj.* спира́льный; ~ balance пружи́нные весы́; ~ staircase винтова́я ле́стница.

*v.i.*: the plane ~led down to earth самолёт произвёл спира́льный спуск на зе́млю; the crime rate is ~ling upwards престу́пность ре́зко возраста́ет.

**spirant** *n.* спира́нт.

**spire** *n.* (*of church etc.*) шпиль (*m.*), шпиц.

**spirit** *n.* **1.** (*soul, immaterial part of man*) душа́; духо́вное нача́ло; the ~ is willing but the flesh is weak дух бодр, плоть же не́мощна; I shall be with you in ~ душо́й я бу́ду с ва́ми; **2.** (*immortal, incorporeal being*) дух; the Holy S~ Свято́й Дух; evil ~ злой дух; as the ~ moves one по наи́тию; (*apparition, ghost*) привиде́ние; raise a ~ вызыва́ть, вы́звать ду́ха; believe in ~s ве́рить (*impf.*) в ду́хов/привиде́ния; **3.** (*living being*) ум, ли́чность; one of the greatest ~s of his time оди́н из велича́йших умо́в своего́ вре́мени; leading ~ душа́, руководи́тель (*m.*), вождь (*m.*); **4.** (*mental or moral nature*) хара́ктер; a man of unbending ~ челове́к непрекло́нного хара́ктера (*or* несгиба́емой во́ли); непрекло́нный челове́к; the poor in ~ ни́щие ду́хом; **5.** (*courage*) хра́брость; show some ~ прояв|ля́ть, -и́ть му́жество/хара́ктер; a man of ~ челове́к с хара́ктером; си́льный ду́хом челове́к; he infused ~ into his men он вселя́л му́жество в солда́т; (*vivacity*) жи́вость; he played the piano with ~ он вдохнове́нно игра́л на роя́ле; **6.** (*mental, moral attitude*) дух, смысл; take sth. in the wrong ~ не так восприн|има́ть, -я́ть что-н.; it depends on the ~ in which it is done всё зави́сит от того́, с каки́м наме́рением э́то сде́лано; in a ~ of mischief шу́тки ра́ди; для ро́зыгрыша; enter into the ~ of Christmas прон|ика́ться, -и́кнуться ду́хом Рождества́; **7.** (*real meaning, essence*) су́щность, суть; существо́ де́ла; the ~ of the law дух зако́на; I followed the ~ of his instructions я де́йствовал в ду́хе его́ указа́ний; **8.** (*mental or moral tendency, influence*) дух, тенде́нция; the ~ of the age дух вре́мени; **9.** (*pl., humour*) настрое́ние; he was in high ~s он был в припо́днятом настрое́нии; his ~s are low он в пода́вленном настрое́нии; keep one's ~s up мужа́ться (*impf.*); не па́дать (*impf.*) ду́хом; recover one's ~s приободр|я́ться, -и́ться; raise s.o.'s ~s подбодр|я́ть, -и́ть кого́-н.; ободр|я́ть, -и́ть кого́-н.; подн|има́ть, -я́ть дух у кого́-н.; **10.** (*industrial alcohol*) спирт, алкого́ль (*m.*); (*pl., alcoholic drink*) спиртно́й напи́ток; he never touches ~s он не пьёт (*or* не берёт в рот) спиртно́го; **11.** (*solution in alcohol*) спиртово́й раство́р; ~s of salt хлористоводоро́дная (соляна́я) кислота́.

*v.t.*: ~ **away, off** (та́йно) похи́тить, умыкну́ть (*both pf.*).

*cpds.*: ~-**gum** *n.* театра́льный клей; гримирова́льный лак; ~-**lamp** *n.* спирто́вка; ~-**level** *n.* ватерпа́с, спиртово́й у́ровень; ~-**rapping** *n.* столоверче́ние, спирити́зм, медиуми́зм; ~-**world** *n.* загро́бный мир; ца́рство тене́й.

**spirited** *adj.* живо́й, оживлённый, воодушев-лённый; энерги́чный, сме́лый, жизнера́-достный; a ~ reply бо́йкий отве́т; a ~ horse горя́чий конь.

**spiritless** *adj.* безжи́зненный, ро́бкий; (*listless*) вя́лый, сла́бый; a ~ style бле́дный стиль.

**spiritual** *n.* (*song*) спири́чуал, негритя́нский духо́вный гимн.

*adj.* **1.** (*incorporeal*) при́зрачный, бестеле́с-ный; **2.** (*pert. to soul, spirit*) духо́вный; ~ life духо́вная жизнь; (*fig.*): Italy is his ~ home Ита́лия — его́ духо́вная ро́дина; **3.** (*unworldly*) возвы́шенный, одухотворённый; ~ mind возвы́шенный ум; **4.** (*inspired by Holy Spirit*): ~ gift боже́ственный дар; ~ songs духо́вные пе́сни; **5.** (*ecclesiastical*): ~ court церко́вный суд; ~ father духо́вный оте́ц; lords ~ «ло́рды духо́вные», англика́нские епи́скопы-чле́ны пала́ты ло́рдов.

**spiritualism** *n.* спирити́зм.

**spiritualist** *n.* спирити́ст (*fem.* -ка).

**spiritualistic** *adj.* (*of communication with spirits*) спирити́ческий.

**spirituality** *n.* одухотворённость.

**spirituous** *adj.* (*of drink*) спиртно́й, алко-го́льный.

**spirt** *see* SPURT[2].

**spit**[1] *n.* (*for roasting*) ве́ртел; (*of land*) коса́, стре́лка; (*underwater bank*) о́тмель.

*v.t.* (*put ~ through*) наса́|живать, -ди́ть на ве́ртел; (*pierce*) пронз|а́ть, -и́ть; прот|ыка́ть, -кну́ть.

**spit**[2] *n.* **1.** (*spittle*) слюна́; **2.**: the ~ and (*or* ~ ting) image of his father то́чная ко́пия своего́ отца́; вы́литый оте́ц; **3.**: ~ and polish выли́зывание, надра́ивание.

*v.t.* (*also ~ out*) выплёвывать, вы́плюнуть; ~ blood ха́ркать (*impf.*) кро́вью; (*fig.*): he spat out threats он разрази́лся угро́зами.

*v.i.* **1.** пл|ева́ть, -ю́нуть; (*habitually*)

плева́ться (*impf.*); he spat in my face он плю́нул мне в лицо́; (*of cat etc.*) фы́рк|ать, -нуть; **2.** (*of pen*) бры́з|гать, -нуть; **3.** (*of fire*) рассыпа́ть (*impf.*) и́скры; **4.** (*coll., rain*) мороси́ть (*impf.*); бры́згать (*impf.*).

*cpd.*: ~ **fire** *n.* (*pers.*) злю́чка (*c.g.*), «по́рох».

**spite** *n.* **1.** (*ill-will*) зло́ба, злость; out of ~ назло́; по зло́бе; (*grudge*): have a ~ against s.o. име́ть (*impf.*) зуб про́тив/на кого́-н.; **2.** in ~ of несмотря́ на +*a.*; I smiled in ~ of myself я нево́льно удыбну́лся.

*v.t.*: he does it to ~ me он де́лает э́то мне назло́ (*or* что́бы досади́ть мне).

**spiteful** *adj.* зло́бный, недоброжела́тельный, злора́дный; a ~ remark зло́бное/язви́тель-ное/ехи́дное замеча́ние.

**spitefulness** *n.* зло́бность, недоброжела́тель-ность, злора́дство.

**Spitsbergen** *n.* Шпицбе́рген.

**spittle** *n.* плево́к; слюна́.

**spittoon** *n.* плева́тельница.

**spiv** *n.* (*sl.*) ме́лкий спекуля́нт; жу́лик, жук.

**splash** *n.* **1.** (*action, effect*) плеск, всплеск; бры́з|ги (*pl., g.* —); he fell into the water with a ~ он с плеском булты́хнулся в во́ду; the stone made a huge ~ ка́мень упа́л с гро́мким пле́ском; make a ~ (*fig., attract attention*) наде́лать (*pf.*) шу́му; произв|оди́ть, -ести́ сенса́цию; **2.** (*sound*) плеск, всплеск; the ~ of waves плеск волн; **3.** (*liquid*) I felt a ~ of rain на меня́ упа́ли ка́пли дождя́; put a ~ of soda in my whisky плесни́те мне ка́плю со́довой в ви́ски; **4.** (*of blood, mud etc.*) пятно́; a ~ of colour кра́сочное пятно́.

*v.t.* **1.** бры́з|гать, -нуть (*чем на что*); забры́зг|ивать, -ать (*что чем*); he ~ed paint on her dress он забры́згал её пла́тье кра́ской; she was ~ing her feet in the water она́ болта́ла/плеска́лась нога́ми в воде́; they were ~ing water at one another они́ бры́згали друг в дру́га водо́й; ~ one's way through mud шлёпать, про- по гря́зи; **2.** (*coll., fig.*): the news was ~ed in all the papers все газе́ты раструби́ли э́ту но́вость; he likes to ~ his money about он лю́бит броса́ться/сори́ть деньга́ми.

*v.i.* **1.** (*of liquid etc.*) разбры́зг|иваться, -аться; плеска́ться (*impf.*); the mud ~ed up her legs гря́зью забры́згало ей все но́ги; **2.** (*move or fall with ~*): he ~ed into the water он булты́хнулся/шлёпнулся/плю́хнулся в во́ду; the ducks ~ed about in the pond у́тки плеска́-лись в пруду́; the falling tree ~ed into the lake де́рево с пле́ском упа́ло в о́зеро; the cows ~ed through the river коро́вы тяжело́ шли че́рез ре́ку; the fish ~ed on the end of the line ры́ба би́лась/трепыха́лась на крючке́; the capsule ~ed down in the Pacific ка́псула приводни́лась в Ти́хом океа́не.

*int.* плюх!

*cpds.*: ~**-back** *n.* щито́к; ~**-board** *n.* (*over or beside wheel of vehicle*) крыло́; грязево́й щито́к; ~**-down** *n.* приводне́ние.

**splat** *n.* нащёльная ре́йка.

**splatter** *n.*, *v.t.* & *i. see* SPATTER.

**splay** *n.* ско́шенный проём окна́ *и т.п.*

*v.t.* (*spread wide*): ~ one's legs раски́|дывать, -нуть но́ги.

*cpds.*: ~**-foot** *n.* косола́пость; ~**-footed** *adj.* косола́пый.

**spleen** *n.* (*anat.*) селезёнка; (*fig.*, *ill-temper, spite*) раздраже́ние, зло́ба; vent one's ~ on s.o. срыва́ть, сорва́ть зло́бу на ком-н.

**splendid** *adj.* (*magnificent*) великоле́пный; (*luxurious*) роско́шный; (*excellent*) прекра́сный, отли́чный; (*impressive, remarkable*) удиви́тельный, замеча́тельный; ~! замеча́тельно!; a ~ opportunity for revenge прекра́сный слу́чай отомсти́ть; what a ~ idea! замеча́тельная/прекра́сная мысль!

**splendiferous** *adj.* (*coll.*) прекра́снейший.

**splendour** *n.* (*brilliance*) блеск; (*grandeur, magnificence*) великоле́пие, пы́шность; (*greatness*) вели́чие, благоро́дство.

**splenetic** *adj.* **1.** (*med.*) селезёночный; **2.** (*of pers.*) раздражи́тельный, брюзгли́вый, сварли́вый, жёлчный.

**splice** *v.t.* **1.** (*rope*) ср|а́щивать, -асти́ть; спле|та́ть, -сти́; **2.** (*wood*) соедин|я́ть, -и́ть внахлёстку/внакро́й; **3.**: get ~d (*sl., marry*) пожени́ться (*pf.*).

**splint** *n.* (*for broken bone*) лубо́к, ши́на.

*v.t.* на|кла́дывать, -ложи́ть ши́ну на +*a.*

**splinter** *n.* **1.** (*of wood*) лучи́на, ще́пка, щепа́; зано́за; (*of stone, metal, glass*) оско́лок; get a ~ in one's finger занози́ть (*pf.*) па́лец; **2.** (*fig.*): ~ group отколо́вшаяся (полити́ческая) группиро́вка/фра́кция.

*v.t.* & *i.* расщеп|ля́ть(ся), -и́ть(ся); раск|а́лывать(ся), -оло́ть(ся).

*cpd.*: ~**-proof** *adj.*: ~-proof glass безоско́лочное стекло́.

**split** *n.* **1.** раска́лывание; (*crack, fissure*) тре́щина, щель, расще́лина; **2.** (*fig., schism, disunion*) раско́л; **3.**: do the ~s де́лать, с-шпага́т.

*v.t.* **1.** коло́ть, рас-; расщеп|ля́ть, -и́ть; ~ting the atom расщепле́ние а́тома; (*crack open, rupture*) раск|а́лывать, -оло́ть; ~ s.o.'s skull проломи́ть (*pf.*) кому́-н. че́реп; I have a ~ lip у меня́ губа́ тре́снула; (*fig.*): ~ one's sides над|рыва́ться, -орва́ться (*or coll.* над|рыва́ть, -орва́ть животики) от сме́ха; ~ hairs крохобо́рствовать (*impf.*); спо́рить (*impf.*) о пустяка́х/мелоча́х; **2.** (*divide*) раздел|я́ть, -и́ть; (*share*) дели́ть, по-; they ~ the money into three (*or* three ways) они́ раздели́ли де́ньги на́ три ча́сти; the job was ~ between us мы подели́ли рабо́ту ме́жду собо́й; they ~ the proceeds они́ подели́ли дохо́ды; ~ a bottle of wine

with s.o. расп|ива́ть, -и́ть буты́лку вина́ с кем-н.; раздави́ть (*pf.*) буты́лочку; ~ the left-wing vote расколо́ть (*pf.*) голоса́ ле́вых; **3.** (*cause dissension in*) разъедин|я́ть, -и́ть; the party was ~ by factions па́ртия раскодо́лась на фра́кции; ~ infinitive расщеплённый инфинити́в; ~ mind раздвое́ние ли́чности; ~ peas лущёный/ко́лотый горо́х; ~ personality раздвое́ние ли́чности; ~ ring разрезно́е кольцо́ (для ключе́й); ~ second (кака́я-то) до́ля секу́нды; мгнове́ние.

*v.i.* **1.** (*of hard substance*) раск|а́лываться, -оло́ться; расщеп|ля́ться, -и́ться; тре́снуть (*pf.*); (*divide*) раздел|я́ться, -и́ться; the wood ~ де́рево тре́снуло; the ship ~ in two кора́бль раско́лся на́двое; the boat ~ on a reef ло́дка разби́лась о риф; ~ open взл|а́мываться, -ома́ться; (*of soft, thin substance*) раз|рыва́ться, -орва́ться; порва́ться (*pf.*); her dress ~ at the seam её пла́тье разорва́лось по шву; my head is ~ting (*fig.*) у меня́ голова́ трещи́т/раска́лывается (от бо́ли); **2.** (*become disunited*) разъедин|я́ться, -и́ться; раск|а́лываться, -оло́ться; **3.**: ~ on s.o. (*sl.*) вы́дать (*pf.*) кого́-н.

*with advs.*: ~ **off** *v.t.* & *i.* отк|а́лывать(ся), -оло́ть(ся); ~ off a branch from a tree отл|а́мывать, -ома́ть/-оми́ть ве́тку от де́рева; ~ **up** *v.t.* & *i.* (*lit.*) раск|а́лывать(ся), -оло́ть(ся); (*separate*) ра|сходи́ться, -зойти́сь; we ~ up into two groups мы разби́лись на две гру́ппы; he and his wife ~ up они́ с жено́й разошли́сь; the meeting ~ up at 6 собра́ние ко́нчилось в 6 часо́в.

**splitter** *n.* (*pol.*) раско́льник, фракционе́р.

**splodge** *see* SPLOTCH.

**splosh** (*coll.*)=SPLASH *v.t.* & *i.* .

**splotch, splodge** (*coll.*) *n.* (гря́зное) пятно́, мазо́к.

*v.t.* замы́зг|ивать, -ать.

**splurge** *v.i.* (*coll.*) кути́ть (*impf.*); броса́ться (*impf.*) деньга́ми.

**splutter** *n.* (*noise*) треск, треща́ние; (*speech*) бы́страя/сби́вчивая речь; лопота́ние.

*v.t.* & *i.* (*also* **sputter**) говори́ть (*impf.*) захлёбываясь (*or* бы́стро и сби́вчиво); бры́згаться (*impf.*) слюно́й при разгово́ре.

**spoil** *n.* **1.** (*booty*) добы́ча; награ́бленное добро́; ~s of war трофе́и (*m. pl.*); вое́нная добы́ча; share in the ~s (*fig.*) получ|а́ть, -и́ть свою́ до́лю добы́чи; **2.** (*profit*) при́быль; (*benefit*) вы́года.

*v.t.* **1.** (*impair, injure, ruin*) по́ртить, ис-; губи́ть, по-; the rain ~t our holiday дождь испо́ртил нам о́тпуск; eating sweets will ~ your appetite конфе́ты испо́ртят вам аппети́т; the crops were ~t by rain дождь погуби́л урожа́й; ~ s.o.'s pleasure отрав|ля́ть, -и́ть чью-н. ра́дость; ~ s.o.'s plans срыва́ть, сорва́ть чьи-н. пла́ны; he ~t his chances of success он сам подорва́л свои́ ша́нсы на успе́х; **2.** (*over-indulgence*) балова́ть, из-; а ~t child избало́ванный ребёнок; **3.** (*arch., plunder*) гра́бить, о-/раз-; разор|я́ть, -и́ть.

*v.i.* **1.** (*deteriorate*) ух|удша́ться, -у́дшиться; (*go bad, rotten etc.*) по́ртиться, ис-; **2.** (*be eager*): he is ~ing for a fight он так и ле́зет в дра́ку.

*cpd.*:    ~-**sport** *n.*    тот,    кто    по́ртит удово́льствие други́м.

**spoilage** *n.* (*of food*) испо́рченные проду́кты (*m. pl.*); гниль; (*typ.*) брако́ванные о́ттиски (*m. pl.*).

**spoiler** *n.* **1.** (*plunderer*) граби́тель (*m.*); мародёр; **2.** (*av. etc.*) интерце́птор, прерыва́тель (*m.*) пото́ка, спо́йлер.

**spoke** *n.* **1.** (*of wheel*) спи́ца; **2.** (*rung*) перекла́дина, гря́дка (стремя́нки); **3.** (*fig.*): put a ~ in s.o.'s wheel вст|авля́ть, -а́вить кому́-н. па́лки в колёса.

*cpd.*: ~**shave** *n.* ско́бель (*m.*); криволине́йный струг.

**spoken** *adj.* у́стный; the ~ word у́стная речь; the ~ language разгово́рный язы́к; ~ feelings чу́вства, вы́раженные слова́ми; these words are to be ~, not sung э́ти слова́ сле́дует не петь, а про́сто произноси́ть.

**spokesman** *n.* представи́тель (*m.*), делега́т; (*public relations officer*) сотру́дник отде́ла информа́ции; ~ for defence докла́дчик по вопро́сам оборо́ны; act as ~ for s.o. выступа́ть, вы́ступить от и́мени кого́-н.

**spokesperson**=SPOKESMAN *or* SPOKESWOMAN.

**spokeswoman** *n.* представи́тельница, делега́тка, докла́дчица; сотру́дница отде́ла информа́ции.

**spoliation** *n.* грабёж, разграбле́ние.

**spondee** *n.* спонде́й.

**sponge** *n.* **1.** (*zool.*; *toilet article*) гу́бка; throw in, up the ~ (*fig.*) призн|ава́ть, -а́ть себя́ побеждённым; (*sponge-like, absorbent substance*) гу́бчатое/по́ристое вещество́; **2.** (*fig., parasite*) нахле́бник, прижива́льщик, парази́т.

*v.t.*: ~ a child's face обт|ира́ть, -ере́ть ребёнку лицо́ гу́бкой; ~ o.s. down обт|ира́ться, -ере́ться гу́бкой; ~ a car (down) вытира́ть, вы́тереть маши́ну (гу́бкой); ~ a wound обм|ыва́ть, -ы́ть ра́ну.

*v.i.* (*fig.*) жить (*impf.*) на чужо́й счёт; паразити́ровать (*impf.*); he ~s on his brother он сиди́т на ше́е у бра́та.

*with advs.*: ~ **off** *v.t.* ст|ира́ть, -ере́ть гу́бкой; ~ **up** *v.t.* (*absorb*) вытира́ть, вы́тереть.

*cpds.*: ~-**bag** *n.* су́мка для туале́тных принадле́жностей; ~-**cake** *n.* бискви́т; ~-**cloth** *n.* ткань эпо́нж; хлопчатобума́жная ва́фельная ткань; ~-**rubber** *n.* рези́новая гу́бка.

**sponger** *n.* парази́т, нахле́бник, прижива́льщик.

**spongy** *adj.* гу́бчатый; (*porous*) по́ристый, ноздрева́тый; (*e.g. moss, carpet*) мя́гкий; (*of ground*) то́пкий.

**sponsor** *n.* **1.** (*guarantor*) поручи́тель (*fem.* -ница); (*of new member etc.*) рекоменда́тель (*fem.* -ница); **2.** (*at baptism*) крёстный оте́ц, крёстная мать; stand ~ to a child крести́ть (*impf., pf.*) ребёнка; **3.** (*TV etc.*) зака́зчик рекла́мы, реклaмoда́тель (*m.*).

*v.t.* руча́ться, поручи́ться за +a.; рекомендова́ть (*impf., pf.*); (*e.g. a law or resolution*) вн|оси́ть, -ести́; (*on TV etc.*) субсиди́ровать (*impf., pf.*); финанси́ровать (*impf., pf.*).

**sponsorship** *n.* поручи́тельство, пору́ка, гара́нтия.

**spontaneity** *n.* спонта́нность, стихи́йность, непосре́дственность, непринуждённость.

**spontaneous** *adj.* спонта́нный, доброво́льный, стихи́йный; инстинкти́вный; (*unaffected*) непосре́дственный, непринуждённый; ~ combustion самовозгора́ние; ~ generation самозарожде́ние.

**spoof** (*sl.*)*n.* (*hoax*) ро́зыгрыш, мистифика́ция; (*parody*) паро́дия.

*v.t.* над|ува́ть, -у́ть; разы́гр|ивать, -а́ть; пароди́ровать, с-.

**spook** *n.* (*joc.*) привиде́ние, при́зрак, дух.

**spooky** *adj.* (*frightening*) жу́ткий; (*sinister*) злове́щий.

**spool** *n.* шпу́лька, кату́шка.

*v.t.* нам|а́тывать, -ота́ть на кату́шку.

**spoon**[1] *n.* ло́жка; they fed him with a ~ его́ корми́ли с ло́жки; he was born with a silver ~ in his mouth он роди́лся в соро́чке.

*v.t.* (*also* ~ **up**) че́рпать, вы́-.

*cpds.*: ~-**bait** *n.* блесна́; ~**bill** *n.* колпи́ца; ~**feed** *v.t.* (*lit.*) корми́ть (*impf.*) с ло́жки; (*fig.*): ~-feed a pupil ня́нчиться (*impf.*) с ученико́м; всё разжёвывать (*impf.*) ученику́; ~-feed industry иску́сственно подде́рживать (*impf.*) промы́шленность.

**spoon**[2] *v.i.* (*sl.*) аму́риться (*impf.*); любе́зничать (*impf.*).

**spoonerism** *n.* перевёртыш.

**spoonful** *n.* (по́лная) ло́жка (*чего*).

**spoor** *n.* след.

**sporadic** *adj.* споради́ческий.

**spore** *n.* спо́ра.

**sport** *n.* **1.** (*outdoor pastime(s)*) спорт; (*pl.*) спорт, ви́ды (*m. pl.*) спо́рта; indoor ~s ви́ды спо́рта для закры́тых помеще́ний; go in for ~ зан|има́ться, -я́ться спо́ртом; have good ~ (*shooting*) уда́чно поохо́титься (*pf.*); ~s car спорти́вный автомоби́ль; ~s coat, jacket спорти́вная ку́ртка; ~s editor заве́дующий спорти́вным отде́лом газе́ты; **2.** (*pl., athletic events*) спорти́вные и́гры (*f. pl.*); ~s day день спорти́вных состяза́ний; **3.** (*jest, fun*) шу́тка, заба́ва; (*ridicule*) насме́шка; say sth. in ~ сказа́ть (*pf.*) что-н. в шу́тку; make ~ of смея́ться, над- над +*i.*; подшу́|чивать, -ти́ть над +*i.*; **4.** (*plaything, butt*) игру́шка; he became the ~ of circumstance он стал игру́шкой обстоя́тельств; **5.** (*coll., good fellow*) молодчи́на (*m.*); be a ~! будь челове́ком!; **6.** (*biol.*) мута́ция.

*v.t.*: ~ a rose in one's button-hole щеголя́ть (*impf.*) ро́зой в петли́це; everyone ~ed their medals все нацепи́ли свои́ меда́ли.

*v.i.* (*frolic*) резви́ться (*impf.*).

*cpds.*: ~**sman** *n.* спортсме́н; (*fig.*) че́стный/поря́дочный челове́к; ~**smanlike** *adj.* че́стный, поря́дочный, благоро́дный; ~**smanship** *n.*: he showed ~smanship он прояви́л себя́ настоя́щим спортсме́ном; ~**swoman** *n.* спортсме́нка.

**sporting** *adj.* **1.** (*addicted to sport*) спорти́вный; he was not a ~ man он не́ был спортсме́ном; он не увлека́лся спо́ртом; **2.** (*sportsmanlike*) че́стный, поря́дочный; (*enterprising*) предприи́мчивый; that's very ~ of you э́то с ва́шей стороны́ благоро́дно; a ~ chance наде́жда, не́который шанс; a ~ offer вы́годное (*or* вполне́ сто́ящее) предложе́ние.

**sportive** *adj.* шутли́вый, весёлый, игри́вый.

**sporty** *adj.* (*gay, rakish*) лихо́й, удало́й.

**spot** *n.* **1.** (*patch, speck*) пятно́, пя́тнышко, кра́пинка; a white dog with brown ~s бе́лая соба́ка с кори́чневыми пя́тнами; come out in ~s (*rash*) покры́ться (*pf.*) сы́пью; knock ~s off s.o. (*coll.*) за́просто одоле́ть (*pf.*) кого́-н.; **2.** (*stain*) пятно́; there were ~s of blood on his shirt на его́ руба́шке бы́ли пя́тна кро́ви; (*fig.*): without a ~ on his reputation с незапя́тнанной репута́цией; **3.** (*pimple*) прыщ(ик); **4.** (*place*) ме́сто; the police were on the ~ within minutes поли́ция прибыла́ на ме́сто (уже́) че́рез не́сколько мину́т; he was killed on the ~ он был уби́т на ме́сте (*or* сра́зу); running on the ~ бег на ме́сте; his question put me on the ~ (*coll.*) его́ вопро́с поста́вил меня́ в затрудни́тельное положе́ние; we were in a (tight) ~ нам пришло́сь ту́го; ~ check вы́борочная прове́рка; sore ~ (*lit., fig.*) больно́е ме́сто; weak ~ сла́бое ме́сто; he has a soft ~ for her он пита́ет к ней сла́бость; **5.** (*coll., small amount*): I must have a ~ to eat мне ну́жно перекуси́ть; I am due for a ~ of leave мне полага́ется небольшо́й/коро́ткий о́тпуск; I have a ~ of work to do мне ну́жно немно́го порабо́тать; ~ of bother небольша́я неприя́тность; (*drop*) I felt a few ~s of rain я почу́вствовал, как на меня́ упа́ло не́сколько ка́пель дождя́; **6.** (*attr., comm.*): ~ cash нали́чный расчёт; неме́дленная опла́та нали́чными; ~ price цена́ при усло́вии неме́дленной упла́ты; **7.**: ~ on (*coll., exactly right*) в са́мую то́чку.

*v.t.* **1.** (*mark, stain*) запа́чкать (*pf.*); зака́пать (*pf.*); his books were ~ted with ink его́ кни́ги

бы́ли запа́чканы/забры́зганы черни́лами; (*p. part., covered, decorated with* ~s) пятни́стый, кра́пчатый; a ~ted tie га́лстук в кра́пинку; **2.** (*coll., notice*) зам|еча́ть, -е́тить; (*recognize*) узн|ава́ть, -а́ть; опозн|ава́ть, -а́ть; I ~ted him as the murderer я опозна́л в нём уби́йцу; I ~ted him as an American я (то́тчас) угада́л в нём америка́нца; (*catch sight of*) уви́деть (*pf.*); I ~ted my friend in the crowd я (вдруг) уви́дел в толпе́ своего́ прия́теля; (*detect*) обнару́жи|вать, -ть; (*single out*) определ|я́ть, -и́ть; he ~ted the winner он угада́л победи́теля.

*v.i.* **1.**: this silk ~s easily э́тот шёлк о́чень ма́ркий; **2.** it is ~ting with rain накра́пывает (дождь).

*cpd.*: ~**light** *n.* освети́тельный проже́ктор; (*fig.*): turn the ~light on sth. привле́чь (*pf.*) внима́ние к чему́-н.; be in (*or* hold) the ~light быть в це́нтре (*or* це́нтром) внима́ния; *v.t.* (*lit., fig.*) осве|ща́ть, -ти́ть; (*fig.*) выделя́ть, вы́делить.

**spotless** *adj.* сверка́ющий чистото́й; без еди́ного пя́тнышка; the room was ~ ко́мната сверка́ла чистото́й; a ~ly white shirt белосне́жная руба́шка; (*fig.*) незапя́тнанный, безупре́чный.

**spotty** *adj.* (*of colour*) пятни́стый, пёстрый; (*of uneven quality*) неро́вный; (*pimply*) прыщева́тый.

**spouse** *n.* супру́г (*fem.* -a).

**spout** *n.* **1.** (*of vessel*) но́сик; (*of pump*) рука́в; (*for rain-water*) водосто́чная труба́; жёлоб; **2.** (*jet of water etc.*) струя́; столб воды́; (*of whale*) ды́хало; **3.** (*sl.*): up the ~ (*in pawn*) в закла́де/ломба́рде; (*in a mess*) в безнадёжном состоя́нии.

*v.t.* **1.**: a whale ~s water кит выбра́сывает/испуска́ет струю́ воды́; a volcano ~ing lava вулка́н, изверга́ющий ла́ву; the chimney ~ed smoke труба́ выбра́сывала клубы́ ды́ма; **2.** (*coll., declaim*) разглаго́льствовать (*impf.*); ~ poetry деклами́ровать, про- стихи́.

*v.i.* **1.** струи́ться (*impf.*); бить (*impf.*); ли́ться (*impf.*) пото́ком; (*of whale*) выбра́сывать, вы́бросить струю́ воды́; **2.** (*fig., coll., make speeches*) ора́торствовать (*impf.*).

**sprain** *n.* растяже́ние свя́зок/сухожи́лий.

*v.t.*: ~ one's wrist/ankle растяну́ть (*pf.*) запя́стье/щи́колотку.

**sprat** *n.* шпро́та, ки́лька; throw out a ~ to catch a mackerel ≃ риск|ова́ть, -ну́ть ма́лым ра́ди большо́го.

**sprawl** *n.* небре́жная/неуклю́жая по́за; urban ~ рост городо́в за счёт се́льской ме́стности.

*v.i.* **1.** растяну́ться (*pf.*); send s.o. ~ing сбить (*pf.*) кого́-н. с ног; **2.** (*straggle*) разва́ливаться, -и́ться; раскоря́читься (*pf.*); the words ~ed across the page слова́ кара́кулями расползли́сь по всей страни́це.

**spray**[1] *n.* (*bot.*) ве́тка, побе́г.

**spray**[2] *n.* **1.** (*water droplets*) бры́зг|и (*pl., g.* —); the water turned to ~ вода́ распыли́лась; **2.** (*liquid preparation*) жи́дкость для пульвериза́ции; chemical ~ ядохимика́т для опры́скивания; **3.** (*device for* ~*ing; also* ~**er**) разбры́згиватель (*m.*); распыли́тель (*m.*); пульвериза́тор.

*v.t.* (*apply* ~ *to*) опры́ск|ивать, -ать; (*apply in the form of* ~) распыл|я́ть, -и́ть; he ~ed paint on to the ceiling он покра́сил потоло́к с по́мощью распыли́теля.

*cpd.*: ~**-gun** *n.* распыли́тель (*m.*).

**sprayer** *see* SPRAY *n.* 3.

**spread** *n.* **1.** (*extension*) протяже́ние, протяжённость, простира́ние; (*expansion*) распростране́ние; экспа́нсия; расшире́ние; (*increase*) увеличе́ние; ~ of sail па́русность, пло́щадь па́русности; ~ of wings разма́х кры́льев; ~ of an arch ширина́ а́рки; have, develop a middle-age ~ полне́ть, по- с во́зрастом; отрасти́ть (*pf.*) брюшко́; **2.** (*dissemination*) распростране́ние; **3.** (*difference between prices etc.*) ра́зница, разры́в; **4.** (*coll., feast*) пир, пи́ршество; оби́льное угоще́ние; **5.** (*cul.*) па́ста; **6.** (*typ.*) разворо́т.

*v.t.* **1.** (*extend*) распростран|я́ть, -и́ть; (*unfold*) ра|скла́дывать, -зложи́ть; развёр|тывать, -ну́ть; (*cover*) расст|ила́ть, -ели́ть (*or* разостла́ть); she ~ a cloth on the table она́ расстели́ла ска́терть на столе́; ~ butter on bread (*or* bread with butter) нама́з|ывать, -ать ма́сло на хлеб (*or* хлеб ма́слом); ~ a net раски́|дывать, -нуть сеть; ~ manure over a field разбр|а́сывать, -оса́ть наво́з по́ полю; the tree ~ its branches де́рево раски́нуло свои́ ве́тви; the bird ~ its wings пти́ца распростёрла кры́лья; ~ one's wings (*fig.*) распр|авля́ть, -а́вить кры́лья; the river ~ its waters over the fields река́ разлила́сь по луга́м; the peacock ~ its tail павли́н распусти́л хвост; ~ (out) a map ра|скла́дывать, -зложи́ть ка́рту; **2.** (*diffuse*) распростран|я́ть, -и́ть; he ~ the rumour он распространи́л слух; his name ~ fear in our hearts его́ и́мя вселя́ло в на́ши сердца́ страх; **3.**: ~ oneself (*lounge*) раски́|дываться, -нуться; (*expatiate*) распростран|я́ться, -и́ться.

*v.i.* **1.** распростран|я́ться, -и́ться; расстила́ться (*impf.*); the news soon ~ но́вость/весть бы́стро распространи́лась; the course ~s over a year курс рассчи́тан на оди́н год; the river ~s to a width of a mile река́ достига́ет ми́ли в ширину́; a valley ~s out behind the hill за холмо́м расстила́ется доли́на; his name ~ throughout the land его́ сла́ва разошла́сь по всей стране́; его́ и́мя облете́ло всю страну́; the fire is ~ing пожа́р разраста́ется; the fire ~ to the next barn ого́нь переки́нулся на сосе́дний сара́й; a flush ~ over her face кра́ска

залила́ её лицо́; a smile ~ over his face его́ рот растяну́лся в улы́бке; ~ing trees раски́дистые дере́вья; **2.** (*disperse*) рассе́|иваться, -яться.

*cpd.*: ~**-eagle** *v.t.* распла́ст|ывать, -а́ть; положи́ть (*pf.*) плашмя́.

**spreading** *adj.* (*branchy*) разве́систый.

**spree** *n.* (*coll.*) весе́лье, кутёж; have a ~, go on the ~ кути́ть (*impf.*); we had a rare old ~ мы здо́рово покути́ли; мы покути́ли на сла́ву.

**sprig** *n.* (*twig, shoot*) ве́точка, побе́г; (*as ornament*) узо́р в ви́де ве́точки; (*fig., scion*) о́тпрыск.

**sprightliness** *n.* жи́вость, бо́йкость, ре́звость.

**sprightly** *adj.* оживлённый, живо́й, бо́йкий, ре́звый.

**spring**[1] *n.* (*season*) весна́; in ~ весно́й; (*attr.*) весе́нний; ~ flowers весе́нние цветы́; ~ onion зелёный лук; ~ tide сизиги́йный прили́в.

*cpds.*: ~**-clean** *n.* генера́льная (*обычно весе́нняя*) убо́рка; *v.t. & i.* произв|оди́ть, -ести́ генера́льную убо́рку; ~**time** *n.* весна́, весе́нняя пора́.

**spring**[2] *n.* **1.** (*leap*) прыжо́к, скачо́к; make, take a ~ пры́гнуть (*pf.*); скакну́ть (*pf.*); **2.** (*elasticity*) упру́гость, эласти́чность; he has a ~ in his step у него́ упру́гая похо́дка; (*resilience*) ги́бкость; his mind lost its ~ его́ ум утра́тил ги́бкость; **3.** (*elastic device*) пружи́на; (*attr.*) пружи́нный; ~ balance пружи́нные весы́, безме́н; ~ bed крова́ть на пружи́нах; ~ mattress пружи́нный матра́ц; (*leaf* ~ *of vehicle*) рессо́ра; **4.** (*of water*) исто́чник, ключ, родни́к; hot ~s горя́чие исто́чники; ~ water ключева́я/роднико́вая вода́; (*fig.*) исто́чник, моти́в; побуди́тельная причи́на; ~s of action моти́вы (*m. pl.*) де́йствия.

*v.t.* **1.** (*cause to act*): ~ a trap захло́пнуть (*pf.*) лову́шку; ~ a mine вз|рыва́ть, -орва́ть ми́ну; (*produce suddenly*): ~ a surprise on s.o. заст|ига́ть, -и́чь кого́-н. враспло́х; he sprang a proposal on me, us он вы́ступил с неожи́данным предложе́нием; **2.** (*split*) раск|а́лывать, -оло́ть; I have sprung my racket моя́ раке́тка тре́снула; **3.** (*rouse*): ~ game подн|има́ть, -я́ть дичь; **4.**: ~ a leak да|ва́ть, -ть течь; the tub sprang a leak бо́чка протекла́; **5.** (*provide with* ~s) подрессо́ри|вать, -ть; the carriage is well sprung у каре́ты хоро́шие рессо́ры; **6.** (*coll., procure escape of*): he was sprung from prison ему́ организова́ли побе́г из тюрьмы́.

*v.i.* **1.** (*leap*) пры́г|ать, -нуть; скак|а́ть, -ну́ть; ~ to one's feet вск|а́кивать, -очи́ть на́ ноги; ~ over a fence переск|а́кивать, -очи́ть че́рез забо́р; ~ forward выск|а́кивать, вы́скочить вперёд; ~ backward отпря́нуть (*pf.*); ~ to s.o.'s help бр|оса́ться, -о́ситься (*or* ри́нуться, *pf.*) кому́-н. на по́мощь; ~ into action энерги́чно приня́ться (*pf.*) за де́ло; ~ out of bed вск|а́кивать, -очи́ть с посте́ли; ~ at s.o. набр|а́сываться, -о́ситься на кого́-н.; the lid sprang open кры́шка внеза́пно откры́лась; where did you ~ from? (*coll.*) отку́да вы взяли́сь?; **2.** (*of liquid*) бить (*impf.*); water ~s from the earth из земли́ бьёт ключ; the blood sprang to her cheeks кровь бро́силась ей в лицо́; **3.** (*come into being*) появ|ля́ться, -и́ться; возн|ика́ть, -и́кнуть; he ~s from an old family он происхо́дит из стари́нного ро́да; sprung from the people вы́ходец из наро́да; a breeze sprang up подня́лся лёгкий ветеро́к; weeds ~ up on all sides сорняки́ прораста́ют повсю́ду; a belief sprang up that . . . появи́лось мне́ние, что . . .; his actions ~ from jealousy его́ посту́пки вы́званы/продикто́ваны ре́вностью; **4.** (*of timber, warp*) коро́биться, по-.

*cpds.*: **~board** *n.* (*lit., fig.*) трампли́н.

**springbok** *n.* газе́ль антидо́рка, прыгу́н.

**springiness** *n.* упру́гость, эласти́чность, ги́бкость.

**springlike** *adj.* весе́нний.

**springy** *adj.* упру́гий, эласти́чный, ги́бкий, пружи́нистый.

**sprinkle** *n.*: a ~ of rain до́ждик; небольшо́й дождь; a ~ of snow (лёгкий) снежо́к; with a ~ of salt слегка́ подсо́ленный.

*v.t.*: ~ sth. with water, ~ water on sth. бры́згать, по- что́-н. водо́й; ~ sth. with salt/sand, ~ salt/sand on sth. пос|ыпа́ть, -ы́пать что-н. со́лью/песко́м.

*v.i.*: it was sprinkling with rain накра́пывал дождь.

**sprinkler** *n.* разбры́згиватель (*m.*).

**sprinkling** *n.* (*fig.*): there was a ~ of children in the audience в аудито́рии находи́лось небольшо́е коли́чество дете́й.

**sprint** *n.* спринт.

*v.t. & i.* спринтова́ть (*impf.*); бежа́ть (*det.*) с максима́льной ско́ростью.

**sprinter** *n.* спри́нтер.

**sprite** *n.* эльф, фе́я.

**sprocket** *n.* (цепна́я) звёздочка.

*cpd.*: **~-wheel** *n.* цепно́е/зубча́тое колесо́.

**sprout** *n.* (*shoot*) росто́к, побе́г, отро́сток; (*pl.,* Brussels ~s) брюссе́льская капу́ста.

*v.t.* (*of animal*): ~ horns отра́|щивать, -сти́ть рога́; (*of pers.*): ~ a moustache отпус|ка́ть, -ти́ть (*or* отра́|щивать, -сти́ть) усы́.

*v.i.* (*of plant*) пус|ка́ть, -ти́ть ростки́; (*of seed*) прораст|а́ть, -и́.

**spruce**[1] *n.* (*tree*) ель.

**spruce**[2] *adj.* аккура́тный, опря́тный, наря́дный; he looked ~ у него́ был щеголева́тый вид.

*v.t.*: ~ **up** нав|оди́ть, -ести́ красоту́/блеск на +*a.*; прив|оди́ть, -ести́ в поря́док; ~ o.s. up прихора́шиваться (*pf.*); привести́ (*pf.*) себя́ в поря́док.

**spry** *adj.* живо́й, подви́жный, прово́рный.

**spud** *n.* (*tool*) моты́га; (*sl., potato*) карто́шка, карто́фелина.

*v.t.* (*usu.* ~ **out, up**) моты́жить (*impf.*); оку́чи|вать, -ть.

**spume** *n.* пе́на, на́кипь.

*v.i.* пе́ниться (*impf.*).

**spun** *adj.* пря́деный; ~ yarn кручёная пря́жа; ~ gold каните́ль; ~ glass стекля́нная нить.

**spunk** *n.* (*coll., mettle*) отва́га, му́жество, темпера́мент.

**spunky** *adj.* (*coll.*) му́жественный, отва́жный.

**spur** *n.* **1.** (*on rider's heel, cock's leg*) шпо́ра; put, set ~s to a horse пришпо́рить (*pf.*) ло́шадь/коня́; win one's ~s (*fig.*) доби́ться (*pf.*) призна́ния; приобрести́ (*pf.*) и́мя/изве́стность; **2.** (*fig.*) побужде́ние, сти́мул; competition provided a ~ to his studies конкуре́нция служи́ла для него́ (дополни́тельным) сти́мулом к прилежа́нию; on the ~ of the moment под влия́нием мину́ты; экспро́мтом; **3.** (*of mountain range*) отро́г, усту́п; **4.** (*branch road etc.*) (подъездна́я) ве́тка; **5.** (*bot.*) спорынья́.

*v.t.* **1.** (*prick with* ~s) пришпо́ри|вать, -ть; **2.** (*fig., stimulate*) побу|жда́ть, -ди́ть; под|гоня́ть, -огна́ть; (*urge*) пон|ужда́ть, -у́дить; her words ~red him (on) to action её слова́ побуди́ли/подстрекну́ли его́ к де́йствию; ~red on by ambition подгоня́емый честолю́бием; **3.** (*furnish with* ~s) снаб|жа́ть, -ди́ть шпо́рами; booted and ~red (*fig.*) в по́лной гото́вности.

*v.i.*: ~ **on, forward** спеши́ть (*impf.*); мча́ться (*impf.*).

**spurious** *adj.* подде́льный, фальши́вый, подло́жный; ~ sentiment притво́рное чу́вство.

**spurn** *v.t.* (*repel*) отт|а́лкивать, -олкну́ть ного́й; от|гоня́ть, -огна́ть; (*refuse with disdain*) отв|ерга́ть, -е́ргнуть.

**spurt**[1] *n.* (*sudden effort*) поры́в; (*in race*) рыво́к; put on a ~ рвану́ться (*pf.*).

*v.i.* рвану́ться (*pf*); ~ into the lead вырыва́ться, вы́рваться вперёд.

**spurt**[2], **spirt** *n.* (*jet*) струя́.

*v.t.* пус|ка́ть, -ти́ть струёй.

*v.i.* бить (*impf.*) струёй; хлы́нуть (*pf.*); the water ~ed into the air вода́ заби́ла струёй; blood ~ed from the wound из ра́ны хлы́нула кровь.

**sputnik** *n.* (иску́сственный) спу́тник.

**sputter** *v.t. & i.* **1.** *see* SPLUTTER; **2.** (*crackle*) треща́ть (*impf.*); (*sizzle, hiss*) шипе́ть (*impf.*); the candle ~ed out свеча́ с шипе́нием пога́сла; the fat was ~ing in the pan жир на сковоро́дке шипе́л и стреля́л; my pen keeps ~ing моя́ ру́чка всё вре́мя де́лает кля́ксы.

**sputum** *n.* слюна́, мокро́та.

**spy** *n.* шпио́н; police ~ шпик.

*v.t.* (*liter., discern*) разгля́д|ывать, -е́ть; ~

land уви́деть (*pf.*) зе́млю; ~ out the land (*fig.*) зонди́ровать (*impf.*) по́чву.

*v.i.* (*engage in espionage*) шпио́нить (*impf.*); ~ on s.o. подгля́дывать (*impf.*) за кем-н.

*cpds.*: ~**glass** *n.* подзо́рная труба́; ~**hole** *n.* глазо́к.

**spying** *n.* шпиона́ж; подгля́дывание.

**squabble** *n.* перебра́нка, пререка́ние; ссо́ра из-за пустяко́в.

*v.i.* пререка́ться (*impf.*) (с кем); вздо́рить, по-.

**squabbler** *n.* люби́тель (*fem.* -ница) повздо́рить.

**squad** *n.* **1.** (*mil.*) гру́ппа, кома́нда, отделе́ние; (*gun crew*) оруди́йный расчёт; punishment ~ штрафна́я кома́нда; awkward ~ взвод новобра́нцев; новички́ (*m. pl.*); ~ drill строевы́е заня́тия; **2.** (*gang, group*) отря́д; рабо́чая брига́да; flying ~ (*of police*) лету́чий отря́д.

**squadron** *n.* (*mil.*) эскадро́н; (*nav.*) эска́дра, соедине́ние; (*av.*) эскадри́лья; fighter ~ эскадри́лья истреби́телей.

*cpd.*: ~**-leader** *n.* майо́р авиа́ции.

**squalid** *adj.* гря́зный, ни́щенский, убо́гий; (*sordid, base*) ни́зкий, ни́зменный, гну́сный; а ~ quarrel гну́сные дря́зги.

**squalidness** *see* SQUALOR.

**squall** *n.* (*gust, storm*) шквал, гроза́; encounter a ~ поп|ада́ть, -а́сть в бу́рю; a ~ of rain ли́вень (*m.*).

*v.i.* (*cry*) вопи́ть, за-; пронзи́тельно крича́ть, за-; (*sing loudly*) горла́нить (*impf.*).

**squally** *adj.* швали́стый; ~ weather дождли́вая ве́треная пого́да.

**squal|or, -idness** *nn.* убо́жество; ни́зость, гну́сность.

**squander** *v.t.* пром|а́тывать, -ота́ть; растра́|чивать, -тить; транжи́рить, рас-; he ~ed his fortune он промота́л своё состоя́ние; he is ~ing his talents он растра́чивает свои́ тала́нты.

**squanderer** *n.* расточи́тель (*fem.* -ница).

**square** *n.* **1.** квадра́т; the map was divided into ~s ка́рта была́ разделена́ на квадра́ты; **2.** (*on chessboard etc.*) кле́тка, по́ле; we are back to ~ one (*fig.*) мы верну́лись в исхо́дное положе́ние; начина́й всё снача́ла!; сно́ва — здо́рово!; **3.** (*scarf*) ше́йный платок; **4.** (*open space in town*) пло́щадь; Red S~ Кра́сная пло́щадь; (*with central garden*) сквер; (*barrack-* ~) уче́бный плац; **5.** (*Am., block of buildings*) кварта́л; **6.** (*drawing instrument*) уго́льник, науго́льник; out of ~ ко́со, неро́вно, неперпендикуля́рно; on the ~ (*fig.*) (*adj.*) поря́дочный, че́стный; (*adv.*) че́стно, без обма́на; **7.** (*math.*) квадра́т; find the ~ of 72 возвести́ (*pf.*) 72 в квадра́т(ную сте́пень); **8.** (*mil. formation*) каре́ (*indecl.*); **9.** (*sl., conventional or old-fashioned pers.*) меща́ни́н, обыва́-

тель (*m.*), фили́стер; челове́к отста́лых взгля́дов.

*adj.* **1.** (*geom., math.*) квадра́тный; ~ metre квадра́тный метр; ~ number квадра́т це́лого числа́; ~ root квадра́тный ко́рень (из +*g.*); (*right-angled*) прямоуго́льный; with ~ corners с прямы́ми угла́ми; (*of shape*) квадра́тный, углова́тый; ~ dance кадри́ль; ~ shoulders прямы́е/широ́кие пле́чи; **2.** (*even, balanced*) то́чный; в поря́дке; get one's accounts ~ прив|оди́ть, -ести́ свои́ счета́ в поря́док; all ~ (*in order*) всё в поря́дке; (*even scoring*) с ра́вным счётом; we are all ~ мы кви́ты; у нас по́ровну; **3.** (*thorough*) по́лный, реши́тельный; а ~ meal оби́льная еда́; **4.** (*fair, honest*) че́стный, прямо́й, справедли́вый; ~ dealing че́стное веде́ние дел; he got a ~ deal с ним поступи́ли по справедли́вости; **5.** (*sl., conventional, old-fashioned*) отста́лый, фили́стерский.

*adv.* **1.** (*at right angles*) перпендикуля́рно; **2.** (*straight*) пря́мо; (*firmly in position*): set sth. ~ to the wall ста́вить, по- что-н. вплотну́ю к стене́; he sat on his chair ~ пря́мо сиде́л на своём сту́ле; **3.** (*honestly*) че́стно, пря́мо, непосре́дственно; **4.**: ten feet ~ в де́сять фу́тов в ширину́ и де́сять в длину́.

*v.t.* **1.** (*make* ~) прид|ава́ть, -а́ть квадра́тную фо́рму +*d.*; обтёс|ывать, -а́ть по науго́льнику; ~ the circle (*fig.*) найти́ (*pf.*) квадрату́ру кру́га; **2.** (*divide into* ~s) графи́ть, раз- на квадра́ты; ~d paper графлёная бума́га; бума́га в кле́тку; миллиметро́вка; **3.** (*math.*) возв|оди́ть, -ести́ в квадра́т (*or* во втору́ю сте́пень); 3 ~d is 9 квадра́т трёх ра́вен (*or* три в квадра́те равно́) девяти́; A ~d А квадра́т; А в квадра́те; А во второ́й сте́пени; **4.** (*straighten*) выпрямля́ть, вы́прямить; ~ one's shoulders распр|авля́ть, -а́вить пле́чи; ~ one's elbows выставля́ть, вы́ставить ло́кти; **5.** (*settle*) ула́|живать, -дить; ~ accounts св|оди́ть, -ести́ счёты; (*pay*) опла́|чивать, -ти́ть (счёт); (*coll., satisfy*) ублаж|а́ть, -и́ть; удовлетвор|я́ть, -и́ть; (*bribe*) подкуп|а́ть, -и́ть; **6.** (*reconcile*) согласо́в|ывать, -а́ть (что с чем); приспос|а́бливать, -о́бить (что к чему).

*v.i.* **1.** (*agree*) согласо́в|ываться, -а́ться; ~ with вяза́ться/сходи́ться (*both impf.*) с +*i.*; this statement does not ~ with the facts э́то заявле́ние не соотве́тствует фа́ктам; **2.** ~ up to s.o. (*with fists*) изгот|а́вливаться, -о́виться к бою; **3.** ~ up (*settle accounts*) with s.o. поквита́ться (*pf.*) с кем-н.

*cpds.*: ~**-bashing** *n.* (*coll.*) муштра́ на плацу́, шаги́стика; ~**-built** *adj.* корена́стый; ~**-necked** *adj.* (*of dress*) с квадра́тным вы́резом; с вы́резом каре́; ~**-rigged** *adj.* с прямы́м па́русным вооруже́нием; ~**-sail** *n.* прямо́й па́рус; ~**-shouldered** *adj.* широкоплечий; ~-**toed** *adj.* с тупым носком; (*fig.*) чопорный.

**squash**[1] *n.* (*crush*) давка, толчея; (*crowd*) толпа; (*crushed mass*) каша, месиво, мезга; (*drink*) фруктовый напиток; (~ rackets) сквош, ракетбол.

*v.t.* **1.** (*crush*) давить, раз-; раздав|ливать, -ить; сплющи|вать, -ть; (*compress*) сж|имать, -ать; I ~ed the fly against the wall я раздавил муху на стене; the tomatoes were ~ed помидоры подавились; **2.** (*crowd*): the conductor ~ed us into the bus кондуктор втиснул нас в автобус; we were ~ed so tightly, we couldn't move было так тесно, что мы шевельнуться не могли; **3.** (*quash*): we must ~ this rumour надо ликвидировать (*impf., pf.*) этот слух; the rebellion was ~ed мятеж был подавлен; (*silence by retort*): I felt ~ed я чувствовал себя обескураженным.

*v.i.* (*crowd*) потесниться (*pf.*); they ~ed up to make room for me они потеснились, чтобы дать мне место; they ~ed through the door они протиснулись в дверь.

**squash**[2] *n.* (*bot.*) тыква, кабачок.

**squat** *n.* (*posture*) сиденье на корточках; (*coll., unauthorized occupation*) незаконное вселение.

*adj.* приземистый.

*v.i.* **1.** (*of pers.*) сидеть (*impf.*) на корточках; ~ **down** садиться (*impf.*) на корточки; присесть (*pf.*); (*of animals*) прип|адать, -асть к земле; **2.** (*of unauthorized occupation*) сели́ться, по- самовольно.

**squatter** *n.* (*illegal occupant*) скваттер.

**squaw** *n.* женщина, жена (*у индейцев*).

**squawk** *n.* пронзительный крик.

*v.i.* пронзительно кричать, за-.

**squeak** *n.* **1.** (*of mouse etc.*) писк, взвизг; **2.** (*of hinge etc.*) скрип, визг; **3.** (*coll., sound*): I don't want to hear another ~ out of you! и чтобы больше ни слова!; **4.** (*coll., escape*): he had a narrow ~ он был на волоске от гибели; он чудом спасся.

*v.i.* **1.** (*of pers. or animal*) пищать, за-; **2.** (*of object*) скрипеть (*impf.*), скрипнуть (*pf.*); **3.** (*turn informer; also* **squeal**) стучать, на- (*sl.*).

**squeaker** *n.* (*device*) пищалка; (*informer; also* **squealer**) стукач (*sl.*).

**squeaky** *adj.* писклявый, визгливый; скрипучий.

**squeal** *n.* визг.

*v.i.* визжать, за-; (*coll., protest loudly*) подн|имать, -ять шум; (*sl., turn informer*) *see* SQUEAK *v.i.* **3.**

**squealer** *see* SQUEAKER.

**squeamish** *adj.* **1.** (*easily nauseated*) подверженный тошноте; а ~ feeling чувство тошноты; feel ~ чувствовать, по- тошноту; blood makes me feel ~ меня тошнит от крови; **2.** (*sensitive, scrupulous*) щепетильный, раз-

борчивый, брезгливый, деликатный; one can't afford to be ~ in politics щепетильность в политике — роскошь.

**squeamishness** *n.* щепетильность.

**squeegee** *n.* резиновая швабра; (*phot.*) резиновый валик для накатывания фотоотпечатков.

**squeeze** *n.* **1.** (*pressure*) сжатие, пожатие; he gave the sponge a ~ он выжал губку; he gave her a ~ он крепко обнял её; he gave my hand a ~ он пожал мне руку; **2.** (*sth. of d out*): a ~ of lemon несколько капель лимонного сока; **3.** (*crowding, crush*) теснота, давка; we got in, but it was a tight ~ нам удалось втиснуться, но было очень тесно; **4.** (*fin.*) нажим; ограничение кредита; the Government introduced a credit ~ правительство ввело кредитную рестрикцию.

*v.t.* **1.** (*compress*) сж|имать, -ать; сдав|ливать, -ить; he ~d his fingers in the door он прищемил пальцы дверью; ~ moist clay мять (*or* разминать), раз- сырую глину; (*to extract moisture etc.*) выжимать, выжать; he ~d the lemon dry он выжал лимон; juice ~d out of an orange сок, выжатый из апельсина; (*fig.*): a usurer ~s his victims ростовщик выжимает соки из своих жертв; (*extort*): ~ money out of s.o. вымогать (*impf.*) деньги у кого-н.; ~ a confession from s.o. вынуждать, вынудить кого-н. признаться; (вырывать, вырвать), признание у кого-н.; **2.** (*force, crowd, cram*) запих|ивать, -ать; впих|ивать, -нуть; втиск|ивать, -нуть; **3.**: ~ one's way = *v.i.*

*v.i.* протис|киваться, -каться (*or* -нуться); прот|алкиваться, -олкаться (*or* -олкнуться).

*cpd.*: ~-**box** *n.* (*coll.*) гармошка, концертино.

**squeezer** *n.* (соко)выжималка.

**squelch** *n.* хлюпанье.

*v.i.* хлюп|ать, -нуть; we ~ed through the mud мы хлюпали по грязи.

**squib** *n.* **1.** (*firework*) петарда, шутиха; damp ~ (*fig.*) провал; **2.** (*lampoon*) памфлет, пасквиль (*m.*).

**squid** *n.* кальмар.

**squiffy** *adj.* (*sl.*) подвыпивший.

**squiggle** *n.* загогулина; каракуля.

**squiggly** *adj.* волнистый, изогнутый.

**squint** *n.* **1.** косоглазие; she has a ~ in her right eye она косит на правый глаз; **2.** (*coll., glance*) взгляд (искоса/украдкой); let's have a ~ at the paper давайте посмотрим, что там в газете.

*adj.* косой, косоглазый.

*v.i.* **1.** косить (*impf.*); **2.** (*half-shut eyes*) щуриться (*impf.*); прищури|ваться, -ться; **3.**: ~ at sth. смотреть, по- искоса/украдкой на что-н.

*cpd.*: ~-**eyed** *adj.* косой, косоглазый; (*fig., malevolent*) злобный, недоброжелательный.

**squire** *n.* землевладе́лец, поме́щик, сквайр.
*v.t.* сопровожда́ть (*impf.*).

**squirearchy** *n.* (*class*) землевладе́льцы (*m. pl.*), поме́щики (*m. pl.*).

**squirm** *n.* извива́ться (*impf.*); ко́рчиться (*impf.*); he ~ed under her sarcasm его́ коро́било от её насме́шек; the child was ~ing on its seat ребёнок верте́лся/ёрзал на сту́ле; he made me ~ with embarrassment он меня́ так смути́л, что я не знал, куда́ де́ться.

**squirrel** *n.* бе́лка; (~ fur) бе́личий мех; бе́лка.

**squirt** *n.* 1. (*jet*) струя́; 2. (*instrument*) шприц; спринцо́вка; 3. (*coll., of pers.*) ничто́жество.
*v.t.* прыс|ка́ть, -нуть; ~ water in the air пус|ка́ть, -ти́ть струю́ воды́ в во́здух; ~ scent from atomizer бры́згать, по- духа́ми из пульвериза́тора.
*v.i.* бить (*impf.*) струёй; разбры́зг|иваться, -аться.

**Sri Lanka** *n.* Шри Ла́нка.

**Sri Lankan** *n.* жи́тель (*fem.* -ница) Шри Ла́нки.

**SS** *n.* (*abbr.*, steamship) парохо́д; (Saints) Святы́е.

**SS man** *n.* (*hist.*) эсэ́совец.

**St.** (*abbr.*, street) у́лица; (Saint) Свят|о́й, -а́я.

**stab** *n.* 1. уда́р (о́стрым ору́жием); ~ in the back (*fig.*) нож/уда́р в спи́ну; 2. (*fig., sharp pain*) внеза́пная о́страя боль; уко́л; he felt a ~ of conscience он почу́вствовал уко́л(ы) со́вести; 3. (*coll., attempt*): I'll have a ~ at it попро́бую.
*v.t.* 1. (*wound*): ~ s.o. in the chest with a knife нан|оси́ть, -ести́ кому́-н. уда́р в грудь ножо́м; вса́|живать, -ди́ть (*or* вонз|а́ть, -и́ть) кому́-н. нож в грудь; (*coll.*) пырну́ть (*pf.*) кого́-н. в грудь ножо́м; the police are investigating a ~bing incident поли́ция ведёт сле́дствие по по́воду происше́дшей поножо́вщины; 2. (*plunge*): he ~bed a knife into the table on вса́ди́л/вонзи́л нож в стол; 3. (*fig.*): her reproaches ~bed him to the heart её упрёки пронзи́ли его́ в са́мое се́рдце.
*v.i.* 1.: ~ at s.o. бро́ситься (*pf.*) на кого́-н. с ножо́м; 2. (*of pain etc.*) стреля́ть (*impf.*).

**stability** *n.* стаби́льность, усто́йчивость, про́чность; (*steadfastness*) твёрдость, постоя́нство; (*nav., av.*) осто́йчивость.

**stabilization** *n.* стабилиза́ция, упро́чение.

**stabilize** *v.t.* стабилизи́ровать (*impf., pf.*); де́лать, с- усто́йчивым; (*nav., av.*) обеспе́чи|вать, -ть осто́йчивость +*g.*

**stabilizer** *n.* (*nav., av.*) стабилиза́тор; стабили-зи́рующее устро́йство.

**stable**[1] *n.* 1. коню́шня, хлев; 2. (*group of horses*) ло́шади (*f. pl.*) одно́й коню́шни; (*racing*) скаковы́е ло́шади одного́ владе́льца; from the same ~ (*fig.*) из той же плея́ды, из того́ же изда́тельства *и т.п.*
*v.t.* ста́вить, по- в коню́шню; содержа́ть (*impf.*) в коню́шне.

*cpds.*: ~-**boy**, ~-**lad** *nn.* помо́щник ко́нюха; ~-**companion** *n.* ло́шадь той же коню́шни; (*fig.*) однока́шник; ~ **man** *n.* ко́нюх.

**stable**[2] *adj.* (*firm, strong, fixed*) про́чный, кре́пкий; (*of currency*) стаби́льный, усто́йчивый, сто́йкий; a ~ job постоя́нная рабо́та.

**stabling** *n.* коню́шни (*f. pl.*).

**staccato** *n. & adv.* стакка́то (*indecl.*).
*adj.* отры́вистый.

**stack** *n.* 1. (*of hay etc.*) стог; скирда́; омёт; 2. (*pile*): ~ of wood шта́бель (*m.*) дров, поле́нница; ~ of papers ки́па/сто́пка бума́г; ~ of plates стопа́ таре́лок; ~ of rifles винто́вки, соста́вленные в ко́злы; 3. (*coll., usu. pl., large amount*) ма́сса, ку́ча, гру́да; he has ~s of money у него́ ку́ча де́нег; a ~ of work ма́сса рабо́ты; I've a ~ of letters to write мне на́до написа́ть ку́чу пи́сем; a ~ of unanswered letters во́рох неотве́ченных пи́сем; we have ~s of time у нас полно́ вре́мени; (*coll.*) вре́мени у нас ваго́н; 4. (*chimney*) дымова́я труба́; (*group of chimneys*) ряд дымовы́х труб.
*v.t.* 1.: ~ hay мета́ть (*impf.*) се́но в стог; скирдова́ть (*impf.*) се́но; ~ books on the floor ста́вить, по- кни́ги сто́пками на полу́; ~ wood скла́дывать, сложи́ть дрова́ штабеля́ми; ~ plates сост|авля́ть, -а́вить таре́лки стопо́й (*or* в сто́пку); ~ arms! (*mil.*) соста́вь!; 2.: ~ the cards подтасо́в|ывать, -а́ть ка́рты; the cards were ~ed against him (*fig.*) всё бы́ло про́тив него́; 3.: ~ aircraft эшелони́ровать (*impf., pf.*) самолёты пе́ред захо́дом на поса́дку.

**stadium** *n.* стадио́н.

**staff**[1] *n.* 1. (*for walking etc.*) по́сох, па́лка; (*pole*) столб; (*fig.*): bread is the ~ of life хлеб — осно́ва жи́зни; you are the ~ of his old age вы его́ опо́ра в ста́рости; 2. (*emblem of office*) жезл; pastoral ~ епи́скопский по́сох; 3. (*shaft, handle*) дре́вко; 4. (*body of assistants, employees*) штат; ли́чный соста́в; ~ of a hospital больни́чный персона́л; ~ of a faculty сотру́дники (*m. pl.*) ка́федры; editorial ~ сотру́дники реда́кции; teaching ~ преподава́тельский соста́в; ~ room (*at school*) учи́тельская; ~ meeting педагоги́ческий сове́т; the department is short of ~ в отде́ле не хвата́ет сотру́дников/рабо́тников; 5. (*mil.*) штаб; General S~ генера́льный штаб; ~ college акаде́мия генера́льного шта́ба; ~ officer штабно́й офице́р; ~ sergeant штаб-сержа́нт; ~ work администрати́вная/штабна́я рабо́та; 6. (*mus.*) но́тный стан.
*v.t.* укомплекто́в|ывать, -а́ть (*что or* штат чего́).

**stag** *n.* (*deer*) оле́нь(*m.*)-саме́ц.
*cpds.*: ~-**beetle** *n.* жук-оле́нь (*m.*); ~-**party** *n.* (*coll.*) холостя́цкая вечери́нка, мальчи́шник.

**stage** *n.* 1. (*platform in theatre*) сце́на, эстра́да, подмо́стк|и (*pl., g.* -ов); front of the ~

авансце́на; (*landing-* ~) схо́дни (*f. pl.*); **2.** (*of microscope*) предме́тный сто́лик; **3.** (*theatr.*) сце́на, подмо́стки; (*as profession*) теа́тр, сце́на; go on the ~ идти́, пойти́ на сце́ну; quit the ~ оста|вля́ть, -а́вить (*or* пок|ида́ть, -и́нуть) сце́ну; put a play on the ~ ста́вить, по- пье́су; he writes for the ~ он пи́шет для теа́тра; a ~ Englishman театра́льный штамп англича́нина; **4.** (*attr.*): ~ direction рема́рка; ~ door служе́бный/актёрский вход (в теа́тр); ~ effect сцени́ческий/театра́льный эффе́кт; ~ fever страсть к теа́тру/сце́не; ~ fright страх пе́ред пу́бликой; волне́ние пе́ред выступле́нием; ~ whisper театра́льный шёпот; **5.** (*fig., scene of action*) аре́на, по́прище, сце́на; he quitted the ~ of politics он поки́нул полити́ческую аре́ну; a larger ~ opened before him пе́ред ним откры́лось бо́лее широ́кое по́прище; **6.** (*phase, point*) пери́од, ста́дия, эта́п, ступе́нь; фа́за; the war reached a critical ~ война́ вступи́ла в крити́ческую фа́зу; at this ~ he was interrupted на э́том ме́сте его́ переби́ли; she is in the last ~ of consumption она́ находи́лась в после́дней ста́дии чахо́тки; the baby has reached the talking ~ ребёнок на́чал говори́ть (*or* заговори́л); negotiations reached their final ~ наступи́л заверша́ющий эта́п перегово́ров; I shall do it in ~s я сде́лаю э́то постепе́нно; **7.** (*section of route or journey*) перего́н, эта́п; (*stopping place between sections*) остано́вка, ста́нция; we travelled by easy ~s мы путеше́ствовали/е́хали не спеша́ (*or* с ча́стными остано́вками); **8.** (*of rocket*) ступе́нь.

*v.t.* **1.** ~ a play ста́вить, по- пье́су; (*organize*) устр|а́ивать, -о́ить; организова́ть (*impf., pf.*).

*cpds.*: ~-**coach** *n.* почто́вый дилижа́нс; ~**craft** *n.* драматурги́ческое мастерство́; мастерство́ режиссёра/актёра; ~-**hand** *n.* рабо́чий сце́ны; ~-**manage** *v.t.* ста́вить, по- (*спекта́кль*); режисси́ровать, с-; (*закули́сно*) руководи́ть +*i.*; ~-**manager** *n.* режиссёр, постано́вщик; ~-**struck** *adj.*: she is ~ -struck она́ заболе́ла сце́ной.

**stager** *n.*: old ~ стре́ляный воробе́й.

**stagey** *see* STAGY.

**stagger** *n.* **1.** шата́ние, поша́тывание; **2.** (*pl.*, the ~s) (*of horses*) ко́лер; (*of sheep*) вертя́чка.

*v.t.* **1.** (*cause to* ~): a ~ing blow сокруши́тельный уда́р; **2.** (*disconcert*) потряс|а́ть, -ти́; пора|жа́ть, -зи́ть; ошеломл|я́ть, -и́ть; we were ~ed by the news мы бы́ли потрясены́/поражены́ э́той но́востью; ~ing success потряса́ющий успе́х; ~ing misfortune ужаса́ющее несча́стье; **3.** (*arrange in zigzag order*) распол|ага́ть, -ожи́ть в ша́хматном поря́дке; **4.** ~ working hours, holidays etc. распределя́ть (*impf.*) часы́ рабо́ты, отпуска́ *и m.n.*; the work is ~ed in three shifts рабо́та

разби́та на́ три сме́ны.

*v.i.* шата́ться (*impf.*); поша́тываться (*impf.*); they ~ed down the street они́ шли по у́лице поша́тываясь; a ~ing gait шата́ющаяся/неве́рная/ковыля́ющая похо́дка.

**staging** *n.* **1.** (*platform*) подмо́стк|и (*pl., g.* -о́в), лес|а́ (*pl., g.* -о́в); **2.** (*of play*) постано́вка; **3.**: ~ post (*av.*) промежу́точный аэродро́м.

**stagnant** *adj.* **1.** (*of water*) стоя́чий; **2.** (*sluggish*) засто́йный, ине́ртный, вя́лый, ко́сный.

**stagnate** *v.i.* **1.** (*of water*) заст|а́иваться, -оя́ться; **2.** (*fig.*) косне́ть, за-; trade is stagnating торго́вля в упа́дке.

**stagnation** *n.* (*of water*) засто́й, засто́йность; (*fig.*) засто́й; (*econ.*) стагна́ция.

**stagy** *adj.* театра́льный; аффекти́рованный.

**staid** *adj.* степе́нный; положи́тельный.

**stain** *n.* **1.** пятно́; remove a ~ выводи́ть, вы́вести пятно́; **2.** (*for colouring wood etc.*) протра́ва, краси́тель (*m.*); wood ~ протра́ва, мори́лка; **3.** (*fig., moral defect*) пятно́, позо́р; cast a ~ on запятна́ть (*pf.*); without a ~ on his character с незапя́тнанной репута́цией.

*v.t.* **1.** (*discolour, soil*) пятна́ть, за-; па́чкать, за-/ис-; water will not ~ the carpet вода́ не оставля́ет пя́тен на ковре́; **2.** (*colour with dye etc.*) окра́|шивать, -сить; подцве́|чивать, -тить; протра́в|ливать (*or* протравл|я́ть), -и́ть; ~ed glass цветно́е стекло́; ~ed-glass window витра́ж; ~ wood мори́ть, за- де́рево; **3.** (*fig.*) пятна́ть, за-.

*v.i.* (*cause* ~s) оставля́ть (*impf.*) пя́тна; (*be subject to* ~ing) па́чкаться (*impf.*); быть ма́рким.

**stainless** *adj.* **1.** (*unblemished*) чи́стый; (*fig.*) незапя́тнанный, безупре́чный; **2.**: ~ steel нержаве́ющая сталь.

**stair** *n.* **1.** (*step*) ступе́нька; **2.** (*pl.*, ~case) ле́стница; flight of ~s ле́стничный марш; he ran up the ~s он взбежа́л по ле́стнице; he ran down the ~s он сбежа́л с ле́стницы.

*cpds.*: ~-**carpet** *n.* доро́жка (для ле́стницы); ~-**case**, ~-**way** *nn.* ле́стница; ле́стничная кле́тка; spiral ~case винтова́я ле́стница; ~-**head** *n.* ве́рхняя площа́дка ле́стницы; ~-**rod** *n.* пру́тик, укрепля́ющий ле́стничный ковёр, ~-**way** *see* ~-**case**; ~-**well** *n.* ле́стничная кле́тка; ле́стничный коло́дец.

**stake** *n.* **1.** (*post*) столб, кол (*pl.* ко́лья); сто́йка, прико́л; row of ~s частоко́л; the plants were tied to ~s расте́ния бы́ли подвя́заны к ко́лышкам; he was burnt at the ~ его́ сожгли́ на костре́; pull up ~s (*fig.*) сня́ться (*pf.*) с ме́ста; **2.** (*wager; money deposited*) ста́вка, закла́д; (*pl., race*) ска́чки (*f. pl.*) на приз; hold the ~s прин|има́ть, -я́ть закла́д; play for high ~s игра́ть (*impf.*) по большо́й; (*fig.*) поста́вить (*pf.*) всё на ка́рту; **3.** (*interest, share*) интере́с, до́ля; he has a ~ in the country он кро́вно заинтересо́ван в процвета́нии страны́/кра́я; **4.**: his reputation was at ~ его́ репута́ция была́ поста́влена на ка́рту; his life is at ~ на ка́рту поста́влена его́ жизнь.

*v.t.* **1.** (*support with* ~) укреп|ля́ть, -и́ть (*or* подп|ира́ть, -ере́ть) коло́м/сто́йкой; **2.** (*wager*) ста́вить, по-; (*risk, gamble*) рискова́ть (*impf.*) +*i.*; he ~d his fortune on one race он поста́вил всё своё состоя́ние на оди́н забе́г; I would ~ my reputation on his honesty за его́ че́стность я гото́в поручи́ться свое́й че́стью.

*with advs.*: ~ **off** *v.t.* отгор|а́живать, -оди́ть; ~ **out** *v.t.*: ~ out a boundary отм|еча́ть, -е́тить ве́хами грани́цу; ~ (out) one's claim (*lit.*) застолби́ть (*pf.*) уча́сток; (*fig.*): he ~d (out) his claim to a seat at the conference он заяви́л о своём наме́рении уча́ствовать в конфере́нции.

*cpds.*: ~**-holder** *n.* посре́дник; ~**-net** *n.* зако́л; зако́льный не́вод.

**Stakhanovism** *n.* стаха́новщина.

**Stakhanovite** *n.* стаха́новец.

*adj.* стаха́новский.

**stalactite** *n.* сталакти́т.

**stalagmite** *n.* сталагми́т.

**stale**[1] *n.* (*animal's urine*) моча́.

*v.i.* мочи́ться, по-.

**stale**[2] *adj.* **1.** (*not fresh*) несве́жий; ~ bread чёрствый хлеб; ~ egg лежа́лое яйцо́; (*of air*) спёртый, за́тхлый; the room smells ~ в ко́мнате за́тхлый во́здух; **2.** (*lacking novelty, tedious*) изби́тый, устаре́вший; а ~ joke изби́тая шу́тка; ~ news устаре́вшая но́вость; **3.** (*out of condition*) вы́дохшийся; а ~ athlete перетрениро́вавшийся спортсме́н; go ~ вы́дохнуться (*pf.*); утра́тить (*pf.*) спорти́вную фо́рму; he got ~ at his work он заки́с на свое́й рабо́те.

*v.i.*: pleasures that never ~ ра́дости, кото́рые никогда́ не приеда́ются.

**stalemate** *n.* (*chess*) пат; (*fig., impasse*) тупи́к, безвы́ходное положе́ние.

*v.t.* де́лать, с- пат +*d.*; (*fig.*) загна́ть (*pf.*) в тупи́к, поста́вить (*pf.*) в безвы́ходное положе́ние.

**staleness** *n.* (*of food*) залежа́лость; (*of bread*) чёрствость; (*of air, room etc.*) спёртость, за́тхлость; (*of joke etc.*) изби́тость; (*of news*) устаре́лость.

**Stalinism** *n.* сталини́зм.

**Stalinist** *n.* сталини́ст (*fem.* -ка).

*adj.* сталини́стский.

**stalk**[1] *n.* (*stem*) сте́бель (*m.*); черешо́к; (*cabbage-* ~) кочеры́жка; (*of wine-glass*) но́жка.

**stalk**[2] *n.* (*imposing gait*) широ́кая, велича́вая по́ступь; (*hunting*) обла́ва.

*v.t.* (*game, pers.*) высле́живать, вы́следить; ~ing-horse (*fig.*) личи́на, предло́г.

*v.i.* (*stride*) ше́ствовать (*impf.*); го́рдо выступа́ть (*impf.*); he ~ed up to me он

церемо́нно/торже́ственно подошёл ко мне; (*fig.*): famine ~ed (through) the land го́лод ше́ствовал по стране́.

**stall**[1] *n.* **1.** (*for animal*) сто́йло; **2.** (*in market etc.*) ларёк, пала́тка; прила́вок; book ~ кио́ск; (*in street*) (кни́жный) разва́л; flower ~ цвето́чный ларёк; newspaper ~ газе́тный кио́ск; **3.** (*pl., theatr.*) парте́р, кре́сла (*nt. pl.*); **4.** (*of engine*) заглуха́ние мото́ра; (*of aircraft*) срыв пото́ка.

*v.t.* **1.** (*place in* ~) ста́вить, по- в сто́йло; (*keep in* ~) содержа́ть (*impf.*) в сто́йле; **2.**: ~ an engine (неча́янно) заглуш|а́ть, -и́ть мото́р.

*v.i.* **1.** (*get stuck*) застр|ева́ть, -я́ть; ув|язя́ть, -я́знуть; **2.** (*of engine*) гло́хнуть, за-; (*av.*) теря́ть, по- ско́рость при срыве пото́ка; ~ing speed ско́рость срыва/сва́ливания; крити́ческая ско́рость полёта.

*cpd.*: ~**-fed** *adj.* отко́рмленный, упи́танный; ~**-holder** *n.* владе́лец ларька́.

**stall**[2] *v.t.* (*block, delay*) заде́рж|ивать, -а́ть.

*v.i.* (*play for time*) тяну́ть, воль́нить, кани́телить (*all impf.*).

**stallion** *n.* жеребе́ц.

**stalwart** *n.* (*pol.*) активи́ст (*fem.* -ка); one of the old ~s настоя́щий ветера́н из ста́рой гва́рдии.

*adj.* (*robust*) ро́слый, дю́жий; (*staunch*) отва́жный, до́блестный.

**stamen** *n.* тычи́нка.

**stamina** *n.* выно́сливость, вы́держка.

**stammer** *n.* заика́ние; person with a ~ заи́ка (*c.g.*); speak with a ~ заика́ться (*impf.*); говори́ть (*impf.*) с запи́нкой.

*v.t.* произн|оси́ть, -ести́ (*что*), заика́ясь; бормота́ть, про-.

*v.i.* заика́ться (*impf.*); запина́ться (*impf.*).

**stammerer** *n.* заи́ка (*c.g.*).

**stamp** *n.* **1.** (*of foot*) то́пот, то́панье; with a ~ of the foot то́пнув ного́й; **2.** (*instrument*) штемпель (*m.*), штамп, печа́ть, клеймо́; **3.** (*impress, mark*) печа́ть, клеймо́; о́ттиск, отпеча́ток; (*postage etc.*) ма́рка; S ~ Act (*hist.*) зако́н о ге́рбовом сбо́ре; **4.** (*characteristic, mark*) печа́ть, отпеча́ток; his work bears the ~ of genius его́ рабо́та отме́чена печа́тью ге́ния; of the same ~ одного́ (*or* того́ же) ти́па; he is not a man of that ~ он челове́к не тако́го скла́да.

*v.t.* **1.** (*imprint*) штампова́ть (*impf.*); штемпелева́ть (*impf.*); клейми́ть, за-; отти́с|кивать, -нуть; a document ~ed with the date докуме́нт с проштемпелёванной да́той; a design ~ed in metal рису́нок, отти́снутый на мета́лле; the maker's name is ~ed on the goods на това́ре проста́влено фабри́чное клеймо́; he ~ed his name on the flyleaf он поста́вил штамп со свое́й фами́лией на фо́рзаце; **2.** (*affix* ~ *to*): ~ an envelope накле́и|вать, -ть ма́рку на конве́рт; ~ a receipt ста́вить, попеча́ть на квита́нции; **3.** (*ore etc.*) дроби́ть (*impf.*); **4.** (*imprint on mind*) запечатл|ева́ть, -е́ть; the scene is ∼ed on my memory э́та сце́на запечатле́лась в мое́й па́мяти; **5.** (*distinguish, characterize*): his manners ∼ him as a boor его́ мане́ры изоблича́ют в нём неве́жу; this chapter alone ∼s it as a work of genius уже́ по одно́й э́той главе́ ви́дно, что кни́га напи́сана ге́нием; **6.** (*beat on ground*): ∼ one's feet то́пать (*impf.*) нога́ми; ∼ the snow from one's shoes сби|ва́ть, -ть снег с боти́нок.

*v.i.* (*feet*) то́п|ать, -нуть.

*with adv.*: ∼ **out** *v.t.*: (*lit.*): ∼ out a fire за-глуши́ть/затопта́ть (*pf.*) ого́нь; (*exterminate, destroy*) уничт|ожа́ть, -о́жить; истреб|ля́ть, -и́ть; (*suppress*) подав|ля́ть, -и́ть; the revolt was quickly ∼ed out восста́ние бы́ло ско́ро пода́влено; ∼ out an epidemic потуши́-ть/искорени́ть (*pf.*) эпиде́мию.

*cpds.*: ∼**-album** *n.* альбо́м для ма́рок; ∼**-collecting** *n.* филатели́я; ∼**-collector** *n.* филатели́ст (*fem.* -ка); ∼**-dealer** *n.* торго́вец ма́рками; держа́тель (*m.*) филателисти́ческого магази́на; ∼**-duty** *n.* ге́рбовый сбор; ∼**-machine** *n.* автома́т по прода́же почто́вых ма́рок; ∼**-paper** *n.* ге́рбовая бума́га.

**stampede** *n.* (*of cattle*) бе́гство врассыпну́ю; (*of people*) ма́ссовое (пани́ческое) бе́гство.

*v.t.* обра|ща́ть, -ти́ть в бе́гство.

*v.i.* (*of cattle*) разбе|га́ться, -жа́ться врассыпну́ю; (*of people*) обра|ща́ться, -ти́ться в (пани́ческое) бе́гство.

**stance** *n.* пози́ция; take up a ∼ зан|има́ть, -я́ть пози́цию.

**stanch, staunch** *v.t.*: ∼ a wound остан|а́вливать, -ови́ть кровотече́ние из ра́ны.

**stanchion** *n.* подпо́рка, опо́ра, столб, сто́йка, коло́нна; (*for confining cattle*) стано́к.

**stand** *n.* **1.** (*support, e.g. for teapot*) подста́вка; (*of lamp*) но́жка; (*for radio etc.*) ту́мба, сто́лик, подста́вка; (*for bicycles*) стелла́ж; (*for telescope*) штати́в; **2.** (*stall*) ларёк, сто́йка; (*for display*) стенд, щит; **3.** (*raised structure, e.g. for spectators*) трибу́на; **4.** (*for taxis etc.*) стоя́нка; **5.** (*halt*) остано́вка; bring, come to a ∼ остан|а́вливать(ся), -ови́ть(ся); **6.** (*position*) ме́сто; take one's ∼ on the platform зан|има́ть, -я́ть ме́сто на сце́не/эстра́де; (*fig.*): take one's ∼ on a principle ста|нови́ться, -ть на принципиа́льную то́чку зре́ния; take a firm ∼ зан|има́ть, -я́ть твёрдую пози́цию; make a ∼ against s.o. ока́з|ывать, -а́ть сопротивле́ние кому́-н.; the retreating enemy made a ∼ отступа́ющий неприя́тель дал бой; make a ∼ for вы́ступить (*pf.*) в защи́ту +g.; **7.** (*theatr., stop for performance*): one-night ∼ однодне́вные гастро́ли (*f. pl.*); **8.**: ∼ of trees лесонасажде́ние; ∼ of wheat пшени́ца на корню́.

*v.t.* **1.** (*place, set*) ста́вить, по-; he stood the ladder against the wall он прислони́л/приста́-вил ле́стницу к стене́; the teacher stood him in the corner учи́тель поста́вил его́ в у́гол; he stood the box on end он поста́вил я́щик стоймя́ (*or* на попа́); **2.** (*bear, tolerate, endure*) терпе́ть, вы́-; выноси́ть, вы́нести; перен|оси́ть, -ести́; how does he ∼ the pain? как он перено́сит боль?; she can't ∼ him она́ его́ не выно́сит (*or* терпе́ть не мо́жет); I can't ∼ cold я не выношу́ хо́лода; he can't ∼ being kept waiting он терпе́ть не мо́жет, когда́ его́ заставля́ют ждать; (*withstand*) выде́рживать, вы́держать; your coat won't ∼ much rain ва́ше пальто́ не вы́держит си́льного дождя́; his plays have stood the test of time его́ пье́сы вы́держали испыта́ние вре́менем; **3.** (*not yield*): ∼ one's ground не уступ|а́ть, -и́ть; **4.** (*undergo*) подв|erга́ться, -е́ргнуться +*d.*; ∼ one's trial отв|еча́ть, -е́тить пе́ред судо́м; **5.**: he doesn't ∼ a chance у него́ нет никако́й наде́жды; **6.** (*provide at one's own expense*) уго|ща́ть, -сти́ть (*кого чем*); поста́вить (*pf.*) (*что кому*); he stood drinks all round он угости́л ка́ждого (стака́ном, кру́жкой *и т.п.*); он поста́вил всем по стака́ну *и т.п.*

*v.i.* **1.** (*be or stay in upright position*) стоя́ть (*impf.*); she was too weak to ∼ она́ не держа́-лась на нога́х от сла́бости; he kept me ∼ing он не предложи́л мне сесть; when it comes to mathematics he leaves me ∼ing в матема́тике мне за ним не угна́ться; ∼ing room only (*theatr.*) сидя́чих мест нет; a ∼ing ovation бу́рная ова́ция; don't ∼ in the rain! не сто́йте под дождём (*or* на дождю́)!; he left the car ∼ing in the rain он оста́вил маши́ну под дождём; she let the plant ∼ in the sun она́ вы́ставила цвето́к на со́лнце; the sight of the corpse made my hair ∼ on end при ви́де тру́па у меня́ во́лосы ста́ли ды́бом; he is old enough to ∼ on his own feet он доста́точно взро́слый, что́бы быть самостоя́тельным; he hasn't a leg to ∼ on у него́ нет ни мале́йших (*or* нет никаки́х) доказа́тельств; его́ пози́ция соверше́нно неубеди́тельна; I could do that ∼ing on my head я мог бы э́то сде́лать ле́вой ного́й; I shan't ∼ in your way я вам не ста́ну меша́ть; ∼ still! не дви́гайтесь!; he can't ∼ still for a moment он ни мину́ты не посиди́т споко́йно; time seemed to be ∼ing still каза́-лось, вре́мя останови́лось; **2.** (*with indication of height*): he ∼s six feet tall рост у него́ шесть фу́тов; **3.** (*continue, remain*): our house will ∼ for another fifty years наш дом простои́т ещё пятьдеся́т лет; ∼ fast, firm держа́ться (*impf.*) непоколеби́мо/твёрдо; we shall ∼ or fall together у нас одна́ судьба́; бу́дем держа́ться вме́сте до конца́; not a stone was left ∼ing ка́мня на ка́мне не оста́лось; *see also* STAND-ING; **4.** (*hold good*) ост|ава́ться, -а́ться в си́ле; **5.** (*be situated*) стоя́ть (*impf.*); находи́ться (*impf.*); a house once stood here когда́-то здесь стоя́л дом; tears stood in her eyes слёзы стоя́ли у неё в глаза́х; sweat stood on his brow пот вы́ступил у него́ на лбу; **6.** (*find oneself, be*): he stood convicted of murder суд призна́л его́ вино́вным в уби́йстве; we ~ in need of help мы нужда́емся в по́мощи; they ~ under heavy obligations они́ взя́ли на себя́ серьёзные обяза́тельства; I will ~ godfather to him я бу́ду его́ крёстным; I ~ corrected я признаю́ свою́ оши́бку; the price ~ s higher than ever цена́ сейча́с вы́ше, чем когда́-либо; this is how matters ~ вот как обстои́т де́ло; as matters ~ при да́нном положе́нии веще́й; в настоя́щих/ны́нешних обстоя́тельствах; I shall leave the text as it ~s я не бу́ду пра́вить текст; how do we ~ for money? как у нас (обстои́т) с деньга́ми?; the umbrella stood me in good stead зо́нтик мне весьма́ пригоди́лся; **7.** (*rise to one's feet*) вста|ва́ть, -ть; **8.** (*come to a halt*) остан|а́вливаться, -ови́ться; ~ still не дви́гаться (*impf.*); быть неподви́жным; ~ and deliver! кошелёк и́ли жизнь!; **9.** (*assume or move to specified position*): I'll ~ here я ста́ну сюда́; we had to ~ in a queue нам пришло́сь постоя́ть в о́череди; he stood on tiptoe он встал на цы́почки; he (went and) stood on the tarpaulin он ступи́л/наступи́л на брезе́нт; I (went and) stood by the table я стал у стола́; ~ back! (пода́йтесь) наза́д!; отойди́те!; ~ clear of the doors! отойди́те от двере́й!; не загора́живайте прохо́д!; the soldiers stood to attention бойцы́ вста́ли в сто́йку «сми́рно»; ~ at ease! во́льно!; **10.** (*remain motionless*): the machinery is ~ing idle станки́ проста́ивают; let the tea ~! да́йте ча́ю отстоя́ться!

with *preps.*: nothing ~s **between** him and success ничто́ не препя́тствует его́ успе́ху; we will ~ **by** (*support*) you мы вас подде́ржим; I ~ by what I said я не отступа́юсь от свои́х слов; ~ **for** office выставля́ть, вы́ставить свою́ кандидату́ру; ~ for Parliament баллоти́роваться (*impf.*) (*or* выставля́ть (*impf.*) свою́ кандидату́ру) в парла́мент; we ~ for freedom мы стои́м за свобо́ду; 'Mg' ~s for magnesium «Mg» обознача́ет ма́гний; I will not ~ for such impudence я не потерплю́ тако́й де́рзости; the ship stood **off** the shore су́дно держа́лось на расстоя́нии от бе́рега; don't ~ **on** ceremony не стесня́йтесь!; пожа́луйста, без церемо́ний!; his father stood **over** him till the work was finished оте́ц стоя́л у него́ над душо́й, пока́ он не зако́нчил рабо́ту; it ~s **to** reason (само́ собо́й) разуме́ется; не подлежи́т сомне́нию; he ~s to win/lose £1000 его́ ждёт вы́игрыш/про́игрыш в ты́сячу фу́нтов; this amount ~s to your credit э́та су́мма нахо́дится на ва́шем счету́; ~ **to** arms приня́ть (*pf.*) боеву́ю гото́вность; ~ **to** one's promise сдержа́ть (*pf.*) обеща́ние; how do you

~ **with** your boss? как к вам отно́сится ваш нача́льник?; вы на хоро́шем счету́ у нача́льника?

with *advs.*: ~ **about**, ~ **around** *vv.i.* (*of one pers.*) болта́ться (*impf.*); (*of a group*) стоя́ть (*impf.*) круго́м; don't ~ about in the corridor! не торчи́те (*coll.*) в коридо́ре!; ~ **aside** *v.i.* (*remain aloof*) стоя́ть (*impf.*) в стороне́; (*move to one side*) посторони́ться (*pf.*); ~ **back** *v.i.*: the house ~s back from the road дом не стои́т на доро́ге; he stood back to admire the picture он отошёл наза́д, что́бы полюбова́ться карти́ной; he ~s back in favour of others он уступа́ет ме́сто други́м; ~ **by** *v.i.* (*be ready*) быть/стоя́ть (*impf.*) нагото́ве; the troops were ordered to ~ by войска́м приказа́ли стоя́ть нагото́ве; ~ **by** to fire! пригото́виться к стрельбе́!; (*be spectator*): I could not ~ by and see her ill-treated я не мог смотре́ть безуча́стно, как над не́ю издева́ются; ~ **down** *v.i.* (*of witness*) ко́нчить (*pf.*) дава́ть показа́ния; (*of candidate*): he stood down in favour of his brother он снял свою́ кандидату́ру в по́льзу бра́та; the guard was stood down карау́л сня́ли; ~ **in** *v.i.* (*substitute*): ~ in for s.o. else замен|я́ть, -и́ть кого́-н. друго́го; (*naut.*): the ship was ~ing in to the shore су́дно подходи́ло к бе́регу; ~ **off** *v.t.*: ~ off workers вре́менно ув|ольня́ть, -о́лить рабо́чих; *v.i.*: we stood off a mile from the harbour мы находи́лись в (одно́й) ми́ле от га́вани; ~ **out** *v.i.* (*be prominent, conspicuous*) выделя́ться (*impf.*); выдава́ться (*impf.*); his house ~s out from all the others его́ дом си́льно отлича́ется от сосе́дних; his work ~s out from the others' его́ рабо́та ре́зко выделя́ется среди́ про́чих; his mistakes ~ out a mile (*coll.*) его́ оши́бки за версту́ видны́ (*or* броса́ются в глаза́); (*show resistance*): ~ out against tyranny сопротивля́ться (*impf.*) деспоти́зму; боро́ться (*impf.*) с деспоти́змом; (*hold out*): ~ out for one's claims наста́ивать (*impf.*) на свои́х тре́бованиях; ~ **over** *v.i.* (*be postponed*) быть отло́женным; ~ **to** *v.i.* (*mil.*): ~ to! в ружьё!; ~ **up** *v.t.*: he stood his bicycle up against the wall он прислони́л свой велосипе́д к стене́; (*coll.*): his girl-friend stood him up его́ подру́га не пришла́ на свида́ние; *v.i.*: he stood up as I entered он встал, когда́ я вошёл; he ~s up for his rights он отста́ивает свои́ права́; he stood up bravely to his opponent он му́жественно сопротивля́лся проти́внику; he ~s up to the pace он выде́рживает темп; this steel ~s up to high temperatures э́та сталь выде́рживает высо́кие температу́ры.

*cpds.*: ~**by** *n.* (*state of readiness*) гото́вность; (*dependable thing or pers.*) надёжная опо́ра; испы́танное сре́дство; ~by generator запа́сный/резе́рвный генера́тор; ~**-down** *n.* (*mil.*) отбо́й; ~**-in** *n.* замести́тель (*fem.* -ница);

~-**offish** adj. (aloof) сде́ржанный, за́мкнутый; (haughty) надме́нный, высокоме́рный; ~ **point** n. то́чка зре́ния; ~**still** n. остано́вка, безде́йствие; come to a ~still останови́ться (pf.); засто́пориться (pf.); at a ~still на мёртвой то́чке, на то́чке замерза́ния; bring to a ~still останови́ть (pf.); засто́порить (pf.); trade is at a ~still торго́вля нахо́дится в засто́е; many factories are at a ~still мно́го фа́брик безде́йствует; the matter is temporarily at a ~still де́ло пока́ что не дви́жется; ~**-to** n. (mil.) боева́я гото́вность; ~**-up** adj.: ~-up collar стоя́чий воротни́к; ~-up supper у́жин а-ля-фурше́т; ~-up fight кула́чный бой.

**standard** n. 1. (flag) зна́мя, штанда́рт; raise the ~ of revolt подн|има́ть, -я́ть зна́мя восста́ния; 2. (norm, model) станда́рт, но́рма, образе́ц, этало́н; come up to ~ соотве́тствовать (impf.) тре́буемому у́ровню; set a high/low ~ устан|а́вливать, -ови́ть высо́кие/ни́зкие тре́бования; ~ of education у́ровень (m.) образова́ния; ~ of living жи́зненный у́ровень; his work falls short of accepted ~s его́ рабо́та не соотве́тствует существу́ющим тре́бованиям; by American ~s по америка́нским крите́риям; by any ~ по любы́м но́рмам; work of a high ~ рабо́та высо́кого ка́чества/у́ровня; below ~ ни́же но́рмы; there is no absolute ~ of morality не существу́ет абсолю́тной но́рмы мора́ли; gold ~ золото́й станда́рт; ~ of comparison этало́н, мери́ло; 3. (shaft, pole) коло́нна, сто́йка, подста́вка; 4. (in school) класс в нача́льной шко́ле.
adj. 1. станда́ртный, норма́льный; of ~ size станда́ртного разме́ра; 2. (model, basic) нормати́вный, образцо́вый; (general) типово́й; ~ English литерату́рный/норма́тивный англи́йский язы́к; ~ authors (писа́тели-)кла́ссики; a ~ reference work авторите́тный спра́вочник; ~ gauge норма́льная ширина́ колей; 3.: ~ lamp стоя́чая ла́мпа, торше́р.
cpd.: ~-**bearer** n. знаменосец.

**standardization** n. стандартиза́ция, нормализа́ция.

**standardize** v.t. стандартизи́ровать (impf., pf.); нормирова́ть (impf, pf.).

**standee** n. стоя́щий пассажи́р; зри́тель (m.) на стоя́чих места́х.

**standing** n. 1. (rank, reputation) положе́ние, репута́ция; вес; a person of high ~ челове́к с положе́нием/и́менем; высокопоста́вленное лицо́; 2. (duration) продолжи́тельность; a custom of long ~ стари́нный обы́чай; 3. (length of service) стаж.
adj.: ~ army постоя́нная а́рмия; ~ committee постоя́нный комите́т; ~ corn хлеб на корню́; ~ invitation приглаше́ние приходи́ть в любо́е вре́мя; ~ joke дежу́рная шу́тка; ~

jump прыжо́к с ме́ста; ~ order (to banker) прика́з о регуля́рных платежа́х; (to newsagent etc.) постоя́нный зака́з; ~ orders пра́вила процеду́ры; ~ type нерассы́панный/сохранённый набо́р; ~ water стоя́чая вода́.

**stannic** adj.: ~ acid оловя́нная кислота́.

**stanza** n. строфа́; станс.

**staple**[1] n. (metal bar or wire) скоба́, ушко́, пе́тля; (for papers) скре́пка; (on door) скоба́, пробо́й.
v.t.: ~ papers together скреп|ля́ть, -и́ть бума́ги скре́пкой.

**staple**[2] n. 1. (principal commodity) основно́й това́р/проду́кт; the ~s of that country основна́я проду́кция э́той страны́; ~s of British industry основны́е ви́ды проду́кции брита́нской промы́шленности; 2. (chief material) осно́ва; ~ of diet осно́ва пита́ния; ~ of conversation гла́вная те́ма разгово́ра; 3. (raw material) сырьё; 4. (of cotton, wool) волокно́, шта́пель (m.); шта́пельное волокно́.
adj. основно́й, гла́вный.
v.t. (wool etc.) сортирова́ть (impf.); штапели́ровать (impf.).

**stapler** n. (for paper) сшива́тель (m.), ста́плер.

**star** n. 1. звезда́; fixed ~ неподви́жная звезда́; falling, shooting ~ па́дающая звезда́; North, Pole S~ Поля́рная звезда́; S~ of David звезда́ Дави́да; we slept under the ~s мы спа́ли под откры́тым не́бом; he was born under a lucky ~ он роди́лся под счастли́вой звездо́й; his ~ was in the ascendant он преуспева́л; thank one's lucky ~s благодари́ть (impf.) судьбу́ (or свою́ звезду́); 2. (famous actor etc.) звезда́, свети́ло; film ~ кинозвезда́; the ~ of the show звезда́ спекта́кля; ~ turn гвоздь програ́ммы; ~ pupil звезда́ кла́сса; 3. (~-shaped object, e.g. decoration) звезда́; (asterisk) звёздочка; 4. (fig.): I saw ~s у меня́ и́скры из глаз посы́пались; 5.: the S~s and Stripes госуда́рственный флаг США.
v.t. 1. (adorn with ~s) укр|аша́ть, -а́сить звёздами; ~red with jewels уве́шанный драгоце́нными камня́ми; 2. (mark with asterisk) отм|еча́ть, -е́тить звёздочкой.
v.i.: ~ in a film игра́ть (impf.) гла́вную роль в фи́льме; выступа́ть (impf.) в гла́вной ро́ли фи́льма.
cpds.: ~**fish** n. морска́я звезда́; ~**light** n. свет звёзд; by ~light при све́те звёзд; a ~light night звёздная ночь; ~**lit** adj. освещённый све́том звёзд; ~**-spangled** adj. усе́янный звёздами; the S~-spangled Banner Звёздное зна́мя.

**starboard** n. пра́вый борт.
adj. пра́вый; ~ side пра́вый борт, пра́вая сторона́; ~ wind ве́тер с пра́вого бо́рта.
v.t.: ~ the helm положи́ть (pf.) пра́во руля́.

**starch** n. крахма́л; (fig., stiffness, formality) чо́порность, церемо́нность.
v.t. крахма́лить, на-.

**starchiness** n. мучни́стость; (fig.) чо́порность, церемо́нность.

**starchy** adj. (containing starch) мучни́стый, крахма́листый; (stiffened) накрахма́ленный; (fig.) чо́порный, церемо́нный.

**stardom** n.: rise to ~ сде́латься/стать (pf.) звездо́й; заня́ть (pf.) веду́щее положе́ние.

**stare** n. при́стальный взгляд; set ~ засты́вший взгляд; vacant ~ пусто́й (or ничего́ не выража́ющий) взгляд; give s.o. a ~ уста́виться (pf.) на кого́-н.; with a ~ of amazement широко́ откры́в глаза́ от изумле́ния; a ~ of horror взгляд, по́лный у́жаса.

v.t.: ~ s.o. in the face смотре́ть, по- на кого́-н. в упо́р; ~ s.o. out of countenance смути́ть (pf.) кого́-н. при́стальным взгля́дом; при́стально смотре́ть/гляде́ть (impf.) на кого́-н.; ruin ~s him in the face он нахо́дится на краю́ ги́бели; ему́ грози́т неминуемое разоре́ние; the letter was staring me in the face письмо́ лежа́ло у меня́ под но́сом; ~ s.o. up and down сме́рить (pf.) кого́-н. взгля́дом; ~ s.o. into silence одни́м взгля́дом заста́вить (pf.) кого́-н. замолча́ть.

v.i. глазе́ть (impf.); широко́ раскры́ть (pf.) глаза́; тара́щить, вы- (or пя́лить (impf.)) глаза́; ~ at s.o. при́стально смотре́ть/гляде́ть (impf.) на кого́-н.; ~ into s.o.'s face уста́виться (or пя́лить (impf.)) глаза́) на кого́-н.; he ~d rudely at me он вызыва́юще/де́рзко/на́гло уста́вился на меня́; don't ~! не тара́щь глаза́!; I ~d at him in astonishment я вы́таращил на него́ глаза́ от изумле́ния; ~ into space устрем|ля́ть, -и́ть взор в простра́нство; смотре́ть (impf.) неви́дящим взгля́дом.

**staring** adj. (of eyes) при́стальный; широко́ раскры́тый; (of colours) крича́щий, вызыва́ющий.

**stark** adj. 1. (stiff, rigid) засты́вший, окочене́вший; 2. (desolate, bare) го́лый, беспло́дный, пусты́нный; a ~ winter landscape суро́вый зи́мний пейза́ж; 3. (sharply evident) я́вный; in ~ contrast в вопию́щем противоре́чии; 4. (sheer) по́лный, абсолю́тный.

adv. соверше́нно; ~ staring mad абсолю́тно сумасше́дший; ~ naked соверше́нно го́лый; в чём мать родила́.

**starless** adj. беззвёздный.

**starlet** n. молода́я киноактри́са.

**starling** n. скворе́ц.

**starry** adj. 1.: ~ night звёздная ночь; ~ sky покры́тое/усе́янное звёздами не́бо; 2.: ~ eyes лучи́стые глаза́.

cpd.: ~-**eyed** adj. (fig.) романти́чный, увлека́ющийся; ви́дящий всё в ро́зовом све́те.

**start** n. 1. (sudden movement) вздра́гивание, содрога́ние; give a ~ of joy/surprise вздрог-

нуть (pf.) от ра́дости/удивле́ния; give s.o. a ~ испуга́ть (pf.) кого́-н.; he woke with a ~ он вздро́гнул и проснулся; he works by fits and ~s он рабо́тает урывками/неравноме́рно; 2. (beginning) нача́ло; (of journey) отправле́ние; (of engine etc.) пуск, за́пуск; (av.) взлёт; (of race) старт; make a ~ on sth. нач|ина́ть, -а́ть что-н.; положи́ть (pf.) нача́ло чему́-н.; we made an early ~ мы ра́но вы́ступили в путь; make a fresh ~ нач|ина́ть, -а́ть сы́знова; he made a fresh ~ (in life) он на́чал но́вую жизнь; at the (very) ~ в (са́мом) нача́ле; for a ~ для нача́ла; from ~ to finish с нача́ла до конца́; false ~ (sport) фальста́рт; we made a false ~ мы оши́блись в са́мом нача́ле; get off to a good ~ уда́чно нача́ть (pf.); 3. (advantage in race etc.): he was given 10 yards' ~ ему́ да́ли фо́ру в 10 я́рдов; get the ~ of s.o. опере|жа́ть, -ди́ть кого́-н.

v.t. 1. (begin) нач|ина́ть, -а́ть; he ~s work early он ра́но начина́ет рабо́тать; it is ~ing to rain начина́ется дождь; when does she ~ school? когда́ она́ пойдёт в шко́лу?; we ~ed our journey мы пусти́лись в путь; he ~ed life as a watchman он на́чал свою́ трудову́ю жизнь сто́рожем (or со сто́рожа); she ~ed crying она́ распла́калась; with many vv., the pf. formed with за- means 'to start . . .ing'; 2. (set in motion): ~ a clock зав|оди́ть, -ести́ часы́; ~ an engine запус|ка́ть, -ти́ть (or зав|оди́ть, -ести́) мото́р; ~ing handle пускова́я/заводна́я рукоя́тка; 3. (in race): ~ the runners да|ва́ть, -ть старт бегуна́м; 4. (assist in ~ing): ~ s.o. in life пом|ога́ть, -о́чь кому́-н. встать на́ ноги; 5. (rouse): ~ game подн|има́ть, -я́ть дичь; ~ a hare (fig.) увле́чь (pf.) разгово́р в сто́рону; 6. (initiate): ~ a business осно́в|ывать, -а́ть предприя́тие; he ~ed business in a small way он завёл небольшо́е де́ло; ~ a school откр|ыва́ть, -ы́ть шко́лу; ~ a conversation нач|ина́ть, -а́ть (or зат|ева́ть, -е́ять) разгово́р; ~ a fire (arson) устро́ить (pf.) пожа́р; (for warmth etc.) развести́ (pf.) костёр/ого́нь; what ~ed the fire? из-за чего́ начался́ пожа́р?; ~ a fund осно́в|ывать, -а́ть фонд; ~ a movement положи́ть (pf.) нача́ло (каку́му-н.) движе́нию; ~ a rumour (рас)пус|ка́ть, -ти́ть слух; now you've ~ed something! ну, вот, ты завари́л ка́шу!; do you want to ~ something? (i.e. fight) ты нарыва́ешься на дра́ку?; 7. (broach): ~ a bottle of wine поч|ина́ть, -а́ть буты́лку вина́; ~ a subject (of conversation) завести́ (pf.) разгово́р о чём-н.; we ~ed French мы на́чали занима́ться францу́зским; 8. (cause to begin): the wine ~ed him talking вино́ развяза́ло ему́ язы́к; my remark ~ed him talking about the war моё замеча́ние заста́вило его́ заговори́ться о войне́; this ~ed me thinking э́то заста́вило меня́ заду́маться; the smoke ~ed me coughing от ды́ма я закашля́лся; **9.** (*warp*) коро́бить, по-; the damp ~ed the timbers ба́лки покоро́бились от сы́рости.

*v.i.* **1.** (*make sudden movement*) вздра́гивать, -о́гнуть; содрога́ться, -ну́ться; ~ back отпря́нуть (*pf.*); ~ from one's sleep вздро́гнуть и проснуться (*pf.*); ~ from one's chair (*or* to one's feet) вскочи́ть (*pf.*) со сту́ла (*or* на́ ноги); tears ~ed from his eyes у него́ слёзы бры́знули из глаз; (*of timber*) коро́биться, по-; ~ at the seams pa|сходи́ться, -зойти́сь по швам; **2.** (*begin*) нач|ина́ться, -а́ться; (*come into being, arise*) появ|ля́ться, -и́ться; возн|ика́ть, -и́кнуть; it ~ed raining пошёл/начался́ дождь; we had to ~ again from scratch пришло́сь нача́ть всё снача́ла; he ~ed as a locksmith at £5 a week он на́чал свою́ трудову́ю де́ятельность сле́сарем с жа́лованием в пять фу́нтов в неде́лю; there were 12 of us to ~ with снача́ла/спе́рва нас бы́ло 12 челове́к; to ~ with, you should write to him пре́жде всего́ (*or* во-пе́рвых,) вы должны́ написа́ть ему́; what will you have (*eat*) to ~ with? что вы возьмёте на заку́ску?; что вы снача́ла бу́дете есть?; prices ~ at £10 це́ны от десяти́ фу́нтов и вы́ше; ~ing price (*at auction*) отправна́я цена́; **3.** (*set out*) отпр|авля́ться, -а́виться; when do you ~ for the office? во ско́лько вы ухо́дите на рабо́ту?; he ~ed back the next day на сле́дующий день он пусти́лся в обра́тный путь; ~ing point (*of journey*) отправно́й пункт; (*of race*) старт; (*fig.*) отправна́я/исхо́дная то́чка; **4.** (*in race*) стартова́ть (*impf., pf.*); ~ing-gate барье́р на ста́рте; ~ing-pistol ста́ртовый пистоле́т; ~ing-post ста́ртовый столб;**5.** (*of engine etc.*): the car ~ed without any trouble маши́на завела́сь без труда́; you should always ~ in first gear стартова́ть всегда́ сле́дует на пе́рвой ско́рости.

*with advs.:* ~ **in** *v.i.*: ~ in on sth. (*coll.*) бра́ться, взя́ться (*or* прин|има́ться, -я́ться) за что-н.; ~ in on (*coll., scold*) s.o. вы́бранить (*pf.*) кого́-н.; ~ **off** *v.t.*: he ~ed the class off on Virgil он познако́мил ученико́в с Вирги́лием; what ~ed him off on that craze? отку́да у него́ (появи́лось) э́то увлече́ние?; почему́ он на́чал э́тим увлека́ться?; don't ~ him off, or he'll never stop не заводи́те его́, а то он ни-когда́ не остано́вится; *v.i.* (*leave*) пойти́, пое́хать (*both pf.*); he ~ed off with a general introduction он на́чал с о́бщего вступле́ния; she ~ed off by apologizing for being late она́ начала́ с извине́ний за своё опозда́ние; he ~ed off on the wrong foot (*coll.*) он неуда́чно на́чал; он с са́мого нача́ла был непра́в; he ~ed off in second gear он стартова́л на второ́й ско́рости; ~ **out** *v.i.* (*leave*) отпр|авля́ться, -а́виться; пойти́, пое́хать (*both pf.*); (*intend*) соб|ира́ться, -ра́ться; he ~ed out to reform society он собира́лся измени́ть о́бщество; ~

**up** *v.t.*: ~ up an engine запус|ка́ть, -ти́ть (*or* зав|оди́ть, -ести́) мото́р; ~ up a conversation зате́ять/завести́ (*pf.*) разгово́р; ~ up a business основа́ть/учреди́ть (*pf.*) предприя́тие/ де́ло; *v.i.* (*spring to one's feet*) вск|а́кивать, -очи́ть; he ~ed up at the suggestion он так и подскочи́л, услы́шав тако́е предложе́ние; (*come into being*) появ|ля́ться, -и́ться; возн|ика́ть, -и́кнуть; a new firm is ~ing up in the town в го́роде открыва́ется но́вая фи́рма.

**starter** *n.* **1.** (*giving signal for race*) (судья́-) ста́ртер; **2.** (*competitor*) стартующий; уча́стник состяза́ния; (*horse*) уча́стник забе́га; **3.** (*device for starting engine etc.*) ста́ртер, пуска́тель (*m.*); пусково́й прибо́р; **4.** (*pl., sl., first course*) заку́ска.

**startle** *v.t.* (*alarm*) трево́жить, вс-; (*scare*) вспу́г|ивать, -ну́ть; (*cause to start*): ~ s.o. out of his sleep ре́зко разбуди́ть (*pf.*) кого́-н.; I was ~d when you shouted я так и вздро́гнул, когда́ вы закрича́ли; you ~d me вы меня́ испуга́ли; the news ~d him out of his apathy но́вость вы́вела его́ из апа́тии.

**startling** *adj.* поразительный; (*staggering*) потряса́ющий; (*alarming*) пуга́ющий; nothing ~ ничего́ осо́бенного/выдаю́щегося.

**starvation** *n.* го́лод, голода́ние; death by ~ голо́дная смерть; die of ~ ум|ира́ть, -ере́ть от го́лода (*or* с го́лоду); ~ diet голо́дная дие́та; ~ wage ни́щенский за́работок; ни́щенское жа́лование.

**starv|e** *v.t.* мори́ть, у-/за- (го́лодом); лиш|а́ть, -и́ть пи́щи; ~e s.o. out (*or* into· submission) взять (*pf.*) кого́-н. измо́ром; (*fig.*): the child was ~ed of affection ребёнок страда́л от отсу́тствия любви́.

*v.i.* **1.** (*go hungry*) голода́ть (*impf.*); a ~ing child голода́ющий ребёнок; I'm ~ing я ужа́сно проголода́лся!; я го́лоден как волк!; ~e to death ум|ира́ть, -ере́ть с го́лоду; **2.** (*fig.*): his mind is ~ing for knowledge его́ ум жа́ждет зна́ний.

**stash** *v.t.* (*coll.*): he has £1000 ~ed away у него́ припря́тана ты́сяча фу́нтов.

**state**[1] *n.* **1.** (*condition*) состоя́ние, положе́ние; in a poor ~ of health в плохо́м состоя́нии здоро́вья; ~ of affairs положе́ние; people of every ~ of life лю́ди ра́зного зва́ния; ~ of mind настрое́ние; душе́вное состоя́ние; in an untidy ~ в беспоря́дке; what a (dirty) ~ you're in! на кого́ вы похо́жи!; he was in quite a ~ он был в ужа́сном возбужде́нии (*excitement*)/ волне́нии (*anxiety*); the country is in a ~ of war страна́ нахо́дится в состоя́нии войны́; what is the ~ of play? како́й счёт?; (*fig.*) как обстоя́т дела́?; **2.** (*country, community, government*) госуда́рство; affairs, matters of ~ госуда́рственные дела́; police ~ полице́йское госуда́рство; United S~s Соединённые Шта́ты (Аме́рики) (*abbr.* США); S~ Department (*Am.*) госуда́рственный департа́мент, министе́рство иностра́нных дел; S~s General Генера́льные шта́ты; ~ control госуда́рственный контро́ль; ~ trial суд над госуда́рственным престу́пником; **3.** (*rank, dignity*) положе́ние; (*pomp*) великоле́пие, ро́скошь; live in ~ жить (*impf.*) в ро́скоши; lie in ~ быть вы́ставленным для торже́ственного проща́ния; the Queen drove in ~ through London короле́ва торже́ственно прое́хала по Ло́ндону; ~ coach пара́дная каре́та; ~ apartments пара́дные поко́и (*m. pl.*); ~ visit госуда́рственный визи́т; ~ ball торже́ственный бал.

cpds.: ~**-aided** *adj.* получа́ющий дота́цию/ субси́дию/посо́бие от госуда́рства; ~**craft** *n.* see STATESMANSHIP; ~**room** *n.* (*on ship*) каю́та; S~**side** *adj. & adv.* (*Am., coll.*) (находя́щийся) в США; ~**sman** *and cpds., see separate entries.*

**state²** *v.t.* (*declare; say clearly*) заяв|ля́ть, -и́ть; сказа́ть (*pf.*); утвержда́ть (*impf.*); сообщ|а́ть, -и́ть о +*i.*; he ~d his intentions он заяви́л о свои́х наме́рениях; I have seen it ~d that . . . я чита́л, что/бу́дто . . .; (*indicate*) ука́з|ывать, -а́ть; наз|ыва́ть, -ва́ть; as ~d above как ука́зано вы́ше; (*specify*): at the ~d time в озна́ченное вре́мя; at ~d intervals че́рез устано́вленные промежу́тки; (*announce*) объяв|ля́ть, -и́ть; (*expound*) изл|ага́ть, -ожи́ть; разъясн|я́ть, -и́ть; the plaintiff ~d his case исте́ц изложи́л своё де́ло.

**statehood** *n.* ста́тус госуда́рства; госуда́рственность.

**stateless** *adj.* не име́ющий гражда́нства; ~ person апатри́д (*fem.* -ка).

**stateliness** *n.* вели́чественность, велича́вость.

**stately** *adj.* вели́чественный, велича́вый.

**statement** *n.* (*declaration*) заявле́ние; make, publish a ~ сде́лать/опубликова́ть (*pf.*) заявле́ние; (*exposition*) изложе́ние; (*utterance*) выска́зывание; (*communication*) сообще́ние; (*fin.*) отчёт, бала́нс; ~ of account вы́писка счёта; ~ of expenses отчёт о расхо́дах.

**statesman** *n.* госуда́рственный де́ятель.

**statesmanlike** *adj.* досто́йный госуда́рственного де́ятеля.

**state|smanship, -craft** *nn.* иску́сство управле́ния госуда́рством; госуда́рственная му́дрость.

**static** *n.* **1.** ( ~ *electricity*) стати́ческое электри́чество; **2.** (*as radio interference: also* ~s) (атмосфе́рные) поме́хи (*f. pl.*).

adj. **1.** (*stationary*) неподви́жный, стациона́рный; ~ water tank стациона́рный во́дный резервуа́р; **2.** (*opp. dynamic*) стати́ческий, стати́чный.

**statics** *n.* **1.** ста́тика; **2.** *see* STATIC *n.* 2.

**station** *n.* **1.** (*assigned place*) пост, ме́сто, пози́ция; take up one's ~ зан|има́ть, -я́ть пост/пози́цию; **2.** (*establishment, base, head-*

quarters) ста́нция; broadcasting ~ радиоста́нция; bus ~ авто́бусная ста́нция; coastguard ~ пост берегово́й оборо́ны; filling ~ запра́вочный пункт, бензоколо́нка; fire ~ пожа́рное депо́ (*indecl.*); lifeboat ~ спаса́тельная ста́нция; naval ~ вое́нно-морска́я ба́за; police ~ полице́йский уча́сток; (*in USSR*) отделе́ние мили́ции; power ~ электроста́нция; **3.** (*rail.*) ста́нция; (*large, mainline* ~) вокза́л; goods ~ това́рная ста́нция; (*attr.*) станцио́нный; **4.** (*position in life, rank*) положе́ние; зва́ние; he married beneath his ~ он соверши́л мезалья́нс; a man of humble ~ челове́к ни́зкого зва́ния; the duties of his ~ обя́занности, свя́занные с его́ положе́нием; **5.** (*surv.*) геодези́ческий пункт; **6.** (*eccl.*): ~s of the Cross остано́вки Христа́ на кре́стном пути́; кальва́рии (*f. pl.*); **7.** (*Austr., sheep-farm*) овцево́дческая фе́рма.

v.t. распол|ага́ть, -ожи́ть; she ~ed herself at a window она́ расположи́лась у окна́; ~ a guard at the gate выставля́ть, вы́ставить карау́л у воро́т; (*mil.*) разме|ща́ть, -сти́ть; дислоци́ровать (*impf., pf.*); the regiment is ~ed in the south полк стои́т на ю́ге; ~ing (*disposition*) of troops дислока́ция войск. troops дислока́ция войск.

cpds.: ~**-keeping** *n.* (*naut.*) сохране́ние ме́ста в строю́; ~**-master** *n.* нача́льник ста́нции; ~**-wagon** *n.* автомоби́ль-фурго́н; пика́п.

**stationary** *adj.* **1.** (*not moving; at rest*) неподви́жный, стоя́щий неподви́жно; **2.** (*fixed*) закреплённый, станциона́рный; ~ engine стациона́рный дви́гатель; ~ troops ме́стные войска́; **3.** (*unchanging, constant*) постоя́нный, неизме́нный; prices are now ~ це́ны стабилизова́лись; the population remained ~ чи́сленность населе́ния оста́лась неизме́нной.

**stationer** *n.* торго́вец писчебума́жными/канцеля́рскими принадле́жностями.

**stationery** *n.* писчебума́жные/канцеля́рские принадле́жности (*f. pl.*); S~ Office прави́тельственное изда́тельство (*в Ло́ндоне*).

**statistical** *adj.* статисти́ческий.

**statistician** *n.* стати́стик.

**statistics** *n.* статисти́ческие да́нные; (*science*) стати́стика.

**statuary** *n.* скульпту́ра.

adj. скульпту́рный; ~ art вая́ние, скульпту́ра; ~ marble мра́мор, приго́дный для скульпту́ры.

**statue** *n.* ста́туя, извая́ние; put up a ~ to s.o. воздви́гнуть (*pf.*) ста́тую в честь кого́-н.

**statuesque** *adj.* велича́вый, вели́чественный.

**statuette** *n.* статуэ́тка.

**stature** *n.* **1.** (*height*) рост; of low (*or short of*) ~ ни́зкого ро́ста; **2.** (*fig.*) масшта́б, кали́бр; a man of ~ челове́к кру́пного кали́бра.

**status** *n.* **1.** (*position, rank*) положе́ние, ста́тус,

прести́ж; official ~ официа́льное положе́-
ние; civil ~ гражда́нское состоя́ние; (*professional reputation*) репута́ция; (*superior position*): the possession of land confers ~
облада́ние земе́льной со́бственностью
придаёт челове́ку вес в о́бществе; ~ symbol
показа́тель положе́ния в о́бществе; **2.** ~ quo
ста́тус-кво́ (*indecl.*).

**statute** *n.* стату́т; (*law*) зако́н; (*legislative document*) законода́тельный акт; (*regulations,
ordinance*) уста́в; ~ (*or* statutory) law
стату́тное пра́во; пи́санный зако́н; ~ of
limitations зако́н о да́вностных сро́ках; University ~s уста́в университе́та.
    *cpd.*: ~-**book** *n.* свод зако́нов.

**statutory** *adj.* устано́вленный зако́ном; ~
company компа́ния, учреждённая специа́ль-
ным зако́ном; ~ law *see under* STATUTE; ~
minimum определённый зако́ном ми́нимум;
~ offence дея́ние, кара́емое по зако́ну.

**staunch**[1] *adj.* (*faithful, trusty*) ве́рный; (*loyal*)
лоя́льный; (*reliable*) надёжный; (*devoted*): a ~
socialist непрекло́нный/убеждённый социа-
ли́ст.

**sta(u)nch**[2] *v.t. see* STANCH.

**staunchness** *n.* ве́рность, лоя́льность, надёжность, пре́данность.

**stave** *n.* (*of cask*) клёпка, боча́рная доска́; (*rung
of ladder*) перекла́дина; (*stanza*) строфа́;
(*mus.*) но́тный стан.
    *v.t.* **1.** (*also* ~ **in**: *break in*): ~ in a cask
проб|ива́ть, -и́ть бо́чку; ~ in the side of a boat
прол|а́мывать, -оми́ть борт ло́дки; ~ in a
door проб|ива́ть, -и́ть дыру́ в двери́; **2.**: ~ **off**
предотвра|ща́ть, -ти́ть.

**stay**[1] *n.* **1.** (*sojourn*) пребыва́ние; I am making a
short ~ in London я задержу́сь ненадо́лго в
Ло́ндоне; a ~ of 2 weeks двухнеде́льное
пребыва́ние; I enjoyed my ~ with you я пре-
кра́сно провёл вре́мя у вас (*or* у вас
погости́л); **2.** (*restraint*): a ~ upon his activity
вре́менное ограниче́ние его́ де́ятельности; **3.**
(*suspension*) отсро́чка; ~ of execution от-
сро́чка исполне́ния.
    *v.t.* **1.** (*check*) остан|а́вливать, -ови́ть;
препя́тствовать, вос- +*d.*; ~ one's hunger
утоли́ть (*pf.*) го́лод; (*coll.*) замори́ть (*pf.*) чер-
вячка́; (*restrain*) сде́рж|ивать, -а́ть; ~ one's
hand возде́рж|иваться, -а́ться от де́йствий;
(*delay*) от|кла́дывать, -ложи́ть; отсро́-
чи|вать, -ть; ~ court proceedings приоста-
нови́ть (*pf.*) слу́шание де́ла; **2.** (*last out*): ~ the
course вы́держать, вы́держать до конца́.
    *v.i.* **1.** (*stop, put up*) остан|а́вливаться,
-ови́ться; (*as guest*) гости́ть (*impf.*); which
hotel will you ~ at? в како́й гости́нице вы
остано́витесь?; we are (*sc. at present*) ~ing
with friends мы останови́лись/гости́м у
друзе́й; we ~ed in Vienna for 3 weeks мы
пробы́ли в Ве́не три неде́ли; **2.** (*remain*)

ост|ава́ться, -а́ться; не уходи́ть (*impf.*); ~
here while I find out побу́дьте/жди́те здесь,
пока́ я разузна́ю; I ~ed awake all night я всю
ночь не спал; ~ at home сиде́ть (*impf.*) до́ма;
~ in bed не вставать (*impf.*) (с посте́ли); ~ in
the background держа́ться (*impf.*) в тени́; they
don't like ~ing at home им не сиди́тся до́ма;
the children ~ed away from school де́ти
прогуля́ли шко́лу; I ~ed away from work я не
пошёл на рабо́ту; he made them ~ behind
after school он задержа́л их в шко́ле по́сле
уро́ков; my hair won't ~ down у меня́ во́лосы
ника́к не ло́жатся; the food would not ~ down
(его́) желу́док не принима́л пи́щи; can you ~
for, to tea? вы мо́жете оста́ться к ча́ю?; he
~ed for the night он оста́лся ночева́ть; I am
~ing in today сего́дня я не выхожу́ (*or* я сижу́
до́ма); my (hair) set doesn't ~ in for two days
моя́ причёска не де́ржится и двух дней; I hope
the rain will ~ off наде́юсь, что дождь не
начнётся; if you want to lose weight, ~ off
starchy foods е́сли хоти́те похуде́ть, воз-
де́рживайтесь от мучно́го; he ~ed on at the
university он оста́лся при университе́те; my
hat won't ~ on у меня́ шля́па не де́ржится (на
голове́); she is allowed to ~ out till midnight ей
разреша́ют возвраща́ться домо́й в 12 часо́в
но́чи; the men are threatening to ~ out (*on
strike*) рабо́чие угрожа́ют продолже́нием
забасто́вки; he ~ed to dinner он оста́лся
обе́дать; if we ~ together we shan't get lost
е́сли мы бу́дем держа́ться вме́сте, не за-
блу́димся; ~ up late не ложи́ться (*impf.*)
(спать) допоздна́; I need a belt to make my
trousers ~ up мне ну́жен по́яс, что́бы не
спада́ли брю́ки; fine weather has come to ~
про́чно установи́лась хоро́шая пого́да;
nothing ~s clean for long всё в конце́ концо́в
па́чкается; these flowers won't ~ put э́ти
цветы́ (в ва́зе) не стоя́т (*or* па́дают); ~ put!
(*coll.*) ни с ме́ста!; **3.** (*endure in race etc.*): he
has no ~ing-power у него́ нет никако́й
выно́сливости.
    *cpd.*: ~-**at-home** *n.* домосе́д (*fem.* -ка).

**stay**[2] *n.* **1.** (*naut.*) штаг; **2.** (*prop, support*) опо́ра,
сто́йка, подпо́рка, подко́с; (*moral support*)
опо́ра, подде́ржка; ~ of her old age её
опо́ра в ста́рости; **3.** (*pl., corset*) корсе́т.
    *v.t.* (*prop up*) подп|ира́ть, -ере́ть.

**stayer** *n.* выно́сливый челове́к; выно́сливая
ло́шадь *и т.п.*

**STD** *n.* (*abbr.*, subscriber trunk dialling)
автомати́ческая междугоро́дная телефо́нная
связь.

**stead** *n.* (*liter.*): stand s.o. in good ~ сослужи́ть
(*pf.*) кому́-н. хоро́шую слу́жбу; in s.o.'s ~
вме́сто кого́-н.

**steadfast** *adj.* (*firm, stable*): ~ in danger сто́йкий
в опа́сности; ~ policy твёрдая поли́тика;
(*faithful*): ~ in love ве́рный в любви́; (*reliable*)

надёжный; (*unwavering*) непоколеби́мый; ~ of purpose целеустремлённый.

**steadfastness** *n.* сто́йкость, твёрдость; ве́рность; непоколеби́мость; надёжность; целеустремлённость.

**steadiness** *n.* (*sureness*) уве́ренность; (*resolution*) реши́тельность, непоколеби́мость; (*of gaze*) твёрдость (взгля́да); (*regularity*) равноме́рность; (*stability*) усто́йчивость.

**steady** *adj.* **1.** (*firmly fixed, balanced, supported*) про́чный, усто́йчивый, твёрдый; he made the table ~ он попра́вил стол, что́бы он не кача́лся; keep the camera ~! не дви́гайте аппара́т!; the ladder must be held ~ на́до кре́пко держа́ть ле́стницу; he has a ~ hand у него́ твёрдая рука́; sailors must be ~ on their legs матро́сы должны́ твёрдо держа́ться на нога́х; (*unfaltering*): ~ in one's principles непрекло́нный в свои́х при́нципах; a ~ faith непоколеби́мая ве́ра; a ~ gaze при́стальный взгляд; **2.** (*uniform*) равноме́рный; (*even*) ро́вный; (*constant*) постоя́нный; (*uninterrupted*) непреры́вный; at a ~ pace ро́вным ша́гом; a ~ breeze усто́йчивый ве́тер; he works steadily он упо́рно рабо́тает; ~ demand постоя́нный спрос; his health shows a ~ improvement его́ здоро́вье стано́вится всё лу́чше; the barometer is ~ баро́метр установи́лся; a ~ flow of water непреры́вный пото́к воды́; **3.** (*of pers., staid, sober*) степе́нный, уравнове́шенный; **4.** (*in exhortations*): ~! осторо́жно!; ~ on! ле́гче на поворо́тах!; (*naut.*): ~ as she goes! так держа́ть!

*adv.*: go ~ with s.o. (*coll.*) гуля́ть/дружи́ть (*impf.*) с кем-н.

*v.t.* **1.** (*strengthen, secure*) укрепл|я́ть, -и́ть; закрепл|я́ть, -и́ть; the doctor gave him sth. to ~ his nerves до́ктор дал ему́ лека́рство для успокое́ния не́рвов; **2.**: ~ a boat прив|оди́ть, -ести́ ло́дку в равнове́сие; **3.** (*sober, settle*) остепен|я́ть, -и́ть; marriage steadied him жени́тьба остепени́ла его́.

*v.i.* **1.** (*regain equilibrium*) выра́вниваться, вы́ровняться; **2.** (*become fixed, firm*): prices are ~ing це́ны выра́вниваются; the market is ~ing це́ны на ры́нке стано́вятся усто́йчивыми; **3.** (*of pers.: settle down*) остепен|я́ться, -и́ться.

**steak** *n.* (*of beef*) бифште́кс (натура́льный); fillet ~ вы́резка.

*cpd.*: ~-**house** *n.* бифште́ксная; рестора́н, специализи́рующийся на бифште́ксах.

**steal** *v.t.* **1.** ворова́ть, с-; красть, у-; it is wrong to ~ ворова́ть нехорошо́; I had my handbag stolen у меня́ укра́ли су́мку; **2.** (*fig.*): ~ a glance at s.o. взгляну́ть (*pf.*) укра́дкой на кого́-н.; ~ s.o.'s heart (away) похи́тить (*pf.*) чьё-н. се́рдце; ~ a march on пре-дупреди́ть/опереди́ть (*pf.*) (*кого в чём*); ~ the show затми́ть (*pf.*) всех остальны́х;

оказа́ться (*pf.*) в це́нтре внима́ния; ≃ заткну́ть (*pf.*) всех за́ пояс; ~ s.o.'s thunder перехвати́ть (*pf.*) чью-н. сла́ву; receive stolen goods скупа́ть (*impf.*) кра́деный това́р.

*v.i.* **1.** (*thieve*) ворова́ть (*impf.*); he accused me of ~ing он обвини́л меня́ в воровстве́; he was caught ~ing его́ пойма́ли с поли́чным; **2.** (*move secretly or silently*) кра́сться (*impf.*); he stole round to the back door он прокра́лся к за́дней две́ри; he stole up to her он подкра́лся к ней; the sun's rays stole across the lawn со́лнечные лучи́ скользну́ли по лужа́йке; light ~s through the chinks свет пробива́ется сквозь ще́ли; a sense of peace stole over him чу́вство поко́я овладе́ло им.

**stealth** *n.*: by ~ тайко́м, укра́дкой, втихомо́лку.

**stealthy** *adj.*: ~ glance взгляд укра́дкой; ~ tread кра́дущаяся похо́дка; ~ whisper приглушённый шёпот.

**steam** *n.* пар; full ~ ahead! по́лный вперёд!; get up ~ (*lit.*) разв|оди́ть, -ести́ пары́; (*fig.*) набра́ться (*pf.*) сил; let off ~ (*lit.*) выпуска́ть, вы́пустить пары́; (*fig.*) дать (*pf.*) вы́ход чу́вствам; run out of ~ (*fig.*) выдыха́ться, вы́дохнуться; under one's own ~ (*fig.*) сам, свои́ми си́лами, самостоя́тельно; ~ iron парово́й утю́г; ~ train по́езд с парово́й тя́гой; ~ turbine парова́я турби́на (*see also cpds.*).

*v.t.* **1.** (*cook with* ~) вари́ть, с- на па́ру; па́рить (*impf.*); ~ed fish па́реная ры́ба; ры́ба на па́ру; **2.** (*treat with* ~): ~ a stamp off an envelope отпа́ри|вать, -ть ма́рку с конве́рта; the envelope had been ~ed open кто́-то откле́ил конве́рт над па́ром; **3.** (*cover with* ~): the carriage windows were ~ed up ваго́нные о́кна запоте́ли; get ~ed up завести́сь (*pf.*) (*coll.*).

*v.i.* **1.** (*give out* ~ *or vapour*) выделя́ть (*impf.*) пар/испаре́ния; пус|ка́ть, -ти́ть пар; the kettle is ~ing on the stove ча́йник кипи́т на плите́; a horse ~s after a hard gallop по́сле бы́строй езды́ от ло́шади вали́т пар; he wiped his ~ing brow он вы́тер вспоте́вший лоб; **2.** (*move by* ~): the boat ~ed into the harbour кора́бль вошёл в га́вань; the train ~ed out парово́з отошёл от ста́нции; **3.**: ~ up запоте|ва́ть, -ть.

*cpds.*: ~-**bath** *n.* парова́я ба́ня; ~-**boat** *n.* парохо́д; ~-**boiler** *n.* парово́й котёл; ~-**coal** *n.* парови́чный у́голь; ~-**driven** *adj.* с паровы́м дви́гателем; ~-**engine** *n.* парова́я маши́на; парово́й дви́гатель; парово́з; (*on road*) локомоби́ль (*m.*); ~-**gauge** *n.* мано́метр; ~-**hammer** *n.* парово́й мо́лот; ~-**heat** *n.* отдава́емое па́ром тепло́; теплота́ конденса́ции; ~-**jacket** *n.* парова́я руба́шка; ~-**power** *n.* эне́ргия па́ра; ~-**roller** *n.* парово́й като́к; *v.t.* (*lit.*) уплотн|я́ть, -и́ть; ука́т|ывать, -а́ть; трамбова́ть, у-; (*fig.*) сокруш|а́ть, -и́ть; ~-**roller** all opposition подави́ть (*pf.*) вся́ческое сопротивле́ние; ~**ship** *n.* парохо́д; ~-**shovel** *n.* парово́й экскава́тор.

**steamer** *n.* (*ship*) парохо́д; (*for cooking*) парова́рка.

**steamy** *adj.* (*vaporous*) парообра́зный; (*saturated with steam*) насы́щенный пара́ми; (*of atmosphere*) (*coll.*) па́ркий; (*covered with steam*) запоте́лый, запоте́вший.

**stearin** *n.* стеари́н.

**steed** *n.* (*poet.*) конь (*m.*).

**steel** *n.* **1.** сталь; (*attr.*) стально́й; ~ engraving гравю́ра на ста́ли; ~ foundry сталелите́йный заво́д/цех; ~ industry сталелите́йная промы́шленность; ~ wool ёж(ик); cold ~ (*weapons*) холо́дное ору́жие; (*fig.*): muscles/nerves of ~ стальны́е/желе́зные мы́шцы/не́рвы; a grip of ~ желе́зная хва́тка; **2.** (*for sharpening knives*) точи́ло; (*for striking spark*) огни́во.

*v.t.* (*fig., harden*): ~ o.s. (*or* one's heart) ожесточ|а́ться, -и́ться; ожесточ|а́ть, -и́ть се́рдце/ду́шу (*против чего*); his heart was ~ed against pity его́ се́рдцу жа́лость была́ чужда́.

*cpds.*: ~-**blue** *adj.* си́ний со стальны́м отли́вом; ~-**clad**, ~-**plated** *adjs.* брониро́ванный; зако́ванный/оде́тый в броню́; обши́тый ста́лью; ~**work** *n.* стальны́е изде́лия; стальна́я констру́кция; ~-**works** *n.* сталелите́йный заво́д; ~**yard** *n.* безме́н.

**steely** *adj.* (*fig., unyielding*) непрекло́нный; (*stern*) суро́вый.

**steep**[1] *n.* (*liter., precipice*) кру́ча, крутизна́, обры́в.

*adj.* **1.** круто́й; the stairs were ~ ле́стница была́ крута́я; the ground fell ~ly away земля́ кру́то обрыва́лась; (*fig.*): there has been a ~ decline in trade в торго́вле произошёл круто́й спад; **2.** (*coll., excessive*) чрезме́рный, непоме́рный; we had to pay a ~ price нам э́то ста́ло в копе́ечку; (*exaggerated*): his story seems a bit ~ его́ расска́з отдаёт фанта́стикой; (*unreasonable*): I thought his conduct a bit ~ его́ поведе́ние показа́лось мне дово́льно на́глым.

**steep**[2] *v.t.* **1.** (*soak*) мочи́ть (*impf.*); зам|а́чивать, -очи́ть; пропи́т|ывать, -а́ть; his hands are ~ed in blood у него́ ру́ки по ло́коть в крови́; **2.** (*fig., pass. or refl., be immersed*) погру|жа́ться, -зи́ться (*во что*); he ~ed himself in the study of the classics он погрузи́лся в изуче́ние кла́ссиков; (*be sunk*) погр|яза́ть, -я́знуть (*в чем*); he was ~ed in crime он погря́з в преступле́ниях; ~ed in ignorance погря́зший в неве́жестве.

**steeple** *n.* колоко́льня; шпиц, шпиль (*m.*).

*cpds.*: ~-**chase** *n.* сти́пл-че(й)з; ска́чки(*f. pl.*)/бег с препя́тствиями; ~**chaser** *n.* (*pers.*) уча́стник бе́га с препя́тствиями; ~**jack** *n.* верхола́з.

**steepness** *n.* крутизна́.

**steer**[1] *n.* (*animal*) вол, бычо́к.

**steer**[2] *v.t.* **1.** (*ship, vehicle etc.*) пра́вить (*impf.*) +*i.*; управля́ть (*impf.*) +*i.*; **2.**: ~ a course держа́ть (*impf.*) курс; **3.** (*pers., activity etc.*) вести́ (*det.*); напр|авля́ть, -а́вить; he ~ed the visitors to their seats он провёл госте́й на их места́; he ~ed his country to prosperity он привёл свою́ страну́ к процвета́нию; I tried to ~ the conversation away from the subject of death я пыта́лся увести́ разгово́р от те́мы сме́рти; ~ing committee прези́диум, руководя́щий комите́т.

*v.i.* **1.** (*of steersman*) пра́вить (*impf.*) рулём; (*of ship, vehicle etc.*): the car ~s well э́ту маши́ну легко́ вести́; the ship refused to ~ кора́бль не повинова́лся рулю́; **2.** (*of pers.*): he was ~ing for the hospital он напра́вился к больни́це; ~ clear of избега́ть (*impf.*) +*g.*; сторони́ться (*impf.*) +*g.*

**steerage** *n.* (*steering*) рулево́е управле́ние; (*part of ship*) четвёртый класс.

*cpd.*: ~-**way** *n.* наиме́ньшая ско́рость хо́да, при кото́рой су́дно слу́шается руля́.

**steering** *n.* управле́ние (*чем*); управля́ющий механи́зм.

*cpds.*: ~-**column** *n.* рулева́я коло́нна; ~-**gear** *n.* (*naut.*) рулево́е устро́йство; (*av.*) рулево́й механи́зм; (*of vehicle*) управля́ющий механи́зм; ~-**wheel** *n.* (*of car*) руль (*m.*); (*naut.*) штурва́л.

**steersman** *n.* рулево́й, штурман.

**stele** *n.* (*archaeol., bot.*) сте́ла.

**stellar** *adj.* звёздный.

**stellated** *adj.* (*bot.*) звёздчатый.

**stem**[1] *n.* **1.** (*bot.*) сте́бель (*m.*); fruit-bearing ~ плодоно́жка; (*of shrub or tree*) ствол; **2.** (*of wine-glass*) но́жка; (*of mus. note*) па́лочка; ше́йка, штиль (*m.*); (*of tobacco-pipe*) черено́к (*of watch*) ва́лик; **3.** (*gram.*) осно́ва; **4.** (*branch of family*) ветвь; ли́ния родства́; **5.** from ~ to stern от но́са до кормы́.

*v.i.* прои|сходи́ть, -зойти́ (*от/из чего*).

**stem**[2] *v.t.* **1.** (*lit., fig., check, stop*) остан|а́вливать, -ови́ть; (*dam up*) запру́|живать, -ди́ть; (*fig., arrest, delay*) заде́рж|ивать, -а́ть; **2.** (*make headway against*) идти́ (*det.*) про́тив +*g.*; сопротивля́ться (*impf.*) +*d.*; the ship was able to ~ the current кораблю́ удало́сь преодоле́ть тече́ние; he succeeded in ~ming the tide of popular indignation ему́ удало́сь сбить волну́ всео́бщего возмуще́ния.

*cpd.*: ~-**turn** *n.* (*ski movement*) поворо́т на лы́жах упо́ром.

**Sten** *n.* (~ gun) пулемёт Сте́на.

**stench** *n.* вонь (*no pl.*), смрад (*no pl.*); злово́ние.

**stencil** *n.* (~-**plate**) трафаре́т, шабло́н; (*pattern*) трафаре́т; узо́р по трафаре́ту; (*waxed sheet*) воско́вка.

*v.t.* **1.**: ~ a pattern рисова́ть, на- узо́р по трафаре́ту; ~ letters выводи́ть, вы́вести (*or*

нан|оси́ть, -ести́) бу́квы по трафаре́ту; **2.**
(*ornament by* ~*ling*) трафаре́тить (*impf.*).
**stenographer** *n.* стено́граф (*fem.* -и́стка).
**stenographic** *adj.* стенографи́ческий.
**stenography** *n.* стеногра́фия.
**stentorian** *adj.* громово́й, зы́чный.
**step** *n.* **1.** (*movement, distance, sound, manner of*
~*ping*) шаг; take a ~ forward/back сде́лать
(*pf.*) шаг вперёд/наза́д; at every ~ на ка́ждом
шагу́; ~ by ~ шаг за ша́гом; постепе́нно;
turn one's ~s towards home напра́вить (*pf.*)
стопы́ домо́й; it is only a short ~ to my house
до моего́ до́ма всего́ два шага́; within a few ~s
of the hotel в двух шага́х от гости́ницы; the
station is a goodish ~ from here до ста́нции
отсю́да не так уж бли́зко (*or* поря́дочное
расстоя́ние); that is a good ~ towards success
э́то ве́рный шаг к успе́ху; watch your ~! (*lit.,*
*fig.*) осторо́жно!; I heard ~s я слы́шал шаги́; I
recognized your ~ я узна́л звук ва́ших шаго́в;
**2.** (*fig., action*) шаг, ме́ра; make a false ~
де́лать, с- ло́жный/неве́рный шаг; осту-
п|а́ться, -и́ться; take ~s towards пред-
приня́ть (*pf.*) шаги́ к +*d.*; приня́ть (*pf.*)
ме́ры к +*d.*; my first ~ will be to cut prices я
пе́рвым де́лом добью́сь сниже́ния цен; what's
the next ~? а тепе́рь что сле́дует де́лать?; **3.**
(*trace of foot*) след; tread in s.o.'s ~s сле́довать
(*impf.*) по стопа́м кого́-н.; (*fig.*): I followed in
his ~s я сле́довал по его́ стопа́м; retrace one's
~s возвраща́ться, верну́ться по про́йден-
ному пути́; **4.** (*rhythm of* ~): keep in ~ with
(*lit., fig.*) идти́ (*det.*) в но́гу с +*i.*; fall into ~
behind s.o. выра́внивать, вы́ровнять шаг по
кому́-н.; fall into ~ (*fig., conform*) под-
чин|я́ться, -и́ться; change ~ смени́ть (*pf.*)
но́гу; fall, get out of ~ сби́ться (*pf.*) с ноги́; he
is out of ~ (*lit., fig.*) он идёт не в но́гу; bring
into ~ согласо́в|ывать, -а́ть; **5.** (*raised sur-*
*face*) ступе́нь, присту́пок; mind the ~!
осторо́жно — ступе́нька!; (*of staircase etc.*)
ступе́нька; (*of ladder*) перекла́дина,
ступе́нька; (*of vehicle*) подно́жка; (*in ice*)
усту́п; flight of ~s ряд ступе́ней; марш
(ле́стницы); (*in front of house*) крыльцо́;
fall/run down the ~s скати́ться/сбежа́ть (*pf.*)
по ступе́нькам; **6.** (*pl.,* ~-ladder; *also* pair
of ~s) стремя́нка; складна́я ле́стница; **7.**
(*stage, degree*) ста́дия, ступе́нь, сте́пень; I
cannot follow the ~s of his argument я не могу́
уследи́ть за хо́дом его́ рассужде́ния;
(*advancement*): when do you get your next ~
up? когда́ вы полу́чите сле́дующее повы-
ше́ние?; **8.** (*dance* ~) па (*nt. indecl.*).
*v.t.* **1.**: ~ a few yards де́лать, с- не́сколько
шаго́в; **2.**: ~ a mast (*naut.*) ста́вить, по- ма́чту
(в степс).
*v.i.* шаг|а́ть, -ну́ть; ступ|а́ть, -и́ть; ~ high
высоко́ подн|има́ть, -я́ть но́ги; ~ this way,
please пройди́те сюда́, пожа́луйста!; ~ping-

stone ка́мень для перехо́да (*через ручей и*
*т.п.*); (*fig.*) трампли́н; а ~ping-stone to success ступе́нь к успе́ху; he ~ped into his car он
сел в маши́ну; she ~ped into a fortune на неё
свали́лось огро́мное состоя́ние; ~ into the
breach (*fig.*) ри́нуться (*pf.*) на по́мощь; he
~ped off the train он сошёл с по́езда; someone
~ped on my foot кто́-то наступи́л мне на́
но́гу; ~ on s.o.'s toes (*fig.*) наступи́ть (*pf.*) на
чью-н. люби́мую мозо́ль; ~ on it! (*coll.*)
жми!; пошеве́ливайся!; газу́й!; I ~ped out of
his way я уступи́л ему́ доро́гу; he ~ped over
the threshold он перешагну́л че́рез поро́г.
*with advs.*: ~ **aside** *v.i.* посторони́ться (*pf.*);
(*fig.*) уступи́ть (*pf.*) (доро́гу) друго́му; ~ **back**
*v.i.* отступ|а́ть, -и́ть; уступ|а́ть, -и́ть; ~ **down**
*v.t.* (*elec.*) пон|ижа́ть, -и́зить (*напряже́ние);*
*v.i.*: he ~ped down off the ladder он спус-
ти́лся/сошёл с ле́стницы; he ~ped down in
favour of a more experienced man он уступи́л
ме́сто бо́лее о́пытному челове́ку; ~ **forward**
*v.i.*: the police asked for witnesses to ~ forward
поли́ция проси́ла свиде́телей заяви́ть о
себе́; ~ **in** *v.i.*: won't you ~ in for a moment?
мо́жет, зайдёте на мину́тку?; (*intervene*)
вме́ш|иваться, -а́ться; ~ **off** *v.i.* (*start march-*
*ing*): ~ off with the left foot сде́лать (*pf.*) шаг с
ле́вой ноги́; he ~ped off on the wrong foot
(*fig.*) он с са́мого нача́ла де́йствовал не так;
~ **out** *v.i.* вы́йти (*pf.*) (ненадо́лго); (*walk fast*):
we had to ~ out to get there on time нам
пришло́сь приба́вить ша́гу, что́бы попа́сть
туда́ во́время; ~ **up** *v.t.* (*increase*) пов|ыша́ть,
-ы́сить; уси́ли|вать, -ть; (*electr.*) пов|ыша́ть,
-ы́сить (*напряже́ние*); *v.i.*: he ~ped up to the
platform он подошёл к трибу́не.
*cpds.*: ~-**ins** *n. pl.* шлёпанц|ы (*pl., g.* -ев);
~-**ladder** *see* ~ *n.* **6**; ~-**rocket** *n.* ступе́нчатая
раке́та.
**step-** *pref.*: ~ **brother** *n.* сво́дный брат; ~ **child**
*n.* (*boy*) па́сынок; (*girl*) па́дчерица; ~ **daughter**
*n.* па́дчерица; ~ **father** *n.* о́тчим; ~ **mother** *n.*
ма́чеха; ~ **sister** *n.* сво́дная сестра́; ~ **son** *n.*
па́сынок.
**Stephen** *n.* Степа́н; (*bibl.*) Стефа́н.
**steppe** *n.* степь; (*attr.*) степно́й; ~ dweller, ~
horse степня́к.
**stereo** *n.* (~*phonic system*) стереофони́ческая
систе́ма.
**stereography** *n.* стереогра́фия.
**stereophonic** *adj.* стереофони́ческий.
**stereoscope** *n.* стереоско́п.
**stereoscopic** *adj.* стереоскопи́ческий; ~ telescope стереотруба́.
**stereotype** *n.* (*typ.*) стереоти́п; (*fig.*) шабло́н;
(*attr.*) стереоти́пный.
*v.t.* стереотипи́ровать (*impf., pf.*); печа́тать,
на- со стереоти́па; (*fig.*) прид|ава́ть, -а́ть
шабло́нность +*d.*; ~d phrase шабло́нная
фра́за.

**sterile** adj. **1.** (barren, unproductive, lit., fig.) неплодоро́дный; беспло́дный; (fig.) безрезульта́тный; **2.** (free from germs) стери́льный, стерилизо́ванный.

**sterility** n. (lit., fig., unfruitfulness) беспло́дность, беспло́дие; (freedom from germs) стери́льность.

**sterilization** n. стерилиза́ция.

**sterilize** v.t. стерилизова́ть (impf., pf.).

**sterilizer** n. стерилиза́тор.

**sterlet** n. сте́рлядь.

**sterling** n. сте́рлинг; фунт сте́рлингов; ~ area сте́рлинговая зо́на.

adj. **1.** (of coin, metal etc.) сте́рлинговый, полноце́нный; pound ~ фунт сте́рлингов; ~ silver серебро́ устано́вленной про́бы; **2.** (fig., of solid worth): a ~ person челове́к по́длинного благоро́дства.

**stern**[1] n. **1.** (of ship) корма́; (attr.) кормово́й, за́дний; ~ foremost, on кормо́й вперёд; **2.** (rump) зад; (coll., of pers.) за́д(ница).

cpds.: ~-**post** n. ахтерште́вень (m.); ~-**sheets** n. кормово́й решётчатый люк; ~-**way** n. за́дний ход.

**stern**[2] adj. (strict, harsh) стро́гий; (severe) суро́вый; (inflexible) непрекло́нный.

**sternal** adj. груди́нный.

**sternness** n. стро́гость, суро́вость.

**sternum** n. груди́на.

**sternutation** n. чиха́нье.

**steroid** n. стеро́ид.

**stertorous** adj. хрипя́щий.

**stet** v.i. (as imper.) оста́вить (как бы́ло)!; не пра́вить!

**stethoscope** n. стетоско́п.

v.t. выслу́шивать, вы́слушать стетоско́пом.

**stevedore** n. до́кер; порто́вый гру́зчик.

**stew**[1] n. **1.** (cul.) тушёное мя́со; **2.** (coll.): get into a ~ разволнова́ться (pf.); be in a ~ быть в большо́м волне́нии.

v.t. (meat, fish, vegetables) туши́ть, по-; ~ed mutton тушёная бара́нина; (fruit) вари́ть (impf.); ~ed fruit компо́т; the tea is ~ed чай перестоя́лся; ≃ чай ве́ником па́хнет.

v.i. **1.** (of meat, fish, vegetables) туши́ться (impf.); (of fruit) вари́ться (impf.); let him ~ in his own juice пусть ва́рится в со́бственном соку́ (coll.); **2.** (feel oppressed by heat) изнемога́ть (impf.) от жары́.

cpds.: ~-**pan**, ~-**pot** nn. ме́лкая кастрю́ля; соте́йник.

**stew**[2] n. (fishpond) ры́бный садо́к.

**stew**[3] n. (arch., pl., brothel) публи́чный дом.

**steward** n. (of estate, club etc.) управля́ющий, эконо́м; (of race-meeting, show etc.) распоряди́тель (m.); (on ship) стю́ард, официа́нт, коридо́рный; (on plane) стю́ард, бортпроводни́к.

**stewardess** n. (on ship) стюарде́сса, го́рничная, официа́нтка; (on plane) стюарде́сса, бортпроводни́ца.

**stewardship** n. управле́ние; до́лжность управля́ющего/эконо́ма/распоряди́теля; give an account of one's ~ отчи́т|ываться, -а́ться в своём управле́нии.

**stick**[1] n. **1.** (cut or fallen from tree) па́лка, прут; (pl., for kindling) хво́рост; (for support, punishment) па́лка; (walking-~, cane) трость, тро́сточка; (for driving cattle) хворости́на; (hockey-~ etc.) клю́шка; (baton) (дирижёрская) па́лочка; (fig.): they left us a few ~s of furniture они́ оста́вили нам ко́е-что из ме́бели; they live in the ~s (sl.) они́ живу́т в захолу́стье; he got the ~ for it за э́то его́ взду́ли; get hold of the wrong end of the ~ превра́тно поня́ть (pf.) что-н.; he was as cross as two ~s он был зол как чёрт; the big ~ (fig.) поли́тика большо́й дуби́нки; I had him in a cleft ~ я его́ загна́л в тупи́к; he's a dry old ~ он соверше́нный суха́рь; **2.** (~-shaped object): ~ of chalk мело́к; ~ of shaving-soap мы́льная па́лочка; ~ of sealing-wax па́лочка сургуча́; ~ of celery/rhubarb сте́бель (m.) сельдере́я/ревеня́; ~ of chocolate шокола́дный бато́нчик; ~ of dynamite па́лочка динами́та; ~ of bombs се́рия бомб; ~ insect па́лочник.

**stick**[2] v.t. **1.** (insert point of) втыка́ть, воткну́ть; I stuck a pin in the map я воткну́л була́вку в ка́рту; (thrust): ~ one's spurs into a horse's flanks вонз|а́ть, -и́ть шпо́ры в бока́ ло́шади; **2.** (pierce) пронз|а́ть, -и́ть; ~ s.o. with a bayonet прот|ыка́ть, -кну́ть кого́-н. штыко́м; ~ a pig зак|а́лывать, -оло́ть свинью́; **3.** (cause to adhere) прикле́и|вать, -ть (что к чему); накле́и|вать, -ть (что на что); the stamp was stuck on upside down ма́рка была́ накле́ена вверх нога́ми; (affix): ~ a notice on the door ве́шать, пове́сить объявле́ние на дверь; **4.** (coll., put): ~ that book on the shelf су́ньте э́ту кни́гу на по́лку; he stuck his head round the door он просу́нул го́лову в дверь; with his hands stuck in his pockets (за)су́нув ру́ки в карма́ны; ~ it on the bill! припиши́те к счёту!; **5.** (coll., endure) терпе́ть, вы́-; выноси́ть, вы́нести; I can't ~ her nagging я не выношу́ её ворча́ния/пиле́ния; I couldn't ~ it any longer я бо́льше не мог терпе́ть; мне ста́ло невтерпёж/невмоготу́; **6.**: be stuck see v.i. **5.**; **7.** (coll. uses of pass. with preps.): be stuck **on** (captivated by): he is stuck on her он к ней присо́х; он в неё втю́рился (coll.); get stuck **into** (make serious start on) всерьёз за что-н. прин|има́ться, -я́ться; be stuck **with** (unable to get rid of) быть не в состоя́нии отде́латься от чего́-н.

v.i. **1.** (be implanted). a dagger ~ing in his back кинжа́л, торча́щий у него́ в спине́; there's a nail ~ing into my heel гвоздь впива́ется мне в пя́тку; **2.** (remain attached, adhere) при-

проводни́ца.

л|ипа́ть, -и́пнуть (к чему); приклеи|ваться, -ться; the stamps ~ to my fingers ма́рки ли́пнут/прилипа́ют к мои́м па́льцам; this envelope won't ~ э́тот конве́рт не заклеи́вается; these pages have stuck (together) э́ти страни́цы сли́плись; ~ing-plaster ли́пкий пла́стырь; they couldn't make the charge ~ они́ ниче́м не смогли́ подкрепи́ть своего́ обвине́ния; the nickname stuck э́то про́звище так и удержа́лось (за ним и т.п.); **3.** (cling, cleave): he stuck at it till the job was finished он упо́рно труди́лся, пока́ не око́нчил рабо́ту; ~ to a task рабо́тать не поклада́я рук; ~ to one's guns не сдава́ть (impf.) пози́ций; ~ to the point держа́ться (impf.) бли́же к де́лу; ~ to one's principles ост|ава́ться, -а́ться ве́рным свои́м при́нципам; ~ to one's word держа́ть, с- сло́во; I lent him the book and he stuck to it я одолжи́л ему́ кни́гу, а он её зачита́л; the accused stuck to his story обвиня́емый упо́рно стоя́л на своём; ~ by s.o. подде́рж|ивать, -а́ть кого́-н.; **4.** (coll., stay): are you going to ~ at home all day? вы собира́етесь торча́ть до́ма весь день?; he ~s in the bedroom all day он це́лый день не выхо́дит из спа́льни; **5.** (also be stuck, get stuck: become embedded, fixed, immobilized) застр|ева́ть, -я́ть; ~ in the mud зав|яза́ть, -я́знуть в грязи́; the needle stuck in the groove иго́лка застря́ла в боро́здке; the drawer ~s я́щик не выдвига́ется; her zipper stuck у неё застря́ла (застёжка)-мо́лния; can you help with this problem? I'm stuck помоги́те мне, пожа́луйста, с зада́чей — я с ней завя́з (or она́ не получа́ется); when I recited the poem I didn't get stuck at all я ни ра́зу не запну́лся, когда́ деклами́ровал стихи́; he got a bone stuck in his throat у него́ в го́рле застря́ла кость; one thing ~s in my mind одно́ у меня́ застря́ло/засе́ло в па́мяти; he will ~ at nothing to gain his ends он не остано́вится ни пе́ред чем, что́бы доби́ться своего́.

with advs.: ~ **around** v.i. (coll.) не уходи́ть (impf.); ~ **down** v.t. (coll., write down): ~ my name down for a pound подпиши́те меня́ на оди́н фунт!; (seal): have you stuck the envelope down? вы закле́или конве́рт?; ~ **on** v.t. (affix) приклеи́|вать, -ть; (coll., add): the shop stuck another 50p on (sc. the price) в магази́не наки́нули ещё 50 пе́нсов; your article is a bit short, can you ~ another paragraph? ва́ша статья́ коротко́ва́та — не мо́жете ли вы приба́вить ещё оди́н абза́ц?; ~ **out** v.t.: ~ one's tongue out высо́вывать, вы́сунуть язы́к; ~ one's head out высо́вываться, вы́сунуться; ~ out one's chest выпя́чивать, вы́пятить грудь; ~ one's neck out (fig.) выска́кивать (impf.); высо́вываться (impf.); лезть (impf.) на рожо́н; they stuck out flags from the windows они́ вы́весили фла́ги из о́кон;

(endure): how long can they ~ it out? как до́лго они́ проде́ржатся?; v.i. (project) торча́ть (impf.); his ears ~ out у него́ торча́т у́ши; a nail is ~ing out of the wall в стене́ гвоздь торчи́т; his intentions stuck out a mile (coll.) за версту́ бы́ло ви́дно, чего́ он хо́чет; (hold out): ~ out for higher wages наста́ивать (impf.) на повыше́нии зарпла́ты; ~ **together** v.t. (with glue) скле́и|вать, -ть; v.i.: good friends ~ together настоя́щие друзья́ стоя́т друг за дру́га (горо́й); ~ **up** (coll.) v.t. (place on end) ста́вить, по- торчко́м (or на попа́); our neighbours stuck up a fence на́ши сосе́ди вы́строили/поста́вили забо́р; the traitors' heads were stuck up on poles го́ловы преда́телей насади́ли на ко́лья; ~ up a notice ве́шать, пове́сить объявле́ние; (raise): ~ 'em up! (coll.) ру́ки вверх!; v.i. (protrude upwards) торча́ть (impf.); стоя́ть (impf.) торчко́м; his hair was ~ing up у него́ во́лосы торча́ли во все сто́роны; ~ up for (coll.) (support) подде́рж|ивать, -а́ть; (defend) выступа́ть, вы́ступить в защи́ту +g.; заступ|а́ться, -и́ться за (кого); ~ up to s.o. (coll.) (offer resistance) не сдава́ться (impf.) (or сопротивля́ться, impf.) кому́-н.

cpds.: ~-**in-the-mud** n. рутинёр; ко́сный челове́к; ~-**jaw** n. (toffee) тяну́чка (coll.); ~-**up** n. (coll.) налёт, ограбле́ние.

**sticker** n. (label) накле́йка, этике́тка; (hard worker) работя́га (c.g.).

**stickiness** n. ли́пкость, кле́йкость, вя́зкость, тягу́честь.

**stickleback** n. ко́люшка.

**stickler** n. побо́рник; he's a ~ for correct grammar в вопро́сах грамма́тики он педа́нт.

**sticky** adj. **1.** кле́йкий, ли́пкий; (viscous) вя́зкий, тягу́чий; the path was ~ after the rain тропи́нка была́ ско́льзкой по́сле дождя́; the jam made my fingers ~ мои́ па́льцы сде́лались ли́пкими от варе́нья; come to a ~ end (coll.) пло́хо ко́нчить (pf.); **2.** (of pers., difficult, unamenable) непокла́дистый; he was ~ about giving me leave он ника́к не хоте́л дать мне о́тпуск.

**stiff** n. (sl.) (corpse) труп; big ~ (fool) болва́н; кру́глый дура́к.

adj. **1.** (not flexible or soft) жёсткий, неги́бкий, негну́щийся; ~ collar жёсткий воротничо́к; **2.** (not working smoothly) туго́й; ~ hinges туги́е пе́тли; this lid is ~ (to unscrew) кры́шка с трудо́м отви́нчивается; **3.** (of pers. or parts of body) онеме́лый, окостене́лый, одеревене́лый; I have a ~ neck у меня́ ше́я онеме́ла; мне наду́ло в ше́ю; he has a ~ leg у него́ нога́ пло́хо сгиба́ется; I feel ~ я не могу́ ни согну́ться, ни разогну́ться; I was ~ with cold я соверше́нно окочене́л; keep a ~ upper lip (fig.) быть твёрдым; проявля́ть (impf.) вы́держку; не распуска́ть (impf.) ню́ни; **4.**

(*forceful*) си́льный; the garrison put up a ~ resistance гарнизо́н отча́янно сопротивля́лся; a ~ breeze кре́пкий ве́тер; a ~ drink хоро́ший глото́к спиртно́го; **5.** (*hard to stir or mould*) густо́й; ~ clay густа́я гли́на; ~ dough круто́е те́сто; **6.** (*difficult, severe*): a ~ examination тру́дный/нелёгкий экза́мен; a ~ climb тру́дный/тяжёлый подъём; a ~ price непоме́рно высо́кая цена́; this book is ~ going э́та кни́га чита́ется с трудо́м; he got a ~ sentence ему́ вы́несли суро́вый пригово́р; **7.** (*formal, constrained*) натя́нутый, чо́порный; холо́дный; сухо́й; принуждённый; he gave a ~ bow он отве́сил церемо́нный покло́н; **8.** (*pred., coll.*): he was scared ~ он перепуга́лся на́смерть; I was bored ~ я чуть не у́мер со ску́ки.

*cpd.*: ~-**necked** *adj.* (*stubborn*) упря́мый.

**stiffen** *v.t.* **1.** (*make rigid*) прид|ава́ть, -а́ть жёсткость +*d.*; collars ~ed with starch накрахма́ленные воротнички́; **2.** (*make viscous*) сгу|ща́ть, -сти́ть; **3.** (*make resolute*) прид|ава́ть, -а́ть твёрдость +*d.*; **4.** (*strengthen*) укреп|ля́ть, -и́ть.

*v.i.* (*become rigid*) де́латься, с- жёстким; коченé|ть, о-; костенé|ть, о-; (*become viscous, thick*) сгу|ща́ться, -сти́ться, за-; (*become stronger*) кре́пнуть (*impf.*); де́латься, с- кре́пче; the breeze ~ed ве́тер крепча́л; opposition is ~ing сопротивле́ние кре́пнет.

**stiffener** *n.* (*for paste, dough*) загусти́тель (*m.*); (*drink*) рю́мочка; глото́к спиртно́го.

**stiffness** *n.* жёсткость; су́хость; одеревене́лость; тру́дность; чо́порность; принуждённость.

**stifl|e** *v.t.* **1.** (*smother, suffocate*) души́ть, за-; it is ~ing in here здесь ду́шно; ~ing heat удуша́ющая жара́; **2.** (*e.g. rebellion, feelings, hopes, sobs*) подав|ля́ть, -и́ть; ~e flames туши́ть, за- ого́нь; ~e complaints прес|ека́ть, -éчь жа́лобы; ~e one's laughter сде́рж|ивать, -а́ть смех.

*v.i.* зад|ыха́ться, -охну́ться.

**stigma** *n.* **1.** (*imputation, stain*) позо́р, пятно́; he will bear the ~ of the trial all his life э́тот проце́сс опозо́рит его́ навсегда́ (*or* на всю жизнь); he bore the ~ of illegitimacy он нёс на себе́ клеймо́ незаконнорождённости; **2.** (*relig., med.*) сти́гма, стигма́т; **3.** (*bot.*) ры́льце.

**stigmatization** *n.* клейме́ние.

**stigmatize** *v.t.* клейми́ть, за-; поноси́ть (*impf.*).

**stile** *n.* (*steps*) перела́з.

**stiletto** *n.* стиле́т; ~ heels гво́здики (*m. pl.*); шпи́льки (*f. pl.*).

**still**[1] *n.* (*for distilling*) перего́нный куб; виноку́ренная устано́вка.

*cpd.*: ~-**room** *n.* (*for distilling*) помеще́ние для перего́нки; (*store-room*) кладова́я.

**still**[2] *n.* **1.** (*liter.*): in the ~ of night в ночно́й тиши́; **2.** (*cin.*) (рекла́мный) кадр.

*adj.* **1.** (*quiet, hushed, calm*) ти́хий, безмо́лвный; a ~ evening ти́хий/безве́тренный ве́чер; become ~ ум|олка́ть, -о́лкнуть; the ~ small voice of conscience ти́хий/негро́мкий го́лос со́вести; **2.** (*motionless*) неподви́жный; sit/stand ~ сиде́ть/стоя́ть (*impf.*) споко́йно; keep ~! не шевели́тесь!; споко́йно!; (*Am.*) (за)молчи́те!; (*to a child*) не верти́сь!; сиди́ ти́хо!; he is never ~ for a moment он мину́ты не сиди́т споко́йно; ~ life (*art*) натюрмо́рт; **3.** (*of wine*) неигри́стый; **4.** (*of water*) гла́дкий, споко́йный; ~ waters run deep в ти́хом о́муте че́рти во́дятся.

*adv.* **1.** (*even now, then*; *as formerly*) (всё) ещё; и сейча́с/тогда́; по-пре́жнему; he ~ doesn't understand он до сих пор не понима́ет; **2.** (*nevertheless*) тем не ме́нее, всё-таки, всё равно́; **3.** (*with comp.*: *even, yet*) ещё.

*v.t.* (*calm*) успок|а́ивать, -о́ить; утихоми́ри|вать, -ть (*coll.*); their fears were ~ed их стра́хи бы́ли развея́ны; (*console*) ут|еша́ть, -е́шить; (*soothe*) утол|я́ть, -и́ть.

*cpds.*: ~-**birth** *n.* рожде́ние мёртвого плода́; ~-**born** *adj.* мертворождённый.

**stillness** *n.* тишина́.

**stilt** *n.* **1.** ходу́ля; walk on ~s ходи́ть (*indet.*) на ходу́лях; **2.** (*supporting building*) сва́я.

**stilted** *adj.* (*of style etc.*) напы́щенный, высокопа́рный.

**stimulant** *n.* побуди́тель (*m.*), сти́мул; (*med.*) стимуля́тор, стимули́рующее сре́дство; (*alcohol*) спиртно́е; спиртно́й напи́ток.

*adj.* возбужда́ющий, стимули́рующий.

**stimulat|e** *v.t.* **1.** (*rouse, incite*) побу|жда́ть, -ди́ть (*кого* + *inf. or к чему*); стимули́ровать (*impf., pf.*); the conversation had a ~ing effect on him разгово́р приободри́л/подбодри́л его́; **2.** (*excite, arouse*) возбу|жда́ть, -ди́ть; the story ~ed my curiosity расска́з возбуди́л моё любопы́тство; his interest was ~ed у него́ возни́к интере́с; light ~es the optic nerve свет раздража́ет зри́тельный нерв; **3.** (*increase*): this ~es the action of the heart э́то уси́ливает серде́чную де́ятельность; in order to ~e production в це́лях стимули́рования произво́дства.

**stimulation** *n.* (*urging*) побужде́ние; поощре́ние; (*excitement*) возбужде́ние.

**stimulus** *n.* сти́мул, толчо́к; (*incentive*) побужде́ние; (*motive force*) побуди́тельная/дви́жущая си́ла; раздражи́тель (*m.*).

**sting** *n.* **1.** (*of insect etc.*) жа́ло; a ~ in the tail (*fig.*) ≃ скры́тая шпи́лька; a jest with a ~ in it язви́тельная шу́тка; **2.** (*of plant*) жгу́чий волосо́к; (*of nettle*) ожо́г; **3.** (*by insect*) уку́с; I got a ~ on my leg меня́ что́-то ужа́лило/укуси́ло в но́гу; his face is covered with ~s у него́ всё лицо́ иску́сано; **4.** (~*ing pain*) о́страя/жгу́чая боль; (*fig.*): the ~s of remorse угрызе́ния (*nt. pl.*) со́вести.

*v.t.* **1.** (*of insect etc.*) жа́лить, у-; he was stung by a bee его́ ужа́лила пчела́; what stung you? кто вас ужа́лил?; (*of plant*) обж|ига́ть, -е́чь; жечь (*impf.*); the nettles stung his feet крапи́ва жгла ему́ но́ги; ~ing-nettle (жгу́чая) крапи́ва; **2.** (*of pain, smoke etc.*) обж|ига́ть, -е́чь; our faces were stung by the hail град стега́л нам лицо́; a ~ing slap on the face жесто́кая пощёчина; **3.** (*pain mentally*) терза́ть (*impf.*); the reproaches stung him упрёки уязви́ли его́; he was stung by remorse его́ охвати́ло раска́яние; ~ing words язви́тельные слова́; her laughter stung him to the quick её насме́шка заде́ла его́ за живо́е; **4.** (*coll., overcharge, swindle*) облапо́шить/нагре́ть (*both pf., coll.*).

*v.i.* **1.** (*of insect etc.*) жа́литься (*impf.*); (*of plant*) жёчься (*impf.*); **2.** (*feel pain or irritation*) жечь (*impf.*); the blow made his hand ~ ему́ жгло ру́ку от уда́ра; the smoke made my eyes ~ дым ел мне глаза́.

*cpd.*: ~-**ray** (*also* **stingaree**) *n.* скат.

**stingless** *adj.* не име́ющий жа́ла; без жа́ла.

**stingy** *adj.* **1.** (*of pers.*) скупо́й; (*coll.*) ска́редный; **2.** (*meagre*) ску́дный.

**stink** *n.* **1.** вонь, злово́ние; **2.** (*coll.*): raise (*or* kick up) a ~ about sth. подня́ть (*pf.*) шум (*or* устро́ить (*pf.*) сканда́л) по како́му-н. по́воду.

*v.t.*: ~ **out** выку́ривать, вы́курить.

*v.i.* воня́ть (*impf.*); смерде́ть (*impf.*); the room ~s of onions в ко́мнате воня́ет лу́ком; ~ing corpses злово́нные тру́пы; a ~ing cellar воню́чий подва́л; (*fig.*): he ~s of money (*or* is ~ing rich) ≃ у него́ де́нег ку́ры не клюю́т; the suggestion stank in his nostrils э́то предложе́ние вы́звало у него́ отвраще́ние/омерзе́ние.

**stinker** *n.* (*coll.*) **1.** (*pers.*) мерза́вец, га́дина; **2.** (*difficult task*) тру́дная зада́ча; **3.** (*severe letter*) суро́вое письмо́, о́тповедь.

**stint** *n.* **1.** (*liter., restriction*): without ~ без преде́ла/ограниче́ний; неограни́ченно; **2.** (*fixed amount of work*) уро́к; do one's daily ~ выполня́ть, вы́полнить дневно́й уро́к.

*v.t.* ограни́чи|вать, -ть (*кого в чем*); скупи́ться, по- на +*a.*; he did not ~ his praise он не скупи́лся на похвалы́; he ~s himself for his children он отка́зывает себе́ ра́ди дете́й.

**stipend** *n.* (*of clergyman*) жа́лованье; (*of student*) стипе́ндия.

**stipendiary** *n.* стипендиа́т; (*magistrate*) пла́тный магистра́т (*в отличие от мирового судьи*).

*adj.* получа́ющий жа́лованье/стипе́ндию.

**stipple** *n.* (*method of shading*) то́чечный пункти́р; (*engraving/painting*) гравиро́вка/рисова́ние пункти́ром.

*v.t.* гравирова́ть, на- в пункти́рной мане́ре; изобра|жа́ть, -зи́ть пункти́ром.

**stipulate** *v.t.* обусло́в|ливать, -ить; огов|а́ривать, -ори́ть; it is ~d that the landlord shall be responsible for repairs огово́рено, что за ремо́нт отвеча́ет владе́лец; at the ~d time в обусло́вленное вре́мя.

*v.i.*: ~ for выгова́ривать, вы́говорить себе́ (*право на что*).

**stipulation** *n.* (*stipulating*) обусло́вливание; (*condition*) усло́вие.

**stir** *n.* **1.** (*act of ~ring*) разме́шивание, поме́шивание; give one's tea a ~ помеша́ть (*pf.*) чай; **2.** (*commotion; movement*) волне́ние, движе́ние; there was a ~ in the crowd толпа́ заволнова́лась; a ~ of warm wind дунове́ние тёплого ве́тра; there was not a ~ in the sea мо́ре бы́ло неподви́жно; **3.** (*sensation*) шум, сенса́ция; the news caused a ~ э́то изве́стие наде́лало мно́го шу́му.

*v.t.* **1.** (*cause to move*): the wind ~s the trees ве́тер коли́шет дере́вья; ~ the fire шурова́ть, по- (*or* вороши́ть, по-) у́голь в ками́не; no one ~red a finger to help me никто́ па́лец о па́лец не уда́рил (*or* никто́ и па́льцем не шевельну́л), что́бы помо́чь мне; ~ your stumps! (*coll.*) пошеве́ливайся!; ~ one's tea разме́ш|ивать, -а́ть чай; ~ the soup меша́ть, по-суп; **2.** (*arouse, affect, agitate*) возбу|жда́ть, -ди́ть; пробу|жда́ть, -ди́ть; волнова́ть, вз-; her plea ~red him to pity её мольба́ пробуди́ла в нём жа́лость; he made a ~ring speech он вы́ступил с волну́ющей ре́чью.

*v.i.*: something ~red in the undergrowth что-то (за)шевели́лось в куста́х; the wind ~red in the trees ве́тер шелесте́л в дере́вьях; the cat lay without ~ring ко́шка лежа́ла, не шелохну́вшись; he didn't ~ out of his bed он не вылеза́л из посте́ли; don't ~ out of the house не выходи́те и́з дому.

*with adv.*: ~ **up** *v.t.* (*mix*) взб|а́лтывать, -олта́ть; сме́ш|ивать, -а́ть; (*arouse*): ~ up an interest in sth. пробу|жда́ть, -ди́ть интере́с к чему́-н.; ~ up strife разд|ува́ть, -у́ть ссо́ру; ~ up rebellion се́ять (*impf.*) сму́ту; занима́ться (*impf.*) подстрека́тельством.

**stirrup** *n.* стре́мя (*nt.*).

*cpds.*: ~-**cup** *n.* проща́льный ку́бок, «посошо́к»; ~-**leather**, ~-**strap** *nn.* пу́тлище; ~-**pump** *n.* ручно́й огнетуши́тель.

**stitch** *n.* **1.** (*sewing etc.*) стежо́к; (*med.*) шов; makes neat ~es она́ де́лает аккура́тные стежки́; she learnt a new ~ она́ осво́ила но́вую вя́зку; put ~es in a wound на|кла́дывать, -ложи́ть швы на ра́ну; a ~ in time своевре́менная ме́ра; without a ~ (*of clothing*) в чём мать родила́; every ~ on him was soaked он промо́к/вы́мок до ни́тки; **2.** (*knitting*) пе́тля; take up a ~ подн|има́ть, -я́ть пе́тлю; drop a ~ спус|ка́ть, -ти́ть пе́тлю; **3.** (*pain in side*) коло́ть в боку́; he had us in ~es (*coll.*) он нас чуть не умори́л со́ смеху.

*v.t.* (*sew together*) сши|ва́ть, -ть; (*esp. med.*)

заш|ива́ть, -и́ть; (*bookbinding*) брошюро-ва́ть, с-.

*with advs.*: ~ **on** *v.t.* приш|ива́ть, -и́ть; ~ **up** *v.t.* (*a garment*) сши|ва́ть, -ть; (*a wound*) заш|ива́ть, -и́ть.

**stoat** *n.* горноста́й (в ле́тнем меху́).

**stock** *n.* **1.** (*tree-trunk, stump*) ствол; пень (*m.*); **2.** (*handle, base etc.*): ~ of a rifle ружёйная ло́жа; ~ of a plough ру́чка плу́га; **3.** (*lineage*) семья́, род, происхожде́ние; he comes of good ~ он из хоро́шей семьи́; **4.** (*resources, store, supply*) запа́с, инвента́рь (*m.*); lay in a ~ of flour сде́лать (*pf.*) запа́с муки́; запасти́сь (*pf.*) муко́й; in ~ в ассортиме́нте; have sth. in ~ име́ть что-н. в нали́чии; he has a great ~ of information у него́ огро́мный запа́с све́дений; the ~ of human knowledge су́мма челове́ческих зна́ний; take ~ (*lit.*) инвентаризо-ва́ть (*impf., pf.*); take ~ of (*fig., appraise*) крити́чески оце́н|ивать, -и́ть; (*weigh up*) взве́|шивать, -сить; рассм|а́тривать, -отре́ть; **5.** (*of farm*) (live)~ скот, поголо́вье скота́; **6.** (*raw material*) сырьё; paper ~ бума́жное сырьё; **7.** (*cul.*) (кре́пкий) бульо́н; **8.** (*comm.*) а́кции (*f. pl.*); акционе́рный капита́л; фо́нды (*m. pl.*); hold ~ владе́ть (*impf.*) а́кциями; держа́ть (*impf.*) а́кции; S~ Exchange би́ржа; (*fig., reputation*): his ~ stood high, then fell to nothing сперва́ его́ а́кции бы́ли о́чень высо́ки, пото́м упа́ли; **9.** (*pl., for confining offenders*) коло́дки (*f. pl.*); **10.** (*pl., for supporting ship*) ста́пель (*m.*); be on the ~s стоя́ть (*impf.*) на ста́пел|е/-я́х; (*fig.*) быть в рабо́те; **11.** (*neckband*) шарф; **12.** (*bot.*) левко́й.

*adj.* **1.** (*kept in ~, available*) име́ющийся в нали́чии; ~ sizes in hats станда́ртные разме́ры шляп; **2.** (*regularly used, hackneyed*) обы́чный, изби́тый, шабло́нный.

*v.t.* **1.** (*equip, furnish with* ~) снаб|жа́ть, -ди́ть (*что чем*); обору́довать (*impf., pf.*); the garden was well ~ed with vegetables в огоро́де бы́ло поса́жено мно́го овоще́й; **2.** (*keep in* ~) держа́ть (*impf.*); име́ть (*impf.*) в нали́чии.

*v.i.*: ~ **up**: we ~ed up with fuel for the winter мы запасли́сь то́пливом на́ зиму.

*cpds.*: ~**-account**, ~**-book** *nn.* счёт ками-та́ла/това́ра; ~**-breeder** *n.* животново́д; ~ **broker** *n.* (биржево́й) ма́клер; ~ **broking** *n.* биржевы́е опера́ции (*f. pl.*); ~**-farm** *n.* скотово́дческая фе́рма; ~**-farmer** *n.* ското-во́д; ~**-farming** *n.* скотово́дство; ~ **fish** *n.* вя́леная треска́; ~**holder** *n.* акционе́р; ~ **-in-trade** *n.* запа́с това́ров; това́рная нали́ч-ность; books are a scholar's ~-in-trade кни́ги явля́ются ору́диями произво́дства учёного; promises are the politician's ~-in-trade обеща́ния — непреме́нный арсена́л политика́на; ~ **jobber** *n.* биржево́й ма́клер; спекул-я́нт; ~ **jobbery**, ~ **jobbing** *nn.* ажиота́ж; биржевы́е спекуля́ции; ~ **list** *n.* спи́сок

това́ров в ассортиме́нте; ~ **man** *n.* скотово́д; ~**-market** *n.* фо́ндовая би́ржа; ~ **pile** *n.* материа́льный резе́рв, запа́с; *v.t.* запас|а́ть, -ти́ +*a.* or *g.*; запас|а́ться, -ти́сь +*i.*; ~ **pot** *n.* кастрю́лька, в кото́рой ва́рится и храни́тся кре́пкий бульо́н; ~**-raising** *n.* животно-во́дство, скотово́дство; ~**-still** *adv.* непо-дви́жно; ~**-taking** *n.* инвентариза́ция; closed for ~-taking закры́то на учёт; (*fig.*) обзо́р, оце́нка, крити́ческий ана́лиз; ~ **yard** *n.* скотоприго́нный двор.

**stockade** *n.* частоко́л.

**Stockholm** *n.* Стокго́льм.

**stockinet(te)** *n.* трикота́ж; (*attr.*) трикота́жный.

**stocking** *n.* чуло́к (*also of horse*); in one's ~(ed) feet в одни́х чулка́х/носка́х; без о́буви.

**stockist** *n.* ро́зничный продаве́ц (*определённых това́ров*).

**stocky** *adj.* корена́стый, призе́мистый.

**stodge** (*coll.*) *n.* (*heavy food*) тяжёлая/сы́тная еда́; (*unimaginative person*) бесцве́тный челове́к.

*v.t.*: he ~d himself with bread он наби́л себе́ желу́док хле́бом.

**stodginess** *n.* (*fig.*) тяжелове́сность, ну́дность.

**stodgy** *adj.* (*of food*) тяжёлый; (*coll., of pers., style etc.*) тяжелове́сный, ну́дный, гру́зный, неповоро́тливый.

**stoic** *n.* (*of either sex*) сто́ик.

*adj.* стои́ческий.

**stoical** *adj.* стои́ческий.

**stoicism** *n.* стоици́зм.

**stoke** *v.t.* (*also* ~ **up**) шурова́ть (*impf.*); (*put more fuel on*) загру|жа́ть, -зи́ть (*то́пку*); забр|а́сывать, -о́сить то́пливо в +*a.*; (*keep going*): ~ the fire подде́рживать (*impf.*) ого́нь.

*v.i.* **1.** (*act as* ~*r*) топи́ть (*impf.*); **2.**: ~ **up** подде́рж|ивать, -а́ть ого́нь; шурова́ть (*impf.*); (*coll., eat heavily*) наж|ира́ться, -ра́ться.

*cpds.*: ~ **hold** *n.* кочега́рка; ~**-hole** *n.* отве́рстие то́пки.

**stoker** *n.* кочега́р, истопни́к.

**stole** *n.* (*eccl.*) епитрахи́ль, ора́рь (*m.*); (*woman's*) ≃ палантин.

**stolid** *adj.* (*impassive*) бесстра́стный; (*dull*) тупо́й; (*phlegmatic*) флегмати́чный; (*sluggish*) вя́лый.

**stolidity** *n.* бесстра́стность, бесстра́стие; ту́пость; флегмати́чность; вя́лость.

**stomach** *n.* **1.** (*internal organ*) желу́док; a pain in the ~ боль в животе́; he had a ~ upset у него́ бы́ло расстро́йство желу́дка; on a full ~ сра́зу по́сле еды́; на по́лный желу́док; on an empty ~ натоща́к; на пусто́й желу́док; a strong ~ хоро́шее пищеваре́ние; you need a strong ~ to read this report нужны́ желе́зные не́рвы, что́бы прочита́ть э́тот отчёт; it turns my ~ меня́ тошни́т от э́того; мне э́то проти́т/проти́вно; in the pit of the ~ под ло́жечкой; **2.** (*external part of body; belly*) живо́т, брю́хо; someone kicked me in the ~ кто́-то пнул меня́ в живо́т; he is getting a large ~ у него́ нача́ло появля́ться брю́шко; crawl on one's ~ по́лз|ать, -ти́ на животе́; **3.** (*appetite*): I have no ~ for rich food я не люблю́ жи́рного; **4.** (*fig., desire*) жела́ние, охо́та; (*spirit, courage*) дух, хра́брость; he has no ~ for fighting дра́ться у него́ сме́лости не хвата́ет.

*v.t.* **1.** (*digest*) перева́р|ивать, -и́ть; (*be able to eat*): he could ~ nothing but bread and milk он не́ был в состоя́нии есть ничего́, кро́ме хле́ба с молоко́м; **2.** (*fig., tolerate*): ~ an insult прогл|а́тывать, -оти́ть оби́ду; I can't ~ him я его́ не перева́риваю/переношу́; я его́ выно́сить/терпе́ть не могу́.

*cpd.*: ~-ache *n.* ко́лик|и (*pl., g.* —) в животе́; ~-pump, ~-tube *nn.* желу́дочный зонд.

**stomach|al, -ic** *adjs.* желу́дочный.

**stomp** *v.i.* (*coll., tread heavily*) то́пать, про-.

**stone** *n.* **1.** ка́мень (*m.*) (*pl.* ка́мни, ка́менья); meteoric ~ аэроли́т; throw ~s броса́ться (*impf.*) камня́ми; throw a ~ at s.o. бр|оса́ть, -о́сить ка́мнем в кого́-н.; break ~s бить (*pf.*) ще́бень (*m.*); I have a ~ in my shoe у меня́ в боти́нке ка́мешек; trip over a ~ спот|ыка́ться, -кну́ться о ка́мень; leave no ~ unturned (*fig.*) пусти́ть (*pf.*) всё в ход; испо́льзовать (*impf., pf.*) все возмо́жные сре́дства; приложи́ть (*pf.*) все стара́ния; a rolling ~ gathers no moss кому́ на ме́сте не сиди́тся, тот добра́ не наживёт; his house is within a ~'s throw of here до его́ до́ма отсю́да руко́й пода́ть; **2.** (*gem*): precious ~ драгоце́нный ка́мень (*pl.* ка́мни); **3.** (*rock, material*): built of local ~ постро́енный из ме́стного ка́мня; harden into ~ камене́ть, о-; Portland ~ портла́ндский ка́мень, портле́ндская поро́да; he has a heart of ~ у него́ не се́рдце, а ка́мень; S~ Age ка́менный век; S~ Age man челове́к ка́менного ве́ка; ~ circle кро́млех; **4.** (*of plum etc.*) ко́сточка; **5.** (*med.*) ка́мень (*m., pl.* ка́мни); he underwent an operation for ~ ему́ сде́лали опера́цию по по́воду камне́й; **6.** (*weight*) сто́ун, стон (*6,35 кг.*).

*adj.* ка́менный.

*v.t.* **1.** (*pelt with* ~s) поб|ива́ть, -и́ть камня́ми: ~ the crows! мать родна́я! (*coll.*); **2.** (*line, face with* ~) облиц|о́вывать, -ева́ть ка́мнем; (*pave*) мости́ть, вы́-. ка́мнем; **3.** (*remove* ~s *from*): ~ cherries оч|ища́ть, -и́стить ви́шни от ко́сточек; **4.** ~d (*drunk*) в сте́льку/ вдрызг пья́ный (*coll.*); (*with drugs*) под ке́йфом (*coll.*).

*cpds.*: ~-blind *adj.* соверше́нно слепо́й; ~chat *n.* черного́рлый чека́н; ~-coal *n.* антраци́т; ~-cold *adj.* холо́дный как лёд; ~-dead *adj.* мёртвый; ~-deaf *adj.* соверше́нно глухо́й; ~-fruit *n.* костя́нка, ко́сточковый плод; ~-ground *adj.* размо́лотый

жернова́ми; ~mason *n.* ка́менщик; ~-pit *n.* каменоло́мня, карье́р; ~-saw *n.* камнере́зная пила́; ~wall *v.i.* (*fig., refuse to be drawn*) отма́лчиваться (*impf.*); ~ware *n.* гонча́рные/керами́ческие изде́лия; ~work *n.* (*masonry*) ка́менная кла́дка.

**stony** *adj.* камени́стый; (*fig., unfeeling*) ка́менный; из ка́мня.

*cpds.*: ~-broke *adj.* (*coll.*) вконе́ц разорённый; ~-hearted *adj.* жестокосе́рдный.

**stooge** (*sl.*) *n.* (*comedian's foil*) партнёр ко́мика; (*deputy of low standing*) подставно́е лицо́, марионе́тка.

*v.i.*: ~ around болта́ться (*impf.*); окола́чиваться (*impf.*) (*coll.*).

**stook** *n.* копна́ (се́на).

**stool** *n.* **1.** (*seat*) табуре́т(ка); piano ~ враща́ющийся табуре́т (у роя́ля); ~ of repentance скамья́ покая́ния; fall between two ~s оказа́ться (*pf.*) ме́жду двух сту́льев; **2.** (foot~) скаме́ечка (для ног); **3.** (*lavatory*): go to ~ испражн|я́ться, -и́ться; (*faeces*) стул.

*cpd.*: ~-pigeon *n.* (*pers.*) насе́дка, стука́ч (*fem.* -ка) (*coll.*).

**stoop** *n.* суту́лость; he walks with a ~ он суту́лится при ходьбе́.

*v.t.*: ~ one's shoulders суту́лить (*impf.*) пле́чи.

*v.i.* **1.** (*of posture*) суту́литься, с-; walk with a ~ing gait суту́литься при ходьбе́; (*bend down*) наг|иба́ться, -ну́ться; сгиба́ться, согну́ться; **2.** (*condescend*) сни|сходи́ть, -зойти́; (*lower oneself*) ун|ижа́ться, -и́зиться; he never ~ed to lying он никогда́ не унижа́лся до лжи; I wouldn't ~ so low я не паду́ так ни́зко.

**stop** *n.* **1.** (*halt, halting-place*) остано́вка; come to a ~ останови́ться (*pf.*); put a ~ to положи́ть (*pf.*) коне́ц +*d.*; the traffic was brought to a ~ на у́лице образова́лась про́бка; the train goes to London without a ~ по́езд идёт до Ло́ндона без остано́вок; bus ~ авто́бусная остано́вка; **2.** (*stay*) остано́вка, (кра́ткое) пребыва́ние; we made a short ~ in Paris мы останови́лись ненадо́лго в Пари́же; **3.** (*punctuation mark*) знак препина́ния; full ~ то́чка; (*in telegram*) то́чка (*abbr.* тчк); (*fig.*): come to a full ~ прийти́ (*pf.*) к концу́; по́лностью прекрати́ться (*pf.*); bring to a full ~ по́лностью прекрати́ть (*pf.*); **4.** (*mus., on string*) лад; (*of organ*) реги́стр; pull out all the ~s (*fig.*) нажа́ть (*pf.*) на все кно́пки; **5.** (*phot.*) диафра́гма; **6.** (*phon.*) взрывно́й согла́сный (звук).

*v.t.* **1.** (*also* ~ up: *close, plug, seal*) закр|ыва́ть, -ы́ть; зат|ыка́ть, -кну́ть; заде́л|ывать, -ать; he ~ped his ears when I spoke он заткну́л у́ши, когда́ я говори́л; he ~ped his ears to my request он был глух к мое́й про́сьбе; I ~ped his mouth with a bribe я заткну́л ему́ рот взя́ткой; the dentist ~ped three of my teeth зубно́й врач запломбирова́л мне три зу́ба; the drain-pipe is ~ped (up) дрена́жная труба́ засори́лась; we can ~ the leak with a rag мы мо́жем заткну́ть течь тря́пкой; ~ a gap (*fig.*) зап|олня́ть, -о́лнить пробе́л; **2.** (*arrest motion of*) остан|а́вливать, -ови́ть; he ~ped the car он останови́л маши́ну; he ~ped the engine (*intentionally*) он вы́ключил/заглуши́л мото́р; (*inadvertently*) у него́ загло́х мото́р; he was running too fast to ~ himself он бежа́л так бы́стро, что не мог останови́ться; I ~ped the first taxi that came along я взял пе́рвое попа́вшееся такси́; the thief was ~ped by a policeman вор был заде́ржан полице́йским; ~ thief! держи́ во́ра!; he ~ped the blow with his arm он отрази́л уда́р руко́й; ~ a bullet (*coll.*) быть уби́тым/ра́ненным пу́лей; **3.** (*arrest progress of; bring to an end*) остан|а́вливать, -ови́ть; заде́рж|ивать, -а́ть; прекра|ща́ть, -ти́ть; the frost ~ped the growth of the plants моро́з останови́л рост расте́ний; the bank ~ped payment банк прекрати́л платежи́; rain ~ped play дождь сорва́л игру́; it ought to be ~ped э́тому на́до положи́ть коне́ц; (*suspend*) приостан|а́вливать, -ови́ть; I ~ped the cheque я приостанови́л платёж по э́тому че́ку; production was ~ped for a day произво́дство бы́ло остано́влено на оди́н день; (*cancel*) отмен|я́ть, -и́ть; all leave has been ~ped все отпуска́ отменены́; (*cut off, disallow,* ~ *provision of*): they ~ped £20 out of his wages у него́ удержа́ли 20 фу́нтов из зарпла́ты; my father ~ped my allowance оте́ц переста́л выделя́ть мне де́ньги; (*electricity etc.*) выключа́ть, вы́ключить; **4.** (*prevent, hinder*): ~ s.o. from уде́рж|ивать, -а́ть кого́-н. от +*g.*; не дать (*pf.*) (*кому* + *inf.*); I tried to ~ him (from) telling her я пыта́лся помеша́ть ему́ сказа́ть ей; what's ~ping you? за чем (же) де́ло ста́ло?; what is to ~ me going? что мне помеша́ет пойти́?; **5.** (*interrupt*) прер|ыва́ть, -ва́ть; once he gets talking no one can ~ him когда́ он разговори́тся, его́ невозмо́жно останови́ть (*or* его́ уже́ не остано́вишь); **6.** (*with gerund: discontinue, leave off*) перес|т|ава́ть, -а́ть +*inf.*; прекра|ща́ть, -ти́ть +*n. obj.*; ~ teasing the cat! переста́ньте дразни́ть ко́шку!; ~ telling me what to do! дово́льно/хва́тит учи́ть меня́ жить!; they ~ped talking when I came in когда́ я вошёл, они́ умо́лкли; **7.** (*mus.*): ~ a string заж|има́ть, -а́ть струну́.

*v.i.* **1.** (*come to a halt*) остан|а́вливаться, -ови́ться; he ~ped short, dead он останови́лся как вко́панный; he did not ~ at murder он не останови́лся пе́ред уби́йством; a ~ping train по́езд, иду́щий с остано́вками; ~! сто́йте!; ~ a minute! погоди́те мину́ту!; the clock has ~ped часы́ стоя́т/останови́лись; **2.** (*in speaking*) зам|олка́ть, -о́лкнуть; he ~ped talking он

замолча́л; he ~ped to light his pipe он сде́лал па́узу, что́бы раскури́ть тру́бку; **3.** (*cease activity*) перест|ава́ть, -а́ть; конча́ть, ко́нчить; he ~ped reading он переста́л/ бро́сил чита́ть; he ~ped smoking он бро́сил кури́ть; ~ that! конча́й!; переста́нь!; хва́тит!; дово́льно! бро́сьте! **4.** (*come to an end*) прекра|ща́ться, -ти́ться; конча́ться, ко́нчиться; перест|ава́ть, -а́ть; their correspondence ~ped перепи́ска ме́жду ни́ми оборвала́сь; the rain ~ped дождь ко́нчился/переста́л/прошёл; the road ~ped suddenly доро́га вдруг ко́нчилась; **5.** (*stay*): ~ at a hotel остан|а́вливаться, -ови́ться в гости́нице; ~ at home ост|ава́ться, -а́ться до́ма; don't ~ out too long не заде́рживайтесь надо́лго (*or* сли́шком до́лго).

*with advs.*: ~ **by** *v.i.* за|ходи́ть, -йти́; (*in a vehicle*) за|езжа́ть, -е́хать; ~ **off,** ~ **over** *vv.i.* остан|а́вливаться, -ови́ться; ~ **up** *v.t. see v.t.* **1.**; *v.i.*: we ~ped up late to welcome him мы не расходи́лись спать допоздна́, что́бы приве́тствовать его́.

*cpds.*: ~-**cock** *n.* запо́рный кран; ~**gap** *n.* (*pers.*) вре́менно заменя́ющий; (*thg.*) заты́чка; вре́менная ме́ра; it will serve as a ~gap э́то сойдёт на вре́мя; ~-**go** *adj.*: ~-go policy поли́тика «стой-иди́»; ~-**lamp,** ~-**light** *nn.* (*on vehicle*) стоп-сигна́л; ~-light (*of traffic lights*) кра́сный свет; ~-**off,** ~-**over** *nn.* остано́вка (в пути́); ~-**press** *n.* «в после́днюю мину́ту»; экстренное сообще́ние (*в газе́те*); ~**valve** *n.* запо́рный ве́нтиль; сто́порный кла́пан; ~-**watch** *n.* секундоме́р (с остано́вом).

**stoppage** *n.* **1.** (*of work etc.*) прекраще́ние, остано́вка, забасто́вка; (*interruption*) перебо́й; ~ of pay прекраще́ние вы́платы/зарпла́ты; ~ of leave отме́на отпуско́в; **2.** (*obstruction*) засоре́ние, заку́порка; intestinal ~ засоре́ние желу́дка.

**stopper** *n.* (*of bottle etc.*) про́бка; put a ~ on (*fig., coll.*) положи́ть (*pf.*) коне́ц +*d.*

*v.t.* (*also* ~ **up:** *cork*) заку́пори|вать, -ть; зат|ыка́ть, -кну́ть.

**stopping** *n.* (*in tooth*) пло́мба.

**storage** *n.* (*storing*) хране́ние; (*method*): in cold ~ в холоди́льнике; put into cold ~ (*fig.*) отложи́ть (*pf.*) в до́лгий я́щик (*or* под сукно́); (*space*): put sth. in(to) ~ сда|ва́ть, -ть что-н. на хране́ние; take sth. out of ~ брать, взять что-н. со скла́да; (*cost, charge*) пла́та за хране́ние; (*of computer*) накопи́тель (*m.*); запомина́ющее устро́йство; па́мять.

*cpds.*: ~-**battery** *n.* аккумуля́торная батаре́я; ~-**tank** *n.* запасно́й резервуа́р/бак.

**store** *n.* **1.** (*stock, reserve*) запа́с, резе́рв, припа́с; (*abundance*) изоби́лие; ~ of food запа́с прови́зии; a great ~ of information огро́мный запа́с све́дений; lay in ~s of butter де́лать, с- запа́сы ма́сла; he has a surprise in ~ for you у него́ для вас припасён сюрпри́з; the next day had a surprise in ~ for us all сле́дующий день преподнёс нам всем сюрпри́з; **2.** (*pl., supplies*): military ~s вое́нное иму́щество; naval ~s корабе́льные припа́с|ы (*pl., g.* -ов); шки́перское иму́щество; **3.** (*warehouse*) склад, пакга́уз, храни́лище; put furniture in ~ сда|ва́ть, -ть ме́бель на хране́ние; **4.** (*Am., shop*) магази́н, ла́вка; department, multiple ~(s) универма́г; general ~(s) магази́н сме́шанных това́ров; **5.** (*value, significance*) значе́ние; set ~ by прид|ава́ть, -а́ть значе́ние +*d*.; he sets no great ~ by his life он не сли́шком дорожи́т (свое́й) жи́знью.

*adj.* (*kept in* ~) запа́сный, запасно́й.

*v.t.* **1.** (*furnish, stock*) снаб|жа́ть, -ди́ть (*что чем*); нап|олня́ть, -о́лнить (*что чем*); his mind is ~d with knowledge он мно́го зна́ет; он зна́ющий челове́к; **2.** (~ *up, set aside*) запас|а́ть, -ти́; нак|а́пливать (*or* нак|опля́ть), -опи́ть; **3.** (*deposit in* ~) сда|ва́ть, -ть на хране́ние; he ~d his car for the winter он законсерви́ровал маши́ну на́ зиму; **4.** (*hold*) вме|ща́ть, -сти́ть; the shed will ~ all the coal we need в сара́й мо́жно засы́пать сто́лько у́гля, ско́лько нам ну́жно.

*cpds.*: ~**house** *n.* склад, кладова́я, амба́р; ~**keeper** *n.* (*mil., nav.*) кладовщи́к, батале́р; (*shopkeeper*) ла́вочник; ~**room** *n.* кладова́я; ~**-ship** *n.* тра́нспорт снабже́ния.

**storey** *n.* (*Am.* **story**) эта́ж; a house of 5 ~s пятиэта́жный дом; add a ~ (to the house) надстр|а́ивать, -о́ить эта́ж; top ~ ве́рхний эта́ж; upper ~ (*joc., brain*) черда́к (*coll.*).

**storied** *adj.* (*liter.*) ска́зочный, легенда́рный; ове́янный леге́ндами.

**stork** *n.* а́ист.

**storm** *n.* **1.** бу́ря, урага́н; (*thunder* ~) гроза́; (*snow* ~) мете́ль, вьюга, бура́н; cyclonic ~ цикло́н; magnetic ~ магни́тная бу́ря; ~ in a teacup (*fig.*) бу́ря в стака́не воды́; **2.** (*naut.*) (жесто́кий) шторм; (*meteor.*) урага́н; **3.** (*upheaval*): the ~ of revolution революцио́нный вихрь; ~ and stress (*hist.*) «бу́ря и на́тиск»; **4.** (*fig., hail, shower, volley*) град, ли́вень (*m.*), залп; a ~ of arrows/bullets град стрел/пуль; (*of emotion etc.*): ~ of applause взрыв аплодисме́нтов; ~ of abuse град оскорбле́ний; ~ of anger/laughter/indignation взрыв гне́ва/сме́ха/негодова́ния; **5.** (*assault*) штурм; take a town by ~ брать, взять го́род шту́рмом; take an audience by ~ покори́ть/захвати́ть (*pf.*) слу́шателей/аудито́рию/пу́блику.

*v.t.* (*mil.*) штурмова́ть (*impf.*); брать, взять при́ступом.

*v.i.* (*of wind etc.*) свире́пствовать (*impf.*); бушева́ть (*impf.*); (*fig., rage*) бушева́ть

(*impf.*); мета́ть (*impf.*) гро́мы и мо́лнии; ~ at s.o. крича́ть, на- на кого́-н.; he ~ed out of the room он вы́бежал из ко́мнаты в гне́ве.

*cpds.*: ~**-beaten**, ~**-tossed** *adjs.* потрёпанный бу́рей; ~**-belt** *n.* по́яс бурь; ~**-bound** *adj.* заде́ржанный што́рмом; ~**-centre** *n.* центр цикло́на; (*fig., centre, focus of disturbance*) оча́г волне́ний/беспоря́дков; ~**-cloud** *n.* грозова́я ту́ча; (*fig.*) ту́чи (*f. pl.*) над голово́й; ~**-cone** *n.* штормово́й сигна́льный ко́нус; ~**-lantern** *n.* фона́рь (*m.*) «мо́лния»; ~**proof** *adj.* буреусто́йчивый; спосо́бный вы́держать шторм/бу́рю; ~**-sail** *n.* штормово́й па́рус; ~**-tossed** *see* ~**-beaten**; ~**-trooper** *n.* штурмови́к; ~**-troops** *n.* штурмовы́е войска́, штурмовы́е ча́сти (*f. pl.*); ~**-window** *n.* зи́мняя ра́ма.

**stormy** *adj.* штормово́й; бу́рный (*also fig.*); ~ wind штормово́й ве́тер; ~ weather непого́да; a ~ sky грозово́е не́бо; a ~ sunset предвеща́ющий бу́рю зака́т; ~ petrel буреве́стник.

**story**[1] *n.* **1.** (*tale, account, history*) ска́зка, расска́з, исто́рия; tell a ~ расска́з|ывать, -а́ть ска́зку; short ~ расска́з, нове́лла; long short ~ по́весть; funny ~ анекдо́т; a good ~ заба́вная исто́рия; they all tell the same ~ они́ все говоря́т одно́ и то же; it's a long ~ э́то до́лгая пе́сня; э́то дли́нная исто́рия; to cut a long ~ short коро́че говоря́; одни́м сло́вом; that's quite another ~ э́то совсе́м друго́е де́ло; his ~ is an eventful one его́ жизнь/биогра́фия была́ бога́та собы́тиями; it's the old, old ~ э́то ве́чная исто́рия; the ~ goes говоря́т; преда́ние гласи́т; **2.** (*newspaper report*) отчёт, статья́; **3.** (*plot*) фа́була, сюже́т; **4.** (*coll., untruth*) исто́рия, вы́думка, ложь; tell a ~ врать, на-; he tells stories он враль.

*cpds.*: ~**-book** *n.* сбо́рник ска́зок/расска́зов; the affair had a ~-book ending э́той исто́рии коне́ц как в ска́зке; ~**-line** *n.* фа́була; ~**-teller** *n.* ска́зочни|к (*fem.* -ца), новелли́ст (*fem.* -ка), расска́зчи|к (*fem.* -ца); (*coll., liar*) вы́думщи|к (*fem.* -ца), лгун (*fem.* -ья); враль (*m.*), врун (*fem.* -ья).

**story**[2] *n. see* STOREY.

**stoup** *n.* **1.** (*flagon*) графи́н, буты́ль; **2.** (*eccl.*) ча́ша со свято́й водо́й.

**stout** *n.* (*beer*) кре́пкий по́ртер.

*adj.* **1.** (*strong*) кре́пкий, про́чный; **2.** (*resolute*) реши́тельный; (*sturdy*) си́льный; (*staunch*) сто́йкий; a ~ fellow бра́вый ма́лый; a ~ fighter бое́ц; a ~ heart сто́йкость, му́жество; offer ~ resistance ока́з|ывать, -а́ть упо́рное сопротивле́ние; **3.** (*corpulent*) по́лный, доро́дный; get, grow ~ полне́ть, по-/рас-.

*cpd.*: ~**-hearted** *adj.* сто́йкий, му́жественный.

**stoutness** *n.* кре́пость, про́чность; реши́тельность, сто́йкость, му́жество; полнота́, ту́чность.

**stove** *n.* печь, печка; (*for cooking*) кухонная плита; (*hothouse*) теплица.

    *cpd.*: ~-**pipe** *n.* дымоход; ~-pipe hat (*Am.*) цилиндр.

**stow** *v.t.* **1.** (*pack*) укладывать, уложить; I ~ed the trunk (away) in the attic я убрал сундук на чердак; (*fill*) загру|жать, -зить (*что чем*); (*naut.*): ~ the anchor уб|ирать, -рать якорь; **2.** (*sl., stop*): ~ it! брось!; хватит!; ~ that nonsense! брось/кончай эти глупости!

    *v.i.* ~ **away** (*on ship*) ехать (*det.*) зайцем.

    *cpd.*: ~**away** *n.* безбилетный пассажир, «заяц».

**stowage** *n.* (*action*) укладка, складывание; (*space*) складочное место, кладовая; (*charge*) плата за укладку.

**strabismus** *n.* страбизм, косоглазие.

**straddle** *v.t.* охват|ывать, -ить; осёдл|ывать, -ать; ~ a fence сидеть (*impf.*) верхом на заборе; (*fig.*): their shots ~d the target они захватили цель в вилку; my holiday ~s two weeks мой отпуск приходится на конец одной недели и начало другой.

    *v.i.* (*stand/sit with feet apart*) стоять/сидеть (*impf.*), широко расставив ноги.

**strafe** *v.t.* бомбардировать (*impf.*); обстрел|ивать, -ять.

**straggl|e** *v.i.*: the children ~ed home from school дети брели/тащились из школы домой; a wisp of hair ~ed небольшая прядь волос выбилась из причёски; a ~ing line of houses беспорядочный ряд домов; a ~ing line of soldiers беспорядочная цепочка солдат; a bush with ~ing shoots куст с торчащими побегами.

**straggler** *n.* (*soldier*) отставший солдат; (*ship*) отставшее судно.

**straggly** *adj.* беспорядочный, растрёпанный.

**straight** *n.* **1.** (*of racecourse*): the ~ (последняя) прямая; **2.**: out of the ~ косой, кривой; **3.** (*at cards*) карты, подобранные подряд по достоинству; «порядок», «стрит».

    *adj.* **1.** прямой; (*not bent*) неизогнутый; in a ~ line прямо в ряд; she had ~ hair у неё были прямые/невьющиеся волосы; hold your back ~! выпрямите спину!; держитесь прямо!; не сутультесь!; keep your knees ~! не сгибайте колени!; I couldn't keep a ~ face я не мог удержаться от улыбки; **2.** (*level*) ровный; are the pictures ~? картины висят ровно?; (*symmetrical*) симметричный; (*neat, in order*) в порядке; he never puts his room ~ он никогда не убирает свою комнату; put one's hat ~ попр|авлять, -авить шляпу; is my tie ~? как мой галстук — не косит?; put the record ~ (*fig.*) внести (*pf.*) поправку/уточнение; let's get this ~ давайте внесём определённость по этому вопросу; **3.** (*direct, honest*) прямой, честный; he is as ~ as a die он абсолютно/безукоризненно честен; ~ deal-

ings честность, прямота; ~ fight честный бой; борьба между двумя кандидатами и *т.п.*; ~ tip верный совет; **4.** (*orthodox*): ~ play (*theatr.*) (чистая) драма; (*heterosexual*) гетеросексуальный; не гомосексуальный; **5.** (*undiluted*) неразбавленный; (*unbroken*; *in a row*): ten ~ wins десять выигрышей подряд; ~ flush (*cards*) «королевский цвет», флешь-рояль (*m.*).

    *adv.* **1.** прямо; the smoke goes ~ upwards дым поднимается прямо вверх; he can't walk ~ он не может идти по прямой; sit (up) ~! сиди(те) прямо!; выпрями(те)сь!; keep ~ on! идите прямо/напрямик!; (*directly*): I am going ~ to Paris я еду прямо в Париж; I will come ~ to the point я приступлю прямо к делу; I gave it him ~ from the shoulder я ему так и отрубил; я ему сказал напрямик; I told him ~ (out) я сказал ему прямо; **2.** (*in the right direction or manner*): he can't shoot ~ он не умеет (метко) стрелять; he promised to go ~ in future он обещал впредь вести себя честно; he can't see ~ (*coll.*) у него в глазах двоится; can't you see ~? вы что, ослепли?; I can't think ~ я не могу сосредоточиться; **3.**: ~ away, off сразу, тотчас, немедленно; she went ~ off to her lawyer она тотчас (*or* тут же) пошла к (своему) адвокату.

    *cpds.*: ~**away** *adj.* (*Am.*) (*direct*) прямой, простой; (*immediate*) немедленный; ~-**cut** *adj.* (*of tobacco*) продольно нарезанный; ~**forward** *adj.* (*frank*) откровенный, прямой; (*honest*) честный; (*uncomplicated*) простой, несложный; ~**forwardness** *n.* откровенность, прямота; честность; простота, несложность.

**straighten** *v.t.* **1.** выпрямлять, выпрямить; he ~ed his back он выпрямился; он распрямил спину; **2.** (*put in order*) попр|авлять, -авить; прив|одить, -ести в порядок; ула|живать, -дить; he ~ed out his affairs он привёл свои дела в порядок; I will try to ~ things out я постараюсь всё уладить.

    *v.i.* выпрямляться, выпрямиться; распрям|ляться, -иться; (*become orderly*) испр|авляться, -авиться; ула|живаться, -диться.

**strain** *n.* **1.** (*tension*) натяжение; the rope broke under the ~ верёвка не выдержала натяжения и лопнула; (*wearing effect*): she suffered the ~ of sleepless nights она переутомилась из-за бессонных ночей; the ~s of modern life напряжённость/стресс современной жизни; he is under ~ у него слишком большая нагрузка; (*nervous fatigue*): he is suffering from ~ у него нервное переутомление; (*muscular* ~) растяжение (жил); (*effort, exertion*) напряжение; it was a great ~ to climb the ladder подъём по лестнице оказался большой нагрузкой; (*demand,* *load*): his education is a ~ on my resources его́ образова́ние си́льно ударя́ет по моему́ карма́ну (*or* сто́ит мне о́чень мно́го); **2.** (*of music*) напе́в, мело́дия; we heard the ~s of a waltz до нас доноси́лись зву́ки ва́льса; **3.** (*tone, style*) тон, стиль (*m.*); he continued in the same ~ он продолжа́л в том же ду́хе/ро́де; **4.** (*breed, stock*) род, происхожде́ние; he comes of a noble ~ он происхо́дит из зна́тного ро́да; он благоро́дного происхожде́ния; (*of animals, plants*) поро́да; a hardy ~ of rose выно́сливый сорт роз; (*biol.*) штамм; **5.** (*inherited feature*) насле́дственность; there is a ~ of insanity in his family в его́ роду́ име́ется насле́дственное психи́ческое заболева́ние; (*trace, tendency*) черта́, скло́нность, элеме́нт; I detected a ~ of sentimentality in his writing я обнару́жил (не́который) налёт сентимента́льности в его́ писа́ниях.

*v.t.* **1.** (*make taut*) натя́|гивать, -ну́ть; **2.** (*exert*) напр|яга́ть, -я́чь; I ~ed my ears to catch his words я напря́г слух, что́бы улови́ть его́ слова́; we must ~ every nerve нам сле́дует напря́чь все си́лы; **3.** (*over-exert*): ~ one's eyes переутомля́ть (*impf.*) глаза́; по́ртить (*impf.*) зре́ние; ~ a tendon растя́|гивать, -ну́ть сухожи́лие; don't ~ yourself смотри́те, не надорви́тесь; **4.** (*overtax, presume too much on*): ~ s.o.'s patience испы́тывать (*impf.*) чье-н. терпе́ние; ~ed relations натя́нутые отноше́ния; **5.** (*force, pervert*) де́лать, с- натя́жку в +*p.*; ~ the meaning of a word иска|жа́ть, -зи́ть смысл (како́го-н.) сло́ва; ~ed merriment напускно́е весе́лье; **6.** (*clasp*): she ~ed the child to her breast она́ прижа́ла ребёнка к груди́; **7.** (*filter, also* ~ **off**) проце́|живать, -ди́ть; отце́|живать, -ди́ть.

*v.i.* **1.** (*exert oneself*) напр|яга́ться, -я́чься; the swimmer was ~ing to reach the shore плове́ц напряга́л все си́лы, что́бы дости́чь бе́рега; ~ at a rope тяну́ть (*impf.*) верёвку изо всех сил; ~ at the oars нал|ега́ть, -е́чь на вёсла; ~ at the leash (*of hound*) рва́ться (*impf.*) с поводка́; (*fig., of pers.*) рва́ться (*impf.*) в бой; the masts were ~ing ма́чты гну́лись; plants ~ towards the light расте́ния тя́нутся к све́ту; **2.** ~ at a gnat (*fig.*) крохобо́рствовать (*impf.*); пере- оце́нивать (*impf.*) ме́лочи.

**strainer** *n.* си́то, си́течко, цеди́лка.

**strait** *n.* **1.** (*of water*) проли́в; S ~s of Dover/Gibraltar Ду́врский/Гибралта́рский проли́в; **2.** (*liter., difficult situation; need*) затрудни́тельное положе́ние; нужда́; in great, dire ~s в отча́янном положе́нии; в стеснённых обстоя́тельствах.

*cpds.*: ~-**jacket** *n.* смири́тельная руба́шка; ~-**laced** *adj.* (*fig.*) пурита́нский.

**straitened** *adj.*: ~ circumstances стеснённые обстоя́тельства.

**strand**[1] *n.* (*shore*) побере́жье, взмо́рье, пляж.

*v.t.* (*ship or pers.*) сажа́ть, посади́ть на мель; I was ~ed in Paris я очути́лся в Пари́же соверше́нно на мели́.

*v.i.* (*of ship*) сади́ться, сесть на мель.

**strand**[2] *n.* (*fibre, thread*) прядь, стре́нга, нить; (*fig.*): there are several ~s to the plot of this novel в э́том рома́не не́сколько сюже́тных ли́ний.

**strange** *adj.* **1.** (*unfamiliar, unknown*) незнако́мый, неизве́стный; **2.** (*of pers., unused*) не знако́мый (с +*i.*); he is still ~ to the work он ещё не привы́к к э́той рабо́те (*or* не осво́ился с э́той рабо́той); **3.** (*foreign, alien*) чужо́й, чужезе́мный; he loves to visit ~ lands он лю́бит е́здить в чужи́е края́/стра́ны; follow ~ gods моли́ться (*impf.*) чужи́м бога́м; **4.** (*remarkable, unusual*) стра́нный, необыкнове́нный, необы́чный; how ~ that you should ask that как стра́нно, что вы (и́менно) об э́том спроси́ли!; ~ to say (*or* ~ly enough) he loves her как (э́то) ни стра́нно, он лю́бит её; he was ~ly silent about his family непоня́тно почему́ он не хоте́л говори́ть о свое́й семье́; she wears the ~est clothes она́ чу́дно одева́ется; ~r things have happened и не тако́е случа́лось; I feel ~ (*dizzy*) мне не по себе́; меня́ мути́т.

**strangeness** *n.* стра́нность, непривы́чность.

**stranger** *n.* **1.** (*unknown pers.*) незнако́м|ец (*fem.* -ка); посторо́нний (челове́к); he is shy with ~s он стесня́ется посторо́нних; you're quite a ~ вы совсе́м пропа́ли!; **2.**: a ~ to (*unfamiliar with*) незнако́мый с +*i.*; чу́ждый +*d.*; she is no ~ to poverty она́ знако́ма с бе́дностью; бе́дность ей не в нови́нку; I am a ~ to your way of thinking мне чужд ваш о́браз мышле́ния; **3.** (*alien, foreigner*) чужестра́н|ец (*fem.* -ка); I am a ~ here я здесь чужо́й.

**strangle** *v.t.* души́ть, за-; удави́ть (*pf.*); this collar is strangling me э́тот воротничо́к меня́ ду́шит; (*fig.*): a ~d cry сда́вленный крик; death by strangling смерть че́рез удуше́ние.

*cpd.*: ~**hold** *n.* (*lit., fig.*) заси́лье; have a ~hold on s.o. держа́ть (*impf.*) кого́-н. мёртвой хва́ткой (*or* (*coll.*) за гло́тку).

**strangler** *n.* души́тель (*m.*).

**strangulate** *v.t.* (*med.*): ~d hernia ущемлённая гры́жа.

**strangulation** *n.* удуше́ние; (*med.*) зажима́ние, перехва́тывание, ущемле́ние.

**strap** *n.* **1.** реме́нь (*m.*), ремешо́к; (*of dress*) брете́лька; **2.** (*thrashing*): give s.o. the ~ поро́ть, вы́- кого́-н. ремнём; get the ~ получ|а́ть, -и́ть по́рку (ремнём).

*v.t.* **1.** (*secure with* ~) стя́|гивать, -ну́ть ремнём; he was ~ped to a chair он был привя́зан к сту́лу ремня́ми; (*bind wound etc.*): бинтова́ть, за-; на|кла́дывать, -ложи́ть ли́пкий пла́стырь на +*a.*; **2.** (*beat with* ~) поро́ть, вы́- ремнём.

*cpds.*: ~**-hanger** *n.* стоя́щий пассажи́р; ~**-work** *n.* переплета́ющийся орна́мент.
**strapping** *adj.* ро́слый, си́льный, здоро́вый.
**Strasb(o)urg** *n.* Страсбу́рг.
**stratagem** *n.* уло́вка; (вое́нная) хи́трость.
**strategic** *adj.* стратеги́ческий.
**strategist** *n.* страте́г.
**strategy** *n.* страте́гия; операти́вное иску́сство.
**stratification** *n.* стратифика́ция, рассло́ение, напластова́ние, насло́ение, залега́ние.
**stratif|y** *v.t.* (*arrange in strata*) насл|а́ивать, -о́ить; (*deposit in strata*) напласто́в|ывать, -а́ть; ~ied rock сло́истый ка́мень.
**strato-cumulus** *n.* сло́исто-кучевы́е облака́.
*adj.* сло́исто-кучево́й.
**stratosphere** *n.* стратосфе́ра.
**stratospheric** *adj.* стратосфе́рный.
**strat|um** *n.* **1.** (*geol.*) пласт, слой, напластова́ние, форма́ция; **2.**: social ~a слой о́бщества.
**stratus** *n.* сло́истое о́блако.
**straw** *n.* **1.** (*collect.*) соло́ма; (*attr.*) соло́менный; ~ hat соло́менная шля́п(к)а; man of ~ (*fig.*) подставно́е/фикти́вное лицо́; (*man of no substance*) ненадёжный/несерьёзный челове́к; **2.** (*single* ~) соло́мин(к)а; drink lemonade through a ~ пить (*impf.*) лимона́д че́рез соло́минку; catch, clutch at a ~ (*fig.*) хвата́ться, схвати́ться за соло́минку; not care a ~ (for) наплева́ть (*pf.*) (на +*a.*); относи́ться (*impf.*) соверше́нно безразли́чно к +*d.*; his promises are not worth a ~ его́ обеща́ниям грош цена́; that was the last ~ э́то бы́ло после́дней ка́плей; ~ in the wind (*fig.*) намёк; предупрежде́ние; при́знак; ~ vote неофициа́льный опро́с.
*cpds.*: ~**-board** *n.* соло́менный карто́н; ~**-coloured** *adj.* соло́менного цве́та.
**strawberry** *n.* (*pl., collect.*) клубни́ка; (*wild*) земляни́ка; а ~ я́года клубни́ки/земляни́ки; (*attr.*) клубни́чный, земляни́чный; ~ blonde рыжева́тая блонди́нка; ~ ice клубни́чное моро́женое.
*cpd.*: ~**-mark** *n.* роди́мое пятно́.
**stray** *adj.* **1.** (*wandering, lost*) заблюди́вшийся, бездо́мный; ~ sheep отби́вшаяся от ста́да овца́; ~ dog бродя́чая соба́ка; (*as n.*): waifs and ~s беспризо́рники (*m. pl.*); **2.** (*sporadic*): ~ instances отде́льные слу́чаи; а ~ bullet шальна́я пу́ля.
*v.i.* **1.** (*wander, deviate*) заблуди́ться (*pf.*); сби́ться (*pf.*) с пути́; the sheep ~ed on to the road о́вцы забрели́ на доро́гу; we must not ~ too far from the path мы не должны́ отклоня́ться сли́шком далеко́ от тропи́нки; she ~ed from the path of virtue она́ сби́лась с пути́ и́стинного, **2.** (*roam, rove*) броди́ть (*impf.*); стра́нствовать (*impf.*); **3.** (*of thoughts, affections*) блужда́ть (*impf.*); ~ from the subject отклон|я́ться, -и́ться от те́мы.

**streak** *n.* **1.** поло́ска, прожи́лка, просло́йка; ~ of lightning вспы́шка мо́лнии; like a ~ of lightning (*fig.*) с быстрото́й мо́лнии; **2.** (*fig., trace, tendency*) черта́, накло́нность; he has a cruel/yellow ~ в его́ хара́ктере есть жесто́кая/трусли́вая жи́лка; он скло́нен к жесто́кости/тру́сости.
*v.t.*: ~ed with red с кра́сными поло́сками/прожи́лками.
*v.i.* (*coll., move rapidly*) мча́ться, про-; прон|оси́ться, -ести́сь.
**streaker** *n.* (*coll.*) «стри́кер», го́лый бегу́н.
**streaky** *adj.* полоса́тый; с просло́йками.
**stream** *n.* **1.** (*rivulet, brook*) руче́й, ре́чка, пото́к; (*branch of river*) рука́в; **2.** (*flow*) пото́к, тече́ние; ~ of blood/lava/water кро́ви/ла́вы/воды́; in a (*or* ~s) пото́ком, ручья́ми (*m. pl.*); (*fig.*) пото́к; а ~ of people людско́й пото́к; ~ of consciousness пото́к созна́ния; ~ of abuse пото́к руга́тельств (*nt. pl.*)/бра́ни; **3.** (*lit., fig., current, direction of flow*): with the ~ по тече́нию; against the ~ про́тив тече́ния; **4.** (*in school*): he was put in the A~ он попа́л в класс «А»; remedial ~ пото́к/кла́ссы (*m. pl.*) для отстаю́щих.
*v.t.* **1.**: his wounds ~ed blood из его́ ран стру́илась кровь; **2.** the pupils were ~ed ученико́в распредели́ли по кла́ссам (в зави́симости от спосо́бностей); ~ing *n.* систе́ма пото́ков; деле́ние на пото́ки.
*v.i.* **1.** (*flow*) течь, струи́ться, ли́ться (*all impf.*); blood was ~ing from his nose и́з носу у него́ текла́ кровь; tears ~ed down her cheeks слёзы струи́лись/лили́сь/текли́ у неё по щека́м; light ~ed in at the window свет струи́лся в окно́; refugees were ~ing over the fields бе́женцы несконча́емым пото́ком шли по поля́м; he had a ~ing cold у него́ был стра́шный на́сморк; her eyes were ~ing слёзы так и лили́сь у неё из глаз; the windows were ~ing with rain по стёклам струи́лся дождь; **2.**: with hair ~ing in the wind с развева́ющимися на ветру́ (*or* по ве́тру) волоса́ми.
*cpds.*: ~**line** *n.* обтека́емая фо́рма; *v.t.* прид|ава́ть, -а́ть обтека́емую фо́рму +*d.*; (*fig.*) упро|ща́ть, -сти́ть; ~**lined** *adj.* стро́йный, элега́нтный; упрощённый; ~lined car автомаши́на/автомоби́ль(*m.*) обтека́емой фо́рмы.
**streamer** *n.* вы́мпел; ле́нта.
**streamlet** *n.* руче́ёк, ре́чка.
**street** *n.* **1.** у́лица; he lives in the next ~ (to us) он живёт на сосе́дней (с на́ми) у́лице; everyone had to be off the ~s by 10 p.m. всем бы́ло прика́зано разойти́сь по дома́м к десяти́ ве́чера; don't play in the ~ (*roadway*) не игра́й на мостово́й; man in the ~ обыва́тель (*m.*); просто́й челове́к; she went on the ~s она́ пошла́ на пане́ль (*or* сде́лалась прости-

ту́ткой); they were turned out on to the ~ их вы́селили и́з дому (*or* вы́гнали на у́лицу); this novel is not in the same ~ as his others э́тот рома́н значи́тельно слабе́е остальны́х его́ произведе́ний; he is ~s ahead of the other pupils он на́ голову вы́ше свои́х соучени́ков; this is just up your ~ э́то как раз по ва́шей ча́сти; **2.** (*attr.*) у́личный; ~ arab беспризо́рник; ~ cries кри́ки (у́личных) разно́счиков; ~ door пара́дное, пара́дная дверь; at ~ level на пе́рвом этаже́; ~ trader у́личный разно́счик/лото́чник; ~ trading у́личная торго́вля; ~ lighting у́личное освеще́ние.

*cpds.*: ~**-car** *n.* (*Am.*) трамва́й; ~**-lamp** *n.* у́личный фона́рь; ~**-singer** *n.* у́личный певе́ц; ~**-sweeper** дво́рник, подмета́льщик; (*machine*) маши́на для подмета́ния у́лиц; ~**-walker** *n.* проститу́тка.

**strength** *n.* **1.** си́ла; ~ of mind/will си́ла ду́ха/во́ли; ~ of purpose реши́мость; his ~ lies in lucid exposition его́ си́ла — в я́сности изложе́ния; (*might*): the ~ of a fortress мощь/непристу́пность кре́пости; (*of structure or solution*): ~ of a beam/wine/poison кре́пость ба́лки/вина́/я́да; (*of a colour*) усто́йчивость; (*of material*) про́чность, сопротивле́ние; I haven't the ~ to go on я не в си́лах да́льше идти́; it taxed his ~ severely э́то вы́мотало все его́ си́лы; recover, regain one's ~ восстан|а́вливать, -ови́ть си́лы; acquire new ~, build up one's ~ наб|ира́ть, -ра́ться сил; lose ~ теря́ть (*impf.*) си́лы; argue from ~ спо́рить (*impf.*) с пози́ции си́лы; he went from ~ to ~ он дви́гался вперёд гига́нтскими/семими́льными шага́ми; **2.** (*basis*): on the ~ of в си́лу +*g.*; на основа́нии +*g.*; I resigned on the ~ of your promise я ушёл в отста́вку, полага́ясь на ва́ше обеща́ние; **3.** (*numerical* ~) чи́сленность; the enemy were in great ~ си́лы врага́ бы́ли велики́; in full ~ в по́лном соста́ве; up to ~ по́лностью укомплекто́ванный; below ~ недоукомплекто́ванный; bring up to ~ (до)укомплекто́вывать (*pf.*); on the ~ в шта́те; be on the ~ чи́слиться (*impf.*) в соста́ве.

**strengthen** *v.t.* укреп|ля́ть, -и́ть; уси́ли|вать, -ть; упро́чи|вать, -ть; ~ a garrison поп|олня́ть, -о́лнить соста́в гарнизо́на; ~ s.o.'s hand укреп|ля́ть, -и́ть чью-н. пози́цию; поддержа́ть (*pf.*) кого́-н.; ~ a law уси́ли|вать, -ть зако́н; ~ a solution де́лать, с- раство́р бо́лее концентри́рованным; his answer ~ed my conviction его́ отве́т укрепи́л меня́ в моём убежде́нии.

*v.i.* укреп|ля́ться, -и́ться; уси́ли|ваться, -ться; упро́чи|ваться, -ться.

**strenuous** *adj.* (*of pers.*) энерги́чный, де́ятельный; (*of effort*) напряжённый, уси́ленный; (*of work*) тру́дный.

**streptococcus** *n.* стрептоко́кк.

**stress** *n.* **1.** (*tension*) напряже́ние; (*pressure*) давле́ние; нажи́м; time of ~ тяжёлое вре́мя; under the ~ of poverty под гнётом нищеты́; subject s.o. to ~ ока́з|ывать, -а́ть на кого́-н. давле́ние; (*psych.*) стресс; a situation of ~ стре́ссовая ситуа́ция; ~ of weather непого́да; ~ of war тя́готы (*f. pl.*) войны́; **2.** (*emphasis*) ударе́ние; lay ~ on (*lit., fig.*) де́лать, с- ударе́ние на +*p.*; (*fig.*) прид|ава́ть, -а́ть осо́бое значе́ние +*d.*; the ~ is on the second syllable ударе́ние па́дает на второ́й слог; **3.** (*mus.*) акце́нт; **4.** (*eng.*) напряже́ние; breaking ~ преде́льное напряже́ние.

*v.t.* **1.** (*subject to* ~) подв|ерга́ть, -е́ргнуть напряже́нию; **2.** (*emphasize*) подчёрк|ивать, -ну́ть; де́лать, с- упо́р на +*a.*; **3.** (*accentuate*) ста́вить, по- ударе́ние на +*a.*

**stressful** *adj.* напряжённый; стре́ссовый.

**stretch** *n.* **1.** (*extension*) вытя́гивание, растя́гивание; the cat woke and gave a ~ ко́шка проснула́сь и потяну́лась; at full ~ (*fully extended*) преде́льно; (*lengthening*) удлине́ние; at a ~ с натя́жкой; by any ~ of the imagination при са́мом ди́ком полёте фанта́зии; ~ of authority превыше́ние вла́сти; **2.** (*elasticity*) растяжи́мость; the rubber has no ~ in it рези́на не тя́нется; ~ fabric эласти́чная мате́рия; ~ socks безразме́рные носки́; **3.** (*expanse, tract*) протяже́ние, простра́нство, уча́сток; a fine ~ of country великоле́пная приро́да; a dusty ~ of road пы́льный отре́зок/уча́сток доро́ги; **4.** (*of time*): he works 8 hours at a ~ он рабо́тает во́семь часо́в подря́д; **5.** (*coll., of imprisonment*): he is doing a five-year ~ он отбыва́ет пятиле́тний срок (*заключе́ния*).

*v.t.* **1.** (*lengthen*) вытя́гивать, вы́тянуть; (*broaden*) растя́|гивать, -ну́ть; **2.** (*pull to fullest extent*): ~ a rope between two posts натя́|гивать, -ну́ть верёвку ме́жду двумя́ столба́ми; a wire was ~ed across the road поперёк доро́ги была́ натя́нута про́волока; he wouldn't ~ out an arm to help me (*fig.*) он не хоте́л протяну́ть мне ру́ку по́мощи; ~ o.s. потя́|гиваться, -ну́ться; ~ one's legs разм|ина́ть, -я́ть но́ги; прогу́л|иваться, -я́ться; I found him ~ed (out) on the floor я заста́л его́ распростёртым на полу́; **3.** (*strain, exert*): ~ a point де́лать, с- (*or* допус|ка́ть, -ти́ть) натя́жку/усту́пку; ~ one's memory напр|яга́ть, -я́чь па́мять; ~ the truth преувели́чи|вать, -ть; (*coll.*) прив|ира́ть, -ра́ть.

*v.i.* **1.** (*be elastic*) растя́|гиваться, -ну́ться; **2.** (*extend*) прост|ира́ться, -ере́ться; раски́|дываться, -нуться; the plain ~es for miles равни́на простира́ется на мно́го миль; (*of time*) дли́ться, про-; прод|олжа́ться, -о́лжиться; **3.** (*reach*): the rope will not ~ to the post верёвку не дотяну́ть до столба́; a rainbow ~ed across the sky ра́дуга простёрлась по не́бу; **4.** (~ *o.s.*) потя́|гиваться, -ну́ться.

**stretcher** *n.* **1.** (*for carrying injured*) носи́л|ки (*pl., g.* -ок); ~ case лежа́чий/носи́лочный ра́неный; **2.** (*for shoes*) коло́дка; **3.** (*in boat*) упо́р для ног гребца́; **4.** (*of brick or stone*) ложо́к; **5.** (*for canvas*) подра́мник.

*cpds.*: ~-**bearer** *n.* санита́р-носи́льщик; ~-**party** *n.* санита́рный отря́д.

**strew** *v.t.* **1.** (*scatter*) разбр|а́сывать, -оса́ть; расст|ила́ть, -ели́ть; уст|ила́ть, -ла́ть; **2.** (*cover by scattering*) пос|ыпа́ть, -ы́пать; ~ a grave with flowers ус|ыпа́ть, -ы́пать моги́лу цвета́ми.

**striate(d)** *adj.* полоса́тый, боро́здчатый.

**stricken** *adj.* **1.** (*lit., fig.*) ра́неный, поражённый; ~ with fear поражённый у́жасом; ~ with fever сражённый лихора́дкой; ~ with paralysis разби́тый параличо́м; **2.**: ~ in years преста́релый; в года́х; **3.** (*Am., deleted*): ~ from the record вы́черкнутый из протоко́ла.

**strict** *adj.* **1.** (*precise*) стро́гий, то́чный; the ~ truth и́стинная пра́вда; ~ accuracy абсолю́тная то́чность; **2.** (*stringent*): in ~ confidence в строжа́йшей та́йне; соверше́нно конфиденциа́льно; **3.** (*rigorous, stern*) стро́гий, взыска́тельный.

**strictness** *n.* стро́гость, то́чность.

**stricture** *n.* **1.** (*med.*) стриктура, суже́ние сосу́дов; **2.** (*censure*) осужде́ние; ~s were passed on his conduct ему́ бы́ло вы́несено порица́ние.

**stride** *n.* (*long pace, step*) (широ́кий) шаг; (*gait*) по́ступь; he has an easy ~ у него́ лёгкая по́ступь; (*fig.*): science has made great ~s нау́ка сде́лала больши́е успе́хи; he took the exam in his ~ он с лёгкостью одоле́л/сдал экза́мен; he took the news in his ~ он споко́йно при́нял э́ту весть/но́вость; get into one's ~ входи́ть, войти́ в колею́; бра́ться; взя́ться за де́ло.

*v.i.* шага́ть (*impf.*); he strode across the ditch он шагну́л че́рез (*or* перешагну́л) кана́ву.

**stridency** *n.* ре́зкость, пронзи́тельность.

**strident** *adj.* ре́зкий, пронзи́тельный.

**strife** *n.* борьба́, вражда́, спор.

**strike** *n.* **1.** (*of workers*) забасто́вка, ста́чка; general ~ всео́бщая забасто́вка; sympathetic ~ забасто́вка солида́рности; ~ committee ста́чечный комите́т; ~ рау посо́бие басту́ющим; be on ~ бастова́ть (*impf.*); go (*or* come out) on ~ забастова́ть (*pf.*); объяв|ля́ть, -и́ть забасто́вку; **2.** (*of gold, oil etc.*) нахо́дка/откры́тие месторожде́ния; **3.** (*attack; blow*) нападе́ние; уда́р; our aircraft carried out a ~ on enemy shipping на́ша авиа́ция соверши́ла налёт на неприя́тельские суда́; **4.** he has two ~s against him (*coll., fig.*) у него́ два ми́нуса.

*v.t.* **1.** (*hit*) уд|аря́ть, -а́рить (*чем по чему*; *что*

*обо что*; *кого чем*); he struck the table with his hand он уда́рил/сту́кнул руко́й по́ столу; he failed to ~ the ball ему́ не удало́сь уда́рить по мячу́; he struck his head on the table он сту́кнулся/уда́рился голово́й об стол; a falling stone struck his head па́дающий ка́мень уда́рил его́ по голове́; the bullet struck the tree пу́ля попа́ла в де́рево; lightning struck the tree мо́лния попа́ла/уда́рила в де́рево; the ship struck a rock кора́бль наскочи́л на скалу́; she struck the knife out of his hand она́ вы́била нож у него́ из руки́; **2.** (*deliver*): ~ a blow нан|оси́ть, -ести́ уда́р (*кому*); who struck the first blow? кто на́чал (дра́ку/ссо́ру)?; кто зачи́нщик?; ~ a blow for freedom выступа́ть, вы́ступить в защи́ту свобо́ды; **3.** (*plunge*): she struck a knife into his back она́ вонзи́ла ему́ нож в спи́ну; (*fig., instil*) всел|я́ть, -и́ть; the lion's roar struck panic into them льви́ный рёв вы́звал у них пани́ческий страх; **4.** (*fig., impress*) пора|жа́ть, -зи́ть; каза́ться, по- +*d.*; he was struck by her beauty он был поражён её красото́й; how does the new play ~ you? как вам показа́лась/нра́вится но́вая пье́са?; the idea ~s me as a good one э́та мысль ка́жется мне хоро́шей; an idea struck me мне пришла́ в го́лову (*or* меня́ осени́ла) мысль; the humour of the situation struck me мне вдруг предста́вилась вся коми́чность ситуа́ции; **5.** (*fig., come upon, find, discover*) нап|ада́ть, -а́сть на +*a.*; ты́ка́ться, -кну́ться на +*a.*; на|ходи́ть, -йти́; откр|ыва́ть, -ы́ть; we struck a good place for a holiday мы откры́ли хоро́шее ме́сто для о́тдыха; I struck a serious difficulty я столкну́лся с серьёзным затрудне́нием; they struck oil они́ откры́ли нефтяно́е месторожде́ние; ~ gold на|ходи́ть, -йти́ зо́лото; ~ it rich (*coll.*) напа́сть (*pf.*) на жи́лу; we shall soon ~ the main road мы ско́ро вы́йдем/попадём на гла́вную доро́гу; **6.** (*produce by striking*): ~ a light высека́ть, вы́сечь ого́нь; заж|ига́ть, -е́чь спи́чку; ~ sparks from a flint высека́ть, вы́сечь и́скры из кремня́; **7.**: ~ a match чи́ркнуть (*pf.*) спи́чкой; ~ a coin/medal выбива́ть, вы́бить (*or* чека́нить, от-) моне́ту/меда́ль; ~ a chord (*lit.*) брать, взять акко́рд; (*fig.*): his name ~s a chord его́ и́мя что́-то мне говори́т/напомина́ет; ~ a note (*lit.*) уда́рить (*pf.*) по кла́више/струне́; (*fig.*) взять (*pf.*) тон; ~ root пус|ка́ть, -ти́ть ко́рни; **8.** (*of bell, clock etc.*) бить (*impf.*), отбива́ть (*impf.*); this clock ~s the hours and quarters э́ти часы́ отбива́ют часы́ и че́тверти; it has just struck four то́лько что про́било четы́ре; the clock struck midnight часы́ уда́рили по́лночь; **9.** (*arrive at*): ~ a bargain заключ|а́ть, -и́ть сде́лку; ~ a balance подв|оди́ть, -ести́ бала́нс/ито́ги; (*fig.*) на|ходи́ть, -йти́ компроми́сс; ~ an average выводи́ть, вы́вести сре́днее число́; ~ a happy medium найти́ (*pf.*) золоту́ю середи́ну; **10.** (*suddenly make*): ~ s.o. blind ослеп|ля́ть, -и́ть кого́-н.; ~ s.o. dumb (*fig.*) ошара́шить (*pf.*) кого́-н.; he was struck dumb у него́ язы́к прили́п к горта́ни (*or* отня́лся); он онеме́л; ~ me pink! (*sl.*) мать родна́я!; ~ s.o. dead порази́ть (*pf.*) кого́-н. на́ смерть; **11.** (*assume*): ~ an attitude встa|ва́ть, -ть в (*or* прин|има́ть, -я́ть) по́зу; **12.** (*lower, take down*): ~ one's flag спус|ка́ть, -ти́ть флаг; ~ a sail уб|ира́ть, -ра́ть па́рус; ~ camp сн|има́ться, -я́ться с ла́геря.

*v.i.* **1.** (*hit*) уд|аря́ть, -а́рить; the disease struck without warning боле́знь вспы́хнула неожи́данно; ~ while the iron is hot (*prov.*) куй желе́зо, пока́ горячо́; ~ (*aim a blow*) at s.o. зама́х|иваться, -ну́ться на кого́-н.; (*fig.*): ~ at the root of the trouble искорен|я́ть, -и́ть исто́чник зла; ~ at the foundations of sth. под|рыва́ть, -орва́ть осно́вы чего́-н.; the disease ~s at children э́та боле́знь поража́ет дете́й; **2.**: ~ against (*collide with*) уд|аря́ться, -а́риться о +*a.*; **3.** (*direct one's course*; *penetrate*): we struck to the right мы взя́ли напра́во; the explorers struck inland иссле́дователи напра́вились внутрь/вглубь страны́; damp ~s through the walls сы́рость проника́ет сквозь сте́ны; the insult struck home оскорбле́ние заде́ло его́ за живо́е; **4.** (*take root*) прин|има́ться, -я́ться; **5.** (*of clock etc.*) бить, про-; his hour has struck (*fig.*) его́ час про́бил; **6.**: the match won't ~ спи́чка не зажига́ется; **7.** (*go on* ~) бастова́ть, за- (for: что́бы доби́ться +*g.*); **8.**: struck on (*coll.*) влюблённый в +*a.*

*with advs.*: ~ **back** *v.i.* (*retaliate*) нанести́ (*pf.*) отве́тный уда́р; ~ **down** *v.t.* (*fell*) сби|ва́ть, -ть с ног; сра|жа́ть, -зи́ть; (*of illness etc.*) свал|ивать, -и́ть; сра|жа́ть, -зи́ть; ~ **in** *v.i.* (*of disease*) прон|ика́ть, -и́кнуть внутрь; (*interrupt*) переб|ива́ть, -и́ть; ~ **off** *v.t.* отруб|а́ть, -и́ть; ~ off s.o.'s head обезгла́в|ливать, -ить кого́-н.; отруби́ть (*pf.*) кому́-н. го́лову; ~ s.o. (*or* s.o.'s name) off (list etc.) вычёркивать, вы́черкнуть кого́-н. (*or* чьё-н. и́мя) (из спи́ска); (*print*): ~ off 1,000 copies отпеча́тать (*pf.*) ты́сячу экземпля́ров; ~ **out** *v.t.* (*delete*): ~ out a word вычёркивать, вы́черкнуть сло́во; (*originate*) изобре|та́ть, -сти́; *v.i.* (*aim blow*) нан|оси́ть, -ести́ уда́р; уд|аря́ть, -а́рить; (*of swimmer*): ~ out for the shore (бы́стро) плыть (*det.*) к бе́регу; (*fig.*): ~ out on one's own пойти́ (*pf.*) свои́м путём; ~ **through** *v.t.* (*cross out*) зачёрк|ивать, -ну́ть; ~ **up** *v.t. & i.*: ~ up a song затя́|гивать, -ну́ть пе́сню; ~ up an acquaintance завя́з|ывать, -а́ть знако́мство; *v.i.* (*begin playing/singing*) заигра́ть, запе́ть (*both pf.*).

*cpds.*: ~**-bound** *adj.* поражённый забасто́вкой; ~**-breaker** *n.* штрейкбре́хер;

~**-breaking** *n.* штрейкбре́херство.
**striker** *n.* **1.** (*pers. on strike*) забасто́вщи|к (*fem.* -ца); **2.** (*in gun*) уда́рник; (*used with flint*) огни́во.
**striking** *adj.* **1.** (*forceful*) порази́тельный; ~ resemblance рази́тельное схо́дство; (*remarkable*) замеча́тельный; (*interesting*) интере́сный; **2.** (*of clock*) (*часы*) с бо́ем; **3.** ~ distance досяга́емость, расстоя́ние возмо́жного уда́ра; ~ force (*mil.*) уда́рная гру́ппа; уда́рное соедине́ние.
**string** *n.* **1.** верёвка, бечёвка, шпага́т; ball of ~ клубо́к бечёвки/верёвки; ~ bag се́тка, (*coll.*) ало́ська, ~ vest се́тка; (*of apron, bonnet etc.*) завя́зка, тесёмка, шнуро́к; (*fig.*): have s.o. on a ~ держа́ть/вести́ (*impf.*) кого́-н. на поводу́; pull the ~s быть и́стинным заправи́лой (*чего́*); pull ~s наж|има́ть, -а́ть на все кно́пки; with no ~s attached (*fig.*) без каки́х бы то ни́ было усло́вий; **2.** (*of bow*) тетива́; he has two ~s to his bow (*fig.*) у него́ есть вы́бор ме́жду двумя́ сре́дствами; он де́ржит ко́е-что про запа́с; **3.** (*of mus. instrument, racket*) струна́; the ~s (*of orchestra*) стру́нные инструме́нты (*m. pl.*); ~ of a violin скрипи́чная струна́; ~ band/quartet стру́нный орке́стр/кварте́т; harp on one ~ (*fig.*) тяну́ть (*impf.*) одну́ и ту же пе́сню; (*fig.*): second ~ (*pers.*) втора́я скри́пка, дублёр; (*thg.*) запасно́е сре́дство, друга́я возмо́жность; **4.** (~*y substance, fibre e.g. in bean*) волокно́; ~ bean фасо́ль; (*in meat*) жи́ла; **5.** (*set of objects*): ~ of beads бу́с|ы (*pl., g.* —); ~ of pearls ни́тка же́мчуга; ~ of onions/sausages свя́зка лу́ка/соси́сок; ~ of boats/houses/medals ряд ло́док/домо́в/меда́лей; ~ of cars/tourists верени́ца автомоби́лей/тури́стов; ~ of oaths пото́к руга́тельств; ~ of race-horses ско́нюшня ло́шади, принадлежа́щие одному́ владе́льцу.

*v.t.* **1.** (*furnish with* ~): a bow натя́|гивать, -ну́ть тетиву́ на лук; a racket натя́|гивать, -ну́ть стру́ны на раке́тку; **2.** (*thread on* ~) низа́ть (*or* нани́зывать), на-; **3.** (*remove* ~*y fibre from*): ~ beans чи́стить, по- стручки́ фасо́ли.

*with advs.*: ~ **along** *v.t.* (*coll., deceive*) води́ть (*impf.*) за́ нос; *v.i.*: ~ along with s.o. (*coll., accompany*) сопрово|жда́ть, -ди́ть кого́-н.; ~ **out** *v.t. & i.* (*extend*) растя́|гивать(ся), -ну́ть(ся); the houses were strung out along the beach дома́ тяну́лись вдоль побере́жья; ~ **together** *v.t.* низа́ть, на-; (*fig.*): he is good at ~ing words together у него́ язы́к хорошо́ подве́шен; ~ **up** *v.t.* (*hang*): the ham was strung up to the ceiling о́корок был подве́шен под са́мый потоло́к; (*coll., execute by hanging*) ве́шать, пове́сить; вздёрнуть (*pf.*) на ви́селицу; (*make tense*): I am all strung up я в большо́м напряже́нии; я взви́нчен.
**stringed** *adj.* стру́нный.

**stringency** *n.* стро́гость; credit ~ стеснённый креди́т.

**stringent** *adj.* (*strict, precise*) стро́гий, то́чный.

**stringer** *n.* (*coll.*) внешта́тный корреспонде́нт.

**stringy** *adj.* **1.** (*fibrous*): ~ beans волокни́стая фасо́ль; ~ meat жили́стое мя́со; **2.** (*of glue*) тягу́чий, вя́зкий.

**strip**[1] *n.* полоса́; (*of cloth*) поло́ска, ле́нта; ~ of land поло́ска земли́; paper hung in ~s from the walls обо́и полоса́ми свиса́ли со стен; a ~ of wood деревя́нная пла́нка/ре́йка; ~ cartoon расска́з в карти́нках; ~ lighting нео́новое освеще́ние; tear s.o. off a ~ (*coll.*) сн|има́ть, -ять стру́жку с кого́-н.

**strip**[2] *v.t.* **1.** (*tear off*) сдира́ть, содра́ть; срыва́ть, сорва́ть; сн|има́ть, -ять; the bark was ~ped from the tree (*or* the tree was ~ped of its bark) де́рево бы́ло обо́драно; с де́рева содра́ли кору́; she ~ped the blankets off the bed она́ стяну́ла/сняла́ одея́ла с крова́ти; a tool for ~ping paint инструме́нт для соска́бливания кра́ски; he ~ped the thread of the screw он сорва́л резьбу́ винта́; **2.** (*denude*) разд|ева́ть, -е́ть; he was ~ped of his clothes с него́ сня́ли/сорва́ли оде́жду; его́ разде́ли; the room was ~ped bare из ко́мнаты вы́несли всю ме́бель; the birds ~ped the fruit bushes пти́цы обклева́ли я́годы с кусто́в; we had to ~ the walls нам пришло́сь содра́ть обо́и/кра́ску со стен; ~ (down) a machine/weapon раз|бира́ть, -обра́ть (*or* демонти́ровать (*impf., pf.*)) маши́ну/ору́жие; the locusts ~ped the fields саранча́ опустоши́ла поля́; (*fig., deprive*) лиш|а́ть, -и́ть (*кого чего*); he was ~ped of his rank его́ лиши́ли зва́ния; the authorities ~ped him of his property вла́сти отобра́ли у него́ всё иму́щество.

*v.i.*: ~ (naked), **off** разд|ева́ться, -е́ться (донага́).

*with advs.*: ~ **away**, ~ **off** *vv.t.* (*lit.*) *see v.t.* **1.**; (*fig., remove*) от|бира́ть, -обра́ть; ~ **down** *v.t.* (*machine etc.*) раз|бира́ть, -обра́ть; демонти́ровать (*impf., pf.*).

*cpds.*: ~**-club** *n.* клуб с пока́зом стрипти́за; ~**-tease** *n.* стрипти́з; ~ **teaser** *n.* исполни́тель (*fem.* -ница) стрипти́за.

**stripe** *n.* **1.** полоса́, поло́ска; **2.** (*mil.*) наши́вка; шевро́н; get a ~ получ|а́ть, -и́ть очередно́е зва́ние; lose a ~ быть разжа́лованным; **3.** (*Am., type*) тип, хара́ктер, род.

**striped** *adj.* (*e.g. tiger*) полоса́тый; ~ fabric мате́рия в поло́ску, полоса́тая мате́рия; ~ trousers брю́ки в се́рую и чёрную поло́ску (к визи́тке).

**stripling** *n.* юне́ц.

**stripper** *n.* (*solvent*) раство́р для удале́ния кра́ски; (*artiste*) исполни́тельница стрипти́за.

**stripy** *adj.* полоса́тый, в поло́ску.

**strive** *v.i.* **1.** стреми́ться (*impf.*) (after, for: к

+*d.*); they strove for victory они́ стреми́лись к побе́де; I strove to understand what he said я стара́лся поня́ть, что он говори́т; **2.** (*fight*) боро́ться (*impf.*); they strove with each other for mastery они́ боро́лись друг с дру́гом за власть.

**stroke**[1] *n.* **1.** уда́р; ~ of lightning уда́р мо́лнии; six ~s of the cane шесть уда́ров па́лкой; at a ~ (*fig.*) с одного́ ма́ху; одни́м уда́ром/ма́хом; **2.** (*of clock*) уда́р, бой; on the ~ of 9 ро́вно в де́вять; **3.** (*paralytic attack*) парали́ч; уда́р; he had a ~ его́ хвати́л уда́р; его́ разби́л парали́ч; he died of a ~ он у́мер от уда́ра; **4.** (*single movement of series*): ~ of a piston ход по́ршня; ~ of an oar взмах весла́, гребо́к; row a slow ~ ме́дленно грести́ (*impf.*); put s.o. off his ~ (*fig.*) сби|ва́ть, -ть с то́лку; **5.** (*in swimming*) стиль (*m.*); what ~ does she use? каки́м сти́лем она́ пла́вает?; **6.** (*single action or instance*): he has not done a ~ (of work) он па́льцем о па́лец не уда́рил; ~ of business сде́лка; ~ of genius гениа́льный ход; гениа́льная мысль; ~ of luck (неожи́данная) уда́ча; везе́ние; **7.** (*with pen, pencil etc.*) штрих; with, at a ~ of the pen (*lit., fig.*) одни́м ро́счерком пера́; he dashed off the picture in a few ~s он не́сколькими штриха́ми набро́сал карти́ну; (*with brush*) мазо́к; thick/thin ~s жи́рные/то́нкие мазки́; put the finishing ~s to one's work нанести́ (*pf.*) после́дние штрихи́; заверши́ть (*pf.*) свою́ рабо́ту; **8.** (*typ., oblique* ~) дробь, коса́я черта́; **9.** (*oarsman*) загребно́й; row ~ (*also* ~ a boat) задава́ть (*impf.*) темп гребца́м.

**stroke**[2] *n.*: he gave her hand a ~ он погла́дил её по руке́.

*v.t.* **1.** гла́дить (*or* погла́живать), по-; she ~d the horse's head она́ погла́дила ло́шадь по голове́; **2.** *see n.* **9.**

**stroll** *n.* прогу́лка; have, take, go for a ~ идти́ (*det.*) на прогу́лку (*or* прогуля́ться).

*v.i.* гуля́ть (*impf.*); прогул|и́ваться, -я́ться; (*wander*) броди́ть (*impf.*); ~ing players бродя́чие актёры, бродя́чая тру́ппа.

**strong** *adj.* **1.** (*powerful, forceful*) си́льный, кре́пкий; ~ as a horse си́льный как ло́шадь; ≃ здоро́в как бык; ~ man сила́ч; a ~ly fortified city хорошо́ укреплённый го́род; ~ character си́льная нату́ра; ~ wind си́льный/кре́пкий ве́тер; ~ tide си́льный прили́в; ~ attraction больша́я привлека́тельность (*or* притяга́тельная си́ла); ~ measures круты́е ме́ры; ~ argument ве́ский аргуме́нт; ~ evidence убеди́тельное доказа́тельство; ~ protest энерги́чный проте́ст; ~ warning серьёзное предупрежде́ние; ~ suspicion си́льное подозре́ние; I am ~ly inclined to go я о́чень/весьма́ скло́нен пойти́; ~ words си́льные выраже́ния; ~ language брань; **2.** (*stout, tough; durable*) кре́пкий; про́чный; ~

cloth кре́пкая мате́рия; ~ walls про́чные сте́ны; ~ foundations про́чные основа́ния; **3.** (*robust, healthy*) кре́пкий, здоро́вый; ~ constitution кре́пкое здоро́вье; he is quite ~ again он уже́ вполне́ окре́п; he has never been very ~ он никогда́ не отлича́лся кре́пким здоро́вьем; she is feeling ~er она́ чу́вствует себя́ лу́чше; **4.** (*firm*) твёрдый, кре́пкий; ~ conviction твёрдое убежде́ние; ~ supporter ре́вностный сторо́нник; ~ faith твёрдая ве́ра; the market is ~ ры́нок усто́йчив; **5.** (*of faculties*): ~ mind хоро́шая голова́; ~ memory о́страя па́мять; he is ~ in Latin он силён в латы́ни; oratory is his ~ point его́ си́ла в красноре́чии; **6.** (*of smell, taste etc.*): ~ flavour о́стрый/ре́зкий при́вкус; ~ cheese о́стрый сыр; ~ onions е́дкий лук; ~ meat (*fig.*) пи́ща для си́льных умо́в; а ~ (*unconventional*) play сме́лая пье́са; ~ breath дурно́й за́пах изо рта; **7.** (*concentrated*): ~ drink кре́пкий напи́ток; а ~ cup of tea ча́шка кре́пкого ча́я; **8.** (*sharply defined*) ре́зкий; ~ light ре́зкий свет; ~ colour я́ркий цвет; ~ shadow густа́я тень; ~ accent (*in speech*) си́льный акце́нт; ~ likeness большо́е схо́дство; **9.** (*well-supported*): ~ candidate кандида́т, обладающий больши́м ша́нсом на успе́х; ~ favourite би́тый фавори́т; а ~ (*well-chosen*) team си́льная/отбо́рная кома́нда; **10.** (*numerous*) чи́сленный; а ~ contingent многочи́сленный континге́нт; а company 200 ~ ро́та чи́сленностью в 200 челове́к; **11.** (*cards*): а ~ hand беру́щая ка́рта; my ~est suit моя́ са́мая си́льная масть; **12.** (*gram.*): ~ verb си́льный глаго́л.

*adv.*: going ~ в прекра́сной фо́рме.

*cpds.*: ~**-arm** *adj.*: ~-arm tactics та́ктика примене́ния си́лы; ~**-box** *n.* сейф; ~**hold** *n.* кре́пость, цитаде́ль, тверды́ня, опло́т; ~**-minded** *adj.* твёрдый, реши́тельный; ~**-room** *n.* стальна́я ка́мера; ~**-willed** *adj.* реши́тельный, волево́й.

**strontium** *n.* стро́нций.

**strop** *n.* (*for razor etc.*) реме́нь (*m.*) для пра́вки бритв.

*v.t.* пра́вить (*impf.*) (*бритву*).

**strophe** *n.* строфа́.

**strophic** *adj.* строфи́ческий.

**stroppy** *adj.* (*coll.*) несгово́рчивый, сварли́вый, стропти́вый.

**structural** *adj.*: ~ geology/linguistics структу́рная геоло́гия/лингви́стика; ~ defects дефе́кты в констру́кции; ~ engineer инжене́р-строи́тель (*m.*); ~ engineering строи́тельная те́хника.

**structuralism** *n.* структурали́зм.

**structuralist** *n.* структурали́ст.

**structure** *n.* **1.** (*abstr.*) структу́ра, строй, строе́ние, организа́ция; ~ of a building архитекто́ника зда́ния; ~ of rocks, of a cell струк-

ту́ра скал (*or* го́рных поро́д) кле́тки; ~ of a sentence структу́ра предложе́ния; ~ of a language строй языка́; **2.** (*concr.*) строе́ние, сооруже́ние; а top-heavy ~ громо́здкое сооруже́ние; (*building*) зда́ние.

*v.t.* стро́ить, по-; организова́ть (*impf., pf.*).

**struggle** *n.* (*lit., fig.*) борьба́; ~ for existence борьба́ за существова́ние; (*tussle*) схва́тка, потасо́вка; without а ~ без бо́я/борьбы́/сопротивле́ния; (*attempt, effort*) а violent ~ to escape отча́янная попы́тка к бе́гству.

*v.i.* **1.** (*fight*) боро́ться (*impf.*); би́ться (*impf.*); the rabbit ~d to escape from the snare кро́лик би́лся в силка́х; **2.** (*fig., grapple*) би́ться (*impf.*) (*над чем*); we ~d with this problem for a long time мы до́лго би́лись над э́той пробле́мой; **3.** (*move convulsively*) би́ться (*impf.*); the child ~d and kicked ребёнок вырыва́лся и бил нога́ми; he ~d for a while and then died он сде́лал не́сколько су́дорожных движе́ний и у́мер; **4.** (*make strenuous efforts*) боро́ться (*impf.*); стара́ться (*impf.*) изо всех сил; he ~d to make himself heard он изо всех сил пыта́лся перекрича́ть остальны́х; he ~d for breath он хвата́л ртом во́здух; (*fig., move with difficulty*): he ~d to his feet он с трудо́м подня́лся на́ ноги; а struggling artist непри́знанный худо́жник.

**strum** *n.* бренча́ние, тре́нканье.

*v.t. & i.* бренча́ть, тре́нькать (*both impf.*) (на +*p.*).

**strumpet** *n.* (*arch.*) потаску́ха, шлю́ха.

**strut**[1] *n.* (*gait*) ва́жная похо́дка.

*v.i.* ходи́ть (*indet.*) с ва́жным/напы́щенным ви́дом.

**strut**[2] *n.* (*support*) сто́йка, подко́с, распо́рка.

**strychnine** *n.* стрихни́н; ~ poisoning отравле́ние стрихни́ном.

**stub** *n.* (*of tooth*) пенёк; (*of pencil*) огры́зок; (*of cigarette*) оку́рок; (*of dog's tail*) обру́бок; (*of cheque etc.*) корешо́к.

*v.t.* **1.** (**up**) вырыва́ть, вы́рвать с ко́рнем; корчева́ть (*or* выкорчёвывать), вы́-. **2.** ~ (out) a cigarette гаси́ть, по- папиро́су; **3.**: ~ one's toe on sth. спот|ыка́ться, -ну́ться о(бо) что-н.

**stubble** *n.* жнивьё, по́жня, стерня́; (*of beard*) щети́на.

**stubbly** *adj.*: ~ field по́жнивное по́ле; ~ chin щети́нистый подборо́док.

**stubborn** *adj.* (*obstinate*) упря́мый; (*tenacious*) упо́рный; (*unyielding, intractable*) неподатливый; а ~ fight упо́рный бой; ~ soil неподатливая по́чва.

**stubbornness** *n.* упря́мство; упо́рство; неподатливость.

**stucco** *n.* штукату́рка; (*attr.*) лепно́й; ~ moulding лепно́е украше́ние, лепни́на.

*v.t.* штукату́рить, о-.

**stuck-up** adj. (coll., haughty, conceited) чванли́вый, зано́счивый.

**stud**[1] n. (of horses) ко́нный заво́д; коню́шня; племенна́я фе́рма.

cpds.: ~-**book** n. племенна́я кни́га; ~-**farm** n. ко́нный заво́д; ~-**groom** n. (ста́рший) ко́нюх; ~-**horse** n. племенно́й жеребе́ц; ~-**mare** n. племенна́я кобы́ла.

**stud**[2] n. **1.** (nail, boss etc.) гвоздь (m.) с большо́й шля́пкой; кно́пка; **2.** (collar-~) за́понка.

v.t.: ~ded boots боти́нки на шипа́х; a sky ~ded with stars не́бо, усе́янное звёздами; a dress ~ded with jewels пла́тье, усы́панное драгоце́нными камня́ми.

**student** n. студе́нт (fem. -ка); (attr.) студе́нческий; medical ~ студе́нт-ме́дик; (fem.) студе́нтка-меди́чка; (pupil) учени́к, уча́щийся; ~ interpreter перево́дчик-стажёр; ~ of languages изуча́ющий языки́; engineering ~ студе́нт-техно́лог; law ~ студе́нт (fem. -ка) юриди́ческого факульте́та.

**studentship** n. стипе́ндия.

**studied** adj. (deliberate): ~ indifference напускно́е/де́ланное равноду́шие/безразли́чие; ~ insult умы́шленное оскорбле́ние.

**studio** n. **1.** (of artist, photographer etc.) мастерска́я, сту́дия, ателье́ (indecl.); ~ couch дива́н-крова́ть; **2.** (broadcasting ~) радиосту́дия; **3.** (cin.) съёмочный павильо́н; киносту́дия.

**studious** adj. **1.** (fond of study) лю́бящий нау́ку; **2.** (deliberate) нарочи́тый; ~ politeness нарочи́тая/подчёркнутая ве́жливость; he ~ly ignored me он стара́тельно меня́ игнори́ровал; **3.** (liter., anxious, zealous) усе́рдный, стара́тельный; he is ~ to forestall our wishes он стара́ется предупреди́ть все на́ши жела́ния.

**stud**|**y** n. **1.** (learning, investigation) изуче́ние, учёба, нау́ка; ~ies заня́тия (nt. pl.); department of Slavonic ~ies отделе́ние/ка́федра слави́стики; he gives all his time to ~y он всё своё вре́мя отдаёт нау́ке/заня́тиям; make a ~y of (тща́тельно) изуч|а́ть, -и́ть; my ~ies have convinced me мои́ иссле́дования убеди́ли меня́; **2.** (endeavour): her chief ~y is to please him гла́вная её забо́та — угоди́ть ему́; **3.** (sketch; mus.) этю́д; his face was a ~y на его́ лицо́ сто́ило посмотре́ть; **4.** (room) кабине́т; **5.**: in a brown ~y в глубо́кой заду́мчивости; в глубо́ком разду́мье/размышле́нии.

v.t. **1.** (learn, investigate) изуч|а́ть, -и́ть; иссле́довать (impf., pf.); прораб|а́тывать, -о́тать; occupied in ~ying local conditions за́нятый изуче́нием ме́стных усло́вий; Greek is not ~ied не изуча́ют гре́ческий (язы́к) (or не занима́ются гре́ческим (языко́м)); **2.** (scrutinize) (внима́тельно) рассм|а́тривать, -отре́ть; I ~ied his face я испыту́юще посмотре́л на его́ лицо́; **3.** (commit to mem-

ory): ~y a part учи́ть (impf.) роль; **4.** (pay regard to) забо́титься, по- о +p.; he ~ies his own interests он счита́ется лишь с со́бственными интере́сами.

v.i. учи́ться (impf.); he is ~ying for the Church он гото́вится стать свяще́нником.

**stuff** n. **1.** (material, substance) материа́л, вещество́, вещь; the ~ they make beer out of (coll.) то, из чего́ приготовля́ют пи́во; he is not the ~ heroes are made of из таки́х геро́и не выхо́дят; there's some good ~ in this book в э́той кни́ге есть ко́е-что поле́зное/хоро́шее; his poems are poor ~ его́ стихи́ дрянь; green ~ (vegetables) зе́лень, о́вощ|и (pl., g. -е́й); **2.** (coll., things) ве́щи (f. pl.); (pej., rubbish): what shall I do with this ~ from the cupboard? что мне де́лать с э́тим хла́мом из шка́фа?; do you call this ~ beer? э́ту дрянь называ́ете пи́вом?; ~ and nonsense! чепуха́!; ерунда́!; **3.** (coll., business): do one's ~ де́лать, с- своё де́ло; know one's ~ знать (impf.) своё де́ло; that's the ~ (to give 'em)! вот то, что на́до!; э́то-то и на́до!; I don't want any rough ~ пожа́луйста, без дра́ки!

v.t. **1.** (pack, fill) наб|ива́ть, -и́ть (что чем); he ~ed the sacks with straw он наби́л мешки́ соло́мой; the box was ~ed with old clothes сунду́к был наби́т ста́рым тряпьём; the taxidermist ~s dead birds таксидерми́ст набива́ет чу́чела птиц; a ~ed eagle чу́чело орла́; (cul.) фарширова́ть, за-; начин|я́ть, -и́ть; ~ a duck with sage and onions начин|я́ть, -и́ть у́тку шалфе́ем и лу́ком; he ~ed his head with useless facts он заби́л себе́ го́лову вся́кими нену́жными све́дениями; ~ o.s. (overeat) объ|еда́ться, -е́сться; об|жира́ться, -ожра́ться; ~ed shirt (fig., coll.) наду́тый индю́к; get ~ed! (vulg.) иди́ ты!; фиг тебе́!; my nose is ~ed up у меня́ нос зало́жен; **2.** (cram, push) запи́х|ивать, -а́ть/-ну́ть (что во что); she ~ed her clothes into a case она́ запихну́ла свою́ оде́жду в чемода́н; he ~ed the note behind a cushion он запихну́л/засу́нул запи́ску за поду́шку.

**stuffiness** n. духота́, спёртость; (of pers.) чо́порность.

**stuffing** n. **1.** (of cushion, doll etc.) наби́вка; knock the ~ out of s.o. (deflate) сбить (pf.) с кого́-н. спесь; (enfeeble) осла́бить (pf.) кого́-н.; (thrash) колоти́ть, по- кого́-н.; **2.** (cul.) начи́нка, фарш.

**stuffy** adj. (of room) ду́шный; (of atmosphere) ду́шный, спёртый; (of pers.) чо́порный.

**stultif**|**y** v.t. (render futile): our efforts were ~ied на́ши уси́лия бы́ли сведены́ на нет.

**stumbl**|**e** n. спотыка́ние; (in speech) запи́нка.

v.i. **1.** (miss one's footing) оступ|а́ться, -и́ться; спот|ыка́ться, -кну́ться; he ~ed against, over a stone он споткну́лся о ка́мень; ~ing gait ковыля́ющая похо́дка; ~ing-block ка́мень (*m.*) преткнове́ния; a ~ing-block to faith поме́ха ве́ре; the ~ing-blocks of Russian grammar тру́дности ру́сской грамма́тики; **2.** (*speak haltingly*) зап|ина́ться, -ну́ться; спот|ыка́ться, -кну́ться; he ~es over his words он запина́ется/спотыка́ется на ка́ждом сло́ве; he ~ed through his speech он ко́е-как произнёс свою́ речь; **3.**: ~ e across, upon (*find by chance*) нат|а́лкиваться, -олкну́ться на +*a.*; нат|ыка́ться, -кну́ться на +*a.*; нап|ада́ть, -а́сть на +*a.*

**stumer** *n.* (*sl.*) фальши́вый банкно́т *и т.п.*

**stump** *n.* **1.** (*of tree*) пень (*m.*), обру́бок; oratory демаго́гия; (*of tooth*) пенёк; (*of limb*) культя́; stir one's ~ s (*coll.*) потора́пливаться, пошеве́ливаться (*both impf.*); (*of cigar*) оку́рок; (*of pencil*) огры́зок; **2.** (*used in drawing*) растушёвка; **3.** (*cricket*) сто́лбик.

*v.t.* **1.** (*floor*) ста́вить, по- в тупи́к; озада́-чи|вать, -ть; I was ~ed by the question э́тот вопро́с поста́вил меня́ впроса́к; **2.** (*drawing etc.*) тушева́ть, рас-; **3.** (*tour, making speeches*): he ~ed the country он соверши́л агитацио́нную пое́здку (по стране́); он объе́здил всю страну́, выступа́я с реча́ми.

*v.i.* (*walk clumsily*) то́пать (*impf.*), тяжело́ ступа́ть (*impf.*); he ~ed across the room он прото́пал по ко́мнате.

with adv.: ~ **up** *v.t. & i.* (*coll.*) выкла́дывать, вы́ложить (де́ньги); I had to ~ up for the meal мне пришло́сь заплати́ть за еду́.

**stumpy** *adj.* корена́стый, призе́мистый.

**stun** *v.t.* **1.** (*knock unconscious*) оглуш|а́ть, -и́ть; **2.** (*amaze, astound*) пора|жа́ть, -зи́ть; оше-лом|ля́ть, -и́ть; a ~ning dress потряса́ю-щее/сногсшиба́тельное пла́тье (*coll.*).

**stunt** *n.* трюк, но́мер; ~ man (*cin.*) каскадёр.

*v.t.*: ~growth заде́рж|ивать, -а́ть рост; ~ed trees низкоро́слые дере́вья.

**stupefaction** *n.* оглуше́ние, ошеломле́ние, оцепене́ние.

**stupefy** *v.t.* оглуш|а́ть, -и́ть; (*amaze*) оше-лом|ля́ть, -и́ть.

**stupendous** *adj.* изуми́тельный; (*in size*) огро́мный, колосса́льный.

**stupid** *adj.* глу́пый, тупо́й; (*in state of stupor*) остолбене́лый, оцепене́лый; ~ with sleep осолове́лый; ~ person глу́пый челове́к, дура́к (*fem.* ду́ра); глупе́ц; тупи́ца (*c.g.*).

**stupidity** *n.* глу́пость, ту́пость.

**stupor** *n.* остолбене́ние, оцепене́ние.

**sturdiness** *n.* кре́пость, си́ла.

**sturdy** *adj.* кре́пкий, си́льный; a ~ youngster кре́пкий па́рень, крепы́ш; a ~ oak могу́чий дуб.

**sturgeon** *n.* осётр; (*as food*) осётр, осетри́на.

**stutter** *n.* заика́ние; he has a terrible ~ он ужа́сно заика́ется.

*v.t.* произн|оси́ть, -ести́ заика́ясь.

*v.i.* заика́ться (*impf.*).

**stutterer** *n.* заи́ка (*c.g.*).

**sty¹** *n.* (pig~; *lit., fig.*) хлев, свина́рник.

**sty²**, **stye** *n.* (*on eye*) ячме́нь (*m.*).

**Stygian** *adj.* стиги́йский, а́дский, мра́чный; ~ gloom а́дский мрак.

**style** *n.* **1.** (*manner*) стиль (*m.*), мане́ра; (*of writing*) стиль, слог; written in a florid ~ напи́санный витева́тым сло́гом; the ~ in which they live их о́браз жи́зни; трен их жи́зни; the ~ of Rubens мане́ра Ру́бенса; flattery is not his ~ лесть не в его́ ду́хе/сти́ле; in Southern ~ по-ю́жному; cramp s.o.'s ~ меша́ть (*impf.*) кому́-н.; in fine ~ с бле́ском; ~ sheet изда́тельская инстру́кция; **2.** (*elegance, taste, luxury*): she has ~ у неё есть вкус; in ~ с ши́ком; как сле́дует; live in ~ жить (*impf.*) широко́ (*or* на широ́кую но́гу); **3.** (*fashion*) мо́да, фасо́н; in the latest ~ по после́дней мо́де; the latest ~s from Paris после́дние пари́жские мо́ды; **4.** (*sort, kind*) род, тип, сорт; just the ~ of dinner I detest как раз тот род банке́та, како́й я терпе́ть не могу́; са́мый для меня́ ненави́стный род банке́та; what ~ of house do you require? како́го ти́па дом вы хоте́ли бы приобрести́?; **5.** (*mode of address*) ти́тул, титулова́ние; what is the proper ~ of a bishop? как сле́дует велича́ть епи́скопа?; **6.** (*of dates*): Old/New S~ ста́рый/но́вый стиль; (*adv.*) по ста́рому/но́вому сти́лю; **7.** (*engraving tool*) гравиро́-ва́льная игла́.

*v.t.* **1.** (*designate*) наз|ыва́ть, -ва́ть; self-~d самозва́нный; **2.** (*design*): she had her hair ~d она́ сде́лала себе́ причёску.

**stylish** *adj.* (*fashionable*) мо́дный; a coat of ~ cut пальто́ мо́дного покро́я; (*smart*) элега́нтный, сти́льный, изя́щный.

**stylishness** *n.* элега́нтность, изя́щество.

**stylist** *n.* стили́ст; hair ~ парикма́хер--моделье́р.

**stylistic** *adj.* стилисти́ческий.

**stylize** *v.t.* стилизова́ть (*impf., pf.*).

**stylus** *n.* **1.** (*engraving tool*) гравирова́льная игла́; резе́ц; **2.** (*for making or playing records*) (граммофо́нная) иго́лка.

**stymie** *v.t.* (*fig.*) меша́ть (*impf.*) +*d.*; препя́т-ствовать (*impf.*) +*d.*

**styptic** *adj.*: ~ pencil кровооста́навливающий каранда́ш.

**Styria** *n.* Шти́рия.

**Styx** *n.* Стикс.

**suasion** *n.* угова́ривание; moral ~ увещева́ние.

**suave** *adj.* гла́дкий, лощёный, обходи́тельный; (*of wine etc.*) мя́гкий.

**suavity** *n.* гла́дкость, обходи́тельность.

**sub** *n.* (*coll., abbr.*) (*submarine*) подло́дка; (*substitute*) заме́на; врид, врио (*m. indecl.*) (*abbr.*, вре́менно исполня́ющий до́лжность/обя́занности); (*subscription*) подпи́ска; (*subaltern*) мла́дший офице́р; *see also* SUB-EDIT, SUB-EDITOR.

**subacid** *adj.* слабокисло́тный.

**subacute** *adj.* подо́стрый.

**subaltern** *n.* мла́дший офице́р.
    *adj.* ни́зший (*по чину и т.п.*).

**subaqu|atic, -eous** *adjs.* подво́дный.

**subarctic** *adj.* субаркти́ческий.

**subcategory** *n.* подсе́кция, подви́д.

**subcommittee** *n.* подкоми́ссия; подкомите́т.

**subconscious** *n.* (*the* ~) подсозна́тельное.
    *adj.* подсозна́тельный.

**subcontinent** *n.* субконтине́нт.

**subcontract**[1] *n.* субподря́д, субдогово́р.

**subcontract**[2] *v.i.* заключ|а́ть, -и́ть субдогово́р.

**subcontractor** *n.* субподря́дчик, заво́д-сме́жник.

**subcutaneous** *adj.* подко́жный.

**subdivide** *v.t. & i.* подраздел|я́ть(ся), -и́ть(ся).

**subdivisible** *adj.* поддаю́щийся подразделе́нию.

**subdivision** *n.* подразделе́ние.

**subdominant** *n.* субдомина́нта.

**subdue** *v.t.* **1.** (*conquer, subjugate*) подав|ля́ть, -и́ть; ~ one's enemies покор|я́ть, -и́ть враго́в; (*tame, discipline*): ~ one's passions подав|ля́ть, -и́ть (*or* укро|ща́ть, -ти́ть) стра́сти; **2.** (*reduce*) ум|еньша́ть, -е́ньшить; (*soften*) смягч|а́ть, -и́ть; ~d light мя́гкий свет; (*weaken*) осл|абля́ть, -а́бить; (*sound etc.*) приглуш|а́ть, -и́ть; пон|ижа́ть, -и́зить; in ~d voices приглушёнными голоса́ми; **3.** (*restrain*): with an air of ~d satisfaction со сде́ржанным удовлетворе́нием; he seems ~d today он сего́дня что-то прити́х.

**sub-edit** *v.t.* произв|оди́ть, -ести́ (*or* де́лать, с-) техни́ческое редакти́рование +*g.*; гото́вить (*impf.*) к набо́ру.

**sub-editor** *n.* помо́щник реда́ктора; техни́ческий реда́ктор (*abbr.* техре́д).

**subfamily** *n.* подсеме́йство.

**subfusc** *adj.* тёмный.

**subglacial** *adj.* подледнико́вый.

**subgroup** *n.* подгру́ппа.

**subheading** *n.* подзаголо́вок.

**subhuman** *adj.* нечелове́ческий; принадлежа́щий к ни́зшей ра́се.

**subjacent** *adj.* нижележа́щий.

**subject**[1] *n.* **1.** (*pol.*) по́дданный; **2.** (*gram.*) подлежа́щее; **3.** (*phil.*) субъе́кт; **4.** (*theme, matter*) те́ма, предме́т; the ~ of the book те́ма кни́ги; he was made the ~ of an experiment его́ сде́лали объе́ктом о́пыта; из него́ сде́лали объе́кт для о́пыта; he talked on the ~ of bees он говори́л о пчёлах; change the ~ перев|оди́ть, -ести́ разгово́р на другу́ю те́му; return to the ~ верну́ться (*pf.*) к пре́рванному разгово́ру; a painter who treats biblical ~s живопи́сец/худо́жник, пи́шущий (карти́ны на) библе́йские сюже́ты; you are treating the

~ very lightly вы недоста́точно серьёзно отно́ситесь к э́тому вопро́су; while we're on the ~ поско́льку зашёл разгово́р об э́том; раз уж мы заговори́ли об э́том (*or* на э́ту те́му); **5.** (*branch of study*) предме́т, дисципли́на; ~ library отраслева́я/специа́льная библиоте́ка; he passed in four ~s он прошёл по четырём предме́там; он сдал четы́ре экза́мена; **6.** (*cause, occasion*) по́вод; a ~ of rejoicing по́вод для весе́лья (*or* к весе́лью); **7.** (*type of person*): a hysterical ~ истери́ческий субъе́кт.
    *adj.* **1.** (*subordinate*) подчинённый, зави́симый; ~ to a foreign power подвла́стный иностра́нному госуда́рству; находя́щийся под иностра́нным влады́чеством; all citizens are ~ to the law зако́н распространя́ется на всех гра́ждан; bodies are ~ to gravity тела́ подчиня́ются зако́ну тяготе́ния; **2.** (*liable, prone, inclined*): he is ~ to changes of mood он подве́ржен (бы́стрым) сме́нам настрое́ния; are you ~ to colds? вы подве́ржены просту́де?; trains are ~ to delay возмо́жны опозда́ния поездо́в; **3.**: ~ to (*conditional upon*) подлежа́щий +*d.*; the fare is ~ to alteration сто́имость прое́зда мо́жет быть изменена́; the treaty is ~ to ratification догово́р подлежи́т ратифика́ции; the price is ~ to market fluctuations цена́ зави́сит от колеба́ний ры́нка.
    *adv.*: ~ to при усло́вии (*чего*); (одна́ко) с учётом (*чего*); поско́льку ино́е не соде́ржится/предусма́тривается в +*p.*; ~ to the following provision с соблюде́нием нижесле́дующего положе́ния; ~ to your approval е́сли вы одо́брите; ~ to your rights поско́льку э́то допуска́ют ва́ши права́; ~ to your views е́сли вы не возража́ете; е́сли э́то не противоре́чит ва́шему мне́нию.
    *cpd.*: ~-**heading** *n.* ру́брика, (под)заголо́вок; ~-**matter** *n.* содержа́ние, предме́т (*чего*).

**subject**[2] *v.t.* **1.** (*make subordinate*) подчин|я́ть, -и́ть; they were ~ed to the rule of one power они́ бы́ли подчинены́ госпо́дству одно́й держа́вы; **2.** (*expose, make liable*) подв|ерга́ть, -е́ргнуть (*кого/что чему*); the machine was ~ed to tests маши́ну подве́ргли испыта́ниям; he was ~ed to insult его́ подве́ргли оскорбле́нию.

**subjection** *n.* подчине́ние; bring into ~ подчин|я́ть, -и́ть; покор|я́ть, -и́ть.

**subjective** *adj.* субъекти́вный; (*gram.*): ~ case имени́тельный паде́ж.

**subjectivism** *n.* субъективи́зм.

**subjectivist** *n.* субъективи́ст.

**subjectivity** *n.* субъекти́вность.

**subjoin** *v.t.* присовокуп|ля́ть, -и́ть; прил|ага́ть, -ожи́ть.

***sub judice*** *adj.* находя́щийся в произво́дстве (*or* на рассмотре́нии (суда́)).

**subjugate** v.t. (enslave) порабо|ща́ть, -ти́ть; (subdue) покор|я́ть, -и́ть; (subject) подчин|я́ть, -и́ть.

**subjugation** n. порабоще́ние; покоре́ние; подчине́ние.

**subjunctive** n. (~ mood) сослага́тельное наклоне́ние.

   adj. сослага́тельный.

**sublease** n. субаре́нда, поднаём.

   v.t. (of lessor; also **sublet**) перед|ава́ть, -а́ть в субаре́нду; (of lessee) брать, взять в субаре́нду.

**sublessee** n. субарендо́тор, поднанима́тель (m.).

**sublessor** n. отдаю́щий в субаре́нду.

**sublet** see SUBLEASE v.t. **1.**

**sublibrarian** n. помо́щни|к (fem. -ца) библиоте́каря.

**sublieutenant** n. мла́дший лейтена́нт.

**sublimate**[1] n. сублима́т, возго́н; corrosive ~ сулема́.

   adj. сублими́рованный, возо́гнанный.

**sublimate**[2] v.t. (chem.) сублими́ровать (impf., pf.; also fig.); воз|гоня́ть, -огна́ть.

**sublimation** n. сублима́ция, возго́нка.

**sublime** n. (the ~) вели́кое, возвы́шенное; it is only a step from the ~ to the ridiculous от вели́кого до смешно́го оди́н шаг.

   adj. (majestic) вели́чественный; the S ~ Porte (hist.) Блиста́тельная/Высо́кая По́рта; (lofty) возвы́шенный; a ~ genius велича́йший ге́ний; ~ contempt го́рдое презре́ние; ~ ignorance великоле́пное неве́дение.

**subliminal** adj. подсозна́тельный; де́йствующий на подсозна́ние.

**sublimity** n. возвы́шенность, вели́чественность.

**sublunary** adj. (earthly) земно́й.

**sub-machine gun** n. пистоле́т-пулемёт; автома́т.

**sub-machine gunner** n. автома́тчик.

**sub-man** n. недочелове́к.

**submarine** n. подво́дная ло́дка; ~ base ба́за для подво́дных ло́док; ~ chaser морско́й охо́тник.

   adj. подво́дный.

**submerge** v.t. & i. погру|жа́ть(ся), -зи́ть(ся); затоп|ля́ть(ся), -и́ть(ся).

**submer|gence, -sion** nn. погруже́ние в во́ду; затопле́ние.

**submission** n. **1.** (subjection) подчине́ние; (obedience) повинове́ние; (humility) смире́ние; (submissiveness) поко́рность; (capitulation) капитуля́ция; starve into ~ го́лодом довести́ (pf.) до капитуля́ции; **2.** (presentation) представле́ние, предъявле́ние; ~ of proof представле́ние доказа́тельств.

**submissive** adj. поко́рный, смире́нный, безро́потный, послу́шный.

**submit** v.t. **1.** (yield) подчин|я́ть, -и́ть;

покор|я́ть, -и́ть; ~ o.s. to s.o.'s authority покор|я́ться, -и́ться чьей-н. вла́сти; от|дава́ться, -а́ться на чью-н. власть; **2.** (present, e.g. a dissertation) предст|авля́ть, -а́вить; **3.** (suggest, maintain): I ~ that your proposal is contrary to the statutes я сме́ю утвержда́ть, что ва́ше предложе́ние противоре́чит уста́ву.

   v.i. подчин|я́ться, -и́ться; покор|я́ться, -и́ться; I will not ~ to being insulted я не позво́лю себя́ оскорбля́ть.

**subnormal** adj. ни́же норма́льного; a ~ child дефекти́вный (or у́мственно отста́лый) ребёнок.

**sub-order** n. подотря́д.

**subordinate**[1] n. подчинённый.

   adj. **1.** (in rank or importance) подчинённый; ни́зший по чи́ну; (secondary) второстепе́нный; the regiment has three ~ battalions в соста́в полка́ вхо́дят три подчинённых батальо́на; he plays a ~ role он игра́ет второстепе́нную роль; **2.** (gram.) прида́точный; ~ clause прида́точное предложе́ние.

**subordinat|e**[2] v.t. (make subservient) подчин|я́ть, -и́ть; (place in less important position) ста́вить, по- в подчинённое/зави́симое положе́ние; ~ing conjunction подчини́тельный сою́з.

**subordination** n. подчине́ние, подчинённость, субордина́ция.

**suborn** v.t. склон|я́ть, -и́ть к преступле́нию; (bribe) подкуп|а́ть, -и́ть.

**sub-plot** n. побо́чная сюже́тная ли́ния.

**subpoena** n. пове́стка в суд.

   v.t. вызыва́ть, вы́звать в суд.

**sub rosa** adj. та́йный, секре́тный.

   adv. та́йно, без огла́ски.

**subscribe** v.t. **1.** (write below) подпи́с|ывать, -а́ть; he ~s himself 'yours truly' он подпи́сывается «пре́данный Вам»; **2.** (contribute) же́ртвовать, по-; he ~s money to charities он же́ртвует де́ньги на благотвори́тельные це́ли.

   v.i. **1.** (pay or take out subscription): ~ to a journal подпи́с|ываться, -а́ться на журна́л; ~ to a library запи́с|ываться, -а́ться в пла́тную библиоте́ку; (contribute): ~ to a loan подпи́с|ываться, -а́ться на заём; **2.** (agree, assent) присоедин|я́ться, -и́ться; I cannot ~ to that view я не могу́ согласи́ться с э́тим мне́нием.

**subscriber** n. (of document) подписа́вшийся; (to publication etc.) подпи́счик; (contributor to fund) же́ртвователь (fem. -ница); дона́тор; (telephone ~) абоне́нт; (to library) чита́тель (fem. -ница), абоне́нт пла́тной библиоте́ки.

**subscription** n. **1.** (signature) по́дпись; **2.** (to library etc.) абонеме́нт в +a., абони́рование +g.; (fee) взнос, поже́ртвование; ~ to a society чле́нский взнос в о́бщество; ~ to a newspaper подпи́ска на газе́ту; take out a ~ подпи́с|ываться, -áться (на +*a.*); get up a ~ соб|ирáть, -рáть деньги по подпи́ске; the monument was erected by public ~ пáмятник был воздви́гнут на поже́ртвования грáждан; ~ form подписно́й лист; ~ concert конце́рт, сбор от кото́рого идёт в по́льзу кого́-н./чего́-н.

**subsection** *n.* подсе́кция.

**subsequent** *adj.* после́дующий, сле́дующий; ~ to his death (име́ющий ме́сто) по́сле его́ сме́рти; ~ly впосле́дствии; зате́м.

**subserve** *v.t.* соде́йствовать (*impf., pf.*) +*d.*

**subservience** *n.* соде́йствие; раболе́пие, послушáние.

**subservient** *adj.* **1.** (*serving as means*) соде́йствующий +*d.*; служáщий +*d.*; his marriage was ~ to his ambition брак был для него́ (лишь) сре́дством для достиже́ния свои́х це́лей; **2.** (*servile*) раболе́пный, послушáный.

**subside** *v.i.* **1.** (*of sediment*) ос|едáть, -éсть; (*of liquid*) пон|ижáться, -и́зиться; **2.** (*of ground or building*) ос|едáть, -éсть; the ground ~d земля́ осе́ла; **3.** (*of water*) пáдать, упáсть; спа|дáть, -сть; the floods ~d наводне́ние спáло; (*of blister*) оп|адáть, -áсть; **4.** (*of fever*) пáдать, упáсть; (*of wind, storm etc.*) ут|ихáть, -и́хнуть; the laughter ~d смех ути́х; the noise ~d шум смолк; passions ~d стрáсти улегли́сь; **5.** (*of pers.*): ~ into an armchair опус|кáться, -ти́ться в кре́сло; he ran for 5 minutes, then ~d into a walk он бежáл пять мину́т, пото́м перешёл на шаг.

**subsidence** *n.* (*of ground*) оседáние, осáдка.

**subsidiary** *n.* (*comm.*) филиáл.
*adj.* вспомогáтельный, подсóбный; ~ company подконтро́льная/доче́рняя компáния.

**subsidize** *v.t.* субсиди́ровать (*impf., pf.*).

**subsidy** *n.* субси́дия, посо́бие, дотáция.

**subsist** *v.i.* (*exist*) существовáть (*impf.*); (*survive*) жить, про-.

**subsistence** *n.* (*existence*) существовáние; бытие́; (*means of supporting life*) сре́дства (*nt. pl.*) к существовáнию; пропитáние; ~ allowance, money командиро́вочные (де́ньги); авáнс; ~ farming натурáльное хозя́йство; ~ wage прожи́точный ми́нимум.

**subsoil** *n.* подпóчва.

**subsonic** *adj.* дозвуковóй.

**subspecies** *n.* подви́д, разнови́дность.

**substance** *n.* **1.** (*essence, reality*) субстáнция, матéрия, реáльность; **2.** (*essential elements*) суть, содержáние, сýщность, существó; he told me the ~ of his speech он пересказáл мне основнóе содержáние своéй рéчи; in ~ по существý; **3.** (*piece, type of matter*) веществó; **4.** (*solidity*) плóтность, содержáние; the fabric lacks ~ э́тот материáл недостáточно плóтный; a piece of writing that lacks ~ со- чинéние, лишённое содержáния; there is no ~ in the rumour э́тот слух лишён какóго бы то ни́ было основáния; **5.** (*possessions*) со-

стоя́ние; waste one's ~ растрá|чивать, -тить своё состоя́ние; a man of ~ состоя́тельный человéк.

**substandard** *adj.* нестандáртный, низкокáчественный; (*of language*) нелитературный, просторéчный.

**substantial** *adj.* **1.** (*material*) вещéственный, реáльный; a ~ being реáльное/живóе существó; **2.** (*solid, stout, sturdy*) крéпкий; a man of ~ build человéк крéпкого телосложéния; a ~ building соли́дное здáние; a ~ dinner сы́тный обéд. **3.** (*considerable*): a ~ sum порядочная/внушительная сýмма; a ~ contribution большóй/вáжный вклад; a ~ improvement значи́тельное/замéтное/существéнное улучшéние; **4.** (*possessing resources*) состоя́тельный, зажи́точный; **5.** (*essential, overall*) по существý/сýти; I am in ~ agreement я соглáсен по существý (*or* в основнóм).

**substantiate** *v.t.* обоснóв|ывать, -áть; докá-з|ывать, -áть.

**substantiation** *n.* обоснование, доказáтельство.

**substantival** *adj.* субстанти́вный.

**substantive** *n.* и́мя существи́тельное.
*adj.* **1.** (*existing independently*) субстанти́вный, незави́симый, самостоя́тельный; **2.** (*pert. to subject matter*): I have no ~ comments у меня́ нет замечáний по существý (дéла, вопрóса *и т.п.*); ~ provisions резолюти́вная/операти́вная часть (*документа и т.п.*); **3.** (*mil.*): ~ rank действи́тельное звáние.

**substation** *n.* (*elec.*) подстáнция.

**substitute** *n.* замéна; (*pers.*) замести́тель (*m.*); (*thg.*) замени́тель (*m.*), суррогáт, эрзáц; butter ~ замени́тель/суррогáт мáсла.
*v.t.* испóльзовать (*impf., pf.*) (*что*) вмéсто (*чего*); ~ one word for another замен|я́ть, -и́ть однó слóво другим; подст|авля́ть, -áвить однó слóво вмéсто другóго; a forgery was ~d for the original оригинáл был подменён фальши́вкой/кóпией; вмéсто оригинáла подсýнули фальши́вку/кóпию.
*v.i.*: ~ for заме|щáть, -сти́ть; подмен|я́ть, -и́ть (*кого*).

**substitution** *n.* замéна, замещéние, подмéна; (*math.*) подстанóвка.

**substratum** *n.* основáние; ни́жний слой; (*geol.*) подпóчва, субстрáт; (*phil.*) субстрáт.

**substructure** *n.* фундáмент; ни́жнее строéние (дорóги).

**subsume** *v.t.* включ|áть, -и́ть в какýю-н. катего́рию; отн|оси́ть, -ести́ к какóй-н. катего́рии, грýппе *и т.п.*

**subtenancy** *n.* субарéнда, поднаём.

**subtenant** *n.* субаренда́тор, поднанимáтель (*m.*).

**subtend** *v.t.* (*an angle*) противолежáть (*impf.*) +*d.*; (*an arc*) стя́гивать (*impf.*) (дугу́).

**subterfuge** *n.* уло́вка, хи́трость.

**subterranean** *adj.* подзе́мный.

**subtilize** *v.i.* (*reason subtly*) вдава́ться (*impf.*) в то́нкости; мудри́ть, на-; перемудри́ть (*pf.*).

**subtitle** *n.* подзаголо́вок; (*cin.*) субти́тр.

**subtle** *adj.* **1.** (*fine, elusive*) то́нкий, неулови́мый; (*refined*) уто́нчённый; ~ perfume не́жный/то́нкий (*or* е́ле ощути́мый) за́пах/арома́т; ~ distinction то́нкое разли́чие; ~ charm неулови́мое обая́ние; ~ delight изы́сканное удово́льствие; уто́нчённое наслажде́ние; ~ power таи́нственная си́ла; **2.** (*perceptive*) то́нкий; (*acute*) о́стрый; ~ remark то́нкое замеча́ние; ~ mind о́стрый ум; ~ observer проница́тельный челове́к; ~ senses обострённые чу́вства; **3.** (*ingenious, deft*): ~ artist то́нкий худо́жник; ~ fingers ло́вкие па́льцы; ~ device иску́сный трюк; хитроу́мное приспособле́ние; ~ argument хитроу́мный до́вод; **4.** (*crafty, cunning*) иску́сный, хи́трый; ~ enemy кова́рный враг.

**subtlety** *n.* то́нкость; уто́нчённость; острота́; хи́трость; то́нкое разли́чие.

**subtonic** *n.* ни́жний вво́дный тон.

**subtract** *v.t.* вычита́ть, вы́честь.

**subtraction** *n.* вычита́ние.

**subtropical** *adj.* субтропи́ческий.

**sub-unit** *n.* (*mil.*) подразделе́ние.

**suburb** *n.* при́город, предме́стье.

**suburban** *adj.* при́городный; (*fig.*) меща́нский, провинциа́льный.

**suburbanite** *n.* жи́тель (*fem.* -ница) при́города; за́городный жи́тель.

**suburbia** *n.* (*pej.*) ≃ меща́нство, провинциали́зм; ≃ обыва́тели (*m. pl.*).

**subvention** *n.* субси́дия, дота́ция.

**subversion** *n.* подры́в; подрывна́я де́ятельность.

**subversive** *adj.* подрывно́й, разруши́тельный.

**subvert** *v.t.* под|рыва́ть, -орва́ть; разр|уша́ть, -у́шить.

**subway** *n.* (*passage under road*) подзе́мный перехо́д; (*Am., railway*) подзе́мка, метро́ (*indecl.*).

**subzero** *adj.*: ~ temperatures ми́нусовые температу́ры.

**succeed** *v.i.* **1.** (*follow*) сле́довать (*impf.*) за +*i.*; night ~s day ночь сменя́ет день; **2.** (*as heir*) насле́довать (*impf., pf.*) +*d.*; Mary was ~ed by Elizabeth I по́сле Мари́и воцари́лась Елизаве́та I; (*as replacement*) смен|я́ть, -и́ть; who ~ed him as President? кто был сле́дующим президе́нтом?
*v.i.* **1.** (*follow*) после́довать (*pf.*) (за +*i.*); ~ing ages после́дующие века́; **2.** (*as heir etc.*): he ~ed to his father's estate он унасле́довал (*or* получи́л в насле́дство) име́ние отца́; he ~ed to the premiership он за́нял пост премье́р-мини́стра; **3.** (*be, become successful*) преусп|ева́ть, -е́ть; доб|ива́ться, -и́ться

успе́ха/своего́; he is bound to ~ in life он наверняка́ преуспе́ет в жи́зни (*or* сде́лает карье́ру); he ~ed as a lawyer он име́л успе́х в ка́честве адвока́та; the attack ~ed beyond all expectation ата́ка удала́сь сверх вся́ких ожида́ний; he ~ed in tricking us all ему́ удало́сь всех нас обману́ть.

**success** *n.* успе́х, уда́ча; his efforts were crowned with ~ его́ уси́лия увенча́лись успе́хом; I tried to get in, but without ~ я пыта́лся войти́ (*or* туда́ попа́сть), но безуспе́шно; I have had no ~ so far пока́мест я не мог доби́ться успе́ха (*or* дости́гнуть це́ли); nothing succeeds like ~ одна́ уда́ча влечёт за собо́й другу́ю; he was not a ~ as a doctor он был нева́жным врачо́м; он не по́льзовался успе́хом как врач; my holidays were not a ~ this year мои́ кани́кулы в э́том году́ бы́ли неуда́чными; that book is among his ~es э́та кни́га — одна́ из его́ уда́ч; a series of military ~es ряд вое́нных успе́хов; ~ story головокружи́тельная карье́ра.

**successful** *adj.* успе́шный, уда́чный; a ~ attempt успе́шная попы́тка; a ~ speech уда́чная речь; I tried to persuade him, but was not ~ я пыта́лся убеди́ть его́, но мне э́то не удало́сь; a list of ~ candidates спи́сок и́збранных/проше́дших кандида́тов; (*fortunate*) преуспева́ющий; уда́чливый; he had the appearance of a ~ man у него́ был вид преуспева́ющего челове́ка; he was ~ in business он был уда́члив в дела́х.

**succession** *n.* **1.** (*sequence*) после́дова́тельность; in ~ подря́д; they rode past in rapid ~ они́ промча́лись оди́н за други́м; **2.** (*series*) ряд, цепь; a ~ of victories цепь побе́д; **3.** (*succeeding to office etc.*) насле́дство, насле́дие, насле́дование; the king's right of ~ was disputed пра́во престолонасле́дия короля́ оспа́ривалось; the ~ was broken прее́мственность была́ нару́шена; Apostolic ~ переда́ча апо́стольской благода́ти; War of the Spanish S~ война́ за Испа́нское насле́дство.

**successive** *adj.* после́довательный; сле́дующий оди́н за други́м; on three ~ occasions три ра́за подря́д.

**successively** *adj.* подря́д, после́довательно, поочерёдно.

**successor** *n.* прее́мни|к (*fem.* -ца), насле́дни|к (*fem.* -ца); he was the obvious ~ of, to his father он я́вно заслу́живал стать прее́мником своего́ отца́; the summer before last was hotter than its ~ позапро́шлое ле́то бы́ло жа́рче про́шлого.

**succinct** *adj.* (*concise*) сжа́тый; (*brief*) кра́ткий.

**succinctness** *n.* сжа́тость, кра́ткость.

**succour** (*liter.*) *n.* по́мощь.
*v.t.* при|ходи́ть, -йти́ на по́мощь +*d.*; выруча́ть, вы́ручить.

**succulence** *n.* со́чность.

**succulent** *adj.* со́чный; (*bot.*) мяси́стый.

**succumb** *v.i.* уступ|а́ть, -и́ть; подд|ава́ться, -а́ться; they ~ed to the enemy's superior force они́ уступи́ли превосходя́щей си́ле проти́вника; she did not ~ to temptation она́ не поддала́сь искуше́нию; (*die*) сконча́ться (*pf.*); he ~ed to his injuries он сконча́лся от (полу́ченных) ран.

**such** *pron.* **1.** (*that*) э́то; ~ was not my intention э́то не́ было мои́м наме́рением; я э́того не хоте́л; ~ being the case в тако́м слу́чае; he is a good scholar and is recognised as ~ он хоро́ший учёный и при́знан таковы́м; **2.**: ~ (*without qualification*) вообще́; как таково́й; сам по себе́; **3.** ~ (*people*) as те, кото́рые.

*adj.* **1.** (*of the kind mentioned*; *of this, that kind*) тако́й; I know of no ~ place я и не слыха́л о тако́м ме́сте; I have never seen ~ a sight я никогда́ не ви́дел подо́бного зре́лища; I said no ~ thing я ничего́ подо́бного не говори́л; some ~ thing что́-то в э́том ро́де; no ~ luck! увы́!; е́сли бы!; how could you do ~ a thing? как вы могли́ так поступи́ть?; **2.**: ~ as (*of a kind . . .*): ~ grapes as you never saw тако́й виногра́д, како́го вы в жи́зни не ви́дывали; the difference was not ~ as to affect the result ра́зница была́ не столь велика́, что́бы повлия́ть на результа́т; I am not ~ a fool as to believe him я не тако́й дура́к, что́бы пове́рить ему́; (*like*): people ~ as these таки́е лю́ди; лю́ди, подо́бные э́тим; a picture ~ as that is valuable тако́го ро́да карти́ны це́нятся высоко́; small objects ~ as diamonds ме́лкие предме́ты, как наприме́р бриллиа́нты; there is ~ a thing as politeness существу́ет така́я вещь, как ве́жливость; you can share my meal, ~ as it is вы мо́жете раздели́ть со мно́ю мой у́жин, како́в он ни на есть; **3.** (*pred.*) тако́в; ~ was the force of the gale такова́ была́ си́ла урага́на; ~ is life! такова́ жизнь!

*cpds.*: ~-**and**-~ *adj.* тако́й-то, (*pl.*) ко́е--каки́е; ~**like** *pron. & adj.* подо́бный; theatres, cinemas and ~like теа́тры, кино́ и тому́ подо́бное.

**suck** *n.* соса́ние; take a ~ at пососа́ть (*pf.*); the ~ of a whirlpool заса́сывание водоворо́та; give a ~ to a child корми́ть (*impf.*) ребёнка гру́дью.

*v.t.* **1.** соса́ть (*impf.*); he was ~ing (at) an orange он поса́сывал апельси́н; he ~ed the orange dry он вы́сосал весь сок из апельси́на; ~ the breast соса́ть (*impf.*) грудь; (~ in, *imbibe*) вс|а́сывать, -оса́ть; тяну́ть (*impf.*); bees ~ nectar пчёлы втя́гивают некта́р; he was ~ing fruit juice through a straw он тяну́л фрукто́вый сок че́рез соло́минку; (~ *out*) выса́сывать, вы́сосать; he ~ed the blood from the poisoned wound он вы́сосал кровь из отра́вленной ра́ны; **2.** (*squeeze or dissolve in*

*mouth*) соса́ть (*impf.*); поса́сывать (*impf.*); she was always ~ing lozenges она́ ве́чно соса́ла леденцы́; the baby likes to ~ its thumb младе́нец лю́бит соса́ть па́лец.

*v.i.* соса́ть (*impf.*); ~ at, on a pipe поса́сы-вать/потя́гивать (*impf.*) тру́бку; ~ing-pig моло́чный поросёнок; ~ing child грудно́й ребёнок.

*with advs.*: ~ **in** *v.t.* вс|а́сывать, -оса́ть; (*engulf*) зас|а́сывать, -оса́ть; he was ~ed in by the quicksand его́ засоса́ла тряси́на; (*fig.*) впи́т|ывать, -а́ть (в себя́); ~ **out** *v.t.* выса́сы-вать, вы́сосать; ~ **up** *v.t.* выса́сывать, вы́сосать; (*absorb*) впи́т|ывать, -а́ть; *v.i.*: ~ up to s.o. (*coll.*) подли́з|ываться, -а́ться к кому́-н.

**sucker** *n.* **1.** (*organ, device*) присо́сок, присо́ска; **2.** (*bot.*) отро́сток, боково́й побе́г; **3.** (*sl., gullible person*) проста́|к (*fem.* -чка).

**suckl|e** *v.t.* вск|а́рмливать, -орми́ть; (*of pers.*) корми́ть (*impf.*) гру́дью; the cow was ~ing the calf телёнок соса́л ма́тку.

**suckling** *n.* (*child*) грудно́й ребёнок; сосуно́к; (*animal*) сосу́н, сосуно́к; ~ pig (*Am.*) моло́чный поросёнок.

**sucrose** *n.* сахаро́за.

**suction** *n.* соса́ние, вса́сывание, приса́сы-вание; ~ pump вса́сывающий насо́с.

**Sudan** *n.* Суда́н.

**Sudanese** *n.* суда́н|ец (*fem.* -ка).

*adj.* суда́нский.

**sudden** *n.*: (all) of a ~ внеза́пно, вдруг.

*adj.* (*unexpected*) внеза́пный, неожи́данный; he made a ~ movement он сде́лал ре́зкое движе́ние; ~ death скоропости́жная смерть.

**suddenly** *adv.* внеза́пно, вдруг.

**suddenness** *n.* внеза́пность, неожи́данность.

**Sudetenland** *n.* Суде́тская о́бласть.

**sudorific** *n.* потого́нное сре́дство.

*adj.* потого́нный.

**suds** *n. pl.* мы́льная пе́на.

**sue** *v.t.* возбу|жда́ть, -ди́ть иск/де́ло про́тив +*g.*; под|ава́ть, -а́ть в суд на +*a.*; (for libel за клевету́; for damages о возмеще́нии убы́т-ков).

*v.i.* **1.** (*take legal action*) под|ава́ть, -а́ть в суд (на +*a.*); **2.** (*make entreaties*): ~ for peace проси́ть (*impf.*) ми́ра; ~ for a woman's hand доб|ива́ться, -и́ться чьей-н. руки́.

**suede** *n.* за́мша.

*adj.* за́мшевый.

**suet** *n.* нутряно́е са́ло; по́чечный жир.

**Suez** *n.* Суэ́ц; ~ Canal Суэ́цкий кана́л.

**suffer** *v.t.* **1.** (*experience*) испы́т|ывать, -а́ть; терпе́ть, по-; претерп|ева́ть, -е́ть; she did not ~ much pain она́ недо́лго му́чилась; he ~ed many hardships он перенёс/претерпе́л мно́жество лише́ний; ~ death умере́ть (*pf.*); **2.** (*permit*) позв|оля́ть, -о́лить; (*tolerate*) терпе́ть, по-/с-; сн|оси́ть, -ести́; I will not ~

such conduct я не потерплю такого поведения; he does not ~ fools gladly он не выносит дураков; ~ the children to come to me пустите детей приходить ко мне.

*v.i.* страдать (*impf.*) (от +*g.*); he learnt to ~ without complaining он научился безропотно переносить страдание; he ~s from shyness он (очень) застенчив; he is ~ing from measles он болеет корью; у него корь; he is ~ing from loss of appetite он страдает отсутствием аппетита; he did not ~ much in the accident он не очень пострадал во время аварии; his reputation will ~ greatly его репутация сильно пострадает; he ~ed for his folly он был наказан за свою глупость; I ~ed for it я за это поплатился.

**sufferance** *n.*: on ~ из милости; с молчаливого согласия.

**sufferer** *n.* страдалец; women are the greatest ~s хуже всего приходится/достаётся женщинам; be a ~ from ill-health иметь (*impf.*) слабое здоровье; (*from accident*) пострадавший, потерпевший.

**suffering** *n.* страдание.

**suffice** *v.t.* удовлетвор|ять, -ить; one meal a day ~s her ей достаточно есть один раз в день.

*v.i.* быть достаточным; хват|ать, -ить; a brief statement will ~ for my purpose мне потребуется лишь краткое заявление; that ~s to prove my case это служит вполне достаточным подтверждением моей правоты; ~ it to say that ... достаточно сказать, что ...

**sufficiency** *n.* достаточность, достаток; we have a ~ of provisions у нас достаточно провизии.

**sufficient** *n.*: have you had ~ (to eat)? вы сыты?

*adj.* достаточный, подходящий; the sum is ~ for the journey этих денег хватит на дорогу; lack ~ food испытывать (*impf.*) недостаток в пище; he is ~ of an expert to realize ... он достаточно осведомлён/сведущ, чтобы понять ...; ~ unto the day is the evil thereof довлеет дневи злоба его.

**suffix** *n.* суффикс.

*v.t.* приб|авлять, -авить.

**suffocat|e** *v.t.* душить, за-; I was ~ed by the close atmosphere я задыхался в духоте; he was ~ed by poisonous fumes он задохнулся/задохся в ядовитом дыме; ~ing heat удушливая жара.

*v.i.* зад|ыхаться, -охнуться.

**suffocation** *n.* удушение, удушье.

**suffragan** *n.* (~ bishop) викарий; викарный епископ.

**suffrage** *n.* (*vote*) голос; (*right to vote*) избирательное право; female ~ избирательное право для женщин; universal ~ всеобщее избирательное право.

**suffragette** *n.* (*hist.*) суфражистка.

**suffuse** *v.t.* зал|ивать, -ить; a blush ~d her cheeks её щёки залил румянец.

**suffusion** *n.* (*med.*) кровоподтёк, суффузия.

**Sufi** *n.* суфист.

**Sufism** *n.* суфизм.

**sugar** *n.* сахар; granulated/caster ~ (сахарный) песок; icing ~ сахарная пудра; brown ~ коричневый сахар; неочищенный сахарный песок; beet ~ свекловичный сахар; cane ~ тростниковый сахар; lump ~ кусковой сахар, (сахар-)рафинад; (*in cubes*) пилёный сахар.

*v.t.* **1.** (*lit., fig., sweeten*) подсла|щивать, -стить; **2.** (*sprinkle with ~*) пос|ыпать, -ыпать сахаром; посахарить (*pf.*).

*cpds.*: ~-**basin,** ~-**bowl** *nn.* сахарница; ~-**beet** *n.* сахарная свёкла; ~-**candy** *n.* леденец; ~-**cane** *n.* сахарный тростник; ~-**coated** *adj.* обсахаренный; ~-**daddy** *n.* (*coll.*) покровитель (*m.*); ~-**loaf** *n.* сахарная голова; ~-**mill** *n.* сахарный завод; ~-**plantation** *n.* сахарная плантация; ~-**plum** *n.* круглый леденец; ~-**refinery** *n.* рафинадный завод; ~-**tongs** *n.* щипц|ы (*pl., g.* -ов) для сахара.

**sugarless** *adj.* без сахара.

**sugary** *adj.* **1.** сахарный, сахаристый; go ~ (*of jam etc.*) засахари|ваться, -ться; **2.** (*fig., of tone, smile etc.*) сладкий, слащавый.

**suggest** *v.t.* **1.** (*propose*) предл|агать, -ожить; советовать, по-; выдвиг|ать, выдвинуть предложение (*чтобы* ...); he ~ed (going for) a walk он предложил пойти прогуляться; he ~ed that I should follow him он предложил/посоветовал мне следовать за ним; I ~ you try again я советую вам попробовать ещё раз(ок); all sorts of plans were ~ed предлагались всевозможные планы; (*with inanimate subject*): what ~ed that idea to you? что навело вас на эту мысль?; experience ~ed the right solution опыт подсказал (*or* натолкнул на) правильное решение; **2.** (*evoke, call to mind*) вызывать, вызвать; what does this shape ~? что напоминает эта форма?; does the name ~ nothing to you? это имя вам ничего не говорит?; **3.** (*imply, indicate*) говорить (*impf.*) о +*p.*; свидетельствовать (*impf.*) о +*p.*; his skill ~s long practice его мастерство говорит о длительной практике; his tone ~ed impatience в его тоне чувствовалось нетерпение; **4.** (*instil an idea*) внуш|ать, -ить; he had the power of ~ing to his audience that he was infallible он умел внушить слушателям мысль о его непогрешимости; **5.** (*advance as possible or likely*): I ~ that the calculation is (*or* may be) wrong по-моему, здесь ошибка в расчёте; they ~ed improper motives on his part они высказали подозрение в чистоте его мотивов; I ~ that you knew all the time я утверждаю, что вы с самого нача́ла зна́ли об э́том; do you ~ that I am lying? вы хоти́те сказа́ть, что я лгу?

**suggestible** *adj.* (*of pers.*) внуша́емый.

**suggestion** *n.* **1.** (*proposal*) предложе́ние, сове́т; make a ~ внести́ (*pf.*) предложе́ние; пода́ть (*pf.*) иде́ю/мысль; I acted on his ~ я воспо́льзовался его́ сове́том/иде́ей; **2.** (*implication*) намёк, до́ля; (*tinge*) отте́нок; there was a ~ of regret in his voice в его́ го́лосе звуча́ла но́тка сожале́ния; a ~ of a foreign accent чуть заме́тный иностра́нный акце́нт; **3.** (*hypnotic etc.*) внуше́ние.

**suggestive** *adj.* **1.** ~ of напомина́ющий; **2.** (*providing food for thought*) наводя́щий на размышле́ния; **3.** (*improper*) пика́нтный, непристо́йный, риско́ванный.

**suicidal** *adj.* **1.** (*pert. to suicide*) самоуби́йственный; **2.** (*leading to suicide*): ~ tendencies скло́нность к самоуби́йству; **3.** (*of pers.*) скло́нный к самоуби́йству; суисида́льный; **4.** (*fig., fatal*) губи́тельный, ги́бельный; ~ policy рокова́я/па́губная поли́тика.

**suicide** *n.* **1.** (*also fig.*) самоуби́йство; commit ~ конча́ть, (по)ко́нчить с собо́й; ко́нчить, по- (жизнь) самоуби́йством; **2.** (*pers.*) самоуби́йца (*c.g.*); ~ pact группово́е самоуби́йство по сго́вору; ~ pilot (пило́т-)сме́ртник.

*sui generis* *adj.* своеобра́зный, уника́льный.

**suit** *n.* **1.** (*arch., petition*) проше́ние; grant s.o.’s ~ исп|олня́ть, -о́лнить чью-н. про́сьбу; удовлетвор|я́ть, -и́ть чьё-н. проше́ние; (*for marriage*) сва́товство́; press one’s ~ сва́таться (*impf.*) (к кому́); **2.** (*leg.*) иск, де́ло; civil/criminal ~ гражда́нский/уголо́вный иск; bring (a) ~ against s.o. предъяв|ля́ть, -и́ть иск кому́-н.; **3.** (*of clothes*) костю́м; two-piece ~ костю́м-дво́йка; (*woman’s*) костю́м, ю́бка с жаке́том; ~ of armour доспе́хи (*m. pl.*), ла́т|ы (*pl., g.* —); **4.** (*of cards*) масть; follow ~ ходи́ть (*indet.*) в масть; (*fig.*) сле́довать (*impf.*) за +*i.*; сле́довать (*impf.*) чьему́-н. приме́ру; politics are his strong ~ в поли́тике он соба́ку съел; politeness is not his strong ~ он не отлича́ется любе́зностью/ве́жливостью.

*v.t.* **1.** (*accommodate, adapt*) приспос|а́бливать, -о́бить (*что к чему*); согласо́в|ывать, -а́ть (*что с чем*); he ~s his speech to his audience он приспоса́бливает свою́ речь к аудито́рии; ~ the action to the word подкреп|ля́ть, -и́ть сло́во де́йствием; he is not ~ed to be an engineer он не годи́тся в инжене́ры; из него́ инжене́р(а) не вы́йдет; they are ~ed to one another они́ подхо́дят друг дру́гу; **2.** (*be satisfactory, convenient to*): the plan ~s me э́тот план меня́ устра́ивает; will it ~ you to finish now? удо́бно ли вам ко́нчить на э́том?; he tries to ~ everybody он стара́ется всем угоди́ть; ~ yourself! как хоти́те!; де́лайте как зна́ете!; во́ля ва́ша!; **3.** (*be good for,*

*agree with*): coffee does not ~ me мне от ко́фе де́лается нехорошо́; ко́фе мне вре́ден; the English climate does not ~ everyone не всем подхо́дит англи́йский кли́мат; **4.** (*befit*) под|ходи́ть, -ойти́ +*d.*; the role does not ~ him э́та роль ему́ не подхо́дит; buffoonery does not ~ an old man шутовство́ не приста́ло старику́; that hat ~s her э́та шля́па ей идёт (*or* ей к лицу́).

*v.i.* под|ходи́ть, -ойти́; годи́ться (*impf.*).

*cpd.*: ~case *n.* (небольшо́й) чемода́н.

**suitability** *n.* го́дность, приго́дность.

**suitable** *adj.* подходя́щий, го́дный, соотве́тствующий, соотве́тственный; уда́чный; he is ~ for the job он подхо́дит для э́той до́лжности; clothes ~ to the occasion оде́жда, подходя́щая к (*or* соотве́тствующая/прили́чествующая) слу́чаю; these clothes are hardly ~ for wet weather э́та оде́жда едва́ ли годи́тся для дождли́вой пого́ды; reading ~ to her age чте́ние, соотве́тствующее её во́зрасту.

**suitably** *adv.* соотве́тственно, пра́вильно; как сле́дует.

**suite** *n.* **1.** (*retinue*) сви́та; **2.** (*set*): ~ of furniture гарниту́р ме́бели, ме́бельный гарниту́р; bedroom ~ спа́льный гарниту́р; ~ of rooms апарта́менты (*m. pl.*); (*in hotel*) (но́мер-)люкс; **3.** (*mus.*) сюи́та.

**suitor** *n.* (*wooer*) жени́х, покло́нник.

**sulf-** *see* SULPH-.

**sulk** *n.* дурно́е настрое́ние; a fit of the ~s при́ступ дурно́го настрое́ния.

*v.i.* быть в дурно́м настрое́нии; ~ at s.o. ду́ться (*impf.*) на кого́-н.

**sulky**[1] *n.* одноме́стная коля́ска, двуко́лка.

**sulky**[2] *adj.* наду́тый, оби́женный.

**sullen** *adj.* (*sulky*) наду́тый; (*morose*) угрю́мый; (*sombre*) мра́чный.

**sullenness** *n.* наду́тость; угрю́мость; мра́чность.

**sully** *v.t.* (*liter.*) пятна́ть, за-.

**sulphate** *n.* сульфа́т; copper/iron/zinc ~ ме́дный/желе́зный/ци́нковый купоро́с.

**sulphide** *n.* сульфи́д; copper ~ серни́стая медь.

**sulphite** *n.* сульфи́т; copper ~ сернистоки́слая медь.

**sulphonamide** *n.* сульфами́д.

**sulphur** (*Am.* **sulfur**) *n.* се́ра; flowers of ~ се́рный цвет.

*adj.* (*colour*) зеленова́то-жёлтый.

**sulphurate** *v.t.* (*impregnate*) пропи́т|ывать, -а́ть се́рой; (*fumigate*) оку́р|ивать, -и́ть се́рой.

**sulphureous** *adj.* се́рный; зеленова́то-жёлтый.

**sulphuretted** *adj.* сульфи́рованный; ~ hydrogen сероводоро́д.

**sulphuric** *adj.* се́рный; ~ acid се́рная кислота́.

**sulphurous** *adj.* серни́стый.

**sultan** *n.* султа́н.

**sultana** *n.* (*pers.*) султа́нша; (*fruit*) изю́минка, (*collect.*) кишми́ш.

**sultanate** *n.* (*state, institution*) султа́нство, султана́т.

**sultriness** *n.* духота́, зно́йность, зной.

**sultry** *adj.* **1.** (*of atmosphere, weather*) зно́йный, ду́шный; ~ heat зной; **2.** (*of temper or pers.*) зно́йный, стра́стный, ю́жный.

**sum** *n.* **1.** (*total*) ито́г; ~ total о́бщая су́мма, о́бщий ито́г; the ~ total of his demands was . . . в о́бщей сло́жности его́ тре́бования своди́лись к +*d.* . . .; **2.** (*amount*) су́мма; his debts amounted to the ~ of £2,000 его́ долги́ достига́ли (су́ммы в) 2 000 фу́нтов; he had a large ~ on him у него́ с собо́й была́ больша́я су́мма де́нег; **3.** (*liter., substance, essence*) су́щность, суть; in ~ (одни́м) сло́вом; the ~ of all my wishes ито́г/верши́на мои́х стремле́ний; **4.** (*problem*) (арифмети́ческая) зада́ча; he gave me a ~ to do он за́дал мне зада́чу; he did the ~ in his head он реши́л зада́чу в уме́; he is good at ~s он силён в арифме́тике.

*v.t.* (*usu.* ~ **up**) **1.** (*reckon up*) подсчи́т|ывать, -а́ть; скла́дывать, сложи́ть; **2.** (*summarize*) сумми́ровать (*impf.*); подв|оди́ть, -ести́ ито́г +*g./d.*; резюми́ровать (*impf., pf.*); the argument can be ~med up in one word весь вопро́с сво́дится к одному́ сло́ву; (*form judgement of*): he ~med up the situation at a glance он оцени́л положе́ние с пе́рвого взгля́да; she quickly ~med him up она́ оцени́ла его́ сра́зу же по досто́инству.

*v.i.*: ~ **up** сумми́ровать (*impf., pf.*); резюми́ровать (*impf., pf.*); the judge's ~ming-up заключи́тельная речь судьи́; to ~ up, . . . сло́вом, . . .

**sumac(h)** *n.* сума́х.

**Sumatra** *n.* Сума́тра.

**Sumatran** *n.* жи́тель (*m.*) Сума́тры.

*adj.* суматри́йский.

**Sumerian** *n.* (*language*) шуме́рский язы́к; (*pers.*) шуме́р.

*adj.* шуме́рский.

**summarize** *v.t.* сумми́ровать (*impf., pf.*); резюми́ровать (*impf., pf.*); подв|оди́ть, -ести́ ито́г +*g./d.*

**summary** *n.* резюме́ (*indecl.*), сво́дка.

*adj.* **1.** (*brief*) сумма́рный, кра́ткий; ~ account сумма́рное изложе́ние, кра́ткий отчёт; **2.** (*rapid, sweeping*) бесцеремо́нный; a ~ judgement пове́рхностное сужде́ние; ~ methods огу́льные ме́тоды; **3.** (*leg.*) уско́ренный; ~ conviction осужде́ние в поря́дке сумма́рного произво́дства; ~ jurisdiction упрощённое/сумма́рное произво́дство.

**summation** *n.* (*addition*) подведе́ние ито́га; (*summing-up*) резюме́ (*indecl.*).

**summer** *n.* **1.** ле́то; in ~ ле́том; a girl of some 20 ~s (*liter.*) де́вушка лет двадцати́; Indian (*or* St Martin's) ~ ба́бье ле́то; **2.** (*fig., prime*) расцве́т.

*adj.* ле́тний; ~ dress ле́тнее пла́тье; dressed in ~ clothes оде́тый по-ле́тнему; ~ lightning зарни́ца; ~ school ле́тний университе́т; ~ time (*daylight saving*) ле́тнее вре́мя.

*v.i.* (*spend* ~) пров|оди́ть, -ести́ ле́то.

*cpds.*: ~**house** *n.* бесе́дка; ~**time** *n.* ле́тняя пора́; ~-**weight** *adj.* лёгкий, ле́тний.

**summery** *adj.*: ~ weather ле́тняя/тёплая пого́да; ~ clothes лёгкая/ле́тняя оде́жда.

**summit** *n.* (*lit., fig.*) верши́на, верх; (*fig.*) зени́т, апоге́й; the ~ of his ambition верши́на его́ честолю́бия; ~ (conference, talks) совеща́ние на вы́сшем у́ровне.

**summon** *v.t.* **1.** (*send for*) приз|ыва́ть, -ва́ть; (*also leg.*) вызыва́ть, вы́звать; **2.** (*order*) приз|ыва́ть, -ва́ть; she ~ed the children to dinner она́ позвала́ дете́й обе́дать; they ~ed the garrison to surrender они́ потре́бовали сдать кре́пость/го́род; **3.** ~ a meeting соз|ыва́ть, -ва́ть собра́ние; ~ up one's energy/courage соб|ира́ться, -ра́ться с си́лами/ду́хом.

**summons** *n.* вы́зов; (*leg.*) суде́бная пове́стка, вы́зов в суд; answer a ~ яв|ля́ться, -и́ться по пове́стке; serve a ~ on s.o. вруч|а́ть, -и́ть кому́-н. суде́бную пове́стку; (*mil.*): ~ to surrender ультима́тум о сда́че.

*v.t.* вызыва́ть, вы́звать в суд.

***summum bonum*** *n.* велича́йшее бла́го.

**sump** *n.* (*for waste liquid, sewage etc.*) выгребна́я я́ма; (*for engine oil*) маслосбо́рник; поддо́н ка́ртера; (*for sludge*) грязеви́к.

**sumptuary** *adj.*: ~ law зако́н, ограни́чивающий приобрете́ние предме́тов ро́скоши.

**sumptuous** *adj.* роско́шный, великоле́пный.

**sumptuousness** *n.* ро́скошь, великоле́пие.

**sun** *n.* со́лнце; (*astron.*) Со́лнце; the ~ rises со́лнце восхо́дит/всхо́дит; the ~ sets со́лнце захо́дит/сади́тся; his ~ is set его́ звезда́ закати́лась; before the ~ goes down до захо́да со́лнца; the ~ is up со́лнце вста́ло; the ~ is out (*shining*) со́лнце/со́лнышко све́тит; when the ~ comes out когда́ вы́йдет со́лнце; when the ~ goes in когда́ скро́ется со́лнце; against the ~ (*counter-clockwise*) про́тив часово́й стре́лки; with the ~ (*clockwise*) по часово́й стре́лке; rise with the ~ вст|ава́ть, -ать с со́лнцем *or* чуть свет *or* ни свет ни заря́(!); lie in the ~ лежа́ть (*impf.*) на со́лнце; a place in the ~ (*fig.*) ме́сто под со́лнцем; тёпленькое месте́чко; everything under the ~ всё на све́те; have the ~ in one's eyes (*at games*) игра́ть (*impf.*) про́тив со́лнца/све́та; the ~ is in my eyes со́лнце бьёт мне в глаза́; меня́ со́лнце слепи́т; this flower-bed catches the ~ на э́ту клу́мбу па́дает со́лнце; you have caught the ~ (*become sunburnt*) вы загоре́ли; get a touch of the ~ (*sunstroke*) перегре́ться (*pf.*) на со́лнце; получи́ть (*pf.*) со́лнечный уда́р; in the full blaze of the ~ на (са́мом) со́лнцепёке.

*v.t.*: ~ o.s. гре́ться (*impf.*) на со́лнце/со́лны-
шке.

*cpds.*: ~-**baked** *adj.* вы́сушенный на со́лнце;
~**bathe** *v.i.* загора́ть (*impf.*); принима́ть
(*impf.*) со́лнечные ва́нны; приня́ть (*pf.*)
со́лнечную ва́нну; ~**bather** *n.* загора́ющий;
~**beam** *n.* со́лнечный луч; ~-**blind** *n.* (*awning*)
марки́за; жалюзи́ (*nt. indecl.*); (*roller-blind*)
што́ра; ~-**bonnet** *n.* пана́м(к)а; ~**burn** *n.* (*tan*)
зага́р; (*inflammation*) со́лнечный ожо́г; he got
a nasty ~burn он стра́шно обгоре́л; ~burn
lotion крем для зага́ра; ~**burnt** *adj.*
загоре́лый; get ~burnt загоре́ть (*pf.*); S~**day**
*see sep. entry*; ~-**deck** *n.* ве́рхняя прогу́лочная
па́луба; ~**dial** *n.* со́лнечные часы́ (*m. pl.*);
~**down** *n.* захо́д со́лнца, зака́т; ~**downer** *n.*
(*Aust., tramp*) бродя́га (*m.*); (*drink*) рю́мка,
выпива́емая ве́чером; ~-**drenched** *adj.*
напоённый со́лнцем; ~-**dress** *n.* сарафа́н;
~-**dried** *adj.* (*of fruit*) вы́сушенный на со́лнце,
вя́леный; ~**flower** *n.* подсо́лнух, подсо́л-
нечник; ~flower oil подсо́лнечное ма́сло;
~flower seed подсо́лнух, се́мечки (*nt. pl.*);
~-**glasses** *n.* очки́ от со́лнца; ~-**god** *n.* бог
со́лнца; ~-**hat** *n.* шля́па от со́лнца, пана́м(к)а;
~-**helmet** *n.* про́бковый шлем; ~-**lamp** *n.*
ква́рцевая ла́мпа; ~**light** *n.* со́лнечный свет;
~**lit** *adj.* освещённый/за́литый со́лнцем;
~-**lounge**, ~-**parlour** *nn.* соля́рий; застеклён-
ная терра́са; ~-**rays** *n.* (*beams*) со́лнечные
лучи́ (*m. pl.*); (*ultra-violet rays*) ультрафио-
ле́товые лучи́; ~**rise** *n.* восхо́д (со́лнца); at
~rise на заре́; ~**set** *n.* захо́д со́лнца, зака́т; at
~set на зака́те; ~**shade** *n.* (*parasol*)
(со́лнечный) зо́нтик; (*awning*) наве́с,
марки́за, тент; ~**shine** *n.* со́лнечный свет;
(*fig., cheer*) ра́дость; the ~shine went out of
her life сча́стье ушло́ из её жи́зни; ~shine
roof (*of car*) раздвижна́я кры́ша; ~**spot** *n.*
пятно́ на со́лнце; ~**stroke** *n.* со́лнечный уда́р;
~-**suit** *n.* пля́жный костю́м; ~-**tan** *n.* зага́р;
~-tan lotion крем для зага́ра; ~-**trap** *n.*
соля́рий; ~-**up** *n.* (*Am.*) восхо́д (со́лнца);
~-**worship** *n.* солнцепокло́нничество; культ
со́лнца.

**sundae** *n.* моро́женое с фру́ктами/оре́хами (*и
m.n.*).

**Sunday** *n.* воскресе́нье; on ~s по воскре-
се́ньям; not in a month of ~s ≃ по́сле до́жди-
чка в четве́рг; когда́ рак сви́стнет; ~ school
воскре́сная шко́ла; in one's ~ best в вы-
ходно́м пла́тье; в пра́здничном наря́де.

**sunder** *v.t.* (*liter.*) разлуч|а́ть, -и́ть; разъе-
дин|я́ть, -и́ть.

**sundries** *n.* ра́зное.

**sundry** *adj.* ра́зный, разли́чный; all and ~ всё и
вся; все без исключе́ния.

**sunken** *adj.* (*of eyes etc.*) впа́лый, запа́вший;
(*submerged*) подво́дный, зато́пленный.

**sunless** *adj.* тёмный, мра́чный, без со́лнца.

**sunny** *adj.* со́лнечный; a ~ room со́лнечная
ко́мната; look on the ~ side of things ви́деть
(*impf.*) све́тлую сто́рону веще́й; a ~ disposition жизнера́достный хара́ктер; a ~ smile
сия́ющая улы́бка.

**sup** *n.*: neither bite nor ~ (*arch.*) ни ма́ковой
роси́нки.
    *v.i.* у́жинать, по-.

**super** (*coll.*) *n.* **1.** (*actor*) стати́ст (*fem.* -ка); **2.** =
SUPERINTENDENT.
    *adj.* замеча́тельный, превосхо́дный; ~!
здо́рово!

**superable** *adj.* преодоли́мый.

**superabundance** *n.* (чрезме́рное) изоби́лие.

**superabundant** *adj.* изоби́льный; избы́точный.

**superadd** *v.t.* доб|авля́ть, -а́вить.

**superannuate** *v.t.* перев|оди́ть, -ести́ на пе́нсию
по ста́рости; ~d (*of pers.*) вы́шедший на
пе́нсию; (*fig.*) престаре́лый; (*of thg.*)
устаре́лый.

**superannuation** *n.* перево́д на пе́нсию по
ста́рости; (*payment*) пе́нсия по ста́рости.

**superb** *adj.* превосхо́дный, великоле́пный.

**supercargo** *n.* суперка́рго (*m. indecl.*).

**supercharge** *v.t.* (*overload*) перегру|жа́ть,
-зи́ть; ~d engine дви́гатель (*m.*) с над-
ду́вом.

**supercharger** *n.* нагнета́тель (*m.*); компре́ссор
надду́ва.

**supercilious** *adj.* высокоме́рный, надме́нный,
презри́тельный.

**superciliousness** *n.* высокоме́рие, надме́нность,
презри́тельность.

**supercontinent** *n.* протоконтине́нт.

**supercooled** *adj.* переохлаждённый.

**superego** *n.* сверх-я́ (*nt. indecl.*).

**supererogation** *n.*: works of ~ сверхдо́лжные
до́брые дела́.

**supererogatory** *adj.* изли́шний; превыша́ющий
тре́бование до́лга.

**superfatted** *adj.* пережи́ренный.

**superficial** *adj.* (*lit., fig.*) пове́рхностный.

**superficiality** *n.* пове́рхностность.

**superfine** *adj.* (*highly refined*) тонча́йший; (*of
high quality*) (наи)вы́сшего ка́чества.

**superfluity** *n.* изли́шек.

**superfluous** *adj.* изли́шний.

**superheat** *v.t.* перегр|ева́ть, -е́ть.

**superheater** *n.* пароперегрева́тель (*m.*).

**superhet(erodyne)**    *n.*    супергетероди́нный
приёмник.

**superhuman** *adj.* сверхчелове́ческий.

**superimpose** *v.t.* на|кла́дывать, -ложи́ть (*что
на что*).

**superintend** *v.t. & i.* заве́довать (*impf.*) (*чем*);
управля́ть (*impf.*) (*чем/кем*); руководи́ть
(*impf.*) (*чем/кем*); наблюда́ть (*impf.*) за
(*кем/чем*); надзира́ть (*impf.*) за (*кем/чем*).

**superintendence** *n.* заве́дование (+*i.*); управ-
ле́ние (+*i.*); надзо́р (за +*i.*).

**superintendent** *n.* заве́дующий, управля́ющий, нача́льник, руководи́тель (*m.*).

**superior** *n.* **1.** (*pers. of higher rank*) ста́рший, нача́льник; he looks up to his ~s он почита́ет ста́рших по положе́нию; (*better*): he is his brother's ~ in every way он во всём превосхо́дит своего́ бра́та; **2.** (*relig.*) настоя́тель (*fem.* -ница); father ~ (оте́ц-)игу́мен; mother ~ (мать-)игу́менья.

*adj.* **1.** (*of higher rank or status*) ста́рший, вы́сший; ~ officer ста́рший офице́р; ~ court вы́сшая (суде́бная) инста́нция; **2.** (*of better quality, better*) превосхо́дный, превосходя́щий; вы́сшего ка́чества; ~ skill вы́сшее мастерство́; he was ~ to me in wisdom он был мудре́е меня́; он превосходи́л меня́ му́дростью; this cloth is ~ to that э́то сукно́ лу́чше того́ (*or* бо́лее высо́кого ка́чества, чем то); a ~ (type of) man отбо́рный челове́к; **3.** (*conscious of superiority, supercilious*): a ~ smile презри́тельная улы́бка; улы́бка превосхо́дства; don't look so ~! бро́сьте э́ту ва́шу высокоме́рную мане́ру!; не́чего задира́ть нос!; **4.** (*greater in number*) превосходя́щий; **5.**: ~ to (*rising above, not yielding to*) стоя́щий вы́ше +*g.*; he proved ~ to temptation он оказа́лся вы́ше собла́зна; he rose ~ to his troubles он смог подня́ться над свои́ми ли́чными тру́дностями; **6.** (*typ.*) надстро́чный; **7.** Lake S~ Ве́рхнее о́зеро.

**superiority** *n.* (*of rank*) старшинство́; (*of quality or quantity*) превосхо́дство.

**superlative** *n.* (*gram.*) превосхо́дная сте́пень; talk in ~s говори́ть (*impf.*) в преувели́ченных выраже́ниях.

*adj.* **1.** (*excellent*) велича́йший, высоча́йший; ~ beauty необыкнове́нная красота́; **2.** (*gram.*) превосхо́дный.

**superman** *n.* сверхчелове́к, супермэ́н.

**supermarket** *n.* магази́н самообслу́живания, универса́м.

**supernatural** *n.*: a belief in the ~ ве́ра в сверхъесте́ственное.

*adj.* сверхъесте́ственный.

**supernormal** *adj.* превыша́ющий но́рму.

**supernova** *n.* сверхно́вая (звезда́).

**supernumerary** *n.* сверхшта́тный рабо́тник; (*actor*) стати́ст (*fem.* -ка).

*adj.* сверхшта́тный.

**superphosphate** *n.* суперфосфа́т.

**superpower** *n.* сверхдержа́ва.

**supersaturate** *v.t.* перес|ыща́ть, -ы́тить.

**superscript** *adj.* (*math. etc.*) надстро́чный.

**superscription** *n.* (*inscription*) на́дпись.

**supersede** *v.t.* (*replace*) смен|я́ть, -и́ть; замен|я́ть, -и́ть; (*remove from post etc.*) сме|ща́ть, -сти́ть.

**supersensitive** *adj.* сверхчувстви́тельный.

**supersession** *n.* заме́на, замеще́ние.

**supersonic** *adj.* сверхзвуково́й.

**superstate** *n.* сверхдержа́ва.

**superstition** *n.* суеве́рие, (религио́зный) предрассу́док.

**superstitious** *adj.* суеве́рный.

**superstratum** *n.* вышележа́щий пласт/слой.

**superstructure** *n.* надстро́йка.

**supertanker** *n.* суперта́нкер.

**supertax** *n.* дополни́тельный подохо́дный нало́г.

**supertonic** *n.* ве́рхний вво́дный тон.

**supervene** *v.i.* наступ|а́ть, -и́ть.

**supervise** *v.t.* надзира́ть (*impf.*) за +*i.*; наблюда́ть (*impf.*) за +*i.*

**supervision** *n.* надсмо́тр/надзо́р (за +*i.*).

**supervisor** *n.* надсмо́трщи|к (*fem.* -ца); надзира́тель (*fem.* -ница); (*acad.*) (нау́чный) руководи́тель (*fem.* -ница).

**supervisory** *adj.* контро́льный, надзира́ющий, наблюда́ющий; ~ council контро́льный сове́т; ~ duties обя́занности по надзо́ру.

**supine** *n.* (*gram.*) супи́н.

*adj.* (*face up*) лежа́щий на́взничь; (*fig.*) безде́ятельный, ине́ртный, вя́лый.

**supper** *n.* у́жин; have ~ у́жинать, по-; the Last S~ Та́йная ве́черя.

**supplant** *v.t.* (*replace*) вытесня́ть, вы́теснить; (*oust*) выжива́ть, вы́жить.

**supple** *adj.* (*flexible, pliant*) ги́бкий; ~ limbs ги́бкие чле́ны; (*soft*) мя́гкий; ~ leather мя́гкая ко́жа; (*amenable*) ги́бкий, пода́тливый.

**supplement**[1] *n.* **1.** (*addition*) добавле́ние, дополне́ние; **2.** (*of book etc.*) приложе́ние; **3.** (*geom.*) дополни́тельный у́гол.

**supplement**[2] *v.t.* доп|олня́ть, -о́лнить; поп|олня́ть, -о́лнить.

**supplementary** *adj.* дополни́тельный, доба́вочный.

**suppleness** *n.* ги́бкость, мя́гкость.

**suppliant** *n.* проси́тель (*fem.* -ница).

*adj.* проси́тельный, умоля́ющий.

**supplicate** *v.t.* моли́ть, умоля́ть (*impf.*).

*v.i.* моли́ть, умоля́ть (*both impf.*); ~ for mercy моли́ть (*impf.*) о поща́де.

**supplication** *n.* мольба́, про́сьба.

**supplier** *n.* поставщи́|к (*fem.* -ца).

**suppl|y** *n.* **1.** (*providing*) снабже́ние (*чем*); пита́ние (*чем*); поста́вка, подво́д; **2.** (*thg. supplied, stock*) запа́с; have you a good ~y of food? у вас доста́точно продово́льствия/ провиа́нта?; water ~y водоснабже́ние; take, lay in a ~y of sth. запас|а́ться, -ти́сь (*or* запр|авля́ться, -а́виться) чем-н.; bread is in short ~y хлеб в дефици́те; a commodity in short ~y дефици́тный това́р; (*pl., mil.*) (бое)припа́сы (*m. pl.*), боево́е пита́ние; **3.** (*econ.*): ~y and demand спрос и предложе́ние; **4.** ~y teacher вре́менный учи́тель; teach on ~y (вре́менно) замеща́ть (*impf.*) преподава́теля.

*v.t.* **1.** (*furnish, equip*) снаб|жа́ть, -ди́ть;

снаря|жа́ть, -ди́ть; обеспе́чи|вать, -ть (*all кого/что чем*); пита́ть (*impf.*); the farm ~ies us with potatoes фе́рма обеспе́чивает/ снабжа́ет нас карто́фелем; ~y a city with electricity пита́ть (*impf.*) го́род электроэне́р- гией; the room was ~ied with bookshelves ко́мната была́ обору́дована кни́жными по́лками; keep s.o. ~ied бесперебо́йно снабжа́ть (*impf.*) кого́-н.; arteries ~y the heart with blood арте́рии доставля́ют кровь к се́рд- цу; **2.** (*give, yield*) да|ва́ть, -ть; дост|авля́ть, -а́вить (*что кому/чему*); пост|авля́ть, -а́вить; cows ~y milk коро́вы даю́т молоко́; I wrote the music, he ~ied the words я написа́л му́зыку, он сочини́л слова́ (к ней); can you ~y a reason? вы мо́жете привести́ до́вод?; catalogue ~ied on request катало́г выдаётся по тре́бованию; **3.** (*meet need*): ~y a deficiency возме|ща́ть, -сти́ть недоста́ток; that will ~y everybody's needs э́то удовлетвори́т всех (*or* ну́жды всего́ о́бщества); **4.** (*fill*): ~y the gaps in s.o.'s knowledge восп|олня́ть, -о́лнить пробе́лы в чьих-н. зна́ниях; ~y a vacancy запо́лнить (*pf.*) вака́нсию.

**support** *n.* **1.** (*aid*) подде́ржка; walk without ~ ходи́ть (*indet.*) без подде́ржки; I hope for your ~ я наде́юсь/рассчи́тываю на ва́шу подде́ржку; give, lend ~ to ока́з|ывать, -а́ть подде́ржу/по́мощь +*d.*; подкреп|ля́ть, -и́ть; in ~ of в подде́ржку/подкрепле́ние +*g.*; with- out visible means of ~ без определённых средств к существова́нию; **2.** (*lit., fig., prop*) опо́ра; shelf ~ кронште́йн для по́лки; the sole ~ of his family еди́нственная опо́ра семьи́.

*v.t.* **1.** (*hold up, prop up*) подде́рж|ивать, -а́ть; подп|ира́ть, -ере́ть; pillars ~ing the roof коло́нны, подде́рживающие кры́шу; he ~ed his chin on his hand он подпира́л руко́й подборо́док; ~ o.s. with a stick оп|ира́ться, -ере́ться на па́лку; (*fig., assist by deed or word*): which party do you ~? каку́ю па́ртию вы подде́рживаете?; за каку́ю па́ртию вы стои́те/голосу́ете?; ~ing actor актёр вспомога́тельного соста́ва (*or* на вторы́х роля́х); ~ing film кинофи́льм, демонс- три́рующийся в дополне́ние к основно́му; (*sustain*): air is necessary to ~ life во́здух не- обходи́м для поддержа́ния жи́зни; **2.** (*provide subsistence for*) содержа́ть (*impf.*); he cannot ~ a family он не в состоя́нии содержа́ть семью́; hospitals ~ed by voluntary contribu- tions больни́цы, содержа́щиеся на доброво́льные поже́ртвования; **3.** (*confirm*) подкреп|ля́ть, -и́ть; his theory is not ~ed by the facts его́ тео́рия не подкрепля́ется фа́к- тами; **4.** (*endure*) выде́рживать, вы́держать; I cannot ~ his insolence я не выношу́ его́ высокоме́рия.

**supporter** *n.* (*of cause, motion etc.*) сторо́нни|к (*fem.* -ца), приве́рженец; (*of sports team*)

болéльщи|к (*fem.* -ца).

**supportive** *adj.* подде́рживающий, лоя́льный.

**suppose** *v.t.* **1.** (*assume*) предпол|ага́ть, -ожи́ть; допус|ка́ть, -ти́ть; let us ~ what you say is true предположи́м, что вы говори́те пра́вду; sup- posing he came, what would you say? е́сли бы он пришёл, что бы вы сказа́ли?; допу́стим/предположи́м, что он придёт, что вы (тогда́) ска́жете?; ~ it rains? а что е́сли пойдёт дождь?; ~ they find out? а вдруг они́ узна́ют?; always supposing he is alive е́сли то́лько он жив; everyone is ~d to know the rules предполага́ется, что все знако́мы с пра́вилами; **2.** (*imagine, believe*): I ~ him to be about sixty я полага́ю, что ему́ лет шестьдеся́т; I never ~d him to be a hero я никогда́ не счита́л его́ геро́ем; he is ~d to be rich счита́ется/говоря́т, что он бога́т; I ~ you like Moscow вам, наве́рное, нра́вится Москва́; I don't ~ he will mind that не ду́маю, что он бу́дет про́тив э́того (*or* что ему́ э́то бу́дет неприя́тно); what do you ~ he meant? как по-ва́шему, что он име́л в виду́?; I ~ so наве́рное; должно́ быть; 'He's no fool.' – 'No, I ~ not' «Он не дура́к» — «Да уж на́до полага́ть, что нет»; it is not to be ~d that . . . не сле́дует ду́мать, бу́дто . . .; **3.** (*expr. sugges- tion*): ~ we take a holiday? дава́йте возьмём о́тпуск?; ~ you lend me a pound? не дади́те ли вы мне фунт взаймы́?; **4.** (*presuppose*): suc- cess ~s ability and training успе́х невозмо́жен без спосо́бностей и соотве́тствующей подгото́вки; **5.** (*pass., be expected, required*): this is ~d to help you sleep э́то должно́ помо́чь вам засну́ть; he is ~d to wash the dishes ему́ поло́жено мыть посу́ду (*or* мытьё посу́ды); в его́ обя́занности вхо́дит мыть посу́ду; he was ~d to lock the door он до́лжен был запере́ть дверь; you are ~d to hold the cup like this ча́шку сле́дует держа́ть (вот) так; you are not ~d to talk in the library в библиоте́ке не полага́ется разгова́ривать; how was I ~d to know? отку́да мне бы́ло знать?; **6.** (*p. part., presumed*) предполага́емый, мни́мый.

**supposition** *n.* предположе́ние, гипо́теза, до- га́дка.

**supposititious** *adj.* мни́мый, ло́жный, фаль- ши́вый.

**suppository** *n.* суппозито́рий.

**suppress** *v.t.* **1.** подав|ля́ть, -и́ть; сде́рж|ива- ть, -а́ть; the rebellion was ~ed восста́ние бы́ло пода́влено; the heckler was ~ed крикуна́ за- ста́вили замолча́ть (*or* утихоми́рили); she could hardly ~ a smile она́ с трудо́м подави́ла/сдержа́ла улы́бку; ~ing a yawn подавля́я зево́ту; (*crush*) разда́в|ливать, -и́ть; ~ a heresy громи́ть, раз- е́ресь; **2.** (*stop publi- cation of*) запре|ща́ть, -ти́ть; his article was ~ed была́ запрещена́ публика́ция его́ статьи́; (*eliminate*): ~ a phrase из|ыма́ть,

-ъя́ть фра́зу; **3.** (*conceal*) скры|ва́ть, -ть; зам|а́лчивать, -олча́ть; ум|а́лчивать, -олча́ть о +*p.*; they succeeded in ~ing the truth им удало́сь скрыть/замолча́ть пра́вду.

**suppression** *n.* (*restraining*) подавле́ние, сде́рживание; (*quelling*) подавле́ние; (*crushing*) разгро́м; (*banning*) запреще́ние; (*silencing*) зама́лчивание.

***suppressio veri*** *n.* сокры́тие и́стины.

**suppressor** *n.*: noise ~ глуши́тель (*m.*).

**suppurate** *v.i.* гнои́ться, за-/на-.

**suppuration** *n.* нагное́ние.

**supra-** *pref.* сверх-.

**supranational** *adj.* наднациона́льный, надгосуда́рственный.

**supremacy** *n.* верхове́нство, госпо́дство, превосхо́дство.

**supreme** *adj.* **1.** (*of authority*) верхо́вный; S~ Soviet Верхо́вный Сове́т; ~ power верхо́вная власть; he reigned ~ он вла́ствовал безразде́льно; **2.** (*utmost, greatest, highest*): the ~ sacrifice же́ртва со́бственной жи́знью; ~ goodness высоча́йшая доброде́тель; ~ test of fidelity вы́сшее испыта́ние ве́рности; he was ~ly confident он был в вы́сшей сте́пени (*or* чрезвыча́йно) (само)уве́рен; ~ly happy на верху́ блаже́нства.

**supremo** *n.* верхо́вный глава́; дикта́тор.

**surcharge**[1] *n.* **1.** (*extra load*) доба́вочная нагру́зка; перегру́зка; (*of electricity*) перезаря́дка; **2.** (*extra fee*) допла́та, припла́та; **3.** (*penalty*) штраф, пе́ня; **4.** (*on postage-stamp*) надпеча́тка.

**surcharge**[2] *v.t.* **1.** (*overload*) перегру|жа́ть, -зи́ть; **2.** (*exact* ~[1] *from*) взы́ск|ивать, -а́ть с +*g.*; взима́ть (*impf.*) у +*g.*; **3.** (*overstamp*) надпеча́т|ывать, -ать.

**surcingle** *n.* подпру́га.

**surd** *n.* (*math.*) иррациона́льное число́; (*phon.*) глухо́й согла́сный.

**sure** *adj.* **1.** (*convinced, certain, confident*) уве́ренный, убеждённый; a ~ hand твёрдая рука́; a ~ step уве́ренный шаг; feel ~ of sth. чу́вствовать/испы́тывать (*impf.*) уве́ренность в чём-н.; he is ~ (*confident*) of success он уве́рен в (своём) успе́хе; if he comes he is ~ of a welcome е́сли он придёт, он мо́жет не сомнева́ться в тёплом приёме; you can be ~ of one thing … в одно́м мо́жно быть уве́ренным …; одно́ несомне́нно …; he is very ~ of himself он о́чень самоуве́рен; I'm ~ you are right я уве́рен (*or* не сомнева́юсь), что вы пра́вы; I'm not so ~ about that я в э́том не уве́рен (*or* сомнева́юсь); I'm not ~ whether I can come я не зна́ю, смогу́ ли прийти́; I'm not ~ whether to go or not я не зна́ю, пойти́ и́ли нет; I'm ~ I didn't mean to hurt you пра́во, я не хоте́л вас оби́деть; sorry, I'm ~ (*iron.*) ах, ах, прости́те!; how can I be ~ he is honest? отку́да я зна́ю, что он че́стен?; don't be too ~ как бы вам не ошиби́ться!; well, I'm ~! (*expr. surprise*) вот те раз!; ну и ну!; **2.** (*safe, reliable, trusty, unfailing*) ве́рный, надёжный; a ~ shot ме́ткий стрело́к; a ~ way to break one's neck ве́рный спо́соб слома́ть себе́ ше́ю; he has ~ grounds for believing … у него́ все основа́ния ве́рить, что …; there can be no ~ proof абсолю́тных доказа́тельств не мо́жет быть; **3.** (*with inf., certain, to be relied on*): he is ~ to come он непреме́нно придёт; be ~ to lock the door не забу́дьте запере́ть дверь!; be ~ and write to me смотри́те напиши́те мне!; it is ~ to be wet наверняка́ бу́дет дождли́во; you would be ~ to dislike him вам бы он наверняка́ не понра́вился; ~ thing! (*coll.*) коне́чно!; обяза́тельно!; ещё бы!; **4.** (*undoubtedly true*) несомне́нный, уве́ренный; one thing is ~ в одно́м мо́жно не сомнева́ться; **5.**: for ~ несомне́нно, непреме́нно; то́чно, наверняка́; to be ~ (*concessive*) коне́чно, разуме́ется, пра́вда; (*confirmatory*) в са́мом де́ле; you have done well, to be ~ вы прекра́сно спра́вились, слов нет; **6.**: make ~ (*convince, satisfy o.s.*) убе|жда́ться, -ди́ться; ув|еря́ться, -е́риться; удостов|еря́ться, -е́риться (*all в чём*); you must make ~ of your facts вы должны́ прове́рить все фа́кты; I made ~ no-one was following me я (сперва́) удостове́рился в том, что за мной никто́ не идёт; I made ~ (*felt certain*) that he would come я был уве́рен, что он придёт; **7.**: I made ~ (*ensured*) that he would come я позабо́тился о том, что́бы он (непреме́нно) пришёл; we must make ~ of a house before winter мы должны́ обеспе́чить себе́ жильё до наступле́ния зимы́.

*adv.*: as ~ as fate наверняка́, де́ло ве́рное, (*coll.*) как пить дать; ~ enough действи́тельно, коне́чно; he will come ~ enough он придёт, не беспоко́йтесь; and ~ enough he fell down и, коне́чно/разуме́ется, он упа́л; it ~ was cold! (*Am.*) до чего́ же бы́ло хо́лодно!

*cpds.*: ~-**fire** *adj.* безоши́бочный, ве́рный, надёжный; ~-**footed** *adj.* стоя́щий твёрдо на нога́х; не спотыка́ющийся; с уве́ренной похо́дкой.

**surely** *adv.* **1.** (*securely*) надёжно; slowly but ~ ме́дленно, но ве́рно; **2.** (*without doubt*) несомне́нно, ве́рно, наверняка́; **3.** (*expr. strong hope or belief*): it ~ cannot have been he не мо́жет быть, что́бы э́то был он; this must ~ be his last appearance уж э́то должно́ быть наверняка́ после́днее его́ выступле́ние; ~ I have met you before я уве́рен, что (где́-то) ви́дел вас пре́жде; ~ you don't mean to say that … не хоти́те же вы сказа́ть, что … .; ~ you saw him? неуже́ли вы его́ не ви́дели?; ~ you weren't offended? неуже́ли вы оби́делись?; you ~ don't want to disappoint him ведь вы не захоти́те его́ разочарова́ть (, не пра́вда ли)?; ~ the drought can't last much longer не

мо́жет быть, что́бы за́суха затяну́лась на-до́лго; **4.** (*as answer, certainly*) коне́чно, непреме́нно.
**surety** *n.* **1.** (*liter., certainty*): of a ~ наве́рное, несомне́нно; **2.** (*pledge*) зало́г; **3.** (*pers.*) поручи́тель (*fem.* -ница); stand ~ for s.o. руча́ться, поручи́ться за кого́-н.; брать, взять кого́-н. на пору́ки.
**surf** *n.* прибо́й, буруны́ (*m. pl.*).
*v.i.* ката́ться (*impf.*) на аквапла́нах; ~ing сёрфинг.
*cpds.*: ~-**board** *n.* аквапла́н; ~-**boat** *n.* прибо́йная шлю́пка; ~-**riding** *n.* ката́нье на аквапла́нах.
**surface** *n.* **1.** пове́рхность; (*exterior*) вне́шность; the earth's ~ пове́рхность земли́; beneath the ~ (*lit.*) под пове́рхностью; (*fig.*) за вне́шностью; come to the ~ (*lit.*) всплы|ва́ть, -ть (на пове́рхность); (*fig.*) обнару́жи|ваться, -ться; his politeness is only on the ~ его́ любе́зность чи́сто вне́шняя; **2.** (*attr.*) пове́рхностный, вне́шний; ~ mail обы́чная по́чта; ~ impressions пове́рхностные/о́бщие впечатле́ния; ~ politeness показна́я ве́жливость; ~ tension пове́рхностное натяже́ние; ~ vessel надво́дное су́дно.
*v.t.* **1.**: ~ paper обраб|а́тывать, -о́тать пове́рхность бума́ги; ~ wood о(б)тёс|ывать, -а́ть де́рево; ~ a road покр|ыва́ть, -ы́ть доро́гу асфа́льтом (*и т.п.*); **2.** ~ a submarine подн|има́ть, -я́ть подво́дную ло́дку на пове́рхность.
*v.i.* (*of submarine, swimmer etc.*) вспл|ыва́ть, -ы́ть на пове́рхность.
*cpd.*: ~-**to-air** *adj.* зени́тный, ти́па «земля́-во́здух».
**surfeit** *n.* (*excess of eating etc.*) изли́шество, избы́ток; (*repletion, satiety*; *also fig.*) насы́щение, пресыще́ние.
*v.t.* (*overfeed*) перек|а́рмливать, -орми́ть; (*satiate*) прес|ыща́ть, -ы́тить.
**surfer** *n.* спортсме́н, занима́ющийся сёрфингом.
**surfing** *n.* сёрфинг, скольже́ние на прибо́йной волне́.
**surge** *n.* (*of waves, water*) во́лны (*f. pl.*); вал; (*of crowd, emotion etc.*) волна́, прили́в; (*of elec. current*) и́мпульс.
*v.i.* **1.** (*of waves, water*) вздыма́ться (*impf.*); набе|га́ть, -жа́ть; **2.** (*of crowd*) волнова́ться (*impf.*); the crowd ~d forward толпа́ подала́сь вперёд; **3.** (*of emotions*) нахлы́нуть (*pf.*); anger ~d within her в душе́ у неё подыма́лся/закипа́л гнев.
**surgeon** *n.* хиру́рг; dental ~ зубно́й врач; (хиру́рг-)стомато́лог; (*mil.*) вое́нный врач, офице́р медици́нской слу́жбы.
**surgery** *n.* **1.** (*treatment*) хирурги́я; minor/major ~ ма́лая/больша́я хирурги́я; plastic ~ плас-

тическая хирурги́я; (*operation*) опера́ция; **2.** (*office*) приёмная/кабине́т (врача́); амбулато́рия; in ~ hours в приёмные часы́; the doctor holds a ~ every morning врач принима́ет ка́ждое у́тро.
**surgical** *adj.* хирурги́ческий; ~ instruments хирурги́ческие инструме́нты; ~ boot ортопеди́ческий боти́нок; ~ spirit меди́цинский спирт.
**surliness** *n.* гру́бость, неприве́тливость.
**surly** *adj.* неприве́тливый, хму́рый, угрю́мый.
**surmise** *n.* (*conjecture*) дога́дка; (*supposition*) предположе́ние.
*v.t.* предпол|ага́ть, -ожи́ть; (*suspect*) подозрева́ть, заподо́зрить.
*v.i.* дога́д|ываться, -а́ться.
**surmount** *v.t.* **1.** (*overcome*) преодол|ева́ть, -е́ть; **2.**: peaks ~ed with snow го́рные верши́ны, увенча́нные сне́гом; a table ~ed by a clock стол, на кото́ром стоя́т часы́.
**surmountable** *adj.* преодоли́мый.
**surname** *n.* фами́лия.
*v.t.* (*arch.*): Charles, ~d the Great Карл, про́званный Вели́ким.
**surpass** *v.t.* прев|осходи́ть, -зойти́; he ~ed everyone in strength он превосходи́л всех си́лой; a woman of ~ing beauty же́нщина непревзойдённой красоты́.
**surplice** *n.* стиха́рь (*m.*).
**surplus** *n.* (*excess*) изли́шек; (*residue*) оста́ток; in ~ в избы́тке.
*adj.* **1.** (*excess*) изли́шний, избы́точный; ~ energy избы́точная эне́ргия; ~ food изли́шки (*m. pl.*) продово́льствия; ~ to our requirements бо́льше, чем (нам) тре́буется; ~ population избы́точное населе́ние; **2.** (*remaining*) оста́точный; ~ value приба́вочная сто́имость.
**surprise** *n.* **1.** (*wonder, astonishment*) удивле́ние; show ~ выка́зывать, вы́казать удивле́ние; удив|ля́ться, -и́ться; to my great ~ к моему́ велича́йшему удивле́нию; he looked up in ~ он удивлённо вски́нул глаза́; **2.** (*unexpected events, news, gift etc.*) неожи́данность, сюрпри́з; his arrival was a ~ to us all его́ прие́зд был для нас всех неожи́данностью; I had the ~ of my life я был соверше́нно поражён; give s.o. a ~ устро́ить (*pf.*) кому́-н. сюрпри́з; I have a ~ for you in my bag у меня́ в су́мке для вас (есть) сюрпри́з; **3.** (*unexpected action*): catch, take s.o. by ~ засти́чь (*pf.*) кого́-н. враспло́х; the fort was taken by ~ кре́пость была́ взята́/захва́чена внеза́пным уда́ром; **4.** (*attr.*) неожи́данный, внеза́пный; ~ visit неожи́данный визи́т; ~ attack внеза́пная ата́ка; ~ factor фа́ктор внеза́пности; ~ package, packet сюрпри́з; ~ party импровизи́рованная вечери́нка; неожи́данный прихо́д госте́й с со́бственным угоще́нием.

*v.t.* **1.** (*astonish*) удивля́|ть, -и́ть; пора|жа́ть, -зи́ть; I'm ~d at you! вы меня́ удивля́ете!; я э́того от вас не ожида́л; I was ~d to hear you had been ill я с удивле́нием узна́л, что вы бы́ли больны́ (*or* боле́ли); you'd be ~d how much it costs вы не пове́рите, до чего́ э́то до́рого; I'm ~d you didn't know that already удивля́юсь, как вы э́того не зна́ли; it's nothing to be ~d at в э́том нет ничего́ удиви́тельного; I shouldn't be ~d if . . . я (ниско́лько) не удивлю́сь, е́сли . . .; it may ~ you to learn that . . . быть мо́жет, вам неизве́стно, что . . .; **2.** (*by unexpected gift etc.*) сде́лать/устро́ить/приподнести́ (*pf.*) сюрпри́з +*d.*; **3.** (*capture by* ~) захва́т|ывать, -и́ть врасппло́х; (*liter., take by* ~) заст|ига́ть, -и́чь (*or* заст|ава́ть, -а́ть) (врасппло́х); we ~d him in the act of stealing мы его́ пойма́ли с поли́чным; the storm ~d us when we were half-way home бу́ря застигла нас на полпути́ домо́й; **4.** he was ~d into an admission он призна́лся от неожи́данности.

**surprising** *adj.* удиви́тельный, порази́тельный; that is hardly ~ в э́том ма́ло удиви́тельного; ~ though it may seem как ни удиви́тельно; he eats ~ly little он удиви́тельно/порази́тельно (*or* до смешно́го) ма́ло ест.

**surrealism** *n.* сюрреали́зм.

**surrealist** *n.* сюрреали́ст.
*adj.* сюрреалисти́ческий.

**surrender** *n.* (*handing over*) сда́ча; (*giving up*) отка́з (от +*g.*); усту́пка; ~ value (*of policy*) су́мма, возвраща́емая лицу́, отказа́вшемуся от страхово́го по́лиса; (*capitulation*) капитуля́ция; no ~! не сдава́ться!; unconditional ~ безогово́рочная капитуля́ция.
*v.t.* **1.** (*yield*) сда|ва́ть, -ть; the fort was ~ed to the enemy кре́пость была́ сдана́ неприя́телю; **2.** (*give up*) отка́з|ываться, -а́ться от +*g.*; усту́п|а́ть, -и́ть; **3.** ~ o.s.: he ~ed himself to justice он отда́лся в ру́ки правосу́дия; she ~ed herself to despair она́ предала́сь отча́янию.
*v.i.* сд|ава́ться, -а́ться; капитули́ровать (*impf., pf.*).

**surreptitious** *adj.* та́йный; сде́ланный исподтишка́.

**surrogate** *n.* суррога́т.

**surround** *n.* бордю́р, окаймле́ние; (*of a carpet*) кро́мка ковра́.
*v.t.* окруж|а́ть, -и́ть; обступ|а́ть, -и́ть; the ~ing countryside окружа́ющая ме́стность; окре́стности (*f. pl.*); the troops were ~ed войска́ бы́ли окружены́.

**surroundings** *n.* (*material environment*) ме́стность, окре́стности (*f. pl.*); (*intellectual environment*) среда́, окруже́ние.

**surtax** *n.* доба́вочный подохо́дный нало́г.

**surveillance** *n.* надзо́р; under ~ под надзо́ром (поли́ции); под (полице́йским) надзо́ром.

**survey**[1] *n.* **1.** (*general view*) обзо́р, обозре́ние, осмо́тр; (*inspection, investigation*) иссле́дование, обсле́дование, опро́с; we are carrying out a ~ on the dangers of smoking мы прово́дим иссле́дование по вопро́су о вре́де куре́ния; **2.** (*of land*) межева́ние, съёмка, проме́р; they are making a ~ of our village произво́дится (топографи́ческая/землеме́рная) съёмка на́шего села́; **3.** (*plan, map*) план, ка́рта; *see also* ORDNANCE.

**survey**[2] *v.t.* **1.** (*view*) обозр|ева́ть, -е́ть; **2.** (*review, consider*) иссле́довать (*impf.*); обсле́довать (*impf., pf.*); рассм|а́тривать, -отре́ть; **3.** (*inspect*) осм|а́тривать, -отре́ть; **4.** (*land etc.*) межева́ть (*impf.*); ме́рить, с-; произв|оди́ть, -ести́ съёмку +*g.*; the house was ~ed and valued бы́ли произведены́ осмо́тр и оце́нка до́ма.

**surveying** *n.* (топографи́ческая) съёмка; межева́ние; photographic ~ фотосъёмка; ~ instruments геодези́ческие прибо́ры.

**surveyor** *n.* **1.** (*official inspector*) инспе́ктор, контролёр; ~ of weights and measures контролёр мер и весо́в; **2.** (*of land etc.*) землеме́р, топо́граф, геодези́ст; ~'s chain ме́рная цепь.

**survival** *n.* **1.** (*living on*) выжива́ние; ~ after death посме́ртная/потусторо́нняя жизнь; ~ of the fittest выжива́ние наибо́лее приспосо́бленных; естественный отбо́р; their ~ depended on us их жизнь зави́села от нас; ~ kit авари́йный компле́кт (средств жизнеобеспе́чения); ~ rate выжива́емость; **2.** (*relic*) пережи́ток; a ~ from the Middle Ages пережи́ток средневеко́вья.

**survive** *v.t.* **1.** (*outlive*) переж|ива́ть, -и́ть; he will ~ us all он нас всех переживёт; this knife has ~d its usefulness э́тот нож пришёл в него́дность; **2.** (*come alive through*): ~ an illness перен|оси́ть, -ести́ боле́знь; they ~d the shipwreck они́ оста́лись в живы́х по́сле кораблекруше́ния (*joc.*): I see you ~d the exam а, так вы жи́вы и невреди́мы по́сле экза́мена!
*v.i.* (*continue to live*) выжива́ть, вы́жить; not one of the family has ~d из всей семьи́ никого́ не оста́лось (в живы́х); (*be preserved*): сохрани́ться, уцеле́ть (*both pf.*); the custom still ~s э́тот обы́чай ещё сохрани́лся.

**survivor** *n.* уцеле́вший; the ~s of the earthquake уцеле́вшие от землетрясе́ния; he was the sole ~ он оди́н оста́лся в живы́х.

**susceptibilit|y** *n.* **1.** (*to disease etc.*) восприи́мчивость (к боле́зни *и т.п.*); **2.** (*pl., feelings*) чувстви́тельность; he tried not to wound any ~ies он стара́лся никого́ не задева́ть/ра́нить.

**susceptible** *adj.* **1.** (*impressionable*) впечатли́тельный, восприи́мчивый; a ~ bachelor влюбчивый холостя́к; (*sensitive*) чувстви́тельный; **2.** ~ to восприи́мчивый к +*d.*; па́дкий на +*a.*; he is ~ to colds он подве́ржен

простýде; he is ~ to flattery он пáдок на
лесть; **3.** ~ of поддаю́щийся +*d.*; the facts are
not ~ of proof фáкты не поддаю́тся доказá-
тельству.
**suspect**[1] *n.* подозревáемый.
   *adj.* подозри́тельный; не внушáющий
довéрия.
**suspect**[2] *v.t.* **1.** подозревáть, заподо́зрить;
(*apprehend*) предчýвствовать (*impf.*); пред-
пол|агáть, -ожи́ть; they ~ed a plot они́
подозревáли/заподо́зрили зáговор; I went in,
~ing nothing я вошёл ничего́ не подозревáя
(*or* ни о чём не догáдываясь); I ~ it will rain
before long я подозревáю, что ско́ро пойдёт
дождь; you, I ~, don't care вам, я
полагáю/подозревáю, всё равно́; I ~ed him
to be lying я подозревáл, что он лжёт; я
заподо́зрил его́ во лжи; a ~ed criminal
подозревáемый; a ~ed connection between
them подозревáемая/предполагáемая связь
мéжду ни́ми; **2.** (*disbelieve, doubt*) сомневáться, усомни́ться в +*p.*; I ~ed (the truth
of) his story я сомневáлся в и́стинности его́
рассказа.
**suspend** *v.t.* **1.** (*hang up*) подвé|шивать, -сить;
the cage was ~ed from the ceiling клéтка былá
подвéшена к потолкý (*or* свисáла с потолкá);
the balloon was ~ed in mid-air возду́шный
шар пови́с в во́здухе; particles of dust ~ed in
the air частицы пы́ли, взвéшенные в во́здухе;
salt ~ed in water соль, взвéшенная в водé; **2.**
(*postpone, delay, stop for a time*) врéменно
прекра|щáть, -ти́ть; приостан|áвливать,
-ови́ть; ~ a meeting прер|ывáть, -вáть со-
брáние; ~ judgement от|клáдывать, -ложи́ть
вынесéние судéбного решéния; (*fig.*) воз-
дéрж|иваться, -áться от суждéния; ~ pay-
ment приостан|áвливать, -ови́ть платежи́; ~
hostilities приостанови́ть (*pf.*) воéнные
дéйствия; state of ~ed animation состоя́ние
бесчýвствия; ~ed sentence усло́вный
пригово́р; **3.** (*debar temporarily from office
etc.*) врéменно отстран|я́ть, -и́ть; врéменно
исключ|áть, -и́ть; the player was ~ed for three
months игрокá отстрани́ли от игры́ на три
мéсяца.
**suspender** *n.* **1.** (*for hose*) подвя́зка; **2.** (*Am., pl.,
braces*) подтя́ж|ки (*pl., g.* -ек); по́моч|и (*pl., g.*
-éй).
   *cpd.*: ~-**belt** *n.* (жéнский) по́яс с подвя́зками.
**suspense** *n.* **1.** напряжéние, напряжённость;
keep s.o. in ~ держáть (*impf.*) кого́-н. в
неизвéстности; I can't stand the ~ я не в
состоя́нии вы́нести напряжéние/неизвéст-
ность/неопределённость; **2.** (*leg.*) приостá-
новлéние; **3.** (*comm.*): ~ account счёт перс-
ходя́щих сумм.
**suspenseful** *adj.* трево́жный; (*film etc.*)
захвáтывающий, завлекáтельный.
**suspension** *n.* **1.** (*hanging*) подвéшивание; ~

bridge подвесно́й/вися́чий мост; **2.** (*of vehicle
etc.*) подвéс; **3.** (*mus.*) задержáние; **4.** (*chem.*)
взвéшенное вещество́, суспéнсия, взвесь; **5.**
(*stoppage*) приостановлéние; ~ of nuclear
tests врéменное прекращéние испытáний
я́дерного орýжия; **6.** (*debarring from office
etc.*) отстранéние; their goalkeeper faces ~ их
вратарю́ грози́т (врéменное) исключéние из
комáнды.
**suspensive** *adj.*: ~ veto врéменный запрéт,
врéменное вéто.
**suspensory** *adj.* (*med.*) подвéшивающий.
**suspicion** *n.* **1.** подозрéние; I had no ~ he was
there я не подозревáл, что он там; I have grave
~s of his honesty у меня́ си́льные подозрéния
относи́тельно его́ чéстности; he was looked
upon with ~ к нему́ относи́лись подозри́-
тельно (*or* с подозрéнием); arouse ~
возбу|ждáть, -ди́ть подозрéния; his behaviour
awakened my ~s его́ поведéние вы́звало у
меня́ (*or* пробуди́ло мои́) подозрéния; above
~ вы́ше/внe подозрéний; under ~ под
подозрéнием; on ~ of murder по подозрéнию
в уби́йстве; lull s.o.'s ~s усып|ля́ть, -и́ть
чьи-н. подозрéния; **2.** (*trace, nuance*) при́вкус,
оттéнок; a ~ of garlic зáпах/при́вкус чес-
нокá; a ~ of irony тень иро́нии; a ~ of arrogance in his tone но́тки (*f. pl.*) высокомéрия в
его́ то́не.
**suspicious** *adj.* **1.** (*mistrustful*) подозри́тельный,
недовéрчивый (к +*d.*); his silence made me ~
его́ молчáние застáвило меня́ насторо-
жи́ться; I became ~ я заподо́зрил нелáдное; **2.**
(*arousing suspicion*) подозри́тельный.
**sustain** *v.t.* **1.** (*lit., fig.: support*) поддéрж|ивать,
-áть; an arch ~ed by pillars áрка, под-
дéрживаемая коло́ннами; his diet was barely sufficient to ~ life пи́щи едвá хватáло,
чтобы ему́ не умерéть с го́лоду; hope alone
~ed him он жил одно́й надéждой; **2.** (*bear,
endure*): the bridge will not ~ heavy loads мост
не выдéрживает больши́х нагрýзок; they
~ed the attack они́ вы́держали атáку; они́
вы́стояли; **3.** (*undergo, suffer*) потерпéть (*pf.*);
понести́ (*pf.*); the enemy ~ed heavy losses
проти́вник понёс тяжёлые поте́ри; ~ an
injury перенести́ (*pf.*) трáвму; получи́ть (*pf.*)
увéчье; **4.** (*keep going, maintain*): ~ a role
выдéрживать, вы́держать роль; ~ one's
efforts не ослабля́ть (*impf.*) уси́лий; a ~ed
effort дли́тельное/непрерывное уси́лие; ~ed
defence долговрéменная оборо́на; tension was
~ed to the end напряжéние не ослабевáло до
концá; ~ a note (*mus.*) держáть (*impf.*) но́ту;
**5.** (*uphold*) подтвер|ждáть, -ди́ть; ~ an objec-
tion прин|имáть, -я́ть возражéние.
**sustenance** *n.* (*nourishment*) питáние, пи́ща;
(*support*) поддéржка.
**susurration** *n.* (*liter., rustling*) шо́рох, шéлест.
**sutler** *n.* (*hist.*) маркитáнт (*fem.* -ка).

**suture** *n.* **1.** (*anat.*) шов; **2.** (*surg., stitching*) наложе́ние шва; (*thread*) нить (для сшива́ния ра́ны); материа́л для шва.

*v.t.* на|кла́дывать, -ложи́ть шов на +*a.*; заш|ива́ть, -и́ть (*рану*).

**suzerain** *n.* сюзере́н.

**suzerainty** *n.* сюзеренит́ет.

**s.v.** (*abbr.*) под сло́вом.

**svelte** *adj.* стро́йный, ги́бкий.

**swab** *n.* **1.** (*mop etc.*) шва́бра; **2.** (*surg.*) тампо́н; **3.** (*med., specimen*) мазо́к.

*v.t.* мыть, вы- шва́брой; подт|ира́ть, -ере́ть; дра́ить, вы-.

**Swabia** *n.* Шва́бия.

**Swabian** *n.* шваб (*fem.* -ка).

*adj.* шва́бский.

**swaddl|e** *v.t.* пелена́ть, с-; сви|ва́ть, -ть; ~ing-clothes пелёнки (*f. pl.*), свива́льник.

**swag** *n.* (*festoon*) гирля́нда (*из цветов, плодов и т.п.*); (*sl., booty*) награ́бленная добы́ча; (*Aust., bundle*) пожи́тк|и (*pl., g.* -ов), покла́жа.

**swagger** *n.* (*gait*) ва́жная похо́дка; walk with a ~ расха́живать (*impf.*) с ва́жным ви́дом; (*of manner*) самодово́льная/самоуве́ренная мане́ра держа́ться.

*adj.* (*coll.*) шика́рный, щегольско́й.

*v.i.* **1.** (*of walk*) расха́живать (*impf.*) с ва́жным ви́дом; **2.** (*of manner*) ва́жничать (*impf.*); **3.** (*boast*) хва́стать(ся) (*impf.*).

*cpds.*: ~-**cane**, ~-**stick** *nn.* стек, офице́рская тро́сточка.

**Swahili** *n.* (*people, language*) суахи́ли (*m. indecl.*).

**swain** *n.* (*arch. or joc.*) **1.** (*shepherd*) пастушо́к; **2.** (*lover*) ухажёр, обожа́тель (*m.*), воздыха́тель (*m.*); **3.** (*rustic*) дереве́нский па́рень.

**swallow**[1] *n.* (*bird*) ла́сточка; one ~ does not make a summer одна́ ла́сточка (ещё) не де́лает весны́.

*cpds.*: ~-**dive** (*Am.* **swan-dive**) *n.* прыжо́к в во́ду ла́сточкой; ~-**tail** *n.* (*butterfly*) ба́бочка-па́русник; ~-**tailed** *adj.* с раздвоён-ным хвосто́м; ~-tailed coat фрак, визи́тка.

**swallow**[2] *n.* (*act of* ~ing) глота́ние, загла́тывание; (*amount* ~*ed, gulp*) глото́к; at one ~ одни́м глотко́м; за́лпом.

*v.t.* **1.** прогл|а́тывать, -оти́ть; загл|а́тывать, -ота́ть; he ~ed the vodka at one go он вы́пил во́дку за́лпом; ~ the bait (*fig.*) попа́сться (*pf.*) на у́дочку; ~ sth. the wrong way подави́ться (*pf.*), поперхну́ться (*pf.*); I made him ~ his words я заста́вил его́ взять свои́ слова́ наза́д; he had to ~ his pride ему́ пришло́сь проглоти́ть своё самолю́бие; he ~s every insult он прогла́тывает все оскорбле́ния; she will ~ the most outrageous tales она́ гото́ва пове́рить са́мым фантасти́ческим ро́ссказням; **2.** (*usu.* ~ **up**: *engulf, absorb*) погло|ща́ть, -ти́ть; the expenses ~ed

up the earnings расхо́ды поглоти́ли весь за́работок; she wished the earth would ~ her up она́ была́ гото́ва провали́ться сквозь зе́млю; death is ~ed up in victory поглощена́ смерть побе́дою.

*v.i.* глота́ть (*impf.*); he ~ed он сглотну́л.

**swamp** *n.* боло́то, топь.

*v.t.* **1.** (*fill, cover with water*) затоп|ля́ть, -и́ть; зал|ива́ть, -и́ть; a wave ~ed the boat волна́ затопи́ла/залила́ ло́дку; **2.** (*fig., overwhelm, inundate*) наводн|я́ть, -и́ть; зас|ыпа́ть, -ы́пать; we were ~ed with applications мы бы́ли зава́лены заявле́ниями/про́сьбами.

**swampy** *adj.* боло́тистый, то́пкий.

**swan** *n.* ле́бедь (*m.*); (*coll., leisurely trip*) прогу́лка.

*v.i.* шата́ться (*impf.*) (*coll.*).

*cpds.*: ~-**dive** *n.* (*Am.*) *see* SWALLOW-**dive**; ~-**maiden** *n.* царе́вна-ле́бедь; ~ **sdown** *n.* лебя́жий пух; ~-**song** *n.* лебеди́ная песнь.

**swank** (*coll.*) *n.* выставле́ние напока́з, показу́ха; do sth. for ~ де́лать, с- что-н. напока́з.

*v.i.*: ~ about sth. выставля́ть (*impf.*) что-н. напока́з; хва́стать (*impf.*) чем-н.

**swannery** *n.* садо́к для лебеде́й.

**swap, swop** (*coll.*) *n.* обме́н; do a ~ соверши́ть (*pf.*) обме́н.

*v.t.* меня́ть, с-; махну́ться (*pf.*) +*i.*; will you ~ places with me? вы согла́сны со мной поменя́ться места́ми?; дава́йте поменя́емтесь места́ми!; let's ~ watches махнёмся часа́ми?; they were ~ping jokes они́ обме́нивались анекдо́тами; ~ horses in mid-stream (*fig.*) меня́ть (*impf.*) курс на полпути́.

**sward** *n.* (*liter.*) газо́н, дёрн.

**swarm**[1] *n.*: ~ of ants/bees муравьи́ный/пчели́ный рой; ~ of locusts ста́я саранчи́; ~ of tourists толпа́ тури́стов; ~ of children ста́йка дете́й.

*v.i.* **1.** (*of bees, ants etc.*) рои́ться (*impf.*); **2.** (*of people*): children came ~ing round him де́ти столпи́лись вокру́г него́; a crowd of people ~ed into the square огро́мная толпа́ хлы́нула на пло́щадь; **3.** (*teem*) кише́ть (*impf.*) +*i.*; the town is ~ing with tourists го́род киши́т тури́стами.

**swarm**[2] *v.t. & i.* кара́бкаться, вс-; the sailors ~ed (up) the ropes матро́сы вскара́бкались по верёвкам.

**swarthy** *adj.* сму́глый.

**swash** *v.i.* (*of water*) плеска́ться (*impf.*).

**swashbuckler** *n.* сорвиголова́ (*m.*).

**swashbuckling** *adj.* лихо́й, зади́ристый.

**swastika** *n.* сва́стика.

**swat** *v.t.* бить (*impf.*); прихло́п|ывать, -нуть.

**swatch** *n.* образе́ц, обра́зчик; образцы́ (*m. pl.*).

**swath(e)** *n.* проко́с; полоса́ ско́шенной травы́.

**swathe** *v.t.* бинтова́ть, за-; заку́т|ывать, -ать.

**swatter** *n.* хлопу́шка (для мух), мухобо́йка.

**sway** n. **1.** (~ing motion) кача́ние, колеба́ние; **2.** (influence) влия́ние; (authority) авторите́т; (rule) власть; have, hold ~ over s.o. держа́ть (impf.) кого́-н. в подчине́нии; bring s.o. under one's ~ подчини́ть (pf.) кого́-н. себе́.

v.t. **1.** (rock) кача́ть (impf.); колеба́ть, по-; ~ the balance in s.o.'s favour поколеба́ть/склони́ть (pf.) весы́ в чью-н. по́льзу; **2.** (influence, move) влия́ть, по-; колеба́ть, по-; passions which ~ the minds of men стра́сти, веду́щие на поводу́ челове́ческий ра́зум; he cannot be ~ed by such arguments его́ нельзя́ поколеба́ть таки́ми до́водами; his speech ~ed votes его́ речь повлия́ла на исхо́д голосова́ния; **3.** (rule): ~ the realm пра́вить (impf.) ца́рством; ца́рствовать (impf.).

v.i. кача́ться (impf.); колеба́ться, по-.

**Swaziland** n. Сва́зиленд.

**swear** v.t. & i. **1.** (pronounce, promise solemnly) кля́сться (impf.); божи́ться (impf.); he swore allegiance to the king он покля́лся в ве́рности королю́; they swore eternal friendship они́ покляли́сь в ве́чной дру́жбе; ~ an oath прин|оси́ть, -ести́ (or да|ва́ть, -ть) кля́тву; ~ an accusation against s.o. обвин|я́ть, -и́ть кого́-н. под прися́гой; I ~ to God (that) . . . кляну́сь (Го́сподом) Бо́гом, что . . .; I ~ by all that's sacred кляну́сь всем святы́м; he will ~ that black is white он гото́в божи́ться, что чёрное — бе́лое; **2.** (bind by an oath) прив|оди́ть, -ести́ к прися́ге; the jury was sworn in прися́жных привели́ к прися́ге; he was sworn to secrecy с него́ взя́ли кля́тву о неразглаше́нии та́йны; его́ заста́вили покля́сться, что он бу́дет храни́ть та́йну; sworn enemies закля́тые враги́.

v.i. **1.** (take an oath) кля́сться, по-; (fig.): he ~s by aspirin он мо́лится на аспири́н; ~ off (abjure): he swore off smoking он дал заро́к не кури́ть; he swore to having seen the crime он заяви́л под прися́гой, что был свиде́телем преступле́ния; we may have met before, but I can't ~ to it мы, ка́жется знако́мы, впро́чем, поручи́ться не могу́; **2.** (use bad language, curse) брани́ться (impf.); чертых|а́ться, -ну́ться; скверносло́вить (impf.); ~ing брань, ру́гань; ~ like a trooper руга́ться (impf.) как изво́зчик; it's enough to make one ~ э́то чёрт зна́ет что тако́е; э́то хоть кого́ из терпе́ния вы́ведет; he swore at me for making him late он руга́л меня́ на все ко́рки за то, что я заста́вил его́ опозда́ть.

cpd.: ~-word n. руга́тельство, нецензу́рное сло́во.

**sweat** n. **1.** пот, испа́рина; by the ~ of one's brow в по́те лица́ своего́; his brows were running, dripping with ~ у него́ со лба пот ли́лся ручьём; his shirt was dripping with ~ вся его́ руба́шка была́ по́тная, хоть выжима́й; **2.** (state or process of ~ing) поте́ние, пот; a good ~ will cure a cold е́сли хороше́нько пропоте́ть, просту́да пройдёт; he was in a ~ (lit., fig.) он был (весь) в поту́; a cold ~ холо́дный пот; **3.** (coll., drudgery): it is a ~ compiling a dictionary составля́ть слова́рь — нелёгкая рабо́та; чтобы соста́вить слова́рь, прихо́дится попоте́ть; **4.** (moisture, condensation) запотева́ние; **5.** old ~ (veteran) тёртый кала́ч (coll.).

v.t. **1.** (exude) поте́ть (impf.) +i.; he was trying to ~ out a cold он стара́лся (как сле́дует) пропоте́ть, чтобы изба́виться от просту́ды; ~ blood (fig.) рабо́тать (impf.) до крова́вого по́та; **2.** (force hard work from): he ~s his workers он выжима́ет пот из свои́х рабо́чих; ~ed labour потого́нный труд; ~ a horse заг|оня́ть, -на́ть ло́шадь.

v.i. (lit., fig.) поте́ть, вс-; ~ing-room пари́льня, парна́я; he was ~ing with fear он был в холо́дном поту́ от стра́ха.

cpds.: ~-band n. вну́тренняя ле́нта шля́пы; (sportsman's) потничо́к; ~-gland n. потова́я железа́; ~-shirt n. бума́жный (спорти́вный) сви́тер; ~-shop n. предприя́тие, на кото́ром существу́ет потого́нная систе́ма.

**sweater** n. сви́тер.

**sweaty** adj.: ~ hands по́тные ру́ки; ~ clothes пропи́танная по́том (or по́тная/пропоте́вшая) оде́жда; ~ odour за́пах по́та.

**Swede** n. (pers.) швед (fem. -ка); (s~: vegetable) брю́ква.

**Sweden** n. Шве́ция.

**Swedish** n. (language) шве́дский язы́к.

adj. шве́дский; ~ drill шве́дская гимна́стика.

**sweep** n. **1.** (with broom etc.): give a room a good ~ хороше́нько подмести́ (pf.) ко́мнату; (fig.): make a clean ~ забра́ть/вы́мести (pf.) всё под метёлку; they made a clean ~ of the table они́ съе́ли всё подчисту́ю; the thieves made a clean ~ во́ры обчи́стили кварти́ру; **2.** (steady movement) ше́ствие, движе́ние; (~ing movement) взмах, разма́х; the onward ~ of civilization поступа́тельное ше́ствие цивилиза́ции; ~ of a scythe/sword взмах серпа́/меча́; ~ of the arm взмах руки́; with one ~ одни́м ма́хом; **3.** (range, reach) разма́х, широта́, диапазо́н; **4.** (long flowing curve) изги́б; ~ of a river изги́б/излу́чина реки́; the driver made a wide ~ on a bend води́тель пла́вно разверну́лся на поворо́те (or сде́лал широ́кий разворо́т); **5.** (chimney-~) трубочи́ст.

v.t. **1.** (rush over): the waves swept the shore во́лны набега́ли на бе́рег; the storm swept the countryside бу́ря пронесла́сь над всей окру́гой; the new fashion ~ing the country но́вая мо́да, охвати́вшая страну́; **2.** (carry forcefully): a wave swept him overboard его́ смы́ло волно́й (за́ борт); he swept her off her feet (lit.) он подхвати́л её на ру́ки; (fig.) он вскружи́л ей го́лову; **3.** (*touch, brush*): he swept his hand across the table он провёл руко́й по́ столу; ~ the keys (of a piano) пробежа́ть (*pf.*) по кла́вишам руко́й; **4.** (*pass searchingly over*): he swept the horizon with a telescope он обша́рил горизо́нт подзо́рной трубо́й; his eyes swept the faces of his audience он оки́нул взгля́дом ли́ца слу́шателей; the search vessels swept the sea разве́дыватель-ные корабли́ борозди́ли мо́ре; **5.** (*clean*) подме|та́ть, -сти́; чи́стить, вы́-; ~ a chimney проч|ища́ть, -и́стить трубу́; ~ the board (*fig.*, *win all stakes*) забра́ть (*pf.*) все ста́вки; **6.** (*brush*): he swept the litter into a corner он замёл му́сор в у́гол; her dress swept the ground её пла́тье волочи́лось по земле́; (*fig.*): ~ sth. under the carpet заме|та́ть, -сти́ что-н. под ковёр; he swept all before him он преодоле́л все препя́тствия.

*v.i.* **1.** (*rush, dash*) прон|оси́ться, -ести́сь; a plague swept over the land чума́ пронес-ла́сь/промча́лась по стране́; rain swept across the country дождь прошёл по всей стране́; fear swept over him страх охвати́л/обуя́л его́; **2.** (*walk majestically*): she swept into the room она́ вели́чественно вошла́ в ко́мнату; **3.** (*curve*) из|гиба́ться, -огну́ться; the coastline ~s to the right берегова́я ли́ния изгиба́ется впра́во; **4.** (*clean, brush*) мести́ (*impf.*); подме|та́ть, -сти́; a new broom ~s clean (*fig.*) но́вая метла́ чи́сто метёт.

*with advs.*: ~ **along** *v.t.* нести́ (*det.*); увл|ека́ть, -е́чь; the boat was swept along by the current ло́дку несло́/уноси́ло тече́нием; a good speaker ~s his audience along хоро́ший ора́тор увлека́ет за собо́й аудито́рию; *v.i.* проше́ствовать (*impf.*); ~ **aside** *v.t.*: he swept the curtain aside он ре́зко отодви́нул занаве́ску; she swept him aside она́ отстрани́ла его́; he swept aside my protestations он не стал слу́шать мои́ возраже́ния; ~ **away** *v.t.* сме|та́ть, -сти́; they were ~ing the snow away они́ сгреба́ли снег; the storm swept everything away бу́ря всё смела́; the bridge was swept away by the rains мост смы́ло дождя́ми; (*fig.*, *abolish*) поко́нчить (*pf.*) с +*i.*; уничт|ожа́ть, -о́жить; отмен|я́ть, -и́ть; they swept away the old laws они́ вы́бросили ста́рые зако́ны на сва́лку; ~ **down** *v.t.*: the river ~s the logs down to the mill река́ несёт брёвна к ме́льнице; *v.i.*: the enemy swept down on us враг обру́шился на нас; the hills ~ down to the sea холмы́ сбега́ют к мо́рю; ~ **in** *v.i.*: the wind ~s in at the door ве́тер врыва́ется в дверь; ~ **off** *v.t.* срыва́ть, сорва́ть; the roof was swept off in the gale кры́шу сорва́ло урага́ном; ~ **out** *v.t.*: the maid was ~ing out the cupboards служа́нка вымета́ла шкафы́; *v.i.*: she swept out (of the room *etc.*) она́ вели́чественно удали́лась; ~ **up** *v.t.*: I have to ~ up the kitchen я до́лжен подмести́ ку́хню; be sure and ~ up all the dirt смотри́те вы́м栉mете весь му́сор как сле́дует; she ~s her hair up into a bun она́ забира́ет во́лосы вверх в у́зел; *v.i.*: I had to ~ up after them мне пришло́сь по́сле них убира́ть; the car swept up to the house маши́на подрули́ла к до́му; the road ~s up to the church доро́га поднима́ется к це́ркви.

*cpds.*: ~**-back** *n.* (*av.*) пряма́я стрелови́д-ность (кры́льев); ~**-net** *n.* не́вод; ~**stake** *n.* ≃ лотере́я, тотализа́тор.

**sweeper** *n.* (*pers.*) подмета́льщик, мете́льщик; (*device*) подмета́льная маши́на.

**sweeping** *adj.* **1.** (*of motion etc.*): a ~ bow широ́кий покло́н; ~ gesture разма́шистый жест; ~ lines стреми́тельные ли́нии; **2.** (*comprehensive*) всеобъе́млющий, всесторо́нний; (*thoroughgoing*) реши́тельный, исче́рпывающий; ~ changes радика́льные измене́ния; (*wholesale*) безусло́вный, огу́ль-ный; a ~ statement огу́льное утвержде́ние; he is too ~ in his condemnation он изли́шне категори́чен в своём осужде́нии.

**sweepings** *n.* му́сор, сор; ~ of the gutter (*fig.*) отре́бье, сор, подо́нки (*m. pl.*).

**sweet** *n.* **1.** (~*meat*) конфе́та, (*pl.*) сла́сти (*f. pl.*); **2.** (*dish*) сла́дкое, тре́тье; **3.** (*pl., delight*) the ~s of office пре́лести (*f. pl.*) слу́жбы; **4.** (*beloved*): my ~ (мой) ми́лый, (моя́) ми́лая.

*adj.* **1.** (*to taste*) сла́дкий; I am not fond of ~ foods я не люблю́ сла́достей; I like my tea very ~ я пью о́чень сла́дкий чай; my brother has a ~ tooth мой брат сластёна; this wine is too ~ for my taste э́то вино́ сли́шком сла́дкое на мой вкус; э́то сли́шком сла́дкое вино́ для меня́; make ~ сласти́ть, по-; ~ corn кукуру́за; ~ potato бата́т; ~ (*fresh, pure*) water све́жая/пре́сная вода́; **2.** (*fragrant*) сла́дкий, души́стый; how ~ the roses smell! каки́е души́стые ро́зы!; как сла́дко па́хнут ро́зы!; ~ peas души́стый горо́шек; **3.** (*melodious*): ~ voice прия́тный/мело́дичный го́лос; ~ singer сладкогла́сный певе́ц; ~ melody сла́д-кая/преле́стная мело́дия; **4.** (*agreeable*): ~ words ла́сковые слова́; ~ nothings не́жности (*f. pl.*); ~ sleep сла́дкий сон; praise was ~ to him он упива́лся похвало́й; a ~ face ми́лое лицо́; a ~ (*gentle*) temper мя́гкий нрав/ хара́ктер; a ~ woman ми́лая/преле́стная же́нщина; (*coll., charming, nice*) ми́лый; a ~ frock ми́ленькое пла́тьице; a ~ little dog симпати́чная соба́чка; they were perfectly ~ to us они́ бы́ли чрезвыча́йно ми́лы с на́ми; keep s.o. ~ (*coll.*) подма́з|ываться, -аться к кому́-н.; **5.**: he is ~ on her (*sl.*) он в неё влюблён; at one's own ~ will когда́/как взду́мается; go one's own ~ way де́лать (*impf.*) что тебе́ уго́дно.

*cpds.*: ~**-and-sour** *adj.* ки́сло-сла́дкий; ~**bread** *n.* «сла́дкое мя́со»; ~**heart** *n.* возлюблённ|ый (*fem.* -ая); дружо́к; (*as address*) ду́шенька; they were childhood ∼hearts они́ в де́тстве (*or* с де́тства) бы́ли влюблены́ друг в дру́га; ∼ **meat** *n.* see ∼ *n.* **1.**; ∼**-scented** *adj.* благоуха́нный; ∼**-shop** *n.* конди́терская; ∼**-talk** (*Am. coll.*) *n.* лесть,ума́сливание; *v.t.* загова́ривать (*impf.*) кому́-н. зу́бы; ∼**-tempered** *adj.* с мя́гким хара́ктером, мя́гкого нра́ва; ∼**-william** *n.* туре́цкая гвозди́ка.

**sweeten** *v.t.* **1.** подсла́|щивать (*or* подслаща́ть), -сти́ть; **2.** (*fig.*): ∼ s.o.'s temper смягч|а́ть, -и́ть чей-н. гнев; flowers ∼ the air цветы́ освежа́ют во́здух; her laughter ∼ed his life её смех скра́шивал ему́ жизнь; he ∼ed the caretaker with a bribe он задо́брил смотри́теля взя́ткой.

**sweetener** *n.* (*sugar substitute*) замени́тель (*m.*) са́хара; (*bribe*) взя́тка, «благода́рность».

**sweetening** *n.* подсла́щивание; то, что придаёт сла́дость.

**sweetness** *n.* сла́дость; све́жесть; прия́тность.

**swell** *n.* **1.** (*of sea*) зыбь; **2.** (*mus.*) креще́ндо (*indecl.*); **3.** (*coll., dandy*) франт, щёголь (*m.*); (*coll., bigwig*) ши́шка; ва́жная персо́на.

*adj.* (*first-rate*) шика́рный, мирово́й (*coll.*).

*v.t.* **1.** (*increase size or volume of*) разд|ува́ть, -у́ть; the wind ∼ed the sails ве́тер наду́л паруса́; rivers swollen by melting snow ре́ки, взду́вшиеся от та́лого снега; my finger is swollen у меня́ па́лец опу́х/распу́х; the book was ∼ed by appendices кни́га разбу́хла от приложе́ний; **2.** (*increase number of*) увели́чи|вать, -ть; the population was ∼ed by refugees населе́ние увели́чилось благодаря́ бе́женцам; **3.** (*make arrogant*): he was swollen with pride он весь наду́лся/разду́лся от го́рдости; ∼ed/swollen head (*fig., coll.*) самомне́ние.

*v.i.* **1.** (*expand, dilate: also* ∼ **up**) над|ува́ться, -у́ться; разд|ува́ться, -у́ться; (*of part of body*) оп|уха́ть, -у́хнуть; расп|уха́ть, -у́хнуть; **2.** (*increase in size or volume*) выраста́ть, вы́расти; разб|уха́ть, -у́хнуть; взд|ува́ться, -у́ться; the crowd ∼ed to over six thousand толпа́ увели́чилась до шести́ с ли́шним ты́сяч (челове́к); the novel ∼ed to enormous size рома́н разбу́х до огро́много разме́ра; the rivers have ∼ed since the thaw ре́ки взду́лись по́сле о́ттепели; **3.** (*of pers., with pride etc.*) над|ува́ться, -у́ться; ∼ with indignation чуть не ло́пнуть (*pf.*) от негодова́ния; hatred ∼ed up in him в нём клокота́ла не́нависть; my heart ∼ed with pride се́рдце моё испо́лнилось/напо́лнилось го́рдостью; **4.** (*of sound*) нараста́ть (*impf.*); the murmur ∼ed into a roar ро́пот переро́с в рёв.

**swelling** *n.* (*on body*) о́пухоль, опуха́ние; (*on other object*) вы́пуклость.

**swelter** *v.i.* (*of pers.*) изнемога́ть (*impf.*) от

жары́/зно́я/духоты́; ∼ing (*of atmosphere etc.*) нестерпи́мо жа́ркий.

**swerve** *n.* отклоне́ние, поворо́т.

*v.i.* (кру́то) пов|ора́чиваться, -ерну́ться; свёр|тывать, -ну́ть; отклон|я́ться, -и́ться; the car ∼d to avoid an accident маши́на кру́то сверну́ла, что́бы избежа́ть ава́рии.

**swift** *n.* (*bird*) стриж.

*adj.* (*rapid*) бы́стрый; a ∼ movement бы́строе движе́ние; ∼ flight стреми́тельный полёт; ∼ of foot быстроно́гий; (*prompt*) ско́рый; a ∼ reply ско́рый отве́т; ∼ to anger вспы́льчивый.

*cpd.*: ∼**-acting** *adj.* быстроде́йствующий.

**swiftness** *n.* быстрота́, ско́рость, стреми́тельность.

**swig** (*coll.*) *n.* глото́к; have, take a ∼ of sth. сде́лать (*pf.*) глото́к чего́-н.; глотну́ть (*pf.*) чего́-н.; хлебну́ть (*pf.*) чего́-н.

*v.t.* хлеба́ть (*impf.*).

**swill** *n.* (*lit., fig.*) по́йло; (*pig-food*) помо́|и (*pl., g.* -ев).

*v.t.* **1.** (*wash, rinse*) мыть, вы́-; полоска́ть, вы́-; спол|а́скивать, -осну́ть; **2.** (*drink heavily*) лака́ть, хлеба́ть, хлеста́ть (*all impf., coll.*).

**swim** *n.* **1.** have, go for a ∼ купа́ться, ис-; **2.** (*main current of affairs*): be in the ∼ быть в ку́рсе дел; сле́довать (*impf.*) мо́де.

*v.t.* **1.** (*cross by* ∼*ming*) перепл|ыва́ть, -ы́ть; **2.** (*cover by* ∼*ming*): ∼ a mile пропл|ыва́ть, -ы́ть ми́лю; **3.** (*cause to* ∼): ∼ a horse across a river пус|ка́ть, -ти́ть (*or* перепр|авля́ть, -а́вить) ло́шадь вплавь че́рез ре́ку.

*v.i.* **1.** пла́вать (*indet.*), плыть (*det.*), по-; he can ∼ on his back он уме́ет пла́вать на спине́; he ∼s like a fish он пла́вает как ры́ба; she swam for the shore она́ поплыла́ к бе́регу; he had to ∼ for his life ему́ пришло́сь плыть изо всех сил; ∼ with the tide (*lit., fig.*) плыть (*det.*) по тече́нию; ∼ against the tide плыть (*det.*) про́тив тече́ния; **2.** (*of things: float*) пла́вать (*indet.*); vegetables ∼ming in butter о́вощи, пла́вающие в ма́сле; **3.** (*fig., reel, swirl*): the noise made my head ∼ от шу́ма у меня́ закружи́лась голова́; everything was ∼ming before my eyes всё поплы́ло у меня́ пе́ред глаза́ми; **4.** her eyes swam with tears её глаза́ бы́ли полны́ слёз.

**swimmer** *n.* плов|е́ц (*fem.* -чи́ха); a good, strong/poor ∼ си́льный/сла́бый плове́ц.

**swimming** *n.* пла́вание; he took ∼ lessons он брал уро́ки пла́вания; ∼ contest, match состяза́ние в пла́вании.

*cpds.*: ∼**-bath**, ∼**-pool** *nn.* (пла́вательный) бассе́йн; ∼**-costume** *n.* купа́льный костю́м, купа́льник; ∼**-trunks** *n.* купа́льные трус|ы́ (*pl., g.* -о́в), пла́в|ки (*pl., g.* -ок).

**swimmingly** *adj.*: everything went ∼ всё шло как по ма́слу (*or* гла́дко *or* без поме́х); get on

~ with s.o. найти́ (*pf.*) о́бщий язы́к (*or* сойти́сь (*pf.*)) с кем-н.

**swindle** *n.* жу́льничество, моше́нничество, надува́тельство.

*v.t.* обма́н|ывать, -у́ть; she ~d him out of the inheritance она́ обма́нным путём (*or* обма́ном) получи́ла его́ насле́дство; you've been ~d вас наду́ли; ~ money out of s.o. выма́нивать, вы́манить у кого́-н. де́ньги.

*v.i.* жу́льничать (*impf.*); моше́нничать (*impf.*).

**swindler** *n.* жу́лик, моше́нник.

**swine** *n.* (*lit., fig.*) свинья́; herd of ~ ста́до свине́й.

*cpds.*: ~-**breeding** *n.* свиново́дство; ~-**fever** *n.* чума́ свине́й; ~**herd** *n.* свинопа́с.

**swing** *n.* **1.** (*movement*) кача́ние, колеба́ние; ~ of the pendulum кача́ние/разма́х ма́ятника; (*in boxing*) свинг, боково́й уда́р с разма́хом; he took a ~ at the ball он уда́рил по мячу́ с разма́ху; in full ~ (*fig.*) в (по́лном) разга́ре; **2.** (*shift*): the polls showed a ~ to the left вы́боры показа́ли ре́зкий поворо́т/крен вле́во; **3.** (*of gait or rhythm*) ритм; he walks with a ~ у него́ энерги́чная похо́дка; his verse goes with a ~ его́ стиха́м сво́йствен мо́щный ритм; the party went with a ~ вечери́нка вы́шла на сла́ву; I couldn't get into the ~ of things я ника́к не мог включи́ться в де́ло (*or* войти́ в курс де́ла; **4.** (*mus.*) суи́нг; **5.** (*seat slung on rope*) каче́л|и (*pl., g.* -ей); he gave the boy a (go on the) ~ он раскача́л ма́льчика на каче́лях.

*v.t.* **1.** (*apply circular motion to*): ~ a cane пома́хивать (*impf.*) тро́сточкой; ~ one's arms разма́хивать (*impf.*) рука́ми; ~ one's hips пока́чивать (*impf.*) бёдрами; (*brandish*): he swung the sword above his head он взмахну́л шпа́гой над головой; there's not enough room to ~ a cat (*coll.*) здесь поверну́ться не́где; здесь я́блоку не́где упа́сть; **2.** (*dangle, suspend*): ~ a bag from one's arm нести́ (*pf.*) су́мку на руке́; ~ the lead (*sl.*) симули́ровать (*impf.*); приду́риваться (*impf.*); **3.** (*cause to turn, pivot*) пов|ора́чивать, -ерну́ть; разв|ора́чивать, -ерну́ть; the tide swung the boat round прили́в поверну́л ло́дку круго́м; **4.** (*sling, hoist*) вски́|дывать, -нуть; he swung her on to his shoulders он броско́м посади́л её себе́ на пле́чи; he swung himself into the saddle он вскочи́л в седло́; they swung the cargo ashore они́ перебро́сили груз на бе́рег; **5.** (*give rhythmic motion to*) кача́ть (*impf.*); колеба́ть (*impf.*); **6.** (*influence*): his speech swung the jury in her favour его́ речь склони́ла симпа́тии прися́жных на её сто́рону.

*v.i.* **1.** (*sway, oscillate*) кача́ться, колеба́ться, пока́чиваться, колыха́ться (*all impf.*); (*dangle*) висе́ть, свиса́ть, болта́ться (*all impf.*); let one's legs ~ болта́ть (*impf.*) нога́ми; he could ~ from a branch with one hand он мог

раска́чиваться на ве́тке одно́й руко́й; the meat swung from a hook мя́со висе́ло на крюке́; a lamp swung from the ceiling с потолка́ све́шивалась ла́мпа; the children were ~ing in the park де́ти кача́лись на каче́лях в па́рке; **2.** (*turn, pivot*) пов|ора́чиваться, -ерну́ться; враща́ться (*impf.*); the door swung open in the wind дверь распахну́лась от ве́тра; the window swung to окно́ захло́пнулось; the ship is ~ing round кора́бль повора́чивает; he swung round on his heel он (ре́зко) поверну́лся на каблука́х; **3.** (*move rhythmically*) the band swung down the street орке́стр (про)ше́ствовал по у́лице; a ~ing stride ме́рный шаг; the monkeys swung from bough to bough обезья́ны раска́чивались на ветвя́х; ~ing (*lively, zestful*) жизнера́достный; **4.** (*sl., hang*): he will ~ for this murder его́ вздёрнут (*or* ждёт пе́тля) за э́то уби́йство.

*cpds.*: ~-**boat** *n.* ло́дка-каче́л|и (*pl., g.* -ей); ~-**bridge** *n.* разводно́й мост; ~-**doors** *n.* свобо́дно распа́хивающаяся (двуство́рчатая) дверь; ~-**wing** *adj.*: ~-wing aircraft самолёт, име́ющий крыло́ с изменя́емой геоме́трией.

**swingeing** *adj.* (*coll.*): a ~ blow ошеломля́ющий уда́р; a ~ majority подавля́ющее большинство́; a ~ lie вопию́щая/на́глая ложь; a ~ fine грома́дный/здорове́нный штраф.

**swinish** *adj.* сви́нский, ско́тский.

**swipe** (*coll.*) *n.*: take a ~ at s.o. замахну́ться (*pf.*) на кого́-н.; he took a ~ at the ball он с си́лой/разма́ху уда́рил по мячу́.

*v.t.* (*hit*) с си́лой уд|аря́ть, -а́рить по +*d.*; (*steal*) сти́брить (*pf.*); стяну́ть (*pf.*) (*coll.*).

**swirl** *n.* (*of water*) водоворо́т; (*of snow*) вихрь (*m.*); ~ of dust столб пы́ли.

*v.i.* (*of water*) крути́ться (*impf.*) в водово́ро́те; (*of snow*) ви́хриться (*impf.*); (*of leaves etc.*) кружи́ться, за-; (*of dust*) подн|има́ться, -я́ться столбо́м; (*fig.*): my head is ~ing у меня́ голова́ идёт кру́гом.

**swish** *n.* (*of water*) всплеск; (*of whip*) свист; (*of scythe etc.*) свист; взмах со сви́стом; (*of dress etc.*) шурша́ние, ше́лест.

*adj.* (*coll.*) шика́рный.

*v.t.* (*flick*) взма́х|ивать, -ну́ть +*i.*; the cow ~ed her tail коро́ва маха́ла/пома́вала/взмахну́ла хвосто́м.

*v.i.* (*of fabric*) шурша́ть (*impf.*); шелесте́ть (*impf.*); (*of cane etc.*) расс|ека́ть, -е́чь во́здух (со сви́стом); (*of whip*) сви́стнуть (*pf.*); просвисте́ть (*pf.*); (*of scythe*) свисте́ть (*impf.*); the wheels ~ed through the mud колёса прошуме́ли по гря́зи.

**Swiss** *n.* швейца́р|ец (*fem.* -ка); the ~ (*pl.*) швейца́рцы (*m. pl.*); a German/French/Italian ~ герма́но-/фра́нко-/и́тало-швейца́рец.

*adj.* швейца́рский; ~ German (*ling.*) швейца́рский диале́кт неме́цкого языка́; ~ roll руле́т с варе́ньем.

**switch** *n.* **1.** (*twig, rod*) прут; (*riding-* ~) хлыст; **2.** (*false hair*) накла́дка, фальши́вая коса́; **3.** (*rail.*) стре́лка; **4.** (*elec.*) выключа́тель (*m.*), переключа́тель (*m.*); (*knife-switch*) руби́льник; **5.** (*change of position, role, tactics etc.*) поворо́т, переме́на.

*v.t.* **1.** (*transfer*) перев|оди́ть, -ести́; переключ|а́ть, -и́ть; **2.** (*lash*): the horse ~ed its tail ло́шадь пома́хивала хвосто́м; he ~ed the horse он хлестну́л ло́шадь.

*v.i.*: he ~ed from one extreme to the other он перешёл/бро́сился из одно́й кра́йности в другу́ю.

*with advs.*: ~ **off** *v.t.* выключа́ть, вы́ключить; ~ off a lamp гаси́ть, по- ла́мпу; *v.i.* (*coll., withdraw one's attention*) отключи́ться (*pf.*); вы́ключиться (*pf.*); ~ **on** *v.t.* включ|а́ть, -и́ть; (*light*) заж|ига́ть, -е́чь; ~ **over** *v.t. & i.* переключ|а́ть(ся), -и́ть(ся); пере|ходи́ть, -йти́.

*cpds.*: ~**back** *n.* (*in amusement park*) америка́нские го́ры (*f. pl.*); a ~back road доро́га с круты́ми подъёмами и спу́сками; ~**blade** *n.* пружи́нный нож, автомати́чески открыва́ющийся нож; ~**board** *n.* коммута́тор; распредели́тельный/коммутацио́нный щит; щит управле́ния; ~board operator телефони́ст (*fem.* -ка); ~**man** *n.* стре́лочник; ~**-plug** *n.* штепсель (*m.*).

**Switzerland** *n.* Швейца́рия.

**swivel** *n.* вертлю́г, шарни́рное соедине́ние; (*attr.*) враща́ющийся, поворо́тный; шарни́рный, вертлю́жный.

*v.t. & i.* пов|ора́чивать(ся), -ерну́ть(ся) (на шарни́рах).

*cpds.*: ~**-chair** *n.* поворо́тное/враща́ющееся сиде́нье; враща́ющийся стул; ~**-eyed** *adj.* (*coll.*) косо́й, косогла́зый; ~**-gun** *n.* ору́дие с поворо́тным устро́йством.

**swiz(zle)** *n.* (*coll.*) (*fraud*) моше́нничество; (*disappointment*) большо́е разочарова́ние.

**swollen-headed** *adj.* чванли́вый, напы́щенный.

**swoon** *n.* о́бморок; fall into a ~ упа́сть (*pf.*) в о́бморок.

*v.i.* па́дать, упа́сть в о́бморок.

**swoop** *n.* **1.** (*of bird etc.*) паде́ние вниз; **2.** (*sudden attack*) налёт; at one fell ~ еди́ным уда́ром/ма́хом.

*v.i.* (*av.*) пики́ровать, с-; the eagle ~ed (down) on its prey орёл ри́нулся на свою́ же́ртву; the enemy ~ed on the town неприя́тель соверши́л внеза́пный налёт на го́род.

**swop** *see* SWAP.

**sword** *n.* шпа́га; (*liter., or fig.*) меч; cavalry ~ са́бля, ша́шка; ~ of Damocles Дамо́клов меч; draw one's ~ обнажи́ть (*pf.*) меч; sheathe, put up one's ~ вложи́ть (*pf.*) меч в но́жны; cross ~s with s.o. (*lit., fig.*) скрести́ть (*pf.*) шпа́ги с кем-н.; put to the ~ пред|ава́ть, -а́ть мечу́; at

the ~'s point (*fig.*) си́лой ору́жия; путём наси́лия; beat ~s into ploughshares перекова́ть (*pf.*) мечи́ на ора́ла.

*cpds.*: ~**-arm** *n.* пра́вая рука́; ~**-bayonet** *n.* клинко́вый штык, штык-теса́к; ~**-bearer** *n.* мечено́сец; ~**-belt** *n.* портупе́я; ~**-cut** *n.* ре́заная ра́на; (*scar*) рубе́ц; ~**-dance** *n.* та́нец с са́блями; ~**fish** *n.* меч-ры́ба; ~**-guard** *n.* ча́шка шпа́ги; ~**-hilt** *n.* эфе́с; ~**-knot** *n.* темля́к; ~**-play** *n.* фехтова́ние; (*fig., repartee*) пикиро́вка; ~**sman** *n.* фехтова́льщик; ~**smanship** *n.* иску́сство фехтова́ния; ~**-stick** *n.* трость с вкладно́й шпа́гой; ~**-swallower** *n.* шпагоглота́тель (*m.*).

**swot** *n.* (*pers.*) зубри́л(к)а (*c.g.*); (*study*) зубрёжка.

*v.t.*: ~ up a subject зубри́ть, под-/вы́- предме́т.

*v.i.* зубри́ть (*impf.*).

**sybarite** *n.* сибари́т (*fem.* -ка).

**sybaritic** *adj.* сибари́тский.

**sycamore** *n.* сикамо́р анти́чный; (*maple*) я́вор; (*Am., plane-tree*) плата́н, чина́р.

**sycophancy** *n.* подхали́мство, лесть.

**sycophant** *n.* подхали́м, льстец.

**sycophantic** *adj.* подхали́мский, льсти́вый.

**Sydney** *n.* Си́дней.

**syllabary** *n.* слогова́я а́збука.

**syllabic** *adj.* силлаби́ческий, слогово́й.

**syllabi(fi)cation** *n.* разделе́ние на сло́ги.

**syllab|ify, -ize** *v.t.* раздел|я́ть, -и́ть на сло́ги; произн|оси́ть, -ести́ по слога́м.

**syllable** *n.* слог; in words of one ~ (*fig.*) досту́пным языко́м; (*bluntly*) без обиняко́в; he never uttered a ~ он не произнёс ни зву́ка.

**syllabus** *n.* (*programme*) програ́мма; (*conspectus*) план, конспе́кт; (*time-table*) расписа́ние.

**syllogism** *n.* силлоги́зм.

**syllogistic** *adj.* силлогисти́ческий.

**sylph** *n.* сильф (*fem.* -и́да).

*cpd.*: ~**-like** *adj.* грацио́зный.

**sylvan** *see* SILVAN.

**sylviculture** *see* SILVICULTURE.

**symbiosis** *n.* симбио́з.

**symbiotic** *adj.* симбиоти́ческий.

**symbol** *n.* си́мвол; (*emblem*) змбле́ма; (*sign, e.g. math.*) знак.

**symbolic(al)** *adj.* символи́ческий, символи́чный.

**symbolism** *n.* символи́зм.

**symbolist** *n.* символи́ст (*fem.* -ка).

*adj.* символи́стский.

**symbolization** *n.* символиза́ция.

**symbolize** *v.t.* символизи́ровать (*impf., pf.*).

**symmetric(al)** *adj.* симметри́чный, симметри́ческий.

**symmetry** *n.* симметри́я, симметри́чность.

**sympathetic** *adj.* **1.** (*compassionate*) сочу́вственный; a ~ look сочу́вственный взгляд; lend a ~ ear to сочу́вственно выслу́шивать , выслушать; ~ words полные сочувствия слова; **2.** (*favourable, supportive*): I am ~ towards his ideas его идеи мне близки; я сочувствую его идеям; ~ strike забастовка солидарности; **3.** (*physiol. etc.*): ~ nerve симпатический нерв; ~ ink симпатические чернила.

**sympathize** *v.i.* сочувствовать (*impf.*) (+*d.*); симпатизировать (*impf.*); he ~d with me in my grief он сочувствовал моему горю; I ~ with your viewpoint мне понятна ваша позиция.

**sympathizer** *n.* сочувствующий, сторонник; (*comforter*) утешитель (*fem.* -ница).

**sympathy** *n.* **1.** (*compassion, commiseration, fellow-feeling*) сочувствие, сострадание; (*agreement*) согласие; feel ~ for s.o. испытывать (*impf.*) сочувствие к кому-н.; evoke (*or* stir up) ~ for s.o. вызывать, вызвать сочувствие к кому-н.; he had small ~ with idleness он не одобрял безделья; we are in ~ with your ideas мы сочувствуем вашим идеям; the power workers came out in ~ работники электростанции забастовали в знак солидарности; my sympathies are with the miners все мои симпатии на стороне шахтёров; they were out of ~ with each other они друг друга не понимали; perfect ~ exists between them между ними царит полное согласие.

**symphonic** *adj.* симфонический.

**symphonist** *n.* автор/сочинитель (*m.*) симфонической музыки.

**symphony** *n.* симфония; ~ orchestra/concert симфонический оркестр/концерт.

**symposium** *n.* (*discussion*) симпозиум; (*collection of essays etc.*) сборник статей (*и т.п.*); S~ (*work by Plato*) Пир.

**symptom** *n.* симптом; (*sign*) признак; develop ~s прояв|лять, -ить симптомы; he showed ~s of fear on выказал признаки страха.

**symptomatic** *adj.* симптоматичный, симптоматический; fever is ~ of many diseases лихорадка является симптомом многих болезней.

**synaesthesia** *n.* синестезия.

**synagogue** *n.* синагога.

**sync(h)** *n.* (*coll.*): out of ~ несинхронный.

**synchromesh** *n.* синхронизатор; (*attr.*) синхронизирующий.

**synchronism** *n.* (*cin., TV*) синхронизм.

**synchronization** *n.* синхронизация.

**synchronize** *v.t.* синхронизировать (*impf., pf.*).
*v.i.* (*of events*) совпадать (*impf.*) во времени; (*of clocks*) показывать (*impf.*) одинаковое время.

**synchronous** *adj.* синхронный; ~ satellite геостационарный спутник.

**synchrotron** *n.* синхротрон.

**syncopate** *v.t.* (*gram., mus.*) синкопировать (*impf., pf.*).

**syncopation** *n.* синкопация.

**syncope** *n.* (*gram.*) синкопа; (*med.*) обморок.

**syncretism** *n.* синкретизм.

**syndic** *n.* синдик.

**syndicalism** *n.* синдикализм.

**syndicalist** *n.* синдикалист (*fem.* -ка).

**syndicate**[1] *n.* синдикат.

**syndicate**[2] *v.t.* синдицировать (*impf., pf.*).

**syndrome** *n.* синдром.

**synecdoche** *n.* синекдоха.

**synod** *n.* синод.

**synod|al, -ic, -ical** *adjs.* синодальный.

**synonym** *n.* синоним.

**synonymity** *n.* синонимичность.

**synonymous** *adj.* синонимичный, синонимический; (*fig.*) равнозначный (+*d.*).

**synopsis** *n.* синопсис; ~ of a thesis (*acad.*) автореферат диссертации.

**synoptic** *adj.* синоптический.

**synovitis** *n.* воспаление синовиальной оболочки.

**syntactic(al)** *adj.* синтаксический.

**syntax** *n.* синтаксис.

**synthesis** *n.* синтез.

**synthe|sist, -tist** *n.* синтетик.

**synthe|size, -tize** *v.t.* синтезировать (*impf., pf.*).

**synthetic(al)** *adj.* (*chem., ling.*) синтетический; (*artificial*) искусственный.

**synthet|ist, -ize** *see* SYNTHES|IST, -IZE.

**syphilis** *n.* сифилис.

**syphilitic** *adj.* сифилитический.

**syphon** *see* SIPHON.

**Syracuse** *n.* (*hist.*) Сиракуз|ы (*pl., g.* —).

**Syria** *n.* Сирия.

**Syriac** *n.* древнесирийский язык.
*adj.* древнесирийский.

**Syrian** *n.* сири|ец (*fem.* -йка).
*adj.* сирийский.

**syringa** *n.* сирень обыкновенная; жасмин садовый.

**syringe** *n.* шприц, спринцовка; hypodermic ~ шприц для подкожных впрыскиваний.
*v.t.* (*ears etc.*) спринцевать (*impf.*); впрыс|кивать, -нуть; (*plants etc.*) опрыск|ивать, -ать.

**syrinx** *n.* флейта Пана.

**syrup** *n.* сироп; (*treacle*) патока; golden ~ светлая патока.

**syrupy** *adj.* (*fig.*) слащавый.

**system** *n.* **1.** (*complex*) система; solar ~ солнечная система; digestive ~ пищеварительная система; ~ analysis системный анализ; **2.** (*network*) сеть; railway ~ железнодорожная сеть; **3.** (*body as a whole*) организм; the poison passed into his ~ яд проник в его организм; get sth. out of one's ~ (*fig.*) оч|ищаться, -иститься от чего-н.; **4.** (*method*) система; what ~ do you use? какой системы вы придерживаетесь?; ~ of government система правления, государственный строй; **5.** (*methodical behaviour*) систематичность.

**systematic** *adj.* системати́ческий, системати́чный.

**systematization** *n.* систематиза́ция.

**systematize** *v.t.* систематизи́ровать (*impf., pf.*).

**systemic** *adj.* системати́ческий, сомати́ческий;
~ poison общеядови́тое отравля́ющее вещество́.

**systole** *n.* си́стола, сокраще́ние се́рдца.

**syzygy** *n.* (*astron.*) сизи́гия.

**Szczecin** *n.* Ще́цин.

# T

**T** *n.*: this suits me to a ~ э́то меня́ вполне́ устра́ивает.

*cpds.*: ~**-junction** *n.* Т-обра́зный перекрёсток; ~**-shaped** *adj.* Т-обра́зный; ~**-shirt** *n.* ма́йка с коро́ткими рукава́ми; футбо́лка; ~**-square** *n.* рейсши́на.

**ta** *int.* (*coll.*) спаси́бо.

**tab** *n.* **1.** (*label on garment etc.*) наши́вка; (*for hanging clothes*) ве́шалка; пе́телька; (*insignia on collar*) петли́ца; **2.** (*coll., check*): the police are keeping ~s on him поли́ция присма́тривает за ним (*or* де́ржит его́ на заме́тке).

**tabard** *n.* костю́м геро́льда.

**tabby** *n.* (~ cat) (се́рая) полоса́тая ко́шка.

**tabernacle** *n.* **1.** (*bibl.*) ски́ния; киво́т; Feast of T~s (*Jewish*) пра́здник ку́щей; **2.** (*place of worship*) моле́льня.

**table** *n.* **1.** стол; at ~ за столо́м; he has good ~ manners он уме́ет держа́ться за столо́м; he can drink me under the ~ он меня́ перепьёт; he laid his cards on the ~ (*fig.*) он откры́л свои́ ка́рты; he turned the ~s on his adversary он поби́л проти́вника его́ же ору́жием; T~ Bay бу́хта Столо́вая; a ~ for three (*at restaurant*) сто́лик на трёх челове́к; (*fig., company at* ~) стол, компа́ния; he keeps the ~ amused он развлека́ет госте́й за столо́м; (*fig., food*) стол, ку́хня; he keeps a good ~ он хлебосо́льный хозя́ин; **2.** (*tablet*) плита́; the ~s of the law (*bibl.*) скрижа́ли (*f. pl.*) зако́на; **3.** (*arrangement of data*) табли́ца; ~ of contents оглавле́ние, содержа́ние; he knows his twelve times ~ он уме́ет умножа́ть на двена́дцать.

*v.t.*: ~ an amendment вн|оси́ть, -ести́ попра́вку.

*cpds.*: ~**cloth** *n.* ска́терть; ~**-knife** *n.* столо́вый нож; ~**-lamp** *n.* насто́льная ла́мпа; ~**land** *n.* плато́ (*indecl.*), плоского́рье; ~**-linen** *n.* столо́вое бельё; ~**-mat** *n.* подста́вка (*под блюдо и т.п.*); ~**-napkin** *n.* салфе́тка; ~**spoon** *n.* столо́вая ло́жка; ~**-talk** *n.* засто́льный разгово́р; ~**-tennis** *n.* насто́льный те́ннис, пинг-по́нг; ~**-turning** *n.* (*spiritualism*) столоверче́ние; ~**ware** *n.* столо́вая посу́да; ~**-water** *n.* минера́льная вода́; ~**-wine** *n.* столо́вое вино́.

**tableau** *n.* жива́я карти́на, живопи́сная сце́на.

**table d'hôte** *n.* табльдо́т; ~ dinner у́жин табльдо́т.

**tablet** *n.* **1.** (*block for writing on*) (вощёная) доще́чка; **2.** (*inscribed plate or stone*) мемориа́льная доска́; **3.** (*of chocolate*) пли́тка; (*of soap*) кусо́к; **4.** (*pill*) табле́тка.

**tabloid** *n.* малоформа́тная газе́та; (*pej.*) бульва́рная газе́та.

**tab|oo, -u** *n.* (*lit., fig.*) табу́ (*nt. indecl.*); (*prohibition*) запре́т.

*adj.*: the subject is ~ э́то запрещённая те́ма.

*v.t.* запре|ща́ть, -ти́ть.

**tabor** *n.* ма́ленький бараба́н.

**tabouret** *n.* (*seat*) табуре́т, скаме́ечка; (*embroidery-frame*) пя́льц|ы (*pl., g.* -ев).

**tabu** *see* TABOO.

**tabular** *adj.* в ви́де табли́ц; табли́чный.

**tabulate** *v.t.* табули́ровать (*impf.*); сост|авля́ть, -а́вить табли́цу из +*g.*

**tabulation** *n.* табули́рование; составле́ние табли́ц.

**tabulator** *n.* (*machine*) табуля́тор.

**tachometer** *n.* тахо́метр.

**tacit** *adj.* подразумева́емый; a ~ spectator молчали́вый зри́тель; ~ agreement молчали́вое согла́сие.

**taciturn** *adj.* неразгово́рчивый.

**taciturnity** *n.* неразгово́рчивость.

**Tacitus** *n.* Та́цит.

**tack** *n.* **1.** (*small nail*) гво́здик; let's get down to brass ~s (*fig.*) дава́йте разберёмся, что к чему́; **2.** (*long, loose stitch*) намётка; **3.** (*direction of vessel*) галс; on the starboard ~ пра́вым га́лсом; (*fig.*) курс, ли́ния; he is on the wrong ~ он на неве́рном пути́; **4.** hard ~ морско́й суха́рь.

*v.t.* **1.** (*fasten*) прикрепл|я́ть, -и́ть гвозди́ками; приб|ива́ть, -и́ть; **2.** (*stitch*) сши|ва́ть, -ть; she ~ed the dress together она́ смета́ла пла́тье на живу́ю ни́тку; **3.** ~ on (*fig., add*) доб|авля́ть, -а́вить.

*v.i.* пов|ора́чивать, -ерну́ть на друго́й галс; the ship ~ed before the wind кора́бль сде́лал поворо́т овершта́г.

**tackle** *n.* **1.** (*rope-and-pulley mechanism*) полиспа́ст; сло́жный блок; **2.** (*equipment*) принадле́жности (*f. pl.*), обору́дование; fishing ~ рыболо́вные сна́сти (*f. pl.*); the workman arrived with all his ~ рабо́чий прихвати́л с собо́й весь инструме́нт; **3.** (*football*) блоки-ро́вка.

*v.t.* (*grapple with*) бра́ться, взя́ться за +*a*.; I don't know how to ~ this problem я не зна́ю, как взя́ться за реше́ние э́той пробле́мы; I went and ~d him on the subject я пошёл к нему́ и возбуди́л э́тот вопро́с; (*football*) блоки́ровать, за-.

*cpd.*: ~-**block** *n.* полиспа́ст, таль.

**tackling** *n.* (*gear*) обору́дование, снаряже́ние.

**tacky** *adj.* (*sticky*) ли́пкий, кле́йкий.

**tact** *n.* такт, такти́чность.

**tactful** *adj.* такти́чный.

**tactfulness** *n.* такти́чность.

**tactic** *see* TACTIC(S).

**tactical** *adj.* такти́ческий.

**tactician** *n.* та́ктик.

**tactic(s)** *n.* та́ктика.

**tactile** *adj.* осяза́тельный, такти́льный.

**tactless** *adj.* беста́ктный.

**tactlessness** *n.* беста́ктность.

**tadpole** *n.* голова́стик.

**taffeta** *n.* тафта́; (*attr.*) тафтяно́й.

**taffrail** *n.* гакабо́рт.

**tag** *n.* **1.** (*metal tip to shoe-lace*) металли́ческий наконе́чник; **2.** (*loop of boot etc.*) пе́тля; ушко́; **3.** (*label*) ярлы́к; price ~ ярлы́к с обозна́ченной цено́й, це́нник; (*fig.*) цена́; **4.** (*loose or ragged end*): at the ~ end of the procession в хвосте́ проце́ссии; **5.** (*stock phrase*) изби́тая фра́за/цита́та; **6.** (*child's game*) (игра́ в) са́л|ки (*pl., g.* -ок).

*v.t.* **1.** (*fasten* ~ *to*) наве́|шивать, -сить ярлы́к на +*a*.; **2.** (*attach*) соедин|я́ть, -и́ть.

*v.i.* (*follow*): the children ~ged along behind де́ти тащи́лись сза́ди; he ~ged on to the group он примкну́л к гру́ппе.

**Tagus** *n.* Та́хо (*indecl.*), Те́жу (*indecl.*) (*both f.*).

**Tahiti** *n.* Таи́ти (*m. indecl.*).

**Tahitian** *n.* таитя́н|ин (*fem.* -ка).

*adj.* таитя́нский.

**taiga** *n.* тайга́.

**tail** *n.* **1.** (*of animal*) хвост; (*dim.*) хво́стик; the dog wagged its ~ соба́ка виля́ла хвосто́м; with his ~ between his legs поджа́в хвост; (*fig.*) с ви́дом поби́той соба́ки; with his ~ in the air (*fig.*) окрылённый; they turned ~ and ran они́ поверну́ли и бро́сились науте́к; **2.** (*fig.*): the ~ of a kite хвост возду́шного зме́я; at the ~ end в са́мом конце́; в хвосте́; he saw the rabbit out of the ~ of his eye он уви́дел кро́лика кра́ешком/уголко́м гла́за; I can't make head or ~ of it я никак тут не разберу́сь; **3.** (*of a coin*) ре́шка; **4.**: ~s (*coat*) фрак.

*v.t.* **1.** (*follow closely*) висе́ть (*impf.*) на хвосте́ у +*g.*; **2.** (*remove* ~ *of*): she ~ed the goose-berries она́ отре́зала хво́стики у крыжо́в-ника; the sheep had been ~ed о́вцам отре́зали хво́стики.

*v.i.* **1.** (*follow*) тащи́ться (*impf.*) за +*i.*;

плести́сь (*impf.*) за +*i.*; he ~ed after her он ходи́л за ней по пята́м; **2.** (*dwindle*) уб|ыва́ть, -ы́ть; the attendance figures ~ed off посеща́емость упа́ла; his voice ~ed away into silence его́ го́лос (постепе́нно) зати́х; the work ~ed off рабо́та постепе́нно пошла́ на нет.

*cpds.*: ~**board** *n.* откидна́я доска́; откидно́й борт; ~-**coat** *n.* фрак; ~-**end** *n.* коне́ц, хвост; заключи́тельная часть; ~-**fin** *n.* хвостово́й плавни́к; ~-**gate** *n.* за́дняя две́рца; ~-**lamp**, ~-**light** *nn.* (*of car*) за́дний фона́рь; стоп--сигна́л; ~**piece** *n.* (*at end of chapter*) виньет́ка; (*conclusion*) концо́вка; ~**plane** *n.* (*av.*) хвостово́й стабилиза́тор; ~-**spin** *n.* (*av.*) норма́льный што́пор; (*fig.*) па́ника; ~-**wheel** *n.* (*av.*) хвостово́е колесо́.

**tailor** *n.* портно́й.

*v.t.*: a well-~ed coat хорошо́ сши́тое пальто́; (*fig.*) приспос|а́бливать, -о́бить; his speech was ~ed to the situation его́ речь была́ со-ста́влена с учётом ситуа́ции.

*v.i.* портя́жничать (*impf.*).

*cpd.*: ~-**made** *adj.* сде́ланный по зака́зу.

**taint** *n.* пятно́, изъя́н, червото́чина; (*trace*) налёт, при́месь; (*infection*) зара́за.

*v.t.* по́ртить, ис-; ~ed meat несве́жее мя́со; ~ed money нечи́стые де́ньги; ~ed reputation подмо́ченная репута́ция.

**Taipei** *n.* Тайбэ́й.

**Taiwan** *n.* Тайва́нь (*m.*).

**take** *n.* **1.** (*amount caught*) уло́в; **2.** (*money taken e.g. at box office*) сбор, вы́ручка; **3.** (*cin.*) монта́жный кадр; (*repetition*) дубль (*m.*).

*v.t.* **1.** (*pick up, lay hold of, grasp*) брать, взять; he took his pen and began to write он взял ру́чку и на́чал писа́ть; ~ my arm! возьми́те меня́ по́д руку!; he took her in his arms он её о́бнял; he took her by the hand он взял её за́ руку; he took me by the throat он взя́л/схвати́л меня́ за го́рло; (*remove*): the doctor took him off penicillin врач снял его́ с пеницилли́на; she took a coin out of her purse она́ вы́нула моне́ту из кошелька́; ~ your hands out of your pockets! вы́ньте ру́ки из карма́нов!; ~ 5 from 10 отними́те 5 от 10; it took the courage out of him э́то лиши́ло его́ му́жества; the last mile took it out of me на после́дней ми́ле я вы́дохся; **2.** (*catch*) лови́ть, пойма́ть; the hare was ~n in a trap за́яц попа́л в капка́н; (*shoot*): they took a score of pheas-ants они́ настреля́ли деся́тка два фаза́нов; (*come upon*): she was ~n by surprise я был за-сти́гнут враспло́х; **3.** (*capture*): the city was ~n by storm го́род взя́ли шту́рмом; they took several prisoners они́ взя́ли не́сколько пле́нных; he was ~n captive он попа́л в плен; I ~ your queen (*chess*) я беру́ ва́шу короле́ву; (*assume*) прин|има́ть, -я́ть на себя́; you must ~ the initiative вы должны́ взять на себя́ инициати́ву; he took the lead (*in an enterprise*) он взял на себя руководство; the Italians took the lead (*racing*) итальянцы вырвались вперёд; he took it upon himself to refuse он взял на себя смелость отказать; he took control он взял управление в свои руки; (*win, gain*) выигрывать, выиграть; we took 9 tricks (*cards*) мы взяли 9 взяток; she took first prize она получила первый приз; (*captivate*) нравиться, по- +d.; that ~s my fancy мне это нравится/улыбается; I was ~n by the house дом меня очаровал; 4. (*acquire; obtain possession of*): he decided to ~ a wife он решил жениться; he took a partner он взял компаньона; (*for money*): I have ~n a flat in town я снял квартиру в городе; these seats are ~n эти места заняты; (*in payment*): they took £50 in one evening они выручили 50 фунтов за один вечер; (*by enquiry or examination*): определ|ять, -ить; the tailor took his measurements портной снял с него мерку; the doctor took my temperature доктор измерил мне температуру; the police took his name and address полиция записала его фамилию и адрес; (*unlawfully or without consent*): the thieves took all her jewellery воры забрали все её драгоценности; they were caught taking apples их поймали, когда они воровали яблоки; 5. (*avail o.s. of*) воспользоваться (*pf.*) +i.; please ~ a seat пожалуйста, садитесь; I'm taking a day's leave я беру выходной день; I ~ leave to differ я позволю себе не согласиться; that ~s first place это (должно быть) на первом месте; 7. (*adopt, choose*): I don't wish to ~ sides я не желаю становиться ни на чью сторону; I don't ~ the same view у меня другая точка зрения; ~ me, for instance! возьмите меня, например!; 8. (*accept*) прин|имать, -ять; will you ~ a cheque? я могу расплатиться чеком? will you ~ £50 for it? вы отдадите это за 50 фунтов?; he never ~s bets он никогда не идёт на пари; ~ my advice! послушайте меня!; he will ~ orders from no-one ему никто не указ; I ~ responsibility я беру на себя ответственность; he took his defeat well он стойко перенёс поражение; he took the blame for everything он взял на себя вину за всё; you must ~ us as you find us принимайте нас такими, какие мы есть; ≃ чем богаты, тем и рады; he ~s everything for granted он воспринимает всё как само собой разумеющееся; can't you ~ a joke? что вы, шуток не понимаете?; I'll ~ no nonsense from you я не потерплю от вас никаких глупостей;

he would not ~ no for an answer он не принял отказа; он не сдавался; I wouldn't ~ it as a gift мне этого и даром не надо; ~ it from me! (*believe me!*) поверьте мне!; я вам говорю; ~ it easy! не волнуйтесь!; не старайтесь!; потихоньку!; осторожно!; they took a beating (*coll.*) они получили взбучку; (*bear*) выдерживать, выдержать; he took his punishment like a man он перенёс наказание как подобает мужчине; 'Britain can ~ it!' «Британия с этим справится!» I won't ~ this lying down я не сдамся без боя; (*respond to*): she took three curtain calls она три раза выходила на аплодисменты; (*receive*) брать (*impf.*); she ~s lessons in Spanish она берёт уроки испанского языка; we ~ the Times мы выписываем «Таймс»; she ~s paying guests она держит постояльцев; I took him into my confidence я ему доверился; I shall have to ~ you in hand мне придётся прибрать вас к рукам; (*derive*): the street ~s its name from a general улица названа по имени одного генерала; (*qualify for*): he took his degree он получил диплом/степень; (*submit to*): when do you ~ your exams? когда вы сдаёте экзамены?; you are taking a risk вы рискуете; you must ~ your chance вам надо рискнуть; 9. (*use regularly; esp. food or drink*) прин|имать, -ять; he has begun to ~ drugs он начал принимать наркотики; do you ~ sugar in your tea? вы пьёте чай с сахаром?; (*of size in clothes*): I ~ tens in shoes у меня десятый размер ботинок; 10. (*apprehend*) пон|имать, -ять; do you ~ my meaning? вы понимаете, что я хочу сказать?; what do you ~ that to mean? как вы это понимаете?; (*assume*) считать (*impf.*); I ~ him to be an honest man я считаю его честным человеком; (*accept*): I took him for a man of his word он мне показался человеком слова; what do you ~ me for? за кого вы меня принимаете?; (*mistake*): I took her for her mother я принял её за её мать; 11. (*conceive, evince*) прояв|лять, -ить; he has ~n a dislike to me он меня невзлюбил; I began to ~ an interest я начал проявлять интерес; 12. (*exert, exercise*): ~ care! будьте осторожны!; he took no notice он не обратил никакого внимания; 13. (*of single finite actions: give, have, make*): ~ a look at this! взгляните-ка на это!; I took a deep breath я сделал глубокий вдох; he took a shot at me он выстрелил в меня; he took a bite out of the apple он откусил яблоко; (*of longer, but finite, activity: have*): I took a bath я принял ванну; let us ~ a walk! давайте прогуляемся!; he believes in taking exercise он верит в пользу физических упражнений; (*partake of, consume*) есть, по-; will you ~ tea with us? вы выпьете с нами чаю?; he took some refreshment он немного подкрепился; 14. (*make or obtain from original source*): may we ~ notes? мо́жно нам де́лать заме́тки?; I took an impression of the key я сде́лал о́ттиск ключа́; may I ~ your photograph? позво́льте мне вас сфотографи́ровать? ~ a letter! (*from dictation*) я вам продикту́ю письмо́; **15.** (*convey*): отн|оси́ть, -ести́; брать (*impf.*); перед|ава́ть, -а́ть; he took the letter to the post он отнёс письмо́ на по́чту; ~ my luggage upstairs, please отнеси́те мой бага́ж наве́рх, пожа́луйста; the train will ~ you there in an hour по́езд довезёт вас туда́ за час; I'm taking the dog for a walk я пойду́ вы́веду соба́ку; he was ~n to hospital его́ доста́вили в больни́цу; she ~s the children to school она́ отво́дит/отво́зит дете́й в шко́лу; where will this road ~ us? куда́ нас вы́ведет э́та доро́га?; he is taking the class through Hamlet он сейча́с прохо́дит с ученика́ми «Га́млета»; (*travel with*): I shall ~ my warmest clothes я возьму́ са́мые тёплые ве́щи; **16.** (*conduct, carry out*) вести́ (*det.*); the class was ~n by the headmaster дире́ктор вёл уро́к в э́том кла́ссе; the curate took the service вика́рий отслужи́л моле́бен; **17.** (*contract, fall victim to*) подхва́т|ывать, -и́ть; she ~s cold easily она́ подве́ржена просту́де; **18.** (*need, require*): the job will ~ a long time рабо́та займёт мно́го вре́мени; how long does it ~ to get there? ско́лько (вре́мени) туда́ добира́ться?; it took us 3 hours to get there мы добра́лись туда́ за три часа́; that ~s courage э́то тре́бует му́жества; it ~s some doing э́то совсе́м не про́сто; it took ten men to build the wall потре́бовалось де́сять челове́к, что́бы постро́ить э́ту сте́ну; he's got what it ~s (*coll.*) у него́ есть для э́того все зада́тки; (*gram., govern*) управля́ть (*impf.*) +*i.*; this verb ~s the dative э́тот глаго́л тре́бует да́тельного падежа́.

*v.i.* **1.** (~ *effect; succeed*): the vaccination has not ~n вакци́на не привила́сь; his new novel didn't ~ его́ но́вый рома́н не произвёл впечатле́ния; **2.** (*photograph*): he doesn't ~ well он не фотогени́чен; **3.** (*become*): he took sick он заболе́л/занемо́г; **4.** ~ after (*resemble*): he ~s after his father он похо́ж на отца́; **5.** ~ from (*detract from, decrease*) ум|еньша́ть, -е́ньшить; this does not ~ from his credit э́то не умаля́ет его́ заслу́г; **6.** ~ to (*resort to*) приб|ега́ть, -е́гнуть к +*d.*; she took to her bed она́ слегла́; the crew took to the boats кома́нда пересе́ла в ло́дки; he took to drink он за́пил; he has ~n to getting up early он стал ра́но встава́ть; he took to interrupting their work он повади́лся отвлека́ть их от рабо́ты; (*feel (well-) disposed towards*) ~ to s.o. почу́вствовать (*pf.*) симпа́тию к кому́-н.; I took to him from the start он мне сра́зу понра́вился; she does not ~ kindly to change она́ пло́хо перено́сит переме́ну обстано́вки.

*with advs.*: ~ **along** *v.t.* брать (*impf.*); прив|оди́ть, -ести́; (*by vehicle*) прив|ози́ть, -езти́; I took my wife along to the meeting я привёл жену́ на собра́ние; ~ **apart** *v.t.* (*dismantle*) раз|бира́ть, -обра́ть; ~ **aside** *v.t.* отв|оди́ть, -ести́ в сто́рону; ~ **away** *v.t.* (*remove*) уб|ира́ть, -ра́ть; заб|ира́ть, -ра́ть; the police took his gun away поли́ция отобрала́ у него́ пистоле́т; he was ~n away to prison его́ отвели́ в тюрьму́; (*subtract*) вычита́ть, вы́честь; отн|има́ть, -я́ть; (~ *home*): hot meals to ~ away горя́чая еда́ на вы́нос; ~ **back** *v.t.* (*return*) возвра|ща́ть, -ти́ть; I took the book back to the library я верну́л кни́гу в библиоте́ку; (*retrieve*) брать, взять обра́тно; may I ~ back my pen мо́жно мне взять свою́ ру́чку наза́д?; (*retract*): I ~ back everything I said я беру́ наза́д всё, что сказа́л; ~ **down** *v.t.* (*remove*) сн|има́ть, -я́ть; she took down the curtains она́ сняла́ занаве́ски; (*lengthen*): she took her dress down an inch она́ отпусти́ла пла́тье на дюйм; (*dismantle*) сн|оси́ть, -ести́; the shed was ~n down сара́й снесли́; (*drop*) сн|има́ть, -ять; ~ down your trousers! сними́те брю́ки!; (*write down*) запи́с|ывать, -а́ть; they took down my name and address они́ записа́ли мою́ фами́лию и а́дрес; she took down the speech in shorthand она́ застенографи́ровала речь; (*reduce in importance*): that will ~ him down a peg э́то его́ ма́лость оса́дит; ~ **in** *v.t.* (*lit.*) вн|оси́ть, -ести́; (*give shelter to*): they took him in when he was starving они́ приюти́ли его́, когда́ он голода́л; (*let accommodation to*): she ~s in lodgers она́ берёт постоя́льцев/квартира́нтов; (*receive to work on at home*): she ~s in washing она́ берёт на́ дом сти́рку; (*make smaller*): she took in her dress она́ уши́ла пла́тье; (*furl*) уб|ира́ть, -ра́ть (*парус*); (*include, encompass*) включ|а́ть, -и́ть; this map ~s in the whole of London э́то ка́рта всего́ Ло́ндона; shall we ~ in a show this evening? не пойти́ ли нам в теа́тр сего́дня ве́чером?; this plan ~s in every contingency э́тот план учи́тывает все возмо́жности; (*comprehend, assimilate*) усв|а́ивать, -о́ить; I could not ~ in all the details я не мог удержа́ть все подро́бности; (*deceive*) обма́н|ывать, -у́ть; I was completely ~n in меня́ здо́рово провели́; ~ **off** *v.t.* (*remove*) сн|има́ть, -я́ть; he took off his hat он снял шля́пу; shall I ~ off my clothes? мне ну́жно разде́ться?; I took myself off to the races я отпра́вился на ска́чки; (*from menu*): the steak has been ~n off бифште́кс вы́черкнули из меню́; (*deduct from price*): I will ~ 10% off for cash е́сли вы пла́тите нали́чными, я ски́ну/сбро́шу 10%; (*lead away*) ув|оди́ть, -ести́; he was ~n away screaming когда́ его́ забира́ли, он крича́л; she was ~n off to hospital её увезли́ в больни́цу; (*coll., impersonate, mimic*) имити́ровать (*impf.*); he is good at taking off the Prime Minister он хорошо копи́рует премье́р-мини́стра; *v.i.* (*become airborne*) взлет|а́ть, -е́ть; the plane took off an hour late самолёт взлете́л с опозда́нием на час; ~ **on** *v.t.* (*hire*) брать, взять; нан|има́ть, -я́ть; more workers were ~n on на́няли/взя́ли но́вых рабо́чих; (*undertake*) брать, взять на себя́; he took on too much он взял на себя́ сли́шком мно́го; (*assume, acquire*) приобре|та́ть, -сти́; the word took on a new meaning сло́во обрело́ но́вое значе́ние; (*compete against*): will you ~ me on at chess? вы сыгра́ете со мной в ша́хматы?; *v.i.* (*become agitated*) волнова́ться, раз-; don't ~ on so! (*coll.*) да не волну́йтесь вы так!; (*become popular*) прив|ива́ться, -и́ться; the fashion is taking on мо́да привива́ется; ~ **out** *v.t.* (*extract*) вынима́ть, вы́нуть; he took out his wallet он вы́нул бума́жник; he had all his teeth ~n out ему́ удали́ли все зу́бы; (*borrow from library*) брать, взять (в библиоте́ке); (*cause to go out for recreation etc.*) выводи́ть, вы́вести; she took the baby out for a walk она́ пошла́ с ребёнком погуля́ть; he took his secretary out to dinner он повёл свою́ секрета́ршу в рестора́н; (*remove*) выводи́ть, вы́вести; how can I ~ out these stains? чем мо́жно вы́вести э́ти пя́тна?; (*coll., destroy*) уничт|ожа́ть, -о́жить; (*put into effect by writing*): I must ~ out a new subscription я до́лжен возобнови́ть подпи́ску; ~ out a policy брать, взять страхово́й по́лис; ~ out British nationality получ|а́ть, -и́ть брита́нское гражда́нство; (*obtain recompense for*): I can't pay you, but you may ~ it out in vouchers я не могу́ вам заплати́ть, но могу́ дать вам че́ки; (*vent one's feelings*): he took it out on his wife он сорва́л всё на свое́й жене́; (*at cards*): he took me out of that suit он меня́ вы́бил из э́той ма́сти; ~ **over** *v.t.* (*row across*): the boatman took us over to the island ло́дочник перевёз нас на о́стров; *v.t. & i.* (*assume control* (*of*)) прин|има́ть, -я́ть руково́дство (+*i.*); *v.i.* (*replace s.o.*): let me ~ over! я вас сменю́!; ~ **up** *v.t.* (*lift; lay hold of*) подн|има́ть, -я́ть; he took up his bag and left он взял свой чемода́н и ушёл; the rebels took up arms повста́нцы взяли́сь за ору́жие; (*accept*) прин|има́ть, -я́ть; will he ~ up the challenge? он при́мет вы́зов?; (*carry upstairs*): will you ~ up my bags, please? пожа́луйста, отнеси́те наве́рх мои́ ве́щи; (*remove from floor*): the carpet has been ~n up ковёр сня́ли/сверну́ли; (*unearth*) выка́пывать, вы́копать; the bulbs were ~n up after flowering лу́ковицы вы́копали по́сле того́, как цветы́ отцвели́; (*allow to enter vehicle*) подбира́ть, -обра́ть; the bus stopped to ~ up passengers авто́бус останови́лся, чтобы взять пассажи́ров; (*shorten*): she had to ~ up her dress ей пришло́сь укороти́ть пла́тье; wind in the rope

and ~ up the slack! смота́йте верёвку и натяни́те её!; (*absorb*): blotting-paper ~s up ink промока́тельная бума́га впи́тывает черни́ла; (*occupy*): this table ~s up too much room э́тот стол занима́ет сли́шком мно́го ме́ста; sport ~s up all my spare time я спо́рту отдаю́ всё своё свобо́дное вре́мя; I'm very ~n up at the moment я сейча́с о́чень за́нят; he is very ~n up with his new lady-friend он сейча́с поглощён свое́й но́вой знако́мой; (*promote*): his cause was ~n up by his MP депута́т поддержа́л его́ де́ло; (*pursue*): I shall ~ the matter up with the Minister я обращу́сь с э́тим де́лом к мини́стру; (*accept challenge or offer*): I'll ~ you up on that! я ловлю́ вас на сло́ве!; (*resume*): he took up the subject where he left off он продо́лжил разгово́р с того́ ме́ста, на кото́ром останови́лся; (*interest o.s. in*) взя́ться (*impf.*) за +*a.*; she has ~n up knitting она́ заняла́сь вяза́нием; *v.i.* (*consort*): he has ~n up with some dubious acquaintances у него́ завели́сь подозри́тельные знако́мые.

*cpds.*: ~**-away** *adj.*: a ~-away meal еда́ на вы́нос; ~**-home** *adj.*: ~-home pay чи́стый за́работок; ~**-off** *n.* (*impersonation*) подража́ние, паро́дия; (*of aircraft; also fig.*) взлёт; ~**-over** *n.* (*comm.*) «поглоще́ние» (*какой-н. компа́нии друго́й компа́нией*).

**taker** *n.* беру́щий; there were no ~s никто́ не при́нял пари́; жела́ющих не́ было.

**taking** *n.* взя́тие; овладе́ние; the money was there for the ~ де́ньги текли́ пря́мо в ру́ки; (*pl., money taken*): the ~s were lower than expected сбор оказа́лся ме́ньше, чем рассчи́тывали.

*adj.* привлека́тельный; покоря́ющий; she has ~ ways она́ обая́тельна.

**talc(um)** *n.* слюда́; (~ powder) тальк.

**tale** *n.* **1.** (*story*) расска́з, по́весть; fairy ~ ска́зка; old wives' ~s «ба́бушкины ска́зки»; let me tell my own ~ дава́йте я сам расскажу́; it tells its own ~ (*speaks for itself*) э́то говори́т само́ за себя́; **2.** (*malicious or idle report*) спле́тни (*f. pl.*); вы́думки (*f. pl.*); there is a ~ going about, that . . . погова́ривают, что . . .; you've been telling ~s about me вы на меня́ нагова́риваете; tell ~s out of school (*fig.*) я́бедничать (*impf.*).

*cpd.*: ~**-bearer,** ~**-teller** *nn.* я́беда (*c.g.*), я́бедни|к (*fem.* -ца); ~**-bearing** *n.* спле́тничание.

**talent** *n.* **1.** (*aptitude, ability*) тала́нт, дар; a man of great ~s исключи́тельно тала́нтливый челове́к; he has a ~ for upsetting others у него́ про́сто дар обижа́ть люде́й; (*persons of ability*) тала́нтливые лю́ди; local ~ ме́стные тала́нты; ~ scout открыва́тель (*m.*) тала́нтов; **2.** (*hist.: measure, sum*) тала́нт.

**talented** *adj.* тала́нтливый.

**talisman** *n.* талисма́н.

**talk** *n.* **1.** (*speech, conversation*) разгово́р, бесе́да; we had a long ~ мы до́лго бесе́довали/разгова́ривали; I'd better have a ~ with him мне бы на́до с ним поговори́ть; he is all ~ он то́лько ме́лет языко́м; ~ programme, show переда́ча в фо́рме бесе́ды; small ~ све́тская болтовня́; his actions caused much ~ его́ де́йствия вы́звали мно́го разгово́ров/то́лков; they became the ~ of the town они́ сде́лались при́тчей во язы́цех; **2.** (*address, lecture*) ле́кция; докла́д; give a ~ прочита́ть (*pf.*) ле́кцию.

*v.t.* **1.** (*express*) говори́ть (*impf.*); you are ~ing nonsense вы говори́те чепуху́; ~ sense! говори́те де́ло!; **2.** (*discuss*) обсу|жда́ть, -ди́ть; разгова́ривать (*impf.*) о +*p.*; they were ~ing politics они́ говори́ли о поли́тике; **3.** ~ French говори́ть (*impf.*) по-францу́зски; **4.** (*bring or make by* ~*ing*): he ~ed himself hoarse он договори́лся до хрипоты́; he can ~ the hind leg off a donkey он мо́жет заговори́ть до́ сме́рти; he ~ed me into it он уговори́л меня́ сде́лать э́то; he ~ed himself into the job он заговори́л им зу́бы, и получи́л ме́сто; I tried to ~ her out of it я пыта́лся отговори́ть её от э́того; I ~ed him round to my view я склони́л его́ на свою́ сто́рону.

*v.i.* говори́ть (*impf.*); baby is just learning to ~ ребёнок ещё то́лько у́чится говори́ть; a ~ing parrot говоря́щий попуга́й; we got ~ing мы разговори́лись; we ~ed back and forth for hours мы обсужда́ли э́то часа́ми; ~ about hard luck! ну и не везёт же нам!; he ~s about going abroad он говори́т, что собира́ется за грани́цу; you will get yourself ~ed about о вас пойду́т то́лки; people are beginning to ~ уже́ пошли́ разгово́ры/то́лки; he ~ed at me for an hour он це́лый час мне выгова́ривал; ~ into a microphone говори́ть пе́ред микрофо́ном; they were ~ing nineteen to the dozen они́ без у́молку треща́ли; ~ing of students, how's your brother? кста́ти о студе́нтах — как пожива́ет ваш брат?; ~ of the devil! лёгок на поми́не!; we ~ed round and round the subject мы э́то подро́бно обсуди́ли; ~ing-point до́вод, резо́н; he is ~ing through his hat он говори́т ерунду́: I shall have to ~ to (*reprimand*) that boy мне придётся отчита́ть э́того мальчи́шку; he is always ~ing big (*boasting/ exaggerating*) он ве́чно хва́лится/преувели́чивает; now you're ~ing! (*coll.*) вот тепе́рь вы говори́те де́ло!; he refused to ~ (*coll., give information*) он не хоте́л ничего́ расска́зывать.

*with advs.*: ~ **away** *v.t.*: we ~ed the hours away мы проговори́ли не́сколько часо́в; I tried to ~ away his doubts я пыта́лся рассе́ять его́ сомне́ния; *v.i.*: while we were ~ing away, the bus left пока́ мы болта́ли, авто́бус уе́хал; ~ **back** *v.i.* огрыза́ться, дерзи́ть, возража́ть

(*all impf.*); I gave him no chance to ~ back я не дал ему́ возмо́жности возрази́ть; ~ **down** *v.t.* (*outshout*) перекри́|кивать, -ча́ть; (*av.*): the pilot was ~ed down пило́та напра́вили на поса́дку по ра́дио; *v.i.*: children dislike being ~ed down to де́ти не лю́бят, когда́ к ним подла́живаются; ~ **out** *v.t.*: the Opposition ~ed out the bill оппози́ция затяну́ла пре́ния, так что не оста́лось вре́мени на голосова́ние по законопрое́кту; ~ **over** *v.t.* (*discuss*) обсу|жда́ть, -ди́ть; (*persuade*) убе|жда́ть, -ди́ть.

**talkative** *adj.* разгово́рчивый, болтли́вый.

**talker** *n.* разгово́рчивый челове́к, болту́н; he is a good ~ он хорошо́ говори́т; he is a great ~ он лю́бит поговори́ть.

**talkie** *n.* (*coll.*) звуково́й фильм.

**talking** *adj.* говоря́щий; (*film*) звуково́й.

**talking-to** *n.* вы́говор.

**tall** *adj.* **1.** высо́кий, высо́кого ро́ста; how ~ are you? како́го вы ро́ста?; six feet ~ ро́стом в шесть фу́тов; **2.** (*coll., extravagant, unreasonable*) преувели́ченный, приукра́шенный; a ~ story небыли́ца, вы́думка; that's a ~ order э́то тру́дная зада́ча.

*cpd.*: ~ **boy** *n.* высо́кий комо́д.

**Tallin(n)** *n.* Та́ллин.

**tallness** *n.* (высо́кий) рост, стан.

**tallow** *n.* жир; са́ло.

**tally** *n.* **1.** (*notched stick*) па́лочка с надре́зами, обознача́ющими су́мму до́лга; **2.** (*account, score*) счёт; (*total*) ито́г.

*v.i.* соотве́тствовать (*impf.*); their versions do not ~ их ве́рсии не совпада́ют.

*cpds.*: ~**-clerk** *n.* учётчик.

**tally-ho** *int.* ату́!

**Talmud** *n.* Талму́д.

**Talmudic** *adj.* талмуди́ческий.

**talon** *n.* ко́готь (*m.*).

**tamarisk** *n.* тамари́ск.

**tambour** *n.* (*embroidery frame*) кру́глые пя́ль|цы (*pl., g.* -ев).

**tambourine** *n.* тамбури́н.

**tame** *adj.* (*not wild; domesticated*) ручно́й, дома́шний, приручённый; (*submissive, spiritless*) послу́шный, ручно́й; (*dull, boring*) пре́сный, ску́чный.

*v.t.* прируч|а́ть, -и́ть; (*of savage animals*) укро|ща́ть, -ти́ть; the settlers ~d the forest land посе́ленцы осво́или леси́стую ме́стность; his ardour was soon ~d его́ пыл вско́ре остуди́ли.

**tameable** *adj.* укроти́мый.

**tamer** *n.* укроти́тель (*m.*).

**Tamil** *n.* (*pers.*) тами́л (*fem.* -ка); (*language*) тами́льский язы́к.

*adj.* тами́льский.

**tam o' shanter**, (*coll.*) **tammy** *nn.* шотла́ндский бере́т.

**tamp** *v.t.* наб|ива́ть, -и́ть; за|кла́дывать, -ложи́ть; (*ram down*) трамбова́ть, у-.

**tamper** *v.i.*: ~ with (*meddle in*) вме́ш|иваться, -а́ться в +*a.*; сова́ться (*impf.*) в +*a.*; someone has been ~ing with the lock кто́-то ковыря́лся в замке́; he ~ed with the document он подде́лал докуме́нт; the witness has been ~ed with свиде́теля обрабо́тали.

**tampon** *n.* тампо́н.

**tan** *n.* 1. (*bark*) дуби́льное корьё; 2. (*colour*) цвет бро́нзы; (*tint of skin*) зага́р; he went to Spain to get a ~ он пое́хал загора́ть в Испа́нию.
*v.t.* 1. (*convert to leather*) дуби́ть (*impf.*); I'll ~ your hide (*fig.*) я тебе́ зада́м; 2. (*make brown*): a ~ned face загоре́лое лицо́.
*v.i.*: she ~s easily она́ бы́стро загора́ет.

**tandem** *n.* 1. (~ carriage) упря́жка цу́гом; (~ *bicycle*) велосипе́д для двои́х; 2.: in ~ гусько́м, цу́гом.

**tang** *n.* (*sharp taste or smell*) о́стрый/те́рпкий при́вкус/за́пах; the ~ of sea air за́пах мо́ря.

**tangent** *n.* (*geom.*) каса́тельная; (*fig.*): he went off at a ~ он отклони́лся от те́мы; (*trig.*) та́нгенс.

**tangential** *adj.* тангенциа́льный; (*fig.*) отклоня́ющийся от те́мы.

**tangerine** *n.* мандари́н.

**tangible** *adj.* осяза́емый; (*fig.*) осяза́емый, ощути́мый; ~ advantages ощути́мые преиму́щества; ~ assets осяза́емые/реа́льные сре́дства.

**Tangier** *n.* Танже́р.

**tangle** *n.* сплете́ние; (*fig.*) пу́таница, неразбери́ха; his affairs were in a ~ он запу́тался в свои́х дела́х.
*v.t.* спу́т|ывать, -а́ть; the wool had got ~d up ни́тки спу́тались; (*fig.*) усложн|я́ть, -и́ть; запу́т|ывать, -ать.
*v.i.* (*coll.*) свя́з|ываться, -а́ться; you had better not ~ with him вы с ним лу́чше не свя́зывайтесь.

**tango** *n.* та́нго (*indecl.*).
*v.i.* танцева́ть, с- та́нго.

**tangy** *adj.* о́стрый, те́рпкий.

**tank** *n.* 1. (*container*) бак, цисте́рна; petrol ~ бензоба́к; water ~ бак для воды́; 2. (*armoured vehicle*) танк; the T~ Corps бронета́нковые войска́; ~ trap противота́нковая лову́шка; ~ warfare та́нковые сраже́ния; he is in the T~s он танки́ст.
*v.i.*: ~ up (*with petrol*) запр|авля́ться, -а́виться; he is ~ed up он подзаложи́л (*coll.*).

**tankage** *n.* (*capacity*) ёмкость ба́ка/цисте́рны; (*storage in tanks*) хране́ние в ба́ках/цисте́рнах.

**tankard** *n.* высо́кая пивна́я кру́жка.

**tanker** *n.* (*vessel*) та́нкер; (*vehicle*) автоцисте́рна.

**tanner** *n.* (*of skins*) коже́вник, дуби́льщик.

**tannery** *n.* коже́венный заво́д.

**tannic** *adj.* дуби́льный.

**tannin** *n.* тани́н.

**tansy** *n.* пи́жма.

**tantalize** *v.t.* дразни́ть (*impf.*); терза́ть (*impf.*).

**tantamount** *adj.* равноси́льный.

**tantrum** *n.* вспы́шка раздраже́ния; he is in one of his ~s у него́ очередно́й при́ступ раздраже́ния; the child is in a ~ ребёнок капри́зничает; he flew into (*or* threw) a ~ он разоря́лся/разбушева́лся.

**Taoism** *n.* даои́зм.

**tap**[1] *n.* кран; don't leave the ~s running закро́йте кра́ны; there is plenty of wine on ~ разливно́го вина́ полно́; he always has a few jokes on ~ у него́ всегда́ шу́тка нагото́ве.
*v.t.* 1. (*pierce to extract liquid*): the cask was ~ped бочо́нок откры́ли; they ~ped the trees for resin они́ подсочи́ли дере́вья, что́бы собра́ть смолу́; (*fig.*); the line is being ~ped разгово́р подслу́шивают; 2. (*fig., use*) испо́льзовать (*impf.*).
*cpds.*: ~-**room** *n.* пивна́я; ~-**root** *n.* гла́вный/стержнево́й ко́рень.

**tap**[2] *n.* 1. (*light blow*) лёгкий уда́р; стук; there came a ~ at the window разда́лся стук в окно́; 2. (*pl., Am., lights-out signal*) отбо́й.
*v.t.* легко́ уд|аря́ть, -а́рить; сту́к|ать, -нуть; he ~ped me on the shoulder он тро́нул меня́ за плечо́.
*v.i.* стуча́ться, по-; he ~ped on the door он постуча́лся в дверь; the branches ~ped against the window ве́тви посту́кивали о стекло́; his toes were ~ping to the rhythm он отбива́л ритм нога́ми.
*with adv.*: ~ out *v.t.*: he ~ped out his pipe он вы́бил тру́бку; he ~ped out a message он вы́стукал сообще́ние.
*cpds.*: ~-**dance**, ~-**dancing** *nn.* чечётка; ~-**dancer** *n.* танцо́р, отбива́ющий чечётку.

**tape** *n.* (*strip of fabric etc.*) тесьма́, ле́нта; (*in race*) фи́нишная ле́нточка; breast the ~ каса́ться ле́нточки; adhesive ~ ли́пкая ле́нта; (*magnetic* ~) магнитофо́нная ле́нта; плёнка; put sth. on ~ запи́с|ывать, -а́ть что-н. на плёнку; he was playing over his old ~s он прои́грывал ста́рые за́писи/плёнки.
*v.t.* 1. (*bind with* ~) свя́з|ывать, -а́ть тесьмо́й; have you ~d up the parcel? вы завяза́ли посы́лку?; 2. (*coll., sum up, master*) оце́н|ивать, -и́ть; I've got him ~d я зна́ю ему́ це́ну; 3. (*record*) запи́с|ывать, -а́ть на плёнку.
*cpds.*: ~-**measure** *n.* руле́тка, сантиме́тр; ~-**recorder** *n.* магнитофо́н; ~-**recording** *n.* магнитофо́нная за́пись; ~**worm** *n.* ле́нточный червь.

**taper** *n.* то́нкая свеча́.
*v.t. & i.* (*narrow off*) сужа́ть(ся), су́зить(ся); заостр|я́ть(ся), -и́ть(ся); свод|и́ть(ся), -ести́(сь) на ко́нус.

**tapestry** *n.* гобеле́н.

**tapioca** *n.* тапио́ка.

**tapir** *n.* тапи́р.

**tapis** *n.*: the subject is on the ~ вопро́с рассма́тривается.

**tapster** *n.* ба́рмен, каба́тчик.

**tar**[1] *n.* (*substance*) дёготь (*m.*); ~ macadam тармакада́м, дёгтебето́н.

*v.t.* ма́зать, на- дёгтем; смоли́ть, вы-/о-; а ~red road гудрони́рованная доро́га; they are ~red with the same brush (*fig.*) они́ одного́ по́ля я́годы; одни́м ми́ром ма́заны.

*cpd.*: ~-brush *n.*: there is a touch of the ~-brush in that family в их роду́ есть при́месь негритя́нской/инди́йской кро́ви.

**tar**[2] *n.* (*coll., sailor*) матро́с, моря́к.

**taradiddle** *n.* (*coll.*) ложь, (*pl.*) вра́к|и (*pl., g.* —).

**tarantella** *n.* тарантéлла.

**tarantula** *n.* тара́нтул.

**tarboosh** *n.* фéска.

**tardiness** *n.* медли́тельность; опозда́ние.

**tardy** *adj.* (*slow-moving*) медли́тельный; (*late in coming, belated*) запозда́вший, запозда́лый; (*reluctant*) неохо́тный.

**tare**[1] *n.* (*bot.*) ви́ка; (*pl., weeds*) сорня́к|и́ (*pl., g.* -о́в); (*bibl.*) плéвел|ы (*pl., g.* —).

**tare**[2] *n.* (*allowance for weight*) та́ра.

**target** *n.* (*for shooting etc.*) мишéнь, цель; his shots were off the ~ он стреля́л ми́мо цéли; bombing ~ объéкт бомбарди́ровки; ~ practice учéбная стрельба́; (*fig.*) he became a ~ for abuse он стал мишéнью для оскорблéний; (*objective*) цель; we hope to reach the ~ of £1000 мы надéемся собра́ть намéченную су́мму в 1000 фу́нтов.

**tariff** *n.* **1.** (*duty*) тари́ф; ~ reform протекциони́стская рефо́рма; ~ wall тари́фный барьéр; **2.** (*list of charges*) тари́ф; (*for goods*) прейскура́нт.

**tarmac** *n.* гудрони́рованное шоссé; (*av.*) преданга́рная бетони́рованная площа́дка.

*v.t.* гудрони́ровать (*impf., pf.*).

**tarn** *n.* го́рное о́зеро.

**tarnish** *n.* ту́склость, ту́склая повéрхность.

*v.t.*: ~ed by damp потускнéвший от вла́ги; (*fig.*) пятна́ть, за-; he has a ~ed reputation он запятна́л свою́ репута́цию.

*v.i.* тускнéть, по-; окисл|я́ться, -и́ться.

**tarpaulin** *n.* (*material*) брезéнт; (*hat*) непромока́емая матро́сская ша́пка.

**tarragon** *n.* полы́нь, эстраго́н.

**tarry**[1] *adj.* (*of or like tar*) смоли́стый.

**tarry**[2] *v.i.* (*liter.*) (*remain, stay*) ост|ава́ться, -а́ться; пребыва́ть (*impf.*); (*delay*) задéрж|иваться, -а́ться; мéдлить (*impf.*).

**tart**[1] *n.* (*flat pie*) откры́тый пиро́г с фру́ктами; (*sl., prostitute*) у́личная дéвка, шлю́ха.

*v.t.*: ~ up (*coll., embellish*) приукра́|шивать, -сить; she was all ~ed up она́ была́ вся разодéта/расфуфы́рена.

**tart**[2] *adj.* (*of taste*) ки́слый; (*fig.*) кóлкий,

ехи́дный.

**tartan** *n.* **1.** (*fabric*) шотла́ндка; ~ silk шотла́ндский набивнóй шёлк; **2.** (*design*) клéтчатый рису́нок.

**tartar**[1] *n.* **1.** (*incrustation from wine*) ви́нный ка́мень; cream of ~ ки́слый винный ка́мень; **2.** (*on teeth*) (зубнóй) ка́мень.

**Tartar**[2] *n.* **1.** (*also* **Tartar**) тата́р|ин (*fem.* -ка); **2.** (*fig., troublesome or intractable pers.*): you young ~! ах ты, неснóсный ребёнок!; he caught a ~ он встрéтил проти́вника не по си́лам; ≃ нашла́ коса́ на ка́мень; our boss is a ~ у нас нача́льник — су́щий зверь.

**tartish** *adj.* (*coll.*) (*meretricious*) вызыва́ющий; (*gaudy*) я́ркий, крича́щий.

**tartlet** *n.* тартал éтка.

**tartness** *n.* кислота́; ки́слый вкус; (*fig.*) кóлкость, ехи́дство.

**task** *n.* зада́ча, зада́ние; he was set a difficult ~ пéред ним поста́вили тру́дную зада́чу; housework is an irksome ~ рабóта по дóму — дéло скучное; take s.o. to ~ for carelessness проб|ира́ть, -ра́ть когó-н. за хала́тность; ~ force (*mil.*) операти́вная гру́ппа.

*cpd.*: ~master *n.*: he is a hard ~master он из тебя́ все сóки выжима́ет.

**Tasmania** *n.* Тасма́ния.

**Tasmanian** *n.* тасма́н|ец (*fem.* -ка).

*adj.* тасма́нский; ~ devil (*zool.*) су́мчатый дья́вол.

**tassel** *n.* ки́сточка.

**taste** *n.* (*sense; flavour*) вкус; the fruit was sweet to the ~ плод был сла́док на вкус; I have lost my ~ for whisky я потеря́л вкус к ви́ски; this fish has a queer ~ у э́той ры́бы стра́нный вкус; it leaves a bad ~ in the mouth (*fig.*) э́то оставля́ет неприя́тный оса́док; (*act of tasting; small portion for tasting*): have a ~ of this! попрóбуйте/отвéдайте э́того!; I gave him a ~ of his own medicine (*fig.*) я оплати́л ему́ тем же (*or* той же монéтой); (*fig., liking*): Wagner is not to everybody's ~ Ва́гнер нра́вится далекó не всем; there is no accounting for ~s о вку́сах не спóрят; she has expensive ~s in clothes она́ лю́бит носи́ть дороги́е вéщи; add salt and pepper to ~ (*in recipe*) доба́вьте сóли и пéрца по вку́су; (*fig., discernment, judgement*) понима́ние; he is a man of ~ он человéк со вку́сом; bad ~ дурнóй вкус/тон; a piece of bad ~ безвку́сица.

*v.t.* **1.** (*perceive flavour of*) различ|а́ть, -и́ть; can you ~ the garlic in this dish? вы чу́вствуете чеснóк в э́том блю́де?; **2.** (*professionally*) дегусти́ровать (*impf., pf.*); **3.** (*eat small amount of*) есть, по-; ~ this and say if you like it попрóбуйте и скажи́те, нра́вится вам и́ли нет; they had not ~d food for 3 days у них 3 дня нé было ничегó во рту; **4.** (*experience*) вку|ша́ть, -си́ть; извéд|ывать, -ать; they have ~d freedom они́ вкуси́ли свобóду.

*v.i.*: the meat ~s horrible у мя́са проти́вный вкус; ~ of име́ть (*impf.*) при́вкус +*g.*; отдава́ть (*impf.*) +*i.*; the wine ~s of the cork вино́ отдаёт про́бкой; what does it ~ like? каково́ оно́ на вкус?

*cpd.*: ~-**bud** *n.* вкусова́я лу́ковица.

**tasteful** *adj.* изя́щный; со вку́сом.

**tastefulness** *n.* изя́щество; то́нкий вкус.

**tasteless** *adj.* (*insipid*) безвку́сный, пре́сный; (*showing want of taste*) безвку́сный; (*in bad taste*) беста́ктный; в дурно́м то́не.

**tastelessness** *n.* (*lit.*) пре́сность; (*fig.*) безвку́сица, безвку́сие; беста́ктность, дурно́й тон.

**taster** *n.* (*sampler of wines etc.*) дегуста́тор.

**tasty** *adj.* вку́сный, пря́ный.

**ta-ta** *int.* пока́! (*coll.*).

**Tatar** *see* TARTAR².

**tatterdemalion** *n.* оборва́нец.

**tattered** *adj.* по́рванный, разо́рванный; в клочья́х.

**tatters** *n.* кло́чь|я (*pl., g.* -ев), лохмо́ть|я (*pl., g.* -ев); his shirt was in ~ от его́ руба́хи оста́лись клочья́; they tore him to ~ (*fig.*) они́ разнесли́ его́ в пух и прах.

**tatting** *n.* плетёное кру́жево.

**tattle** *n.* спле́тня, болтовня́.

*v.i.* болта́ть (*impf.*); спле́тничать, по-; суда́чить, по-.

**tattler** *n.* болту́н, спле́тник.

**tattoo**¹ *n.* (*on skin*) татуиро́вка.

*v.t.* татуи́ровать, вы́-.

**tattoo**² *n.* **1.** (*mil. signal*) сигна́л пове́стки пе́ред отбо́ем; (*fig.*) стук; the rain beat a ~ on the roof дождь бараба́нил по кры́ше; **2.** (*entertainment*) показа́тельные выступле́ния военнослу́жащих.

**tatty** *adj.* (*coll.*) потрёпанный, обша́рпанный.

**taunt** *n.* насме́шка, издёвка.

*v.t.* дразни́ть (*impf.*); he was ~ed with cowardice над ним насмеха́лись, называ́я его́ тру́сом.

**Taurus** *n.* (*astron.*) Теле́ц; (*geog.*, ~ Mountains) Тавр.

**taut** *adj.* туго́й, ту́го натя́нутый; he pulled the rope ~ он ту́го натяну́л верёвку; (*fig., of nerves etc.*) напряжённый, натя́нутый.

**tautness** *n.* натя́нутость; напряжённость.

**tautological** *adj.* тавтологи́ческий.

**tautology** *n.* тавтоло́гия.

**tavern** *n.* таве́рна.

**tawdriness** *n.* крикли́вость, безвку́сица.

**tawdry** *adj.* крича́щий, безвку́сный, лубо́чный.

**tawny** *adj.* кори́чнево-жёлтый; загоре́лый, сму́глый.

**tax** *n.* **1.** (*levy*) нало́г; a ~ is levied on profits при́быль облага́ется нало́гом; income ~ подохо́дный нало́г; purchase ~ нало́г на поку́пки; after ~ за вы́четом нало́га; **2.** (*fig.*,

*strain, demand*) испыта́ние; нагру́зка, бре́мя; it was a great ~ on her strength э́то подрыва́ло её си́лы.

*v.t.* **1.** обл|ага́ть, -ожи́ть нало́гом; (*fig.*): he ~es my patience он испы́тывает моё терпе́ние; it ~es my memory э́то тре́бует от меня́ напряже́ния па́мяти; **2.** (*charge*) обвин|я́ть, -и́ть (*кого в чём*); he ~ed me with neglecting my work он попрекну́л меня́ хала́тным отноше́нием к рабо́те.

*cpds.*: ~-**collector** *n.* сбо́рщик нало́гов; ~-**free** *adj.* освобождённый от упла́ты нало́гов; ~ **man** *n.* (*coll.*) нало́говый инспе́ктор; ~ **payer** *n.* налогоплате́льщик.

**taxable** *adj.* подлежа́щий обложе́нию нало́гом.

**taxation** *n.* налогообложе́ние.

**taxi** *n.* такси́ (*nt. indecl.*).

*v.i.* **1.** (*ride by* ~) е́хать (*det.*) на такси́; **2.** (*of aircraft*) рули́ть (*impf.*).

*cpds.*: ~-**cab** *n.* такси́ (*nt. indecl.*); ~-**driver** *n.* шофёр такси́; ~ **meter** *n.* таксо́метр; ~-**rank** *n.* стоя́нка такси́.

**taxidermist** *n.* таксидерми́ст.

**taxidermy** *n.* таксиде́рмия.

**taxonomist** *n.* бота́ник/зоо́лог-система́тик.

**taxonomy** *n.* система́тика, таксоно́мия.

**TB** *n.* (*abbr., tuberculosis*) туберкулёз.

**tea** *n.* (*plant, beverage*) чай; (*meal*) чай, по́лдник; make (the) ~ зава́р|ивать, -и́ть чай; have, take ~ пить, вы́- ча́ю; I have lemon with my ~ я пью чай с лимо́ном; a strong cup of ~ ча́шка кре́пкого ча́ю; high ~ ра́нний у́жин с ча́ем; that's not my cup of ~ (*coll.*) э́то не по мне; э́то не в моём вку́се.

*cpds.*: ~-**bag** *n.* мешо́чек с зава́ркой ча́я; ~-**break** *n.* переры́в на чай; ~-**caddy** *n.* ча́йница; ~-**cake** *n.* ≃ бу́лочка; ~-**cloth** *n.* (*for table*) ска́терть; (*for washing-up*) ча́йное полоте́нце; ~-**cosy** *n.* чехо́льчик (на ча́йник); (*in form of doll*) ба́ба; ~-**cup** *n.* ча́йная ча́шка; storm in a ~-cup бу́ря в стака́не воды́; ~-**garden** *n.* ча́йная на откры́том во́здухе; ~-**house** *n.* ча́йная, чайха́на; ~-**leaf** *n.* ча́йный лист, чаи́нка; she read the ~-leaves for her friends ≃ она́ гада́ла друзья́м на кофе́йной гу́ще; ~-**maker** *n.* (*machine*) электросамова́р; ~-**party** *n.* зва́ный чай; ~-**pot** *n.* ча́йник (для зава́рки); ~-**room** *n.* кафе́-конди́терская; ~-**rose** *n.* ча́йная ро́за; ~-**service**, ~-**set** *nn.* ча́йный серви́з; ~-**shop** *n.* кафе́ (*indecl.*); ~-**spoon** *n.* ча́йная ло́жечка; ~-**spoonful** *n.* одна́/це́лая ча́йная ло́жка; ~-**strainer** *n.* ча́йное си́течко; ~-**table** *n.* ча́йный сто́лик; ~-**things** *n.* ча́йный серви́з; ча́йные прибо́ры (*m. pl.*); ~-**time** *n.* ра́нний ве́чер; ~-**towel** *n.* ча́йное полоте́нце; ~-**tray** *n.* ча́йный подно́с; ~-**trolley**, ~-**wagon** *nn.* сто́лик на колёсиках; ~-**urn** *n.* кипяти́льник, тита́н; самова́р.

**teach** *v.t.* **1.** (*instruct*) учи́ть, на-; обуч|а́ть, -и́ть;

she taught me Russian она́ учи́ла меня́ ру́сскому языку́; I taught myself English я самостоя́тельно вы́учился англи́йскому языку́; **2.** (*v.t. & i., give instruction*) (*school etc.*) учи́ть (*impf.*); (*university etc.*) преподава́ть (*impf.*); he ~es science for a living он зараба́тывает на жизнь преподава́нием то́чных нау́к; do you want to ~? (*become a ~er*) вы хоти́те стать учи́телем/преподава́телем?; ~ing staff преподава́тельский соста́в; **3.** (*ellipt.*): that will ~ you! э́то вас нау́чит уму́-ра́зуму!; I'll ~ you (a lesson)! я вас проучу́!; **4.** (*enjoin*) научи́ть (*pf.*); внуш|а́ть, -и́ть; Christ taught men to love one another Христо́с учи́л люде́й люби́ть друг дру́га.

*cpd.*: ~-**in** *n.* семина́р, уче́бный сбор.

**teachable** *adj.* (*pers.*) поня́тливый, приле́жный; (*skill*) благоприобре́тенный.

**teacher** *n.* учи́тель (*fem.* -ница); педаго́г; ~ training college педагоги́ческий институ́т; (*school*) ~s учителя́; ~s of doctrine etc. учи́тели.

**teaching** *n.* **1.** (*precept*) уче́ние, доктри́на; **2.** (*activity*) преподава́ние, обуче́ние; **3.** (*profession*) преподава́ние; she intends to take up ~ она́ собира́ется преподава́ть; **4.** (*science*) педаго́гика.

**teak** *n.* (*wood*) тик; (*tree*) тик, ти́ковое де́рево.

**teal** *n.* чиро́к.

**team** *n.* (*of horses etc.*) упря́жка; (*games*) кома́нда; (*representative* ~) сбо́рная; home ~ кома́нда хозя́ев по́ля; visiting ~ кома́нда госте́й; a ~ event кома́ндное соревнова́ние; (*of workers etc.*) брига́да; ~ of scientists гру́ппа учёных; (*of researchers etc.*) коллекти́в.

*v.t.*: they were ~ed together их запрягли́ в одну́ упря́жку; их включи́ли в одну́ брига́ду.

*v.i.*: we ~ed up with our neighbours мы объедини́лись с сосе́дями.

*cpds.*: ~-**spirit** *n.* коллективи́зм; чу́вство ло́ктя; срабо́танность; ~-**work** *n.* коллекти́вная рабо́та; сы́гранность.

**teamster** *n.* (*Am., lorry-driver*) води́тель (*m.*) грузовика́.

**tear¹** *n.* (~-drop) слеза́; ~s ran down her cheeks слёзы текли́ по её щека́м; I found her in ~s я заста́л её в слеза́х; she wept bitter ~s она́ пла́кала го́рькими слеза́ми; burst into ~s распла́каться (*pf.*); the audience was moved to ~s пу́блика была́ тро́нута до слёз; I laughed till the ~s came я смея́лся до слёз.

*cpds.*: ~-**duct** *n.* слёзный прото́к; ~-**gas** *n.* слезоточи́вый газ; ~-**jerker** *n.* (*sl.*) слезли́вый фильм (*и т.п.*).

**tear²** *n.* (*rent*) разры́в, проре́ха.

*v.t.* **1.** (*rip, rend*) раз|рыва́ть, -орва́ть; рвать, по-; I tore my shirt on a nail я порва́л руба́шку о гвоздь; she tore a hole in her dress она́ порвала́ пла́тье; he tore the paper in two он

разорва́л бума́гу попола́м; he tore open the envelope он разорва́л/вскрыл конве́рт; the book is badly torn кни́га си́льно растрёпана; he tore his finger on a nail он пора́нил па́лец о гвоздь; (*fig.*): my argument was torn to shreds мой аргуме́нт разби́ли в пух и прах; a country torn by strife страна́, раздира́емая враждо́й; she was torn by emotions её раздира́ли (разли́чные) чу́вства; I was torn, not knowing which to prefer я разрыва́лся, не зна́я, что предпоче́сть; that's torn it! (*sl.*) из-за э́того всё срыва́ется; **2.** (*snatch; remove by force*) от|рыва́ть, -орва́ть; срыва́ть, сорва́ть; the wind ~s branches from the trees ве́тер срыва́ет ве́тви с дере́вьев; she tore the baby from his arms она́ вы́рвала ребёнка у него́ из рук; **3.** (*pull violently*) вырыва́ть, вы́рвать; it makes one ~ one's hair (*fig.*) от э́того хо́чется рвать на себе́ во́лосы.

*v.i.* **1.** (*pull violently*): he tore at the wrapping-paper он бро́сился срыва́ть обёрточную бума́гу; **2.** (*become torn*) рва́ться (*impf.*); this material ~s easily э́тот материа́л легко́ рвётся; **3.** (*rush*) мча́ться, по-; нести́сь, по-; why are you in such a ~ing hurry? куда́ вы так спеши́те?

*with advs.*: we simply tore along ну и мча́лись же мы!; I could not ~ myself away я не мог оторва́ться; he tore the book away from me он вы́рвал/вы́хватил у меня́ кни́гу; the notice had been torn down объявле́ние сорва́ли; the old buildings are to be torn down ста́рые зда́ния бу́дут сноси́ть; he tore me off a strip он дал мне прикури́ть (*coll.*); he tore off on his bicycle он помча́лся прочь на велосипе́де; several pages had been torn out не́сколько страни́ц бы́ло вы́рвано; the children came ~ing out of school де́ти стремгла́в вы́бежали из шко́лы; the plants have been torn up расте́ния вы́рвали с ко́рнем; the street had been torn up to lay a new cable у́лицу раскопа́ли для того́, что́бы уложи́ть но́вый ка́бель; the letter was torn up письмо́ порва́ли.

*cpd.*: ~**away** *n.* (*sl.*) сорвиголова́ (*c.g.*); у́харь (*m.*).

**tearful** *adj.* по́лный слёз; пла́чущий, запла́канный.

**tease** *n.* (*pers.*) зади́ра (*c.g.*), насме́шни|к (*fem.* -ца).

*v.t.* **1.** (*comb out, fluff up*) чеса́ть, вы-; ворсова́ть, на-; **2.** (*make fun of, irritate*) дразни́ть (*impf.*); издева́ться (*impf.*) над +*i.*; **3.** (*pester*) пристава́ть (*impf.*) к +*d.*; доводи́ть (*impf.*).

**tea|sel, -zel, -zle** *n.* ворся́нка.

**teaser** *n.* (*pers.*) see TEASE; (*coll., puzzle, problem*) головоло́мка.

**teat** *n.* сосо́к.

**teaz|el, -le** see TEASEL.

**tec** (*coll.*) = DETECTIVE.

**tec(h)** (*coll.*) = TECHNICAL COLLEGE.

**technical** *adj.* техни́ческий; ~ college техни́ческий вуз, те́хникум; ~ term специа́льный те́рмин; he is ~ly guilty of assault форма́льно он вино́вен в нападе́нии.

**technicality** *n.* (*detail*) техни́ческая дета́ль, форма́льность; (*term*) специа́льный те́рмин.

**technician** *n.* те́хник.

**technique** *n.* (*skill*) те́хника, уче́ние; (*method*) техни́ческий приём, мето́дика.

**technocracy** *n.* технокра́тия.

**technocrat** *n.* технокра́т.

**technological** *adj.* технологи́ческий, техни́ческий.

**technologist** *n.* техно́лог.

**technology** *n.* те́хника, техноло́гия.

**tectonic** *adj.* тектони́ческий; архитекту́рный.

**tectonics** *n.* текто́ника; архитекту́ра.

**ted** *v.t.* вороши́ть (*impf.*) (*сено*).

**teddy-bear** *n.* плю́шевый медвежо́нок/ми́шка.

**teddy-boy** *n.* стиля́га (*m.*).

**tedious** *adj.* утоми́тельный, ску́чный, ну́дный.

**tedi|ousness, -um** *nn.* утоми́тельность, ску́ка.

**tee**[1] *n.* (*peg*) ко́лышек.

*v.t.*: ~ a ball класть (*pf.*) мяч для пе́рвого уда́ра (*гольф*).

*v.i.*: ~ off де́лать, с- пе́рвый уда́р.

**tee**[2] (*as pref.*) *see* T.

**tee-hee** *int.* хи-хи́!

**teem** *v.i.* **1.** (*reproduce in great numbers*) оби́льно размножа́ться (*impf.*); fish ~ in these lakes э́ти озёра изоби́луют ры́бой; **2.** (*be full, swarm*) кише́ть (*impf.*); изоби́ловать (*impf.*); the house is ~ing with ants дом киши́т муравья́ми; his head ~s with new ideas он по́лон но́вых иде́й; it was ~ing with rain (*coll.*) лило́ как из ведра́.

**teen** *n.*: he is in his ~s ему́ ещё нет двадцати́ лет; он подро́сток.

*cpds.*: ~-**age** *adj.* ю́ношеский, несовершенноле́тний; ~-**ager** *n.* ю́ноша (*m.*)/де́вушка до двадцати́ лет.

**teeny(-weeny)** *adj.* (*coll.*) малю́сенький.

**teeter** *v.i.* кача́ться (*impf.*); (*fig.*) колеба́ться (*impf.*).

**teeth|e** *v.i.*: baby is ~ing у ребёнка ре́жутся зу́бы; ~ing troubles (*fig.*) «де́тские боле́зни» (*f. pl.*); ~ing ring зубно́е кольцо́.

**teetotal** *adj.* непью́щий.

**teetotalism** *n.* воздержа́ние от спиртны́х напи́тков.

**teetotaller** *n.* тре́звенник.

**teetotum** *n.* верту́шка; волчо́к.

**Teh(e)ran** *n.* Тегера́н.

**Tel Aviv** *n.* Тель-Ави́в.

**telecamera** *n.* телека́мера.

**telecast** *n.* телевизио́нная переда́ча, телепереда́ча.

*v.t.* перед|ава́ть, -а́ть по телеви́дению.

**telecommunication** *n.*: ~ satellite спу́тник свя́зи; ~s да́льняя связь; телегра́ф и теле-фо́н.

**telegenic** *adj.* телегени́чный.

**telegram** *n.* телегра́мма.

**telegraph** *n.* телегра́ф.

*v.t. & i.* телеграфи́ровать (*impf., pf.*; *pf. also* про-).

*cpds.*: ~-**key** *n.* телегра́фный ключ; ~-**pole** *n.* телегра́фный столб; ~-**wire** *n.* телегра́фный про́вод.

**telegraph|er, -ist** *nn.* телеграфи́ст (*fem.* -ка).

**telegraphese** *n.* телегра́фный стиль.

**telegraphic** *adj.* телегра́фный.

**telegraphist** *see* TELEGRAPHER.

**telegraphy** *n.* телегра́фия; wireless ~ беспро́волочный телегра́ф, радиотелегра́ф.

**telekinesis** *n.* телепорта́ция.

**telemark** *n.* поворо́т (на лы́жах) с вы́падом.

**telemeter** *n.* телеме́тр.

*v.t.* телеметри́ровать (*impf., pf.*).

**telemetry** *n.* телеметри́я.

**teleological** *adj.* телеологи́ческий.

**teleology** *n.* телеоло́гия.

**telepathic** *adj.* телепати́ческий.

**telepathy** *n.* телепа́тия.

**telephone** *n.* телефо́н; are you on the ~? у вас есть телефо́н?; he is (talking) on the ~ он разгова́ривает по телефо́ну; someone wants you on the ~ вас про́сят к телефо́ну; вам звоня́т; he picked up the ~ он по́днял тру́бку; ~ call телефо́нный звоно́к; ~ exchange телефо́нная ста́нция; ~ number телефо́нный но́мер, (*coll.*) телефо́н; ~ operator телефони́ст (*fem.* -ка); ~ set телефо́нный аппара́т; public ~ телефо́н-автома́т.

*v.t. & i.* звони́ть, по- (*кому*) по телефо́ну; телефони́ровать (*impf., pf.*) (*что кому*) (*pf. also* на-).

**telephonic** *adj.* телефо́нный.

**telephonist** *n.* телефони́ст (*fem.* -ка).

**telephony** *n.* телефони́я.

**telephoto(graphic)** *adj.* телефотографи́ческий.

**teleprinter** *n.* телета́йп.

**teleprompter** *n.* текстова́я приста́вка к телека́мере, «телесуфлёр».

**telerecord** *v.t.* запи́с|ывать, -а́ть на видеоплёнку.

**telescope** *n.* телеско́п.

*v.t. & i.* (*fig.*): two coaches were ~d два ваго́на вре́зались друг в дру́га; two words ~d into one два сло́ва, сли́тые в одно́.

**telescopic** *adj.* **1.** (*of or constituting a telescope*) телескопи́ческий; ~ lens телескопи́ческий объекти́в; ~ sight телескопи́ческий прице́л; **2.** (*visible only by telescope*) ви́димый посре́дством телеско́па; **3.** (*consisting of retracting and extending sections*) складно́й, выдвижно́й; ~ aerial выдвижна́я анте́нна.

**telescreen** *n.* экра́н телеви́зора.

**teletype** *n.* телета́йп.

*v.t.* перед|ава́ть, -а́ть по телета́йпу.

**televiewer** *n.* телезри́тель (*m.*) (*fem.* -ница).

**televise** *v.t.* пока́з|ывать, -а́ть по телеви́дению.

**television** *n.* (*system, process*) телеви́дение; colour ~ цветно́е телеви́дение; black-and-white ~ телеви́дение чёрно-бе́лого изображе́ния; what's on ~? что пока́зывается по телеви́дению?; (~ receiver, set) телеви́зор; ~ programme телевизио́нная переда́ча, телепереда́ча, телепрогра́мма; ~ studio телесту́дия; closed-circuit ~ ка́бельное телеви́дение.

**telex** *n.* те́лекс.

**tell** *v.t.* **1.** (*relate*; *inform of*; *make known*) расска́з|ывать, -а́ть; сообщ|а́ть, -и́ть; ука́з|ывать, -а́ть; ~ me all about it! расскажи́те мне всё как есть/бы́ло; the tale lost nothing in the ~ing исто́рия ничего́ не потеря́ла в переска́зе; расска́з был (не́сколько) приукра́шен; I'll ~ you a secret я расскажу́ вам секре́т; don't ~ me he's gone! да неуже́ли он ушёл!; I can't ~ you how glad I am не могу́ вы́разить вам, как я дово́лен; (I'll) ~ you what, let's both go! зна́ете что, дава́йте пойдём вме́сте!; you're ~ing me! (*coll.*) кому́ вы расска́зываете?; без вас зна́ю!; can you ~ me the time? вы не зна́ете, кото́рый час?; can you ~ me of a good dentist? мо́жете ли вы указа́ть/назва́ть мне хоро́шего зубно́го врача́? **2.** (*speak, say*) говори́ть, сказа́ть; are you ~ing the truth? вы говори́те пра́вду?; **3.** (*decide, determine, know*) определ|я́ть, -и́ть; узн|ава́ть, -а́ть; how do you ~ which button to press? отку́да изве́стно, каку́ю кно́пку на́до нажима́ть?; there's no ~ing what may happen кто зна́ет, что мо́жет произойти́; can she ~ the time yet? она́ уже́ уме́ет определя́ть вре́мя? (*or* узнава́ть по часа́м, кото́рый час?); you never can ~ никогда́ не зна́ешь; **4.** (*distinguish*) отлич|а́ть, -и́ть; различ|а́ть, -и́ть; I can't ~ them apart я не могу́ их различи́ть; I can't ~ one wine from another я не разбира́юсь в ви́нах; how do you ~ the difference? как вы их отлича́ете/различа́ете? **5.** (*assure*) зав|еря́ть, -е́рить; I can ~ you пове́рьте мне; пря́мо ска́жем; **6.** (*count*): the old woman was ~ing her beads стару́ха перебира́ла чётки; there were seven all told в о́бщей сло́жности их бы́ло семь/се́меро; **7.** (*direct, instruct*) прика́з|ывать, -а́ть; объ-ясн|я́ть, -и́ть; he was told to wait outside ему́ веле́ли подожда́ть за две́рью; ~ him not to wait скажи́те ему́, что́бы он не ждал; **8.** (*predict*) предска́з|ывать, -а́ть; I told you so! я вам говори́л!; can you ~ my fortune? мо́жете мне погада́ть?

*v.i.* **1.** (*give information*) расска́з|ывать, -а́ть; he told of his adventures он рассказа́л о свои́х приключе́ниях; I have never heard ~ of that я никогда́ об э́том не слы́шал; don't ~ on me! (*coll.*) не выдава́й меня́!; he promised not to ~ (*divulge secret*) он обеща́л молча́ть; time will

~ вре́мя пока́жет; **2.** (*have an effect*) ска́з|ываться, -а́ться; every blow ~s ка́ждый уда́р ощути́м; ни оди́н уда́р не прохо́дит бессле́дно.

*with adv.*: ~ **off** (*detail*) назн|ача́ть, -а́чить; he was told off for special duty ему́ поручи́ли осо́бое зада́ние; (*sl., reprove*) отчи́т|ывать, -а́ть; he got a good ~ing-off его́ здо́рово отчита́ли.

*cpd.*: ~**-tale** *n.* спле́тник, я́беда (*c.g.*); (*attr.*) преда́тельский, многоговоря́щий; ~-tale wrinkles преда́тельские морщи́ны; (*tech.*) сигна́льный, контро́льный.

**teller** *n.* (*narrator*) расска́зчик; (*counter of votes*) счётчик голосо́в; (*cashier*) касси́р.

**telling** *adj.* эффекти́вный, си́льный; a ~ argument ве́ский/убеди́тельный до́вод; a ~ example нагля́дный приме́р; a ~ blow ощути́мый уда́р.

**tellurium** *n.* теллу́р.

**telly** *n.* (*television set*) те́лик (*coll.*).

**telpher** *n.* те́льфер; ~ train по́езд подвесно́й доро́ги.

**temerity** *n.* сме́лость, безрассу́дство.

**temper** *n.* **1.** (*composition of substance*) соста́в; (*hardness of metal*) зака́лка; **2.** (*disposition of mind*) нрав; настрое́ние; he has a quick ~ он вспы́льчив(ый); he lost his ~ он потеря́л самооблада́ние; он разозли́лся; он вы́шел из себя́; this put him in a bad ~ э́то его́ рассерди́ло; don't lose your ~! держи́те себя́ в рука́х!; не серди́тесь!; I had difficulty keeping my ~ я с трудо́м сде́рживался; **3.** (*irritation, anger*) вспы́льчивость; несде́ржанность; he flew into a ~ он вспыли́л; he left in a ~ он разозли́лся и ушёл; он ушёл в сердца́х.

*v.t.* **1.** (*metall.*) зака́л|ивать, -и́ть; **2.** (*mitigate*) умеря́ть (*impf.*); смягч|а́ть, -и́ть; we must ~ justice with mercy справедли́вость должна́ сочета́ться с милосе́рдием; **3.** (*mus.*) темпери́ровать (*impf., pf.*).

**tempera** *n.* те́мпера.

**temperament** *n.* темпера́мент, нрав; (*mus.*) темпера́ция.

**temperamental** *adj.* **1.** (*of temperament*) органи́ческий, (*innate*) приро́дный; **2.** (*subject to moods*) неуравнове́шенный; с но́ровом; (*of a machine*) капри́зный.

**temperance** *n.* **1.** (*moderation*) воздержа́ние, уме́ренность; **2.** (*abstinence from alcohol*) тре́звость; воздержа́ние от спиртны́х напи́тков; ~ society о́бщество тре́звости.

**temperate** *adj.* возде́ржанный, уме́ренный; the ~ zone уме́ренный по́яс.

**temperature** *n.* температу́ра; (*fever*) жар; he has (*or* is running) a ~ у него́ температу́ра/жар; let me take your ~ дава́йте я вам изме́рю температу́ру.

**tempest** *n.* (*lit., fig.*) бу́ря; ~ in a teapot бу́ря в стака́не воды́.

**tempestuous** *adj.* бу́рный, бу́йный.

**tempestuousness** *n.* бу́рность, бу́йство.

**template** *n.* шабло́н.

**temple**[1] *n.* (*relig.*) храм, святи́лище.

**temple**[2] *n.* (*anat.*) висо́к.

**tempo** *n.* (*lit.*, *fig.*) темп, ритм.

**temporal** *adj.* (*of time*) временно́й; (*of this life*; *secular*) мирско́й, све́тский; (*anat.*) висо́чный.

**temporary** *n.* (~ employee) вре́менный служащий.
   *adj.* вре́менный.

**tempori|ze, -se** *v.i.* тяну́ть (*impf.*) вре́мя; ме́длить (*impf.*).

**tempt** *v.t.* соблазн|я́ть, -и́ть; иску|ша́ть, -си́ть; he was ~ed into bad ways он сби́лся (*or* его́ сби́ли) с пути́ и́стинного; I was ~ed to agree with him я был скло́нен с ним согласи́ться.

**temptation** *n.* собла́зн, искуше́ние; she yielded to ~ она́ поддала́сь собла́зну; the sight of food was a strong ~ еда́ вы́глядела о́чень зама́нчиво; don't put ~ in his way! не искуша́йте его́!

**tempter** *n.* искуси́тель (*m.*); соблазни́тель (*m.*); the T~ сатана́ (*m.*); дья́вол-искуси́тель.

**temptress** *n.* искуси́тельница, соблазни́тельница.

**ten** *n.* (число́/но́мер) де́сять; (~ people) деся́теро, де́сять челове́к; he eats enough for ~ он ест за десятеры́х; ~ each по десяти́; in ~s, ~ at a time по десяти́, деся́тками (*figure*; *thg.* *numbered* 10; *group of* ~) деся́тка; ~ of spades деся́тка пик; the ~s (*column*) деся́тки (*m. pl.*); ~s of thousands деся́тки (*m. pl.*) ты́сяч; (*with var. nouns expressed or understood: cf. examples under* FIVE): (~*penny piece*) десятипе́нсовая моне́та; ~ to one (*almost certainly*) почти́ наверняка́; ~ to ~ (*o'clock*) без десяти́ де́сять; the upper ~ верху́шка о́бщества.
   *adj.* де́сять +g. pl.; ~ eggs (*as purchase*) деся́ток яи́ц; ~ threes are thirty де́сятью три — три́дцать.
   *cpds.*: ~**-copeck** *adj.*: ~-copeck piece гри́венник; ~**fold** *adj.* десятикра́тный; ~**pins** *n.* ке́гл|и (*pl.*, *g.* -ей); ~**-tonner** *n.* (*vehicle*) десятито́нка; ~**-week, ~-year** (*etc.*) *adjs.* десятинеде́льный, десятиле́тний (*и т.п.*).

**tenable** *adj.* **1.** (*defensible*) обороноспосо́бный; (*fig.*) здра́вый, прие́млемый; a ~ argument разу́мный до́вод; **2.** (*to be held*): the office is ~ for three years срок полномо́чий — три го́да.

**tenacious** *adj.* це́пкий, насто́йчивый; a ~ memory це́пкая па́мять; the dog held on ~ly соба́ка кре́пко вцепи́лась; ~ of his rights цепля́ющийся за свои́ права́.

**tenacity** *n.* це́пкость, насто́йчивость.

**tenancy** *n.* **1.** (*renting*) наём помеще́ния; (*period*) срок на́йма/аре́нды; during his ~ в пери́од его́ прожива́ния; **2.** (*ownership*) владе́ние.

**tenant** *n.* (*one renting from landlord*) жиле́ц, квартира́нт; арендáтор; (*leg.*, *owner of real property*) (земле)владе́лец.

**tenantry** *n.* арендáторы (*m. pl.*); нанимáтели (*m. pl.*).

**tench** *n.* линь (*m.*).

**tend**[1] *v.t.* (*look after*) присм|áтривать, -отре́ть за +*i.*; ухáживать (*impf.*) за +*i.*; the shepherds ~ed their flocks пастухи́ пасли́ свои́ стадá; she ~ed her invalid mother онá ухáживала за больно́й мáтерью; the machine needs constant ~ing машúна тре́бует постоя́нного ухóда.

**tend**[2] *v.i.* (*be inclined*) склоня́ться (*impf.*) (к чему́); I am ~ing towards your view я склоня́юсь к вáшей тóчке зре́ния; he ~s to get excited on легко́ возбуждáется.

**tendency** *n.* тенде́нция; an upward ~ in the market тенде́нция к повыше́нию на ры́нке; he has a ~ to forget он забы́вчив(ый).

**tendentious** *adj.* тенденцио́зный.

**tendentiousness** *n.* тенденцио́зность.

**tender**[1] *n.* (*ship*) посы́льное су́дно; (*wagon*) те́ндер.

**tender**[2] *n.* **1.** (*offer*) предложе́ние; ~s are invited for the contract принимáются зая́вки на подря́д; **2.** (*currency*): legal ~ зако́нное платёжное сре́дство.
   *v.t.* предл|агáть, -ожи́ть; he ~ed his resignation он пóдал заявле́ние об отстáвке.
   *v.i.*: he ~ed for the contract он предложи́л себя́ в подря́дчики.

**tender**[3] *adj.* **1.** (*sensitive*) не́жный; of ~ years ю́ный, в не́жном вóзрасте; he has a ~ conscience он челове́к сóвестливый; my finger is still ~ мой пáлец всё ещё боли́т; it is a ~ subject with him для него́ э́то больно́й/деликáтный вопро́с; **2.** (*loving, solicitous*) не́жный, лáсковый, лю́бящий; **3.** (*not tough*): a ~ steak мя́гкий бифште́кс.
   *cpds.*: ~**foot** *n.* (*coll.*) новичóк; ~**-hearted** *adj.* мягкосерде́чный; ~**loin** *n.* вы́резка.

**tenderness** *n.* не́жность; (*of meat etc.*) мя́гкость.

**tendon** *n.* сухожи́лие.

**tendril** *n.* у́сик.

**tenement** *n.* (*cheap apartment*) (неблагоустрóенное) жили́ще; ~ house многоквартúрный дом (барáчного тúпа).

**Teneriffe** *n.* Тенери́фе (*m. indecl.*).

**tenet** *n.* дóгмат, при́нцип, доктри́на.

**tenner** *n.* (*coll.*) деся́тка.

**Tennessee** *n.* Теннесси́ (*m. indecl.*).

**tennis** *n.* те́ннис; ~ elbow «те́ннисный» лóкоть (*травма*).
   *cpds.*: ~**-court** *n.* те́ннисный корт; ~**-player** *n.* теннисúст (*fem.* -ка); ~**-racket** *n.* те́ннисная раке́тка; ~**-shoes** *n.* парусúновые ту́фли (*f. pl.*).

**tenon** *n.* шип.
   *cpds.*: ~**-joint** *n.* соедине́ние на вставны́х шпи́льках; ~**-saw** *n.* шипоре́зная пилá.

**tenor**[1] *n.* (*course, direction*) направле́ние, напра́вленность; the ~ of his ways укла́д (*or* заведённый поря́док) его́ жи́зни; (*of speech etc.*); (*purport*) смысл, содержа́ние.

**tenor**[2] *n.* (*mus.*) те́нор; he sings ~ он поёт те́нором; the melody is in the ~ мело́дию ведёт те́нор; (*attr.*) теноро́вый; ~ part па́ртия те́нора; ~ saxophone саксофо́н-те́нор; ~ voice те́нор.

**tense**[1] *n.* (*gram.*) вре́мя (*nt.*).

**tense**[2] *adj.* натя́нутый, напряжённый; ~ nerves натя́нутые не́рвы; a moment of ~ excitement моме́нт не́рвного возбужде́ния.

   *v.t.* натя́|гивать, -ну́ть; напр|яга́ть, -я́чь; he ~d his muscles он напря́г му́скулы; I was all ~d up я был в напряжённом состоя́нии.

   *v.i.* напр|яга́ться, -я́чься.

**tenseness** *n.* (*lit., fig.*) натя́нутость, напря-жённость.

**tensile** *adj.* растяжи́мый; ~ strength преде́л про́чности при растяже́нии.

**tension** *n.* **1.** (*stretching; being stretched*) на-пряже́ние, растяже́ние; (*stretched state*) напряжённое состоя́ние; (*mental strain, excitement*) натя́нутость, напряжённость; racial ~ напряжённые ра́совые отноше́ния; **2.** (*voltage*): high/low ~ высо́кое/ни́зкое напряже́ние.

**tent** *n.* пала́тка; шатёр.

   *cpd.*: ~-**peg** *n.* ко́лышек для пала́тки.

**tentacle** *n.* щу́пальце.

**tentative** *adj.* про́бный, эксперимента́льный; предвари́тельный; ~ly ориентиро́вочно.

**tenterhooks** *n.*: I was on ~ я сиде́л как на иго́лках.

**tenth** *n.* **1.** (*date*) деся́тое число́; on the ~ of May деся́того ма́я; **2.** (*fraction*) деся́тая часть; one ~ одна́ деся́тая.

   *adj.* деся́тый.

   *cpd.*: ~-**rate** *adj.* ни́зшего со́рта.

**tenuity** *n.* то́нкость.

**tenuous** *adj.* то́нкий; ~ atmosphere раз-ряжённая атмосфе́ра; (*fig.*): a ~ excuse неубеди́тельная отгово́рка; a ~ argument сла́бый/неубеди́тельный аргуме́нт.

**tenure** *n.* (*of office*) пребыва́ние в до́лжности; срок полномо́чий; (*of property*) усло́вия (*nt. pl.*)/срок владе́ния иму́ществом.

**tepee** *n.* вигва́м.

**tepid** *adj.* теплова́тый; (*fig.*) прохла́дный, равноду́шный.

**tepid|ity, -ness** *nn.* теплова́тость; (*fig.*) равноду́шие.

**tepidly** *adv.* с прохла́дцем/прохла́дцей.

**teratogenic** *adj.* тератоге́нный.

**tercenten|ary, -nial** *nn.* трёхсотле́тие.

   *adj.* трёхсотле́тний.

**tergiversation** *n.* (*evasion, contradiction*) уви́ли-вание; мета́ние (из стороны́ в сто́рону).

**term** *n.* **1.** (*fixed or limited period*) пери́од; ~ of

office должностно́й срок, срок пол-номо́чия, манда́т (полномо́чия); a long ~ of imprisonment дли́тельный срок заключе́ния; (*in school, university etc.*) триме́стр, уче́бная че́тверть; семе́стр; (*in law courts*) се́ссия; **2.** (*math., logic*) элеме́нт, член; **3.** (*expression*) те́рмин; (*gram.*) вока́була; ~ of abuse бра́н-ное выраже́ние; contradiction in ~s противо-речи́вое утвержде́ние/поня́тие; he spoke of you in flattering ~s он говори́л о вас в ле́стных выраже́ниях; in ~s of с то́чки зре́ния +*g.*; в смы́сле +*g.*; что каса́ется +*g.*; in metric ~s в метри́ческом выраже́нии; he thinks of everything in ~s of money он всё перево́дит на де́ньги; **4.** (*pl., conditions*) усло́вия (*nt. pl.*); will you accept my ~s? вы принима́ете мои́ усло́вия?; ~s of surrender усло́вия капитуля́ции; they came to ~s они́ пришли́ к соглаше́нию; ~s of reference круг полномо́чий; (*charges*) усло́вия опла́ты; what are your ~s? каковы́ ва́ши усло́вия?; что вы про́сите?; **5.** (*pl., relations*) отноше́ния (*nt. pl.*); I kept on good ~s with him я подде́рживал с ним хоро́шие отноше́ния; we are on the best of ~s мы в прекра́сных отноше́ниях; they are not on speaking ~s они́ не разгова́ривают друг с дру́гом; they met on equal ~s они́ встре́тились на ра́вных.

   *v.t.* наз|ыва́ть, -ва́ть.

**termagant** *n.* меге́ра, фу́рия.

**terminable** *adj.* могу́щий быть прекращённым; с ограни́ченный сро́ком.

**terminal** *n.* **1.** (*of transport*) коне́чный пункт; (*rail*) вокза́л; air ~ (*in city*) (городско́й) аэровокза́л; **2.** (*elec.*) кле́мма, зажи́м.

   *adj.* **1.** (*coming to or forming the end point*) коне́чный; после́дний; ~ illness смерте́льная боле́знь; ~ patient неизлечи́мый больно́й; **2.** (*occurring each term*) триместро́вый, семест-ро́вый, четвертно́й.

**terminate** *v.t.* заверш|а́ть, -и́ть; класть, положи́ть коне́ц +*d.*; they ~d his contract они́ расто́ргли с ним контра́кт.

   *v.i.* зак|а́нчиваться, -о́нчиться; заверш|а́ться, -и́ться; words which ~ in a vowel слова́, ока́нчивающиеся на гла́сную.

**termination** *n.* заверше́ние; прекраще́ние; коне́ц; (*of a word*) оконча́ние; ~ of pregnancy прекраще́ние бере́менности; або́рт.

**terminological** *adj.* терминологи́ческий.

**terminology** *n.* терминоло́гия, номенклату́ра.

**terminus** *n.* коне́чный пункт; (*rail*) вокза́л.

**termite** *n.* терми́т.

**tern** *n.* кра́чка.

**terpsichorean** *adj.*: the ~ art иску́сство та́нца.

**terra** *n.*: ~ *firma* су́ша; ~ *incognita* (*fig.*) неиз-ве́данная о́бласть зна́ний (*и т.п.*).

**terrace** *n.* (*raised area*) терра́са, усту́п; (*row of houses*) ряд домо́в, постро́енных вплотну́ю.

   *v.t.* терраси́ровать (*impf., pf.*).

**terracotta** *n.* терракóта; (*attr.*) терракóтовый.

**terrain** *n.* мéстность, рельéф, райóн.

**terrapin** *n.* водянáя черепáха.

**terrestrial** *adj.* (*of the earth*) земнóй; (*living on dry land*) сухопýтный; живýщий на/в землé.

**terrible** *adj.* (*inspiring fear*) стрáшный; Ivan the T~ Ивáн Грóзный; (*coll., very unpleasant or bad*) ужáсный, жýткий, стрáшный; I had a ~ time with him я с ним хлебнýл гóря.

**terribly** *adv.* (*coll., extremely*) ужáсно, стрáшно.

**terrier** *n.* терьéр; bull ~ бультерьéр; fox ~ фокстерьéр.

**terrific** *adj.* (*terrifying*) ужасáющий; (*coll., huge*) колоссáльный; (*coll., marvellous*) потрясáющий.

**terrify** *v.t.* ужас|áть, -нýть; всел|я́ть, -и́ть страх/ýжас в +*a.*

**terrine** *n.* паштéт, продавáемый в гли́няной посýде.

**territorial** *n.* военнослýжащий территориáльной áрмии.
   *adj.* территориáльный.

**territory** *n.* территóрия, райóн; (*fig.*) óбласть, сфéра.

**terror** *n.* (*fear*) ýжас, страх; he went in ~ of his life он жил под стрáхом смéрти; the thought struck ~ into me э́та мы́сль привелá меня́ в ýжас; (*pol., hist.*) террóр; (*coll., pers.*) «грозá», дья́вол, зарáза; (*child*) чертёнок.
   *cpds.*: ~**-stricken**, ~**-struck** *adjs.* объя́тый стрáхом/ýжасом.

**terrorism** *n.* террóр; террори́зм.

**terrorist** *n.* террори́ст (*fem.* -ка); (*attr.*) террористи́ческий.

**terrorization** *n.* терроризи́рование.

**terrorize** *v.t.* терроризи́ровать (*impf., pf.*).

**terse** *adj.* крáткий, сжáтый.

**terseness** *n.* крáткость, сжáтость.

**tertian** *n.* (~ fever) трёхднéвная лихорáдка.
   *adj.* трёхднéвный; обостря́ющийся на трéтий день.

**tertiary** *n.* (*of monastic order*) принадлежáщий к трéтьему óрдену монáшеского брáтства.
   *adj.* (*geol. etc.*) трети́чный.

**Terylene** *n.* терилéн.

*terza rima* *n.* терци́на.

**tessellated** *adj.* мозаи́чный; клéтчатый.

**tessera** *n.* (*in mosaic*) тессéра, мозáика, кýбик.

**test** *n.* испытáние, прóба, контрóль (*m.*); ~ case показáтельный слýчай; endurance ~ испытáние выно́сливости; his promises were put to the ~ егó обещáния подвéрглись провéрке в дéле; these methods have stood the ~ of time э́ти мéтоды вы́держали провéрку врéменем; (*examination*) экзáмен; контрóльная рабóта; (*oral*) опрóс; he took a ~ in English он сдавáл экзáмен/испытáние по англи́йскому языкý; (*chem.*) анáлиз; óпыт; исслéдование; (nuclear) ~ ban запрещéние

испытáний я́дерного орýжия; a ~ for sugar анáлиз на содержáние сáхара; blood ~ анáлиз крóви; (*cricket*) = ~**-match.**
   *v.t.* **1.** (*make trial of*) подв|ергáть, -éргнуть испытáнию; пров|еря́ть, -éрить; his patience was severely ~ed егó терпéние подвéрглось суро́вому испытáнию; **2.** (*subject to* ~*s*) пров|еря́ть, -éрить; (*tech.*) опрóбовать (*pf.*); the pupils were ~ed in arithmetic ученикáм дáли контрóльную рабóту по арифмéтике; his job is to ~ (out) new designs он ведёт испытáния нóвых констрýкций.
   *cpds.*: ~**-bench** *n.* испытáтельный стенд; ~**-match** *n.* междунарóдный кри́кетный матч; ~**-pilot** *n.* лётчик-испытáтель (*m.*); ~**-tube** *n.* проби́рка; ~-tube baby ребёнок «из проби́рки» (*зачатый вне материнского чрева*).

**testament** *n.* (*will*) завещáние; (*bibl.*) завéт; the Old T~ Вéтхий завéт; New T~ (*attr.*) новозавéтный.

**testamentary** *adj.* завещáтельный.

**testator** *n.* завещáтель (*m.*).

**testatrix** *n.* завещáтельница.

**tester** *n.* (*pers.*) испытáтель (*m.*); лаборáнт; (*device*) испытáтельный прибóр.

**testicle** *n.* яи́чко.

**testify** *v.t. & i.* **1.** (*affirm*) свидéтельствовать (*impf.*); да|вáть, -ть показáния; will you ~ to my innocence? вы подтверди́те мою́ невино́вность? **2.** ~ to (*be evidence of*) свидéтельствовать (*impf.*) о +*p.*

**testimonial** *n.* (*certificate of conduct etc.*) рекомендáция, характери́стика; (*gift*) награ́да.

**testimony** *n.* показáния (*nt. pl.*); (*sign*) при́знак, свидéтельство.

**testiness** *n.* вспы́льчивость, раздражи́тельность.

**testis** *see* TESTICLE.

**testy** *adj.* вспы́льчивый, раздражи́тельный.

**tetanus** *n.* столбня́к, тéтанус.

**tetchiness** *n.* раздражи́тельность, оби́дчивость.

**tetchy** *adj.* раздражи́тельный, оби́дчивый.

**tête-à-tête** *n.* тет-а-тéт.
   *adv.* тет-а-тéт; с глáзу на глáз; вдвоём.

**tether** *n.* при́вязь, пýт|ы (*pl., g.* —); (*fig.*) грани́ца, предéл; he was at the end of his ~ он дошёл до рýчки.
   *v.t.* привя́з|ывать, -áть.

**tetrahedron** *n.* четырёхгрáнник, тетрáэдр.

**tetrameter** *n.* тетрáметр.

**Teuton** *n.* тевтóн, гермáнец.

**Teutonic** *adj.* тевтóнский, гермáнский.

**Texan** *n.* техáс|ец (*fem.* -ка).
   *adj.* техáсский.

**Texas** *n.* Техáс.

**text** *n.* (*original words*) текст; (*quoted passage*) отры́вок; (*subject, theme*) тéма.

*cpd.*: ~-**book** *n.* учéбник, руковóдство; (*fig.*): a ~-book example хрестоматúйный примéр.

**textile** *n.* ткань; (*pl.*) текстúль (*m.*).

  *adj.* прядúльный, текстúльный; ~ workers текстúльщики.

**textual** *adj.* текстовóй; ~ criticism текстолóгия.

**textural** *adj.* структýрный.

**texture** *n.* (*of fabric*) строéние (ткáни), текстýра; (*fig., structure, arrangement*) склад, строéние; the ~ of the skin тип/кáчество кóжи; the ~ of his writing фактýра егó произведéний.

**Thai** *n.* таилáнд|ец (*fem.* -ка).

  *adj.* тáйский.

  *cpd.*: ~**land** *n.* Таилáнд.

**thalidomide** *n.*: ~ babies жéртвы (*f. pl.*) талидомúда.

**Thames** *n.* Тéмза; he won't set the ~ on fire он пóроха не выдумает; он звёзд с нéба не хватáет.

**than** *conj.* чем; he is taller ~ I он вы́ше меня́; can't you walk faster ~ that? вы не мóжете идти́ быстрéе?; it is later ~ you think пóзже, чем вы дýмаете; I would do anything rather ~ have him return я готóв на всё — лишь бы он не возвращáлся; the visitor was no other ~ his father посети́телем был не кто инóй, как егó отéц; I want nothing better ~ to relax мне ничегó так не хóчется, как отдохнýть.

**thank** *v.t.* благодари́ть, от-; ~ you спаси́бо; благодарю́ вас; how can I ~ you? как вы́разить вам свою́ благодáрность?; I will ~ you to mind your own business я проси́л бы вас не вмéшиваться не в своё дéло; he has only himself to ~ он сам во всём виновáт; ~ God you are safe слáва Бóгу, вы в безопáсности.

  *cpds.*: ~-**offering** *n.* благодáрственная жéртва; ~-**you** *n.*: he left without as much as a ~-you он ушёл, дáже не сказáв спаси́бо; *adj.*: ~-you letter благодáрственное письмó.

**thankful** *adj.* благодáрный.

**thankfulness** *n.* благодáрность.

**thankless** *adj.* (*ungrateful*; *unrewarding*) неблагодáрный.

**thanks** *n. pl.* благодáрность; let us give ~ to God возблагодари́м Бóга; ~ for everything спаси́бо за всё; many ~ большóе спаси́бо!; ~ to благодаря́ +*d.*; we won, no ~ to you мы вы́играли, но отню́дь не благодаря́ вам; you will get no ~ for it вам никтó за э́то спаси́бо не скáжет; vote of ~ вынесéние коллекти́вной благодáрности; letter of ~ благодáрственное письмó.

  *cpd.*: ~**giving** *n.* (*expression of gratitude*) благодарéние; (*service*) благодáрственный молéбен; T~giving Day день благодарéния.

**that** *pron.* **1.** (*demonstr.*) э́то; ~'s him! вот (э́то) он!; those are the boys I saw э́то те мáльчики,

котóрых я ви́дел; those were the days! вот э́то бы́ли временá!; what is ~? что э́то такóе?; who is ~ кто э́то?; (*on the telephone*) кто говори́т?; what's ~ for? э́то к чемý (*or* зачéм)?; ~'s a nice hat! какáя краси́вая шля́пка!; look at ~! вы тóлько посмотри́те!; just think of ~! вы тóлько подýмайте!; ~'s it! (*sc. the point*) вот úменно; (*sc. right*) прáвильно!, так!; ~'s just it, I can't swim в тóм-то и дéло, что я не умéю плáвать; it's not ~ не в э́том дéло; ~ is how the war began вот как началáсь войнá; ~'s right! прáвильно!, вéрно!; (*iron.*) э́то уж тóчно!; ~'s all вот и всё; what happened after ~? что произошлó потóм?; he's like ~, never satisfied такóй уж он человéк — всегдá недовóлен; don't be like ~! (*coll.*) ну, перестáньте!; how's ~ for a score? ничегó счёт, а?; ~'s ~, then: now we can go ну, всё, тепéрь мы мóжем идти́; . . . and ~'s ~! . . . и лáдно!; I'm going, and ~'s ~ я ухожý, вот и всё; with ~ he ended his speech на э́том он кóнчил свою́ речь; ~ is (to say) тó есть; we talked of this and ~ мы говори́ли о том, о сём; for all ~, he's a good husband и при всём при э́том он хорóший муж; the climate is like ~ of France кли́мат такóй же, как во Фрáнции; кли́мат похóж на францýзский; 'Did you beat him?' — 'T~ I did!' «Вы у негó вы́играли?» — «Ещё как!»; (*pl., as antecedent*): there are those who say . . . есть такúе, что говоря́т . . .; кóе-кто говори́т; at ~ (*moreover*) к томý же; вдобáвок; he's only a journalist, and a poor one at ~ он всегó лишь журнали́ст, и при э́том невáжный; (*either*): he's not so tall at ~ он не такóй уж высóкий; **2.** (*rel.*) котóрый; the book ~ I am talking about кни́га, о котóрой я говорю́; he was the best man ~ I ever knew он был сáмым лýчшим человéком, какóго я знал; the year ~ my father died год, в котóром скончáлся мой отéц.

  *adj.* э́тот, тот; дáнный; I'll take ~ one я возьмý вот э́тот; from ~ day forward начинáя/впредь с тогó дня; at ~ time в то врéмя; ~ son of yours! ох, уж э́тот ваш сын!

  *adv.*: ~ much I know э́то-то я знáю; э́то всё, что я знáю; I can't walk ~ far я не могý стóлько ходи́ть; I was ~ angry! (*vulg.*) я так рассерди́лся!; it is not all ~ cold не так уж хóлодно.

  *conj.* что; (*expr. wish*) чтóбы; would ~ it were not so! кáбы э́то бы́ло не так!; (*expr. purpose*) (для тогó,) чтóбы; (*var.*): what have I done ~ you should scold me что я сдéлал такóго, что вы меня́ ругáете?; it's just ~ I have no time дéло в том, что у меня́ прóсто нет врéмени; it's not ~ I don't like him не то, чтóбы он мне не нрáвился; now ~ раз уж; now ~ I have more time поскóльку у меня́ сейчáс бóльше врéмени; it was there ~ I first saw her там я и увидел её впервы́е; he differs in ~ he likes reading он отлича́ется тем, что лю́бит чита́ть.

**thatch** *n.* соло́ма, тростни́к; (*coll., hair*) копна́ воло́с.
*v.t.* крыть, по- соло́мой; a ~ed roof соло́менная/тростнико́вая кры́ша.

**thaw** *n.* о́ттепель; a ~ set in начала́сь о́ттепель.
*v.t.* топи́ть, рас-.
*v.i.* та́ять, рас-/от-; (*fig.*) смягч|а́ться, -и́ться; добре́ть, по-.

**the** *def. art., usu. untranslated*; (*if more emphatic*) э́тот, тот (са́мый); ~ cheek of it! како́е наха́льство!; ~ one with ~ blue handle тот, что с голубо́й ру́чкой; something of ~ sort что́-то в э́том ро́де; he is ~ man for ~ job он са́мый подходя́щий челове́к для э́той рабо́ты; I returned with ~ feeling that I had had a bad dream я верну́лся с таки́м чу́вством, как бу́дто я ви́дел плохо́й сон; not *the* Mr Smith? неуже́ли тот са́мый ми́стер Смит?; Turkey is *the* place this year в э́том году́ са́мое мо́дное ме́сто — Ту́рция.
*adv.*: ~ more — better чем бо́льше, тем лу́чше; he was none ~ worse (for it) он (при э́том) ниско́лько не пострада́л; that makes it all ~ worse от э́того то́лько ху́же; so much ~ worse for him тем ху́же для него́.

**theatre** *n.* 1. (*playhouse*) теа́тр; ~ ticket биле́т в теа́тр; 2. (*dramatic literature*) драматурги́я; теа́тр; (*drama*) театра́льное иску́сство; the ~ of the absurd теа́тр абсу́рда; ~ group драмкружо́к; his novel would not make good ~ его́ рома́н тру́дно поста́вить на сце́не; 3. (*hall for lectures etc.*) зал; operating ~ операцио́нная; ~ sister операцио́нная сестра́; 4. (*scene of operation*) по́ле де́йствий; ~ of war теа́тр вое́нных де́йствий.
*cpds.*: ~-goer *n.* театра́л; ~-going *n.* посеще́ние теа́тров; ~-land *n.* райо́н теа́тров.

**theatrical** *adj.* (*of the theatre*) театра́льный; (*showy, affected*) театра́льный, показно́й; (*of pers.*) мане́рный.

**theatricals** *n.* спекта́кль (*m.*); постано́вка; amateur ~ люби́тельский спекта́кль; театра́льная самоде́ятельность.

**Theban** *adj.* фиви́йский.

**Thebes** *n.* Фи́в|ы (*pl., g.* —).

**theft** *n.* кра́жа.

**their** *adj.* их; (*referring to gram. subject*) свой; they lost ~ rights они́ лиши́лись свои́х прав; they want a house of ~ own они́ хотя́т име́ть со́бственный дом; they broke ~ legs они́ слома́ли себе́ но́ги; nobody in ~ senses никто́ в здра́вом уме́.

**theirs** *pron.* их, свой (*cf.* THEIR); the money was ~ by right де́ньги принадлежа́ли им по пра́ву; it is a habit of ~ у них така́я привы́чка; he added his protest to ~ он присоедини́лся к их проте́сту.

**theism** *n.* теи́зм.

**theist** *n.* теи́ст.

**theistic** *adj.* теисти́ческий.

**thematic** *adj.* темати́ческий.

**theme** *n.* (*subject: also mus.*) те́ма; ~ song, tune лейтмоти́в.

**themselves** *pron.* 1. (*refl.*) себя́, себе́; -ся, -сь; they have only ~ to blame они́ са́ми винова́ты; they live by ~ они́ живу́т одни́; they did it by ~ (*unaided*) они́ сде́лали э́то са́ми/самостоя́тельно; 2. (*emph.*): they did the work ~ они́ са́ми сде́лали э́ту рабо́ту.

**then** *n.*: before ~ до э́того/того́ вре́мени; by ~ к э́тому/тому́ вре́мени; since ~ с тех пор; till ~ до тех пор.
*adj.* тогда́шний; the ~ king тогда́шний коро́ль.
*adv.* 1. (*at that time*) тогда́; ~ and there тут же, сра́зу же; now and ~ вре́мя от вре́мени; ино́й раз; 2. (*next; after that*) да́льше, да́лее; пото́м, зате́м; 3. (*furthermore*) кро́ме того́; опя́ть-таки; 4. (*in that case*) тогда́; ~ what do you want? чего́ же вы в тако́м слу́чае хоти́те?; till tomorrow, ~! ну, тогда́ до за́втра!; (*introducing apodosis*) то; 5. (*in resumption*) зна́чит; и так; 6. (*emph.*) ита́к; now ~, let's see what you've brought ну что ж, дава́йте посмо́трим, что вы принесли́; now ~! (*warning*) ну-ну́!; well ~, we can go tomorrow зна́чит (*or* ста́ло быть), мы мо́жем пойти́ за́втра.

**thence** *adv.* (*from that place*) отту́да; (*from that source, for that reason*) отсю́да, из э́того.
*cpds.*: ~forth, ~forward *advs.* с тех пор.

**theocracy** *n.* теокра́тия.

**theocratic** *adj.* теократи́ческий.

**theodolite** *n.* теодоли́т.

**theologian** *n.* богосло́в.

**theological** *adj.* богосло́вский, теологи́ческий.

**theology** *n.* богосло́вие, теоло́гия.

**theorem** *n.* теоре́ма.

**theoretical** *adj.* теорети́ческий.

**theor|etician, -ist** *nn.* теоре́тик.

**theorize** *v.i.* теоретизи́ровать (*impf.*).

**theory** *n.* тео́рия; in ~ в тео́рии; теорети́чески.

**theosophical** *adj.* теосо́фский.

**theosophist** *n.* теосо́ф (*fem.* -ка).

**theosophy** *n.* теосо́фия.

**therapeutic(al)** *adj.* терапевти́ческий.

**therapeutics** *n.* терапе́втика.

**therapy** *n.* терапи́я; occupational ~ трудотерапи́я; shock ~ шокотерапи́я.

**there** *adv.* 1. (*in or at that place*) там; вон, вон та́м; that man ~ is my uncle тот челове́к — мой дя́дя; hey, you ~! эй, ты!; he's not all ~ у него́ не все до́ма (*coll.*); 2. (*to that place*) туда́; when shall we get ~? когда́ мы туда́ добере́мся?; we went ~ and back in a day мы съе́здили/сходи́ли туда́ и обра́тно за оди́н день; put it ~! (*shaking hands*) дай пять! (*coll.*);

**3.** (*of destination in general*): the train gets you ~ quicker на по́езде быстре́е; **4.** (*at that point or stage*) тут, здесь; ~ he stopped reading на э́том ме́сте он переста́л чита́ть; ~ the matter ended на э́том де́ло и ко́нчилось; I wrote to him ~ and then я тут же написа́л ему́; **5.** (*in that respect*) здесь; в э́том отноше́нии; ~ I agree with you здесь я с ва́ми согла́сен; you're wrong ~ тут вы непра́вы; **6.** (*demonstr.*): ~ goes the bell! а вот и звоно́к!; ~ you go again! опя́ть вы своё!; I don't like it, but ~ it is не нра́вится мне э́то, да ничего́ не поде́лаешь; ~ you are, take it! вот вам, держи́те!; ~ you are; I told you so! ну, вот! а я вам что говори́л?; oh, ~ you are; I was looking for you ах, вы тут! а я вас иска́л; don't tell anyone, ~'s a good chap! не расска́зывайте никому́ об э́том, ла́дно?; ~'s gratitude for you! вот вам людска́я благода́рность! **7.** (*in existence*): the church isn't ~ any more э́той це́ркви бо́льше нет; **8.** (*with v.* to be, *expr. presence, availability etc.*): ~'s a fly in my soup у меня́ в су́пе му́ха; is ~ a doctor here? тут есть врач?; ~'s no time to lose нельзя́ теря́ть ни мину́ты; ~'s no holding him у́держу на него́ нет; I don't want ~ to be any misunderstanding я не хочу́ никаки́х недоразуме́ний; ~ seems to have been a mistake тут, ка́жется, произошла́ оши́бка; ~ was plenty to eat еды́ бы́ло полно́; what is ~ to say? что тут мо́жно сказа́ть?

*int.*: ~! what did I tell you? ну вот! что я вам говори́л?; ~, ~! (*comforting child etc.*) ну! ну!
**thereabouts** *adv.* (*nearby*) побли́зости; (*approximately*) о́коло э́того; приблизи́тельно; £5 or ~ 5 фу́нтов и́ли о́коло э́того.
**thereafter** *adv.* по́сле того́; впредь.
**thereby** *adv.* э́тим; таки́м о́бразом.
**therefore** *adv.* поэ́тому, сле́довательно.
**therefrom** *adv.* от э́того/них; оттого́.
**therein** *adv.* там; в э́том/том/них.
**thereof** *adv.* (из) э́того; (из) того́; (*of them*) их, из них.
**thereon** *adv.* на э́том/том/них.
**thereto** *adv.* к э́тому/тому́/ним.
**thereunder** *adv.* ни́же; под э́тим/тем/ни́ми.
**thereupon** *adv.* сра́зу же; тут; всле́дствие того́.
**therewith** *adv.* с э́тим/тем/ни́ми.
**therm** *n.* терм.
**thermal** *n.* (*av.*) восходя́щий пото́к тёплого во́здуха.
*adj.*: ~ capacity теплоёмкость; ~ reactor реа́ктор на теплов́ых нейтро́нах; ~ springs горя́чие исто́чники.
**thermodynamics** *n.* термодина́мика.
**thermometer** *n.* термо́метр.
**thermonuclear** *adj.* термоя́дерный; ~ device термоя́дерное устро́йство.
**thermoplastic** *n.* термопла́ст.
*adj.* термопласти́ческий.
**Thermopylae** *n.* Фермопи́л|ы (*pl., g.* —).

**thermos** *n.* ( ~ flask) те́рмос.
**thermostat** *n.* термоста́т, терморегуля́тор.
**thermostatic** *adj.* термостати́ческий.
**thesaurus** *n.* теза́урус; слова́рь, соста́вленный из смыслов́ых гнёзд.
**thesis** *n.* (*dissertation*) диссерта́ция; (*contention*) те́зис.
**Thespian** *n.* (*joc.*) актёр, актри́са.
**thews** *n.* (*fig.*) си́ла, кре́пость.
**they** *pron.* они́; ~ who . . . те, кото́рые/кто . . .; both of them они́ о́ба.
**thick** *n.*: in the ~ of the fighting в са́мом пе́кле бо́я; he stood by me through ~ and thin он стоя́л за меня́ гру́дью.
*adj.* **1.** (*of solid substance*) то́лстый; (*of liquid*) густо́й; a ~ overcoat тяжёлое пальто́; a ~ coat of paint то́лстый слой кра́ски; the dust lay an inch ~ пыль лежа́ла толщино́й в дюйм; the room was ~ with dust ко́мната была́ полна́ пы́ли; ~ soup густо́й суп; **2.** (*close together, dense*) густо́й; (*of population*) пло́тный; ~ hair густы́е во́лосы; a ~ forest густо́й/ча́стый лес; the fog is getting ~ тума́н густе́ет; the air was ~ with smoke стоя́л густо́й дым; **3.** (*coll., stupid*) тупо́й; **4.** (*coll., intimate*) they are as ~ as thieves они́ снюха́лись; **5.** (*dull, indistinct*): I woke with a ~ head я просну́лся с тяжёлой голово́й; he spoke with a ~ voice он говори́л хри́плым го́лосом; у него́ язы́к заплета́лся; (*pronounced, extreme*): he has a ~ accent у него́ си́льный акце́нт; **6.** that's a bit ~! (*coll., of impertinence etc.*) ну, э́то уже́ чересчу́р/сли́шком!
*adv.* гу́сто, ча́сто; the blows came ~ and fast уда́ры сы́пались оди́н за други́м; he laid it on ~ (*coll., of flattery*) он переборщи́л; он хвати́л че́рез край.
*cpds.*: ~**head** *n.* тупи́ца (*c.g.*); ~**-headed** *adj.* тупоголо́вый; ~**set** *adj.* (*stocky*) корена́стый, кря́жистый; (*closely planted*) гу́сто заса́женный; ~**-skinned** *adj.* (*lit., fig.*) толсто-ко́жий.
**thicken** *v.t.* утол|ща́ть, -сти́ть; де́лать, с- бо́лее густы́м.
*v.i.* утол|ща́ться, -сти́ться; усложн|я́ться, -и́ться; уплотн|я́ться, -и́ться.
**thicket** *n.* ча́ща; за́росл|и (*pl., g.* -ей).
**thickness** *n.* толщина́, густота́; (*layer*) слой.
**thief** *n.* вор; stop ~! держи́ во́ра!; set a ~ to catch a ~ вор во́ра скоре́е пойма́ет; honour among thieves воровска́я честь.
**thiev|e** *v.i.* красть, у-; ворова́ть, у-/с-; a ~ing fellow ворова́тый тип.
**thievery** *n.* кра́жа, воровство́.
**thievish** *adj.* ворова́тый; нечи́стый на́ руку.
**thievishness** *n.* ворова́тость.
**thigh** *n.* бедро́.
*cpd.*: ~**-bone** *n.* бе́дренная кость.
**thimble** *n.* напёрсток.
**thimbleful** *n.* (*fig.*) глото́чек.

**thin** *adj.* **1.** (*of measurement between surfaces*) то́нкий; his coat had worn ~ at the elbows его́ пальто́ протёрлось на локтя́х; **2.** (*not dense*) ре́дкий; жи́дкий; your hair is getting ~ on top у вас во́лосы реде́ют на маку́шке; he vanished into ~ air его́ как ве́тром сду́ло; our troops are ~ on the ground нам не хвата́ет войск; a ~ audience немногочи́сленная аудито́рия; полупусто́й зал; **3.** (*not fat*) то́нкий, худо́й; ~ in the face с худы́м лицо́м; she has become ~ она́ похуде́ла; as ~ as a lath худо́й, как ще́пка; **4.** (*of liquids*) жи́дкий; разба́вленный; **5.** (*flimsy, inadequate*) сла́бый; ша́ткий; the play has a ~ plot в пье́се почти́ нет фа́булы; a ~ excuse неубеди́тельная отгово́рка; **6.** (*coll., uncomfortable*): I had a ~ time я скве́рно провёл вре́мя.

*adv.* то́нко; don't cut the bread so ~! не на́до ре́зать хлеб так то́нко!

*v.t.* де́лать, с- то́нким; разб|авля́ть, -а́вить; she ~ned the gravy она́ разба́вила подли́вку; these plants should be ~ned (out) э́ти расте́ния ну́жно проре́дить.

*v.i.* станови́ться (*impf.*) жи́дким; сокра|ща́ться, -ти́ться; when the fog ~s когда́ тума́н рассе́ется; the crowd ~ned out толпа́ пореде́ла; his hair is ~ning у него́ реде́ют во́лосы.

*cpd.*: ~-**skinned** *adj.* (*lit.*) тонкоко́жий; (*fig.*) уязви́мый, оби́дчивый.

**thine** *pron. & adj.* (*arch.*) твой.

**thing** *n.* **1.** (*object*) вещь, предме́т; what is that black ~? что э́то за чёрная шту́ка?; you must be seeing ~s! (*coll.*) вам что́-то мере́щится!; there's no such ~ as ghosts привиде́ний не существу́ет; при́зраков не быва́ет; **2.** (*pl., belongings*) имуще́ство; ве́щи (*f. pl.*); pack up your ~s! упаку́йте/собери́те свои́ ве́щи!; **3.** (*pl., clothes*) оде́жда, ве́щи; take your ~s off! (*sc. outer clothing*) раздева́йтесь!; **4.** (*pl., food*) еда́; I don't care for sweet ~s я не люблю́ сла́дкого; **5.** (*pl., equipment*) принадле́жности (*f. pl.*); she got out the tea ~s она́ вы́ставила ча́йный серви́з; **6.** (*matter, affair*) де́ло; вещь; ~s of importance ва́жные дела́; ~s of the mind духо́вные це́нности (*f. pl.*); ~s Japanese всё япо́нское; for one ~, he's too old нача́ть с того́, что он сли́шком стар; you had better leave ~s as they are лу́чше оста́вить всё как есть; how are ~s? как дела́?; it will only make ~s worse э́то то́лько ухудшит ситуа́цию; other ~s being equal при про́чих ра́вных усло́виях; all ~s considered принима́я во внима́ние всё; as ~s go при ны́нешнем положе́нии дел; above all ~s пре́жде/ превы́ше всего́; among other ~s среди́ про́чего; taking one ~ with another взве́сив всё; she was told to take ~s easy ей веле́ли не перепряга́ться/перетружда́ться; let's talk ~s over дава́йте э́то обсу́дим; it was just one of those ~s (*coll.*) ничего́ нельзя́ бы́ло поде́лать; it comes to the same ~ э́то сво́дится к тому́ же са́мому; well, of all ~s! поду́мать то́лько!; **7.** (*act*) де́йствие; посту́пок; it's the worst ~ you could have done э́то са́мое плохо́е, что вы могли́ сде́лать; that was a silly ~ to do э́то был глу́пый посту́пок; I have some ~s to do у меня́ есть ко́е-каки́е дела́; **8.** (*course of action*): the only ~ now is to take a cab еди́нственное, что мо́жно сейча́с сде́лать, э́то взять такси́; the best ~ for you would be to marry лу́чше всего́ вам бы бы́ло жени́ться; **9.** (*event*) собы́тие; what a terrible ~ to happen! како́е ужа́сное несча́стье!; and a good ~ too! так ему́/ей/им и на́до!; вот и прекра́сно!; first ~ пе́рвым де́лом; в пе́рвую о́чередь; last ~ в после́днюю о́чередь, напосле́док; last ~ at night на́ ночь; пе́ред сном; it was a close, near ~ всё чуть не сорвало́сь; **10.** (*word, remark*): what a ~ to say! как мо́жно сказа́ть тако́е!; he said nice ~s about you он о́чень хорошо́ о вас отозва́лся; **11.** (*fact*): I could tell you a ~ or two я мог бы вам рассказа́ть ко́е-что; **12.** (*issue*): the ~ is, can you afford it? хва́тит ли у вас на э́то де́нег? — вот в чём де́ло; **13.** (*coll., obsession*) навя́зчивая иде́я; (*aversion*): she has a ~ about cats она́ не выно́сит ко́шек; **14.** (*literary, musical work etc.*) произведе́ние; it's a little ~ I wrote myself э́ту вещи́цу я написа́л сам; **15.** (a ~: *something*; *with neg.: nothing*): it's a ~ I have never done before в э́того никогда́ ра́ньше не де́лал; I don't know a ~ (*or* the first ~) about physics я по фи́зике ни в зуб ного́й (*coll.*); I can't see a ~ я ничего́ не ви́жу; **16.** (*creature*) существо́; all living ~s все живы́е существа́; **17.** (*emotively, of persons or animals*) созда́ние, тварь; don't be such a mean ~ не бу́дьте тако́й ска́редой!; poor ~ бедня́га, бедня́жка (*both c.g.*); she's a sweet little ~ она́ така́я мила́шка; there's a wasp; kill the horrid ~! смотри́, оса́! убе́й э́ту га́дость!; old ~ (*sl., old chap*) стари́к, старина́ (*m.*); **18.** the ~ (*var. idioms*): it's the done ~ так при́нято; it's not the ~ (to do) так не поступа́ют; it's the very ~ for my wife мое́й жене́ э́то в са́мый раз; just the ~! то, что на́до!; it's not quite the ~ э́то не совсе́м то; I don't feel quite the ~ today мне сего́дня ка́к-то не по себе́; he did the right ~ by us он с на́ми хорошо́ обошёлся; he always says the right ~ он всегда́ зна́ет, что сказа́ть; books and ~s кни́ги и тому́ подо́бное (*or* и так да́лее).

**thing|amy, -umabob, -umajig, -ummy** *nn.* (*coll.*) штуко́вина; (*of people*) как (бишь) его́/её?

**think** *n.*: I must have a ~ мне на́до поду́мать; he's got another ~ coming ему́ придётся ещё раз поду́мать.

*v.t. & i.* (*opine*) ду́мать, по-; полага́ть (*impf.*); счита́ть (*impf.*); I ~ (я) ду́маю; ка́жется; по-мо́ему; мне ду́мается; I don't ~ so не ду́маю; what do you ~? как вы ду́маете?; yes, I ~ so да, пожа́луй; I ~ I'll go я, пожа́луй, пойду́; how could you ~ that? как вам э́то могло́ прийти́ на ум?; where do you ~ he can be? как вы ду́маете, куда́ он мог дева́ться?; when do you ~ you'll be back? когда́ вы ду́маете верну́ться?; I don't know what to ~ я не зна́ю, что и поду́мать; I ~ I'm going to sneeze я, ка́жется, сейча́с чихну́; you're a great help, I don't ~! ну и помо́щничек же вы!; (*judge*): it suits me, don't you ~? вы не нахо́дите, что э́то мне идёт?; do you ~ she's pretty? вы счита́ете её хоро́шенькой?; do what you ~ fit поступа́йте так, как вы счита́ете ну́жным; I thought it better to stay я реши́л, что лу́чше оста́ться; (*reflect*) ду́мать, по-; мы́слить (*impf.*); ~ for oneself ду́мать самостоя́тельно; you will ~ yourself silly у вас ум за ра́зум зайдёт; to ~ that he's only 12! поду́мать то́лько, ему́ всего́ 12 лет!; when I ~ what I've missed! как поду́маю, что я упусти́л!; it makes you ~, doesn't it? э́то заставля́ет заду́маться, не так ли?; don't you ever ~? вы что, совсе́м переста́ли ду́мать?; ~ well! поду́майте хороше́нько!; let me ~, what was his name? да́йте вспо́мнить, как же его́ зову́т?; just ~! вы то́лько поду́майте!; I can't ~ straight today у меня́ сего́дня голова́ не рабо́тает; I should ~ twice before agreeing на́до бы хороше́нько/два́жды поду́мать, пре́жде чем согласи́ться; (*expect*) ду́мать (*impf.*); предполага́ть (*impf.*); I thought as much так я и ду́мал; (*imagine*): I can't ~ how he does it я не могу́ себе́ предста́вить, как он э́то де́лает; what do you ~? I've won a prize! вы мо́жете себе́ предста́вить, я вы́играл приз!; who would have thought it? кто б мог поду́мать?; I would never have thought it of him я бы никогда́ в жи́зни его́ в э́том не заподо́зрил!; (*with inf.*): if he ~s to deceive us (*arch.*) е́сли он собира́ется нас обхитри́ть; I never thought to ask мне не пришло́ в го́лову спроси́ть; (*with preps.* about, of): I have other things to ~ **about** у меня́ мно́го други́х забо́т; it has given me something to ~ about э́то мне дало́ пи́щу для размышле́ний; if I catch him, I'll give him something to ~ about е́сли я его́ пойма́ю, ему́ доста́нется от меня́; have you thought about going to the police? вы не ду́мали пойти́ в поли́цию?; what do you ~ about having a meal? как насчёт того́, чтобы перекуси́ть?; it doesn't bear ~ing about стра́шно поду́мать об э́том; I was just ~ing **of** going to bed я как раз собира́лся идти́ спать; ~ of a number! заду́майте/загада́йте число́!; I couldn't ~ of his name я не мог вспо́мнить, как его́ зову́т; I couldn't ~ of letting you pay я бы не мог допусти́ть, чтобы вы заплати́ли; I would never have thought of doing that я никогда́ бы не догада́лся сде́лать тако́е; can you

~ of a good place to eat? вы зна́ете, где мо́жно хорошо́ пое́сть?; I thought of an excuse я приду́мал предло́г; who first thought of the idea? кому́ пе́рвому э́та иде́я пришла́ на ум?; what can he be ~ing of? с чего́ э́то он вдруг?; that's not much when you ~ of it э́то немно́го, е́сли вду́маться; I can't ~ of anything to say я не зна́ю, что сказа́ть; what do you ~ of the plan? что вы ду́маете (*or* како́го вы мне́ния) об э́том пла́не?; his employers ~ well of him он на хоро́шем счету́ у свои́х работода́телей; he is well thought of in the City его́ уважа́ют в Си́ти; I don't ~ much of him as a teacher я невысоко́ ценю́ его́ как преподава́теля; I was going to sell my house, but I thought better of it я собира́лся продава́ть свой дом, а пото́м разду́мал; ~ nothing of it! (*in reply to thanks*) не сто́ит!; he ~s nothing of a 20-mile walk ему́ прогу́лка в 20 миль нипочём; while I ~ of it кста́ти; ме́жду про́чим.

*with advs.*: he tried to ~ the pain **away** он пыта́лся о чём-нибудь ду́мать, чтобы заглуши́ть боль; the matter needs ~ing **out** э́то де́ло на́до обмозгова́ть; his arguments are well thought out его́ аргуме́нты хорошо́ проду́маны; ~ it **over**! обду́майте э́то!; he never ~s his ideas **through** он никогда́ не доду́мывает свои́ иде́и до конца́; ~ **up** (*devise*) приду́м|ывать, -ать; (*invent*) выду́мывать, вы́думать.

*cpds.*: ~-**piece** *n.* (*coll.*) обзо́рная статья́; ~-**tank** (*coll.*) мозгово́й трест.

**thinkable** *adj.* мы́слимый; возмо́жный; such an idea is barely ~ э́то почти́ немы́слимо.

**thinker** *n.* мысли́тель (*m.*); he is a quick ~ он бы́стро сообража́ет.

**thinking** *n.* **1.** (*cogitation*) размышле́ние; ду́мы (*f. pl.*); we have some hard ~ to do нам на́до как сле́дует поразмы́слить; **2.** (*opinion*) мне́ние; to my way of ~ на мой взгляд; I brought him round to my way of ~ я склони́л его́ к мое́й то́чке зре́ния.

*adj.* ду́мающий; the ~ public ду́мающие/мы́слящие лю́ди.

*cpd.*: ~-**cap** *n.* I must put my ~-cap on (*coll.*) мне придётся пораски́нуть мозга́ми.

**thinness** *n.* то́нкость.

**third** *n.* **1.** (*date*) тре́тье число́; my birthday is on the ~ мой день рожде́ния тре́тьего; **2.** (*fraction*) треть; two ~s две тре́ти; **3.** (*mus.*) те́рция.

*adj.* тре́тий; ~ degree (*coll.*) допро́с «с пристра́стием»; ~ party, person (*leg. etc.*) тре́тья сторона́; ~ person (*gram.*) тре́тье лицо́; the T~ World Тре́тий мир.

*adv.*: he travelled ~ (*sc.* ~-class) он путеше́ствовал тре́тьим кла́ссом.

*cpds.*: ~-**class** *adj.* (*rail etc.*) третьекла́ссный; (~-*rate*) третьесо́ртный; ~-**degree** *adj.*:

~-degree burns ожо́ги тре́тьей сте́пени; ~**-party** adj.: ~-party insurance страхо́вка, возмеща́ющая убы́тки тре́тьих лиц; ~**-rate** adj. третьесо́ртный.

**thirdly** adv. в-тре́тьих.

**thirst** n. (lit., fig.) жа́жда; they died of ~ они́ у́мерли от жа́жды; ~ for knowledge жа́жда зна́ний.

v.i. (fig.) жа́ждать (impf.) (чего); he ~ed for revenge он жа́ждал ме́сти.

**thirsty** adj. испы́тывающий жа́жду; I am, feel ~ мне хо́чется (or я хочу́) пить; digging is ~ work когда́ ро́ешь зе́млю, хо́чется пить; (fig., of soil) иссо́хший.

**thirteen** n. трина́дцать.

adj. трина́дцать +g. pl.

**thirteenth** n. (date) трина́дцатое число́; (fraction) одна́ трина́дцатая.

adj. трина́дцатый.

**thirtieth** n. (date) тридца́тое число́; (fraction) одна́ тридца́тая.

adj. тридца́тый.

**thirt|y** n. три́дцать; it happened in the ~ies э́то случи́лось в тридца́тых года́х; he is in his ~ies ему́ за три́дцать.

adj. три́дцать +g. pl.

**this** pron. э́то; (liter.) после́днее; ~ is what I think вот что я ду́маю; are these your shoes? э́то ва́ши ту́фли?; we talked of ~ and that мы говори́ли о том, о сём; he should have been here before ~ ему́ бы пора́ уже́ быть здесь; do it like ~ сде́лайте э́то так (or сле́дующим о́бразом); it was like ~ вот как э́то бы́ло; ~ is it (coll., the difficulty etc.) вот и́менно!; в то́м-то и де́ло!

adj. э́тот; да́нный; ~ book here вот э́та кни́га; ~ country of ours э́та на́ша страна́; ~ very day сего́дня же; ~ day week ро́вно че́рез неде́лю; в э́тот же день на бу́дущей неде́ле; ~ time last week в э́то же вре́мя на про́шлой неде́ле; come here ~ minute! иди́ сюда́ сию́ же мину́ту!; these days (nowadays) в настоя́щее вре́мя, ны́нче; he has been ill these three weeks он был бо́лен после́дние три неде́ли; ~ one or that тот и́ли друго́й; he turned to ~ doctor and that он обраща́лся к ра́зным врача́м (or то к одному́, то к друго́му врачу́).

adv.: about ~ high приме́рно тако́й высоты́; тако́го приме́рно ро́ста; can you give me ~ much? вы мо́жете дать мне сто́лько?; I know ~ much мне изве́стно одно́.

**thistle** n. чертополо́х.

cpd.: ~**down** n. пушо́к, пух.

**thither** adv. туда́.

**tho'** = THOUGH.

**thole(-pin)** n. уклю́чина, ко́лышек.

**Thomas** n.: doubting ~ Фома́ неве́рный.

**Thomism** n. уче́ние Фомы́ Акви́нского.

**thong** n. реме́нь (m.).

**thorax** n. грудна́я кле́тка, то́ракс.

**thorn** n. **1.** колю́чка, шип; he is a ~ in my flesh он сиди́т у меня́ в печёнках; **2.** (prickly plant) колю́чее расте́ние.

**thorny** adj. колю́чий; (fig.): a ~ path терни́стый путь; a ~ problem о́страя пробле́ма.

**thorough** adj. (comprehensive) подро́бный, обстоя́тельный; (conscientious) добросо́вестный, аккура́тный; a ~ worker добросо́вестный рабо́тник; he made a ~ job of it он тща́тельно вы́полнил свою́ рабо́ту; (fundamental) основа́тельный; you need a ~ change вам ну́жно по́лностью смени́ть обстано́вку; (out-and-out): he is a ~ scoundrel он стопроце́нтный/зако́нченный негодя́й.

cpds.: ~**bred** n. чистопоро́дное живо́тное; adj. чистокро́вный, чистопоро́дный, поро́дистый; ~**fare** n. тра́нспортная магистра́ль; No T~fare (notice) прохо́да/прое́зда нет; ~**going** adj. доскона́льный, тща́тельный, после́довательный.

**thoroughly** adv. вполне́, соверше́нно, по́лностью, вконе́ц.

**thou** pron. ты; they say '~' to each other они́ друг с дру́гом на «ты».

**though** adv. & conj. хотя́, хоть; несмотря́ на то, что . . .; ~ annoyed, I consented хотя́ э́то меня́ раздража́ло, я вы́разил согла́сие; ~ not a music-lover, I . . . хотя́ я и небольшо́й люби́тель му́зыки, я . . .; ~ severe, he is just он строг, но справедли́в; even ~ it's late пусть уже́ по́здно, но . . .; a flaw, even ~ small изъя́н, пусть и ма́лый; strange ~ it may seem как э́то ни стра́нно; what ~ he be poor? что из того́, что он бе́ден?; he said he would come; he didn't, ~ он сказа́л, что придёт; одна́ко же, не пришёл; as ~ как бу́дто бы; сло́вно; it looks as ~ he will lose похо́же на то, что он проигра́ет; it's not as ~ you had no money ведь де́ньги-то у вас есть.

**thought** n. **1.** (way, instance or body of thinking) мысль, ду́ма; modern scientific ~ совреме́нная нау́чная мысль; **2.** (reflection) мышле́ние, разду́мье, размышле́ние; he spends hours in ~ он прово́дит це́лые часы́ в разду́мье; deep, lost in ~ погружённый в мы́сли; quick as ~ вмиг; he acted without a moment's ~ он де́йствовал, не заду́мываясь; I gave serious ~ to the matter я мно́го ду́мал об э́том; don't give it a ~! вы́киньте э́то из головы́!; on second ~s поду́мав, поразмы́слив; по зре́лом размышле́нии; second ~s are best ≃ семь раз отме́рь — оди́н отре́жь; collect one's ~s соб|ира́ться, -ра́ться с мы́слями; **3.** (consideration): take ~ for забо́титься (impf.) о +p.; **4.** (idea, opinion) мысль, иде́я, соображе́ние; the ~ struck me мне пришло́ в го́лову; let me have your ~s on the subject вы́скажите мне ва́ши соображе́ния на э́ту те́му; he keeps his ~s to himself он де́ржит свои́ мы́сли при себе́; a penny for your ~s! о чём заду́мались?;

you are much in my ~s я мно́го о вас ду́маю; his one ~ was to escape он ду́мал то́лько о том, как бы убежа́ть; **5.** (*intention*): she gave up all ~ of marrying она́ отказа́лась от вся́кой мы́сли о заму́жестве; I had some ~ of resigning я поду́мывал об отста́вке; I had no ~ of offending him я и не ду́мал его́ обижа́ть; **6.**: a ~ (*liter., a little*) чу́точку.

*cpds.*: ~**-read** *v.i.* чита́ть (*impf.*) чужи́е мы́сли; ~**-reader** *n.* челове́к, чита́ющий чужи́е мы́сли; ~**-reading** *n.* чте́ние чужи́х мы́слей; ~**-transference** *n.* переда́ча мы́сли (на расстоя́нии), телепа́тия.

**thoughtful** *adj.* **1.** (*meditative*) заду́мчивый; **2.** (*well-considered, profound*): a ~ essay вду́мчивое/содержа́тельное эссе́; **3.** (*considerate*) внима́тельный, чу́ткий, предупреди́тельный.

**thoughtfulness** *n.* заду́мчивость; проду́манность; внима́тельность, чу́ткость, предупреди́тельность.

**thoughtless** *adj.* (*careless*) безду́мный, неосмотри́тельный; (*inconsiderate*) невнима́тельный, нечу́ткий.

**thoughtlessness** *n.* безду́мность, неосмотри́тельность; невнима́тельность, нечу́ткость.

**thousand** *n. & adj.* ты́сяча; a ~ people ты́сяча люде́й; with £1000 с ты́сячью фу́нтами; a ~-to-one chance оди́н шанс из ты́сячи; he is a man in a ~ таки́е как он встреча́ются оди́н на ты́сячу; I have a ~ and one things to do у меня́ ты́сяча дел; a ~ thanks! огро́мнейшее спаси́бо!

*cpd.*: ~**fold** *adj.* тысячекра́тный; *adv.* в ты́сячу раз бо́льше.

**thousandth** *n.* ты́сячная часть.

*adj.* ты́сячный.

**Thrace** *n.* Фра́кия.

**Thracian** *n.* фраки́ец.

*adj.* фраки́йский.

**thraldom** *n.* (*liter.*) ра́бство.

**thrall** *n.* (*liter.*): he was in ~ to his passions он был рабо́м свои́х страсте́й.

**thrash** *v.t.* **1.** (*beat*) поро́ть, вы́-; хлеста́ть, от-; I'll ~ the life out of you! я из тебя́ дух вы́шибу!; (*fig., defeat*) побе|жда́ть, -ди́ть; разн|оси́ть, -ести́; he got a ~ing in the final round ему́ си́льно доста́лось в фина́льном ра́унде; **2.** (*also* **thresh**: *make turbulent by beating*) колоти́ть (*impf.*); ударя́ть (*impf.*); the whale ~ed the water with its tail кит бил хвосто́м по воде́; **3.** *see* THRESH.

*v.i.* (*also* **thresh**) мета́ться (*impf.*); the swimmer ~ed about in the water плове́ц колоти́л рука́ми и нога́ми по воде́; he ~ed about in bed он мета́лся в посте́ли.

*with adv.*: ~ **out** *v.t.* (*fig.*) обстоя́тельно обсу|жда́ть, -ди́ть; let us ~ out this problem разберём э́тот вопро́с по ко́сточкам; they ~ed out a solution они́ вы́работали реше́ние.

**thrasher** *see* THRESHER.

**thread** *n.* **1.** (*spun fibre*; *length of this*) ни́тка; a reel of ~ кату́шка ни́ток; his life hung by a ~ его́ жизнь висе́ла на волоске́; (*fig.*) связь; нить; a ~ of light у́зкая поло́ска све́та; there's not a ~ of evidence нет ни мале́йшего доказа́тельства; he lost the ~ of his argument он потеря́л нить рассужде́ния; he took up the ~ of his story он продо́лжил свой расска́з; it was hard for them to pick up the ~s after such a long separation тру́дно бы́ло им притере́ться по́сле до́лгой разлу́ки; **2.** (*of a screw etc.*) резьба́.

*v.t.* прод|ева́ть, -е́ть ни́тку в +*a.*; нани́з|ывать, -а́ть; can you ~ this needle? вы мо́жете проде́ть ни́тку в э́ту иглу́?; she was ~ing beads она́ нани́зывала бу́сы.

*cpd.*: ~**bare** *adj.* потёртый, изно́шенный, потрёпанный.

**threat** *n.* угро́за; there was a ~ of rain собира́лся дождь.

**threaten** *v.t. & i.* угрожа́ть (*impf.*) +*d.*; грози́ть, по- +*d.*; грози́ться (*impf.*); he ~ed me with a stick он погрози́л мне па́лкой; I was ~ed with expulsion мне грози́ли исключе́нием; I was ~ed with bankruptcy мне грози́ло/угрожа́ло банкро́тство; they ~ed revenge они́ угрожа́ли мще́нием; the clouds ~ed rain ту́чи/облака́ предвеща́ли дождь; he ~ed to leave он угрожа́л тем, что уйдёт; он грози́лся уйти́; war ~ing нависа́ла угро́за войны́; rain was ~ing надвига́лся дождь.

**three** *n.* (число́/но́мер) три; (~ *people*) тро́е; ~ of us went нас тро́е пошло́; мы пошли́ втроём; нас пошло́ три челове́ка; ~ each по́ три; ~ at a time, in ~s по́ три/тро́е; тро́йками; (*figure, thing numbered 3*; *group of* ~) тро́йка; the Big T ~ «Больша́я тро́йка»; (*cut, divide*) in ~ на́трое; fold in ~ сложи́ть (*pf.*) втро́е; (*with noun expressed or understood*; *cf. also examples under* TWO): ~ times ~ (*cheer*) девятикра́тное ура́.

*adj.* три +*g. sg.*; (*for people and* pluralia tantum, *also*) тро́е +*g.pl.* (*cf. examples under* TWO); he and ~ others он с тремя́ други́ми; ~ fours are twelve три́жды (*or* три на) четы́ре — двена́дцать; ~ times as good втро́е лу́чше; ~ times as much втро́е бо́льше; втройне́; ~ quarters три че́тверти; (*adv.*) на́ три че́тверти.

*cpds.*: ~**-cornered** *adj.* треуго́льный; a ~-cornered fight трёхсторо́нняя борьба́; ~**-D** (*coll.*) *n.* (*cin.*) стереокино́ (*indecl.*); *adj.* трёхме́рный; a ~-D film стереоскопи́ческий фильм; ~**-day** *adj.* трёхдне́вный; ~**-decker** *n.* (*ship*) трёхпа́лубное су́дно; ~**-dimensional** *adj.* (*lit.*) трёхме́рный; в трёх измере́ниях; (*fig., of characters in a book etc.*) вы́пуклый; (*stereoscopic*) стереоскопи́ческий; ~**-field** *adj.*: ~-field system трёхпо́лье; ~**-figure** *adj.* трёхзна́чный; ~**fold** *adj.* тройно́й; троекрáтный; *adv.* втройнé, втрóе, троекрáтно; ~-**handed** *adj.* (*of card game*) с учáстием трёх игрокóв; ~-**hour** *adj.* трёхчасовóй; ~-**hundredth** *adj.* трёхсóтый; ~-**lane** *adj.* трёхколéйный; ~-**legged** *adj.* (*of table etc.*) на трёх нóжках; ~-legged race бег пáрами; ~-**piece** *adj.*: ~-piece suit (костю́м-)трóйка; ~-piece suite дивáн с двумя́ крéслами; ~-**ply** *adj.* (*of timber, wool etc.*) трёхслóйный; ~-**point** *adj.* трёхтóчечный; ~-point landing (*av.*) посáдка на три тóчки; ~-point turn разворóт с применéнием зáднего хóда; ~-**quarter** *adj.* трёхчетвертнóй; ~-quarter portrait портрéт в три чéтверти; ~ **score** *adj.*: ~score and ten сéмьдесят (лет); ~-**seater** *adj.* трёхмéстный; ~ **some** *n.* (*persons*) трóе, трóйка; (*game*) игрá втроём; ~-**speed** *adj.*: ~-speed gear трёхскоростнáя передáча; ~-**storey** *adj.* трёхэтáжный; ~-**ton** *adj.*: ~-ton lorry (*also* ~-**tonner** *n.*) трёхтóнка; ~-**wheel(ed)** *adj.* трёхколёсный; ~-**year** *adj.* трёхгоди́чный, трёхлéтний; ~-**year-old** *adj.* трёхгодовáлый, трёхлéтний.

**threnody** *n.* надгрóбная песнь.
**thresh** *v.t.* **1.** (*also* **thrash**: *beat grain from*) молоти́ть (*impf.*); **2.** *see* THRASH *v.t.* **2.**
*v.i. see* THRASH *v.i.*
**thresher, thrasher** *nn.* (*worker*) молоти́льщик; (*machine*) молоти́лка.
**threshing, thrashing** *nn.* молотьбá.
*cpd.*: ~-**floor** *n.* ток, гумнó; ~-**machine** *n.* молоти́лка.
**threshold** *n.* (*lit.*) порóг; (*fig.*) порóг, преддвéрие; on the ~ на порóге, в преддвéрии.
**thrice** *adv.* (*liter.*) (*three times*) три́жды, троекрáтно; (*fig., highly*) в вы́сшей стéпени.
**thrift** *n.* **1.** (*frugality*) бережли́вость, эконóмность; **2.** (*bot.*) армéрия.
**thriftless** *adj.* расточи́тельный, неэконóмный.
**thriftlessness** *n.* расточи́тельность.
**thrifty** *adj.* бережли́вый, эконóмный.
**thrill** *n.* (*physical sensation*) дрожь, трéпет; (*excitement*) востóрг, восхищéние; it gave me a ~ это привелó меня́ в востóрг/восхищéние.
*v.t.* восхи|щáть, -ти́ть; she was ~ed to death онá былá в ди́ком востóрге; a ~ing finish захвáтывающий конéц.
*v.i.*: we ~ed at the good news мы обрáдовались хорóшим вестя́м; she ~ed with delight/horror онá затрепетáла от рáдости/ужаса; fear ~ed through his veins егó тряслó от стрáха.
**thriller** *n.* (*coll., play or story*) приключéнческий/детекти́вный ромáн/фильм.
**thrive** *v.i.* (*prosper*) процветáть (*impf.*); преуспе|вáть (*impf.*); (*grow vigorously*) разраст|áться, -и́сь.
**throat** *n.* гóрло; (*gullet*) гортáнь, глóтка; he took me by the ~ он схвати́л меня́ за глóтку; he tried to cut his ~ он пытáлся перерéзать

себé гóрло; you are cutting your own ~ (*fig.*) вы рýбите сук, на котóром сиди́те; I have a sore ~ у меня́ боли́т гóрло; he cleared his ~ он откáшлялся; he tries to force his ideas down one's ~ он пытáется навязáть свои́ идéи; don't jump down my ~! не затыкáйте мне рот!; the words stuck in my ~ словá застря́ли у меня́ в гóрле; a lump came into my ~ комóк подступи́л у меня́ к гóрлу.
**throaty** *adj.* (*guttural*) гортáнный, хри́плый.
**throb** *n.* биéние, пульсáция; (*fig.*) волнéние, трéпет.
*v.i.* (*beat*) стучáть (*impf.*); си́льно би́ться (*impf.*); (*fig., quiver*) трепетáть; пульси́ровать; волновáться (*all impf.*); his heart ~bed сéрдце егó (учащённо) би́лось; his head ~bed у негó гудéла головá.
**throe** *n.* сýдорога, спазм; ~s of childbirth родовы́е мýки (*f. pl.*); I was in the ~s of packing я лихорáдочно упакóвывал вéщи.
**thrombosis** *n.* тромбóз.
**throne** *n.* (*lit., fig.*) трон, престóл; he came to the ~ он вступи́л на престóл; he lost his ~ егó свéргли с престóла.
**throng** *n.* толпá; толчéя.
*v.i.* толпи́ться (*impf.*).
**throttle** *n.* дрóссель (*m.*); at full ~ на пóлном газý; he opened the ~ он прибáвил газ; он газанýл.
*v.t.* **1.** (*strangle*) души́ть, за-/у-; **2.** (*control with* ~) дроссели́ровать (*impf.*); he ~d the engine back, down он сбáвил газ; он сни́зил оборóты мотóра.
**through** *adj.* **1.** прямóй; сквознóй; ~ traffic сквознóе движéние; no ~ road (*as notice*) нет проéзда; a ~ train прямóй пóезд; **2.** (*var. pred. uses*): his trousers were ~ (*threadbare*) at the knee егó брю́ки протёрлись на колéнях; you must wait till I'm ~ (*finished*) with the paper вам придётся подождáть, покá я кóнчу читáть газéту; she told him she was ~ with him онá емý сказáла, что мéжду ни́ми всё кóнчено; you're ~ (*connected*), caller! говори́те, абонéнт!
*adv.* (*from beginning to end*; *completely*) до концá; I was there all ~ я был там до концá; have you read it ~? вы всё прочитáли?; he is a Briton ~ and ~ он британец до мóзга костéй; you will get wet ~ вы промóкнете насквóзь; the whole night ~ всю ночь напролёт; (*all the way*) прямо; до мéста; the train goes ~ to Paris пóезд идёт пря́мо до Пари́жа.
*prep.* **1.** (*across*; *from end to end or side to side of*) чéрез +*a.*; (*esp. suggesting difficulty*) сквозь +*a.*; he came ~ the door он прошёл чéрез дверь; visible ~ smoke ви́димый сквозь дым; (*into, in at*) в +*a.*; he looked ~ the telescope он посмотрéл в телескóп; look ~ the window! посмотри́те в окнó!; the stone went ~ the window кáмень влетéл в окнó; I could see him

~ the fog я мог разгляде́ть его́ в тума́не; I don't like driving ~ fog я не люблю́ е́здить, когда́ тума́н; the thought went ~ my mind у меня́ промелькну́ла мысль; the stone flew ~ the air ка́мень лете́л по во́здуху; (*via*): we travelled ~ Germany мы е́хали че́рез Герма́нию; **2.** (*from beginning to end of*): he won't live ~ the night он не доживёт до утра́; **3.** (*during*) в тече́ние +*g*.; the dog doesn't bark ~ the day днём соба́ка не ла́ет; **4.** (*Am., up to and including*): from Monday ~ Saturday с понеде́льника по суббо́ту (включи́тельно); **5.** (*over the area of*): the news spread ~ the town весть распространи́лась по го́роду; **6.** (*through the medium of*): the order was passed ~ him прика́з был пе́редан че́рез него́; I heard of you ~ your sister я слы́шал о вас от ва́шей сестры́; ~ the newspaper че́рез газе́ту; **7.** (*from, because of*) из-за +*g*.; по +*d*.; ~ laziness из-за ле́ни; ~ stupidity по глу́пости; ~ no fault of mine не по мое́й вине́; it was ~ you that I caught cold из-за вас я простуди́лась; he succeeded ~ his own efforts он доби́лся всего́ свои́ми си́лами; (*of desirable result*) благодаря́ +*d*.

cpds.: ~**put** *n.* пропускна́я спосо́бность; ~-**way** *n.* (*Am.*) автостра́да.

**throughout** *adv.* (*in every part*) везде́; повсю́ду; (*in all respects*) во всех отноше́ниях; во всём.

prep. (*from end to end of*) че́рез +*a*.; ~ the country по всей стране́; (*for the duration of*): it rained ~ the night всю ночь шёл дождь.

**throw** *n.* **1.** (*act of ~ing*) броса́ние, мета́ние; ~ of dice броса́ние косте́й; (*distance ~n*) бросо́к; a stone's ~ from here (*fig.*) отсю́да руко́й пода́ть; **2.** (*in wrestling*) бросо́к; (*from horse*) паде́ние с ло́шади.

v.t. **1.** бр|оса́ть, -о́сить; кида́ть, ки́нуть; швыр|я́ть, -ну́ть; ~ sth. 100 yards бро́сить что-н. на́ сто я́рдов; ~ me my towel! бро́сьте/ки́ньте мне полоте́нце!; he threw the ball into the air он подбро́сил мяч в во́здух; don't ~ stones at the dog не кида́йтесь камня́ми в соба́ку; his horse threw him ло́шадь сбро́сила его́; he was thrown to the ground by the explosion его́ бро́сило на зе́млю от взры́ва; the trees ~ shadows дере́вья отбра́сывают тень; he threw me an angry look он бро́сил на меня́ серди́тый взгляд; he threw her a kiss он посла́л ей возду́шный поцелу́й; ~ing a cloak over his shoulders . . . наки́нув плащ на пле́чи . . .; the news threw them into a panic сообще́ние пове́ргло их в па́нику; he was ~n (up)on his own resources ему́ пришло́сь рассчи́тывать то́лько на себя́; he was ~n off balance (*lit.*) он потеря́л равнове́сие; (*fig.*) он пришёл в замеша́тельство; the news threw me (*coll.*) изве́стие меня́ потрясло́; this ~s light on the problem э́то пролива́ет свет на пробле́му; he threw himself at me он бро́сился на

меня́; she threw herself at him (*fig.*) она́ ве́шилась к нему́ на ше́ю; he threw himself into the job он с голово́й ушёл в рабо́ту; he threw his arms round her он её о́бнял; he threw himself on their mercy он сда́лся им на ми́лость; **2.** (*dice*) выбра́сывать, вы́бросить; **3.** (*shed*): the snake ~s its skin змея́ меня́ет ко́жу (or линя́ет); **4.** (*shape, e.g. pots on wheel*) обраб|а́тывать, -о́тать (на гонча́рном кру́ге); формова́ть, от-; **5.** ~ (*reverse*) a switch поверну́ть (*pf.*) выключа́тель обра́тно; **6.** (*coll., have*) устр|а́ивать, -о́ить; let's ~ a party дава́йте устро́им вечери́нку; he would ~ a fit if he knew е́сли бы он знал, он бы закати́л исте́рику.

with advs.: ~ **about** v.t. (*scatter*) разбр|а́сывать, -о́сить; don't ~ litter about не сори́те; не разбра́сывайте му́сор; (*lavish*): he ~s his money about он броса́ется деньга́ми; (*obtrude*): he likes to ~ his weight about он лю́бит задава́ться; ~ **across** v.t.: he threw the rope across to me он перебро́сил мне верёвку; ~ **away** v.t. (*discard*) выбра́сывать, вы́бросить; I have ~n the letter away я вы́бросил письмо́; (*forgo*) упус|ка́ть, -ти́ть; don't ~ away this chance не упусти́те э́ту возмо́жность (or э́тот шанс); ~ **back** v.t. отбр|а́сывать, -о́сить наза́д; he was ~n back by the explosion его́ отбро́сило взры́вом; he threw his shoulders back он распрями́л пле́чи; he was ~n back on his own resources ему́ пришло́сь (сно́ва) полага́ться на со́бственные сре́дства; ~ **down** v.t. бр|оса́ть, -о́сить на зе́млю; he threw himself down он бро́сился на зе́млю; (*fig.*): the enemy threw down their arms враг сложи́л ору́жие; the workmen threw down their tools рабо́чие забастова́ли; ~ **in** v.t. вбр|а́сывать, -о́сить; (*fig.*) (*include*) доб|авля́ть, -а́вить; I'll ~ in the cushions for a pound за фунт я дам в прида́чу поду́шки; (*contribute*): may I ~ in a suggestion? мо́жно мне внести́ предложе́ние?; ~ in one's lot with соедин|я́ть, -и́ть свою́ судьбу́ с +*i*.; ~ in one's hand (*surrender*) сд|ава́ться, -а́ться (*pf.*); (*abandon contest*) выходи́ть, вы́йти из игры́; ~ **off** v.t.: they threw off the yoke of slavery они́ сбро́сили с себя́ ярмо́ ра́бства; he threw off his clothes он сбро́сил с себя́ оде́жду; he threw off his pursuers он изба́вился от свои́х пресле́дователей; I can't ~ this cold off я ника́к не могу́ изба́виться от э́того на́сморка; he could ~ off a poem in half an hour он мог наброса́ть стихотворе́ние за полчаса́; ~ **on** v.t.: he threw on a coat он набро́сил/наки́нул пальто́ (на пле́чи); ~ **open** v.t.: the gardens were ~n open to the public сады́ бы́ли откры́ты для пу́блики; he threw open the door он распахну́л дверь; ~ **out** v.t. вы́броса́ть, вы́бросить; (*proffer*) предл|ага́ть, -ожи́ть; I threw out a remark я отпусти́л замеча́ние; he threw out a challenge он бро́сил вы́зов; (*put out*): they threw out a feeler они́ пусти́ли про́бный шар; the tree threw out new leaves де́рево дало́ но́вые ли́стья; (*build on*) пристр|а́ивать, -о́ить; the college has ~n out a new wing к колле́джу пристро́ен но́вый фли́гель; (*reject*) отклон|я́ть, -и́ть; the bill was ~n out (*Parl.*) законопрое́кт отклони́ли; (*expel*) исключ|а́ть, -и́ть; выбра́сывать, вы́бросить; the club threw him out его́ исключи́ли из клу́ба; (*upset*) сб|ива́ть, -ить; пу́тать (*impf.*); you will ~ me out in my calculations вы собьёте меня́ со счёта; ~ **over** *v.t.* (*lit.*) бр|оса́ть, -о́сить; ~ my jacket over! бро́сьте мне пиджа́к!; (*abandon*) пок|ида́ть, -и́нуть; ост|авля́ть, -а́вить; (*reject*) отка́з|ываться, -а́ться от +*g.*; she threw him over after a week че́рез неде́лю она́ его́ бро́сила; ~ **together** *v.t.* (*compile*) компили́ровать, с-; a book hastily ~n together на́спех соста́вленная кни́га; (*bring into contact*) соб|ира́ть, -ра́ть вме́сте; they were ~n together a lot им мно́го случа́лось ста́лкиваться; ~ **up** *v.t.* (*lit.*) подбр|а́сывать, -о́сить; вски́д|ывать, -нуть; he threw the ball up он подбро́сил мяч; (*raise*): she threw up the window она́ распахну́ла окно́; he threw up his hands in horror он вски́нул ру́ки от у́жаса; (*give up*): he intends to ~ up his job он собира́ется бро́сить рабо́ту; *v.i.* (*vomit*): he threw up его́ вы́рвало; I felt like ~ing up меня́ тошни́ло.

   *cpds.*: ~**away** *adj.* выбра́сываемый по испо́льзовании; a ~away line как бы невзнача́й обро́ненные слова́; ~**back** *n.* проявле́ние атави́зма; возвра́т к пре́дкам.

**thrower** *n.* мета́тель (*m.*).

**thrum** *v.i.* бренча́ть (*impf.*); he ~med on the table он бараба́нил па́льцами по́ столу.

**thrush**[1] *n.* (*bird*) дрозд.

**thrush**[2] *n.* (*disease*) моло́чница; афто́зный стомати́т.

**thrust** *n.* толчо́к; (*mil.*) наступле́ние, уда́р; (*in fencing*) уко́л; (*fig.*): the cut and ~ of debate пикиро́вка в спо́ре.

   *v.t.* толк|а́ть, -ну́ть; he ~ a note into my hand он су́нул мне в ру́ку запи́ску; he ~ his hands into his pockets он засу́нул ру́ки в карма́ны; he ~ his hand out он вы́бросил ру́ку вперёд; he ~ his sword home он вонзи́л меч по са́мую рукоя́тку; they ~ their way through the crowd они́ проби́лись сквозь толпу́; (*fig., impose*) навя́з|ывать, -а́ть.

   *v.i.* толка́ться (*impf.*); пробива́ться (*impf.*); he ~ past us он растолка́л нас и прошёл.

**thruster** *n.* напо́ристый/пробивно́й челове́к.

**Thucydides** *n.* Фукиди́д.

**thud** *n.* глухо́й звук; стук.

   *v.i.* уд|аря́ться, -а́риться со сту́ком.

**thug** *n.* банди́т, головоре́з, хулига́н.

**thuggery** *n.* бандити́зм, хулига́нство.

**thumb** *n.* большо́й па́лец (руки́); ~s up! ла́дно!; хоро́ш!; идёт!; добро́!; he was given the ~s up sign to begin ему́ да́ли сигна́л к нача́лу; he works by rule of ~ он рабо́тает куста́рным спо́собом (*or* на глазо́к); he is completely under her ~ он у неё по́лностью под каблуко́м; I'm all (fingers and) ~s у меня́ ру́ки как крю́ки.

   *v.t.* **1.** (*turn over with* ~) перели́ст|ывать, -а́ть; he ~ed over, through the pages он перелиста́л страни́цы; a well-~ed volume замусо́ленный/захва́танный том; **2.**: ~ a lift (*coll.*) «голосова́ть» (*impf.*); he ~ed a lift in a lorry он прие́хал на попу́тном грузовике́; **3.**: ~ one's nose at показа́ть (*pf.*) нос +*d.*

   *cpds.*: ~**-index** *n.* бу́квенный указа́тель (*на переднем обрезе словаря и т.п.*); ~**-mark** *n.* = ~**-print**; ~**nail** *n.* но́готь (*m.*) большо́го па́льца; ~nail sketch набро́сок; кра́ткое описа́ние; ~**-print** *n.* отпеча́ток большо́го па́льца; ~**screw** *n.* тиск|и́ (*pl., g.* -о́в) для больши́х па́льцев (*орудие пыток*); ~**-stall** *n.* напёрсток, напа́льчник; ~**-tack** *n.* (*Am.*) кно́пка.

**thump** *n.* (*blow*) тяжёлый уда́р; (*noise*) глухо́й стук/шум.

   *v.t.* бить (*impf.*); колоти́ть (*impf.*); he ~ed me on the back он си́льно уда́рил меня́ по спине́; she ~ed the cushion она́ взби́ла поду́шку; he was ~ing the (piano) keys он колоти́л/ бараба́нил по кла́вишам; he can ~ out a tune он мо́жет пробараба́нить моти́в.

   *v.i.* би́ться (*impf.*); колоти́ться (*impf.*); someone ~ed on the door кто́-то колоти́л в дверь; my heart began to ~ у меня́ заколоти́лось се́рдце.

**thumping** *adj. & adv.* (*coll.*) грома́дный, ужаса́ющий; a ~ lie на́глая ложь.

**thunder** *n.* гром; a peal, crash of ~ уда́р гро́ма; there is ~ in the air в во́здухе па́хнет грозо́й; (*fig.*) гро́хот, гром; the ~ of the waves шум волн; a ~ of applause гром аплодисме́нтов.

   *v.t.* греме́ть, про-; 'Get out!' he ~ed «убира́йтесь отсю́да!», прогреме́л он.

   *v.i.* (*lit.*) греме́ть, громыха́ть, грохота́ть (*all impf.*); it is ~ing гром греми́т; it has been ~ing all day весь день греме́ла гроза́; (*fig.*): he ~ed at the door он колоти́л в дверь; the train ~ed past по́езд с гро́хотом пронёсся ми́мо; he ~ed against the Pope он произноси́л громовы́е ре́чи про́тив па́пы ри́мского.

   *cpds.*: ~**bolt** *n.* уда́р мо́лнии, гром; ~**clap** *n.* уда́р гро́ма; ~**cloud** *n.* грозова́я ту́ча; ~**storm** *n.* гроза́; ~**struck** *adj.* (*fig.*) как гро́мом поражённый; ошеломлённый.

**thundering** *adj. & adv.* грома́дный; a ~ nuisance ужа́сная неприя́тность; a ~ great fish огро́мная ры́ба.

**thunderous** *adj.* (*loud*) громово́й; ~ applause бу́рные аплодисме́нты.

**thundery** *adj.*: it is ~ weather пого́да (пред)грозова́я.

**thurible** *n.* кади́ло.

**Thursday** *n.* четве́рг; Maundy T~ Страстно́й/Вели́кий Четве́рг.

**thus** *adv.* (*in this way*) таки́м о́бразом; (*accordingly*) сле́довательно, таки́м о́бразом; (*to this extent*) насто́лько; ~ far and no farther до сих пор и ни ша́гу да́льше.

**thwack** *n.* си́льный уда́р.
  *v.t.* колошма́тить, от-; поро́ть, вы-.

**thwart**[1] *n.* (*bench*) ба́нка, скамья́ (*гребцов в ло́дке*).

**thwart**[2] *v.t.* меша́ть, по- +*d.*; ~ s.o.'s plans расстр|а́ивать, -о́ить чьи-н. пла́ны.

**thy** *adj.* (*arch.*) твой; ~self себя́; thou ~self ты сам.

**thyme** *n.* тимья́н.

**thyroid** *n.* (~ gland) щитови́дная железа́.
  *adj.* щитови́дный.

**tiara** *n.* тиа́ра, диаде́ма.

**Tiber** *n.* Тибр.

**Tibet** *n.* Тибе́т.

**Tibetan** *n.* тибе́т|ец (*fem.* -ка.).
  *adj.* тибе́тский.

**tibia** *n.* большеберцо́вая кость.

**tic** *n.* тик.

**tick**[1] *n.* **1.** (*of clock etc.*) ти́канье; ~, tock тик-та́к; **2.** (*coll., moment*) секу́нда; мину́та, миг; just a ~! одну́ секу́нду/мину́ту! **3.** (*checking mark*) га́лочка, пти́чка.
  *v.t.* отм|еча́ть, -е́тить га́лочкой.
  *v.i.* ти́кать (*impf.*); what makes him ~? (*coll.*) что им дви́жет?
  with *advs.*: the meter was ~ing away счётчик продолжа́л рабо́тать; she ~ed off the items as I read them out я перечисля́л предме́ты, а она́ отмеча́ла га́лочками; he got ~ed off (*coll., reprimanded*) ему́ да́ли нагоня́й; I left the engine ~ing over я оста́вил мото́р на холосто́м ходу́.

**tick**[2] *n.* (*parasite*) клещ; (*insignificant person*) вошь; ме́лкая со́шка.

**tick**[3] *n.* (*coll., credit*) креди́т; I get some groceries on ~ я купи́л ко́е-каки́е проду́кты в креди́т.

**ticker** *n.* (*coll.*) (*Am., teleprinter*) ти́ккер, телегра́фный аппара́т; (*watch*) час|ы́ (*pl., g.* -о́в); (*heart*) се́рдце.
  *cpd.*: ~-tape *n.* серпанти́н из ти́ккерной ле́нты.

**ticket** *n.* (*for travel, seating etc.*) биле́т; a return ~ to London обра́тный биле́т до Ло́ндона; (*tag*) ярлы́к; price ~ этике́тка с цено́й; це́нник; (*Am., list of election candidates*) спи́сок кандида́тов на вы́борах; (*printed notice of offence*) пове́стка в суд за наруше́ние; he got a ~ for speeding он получи́л штраф за превыше́ние ско́рости;

(*var. uses*): ~ of leave досро́чное освобожде́ние заключённого; work one's ~ (*get discharge from services*) демобилизова́ться (*impf., pf.*); (*pay for passage by working on ship*) отраб|а́тывать, -о́тать свой прое́зд на корабле́; that's the ~! (*coll.*) вот э́то то, что на́до!
  *v.t.* снаб|жа́ть, -ди́ть ярлыко́м/этике́ткой.
  *cpds.*: ~-collector *n.* контролёр; ~-machine *n.* биле́тный автома́т; ~-office *n.* биле́тная ка́сса; ~-punch *n.* компо́стер.

**ticking** *n.* (*fabric*) тик.

**tickle** *n.* щекота́ние; she gave the baby a ~ она́ пощекота́ла ребёнка; he felt a ~ in his throat у него́ заперши́ло в го́рле.
  *v.t.* щекота́ть, по-; ~ trout лови́ть, пойма́ть форе́ль рука́ми; (*fig., amuse*) смеши́ть, рас-; забавля́ть, позаба́вить; it ~d my fancy э́то дразни́ло моё воображе́ние; I was ~d to death (*or* ~d pink) (*coll.*) я чуть не ло́пнул со́ сме́ху.
  *v.i.* чеса́ться (*impf.*); this blanket ~s э́то одея́ло шерсти́т; my nose ~s у меня́ щеко́чет в носу́.

**ticklish** *adj.* (*sensitive to tickling*) боя́щийся щеко́тки; (*requiring careful handling*) делика́тный, щекотли́вый.

**tidal** *adj.* свя́занный с прили́вом и отли́вом; ~ river прили́во-отли́вная река́; ~ wave прили́вная волна́; (*fig.*) волна́ увлече́ния; взрыв о́бщего чу́вства.

**tidbit** *see* TITBIT.

**tiddler** *n.* (*small fish*) ко́люшка.

**tiddl(e)y** *adj.* (*tipsy*) «под му́хой» (*sl.*); (*small, trifling*) ма́ленький, малю́сенький.

**tiddl(e)y-winks** *n.* игра́ в бло́шки.

**tide** *n.* морско́й прили́в (*и* отли́в); high ~ по́лная вода́; вы́сшая то́чка прили́ва; low ~ ма́лая вода́; ни́зшая то́чка отли́ва; neap ~ квадрату́рный прили́в; spring ~ сизиги́йный прили́в; the ~ is coming in начался́ прили́в; the ~ has gone out (*or* is out) сейча́с отли́в; (*fig.*) волна́, тече́ние; the rising ~ of excitement усили́вающееся возбужде́ние; it was the turn of the ~ э́то бы́ло перело́мным пу́нктом.
  *v.t.*: this will ~ me over till next month благодаря́ э́тому, я перебью́сь до сле́дующего ме́сяца.
  *cpds.*: ~-mark *n.* отме́тка у́ровня по́лной воды́; ~way *n.* ру́сло прили́ва.

**tidiness** *n.* аккура́тность, опря́тность.

**tidings** *n.* (*liter. and joc.*) ве́сти (*f. pl.*), но́вости (*f. pl.*); have you heard the glad ~? вы слы́шали ра́достную весть?

**tidy** *adj.* (*neat, orderly*) аккура́тный, опря́тный; (*of room etc.*) аккура́тно при́бранный; (*considerable*) поря́дочный, значи́тельный; a ~ sum прили́чная/кру́гленькая су́мма.
  *v.t.* (*also* ~ up) прив|оди́ть, -ести́ в поря́док; приб|ира́ть, -ра́ть.

*v.i.*: ~ **up** нав|оди́ть, -ести́ поря́док; приб|ира́ться, -ра́ться.

**tie** *n.* **1.** (neck ~) га́лстук; **2.** (*part that fastens or connects*) скре́па; шнур; ле́нта; **3.** (*fig., bond*) у́з|ы (*pl., g.* —); ~ s of friendship у́зы дру́жбы; family ~ s семе́йные у́зы; **4.** (*fig., restriction*) обу́за; тягота́; don't you find your children a ~? де́ти вас не (сли́шком) свя́зывают? **4.** (*mus.*) ли́га; **5.** (*equal score*) ра́вное число́ очко́в; the match ended in a ~ матч зако́нчился вничью́; in the event of a ~ при ра́вных результа́тах у проти́вников.

*v.t.* **1.** (*fasten*) свя́з|ывать, -а́ть; привя́з|ывать, -а́ть; he was ~d to the mast его́ привяза́ли к ма́чте; (*fig.*): he is ~d to her apron-strings он де́ржится за её ю́бку; my hands are ~d у меня́ свя́заны ру́ки; ~d house дом, закреплённый за рабо́тником на срок его́ рабо́ты; (*public house*) бар, отпуска́ющий пи́во то́лько определённого заво́да; **2.** (*arrange in bow or knot*) перевя́з|ывать, -а́ть; завя́з|ывать, -а́ть; шнурова́ть, за-; he learnt to ~ his shoe-laces он научи́лся шнурова́ть боти́нки; can you ~ a knot in this string? вы мо́жете завяза́ть у́зел на э́той верёвке?

*v.i.* **1.** (*fasten*) завя́з|ываться, -а́ться; does this sash ~ at the front? э́тот по́яс завя́зывается спе́реди?; **2.** (*make equal score*) равня́ть, с- счёт; игра́ть, сыгра́ть в ничью́; we ~d with them for first place мы подели́ли с ни́ми пе́рвое ме́сто; the runners ~d сопе́рники пришли́ к фи́нишу одновреме́нно.

*with advs.*: ~ **back** *v.t.* подвя́з|ывать, -а́ть; I ~d back the roses я подвяза́л ро́зы; she wore her hair ~d back она́ зачёсывала во́лосы наза́д; ~ **down** *v.t.* (*lit.*) привя́з|ывать, -а́ть; (*fig., restrict*) свя́з|ывать, -а́ть; I don't want to ~ myself down to a date я не хочу́ быть свя́занным определённой да́той; ~ **in** *v.i.* соотве́тствовать (*impf.*); согласо́в|ываться, -а́ться; this ~s in with what I was saying э́то согласу́ется с тем, что я говори́л; ~ **on** *v.t.* привя́з|ывать, -а́ть; ~ **up** *v.t.* (*lit.*) привя́з|ывать, -а́ть; свя́з|ывать, -а́ть; the dog was ~d up соба́ка была́ на при́вязи; can you ~ up this parcel? вы мо́жете перевяза́ть э́ту посы́лку?; your shoe needs tying up вам на́до затяну́ть шнуро́к на боти́нке; (*fig.*): his firm is ~d up with the Ministry его́ фи́рма свя́зана с министе́рством; I'm rather ~d up this week я дово́льно си́льно за́нят на э́той неде́ле; his capital is ~d up его́ капита́л заморо́жен.

*cpds.*: ~**-breaker** *n.* реша́ющая игра́; ~**-on** *adj.*: ~-on label привязно́й ярлы́к; ~**-pin** *n.* була́вка для га́лстука; ~**-up** *n.* (*link*) связь; (*merger*) слия́ние.

**Tientsin** *n.* Тяньцзи́нь (*m.*).

**tier** *n.* ряд; я́рус; a wedding-cake with three ~s трёхсло́йный сва́дебный торт.

**Tierra del Fuego** *n.* О́гненная Земля́.

**tiff** *n.* размо́лвка.

**tiger** *n.* тигр; (*fig.*): he is a ~ for work он рабо́тает как одержи́мый.

*cpds.*: ~**-cat** *n.* су́мчатая куни́ца; ~**-cub** *n.* тигрёнок; ~**-moth** *n.* ба́бочка-медве́дица.

**tigerish** *adj.* свире́пый, кровожа́дный.

**tight** *adj.* **1.** (*closely fixed or fitting*) те́сный; облега́ющий; the dress was a ~ fit пла́тье бы́ло те́сно; it was a ~ squeeze getting into the car мы е́ле умести́лись в маши́не; this knot is very ~ э́тот у́зел о́чень туго́й; the cork is very ~ про́бка пло́тно при́гнана; my shoes are too ~ мои́ ту́фли жмут; **2.** (*packed as full as possible*) наби́тый; **3.** (*taut*) стро́гий; keep a ~ rein on your spending вы должны́ стро́го следи́ть за тем, что́бы не тра́тить ли́шнего; **4.** (*under pressure*; *difficult*) тру́дный; тяжёлый; in a ~ corner в тру́дном положе́нии; I have a ~ schedule у меня́ жёсткое расписа́ние; **5.** (*miserly*) прижи́мистый, скупо́й; he is very ~ with his money он о́чень скуп; **6.** (*in short supply*) тру́дно добыва́емый; money is ~ с деньга́ми ту́го/тугова́то; **7.** (*evenly contested*): a ~ race состяза́ние ра́вных; **8.** (*coll., drunk*) навеселе́; he went out and got ~ он пошёл и напи́лся.

*adv.* кре́пко; пло́тно; hold ~! держи́тесь кре́пко!; shut your eyes ~! кре́пко зажму́рьте глаза́!; the door was ~ shut дверь была́ пло́тно закры́та; I sat ~ and waited я стоя́л на своём и выжида́л.

*cpds.*: ~**-fisted** *adj.* скупо́й, прижи́мистый; ~**(ly)-fitting** *adj.* пло́тно облега́ющий; ~**-lipped** *adj.* (*lit.*) с поджа́тыми губа́ми; (*fig., secretive*) скры́тный; ~**rope** *n.* натя́нутый кана́т; he is walking a ~rope (*fig.*) он хо́дит по острию́ ножа́; ~**rope-walker** *n.* канатохо́дец; ~**wad** *n.* скупе́ц.

**tighten** *v.t.* (*also* ~ **up**) сжима́ть (*impf.*); закрепля́ть (*impf.*); the screws need ~ing (up) на́до затяну́ть болты́; we must ~ our belts (*fig.*) мы должны́ поту́же затяну́ть пояса́; нам придётся пойти́ на лише́ния; the rules were ~ed пра́вила ста́ли стро́же.

**tightness** *n.* напряжённость; стеснённость.

**tights** *n.* колго́т|ки (*pl., g.* -ок), трико́ (*indecl.*).

**tigress** *n.* тигри́ца.

**Tigris** *n.* Тигр.

**tike** *see* TYKE.

**tilde** *n.* ти́льда.

**tile** *n.* (*for roof*) черепи́ца; he was (out) on the ~s last night (*sl.*) он вчера́ кути́л; (*decorative, for wall etc.*) ка́фель (*m.*), пли́тка, изразе́ц.

*v.t.* крыть, по- черепи́цей/ка́фелем.

**till**[1] *n.* ка́сса.

**till**[2] *v.t.*: ~ the ground обраба́тывать (*impf.*) зе́млю.

**till**[3] (*see also* UNTIL) *prep.* до +*g.*; ~ then до того́ вре́мени; he will not come ~ after dinner он придёт то́лько по́сле у́жина; I never saw him ~ now я его́ впервы́е ви́жу.

*conj.* пока́ . . . (не); до тех пор, пока́; ~ we meet again! до сле́дующей встре́чи!; let's wait ~ the rain stops дава́йте переждём дождь; don't go ~ I come back не уходи́те, пока́ я не верну́сь (*or*, *coll.*, пока́ я верну́сь); it was not ~ he spoke that I saw him то́лько когда́ он заговори́л, я уви́дел его́; not ~ Tuesday не ра́ньше вто́рника.

**tillage** *n.* (*ploughing*) обрабо́тка по́чвы; (*ploughed land*) па́шня.

**tiller**[1] *n.* (*for steering*) ру́мпель (*m.*); рукоя́тка.

**tiller**[2] *n.* (*of the soil*) земледе́лец.

**tilt** *n.* **1.** (*sloping position*) накло́н, склон; the table is on the ~ стол стои́т кри́во; **2.** (*attack*): he came at me full ~ он я́ростно набро́сился на меня́.

*v.t.* наклон|я́ть, -и́ть; he ~ed the chair back он наклони́л стул наза́д; he ~ed his cap backwards он залома́л ша́пку (на заты́лок).

*v.i.* **1.** (*slope*) наклон|я́ться, -и́ться; the table was ~ing dangerously стол опа́сно накрени́лся; **2.** ~ at (*attack*) боро́ться/сража́ться (*both impf.*) с +*i.*; his book ~ed at present-day manners в свое́й кни́ге он напада́л на совреме́нные нра́вы; he is ~ing at windmills он вою́ет с ветряны́ми ме́льницами.

*cpd.*: ~**yard** *n.* аре́на для турни́ров, ристо́лище.

**tilth** *n.* (*tillage*) обрабо́тка по́чвы, па́хота; (*depth of soil*) вспа́ханный слой земли́.

**timber** *n.* (*substance*) лесоматериа́л, древеси́на; (*trees grown for felling*) строево́й лес; (*beam of roof, ship etc.*) бревно́.

*cpds.*: ~**-yard** *n.* дровяно́й склад.

**timbre** *n.* тембр.

**timbrel** *n.* тамбури́н.

**time** *n.* **1.** вре́мя (*nt.*); we are working against ~ мы стара́емся ко́нчить рабо́ту в срок, хотя́ вре́мени в обре́з; for all ~ навсегда́; from the beginning of ~ испоко́н веко́в; с сотворе́ния ми́ра; in (the) course of ~, with ~ с тече́нием вре́мени; to the end of ~ ве́чно; (Old) Father T~ де́душка-вре́мя; ~ flies вре́мя бежи́т; ~ hangs heavy on my hands вре́мя тя́нется ме́дленно; kill ~ уб|ива́ть, -и́ть вре́мя; ~ has passed him by жизнь прошла́ ми́мо него́; ~ is running out срок истека́ет; ~ is on our side вре́мя рабо́тает на нас; ~ will tell вре́мя пока́жет; it has stood the test of ~ э́то вы́держало испыта́ние вре́менем; ~ waits for no man вре́мя не ждёт; **2.** (*system of measurement*): Greenwich mean ~ гринви́ческое сре́днее вре́мя; local ~ ме́стное вре́мя; **3.** (*duration, period, opportunity*): after a ~ че́рез не́которое вре́мя; all the ~ всегда́, постоя́нно; you had all the ~ in the world to do it у вас была́ у́йма вре́мени э́то сде́лать; he has done ~ (*coll.*, *been in prison*) он своё отсиде́л; he

stayed for a ~ он пробы́л не́которое вре́мя; I have been here for some ~ я здесь уже́ дово́льно до́лго; he tried to gain ~ он пыта́лся вы́играть вре́мя; given ~, he will succeed дай срок, и он добьётся успе́ха; all in good ~ всему́ своё вре́мя; in good ~ заблаговре́менно; I could do it in half the ~ я бы мог э́то сде́лать вдво́е быстре́е; half the ~ he was asleep он спал почти́ всё вре́мя; I have no ~ for him (*fig.*) мне с ним не́чего де́лать; that is all I have ~ for у меня́ нет ни на что бо́льше вре́мени; I have no ~ to lose мне нельзя́ теря́ть ни мину́ты; I shall get used to it in ~ со вре́менем я к э́тому привы́кну; in no ~ (at all) момента́льно; I could do it in no ~ я бы мог э́то сде́лать в два счёта; do it in your own ~ сде́лайте э́то в нерабо́чее вре́мя; I haven't seen him for a long ~ я его́ давно́ не ви́дел; long ~ no see! (*coll.*) ско́лько лет, ско́лько зим!; he is a long ~ coming что-то его́ до́лго нет; a long ~ ago давно́; you must make ~ to do the job вам придётся найти́ вре́мя, что́бы сде́лать э́ту рабо́ту; make up for lost ~ навёрстывать, -ерста́ть упу́щенное/поте́рянное вре́мя; he lost no ~ in reading the book он то́тчас же принялся чита́ть э́ту кни́гу; pass the ~ прово́|дить, -ести́ вре́мя; play for ~ оття́|гивать, -ну́ть вре́мя; I am pressed for ~ у меня́ ма́ло вре́мени; меня́ поджима́ют сро́ки; for some ~ now с не́которого вре́мени; it will be some ~ before he is well он ещё не так ско́ро попра́вится; we shall need some ~ to pack нам потре́буется не́которое вре́мя на сбо́ры; in one's spare ~ на досу́ге; take your ~! не торопи́тесь!; it will take ~ э́то займёт вре́мя; he asked for ~ off он отпроси́лся с рабо́ты; I want some ~ to myself мне хо́чется побы́ть одному́; your ~ is up ва́ше вре́мя истекло́; what a waste of ~! кака́я пуста́я тра́та вре́мени!; ~ and motion study хронометра́ж движе́ний рабо́чего; **4.** (*life-span*) пери́од жи́зни; век; it will last my ~ (out) э́того на мой век хва́тит; if I had my ~ over again е́сли бы мо́жно бы́ло нача́ть жизнь сно́ва; **5.** (*measuring progress or speed*): this watch keeps good ~ э́ти часы́ хорошо́ иду́т; what was his ~ for the race? за ско́лько он прошёл/пробежа́л диста́нцию?; he finished in record ~ он поби́л реко́рд; **6.** (*experience*): he gave us a bad ~ он доста́вил нам неприя́тность; they gave us a good ~ они́ нас хорошо́ при́няли; have a good ~! повесели́тесь как сле́дует!; we had the ~ of our lives мы отли́чно провели́ вре́мя; мы отли́чно повесели́лись; I had a trying ~ я пережи́л тру́дный пери́од; what sort of (a) ~ did you have? вы хорошо́ провели́ вре́мя?; **7.** (~ *of day or night*) час; what's the ~? кото́рый час?; what ~ do you make it? ско́лько на ва́ших (часа́х)?; the ~ is 8 o'clock сейча́с 8 часо́в; can he tell the ~ yet? он уже понима́ет вре́мя по часа́м?; we passed the ~ of day (*greeted each other*) мы поздоро́вались; at that ~ (*hour*) в э́тот час; at what ~? в кото́ром часу́?; what are you doing here at this ~ of night? что вы тут де́лаете в тако́е вре́мя но́чи?; what ~ do you go to bed? в кото́ром часу́ вы ложи́тесь спать?; **8.** (*moment*): I was away at the ~ меня́ тогда́ (*or* в то вре́мя) не́ было; at the right ~ в ну́жный/подходя́щий моме́нт; at that ~ в то вре́мя; at the same ~ (*simultaneously*) в то же (са́мое) вре́мя; (*notwithstanding*) тем не ме́нее; вме́сте с тем; at ~s иногда́, времена́ми; at all ~s всегда́; во всех слу́чаях; at different ~s в ра́зное вре́мя; at no ~ никогда́; at other ~s в други́х слу́чаях; you've finished, and not before ~! вы наконе́ц-то ко́нчили!; before ~ заблаговре́менно, преждевре́менно; behind ~ с опозда́нием; by the ~ I got back he had gone (к тому́ вре́мени,) когда́ я верну́лся, его́ уже́ не́ было; the ~ was ripe for change наступи́ло вре́мя для переме́н; shall we fix a ~? дава́йте назна́чим вре́мя!; from ~ to ~ иногда́, вре́мя от вре́мени; it's ~ for bed пора́ спать; it's ~ I went мне пора́ идти́; T~, gentlemen, please! ≃ закрыва́ем!; ~'s up вре́мя истекло́; пора́ конча́ть; there's a ~ for everything всему́ своё вре́мя; will he arrive in ~ for dinner? он поспе́ет к у́жину?; he got there in the nick of ~ он подоспе́л туда́ в са́мую после́днюю мину́ту; there's no ~ like the present ≃ лови́ моме́нт; по́льзуйся слу́чаем; she is near her ~ (*to give birth*) ей ско́ро рожа́ть; она́ на сно́сях; the train was on ~ по́езд пришёл во́время; are the trains running to ~? поезда́ хо́дят (то́чно) по расписа́нию?; **9.** (*instance, occasion*) раз; ~ and (~) again; ~ after ~ сно́ва и сно́ва; ты́сячу раз; раз за ра́зом; I've told you ~ and again ско́лько раз я вам говори́л!; кото́рый раз я вам говорю́!; ~s without number несчётное число́ раз; several ~s over мно́го раз; ты́сячу раз; nine ~s out of ten в девяти́ слу́чаях из десяти́; six ~s running (*or* in a row) шесть раз подря́д; the ~ before в про́шлый раз; at one ~ or another неоднокра́тно; another ~ когда́-то; когда́-нибудь; в друго́й раз; one at a ~! по одному́; не все сра́зу!; every ~ I go out it rains ка́ждый раз, когда́ я выхожу́, идёт дождь; give me Italian music every ~ италья́нскую му́зыку я предпочту́ любо́й друго́й; the first ~ I saw him когда́ я уви́дел его́ впервы́е (*or* в пе́рвый раз); it's the first ~ we've met э́то на́ша пе́рвая встре́ча; it's the last ~ I'll lend him money я никогда́ бо́льше не дам ему́ де́нег взаймы́; for the last ~, will you shut up? я тебе́ после́дний раз говорю́ — заткни́сь!/замолчи́!; many a ~, many ~s мно́го раз, ча́сто, часте́нько; next ~ в сле́дующий раз; there may not be a next ~

второ́го слу́чая мо́жет не предста́виться; a second oath, this ~ to Tsar Nicholas втора́я прися́га, тепе́рь уже́ царю́ Никола́ю; I'll let you off this ~ на сей раз я вас проща́ю; **10.** (*in multiplication*): 6 ~s 2 is 12 6 (умно́жить) на 2 — 12; ше́стью два — двена́дцать; ten ~s as easy в де́сять раз ле́гче; **11.** (*period, age*) времена́ (*nt. pl.*), эпо́ха; in the ~ of Queen Elizabeth в эпо́ху короле́вы Елизаве́ты, в Елизавети́нские времена́; in olden ~s в ста́рые времена́; в ста́рое вре́мя; в дре́вности; во вре́мя о́но; at one ~ одно́ вре́мя, когда́-то, не́когда; as a thinker he was ahead of his ~ как мысли́тель он опереди́л свою́ эпо́ху; he was born before his ~ он роди́лся сли́шком ра́но; that was before my ~ э́то бы́ло до меня́; at my ~ of life в моём во́зрасте; **12.** (*circumstances*): we have seen good and bad ~s мы пережи́ли хоро́шее и плохо́е; ~s are not what they were не те времена́ пошли́, что ра́ньше; she is behind the ~s она́ отста́ла от жи́зни; he is irritating at the best of ~s он раздража́ет да́же в лу́чшие мину́ты; **13.** (*mus.*) такт, ритм; in quick ~ в бы́стром те́мпе; in double-quick ~ (*fig.*) в два счёта; you are not keeping ~ вы сбива́етесь с ри́тма; they clapped in ~ with the music они́ хло́пали в такт му́зыке; beat ~ (*as conductor*) дирижи́ровать (*impf.*); (*with foot etc.*) отбива́ть (*impf.*) такт (ного́й *и т.п.*); common ~ четырёхча́стный та́ктовый разме́р; in waltz ~ в те́мпе ва́льса; mark ~ (*lit.*) марширова́ть (*impf.*) на ме́сте; (*fig.*) топта́ться (*impf.*) на ме́сте; the job is marking ~ рабо́та застря́ла.

*v.t.* **1.** (*do at a chosen* ~) выбира́ть, вы́брать вре́мя +*g.*; рассчи́т|ывать, -а́ть вре́мя +*g.*; you must ~ your blows carefully вы должны́ осторо́жно выбира́ть моме́нт для нанесе́ния уда́ра; his remarks were ill ~d его́ замеча́ния бы́ли некста́ти; **2.** (*measure* ~ *of or for*) зас|ека́ть, -е́чь вре́мя +*g.*; отм|еча́ть, -е́тить по часа́м; хронометри́ровать (*impf., pf.*); they ~d him over the mile они́ засекли́ вре́мя, за кото́рое он пробежа́л одну́ ми́лю; **3.** (*schedule*): the train was ~d to leave at 6 по́езд до́лжен был отойти́ в 6 часо́в.

*cpds.*: ~-**bomb** *n.* бо́мба заме́дленного де́йствия; ~-**card**, ~-**sheet** *nn.* хронока́рта; ~-**expired** *adj.* вы́служивший срок; ~-**exposure** *n.* вы́держка; ~-**fuse** *n.* дистанцио́нный взрыва́тель; ~-**honoured** *adj.* освящённый века́ми; ~-**keeper** *n.* (*pers.*) та́бельщик, хронометри́ст; he is a good ~-keeper (*at work*) он то́чно прихо́дит на рабо́ту; this watch is a good ~-keeper э́ти часы́ хорошо́ иду́т; ~-**lag** *n.* запа́здывание; ~-**limit** *n.* преде́льный срок; ~-**piece** *n.* час|ы́ (*pl.*, *g.* -о́в), хроно́метр; ~-**saving** *n.* эконо́мия вре́мени; *adj.* эконо́мящий вре́мя; ~-**server** *n.* приспособле́нец, временщи́к; ~-**serving** *n.*

приспособле́нчество; *adj.* приспоса́бливаю-
щийся; ∼-**sheet** *see* ∼-**card**; ∼-**signal** *n.*
сигна́л вре́мени; ∼-**study** *n.* хронометра́ж;
∼-**switch** *n.* переключа́тель (*m.*) вре́мени;
∼ **table** *n.* расписа́ние; гра́фик; ∼-**wasting**
*adj.*: напра́сный, ли́шний; ∼-**work** *n.*
почасова́я рабо́та; ∼-**worn** *adj.* обветша́лый.

**timeless** *adj.* (*eternal*) ве́чный, непреходя́щий;
(*unmarked by time*) неподвла́стный вре́мени,
неустарева́ющий.

**timeliness** *n.* своевре́менность.

**timely** *adj.* своевре́менный.

**timer** *n.* (*pers.*) хронометражи́ст; (*device*)
отме́тчик вре́мени, та́ймер.

**timid** *adj.* ро́бкий, пугли́вый; (*shy*) за-
сте́нчивый.

**timid|ity, -ness** *nn.* ро́бость, пугли́вость; за-
сте́нчивость.

**timing** *n.* вы́бор (наибо́лее подходя́щего/удо́б-
ного) вре́мени; распределе́ние вре́мени;
плани́рование; темп; хронометра́ж.

**timorous** *adj.* боязли́вый, пугли́вый.

**timorousness** *n.* боязли́вость, пугли́вость.

**timpani, tympani** *n.* лита́вры (*f. pl.*).

**timpanist, tympanist** *n.* литаври́ст.

**tin** *n.* **1.** (*metal*) о́лово; (*attr.*) оловя́нный; ∼ can
консе́рвная ба́нка; ∼ hat (*coll.*) стально́й
шлем; little ∼ god (*coll.*) «гли́няный и́дол»;
ду́тая величина́; **2.** (*container, can*) жестя́нка,
консе́рвная ба́нка; ∼ of beans ба́нка фасо́ли;
they eat out of ∼s они́ живу́т на консе́рвах; **3.**
(*sl., money*) «ба́шл|и» (*pl., g.* -ей).

*v.t.* **1.** (*coat with* ∼) покр|ыва́ть, -ы́ть
о́ловом; **2.** (*pack in* ∼s) консерви́ровать
(*impf.*); ∼ned goods консерви́рованные
проду́кты; консе́рв|ы (*pl., g.* -ов); ∼ned fish
ры́бные консе́рвы.

*cpds.*: ∼**foil** *n.* оловя́нная фо́льга; ∼-**opener**
*n.* консе́рвный нож; ∼-**plate** *n.* бе́лая жесть;
∼**pot** *adj.* (*coll.*) дешёвый; никуды́шный; a
∼pot dictator ме́лкий дикта́тор; ∼**smith** *n.*
луди́льщик; жестя́нщик; ∼-**tack** *n.* лужёный
гво́здик.

**tincture** *n.* раство́р; тинкту́ра; (*fig., slight
flavour*) при́вкус, налёт.

**tinder** *n.* трут. *cpd.*: ∼-**box** *n.* тру́тница.

**tine** *n.* (*of fork*) зубе́ц; (*of antler*) о́стрый отро́с-
ток.

**ting** *n.* звон; дзи́ньканье.

*v.i.* звене́ть (*impf.*); дзи́нькать (*impf.*).

**tinge** *n.* лёгкая окра́ска, отте́нок; (*fig.*)
при́месь, налёт, отте́нок.

*v.t.* слегка́ окра́|шивать, -сить; (*fig.*): her
voice was ∼d with regret в её го́лосе звуча́ло
лёгкое сожале́ние.

**tingl|e, -ing** *nn.* пощи́пывание; тре́пет.

*v.i.*: the slap made his hand ∼e его́ рука́
зуде́ла от уда́ра; they were ∼ing with excitement они́ дрожа́ли от возбужде́ния.

**tinker** *n.* ме́дник; луди́льщик; I don't give a ∼'s

curse мне наплева́ть; а мне до ла́мпочки
(*coll.*).

*v.i.* (*meddle etc.*) вози́ться (*impf.*) (с чем);
ковыря́ться (*impf.*) (в чём).

**tinkle** *n.* (*sound*) звон; звя́канье; (*coll., telephone call*) телефо́нный звоно́к; give me a ∼
some time звя́кните мне ка́к-нибудь.

*v.t.*: he ∼d the bell он зазвони́л в
колоко́льчик.

*v.i.*: the bell ∼d колоко́льчик зазвене́л.

**tinnitus** *n.* шум в уша́х.

**tinny** *adj.* (*of sound*) металли́ческий, жес-
тяно́й; (*of taste*) металли́ческий

**tinsel** *n.* блёст|ки (*pl., g.* -ок); мишура́ (*also fig.*).
*adj.* (*fig.*) мишу́рный.

**tint** *n.* отте́нок; тон; autumn ∼s осе́нние
кра́ски (*f. pl.*)/цвета́/тона́.

*v.t.*: ∼ed glasses тёмные о́чки; she ∼s her
hair она́ подкра́шивает во́лосы.

**tintinnabulation** *n.* звон колоколо́в.

**tiny** *adj.* кро́шечный.

**tip**[1] *n.* (*pointed end*) ко́нчик; верху́шка; ∼ of
the iceberg (*lit., fig.*) верху́шка а́йсберга; use
only the ∼ of the brush каса́йтесь одни́м
ко́нчиком ки́сти; the ∼s of my fingers are
freezing у меня́ мёрзнут ко́нчики па́льцев; I
had his name on the ∼ of my tongue его́ и́мя
верте́лось у меня́ на языке́.

*v.t.*: arrows ∼ped with bronze стре́лы,
усна́щённые ме́дными наконе́чниками;
∼ped cigarettes папиро́сы с фи́льтром.

*cpds.*: ∼**toe** *n.*: on ∼toe(s) на цы́почках;
(*fig.*): on ∼toe with excitement вне себя́ от
волне́ния; *v.i.* ходи́ть (*indet.*) на цы́почках;
she ∼toed out of the room она́ вы́шла из
ко́мнаты на цы́почках; ∼-**top** *adj.* перво-
кла́ссный; in ∼-top condition в пре-
кра́сном/превосхо́дном состоя́нии.

**tip**[2] *n.* (*dumping-ground*) сва́лка.

*v.t.* **1.** (*strike lightly*) зад|ева́ть, -е́ть; he ∼ped
the ball он сре́зал мяч; a ∼-and-run raid
внеза́пный/молниено́сный налёт; he ∼ped
his hat to me он приве́тствовал меня́, поднеся́
ру́ку к шля́пе; **2.** (*tilt*) наклон|я́ть, -и́ть; he ∼s
the scale at 12 stone он ве́сит (*or* тя́нет на) 168
фу́нтов; this will ∼ the scale (*fig.*) in their
favour э́то склони́т ча́шу весо́в в их по́льзу; a
∼ping lorry самосва́л; **3.** (*overturn, empty*)
выва́ливать, вы́валить; опорожн|я́ть, -и́ть;
∼ the rubbish into the bin! вы́валите му́сор в
я́щик!

*with advs.*: ∼ **out** *v.t.* выва́ливать, вы́валить;
the car overturned and the occupants were
∼ped out маши́на переверну́лась и пас-
сажи́ры вы́валились; ∼ **over** *v.t. & i.*
опроки́|дывать(ся); -нуть(ся); he ∼ped the
cup over он опроки́нул ча́шку; the boat ∼ped
over ло́дка переверну́лась; ∼ **up** *v.t. & i.*
накло́н|я́ть(ся), -и́ть(ся); he ∼ped his plate up он
наклони́л таре́лку.

*cpds.*: ~-**cart** *n.* опроки́дывающаяся теле́жка; ~-**up** *adj.*: a ~-up seat откидно́е сиде́ние.

**tip³** *n.* **1.** (*piece of advice, recommendation*) сове́т, намёк; shall I give you a ~? хоти́те сове́т?; take my ~ and stay at home! послу́шайте меня́ и сиди́те до́ма!; **2.** (*gratuity*) чаев|ы́е (*pl., g.* -ы́х); I gave the porter a ~ я дал носи́льщику на чай.

*v.t.* **1.** (*coll., give*): ~ me the wink when you're ready да́йте мне знак, когда́ вы бу́дете гото́вы; **2.** (*mention as likely winner*): he always ~ped the winner он всегда́ уга́дывал победи́теля; the horse was ~ped to win большинство́ ста́вило на э́ту ло́шадь; **3.** (*remunerate*) да|ва́ть, -ть на чай +*d.*; the driver expects to be ~ped шофёр рассчи́тывает на чаевы́е; no ~ping allowed чаевы́е запрещены́; никаки́х чаевы́х.

*with adv.*: ~ **off** (*coll.*) предупре|жда́ть, -ди́ть.

*cpd.*: ~-**off** *n.*: the police had a ~-off поли́ции настуча́ли (*coll.*).

**tipper¹** *n.* (*vehicle*) самосва́л.

**tipper²** *n.*: he is a generous ~ он ще́дро раздаёт чаевы́е.

**tippet** *n.* (*woman's*) мехова́я пелери́на/наки́дка; (*official's*) паланти́н.

**tipple** *n.* питьё, напи́ток.

*v.i.* выпива́ть (*impf.*).

**tippler** *n.* пьянчу́жка (*c.g.*).

**tipsiness** *n.* лёгкое опьяне́ние.

**tipster** *n.* (*at races*) «жучо́к»; (*informer*) осведоми́тель (*m.*).

**tipsy** *adj.* подвы́пивший, навеселе́, под хмелько́м.

**tirade** *n.* тира́да.

**tire¹** (*Am.*) see TYRE.

**tire²** *v.t.* утом|ля́ть, -и́ть; надо|еда́ть, -е́сть +*d.*; the walk ~d me я уста́л от прогу́лки; I'm ~d out я совсе́м вы́мотан; you will soon get ~d of him он вам ско́ро надое́ст; I had a tiring day y меня́ был тру́дный день; I am ~d of being idle мне прие́лась пра́здность.

*v.i.* утом|ля́ться, -и́ться; уст|ава́ть, -а́ть; she ~s easily она́ бы́стро устаёт; I shall never ~ of that music э́та му́зыка мне никогда́ не надое́ст.

**tiredness** *n.* уста́лость.

**tireless** *adj.* неутоми́мый.

**tiresome** *adj.* надое́дливый, ну́дный.

**tiro, tyro** *n.* новичо́к.

**Tirol** see TYROL.

**tissue** *n.* **1.** (*text., biol.*) ткань; ~ paper то́нкая обёрточная бума́га; папиро́сная бума́га; face ~ бума́жная салфе́тка; toilet ~ туале́тная бума́га; **2.** (*fig.*) паути́на; сеть; a ~ of lies паути́на лжи.

**tit¹** *n.* (*bird*) сини́ца.

**tit²** *n.* (*nipple, breast*) си́ська, ти́тька (*sl.*).

**tit³** *n.*: ~ for tat «зуб за́ зуб».

**Titan** *n.* (*myth.*) Тита́н; (*fig.*) тита́н.

**titanic** *adj.* (*fig.*) титани́ческий, колосса́льный.

**titanium** *n.* тита́н.

**titbit** (*Am.* **tidbit**) *n.* ла́комый кусо́чек; (*fig.*): a ~ of news пика́нтная но́вость.

**tithe** *n.* (*tax*) десяти́на; (*tenth part*) деся́тая часть.

**titillate** *v.t.* щекота́ть (*impf.*); прия́тно возбу|жда́ть, -ди́ть.

**titillation** *n.* прия́тное возбужде́ние.

**titivate, tittivate** *v.i.* прихор|а́шиваться (*impf.*); наря|жа́ться, -ди́ться.

**title** *n.* **1.** (*name of book etc.*) загла́вие; назва́ние; **2.** (*indicator of rank, occupation, status etc.*) зва́ние, ти́тул; courtesy ~ почётный ти́тул; they fought for the ~ of champion они́ боро́лись за зва́ние чемпио́на; **3.** (*legal right or claim*) пра́во; what is his ~ to the property? на како́м основа́нии он претенду́ет на э́ту со́бственность?

*cpds.*: ~-**deed** *n.* докуме́нт, подтвержда́ющий пра́во со́бственности; ~-**holder** *n.* чемпио́н; ~-**page** *n.* ти́тульный лист; ~-**role** *n.* загла́вная роль.

**titled** *adj.* титуло́ванный.

**titmouse** *n.* сини́ца.

**titter** *n.* хихи́канье.

*v.i.* хихи́кать (*impf.*).

**tittivate** see TITIVATE.

**tittle** *n.*: not one jot or ~ ни ка́пельки.

*cpd.*: ~-**tattle** *n.* спле́т|ни (*pl., g.* -ен); *v.i.* спле́тничать (*impf.*).

**tittup** *v.i.* (*prance*) подпры́гивать (*impf.*).

**titular** *adj.* **1.** (*pert. to title*): ~ possessions владе́ния, полага́ющиеся по ти́тулу; a ~ bishop епи́скоп ликвиди́рованной епа́рхии; **2.** (*in name only*) номина́льный.

**tiz(zy)** *n.* ажиота́ж (*coll.*); she got into a ~ она́ расписихова́лась (*coll.*).

**TNT** *n.* (*abbr.*) тринитротолуо́л.

**to** *adv.* **1.** (*into closed position*): draw the curtains ~! задёрните занаве́ски!; **2.** ~ and fro туда́ и сюда́; взад и вперёд.

*prep.* **1.** (*expr. indirect object, recipient*): usu. expr. by dative case; a letter ~ my wife письмо́ мое́й жене́; let that be a lesson ~ you пусть э́то бу́дет для вас уро́ком; it was a surprise ~ him для него́ э́то бы́ло неожи́данностью; ~ me that is absurd по-мо́ему э́то неле́по; I'm not Vanya ~ you како́й я вам Ва́ня?; what's that ~ him? а ему́ како́е де́ло до э́того?; a monument ~ Pushkin па́мятник Пу́шкину; (*expr. support*): a toast ~ the workers тост за рабо́тников; here's ~ our victory за на́шу побе́ду!; **2.** (*expr. destination*) a) (*with place-names, countries, areas, buildings, institutions, places of study or entertainment*) в +*a.*; ~ Moscow в Москву́; ~ Russia в Росси́ю; ~ the Crimea в Крым; ~ the theatre в теа́тр; ~ school в шко́лу; he was elected ~ the council его вы́брали в сове́т; (*expr. direction*): the road ~ Berlin доро́га на Берли́н; b) (*with islands, peninsulas, mountain areas of Russia, planets, points of the compass, left and right, places considered as activity or function, places of employment*) на +*a.*; ~ Ceylon на Цейло́н; ~ the Caucasus на Кавка́з; back ~ earth обра́тно на зе́млю; turn ~ the right! поверни́те напра́во!; ~ a concert в/на конце́рт; ~ war на войну́; ~ the factory на фа́брику; к фа́брике; ~ the station на ста́нцию; к ста́нции; he was appointed ~ a new post его́ назна́чили на но́вое ме́сто; he set the lines ~ music он положи́л э́ти стихи́ на му́зыку; c) (*with persons, types of shop, objects approached but not entered*) к +*d.*; he went ~ his parents' он отпра́вился к свои́м роди́телям; they came ~ the shore они́ подошли́ к бе́регу; pull the chair up ~ the table! пододви́ньте стул к столу́!; **3.** (*expr. limit or extent of movement: up to, as far as, until*) до +*g.*; на +*a.*; по +*a.*; is it far ~ town? до го́рода далеко́?; we stayed ~ the end мы пробы́ли до конца́; he was in the water (up) ~ his waist он стоя́л по по́яс в воде́; you will get soaked ~ the skin вы промо́кните до косте́й/ни́тки; ~ the bottom на са́мое дно; correct ~ 3 places of decimals с то́чностью до ты́сячной; he did it ~ perfection он вы́полнил э́то превосхо́дно; they stood by him ~ a man его́ поддержа́ли все до одного́ челове́ка; from 10 ~ 4 с деся́ти до четырёх; from morning ~ night с утра́ до́ ночи; from one end ~ the other с одного́ конца́ до друго́го; ten (minutes) ~ six без десяти́ (мину́т) шесть; **4.** (*expr. end state*): torn ~ shreds разо́рванный в кло́чья (*or* на куски́); from bad ~ worse всё ху́же и ху́же; **5.** (*expr. response*) на +*a.*; к +*d.*; an answer ~ my letter отве́т на моё письмо́; what do you say ~ that? что вы на э́то ска́жете?; deaf ~ entreaty глухо́й к мольба́м; **6.** (*expr. result or reaction*) к +*d.*; ~ my surprise к моему́ удивле́нию; ~ everyone's disappointment ко всео́бщему разочарова́нию; ~ that end с э́той це́лью; для э́того; it is ~ your advantage э́то в ва́ших интере́сах; ~ no avail напра́сно; **7.** (*expr. appurtenance, attachment, suitability*) к +*d.*; от +*g.*; в +*a.*; the preface ~ the book преди-сло́вие к кни́ге; the key ~ the door ключ от две́ри; the key ~ his heart ключ к его́ се́рдцу; there's nothing ~ it (*coll., it presents no problem*) ничего́ тру́дного; э́то па́ра пустяко́в; **8.** (*expr. reference or relationship*): he is good ~ his employees он хорошо́ отно́сится к свои́м сотру́дникам; soft ~ the touch мя́гкий на о́щупь; attention ~ detail внима́ние к подро́бностям; ready ~ hand (находя́щийся) под руко́й; a benefactor ~ the nation благоде́тель наро́да; a traitor ~ the cause изме́нник де́лу; secretary ~ the director сек-

рета́рь дире́ктора; close ~ бли́зкий к +*d.*; **9.** (*expr. comparison*) по сравне́нию с +*i.*; the expense is nothing ~ what it might have been расхо́д ничто́жен по сравне́нию с тем, каки́м он мог бы быть; **10.** (*expr. ratio or proportion*): as 3 is ~ 4 как три отно́сится к четырём; ten ~ one he won't succeed де́сять про́тив одного́, что э́то ему́ не уда́стся; this car does 30 (miles) ~ the gallon э́та маши́на де́лает 30 миль на галло́н; there are 9 francs ~ the pound оди́н фунт ра́вен девяти́ фра́нкам; **11.** (*expr. score*) на +*a.*; we won by six goals ~ four мы вы́играли со счётом 6—4; **12.** (*expr. accompaniment*): I fell asleep ~ the sound of lively conversation я засну́л под оживлённый разгово́р; he tapped his foot ~ the music слу́шая му́зыку, он отбива́л такт ного́й; **13.** (*expr. position*): ~ my right спра́ва от меня́; ~ the south of London к ю́гу от Ло́ндона; ~ the left of centre (*in politics*) сле́ва от це́нтра.

*particle with v. forming inf.* **1.** (*as subj. or obj. of v.*): ~ err is human челове́ку сво́йственно ошиба́ться; he learnt ~ swim он научи́лся пла́вать; **2.** (*as extension of adj.*): easy ~ read удобочита́емый; too hot ~ touch тако́й горя́чий, что не дотро́нуться; **3.** (*expr. purpose*) (с тем *or* для того́), чтобы . . .; (*with inf. only*): I came ~ help я пришёл помо́чь (*or* на по́мощь); I have come ~ talk to you я пришёл поговори́ть с ва́ми; (*expr. result, sequel*): I arrived only ~ find him gone когда́ я прие́хал, оказа́лось, что его́ уже́ нет; he disappeared, never ~ return он исче́з, и никогда́ уже́ не возвраща́лся; **4.** (*as substitute for rel. clause*): he was first ~ arrive and last ~ leave он при́был пе́рвым и уе́хал после́дним; the captain was the next man ~ die сле́дующим у́мер капита́н; **5.** (*as substitute for complete inf.*): I was going ~ write but I forgot ~ я собира́лся написа́ть, но забы́л.

**toad** *n.* жа́ба.

   *cpds.*: ~**-in-the-hole** *n.* соси́ска, запечённая в те́сте; ~**stool** *n.* пога́нка.

**toady** *n.* лизоблю́д, подхали́м.

   *v.i.* подли́зываться (*impf.*) (к кому́); выслу́живаться (*impf.*) (*перед кем*).

**toast**[1] *n.* (*grilled bread*) грено́к, тост; as warm as ~ теплёхонький; I had him on ~ (*coll.*) он был у меня́ на крючке́.

   *v.t.* поджа́ривать (*impf.*) на огне́; ~ed cheese грено́к с сы́ром; ~ing-fork дли́нная ви́лка; he ~ed his toes by the fire он грел но́ги у ками́на.

   *cpd.*: ~**-rack** *n.* подста́вка для гренко́в.

**toast**[2] *n.* (*drinking of health*) тост, здра́вица; propose a ~ to произнести́/провозгла-си́ть/предложи́ть (*pf.*) тост/здра́вицу за +*a.*; drink a ~ to sth. вы́пить (*pf.*) за что-н.; she was the ~ of the town она́ была́ всео́бщей люби́мицей.

   *v.t.* пи́ть, вы́- за (*чьё-н.*) здоро́вье.

*cpd.*: ~-**master** слуга́, провозглаша́ющий то́сты.

**toaster** *n.* (*machine*) то́стер.

**tobacco** *n.* таба́к.

*cpd.*: ~-**pouch** *n.* кисе́т.

**tobacconist** *n.* торго́вец таба́чными изде́лиями.

**toboggan** *n.* тобо́гган; са́н|и (*pl.*, *g.* -е́й).

*v.i.* ката́ться (*impf.*) на саня́х.

*cpd.*: ~-**slide** *n.* гора́ для ката́ния на тобо́ггане.

**toccata** *n.* токка́та.

**tocsin** *n.* наба́т.

**today** *n.* & *adv.* сего́дняшний день; сего́дня; what's ~? како́й день сего́дня?; ~'s newspaper сего́дняшняя газе́та; from ~ on с сего́дняшнего дня; (*fig.*, *the present time*) настоя́щее вре́мя, совреме́нность; young people of ~ совреме́нная/ны́нешняя молодёжь.

**toddle** *v.i.* ковыля́ть (*impf.*); (*coll.*, *walk*) прогу́л|иваться, -я́ться; I'll just ~ down to the shop я то́лько сбе́гаю в магази́н; я пройду́сь до магази́на.

**toddler** *n.* ребёнок, начина́ющий ходи́ть.

**toddy** *n.* то́дди (*nt. indecl.*), пунш; (*palm* ~) ара́к.

**to-do** *n.* шум; суета́; what's all the ~? из-за чего́ весь э́тот шум?; he made a great ~ about answering the invitation он устро́ил це́лое де́ло из своего́ отве́та на приглаше́ние.

**toe** *n.* **1.** (*of foot*) па́лец (ноги́); big ~ большо́й па́лец (ноги́); little ~ мизи́нец (ноги́); tread on s.o.'s ~s (*fig.*, *offend*) наступи́ть (*pf.*) на люби́мую мозо́ль (*кому*); on one's ~s (*fig.*) начеку́; **2.** (*of shoe or sock*) носо́к.

*v.t.*: the runners ~d the starting-line уча́стники забе́га вста́ли на старт; ~ the line (*fig.*, *conform*) ходи́ть (*indet.*) по стру́нке.

*cpds.*: ~-**cap** *n.* носо́к; ~-**hold** *n.* опо́ра; то́чка опо́ры; ~-**in** *n.* (*of vehicle*) сходи́мость пере́дних колёс; ~-**nail** *n.* но́готь (*m.*) на па́льце ноги́.

**toff** *n.* (*sl.*) ба́рин, джентльме́н.

**toff**|**ee, -y** *n.* то́ффи (*nt. indecl.*); ири́с(ка); тяну́чка; a ~ ири́ска; he can't shoot for ~ (*coll.*) он никуды́шный стрело́к.

**tog** (*sl.*) *n.* (*pl. only*) оде́жда.

~ *v.t. with advs.* над|ева́ть, -е́ть; we got him ~ged out for school мы снаряди́ли его́ в шко́лу; he ~ged himself up in a dinner-jacket он вы́рядился в смо́кинг.

**toga** *n.* то́га.

**together** *adv.* **1.** (*in company*) вме́сте, сообща́; they get on well ~ они́ ла́дят друг с дру́гом; they were living ~ (*as man and wife*) они́ жи́ли друг с дру́гом; ~ with (*in addition to*) вме́сте с +*i.*; **2.** (*simultaneously*) одновре́ме́нно; **3.** (*in succession*) подря́д, непреры́вно; he was away for weeks ~ он в разъе́здах неде́лями; **4.**: *for other phrasal verbs see relevant entries.*

**togetherness** *n.* бли́зость; това́рищество.

**toggle** *n.* (*e.g. on a coat*) деревя́нная застёжка.

**togs** *see* TOG.

**toil** *n.* (тяжёлый) труд.

*v.i.* **1.** (*work hard or long*) труди́ться (*impf.*); she was ~ing at the stove она́ усе́рдно хлопота́ла у плиты́; **2.** (*move with difficulty*) тащи́ться (*impf.*); they ~ed up the hill они́ втащи́лись на холм.

**toiler** *n.* тру́жени|к (*fem.* -ца).

**toilet** *n.* **1.** (*process of dressing, arranging hair etc.*) туале́т; ~ articles туале́тные принадле́жности; ~ soap туале́тное мы́ло; **2.** (*lavatory*) туале́т, убо́рная.

*cpds.*: ~-**paper** *n.* туале́тная бума́га; ~-**powder** *n.* тальк; ~-**roll** *n.* руло́н туале́тной бума́ги.

**toilette** *n.* туале́т.

**toils** *n. pl.* сеть; he was caught in the ~ of the law он запу́тался в сетя́х зако́на.

**toilsome** *adj.* тру́дный, утоми́тельный.

**Tokay** *n.* тока́йское (вино́).

**token** *n.* **1.** (*sign, evidence, guarantee*) знак, си́мвол; in ~ of my friendship в знак мое́й дру́жбы; by the same ~ к тому́ же; по той же причи́не; **2.** (*keepsake, memento*) сувени́р, па́мятный пода́рок; **3.** (*substitute for coin*) жето́н; **4.** (*attr.*) символи́ческий; ~ money де́нежные зна́ки; символи́ческие де́ньги; they put up a ~ resistance они́ оказа́ли лишь ви́димость сопротивле́ния.

**Tokyo** *n.* То́кио (*m. indecl.*); (*attr.*) токи́йский.

**tolerable** *adj.* (*endurable*) терпи́мый, выноси́мый; (*fairly good*) терпи́мый, сно́сный.

**tolerance** *n.* (*forbearance*) терпи́мость; (*resistance to adverse conditions, drugs etc.*) выно́сливость; (*tech.*, *permissible variation*) до́пуск; допусти́мое отклоне́ние.

**tolerant** *adj.* терпи́мый; he is not very ~ of criticism он не о́чень лю́бит кри́тику.

**tolerate** *v.t.* (*endure*) терпе́ть (*impf.*); (*permit*) допус|ка́ть, -ти́ть; (*sustain without harm*) перен|оси́ть, -ести́.

**toleration** *n.* терпи́мость.

**toll**[1] *n.* (*tax*) по́шлина, сбор; ~ call междугоро́дный разгово́р; (*fig.*) дань; age is taking its ~ во́зраст начина́ет ска́зываться; года́ беру́т своё; the ~ of the road (*accident rate*) чи́сленность жертв доро́жных происше́ствий.

*cpds.*: ~-**bar**, ~-**gate** *nn.* заста́ва; ~-**bridge** *n.* мост, где взима́ется сбор; ~-**house** *n.* пост у заста́вы, где взима́ется сбор.

**toll**[2] *n.* (*of bell*) колоко́льный звон; бла́говест.

*v.t.* & *i.* звони́ть (*impf.*) в ко́локол; the bell ~ed the hours ко́локол отбива́л часы́; they ~ed the bells они́ звони́ли в колокола́.

**Tom** *n.* **1.**: any ~, Dick or Harry ка́ждый; пе́рвый встре́чный; peeping ~ согляда́тай; **2.** (t~: *male cat*) кот.

*cpds.*: ~-**boy** *n.* девчо́нка-сорване́ц; ~-**cat** *n.* кот; ~-**fool** *n.* дура́к, шут; *v.i.* дура́читься

(*impf.*); ~**foolery** *n.* дура́чества, шутовство́;
~**tit** *n.* сини́ца.

**tomahawk** *n.* томага́вк.

*v.t.* уд|аря́ть, -а́рить (*or* уб|ива́ть, -и́ть)
томага́вком.

**tomato** *n.* помидо́р; ~ purée тома́т; ~
sauce/juice тома́тный со́ус/сок.

**tomb** *n.* моги́ла; (*monument*) мавзоле́й; the ~
(*fig., death*) смерть; (~stone) надгро́бный
па́мятник; надгро́бная плита́.

**tombola** *n.* лотере́я.

**tome** *n.* том.

**tommy** *n.* **1.** (T ~: *private soldier*) (англи́йский)
рядово́й; **2.** (*provisions, esp. in lieu of wages*)
проду́кты (*m. pl.*), выдава́емые рабо́чим
вме́сто зарпла́ты.

    *cpds.*: ~**-gun** *n.* автома́т, пистоле́т-пулемёт;
~**-rot** *n.* (*coll.*): talk ~-rot поро́ть (*impf.*) дичь.

**tomorrow** *n. & adv.* за́втрашний день; за́втра;
~ morning за́втра у́тром; the day after ~
послеза́втра; until ~ до за́втра; ~'s weather
за́втрашняя пого́да; ~ week че́рез 8 дней;
(*fig., future*) бу́дущее.

**tomtom** *n.* тамта́м.

**ton** *n.* **1.** то́нна; (*fig.*): he has ~s of money у него́
ку́ча де́нег; he came down on me like a ~ of
bricks он так на меня́ и обру́шился; **2.** (*sl., 100
mph*): he did a ~ on the motorway он е́хал по
автостра́де со ско́ростью 100 миль в час.

**tonal** *adj.* (*mus.*; *of colours*) тона́льный.

**tonality** *n.* тона́льность.

**tone** *n.* **1.** (*quality of sound*) тон; (*mus. interval*)
звук, тон; (*intonation*) го́лос, тон; *pl.* -ы *in
these senses*; **2.** (*character*) хара́ктер, стиль
(*m.*); the debate took on a serious ~ дискуссия
приобрела́ серьёзный хара́ктер; **3.** (*distinction*) тон; his presence lent ~ to the occasion
его́ прису́тствие прида́ло осо́бый вес собы́-
тию; **4.** (*shade of colour*) отте́нок, тон (*pl.* -а́);
**5.** (*med.*) то́нус.

    *v.i.* гармони́ровать (*impf.*).

    *with advs.*: ~ **down** *v.t.* смягч|а́ть, -и́ть;
осл|абля́ть, -а́бить; ~ **in** *v.i.* гармони́ровать
(*impf.*); ~ **up** *v.t.* укреп|ля́ть, -и́ть;
тонизи́ровать (*impf.*); these exercises will ~ up
your muscles ва́ши мы́шцы окре́пнут от э́тих
упражне́ний.

    *cpds.*: ~**-arm** *n.* звукоснима́тель (*m.*);
~**-deaf** *adj.* лишённый музыка́льного слу́ха;
~**-poem** *n.* симфони́ческая поэ́ма.

**toneless** *adj.* моното́нный, невырази́тельный.

**tongs** *n.* щипц|ы́ (*pl., g.* -о́в).

**tongue** *n.* **1.** (*lit., and as food*) язы́к; put, stick
one's ~ out высо́вывать, вы́сунуть (*or
пока́з|ывать, -а́ть) язы́к; (*dim., e.g. baby's*)
язычо́к; **2.** (*fig., article so shaped*) язычо́к; ~s
of flame язычки́ пла́мени; the ~ of a shoe
язычо́к боти́нка; ~ of land коса́ (*pl.*); **3.** (*fig.,
faculty or manner of speech*) язы́к, речь; she has
a sharp ~ у неё о́стрый язы́к; he spoke with his

~ in his cheek он говори́л со скры́той
иро́нией; have you lost your ~? вы что, язы́к
проглоти́ли?; keep a civil ~ in your head! не
груби́те!; hold your ~! молчи́те!; the hounds
gave ~ го́нчие по́дали го́лос; **4.** (*language*)
язы́к; mother ~ родно́й язы́к; gift of ~s
спосо́бность к языка́м.

    *cpds.*: ~**-lashing** *n.* разно́с; ~**-tied** *adj.*
коснояз́ы́чный; лиши́вшийся да́ра ре́чи; he
was ~-tied он как язы́к проглоти́л; ~**-twister**
*n.* скорогово́рка.

**tonic** *n.* **1.** (*medicine*) тонизи́рующее сре́дство;
(*fig.*) подде́ржка; утеше́ние; the news was a ~
to us all но́вость нас всех подбодри́ла; **2.** (~
water): напи́ток «то́ник»; **3.** (*mus.*) то́ника.

    *adj.*: the ~ quality of sea air тонизи́рующее
сво́йство морско́го во́здуха; ~ accent
ударе́ние; ~ solfa сольфе́джио (*indecl.*).

**tonight** *n.* сего́дняшний ве́чер.

    *adj.* сего́дня ве́чером.

**tonnage** *n.* (*internal capacity*) тонна́ж; (*cargo-
carrying capacity*) грузоподъёмность в то́н-
нах; (*total freightage*) суда́ (*pl.*), тонна́ж судо́в;
(*duty*; *charge per ton*) тонна́жный сбор.

**tonne** *n.* метри́ческая то́нна.

**tonsil** *n.* минда́лина, миндалеви́дная железа́;
has he had his ~s out? ему́ вы́резали/удали́ли
гла́нды?

**tonsillectomy** *n.* тонзиллэктоми́я, удале́ние
минда́лин.

**tonsillitis** *n.* воспале́ние минда́лин, тонзилли́т.

**tonsorial** *adj.* парикма́херский.

**tonsure** *n.* тонзу́ра.

    *v.t.* выбрива́ть, вы́брить тонзу́ру +*d.*

**too** *adv.* **1.** (*also*) та́кже, то́же; **2.** (*moreover*) к
тому́ же; бо́лее того́; there was a frost last
night, and in May ~! вчера́ но́чью уда́рил
моро́з, и э́то в ма́е!; and him a married man ~!
а ещё жена́тый!; **3.** (*Am. coll., indeed*)
действи́тельно; 'You haven't washed!' – 'I
have ~!' «Ты не вы́мылся!» — «Нет,
вы́мылся!»; **4.** (*excessively*) сли́шком; it's ~
cold for swimming сли́шком хо́лодно, что́бы
купа́ться; the weather's ~ fine to last пого́да
сли́шком хороша́, что́бы удержа́ться; am I
~ late for dinner? я не опозда́л к у́жину?; I've
had ~ much to eat я объе́лся; all ~ soon
сли́шком ско́ро; that is ~ much! э́то уж
сли́шком/чересчу́р!; he had one (drink) ~
many он вы́пил ли́шнего; you will do that once
~ often когда́-нибудь вы нарвётесь; **5.** (*very*)
о́чень; кра́йне; you are ~ kind вы о́чень
добры́; I'm not ~ sure я бы не поручи́лся; ~
bad! (о́чень) жаль!

**tool** *n.* **1.** (*implement*) инструме́нт, ору́дие; (*pl.,
collect.*) инструме́нт; ~s of one's trade (*fig.*)
ору́дия труда́; sarcasm is a two-edged ~ сар-
ка́зм — обоюдоо́строе ору́жие; a bad workman blames his ~s у плохо́го ма́стера всегда́
инструме́нт винова́т; (machine-~) стано́к;

(*cutting part of lathe etc.*) резе́ц; **2.** (*fig., means, aid*) ору́дие; **3.** (*fig., pers. used by another*) ору́дие; марионе́тка; he was a mere ~ in their hands он был лишь ору́дием в их рука́х.

*v.t.* **1.** (*ornament*) вытисня́ть, вы́тиснить узо́р на +*p.*; де́лать, с- тисне́ние на +*p.*; the book was finely ~ed переплёт кни́ги был укра́шен изя́щным тисне́нием; **2.** (*equip with machinery*) обору́довать (*impf., pf.*) инстру-ме́нтом; the factory was ~ed up for new production фа́брику оснасти́ли/обору́довали для вы́пуска но́вой проду́кции.

*cpds.*: ~-**bag** *n.* су́мка для инструме́нтов; ~-**box**, ~-**chest** *nn.* я́щик для инструме́нтов; ~-**shed** *n.* сара́й для инструме́нтов.

**tooling** *n.* (*on book-cover*) ручно́е тисне́ние.

**toot** *n.* гудо́к; свисто́к; сигна́л.

*v.t.*: he ~ed the horn он погуде́л; он дал сигна́л.

*v.i.* гуде́ть (*impf.*); свист|е́ть, -ну́ть; дать, из-гудо́к.

**tooth** *n.* **1.** зуб; (*dim., e.g. baby's*) зу́бик, зубо́к; false teeth иску́сственные зу́бы; she has a sweet ~ она́ сластёна/сладкое́жка; he has all his (own) teeth у него́ все зу́бы свои́; I have a ~ loose у меня́ шата́ется зуб; he went to have a ~ out он пошёл удали́ть зуб; my ~ aches у меня́ боли́т зуб; have you cleaned your teeth? ты чи́стил зу́бы?; the baby is cutting its first ~ у младе́нца проре́зывается пе́рвый зуб; the dog got its teeth into his leg соба́ка вцепи́лась зуба́ми ему́ в но́гу; **2.** (*fig.*): armed to the teeth вооружённый до зубо́в; fed up to the (back) teeth сыт по го́рло; he cast her family in her teeth он попрека́л её семьёй; in the teeth of heavy opposition несмотря́ на серьёзное сопротивле́ние; he sailed into the teeth of the gale он поплы́л пря́мо про́тив си́льного ве́тра; I can't wait to get my teeth into the job не те́рпится скоре́е приня́ться за рабо́ту; he got away by the skin of his teeth он чу́дом уцеле́л; ему́ е́ле удало́сь убежа́ть/отде́латься; they were fighting ~ and nail они́ дра́ли́сь не на жизнь, а на́ смерть; he's a bit long in the ~ он уже́ не пе́рвой мо́лодости; this will put teeth into the law э́то прида́ст зако́ну настоя́щую си́лу; it sets my teeth on edge (*lit.*) от э́того у меня́ сво́дит рот; э́то оставля́ет оско́мину во рту; (*fig.*) от э́того меня́ передёргивает; it was not long before he showed his teeth он вско́ре показа́л ко́гти; **3.** (*of a saw, gear, comb etc.*) зуб, зубе́ц.

*cpds.*: ~**ache** *n.* зубна́я боль; he had a bad ~ache у него́ о́чень боле́ли зу́бы; ~-**brush** *n.* зубна́я щётка; ~-**comb** *n.*: I've been through this book with a fine ~-comb я проштуди́ровал э́ту кни́гу о́чень основа́тельно; ~**paste** *n.* зубна́я па́ста; ~**pick** *n.* зубочи́стка.

**toothsome** *adj.* вку́сный, ла́комый.

**toothy** *adj.* зуба́стый.

**top**[1] *n.* **1.** (*summit; highest or upper part*) верх (*pl.* -и́); верху́шка, верши́на; маку́шка; at the ~ of the hill на верши́не холма́; the ~s of the trees верху́шки дере́вьев; they climbed to the very ~ они́ взобра́ли́сь на са́мый верх; the soldiers went over the ~ солда́ты пошли́ в ата́ку из транше́й; at the ~ of the page в нача́ле страни́цы; his name was (at the) ~ of the list его́ и́мя бы́ло пе́рвым в спи́ске; he has reached the ~ of the tree, ladder (*fig.*) он дости́г вы́сших степене́й; she cleaned the house from ~ to bottom она́ убрала́ дом све́рху до́низу; ~ of the milk сли́в|ки (*pl., g.* -ок); (*of the head*) маку́шка; he has no hair on (the) ~ (of his head) у него́ (на маку́шке) плешь; he blew his ~ (*sl.*) он вы́шел из себя́; он расписхова́лся; from ~ to toe с ног до головы́; с головы́ до пят; **2.** (*fig., highest rank, foremost place*) вы́сший ранг; пе́рвое ме́сто; he came ~ of the form он стал пе́рвым в кла́ссе; they put him at the ~ of the table его́ посади́ли во главе́ стола́; he reached the ~ of his profession он за́нял веду́щее положе́ние в свое́й о́бласти; **3.** (*fig., utmost degree, height*) верх; the ~ of my ambition преде́л мои́х мечта́ний; at the ~ of his voice во весь го́лос; to the ~ of one's bent ско́лько душе́ уго́дно; he was at the ~ of his form (*of athlete etc.*) он был в прекра́сной фо́рме; (the) ~s (*coll., the very best*) верх соверше́нства; **4.** (*upper surface*) пове́рх-ность; верх; wood floats to the ~ де́рево всплыва́ет наве́рх; on ~ (*lit.*) наверху́; he put the book on ~ он положи́л кни́гу наве́рх/све́рху; (*fig.*): I feel on ~ of the world я чу́вствую себя́ на седьмо́м не́бе; I'm getting on ~ of my work я начина́ю справля́ться с рабо́той; in every argument he comes out on ~ во всех спо́рах он оде́рживает верх; on ~ of everything I caught a cold вдоба́вок ко всему́ я ещё простуди́лся; **5.** (*lid, cover*) верх; кры́шка; (*hood of car*) кры́ша; I can't get the ~ off this jar я не могу́ снять кры́шку с э́той ба́нки; I've lost the ~ to my pen я потеря́л колпачо́к от ру́чки; a bus with an open ~ авто́бус с откры́тым ве́рхом; **6.** (*upper leaves of plant*) ботва́; turnip ~s ботва́ ре́пы; **7.** (~ gear) вы́сшая/пряма́я переда́ча; the car won't take this hill in ~ маши́на не возьмёт э́тот подъём на прямо́й переда́че; **8.**: the big ~ (*circus tent*) шапито́ (*indecl.*); **9.** (*attr.; see also cpds.*): ~ copy пе́рвый экземпля́р; ~ dog (*coll.*) гла́вный; ~ drawer ве́рхний я́щик; (*fig.*): his family comes out of the ~ drawer его́ семья́ принадлежи́т к вы́сшему кла́ссу; ~ hat цили́ндр; ~ note верх (*pl.* -и́/а́); ~ people верхи́ (*m. pl.*); ~ secret *adj.* «соверше́нно сек-ре́тный»; ~ sergeant (*Am.*) старшина́ ро́ты; at ~ speed во всю мочь; ~ table стол почётных госте́й.

*v.t.* **1.** (*serve as ~ to*): a church ~ped by a

steeple це́рковь, уве́нчанная шпи́лем; **2.**
(*remove* ~ *of*) ср|еза́ть, -е́зать верху́шку +*g.*;
~ and tail gooseberries чи́стить, по-
крыжо́вник; **3.** (*reach* ~ *of*) дост|ига́ть,
-и́гнуть верши́ны +*g.*; **4.** (*be higher than*;
*exceed*) прев|ыша́ть, -ы́сить; the mountains ~
5,000 ft. го́ры вы́ше пяти́ ты́сяч фу́тов; he
~ped 60 mph он де́лал бо́льше шести́десяти
миль в час; (*fig., surpass*): it ~ped all my
expectations э́то превзошло́ все мои́
ожида́ния.

  *with advs.*: ~ **out** *v.i.* пра́здновать, от- оконча́ние
строи́тельства зда́ния; ~ **up** *v.t.*
дол|ива́ть, -и́ть; нап|олня́ть, -о́лнить; may I ~
up your glass (*or* ~ you up)? позво́льте
доли́ть?; мо́жно я вам долью́?; *v.i.* за-
пр|авля́ться, -а́виться; he stopped to ~ up
and drove on он останови́лся запра́виться, и
пое́хал да́льше.

  *cpds.*: ~**-boot** *n.* сапо́г; ~**-coat** *n.* (*garment*)
пальто́ (*indecl.*); (*of paint*) ве́рхний слой;
~**-dressing** *n.* подко́рмка; ~**-flight** *adj.*
первокла́ссный, наилу́чший; ~**-gallant** *n.*
брам-сте́ньга; ~**-heavy** *adj.* неусто́йчивый;
переве́шивающий в ве́рхней ча́сти; ~**-hole**
*adj.* (*coll.*) превосхо́дный, первокла́ссный;
~**-knot** *n.* чуб; пучо́к воло́с/пе́рьев; ~ **mast** *n.*
сте́ньга; ~**-notch** *adj.* превосхо́дный,
первокла́ссный; ~**-ranking** *adj.* вы́сшего
ра́нга; высокопоста́вленный; ~**-sail** *n.*
то́псель (*m.*); ~ **side** *n.* (*of beef*) говя́жья
груди́нка; ~ **soil** *n.* па́хотный слой.

**top²** *n.* (*toy*) волчо́к; my head was spinning like a
~ у меня́ голова́ шла кру́гом; I slept like a ~ я
спал как уби́тый.

**topaz** *n.* топа́з (*attr.* -овый).

**top|ee, -i** *n.* тропи́ческий шлем.

**toper** *n.* пья́ница (*c.g.*).

**topi** *see* TOPEE.

**topiary** *adj.*: the ~ art фигу́рная стри́жка кусто́в.

**topic** *n.* те́ма; предме́т обсужде́ния.

**topical** *adj.* актуа́льный; злободне́вный.

**topless** *adj.* **1.** (*of unlimited height*) о́чень
высо́кий; **2.** (*of dress*) без ли́фа, обнажа́ющий
грудь; (*of pers.*) с обнажённой гру́дью.

**topmost** *adj.* са́мый ве́рхний/ва́жный.

**topographic(al)** *adj.* топографи́ческий.

**topography** *n.* топогра́фия.

**topology** *n.* тополо́гия.

**topper** *n.* (*coll., hat*) цили́ндр.

**topping** *adj.* (*coll.*) превосхо́дный, замеча́тельный.

**topple** *v.t.* вали́ть, с-; the dictator was ~d (*from
power*) дикта́тора сбро́сили.

  *v.i.* опроки́|дываться, -нуться; вали́ться, с-.

**topsy-turvy** *adj.* переве́рнутый вверх дном.

  *adv.* вверх дном; ши́ворот-навы́ворот.

**toque** *n.* (*woman's hat*) ток.

**tor** *n.* холм.

**Torah** *n.* то́ра.

**torch** *n.* фа́кел; (*fig.*) свето́ч; зна́мя; the ~ of
learning was handed on фа́кел зна́ний
передава́лся из поколе́ния в поколе́ние; she
carried a ~ for him она́ по нему́ со́хла (*coll.*);
(*electric* ~) электри́ческий фона́рь; (*welding*
~) сва́рочная горе́лка.

  *cpds.*: ~**-bearer** *n.* фа́кельщик; (*fig.*) просвети́тель
(*m.*); ~**light** *n.* свет фа́кела/
фонаря́; ~**-singer** *n.* исполни́тельница
«жесто́ких рома́нсов».

**toreador** *n.* тореадо́р.

**torment¹** *n.* муче́ние; a soul in ~ душа́, раздира́емая
му́ками; he suffered the ~s of the
damned он испы́тывал а́дские му́ки.

**torment²** *v.t.* му́чить (*impf.*); причиня́ть (*impf.*)
страда́ния +*d.*; the child was ~ing the cat
ребёнок му́чил ко́шку; he was ~ed with
jealousy он терза́лся ре́вностью.

**tormentor** *n.* мучи́тель (*fem.* -ница).

**tornado** *n.* торна́до (*indecl.*); (*fig.*) взрыв; вихрь
(*m.*); a ~ of applause бу́ря аплодисме́нтов.

**torpedo** *n.* торпе́да.

  *v.t.* (*lit.*) торпеди́ровать (*impf.*); (*fig.*)
под|рыва́ть, -орва́ть; срыва́ть, сорва́ть.

  *cpds.*: ~**-boat** *n.* торпе́дный ка́тер; ~**-net** *n.*
противоми́нная сеть; ~**-tube** *n.* труба́
торпе́дного аппара́та.

**torpid** *adj.* вя́лый, апати́чный; (*in hibernation*)
находя́щийся в состоя́нии спя́чки.

**torp|idity, -or** *nn.* вя́лость, апа́тия.

**torque** *n.* (*circlet*) металли́ческий браслет;
(*mech.*) враща́ющий моме́нт.

**torrent** *n.* (*lit., fig.*) пото́к; the rain fell in ~s шёл
проливно́й дождь; дождь лил как из ведра́; he
was met by a ~ of abuse его́ встре́тил пото́к
оскорбле́ний.

**torrential** *adj.* стреми́тельно теку́щий; проливно́й;
~ rain проливно́й дождь.

**torrid** *adj.* жа́ркий, зно́йный; ~ zone
тропи́ческий по́яс.

**torsion** *n.* (*process*) скру́чивание; (*state*)
скру́ченность.

**torso** *n.* ту́ловище, торс.

**tort** *n.* гражда́нско-правово́й дели́кт.

**tortoise** *n.* черепа́ха; (*attr.*) черепа́ший.

  *cpd.*: ~**shell** *n.* (*as material*) черепа́ха; *adj.*
черепа́ховый.

**tortuous** *adj.* изви́листый; (*fig.*) укло́нчивый,
неи́скренний.

**tortu|ousness, -osity** *nn.* изви́листость; (*fig.*)
укло́нчивость, неи́скренность.

**torture** *n.* (*physical*) пы́тка; he was put to the ~
его́ подве́ргли пы́ткам; (*mental*) му́ки (*f. pl.*).

  *v.t.* пыта́ть (*impf.*); му́чить (*impf.*); she was
~d with anxiety её му́чила трево́га; a ~d
expression выраже́ние му́ки; (*fig., distort*)
иска|жа́ть, -зи́ть; the meaning of the words
was ~d смысл слов извLAти́ли/искази́ли.

**torturer** *n.* мучи́тель (*m.*); пала́ч.

**Tory** n. (coll.) тóри (m. indecl.), консервáтор; the ~ party консервати́вная па́ртия; ~ leaders ли́деры тóри.

**tosh** n. (coll.) вздор, чепуха́.

**toss** n. (throw) бросо́к; (jerk) толчо́к; with a ~ of her head, she ... тряхну́в голово́й (or вски́нув го́лову), она́ ... he took a nasty ~ он упа́л с ло́шади и си́льно уши́бся.

v.t. **1.** (throw) бр|оса́ть, -о́сить; кида́ть, ки́нуть; he was ~ed by a bull бык по́днял его́ на рога́; the horse ~ed its rider ло́шадь сбро́сила седока́; he ~ed a coin to the beggar он бро́сил ни́щему моне́ту; they ~ed a coin to decide они́ подки́нули моне́ту, что́бы реши́ть исхо́д де́ла; he ~ed a remark into the debate в хо́де диску́ссии он бро́сил замеча́ние; **2.** (rock, agitate) швыр|я́ть, -ну́ть; the ship was ~ed by the waves во́лны подки́дывали су́дно вверх и вниз; су́дно швыря́ло/кида́ло из стороны́ в сто́рону.

v.i. мета́ться (impf.); the child ~ed in its sleep ребёнок мета́лся во сне; a ship was ~ing on the waves кора́бль кача́лся на волна́х; ~ing branches колы́шущиеся ве́тки.

with advs.: ~ **about** v.i. мета́ться (impf.); ~ **aside,** ~ **away** vv.t. отбр|а́сывать, -о́сить; ~ **off** v.t. выпива́ть, вы́пить за́лпом; де́лать, с-на́спех; he ~ed off a glass of vodka он пропусти́л сто́пку во́дки; he can ~ off an article in five minutes он спосо́бен наброса́ть статью́ за́ пять мину́т; ~ **up** v.t. подбр|а́сывать, -о́сить; v.i.: shall we ~ up to see who goes? дава́йте бро́сим жре́бий, кому́ идти́.

cpd.: ~-**up** n. нея́сный исхо́д; де́ло слу́чая.

**tot¹** n. (child) малы́ш; (of liquor) глото́к.

**tot²** v.t. with adv. **up** сост|авля́ть, -а́вить (су́мму); he ~ted up the figures он подвёл ито́г.

v.i.: his expenses ~ted up to £5 его́ расхо́ды соста́вили 5 фу́нтов.

**total** n. су́мма, ито́г; the grand ~ came to £200 о́бщая су́мма соста́вила £200.

adj. це́лый, о́бщий, по́лный; ~ eclipse по́лное затме́ние; ~ failure по́лный прова́л; the ~ figure о́бщая ци́фра; he remained in ignorance он остава́лся в по́лном неве́дении; ~ war тота́льная война́.

v.t. & i. (reckon; also ~ **up**) подсчи́т|ывать, -а́ть; подв|оди́ть, -ести́ ито́г; he ~led (up) the bills он подсчита́л счета́; the visitors ~led several hundred число́ посети́телей дости́гло не́скольких со́тен.

**totalitarian** adj. тоталита́рный.

**totalitarianism** n. тоталитари́зм.

**totality** n. вся су́мма, всё коли́чество; всео́бщность, тота́льность; (astron.) вре́мя по́лного затме́ния.

**totalizator** n. тотализа́тор.

**totally** adv. соверше́нно, абсолю́тно, по́лностью.

**tote¹** (coll.) = TOTALIZATOR.

**tote²** v.t. (Am. coll.) носи́ть, нести́ (груз, оружие и т.п.).

**totem** n. тоте́м.

cpd.: ~-**pole** n. тоте́мный столб.

**totter** v.i. (walk unsteadily) ковыля́ть (impf.); (fig.) шата́ться, пошатну́ться; (be about to fall) разруша́ться (impf.); разва́ливаться (impf.).

**tottery** adj. неусто́йчивый; на гра́ни паде́ния.

**toucan** n. тука́н.

**touch** n. **1.** (contact; light pressure of hand etc.) прикоснове́ние; I felt a ~ on my shoulder я почу́вствовал лёгкое прикоснове́ние к своему́ плечу́; the instrument responded to the slightest ~ инструме́нт реаги́ровал на мале́йшее прикоснове́ние; **2.** (sense) осяза́ние; the blind man recognized me by ~ слепо́й узна́л меня́ на о́щупь; soft to the ~ мя́гкий на о́щупь; **3.** (light stroke of pen or brush) штрих; he was putting the finishing ~es to the picture он наноси́л после́дние мазки́ (на карти́ну); **4.** (tinge, trace) чу́точка, отте́нок, налёт; a ~ of frost in the air лёгкий моро́зец; I caught a ~ of the sun я получи́л лёгкий со́лнечный уда́р; I had a ~ of rheumatism у меня́ был небольшо́й при́ступ ревмати́зма; this soup needs a ~ of salt в су́пе чу́точку не хвата́ет со́ли; there was a ~ of irony in his voice в его́ го́лосе чу́вствовалась лёгкая иро́ния; **5.** (artist's or performer's style) худо́жественная мане́ра; стиль (m.); he has a light ~ on the piano у него́ лёгкое туше́ (на фортепья́но); (fig.): he brought a personal ~ to all he did на всём, что он де́лал, лежа́л отпеча́ток его́ ли́чности; you must have lost your ~ вы я́вно утра́тили (бы́лую) хва́тку; **6.** (communication) обще́ние; we must keep in ~ мы должны́ подде́рживать конта́кт друг с дру́гом; we have been out of ~ for so long мы так до́лго не обща́лись; how can I get in ~ with you? как мо́жно с ва́ми связа́ться?; he put me in ~ with the situation он ознако́мил меня́ с положе́нием веще́й; we lost ~ with him мы потеря́ли с ним конта́кт/связь; **7.** (football) пло́щадь, лежа́щая за боковы́ми ли́ниями по́ля; the ball was in ~ мяч находи́лся в преде́лах боково́й ли́нии по́ля; **8.** (child's game) са́лки (f. pl.); **9.** (sl., potential source of money): he is a soft (or an easy) ~ у него́ легко́ вы́удить де́ньги.

v.t. **1.** (contact physically) тро́|гать, -нуть; прик|аса́ться, -осну́ться к +d.; he ~ed her (on the) arm он косну́лся её руки́; don't ~ the paint не дотра́гивайтесь до кра́ски; the cars just ~ed each other маши́ны едва́ косну́лись друг дру́га; he ~ed his cap он поднёс ру́ку к фура́жке; it was ~ and go исхо́д был неизве́стен до са́мого конца́; ~ wood! тьфу-тьфу́, не сгла́зить!; **2.** (actuate): I ~ed the bell я нажа́л звоно́к; (*fig.*): he ~ed a tender chord in her он косну́лся чувстви́тельной стру́нки в её се́рдце; **3.** (*reach*) дост|ига́ть, -и́гнуть +*g.*; can you ~ the top of the door? вы мо́жете дотяну́ться до ве́рха две́ри?; the thermometer ~ed ninety термо́метр подня́лся до девяно́ста гра́дусов; I can just ~ bottom я е́ле/едва́ доста́ю дна; his fortunes ~ed bottom он дошёл до дна; **4.** (*approach in excellence*; *compare with*) равня́ться (*impf.*) с +*i.*; идти́ (*det.*) в сравне́ние с +*i.*; no-one can ~ him for eloquence никто́ не мо́жет сравни́ться с ним в красноре́чии; **5.** (*affect*) тро́гать (*impf.*); волнова́ть, вз-; it ~ed me to the heart (*or* ~ed my heart) я был глубоко́ тро́нут; his remarks ~ed me on the raw его́ замеча́ния заде́ли меня́ за живо́е; I find her innocence ~ing меня́ тро́гает её наи́вность; we were very ~ed by his speech его́ речь о́чень взволнова́ла нас; **6.** (*taste*) притр|а́гиваться, -о́нуться; I haven't ~ed food for two days я не прикаса́лся к еде́ це́лых два дня; I never ~ a drop (*of alcohol*) я совсе́м не пью; я не пью ни ка́пли; **7.** (*injure slightly*) нан|оси́ть, -ести́ уще́рб +*d.*; the flowers were ~ed by the frost цветы́ бы́ли тро́нуты моро́зом; (*fig.*): he must be a little ~ed (*slightly mad*) он, должно́ быть, немно́го поме́шан/тро́нут; **8.** (*deal with*; *cope with*) спр|авля́ться, -а́виться с +*i.*; nothing will ~ these stains э́ти пя́тна ниче́м не вы́ведешь; I couldn't ~ the maths paper я ника́к не мог взя́ться (*or* приня́ться) за контро́льную по матема́тике; **9.** (*concern*) име́ть отноше́ние к +*d.*; каса́ться (*impf.*) +*g.*; it ~es us all э́то каса́ется нас всех; I heard some news ~ing your son (*liter.*) я слы́шал ко́е-что́, каса́ющееся ва́шего сы́на; **10.** (*have to do with*) зан|има́ться, -я́ться +*i.*; I refuse to ~ your schemes я не хочу́ име́ть ничего́ о́бщего с ва́шими пла́нами; **11.** (*treat lightly*; *also v.i. with prep.* on) затр|а́гивать, -о́нуть; he ~ed (on) the subject of race он косну́лся ра́сового вопро́са; **12.** (*prevail on for loan*): can I ~ you for a fiver? могу́ я стрельну́ть (*coll.*) у вас пятёрку?

*v.i.* **1.** (*make contact*) соприк|аса́ться, -осну́ться; our hands ~ed на́ши ру́ки встре́тились; their lips ~ed их гу́бы слили́сь в поцелу́е; if the wires ~ there will be an explosion е́сли провода́ соприкосну́тся, бу́дет взрыв; **2.** (*of a vessel: call, put in*) за|ходи́ть, -йти́; we ~ed at Gibraltar на́ше су́дно зашло́ в Гибралта́р; **3.** ~ on: *see v.t.* **11.**

*with advs.*: ~ **in** *v.t.*: the features were ~ed in by another hand лицо́ бы́ло допи́сано други́м худо́жником; ~ **off** *v.t.* (*sketch*) набр|оса́ть, -о́сить; (*cause*) вызыва́ть, вы́звать; ~ **up** *v.t.* испр|авля́ть, -а́вить; зак|а́нчивать, -о́нчить; I'll just ~ it up я чуть ко́е-где подпра́влю; the photographs had been ~ed up фотогра́фии

бы́ли отрету́ши́рованы.

*cpds.*: ~-**and-go** *adj.* с непредска́зу́емым исхо́дом; ~-**down** *n.* (*football*) гол; (*av.*) поса́дка; ~-**line** *n.* бокова́я ли́ния по́ля; ~**stone** *n.* (*fig.*) крите́рий; про́бный ка́мень; осело́к; ~-**typist** *n.* машини́стка, рабо́тающая по слепо́му ме́тоду; ~**wood** *n.* трут.

**touchable** *adj.* осяза́тельный, осяза́емый.

*touché int.* туше́!

**touched** *adj.* (*emotionally*) растро́ганный; (*coll., mentally*) слегка́ поме́шанный, «тро́нутый».

**touchiness** *n.* оби́дчивость.

**touching** *adj.* тро́гательный.

*prep.* относи́тельно +*g.*

**touchy** *adj.* оби́дчивый.

**tough** *n.* хулига́н, блатно́й.

*adj.* **1.** (*resistant to cutting or chewing*) жёсткий; упру́гий; this steak is as ~ as leather э́тот бифште́кс жёсткий как подо́шва; **2.** (*strong, sturdy, hardy*) кре́пкий; пло́тный; про́чный; выно́сливый; you need a ~ pair of shoes вам нужна́ кре́пкая о́бувь; **3.** (*difficult*) тру́дный; упря́мый; I am finding it a ~ job э́та рабо́та ока́зывается не из лёгких; he is a ~ nut, customer (*coll.*) он кре́пкий оре́шек; **4.** (*coll., severe, uncompromising*) круто́й; жёсткий; упря́мый; несгово́рчивый; you must take a ~ line with the children с э́тими детьми́ ну́жно быть постро́же; don't try and get ~ with me! си́лой вы от меня́ ничего́ не добьётесь; **5.** (*coll., painful*): it was ~ on him when his father died смерть отца́ была́ тя́жким уда́ром для него́; ~ luck! вот незада́ча!; не везёт!; **6.** (*ruffianly*) хулига́нский.

**toughen** *v.t. & i.* де́лать(ся), с- жёстким; а ~ing-up course курс трениро́вок с больши́ми нагру́зками.

**toughness** *n.* (*of food etc.*) жёсткость; (*strength*; *hardiness*) про́чность; выно́сливость; (*uncompromising nature*) несгово́рчивость; упря́мство.

**Toulouse** *n.* Тулу́за.

**toupee** *n.* небольшо́й пари́к, накла́дка.

**tour** *n.* **1.** (*extended visit*) путеше́ствие, пое́здка; экску́рсия; we are going on a ~ of Europe мы собира́емся путеше́ствовать по Евро́пе; the duty officer made a ~ of the building дежу́рный осмотре́л всё зда́ние; grand ~ (*hist.*) пое́здка по Евро́пе для заверше́ния образова́ния; **2.** (*theatr.*) турне́ (*indecl.*); гастро́ли (*f. pl.*); the company was on ~ тру́ппа гастроли́ровала (*or* находи́лась на гастро́лях); **3.** (*period of duty*) срок слу́жбы; have you done an overseas ~? вы служи́ли за грани́цей?

*v.t. & i.* соверш|а́ть, -и́ть экску́рсию (по +*d.*); we have been ~ing Scotland мы объе́здили Шотла́ндию.

*tour de force n.* проявле́ние си́лы; ло́вкая

штýка; a ~ of memory проявлéние феноменáльной пáмяти.

**tourism** n. тури́зм.

**tourist** n. тури́ст; ~ agency туристи́ческое агéнтство, бюрó (indecl.) путешéствий; ~ class вторóй класс; the ~ industry индустри́я тури́зма; тури́зм.

**tourn|ament, -ey** nn. турни́р; спорти́вное соревновáние.

**tourniquet** n. турникéт.

**tousle** v.t. прив|оди́ть, -ести́ в беспоря́док; еро́шить, взъ-.

**tout** n. зазывáла (m.); ticket ~ «жучóк».
   v.i. навя́з|ывать, -áть товáр; зазывáть (impf.) покупáтелей.

**tout court** adv. прóсто, попрóсту.

**tow¹** n.: can I give you a ~? взять вас на букси́р?; he had his family in ~ он привёл с собóй всю семью́.
   v.t. букси́ровать (impf.); the ship was ~ed into harbour корáбль вошёл в гáвань на букси́ре; they ~ed the car away маши́ну отбукси́ровали.
   cpds.: ~(ing-)path n. бечёвник; ~-rope n. бечевá; букси́рный трос/канáт.

**tow²** n. (material) пáкля.

**toward(s)** prep. **1.** (in the direction of) к +d.; на +a.; по направлéнию к +d.; he stood with his back ~ me он стоя́л ко мне спинóй; a move ~ peace шаг на пути́ к ми́ру; efforts ~ reconciliation уси́лия, напрáвленные к примирéнию; **2.** (in relation to) по отношéнию к +d.; относи́тельно +g.; what is his attitude ~ education? как он отнóсится к проблéме образовáния?; they seemed friendly ~ us казáлось, что они́ к нам дрýжески располóжены; responsibility ~ his family отвéтственность пéред семьёй; **3.** (for the purpose of) для +g.; they were saving ~ buying a house они́ копи́ли дéньги на покýпку дóма; I gave him something ~ the price я емý дал часть дéнег на э́ту покýпку; **4.** (near) к +d.; óколо +g.; ~ evening к вéчеру, под вéчер, пéред вéчером; I'm getting ~ the end of my supply мои́ запáсы подхóдят к концý.

**towel** n. полотéнце; throw in the ~ (lit.) вы́бросить (pf.) на ринг полотéнце; (fig.) признáть (pf.) себя́ побеждённым.
   v.t. вытирáть, вы́тереть полотéнцем; give yourself a good ~ling! вы́тритесь хорошéнько!
   cpds.: ~-horse, ~-rail nn. вéшалка для полотéнец.

**towelling** n. (material) махрóвая ткань.

**tower** n. бáшня; (fig.): a ~ of strength оплóт; надёжная опóра.
   v.i. вы́ситься, возвышá|ться (both impf.); the building ~ed above us здáние уходи́ло высóко в нéбо; (fig.): he ~s above his fellows он намнóго (or на цéлую гóлову) превос-

хóдит свои́х коллéг; a ~ing rage си́льная/неи́стовая я́рость.
   cpd.: ~-block n. многоэтáжный/высóтный дом.

**town** n. **1.** гóрод; he is out of ~ он уéхал зá город; он на дáче; are you going down ~? (Am., to the business quarter) вы собирáетесь в центр/гóрод?; let's go out on the ~! давáйте как слéдует погуля́ем!; go to ~ (coll.) развернýться (pf.) вовсю́; man about ~ свéтский человéк; **2.** (attr.) городскóй; ~ clerk секретáрь городскóй корпорáции; ~ crier глашáтай; ~ hall рáтуша; ~ house особня́к; ~ planning планирóвка городóв; градострои́тельство.
   cpds.: ~scape n. урбанисти́ческий ландшáфт; вид гóрода; ~sfolk, ~speople nn. горожáне (m. pl.); ~sman n. горожáнин; my fellow-~sman мой земля́к; fellow-~smen! согрáждане!

**townee** n. ≃ обывáтель (m.), мещани́н.

**township** n. **1.** (small town) посёлок, городóк; **2.** (Am.) райóн.

**tox(a)emia** n. заражéние крóви.

**toxic** adj. ядови́тый, токси́ческий.

**toxicologist** n. токсикóлог.

**toxicology** n. токсиколóгия.

**toxin** n. токси́н; яд.

**toy** n. игрýшка; ~ dog игрýшечная собáчка; (lap-dog) болóнка; ~ soldier оловя́нный солдáтик.
   v.i.: he ~ed with his pencil он вертéл в рукáх карандáш; I have been ~ing with the idea я забавля́лся э́той идéей; he ~ed with her affections он игрáл её чýвствами.
   cpd.: ~-shop n. игрýшечный магази́н.

**trace¹** n. **1.** (track) след; отпечáток; **2.** (vestige; sign of previous existence) след; he went away leaving no ~ он исчéз, не остáвив и следá; он пропáл бесслéдно; the police could find no ~ of him поли́ции не удалóсь напáсть на егó след; I have lost all ~ of my family я растеря́л всех родны́х; the ship disappeared without a ~ корáбль пропáл/исчéз бесслéдно; there are ~s of French influence чýвствуется нéкоторое францýзское влия́ние; **3.** (small quantity) мáлое коли́чество; следы́ (в анализе); ~ elements микроэлемéнты.
   v.t. **1.** (delineate) набр|áсывать, -осáть; черти́ть, на-; he ~d (out) his route on the map он начерти́л маршрýт на кáрте; (with transparent paper or carbon) копи́ровать, с-; tracing paper восковка; (write laboriously): I helped him to ~ (out) the letters я помóг емý вы́писать/вы́вести бýквы; **2.** (follow the tracks of); выслéживать, вы́следить; the thief was ~d to London следы́ вóра вели́ в Лóндон; he ~s his descent from Charlemagne он ведёт свой род от Кáрла Вели́кого; the rumour was ~d to its source истóчник слýхов был устанóвлен; **3.** (discover by search; discern)

устан|а́вливать, -ови́ть; просле́|живать, -ди́ть; I cannot ~ your letter я не могу́ разыска́ть ва́ше письмо́; they ~d the site of the city walls они́ установи́ли местоположе́ние ста́рой городско́й стены́.

**trace²** n. (of harness) постро́мка; kick over the ~s (fig.) вы́йти (pf.) из повинове́ния; взбунтова́ться (pf.); пусти́ться (impf.) во все тя́жкие.

**traceable** adj. просле́живаемый.

**tracer** n. (~ bullet) трасси́рующая пу́ля; (~ element) ме́ченый а́том.

**tracery** n. узо́р(ы), рису́нок.

**trachea** n. трахе́я.

**tracheotomy** n. трахеотоми́я.

**trachoma** n. трахо́ма.

**track** n. 1. (mark of passage) след; the fox left ~s in the snow лиси́ца оста́вила след на снегу́; we followed in his ~s мы шли по его́ следа́м; the ~ of a vessel след су́дна; the police were on his ~ поли́ция напа́ла на его́ след; we lost ~ of him мы потеря́ли его́ след; (fig.): I think I'm on the ~ of something big я, ка́жется, на пути́ к большо́му откры́тию; he covered his ~s successfully он успе́шно замёл следы́; he fell dead in his ~s он так и у́мер на бегу́; make ~s улизну́ть (pf., coll.); 2. (path) путь|ь (m.), доро́жка; the beaten ~ проторённая доро́жка; off the beaten ~ вдали́ от прое́зжей доро́ги; he is on the wrong ~ он на ло́жном пути́; 3. (for racing etc.) (бегова́я) доро́жка, трек; cinder ~ га́ревая доро́жка; hard ~ жёсткая доро́жка; ~ events соревнова́ния по лёгкой атле́тике; 4. (rail) колея́, полотно́; single ~ одноколе́йный путь; 5. (of tank etc.) гу́сеница; ~ed vehicle гу́сеничный тра́нспорт; 6. (distance between vehicle's wheels) ширина́ колеи́.

v.t. следи́ть за +i.; высле́живать, вы́следить; the animal was ~ed to its den зве́ря вы́следили до са́мой берло́ги; the aircraft was ~ed by radar путь самолёта проследи́ли с по́мощью рада́ра; ~ing station ста́нция слеже́ния.

v.i. (of camera) панорами́ровать (impf.); ~ing shot (cin.) панора́мный кадр.

with adv.: ~ down v.t.: have you ~ed down the cause of the disease? вы докопа́лись до причи́ны боле́зни?

cpds.: ~-racing n. го́нки по тре́ку; ~-shoes кроссо́вки (f. pl.); ~-suit n. трениро́вочный костю́м.

**tracker** n. (hunter) охо́тник; ~ dog соба́ка-ище́йка.

**tract¹** n. (region) уча́сток, райо́н; a desolate ~ забро́шенный райо́н; (anat.) тракт; respiratory ~ дыха́тельные пути́ (m. pl.).

**tract²** n. (pamphlet) памфле́т.

**tractability** n. послуша́ние, сгово́рчивость.

**tractable** adj. послу́шный, сгово́рчивый.

**traction** n. тя́га; ~ engine тя́говый дви́гатель

(m.); тяга́ч.

**tractor** n. тра́ктор.

cpds.: ~-driven adj. на тра́кторной тя́ге; ~-driver n. тракторист (fem. -ка).

**trade** n. 1. (business, occupation) род заня́тий; ремесло́; профе́ссия; the building ~ строи́тельная промы́шленность; he is a builder by ~ он по профе́ссии строи́тель; jack of all ~s ма́стер на все ру́ки; he is up to every trick of the ~ (fig.) он зна́ет все хо́ды и вы́ходы; 2. (commerce; exchange of goods) торго́вля; foreign ~ вне́шняя торго́вля; winter is good for ~ зима́ — хоро́шее вре́мя для торго́вли; ~ is bad торго́вля идёт пло́хо; he is in ~ он торго́вец; он рабо́тает по торго́вой ча́сти; he is doing a roaring ~ его́ торго́вля идёт о́чень успе́шно; ~ discount ски́дка ро́зничным торго́вцам; ~ figures да́нные о торго́вле; ~ price опто́вая цена́; ~ show (of film) закры́тый просмо́тр (для покупа́телей фи́льма); ~ wind пасса́т.

v.t. (exchange) меня́ть (impf.); обме́н|ивать, -я́ть; they ~d furs for food они́ меня́ли шку́ры на проду́кты.

v.i. 1. торгова́ть (impf.); he ~s in sables он торгу́ет соболя́ми; trading estate промы́шленная зо́на; 2.: ~ on (take advantage of) испо́льзовать (impf., pf.) в свои́х интере́сах; извлека́ть (impf.) вы́году из +g.; he ~s on my generosity он злоупотребля́ет мое́й ще́дростью; he ~s on his name/reputation он спекули́рует на свое́й сла́ве/репута́ции.

with adv.: ~ in v.t.: I ~d in my old car for a new one я сдал ста́рую маши́ну в счёт поку́пки но́вой.

cpds.: ~-mark n. (lit.) фабри́чная ма́рка; (fig.) отличи́тельный знак; отличи́тельная осо́бенность; ~-name n. назва́ние фи́рмы; торго́вое/фи́рменное назва́ние това́ра; ~sman n. торго́вец; ла́вочник; ~smen's entrance чёрный ход; ~speople n. ла́вочники (m. pl.); торго́вое сосло́вие; ~(s) union n. тред-юнио́н; профсою́з; T~s Union Congress (Br.) Конгре́сс тред-юнио́нов; ~-unionism n. тред-юниони́зм; ~-unionist n. тред-юниони́ст (fem. -ка); член профсою́за.

**trader** n. (merchant) торго́вец, купе́ц; (vessel) торго́вое су́дно.

**tradition** n. тради́ция.

**traditional** adj. традицио́нный, общепри́нятый.

**traditionalism** n. приве́рженность тради́циям.

**traditionalist** n. приве́рженец тради́ции.

**traduce** v.t. (liter.) клевета́ть (impf.) на +a.; черни́ть, о-; оклевета́ть (pf.).

**traffic** n. 1. (movement of vehicles etc.) движе́ние, тра́нспорт; heavy ~ большо́е/интенси́вное движе́ние; ~ circle (Am.) кольцева́я тра́нспортная развя́зка; ~ cop (Am. coll.) регулиро́вщик; госуда́рственный автомоби́льный инспе́ктор, «гаи́шник»; ~ indicator указа́тель (*m.*) поворо́та; ~ lights светофо́р; ~ warden ≃ инспе́ктор доро́жного движе́ния; **2.** (*trade*) торго́вля; the drug ~ торго́вля нарко́тиками.

*v.i.* торгова́ть (*чем*).

**trafficator** *n.* указа́тель (*m.*) поворо́та.

**trafficker** *n.* (*pej.*) торга́ш; деле́ц.

**tragedian** *n.* (*actor*) тра́гик; (*author*) а́втор траге́дий.

**tragedienne** *n.* траги́ческая актри́са.

**tragedy** *n.* (*lit., fig.*) траге́дия; ~ actor тра́гик; he appears in ~ он игра́ет в траге́диях.

**tragic** *adj.* траги́ческий.

**tragicomedy** *n.* трагикоме́дия.

**tragicomic** *adj.* трагикоми́ческий.

**trail** *n.* **1.** след; the storm left a ~ of destruction бу́ря оста́вила по́сле себя́ (следы́) разруше́ния; a ~ of smoke о́блако ды́ма; the police were on his ~ поли́ция напа́ла на его́ след; **2.** (*mil.*): at the ~ с ору́жием наперове́с.

*v.t.* **1.** (*draw or drag behind*) тащи́ть (*impf.*); волочи́ть (*impf.*); she ~ed her skirt in the mud её ю́бка волочи́лась по грязи́; the rowers ~ed their oars гребцы́ держа́ли вёсла по бо́рту; he was ~ing his coat (*fig.*) он лез в дра́ку; **2.** (*pursue*) идти́ (*det.*) по сле́ду +*g.*; they ~ed the beast to its lair они́ проследи́ли зве́ря до берло́ги; **3.** (*mil.*): ~ arms на́ руку!

*v.i.* **1.** (*be drawn or dragged*) тащи́ться (*impf.*); волочи́ться (*impf.*); the rope ~ed on the ground верёвка волочи́лась по земле́; smoke ~ed from the chimney дым тяну́лся из трубы́; **2.** (*straggle, follow wearily*) плести́сь (*impf.*); идти́ (*det.*) сза́ди; they ~ed along behind him они́ плели́сь за ним; her voice ~ed away её го́лос постепе́нно затиха́л; **3.** (*grow or hang loosely*) све́шиваться (*impf.*); стели́ться (*impf.*); the roses ~ed over the wall ро́зы обвива́ли сте́ну; her hair ~ed down over her shoulders во́лосы па́дали ей на пле́чи.

**trailer** *n.* **1.** (*vehicle*) прице́п; **2.** (*cin.*) вы́держки (*f. pl.*) из реклами́руемого фи́льма; рекла́мный ро́лик; **3.** (*plant*) вью́щееся расте́ние.

**train** *n.* **1.** (*rail*) по́езд; I came by ~ я прие́хал по́ездом; hurry if you want to catch your ~ на́до поторопи́ться, е́сли вы хоти́те поспе́ть на по́езд; the ~ is already in по́езд уже́ при́был; **2.** (*line of moving vehicles, animals etc.*) проце́ссия; карава́н; (*mil.*) обо́з; **3.** (*retinue*) сви́та; **4.** (*fig.*) ряд, цепь; ~ of events цепь/верени́ца/ряд собы́тий; the war brought famine in its ~ война́ принесла́ с собо́й го́лод; I don't follow your ~ of thought мне тру́дно улови́ть ход ва́ших мы́слей; **5.** (*of dress etc.*) шлейф.

*v.t.* **1.** (*give instruction to*) обуч|а́ть, -и́ть; приуч|а́ть, -и́ть; he was ~ed (up) for the ministry его́ гото́вили в свяще́нники; a ~ed nurse

медици́нская сестра́; I have ~ed my dog to do tricks я обучи́л соба́ку трю́кам; he ~s horses он дресси́рует лошаде́й; **2.** (*cause to grow*): peaches can be ~ed up a wall пе́рсиковые дере́вья мо́жно заста́вить ви́ться по стене́; **3.** (*direct*) нав|оди́ть, -ести́; наце́ли|вать, -ть; they ~ed their guns on the ship они́ навели́ ору́дия на кора́бль.

*v.i.* **1.** (*undertake preparation*) гото́виться (*impf.*); тренирова́ться (*impf.*); she is ~ing to be a teacher она́ гото́вится стать учи́тельницей; the crew ~ed on beef-steaks во вре́мя трениро́вки кома́нда пита́лась бифште́ксами; **2.** (*coll., travel by* ~) е́здить (*det.*), е́хать, по- (*indet.*) (*or* путеше́ствовать (*impf.*)) по́ездом (*or* на по́езде).

*cpds.*: ~-**bearer** *n.* паж; ~-**driver** *n.* машини́ст; ~-**ferry** *n.* железнодоро́жный паро́м; ~-**man** *n.* (*Am.*) проводни́к; ~-**ride** *n.* пое́здка по́ездом; ~-**set** *n.* игру́шечная моде́ль желе́зной доро́ги; ~-**sick** *adj.* страда́ющий тошното́й в по́езде; he was ~-sick в по́езде его́ укача́ло.

**trainee** *n.* стажёр (*fem.* -ка); учени́|к (*fem.* -ца).

**trainer** *n.* тре́нер; (*of horses etc.*) дресси́ровщи|к (*fem.* -ца).

**training** *n.* **1.** (*study, instruction*) подгото́вка, обуче́ние; **2.** (*physical preparation*) трениро́вка; he went into ~ он на́чал тренирова́ться; he is out of ~ он не в фо́рме; **3.** (*of animals*) дрессиро́вка.

*cpds.*: ~-**college** *n.* педагоги́ческий институ́т; ~-**ship** *n.* уче́бное су́дно; ~-**shoes** *n.* та́почки (*f. pl.*).

**traipse** *v.i.* (*coll.*) таска́ться (*impf.*).

**trait** *n.* осо́бенность, сво́йство; черта́.

**traitor** *n.* преда́тель (*m.*), изме́нник; he turned ~ он стал преда́телем.

**traitorous** *adj.* преда́тельский, изме́ннический, вероло́мный.

**traitress** *n.* преда́тельница, изме́нница.

**trajectory** *n.* траекто́рия.

**tram** *n.* (*public vehicle*) трамва́й; (*mine-car*) рудни́чная вагоне́тка.

*cpds.*: ~-**car** *n.* трамва́йный ваго́н; ~-**lines** *n.* трамва́йные ре́льсы (*m. pl.*).

**trammel** *n.* (*fig., usu. pl.*) пу́т|ы (*pl., g.* —).

*v.t.* меша́ть, по-; служи́ть, по- поме́хой.

**tramp** *n.* (*sound of steps*) то́пот; (*long walk*) дли́тельный похо́д; (*vagrant*) бродя́га; (*steamer*) трамп; (*Am. coll., prostitute*) шлю́ха.

*v.t.*: he ~ed the streets looking for work он исходи́л весь го́род в по́исках рабо́ты; we ~ed the hills together мы с ним мно́го ходи́ли по гора́м.

*v.i.* **1.** (*walk heavily*) то́пать (*impf.*); I heard him ~ing about я слы́шал, как он тяжело́ ступа́л; the soldiers ~ed down the road солда́ты гро́мко протопа́ли по у́лице; **2.** (*walk a* *long distance*) шага́ть, про-; **3.** (*be a vagrant*) бродя́жничать (*impf.*).

**trample** *v.t.* топта́ть (*or* раста́птывать), рас-; the children ∼d down the flowers де́ти вы́топтали цветы́; I was almost ∼d underfoot меня́ чуть не растопта́ли.

*v.i.* тяжело́ ступа́ть (*impf.*); (*fig.*): ∼ on поп|ира́ть, -ра́ть; he ∼d on everyone's feelings он не счита́лся ни с чьи́ми чу́вствами.

**trampoline** *n.* трампли́н, бату́т.

**trance** *n.* транс.

**tranquil** *adj.* споко́йный, ми́рный.

**tranquillity** *n.* споко́йствие.

**tranquillize** *v.t.* успок|а́ивать, -о́ить.

**tranquillizer** *n.* успока́ивающее сре́дство, транквилиза́тор.

**transact** *v.t.* вести́ (*det.*) (*дела*); заключ|а́ть, -и́ть (*сде́лку*).

**transaction** *n.* **1.**: ∼ of business веде́ние дел; **2.** (*deal*) сде́лка; **3.** (*pl., proceedings*) труды́ (*m. pl.*); протоко́лы (*m. pl.*); (*in title of journal*) ве́домости (*f. pl.*).

**transatlantic** *adj.* трансатланти́ческий; (*American*) америка́нский.

**Transcaucasia** *n.* Закавка́зье.

**Transcaucasian** *adj.* закавка́зский.

**transceiver** *n.* приёмо-переда́тчик.

**transcend** *v.t.* прев|ыша́ть, -ы́сить; выходи́ть, вы́йти за преде́лы +g.

**transcendence** *n.* превыше́ние; (*excellence*) превосхо́дство.

**transcendent** *adj.* **1.** (*surpassing*) превосхо́дный, выдаю́щийся; **2.** (*phil.*) трансценде́нтный.

**transcendental** *adj.* (*phil.*) трансценденга́льный; (*abstract, vague*) нея́сный, тума́нный; сверхабстра́ктный.

**transcontinental** *adj.* межконтинента́льный, трансконтинента́льный.

**transcribe** *v.t.* перепи́с|ывать, -а́ть; транскриби́ровать (*impf., pf.*).

**transcript** *n.* ко́пия; расшифро́вка.

**transcription** *n.* перепи́сывание; ко́пия, транскри́пция; the ∼ of notes расшифро́вка за́писи; phonetic ∼ фонети́ческая транскри́пция.

**transept** *n.* трансе́пт.

**transfer** *n.* **1.** (*conveyance; move*) переда́ча; перенесе́ние, перено́с; перево́д; ∼ of property переда́ча иму́щества; the ∼ of a football player перево́д игрока́ в другу́ю футбо́льную кома́нду; **2.** (*drawing etc.*) переводна́я карти́нка; **3.** (*Am.,* ∼ *ticket*) переса́дочный биле́т.

**transfer** *v.t.* **1.** (*move*) перен|оси́ть, -ести́; **2.** (*hand over*) перед|ава́ть, -а́ть; **3.** (*convey from one surface to another*) перев|оди́ть, -ести́; переноси́ть, -ести́ (*рисунок*).

*v.i.* (*move*) перев|оди́ться, -ести́сь; пере| ходи́ть, -йти́; (*change from one vehicle to another*) перес|а́живаться, -е́сть.

**transferable** *adj.* допуска́ющий заме́ну; переводи́мый.

**transference** *n.* **1.** перенесе́ние; перево́д; thought ∼ переда́ча мы́сли на расстоя́нии; **2.** (*psych.*) замеще́ние.

**transfiguration** *n.* видоизмене́ние; (*relig.*) the Т∼ Преображе́ние.

**transfigure** *v.t.* видоизмен|я́ть, -и́ть; (*with joy etc.*) преобра|жа́ть, -зи́ть.

**transfix** *v.t.* **1.** (*impale*) пронз|а́ть, -и́ть; прок|а́лывать, -оло́ть; **2.** (*fig., root to the spot*) прико́в|ывать, -а́ть к ме́сту; he was ∼ed with horror он оцепене́л от у́жаса; он не мог сдви́нуться с ме́ста от у́жаса.

**transform** *v.t.* (*change*) измен|я́ть, -и́ть; преобразо́в|ывать, -а́ть; (*make unrecognizable*) меня́ть, измени́ть до неузнава́емости.

**transformation** *n.* превраще́ние, переворо́т; метаморфо́за, трансформа́ция.

**transformer** *n.* (*elec.*) трансформа́тор.

**transfuse** *v.t.* перел|ива́ть, -и́ть; де́лать, с- переливáние кро́ви.

**transfusion** *n.* перелива́ние (кро́ви).

**transgress** *v.t. & i.* (*infringe*) пере|ходи́ть, -йти́ грани́цы +g.; нар|уша́ть, -у́шить (*закон и m.n.*); (*sin*) греши́ть, со-.

**transgression** *n.* (*infringement*) просту́пок; наруше́ние; (*sin*) грех.

**transgressor** *n.* правонаруши́тель (*fem.* -ница), гре́шни|к (*fem.* -ца).

**tranship** (*also* **transship**) *v.t.* (*goods*) перегру|жа́ть, -зи́ть с одного́ су́дна на друго́е; (*persons*) переса́|живать, -ди́ть с одного́ су́дна на друго́е.

**transhipment** (*also* **transshipment**) *n.* (*of goods*) перегру́зка; (*of persons*) переса́дка.

**transhumance** *n.* сезо́нный перего́н скота́ на но́вые па́стбища.

**transience** *n.* быстроте́чность; мимолётность.

**transient** *n.* (*Am., temporary lodger*) вре́менный жиле́ц.

*adj.* (*impermanent*) вре́менный; (*brief, momentary*) мимолётный, преходя́щий.

**transistor** *n.* (*electronic component*) кристаллотрио́д; (∼ *radio*) транзи́сторный радиоприёмник, транзи́стор.

**transit** *n.* **1.** (*conveyance, passage*) транзи́т, перево́зка; the ∼ of goods перево́зка това́ров/гру́зов; lost in ∼ поте́рянный при перево́зке; ∼ camp транзи́тный ла́герь; **2.** (*astron.*) прохожде́ние (че́рез меридиа́н); **3.** (*Am., public transport*) городско́й тра́нспорт; **4.** in ∼ транзи́том.

**transition** *n.* **1.** (*change*) перехо́д; (*period of change*) перехо́дный пери́од; **2.** (*mus.*) модуля́ция.

**transitional** *adj.* перехо́дный; промежу́точный.

**transitive** *adj.* перехо́дный.

**transitory** *adj.* преходя́щий, мимолётный.

**translatable** *adj.* переводи́мый.

**translate** *v.t. & i.* **1.** (*express in another language*) перев|оди́ть, -ести́; he ~s from Russian into English он перево́дит с ру́сского на англи́йский; have his works been ~d? его́ произведе́ния переводи́лись?; these poems do not ~ well э́ти стихотворе́ния не поддаю́тся перево́ду; **2.** (*convert*): promises must be ~d into action обеща́ния ну́жно претворя́ть в жизнь; **3.** (*interpret*) толкова́ть, ис-; объясн|я́ть, -и́ть; интерпрети́ровать (*impf., pf.*); **4.** (*eccles., transfer*) переводи́ть, -ести́; the bishop was ~d епи́скопа перевели́ в другу́ю епа́рхию.

**translation** *n.* перево́д; machine/simultaneous ~ маши́нный/синхро́нный перево́д; a novel in ~ перево́дный рома́н; (*interpretation*) объясне́ние; толкова́ние; (*removal*) перемеще́ние.

**translator** *n.* перево́дчи|к (*fem.* -ца).

**transliterate** *v.t.* транслитери́ровать (*impf., pf.*).

**transliteration** *n.* транслитера́ция.

**translucenc|e, -y** *nn.* просве́чиваемость, полупрозра́чность.

**translucent** *adj.* просве́чивающий(ся), полупрозра́чный.

**transmigration** *n.* переселе́ние.

**transmissible** *adj.* передаю́щийся; a ~ disease зара́зная боле́знь.

**transmission** *n.* переда́ча, трансми́ссия; there are news ~s every hour но́вости передаю́тся ка́ждый час; the ~ of racial characteristics переда́ча ра́совых осо́бенностей; ~ of parcels пересы́лка паке́тов.

**transmit** *v.t. & i.* сообщ|а́ть, -и́ть; перед|ава́ть, -а́ть; she ~ted her musical gift to her son сын унасле́довал её музыка́льный дар; the plague was ~ted by rats чуму́ разнесли́ кры́сы; iron ~s heat желе́зо прово́дит тепло́; wires ~ electric current электри́ческий ток идёт по провода́м; the fire was ~ting no heat ого́нь не грел; my set will receive but not ~ моё ра́дио мо́жет вести́ приём, а не переда́чу.

**transmitter** *n.* переда́тчик; передаю́щая радиоста́нция; portable ~ ра́ция; ~ aerial передаю́щая анте́нна; metals are good ~s of heat мета́лл — хоро́ший проводни́к тепла́.

**transmogrification** *n.* (*joc.*) превраще́ние.

**transmogrify** *v.t.* (*joc.*) превра|ща́ть, -ти́ть.

**transmutation** *n.* превраще́ние, преобразова́ние.

**transmute** *v.t.* превра|ща́ть, -ти́ть; преобразо́в|ывать, -а́ть.

**transnational** *adj.* транснациона́льный, межнациона́льный; многосторо́нний, многонациона́льный.

**transoceanic** *adj.* заокеа́нский; ~ countries замо́рские/заокеа́нские стра́ны; ~ flight межконтинента́льный полёт.

**transom** *n.* фраму́га; ~ window откидно́е окно́;

фраму́га.

**transparence** *n.* прозра́чность.

**transparency** *n.* **1.** = TRANSPARENCE; **2.** (*picture*) транспара́нт.

**transparent** *adj.* прозра́чный; (*fig.*) я́вный, очеви́дный; a ~ lie я́вная ложь; his motives are ~ его́ побужде́ния очеви́дны.

**transpierce** *v.t.* пронз|а́ть, -и́ть наскво́зь.

**transpiration** *n.* испа́рина.

**transpire** *v.i.* (*exude moisture*) испар|я́ться, -и́ться; (*come to be known*) обнару́жи|ваться, -ться; (*coll., happen*) случ|а́ться, -и́ться.

**transplant**[1] *n.* **1.** расса́да; (*sapling*) са́женец; these cabbages are ~s э́ту капу́сту переса́ди́ли; **2.**: heart ~ переса́дка се́рдца.

**transplant**[2] *v.t. & i.* переса́|живать, -ди́ть; the lettuces need ~ing сала́т необходи́мо переса́ди́ть; this species does not ~ easily э́тот вид пло́хо перено́сит переса́дку; (*fig.*) пересел|я́ть, -и́ть; they were ~ed into modern flats их пересели́ли в совреме́нные кварти́ры; the doctors ~ed skin from his back врачи́ сде́лали ему́ переса́дку ко́жи со спины́.

**transplantation** *n.* переса́дка, транспланта́ция; (*fig.*) переселе́ние.

**transport**[1] *n.* **1.** (*conveyance*) перево́зка, тра́нспорт; **2.** (*means of conveyance*) тра́нспорт; ~ café доро́жное кафе́; public ~ городско́й/общественный тра́нспорт; have you got ~? вы на колёсах?; **3.** (*ship*) тра́нспортное су́дно; (*aircraft*) тра́нспортный самолёт; troop ~ войсково́й тра́нспорт; **4.** (*emotion*) поры́в (чувств); in ~s of delight вне себя́ от ра́дости.

**transport**[2] *v.t.* **1.** (*convey*) перев|ози́ть, -езти́; транспорти́ровать (*impf., pf.*); **2.** (*send to penal colony*) отпр|авля́ть, -а́вить на ка́торгу; **3.** (*of emotion*): ~ed with delight вне себя́ от ра́дости.

**transportable** *adj.* перевози́мый, передвижно́й; (*of a sick person*) транспорта́бельный.

**transportation** *n.* (*of goods etc.*) перево́зка, транспорти́рование; (*of a convict*) ссы́лка, транспорта́ция.

**transporter** *n.* транспортиро́вщик; транспортёр; ~ bridge навесно́й мост.

**transpose** *v.t.* перест|авля́ть, -а́вить; меня́ть, по- места́ми; (*mus.*) транспони́ровать (*impf., pf.*).

**transposition** *n.* перестано́вка; перегруппиро́вка; (*mus.*) транспози́ция.

**transship, -ment** *see* TRANSHIP, -MENT.

**Trans-Siberian** *adj.*: ~ railway Сиби́рская желе́зная доро́га.

**transsubstantiation** *n.* пресуществле́ние.

**Transvaal** *n.* Трансва́аль (*m.*).

**transverse** *adj.* попере́чный; косо́й.

**transvestism** *n.* трансвести́зм.

**transvestite** *n.* трансвести́т.

**Transylvania** *n.* Трансильва́ния.
**Transylvanian** *adj.* трансильва́нский.
**trap** *n.* **1.** (*for animals etc.*) капка́н, западня́; I shall set a ~ for the mice я поста́влю мышело́вку; (*fig.*) лову́шка; he fell into the ~ он попа́л в лову́шку; set a ~ for s.o. устро́ить (*pf.*) лову́шку кому́-н.; расста́вить (*pf.*) се́ти кому́-н.; **2.** (*light vehicle*) рессо́рная двуко́лка; **3.** (*mouth*) гло́тка, пасть (*sl.*); shut your ~! заткни́сь!; закро́й гло́тку!; keep your ~ shut! молчи́ в тря́почку! (*sl.*).
*v.t.* лови́ть, пойма́ть в лову́шку/капка́н; (*fig., catch*): his fingers were ~ped in the door он защеми́л па́льцы две́рью; there is some air ~ped in the pipes в тру́бах образова́лись возду́шные про́бки; he felt ~ped он почу́вствовал, что зажа́т в угол.
*cpd.:* ~-**door** *n.* люк.

**trapeze** *n.* трапе́ция; ~ artist акроба́т.
**trapezium** *n.* трапе́ция.
**trapezoid** *n.* трапецо́ид.
**trapper** *n.* тра́ппер; охо́тник, ста́вящий капка́ны.
**trappings** *n.* (*harness*) сбру́я; (*fig.*): the ~ of office вне́шние атрибу́ты (*m. pl.*) вла́сти.
**Trappist** *n.* член о́рдена траппи́стов.
**traps** *n.* (*coll., belongings*) пожи́тк|и (*pl., g.* -ов).
**trash** *n.* **1.** (*rubbishy material, writing etc.*) халту́ра, чти́во, макулату́ра; **2.** (*Am., refuse*) му́сор, отхо́ды (*m. pl.*), отбро́сы (*m. pl.*); **3.**: white ~ (*Am. coll.*) «бе́лая шваль».
*cpds.:* ~-**can** *n.* (*Am.*) му́сорное ведро́; му́сорный бак.
**trashy** *adj.* низкопро́бный; дрянно́й.
**trauma** *n.* тра́вма.
**traumatic** *adj.* травмати́ческий.
**travail** *n.* му́ки (*f. pl.*); a woman in ~ же́нщина в ро́дах.
**travel** *n.* **1.** (*journeying*) путеше́ствие, пое́здка; ~ broadens the mind путеше́ствие расширя́ет кругозо́р; ~ agent заве́дующий бюро́ путеше́ствий (*or* туристи́ческим аге́нтством); ~ bureau бюро́ путеше́ствий, туристи́ческое аге́нтство; ~ literature (*accounts of journeys*) описа́ние путеше́ствий; (*holiday brochures*) туристи́ческие проспе́кты; ~ nerves чемода́нное настрое́ние; беспоко́йство/волне́ние пе́ред доро́гой; he suffers from ~ sickness он пло́хо перено́сит путеше́ствие/доро́гу; **2.** (*movement of a part or mechanism*) ход.
*v.t.* путеше́ствовать (*impf.*) по +*d.*; е́здить (*indet.*) по +*d.*; I have ~led the whole of England я изъе́здил всю А́нглию; he ~led a thousand miles to see her он пое́хал за ты́сячу миль, что́бы её повида́ть.
*v.i.* путеше́ствовать (*impf.*); е́здить, съ-; he has been ~ling since yesterday он со вчера́шнего дня в пути́; (*as a salesman*) е́здить (*impf.*) в ка́честве коммивояжёра; (*move*)

двигаться (*impf.*); перемеща́ться (*impf.*); bad news ~s fast плохи́е ве́сти бы́стро дохо́дят; light ~s faster than sound ско́рость све́та превыша́ет ско́рость зву́ка; his eye ~led over the scene он обвёл глаза́ми всю сце́ну; we were really ~ling (*coll., going fast*) мы мча́лись на всех пара́х.
*cpds.:* ~-**stained** *adj.* в доро́жной пыли́; ~-**worn** *adj.* измо́танный пое́здками.
**travel(l)ator** *n.* дви́жущийся тротуа́р.
**travelled** *adj.* мно́го путеше́ствовавший, быва́лый.
**traveller** *n.* **1.** путеше́ственник; ~'s cheque тури́стский чек, аккредити́в; ~'s joy ломоно́с; ~'s tales (*fig.*) охо́тничьи расска́зы; небыли́цы; **2.** (*commercial* ~) коммивояжёр.
**travelling** *n.* путеше́ствие.
*adj.* путеше́ствующий; ~ crane передвижно́й кран; ~ library передвижна́я библиоте́ка; ~ salesman коммивояжёр.
*cpds.:* ~-**bag** *n.* чемода́нчик, ручно́й бага́ж; ~-**clock** *n.* доро́жные час|ы́ (*pl., g.* -о́в).
**travelogue** *n.* ле́кция/фильм о путеше́ствиях; путево́й о́черк.
**traverse** *n.* (*in mountaineering*) попере́чина, тра́верс; (*naut.*) зигзагообра́зный курс; манёвр «зигза́г».
*v.t.* **1.** пересе|ка́ть, -́чь; the railway ~s miles of desert желе́зная доро́га пересека́ет обши́рную пусты́ню; the searchlight ~d the sky проже́ктор обша́ривал не́бо; **2.** (*leg., deny; thwart*) отрица́ть (*impf.*); пере́чить (*impf.*) +*d.*
**travesty** *n.* шарж, паро́дия, травести́ (*nt. indecl.*); ~ of justice паро́дия на справедли́вость.
*v.t.* пароди́ровать (*impf.*).
**trawl** *n.* (~-net) трал; до́нный не́вод.
*v.t. & i.* тра́лить (*impf.*); лови́ть (*impf.*) ры́бу тра́ловыми сетя́ми; the fishermen ~ed their nets рыбаки́ тащи́ли се́ти по дну; they ~ed for herring они́ отла́вливали сельдь (тра́лом).
**trawler** *n.* (*vessel*) тра́улер.
**tray** *n.* (*for tea etc.*) подно́с; (*for correspondence*) корзи́нка; (*in trunk*) лото́к.
**trayful** *n.* це́лый подно́с; a ~ of glasses подно́с со стака́нами.
**treacherous** *adj.* (*lit., fig.*) преда́тельский, изме́ннический; вероло́мный, кова́рный; (*undependable*) ненадёжный; ~ weather кова́рная пого́да; the roads are ~ доро́ги опа́сны; my memory is ~ на мою́ па́мять наде́жда плоха́я; па́мять мне изменя́ет.
**treacher|ousness, -y** *nn.* преда́тельство, изме́на, вероло́мство.
**treacle** *n.* па́тока.
**treacly** *adj.* ли́пкий, вя́зкий; (*fig.*) прито́рный; еле́йный; ~ sentiment слаща́вость.
**tread** *n.* **1.** (*step*) по́ступь; шаги́ (*m. pl.*); **2.**

(*manner or sound of walking*) похо́дка; **3.** (*of tyre*) проте́ктор.

*v.t.* **1.** (*walk on*) ступа́ть (*impf.*) по +*d.*; шага́ть (*impf.*) по +*d.*; a well-trodden path (*lit.*) прото́птанная тропи́нка; (*fig.*) проторённая доро́жка; his ambition was to ~ the boards (*be an actor*) он мечта́л о теа́тре; **2.** (*dance*): ~ a measure (*arch.*) исп|олня́ть, -о́лнить та́нец; **3.** (*trample on*) топта́ть, по-; дави́ть, раз-; the peasants were ~ing the grapes крестья́не дави́ли виногра́д; (*fig.*): the slaves were trodden under foot рабы́ бы́ли совершенно беспра́вны.

*v.i.*: ~ on that spider! растопчи́те/раздави́те э́того паука́!; don't ~ on the grass по траве́ не ходи́ть; (*fig.*): he trod in his father's footsteps он шёл по стопа́м отца́; he ~s on everybody's toes он ве́чно наступа́ет лю́дям на люби́мую мозо́ль; I won the race, but he trod hard on my heels я пришёл пе́рвым, но он бежа́л за мной по пята́м; I was ~ing on air я ног под собо́й не чу́ял от сча́стья; we must ~ lightly in this matter в э́той ситуа́ции мы должны́ де́йствовать осторо́жно.

*with advs.*: he trod **down** the earth он утрамбова́л зе́млю; keep off the carpet, or you will ~ the mud **in** не ходи́те по ковру́, а то он совсе́м запа́чкается; they trod **out** the fire они́ затопта́ли ого́нь.

*cpd.*: ~**mill** *n.* (*lit.*) топча́к; (*fig.*) однообра́зная рабо́та.

**treadle** *n.* педа́ль; ножно́й приво́д.
**treason** *n.* (госуда́рственная) изме́на.
**treasonable** *adj.* изме́ннический.
**treasure** *n.* (*precious object or person*) сокро́вище; (~ trove) клад; art ~s сокро́вища иску́сства; our maid is a ~ на́ша прислу́га — су́щее сокро́вище; на́шей прислу́ге цены́ нет.

*v.t.* (*store up, esp. in memory*) храни́ть, со-; ~d memories дороги́е воспомина́ния; I ~ his words я свя́то храню́ в па́мяти его́ слова́; (*value highly*) высоко́ цени́ть (*impf.*).

*cpd.*: ~**-house** *n.* сокро́вищница; (*fig.*): a ~-house of knowledge сокро́вищница зна́ний.
**treasurer** *n.* казначе́й.
**treasury** *n.* (*lit., fig.*) сокро́вищница; (*public revenue department*) казна́; ~ bill краткосро́чный казначе́йский ве́ксель; ~ note казначе́йский биле́т.
**treat** *n.* **1.** (*pleasure*) большо́е (*or* ни с чем не сравни́мое) удово́льствие; it's a ~ to listen to him слу́шать его́ — одно́ удово́льствие; school ~ пикни́к, экску́рсия; **2.** (*defrayal of entertainment*): he stood ~ for them all он всех угоща́л; it's my ~! я угоща́ю!

*v.t.* **1.** (*behave towards*) обраща́ться (*impf.*) с +*i.*; he ~s me like a child он обраща́ется со мной, как с ребёнком; the prisoners were well ~ed с заключёнными обраща́лись корре́кт-

но; how is the world ~ing you? как жизнь?; как вы пожива́ете?; как вам живётся?; **2.** (*deem, regard*) рассма́тривать (*impf.*); отн|оси́ться, -ести́сь к +*d.*; he ~ed it as a joke он отнёсся к э́тому, как к шу́тке; we will ~ the application as valid мы бу́дем счита́ть э́то заявле́ние действи́тельным; **3.** (*deal with*; *discuss*) трактова́ть (*impf.*); рассма́тривать (*impf.*); he ~ed the subject in detail он подро́бно освети́л те́му; **4.** (*give medical care to*) лечи́ть (*impf.*); how would you ~ a sprained ankle? как вы ле́чите растяже́ние голеносто́пного сухожи́лия?; he was ~ed for burns его́ лечи́ли от ожо́гов; **5.** (*apply chemical process to*) обраб|а́тывать, -о́тать; the wood was ~ed with creosote древеси́ну обрабо́тали креозо́том; **6.** (*make a free partaker*) уго|ща́ть, -сти́ть; he ~ed me to a drink он поднёс мне рю́мку; I shall ~ myself to a holiday я устро́ю себе́ кани́кулы/о́тпуск.

*v.i.* **1.** (*give an account*): this book ~s of many subjects в э́той кни́ге говори́тся о мно́гих веща́х; **2.** (*negotiate*) вести́ (*det.*) перегово́ры; we ~ed with them on equal terms мы вели́ с ни́ми перегово́ры на ра́вных нача́лах.

**treatise** *n.* тракта́т; нау́чный труд.
**treatment 1.** (*handling*) обраще́ние; тракто́вка; his ~ of colour is masterly он мастерски́ владе́ет цве́том; the subject received only superficial ~ э́той те́мы косну́лись лишь пове́рхностно; **2.** (*chem. etc.*) обрабо́тка; heat ~ терми́ческая обрабо́тка; **3.** (*med.*) лече́ние, процеду́ра; she is still under ~ она́ всё ещё ле́чится.

**treaty** *n.* догово́р.
**treble** *n.* (*voice*) ди́скант; (*attr.*) дисканто́вый; ~ clef скрипи́чный ключ.
*adj.* тройно́й; ~ knock троекра́тный стук; he earns ~ my money он зараба́тывает втро́е бо́льше меня́.
*v.t. & i.* утр|а́ивать(ся), -о́ить(ся).
**trecento** *n.* трече́нто (*indecl.*).
**tree** *n.* де́рево; family ~ родосло́вное де́рево; родосло́вная; he is at the top of the ~ (*fig.*) он занима́ет (са́мое) высо́кое положе́ние; he found himself up a (gum-)~ (*coll., in a fix*) он попа́л в перепле́т; его́ припёрли к сте́нке.
*cpds.*: ~**-fern** *n.* древови́дный па́поротник; ~**-surgery** *n.* обре́зка дере́вьев на омоложе́ние; ~**-top** *n.* верху́шка де́рева.
**treeless** *adj.* лишённый дере́вьев; обезле́сенный.
**trefoil** *n.* (*plant*) кле́вер; (*decoration*) трили́стник.
**trek** *n.* (*migration*) переселе́ние; (*arduous journey*) похо́д; перехо́д.
*v.i.* пересел|я́ться, -и́ться.
**trellis** *n.* шпале́ра, трелья́ж.
*cpd.*: ~**-work** *n.* решётка.

**trembl|e** *n.* дрожь; she was all of a ~e (*coll.*) она́ дрожа́ла как оси́новый лист.

*v.i.* дрожа́ть (*impf.*); трясти́сь (*impf.*); he was ~ing with excitement он дрожа́л от волне́ния; (*fig.*): she ~ed for his safety она́ дрожа́ла за него́; I ~e to think what may happen меня́ броса́ет в дрожь при мы́сли, что мо́жет случи́ться; in fear and ~ing в стра́хе и тре́пете.

**tremendous** *adj.* грома́дный; стра́шный; (*coll., very great; splendid*) огро́мный, потряса́ющий; this is a ~ help э́то огро́мная по́мощь.

**tremolo** *n.* тре́моло (*indecl.*).

**tremor** *n.* (*trembling*) сотрясе́ние, содрога́ние, дрожь; there was a ~ in his voice его́ го́лос дрожа́л; earth ~ подзе́мный толчо́к.

**tremulous** *adj.* **1.** (*trembling*) дрожа́щий; in a ~ voice с дро́жью в го́лосе; **2.** (*timid*) боязли́вый, трепе́щущий.

**trench** *n.* ров, кана́ва; (*mil.*) око́п, транше́я; ~ coat шине́ль; ~ fever сыпно́й тиф; ~ foot транше́йная стопа́; ~ mortar миномёт; ~ warfare око́пная война́.

*v.t.* (*make ~es in*) перек|а́пывать, -опа́ть.

**trenchant** *adj.* о́стрый, ко́лкий, ре́зкий.

**trencher** *n.* (*arch.*) деревя́нное блю́до.

*cpd.*: ~**man** *n.*: a good ~man хоро́ший едо́к.

**trend** *n.* направле́ние, тенде́нция; set a ~ вв|оди́ть, -ести́ но́вый стиль.

*v.i.* име́ть (*impf.*) тенде́нцию (*к чему*); склоня́ться (*impf.*) (*в каком-н. направлении*).

*cpd.*: ~**-setter** *n.* законода́тель (*fem.* -ница) мод/сти́ля.

**trendy** *adj.* (*coll.*) мо́дный, «всегда́ на у́ровне».

**trepan** *v.t.* (*surg.*) трепани́ровать (*impf., pf.*).

**trepidation** *n.* трево́га, тре́пет, дрожь; in ~ трепеща́.

**trespass** *n.* **1.** (*leg., offence*) правонаруше́ние; (*intrusion on property*) наруше́ние владе́ния; вторже́ние в чужи́е владе́ния; **2.** (*relig.*) прегреше́ние; forgive us our ~es оста́ви нам до́лги на́ши.

*v.i.* **1.** (*intrude*) вт|орга́ться, -о́ргнуться в чужи́е владе́ния; no ~ing вход воспрещён; (*fig.*): I have no wish to ~ on your hospitality я не хочу́ злоупотребля́ть ва́шим гостеприи́мством; **2.** (*relig.*) греши́ть, со-; those that ~ against us те, кто про́тив нас согреша́ют; должники́ на́ши.

**trespasser** *n.* правонаруши́тель (*fem.* -ница); лицо́, вторга́ющееся в чужи́е владе́ния; ~s will be prosecuted наруши́тели бу́дут пресле́доваться.

**tress** *n.* ло́кон, коса́.

**trestle** *n.* ко́з|лы (*pl., g.* -ел).

*cpds.*: ~**-bridge** *n.* мост на деревя́нных опо́рах; ~**-table** *n.* стол на ко́злах.

**trews** *n.* ≃ кле́тчатые штан|ы́ (*pl., g.* -о́в).

**tri-** *pref.* трёх-, тре-.

**triad** *n.* (*group of three*) тро́ица, тро́йка; (*math.*) триа́да; (*mus.*) трезву́чие.

**trial** *n.* **1.** (*testing, test*) испыта́ние, про́ба; it was a ~ of strength between them э́то была́ про́ба их сил; I discovered the truth by ~ and error я откры́л пра́вду эмпири́ческим путём; why not give him a ~? почему́ бы не взять его́ на испыта́тельный срок?; he took the car on a week's ~ он взял автомаши́ну на неде́льное испыта́ние; the ship passed its ~s корабль прошёл испыта́ния; **2.** (*attr.*) про́бный; ~ balloon про́бный шар; ~ match отбо́рочный матч; ~ order (*of goods*) зака́з на про́бную па́ртию; ~ run испыта́тельный пробе́г; ~ voyage про́бный рейс; **3.** (*judicial examination*) суде́бное разбира́тельство; суде́бный проце́сс; he went on ~ for murder его́ суди́ли за уби́йство; bring to (*or* put on) ~ прив|ека́ть, -е́чь к суду́; he was given a fair ~ его́ суди́ли в соотве́тствии с зако́ном; he stands his ~ next month суд над ним состои́тся в сле́дующем ме́сяце; the case came up for ~ наступи́л день суда́; **4.** (*annoyance, ordeal*) пережива́ние, испыта́ние; he is a sore ~ to me он — мой крест; old age has its ~s ста́рость не ра́дость.

**triangle** *n.* (*geom., mus., fig.*) треуго́льник; the eternal ~ изве́чный/любо́вный треуго́льник.

**triangular** *adj.* треуго́льный; a ~ argument спор ме́жду тремя́ ли́цами.

**triangulation** *n.* триангуля́ция; ~ point топографи́ческая вы́шка.

**Triassic** *adj.* триа́совый.

**tribadism** *n.* лесби́йская любо́вь.

**tribal** *adj.* племенно́й.

**tribalism** *n.* племенно́й строй.

**tribe** *n.* **1.** (*racial group*) пле́мя (*nt.*), род, коле́но; the twelve ~s of Israel двена́дцать коле́н изра́илевых; **2.** (*pej., group, body*) ша́тия, компа́ния, братва́.

*cpd.*: ~**sman** *n.* член пле́мени.

**tribulation** *n.* страда́ние, го́ре, беда́.

**tribunal** *n.* трибуна́л, суд.

**tribune** *n.* (*pers.*) трибу́н; (*platform*) трибу́на, эстра́да.

**tributary** *n.* (*state/pers.*) госуда́рство/лицо́, платя́щее дань; (*stream*) прито́к.

*adj.* платя́щий дань; явля́ющийся прито́ком.

**tribute** *n.* (*payment*) дань; (*token of respect etc.*) дань; до́лжное; he paid ~ to his wife's help он вы́разил благода́рность свое́й жене́ за по́мощь; floral ~s цвето́чные подноше́ния.

**trice** *n.* (*liter.*): in a ~ вмиг, ми́гом.

**trick** *n.* **1.** (*dodge, device*) шту́ка, приём, хи́трости (*f. pl.*); he knows all the ~s of the trade он зна́ет все хо́ды и вы́ходы; he tried every ~ in the book он примени́л все изве́стные приёмы; I know a ~ worth two of that я зна́ю шту́ку похитре́е; **2.** (*deception, mischievous act*) шу́тка; обма́н, трюк; he is always playing ~s on me он всегда́ надо мной подшу́чивает; he is up to his old ~s again он сно́ва приня́лся за свои́ проде́лки; a ~ of the light опти́ческий обма́н; a dirty ~ по́длость; play a dirty ~ on s.o. подложи́ть (*pf.*) кому́-н. свинью́; he is good at card ~s он ло́вко де́лает ка́рточные фо́кусы; **3.** (*feat*) шту́ка; their dog can do a lot of ~s их соба́ка зна́ет мно́го кома́нд; you can't teach him any new ~s его́ невозмо́жно научи́ть ничему́ но́вому; that will do the ~ э́то срабо́тает наверняка́; there's no ~ to it э́то немудрено́ (*coll.*); не шту́ка; ~ cyclist (*lit.*) цирково́й велосипеди́ст; (*joc., psychiatrist*) психиа́тр; **4.** (*knack*) хва́тка; there's a ~ to operating this machine что́бы обраща́ться с э́той маши́ной, нужна́ осо́бая сноро́вка; **5.** (*mannerism*) привы́чка, мане́ра; he has a ~ of repeating himself у него́ осо́бая мане́ра повторя́ться; **6.** (*at cards*) взя́тка; we won by the odd ~ мы вы́играли, благодаря́ реша́ющей взя́тке; he never misses a ~ (*fig.*) он никогда́ не упу́стит слу́чая; он всегда́ на чеку́.

*v.t.* **1.** (*cheat, beguile*) обма́н|ывать, -у́ть; над|ува́ть, -у́ть; they ~ed him out of a fortune они́ вы́манили у него́ ма́ссу де́нег; she was ~ed into marriage её обма́нным путём втяну́ли в заму́жество; **2.** ~ out, up (*adorn*) укр|аша́ть, -а́сить; наря|жа́ть, -ди́ть; ~ed out in all her finery разоде́тая в пух и прах.

**trickery** *n.* обма́н, надува́тельство.

**trickle** *n.* стру́йка.

*v.t.* ка́пать (*impf.*).

*v.i.* сочи́ться (*impf.*); ка́пать (*impf.*); (*fig.*): the news ~d out но́вости просочи́лись; the crowd began to ~ away толпа́ начала́ постепе́нно расходи́ться.

**trickster** *n.* обма́нщик, ловка́ч.

**tricksy** *adj.* шаловли́вый, игри́вый.

**tricky** *adj.* (*crafty, deceitful*) хи́трый; (*awkward*) сло́жный, мудрёный, заковы́ристый.

**tricolour** *n.* (*flag*) трёхцве́тный флаг; (*French*) францу́зский флаг.

**tricot** *n.* трико́ (*indecl.*).

**tricycle** *n.* трёхколёсный велосипе́д.

**trident** *n.* трезу́бец.

**tried** *adj.* (*tested*) испы́танный, прове́ренный; надёжный, ве́рный.

**triennial** *adj.* продолжа́ющийся три го́да; повторя́ющийся че́рез ка́ждые три го́да.

**trier** *n.* (*persevering pers.*) стара́тельный челове́к.

**trifle** *n.* **1.** (*thing of small value or importance*) пустя́к, ме́лочь; she gets upset over ~s она́ огорча́ется по пустяка́м; (*small sum*) небольша́я су́мма; I paid the merest ~ for this book я заплати́л су́щий пустя́к за э́ту кни́гу; **2.** a ~ (*as adv.*) немно́го; са́мую ма́лость; I was just a ~ angry я чу́точку рассерди́лся; **2.**

(*sweet dish*) бискви́т со сби́тыми сли́вками.

*v.i.* относи́ться (*impf.*) несерьёзно к +*d.*; he ~d with her affections он игра́л её чу́вствами; he ~d with his food он лени́во ковыря́лся в таре́лке; he is not a man to be ~d with с ним шу́тки пло́хи.

with *adv.*: he ~d away his money он по́пусту растра́тил де́ньги.

**trifler** *n.* ветрого́н, пусто́й ма́лый.

**trifling** *adj.* пустяко́вый; незначи́тельный.

**triforium** *n.* трифо́рий.

**trigger** *n.* спусково́й крючо́к; he was quick on the ~ (*fig.*) у него́ бы́ли молниено́сные реа́кции.

*v.t.* (*usu.* ~ **off**) вызыва́ть, вы́звать; да|ва́ть, -ть нача́ло +*d.*; his action ~ed off a chain of events его́ посту́пок повлёк за собо́й цепь собы́тий.

*cpds.*: ~-**finger** *n.* указа́тельный па́лец (пра́вой руки́); ~-**happy** *adj.* (*coll.*) стреля́ющий без разбо́ра.

**trigonometrical** *adj.* тригонометри́ческий.

**trigonometry** *n.* тригономе́трия.

**trilateral** *adj.* трёхсторо́нний.

**trilby** *n.* мя́гкая фе́тровая шля́па.

**trill** *n.* (*of bird, voice or instrument*) трель; (*of letter r*) вибри́рующее/раска́тистое «р».

*v.t.*: the Italians ~ their 'r's италья́нцы произно́сят «р» с вибра́цией.

*v.i.*: the birds were ~ing пти́цы залива́лись тре́лью.

**trillion** *n.* ($10^{18}$) квинтильо́н; (*Am.*, $10^{12}$) триллио́н.

**trilogy** *n.* трило́гия.

**trim** *n.* **1.** (*order, fitness*) поря́док; состоя́ние гото́вности; the champion was in fighting ~ чемпио́н был в превосхо́дной фо́рме; everything was in good ~ всё бы́ло/находи́лось в образцо́вом поря́дке; we must get into ~ before the race нам ну́жно прийти́ в фо́рму пе́ред соревнова́нием; **2.** (*light cut*) подре́зка, стри́жка; your hair needs a ~ вам ну́жно подровня́ть во́лосы; I must give the lawn a ~ на́до подстри́чь траву́.

*adj.* аккура́тный, опря́тный; she has a ~ figure у неё стро́йная фигу́рка; he keeps his garden ~ он соде́ржит сад в образцо́вом поря́дке.

*v.t.* **1.** (*cut back to desired shape or size*) подр|еза́ть, -е́зать; подр|а́внивать, -овня́ть; he was ~ming the hedge он подра́внивал и́згородь; the lamp needs ~ming ну́жно подре́зать фити́ль; he ~s his beard every day он подра́внивает бо́роду ка́ждый день; **2.** (*decorate*) отде́л|ывать, -ать; отор|а́чивать, -очи́ть; a hat ~med with fur ша́пка, отде́ланная/оторо́ченная ме́хом; **3.** (*adjust balance or setting of*) разме|ща́ть, -сти́ть балла́ст +*g.*; they ~med the sails они́ поста́вили паруса́ по ве́тру; he

~ med his sails to the wind (*fig.*) он держа́л нос по ве́тру; он знал, отку́да ве́тер ду́ет.

*with advs.*: ~ **away**, ~ **off** *vv.t.* подстр|ига́ть, -и́чь; подре́з|ывать (*or* подреза́ть), -а́ть.

**trimmer** *n.* (*time-server*) приспособле́нец; (*tech.*) обрезно́й стано́к.

**trimming** *n.* (*on dress etc.*) отде́лка; (*coll., accessory*) гарни́р, припра́ва; roast duck and all the ~ s жа́реная у́тка с гарни́ром.

**Trinitarian** *n.* триипоста́сник.

**trinitrotoluene** *see* TNT.

**trinity** *n.* тро́ица; T~ Sunday Тро́ицын день.

**trinket** *n.* безделу́шка; брело́к.

**trio** *n.* (*group of three*) тро́йка; (*mus.*) три́о (*indecl.*).

**trip** *n.* **1.** (*excursion*) пое́здка, путеше́ствие, прогу́лка; he has gone on a ~ to Paris он пое́хал (ненадо́лго) в Пари́ж; the round ~ costs £10 пое́здка в о́ба конца́ сто́ит 10 фу́нтов; (*coll., psychedelic experience*) наркоти́ческое состоя́ние; кейф; **2.** (*stumble*) спотыка́ние.

*v.t.* **1.** (*cause to stumble*; *also* ~ **up**) ста́вить, по- подно́жку +*d.*; (*fig.*) запу́т|ывать, -ать; counsel tried to ~ the witness up адвока́т пыта́лся сбить свиде́теля; **2.** (*release from catch*) расцепля́ть (*impf.*); выключа́ть (*impf.*).

*v.i.* **1.** (*run or dance lightly*) пританцо́вывать (*impf.*) вприпля́ску; she came ~ ping down the stairs она́ легко́ сбежа́ла вниз по ле́стнице; **2.** (*stumble*; *also* ~ **up**) спот|ыка́ться, -кну́ться; he ~ ped over the rug он споткну́лся о ковёр; (*fig., commit error*) ошиб|а́ться, -и́ться; I ~ ped up badly in my estimate я здо́рово оши́бся в свои́х расчётах.

*cpds.*: ~ **-hammer** *n.* па́дающий мо́лот; ~ **-wire** *n.* ми́нная про́волока; «спотыка́ч».

**tripartite** *adj.* трёхсторо́нний.

**tripe** *n.* (*offal*) требуха́; (*coll., rubbish*) чепуха́, вздор.

**triple** *adj.* тройно́й, утро́енный; T~ Alliance Тро́йственный сою́з; ~ time (*mus.*) трёхдо́льный разме́р.

*v.t. & i.* утр|а́ивать(ся), -о́ить(ся).

**triplet** *n.* **1.** (*set of three*) тро́йка; **2.** (*one of three children born together*) тройня́шка; ~ s (*children*) тро́йня (*sg.*); **3.** (*mus.*) трио́ль.

**triplex** *adj.*: ~ glass три́плекс, безоско́лочное стекло́.

**triplicate** *n.*: in ~ в трёх экземпля́рах. *adj.* тройно́й.

**tripod** *n.* трено́га, трено́жник.

**tripos** *n.* экза́мен для получе́ния дипло́ма бакала́вра (*в Кэ́мбридже*).

**tripper** *n.* экскурса́нт (*fem.* -ка).

**triptych** *n.* три́птих.

**trireme** *n.* трире́ма.

**trisect** *v.t.* дели́ть, раз- на́ три ра́вные ча́сти.

**trisyllabic** *adj.* трёхсло́жный.

**trisyllable** *n.* трёхсло́жное сло́во.

**trite** *adj.* бана́льный, изби́тый.

**triteness** *n.* бана́льность.

**triumph** *n.* торжество́; they came home in ~ они́ верну́лись с побе́дой; (*hist.*) триу́мф.

*v.i.* **1.** (*be victorious*) побе|жда́ть, -ди́ть; justice will ~ in the end в конце́ концо́в справедли́вость восторжеству́ет; he ~ ed over adversity он одоле́л невзго́ды; **2.** (*exult*)ликова́ть (*impf.*); торжествова́ть (*impf.*); he ~ ed in his enemy's defeat он ликова́л/торжествова́л по слу́чаю пораже́ния врага́.

**triumphal** *adj.* триумфа́льный.

**triumphant** *adj.* (*victorious*) победоно́сный; (*exultant*) торжеству́ющий, лику́ющий.

**triumvir** *n.* триумви́р.

**triumvirate** *n.* триумвира́т.

**triune** *adj.* триеди́ный.

**trivet** *n.* (*tripod*) подста́вка; (*bracket*) тага́н; as right as a ~ в по́лном поря́дке.

**trivia** *n.* ме́лочи (*f. pl.*).

**trivial** *adj.* (*trifling*) ме́лкий; незначи́тельный; (*commonplace, everyday*) обы́денный; the ~ round обыденне́вные дела́; (*shallow, artificial*) тривиа́льный, пове́рхностный.

**triviality** *n.* незначи́тельность, тривиа́льность.

**trivialize** *v.t.* оп|ошля́ть, -о́шлить.

**trochaic** *adj.* трохеи́ческий.

**trochee** *n.* хоре́й, трохе́й.

**troglodyte** *n.* троглоди́т.

**troglodytic** *adj.* троглоди́тский.

**troika** *n.* тро́йка.

**Trojan** *n.* троя́н|ец (*fem.* -ка); (*fig.*): he worked like a ~ он до́блестно труди́лся; он рабо́тал как вол.

*adj.* троя́нский; ~ horse (*fig.*) троя́нский конь; ~ War Троя́нская война́.

**troll**[1] *n.* (*myth.*) тролль (*m.*).

**troll**[2] *n.* (*fishing reel*) блесна́.

*v.t. & i.* лови́ть (*impf.*) (ры́бу) на блесну́.

**troll**[3] *v.t. & i.* (*sing*) распева́ть (*impf.*); напева́ть (*impf.*).

**trolley** *n.* (*handcart*) теле́жка; (*table on wheels*) сто́лик на колёсиках; (*rail-car*) дрези́на; (*Am., street-car*) трамва́й.

*cpds.*: ~ **-bus** *n.* тролле́йбус; ~ **-car** *n.* (*Am.*) трамва́й.

**trollop** *n.* (*slattern*) растрёпа, неря́ха; (*prostitute*) проститу́тка, шлю́ха.

**trombone** *n.* тромбо́н.

**trombonist** *n.* тромбони́ст.

**troop** *n.* **1.** (*assembled group of persons*) отря́д; (*of animals*) ста́до; **2.** (*mil. unit*) батаре́я; ро́та; ~ of horse кавалери́йский отря́д; **3.** (*pl., soldiers*) войск|а́ (*pl., g.* —); that's the stuff to give the ~ s (*joc.*) э́то как раз то, что на́до.

*v.t.*: ~ ing the colour церемо́ния вы́носа зна́мени.

*v.i.* дви́|гаться, -нуться толпо́й; the children ~ ed out of school де́ти стро́ем вы́шли из шко́лы; the deputation ~ed into the office депута́ция цепо́чкой вошла́ в кабине́т.

*cpds.*: ~**-carrier** *n.* (*mil.*) транспортёр для перево́зки ли́чного соста́ва; (*av.*) тра́нспортно-деса́нтный самолёт; ~**ship** *n.* тра́нспорт для перево́зки войск.

**trooper** *n.* **1.** (*soldier*) кавалери́ст; танки́ст; he swore like a ~ он руга́лся как изво́зчик; **2.** (*Am., policeman*) полице́йский.

**trope** *n.* троп.

**trophy** *n.* трофе́й; (*prize, also*) приз.

**tropic** *n.* тро́пик; T~ of Cancer тро́пик Ра́ка; T~ of Capricorn тро́пик Козеро́га; in the ~s в тро́пиках.

**tropical** *adj.* тропи́ческий; (*fig.*) горя́чий; стра́стный; бу́йный.

**troposphere** *n.* тропосфе́ра.

**trot** *n.* **1.** (*gait, pace*) рысь; at a gentle ~ лёгкой ры́сью; (*fig.*) he keeps me on the ~ (*constantly busy*) он всё вре́мя гоня́ет меня́; I have been on the ~ all day (*moving about*) я был на нога́х це́лый день; (*afflicted with diarrhoea*) я це́лый день «бе́гал»; **2.** (*run or ride at this pace*) прогу́лка, пробе́жка; she took her horse for a ~ она́ взяла́ ло́шадь на вы́ездку; he does a ten-minute ~ every morning ка́ждое у́тро он де́лает десятимину́тную пробе́жку.

*v.t.* **1.** (*exercise*) выгу́ливать (*impf.*); прогу́ливать (*impf.*); he ~ted his horse in the park он прогу́ливал ло́шадь в па́рке; you ~ted me off my feet он загоня́л меня́ до́ сме́рти.

*v.i.* (*of a horse*) идти́ (*det.*) ры́сью; (*of pers.*) семени́ть (*impf.*); he ~ted after his wife он семени́л за жено́й.

*with cpds.*: ~ **along**, ~ **off** *vv.i.* (*coll.*) отпр|авля́ться, -а́виться; I must be ~ting off home мне пора́ (отправля́ться) домо́й; ~ **out** *v.t.* (*coll.*) демонстри́ровать (*impf.*); he ~ted out all his photographs он продемонстри́ровал все свои́ фотогра́фии; he ~ted out the usual excuses он, как всегда́, вы́ставил ма́ссу отгово́рок.

**troth** *n.* ве́рность, (*чести́не*) сло́во.

**Trotskyism** *n.* троцки́зм.

**Trotsky|ist, -ite** *nn.* троцки́ст (*fem.* -ка).

**trotter** *n.* (*horse*) рыси́стая ло́шадь; (*animal's foot*) но́жка; pig's ~s свины́е но́жки.

**troubadour** *n.* трубаду́р.

**trouble** *n.* **1.** (*grief, anxiety*) волне́ние, трево́га; беспоко́йство; her heart was full of ~ се́рдце её бы́ло не на ме́сте; (*misfortune, affliction*) го́ре, беда́; his ~s are over тепе́рь все его́ несча́стья позади́; I have ~s of my own! мне бы ва́ши забо́ты!; there is ~ brewing ждать беды́; быть беде́; **2.** (*difficulty, difficulties*) хло́п|оты (*pl., g.* -о́т); затрудне́ние; family ~s семе́йные неприя́тности/тру́дности(*both fem.*)/хло́поты; money ~s де́нежные затрудне́ния; I am having ~ with the car у меня́ непола́дки (*f. pl.*) с маши́ной; don't make ~

for me не создава́йте мне ли́шних тру́дностей; what's the ~? в чём де́ло?; the ~ is (that) . . . беда́ в том, что . . .; that's the ~ вот в чём беда́; в то́м-то и беда́; without any ~ легко́; the ~ with him is that . . . его́ беда́/недоста́ток в том, что . . .; **3.** (*predicament*): he's always getting into ~ он ве́чно попада́ет в исто́рии; he is in ~ with the police у него́ неприя́тности с поли́цией; his brother got him into ~ брат навлёк неприя́тности на его́ го́лову; he found himself in ~ он влип (*coll.*); I got him out of ~ я вы́зволил его́ из беды́; ask for ~ лезть (*det.*) на рожо́н; that's asking for ~ э́так то́лько нарвёшься на неприя́тности; he got her into ~ (*pregnant*) он сде́лал ей ребёнка; **4.** (*inconvenience*): I don't want to put you to any ~ я не хочу́ вас затрудня́ть; it will be no ~ at all э́то меня́ ниско́лько не затрудни́т; he saved me the ~ он изба́вил меня́ от э́той необходи́мости; **5.** (*disorder, mess*) неуряди́ца; **6.** (*pains, care, effort*) забо́та, труд, хло́п|оты (*pl., g.* -о́т); she took a lot of ~ over the cake она́ приложи́ла мно́го стара́ния для приготовле́ния пирога́; he didn't even take the ~ to write он да́же не потруди́лся написа́ть; thank you for all your ~ спаси́бо за все ва́ши хло́поты; it is not worth the ~ не сто́ит хлопо́т; **7.** (*disease, ailment*) неду́г, боле́знь; he has heart ~ у него́ больно́е се́рдце; mental ~ психи́ческое расстро́йство; **8.** (*unrest, civil commotion*) волне́ния (*nt. pl.*); беспоря́дки (*m. pl.*); labour ~s волне́ния среди́ рабо́чих.

*v.t.* **1.** (*agitate, disturb, worry*) трево́жить (*impf.*); волнова́ть (*impf.*); he was ~d about money он волнова́лся из-за де́нег; don't let it ~ you не принима́йте э́то бли́зко к се́рдцу; a ~d countenance обеспоко́енный вид; ~d times сму́тные времена́; he is fishing in ~d waters (*fig.*) он ло́вит ры́бку в му́тной воде́; **2.** (*afflict*) беспоко́ить (*impf.*); му́чить (*impf.*); he is ~d with a cough его́ му́чит ка́шель; my back ~s me у меня́ боли́т спина́; **3.** (*put to inconvenience*) затрудн|я́ть, -и́ть; may I ~ you for a match? мо́жно попроси́ть у вас спи́чку?; don't ~ yourself не беспоко́йтесь; sorry to ~ you! прости́те за беспоко́йство!; I'll ~ you to mind your own business я бы попроси́л вас не лезть в чужи́е дела́.

*v.i.* труди́ться (*impf.*); беспоко́иться (*impf.*); don't ~ about that не беспоко́йтесь об э́том; don't ~ to come and meet me не сто́ит меня́ встреча́ть; why should I ~ to explain? с како́й ста́ти я до́лжен входи́ть в объясне́ния?

*cpds.*: ~**-free** *adj.* (*carefree*) беззабо́тный; (*reliable*) надёжный; безотка́зный; ~**-maker** *n.* скло́чни|к (*fem.* -ца); (*instigator of* ~) смутья́н (*fem.* -ка); ~**-shooter** *n.* авари́йный монтёр; (*fig.*) уполномо́ченный по ула́живанию конфли́ктов.

**troublesome** *adj.* тру́дный; хло́потный; а ~ child тру́дный ребёнок; а ~ cough мучи́тельный ка́шель.

**troublous** *adj.* (*liter.*) сму́тный, трево́жный.

**trough** *n.* **1.** (*for animals*) коры́то, корму́шка; (*for dough*) квашня́; (*for water*) жёлоб, лото́к; **2.** (*meteor.*) фронт ни́зкого давле́ния; **3.** (*between waves*) подо́шва волны́.

**trounce** *v.t.* (*thrash*) поро́ть, вы́-; сечь, вы́-; (*defeat*) разб|ива́ть, -и́ть.

**troupe** *n.* тру́ппа.

**trouper** *n.* член тру́ппы; актёр, актри́са.

**trousered** *adj.* в брю́ках.

**trouser|s** *n.* штан|ы́ (*pl., g.* -о́в), брю́к|и (*pl., g.* —); a pair of ~s па́ра брюк; he has gone into long ~s он уже́ на́чал носи́ть дли́нные брю́ки; his wife wears the ~s (*fig.*) его́ жена́ заправля́ет всем (*or* верховоди́т) в до́ме.

*cpds.*: ~-**button** *n.* брю́чная пу́говица; ~-**leg** *n.* штани́на; ~-**suit** *n.* брю́чный костю́м.

**trousseau** *n.* прида́ное.

**trout** *n.* (*fish*) форе́ль; (*sl., old woman*) стару́шка.

*trouvaille* *n.* (счастли́вая/уда́чная) нахо́дка.

**trowel** *n.* (*for bricklaying etc.*) мастеро́к; he laid it on with a ~ (*fig., of flattery*) он гру́бо льсти́л; (*for gardening*) (садо́вый) сово́к, лопа́тка.

**Troy** *n.* Тро́я.

**truancy** *n.* прогу́л.

**truant** *n.* прогу́льщик; did you ever play ~? вы когда́-нибудь прогу́ливали уро́ки?

*adj.* (*fig.*) пра́здный, лени́вый.

**truce** *n.* переми́рие; (*respite*) переды́шка; (*fig., liter.*): а ~ to jesting! дово́льно шу́ток!

**truck**[1] *n.* (*railway wagon*) откры́тая това́рная платфо́рма; (*lorry*) грузови́к; (*barrow*) теле́жка.

**truck**[2] *n.* **1.** (*barter*) ме́на; товарообме́н; I'll have no ~ with him (*fig.*) я не жела́ю име́ть с ним никаки́х дел; **2.** (*Am., market garden produce*) о́вощ|и (*pl., g.* -е́й).

**truckle** *v.i.*: ~ to s.o. раболе́пствовать (*impf.*) пе́ред кем-н.

**truckle-bed** *n.* ни́зкая крова́ть на колёсиках.

**truculence** *n.* агресси́вность, драчли́вость.

**truculent** *adj.* агресси́вный, драчли́вый.

**trudge** *n.* дли́нный/тру́дный путь.

*v.i.* тащи́ться (*impf.*).

**true** *n.* (*alignment, adjustment*): the wheel is out of ~ колесо́ пло́хо устано́влено.

*adj.* **1.** (*in accordance with fact*) ве́рный, правди́вый; а ~ story правди́вый расска́з; is it ~ that he is married? э́то пра́вда, что он жена́т?; all my dreams came ~ все мои́ мечты́ сбыли́сь/осуществи́лись; it is only too ~ увы́, э́то чисте́йшая пра́вда; (*concessive*): ~, it will cost more разуме́ется, э́то бу́дет сто́ить бо́льше; **2.** (*in accordance with reason, principle, standard*; *genuine*) правди́вый; настоя́щий; по́длинный, и́стинный; it is not a ~

comparison э́то ло́жное сравне́ние; the ~ price is much higher действи́тельная/настоя́щая цена́ намно́го вы́ше; he is a ~ Briton он настоя́щий брита́нец; the ~ heir зако́нный насле́дник; **3.** (*conforming accurately*) пра́вильный; ~ to life реалисти́ческий; ~ to type типи́чный, характе́рный; **4.** (*loyal, faithful*; *dependable*) пре́данный, ве́рный; надёжный; he was always a ~ friend to me он был мне всегда́ пре́данным дру́гом; he remained ~ to his word он сдержа́л сло́во; а ~ sign of rain ве́рный при́знак дождя́; **5.** (*mus., in tune*) ве́рный (тон и т.п.); **6.** (*accurately adjusted or positioned*) то́чно при́гнанный/устано́вленный.

*adv.* пра́вильно, ве́рно; his story rings ~ его́ расска́з звучи́т убеди́тельно; he aimed ~ он то́чно прице́лился.

*cpds.*: ~-**blue** *adj.* че́стный; сто́йкий; (*pol.*) консервати́вный; ~-**born** *adj.* прирождённый, настоя́щий; ~-**bred** *adj.* чистокро́вный; ~-**hearted** *adj.* и́скренний; ~-**love** *n.* (*sweetheart*) возлю́бленн|ый, -ая.

**truffle** *n.* трю́фель (*m.*).

**trug** *n.* садо́вая корзи́нка.

**truism** *n.* трюи́зм.

**truly** *adv.* **1.** (*accurately*; *truthfully*) и́скренне; правди́во; **2.** (*loyally*) ве́рно; **3.** (*sincerely*) и́скренне; yours ~ (*at end of letter*) пре́данный Вам; (*coll., myself*) ваш поко́рный слуга́; I am ~ grateful я и́скренне благода́рен; **4.** (*genuinely*) и́скренне; действи́тельно; а ~ memorable occasion пои́стине незабыва́емое собы́тие.

**trump**[1] *n.* **1.** (~ card) ко́зырь (*m.*), козырна́я ка́рта; we cut for ~s мы сня́ли коло́ду, что́бы определи́ть козы́рную масть; hearts are ~s че́рви — ко́зыри; (*fig.*): he played his ~ card он вы́ложил свой ко́зырь; the weather turned up ~s нам (неожи́данно) повезло́ с пого́дой; **2.** (*coll., excellent fellow*) сла́вный па́рень.

*v.t.* бить, по- ко́зырем.

*with adv.*: ~ **up** *v.t.* фабрикова́ть, с-.

**trump**[2] *n.* (*trumpet sound*) труба́; the Last T~ арха́нгельская труба́; тру́бный глас.

**trumpery** *n.* мишура́.

*adj.* мишу́рный.

**trumpet** *n.* **1.** (*instrument*) труба́; blow one's own ~ (*fig.*) хвали́ться (*impf.*); **2.** (*object so shaped*) тру́бка; ear- ~ слухова́я тру́бка; (*of flower*) тру́бчатый ве́нчик.

*v.t. & i.* **1.** (*proclaim*) труби́ть, про-; his praises were ~ed abroad повсю́ду труби́ли о нём хвалу́; **2.** (*of an elephant*) реве́ть, про-.

*cpd.*: ~-**call** *n.* (*lit.*) звук трубы́; (*fig.*) призы́вный звук (трубы́).

**trumpeter** *n.* труба́ч.

**truncate** *v.t.* ус|ека́ть, -е́чь; сокра|ща́ть, -ти́ть; а ~d cone усечённый ко́нус; his speech was ~d его́ речь уре́зали.

**truncheon** *n.* полицейская дубинка.

**trundle** *v.t. & i.* катить(ся) (*impf.*).

**trunk** *n.* **1.** (*of tree*) ствол; **2.** (*of body*) туловище; **3.** (*box*) сундук; **4.** (*of elephant*) хобот; **5.** (*pl., garment*) трус|ы́ (*pl., g.* -о́в); плав|ки (*pl., g.* -ок); **6.** (*Am., boot of car*) багажник.

   *cpds.*: ~-**call** *n.* вызов по междугородному телефону; ~-**line** *n.* (*rail.*) магистраль; (*teleph.*) междугородная связь; ~-**road** *n.* магистральная дорога.

**truss** *n.* **1.** (*structural support*) стропильная ферма; **2.** (*surgical support*) грыжевой бандаж; **3.** (*of hay*) пук, связка.

   *v.t.* **1.** (*support*) укреп|лять, -ить; связ|ывать, -ать; **2.** (*tie up; also* ~ **up**) связ|ывать, -ать; скру́|чивать, -тить; she ~ed the chicken она связала крылышки и ножки цыплёнка перед готовкой.

**trust** *n.* **1.** (*firm belief; confidence*) доверие; вера; put your ~ in God положитесь на волю божью; I place perfect ~ in him я доверяю ему полностью; he takes everything on ~ он всё принимает на веру; **2.** (*credit*) кредит; goods supplied on ~ товары, предоставленные в кредит; **3.** (*pers. or object confided in*) надежда; he is our sole ~ он наша единственная надежда; **4.** (*responsibility*) ответственность; a position of ~ ответственный пост; he proved unworthy of his ~ он не оправдал доверия; **5.** (*leg.*) доверительная собственность; property held in ~ имущество, управляемое по доверенности; **6.** (*association of companies*) трест; ~ territory (*UN*) подопечная территория.

   *v.t.* **1.** (*have confidence in, rely on*) дов|ерять, -ерить +*d.*; hc is not to be ~ed ему нельзя доверять; I wouldn't ~ him with my money я бы ему своих денег не доверил; I can't ~ myself not to laugh не знаю, смогу ли я удержаться от смеха; he can be ~ed to do a good job можно быть уверенным, что он хорошо справится с работой; ~ him to make a mistake! он, как всегда, ошибся!; I can't ~ him out of my sight его нельзя выпускать из поля зрения; за ним нужен глаз да глаз; **2.** (*entrust*) вв|ерять, -ерить; **3.** (*allow credit to*) да|вать, -ть кредит +*d.*; **4.** (*earnestly hope*) надеяться (*impf.*); полагать (*impf.*); I ~ I see you well я надеюсь, вы в добром здравии.

   *v.i.* **1.** (*have faith, confidence*) дов|еряться, -ериться; she ~ed in God она отдалась на волю божью; **2.** (*commit o.s. with confidence*) дов|еряться, -ериться; надеяться (*impf.*); he ~ed to luck он (по)надеялся на счастье; it is unwise to ~ to memory на память полагаться опасно.

**trustee** *n.* доверительный собственник; опекун.

**trusteeship** *n.* должность опекуна; опека,

попечительство; T~ Council (*UN*) Совет по Опеке.

**trustful** *adj.* доверчивый.

**trustfulness** *n.* доверчивость.

**trusting** *adj.* доверчивый; наивный.

**trustworthiness** *n.* надёжность; достоверность.

**trustworthy** *adj.* надёжный, достоверный.

**trusty** *n.* (*privileged convict*) придурок (*coll.*).
   *adj.* верный, надёжный.

**truth** *n.* правда; (*verity, true saying*) истина; the ~ is; to tell the ~ по правде сказать; there's not a word of ~ in it в этом нет ни слова правды; the whole ~ and nothing but the ~ вся правда и ничего кроме правды; in ~ в самом деле; a lover of ~ приверженец правды; правдолюбец; ~ to nature реализм; точность воспроизведения.

**truthful** *adj.* (*of pers.*) правдивый; (*of statement etc., also*) верный, точный.

**truthfulness** *n.* правдивость; верность, точность.

**try** *n.* **1.** (*attempt*) попытка; he made several tries, but failed он сделал несколько попыток, но все неудачно; he had a good ~ он старался, как мог; **2.** (*test*) испытание; проба; why not give it a ~? а почему бы не попробовать?; **3.** (*Rugby football*) проход с мячом.

   *v.t.* **1.** (*attempt*) пытаться, по-; стараться, по-; he tried his best он старался изо всех сил; he tried hard он очень старался; **2.** (*sample*) пробовать, по-; (*taste*) отвед|ывать, -ать; (*experiment with, assay*) have you tried aspirin? вы аспирин пробовали?; ~ how far you can jump посмотрите, как далеко вы можете прыгнуть; **3.** (*leg.*): he was tried for murder его судили за убийство; the judge tried the case судья вёл процесс; the case will be tried tomorrow суд начинается завтра; **4.** (*subject to strain*) утом|лять, -ить; раздражать (*impf.*); мучить (*impf.*); he tries my patience он испытывает моё терпение; fine print is ~ing to the eyes мелкий шрифт утомителен для глаз; a ~ing situation трудное положение; a ~ing child трудный ребёнок; **5.** (*test*) испыт|ывать, -ать; пров|ерять, -ерить; подв|ергать, -ергнуть испытанию; пробовать, по-; I shall ~ my luck again я ещё раз попытаю счастья; he tried his hand at several occupations он перепробовал несколько занятий; a tried remedy испытанное средство.

   *v.i.*: ~ harder next time! в следующий раз приложите больше усилий!; I tried for a prize я добивался приза; я претендовал на приз.

   *with advs.*: ~ **on** *v.t.* прим|ерять, -ерить; she tried on several dresses она примерила несколько платьев; (*fig.*) it's no use ~ing it on with me со мной этот номер не пройдёт (*coll.*);

~ **out** *v.t.* испыт|ывать, -ать; опробовать (*pf.*); he tried out the idea on his friends он поделился своим замыслом с друзьями, чтобы узнать их реакцию.

*cpds.*: ~**-on** *n.* примерка; (*coll.*) попытка обмануть; ~**-out** *n.* проверка, проба; ~**-sail** *n.* трисель (*m.*); ~**-square** *n.* угольник.

**tryst** *n.* назначенная встреча, свидание.

**tsar, tzar** *n.* царь (*m.*).

**tsardom** *n.* (*territory*) царство; (*régime*) царизм.

**tsarina, tzarina** *n.* царица.

**tsarism** *n.* царизм.

**tsarist** *adj.* царский.

**tsetse(-fly)** *n.* муха цеце (*indecl.*).

**tub** *n.* **1.** лохань, ушат; **2.** (*bath*) ванна; he took a cold ~ before breakfast он принял холодную ванну перед завтраком; **3.** (*coll., old boat*) старая калоша, старое корыто.

  *v.i.* мыться/купаться (*impf.*) в ванне.

  *cpd.*: ~**-thumper** *n.* говорун, вития (*m.*).

**tuba** *n.* туба.

**tubby** *adj.* (*of pers.*) коротконогий и толстый.

**tube** *n.* **1.** (*of metal, glass etc.*) труба, трубка; (test-~) пробирка; **2.** (*of paint, toothpaste etc.*) тюбик; **3.** (*inner* ~ *of tyre*) камера (шины); **4.** (*organ of body*) бронх; bronchial ~s мелкие бронхи; **5.** (*underground railway*) метро (*indecl.*); we met on the ~ мы встретились в метро; travel by ~ ехать (*det.*) на метро.

  *cpd.*: ~**-station** *n.* станция метро.

**tuber** *n.* (*bot.*) клубень (*m.*).

**tubercle** *n.* мелкий клубень; туберкул.

**tubercular** *adj.* туберкулёзный.

**tuberculosis** *n.* туберкулёз.

**tuberose** *n.* тубероза.

**tubing** *n.* трубопровод.

**tubular** *adj.* трубчатый.

**tuck¹** *n.* (*fold in garment*) складка; сборка; she put ~s in the sleeves она сделала на рукавах сборки.

  *v.t.* (*stow*) прятать, с-; под|бирать, -обрать (под себя); he ~ed his legs under the table он спрятал ноги под стол; the bird ~ed its head under its wing птица спрятала голову под крыло.

  *with advs.*: ~ **away** *v.t.* запрят|ывать, -ать; ~ **in** *v.t.* запр|авлять, -авить; ~ your shirt in заправьте рубашку; ~ **up** *v.t.* под|гибать, -огнуть; под|вёртывать, -вернуть; he ~ed up his shirt sleeves он засучил рукава; she ~ed up her skirt она подобрала юбку; they ~ed the children up (in bed) детей уложили в кровать (и подоткнули одеяло).

**tuck²** *n.* (*coll., eatables*) сласти (*f. pl.*).

  *v.i.*: they ~ed into their supper они уплетали ужин за обе щеки; ~ in! наваливайтесь!

  *cpds.*: ~**-box** *n.* коробка для сладостей; ~**-in** *n.* закусон (*sl.*); ~**-shop** *n.* кондитерская.

**tucker** *n.*: he was wearing his best bib and ~ (*joc.*) он был одет в выходной костюм.

**Tudor** *n.* представитель (*fem.* -ница) династии Тюдоров.

*adj.* эпохи Тюдоров; (*archit.*) позднеготический.

**Tuesday** *n.* вторник.

**tufa** *n.* известковый туф.

**tuffet** *n.* бугорок.

**tuft** *n.* (*of grass, hair etc.*) пучок; (*beard*) бородка клинышком.

**tufted** *adj.*: (*of bird*) с хохолком; a ~ mattress стёганый матрац.

**tug** *n.* **1.** (*pull*) рывок, дёрганье; he gave a ~ at the rope он дёрнул за верёвку; **2.** (boat) буксир.

  *v.t.* тащить (*impf.*); тянуть (*impf.*); the dogs ~ged a sledge собаки тянули/тащили сани.

  *v.i.* дёргать; he ~ged at my sleeve он дёрнул меня за рукав.

  *cpd.*: ~**-of-war** *n.* перетягивание на канате; (*fig.*) тяжба; ожесточённое соревнование.

**tuition** *n.* обучение.

**tulip** *n.* тюльпан.

**tulle** *n.* тюль (*m.*).

**tum** *see* TUMMY.

**tumble** *n.* **1.** (*fall*) падение; take a ~ упасть (*pf.*); **2.** (*acrobatic feat*) кувырканье; акробатический прыжок; **3.** (*confusion*): things were all in a ~ всё было в полном беспорядке.

  *v.t.* **1.** (*cause to fall; fling*) бр|осать, -осить; опроки|дывать, -нуть; we were all ~d out of the bus нас выбросило из автобуса; he ~d the clothes into a cupboard он сунул одежду в шкаф; **2.** (*disorder, rumple*) прив|одить, -ести в беспорядок; her hair was ~d by the wind ветер растрепал ей волосы.

  *v.i.* **1.** (*fall*) свалиться (*pf.*); скатиться (*pf.*); the child ~d downstairs ребёнок скатился с лестницы; he ~d into bed он бросился в кровать; **2.** (*roll*) валяться; кататься; метаться (*all impf.*); the sick man ~d in his sleep больной метался во сне; ~ in the hay (*fig.*) баловаться, шалить (*both impf.*); **3.** (*fig.*): when the order was given the men ~d to it (*coll.*) приказ был отдан и солдаты его немедленно выполнили; I ~d to his meaning до меня дошло, что он имел в виду.

  *with advs.*: the puppies ~d about on the floor щенята кувыркались на полу; the cart ~d along телега подпрыгивала на ходу; the house seemed about to ~ down дом, казалось, вот-вот развалится; he often ~s over он часто спотыкается.

  *cpds.*: ~**down** *adj.* развалившийся; полуразрушенный; ~**-weed** *n.* перекати-поле.

**tumbler** *n.* **1.** (*drinking-vessel*) стакан; **2.** (*mechanism*) реверсивный механизм; ~ switch выключатель с перекидной головкой; **3.** (*acrobat*) акробат; **4.** (*pigeon*) турман.

**tumbr|el, -il** *n.* (самосвальная) тележка.

**tumescence** *n.* опухание, распухание.

**tumescent** *adj.* опухающий, распухающий.

**tumid** *adj.* распухший; (*fig.*) напыщенный.

**tumidity** n. распуха́ние; (fig.) напы́щенность.
**tummy** n. (coll.) живо́т; (dim., e.g. baby's) живо́тик.
 cpds.: ~-**ache** n. боль в животе́; ~-**button** n. пупо́к.
**tumour** n. о́пухоль.
**tump** n. холм, бугоро́к.
**tumult** n. шум; сумато́ха; (fig.) си́льное волне́ние; смяте́ние чувств; when the ~ within him subsided по́сле того́, как он успоко́ился.
**tumultuous** adj. шу́мный, беспоко́йный; he received a ~ welcome ему́ устро́или бу́рную встре́чу.
**tumulus** n. моги́льный холм/курга́н.
**tun** n. больша́я бо́чка.
**tuna** n. (голубо́й) тунец.
**tundra** n. ту́ндра.
**tune** n. **1.** (melody) мело́дия; моти́в; the ~ goes like this моти́в тако́й; (fig.) тон; he will soon change his ~ он ско́ро запоёт ина́че; I paid up, to the ~ of £30 я заплати́л це́лых 30 фу́нтов; **2.** (correct pitch; consonance) строй; на-стро́енность; you are not singing in ~ вы фальши́вите; the piano is out of ~ фортепья́но расстро́ено; (fig.) согла́сие; гармо́ния; he felt in ~ with his surroundings он ощуща́л гармо́нию с окружа́ющим ми́ром.
 v.t. **1.** (bring to right pitch) настр|а́ивать, -о́ить; the instrument needs tuning инструме́нт нужда́ется в настро́йке; tuning-fork камер-то́н; **2.** (adjust running of) настр|а́ивать, -о́ить; регули́ровать (impf.); the engine has been ~d мото́р/дви́гатель был отрегули́рован.
 with advs.: ~ **in** v.t. & i. настр|а́ивать(ся), -о́ить(ся); the radio is not ~d in properly приёмник пло́хо настро́ен; he ~d in to the BBC он настро́ил свой приёмник на Би-Би-Си́; ~ **out** v.t.: ~ out interference устран|я́ть, -и́ть поме́хи; ~ **up** настр|а́ивать(ся), -о́ить (ся); he ~d up his guitar он настро́ил гита́ру; the orchestra was tuning up оркестра́нты настра́ивали инструме́нты.
**tuneful** adj. музыка́льный, мелоди́чный.
**tunefulness** n. музыка́льность, мелоди́чность.
**tuneless** adj. немузыка́льный, немелоди́чный.
**tunelessness** n. немузыка́льность, немелоди́ч-ность.
**tuner** n. (of pianos etc.) настро́йщик; (radio component) механи́зм настро́йки.
**tung-oil** n. ту́нговое ма́сло.
**tungsten** n. вольфра́м; (attr.) вольфра́мовый.
**tunic** n. (ancient garment) ту́ника; (woman's blouse) блу́зка, со́бранная в та́лии; (part of uniform) ки́тель (m.).
**tuning** n. настро́йка, регулиро́вка.
**Tunis** n. Туни́с.
**Tunisia** n. Туни́с.
**Tunisian** n. туни́с|ец (fem. -ка).
 adj. туни́сский.

**tunnel** n. тонне́ль (m.), тунне́ль (m.).
 v.t.: they ~led their way out (of prison) они́ сде́лали подко́п и бежа́ли.
 v.i. про|кла́дывать, -ложи́ть тонне́ль; they had to ~ through solid rock им пришло́сь вести́ прохо́дку тонне́ля в твёрдой поро́де.
**tunny(-fish)** n. тунец.
**tup** n. (ram) бара́н.
**tuppence** n. (coll.) два пе́нса; I don't care ~ мне наплева́ть (coll.).
**tuppenny** adj. (coll.) двухпе́нсовый; I don't give a ~ damn мне наплева́ть (coll.).
 cpd.: ~-**ha'penny** adj. (fig.) грошо́вый, ни-что́жный.
**tu quoque** n. ре́плика ти́па «сам тако́й-то»; «посмотри́ на себя́!»
**turban** n. (male headgear) тюрба́н, чалма́; (woman's hat) тюрба́н.
**turbid** adj. му́тный; (fig.) тума́нный; нея́сный.
**turbid|ity, -ness** nn. му́тность; (fig.) тума́н-ность; нея́сность.
**turbine** n. турби́на.
**turbo-jet** n. турбореакти́вный самолёт.
**turbo-prop** n. турбовинтово́й самолёт.
**turbot** n. белоко́рый па́лтус.
**turbo-train** n. (скоростно́й) турбопо́езд.
**turbulence** n. бу́рность; (av.) турбуле́нтность, (coll.) болта́нка; (fig.) беспоко́йство.
**turbulent** adj. бу́рный; (fig.) беспоко́йный, неукроти́мый.
**turd** n. (vulg.) кака́шка.
**tureen** n. су́пница, су́пник.
**turf** n. **1.** (grassy topsoil) дёрн, дерни́на; (peat) торф; a cottage thatched with turves до́мик под земляно́й кры́шей; **2.** (racing): a devotee of the ~ завсегда́тай бего́в; ~ accountant бук-ме́кер.
 v.t. **1.** (cover with ~; also ~ **over**) покр|ыва́ть, -ы́ть дёрном; **2.** ~ **out** (coll., eject) выбра́сы-вать, вы́бросить; вышвы́ривать, вы́швыр-нуть.
**turgid** adj. (fig.) напы́щенный.
**turgidity** n. (fig.) напы́щенность.
**Turk** n. (native of Turkey) ту́р|ок (fem. -ча́нка); (coll., rascal) него́дник; you young T~! ах ты, озорни́к!
**Turkey** n. **1.** (country) Ту́рция; **2.** (t~: bird) инд|ю́к (fem. -е́йка); (as food) индю́шка; cold t~ (Am. sl., plain speaking) разгово́р без обиняко́в.
 cpds.: t~-**cock** n. индю́к; t~-**hen** n. инде́йка; ~-**poult** n. индюшо́нок.
**Turkic** adj. тю́ркский.
**Turkish** n. туре́цкий язы́к.
 adj. туре́цкий; ~ bath туре́цкие ба́ни (f. pl.); ~ delight раха́т-луку́м; ~ towel мох-на́тое/махро́вое полоте́нце.
**Turkmen** n. (pers.) туркме́н (fem. -ка); (lan-guage) туркме́нский язы́к.
 adj. туркме́нский.

**turmeric** *n.* куркýма.

**turmoil** *n.* беспорядок; смятéние.

**turn** *n.* **1.** (*rotation*) поворóт, оборóт; а ~ of the handle поворóт рýчки; with a ~ of the wrist поворóтом кисти/руки; the meat was done to a ~ мясо было поджáрено как раз в мéру; it was one further ~ of the screw (*fig.*) это было нóвым завинчиванием гáек; **2.** (*change of direction*) изменéние направлéния; поворóт; а ~ in the road поворóт дорóги; I took a right ~ я повернýл напрáво; he made an about ~ in policy он сдéлал поворóт на 180° в политике; at every ~ (*fig.*) на кáждом шагý; at the ~ of the century in начáле вéка; на рубежé двух столéтий; **3.** (*change in condition*) перемéна; поворóт; his luck is on the ~ он вступáет в полосý везéния; the ~ of the tide (*lit.*) смéна прили́во-отли́вного течéния; (*fig.*) изменéние фортýны; the milk is on the ~ молокó скисáет; his condition took a ~ for the worse его состояние ухýдшилось; **4.** (*opportunity of doing sth. in proper order*) óчередь; it's your ~ next вы слéдующий; my ~ will come придёт и мой черёд; бýдет и на моéй ýлице прáздник; I missed my ~ я пропусти́л свою óчередь; they worked ~ and ~ about они́ рабóтали по óчереди; she went hot and cold by ~s её бросáло то в жар, то в хóлод; they all spoke in ~ (*or* took ~s to speak) они́ выступáли/говори́ли по óчереди; don't talk out of ~ (*fig., presumptuously*) не вступáйте в разговóр, покá вас не прóсят; **5.** (*service*) услýга; he did me a good ~ он оказáл мне дóбрую услýгу; one good ~ deserves another долг платежóм крáсен; **6.** (*tendency, capability*): he has a practical ~ of mind он человéк практи́ческого склáда; the car has a fine ~ of speed маши́на даёт хорóшую скóрость; a witty ~ of phrase остроýмный оборóт; **7.** (*purpose*): this will serve my ~ это мне вполнé подойдёт; **8.** (*short spell*): shall I take a ~ at the wheel? давáйте я вас сменю за рулём?; I'm going to take a ~ in the garden пойдý прогуляюсь по сáду; **9.** (*short stage performance*) вы́ход; нóмер (прогрáммы); the comedian did his ~ кóмик испóлнил свой нóмер; star ~ гвоздь (*m.*) прогрáммы; **10.** (*coll., nervous shock*) потрясéние; припáдок; you gave me quite a ~ вы меня порядком испугáли; she had one of her ~s с ней случи́лся припáдок.

*v.t.* **1.** (*cause to move round*) пов|орáчивать, -ернýть; he ~ed the key (in the lock) он повернýл ключ; he ~ed the wheel sharply он рéзко повернýл руль; he ~ed his head он повернýл гóлову; он обернýлся; he ~ed his back on me он повернýлся ко мне спинóй; он отвернýлся от меня; she ~ed the pages онá перелистáла страни́цы; he ~ed the scale at 12 stone он вéсил 168 фýнтов; this battle ~ed the scale эта би́тва реши́ла исхóд дéла; **2.** (*direct*)

напр|авлять, -áвить; they ~ed the hose on to the flames шланг напрáвили на плáмя; he ~ed the dogs on to the intruders он натрави́л собáк на незвáных посети́телей; he ~ed the full force of his sarcasm on me весь его сарказм был напрáвлен прóтив меня; I ~ed my mind to other things я сосредотóчился на другóм; he can ~ his hand to anything он всё умéет; он мáстер на все рýки; he ~ed a blind eye он закрыл глазá (на +*a.*); he ~ed a deaf ear to my request он игнори́ровал мою прóсьбу; (*adapt*): he ~ed his skill to good use, account он умéло испóльзовал своё мастерствó; (*incline*): the accident ~ed me against driving катастрóфа отби́ла у меня охóту води́ть маши́ну; **3.** (*pass round or beyond*): slow down as you ~ the corner при поворóте зá угол сбáвьте скóрость; they ~ed the enemy's flank они́ обошли́ проти́вника с флáнга; it has ~ed two o'clock ужé два часá; he's ~ed fifty ему испóлнилось 50 лет; **4.** (*transform*) пре-вра|щáть, -ти́ть; he ~ed the water into wine он обрати́л вóду в винó; his joy was ~ed to sorrow его рáдость обернýлась печáлью; he ~ed himself into an expert он сдéлался специали́стом; thunder ~s the milk молокó в грозý скисáет; grief ~ed his brain он помешáлся от гóря; it's enough to ~ one's stomach от этого мóжет затошни́ть; success ~ed his head успéх вскружи́л ему гóлову; (*translate*) перев|оди́ть, -ести́; he ~ed Homer into English verse он перевёл Гомéра на англи́йский стихáми; **5.** (*cause to become*): the shock ~ed his hair white он поседéл от потрясéния; shall we ~ the dogs loose? спýстим собáк с цéпи?; **6.** (*reverse*) перев|орáчивать, -ернýть; менять (*impf.*) на противополóжное; she ~ed her dress онá перелицевáла плáтье; he ~ed his coat (*fig., changed sides*) он перешёл в лáгерь врагá/проти́вника; the picture was ~ed upside down карти́ну перевернýли вверх ногáми; the room was ~ed upside down (*ransacked*) в кóмнате всё перевернýли вверх дном; I ~ed the tables on him (*fig.*) я отплати́л ему тóй же монéтой; he did not ~ a hair он и глáзом не моргнýл; **7.** (*send forcibly*) прог|онять, -нáть; he was ~ed out of the house его вы́гнали из дóму; they will ~ you off the grass они́ сгóнят вас с газóна; the boat was ~ed adrift лóдку пусти́ли по вóле волн (*or* по течéнию); he never ~s a beggar from his door он никогдá не прогóнит ни́щего со дворá; (*deflect*) отвра|щáть, -ти́ть; he will not be ~ed from his purpose его не собьёшь с избранного кýрса; his armour ~ed the bullet его броня отрази́ла пýлю; **8.** (*shape*): the bowl was ~ed on the lathe кýбок/чáшу обточи́ли на токáрном станкé; (*fig.*): he can ~ a witty phrase он мáстер на остроýмные выражéния; a well ~ed ankle точёная нóжка; **9.** (*execute by*

~*ing*): the children were ~ing somersaults ребяти́шки кувырка́лись (*or* ходи́ли колесо́м); the wheel has ~ed full circle колесо́ сде́лало по́лный оборо́т; (*fig.*) положе́ние кардина́льно измени́лось.

*v.i.* **1.** (*move round*) пов|ора́чиваться, -ерну́ться; враща́ться (*impf.*); the earth ~s on its axis земля́ враща́ется вокру́г свое́й о́си; the key won't ~ ключ не повора́чивается; he ~ed as he spoke заговори́в, он поверну́лся; he ~ed on his heel он кру́то поверну́лся; ~ing to me, he said ... поверну́вшись ко мне, он сказа́л ...; (*fig.*): this will make him ~ in his grave он от э́того в гробу́ переверне́тся; (*depend*) зави́сеть (*impf.*); everything ~s on his answer всё зави́сит от его́ отве́та; (*revolve*): the discussion ~ed upon the meaning of democracy спор враща́лся вокру́г по́длинного значе́ния демокра́тии; **2.** (*change direction*) направля́ться (*impf.*); we ~ (to the) left here тут мы повора́чиваем нале́во; right ~! напра́во!; we ~ed off the main road down a lane мы сверну́ли с гла́вной доро́ги на тропи́нку; (*fig.*) обра|ща́ться, -ти́ться; she hardly knew which way to ~ она́ не зна́ла, что ей де́лать; who can I ~ to? к кому́ я могу́ обрати́ться?; I ~ to more serious topics я перейду́ к бо́лее серьёзным вопро́сам; the people ~ed against their rulers наро́д восста́л про́тив прави́телей; I've ~ed against meat мне опроти́вело мя́со; he ~ed on his attackers он бро́сился на свои́х оби́дчиков; he ~ed on me with reproaches он засы́пал меня́ упрёками; **3.** (*change*) превра|ща́ться, -ти́ться; the tadpoles ~ed into frogs голова́стики преврати́лись в лягу́шек; he ~ed into a miser он стал скря́гой; his pleasure ~ed to disgust чу́вство удово́льствия перешло́ у него́ в отвраще́ние; (*change colour*): the leaves have ~ed ли́стья пожелте́ли; **4.** (*become*) ста|нови́ться, -ть; де́латься, с-; she ~ed pale она́ побледне́ла; he ~ed traitor он стал преда́телем; it has ~ed warm потепле́ло; (*become sour*): the milk has ~ed молоко́ проки́сло/сверну́лось; **5.** (*on lathe etc.*): this wood ~s easily э́то де́рево легко́ обта́чивается. *See also* TURNING.

with *advs.*: ~ **about** *v.t.* (*reverse*) пов|ора́чивать, -ерну́ть; *v.i.* (*change to opposite direction*) поверну́ться (*pf.*) на 180°; about ~! круго́м!; ~ **aside** *v.t. & i.* отклон|я́ть(ся), -и́ть(ся); ~ **away** *v.t.* (*avert*): he ~ed his head away он поверну́л го́лову в сто́рону; (*deflect*): a soft answer ~eth away wrath кро́ткий отве́т га́сит гнев; (*refuse admittance to*) прог|оня́ть, -на́ть; не пус|ка́ть, -ти́ть; hundreds were ~ed away from the stadium со́тни не смогли́ попа́сть на стадио́н; *v.i.*: she ~ed away in disgust она́ с отвраще́нием отверну́лась; ~ **back** *v.t.* (*repel*) от|сыла́ть, -осла́ть наза́д; we were ~ed back at the frontier нас верну́ли с грани́цы; (*fold*

*back*) отв|ора́чивать, -ерну́ть; от|гиба́ть, -огну́ть; his cuffs were ~ed back его́ манже́ты бы́ли заве́рнуты; (*return to former position*): he ~ed back the pages он стал листа́ть кни́гу в обра́тном поря́дке; he ~ed the clock back (*lit.*) он перевёл часы́ наза́д; we cannot ~ the clock back (*fig.*) мы не мо́жем поверну́ть вре́мя вспять; *v.i.* пов|ора́чивать, -ерну́ть наза́д; пойти́ (*pf.*) обра́тно; ~ **down** *v.t.* (*fold down*): his collar was ~ed down у него́ воротни́к был отве́рнут; (*reduce by* ~*ing*) уб|авля́ть, -а́вить; ~down the gas! уба́вьте га́з!; прикрути́те га́з!; ~ the volume down! (*TV etc.*) уба́вьте звук!; (*reject*) отка́з|ываться, -а́ться от +*g.*; I was ~ed down for the job мне отказа́ли в рабо́те; my offer was ~ed down моё предложе́ние бы́ло отве́ргнуто; ~ **in** *v.t.*: he ~ed in his toes он ста́вил но́ги носка́ми внутрь; (*surrender*; *hand over*) сда|ва́ть, -ть; they had to ~ in their arms им пришло́сь сдать ору́жие; he ~ed himself in to the police он сда́лся поли́ции; ~ it in! (*sl.*, *stop it!*) да брось!; *v.i.* (*incline inwards*) св|ёртываться, -ерну́ться внутрь; (*go to bed*) отпра́виться (*pf.*) на бокову́ю (*coll.*); ~ **inside out** *v.t. & i.* вывора́чивать(ся), вы́вернуть(ся) наизна́нку; ~ **off** *v.t.* (*e.g. light, engine*) выключа́ть, вы́ключить; гаси́ть, по-; ~ off the light! погаси́те/вы́ключите свет!; (*tap*) закрыва́ть, -ы́ть; the water was ~ed off at the main во́ду отключи́ли; *v.i.* (*make a diversion*) св|ора́чивать, -ерну́ть; we ~ed off to call at a farm мы сверну́ли, что́бы зае́хать на фе́рму; ~ **on** *v.t.* (*e.g. light, engine, radio*) включ|а́ть, -и́ть; (*tap*) откр|ыва́ть, -ы́ть; (*fig.*): she ~ed on all her charm она́ пусти́ла в ход всё своё обая́ние; this music ~s me on (*coll.*) э́та му́зыка меня́ возбужда́ет; ~ **out** *v.t.* (*expel*) прог|оня́ть, -на́ть; исключ|а́ть, -и́ть; the tenants were ~ed out on to the street жильцо́в вы́гнали на у́лицу; (*switch off*) гаси́ть, по-; the lights were ~ed out свет был поту́шен; (*produce*) выпуска́ть, вы́пустить; произв|оди́ть, -ести́; the factory ~s out 500 cars a day фа́брика выпуска́ет 500 маши́н в день; the school ~s out some first-rate scholars шко́ла выпуска́ет первокла́ссных учёных; (*fig.*) укра|ша́ть, -си́ть; he is always well ~ed out он всегда́ хорошо́ оде́т; (*empty*) вывора́чивать, вы́вернуть; he ~ed out his pockets он вы́вернул карма́ны; (*tidy*) уб|ира́ть, -ра́ть; the room gets ~ed out once a month ко́мнату убира́ют раз в ме́сяц; (*assemble for duty*) вызыва́ть, вы́звать; the guard was ~ed out for inspection охра́ну/карау́л вы́вели для прове́рки; *v.i.* (*prove*) ока́з|ываться, -а́ться; let us see how things ~ out посмо́трим, как пойду́т дела́; as it ~ed out I was not required как оказа́лось, я не пона́добился; he ~ed out to be a liar он оказа́лся лжецо́м; it ~ed out that he was right получи́лось, что он был прав; (*become*): such children often ~ out criminals из таки́х дете́й ча́сто выхо́дят престу́пники; after a wet morning, it ~ed out a fine day по́сле дождли́вого у́тра день вы́дался хоро́шим; (*assemble*) соб|ира́ться, -ра́ться; the whole village ~ed out to welcome him вся дере́вня вы́сыпала его́ приве́тствовать; (*go out of doors*): I had to ~ out in the cold мне пришло́сь вы́йти на хо́лод; ~ **over** *v.t.* (*overturn*) перев|ора́чивать, -ерну́ть; опроки́|дывать, -нуть; (*reverse position of*): I ~ed over the page я переверну́л страни́цу; the soil should be ~ed over зе́млю на́до перекопа́ть; (*revolve*) за-пус|ка́ть, -ти́ть; he ~ed over the engine by hand он завёл мото́р вручну́ю; I must ~ it over in my mind я до́лжен э́то обду́мать; (*transfer; hand over*) перед|ава́ть, -а́ть; he ~ed over the business to his partner он пе́реда́л де́ло своему́ партнёру; he was ~ed over to the authorities его́ пе́реда́ли властя́м; *v.i.* (*overturn*) перев|ора́чиваться, -ерну́ться; the boat ~ed over and sank ло́дка переверну́лась и затону́ла; (*change position*) воро́чаться (*impf.*); переверну́ться (*pf.*); he ~ed over (in bed) он переверну́лся на друго́й бок; (*revolve*): is the engine ~ing over? дви́гатель повора́чивается?; ~ **round** *v.t.* (*change or reverse position of*) перев|ора́чивать, -ерну́ть; ~ your chair round this way поверни́те стул в э́ту сто́рону; he ~ed his car round он разверну́л маши́ну; *v.i.* (*change position*): he ~ed round to look он оберну́лся, что́бы посмотре́ть; his policy has ~ed completely round он по́лностью измени́л свою́ поли́тику; (*revolve*) враща́ться (*impf.*); the weather-vane ~s round in the wind флю́гер враща́ется/ве́ртится на ветру́; ~ **to** *v.i.* (*join in, help*) бра́ться, взя́ться за де́ло; everyone ~ed to все взяли́сь за рабо́ту; ~ **up** *v.t.* (*increase flow of*) приб|авля́ть, -а́вить; уси́ли|вать, -ть; ~ up the gas! приба́вьте га́зу!; (*disinter*) выка́пы-вать, вы́копать; отк|а́пывать, -опа́ть; the workmen ~ed up some bones рабо́чие вы́копали не́сколько косте́й; (*put in higher position*) подн|има́ть, -я́ть вверх; he ~ed his collar up он по́дня́л воротни́к; don't ~ your nose up at the offer не вороти́те нос от тако́го предложе́ния; (*coll., cause to vomit*): the smell is enough to ~ you up от одного́ за́паха мо́жет стошни́ть; *v.i.* (*arrive*) появ|ля́ться, -и́ться; look who's ~ed up! смотри́те, кто пришёл!; кого́ мы ви́дим!; (*be found; occur*) ока́з|ы-ваться, -а́ться; подв|ёртываться, -ерну́ться; don't look for your pen now; it may ~ up later бро́сьте иска́ть ру́чку — сама́ найдётся; (*happen; become available*) подверну́ться (*pf.*); he is waiting for a suitable job to ~ up он ждёт, пока́ ему́ подвернётся подходя́щая рабо́та; ~ **upside down** *v.t. & i.* перев|ора́чивать(ся),

-ерну́ть(ся) вверх дном; (*fig.*); she ~ed the room upside down to find her ring она́ переры́ла всю ко́мнату в по́исках кольца́.

*cpds.*: ~**coat** *n.* ренега́т; преда́тель (*fem.* -ница); ~**-down** *adj.* отложно́й; ~**key** *n.* тюре́мщик, надзира́тель (*m.*); ~**out** *n.* (*assembly*) собра́ние, сбор; there was a very good ~out собрало́сь о́чень мно́го наро́ду; (*cleaning, tidying*) чи́стка, убо́рка; his bedroom needs a good ~out его́ спа́льню ну́жно хороше́нько убра́ть; его́ спа́льня нужда́ется в генера́льной убо́рке; (*equipage*) вы́езд; ~**over** *n.* (*in business*) оборо́т (капита́ла); (*rate of renewal*) теку́честь; (*pie*) пиро́г с начи́нкой; ~**pike** *n.* доро́жная заста́ва; (*road*) шоссе́ (*indecl.*); ~**-round** *n.* (*of ship etc.*) оборо́т; (*reversal of policy, opinion etc.*) поворо́т на 180°; ~**stile** *n.* турнике́т; ~**table** *n.* (*rail*) поворо́тный круг; (*of record player*) вер-ту́шка; ~**-up** *n.* (*of trouser*) манже́та, отворо́т; (*coll., surprise*) неожи́данность.

**turner** *n.* то́карь (*m.*).

**turnery** *n.* (*craft*) тока́рное ремесло́; (*products*) тока́рные изде́лия.

**turning** *n.* (*bend; junction*) поворо́т; пере-крёсток; the first ~ on the right пе́рвый поворо́т напра́во.

*cpd.*: ~**-point** *n.* (*lit.*) поворо́тный пункт; (*fig.*) кри́зис, перело́м; э́тапное собы́тие; it was a ~-point in his career э́то был реша́ющий моме́нт в его́ карье́ре.

**turnip** *n.* ре́па, турне́пс; ~**-tops** (*pl.*) ботва́ молодо́й ре́пы.

**turpentine** *n.* терпенти́н, скипида́р.

**turpitude** *n.* поро́чность, ни́зость.

**turps** (*coll.*) = TURPENTINE.

**turquoise** *n.* бирюза́; (*colour*) бирюзо́вый цвет.

**turret** *n.* (*tower*) ба́шенка; (*of tank etc.*) брони-ро́ванная/оруди́йная ба́шня; ~**-lathe** револь-ве́рный стано́к.

**turtle** *n.* **1.** черепа́ха; **2.**: turn ~ перев|ора́чи-ваться, -ерну́ться вверх дном.

*cpd.*: ~**-neck** *adj.*: ~-neck sweater (сви́тер-) водола́зка.

**turtle-dove** *n.* ди́кий го́лубь.

**Tuscan** *adj.* тоска́нский.

**Tuscany** *n.* Тоска́ня.

**tush** *int.* фу!, тьфу!

**tusk** *n.* клык, би́вень (*m.*).

**tussle** *n.* борьба́, дра́ка.

*v.i.* боро́ться (*impf.*); дра́ться (*impf.*); they ~d together они́ схвати́лись друг с дру́гом; (*fig.*) би́ться (*impf.*); I ~d with the problem all night я би́лся над э́той зада́чей всю ночь.

**tussock** *n.* ко́чка.

**tussore** *n.* туссо́р.

**tut** (*also* ~**-tut**) *v.i.* цо́кать (*impf.*) языко́м (, выража́я неодобре́ние).

*int.* а́х ты!; ай-я́й-я́й!

**tutelage** *n.* попечи́тельство; опе́ка.

**tutelary** *adj.* опеку́нский, опека́ющий.

**tutor** *n.* (*private teacher*) репети́тор; (*university teacher*) преподава́тель (*fem.* -ница); (*manual*) уче́бник; piano-~ учи́тель (*fem.* -ница) му́зыки.

*v.t.* & *i.* (*instruct*) дава́ть (*impf.*) ча́стные уро́ки +*d.*; обуч|а́ть, -и́ть (*кого чему*).

**tutorial** *n.* ≃ семина́р, консульта́ция.

*adj.* наста́внический; опеку́нский.

**tutti** *n.* (*mus.*) ту́тти (*nt. indecl.*).

**tutti-frutti** *n.* моро́женое с фру́ктами.

**tutu** *n.* па́чка.

**tu-whit (tu-whoo)** *n.* крик совы́.

**tuxedo** *n.* (*Am.*) смо́кинг.

**TV** *n.* (*abbr.*, television) телеви́дение; (*set*) телеви́зор, (*coll.*) те́лик.

**twaddle** *n.* чепуха́; болтовня́.

**twain** *n.* (*arch.*) два, дво́е; in ~ попола́м, на́ двое.

**twang** *n.* (*sound of plucked string*) звук натя́нутой струны́; (*nasal tone of voice*) гнуса́вый го́лос.

*v.t.*: he ~ed the guitar он тре́нькал на гита́ре; the bow ~ed тетива́ зазвене́ла.

**twat** *n.* пизда́ (*vulg.*).

**tweak** *n.* щипо́к.

*v.t.* ущипну́ть (*pf.*).

**twee** *adj.* при́торный.

**tweed** *n.* (*material*) твид; a ~ jacket пиджа́к из тви́да; тви́довый пиджа́к; (*pl.*) оде́жда из тви́да; тви́довый костю́м.

**tweet** *n.* ще́бет, чири́канье.

*v.i.* щебета́ть (*impf.*); чири́кать (*impf.*).

**tweezer** *n.* (*usu. pl.*) пинце́т; щи́пчик|и (*pl., g.* -ов).

**twelfth** *n.* (*date*) двена́дцатое число́; (*fraction*) одна́ двена́дцатая.

*adj.* двена́дцатый; T~ Night кану́н Креще́ния; (*play title*) «Двена́дцатая ночь».

**twelve** *n.* двена́дцать; chapter ~ двена́дцатая глава́.

*adj.* двена́дцать +*g. pl.*; 12 times 12 двена́дцатью (*or* двена́дцать на) двена́дцать; ~ times as long в двена́дцать раз длинне́е; (*with nouns expressed or understood*): ~ (o'clock) (*midday*) по́лдень (*m.*); (*midnight*) по́лночь; quarter to ~ без че́тверти двена́дцать; quarter/half past ~ че́тверть/ полови́на пе́рвого; a boy of ~ двенадцати-ле́тний ма́льчик; the T~ (Apostles) двена́д-цать апо́столов.

*cpd.*: ~**month** *n.* год.

**twentieth** *n.* (*date*) двадца́тое число́; (*fraction*) одна́ двадца́тая.

*adj.* двадца́тый.

**twent|y** *n.* два́дцать; at (the age of) ~у в два́дцать лет; в двадцатиле́тнем во́зрасте; the ~ies (*decade*) двадца́тые го́ды; she is still in her ~ies ей ещё нет тридцати́.

*adj.* два́дцать +*g. pl.*

*cpd.*: a ~-**copeck** piece двугри́венник.

**twerp, twirp** (*coll.*) ничто́жество.

**twice** *adv.* два́жды; вдво́е; два ра́за; ~ two is four два́жды два — четы́ре; he is ~ my age он вдво́е ста́рше меня́; ~ as much в два ра́за (*or* вдво́е) бо́льше; вдвойне́; that made him think ~ э́то заста́вило его́ заду́маться; I would have thought ~ before buying that я бы ещё поду́мал, сто́ит ли э́то покупа́ть; he is ~ the man his brother is его́ брат ему́ в подмётки не годи́тся.

*cpd.*: ~-**told** *adj.*: a ~-told tale ста́рая исто́рия.

**twiddl|e** *v.t.* верте́ть (*impf.*); крути́ть (*impf.*); he sat there ~ing his thumbs он бил баклу́ши; он безде́льничал; he was ~ing with his watch-chain он тереби́л цепо́чку от часо́в.

**twig**[1] *n.* (*bot.*) ве́тка; прут.

**twig**[2] *v.t.* & *i.* (*coll.*) смек|а́ть, -ну́ть.

**twilight** *n.* су́мер|ки (*pl., g.* -ек); полумра́к; (*fig., decline*) упа́док; T~ of the Gods Зака́т/Ги́бель бого́в.

**twill** *n.* твил, са́ржа.

*v.t.*: ~ed cloth кручёная ткань.

**twin** *n.* близне́ц, двойня́шка; (*pl.*) близнецы́, дво́йня (*f. sg.*); I have a ~ sister у меня́ сестра́ — мы с ней близнецы́; she gave birth to ~s она́ родила́ дво́йню; у неё роди́лись близнецы́; identical ~s однояи́цевые/иденти́чные близнецы́; (*one of a pair*): have you seen the ~ to this glove? вы не ви́дели втору́ю перча́тку от э́той па́ры (*or* па́ру к э́той перча́тке)?

*adj.* похо́жий; одина́ковый; they are ~ brothers они́ (бра́тья)-близнецы́; ~ beds две односпа́льные крова́ти; ~ propellers двойно́й пропе́ллер.

*v.t.* (*fig.*) соедин|я́ть, -и́ть; Cheltenham is ~ned with Sochi Че́лтнем и Со́чи — города́-побрати́мы.

*cpd.*: ~-**set** *n.* шерстяно́й гарниту́р, «дво́йка» (*тонкий свитер и кофта*).

**twine** *n.* бечёвка, шнуро́к.

*v.t.* & *i.* ви́ть(ся) (*impf.*); обв|ива́ть(ся), -и́ть(ся); she ~d her arms round his neck она́ обвила́ его́ ше́ю рука́ми; the ivy ~d round the tree плющ ви́лся вокру́г де́рева.

**twinge** *n.* при́ступ о́строй бо́ли; (*fig.*) му́ка; a ~ of conscience угрызе́ние со́вести.

**twinkl|e** *n.* мерца́ние; огонёк; there was a ~e in his eye в его́ глаза́х вспы́хнул озорно́й огонёк.

*v.i.* мерца́ть (*impf.*); сверка́ть (*impf.*); the lights of the town ~ed мерца́ли огни́ го́рода; his eyes ~ed with amusement его́ глаза́ ве́село блесте́ли; in the ~ing of an eye в мгнове́ние о́ка.

**twirl** *n.* враще́ние; (*with pen etc.*) завиту́шка.

*v.t.* верте́ть (*impf.*); крути́ть (*impf.*); he ~ed his walking-stick он верте́л тро́стью/па́лкой; he ~ed his moustache он крути́л ус.

**twirp** *see* TWERP.

**twist** *n.* **1.** (*jerk*; *sharp turning motion*) круче́ние; рыво́к; he gave the handle a ~ он поверну́л ру́чку; I gave my leg a ~ я вы́вихнул но́гу; **2.** (*sharp change of direction*) изги́б, поворо́т; the lane was all ~s and turns тропи́нка была́ о́чень изви́листой; а ~ in the plot круто́й поворо́т сюже́та; **3.** (*sth.* ~ed *or spiral in shape*) пе́тля; у́зел; the rope was full of ~s верёвка была́ вся в узла́х; а ~ of paper скру́ченный бума́жный кулёк; а ~ of tobacco пли́тка табака́; а ~ of thread скру́тка ни́тей; **4.** (*peculiar tendency*) отклоне́ние, извраще́ние; he had a criminal ~ в нём бы́ло что́-то поро́чное; **5.** (*dance*) твист.

*v.t.* **1.** (*screw round*) крути́ть (*or* скру́чивать), с-; he tried to ~ my arm (*lit.*) он пыта́лся вы́вернуть мне ру́ку; (*fig., coerce me*) он пыта́лся на меня́ дави́ть; I ~ed my ankle я подверну́л (себе́) но́гу; **2.** (*contort*) искрив|ля́ть, -и́ть; his face was ~ed with hatred его́ лицо́ бы́ло искажено́ не́навистью; а ~ed smile крива́я улы́бка; (*fig.*) иска|жа́ть, -зи́ть; don't try to ~ my meaning не иска-жа́йте мои́ слова́; **3.** (*wind, twine*) обв|ива́ть, -и́ть; обм|а́тывать, -ота́ть; they ~ed the flowers into a garland они́ сплета́ли цветы́ в гирля́нду; she ~ed her hair round her finger она́ накру́чивала во́лосы на па́лец; he can ~ you round his little finger он мо́жет из вас верёвки вить; **4.** (*give curving motion to*) скру́|чивать, -ти́ть; закру́|чивать, -ти́ть; he can ~ the ball well он уме́ет хорошо́ подре́зать мяч; **5.** (*coll., cheat*) обма́н|ывать, -у́ть; are you trying to ~ me? вы пита́етесь меня́ наду́ть?

*v.i.* **1.** (*wriggle*) ко́рчиться (*impf.*); извива́ться (*impf.*); he ~ed about, trying to get away он извива́лся, стара́ясь вы́рваться; **2.** (*twine*; *grow spirally*) обв|ива́ться, -и́ться; the tendrils ~ed round their support у́сики расте́ния вили́сь вокру́г жёрдочки; **3.** (*dance*) танцева́ть (*impf.*) твист.

*with advs.*: ~ **off** *v.t.* откру́|чивать, -ти́ть; отви́н|чивать, -ти́ть; he ~ed off the top of the bottle он отвинти́л кры́шечку от буты́лки; ~ **up** *v.t.* запу́т|ывать, -ать; the string was all ~ed up верёвка была́ вся в узла́х; (*fig.*) перепу́т|ывать, -ать; иска|жа́ть, -зи́ть; he got the story all ~ed up он перепу́тал всю исто́рию.

**twister** *n.* (*dishonest person*) обма́нщик, моше́нник; (*problem*; *conundrum*) зада́ча; головоло́мка.

**twisty** *adj.* изви́листый; (*fig., devious*) нече́стный, укло́нчивый.

**twit**¹ *n.* ничто́жество, пусто́е ме́сто (*coll.*).

**twit**² *v.t.* поддр|а́знивать, -азни́ть.

**twitch** *n.* (*jerk*) дёрганье; (*spasm*) су́дорога; подёргивание.

*v.t.* **1.** (*jerk*) дёргать (*impf.*); выдёргивать

(*impf.*); he ~ed the paper from my hand он вы́рвал бума́гу у меня́ из рук; **2.** (*move spasmodically*) подёргивать (*impf.*) +*i.*; the dog ~ed its ears соба́ка повела́ уша́ми.

*v.i.* дёргаться (*impf.*); my nose is ~ing у меня́ дёргается нос.

**twitter** *n.* **1.** (*chirping*) щебет, щебета́ние; **2.** (*rapid chatter*) щебет, болтовня́; **3.** she was all of a ~ (*coll.*) она́ вся трепета́ла.

*v.i.* (*chirp*) шебета́ть (*impf.*); чири́кать (*impf.*); (*talk rapidly*) щебета́ть (*impf.*); болта́ть (*impf.*).

**two** *n.* **1.** (*число́*/*но́мер*) два; (~ *people*) дво́е; we ~ мы о́ба; the ~ э́ти два/дво́е; о́ба +*g. sg.*; there were ~ of us нас бы́ло дво́е (*or* два челове́ка); (the) ~ of us went мы пошли́ вдвоём; нас пошло́ дво́е (*or* два челове́ка); ~ each, in ~s, ~ at a time, ~ by ~ по́ два/дво́е, попа́рно, па́рами; in ~s and threes небольши́ми гру́ппами; (*cut, divide*) in ~ на́-двое, попола́м; fold in ~ сложи́ть (*pf.*) вдво́е; the plate broke in ~ таре́лка разби́лась попола́м; (*figure, thing numbered 2*) дво́йка; ~ and ~ are four два плюс/и два — четы́ре; (*with var. nouns expressed or understood*): chapter ~ втора́я глава́; volume ~ том второ́й; page ~ страни́ца два; room ~ ко́мната но́мер два; второ́й но́мер; size ~ второ́й разме́р/но́мер; he lives at No. ~ он живёт в до́ме но́мер 2; а No. ~ (bus) дво́йка, второ́й но́мер; ~ of spades дво́йка пик; at ~ (o'clock) в два (часа́); ~ p.m. два часа́ дня; an hour or ~ час(ик)-друго́й; in an hour or ~ че́рез час-друго́й; a month or ~ ме́сяц-друго́й; (*of age*): he is ~ ему́ два го́да; at ~ в два го́да, в двухле́тнем во́зрасте; a boy of ~ двухле́тний ма́льчик; (*idioms*): ~'s company, three's none тре́тий — ли́шний; ~ can play at that game ≃ я могу́ отплати́ть той же моне́той; посмо́трим ещё, чья возьмёт; I put ~ and ~ together я сообрази́л, что к чему́; я смекну́л в чём де́ло; in ~ ~s в два счёта; that makes ~ of us вот и я то́же; degrees are ~ a penny дипло́мами хоть пруд пруди́.

*adj.* два +*g. sg.*; (*for people and* pluralia tantum, *also*) дво́е +*g. pl.*; ~ students два студе́нта, дво́е студе́нтов; ~ patients дво́е больны́х; ~ children дво́е дете́й; два ребёнка; ~ watches дво́е часо́в; ~ whole glasses це́лых два стака́на; the ~ carriages о́ба ваго́на; he and ~ others он с двумя́ други́ми; ~ fives are ten два́жды пять — де́сять; ~ coffees (*as order*) два ра́за ко́фе.

*cpds.*: ~-**day** *adj.* двухдне́вный; ~-**digit** *adj.* двузна́чный; ~-**dimensional** *adj.* двухме́рный, двупла́нный; ~-**edged** *adj.* (*lit., fig.*) обоюдоо́стрый; ~-**faced** *adj.* (*fig.*) двули́чный; ~-**fold** *adj.* двойно́й; *adv.* вдво́е; ~-**handed** *adj.* двуру́чный; ~-**hour** *adj.* двухчасово́й; ~-**lane** *adj.* двухколе́йный;

~ **-legged** *adj.* двуно́гий; ~ **pence** *n.* два пе́нса; двухпе́нсовая моне́та; *see also* TUPPENCE; ~ **penny** *adj.* двухпе́нсовый; ~penny piece двухпе́нсовая моне́та; ~ **penny-halfpenny** *adj.* (*coll., rubbishy*) грошо́вый; *see also* TUPPENNY; ~ **-piece** *n.* (*suit*) (костю́м)-дво́йка; ~ **-ply** *adj.* двойно́й, двухсло́йный; ~ **-seater** *n.* двухме́стный автомоби́ль/самолёт; ~ **-sided** *adj.* двусторо́нний; ~ **-speed** *adj.* двухскоростно́й; ~ **-step** *n.* тусте́п; ~ **-storey(ed)** *adj.* двухэта́жный; ~ **-stroke** *adj.* двухта́ктный; ~ **-time** *v.t.* (*Am. sl.*) обма́н|ывать, -у́ть; изменя́ть (*impf.*) (жене́/му́жу); ~ **-timer** *n.* (*Am. sl.*) двуру́шник; ~ **-way** *adj.* (*e.g. traffic*) двусторо́нний; ~ -way radio приёмо-передаю́щая радиоста́нция; ~ **-year** *adj.* двухгоди́чный, двухле́тний; ~ **-year-old** *adj.* двухгодова́лый, двухле́тний.

**tycoon** *n.* (*business magnate*) магна́т; кру́пный заправи́ла; тайку́н.

**tyke, tike** *n.* (*cur*) дворня́жка; (*low fellow*) хам; грубия́н.

**tympan|i, -ist** *see* TIMPAN|I, -IST.

**tympanum** *n.* (*eardrum*) бараба́нная перепо́нка; (*middle ear*) сре́днее у́хо.

**type** *n.* 1. (*example*) тип; типи́чный образе́ц; 2. (*class*) род, класс; he is running true to ~ он типи́чный представи́тель своего́ кла́сса (*u m.n.*); 3. (*letters for printing*) шрифт; standing ~ набо́р; in large/heavy ~ кру́пным/жи́рным шри́фтом.

*v.t.* 1. (*classify*) классифици́ровать (*impf., pf.*); определ|я́ть, -и́ть; 2. (*write with ~writer*) печа́тать, от- (*or* писа́ть, на-) (на маши́нке); а ~d letter письмо́, напеча́танное на маши́нке.

*v.i.* печа́тать (*impf.*) (на маши́нке); typing (*as n.*) маши́нопись; перепи́ска на маши́нке; typing error опеча́тка; typing pool машинопи́сное бюро́; typing school шко́ла маши́нописи.

*cpds.*: ~ **cast** *adj.*: he is ~cast as the butler он всегда́ игра́ет роль дворе́цкого; ~ **-face** *n.* шрифт; ~ **script** *n.* машинопи́сный текст; маши́нопись, ру́копись (на маши́нке); ~ **-setting** *n.* типогра́фский набо́р; ~ **write** *v.t.* печа́тать, на- на маши́нке; a ~written letter письмо́, напеча́танное на маши́нке; ~ **writer** *n.* (пи́шущая) маши́нка.

**typhoid** *n.* ( ~ fever) брюшно́й тиф. *adj.* тифо́зный.

**typhoon** *n.* тайфу́н.

**typhus** *n.* сыпно́й тиф.

**typical** *adj.* типи́чный; that is ~ of him э́то для него́ типи́чно.

**typify** *v.t.* быть типи́чным представи́телем +*g.*; олицетвор|я́ть, -и́ть.

**typist** *n.* (*fem.*) машини́стка; he is a ~ он печа́тает на маши́нке; он зараба́тывает маши́нописью.

**typographer** *n.* печа́тник.

**typographic(al)** *adj.* типогра́фский.

**typography** *n.* книгопеча́тание; (*printed type*) шрифт.

**typological** *adj.* типологи́ческий.

**typology** *n.* типоло́гия.

**tyrannical** *adj.* тирани́ческий, деспоти́чный.

**tyrannicide** *n.* тираноуби́йство.

**tyrannize** *v.t. & i.* тира́нствовать (*impf.*); тира́нить (*impf.*); he ~s (over) his family он тира́нит свою́ семью́.

**tyrannous** *adj.* тирани́ческий, деспоти́чный.

**tyranny** *n.* (*despotic power*) тирани́я, деспоти́зм; (*tyrannical behaviour*) тира́нство; жесто́кость.

**tyrant** *n.* тира́н, де́спот.

**tyre** (*Am.* **tire**) *n.* ши́на; I have a flat ~ у меня́ спусти́лась ши́на.

*cpd.*: ~ **-lever** *n.* монтиро́вочная лопа́тка.

**tyro** *see* TIRO.

**Tyrol, Tirol** *n.* Тиро́ль (*m.*).

**Tyrol|ean, -ese** *n.* тиро́лец. *adj.* тиро́льский.

**Tyrrhenian** *adj.*: ~ Sea Тирре́нское мо́ре.

**tzar** *etc., see* TSAR *etc.*

**tzigane** *n.* цыга́н (*fem.* -ка).

# U

**U** *cpds.*: ~ **-boat** *n.* неме́цкая подво́дная ло́дка; ~ **-turn** *n.* разворо́т; (*fig.*) ре́зкое измене́ние поли́тики; поворо́т на 180°.

**U** *adj.* (*abbr., upper-class*) ≃ культу́рный.

**ubiquitous** *adj.* вездесу́щий.

**ubiquity** *n.* вездесу́щность.

**udder** *n.* вы́мя (*nt.*).

**Uganda** *n.* Уга́нда.

**Ugandan** *n.* уга́нд|ец (*fem.* -ка). *adj.* уга́ндский.

**ugh** *int.* брр!; ах!; тьфу!

**ugliness** *n.* уро́дство; некраси́вая вне́шность; безобра́зность; (*fig.*) гну́сность.

**ugly** *adj.* 1. (*unsightly*) некраси́вый, уро́дливый, безобра́зный; ~ duckling га́дкий утёнок; 2. (*unpleasant*) проти́вный, скве́рный; an ~ wound скве́рная ра́на; 3. (*threatening*) опа́сный; an ~ customer гну́сный/опа́сный тип/субъе́кт; an ~ rumour неприя́тный слух; an ~ sky гро́зное не́бо; he was in an ~ mood он был в гро́зном настрое́нии.

**uhlan** *n.* ула́н.

**UK** *n.* (*abbr.*, United Kingdom) Соединённое Короле́вство (Великобрита́нии и Се́верной Ирла́ндии).
*adj.* (велико)брита́нский.
**ukase** *n.* ука́з.
**Ukraine** *n.* Украи́на; in the ~ на Украи́не.
**Ukrainian** *n.* (*pers.*) украи́н|ец (*fem.* -ка); (*language*) украи́нский язы́к.
*adj.* украи́нский.
**ukulele** *n.* гава́йская гита́ра.
**Ulan Bator** *n.* Ула́н-Ба́тор.
**ulcer** *n.* я́зва (желу́дка); (*fig.*) я́зва.
**ulcerate** *v.t.*: ~d feelings уязвлённые чу́вства.
**ulceration** *n.* изъязвле́ние.
**ulcerous** *adj.* я́звенный.
**ullage** *n.* (*space in cask*) незапо́лненный объём бо́чки; (*dregs*) оса́док.
**ulna** *n.* локтева́я кость.
**ulnar** *adj.* локтево́й.
**Ulster** *n.* **1.** (*province*) О́льстер; **2.** (u~: *coat*) о́льстер, дли́нное свобо́дное пальто́ (*indecl.*).
*cpds.*: ~ **man, woman** *nn.* жи́тель(ница) (*or* урожён|ец, *fem.* -ка) О́льстера.
**ult.** *see* ULTIMO.
**ulterior** *adj.* скры́тый, невы́раженный; ~ motive скры́тый моти́в; за́дняя мысль.
**ultimate** *adj.* после́дний, оконча́тельный; ~ end, purpose коне́чная цель.
**ultimatum** *n.* ультима́тум.
**ult(imo)** *n.* про́шлого ме́сяца.
**ultra**[1] *n.* (*extremist*) челове́к кра́йних взгля́дов; ультра́ (*m. indecl.*).
**ultra-**[2] *pref.* ультра-, сверх(ъ).
**ultramarine** *n.* (*pigment*) ультрамари́н.
*adj.* ультрамари́новый.
**ultramontane** *n.* (*relig.*) сторо́нник абсолю́тной вла́сти ри́мского па́пы.
**ultrasonic** *n.* сверхзвуково́й, ультразвуково́й.
**ultra-violet** *adj.* ультрафиоле́товый; ~ rays ультрафиоле́товые лучи́.
*ultra vires* *adj. & adv.* вне компете́нции, за преде́лами полномо́чий (*кого*).
**ululate** *v.i.* выть (*impf.*); завыва́ть (*impf.*).
**ululation** *n.* вой, завыва́ние.
**Ulysses** *n.* Ули́сс, Одиссе́й.
**umbelliferous** *adj.* зо́нтичный.
**umber** *n.* у́мбра.
*adj.* тёмно-кори́чневый.
**umbilical** *adj.* пупо́чный; ~ cord пупови́на.
**umbrage** *n.* оби́да; take ~ (at) об|ижа́ться, -и́деться (на +*a.*).
**umbrella** *n.* **1.** зо́нтик, зонт; **2.** (*fig., protection*) (авиацио́нное) прикры́тие; an ~ of fighter aircraft прикры́тие истреби́телями; nuclear ~ я́дерный зо́нтик; **3.** (*fig., general heading*) ру́брика; ~ organisation головна́я/возглавля́ющая организа́ция.
*cpd.*: ~**-stand** *n.* подста́вка для зонто́в.
**Umbria** *n.* У́мбрия.
**Umbrian** *adj.* умбри́йский.

**umlaut** *n.* умля́ут.
**umpire** *n.* (*arbitrator*) посре́дник; трете́йский судья́; (*in games*) судья́ (*m.*); рефери́ (*m. indecl.*).
*v.t. & i.*: he ~d (in) both matches он суди́л о́ба ма́тча.
**umpteen** *adj.* (*coll.*) бесчи́сленное коли́чество +*g.*
**umpteenth** *adj.* (*coll.*) э́нный; I have told you for the ~ time ско́лько раз я тебе́ говори́л!
**UN** *n.* (*abbr.*, United Nations): the ~ ООН (*f. indecl.*) (Организа́ция Объединённых На́ций).
**un-** *neg. pref.*: *often expr. by pref.* не- (*e.g.* UNABLE) *or* без-, бес- (*e.g.* UNASHAMED).
**unabashed** *adj.* без смуще́ния; нерастеря́вшийся.
**unabated** *adj.* неосла́бленный.
**unabbreviated** *adj.* несокращённый, по́лный.
**unable** *adj.* неспосо́бный; he is ~ to swim он не уме́ет пла́вать; I am ~ to say я не могу́ сказа́ть; I shall be ~ to come я не смогу́ прийти́.
**unabridged** *adj.* несокращённый, по́лный.
**unaccented** *adj.* безуда́рный, неуда́рный.
**unacceptable** *adj.* неприе́млемый.
**unaccompanied** *adj.* не сопровожда́емый; she came ~ она́ пришла́ одна́ (*or* без сопровожде́ния); (*mus.*) без аккомпанеме́нта.
**unaccomplished** *adj.* **1.** (*not fulfilled*) незавершённый, незако́нченный; his mission was ~ он не заверши́л свое́й ми́ссии; **2.** (*mediocre, unskilful*) посре́дственный, неиску́сный.
**unaccountable** *adj.* (*inexplicable*) необъясни́мый, непоня́тный, непостижи́мый; (*irrational*) безотчётный; (*not obliged to render an account of oneself*) безотчётный.
**unaccounted-for** *adj.* (*unexplained*) нея́сный, необъяснённый, непоня́тный; (*not included in account*) не ука́занный в отчёте.
**unaccustomed** *adj.* **1.** (*unused*) непривы́кший; ~ as I am to public speaking хотя́ я и не привы́к выступа́ть; **2.** (*unusual*) необы́чный; he spoke with ~ warmth он говори́л с несво́йственной ему́ горя́чностью.
**unachievable** *adj.* недосяга́емый; недостижи́мый, невыполни́мый.
**unachieved** *adj.* недости́гнутый, незавершённый.
**unacknowledged** *adj.* **1.** (*unrecognized*) непри́знанный; his work went ~ никто́ не отме́тил его́ рабо́ты; **2.** (*without reply*) оста́вшийся без отве́та; my letter was ~ я не получи́л подтвержде́ния о получе́нии письма́.
**unacquainted** *adj.* незнако́мый; I am ~ with the quality of his work я не могу́ суди́ть о ка́честве его́ рабо́ты.
**unactable** *adj.* (*of a play*) несцени́чный.

**unadaptable** *adj.* (*of pers.*) негибкий, не приспособленный к чему-н.

**unadorned** *adj.* неприкрашенный, неукрашенный.

**unadulterated** *adj.* настоящий, неподдельный; ~ (*undiluted*) milk неравбавленное молоко; ~ nonsense чистейший вздор; the ~ truth чистая правда.

**unadventurous** *adj.* непредприимчивый, несмелый; (*uneventful*) без приключений, спокойный.

**unaffected** *adj.* **1.** (*without affectation*) непринуждённый, естественный, непритворный, лишённый аффектации; she has an ~ manner она держится просто/естественно/непринуждённо; **2.** (*not harmed or influenced*): the cargo was ~ by damp груз не пострадал от сырости; our plans were ~ by the weather погода не изменила наших планов; he was ~ by my entreaties он оставался безучастным к моим мольбам.

**unafraid** *adj.* незапуганный.

**unaided** *adj.* без посторонней помощи; my ~ efforts мои одинокие усилия.

**unaligned** *adj.*: the ~ countries неприсоединившиеся страны.

**unalleviated** *adj.* несмягчённый, необлегчённый; ~ gloom непроглядный мрак.

**unalloyed** *adj.* нелегированный; (*fig.*): ~ pleasure ничем не омрачённая радость.

**unalterable** *adj.* неизменный, непреложный.

**unambiguous** *adj.* недвусмысленный, ясный, чёткий, точно выраженный.

**unambitious** *adj.* непритязательный, скромный.

**un-American** *adj.* чуждый американским обычаям и понятиям; антиамериканский.

**unamiable** *adj.* неприветливый.

**unanimity** *n.* единодушие.

**unanimous** *adj.* единодушный, единогласный; they were ~ in condemning him они единодушно его порицали; the resolution was passed ~ly резолюция была принята единогласно.

**unannounced** *adj.* необъявленный; без доклада.

**unanswerable** *adj.*: an ~ argument неопровержимый довод; an ~ question вопрос, на который невозможно ответить.

**unanswered** *adj.* неотвеченный, оставшийся без ответа; (*unrequited*) без взаимности.

**unanticipated** *adj.* (*unexpected*) непредвиденный, неожиданный.

**unapparent** *adj.* неявный, скрытый.

**unappealing** *adj.* неприятный, непривлекательный.

**unappeasable** *adj.* непримиримый.

**unappetizing** *adj.* неаппетитный.

**unappreciated** *adj.* непризнанный, недооценённый.

**unappreciative** *adj.* неблагодарный.

**unapprehensive** *adj.* (*without fear*) бесстрашный.

**unapproachable** *adj.* (*also of pers.*) недоступный.

**unarmed** *adj.* невооружённый, безоружный; ~ combat самозащита без оружия; (*abbr.*) самбо (*indecl.*).

**unartistic** *adj.* нехудожественный; (*insensitive to art*) лишённый художественного вкуса; не имеющий склонности к искусству.

**unashamed** *adj.* бесстыдный; без совести/стеснения.

**unasked** *adj.* непрошенный; she did it ~ она сделала это по своей инициативе; (*uninvited*) незваный; без приглашения.

**unassailable** *adj.*: an ~ fortress неприступная крепость; an ~ argument неопровержимый довод.

**unassisted** *adj.* без (посторонней) помощи.

**unassuming** *adj.* непритязательный, скромный.

**unattached** *adj.* не привязанный/прикреплённый (*к чему*); she is ~ она одинока.

**unattainable** *adj.* недосягаемый.

**unattended** *adj.* **1.** (*without escort*) без слуг/свиты; (*unaccompanied*) несопровождаемый; **2.** (*without care*) оставленный без надзора/присмотра; the children were left ~ детей оставили одних (без надзора); his business was ~ его делом никто не занимался; the shop is ~ в магазине нет продавца.

**unattractive** *adj.* непривлекательный, малопривлекательный, несимпатичный; the idea is most ~ to me мне эта идея совсем не нравится.

**unauthenticated** *adj.* неудостоверенный.

**unauthorized** *adj.* неразрешённый; (*pers.*) посторонний; ~ absence самовольная отлучка.

**unavailable** *adj.* не имеющийся в наличии; he was ~ он был недосягаем/занят.

**unavailing** *adj.* бесполезный, напрасный, тщетный.

**unavoidabl|e** *adj.* (*sure to happen*) неизбежный, неминуемый; I was ~y detained я не мог освободиться (раньше).

**unawakened** *adj.* неразбуженный, непробуждённый.

**unaware** *adj.* незнающий, неподозревающий; he was ~ of my presence он не подозревал о моём присутствии; I was ~ that he was married я не знал, что он женат.

**unawares** *adv.* нечаянно; врасплох; she dropped her purse ~ она нечаянно уронила кошелёк; I was taken ~ by his question его вопрос застиг меня врасплох.

**unbacked** *adj.* (*without support*): an ~ assertion голословное утверждение; an ~ cheque необеспеченный чек.

**unbalanced** *adj.* неравномерный; односторонний; (*mentally*) неуравнове́шенный, неусто́йчивый.

**unbar** *v.t.*: ~ a door отодв|ига́ть, -и́нуть засо́в на две́ри; (*fig.*) откр|ыва́ть, -ы́ть.

**unbearable** *adj.* невыноси́мый.

**unbeaten** *adj.* неби́тый; (*unsurpassed*) непревзойдённый.

**unbecoming** *adj.* (*inappropriate*) неподходя́щий; (*indecorous*) неподоба́ющий (+*d.*), неприли́чный (для +*g.*); непричиле́чествующий (*кому*); conduct ~ an officer поведе́ние, недосто́йное офице́ра (*or* неподоба́ющее офице́ру).

**unbefitting** *adj.* неподоба́ющий, неподходя́щий (для +*g.*).

**unbeknown** (*coll.* **unbeknownst**) *adv.*: he did it ~ to me он сде́лал э́то без моего́ ве́дома.

**unbelief** *n.* (*scepticism*) скептици́зм; (*lack of faith*) неве́рие.

**unbelievable** *adj.* (*coll., amazing*) невероя́тный, неимове́рный.

**unbeliever** *n.* (*sceptic*) ске́птик; (*relig.*) неве́рующий.

**unbelieving** *adj.* (*incredulous*) скепти́ческий; (*lacking faith*) неве́рующий.

**unbend** *v.t.* выпрямля́ть, вы́прямить; раз|гиба́ть, -огну́ть.

*v.i.* (*fig., relax*) смягч|а́ться, -и́ться; рассл|абя́ться, -а́биться; отбро́сить (*pf.*) чо́порность.

**unbending** *adj.* (*fig.*) непрекло́нный, суро́вый, неги́бкий.

**unbiassed** *adj.* непредвзя́тый; непредубеждённый; беспристра́стный.

**unbidden** *adj.* непро́шенный; (*as adv., voluntarily*) доброво́льно; по свое́й во́ле.

**unbind** *v.t.* развя́з|ывать, -а́ть; (*hair*) распус|ка́ть, -ти́ть; (*wound*) разбинто́в|ывать, -а́ть.

**unblemished** *adj.* чи́стый; (*fig.*) незапя́танный; безупре́чный; непоро́чный.

**unblock** *v.t.* **1.**: the plumber ~ed the drain водопрово́дчик прочи́стил водосто́к; **2.** (*of funds etc.*) разблоки́ровать (*pf.*).

**unblushing** *adj.* беззасте́нчивый, бессты́дный.

**unbolt** *v.t.* отп|ира́ть, -ере́ть.

**unborn** *adj.*: her ~ child её ещё не рождённое (*or* её бу́дущее) дитя́; generations yet ~ бу́дущие поколе́ния.

**unbosom** *v.t.*: ~ o.s. to s.o. откр|ыва́ть, -ы́ть (*or* изл|ива́ть, -и́ть) (свою) ду́шу кому́-н.

**unbound** *adj.* (*of book*) непереплетённый.

**unbounded** *adj.* неограни́ченный, безграни́чный, безме́рный.

**unbowed** *adj.* несо́гнутый; непокорённый; his head was ~ (*fig.*) он не покори́лся; он не склони́л головы́.

**unbridled** *adj.* (*fig.*) необу́зданный, разну́зданный.

**unbroken** *adj.* неразби́тый; несло́мленный;

only one plate was ~ то́лько одна́ таре́лка уцеле́ла; his spirit remained ~ дух его́ не́ был сло́млен; an ~ record непревзойдённый/непоби́тый реко́рд; an ~ horse необъе́зженный конь; ~ sleep непреры́вный сон; in ~ succession в непреры́вной после́довательности.

**unbrotherly** *adj.* небра́тский.

**unbuckle** *v.t.* расстёг|ивать, -ну́ть; (*sword*) отстёг|ивать, -ну́ть.

**unburden** *v.t.*: he ~ed his soul to me он изли́л мне ду́шу.

**unbusinesslike** *adj.* неделово́й, непракти́чный; не по-делово́му.

**unbutton** *v.t.* расстёг|ивать, -ну́ть.

*v.i.* (*fig., relax*) отта́|ивать, -ять; держа́ть (*impf.*) себя́ свобо́дно/непринуждённо.

**uncage** *v.t.* выпуска́ть, вы́пустить из кле́тки.

**uncalled-for** *adj.* (*unasked-for*) непро́шенный; (*inappropriate*) неуме́стный; (*excessive*) изли́шний; (*undeserved*) незаслу́женный.

**uncanny** *adj.* сверхъесте́ственный, жу́ткий; стра́нный, необъясни́мый; an ~ phenomenon стра́нное/таи́нственное явле́ние.

**uncared-for** *adj.* забро́шенный, запу́щенный.

**uncarpeted** *adj.* без ковра́, непокры́тый ковро́м.

**unceasing** *adj.* беспреры́вный, непреры́вный, беспреста́нный.

**uncensored** *adj.* не проше́дший цензу́ру; (*exempt from censorship*) неподцензу́рный.

**unceremonious** *adj.* (*abrupt, discourteous*) бесцеремо́нный.

**uncertain** *adj.* **1.** (*hesitant, in doubt*) неуве́ренный, нереши́тельный; he was ~ what to do/think он не знал, что де́лать/ду́мать; I am ~ what he wants я не могу́ поня́ть, чего́ он хо́чет; I am still ~ я всё ещё сомнева́юсь/коле́блюсь; **2.** (*not clear*) нея́сный, неопределённый; in no ~ terms без обиняко́в, весьма́ недвусмы́сленно; a lady of ~ age да́ма неопределённого во́зраста; **3.** (*changeable, unreliable*): the weather is ~ пого́да изме́нчива; he has an ~ temper у него́ капри́зный нрав/хара́ктер; ~ friends ненадёжные друзья́; his grammar is ~ он нетвёрд в грамма́тике; my position is ~ (*shaky*) у меня́ ша́ткое положе́ние.

**uncertaint|y** *n.* **1.** (*hesitation*) неуве́ренность, нереши́тельность; be in a state of ~y сомнева́ться (*impf.*); колеба́ться (*impf.*); **2.** (*lack of clarity*) нея́сность, неизве́стность, неопределённость; **3.** (*unreliable or unpredictable nature*) изме́нчивость; the ~ies of life превра́тности (*f. pl.*) судьбы́; the future is full of ~y бу́дущее полно́ неопределённости.

**unchain** *v.t.* спус|ка́ть, -ти́ть с це́пи; сн|има́ть, -я́ть око́вы с +*g.*; ~ the door сн|има́ть, -я́ть цепо́чку с две́ри.

**unchallengeable** *adj.* неоспори́мый, неопровержи́мый.

**unchallenged** *adj.* все́ми при́знанный; I let his remark go ~ я не стал оспа́ривать его́ замеча́ние.

**unchangeable** *adj.* неизменя́емый, неизме́нный.

**unchanged** *adj.* неизмени́вшийся; the patient's condition is ~ состоя́ние больно́го без переме́н/измене́ний.

**uncharitable** *adj.* зло́бный; чрезме́рно стро́гий, приди́рчивый.

**uncharted** *adj.* не отме́ченный на ка́рте; неиссле́дованный; неизве́данный.

**unchaste** *adj.* нецелому́дренный.

**unchastity** *n.* нецелому́дренность, нецелому́дрие; непристо́йность.

**unchecked** *adj.*: ~ accounts непрове́ренные счета́; an ~ advance (*mil.*) беспрепя́тственное продвиже́ние.

**unchivalrous** *adj.* неры́царский, неблагоро́дный.

**unchristian** *adj.* нехристиа́нский, неподоба́ющий христиани́ну; (*coll., outrageous*): I had to get up at an ~ hour мне пришло́сь встать безбо́жно ра́но.

**uncircumcised** *adj.* необре́занный.

**uncivil** *adj.* неве́жливый, гру́бый.

**uncivilized** *adj.* нецивилизо́ванный, некульту́рный; ~ races ди́кие племена́; ~ behaviour некульту́рное поведе́ние.

**unclad** *adj.* неоде́тый, го́лый.

**unclaimed** *adj.* невостре́бованный.

**unclasp** *v.t.* (*loosen clasp of*) расстёг|ивать, -ну́ть; (*release grip on*) разж|има́ть, -а́ть; he ~ed his hands он разжа́л ру́ки.

**unclassifiable** *adj.* не поддаю́щийся классифика́ции.

**unclassified** *adj.* неклассифици́рованный; (*without security grading*) несекре́тный.

**uncle** *n.* дя́дя (*m.*); at my ~'s (*sl., in pawn*) в закла́де.

**unclean** *adj.* (*impure*) нечи́стый; пога́ный.

**uncleanness** *n.* нечистота́.

**uncloak** *v.t.* (*fig.*) разоблач|а́ть, -и́ть.

**unclothed** *adj.* разде́тый, неоде́тый.

**unclouded** *adj.* (*lit., fig.*) безо́блачный; an ~ brow неомраче́нное чело́.

**unco** *adv.* (*Sc.*) о́чень, весьма́.

**uncoil** *v.t. & i.* разм|а́тывать(ся), -ота́ть(ся).

**uncoloured** *adj.* бесцве́тный, неокра́шенный; his views are ~ by prejudice он челове́к непредвзя́тый/беспристра́стный; an ~ description просто́е/неприукра́шенное описа́ние.

**uncome-at-able** *adj.* (*coll.*) неулови́мый, недостижи́мый.

**uncomfortable** *adj.* (*lit., fig.*) неудо́бный; нело́вкий.

**uncommitted** *adj.* нейтра́льный; не связа́вший себя́; (*pol., unaligned*) неприсоедини́вшийся.

**uncommon** *adj.* ре́дкий; необы́чный; незауря́дный; he showed ~ generosity он прояви́л необыкнове́нную ще́дрость; that is ~ly good of you вы чрезвыча́йно до́бры/любе́зны.

**uncommunicative** *adj.* неразгово́рчивый, сде́ржанный, скры́тный.

**uncompanionable** *adj.* необщи́тельный.

**uncomplaining** *adj.* безро́потный, терпели́вый.

**uncomplimentary** *adj.* неле́стный.

**uncompromising** *adj.* бескомроми́ссный, неусту́пчивый, твёрдый.

**unconcealed** *adj.* нескры́тый, нескрыва́емый, я́вный.

**unconcern** *n.* беззабо́тность, беспе́чность; безразли́чие, равноду́шие.

**unconcerned** *adj.* (*carefree*) беззабо́тный, беспе́чный; (*indifferent*) безразли́чный, равноду́шный; ~ with politics не интересу́ющийся поли́тикой; his manner was ~ он держа́лся безуча́стно.

**unconditional** *adj.* безусло́вный, безогово́рочный; ~ surrender безогово́рочная капитуля́ция.

**unconditioned** *adj.* необусло́вленный, безусло́вный; ~ reflex безусло́вный рефле́кс.

**unconfined** *adj.* неограни́ченный; (*fig.*) свобо́дный, нестеснённый.

**unconfirmed** *adj.* неподтверждённый.

**uncongenial** *adj.* неприя́тный; неблагоприя́тный; чу́ждый/чужо́й (по ду́ху).

**unconnected** *adj.* не свя́занный; the wires were ~ провода́ не́ были соединены́; a series of ~ statements ряд не свя́занных друг с дру́гом заявле́ний.

**unconquerable** *adj.* непобеди́мый, непокори́мый.

**unconquered** *adj.* непобеждённый, непокорённый.

**unconscionable** *adj.*: an ~ liar отъя́вленный/невозмо́жный лгун; he was away an ~ time он пропада́л безбо́жно до́лго.

**unconscious** *n.*: the ~ (*psych.*) подсозна́ние.
*adj.* **1.** (*senseless*) потеря́вший созна́ние; в (глубо́ком) о́бмороке; he was knocked ~ он потеря́л созна́ние от уда́ра; **2.** (*unaware*) не сознаю́щий; he was ~ of having done wrong он не сознава́л, что поступи́л пло́хо; he seemed ~ of my presence каза́лось, что он не замеча́л моего́ прису́тствия; **3.** (*unintentional*) нево́льный; he spoke with ~ irony он говори́л с бессозна́тельной иро́нией.

**unconsciousness** *n.* (*physical*) бессозна́тельное состоя́ние; (*unawareness*) отсу́тствие (о)созна́ния.

**unconsidered** *adj.* необду́манный, непроду́манный; an ~ remark необду́манное/случа́йное замеча́ние.

**unconstitutional** *adj.* противоре́чащий конститу́ции.

**unconstrained** adj. невы́нужденный; непринуждённый.

**unconsumed** adj. (of supplies, food etc.) неизрасхо́дованный; (by fire etc.) неуничто́женный.

**uncontaminated** adj. незаражённый, незагрязнённый.

**uncontemplated** adj. непредви́денный.

**uncontrollable** adj.: an ~ temper неукроти́мый нрав; an ~ child неуправля́емый ребёнок; an ~ influx of refugees неконтроли́руемый/бесконтро́льный прили́в бе́женцев.

**uncontrolled** adj. неконтроли́руемый, бесконтро́льный, неуправля́емый.

**unconventional** adj. нешабло́нный, нетрадицио́нный, эксцентри́чный.

**unconverted** adj. **1.** (econ.) неконверти́рованный; **2.** (relig.) необращённый; after hearing his arguments I was still ~ вы́слушав его́ до́воды, я не измени́л свои́х воззре́ний.

**unconvince** v.t. разубе|жда́ть, -ди́ть; разув|еря́ть, -е́рить.

**unconvinced** adj. неубеждённый.

**unconvincing** adj. неубеди́тельный.

**uncooked** adj. сыро́й; непригото́вленный; несвари́вшийся.

**uncooperative** adj. не проявля́ющий гото́вность помо́чь; не жела́ющий уча́ствовать в совме́стных де́йствиях.

**uncork** v.t. раску́пори|вать, -ть; отку́пори|вать, -ть.

**uncorrected** adj. неиспра́вленный; an ~ MS невы́правленная ру́копись.

**uncorroborated** adj. неподтверждённый.

**uncorrupted** adj. неиспо́рченный; (unbribed) неподку́пный.

**uncountable** adj. (innumerable) бесчи́сленный, неисчисли́мый; (gram.) неисчисля́емый.

**uncounted** adj. (innumerable) несчётный, бессчётный, бесчи́сленный.

**uncouple** v.t. (rail carriages) расцеп|ля́ть, -и́ть; (dogs) спус|ка́ть, -ти́ть со сво́ры.

**uncouth** adj. гру́бый, неотёсанный.

**uncouthness** n. гру́бость, неотёсанность.

**uncover** v.t. сн|има́ть, -ять; he ~ed his head он обнажи́л го́лову; (fig.) раскр|ыва́ть, -ы́ть; обнару́жи|вать, -ть; the conspiracy was ~ed за́говор раскры́ли; their flank was ~ed их фланг не́ был защищён (or был обнажён or был оста́влен без прикры́тия).

**uncritical** adj. некрити́чный, некрити́ческий.

**uncrossed** adj.: an ~ cheque некросси́рованный чек.

**uncrowned** adj.: ~ king (lit., fig.) некороно́ванный коро́ль.

**uncrushable** adj. (of material) немну́щийся; (irrepressible) неугомо́нный.

**UNCTAD** n. (abbr., United Nations Conference on Trade and Development) ЮНКТА́Д (indecl.).

**unction** n. **1.** (anointing) пома́зание; extreme ~

собо́рование; **2.** (gusto) вкус, смак; **3.** (fig., oiliness) еле́йность.

**unctuous** adj. (fig., oily) еле́йный.

**uncultivated** adj. (of land) необрабо́танный, невозде́ланный; (of pers.) неразвито́й, некульту́рный.

**uncultured** adj. некульту́рный.

**uncurtained** adj. незанаве́шенный, без занаве́сок.

**uncut** adj. неразре́занный; неподстри́женный; ~ pages неразре́занные листы́/страни́цы; his hair was ~ во́лосы у него́ бы́ли неподстри́жены; the film was shown ~ фильм показа́ли целико́м (or без сокраще́ний/купю́р).

**undamaged** adj. неповреждённый.

**undated** adj. недати́рованный.

**undaunted** adj. неустраши́мый.

**undeceive** v.t. выводи́ть, вы́вести из заблужде́ния.

**undecided** adj. нерешённый; нереши́тельный; the battle was ~ исхо́д би́твы был нея́сен; I am ~ whether to go or stay я не зна́ю, идти́ мне и́ли нет.

**undecipherable** adj. (of code) не поддаю́щийся расшифро́вке; (of handwriting etc.) неразбо́рчивый.

**undeclared** adj. необъя́вленный, непровозглашённый; a state of ~ war состоя́ние войны́ без объявле́ния (or необъя́вленной войны́).

**undefended** adj. незащищённый; they left the city ~ они́ оста́вили го́род без прикры́тия; an ~ suit (leg.) иск, не оспа́риваемый отве́тчиком.

**undefiled** adj. чи́стый, незапа́чканный, неосквернённый, незагрязнённый.

**undefined** adj. неопределённый.

**undelivered** adj.: an ~ letter недоста́вленное письмо́; an ~ speech непроизнесённая речь.

**undemonstrative** adj. сде́ржанный.

**undeniable** adj. неоспори́мый, я́вный.

**undenominational** adj. неконфессиона́льный; не относя́щийся к како́му-нибудь вероисповеда́нию.

**undependable** adj. ненадёжный.

**under** adv. вниз; the ship went ~ кора́бль затону́л; he dived and stayed ~ for a minute он нырну́л и продержа́лся под водо́й (одну́) мину́ту; the people were kept ~ наро́д держа́ли под гнётом.

 prep. **1.** под +i.; (of motion) под +a.; (out) from ~ из-под +g.; **2.** (less than) ме́ньше +g.; ни́же +g.; he earns ~ £40 a week он зараба́тывает ме́ньше сорока́ фу́нтов в неде́лю; he was ~ age он не дости́г совершенноле́тия; children ~ 14 де́ти моло́же (or в во́зрасте до) четы́рнадцати лет; I can get there in ~ an hour я могу́ добра́ться туда́ ме́ньше чем за час; no-one ~ the rank of major никто́ в чи́не ни́же майо́ра; **3.** (var.

*uses*): ~ arms под ружьём; you are ~ arrest вы аресто́ваны; ~ the circumstances при сложи́вшихся обстоя́тельствах; ~ cultivation обраба́тываемый; ~ a delusion в заблужде́нии; ~ discussion обсужда́емый; ~ oath под прися́гой; ~ pain of death под стра́хом сме́рти; ~ pressure под давле́нием; ~ repair в ремо́нте; ~ sail под паруса́ми; ~ suspicion под подозре́нием; ~ torture под пы́тками; ~ way на ходу́; land ~ wheat земля́ под пшени́цей; (~ *authority of*): he served ~ me он служи́л под мои́м руково́дством; he studied ~ a professor он учи́лся/занима́лся у профе́ссора; ~ the tsars при царя́х; England ~ the Stuarts А́нглия в ца́рствование Стю́артов; (*according to*): ~ the terms of the agreement по усло́виям соглаше́ния; ~ orders по прика́зу; ~ the rules согла́сно уста́ву; (*classified with*): they come ~ the same heading они́ отно́сятся к той же ру́брике; see ~ 'General Remarks' смотри́ в пара́графе (*or* под ру́брикой) «О́бщие замеча́ния».

**underact** *v.t. & i.* недои́гр|ывать, -а́ть.

**underarm** *adj. & adv.*: an ~ shot уда́р предпле́чьем.

**under-belly** *n.* низ живота́.

**underbid** *n.* предложе́ние по бо́лее ни́зкой цене́.

*v.i.* сби|ва́ть, -ть це́ну.

**underbred** *adj.* (*pers.*) невоспи́танный; (*animal*) нечистокро́вный, непоро́дистый.

**underbrush** *n.* подле́сок.

**undercarriage** *n.* (*of aircraft*) шасси́ (*nt. indecl.*).

**undercharge** *v.i.* брать, взять (*or* назн|ача́ть, -а́чить) сли́шком ни́зкую це́ну.

**undercloth|es, -ing** *nn.* ни́жнее бельё.

**undercoat** *n.* (*of paint*) грунто́вка.

**under-cover** *adj.* та́йный.

**undercurrent** *n.* подво́дное тече́ние; (*fig.*) скры́тая тенде́нция; an ~ of melancholy зата́ённая грусть.

**undercut**[1] *n.* (*of meat*) вы́резка.

**undercut**[2] *v.t.*: 'How much are you charging for the work? I don't want to ~ you' «Ско́лько вы запра́шиваете за э́ту рабо́ту? Я не хочу́ сбива́ть це́ну.»

**under-developed** *adj.* недора́звитый; ~ countries слабора́звитые стра́ны; ~ muscles слабора́звитые му́скулы; недора́звитая мускулату́ра; ~ photographs недопрояв-ленные сни́мки.

**underdog** *n.* (*fig.*) побеждённая сторона́; обездо́ленный челове́к; неуда́чник.

**underdone** *adj.* (*of food*) недожа́ренный, недова́ренный.

**underemployment** *n.* непо́лная за́нятость.

**underestimate**[1] *n.* недооце́нка.

**underestimate**[2] *v.t.* недооце́н|ивать, -и́ть.

**underestimation** *n.* недооце́нка.

**underexpose** *v.t.* (*phot.*) недоде́рж|ивать, -а́ть.

**underexposure** (*phot.*) недоста́точная вы́дер-жка.

**underfed** *adj.* недоко́рмленный.

**underfelt** *n.* грунт ковра́.

**underfoot** *adv.* под нога́ми.

**undergarments** *n. pl.* ни́жнее бельё.

**undergo** *v.t.* испы́т|ывать, -а́ть; перен|оси́ть, -ести́; подв|ерга́ться, -е́ргнуться +*d.*; the word has ~ne many changes э́то сло́во претерпе́ло мно́го измене́ний; he has to ~ an operation ему́ предстои́т опера́ция.

**undergraduate** *n.* студе́нт (*fem.* -ка); (*attr.*) студе́нческий.

**underground** *n.* 1. (~ *railway*) метро́ (*indecl.*); on the U~ в метро́; 2. (~ *movement*) подпо́лье.

*adj.* подзе́мный; (*fig., secret, subversive*) подпо́льный; an ~ newspaper подпо́льная газе́та.

*adv.* под землёй/зе́млю; (*fig.*) подпо́льно; the former leader went ~ бы́вший ли́дер ушёл в подпо́лье.

**undergrowth** *n.* подле́сок.

**underhand** *adj.* (*secret, deceitful*) закули́сный, та́йный; ~ methods закули́сные махина́ции; та́йные про́иски.

*adv.* тайко́м.

**underhung** *adj.*: an ~ jaw выступа́ющая вперёд че́люсть.

**underlay** *n.* (*fabric*) подкла́дка, подсти́лка.

**underl|ie** *v.t.* 1. (*lit.*) лежа́ть (*impf.*) под +*i.*; ~ying stratum ни́жний слой; 2. (*fig.*) лежа́ть в осно́ве +*g.*; ~ying causes причи́ны, лежа́щие в осно́ве (*чего*).

**underline** *v.t.* (*lit., fig.*) подч|ёркивать, -ерк-ну́ть.

**underling** *n.* ме́лкий чино́вник; (*coll.*) ме́лкая со́шка.

**underlining** *n.* (*e.g. of text*) подчёркивание.

**underlip** *n.* ни́жняя губа́.

**undermanned** *adj.* испы́тывающий недоста́ток в рабо́чей си́ле; неукомплекто́ванный.

**undermentioned** *adj.* нижеупомя́нутый.

**undermine** *v.t.* подк|а́пывать, -опа́ть; (*by water*) подм|ыва́ть, -ы́ть; (*fig.*) разр|уша́ть, -у́шить; подт|а́чивать, -очи́ть; his health was ~d by drink алкого́ль подорва́л его́ здоро́вье; his authority is ~d его́ авторите́т вся́чески подрыва́ют.

**undermost** *adj.* ни́зший.

**underneath** *adv.* внизу́, ни́же.

*prep.* под +*i.*; (*of motion*) под +*a.*

**undernourished** *adj.* недоко́рмленный, недоеда́ющий.

**undernourishment** *n.* недоеда́ние.

**underpants** *n. pl.* (*long*) кальсо́н|ы (*pl., g.* —); (*short*) (мужски́е) трус|ы́ (*pl., g.* -о́в).

**underpass** *n.* прое́зд под полотно́м желе́зной доро́ги; (у́личный) тонне́ль (*m.*).

**underpa|y** *v.t.* сли́шком ни́зко опла́|чивать,

-ти́ть; недопла́|чивать, -ти́ть; the workers are ~id рабо́чим ма́ло пла́тят.

**underpayment** *n.* сли́шком ни́зкая опла́та; недопла́та.

**underpin** *v.t.* подв|оди́ть, -ести́ фунда́мент под +*a.*; (*fig.*) подде́рж|ивать, -а́ть.

**underplot** *n.* побо́чная интри́га.

**under-populated** *adj.* малонаселённый.

**under-privileged** *adj.* неиму́щий; по́льзующийся ме́ньшими права́ми.

**under-production** *n.* недопроизво́дство.

**underquote** *v.t.* (*goods*) назн|ача́ть, -а́чить бо́лее ни́зкую це́ну на +*a.*

**underrate** *v.t.* недооце́н|ивать, -и́ть.

**underripe** *adj.* недозре́лый, неспе́лый.

**underscore** *v.t.* подч|ёркивать, -еркну́ть.

**under-secretary** *n.* замести́тель (*m.*)/помо́щник мини́стра; (*at UN*) замести́тель Генера́льного Секретаря; permanent ~ несменя́емый помо́щник мини́стра.

**undersell** *v.t.* (*goods*) прод|ава́ть, -а́ть по пони́женной цене́ (*or* ни́же сто́имости).

**undersexed** *adj.* сексуа́льно холо́дный.

**under-sheriff** *n.* замести́тель (*m.*) шери́фа.

**under|shirt, -vest** *nn.* ма́йка; (*with sleeves*) ни́жняя руба́шка/соро́чка.

**undersh|oot** *v.t. & i.* стреля́ть (*impf.*) с недолётами; the aircraft ~ot the runway самолёт недотяну́л при поса́дке.

**under-side** *n.* низ; ни́жняя сторона́/пове́рхность.

**undersign** *v.t.*: we, the ~ed мы, нижеподписа́вшиеся.

**undersized** *adj.* (*of pers.*) низкоро́слый.

**underskirt** *n.* ни́жняя ю́бка.

**underslung** *adj.* подвесно́й; подве́шенный ни́же о́си.

**understaffed** *adj.* испы́тывающий недоста́ток рабо́чей си́лы; неукомплекто́ванный.

**understand** *v.t.* **1.** (*comprehend*) пон|има́ть, -я́ть; пост|ига́ть, -и́гнуть; (*coll.*) смы́слить (*impf.*); he ~s French он понима́ет по-францу́зски; he ~s finance он разбира́ется в фина́нсовых вопро́сах; now I ~! тепе́рь всё поня́тно!; he can make himself understood in English он мо́жет объясня́ться по-англи́йски; I hope I make myself understood наде́юсь, вы меня́ по́няли; let us ~ each other поймём же друг дру́га; he ~s children он уме́ет обраща́ться с детьми́; I can ~ his wanting to leave я понима́ю его́ жела́ние уйти́; I understood him to say he would come наско́лько я по́нял, он обеща́л прийти́; am I to ~ you refuse? ина́че говоря́ (*or* на́до понима́ть), вы отка́зываете?; he gave me to ~ he was single он дал мне поня́ть, что он хо́лост; what are we to ~ from such an act? как мы должны́ поня́ть/истолкова́ть тако́й посту́пок?; **2.** (*gather, be informed*): I ~ you are leaving я слы́шал, что вы уезжа́ете; you were, I ~,

alone вы бы́ли, наско́лько я по́нял, одни́; I ~ he is the best doctor in town говоря́т/ка́жется, он лу́чший врач в го́роде; **3.** (*agree, accept*): it is (an) understood (thing) само́ собо́й разуме́ется; устано́влено; поня́тно без слов; (*custom*) так заведено́; it was understood that we should meet at 10 бы́ло устано́влено/догово́рено, что мы встре́тимся в 10 часо́в; it is understood, then, that we meet tomorrow ита́к, решено́: мы встреча́емся за́втра; **4.** (*gram.*): the verb is understood глаго́л подразумева́ется.

**understandable** *adj.* (*comprehensible*) поня́тный; (*reasonable, justifiable*) поня́тный, опра́вданный.

**understanding** *n.* **1.** (*intellect*) ум; it passes my ~ э́то вы́ше моего́ понима́ния; **2.** (*comprehension*): he has a clear ~ of the problem он прекра́сно понима́ет пробле́му; he has a good ~ of economics он хорошо́ разбира́ется в эконо́мике; it was my ~ that we were to meet here наско́лько я по́нял, мы должны́ бы́ли встре́титься здесь; **3.** (*sympathy*) понима́ние, отзы́вчивость, чу́ткость; he showed ~ for my position он вошёл в моё положе́ние; **4.** (*agreement*) соглаше́ние, договорённость; on the clear ~ that ... то́лько при (*or* на том) усло́вии, что ...; they came to an ~ они́ пришли́ к соглаше́нию.

*adj.* отзы́вчивый, чу́ткий, то́нкий; ~ parents разу́мные роди́тели.

**understate** *v.t.* преум|еньша́ть, -е́ньшить; недоска́з|ывать, -а́ть.

**understatement** *n.* преуменьше́ние, недоска́з.

**understocked** *adj.* пло́хо снабжённый (*чем*).

**understudy** *n.* дублёр (*fem.* -ша).

*v.t.* дубли́ровать (*impf.*).

**undertak|e** *v.t.* **1.** (*take on*) предприн|има́ть, -я́ть; брать, взять на себя́; you are ~ing a heavy responsibility вы берёте на себя́ большу́ю отве́тственность; he has ~en the job of secretary он при́нял на себя́ до́лжность секретаря́; **2.** (*pledge o.s., promise*) обя́з|ыва́ться, -а́ться; **3.** (*guarantee*) руча́ться (*impf.*); гаранти́ровать (*impf.*).

**undertaker** *n.* гробовщи́к; заве́дующий/владе́лец похоро́нного бюро́.

**undertaking** *n.* (*enterprise*) предприя́тие; (*pledge, guarantee*) обяза́тельство, гара́нтия.

**under-the-table** *adj.* (*coll.*) та́йный, незако́нный.

**undertone** *n.* полуто́н; in an ~ вполго́лоса; (*fig.*) подте́кст.

**undertow** *n.* отка́т.

**undervaluation** *n.* недооце́нка.

**undervalue** *v.t.* недооце́н|ивать, -и́ть.

**undervest** *see* UNDERSHIRT.

**underwater** *adj.* подво́дный.

**underwear** *n.* бельё.

**underworld** *n.* (*myth.*) преиспо́дняя; (*criminal*

*society*) подо́нк|и (*pl.*, *g.* -ов)/дно о́бщества; престу́пный мир.

**underwrite** *v.t.* **1.**: ~ a marine insurance policy подпи́с|ывать, -а́ть по́лис морско́го страхова́ния; прин|има́ть, -я́ть су́дно/груз на страх; **2.**: ~ a loan гаранти́ровать (*impf.*, *pf.*) размеще́ние за́йма; **3.** (*support*) (фина́нсово) подде́рж|ивать, -а́ть.

**underwriter** *n.* (морско́й) страхо́вщик.

**undeserved** *adj.* незаслу́женный.

**undeserving** *adj.* не заслу́живающий (*чего*), недосто́йный.

**undesigned** *adj.* непреднаме́ренный, неумы́шленный.

**undesirability** *n.* нежела́тельность, нецелесообра́зность.

**undesirable** *n.* (*pers.*) нежела́тельный элеме́нт. *adj.* нежела́тельный, нецелесообра́зный.

**undesirous** *adj.* нежела́ющий; ~ of fame не жа́ждущий сла́вы.

**undetected** *adj.* необнару́женный.

**undetermined** *adj.* неопределённый, нерешённый.

**undeterred** *adj.* не поколе́бленный/отпу́гнутый/остано́вленный (*чем*).

**undeveloped** *adj.* неразвито́й; an ~ idea неразрабо́танная иде́я; an ~ country слаборазви́тая страна́; ~ land необрабо́танная земля́; the photographs were ~ фотогра́фии не́ были проя́влены.

**undeviating** *adj.* неукло́нный; постоя́нный.

**undies** *n. pl.* (*coll.*) (же́нское) ни́жнее бельё.

**undifferentiated** *adj.* недифференци́рованный.

**undigested** *adj.* (*lit.*, *fig.*) неусво́енный; ~ food непереваренная пи́ща; ~ facts фа́кты, не приведённые в систе́му.

**undignified** *adj.* недосто́йный, лишённый благоро́дства; унизи́тельный.

**undiluted** *adj.* неразба́вленный; (*fig.*): ~ nonsense чепуха́ в чи́стом ви́де; соверше́ннейший вздор.

**undiminished** *adj.* неуме́ньшенный; with ~ ardour с неослабева́ющим рве́нием; stocks are ~ запа́сы не сократи́лись.

**undiplomatic** *adj.* недипломати́чный.

**undiscerning** *adj.* непроница́тельный, непрозорли́вый.

**undischarged** *adj.* (*not executed*) невы́полненный; (*not unloaded*) не вы́груженный; an ~ debt неупла́ченный долг; an ~ bankrupt не восстано́вленный в права́х банкро́т.

**undisciplined** *adj.* необу́ченный; недисциплини́рованный; an ~ style хаоти́чный стиль.

**undisclosed** *adj.* неразоблачённый, нераскры́тый.

**undiscovered** *adj.* неоткры́тый, неиссле́дованный.

**undiscriminating** *adj.* недискримини́рующий, не разбира́ющийся, неразбо́рчивый.

**undisguised** *adj.* незамаскиро́ванный; я́вный; with ~ relief с я́вным/нескрыва́емым облегче́нием.

**undismayed** *adj.* неустрашённый.

**undisputed** *adj.* неоспа́риваемый; неоспори́мый, бесспо́рный.

**undistinguished** *adj.* (*of pers.*) посре́дственный, невзра́чный, (*coll.*) се́рый.

**undistracted** *adj.* нерассе́янный, сосредото́ченный.

**undisturbed** *adj.* невстрево́женный, споко́йный; he was ~ by the news но́вость его́ не взволнова́ла.

**undivided** *adj.* неразде́льный; ~ attention неразде́льное внима́ние.

**undivulged** *adj.* неразглашённый, та́йный.

**undo** *v.t.* **1.** (*unfasten*) развя́з|ывать, -а́ть; my bootlace came ~ne у меня́ развяза́лся шнуро́к на боти́нке; **2.** (*annul*) уничт|ожа́ть, -о́жить; аннули́ровать (*impf.*, *pf.*); he tried to ~ the work of his predecessor он пыта́лся перечеркну́ть рабо́ту своего́ предше́ственника; **3.** (*ruin*) губи́ть, по-; I am ~ne я пропа́л/поги́б; drink was his ~ing пья́нство его́ погуби́ло; we left much ~ne у нас оста́лось мно́го недоде́ланного.

**undomesticated** *adj.* неприру́ченный.

**undoubted** *adj.* несомне́нный; an ~ success несомне́нный/бесспо́рный успе́х; you are ~ly right вы несомне́нно/безусло́вно пра́вы.

**undoubting** *adj.* несомнева́ющийся.

**undramatic** *adj.* недрамати́ческий, несцени́чный; (*unexciting*) лишённый драмати́зма.

**undraped** *adj.* незадрапиро́ванный; (*nude*) обнажённый.

**undreamed-of, undreamt-of** *adj.* не сни́вшийся; невообрази́мый; such a thing was ~ when I was young когда́ я был мо́лод, об э́том никто́ и ду́мать не мог; ~ riches немы́слимое бога́тство.

**undress** *n.*: in a state of ~ полуоде́тый; (*naked*) в го́лом ви́де; ~ uniform повседне́вная фо́рма. *v.t.* & *i.* разд|ева́ть(ся), -е́ть(ся).

**undressed** *adj.* (*without clothes*) разде́тый; (*untreated*) необрабо́танный; ~ leather невы́деланная ко́жа; an ~ wound неперевя́зан-ная/необрабо́танная ра́на.

**undrinkable** *adj.* неприго́дный для питья́.

**undue** *adj.* (*excessive*) чрезме́рный, изли́шний; (*improper*) неподоба́ющий; ~ influence неправоме́рное влия́ние.

**undulat|e** *v.i.* волнова́ться (*impf.*); колыха́ться (*impf.*); an ~ing landscape холми́стый пейза́ж.

**undulation** *n.* волни́стость; волнообра́зное движе́ние; холми́стость.

**unduly** *adv.* чрезме́рно; непра́вильно.

**undutiful** *adj.* непоко́рный; an ~ daughter непослу́шная/плоха́я дочь.

**undying** *adj.* бессме́ртный; he won ~ glory он

завоевал себе вечную славу; you have earned my ~ gratitude я вам обязан до гробовой доски.

**unearned** *adj.* незаработанный; ~ income нетрудовые доходы (*m. pl.*); непроизводственный/рентный доход; (*undeserved*) незаслуженный.

**unearth** *v.t.* выкапывать, выкопать; the body was ~ed тело выкопали; (*fig., discover*) раск|апывать, -опать.

**unearthly** *adj.* **1.** (*supernatural*) неземной; сверхъестественный; **2.** (*ghostly*) призрачный; ~ pallor смертельная бледность; **3.** (*coll., unreasonable*) абсурдный; why do you wake me at this ~ hour? зачем вы меня будите в такую рань (*or* ни свет, ни заря)?

**unease** *n.* неловкость; стеснённость.

**uneasiness** *n.* неловкость; стеснённость; беспокойство, тревога.

**uneasy** *adj.* **1.** (*physically uncomfortable*): she spent an ~ night она провела беспокойную/тревожную ночь; **2.** (*anxious*) беспокойный, тревожный; she was ~ about her daughter она беспокоилась за дочь; **3.** (*ill at ease*) стеснённый, неловкий, не по себе.

**uneatable** *adj.* несъедобный.

**uneaten** *adj.* несъеденный.

**uneconomic** *adj.* неэкономный; нерентабельный; an ~ rent невыгодная рента.

**uneconomical** *adj.* (*wasteful*) неэкономный; бесхозяйственный.

**unedifying** *adj.* непристойный, малопривлекательный; не достойный подражания.

**unedited** *adj.* неотредактированный.

**uneducated** *adj.* необразованный.

**unemotional** *adj.* неэмоциональный; бесстрастный.

**unemployable** *adj.* нетрудоспособный.

**unemployed** *adj.* **1.** (*out of work*) безработный; (*as n.*: the ~) безработные (*pl.*); **2.** (*unused, e.g. resources*) неиспользованный.

**unemployment** *n.* безработица; ~ benefit пособие по безработице; ~ has risen/fallen число безработных возросло/снизилось.

**unenclosed** *adj.* (*of land*) неогороженный.

**unencumbered** *adj.* свободный; (*with debt*) не обременённый долгами; an ~ estate незаложенное имущество/имение/поместье.

**unending** *adj.* нескончаемый, бесконечный.

**unendowed** *adj.* (*fig.*): ~ with intelligence не наделённый разумом.

**unendurable** *adj.* невыносимый, нестерпимый.

**un-English** *adj.* не типичный для англичанина; недостойный англичанина.

**unenlightened** *adj.* непросвещённый, несведомлённый.

**unenterprising** *adj.* непредприимчивый.

**unenthusiastic** *adj.* невосторженный; he was ~ about the idea он не был в восторге от этой идеи.

**unenviable** *adj.* незавидный.

**unequal** *adj.* неравный; ~ in length, of ~ length различной/неодинаковой длины; he was ~ to the task задача была ему не по плечу; his style is ~ у него неровный стиль; ~ treaty неравноправный/несправедливый договор.

**unequalled** *adj.* несравнённый, непревзойдённый.

**unequipped** *adj.* неподготовленный, неприспособленный; they were ~ to deal with such a large crowd они не были (достаточно) подготовлены для того, чтобы справиться с таким наплывом людей.

**unequivocal** *adj.* недвусмысленный, несомненный.

**unerring** *adj.* безошибочный; ~ aim точный прицел.

**unescapable** *adj.* неизбежный.

**UNESCO** *n.* (*abbr.*, United Nations Educational, Scientific and Cultural Organization) ЮНЕСКО (*f. indecl.*).

**unethical** *adj.* неэтичный.

**uneven** *adj.* неровный; неравномерный; an ~ surface неровная поверхность; an ~ temper неровный/неуравновешенный характер; ~ progress неравномерный прогресс.

**uneventful** *adj.* тихий; без (особых) приключений/событий.

**unexampled** *adj.* беспримерный.

**unexcelled** *adj.* непревзойдённый.

**unexceptionable** *adj.* безупречный, безукоризненный.

**unexceptional** *adj.* неисключительный, заурядный.

**unexpected** *adj.* неожиданный, нежданный, непредвиденный, внезапный.

**unexpired** *adj.* неистекший.

**unexplored** *adj.* неизведанный; неисследованный.

**unexposed** *adj.* укрытый, укромный, защищённый; (*film*) неэкспонированный.

**unexpressed** *adj.* невыраженный, невысказанный.

**unexpurgated** *adj.* без купюр/пропусков.

**unfading** *adj.* **1.**: ~ dyes нелиняющие краски; **2.** (*fig.*) неувядаемый, неувядающий.

**unfailing** *adj.* верный, надёжный, неизменный; an ~ source неиссякаемый источник; his ~ support его неизменная поддержка.

**unfair** *adj.* непорядочный, несправедливый, недобросовестный; ~ advantage незаконное преимущество; an ~ opponent нечестный противник.

**unfairness** *n.* несправедливость.

**unfaithful** *adj.* неверный, вероломный, предательский; an ~ friend вероломный друг; his wife was ~ to him жена ему изменила; an ~ rendering неточное воспроизведение.

**unfaithfulness** *n.* неве́рность, вероло́мство, преда́тельство.

**unfaltering** *adj.* твёрдый, реши́тельный; непоколеби́мый; an ~ voice недро́гнувший го́лос.

**unfamiliar** *adj.* незнако́мый; his face is ~ to me его́ лицо́ мне незнако́мо; I am ~ with the district я не зна́ю э́того райо́на.

**unfamiliarity** *n.* незна́ние; незнако́мство (с чем).

**unfashionabl|e** *adj.* немо́дный; старомо́дный; ~y не по мо́де.

**unfashioned** *adj.* (*unwrought, e.g. a jewel*) необрабо́танный.

**unfasten** *v.t.* открепля́ть, -и́ть; (*untie*) отвя́з|ывать, -а́ть; развя́з|ывать, -а́ть; расшнуро́в|ывать, -а́ть; (*unbutton, unclasp*) отстёг|ивать, -ну́ть; расстёг|ивать, -ну́ть; (*open*) откр|ыва́ть, -ы́ть; I found the door ~ed я нашёл дверь отпертой (*or* незапертой).

**unfathom|able, -ed** *adjs.* неизмери́мый, бездо́нный; безме́рный; (*incomprehensible*) непостижи́мый.

**unfavourable** *adj.* неблагоприя́тный, неблагоскло́нный.

**unfeeling** *adj.* бесчу́вственный; жесто́кий.

**unfeigned** *adj.* неподде́льный, непритво́рный.

**unfeminine** *adj.* нежéнский, нежéнственный.

**unfetter** *v.t.* (*lit., fig.*) сн|има́ть, -ять око́вы с +g.; освобо|жда́ть, -ди́ть; ~ed свобо́дный.

**unfilial** *adj.* неподоба́ющий сы́ну/до́чери.

**unfinished** *adj.* незако́нченный, незавершённый; U~ Symphony Неоко́нченная симфо́ния; ~ letter недопи́санное письмо́; ~ goods полуфабрика́ты.

**unfit** *adj.* неподходя́щий, него́дный; food ~ for (human) consumption него́дная к употребле́нию пи́ща; ~ to rule неспосо́бный пра́вить; the doctor pronounced him ~ врач призна́л его́ больны́м (*for mil. service*: него́дным).
*v.t.* де́лать, с- него́дным.

**unfix** *v.t.*: ~ bayonets (*mil.*) от|мыка́ть, -омкну́ть штыки́.

**unfixed** *adj.* (*not certain*) неустано́вленный.

**unflagging** *adj.* неослабева́ющий, неосла́бный.

**unflappable** *adj.* (*coll.*) невозмути́мый.

**unflattering** *adj.* неле́стный.

**unfledged** *adj.* (*lit., fig.*) неопери́вшийся; (*fig.*) нео́пытный, незре́лый.

**unfold** *v.t.* развёр|тывать, -ну́ть; (*fig.*) раскр|ыва́ть, -ы́ть.
*v.i.* развёр|тываться, -ну́ться; расстила́ться (*impf.*); the landscape ~ed before us пе́ред на́ми расстила́лся пейза́ж; as the story ~s с дальнейшим развитием повествова́ния.

**unforced** *adj.* (*voluntary*) доброво́льный, невы́нужденный; (*spontaneous*) непринуждённый.

**unforeseen** *adj.* непредви́денный.

**unforgettable** *adj.* незабыва́емый, незабве́нный.

**unforgivable** *adj.* непрости́тельный.

**unforgiven** *adj.* непрощённый.

**unforgiving** *adj.* непроща́ющий; неумоли́мый.

**unforgotten** *adj.* незабы́тый.

**unfortunate** *n.* неуда́чни|к (*fem.* -ца); несча́стли|вец (*fem.* -ица).
*adj.* несча́стный, неуда́чный; an ~ coincidence доса́дное совпаде́ние; an ~ remark неуда́чное замеча́ние; it was ~ that I came in just then как неуда́чно, что я вошёл и́менно тогда́!

**unfortunately** *adv.* к сожале́нию, к несча́стью.

**unfounded** *adj.* необосно́ванный.

**unfreeze** *v.t.* (*also fig., of assets*) размора́|живать, -о́зить.
*v.i.* (*get warm*) размора́|живаться, -о́зиться; (*fig., lose reserve of manner*) отта́ять (*pf.*).

**unfrequented** *adj.* малопосеща́емый.

**unfriendliness** *adj.* недружелю́бие, неприя́знь.

**unfriendly** *adj.* недружелю́бный, неприя́зненный; an ~ act недру́жественный посту́пок; вражде́бный акт.

**unfrock** *v.t.* лиш|а́ть, -и́ть духо́вного са́на.

**unfruitful** *adj.* неплодоно́сный, неплодоро́дный; (*fig.*) беспло́дный; (*vain*) напра́сный, тще́тный; (*useless*) бесполе́зный.

**unfruitfulness** *n.* беспло́дие; (*fig.*) тще́тность.

**unfulfilled** *adj.* (*of task, aim etc.*) невы́полненный, неосуществлённый; (*of pers.*) неудовлетворённый.

**unfurl** *v.t.* развёр|тывать, -ну́ть; распус|ка́ть, -ти́ть.

**unfurnished** *adj.* немеблиро́ванный; an ~ letting сда́ча жилья́ без ме́бели.

**ungainliness** *n.* нело́вкость, неуклю́жесть.

**ungainly** *adj.* нело́вкий, неуклю́жий.

**ungallant** *adj.* негала́нтный, нелюбе́зный.

**ungarnished** *adj.* без украше́ний; без гарни́ра; (*fig.*) без прикра́с.

**ungenerous** *adj.* (*petty*) неблагоро́дный, ме́лочный; (*stingy*) нещéдрый, скупо́й.

**ungentle** *adj.* неделика́тный, гру́бый.

**ungentlemanly** *adj.* неджентльме́нский, не досто́йный джентльме́на; неблагоро́дный.

**unget-at-able** *adj.* (*coll.*) недосту́пный.

**ungifted** *adj.* неодарённый, нетала́нтливый.

**unglazed** *adj.* неглазуро́ванный, незастеклённый; an ~ window незастеклённое окно́, окно́ без стёкол.

**ungloved** *adj.* без перча́ток.

**ungodliness** *n.* непра́ведность, нече́стие, нече́стивость.

**ungodly** *adj.* непра́ведный, нечести́вый; (*coll., frightful*): an ~ noise ужа́сный шум.

**ungovernable** *adj.* непослу́шный, неуправля́емый; an ~ temper неукроти́мый нрав.

**ungraceful** *adj.* неграцио́зный, нескла́дный, неуклю́жий.

**ungracious** *adj.* невежливый, нелюбезный.

**ungraciousness** *n.* невежливость, нелюбезность.

**ungrammatical** *adj.* неграмотный; (*of languages, also*) безграмотный.

**ungrateful** *adj.* (*unthankful, unrewarding*) неблагодарный; an ~ task неблагодарный труд; неприятная работа.

**ungratefulness** *n.* неблагодарность.

**ungrudging** *adj.* щедрый; добрый; широкий; he gave ~ly of his time он щедро (*or* не скупясь) дарил своё время.

**unguarded** *adj.* (*e.g. town*) незащищённый; (*e.g. prisoner*) неохраняемый; (*careless*) неосторожный, неусмотрительный.

**unguent** *n.* мазь.

**ungulate** *adj.* копытный.

**unhackneyed** *adj.* неизбитый, небанальный; свежий, оригинальный.

**unhallowed** *adj.* (*unconsecrated*) неосвящённый; (*impious*) грешный, безнравственный.

**unhampered** *adj.* беспрепятственный; свободный (от +*g.*).

**unhandy** *adj.* (*clumsy*) неловкий, неуклюжий.

**unhappily** *adv.* **1.** (*without happiness*) несчастливо; they were ~ married их брак был несчастливый; **2.** (*unfortunately*) к несчастью.

**unhappiness** *n.* несчастье, горе, грусть.

**unhappy** *adj.* (*sorrowful*) несчастливый, несчастный, грустный; (*unfortunate*) неудачный, незадачливый.

**unharmed** *adj.* неповреждённый; (*pred.*) цел и невредим.

**unharness** *v.t.* распр|ягать, -ячь.

**unhatched** *adj.* (*of chickens etc.*) невысиженный.

**unhealthy** *adj.* **1.** (*in or indicating ill-health*) нездоровый, болезненный; an ~ pallor нездоровая бледность; **2.** (*coll., dangerous*) вредный.

**unheard** *adj.* неуслышанный, неслышный, невыслушанный; his pleas went ~ его мольбы остались без ответа.

**unheard-of** *adj.* (*unknown*) неслыханный; (*unexampled, also*) беспрецедентный.

**unheeded** *adj.* незамеченный; his advice went ~ к его советам не прислушались.

**unheed|ful, -ing** *adjs.* невнимательный.

**unhelpful** *adj.* бесполезный; (*pers.*) неотзывчивый.

**unhelpfulness** *n.* бесполезность; неотзывчивость.

**unheralded** *adj.* невозвещённый; неожиданный.

**unheroic** *adj.* негероический, негеройский; (*of pers.*) трусливый, малодушный.

**unhesitating** *adj.* неколеблющийся, решительный.

**unhinge** *v.t.* (*lit.*) сн|имать, -ять с петель; (*fig.*) расстр|аивать, -оить; the tragedy ~d his mind от пережитой трагедии он помешался/(*coll.*) тронулся (в уме).

**unhistorical** *adj.* неисторический.

**unhitch** *v.t.* отвяз|ывать, -ать; распр|ягать, -ячь.

**unholy** *adj.* нечестивый; порочный; (*coll., frightful*) ужасный, жуткий; an ~ row ужасный/жуткий скандал.

**unhook** *v.t.* **1.** (*unfasten hooks of*) расстёг|ивать, -нуть; she ~ed her dress она расстегнула крючки у платья; **2.** (*release from hook etc.*) отцеп|лять, -ить.

**unhoped-for** *adj.* неожиданный, нежданный.

**unhorse** *v.t.* сбр|асывать, -осить с лошади.

**unhurried** *adj.* неторопливый, неспешный.

**unhurt** *adj.* невредимый.

**unhygienic** *adj.* нездоровый, негигиеничный.

**uni-** *pref.* одно-, едино-.

**Uniat** *n.* униат (*fem.* -ка).

**UNICEF** *n.* (*abbr.*, United Nations Children's Fund) ЮНИСЕФ (Детский фонд ООН).

**unicorn** *n.* единорог.

**unidentifiable** *adj.* не поддающийся опознанию.

**unidentified** *adj.* неопознанный; ~ flying object (UFO) неопознанный летающий объект (НЛО).

**unification** *n.* объединение; унификация.

**uniform** *n.* форма, форменная одежда; (*esp. mil.*) мундир.
    *adj.* однообразный, однородный; одинаковый, единый; стандартный; at a ~ temperature при постоянной температуре; a ~ blue-grey colour ровный серо-голубой цвет; his books are ~ly interesting его книги всегда интересны.

**uniformed** *adj.* одетый в форму; в мундире.

**uniformity** *n.* единообразие, однородность.

**unify** *v.t.* (*unite*) объедин|ять, -ить; (*make uniform*) унифицировать (*impf.*).

**unilateral** *adj.* односторонний.

**unimaginable** *adj.* невообразимый.

**unimaginative** *adj.* лишённый воображения; прозаичный.

**unimpaired** *adj.* неослабленный; незатронутый; непострадавший.

**unimpassioned** *adj.* бесстрастный, спокойный.

**unimpeachable** *adj.* безупречный, безукоризненный.

**unimpeded** *adj.* беспрепятственный; не остановленный (*чем*).

**unimportance** *n.* неважность, незначительность.

**unimportant** *adj.* неважный, незначительный.

**unimposing** *adj.* неимпозантный, невнушительный/скромный.

**unimpressed** *adj.*: I was ~ by his threats его угрозы не произвели на меня никакого впечатления.

**unimpressive** *adj.* невпечатля́ющий.

**uninfluenced** *adj.* не находя́щийся под влия́нием (*кого/чего*); непредубеждённый.

**uninformed** *adj.* неосведомлённый, неинформи́рованный, несве́дущий.

**uninhabitable** *adj.* неприго́дный для жилья́.

**uninhabited** *adj.* необита́емый.

**uninhibited** *adj.* откры́тый, нестесни́тельный, свобо́дный.

**uninitiated** *adj.* непосвящённый.

**uninjured** *adj.* непострада́вший; he was ~ by his fall при паде́нии он не получи́л поврежде́ний.

**uninspired** *adj.* невдохновлённый; без подъёма.

**uninspiring** *adj.* не вдохновля́ющий.

**uninsured** *adj.* незастрахо́ванный.

**unintelligent** *adj.* неу́мный.

**unintelligibility** *n.* неразбо́рчивость, невня́тность.

**unintelligible** *adj.* неразбо́рчивый, невня́тный.

**unintended** *adj.* ненаме́ренный, нево́льный; (*unforeseen*) непредусмо́тренный.

**unintentional** *adj.* ненаме́ренный, нево́льный.

**uninterested** *adj.* безразли́чный (к +*d.*); не заинтересо́ванный (*чем*); he is ~ in history он не интересу́ется исто́рией.

**uninteresting** *adj.* неинтере́сный.

**uninterrupted** *adj.* непрерыва́емый, непреры́вный.

**uninventive** *adj.* неизобрета́тельный.

**uninvited** *adj.* неприглашённый, незва́ный.

**uninviting** *adj.* непривлека́тельный, неаппети́тный; an ~ prospect неприя́тная перспекти́ва.

**union** *n.* **1.** (*joining, uniting*) объедине́ние, сою́з; the ~ of England and Scotland у́ния А́нглии с Шотла́ндией; **2.** (*association*) сою́з; U~ of Soviet Socialist Republics Сою́з Сове́тских Социалисти́ческих Респу́блик; U~ Republic (*of USSR*) Сою́зная респу́блика; the U~ (*United States*) Соединённые Шта́ты (Аме́рики); U~ Jack госуда́рственный флаг Великобрита́нии; students' ~ студе́нческий сою́з; (*building*) студе́нческий клуб; **3.** (trade ~) профессиона́льный сою́з, профсою́з; ~ card профсою́зный биле́т; **4.** (*state of harmony*) гармо́ния; согла́сие; they live in perfect ~ они́ живу́т в по́лном согла́сии; the ~ of two hearts сою́з лю́бящих серде́ц; **5.**: ~ suit (*Am.*) мужско́й ната́льный комбинезо́н.

**unionist** *n.* **1.** (*member of trade union*) член профсою́за; **2.** (U~: *Br. pol.*) униони́ст.

**unique** *adj.* уника́льный, еди́нственный (в своём ро́де); замеча́тельный, исключи́тельный; ~ object у́никум.

**unisex** *adj.*: ~ clothes одина́ковая оде́жда для обо́их поло́в.

**unison** *n.* (*mus.*) унисо́н; (*fig.*) гармо́ния; they acted in perfect ~ они́ де́йствовали в по́лном

согла́сии.

**unit** *n.* **1.** (*single entity*) едини́ца; це́лое; the family is the ~ of society семья́ — яче́йка о́бщества; **2.** (*math., and of measurement*) едини́ца; ~ of length едини́ца длины́; ~ of currency, monetary ~ де́нежная едини́ца; ~ trust довери́тельный паево́й фонд; **3.** (*mil.*) часть; (*large* ~, *formation*) соедине́ние; (*small* ~, *sub-* ~) подразделе́ние; (*detachment*) отря́д; **4.** (*of furniture etc.*) се́кция; kitchen ~s се́кции для ку́хонного комба́йна; **5.** (*tech.*) агрега́т.

**Unitarian** *n.* унита́рий.

   *adj.* унита́рный.

**unite** *v.t.* соедин|я́ть, -и́ть; объедин|я́ть, -и́ть; the country is ~d behind the President вся страна́ сплоти́лась вокру́г президе́нта; they were ~d in marriage они́ сочета́лись у́зами бра́ка; a ~d family дру́жная семья́; they made a ~d effort они́ объедини́лись для совме́стных де́йствий; the U~d Nations (*organization*) Организа́ция Объединённых На́ций; the U~d Kingdom Соединённое Короле́вство; the U~d States Соединённые Шта́ты.

   *v.i.* соедин|я́ться, -и́ться; объедин|я́ться, -и́ться; спл|а́чиватся, -оти́ться; they ~d in condemning him они́ единоду́шно его́ осуди́ли; workers of the world, ~! пролета́рии всех стран, соединя́йтесь!; ~d front еди́ный фронт.

**unit|y** *n.* **1.** (*oneness; coherence*) еди́нство; сплочённость; ~y of purpose еди́нство це́ли; national ~y национа́льное еди́нство; the (dramatic) ~ies еди́нство вре́мени, ме́ста и де́йствия; **2.** (*concord*) согла́сие; dwell in ~y жить (*impf.*) в согла́сии; **3.** (*math.*) едини́ца.

**universal** *n.* (*phil.*) универса́лия.

   *adj.* всео́бщий, универса́льный; his proposal met with ~ approval его́ предложе́ние встре́тило всео́бщее одобре́ние; ~ joint (*tech.*) универса́льный шарни́р; a ~ remedy универса́льное сре́дство; ~ suffrage обо́бщее избира́тельное пра́во; U~ Postal Union Всеми́рный почто́вый сою́з.

**universality** *n.* универса́льность.

**universe** *n.* вселе́нная, мир.

**university** *n.* университе́т; ~ sport студе́нческий спорт; ~ town университе́тский го́род/городо́к.

**unjust** *adj.* несправедли́вый.

**unjustifiable** *adj.* непрости́тельный; не име́ющий оправда́ния.

**unjustified** *adj.* неопра́вданный.

**unkempt** *adj.* нечёсаный, взлохма́ченный, растрёпанный.

**unkind** *adj.* недо́брый, злой, нелюбе́зный; be ~ to s.o. пло́хо обраща́ться (*impf.*) с кем-н. (*or* относи́ться (*impf.*) к кому́-н.); don't take it ~ly не обижа́йтесь.

**unkindness** *n.* жесто́кость, злость, нелюбе́зность.

**unknowable** *adj.* непознаваемый.

**unknowing** *adj.* незнающий, несведущий, неосведомлённый.

**unknown** *n.* неизвестное; fear of the ~ страх перед неизвестностью; (*math.*) неизвестная величина.
 *adj.* неизвестный; an ~ quantity неизвестная величина; the U~ Soldier Неизвестный солдат.
 *adv.*: he did it ~ to me он сделал это без моего ведома.

**unlace** *v.t.* расшнуровывать, -ать.

**unladen** *adj.* (*without load or cargo*) порожний, без груза.

**unladylike** *adj.* неподобающий воспитанной женщине; вульгарный.

**unlamented** *adj.* неоплакиваемый, неоплаканный.

**unlatch** *v.t.* сн|имать, -ять запор с +g.; отп|ирать, -ереть.

**unlawful** *adj.* незаконный.

**unlearn** *v.t.* разучиться (*pf.*) (+*inf.*); отучиться (*pf.*) от +g.; отв|ыкать, -ыкнуть от +g.

**unlearned** *adj.* необученный, неучёный.

**unleash** *v.t.* спус|кать, -тить со своры (*or* с цепи); (*fig.*) да|вать, -ть волю +*d.*; ~ a war развязать (*pf.*) войну; his fury was ~ed он был в бешенстве.

**unleavened** *adj.* незаквашенный, пресный.

**unless** *conj.* если (только) не; пока не; разве (только); I shall go ~ it rains я пойду, если не будет дождя; I don't know why he is late, ~ he has lost his way не знаю, почему он опаздывает — разве что заблудился; ~ and until только когда/если.

**unlettered** *adj.* неграмотный, необразованный.

**unlike** *adj. & adv.* непохожий, разный; ~ poles (*elec.*) разноимённые полюсы; ~ signs (*math.*) разные знаки; they are utterly ~ они совершенно разные люди (*or* не похожи друг на друга); he is ~ his sister он не похож на свою сестру; that (*conduct etc.*) is ~ him это на него не похоже; he talks ~ anyone I have ever heard я никогда не слышал, чтобы так говорили (, как он); ~ the others, he works hard не в пример другим (*or* в отличие от остальных), он усердно работает.

**unlikeable** *adj.* непривлекательный, несимпатичный.

**unlikelihood** *n.* неправдоподобие.

**unlikely** *adj.* неправдоподобный; it is ~ he will recover маловероятно, что он поправится; вряд ли он поправится.

**unlimited** *adj.* неограниченный.

**unlined** *adj.* **1.**: ~ paper нелинованная бумага; an ~ face лицо без морщин; **2.**: an ~ coat пальто без подкладки.

**unlit** *adj.* неосвещённый, незажжённый; ~ streets неосвещённые улицы; the lamp was ~

лампу не зажгли; лампа стояла незажжённая.

**unload** *v.t.* выгружать, выгрузить; разгру|жать, -зить; she ~ed her worries on to him она излила перед ним душу; она переложила свои заботы на него; he ~ed his shares он сбыл (*coll.*) свои акции.
 *v.i.* разгру|жаться, -зиться.

**unloaded** *adj.* незаряженный, пустой; his gun was ~ его ружьё не было заряжено.

**unlock** *v.t.* отп|ирать, -ереть (ключом); откр|ывать, -ыть.

**unlocked** *adj.* открытый, отпертый, незапертый.

**unlooked-for** *adj.* неожиданный, непредвиденный.

**unloose** *v.t.* (*slacken*; *untie*) осл|аблять, -абить; отвя́з|ывать, -ать; (*release*) освобо|ждать, -дить.

**unlovable** *adj.* неприятный, непривлекательный, несимпатичный.

**unloved** *adj.* нелюбимый.

**unlovely** *adj.* неприятный, противный, некрасивый.

**unloving** *adj.* нелюбящий.

**unluckily** *adv.* к несчастью.

**unluck|y** *adj.* неудачный, невезучий, незадачливый; he is ~y at cards ему не везёт в картах; it is ~y to spill salt просыпать соль — не к добру (*or* плохая примета); ~y number несчастливое число; ~ily for him к несчастью для него.

**unmade** *adj.*: an ~ bed незастеленная постель.

**unmaidenly** *adj.* недевический; не подобающий девушке; нескромный.

**unman** *v.t.* лиш|ать, -ить мужества.

**unmanageable** *adj.* неуправляемый; непокорный; не поддающийся контролю; (*of child*) трудный, непокорный.

**unmanly** *adj.* немужественный, недостойный мужчины; трусливый.

**unmanned** *adj.* не укомплектованный людьми; an ~ satellite спутник, управляемый автоматически.

**unmannerly** *adj.* невоспитанный.

**unmarked** *adj.* (*without markings*) неотмеченный, немеченный; (*unobserved*) незамеченный.

**unmarketable** *adj.* не подходящий для рынка.

**unmarred** *adj.* незапятнанный, неиспорченный.

**unmarried** *adj.* неженатый, холостой; незамужняя; he is ~ он не женат; он холостой/неженатый; she is ~ она не замужем; ~ mother мать-одиночка.

**unmask** *v.t.* (*fig.*) разоблач|ать, -ить; срывать, сорвать маску с +g.; (*mil.*) демаскировать (*impf., pf.*).
 *v.i.* (*lit.*) сн|имать, -ять маску.

**unmatched** *adj.* (*without an equal*) непревзойдённый; бесподобный; (*glove etc.*) непарный, разрозненный.

**unmeaning** *adj.* бессмысленный, незначительный.

**unmeant** *adj.* неумышленный, невольный.

**unmeasured** *adj.* (*fig., boundless, immoderate*) безграничный, чрезмерный.

**unmentionable** *adj.* неприличный, запретный.

**unmerciful** *adj.* немилосердный, безжалостный.

**unmerited** *adj.* незаслуженный.

**unmindful** *adj.* невнимательный, забывчивый; ~ of his duty забыл о долге.

**unmistakabl|e** *adj.* верный, ясный, очевидный, несомненный; типичный, характерный; ~y несомненно, безусловно; he is ~y a sailor сразу видно, что он моряк.

**unmitigated** *adj.* (*not softened*) несмягчённый, неослабленный; (*arrant*) законченный, отъявленный, явный.

**unmixed** *adj.* несмешанный; чистый.

**unmolested** *adj.* невредимый; оставленный в покое.

**unmoor** *v.t. & i.* сн|имать(ся), -ять(ся) с якоря.

**unmounted** *adj.* **1.** (*on foot*) пеший; **2.** (*of precious stone*) неоправленный; **3.** (*of photograph etc.*) неокантованный.

**unmourned** *adj.* неоплаканный.

**unmoved** *adj.* (*unaffected by emotion*) бесчувственный; оставшийся равнодушным; (*unbending*) непреклонный.

**unmusical** *adj.*: an ~ noise неприятный шум; he is ~ он не музыкален.

**unmuzzle** *v.t.* сн|имать, -ять намордник с +*g.*; (*fig.*): he ~d the press он отменил цензуру в печати.

**unnameable** *adj.* гнусный, ужасный, отвратительный.

**unnamed** *adj.* неназванный, неупомянутый; (*unidentified*) неизвестный.

**unnatural** *adj.* неестественный, противоестественный; an ~ father бессердечный отец; ~ vice извращение; he displayed ~ energy он проявил неимоверную/чудовищную энергию; not ~ly естественно.

**unnavigable** *adj.* несудоходный; (*av.*) нелётный; (*of a balloon*) неуправляемый.

**unnecessary** *adj.* ненужный, лишний; (*excessive*) излишний.

**unneighbourly** *adj.* недобрососедский.

**unnerv|e** *v.t.* обесси́ли|вать, -ть; лиш|а́ть, -и́ть (*кого*) мужества; an ~ing experience сильное/неприятное/жуткое переживание.

**unnoted** *adj.* неотмеченный, незамеченный.

**unnoticeable** *adj.* незаметный.

**unnoticed** *adj.* незамеченный; his appearance went ~ его появление прошло незамеченным; I let his remarks pass ~ я оставил его замечания без внимания.

**unnumbered** *adj.* **1.** (*countless*) бессчётный,

несметный; on ~ occasions множество раз; **2.** (*without numbering*) ненумерованный, без номера; ~ pages непронумерованные страницы.

**UNO** see UN.

**unobjectionable** *adj.* приемлемый.

**unobliging** *adj.* нелюбезный, неуслужливый.

**unobservant** *adj.* ненаблюдательный.

**unobserved** *adj.* незамеченный.

**unobstructed** *adj.* (*of road*) незагороженный, непреграждённый; (*of view*) незагороженный, ничем не заслонённый; ~ progress беспрепятственное (про)движение.

**unobtainable** *adj.* недоступный, недостижимый.

**unobtrusive** *adj.* скромный, ненавязчивый.

**unobtrusiveness** *adj.* скромность, ненавязчивость.

**unoccupied** *adj.* незанятый, свободный; an ~ house пустой дом; ~ seats незанятые/свободные места.

**unoffending** *adj.* (*harmless*) безвредный, безобидный; (*innocent*) невинный.

**unofficial** *adj.* неофициальный.

**unopposed** *adj.* не встречающий/встретивший сопротивления; the landing was ~ высадившийся десант не встретил сопротивления; his candidature was ~ он был единственным кандидатом.

**unorganized** *adj.* неорганизованный; (*coll.*): we are leaving tonight and I am still quite ~ мы сегодня вечером уезжаем, а я совсем ещё не готов/собрался.

**unoriginal** *adj.* неоригинальный; заимствованный.

**unorthodox** *adj.* неортодоксальный, неправоверный; (*unconventional*) необщепринятый.

**unorthodoxy** *n.* неортодоксальность.

**unostentatious** *adj.* непоказной, не бросающийся в глаза; скромный, ненавязчивый.

**unpacified** *adj.* неумиротворённый; неусмирённый.

**unpack** *v.t. & i.* распаков|ывать(ся), -ать(ся).

**unpaid** *adj.* **1.** неоплаченный; (*of debt, bill etc.*) неуплаченный; ~ work бесплатная работа; the men were ~ рабочим не заплатили; **2.** (*of pers., unsalaried*) не получающий плату/жалованье.

**unpalatable** *adj.* невкусный; (*fig.*) неприятный; an ~ truth горькая истина.

**unparalleled** *adj.* несравнимый, несравненный; бесподобный; the war was ~ in history эта война была беспримерной в истории.

**unpardonable** *adj.* непростительный.

**unparliamentary** *adj.*: ~ language «непарламентские»/резкие выражения.

**unpatriotic** *adj.* непатриотический.

**unpatronized** *adj.* непопулярный; малопосещаемый.

**unpaved** *adj.* немощёный.

**unpeg** *v.t.* **1.** откреп|ля́ть, -и́ть; she ~ged the clothes она́ сняла́ оде́жду с ве́шалки/крючка́; **2.**: ~ prices прекра|ща́ть, -ти́ть иску́сственную стабилиза́цию цен.

**unpeopled** *adj.* ненаселённый, безлю́дный.

**unperceived** *adj.* невоспри́нятый, неосо́знанный; незаме́ченный.

**unperformed** *adj.* невы́полненный, неосуществлённый; an ~ duty невы́полненный долг; the symphony remained ~ симфо́ния (так и) не исполня́лась.

**unperson** *n.* ≃ бы́вшая персо́на.

**unpersuaded** *adj.* неубеждённый.

**unpersuasive** *adj.* неубеди́тельный.

**unperturbed** *adj.* невозмути́мый.

**unpick** *v.t.* расп|а́рывать, -оро́ть.

**unpin** *v.t.* отк|а́лывать, -оло́ть; вынима́ть, вы́нуть була́вки/шпи́льки из +g.

**unpitying** *adj.* безжа́лостный.

**unplaced** *adj.* (*of horse*) не заня́вший ни одного́ из пе́рвых трёх мест.

**unplait** *v.t.* распле|та́ть, -сти́.

**unplanned** *adj.* незаплани́рованный; неожи́данный; an ~ departure неожи́данный отъ-е́зд; an ~ economy внепла́новая/непла́новая эконо́мика.

**unplayable** *adj.* (*of sports ground*) неподходя́щий для игры́; (*of music*) него́дный для исполне́ния.

**unpleasant** *adj.* неприя́тный, отта́лкивающий, нелюбе́зный.

**unpleasantness** *n.* непривлека́тельность, неприя́тность, нелюбе́зность; (*dispute*) ссо́ра, неприя́тность.

**unpleasing** *adj.* неприя́тный.

**unplug** *v.t.* (*remove obstruction from*) отку́пори|вать, -ть; разблоки́ровать (*pf.*); (*disconnect*) отключ|а́ть, -и́ть; разъедин|я́ть, -и́ть.

**unplumbed** *adj.*: ~ depths of depravity неизмери́мая глубина́ паде́ния.

**unpolluted** *adj.* незагрязнённый; (*fig.*) неоскверне́нный.

**unpopular** *adj.* непопуля́рный.

**unpopularity** *n.* непопуля́рность.

**unpractical** *adj.* (*solution etc.*) нецелесообра́зный; (*pers.*) непракти́чный.

**unpractised** *adj.* (*inexperienced, unskilled*) нео́пытный.

**unprecedented** *adj.* беспрецеде́нтный.

**unprejudiced** *adj.* непредвзя́тый, непредубеждённый.

**unpremeditated** *adj.* непреднаме́ренный; непредумы́шленный.

**unprepared** *adj.* неподгото́вленный; his speech was ~ он произнёс свою́ речь экспро́мтом; I was ~ for his reply его́ отве́т был для меня́ неожи́данностью.

**unpreparedness** *n.* неподгото́вленность.

**unprepossessing** *adj.* нерасполага́ющий.

**unpresentable** *adj.* непрезента́бельный, невзра́чный.

**unpretentious** *adj.* непретенцио́зный, скро́мный, просто́й.

**unpretentiousness** *n.* скро́мность, простота́.

**unpreventable** *adj.* неизбе́жный, неотврати́мый.

**unpriced** *adj.* без определённой цены́; без указа́ния цены́.

**unprincipled** *adj.* беспринци́пный.

**unprintable** *adj.* нецензу́рный, непеча́тный.

**unprivileged** *adj.* непривилегиро́ванный.

**unprocurable** *adj.* недосту́пный.

**unproductive** *adj.* непродукти́вный, непроизводи́тельный; ~ capital мёртвый капита́л; ~ labour непроизводи́тельный труд; an ~ argument бесполе́зный спор.

**unprofessional** *adj.* непрофессиона́льный; ~ conduct наруше́ние профессиона́льной э́тики; (*amateur*): ~ work люби́тельская рабо́та.

**unprofitable** *adj.* нерента́бельный, невы́годный, неприбыльный; (*useless*) бессмы́сленный, бесполе́зный.

**unpromising** *adj.* малообеща́ющий.

**unprompted** *adj.* неподска́занный.

**unpronounceable** *adj.* непроизноси́мый.

**unpropitious** *adj.* неблагоприя́тный.

**unprotected** *adj.* незащищённый, беззащи́тный.

**unprovable** *adj.* недоказу́емый.

**unprove|d, -n** *adjs.* недока́занный.

**unprovided** *adj.* неснабжённый; не обеспе́ченный материа́льно; a house ~ with bathrooms дом без ва́нных (ко́мнат); she was left ~ for она́ оста́лась без средств к существова́нию.

**unprovoked** *adj.* неспровоци́рованный; ниче́м не вы́званный; she was ~ by his taunts она́ не поддала́сь его́ провока́циям; ему́ не удало́сь подде́ть её свои́ми насме́шками.

**unpublished** *adj.* неопублико́ванный, неи́зданный.

**unpunished** *adj.* безнака́занный, ненака́занный.

**unputdownable** *adj.* (*coll.*) захва́тывающий, «не оторвёшься».

**unqualified** *adj.* **1.** (*without reservations*) безогово́рочный; ~ praise безграни́чная хвала́; an ~ refusal реши́тельный отка́з; **2.** (*not competent*) некомпете́нтный, неквалифици́рованный; I am ~ to judge я недоста́точно компете́нтен, чтобы суди́ть; ~ in medicine не име́ющий медици́нской подгото́вки.

**unquenchable** *adj.* (*of thirst*) неутоли́мый; (*of fire*) неугаси́мый; (*fig.*) неиссяка́емый, неистощи́мый.

**unquestionabl|e** *adj.* (*undoubted*) несомне́нный; (*indisputable*) неоспори́мый, беспо́рный; ~e evidence неоспори́мое доказа́тельство; you are ~y right вы безусло́вно пра́вы.

**unquestioned** *adj.* бесспо́рный, при́знанный; I could not let his statement go ~ я не мог пропусти́ть его́ выска́зывание без возраже́ний.

**unquestioning** *adj.*: ~ obedience безогово́рочное/по́лное/слепо́е повинове́ние.

**unquiet** *adj.* (*restless*) беспоко́йный; (*disturbed*) взволно́ванный, трево́жный.

**unquotable** *adj.* (*not fit for repetition*) нецензу́рный.

**unquote** *v.t.* (*imper. only*): 'quote . . . ~' «откры́ть кавы́чки . . . закры́ть кавы́чки».

**unravel** *v.t.* распу́т|ывать, -а́ть; the wool was ~led шерсть распута́ли; (*fig.*) разга́д|ывать, -а́ть.

**unreachable** *adj.*: he was ~ at his office его́ нельзя́ бы́ло заста́ть в конто́ре.

**unread** *adj.* (*of book etc.*) непрочи́танный; (*of writer*) кото́рого никто́ не чита́ет.

**unreadable** *adj.* (*illegible*) неразбо́рчивый; (*tedious*) нечита́бельный.

**unreadiness** *n.* негото́вность, отсу́тствие гото́вности.

**unready** *adj.* негото́вый; (*hist., as title*) Ме́шкотный; he has an ~ tongue у него́ язы́к пло́хо подве́шен/приве́шен.

**unreal** *adj.* нереа́льный; иску́сственный; фантасти́ческий; ото́рванный от действи́тельности; ~ condition (*gram.*) нереа́льное усло́вие.

**unrealistic** *adj.* 1. (*unpractical, unreasonable*) нереа́льный; 2. (*of art*) нереалисти́чный, нереалисти́ческий.

**unreality** *n.* нереа́льность; ото́рванность от действи́тельности/жи́зни.

**unrealizable** *adj.* неосуществи́мый; (*comm.*) не могу́щий быть реализо́ванным.

**unrealized** *adj.* неосуществлённый; неосо́знанный; (*comm.*) нереализо́ванный.

**unreason** *n.* неразу́мность, безрассу́дство.

**unreasonable** *adj.* безрассу́дный; не(благо)разу́мный; don't be ~! бу́дьте благоразу́мны!; не упря́мьтесь!; (*excessive*) чрезме́рный; ~ demands необосно́ванные тре́бования; ~ prices завы́шенные це́ны.

**unreasoning** *adj.* неразу́мный, нерассужда́ющий, безрассу́дный.

**unreciprocated** *adj.* без (*or* не встреча́ющий) взаи́мности.

**unreclaimed** *adj.*: ~ land неосво́енная земля́; ~ property незатре́бованное иму́щество.

**unrecognizable** *adj.* неузнава́емый.

**unrecognized** *adj.* неу́знанный; непри́знанный; he moved in the crowd ~ by anyone он дви́гался в толпе́, нике́м не у́знанный; his genius was ~ его́ ге́ний не получи́л призна́ния; the possibilities were ~ at the time в своё вре́мя э́тих возмо́жностей не рас-

позна́ли.

**unreconciled** *adj.* непримири́вшийся.

**unrecorded** *adj.* незапи́санный, незафикси́рованный; what became of him is ~ что с ним случи́лось поздне́е — неизве́стно.

**unredeemed** *adj.* (*of pawned object*) невы́купленный; (*unpaid*) неопла́ченный, непога́шенный; an ~ bill неопла́ченная тра́тта; an ~ promise невы́полненное обеща́ние; his crime was ~ by any generous motive за его́ преступле́нием не стоя́ло како́го-либо благоро́дного моти́ва.

**unrefined** *adj.* неочи́щенный, нерафини́рованный; ~ gold неочи́щенное зо́лото; ~ language гру́бые выраже́ния.

**unreflecting** *adj.* (*of surface etc.*) неотража́ющий (свет); (*unthinking*) незаду́мывающийся, неразмышля́ющий; безду́мный.

**unregarded** *adj.* игнори́руемый; оста́вленный без внима́ния.

**unregenerate** *adj.* не обновлённый духо́вно; нераска́явшийся.

**unrehearsed** *adj.* неподгото́вленный; неотрепети́рованный.

*adv.* экспро́мтом; без подгото́вки.

**unrelated** *adj.* 1. (*not connected*) несвя́занный (с +*i.*); не име́ющий отноше́ния (к +*d.*); an ~ participle обосо́бленный прича́стный оборо́т; 2. (*not kin*): he is ~ to me он мне не ро́дственник.

**unrelenting** *adj.* (*inexorable*) неумоли́мый; (*assiduous*) неосла́бный.

**unreliability** *n.* ненадёжность, недосто́верность; безотве́тственность.

**unreliable** *adj.* ненадёжный, недостове́рный; (*of pers.*) безотве́тственный; he is ~ на него́ нельзя́ положи́ться.

**unrelieved** *adj.* 1. не освобождённый (*от чего*); не получи́вший по́мощи; 2. однообра́зный; the landscape was ~ by trees ни еди́ное де́рево не оживля́ло пейза́ж; ~ gloom беспросве́тный мрак.

**unremarkable** *adj.* невыдаю́щийся; ниче́м не примеча́тельный.

**unremarked** *adj.* незаме́ченный.

**unremitting** *adj.* неосла́бный; (*incessant*) беспреста́нный.

**unrepeatable** *adj.* неповтори́мый; (*improper*) нецензу́рный.

**unrepentant** *adj.* нераска́явшийся; нека́ющийся, нераска́янный; упо́рствующий (в заблужде́ниях *и т.п.*).

**unrepresentative** *adj.* непоказа́тельный, нетипи́чный.

**unrequited** *adj.* не по́льзующийся взаи́мностью; ~ love любо́вь без взаи́мности; неразделённая/безотве́тная любо́вь; an ~ service односторо́нняя услу́га.

**unreserved** *adj.* (*not set aside*) незаброни́рованный; (*open, frank*) открове́нный, открьітый; (*whole-hearted*) пóлный; I agree with you ~ly я пóлностью с вáми соглáсен.

**unresisting** *adj.* ·несопротивляющийся; устýпчивый.

**unresolved** *adj.* нереши́тельный; he was ~ how to act он не мог реши́ть, как поступи́ть; an ~ problem нерешённая проблéма; my doubts were ~ мои́ сомнéния не рассéялись.

**unresponsive** *adj.* неотзьі́вчивый; невосприи́мчивый; he was ~ to my suggestion он не реаги́ровал на моё предложéние; the illness was ~ to treatment болéзнь не поддавáлась лечéнию.

**unrest** *n.* (*disquiet*) беспокóйство; (*social, political*) волнéния (*nt. pl.*); беспорядки (*m. pl.*).

**unrestful** *adj.* беспокóйный.

**unresting** *adj.* неутоми́мый.

**unrestrained** *adj.* несдéржанный; необýзданный; непринуждённый.

**unrestricted** *adj.* неограни́ченный.

**unrewarded** *adj.* невознаграждённый; his efforts were ~ by success егó уси́лия не увенчáлись успéхом.

**unrewarding** *adj.* неблагодáрный.

**unriddle** *v.t.* разгáд|ывать, -áть; объясн|я́ть, -и́ть.

**unrighteous** *adj.* несправедли́вый, непрáведный; (*bibl.*) нечести́вый.

**unrighteousness** *n.* несправедли́вость, непрáведность; нечести́вость.

**unripe** *adj.* неспéлый, незрéлый (*also fig.*).

**unrisen** *adj.*: ~ bread не подня́вшийся хлеб.

**unrivalled** *adj.* непревзойдённый; вне конкурéнции; an ~ opportunity уникáльная возмóжность.

**unroll** *v.t. & i.* развёр|тывать(ся), -нýть(ся).

**unromantic** *adj.* неромант́и́ческий, неромантти́чный.

**unruffled** *adj.* глáдкий, спокóйный; (*fig.*) невозмути́мый.

**unruliness** *n.* непокóрность, непослушáние.

**unruly** *adj.* непокóрный, непослýшный; бýйный, бýрный.

**unsaddle** *v.t.* рассёдл|ывать, -áть.

**unsafe** *adj.* рискóванный, ненадёжный, опáсный.

**unsaid** *adj.*: some things are better left ~ есть вéщи, о котóрых лýчше умолчáть (*or* не говори́ть).

**unsalaried** *adj.* не получáющий (*or* без) жáлования/зарплáты.

**unsaleable** *adj.* нехóдкий, не коти́рующийся.

**unsatisfactory** *adj.* неудовлетвори́тельный, неудовлетворя́ющий.

**unsatisfied** *adj.* неудовлетворённый; I am ~ with the results я не удовлетворён результáтами.

**unsaturated** *adj.* ненасьі́щенный.

**unsavoury** *adj.* (*lit.*) невкýсный; (*fig.*) непри-

я́тный, непригля́дный; an ~ reputation дурнáя слáва; сомни́тельная репутáция.

**unsay** *v.t.* брать, взять (*свои словá*) назáд.

**unscalable** *adj.* непристýпный.

**unscathed** *adj.* невреди́мый; (*pred.*) цел и невреди́м.

**unscheduled** *adj.* незаплани́рованный; an ~ flight полёт вне расписáния.

**unscholarly** *adj.* неэруди́рованный; не свóйственный учёному, недостóйный учёного.

**unscientific** *adj.* ненаýчный.

**unscramble** *v.t.* **1.** (*teleph. conversation*) раскоди́ровать (*impf., pf.*); **2.** (*coll., analyse, sort out*) расшифрóв|ывать, -áть; разъясн|я́ть, -и́ть; раз|бирáть, -обрáть.

**unscrew** *v.t. & i.* отви́н|чивать(ся), -ти́ть(ся); разви́н|чивать(ся), -ти́ть(ся).

**unscripted** *adj.*: an ~ talk импровизи́рованное выступлéние.

**unscrupulous** *adj.* беспринци́пный, недобросóвестный.

**unscrupulousness** *n.* беспринци́пность, недобросóвестность.

**unseal** *v.t.* распечáт|ывать, -ать; вскрыв|вáть, -ть.

**unsealed** *adj.*: an ~ envelope незапечáтанный конвéрт.

**unseasonable** *adj.* не по сезóну; ~ weather погóда не по сезóну; (*fig., untimely*) несвоеврéменный, неумéстный, неурóчный.

**unseasoned** *adj.*: ~ food неприпрáвленная едá; ~ timber невьідержанная древеси́на; (*fig., inexperienced*) неприýченный, необстрéлянный.

**unseat** *v.t.* ссá|живать, -ди́ть; ст|áлкивать, -олкнýть; the horse ~ed its rider лóшадь сбрóсила ездокá; (*fig.*): he was ~ed at the last election егó лиши́ли парлáментского мандáта на послéдних вьіборах.

**unseated** *adj.* (*standing*) стоя́щий, стóя; без мéста; he remained ~ он оставáлся на ногáх.

**unseaworthiness** *n.* непригóдность к плáванию, неморехóдность.

**unseaworthy** *adj.* непригóдный к плáванию, неморехóдный.

**unsecured** *adj.* (*of a box, parcel etc.*) незакреплённый, незáпертый; (*of loan etc.*) необеспéченный, негаранти́рованный.

**unseeing** *adj.* незря́чий, неви́дящий.

**unseemliness** *n.* непристóйность, неприли́чие.

**unseemly** *adj.* неподобáющий, непристóйный, неприли́чный.

**unseen** *n.* **1.** the ~ (*spiritual world*) духóвный мир; **2.** (*translation*) перевóд с листá.
*adj.* неви́димый, неви́данный; ~ dangers скры́тые опáсности; he remained ~ он оставáлся незамéченным.

**unselective** *adj.* неразбóрчивый.

**unselfish** *adj.* бескорьі́стный, самоотвéрженный.

**unselfishness** *n.* бескоры́стие; самоотве́рженность.

**unserviceable** *adj.* него́дный, неиспра́вный.

**unsettle** *v.t.* (*fig.*) выбива́ть, вы́бить из колеи́; расстр|а́ивать, -о́ить.

**unsettled** *adj.* неусто́йчивый; беспоко́йный; ~ weather неусто́йчивая пого́да; an ~ account незапла́ченный счёт; the argument was ~ спор не́ был решён; ~ territory незаселённая террито́рия.

**unshackle** *v.t.* сн|има́ть, -ять кандалы́ с +*g.*; освобо|жда́ть, -ди́ть.

**unshaded** *adj.* без те́ни; незаслонённый; (*without curtains or blinds*) незаве́шенный; без штор; (*of a lamp*) без абажу́ра; (*without hatching*) незаштрихо́ванный.

**unshadowed** *adj.* (*fig.*): ~ prosperity безо́блачное благополу́чие.

**unshakeable** *adj.* непоколеби́мый.

**unshaken** *adj.* (*resolute*) непоколе́бленный.

**unshaven** *adj.* небри́тый.

**unsheathe** *v.t.* вынима́ть, вы́нуть из но́жен/ножо́н; he ~d his sword он обнажи́л меч.

**unsheltered** *adj.* неприкры́тый, незащищённый.

**unship** *v.t.* 1. (*unload*) выгружа́ть, вы́грузить; 2.: they ~ped the mast они́ убра́ли ма́чту.

**unshod** *adj.* босо́й, необу́тый; (*of horse*) неподко́ванный.

**unshrinkable** *adj.* безуса́дочный.

**unshrinking** *adj.* (*intrepid*) непоколеби́мый, неустраши́мый.

**unsifted** *adj.* (*lit.*) непросе́янный; (*fig., of evidence etc.*) непросмо́тренный, нерассмо́тренный, непроанализи́рованный.

**unsighted** *adj.* (*of gun*) не име́ющий (*or* без) прице́ла; (*of shot*) неприце́льный.

**unsightliness** *n.* уро́дливость, непригля́дность.

**unsightly** *adj.* некраси́вый, уро́дливый, непригля́дный.

**unsigned** *adj.* неподпи́санный.

**unsisterly** *adj.* неподоба́ющий сестре́.

**unskilful** *adj.* неуме́лый, неиску́сный, неуклю́жий.

**unskilfulness** *n.* неуме́лость, неиску́сность, неуклю́жесть.

**unskilled** *adj.* неквалифици́рованный.

**unsleeping** *adj.* неусы́пный, недре́млющий.

**unsociability** *n.* необщи́тельность, нелюди́мость.

**unsociable** *adj.* необщи́тельный, нелюди́мый.

**unsocial** *adj.* (*not given to association*) необщи́тельный; (*anti-social*) антиобще́ственный; ~ hours (of work) не общепри́нятые часы́ рабо́ты.

**unsold** *adj.* непро́данный; залежа́вшийся.

**unsoldierly** *adj.* недосто́йный солда́та.

**unsolicited** *adj.* предоста́вленный/да́нный доброво́льно; непро́шенный.

**unsolved** *adj.* нерешённый, неразга́данный.

**unsophisticated** *adj.* просто́й, простоду́шный; безыску́сный; наи́вный, бесхи́тростный.

**unsought** *adj.* непро́шенный.

**unsound** *adj.* (*bad, rotten*) испо́рченный, гнило́й; (*unwholesome*) нездоро́вый; (*unstable*) ша́ткий, непро́чный, нетвёрдый; ~ views неве́рные/необосно́ванные взгля́ды; of ~ mind душевнобольно́й; a man of ~ judgement челове́к, лишённый здра́вого смы́сла.

**unsown** *adj.* незасе́янный.

**unsparing** *adj.* ще́дрый; усе́рдный; ~ in his efforts не щадя́щий сил; ~ of praise ще́дрый на похвалу́.

**unspeakable** *adj.* невырази́мый; отврати́тельный; ~ joy невырази́мая ра́дость; he is an ~ bore он ужа́сный зану́да.

**unspecialized** *adj.* неспециализи́рованный.

**unspecified** *adj.* то́чно не определённый/ука́занный/устано́вленный.

**unspent** *adj.* (*of money*) неистра́ченный.

**unspoil|ed, -t** *adj.* неиспо́рченный; (*of pers.*) неизбало́ванный.

**unspoken** *adj.* невы́сказанный.

**unsport|ing, ~smanlike** *adjs.* нече́стный; недосто́йный спортсме́на; he behaved unsportingly он вёл себя́ неспорти́вно.

**unspotted** *adj.* (*fig.*): ~ reputation незапя́тнанная репута́ция.

**unsprung** *adj.* безрессо́рный, без рессо́р.

**unstable** *adj.* нетвёрдый, неусто́йчивый; (*fig.*) изме́нчивый; an ~ personality неуравнове́шенная ли́чность.

**unstained** *adj.* (*fig.*) незапя́тнанный.

**unstamped** *adj.*: an ~ letter письмо́ без ма́рки.

**unstatesmanlike** *adj.* неподоба́ющий госуда́рственному де́ятелю.

**unsteadiness** *n.* неусто́йчивость, ша́ткость; непостоя́нство, изме́нчивость.

**unsteady** *adj.* нетвёрдый; неусто́йчивый, ша́ткий; the table was ~ стол шата́лся; he was ~ on his legs он нетвёрдо стоя́л/держа́лся на нога́х; он шёл, шата́ясь; (*of character*) непостоя́нный, изме́нчивый.

**unstick** *v.t.* откле́и|вать, -ть.

**unstinted** *adj.* (*limitless*) ще́дрый; безграни́чный, безме́рный.

**unstinting** *adj.* (*generous*) ще́дрый.

**unstop** *v.t.*: the plumber ~ped the pipe водопрово́дчик прочи́стил трубу́.

**unstrained** *adj.* (*of liquids*) непроце́женный; (*effortless, spontaneous*) непринуждённый.

**unstrap** *v.t.* отстёг|ивать, -ну́ть; рассте́г|ивать, -ну́ть.

**unstressed** *adj.* (*without emphasis*) неподчёркнутый; (*phon.*) безуда́рный.

**unstrung** *adj.*: an ~ violin скри́пка с ненатя́нутыми стру́нами; (*fig.*): he was ~ он си́льно расстро́ился.

**unstuck** *adj.* откле́енный, ото́дранный; the

stamp came ~ ма́рка откле́илась; (*fig.*, *coll.*): my schemes came ~ мои́ пла́ны провали́лись.

**unstudied** *adj.* (*not learnt*) невы́ученный; (*unaffected*) непринуждённый.

**unsubstantial** *adj.* несуще́ственный, нереа́льный; an ~ dinner несы́тный обе́д.

**unsubstantiated** *adj.* недока́занный, неподтверждённый, необосно́ванный.

**unsuccessful** *adj.* безуспе́шный, неуда́чный; he was ~ in the exam он не вы́держал экза́мена.

**unsuitability** *n.* неприго́дность.

**unsuitable** *adj.* неподходя́щий, приго́дный.

**unsuited** *adj.* неподходя́щий; he is ~ to the post он не подхо́дит/годи́тся для э́той до́лжности.

**unsullied** *adj.* (*fig.*) незапя́тнанный.

**unsung** *adj.*: an ~ hero геро́й, невоспе́тый поэ́том.

**unsure** *adj.* ненадёжный; неуве́ренный; he is ~ on his feet он нетвёрдо стои́т/де́ржится на нога́х; he was ~ of his ground он не чу́вствовал твёрдой по́чвы под нога́ми; он не чу́вствовал себя́ компете́нтным; I am ~ if he will come я не уве́рен, что он придёт; ~ of oneself неуве́ренный в себе́.

**unsurpass|able, -ed** *adjs.* непревзойдённый.

**unsuspected** *adj.* неподозрева́емый, незаподо́зренный.

**unsusp|ecting, -icious** *adjs.* неподозрева́ющий, дове́рчивый.

**unswayed** *adj.*: ~ by public opinion не подда́вшийся влия́нию обще́ственного мне́ния.

**unswerving** *adj.* (*fig.*) непоколеби́мый.

**unsympathetic** *adj.* чёрствый, несочу́вствующий.

**unsystematic** *adj.* несистемати́ческий, несистемати́чный.

**untameable** *adj.* неукроти́мый; необу́зданный; (*of animal*) не поддаю́щийся прируче́нию.

**untamed** *adj.* (*of animal*) неприру́ченный; (*of passion*) необу́зданный; (*of territory*) ди́кий.

**untangle** *v.t.* распу́т|ывать, -ать; she ~d the wool она́ распу́тала клубо́к ше́рсти; (*fig.*): the confusion was finally ~d в конце́ концо́в удало́сь разобра́ться в э́той пу́танице.

**untanned** *adj.* (*of leather*) недублёный; (*by the sun*) незагоре́вший, незагоре́лый.

**untarnished** *adj.* непотускне́вший; (*fig.*) незапя́тнанный; his honour was ~ его́ честь оста́лась незапя́тнанной/безупре́чной.

**untasted** *adj.*: he left the food ~ он не притро́нулся к еде́.

**untaught** *adj.* (*uneducated*) неве́жественный, необразо́ванный; (*spontaneous*) врождённый, инстинкти́вный, есте́ственный.

**untaxed** *adj.* свобо́дный от нало́гов; не обло́женный нало́гом.

**unteachable** *adj.* (*of pers.*) не поддаю́щийся обуче́нию.

**untempered** *adj.* **1.**: ~ steel незакалённая

сталь; **2.** (*fig.*) неуме́ренный, несмягчённый.

**untenable** *adj.* несостоя́тельный, неприе́млемый; ~ arguments неубеди́тельные до́воды; an ~ position (*mil.*) незащити́мая/невы́годная пози́ция.

**untenanted** *adj.* пусто́й, нежило́й, незаселённый.

**untended** *adj.* забро́шенный, неухо́женный.

**untether** *v.t.* отвя́з|ывать, -а́ть.

**unthinkable** *adj.* (*unimaginable*) невообрази́мый, немы́слимый; (*inadmissible*) недопусти́мый; (*incredible*) невероя́тный.

**unthinking** *adj.* (*thoughtless*) безду́мный; (*inadvertent*) неча́янный; машина́льный.

**unthought-of** *adj.* непредви́денный, неожи́данный.

**unthread** *v.t.*: ~ a needle вынима́ть, вы́нуть ни́тку из иго́лки.

**unthrifty** *adj.* расточи́тельный, небережли́вый.

**untidiness** *n.* неопря́тность, неаккура́тность.

**untidy** *adj.* неопря́тный, неаккура́тный; an ~ person неря́ха (*c.g.*); his room was ~ его́ ко́мната была́ неубрана; в его́ ко́мнате цари́л беспоря́док.

**untie** *v.t.* развя́з|ывать, -а́ть; отвя́з|ывать, -а́ть; расшнуро́в|ывать, -а́ть.

**until** *see* TILL; unless and ~ то́лько когда́/ е́сли.

**untimeliness** *n.* преждевре́менность, несвоевре́менность; неуме́стность.

**untimely** *adj.* (*premature*) преждевре́менный; (*unseasonable*) несвоевре́менный; (*ill-timed*, *inappropriate*) неуме́стный.

**untinged** *adj.*: ~ by remorse без следа́ раска́яния.

**untiring** *adj.* неутоми́мый, неосла́бный, неуста́нный.

**unto** (*arch.*) *see* TO.

**untold** *adj.* **1.** (*not told*) нерасска́занный; he left his secret ~ он у́мер, так и не откры́в свою́ та́йну; **2.** (*inestimable*) бессчётный; ~ wealth несме́тные бога́тства.

**untouchable** *n.* неприкаса́емый.

  *adj.* (*unattainable*) недосяга́емый, недосту́пный; (*impossible to compete with*) недосяга́емый.

**untouched** *adj.* нетро́нутый; fruit ~ by hand фру́кты, к кото́рым не прикаса́лись рука́ми; his reserves were ~ он не прикосну́лся к свои́м запа́сам.

**untoward** *adj.* (*inconvenient*; *adverse*) неблагоприя́тный; неуда́чный; nothing ~ happened ничего́ плохо́го не случи́лось; никаки́х неприя́тностей не́ было.

**untraceable** *adj.* непросле́живаемый; his relatives were ~ не удало́сь напа́сть на след его́ ро́дственников.

**untrained** *adj.* необу́ченный, неквалифицированный, неподготóвленный, нетрени-рóванный.

**untrammelled** adj. несвя́занный, несковáнный, свобóдный.

**untransferable** adj. без прáва передáчи.

**untranslatable** adj. непереводи́мый.

**untravelled** adj. не/мáло éздивший по свéту; ~ wastes неизвéданные пусты́ни.

**untried** adj. (inexperienced) неóпытный; (untested) неиспы́танный, непровéренный.

**untrodden** adj. неисхóженный, нетрóнутый.

**untroubled** adj. необеспокóенный, невоз-мути́мый, спокóйный.

**untrue** adj. (inaccurate) невéрный, лóжный, непрáвильный; (unfaithful) невéрный.

**untrustworthiness** n. ненадёжность.

**untrustworthy** adj. (unreliable) ненадёжный; (undeserving of confidence) не заслужи-вающий довéрия.

**untruth** n. непрáвда, ложь; he told an ~ он солгáл; он сказáл непрáвду.

**untruthful** adj. (of thg.) невéрный, лóжный; (of pers. or thg.) лжи́вый.

**untruthfulness** n. невéрность, лóжность, лжи́вость.

**untutored** adj. необýченный; инстинкти́вный.

**untwine** v.t. распýт|ывать, -áть; распле|тáть, -сти́.

**untwist** v.t. раскрý|чивать, -ти́ть.

**unusable** adj. непригóдный, неподходя́щий.

**unused**[1] adj. (not put to use) неиспóльзован-ный; my ticket was ~ я не испóльзовал свой билéт.

**unused**[2] adj. (unaccustomed) непривы́кший (к +d.); I am ~ to this я к э́тому не привы́к.

**unusual** adj. необыкновéнный, необы́чный; ~ly осóбенно, исключи́тельно.

**unutterable** adj. невырази́мый, несказáнный, неописýемый.

**unvalued** adj. (not subjected to valuation) неоценённый; (unesteemed) недооценённый.

**unvaried** adj. неизмéнный, постоя́нный, однообрáзный.

**unvarnished** adj. (fig.): the ~ truth непри-крáшенная/гóлая и́стина/прáвда.

**unvarying** adj. неизменя́ющийся, неизмéнный.

**unveil** v.t.: the statue was ~ed on Sunday торжéственное откры́тие пáмятника со-стоя́лось в воскресéнье; he ~ed his designs он раскры́л свои́ плáны.

**unverifiable** adj. не поддаю́щийся провéрке.

**unverified** adj. непровéренный.

**unversed** adj. несвéдущий (в чём), неис-кушённый (в чём); he is ~ in mathematics он профáн в математике.

**unvoiced** adj. невы́сказанный; (phon.) глухóй.

**unwanted** adj. нежслáнный, нспрóшснный; an ~ child нежелáнный ребёнок; they made me feel ~ они́ дáли мне почýвствовать, что я ли́шний среди́ них.

**unwariness** n. неосмотри́тельность, нео-сторóжность.

**unwarlike** adj. невои́нственный, миролюби́-вый.

**unwarrantable** adj. неопрáвданный, недопу-сти́мый.

**unwarranted** adj. недозвóленный; нераз-решённый; необоснóванный.

**unwary** adj. неосмотри́тельный, неосто-рóжный.

**unwashed** adj. немы́тый; нести́ранный.

**unwatered** adj. **1.** (e.g. desert) неорошáемый; **2.**: ~ plants неполи́тые цветы́; **3.** (undiluted) неразбáвленный.

**unwavering** adj. непоколеби́мый; неизмéнный; твёрдый.

**unweaned** adj. не óтнятый от грýди.

**unwearable** adj. негóдный для нóски.

**unwear|ied, -ying** adjs. неутоми́мый; настóйчивый, неустáнный.

**unwedded** adj. незамýжняя; ~ wife невéнчан-ная женá.

**unwelcome** adj. неприя́тный; нежелáтельный; he is ~ here он здесь ли́шний; его́ присýт-ствие здесь нежелáтельно.

**unwell** adj. нездорóвый; I felt ~ мне нездо-рóвилось; I have been ~ я был нездорóв.

**unwept** adj. неоплáканный; невы́плаканный.

**unwholesome** adj. нездорóвый, врéдный.

**unwieldiness** n. громóздкость, тяжеловéс-ность.

**unwieldy** adj. громóздкий, тяжеловéсный.

**unwifely** adj. не подобáющий супрýге.

**unwilling** adj. нежелáющий; несклóнный; нераспо-лóженный; he was ~ to agree он не пожелáл согласи́ться; ~ly неохóтно.

**unwind** v.t. & i. разм|áтывать(ся), -отáть(ся); раскрý|чивать(ся), -ти́ть(ся); (fig.): as the plot ~s по мéре разви́тия сюжéта; the drink helped him to ~ винó помоглó емý рассла́-биться.

**unwinking** adj. (fig.) бди́тельный.

**unwisdom** n. неблагоразýмие.

**unwise** adj. не(благо)разýмный.

**unwished-for** adj. нежелáнный.

**unwitting** adj. нечáянный.

**unwomanly** adj. нежéнский, нежéнственный.

**unwonted** adj. (liter.) непривы́чный, необы́ч-ный.

**unworkable** adj. нереáльный, неосущест-ви́мый, неисполни́мый.

**unworldly** adj. неземнóй, не от ми́ра сегó; (dis-interested) бескоры́стный; (unsophisticated) наи́вный, безыскýственный.

**unworn** adj. (never worn) ненóшенный; (not showing wear) неизнóшенный.

**unworthy** adj. (undeserving) недостóйный (когó/чегó); (base) пóдлый, ни́зкий; an ~ sus-picion гнýсное подозрéние.

**unwound** adj. незаведённый; размóтанный.

**unwrap** *v.t.* разв|ора́чивать (*or* разв|ёртывать), -ерну́ть.

**unwritten** *adj.*: an ~ law непи́саный зако́н.

**unwrought** *adj.* необрабо́танный.

**unyielding** *adj.* непрекло́нный, упо́рный.

**unyoke** *v.t.* выпряга́ть, вы́прячь из ярма́.

**unzip** *v.t.* расстёг|ивать, -ну́ть; раскр|ыва́ть, -ы́ть.

**up** *n.*: ~ s and downs (*of fortune*) взлёты (*m. pl.*) и паде́ния (*nt. pl.*); превра́тности (*f. pl.*) судьбы́; his career has had its ~ s and downs в его́ карье́ре бы́ли взлёты (*m. pl.*) и паде́ния; business is on the ~ and ~ дела́ пошли́ в го́ру.

*adj.*: on the ~ stroke (*of piston*) при хо́де (по́ршня) вверх; ~ train по́езд, иду́щий в Ло́ндон.

*adv.* **1.** (*in a high or higher position*) вверх, наве́рх; high ~ in the sky высоко́ в не́бе; this side ~ «верх!»; they live 3 floors ~ from us они́ живу́т тремя́ этажа́ми вы́ше нас; she had her umbrella ~ зо́нтик у неё был раскры́т; the window was ~ окно́ бы́ло откры́то; the blinds were ~ што́ры бы́ли по́дняты; the notice was ~ on the board на доске́ висе́ло объявле́ние; they played 101 ~ они́ игра́ли до ста одного́ очка́; his spirits were ~ one minute, down the next у него́ беспреста́нно меня́лось настрое́ние; prices are ~ and will stay ~ це́ны подняли́сь и уже́ бо́льше не упаду́т; (*advanced*): he was ~ in the lead он был среди́ пе́рвых; he is 20 points ~ on his opponent он впереди́ проти́вника на два́дцать очко́в; he is well ~ in his subject on прекра́сно зна́ет свой предме́т; (*with greater intensity*): sing ~! speak ~! гро́мче!; (*at univ.*): he is ~ at Oxford он у́чится в О́ксфорде; **2.** (*into a higher position*) вверх; hands ~! ру́ки вверх!; (~*wards*) вы́ше, бо́льше; children from the age of 12 ~ де́ти двена́дцати лет и ста́рше; (*expr. support*): ~ (with) the workers! да здра́вствуют рабо́чие!; **3.** (*out of bed*; *standing*; *active*): he was ~ on his feet at once он момента́льно вскочи́л на́ ноги; I must be ~ and doing мне пора́ приня́ться за рабо́ту; he was already ~ when I called когда́ я пришёл, он уже́ встал; she was soon ~ and about again она́ вско́ре опра́вилась; I was ~ all night with the baby я всю ночь провози́лся с ребёнком; I was ~ late last night я вчера́ о́чень по́здно лёг; я вчера́ до́лго не ложи́лся; the house is not ~ (*built*) yet дом ещё не постро́ен; **4.** (*roused*): his blood was ~ он был взбешён; they were ~ in arms against the new proposal они́ встре́тили но́вое предложе́ние в штыки́; **5.** (*of agenda*): the house is ~ for sale дом продаётся; he was ~ for trial он находи́лся под судо́м; the case was ~ before the court де́ло рассма́тривалось в суде́; **6.** (*expr. completion or expiry*): time's ~ вре́мя истекло́; when is your leave ~? когда́ конча́ется ваш о́тпуск?; it's all ~ with them с ни́ми всё

ко́нчено; the game is ~! ка́рта би́та!; **7.** (*coll., happening; amiss*): what's ~? в чём де́ло?; что тут происхо́дит?; there's something ~ with the radio (ра́дио)приёмник барахли́т (*or* не в поря́дке); **8.** ~ against (*in contact with*): the table was (right) ~ against the wall стол стоя́л у стены́ (*or* вплотну́ю к стене́); (*confronted by*): you are ~ against stiff opposition вы име́ете де́ло с упо́рным сопротивле́нием; he was ~ against it он был в тру́дном положе́нии; **9.** ~ **to** (*equal to*): I don't feel ~ to it я не чу́вствую себя́ в си́лах; he is not ~ to his work он не справля́ется с рабо́той; (*on a par with*): the book is ~ to expectations кни́га оправда́ет ожида́ния; (*as far as*) до +*g.*; ~ to, ~ till now до сих пор; the book was brought ~ to date в кни́гу включи́ли все после́дние да́нные; I am ~ to chapter 3 я дочита́л до тре́тьей главы́; he was in the affair ~ to his neck он в э́том де́ле увя́з по са́мые у́шки; his work is not ~ to scratch его́ рабо́та оставля́ет жела́ть лу́чшего; (*incumbent upon*): it is ~ to us to help э́то мы должны́ помо́чь; it's ~ to you now тепе́рь реша́ть вам; тепе́рь э́то от вас зави́сит; (*occupied with*): what is he ~ to? чем он занима́ется?; что там у него́ происхо́дит?; what are the children ~ to? что там де́ти зате́яли?; he is ~ to no good он замы́слил что́-то недо́брое; он него́дник.

*prep.*: they live ~ the hill они́ живу́т на горе́/холме́; he ran ~ the hill он взбежа́л на́ гору, на холм; the cat was ~ a tree кот взобра́лся на де́рево; he went ~ the stairs он подня́лся по ле́стнице; they live ~ (*further along*) the street они́ живу́т по/на э́той у́лице; he is known ~ and down the land его́ зна́ют по всей стране́.

*v.i.* (*coll.*): she ~ (ped) and said . . . она́ взяла́ и сказа́ла . . .

**up-and-coming** *adj.* подаю́щий наде́жды; перспекти́вный, многообеща́ющий.

**upas** *n.* анча́р.

**upbeat** *n.* сла́бая до́ля та́кта.

**upbraid** *v.t.* укор|я́ть, -и́ть; порица́ть (*impf.*); брани́ть, вы́-.

**upbringing** *n.* воспита́ние.

**up-country** *adj.* вну́тренний.

*adv.* внутри́ страны́; во вну́тренних райо́нах страны́; (*expr. direction*) вглубь страны́.

**update** *v.t.* модернизи́ровать (*impf., pf.*); пересмотре́ть и допо́лнить (*both pf.*) (кни́гу); ревизова́ть (*impf., pf.*).

**up-end** *v.t.* поста́вить (*pf.*) перпендикуля́рно (*or coll.* «на попа́»).

**upgrade** *n.* подъём; on the ~ на подъёме.

*v.t.* пов|ыша́ть, -ы́сить в до́лжности; придава́ть (*impf.*) бо́льшее значе́ние +*d.*

**upheaval** *n.* (*earthquake etc.*) сдвиг, смеще́ние пласто́в; (*fig.*) переворо́т.

**uphill** *adj.* иду́щий в го́ру; an ~ road крута́я

доро́га; an ~ task тяжёлая зада́ча.

*adv.* в го́ру.

**uphold** *v.t.* (*support, lit., fig.*) подде́рж|ивать, -а́ть; отст|а́ивать, -оя́ть; (*confirm*) под-твер|жда́ть, -ди́ть; утвер|жда́ть, -ди́ть; ~ a protest прин|има́ть, -я́ть проте́ст.

**upholster** *v.t.* об|ива́ть, -и́ть; подб|ива́ть, -и́ть; an ~ed chair кре́сло с мя́гкой оби́вкой; well-~ed (*coll., plump*) то́лстый.

**upholsterer** *n.* обо́йщик, драпиро́вщик.

**upholstery** *n.* оби́вка.

**upkeep** *n.* содержа́ние, ремо́нт, ухо́д (за +*i.*); (*of pers.*) содержа́ние.

**upland** *n.* наго́рье; гори́стая часть страны́.

*adj.* наго́рный.

**uplift**[1] *n.* (*moral elevation*) духо́вный подъём.

**uplift**[2] *v.t.* подн|има́ть, -я́ть; возв|ыша́ть, -ы́сить.

**up-market** *adj.* элита́рный, для шика́рной пу́блики.

**upmost** *see* UPPERMOST.

**upon** *prep.* **1.** *see* ON; **2.**: once ~ a time одна́жды; once ~ a time there lived ... жи́л(и)-бы́л(и) ...; ~ my word, soul! (*expr. surprise etc.*) Го́споди!; ~ my honour! че́стное сло́во!; the holidays are ~ us приближа́ются кани́кулы; the enemy is ~ us враг уже́ бли́зок; letter ~ letter письмо́ за письмо́м.

**upper** *n.* передо́к боти́нка; he was on his ~s (*coll.*) он оста́лся без гроша́.

*adj.* ве́рхний; вы́сший; ~ arm плечо́; ~ classes вы́сшие кла́ссы; he got the ~ hand он одержа́л верх; U~ House (*in UK*) пала́та ло́рдов; (*in USA*) сена́т; ~ lip ве́рхняя губа́.

*cpds.*: ~-**case** *adj.* прописно́й; ~-**class, -crust** *adjs.* относя́щийся к вы́сшему о́бществу; ~-**cut** *n.* апперко́т; ~-**most** (*also* **upmost**) *adj.* са́мый ве́рхний, вы́сший; it was ~most in my mind э́то бо́льше всего́ занима́ло мои́ мы́сли; he said the first thing that came ~most он сказа́л пе́рвое, что ему́ пришло́ в го́лову; *adv.*: blade ~most остриём вверх.

**uppi|sh, -ty** *adjs.* (*coll.*) на́глый, де́рзкий.

**uppishness** *n.* (*coll.*) на́глость, де́рзкость.

**uppity** *see* UPPISH.

**upright** *n.* (*beam, pillar etc.*) столб; (~ piano) пиани́но (*indecl.*).

*adj.* (*erect*) вертика́льный, прямо́й; (*honourable*) че́стный, прямо́й.

*adv.*: stand ~ стоя́ть (*impf.*) пря́мо.

**uprightness** *n.* че́стность, прямота́.

**uprising** *n.* восста́ние.

**up-river** *see* UPSTREAM.

**uproar** *n.* (*noise*) шум, (*coll.*) гам; (*tumult, confusion*) возмуще́ние, волне́ние.

**uproarious** *adj.* (*noisy*) шу́мный, бу́рный, бу́йный; (*funny*) ужа́сно/невозмо́жно сме-шно́й.

**uproot** *v.t.* корчева́ть, вы-; вырыва́ть, вы́рвать с ко́рнем; (*fig., displace*) выселя́ть, вы́селить;

пересел|я́ть, -и́ть; (*fig., eradicate, e.g. customs*) искорен|я́ть, -и́ть.

**uprush** *n.* стреми́тельное движе́ние вверх; ~ of feelings наплы́в чувств.

**upset**[1] *n.* **1.** (*physical*) недомога́ние; stomach ~ расстро́йство желу́дка; **2.** (*emotional shock, confusion*) огорче́ние; (*pl.*) неприя́тности (*f. pl.*); **3.** (*unexpected result in sport*) неожи́дан-ный результа́т.

**upset**[2] *v.t.* опроки́|дывать, -нуть; he ~ the milk он опроки́нул молоко́; the news ~ her но́вость её расстро́ила; rich food ~s my stomach от жи́рной пи́щи у меня́ расстра́и-вается желу́док.

**upshot** *n.* развя́зка; заключе́ние; результа́т; in the ~ в конце́ концо́в.

**upside down** *adv.* вверх дном/(*coll.*)торма́ш-ками.

**upstage** *adv.* в глубине́ сце́ны.

*v.t.* (*coll.*) затм|ева́ть, -и́ть.

**upstairs** *adv.* наверху́, вверх; he ran ~ он взбежа́л наве́рх; (*attr.*): the ~ rooms ве́рхние ко́мнаты.

**upstanding** *adj.* **1.** (*sturdy*) кре́пкий; **2.** прямо́й; be ~! вста́ньте!

**upstart** *n.* вы́скочка (*c.g.*).

**upstream, up-river** *advs.* (*of place*) вверх по тече́нию; (*of motion*) про́тив тече́ния; ~ of вы́ше +*g.*

**upsurge** *n.* подъём; наплы́в.

**upswing** *n.* (*fig.*) подъём.

**uptake** *n.*: quick in the ~ (*coll.*) сметли́вый, сообрази́тельный.

**uptight** *adj.* (*coll., tense, angry*) напряжённый, нерво́зный.

**up-to-date** *adj.* совреме́нный, тепе́решний; нове́йший, (*са́мый*) после́дний.

**up-to-the-minute** *adj.* сюмину́тный; са́мый после́дний.

**up-town** *adj. & adv.* (*Am.*) (располо́женный) в жилы́х кварта́лах го́рода.

**upturn** *n.* (*fig.*) сдвиг (к лу́чшему); улучше́ние.

**upward** *adj.* напра́вленный вверх; an ~ trend in prices тенде́нция к повыше́нию цен.

*adv.* (*also* ~s) вверх; ~s of (*over*) £100 свы́ше ста фу́нтов.

**up-wind** *adv.* про́тив ве́тра.

**ur(a)emia** *n.* уреми́я.

**Urals** *n.* Ура́льские го́ры (*f. pl.*), Ура́л.

**uranium** *n.* ура́н; (*attr.*) ура́новый.

**Uranus** *n.* Ура́н.

**urban** *adj.* городско́й.

**urbane** *adj.* све́тский, учти́вый.

**urbanism** *n.* урбани́зм.

**urbanist** *n.* градострои́тель (*m.*).

**urbanity** *n.* све́тскость, учти́вость.

**urbanization** *n.* урбаниза́ция; рост городо́в.

**urbanize** *v.t.* урбанизи́ровать (*impf., pf.*).

**urchin** *n.* **1.** мальчи́шка (*m.*), (*coll.*) постре́л; **2.** (*zool.*) морско́й ёж.

**Urdu** *n.* язы́к урду́.

   *adj.*: ~ script шрифт (языка́) урду́.

**urea** *n.* мочеви́на.

**uremia** (*Am.*) *see* UR(A)EMIA.

**ureter** *n.* мочето́чник.

**urethra** *n.* уре́тра.

**urge** *n.* побужде́ние, стремле́ние; I felt an ~ to go back меня́ потяну́ло верну́ться/наза́д.

   *v.t.* **1.** (*impel*; *also* ~ **on**, ~ **forward**) гнать (*impf.*); под|гоня́ть, -огна́ть; he ~d his horse up the hill он гнал коня́ в го́ру; **2.** (*exhort*) взыва́ть, возва́ть (*кого к чему*); приз|ыва́ть, -ва́ть (*кого к чему*); угова́ривать (*impf.*); he needed no urging он не заста́вил себя́ угова́ривать; **3.** (*impress*): he ~d on me the need to save money он настоя́тельно убежда́л меня́ в необходи́мости де́лать сбереже́ния (*or* откла́дывать де́ньги).

**urgency** *n.* **1.** (*need for prompt action*) сро́чность, безотлага́тельность, неотло́жность; as a matter of ~ в сро́чном поря́дке; **2.** (*importunity*) насто́йчивость.

**urgent** *adj.* **1.** (*brooking no delay*) сро́чный, безотлага́тельный, неотло́жный; he is in ~ need of money он кра́йне нужда́ется в деньга́х; **2.** (*pressing, importunate*) настоя́тельный, насто́йчивый.

**uric** *adj.*: ~ acid мочева́я кислота́.

**urinal** *n.* (*for public use*) писсуа́р; (*vessel*) мочеприёмник, «у́тка».

**urinary** *adj.* мочево́й.

**urinate** *v.i.* мочи́ться (*impf.*).

**urination** *n.* мочеиспуска́ние.

**urine** *n.* моча́.

**urn** *n.* **1.** (*vase for ashes etc.*) у́рна, ва́за; Grecian ~ гре́ческая ва́за; **2.** (*for tea, coffee etc.*) куб.

**Ursa** *n.* (*astron.*): ~ Major/Minor Больша́я/Ма́лая Медве́дица.

**urticaria** *n.* крапи́вница, крапи́вная лихора́дка.

**Uruguay** *n.* Уругва́й.

**Uruguayan** *n.* уругва́|ец (*fem.* -йка).

   *adj.* уругва́йский.

**US(A)** *n.* (*abbr.*, United States of America) США (*pl., indecl.*) (Соединённые Шта́ты Аме́рики).

   *adj.* америка́нский; US Army а́рмия США.

**usable** *adj.* примени́мый, удо́бный, (при)го́дный.

**usage** *n.* **1.** (*manner of treatment*) обраще́ние; rough ~ гру́бое обраще́ние; **2.** (*habitual process*) обыкнове́ние; a guide to English ~ уче́бник англи́йского словоупотребле́ния; sanctified by ~ освящённый обы́чаем.

**use**[1] *n.* **1.** (*utilization*) употребле́ние, по́льзование +*i.*; the telephone is in ~ телефо́н за́нят; this book is in constant ~ э́та кни́га нахо́дится в постоя́нном по́льзовании; make good ~ of your time! хороше́нько испо́льзуйте ва́ше вре́мя!; he is making ~ of you он вас испо́льзует (в свои́х це́лях); he put his talents to good ~ он пра́вильно испо́льзовал свои́ спосо́бности; a room for

the ~ of the public ко́мната о́бщего по́льзования; these coins came into ~ last year э́ти моне́ты вошли́ в обраще́ние в про́шлом году́; **2.** (*purpose*; *profitable application*) назначе́ние; примене́ние; this tool has many ~s э́тот инструме́нт применя́ется для разли́чных це́лей; I shall find a ~ for it я найду́ э́тому примене́ние; I have no further ~ for it мне э́то бо́льше не пона́добится; I have no ~ for him (*coll.*) мне с ним не́чего де́лать; **3.** (*value, advantage*) по́льза, толк; this machine is no longer (of) any ~ э́та маши́на бо́льше не годи́тся; will this be of ~ to you? вам э́то пригоди́тся?; it's no ~ grumbling что то́лку ворча́ть?; ворча́нием/жа́лобами де́лу не помо́жешь; **4.** (*power of using*): спосо́бность по́льзования (*чем*); he lost the ~ of his legs он утра́тил спосо́бность ходи́ть; **5.** (*right to use*): I gave him the ~ of my car я разреши́л ему́ по́льзоваться мое́й маши́ной; 'with ~ of kitchen' с пра́вом по́льзования ку́хней; **6.** (*consumption*) потребле́ние, расхо́дование; **7.** (*arch., custom*) привы́чка, обыкнове́ние.

**use**[2] *v.t.* **1.** (*make use of, employ*) употреб|ля́ть, -и́ть; по́льзоваться, вос- +*i.*; (*apply*) примен|я́ть, -и́ть; are you using this knife? вам сейча́с ну́жен э́тот нож?; oil is ~d for frying potatoes карто́фель жа́рят на расти́тельном ма́сле; ~ your head! пораски́нь мозга́ми!; ~ your eyes! смотри́те как сле́дует!; ~ force приб|ега́ть, -е́гнуть к наси́лию; ~ your own discretion! де́йствуйте по со́бственному разуме́нию!; may I ~ your name? могу́ я на вас сосла́ться?; а ~d car поде́ржанная маши́на; ~d towels испо́льзованные/гря́зные полоте́нца; **2.** (~ **up**, *consume*): испо́льзовать (*impf., pf.*); расхо́довать, из-; тра́тить, по-; изв|оди́ть, -ести́; how much flour do you ~ per week? ско́лько у вас идёт муки́ в неде́лю?; the car ~s a lot of petrol э́та маши́на берёт/расхо́дует мно́го бензи́на; **3.** (*treat*) обраща́ться (*impf.*), обходи́ться (*impf.*) с +*i.*; **4.** (*exploit*): I feel as if I had been ~d я чу́вствую, что меня́ испо́льзовали в чьи́х-то це́лях.

**use**[3] *v.t. & i.* **1.** (*accustom*): get ~d to прив|ыка́ть, -ы́кнуть к +*d.*; he is ~d to it он к э́тому привы́к; he is ~ed to dining late он (обы́чно) обе́дает (*or* привы́к обе́дать) по́здно; **2.** (*be accustomed*): he ~d to be a teacher он ра́ньше был учи́телем; I ~d not to like him пре́жде он мне не нра́вился; he ~d to say он гова́ривал; I ~ed to go я пре́жде/быва́ло ходи́л.

**useful** *adj.* поле́зный; he gave me a ~ tip он дал мне поле́зный сове́т; make yourself ~ займи́тесь чём-нибудь поле́зным!; he is very ~ about the house он о́чень мно́го помога́ет по до́му; he is a ~ footballer он спосо́бный футболи́ст.

**usefulness** *n.* по́льза; this book has outlived its ~ э́та кни́га устаре́ла.

**useless** *adj.* (*worthless*) неприго́дный; (*futile*) бесполе́зный; (*vain*) тще́тный; (*coll., incompetent*): he is ~ at tennis он никудьı́шный тенниси́ст.

**uselessness** *n.* неприго́дность; бесполе́зность; тще́тность.

**user** *n.* (*one who uses*) употребля́ющий; потреби́тель (*m.*); (*leg., use*) пра́во по́льзования; по́льзование (*чем*).

**Ushant** *n.* Уэсса́н.

**usher** *n.* (*court etc.*) швейца́р; (*pers. showing people to seats*) билетёр.

*v.t.* (*also* ~ **in**) вв|оди́ть, -ести́; I was ~ed into his presence меня́ ввели́ к нему́; (*fig.*) возве|ща́ть, -сти́ть; the new year ~ed in many changes но́вый год принёс с собо́й мно́жество переме́н.

**usherette** *n.* билетёрша.

**USSR** (*abbr.,* Union of Soviet Socialist Republics) СССР (Сою́з Сове́тских Социалисти́ческих Респу́блик).

**usual** *adj.* обыкнове́нный, обы́чный; the ~ crowd gathered как обы́чно, собрала́сь толпа́; with his ~ alacrity со сво́йственной ему́ жи́востью; it is ~ to remove one's hat при́нято снима́ть шля́пу; he is late as ~ он, по обыкнове́нию (*or* как всегда́), опа́здывает; the bus was fuller than ~ авто́бус был перепо́лнен бо́льше обы́чного.

**usufruct** *n.* узуфру́кт.

**usurer** *n.* ростовщи́|к (*fem.* -ца).

**usurious** *adj.* ростовщи́ческий.

**usurp** *v.t.* узурпи́ровать (*impf., pf.*).

**usurpation** *n.* узурпа́ция.

**usurper** *n.* узурпа́тор.

**usury** *n.* ростовщи́чество.

**Utah** *n.* Ю́та.

**utensil** *n.* инструме́нт; (*pl., collect.*) посу́да, у́тварь.

**uterine** *adj.* ма́точный; ~ brother единоутро́бный брат.

**uterus** *n.* ма́тка.

**utilitarian** *n.* утилитари́ст (*fem.* -ка), сторо́нни|к (*fem.* -ца) утилитари́зма.

*adj.* утилита́рный.

**utilitarianism** *n.* утилитари́зм.

**utilit**|**y** *n.* **1.** (*usefulness*) поле́зность, практи́чность, вы́годность, вы́года, по́льза; **2.**: public ~ies коммуна́льные услу́ги (*f. pl.*)/ предприя́тия (*nt. pl.*)/сооруже́ния (*nt. pl.*).

**utilizable** *adj.* приго́дный к употребле́нию.

**utilization** *n.* испо́льзование, утилиза́ция.

**utilize** *v.t.* испо́льзовать (*impf., pf.*); утилизи́ровать (*impf., pf.*).

**utmost, uttermost** *nn.* преде́л возмо́жного; he did his ~ to avoid defeat он сде́лал всё возмо́жное, что́бы избежа́ть пораже́ния; he exerts himself to the ~ он стара́ется и́зо всех сил. *adjs.* кра́йний; преде́льный.

**Utopia** *n.* уто́пия.

**Utopian** *adj.* утопи́ческий.

**utter**[1] *adj.* по́лный, абсолю́тный, соверше́нный; ~ darkness абсолю́тная темнота́; an ~ scoundrel отъя́вленный негодя́й.

**utter**[2] *v.t.* **1.** (*pronounce, emit*) изд|ава́ть, -а́ть; произн|оси́ть, -ести́; she ~ed a moan она́ издала́ стон; he could not ~ a word он не мог вы́говорить ни сло́ва; **2.** (*put into circulation*) пус|ка́ть, -ти́ть в обраще́ние.

**utterance** *n.* **1.** (*diction, speech*) произноше́ние, ди́кция; defective ~ дефе́кт ре́чи; **2.** (*expression*) выраже́ние; he gave ~ to his anger он вы́разил свой гнев; **3.** (*pronouncement*) выска́зывание.

**uttermost** *see* UTMOST.

**uvula** *n.* язычо́к.

**uvular** *adj.* (*anat.*) язычко́вый; (*phon.*): ~ г увуля́рное «р».

**uxorious** *adj.* чрезме́рно привя́занный к жене́.

**uxoriousness** *n.* чрезме́рная привя́занность к жене́.

**Uzbek** *n.* (*pers.*) узбе́|к (*fem.* -чка); (*language*) узбе́кский язы́к.

**Uzbekistan** *n.* Узбекиста́н.

# V

**V** *n.*: ~1/2 раке́та Фа́у-1/2; ~ sign (*for victory*) знак побе́ды.

*cpds.:* ~**-neck** *n.* & *adj.* вы́рез мы́сиком; ~-neck sweater сви́тер с вы́резом в ви́де бу́квы «V».

**vac**=VACATION *n.* **2.**

**vacanc**|**y** *n.* **1.** (*emptiness*) пустота́, незапо́лненность; **2.** (*of mind*) ту́пость; **3.** (*job*) вака́нсия; (*place on course etc.*) ме́сто; (*room*): no ~ies (свобо́дных) ко́мнат нет.

**vacant** *adj.* **1.** (*empty*) пусто́й; **2.** (*unoccupied*) неза́нятый, свобо́дный; a ~ chair свобо́дный стул; a ~ post неза́нятая/вака́нтная до́лжность, вака́нсия; **3.** (*of mind, expression etc.*) безду́мный, отсу́тствующий; бессмы́сленный.

**vacate** *v.t.* освобо|жда́ть, -ди́ть; he ~d his chair он встал со сту́ла; the flat had been ~d жильцы́ съе́хали с кварти́ры (*or* освободи́ли кварти́ру); he will ~ the post in May он освободи́т ме́сто (*or* уйдёт с до́лжности) в ма́е.

**vacation** *n.* **1.** (*leaving empty*) освобожде́ние; **2.** (*at university, courts etc.*) кани́кул|ы (*pl., g.* —); long ~ ле́тние кани́кулы; **3.** (*Am., holiday*) о́тпуск, о́тдых; when will you take your ~? когда́ вы идёте в о́тпуск?; on ~ в о́тпуске, (*coll.*) в отпуску́.

**vaccinate** *v.t.* де́лать, с- приви́вку +*d.*; прив|ива́ть, -и́ть о́спу +*d.*; have you been ~d? вам сде́лали приви́вку?

**vaccination** *n.* приви́вка, оспоприви́ва́ние; ~ mark о́спа, о́спина.

**vaccine** *n.* вакци́на.

**vacillate** *v.i.* колеба́ться (*impf.*), проявля́ть (*impf.*) нереши́тельность.

**vacillation** *n.* колеба́ние, нереши́тельность.

**vacuity** *n.* пустота́, пра́здность; бессодержа́тельность, бессмы́сленность.

**vacuous** *adj.* пусто́й, пра́здный; бессодержа́тельный, бессмы́сленный.

**vacuum** *n.* **1.** (*empty or airless place*) ва́куум; безвозду́шное простра́нство; (*fig.*) пустота́; his death left a ~ его́ смерть была́ неисполни́мой утра́той (*or* оста́вила невосполни́мую пустоту́); ~ flask те́рмос; **2.** (*coll.*, ~-cleaner) пылесо́с.
*v.t. & i.* (*coll., clean with* ~ (**2**)) пылесо́сить (*impf., pf.*).

**vade-mecum** *n.* (карма́нный) спра́вочник.

**vagabond** *n.* (*vagrant*) бродя́га (*c.g.*), скита́лец. *adj.* бродя́чий, скита́льческий.

**vagary** *n.* причу́да, капри́з.

**vagina** *n.* влага́лище.

**vaginal** *adj.* влага́лищный.

**vagrancy** *n.* бродя́жничество.

**vagrant** *n.* бродя́га (*c.g.*). *adj.* бродя́чий; ~ thoughts рассе́янные/пра́здные мы́сли.

**vague** *adj.* неопределённый, сму́тный, нея́сный; a ~ resemblance неулови́мое/отдалённое схо́дство; ~ rumours неопределённые/сму́тные слу́хи; he was rather ~ about his plans он выска́зывался о свои́х пла́нах дово́льно укло́нчиво; I haven't the ~st idea не име́ю ни мале́йшего поня́тия/представле́ния.

**vagueness** *n.* неопределённость, сму́тность, нея́сность.

**vain** *adj.* **1.** (*unavailing*; *fruitless*) тще́тный, напра́сный; a ~ attempt тще́тная попы́тка; ~ hopes напра́сные наде́жды; they tried in ~ to get a seat они́ безуспе́шно пыта́лись найти́ ме́сто; **2.** (*empty*) пусто́й; ~ boasts пуста́я похвальба́; he took God's name in ~ он всу́е употребля́л и́мя госпо́дне; **3.** (*conceited*)

тщесла́вный.
*cpds.*: ~ **glorious** *adj.* тщесла́вный; ~ **glory** *n.* тщесла́вие.

**val|lance, -ence** *n.* (*curtain, frill*) подзо́р, обо́рка, сбо́рка.

**vale** *n.* доли́на, дол; ~ of tears юдо́ль слёз.

**valediction** *n.* проща́ние.

**valedictory** *adj.* проща́льный; (*Am., as n.*) речь на вы́пуске (уча́щихся).

**valence**[1] *see* VALANCE.

**valenc|e,**[2] **-y** *nn.* (*chem.*) вале́нтность.

**valentine** *n.* (*missive*) ≃ любо́вное посла́ние.

**valerian** *n.* (*bot.*) валериа́на; ~ drops валериа́новые ка́пли, валерья́нка.

**valet** *n.* камерди́нер, слуга́ (*m.*). *v.t.* служи́ть (*impf.*) камерди́нером +*d.*; ~ s.o. следи́ть (*impf.*) за чьей-н. оде́ждой.

**valetudinarian** *n.* ипохо́ндрик; мни́тельный челове́к.

**Valhalla** *n.* Валга́лла; (*fig.*) пантео́н.

**valiant** *adj.* до́блестный, хра́брый; (*of effort*) герои́ческий.

**valid** *adj.* **1.** (*sound*) ве́ский, обосно́ванный; ~ objections убеди́тельные возраже́ния; ~ reasons ве́ские до́воды; **2.** (*leg.*) действи́тельный; a ~ claim зако́нная прете́нзия; a ticket ~ for 3 months биле́т, действи́тельный на́ три ме́сяца.

**validate** *v.t.* утвер|жда́ть, -ди́ть; подтвер|жда́ть, -ди́ть.

**validation** *n.* утвержде́ние, подтвержде́ние.

**validity** *n.* зако́нность, ве́скость; the ~ of his argument ве́скость его́ до́вода; the ~ of their marriage зако́нность их бра́ка.

**valise** *n.* (*Am.*) саквоя́ж, чемода́н.

**Valkyrie** *n.* валки́рия.

**valley** *n.* доли́на.

**valorous** *adj.* до́блестный.

**valour** *n.* до́блесть.

**valuable** *n.* (*usu. pl.*) це́нности (*f. pl.*); драгоце́нности (*f. pl.*). *adj.* це́нный, поле́зный, ва́жный.

**valuation** *n.* оце́нка; определе́ние сто́имости; people take you at your own ~ ≃ всё зави́сит от того́, как себя́ пода́ть.

**value** *n.* **1.** (*worth*; *advantageousness*) це́нность, ва́жность; the ~ of exercise по́льза моцио́на; his advice was of great ~ его́ сове́т о́чень пригоди́лся (*or* оказа́лся о́чень поле́зным); he sets a high ~ on his time он о́чень дорожи́т свои́м вре́менем; он до́рого це́нит своё вре́мя; **2.** (*in money etc.*) це́нность, сто́имость; the ~ of the pound покупа́тельная си́ла фу́нта; property is rising in ~ недви́жимое иму́щество поднима́ется в цене́; the book is good ~ for money э́та кни́га — вы́годная поку́пка; ~ added tax нало́г на доба́вленную/прираще́нную сто́имость; **3.** (*mus.*) дли́тельность но́ты; give each note its full ~ да|ва́ть, -ть ка́ждой но́те прозвуча́ть полностью; **4.** (*painting*) валёр; **5.** (*denomination of coin, card etc.*) досто́инство; **6.** (*math.*) величина́; **7.** (*pl., standards*) (*духовные и т.п.*) це́нности (*f. pl.*).

*v.t.* **1.** (*estimate ~ of*) оце́н|ивать, -и́ть; the house was ~d at £20,000 дом оцени́ли в 20 000 фу́нтов; **2.** (*regard highly*) дорожи́ть (*impf.*); цени́ть (*impf.*); I ~ my leisure time я ценю́ свой досу́г; his ~d advice его́ це́нное мне́ние; a ~d friend of mine друг, кото́рый мне о́чень до́рог.

**valueless** *adj.* ничего́ не сто́ящий; недействи́тельный; беспо́ле́зный; a ~ promise пусто́е обеща́ние.

**valuer** *n.* оце́нщик.

**valve** *n.* (*tech.*) кла́пан, ве́нтиль (*m.*); (*anat., mus.*) кла́пан; (*radio*) электро́нная ла́мпа.

**valvular** *adj.* кла́пановый; ~ defect поро́к кла́панов (*се́рдца*).

**vamoose** *v.i.* см|ыва́ться, -ы́ться (*Am. sl.*).

**vamp**[1] *n.* (*part of shoe*) передо́к/голо́вка/ сою́зка боти́нка.

*v.t.*: ~ up (*fig., renovate; improvise*) мастери́ть, с- на ско́рую ру́ку.

*v.i.* (*mus.*) импровизи́ровать (*impf., pf.*); бренча́ть, про-.

**vamp**[2] *n.* (*adventuress*) (же́нщина-)вамп; сире́на; обольсти́тельница.

*v.t.* соблазн|я́ть, -и́ть.

**vampire** *n.* **1.** (~ bat) вампи́р, упы́рь (*m.*); **2.** (*human creature*) вампи́р, кровопи́йца (*c.g.*).

**van**[1] *n.* **1.** (*motor vehicle*) (а́вто)фурго́н; furniture ~ ме́бельный фурго́н; **2.** (*railway truck*) бага́жный ваго́н.

*cpd.*: ~**man**, ~-**driver** *nn.* води́тель (*m.*) фурго́на.

**van**[2] *n.* (*of army etc.*) головно́й отря́д; (*fig.*) аванга́рд; in the ~ of civilization в аванга́рде цивилиза́ции.

*cpd.*: ~**guard** *n.* аванга́рд; передово́й отря́д; (*fig.*) веду́щее звено́; аванга́рд.

**vanadium** *n.* вана́дий.

**Vandal** *n.* (*hist.*)ванда́л; (v~, *fig.*) ванда́л, хулига́н.

**vandalism** *n.* вандали́зм.

**vandalize** *v.t.* изуро́довать (*pf.*); разр|уша́ть, -у́шить.

**Van Dyck** *n.* Ван-Де́йк.

**Vandyke** *n.* (~ beard) боро́дка кли́нышком.

**vane** *n.* (*weathercock*) флю́гер; (*of windmill*) крыло́; (*of propeller, turbine*) ло́пасть.

**Van Eyck** *n.* Ван-Э́йк.

**Van Gogh** *n.* Ван-Го́г.

**vanilla** *n.* вани́ль.

**vanish** *v.i.* исч|еза́ть, -е́знуть; проп|ада́ть, -а́сть; ~ing cream крем под пу́дру; дневно́й крем; ~ing-point то́чка схожде́ния паралле́льных (*в перспекти́ве*); his courage was reduced to ~ing-point му́жество на́чисто поки́нуло его́; his hopes of success ~ed его́

наде́жды на успе́х улету́чились; он потеря́л вся́кую наде́жду на успе́х.

**vanity** *n.* **1.** (*conceit*) тщесла́вие; ~ bag да́мская су́мочка; космети́чка; **2.** (*futility; worthlessness*) суета́, тщета́; ~ of vanities суета́ суе́т; V~ Fair я́рмарка тщесла́вия.

**vanquish** *v.t.* побе|жда́ть, -ди́ть; покор|я́ть, -и́ть; (*fig.*) преодол|ева́ть, -е́ть; подав|ля́ть, -и́ть.

**vantage** *n.* преиму́щество.

*cpds.*: ~-**ground**, ~-**point** *nn.* вы́годная пози́ция.

**vapid** *adj.* (*fig.*) пло́ский, пре́сный; ~ conversation пусто́й/бессодержа́тельный разгово́р.

**vaporization** *n.* испаре́ние, парообразова́ние.

**vaporize** *v.t. & i.* испар|я́ть, -и́ть; выпа́ривать, вы́парить; превра|ща́ть, -ти́ть в пар.

**vaporous** *adj.* (*lit., fig.*) тума́нный; (*filmy*) прозра́чный.

**vapour** *n.* **1.** (*steam*) пар; ~ bath парова́я ба́ня/ва́нна; **2.** (*mist*) тума́н; **3.** (*gaseous manifestation*) испаре́ние; ~ trail инверсио́нный след.

*v.i.* (*talk pompously*) разглаго́льствовать (*impf.*).

**Varangian** *n.* варя́г.

*adj.* варя́жский.

**variability** *n.* изме́нчивость, непостоя́нство.

**variable** *n.* (*math.*) переме́нная величина́.

*adj.* изме́нчивый, непостоя́нный; ~ winds ве́тры переме́нных направле́ний; ~ moods переме́нчивые настрое́ния; ~ standards меня́ющиеся крите́рии.

**variance** *n.* изме́не́ние; расхожде́ние; this is at ~ with what we heard э́то противоре́чит тому́, что мы слы́шали; they were at ~ они́ спо́рили; ме́жду ни́ми был разла́д.

**variant** *n.* вариа́нт.

*adj.* **1.** (*different; alternative*) разли́чный, ино́й; ~ reading разночте́ние; **2.** (*changing*) переме́нчивый.

**variation** *n.* **1.** (*fluctuation*) измене́ние; ~s of temperature колеба́ния (*nt. pl.*) температу́ры; **2.** (*divergence*) отклоне́ние; ~ from the norm отклоне́ние от но́рмы; magnetic ~ измене́ние магни́тного склоне́ния; **3.** (*biol. etc.*: *variant form*) абберра́ция, мута́ция; **4.** (*variant; also mus.*) вариа́ция; ~s on a theme вариа́ции на те́му.

**varicoloured** *adj.* многоцве́тный, разноцве́тный.

**varicose** *adj.* варико́зный; ~ veins расшире́ние вен.

**varied** *adj.* (*diverse*) ра́зный, разнообра́зный, разли́чный.

**variegated** *adj.* разноцве́тный, пёстрый.

**variety** *n.* **1.** (*diversity; many-sidedness*) разнообра́зие; ~ is the spice of life пре́лесть жи́зни в (её) разнообра́зии; the ~ of his achievements его́ многочи́сленные достиже́ния; **2.** (*number* of different things) ряд; мно́жество; for a ~ of reasons по це́лому ря́ду соображе́ний; **3.** ( ~ entertainment) варьете́ (*indecl.*); ~ artist эстра́дный арти́ст (*fem.* -ка); ~ show эстра́дное представле́ние; **4.** (*biol.*) разнови́дность, вид, сорт.

**variorum** *n.*: ~ edition изда́ние с коммента́риями и вариа́нтами.

**various** *adj.* **1.** (*diverse*) разли́чный, ра́зный, разнообра́зный; **2.** (*with pl., several*) мно́гие (*pl.*); ра́зные (*pl.*); at ~ times в ра́зное вре́мя.

**varlet** *n.* (*arch.*) негодя́й, плут.

**varmint** *n.* (*Am.*) (*pers.*) шалопа́й, него́дник (*coll.*).

**varnish** *n.* лак; (*fig.*) лоск.
   *v.t.* лакирова́ть, от-.

**varsity** (*coll.*) = UNIVERSITY.

**var|y** *v.t.* меня́ть (*impf.*); измен|я́ть, -и́ть; разнообра́зить (*impf.*).
   *v.i.* **1.** (*change*) меня́ться (*impf.*); the menu never ~ies меню́ никогда́ не меня́ется; **2.** (*differ*) ра|сходи́ться, -зойти́сь; отлич|а́ться, -и́ться; ра́зниться (*impf.*); opinions ~y мне́ния расхо́дятся; with ~ying success с переме́нным успе́хом.

**vascular** *adj.* сосу́дистый.

**vase** *n.* ва́за.

**vasectomy** *n.* вазэктоми́я.

**vaseline** *n.* вазели́н.

**vassal** *n.* васса́л; (*attr.*) васса́льный.

**vassalage** *n.* вассалите́т; васса́льная зави́симость.

**vast** *adj.* обши́рный, просто́рный, грома́дный; огро́мный; (*grandiose*) грандио́зный; ~ plains необозри́мые равни́ны.

**vastly** *adv.* о́чень, кра́йне.

**vastness** *n.* ширь, просто́р; огро́мность; грандио́зность.

**vat** *n.* бо́чка, чан.

**VAT** *n.* (*abbr.*, value added tax) нало́г на доба́вленную/приращённую сто́имость.

**Vatican** *n.* Ватика́н; ~ City (госуда́рство-го́род) Ватика́н.
   *adj.* ватика́нский.

**vaticination** *n.* проро́чество.

**vaudeville** *n.* водеви́ль (*m.*).

**vault**¹ *n.* **1.** (*arched roof*) свод; (*fig.*): the ~ of heaven небосво́д; **2.** (*underground room or chamber*) подва́л, по́греб; (*of a bank*) храни́лище; (*of art gallery*) запа́сник; wine ~ ви́нный по́греб; family ~ (*tomb*) фами́льный склеп.

**vault**² *n.* (*leap*) прыжо́к, скачо́к.
   *v.t. & i.* перепры́г|ивать, -нуть; he ~ed (over) the fence он перепры́гнул че́рез забо́р; ~ing-horse гимнасти́ческий конь.

**vaulted** *adj.* сво́дчатый.

**vaulting** *n.* (*archit.*) возведе́ние сво́да; свод; сво́ды (*m. pl.*).

**vaunt** *n.* хвастовство́, похвальба́.

*v.t. & i.* хва́стать(ся), по- (+*i.*); похвал|я́ться, -и́ться (+*i.*).

**VC** *see* VICTORIA CROSS.

**VD** *see* VENEREAL.

**veal** *n.* теля́тина.

**vector** *n.* (*math.*) ве́ктор; (*of disease*) перено́счик/носи́тель (*m.*) инфе́кции; (*av.*) курс, направле́ние.
   *v.t.* напр|авля́ть, -а́вить; нав|оди́ть, -ести́.

**vectorial** *adj.* ве́кторный.

**Veda** *n.*: the ~s Ве́д|ы (*pl., g.* —).

**VE Day** *n.* день побе́ды в Евро́пе.

**vedette** *n.* (*mounted sentry*) ко́нный часово́й; (*patrol boat*) торпе́дный ка́тер.

**Vedic** *adj.* (*ling.*) веди́йский; (*relig.*) веди́ческий.

**veer** *v.i.* измен|я́ть, -и́ть направле́ние; пов|ора́чивать(ся), -ерну́ть(ся); the wind is ~ing (round) ве́тер меня́ется; (*fig.*) измен|я́ть, -и́ть курс; изменя́ться, -и́ться; public opinion is ~ing in his favour обще́ственное мне́ние меня́ется в его́ по́льзу; ~ to the left (*pol.*) полеве́ть (*pf.*); ~ to the right поправе́ть (*pf.*).

**vegetable** *n.* о́вощ; green ~s зе́лень, о́вощи; I don't want to become a ~ я не хочу́ вести́ расти́тельное существова́ние.
   *adj.* овощно́й; ~ diet овощна́я дие́та; the ~ kingdom расти́тельное ца́рство; ~ oils расти́тельные масла́; ~ marrow кабачо́к.

**vegetarian** *n.* вегетариа́н|ец (*fem.* -ка); (*attr.*) вегетариа́нский.

**vegetarianism** *n.* вегетариа́нство.

**vegetate** *v.i.* (*lit., fig.*) прозяба́ть (*impf.*); (*fig.*) вести́ (*impf.*) расти́тельный о́браз жи́зни.

**vegetation** *n.* (*plant life*) расти́тельность.

**vegetative** *adj.* расти́тельный; (*bot.*) вегетацио́нный.

**vehemence** *n.* си́ла, стра́стность, я́рость.

**vehement** *adj.* си́льный, стра́стный, я́ростный.

**vehicle** *n.* **1.** (*conveyance*) тра́нспортное сре́дство; space ~ косми́ческий кора́бль; **2.** (*fig.*) проводни́к; сре́дство распростране́ния/переда́чи; propaganda ~ ору́дие пропага́нды.

**vehicular** *adj.* перево́зочный; ~ traffic движе́ние автотра́нспорта; ~ transport автогужево́й тра́нспорт.

**veil** *n.* вуа́ль; she took the ~ (*fig.*) она́ постри́глась в мона́хини; let us draw a ~ over the consequences обойдём молча́нием после́дствия; under a ~ of secrecy под покро́вом та́йны.
   *v.t.* (*lit., fig.*) вуали́ровать, за-; ~ed threat скры́тая угро́за.

**vein** *n.* **1.** (*anat.*) ве́на; **2.** (*of leaf*) жи́лка; **3.** (*of rock*) жи́ла; a ~ of gold прожи́лка зо́лота, золота́я жи́ла; **4.** (*mood*) настрое́ние, расположе́ние; he was in humorous ~ он был в игри́вом настрое́нии; in the same ~ в том же ду́хе/то́не/сти́ле.

**veined** *adj.*: her hands were ~ у неё выступа́ли

ве́ны/жи́лы на рука́х; ~ marble мра́мор в прожи́лках.

**velar** adj. задненёбный, веля́рный.

**veld(t)** n. вельд.

**velleity** n. пасси́вное жела́ние.

**vellum** n. то́нкий перга́мент; ~ paper веле́невая бума́га.

**velocity** n. ско́рость, быстрота́.

**velour(s)** n. велю́р.

**velum** n. па́рус, парусови́дная перепо́нка.

**velvet** n. ба́рхат; a ~ dress ба́рхатное пла́тье; on ~ (fig.) как у Христа́ за па́зухой; the iron hand in the ~ glove (fig.) мя́гкая, но реши́тельная поли́тика.

**velveteen** n. вельве́т.

**velvety** adj. ба́рхатный, бархати́стый.

**venal** adj. прода́жный, подку́пный.

**venality** n. прода́жность, подку́пность.

**vendetta** n. венде́тта.

**vending-machine** n. автома́т.

**vendor** n. продав|е́ц (fem. -щи́ца).

**veneer** n. шпон, фане́ра; (fig.) вне́шний лоск; a ~ of politeness показна́я ве́жливость.
   v.t. обш|ива́ть, -и́ть фане́рой; ~ed with walnut отде́ланный под оре́х; фанеро́ванный оре́хом.

**venerable** adj. 1. (revered) почте́нный; ~ ruins дре́вние/свяще́нные разва́лины; 2.: V~ (as title) преподо́бный; the V~ Bede Бе́да достопочте́нный.

**venerate** v.t. чтить (impf.); почита́ть (impf.); благогове́ть (impf.) пе́ред +i.

**veneration** n. почте́ние, благогове́ние.

**venereal** adj. венери́ческий; ~ disease (abbr. VD) венери́ческая боле́знь.

**venery** n. (arch.) 1. (hunting) псо́вая охо́та; 2. (sexual) распу́тство.

**Venetian** n. венециа́н|ец (fem. -ка).
   adj. венециа́нский; ~ blinds жалюзи́ (nt. pl., indecl.).

**Venezuela** n. Венесуэ́ла.

**Venezuelan** n. венесуэ́л|ец (fem. -ка).
   adj. венесуэ́льский.

**vengeance** n. месть; (bibl.) отмще́ние; he sought ~ for the wrong done him он хоте́л отомсти́ть за причинённую ему́ оби́ду/несправедли́вость; he swore to take ~ on me он покля́лся отомсти́ть мне; 2.: with a ~ (coll., in a high degree) вовсю́, с лихво́й; the rain came down with a ~ дождь поли́л как из ведра́; this is punctuality with a ~! вот э́то пунктуа́льность!; э́то пря́мо-таки сверхпунктуа́льность!.

**vengeful** adj. мсти́тельный.

**venial** adj. прости́тельный.

**Venice** n. Вене́ция.

**venison** n. оле́нина.

**venom** n. яд; (fig.) яд, зло́ба.

**venomous** adj. ядови́тый; (fig.) ядови́тый, зло́бный.

**vent** n. 1. (opening) выходно́е отве́рстие; (of wind instrument) боково́е отве́рстие; (flue) дымохо́д; (in jacket) разре́з; 2. (of animal) за́дний прохо́д; 3. (fig., outlet) вы́ход; выраже́ние; отду́шина; he gave ~ to his feelings он дал во́лю свои́м чу́вствам.
   v.t. (fig.) изл|ива́ть, -и́ть; да|ва́ть, -ть вы́ход +d.; he ~ed his ill-temper on his secretary он сорва́л своё дурно́е настрое́ние на секрета́рше.

**ventilate** v.t. прове́три|вать, -ть; вентили́ровать, про-; (fig.) обсу|жда́ть, -ди́ть; the question has been thoroughly ~d э́тот вопро́с тща́тельно обсужда́лся.

**ventilation** n. 1. вентиля́ция; ~ shaft вентиляцио́нная ша́хта; 2. (fig.) (публи́чное) обсужде́ние.

**ventilator** n. вентиля́тор (also med.).

**ventricle** n. желу́дочек (се́рдца/мо́зга).

**ventriloquism** n. чревовеща́ние.

**ventriloquist** n. чревовеща́тель (m.).

**venture** n. 1. (risky undertaking) риско́ванное предприя́тие; 2. (commercial speculation) спекуля́ция; 3. at a ~ науда́чу; науга́д.
   v.t. (risk, bet) риск|ова́ть, -ну́ть +i.; ста́вить, по-на ка́рту; I will ~ £5 я поста́влю 5 фу́нтов.
   v.i. (dare) осме́ли|ваться, -ться; отва́житься (pf.); I did not ~ to stop him я не осме́лился его́ останови́ть; I ~ to suggest я бы посове́товал/рекомендова́л; don't ~ too near the edge не подходи́те сли́шком бли́зко к кра́ю; nothing ~, nothing win волко́в боя́ться — в лес не ходи́ть; попы́тка не пы́тка.

**venturesome** adj. (daring) предприи́мчивый; (risky) риско́ванный.

**venue** n. ме́сто сбо́ра/встре́чи/соревнова́ний.

**Venus** n. (myth., astron.) Вене́ра.

**veracious** adj. правди́вый, достове́рный.

**veracity** n. правди́вость; достове́рность (информа́ции).

**veranda(h)** n. вера́нда.

**verb** n. глаго́л.

**verbal** adj. 1. (of or in words) слове́сный; ~ subtleties то́нкости языка́/словоупотребле́ния; 2. (oral) у́стный; ~ly (то́лько) на слова́х; 3. (literal) буква́льный, досло́вный; 4. (gram.): ~ noun отглаго́льное существи́тельное.

**verbalize** v.t. (put into words) выража́ть, вы́разить слова́ми.

**verbatim** adv. досло́вно; сло́во в сло́во.

**verbena** n. вербе́на.

**verbiage** n. многосло́вие; пустосло́вие.

**verbose** adj. многосло́вный.

**verbos|eness, -ity** nn. многосло́вие.

**verdant** adj. (liter.) зелёный, зелене́ющий.

**verdict** n. (leg.) верди́кт; the jury brought in a ~ of guilty суд прися́жных призна́л подсуди́мого вино́вным; (fig., decision, judgement) заключе́ние, реше́ние, пригово́р; what's the ~? како́в пригово́р?; что вы ска́жете?; the popular ~ обще́ственное мне́ние.

**verdigris** *n.* ярь-медя́нка.

**verdure** *n.* зе́лень.

**Verey light** *see* VERY LIGHT.

**verge** *n.* край; (*of road*) обо́чина; (*of forest*) опу́шка; the ~ of the cliff край скалы́; обры́в; a grass ~ бордю́р из дёрна; (*fig.*): on the ~ of destruction на краю́ ги́бели; on the ~ of tears на гра́ни слёз; she is on the ~ of 40 ей без ма́лого со́рок; he was on the ~ of betraying his secret он чуть не вы́дал свою́ та́йну.

*v.i.*: it ~s on madness э́то грани́чит с безу́мием.

**verger** *n.* (*church official*) ≃ дьячо́к.

**Vergil** *see* VIRGIL.

**veridical** *adj.* правди́вый, достове́рный.

**veriest** *adj.* (*liter.*) са́мый, настоя́щий, су́щий, кра́йний; the ~ fool knows that са́мый после́дний дура́к э́то зна́ет.

**verifiable** *adj.* поддаю́щийся прове́рке.

**verification** *n.* прове́рка, подтвержде́ние.

**verify** *v.t.* (*check accuracy of*) пров|еря́ть, -е́рить; выверя́ть, вы́верить; свер|я́ть, -е́рить; (*bear out, confirm*) подтвер|жда́ть, -ди́ть.

**verily** *adv.* (*arch.*) и́стинно, пои́стине.

**verisimilitude** *n.* правдоподо́бие, вероя́тность.

**veritable** *adj.* настоя́щий, по́длинный, су́щий.

**verit|y** *n.* и́стина; eternal ~ies ве́чные и́стины.

**Vermeer** *n.*: ~ van Delft Верме́р де́лфтский.

**vermeil** *n.* (*silver-gilt*) позоло́ченное серебро́; позоло́ченная бро́нза.

**vermicelli** *n.* вермише́ль.

**vermiform** *adj.*: ~ appendix (*anat.*) червеобра́зный отро́сток, аппе́ндикс.

**vermilion** *n.* (*pigment*; *colour*) вермильо́н, ки́новарь.

*adj.* я́рко-кра́сный; а́лый.

**vermin** *n.* 1. (*animal pests*) вреди́тели (*m. pl.*); ме́лкие хи́щники (*m. pl.*); 2. (*parasitic insects*) парази́ты (*m. pl.*); 3. (*fig., obnoxious persons*) подо́нки (*m. pl.*); сброд.

**verminous** *adj.* (*infested with vermin*) киша́щий парази́тами, вши́вый.

**vermouth** *n.* ве́рмут.

**vernacular** *n.* 1. (*local language*): Latin gave place to the ~ латы́нь уступи́ла ме́сто национа́льным языка́м; 2. (*dialect*) диале́кт; наре́чие; 3. (*slang*) жарго́н, арго́ (*indecl*); 4. (*homely speech*) просторе́чие.

*adj.* национа́льный, ме́стный, просторе́чный.

**vernal** *adj.* весе́нний; (*poet.*) ве́шний.

**vernier** *n.* верньер.

**veronal** *n.* верона́л.

**veronica** *n.* (*bot.*) верони́ка.

**Versailles** *n.* Верса́ль (*m.*); Treaty of ~ Верса́льский (ми́рный) догово́р.

**versatile** *adj.* разносторо́нний, многосторо́нний, универса́льный.

**versatility** *n.* разносторо́нность, многосторо́нность, универса́льность.

**verse** *n.* 1. (*line of* ~) строка́; 2. (*stanza*) строфа́; 3. (*of Bible*) стих; 4. (*sg. or pl., poems*) стихи́ (*m. pl.*); стихотворе́ния (*nt. pl.*); free ~ во́льные стихи́; light ~ купле́ты (*m. pl.*); blank ~ бе́лые стихи́; prose and ~ про́за и поэ́зия; he wrote in ~ он писа́л в стиха́х (*or* стиха́ми).

**versed** *adj.* (*well-informed*) све́дущий (в +*p.*); (*skilful*) о́пытный, искушённый.

**versification** *n.* версифика́ция, стихосложе́ние.

**versifier** *n.* рифмоплёт.

**versify** *v.t.* перел|ага́ть, -ожи́ть в стихи́.

**version** *n.* 1. (*individual account*) ве́рсия, расска́з; according to his ~ по его́ слова́м; an idealized ~ of s.o.'s life идеализи́рованная биогра́фия кого́-н.; 2. (*translation*) перево́д; an English ~ of the Bible би́блия на англи́йском языке́; a French ~ of Shakespeare Шекспи́р во францу́зском перево́де; 3. (*form or variant of text etc.*) вариа́нт, текст; original ~ по́длинник, первонача́льный текст; the Russian ~ is authentic ру́сский текст аутенти́чен; (*adaptation*) переложе́ние, переде́лка; silent ~ (*cin.*) немо́й вариа́нт; screen ~ экраниза́ция; stage ~ инсцениро́вка.

*vers libre n.* верли́бр.

**verso** *n.* оборо́тная сторона́; оборо́т; чётная/ле́вая страни́ца.

**verst** *n.* верста́.

**versus** *prep.* 1. (*leg.*) про́тив +*g.*; 2. (*sport*): Manchester ~ Chelsea матч Ма́нчестер — Че́лси; 3. (*compared or contrasted with*) в сравне́нии с +*i.*; the question of free trade ~ protection вопро́с о преиму́ществе свобо́дной торго́вли пе́ред протекциони́змом.

**vertebra** *n.* позвоно́к.

**vertebrate** *n.* позвоно́чное (живо́тное).

*adj.* позвоно́чный.

**vertex** *n.* (*top, apex*) верши́на; (*of the head*) те́мя (*nt.*), маку́шка.

**vertical** *n.* (*line*) вертика́ль; вертика́льная ли́ния; перпендикуля́р.

*adj.* вертика́льный, отве́сный, перпендикуля́рный; а ~ cliff отве́сный утёс.

**vertiginous** *adj.* головокружи́тельный.

**vertigo** *n.* головокруже́ние.

**verve** *n.* жи́вость, эне́ргия, си́ла; ого́нь (*m.*), огонёк.

**very** *adj.* 1. (*real*; *absolute*) настоя́щий, абсолю́тный; 2. (*exact*; *identical*) тот са́мый; this ~ day сего́дня же; at that ~ moment в тот же моме́нт; this is the ~ thing for me э́то как раз то, что мне ну́жно; those were his ~ words э́то его́ слова́ в то́чности; он так и сказа́л; 3.

(*extreme*) са́мый; at the ∼ end в са́мом конце́; **4.** (*in emphasis*): the ∼ idea of it одна́ мысль об э́том; the ∼ idea! поду́мать то́лько!; his ∼ words betray him его́ со́бственные слова́ выдаю́т его́ с голово́й; the ∼ fact of his being there is suspicious (уже́) оди́н факт его́ прису́тствия подозри́телен.

*adv.* **1.** (*exceedingly*) о́чень; I don't feel ∼ well я чу́вствую себя́ нева́жно; I can't sing ∼ well я дово́льно пло́хо пою́; ∼ well, you can go ну, хорошо́, мо́жете идти́; ∼ good, sir слу́шаюсь; есть!; **2.** (*emphatic, with superl. etc.*) са́мый; the ∼ best са́мый лу́чший; наилу́чший; the ∼ next day на сле́дующий же день; you may keep it for your ∼ own мо́жете э́то взять себе́ насовсе́м.

**Very** (*also* **Verey**) **light** *n.* сигна́льная раке́та Вери́.

**vesicular** *adj.*: ∼ fever пузырча́тка.

**vesper|s** *n.* вече́рня; вече́рняя моли́тва; ∼(-bell) вече́рний звон.

**vessel** *n.* **1.** (*receptacle*) сосу́д; **2.** (*ship*) су́дно, кора́бль (*m.*); **3.** (*anat.*) сосу́д; blood ∼ кровено́сный сосу́д; **4.** (*bibl.*): the weaker ∼ сосу́д скуде́льный; a chosen ∼ и́збранный сосу́д.

**vest**[1] *n.* (*undergarment*) ма́йка; (*Am., waistcoat*) жиле́т.

*v.i.* (*put on robes*) облач|а́ться, -и́ться.

*cpd.*: ∼-**pocket** *n.* жиле́тный карма́н.

**vest**[2] *v.t.* **1.** (*endow, furnish*) надел|я́ть, -и́ть; обл|ека́ть, -е́чь; be ∼ed with a right име́ть (*impf.*) пра́во; по́льзоваться (*impf.*) пра́вом; ∼ with power to act уполномо́чи|вать, -ть; ∼ s.o. with a function возл|ага́ть, -ожи́ть на кого́-н. обя́занность; **2.** (*place, establish*): this right is ∼ed in the Crown э́то пра́во принадлежи́т коро́не; authority ∼ed in him власть, кото́рой он облечён; ∼ed interest иму́щественное пра́во, закреплённое зако́ном; кро́вная заинтересо́ванность.

*v.i.*: the estate ∼s in him иму́щество перехо́дит к нему́.

**vestal** *n.* (∼ virgin) веста́лка.

**vestibule** *n.* (*lobby; porch*) вестибю́ль (*m.*); (*Am., of corridor train*) та́мбур.

**vestige** *n.* **1.** (*trace*) след; мале́йший при́знак; not a ∼ of evidence ни мале́йшего доказа́тельства; **2.** (*biol.*) оста́ток.

**vestigial** *adj.* оста́точный, рудимента́рный.

**vestment** *n.* облаче́ние, ри́за.

**vestry** *n.* (*room*) ри́зница.

**Vesuvius** *n.* Везу́вий.

**vet** *n.* (*coll., veterinary surgeon*) ветерина́р.
*v.t.* (*check health of*) подв|ерга́ть, -е́ргнуть ветерина́рному осмо́тру; (*coll., investigate*) пров|еря́ть, -е́рить.

**vetch** *n.* ви́ка.

**veteran** *n.* (*lit., fig.*) ветера́н.
*adj.* многоо́пытный, старе́йший; a ∼ car

автомоби́ль-ветера́н.

**veterinarian** *n.* ветерина́р.

**veterinary** *adj.* ветерина́рный; ∼ surgeon (*abbr.* **vet**) вое́нно-ветерина́рный врач.

**veto** *n.* ве́то (*indecl.*); he put a ∼ on the suggestion он наложи́л ве́то на э́то предложе́ние; the President exercised his ∼ президе́нт воспо́льзовался свои́м пра́вом ве́то.
*v.t.* нал|ага́ть, -ожи́ть ве́то на +*a.*; my proposal was ∼ed моё предложе́ние бы́ло отве́ргнуто.

**vex** *v.t.* доса|жда́ть, -ди́ть; раздраж|а́ть, -и́ть; how ∼ing! така́я/э́кая доса́да!; he seemed ∼ed он каза́лся серди́тым; a ∼ed question больно́й вопро́с.

**vexation** *n.* доса́да; огорче́ние.

**vexatious** *adj.* доса́дный, огорчи́тельный.

**via** *prep.* че́рез +*a.*

**viability** *n.* жизнеспосо́бность, осуществи́мость.

**viable** *adj.* (*able to survive or exist*) жизнеспосо́бный; (*coll., feasible*) осуществи́мый.

**viaduct** *n.* виаду́к, путепрово́д.

**vial** *n.* (*arch.*) пузырёк, флако́н; pour out the ∼s of one's wrath (*liter.*) изли́ть (*pf.*) свой гнев.

**viands** *n.* (*arch.*) провиа́нт.

**viaticum** *n.* (*last rites*) после́днее прича́стие.

**vibes** *n.* (*coll.*) (*vibraphone*) вибрафо́н; (*vibrations*) вибра́ции (*f. pl.*).

**vibrant** *adj.* (*vibrating*) вибри́рующий; (*thrilling*) трепе́щущий, дрожа́щий; (*resonant*) резони́рующий.

**vibraphone** *n.* вибрафо́н.

**vibrat|e** *v.t.* заст|авля́ть, -а́вить вибри́ровать (*impf.*).
*v.i.* вибри́ровать, дрожа́ть, колеба́ться (*all impf.*); the whole house ∼es весь дом сотряса́ется; a voice ∼ing with passion го́лос, дрожа́щий от стра́сти.

**vibration** *n.* вибра́ция, дрожь, колеба́ние.

**vibrato** *n. & adv.* вибра́то (*indecl.*).

**vibrator** *n.* (*for massage*) вибра́тор.

**vibratory** *adj.* вибри́рующий.

**viburnum** *n.* кали́на.

**vicar** *n.* (*clergyman*) прихо́дский свяще́нник; (*eccl., representative*) замести́тель (*m.*); вика́рий; V∼ of Christ наме́стник Христа́.

**vicarage** *n.* дом свяще́нника.

**vicarious** *adj.* ко́свенный; ∼ punishment наказа́ние за чужу́ю вину́ (*or* чужи́е грехи́); feel ∼ pleasure пережива́ть (*impf.*) чужу́ю ра́дость.

**vice**[1] *n.* **1.** (*evildoing*) поро́к; sunk in ∼ погря́зший в поро́ке; haunt of ∼ зла́чное ме́сто; ∼ squad отря́д поли́ции нра́вов; **2.** (*particular fault*) поро́к, сла́бость, недоста́ток; smoking is not among my ∼s куре́ние не вхо́дит в число́ мои́х поро́ков; (*of a horse*) но́ров; (*of style etc.*) дефе́кт, изъя́н, поро́к.

**vice²** (*Am.* **vise**) *n.* (*tool*) тиск|и́ (*pl., g.* -о́в); кле́щ|и (*pl., g.* -е́й); he had a grip like a ~ у него́ была́ желе́зная хва́тка.

**vice³** *n.* (*coll., deputy*) замести́тель (*m.*).
*cpds.*: ~**-admiral** *n.* вице-адмира́л; ~**-chairman** *n.* замести́тель (*m.*) председа́теля; ~**-chancellor** *n.* ре́ктор; вице-ка́нцлер; ~**-consul** *n.* вице-ко́нсул; ~**-president** *n.* вице-президе́нт.

**vice⁴** *prep.* вме́сто +*g.*; взаме́н +*g.*

**vicegerent** *n.* наме́стник.

**vicennial** *adj.* двадцатиле́тний; происходя́щий ка́ждые два́дцать лет.

**viceregal** *adj.* вице-короле́вский.

**vicereine** *n.* супру́га короле́вского наме́стника; (*hist.*) супру́га генера́л-губерна́тора Инди́и.

**viceroy** *n.* короле́вский наме́стник; вице-коро́ль (*m.*); (*hist.*) генера́л-губерна́тор Инди́и.

**vice versa** *adv.* наоборо́т; the cat stole the dog's dinner and ~ ко́шка стащи́ла у соба́ки еду́, а соба́ка — у ко́шки.

**vicinity** *n.* (*nearness*) бли́зость, сосе́дство; (*neighbourhood*) окру́га, окре́стность.

**vicious** *adj.* **1.** (*marked by vice*) поро́чный; **2.** (*spiteful*) злой, зло́бный; **3.** (*of an animal*) злой, опа́сный, норови́стый; **4.** (*faulty*) дефе́ктный, оши́бочный; a ~ argument неоснова́тельный до́вод; a ~ circle поро́чный круг; **5.** a ~ headache жесточа́йшая головна́я боль.

**viciousness** *n.* (*evil*) поро́чность; (*spite*) зло́бность; (*of an animal*) но́ров, зло́бность.

**vicissitude** *n.* превра́тность.

**victim** *n.* же́ртва; (*of accident*) пострада́вший; fall ~ to де́латься, с- (*or* па́|дать, -сть) же́ртвой +*g.*

**victimization** *n.* пресле́дование; обма́н.

**victimize** *v.t.* подв|ерга́ть, -е́ргнуть пресле́дованию; (*deceive*) обма́н|ывать, -у́ть.

**victor** *n.* победи́тель (*m.*).

**Victoria Cross** (*abbr.* **VC**) *n.* крест Викто́рии.

**Victorian** *n.* викториа́н|ец (*fem.* -ка).
*adj.* викториа́нский; (*fig.*) старомо́дный.

**victorious** *adj.* победоно́сный, побе́дный, торжеству́ющий.

**victory** *n.* побе́да.

**victual** *n.* (*pl. only*) пи́ща; съестны́|е припа́с|ы (*pl., g.* -о́в).
*v.t.* снаб|жа́ть, -ди́ть продово́льствием.

**victualler** *n.* снабже́нец; поставщи́к продово́льствия; licensed ~ тракти́рщик.

**vide** *v. imper.* смотри́, (*abbr.*) см.

**video** *n.*: ~ cassette recorder видеомагнитофо́н; ~ recording видеоза́пись; ~ tape видеоле́нта; ~ telephone видеотелефо́н.

**vie** *v.i.* состяза́ться (*impf.*); сопе́рничать (*impf.*); they ~d with each other for first place

они́ боро́лись друг с дру́гом за пе́рвое ме́сто.

**Vienna** *n.* Ве́на.

**Viennese** *n.* ве́н|ец (*fem.* -ка).
*adj.* ве́нский.

**Vietnam** *n.* Вьетна́м.

**Vietnamese** *n.* (*pers.*) вьетна́м|ец (*fem.* -ка); (*language*) вьетна́мский язы́к.
*adj.* вьетна́мский.

**view** *n.* **1.** (*sight; field of vision*) вид; по́ле зре́ния; the mountains came into ~ показа́лись го́ры; a ~ of the sea вид на мо́ре; we came within ~ of the sea (нам) откры́лось мо́ре; he was lost to ~ он исче́з из по́ля зре́ния; the procession passed from ~ проце́ссия скры́лась из ви́ду/глаз; in full ~ of the audience на виду́ у пу́блики; ~ halloo! ату́!; **2.** (*fig.*): I want to get a clear ~ of the situation я хочу́ соста́вить себе́ я́сное представле́ние о ситуа́ции; look at it from my point of ~ посмотри́те на э́то с мое́й то́чки зре́ния; **3.** (*inspection*) смотр, просмо́тр; on a closer ~ при ближа́йшем рассмотре́нии; the pictures are on ~ all week вы́ставка карти́н бу́дет откры́та всю неде́лю; private ~ закры́тый просмо́тр; (*of exhibition*) верниса́ж; ~ day (*preparatory to auction sale*) день (*m.*) предвари́тельного осмо́тра; **4.** (*scene, prospect*) вид; пейза́ж; you get a good ~ from here отсю́да хоро́ший вид; **5.** (*depicted scene*) вид, изображе́ние; ~s on sale at the door откры́тки с ви́дами продаю́тся у вхо́да; **6.** (*mental attitude or opinion*) взгляд, мне́ние; she has strong ~s on the subject у неё на э́тот счёт твёрдые убежде́ния; he holds extreme ~s он челове́к кра́йних убежде́ний/взгля́дов; in my ~ по-мо́ему; по моему́ мне́нию; I take a different ~ у меня́ друга́я то́чка зре́ния; he took a poor ~ of it (*coll.*) ему́ э́то о́чень не понра́вилось; I am ready to fall in with your ~s я гото́в с ва́ми согласи́ться; **7.** (*intention*) наме́рение; I am saving with a ~ to buying a house я коплю́ де́ньги, что́бы купи́ть дом; what have you in ~? что вы име́ете в виду́?; **8.** (*consideration*): in ~ of ввиду́ +*g.*; he was excused in ~ of his youth его́ прости́ли по мо́лодости (*or*, учи́тывая его́ ю́ный во́зраст); in ~ of recent developments в све́те после́дних происше́ствий.
*v.t.* **1.** (*survey; gaze on*) смотре́ть (*impf.*); рассм|а́тривать, -отре́ть; he ~ed the landscape through binoculars он обозрева́л ме́стность в бино́кль; **2.** (*inspect*) осм|а́тривать, -отре́ть; order to ~ смотрово́й о́рдер; **3.** (*fig., consider*) рассм|а́тривать, -отре́ть; оце́н|ивать, -и́ть; he ~ed it in a different light он ина́че смотре́л на э́то; the request was ~ed unfavourably к про́сьбе отнесли́сь отрица́тельно.
*cpds.*: ~**-finder** *n.* видоиска́тель (*m.*); ~**point** *n.* то́чка зре́ния.

**viewer** *n.* **1.** (*onlooker*) зри́тель (*fem.* -ница); **2.** (*of TV*) телезри́тель (*fem.* -ница); **3.** (*instrument*) прибо́р для просмо́тра диапозити́вов.

**vigil** *n.* **1.** (*staying awake*) бде́ние; she kept ~ over the invalid она́ не отходи́ла от посте́ли больно́го; **2.** (*eve of festival*) кану́н.

**vigilance** *n.* бди́тельность; ~ committee (*Am.*) ≃ дружи́на.

**vigilant** *adj.* бди́тельный.

**vigilante** *n.* ≃ дружи́нник.

**vignette** *n.* (*ornamental design*) винье́тка; (*character sketch*) набро́сок.

**vigorous** *adj.* си́льный, бо́дрый; a ~ speech энерги́чная речь.

**vigour** *n.* си́ла, бо́дрость; (*of language, style etc.*) жи́вость, энерги́чность, эне́ргия.

**Viking** *n.* ви́кинг.

**vile** *adj.* гну́сный, ни́зкий, ме́рзкий.

**vilification** *n.* поноше́ние, очерне́ние.

**vilify** *v.t.* поноси́ть (*impf.*); черни́ть, о-.

**villa** *n.* (*country residence*) ви́лла, да́ча; (*suburban house*) ви́лла, до́м(ик).

**village** *n.* дере́вня, село́; (*attr.*) дереве́нский; ~ hall се́льский клуб.

**villager** *n.* жи́тель (*fem.* -ница) дере́вни; крестья́н|ин (*fem.* -ка).

**villain** *n.* **1.** (*man of base character*) злоде́й, негодя́й; (*theatr.*) отрица́тельный геро́й; he played the ~ он игра́л роль злоде́я; he was the ~ of the piece (*fig.*) он был гла́вным вино́вником; **2.** (*coll., criminal*) престу́пник.

**villainess** *n.* злоде́йка, престу́пница.

**villainous** *adj.* (*scoundrelly*) по́длый, ни́зкий, гну́сный; (*coll., wretched*) отврати́тельный, ме́рзкий.

**villainy** *n.* злоде́йство, по́длость.

**villein** *n.* (*hist.*) вилла́н.

**vim** *n.* эне́ргия, си́ла, напо́р.

**vinaigrette** *n.* подли́вка из у́ксуса и прова́нского ма́сла.

**vindicate** *v.t.* (*defend successfully*) отст|а́ивать, -оя́ть; защи|ща́ть, -ти́ть; дока́з|ывать, -а́ть; (*justify*) опра́вд|ывать, -а́ть.

**vindication** *n.* защи́та; доказа́тельство; оправда́ние.

**vindictive** *adj.* мсти́тельный; ~ damages штраф за убы́тки.

**vindictiveness** *n.* мсти́тельность.

**vine** *n.* (*grape-* ~) виногра́дная лоза́; (*any climbing or trailing plant*) вью́щееся/ползу́чее расте́ние.
cpds.: ~**-dresser**, ~**-grower** *nn.* виногра́дарь (*m.*), виноде́л; ~**-growing** *adj.* виноде́льческий; ~ **yard** *n.* виногра́дник.

**vinegar** *n.* у́ксус.

**vinegar|ish**, **-y** *adjs.* у́ксусный; ки́слый (*also fig.*).

**vinery** *n.* виногра́дная тепли́ца.

**viniculture** *n.* виногра́дарство.

**vinous** *adj.* (*of wine*) ви́нный; ~ eloquence

пья́ное/хмельно́е красноре́чие.

**vintage** *n.* **1.** (*grape harvest*) сбор виногра́да; the 1950 ~ (*sc. wine*) вино́ урожа́я (*or* из сбо́ра) ты́сяча девятьсо́т пятидеся́того го́да; a rare ~ ре́дкое вино́; this is a good ~ э́то хоро́ший год; ~ wine ма́рочное вино́; ~ port ста́рый/вы́держанный портве́йн; **2.** (*fig.*): a ~ car автомоби́ль (*m.*) ста́рой ма́рки; of the same ~ (*sc. age*) того́ же вы́пуска; a ~ Agatha Christie рома́н са́мого плодотво́рного пери́ода тво́рчества Ага́ты Кри́сти.

**vintner** *n.* виноторго́вец.

**vinyl** *n.* вини́л.
*adj.* вини́ловый.

**viol** *n.* вио́ла; ~ da gamba вио́ла да га́мба.

**viola**[1] *n.* (*mus.*) альт.

**viola**[2] *n.* (*bot.*) вио́ла.

**violate** *v.t.* **1.** (*infringe, transgress*) нар|уша́ть, -у́шить; поп|ира́ть, -ра́ть; преступ|а́ть, -и́ть; this ~s the spirit of the agreement э́то противоре́чит ду́ху соглаше́ния; ~ one's conscience де́йствовать (*impf.*) вопреки́ свое́й со́вести; **2.** (*profane*) оскверн|я́ть, -и́ть; **3.** (*injure*) оскорб|ля́ть, -и́ть; **4.** (*break, e.g. silence*) нар|уша́ть, -у́шить; **5.** (*rape*) наси́ловать, из-.

**violation** *n.* наруше́ние, оскверне́ние, оскорбле́ние; ~ of territory вторже́ние на чужу́ю террито́рию; (*rape*) изнаси́лование.

**violator** *n.* наруши́тель (*fem.* -ница).

**violence** *n.* си́ла, наси́лие, неи́стовство, я́рость, ожесточённость; he resorted to ~ он примени́л си́лу; он прибе́гнул к наси́лию; robbery with ~ грабёж с наси́лием; it would do ~ to his principles э́то противоре́чило бы его́ при́нципам; do ~ to a text иска|жа́ть, -зи́ть смысл те́кста; a ~ to language наси́лие над языко́м.

**violent** *adj.* **1.** (*strong, forceful*) си́льный, неи́стовый, я́ростный; ожесточённый; a ~ storm жесто́кий/си́льный шторм; ~ pain о́страя боль; a ~ cough сильне́йший ка́шель; a ~ contrast вопию́щее/ре́зкое противоре́чие; ~ colours ре́зкие/крича́щие цвета́; ~ passions неи́стовые стра́сти; a ~ scene бу́рная сце́на; I took a ~ dislike to him он вы́звал во мне ре́зкое отвраще́ние; he was in a ~ temper он был вне себя́ от бе́шенства; he made a ~ speech он произнёс горя́чую/гне́вную речь; **2.** (*using or involving force*): ~ blows си́льные уда́ры; he became ~ он на́чал бу́йствовать; he laid ~ hands on her он изби́л её; he died a ~ death он у́мер наси́льственной сме́ртью.

**violet** *n.* (*bot.*) фиа́лка; (*colour*) фиоле́товый/лило́вый цвет.
*adj.* (*of colour*) фиоле́товый, лило́вый.

**violin** *n.* скри́пка; (*player*) скрипа́ч; first ~ пе́рвая скри́пка.

**violinist** *n.* скрипа́ч (*fem.* -ка).

**violoncellist** *n.* виолончели́ст (*fem.* -ка).

**violoncello** *n.* виолонче́ль.

**VIP** (*abbr.*) высокопоставленное лицо, высокий гость.

**viper** *n.* гадюка; випера; (*fig.*) змея, гад, гадюка, гадина.

**virago** *n.* мегера.

**Virgil** *n.* Вергилий.

**Virgilian** *adj.* вергилиев, свойственный Вергилию.

**virgin** *n.* дева, девственница; (*male*) девственник; the (Blessed) V~ дева Мария; (пресвятая) Богородица; the wise and foolish ~s мудрые и неразумные девы; the V~ Islands Виргинские острова; the V~ Queen королева-девственница; she is still a ~ она ещё девушка/девица; ~ birth рождение от девы; (*of insects etc.*) партеногенез; ~ modesty девичий стыд; (*pure*; *undefiled*) чистый, нетронутый; ~ soil целина; ~ forest девственный/первобытный лес.

**virginal**[1](s) *n.* (*mus.*) клавесин.

**virginal**[2] *adj.* девственный, девичий; непорочный, невинный.

**Virginia** *n.* Виргиния; ~ tobacco виргинский табак; ~ creeper дикий виноград.

**Virginian** *n.* виргин|ец (*fem.* -ка).
*adj.* виргинский.

**virginity** *n.* девственность, непорочность; lose one's ~ терять, по- невинность; take s.o.'s ~ лиш|ать, -ить кого-н. невинности.

**Virgo** *n.* Дева.

**viridian** *n.* (*pigment*) виридиан; окись хрома.

**virile** *adj.* **1.** (*sexually potent*) вирильный; обладающий мужской силой/потенцией; **2.** (*manly, robust*) мужественный, энергичный; a ~ handshake мужское рукопожатие.

**virility** *n.* мужество; половая потенция; мужественность, энергия.

**virology** *n.* вирусология.

**virtu** *n.*: objects of ~ художественные редкости (*f. pl.*); раритеты (*m. pl.*).

**virtual** *adj.* фактический; the dress was ~ly new это было практически новое платье; he is a ~ stranger to me я его, в сущности, не знаю.

**virtue** *n.* **1.** (*moral excellence*) добродетель; ~ is its own reward добродетель не нуждается в награде; (*specific*): make a ~ of necessity из нужды сделать (*pf.*) добродетель; his great ~ is patience его главная добродетель — терпение; **2.** (*chastity*) целомудрие; a woman of easy ~ доступная женщина; **3.** (*good quality*; *advantage*) достоинство, преимущество; his scheme had the ~ of being practicable преимущество его плана состояло в том, что он был выполним; **4.** (*consideration*) основание; by ~ of his long service на основании (*or* ввиду) его долголетней службы.

**virtuosity** *n.* виртуозность.

**virtuoso** *n.* виртуоз; a ~ performance виртуозное исполнение.

**virtuous** *adj.* добродетельный; (*chaste*) целомудренный; ~ indignation благородное негодование.

**virulence** *n.* (*of poison*) сила, смертельность; (*of disease*) вирулентность, свирепость; (*of temper, speech etc.*) злоба, злобность, ярость.

**virulent** *adj.* (*of poison*) сильнодействующий; смертельный; (*of disease*) вирулентный, свирепый; (*of temper, words etc.*) злобный, яростный; ~ pen отравленное перо.

**virus** *n.* вирус; a ~ disease вирусное заболевание; (*fig.*) отрава, зараза, вирус.

**visa** *n.* виза.
*v.t.* визировать (*impf., pf.*); I have to get my passport ~ed мне нужно поставить визу в паспорте.

**visage** *n.* (*liter.*) лицо; выражение лица; вид.

**vis-à-vis** *adv.* визави.
*prep.* (*in relation to*) по отношению к +*d.*; в отношении +*g.*; перед +*i.*

**viscera** *n.* внутренности (*f. pl.*); потроха (*m. pl.*); кишки (*f. pl.*).

**visceral** *adj.* внутренний; ~ cavity полость тела; ~ hatred глубокая/органическая ненависть.

**viscose** *n.* вискоза.

**viscosity** *n.* липкость, клейкость, вязкость.

**viscount** *n.* виконт.

**viscountess** *n.* виконтесса.

**viscous** *adj.* липкий, клейкий, вязкий.

**vise** *see* VICE[2].

**visibility** *n.* видимость.

**visibl|e** *adj.* **1.** (*perceptible by eye*) видимый; **2.** (*apparent*; *obvious*) явный, очевидный; he has no ~e means of support у него нет определённых средств к существованию; she was ~y annoyed она была заметно раздражена.

**Visigoth** *n.* вестгот.

**Visigothic** *adj.* вестготский.

**vision** *n.* **1.** (*faculty of sight*) зрение; field of ~ поле зрения; **2.** (*imaginative insight*) проницательность; a man of ~ провидец; дальновидный человек; человек с широким кругозором; **3.** (*apparition*) призрак; привидение; **4.** (*sth. imagined or dreamed of*) мечта; образ; I had ~s of something better than this я представлял себе нечто другое — лучшее.

**visionary** *n.* мечтатель (*fem.* -ница); провид|ец (*fem.* -ица).
*adj.* (*unreal*) воображаемый, призрачный; (*unpractical*) неосуществимый, нереальный.

**visit** *n.* (*call*) визит, посещение; (*Am., talk*) беседа; (*trip, stay*) поездка, пребывание; побывка; (*of ship*) осмотр, обыск; make, pay a ~ to s.o. посе|щать, -тить (*or* наве|щать, -стить) кого-н.; we had a ~ from our neighbours нас посетили (*or* у нас были в гостях) наши соседи; we had a ~ from a policeman к нам приходи́л полице́йский; ~ to a museum посеще́ние музе́я; ~ to the scene of the crime вы́езд на ме́сто преступле́ния; pay us a ~ прове́дайте нас; he is here on a ~ он гости́т здесь; он прие́зжий; during my ~ to the States во вре́мя моего́ пребыва́ния в Шта́тах; we rarely have ~s from friends к нам ре́дко наве́дываются друзья́.

*v.t.* **1.** посе|ща́ть, -ти́ть; наве|ща́ть, -сти́ть; навёд|ывать ся, -аться к +*d.*; he ~ed Europe он побыва́л в Евро́пе; он съе́здил в Евро́пу; I have never ~ed New York я никогда́ не быва́л в Нью-Йо́рке; **2.** (*for inspection*) осм|а́тривать, -отре́ть; the club was ~ed by the police в клу́б наве́далась поли́ция; **3.** (*of disease etc.*) пост|ига́ть, -и́чь; пора|жа́ть, -зи́ть; **4.** (*bibl., avenge*): the sins of the fathers shall be ~ed on the children де́ти бу́дут нака́заны за грехи́ отцо́в; грехи́ отцо́в паду́т на го́ловы дете́й; ~ing card визи́тная ка́рточка; ~ing hours приёмные часы́; часы́ посеще́ния.

*v.i.* (*Am.*): ~ with пообща́ться (*pf.*) (*or* повида́ться, по-, *or* бесе́довать (*impf.*)) с +*i.*

**visitant** *n.* (*visitor*) гость (*m.*), прише́лец (из друго́го ми́ра); (*bird*) перелётная пти́ца.

**visitation** *n.* (*official visit*) обхо́д; (*coll., protracted visit*) затяну́вшийся визи́т; (*affliction*) ка́ра, наказа́ние (бо́жье).

**visitor** *n.* гость (*m.*), посети́тель (*m.*); the town is full of ~s го́род по́лон прие́зжих; ~s' book кни́га посети́телей.

**vi|sor, -zor** *n.* (*hist.*) забра́ло; (*of cap*) козырёк; (*of windscreen*) солнцезащи́тный щито́к.

**vista** *n.* перспекти́ва, вид; (*fig.*) перспекти́вы (*f. pl.*); this opened up new ~s э́то откры́ло но́вые перспекти́вы.

**Vistula** *n.* Ви́сла.

**visual** *adj.* (*concerned with seeing*) зри́тельный, визуа́льный; ~ nerve зри́тельный нерв; ~ image зри́тельный о́браз; ~ memory зри́тельная/визуа́льная па́мять; ~ aids нагля́дные посо́бия.

**visualize** *v.t.* (*make visible*) де́лать, с- ви́димым; (*imagine*) предст|авля́ть, -а́вить себе́.

**vital** *adj.* **1.** (*concerned with life*) жи́зненный; ~ force жи́зненная си́ла; ~ principle жи́зненное нача́ло; ~ spark и́скра бо́жья; wounded in a ~ part получи́вший смерте́льное ране́ние; ~ statistics демографи́ческая стати́стика; (*joc., woman's measurements*) объём груди́, та́лии и бёдер; **2.** (*essential; indispensable*) насу́щный; (кра́йне) необходи́мый; жи́зненно ва́жный; a ~ question суще́ственный/животрепе́щущий вопро́с; it is of ~ importance э́то вопро́с/де́ло первостепе́нной ва́жности; speed was ~ to success ско́рость была́ гла́вным зало́гом успе́ха; **3.** (*lively; having vitality*) энерги́чный, живо́й.

**vitality** *n.* (*vital power*) жи́зненная си́ла; (*viability*) жизнеспосо́бность; (*energy; liveliness*)

эне́ргия, жи́вость.

**vitalize** *v.t.* ожив|ля́ть, -и́ть.

**vitals** *n.* жи́зненно ва́жные о́рганы (*m. pl.*); (*of ship*) подво́дная часть.

**vitamin** *n.* витами́н; (*attr.*) витами́нный; V~ C витами́н C (*pr.* це).

**vitiate** *v.t.* по́ртить, ис-; (*fig., invalidate*) де́лать, с- недействи́тельным; под|рыва́ть, -орва́ть.

**viticulture** *n.* виногра́дарство.

**vitreous** *adj.* стекля́нный.

**vitrify** *v.t. & i.* превра|ща́ть(ся), -ти́ть(ся) в стекло́.

**vitriol** *n.* **1.** купоро́с; blue ~ ме́дный купоро́с; **2.** (*fig.*) яд.

**vitriolic** *adj.* купоро́сный; (*fig.*) е́дкий, ядови́тый.

**vituperate** *v.t.* поноси́ть, брани́ть, хули́ть (*all impf.*).

**vituperation** *n.* поноше́ние, брань, хула́.

**vituperative** *adj.* бра́нный, зло́бный.

**viva** *see* VIVA VOCE.

**vivace** *adv.* вива́че; оживлённо.

**vivacious** *adj.* живо́й, оживлённый.

**vivacity** *n.* жи́вость, оживле́ние.

**vivarium** *n.* вива́рий.

**viva voce** *n.* (*also coll.* **viva**) у́стный экза́мен. *adj.* у́стный. *adv.* вслух.

**vivid** *adj.* **1.** (*bright*) я́ркий; **2.** (*lively*) живо́й; пы́лкий; a ~ imagination пы́лкое воображе́ние; **3.** (*clear and distinct*) чёткий, я́сный.

**vividness** *n.* я́ркость, жи́вость, чёткость.

**viviparous** *adj.* живородя́щий.

**vivisect** *v.t.* подв|ерга́ть, -е́ргнуть вивисе́кции.

**vivisection** *n.* вивисе́кция.

**vivisectionist** *n.* вивисе́ктор.

**vixen** *n.* лиси́ца(-са́мка); (*fig.*) ве́дьма, меге́ра.

**viz.** *adv.* а и́менно.

**vizier** *n.* визи́рь (*m.*).

**vizor** *see* VISOR.

**vocabulary** *n.* (*range of words*) слова́рь (*m.*), запа́с слов, лексико́н; (*of a language*) слова́рный соста́в; (*of a subject*) номенклату́ра; (*list of words*) слова́рь (*m.*), сло́вник, спи́сок слов.

**vocal** *adj.* **1.** (*of or using the voice*) голосово́й, речево́й; ~ cords голосовы́е свя́зки; ~ music вока́льная му́зыка; **2.** (*eloquent*) красноречи́вый.

**vocalic** *adj.*: ~ harmony гармо́ния гла́сных, сингармони́зм.

**vocalist** *n.* вокали́ст; пев|е́ц (*fem.* -и́ца).

**vocalize** *v.i.* (*mus.*) исп|олня́ть, -о́лнить вокали́зы.

**vocation** *n.* (*calling, aptitude*) призва́ние; (*trade, profession*) профе́ссия.

**vocational** *adj.* профессиона́льный.

**vocative** *n. & adj.* зва́тельный (паде́ж).

**vociferate** *v.t. & i.* крича́ть (*impf.*); горла́нить (*impf.*).

**vociferous** *adj.* гро́мкий, горла́стый, шу́мный.

**vodka** *n.* во́дка.

**vogue** *n.* мо́да; in ~ в мо́де.

**voice** *n.* **1.** го́лос; звук; I did not recognise his ~ я не узна́л его́ го́лос; he is in good ~ он в го́лосе; he shouted at the top of his ~ он крича́л во всё го́рло; keep your ~ down! не разгова́ривайте (*or* не говори́те) так гро́мко!; I lost my ~ я потеря́л го́лос; he raised his ~ он повы́сил го́лос; **2.** (*expression of opinion*) мне́ние; го́лос; we must speak with one ~ мы должны́ говори́ть одно́ и то же; not a ~ was raised against him ни оди́н челове́к не по́днял го́лос про́тив него́; I have no ~ in the matter моё мне́ние ничего́ не зна́чит в э́том де́ле; **3.** (*gram.*) зало́г.

*v.t.* **1.** (*utter*) выража́ть, вы́разить; **2.** (*phon.*) произн|оси́ть, -ести́ зво́нко; a ~ed consonant зво́нкий согла́сный.

*cpds.*: ~-**over** *n.* (*TV etc.*) го́лос за ка́дром, зака́дровый го́лос; ~-**print** *n.* спектрогра́мма го́лоса/ре́чи, «отпеча́ток го́лоса».

**voiceless** *adj.* (*mute*) безгла́сный, безмо́лвный; (*phon.*) глухо́й.

**void** *n.* пустота́; пробе́л; пусто́е простра́нство; his death left an aching ~ in my heart с его́ сме́ртью я понёс невосполни́мую утра́ту.

*adj.* **1.** (*empty*; *bereft*) пусто́й; лишённый (*чего*) the subject was ~ of interest те́ма не представля́ла никако́го интере́са; **2.** (*invalid*) недействи́тельный; the contract is null and ~ контра́кт не име́ет си́лы.

*v.t.* (*make invalid*) аннули́ровать (*impf., pf.*); (*emit from body*) выделя́ть, вы́делить; изв|ерга́ть, -е́ргнуть.

**voile** *n.* вуа́ль.

**volatile** *adj.* (*of liquid*) лету́чий; (*fig., of person*) непостоя́нный, изме́нчивый, капри́зный.

**volatility** *n.* лету́честь; (*fig.*) непостоя́нство, изме́нчивость, капри́зность.

**vol-au-vent** *n.* волова́н (*слоеный пирожок*).

**volcanic** *adj.* вулкани́ческий; (*fig.*) вулкани́ческий, бу́рный.

**volcano** *n.* вулка́н.

**vole** *n.* полёвка.

**Volga** *n.* Во́лга; ~ boatmen во́лжские бурлаки́.

**volition** *n.* во́ля; I went of my own ~ я пошёл по свое́й во́ле.

**volley** *n.* **1.** (*simultaneous discharge*) залп; (*fig.*): a ~ of oaths пото́к бра́ни; **2.** (*tennis etc.*) уда́р с лёта; half ~ уда́р с отско́ка.

*v.t.* уда́рить (*pf.*) с лёта.

*cpd.*: ~-**ball** *n.* волейбо́л.

**volt** *n.* вольт.

**voltage** *n.* вольта́ж; what is the ~ here? како́е здесь напряже́ние?

**voltaic** *adj.* гальвани́ческий.

**volte-face** *n.* (*about-turn*) поворо́т круго́м; (*fig., complete reversal*) круто́й поворо́т; поворо́т на 180 гра́дусов.

**voltmeter** *n.* вольтме́тр.

**volubility** *n.* говорли́вость, разгово́рчивость.

**voluble** *adj.* говорли́вый, разгово́рчивый.

**volume** *n.* **1.** (*tome*) том; it speaks ~s for his honesty э́то лу́чшее доказа́тельство его́ че́стности; **2.** (*size*) объём; **3.** (*of sound*) си́ла; ~ control регуля́тор гро́мкости; turn the ~ down! сде́лайте звук поти́ше!

**volumetric** *adj.* объёмный.

**voluminous** *adj.* огро́мный; ~ folds пы́шные скла́дки; a ~ work объёмистое произведе́ние; a ~ writer плодови́тый писа́тель.

**voluntary** *n.* (*organ solo*) со́ло (*indecl.*) на орга́не.

*adj.* **1.** (*acting or done without compulsion*) доброво́льный, доброво́льческий; ~ worker обще́ственный рабо́тник; **2.** (*maintained by ~ effort*) содержа́щийся на доброво́льные взно́сы; **3.** (*controlled by will*) созна́тельный, умы́шленный; ~ muscle произво́льная мы́шца.

**volunteer** *n.* доброво́лец, охо́тник; (*attr.*) доброво́льческий.

*v.t.* предл|ага́ть, -ожи́ть; де́лать, с- доброво́льно; he ~ed his services он предложи́л свои́ услу́ги.

*v.i.* вызыва́ться, вы́зваться сде́лать что-н.; no-one ~ed охо́тника не нашло́сь; were you conscripted or did you ~? вас призва́ли на вое́нную слу́жбу и́ли вы пошли́ доброво́льцем/са́ми?

**voluptuary** *n.* сладостра́стник, гедони́ст.

**voluptuous** *adj.* сладостра́стный; (*sensual*) чу́вственный; (*luxurious*) пы́шный, роско́шный.

**voluptuousness** *n.* сладостра́стие; чу́вственность; пы́шность.

**volute** *n.* волю́та.

**vomit** *n.* рво́та, блево́тина.

*v.t.*: he ~ed blood его́ вы́рвало/рва́ло кро́вью; the chimney ~ed smoke труба́ изверга́ла дым.

*v.i.*: he ~ed его́ вы́рвало; an attack of ~ing при́ступ рво́ты.

**voodoo, -ism** *nn.* колдовство́, шама́нство.

**voracious** *adj.* прожо́рливый, жа́дный; (*fig.*): a ~ reader ненасы́тный чита́тель.

**vorac|iousness, -ity** *nn.* прожо́рливость, жа́дность, ненасы́тность.

**vortex** *n.* (*lit., fig.*) вихрь (*m.*), водоворо́т.

**Vosges** *n.* Воге́з|ы (*pl., g.* —).

**votar|y** (*fem.* -**ess**) *nn.* побо́рни|к (*fem.* -ца), приве́ржен|ец (*fem.* -ка).

**vote** *n.* **1.** (*act of voting*) голосова́ние; shall we put it to the ~? поста́вим э́то на голосова́ние?; proxy ~ голосова́ние по дове́ренности; **2.** (~ *cast*) го́лос; I shall give my ~ to Labour я отда́м свой го́лос лейбори́стам; the chairman has the casting ~ у председа́теля реша́ющий го́лос; affirmative ~

го́лос за; negative ~ го́лос про́тив; **3.** (*affirmation*) во́тум; the Prime Minister received a ~ of confidence премье́р-мини́стр получи́л во́тум дове́рия; I beg to move a ~ of thanks предлага́ю вы́разить благода́рность; pass a ~ прин|има́ть, -я́ть резолю́цию; **4.** (*right to* ~) пра́во го́лоса; избира́тельное пра́во; when did women get the ~? когда́ же́нщины получи́ли пра́во го́лоса?; delegate without a ~ делега́т с совеща́тельным го́лосом; **5.** (*number of* ~*s cast*) коли́чество голосова́вших; the Tories increased their ~ консерва́торы завоева́ли бо́льше голосо́в, чем на предыду́щих вы́борах; **6.** (*money granted by* ~): the Army ~ ассигнова́ния (*nt. pl.*) на а́рмию.

*v.t.*: they were ~d back into power их сно́ва избра́ли в прави́тельство; (*allocate by* ~) ассигнова́ть (*impf., pf.*); a large sum was ~d for defence больша́я су́мма была́ вы́делена на оборо́ну; (*declare*): he was ~d a fine fellow его́ объяви́ли сла́вным ма́лым; (*coll., propose*): I ~ we go home я предлага́ю (*or* я за то, что́бы) пойти́ домо́й.

*v.i.* голосова́ть, про-; they are voting on the resolution они́ голосу́ют резолю́цию.

*with advs.*: the measure was ~d down, out предложе́ние отклони́ли/провали́ли; they were ~d in by a large majority их избра́ли реша́ющим большинство́м голосо́в; the bill was ~d through зако́н прошёл (*or* был при́нят).

**voteless** *adj.* лишённый избира́тельных прав; без го́лоса.

**voter** *n.* избира́тель (*m.*).

**voting** *n.* голосова́ние, баллотиро́вка; (*attr.*): ~ qualification избира́тельный ценз; ~ paper избира́тельный бюллете́нь.

**votive** *adj.* испо́лненный по обе́ту; a ~ offering жертвоприноше́ние (по обе́ту); благода́рная же́ртва.

**vouch** *v.i.* руча́ться, поручи́ться; I can ~ for his honesty я гото́в поручи́ться за его́ че́стность; I will ~ for the truth of his story я могу́ подтверди́ть, что он говори́т пра́вду.

**voucher** *n.* (*receipt*) распи́ска; (*token*) (льго́тный) тало́н; биле́т, бо́на; luncheon ~ тало́н на обе́д.

**vouchsafe** *v.t.* (*accord*) удост|а́ивать, -о́ить (*кого чем*); (*condescend*) соизво́лить (*pf.*);

сни|сходи́ть, -зойти́.

**vow** *n.* обе́т, кля́тва; the monks were under a ~ of silence мона́хи бы́ли свя́заны обе́том молча́ния; he broke his marriage ~s он нару́шил бра́чный обе́т.

*v.t.* кля́сться, по-; they ~ed obedience они́ да́ли обе́т послуша́ния; he ~ed (*resolved*) never to return он покля́лся не возвраща́ться; he ~ed not to smoke он дал заро́к не кури́ть; (*coll.*) он зарёкся кури́ть.

**vowel** *n.* гла́сный.

**voyage** *n.* путеше́ствие (водо́й); рейс; (*by sea*) пла́вание; (*by air*) полёт; on the ~ home на обра́тном пути́.

*v.i.* путеше́ствовать (*impf.*).

**voyager** *n.* путеше́ственник; морепла́ватель (*m.*); (*in space*) воздухопла́ватель (*fem.* -ница).

**voyeur** *n.* челове́к, получа́ющий полово́е удовлетворе́ние от созерца́ния эроти́ческих сцен.

**vulcanite** *n.* вулканизи́рованная рези́на; эбони́т.

**vulcanize** *v.t.* вулканизи́ровать (*impf.*).

**vulgar** *n.*: the ~ простонаро́дье.

*adj.* **1.** (*plebeian*) простонаро́дный; плебе́йский; the ~ herd чернь; the ~ tongue наро́дный/родно́й язы́к; **2.** (*low, coarse, in bad taste*) вульга́рный, по́шлый, грубый; ~ language грубый/у́личный язы́к; **3.** (*ordinary, widespread*) распространённый; ~ superstitions распространённые предрассу́дки; ~ fraction проста́я дробь.

**vulgarian** *n.* пошля́|к (*fem.* -чка).

**vulgarism** *n.* вульгари́зм.

**vulgarity** *n.* вульга́рность, по́шлость, грубость.

**vulgarization** *n.* вульгариза́ция.

**vulgarize** *v.t.* вульгаризи́ровать (*impf., pf.*).

**Vulgate** *n.* (би́блия-)вульга́та.

**vulnerability** *n.* уязви́мость, рани́мость; беззащи́тность.

**vulnerable** *adj.* **1.** уязви́мый, рани́мый; (*defenceless*) беззащи́тный; ~ to air attack не защищённый от нападе́ния с во́здуха; he is ~ to criticism он представля́ет собо́й удо́бную мише́нь для крити́ческих замеча́ний; **2.** (*at bridge*) в зо́не.

**vulpine** *adj.* ли́сий, хи́трый.

**vulture** *n.* гриф; (*fig.*) стервя́тник.

**vulva** *n.* ву́льва.

# W

**wacky** *adj.* (*sl.*) сумасше́дший, чо́кнутый.

**wad** *n.* **1.** (*pad, plug etc.*) комо́к; пыж; **2.** (*of*

papers, *esp. banknotes*) па́чка.

*v.t.* (*line with wadding etc.*) подб|ива́ть, -и́ть

ва́той; ~ded jacket стёганый жаке́т; ва́тник; жаке́т на вати́не.

**wadding** *n.* ва́та; (*sheet* ~) вати́н.

**waddle** *n.* похо́дка вразва́лку; she walks with a ~ она́ хо́дит перева́ливаясь.

    *v.i.* ходи́ть (*indet.*) вразва́лку; перева́ливаться (*impf.*) (с бо́ку на́ бок).

**wade** *v.t.* пере|ходи́ть, -йти́ вброд; we shall have to ~ the stream нам придётся перейти́ ре́ку вброд.

    *v.i.* проб|ира́ться, -ра́ться; wading bird боло́тная пти́ца; we ~d through the mud мы шли, увяза́я в грязи́; (*fig.*): he ~d through blood to the throne его́ путь к тро́ну был усе́ян тру́пами; он шёл к тро́ну по коле́но в крови́; I have ~d through all his novels я (с трудо́м) одоле́л все его́ рома́ны; I ~d into the argument я ри́нулся в спор.

    *with advs.*: ~ **in** *v.i.* (*lit.*) входи́ть, войти́ в во́ду; (*coll.*) набр|а́сываться, -о́ситься (*на кого́/что*); (*fig.*): he found them fighting and ~d in он уви́дел деру́щихся и ри́нулся в схва́тку; ~ **out** *v.i.*: we had to ~ out to the boat добира́ться до ло́дки пришло́сь по воде́.

**wader** *n.* (*bird*) боло́тная пти́ца; (*pl., waterproof boots*) боло́тные сапоги́ (*m. pl.*).

**wafer** *n.* **1.** (*thin biscuit*) ва́фля; **2.** (*Communion bread*) обла́тка; **3.** (*representing seal*) сургу́чная печа́ть.

**waffle**¹ *n.* (*cul.*) ва́фля.

    *cpd.*: ~**-iron** *n.* ва́фельница.

**waffle**² *n.* (*verbiage*) болтовня́, трёп, вода́ (*coll.*).

    *v.i.* трепа́ться (*impf.*); болта́ть (*impf.*).

**waft** *n.* (*whiff; breath*) дунове́ние.

    *v.t.* дон|оси́ть, -ести́; the leaves were ~ed by the breeze ветеро́к гнал ли́стья; their voices were ~ed over to us их голоса́ доноси́лись до нас.

**wag**¹ *n.* (*shake*): with a ~ of his tail вильну́в хвосто́м.

    *v.t.* мах|а́ть, -ну́ть +*i.*; кача́ть, по- +*i.*; the dog ~ged its tail соба́ка вильну́ла хвосто́м; he ~ged his finger at me он погрози́л мне па́льцем; he ~ged his head он (то́лько) мотну́л голово́й.

    *v.i.*: this will set tongues ~ging э́то даст по́вод к спле́тням; э́то вы́зовет то́лки.

    *cpd.*: ~**tail** *n.* трясогу́зка.

**wag**² *n.* (*jocular pers.*) остря́к, шутни́к.

**wage**¹ *n.* **1.** за́работная пла́та; (*coll.*) зарпла́та; he gets good ~s он хорошо́ зараба́тывает; his ~s are £40 a week он зараба́тывает 40 фу́нтов в неде́лю; a living ~ прожи́точный ми́нимум; a fair day's ~ прили́чная зарпла́та; ~ increase повыше́ние за́работной пла́ты; **2.** (*pl., fig.*) возме́здие, пла́та, распла́та; ~s of sin пла́та за грехи́.

    *cpd.*: ~**-earner** *n.* наёмный рабо́чий; (*breadwinner*) корми́л|ец (*fem.* -ица); ~**-freeze** *n.*

замора́живание за́работной пла́ты; ~**-packet** *n.* (*fig.*) зарпла́та, полу́чка; ~**-slave** *n.* (*fig.*) подёнщи|к (*fem.* -ца).

**wage**² *v.t.* вести́, проводи́ть (*both impf.*).

**wager** *n.* пари́ (*nt. indecl.*); lay a ~ би́ться (*impf.*) об закла́д; держа́ть (*impf.*) пари́; you will lose your ~ вы проигра́ете пари́.

    *v.t.*: he ~ed £10 on a horse он поста́вил 10 фу́нтов на ло́шадь; I ~ you 5 to 1 you can't do it ста́влю пять про́тив одного́, что э́то вам не уда́стся.

**waggery** *n.* ро́зыгрыш, подшу́чивание.

**waggish** *adj.* шутли́вый, шу́точный, игри́вый.

**waggle** *v.t. & i.* пома́х|ивать, -а́ть +*i.*; пока́ч|ивать, -а́ть +*i.*; he ~d his head он кача́л ((*coll.*) мота́л) голово́й.

**wag(g)on** *n.* **1.** (*horse-drawn*) пово́зка, теле́га; фурго́н; he hitched his ~ to a star он был вдохновлён высо́кой це́лью; **2.** (*on railway*) ваго́н-платфо́рма; **3.**: he is on the ~ (*fig., not drinking alcohol*) он бро́сил пить; он бо́льше не пьёт.

**wag(g)oner** *n.* во́зчик.

**wagon-lit** *n.* спа́льный ваго́н.

**waif** *n.* бездо́мный; бродя́га (*c.g.*); ~s and strays (*children*) беспризо́рники (*m. pl.*); беспризо́рные (*pl.*).

**wail** *n.* (*cry, howl*) вопль (*m.*); вой; (*of pain*) крик; (*lament*) причита́ние; (*fig., of the wind*) завыва́ние, вой; (*of sirens, saxophones etc.*) вой.

    *v.i.* (*cry, howl*) вопи́ть (*impf.*); выть (*impf.*); the W~ing Wall Стена́ пла́ча.

**wain** *n.* (*arch.*) теле́га.

**wainscot, -ing** *nn.* стенна́я пане́ль; обши́вка.

    *v.t.* обши|ва́ть, -и́ть (*стены*) пане́лью.

**waist** *n.* (*of body or dress*) та́лия; he stripped to the ~ он разде́лся до по́яса; he put his arm round her ~ он о́бнял её за та́лию; she has no ~ у неё нет та́лии; (*fig.*) суже́ние, перехва́т; ~ of a violin перехва́т скри́пки; ~ of a ship сре́дняя часть су́дна, шкафу́т.

    *cpds.*: ~**-band** *n.* по́яс ю́бки/брюк; корса́ж; ~**coat** *n.* жиле́т; ~**-deep**, ~**-high** *adjs.* по по́яс; ~**line** *n.*: I must watch my ~line мне прихо́дится следи́ть за свое́й фигу́рой.

**wait** *n.* **1.** (*act or time of* ~*ing*) ожида́ние; we had a long ~ for the bus мы до́лго жда́ли авто́буса; **2.** (*ambush*) заса́да; they lay in ~ for their victim разбо́йники/граби́тели подстерега́ли свою́ же́ртву; **3.** (*pl., carol singers*) рожде́ственский хор.

    *v.t.* **1.** (~ *for*; *await*) ждать (*impf.*); выжида́ть (*impf.*); you must ~ your turn ва́ша о́чередь ещё не наступи́ла; **2.** (*defer*): don't ~ dinner for me не жди́те меня́ с обе́дом.

    *v.i.* **1.** (*refrain from movement or action*) ждать, подо-; we must ~ and see what happens подождём — уви́дим, что бу́дет да́льше; he adopted a ~ and see policy он за́нял

выжида́тельную пози́цию; it can/must ~ till
tomorrow э́то обождёт (*or* э́то придётся от-
ложи́ть) до за́втра; I could hardly ~ to . . . я
сгора́л от нетерпе́ния +*inf.;* I ~ed for the rain
to stop я ждал, когда́ око́нчится дождь; everything comes to him who ~s кто ждёт, тот
дождётся; I don't like to be kept ~ing не
люблю́, когда́ меня́ заставля́ют ждать; 'No
W~ing' (*notice*) «стоя́нка запрещена́»; ~ing-
list спи́сок (*кандида́тов, очередников и
т.п.*); о́чередь; I'll put you on the ~ing-list я
вас занесу́ в о́чередь; ~ing-room (*doctor's
etc.*) приёмная; (*on station*) зал ожида́ния;
repairs while you ~ ремо́нт в прису́тствии
зака́зчика; **2.** (*act as servant*): she ~s on him
hand and foot она́ при нём как прислу́га; he
~ed at table он рабо́тал официа́нтом; он
прислу́живал за столо́м; who is ~ing at this
table? кто подаёт за э́тим столо́м?; кто
обслу́живает э́тот стол? **3.**: ~ up: she ~ed up
for him она́ не ложи́лась (спать) до его́ при-
хо́да.
**waiter** *n.* официа́нт.
**waitress** *n.* официа́нтка; подава́льщица.
**waive** *v.t.* (*forgo*) отка́з|ываться, -а́ться от +*g.*;
he ~d his privileges он отказа́лся от свои́х
привиле́гий; (*not insist on*) возде́рж|иваться,
-а́ться от +*g.*; не соблю|да́ть, -сти́ +*g.*; on this
occasion we will ~ the regulations на сей раз
мы пренебрежём пра́вилами.
**waiver** *n.* отка́з (от +*g.*).
**wake**[1] *n.* (*funeral observance*) бде́ние у гро́ба;
поми́н|ки (*pl., g.* -ок).
**wake**[2] *n.* (*track of vessel*) попу́тная струя́;
кильва́тер; (*fig.*): he drove away with the police
in his ~ он умча́лся, пресле́дуемый
поли́цией; there was havoc in the ~ of the
storm после́дствия што́рма бы́ли разруши́-
тельны; his action brought trouble in its ~ его́
поведе́ние повлекло́ за собо́й неприя́тности.
**wake**[3] *v.t.* буди́ть, раз-; they made enough noise
to ~ the dead от их шу́ма и мёртвый просну́-
лся бы; their shouts woke echoes in the valley
их кри́ки разбуди́ли э́хо в доли́не; the letter
woke memories of the past письмо́
пробуди́ло/вы́звало воспомина́ния о про́ш-
лом.
*v.i.* (*also* ~ **up**) прос|ыпа́ться, -ну́ться; she
woke with a start она́ внеза́пно просну́лась;
she woke from a long sleep она́ просну́лась
по́сле до́лгого сна; ~ up! (*lit., fig.*) про-
сни́тесь!
**wakeful** *adj.*: I was ~ last night у меня́ была́
бессо́нница про́шлой но́чью; the child was ~
ребёнок то и де́ло просыпа́лся; we had a ~
night мы провели́ бессо́нную ночь.
**wakefulness** *n.* бессо́нница.
**waken** *v.t.* (*lit., fig.*) буди́ть, раз-; пробу|жда́ть,
-ди́ть.
**waking** *adj.* бессо́нный; бо́дрствующий; in his

~ hours когда́ он не спал; в часы́
бо́дрствования; a ~ dream сон наяву́; мечта́;
~ and sleeping во сне и наяву́.
**wale** *see* WEAL[2].
**Wales** *n.* Уэ́льс.
**walk** *n.* **1.** (*action of* ~*ing*) ходьба́; a short ~
away в не́скольких шага́х отсю́да/отту́да; **2.**
(*excursion*) (пе́шая) прогу́лка; shall we take a
~? пойдёмте гуля́ть!; хоти́те погуля́ть?; I'm
going for a ~ я пойду́ прогуля́юсь; will you
take the children for a ~? вы погуля́ете с
детьми́?; вы поведёте дете́й на прогу́лку?; I
went on a ten-mile ~ я прошёл 10 миль
пешко́м; **3.** (~ *ing pace*) шаг; the horse slowed
to a ~ ло́шадь перешла́ на шаг; **4.** (*gait*)
похо́дка, по́ступь; **5.** (*route for* ~*ing*): there
are some pleasant ~s round here здесь есть
прия́тные места́ для прогу́лок; **6.** (*path*)
тропа́, доро́жка; garden ~s садо́вые
доро́жки; **7.** (*contest*): long-distance ~
(спорти́вная) ходьба́ на дли́нную диста́нцию;
**8.** (~ *of life, profession*) заня́тие, профе́ссия;
people from all ~s of life представи́тели всех
слоёв о́бщества.
  *v.t.* **1.** (*traverse*): I ~ed these lanes in my youth
я исходи́л э́ти доро́ги в мо́лодости; **2.** (*cause to
*~): he ~ed his horse up the hill он пусти́л
ло́шадь ша́гом в го́ру; он повёл ло́шадь в
го́ру под уздцы́; he ~ed me off my feet он
меня́ си́льно утоми́л прогу́лкой; (*accompany*)
сопрово|жда́ть, -ди́ть; прово|жа́ть, -ди́ть; he
offered to ~ her home он вы́звался проводи́ть
её домо́й; he ~ed the boy up to the headmas-
ter's study он повёл ма́льчика к кабине́ту
дире́ктора; (*take for a* ~) выводи́ть, вы́вести
на прогу́лку; прогу́л|ивать, -я́ть.
  *v.i.* **1.** (*go, come, move about, on foot*) ходи́ть
(*indet.*), идти́ (*det.*); проха́живаться (*impf.*);
прогу́ливаться (*impf.*); I was ~ing along the
road я шёл по доро́ге; I ~ed ten miles я
прошёл/проде́лал де́сять миль; I ~ed here in
an hour я прошёл сюда́ за час; he ~s with a stick
он хо́дит с па́лкой; the baby is learning to ~
ребёнок у́чится ходи́ть; I ~ed into a shop я
вошёл в магази́н; he ~ed into a puddle он
ступи́л в лу́жу; guess who I ~ed into (*met
accidentally*) today отгада́йте, на кого́ я
сего́дня наткну́лся; they ~ed into (*entered
unwarily*) an ambush они́ попа́ли в заса́ду; I
feel as if I was ~ing on air я не чу́ю ног под
собо́й; he ~ed over the estate он обошёл/ис-
ходи́л всё име́ние; they ~ed all over us (*coll.,
defeated us heavily*) они́ разби́ли нас на́голову;
he ~ed into a trap он попа́лся в лову́шку; **2.**
(*opp. ride*): on fine days I ~ to the office в
хоро́шую пого́ду я хожу́ на рабо́ту пешко́м;
**3.** (*opp. run*): he ~ed the last 100 metres
после́дние сто ме́тров он прошёл ша́гом; at a
~ing pace ша́гом; со ско́ростью пешехо́да; **4.**
(*take exercise, holiday etc. on foot*) ходи́ть

(*indet.*) пешко́м; гуля́ть (*impf.*), прогу́ливаться (*impf.*); I spent 2 weeks ~ing in Scotland я броди́л две неде́ли по Шотла́ндии; a ~ing tour туристи́ческий похо́д; a ~ing race соревнова́ние по спорти́вной ходьбе́; ~ shoes о́бувь для ходьбы́; ~-stick трость, па́лка; *see also* WALKING; **5.** (*take part in procession*) ше́ствовать (*impf.*).

with *advs.*: ~ **about** *v.i.* прогу́ливаться; проха́живаться; расха́живать (*all impf.*); ~ **away** *v.i.* уходи́ть, уйти́; he ~ed away from (*outdistanced*) all his competitors он оста́вил далеко́ позади́ всех свои́х сопе́рников; he ~ed away with several prizes он без труда́ завоева́л не́сколько призо́в; ~ **back** *v.i.* возвраща́ться, верну́ться пешко́м; ~ **down** *v.i.* спус|ка́ться, -ти́ться; ~ **in** *v.i.* входи́ть, войти́; ~ **off** *v.t.* (*annul by* ~ing): I must ~ off my fat я до́лжен согна́ть ходьбо́й жир; he was ~ing off a heavy lunch он прогу́ливался по́сле сы́тного обе́да; *v.i.* уходи́ть, уйти́; someone ~ed off with my hat кто́-то стащи́л мою́ шля́пу; he always ~s off with first prize он всегда́ берёт пе́рвый приз; ~ **on** *v.i.* (*continue* ~ing) продолжа́ть (*impf.*) идти́; идти́ (*det.*) да́льше; (~ *ahead*) идти́ (*det.*) вперёд; (*theatr.*) выходи́ть, вы́йти на сце́ну; ~ **out** *v.i.* выходи́ть, вы́йти; the delegates ~ed out in protest делега́ты поки́нули зал (*or* вы́шли из за́ла) в знак проте́ста; the men are threatening to ~ out (*strike*) рабо́чие грозя́т забасто́вкой; she is ~ing out with a policeman она́ гуля́ет с полице́йским; ~ing-out dress (*mil.*) выходна́я фо́рма оде́жды; ~ out on s.o. (*coll.*) бр|оса́ть, -о́сить кого́-н.; ~ **up** *v.i.* (*approach*): ~ up! ~ up! сюда́! сюда́!; I ~ed up to him я подошёл к нему́; (*climb*): 'Did you use the lift?' – 'No, I ~ed up' «Вы прие́хали на ли́фте?» — «Нет, я подня́лся по ле́стнице».

*cpds.*: ~**about** *n.* (*fig., coll.*) обще́ние знамени́тости с наро́дом; ~**-on** *n.*: a ~-on part нема́я роль; ~**-out** *n.* (*as protest*) демонстрати́вный ухо́д; (*strike*) забасто́вка; ~**over** *n.* лёгкая побе́да; ~**-up** *n.* (*Am.*) дом без ли́фта; ~**way** *n.* широ́кая пешехо́дная доро́жка, алле́я.

**walker** *n.* **1.** (*one who walks*) ходо́к; (*athlete*) скорохо́д; I'm not a very good ~ я нева́жный ходо́к; a hostel for ~s общежи́тие для пе́ших тури́стов; **2.** (*device for handicapped pers.*) ходунки́ (*m. pl.*).

**walkie-talkie** *n.* ра́ция.

**walking** *n.* ходьба́; *see also* WALK *v.i.* **4.**
*adj.* ходя́чий, шага́ющий; a ~ encyclopaedia ходя́чая энциклопе́дия; ~ wounded ходя́чие ра́неные.

**wall** *n.* (*lit., fig.*) стена́, сте́нка; town ~s городски́е сте́ны; Hadrian's ~ вал Адриа́на; there were pictures on the ~ на стене́ висе́ли карти́ны; within these four ~s (*fig.*) (стро́го)

ме́жду на́ми; ~s have ears у стен есть у́ши; he stood with his back to the ~ (*lit.*) он стоя́л у стены́; they had their backs to the ~ (*fig.*) их прижа́ли/припёрли к сте́нке; go up the ~ (*coll.*) лезть, по- на сте́н(к)у; it's enough to send, drive you up the ~ (*coll.*) э́то хоть кого́ заста́вит на сте́нку лезть; a blank ~ (*lit., fig.*) глуха́я стена́; it's like banging, running one's head against a brick ~ всё равно́, что проши́ба́ть сте́ну лбом; he can see through a brick ~ он на три арши́на под землёй ви́дит; the weakest goes to the ~ ≃ го́ре побеждённым; пусть неуда́чник пла́чет; a mountain ~ отве́сная скала́; cylinder ~ сте́нка цили́ндра дви́гателя; ~ of the womb сте́нка ма́тки; clock насте́нные час|ы́ (*pl., g.* -о́в); ~ map насте́нная ка́рта; ~ painting стенна́я ро́спись; фре́ска.

*v.t.* обн|оси́ть, -ести́ стено́й; огор|а́живать, -оди́ть; ~ed garden обнесённый стено́й сад.
with *advs.*: ~ **in** *v.t.* обн|оси́ть, -ести́ стено́й; (*immure*) замуро́в|ывать, -а́ть; ~ **off** *v.t.* отгор|а́живать, -оди́ть (стено́й); ~ **up** *v.t.* заде́л|ывать, -ать (*дверь, окно*); замуро́в|ывать, -а́ть.

*cpds.*: ~**-board** *n.* (насте́нная) облицо́вочная пане́ль; ~**flower** *n.* желтофио́ль; (*at dance*) да́ма, оста́вшаяся без партнёра; ~**paper** *n.* обо́|и (*pl., g.* -ев); *v.t.* обкле́и|вать, -ть обо́ями; ~**-to-**~ *adj.* ~-to-~ carpeting ковёр, покрыва́ющий весь пол.

**wallaby** *n.* кенгуру́-валла́би (*m. indecl.*).

**wallet** *n.* (*pocket-book*) бума́жник.

**wall-eye** *n.* глаз с бельмо́м.

**wall-eyed** *adj.* с бельмо́м на глазу́; криво́й.

**Walloon** *n.* валло́н (*fem.* -ка).
*adj.* валло́нский.

**wallop** (*coll.*) *n.* (*blow*) уда́р; (*crash*) шум, гро́хот; (*sl., beer*) пи́во.
*v.t.* (*thrash*) дуба́сить, от- (*coll.*); (*defeat*) разгроми́ть (*pf.*); we got a ~ing in our last game нам здо́рово доста́лось в после́дней игре́.

**wallow** *v.i.* валя́ться (*impf.*); ката́ться (*impf.*); (*fig.*) купа́ться (*impf.*) (*в чём*); ~ in luxury купа́ться (*impf.*) в ро́скоши; ~ in grief упива́ться (*impf.*) свои́м го́рем.

**walnut** *n.* гре́цкий оре́х; (*tree*) оре́ховое де́рево; (*wood*) оре́х.
*adj.* оре́ховый.

**walrus** *n.* морж; ~ moustache дли́нные свиса́ющие усы́ (*m. pl.*).

**waltz** *n.* вальс; in ~ time в ри́тме ва́льса; a ~ tune мело́дия ва́льса.
*v.t.* (*coll.*): he ~ed her round the room он закружи́лся с ней по ко́мнате.
*v.i.* танцева́ть (*impf.*) вальс; (*fig.*) пританцо́вывать (*impf.*); she ~ed into the room она́ впорхну́ла в ко́мнату.

**wampum** *n.* ва́мпум; ожере́лье из раку́шек.

**wan** *adj.* бле́дный, изнурённый; а ~ light слабый/ту́склый свет; а ~ smile сла́бая улы́бка; his face looked ~ он осу́нулся.

**wand** *n.* (волше́бная) па́лочка; with a wave of his ~ по мановéнию (волше́бной) па́лочки; (*staff of authority*) жезл.

**wander** *n.*: I had a ~ round the shops я прошёлся по магази́нам.
*v.t.* броди́ть; стра́нствовать; скита́ться (*all impf.*) по +*d.*; condemned to ~ the earth обречённый скита́ться по свéту.
*v.i.* 1. (*roam; go aimlessly or unhurriedly*) броди́ть (*impf.*); идти́ (*det.*) неторопли́во; the W~ing Jew Вéчный жид; a ~ing minstrel броди́чий певéц; the car was ~ing all over the road маши́на виля́ла из стороны́ в сто́рону; I ~ed into the nearest pub я забрёл в ближа́йший бар; her ~ing gaze её блужда́ющий взгляд; his mind was ~ing (*absent-mindedly*) его́ мы́сли пу́тались/блужда́ли; (*in delirium*) он брéдил; 2. (*stray*) заблу|жда́ться, -ди́ться, (*lit., fig.*) отклон|я́ться, -и́ться; we ~ed from the track мы сби́лись с тропы́; don't let your attention ~ не отвлека́йтесь; he ~ed from the point он отклони́лся от тéмы.
*with advs.*: ~ **about** *v.i.* сло́няться (*impf.*); шля́ться (*impf.*); ~ **along** *v.i.* проха́живаться (*impf.*); забре|да́ть, -сти́ куда́-н.; ~ **away** *v.i.*: she tried to stop the children ~ing away она́ пыта́лась не дать дéтям разбрести́сь; ~ **in** *v.i.* забре|да́ть, -сти́; случа́йно за|ходи́ть, -йти́; ~ **off** *v.i.* побрести́ (*pf.*) куда́-н.; поплести́сь (*pf.*); ~ **on** *v.i.* прод|олжа́ть, -о́лжить; he ~ed on (*speaking*) он продолжа́л бубни́ть; ~ **over** *v.i.*: he ~ed over to hear the news on приплёлся узна́ть но́вости; ~ **up** *v.i.*: he ~ed up to us он подошёл к нам вя́лой похо́дкой.

**wanderer** *n.* стра́нник, скита́лец.

**wandering** *n.* стра́нствие; (*pl., of speech*) бессвя́зная речь.

**wanderlust** *n.* страсть к путешéствиям; охо́та к перемéне мест.

**wane** *n.*: be on the ~ (*lit., fig.*) убыва́ть (*impf.*); быть на исхо́де.
*v.i.* (*of the moon*) убыва́ть (*impf.*); быть на ущéрбе; (*fig., decline*) ослабева́ть (*impf.*); угаса́ть (*impf.*); идти́ (*det.*) на у́быль; па́дать (*impf.*).

**wangle** *v.t.* (*obtain by scheming*) заполучи́ть (*pf.*) хи́тростью; he ~d £5 out of me он вы́клянчил (*coll.*) у меня́ 5 фу́нтов; (*falsify in one's favour*): he ~d the results он подтасова́л результа́ты.

**wank** *v.i.* (*vulg.*) мастурби́ровать (*impf.*).

**wanness** *n.* блéдность, изнурённость.

**want** *n.* 1. (*lack*) недоста́ток, отсу́тствие; for ~ of за недоста́тком/неимéнием +*g.*; I took this for ~ of anything better я взял э́то за неимéнием лу́чшего; 2. (*need*) нужда́; необходи́-

мость; he was always in ~ of money он всегда́ нужда́лся в деньга́х; the house is in ~ of repair дом нужда́ется в ремо́нте; 3. (*penury*) бéдность, нужда́; 4. (*desire; requirement*) потрéбность, запро́сы (*m. pl.*), жела́ние; it meets a long-felt ~ э́то восполня́ет давно́ ощути́мый пробéл; they can supply all your ~s они́ мо́гут удовлетвори́ть все ва́ши запро́сы.
*v.t.* 1. (*need; require*) нужда́ться (*impf.*) в +*p.*; we badly ~ rain нам о́чень ну́жен дождь; what do you ~? что вы хоти́те?; что вам на́до?; the floor ~s polishing пол на́до натерéть; your hair ~s cutting вам пора́ постри́чься; he ~s a good hiding ему́ слéдует хороше́нько всы́пать (*coll.*); его́ ма́ло би́ли; I shan't ~ you today вы мне сего́дня не пона́добитесь; he is ~ed by the police его́ разы́скивает поли́ция; W~ed: a housekeeper трéбуется эконо́мка; you're ~ed on the telephone вас (про́сят) к телефо́ну; you are ~ed at the office вас вызыва́ют на рабо́ту; what do you ~ with him? что вам от него́ ну́жно?; it only ~s someone to volunteer, and everyone would follow заяви́сь оди́н доброво́лец, и все пойду́т за ним вслед; 2. (*desire; wish for*) хотéть (*impf.*) +*g. or inf.*; жела́ть (*impf.*) +*g. or inf.*; she ~s to go away она́ хо́чет уéхать/уйти́; she ~s me to go away она́ хо́чет, чтобы я уéхал/ушёл; I don't ~ him meddling in my affairs я не хочу́, чтобы он вмéшивался в мои́ дела́; I don't ~ any bread today сего́дня мне хлеб не ну́жен; I ~ it done immediately я трéбую, чтобы э́то бы́ло сдéлано немéдленно; you don't ~ to (*ought not to*) overdo it вам не слéдует переутомля́ться; what do I ~ with all these books? зачéм (*or* для чего́) мне все э́ти кни́ги?
*v.i.* (*liter., be in need*): they ~ for nothing они́ ни в чём не нужда́ются.

**wanting** *adj.* (*missing*) отсу́тствующий; недостаю́щий; (*lacking*): he is ~ in courtesy он неучти́в; (*inadequate*) недоста́точный; неполноцéнный; he was tried and found ~ он не вы́держал испыта́ния.

**wanton** *n.* распу́тница.
*adj.* 1. (*playful*) рéзвый, игри́вый, шаловли́вый; 2. (*wild; luxuriant*) бу́рный, бу́йный; 3. (*wilful; ruthless*) своенра́вный, своево́льный; ~ cruelty бессмы́сленная жесто́кость; 4. (*licentious; immoral*) распу́тный.
*v.i.* (*trifle, play*) резви́ться (*impf.*); the wind ~ed with her hair вéтер игра́л её волоса́ми.

**wantonness** *n.* рéзвость, игри́вость, шаловли́вость; (*wilfulness*) своенра́вие; (*unchastity*) распу́тство.

**wapiti** *n.* кана́дский олéнь, вапи́ти (*m. indecl.*).

**war** *n.* 1. война́; the art of ~ воéнное иску́сство; ~ of aggression агресси́вная война́; ~ of attrition война́ на истощéние; ~ of nerves война́ нéрвов; психологи́ческая война́; ~ to the knife война́ на истреблéние; борьба́ не на жизнь, а на смерть; civil ~ гражда́нская война́; cold ~ холо́дная война́; the Great W~ Пе́рвая мирова́я война́; the W~s of the Roses во́йны А́лой и Бе́лой ро́зы; ~ of independence война́ за незави́симость; the ~ between man and nature борьба́ челове́ка с приро́дой; price ~ «война́ цен», ценова́я конкуре́нция; shooting ~ настоя́щая/«горя́чая» война́; a country at ~ вою́ющая страна́; страна́ в состоя́нии войны́; their countries were at ~ их стра́ны воева́ли друг с дру́гом; what did you do in the ~? что вы де́лали во вре́мя войны́ (or в войну́)?; you've been in the ~s! (fig.) ну и доста́лось же вам!; England went to ~ with Germany А́нглия вступи́ла в войну́ с Герма́нией; declare ~ on объяв|ля́ть, -и́ть войну́ +d.; make, wage ~ on вести́ (det.) войну́ (or воева́ть (impf.)) с +i.; they carried the ~ into the enemy's camp (fig.) они́ перешли́ в наступле́ние; 2. (attr.) вое́нный (see also cpds.); ~ baby дитя́ войны́; ~ bonds облига́ции вое́нных за́ймов; ~ cabinet вое́нный кабине́т; ~ correspondent вое́нный корреспонде́нт; ~ criminal вое́нный престу́пник; ~ damage разруше́ния (nt. pl.) (or поте́ри (f. pl.)), нанесённые войно́й; ~ debt вое́нный долг; ~ decoration боева́я награ́да; W~ Department вое́нное министе́рство; help the ~ effort рабо́тать (impf.) для нужд фро́нта; on a ~ footing на вое́нном положе́нии; ~ graves солда́тские моги́лы; ~ guilt вина́ за развя́зывание войны́; ~ loan вое́нный заём; ~ memorial па́мятник геро́ям войны́; W~ Office вое́нное министе́рство; ~ risk (insurance) страхова́ние от поте́рь, причинённых войно́й; ~ service слу́жба в де́йствующей а́рмии; ~ widow вдова́ поги́бшего на войне́; ~ work рабо́та для нужд фро́нта.

*v.i.* боро́ться (impf.); сража́ться (impf.); ~ring ideologies бо́рющиеся идеоло́гии.

*cpds.*: ~**-cloud** *n.*: ~-clouds are gathering сгуща́ются ту́чи войны́; ~**-cry** *n.* боево́й клич; ~**-dance** *n.* во́инственный та́нец; ~**-game** *n.* вое́нная игра́; ~**-god** *n.* бог войны́; ~ **head** *n.* боева́я часть, боеголо́вка; ~**-horse** *n.* (lit.) боево́й конь; (fig.) быва́лый солда́т, ветера́н; ~**like** *adj.* (martial) во́инственный; (military) вое́нный; ~ **lord** *n.* полково́дец; ~**monger** *n.* поджига́тель (m.) войны́; ~**mongering** *n.* разжига́ние войны́; ~**-paint** *n.* (of savage) раскра́ска; (coll., ceremonial costume) пара́дная фо́рма; ~**-path** *n.* (lit.) тропа́ войны́; on the ~-path (fig.) в во́инственном настрое́нии; ~**-plane** *n.* вое́нный самолёт; ~**ship** *n.* вое́нный кора́бль; ~**-time** *n.* вое́нное вре́мя; ~**-torn** *adj.* раздира́емый/опустошённый войно́й; ~**-weary** *adj.* изнурённый/изму́ченный войно́й; ~**-whoop** *n.* боево́й клич; ~**-worn** *adj.* изму́ченный/изнурённый

войно́й.

**warble** *n.* (song) трель; пе́ние птиц.
*v.i.* (of birds) издава́ть (impf.) тре́ли; залива́ться (impf.); (of person) залива́ться (impf.) пе́сней; распева́ть (impf.).

**warbler** *n.* (bird) пе́вчая пти́ца.

**ward** *n.* 1. (arch., guard): keep watch and ~ over бди́тельно охраня́ть (impf.); 2. (leg., custody): a child in ~ ребёнок, находя́щийся под опе́кой; 3. (person under guardianship) подопе́чный; ~ of court несовершенноле́тний/душевнобольно́й под опе́кой суда́; 4. (urban division) о́круг; 5. (in hospital etc.) (больни́чная) пала́та; isolation ~ изоля́тор; casual ~ ночле́жка; walk the ~s об|ходи́ть -ойти́ больны́х/пала́ты; (fig.) про|ходи́ть, -йти́ пра́ктику в больни́це; 6. (in prison) ка́мера; 7. (pl., of a key or lock) вы́ступы (m. pl.) и вы́емки (f. pl.).

*v.t.*: ~ **off** (a blow) отра|жа́ть, -зи́ть; пари́ровать (impf., pf.); ~ off danger отвра|ща́ть, -ти́ть опа́сность.

*cpds.*: ~**-room** *n.* офице́рская кают-компа́ния; ~**-sister** *n.* пала́тная сестра́.

**warden** *n.* 1. (of college) ре́ктор; (of hostel) коменда́нт; (of prison) нача́льник тюрьмы́; 2.: air-raid ~ уполномо́ченный гражда́нской оборо́ны; game ~ инспе́ктор по охра́не ди́чи; traffic ~ контролёр счётчиков на автомоби́льных стоя́нках.

**warder** *n.* (in prison) надзира́тель (m.), тюре́мщик.

**wardress** *n.* надзира́тельница, тюре́мщица.

**wardrobe** *n.* 1. платяно́й шкаф, гардеро́б; (stock of clothes) гардеро́б, запа́с оде́жды; ~ dealer торго́вец поно́шенным пла́тьем; 2. (theatr.) костюме́рная; ~ mistress одева́льщица.

**wardship** *n.* опе́ка, попечи́тельство.

**ware**[1] *n.* 1. (collect., usu. in comb., manufactured articles) това́р; изде́лия (nt. pl.); (pottery): Delft ~ фая́нс; 2. (pl., articles offered for sale) това́ры (m. pl.); изде́лия (nt. pl.); peddle one's ~s (lit.) предлага́ть (impf.) това́ры на прода́жу; (fig.) занима́ться (impf.) саморекла́мой.

*cpds.*: ~**house** *n.* (това́рный) склад; *v.t.* храни́ть (impf.) на скла́де; ~**houseman** *n.* кладовщи́к.

**ware**[2] *v.t.* (imper.) береги́сь +g.; ~ wire! осторо́жно, про́волока!

**warfare** *n.* война́; боевы́е де́йствия; germ ~ бактериологи́ческая война́; guerrilla ~ партиза́нская война́; they were in a state of constant ~ (fig.) они́ постоя́нно вражда́ли.

**wariness** *n.* осторо́жность, осмотри́тельность, насторо́женность.

**warlock** *n.* колду́н, маг.

**warm** *n.* 1. (act of ~ing): come and have a ~ by

the fire иди́те погре́йтесь у ками́на; **2.**: British ~ (*greatcoat*) коро́ткая зи́мняя шине́ль.

*adj.* тёплый; a ~ day тёплый день; a ~ fire жа́ркий ого́нь; ~ countries жа́ркие/тёплые стра́ны/края́; I can't keep ~ in this weather в э́ту пого́ду я ника́к не могу́ согре́ться; I got very ~ playing tennis от игры́ в те́ннис я си́льно разгорячи́лся; (*fig.*) тёплый, серде́чный; they got a ~ (*iron.*) welcome им устро́или тёпленькую встре́чу; they made things ~ for him (*coll.*) они́ со́здали для него́ невыноси́мую обстано́вку; accept my ~est thanks прими́те мою́ горя́чую благода́рность; his plan was ~ly approved его́ план горячо́ поддержа́ли; a ~ friendship developed ме́жду ни́ми возни́кла горя́чая дру́жба; he has a ~ heart он отзы́вчивый челове́к; ~ with wine разгорячённый вино́м; the argument grew ~ спор разгоре́лся не на шу́тку; the scent was still ~ след ещё не осты́л; am I getting ~? (*fig.*) я бли́зок к пра́вде?

*v.t.* греть, со-; подогр|ева́ть, -е́ть; нагр|ева́ть, -е́ть; отогр|ева́ть, -е́ть; разогр|ева́ть, -е́ть; согр|ева́ть, -е́ть; ~ o.s. at the fire гре́ться (*impf.*) у ками́на/огня́; that fire will not ~ the room э́тот ками́н не обогре́ет ко́мнату; will you have your milk ~ed? вам подогре́ть молоко́?; ~ing-pan гре́лка.

*v.i.* нагр|ева́ться, -е́ться; отогр|ева́ться, -е́ться; разогр|ева́ться, -е́ться; согр|ева́ться, -е́ться; (*fig.*): he ~ed to the subject as he went on по ме́ре расска́за он всё бо́льше воодушевля́лся; I ~ed to(wards) him as I got to know him чем бли́же я его́ узнава́л, тем бо́льше он мне нра́вился.

*with advs.*: ~ **over** *v.t.* разогр|ева́ть, -е́ть; ~ **up** *v.t.* отогр|ева́ть, -е́ть; разогр|ева́ть, -е́ть; согр|ева́ть, -е́ть; a fire will ~ up the room ками́н нагре́ет ко́мнату; his dinner had been ~ed up ему́ разогре́ли у́жин; a drink will ~ you up вино́ вас согре́ет; this engine needs a lot of ~ing up э́тот мото́р прихо́дится до́лго прогрева́ть; he told a few jokes to ~ up the audience что́бы расшевели́ть пу́блику, он рассказа́л два-три анекдо́та; *v.i.* согр|ева́ться, -е́ться; отогр|ева́ться, -е́ться; the house takes a long time to ~ up э́тот дом тру́дно прогре́ть; the TV is ~ing up телеви́зор нагрева́ется; the conversation ~ed up разгово́р оживи́лся; he ~ed up before the race он сде́лал разми́нку пе́ред нача́лом соревнова́ния.

*cpds.*: ~**-air** *adj.*: ~-air heating system возду́шное центра́льное отопле́ние; ~**-blooded** *adj.* теплокро́вный; ~**-hearted** *adj.* серде́чный, уча́стливый; ~**-up** *n.* разми́нка.

**warmish** *adj.* теплова́тый.

**warmth** *n.* теплота́, тепло́; (*fig.*) серде́чность; (*temper*) горя́чность.

**warn** *v.t.* **1.** (*caution*) предупре|жда́ть, -ди́ть; предостер|ега́ть, -е́чь; I ~ed her not to go out alone я говори́л ей, чтобы она́ одна́ не выходи́ла; you have been ~ed! ≃ име́ющий у́ши да слы́шит!; we were ~ed against pickpockets нас предостерегли́ от карма́нных воро́в; he was ~ed off drink ему́ запрети́ли пить; **2.** (*admonish*): I shan't ~ you again э́то моё после́днее предупрежде́ние; **3.** (*give notice*) изве|ща́ть, -сти́ть; опове|ща́ть, -сти́ть.

*with adv.*: ~ **off** *v.t.*: he was ~ed off (*sc. the racecourse*) ему́ запрети́ли явля́ться на ипподро́м.

**warning** *n.* предупрежде́ние, предостереже́ние; gale ~ штормово́е предупрежде́ние; early ~ (*system*) (*mil.*) ра́ннее предупрежде́ние; да́льнее обнаруже́ние; give ~ of предупре|жда́ть, -ди́ть о +*p.*; take ~ from sth. уч|и́тывать, -е́сть неблагоприя́тные после́дствия чего́-н.; let this be a ~ to you пусть э́то послу́жит вам предостереже́нием; he was let off with a ~ он отде́лался (одни́м лишь) предупрежде́нием; without ~ без предупрежде́ния; вдруг; соверше́нно неожи́данно.

*adj.* предупрежда́ющий, предостерега́ющий; he gave a ~ look он бро́сил предостерега́ющий взгляд; he fired a ~ shot он дал предупреди́тельный вы́стрел.

**warp** *n.* (*weaving*) осно́ва; (*distortion*) искривле́ние; деформа́ция.

*v.t.* **1.** (*distort*) коро́бить, по-; искрив|ля́ть, -и́ть; damp ~s the binding переплёт коро́бит от сы́рости; **2.** (*fig.*) по́ртить, ис-; a ~ed sense of humour извращённое чу́вство ю́мора.

*v.i.* (*become distorted*) коро́биться, по-; деформи́роваться (*impf., pf.*).

**warrant** *n.* **1.** (*justification*; *authority*) оправда́ние, основа́ние, руча́тельство; I will be your ~ я бу́ду ва́шим поручи́телем; **2.** (*written authorization*) о́рдер; суде́бное распоряже́ние; search ~ о́рдер на о́быск; travel ~ ли́тер (на прое́зд); ~ officer старшина́ (*m.*); a ~ is out for his arrest вы́писан о́рдер на его́ аре́ст; death ~ (*fig.*) сме́ртный пригово́р.

*v.t.* **1.** (*justify*) опра́вд|ывать, -а́ть; обосно́в|ывать, -а́ть; **2.** (*guarantee*) гаранти́ровать (*impf., pf.*); руча́ться, поручи́ться за +*a.*; I can ~ him to be reliable я руча́юсь за его́ надёжность; he will be back, I('ll) ~ you он вернётся, уверя́ю вас (*or* вот уви́дите).

**warrantor** *n.* поручи́тель (*m.*); гара́нт.

**warranty** *n.* **1.** (*authority*) оправда́ние, основа́ние, руча́тельство; **2.** (*guarantee*) гара́нтия; this watch is under ~ э́ти часы́ с гара́нтией.

**warren** *n.* кро́личья нора́; (*man-made*) садо́к для кро́ликов; (*fig.*) мураве́йник, лабири́нт.

**warrior** *n.* во́ин; the Unknown W~ Неизве́стный солда́т; a ~ race вои́нственный наро́д.

**Warsaw** *n.* Варша́ва; ~ Pact Варша́вский догово́р.

**wart** *n.* борода́вка; ~s and all (*fig.*) без прикра́с.

*cpd.*: ~**-hog** *n.* африка́нский кабан́; борода́вочник.

**wary** *adj.* осторо́жный, осмотри́тельный, насторо́женный; be ~ of остерега́ться (*impf.*) +*g.*; относи́ться (*impf.*) насторо́женно к +*d.*

**wash** *n.* **1.** (*act of* ~*ing*) мытьё; I must have, get a ~ мне на́до помы́ться/умы́ться; she gave the floor a good ~ она́ хорошо́нько вы́мыла пол; **2.** (*laundering*; *laundry*) сти́рка; send to the ~ отд|ава́ть, -а́ть в сти́рку; my shirts are all at the ~ все мои́ руба́шки в сти́рке; she does a big ~ on Mondays по понеде́льникам у неё больша́я сти́рка; this tablecloth needs a ~ э́ту ска́терть не меша́ло бы постира́ть; it will all come out in the ~ (*fig.*) всё ула́дится/образу́ется/утрясётся; **3.** (*motion of water etc.*) прибо́й; волна́; the vessel made a big ~ от корабля́ пошла́ си́льная волна́; the ~ of waves on the shore плеск волн, разбива́ющихся о бе́рег; **4.** (*alluvium*) аллю́вий; **5.** (*garbage for pigs*) пойло для свине́й; **6.** (*solution of paint*) то́нкий слой акваре́ли; a ~ drawing рису́нок ту́шью размы́вкой; **7.** (*lotion*; *liquid toilet preparation*) примо́чка; туале́тная вода́; лосьо́н.

*v.t.* **1.** (*cleanse with water etc.*) мыть, по-/об-/вы́-; стира́ть, вы́-; ~ one's hands and face вы́мыть (*pf.*) ру́ки и лицо́; ~ one's eyes промы́ть (*pf.*) глаза́; ~ dishes мыть, вы́-посу́ду; he ~ed himself in the stream он помы́лся/обмы́лся в ручье́; ~ one's mouth полоска́ть, про- рот; this fabric must be ~ed in cold water э́ту ткань сле́дует стира́ть в холо́дной воде́; (*fig.*): ~ one's hands of sth. умы́ть (*pf.*) ру́ки; ~ one's dirty linen in public выноси́ть (*impf.*) сор из избы́; **2.** (*of water*; *flow past*) омыва́ть (*impf.*); (*sweep away*) сн|оси́ть, -ести́; he was ~ed overboard by a wave его́ смы́ло волно́й за́ борт; (*scoop out*; *erode*) разм|ыва́ть, -ы́ть; the stream ~ed a channel in the sand пото́к промы́л кана́ву в песке́; **3.** (*coat with thin paint*) покр|ыва́ть, -ы́ть то́нким сло́ем кра́ски.

*v.i.* **1.** (~ *oneself*) мы́ться, вы́-; ум|ыва́ться, -ы́ться; **2.** (~ *clothes*) стира́ть, вы́-; **3.** (*of fabric*: *stand up to* ~*ing*) стира́ться (*impf.*); (*fig.*): that excuse won't ~ э́та отгово́рка не пройдёт; **4.** (*of water*) плеска́ться (*impf.*); waves ~ed over the deck во́лны перека́тывались по па́лубе.

*with advs.*: ~ **away** *v.t.* (*remove*: *stains etc.*) смы|ва́ть, -ть (*or* отм|ыва́ть, -ы́ть) (*пятна*); (*erode*: *cliffs etc.*) размы|ва́ть, -ы́ть (*or* подмы|ва́ть, -ы́ть) (*утёсы*); ~ **down** *v.t.* мыть, вы́-; сн|оси́ть, -ести́; зап|ива́ть, -и́ть (*что чем*); I had a sandwich, ~ed down with beer я съе́л бутербро́д и запи́л его́ пи́вом;

~ **off** *v.t.* & *i.* смы|ва́ть(ся), -ы́ть(ся); отмы|ва́ть(ся), -ы́ть(ся); отсти́р|ывать(ся), -а́ть(ся); ~ **out** *v.t.* (*e.g. stains*) смы|ва́ть, -ть; отм|ыва́ть, -ы́ть; (*a garment*) стира́ть, вы́-; (*a stain*) отсти́р|ывать, -а́ть; (*of colour*) по-/вы́-; you look ~ed out у вас утомлённый вид; the game was ~ed out (by rain) пришло́сь прекрати́ть игру́ из-за дождя́; ~ **up** *v.t.* (*dishes*) мыть, вы́- (*посу́ду*); (*on to shore*) выбра́сывать, вы́бросить на бе́рег; a chest ~ed up by the tide сунду́к, вы́брошенный мо́рем/прили́вом; ~ed up (*exhausted*) уста́лый, разби́тый; (*ruined*) ко́нченый; (*coll.*) пропа́щий.

*cpds.*: ~**-basin,** ~**-bowl** *nn.* ра́ковина; ~**board** *n.* стира́льная доска́; ~**-boiler** *n.* бак для кипяче́ния белья́; ~**-bowl** *see* ~**-basin**; ~**-day** *n.* (*m.*) сти́рки; ~**-down** *n.* мытьё, мо́йка; ~**-hand stand** *n.* умыва́льник; ~**-house** *n.* пра́чечная; ~**-leather** *n.* мо́ющаяся за́мша; ~**-out** *n.* (*result of flood or rain*) размы́в; (*coll., fiasco*) прова́л; (*coll., failure*) неуда́ча; ~**-room** *n.* убо́рная; ~**-stand** *n.* умыва́льник; ~**-tub** *n.* лоха́нь; коры́то.

**washable** *adj.* мо́ющийся.

**washer** *n.* (*washing-machine*) стира́льная маши́на; (*machine component*) прокла́дка.

*cpd.*: ~**woman** *n.* пра́чка.

**washing** *n.* **1.** (*action*) мытьё, умыва́ние, сти́рка; **2.** (*clothes*) бельё; hang out the ~ ве́шать, пове́сить (*or* разве́|шивать, -сить) бельё; take in ~ брать (*impf.*) бельё в сти́рку; рабо́тать (*impf.*) пра́чкой.

*cpds.*: ~**-day** день (*m.*) сти́рки; ~**-machine** *n.* стира́льная маши́на; ~**-powder** *n.* стира́льный порошо́к; ~**-soda** *n.* стира́льная со́да; ~**-up** *n.*: do the ~-up мыть, вы́- посу́ду.

**washy** *adj.* (*of liquid*) водяни́стый, жи́дкий; (*of colour or complexion*) бле́дный, блёклый, линя́лый; (*of character etc.*) сла́бый, вя́лый.

**wasp** *n.* оса́.

*cpds.*: ~**-sting** *n.* уку́с осы́; ~**-waisted** *adj.* с оси́ной та́лией.

**waspish** *adj.* язви́тельный, ко́лкий.

**waspishness** *n.* язви́тельность, ко́лкость.

**wassail** *n.* (*arch., festivity*) пир; пи́ршество.

*v.t.* пирова́ть (*impf.*); бра́жничать (*impf.*).

**wastage** *n.* убы́ток, уте́чка.

**waste** *n.* **1.** (*purposeless or extravagant use*; *failure to use*) (рас)тра́та, расточи́тельство, растра́чивание; ~ of money пуста́я тра́та де́нег; вы́брошенные де́ньги; it would be a ~ of time э́то бы́ло бы напра́сной тра́той вре́мени; ~ of fuel перерасхо́д то́плива; there was an enormous ~ of young lives in the war война́ поглоти́ла огро́мное коли́чество молоды́х жи́зней; go, run to ~ тра́титься (*impf.*) по́пусту; (*coll.*) идти́ (*det.*) псу под хвост; **2.** (*refuse*) отхо́ды (*m. pl.*), отбро́сы (*m. pl.*), му́сор; ~ collection вы́воз му́сора; **3.**

(*superfluous material*) отхо́ды (*m. pl.*), отбро́сы (*m. pl.*), обре́зки (*m. pl.*); atomic ~ отхо́ды а́томной промы́шленности; cotton ~ уга́р, очёски (*m. pl.*); metallic ~ металли́ческий лом; **4.** (*desert area*) пусты́ня; ~ of waters морско́й просто́р.

*adj.* **1.** (*superfluous, unwanted*) ли́шний, ненужный; (*left over after manufacture*) отрабо́танный; (*rejected*; *thrown away*) брако́ванный; ~ products отхо́ды (*m. pl.*); ~ paper макулату́ра; ненужная бума́га; **2.** (*of land: desolate, desert*) пусты́нный; (*uninhabited*) незаселённый, опустошённый; (*uncultivated*) невозде́ланный; ~ ground неплодоро́дная/невозде́ланная земля́; ~ land пусты́рь (*m.*), пу́стошь; (*unproductive*) непроизводи́тельный; lay ~ опустош|а́ть, -и́ть; разор|я́ть, -и́ть; lie ~ быть невозде́ланной (*о земле́*); (*fig., featureless*) невырази́тельный, безцве́тный.

*v.t.* **1.** (*make no use of, use to no purpose, squander*) тра́тить, ис-/по- да́ром/зря/по́пусту; растра́|чивать, -тить; мота́ть, про-; be ~d проп|ада́ть, -а́сть (да́ром); ~ one's life беспо́ле́зно прожи́ть (*pf.*) жизнь; ~ one's chance упусти́ть (*pf.*) слу́чай; a ~d talent растра́ченный по́пусту тала́нт; my joke was ~d on him он не оцени́л мое́й шу́тки; моя́ шу́тка до него́ не дошла́; ~ one's breath, words говори́ть (*impf.*) на ве́тер; ~ not, want not ≃ мотовство́ до нужды́ доведёт; **2.** (*lay ~; ravage*) опустош|а́ть, -и́ть; разор|я́ть, -и́ть; **3.** (*wear away*) изнур|я́ть, -и́ть; исто́щ|а́ть, -и́ть; his body was ~d by sickness его́ те́ло бы́ло истощено́/изнурено́ боле́знью; a wasting disease изнури́тельная боле́знь.

*v.i.* (*usu.* ~ *away: become weak; wither*) исс|яка́ть, -я́кнуть; истощ|а́ться, -и́ться; ча́хнуть, за-; wasting assets истощи́мые акти́вы; изна́шиваемое иму́щество.

*cpds.*: ~-**basket** *n.* му́сорная корзи́на; ~-**bin** *n.* му́сорное ведро́; му́сорный я́щик; ~-**paper-basket** *n.* корзи́н(к)а для (ненужной) бума́ги; ~-**pipe** *n.* сливна́я/водоотво́дная труба́.

**wasteful** *adj.* расточи́тельный; неэконо́мный.

**wastefulness** *n.* расточи́тельность, неэконо́мность.

**waster** *n.* (*coll.*) никуды́шный/никчёмный челове́к; безде́льник.

**wastrel** *n.* (*arch., good-for-nothing*) безде́льник, расточи́тель (*m.*).

**watch**[1] *n.* **1.** (*alert state*) надзо́р, присмо́тр, наблюде́ние; keep ~ стоя́ть (*impf.*) на ва́хте; the dog keeps ~ on, over the house соба́ка карау́лит/сторожи́т дом; on the ~ начеку́; she is on the ~ for a bargain она́ подстерега́ет слу́чай купи́ть по дешёвке; **2.** (*liter.*): in the ~es of the night в бессо́нные (ночны́е) часы́; **3.** (*hist., night guardian or patrol (collect.)*)

стра́жа; (ночно́й) дозо́р; карау́л; патру́ль (*m.*); **4.** (*duty period at sea*) ва́хта; be on ~ нести́ (*det.*) ва́хту; стоя́ть (*impf.*) на ва́хте; first/middle ~ пе́рвая/ночна́я ва́хта; dog ~ полува́хта; (*in general, e.g. for signal operators*) дежу́рство; I was on ~ from 6 to 12 я дежу́рил с шести́ до двена́дцати; who's doing the evening ~? кто на ночно́м дежу́рстве?; кто дежу́рит но́чью?

*v.t.* **1.** (*look at; keep eyes on*) смотре́ть (*impf.*); he was ~ing TV он смотре́л телеви́зор; I ~ed him draw я смотре́л, как он рису́ет; **2.** (*keep under observation*) следи́ть (*impf.*) за +*i.*: смотре́ть (*impf.*) за +*i.*; he is being ~ed by the police поли́ция следи́т/наблюда́ет за ним; (*be careful of*) следи́ть (*impf.*) за +*i.*; I have to ~ my weight мне ну́жно следи́ть за ве́сом/фигу́рой; ~ your step! (*lit.*) не оступи́тесь!; (*fig.; also, coll.,* ~ it!) бу́дьте осторо́жны!; осторо́жно!; береги́тесь!; I shall have to ~ myself мне придётся впредь быть осмотри́тельнее; **3.** (*guard*) сторожи́ть; карау́лить; стере́чь (*all impf.*); he was set to ~ sheep его́ поста́вили пасти́ ове́ц.

*v.i.* **1.** смотре́ть, наблюда́ть, следи́ть (*all impf.*); he was content to ~ он дово́льствовался ро́лью просто́го наблюда́теля; she ~ed by his bedside она́ дежу́рила у его́ посте́ли; he ~ed for his opportunity он (напряжённо) ждал/поджида́л удо́бную возмо́жность; he ~ed for the postman он сторожи́л почтальо́на; will you ~ over my things? вы не присмо́трите за мои́ми веща́ми?; he ~ed over her interests он стоя́л на стра́же её интере́сов; **2.** (*be careful*): ~ how you cross the street бу́дьте осторо́жны (*or* смотри́те) при перехо́де у́лицы.

*with adv.*: ~ **out** *v.i.* (*beware*) остерега́ться; бере́чься (+*g.*); опаса́ться (+*g.*) (*all impf.*); you'll fall if you don't ~ out вы упадёте, е́сли не бу́дете осторо́жны; ~ out for the signal! жди́те сигна́ла!

*cpds.*: ~-**dog** *n.* (*lit.*) сторожева́я соба́ка; (*fig.*) наблюда́тель (*m.*); ~-**fire** *n.* сигна́льный/бива́чный костёр; ~-**man** *n.* сто́рож, вахтёр; ~-**night** *n.* (*service*) нового́дняя всено́щная; ~-**tower** *n.* сторожева́я ба́шня; ~ **word** *n.* (*slogan*) призы́в, ло́зунг, деви́з; (*password*) паро́ль (*m.*).

**watch**[2] *n.* (*timepiece*) час|ы́ (*pl., g.,* -о́в); two ~es дво́е часо́в; set one's ~ ста́вить, по- часы́; what time is it by your ~? ско́лько на ва́ших часа́х?

*cpds.*: ~-**case** *n.* ко́рпус часо́в; ~-**chain,** ~-**guard** *nn.* цепо́чка для часо́в; ~-**glass** (*Am.* ~-**crystal**) *n.* часово́е стекло́; ~-**maker** *n.* часовщи́к; ~-**spring** *n.* часова́я пружи́на; ~-**strap** *n.* ремешо́к для часо́в.

**watcher** *n.* наблюда́тель (*m.*).

**watchful** *adj.* внима́тельный; бди́тельный; насторо́жённый.

**watchfulness** *n.* внима́тельность; бди́тельность; настороже́нность.

**water** *n.* **1.** вода́; we went there by ~ мы пое́хали туда́ по воде́ (*or* во́дным путём); we are going on the ~ today сего́дня мы пойдём ката́ться на ло́дке; our friends from across, over the ~ на́ши замо́рские/заокеа́нские друзья́; at the ~'s edge у са́мой воды́; the ~ has been cut off во́ду отключи́ли; she turned on the ~ она́ пусти́ла во́ду (*or* откры́ла кран); a house with ~ laid on дом с водопрово́дом; the road is under ~ доро́га зато́плена; he spends money like ~ он сори́т деньга́ми; **2.** (*attr.*) (*see also cpds.*): ~ bus речно́й трамва́й; ~ power гидроэне́ргия; ~ sports во́дный спорт; ~ supply водоснабже́ние; **3.** (*fig. phrr.*): in deep ~ в беде́/го́ре; в опа́сном положе́нии; in low ~ на мели́ (*coll.*); get into hot ~ вл|ипа́ть, -и́пнуть; still ~s run deep в ти́хом о́муте че́рти во́дятся; keep one's head above ~ св|оди́ть, -ести́ концы́ с конца́ми; pour, throw cold ~ on раскритикова́ть (*pf.*); ~ under the bridge невозвра́тное про́шлое; the argument won't hold ~ э́тот до́вод ниче́м не обосно́ван (*or* ни на чём не осно́ван); **4.** (*pl., areas of sea*; *reaches of river*) во́ды (*f. pl.*); in Icelandic ~s в исла́ндских во́дах; in home ~s в свои́х во́дах; the head ~s of the Nile исто́ки (*m. pl.*) Ни́ла; the upper ~s of the Thames ве́рхнее тече́ние Те́мзы; (*pl., mineral* ~s) минера́льные во́ды; they went to the spa to take the ~s они́ пое́хали (лечи́ться) на во́ды; **5.** (*urine*) моча́; make, pass ~ мочи́ться, по-; (*fluid*): ~ on the brain водя́нка мо́зга; гидроцефали́я; ~ on the knee жи́дкость в коле́нной ча́шке; **6.** (*state of tide*): у́ровень (*m.*) воды́; high/low ~ прили́в/отли́в; **7.** (*quality of diamond*) вода́; of the first ~ (*lit.*) чи́стой воды́; (*fig.*) чисте́йшей воды́.

*v.t.* **1.** (*sprinkle* ~ *on*) пол|ива́ть, -и́ть водо́й; сбры́з|гивать, -нуть; **2.** (*dilute*) разб|авля́ть, -а́вить; the milk has been ~ed молоко́ разба́влено; **3.** (*provide with* ~) пои́ть, на-; he stopped to ~ his horse он останови́лся напои́ть ло́шадь; **4.**: ~ed silk муари́рованный шёлк; муа́р.

*v.i.* (*exude* ~) выделя́ть, вы́делить во́ду; слези́ться (*impf.*); his eyes were ~ing with the wind от ве́тра у него́ слези́лись глаза́; the sight of food made my mouth ~ при ви́де еды́ у меня́ потекли́ слю́нки; the wound is still ~ing ра́на всё ещё не подсо́хла.

*with adv.*: ~ **down** *v.t.* (*lit.*) разб|авля́ть, -а́вить; (*fig.*) смягч|а́ть, -и́ть; осл|абля́ть, -а́бить.

*cpds.*: ~-**biscuit** *n.* пече́нье на воде́; ~-**blister** *n.* пузы́рь (*m.*), волдырь (*m.*); ~-**borne** *adj.* (*of freight*) доставля́емый водо́й; перевози́мый

по воде́; ~-**bottle** *n.* (*soldier's*) фля́жка; (*carafe*) графи́н; (*for heating bed*) гре́лка; ~-**buffalo** *n.* бу́йвол; ~-**bus** *n.* речно́й трамва́й; ~-**butt** *n.* ка́дка; ~-**cannon** *n.* брандспо́йт, гидропу́льт; ~-**cart** *n.* бо́чка водово́за; ~-**chute** *n.* водяны́е го́ры (*f. pl.*); ~-**closet** *n.* ватерклозе́т; ~-**colour** *n.* (*paint*) акваре́ль; акваре́льные кра́ски (*f. pl.*); (*painting*) акваре́ль; ~-**cooled** *adj.* с водяны́м охлажде́нием; ~ **course** *n.* пото́к; ру́сло; ~ **cress** *n.* кресс водяно́й; ~-**diviner** *n.* иска́тель (*m.*) воды́; ~-**divining** *n.* по́иски (*m. pl.*) воды́; ~-**ed-down** *adj.* (*fig.*) осла́бленный; ~ **fall** *n.* водопа́д; ~ **fowl** *n.* водопла́вающая пти́ца; ~ **front** *n.* часть го́рода, примыка́ющая к бе́регу; ~-**gauge** *n.* водоме́р; ~-**glass** *n.* (*utensil*) стака́н; ~-**heater** *n.* кипяти́льник; ~-**hen** *n.* ку́рочка водяна́я; ~-**hole** *n.* пруд, ключ, исто́чник; ~-**ice** *n.* щербе́т; ~-**jacket** *n.* водяна́я руба́шка; ~-**jump** *n.* во́дный рубе́ж на ска́чках; ров с водо́й; ~-**level** *n.* у́ровень (*m.*) воды́; (*instrument*) ватерпа́с; ~-**lily** *n.* водяна́я ли́лия, кувши́нка; ~-**line** (*naut.*) *n.* ватерли́ния; ~ **logged** *adj.* (*of wood*) мо́крый; (*of ship*) (полу)зато́пленный; (*of ground*) заболо́ченный; ~-**main** *n.* водопрово́дная магистра́ль; ~ **man** *n.* (*boatman*) ло́дочник; ~ **mark** *n.* водяно́й знак; ~-**meadow** *n.* заливно́й луг; ~-**melon** арбу́з; ~-**meter** *n.* водоме́р; ~-**mill** *n.* водяна́я ме́льница; ~-**nymph** *n.* речна́я ни́мфа, руса́лка; ~-**pipe** *n.* водопрово́дная труба́; ~-**pistol** *n.* игру́шечный водяно́й пистоле́т; ~-**polo** *n.* во́дное по́ло (*indecl.*); ~**proof** *n.* & *adj.* непромока́емый (плащ); *v.t.* обраб|а́тывать, -о́тать водонепроница́емым соста́вом; ~-**rat** *n.* водяна́я кры́са; ~-**rate** *n.* нало́г на во́ду; пла́та за во́ду; ~-**repellent** *adj.* водооттолки́вающий; ~ **side** *n.* бе́рег; ~-**skiing** *n.* воднолы́жный спорт; ~-**skis** *n. pl.* во́дные лы́жи (*f. pl.*); ~-**softener** *n.* водоумягчи́тель (*m.*); ~ **spout** *n.* (*phenomenon*) водяно́й смерч; (*conduit*) водосто́чная труба́; ~-**tank** *n.* резервуа́р; бак для воды́; ~-**tap** *n.* водопрово́дный кран; ~-**tight** *adj.* (*lit.*) водонепроница́емый; (*fig., of argument etc.*) неопровержи́мый, убеди́тельный; ~-**tower** *n.* водонапо́рная ба́шня; ~-**trough** *n.* по́йлка для скота́; ~-**wag(g)on** *n.* пово́зка водово́за; go on the ~-wag(g)on (*fig.*) дать (*pf.*) заро́к не пить; ~ **way** *n.* во́дный путь; ~-**weed** *n.* во́доросль; ~-**wheel** *n.* водяно́е колесо́; ~-**wings** *n.* пла́вательные пузыри́ (*m. pl.*); ~**works** *n.* (*lit.*) систе́ма водоснабже́ния; (*fig., coll.: urinary system*) по́чки (*f. pl.*); (*fig., tears*) she turned on the ~works она́ разреве́лась; она́ распусти́ла ню́ни (*coll.*).

**watering** *n.* поли́вка; the roses need ~ ну́жно поли́ть ро́зы.

*cpds.*: ~-**can** *n.* ле́йка; ~-**cart** *n.* поли́вочная

маши́на; ~**-place** n. (for animals) водопо́й; (resort) (во́дный) куро́рт; во́ды (f. pl.); ~**-pot** n. ле́йка.

**Waterloo** n. Ватерло́о (indecl.); the battle of ~ би́тва/сраже́ние при Ватерло́о; meet one's ~ потерпе́ть (pf.) оконча́тельное пораже́ние.

**watershed** n. (lit., fig.) водоразде́л.

**watery** adj. водяни́стый, жи́дкий; ~ vegetables разва́ренные о́вощи; ~ eyes слезя́щиеся глаза́; a ~ sky не́бо, сули́щее дождь; ~ colour бле́дный/размы́тый/водяни́стый цвет; ~ garments промо́кшая оде́жда; a ~ grave водяна́я моги́ла.

**watt** n. ватт.

**wattage** n. мо́щность в ва́ттах.

**wattle**[1] n. **1.** (interlaced sticks) пру́тья (m. pl.), плете́нь (m.); ~ and daub hut ма́занка; **2.** (plant) ака́ция.

**wattle**[2] n. (of bird) боро́дка.

**wave** n. **1.** (ridge of water) волна́; вал; life on the ocean ~ морска́я жизнь; **2.** (fig., of persons advancing) волна́; the infantry attacked in ~s пехо́та наступа́ла эшело́нами; **3.** (fig., temporary increase or spread) подъём, волна́; ~ of enthusiasm волна́/взрыв энтузиа́зма; crime ~ ре́зкий рост престу́пности; heat ~ жара́; полоса́/пери́од си́льной жары́; **4.** (phys.) волна́; short/medium/long ~s коро́ткие/сре́дние/дли́нные во́лны; ~ theory волнова́я тео́рия; **5.** (undulation): her hair has a natural ~ у неё (от приро́ды) вью́щиеся во́лосы; the rain took the ~ out of her hair от дождя́ у неё распрями́лись во́лосы; permanent ~ шестиме́сячная зави́вка; пермане́нт; **6.** (gesture) взмах, жест (руки́); she gave a ~ of her hand она́ помаха́ла/взмахну́ла руко́й; at the ~ of a wand по манове́нию па́лочки.

v.t. **1.** (move to and fro or up and down) разма́хивать (impf.) +i.; маха́ть, по- +i.; the children were waving flags де́ти разма́хивали флажка́ми; she ~d her handkerchief at me она́ помаха́ла мне платко́м; he ~d his hand (as a signal) он по́дал знак (or махну́л) руко́й; he ~d his sword он взмахну́л мечо́м са́блей; **2.** (express by hand-waving): ~ a greeting помаха́ть (pf.) руко́й в знак приве́тствия; ~ goodbye помаха́ть (pf.) руко́й на проща́ние; прости́ться (pf.) взма́хом руки́; **3.** (set in ~s) зав|ива́ть, -и́ть; she had her hair ~d она́ завила́ во́лосы.

v.i. **1.** (move to and fro or up and down) развева́ться (impf.); кача́ться (impf.); waving branches кача́ющиеся ве́тви; waving corn волну́ющаяся под ве́тром пшени́ца; the flags were waving in the breeze фла́ги развева́лись на ветру́; **2.** (~ one's hand) маха́ть, по-; ~ at s.o. маха́ть, по- кому́-н.; **3.** (undulate; be wavy) ви́ться (impf.); волнова́ться (impf.).

with advs.: ~ **aside** v.t. отстран|я́ть, -и́ть же́стом; he ~d my objections aside он отмах-

ну́лся от мои́х возраже́ний; ~ **away** v.t. отстран|я́ть, -и́ть же́стом; ~ **down** v.t. остан|а́вливать, -ови́ть; the policeman ~d us down полице́йский сде́лал знак руко́й, что́бы мы останови́лись; ~ **on** v.t.: the officer ~d his men on офице́р взма́хом руки́ дал солда́там сигна́л к наступле́нию; when our passports had been checked we were ~d on прове́рив на́ши паспорта́, нам махну́ли: «Проезжа́йте!».

cpds.: ~**band** n. диапазо́н волн; ~**length** n. длина́ волны́; he and I are on the same ~length (fig.) мы с ним настро́ены на одну́ во́лну; мы одина́ково смо́трим на ве́щи; ~**-meter** n. волноме́р.

**waver** v.i. **1.** (flicker) колыха́ться (impf.); **2.** (falter; become unsteady) дрожа́ть, за-; дро́гнуть (pf.); the front line ~ed пере́дний край дро́гнул; his voice ~ed его́ го́лос задрожа́л; **3.** (hesitate; be irresolute) колеба́ться (impf.).

**waverer** n. коле́блющийся.

**wavy** adj. волнообра́зный, волни́стый, извива́ющийся; a ~ line волни́стая ли́ния/черта́; ~ hair вью́щиеся во́лосы.

**wax**[1] n. **1.** воск; (in the ears) ушна́я се́ра; paraffin ~ твёрдый парафи́н; he is like ~ in her hands она́ из него́ верёвки вьёт; **2.** (attr.) восково́й; see also cpds.

v.t. вощи́ть, на-; нат|ира́ть, -ере́ть (во́ском); ~ one's moustaches фа́брить, на- усы́; ~ed thread вощёная ни́тка.

cpds.: ~**-chandler** n. свечно́й фабрика́нт; торго́вец свеча́ми; ~**-paper** n. воща́нка, воско́вка; ~**work** n. (model) восково́я фигу́ра; восково́й муля́ж; ~works (exhibition) галере́я восковы́х фигу́р.

**wax**[2] v.i. **1.** (of moon) прибыва́ть (impf.); **2.** (liter., grow) де́латься (impf.); станови́ться (impf.); ~ fat жире́ть, раз-; ~ merry развесели́ться (pf.); ~ eloquent де́латься, с- красноречи́вым; ~ angry разгне́ваться; разозли́ться; рассерди́ться (all pf.).

**waxen** adj. восково́й; ~ complexion восково́я бле́дность лица́.

**waxy** adj. восково́й; ~ potatoes водяни́стая карто́шка.

**way** n. **1.** (road, path) доро́га, путь (m.); (track) тропа́; (specific): Appian W~ А́ппиева доро́га; Milky W~ Мле́чный путь; W~ of the Cross кре́стный путь; over the ~ напро́тив; на той стороне́ у́лицы; **2.** (route, journey): which is the best ~ to London? как лу́чше пройти́/прое́хать в Ло́ндон?; he lost his ~ он заблуди́лся; он сби́лся с пути́; he went (on) his ~ он пошёл да́льше; он удали́лся; he went the ~ of all flesh он испыта́л уде́л всего́ земно́го; they went their own ~s ка́ждый пошёл свои́м путём; go down the wrong ~ (of food etc.) попа́сть (pf.) не в то го́рло; lead the ~ (lit.)

идти́ (*det.*) вперёд; пока́з|ывать, -а́ть доро́гу; (*fig.*) под|ава́ть, -а́ть приме́р; feel one's ~ дви́гаться (*impf.*) осмотри́тельно (*or* на о́щупь); the longest ~ round is the shortest ~ home ≃ ти́ше е́дешь, да́льше бу́дешь; we made our ~ to the dining-room мы прошли́ в столо́вую; you must make your own ~ to the station вам придётся добира́ться до ста́нции самому́; they made their ~ across mountains они́ проби́лись че́рез го́ры; he made his ~ in the world он проби́л себе́ доро́гу в жи́зни; он преуспе́л в жи́зни; pay one's ~ (*lit.*) (*of pers.*) опла́|чивать, -ти́ть свою́ доро́гу; е́хать (*det.*) на свои́ де́ньги; жить (*impf.*) на со́бственные сре́дства (*or* по сре́дствам); (*of thing*) окуп|а́ться, -и́ться; опра́вдывать (*impf.*) себя́; he worked his ~ through college он учи́лся в колле́дже и одновреме́нно рабо́тал; (*with preps.*): by ~ of London че́рез Ло́ндон; by the ~ по доро́ге; в пути́; попу́тно; (*incidentally*) кста́ти; ме́жду про́чим; by ~ of *see also* **11.**; (for) once in a ~ и́зредка; хотя́ бы одна́жды; in the ~ *see* **9.**; on the ~ по доро́ге; на/по пути́; he was on his ~ to the bank он шёл в банк; a letter is on its ~ письмо́ (нахо́дится) в пути́; I must be on my ~ мне пора́; on your ~! (*sl.*) проходи́!; I sent him on his ~ я его́ отпра́вил; they have another child on the ~ они́ ожида́ют ещё одного́ ребёнка; be on the ~ in/out (*of fashion*) входи́ть (*impf.*) в мо́ду, выходи́ть (*impf.*) из мо́ды; the hall is well on the ~ to completion строи́тельство за́ла бли́зится к концу́; he is well on the ~ to being a professor у него́ все ша́нсы стать профе́ссором; he went out of his ~ to help me он прояви́л нема́лое усе́рдие, что́бы мне помо́чь; out of the ~ (*remote*) в стороне́; далеко́; the price is nothing out of the ~ цена́ не осо́бенного высо́кая; (*inappropriate*) неуме́стно, беста́ктно, изли́шне; *see also* **9.**; (*with adv. indicating direction*): ~ across перехо́д; ~ in вход; ~ out (*lit., fig.*) вы́ход; can you find the ~ back? вы не заблуди́тесь на обра́тном пути́?; вы найдёте доро́гу наза́д?; the ~ ahead will be difficult нам предстои́т тру́дная доро́га; ~ through прохо́д; ~ round око́льный путь; (*fig., loophole*) лазе́йка; he knows his ~ around он зна́ет, что к чему́; он зна́ет все ходы́ и вы́ходы; **3.** (*door*): he came in by the front ~ and went out by the back on вошёл с пара́дного хо́да, а вы́шел с чёрного; **4.** (*direction*) сторона́, направле́ние; which ~ did they go? в каку́ю сто́рону они́ пошли́?; this ~ сюда́; are you going my ~? вам со мной по пути́?; вы в мою́ сто́рону?; come s.o.'s ~ дост|ава́ться, -а́ться кому́-н.; дов|оди́ться, -ести́сь кому́-н.; look the other ~ (*fig.*) смотре́ть (*impf.*) сквозь па́льцы; I travelled by bus both ~s я е́хал авто́бусом туда́ и обра́тно (*or* в о́ба конца́); you can't have it both ~s ли́бо

одно́, ли́бо друго́е; что́-нибудь одно́; it cuts both ~s э́то па́лка о двух конца́х; no two ~s about it э́то несомне́нно; об э́том не мо́жет быть двух мне́ний; I put him in the ~ of a job я помо́г ему́ устро́иться на рабо́ту; I don't know which ~ to turn я не зна́ю, что де́лать (*or* как быть); **5.** (*of reversible thgs.*): his hat is on the wrong ~ round он наде́л шля́пу за́дом наперёд; the picture is the wrong ~ up карти́на пове́шена вверх нога́ми; is the flag the right ~ up? пра́вильно ли пове́шен флаг?; the other ~ round наоборо́т, напро́тив, **6.** (*neighbourhood, area*): down your ~ в ва́ших края́х; у вас; he lives somewhere Plymouth ~ он живёт где́-то в райо́не Пли́мута; **7.** (*distance*) расстоя́ние; a long ~ off (*away*) далеко́; a little, short ~ недалеко́; quite a ~ дово́льно далеко́; a long ~ from one's country вдали́ от ро́дины; it is only a little ~ to the shops до магази́нов совсе́м недалеко́ (*or* два шага́); we walked all the ~ here всю доро́гу сюда́ мы прошли́ пешко́м; all the ~ to the Pacific до са́мого Ти́хого океа́на; I went part of the ~ to meet him (*lit.*) я вы́шел ему́ навстре́чу; (*fig.*) я пошёл ему́ навстре́чу; better by a long ~ куда́/гора́здо/намно́го лу́чше; it will go some ~ to restore confidence э́то в како́й-то ме́ре помо́жет восстанови́ть дове́рие; all the ~ всю доро́гу; (*fig.*) по́лностью; **8.** (*Am., coll.*) (*a long ~*) далеко́; ~ back (*long ago*) давны́м-давно́; ~ ahead of the others намно́го впереди́ остальны́х; ~ out (*coll., exceptional*) замеча́тельный, потряса́ющий; **9.** (*clear passage; space or freedom to proceed*) прое́зд, прохо́д; right of ~ пра́во прое́зда; clear the ~ расч|ища́ть, -и́стить путь; fight one's ~ through the crowd прод|ира́ться, -ра́ться сквозь толпу́; get in the ~ меша́ть, по-(*кому*); пу́таться (*impf.*) (у *кого*) под нога́ми; this chair is always getting in the ~ э́тот стул ве́чно торчи́т на доро́ге; get out of the ~! (прочь) с доро́ги!; да́йте пройти́!; get sth. out of the ~ (*lit.*) уб|ира́ть, -ра́ть что-н. с доро́ги; (*fig., dispose of*) сва́л|ивать, -и́ть что-н.; ко́нчить, по- с чем-н.; изб|авля́ться, -а́виться от чего́-н.; разде́л|ываться, -аться с чем-н.; make ~ for the President! доро́гу президе́нту!; he made ~ for his successor он уступи́л ме́сто своему́ прее́мнику; I put the vase out of harm's ~ я у́брал ва́зу от греха́ пода́льше; put out of the ~ устран|я́ть, -и́ть; you are standing in the ~ вы загора́живаете доро́гу; I shan't stand in your ~ я не бу́ду стоя́ть на ва́шем пути́ (*or* вам меша́ть/препя́тствовать); I can't see my ~ to doing that бою́сь, что не смогу́ э́то сде́лать; give ~ (*fail to resist*) подд|ава́ться, -а́ться; (*collapse*) прова́л|иваться, -и́ться; разр|ыва́ться, -орва́ться; лома́ться, с-; ру́хнуть (*pf.*); his legs gave ~ у него́ подкоси́лись но́ги; (*retreat*) отступ|а́ть, -и́ть; (*make concessions*) уступ|а́ть, -и́ть; (*allow precedence*) уступ|а́ть, -и́ть доро́гу; (*surrender, abandon o.s.*) сд|ава́ться, -а́ться; пред|ава́ться, -а́ться; give ~ to tears дать (*pf.*) во́лю слеза́м; **10.** (*means, method*) сре́дство, ме́тод, приём; he found a ~ to keep food warm он нашёл спо́соб/сре́дство сохраня́ть пи́щу горя́чей; there is no ~ to нет никако́й возмо́жности; невозмо́жно; W~s and Means Committee бюдже́тная коми́ссия; there are ~s and means есть вся́кие пути́ и возмо́жности; you will soon get into the ~ of it вы вско́ре нау́читесь; **11.** (*manner, fashion*) сре́дство, спо́соб, о́браз, ме́тод, приём, подхо́д; in this ~ таки́м о́бразом; is this the ~ to do it? так э́то де́лается?; do it your own ~! де́лайте по-сво́ему!; in a polite ~ ве́жливо; I'll miss her in a ~ мне, пожа́луй, бу́дет её недостава́ть; one ~ or another так и́ли ина́че; тем и́ли ины́м спо́собом; the right ~ так; пра́вильно; надлежа́щим о́бразом; the wrong ~ не так, непра́вильно; in the same ~ (то́чно) так же; таки́м же о́бразом; I love the ~ he smiles мне о́чень нра́вится его́ улы́бка; it's disgraceful the ~ he drinks безобра́зие, что он так пьёт; I don't like the ~ you said that мне не нра́вится, как вы э́то сказа́ли; ~ of thinking взгля́ды (*m. pl.*); о́браз мы́слей; to my ~ of thinking как мне ка́жется; на мой взгляд; по-мо́ему; try to see it my ~ попыта́йтесь встать на мою́ то́чку зре́ния; let's put it this ~ ска́жем так; that's all right in its ~ по-сво́ему (*or* в своём ро́де) э́то непло́хо; either ~ (*in either fashion*) любы́м из двух спо́собов; (*in either case or event*) в обо́их слу́чаях; whichever ~ you look at it куда́ ни кинь; by ~ of (*in order to*) с тем, что́бы; да́бы; с це́лью; by ~ of a change для разнообра́зия; by ~ of a joke шу́тки ра́ди; (*in the guise of*) в ви́де/поря́дке/ка́честве; вме́сто; взаме́н (*all +g.*); he is by ~ of being an authority он счита́ется авторите́том; he is by ~ of being a musician у него́ музыка́льные скло́нности; (*manner of behaving*): she has a winning ~ у неё обая́тельная мане́ра; he has a ~ with him у него́ к ка́ждому есть подхо́д; it's only his ~ у него́ про́сто така́я мане́ра; э́то всего́ лишь его́ мане́ра; he has a ~ with the ladies он уме́ет нра́виться да́мам; (*preference*): have it your own ~! будь по-ва́шему!; have, get one's own ~ доб|ива́ться, -и́ться своего́; things went my ~ дела́ сложи́лись в мою́ по́льзу (*or* так, как я хоте́л); **12.** (*habit, custom*) обы́чай, привы́чка, пова́дка; ~ of life о́браз жи́зни; it is not my ~ to deceive не в моём обы́чае/хара́ктере обма́нывать; he has a ~ of not paying his bills у него́ привы́чка не плати́ть по счета́м; that's always the ~ with him он всегда́ так; that's the ~ of the world так уж заведено́/во́дится на све́те; ~ of life о́браз

жи́зни; mend one's ~s испр|авля́ться, -а́виться; fall into bad ~s пойти́ (*pf.*) по плохо́й/дурно́й доро́жке; these ideas have a ~ of turning out badly э́ти иде́и обы́чно выхо́дят бо́ком; **13.** (*state, condition*) положе́ние, состоя́ние; things are in a bad ~ пло́хо де́ло; дела́ из рук вон пло́хи; she was in a terrible ~ (*ill*) она́ была́ о́чень больна́; (*angry*) она́ была́ ужа́сно серди́та; in the family ~ в (интере́сном) положе́нии; **14.** (*scale, degree*): in a small ~ скро́мно; in a big ~ в широ́ком/большо́м масшта́бе; кардина́льно; he is a printer in a small ~ у него́ небольша́я типогра́фия; he went in for photography in a big ~ он стал занима́ться фотогра́фией всерьёз (*or* с энтузиа́змом); **15.** (*sense, respect*) смысл, отноше́ние; in a ~ в не́котором отноше́нии; в изве́стном смы́сле; in some ~s в не́которых отноше́ниях; in one ~ в одно́м смы́сле; in no ~ ничу́ть; нико́им о́бразом; were you involved in any ~? бы́ли ли вы ско́лько-нибу́дь в э́том заме́шаны?; one ~ and another во всех отноше́ниях; по ра́зным причи́нам; **16.** (*line, course*): what have we in the ~ of food? что у нас есть по ча́сти еды́?; he called there in the ~ of business он зашёл туда́ по де́лу; **17.** (*of ship etc.*): under ~ (*also* weigh) на ходу́, в пути́; have ~ on продвига́ться (*impf.*); gather ~ наб|ира́ть, -ра́ть ход; lose ~ уб|авля́ть, -а́вить ход; preparations are under ~ (сейча́с) иду́т приготовле́ния; **18.** (slip~) ста́пель (*m.*); **19.**: permanent ~ полотно́; ве́рхнее строе́ние пути́; **20.** (*Am.*): ~ station промежу́точная ста́нция, полуста́нок; ~ train по́езд, иду́щий со все́ми остано́вками.

*cpds.*: ~**bill** *n.* (*list of goods*) тра́нспортная накладна́я; ~**farer** *n.* пу́тник, стра́нник; ~**lay** *v.t.* подстер|ега́ть, -е́чь; устр|а́ивать, -о́ить заса́ду +*d.*; ~**-leave** *n.* пра́во прокла́дывать ка́бель (*m.*)/тру́бы *и т.п.*; ~**mark** *n.* ве́ха; ~**-out** *adj.* (*coll.*) замеча́тельный, не от ми́ра сего́; ~**side** *n.* обо́чина (доро́ги); (*attr.*) придоро́жный; fall by the ~side (*fig.*) выбыва́ть, вы́быть из стро́я.

**wayward** *adj.* своенра́вный, своево́льный, непоко́рный.

**waywardness** *n.* своенра́вие, своево́лие, непоко́рность.

**WC** *n.* (*abbr.*) убо́рная.

**we** *pron.* мы (*also royal, editorial*); ~ lawyers мы, адвока́ты; give us a rest! да́йте челове́ку отдохну́ть!; how are ~ feeling today? как мы себя́ сего́дня чу́вствуем?; ~ don't inform on people у нас не при́нято доноси́ть.

**weak** *adj.* **1.** (*infirm; feeble*) сла́бый; a ~ constitution хру́пкое сложе́ние; he has a ~ heart у него́ сла́бое се́рдце; a ~ imagination бе́дное воображе́ние; I feel ~ in the legs у меня́ но́ги подка́шиваются от сла́бости; a ~ old man дря́хлый стари́к; he's a bit ~ in the head он придуркова́т; their cries grew ~er их кри́ки слабе́ли/ослабева́ли; a ~ hand (*at cards*) плохи́е ка́рты; his ~ point is spelling он слаб в орфогра́фии; орфогра́фия — его́ сла́бое ме́сто; the ~est go to the wall сла́бых бьют; the ~er sex сла́бый пол; **2.** (*unconvincing*) неубеди́тельный, неоснова́тельный; the argument is too ~ to stand up э́тот до́вод соверше́нно неубеди́телен; they put up a ~ case они́ привели́ сла́бые до́воды; **3.** (*of morals or will*) безво́льный, слабово́льный, неусто́йчивый; a ~ man/character сла́бый/нереши́тельный челове́к/хара́ктер; the ~er brethren не́мощные бра́тья; in a ~ moment в мину́ту сла́бости; **4.** (*diluted; thin*) жи́дкий, сла́бый; do you like your tea ~? вы лю́бите некре́пкий/сла́бый чай?; **5.** (*gram.*) сла́бый; **6.** (*of style*) вя́лый; a ~ ending to a story вя́лый коне́ц расска́за.

*cpds.*: ~**-headed** *adj.* слабоу́мный; ~**-kneed** *adj.* (*fig.*) малоду́шный, нереши́тельный; ~**-minded** *adj.* слабоу́мный; ~**-sighted** *adj.* со сла́бым зре́нием; ~**-spirited** *adj.* малоду́шный; ~**-willed** *adj.* слабово́льный.

**weaken** *v.t.* осл|абля́ть, -а́бить; his resolve was ~ed его́ реши́мость была́ поколе́блена; ~ one's grip осла́бить (*pf.*) хва́тку.

*v.i.* слабе́ть, осла́бнуть; the frost showed no signs of ~ing моро́з упо́рствовал.

**weakling** *n.* сла́бый челове́к; хи́лый/сла́бенький ребёнок *и т.п.*

**weakly** *adj.* хи́лый, боле́зненный.

**weakness** *n.* сла́бость, хи́лость; the tests revealed ~es in the structure испыта́ния вы́явили структу́рные дефе́кты; there is a ~ in his logic в его́ ло́гике есть изъя́н; she has a ~ for him она́ пита́ет к нему́ сла́бость.

**weal**[1] *n.* (*liter.*) бла́го, благосостоя́ние; the common, public ~ бла́го о́бщества; о́бщее бла́го; in ~ and woe в сча́стье и в го́ре/беде́.

**weal**[2], **wale** *nn.* (*mark on skin*) рубе́ц.

**wealth** *n.* бога́тство; a man of ~ бога́ч; состоя́тельный челове́к; he possesses great ~ он о́чень бога́тый челове́к; the ~ of the Indies бога́тства И́ндии; ~ tax нало́г на иму́щество; (*fig., profusion*) оби́лие, изоби́лие; a ~ of illustrations оби́лие иллюстра́ций; a ~ of detail мно́жество подро́бностей/дета́лей; a ~ of experience бога́тейший о́пыт; a ~ of material огро́мный материа́л; a ~ of imagery огро́мное бога́тство о́бразов.

**wealthy** *adj.* бога́тый, состоя́тельный; the ~ богачи́ (*m. pl.*); бога́тые, иму́щие; she has a ~ appearance у неё вид бога́той же́нщины; су́дя по ви́ду, она́ бога́та.

**wean** *v.t.* отн|има́ть, -я́ть (*or* отлуч|а́ть, -и́ть) от груди́; отлуч|а́ть, -и́ть от ма́тери; (*fig.*) отуч|а́ть, -и́ть (*от чего*).

**weanling** *n.* ребёнок (*и т.п.*), (неда́вно)

о́тнятый от груди́.

**weapon** *n.* ору́жие; guided ~s управля́емые снаря́ды (*m. pl.*)/раке́ты (*f. pl.*); ~ of war боево́е сре́дство; (*fig.*) ору́дие, сре́дство; the strike was their last ~ of defence забасто́вка была́ их после́дним сре́дством защи́ты.

**weaponry** *n.* ору́жие, вооруже́ние.

**wear** *n.* **1.** (*articles or type of clothing*) оде́жда, пла́тье; beach ~ оде́жда для пля́жа; купа́льные костю́мы (*m. pl.*); children's ~ де́тская оде́жда, де́тское пла́тье; (~*ing of clothes*) но́ска, ноше́ние; in general ~ в ходу́; a suit for everyday ~ бу́дничный/повседне́вный костю́м; **2.** (*continued use as causing damage or loss of quality*) изно́с, снос; this material stands up to hard ~ э́тот матери́ал прекра́сно но́сится; show signs of ~ име́ть (*impf.*) поно́шенный/потёртый/потрёпанный вид; fair ~ and tear (*leg.*) норма́льная у́быль и норма́льный изно́с; the ~ and tear of life жи́зненные передря́ги (*f. pl.*); **3.** (*resistance to* ~) но́скость; these shoes have a lot of ~ left in them э́ти боти́нки мо́жно ещё до́лго носи́ть (*or* ещё до́лго бу́дут носи́ться).

*v.t.* **1.** (*of garments or accessories*) носи́ть (*indet.*); над|ева́ть, -е́ть; what shall I ~? что мне наде́ть?; she was ~ing light blue она́ была́ в голубо́м (пла́тье); he ~s galoshes он но́сит гало́ши; he always wore a hat он всегда́ ходи́л в шля́пе; she ~s scent она́ ду́шится; scarves are being worn this year в э́том году́ но́сят (*or* мо́дно носи́ть) ша́рфы; are you ~ing a watch? у вас есть часы́?; вы при часа́х?; worn (*used*) clothes (из)но́шенная/ста́рая оде́жда; (*of hair*): ~ one's hair long носи́ть (*indet.*) дли́нные во́лосы; ~ one's hair short ко́ротко стри́чься (*impf.*); he ~s his hair brushed back он зачёсывает во́лосы наза́д; they all wore beards они́ все носи́ли бо́роды; у них у всех бы́ли бо́роды; ~ mourning ходи́ть (*indet.*) в тра́уре; (*fig.*): ~ing a smile с улы́бкой (на лице́); ~ing a frown насу́пившись; his face ~s a worried look у него́ озабо́ченный вид; the house wore an air of neglect дом вы́глядел запу́щенным/забро́шенным; he ~s his years well он вы́глядит моложа́во (*or* моло́же свои́х лет); **2.** (*coll., usu. with neg., tolerate*): he won't ~ that excuse така́я отгово́рка у него́ не пройдёт; **3.** (*injure surface of; abrade; damage by use*) ст|ира́ть, -ере́ть; прот|ира́ть, -ере́ть; the steps are worn ступе́ни стёрлись; his cuffs are badly worn его́ манже́ты обтрёпаны; he ~s his socks into holes он изна́шивает носки́ до дыр; a well-worn suit си́льно поно́шенный костю́м; the waves have worn the stone во́лны обточи́ли/отшлифова́ли ка́мень; (*fig.*): she was worn to a shadow with worry от постоя́нной забо́ты она́ преврати́лась в тень; I had a ~ing day у меня́ был тяжёлый день; a well-worn theme изби́тая те́ма; **4.** (*produce by fric-*

*tion*): the stream wore a channel in the sand поток проры́л кана́ву в песке́; you've worn a hole in your trousers вы протёрли брю́ки (до дыр); a well-worn track проторённая доро́жка; they wore a path across the field они́ протопта́ли/протори́ли тропи́нку че́рез по́ле.

*v.i.* **1.** (*stand up to* ~) (хорошо́) носи́ться (*indet.*); быть про́чным; the play ~s well after 50 years э́та пье́са и 50 лет спустя́ отли́чно смо́трится; **2.** (*show effects of* ~): ~ thin, threadbare изн|а́шиваться, -оси́ться; истрёп|ываться, -а́ться; (*fig.*): his patience wore thin его́ терпе́ние бы́ло на исхо́де; that excuse has worn thin э́то оправда́ние звучи́т неубеди́тельно; **3.** (*progress*) подвига́ться (*impf.*); his life wore towards its close его́ жизнь бли́зилась к концу́.

*with advs.*: ~ **away** *v.t. & i.* ст|ира́ть(ся), -ере́ть(ся); weather had worn away the inscription ве́тры и дожди́ стёрли на́дпись; the cliffs were worn away in places ска́лы места́ми вы́ветрились; ~ **down** *v.t. & i.* изн|а́шивать(ся), -оси́ть(ся); the teeth were worn down to stumps от зубо́в оста́лись одни́ ко́рни; the heels have worn down very quickly каблуки́ сноси́лись о́чень бы́стро; (*fig.*): he wore down her opposition он преодоле́л её сопротивле́ние; they wore down the enemy's resistance они́ сломи́ли сопротивле́ние проти́вника; ~ **in** (*shoes*) разн|а́шивать, -оси́ть (боти́нки); ~ **off** *v.t. & i.* ст|ира́ть(ся), -ере́ть(ся); the pattern wore off узо́р стёрся; (*fig.*) (постепе́нно) проходи́ть (*impf.*); the novelty soon wore off вско́ре новизна́ вы́ветрилась; ~ **on** *v.i.*: as the evening wore on к концу́ ве́чера; ~ **out** *v.t. & i.* изн|а́шивать(ся), -оси́ть(ся); истрёп|ывать(ся), -а́ть(ся); the machine wore out маши́на срабо́талась; (*fig.*) изнур|я́ть(ся), -и́ть(ся); the children wore me out де́ти меня́ заму́чили/изму́чили; you look worn out у вас изму́ченный вид; worn-out (*of clothes etc.*) изно́шенный, сноси́вшийся, истёртый, потёртый.

**wearable** *adj.* приго́дный для но́ски.

**wearer** *n.* владе́лец, носи́тель (*fem.* -ница).

**weariness** *n.* утомле́ние; ску́ка.

**wearing** *adj.* утоми́тельный, недое́дливый.

**wearisome** *adj.* надое́дливый, ску́чный, ну́дный.

**weary** *adj.* **1.** (*tired*) уста́лый, утомлённый; ~ in body and mind уста́вший душо́й и те́лом (*or* физи́чески и духо́вно); ~ of walking уста́вший от ходьбы́; the journey made him ~ путеше́ствие его́ утоми́ло; **2.** (*tiring*) утоми́тельный; a ~ wait томи́тельное ожида́ние; ten ~ miles де́сять до́лгих миль; **3.** (*showing tiredness*) уста́вший; he gave a ~ sigh он уста́ло вздохну́л; **4.**: ~ of (*fed up with*) уста́вший от (*чего*); I was ~ of his complaints

мне надое́ли/наску́чили его́ жа́лобы.

*v.t. & i.* утом|ля́ть(ся), -и́ть(ся); I shall never ~ of hearing that tale мне никогда́ не надое́ст/наску́чит э́та исто́рия.

**weasel** *n.* ла́ска; ~ words (*fig.*) обма́нчивые слова́.

*v.i.*: ~ **out** of sth. (*fig., coll.*) увильну́ть/уклони́ться/устрани́ться (*pf.*) от чего́-н.

**weather** *n.* пого́да; bad ~ плоха́я пого́да, нена́стье; rough ~ непого́да; wet ~ дождли́вая пого́да; in all ~s в любу́ю (*or* во вся́кую) пого́ду; what's the ~ like? кака́я сего́дня пого́да?; the ~ was bad пого́ды не́ бы́ло; ~ permitting при благоприя́тной пого́де; make heavy ~ of sth. (*fig.*) осложн|я́ть, -и́ть де́ло; разд|ува́ть, -у́ть (*coll.*) (*or* преувели́чи|вать, -ть) тру́дности; under stress of ~ всле́дствие неблагоприя́тной пого́ды; protection against the ~ защи́та от непого́ды; fly above the ~ лете́ть (*det.*) над облака́ми; be, feel under the ~ (*fig.*) нева́жно себя́ чу́вствовать (*impf.*); on the ~ side, beam, bow, quarter (*naut.*) с наве́тренной стороны́; keep a ~ eye open смотре́ть (*impf.*) в о́ба; держа́ть (*impf.*) у́хо востро́; ~ forecast прогно́з пого́ды.

*v.t.* **1.** (*survive; circumvent*) выде́рживать, вы́держать; переж|ива́ть, -и́ть; перен|оси́ть, -ести́; выноси́ть, вы́нести; ~ a storm вы́держать (*pf.*) шторм; ~ a crisis перенести́/вы́держать (*pf.*) кри́зис; **2.** (*expose to atmosphere*) подв|ерга́ть, -е́ргнуть атмосфе́рным влия́ниям; (*discolour or wear away by exposure*) изн|а́шивать, -оси́ть.

*cpds.*: ~**-beaten** *adj.* обве́тренный; потрёпанный ве́трами; ~**-board** *n.* обши́вочная доска́; ~**-bound** *adj.* заде́ржанный непого́дой; ~ **bureau** *n.* бюро́ (*indecl.*) пого́ды; ~ **chart** *n.* синопти́ческая/метеорологи́ческая ка́рта; ~ **cock** *n.* флю́гер; ~**-glass** *n.* баро́метр; ~**man** *n.* метеоро́лог; ~ **map** *n.* see ~ **chart**; ~**-proof** *adj.* погодоусто́йчивый; защища́ющий от непого́ды; *v.t.* защи|ща́ть, -ти́ть от непого́ды; ~ **prophet** *n.* предска́за|тель (*m.*) пого́ды; ~**-service** *n.* метеорологи́ческая слу́жба; ~**-ship** *n.* метеорологи́ческое су́дно; ~**-station** *n.* метеорологи́ческая ста́нция; ~**-strip** *n.* во́йлочная прокла́дка; ~**-vane** *n.* флю́гер; ~**-wise** *adj.* уме́ющий предска́зывать пого́ду; ~**-worn** *adj.* пострада́вший от непого́ды.

**weav|e** *n.* тка́цкое переплете́ние; вы́работка тка́ни.

*v.t.* **1.** (*thread, flowers etc.*) плести́, с-; спле|та́ть, -сти́; впле|та́ть, -сти́; (*fig.*): he wove these incidents into his novel он вплёл э́ти эпизо́ды в ткань своего́ рома́на; **2.** (*cloth, basket etc.*) плести́, с-; ткать, со-; (*fig.*): ~e a web of intrigue плести́, с- сеть интри́г; the story was woven around one girl's life расска́з был постро́ен на материа́л биогра́фии одно́й де́вушки.

*v.i.* **1.** (*work at loom*) ткать (*impf.*); engaged in ~ing занима́ющийся тка́чеством; **2.** (*twist and turn*) снова́ть (*impf.*), идти́ (*det.*) непрямы́м путём; **3.** get ~ing! (*coll., get busy*) за рабо́ту!

**weaver** *n.* (*pers.*) ткач (*fem.* -и́ха); (*bird*) тка́чик.

**web** *n.* **1.** (*woven fabric*) ткань; **2.** (spider's ~) паути́на; (*fig.*) сеть, паути́на, сплете́ние; **3.** (*membrane*) перепо́нка.

*cpd.:* ~**-footed** *adj.* перепо́нчатый, водопла́вающий, ла́пчатый.

**webbing** *n.* тка́ный реме́нь; тка́ная ле́нта.

**wed** *v.t. & i.* (*liter.*) **1.** (*of man*) жени́ться (*impf., pf.*) на +*p.*; his ~ded wife его́ зако́нная супру́га; **2.** (*of woman*) выходи́ть, вы́йти (за́муж) за +*a.*; **3.** (*of couple*) пожени́ться (*pf.*); венча́ться, об-/по-; вступ|а́ть, -и́ть в брак; сочета́ться (*impf., pf.*) бра́ком; **4.** (*of parent*) выдава́ть, вы́дать (за́муж); **5.** (*of celebrant*) венча́ть, об-/по-; сочета́ть (*impf., pf.*) бра́ком; the newly ~ded pair новобра́чные (*pl.*), молодожёны (*m. pl.*); **6.** (*fig.*): he is ~ded to his job он (всеце́ло) пре́дан свое́й рабо́те; he is ~ded to his opinion он упо́рно де́ржится своего́ взгля́да.

**wedding** *n.* сва́дьба, бракосочета́ние; (*in church*) венча́ние; where shall we have the ~? где мы отпра́зднуем сва́дьбу?; silver/golden ~ сере́бряная/золота́я сва́дьба; ~ anniversary годовщи́на сва́дьбы; ~ breakfast приём по́сле бракосочета́ния; сва́дебный за́втрак; ~ march сва́дебный марш.

*cpds.:* ~**-cake** *n.* сва́дебный торт; ~**-day** *n.* день (*m.*) сва́дьбы; ~**-dress** *n.* подвене́чный/венча́льный/сва́дебный наря́д; ~**-night** *n.* пе́рвая бра́чная ночь; ~**-ring** *n.* обруча́льное кольцо́.

**wedge** *n.* клин; drive (in) a ~ (*lit., fig.*) вби|ва́ть, -ть клин (ме́жду +*i.*); it's the thin end of the ~ ≃ э́то цвето́чки, а я́годки (бу́дут) впереди́; a ~ of cake кусо́к то́рта; the seats were arranged in ~s кре́сла бы́ли располо́жены кли́ньями; ~ formation (*mil.*) боево́й «клин».

*v.t.* закреп|ля́ть, -и́ть кли́ном; закли́н|ивать, -и́ть; ~ in вкли́н|ивать, -и́ть; I ~d in some packing to stop the draught я наби́л в щель па́клю от сквозняка́; we were ~d in нас стисну́ли со всех сторо́н.

*cpds.:* ~**-heeled** *adj.:* ~-heeled shoe танке́тка; ~**-shaped** *adj.* клинови́дный, клинообра́зный.

**wedlock** *n.* брак, супру́жество; born in ~ законнорождённый; holy ~ свяще́нные у́з|ы (*pl., g.* —) бра́ка.

**Wednesday** *n.* среда́; Ash ~ пе́пельная среда́ (*пе́рвый день вели́кого поста́*).

**wee** *adj.* (*Sc. & coll.*) кро́шечный, ма́хонький,

малю́сенький; a ~ drop of brandy глото́чек/ка́пелька коньяку́; she's a ~ bit jealous она́ чу́точку ревну́ет.

**weed** *n.* (*in garden or field*) сорня́к; the garden ran to ~s сад заро́с сорняка́ми; (*in water*) во́доросль; the ~ (*tobacco*) таба́к; (*marijuana*) марихуа́на, «тра́вка»; (*fig., lanky or weak-looking pers.*) то́щий/долговя́зый челове́к.

*v.t.* (*clear of ~s*) поло́ть, вы-; проп|а́лывать, -оло́ть; the garden needs ~ing сад необходи́мо прополо́ть (*or* очи́стить от сорняко́в).

*with adv.:* ~ **out** *v.t.* (*eradicate, remove*) удал|я́ть, -и́ть; устран|я́ть, -и́ть; искорен|я́ть, -и́ть; he ~ed out unwanted books from the library он освободи́л библиоте́ку от нену́жных книг.

*cpds.:* ~**-grown,** ~**-infested** *adjs.* заро́сший сорняка́ми; ~**-killer** *n.* гербици́д.

**weeds** *n.:* widow's ~ вдо́вий тра́ур/наря́д.

**weedy** *adj.* (*overgrown with weeds*) заро́сший сорняка́ми; (*lanky, weakly*) худосо́чный, сла́бый, то́щий, долговя́зый.

**week** *n.* неде́ля; what day of the ~ is it? како́й сего́дня день (неде́ли)?; the ~ before last позапро́шлая неде́ля; the ~ after next че́рез две неде́ли; in the last ~ of August в после́дних чи́слах а́вгуста; Easter W~ пасха́лькая неде́ля; Low W~ Фомина́ неде́ля; a ~ (from) today (*or* today ~, *or* this day ~) ро́вно че́рез неде́лю; two ~s (from) tomorrow че́рез две неде́ли, счита́я с за́втрашнего дня; (on) Monday ~ че́рез понеде́льник; last Monday ~ в позапро́шлый понеде́льник; in a ~ че́рез неде́лю; в неде́льный срок; I haven't seen him in, for ~s я его́ давно́ не ви́дел; he stays away for ~s он неде́лями отсу́тствует; six ~s шесть неде́ль, полтора́ ме́сяца; from one ~ to the next из неде́ли в неде́лю; ~ in, ~ out (це́лыми) неде́лями; по неде́лям; three times a ~ три ра́за в неде́лю; the news is a ~ old э́та но́вость неде́льной да́вности; you're a ~ late with the rent вы задержа́ли квартпла́ту на неде́лю; at the end of the ~ в конце́ неде́ли; I'm not at home during the ~ в рабо́чие дни меня́ не быва́ет до́ма; I'll come some time during the ~ я ка́к-нибудь загляну́ на неде́ле; ~'s wages неде́льное жа́лованье; work a 40-hour ~ рабо́тать (*impf.*) со́рок часо́в в неде́лю; быть на сорокачасово́й неде́ле; working ~ рабо́чая неде́ля; I'm off on a ~'s holiday я уезжа́ю на неде́лю в о́тпуск.

*cpds.:* ~**day** *n.* бу́дний/рабо́чий день; ~day closing is on Wednesday(s) выходно́й день — среда́; my ~day clothes моя́ бу́дничная оде́жда; ~**end** *n.* коне́ц неде́ли, уике́нд; we get up late at the ~end по суббо́там и воскресе́ньям мы встаём по́здно; ~**-long** *adj.* продолжа́ющийся неде́лю; неде́льный; ~**-night** *n.* бу́дний ве́чер; ~**-old** *adj.* неде́льной да́вности.

**weekly** *n.* еженеде́льник.

*adj.* (*once a week*) еженеде́льный.

*adv.* еженеде́льно; ка́ждую неде́лю.

**weeny** *adj.* (*coll.*) кро́хотный, малю́сенький.

**weep** *n.* плач, рыда́ние; she had a good ~ она́ как сле́дует (*or* хороше́нько) вы́плакалась; she had a quiet ~ to herself она́ тихо́нько всплакну́ла.

*v.t.* пла́кать, за-; she wept bitter tears она́ го́рько пла́кала; она́ пролила́ го́рькие слёзы; he wept himself to sleep он пла́кал, пока́ не усну́л; он засну́л в слеза́х.

*v.i.* **1.** (*shed tears*) пла́кать, за-; I wept to see him go мне бы́ло жа́лко до слёз, что он ушёл/уе́хал; she wept over her misfortune она́ оплакивала своё несча́стье; he was ~ing (*mourning*) for his mother он горева́л по свое́й ма́тери; the child was ~ing for its mother ребёнок пла́кал и призыва́л свою́ мать; **2.**: ~ing willow плаку́чая и́ва; **3.** (*exude moisture*) выделя́ть, вы́делить вла́гу.

*with adv.*: ~ **out** *v.t.*: ~ one's eyes, heart out го́рько рыда́ть (*impf.*); вы́плакать (*pf.*) (все) глаза́.

**weeper** *n.* (*hired mourner*) пла́кальщи|к (*fem.* -ца).

**weepie** *n.* (*coll.*) душещипа́тельный фильм, расска́з *и т.п.*

**weepy** *adj.* (*coll.*): I feel ~ у меня́ в глаза́х защипа́ло.

**weevil** *n.* долгоно́сик.

**wee-wee** *n.* пи-пи́ (*nt. indecl.*) (*coll.*).

*v.i.* де́лать, с- пи-пи́; ходи́ть, с- по--ма́ленькому; пи́сать, на-/по-.

**w.e.f.** (*abbr.*) вступа́ющий в си́лу с +*g.*

**weft** *n.* уто́к.

**weigh** *n.*: under ~ (*naut.*) *see* WAY *n.* 17.

*v.t.* **1.** (*find or test weight of*) взве́|шивать, -сить; ~ sth. in one's hand взве́шивать (*impf.*) что-н. в руке́; ~ o.s. взве́|шиваться, -ситься; (*fig., consider; assess; compare*) взве́|шивать, -сить; обду́м|ывать, -ать; оце́н|ивать, -и́ть; ~ the consequences взве́сить (*pf.*) после́дствия; ~ one's words взве́шивать (*impf.*) (свои́) слова́; **2.** (*of ~ed object: amount to*) ве́сить (*impf.*); my luggage ~s 20 kilos мой бага́ж ве́сит 20 кило́; what do you ~? ско́лько вы ве́сите?; како́й у вас вес?; I ~ too much я ве́шу сли́шком мно́го; у меня́ сли́шком большо́й вес; **3.**: ~ anchor подн|има́ть, -я́ть я́корь; сн|има́ться, -я́ться с я́коря.

*v.i.* **1.** (*indicate weight*) пока́з|ывать, -а́ть вес; these scales ~ accurately э́ти весы́ то́чные; ~ing machine весы́(-автома́т); **2.** (*fig., be a burden*) дави́ть (*impf.*); there is something ~ing on his mind он чем-то пода́влен; что́-то угнета́ет/гнетёт его́; the crime ~ed heavy on his conscience преступле́ние лежа́ло тя́жким бре́менем/ка́мнем на его́ со́вести; **3.** (*fig., have influence or importance*) име́ть (*impf.*) вес/

значе́ние/влия́ние; this is the consideration which ~s with me (и́менно) э́то соображе́ние для меня́ чрезвыча́йно ва́жно; her evidence will ~ against him её показа́ния бу́дут не в его́ по́льзу.

*with advs.*: ~ (**t**) **down** *v.t.* (*burden*) отяго|ща́ть, -ти́ть; the branches were ~ed down with, by fruit ве́тви гну́лись под тя́жестью плодо́в; (*fig.*) угнета́ть (*impf.*); тяготи́ть (*impf.*); he was ~ed down with care он был угнетён/пода́влен забо́той (*or* обременён забо́тами); ~ **in** *v.i.* (*be ~ed before contest*) взве́|шиваться, -ситься пе́ред соревнова́нием; (*coll., intervene forcefully*): they ~ed in with a powerful argument они́ вы́двинули си́льный аргуме́нт/до́вод; ~ **out** *v.t.* отве́|шивать, -сить; he ~ed out half a pound of cheese он отве́сил полфу́нта сы́ра; *v.i.* (*of jockey*) взве́|шиваться, -ситься по́сле состяза́ния; ~ **up** *v.t.* (*lit., fig.*) взве́|шивать, -сить; (*fig.*) оце́н|ивать, -и́ть.

*cpds.*: ~**bridge** *n.* весы́-платфо́рма; мостовы́е весы́; ~**-house** *n.* весова́я; ~**-in** *n.* (*sport*) взве́шивание боксёра/жоке́я пе́ред состяза́нием.

**weight** *n.* **1.** (*phys., gravitational force; relative mass; this expressed on a scale*) вес; 3lbs in ~ ве́сом в три фу́нта; goods sold by ~ това́р, продаю́щийся на вес (*or, coll.,* вразвесну́ю); he gave me short ~ он меня́ обве́сил; what is your ~? ско́лько вы ве́сите?; како́й у вас вес?; we are the same ~ у нас одина́ковый вес; I have to watch my ~ мне прихо́дится следи́ть за фигу́рой/ве́сом; gain, put on ~ приб|авля́ть, -а́вить в ве́се; толсте́ть, по-; попр|авля́ться, -а́виться; lose ~ теря́ть, по- в ве́се; худе́ть, по-; he is under/over ~ он ве́сит сли́шком ма́ло/мно́го; он недове́шивает/перевешивает; he is worth his ~ in gold таки́е как он — на вес зо́лота; э́то зо́лото, а не челове́к; pull one's ~ (*fig.*) выполня́ть, вы́полнить свою́ до́лю рабо́ты; throw one's ~ about (*fig.*) распоряжа́ться (*impf.*); кома́ндовать (*impf.*); **2.** (*load*) тя́жесть, груз; (*fig.*) бре́мя (*nt.*); the pillars take all the ~ коло́нны несу́т всю нагру́зку; that chair won't take, stand your ~ э́тот стул не вы́держит ва́шего ве́са; don't put too much ~ on that shelf не перегружа́йте э́ту по́лку; take the ~ off your feet (*coll., sit down*) прися́дьте; it was a great ~ off my mind у меня́ ка́мень с души́ свали́лся; ~ of responsibility бре́мя отве́тственности; dead ~ мёртвый груз; (*pressure*) нажи́м; you put too much ~ on the pen вы сли́шком (си́льно) нажима́ете на перо́; (*impact*) си́ла уда́ра; they bore the main ~ of the attack они́ при́няли (на себя́) гла́вный уда́р; **3.** (*object for weighing or ~ing*) ги́ря; a 2lb ~ двухфу́нтовая ги́ря; **4.** (*importance; influence*) вес; влия́ние; авторите́т; the ~ of evidence is against him все свидетельства, в основном, против него; his arguments are without ~ его доводы неосновательны; his opinion carries great ~ с его мнением очень считаются; он пользуется большим влиянием/авторитетом; this adds ~ to his words это придаёт вес его словам.

*v.t.* **1.** (*attach a ~ to; make heavier*) утяжел|ять, -ить; a stick ~ed with lead палка, утяжелённая свинцом; (*reinforce, of fabric*) утяжел|ять, -ить; **2.** (*add compensatory factor to*): salary ~ed by allowances зарплата, дополненная финансовыми льготами; London ~ing тарифная надбавка для работающих в Лондоне; the system was ~ed in their favour система предоставляла им привилегии.

*with adv.*: ~ **down** *v.t. see* WEIGH **down.**

*cpds.*: ~-**lifter** *n.* штангист (*fem.* -ка); ~-**lifting** *n.* поднятие тяжестей; тяжёлая атлетика; ~-**watcher** *n.* человек, стремящийся сбросить лишний вес; человек, следящий за своей фигурой; ~-**watching** *n.* контроль (*m.*) за своим весом.

**weightless** *adj.* невесомый.

**weightlessness** *n.* невесомость.

**weighty** *adj.* (*heavy*) тяжёлый, грузный; (*important*) важный, веский, весомый; (*influential*) влиятельный, авторитетный.

**weir** *n.* плотина, водослив.

**weird** *n.* (*Sc.*): dree one's ~ смир|яться, -иться с судьбой.

*adj.* **1.** (*unearthly, uncanny*) таинственный, сверхъестественный; the ~ sisters (*witches*) ведьмы (*f. pl.*); **2.** (*strange, frightening*) странный, жуткий.

**weirdness** *n.* таинственность, странность; жуткость.

**weirdo** *n.* псих (*coll.*).

**Welch** *see* WELSH.

**welcome** *n.* приём, приветствие; bid s.o. ~ приветствовать (*impf.*) кого-н.; he got a great ~ from the audience публика оказала ему горячий приём; they gave us a warm ~ они нас радушно приняли; he outstayed his ~ он пересидел; он злоупотребил гостеприимством (своих) хозяев; он надоел (своим) хозяевам.

*adj.* **1.** (*gladly received*) желанный; a ~ guest желанный/дорогой гость; this is ~ news это радостное/приятное известие; make s.o. (feel) ~ оказ|ывать, -ать кому-н. радушный приём; a ~ gift подарок, пришедшийся кстати (*or* кому-н. по вкусу); **2.** (*pred., ungrudgingly permitted*): you are ~ to take it пожалуйста, берите!; anyone is ~ to my share я с удовольствием уступлю свою долю кому угодно; you may have it and ~ берите себе на здоровье; if you think you can do better you're ~ to try если думаете, что у вас выйдет

лучше — пожалуйста, (по)пробуйте; you're ~! (*esp. Am.: no thanks are required*) пожалуйста!; не за что!; на здоровье!

*v.t.* приветствовать (*impf.*); охотно прин|имать, -ять; встр|ечать, -етить тепло/ радушно; she ~d her guests at the door она приветствовала гостей в дверях; a welcoming smile приветливая улыбка; I ~ the suggestion я приветствую это предложение; I would ~ the opportunity я был бы рад (такому) случаю; I ~d his action я был доволен его поступком; his arrival was ~d by all все радовались его приезду/появлению; they were ~d by gunfire их встретили артиллерийским огнём.

*int.* добро пожаловать!; милости просим!

**weld** *n.* сварное соединение; сварной шов.

*v.t. & i.* свар|ивать(ся), -ить(ся); паять (*impf.*); (*fig.*) спл|ачивать, -отить; объедин|ять, -ить.

*with advs.*: ~ **on** *v.t.* привар|ивать, -ить; припа|ивать, -ять; ~ **together** *v.t.* (*lit., fig.*) свар|ивать, -ить; спа|ивать, -ять; (*fig.*) спл|ачивать, -отить; объедин|ять, -ить.

**welder** *n.* сварщик.

**welding** *n.* сварка; arc ~ дуговая сварка; ~ torch сварочная горелка.

**welfare** *n.* (*well-being*) благосостояние; (*organized provision for social needs*) социальное обеспечение; the W~ State государство всеобщего благосостояния/благодействия; ~ work работа по улучшению бытовых условий; благотворительность.

**welkin** *n.* (*arch.*): their cries made the ~ ring их крики сотрясали небеса/воздух.

**well**[1] *n.* (*for water*) колодец; (*for oil*) нефтяная скважина; (*mineral spring*) источник; (*fig., source*) родник; (stair-~) пролёт лестницы; лестничная клетка.

*v.i.* (*spring up; gush*) бить (*impf.*) ключом; хлынуть (*pf.*); blood ~ed out of the wound кровь хлынула из раны; tears ~ed up in her eyes её глаза наполнились слезами.

*cpds.*: ~-**deck** *n.* колодезная палуба; ~-**head**, ~-**spring** *nn.* (*source*) источник, родник, ключ; ~-**water** *n.* родниковая/ колодезная вода.

**well**[2] *adj.* (*usu. pred.*) **1.** (*in good health*) здоровый; I haven't been ~ мне нездоровилось; I am quite ~ again я совсем выздоровел/поправился; he is not a ~ man он человек болезненный; you don't look ~ вы плохо выглядите; **2.** (*right, satisfactory*): all's ~ всё хорошо/прекрасно; всё в порядке; all is not ~ in that family в этой семье не всё благополучно; ~ and good (ну и) прекрасно; тем лучше; ладно; хорошо; пусть так; **3.** (*well off, fortunate*): you are ~ out of his company ваше счастье, что вы (больше) с ним не общаетесь/водитесь; **4.** (*as n.*): leave ~ alone от добра́ добра́ не и́щут; лу́чшее — враг хоро́шего; **5.** (just) (as) ~ (*advisable*): it would be (as) ~ to ask не меша́ло бы (*or* сто́ило бы) спроси́ть; it may be as ~ to explain пожа́луй, сто́ит объясни́ть; (*fortunate*): 'I'll pay' – 'That's just as ~, because I have no money' «Я заплачу́» — «Отли́чно — тем бо́лее, что я без де́нег»; *see also adv.,* **10**; **6.**: ~ enough; all very ~ (*tolerable*) вполне́ го́дный; сно́сный; неплохо́й; по-сво́ему хоро́ший; margarine is ~ enough in its way, but I prefer butter марга́ри́н — вещь неплоха́я, но я предпочита́ю ма́сло; smoking is all very ~ in moderation уме́ренное куре́ние — вещь сно́сная; that's all very ~, but . . . всё так (*or* э́то прекра́сно), но . . .; **7.** all very ~ (*easy, convenient*): it's all very ~ for you, you're not a woman ва́м-то что — вы не же́нщина!; it's all very ~ to say that afterwards легко́ говори́ть за́дним число́м.

*adv.* **1.** (*satisfactorily*) хорошо́; I did not sleep ~ я пло́хо спал; ~ done! здо́рово!; молоде́ц!; ~ begun is half done лиха́ беда́ нача́ло; extremely ~ отли́чно; perfectly ~ прекра́сно; pretty ~ вполне́ хорошо́; сно́сно; (*nearly*) почти́; (*considerably*) значи́тельно; **2.** (*very, thoroughly; properly*) о́чень, весьма́, хоро-ше́нько; как сле́дует; I was ~ pleased я был о́чень дово́лен; ~ done (*of food*) (хорошо́) прожа́ренный; I am ~ aware of it я э́то прекра́сно зна́ю; ~ and truly оконча́тельно, реши́тельно; they were ~ and truly beaten они́ бы́ли разби́ты на́голову (*or* в пух и прах); you are ~ able to do this yourself вы прекра́сно мо́жете с э́тим спра́виться са́ми; the picture was ~ worth £2000 э́та карти́на вполне́ сто́ила двух ты́сяч фу́нтов; he can't leave ~ alone он ве́чно перестара́ется/перемудри́т; **3.** (*considerably: esp. with advs. & preps.*) гора́здо, далеко́; ~ on in life в года́х; немолодо́й, пожило́й; ~ up in the list в са́мом нача́ле спи́ска; ~ over retiring age мно́го ста́рше пенсио́нного во́зраста; ~ past 40 далеко́ за со́рок; ~ in the lead мно́го впереди́; ~ into the night далеко́ за́ полночь; **4.** (*favourably*): ~ off бога́тый; состоя́тельный; зажи́точный; ~ off for обеспе́ченный +*i.*; he doesn't know when he's ~ off он не зна́ет своего́ сча́стья; I wish him ~ я ему́ жела́ю благополу́чия; his teacher thinks ~ of him учи́тель о нём хоро́шего мне́ния; his manners speak ~ for his upbringing по его́ мане́рам ви́дно, что он получи́л хоро́шее воспита́ние; it speaks ~ for his courage э́то свиде́тельствует о его́ хра́брости; **5.** (*fortunately, successfully*) уда́чно, благополу́чно; all went ~ всё прошло́/сошло́ благополу́чно; he did very ~ for himself он прекра́сно устро́ил свои́ дела́; some firms did ~ out of the war не́которые фи́рмы нажи́ли́сь на войне́; ~ met! уда́чная встре́ча!; **6.** (*comfortably,*

*affluently*): live ~ жить (*impf.*) в доста́тке; do o.s. ~ ни в чём себе́ не отка́зывать (*impf.*); **7.** (*wisely*) разу́мно, пра́вильно; he did ~ to ask for his money back он пра́вильно сде́лал, что попроси́л де́ньги наза́д; you would do ~ to insure your luggage вам бы сле́довало застрахова́ть свой бага́ж; you would be ~ advised to stay бы́ло бы благоразу́мно с ва́шей стороны́ оста́ться (*or* не уезжа́ть/уходи́ть); **8.** (*probably, indeed, reasonably*): it may ~ be true э́то вполне́ возмо́жно; не исключено́, что э́то так; you may ~ ask вопро́с нели́шний; one cannot ~ refuse неудо́бно отказа́ть; как здесь отка́жешь?; you may ~ be surprised вы име́ете все основа́ния удивля́ться; we might ~ try о́чень сто́ит попыта́ться/попро́бовать; **9.** as ~ (*in addition*) вдоба́вок; сверх того́; то́же; та́кже; заодно́; there was meat as ~ as fish там была́ не то́лько ры́ба, но и мя́со; там бы́ли и ры́ба и мя́со; **10.**: as ~ (*with equal reason or profit*) с таки́м же основа́нием/успе́хом; (you, he *etc.*) may, might as ~ (*expr. recommendation*) не меша́ло бы; пожа́луй; почему́ бы не; you may as ~ take an umbrella на вся́кий слу́чай прихвати́те (*or* сто́ит захвати́ть) зо́нтик с собо́й; as you've bought the book, you may as ~ use it поско́льку вы купи́ли кни́гу, почему́ бы вам е́ю не по́льзоваться?; *cf. adj.,* **5.**

*int.* ну; ну а; (*expr. surprise*) ну!; вот те ра́з!; ~, I never! вот те на́!; поду́мать то́лько!; вот каки́е дела́!; ~, ~! ну и ну!; ~, of all the cheek! ну и наха́льство же!; (*expr. expectation*): ~ then? ну как?; ну так что же?; (*impatient or emphatic interrogation*): ~, what do you want? ну, так чего́ вы хоти́те?; ~, what's it about? да в чём де́ло?; (*agreement*): very ~, I'll do it хорошо́, я э́то сде́лаю; (*qualified acceptance*): ~, but what about my wife? ну, а как насчёт жены́?; (*concession*): ~, you can come if you like что ж(е), е́сли хоти́те, приходи́те; ~, you may be right что ж(е), мо́жет вы и пра́вы; ah, ~, in that case ну, в тако́м слу́чае (*or* раз так); (*resignation*): oh ~, it can't be helped (ну) что ж, ничего́ не поде́лаешь; (*summing up*) ну (вот); ~ then (ну) так вот; (*resumption*): ~, as I was saying ита́к, как я говори́л; (*indecision, explanation*) да . . .; ~, I'm not sure ви́дите ли, я не уве́рен; ~, I only arrived today ви́дите ли, я то́лько сего́дня прие́хал; ~, he says he must see you да вот, он говори́т, что ему́ необходи́мо с ва́ми повида́ться.

*cpds.*: ~**-advised** *adj.* благоразу́мный, му́дрый; ~**-aimed** *adj.* ме́ткий; ~**-appointed** *adj.* хорошо́ обору́дованный/снаряжённый; ~**-balanced** *adj.* уравнове́шенный, разу́мный; сбаланси́рованный; a ~-balanced diet рациона́льная дие́та; ~**-behaved** *adj.*

(благо)воспи́танный; хоро́шего поведе́ния; ~**-being** *n.* благополу́чие, благосостоя́ние; ~**-beloved** *adj.* люби́мый, возлю́бленный; ~**-born** *adj.* хоро́шего/благоро́дного/аристократи́ческого происхожде́ния; родови́тый; ~**-bred** *adj.* (благо)воспи́танный; (*horse*) поро́дистый; чистокро́вный; хоро́ших крове́й; ~**-built** *adj.* (*pers.*) хорошо́ сложённый; ~**-chosen** *adj.* уда́чно подо́бранный; ~**-conducted** *adj.* хорошо́, хорошо́ поста́вленный/организо́ванный; ~**-connected** *adj.* име́ющий (ро́дственные) свя́зи (в вы́сшем све́те); ~**-defined** *adj.* отчётливый, определённый; стро́го оче́рченный; ~**-deserved** *adj.* заслу́женный; ~**-directed** *adj.* ме́ткий; то́чный; то́чно напра́вленный; ~**-disposed** *adj.* благожела́тельный; благосклонный; ~**-earned** *adj.* заслу́женный; ~**-educated** *adj.* образо́ванный; ~**-favoured** *adj.* краси́вый; привлека́тельный; ~**-fed** *adj.* отко́рмленный, сы́тый, то́лстый; ~**-found** *adj.* хорошо́ обору́дованный/снаряжённый; ~**-founded**, ~**-grounded** *adjs.* обосно́ванный, аргументи́рованный; ~**-groomed** *adj.* ухо́женный, хо́леный; ~**-grounded** *adj. see* ~**-founded**; ~**-grown** *adj.* ро́слый; развито́й; ~**-heeled** *adj.* (*coll.*) состоя́тельный; ~**-informed** *adj.* зна́ющий; све́дущий; хорошо́ осведомлённый; ~**-intentioned** *adj.* де́йствующий/сде́ланный из лу́чших побужде́ний; ~**-judged** *adj.* проду́манный, разу́мный; ~**-kept**, ~**-run** *adjs.* содержа́щийся в поря́дке; the date was a ~-kept secret да́та держа́лась (до сих пор) в глубо́кой та́йне; ~**-knit** *adj.* (*fig.*) сплочённый, кре́пкий; ~**-known** *adj.* (*of pers.*) изве́стный, знамени́тый; (*of facts*) (обще-)изве́стный; ~**-looking** *adj.* здоро́вый на вид; ~**-made** *adj.* хорошо́/иску́сно/мастерски́ сде́ланный; а ~-made suit хорошо́ скро́енный костю́м; ~**-mannered** *adj.* воспи́танный; с хоро́шими мане́рами; ~**-marked** *adj.* отчётливый, заме́тный; ~**-matched** *adj.* подходя́щий; а ~-matched couple подходя́щая па́ра; ~**-meaning** *adj.* (*of pers.*) де́йствующий из лу́чших побужде́ний; ~**-meant** *adj.* сде́ланный/ска́занный из лу́чших побужде́ний; ~**-nigh** *adv.* (*liter.*) почти́; ~**-off** *adj.* состоя́тельный; зажи́точный; обеспе́ченный; ~**-oiled** *adj.* (*drunk*) косо́й (*coll.*); подвы́пивший; ~**-ordered**, ~**-regulated**, ~**-run** *adjs.* хорошо́ организо́ванный/поста́вленный; ~**-paid** *adj.* хорошо́ опла́чиваемый; высокоопла́чиваемый; ~**-preserved** *adj.* (*of pers.*) хорошо́ сохрани́вшийся; ~**-proportioned** *adj.* пропорциона́льный; с хоро́шими пропо́рциями; ~**-read** *adj.* начи́танный; эруди́рованный; ~**-regulated** *adj. see* ~**-ordered**; ~**-remembered** *adj.* па́мятный; незабве́нный; ~**-rounded** *adj.* окру́глый; (*fig.*) закруглён-

ный; пла́вный; ~**-run** *adj. see* ~**-ordered**, ~**-kept**; ~**-set-up** *adj.* скла́дный; ~**-situated** *adj.* хорошо́/удо́бно располо́женный; ~**-spent** *adj.* потра́ченный не зря (*or* с то́лком); ~**-spoken** *adj.* учти́вый; ~**-taken** *adj.* ме́ткий; ~**-thought-of** *adj.* уважа́емый, почита́емый, по́льзующийся хоро́шей репута́цией; ~**-thought-out** *adj.* проду́манный; ~**-thumbed** *adj.* захва́танный (*coll.*) замусо́ленный; ~**-timed** *adj.* то́чно/хорошо́ рассчи́танный; своевре́менный; ска́занный/сде́ланный кста́ти; ~**-to-do** *adj.* состоя́тельный; зажи́точный; обеспе́ченный; ~**-trained** *adj.* вы́ученный, вы́школенный, обу́ченный; ~**-tried** *adj.* испы́танный, прове́ренный; ~**-trodden** *adj.* проторённый, исхо́женный; ~**-turned** *adj.* (*of speech etc.*) отто́ченный, уда́чно вы́раженный; ~**-wisher** *n.* доброжела́тель (*fem.* -ница); ~**-worn** *adj.* (*lit.*) поно́шенный; (*fig., trite*) изби́тый, иста́сканный.

**wellington**[1] *n.* **1.** (*hist.*) высо́кий сапо́г; **2.** (*pl.*) рези́новые сапоги́ (*m. pl.*).

**Wellington**[2] *n.* (*geog.*) Уэ́ллингтон; (*as title*) Ве́ллингтон.

**Welsh**[1] *n.* **1.**: the ~ (*pl., people*) валли́йцы (*m. pl.*), уэ́льсцы (*m. pl.*); **2.** (*language*) валли́йский язы́к.
*adj.* валли́йский, уэ́льский; ~ rabbit, rarebit грено́к с сы́ром.
*cpds.*: ~**man** *n.* валли́ец, уэ́льсец; ~**woman** *n.* валли́йка, уроже́нка Уэ́льса.

**welsh**[2] *v.i.* (*coll.*) скры|ва́ться, -ться не уплати́в (*долга, проигрыша*); ~ on s.o. обст|авля́ть, -а́вить кого́-н.

**welsher** *n.* жу́лик.

**welt** *n.* (*of shoe*) рант; (*weal*) рубе́ц (*от уда́ра плетью и т.п.*); (*heavy blow*) си́льный уда́р; (*border of garment*) обши́вка, оторо́чка.
*v.t.* (*shoe*) шить, с- на ранту́.

**Weltanschauung** *n.* мировоззре́ние.

**welter** *n.* (*confusion*) сумбу́р, пу́таница; (*disorderly mixture*) меша́нина; хао́с; a ~ of new ideas це́лый водоворо́т но́вых иде́й.
*v.i.* (*roll*; *wallow*) валя́ться (*impf.*); бара́хтаться (*impf.*); ~ in one's blood лежа́ть (*impf.*) в лу́же кро́ви.
*cpd.*: ~**weight** *n.* боксёр/боре́ц второ́го полусре́днего ве́са.

**Weltschmerz** *n.* мирова́я скорбь.

**wen** *n.* жирови́к, жирова́я ши́шка.

**Wenceslas** *n.* (*Czech hist.*) Ва́цлав.

**wench** *n.* де́вка.

**Wend**[1] *n.* венд.

**wend**[2] *v.t.*: ~ one's way держа́ть (*impf.*) путь.

**werewolf** *n.* челове́к-волк; оборотень (*m.*).

**west** *n.* за́пад; in the ~ на за́паде; to the ~ of к за́паду от +*g.*; за́паднее +*g.*; the W~ (*pol.*) За́пад; (*western USA*) за́падные шта́ты (*m. pl.*); the Wild W~ ди́кий за́пад; ~ country западная часть Áнглии; W~ End Уэст-Энд; W~ Side Уэст-Сáйд; ~ wind зáпадный вéтер.

*adv.* к зáпаду; на зáпад; due ~ of прямо на зáпад от +*g.*; go ~ (*fig.*) (*coll., fig.*) умерéть, исчéзнуть, пропáсть (*all pf.*).

*cpds.*: ~**bound** *adj.* двúжущийся на зáпад; ~**-by-north** *adv.* вест-тень-нóрд; ~**-by-south** *adv.* вест-тень-зюйд; ~**-north-**~ *adv.* вест-норд-вéст; ~**-south-**~ *adv.* вест-зюйд-вéст.

**westering** *adj.* (*of sun*) закáтывающийся.

**westerly** *n.* (*wind*) зáпадный вéтер.

*adj.* зáпадный; (*of wind*) с зáпада.

*adv.* (*westwards*) к зáпаду, на зáпад.

**western** *n.* вéстерн, ковбóйский ромáн/фильм.

*adj.* зáпадный.

*cpd.*: ~**most** *adj.* сáмый зáпадный.

**westerner** *n.* жúтель (*m.*) зáпада.

**westernization** *n.* внедрéние зáпадного óбраза жúзни.

**westernize** *v.t.* внедр|ять, -úть зáпадный óбраз жúзни в +*a.*

**westward** *n.*: to (the) ~ к зáпаду, на зáпад.

*adj.* зáпадный.

**westwards** *adv.* к зáпаду; на зáпад.

**wet** *n.* **1.** (*liquid*; *moisture*): there is some ~ on the floor на полý какáя-то водá; **2.** (*rain*): come in out of the ~ входúте, не стóйте под дождём!

*adj.* **1.** (*covered, soaked or splashed with water etc.*) мóкрый, сырóй, влáжный; ~ through (*or* to the skin*) промóкший до нúтки; grass ~ with dew росúстая травá; травá, покрытая росóй; her cheeks were ~ with tears её лицó было мóкрым от слёз; my feet are ~ у меня промóкли нóги; get ~ промóкнуть (*pf.*); I got my suit ~ мой костюм промóк; the baby is ~ ребёнок мóкрый; ~ dock мóкрый док; приливнóй бассéйн; ~ dream (*coll.*) эротú- ческий сон, вызывáющий поллюцию; ~ fish свéжая (некопчёная) рыба; ~ mud жúдкая грязь; ~ pack влáжное обёртывание; wring- ing ~ мóкрый, хоть выжимáй; he's still ~ behind the ears (*coll.*) у негó молокó ещё на губáх не обсóхло; **2.** (*rainy*) дождлúвый; it looks like being ~ today похóже, что день бýдет дождлúвым; we are in for a ~ spell начинáется/наступáет перúод дождéй; **3.** (*in liquid state*) сырóй, жúдкий; ~ paint свéжая крáска; W~ Paint осторóжно, окрáшено!; the ink was still ~ чернúла ещё не просóхли; **4.** (*allowing sale of liquor*) не принявший су- хóго закóна; a ~ state «мóкрый» штат (*где разрешается продажа алкогольных напитков*); **5.** (*coll., inept; spineless*) вялый, малодýшный, мягкотéлый.

*v.t.* (*make* ~) мочúть, на-; см|áчивать, -очúть; увлажн|ять, -úть; ~ting agent увлаж- нúтель (*m.*); the child ~ itself ребёнок обмочúлся/описáлся; the child ~ its bed ребёнок описáл/написáл в постéль; the child ~s its bed ребёнок мóчится в постéли; (*fig.*): ~ one's whistle (*coll.*) промочúть (*pf.*) гóрло; ~ a bargain вспрыс|кивать, -нуть сдéлку.

*cpd.*: ~**-nurse** *n.* кормúлица; *v.t.* кормúть (*impf.*) грýдью; (*fig.*) няньчиться (*impf.*) с +*i.*

**wether** *n.* валýх; кастрúрованный барáн.

**wetness** *n.* влáжность, сырость.

**whack** *n.* (*blow*; *sound of blow*) удáр; звук удáра; (*coll., share*) закóнная/причитáю- щаяся дóля; (*coll., attempt*): have a ~ пытáться, по-.

*v.t.* **1.** (*coll., beat*) бить, по-; колотúть, от-; I feel ~ed (*exhausted*) я чýвствую себя вконéц разбúтым; **2.** ~ up (*coll., produce by energetic action*) произв|одúть, -естú; I'll just ~ up a meal я нáскоро что-нибудь состряпаю.

**whacking** *n.* пóрка.

*adj. & adv.* (*sl.*) здорóвый, здоровéнный; а ~ (great) lie чудóвищная ложь.

**whacko** *int.* здорóво!; блеск! (*coll.*).

**whale** *n.* **1.** кит; **2.**: а ~ of a ... (*coll.*) огрóмный; замечáтельный; we had a ~ of a time мы потрясáюще/здорóво провелú врéмя.

*cpds.*: ~**-boat** *n.* китобóйное сýдно; ~**bone** *n.* китóвый ус; ~**-oil** *n.* китóвый жир; вóрвань.

**whaler** *n.* (*man*) китолóв, китобóй; (*ship*) китобóйное сýдно.

**whaling** *n.* охóта на китóв; китобóйный прóмысел.

*cpd.*: ~**-gun** *n.* гарпýнная пýшка.

**wham** (*also* **whang**) *n. & int.* удáр; бум!; хлоп!

*v.t.* уд|арять, -áрить в +*a.*

**wharf** *n.* прúстань, нáбережная.

*v.t.* (*moor at* ~) швартовáть, при- у прúстани.

**wharfage** *n.* (*accommodation*) прúстанское устрóйство; (*charge*) прúстанские сбóры (*m. pl.*).

**wharfinger** *n.* владéлец прúстани.

**what** *pron.* **1.** (*interrog.*) что?; что же?; ~'s that? что это (такóе)?; ~ (did you say)? как (вы сказáли)?; что?; ~, me? как, я?; что, я?; ~ you here again! как, вы опять здесь!; ~'s that to you? а вам какóе (*or* что за) дéло (до этого)?; а вáм-то что?; ~ is that in Russian? как это по-рýсски?; ~ is it?; ~'s the matter? в чём дéло?; ~ stung me? кто меня укусúл?; ~ is he? (*by occupation*) чем он занимáется?; кто он?; кем он рабóтает?; ~ is she like? (*in appearance*) какáя онá из себя (*or* внéшне)?; как онá выглядит?; (*in character*) какáя онá?; что онá собóй представляет?; ~ do you want to be? (*to a child*) кем ты хóчешь стать?; ~ (sex) is their new baby? кто у них родúлся?; ~'s the weather like? какáя погóда?; ~ does it look like? как это выглядит?; ~ does it taste like? каковó это на вкус?; ~ was the film like? ну, как фильм?; ~ is the price?; ~ does it cost?

ско́лько э́то сто́ит?; ~ are potatoes today? почём сего́дня карто́шка?; ~'s the date? како́е/кото́рое сего́дня число́?; ~ is his name? как его́ зову́т?; как его́ фами́лия?; ~ are their names? назови́те их фами́лии; ~'s the news? каки́е но́вости?; что слы́шно но́вого?; ~ do you think? как вы ду́маете?; каково́ ва́ше мне́ние?; ~ do you think about this? что вы ду́маете об э́том?; ~ the devil! како́го чёрта!; ~ about money? а де́ньги? как насчёт де́нег?; ~ about the cat? ну, а как ко́шка?; как быть с ко́шкой?; ~ about it? (*what relevance has it?*) ну и что из э́того?; (*shall we?*) ну так как?; ~ about a walk? не пройти́сь ли нам?; ~ of it? ну и (да́льше) что?; ну, и так что ж?; ~ does it matter? како́е э́то име́ет значе́ние?; не всё ли равно́?; ~ more can I say? что я могу́ ещё сказа́ть?; ~ are you looking at? на что вы смо́трите?; ~ for? заче́м?; к чему́?; ~ do you take me for? за кого́ вы меня́ принима́ете?; ~ is this box for? для чего́ э́та коро́бка?; ~ (ever) did you come for? заче́м (то́лько) вы пришли́?; ~ do I want this money for? на что мне э́ти де́ньги?; I'll give you ~ for! я вам покажу́/дам!; ~ are you talking about? о чём вы говори́те?; ~ has it to do with me? при чём тут я?; ~ do I care? како́е мне де́ло?; ~'s up? (*coll.*) в чём де́ло?; что случи́лось?; ~'s the use of trying? како́й смысл (*or* к чему́) стара́ться?; ~ exactly что и́менно?; ~ next! ещё чего́!; до чего́ дошли́?; ~ then? (*in that case*); (*coll.*) so ~? ну и что?; (~ *do we do then?*) что тогда́ (де́лать)?; (~ *happened then?*) а да́льше что?; ~ though we are poor? что из того́, что мы бе́дны?; ~ if . . .? а что, как . . .?; ~ if he refuses (after all)? а вдруг он отка́жется?; are you trying to be funny *or* ~? вы что, шу́тите?!; ~ ho! (*greeting*) приве́т!; (*toast*) ва́ше здоро́вье!; . . . and ~ not, and ~ have you (*coll.*) и так да́лее; и тому́ подо́бное; и всё тако́е про́чее; **2.** (*rel.: that which; the things which*) (то,) что; ~ is so annoying is . . . что осо́бенно доса́дно, э́то . . .; and, ~ is more . . . к тому́ же . . .; бо́льше/ма́ло того́, . . .; ~ I like is music что я люблю́, так э́то му́зыку; ~ is missing is a guarantee чего́ нет (*or* не хвата́ет) — э́то гара́нтии; ~ followed is unknown дальне́йшее неизве́стно; he is sorry for ~ happened он жале́ет о случи́вшемся; this is ~ I mean вот что я име́ю в виду́; ~ is called a truce так называ́емое переми́рие; tell me ~ you remember расскажи́те мне всё, что по́мните; give me ~ you can да́йте мне ско́лько мо́жете; she knows ~'s ~ она́ зна́ет, что к чему́; I'll see ~ I can do я постара́юсь сде́лать, что могу́; (do) you know ~? I'll tell you ~! зна́ете что?; что я вам скажу́!; у меня́ иде́я!; not but ~ he sympathized не то́, что́бы он не сочу́вствовал; I don't know but ~ I shall go как

знать, мо́жет я и пойду́; я не уве́рен, что не пойду́; ~ with one thing and another то из-за одного́, то из-за друго́го; ~ with all these interruptions, we never got finished со все́ми э́тими поме́хами мы ника́к не могли́ ко́нчить; **3.** (*whatever*): I will do ~ I can я сде́лаю (всё), что смогу́; say ~ you like, I think it's unfair что бы вы ни говори́ли, по-мо́ему э́то несправедли́во; come ~ may что бы ни произошло́; будь что бу́дет; **4.** (*exclamatory*): ~ it is to have a good wife! что зна́чит име́ть хоро́шую жену́!; ~ I wouldn't give for a cup of tea! я бы всё о́тдал за ча́шку ча́я!; ~ she must have suffered! что она́ должна́ была́ пережи́ть!; ~ didn't we do! чего́ мы то́лько не де́лали!; ~ a lot of . . .! ско́лько +g. . . .!

*adj.* **1.** (*interrog.*) како́й; како́в?; ~ colour are his eyes? како́го цве́та у него́ глаза́?; ~ chance is there of success? каковы́ ша́нсы на успе́х?; ~ kind of (a) како́й; ~ kind of a man are you? что вы за челове́к?; ~ news is there? что но́вого?; каки́е но́вости?; ~ time is it? кото́рый час?; ~'s the use? что то́лку?; како́й смысл?; find out ~ trains there are узна́ть (*pf.*), каки́е есть поезда́; **2.** (*rel.*): ~ friends I make is no concern of yours не ва́ше де́ло, с кем я дружу́; I have brought ~ food I need for the journey я взял с собо́й сто́лько еды́, ско́лько мне пона́добится на вре́мя пое́здки; ~ little he published то немно́гое, что он напеча́тал; I gave him ~ money I had я о́тдал ему́ все де́ньги, каки́е у меня́ бы́ли; **3.** (*exclamatory*): ~ a fool he is! ну и дура́к же он!; ~ an idea! что за иде́я!; ~ impudence! кака́я каково́ на́глость!; ~ a pity/shame! кака́я жа́лость/доса́да!; ~ weather! кака́я (*or* что за *or* ну и) пого́да!; пого́да кака́я!; ~ partial judges we are! до чего́ мы пристра́стны!; ~ was his surprise when . . . каково́ бы́ло его́ удивле́ние, когда́ . . .; ~ lovely soup! како́й прекра́сный суп!; useful, ~! (*coll.*) поле́зно, а?

*cpds.*: ~**-d'ye-call-him**, ~**'s-his-name**, ~**-you-may-call-him** *nn.* как его́ там?; как бишь его́; ~**-d'ye-call-it**, ~**'s it**, ~**-you-may-call-it** *nn.* как его́; э́то са́мое . . .; ~ **not** *n.* (*trivial thing*) безделу́шка, шту́чка, штуко́вина; (*article of furniture*) этаже́рка.

**whatever** *pron.* **1.** (*anything that*): do ~ you like де́лайте, что хоти́те; де́лайте всё, что вам уго́дно; ~ I have is yours всё моё — ва́ше; **2.** (*no matter what*): ~ happens что бы ни случи́лось; or ~ (*coll.*) и́ли что там (ещё); **3.** (*what ever*): ~ are you doing? чем вы там за́няты?; ~ did you do that for? ну, заче́м вы э́то сде́лали?; ~ is wrong? в чём (же) де́ло?; ~ next? ещё чего́ захоте́ли/вы́думали!

*adj.* **1.** (*any*): he took ~ food he could find он забра́л всю пи́щу, каку́ю то́лько мог найти́; **2.** (*no matter what*) како́й/каково́й бы ни; ~

friends we may offend пусть ины́е друзья́ и обижа́ются; **3.** (*emphasising neg. or interrog.*): there is no doubt ~ of his guilt в его́ вино́вности нет ни мале́йшего сомне́ния; is there any chance ~ that he may recover? есть ли хоть како́й-нибудь шанс, что он попра́вится?; no one ~ ни одна́ душа́; he will see no one ~ он абсолю́тно никого́ не принима́ет.

**whatsoever** *pron. see* WHATEVER *pron.* **1.** & **2.** *adj. see* WHATEVER *adj.*

**wheat** *n.* пшени́ца; summer/winter ~ ярова́я/ози́мая пшени́ца.

**Wheatstone bridge** *n.* (*electr.*) мо́ст(ик) сопротивле́ния.

**wheedle** *v.t.* подоль|ща́ться, -сти́ться к +*d.*; ~ sth. out of s.o. выпра́шивать, вы́просить что-н. у кого́-н.; выма́нивать, вы́манить что-н. у кого́-н. ле́стью.

**wheel** *n.* **1.** колесо́; spare ~ запасно́е колесо́; change a ~ (*on car*) меня́ть, по- (*or* смен|я́ть, -и́ть) колесо́; take the ~ сади́ться, сесть за руль; he was at the ~ (*driving*) for 12 hours он сиде́л за рулём 12 часо́в; man at the ~ (*on ship*) штурва́льный; (*fig., in command*) ко́рмчий; go on ~s (*fig., proceed smoothly*) идти́ (*det.*) как по ма́слу; ~s down (*of aircraft*) с вы́пущенным шасси́; big ~ (*on fairground*) колесо́ обозре́ния; чёртово колесо́; (*sl., bigwig*) (больша́я) ши́шка; fifth ~ (*fig.*) пя́тое колесо́ в теле́ге; break on the ~ колесова́ть (*impf., pf.*); break a butterfly on a ~ (*fig.*) стреля́ть (*impf.*) из пу́шек по воробья́м; turn a pot on the ~ де́лать, с- горшо́к на гонча́рном кру́ге; put one's shoulder to the ~ (*fig.*) взя́ться/приня́ться (*pf.*) энерги́чно за де́ло; oil the ~s (*fig., bribe*) подма́з|ывать, -ать кого́-н.; put a spoke in s.o.'s ~ (*fig.*) вст|авля́ть, -а́вить кому́-н. па́лки в колёса; ~s within ~s (*fig.*) сло́жные интри́ги (*f. pl.*); та́йные пружи́ны (*f. pl.*)/влия́ния; **2.** (*mil.*): they carried out a right ~ они́ сде́лали поворо́т впра́во; right ~! ле́вое плечо́ вперёд—марш! *v.t.* ката́ть, вози́ть (*both indet.*); кати́ть (*det.*); везти́ (*det.*); she ~ed the baby/barrow/pram она́ кати́ла/везла́ ребёнка/та́чку/коля́ску; he ~ed his bicycle up the hill он вкати́л велосипе́д на́ гору; he was ~ed in in an invalid chair его́ вкати́ли/ввезли́ на инвали́дной коля́ске. *v.i.* верте́ться; враща́ться; кружи́ть(ся) (*all impf.*); gulls were ~ing overhead ча́йки кружи́ли(сь) над голово́й; the troops ~ed about войска́ измени́ли направле́ние движе́ния; he ~ed round to face me он кру́то поверну́лся ко мне (*or* в мою́ сто́рону). *cpds.*: ~**barrow** *n.* та́чка; ~**base** *n.* колёсная ба́за; ~**-chair** *n.* ката́лка; инвали́дное кре́сло; ~**-house** *n.* рулева́я ру́бка; ~**-spin** *n.* пробуксо́вка колёс; ~**wright** *n.* коле́сник; колёсный ма́стер.

**wheeled** *adj.* колёсный, на колёсах.

**wheeler-dealer** *n.* (*coll.*) (кру́пный) деле́ц.

**wheeze** *n.* (*chesty breathing*) хрип; пыхте́ние; сопе́ние; (*sl., bright idea; scheme*) уда́чная мысль; ло́вкий трюк. *v.i.* сопе́ть (*impf.*); хрипе́ть (*impf.*); дыша́ть (*impf.*) с (при)сви́стом.

**wheezy** *adj.* хри́плый; пыхтя́щий; страда́ющий оды́шкой.

**whelk** *n.* (*mollusc*) брюхоно́гий моллю́ск.

**whelp** *n.* (*puppy, also fig.*) щено́к; (*young of other animal*) детёныш; (*fig., ill-bred youth*) щено́к. *v.i.* щени́ться, о-.

**when** *adv.* **1.** (*interrog.*) когда́; ~ has he ever refused? а когда́ он отка́зывал(ся)?; разве́ он когда́-нибудь отка́зывал(ся)?; say ~! (*to s.o. pouring a drink*) скажи́те, когда́ дово́льно; **2.** (*rel.*): there have been occasions ~ бы́ли слу́чаи, когда́ . . .; the day ~ I met you день, когда́ (*or* в кото́рый) я вас встре́тил.

*with preps.*: ~ do you have to be there **by**? к како́му ча́су вам ну́жно там быть?; ~ must it be ready **for**? когда́ э́то должно́ быть гото́во?; ~ does it date **from**? к како́му вре́мени э́то отно́сится?; **since** ~? как давно́?; с каки́х (э́то) пор?; с како́го вре́мени?; **till, until** ~? до каки́х пор?; до како́го вре́мени?

*conj.* когда́; как (то́лько); по́сле того́, как; тогда́, когда́; (*by the time that*) пока́; ~ she saw him, she . . . уви́дев его́, она́ . . .; ~ he was grown up, he . . . бу́дучи взро́слым (*or* когда́ он вы́рос), он . . .; ~ passing проходя́ ми́мо; ~ young в мо́лодости; (*and then*) и тогда́; как (вдруг); да вдруг; (*although*) хотя́; (*whereas*) а; в то вре́мя как; how can he buy it ~ he has no money? как он мо́жет э́то купи́ть, е́сли у него́ нет де́нег?; you shall have it ~ you ask politely попроси́ ве́жливо, и тогда́ полу́чишь.

**whence** *adv. & conj.* (*liter.*) (*interrog.*) (*also* **from** ~) отку́да; ~ this confusion? отчего́/почему́ тако́е смяте́ние?; ~ comes it that . . .? как э́то получа́ется, что . . .?; (*rel.*): return it ~ it came верни́те э́то по принадле́жности; ~ I conclude that . . . из чего́ я заключа́ю, что . . .

**whencesoever** *adv.* (*liter.*): ~ he comes отку́да бы он ни пришёл.

**whenever** *adv. & conj.* **1.** (*at whatever time*) когда́; come ~ you like приходи́те, когда́ то́лько захоти́те; ~ he comes когда́ бы он ни пришёл; **2.** (*on every occasion when*) ка́ждый/вся́кий раз, когда́; ~ he speaks he stammers он всегда́ заика́ется, когда́ говори́т; **3.** or ~ (*coll., at any time*) и́ли ещё когда́; **4.** (*when ever?*) когда́ же (наконе́ц)?; ~ did you find time? как то́лько вы нашли́ вре́мя?

**whensoever** *adv. & conj.* (*arch.*) *see* WHENEVER **1, 2.**

**where** *adv.* **1.** (*direct or indirect question*) где; (*whither*) куда́; ~ should we be without you? что бы мы без вас де́лали?; ~'s the sense in that? како́й (же) в э́том смысл?; ~ can the harm be in our going there? что плохо́го, е́сли мы туда́ пойдём?; ~ will you be if that happens? что с ва́ми бу́дет, е́сли э́то случи́тся?; ~ did he hit you? куда́ он вас уда́рил?; ~ are you wounded? куда́ вы ра́нены?; где у вас ра́на?; **2.** (*relative*) где; the hotel ~ we stopped гости́ница, в кото́рой мы останови́лись; we came home, ~ we had dinner мы пришли́ домо́й (, где) и пообе́дали; (*without antecedent*) там, где; that's not ~ I left my coat я не здесь/там оста́вил пальто́; that's ~ you're wrong зде́сь-то вы и ошиба́етесь; you can go ~ you please мо́жете идти́, куда́ уго́дно; making changes ~ necessary де́лая исправле́ния там, где э́то необходи́мо; ~ he is weakest is in facts его́ са́мое сла́бое ме́сто — э́то фа́кты; send him ~ he will be well taken care of отпра́вьте его́ туда́, где за ним бу́дет хоро́ший ухо́д; **3.** (*Am. coll., that*): I see in the paper ~ в газе́те говори́тся, что/бу́дто . . .; **4.** (*whereas*) тогда́ как; ме́жду тем как; в то вре́мя как; (in cases ~) в тех слу́чаях, когда́.

  *with preps.*: ~ **from**? отку́да?; (*of origin*): ~ does he come from? отку́да он (ро́дом)?; из каки́х он мест?; that's not far from ~ I live э́то недалеко́ от того́ ме́ста, где я живу́; ~ **to**? куда́?; ~ have you got to in the story? до како́го ме́ста вы дочита́ли/дошли́?; I've no idea ~ he can have got to поня́тия не име́ю, куда́ он мог де́ться; carry on to ~ the road forks вам на́до дое́хать до развилки.

**whereabouts** *n.* местонахожде́ние, местопребыва́ние.

  *adv.* где; ~ did you find it? где вы э́то нашли́?; can you tell me ~ to look? вы мо́жете мне сказа́ть, где (приблизи́тельно) иска́ть?

**whereas** *n.*: ~es декларати́вная часть (догово́ра *и т.п.*).

  *conj.* **1.** (*while*) тогда́ как; в то вре́мя как; а; хотя́; ме́жду тем, как; **2.** (*leg., since*) в виду́ того́, что; поско́льку; принима́я во внима́ние, что; учи́тывая, что.

**whereat** *adv.* (*liter.*) где; и тогда́; на э́то.

**whereby** *adv.* (*liter.*) тем; чем; посре́дством кото́рого; he lacked the means ~ to travel у него́ не́ было средств для путеше́ствий; he devised a plan ~ he might escape он вы́работал план, с по́мощью кото́рого он собира́лся соверши́ть побе́г; there is a rule ~ . . .существу́ет пра́вило, согла́сно кото́рому . . .

**wherefore** *n.*: he wanted to know the why(s) and ~(s) он хоте́л знать что, как и почему́.

  *adv.* (*arch., why*?) почему́?

**wherein** *adv.* (*interrog., rel.*) где; в кото́ром; в чём.

**whereof** *rel. adv.* (*liter.*) из кото́рого; о ком; о чём; the substance ~ it was made вещество́, из кото́рого э́то сде́лано; the person ~ I spoke лицо́, о кото́ром я говори́л.

**whereon** *rel. adv.* (*liter.*) на кото́ром.

**wheresoever** *adv. & conj.* (*arch.*) see WHEREVER.

**whereto** *rel. adv.* (*liter.*) к кото́рому.

**whereupon** *adv.* (*and then*) по́сле чего́; всле́дствие чего́; тогда́; на э́то.

**wherever** *adj. & conj.* (*also* (*arch.*) **wheresoever**) где; куда́; sit ~ you like сади́тесь куда́ уго́дно; ~ he goes he makes friends где бы он ни оказа́лся, он приобрета́ет друзе́й; or ~ (*coll.*) и́ли ещё где; и́ли где бы то ни́ было; (*where ever*): ~ are you going? куда́ же вы идёте?

**wherewith** *rel. adv.* (*liter.*) чем; с по́мощью кото́рого; I have nothing ~ to pay them у меня́ нет де́нег, чтобы с ни́ми рассчита́ться; мне не́чем с ни́ми расплати́ться.

**wherewithal** *n.* (*coll.*) необходи́мые сре́дства; I haven't the ~ to pay him мне не́чем с ним расплати́ться.

**wherry** *n.* ло́дка, я́лик; ба́ржа, ба́рка.

  *cpd.*: ~**man** *n.* ло́дочник.

**whet** *v.t.* точи́ть, на-; (*fig.*) обостр|я́ть, -и́ть; возбу|жда́ть, -ди́ть.

  *cpd.* ~**stone** *n.* точи́льный ка́мень; (*lit., fig.*) осело́к.

**whether** *conj.* **1.** (*introducing indirect question*) ли; I asked ~ he was coming with us я спроси́л, пойдёт ли он с на́ми; I don't know ~ she will come (or not) я не зна́ю, придёт ли она́ (*or* придёт она́ и́ли нет); the question is ~ to go or stay вопро́с в том — идти́ и́ли остава́ться; I doubt ~ you understand я не уве́рен, что вы понима́ете; я сомнева́юсь, чтобы вы понима́ли; it depends on ~ I am free tonight э́то зави́сит от того́, бу́ду ли я свобо́ден сего́дня ве́чером; I am not interested in ~ you agree меня́ не интересу́ет, согла́сны вы и́ли нет; **2.** (*introducing alternative hypotheses*): ~ you like it or not, I shall go нра́вится вам э́то и́ли нет, а я пойду́; he was ignored, ~ by accident or design случа́йно ли, и́ли наме́ренно, но его́ забы́ли; ~ or no всё равно́; во вся́ком (*or* в любо́м) слу́чае.

**whew** *int.* уф!

**whey** *n.* сы́воротка.

**which** *pron.* **1.** (*interrog.*) како́й, кото́рый; (*of pers.*) кто; ~ is the right answer? како́й отве́т пра́вильный?; ~ is the way to the museum? как пройти́ в музе́й?; ~ of you? кто/кото́рый из вас?; ~ of these bags is the heavier? кото́рая из э́тих су́мок тяжеле́е?; ~ is the taller, John or Susan? кто вы́ше — Джон и́ли Сюза́нна?; I cannot tell ~ is ~ (*of persons*) я никак не могу́ разобра́ться, кто из них кто; ~ do you want, milk or cream? что вы предпочита́ете — молоко́ и́ли сли́вки?; **2.** (*rel., in defining and non-defining senses*) кото́рый; the book (~) I was reading has gone кни́га, кото́рую я чита́л, пропа́ла; Cappriccio, ~ was Strauss's last opera «Капри́ччио», после́дняя о́пера Штра́уса; he passed in Latin, ~ he had learnt inside a year он сдал экза́мен по латы́ни, кото́рую он изучи́л за оди́н год; the hotel at ~ we stayed гости́ница, в кото́рой (*or* где) мы жи́ли/останови́лись; the club of ~ I am a member клуб, чле́ном кото́рого я явля́юсь; (*with adj. or descriptive n. as antecedent*): he looked like a boxer, ~ indeed he was он был похо́ж на боксёра, каковы́м он, со́бственно, и явля́лся; he seemed overwrought, ~ in fact he was он каза́лся кра́йне расстро́енным, да так оно́ на са́мом де́ле и бы́ло; (*with clause as antecedent*) что; he refused, ~ I had expected он отказа́л, чего я, со́бственно, и ожида́л.

*adj.* **1.** (*direct or indirect question*) кото́рый; ~ shoes are yours? каки́е тут боти́нки/ту́фли ва́ши?; ~ film do you mean? како́й фильм вы име́ете в виду?; о како́м фи́льме вы говори́те?; ~ brother runs the business? кото́рый из бра́тьев возглавля́ет де́ло?; ~ party does he belong to? к како́й па́ртии он принадлежи́т?; do you know ~ horse won? вы (не) зна́ете, кака́я ло́шадь вы́играла?; **2.** (*rel.*) како́й; кото́рый; каково́й; come between 1 and 2, at ~ time I am always in приходи́те ме́жду ча́сом и двумя́, в э́то вре́мя я всегда́ до́ма; 10 years, during ~ time he spoke to nobody де́сять лет, в тече́ние кото́рых он ни с кем не говори́л.

**which(so)ever** *pron. & adj.* **1.** како́й бы ни; take ~ book you like бери́те любу́ю кни́гу, каку́ю хоти́те; ~ of you comes in first wins the prize кто из вас придёт пе́рвым, полу́чит приз; ~ way you go, you'll have plenty of time како́й бы доро́гой вы ни пошли́, вы вполне́ успе́ете; ~ way you look at it куда́ ни кинь; do it by ~ method seems easiest сде́лайте э́то тем спо́собом, како́й вам ка́жется наибо́лее просты́м; **2.** (*which ever*): ~ way did he go? куда́ то́лько его́ занесло́?

**whiff** *n.* дунове́ние; (*pleasant smell*) лёгкий арома́т; (*unpleasant*) душо́к; (*of smoke etc.*) за́пах, дымо́к; а ~ of chloroform глото́к хлорофо́рма; he took a ~ (*of cigarette etc.*) он сде́лал затя́жку; он затяну́лся; there was a ~ of scandal about the business де́ло попа́хивало/отдава́ло моше́нничеством; I caught the ~ of a cigar я почу́ял за́пах сига́ры; he stepped out for a ~ of fresh air он вы́шел подыша́ть (све́жим во́здухом).

**Whig** *n.* (*hist.*) виг.

**while** *n.* вре́мя; where have you been all this ~? где вы бы́ли всё э́то вре́мя?; after a ~ вско́ре; че́рез не́которое вре́мя; between ~s в промежу́тках; ме́жду де́лом; I am going away for a ~ я уезжа́ю ненадо́лго (*or* на коро́ткое/недо́лгое/не́которое вре́мя, *or* на

коро́ткий срок); I haven't seen you for a long ~ я вас давно́ не ви́дел; a long, great, good ~ ago давны́м-давно́; a short ~ before незадо́лго до (э́того); a short ~ ago, back неда́вно; in a little, short ~ ско́ро, вско́ре; в ско́ром вре́мени; вско́рости; it may take some (*or* quite a) ~ возмо́жно, что э́то бу́дет нескоро; once in a ~ и́зредка; вре́мя от вре́мени; от слу́чая к слу́чаю; it was well worth ~ э́то сто́ило (затра́ченного вре́мени/труда́); I will make it worth his ~ я постара́юсь, чтобы он не оста́лся в накла́де; he went on reading the ~ (*liter.*) (всё э́то вре́мя) он продолжа́л чита́ть.

*v.t.*: ~ (*also* wile) away: пров|оди́ть, -ести́ (*or* корота́ть, с-, *or* уб|ива́ть, -и́ть) (*время*).

*conj.* (*also* whilst) **1.** (*during the time that*) пока́; в то вре́мя, как; во вре́мя того́, как; be good ~ I'm away! веди́ себя́ хорошо́, пока́ меня́ нет до́ма; don't talk ~ you're eating не разгова́ривай за столо́м; ~ reading he fell asleep за чте́нием (*or* чита́я,) он засну́л; ~ asleep во сне; write ~ I dictate пиши́те, а я бу́ду дикто́вать; ~ in Paris I visited the Louvre во вре́мя (моего́) пребыва́ния в Пари́же, я пошёл в Лувр; **2.** (*whereas*) а; тогда́ как; ме́жду тем, как; хотя́; **3.** (*although*) хотя́; ~ not wishing to be awkward, I must object не жела́я создава́ть тру́дности, я всё же вы́нужден протестова́ть.

**whilst** *see* WHILE *conj.*

**whim** *n.* при́хоть, капри́з.

**whimper** *n.* хны́канье, поску́ливание.

*v.t. & i.* (*of pers.*) хны́кать, по-; (*of a dog*) скули́ть (*impf.*).

**whimsey** *see* WHIMSY.

**whimsical** *adj.* причу́дливый; капри́зный; эксцентри́чный; игри́вый.

**whimsicality** *n.* причу́дливость; капри́зность; игри́вость.

**whims|y, -ey** *n.* при́хоть, причу́да, капри́з.

**whin|e** *n.* вой; хны́канье; нытьё; he spoke in a ~e он говори́л плакси́вым/но́ющим/хны́чущим го́лосом; the ~e of a shell вой снаря́да; the ~e of machinery гул маши́н.

*v.i.* скули́ть (*impf.*); хны́кать (*impf.*); the dog was ~ing to come in соба́ка скули́ла у две́ри, чтобы её впусти́ли; (*fig., complain*) хны́кать (*impf.*); ныть (*impf.*); you're always ~ing about something! всегда́-то вы но́ете!

**whiner** *n.* ны́тик.

**whinge** = WHINE *v.i.* (*complain*).

**whinny** *n.* ти́хое/ра́достное ржа́ние.

*v.i.* ти́хо/ра́достно ржать, за-.

**whip** *n.* **1.** (*lash*) плеть, плётка, кнут, хлыст; use the ~ on s.o. поро́ть, вы́- кого́-н.; have the ~ hand over s.o. (*fig.*) име́ть (*impf.*) кого́-н. в по́лном подчине́нии; **2.** (*hunt official, also* ~per-in) выжля́тник, доезжа́чий; **3.** (*party official*) организа́тор парла́ментской фра́кции; (*notice issued by him*) инстру́кция по пода́че голосо́в.

*v.t.* **1.** (*flog*) поро́ть, вы́-; хлеста́ть, от-; сечь, вы́-; that boy deserves a good ~ping э́того мальчи́шку сле́довало бы хороше́нько вы́пороть/отхлеста́ть; ~ a top запус|ка́ть, -ти́ть волчо́к; ~ping-boy (*fig., scapegoat*) «ма́льчик для битья́»; козёл отпуще́ния; ~ping-post позо́рный столб; ~ping-top юла́, волчо́к; (*fig.*): the wind ~ped the waves into a fury во́лны я́ростно вздыма́лись под ве́тром; (*fig., defeat*) разби́ть, поби́ть, победи́ть (*all pf.*); **2.** (*beat into froth*) взб|ива́ть, -и́ть; ~ped cream взби́тые сли́вки; **3.** (*coll., move rapidly*): as I entered he ~ped the papers into a drawer когда́ я вошёл, он бы́стро су́нул бума́ги в я́щик; she ~ped the cake out of the oven она́ бы́стро вы́тащила торт из пе́чи/духо́вки.

*v.i.* (*coll., move rapidly*) рвану́ться, бро́ситься, ри́нуться (*all pf.*); he ~ped into the shop он влете́л в магази́н.

*with advs.*: ~ **back** *v.t.*: he ~ped back the dogs он отогна́л соба́к плёткой; *v.i.*: the branch ~ped back in my face ве́тка разогну́лась и хлестну́ла меня́ по лицу́; ~ **off** *v.t.* (*coll.*): the wind ~ped off my hat ве́тром сби́ло мою́ шля́пу; ~ **on** *v.t.* (*urge on with* ~) под|гоня́ть, -огна́ть; подхлёст|ывать, -ну́ть; (*coll.*): he ~ped on his overcoat он бы́стро наки́нул пальто́; ~ **out** *v.t.* (*coll.*): ~ping out a knife выхва́тив нож; *v.i.* (*coll.*): he ~ped out for a breath of air он вы́скочил на мину́ту глотну́ть све́жего во́здуха; ~ **round** *v.i.* (*coll.*): he ~ped round to face me он стреми́тельно/кру́то оберну́лся ко мне; ~ **up** *v.t.* (*beat into froth*) взб|ива́ть, -ить; (*fig., stimulate*): ~ up enthusiasm возбу|жда́ть, -ди́ть (*or* раз-ж|ига́ть, -е́чь) энтузиа́зм; (*coll., improvise*) де́лать, с- на ско́рую ру́ку; she ~ped up a nice supper она́ бы́стро состря́пала вку́сный у́жин.

*cpds.*: ~**cord** *n.* (*cord*) бечёвка; (*fabric*) габарди́н; ~**lash** *n.* реме́нь (*m.*) (кнута́), бечева́ (плети); ~**-round** *n.* (*coll., collection*) сбор де́нег (на благотвори́тельные це́ли).

**whipper-snapper** *n.* молокосо́с, щено́к.

**whippet** *n.* го́нчая (соба́ка).

**whippoorwill** *n.* козодо́й жа́лобный.

**whir** *see* WHIR(R).

**whirl** *n.* **1.** (*revolving or eddying movement*) круже́ние, оборо́т; (*fig.*) смяте́ние, неразбери́ха, вихрь (*m.*); my brain is in a ~ у меня́ голова́ идёт кру́гом; **2.** (*bustling activity*) водоворо́т, вихрь (*m.*); a ~ of social engagements водоворо́т/вихрь све́тской жи́зни.

*v.t. & i.* **1.** (*swing round and round*) верте́ть(ся) (*impf.*); кружи́ть(ся) (*impf.*); she found herself ~ed round in his arms он закружи́л её в объя́тиях; the leaves ~ed about in the wind ли́стья кружи́лись на ветру́;

my head was ~ing у меня́ кружи́лась голова́; **2.** (*hurry; dash*) нести́сь (*impf.*); the trees and hedges ~ed past дере́вья и кусты́ проноси́лись ми́мо; they were ~ed away in his car он умча́л их в свое́й маши́не.

*cpds.*: ~**pool** *n.* водоворо́т; ~**wind** *n.* вихрь (*m.*), урага́н; sow the wind and reap the ~wind (*prov.*) посе́ешь ве́тер — пожнёшь бу́рю; (*fig., attr.*) стра́стный, бу́рный; a ~wind courtship бу́рный рома́н.

**whirligig** *n.* **1.** (*top*) юла́, кубарь (*m.*), волчо́к; **2.** (*roundabout*) карусе́ль; **3.** (*fig.*) водоворо́т, вихрь (*m.*), круговоро́т; the ~ of time превра́тности (*f. pl.*) судьбы́.

**whirlybird** *n.* (*coll.*) вертолёт.

**whir(r)** *n.* жужжа́ние, стрекота́ние; the ~ of wings шум кры́льев.

*v.i.* жужжа́ть, стрекота́ть; шуме́ть (*all impf.*).

**whisk** *n.* **1.** (*small brush or similar device*) ве́ничек, метёлочка, ки́сточка; **2.** (*for beating eggs, cream etc.*) муто́вка; **3.** (*light brushing movement*) взмах; with a ~ of its tail взмахну́в хвосто́м.

*v.t.* **1.** (*flap; brush*) сма́х|ивать, -ну́ть; от|гоня́ть, -огна́ть; she ~ed the dust under the carpet она́ бы́стро замела́ пыль под ковёр; **2.** (*beat, e.g. eggs*) взб|ива́ть, -ить.

*v.i.* (*move briskly*) мча́ться, по-; the mouse ~ed into its hole мышь юркну́ла в нору́.

*with advs.*: ~ **about** *v.t.* (*wave; brandish*) маха́ть (*impf.*); the cow stood ~ing its tail about коро́ва стоя́ла, пома́хивая хвосто́м; ~ **away** *v.t.*: he ~ed away the flies with his handkerchief он отогна́л мух платко́м; ~ **off** *v.t.* (*convey quickly*) бы́стро ун|оси́ть, -ести́ (*or* ув|оди́ть, -ести́); he was ~ed off in an ambulance его́ умча́ла каре́та ско́рой по́мощи.

**whisker** *n.* (*pl., facial hair*) ба́к|и (*pl., g.* —); ба́ч|ки (*pl., g.* -ек); бакенба́рды (*f. pl.*); (*of animal*) усы́ (*m. pl.*); he came within a ~ of success (*coll.*) он был на поро́ге успе́ха.

**whiskered** *adj.* (*of pers.*) нося́щий ба́ки; с бакенба́рдами/ба́чками; (*of cat etc.*) уса́тый.

**whisk(e)y** *n.* ви́ски (*nt. indecl.*); ~ and soda ви́ски с со́довой.

**whisper** *n.* шёпот; he spoke in a ~ он говори́л шёпотом; stage ~ театра́льный шёпот; not a ~ of this will escape my lips я ни слове́чка об э́том не пророню́; (*rumour*) слух, молва́; there are ~s of a coalition хо́дят слу́хи о возмо́жности (созда́ния) коали́ции; (*sibilant sound*) шо́рох, ше́лест.

*v.t. & i.* **1.** (*speak, say in* ~s) шепта́ть(ся) (*impf.*); говори́ть (*impf.*) шёпотом; they were ~ing together они́ шушу́кались ме́жду собо́й; she ~ed her secret to me она́ шепну́ла/прошепта́ла мне свою́ та́йну на́ ухо; he ~ed (to) me to come outside он шёпотом пригласи́л меня́ вы́йти; ~ing gallery аку́сти́ческий свод; it is ~ed that ... хо́дит слух, что ...; говоря́т, что ...; ~ing campaign та́йная/клеветни́ческая кампа́ния; поли́тика инсинуа́ций; **2.** (*make* ~*ing noise*) шелесте́ть (*impf.*); шурша́ть (*impf.*); the wind ~ed in the pines ве́тер шелесте́л в со́снах.

**whist** *n.* (*card game*) вист.

**whistl|e** *n.* **1.** (*sound*) свист, свисто́к; **2.** (*instrument*) свисто́к; (*factory* ~) гудо́к; he played a tune on his tin ~e он сыгра́л мело́дию на свое́й свисту́льке; blow the/a ~e св|исте́ть, -и́стнуть; the ~e's gone! (*in football match*) свисто́к прозвуча́л!; **3.** (*fig.*) wet one's ~e (*coll.*) промочи́ть (*pf.*) го́рло.

*v.t.* **1.** (*call by* ~*ing*) сви́стнуть (*pf.*); he ~ed his dog back он сви́стом подозва́л (к себе́) соба́ку; **2.** (*produce by* ~*ing*) св|исте́ть, -и́стнуть; can you ~e the tune? вы мо́жете насвисте́ть моти́в э́той пе́сни?

*v.i.* **1.** св|исте́ть, про-, сви́стнуть; да|ва́ть, -ть свисто́к; he came along ~ing он шёл посви́стывая; he can ~e for his money (*coll.*) не вида́ть ему́ свои́х де́нег (как свои́х уше́й); the train ~ed as it entered the tunnel при вхо́де в тунне́ль по́езд дал свисто́к (*or* просвисте́л); the wind ~es in the chimney ве́тер завыва́ет в трубе́; when the kettle ~es когда́ ча́йник засвисти́т; a bullet ~ed past him пу́ля просвисте́ла ми́мо него́; **2.**; he had ~ed past before I could stop him (*coll.*) он так бы́стро пронёсся ми́мо, что я не успе́л его́ останови́ть.

*cpds.*: ~**e-stop** *n.* полуста́нок; a ~e-stop tour разъездна́я агитацио́нная кампа́ния (канди-да́та на вы́борах).

**whit¹** *n.* (*arch.*) ка́пля, йо́та; he was not a ~ (*or* no ~) disturbed э́то его́ ничу́ть не смути́ло.

**Whit²** *adj.*: ~ Monday Ду́хов день; ~ Sunday *see* WHITSUN; ~ week неде́ля ме́жду воскре-се́ньем Свято́го Ду́ха и Тро́ицыным днём.

**white** *n.* **1.** (*colour*) бе́лый цвет; белизна́; pure ~ чи́стый бе́лый цвет; (*as adj.*) бело-снежный; a dirty ~ гря́зно-бе́лый цвет; off ~ (*adj.*) белова́тый; (*clothes*): she was wear-ing ~ она́ была́ в бе́лом; dressed in ~ оде́тый в бе́лое; (*paint*) бе́лая кра́ска; бели́л|а (*pl., g.* —); Chinese ~ кита́йские бели́ла; **2.** (*of the eyes*) бело́к; **3.** (*of an egg*) бело́к; **4.** (*racial type*) белоко́жий, бе́лый; poor ~s бе́лая беднота́; **5.** (*butterfly*) капу́стница; **6.** (*loaf*) бе́лый бато́н; **7.** (*chess*) бе́лые (*pl.*); it was W~'s move был ход бе́лых; **8.** (*billiard ball*) «свой» шар; **9.** (*pl., sl., leucorrhea*) бе́л|и (*pl., g.* -ей).

*adj.* бе́лый; grow ~ беле́ть, по-; his face went as ~ as a sheet он сде́лался бле́дным как полотно́; his hair turned ~ он поседе́л; he turned ~ он побледне́л; his creditors bled him ~ кредито́ры обобра́ли его́ до ни́тки; a ~ Christmas Рождество́ со сне́гом; ~ coffee ко́фе с молоко́м; W~ Ensign брита́нский

вое́нно-морско́й флаг; ~ frost и́ней; и́зморозь; ~ heat бе́лое кале́ние; ~ horses (*waves*) бара́шки (*m. pl.*); the W~ House Бе́лый дом; ~ lead свинцо́вые бели́ла; a ~ lie ложь во спасе́ние; ~ metal бабби́т; W~ Paper Бе́лая кни́га; W~ Russia Белору́ссия; a W~ Russian (*Byelorussian*) белору́с (*fem.* -ка); (*émigré*) бе́лый эмигра́нт (*fem.* бе́лая эмигра́нтка); ~ slave traffic торго́вля живы́м това́ром; ~ spirit уайт-спи́рит; ~ sugar (са́хар-)рафина́д; рафини́рованный са́хар; ~ tie and tails фрак.

*v.t.*: a ~d sepulchre (*fig.*) гроб пова́пленный; ханжа́ (*c.g.*), лицеме́р.

*cpds.*: ~**bait** *n.* малёк; ~**-collar** *adj.*: ~-collar worker *n.* слу́жащий; ~**-haired**, ~**-headed** *adjs.* белоголо́вый; седо́й; ~**-hot** *adj.* рас-калённый добела́; ~**-livered** *adj.* малоду́-шный, трусли́вый; ~**-out** *n.* бе́лая мгла; ~**thorn** *n.* боя́рышник колю́чий; ~**wash** *n.* побе́лка; (*fig.*) лакиро́вка; обеле́ние; зама́зывание (недоста́тков); *v.t.* бели́ть, по-; (*fig.*) обел|я́ть, -и́ть; зама́з|ывать, -ать; лаки-рова́ть (*impf.*).

**whiten** *v.t.* бели́ть, по-; (*fig., whitewash*) обе-л|я́ть, -и́ть; опра́вд|ывать, -а́ть.

**whiteness** *n.* белизна́; бе́лый цвет.

**whitening** *see* WHITING **1.**

**whither** *adv.* (*liter.*) куда́; ~ away? куда́ де́ржите путь?; ~ Europe? куда́ идёт Евро́па?

**whithersoever** *adv.* (*liter.*) куда́ бы ни.

**whiting** *n.* **1.** (*also* **whitening**: *powdered chalk*) мел; **2.** (*fish*) хек; мерла́нг.

**whitish** *adj.* белёсый; бле́дный; белова́тый.

*cpd.* (*also* **whity**): ~**-brown** *adj.* све́тло-кори́чневый.

**whitlow** *n.* ногтое́да, панари́ций.

**Whitsun** *n.* (*Whit Sunday*) Тро́ицын день, Тро́ица; Пятидеся́тница; *see also* WHIT²

**whittle** *v.t.* строга́ть, вы́-; обстру́г|ивать, -а́ть; ~ a pencil чини́ть, о- каранда́ш; he ~d a twig into a whistle он вы́строгал (себе́) свис-то́к из ве́тки; this pipe was ~d out of cherry-wood э́та тру́бка вы́резана из вишнёвого де́рева.

*with advs.*: ~ **away** *v.t.* состру́г|ивать, -а́ть; ст|а́чивать, -очи́ть; (*fig.*) ум|еньша́ть, -е́нь-шить; сокра|ща́ть, -ти́ть; сво|ди́ть, -ести́ на нет; his savings were ~d away его́ сбереже́ния постепе́нно исся́кли; ~ **down** *v.t.* состру́г|ивать, -а́ть; (*fig.*) сн|ижа́ть, -и́зить; смягч|а́ть, -и́ть.

**whity** *see* WHITISH *cpd.*

**whiz(z)** *n.* свист.

*v.i.* прон|оси́ться, -ести́сь со сви́стом; мча́ться, про-; просвисте́ть (*pf.*).

*cpds.*: ~**-bang** *n.* снаря́д, грана́та; ~**-kid** *n.* (*coll.*) ≃ восходя́щая звезда́.

**WHO¹** *n.* (*abbr.*, *World Health Organization*)

ВОЗ (Всеми́рная организа́ция здраво-
охране́ния).

**who²** *pron.* **1.** (*interrog.*) кто; ~ is he? кто он
(тако́й)?; э́то кто?; ~ (else) but Smith? сам
Смит (свое́й со́бственной персо́ной); ~ is he
when he's at home? (*coll.*) э́то что за пти́ца?;
како́й он на са́мом де́ле?; ~ does he think he
is? что он о себе́ вообража́ет?; ~'s it (*coll.,
what's his name*) как бишь его́?; ~ am I to
object? како́е я име́ю пра́во возража́ть?; ~
goes there? (*mil.*) кто идёт?; ~ (m)ever do you
mean? кого́ же вы име́ете в виду́?; he knows
~'s ~ он зна́ет, кто есть кто (*or* что ка́ждый
собо́й представля́ет); W~'s W~ (*directory*)
биографи́ческий спра́вочник; «Кто есть
кто»; W~ was W~ биографи́ческий
спра́вочник уме́рших; «Кто кем был»; **2.**
(*rel.*) кото́рый, како́й, кто; those ~ те,
кто/кото́рые; anyone ~ вся́кий, кто; the sort
of people ~m we need таки́е лю́ди, каки́е нам
нужны́; ~m the gods love die young те, кого́
возлю́бят бо́ги, умира́ют молоды́ми; as ~
should say как бы говоря́; Mr. X, ~ is my uncle
г-н X, мой дя́дя; it was given to my sister, ~
passed it on to me э́то да́ли мое́й сестре́, а она́
передала́ мне.

**whoa, wo** *int.* тпру!

**whodunit** *n.* (*sl.*) детекти́вный рома́н/фильм.

**whoever** *pron.* **1.** (*anyone who*; *no matter who*;
*also arch.* **whosoever**) кто бы ни; ~ comes will
be welcome кто бы ни пришёл, бу́дет
же́ланным го́стем; ~ else objects, I do not
пусть там други́е как хотя́т (*or* не зна́ю, как
други́е), а я не возража́ю; **2.** (*who ever*) кто
то́лько; ~ heard of such a thing? слы́ханное
ли де́ло?; ~ would have thought it? кто бы мог
поду́мать?

**whole** *n.* (*single entity*) це́лое; nature is a ~
приро́да есть еди́ное це́лое; (*totality*) все, всё;
the ~ of the audience вся аудито́рия; you
haven't heard the ~ of the story э́то ещё не всё;
taken as a ~ в це́лом; on the ~ в о́бщем (и
це́лом); в основно́м.

*adj.* **1.** (*intact*; *unbroken*; *undamaged*) це́лый,
невреди́мый; after the raid there was not one
building left ~ по́сле налёта не оста́лось ни
одного́ це́лого зда́ния; he escaped with a ~
skin он вы́шел (из э́той исто́рии) цел и не-
вреди́м; **2.** (*in one piece*) целико́м; the ox was
roasted ~ быка́ зажа́рили целико́м; **3.** (*full*;
*complete*; *entire*) весь, це́лый, це́льный; he ate
a ~ chicken он съел це́лого цыплёнка; two ~
glasses це́лых два стака́на; I was there for a ~
hour я был там це́лый час; the ~ lot всё;
(*people*) все; a ~ number це́лое число́; ~ milk
це́льное молоко́; the ~ world весь мир; his ~
life through на протяже́нии всей его́ жи́зни.

*cpds.* **~-hearted** *adj.* беззаве́тный,
пре́данный; **~-heartedly** от всей души́;
**~-length** *adj.*: a ~-length portrait портре́т во

весь рост; **~ meal** *adj.*: a ~meal loaf буха́нка
хле́ба из непросе́янной муки́; **~ sale** *n.*
опто́вая торго́вля; sell sth. by (*Am.* at) ~sale
прод|ава́ть, -а́ть о́птом; a ~sale dealer
оптови́к; *adj.* опто́вый; (*fig.*) ма́ссовый; our
business is ~sale only мы торгу́ем то́лько
о́птом; I can get it for you ~sale я могу́ вам э́то
доста́ть по опто́вой цене́; *adv.* о́птом; (*fig.*) в
ма́ссовом масшта́бе; **~ saler** *n.* оптови́к;
**~-time** *adj.*: a ~-time job рабо́та на по́лную
ста́вку; рабо́та, рассчи́танная на по́лный
рабо́чий день; a ~-time worker челове́к,
рабо́тающий на по́лную ста́вку (*or*
рабо́тающий по́лную рабо́чую неде́лю);
**~-tone** *adj.*: ~-tone scale га́мма на це́лых
но́тах.

**wholeness** *n.* (*integrality*) це́льность, це́лость.

**wholesome** *adj.* **1.** (*promoting health*) поле́зный,
цели́тельный, здоро́вый, благотво́рный; ~
food здоро́вая пи́ща; **2.** (*sound*; *prudent*)
здра́вый, благотво́рный; I gave him some ~
advice я ему́ дал здра́вый/поле́зный сове́т; he
has a ~ respect for his teacher он испо́лнен
надлежа́щего почте́ния к (своему́) учи́телю.

**wholesomeness** (*of food*) поле́зность; (*fig.*)
здра́вость.

**wholly** *adv.* по́лностью; всеце́ло; целико́м;
сплошь; I am ~ at a loss я в по́лном/
соверше́нном недоуме́нии; it cannot be ~ bad
не мо́жет быть, что́бы э́то бы́ло сплошь
пло́хо.

**whoop** *n.* во́зглас; вопль (*m.*); with a ~ of joy с
ра́достным кри́ком.

*v.i.* **1.** издава́ть (*impf.*) во́пли; зака́т|ываться,
-и́ться ка́шлем; ~ing-cough коклю́ш; **2.**: ~ it
up (*sl.*) бу́рно весели́ться (*impf.*); кути́ть
(*impf.*).

**whoopee** *n.*: make ~ (*sl.*) кути́ть (*impf.*).

**whoops** *int.* (*coll.*) оп!

**whop** *v.t.* (*sl.*) (*thrash*) взду|ва́ть, -ть; колош-
ма́тить, от-; (*defeat*) разб|ива́ть, -и́ть в пух и
прах.

**whopper** *n.* (*sl.*) **1.** (*anything very large*)
грома́дина, махи́на; a ~ of a fish огро́мная
ры́бина; **2.** (*outrageous lie*) чудо́вищная ложь.

**whopping** (*sl.*) *adj.* (*also* ~ **great**) огро́мный,
чудо́вищный, здорове́нный.

**whore** *n.* шлю́ха; the W~ of Babylon вавило́н-
ская блудни́ца.

*v.i.* распу́тничать (*impf.*).

*cpds.*: **~-house** *n.* барда́к, борде́ль (*m.*);
**~-monger** *n.* (*arch.*) блудни́к.

**whorl** *n.* вито́к, завиту́шка, завито́к; (*bot.*)
муто́вка; (*of finger-prints*) пальцево́й узо́р.

**whortleberry** *n.* черни́ка (*collect.*); я́года
черни́ки.

**whose** *pron.* (*interrog.*) чей; ~ partner are you?
чей вы партнёр?; (*rel.*) чей, кото́рого; for ~
sake ра́ди кото́рого; the people ~ house we
bought лю́ди, у кото́рых мы купи́ли дом.

**whosoever** *pron.* (*arch.*) *see* WHOEVER **1**.

**why** *n.* причи́на; all the ~s and wherefores все э́ти почему́ да отчего́.

*adv.* почему́, отчего́, заче́м; 'Are you married?' – 'No, ~?' «вы жена́ты?» — «Нет, а что?»; ~ so? что так?; почему́?; ~ not? почему́?; почему́ бы нет?; ~ not let me help you? дава́йте я вам помогу́; the reasons ~ . . . соображе́ния, по кото́рым . . .; he shall pay me, or I'll know the reason ~ пусть он то́лько попро́бует мне не заплати́ть!

*int.* да; ведь; да ведь; ~, of course да, коне́чно; ~, what's the harm in it? а что в э́том плохо́го?; ~ yes, I suppose so да наве́рное э́то так; ~, you must remember Mary! ах, да неуже́ли вы не по́мните Мэ́ри!; if the worst came to the worst, ~, we'd have to start again на худо́й коне́ц — что ж, (*or* ну,) придётся нача́ть (всё) с нача́ла.

**wick** *n.* фити́ль (*m.*).

**wicked** *adj.* (*depraved*) гре́шный, бессо́вестный, поро́чный; (there's) no peace for the ~! (*humorous acceptance of trouble*) нет гре́шнику поко́я!; (*malicious*) злой, злобный; (*roguish*) лука́вый, плутовско́й; she gave him a ~ glance она́ лука́во взгляну́ла на него́; (*coll., disgraceful*) ужа́сный, безобра́зный; a ~ shame безобра́зие; a ~ waste чудо́вищное расточи́тельство.

**wickedness** *n.* (*depravity*) грех, бессо́вестность, поро́чность; (*malice*) злоба.

**wicker** *n.* пру́тья (*m. pl.*) для плете́ния; ~ chair плетёное кре́сло.

*cpd.*: ~**work** *n.* плете́ние; плетёные изде́лия.

**wicket** *n.* **1.** (~-gate) кали́тка; **2.** (*at cricket*) воро́т|а (*pl., g.* -ев); (*fig.*): he is on a sticky ~ он в невы́годном положе́нии.

*cpd.*: ~-**keeper** *n.* лов|я́щий мяч за воро́тцами (в кри́кете).

**widdershins** *see* WITHERSHINS.

**wide** *n.*: to the ~ (*coll.*): broke to the ~ (абсолю́тно) без гроша́; разорён вконе́ц.

*adj.* **1.** (*in measuring*) широко́й в+*a.*; the table is 3 feet ~ стол широко́й в 3 фу́та; стол име́ет 3 фу́та ширины́ (*or* в ширину́); **2.** (*fig., liberal*) широ́кий; **3.** (*extensive*) большо́й, широ́кий, обши́рный, просто́рный; ~ experience большо́й/бога́тый о́пыт; ~ interests широ́кий круг интере́сов; a ~ choice широ́кий вы́бор; a ~ difference огро́мная ра́зница; his reading has been ~ он начи́танный челове́к; the ~ world over во всём ми́ре; по всему́ (бе́лому) све́ту; the world is ~ мир вели́к; **4.** (*off target*): his answer was ~ of the mark он попа́л па́льцем в не́бо; **5.** (*artful*): ~ boy лихо́й па́рень; ло́вкий ма́лый; про́йда (*m.*), пройдо́ха (*m.*) (*coll.*).

*adv.* **1.** (*extensively*): far and ~ повсю́ду; вдоль и поперёк; **2.** (*to full extent*): open the door ~! откро́йте дверь на́стежь!; he is ~ awake у него́ сна ни в одно́м глазу́; his mouth was ~ open рот его́ был широко́ раскры́т; **3.** (*off target*) ми́мо це́ли; shoot ~ стреля́ть (*impf.*) ми́мо це́ли; (*miss*) ма́зать, про-; the bullet went ~ пу́ля пролете́ла ми́мо це́ли.

*cpds.*: ~-**angle** *adj.*: ~-angle lens широкоуго́льная ли́нза; ~**awake** *n.* (*hat*) широкопо́лая шля́па; ~-**awake** *adj.* недремлющий, бди́тельный, начеку́; ~-**eyed** *adj.* (*surprised*) изумлённый; (*naive*) наи́вный; ~-**ranging** *adj.* (*intellect etc.*) разносторо́нний; ~-**screen** *adj.*: ~-screen film широкоэкра́нный фильм; ~**spread** *adj.* распространённый.

**widely** *adv.* **1.** (*to a large extent*) широко́; ~ differing opinions ре́зко расходя́щиеся мне́ния; he is ~ read (*has read a lot*) он о́чень начи́тан; (*many people read him*) его́ кни́ги о́чень популя́рны; **2.** (*over a large area*) далеко́; ~ scattered разбро́санный; it is ~ known широко́ изве́стно; it is ~ believed that . . . мно́гие счита́ют, что . . .

**widen** *v.t. & i.* расш|иря́ть(ся), -и́рить(ся); they are ~ing the road веду́тся рабо́ты по расшире́нию доро́ги; the gap between them ~s daily разры́в ме́жду ни́ми увели́чивается с ка́ждым днём.

**widgeon** *n.* ди́кая у́тка.

**widow** *n.* вдова́; become a ~ стать (*pf.*) вдово́й; овдове́ть (*pf.*); the ~'s mite (*bibl.*) ле́пта вдови́цы; вдо́вья ле́пта; ~'s peak во́лосы (*m. pl.*), расту́щие мы́сиком на лбу; ~'s weeds вдо́вий тра́ур; grass ~ соло́менная вдова́; war ~ же́нщина, потеря́вшая му́жа на войне́.

*v.t.* де́лать, с- вдово́й; she was ~ed by the war война́ отняла́ у неё му́жа.

**widower** *n.* вдове́ц.

**widowhood** *n.* вдовство́.

**width** *n.* **1.** (*measurement*) ширина́; the river is 2 miles in ~ ширина́ реки́ 2 ми́ли; река́ име́ет 2 ми́ли ширины́ (*or* в ширину́); **2.** (*piece of material*) поло́тнище; **3.** (*wide extent*) широта́.

*cpds.*: ~**ways**, ~**wise** *advs.* в ширину́.

**wield** *v.t.* держа́ть (*impf.*) в рука́х; владе́ть (*impf.*) +*i.*; ~ an axe рабо́тать (*impf.*) топоро́м; ~ a sword владе́ть (*impf.*) шпа́гой; ~ authority по́льзоваться (*impf.*) вла́стью.

**Wiener schnitzel** *n.* шни́цель (*m.*) по-ве́нски.

**wife** *n.* **1.** (*spouse*) жена́; take to ~ (*arch.*) взять (*pf.*) в жёны; he made her his ~ он на ней жени́лся; the President's ~ супру́га президе́нта; the (*my* ~) моя́ жена́; (*coll.*) стару́ха; all the world and his ~ were there там был весь свет; common-law ~ гражда́нская/неве́нчанная жена́; подру́га; **2.** (*arch., old woman*) стару́ха, ба́бка; old wives' tales ба́бьи ска́зки (*f. pl.*); россказн|и (*pl., g.* -ей).

**wifely** *adj.* подоба́ющий/сво́йственный жене́; ~ duties же́нские обя́занности.

**wig** *n.* пари́к; ~s on the green (*arch.*) о́бщая сва́лка; ку́ча мала́.
*cpds.*: ~**-block** *n.* парикма́херский болва́н; ~**-maker** *n.* парикма́хер.

**wigging** *n.* (*coll.*) разно́с, нагоня́й, взбу́чка, нахлобу́чка; give s.o. a ~ зад|ава́ть, -а́ть кому́-н. взбу́чку/нахлобу́чку; де́лать, с-кому́-н. разно́с.

**wiggle** *n.* пока́чивание, ёрзание; walk with a ~ идти́ (*det.*) вихля́ющей похо́дкой; get a ~ on! (*sl., hurry up*) потора́пливайтесь!; пошеве́ливайтесь!
*v.t.* пока́чивать (*impf.*); виля́ть (*impf.*); she ~s her hips она́ вихля́ет бёдрами; the baby ~d its toes ребёнок шевели́л па́льцами ног.
*v.i.* (*e.g. a loose tooth*) шата́ться (*impf.*), кача́ться (*impf.*).

**wiggly** *adj.*: a ~ line волни́стая ли́ния; a ~ tooth кача́ющийся/шата́ющийся зуб.

**wigwag** *v.i.* (*signal*) сигнализи́ровать, про- флажка́ми; семафо́рить (*impf.*).

**wigwam** *n.* вигва́м.

**wild** *n.* **1.** (~state): this animal is not found in the ~ э́то живо́тное не во́дится на во́ле; **2.** (*pl., desert or uncultivated tract*) де́бр|и (*pl., g.* -ей); пусты́ня; the ~s of Africa де́бри Áфрики; (out) in the ~s на отши́бе; вдали́ от цивилиза́ции.
*adj.* **1.** (*not domesticated; not cultivated*) ди́кий; ~ boar каба́н; ди́кая свинья́; ~ flower полево́й цвето́к; ~ goose chase (*fig.*) бессмы́сленное предприя́тие; пого́ня за химе́рами; бессмы́сленная зате́я; ~ life жива́я приро́да; ~ life sanctuary запове́дник; ~ rose ди́кая ро́за, шипо́вник; in the ~ state в ди́ком состоя́нии/ви́де, на во́ле; **2.** (*not civilized*) ди́кий; ~ man (*savage*) дика́рь (*m.*); (*political extremist*) кра́йний, экстреми́ст; **3.** (*of scenery: desolate, uninhabited*) ди́кий, пусты́нный; **4.** (*of birds etc.: easily startled*) пугли́вый; **5.** (*unrestrained, wayward, disorderly*) необу́зданный, нейстовый, бу́рный, бу́йный; (*dissolute*) разгу́льный; a ~ fellow повеса (*m.*); your hair looks (rather) ~ у вас во́лосы растрепа́лись; everything was in ~ confusion (там) цари́л стра́шный беспоря́док; she lets her children run ~ она́ распуска́ет свои́х дете́й доне́льзя; he let the garden run ~ он запусти́л сад; **6.** (*tempestuous*) бу́рный, бу́йный; it was a ~ sea мо́ре бушева́ло (*or* бы́ло о́чень бу́рным); **7.** (*excited, passionate, frantic*) вне себя́; исступлённый; ~ with rage/delight вне себя́ от я́рости/восто́рга; he drives me ~ он меня́ из себя́ выво́дит; it made her ~ э́то приводи́ло её в неи́стовство; he is ~ with impatience он гори́т нетерпе́нием; they were ~ about him они́ бы́ли в (ди́ком) восто́рге от него́; ~ laughter бе́шеный хо́хот; **8.** (*reckless; ill-aimed; ill-considered*) безу́мный; неле́пый; ди́кий; a ~ scheme сумасбро́дная/безу́мная

зате́я; a ~ shot вы́стрел науга́д; ша́льная пу́ля.
*adv.* наобу́м; науга́д; shoot ~ стреля́ть (*impf.*) наобу́м.
*cpds.*: ~**-cat** *adj.* риско́ванный; ~**-cat** strike неофициа́льная забасто́вка; ~**fire** *n.*: the news/disease spread like ~fire но́вость/боле́знь распространи́лась с молниено́сной быстрото́й; ~**fowl** *n.* дичь.

**wildebeest** *n.* гну (*m. indecl.*).

**wilderness** *n.* ди́кая ме́стность; пусты́ня; a voice crying in the ~ (*fig.*) глас вопию́щего в пусты́не; in the ~ (*pol.*) не у дел, в опа́ле; (*neglected garden*) запу́щенный/невозде́ланный сад; пу́стошь; a ~ of roofs мо́ре крыш.

**wildness** *n.* (*of behaviour, character*) ди́кость, необу́зданность.

**wile** *n.* (*liter.*) хи́трость, уло́вка; (*pl.*) ухищре́ния (*nt. pl.*); fall victim to s.o.'s ~s пасть (*pf.*) же́ртвой чьих-н. ко́зней (*or* чьего́-н. обма́на/кова́рства).
*v.t.*: she ~d him into consenting она́ хи́тростью вы́нудила его́ согласи́ться.
*with adv.*: ~ **away** *see* WHILE *v.t.*

**wilful** (*Am.* **willful**) *adj.* **1.** (*of pers., headstrong, refractory*) своенра́вный, упря́мый; **2.** (*intentional*) умы́шленный, преднаме́ренный, зло́стный; ~ disobedience созна́тельное неповинове́ние; ~ murder предумы́шленное уби́йство.

**wilfulness** (*Am.* **willfulness**) *n.* своенра́вие, упря́мство; преднаме́ренность.

**wiliness** *n.* хи́трость, кова́рство, лука́вство.

**will**[1] *n.* **1.** (*faculty; its exercise; determination, intent*) во́ля; free ~ свобо́да во́ли; he has a ~ of his own он челове́к упря́мый/своево́льный; he has no ~ of his own он легко́ подчиня́ется чужи́м влия́ниям; against my ~ вопреки́ моему́ жела́нию; во́лей-нево́лей; lack of ~ безво́лие, отсу́тствие си́лы во́ли; the ~ to live во́ля к жи́зни; where there's a ~ there's a way где хоте́ние, там и уме́ние; take the ~ for the deed суди́ть (*impf.*) по наме́рениям; of one's own free ~ доброво́льно, по со́бственной во́ле; Thy ~ be done да бу́дет во́ля Твоя́; he had his ~ of her (*liter.*) он овладе́л е́ю; **2.** (*energy; enthusiasm*) эне́ргия; go to work with a ~ рабо́тать (*impf.*) энерги́чно (*or* с душо́й); **3.** (*discretion, desire*) жела́ние, во́ля; he came and went at ~ он приходи́л и уходи́л, когда́ хоте́л; **4.** (*disposition*) расположе́ние; I feel no ill ~ towards him я на него́ не в оби́де; я не пита́ю злых чувств к нему́; men of good ~ лю́ди до́брой во́ли; **5.** (*disposition of property*) завеща́ние; last ~ and testament после́дняя во́ля; make, draw up one's ~ сде́лать (*pf.*) завеща́ние; he died without making a ~ он у́мер, не оста́вив завеща́ния.
*v.t.* **1.** (*compel*) заст|авля́ть, -а́вить; he ~ed himself to stay (*or* into staying) awake (уси́лием

во́ли) он заста́вил себя́ бо́дрствовать; you cannot ~ success одни́м хоте́нием успе́ха не добьёшься; **2.**: God ~ing е́сли на то бу́дет во́ля бо́жья; **3.** (*bequeath*) завеща́ть (*impf., pf.*).

cpd.: ~**-power** n. си́ла во́ли.

**will²** v.t. & i. (*see also* WOULD) **1.** (*expr. future*): he ~ be president он бу́дет президе́нтом; in five minutes it ~ be midnight че́рез пять мину́т насту́пит по́лночь; tomorrow ~ be Tuesday за́втра — вто́рник; he said he would be back by 3 он сказа́л, что вернётся к трём; I won't do it again я бо́льше не бу́ду; **2.** (*expr. wish, insistence*): let him do what he ~ пусть де́лает, что хо́чет; come when you ~ приходи́те, когда́ уго́дно; he ~ always have his own way он всегда́ насто́ит на своём; **3.** (*expr. willingness*): I ~ come with you я пойду́ с ва́ми; ~ (*or* won't) you come in? войди́те, пожа́луйста!; pass the salt, ~ (*or* would) you? бу́дьте любе́зны, переда́йте соль; 'Tell me your name!' – 'No, I won't' «Скажи́те, как вас зову́т?» — «Не скажу́!»; he won't help me он не хо́чет мне помо́чь; the dog wouldn't come when I called соба́ка не шла, когда́ я её звал; the window won't open окно́ ника́к не открыва́ется; **4.** (*expr. inevitability*): boys ~ be boys ма́льчики есть ма́льчики; accidents ~ happen несча́стных слу́чаев не избежа́ть; **5.** (*expr. habit*): he ~/would sit there for hours on end он проси́живает/проси́живал там часа́ми; he would often come to see me он ча́сто заходи́л ко мне; **6.** (*expr. surmise, probability*): this ~ be the book you're looking for вот, ве́рно, кни́га, кото́рую вы и́щете; she would have been about 60 when she died ей бы́ло, должно́ быть, о́коло шести́десяти, когда́ она́ умерла́.

**willful** see WILFUL.

**William** n. (*hist.*) Вильге́льм; ~ the Conqueror Вильге́льм Завоева́тель; ~ of Orange Вильге́льм Ора́нский.

**willies** n. (*sl.*): it gives me the ~ меня́ от э́того броса́ет в дрожь; меня́ о́торопь берёт; у меня́ от э́того мура́шки по спине́ (бе́гают).

**willing** adj. **1.** (*readily disposed*) скло́нный, располо́женный; ~ workers усе́рдные рабо́тники; he is her ~ slave он её послу́шный раб; a ~ horse (*fig.*) работя́га (*c.g.*), рабо́чая лоша́дка; I am ~ to admit . . . я гото́в призна́ть . . .; are you ~ that he should join us? вы согла́сны, чтобы он к нам присоедини́лся?; he was not ~ to accept responsibility он не хоте́л брать на себя́ отве́тственность; show ~ проявля́ть, -и́ть гото́вность; 'Will you do me a favour?' – 'W~ly!' «Вы мо́жете сде́лать мне одолже́ние?» — «Охо́тно!»; **2.** (*readily given or shown*) доброво́льный; ~ obedience доброво́льное повинове́ние; he lent a ~ ear to their request он благоскло́нно вы́слушал их про́сьбу/

пожела́ние.

**willingness** n. гото́вность, жела́ние.

**will-o'-the-wisp** n. блужда́ющий огонёк; (*fig., elusive person*) неулови́мый челове́к; (*fig., delusive hope or plan*) несбы́точная наде́жда/мечта́; иллю́зия.

**willow** n. **1.** (*tree*) и́ва; the ~ family семе́йство и́вовых; pussy ~ ве́рба; weeping ~ плаку́чая и́ва; thicket of ~ и́вовая за́росль, ивня́к; **2.** (*fig., cricket-bat*) бита́.

cpds.: ~**-herb** n. кипре́й, иван-ча́й; ~**-pattern** (*china*) n. посу́да с си́ним трафаре́тным кита́йским рису́нком; ~**-warbler** n. пе́ночка-весни́чка.

**willowy** adj. (*lithe*) то́нкий, ги́бкий, стро́йный.

**willy-nilly** adv. во́лей-нево́лей; хо́чешь не хо́чешь.

**wilt** v.i. (*lit., fig.*) ни́кнуть, по-; поника́ть, -и́кнуть; сника́ть, -и́кнуть; ~ing enthusiasm ослабева́ющий энтузиа́зм.

**wily** adj. хи́трый, кова́рный, лука́вый; a ~ old bird (*coll.*) стре́ляный воробе́й; a ~ old fox ста́рая лиса́.

**wimple** n. (*nun's*) апо́стольник, плат.

**win** n. (*gain*) вы́игрыш; (*victory*) побе́да; a ~ at cards вы́игрыш в ка́ртах; картёжный вы́игрыш; we had 5 home and 2 away ~s мы одержа́ли 5 побе́д на своём по́ле и 2 на чужо́м; it was an easy ~ for them они́ с лёгкостью вы́играли.

v.t. **1.** (*be victorious in*) выи́грывать, вы́играть; the Allies won the war сою́зники вы́играли войну́; ~ a race побе|жда́ть, -ди́ть в забе́ге; he won every race он победи́л во всех соревнова́ниях по бе́гу; who won the election? кто вы́играл на вы́борах?; the game was won outright игра́ сра́зу же око́нчилась побе́дой; ~ the day, field одержа́ть (*pf.*) побе́ду; **2.** (*gain*) получ|а́ть, -и́ть; выи́грывать, вы́играть; he won £5 from me он вы́играл у меня́ 5 фу́нтов; ~ a medal/competition завоёв|ывать, -а́ть меда́ль/пе́рвенство; ~ a prize вы́играть/взять (*pf.*) приз; ~ one's spurs (*lit.*) получи́ть (*pf.*) ры́царское зва́ние; (*fig.*) получи́ть (*pf.*) призна́ние; ~ s.o.'s affection сниск|ивать, -а́ть чью-н. любо́вь; ~ s.o.'s heart покор|я́ть, -и́ть чьё-н. се́рдце; ~ s.o.'s confidence сниск|ивать, -а́ть (*or* войти́ (*pf.*) в) чьё-н. дове́рие; he won my consent он доби́лся моего́ согла́сия; this work won her many friends благодаря́ э́той рабо́те она́ приобрела́ мно́го друзе́й.

v.i.: ~ hands down вы́играть (*pf.*) без труда́ (*or* с лёгкостью); ~ on points вы́играть (*pf.*) по очка́м; ~ by 4 goals to 1 вы́играть (*pf.*) со счётом 4:1.

with advs.: ~ **back** v.t. возвраща́ть, верну́ть себе́; отыѓр|ывать, -а́ть; отвоёв|ывать, -а́ть; ~ **out** v.i. одержа́ть (*pf.*) побе́ду/верх; преодоле́ть (*pf.*) все тру́дности; ~ **over,** ~

round *vv.t.* угов|а́ривать, -ори́ть; we won him over to our side мы уговори́ли его́ перейти́ на на́шу сто́рону; he cannot be won round его́ нельзя́/невозмо́жно уговори́ть; ~ **through** *v.i.* проб|ива́ться, -и́ться.

**wince** *n.*: with a ~ вздро́гнув.

*v.i.* содрог|а́ться, -ну́ться; мо́рщиться, по-.

**winch** *n.* лебёдка, во́рот.

*v.t.* (*usu. with advs.*) подн|има́ть, -я́ть с по́мощью лебёдки; the glider was ~ed off the ground планёр запусти́ли в во́здух с по́мощью лебёдки.

**wind**[1] *n.* **1.** ве́тер; high ~ си́льный ве́тер; fair ~ попу́тный ве́тер; strong ~ ре́зкий ве́тер; there's not much ~ about ве́тра почти́ нет; the ~ is in the east ве́тер ду́ет с восто́ка; the ~ is rising ве́тер уси́ливается/поднима́ется; the ~ blew hard дул кре́пкий ве́тер; sail before the ~ плыть (*det.*) с попу́тным ве́тром; you will have the ~ in your face вам придётся идти́ про́тив ве́тра; the ~ was behind us ве́тер дул нам в спи́ну; in the ~'s eye (*naut.*) пря́мо про́тив ве́тра; open to the four ~s откры́тый всем ве́трам; exposed to ~ and weather откры́тый непого́дам; he is sailing close to the ~ (*lit.*) он идёт кру́то к ве́тру; (*fig.*) он ведёт себя́ на гра́ни дозво́ленного; the deer were down ~ of us оле́ни находи́лись в подве́тренной стороне́ от нас; get, catch ~ of чу́ять, по-; (*fig.*) провед|ывать, -ать; проню́х|ивать, -ать; **2.** (*var. fig. uses*): between ~ and water не в бровь, а в глаз; по (са́мому) больно́му ме́сту; raise the ~ (*coll.*) раздобы́ть (*pf.*) де́нег; gone with the ~ безвозвра́тно уше́дший; he ran like the ~ он мча́лся как ве́тер; fling caution to the ~s отбро́сить/забы́ть (*pf.*) вся́кую осторо́жность; scattered to the four ~s разбро́санный повсю́ду (*or* по всему́ све́ту); I must see how the ~ blows мне ну́жно поня́ть, куда́ ве́тер ду́ет; it took the ~ out of his sails (*fig.*) э́то вы́било по́чву у него́ из-под ног; э́то обескура́жило его́; ~ of change (*fig.*) ве́тер переме́н; но́вое ве́яние; he's all ~ (*empty talk*) он пустобрёх; get the ~ up (*sl.*) тру́сить, с-; the noise put the ~ up me (*sl.*) э́тот шум меня́ испуга́л/напуга́л; there is something in the ~ что-то назрева́ет/затева́ется; it's an ill ~ that blows nobody good нет ху́да без добра́; **3.** (*breath*) дыха́ние; out of ~ запыха́вшись; lose one's ~ запыха́ться (*pf.*); get back (*or* recover) one's ~ отдыша́ться (*pf.*); get one's second ~ обре|та́ть, -сти́ второ́е дыха́ние; knock the ~ out of s.o. (*fig.*) ошеломл|я́ть, -и́ть кого́-н.; sound in ~ and limb соверше́нно здоро́вый; **4.** (*in bowels etc.*) ве́тры (*m. pl.*); га́зы (*m. pl.*); I've got ~ меня́ распира́ют га́зы; у меня́ живо́т пу́чит; bring a baby's ~ up масси́ровать (*impf.*) ребёнка, чтобы освободи́ть от га́зов; break ~ по́ртить, ис- во́здух; **5.** (~ *instruments*) духовы́е инструме́нты (*m. pl.*); ~

quintet духово́й квинте́т.

*v.t.* **1.** (*detect by smell*) чу́ять, по-/у-; **2.** (*deprive of breath*): the blow ~ed him от уда́ра у него́ дух захвати́ло; I was ~ed by the climb от подъёма я запыха́лся; the ~ed me он уда́рил меня́ под вздох; **3.**: ~ a horse да|ва́ть, -ть ло́шади передохну́ть.

*cpds.*: ~**bag** *n.* (*coll.*) пустоме́ля (*c.g.*), красноба́й; ~**-break** *n.* ветроло́м; ветрозащи́тные насажде́ния; ~**-cheater** (*Am.* **-breaker**) *nn.* ветронепроница́емая ку́ртка; штормо́вка; ~**-driven** *adj.*: ~-driven sand песо́к, гони́мый ве́тром; ~-driven machinery механи́зм, рабо́тающий от ве́тра; ~**fall** *n.* (*of fruit*) па́данец; (*of good fortune*) непредви́денный дохо́д; неожи́данное везе́ние/сча́стье; ~**-flower** *n.* анемо́н; ~**-gauge** *n.* анемо́метр; ~**-hover** *n.* пустельга́; ~**-jammer** *n.* (*торго́вый*) па́русник; ~**-mill** *n.* ветряна́я ме́льница; tilt at ~mills (*fig.*) сража́ться (*impf.*) с ветряны́ми ме́льницами; ~**-pipe** *n.* дыха́тельное го́рло; ~ **screen** (*Am.* ~**shield**) *nn.* пере́днее/ветрово́е стекло́; ~ screen wiper стеклоочисти́тель (*m.*), «дво́рник»; ~**-sleeve**, ~**-sock** *nn.* ветрово́й ко́нус; ~ **swept** *adj.* (*of terrain*) откры́тый (*of hair etc.*) растрёпанный; ~**-tunnel** *n.* аэродинами́ческая труба́; ~**-vane** *n.* флю́гер.

**wind**[2] *v.t.* (*sound by blowing*): ~ a (blast on the) horn затруби́ть (*pf.*) в рог.

**wind**[3] *n.* **1.** (*single turn*) вито́к; there were 25 ~s on the coil на кату́шке бы́ло 25 витко́в; **2.** (*bend*) поворо́т, изги́б.

*v.t.* **1.** (*cause to encircle, curve or curl*): she wound the wool into a ball она́ смота́ла шерсть в клубо́к; the thread was wound on to a reel ни́тка была́ намо́тана на кату́шку; a rope was wound round the pole на шест была́ намо́тана верёвка; the chain had wound itself round the wheel цепь обвила́сь вокру́г колеса́; the hedgehog ~s itself into a ball ёжик свёртывается клубко́м (*or* в клубо́к); she can ~ you round her little finger (*fig.*) она́ из вас верёвки вьёт; она́ ве́ртит ва́ми как хо́чет; **2.** (*fold, wrap*) уку́т|ывать, -ать; she wound a shawl round the baby; she wound the baby in a shawl она́ уку́тала/заверну́ла ребёнка в плато́к; ~ing-sheet са́ван; **3.** (*rotate*) верте́ть (*impf.*); крути́ть (*impf.*); **4.**: ~ a clock зав|оди́ть, -ести́ часы́; ~ing-engine подъёмная маши́на; **5.**: the river ~s its way to the sea река́, извива́ясь, течёт к мо́рю; she wound her way into his affections она́ постепе́нно овладе́ла его́ се́рдцем.

*v.i.* (*twist*) ви́ться (*impf.*); извива́ться (*impf.*); the path ~s up the hill доро́жка/тропи́нка змейкой поднима́ется в го́ру; ~ing staircase винтова́я ле́стница; a ~ing road изви́листая доро́га.

*with advs.*: ~ **about** *v.i.*: the road ~s about

доро́га вьётся; ~ **down** *v.t.* опус|ка́ть, -ти́ть; *v.i.*: the clock spring ~s down in 7 days у э́тих часо́в семидне́вный заво́д; ~ **in** *v.t.*: ~ in a fishing line сма́|тывать, -ота́ть у́дочку; he wound in a large salmon он вы́тянул кру́пного лосо́ся; ~ **up** *v.t.*: ~ up the bucket from the well подн|има́ть, -я́ть ведро́ из коло́дца; ~ up a clock зав|оди́ть, -ести́ часы́; (*fig., arouse*) взви́н|чивать, -ти́ть; he gets very wound up at times иногда́ он ужа́сно взви́нчивается; he wound himself up to make a speech он настро́ил себя́ на выступле́ние; (*fig., settle*) заверш|а́ть, -и́ть; I am ~ing up my affairs я свёртываю свои́ дела́; (*fig., terminate*) зак|а́нчивать, -о́нчить; they wound up the meeting with a prayer они́ зако́нчили собра́ние моли́твой; *v.i.* (*conclude*) заключ|а́ть, -и́ть; заверш|а́ть, -и́ть; he wound up for the Opposition он произнёс заключи́тельную речь от и́мени оппози́ции; if you go on like that you will ~ up in prison е́сли вы бу́дете продолжа́ть в том же ду́хе, вы ко́нчите тюрьмо́й; he wound up by shooting himself он ко́нчил тем, что застрели́лся.

**windlass** *n.* лебёдка, во́рот.

**windless** *adj.* безве́тренный.

**window** *n.* **1.** окно́; (*dim., also cashier's etc.*) око́шко; he looked through the ~ он смотре́л в окно́; он вы́глянул из окна́; double ~s двойны́е ра́мы (*f. pl.*); French ~ балко́нная дверь; двуство́рчатое окно́; стекля́нные ство́рчатые две́ри (*f. pl.*); (shop-~) витри́на; keep all one's goods in the ~ (*fig.*) выставля́ть, вы́ставить всё напока́з; пока́з|ывать, -а́ть това́р лицо́м; а ~ on the world окно́ в мир; **2.** (*attr.*) око́нный; ~ envelope конве́рт с прозра́чным прямоуго́льником для а́дреса.

*cpds.*: ~-**blind** *n.* што́ра; жалюзи́ (*nt. indecl.*); ~-**box** *n.* нару́жный я́щик для цвето́в; ~-**catch** *n.* око́нный затво́р, шпингале́т; ~-**cleaner** *n.* мо́йщик о́кон, ~-**dressing** *n.* (*lit.*) оформле́ние витри́н; (*fig.*) очковтира́тельство; ~-**ledge** *n.* (нару́жный) подоко́нник; ~-**pane** *n.* око́нное стекло́; ~-**seat** *n.* дива́н у окна́; ~-**shopping** *n.* рассма́тривание витри́н; ~-**sill** *n.* подоко́нник.

**Windsor** *n.* Ви́ндзор; the House of ~ Виндзо́рская дина́стия.

**windward** *n.* наве́тренная сторона́; get to ~ of (*fig.*) об|ходи́ть, -ойти́; обскака́ть (*pf.*).

*adj.* наве́тренный.

**windy** *adj.* **1.** (*characterized by wind*) ве́треный; а ~ night ве́треная ночь; **2.** (*exposed to wind*) обдува́емый ве́тром; откры́тый ветра́м; **3.** (*verbose*) многосло́вный, пусто́й; а ~ speaker велеречи́вый ора́тор/докла́дчик; пустоме́ля (*c.g.*), красноба́й; ~ eloquence пустосло́вие, красноба́йство; **4.** (*flatulent*) вызыва́ющий пуче́ние; ~ food пи́ща, от кото́рой пу́чит (живо́т); **5.** (*coll., scared*): are

you getting ~? вы тру́сите?

**wine** *n.* **1.** (виногра́дное) вино́; dry, medium dry, sweet ~ сухо́е/полусухо́е/сла́дкое вино́; sparkling ~ игри́стое вино́; table ~ столо́вое вино́; good ~ needs no bush хоро́ший това́р сам себя́ хва́лит; new ~ in old bottles (*bibl.*) молодо́е вино́ в меха́х ве́тхих; **2.** (*from other fruit or plant*) нали́вка.

*v.t.*: he was ~d and dined его́ угости́ли на сла́ву; его́ корми́ли-пои́ли; его́ по́тчевали.

*cpds.*: ~-**bibber** *n.* пья́ница (*c.g.*); ~-**bottle** *n.* ви́нная буты́лка; ~-**cellar** *n.* ви́нный по́греб; ~-**coloured** *adj.* тёмно-кра́сный; бордо́вый; вишнёвый; ~-**cooler** *n.* ведёрко со льдом (для охлажде́ния вина́); ~-**glass** *n.* бока́л, рю́мка; ~-**grower** *n.* виноде́л; виногра́дарь (*m.*); ~-**growing** *n.* виноде́лие; виногра́дарство; *adj.* виногра́дарский, виноде́льческий; ~-**list** *n.* ка́рта вин; ~-**press** *n.* дави́льный пресс; ~-**skin** *n.* мех для вина́; ~-**taster** *n.* дегуста́тор вин; ~-**tasting** *n.* дегуста́ция вин; ~-**vault** *n.* ви́нный по́греб; ~-**waiter** *n.* официа́нт, ве́дающий ви́нами.

**winery** *n.* ви́нный заво́д, виноде́льня.

**wing** *n.* **1.** (*of bird, insect or aircraft*) крыло́; on the ~ в полёте; shoot a bird on the ~ подстрели́ть (*pf.*) пти́цу на лету́; on the ~s of the wind на кры́льях (*or* с быстрото́й) ве́тра; clip s.o.'s ~s (*fig.*) подр|еза́ть, -е́зать кому́-н. кры́лышки; spread, stretch one's ~s (*fig.*) распр|авля́ть, -а́вить кры́лья; take ~ (*lit.*) ул|ета́ть, -ете́ть; лете́ть, по-; взлет|а́ть, -е́ть; (*fig.*) см|ыва́ться, -ы́ться; исч|еза́ть, -е́знуть; улету́чи|ваться, -ться; take under one's ~ (*fig.*) брать, взять под своё кры́лышко; **2.** (*of building*) крыло́, фли́гель (*m.*); **3.** (*of vehicle*) крыло́; **4.** (*of diptych etc.*) ство́рка; **5.** (*of mil. formation*) фланг; крыло́; край; **6.** (*of political party*) крыло́; the left/right ~ ле́вое/пра́вое крыло́; **7.** (*of football or hockey team*) фланг; край; (*player in this position*) кра́йний напада́ющий; **8.** (*air force formation*) (авиа-)крыло́; **9.** (*pl., of stage*) кули́сы (*f. pl.*); wait in the ~s (*lit.*) ждать (*impf.*) своего́ вы́хода на сце́ну; (*fig.*) ждать (*impf.*) своего́ ча́са; быть наготове; **10.** (*pl., emblem on uniform*) «кры́лья».

*v.t.* **1.** (*equip with ~s*): ~ed words крыла́тые слова́; fear ~ed his steps страх подгоня́л его́ (*or* прида́л ему́ кры́лья); **2.**: ~ one's way лете́ть (*impf.*); **3.** (*wound in ~*) ра́нить (*impf., pf.*) в крыло́; подстре́л|ивать, -и́ть; (*wound in arm*) ра́нить (*impf., pf.*) в ру́ку.

*cpds.*: ~-**beat** *n.* взмах кры́льев; ~-**case** *n.* надкры́лье; ~-**collar** *n.* стоя́чий воротни́к с отворо́тами; ~-**commander** *n.* подполко́вник авиа́ции; ~-**half** *n.* полузащи́тник; ~-**mirror** *n.* боково́е зе́ркало; ~-**sheath** see -**case**; ~-**span**, ~-**spread** *nn.* разма́х крыла́; ~-**tip** *n.* коне́ц крыла́.

**wingding** *n.* (*Am. sl., party*) кутёж, попо́йка.

**winger** *n.* (*player*) кра́йний напада́ющий.

**wingless** *adj.* бескры́лый.

**wink** *n.* **1.**: give s.o. a ~ подми́г|ивать, -ну́ть кому́-н.; tip s.o. the ~ (*fig.*) намек|а́ть, -ну́ть кому́-н.; предупре|жда́ть, -ди́ть кого́-н.; a nod is as good as a ~ доста́точно намёка; I didn't sleep a ~ (*or* didn't have a ~ of sleep) я всю ночь не сомкну́л глаз; have, take forty ~s (*coll.*) вздремну́ть (*pf.*); **2.** (*coll., very short time*) миг; in a ~ сию́ мину́ту; момента́льно; ми́гом.

*v.t.*: ~ one's eye подми́г|ивать, -ну́ть; морг|а́ть, -ну́ть; he ~ed away a tear он сморгну́л слезу́.

*v.i.*: ~ at s.o. подми́г|ивать, -ну́ть кому́-н.; ~ at sth. (*connive at*) смотре́ть (*impf.*) сквозь па́льцы на что-н.; it's as easy as ~ing э́то раз плю́нуть; э́то ле́гче лёгкого; (*of star, light etc.*) мига́ть (*impf.*); мерца́ть (*impf.*); ~ing lights (*on car*) мига́ющие огни́.

**winker** *n.* (*indicator light*) мига́лка, индика́тор поворо́та.

**winkle** *n.* морска́я ули́тка.

*v.t.*: ~ out (*fig.*) извл|ека́ть, -е́чь; выко́вы|ривать, выко́вырять; выта́скивать, вы́тащить.

**winner** *n.* победи́тель (*fem.* -ница), призёр (*fem., coll.* -ша), лауреа́т (*fem.* -ка); who was the ~? кто вы́играл/победи́л?; he backed three ~s он три ра́за ста́вил на пра́вильную ло́шадь; (*successful thing*) верня́к (*coll.*); her new book is a ~ её но́вая кни́га име́ет потряса́ющий успе́х; he comes out with a ~ every time вся́кий раз у него́ уда́ча.

**winning** *adj.* **1.** (*victorious*) вы́игравший, победи́вший; the ~ team кома́нда--победи́тельница; **2.** (*bringing about a win*) выи́грывающий, принося́щий вы́игрыш; ~ card вы́игрышная ка́рта; ~ stroke реша́ющий уда́р; **3.** (*persuasive, attractive*) привлека́тельный, обая́тельный; ~ ways прия́тные мане́ры; a ~ smile обая́тельная/подкупа́ющая улы́бка.

*cpd.* ~-**post** *n.* фи́нишный столб.

**winnings** *n. pl.* вы́игрыш.

**winnow** *v.t.* ве́ять (*impf.*); отве́|ивать, -ять; (*fig.*) отсе́|ивать, -ять; просе́|ивать, -ять; пров|еря́ть, -е́рить; ~ truth from fiction отдел|я́ть, -и́ть пра́вду от вы́мысла.

*with advs.*: ~ **away,** ~ **out** chaff from grain отве́|ивать, -ять поло́ву/мяки́ну от зерна́.

**winsome** *adj.* привлека́тельный, обая́тельный; подкупа́ющий, располага́ющий.

**winter** *n.* зима́; in ~ зимо́й; (*attr.*) зи́мний; ~ crop ози́мая культу́ра; ~ garden зи́мний сад; ~ quarters зи́мние кварти́ры; ~ sleep зи́мняя спя́чка; ~ sports зи́мние ви́ды спо́рта; W ~'s Tale (*play title*) «Зи́мняя ска́зка».

*v.i.* зимова́ть, пере-.

*cpds.*: ~-**time** *n.* зима́; ~-**weight** *adj.* зи́мний, тёплый.

**wintry** *adj.* зи́мний, моро́зный; (*fig.*) холо́дный, ледяно́й, неприве́тливый.

**wipe** *n.*: give this plate a ~! вы́трите э́ту таре́лку!; she gave the baby's face a ~ она́ вы́терла ребёнку лицо́.

*v.t.* **1.** (*rub clean or dry*) вытира́ть, вы́тереть; прот|ира́ть, -ере́ть; обт|ира́ть, -ере́ть; ~ s.o.'s nose вы́тереть (*pf.*) кому́-н. нос; ~ one's eyes утере́ть (*pf.*) слёзы; she ~d the dishes она́ вы́терла посу́ду; he ~d the floor он протёр пол; ~ the floor with s.o. (*fig., coll.*) утере́ть (*pf.*) нос кому́-н.; ~ your shoes on the mat! оботри́те но́ги/боти́нки о ко́врик!; ~ sth. dry на́сухо вы́тереть (*pf.*) что-н.; **2.** (*efface*) ст|ира́ть, -ере́ть; ликвиди́ровать (*impf., pf.*); ~ a mark off the wall стере́ть (*pf.*) пятно́ со стены́.

*with advs.*: ~ **away** *v.t.* ст|ира́ть, -ере́ть; ут|ира́ть, -ере́ть; she ~d away a tear она́ смахну́ла слезу́; ~ **down** *v.t.* прот|ира́ть, -ере́ть; ~ **off** *v.t.* ст|ира́ть, -ере́ть; this debt will take years to ~ off что́бы погаси́ть э́тот долг, потре́буются го́ды; the town was ~d off the map го́род был стёрт с лица́ земли́; ~ **out** *v.t.* (*clean*) вытира́ть, вы́тереть; прот|ира́ть, -ере́ть; (*expunge*): ~ out an insult смыть (*pf.*) оскорбле́ние; I can't ~ out the memory я не могу́ отогна́ть воспомина́ние; (*destroy*) уничт|ожа́ть, -о́жить; the disease ~d out the entire population эпиде́мия по́лностью уничто́жила населе́ние; ~ **over** *v.t.* (слегка́) прот|ира́ть, -ере́ть; пройти́сь (*pf.*) тря́пкой по +*d.*; ~ **up** *v.t.* подт|ира́ть, -ере́ть.

**wiper** *see* WINDSCREEN-WIPER.

**wire** *n.* **1.** (*fine-drawn metal; a length of this*) про́волока; про́вод (*pl.* -а́); barbed ~ колю́чая про́волока; chicken ~ про́волочная се́тка; pull ~s (*fig., exert influence*) пуска́ть (*impf.*) в ход свя́зи; ~ mattress пружи́нный матра́ц; ~ netting про́волочная се́тка; ~ rope трос; ~ wool про́волочная моча́лка; ёж(ик); **2.** (*as mil. defence*) про́волочные загражде́ния; (*as barrier, fencing etc.*) про́волочная се́тка; **3.** (*elec.*) про́вод; fuse ~ пла́вкий предохрани́тель; telephone ~ телефо́нный ка́бель; send a message by ~ сообщи́ть (*pf.*) что-н. телегра́ммой (*or* по телегра́фу); посла́ть (*pf.*) телегра́мму; телеграфи́ровать (*impf., pf.*); live ~ (*lit.*) про́вод под напряже́нием/то́ком; (*fig., of pers.*) (челове́к-)ого́нь, жи́вчик; get one's ~s crossed (*fig.*) запу́таться (*pf.*); неве́рно поня́ть (*pf.*) что-н.; **4.** (*coll., telegram*) телегра́мма.

*v.t.* **1.** (*provide, strengthen or fasten with ~*) свя́з|ывать, -а́ть (*or* скреп|ля́ть, -и́ть) про́волокой; **2.** (*snare with ~*) лови́ть (*impf.*) в про́волочные силки́; **3.** (*coll., send telegram to*) телеграфи́ровать (*impf., pf.*) +*d.*; **4.** (*elec.*): they ~d the house они́ сде́лали прово́дку в до́ме.

*v.i.* (*coll., telegraph*) телеграфи́ровать (*impf., pf.*); they ~d for him to come они́ вы́звали его́ телегра́ммой.

*with advs.*: ~ **together** *v.t.* скрепля́ть, -и́ть про́волокой; ~ **up** *v.t.* (*connect*) подключа́ть, -и́ть.

*cpds.*: ~-**brush** *n.* про́волочная щётка; ~-**cutters** *n.* куса́ч|ки (*pl., g.* -ек); ~-**gauge** *n.* (*instrument*) про́волочный кали́бр; ~-**haired** *adj.* жесткошёрст(н)ый; ~-**puller** *n.* (*coll.*) ма́стер закули́сных махина́ций; ловка́ч; ~-**tapping** *n.* подслу́шивание телефо́нных разгово́ров; подслу́шка; ~**worm** *n.* жук-щелку́н.

**wireless** *n.* **1.** (~ *telegraphy*) беспро́волочный телегра́ф; ~ officer ради́ст; **2.** (*sound radio*) ра́дио (*indecl.*); ~ enthusiast радиолюби́тель (*m.*); I heard it on the ~ я э́то слы́шал по ра́дио; **3.** (*broadcast receiver: also* ~ set) (ра́дио)приёмник; ра́дио.

*v.t.* (*send by* ~) ради́ровать (*impf., pf.*) (*что кому*); опове|ща́ть -сти́ть (*кого*) по ра́дио.

**wiring** *n.* (*elec.*) электропрово́дка; ~ diagram монта́жная схе́ма.

**wiry** *adj.* (*of pers.*) жи́листый, двужи́льный.

**wisdom** *n.* му́дрость; (*prudence*) благоразу́мие, разу́мность; ~ tooth зуб му́дрости; the W~ of Solomon Кни́га прему́дрости Соломо́на; worldly ~ жите́йская му́дрость.

**wise**[1] *n.* (*arch.*) о́браз, спо́соб; in no ~ нико́им о́бразом; in, on this ~ таки́м о́бразом/спо́собом.

**wise**[2] *adj.* **1.** (*sage*) му́дрый; ~ counsel му́дрый сове́т; the W~ Men (*bibl.*) волхвы́ (*m. pl.*); get, grow ~r умне́ть, по-; he nodded ~ly он глубокомы́сленно кива́л голово́й; **2.** (*sensible, prudent*) у́мный, благоразу́мный; ~ after the event за́дним умо́м кре́пок; you were ~ not to attempt it вы пра́вильно сде́лали, что не ста́ли пыта́ться; it's not ~ to bathe on this coast не рекоменду́ется/сто́ит купа́ться на э́том берегу́; he ~ly refused он име́л му́дрость отказа́ться; **3.** (*well-informed*) осведомлённый; now that you've told me I am none the ~r да́же по́сле ва́шего объясне́ния я ма́ло чего́ понима́ю; you could sneak in without anyone's being the ~r вы мо́жете тихо́нько войти́, и никто́ не заме́тит; ~ guy (*Am. sl.*) «у́мник»; всезна́йка (*c.g.*); put s.o. ~ to sth. (*coll.*) ввести́ (*pf.*) кого́-н. в курс де́ла; откры́ть (*pf.*) кому́-н. глаза́ на что-н.; be ~ to sth. (*coll.*) быть в ку́рсе дел; ви́деть (*impf.*) что-н. наскво́зь; get ~ to (*coll.*) подм|еча́ть, -е́тить; пон|има́ть, -я́ть; прове́дать (*pf.*); **4.** (*arch., having occult power*): ~ woman зна́харка; гада́лка.

*v.t.*: ~ **up** (*Am. sl.*) надоу́мить (*pf.*).

*cpds.*: ~**acre** *n.* у́мник, всезна́йка (*c.g.*); ~ **crack** (*coll.*) *n.* шу́тка, остро́та; *v.i.* остри́ть (*impf.*).

**wish** *n.* **1.** (*desire*) жела́ние, во́ля; (*request*) про́сьба; I have no ~ to interfere я не собира́юсь вме́шиваться; the ~ is often father to the thought лю́ди охо́тно принима́ют жела́емое за действи́тельное; if ~es were horses, beggars would ride (*prov.*) е́сли бы да кабы́, во рту́ росли́ грибы́; make a ~! загада́йте жела́ние!; he expressed the ~ that он вы́разил жела́ние, что́бы; you acted against my ~es вы де́йствовали/поступи́ли про́тив мое́й во́ли; **2.** (*thing* ~*ed for or requested*) предме́т жела́ний; мечта́; he got his ~ его́ жела́ние сбыло́сь; его́ мечта́ сбыла́сь; **3.** (*hope on another's behalf*) пожела́ние; best ~es! всего́ наилу́чшего!; with every good ~ с наилу́чшими пожела́ниями.

*v.t.* **1.** (*want, require*) жела́ть (*impf.*); хоте́ть (*impf.*) (*both* + *a. or g., inf. or* что́бы); **2.** (*expr. unfulfilled desire*): I ~ I'd never been born ax, заче́м то́лько меня́ мать роди́ла!; I ~ I hadn't gone there я жале́ю, что пошёл туда́; I only ~ I knew е́сли бы я то́лько знал; хоте́л бы я знать; I ~ you'd be quiet нельзя́ ли не шуме́ть?; не шуми́те, пожа́луйста!; I ~ he was alive ка́бы он был жив!; he ~ed himself dead он мечта́л о сме́рти; ему́ не хоте́лось жить; I could have ~ed him further (*coll.*) я бы охо́тно посла́л его́ пода́льше (*or* ко всем чертя́м); she ~ed she had stayed at home она́ пожале́ла, что не оста́лась до́ма; I ~ he hadn't left so soon как жаль, что он ушёл так ра́но; **3.** (*with double object*): I ~ him well я жела́ю ему́ добра́; I ~ed him good morning я пожела́л ему́ до́брого утра́; я поздоро́вался с ним; I ~ you many happy returns поздравля́ю вас с днём рожде́ния; I ~ed him goodbye я попроща́лся с ним; **4.** (*coll., inflict*) навя́з|ывать, -а́ть; I had the job ~ed on me мне навяза́ли э́ту рабо́ту; I wouldn't ~ this headache on anyone тако́й головно́й бо́ли и врагу́ своему́ не пожела́ю.

*v.i.*: she has everything a woman could ~ for у неё есть всё, о чём то́лько же́нщина мо́жет мечта́ть; ~ing will get you nowhere от хоте́ния то́лку ма́ло.

*cpds.*: ~-**bone** *n.* ду́жка; ~-**fulfilment** *n.* исполне́ние (та́йных/подсозна́тельных) жела́ний.

**wishful** *adj.*: he is ~ of . . . ему́ хо́чется +*inf.*; ~ thinking самообольще́ние; приня́тие жела́емого за действи́тельное.

**wishy-washy** *adj.* (*of liquid*) жи́дкий, сла́бый; (*of pers.*) вя́лый; (*sentimental*) сентимента́льный; (*of style*) вя́лый, водяни́стый.

**wisp** *n.* пучо́к, клок; а ~ of hay пучо́к се́на; а ~ of hair прядь воло́с; а ~ of smoke стру́йка ды́ма; а ~ of a girl то́ненькая де́вушка.

**wispy** *adj.* лёгкий, тóнкий; ~ hair рéдкие растрёпанные вóлосы.

**wist|aria, -eria** *n.* глицѝния.

**wistful** *adj.* тоскýющий, тосклѝвый; a ~ smile мечтáтельная улы́бка; the child looked ~ly at the cake ребёнок мечтáтельно (*or* с тоскóй) смотрéл на пирóжное.

**wistfulness** *n.* тоскá, мечтáтельность.

**wit**[1] *n.* **1.** (*intelligence*) ум, рáзум, соображéние; he hadn't the ~(s) (*or* ~ enough) to realise what had happened у негó не достáло умá понять, что случѝлось; at one's ~'s end в отчáянии; I am at my ~'s end to know what to do я прóсто умá не приложý, что дéлать; you will drive me out of my ~s вы меня́ сведёте с умá; he was out of his ~s with worry он был сам не свой от тревóги; he has a ready ~ он за слóвом в кармáн не полéзет; keep one's ~s about one не растеря́ться (*pf.*); he lives by his ~s он авантюрѝст; he was scared out of his ~s он был дó смерти напýган; **2.** (*verbal ingenuity*) остроýмие; **3.** (*pers.*) остря́|к (*fem.* coll. -чка).

**wit**[2] *v.* (*arch.*): to ~ то есть; а ѝменно.

**witch** *n.* **1.** (*sorceress*) вéдьма; ~es' sabbath шáбаш ведьм; **2.** (*charmer*) чаровнѝца; **3.** (*hag*) вéдьма, стáрая каргá.
   *v.t.* (*arch.*): the ~ing hour глухáя пóлночь.
   *cpds.*: ~**craft** *n.* чёрная мáгия, колдовствó; ~**-doctor** *n.* знáхарь (*m.*); ~**-elm, -hazel** *see* WYCH-ELM, -HAZEL; ~**-hunt** *n.* (*lit., fig.*) охóта за вéдьмами.

**witchery** *n.* (*witchcraft*) колдовствó; (*fascination*) чáр|ы (*pl., g.* —).

**with** *prep.* **1.** (*expr. accompaniment*) *usu.* с +*i.*; come ~ me! пойдёмте со мной!; she has no-one to play ~ ей нé с кем игрáть; he is ~ the manager он у завéдующего; he is ~ Shell он рабóтает в компáнии «Шелл»; ~ no hat on без шля́пы; ~ his charm he will go far с такѝм обая́нием он далекó пойдёт; meat ~ tomato sauce мя́со в томáтном сóусе; a film ~ Greta Garbo фильм с учáстием Грéты Гáрбо; he came ~ the rest он пришёл вмéсте с остальны́ми; **2.** (*expr. agreement or sympathy*): he that is not ~ us is against us кто не с нáми, тот прóтив нас; I'm ~ you (*in understanding*) понимáю; (*in opinion*) я с вáми соглáсен; (*in support*) я на вáшей сторонé; he is ~ it (*sl.*) он в кýрсе; он знáет, что к чемý; get ~ it! очнѝсь! (*sl.*); **3.**: I lost patience ~ him я потеря́л с ним вся́кое терпéние; don't be rough ~ the cat! не обращáйтесь так грýбо с кóшкой!; are you pleased ~ the result? вы довóльны результáтом?; what do you want ~ me? что вы от меня́ хотѝте?; what has it to do ~ him? при чём тут он?; какóе э́то имéет к немý отношéние?; I have business ~ him у меня́ есть дéло к немý; influence ~ the President влия́ние на президéнта; **4.** (*expr. antagon-*

*ism or separation*): don't argue ~ me не спóрьте со мной; at war ~ в состоя́нии войны́ с +*i.*; a break ~ tradition отхóд от традѝции; **5.** (*in the case of*) у +*g.*; с +*i.*; it's a habit ~ me у меня́ такáя привы́чка; ~ children it's different с детьмѝ совсéм другóе дéло; it's a holiday ~ us у нас сейчáс прáздник; **6.** (*denoting host or person in charge, possession etc.*): we stayed ~ our friends мы жѝли у друзéй; the boy was left ~ his aunt мáльчика остáвили у тётки (*or* с тёткой); I have no money ~ me у меня́ нет с собóй (*or* при себé) дéнег; the next move is ~ you слéдующий ход за вáми; **7.** (*denoting instrument or means*): I am writing ~ a pen я пишý перóм; he walks ~ a stick он хóдит с пáлкой; (*by means of*) с пóмощью (*or* при пóмощи) +*g.*; посрéдством +*g.*; the word begins/ends ~ an A э́то слóво начинáется/кончáется на «А»; it is written ~ a hyphen э́то пѝшется чéрез дефѝс; I bought a suit ~ the £100 на э́ти сто фýнтов я купѝл себé костю́м; they fought ~ swords онѝ дралѝсь на шпáгах; **8.** (*denoting cause*) от +*g.*; she was shaking ~ fright онá дрожáла от стрáха; he went down ~ flu он заболéл грѝппом; I am delighted ~ him я в востóрге от негó; **9.** (*denoting characteristic*): a girl ~ blue eyes голубоглáзая дéвушка; дéвушка с голубы́ми глазáми; ~ child (*pregnant*) берéменная; a dressing-gown ~ a blue lining халáт на голубóй подклáдке; a tie ~ blue spots гáлстук в сѝних крáпинках; a suit ~ grey stripes костю́м в сéрую полóску; **10.** (*denoting manner etc.*): ~ pleasure с удовóльствием; ~ care осторóжно; he replied ~ a smile он отвéтил с улы́бкой; он отвéтил, улыбáясь; he bore it ~ courage он перенёс э́то мýжественно; **11.** (*in the same direction or degree as; at the same time as*): the rainfall varies ~ the season колѝчество атмосфéрных осáдков меня́ется в завѝсимости от врéмени гóда; ~ the approach of spring с наступлéнием весны́; one must move ~ the times нáдо идтѝ в нóгу с врéменем; I could barely keep up ~ him я éле за ним поспевáл; **12.** (*denoting attendant circumstance*): I sleep ~ the window open я сплю с откры́тым окнóм; he walked off ~ his hands in his pockets он ушёл, засýнув рýки в кармáны; a holiday ~ all expenses paid пóлностью оплáченный óтпуск; ~ your permission с вáшего разрешéния; ten minutes went by ~ no sign of the leader прошлó дéсять минýт, а руководѝтель всё не появля́лся; ~ a good secretary this would never have happened при хорóшем секретарé э́того бы не случѝлось; **13.** (*despite*) несмотря́ на +*a.*; при +*p.*; ~ all his faults he's a gentleman несмотря́ на все егó недостáтки, он джентльмéн; ~ the best will in the world при всём желáнии; **14.** (*in* *excl. or command*): away ~ him! гони его!; down ~ the door! взломайте дверь!; down ~ tyranny! долой произвол!; off ~ you! убирайтесь!; off ~ your coat! (долой) пальто!; out ~ it! рассказывайте!; не тайте(сь)!

**withal** *adv. (arch.)* к тому же, вдобавок.

**withdraw** *v.t.* отн|имать, -ять; сн|имать, -ять; уб|ирать, -рать; ~ one's hand отдёр|гивать, -нуть (*or* отн|имать, -ять) руку; ~ one's eyes отв|одить, -ести взгляд/глаза; ~ a child from school заб|ирать, -рать ребёнка из школы; ~ a coin from circulation из|ымать, -ъять монету из обращения; ~ money from the bank брать, взять деньги из банка; ~ a horse from a race сн|имать, -ять лошадь с забега; ~ an ambassador от|зывать, -озвать посла; ~ troops отв|одить, -ести войска; ~ an offer брать, взять обратно/назад предложение; ~ a statement отказ|ываться, -аться от заявления; а ~n character замкнутый/нелюдимый человек.

*v.i.* удал|яться, -иться; ретироваться (*impf., pf.*); ~ from a competition выбывать, выбыть из соревнования; ~ from an enterprise уходить, уйти с предприятия; ~ into oneself зам|ыкаться, -кнуться в себе; (*mil.*) от|ходить, -ойти; the army withdrew to prepared positions войска отошли на заранее подготовленные позиции.

**withdrawal** *n.* отнятие, снятие; (*of coinage*) изъятие; (*of statement*) отказ от своих слов; (*mil.*) отвод; (*absenting o.s.*) выход, уход; (*of ambassador*) отозвание, отзыв; (*of drugs*) прекращение приёма наркотиков.

**withe** *see* WITHY.

**wither** *v.t.* **1.** иссуш|ать, -ить; blossom ~ed by frost цветы, загубленные морозом; ~ed leaves увядшие листья; а ~ed arm сухая рука; **2.** (*fig.*) губить, по-; she gave me a ~ing glance она бросила на меня уничтожающий взгляд; она меня испепелила взглядом; ~ing scorn убийственное презрение/пренебрежение.

*v.i.* вянуть, за-; отс|ыхать, -охнуть; блёкнуть, по-; the flowers ~ed in the sun цветы завяли на солнце; her beauty ~ed with age с годами её красота увяла.

with advs.: ~ **away** *v.i.* отс|ыхать, -охнуть; чахнуть, за-; (*of the state*) отм|ирать, -ереть; ~ **up** *v.i.* отс|ыхать, -охнуть.

**withers** *n.* холка, загривок; my ~ are unwrung (*fig.*) это меня не трогает.

**withershins, widdershins** *adv.* против движения солнца.

**withhold** *v.t.* **1.** (*refuse to give*) отказ|ывать, -ать в (чём); воздерж|иваться, -аться от (чего); ~ one's consent не да|вать, -ть согласия; ~ support не оказ|ывать, -ать поддержки; ~ payment удерж|ивать, -ать (*or* задерж|ивать, -ать) оплату; ~ a visa не да|вать, -ть визы; ~

information ута|ивать, -ить информацию; **2.** (*restrain*) удерж|ивать, -ать.

**within** *adv.* внутри; from ~ изнутри; he is outwardly calm but raging ~ внешне он спокоен, но в душе у него всё кипит.

*prep.* **1.** (*inside*) в +*p.*; внутри +*g.*; you can talk safely ~ these walls в этих стенах вы можете говорить свободно; ~ doors (*liter.*) дома, в помещении; a voice ~ him said 'no' внутренний голос сказал ему «нет»; my heart sank ~ me у меня упало сердце; 'he's lying,' I thought ~ myself «он врёт», подумал я про себя; **2.** (*not farther than; accessible to*) в пределах +*g.*; there are 3 stations ~ a (radius of a) mile в радиусе одной мили имеются 3 станции; the library is ~ walking distance до библиотеки можно дойти пешком; ~ earshot в пределах слышимости; на расстоянии слышимости (голоса); we are ~ sight of our goal мы почти достигли цели; ~ reach в зоне/пределах досягаемости; ~ sight в пределах видимости; we kept ~ sight of land мы плыли, не теряя из виду берега; he came ~ an ace of death он был на волосок от смерти; он чуть не умер; **3.** (*of time*) в течение +*g.*; на протяжении +*g.*; за +*a.*; ~ (the next) three days в течение (ближайших) трёх дней; не позже, чем через три дня; в трёхдневный срок; I can finish the job ~ a week я могу кончить эту работу за неделю; they died ~ a year of each other они умерли один за другим в течение года; ~ a year of his death (*sc. after*) меньше чем через год после его смерти; не прошло и года с его смерти, как . . .; (*sc. before*) меньше чем за год до его смерти; the letters came ~ a few days of each other письма пришли одно за другим с промежутком в несколько дней; **4.** (~ *limits of*) в пределах/рамках +*g.*; live ~ one's income жить (*impf.*) по средствам; ~ one's rights по праву; it is ~ his powers это ему по силам; это входит в его компетенцию; it comes ~ their jurisdiction это подпадает под их юрисдикцию; keep ~ the law держаться (*impf.*) в рамках закона; keep ~ the speed limit не превышать (*impf.*) установленной скорости; he will tell you your weight ~ a pound он определит ваш вес с точностью до фунта; ~ limits до известной степени.

**without** *adv. (arch., liter.)* снаружи; за дверью; на дворе.

*prep.* **1.** (*arch., outside*) вне +*g.*; ~ the city wall за городской стеной; **2.** (*not having; lacking; free from*) без +*g.*; ~ delay сразу же; безотлагательно; тотчас (же); ~ doubt без сомнения; ~ fail непременно; ~ success безуспешно; times ~ number бессчётное число раз; ~ regard to the consequences несмотря на последствия; не задумываясь о последствиях; it goes ~ saying само собой разуме́ется; (*with n. understood*): the gas was cut off and we were ~ for several hours газ отключи́ли, и нам пришло́сь обходи́ться без него́ не́сколько часо́в; even in hard times they have never gone ~ да́же в са́мые тяжёлые времена́ они́ не голода́ли; if you can't afford cigarettes, then do ~ е́сли у вас нет де́нег на сигаре́ты, не кури́те; (*with gerund*): ~ thinking не ду́мая; не поду́мав; he did it ~ being caught ему́ удало́сь э́то сде́лать и не попа́сться; he did it ~ anyone finding out он э́то сде́лал так, что никто́ не узна́л; he left ~ so much as saying goodbye он ушёл, да́же не прости́вшись; ~ my seeing him он ушёл, а я так с ним и не повида́лся.

**withstand** *v.t.* устоя́ть (*pf.*) пе́ред +*i.*; выде́рживать, вы́держать; сопротивля́ться (*impf.*) +*d.*; ~ a siege вы́держать (*pf.*) оса́ду; ~ temptation устоя́ть (*pf.*) пе́ред собла́зном; не подда́ться (*pf.*) собла́зну.
*v.i.* выста́ивать, вы́стоять.

**with|y, -e** *n.* жгут; и́вовый прут.
**witless** *adj.* (*of pers.*) безмо́зглый, глу́пый; (*of action*) бессмы́сленный.
**witlessness** *n.* бессмы́сленность.
**witness** *n.* 1. (*eye-*) очеви́д|ец (*fem.* -ица); свиде́тель (*fem.* -ница); as God is my ~ ви́дит Бог; 2. (*in court of law*) свиде́тель (*fem.* -ница); (*present at search, inventory etc.*) понято́й; 3. (*testimony*) свиде́тельство; bear ~ свиде́тельствовать (*impf.*); дава́ть (*impf.*) показа́ния; (*speak in support of*) подтвержда́ть (*impf.*); руча́ться, поручи́ться за +*a.*; bear false ~ лжесвиде́тельствовать (*impf.*); call to ~ приз|ыва́ть, -ва́ть (*кого*) в свиде́тели; ссыла́ться, сосла́ться на +*a.*; in ~ whereof в подтвержде́ние/доказа́тельство чего́; (*fig.*): his clothes are a ~ to his vanity его́ мане́ра одева́ться свиде́тельствует/говори́т о его́ тщесла́вии; (as) ~ my poverty о чём свиде́тельствует моя́ нищета́.
*v.t.* 1. (*be spectator of*) быть свиде́телем/очеви́дцем +*g.*; the race was ~ed by a large crowd на ска́чках прису́тствовало мно́жество наро́ду; no-one ~ed the accident никто́ не ви́дел, как произошла́ катастро́фа; Europe ~ed many wars Евро́па повида́ла нема́ло войн; 2. (*be evidence of*) свиде́тельствовать (*impf.*) о +*p.*; 3. ~ s.o.'s signature зав|еря́ть, -е́рить чью-н. по́дпись.
*v.i.*: I can ~ to the truth of that я могу́ засвиде́тельствовать, что э́то пра́вда; he ~ed to having known the accused он показа́л, что был знако́м с обвиня́емым.
*cpds.*: ~-**box**, ~-**stand** *nn.* ме́сто для да́чи свиде́тельских показа́ний; take the ~-stand (*fig.*) выступа́ть, вы́ступить в ка́честве свиде́теля.
**witticism** *n.* остро́та.
**wittiness** *n.* остроу́мие.

**wittingly** *adv.* заве́домо, созна́тельно, умы́шленно.
**witty** *adj.* остроу́мный.
**wizard** *n.* (*magician*) колду́н, куде́сник; (*fig.*) волше́бник; a financial ~ фина́нсовый ге́ний. *adj.* (*sl.*) чуде́сный.
**wizardry** *n.* колдовство́; (*fig.*) ча́р|ы (*pl., g.* —).
**wizen(ed)** *adj.* вы́сохший, иссо́хший, морщи́нистый, смо́рщенный.
**wo** *see* WHOA.
**woad** *n.* (*plant*) ва́йда; (*dye*) сини́ль.
**wobble** *n.* кача́ние, пошáтывание; front-wheel ~ вихля́ние пере́дних колёс.
*v.t.* (*also* ~ **about**) шата́ть (*impf.*).
*v.i.* (*also* ~ **about**) шата́ться; ковыля́ть; кача́ться; колыха́ться; вихля́ть (*all impf.*); (*fig., vacillate*) колеба́ться (*impf.*); (*quaver*): she ~s on the top notes на высо́ких но́тах у неё дрожи́т го́лос.
**wobbly** *adj.* (*lit., fig.*) ша́ткий, неусто́йчивый; he is still ~ after his fall он всё ещё нетвёрдо де́ржится на нога́х по́сле паде́ния.
**wodge** *n.* (*coll.*) ком, кусо́к.
**woe** *n.* 1. (*grief, distress*) го́ре, скорбь; tale of ~ го́рестная исто́рия; ~ is me! (*liter. or joc.*) го́ре мне!; увы́ (мне)!; 2. (*pl., troubles*) бе́ды (*f. pl.*), неприя́тности (*f. pl.*); he had a cure for all the world's ~s у него́ был гото́в реце́пт про́тив всех невзго́д ми́ра.
*cpd.*: ~**begone** *adj.* удручённый, го́рестный.
**woeful** *adj.* ско́рбный, го́рестный, жа́лкий, уны́лый; a ~ countenance ско́рбное лицо́; ~ ignorance вопию́щее неве́жество.
**wog** *n.* (*sl., pej.*) черномáзый.
**wold** *n.* пусты́нное наго́рье.
**wolf** *n.* (*animal*) волк; (*she-*~) волчи́ца; cry ~ (*fig.*) подн|има́ть, -я́ть ло́жную трево́гу; keep the ~ from the door (*fig.*) зараба́тывать (*impf.*) на пропита́ние; перебива́ться (*impf.*); lone ~ (*fig.*) единоли́чни|к (*fem.* -ца), индивидуали́ст (*fem.* -ка); ~ in sheep's clothing (*fig.*) волк в ове́чьей шку́ре; throw s.o. to the wolves (*fig.*) бр|оса́ть, -о́сить кого́-н. на произво́л судьбы́; (*rapacious or greedy pers.*) волк, хи́щник; (*coll., sexually aggressive male*) кобе́ль (*m.*), ба́бник.
*v.t.* (*coll., also* ~ **down**) прогл|а́тывать, -оти́ть с жа́дностью.
*cpds.*: ~-**cub** *n.* волчо́нок; ~-**dog** *n.* волкода́в; ~-**hound** *n.* волкода́в; ~-**pack** *n.* ста́я волко́в; во́лчья ста́я; ~-**whistle** *n.* (*coll.*) свист при ви́де краси́вой де́вушки.
**wolfish** *adj.* во́лчий зве́рский.
**wolfram** *n.* вольфра́м.
**wolverine** *n.* росома́ха.
**woman** *n.* 1. же́нщина; my good ~ ми́лая; kept ~ содержа́нка; the little ~ (*joc., my wife*) жёнушка, хозя́йка; old ~ (*lit.*) стару́ха; (*coll., wife*) жена́, хозя́йка; the 'other ~' (*in sexual triangle*) любо́вница, разлу́чница; single ~

незаму́жняя же́нщина; ~ of the town у́личная же́нщина; ~ of the world све́тская/быва́лая же́нщина; play the ~ вести́ (*det.*) себя́ как ба́ба; a ~'s place is in the home ме́сто женщины — до́ма (*or* у очага́); Women's Lib(eration movement) движе́ние за эмансипа́цию же́нщин; women's rights же́нское равнопра́вие; man born of ~ (*bibl.*) сме́ртный; рождённый же́нщиной; **2.** (*femininity*): there is little of the ~ in her в ней ма́ло же́нственности; all the ~ in her rebelled вся её же́нская суть восста́ла про́тив э́того; **3.** (*coll., charwoman*): daily ~ приходя́щая домрабо́тница; **4.** (*arch., female attendant*) камери́стка, фре́йлина; **5.** (*illicit sexual partner*) любо́вница; **6.** (*man with feminine characteristics*) ба́ба; he is an old ~ он настоя́щая ба́ба; ~ doctor же́нщина-врач; ~ friend подру́га, прия́тельница.

cpds.: **womenfolk** *n.* же́нщины (*f. pl.*); (*of household*) же́нская полови́на; ~**-hater** *n.* женоненави́стник; ~**kind** *n.* же́нщины (*f. pl.*); же́нская полови́на; ~**-servant** *n.* служа́нка.

**womanhood** *n.* **1.** (*maturity*) же́нская зре́лость; grow to (*or* reach) ~ созре|ва́ть, -́еть; **2.** (*instinct*) же́нственность; же́нские ка́чества.

**womanish** *adj.* женоподо́бный, же́нственный.

**womanize** *v.t.* (*make effeminate*) прид|ава́ть, -а́ть же́нские черты́ +*d.*

*v.i.* (*coll., philander*) пу́таться (*impf.*) с ба́бами; волочи́ться/гоня́ться (*both impf.*) за ю́бками.

**womanizer** *n.* (*coll.*) женолю́б, ба́бник, волоки́та (*m.*).

**womanliness** *n.* же́нственность.

**womanly** *adj.* же́нственный, же́нский; не́жный, мя́гкий.

**womb** *n.* **1.** ма́тка; (*fig.*) утро́ба; fruit of the ~ (*liter.*) плод чре́ва; ребёнок; **2.** (*fig.*): nations yet in the ~ of time ещё не рождённые наро́ды.

**wombat** *n.* вомба́т.

**wonder** *n.* **1.** (*miracle, marvel*) чу́до; work ~s твори́ть, со- чудеса́; vitamin C does ~s витами́н C — чудоде́йственное сре́дство; (*marvel*): nine days' ~ кратковре́менная сенса́ция; ~s will never cease (*joc.*) чудеса́ в решете́; чудеса́, да и то́лько!; that child is a little ~ э́тот ребёнок настоя́щий/су́щий вундерки́нд; (*surprising thing*): the ~ is that . . . удиви́тельно, что. . .; что удиви́тельно/стра́нно, э́то то, что . . .; for a ~ как ни стра́нно; small ~ that . . . неудиви́тельно, что . . .; no ~ he was angry! неудиви́тельно, что он рассерди́лся!; ещё бы ему́ не рассерди́ться!; **2.** (*amazement, admiration*) изумле́ние, восхище́ние; the sight filled him with ~ зре́лище его́ порази́ло/изуми́ло; I looked at him in ~ я смотре́л на него́, рази́нув рот (*or* с

удивле́нием); they were struck with ~ они́ бы́ли потрясены́/поражены́.

*v.t.* **1.** (*be surprised*): I ~ he wasn't killed удиви́тельно, что он оста́лся в живы́х; he will be out, I shouldn't ~ вполне́ возмо́жно, что его́ не ока́жется до́ма; I shouldn't ~ if it rained я не удивлю́сь, е́сли пойдёт дождь; **2.** (*deliberate, desire to know*): I ~ who that was интере́сно/любопы́тно (*or* хоте́лось бы знать), кто бы э́то мог быть; he ~ed if she was coming он гада́л, придёт она́ и́ли нет; you will ~ why I said that вы спро́сите, почему́ я э́то сказа́л; I was ~ing whether to invite him я не мог реши́ть, приглаша́ть его́ и́ли нет; it makes you ~ where they find the money не понима́ю (*or* удиви́тельно), отку́да у них де́ньги беру́тся; I ~ if I might open the window вы не возража́ете, е́сли я откро́ю окно́? See also *v.i.*

*v.i.* **1.** (*feel surprised*) удив|ля́ться, -и́ться (чему́); пора|жа́ться, -зи́ться (чему́); диви́ться (*impf.*) (чему́); I ~ed at his foolishness я был поражён его́ легкомы́слием; this is not to be ~ed at здесь не́чему удивля́ться; в э́том нет ничего́ удиви́тельного; can you ~ that he got hurt? неудиви́тельно, что он уши́бся; **2.** (*feel curiosity*) интересова́ться (*impf.*); I was ~ing about that я и сам разду́мывал об э́том; 'Why do you ask?' – 'I just ~ed' «Почему́ вы спра́шиваете?» – «Про́сто так»; **3.** (*expr. doubt*): I ~ я не уве́рен; сомнева́юсь; you tell me he's clever. I ~! вы утвержда́ете, что он спосо́бный. Не зна́ю, не зна́ю — мо́жет быть.

cpds.: ~**land** *n.* страна́ чуде́с; ~**-stricken,** ~**-struck** *adjs.* поражённый, изумлённый; ~**-worker** *n.* чудотво́рец.

**wonderful** *adj.* изуми́тельный, удиви́тельный, порази́тельный; what ~ weather! кака́я чу́дная пого́да!; you have a ~ memory у вас замеча́тельная па́мять; she is ~ with children у неё замеча́тельный подхо́д к де́тям; она́ удиви́тельно (хорошо́) уме́ет обраща́ться с детьми́.

**wonderment** *n.* удивле́ние, изумле́ние.

**wondrous** (*arch. or liter.*) *adj.* ди́вный.

*adv.* удиви́тельно, необыча́йно; на ре́дкость.

**wonky** *adj.* (*sl.*) (*unstable*) ша́ткий; (*of pers., groggy*) нетвёрдый на нога́х.

**wont** (*arch. or liter.*) *n.* обыкнове́ние, привы́чка; as is his ~ по своему́ обыкнове́нию; earlier than his ~ ра́ньше его́ обы́чного вре́мени.

*adj.* привы́чный, обы́чный; as he was ~ to say как он люби́л говори́ть (*or* гова́ривал).

**wonted** *adj.* обы́чный, привы́чный, обыкнове́нный.

**woo** *v.t.* **1.** (*court*) уха́живать (*impf.*) за +*i.*; **2.** (*fig., try to win*) добива́ться (*impf.*) +*g.*;

завоёвывать (*impf.*); he ~ed sleep in vain он напра́сно стара́лся засну́ть; **3.** (*fig., coax*) обха́живать (*impf.*); both candidates were ~ing the voters о́ба кандида́та пыта́лись завоева́ть расположе́ние избира́телей.

**wood** *n.* **1.** (*forest*) лес; the road went through the ~s доро́га шла че́рез лес (*or* ле́сом); ~ed country леси́стая ме́стность; ~ anemone ве́треница лесна́я; (*fig.*): he can't see the ~ for trees он за дере́вьями ле́са не ви́дит; we're not out of the ~ yet ещё не все опа́сности/тру́дности преодолены́; ещё не всё позади́; don't halloo till you are out of the ~ не скажи́ «гоп», пока́ не перепры́гнешь; ~ spirit (*myth.*) ле́ший; **2.** (*substance*) де́рево; work in ~ ре́зать (*impf.*) по де́реву; touch (*Am.* knock on) ~ тьфу, тьфу! (чтоб не сгла́зить!); ~ alcohol, ~ spirit мети́ловый/древе́сный спирт; ~ block (*for paving*) торе́ц; ~ carving деревя́нная скульпту́ра/резьба́; ~ pavement торцо́вая мостова́я; ~ pulp древеси́на; ~ demon (*Ru. myth.*) ле́ший; **3.** (*as fuel or kindling*) дров|а́ (*pl., g.* —); I chopped some ~ for the fire я наколо́л дров для ками́на; ~ smoke дым от горя́щего де́рева; **4.**: the ~ (*cask*) бочо́нок; wine/beer drawn from the ~ разливно́е вино́/пи́во; **5.** (*in game of bowls*) шар; **6.** (*golf-club*) деревя́нная клю́шка.

*cpds.*: ~**bine** *n.* (ди́кая) жи́молость; ~**-carver** *n.* ре́зчик по де́реву; ~**cock** *n.* ва́льдшнеп; ~**craft** *n.* (*knowledge of forest conditions*) зна́ние ле́са; (~*working*) ремесло́ деревообде́лочника; ~**cut** *n.* гравю́ра на де́реве, ксилогра́фия; ~**cutter** *n.* дровосе́к; ~**-engraver** *n.* гравёр, ксило́граф; ~**-engraving** *n.* (*process*) гравиро́вка на де́реве; ксилогра́фия; (*product*) гравю́ра на де́реве; ксилогра́фия; ~**land** *n.* леси́стая ме́стность; (*attr.*) лесно́й; ~**-louse** *n.* мокри́ца; ~**man** *n.* лесни́к, лесору́б; ~**-nymph** *n.* дриа́да; ~**pecker** *n.* дя́тел; ~**-pigeon** *n.* вя́хирь (*m.*), го́рлица; ~**-pile** *n.* шта́бель (*m.*) дров; поле́нница; ~**-shed** *n.* дровяно́й сара́й; ~**sman** *n.* лесно́й жи́тель; ~**-wind** *n.* (*collect.*) деревя́нные духовы́е инструме́нты (*m. pl.*); ~**work** *n.* (*carpentry*) столя́рная рабо́та; (*articles*) деревя́нные изде́лия; ~**worker** *n.* пло́тник, столя́р; ~**working** *n.* обрабо́тка древеси́ны; ~working machine деревообде́лочный стано́к; the ~working industry лесообраба́тывающая промы́шленность; ~**worm** *n.* личи́нка древото́чца; ~**-yard** *n.* дровяно́й склад.

**woodchuck** *n.* суро́к лесно́й.

**wooded** *adj.* леси́стый.

**wooden** *adj.* деревя́нный; (*fig., awkward, stiff, clumsy*) деревя́нный, топо́рный.

*cpd.*: ~**-headed** *adj.* тупо́й, тупоу́мный.

**woody** *adj.* (*wooded*) леси́стый; (*of or like wood*) деревя́нный.

**wooer** *n.* ухажёр, жени́х, покло́нник.

**woof**[1] *n.* (*weft*) уто́к.

**woof**[2] *n.* (*dog's bark*) га́вканье, лай.

*v.t.* га́вкать (*impf.*); ла́ять (*impf.*).

**woofer** *n.* (*radio*) репроду́ктор ни́зкого то́на.

**wool** *n.* **1.** (*on sheep etc.*) шерсть, руно́; pull the ~ over s.o.'s eyes (*fig.*) вв|оди́ть, -ести́ кого́-н. в заблужде́ние; пус|ка́ть, -ти́ть пыль в глаза́ кому́-н.; ~ merchant торго́вец ше́рстью; the ~ trade торго́вля ше́рстью; knitting ~ шерсть для вяза́ния; mending, darning ~ шерсть для што́пки; I wear ~ next to my skin я ношу́ шерстяно́е бельё; **2.** (*similar substance*): cotton ~ ва́та; steel ~ ёжик; **3.** (*joc., hair*): lose one's ~ выходи́ть, вы́йти из себя́; (*coll.*) лезть, по-/за- в буты́лку.

*cpds.*: ~**-carding**, ~**-combing** *nn.* чеса́ние ше́рсти; ~**-gathering** *n.* (*fig.*) рассе́янность, мечта́тельность; (*pres. part.*): he is ~-gathering он замечта́лся; **W**~**sack** *n.* (*fig., Lord Chancellorship*) пост ло́рда-ка́нцлера.

**woollen** (*Am.* **woolen**) *n.* шерстяна́я ткань/пря́жа; (*pl.*) шерстяна́я оде́жда.

*adj.* шерстяно́й; ~ goods суко́нный това́р; ~ cloth сукно́.

*cpd.*: ~**-draper** *n.* суко́нщик.

**woolliness** *n.* (*fig.*) расплы́вчатость, му́тность, нея́сность, нечёткость, тума́нность.

**woolly** *n.* сви́тер; (*pl., woollen underclothes*) шерстяно́е бельё.

*adj.* **1.** (*bearing or covered with wool*) покры́тый ше́рстью; шерсти́стый; (*furry*) мохна́тый; (*downy*) пуши́стый, шерсти́стый; ~ clouds пуши́стые облака́; ~ hair густы́е курча́вые во́лосы; **3.** (*of sound*) глухо́й; (*fig., lacking definition*) расплы́вчатый, му́тный; (*of mind, argument etc.*) нея́сный, нечёткий, му́тный, тума́нный.

**woozy** *adj.* (*coll., tipsy*) косо́й, окосе́вший; (*from blow etc.*) обалде́вший, в обалде́нии.

**wop** *n.* (*sl., pej.*) италья́шка (*m.*).

**word** *n.* **1.** сло́во; I don't believe a ~ of it по-мо́ему, э́то чи́стый вы́мысел; ни за что не пове́рю; he didn't say a ~ about it он об э́том (да́же) не заикну́лся; those are big ~s э́то сли́шком гро́мкие слова́; he doesn't know a ~ of English он совсе́м не зна́ет англи́йского; by ~ of mouth у́стно, на слова́х; eat one's ~s взять (*pf.*) свои́ слова́ наза́д; призна́ться (*pf.*), что (был) непра́в; ~s fail me не нахожу́ слов; from the ~ go с са́мого нача́ла; I couldn't get a ~ in (edgeways) мне не удало́сь вста́вить ни слове́чка; a kind ~ and she was happy одно́ ла́сковое слове́чко — и она́ была́ сча́стлива; you can't get a ~ out of him слове́чка от него́ не добьёшься; he hasn't a good ~ to say for it он не признаёт за э́тим никаки́х досто́инств; he never has a good ~ for anyone он ни о ком до́брого сло́ва не ска́жет; those are hard ~s (чересчу́р) си́льно ска́зано; may I have a ~ with you? мо́жно вас на полсло́ва?; beyond ~s неопису́емый, не поддаю́щийся описа́нию; I have no ~s for (*or* to express) it я не зна́ю, как э́то назва́ть; high ~s разгово́р в повы́шенном то́не; кру́пный разгово́р; in a ~ (одни́м) сло́вом; коро́че говоря́; in a few ~s в не́скольких слова́х; вкра́тце; in other ~s ина́че говоря́, други́ми слова́ми; in so many ~s пря́мо, напрями́к; буква́льно, досло́вно; he told me in so many ~s that I was a liar он пря́мо так и сказа́л, что я лгу; in ~s of one syllable (*fig.*) са́мыми просты́ми слова́ми; in Byron's ~s как сказа́л Ба́йрон; слова́ми Ба́йрона; по выраже́нию Ба́йрона; in ~ and deed сло́вом и де́лом; last ~s после́дние/предсме́ртные слова́; this book is the last ~ on the subject э́та кни́га — лу́чшее, что напи́сано на э́ту те́му; the last ~ in fashion после́дний крик мо́ды; our coaches are the last ~ in comfort на́ши авто́бусы — са́мые комфорта́бельные в ми́ре; he had the last ~ после́днее сло́во оста́лось за ним; bold in ~s only хра́брый то́лько на слова́х; be at a loss for ~s не находи́ть (*impf.*) слов; a man of few ~s немногосло́вный челове́к; a man of many ~s многосло́вный/велеречи́вый челове́к; not a ~! ни сло́ва!; not a ~ of it is true в э́том нет ни сло́ва пра́вды; comfort's not the ~ for it! комфо́рт — э́то не то сло́во!; play on ~s игра́ слов, каламбу́р; put into ~s выража́ть, вы́разить слова́ми; put in a good ~ for s.o. замо́лвить (*pf.*) слове́чко за кого́-н.; you are putting ~s into my mouth вы припи́сываете мне слова́, каки́х я не говори́л; say a few ~s (*sc. a brief speech*) сказа́ть (*pf.*) не́сколько слов; you took the ~s out of my mouth э́то как раз то, что я хоте́л сказа́ть; he is too greedy for ~s он невероя́тно жа́ден; ~ for ~ сло́во в сло́во; translate ~ for ~ перев|оди́ть, -ести́ досло́вно/буква́льно; were those his very ~s? он так и́менно и сказа́л?; waste ~s говори́ть (*impf.*) на ве́тер; тра́тить (*impf.*) по́пусту слова́; a ~ in season своевре́менный сове́т; во́время ска́занное сло́во; a ~ in your ear я хочу́ вам ко́е-что сказа́ть; **2.** (*pl., disputation, quarrel*) ссо́ра; they had ~s; ~s passed between them они́ побрани́лись; у них был кру́пный разгово́р; **3.** (*pl., text set to music*) текст, слова́ (*nt. pl.*); set, put ~s to music положи́ть (*pf.*) слова́ на му́зыку; **4.** (*pl., actor's part*) роль, текст; **5.** (*bibl.*): the W~ Сло́во; God's W~ сло́во госпо́дне; свяще́нное писа́ние; **6.** (*news; information*) изве́стие, сообще́ние; send ~ of sth. изве|ща́ть, -сти́ть (*or* да|ва́ть, -ть знать) о чём-н.; he sent, left ~ that he was not coming он пе́редал, что не смо́жет прийти́; ~ came that he had been killed пришло́ сообще́ние (*or* дошло́ изве́стие), что он поги́б; the ~ got round that . . . ста́ло изве́стно, что . . .; what's

the good ~? (*joc.*) что слы́шно хоро́шенького?; **7.** (*promise; assurance*) сло́во, обеща́ние; give, pledge one's ~ да|ва́ть, -ть сло́во; обеща́ть (*impf., pf.*); I give you my ~ даю́ вам сло́во; keep one's ~ держа́ть, с- сло́во; ~ of honour! че́стное сло́во!; a man of his ~ челове́к сло́ва; he was as good as his ~ он сдержа́л сло́во; his ~ is as good as his bond на его́ сло́во мо́жно положи́ться; его́ сло́во кре́пкое; take s.o. at his ~ пойма́ть (*pf.*) кого́-н. на сло́ве; you must take my ~ for it вам придётся пове́рить мне на́ сло́во; upon my ~ (*asseveration*) ей-Бо́гу!; ей-ей!; (*exclamation*) вот э́то да!; ну и ну!; **8.** (*command*) сло́во, прика́з; at the ~ of command по кома́нде; at the ~ 'go', start running! по кома́нде «марш!», беги́те!; give the ~ отда́ть (*pf.*) приказа́ние/распоряже́ние; just say the ~! то́лько прикажи́те!

*v.t.* формули́ровать, с-; выража́ть, вы́разить; сост|авля́ть, -а́вить; that might have been differently ~ed э́то мо́жно бы́ло сказа́ть/вы́разить ина́че.

*cpds.*: ~-**blind** *adj.* страда́ющий слове́сной слепото́й; ~-**break**, ~-**division** *nn.* (*typ.*) перено́с; ~-**game** *n.* слове́сная игра́ (*скрэбл и т.п.*); ~-**perfect** *adj.* зна́ющий (*что*) на зубо́к; ~-**picture** *n.* о́бразное описа́ние; ~-**play** *n.* игра́ слов; каламбу́р; ~-**processor** *n.* электро́нный печа́тающий автома́т.

**wordiness** *n.* многосло́вие, велеречи́вость.

**wording** *n.* реда́кция; фо́рмула, формули-ро́вка.

**wordless** *adj.* безмо́лвный; ~ grief безмо́лвное го́ре.

**wordy** *adj.* многосло́вный, велеречи́вый.

**work** *n.* **1.** (*mental or physical labour, task*) рабо́та, труд; (*official, professional*) слу́жба; (*school etc.*) заня́тия (*nt. pl.*); (*activity*) де́ятельность; job of ~ де́ло; he's got some ~ on он за́нят де́лом; he is at ~ он сейча́с рабо́тает; he is at (his place of) ~ он на рабо́те/слу́жбе; he is at ~ on a dictionary он рабо́тает над словарём; all in the day's ~ в поря́дке веще́й, норма́льно; the right to ~ пра́во на труд; forces at ~ де́йствую-щие/дви́жущие си́лы; ~s of mercy благо-твори́тельность; creative ~ тво́рческая де́ятельность; good ~s до́брые дела́; public ~s обще́ственные рабо́ты (*f. pl.*); for peace борьба́ за мир; his life's ~ де́ло его́ жи́зни; he does his ~ well он хоро́ший рабо́тник; we have done a good day's ~ мы сего́дня успе́шно порабо́тали; he is doing some ~ on the house он занима́ется ремо́нтом до́ма; he is doing some ~ on the Stuarts он рабо́тает над исто́рией дина́стии Стюартов; there is plenty of ~ to be done здесь мно́го рабо́ты; предстои́т больша́я рабо́та; I have ~ to do мне на́до рабо́тать; я за́нят; you will have your

~ cut out вы хлопо́т не оберётесь; get to ~ on нача́ть (*pf.*) рабо́ту над +*i.*; get down to ~ приня́ться/взя́ться/засе́сть (*pf.*) за рабо́ту/де́ло; it's hard ~ digging clay копа́ть гли́ну — тя́жкий труд (*or* тяжело́ *or* нелёгкое де́ло); you are making hard ~ of it вы де́лаете из э́того це́лую исто́рию; вы преувели́чиваете тру́дности; make short ~ of бы́стро/жи́во распра́виться (*pf.*) с +*i.*; many hands make light ~ когда́ рук мно́го, рабо́та спори́тся; set s.o. to ~ засади́ть (*pf.*) кого́-н. за рабо́ту; **2.** (*activity, not necessarily productive*) де́йствие, посту́пок; it was the ~ of a moment э́то бы́ло де́лом одно́й мину́ты; the ~ of a madman де́ло рук сумасше́дшего; dirty ~ (*difficult, unpleasant*) чёрная рабо́та; (*nefarious*) по́длость; there's been some dirty ~ here тут де́ло нечи́сто; nice ~! (*coll.*) отли́чно!; здо́рово; the mice have been at ~ тут порабо́тали мы́ши; **3.** (*employment*) рабо́та, слу́жба; it is hard to find ~ тру́дно найти́ рабо́ту; in ~ рабо́тающий; out of ~ безрабо́тный; he was put out of ~ он лиши́лся рабо́ты; ~ force рабо́чие (*m. pl.*), рабо́чая си́ла; **4.** (*materials etc.; handicraft*): she took her ~ with her on holiday она́ пое́хала в о́тпуск со свои́м рукоде́лием; fancy ~ (*carving*) резьба́; (*embroidery*) худо́жественная вы́шивка; embossed ~ чека́нка; **5.** (*workmanship*) мастерство́, отде́лка; an excellent piece of ~ прекра́сная/отли́чная рабо́та; **6.** (*finished product*) произведе́ние, изде́лие; sale of ~ прода́жа изде́лий; **7.** (*literary or artistic composition*) произведе́ние, сочине́ние; (*esp. academic*) труд; (*collect.*) тво́рчество; (*publication*) изда́ние; the (complete) ~s of Shakespeare (по́лное) собра́ние сочине́ний Шекспи́ра; ~s on art кни́ги по иску́сству; ~ of reference спра́вочник, спра́вочное изда́ние; he knew all the ~s of Chopin он знал все произведе́ния Шопе́на; ~ in progress теку́щая рабо́та; this cake is a ~ of art э́тот пиро́г — настоя́щее произведе́ние иску́ства; **8.** (*pl., parts of machine*) механи́зм; the ~s of a clock часово́й механи́зм; something is wrong with the ~s механи́зм испо́ртился; (*fig.*): gum up the ~s засто́порить (*pf.*) рабо́ту (*coll.*); I asked them a simple question and I got the whole ~s (*coll.*) я за́дал им просто́й вопро́с, а они́ меня́ заму́чили подро́бностями; give s.o. the ~s (*sl.*) обраб|а́тывать, -о́тать кого́-н.; брать, взять кого́-н. в рабо́ту; **9.** (*pl., factory or similar installation*) заво́д, фа́брика, предприя́тие; engineering ~s машинострои́тельный заво́д; steel ~s сталелите́йный заво́д; sewage ~s канализацио́нная систе́ма; ~s committee, council заводско́й/фабри́чный комите́т; ~s manager предприя́тия; рабо́чий сове́т; ~s manager дире́ктор заво́да/фа́брики; **10.** (*pl., opera-*

*tions*): public ~s обще́ственные рабо́ты (*f. pl.*); clerk of the ~s производи́тель (*m.*) рабо́т; прора́б; **11.** (*pl., defensive structures; fortifications*) фортифика́ции (*f. pl.*), укрепле́ния (*nt. pl.*), сооруже́ния (*nt. pl.*); defensive ~s оборони́тельные сооруже́ния.

*v.t.* **1.** (*cause to ~, exact ~ from*): he ~s his men hard он заставля́ет люде́й рабо́тать, не поклада́я рук; he ~ed himself to death он извёл себя́ рабо́той; he ~ed his wife to death он совсе́м загоня́л жену́; that idea has been ~ed to death э́то изби́тая/зата́сканная иде́я; ~ one's fingers to the bone труди́ться/рабо́тать (*impf.*) до седьмо́го по́та; **2.** (*set in motion, actuate*) прив|оди́ть, -ести́ в движе́ние/де́йствие; ~ a lever наж|има́ть, -а́ть на рыча́г; управля́ть (*impf.*) рычаго́м; перевести́ (*pf.*) рыча́г; how do you ~ this machine? как рабо́тает э́та маши́на?; **3.** (*effect*): ~ wonders твори́ть, со- чудеса́; he ~ed it so that he was off duty (*coll.*) он так подстро́ил, что ему́ не приходи́лось дежу́рить; **4.** (*achieve by ~ing*): ~ one's passage отраб|а́тывать, -о́тать свой прое́зд; he ~ed his way through university все го́ды студе́нчества он зараба́тывал себе́ на жизнь; he ~ed his way up to the rank of manager из просты́х рабо́чих он проби́лся в директора́; ~ one's way forward пробира́ться/пробива́ться (*impf.*) вперёд; **5.** (*operate, manage: a mine, land etc.*) разраба́тывать, обраба́тывать, эксплуати́ровать (*all impf.*); the mine was ~ed by Italians на ша́хте рабо́тали италья́нцы; our salesman who ~s the north-west наш коммивояжёр, обслу́живающий се́веро-за́падный райо́н; **6.** (*move, bring by degrees*): ~ sth. into place вти́с|кивать, -нуть что-н. куда́-н.; he ~ed the conversation round to his favourite subject он постепе́нно подвёл разгово́р к свое́й излю́бленной те́ме; he ~ed this theme into his story он ввёл/вплёл э́ту те́му в свой расска́з; **7.** (*shape, manipulate; see also* WROUGHT) обраб|а́тывать, -о́тать; ~ butter сби|ва́ть, -ть ма́сло; ~ clay/dough меси́ть, за- гли́ну/те́сто; **8.** (*excite*) возбу|жда́ть, -ди́ть; he ~ed the crowd into a frenzy он довёл толпу́ до нейстовства; ~ o.s. into a rage дов|оди́ть, -ести́ себя́ до исступле́ния; **9.** (*make by stitching etc.*) вышива́ть, вы́шить; a design of flowers was ~ed in silk on the tablecloth ска́терть была́ вы́шита шёлковым цвето́чным узо́ром.

*v.i.* **1.** (*labour, be employed*) рабо́тать, труди́ться, служи́ть (*all impf.*); ~ like a horse (*fig.*) рабо́тать как вол; рабо́тать, не разгиба́я спины́; he ~ed for 6 hours он прорабо́тал 6 часо́в; ~ against time стара́ться (*impf.*) ко́нчить к определённому сро́ку; ~ at a problem рабо́тать/би́ться (*impf.*) над зада́чей; ~ at Latin занима́ться (*impf.*) латы́нью; ~ at a lathe рабо́тать (*impf.*) на тока́рном станке́; ~ for the government рабо́тать (*impf.*) на госуда́рственной слу́жбе; ~ for peace боро́ться (*impf.*) за мир; ~ for a living зараба́тывать (*impf.*) себе́ на жизнь; he ~s in leather он рабо́тает по ко́же; he ~s in oils он пи́шет ма́слом; he is ~ing on a novel он рабо́тает над рома́ном; he ~ed through the theorems of Euclid он прошёл теоре́мы Евкли́да; ~ to a budget держа́ться (*impf.*) в преде́лах бюдже́та; укла́дываться (*impf.*) в бюдже́т; ~ to rule пров|оди́ть, -ести́ италья́нскую забасто́вку; ~ with s.o. сотру́дничать (*impf.*) с кем-н.; ~ to a tight schedule приде́рживаться (*impf.*) стро́гого расписа́ния; **2.** (*operate, function*) рабо́тать (*impf.*); де́йствовать (*impf.*); the brake won't ~ то́рмоз отказа́л; my watch stopped ~ing мои́ часы́ переста́ли идти́; the machine ~s by electricity э́тот аппара́т рабо́тает на электри́честве; everything was ~ing smoothly всё шло как по ма́слу; **3.** (*produce desired effect*): the plan ~ed план уда́лся; the medicine ~ed лека́рство помогло́/поде́йствовало; the method ~s well э́тот ме́тод уда́чен/эффекти́вен; her charm ~ed обая́нием она́ доби́лась своего́; **4.** (*exert influence*) рабо́тать, де́йствовать (*both impf.*); ока́зывать (*impf.*) влия́ние; ~ against меша́ть (*impf.*) +*d.*; служи́ть (*impf.*) поме́хой +*d.*; ~ (up)on s.o. обраба́тывать (*impf.*) кого́-н.; порабо́тать (*pf.*) над кем-н.; ~ towards спосо́бствовать (*impf.*) +*d.*; стреми́ться (*impf.*) к +*d.*; **5.** (*ferment*) броди́ть (*impf.*); she left the yeast to ~ она́ поста́вила дро́жжи (, что́бы они́ подошли́); **6.** (*move gradually*): a screw ~ed loose винт осла́б; his shirt ~ed out of his trousers руба́шка вы́билась/вы́лезла у него́ из брюк; the damp ~ed through the plaster сы́рость прошла́/прони́кла че́рез штукату́рку; he ~ed round to his subject by degrees он и́сподволь подошёл к свое́й те́ме.

*with advs.* : ~ **around** *see* ~ **round**; ~ **away** *v.i.* труди́ться (*impf.*); (*coll.*) корпе́ть (*impf.*) (над чем); ~ **back** *v.i.* : I ~ed back through last year's newspapers я просмотре́л номера́ газе́т за про́шлый год (в обра́тном поря́дке); ~ **down** *v.i.* : my socks ~ down as I walk когда́ я хожу́, у меня́ соска́льзывают носки́; ~ **in** *v.t.* : mix butter, sugar and eggs, then ~ in the dry ingredients смеша́йте я́йца с ма́слом и са́харом, пото́м доба́вьте сухи́е ингреди́енты; the audience were delighted when he ~ed in some local allusions пу́блика была́ в восто́рге, когда́ он затро́нул в свое́й програ́мме ме́стные те́мы; *v.i.* : the ink stain has ~ed in черни́ла прошли́ наскво́зь; ~ **off** *v.t.* : he ran round the house to ~ off some of his energy он пробежа́лся вокру́г до́ма, что́бы дать вы́ход свое́й эне́ргии; don't ~ off your irritation on me не срыва́йте своё

раздраже́ние на мне; I shall never be able to ~ off this debt я никогда́ не смогу́ погаси́ть э́тот долг; I'm trying to ~ off my arrears of correspondence я пыта́юсь разде́латься с накопи́вшейся корреспонде́нцией; ~ **out** *v.t.* (*devise*) разраб|а́тывать, -о́тать; (*calculate*) вычисля́ть, вы́числить; подсчи́т|ывать, -а́ть; you must ~ out the answer yourself вы должны́ са́ми найти́ отве́т; (*solve*) (раз)реш|а́ть, -и́ть; ула́|живать, -дить; ~ things out раз|бира́ться, -обра́ться; all this will ~ itself out всё э́то ула́дится/образу́ется; the mine is ~ed out рудни́к истощи́лся; *v.i.* (*turn out*) ока́з|ываться, -а́ться; получ|а́ться, -и́ться; конча́ться, ко́нчиться; (*turn out satisfactorily*): our, marriage hasn't ~ed out наш брак оказа́лся неуда́чным; (*be solved*) разреш|а́ться, -и́ться; the sum won't ~ out зада́ча не выхо́дит/получа́ется; (*of calculation*): the expenses ~ out at £70 изде́ржки составля́ют £70; his share ~s out at £5 его́ до́ля сво́дится к пяти́ фу́нтам; (*train, of an athlete*) тренирова́ться (*impf.*); ~ **over** *v.t.* перераб|а́тывать, -о́тать; (*beat up*) the gang gave him a ~ing-over (*coll.*) ша́йка его́ изби́ла до полусме́рти; ~ **round** *v.i.* пов|ора́чиваться, -ерну́ться; his tie ~ed round till it was under his ear его́ га́лстук сби́лся на́ сторону, и был где́-то уже́ у са́мого у́ха; I was just ~ing round to that point я как раз подходи́л к э́тому (вопро́су); ~ **up** *v.t.* (*transform by* ~ing): he ~ed the clay up into its final shape он прида́л гли́не оконча́тельную фо́рму; (*elaborate*) перераб|а́тывать, -о́тать; these ideas are worth ~ing up into a book над э́тими иде́ями сто́ит порабо́тать и вы́пустить их (отде́льной) кни́гой; (*raise, develop*): he ~ed up a profitable business он разверну́л при́быльное де́ло; he ~ed up a market for his products он завоева́л ры́нок для свои́х това́ров; the agent ~ed up support for the candidate избира́тельный аге́нт доби́лся подде́ржки своему́ кандида́ту; I can't ~ up any interest in economics я ника́к не могу́ пробуди́ть в себе́ интере́с к эконо́мике; I went for a short walk to ~ up an appetite я вы́шел немно́го пройти́сь, что́бы нагуля́ть себе́ аппети́т; (*arouse, excite*): he ~ed himself up он взвинти́л себя́; he ~ed up his listeners to a pitch of fury он довёл свои́х слу́шателей до нейстовства; (*pred.*): ~ed up (*excited*) взволно́ван, возбуждён; (*worried*) расстро́ен; get o.s. ~ed up расстр|а́иваться, -о́иться; *v.i.* : he ~ed up to a climax он подходи́л к кульмина́ции; он подводи́л слу́шателей к кульминацио́нному пу́нкту; events were ~ing up to a climax собы́тия нараста́ли; she realised that he was ~ing up to a proposal она́ поняла́, что он собира́ется ей сде́лать предложе́ние.

*cpds.* : ~**-bag**, ~**-basket** *nn.* су́мка/

корзи́нка с рукоде́лием; ~-**bench** *n.* верста́к; ~-**book** *n.* журна́л учёта вы́полненной рабо́ты; тетра́дь для упражне́ний; ~-**box** *n.* рабо́чий я́щик; ~**day** (*unit of payment*) трудоде́нь (*m.*); ~-**force** *n.* рабо́чие (*pl.*), рабо́тники (*m. pl.*); рабо́чая си́ла; ~-**horse** *n.* (*lit.*) рабо́чая ло́шадь; (*fig.*) рабо́чая лоша́дка/ло́шадь; ~**house** *n.* (*Br.*) рабо́тный дом; (*Am.*) исправи́тельная тюрьма́; ~-**load** *n.* нагру́зка; ~**man** *n.* рабо́тник; ~**manlike** *adj.* иску́сный, де́льный; ~**manship** *n.* иску́сство, мастерство́; ~**mate** *n.* сотру́дни|к (*fem.* -ца), колле́га (*c.g.*); ~-**out** *n.* трениро́вка, разми́нка; ~**people** *n.* рабо́чие (*pl.*), трудя́щиеся; ~-**room** *n.* рабо́чая ко́мната, мастерска́я; ~-**sheet** *n.* рабо́чий листо́к; рабо́чая ка́рта; ~-**shop** *n.* мастерска́я, цех; ~-**shy** *adj.* (*coll.*) лени́вый; ~-**table** *n.* рабо́чий стол; ~-**top** *n.* (*surface for working*) рабо́чий стол; (*in kitchen*) ве́рхняя пане́ль; ~-**to-rule** *n.* ≃ италья́нская забасто́вка; ~-**woman** *n.* рабо́тница.

**workable** *adj.* **1.** (*of mine etc.*) рента́бельный; **2.** (*feasible*) выполни́мый, реа́льный, осуществи́мый.

**workaday** *adj.* бу́дний, повседне́вный.

**worker** *n.* рабо́тник, трудя́щийся; (*manual*) рабо́чий; ~s of the world, unite! пролета́рии всех стран, соединя́йтесь!; hard ~ тру́жени|к (*fem.* -ца), работя́га (*c.g.*); office ~ слу́жащий; party ~ парти́йный активи́ст (*fem.* -ка); social ~ обще́ственный рабо́тник, обще́ственни|к (*fem.* -ца); ~ bee рабо́чая пчела́.

**working** *n.* **1.** (*mine, quarry etc.*) рудни́к, вы́работки (*f. pl.*); **2.** (*usu. pl.; operation*) рабо́та, де́йствие; the ~s of the human mind мысли́тельный проце́сс челове́ка; **3.** (*attr., pert. to work*) рабо́чий; ~ capital оборо́тный капита́л; ~ clothes рабо́чая оде́жда, спецо́вка; ~ conditions усло́вия труда́; ~ day (*part of day devoted to work*) рабо́чий день; (*opp. to rest day*) рабо́чий/бу́дний день; ~ drawing рабо́чий чертёж; ~ hours рабо́чее вре́мя; рабо́чие часы́; ~ knowledge о́бщее знако́мство (с +*i.*); all his ~ life вся его́ трудова́я жизнь; ~ lunch делово́й обе́д; ~ majority доста́точное коли́чество голосо́в; in ~ order в испра́вности.

*adj.* рабо́чий; ~ man рабо́тник, рабо́чий; ~ men's club рабо́чий клуб; ~ class рабо́чий класс; ~ model де́йствующая моде́ль; ~ party рабо́чая гру́ппа; ~ woman рабо́тающая же́нщина; же́нщина, име́ющая специа́льность.

*cpds.*: ~-**class** *adj.* рабо́чий, характе́рный для представи́теля рабо́чего кла́сса; ~-**class** families се́мьи рабо́чих; ~-**out** *n.* (*elaboration*) дета́льная разрабо́тка.

**world** *n.* **1.** (*universe, system*) мир; вселе́нная; the ancient ~ анти́чный мир; new ~ но́вый мир; come into the, this ~ ро|жда́ться, -ди́ться (*or* появ|ля́ться, -и́ться) на свет; bring into the ~ (*give birth to; deliver*) произв|оди́ть, -ести́ на свет; ро|жа́ть, -ди́ть; he is not long for this ~ он не жиле́ц (на э́том све́те); out of this ~ (*coll., stupendous*) потряса́ющий; not of this ~ не от ми́ра сего́; in this ~ на э́том све́те; the other, next ~; the ~ to come тот свет; мир ино́й; in the next ~; на том све́те; the end of the ~ (*i.e. of time*) коне́ц све́та, светопреставле́ние; ~ without end (*for ever*) на ве́ки ве́чные/веко́в; get the best of both ~s ≃ и де́ньги загрести́, и неви́нность соблюсти́; a ~ of troubles про́пасть хлопо́т; **2.** (*intensive and other fig. uses*): how in the ~ did you know? как вы то́лько умудри́лись (э́то) узна́ть?; what in the ~ has happened? да что же, наконе́ц, случи́лось?; why in the ~ didn't you tell me? ну почему́ же вы мне не сказа́ли?; he is the ~'s worst tennis-player тако́го скве́рного тенниси́ста во всём ми́ре (*or* днём с огнём) не сы́щешь; for all the ~ as if . . . то́чно так (*or* точь-в-точь), как е́сли бы . . .; not for the ~ ни за что на све́те; (*coll.*) ни за каки́е коври́жки; the ~ of dreams ца́рство грёз; the ~, the flesh and the devil всевозмо́жные искуше́ния; he renounced the ~ он отрёкся от ми́ра; I wouldn't hurt him for the ~ я его́ ни за что (на све́те) не стал бы обижа́ть; she's all the ~ to me она́ для меня́ — всё; the boss thinks the ~ of him он у хозя́ина на о́чень высо́ком счету́; I would give the ~ to know я бы всё о́тдал, то́лько бы узна́ть; dead to the ~ без созна́ния; в по́лном изнеможе́нии; I felt on top of the ~ я был на верши́не благополу́чия/сча́стья; я был в превосхо́дном настрое́нии; **3.** (*infinite amount or extent*) мно́го, у́йма; there is a ~ of meaning in that phrase э́та фра́за полна́ глубо́кого значе́ния; a ~ of difference огро́мная ра́зница; there was a ~ of difference between them они́ отлича́лись друг от дру́га как земля́ и не́бо; it will do him a ~ of good э́то ему́ о́чень да́же пойдёт на по́льзу; I was ~s away мои́ мы́сли вита́ли где́-то за тридевять земе́ль; **4.** (*geog.; the earth's countries and peoples*) мир, свет; is there life on other ~s? есть ли жизнь на други́х плане́тах?; a journey round the ~ путеше́ствие вокру́г све́та; кругосве́тное путеше́ствие; go round the ~ объе́хать (*pf.*) весь свет; all the ~'s a stage весь мир — теа́тр; the ~ is wide свет не кли́ном сошёлся; the ~'s his oyster весь мир у его́ ног; his ~ is a very narrow one его́ миро́к о́чень у́зок; у него́ о́чень у́зкий кругозо́р; the whole (*or* all the) ~ knows всем (*or* всему́ ми́ру) изве́стно; (all) the ~ over в це́лом ми́ре; по всему́ све́ту; (по)всю́ду; повсеме́стно; to the ~'s end на край све́та; the Old/New W~ Ста́рый/Но́вый свет; the Roman ~ мир дре́вних ри́млян; the English-speaking ~ англоязы́чные стра́ны (*f. pl.*); the Third W ~ тре́тий мир; citizen of the ~ космополи́т; граждани́н ми́ра; ~ affairs междунаро́дные дела́; W~ Bank Междунаро́дный банк; ~ champion чемпио́н ми́ра; ~ championship чемпиона́т ми́ра; W~ Cup ку́бок ми́ра по футбо́лу; W~'s Fair всеми́рная вы́ставка; ~ peace мир во всем ми́ре; ~ politics мирова́я поли́тика; a ~ power вели́кая держа́ва; ~ record мирово́й реко́рд; ~ service of the BBC междунаро́дная слу́жба Би-Би-Си́; ~ war мирова́я война́; W~ War I/II пе́рвая/втора́я мирова́я война́; **5.** (*human affairs*; *active life*) жизнь; how goes the ~ with you? как жизнь/дела́/поживае́те?; he has seen something of the ~ он име́ет не́которое представле́ние о жи́зни; a man of the ~ све́тский/быва́лый челове́к; all's right with the ~ в ми́ре всё прекра́сно; get on in the ~ вы́йти (*pf.*) в лю́ди; come up in the ~ сде́лать (*pf.*) карье́ру; go down in the ~ утра́тить (*pf.*) было́е положе́ние; know the ~ знать (*impf.*) жизнь; **6.** (*society*) о́бщество, свет; the great ~ вы́сший свет; what will the ~ say? что ска́жет свет?; что ска́жут лю́ди?; **7.** (*sphere*; *domain*) мир; сфе́ра; the ~ of nature ца́рство приро́ды; the scientific ~ нау́чные круги́ (*m. pl.*); the animal ~ живо́тный мир; the sporting ~ мир спо́рта, спорти́вный мир; the ~ of art мир иску́сства.

*cpds.*: ~**-beater** *n.* (*pers.*) ма́стер вы́сшего кла́сса; (*thing*) что-н. первокла́ссное; ~**-famous** *adj.* всеми́рно изве́стный; ~**-shaking** *adj.* име́ющий мирово́е значе́ние; ~**-view** *n.* мировоззре́ние; ~**-weary** *adj.* разочаро́ванный; пресы́щенный жи́знью; ~**-wide** *adj.* всеми́рный, мирово́й; *adv.* по всему́ све́ту/ми́ру.

**worldliness** *n.* посюсторо́нность, су́етность.

**worldly** *adj.* **1.** (*material*) земно́й, материа́льный; ~ goods иму́щество; **2.** (*of this world*; *secular*) земно́й, мирско́й; ~ wisdom жите́йская му́дрость; **3.**: a ~ person су́етный челове́к; челове́к, поглощённый земны́ми дела́ми/интере́сами.

*cpds.*: ~**-minded** *adj.* посюсторо́нний, су́етный; ~**-wise** *adj.* о́пытный; облада́ющий жи́зненным о́пытом.

**worm** *n.* **1.** (*earth* ~) червь (*m.*), червя́к; **2.** (*maggot*; *grub*) гу́сеница, личи́нка; **3.** (*parasite*) глист; have ~s име́ть (*impf.*) глисты́; (*fig.*, *liter.*): the ~ of remorse угрызе́ния (*nt. pl.*) со́вести; **4.** (*abject pers.*) ничто́жный червь; раб; ничто́жество; even a ~ will turn раб, и тот взбунту́ется; **5.** (*of screw*) червя́к, шнек; червя́чный винт.

*v.t.* **1.** (*insinuate*): he ~ed his way (*or* himself) through the bushes он пропо́лз ме́жду куста́ми; he ~ed himself into her confidence он

вкра́лся к ней в дове́рие; **2.** (*extract*) выпы́тывать, вы́пытать; they ~ed the secret out of him они́ вы́ведали его́ та́йну; **3.** (*rid of parasites*) гнать (*impf.*) глисты́ у +*g.*

*cpds.*: ~**-cast** *n.* земля́, вы́брошенная земляны́м червём; ~**-eaten** *adj.* черви́вый, зачерви́вевший; (*fig.*) устаре́вший; ~**-hole** *n.* червото́чина; ~**-powder** *n.* глистого́нное сре́дство; ~**-wheel** *n.* червя́чное колесо́.

**wormwood** *n.* полы́нь; (*fig.*) го́речь; the thought was ~ to him э́та мысль была́ для него́ ху́же го́рькой ре́дьки.

**worn** *see* WEAR *v.t. and* WEAR OUT.

**worrier** *n.* (*pers.*) беспоко́йный челове́к; he's a ~ он ве́чно беспоко́ится; он у нас паникёр.

**worrisome** *adj.* (*causing worry*) беспоко́йный, трево́жный; (*given to worrying*) беспоко́йный, мни́тельный.

**worr|y** *n.* **1.** (*anxiety*) неприя́тность, трево́га, забо́та; **2.** (*sth. causing anxiety*) неприя́тность, забо́та; he is a ~y to me я с ним му́чаюсь; money ~ies де́нежные забо́ты (*f. pl.*); ~ beads чёт|ки (*pl.*, *g.* -ок) для не́рвных.

*v.t.* **1.** (*cause anxiety or discomfort to*) беспоко́ить (*impf.*); волнова́ть (*impf.*); what is ~ying you? что вас беспоко́ит?; чем вы озабо́чены?; I'm ~ied about my son я беспоко́юсь за сы́на; меня́ беспоко́ит сын; I am ~ied about his health я озабо́чен состоя́нием его́ здоро́вья; don't ~y yourself не беспоко́йтесь; she ~ies herself sick она́ изво́дит себя́ трево́гой; **2.** (*trouble*; *bother*) надоеда́ть (*impf.*) +*d.*; пристава́ть (*impf.*) к +*d.*; he keeps ~ying me to read him a story он пристаёт ко мне, чтобы я ему́ почита́л; he ~ied me with questions он одолева́л меня́ вопро́сами; the noise doesn't ~y me the noise ме не меша́ет; **3.** (*of dog*) рвать (*impf.*) зуба́ми; трепа́ть (*impf.*); грызть (*impf.*); your dog has been ~ying my sheep ва́ша соба́ка броса́лась на мои́х ове́ц.

*v.i.* беспоко́иться, волнова́ться, расстра́иваться; му́читься; терза́ться (*all impf.*); you are ~ying over nothing вы напра́сно (*or* по пустяка́м) расстра́иваетесь/волну́етесь; why ~? (*let's be cheerful*) сто́ит ли (*or* к чему́) волнова́ться/трево́житься?; I should ~! (*coll.*) а мне како́е де́ло?; а мне-то что?; not to ~! (*coll.*) не волну́йтесь!; не беда́!; всё устро́ится.

**worse** *n.* ху́дшее; there is ~ to come э́то ещё не всё; э́то ещё цвето́чки (, а я́годки впереди́); a change for the ~ переме́на к ху́дшему; things went from bad to ~ положе́ние час о́т часу станови́лось ху́же.

*adj.* ху́дший; we couldn't have picked a ~ day тру́дно бы́ло бы вы́брать бо́лее неуда́чный день; my trouble is ~ than yours моя́ беда́ поху́же ва́шей; you will only make matters ~ вы то́лько усугу́бите/уху́дшите положе́ние;

or ~ и́ли ещё что-н. похуже; I can't think of anything ~ не могу́ себе́ предста́вить ничего́ ху́же; he was none the ~ for his adventure он вы́шел це́лым и невреди́мым из э́того приключе́ния; these cushions are the ~ for wear э́ти поду́шки поистрепа́лись; he looked the ~ for wear у него́ был си́льно потрёпанный вид; ~ luck! увы́!; к сожале́нию; к несча́стью; (in health) ху́же; the patient is ~ today больно́му сего́дня ху́же; his condition is ~ его́ состоя́ние уху́дшилось.

*adv.* ху́же; we played ~ than ever так скве́рно мы никогда́ не игра́ли; it is raining ~ than it was an hour ago дождь идёт сильне́е, чем час наза́д; you might do ~ than accept мо́жет быть, и сто́ит приня́ть; she hates me ~ than before она́ ненави́дит меня́ пу́ще пре́жнего; they are ~ off than we они́ в ху́дшем положе́нии, чем мы; (financially) они́ ме́нее состоя́тельны, чем мы.

**worsen** *v.t. & i.* ух|удша́ть(ся), -удши́ть(ся).

**worship** *n.* **1.** (relig.) культ; поклоне́ние, почита́ние; public ~, act of ~ богослуже́ние, церко́вная слу́жба; forms of ~ религио́зные обря́ды; freedom of ~ свобо́да со́вести/вероиспове́дания; свобо́да отправле́ния религио́зных ку́льтов; place of ~ це́рковь, храм; **2.** (of pers. etc.) поклоне́ние; ~ of success преклоне́ние пе́ред успе́хом; he gazed at her with ~ in his eyes он смотре́л на неё с обожа́нием; Your W~ Ва́ша ми́лость.

*v.t. & i.* поклоня́ться (impf.) +d.; преклоня́ться (impf.) (пе́ред +i.); почита́ть (impf.); ~ God моли́ться (impf.) Бо́гу; ~ strange gods поклоня́ться чужи́м бога́м; the church where he ~ped це́рковь, в кото́рую он ходи́л; he ~s the ground she treads on он боготвори́т её.

**worshipful** *adj.* (entitled to respect) уважа́емый, почте́нный; (reverential) благогове́йный.

**worshipper** *n.* (pers. attending service) моля́щийся; (fig.) покло́нни|к (fem. -ца).

**worst** *n.* наиху́дшее; са́мое плохо́е; the ~ of the storm is over шторм начина́ет утиха́ть; the ~ of it is that . . . ху́же всего́ то, что . . .; that's the ~ of being clever в то́м-то и беда́/го́ре у́мников; if the ~ should happen е́сли произойдёт са́мое стра́шное; if the ~ comes to the ~ в са́мом ху́дшем слу́чае; на худо́й коне́ц; е́сли де́ло бу́дет совсе́м пло́хо; we must prepare for the ~ мы должны́ быть гото́вы ко всему́ (or к ху́дшему); when things were at their ~ когда́ положе́ние каза́лось безнадёжным; you saw him at his ~ вы ви́дели его́ в о́чень неудо́бный моме́нт; at (the) ~ you may have to pay a fine в кра́йнем слу́чае вам придётся уплати́ть штраф; get, have the ~ of it понести́ (pf.) пораже́ние; let him do his ~ пусть себе́ де́лает, что хо́чет (никто́ его́ не бои́тся!).

adj. наиху́дший; са́мый плохо́й; my ~ enemy мой зле́йший/пе́рвый враг; that was his ~ mistake э́то была́ его́ са́мая серьёзная оши́бка; he is a bore of the ~ kind он зану́да, каки́х ма́ло; it is the ~ winter in living memory тако́й плохо́й зимы́ никто́ не упо́мнит; you came at the ~ possible time вы пришли́ в са́мое неподходя́щее вре́мя; I had the ~ job of all — clearing up мне доста́лась са́мая проти́вная рабо́та — убо́рка.

*adv.* ху́же всего́/всех; he fared ~ of all ему́ пришло́сь ху́же, чем всем остальны́м; who did ~ in the exam? кто ху́же всех сдал экза́мен?

*v.t.* (liter.) побе|жда́ть, -ди́ть; нан|оси́ть, -ести́ пораже́ние +d.

**worsted** *n.* (yarn) гребенна́я шерсть; (cloth) ткань из гребенно́й ше́рсти; шерстяна́я мате́рия.

**worth** *n.* (value) це́нность; (merit) досто́инство; of great ~ значи́тельный; of little ~ незначи́тельный; a man of ~ досто́йный челове́к; челове́к, заслу́живающий уваже́ния; his true ~ was appreciated by few лишь немно́гие цени́ли его́ по досто́инству; (quantity of specified value): give me a pound's ~ of sweets да́йте мне конфе́т на (оди́н) фунт.

*pred. adj.* **1.** (of value equal to): it's ~ about £1 э́то сто́ит о́коло одного́ фу́нта; what is your house ~? во ско́лько оце́нивается ваш дом?; I paid £3000 for the car, but it's ~ more я заплати́л £3 000 фу́нтов за э́ту маши́ну, но по существу́ она́ сто́ит бо́льше; what's it ~ to you if I tell you? что вы дади́те за то, что́бы узна́ть?; this isn't ~ much today сейча́с за э́то мно́го не возьмёшь; it's ~ a lot to me для меня́ э́то о́чень це́нно/ва́жно (or мно́го зна́чит); our money is ~ less every day с ка́ждым днём на́ши де́ньги обесце́ниваются; I tell you this for what it's ~ за что купи́л, за то и продаю́; he is ~ his weight in gold таки́е, как он, це́нятся на вес зо́лота; **2.** (deserving of) сто́ящий, заслу́живающий; if a thing is ~ doing, it's ~ doing well е́сли уж де́лать что-то, так де́лать как сле́дует; I thought it was ~ a try я счита́л, что име́ет смысл (or сто́ит) попро́бовать; it's not ~ the trouble of asking не сто́ит спра́шивать; I'll make it ~ your while я бу́ду вам благода́рен; вы в накла́де не оста́нетесь; it is ~ while he ме́шает; не ли́шнее; it is well ~ while о́чень да́же сто́ит; it is ~ noticing э́то заслу́живает внима́ния; it's hardly ~ mentioning об э́том вряд ли сто́ит упомина́ть; it's well ~ the money э́то вполне́ сто́ящая вещь; э́то вполне́ опра́вданная затра́та; well ~ having о́чень сто́ящий/поле́зный; is life ~ living? сто́ит ли жить?; **3.** (possessed of): he died ~ a million он оста́вил миллио́н; what is the old man ~? ско́лько у старика́ за душо́й?; (fig.): he ran for all he was ~ он мчáлся во весь дух (*or* изо всех сил).

*cpd.*: ~**while** *adj.* a ~while person достóйный/стóящий человéк; a ~while undertaking стóящее дéло; a ~while experiment интерéсный óпыт.

**worthiness** *n.* достóинство.

**worthless** *adj.* ничегó не стóящий; никудышный; ничтóжный, никчёмный.

**worthlessness** *n.* ничтóжность, никчёмность.

**worthy** *n.* (*arch. or joc.*) почтéнный человéк/муж; local worthies мéстная знать.

*adj.* **1.** (*estimable*; *meritorious*; *deserving respect*) достóйный, почтéнный; a ~ man достóйный человéк; a ~ life чéстно прóжитая жизнь; a ~ cause прáвое дéло; **2.** (*deserving*): ~ of note достóйный внимáния; ~ of (*or* to have) a place in the team достóйный быть члéном комáнды; ~ of remembrance достóйный пáмяти; a cause ~ of support дéло, заслýживающее поддéржки; **3.** (*matching up or appropriate*): ~ of the occasion подобáющий слýчаю; he is not ~ of her он её не стóит.

**wot** *int.* (*joc. form of* WHAT) как?!; что?!

**Wotan** *n.* Вотáн.

**wotcher** *int.* (*sl.*) здорóво!

**would** *v.* (*see also* WILL) **1.** (*conditional*): he ~ be angry if he knew он бы рассердился, éсли бы узнáл; I ~ like to know я хотéл бы знать; I ~ n't know откýда мне знать?; **2.** (*expr. wish*): I ~ rather я бы предпочёл; ~ that it were otherwise! ax, кáбы э́то бы́ло не так!; ~ to God I had never seen him! зачéм тóлько я с ним повстречáлся!; I ~ point out that . . . я бы хотéл указáть на то, что . . .; **3.** (*of typical action etc.*): you ~ do that! с тебя́ стáнется!; of course it ~ rain today ну конéчно же, и́менно сегóдня дóлжен был пойти́ дождь; of course he ~ say that ну конéчно, он э́то скáжет; **4.** (*of habitual action*): see WILL² **5.**

*cpd.*: ~-**be** *adj.* претендýющий (*на что*); a ~-be writer мечтáющий стать писáтелем; претендýющий на звáние писáтеля; a ~-be gentleman стро́ящий из себя́ джентльмéна; a ~-be smart saying так называ́емая острота.

**wound** *n.* рáна, ранéние; receive a ~ получи́ть (*pf.*) ранéние; he inflicted several knife ~s он нанёс нéсколько ножевы́х удáров; lick one's ~s (*lit., fig.*) зали́з|ывать, -áть рáны; knife ~ ножевáя рáна; (*fig.*) душéвная рáна; оби́да; the rebuff was a severe ~ to his vanity рéзкий откáз бóльно рáнил егó самолю́бие.

*v.t.* рáнить (*impf., pf.*); he was ~ed in the leg егó рáнило в нóгу; он был рáнен в нóгу; there were many ~ed бы́ло мнóго рáненых; (*fig.*) рáнить (*impf., pf.*); заде|вáть, -éть; об|ижáть, -и́деть; ~ s.o.'s feelings оскорб|ля́ть, -и́ть чьи-н. чýвства; ~ed pride уязвлённое самолю́бие.

**wove** *adj.* (*of paper*) велéневый.

**wow** *n.* (*sl.*): the show was a ~ спектáкль прошёл с огрóмным успéхом.

*v.t.* (*sl.*) прив|оди́ть, -ести́ в востóрг.

*int.* здорóво!; вот э́то да!; ух!; блеск!

**wrack** *n.* **1.** (*seaweed*) вóдоросл|и (*pl., g.* -ей); **2.** *see* RACK³; **3.** *see* RACK⁴.

**wraith** *n.* при́зрак, привидéние, дух.

**wrangle** *n.* перекáние, ссóра, спор.

*v.i.* перекáться; ссóриться; спóрить (*all impf.*).

**wrangler** *n.* спóрщик, склóчник; senior ~ отли́чник по математике.

**wrap** *n.* **1.** (*lit.*) (*shawl*) шаль, платóк; (*cloak*) накидка, пелери́на; (*rug*) плед; **2.** (*fig., covering*): under ~s (*fig.*) стрóго засекрéченный; take the ~s off (*fig.*) рассекрé|чивать, -тить.

*v.t.* **1.** (*cover*; *enclose*) завёр|тывать, -нýть; обёр|тывать, -нýть; ~ o.s. in a blanket завёр|тываться, -нýться (*or* закýт|ываться, -аться) в одея́ло; she ~ped the baby in a shawl онá завернýла ребёнка в шаль; the brooch was ~ped in cotton wool брóшка была́ обёрнута вáтой; they were ~ping presents они́ завёртывали подáрки; (*fig.*) обволáкивать (*impf.*); скры|вáть, -ть; ~ped in mystery окýтанный тáйной; the mountain was ~ped in mist горá была́ окýтана тумáном; **2.** (*wind or fold as a covering*) свёр|тывать, -нýть; склáдывать, сложи́ть; ~ one's coat round one заверну́ться/запахну́ться/закутáться (*pf.*) в пальтó; we ~ sacking round the pipes in winter зимóй мы об(в)ёртываем трýбы мешкови́ной; he ~ped his arms around her он заключи́л её в объя́тия; он óбнял её.

*with advs.*: ~ **over** *v.i.* (*of garment*) запáхиваться (*impf.*); ~ **up** *v.t.* (*cover up*) об(в)ёр|тывать, -нýть; завёр|тывать, -нуть; запакóв|ывать, -áть; закýт|ывать, -ать; don't ~ up the boy in cotton-wool! не кýтайте ребёнка в вáту!; he ~s up his meaning in high-flown language он облекáет свою́ мысль в пы́шные выраже́ния; (*conclude*) закругля́ть, -и́ть (*coll.*); (*dispose of*; *summarize*) крáтко сумми́ровать (*impf.*); he ~ped up the whole question in a few words он изложи́л существó вопрóса в нéскольких словáх; (*obscure*) скры|вáть, -ть; (*pass., be engrossed*) уйти́/погрузи́ться (*pf.*) (*во что*); he is ~ped up in his studies он поглощён заня́тиями; she is ~ped up in her children онá поглощенá свои́ми детьми́; *v.i.* (*put on extra clothes*) закутáться (*pf.*); ~ up well when you go out! одéньтесь потеплée (*or* закýтайтесь хорошéнько), когдá бýдете выходи́ть!

*cpd.*: ~-**up** *n.* (*coll., summary*) свóдка.

**wrapper** *n.* **1.** (*of foodstuff, sweet etc.*) обёртка; (*of book*) суперобло́жка; (*of newspaper sent by post*) бандерóль; **2.** (*house-coat*) халáт, пеньюáр.

**wrapping** n. (cover) обёртка, упако́вка; (packing material) упако́вочный/обёрточный материа́л.
 cpd.: ~-**paper** n. обёрточная бума́га.
**wrath** n. (liter.) гнев; day of ~ стра́шный суд, су́дный день; slow to ~ ме́дленный на гнев; vent one's ~ on обру́ши|вать, -ть гнев на +a.
**wrathful** adj. гне́вный, я́ростный.
**wreak** v.t. нан|оси́ть, -ести́; ~ vengeance on мсти́ть, ото- +d.
**wreath** n. вено́к, вене́ц, гирля́нда; ~ of roses вено́к из роз; lay a ~ on s.o.'s grave возложи́ть (pf.) вено́к на чью-н. моги́лу; (fig.): ~ of smoke кольцо́/завито́к ды́ма.
**wreathe** v.t. **1.** (encircle) окруж|а́ть, -и́ть; обв|ива́ть, -и́ть; the hills were ~d in mist над гора́ми клуби́лся тума́н; the porch was ~d with roses крыльцо́ бы́ло уви́то ро́зами; her face was ~d in smiles её лицо́ сия́ло улы́бкой; **2.** (twine) спле|та́ть, -сти́; сви|ва́ть, -ть; the snake ~d itself round his neck змея́ обвила́сь вокру́г его́ ше́и.
 v.i. (of smoke) клуби́ться (impf.).
**wreck** n. **1.** (ruin, destruction, esp. of ship) (корабле)круше́ние, ава́рия, катастро́фа; the gales caused many ~s от што́рмов мно́жество судо́в потерпе́ло круше́ние; (fig.) ги́бель, крах, разоре́ние; **2.** (~ed ship) затону́вший (or потерпе́вший круше́ние) кора́бль; the shores were strewn with ~s берега́ бы́ли усе́яны оста́тками кораблекруше́ний; **3.** (damaged or disabled vehicle, building, pers. etc.) разва́лина; his car was a ~ after the collision по́сле ава́рии его́ маши́на пришла́ в по́лную него́дность; he is a physical and mental ~ он соверше́нная разва́лина, как физи́чески, так и у́мственно; she became a nervous ~ у неё не́рвы совсе́м сда́ли; I look a ~ я вы́гляжу ужа́сно; the house was a ~ after the party по́сле вечери́нки в до́ме бы́ло всё вверх дном.
 v.t. **1.** (sink) топи́ть, по-; the ship was ~ed су́дно потерпе́ло круше́ние; **2.**: ~ a train вызыва́ть, вы́звать круше́ние по́езда; ~ a building сн|оси́ть, -ести́ зда́ние; **3.** (fig., ruin, destroy) разр|уша́ть, -у́шить; разор|я́ть, -и́ть; губи́ть, по-; по́ртить, ис-; срыва́ть, сорва́ть.
**wreckage** n. (wrecking, lit., fig.) круше́ние; (remains) обло́мки (m. pl.) (круше́ния и т.п.).
**wrecker** n. **1.** (hist.) граби́тель (m.) разби́тых судо́в; **2.** (salvager) спаса́тель (m.); **3.** (demolition worker) рабо́чий по сно́су домо́в; **4.** (Am., repairer) рабо́чий авари́йно-ремо́нтной брига́ды; (vehicle) маши́на техни́ческой по́мощи.
**wren**[1] n. вьюро́к, королёк; крапи́вник.
**Wren**[2] n. военнослу́жащая же́нской вспомога́тельной вое́нно-морско́й слу́жбы.
**wrench** n. **1.** (violent twist or pull) дёрганье, рыво́к; he gave my arm a ~ он дёрнул меня́ за

плечо́; he gave his ankle a ~ он вы́вихнул но́гу; he got the lid off with a ~ он ре́зко сорва́л кры́шку; **2.** (fig.) тоска́, боль, надры́в; leaving our old home was a ~ покида́я родно́й дом, мы испы́тывали о́струю боль; **3.** (tool) га́ечный ключ.
 v.t. дёр|гать, -нуть; рвать, со-; he ~ed the door open он ре́зко рвану́л к себе́ дверь; he ~ed the paper out of my hand он вы́рвал/вы́дернул бума́гу из мои́х рук; (fig., distort) иска|жа́ть, -зи́ть; извра|ща́ть, -ти́ть; he ~ed at the door handle он дёрнул (за) дверну́ю ру́чку.
 with advs.: ~ **off**, ~ **out** vv.t. от|рыва́ть, -орва́ть; вырыва́ть, вы́рвать; выдёргивать, вы́дернуть.
**wrest** v.t. **1.** (take away or extract by force) вырыва́ть, вы́рвать (си́лой); they ~ed a confession of guilt from him они́ прину́дили его́ призна́ться в свое́й вине́; they ~ed a living from the land они́ с трудо́м добива́ли себе́ пропита́ние на э́той ску́дной земле́; **2.** (twist; pervert) иска|жа́ть, -зи́ть; извра|ща́ть, -ти́ть.
**wrestle** n. борьба́; (bout, match) схва́тка, встре́ча, соревнова́ние (по борьбе́).
 v.i. боро́ться (impf.); (fig.): ~ with a problem би́ться (impf.) над зада́чей; he ~d with his conscience он боро́лся со свое́й со́вестью.
**wrestler** n. бор|е́ц (fem. -чи́ха); free-style ~ боре́ц по во́льной борьбе́; Greco-Roman ~ боре́ц по класси́ческой борьбе́.
**wrestling** n. борьба́.
 cpds.: ~-**bout**, ~-**match** nn. встре́ча/схва́тка по борьбе́.
**wretch** n. (sad or unfortunate pers.) несча́стный; жа́лкий челове́к; (contemptible pers.) негодя́й; (joc.) него́дник; little ~ (of a child) чертёнок, бесёнок; poor ~ бедня́га (c.g.).
**wretched** adj. (miserable, unhappy) несча́стный, жа́лкий; a ~ hovel жа́лкая лачу́га; (inferior) никуды́шный, скве́рный; this coffee is ~ stuff э́тот ко́фе пить невозмо́жно; ~ food отврати́тельная еда́; (unpleasant): I've had a ~ day у меня́ был ужа́сный день; ~ weather мёрзкая/проти́вная пого́да; a ~ toothache отча́янная зубна́я боль; (as expletive): owing to his ~ stupidity благодаря́/из-за его́ дура́цкой ту́пости; I can't find the ~ key не зна́ю, куда́ запропасти́лся э́тот прокля́тый/несча́стный/проти́вный ключ.
**wretchedness** n. (misery) страда́ние, го́ре, муче́ние, несча́стье; (poor quality) него́дность.
**wrick** see RICK[2].
**wriggle** n. изги́б, изви́в.
 v.t. (also ~ **about**): ~ one's toes шевели́ть (impf.) па́льцами ног; he ~d (himself) free он вы́вернулся/вы́скользнул; he ~d his way out of the cave он ползко́м, извива́ясь, вы́брался из пеще́ры.

*v.i.* (*also* ~ **about**) изгиба́ться (*impf.*); извива́ться (*impf.*); a wriggling worm извива́ющийся червь; don't ~ in your seat переста́нь ёрзать!; the baby ~d out of my arms ребёнок вы́скользнул у меня́ из рук; ~ out of a difficulty вы́вернуться (*pf.*) из затрудни́тельного положе́ния; ~ out of a responsibility увильну́ть (*pf.*) от отве́тственности.

**wring** *n.*: she gave the clothes another ~ она́ ещё раз отжа́ла бельё.

*v.t.* **1.** (*squeeze*) пож|има́ть, -а́ть; сж|има́ть, -а́ть; he wrung my hand он кре́пко пожа́л мне ру́ку; he wrung his hands in despair он в отча́янии лома́л ру́ки; (*squeeze out by twisting*) выжима́ть, вы́жать; отж|има́ть, -а́ть; ~ clothes dry выжима́ть, вы́жать бельё до́суха; ~ing wet мо́крый, хоть вы́жми; (*twist round*) скру́|чивать, -ти́ть; ~ a chicken's neck сверну́ть (*pf.*) ку́рице го́лову; I'll ~ your neck! я тебе́ ше́ю сверну́!; **2.** (*fig., extract by force*) ист|орга́ть, -о́ргнуть; the story wrung tears from his eyes расска́з заста́вил его́ прослези́ться; I wrung a promise from him я вы́рвал у него́ обеща́ние; they tried to ~ a confession out of him они́ пыта́лись вы́рвать у него́ призна́ние; **3.** (*fig., torture; distress*) терза́ть (*impf.*); her tears wrung his heart её слёзы терза́ли ему́ ду́шу.

*with adv.*: ~ **out** *v.t.*: (*clothes*) выжима́ть, вы́жать; (*water*) отж|има́ть, -а́ть; (*fig.*) ~ out a confession вырыва́ть, вы́рвать призна́ние.

**wringer** *n.* пресс для отжима́ния белья́.

**wrinkle** *n.* **1.** (*on skin*) морщи́на; (*on dress*) скла́дка; the dress fits without a ~ пла́тье (сиди́т) как влито́е; **2.** (*coll., useful hint*) сове́т, намёк.

*v.t.*: ~ one's brow мо́рщить, на- лоб; ~ one's nose мо́рщить, с- нос.

*v.i.* мя́ться (*impf.*); смина́ться (*impf.*); this material ~s easily э́тот материа́л о́чень мнётся/мну́щийся.

*with adv.*: ~ **up** *v.t.* мо́рщить, с-.

**wrinkl|ed, -y** *adjs.* морщи́нистый, смо́рщенный.

**wrist** *n.* запя́стье; (*of dress or glove*) манже́та, обшла́г, кра́га.

*cpds.*: ~-**band** *n.* (*of watch*) браслет; ~-**watch** *n.* нару́чные час|ы́ (*pl., g.* -о́в).

**wristlet** *n.* браслет; ремешо́к для нару́чных часо́в.

**writ** *n.* **1.** (*written injunction or summons*) пове́стка; исково́е заявле́ние; ~ of execution исполни́тельный лист; serve a ~ on s.o. вруч|а́ть, -и́ть кому́-н. пове́стку; his ~ does not run here (*fig.*) его́ власть не распространя́ется на э́ту о́бласть; **2.**: Holy W~ свяще́нное писа́ние.

**write** *v.t.* **1.** писа́ть, на-; he ~s a good hand у него́ хоро́ший по́черк; she can ~ shorthand

она́ зна́ет стеногра́фию; она́ мо́жет стенографи́ровать; the word is written with a hyphen, with a 'y' э́то сло́во пи́шется че́рез дефи́с/«у»; honesty is written all over his face у него́ на лице́ напи́сано, что он че́стный челове́к; writ large (*liter.*) в увели́ченном ви́де; **2.**: ~ a cheque выпи́сывать, вы́писать чек; **3.** (*compose*) писа́ть, на-; сочин|я́ть, -и́ть; he ~s plays он пи́шет пье́сы; Beethoven wrote nine symphonies Бетхо́вен сочини́л де́вять симфо́ний; **4.** (*convey by letter*) he wrote me all the news он сообщи́л мне в письме́ все но́вости; он написа́л мне обо всех новостя́х. *See also* WRITTEN.

*v.i.* **1.** писа́ть (*impf.*); please ~ larger/smaller пиши́те, пожа́луйста, крупне́е/ме́льче; **2.** (*compose*) сочин|я́ть, -и́ть; писа́ть, на-; he ~s for 'The Times' он сотру́дничает в газе́те «Таймс»; he ~s a bit он попи́сывает; ~ for a living быть писа́телем(-профессиона́лом); зараба́тывать (*impf.*) перо́м; писа́ть (*impf.*) для за́работка; she wants to ~ она́ хо́чет стать писа́тельницей; ~ for the screen/stage писа́ть сцена́рии/пье́сы; he ~s home every week он пи́шет домо́й ка́ждую неде́лю; don't forget to ~! пиши́те!; nothing to ~ home about (*coll.*) ничего́ осо́бенного.

*with advs.*: ~ **away**, ~ **off** *vv.i.*: he wrote away, off for a catalogue он вы́писал себе́ катало́г; ~ **back** *v.i.* отв|еча́ть, -е́тить (письмо́м); ~ **down** *v.t.* (*make a note of*): ~ the address down before you forget it запиши́те а́дрес, а то забу́дете; (*designate*): I would ~ him down as a fool я бы сказа́л, что он дура́к; (*underplay*): the incident was written down in the press в пре́ссе э́тот инциде́нт был замя́т; (*reduce value*): the old stock has been written down залежа́вшийся това́р был уценён; *v.i.* (*condescend*): he ~s down to his public он подде́лывается под вку́сы пу́блики; ~ **in** *v.t.* впи́с|ывать, -а́ть; вст|авля́ть, -а́вить; his name was written in afterwards его́ и́мя вписа́ли позд́нее; *v.i.* обра|ща́ться, -ти́ться с пи́сьмами (*куда́-н.*); ~ in for a free sample! закажи́те (по по́чте) беспла́тный образе́ц!; ~ **off** *v.t.* (*compose quickly*) писа́ть (*impf.*) с лёгкостью; he wrote off 3 articles in one evening он наката́л (*coll.*) три статьи́ за оди́н ве́чер; (*cancel*): ~ off a debt спи́с|ывать, -а́ть долг; (*recognize annulment or loss of*): ~ off £500 for depreciation списа́ть (*pf.*) 500 фу́нтов на амортиза́цию; the car had to be written off маши́ну пришло́сь сакти́ровать; you may as well ~ it off пиши́ пропа́ло; I wrote him off я на нём поста́вил крест; *v.i. see* ~ **away**; ~ **out** *v.t.* выпи́сывать, вы́писать; ~ out your homework again! перепиши́ дома́шнее зада́ние!; ~ out a cheque for £20 вы́писать (*pf.*) чек на 20 фу́нтов; he has written himself out он исписа́лся; this character was written out after three episodes áвтор сéрии вы́кинул э́тот персонáж пóсле трёх эпизóдов; ~ **up** *v.t.:* I must ~ up my diary мне ну́жно довести́ дневни́к до сегодня́шнего дня; the journalist wrote up the incident журнали́ст подрóбно описáл инцидéнт; the critics wrote him up as an actor of promise кри́тики расхвали́ли егó как актёра с больши́м бу́дущим.

*cpds.:* ~**-in** *n.* (*Am.*) кандидáт, дополни́тельно внесённый в избирáтельный бюллетéнь; ~**-off** *n.*: the car was a ~-off маши́ну списáли на слом; ~**-up** *n.* отчёт в прéссе.

**writer** *n.* **1.** (*pers. writing*) áвтор; this (*or* the present) ~ нижеподписáвшийся; пи́шущий э́ти стрóки; **2.** (*author*) писáтель (*fem.* -ница); ~'s cramp су́дорога от писáния.

**writhe** *v.i.* кóрчиться (*impf.*); извивáться (*impf.*); (*fig.*): ~ with shame кóрчиться (*impf.*) от стыдá; ~ under an insult терзáться (*impf.*) оби́дой.

**writing** *n.* **1.** (*act, process*) (на)писáние; at this ~ в то врéмя, как пи́шутся э́ти стрóки; **2.** (*ability, art*) письмó, грáмота; reading and ~ чтéние и письмó; the art of ~ иску́сство слóва; **3.** (*written words*): in ~ пи́сьменно; в пи́сьменном ви́де; в пи́сьменной фóрме; commit to ~ запи́сывать, -áть; изл|агáть, -ожи́ть на бумáге; **4.** (*script, system of* ~) письмó, пи́сьменность; **5.**: sacred ~s свящéнные кни́ги (*f. pl.*); the ~ on the wall (*fig.*) зловéщее предзнаменовáние; **6.** (*literary composition*) произведéние, сочинéния (*nt. pl.*); the ~s of Plato произведéния Платóна; **7.** (*profession*) писáтельский труд; take up ~ зан|имáться, -я́ться литератýрой/сочини́тельством; **8.** (*style*) стиль (*m.*); язы́к; манéра (письмá); fine ~ (чересчу́р) краси́вый стиль; a good piece of ~ прекрáсная прóза.

*cpds.:* ~**-block** *n.* блокнóт; ~**-case** *n.* несессéр для пи́сьменных принадлéжностей; ~**-desk** *n.* пи́сьменный стол; ~**-pad** *n.* блокнóт; ~**-paper** *n.* почтóвая/пи́счая бумáга; ~**-table** *n.* пи́сьменный стол.

**written** *adj.* (*not oral, not typed*) пи́сьменный, пи́саный, рукопи́сный; the ~ word пи́сьменная речь; (*printed, typed*) печáтное слóво; *see also* WRITE.

**wrong** *n.* **1.** (*moral* ~) зло; do ~ греши́ть, со-; непрáвильно/нехорóшо/плóхо поступáть (*impf.*); заблуждáться (*impf.*); know the difference between right and ~ различáть (*impf.*) добрó и зло; two ~s don't make a right зло́м злá не попрáвишь; **2.** (*unjust action or its result*) несправедли́вость, оби́да; do ~ to об|ижáть, -и́деть; быть несправедли́вым к +*d.*; they did him a great ~ они́ егó крéпко оби́дели; the ~s of Ireland несправедли́вости, причинённые Ирлáндии; right a ~ испр|авля́ть, -áвить зло/несправедли́вость; you do ~ to accuse him вы егó напрáсно обвиня́ете; **3.**

(*state of error*): you are in the ~ вы непрáвы/виновáты; put s.o. in the ~ свали́ть (*pf.*) вину́ на когó-н.; стáвить, по- когó-н. в положéние оби́дчика.

*adj.* **1.** (*contrary to morality*) грéшный; (*reprehensible*) предосуди́тельный; it is ~ to steal воровáть нельзя́/грешнó/нехорóшо; that was very ~ of you э́то с вáшей сторóны́ бы́ло óчень нехорóшо/ду́рно; **2.** (*mistaken*) непрáвый; I was ~ to let him do it я не дóлжен был (*or* мне не слéдовало) разрешáть ему́ э́то; you are ~ вы непрáвы/ошибáетесь; prove ~ опров|ергáть, -éргнуть (*когó/что*); **3.** (*incorrect, erroneous, unsuitable, improper*) непрáвильный, невéрный, оши́бочный, неподходя́щий; not that; at the ~ time в неподходя́щее врéмя; in/to the ~ place не там/туда́; get hold of the ~ end of the stick непрáвильно поня́ть (*pf.*) (*or* преврáтно истолковáть (*pf.*)) что-н.; take the ~ turning (*lit.*) сверну́ть (*pf.*) не туда́; (*fig.*) сби́ться (*pf.*) с пути́; you're going the ~ way вы идёте непрáвильно (*or* не туда́); my food went down the ~ way едá попáла не в то гóрло; that's the ~ way to go about it э́то дéлается не так; back the ~ horse (*fig.*) постáвить (*pf.*) не на ту лóшадь; this shirt is the ~ size/colour э́та рубáшка не тогó размéра/цвéта; ~ side out наизнáнку; the ~ way round наоборóт; the clock is ~ часы́ врут; everything went ~ всё сложи́лось неудáчно; the ~ track лóжный/невéрный след; the letter went to the ~ address письмó попáло не по áдресу; you have the ~ number вы не туда́ попáли; he began at the ~ end он нáчал не с тогó концá; what's ~ with it? (*what is the harm in it?*) что в э́том плохóго?; **4.** (*out of order; causing concern*) нелáдный; is (there) anything ~? чтó (-нибудь) случи́лось?; there's something ~ with my car чтó-то с моéй маши́ной не в поря́дке; what's ~ with Britain? что произошлó с Áнглией? **5.** (*of food*): can you taste anything ~ with this fish? вам не кáжется, что у э́той ры́бы стрáнный вкус?; **6.** (*of health*): the doctor asked me what was ~ врач спроси́л, на что я жáлуюсь; he found nothing ~ with me он никаки́х болéзней у меня́ не нашёл.

*adv.* (*incorrectly*) непрáвильно, не так; don't get me ~ (*coll.*) пойми́те меня́ прáвильно; не пойми́те меня́ преврáтно; you've got it all ~ вы всё перепу́тали; I got in ~ with him (*coll.*) я навлёк на себя́ егó недовóльство; the clock went ~ часы́ испóртились; our plans went ~ нáши плáны спу́тались; his daughter went ~ егó дочь сби́лась с пути́; we went ~ at the last crossroads на послéднем перекрёстке мы не туда́ поверну́ли; where did we go ~ (*make a mistake*)? в чём мы оши́блись?; everything went ~ for us нам во всём сопу́тствовала неудáча; I guessed ~ я не угадáл; he never puts a foot ~ он никогда́ не сде́лает неве́рного ша́га.

*v.t.* (*treat unjustly*) быть несправедли́вым к +*d.*; об|ижа́ть, -и́деть; you ~ me if you think that е́сли вы так счита́ете, вы ко мне несправедли́вы.

*cpds.*: ~**doer** *n.* гре́шни|к (*fem.* -ца), нечести́в|ец (*fem.* -ица); престу́пни|к (*fem.* -ца), правонаруши́тель (*fem.* -ница); ~**doing** *n.* грех; преступле́ние, правонаруше́ние; ~**-headed** *adj.* упо́рствующий в своём заблужде́нии.

**wrongful** *adj.* (*unjust*) несправедли́вый; (*unlawful*) незако́нный, неправоме́рный; ~ dismissal незако́нное увольне́ние.

**wroth** *pred. adj.* (*liter.*) разгне́ванный.

**wrought** *adj.* (*cf.* WORK *v.t.* 7): ~ iron сва́рочная/мя́гкая/ко́вкая сталь.

*cpd.*: ~**-up** *adj.* взви́нченный.

**wry** *adj.* криво́й, переко́шенный; a ~ smile крива́я улы́бка; make a ~ face состро́ить (*pf.*) ки́слую физионо́мию; скриви́ться, смо́рщиться (*both pf.*).

*cpd.*: ~ **neck** *n.* дубоно́с, вертише́йка.

**wych-elm** *n.* ильм го́рный.

**wych-hazel** *n.* гамаме́лис, лещи́на вирги́нская.

**Wykehamist** *n.* воспи́танник Ви́нчестерского колле́джа.

**Wyoming** *n.* Вайо́минг.

**wyvern** *n.* крыла́тый драко́н.

# X

**X** *n.* (*unknown quantity or person*) X, икс; let ~ be the number of hours worked пусть X равня́ется числу́ рабо́чих часо́в; the corespondent, Mr ~ соотве́тчик, г-н N; ~ marks the spot where the body was found кресто́м обозна́чено ме́сто, где был на́йден труп; he signed with an ~ он поста́вил кре́стик вме́сто по́дписи; an X film фильм катего́рии X (*то́лько для взро́слых*).

*cpd.*: ~**-ray** *n.* (*pl.*) рентге́новы лучи́, икс--лучи́ (*m. pl.*); (*sg., picture*) рентгеногра́мма; рентге́новский сни́мок; ~-ray therapy рентгенотерапи́я.

*v.t.* просве́|чивать, -ти́ть рентге́новскими луча́ми; де́лать, с- рентге́н +*g.*

**xanthic** *adj.*: ~ acid ксантоге́новая кисло́та.

**xenogamy** *n.* ксенога́мия.

**xenophobe** *n.* ксенофо́б.

**xenophobia** *n.* ксенофо́бия.

**xenophobic** *adj.* отлича́ющийся ксенофо́бией.

**xerography** *n.* ксерогра́фия.

**Xerox** *n.* ксе́рокс, фотоко́пия.

*v.t.* де́лать, с- ксе́рокс +*g.*; ксерографи́ровать (*impf., pf.*).

**Xerxes** *n.* Ксеркс.

**Xmas** *see* CHRISTMAS.

**xylophone** *n.* ксилофо́н.

# Y

**Y** *n.* (*math.*) и́грек.

*cpd.*: ~**-shaped** *adj.* вилкообра́зный, У-обра́зный.

**yacht** *n.* я́хта.

*v.i.* пла́вать/ходи́ть/ката́ться (*indet.*) на я́хте.

*cpds.*: ~**-club** *n.* яхт-клуб; ~ **sman** *n.* яхтсме́н; ~ **swoman** яхтсме́нка.

**yachting** *n.* пла́вание/ката́ние на я́хтах; па́русный/я́хтенный спорт.

**yack** *v.i.* (*coll.*) болта́ть (*impf.*).

**yah** *int.* ха!; э-э!

**yahoo** *n.* **1.** (*in Swift's novel*) иеху (*m. indecl.*); **2.** хам.

**Yahveh** *n.* Я́хве (*m. indecl.*).

**yak** *n.* як; (*attr.*) я́чий.

**Yakut** *n.* (*pers.*) яку́т (*fem.* -ка); (*language*) яку́тский язы́к.

*adj.* яку́тский.

**Yale** *n.* (*university*) Ие́льский университе́т.

**Yale lock** *n.* цилиндри́ческий/автомати́ческий/ америка́нский замо́к.

**yam** *n.* ямс, диоскоре́я, бата́т.

**Yangtse (Kiang)** *n.* Янцзы́ (*f. indecl.*); Янцзыцзя́н.

**yank**[1] (*coll., pull*) *n.* рыво́к, дёрганье.

*v.t.* дёр|гать, -нуть.

*with advs.*: ~ **off** *v.t.* срыва́ть, сорва́ть; ~ **out** *v.t.* вырыва́ть, вы́рвать; выта́скивать, вы́тащить.

**Yank,**[2] **yankee** (*coll.*) *n.* я́нки (*m. indecl.*); северя́нин (*в США*).

*adj.* америка́нский; се́верный.

**yap** *n.* тя́вканье; трёп, болтовня́.

*v.i.* (*of dogs*) тя́вк|ать, -нуть; (*chatter*) точи́ть

(*impf.*) ля́сы; болта́ть (*impf.*); трепа́ться (*impf.*).

**yard**[1] *n.* **1.** (*unit of measure*) ярд; this material is sold by the ~ э́то сукно́ продаётся на я́рды; he writes poetry by the ~ он пи́шет несме́тное/невероя́тное коли́чество стихо́в; **2.** (*naut.*) рей.

*cpds.*: ~**-arm** *n.* нок ре́я; ~**stick** *n.* (*lit.*) измери́тельная лине́йка (длино́й в оди́н ярд); (*fig.*) мери́ло, ме́рка, крите́рий; measure others by one's own ~stick мери́ть (*impf.*) всех на свой арши́н.

**yard**[2] *n.* **1.** (*of house*; court~) двор; **2.** (*for industrial purposes*): timber ~ лесно́й склад; builder's ~ строи́тельная площа́дка; railway ~ парк; goods ~ грузово́й парк; **3.** (*for cattle*) заго́н.

**yarmulka** *n.* ермо́лка.

**yarn** *n.* **1.** (*spun thread*) пря́жа; (*for knitting*) ни́тка; **2.** (*coll., story*) анекдо́т, расска́з, «ба́йка».

*v.i.* (*coll.*) болта́ть (*impf.*); трепа́ться (*impf.*).

**yarovization** *n.* (*Ru. agric.*) яровиза́ция.

**yarovize** *v.t.* (*Ru. agric.*) яровизи́ровать (*impf., pf.*).

**yashmak** *n.* чадра́, яшма́к.

**yataghan** *n.* ятага́н.

**yaw** *v.i.* ры́скать (*impf.*), отклоня́ться (*impf.*) от ку́рса.

**yawl** *n.* (*ship's boat*) ял.

**yawn** *n.* зево́та, зево́к.

*v.i.* зев|а́ть, -ну́ть; he was ~ing his head off он отча́янно зева́л; (*fig., of chasm*) зия́ть (*impf.*); разв|ерза́ться, -е́рзнуться.

**yaws** *n. pl.* фрамбе́зия.

**ye** *pron.* (*arch.*) вы; ~ Gods! о бо́ги!

**yea** *n.* (*affirmative vote*): the ~s have it большинство́ «за».

*adv.* (*yes*) да; (*indeed, moreover*) бо́льше/бо́лее того́.

**yeah** *adv.* (*coll.*) да; ага́; oh ~? неуже́ли?; ну да?; ах так?

**year** *n.* **1.** год; last ~ в про́шлом году́; he was only 40 years old ему́ бы́ло всего́ со́рок лет; in the ~s of my youth в го́ды мое́й ю́ности; I have known him for ten ~s вот уже́ де́сять лет, как я его́ зна́ю; twice a ~ два ра́за (*or* два́жды) в год; every ~ the exam gets harder с ка́ждым го́дом экза́мен стано́вится трудне́е; ~ in, ~ out из го́да в год; ~ after ~ год за го́дом; ~ by ~ с ка́ждым го́дом; all the ~ round кру́глый год; he is in his twentieth ~ ему́ пошёл двадца́тый год; Happy New Y~! с Но́вым го́дом!; New Y~'s Day день Но́вого го́да; New Y~'s Eve нового́дняя ночь, кану́н Но́вого го́да; he was chosen sportsman of the ~ его́ провозгласи́ли лу́чшим спортсме́ном го́да; in the ~ dot (*coll.*) во вре́мя о́но; in this ~ of grace в на́ши дни, в наш век; he is in his

third ~ (*as student*) он на тре́тьем ку́рсе; he is in my ~ мы с ним однокýрсники; **2.** (*pl., a long time*): it is ~s since I saw him я его́ це́лую ве́чность не ви́дел; **3.** (*pl., age*): he looks young for his ~s он мо́лодо вы́глядит для свои́х лет; he wears his ~s well он хорошо́ сохрани́лся; advanced in ~s в года́х/лета́х; he is getting on in ~s он (уже́) в во́зрасте; a man of his ~s челове́к его́ во́зраста; ~s of discretion созна́тельный во́зраст.

*cpds.*: ~**-book** *n.* ежего́дник; ~**-long** *adj.* годи́чный; для́щийся це́лый год; ~**-old** *adj.* годова́лый; ~**-round** *adj.* круглогодово́й, круглогоди́чный.

**yearling** *n.* годови́к, годовичо́к; (*horse*) годова́лая ло́шадь.

*adj.* годова́лый.

**yearly** *adj.* (*happening once a year*) ежего́дный, годи́чный; (*pert. to a year*) годово́й; ~ income годово́й дохо́д; ~ report годово́й отчёт.

*adv.* (*once a year*) раз в год; (*every year*) ка́ждый год.

**yearn** *v.i.* **1.**: ~ for тоскова́ть (*impf.*) по +*d.*; изголода́ть (*impf.*) по +*d.*; жа́ждать (*impf.*) +*g.*; **2.**: ~ to, towards: he has long ~ed to see her он уже́ давно́ мечта́ет уви́деться с ней.

**yearning** *n.* тоска́ (*по чему*); жа́жда (+*g.*); си́льное жела́ние (+*g.*).

**yeast** *n.* дро́жж|и (*pl., g.* -е́й); заква́ска; (*attr.*) дрожжево́й.

**yeasty** *adj.* (*frothy*) пе́нистый.

**yell** *n.* (пронзи́тельный) крик; give a ~ вскри́к|ивать, -нуть; закрича́ть (*pf.*).

*v.t. & i.* вопи́ть, за-; кр|ича́ть, -и́кнуть; he ~ed abuse at me он обру́шил на меня́ пото́к бра́ни.

**yellow** *n.* **1.** (*colour*) желтизна́; жёлтый цвет; she was dressed in ~ она́ была́ оде́та в жёлтое; **2.** (*of egg*) желто́к; **3.** (*pigment*) жёлтая кра́ска.

*adj.* **1.** жёлтый; go, turn ~ желте́ть, по-; ~ fever жёлтая лихора́дка; the ~ press жёлтая пре́сса; **2.** (*coll., cowardly*) трусли́вый; there was a ~ streak in him он был трусова́т; **3.** (*envious*) зави́стливый.

*v.t.* (*make or paint* ~) желти́ть, вы́-; ~ed leaves пожелте́лые ли́стья; paper ~ed with age бума́га, пожелте́вшая от вре́мени.

*v.i.* желте́ть, по-.

*cpds.*: ~**back** *n.* бульва́рный рома́н; ~**-beaked** *adj.* с жёлтым клю́вом; ~**-bellied** *adj.* (*coll.*) трусли́вый; ~**-hammer** *n.* овся́нка; ~**-leaved** *adj.* с жёлтыми/пожелте́вшими ли́стьями.

**yellowing** *n.* пожелте́ние.

**yellowish** *adj.* желтова́тый.

**yellowness** *n.* желтизна́; (*cowardice*) тру́сость.

**yelp** *n.* визг.

*v.i.* визжа́ть, взви́згнуть.

**Yemen** *n.* Йе́мен.

**Yemeni** *n.* йéмен|ец (*fem.* -ка).
  *adj.* йéменский.
**yen**¹ *n.* (*unit of currency*) иéна.
**yen**² *n.* (*coll., yearning*) тоска́ (*по чему*).
  *v.i.* тоскова́ть (*impf.*) (*по чему*).
**yeoman** *n.* **1.** (*hist.*) йóмен; **2.** (*small landowner*) мéлкий землевладéлец, фéрмер; **3.** (*nav.*): ~ of signals старшина́(*m.*)-сигна́льщик; **4.** У ~ of the Guard ≃ лейб-гварде́ец; **5.**: do ~ service ока́з|ывать, -а́ть по́длинную по́мощь.
**yeomanry** *n.* (*hist.*) сосло́вие йóменов; (*cavalry force*) территориа́льная ко́нница.
**yes** *n.* (*affirmation*) утвержде́ние; (*vote in favour*) го́лос «за».
  *adv.* да; (*in reply to neg. statement or command*) нет; ~, sir слу́шаюсь!; (*mil.*) так то́чно!; есть!
  *cpd.*: ~-man *n.* подпева́ла (*m.*).
**yesterday** *n.* вчера́шний день; ~'s paper вчера́шняя газе́та; ~ was my birthday вчера́ был мой день рожде́ния; since ~ со вчера́шнего дня; the day before ~ позавчера́, тре́тьего дня.
  *adv.* вчера́; ~ morning/evening вчера́ у́тром/ве́чером; ~ week во́семь дней (тому́) наза́д; I wasn't born ~ я не ма́ленький; я не вчера́ роди́лся.
**yester-year** *n.* (*liter.*) про́шлый год.
**yet** *adv.* **1.** (*so far, up to now, to date*) до сих пор; пока́; the biggest shark ~ caught са́мая кру́пная аку́ла, каку́ю когда́-либо (*or* до сих пор) удава́лось пойма́ть; as ~ пока́, поку́да; as ~ nothing has been done ничего́ пока́ не сде́лано; (*with neg.*) ещё; he has not read the book ~ он ещё не чита́л кни́ги; I have never ~ seen him я ещё ни ра́зу не ви́дел его́; it's not time ~ ещё ра́но; ещё не вре́мя; (*with interrog.*): has the post arrived ~? по́чта ещё не пришла́?; can I come in ~? мо́жно уже́ войти́?; **2.** (*some day; before all is over*) ещё; he will win ~ он ещё победи́т; I'll catch you ~ вы у меня́ ещё попадётесь; **3.** (*still*): he has ~ to learn of the disaster он ещё не зна́ет о катастро́фе; while there is ~ time пока́ ещё есть вре́мя; пока́ ещё не по́здно; I can see him ~ (*fig.*) он таки́м у меня́ и оста́лся в па́мяти; if I hadn't called you, you would have been asleep ~ е́сли б я вас не разбуди́л, вы бы до сих пор (*or* и по сию́ по́ру *or* и сейча́с) (ещё) спа́ли; **4.** (*so early*) уже́; need you go ~? вам уже́ пора́ (идти́)?; let's not give up ~! ещё ра́но отча́иваться!; it won't happen just ~ э́то ещё не сейча́с случи́тся; shall we go? Not just ~ пойдёмте? Чуть попо́зже; **5.** (*with comp., even*) да́же, ещё; this book is ~ more interesting э́та кни́га (да́же) ещё интере́снее; he will not accept help, nor ~ advice он не принима́ет ни по́мощи, ни да́же сове́та; **6.** (*again, in addition*) ещё; there is ~ another reason есть ещё и друга́я причи́на; ~ once more ещё (оди́н) раз; he came back ~ again он

сно́ва/опя́ть (*or* ещё раз) верну́лся; **7.** (*nevertheless*) тем не ме́нее; всё-таки; всё же; it is strange ~ true э́то стра́нно, но тем не ме́нее ве́рно/так.
  *conj.* одна́ко; he is good to me, ~ I dislike him он ко мне хорошо́ отно́сится, и, одна́ко, я его́ не люблю́.
**yeti** *n.* снéжный человéк, йéти (*m. indecl.*).
**yew** *n.* (*tree*) тис; (*wood*) древеси́на ти́сового де́рева.
  *adj.* ти́совый.
**Yid** *n.* жид (*pej.*) (*fem.* -о́вка).
**Yiddish** *n.* и́диш, евре́йский язы́к.
  *adj.*: a ~ newspaper газе́та на и́дише.
**yield** *n.* **1.** (*crop*) урожа́й; a poor ~ ску́дный урожа́й; **2.** (*return*) дохо́д, дохо́дность; ~ of bonds проце́нты (*m. pl.*) по облига́циям; **3.** (*quantity produced*) вы́ход; (*of milk*) надо́й; (*of mine*) добы́ча; (*of fish*) уло́в; **4.** (*tech., of metal*): ~ temperature температу́ра теку́чести; ~ point преде́л теку́чести.
  *v.t.* **1.** (*bring in; produce*) прин|оси́ть, -ести́; произв|оди́ть, -ести́; (с)да|ва́ть, -ть; this land ~s a good harvest э́та земля́ даёт хоро́ший урожа́й; research ~ed no result иссле́дование оказа́лось безрезульта́тным (*or* ничего́ не дало́); **2.** (*give up*) уступ|а́ть, -и́ть; he was unwilling to ~ his rights он не жела́л поступи́ться свои́ми права́ми; ~ o.s. сд|ава́ться, -а́ться; ~ the floor (*parl.*) уступ|а́ть, -и́ть трибу́ну; ~ ground сда|ва́ть, -ть террито́рию; (*fig.*) сда|ва́ть, -ть (свои́) пози́ции; he ~ed the point в э́том пу́нкте он согласи́лся.
  *v.i.* уступ|а́ть, -и́ть; подда|ва́ться, -а́ться; под|ава́ться, -а́ться; the door ~ed to a strong push под си́льным напо́ром дверь подала́сь; the ground ~ed under their feet по́чва оседа́ла под их нога́ми; I ~ to none in my admiration for him никто́ не восхища́ется им бо́льше моего́; he ~s to none in bravery он никому́ не уступа́ет в хра́брости; he would not ~ to persuasion он не поддава́лся никаки́м угово́рам; he ~ed to the temptation он не смог устоя́ть пе́ред собла́зном; we will never ~ to force мы ни за что не подчини́мся наси́лию (*or* отсту́пим пе́ред наси́лием); the disease ~ed to treatment боле́знь поддала́сь лече́нию; the sea ~ed up its treasures мо́ре о́тдало свои́ сокро́вища.
**yielding** *adj.* (*of ground etc.*) пода́тливый, мя́гкий; (*compliant*) покла́дистый, усту́пчивый, пода́тливый; in a ~ moment в мину́ту сла́бости.
**yippee** *int.* ура́!
**yob(bo)** *n.* (*sl.*) хулига́н, грубия́н.
**yodel** *v.i.* петь, про- на тиро́льский лад (*or* йо́длем).
**yoga** *n.* йóга.
**yog(h)urt** *n.* йогу́рт.
**yogi** *n.* йог.

**yo-heave-ho** *int.* (раз, два,) взя́ли!; дру́жно!

**yoicks** *int.* улюлю́!

**yoke** *n.* **1.** (*fitted to oxen etc.*) ярмо́; **2.** (*fig.*) и́го, ярмо́; the Ta(r)tar ~ (*hist.*) тата́рское и́го; endure the ~ нести́ (*det.*) и́го; come under the ~ подпа́сть (*pf.*) под и́го; shake off the ~ сбра́|сывать, -о́сить и́го/ярмо́; ~ of servitude у́з|ы (*pl., g.* —) ра́бства; **3.** ~ (*pair*) of oxen упря́жка воло́в; **4.** (*for carrying pails etc.*) коромы́сло; **5.** (*of dress*) коке́тка.

*v.t.* (*lit.*) впря|га́ть, -чь в ярмо́; (*fig., link*) соедин|я́ть, -и́ть; сочета́ть (*impf., pf.*).

*cpd.*: ~**-fellow** *n.* (*joc.*) супру́г, супру́га; напа́рник, това́рищ по рабо́те.

**yokel** *n.* дереве́нщина (*c.g.*).

**Yokohama** *n.* Йокога́ма, Йокоха́ма.

**yolk** *n.* желто́к; ~ sac (*biol.*) желто́чный мешо́к (заро́дыша).

**yon(der)** *adj.* вон тот.

*adv.* вон там.

**yore** *n.* (*liter.*): knights of ~ ры́цари старода́внего вре́мени; in days of ~ давны́м-давно́; во вре́мя о́но.

**you** *pron.* **1.** вы; (*familiar sg.*) ты; ~ and I мы с тобо́й/ва́ми; ~ and he вы с ним; this is for ~ э́то для вас, э́то вам; ~ silly fool! (вот) дура́к!; ~ darling! ми́лая моя́!; как ты мил(а́)!; lawyers вы, юри́сты; ваш брат, юри́сты; don't ~ go away не взду́майте уйти́; **2.** (*one, anyone*): ~ never can tell как знать?; ~ soon get used to it к э́тому ско́ро привыка́ешь; there's a book for ~! (*sc. a fine one*) вот э́то кни́га (, так кни́га)!; what are ~ to do with a child like that? что де́лать с таки́м ребёнком?

*cpd.*: ~**-know-who** *n.* (*coll.*) не́кто; э́тот са́мый.

**young** *n.*: the ~ молодёжь; (~ *animals*) детёныши (*m. pl.*); (*birds*) птенцы́, птенчики (*m. pl.*); with ~ (*of bitch etc.*) щённая; (*of cow*) сте́льная; (*of mare*) жерёбая; (*of sow*) супоро́с(н)ая.

*adj.* **1.** молодо́й, ю́ный; ~ man молодо́й челове́к, ю́ноша (*m.*); her ~ man (*sweetheart*) её возлю́бленный/ми́лый; ~ (*child*) musicians ю́ные музыка́нты; ~ children ма́ленькие де́ти; ~ people молодёжь; ~ ones (*children*) дет|и (*pl., g.* -е́й); (*animals*) детёныши; a ~ nation но́вое (*or* неда́вно образова́вшееся) госуда́рство; молода́я страна́; he is ~ for his years он ещё нео́пытный; in my ~ days в дни мое́й ю́ности; в мо́лодости; когда́ я был молоды́м/мо́лод; he is ~er than I он моло́же меня́; ~ Smith; the ~er Smith Смит мла́дший; the night is ~ де́тское вре́мя; when the century was ~ в (са́мом) нача́ле ве́ка.

*cpd.*: ~**-looking** *adj.* моложа́вый.

**youngish** *adj.* дово́льно молодо́й.

**youngster** *n.* (*child*) ма́льчик, подро́сток; (*youth*) юне́ц; (*pl., collect.*) молодёжь.

**your** *adj.* **1.** ваш; (*familiar sg.*) твой; (*referring to subj. of clause*) свой; **2.** (*pej.*): that's ~ politician for you! вот они́, (ва́ши) поли́тики!

**yours** *pron.* ваш; твой; свой; my father and ~ мой оте́ц и ваш; my teacher and ~ (*2 people*) на́ши с ва́ми учителя́; (*1 pers.*) наш с ва́ми учи́тель; he is no friend of ~ како́й он вам друг!; a friend of ~ оди́н из ва́ших прия́телей; here is my hat – have you found ~? вот моя́ шля́па, (а) вы свою́ нашли́?

*pred. adj.* ваш; ~ of the 10th Ва́ше письмо́ от 10-го; ~ truly пре́данный Вам; (*joc.*) ваш поко́рный слуга́; what's ~? что вы бу́дете пить?; I'd like to read something of ~ я бы хоте́л прочита́ть что́-нибудь из того́, что вы написа́ли; that cough of ~ э́тот ваш ка́шель.

**yourself** *pron.* **1.** (*refl.*) себя́; don't deceive ~! не обма́нывайте (самого́) себя́!; не обма́нывайтесь!; **2.** (*emph.*) сам; you wrote to him ~ вы са́ми ему́ писа́ли; **3.** (*after preps.*): you brought this trouble on ~ вы са́ми на себя́ навлекли́ э́ту неприя́тность; why are you sitting by ~? почему́ вы сиди́те в одино́честве?; did you do it all by ~? вы э́то сде́лали са́ми (*or* без посторо́нней по́мощи)?; **4.**: you don't look ~ today вы нева́жно вы́глядите сего́дня.

**youth** *n.* **1.** (*state or period*) мо́лодость; (*liter.*) ю́ность; in my ~ в (мое́й) мо́лодости; когда́ я был молоды́м; **2.** (*young man*) ю́ноша (*m.*); as a ~ he was studious в мо́лодости он был приле́жен (в заня́тиях); **3.** (*young people*) молодёжь; the ~ of our country молодёжь на́шей страны́; ~ club молодёжный клуб; ~ hostel молодёжная ба́за/гости́ница.

**youthful** *adj.* ю́ный, ю́ношеский; ~ strength ю́ношеская си́ла; ~ dreams мечты́ мо́лодости; (*of face, pers. etc.*) молодо́й, ю́ный; he had a ~ appearance он вы́глядел мо́лодо/моложа́во; у него́ моложа́вый вид.

**youthfulness** *n.* мо́лодость; (*of appearance*) моложа́вость.

**yowl** *n.* вой.

*v.i.* выть (*impf.*).

**yo-yo** *n.* йо-йо́ (*indecl.*); диа́боло (*indecl.*).

**ytterbium** *n.* итте́рбий.

**yttrium** *n.* и́ттрий.

**yucca** *n.* ю́кка.

**Yugoslav, -ian** *nn.* югосла́в (*fem.* -ка).

*adj.* югосла́вский.

**Yugoslavia** *n.* Югосла́вия.

**Yugoslavian** *see* YUGOSLAV.

**yukky** *adj.* (*sl.*) гря́зный, га́дкий.

**yule** *n.* (*arch.*) Рождество́; свя́т|ки (*pl., g.* -ок).

**yummy** *adj.* (*coll.*) вку́сный.

**yum-yum** *int.* ням-ня́м!

**yurt** *n.* ю́рта.

# Z

**Z** *n.* зет; from A to ~ от а́льфы до оме́ги; от «а» до «я»; с са́мого нача́ла до са́мого конца́.

**Zachariah** *n.* (*bibl.*) Заха́рия (*m.*).

**Zaire** *n.* Заи́р.

**Zairean** *n.* заи́р|ец (*fem.* -ка). *adj.* заи́рский.

**Zambia** *n.* За́мбия.

**Zambian** *n.* замби́|ец (*fem.* -йка). *adj.* замби́йский.

**zany** *n.* шут, кло́ун. *adj.* смешно́й, фигля́рский.

**Zanzibar** *n.* Занзиба́р.

**Zarathustra** *see* ZOROASTER.

**zeal** *n.* усе́рдие, рве́ние; энтузиа́зм, пыл.

**Zealand** *n.* Зела́ндия.

**zealot** *n.* фан|а́тик (*fem.* -ати́чка); ревни́тель (*fem.* -ница); энтузиа́ст (*fem.* -ка).

**zealous** *adj.* усе́рдный, рья́ный, ре́вностный; а ~ supporter горя́чий сторо́нник (*fem.* горя́чая сторо́нница).

**zebra** *n.* зе́бра; (*attr.*) зе́бровый; ~ crossing перехо́д «зе́бра».

**zebu** *n.* зе́бу (*m. indecl.*).

**Zen** *n.* дзэн.

**zenana** *n.* же́нская полови́на (в до́ме).

**Zend** *n.* (*language*) язы́к Аве́сты.

**zenith** *n.* (*lit., fig.*) зени́т; (*fig.*) вы́сшая то́чка; расцве́т.

**zephyr** *n.* зефи́р.

**Zeppelin** *n.* цеппели́н.

**zero** *n.* нуль (*m.*), ноль (*m.*); нулева́я то́чка; absolute ~ абсолю́тный нуль; ten degrees below ~ ми́нус де́сять гра́дусов; де́сять гра́дусов ни́же нуля́; ~ hour час «Ч»; ~ altitude нулева́я высота́.
*v.t.*: ~ an instrument устан|а́вливать, -ови́ть прибо́р на нуль.
*v.i.*: ~ in on a target пристре́л|иваться, -я́ться.

**zest** *n.* пыл; энтузиа́зм; add ~ to прид|ава́ть, -а́ть вкус/пика́нтность/интере́с/остроту́ +*d.*; he entered into the project with ~ он с жа́ром/увлече́нием взя́лся за э́ту иде́ю; ~ for life жизнера́достность, жизнелю́бие.

**zeugma** *n.* зе́вгма.

**Zeus** *n.* Зевс.

**ziggurat** *n.* зиккура́т.

**zigzag** *n.* зигза́г. *adj.* зигзагообра́зный. *v.i.* идти́ (*det.*) зигза́гом; де́лать, с- зигза́ги.

**Zimbabwe** *n.* Зимба́бве (*indecl.*).

**zinc** *n.* цинк; flowers of ~ ци́нковые бели́ла. *adj.* ци́нковый. *v.t.* цинкова́ть, о-.

**zinnia** *n.* ци́нния.

**Zion** *n.* Сио́н.

**Zionism** *n.* сиони́зм.

**Zionist** *n.* сиони́ст (*fem.* -ка).

**zip** *n.* **1.** (~-*fastener, also* ~**per**) (застёжка-)мо́лния; **2.** (*sound of bullet*) свист (пу́ли); (*sound of tearing of cloth*) треск; **3.** (*coll., energy*) пыл, эне́ргия; **4.**: ~ code (почто́вый) и́ндекс.
*v.t.* (*usu.* ~ **up**) застёг|ивать, -ну́ть (на мо́лнию).
*v.i.* (*of bullet etc.*) свисте́ть, про-; про-н|оси́ться, -ести́сь со сви́стом.
*cpd.*: ~-**fastener** *n.* (застёжка-)мо́лния.

**zirconium** *n.* цирко́ний.

**zither** *n.* ци́тра.

**zloty** *n.* зло́тый.

**zodiac** *n.* зодиа́к.

**zodiacal** *adj.* зодиака́льный.

**zombie** *n.* (*fig., coll.*) ску́чный/вя́лый челове́к; живо́й труп.

**zonal** *adj.* зона́льный.

**zone** *n.* зо́на, по́яс, полоса́, райо́н; danger ~ опа́сная зо́на; (*geog.*): torrid ~ тропи́ческий по́яс; frigid ~ аркти́ческий по́яс; temperate ~s уме́ренные пояса́; free ~ во́льная га́вань; ~ time поясно́е вре́мя.
*v.t.* (*divide into* ~s) райони́ровать (*impf., pf.*); разб|ива́ть, -и́ть на зо́ны.

**zoo** *n.* зооса́д, зоопа́рк.

**zoological** *adj.* зоологи́ческий; ~ gardens зоологи́ческий сад.

**zoologist** *n.* зоо́лог.

**zoology** *n.* зооло́гия.

**zoom** *n.* **1.** (*av.*) свеча́, го́рка; **2.** (*sound*) жужжа́ние, гул; **3.** (*attr.*) ~ lens объекти́в с переме́нным фо́кусным расстоя́нием.
*v.i.* **1.** (*av.*) де́лать, с- свечу́/го́рку; (*fig.*): prices ~ed це́ны ре́зко повы́сились; **2.** (*make buzzing noise*) жужжа́ть, про-.

**zoophyte** *n.* зоофи́т.

**Zoroaster, Zarathustra** *n.* Зороа́стр, Зарату́стра (*m.*).

**Zoroastrian** *n.* после́дователь (*fem.* -ница) Зороа́стра/Зарату́стры.

**zouave** *n.* зуа́в.

**Zuider Zee** *n.* (*hist.*) Зёйдер-Зе (*m. indecl.*).

**Zulu** *n.* зулу́с (*fem.* -ка). *adj.* зулу́сский.

**Zurich** *n.* Цю́рих.

**zygoma** *n.* скулова́я кость.

**zygote** *n.* зиго́та.

**zymosis** *n.* (*fermentation*) броже́ние, фермента́ция; (*infection*) зара́за, инфе́кция.

**zymotic** *adj.* (*fermented*) броди́льный; (*infectious*) инфекцио́нный, зара́зный.